THEOLOGISCHES WÖRTERBUCH ZUM ALTEN TESTAMENT

THEOLOGISCHES WÖRTERBUCH ZUM ALTEN TESTAMENT

In Verbindung mit
George W. Anderson, Henri Cazelles,
David N. Freedman,
Shemarjahu Talmon und Gerhard Wallis

herausgegeben von
G. Johannes Botterweck und Helmer Ringgren

Band III
יתר - חמר

VERLAG W. KOHLHAMMER
STUTTGART · BERLIN · KÖLN · MAINZ

CIP-Kurztitelaufnahme der Deutschen Bibliothek

Theologisches Wörterbuch zum Alten Testament
/ in Verbindung mit George W. Anderson ... hrsg. von G. Johannes Botterweck u. Helmer Ringgren. – Stuttgart; Berlin; Köln; Mainz: Kohlhammer
NE: Botterweck, Gerhard Johannes [Hrsg.]

Bd. 3. Ḥmr – jtr. – 1982.
ISBN 3-17-007642-6

Verlag W. Kohlhammer GmbH
Stuttgart Berlin Köln Mainz
Verlagsort: Stuttgart
Gesamtherstellung W. Kohlhammer
Druckerei GmbH + Co. Stuttgart
Printed in Germany

Die Autoren der Artikel von Band III

Herausgeber

Botterweck, G. J., Professor Dr. Dr. †
Am Eichkamp 5, 53 Bonn

Ringgren, H., Professor Dr.,
Dekanhuset, Box 2006, 75002 Uppsala, Schweden

Mitarbeiter

Ackroyd, P., Professor,
King's College, The Strand, London, England
Alonso-Schökel, L., Professor,
Pontificio Istituto Biblico,
Via della Pilotta 25, 00187, Rom, Italien
André, G., Dr.,
Flogstavägen 47 B, 75263 Uppsala, Schweden
Barth, Ch., Professor Dr.,
Unterer Batterieweg 168,
4059 Basel, Schweiz
Baumann, A., Pastor,
Diakonisches Werk Wolfsburg,
Postfach 170, 318 Wolfsburg
Bergman, J., Professor,
Pumpgatan 2, 58252 Linköping, Schweden
Branson, R. D., Professor,
Warner Southern College,
5301 U.S. Hwy. 27 South, Lake Wales,
Florida 33853, USA
Clements, R. E., Reverend,
Fitzwilliam College, Cambridge, CB3 7PT
England
Dietrich, M., Professor Dr.
Droste-Hülshoff-Str. 9a, 4401 Altenberge
Dommershausen, W., Professor Dr.,
St.-Anna-Straße 33, 55 Trier-Olewig
Eising, H., Professor Dr. (†),
Besselweg 12, 44 Münster
Fabry, H.-J., Privatdozent Dr.,
Turmfalkenweg 15, 53 Bonn
Freedman, D. N., Professor Dr.,
1520 Broadway, Ann Arbor, Mich.
48104, USA
Fuhs, H. F., Professor Dr. Dr.,
Mathiaskirchplatz 7, 5 Köln 51
Gamberoni, J., Professor Dr.,
Kamp 6, 479 Paderborn
Geraty, L. T., Professor,
Andrews University, Berrien Springs, Mich.
49104, USA
Giesen, G., Dr.
Steinweg 3, 516 Düren
Görg, M., Professor Dr. Dr.,
Gesamthochschule Bamberg,
Schönbornstr. 10, 86 Bamberg
Hamp, V., Professor Dr.,
Karl-Theodor-Straße 47/I, 8 München 23
Hasel, G. F., Professor Dr.,
Andrews University,
Berrien Springs, Mich. 49104, USA
Helfmeyer, F. J., Dr.,
Venloer Straße 601–603, A 1604,
5 Köln 30
Höver-Johag, I.,
Londoner Str. 9, 53 Bonn
Hoffner, H. A., Professor Dr.,
The University of Chicago, The Oriental Institute,
Chicago, Ill. 60637, USA
Johnson, B., Dozent Dr.,
Skolrådsvägen 17, 22367 Lund, Schweden
Kaiser, O., Professor Dr.,
Auf dem Wüsten 10, 3554 Cappel
Kapelrud, A. S., Professor Dr.,
Rektorhaugen 15, Oslo 8, Norwegen
Kellermann, D., Dr.,
Melanchthonstraße 33, 74 Tübingen
Kronholm, T., Professor Dr.,
Madlalia 29, 4040 Madla, Norwegen
Kutsch, E., Professor Dr.,
Ina-Seidel-Straße 10, 852 Erlangen-Frauenaurach
Locher, C.,
Scheideggstraße 45, 8002 Zürich, Schweiz
Lohfink SJ, N., Professor Dr.,
Offenbacher Landstraße 224,
6 Frankfurt/Main 70
Loretz, O., Professor Dr.,
Pferdegasse 3, 44 Münster
Lundbom, J.,
Andover Newton Theological School,
Newton Centre, Mass. 02159, USA

Lutzmann, H., Dr.,
Altorientalisches Seminar,
Domplatz 23, 44 Münster
Maass, F., Professor Dr.,
Berliner Straße 32, 7809 Denzlingen
Mayer, G., Professor Dr.,
Ruländerstraße 10, 6501 Zornheim
Mayer, W., Pontificio Istituto Biblico,
Via della Pilotta 25, 00187, Rom, Italien
Mitchel, L., Andrews University,
Berrien Springs, Mich. 49104, USA
Mosis, R., Professor Dr.,
Heidingfelderweg 42, 8833 Eichstätt
Müller, H.-P., Professor Dr.,
Hagentwiete 35, 2083 Halstenbek
Mulder, M. J., Professor Dr.,
Ampèrestraat 48, Badhoevedorp, Holland
North SJ, R., Professor Dr.,
Pontificio Istituto Biblico,
Via della Pilotta 25, 00187 Rom, Italien
O'Connor, P., Program on Studies in Religion,
University of Michigan, Ann Arbor,
Mich. 48109, USA
Ottosson, M., Dozent Dr.,
Räntmästargatan 32, 70227 Örebro,
Schweden
Otzen, B., Professor Dr.,
Minthøjvei 18, 8210 Aarhus V, Dänemark
Preuß, H. D., Professor Dr.,
Finkenstraße 3, 8806 Neuendettelsau
Ruppert, L., Professor, Dr.,
Biermannsweg 22, 463 Bochum-Wiemelhausen
Sæbø, M., Professor Dr.,
Lars Muhles Vei 34, 1346 Gjettum, Norwegen
Sawyer, J. F.,
Dept. of Religious Studies,
University of Newcastle,
Newcastle-upon-Tyne, NE1 7RU, England
Schreiner, J., Professor Dr.
Karl-Straub-Straße 22, 87 Würzburg
Schüpphaus, J., Dr.
Freie Bitze 3, 533 Königswinter 51
Schunck, K.-D., Professor Dr.,
Kösterbecker Weg 5, 25 Rostock, DDR
Seybold, K., Professor Dr.,
Bruderholzrain 62, 4102 Binningen-Basel, Schweiz
v. Soden, W., Professor Dr.,
Gluckweg 19, 44 Münster
Soggin, A., Professor Dr. Dr.,
Via Pietro Cossa 42, 00193 Rom, Italien
Tsevat, M., Professor Dr.,
764 Red Bud Avenue, Cincinnati,
Ohio 45229, USA
Wagner, S., Professor Dr.,
Meusdorfer Straße 5, 703 Leipzig, DDR
Wallis, G., Professor Dr.,
Georg-Cantor-Straße 22,
4020 Halle/Saale, DDR
Zobel, H.-J., Professor Dr.,
W.-Pieck-Allee 95, 22 Greifswald, DDR

Inhalt von Band III

THEOLOGISCHES WÖRTERBUCH ZUM ALTEN TESTAMENT

Band III

יתר - חמר

חמר *ḥmr*

חֹמֶר *ḥomær*, חֵמָר *ḥemār*

I. Wurzeln, Etymologie – II. 1. *ḥāmar* ʿschäumenʾ – 2. ʿGlühen, brennenʾ – 3. *ḥomær* ʿTonʾ – 4. *ḥemar* ʿErdpechʾ.

Lit.: *R. J. Forbes*, Bitumen and Petroleum in Antiquity, Leiden 1936. – *Ders.:* Studies in Ancient Technology I, Leiden ^{2}1964, 1–125. – *G. Pettinato*, Das altorientalische Menschenbild und die sumerischen und akkadischen Schöpfungsmythen (AHAW 1971, 1). – *A. Schwarzenbach*, Die geographische Terminologie im Hebr. des AT, Leiden 1954.

I. KBL^{3} unterscheidet fünf Wurzeln *ḥmr*, wobei die Verteilung vor allem der wenigen verbalen Belege auf die verschiedenen Wurzeln unsicher bleibt.
Von der Wurzel *ḥmr* I, die im jüd.-aram. *ḥ^{a}mar* ʿaufladen, häufen, erschwerenʾ vorliegt (mhebr. *ḥāmar* ʿEsel antreibenʾ ist wohl von → חמור [*ḥ^{a}môr*] ʿEselʾ denominiert), leitet man *ḥomær* III, das Hohlmaß Homer, ab (auch akk. ist *imēru* ʿEselʾ *und* ein Hohlmaß). Hierher gehört wohl auch das Ex 8, 10 belegte *ḥ^{o}mārîm ḥ^{o}mārîm* ʿhaufenweiseʾ (von den Fröschen in Ägypten) und ebenso der Ausdruck *ḥ^{a}môr ḥ^{a}morātājim* im Vers des Simson Ri 15, 16, falls es nach herkömmlicher Deutung wirklich ʿhaufenweiseʾ bedeutet; sonst liest man oft *ḥāmôr ḥ^{a}martîm* ʿhabe ich tüchtig sie geschundenʾ (von *ḥmr* IV, s. u.; H. S. Nyberg, Hebr. Gramm. Uppsala 1952, § 92b, faßt es als verstärkende Paronomasie auf und übersetzt „ja, wirklich eines Esels", vgl. Ri 5, 30 zur Konstruktion).
ḥmr II findet sich in arab. *ḫamara* ʿbedecken, durchsäuernʾ, aram. (jüd.-aram., christl.-pal., syr., mand.) *ḥ^{a}mîrāʾ* (samaritan. *ʿmjr*), arab. *ḫamīr* ʿSauerteig, Gesäuertesʾ, äg.-aram. *ḥ^{a}mîr* ʿdurchsäuertʾ (DISO 90), tigre *ḥamra* ʿgärenʾ; davon sind im bibl. Hebr. das Verb *ḥāmar* ʿschäumenʾ (s. u. II.2.), *ḥæmær* ʿWeinʾ und *ḥomær* ʿBrausenʾ (Hab 3, 15) belegt.
ḥmr III findet sich in mhebr. *ḥāmar* und arab. *ḥamara* II ʿrösten, verbrennenʾ, jüd.-aram. *ḥ^{a}mar* ʿglühenʾ, arab. *ḥmr* IX und XI ʿrot seinʾ, *ʾaḥmar* ʿrotʾ, akk. *emēru* ʿgerötet seinʾ (AHw I, 214), tigre *ḥamar* ʿrotbraunʾ (Leslau, Contributions 21). Im bibl. Hebr. rechnet man hierher die Form *ḥ^{o}marmar* Kl 1, 20; 2, 11 mit *meʿîm* als Subj., Hi 16, 16 mit *pānîm* als Subj., gewöhnlich mit ʿbrennen, glühenʾ übersetzt (s. u. II.3.) die *hiph*-Form *taḥmîr* Sir 4, 2. 3 ʿbrennen machenʾ, ferner *ḥ^{a}môr* ʿEselʾ (→ חמור), *ḥomær* ʿLehm, Tonʾ und *ḥemār* ʿErdpechʾ (ob richtig?).
ḥmr IV wird mit arab. *ḫamara* ʿschaben, schindenʾ zusammengestellt und wird nur in der Ri 15, 16 vorgeschlagenen Lesung *ḥāmôr ḥ^{a}martîm* (s. o.) gefunden.
ḥmr V ist nur mit einem Beleg, Ex 2, 3, vertreten; es handelt sich um ein von *ḥemār* ʿErdpechʾ abgeleitetes Verb mit der Bedeutung ʿverpichenʾ. Offenbar sollte *ḥemār* als ein Primärnomen hierher geführt werden.

II. 1. Das Verb *ḥāmar* ʿschäumenʾ findet sich nur Ps 46, 4 von den schäumenden und brausenden (*hāmāh*) Wassern des wiedereinbrechenden Chaos: selbst wenn die Welt ins Chaos zurückfällt, gibt der in Zion anwesende JHWH Sicherheit. Vielleicht liegt das Verb auch Ps 75, 9 vor (*w^{e}jajin ḥāmar*), wo vom Zornesbecher in JHWHs Hand die Rede ist. Die Perfektform des Verbs paßt aber weniger gut zum Kontext, und die Lesung *jên ḥæmær* ist wohl vorzuziehen. Es handelt sich jedenfalls um ʿschäumenden Weinʾ.
Von derselben Wurzel wird auch *ḥæmær* ʿWeinʾ (Deut 32, 14; Sir 31/34, 30; wohl auch Jes 27, 2) abgeleitet, vgl. arab. *ḫamr* ʿWeinʾ; ugar. *ḫmr*, gewöhnlich mit „Wein, Rauschtrank" wiedergegeben, anders M. Dahood, Bibl 45, 1964, 408f. „bowl, vat" (→ יין [*jajin*]). An der erstgenannten Stelle ist vom Wein als Zeichen der Fruchtbarkeit des Landes die Rede; Sir 31, 30 steht in einer längeren Warnung vor übermäßigem Trinken; Jes 27, 2 enthält eine Anspielung auf das Weinberglied Jes 5, 1ff., weshalb die Lesart von 1QJes^{a} *ḥwmr* statt *ḥmr* kaum richtig ist; dagegen wäre *ḥæmæḏ* (MSS), also „ein anmutiger Weinberg" denkbar (es ist ja kaum nötig, *kæræm* durch ein Wort für ʿWeinʾ zu verdeutlichen).
2. Die reduplizierte Form *ḥ^{o}marmar* kommt 3mal vor. Hi 16, 16 ist *pānîm* Subj.: „mein Gesicht glüht (brennt) vor Weinen"; man könnte auch nach arab. *ʾaḥmar* ʿrotʾ die Übersetzung ʿwird rotʾ in Erwägung bringen. Kl 1, 20; 2, 11 ist das Subj. *meʿaj* ʿmein Inneresʾ; man könnte entweder ʿaufgeregt seinʾ (*ḥmr* II ʿgärenʾ) oder ʿglühen, brennenʾ (*ḥmr* III) übersetzen. (Die von R. Gradwohl, Die Farben im AT [BZAW 83, 1963, 17] erwogene Übersetzung ʿrötenʾ ist kaum wahrscheinlich. G. R. Driver [JSS 5, 1960, 157] vergleicht es mit akk. *emēru* [AHw I 214: ʿauftreibenʾ von Herz, Eingeweide; nicht wie KBL^{3} *emermēru*!] und übersetzt ʿaufgetrieben werdenʾ. J. V. Kinnier Wilson [JSS 7, 1962, 173] denkt an akk. *ḫurḫummatu* [vgl. AHw I, 359; aber von Soden, GAG § 57d] und versteht hier das ʿAufschäumenʾ des gärenden Weines etc. metaphorisch für das Glühen des Antlitzes.)
Hierher gehört wohl auch die *hiph*.-Form *taḥmîr* Sir 4, 3 mit *meʿîm* als Obj., also entweder ʿaufregenʾ oder ʿbrennen machenʾ.
3. In der Bedeutung ʿTonʾ kommt *ḥomær* 15mal vor (Schwarzenbach 132f.). Es steht einfach als Erdartsbezeichnung, parallel oder zusammen mit → טיט (*ṭîṭ*) (Jes 41, 25; Nah 3, 14) oder mit → עפר (*ʿāpār*) (Hi 4, 19; 27, 16; 30, 19, vgl. 10, 9), auch mit *ʾepær* (Hi 13, 12; 30, 19); allein Jes 10, 6. Es wird als Baumaterial erwähnt: Ex 1, 14 zusammen mit *l^{e}ḇenîm* ʿZiegelʾ und Gen 11, 3: sie gebrauchten *ḥemār* ʿErdpechʾ als Mörtel; Nah 3, 14 von Vorbereitungen zum Festungsbau (*ṭîṭ*, *ḥomær*, Ziegelformen). In der Bildersprache dient *ḥomær* als Ausdruck des Schwachen und Verworfenen: Assur tritt seine Feinde nieder wie *ḥomær* auf der Straße (Jes 10, 6), Kyros wird seine Feinde wie *ḥomær* und *ṭîṭ* niedertreten (Jes

41, 25), menschliche Weisheit und Menschenwerke sind wie Asche und *ḥomær* (Hi 13, 12, vgl. Hi 30, 19). Es kann aber auch eine große Menge bezeichnen: man häuft Silber wie *ʿāpār* und Kleider wie *ḥomær* (Hi 27, 16).

Vor allem erscheint *ḥomær* als Material des Töpfers (Jes 41, 25) und wird dann oft zum Bild des Menschen unter der Allmacht Gottes. Jeremia sieht den Töpfer an der Arbeit mit dem *ḥomær* (Jes 18, 4) und er erfährt, daß das Volk Israel wie Ton in Gottes Hand ist (v. 6): Gott kann mit dem Volk verfahren, wie er will, aber zugleich spürt man hinter dem Bild die Überzeugung, daß Gott in seinem Handeln eine Absicht hat: er will ein gutes Gefäß machen. Jes 29, 16; 45, 9 kommt der Gedanke zum Ausdruck, daß der Mensch Gottes Handeln nicht in Frage stellen kann: es wäre so, als ob sich das Gefäß gegen den Töpfer auflehnte. Jes 64, 7 bezeichnet Gott als den Vater Israels, er hat das Volk geformt, ebenso wie der Töpfer den Ton bearbeitet. Betont wird einerseits die Macht Gottes, andererseits sein Mitleid und seine Fürsorge.

Dasselbe Bild liegt wohl auch letztlich hinter einigen Aussagen im Hiobbuch, die den Menschen aus Ton geschaffen sein lassen: 10, 9 „Gedenk doch, daß du wie Ton mich gebildet! Und zu Staub (*ʿāpār*) willst du mich wieder machen." Hier scheint *ḥomær* mehr oder weniger mit *ʿāpār* gleichbedeutend zu sein, und die Vorstellung von der Herkunft des Menschen aus Staub ist offensichtlich dieselbe wie Gen 2, 7; vgl. 3, 19. Dagegen scheint Hi 33, 6 eine Erinnerung an die akk. Vorstellung zu bewahren. Elihu sagt: „Vom Ton bin auch ich abgekniffen (*qrṣ*)". Verschiedene akk. Texte berichten, daß der Mensch aus Lehm (*ṭiṭṭu*) geformt wurde dadurch, daß ein Gott einen Lehmklumpen abkniff (*karāṣu*) – vgl. Pettinato 41 ff. Derselbe Gedanke taucht dann mehrmals in Qumran auf, in 1QS 11, 22 sogar mit *qrṣ*. In den Hodajot wird der Mensch sehr häufig als *jeṣær ḥomær* bezeichnet (1QH 1, 21; 3, 24; 4, 29; 11, 3; 12, 26 [hier mit dem Zurückkehren zum *ʿāpār* verbunden; vgl. dazu H. J. Fabry, BBB 46, 1975, 110–120]); 12, 32; 18, 12). Betont wird dabei immer die Schwäche und Sündenverfallenheit des Menschen; diese Aussagen gründen in den qumranischen Niedrigkeitsdoxologien (vgl. H. W. Kuhn, Enderwartung und gegenwärtiges Heil, SUNT 4, 1966, 27 f.).

4. *ḥemār* ist das gewöhnlichste Wort für 'Erdpech' oder 'Asphalt', ein Mineral, dessen Vorkommen im Altertum u. a. am Toten Meer (Gen 14, 10; vgl. P. C. Hammond, The Nabataean Bitumen Industry at the Dead Sea, BA 22, 1959, 40–48) und in Mesopotamien bekannt ist (akk. *iṭṭû* [AHw I, 408], *napṭu* [AHw II, 742], vgl. RLA II, 462 f.). Die Verwendung des Asphalts ist schon im 3. Jt. v. Chr. bezeugt. Im AT wird es als Bindemittel von Ziegeln (Gen 11, 3) und als Dichtungsmittel der Arche Noah (Gen 6, 14 – hier aber das aus dem Akk. entlehnte Wort *kopær*, akk. *kupru*, AHw I, 509) und des Kastens, worin Mose auf den Nil gesetzt wurde (Ex 2, 3), erwähnt.

Ringgren

חָנָה *ḥānāh*

מַחֲנֶה *maḥᵃnæh*

I. Umkreis Israels – 1. Ägyptisch – 2. Akkadisch – 3. Phönizische und aramäische Inschriften – 4. Qumran – 5. LXX und deuterokanonische Schriften – II. Israel – 1. Wanderlager von Halbnomaden – 2. Kriegslager – 3. Wüstenlager – (1) Die äußere Gestalt (Organisation) – (2) Die sakrale Eigenart – a) Das Wüstenlager in den älteren Schichten – b) Die priesterschriftliche Lagervorstellung: Modell und Intentionen – c) „Zelt" und Lager – d) Ergebnis – 4. Lager Gottes – 5. Diversa – 6. Ergebnis.

Lit.: *A. Alt*, Zelte und Hütten, Kl. Schr. III, 1959, 233–242. – *A. Besters*, Le Sanctuaire central dans Jud., XIX–XXI (ETL 41, 1965, 20–41). – *W. Beyerlin*, Herkunft und Geschichte der ältesten Sinaitraditionen, 1961. – *M. Buber*, Königtum Gottes, ³1956. – *G. Dalman*, AuS VI, 1939. – *G. Fohrer*, Altes Testament – „Amphiktyonie" und „Bund"? (ThLZ 91, 1966, 801–816; 893–904). – *T. E. Fretheim*, The Priestly Document: Anti-Temple? (VT 18, 1968, 313–329). – *M. Görg*, Das Zelt der Begegnung (BBB 27, 1967). – *M. Haran*, The Nature of the „'Ohel Moʿedh" in Pentateuchal Sources (JSS 5, 1960, 50–65). – *R. Hartmann*, Zelt und Lade (ZAW 37, 1918, 209–244). – *J. Kaufmann*, Probleme der israelitisch-jüdischen Religionsgeschichte (ZAW 48, 1930, 23–43). – *R. Kilian*, Die Hoffnung auf Heimkehr in der Priesterschrift (BiLe 7, 1966, 39–51). – *H.-J. Kraus*, Gottesdienst in Israel. Studien zur Geschichte des Laubhüttenfestes (BEvTh 19, 1954). – *Ders.*, Gottesdienst in Israel, ²1962. – *A. Kuschke*, Die Lagervorstellung der priesterschriftlichen Erzählung. Eine überlieferungsgeschichtliche Studie (ZAW 63, 1971, 74–105). – *S. Lehming*, Erwägungen zur Zelttradition (Festschr. H.-W. Hertzberg, 1965, 110–132). – *G. W. MacRae*, The Meaning and Evolution of the Feast of Tabernacles (CBQ 22, 1960, 251–276). – *A. Malamat*, The Danite Migration and the Pan-Israelite Exodus-Conquest: A Biblical Narrative Pattern (Bibl 51, 1970, 1–16). – *M. Noth*, Das System der zwölf Stämme Israels (BWANT IV/1, ²1966). – *Ders.*, Der Wallfahrtsweg zum Sinai (Nu 33) (Aufs. z. bibl. Landes- u. Altertumskunde I, 1971, 55–74). – *G. v. Rad*, Das formgeschichtliche Problem des Hexateuch (ThB 8, 1958, 9–86). – *Ders.*, Zelt und Lade (ThB 8, 1958, 109–129). – *Ders.*, Der Heilige Krieg im alten Israel, ⁴1965. – *Ders.*, Deuteronomium-Studien (ThB 48, 1973, 109–153). – *Ders.*, Die Theologie der Priesterschrift (ThB 48, 1973, 165–188). – *L. Rost*, Die Vorstufen von Kirche und Synagoge im Alten Testament. Eine wortgeschichtliche Untersuchung, 1967. – *R. Schmitt*, Zelt und Lade als Thema alttestamentlicher Wissenschaft, 1972. – *R. Smend*, Jahwekrieg und Stämmebund (FRLANT 84, ²1966). – *E. Täubler*, Biblische Studien. Die Epoche der Richter, 1958. – *G. Wallis*, Die Stadt in den Überlieferungen der Genesis (ZAW 78, 1966, 133–148). – *M. Weber*, Gesammelte Aufsätze zur Religionssoziologie III. Das antike Judentum, ³1963.

I. 1. Das äg. Äquivalent zu hebräisch *ḥānāh*, *ḫnj* (WbÄS III, 287f.), bedeutet 'niederschweben', 'sich niederlassen', 'Halt machen', 'verweilen'. Die Art des Haltmachens scheint eine vorübergehende zu sein, wie sich aus dem 'Niederschweben' von Vögeln, aus der Bedeutung 'einen Ort durchziehen' und 'tanzen', wie auch aus der Bezeichnung von umherziehenden Frauen als *ḫnj.t* und des Rebellen (Unruhigen, Flatterhaften) als *ḫn* ergibt.

2. Im assyr. Sprachraum bedeutet *ḫanû* „*coming* from Ḫana" (CAD VI, 82f.; AHw I, 321); zur Verwandtschaft von *ḫanû* mit hebr. *ḥānāh* vgl G. Dossin, ARM V, 128; vgl. aber J.-R. Kupper, Les nomades en Mésopotamie au temps des rois de Mari, Paris 1957, 43 Anm. 2, der auf ein anderes Verb *ḫanûm*, „intervenir auprès de quelqu'un" (AHw, 321: *ḫanû* II) hinweist. Vgl. auch A. Finet, ARM XV, 204 mit Hinweis auf ARM V, 15, 7 *ḫanû* vielleicht 'fett': (*immeru*) *ḫa-nu-û* „mouton gras". – Außerdem findet sich ein *ḫunnû* 'unterbringen' (von Schafen; AHw I, 356).

Das inhaltlich verwandte Wort *nâḫum* „se reposer, être tranquil, être apaisé" (vgl. Finet, ARM XV, 229) entspricht hebr. → נוח (*nûaḥ*) und findet sich wieder in ugar. *nḫ* 'ruhen, zufrieden sein', (vgl. WUS Nr. 1772) und bezeichnet eine soziale Klasse, eine Art von Soldat, die in einer Liste aus Alalaḫ genannt wird zusammen mit den *ṣābē namē* „people living outside of villages and towns" (CAD VI, 82; vgl. Kupper, Les nomades, 45: *ṣābē namē* „gens de la campagne"; *namû* = *nawû*, 'Steppe', AHw II, 729).

Bezeugt sind Soldaten der „Ḫanäer" in Mari und Suprum (Kupper, Les nomades, 1). Die „Ḫanäer" haben ihre Lager entlang des Euphrat (*Ḫana ša nawêm*, vgl. ARM I, 6, 26. 41 u. ö.), wohnen aber auch in Städten (*ālānu*; Kupper 12f.). Sie führen also z.T. ein nomadisches Leben, jedoch im Übergang zur Seßhaftigkeit (Kupper 15), betreiben Viehzucht und leben von gelegentlichen Raubzügen (Kupper 15). An ihrer Spitze stehen die Ältesten und die *sugagu*, „une classe de notables" (Kupper 16). Ihr Lager (*na-wu-ú-um*, „groupement de nomades", „de troupes", „de moutons": ARM XV, 294), in der Steppe (Hinterland) gelegen (*nawûm* = Steppe: ARM I, 33; 95; ARM II, 103), steht unter der Kontrolle von Mari (ARM I, 42, 5) und ist wohl ein Teil des militärischen Kontingents von Mari (ARM I, 42, 5–10).
Für die Bedeutung von *ḫanû(m)* ergibt sich daraus eine Lebensweise außerhalb der Ortschaften (Städte) in Lagern oder (und) in Militärlagern (Garnisonen), das „Lagern" wahrscheinlich von Halbnomaden (Karawanen- und Kamelführer?; Kupper 15) am Rand des Kulturlandes, an deren Bestand die Bewohner des Kulturlandes – zur eigenen ökonomischen und militärischen Sicherung – interessiert sind (ARM III, 10–15).

3. In phön. und aram. Inschriften überwiegt die Bedeutung von *mḥnh* im Sinne von Heer(lager) (KAI 1, 2; 26 A I 7. 8; 202 A 5. 6. 7. 9; 215, 13. 16 [Schlacht]. 17; vgl. auch die Bezeichnung des Prokonsuls als *rb mḥnt* in neupun. Inschriften: KAI 118, 2; 120, 1). Nach einer aram. Inschrift „lagert" (ruht) der König in der Gunst (= „Gedeihen") der Gottheit (KAI 214, 19), nach einer anderen (KAI 215, 12) ließ der König von Assyrien den König Panammuwa „ruhen, mehr als die mächtigen Könige"; das kommt zum Ausdruck darin, daß er „am Rad seines Herrn Tiglatpilesar ... (inmitten der) Heeresformationen ... lief" (KAI 215, 12f.), wahrscheinlich „eine Gunstbezeugung des Großherrn gegenüber dem Vasallen" (KAI II, 228).

4. Die Qumrantexte knüpfen – hinsichtlich der Lagervorstellung – u. a. an at.liche Traditionen an: das 'Lager' (bzw. 'sich lagern') meint das Heerlager (1QM 1, 3; 3, 4f. 14; 6, 10; 14, 2; 15, 2; 16, 3; 18, 4; 19, 9 u. ö.; 1QH 2, 25). In der Damaskusschrift setzt die Redeweise vom 'Lager' wohl kaum das at.liche Lager voraus, meint also nicht einen Aufenthalt in der Wüste (Maier, Texte II, 52; 57; vgl. aber Cothenet, Textes II, 188 Anm. 12), hat aber mit der at.lichen Vorstellung vom Wüstenlager zumindest *ein* Element der „Wüstenideologie" gemeinsam (gegen Maier, Texte II, 57): die ausgesonderte Situation, den „gereinigten" Städten (1 Makk 13, 48; vgl. Maier, Texte II, 57) vergleichbar (vgl. CD 12, 23). In diesen „Lagern" gilt das Gesetz Gottes (vgl. CD 7, 6; 10, 23: Sabbat; 19, 2: Ehegesetze), Fremde haben – ohne Einverständnis des *m^{e}ḇaqqer '^{a}šær lammaḥ^{a}næh* – keinen Zutritt (CD 13, 13). Da im Zusammenhang mit den „Lagern" im „Lande Damaskus" nicht die Rede ist von Zelten oder Hütten, werden sie als „Gemeinschaftswesen" (Maier, Texte II, 57) oder „separate" Siedlungen mit bestimmter Ordnung zu verstehen sein (CD 7, 6; 9, 11; 12, 23 u. ö.; ähnlich evtl. IQSa 2, 15; vgl. Carmignac, Textes II, 25 Anm. 80 mit Hinweis auf Num 2, 3–31; 10, 14–27).

5. LXX gibt *ḥānāh*/*maḥ^{a}næh* in den meisten Fällen wieder mit παρεμβάλλειν/παρεμβολή, einem militärischen terminus technicus (Bauer, Wörterbuch[5], 1239). In den militärischen Bereich gehört auch die allerdings nur vereinzelte Wiedergabe von *ḥānāh*/*maḥ^{a}næh* mit κυκλοῦν (Jes 29, 3; Hi 19, 12), παρατάσσειν (Ps 27, 3), περικαθίζειν (Jos 10, 5. 31. 34; Ri 9, 50), δύναμις (1 Chr 12, 23; 2 Chr 14, 12), λαός (als Kriegsvolk verstanden: Jos 10, 5), παράταξις (1 Sam 17, 4), πόλεμος (1 Sam 28, 1; 2 Sam 5, 24; 1 Kön 22, 34 = 2 Chr 18, 33). Die Lagerung der Exodusgruppen, mit στρατοπεδεύειν umschrieben (Ex 13, 20; 14, 2), wird als Lagerung eines Heeres gekennzeichnet, anders in Num 5, 2, wo das Wüstenlager als συναγωγή (Versammlungsort, aber auch gottesdienstliche Versammlung) bezeichnet wird, in der jeder seinen festen Platz (τάξις Num 1, 52) hat. Das theologische Anliegen von 2 Chr 31, 2 scheint LXX zu übersehen, wenn sie *maḥ^{a}nôṯ JHWH* wiedergibt mit οἶκος κυρίου.

In den deuterokanonischen Büchern bezeichnet „sich lagern" und „Lager" fast ausschließlich das Heerlager (Judith 6, 11; 7, 3. 12. 17. 18. 20; 10, 18 u. ö.; 1 Makk

2, 32; 3, 3. 40. 41 u. ö.; 2 Makk 13, 15f.; 15, 22), dann auch das Heer (Judith 16, 3; 1 Makk 3, 15. 23. 27; 6, 40–42 u. ö.); „belagern" (1 Makk 5, 5; 6, 26. 51 u. ö.); „Krieg führen gegen" (1 Makk 6, 48). In diesen Zusammenhang gehört auch Judith 7, 32, wo das „Lager" (παρεμβολή) eine im Verteidigungszustand befindliche Stadt meint. Nur Weish 19, 7 handelt vom Exoduslager. Die davon abweichenden Bedeutungen in Sir 11, 8 (eine Darlegung nicht ʿunterbrechenʾ, ʿstörenʾ, ʿanhaltenʾ) und in Sir 43, 8 (vom Mond, der das Heer in der Höhe ʿsich lagern läßtʾ?, ʿzurückhältʾ) fallen demgegenüber nicht sonderlich ins Gewicht.

II. 1. Transhumierende Gruppen sind – vor allem wegen ihres Viehbestandes – vom Wasser abhängig; deshalb schlagen sie ihr Lager im Sommer im Tal auf, so Isaak im Tal Gerar (Gen 26, 17), wo er die alten Wasserbrunnen ausgräbt (v. 18). Anderer Art scheint das Lager Dans bei Kirjat-Jearim zu sein (Ri 18, 11f.), wo die transmigrierenden Daniten Zwischenstation machen und ein Erobererlager im Zuge eines „campaign of settlement" errichten (Malamat 1; vgl. Ri 18, 11: 600 Mann, zum Krieg gerüstet). Vielleicht meint Gen 32, 8. 11 ein ähnliches Lager, da der Erzvater Israel nicht auf wasserreiches Weidegebiet aus ist, sondern nach Gen 33, 18–20 auf Seßhaftigkeit. Sein Lager, bestehend aus Frauen, Kindern, Knechten, Mägden und Vieh (Gen 32, 8. 9; 33, 8), ist Ausdruck seines reichen Besitzes (vgl. Gen 32, 11), von dem er – zur Besänftigung Esaus – verschenken kann (vgl. Gen 33, 8). Gewöhnlich scheint er selbst – als Führer seiner Gruppe – nicht im Lager, d. h. inmitten des Lagers, die Nacht zu verbringen, da in Gen 32, 22 ausdrücklich hervorgehoben wird, daß er in *dieser* Nacht (*ballajlāh-hahûʾ*) – vor der Begegnung mit Esau – im Lager (*bammaḥ^{a}næh*) übernachtet. Sein üblicher Platz ist demnach vermutlich am Rand (Eingang) des Lagers (vgl. auch Jos 8, 13 und später „Kriegslager"); wohl aus Furcht vor dem herannahenden Esau wird er einen sicheren Platz inmitten des Lagers bezogen haben.

Das „Lager" Josephs, genauerhin die Begleitung Josephs auf dem Trauerzug nach Goren ha-Ated/Abel-Mizrajim (Gen 50, 9–11; ähnlich 2 Kön 5, 15: die Begleitung Naamans), ist ein Wanderlager, zu dem Wagen und Reiter (Gen 50, 9), alle Diener des Pharao, seine Beamten, alle Würdenträger Ägyptens (Gen 50, 7), Joseph, seine Angehörigen, seine Brüder und das Hausgesinde seines Vaters gehören, „ein sehr großes Lager" (Gen 50, 9).

2. Ein Kriegslager kommt so zustande, daß die Philisterkönige es sammeln (*ʾāsap̱* 1 Sam 17, 1; *qāḇaṣ* 1 Sam 28, 1; 29, 1) oder aber so, daß Leute zu David kommen und sein Lager groß wird *k^{e}maḥ^{a}neh ʾ^{æ}lohîm* (1 Chr 12, 23). Zum nichtisraelitischen Kriegslager gehören – außer den wehrhaften Männern – Pferde und Wagen (Jos 11, 4; Ri 4, 15f.; 1 Sam 13, 5; vgl. 2 Kön 7, 7; 1 Chr 19, 7), Esel (2 Kön 7, 7), zum israelitischen Kriegslager auch Vieh (2 Kön 3, 9). Auch deshalb muß ein wasserreicher Ort für das Lager gesucht werden (Jos 11, 5; Ri 7, 1; vgl. 2 Kön 3, 9), vorwiegend in Ebenen und Tälern (Ri 6, 33; 29, 1: Ebene Jesreel; 1 Sam 4, 1; 29, 1: Aphek; 1 Sam 4, 1: Eben-ha-Eser, Aphek gegenüber; Ri 7, 1: En-Harod, vermutlich am Fuß des Gilboagebirges; Ri 7, 1: am Fuß des Hügels More, im Tal; 1 Sam 17, 1f.: Terebinthental; 1 Chr 11, 15: Tal der Rephaim). Die Lage auch israelitischer Kriegslager in der Ebene und in Tälern verwundert angesichts frühisraelitischer Kriegführung ohne den Einsatz von Pferden und Wagen. Vielleicht spielt auch die Frage der Verproviantierung eine Rolle, die in den tiefer gelegenen fruchtbaren Landstrichen eher garantiert ist als im Gebirge. Bestimmend für die Wahl des Lagerortes wird die Lage der Belagerungsobjekte gewesen sein, eben der in Ebene und Tal gelegenen Städte (vgl. *ḥānāh ʿal* im Sinne von „belagern" Jos 10, 5. 31. 34; 1 Sam 11, 1; 2 Sam 12, 28 u. ö.; bildliche Darstellung wahrscheinlich assyrischer Belagerungslager in ANEP, Abb. 170; 171).

Die Art des Lagerns ist unterschiedlich: das Heer Davids kampiert auf freiem Feld in Hütten (2 Sam 11, 11), das aramäische Lager besteht aus Zelten (2 Kön 7, 7) und Hütten für den König und seine Unterkönige (1 Kön 20, 12. 16). Ein besonderer, geschützter Platz innerhalb des Lagers ist dem König (samt seinem Feldherrn?) vorbehalten (1 Sam 26, 5: „die Leute lagen im Kreis um ihn herum"). Das scheint jedoch nicht die Regel zu sein, denn Ri 7, 13 setzt voraus, daß das „Führerzelt" am Rand bzw. Eingang des Lagers liegt. Dem entspricht die Feststellung Dalmans (AuS VI, 28), daß bei den kamelzüchtenden Wüstenbeduinen der Häuptling (*šēḫ*) sein Zelt am Eingang des Lagers hat. Wenn nach 1 Sam 26, 5 Saul seinen Platz inmitten des Lagers hat, enthält diese Feststellung bereits eine gewisse Kritik am König, wenn das arabische Sprichwort eine „Vorgeschichte" hat: „Am Rand läßt sich nur der Beherzte nieder, und in der Mitte nur der Verächtliche und Furchtsame" (Dalman, 28). Der König scheint demnach im Lager seinen Platz an „erster Stelle" zu haben – eine Feststellung, die bei der Beurteilung der Lage des *ʾohæl môʿeḏ* (→ אהל) von Bedeutung sein wird. Auch das Wohnen der Kriegsleute in Hütten wird bei der Frage nach der theologischen Bedeutung von *ḥānāh*/*maḥ^{a}næh* zu beachten sein.

Die Größe der Kriegslager schlägt zuungunsten der Israeliten aus. Die Israeliten lagern den Aramäern gegenüber „wie zwei kleine Ziegenherden, während von den Aramäern das ganze Land erfüllt war" (1 Kön 20, 27). Das Philisterlager zählt 3000 Wagen, 6000 Pferde und ein Fußvolk „zahlreich wie der Sand am Meeresstrand" (1 Sam 13, 5); auch das Heerlager der Nordkönige ist zahlreich wie der Sand am Meer (Jos 11, 4). Das Lager der Ammoniter verfügt über 32000 Wagen (1 Chr 19, 7), vom Lager der Söhne des Ostens sind 15000 Mann übriggeblieben (Ri 8, 10) und Saul befällt Angst angesichts der Größe des Philisterlagers (1 Sam 28, 5). In allen Fällen – außer

1 Sam 28 – gelingt Israel trotz der gegnerischen Übermacht der Sieg und es erkennt so die Hilfe seines Gottes. Die unterschiedliche Größe der feindlichen Lager und der eigentlich nicht zu erwartende Erfolg des israelitischen Kriegslagers legen zumindest *einen* Grund für den Glauben Israels an JHWH.

Die Gegenwart JHWHs im israelitischen Kriegslager, in der frühköniglichen Zeit mit der Lade verbunden (1 Sam 4, 5f., vgl. v. 7), erfordert die Beobachtung bestimmter Reinheitsvorschriften (vgl. Deut 23, 13. 15); hier scheinen jedoch eher die Vorstellungen von einem Wanderlager im Vordergrund zu stehen (Deut 23, 15 *JHWH ... miṯhalleḵ beqæræḇ*), wenngleich die Grenzen zwischen einem Wander- und Kriegslager – situationsbedingt – fließen können (de Vaux, Lebensordnungen II, 14 mit Hinweis auf I, 27).

Im Vergleich zum Wanderlager scheint es in einem Kriegslager geschäftiger und lauter zuzugehen (Ez 1, 24; vgl. 1 Sam 4, 6 *qôl terûʿāh* bei Ankunft der Lade) – eine in Anbetracht der geringen Distanz zwischen den gegnerischen Lagern Maßnahme der auch „psychologischen Kriegführung". Der Geschäftigkeit im Lager am Tage folgt die nächtliche Ruhe, während der es im Lager dunkel ist (Ri 7, 22) und die den – kriegerische Auseinandersetzungen am Tage meidenden – Israeliten die beste Möglichkeit zum Überfall des feindlichen Lagers bietet (Ri 7, 9ff.; zur Zeit der Morgenwache: 1 Sam 11, 11); aber auch tagsüber scheint das Lager nicht immer gut bewacht zu sein (2 Sam 23, 16 = 1 Chr 11, 18).

Den Hauptbestand des Lagers bildet das Heer, deshalb bedeutet *maḥanæh* oft soviel wie 'Heer' (Ri 8, 11. 12; 1 Sam 17, 46; 2 Sam 5, 24 u. ö.) und meint auch das 'Lager' oder Heer in Aktion, den Kampf (1 Kön 22, 34 = 2 Chr 18, 33). Im Lager gibt es auch „Vergnügungen", z. B. den „Lagertanz", den die Tänzerin vermutlich unbekleidet tanzt (HL 7, 1) (vgl. Ringgren, ATD 16, ²1967, 286f.). Als Ort scheint ein Kriegslager vorausgesetzt zu sein, wie sich aus der, wenn auch rätselhaften Erwähnung der (Streit-) Wagen Amminadabs (HL 6, 12) ergibt. Vielleicht ist in HL 7, 1 auch eine Reminiszenz der äg. *ḥnj.t* (s. I. 1.) erhalten (zu möglichem äg. Einfluß auf HL 6, 12 vgl. Gerleman, BK XVIII, 191f.). Ob es sich in HL 7, 1 um einen Kulttanz handelt (vgl. die Übersicht über die Verwendung von *meḥôlāh* bei Ringgren, ATD 16, ²1967, 286f.) oder um einen „Kriegstanz", läßt sich nicht ausmachen.

Aufgelöst wird ein Lager mit dem Ruf „Kehrt! Jeder in seine Stadt!" (1 Kön 22, 36, hier bedingt durch Ahabs Tod im Feld).

3. (1) Die Angaben über das Lager der aus Ägypten emigrierenden und in Kanaan einwandernden Gruppen lassen – vor allem in P – eine „sakrale" Lagervorstellung erkennen, neben der „profane" Details in den Schatten treten. Als solche kommen in Frage: Das Lager besteht aus Zelten; zumindest Moses wohnt in einem Zelt (zu Ex 18, 5 vgl. v. 7), nach Lev 14, 8; Ps 78, 28 auch die anderen. Das Lager hat zwei Tore oder Zugänge (vgl. Ex 32, 26f.); das Tor scheint, dem Stadttor entsprechend, Versammlungsort zu sein (Ex 32, 26). Die Bewohner des Lagers ernähren sich von dem Vieh, das sie mit sich führen (Lev 17, 3), von Vögeln (Ex 16, 13; Num 10, 31f.; Ps 78, 28) und von Manna (Num 11, 9). Bei der Wahl des Lagerortes spielt das Vorkommen von Wasser eine Rolle (Ex 15, 27; Num 21, 12), auch deshalb bedarf es eines ortskundigen Führers (Num 10, 31). Die einzelnen Lagerorte auf dem Weg von Ramses bis zu den Steppen Moabs sind zusammengestellt in Num 33, 5–37. 41–49; zu den Lagern in Gilgal vgl. Jos 4, 19; 5, 10; 9, 6; 10, 6. 15. 43; Makkeda: Jos 10, 21; Silo: Jos 18, 9.

Die Organisation des P-Lagers entspricht weithin der der → עדה (*ʿeḏāh*), die sich von oben nach unten gliedert nach Stamm (P: *maṭṭæh*), Sippe (*mišpāḥāh*) und Vaterhaus (*bêṯ ʾāḇ*) (vgl. Rost 41–59). Bei P tritt die Stammesorganisation zugunsten der Sippenordnung zurück (Rost 50), ja, auch diese Ordnung verliert gegenüber der nach Vaterhäusern an Gewicht (Rost 53ff.; Kuschke 100, vgl. 81), weil „die Gliederung in Vaterhäuser in der nachexilischen Gemeinde, und zwar wahrscheinlich von der Gola in Babel ausgehend, beheimatet ist" (Rost 57). Dann aber ist die Übertragung dieser Ordnung auf das Wüstenlager „ein offenkundiger Anachronismus" (Rost 57); dasselbe gilt dann auch für die Verlegung der Sippenorganisation in die Wüstenzeit (Rost 53, 55). Der Anknüpfungspunkt für die P-Darstellung der Lagerorganisation wird sakraler, wenn auch nicht amphiktyonischer Art sein, denn wenn für die *ʿeḏāh* (P) gilt, daß sie auf das Zelt der Begegnung ausgerichtet ist (Rost 40, vgl. 59), wird das wahrscheinlich auch für die Gliederung der *ʿeḏāh* und des so beschriebenen Lagers vorauszusetzen sein. Auf den sakralen Bezug von Stamm, vor allem von Sippe und Vaterhaus kann hier nicht eingegangen werden. Nur sollten die vorpriesterschriftlichen Erwähnungen der *mišpāḥāh* z. B. in Ex 12, 21 (vgl. Rost 44) und 1 Sam 20, 6. 29 (vgl. Rost 47) in sakralen Zusammenhängen bei der Beurteilung der sakralen P-Lagervorstellung mitbedacht werden.

Dem scheint – auf den ersten Blick – die Lagerordnung der Israeliten „nach ihren Bannern" (*dæḡæl*; vgl. Num 1, 52; 2, 2. 3. 10. 17. 34; 10, 14. 25) und nach ihren 'Heeresabteilungen' (*ṣeḇāʾôṯ* Num 2, 32; 10, 14 u. ö.) wie auch die Rede von den 'Gemusterten' (*pequḏîm* Num 2, 9. 16. 24. 31. 32) zu widersprechen; denn ob nun *dæḡæl* 'Fahne' (Galling, BRL 160ff.; vgl. Kuschke 101) oder 'Fähnlein' (Noth, ATD 7, 24) bzw. „eine Heeresabteilung" (de Vaux, Lebensordnungen II, 30) bezeichnet, in jedem Fall setzt diese Ordnung ein Kriegslager voraus (so Kaufmann 28), auch wenn es – vor allem in Num 2 – gegenüber der Vorstellung von einem Wallfahrerlager zurücktritt (Noth, ATD 7, 24). Vielleicht lassen sich beide Lagervorstellungen auf ein Fest bzw. eine Festversammlung – als Modell – zurückführen (s. dazu später).

Die Leitung der im (P-)Lager Versammelten kommt – außer Moses (und Aaron) – den 'Häuptern' (*rāʾšîm*) und den 'Fürsten' (*n^e^śî'îm*) zu (Textübersicht bei Rost 65; 70). Die „Häupter" erscheinen in P als Vertreter der „Vaterhäuser", deren Meinung und Interessen sie vor der Gemeinde vertreten; darin folgt nach der Meinung von Rost (68f.) P dem Aufbau der nachexilischen Gemeinde. Die *n^e^śî'îm*, Führer der Stämme bzw. ihre Vertreter, vor allem an der Rechtsprechung beteiligt (Kuschke 81 mit Hinweis auf Num 27, 2), haben im P-Lager keine kultischen Funktionen (Rost 71; 74f.; vgl. de Vaux, Lebensordnungen I, 26; anders Noth, System 160–162). Wenn sie sie je gehabt haben, sind sie durch Moses und die Aaroniden aus dieser Stellung verdrängt worden (Kuschke 80; 98). Ihre Position, der der Scheichs vergleichbar, entspricht der von P vorausgesetzten Lagersituation in einer vor- bzw. nachstaatlichen Zeit. Die älteren Traditionen darüber hat P ausgebaut, vielleicht im Blick auf die nachexilische Gemeindeordnung, wahrscheinlicher jedoch – wegen der sakralen Lagervorstellung – aufgrund einer sakralen Festversammlung als Modell, das die Versammlung der Stämme voraussetzt und der Intention von P entspricht, nach der nicht die staatliche Ordnung von Belang ist, sondern eine „interimistische", wie sie für die Fremden und Wallfahrer in Frage kommt. Wenn auch die Funktionen der – von P ins Wüstenlager versetzten – „Häupter" und „Fürsten" weithin nicht sakraler Art sind, so ist doch vor allem *ihre* Beteiligung an sakralen Akten offensichtlich („Häupter": Jos 23, 2; 24, 1; „Fürsten": Num 7, 11, vgl. Ex 34, 31; „Häupter" und „Fürsten": 2 Chr 1, 2; 5, 2; dazu gehört vielleicht auch die Landvergabe, vgl. Num 34, 18; Jos 19, 51), so daß ihre Funktion auch in Festversammlungen nicht auszuschließen ist.

(2) a) Die Angaben älterer Quellen über das Wüstenlager – unter Verwendung von *ḥānāh*/*maḥ^a^næh* – fließen spärlich. Außer einigen Lager- und Itinerarnotizen (vgl. Ex 13, 20; 14, 2. 9; 15, 27; 17, 1; Num 12, 16; 21, 10–13) und dem Hinweis auf die Versorgung des Lagers mit Manna (Num 11, 9) und Wachteln (Num 11, 31f.) sind hier von Belang die eine Trennung zwischen „Zelt" und Lager (Ex 33, 7. 11; Num 11, 30, vgl. v. 25–27) und zwischen „Berg" und Lager (Ex 19, 17; 32, 19, vgl. v. 17; 19, 2) voraussetzenden Texte. Es ist deshalb nicht ausgeschlossen, daß P, der das „Zelt" in die Lagermitte rückt, hier eine vorgegebene Tradition verändert und doch insofern erhalten hat, als er das „Zelt" durch das Lager der Leviten vom übrigen Lager trennt. Die von P betonte Reinheit des Lagers wird von J präludiert, wenn er vom Ausschluß Mirjams berichtet (Num 12, 14f.). Dieser singuläre, eher als moralische denn als kultische Disqualifizierung zu verstehende Hinweis (vgl. Kuschke 91) ändert jedoch kaum etwas daran, daß die sakrale Signatur des P-Lagers eine Lagervorstellung sui generis darstellt. Dagegen spricht auch nicht die vorgeschlagene Lokalisierung des Lagers in der Amphiktyonie (vgl. Kuschke 76), für die vor allem auf Ri 21 verwiesen wird (Kuschke 75).

b) Die inzwischen wieder umstrittene „Amphiktyonie" (Fohrer 801–816; zuletzt C. H. J. de Geus, The Tribes of Israel [Studia Semitica Neerlandica 18, 1976, 193ff.]; vgl. auch O. Bächli, Amphiktyonie im Alten Testament [ThZ Sonderband 6, 1977]) versagt als Modell für die Lagervorstellung von P, wie bereits ein Blick auf das „Paradestück" Ri 20f. zeigt (vgl. Noth, System 102ff.; 167). Hier wird deutlich unterschieden zwischen dem „Lager" in Mizpa (Ri 21, 8, vgl. 20, 1–7; 21, 5. 8; von einer Amphiktyonenversammlung „an dem Heiligtum von Mizpa" kann nicht die Rede sein: gegen Noth, System 102, mit Besters 39f.) und den „kultischen" Maßnahmen in Bethel (Ri 20, 18. 26–28; 21, 2), wobei auch hier weder ein regelmäßig geübter Kult der Amphiktyonie vorausgesetzt ist (Besters 40) noch ein „Bundeskult" der Amphiktyonie (vgl. Noth, System 113; 114; 115; 116). Das Fehlen einer sakralen Mitte im Mizpa-Lager (Ri 20f.) und der nur vorübergehende die Errichtung eines Lagers ausschließende Aufenthalt in Bethel (vgl. Ri 20, 23. 26; 21, 2 „bis zum Abend") machen den Rekurs auf die „Amphiktyonenversammlung" als Modell für die P-Lagervorstellung unwahrscheinlich (anders Beyerlin 139f.). Die Unterschiede zwischen dem P-Lager und der „Amphiktyonie" sind zu zahlreich und gewichtig; vgl. u. a. Kuschke (79–81): „die beherrschende Stellung der Priesterschaft" im P-Lager, die „schematisierende, künstlich anmutende Anordnung der Stämme" daselbst, die „im wesentlichen kultische(n) Funktionen" im P-Lager, die Charakterisierung des Volkes nicht als *qāhāl*, sondern als *'edāh* (vgl. dazu Rost 40; 83; 87; Kuschke 93).

Demgegenüber macht Kuschke (92; vgl. 81) – im Zusammenhang mit der Frage nach der Art göttlicher Anwesenheit im Lager – darauf aufmerksam, daß die priesterschriftliche Zelt- und Lagervorstellung vom P-Bericht über die Sinaioffenbarung geprägt sei, der als „Festlegende" (v. Rad, Problem 28–33, bes. 29) auf ein Fest hinweist, vielleicht auf das Laubhüttenfest (v. Rad, Problem 42). Neben der „Einordnung der Volksgemeinde in die Tradition der Wüstenzeit" (Kuschke 100) auch durch die P-Lagervorstellung mag das Laubhüttenfest, zumindest ein Wallfahrtsfest, das Modell abgeben für die P-Lagervorstellung (vgl. Beyerlin 139f.), die dann nicht den „Eindruck einer nachträglichen Sakralisierung" macht (gegen Kuschke 81). Demgegenüber leidet das von Kraus postulierte „Zeltfest" (BEvTh 19, vor allem 26f., 29, 31; *ders.*, Gottesdienst² 155–159) an „the lack of clear textual evidence" (MacRae 260; vgl. auch Wolff, BK XIV/1, ³1976, 278f.).

Der Verbindung des P-Lagers mit dem Laubhüttenfest scheint – auf den ersten Blick – zu widersprechen, daß nach Ex 18, 7; Lev 14, 8; Ps 78, 28 das Wüstenlager nicht aus Hütten besteht, sondern aus Zelten (Alt 241f.), wobei jedoch zu bedenken ist, daß hier ein ursprüngliches Wohnen von „Nomaden" in Zelten im Kulturland durch den dort beheimateten Brauch des Aufenthalts in Hütten abgelöst wurde

(Kraus, BEvTh 19, 26f.). Außerdem fällt auf, daß Ex 18, 7 lediglich von dem Zelt des Moses spricht und daß noch in davidischer Zeit das Heer in Hütten kampiert (2 Sam 11, 11). Wenn sich hier auch keine letzte Sicherheit gewinnen läßt, spricht doch einiges für das Laubhüttenfest als Modell der P-Lagervorstellung. In diesem Fest fließen wahrscheinlich auch die Vorstellungen vom Kriegs- und Sakrallager zusammen (vgl. Alt 241f.).

Der *jôm mô*ʿ*ed̲* (Hos 9, 5) erinnert an die Wüstenzeit, wie auch Hos 12, 10 (*kîmê mô*ʿ*ed̲*) an die Tradition von „Jahwes erster ‚Begegnung' mit Israel in der Wüste" anknüpft (Wolff, BK XIV/1³, 279). Diese Erinnerung wird aber in Hos 9, 5 mit dem *ḥag̲ JHWH* (synonym) verbunden, mit dem Erntefest im Herbst, also mit dem Laubhüttenfest (vgl. Wolff 196; 200; Weiser, ATD 24⁴, 71, 72 Anm. 2; Robinson, HAT I/14³, 34f.). „Begegnung" (*mô*ʿ*ed̲*) und „Laubhüttenfest" hängen also zusammen.

Als Teilnehmer an dem 1 Kön 8 (bes. vv. 2. 65) für die die Tempelweihe voraussetzenden „Feste", Herbst- bzw. Laubhüttenfest (vgl. Noth, BK IX/1, 176) werden genannt die Ältesten Israels, alle Häupter der Stämme, die Vorsteher der Vaterhäuser der Israeliten (1 Kön 8, 1 *ziqnê jiśrā'el* ... [*kŏl rā'šē hammaṭṭôt̲ neśî'ê hā'āb̲ôt̲ lib̲nê jiśrā'el*]; das Eingeklammerte fehlt in LXX). Auch die Neh 8, 13 (+ Kontext) berichtete Feier des Laubhüttenfestes nennt als Teilnehmer die Häupter der Vaterhäuser des ganzen Volkes (*rā'šê hā'āb̲ôt̲ lekŏl-hāʿām*) In beiden Fällen läßt sich demnach eine Beziehung zwischen der Versammlung gelegentlich des Laubhüttenfestes und der Organisation des P-Lagers feststellen, die möglicherweise für den Modellcharakter dieses Festes für die P-Lagervorstellung spricht, wie denn auch in 1 Kön 8, 4 vom Zelt der Begegnung die Rede ist (Noth, BK IX/1, 177: „ein offensichtlicher Zusatz im Sinne von P, mit dem die Kontinuität zum Wüstenheiligtum der Mosezeit hergestellt werden soll" – vgl. aber auch 1 Kön 1, 39; 2, 28ff.).
Dann aber deutet P das Wüstenlager als eine Festversammlung, die – wie zum Laubhüttenfest – „vor JHWH" zusammenkommt (vgl. Lev 23, 40), in der „Entsühnung" eine Rolle spielt (Lev 23, 27ff.), wie sie sich in den für das Lager geltenden Reinheitsvorschriften widerspiegelt, die „der ängstlichen Fernhaltung alles dessen (gelten), was die Heiligkeit des inmitten des Lagers über dem Zelt erscheinenden Gottes verletzen könnte" (Kuschke 91) und für die – wie ursprünglich auch für das Laubhüttenfest – die „räumliche Geschlossenheit der Festfeier" (Alt 242 Anm. 2) samt einer festen Ordnung vorauszusetzen ist.

Zu befristetem Ausschluß führen: Tötung (Num 31, 19) bzw. Teilnahme am Kampf (Num 31, 24), Aussatz (Num 5, 2; 12, 14; Lev 13, 46; 14, 8), Ausfluß (Num 5, 2), Leichenberührung (Num 5, 2), die Berührung der „roten Kuh" (Num 19, 7) und des Sündenbocks (Lev 16, 26. 28). Sabbatschänder und Lästerer müssen außerhalb des Lagers gesteinigt werden (Num 15, 35f.; Lev 24, 14). Die Leichen von Nadab und Abihu müssen aus dem Lager hinausgeschafft werden (Lev 10, 4f.), wie auch Fell und Unrat des Sündopfertieres (vgl. Ex 29, 14). Nicht etwa die Angst vor Ansteckungsgefahr begründet diese Vorschriften, sondern die Nähe JHWHs (Num 5, 3). Diese Vorschriften sind auch diktiert von der Vorstellung, daß die Unreinheit Einzelner das ganze Lager verunreinigen könnte (Num 5, 2f.).

Die Gegenwart Gottes im Lager, ob an der Lade haftend (vgl. Num 14, 44) oder mit dem Zelt der Begegnung verbunden (vgl. Num 2, 2 u. ö.), fordert die kultische Integrität des Lagers – der priesterschriftlichen Deutung des Wüstenlagers als Festversammlung entsprechend.
Wenn das Interesse von P – nicht zuletzt situationsbedingt – dem Zelt der Begegnung gilt (vgl. v. Rad, Zelt und Lade, 125; vgl. 110f.; ders., Theologie der Priesterschrift, 179; 181f. u. ö.; Fretheim 315; vgl. 321), wird die Anordnung des Lagers um das Zelt herum verständlich. P geht es hier vor allem um eine Antwort auf die Frage nach der Gegenwart Gottes nach dem nationalen Zusammenbruch, die im Sinne eines jeweiligen, nicht an einen festen Ort gebundenen Auftretens JHWHs erfolgt (vgl. Kaufmann 33; 37; Fretheim, bes. 319). Dieser Antwort dient die Darstellung der Gottesbegegnung am Zelt der Begegnung in dem auf Gottes Geheiß (Num 9, 17. 18. 20. 22. 23) von Ort zu Ort wandernden Lagers. Dann aber wäre die priesterschriftliche Darstellung des Wüstenlagers Ausdruck einer bestimmten Intention, wie denn auch die detaillierte Beschreibung der Lagerordnung das Ziel verfolgen könnte, die Ordnung des Heimkehrerlagers und der nachexilischen Gemeinde zu entwerfen (vgl. Fretheim, 329). Dem entspricht auch das Fehlen der Landnahmetradition in P, da ja die Heimkehr aus dem Exil noch aussteht.
c) Der Ort des „Zeltes" wird unterschiedlich angegeben (zur Diskussion vgl. Schmitt 206–209), in E außerhalb des Lagers (Ex 33, 7. 11), in P inmitten des Lagers (Num 2, 2 u. ö.), unmittelbar umgeben von dem Lager der Leviten (Num 1, 50. 53; 3, 23. 29. 35; vgl. Num 3, 38), „auf daß nicht der Zorn über die Gemeinde der Israeliten komme" (Num 1, 53) oder wegen der Nähe der Leviten zum Ort ihres Dienstes (Num 1,50). In beiden Fällen ist das Gesamtlager in einiger Entfernung vom Zelt der Begegnung gedacht – auch bei P (vgl. Num 2, 2 *minnæg̲æd̲ sāb̲îb̲ le'ohæl-mô*ʿ*ed̲*).

Die Distanzierung mag jedoch unterschiedlicher Herkunft bzw. Intention sein, und die sind hier für die Deutung des Wüstenlagers von einigem Interesse. Wie die Nähe JHWHs (vor allem bei P) die kultische Reinheit des Lagers verlangt, so kann sie im Falle kultischer Unreinheit, mangelnder Vorsichtsmaßnahmen oder Berechtigung (vgl. 2 Sam 6, 6f.) gefährlich werden. Das von JHWH beschützte Lager ist zugleich ein von ihm bedrohtes (vgl. v. Rad, ThAT I⁶, 263; Kuschke 93: das

P-Lager, „von einer ständigen inneren Spannung erfüllt"), das nicht zuletzt durch den „Schutzwall" des Levitenlagers vor JHWHs Zorn bewahrt bleibt (Num 1, 53) – eine wesentliche Funktion der Priesterschaft. Auf diese „trennende" Funktion der Leviten scheint auch 1 Chr 9, 18 zu rekurrieren, wonach die Torhüter (in Jerusalem) bereits im Wüstenlager zu den Lagern der Söhne Levis gehörten (vgl. Rudolph, HAT I/21, 88). Wenn auch im Wüstenlager keine Torhüter erwähnt werden, so ergibt sich jedoch aus Ex 32, 26 die Nähe der Leviten zum Lagertor. Da darüber hinaus die damaligen Leviten Unbefugte fernzuhalten hatten, legt sich auch von daher die Zurückdatierung der levitischen Torhüter in die Zeit des Wüstenlagers nahe.

Der Lokalisierung des „Zeltes" außerhalb des Lagers durch E (Ex 33, 7. 11; vgl. Haran 52) liegt wahrscheinlich ein anderer Brauch zugrunde: wie auch in den Lagern kamelzüchtender Wüstenbeduinen hat der Häuptling seinen Platz am Eingang des Lagers (Dalman 28). Der Häuptling schützt das Lager, läßt sich deshalb – als ein „Beherzter" – am Rand des Lagers nieder und entscheidet über die Bewegungen des Lagers. Im Unterschied zur Intention von P geht es E um den am Rand, d. h. an gefährdeter Stelle des Lagers gelegenen Ort des „Zeltes".

Wichtig in diesem Zusammenhang ist die Charakterisierung des „Außerhalb" (*ḥûṣ/miḥûṣ*) als gefährlicher Ort: dort wird gekämpft (Jer 20, 4), wütet das Schwert (Ez 7, 15; Kl 1, 20; vgl. auch Ez 26, 11; 28, 23; Nah 3, 10; Kl 4, 14), dort hausen die Räuber (Hos 7, 1) und droht der Tod (Jer 9, 20).

An dieser Stelle wird das „Zelt" errichtet, in dem der „Häuptling" wohnt und sein Lager schützt. (Das Zelt [*hā'ohæl*], das Moses außerhalb des Lagers aufschlägt, und zwar *nāṭah-lô*, scheint, auch wenn sich keine letzte Klarheit gewinnen läßt, sein eigenes, also das Führerzelt, zu sein; so Haran 53; zur Diskussion vgl. Görg 151–159, bes. 155–157).

d) Die Intention der priesterschriftlichen Darstellung des Wüstenlagers ergibt sich weithin aus der Situation des Exils und der – damit verbundenen – „Offenheit" der Landverheißung, die den Rekurs auf das Wüstenlager nahelegen und rechtfertigen. Dabei konnte P auf ältere Lagertraditionen zurückgreifen, die jedoch – trotz des auch von ihnen tradierten heiligen Zeltes – die sakrale Note der priesterschriftlichen Lagervorstellung kaum präfigurieren. Wenn weder die „Amphiktyonenversammlung" noch das „Zeltfest" als Modelle in Frage kommen, andererseits aber die priesterschriftliche Lagervorstellung nicht einzig auf priesterlicher Fiktion beruht (vgl. Kuschke 102), bleibt nur der Rückgriff auf ein Wallfahrerfest, am ehesten auf das Laubhüttenfest als Modell. Dafür spricht u. a., daß nur P das Laubhüttenfest mit dem Exodus verbindet (Lev 23, 42f.; vgl. Elliger, HAT I/4, 323). Die Charakterisierung dieses Festes als Wallfahrtsfest bieten auch die älteren Traditionen (vgl. MacRae 254f.; zu P: 257f., 262; eine mögliche islamische Parallele: 261f.). Mittelpunkt des Wallfahrtsfestes ist das Heiligtum (MacRae 253; 255), vielleicht auch das heilige Zelt (vgl. 1 Kön 8, 4; 2 Chr 1, 3; 5, 5; vielleicht auch 1 Sam 17, 54, vgl. Hertzberg, ATD 10[4], 123).

4. 1 Chr 9, 19 nennt, offensichtlich in Erinnerung an die von P vertretene sakrale Lagervorstellung, das Wüstenlager „Lager JHWHs". Die Verbindung zwischen jenem Lager JHWHs in der Wüste und dem Jerusalemer Tempel stellt 2 Chr 31, 2 her, wenn hier der Tempel als Lager JHWHs bezeichnet wird (vgl. aber den Vorschlag Rudolphs HAT I/21, 304, statt *maḥanôṯ* vielleicht besser *ḥaṣroṯ* 'Vorhöfe' zu lesen). Anderer Art ist das Lager JHWHs in 2 Chr 14, 12, das die gegen Asa angetretenen geraritischen Kuschiten in Verwirrung bringt. Da dies als ohne menschliches Zutun (wahrscheinlich durch den JHWH-Schrecken, vgl. v. 13) bewirkt dargestellt wird (so auch Rudolph 244), wird mit dem „Lager JHWHs" wohl kaum das judäische Heer gemeint sein (anders Rudolph 244), sondern – ähnlich wie in Jo 2, 11 – ein himmlisches Heerlager. Bei der Deutung von Jo 2, 11 (+ Kontext) schwanken die Meinungen zwischen der Annahme eines Heuschreckenschwarms oder, was wahrscheinlicher ist, eines apokalyptischen Heeres oder aber eines Feindvolkes, vielleicht aus dem Norden (vgl. Wolff 54 und O. Kaiser, Einleitung in das Alte Testament, [3]1975, 257ff.). Das apokalyptische Kolorit der in Jo 2, 1–17 überlieferten Schilderung hat Wolff richtig erkannt, allerdings fragt es sich, ob die von ihm vorgeschlagene Identifizierung dieses apokalyptischen Heeres mit einem irdischen Feindvolk dem Text entspricht. Wenn, wie auch Wolff (49 u. ö.) feststellt, das „Auftreten und der Charakter des Feindes ... deutliche Analogien zu den Heuschrecken (zeigen)", wenn außerdem von einer Dürre bzw. von einem Großbrand die Rede ist (v. 3; vgl. v. 5) und eine Verfinsterung von Sonne, Mond und Sternen angekündigt wird (v. 10), scheinen überirdische Mächte am Werk zu sein, die hier als das Heerlager JHWHs bezeichnet werden – in 2 Chr 14, 12 zum Schutz Israels, in Jo 2, 11 zum Unheil Zions (vgl. vv. 1. 15), der Völkerwelt und des Kosmos (Wolff 56).

In der Nähe dieser Vorstellung von einem Heerlager läßt sich wahrscheinlich, zumindest im gegenwärtigen Kontext, die Mahanaimnotiz (Gen 32, 2f.) lokalisieren. Der Erzvater Israel (Jakob) begegnet den *mal'aḵê 'ælohîm*, die er als *maḥaneh 'ælohîm* bezeichnet; auf diese Begegnung wird der Ortsname *maḥanajim* zurückgeführt. Diese Notiz bietet in nuce einen Bericht, der die Begegnungen des Erzvaters mit einem *'îš* (Gen 32, 25ff.) und mit Esau (Gen 33, 1ff.), vielleicht auch mit den Sichemiten (Gen 33, 18) präludiert. Wer auch immer die *mal'aḵê 'ælohîm* und die *maḥaneh 'ælohîm* gewesen sein mögen (vgl. dazu demnächst mein „Jakob in Bethel und Israel in Sichem"), in Verbindung mit Gen 32, 25ff.; 33, 1ff. und vielleicht 33, 18 erscheinen sie im Zusammenhang mit gefährlichen Begegnungen des Erzvaters und deren glücklichen Ausgang. Das aber spricht für die Deutung jener *maḥ^a^neh 'ᵉlohîm* als Heerlager Gottes, wenngleich die Deutung als „überaus großes Lager" (vgl. 1 Chr 12, 23) – abgesehen vom Kontext – nicht von vornherein ausgeschlossen werden kann.

5. Kriegerischer Art ist auch das Lager, das JHWHs Engel rings um die Gottesfürchtigen aufschlägt (Ps 34, 8), um sie zu retten (*ḥlṣ*; vgl. v. 23 *pāḏāh*). Zwar werden zunächst keine Feinde genannt, sondern Ängste (v. 5), Nöte (vv. 7. 18), Hungersnot (?) (v. 11) und Leiden (v. 20), es ist aber auch die Rede von jungen Löwen (v. 11; Kraus, BK XV⁴, 266, vgl. 267 „Reiche"), Sündern (v. 17), Frevlern (v. 22) und von denen, die die Gerechten hassen (v. 22). Sie sind die Feinde der Gerechten, um die herum der Engel JHWHs lagert, d. h. ein die Gerechten schützendes Heerlager errichtet (vgl. Kraus 269).

Dieser Art ist auch das Lager, das JHWH um sein Haus errichtet (Sach 9, 8): JHWH lagert sich als eine Wache (s. BHK) für sein Haus, daß kein Bedränger gegen „sie" ankommt. Der Schutz des Tempels (anders Elliger, ATD 25⁷, 146f.; Horst, HAT I/14³, 247) kommt den Bewohnern Jerusalems und des Landes zugute. Dieses Gotteslager, in Sach 2, 9 als eine „Feuermauer" charakterisiert, übertrifft den Wall und das Bollwerk von Tyrus (Sach 9, 3f.), hat also die Funktion eines Schutzlagers.

Das Lager der heimkehrenden Exulanten ist ein Sammellager (Esr 8, 15 *qbṣ pi*), also das erste Lager der Heimkehrer, dem ein gewisser Modellcharakter zukommt. Deshalb und wegen der von Esra im ersten Lager angeordneten und durchgeführten Maßnahmen spielt die Frage nach Leviten eine Rolle (Esr 8, 15) – nicht nur im Blick auf den Jerusalemer Tempel (Esr 8, 17). Mit dem von Esra ausgerufenen Fasten wollen die dort Versammelten eine glückliche Reise von Gott erbitten (Esr 8, 21). Die abschließende Feststellung: „Er (Gott) ließ sich erbitten" (v. 23) setzt einen entsprechenden Zuspruch voraus, den nach „alter Regel" nur Priester (oder Propheten) erteilen – auch deshalb das Bemühen Esras um Leviten im Lager, die, wenn auch mit anderen Aufgaben betraut, in der priesterschriftlichen Darstellung des Wüstenlagers eine so bedeutende Rolle spielen.

In einer Liste, Bestandteil der Besiedlungsmaßnahmen Nehemias, ist von den Söhnen Judas die Rede (Neh 11, 25), die sich von Beerseba bis zum Hinnomtal „gelagert" hatten (11, 30). Da hier eine feste Niederlassung vorausgesetzt ist (11, 25 *jšb*), verwundert die Verwendung von *ḥānāh*. Wenn dieses „Lagern" nicht nur die Niederlassung in einem bestimmten Territorium meint (s. später zu Ri 13, 25), mag eine politische, vielleicht auch eine theologische Aussage mit dieser Redeweise verknüpft sein (kein Vorgriff auf eine endgültige Aufteilung der Städte und Gebiete; interimistischer Charakter der Seßhaftigkeit Israels).

Nur vorübergehend lagern die Volkszähler bei Aroer, von wo sie sich zu den Gaditern begeben und auf Jaser zugehen (2 Sam 24, 5; vgl. aber BHK *wajjāḥellû me'^a^rô'er* „sie begannen bei Aroer . . .", so auch Hertzberg, ATD 10⁴, 337). Der Auftrag an die Kundschafter, sich die Städte anzusehen, in denen die Bevölkerung wohnt, und zu ermitteln, ob sie in Lagern oder in Festungen wohnt (Num 13, 19), läßt zwei Siedlungsformen erkennen, die sich durch die Art ihrer Befestigung voneinander unterscheiden (Malamat 6: *maḥ^a^nîm*: „open towns", *miḇṣārîm*: „strongholds") und verschiedener Herkunft zu sein scheinen.

Die Vorläufer der befestigten Städte waren wahrscheinlich die „Burgen kriegerischer Häuptlinge für sich und ihre persönliche Gefolgschaft" (Weber 16; vgl. Wallis 133), die Vorläufer der als Lager angelegten Städte waren die Nomadenlager bzw. die „Zufluchtsstätten für Vieh und Menschen in bedrohten, besonders in den der Wüste benachbarten Gebieten" (Weber 16). Solche als „Lager" angelegte Städte unterscheiden sich von den Festungsstädten auch durch ihre Größe (vgl. Num 13, 28) und ihre Wehrhaftigkeit (vgl. Num 13, 22. 28. 32f.).

Das legt die Vermutung nahe, daß es sich bei den „Lagerstädten" um kleine Ortschaften, vielleicht weitverstreute Dörfer handelt, während die „Festungsstädte" als geschlossene Siedlungen mit Befestigung und als „Sitz des Wehrverbandes" (Weber 17) vorzustellen sind.

Die Ri 18, 1ff. berichtete Wanderung des Stammes Dan setzt voraus, daß dieser Stamm – auch z. Z. der Notiz Ri 13, 25 – noch nicht endgültig seßhaft geworden war. Das mag die Bezeichnung des vorläufigen danitischen Territoriums als „Lager Dans" (Ri 13, 25) begründen. An ein großes danitisches Gesamtlager zwischen Zorea und Eschtaol wird kaum zu denken sein, vielmehr meint *maḥ^a^neh-dān* „den ganzen Bereich der danitischen Siedlung" (Täubler 63), in dem Simson, von JHWHs Geist getrieben, sich bewegt (Ri 13, 25).

Heuschrecken, in Nah 3, 17 (vgl. vv. 15. 16) ein Bild für die Menge vor allem der assyrischen Händler und Beamten und für ihre unstete und somit unverläßliche Art, kommen, bleiben zur Nacht und sind, sobald die Sonne aufgeht, auf und davon. Um nachts einen warmen und geschützten Platz zu finden, „lagern" sie an den Mauern (Nah 3, 17), ihrem Nachtlager „am kalten Tag".

Auch der Tag „lagert" sich am Abend, und zu dieser Zeit soll auch der Gast sich zur Ruhe und nicht auf den Weg begeben (Ri 19, 9). Diese Redeweise ist wahrscheinlich vom „Gang" der Sonne (bzw. des Lichtes) genommen, die aufgeht, ihren Lauf nimmt und am Abend untergeht, zur Ruhe kommt.

6. Die Verwendung von *ḥānāh*/*maḥ^a^næh* zur Bezeichnung des Wüsten- und Kriegslagers überwiegt nicht nur zahlenmäßig, sondern ist auch und vor allem von theologischer Bedeutung: Die „Mitte" des Wüstenlagers bildet das „Zelt", das nach der älteren (E) Tradition (Ex 33, 7. 11) außerhalb bzw. am Rand

des Lagers seinen Ort hat. Da „das Thema der Gegenwart Gottes inmitten seines Volkes" Ex 33 beherrscht (Noth, ATD 5[4], 208), wird nicht die Trennung des heiligen Zeltes vom profanen Wohnbereich die Lage des „Zeltes" diktiert haben (anders Noth, ATD 5[4], 210), diese Lage scheint vielmehr durch eine vermutlich alte Lagerordnung begründet zu sein. Diese alte Lagerordnung mit dem Führerzelt, hier dem heiligen Zelt, außerhalb bzw. am Rand oder Eingang (Tor) des Lagers läßt sich noch in Ex 32, 26; Num 3, 38, vielleicht auch in Gen 32, 22 und Ri 7, 13, erkennen: der Führer des Lagers muß, wenn er Unbefugte (auch Feinde) am Betreten des Lagers – nicht nur des heiligen Zeltes – hindern will (vgl. Num 3, 38), am Eingang des Lagers seinen Platz haben, wie denn auch Ex 32, 26 wahrscheinlich macht, daß die Leviten, deren Lager in Num 2, 17 (P) mit dem Zelt der Begegnung identifiziert wird, ihren Platz in der Nähe des Lagertores haben.

Dem von JHWH – als Führer des Wüstenlagers (Num 9, 17. 18. 20. 22. 23; 10, 34; Deut 1, 33; vgl. Ex 17, 1) – beschützten Lager in der Wüste entspricht der Glaube, daß sich JHWHs Engel rings um die Gottesfürchtigen lagert (Ps 34, 8) und daß JHWH selbst sich als eine Wache für sein Haus lagert (Sach 9, 8) und keinen Unbefugten bzw. Feind hineinläßt.

Die Gegenwart Gottes im Wüstenlager und die priesterschriftliche Darstellung des Wüstenlagers als sakrale Festversammlung machen die diversen für das Lager geltenden Reinheitsvorschriften verständlich. Die priesterschriftliche Lagervorstellung impliziert eine „Pansakralität" des israelitischen Lebensraumes, die – vielleicht als Opposition bzw. Korrektur gedacht – der dtr Kultzentralisation fremd ist (vgl. v. Rad, ThAT I[6], 93; Kaufmann 33): nicht nur das Zelt der Begegnung und seine unmittelbare levitische Umgebung sind „heilig", sondern das gesamte Lager (Kraus, BEvTh 19, 33 „Die Tempelzone des P ist das ‚Lager'"), das dann als „Lager JHWHs" bezeichnet werden kann (1 Chr 9, 19). Die Heiligkeit des Lagers wird begründet durch die Gegenwart Gottes, haftend an seinem Engel (Ex 14, 19f.), an Wolke und Feuer (Deut 1, 33; vgl. Num 9, 17ff.), am Zelt der Begegnung (s. o.) oder an der Lade (Num 14, 44; vgl. Jos 3, 2f.). Das gilt auch für das Kriegslager (Deut 23, 15; vgl. Wellhausen, Israelitische und jüdische Geschichte, [7]1914, 24 „das Kriegslager das älteste Heiligtum"), in dem Gott gegenwärtig ist (Lade: vgl. 1 Sam 4, 5f.) und für das bestimmte Vorschriften aufgestellt sind (vgl. die Übersicht bei v. Rad, Krieg, 7).

Daneben lassen sich die Unterschiede zwischen dem Wüsten- und Kriegslager nicht übersehen. Wenn, wie vorgeschlagen, die Deutung des P-Lagers als sakrale Festversammlung zu Recht besteht, haftet hierin dem Wüstenlager etwas Statisches an, während das Kriegslager – im Rahmen des JHWH-Krieges – von einem „dynamischen Prinzip" geprägt ist und nicht als eine kultische Institution charakterisiert werden kann (Smend 21f.; 28). Das ändert jedoch nichts an der Heiligkeit auch des Kriegslagers, auch wenn sie weniger kultisch geartet ist als die des Wüstenlagers bei P. In beiden Fällen ist sie begründet durch die Gegenwart Gottes, die – aufs Ganze gesehen – die Redeweise vom „Lager" bestimmt.

Neben der Frage nach der Herkunft dieser Vorstellung und Redeweise, vor allem in P, ist die nach den Intentionen von besonderer theologischer Relevanz. Außer den bereits genannten Intentionen wird auch das Interesse der Priesterschrift an JHWHs Gesetz und Israels Gehorsam in diesem Zusammenhang von Bedeutung sein und zwar insofern, als Lagerung und Aufbruch der Wüstengruppen nach dem Geheiß JHWHs erfolgen (vgl. Num 9, 17ff.; 10, 34).

Helfmeyer

חָנַךְ *ḥānaḵ*

חֲנֻכָּה *ḥanukkāh*, *חָנִיךְ *ḥānîḵ*

I. Etymologie – II. Vorkommen und theologische Bedeutung – III. Zum Hanukkafest.

Lit.: *F. M. Abel*, La fête de la Ḥanoucca (RB 53, 1946, 538–546). – *H. E. del Medico*, Le cadre historique des fêtes de Hanukkah et de Purîm (VT 15, 1965, 238–270). – *O. S. Rankin*, The Origin of the Festival of Hanukkah, Edinburgh 1931. – *S. C. Reif*, Dedicated to חנך (VT 22, 1972, 495–501). – *R. de Vaux*, Les institutions de l'AT II, Paris 1960, 420–425 (Lebensordnungen II, 372–377). – *S. Zeitlin*, Hanukkah, its Origin and its Significance (JQR 29, 1938/39, 1–36).

I. Als Grundbedeutung der Wurzel *ḥnk* legt sich 'erstmals gebrauchen' nahe. Während *ḥnk* mit sachlichem Objekt sich zum Begriff 'einweihen' entwickelt (zunächst ohne religiöse Zeremonie), steht bei persönlichem Objekt das 'Eingewöhnen' (in eine Tätigkeit oder Verhaltensweise) im Vordergrund. Das arab. *ḥanaka* (vgl. *ḥanakun* 'Gaumen') meint ursprünglich, den Gaumen des Neugeborenen mit Dattelsaft oder Öl bestreichen, dann 'einweihen' (auch in eine Sache) und 'erfahren machen' (II und IV). Fraglich bleibt der Zusammenhang mit äg. *ḥnk.t* 'Spende, Opfer' und neupun. *ḥnkt* (?) 'Gedächtnisgrabstein' (VT 12, 1962, 343ff.).

II. Das Verbum *ḥānaḵ* ist im AT nur im *qal* belegt und findet sich an vier Stellen. Nach Deut 20, 5 wird jeder, der ein neues Haus gebaut und es noch nicht 'eingeweiht' hat, vom Militärdienst freigestellt. Das gleiche gilt für den Besitzer eines Weinbergs, von dem noch kein Jungfernwein gelesen ist, und für den Verlobten (1 Makk 3, 56; vgl. auch Deut 28, 30). Durch die humane Begründung („damit nicht ein anderer es einweihe") ersetzt der Deuteronomiker die ihm nicht mehr bekannte archaische Vorstellung:

Jeder, der etwas Neues in Gebrauch nimmt, ist in besonderem Maße von Dämonen bedroht. Der Gesetzgeber sieht also eine unbillige Härte darin, daß der Besitzer nicht in den Genuß seiner neuerworbenen Güter kommt. Die „Einweihung" eines Privathauses ist übrigens sonst nirgends im AT bezeugt. In 1 Kön 8,62–64 (2 Chr 7,4–7) wird die eigentliche „Einweihung" des salomonischen Tempels berichtet. Dabei hören wir nichts von einem besonderen Weihe- oder Konsekrationsritus, vielmehr wird der Tempel durch die Darbringung eines Massenopfers „in Gebrauch genommen" und feierlich eröffnet. Der Chronist betont diese Feierlichkeit, indem er seine Vorlage um die Angabe erweitert, daß Priester und Leviten mit Musikinstrumenten und Liedern auftreten. Nach v. 64 (2 Chr 7,7) müssen wegen der Menge der Opfer im Tempelvorhof Zusatzaltäre errichtet werden. Dazu muß die Mitte des Vorhofs „geheiligt" werden; der Verfasser benutzt dafür das *pi* von → קדשׁ (*qdš*), was im Unterschied zu *ḥānaḵ* vielleicht an einen bestimmten Ritus denken läßt. Spr 22,6 ist eine einzelne Sentenz über den Wert und die Wirksamkeit der Erziehung vom frühen Kindesalter an. *ḥānaḵ* bedeutet in diesem Zusammenhang das beständige 'Einweisen' des noch Unmündigen auf den rechten Lebensweg. – Im nachexilischen Schrifttum kommt öfter das Nomen *ḥᵃnukkāh* vor. In Num 7,10f. 84. 88 wird mit *ḥᵃnukkaṯ hammizbeaḥ* die Einweihung des Altares des Wüstenheiligtums ausgedrückt. Sie geschieht – nachdem Mose Zelt, Altar und Geräte gesalbt und geheiligt hat (Num 7,1: → משׁח [*māšaḥ*], → קדשׁ [*qdš*]) – erst dadurch, daß die Stammesfürsten ihre reichen Opfergaben zum Altar bringen. Offenbar hat der späte Autor die in Lev 9 erwähnten verhältnismäßig bescheidenen Opfer Israels nicht als eigentliche „Altareinweihung" gelten lassen (Noth, ATD 7,59). *ḥᵃnukkāh* braucht in Num 7,10. 84. 88 nicht mit 'Weihegaben' übersetzt zu werden. 2 Chr 7,9 betont den Tempel als Kultusmittelpunkt und Opferstätte und setzt *ḥᵃnukkaṯ hammizbeaḥ* mit der Tempeleinweihung (2 Chr 7,5) identisch. In die Überschrift des Ps 30 *mizmôr leḏāwiḏ* ist in sehr später Zeit (sicher nach 164 v.Chr. *šîr ḥᵃnukkaṯ habbajiṯ* eingefügt worden. Es handelt sich dabei um eine liturgische Anweisung, die den Psalm alljährlich am Hanukkafest gesungen sein läßt. Vgl. auch Talmud, Soferim 18,2. Das ursprünglich individuelle Danklied ist also auf die gerettete Gemeinde übertragen worden. Auch nach Esr 6,16f. geschieht die Einweihung des neuerrichteten Gotteshauses *ḥᵃnukkaṯ bêṯ-'ælāhā'* durch die feierliche Darbringung von Brand- und Sühnopfern. In Neh 12,27–43 wird die Einweihung der neuerbauten Stadtmauer Jerusalems berichtet. Die religiösen Zeremonien, durch die das Bauwerk unter JHWHs Schutz gestellt wird, sind hier kurz beschrieben: Zunächst ist von der Reinigung der Festversammlung und der Mauern und Tore die Rede, dann folgt eine Prozession über die Mauern selbst. Wie durch die Reinigung etwaige böse Einwirkungen aus vergangenem Geschehen abgewandt werden sollen, so sichert der Umgang den künftigen Bestand. Die abschließenden Opfer und Mahlzeiten im Tempel sind Ausdruck des Dankes und der Freude über das gelungene Werk. In Dan 3,2f. wird die Einweihung eines Götterstandbildes erzählt. Zum Zeremoniell gehören: die Anwesenheit von zahlreichen, geladenen Ehrengästen, das Spielen der verschiedensten Musikinstrumente und das Niederfallen und Anbeten.

Singulär ist der Ausdruck *ḥᵃnîḵîm* ('Eingeweihte, Erprobte') in Gen 14,14 für die Gefolgsleute Abrahams. Die Wurzel *ḥnk* scheint sicher zu sein. Das Wort findet sich in derselben Bedeutung auf einer Tontafel (15. Jh. v.Chr.) von Taanach (vgl. KBL[3] 320).

III. Eine Tempeleinweihung aus der Makkabäerzeit ist als Hanukkafest in die Geschichte eingegangen: Am 25. Kislew des Jahres 167 v.Chr. wurde auf Befehl des Antiochus Epiphanes zu Jerusalem das erste heidnische Opfer dargebracht und dadurch Tempel und Altar entweiht. Nach seinen Siegen über die Seleukiden konnte Judas der Makkabäer nach drei Jahren – genau am gleichen Tag – den verunreinigten Tempel durch legitime Opfer wieder einweihen. Man beschloß, alljährlich dieses Tages in einer Erinnerungsfeier zu gedenken (1 Makk 4,36–59; 2 Makk 10,1–8). Das Hanukkafest mit der heidnischen Wintersonnenwende in Verbindung zu bringen (so z. B. O. S. Rankin in: The Labyrinth, hrsg. S. H. Hooke, London 1935, 159–209), entbehrt historischer Grundlagen. Als Bezeichnung für das Tempelweihfest findet sich ὁ ἐγκαινισμός (1 Makk 4,56–59; 2 Makk 2,9–19; vgl. Joh 10,22: τὰ ἐγκαίνια), der hebr. Name *ḥᵃnukkāh* ist erst im rabbinischen Schrifttum zu belegen (Talmud, Schabbat 21b). Flavius Josephus (Ant. Jud. XII, 7,7) gibt mit τὰ φῶτα wohl die volkstümliche Benennung wieder. Das historische Vorbild für die Reinigung des Tempels war die des Königs Hiskia (2 Chr 29), die Wiedereinweihungsfeierlichkeiten konnten sich an der Tempelweihe Salomos und der des zweiten Tempels aus dem Jahre 515 orientieren, die beide in Zusammenhang mit dem Laubhüttenfest stattfanden. Das erklärt auch die Übernahme einiger Riten dieses Festes und die Festdauer von acht Tagen, beginnend mit dem 25. Kislew. Man trug mit Efeu bekränzte Stäbe, grüne Zweige und Palmen, sang Hymnen – vor allem das Hallel (Ps 113–118) – und brachte besondere Opfer dar. Außerdem brannten in den Häusern während der acht Festtage die Hanukkaleuchter, ein Brauch, der auf das Wiederaufleuchten des Altarfeuers und der Menora zurückgehen mag. Das Hanukkafest wird auch nach der Zerstörung des Tempels (70 n.Chr.) als das jüdische Hauptfest des Winterquartals weitergefeiert.

Dommershausen

חָנַן *ḥānan*

חֵן *ḥen*, חַנּוּן *ḥannûn*, חֲנִינָה *ḥ^anînāh*,
תְּחִנָּה *t^eḥinnāh*, תַּחֲנוּן *taḥ^anûn*

I. 1. Etymologie, Belege – 2. Bedeutung – II. Konkrete Verwendungen im Alten Testament – 1. Huld als Besitz – 2. Gunst im Bereich menschlicher Beziehungen – 3. Königliche Huld – 4. Zuneigung zu einer Stadt – III. Theologische Anwendungen – 1. Menschliche Wohltätigkeit – 2. Brüderliches Wohlwollen: Jakob und Esau – 3. Göttliche Gnade – Gnade als göttliche Segenstaten – IV. Qumran.

Lit.: *D. R. Ap-Thomas*, Some Aspects of the Root ḤNN in the Old Testament (JSS 2, 1957, 128–148). – *H. Conzelmann – W. Zimmerli*, χάρις (ThWNT IX, 1973, 366–393). – *M. Dahood*, Hebrew-Ugaritic Lexicography II (Bibl 45, 1964, 409). – *D. N. Freedman*, God Compassionate and Gracious (Western Watch 6, 1955, 6–24). – *W. F. Lofthouse*, „Ḥen and Ḥesed in the Old Testament" (ZAW 51, 1933, 29–35). – *K. W. Neubauer*, Der Stamm ch-n-n im Sprachgebrauch des Alten Testaments, Diss. Berlin 1964. – *J. L. Palache*, Semantic Notes on the Hebrew Lexicon, Leiden 1959, 32. – *W. L. Reed*, Some Implications of Ḥēn for Old Testament Religion (JBL 73, 1954, 36–41). – *H. J. Stoebe*, חנן *ḥnn* gnädig sein, (THAT I, 1971, 587–597). – *J. Willi-Plein*, חן Ein Übersetzungsproblem: Gedanken zu Sach. XII 10 (VT 23, 1973, 90–99).

I. 1. Die Grundbedeutung der Wurzel *ḥnn* ist 'Anmut'. Dies ist eine der zwei primären Übersetzungsmöglichkeiten für das verwandte Nomen *ḥen*, das zunächst einmal ein Terminus für Schönheit ist. Es bezeichnet eine ästhetisch angenehme Darstellung oder Erscheinung einer Person oder Sache und meint eigentlich die Qualität, die etwas oder jemand besitzt. Als Antwort auf diese Darbietung des Schönen erfolgt ebenfalls *ḥen*, d.h. 'Wohlwollen'. Der abgeleitete Sinn wird im Hebr. primär für angenehme Eindrücke gebraucht, die einzelne Personen auf andere machen können. Es ist auch möglich, den geliebten Ruinen Jerusalems *ḥen* zu bezeigen (Ps 102, 14f.), doch diese Verwendungsart ist selten. Das Verb *ḥānan* bedeutet 'gnädig sein'; es wird fast ausschließlich in dem abgeleiteten Sinn 'sich gnädig erweisen' verwandt, aber es konnte offensichtlich auch im ästhetischen Sinn 'Anmut besitzen' auftreten (vgl. Spr 26, 25). Dieselbe Doppelbedeutung findet sich in griech. χάρις, das am häufigsten in der LXX die Übersetzung für *ḥen* bildet. Beide Bedeutungen von χάρις erweisen sich als relativ eng zusammengehörig in Sir 40, 17. 22. Ebenso wie hebr. *ḥnn hitp* 'um Gnade flehen, bitten' hat auch akk. *enēnu* A Anrufungscharakter (CAD IV, 162–164; AHw I, 217). Fast immer wird es von demjenigen gebraucht, der einen Gott oder einen König anfleht. *Enēnu* C (CAD IV, 164; vgl. AHw I, 217 *enēnu* I) entspricht hebr. *qal*, 'ein Privileg gewähren', 'eine Gunst erweisen'. So gibt z. B. der Herrscher von Elam seinem Knecht Felder, die er vorher von jenem zum vollen Preis erstanden hat, gnädig zurück (MDP 23, 282, 5; vgl. CAD IV, 164). Das westsem. Lehnwort *enēnu* D (CAD IV, 164f.; AHw I, 217 *enēnu* I) erscheint häufig in den Amarna-Briefen (EA 137, 81; 253, 24). EA 137 sagt Rib-Addi, der Fürst von Biblos, zum Pharao: „Wenn der König, mein Herr, sich meiner erbarmt und mich nach der Stadt zurückbringt ..." (ANET[3] 484). Der Terminus findet sich ebenfalls in der königlichen Hofkorrespondenz. Bekannt sind auch die davon abgeleiteten Nomina *ennanātu* und *ennu* (CAD IV, 168–170) in der Bedeutung 'Gnade', 'Gunst' oder 'Erbarmen', obwohl *eninnu* und *ennanātu* 'Gunstbezeigungen' sind (etwa „einen Gefallen erweisen" oder jem. „um einen Gefallen bitten"; vgl. noch den altass. Namen *Ennānāt-Aššur* in UF 7, 1975, 319; Lesung W. von Soden), die sich in entsprechender Bedeutung für *ḥen* nicht finden. Eine ähnliche Bedeutung wie das Hebr. hat ugar. *ḥnn*, 'gnädig sein', 'Wohlwollen zeigen' (KTU 1. 10 I, 12; 1. 65, 6; 4. 75 IV, 5; 2. 15, 3; 1. 17 I, 16). Die Gnadenerweise beziehen hier auch Götter und Könige ein: „Sei gnädig, o El" (KTU 1. 65, 6) und „Sichere mir die Gunst des Königs" (KTU 2. 15, 3). In arab. *ḥanna* werden zwei Grundbedeutungen unterschieden: 1) 'sich sehnen nach', 'verlangen nach' und 2) 'Freundlichkeit empfinden', 'Mitleid haben', 'Wohlwollen äußern'. Letzteres ist enger mit der hebr. Wurzel verbunden, wie vor allem im Adj. *ḥannûn* deutlich wird. *Ḥanna* wird gebraucht, wenn jemand sich nach der Heimat, nach einer früheren Frau oder nach seinen Kindern sehnt. Ein gemeinsamer Grundzug des Arab. sowie des Hebr. ist die Anwendung der jeweiligen Verben in Situationen, die eine frühere Abneigung voraussetzen. So kann jemand z. B. einem anderen Freundlichkeit erweisen, der ihn zuvor zurückgestoßen hat. In späteren phön. Inschriften aus persischer und griech. Zeit finden wir sowohl *ḥnn* wie *ḥen* (vgl. Z. S. Harris, A Grammar of the Phoenician Language, New Haven 1936, 102). CIS I, 3, 12 tritt eine seltene *niph*-Form (*nḥn*) auf, deren einzige Entsprechung in Jer 22, 23 zu finden ist (G. A. Cooke, A Text-Book of North-Semitic Inscriptions, Oxford 1903, 30f. 36). In Parallele zum üblichen at.lichen Gebrauch steht die Anwendung von *ḥen* in dem Ausdruck „Gnade erweisen in den Augen von ...". In der Jeḥawmilk-Inschrift (KAI 10, 9f.) bittet der König seine Hauptgottheit, ihm „Gnade in den Augen der Götter und in den Augen des Volkes ..." zu erweisen (vgl. Paʿala-ʿaštart-Inschrift: „und gib ihnen Gnade und Leben in den Augen der Götter und denen der Menschensöhne"; KAI 48, 4). *ḥnj* – nit dem Suff. 1. Pers. Sing. – tritt in der Larnax-Lapethos-Inschrift in der Cstr.-Verbindung *mnḥt ḥnj* auf (KAI 43, 13). In dieser Wendung, „Geschenk meiner Gnade", hat 'Gnade' die Bedeutung 'Danksagung' (lat. „gratia"). Das Opfer, das im Heiligtum dargebracht wird, ist Danksagung an Melqart für Leben und Nachkommenschaft, die er dem König gegeben hat. *ḥnn* findet sich auch im Aram. (Dan 4, 24; 6, 12). In allen verwandten Sprachen wird die Wurzel wie im Hebr. häufig in zusammengesetzten Eigennamen gebraucht.

2. a) Im AT kommt *ḥānan* vorwiegend im *qal* und *hitp* vor. *qal* steht in der Bedeutung 'gnädig sein', 'Gunst bezeigen', *hitp* heißt 'um Gnade flehen', wobei hauptsächlich die Gnade Gottes, aber auch menschliche Gnade gemeint sein kann (Gen 42, 21). Vereinzelt treten *niph*, *pi* und *polel* im AT auf. *hiph* ist nicht belegt; das Kausativ wird durch *nāṯan ḥēn* ausgedrückt, z. B. Gen 39, 21 (vgl. die Jeḥawmilk- und die Paʿala-ʿaštart-Inschriften). Aber nur von JHWH allein wird stets ausgesagt, er könne Gnade schenken (da *hiph* fehlt, ist *hoph* unwahrscheinlich; *juḥan* in Jes 26, 10 und Spr 21, 10 muß deshalb als *qal* passiv gelesen werden). In zwei at.lichen Texten trägt *ḥnn* ästhetische Bedeutung. Spr 26, 25 enthält ein nur hier belegtes denominatives *pi* in der Wendung *kî-jeḥannen qôlô*, „wenn seine Stimme huldvoll klingt"; Spr 22, 11, ein weiterer Beleg für huldvolles Sprechen, verwendet ein ungewöhnliches Stativ-Ptz. in *ḥen śepāṯāw*, „jemand, dessen Rede freundlich ist" (vgl. Dahood, Bibl 45, 409). In allen anderen Fällen wird *ḥnn* im Sinne von Wohlwollen bei personalen Beziehungen gebraucht und kann sich einmal auf gewöhnliche Anerkennung und Freundlichkeit beziehen, dann aber auch auf Gunst spezieller Art, d. h. Erbarmen, Mitleid oder Großzügigkeit. Im letzten Falle greift man über die üblichen Grenzen von Gesetz und Sitte hinaus. Im Hebr. impliziert *ḥnn* keine Vorzugsbehandlung, d. h. eine Privilegierung von A gegenüber B (so *rāṣāh* [→ רצה] Deut 33, 24 und *ḥāpeṣ* [→ חפץ] 2 Sam 20, 11). Verglichen mit *rāṣāh* ist *ḥānan* aktiver. *rāṣāh* bezieht sich auf das, was ein Begehren befriedigt: Vergnügen, Genuß usw., und bezeichnet im Grunde eine passive Haltung. Besonders zielt es auf die Art von Wohlgefallen ab, die JHWH offenbart, wenn ein Opfer ihn mit seinem angenehmen Duft erreicht (Lev 22, 27; Ez 20, 41 u. ö.). Dagegen ist *ḥānan* aktive Annahme und aktiver Gnadenerweis. Gnädig sein bedeutet, den Armen zu helfen, die Hungrigen zu speisen, die Bedrängten vor Vernichtung und Tod zu retten; vgl. d) *ḥannûn*. Auf jeden Fall ist *ḥnn* ein positiver Terminus. Es ist undenkbar, daß jemand Zorn und gleichzeitig Wohlwollen zeigt. Ebensowenig kann man von jemandem, der gerade zornig ist, Gunst erlangen. Gnade kann nicht gemeinsam mit Strafe existieren. Sie wird gegeben oder entzogen, je nachdem, ob man zu einem anderen positiv eingestellt ist. Jemandem Wohlwollen zu bekunden, ist vielleicht eine etwas oberflächlichere Selbstäußerung als jemandem Liebe erweisen zu müssen (*'āhaḇ* → אהב). *'āhaḇ* und Strafe können miteinander existieren (Spr 3, 12), weil das Erstere sich auf einer tieferen Ebene des inneren Bewußtseins befindet, wo widerstreitenden Gefühlen diese Koexistenz erlaubt ist.

b) *ḥen*. Das Nomen *ḥen* ist im AT 67mal belegt, davon nur einmal mit dem Artikel (Spr 31, 30), einmal mit einem Suffix (Gen 39, 21), niemals im Pl. Es hat zwei Grundbedeutungen: 1) 'Anmut' und 2) 'Gunst'. *ḥen* als 'Gunst' ist im AT wichtiger; es bezieht sich auf die positive Einstellung eines Menschen gegenüber einem anderen. *ḥen* kann auch 'Achtung' bedeuten (Spr 28, 23; Kl 4, 16). Es findet sich sehr häufig in der gebräuchlichen Formulierung *māṣā' ḥen beʿênê* „Gnade finden in den Augen von ...". Dies war ein beliebter Ausdruck bei J. In viel späterer Anwendung tritt *nāśā' ḥen* an die Stelle von *māṣā' ḥen* (Esth 2, 15. 17; 5, 2; nur in der bedingten Wunschform *'im-māṣāʾṯî ḥen beʿênæḵā* [Esth 7, 3; vgl. 5, 8; 8, 5] ist das Verb *māṣā'* erhalten). Dieser Ausdruck ist mehr als eine bloße Stilfigur; er beschreibt sehr konkret, was im alten Israel (wie im ganzen alten Orient) tatsächlich als selbstverständlich betrachtet wurde, daß Wohlwollen sich im Angesicht ausdrückt. In der Tat ist denn auch das andere hebr. Wort, das sehr oft mit 'Wohlgefallen' übersetzt wird, *pānîm* (→ פנים), 'Angesicht' (Ps 119, 58; Sach 7, 2; Mal 1, 9; Dan 9, 13). JHWH wird häufig gebeten, sich „umzuwenden" (*pānāh* [→ פנה]) und gnädig zu sein (Ps 25, 16; 86, 16; 119, 132; vgl. 2 Kön 13, 23), d. h. sich umzuwenden und sein Angesicht zu zeigen (in Erbarmen oder Güte). Sein Antlitz zu zeigen heißt also, gegenüber diesem bestimmten Menschen wohlwollend eingestellt zu sein. Im Zorn ist das Angesicht verborgen (Ps 13, 2; 27, 9; 30, 8 usw.). Überdies kann JHWH, wenn sein Antlitz verborgen ist, das „Flehen um Erbarmen" nicht hören (Ps 31, 23; 55, 2). Wenn das Wohlwollen mehr als ein bloßer Ausdruck üblicher Verbindlichkeit sein soll, beginnt das Antlitz zu leuchten. „Licht des Angesichts" ist in EA und in der ugar. Korrespondenz (Dahood, Psalms I, AB 16, 26) eine häufige Metapher für Wohlwollen. Der Mensch der alten Zeit neigte dazu, *ḥen* genauer durch den Blick in die Augen eines anderen zu messen. Der moderne Mensch schaut statt dessen auf das Lächeln. Aber in Wirklichkeit gehört beides zusammen. *ḥen* kann dem *kāḇôḏ* entsprechen. Ps 84, 12 heißt es: „Denn JHWH ist eine Sonne und ein Schild, er gibt Gnade (*ḥen*) und Ehre (→ כבוד)". Das Leuchten eines solchen Angesichts, das *ḥen* gibt, kann sich auch widerspiegeln auf demjenigen, welcher *ḥen* empfängt. Als Hanna in den Augen Elis Gnade gefunden hatte, ging sie fort mit einem *pānîm*, die nicht länger betrübt war (1 Sam 1, 18; vgl. Ex 34, 29–35, wo Moses' Angesicht nach seiner persönlichen Begegnung mit JHWH leuchtet).

ḥen ist kein so inhaltsschwerer Begriff wie *ḥæsæḏ*. Die Termini treten selten gemeinsam auf (Gen 19, 19; Esth 2, 17) und sind auch in ganz verschiedenen Kontexten zu finden, obwohl beide mit 'Güte' oder 'Erbarmen' übersetzt werden können. *ḥæsæḏ* (→ חסד) ist ein Bundesterminus, der fast immer 'Bundestreue' bedeutet. Er setzt Rechte und Pflichten voraus und fordert eine wohlwollende Einstellung beider Bündnispartner. Eine auf *ḥæsæḏ* gegründete Beziehung soll lange andauern; *ḥæsæḏ* soll erhalten bleiben. In diesem Sinne kommt der Begriff *'æmæṯ* (→ אמן) näher. *ḥen* dagegen wird nicht wechselseitig von beiden Seiten ausgeübt. Er wird nur von einem Menschen einem anderen gewährt, unterhält die Beziehung lediglich so lange, wie der Spender es wünscht, und kann nur in bestimmten Situationen gegeben werden. Wenn *ḥen* nur gewährt und über einen langen Zeitraum aufrechterhalten wird, so besteht doch immer die Möglichkeit, daß er einseitig zurückgenommen wird. Anders als *ḥæsæḏ* kann *ḥen* ohne weiteres entzogen werden, da er freiwillig gegeben wird.

c) *ḥ^anînāh* ist nur einmal belegt (Jer 16, 13), und zwar als ein anderes Nomen für 'Gnade'; vgl. ähnlich 3Q 5, 2, 1.

d) Das Adj. *ḥannûn* bedeutet 'barmherzig', 'gnädig' und ist – mit einer möglichen Ausnahme (Ps 112, 4) – immer auf JHWH bezogen.

Das Subjekt zu *ḥannûn w^eraḥûm w^eṣaddîq* in Ps 112, 4 ist seit altersher problematisch. Obwohl die dreigliedrige Verbindung im AT einzig ist, liegt andererseits in *ḥannûn w^eraḥûm* eine Standardformulierung vor, die nur in bezug auf JHWH angewendet wird (so Ps 111, 4). Ps 112 ist jedoch kein JHWH-Psalm, sondern handelt als Ganzer vom Menschen, vom gerechten (v. 1–9) und vom gottlosen (v. 10). Der Alexandrinus fügt κύριος ὁ Θεός ein. Es spricht aber andererseits nichts dafür, *j^ešārîm* als Subjekt in 112, 4 auszuschließen (es ist auch darauf hinzuweisen, daß die Wendung [*w^e*]*ṣiḏqāṯô ʿomæḏæṯ lāʿaḏ* sich 111, 3 auf JHWH und 112, 3. 9 auf den Gerechten bezieht).

ḥannûn steht in den meisten Fällen verbunden mit *raḥûm* 'barmherzig'; die älteren Belege ziehen *raḥûm w^eḥannûn* vor (Ex 34, 6; Ps 86, 15; 103, 8), die jüngeren *ḥannûn w^eraḥûm* (Jo 2, 13; Jon 4, 2; Ps 111, 4; 112, 4; 145, 8; 2 Chr 30, 9; Neh 9, 17. 31). *raḥûm* ist die Güte, die eine Mutter dem Sproß ihres *ræḥæm* erweist, und ebenso erscheint auch *ḥannûn* als Träger der Idee mütterlicher (oder väterlicher) Güte (vgl. I. 1. die Bedeutung des Arab.). JHWH erweist sich als *ḥannûn* in seiner Eigenschaft als Vater (Ex 22, 26). Die Allgüte der Gnade JHWHs kann von Ps 145, 8f. her gesehen werden, wo *ḥannûn w^eraḥûm* unterbrochen ist, um in den folgenden Kola wiederholt zu werden, wobei der Dichter *ḥannûn* durch *ṭôḇ* ersetzt (vgl. auch Ps 86, 16f.: *p^eneh ʾelaj w^eḥŏnnenî … ʿ^aseh-ʿimmî ʾôṯ l^eṭôḇāh*).

e) *t^eḥinnāh* kann 'Gnade' oder 'Erbarmen' bedeuten (Jos 11, 20; Esr 9, 8; LXX übersetzt beides mit ἔλεος; vgl. 1 Esr 8, 75) oder häufiger 'Flehen um Gnade', 'Bitte'. Der Terminus wird oft parallel zu *t^epillāh* benutzt, kann aber auch Bitten, die an andere Menschen gerichtet sind, bezeichnen (Jer 37, 20; 38, 26). Die chiastische Stellung der Termini 1 Kön 8, 28, *t^epillaṯ / t^eḥinnāṯô – hārinnāh / hatt^epillāh* spricht für die Verbindung *rinnāh* 'lautes Flehen' mit *t^eḥinnāh* 'demütiges Flehen'.

f) *taḥ^anûn* tritt nur im Abstrakt-Pl. *taḥ^anûnîm* auf und bedeutet 'Flehen um Gnade' oder 'Bittrufe'.

II. 1. In seiner ästhetischen Bedeutung bezeichnet *ḥen* eine Qualität, die eine Person, ein Tier oder ein toter Gegenstand besitzt. Diese Anwendungsweise ist ausschließlich nichttheologisch, obwohl die Weisen den Gebrauch, den die Anmut erfährt, als gut oder schlecht beurteilen. Das AT erwähnt bei zahlreichen Gelegenheiten das freundliche Sprechen. Für den Menschen ist es ein Zeichen von Größe, huldvoll sprechen zu können. Solches wird von Königen erwartet (Ps 45, 3) und ist absolute Vorbedingung für jemanden, der zur herrschenden Elite aufstrebt (Pred 10, 12; Spr 22, 11). Aber freundliche Worte können unerträglich wirken, wenn sie Täuschung verschleiern. Spr 26, 25 warnt vor demjenigen, der Haß verbirgt: *kî-j^eḥannen qôlô ʾal-taʾ^amæn-bô* „Wenn seine Stimme freundlich klingt, so glaube ihm nicht". Bei der Beschreibung von Frauen kann *ḥen* ihren Gesamteindruck bezeichnen, z. B. *ʾešæṯ-ḥen* (Spr 11, 16), obwohl im Mittelpunkt zweifellos hauptsächlich ihre Haltung und ihre Redeweise stehen. Eine junge Frau wird gepriesen, indem man sie mit einem graziösen Tier vergleicht (Spr 5, 19). Ein anderer Spruch sagt, daß eine anmutige Frau Ehre erlangt (Spr 11, 16). Aber *ḥen* ist auch ein Zeichen für die Trughaftigkeit mancher Frauen (Spr 31, 30) und ist oft mit Prostitution verbunden (Nah 3, 4). In solchen Fällen rechnet *ḥen* sicherlich zu den übrigen verlockenden Eigenschaften der Frau auch den Gebrauch lieblicher/verführerischer Worte. Kränze, die auf dem Kopf oder auf den *garg^erôṯ* (Hals?) getragen werden, können *ḥen* sein, und die Weisheitslehrer vergleichen ihre Lehren damit (Spr 1, 9; 3, 22; 4, 9). Spr 17, 8 vergleicht Bestechung mit einem *ʾæḇæn-ḥen*, einem schönen oder kostbaren Stein, was wiederum nicht die Schönheit, die in *ḥen* enthalten ist, negiert, sondern die verhängnisvollen Absichten verdeutlicht, zu denen *ḥen* benutzt werden kann.

2. Noch schöner als liebliche Worte oder anmutige Formen, zierliche Kränze oder kostbare Steine sind auf *ḥen* gegründete menschliche Beziehungen. Im abgeleiteten Sinne ist *ḥen* eine menschliche Haltung. Er ist im Herzen dessen gegenwärtig, der einem anderen gegenüber positiv eingestellt ist.

a) In bezug auf menschliche Beziehungen enthält das Verb deutlich die Idee des Schenkens. An einigen Stellen ist der Hinweis darauf so nachdrücklich impliziert, daß er eine explizite Übersetzung fordert, z. B. Ri 21, 22: *ḥŏnnûnû ʾôṯām*, „gönnt sie uns" (vgl. auch III. 3. b zu Gen 33, 5. 11). Im Hinblick auf JHWH ist *ḥen* meist mit dem Verb 'geben' (*nāṯan* [→ נתן]) verbunden. Daraus folgt, daß *ḥen* eine Art Geschenk ist. Dies erklärt z. T., warum die Menschen ihn erbitten müssen. Er wird freiwillig gewährt und kann deshalb nicht gewaltsam genommen und angeeignet werden. Der Geber besitzt jegliches Recht, seinen *ḥen* zu versagen, und wenn er nicht eine Person von Rang ist, mag dies auch mit einigem Risiko getan werden. Was den Empfänger des *ḥen* betrifft, so wird diese Gabe im Unterschied zu den meisten anderen niemals wirklich sein Besitz. Man findet in ganz wörtlichem Sinne Wohlwollen in den Augen eines anderen, und das ist der Ort, wo die Huld bleibt.

Vergleichbar ist dies mit dem Ansehen eines Menschen, das in entsprechender Weise nicht Besitztum des Trägers ist. Beide sind sehr gekonnt Spr 22,1 nebeneinandergestellt: „Ein guter Name (*šem* [→ שׁם]) ist mehr wert als großer Reichtum, und Gunst (*ḥen*) besser als Silber oder Gold.“

b) Gnade wird erbeten und gewährt, und da sie versagt werden kann, ist eine besondere Haltung des Bittenden erforderlich, nämlich Subordination. Die altorientalische Welt war eine Welt von Königen und Fürsten, und demgemäß hielt man es für richtig, sich einer Sprechweise der Ehrerbietung zu bedienen. Typisch ist der Ausdruck *'im-māṣā'ṯî ḥen beʿênækā*, der nicht selten von Verneigung und Fußfall begleitet ist (Gen 33,3ff.; 2 Sam 14,22; 16,4; Ruth 2,10; Ps 31,10). Ehrerbietige Sprache war angebracht, wenn eine Person von niedrigem Stand mit jemandem von hohem Rang sprach. Spr 18,23 heißt es, daß der Reiche grob sprechen darf, während der Arme flehen muß (*taḥanûnîm*). Es ist deshalb ironisch, wenn Hiob erklärt, seinen Knecht um Gunst bitten zu müssen (Hi 19,16). Für wohlhabende Leute ist ehrfurchtsvolle Rede häufig dann am Platze, wenn sie miteinander reden, und zwar wird sie gebraucht, um nicht als überheblich zu gelten. Im AT kommt sie am häufigsten dort vor, wo Herren und Könige auftreten, d. h. in Patriarchen- und Königsberichten. Möglich ist sogar, daß eine hochstehende Person in ehrerbietiger Weise zu einer anderen von niederem Stand spricht, wenn man es vorzieht, etwas zu erbitten, als es zu befehlen. So spricht z. B. Jakob ehrerbietig zu Joseph, der doch sein Sohn ist (Gen 47,29; es ist hier nicht anzunehmen, daß Josephs Aufstieg zur Macht in Ägypten solch eine Sprache von seiten seines Vaters verlangt). David spricht ebenfalls mit Ehrerbietung, als er Nabal eine Botschaft übermittelt (1 Sam 25,8). Im Gespräch Labans mit seinem Neffen Jakob (Gen 30,27) handelt es sich um Schmeichelei: Laban gibt vor, Jakob verpflichtet zu sein.

Gunst kann auf zwei Ebenen gesucht werden. Die erste ist die Ebene des formellen Weges. In einem bestimmten Kontext wird *ḥen* gesucht als Auftakt für eine folgende Bitte. *'im-māṣā'ṯî ḥēn beʿênækā* ist ein umständlicher Weg, „bitte“ zu sagen. Der Bittsteller ist nicht darauf aus, Gunst per se zu finden; sein Hauptinteresse liegt in der Erfüllung eines Anliegens. Inhaltsschwerer ist die Gunst, die über einen längeren Zeitraum gewährt wird. Auf dieser Ebene bezeichnet *ḥen* eine grundsätzliche Einstellung eines Menschen gegenüber einem anderen und kennzeichnet eine recht bedeutungsvolle Beziehung. Der normale Gebrauch jedoch bezieht sich auf Bitten um *ḥen* auf der erstgenannten Ebene. Laban bittet offenbar um Jakobs Wohlwollen nur, um sprechen zu dürfen (Gen 30,27). Sichem bewirbt sich um die Gunst Jakobs und seiner Söhne in der Hoffnung auf eine Heirat mit Dina (Gen 34,11). Jakob dringt in Joseph, einen Eid abzulegen hinsichtlich seines Begräbnisses (Gen 47,29). Die Gunst, die Joseph von seinen Brüdern erbittet, zielt nur auf die Verhinderung seines Verkaufs ab (Gen 42,21), und später bemüht er sich um die Gunst am Hofe Pharaos, als er hingehen und seinen Vater begraben will (Gen 50,4). Die Söhne Rubens und Gads wollen Land jenseits des Jordan (Num 32,5); David wünscht von Jonathan die Erlaubnis, Abschied nehmen zu dürfen (1 Sam 20,29), Verpflegung für seine Truppen (1 Sam 25,8) und später von Achis Asyl (1 Sam 27,5). Jeremia legt Zidkija seine *teḥinnāh* vor, um nicht wieder in das Haus Jonathans zurückgeschickt zu werden und dort sterben zu müssen (Jer 37,20; 38,26), und Esther sucht die Gunst des Königs, um sich und das jüdische Volk zu retten (Esth 4,8; 5,8; 7,3; 8,3.5).

c) Gewährte Gnade kann man ebenfalls auf zwei Ebenen empfangen. Für bestimmte Gnadenakte kann man sich derselben ehrerbietigen Sprache bedienen, die man benutzt, um Gunst zu erflehen. Das Impf. in dem Ausdruck *'æmṣā'-ḥen beʿênækā 'adonî* (2 Sam 16,4; Ruth 2,13) muß perfektivisch übersetzt werden: „Ich habe wahrlich Gnade gefunden in deinen Augen, o Herr.“ Dies ist ein ausgeschmücktes „Danke“. Es erkennt die Gnade als bereits erwiesen an. Die ebenso schwierige Formulierung *nimṣā'-ḥen beʿênê 'adonî* Gen 47,25 scheint auch ein Äquivalent zu „Danke, o Herr“ zu sein. Gnade von schwerwiegenderer und dauerhafterer Art wird jedoch wesentlich häufiger vorausgesetzt als gefunden. Wenn J erklärt, daß Joseph Gnade fand in den Augen Potiphars (Gen 39,4), meint er damit nicht, daß Joseph ein einziges Mal etwas Potiphar Wohlgefälliges getan hatte, sondern vielmehr, daß Joseph sich überhaupt gut mit seinem Vorgesetzten stand. Dasselbe gilt auch für David gegenüber Saul (1 Sam 16,22) und gegenüber Jonathan (1 Sam 20,3). David hat zu beiden Männern eine so gute Beziehung hergestellt, daß *ḥen* eine tiefe Zuneigung beinhaltet. Das Wohlgefallen, das Ruth in den Augen Boas' gefunden hat (Ruth 2,2.10.13), ebenso wie Esther in den Augen des Königs Ahasveros (Esth 2,17; 5,2) – abgesehen von anderen, die sie sahen (Esth 2,15) – schließt ebenfalls dauerhafte Zuneigung ein. Ob Joab wirklich ständige Gunst bei David gewinnt (2 Sam 14,22) oder lediglich frohlockt, weil der König ihm seine Bitte gewährt hat, ist nicht klar. Ebensowenig ist eindeutig, ob Hadad die anhaltende Gunst des ägyptischen Pharao besitzt (1 Kön 11,19). Aber meist erstreckt sich gewonnene Gunst über ein bestimmtes Ereignis hinaus und kennzeichnet eine recht tiefgehende Beziehung. Gewährte Gunst – die auch eine Gabe ist – schließt nicht aus, daß es sich dabei um Antwort auf ein Verdienst handeln kann. *ḥen* wird Menschen mit rechter Einsicht gewährt (Spr 13,15) und offensichtlich auch den Verständigen, wie aus Pred 9,11 zu vermuten ist, obwohl der Prediger selbst einen völlig anderen Standpunkt einnimmt.

d) Sogar wenn *ḥen* eine recht tiefgehende Beziehung geschaffen hat, kann sie dennoch verlorengehen. Deut 24,1 setzt das Recht des Ehemannes voraus, seiner Frau den Scheidebrief geben zu dürfen, wenn sie ihm nicht länger gefällt. Ebenso liefert ein Fluch einen schuldigen Mann samt seinen Kindern der Ungnade aus (Ps 109, 12). In diesem letzten Fall ist Ungnade das Resultat eines gerichtlichen Urteils, während zuvor das Urteil dem Gnadenverlust folgte. Wichtiger als die Reihenfolge ist jedoch die Tatsache, daß Gnade und Gericht nicht gemeinsam existieren können.

e) Spr 28, 23 setzt ebenfalls voraus, daß Gericht und Gunst unvereinbar sind: *môkîaḥ 'āḏām 'aḥaraj ḥen jimṣā' mimmaḥalîq lāšôn* „Wer einen Menschen zurechtweist, findet später mehr Gunst als jemand, der mit seiner Zunge schmeichelt". Wenn man einen anderen zurechtweist, wird man zweifellos dessen *ḥen* verlieren. Aber der Spruch geht über das Lob für den Zurechtweisenden im Gegensatz zum Schmeichler hinaus und besagt, daß Gunst oder Dank (*ḥen*) den Zurechtweiser zuletzt doch erreichen wird; er muß jedoch gewillt sein, darauf zu warten.

3. Dan 4, 24 ermahnt Daniel den König, seine Sünden zu bereuen und anzufangen, den Unterdrückten seine Barmherzigkeit zu erweisen (*ḥnn*). Nur wenn er so handelt, darf er hoffen, dem kommenden Gericht zu entfliehen.

4. Ps 102, 15 berichtet den einzigen Fall, in dem menschliches Wohlwollen nicht auf eine andere Person oder eine Menschengruppe gerichtet ist. Hier zeigt das Volk Gunst oder hat vielmehr Erbarmen mit den Ruinen von Jerusalem, die zu lange mißachtet dagelegen haben.

III. 1. Wohltätigkeit ist der Gnadenakt, den die Reichen den Armen erweisen oder Vermögende den weniger bemittelten oder mittellosen Menschen. Gemeint ist das, was von einem Menschen gegenüber seinem *rea'* 'Freund', 'Nächsten' erwartet werden kann. Wohltätigkeit wird in der Weisheitsliteratur als eine Haupttugend gepriesen. Daher ist der freigebige Mensch 'gerecht' *ṣaddîq* (→ צדק) (Ps 37, 21. 26; 112, 4f.). Der *rāšā'* (→ רשע) dagegen ist nicht wohltätig (Spr 21, 10). Hiob appelliert an das bessere Ich seiner Freunde: „Seid mir gnädig, seid mir gnädig, o meine Freunde" (Hi 19, 21). Wenn sie nun – wie sie behaupten – über Hiob erhaben sind (v. 5), liegt ein noch bedeutenderer Grund vor, einem in Not Geratenen Erbarmen zu bezeigen. Ganz generell wird jemand, der sich dem *'ānî* als wohltätig erweist, glücklich sein (Spr 14, 21). Noch wichtiger aber ist die Erkenntnis: wer sich eines Notleidenden erbarmt, ehrt JHWH (Spr 14, 31). Eine Leihgabe für den *dal* (→ דל) ist eine Leihgabe für JHWH, und dieser wird dem Wohltätigen seine Tat vergelten (Spr 19, 17). Nach Spr 28, 8 wird Vergeltung einem reichen Mann zugemessen, der seinen Reichtum durch Wucher mehrt. Letzten Endes sammelt er ihn nur für einen anderen, nämlich für den, der den *dallîm* Barmherzigkeit erweist.

2. Die Erzählung über Jakob und Esau Gen 32–33 führt uns auf den Gipfel at.licher Lehre über *ḥen*, obwohl die göttliche Gegenwart bestenfalls peripher ist. Es handelt sich um die dramatische Episode, in der die beiden Brüder sich versöhnen. Der Jahwist hat diese Erzählung in seine Geschichtsdarstellung eingefügt, ohne sie redaktionell zu überarbeiten. Wir hätten vielleicht erwartet, daß er uns ausführlich berichtet, wie Jakob Esaus Gunst gewinnt (vgl. Gen 6, 8; 39, 4), aber er zieht es vor, die Erzählung für sich selbst sprechen zu lassen. Sie enthält vier Aussprüche Jakobs, in denen dieser *ḥen* von Esau erbittet (Gen 32, 6; 33, 8. 10. 15). Der gesamte Verlauf der Erzählung macht deutlich, daß es sich nicht um die übliche Bitte um Gunst handelt (II. 2. b). Jakob bittet nicht um Esaus *ḥen* als Einleitung zu etwas anderem, sondern Ziel seiner Aktivität ist *ḥen* selbst (32, 6. 8), nämlich ein permanenter Wandel der Einstellung oder Verhaltensweise Esaus (vgl. II. 2. c). Sogar Jakobs Gebrauch des höflichen *'im-nā' māṣā'ṯî ḥen be'ênæḵā* zeigt, daß er keinen Hintergedanken hat. Er hat kein Anliegen vorzubringen; statt dessen kommt er mit Gaben, um sie zu schenken und macht Esau mit dieser höflichen Wendung ein Kompliment, durch das er ihn drängt, sie anzunehmen (33, 10). Jakob weiß, daß Esaus Annahme der Geschenke zeigen wird, daß Esau ihn ebenso akzeptiert hat, d. h. daß Jakob wirklich Gnade in den Augen seines Bruders gefunden hat. Später, als Jakob das Angebot Esaus, ihm Männer zu überlassen, ablehnt, wird die Wendung auch gebraucht (33, 15). Jakobs Trachten war erfolgreich, wie 33, 4–11 verdeutlicht. Dieses Ereignis wurde für die spätere biblische Tradition sehr bedeutsam; es wird von Hosea in Erinnerung gerufen (Hos 12, 5): *bāḵāh wajjiṯḥannæn-lô* „Er weinte und flehte um seine Gunst" (Lundbom; vgl. W. L. Holladay, VT 16, 1966, 55). Sehr wahrscheinlich diente die Erzählung als Prototyp für das Gleichnis Jesu vom Verlorenen Sohn (Lk 15, 11f.). In der Jakob-Esau-Erzählung wird Gnade fast gänzlich auf menschlicher Ebene wiederhergestellt. Wir erhalten nur einen Hinweis auf die Bedeutung für die Heilsgeschichte. Nachdem Jakob und Esau zusammengetroffen sind, sagt Jakob zu Esau: „Wahrlich, denn ich habe dein Angesicht geschaut, wie man das Angesicht Gottes sieht" (Gen 33, 10). Die Anerkennung, die Jakob von seinem Bruder erfährt, bedeutet nicht weniger als das, was er von einem gnädigen Gott erhoffen könnte. (Jakob sah auch das Angesicht Gottes in dem des *'îš* am Jabbok; vgl. Gen 32, 31. Hos 12, 5 ersetzt deshalb *'îš* durch *mal'āḵ* [→ מלאך]).

3. a) JHWH selbst ist gnädig: Gnade ist ein göttliches Attribut. *ḥannûn* wird im AT fast ausschließlich für JHWH gebraucht und ist nahezu immer mit anderen Adjektiven in liturgischen Zusammenhängen verbunden. JHWH ist gnädig und barmherzig, geduldig und überreich an Güte (*ḥæsæḏ*) und Treue (Ex 34, 6; Jo 2, 13; Jon 4, 2; Ps 86, 15; 103, 8; 111, 4; 116, 5; 145, 8; Neh 9, 17. 31; 2 Chr 30, 9). Nach dem Abfall und dem Tanz um das Goldene Kalb und als Antwort auf eine besondere Bitte Moses, offenbart JHWH seine Wesenseigenschaften und seinen We-

senscharakter: Er ist vor allem *raḥûm w^eḥannûn* (Ex 34, 6). Entscheidend ist die Reihenfolge. Die Gnade kommt nach dem Schuldbekenntnis und vor der Gesetzgebung. Das Gesetz wird sorgsam gegen die Gnade abgewogen; darin gipfelt in der Tat das ganze Gespräch zwischen Mose und JHWH Ex 32–34. In dem einzigen Text, der *ḥannûn* allein gebraucht (Ex 22, 26), sagt JHWH, er werde als beschützender Vater kommen, um einem seiner Kinder zu helfen, wenn strenge Gerechtigkeit die menschlichen Interessen stört. *ḥānan* und *riḥam* werden in den *idem-per-idem*-Konstruktionen Ex 33, 19 gebraucht: „Wem ich gnädig bin, bin ich gnädig, und wessen ich mich erbarme, dessen erbarme ich mich". *Idem-per-idem*-Konstruktionen wendet man an, wenn man sich nicht bestimmter äußern möchte (S. R. Driver, Exodus [Cambridge Bible] 362f.). Hier liegt kein Hinweis auf göttliche Willkür vor. JHWH benutzt diese Form gegenüber Mose – ebenso wie auch Ex 3, 14 – um sich emphatisch auszudrücken: „Ich will ganz gewiß gnädig sein. Ich will ganz gewiß barmherzig sein", oder „Ich bin der Gnädige; ich bin der Barmherzige" (vgl. Freedman, JBL 79, 1960, 154). In dieser Formulierung kommt die Gewichtigkeit von *ḥannûn* und *raḥûm* als Attribute Gottes zum Ausdruck. Wenn JHWH sich auch nicht als willkürlich bei der Austeilung von Gnade und Barmherzigkeit erweist, so behält er dennoch das Vorrecht, zu geben oder nicht zu geben – genau wie jeder andere (vgl. II. 2. a). Ebenfalls sicher ist, daß JHWH höher steht als der Mensch, wenn er Gnade zeigt: „Wie die Knechte ihre Augen auf die Hand ihres Herrn richten, wie die Augen einer Magd auf die Hand ihrer Herrin, so blicken unsere Augen auf JHWH, unseren Gott, bis er uns gnädig ist (*ʿaḏ šæjj^eḥŏnnenû*)" (Ps 123, 2).

b) Während *ḥen* stets eine Gabe einer Person für eine andere ist, heißt es jedoch ausdrücklich nur von Gott, daß er „Gnade schenkt" (*nāṯan ḥen*). Er kann entweder jemandem seine eigene Gnade gewähren oder auch Einverständnis zwischen einzelnen Menschen herstellen, z. B. Gen 39, 21. JHWH trachtet niemals nach der Gunst eines Menschen. Nur in Hiob ist ein Hinweis darauf zu finden, und dort wird die Frage nur indirekt erhoben. JHWH antwortet Hiob rhetorisch unter Verweis auf den gewaltigen Leviathan: „Wird er viele demütige Bitten (*taḥ^anûnîm*) an dich richten?" (Hi 40, 27). Dieses Argument ist hier nur Teil eines viel ausführlicheren Qal Vaḥomær-Schlusses: Wenn Leviathan schon nicht um Hiobs Gunst bittet, um wieviel weniger hat JHWH es dann nötig, darum zu bitten (41, 2b–3). Offensichtlich meint JHWH, daß Hiob das erwarte.

Göttliche Gnade wird den Gerechten und Demütigen (*ʿānî*), d. h. den Armen und Bedrängten, zuteil. Nach Ps 84, 12 „gewährt JHWH Gnade und Ehre (*ḥen w^ekāḇôḏ jitten*) ... denjenigen, die gerecht wandeln". Spr 3, 4 lehrt, daß die Einhaltung der Gebote und die Ausübung anderer Tugenden *ḥen* gibt in den Augen Gottes und des Menschen. Dem Gottlosen, so sagt Jesaja 26, 10, soll keine Gnade gewährt werden, denn sie wird ihm nicht helfen, Gerechtigkeit zu lernen. Andere, die JHWHs Gnade erwarten dürfen, sind die *ʿ^anîjîm* (Ex 22, 24ff.; Spr 3, 34).

Bestimmte Einzelpersonen suchen und finden die göttliche Gnade. Die bestimmtesten Aussagen hat J in Genesis gemacht; Gen 6, 8: „Noah fand Gnade in den Augen JHWHs" ist die einzige Aussage dieser Art im ganzen AT. Wir hören nichts von Bitten, und es ist anzunehmen, daß JHWHs Gnade eine Grundhaltung war, die für einen langen Zeitraum galt. Der priesterliche Schreiber gibt uns die zusätzliche Erklärung, daß Noah ein „gerechter Mann" (*'îš ṣaddîq*) war im Unterschied zur übrigen Bevölkerung (v. 9). Darin zeigt sich erneut, daß das AT verdienter Gnade nicht abgeneigt ist. Später berichtet uns J, JHWH habe Joseph Gnade erwiesen in den Augen der Gefängniswärter (*wajjitten ḥinnô b^eʿênê śar bêṯ-hassohar*) (Gen 39, 21). Im Jakob-Zyklus wird *ḥānan* zweimal gebraucht in der Bedeutung „gnädig gewährt" (Gen 33, 5. 11). Gott hat Jakob gnädig Kinder und andere Besitztümer geschenkt. Wenn man so aus einer gewissen Distanz die alte Geschichte betrachtet und dabei auch die Legenden mit einbezieht, die ausgesprochen komprimiert sind, so wird JHWHs Gnade für einzelne Menschen knapp und eindeutig dargelegt. Wenn diese Personen jemals nach göttlicher Gnade gestrebt oder Krisen erfahren hätten, in denen seine Gnade in Zweifel gezogen worden wäre, hätte man das im Verlaufe der Zeit, in der diese Geschichten die Generationen des 10. Jh.s erreicht haben, vergessen.

Außerhalb der Genesis erhalten wir eine völlig andere Situation: Die Einzelnen bitten mehr um göttliche Gnade als daß sie behaupten, sie erlangt zu haben. Trotz der Versicherungen JHWHs, daß er gnädig sei, sind sogar die größten at.lichen Gestalten unfähig, ruhig in dem Bewußtsein zu beharren, daß sie JHWHs immerwährende Gnade besitzen. Mose hat die Gnade JHWHs, aber als dieser erklärt, er werde ihn nicht auf der Wanderung begleiten, beginnt Mose sie anzuzweifeln (Ex 33, 12f. 16f.; 34, 9). Später stellt sich Mose dieselbe Frage angesichts der Last, die er als Israels Führer tragen muß (Num 11, 11). Aber man muß auch feststellen, daß Mose zwar grundsätzlich JHWHs Gnade besitzt, dies aber nicht besagen will, daß JHWH jede Bitte um Gnadenerweise erfüllt. Er willigt zwar ein, ihn auf der Wanderung zu begleiten, geht aber weder auf die – in Form eines Oxymoron gestellte – Forderung ein, JHWH möge ihn töten (Num 11, 15; Zimmerli, ThWNT IX, 1973, 380), noch auf Moses Bitte um Überschreitung des Jordans: *wā'æṯḥannan 'æl-JHWH bāʿeṯ hahî' le'mor* ... (Deut 3, 23). David erflehte zweimal JHWHs Gnade: einmal, als sein Kind krank war, da fastete und weinte er, wobei er sagte: „Wer weiß, ob JHWH mir nicht gnädig ist und das Kind am Leben bleibt"; aber das Kind starb (2 Sam 12, 22). Als David von Absalom aus Jerusalem vertrieben wurde, fragte er sich, ob JHWH ihn in seiner Güte zurückkehren lassen werde (2 Sam 15, 25; vgl. Rib-Addi, EA 137, 81); in diesem Fall war JHWH gnädig. Gnade zeigte sich also für David hauptsächlich in der Befreiung von Unheil und Tod. – Nach dem Chronisten flehte auch Manasse um JHWHs Gnade, als er sich in gleichen Nöten wie David befand. Er verließ Jerusalem, allerdings mit Haken und Ketten, aber wie David wurde er schließlich wieder in sein Königtum eingesetzt; Gott erhörte seine *t^eḥinnāh* (2 Chr 33, 13). – Bildad rät Hiob, in seinem Elend JHWHs Gnade zu erflehen (Hi 8, 5). Nach Bildad belohnt JHWH die Gerechten und straft die Sünder; deshalb werde er – wenn Hiob gerecht sei – sein Flehen erhören. Hiob entgegnet jedoch, daß er JHWH um Gnade gebeten, aber keine Antwort erhalten habe (Hi 9, 15). – Daniel strebt pflichtgetreu nach der Gnade JHWHs, ungeachtet des königlichen Dekrets (Dan 6, 12; aram.). Hier scheint ein Akt der Frömmigkeit vorzuliegen, der wohl nach jüdischer Exilsgepflogenheit durchgeführt wurde.

Die Psalmen sind natürlich voll von Beweisen der Gnade JHWHs. Obwohl es sich um Ausdrücke der Gemeindeverehrung handelt, kommen sie dennoch aus dem Herzen des Einzelnen. Es werden sehr persönliche Nöte vorgebracht, z. B. Krankheit, persönliche Feindschaft, Einsamkeit, Angst vor dem Tod usw. Der Imperativ *ḥŏnnenî* „sei mir gnädig" liegt nur in den Psalmen vor (obwohl Hi 19, 21 den Pl. *ḥŏnnunî* enthält), und zwar 17mal (4, 2; 6, 3; 25, 16; 26, 11; 27, 7; 30, 11; 31, 10; 41, 5. 11; 51, 3; 56, 2; 57, 2; 86, 3. 16; 119, 29. 58. 132); das hap. leg. *ḥān^enenî* (*ḥŏn^enenî*) 9, 14 bildet die 18. Stelle. Die Termini für 'Flehen' *t^eḥinnāh* (6, 10; 55, 2; 119, 170) und *taḥ^anûn* (28, 2. 6; 31, 23; 116, 1; 130, 2; 140, 7; 143, 1 [86, 6 *taḥ^anûnôṯāj*]) kennzeichnen ferner den Umfang, in dem in den Psalmen JHWHs Gnade erbeten wird. Fast alle diese Psalmen sind individuelle Klagelieder; die wichtigsten Ausnahmen sind 4, 30 und 116 als Vertrauens- oder Danksagungspsalmen und 119 als Gesetzespsalm. Bemerkenswert ist vielleicht auch, daß mit Ausnahme von 116, 119 und 130 alle von der Tradition David zugeschrieben werden. Gewöhnlich beginnt der Psalmist sein Lied mit *ḥŏnnenî*. Sein Verlangen mag begleitet sein von einem Bewußtsein der Schuld (25, 16. 18; 41, 5; 51, 3ff.; 130, 2ff.) oder aber er kommt als Gerechter, der von Gottlosen bedrängt wird (26; 140). In der letztgenannten Situation ist der Psalmist daran interessiert, seine Unschuld zu bekräftigen, da ja Unglück für den Außenstehenden Strafe JHWHs beinhaltet. Gnade kann also entweder aufgrund von Gerechtigkeit oder aufgrund von Ungerechtigkeit in Verbindung mit Reue über die Sünden erfleht werden. Ps 59, 6 bittet der Dichter, JHWH möge den Gottlosen nicht gnädig sein. In zahlreichen Fällen fügt ein Psalm, an dessen Anfang eine Bitte um JHWHs Gnade steht, weiter unten auch die erhaltene Antwort ein, z. B. 6, 3. 10; 28, 2. 6; 31, 10. 23. Solche Psalmen – ob es nun Kompilationen sind oder nicht – komprimieren sozusagen menschliche Erfahrung. Ps 77, 10 (von Asaph) bewahrt uns die Enttäuschung eines Menschen, der auf göttliche Gnade warten muß: „Hat Gott vergessen, gnädig zu sein (*h^ašāḵaḥ ḥannôṯ*) oder hat er sein Erbarmen im Zorn verschlossen?". Ps 30 spricht von früherer Gnade, die der Psalmist erflehte – und offenbar erlangte – und fügt dann später eine zusätzliche Bitte um die Gnade JHWHs hinzu (v. 9. 11).

Göttliche Gnade kann auch indirekt durch Menschen erbeten werden, die von JHWH erwählt sind. In frühen Zeiten war der göttliche Bote par excellence der *mal'aḵ JHWH;* ihn um seine Gnade zu bitten bedeutete dasselbe wie JHWH darum zu bitten. Abraham wünscht *ḥen* vom *mal'āḵ*, um ihn zu einer Einkehr zu bewegen (Gen 18, 3), aber noch wichtiger ist für ihn die Hoffnung auf eine mögliches Wort JHWHs über den verheißenen Sohn. In einer späteren Überarbeitung dieses Abschnittes durch J ist es JHWH selbst, der Abraham in dieser Angelegenheit erscheint (18, 1). Der Bote und zwei Begleiter erweisen Lot *ḥen*, indem sie ihn aus Sodom retten und Lots Worte: „Dein Knecht hat Gnade gefunden bei dir" sind als Dankesworte aufzufassen (Gen 19, 19). Lot weiß, daß sie ihm gnädig gesinnt sind und ist ihnen dafür natürlich dankbar. Als der *mal'aḵ JHWH* Gideon erscheint, erbittet dieser eine bestimmte Gnade in Form eines Zeichens als Beweis dafür, daß es wirklich JHWH war, der mit ihm gesprochen hat (Ri 6, 17). Für Hanna, deren Name von *ḥānan* abgeleitet ist, war der Priester Eli der göttliche Bote. Sie wünschte ebenfalls ein Kind, und als Eli ihre Bitte annahm (im Namen des *'^ælohê jiśrā'el)*, antwortete sie mit einem freudigen „Danke": „Deine Dienerin hat wahrlich Gnade gefunden in deinen Augen" (1 Sam 1, 18). Und auch Hannas Angesicht begann zu leuchten (vgl. I. 2. b). Zu einer späteren Zeit wurde in Israel der *nāḇî'* der hauptsächliche Bote Gottes. Fünfzig Männer flehen den Propheten Elia um eine gnädige Antwort an, damit ihr Leben gerettet werde (2 Kön 1, 13), und nachdem sie sie erhalten haben, werden sie Mitglieder der Anhängerschaft des Propheten (Lundbom, JJSt 24, 1973, 46–49). Der Rest der nach 587 v. Chr. in Juda Zurückgebliebenen legt dem Propheten Jeremia eine *t^eḥinnāh* vor, mit der er sich an JHWH wendet (Jer 42, 2). JHWH antwortet auf das Flehen, ermahnt das Volk aber, im Lande zu bleiben (Jer 42, 9f.). Hiob sucht nach einer anderen Art eines göttlichen Mittlers, der gnädig genug wäre, einen Menschen vor dem Abstieg in die Grube zu retten (Hi 33, 24).

c) Am Sinai führte JHWH sich selbst vor Israel vor allem als ein Gott der Gnade ein. Er bezeichnete es als seine Wesensart, *raḥûm w^eḥannûn* zu sein (Ex 34, 6). Deshalb gewährte er Israel *ḥen* in den Augen der Ägypter, so daß diese ihnen Gaben schenkten, als sie Ägypten verließen (Ex 3, 21; 11, 3; 12, 36). Aber die Sinai-Offenbarung machte auch deutlich, daß JHWH ein fordernder Gott war, d. h. er will nicht

Schuld streichen, sondern die Sünde der Väter an ihren Kindern vergelten bis ins vierte Geschlecht (Ex 34, 7). Diese zweifache Wesensart JHWHs, einmal als Gott der Gnade, dann als Gott des Gerichts, findet überall im AT ihren Ausdruck, wo Gnade oder Gunst für Israel immer dem Gericht gegenübergestellt wird. In der langen Periode des Wachstums zur nationalen Einheit, als JHWH Israel beständig besondere Gnade erwies, zeigt das AT ein seltsames Stillschweigen über dieses Thema, abgesehen vielleicht von einigen Segenssprüchen (vgl. 4.).

Als aber das Gericht über die Nation kommt, wird das Bewußtsein von der Gnade JHWHs (der vergangenen und zukünftigen) akut. Die Propheten sahen vor allem militärische Niederlagen durch die Hand der Feinde, Zerstörung israelitischer Städte, Tod ihrer Einwohner und schließlich das Exil voraus. Alles ist kennzeichnend für den Verlust des *ḥen* JHWHs. Im Weihe-Gebet 1 Kön 8 (= 2 Chr 6), das uns der Deuteronomist überliefert hat, sieht Salomo richtig voraus, was kommen wird. Das Gebet erwähnt häufig Flehrufe (*t^eḥinnāh* und *ḥnn hitp*), die die Sünde und ihre Folgen notwendig gemacht haben, sowohl die gegenwärtige Bitte, die Salomo ausspricht, wie auch die zukünftigen Bitten, die das Volk für notwendig halten mag (1 Kön 8, 28. 30. 33. 38. 45. 47. 49. 52. 54. 59; 9, 3 [vgl. 2 Chr 6, 19. 21. 24. 29. 35. 37. 39]). Dieses zukünftige Flehen muß entweder im Tempel vorgebracht werden oder, wenn das Volk sich außerhalb der Stadt befindet, mit Blick in die Richtung des Tempels erfolgen. Abgesehen von der dringenden Bitte um Sieg in der Schlacht (1 Kön 8, 44f. [2 Chr 6, 34f.]), handelt es sich immer um Gnadenbitten für das Volk in irgendeiner Art von Bedrängnis, z. B. nach einer Niederlage in einer Schlacht (1 Kön 8, 33 [2 Chr 6, 24]), wenn sie von Hunger geschwächt sind – durch Hungersnot oder Belagerung (1 Kön 8, 37f. [2 Chr 6, 28f.]), oder wenn es in Gefangenschaft geraten ist (1 Kön 8, 46–49 [2 Chr 6, 36–39]). In jedem Fall muß auch eine Bitte um Sündenvergebung (*sālaḥ* [→ סלח) da sein. Einige Zeit nach der Beendigung des Gebetes erhörte JHWH Salomos *t^eḥinnāh* (1 Kön 9, 3) und segnete den Tempel. Über eine Antwort JHWHs hinsichtlich der zukünftigen Bitten wird aber nichts ausgesagt. JHWH schließt nur mit einer Warnung vor dem Gericht für den Fall der Apostasie (9, 7–9). Dies ist also die Substanz der dtr Theologie: Sünde führt zum Verlust der göttlichen Gnade und endet in Gericht. Auch der Gedanke, daß JHWHs Ungnade ihren Ausdruck in der Feindschaft der Gegner Israels findet, ist in der dtr Theologie enthalten. Gnade wird dann weder den Jünglingen (Deut 28, 50) erwiesen, noch den Alten (Kl 4, 16). Die Sünde, die JHWHs Ungnade und sein Gericht heraufbeschwört, ist der Abfall. Jes 27, 11 – eine Stelle, die die Zerstörung Jerusalems 587 v. Chr. voraussetzt – stellt fest, daß JHWH seinem Volk keine Gnade bezeigen kann, weil es ohne Einsicht (*bîn* [→ בין]) ist. Für Jeremia und das Deuteronomium ist die schwerwiegendste Sünde, „JHWH zu verlassen und *'ælohîm 'aḥerîm* nachzufolgen". Wenn JHWH seine Gnade fortgenommen hat, könne das Volk diesen *'ælohîm 'aḥerîm* „Tag und Nacht" (Jer 16, 13) dienen. Jeremia ist voll bitterster Ironie, als er sich an die Bewohner des königlichen Bezirkes Jerusalems wendet: „Wie wirst du begünstigt sein (*mah-neḥant*), wenn Wehen über dich kommen werden!" (Jer 22, 23). In der dtr-jer. Theologie existiert auch der Gedanke, daß JHWHs Gnade Gericht abwenden kann. Der dtr Geschichtsschreiber sagt, daß JHWH während der Regierungszeit Joahas' gnädig gegen Israel war und Erbarmen mit ihm hatte wegen seines Bundes mit den Patriarchen (2 Kön 13, 23); dadurch wurde die Zerstörung durch den Aramäer-König Hasael abgewendet. Jeremia bewahrt die Hoffnung, daß JHWH das Gericht abwenden wird, als er Baruch zum Tempel sendet, um seine Schriftrolle zu verlesen. Der Prophet sagt: „Vielleicht gelangt ihr Flehen zu JHWH ..." (Jer 36, 7). Das Jer 3, 21 beschriebene Weinen und Flehen drückt wohl eine ähnliche Hoffnung von seiten des Volkes aus.

Amos führt den Gedanken ein, JHWHs Gnade zeige sich darin, daß er einen Rest Israels übriglasse, obwohl die Unbestimmtheit des Propheten dem Wort eine ungewöhnliche Spitze verleiht: „Vielleicht wird JHWH, der Gott der Heerscharen, dem Rest Josephs gnädig sein" (Am 5, 15). Jeremia erklärt, daß diejenigen, die dem Schwert entkommen sind, Gnade gefunden haben (*māṣā' ḥen*) in der Wüste (Jer 31, 2). So sah der Prophet trotz seiner Gerichtsbotschaft ein Maß an göttlicher Gnade für Israel bewahrt, das JHWH den Bewohnern Kanaans nicht ursprünglich gewährte (Deut 7, 2; Jos 11, 20; vgl. u. d). In der nachexilischen Periode erfuhr Esra JHWHs Gnade im Überleben eines Restes. Esr 9, 8: „Nun aber ist uns für einen kurzen Augenblick Gnade (*t^eḥinnāh*) widerfahren von JHWH, unserem Gott, um uns einen Rest zu erhalten ...". In einem anderen Gebet entfaltet er die ritualisierte Aussage der Attribute JHWHs, wobei er hinzufügt, daß JHWH das Volk nicht im Stich gelassen (*'āzaḇ* [→ עזב]) oder ihm ein Ende bereitet hat (*kālāh* [→ כלה]), d. h. er hat einen Rest übriggelassen (Neh 9, 17. 31). Ein anderes Thema, das ständig von den Propheten wiederholt wurde, bezog sich auf die Gnade, die JHWH einem bereuenden Israel gewähren werde. Den Einwohnern Jerusalems sagt der Prophet Jesaja: „Du sollst nicht länger weinen. Er wird wahrlich gnädig gegen euch sein wegen der Stimme eures Flehens" (Jes 30, 19). Jeremia sieht die Rückkehr der nördlichen Exulanten voraus: „Weinend werden sie kommen und unter Flehen (*ûḇ^eṯaḥ^anûnîm*) werde ich sie zurückführen" (Jer 31, 9). Joel mahnt, die Herzen und nicht die Kleider zu zerreißen und zu JHWH umzukehren (*šûḇ*), denn er sei *ḥannûn w^eraḥûm* (Jo 2, 13). Der Chronist berichtet, Hiskia habe sich an den Rest im Norden gewandt, um zu erreichen, daß sie zu JHWH umkehrten (d. h. bereuten = *šûḇ*) und nach Jerusalem zurückkehrten, um das Passah zu feiern, und daß dann auch die von den Assyrern Exilierten nach Hause zurückkehren könnten (*šûḇ*). Dies würde deshalb geschehen, weil JHWH ja *ḥannûn w^{e}raḥûm* sei (2 Chr 30, 9).

Ebenso wie der Einzelne muß auch Israel manchmal auf JHWHs Gnade warten. Ps 123, 3 drückt die Ungeduld, die das Volk nach langen Zeiten der Kränkung empfindet, aus: *ḥŏnnenû JHWH ḥŏnnenû kî-raḇ śāḇaʿnû bûz* „Sei uns gnädig, JHWH, sei uns gnädig, denn wir haben mehr als genug Mißachtung erlebt"; vgl. Ps 102, 14, wo ein ähnliches Empfinden hinsichtlich der Stadt Sion ausgedrückt wird: „Es ist Zeit, ihr gnädig zu sein (*l^{e}ḥæn^{e}nāh*); die bezeichnete Zeit (*môʿeḏ*) ist gekommen." Die Notwendigkeit der Geduld wird vielleicht am besten von Jesaja verstanden: „Und deshalb wartet JHWH nun darauf, euch gnädig zu sein ... wohl allen, die auf ihn harren!" (Jes 30, 18). Jes 33, 2 drückt das Bekenntnis des Volkes dieselbe Thematik aus: „JHWH, sei uns gnädig, auf dich hoffen wir." Später gründet das Gebet Daniels seine Bitte um JHWHs Gnade darauf, daß die von Jeremia vorausgesagten 70 Jahre nun vergangen sind und es Zeit ist für JHWH, gnädig zu sein (Dan 9, 2ff.). Dieses Gebet erinnert an das salomonische Gebet 1 Kön 8 mit seiner rhetorischen Häufung von Ausdrücken. Es aktualisiert tatsächlich – und vielleicht absichtlich –, was früher lediglich erhofft wurde. Nun muß JHWHs Gnade erfleht werden, und Daniel ist in größerem Maße als Salomo der Fürsprecher des Volkes. Daniel wirft sich nicht selbst vor dem Altar nieder, aber er begleitet sein Flehen mit Fasten, Sack und Asche (v. 3). Auch er ist bekümmert um den Tempel, der nun in Trümmern liegt (v. 17), und er steht vor JHWH nicht in Gerechtigkeit (v. 18), sondern in Reue über seine und seines Volkes Sünde (v. 20). Daniel begreift, daß JHWHs Gnade in seiner eigenen Verfügung liegt, daß er sie schenken oder versagen kann; sie kann nicht als ein Recht beansprucht oder erzwungen werden (v. 18; vgl. Ex 33, 19). JHWH erhört letzten Endes Daniels Flehen und sendet ihm eine Botschaft durch den Engel Gabriel (v. 20ff.).

Sacharja und Maleachi haben verschiedene Anliegen, die nach JHWHs Gnade verlangen. In Deutero-Sacharja spricht der Prophet von einem „Geist der Gnade und des Flehens" (*rûaḥ ḥen w^{e}ṯaḥ^{a}nûnîm*), den JHWH ausgießen will über das Volk von Jerusalem nach dem Mord an seinem Propheten (Sach 12, 10). Dies steht im Gegensatz zum Geist des Gerichtes, der früher vorherrschend war. Maleachi wiederum ist bemüht, die Qualität des Opfers aufzuwerten. Dem Volk wird befohlen, das Angesicht Gottes mit erstklassigen Opfern zu suchen, damit er ihm gnädig sei (Mal 1, 9).

d) Zur Zeit der Landnahme hatte JHWH Mose ausdrücklich befohlen, den Einwohnern Kanaans nicht wohlwollend gegenüberzustehen (Deut 7, 2; Jos 11, 20). *ḥānan* bezeichnet hier eine besondere Gnade, nämlich Erbarmen. Später jedoch macht das Buch Jona geltend, daß die Gnade, die für Israel erreichbar war, auch für Assyrien möglich ist, vorausgesetzt natürlich, daß sie bereuten (Jon 4, 2).

4. JHWHs Gnade wird mitgeteilt in Segenshandlungen. Joseph segnet seinen Bruder Benjamin, als er ihn nach Jahren der Trennung von seiner Familie wiedersieht, mit den Worten: „Gott sei dir gnädig (*jŏḥn^{e}ḵā*), mein Sohn" (Gen 43, 29). Im Aaronitischen Segen wird die Gewährung der JHWH-Gnade kunstvoll wiederholt mit dem Zentrum *wîḥunnækkā*: „JHWH lasse sein *Angesicht* über dir leuchten und 'sei dir *gnädig*'. JHWH erhebe sein *Angesicht* auf dich und gebe dir Frieden!" (Num 6, 25f.).

Ein ähnlicher Segensspruch wird Ps 67, 2 wiedergegeben: „Gott sei uns gnädig und segne uns und lasse sein Antlitz über uns leuchten."

Bei Sach wird an einer unklaren Stelle Serubbabel, der Erbauer des Zweiten Tempels beschrieben, wie er den Eckstein oder Schlußstein bringt, begleitet von den Rufen: *ḥen ḥen lāh*, „Gnade, Gnade ihm" (Sach 4, 7 [andere übersetzen *ḥen* mit 'Heil', 'Anmut', 'Schönheit' o. ä.]).

Freedman, Lundbom

IV. In Qumran begegnet *ḥnn* 20mal (davon 4mal *hitp* in der Formel *htnpl whtḥnn* „niederfallen und flehen" 1QH 12, 4; 16, 6; 17, 18; 4Q 184, 2, 4), *t^{e}ḥinnāh* 2mal und *ḥ^{a}nînāh* 1mal (3Q 5, 2, 1). Bevorzugt wird das Verb in der Benediktionsformel יחונכה „[Gott] sei dir gnädig!", wobei in den meisten Fällen dieses „Gnädig-Sein" durch applizierte Attribute näher spezifiziert wird: *bdʿt ʿwlmjm* 'mit ewigem Wissen' (1QS 2, 3), *brwḥ dʿh* 'mit dem Geist der Erkenntnis' (1QM 14, 25), *brwḥ rḥmjm* 'mit dem Geist des Erbarmens' (1QH 16, 9), *bkwl brkwt šmjm* 'mit allen Segnungen des Himmels' (1QSb 1, 5), *bkwl gmwljm* 'mit allen Wohltaten' (1QSb 2, 23, text. crrpt.) und *brwḥ qwdš* 'mit heiligem Geist' (2, 24). Dieser Gnadenerweis Gottes in der Segnung konkretisiert sich im ewigen Bund (2, 25) und im gerechten Gericht (2, 26), gibt Bestand (11QPs^{a} Plea 19, 14. 17) und durchwirkt alle Taten des Menschen (1QSb 2, 27). Er ist aber nicht auf den Einzelnen gerichtet, sondern er kann auf das ganze Volk herabgerufen werden (4QDibHam 5, 11). Die Segensformel kann aber auch durch Negation umgekehrt werden zu einer Fluchformel (par. *'ārûr*), die von den Leviten über die Anhänger des Belial ausgerufen wird (1QS 2, 8).

t^{e}ḥinnāh bedeutet in Qumran „Flehen". Der Beter faßt es nicht als eigenständiges Gebet an Gott auf, sondern als von Gott gegebenes Geschenk (1QH 9, 11; 11, 34). Diese Befähigung zum 'Flehen' ist bereits Gnadenerweis neben Barmherzigkeit, Frieden, Hoffnung und Festigkeit des Geistes.

Fabry

חָנֵף *ḥānep̱*

חָנֵף *ḥānep̱*, חֹנֶף *ḥonæp̱*, חֲנֻפָּה *ḥᵃnuppāh*

I. 1. Belege – 2. Bedeutung – 3. Wortfeld – II. Allgemeine Verwendungsweisen – 1. auf einzelne bezogen – 2. mit 'Land' als Subjekt – III. Verwendung in theologischen Kontexten – 1. im prophetischen Gerichtswort – 2. in der kulttheologischen Tradition – 3. im weisheitlichen Denken – IV. Spätere Reflexe.

Lit.: *G. R. Driver*, On Psalm 35,16 (ThZ 9, 1953, 468f.). – *Ders.*, Philological Problems (JThS 47, 1946, 160–166, bes. 161f.). – *Ders.*, Textual and Linguistic Problems of the Book of Psalms (HThR 29, 1936, 171–195, bes. 178–180). – *P. Joüon*, ὑποκριτής dans l'évangile et hébreu ḥânéf (RScR 20, 1930, 312–316). – *R. Knierim*, חנף *ḥnp*, pervertiert sein (THAT I 597–599). – *U. Wilckens*, ὑποκρίνομαι κτλ. (ThWNT VIII 562–564).

I. 1. Die Wurzel *ḥnp* ist bezeugt als kanaan. Lehnwort im Akk. (*ḫanāpu* 'eine Gemeinheit begehen', vgl. *taḫtinip*, „[Göttin] schmeicheln", TIM 9, 54, Rs. 9; *ḫanpu* und *ḫannipu* 'Schurkerei, Ruchlosigkeit': EA 288, 7; 162, 74, vgl. AHw I, 320; CAD VI, 76. 80f.); im Ugar. (*ḥnp* verbal und nominal, letzteres in der Bedeutung 'pietätlos, böse', WUS Nr. 1053; UT Nr. 981); im at.lichen Hebr. (Verbum, Verbaladjektiv, Nomina), mhebr. (*pi*, *hiph*) und jüd.-aram. (*peal*, *pa*, *aph*) in der Bedeutung 'schmeicheln, heucheln' (KBL$^{2/3}$) bzw. *ḥanᵉpā*, *ḥᵃnupᵉtā* (targ.) 'Gottloser, Gottlosigkeit', syr. *ḥanpā* 'Heide' (KBL^3 322: 'Bauer'), mand. *hanifa* 'Götze', *humpana* 'Heuchler' (MdD 125a. 136a); im Arab. *ḥanafa* (mit *ḥ*, nicht *ḫ* wie im Ugar.!) 'sich zur Seite wenden oder biegen', dann *ḥanīf* 'Rechtgläubiger', *ḥanafī* 'Heide', *ḥanafīya* 'Heidentum' und *aḥnaf* 'mit einer Verkrümmung des Fußes behaftet' (Wehr 190, KBL$^{2/3}$, BDB, Zorell, Driver), libysch *ʾnp* 'seitwärts gehen, beiseiterücken' (O. Rößler, ZA 50, 1952, 131). Für das Hebr. muß die Frage nach dem Verhältnis Verbum–Nomen (Derivation) und das Homonymenproblem (II 'hinken' nach dem Libyschen und Arabischen für Ps 35, 16 cj., KBL^3, Driver u. I. 2.) offenbleiben.

2. Die Bedeutung von hebr. *ḥnp* ist schwer faßbar (vgl. Gesenius, Thesaurus I 501f.).

GesB gibt an: *qal* 1. 'ruchlos, gottlos sein' – 2. 'durch Gottlosigkeit entstellt, entweiht sein' – 3. 'entweihen'; *hiph* 1. 'entweihen' – 2. 'zu Heiden machen'; Nom. 'Gottesverächter, Ruchloser' bzw. 'Ruchlosigkeit'; ähnlich KBL$^{2/3}$, wo beim Nomen noch das Bedeutungsmoment 'Gott entfremdet, gottlos' hinzukommt. BDB gibt wieder mit 1. 'to be polluted' – 2. 'to be profane, godless', die Nomina entsprechend 'profane, irreligious', und leitet diese Sinngehalte von der aus dem Arab. gewonnenen Grundbedeutung 'inclining away from right' ab. Rößler notiert 'abtrünnig werden' (ZA 50, 1952, 131), Zorell hingegen 'pollutus esse bzw. maculatus, nefarius'. Joüon nennt, auch ausgehend von der konkreten Bedeutung im Arab. als „sens général" für das Adj. „pervers, dépravé", für das Verb „corrompre, souiller (mais non 'profaner' ...)" – Dan 11, 32 ausgenommen, wo es („séduire") dem nachat.lichen, jüd.-aram. Gebrauch („flatter") nahekommt. Erst hier erhält das Adj. den Sinn von „impie, flatteur, hypocrite" – Grundlage des nt.lichen Äquivalents ὑποκριτής (314ff.). Nach F. Horst (Hiob, BK XVI/1, 1968, 132) bezeichnet *ḥnp* in seiner „Wurzelbedeutung ... ein Handeln oder Verhalten, durch das ein Zustand sakraler Verbundenheit mit der Gottheit willentlich beseitigt wird"; danach Wilckens: „Frevler, Freveltat" (563). Knierim endlich erschließt ähnlich wie Joüon „eine konkrete Grundbedeutung 'verdreht, verkrümmt sein'", die aber nur noch Ps 35, 16 (nach Driver in *bᵉḥanpî* korrigiert) und eventuell Mi 4, 11 erkennbar ist, während sonst die „übertragene Bedeutung" 'pervertiert sein, pervertieren' dominiert.

Geht man davon aus, daß (1) an allen Belegstellen (unter Einschluß der kanaan. Zeugnisse: EA, ugar.; Ps 35, 16?) der *ḥnp*-Gruppe ein negativer Akzent beigegeben ist; daß (2) sowohl Verbum wie Nomina mit nur zwei Subjekten vorkommen: Land, Erde (*'æræṣ* sing. fem.) und Menschen (sg. und pl.; Priester, Prophet, König, Hiob [?], Psalmist [?], Gruppen, Zion, Volksganzes), mithin eine Aufteilung in Sinnzonen vorzunehmen ist; daß (3) das Verbum im Grundstamm intransitiv und meist absolut gebraucht ist (gelegentlich mit *leb̠* Hi 36, 13; vgl. ugar. KTU 1. 18 I, 17), und zwar in finiten Verbalformen (2mal Narrativ), im Kausativ mit gleicher Zweiteilung der Untersubjekte, ergeben sich folgende Anhaltspunkte für die Bedeutungsbestimmung:

a) Die den *'æræṣ*-Stellen zugrundeliegende Vorstellung führt auf eine konkret-bildhafte Bedeutung 'sich verunreinigen, beflecken, beschmutzen', „to pollute", dann: 'entweihen', erschlossen vor allem aus Jes 24, 5 (*taḥat̠*), Ps 106, 38 und Num 35, 33 („mit Blut"), Jer 3, 1. 2. 9 (Sachparallele Deut 24, 4: *ṭm'*), möglicherweise auch Mi 4, 11 (sichtbarer Vorgang?), bestätigt durch die vorzugsweise Wiedergabe der LXX mit μιαίνειν (3mal), μολύνειν (1mal), φονοκτονεῖν (3mal; vgl. Wilckens 563). Offenbar evoziert das Subjekt *'æræṣ* – auch in metaphorischer Aussage – bei *ḥnp* konkrete Sinnbezüge.

b) Die Stellen mit menschlich-personalen Subjekten, in der Hauptsache die Nominalbelege, avisieren ein sozialschädliches Verhalten, das, in Verstellung und Täuschung befangen, sich und anderen etwas vormacht. Beachtet man dazuhin die Beziehung zur falschen Rede (Spr 11, 9; Jes 32, 6; 9, 16; Jer 23, 11. 15), liegt am nächsten die Umschreibung: 'falsch, entstellt, heuchlerisch, gemein, scheinheilig, heimlich treubrüchig', gewonnen vor allem aus Spr 11, 9; Jes 32, 6, den EA-Stellen und Jer 3, 1 cj.: alles Fälle von Täuschung in Gemeinschaftsbindungen wie militärisch-politische Loyalität, Nachbarschaft, Ehe.

Die Wörterbücher notieren zwar eine mhebr. und jüd.-aram. Bedeutung 'schmeicheln, heucheln', bzw. 'Heuchler, Heuchelei' (vgl. KBL^3, Levy, Jastrow), lehnen aber – wohl wegen des konkreten Gehalts (a) – diese Bedeutung für das Bibl.-Hebr. ab (vgl. Gesenius, Thesaurus

501f.; Joüon, Wilckens, bes. 564f.). Wahrscheinlich wirkt sich hier auch der Einfluß der LXX aus, die nur an zwei Stellen (Hi 34, 30; 36, 13) das im NT zu besonderer Verwendung gelangte, neutrale ὑποκριτής 'Schauspieler' gebraucht (weit häufiger dann in den hexaplarischen Übersetzungen, Wilckens 563). Doch besagt dies für den Bedeutungsgehalt von hebr. *ḥnp* keinesfalls, daß „nirgendwo ... die Worte vom Stamm חנף den Sinn von Verstellung, Heuchelei" hätten (ebd.). Vielmehr ist der auch von Wilckens (wie von Joüon) empfundenen Aporie mit der näherliegenden Annahme beizukommen, *ḥnp* bedeute at.lich in bestimmtem Sinn sehr wohl 'heucheln, Heuchler' (vgl. 1QS 4, 10), war aber für die LXX nur in eindeutigen Fällen (im Sinne übrigens der Sir-, Makk-Stellen) mit dem term. techn. der griech. Theatersprache zur Deckung zu bringen. Die Umschreibungen zeigen den Versuch, wenigstens den negativen Sinnakzent zu retten (zum Sachproblem vgl. G. Bornkamm, Heuchelei RGG³ III 305f.).

c) Wenn die Beobachtung richtig ist, daß *ḥnp* eine polare Affinität zu Definitionen der Einzugstorot hat (z. B. Hi 13, 16; Jes 33, 14. 15ff.; Hi 17, 8; 27, 8ff., u. III. 3.), ergäbe sich als Verbindungsbrücke für die beiden semantischen Bereiche die (hypothetische) Kernbedeutung 'sich durch Beschmutzung unkenntlich machen' > 'sich verunreinigen' und > 'sich verstellen'; erstere Sinnrichtung würde Stellen wie Ps 35, 16 und Jer 3, 1ff. erhellen, letztere die Linie zum Mhebr., Jüd.-Aram., zu Q und NT erklären können.

d) Die tradierten Grundbedeutungen treffen nicht die Sinnmitte, wohl aber die Sinnränder. Die „arab." Grundbedeutung 'verdreht, verkrümmt' assoziiert sich dem Bildgehalt von 'Verstellung, Entfremdung, Vortäuschung', wie auch das (zu) allgemeine und abstrakte 'pervertiert'. 'Ruchlos, gemein' u. ä. sucht die emotionalen Werte zu fassen (EA; Jer 3, 1; 23, 11. 15; Hi); 'gottlos, gottentfremdet' u. dgl. sucht die den weisheitlichen und prophetischen Kontexten zu entnehmende Wertung wiederzugeben.

3. Im Wortfeld lassen sich nur wenige Linien ziehen. *ḥnp* und *ṭm'* (→ טמא) werden durch die Sachparallelen Jer 3, 1 und Deut 24, 4 sowie die Kontexte von Num 35, 33f. und Ps 106, 38f. in Beziehung gesetzt. Korrespondiert dem *qal* von *ḥnp* in Jer 3, 1 das singuläre *hotp* von *ṭm'* (pass. zu *hitp:* 'sich unrein machen lassen'), dann ist für *ḥnp* im Unterschied zu *ṭm'* ein reflexives Moment anzunehmen: 'sich beschmutzen, verunstalten' = 'sich verstellen'. Dies bestätigt ein Vergleich der Stammformen. Transitiv stehen sich Faktitiv (*ṭm'*) und Kausativ (*ḥnp*) gegenüber, was auf ein substantielles Verhältnis zum Objekt (Untersubjekt) bei *ḥnp* schließen läßt. Anders sind auch die verbalen Aussagen Imperf. *qal* sowie die *qal-hiph*-Schwankungen nicht zu verstehen: die Verunstaltung ist selbstgemacht und vom Untersubjekt mitverschuldet. – Ps 35, 16 deutet auf verwandtes *qdr* 'geschwärzt, trübe (in schmutzigen Kleidern, d. h. in Trauer) sein' (*qal* und *hiph*). Sollte die (Trauer-)Verkleidung der originäre Sitz von *ḥnp* sein? – Das Wortfeld der Nomina ist dichter, aber infolge von Synonymenproblemen schwer durchdringbar: Jes 9, 16 Koppelung mit *mera'* 'Missetäter' Ptz., vgl. Hi 8, 20; Jes 33, 14 parallel zu *ḥaṭṭā'îm* 'Sünder', *rešā'îm* 'Frevler' Hi 20, 5; 27, 8, vgl. 15, 20; *šoḵeḥê 'el* 'Gottvergessene' Hi 8, 13, *'awwāl* 'niederträchtig' Hi 27, 8; Hi 17, 8 (vgl. 13, 16) oppositiv zu *ješārîm* 'Aufrichtige', *nāqî* 'unschuldig', Spr 11, 9 zu *ṣaddîqîm* 'Gerechte'. Am klarsten ist Jes 32, 6f., wo *ḥonæp* als Bezeichnung einer Tat des *nāḇāl* aufgeführt ist, geboren aus *neḇālāh-* und *'āwæn*-Gedanken und gestellt neben *tô'āh*, der Wahnrede gegen JHWH, und die Gemeinheiten gegenüber Leidenden. In solchen Zuordnungen zeigt das Wort die grellen, kaum konturierbaren Farben eines pejorativen Ausdrucks: 'gemein, schmutzig, verräterisch'. – Eine Beziehung zur Wortgruppe *rāmāh* II (→ רמה) 'täuschen, betrügen, verraten' – die ohne *hiph*-Belege und Land-Bezug, enger umgrenzt und konkreter bezogen auftritt – bahnt sich über Hi 15, 34f. an (vgl. 1QS 4, 9f.).

II. 1. Zum Verwendungsbereich mit menschlichem Subjekt, d. h. *ḥnp* in denominierender Funktion, gehören außer den Nominalbelegen vor allem Jer 3, 1 cj.; 23, 11; Mi 4, 11; Ps 35, 16 cj.; Dan 11, 32. – Jer 3, 1 verweist auf die Gesetzesbestimmung Deut 24, 4, die einer geschiedenen und „einem anderen Mann gewordene" Frau (nach LXX, V emendiert; MT: „jenes(!) Land"; von 3, 2. 9 her beeinflußt?) eine eventuelle Rückkehr zu ihrem ersten Mann aus Reinheitsgründen verbietet, mit der Frage, ob sich die Frau nicht über die eingetretenen Ereignisse hinwegsetzen würde, mit denen sie sich nach Deut 24, 4 „befleckt" hat, und insofern sich selbst und ihren ersten Mann „täuschen" würde. Leider ist Jer 3, 1, der einzige Beleg im AT, wo *ḥnp* auf einen rechtlich klar erkennbaren Sachverhalt bezogen ist (vgl. T. D. Martin, The Forensic Background to Jer. iii 1, VT 19, 1969, 82–92), textlich nicht ganz abzusichern. Sonst ergäbe sich hier eine greifbare Definition der semantischen Grundstruktur des Verbums mit ihren zwei Dimensionen. – Prophet wie Priester sind nach Jeremias Urteil „falsch" (23, 11) im Sinne der Verfälschung des JHWH-Worts und der Scheinhaftigkeit ihres Verhaltens in Vorgaukelung falscher Tatsachen (v. 15) und offenbarer Selbsttäuschung (vgl. G. Münderlein, Kriterien wahrer und falscher Prophetie im AT, EHS XXIII, 33, 1974, 35f. 100ff.). – Mi 4, 11 ist textlich nicht ganz unanfechtbar. Vorgeschlagen wird als Ausspruch der „vielen Völker", die sich um die Tochter Zion versammelt haben, ein gefälligeres: „Sie werde nackt ausgezogen (*teḥāśep*), damit unser Auge seine Lust an Zion habe." Aber die Difficilior-Bezeugung (MT: *tæḥᵃnap*) ist schwerlich zu umgehen: „Sie macht (sich) etwas vor! Unser Auge wird seine Lust an Zion haben." – Zur Bedeutung 'sich verstellen' im Sinne rituellen Verhaltens würde auch die Klage Ps 35, 16 (syntaktisch notwendige Korrektur, am besten *beḥanpî*) passen, parallel zu *beṣal'î* „bei meinem Straucheln" (v. 15) und bezogen auf ein krankheitsähnliches Unglück (v. 13), daß auf das fallgerechte Eigenverhalten des Psalmisten eine unerwartet feindselige Reaktion erfolgte. Dann wäre hier noch etwas von der dem ritualisierten Rollenspiel entstammenden Primärbedeutung des Wortes sichtbar (vgl. aber KBL[3] 322, das *ḥanpî* der Wurzel *ḥnp* II 'hinken', zuordnet). – Dan 11, 32 scheint in ähnlicher Weise die Bedeutung 'sich verstellen' vorauszusetzen. Von dem „verächtlichen Menschen" und Usurpator Antiochus Epiphanes wird geweissagt, er „veranlasse die Frevler am Bund – das sind die hellenistischen Sympathisanten (O. Plöger, KAT XVIII, [2]1965, 164) – durch glatte Worte zur Verstellung (*jaḥ^anîp̱*)", d. h. doch wohl nicht, den JHWH-Glauben aufzugeben (Vordersatz), sondern entweder: sich zu verbergen, in den Untergrund zu gehen oder: Verrat zu üben, sich zu verleugnen.

ḥānep̱ findet sich vor allem im weisheitlichen Sprachbereich (Jes 3mal, Spr 1mal, Hi 8mal, Sir 3mal). Innerhalb dieses Bereichs gehört es neben 'Frevlern, Gottlosen, Ungerechten u. ä.' zu den Klischeebezeichnungen (LXX übersetzt häufig privativ ἄνομος, ἀσεβής u. a.), so daß Profile einer differenzierteren Verwendung kaum wahrzunehmen sind. Die Charakterisierung eines Menschen mit Hilfe von *ḥānep̱* geschieht durchaus einseitig im disqualifizierenden Urteil. Insofern gerät das Wort in die Nähe der Beschimpfung des Gemeinen weil Gemeinschaftswidrigen, Nicht-Verläßlichen, Unehrlich-Falschen.

Beispielhaft sind die beiden EA-Belege: Abdiḫipa, der pharaonische Offizier und Regent von Jerusalem beklagt sich brieflich über ein Attentat, das die Kaši-Leute, einst nubische Söldner gleicherweise in Pharaos Diensten, jetzt meuternd und marodierend durch Kanaan ziehend, gegen ihn verübt haben: „die Gemeinheit, die diese Verräter an mir begangen haben" (288, 7f., vgl. 287, 71ff.). – Der Pharao richtet ein Auslieferungsbegehren an den Fürsten von Amurru mit Namensliste- und Steckbrief der „Gegner des Königs", so u. a. über einen, „der Ruchlosigkeit (besser wohl: sich auf Täuschung) versteht, der die Botschaft gelästert hat" – politische Verbrechen offenbar, Heuchelei, Verrat (162, 74).

Die Bezugnahme auf Gruppen (Hi 15, 34), auf Reden und Aktionen einzelner (Hi 34, 30 Königsprätendent; Spr 11, 9; Hi 13, 16), die Verbindung mit *leḇ* (Hi 36, 13; ugar.) vermag das Sinnmoment eigener, innerer Motivierung zur Falschheit, zur Heuchelei freizusetzen. Das Recht zu solchem Urteil nimmt sich der Sprecher jeweils selbst. Nur einmal (Ps 35, 16) bekennt sich jemand selbst dazu. Sonst geißelt der Prophet das Volk oder einzelne Gruppen und verläßt sich darauf, daß sich das Urteil selbst als evident erweist. Der Weise spricht in der 3. Pers. in paradigmatischer Distanzierung, ohne daß eine Identifikation erfolgt (z. B. Spr 11, 9; Jes 32, 6): der Typ des *ḥānep̱*, des Falschen, des Heuchlers, des Scheinheiligen, dessen, der sich und anderen etwas vormacht, steht zur Diskussion. – Die selten bezeugten Abstrakta *ḥonæp* und *ḥ^anuppāh* lehnen sich an den Sprachgebrauch von Nomen und Verbum an, wobei es scheint, daß *ḥonæp* seinem Vorstellungsgehalt nach mehr zur Nominalbedeutung 'Täuschung, Gemeinheit, Verrat' (arab. z. B. für Meineid, J. Wellhausen, Reste arab. Heidentums, [2]1897 [= 1961] 187), *ḥ^anuppāh* mehr zur Verbalsonderbedeutung hin tendiert (vgl. Jer 23, 15 mit 23, 11 und den *'æræṣ*-Stellen).

2. 8 (9) der 11 verbalen Belege verbinden sich mit *'æræṣ* als Subjekt bzw. Untersubjekt an den *hiph*-Stellen (einschließlich Mi 4, 11 *ṣijjôn*). – Jer 3, 2(9) spricht eine Relation an, die in diesem Umkreis hin und wieder sichtbar wird: Untreue (*znh*) gegenüber der Gottheit wirkt weiter und „läßt das Land sich (daran) beflecken", d. i. die Natur wird in Mitleidenschaft gezogen (v. 3). – Ps 106, 38 findet sich in der Reihe der Verfehlungen nach dem Hinweis auf das Vergießen unschuldigen Blutes durch Darbringung von Kinderopfern „den Götzen Kanaans" der Satz: „Das Land beschmutzt sich am Blut (*baddāmîm*)" – in v. 39 fortgeführt: „Sie wurden unrein durch ihre Werke und zu Huren durch ihre Taten". – Den gleichen Gedanken im Blick auf den Täter spricht Num 35, 33f. priestertheologisch aus, und wieder erscheint das (Heilige) Land, „das Land, in dem ihr seid", als Größe besonderer Art: „Laßt das Land nicht schmutzig werden" (par. v. 34: „Macht das Land nicht unrein"), „denn das Blut (des Ermordeten) läßt das Land schmutzig werden". – Neben Blutschuld sind es Untreue und Frevel, die das Land unsauber werden lassen (Jer 3, 2. 9) bzw. Übertreten der Gebote, Verletzung sakraler Ordnung und Bundesbruch (Jes 24, 5). – Jes 24, 5 meint *'æræṣ* im Sinne von Erdkreis (*teḇel*). Hier klingt die Vorstellung an, es sei der Erdboden „unter seinen Bewohnern" (vgl. Jer 3, 3; Ps 106, 38 und Num 35, 33: 'verschütten'), der von dem Fluch der menschlichen Taten betroffen wird (v. 6). – So ist es offenbar eine komplex gewordene Vorstellung, welche *ḥnp* in diesen Land-Verbindungen weckt, die wohl an jenem Wort hängt, aber erst in priesterlich-kultischer Sphäre klarere Linien gewinnt.

III. 1. Theologisch ist *ḥnp* an allen Stellen mit kollektivem Subjekt verwendet: nominal an den mutmaßlich ältesten Belegen im AT Jes 9, 16; 10, 6, hier prophetisch bezogen auf Volk und Nation in seiner Gesamtheit (9, 8), zur Einheit als „Volk meines Zorns" (10, 6) zusammengeschlossen durch JHWHs Gerichtshandeln. Entsprechend ist nach Jesajas Sicht die Verschuldung eine totale, die prinzipiell darin besteht, daß man sich allgemein über die 9, 7. 11. 16 zur Sprache gebrachte Konfliktslage täuscht. Folglich ist das prophetische Urteil: Fehlverhalten aus Selbsttäuschung, gar wissentliche Ignoranz: „scheinhaft und verkehrt, in aller Munde Falsches" (9, 16) – sachlich expliziert 29, 13: Heuchelei. – *ḥnp* ist weiter konstitutiv für Jer 3, 1–5 (6–10). Die Einheit baut ihre Aussagen auf drei Sinnbeziehungen des Verbums: (a) Im Gleichnis von der geschiedenen Frau (v. 1a) ist das Wort gewählt, um vor Augen zu führen, wie sie sich selbst über die Möglichkeit einer Rückkehr (*šûḇ* [→ שׁוב]) zu ihrem ersten Mann, die das Gesetz ausschließt (Deut 24, 4; vgl. T. R. Hobbs, Jeremiah 3, 1–5 and Deuteronomy 24, 1–4, ZAW 86, 1974, 23–29), hinwegtäuscht: Die Trennung ist vollzogen; der endgültige Bruch mit dem „Freund ihrer Jugend" (v. 4) ist nicht rückgängig zu machen. (b) Die betrügerische Intention des Verhaltens wird in der Sachhälfte des Spruches herausgestellt: Die scheinbar bußwillige Gemeinde verleugnet sich selbst (*'iššāh zônāh* v. 3, Bildvergleich v. 2) und verheimlicht ihre Taten heuchlerisch. (c) Den als „Hurerei" begangenen Taten eignet etwas Ansteckendes: Das Land, der Erdboden, beschmutzt sich daran (v. 2b. 9, vgl. v. 1a MT) und wird durch Regenmangel geschädigt (v. 3). Insofern wird dem Untreueverhalten dazuhin diese Art von *ḥnp*-Wirkung zugeschrieben. In der Ausspielung der Bedeutungsbeziehungen von *ḥnp* kommt die prophetische Rede Jer 3, 1–5 (vgl. v. 6–10) zu einer sowohl eindrücklichen wie überzeugenden Aussage zum *šûḇ*-Problem. – Im Lichte von 3, 1–5 (6–10) scheinen die Worte gegen Propheten und Priester (23, 11, vgl. 23, 15) einen ähnlich strukturierten Sachverhalt zu meinen: Scheinverhalten der Amtsträger und die damit zusammenhängende Verschmutzung des Landes.

2. Den spät redaktionell entstandenen paränetischen Schlußbemerkungen zum Thema Blutrache und Asylstädte in Num 35, 33f. liegen kulttheologische Vorstellungen vom Heiligen Land, „in dem ihr wohnt und in dessen Mitte ich – JHWH – wohne", von der möglichen Verunreinigung und Entsühnung zugrunde. In diesen thematischen Rahmen fügt sich die Aussage von der Gefährlichkeit des ungesühnten Blutes, welches das ganze Land „schmutzig werden läßt", so daß es nur durch das Blut dessen, der es vergossen hat, gesühnt werden kann. *ḥnp* wird hier zum Ausdruck der Verletzung sakraler Ordnungen.

3. Von Bedeutung ist, daß im weisheitlichen Bereich *ḥānep̱* zur begrifflichen Bezeichnung des besonderen Typs eines die Gemeinschaft und sich selbst täuschenden Verhaltens, des Sich-Verstellens, Heuchelns wird. Parallel zu *ḥānep̱* steht der „Gottvergessene" (Hi 8, 13), der ohne *da'aṯ* ist im Gegensatz zum *ṣaddîq* (Spr 11, 9), der *n^ebālāh* redet (Jes 9, 16; 32, 6), dessen Wesen Torheit, Irrsinn, Unheil (*'āwæn*) entstammt. Er wird mit jenem Wort belegt, das den Gedanken an Täuschung und Selbstverleugnung nahelegt. Der sich selbst und der Gemeinschaft untreu ist und damit sich selbst zerstört, ist, weil er sich und andere täuscht, zugleich gefährlich, darauf aus, „mit dem Munde seinen Nächsten zu verderben" (Spr 11, 9, zur Sache Ps 5, 12; 12, 3; vgl. Jes 32, 6: „Verrat zu begehen und selbst gegen JHWH Wahnwitziges [*tô'āh*] zu reden"). Die Fixierung im Begriff zeigt, daß man sich in diesem Bereich mit dem Phänomen des Scheinverhaltens, und zwar gerade auch des einzelnen (vgl. die Jes-Stellen), beschäftigt und terminologisch abgefunden zu haben scheint: Die so Beurteilten werden in den Kreis der Frevler-Typen abgeschoben (Jes 32, 6; Hi). – Eine besondere Rolle spielt der Begriff in der Hiobdichtung, wo er allen am Gespräch Beteiligten in den Mund gelegt ist. *ḥānep̱* ist an allen Stellen Kategoriebezeichnung neben *rāšā'* (vgl. Hi 8, 13b und die Sachparallele Spr 10, 27) mit konventionellen Prädikationen, besonders bei Aussagen der Freunde mit der Tendenz, Hiob in der Nähe jener Gruppe anzusiedeln (8, 13; 15, 35 – vgl. Jes 32, 6 dazu – 20, 5; auf das Königsbeispiel bezogen 34, 30; 36, 13). Bei Hiobs offensiver Zurückweisung fällt ins Auge, daß er sich sowohl 13, 16 wie 17, 8 und 27, 8 traditioneller Ausdrucksformen bedient (Weiser, Horst z. St.) und sich jeweils an Vorstellungen orientiert, die dem Bereich der Einzugstorot und Heiligtumszulassung zugehören (vgl. Jes 33, 14. 15ff.). Ja, 13, 16 gewinnt er daraus den in der Schlußrede 27, 8–10 neugedeuteten Hoffnungsschimmer, es gereiche ihm bereits „zum Heil", vor Gott ins Heiligtum treten zu können, weil damit wenigstens klargestellt werde, daß er kein *ḥānep̱* sei, denn: „vor ihn kommt ein *ḥānep̱* nicht". Der *ḥānep̱* steht also in dieser Perspektive außerhalb des heiligen Bezirks (vgl. auch 36, 13). Der Blick auf die Land-*ḥnp*-Stellen und Ps 35, 16 cj. wird von hier aus frei.

IV. In lQS 4, 10 erscheint *ḥnp* nom. im Katalog der Eigenschaften des Frevelgeistes, folgend auf „Betrug und Täuschung" und gepaart mit *'kzrj:* „Grausamkeit und übergroße Heuchelei", weitergeführt mit „Jähzorn und übergroße Torheit und fremde Eifersucht" zur Frucht solchen Wesens: „Greueltaten im Geiste der Hurerei und Schmutzwege im Dienste der Unreinheit": Kontextgebunden sind wieder die zwei semantischen Kernelemente der Aufgabe menschlicher Identität und der Verschmutzung. Es wird hier eine Art psychologischer Einordnung der Heuchelei (*ḥnp*) versucht (vgl. Hi 36, 13). – Daneben hält sich *ḥnp* als spezielle Bezeichnung des Abgefallenen, Abtrünnigen, Dissidenten, Apostaten, Ungläubigen, Gottlosen, Heiden im jüd.-aram. und mhebr. wie arab. Sprachzweig (Gen. r. s. 48 Anf., 46b merkt an: „überall, wo in der Schrift das Wort *ḥnp* vorkommt, ist die Häresie [Götzendienst] darunter zu verstehen", Levy WTM 84; besonders interessant die innerarabische Entwicklung, vgl. Joüon 315, Wehr 190, HwbIsl 165ff., KBL³ 322). – Zu ὑποκρίνομαι κτλ. vgl. Wilckens ThWNT VIII 562ff.

Seybold

חֶסֶד *ḥæsæḏ*

I. Semitische Dialekte, Etymologie, LXX – II. At.licher Befund – 1. Belege – 2. Verwendung – III. Profaner Gebrauch – 1. in der formelhaften Wendung mit *'āśāh* und *'im* – 2. außerhalb dieser Wendung – 3. Zusammenfassung – IV. Religiöser Gebrauch – 1. JHWH als Subj. des *ḥæsæḏ*-Erweises – 2. Die Bedeutung von *ḥæsæḏ* in dieser Beleggruppe – 3. Andere syntaktische Bezüge von *ḥæsæḏ* – 4. Liturgische Formeln – 5. Die *ḥasḏê dāwid* – 6. *ḥæsæḏ* und *b^erîṯ* – 7. Zusammenfassung – V. Qumran.

Lit.: *F. Asensio*, Misericordia et Veritas (Diss. Pont. Ist. Bibl. 1947 = An. Gregoriana 48), 1949. – *R. Bultmann*, ἔλεος, ἐλεέω B. (ThWNT II, 475–479). – *A. Caquot*, Les „grâces de David". A propos d'Isaïe 55/3b (Sem 15, 1965, 45–49). – *I. Elbogen*, חסד, Verpflichtung, Verheißung, Bekräftigung (Or. Studies, Festschr. P. Haupt, 1926, 43–46). – *N. Glueck*, Das Wort ḥesed im alttestamentlichen Sprachgebrauche als menschliche und göttliche gemeinschaftgemäße Verhaltungsweise (BZAW 47, 1927, [2]1961); transl. (Ḥesed in the Bible) by *A. Gottschalk*, ed. by *E. L. Epstein*, Cincinnati 1967. – *J. P. Hyatt*, The God of Love in the OT (To Do and to Teach, Festschr. P. L. Pyatt, Lexington 1953, 15–26). – *A. Jepsen*, Gnade und Barmherzigkeit im AT (KuD 7, 1961, 261–271). – *A. R. Johnson*, ḤESED and ḤĀSÎD (NoTT 56, 1955 = Festschr. S. Mowinckel, 100–112). – *W. F. Lofthouse*, *Ḥen* and *Ḥesed* in the OT (ZAW 51, 1933, 29–35). – *U. Masing*, Der Begriff *ḥesed* im at.lichen Sprachgebrauch (Charisteria J. Köpp, Holmiae 1954, 27–63). – *J. A. Montgomery*, Hebrew Ḥèsed and Greek χάρις (HThR 32, 1939, 97–102). – *N. H. Snaith*, The Meaning of חֶסֶד (ExpT 55, 1943/44, 108–110). – *R. Sorg*, Ḥesed and Ḥasid in the Psalms, St. Louis 1953. – *H. J. Stoebe*, Bedeutung und Geschichte des Begriffes *ḥäsäd* (Diss. theol. Münster, 1950). – *Ders.*, Die Bedeutung des Wortes *ḥäsäd* im AT (VT 2, 1952, 244–254). – *Ders.*, חסד *ḥæsæd* „Güte" (THAT I, 600–621). – *C. Wiéner*, Recherches sur l'amour pour Dieu dans l'AT, Paris 1957. – *U. G. Yarbrough*, The Significance of *ḥesed* in the OT (Diss. Southern Baptist Seminary, 1948/49).

I. Das Nomen *ḥæsæḏ* ist ein hebr. Wort, das in das Mhebr., Jüd.-Aram., Syr. und Mand. Eingang gefunden hat (KBL[3]). Die Etymologie ist nicht geklärt. Die im Hebr. nur 2mal im *hitp* Imperf. belegte Wurzel *ḥsd* ist offenbar eine denominative Bildung. Eine Ableitung von der arab. Wurzel *ḥašada* 'sich zu gegenseitiger Hilfe versammeln' (Glueck 67f. unter Hinweis auf Schulthess) ist wegen des zu postulierenden Wechsels von *š* zu *s* zumindest problematisch. LXX übersetzt *ḥæsæḏ* überwiegend mit ἔλεος (213mal), ἐλεημοσύνη (6mal) und ἐλεήμος (2mal); sonst begegnet noch δικαιοσύνη (8mal), χάρις (2mal) und je 1mal δίκαιος (Jes 57, 1), δόξα (Jes 40, 6), ἐλπίς (2 Chr 35, 26), τάξις (Spr 31, 26), τὰ ὅσια (Jes 55, 3), οἰκτιρμός (Jer 31, 3 = 38,3 LXX), ἀντιλήμπτωρ (Ps 109, 12) und δικαιοσύνη καὶ ἔλεος (Ex 34, 7), während an sechs Stellen in der LXX ein entsprechendes Äquivalent fehlt oder ganz anders übersetzt wird. Aus allem folgt, daß einerseits die Bedeutung von *ḥæsæḏ* aus den at.lichen Texten selbst erhoben werden muß und daß anderseits angesichts der LXX-Übersetzung mit einer gewissen Bedeutungsbreite zu rechnen ist.

II. 1. Das Nomen *ḥæsæḏ* ist im AT 245mal belegt. Das ergibt, auf die einzelnen Bücher aufgeschlüsselt, folgende Streuung: Gen 11mal, Ex 4mal, Num 2mal, Deut 3mal, Jos 3mal, Ri 2mal, Ruth 3mal, 1 und 2 Sam 16mal, 1 Kön 5mal, 1 und 2 Chr 15mal, Esr 3mal, Neh 5mal, Esth 2mal, Hi 3mal, Ps 127mal, Spr 10mal, Jes 8mal (Jes 1, DtJes 4, TrJes 3), Jer 6mal, Kl 2mal, Dan 2mal, Hos 6mal, Jo 1mal, Jon 2mal, Mi 3mal, Sach 1mal. Es fehlen dabei vollständig die Bücher Lev, 2 Kön, Pred, HL, Ez, Am, Ob, Nah, Hab, Zeph, Hag und Mal. Da die einzige Stelle aus Proto-Jes (16, 5) höchstwahrscheinlich unecht ist, wird man auch Proto-Jes zu dem Fehlbestand rechnen dürfen. Daraus erhellt, daß unser Begriff in der älteren erzählenden Literatur mit ca. 49 Belegen gut vertreten ist, in der prophetischen Literatur, vor allem in der der Frühzeit, jedoch sehr stark zurücktritt (insgesamt nur 29 Belege), während er in der Lyrik offensichtlich einen besonderen Platz einnimmt (insgesamt 131 Belege), aber auch 23mal im chronistischen Geschichtswerk begegnet. Auch wenn die Grenzen mitunter fließend sind und deshalb eine derartige Zahl mit Zurückhaltung gewertet werden muß, so gehören doch von den 245 Belegen etwa 63 dem profanen Bereich an.

2. In der Regel steht *ḥæsæḏ* im Sing. Der Pl. findet sich nur 18mal (Gen 32, 11; 2 Chr 6, 42; 32, 32; 35, 26; Neh 13, 14; Ps 17, 7; 25, 6; 89, 2. 50; 106, 7. 45Q; 107, 43; 119, 41Q; Jes 55, 3; 63, 7 (2mal); Kl 3, 22. 32Q). Davon gehören drei Stellen dem profanen (2 Chr 32, 32; 35, 26; Neh 13, 14) und 13 Stellen dem religiösen Bereich an. Außerdem ist 2mal von den *ḥasḏê dāwiḏ* die Rede (Jes 55, 3; 2 Chr 6, 42). Weiter ist zu beachten, daß von diesen Belegen wohl nur Gen 32, 11 (J) und Ps 89 vorexilisch sind. In fast der Hälfte aller Belege (124mal) ist das Nomen mit einem Possessivsuffix verbunden: 1. sing. 10mal; 2. masc. sing. 55mal; 3. masc. sing. 57mal; 2. und 3. Pl. je 1mal. Es bezieht sich auf Sara (Gen 20), Husai (2 Sam 16), David (1 Sam 20; Ps 59; 144), Ruth (Ruth 3), Nehemia (13), den Menschen (Spr 20), den Götzendiener (Jon 2), das Fleisch (Jes 40) oder die Israeliten (Hos 6), in allen anderen Fällen jedoch auf Gott bzw. JHWH.

Ziemlich selten, nämlich nur 16mal, ist das Nomen mit dem bestimmten Artikel verbunden: Gen 21, 23; 32, 11; Deut 7, 9 (2mal); 2 Sam 2, 5; 1 Kön 3, 6; 8, 23; 2 Chr 6, 14; 24, 22; Neh 1, 5 (cj.); 9, 32; Ps 130, 7; Spr 20, 28; Jes 16, 5; Jer 16, 5; Dan 9, 4. In der Regel wird damit auf einen speziellen, im Kontext erwähnten *ḥæsæḏ*-Erweis Bezug genommen.

Innerhalb eines Genitivverhältnisses steht *ḥæsæḏ* 14mal als nomen regens: *ḥæsæḏ (ḥasḏê) JHWH* (1 Sam 20, 14; Ps 33, 5; 103, 17 bzw. Jes 63, 7; Kl 3, 22; Ps 89, 2; 107, 43), *ḥæsæḏ 'ælohîm* (2 Sam 9, 3; Ps 52, 10), *ḥæsæḏ 'el* (Ps 52, 3), *ḥæsæḏ 'æljôn* (Ps 21, 8), *ḥasḏê dāwiḏ* (Jes 55, 3; 2 Chr 6, 42), *ḥæsæḏ n^e'ûrajiḵ* (Jer 2, 2). Ebenfalls 14mal ist es nomen rectum: *'anšê ḥæsæḏ* (Spr 11, 17; Jes 57, 1), *'îš ḥæsæḏ* (Spr 20, 6), *malḵê ḥæsæḏ* (1 Kön 20, 31), *tôraṯ ḥæsæḏ* (Spr 31, 26), *'ah^abaṯ ḥæsæḏ* (Mi 6, 8), *'ælohê ḥasdî* (Ps 59, 11Q), *goḏæl ḥasdæḵā* (Num 14, 19), *roḇ ḥasd*-Suff. (Neh 13, 22; Jes 63, 7; Kl 3, 32; Ps 5, 8; 69, 14; 106, 45Q).

III. Um den Bedeutungsgehalt von *ḥæsæḏ* zu ermitteln, ist es trotz der von Jepsen (265) vorgebrachten Bedenken ratsam, beim profanen Sprachgebrauch einzusetzen, weil unser Begriff im Miteinander der Menschen am ehesten greifbar wird und somit einer möglichen Fehldeutung der religiösen Verwendung von *ḥæsæḏ* vorgebeugt werden kann.

1. a) Die für das Verständnis von *ḥæsæḏ* wertvollsten Schlüsse können aus dem Tatbestand hergeleitet werden, daß fast die Hälfte aller hier zu besprechenden Belege eine stereotype Formulierung aufweist; denn 25mal wird *ḥæsæḏ* mit *ʿāśāh* und *ʿim* (Gen 19, 19; 20, 13; 21, 23; 24, 49; 40, 14; 47, 29; Jos 2, 12 [2mal] u. ö.), 1mal mit *ʿāśāh* und *le* (1 Kön 2, 7), 1mal im nominalen Fragesatz mit *ʾeṯ* ʿmitʾ (2 Sam 16, 17) und 1mal in der inhaltlichen Umkehrung mit *krt* (*hiph*) und *meʿim* konstruiert. Daraus ersieht man bereits so viel, daß es bei *ḥæsæḏ* um etwas geht, das in das menschliche Miteinander gehört und sich dort auswirkt.

b) Dieses menschliche Zueinander läßt sich im einzelnen noch näher bestimmen (vgl. hierzu Glueck 1ff.) als das Verhältnis zwischen Verwandten (Sara – Abraham Gen 20, 13; Laban und Bethuel – Isaak Gen 24, 49; Joseph – Israel Gen 47, 29; Keniter – Israeliten 1 Sam 15, 6; Orpa/Ruth – Mahlon/Kiljon/ Naemi Ruth 1, 8), zwischen Gastgeber und Gast (Männer – Lot Gen 19, 19; Rahab – Kundschafter Jos 2, 12. 14; Abimelech – Abraham Gen 21, 23), zwischen Freunden (Jonathan – David 1 Sam 20, 8. 14; David – Meribaal 2 Sam 9, 1. 3. 7; Husai – David 2 Sam 16, 17; David – Hanun 2 Sam 10, 2 = 1 Chr 19, 2; Salomo – Söhne Barsillais 1 Kön 2, 7), zwischen Herrscher und Untergebenen (Jabesiten – Saul 2 Sam 2, 5; Abner – Haus Sauls 2 Sam 3, 8; Jojada – Joas 2 Chr 24, 22) und zwischen zwei Partnern, das durch ein nicht selbstverständliches Entgegenkommen der einen Seite inauguriert worden ist (Gefangener – Joseph Gen 40, 14; Haus Joseph – Bethelit Ri 1, 24; Israeliten – Haus Jerubbaal-Gideons Ri 8, 35).

c) Dabei besteht der *ḥæsæḏ*-Erweis darin, daß Lot bzw. die Sippe der Rahab am Leben oder der Bethelit freigelassen, also nicht getötet wird (vgl. auch Sara und Abraham Gen 20; doch so handelt Joas in Mißachtung des ihm erwiesenen *ḥæsæḏ* 2 Chr 24), wie denn die Einschätzung der israelitischen Könige als *malḵê ḥæsæḏ* (1 Kön 20, 31) die Hoffnung Benhadads und seiner Leute darauf, nicht getötet zu werden, begründet. Ebenso verweist Abner darauf, Isbaal nicht an David ausgeliefert zu haben (2 Sam 3), und Abimelech darauf, Abraham als Fremdling bei sich aufgenommen zu haben (Gen 21). Weiter besteht der *ḥæsæḏ* darin, daß die eigene Tochter dem Isaak zur Frau gegeben (Gen 24), Israel von Joseph nicht in Ägypten (Gen 47) und Saul von den Jabesiten begraben wird (2 Sam 2). Schließlich geht es in Gen 40 um das Einlegen eines guten Wortes für Joseph und in 2 Sam 9 um die Rückerstattung des väterlichen Grundbesitzes an Meribaal und außerdem – wie noch in 1 Kön 2 – um die Gewährung eines Stammplatzes an der königlichen Tafel. Das, was *ḥæsæḏ* meint, kann, gleichsam zusammenfassend, ʿTun des Gutenʾ genannt werden (Ri 8; 2 Sam 2), wobei bezeichnenderweise *haṭṭôḇāh* wie *ḥæsæḏ* mit *ʿāśāh* und *ʿim* (Ri 8) bzw. mit *ʿāśāh* und *ʾeṯ* (2 Sam 2) konstruiert wird.

d) Aus den bisher herangezogenen Stellen ist noch eine weitere wertvolle Feststellung zu gewinnen. Mehrfach ist ausdrücklich davon die Rede, daß das Tun des *ḥæsæḏ* von dem Empfänger mit einem ähnlichen *ḥæsæḏ*-Erweis beantwortet wird oder doch zumindest der Täter des *ḥæsæḏ* die begründete Erwartung auf geeignete Rückerstattung hegt. So bittet Abimelech den als Gast im Lande aufgenommenen Abraham darum, dieser möge den ihm erwiesenen *ḥæsæḏ* seinem Gastgeber und dessen Land auch erweisen (Gen 21, 23), was Abraham ihm durch einen Schwur zusagt und was in v. 27 als Bundesschluß bezeichnet wird. Ebenso bittet die Hure Rahab die israelit. Kundschafter darum, sie möchten den von ihr empfangenen *ḥæsæḏ* am Hause ihres Vaters üben, was die Kundschafter ihr ebenfalls mittels eines Schwures zusagen (Jos 2, 12. 14). Wie David den Jonathan um den *ḥæsæḏ*-Erweis bittet, so tut es auch Jonathan David gegenüber (1 Sam 20, 8. 14–15), was wiederum auf dem Hintergrund der zwischen beiden geschlossenen JHWH-Berit gesehen wird. Und nach dem Tode Jonathans erfüllt David dieses *ḥæsæḏ*-Versprechen an dessen Sohn Meribaal (2 Sam 9, 1–13). Von der Gegenseitigkeit des *ḥæsæḏ*-Erweises ist auch in 2 Sam 2, 5–6 die Rede, wo David den Jabesiten u. a. Gutes zu tun verspricht, weil sie Saul *ḥæsæḏ* erwiesen und ihn begraben haben. Desgleichen wird die als *ḥæsæḏ* bezeichnete Beileidsbezeugung Davids beim Tode des Nahas dadurch ausgelöst bzw. damit begründet, daß dieser dem David einst *ḥæsæḏ* erwiesen hat (2 Sam 10, 2 *kaʾašær* = 1 Chr 19, 2 *kî*). Und der Wunsch Davids, Salomo möchte den Söhnen Barsillais *ḥæsæḏ* erweisen und sie zu seinen Tischgenossen machen, wird damit begründet (*kî*), daß diese einst ebenso an David gehandelt und den Flüchtigen bei sich aufgenommen hatten (1 Kön 2, 7). Daneben gibt es noch ein paar Stellen, die zwar nicht ausdrücklich, wohl aber in ihrem Kontext diese Gegenseitigkeit des *ḥæsæḏ*-Erweises bezeugen. Bei Gen 19 wird man bedenken müssen, daß Lot die fremden Männer bei sich aufnahm und bewirtete. In Gen 40 begründet die Traumdeutung die Bitte Josephs an den Mitgefangenen. Dadurch, daß der Bethelit den Zugang zur Stadt zeigte, erwarb er sich einen Anspruch auf *ḥæsæḏ* (Ri 1, 24). Und weil die Keniter einst Israel *ḥæsæḏ* erwiesen hatten, werden sie auch von Saul entsprechend freundlich behandelt (1 Sam 15, 6). Daß es zur ethischen Norm menschlichen Miteinanders gehört, erfahrene *ḥæsæḏ* zu erwidern, wird an der ausdrücklich betonten Feststellung deutlich, daß die Israeliten dem Haus Jerubbaal-Gideons nicht *ḥæsæḏ* erwiesen, obwohl dieser Israel viel Gutes angetan hatte (Ri 8, 35), oder daß Joas

nicht des *ḥæsæḏ* gedachte, den ihm Jojada geleistet hatte (2 Chr 24, 22).
Angesichts dieser eindrücklichen Bezeugung der Gegenseitigkeit des *ḥæsæḏ*-Erweises kann die Vermutung gewagt werden, daß auch dort, wo nicht einmal im Kontext eine solche Gegenseitigkeit angedeutet wird, die Sache doch intendiert ist, weil es sich um die engsten mitmenschlichen Bindungen handelt. Bei Abraham und Sara (Gen 20) sowie bei Orpa/Ruth und Mahlon/Kiljon (Ruth 1) geht es um das Verhältnis von Mann und Frau, bei Israel und Joseph (Gen 47) um das von Vater und Sohn, bei Laban/Bethuel und Isaak (Gen 24) um nächste Verwandte und in 2 Sam 16, 17 wird darauf zu achten sein, daß Husais Stellung zu David als die eines 'Freundes' (*rea'*) bezeichnet wird.
e) Schließlich will noch beachtet sein, daß von den bisher behandelten Stellen in Gen 24, 49; 47, 29; Jos 2, 14 die Wendung *ḥæsæḏ wæ'ᵉmæṯ* begegnet. Sie wird zurecht allgemein als Hendiadysverbindung verstanden, in der das nachgestellte Nomen *'ᵉmæṯ* (→ אמן I, 334) die Festigkeit, Zuverlässigkeit und andauernde Gültigkeit des *ḥæsæḏ*-Erweises oder -Versprechens betont. Das gleiche Phänomen wird in der Bitte Jonathans, wenn er sterbe, möchte David nicht seinen *ḥæsæḏ* dem Hause Jonathans auf ewig entziehen (1 Sam 20, 15), durch die Wendung *'aḏ 'ôlām* ausgedrückt. Daß der *ḥæsæḏ*-Erweis das Moment der *'ᵉmæṯ* mit einschließt, zeigt sich auch in Gen 21, 23 an dem gegensätzlich gemeinten Begriff *šqr* 'treulos handeln'.
2. a) Ehe wir den Ertrag zusammenfassen können, sollen noch die übrigen Belege für profan gebrauchtes *ḥæsæḏ* vorgeführt werden, damit das bisher skizzierte Bild abgerundet werden kann. Der Tatcharakter des *ḥæsæḏ* (III. 1. a) wird in Sach 7, 9 und Ps 109, 16 ebenfalls durch das Verb *'āśāh* unterstrichen, wie denn der Plural *ḥᵃsāḏîm* 2 Chr 32, 32; 35, 26; Neh 13, 14 die 'frommen Taten' Hiskias, Josias und Nehemias meint, wobei diese Wendung durch den erläuternden Nebensatz Neh 13, 14: „die ich dem Hause Gottes und seinen Einrichtungen getan habe" (*'āśāh* + *bᵉ*), abgesichert wird. Daneben begegnen im weiteren Zusammenhang von *ḥæsæḏ* die Verben *gāmal* 'antun' (Spr 11, 17), *ḥāraš* 'planen' (Spr 14, 22), *rāḏap* 'nachgehen' (Spr 21, 21), *jṭb hiph* 'gut machen' (Ruth 3, 10) und im gegensätzlichen Sinn *mûš* + *min* 'versagen' (Hi 6, 14 cj. für *ms*; so zuletzt Fohrer, KAT XVI, 161). Auch die *'ahᵃḇaṯ ḥæsæḏ* von Mi 6, 8 gehört wegen des dazu parallel stehenden *'ᵃśôṯ mišpāṭ* hierher. Auf Grund dieser Feststellungen wird man ganz allgemein folgern dürfen, daß der Begriff *ḥæsæḏ* das Moment des Tuns intendiert.
b) Desgleichen wird deutlich, daß *ḥæsæḏ* ein Verhältnisbegriff ist. In Ruth 3, 10 geht es um das Verhältnis Ruths zu ihrer Schwiegermutter wie zu Boas, den sie den Jünglingen vorzieht. Jes 16, 5; Spr 20, 28 bezieht sich ganz allgemein auf das Verhältnis des Königs zu seinen Untertanen. Esth 2, 9. 17 handelt vom Wohlwollen Hegais und des Königs der Esther gegenüber, Dan 1, 9 von dem des Oberkämmerers gegenüber Daniel und Esr 7, 28; 9, 9 von dem der Perserkönige und ihrer Ratgeber gegenüber Esra. Schließlich sprechen Sach 7, 9; Hi 6, 14; Ps 109, 16 vom Verhältnis der Menschen zueinander. Auch das wird man also ganz allgemein festhalten dürfen, daß *ḥæsæḏ* ein Verhältnisbegriff ist.
c) Was die inhaltliche Konkretion des *ḥæsæḏ*-Erweises angeht, so begegnen uns zunächst wiederum bereits bekannte Vorstellungen: Esra samt seinen Mitarbeitern wird von den Perserkönigen am Leben gelassen (Esr 9, 9); Ruth zieht den Boas den Jünglingen als Ehemann vor (3, 10); Esther erhält von Hegai alles Nötige für ihre Schönheitspflege, dazu entsprechende Nahrung und Dienerinnen sowie vom König das Diadem und den Rang einer Königin (2, 9. 17); und der Oberkämmerer zwingt Daniel nicht, sich mit Speise und Trank von der königlichen Tafel zu verunreinigen (1, 9). Daneben aber tritt in dieser Beleggruppe das Moment des Tuns von *mišpāṭ* ganz stark in den Vordergrund. In der Forderung Gottes an den Menschen stehen Mi 6, 8 *mišpāṭ* und *ḥæsæḏ* parallel. Ebenso lautet der Imp. Hos 12, 7: „Bewahre *ḥæsæḏ* und *mišpāṭ*." Und auf dem auf *ḥæsæḏ* gegründeten Thron soll ein Richter sitzen, der sich um *mišpāṭ* und *ṣᵉḏāqāh* bemüht (Jes 16, 5). Wie eine interpretierende Entfaltung des Begriffes *mišpāṭ* mutet es an, wenn das in Hos 4, 1 u. a. genannte Fehlen von *ḥæsæḏ* sich nach v. 2 in Verfluchen, Lügen, Morden, Stehlen, Ehebrechen und Bluttaten-Verüben auswirkt. Ganz ähnlich erläutert Sach 7, 10: „Bedrückt nicht Witwen und Waisen, Fremdlinge und Arme, und sinnt nicht Böses gegeneinander in euren Herzen" die Forderung von v. 9: „Pflegt wahrhaftiges Recht (*mišpaṭ 'ᵉmæṯ*), *ḥæsæḏ* und *raḥᵃmîm* übt gegeneinander", wie denn nach Ps 109 das Vergessen des *ḥæsæḏ*-Erweises mit Verfolgung des Elenden und Armen (v. 16), mit Liebe für den Fluch und Verachtung des Segens (v. 17) einhergeht. Diejenigen, die sich dieser göttlichen Forderung entsprechend verhalten, können darum *'anšê-ḥæsæḏ* (Jes 57, 1; Spr 11, 17 Sing.) genannt werden; parallel dazu steht in Jes 57 der *ṣaddîq* und als Gegensatz in Spr 11 der 'Unbarmherzige' (*'akzārî*). Daß durch *ḥæsæḏ* und *'ᵉmæṯ* auch Schuld (*'āwon*) bedeckt werden kann (Spr 16, 6), liegt in der Konsequenz dieser Sätze.
d) Entsprechend der soeben beobachteten Verschiebung des Begriffes *ḥæsæḏ* in den Bereich der göttlichen Moralforderungen an den Menschen hinein zeigt auch das Moment der Gegenseitigkeit eine gewisse Abwandlung. Wenn der *ḥæsæḏ*-Erweis an Esther darauf zurückgeführt wird, daß sie dem Hegai gefiel (2, 9) und der König sie mehr liebte als die anderen Frauen (2, 17), dann wird damit nicht eine Tat, sondern ein Sachverhalt genannt, für den Esthers Tun selbst nicht maßgebend ist. Noch deutlicher tritt das in Gen 39, 21; Dan 1, 9; Esr 7, 28; 9, 9 dadurch zutage, daß es letztlich Gott bzw. JHWH gewesen ist, der die *ḥæsæḏ*-Erweisungen des diesbezüglichen Machthabers gegenüber Daniel und Esra

erwirkt hat. Diesen Bezug zu Gott weisen auch die restlichen Stellen auf. Während Naemi den *ḥæsæḏ*-Erweis Ruths mit dem Wunsch: „Gesegnet seist du von JHWH" (3, 10) beantwortet, bittet Nehemia, Gott möge zu seinen Gunsten seiner guten Taten gedenken (13, 14). Wie hier gleichsam der Segen Gottes als Ersatz menschlicher Rückerstattung des *ḥæsæḏ*-Erweises fungiert, so ist es in Ps 109 der Fluch (v. 17), der über den herbeigewünscht wird, der dem Elenden und Armen den *ḥæsæḏ* verweigert (v. 12. 16). Man möchte diese Stellen mit den Propheten-Worten verbinden, in denen die Gegenseitigkeit des *ḥæsæḏ*-Erweises, eben weil dies eine Forderung JHWHs an den Menschen ist, nun auch zu Gott in einen gewissen Bezug rückt. Weil das Wort JHWHs, einander *ḥæsæḏ* zu üben, nicht gehört wurde, entbrannte der Zorn Gottes (Sach 7, 9ff.). JHWH hat Streit mit den Bewohnern der Erde, weil es auf ihr u. a. keinen *ḥæsæḏ* gibt (Hos 4, 1), die *ḥæsæḏ*-Forderung also Gottes Wille ist (Hos 6, 6; Mi 6, 8). Diesen Zusammenhang setzen auch die hierher gehörenden Weisheitssprüche insofern voraus, als in ihren Lebensregeln die Gegenseitigkeit des *ḥæsæḏ*-Erweises nicht nur einen bedeutenden Platz einnimmt, indem sie zum Prinzip der eigenen Lebensgestaltung erhoben wird, sondern auch in Bezug zu Gott gesehen und damit in die übliche Vergeltungslehre eingefügt wird (Ringgren, ATD 16², 61). So heißt es Spr 11, 17: „Gutes tut sich selbst an der *'îš ḥæsæḏ*, doch Wehe tut sich der Unbarmherzige"; Spr 14, 22: „In die Irre gehen, die Böses planen, aber *ḥæsæḏ* und *'æmæṯ* erfahren, die Gutes planen"; Spr 21, 21: „Wer nachjagt *ṣeḏāqāh* und *ḥæsæḏ*, findet Leben und Ehre" (zum Text vgl. die Kommentare); Spr 20, 28: „*ḥæsæḏ* und *'æmæṯ* schützen den König, und er stützt seinen Thron auf *ḥæsæḏ*". Was hier zwar nicht expressis verbis ausgesprochen wird, daß nämlich der *ḥæsæḏ*, der geübt wird, nicht nur von den Menschen, sondern auch von Gott zurückerstattet wird oder doch werden kann, findet sich eindeutig in Spr 3, 3–4: „Übe *ḥæsæḏ*, dann wirst du Gunst und Beifall finden in den Augen Gottes und der Menschen", in Spr 16, 6: „Durch *ḥæsæḏ* und *'æmæṯ* wird Schuld gesühnt, und durch die Furcht JHWHs entgeht man dem Bösen", und in dem Weisheitsspruch, der als erläuternde Glosse ins Hi-Buch geraten ist (6, 14): „'Wer versagt' dem Nächsten *ḥæsæḏ*, gibt die Šaddaj-Furcht auf".

e) Was schließlich die Wendungen mit *ḥæsæḏ* angeht, so begegnet uns 4mal *ḥæsæḏ wæ'æmæṯ*, und zwar ausschließlich im Spr-Buch (3, 3; 14, 22; 16, 6; 20, 28; vgl. auch Spr 20, 6: *'æmûnîm*). Daß es sich hierbei in der Tat um eine Hendiadysverbindung handelt, ersieht man aus Spr 16, 6. Denn nur dem ersten Nomen *ḥæsæḏ* ist die Präposition *be* vorgesetzt; sie gilt somit für die ganze Wendung, die folglich einen einzigen Begriff 'andauernder, beständiger *ḥæsæḏ*' umschreibt. Solcher *ḥæsæḏ* bedeckt Sünde (Spr 16, 6) und schützt den König (Spr 20, 28); die so unentwegt *ḥæsæḏ* üben, erfahren die Zustimmung Gottes und der Menschen (Spr 3, 3); wer das Gute tut, dem wird solcher andauernde *ḥæsæḏ* zuteil (Spr 14, 22). Auch in dem wohl nachexilischen Vers Jes 16, 5 gehört *'æmæṯ* zum Wortfeld von *ḥæsæḏ* (vgl. auch Ps 109, 12: *māšaḵ ḥæsæḏ* 'die Güte lang ziehen, andauern lassen'). Daß wirkliche Güte nicht eine einmalige Aktion, sondern eine andauernde Haltung des Menschen zu seinem Mitmenschen sein soll, begegnet bereits bei Hosea. Wenn es 6, 4 in bezug auf Ephraim und Juda heißt, „eure Güte ist wie die Morgenwolke, wie der Tau, der früh verschwindet", dann wird mit den beiden Bildern die Flüchtigkeit des *ḥæsæḏ*, eben das Fehlen der *'æmæṯ*, gekennzeichnet. Dem könnte allerdings entgegengehalten werden, daß in der Aufzählung Hos 4, 1 mit dem Fehlen der *'æmæṯ*, des *ḥæsæḏ* und der *da'aṯ 'ælohîm* möglicherweise drei, jeweils für sich stehende und deshalb auch gesondert zu interpretierende Begriffe vorliegen. Nun zeigt sich aber, daß in Hos 6, 6 lediglich *ḥæsæḏ* und *da'aṯ 'ælohîm* genannt werden, an denen JHWH Wohlgefallen hat. Auch Hos 10, 12 führt neben *ḥæsæḏ* und *da'aṯ 'ælohîm* nicht noch als dritten Begriff *'æmæṯ* auf. So wird man das in Hos 4, 1 vorangestellte Nomen *'æmæṯ* sowohl mit *ḥæsæḏ* als auch mit *da'aṯ 'ælohîm* gedanklich verbinden (so auch Wolff, BK XIV/1³, 83) und die Voranstellung als eine dominierende erklären müssen. Der Nachdruck liegt also auf dem Fehlen der Dauerhaftigkeit des *ḥæsæḏ* der Landesbewohner untereinander, die ihrerseits auf den Mangel an beständigem Wissen um Gott zurückgeht (vgl. dazu Wolff, a.a.O. 83f.; ders., „Wissen um Gott" bei Hosea [Ges. Stud. z. AT, ThB 22, 1964, 182–205], 197f.). Davon, daß dieser *ḥæsæḏ* etwa Gott gegenüber geübt würde (so vorab Stoebe 250f.: „freie Herzenshingabe des Menschen an Gott"), kann keine Rede sein (Jepsen 268f.). Er ist vielmehr tätige Äußerung des Glaubens, des Wissens um Gott.

3. Es hat sich ergeben, daß für den Begriff *ḥæsæḏ* dreierlei konstitutiv ist: der Tat- und Gemeinschaftscharakter sowie die Beständigkeit. Wie Jepsen (266 u. ö.) ganz richtig gesehen hat, bezeichnet *ḥæsæḏ* nicht nur eine menschliche Gesinnung, sondern stets auch die aus dieser Gesinnung fließende Tat. Sie ist lebenserhaltend oder lebensfördernd. Sie ist Einsatz für einen von Unglück oder Not betroffenen Menschen. Sie ist Freundschafts- oder Pietätserweis. Sie verfolgt das Gute und nicht das Böse. Somit ist die Wiedergabe von *ḥæsæḏ* mit 'Güte', 'Huld' oder 'Freundlichkeit' dem Sachverhalt am angemessensten. Dem entspricht die Übersetzung von *tôraṯ-ḥæsæḏ* mit 'freundlicher Weisung' im Lob der tugendsamen Frau (Spr 31, 26), weil damit in Parallele zu *ḥŏḵmāh* die „erzieherische Gabe" der Frau (Ringgren, ATD 16², 121), die zum glücklichen Leben ertüchtigen will, gemeint ist.

Das zweite konstitutive Element für unseren Begriff ist der Gemeinschaftscharakter. *ḥæsæḏ* wird stets einem anderen Menschen erwiesen bzw. von einem Menschen erbeten oder erhofft. An die Stelle des

Einzelnen kann auch eine Gruppe, z. B. die Familie oder Sippe, treten; doch niemals ist von der *ḥæsæḏ* etwa des Volkes die Rede (auch nicht 1 Sam 15, 6), bestenfalls von der des Königs seinen Untergebenen gegenüber. Daraus erhellt, daß der Begriff im Bereich der zwischenmenschlichen Beziehungen zu Hause ist. Das wird auch daran deutlich, daß *ḥæsæḏ* hauptsächlich von Frau und Mann, Vater und Sohn, Gastgeber und Gast, von Verwandten, Freunden und von Menschen, die sich durch nicht selbstverständliche Freundlichkeiten nähergekommen sind, geleistet wird. Man kann also noch präziser formulieren: *ḥæsæḏ* gehört von Hause aus in den Bereich der Familien- und Sippengemeinschaft.

Für sie könnte, um damit auf das dritte konstitutive Element zu kommen, die Verbindung von *ḥæsæḏ* und *'ᵉmæṯ* am leichtesten verständlich gemacht werden, weil das nahe und enge Miteinander der Familie der dauerhaften und verläßlichen Güte als einer wesentlichen Funktion des Schutzes und des Bestandserhalts bedarf. Von diesem ursprünglichen Bezug her wäre auch die spätere Parallelisierung von *ḥæsæḏ* und *mišpāṭ* am ehesten zu erklären. Die Güte kann ihrer Funktion, lebenserhaltend und lebensfördernd und damit gemeinschaftsstärkend zu wirken, am sichersten nachkommen, wenn sie an gewissen gemeinschaftsgemäßen Normen, wie sie in den *mišpāṭîm* formuliert sind, ausgerichtet ist und durch sie erläutert wird. Daß der Erweis von Güte, ähnlich wie die *mišpāṭîm*, dann auch als göttliche Forderung an den Menschen herantritt und dabei eine Ausweitung ins Allgemeinmenschliche erfährt und somit zum Aufweis des Glaubens wird, erklärt sich gleichsam von selbst und kann an den Bezeugungen unseres Begriffes in den prophetischen und weisheitlichen Texten abgelesen werden.

In diesen Zusammenhang gehört auch die Beobachtung, daß die Güte häufig auf Gegenseitigkeit angelegt ist. Gerade die Tatsache, daß die Weigerung, erfahrene Güte dem anderen zurückzuerstatten, als besonders verwerflich gebrandmarkt wird, bestätigt die Allgemeingültigkeit des Prinzips der Gegenseitigkeit des *ḥæsæḏ*-Erweises. Das setzen auch die späten Bezeugungen von *ḥæsæḏ* voraus, nach denen, weil JHWH vom Menschen solche Güte dem Nächsten gegenüber fordert, er auch dem Menschen dieses Tun vergilt oder doch vergelten und anrechnen kann.

Auffällig ist der Sachverhalt, daß von diesem Prinzip die Stellen, an denen enge verwandtschaftliche oder teils auch freundschaftliche Bindungen vorausgesetzt sind, vollkommen schweigen. Das mag als Hinweis für die Beantwortung der Frage nach den auslösenden Motiven für gütiges Handeln dienen. Grundsätzlich stehen sich zwei Meinungen gegenüber. Glueck hat in seiner mit viel Beifall aufgenommenen Dissertation den nahen Bezug von *ḥæsæḏ* auf → ברית *b^erîṯ* hervorgekehrt und demzufolge *ḥæsæḏ* fast als Inhalt der *b^erîṯ* (13) und „als die einem Rechts-Pflicht-Verhältnis entsprechende Verhaltensweise" (13) bestimmt. Hingegen betonte Stoebe in seiner Dissertation die Berührung unseres Begriffes zu → רחמים *raḥ^amîm* und erläuterte *ḥæsæḏ* als „Güte oder Freundlichkeit ..., die außerhalb dessen steht, was man erwarten kann oder verdient hat und die ihren Grund allein in großherziger Bereitschaft für den andern hat" (248). Der Umstand, daß beide Gelehrte auf einschlägige Texte verweisen können, deutet an, daß der Sachverhalt nicht so klar zutage liegt, wie beide annehmen.

Gehen wir von der Beobachtung aus, daß der Begriff *ḥæsæḏ* in der Familie oder Sippe seinen ursprünglichen Sitz im Leben hat, dann erklärt sich das oben festgestellte Schweigen der diesbezüglichen Stellen über das Prinzip der Gegenseitigkeit. Denn zum förderlichen, fruchtbaren Zusammenleben einer solchen engen Menschengemeinschaft gehört das andauernde gütige Verhalten aller ihrer Glieder zueinander. Jedenfalls stellt das den Normalfall dar. Ebenso gilt das von einer Freundschaft, die auf Gegenseitigkeit der Freundschaftserweise beruht. So wenig es bei diesen Beispielen zutrifft, wenn man in ihnen das Motiv der Gnade oder Barmherzigkeit sucht, so wenig trifft es aber auch zu, diese Verbindungen als Rechts-Pflicht-Verhältnisse zu bestimmen.

Daß die *b^erîṯ* für den *ḥæsæḏ*-Erweis die Voraussetzung ist, läßt sich nicht belegen. Abraham soll dem Abimelech (Gen 21) genauso wie die Kundschafter der Rahab (Jos 2) schwören, daß sie die bereits erfahrene Güte und Freundlichkeit zurückerstatten wollen. In Gen 21 wird außerdem erzählt, daß Abraham verschiedene Tiere dem Abimelech gibt, woraufhin beide eine *b^erîṯ* schließen (v. 27). Beidemale gehören die Partner einander fremden und wohl auch feindlich gesinnten Völkerschaften an. Wie deshalb der Erweis von freundlichem Entgegenkommen und gütiger Hilfe keineswegs selbstverständlich ist, so kann offenbar auch keine Gegenseitigkeit vorausgesetzt oder als selbstverständlich erwartet werden, weil es sich obendrein noch um in ihrer Macht und Stärke ganz unterschiedliche Partner handelt. Das erklärt die Bekräftigung der Zusage durch Schwur und sogar durch eine *b^erîṯ*. Ähnlich ist 1 Sam 20, 8 zu verstehen. Jonathan freundet sich mit dem seinem Vater Saul verhaßten David an und schließt mit ihm zur Bekräftigung dieser Freundschaft eine *b^erîṯ* (1 Sam 18, 1–3). Als David in höchster Gefahr schwebt, bittet er Jonathan um einen Freundschaftserweis mit der Begründung, Jonathan habe ja einen JHWH-Bund mit ihm geschlossen, und fährt fort: „Ist aber eine Schuld an mir, so töte mich." Damit wird die noch andauernde Gültigkeit der *b^erîṯ* festgestellt, also gesagt, daß die Freundschaft nicht durch ein Vergehen Davids zunichte gemacht wurde. Folglich ist auch an dieser Stelle *ḥæsæḏ* nicht etwa der Inhalt der *b^erîṯ;* vielmehr beziehen sich *ḥæsæḏ* und *b^erîṯ* in gleicher Weise auf die Freundschaft. Denn während *b^erîṯ* die Intensität und Dauerhaftigkeit dieser Freundschaft betont, drückt *ḥæsæḏ* die ihr innewohnende Güte aus. *ḥæsæḏ* und *b^erîṯ* sind demnach lediglich in der Weise einander zugeordnet, daß das mit dem Familien- oder Sippenverband gegebene Moment der Dauerhaftigkeit und Verläßlichkeit außerhalb dieser Bezüge durch das Hinzutreten von b^{e}*rîṯ* abgesichert werden kann, aber, wie die oben erwähnten Freundschaften (III. 1. b) zeigen, nicht unbedingt abgesichert werden muß. Daraus erhellt erneut, daß die b^{e}*rîṯ* für *ḥæsæḏ* nicht konstitutiv ist. Zudem macht Jepsen darauf aufmerksam, daß zwischen Gen 21 und 1 Sam 20 ein Unterschied insofern besteht, als der Hulderweis Abimelechs die Voraussetzung für die Vereinbarung mit Abraham ist, während es nach 1 Sam 20 eher so aussieht, als sei der *ḥæsæḏ* Jonathans die Folge aus dem Freundschaftsbund. Daraus folgert Jepsen zu Recht, „daß es kein eindeutiges Verhältnis zwischen חסד und ברית gibt" (265).

Ebensowenig ist die Interpretation Gluecks, *ḥæsæḏ JHWH* in 1 Sam 20, 14 meine die dem JHWH-Bund entspringende Güte, die einzig mögliche. Denn genausogut kann JHWH hier Umschreibung des Superlativs 'umfassende Güte' sein, wie es sicher in der auf unseren Zusammenhang zurückweisenden Stelle 2 Sam 9, 3 der Fall ist, wo David einem vielleicht noch lebenden Glied der Familie Sauls den *ḥæsæḏ* $'^{\ae}$*lohîm*, also 'göttliche' und d. h. doch 'die größte, die umfassendste Huld' erweisen möchte (vgl. D. W. Thomas, A Consideration of some unusual Ways of expressing the Superlative in Hebrew, VT 3, 1953, 209–224, bes. 211–219; ders., Some further Remarks on unusual Ways of expressing the Superlative in Hebrew, VT 18, 1968, 120–124).

Aus diesen Erwägungen geht hervor, daß *ḥæsæḏ* das gemeinschaftsgemäße Verhalten umschreibt, daß dem Begriff aber keine rechtlichen Vorstellungen zugrundeliegen oder daß er gar zur Rechtsterminologie gehört. Das wird dadurch bestätigt, daß unser Begriff zumindest dort, wo er außerhalb der genannten Familien- oder Freundschaftsbeziehungen begegnet, einen emotionalen Gehalt aufweist (so mit Recht Johnson 107. 110; vgl. Gen 21; 40; Jos 2; Ri 1; 2 Sam 10; 1 Kön 2; 20), der sich dann in relativ späten Texten des AT begrifflich abklärt und verfestigt. So finden wir die Verbindung *ḥæsæḏ* w^{e}*raḥ*^{a}*mîm* 'barmherzige Güte' in Sach 7, 9 und Dan 1, 9. Daß auch die Wurzel *ḥnn* [→ חנן] zum Wortfeld von *ḥæsæḏ* gehört, zeigen Gen 19, 19 (J); 39, 21 (J); Spr 3, 3; Esth 2, 17; Ps 109, 12. Mit Johnson könnte man also abschließend formulieren: „the term *ḥesed* connotes more than can be defined in the legal terminology of a b^{e}*rît* ... *ḥesed* is ‚the virtue that knits together society' (W. Robertson Smith ...)" (110).

Spr 19, 22 ist mit Ringgren, ATD 16^{2}, 78 *ḥasdô* zu *saḥrô* zu korrigieren: „die Begierde des Menschen geht auf sein Erwerb, aber besser ein Armer als ein Betrüger." – In Jes 40, 6 ist wohl mit Duhm, Das Buch Jesaja, 1968^{5}, 292 חמדו *ḥamdô* statt חסדו *ḥasdô* (vgl. LXX δόξα) zu lesen; für MT jedoch Stoebe 252.

IV. Innerhalb der zahlreichen Stellen, die die Güte JHWHs zum Gegenstand haben, treffen wir wiederum auf eine Reihe von Aussagen, die in Analogie zu den oben (III. 1.) aufgeführten Fällen konstruiert sind und somit den Tatcharakter unterstreichen. Die geprägte Wendung *'āśāh ḥæsæḏ 'im* wird 8mal mit JHWH als Subj. gebraucht: Gen 24, 12. 14; 2 Sam 2, 6; 15, 20 (cj. LXX); 1 Kön 3, 6; 2 Chr 1, 8; Hi 10, 12; Ruth 1, 8; einmal ist *ḥæsæḏ* mit *'āśāh* und *'eṯ* (Gen 32, 11) und 5mal mit *'āśāh* und l^{e} (Ex 20, 6; Deut 5, 10; 2 Sam 22, 51 = Ps 18, 51; Jer 32, 18) konstruiert. Im gegensätzlichen Sinn findet sich *ḥæsæḏ* mit *'āzaḇ* und *me'im* (Gen 24, 27) bzw. *'eṯ* (Ruth 2, 20) oder mit *sûr* und *me'im* (1 Chr 17, 13; Ps 89, 34; 2 Sam 7, 15 lies *me'immô* statt *mimmænnû*; Ps 66, 20 *me'eṯ*) verbunden. Außerdem steht in Jer 9, 23 *ḥæsæḏ* mit *'āśāh*, aber ohne menschliches Obj.; und in Ps 119, 124 lesen wir die Bitte: „Handle mit deinem Knecht (*'āśāh* + *'im*) nach deiner Güte (k^{e}*ḥasdækā*)." Die beiden zuletzt genannten Beispiele erweisen sich unten als typische Abwandlungen der ursprünglich üblichen Redeweise insofern, als einerseits im Bekenntnisstil und deshalb verallgemeinernd grundsätzlich von JHWH als dem Erweiser (Ptz.!) von Güte gesprochen wird, und anderseits die Güte JHWHs als vergleichbare Norm (k^{e}!) für sein Handeln bezeichnet werden kann.

Darüber hinaus findet sich eine breite Palette von Aussagen mit JHWH als Subj. und *ḥæsæḏ* als Obj. Er 'gibt' (*nāṯan* Mi 7, 20), 'sendet' (*šālaḥ* Ps 57, 4), 'bestellt' (*mnh pi* Ps 61, 8; doch vgl. Kraus z. St.), 'gedenkt' (*zāḵar* Ps 25, 6; 98, 3), 'läßt lang dauern' (*māšaḵ* Jer 31, 3; Ps 36, 11; vgl. oben III. 2.e Ps 103, 11 cj. und Rudolph, HAT 12, 1968^{3}, 194; anders A. Feuillet, Note sur la traduction de Jer. XXXI 3c [VT 12, 1962, 122–124]), 'läßt sehen' (*rā'āh hiph* Ps 85, 8) und 'hören' (*šāma' hiph* Ps 143, 8), 'macht groß' (*gāḇar pi* Ps 103, 11 cj.) und 'wunderbar' (*pl' hiph* Ps 17, 7; 31, 22) oder 'entzieht' (*'āsap* Jer 16, 5) seine Güte; er 'befiehlt' ihr (*ṣiwwāh* Ps 42, 9); er 'bewahrt' sie dem Menschen (*nāṣar* Ex 34, 7; *šāmar* 1 Kön 3, 6; Ps 89, 29); er 'umgibt' (*sbb po* Ps 32, 10), 'sättigt' (*śāḇa' pi* Ps 90, 14) oder 'krönt' ihn damit (*'āṭar pi* Ps 103, 4); JHWHs Güte ist 'mit' dem Beter (*'im* + Nominalsatz Ps 89, 25); ja, er hält nicht fest an 'seinem Zorn', sondern er 'liebt' Güte (*ḥāpeṣ* [→ חפץ] Mi 7, 18).

2. Das bisher Festgestellte weist bereits auf die große Bedeutungsbreite des Wortes *ḥæsæḏ* im religiösen Sprachgebrauch hin. Der Umstand, daß als Empfänger der göttlichen Güte Abraham (Gen 24), Jakob (Gen 32), die Jabesiten (2 Sam 2), Ithai (2 Sam 15), der Gesalbte JHWHs (2 Sam 22 = Ps 18), David (2 Sam 7; 1 Kön 3; 1 Chr 17; 2 Chr 1), Hiob (Hi 10), Ruth, Orpa und Boas (Ruth 1; 2), dann aber auch die Tausend Geschlechter der Frommen (Ex 20; Deut 5; Jer 32) genannt werden und dabei zu erkennen ist, daß *ḥæsæḏ* den Erfolg bei der Brautwerbung (Gen 24, 12. 14. 27), die Zunahme des Besitzes (Gen 32, 11), die aktive Hilfe bei der Etablierung der Dynastie (2 Sam 7, 15; 1 Chr 17, 13; 2 Chr 1, 8) oder ganz allgemein das Wohlergehen (2 Sam 2, 6; vgl.

2 Sam 15, 20) meint, läßt erkennen, daß es sich bei den göttlichen *ḥæsæd*-Erweisungen um genau dasselbe handelt wie bei dem menschlichen Tun. Objekt und Inhalt der Güte Gottes decken sich weithin mit dem profanen Sprachgebrauch.

Eine Verschiebung deutet sich jedoch darin an, daß neben dem einzelnen und der fest umgrenzten kleinen Gruppe nun auch das ganze Volk Israel als Empfänger der Güte JHWHs erscheint. Sie drückt sich in den Israels Geschichte konstituierenden und sie vorantreibenden Gottestaten aus. JHWH hat in seiner Güte Israel geleitet und geführt (Ex 15, 13), hat seit der Rettung aus Ägypten an Israel gehandelt (*gāmal* Jes 63, 7), hat seit der Wüstenzeit Israel „mit ewiger Liebe geliebt" (Jer 31, 2–3); seine Güte ist für alle Völker in Israels Geschichte (Ps 98, 2–3; 117, 2ff.) oder in gewaltigen Naturerscheinungen (Hi 37, 13) offenbar geworden; ja, sie füllt die ganze Erde an (*māle'* Ps 33, 5; 119, 64). So kann sich die Gemeinde im Tempel die Güte ihres Gottes 'veranschaulichen' (*dimmāh* Ps 48, 10); sie wird zum Dank für die ihr erwiesene Güte JHWHs aufgefordert (Ps 107, 8. 15. 21. 31). Aber auch das ist zu lesen, daß die Väter in Ägypten nicht der Fülle der göttlichen Güte gedachten und sich am Schilfmeer empörten (Ps 106, 7), JHWH sich hingegen gemäß (k^e) seiner Güte gereuen ließ (*niḥam* Ps 106, 45). Wie Mose JHWH um die Vergebung der Schuld des Volkes „gemäß deiner großen Güte" (*k^{e}gōḏæl ḥasdæḵā* Num 14, 19) bitten kann, so wendet sich auch das leidende Volk Israel mit der Bitte um Hilfe und Erlösung (Mi 7, 18. 20; Ps 44, 27; 85, 8) an seinen Gott, „denn bei JHWH ist die Güte und viel Erlösung bei ihm" (Ps 130, 7). Das Wissen darum, daß nach dem Gericht durch die Güte JHWHs für Israel ein Neuanfang gesetzt wird, bestimmt sowohl die vorexilische und exilische Prophetie (Hos 2, 21; Jes 54, 8. 10) als auch die exilische Dichtung (Kl 3, 22. 32Q). Der in allen diesen Belegen implizierte Tatcharakter der Güte JHWHs wird noch dadurch unterstrichen, daß in diesem Zusammenhang mehrfach der Pl. *ḥ^{a}sāḏîm* 'Huldtaten' begegnet (Jes 63, 7; Ps 17, 7; 25, 6; 106, 7. 45Q; 107, 43; Kl 3, 22. 32Q; vgl. auch Ps 89, 2. 50).

Wie diese Hulderweisungen JHWHs von Israel verstanden werden, zeigen die mit *ḥæsæḏ* parallel gebrauchten oder zum Wortfeld gehörenden Nomina. *ḥæsæḏ* äußert sich als eine Tat der 'Macht' (*'oz* Ex 15, 13), der 'Hilfe, des Heils' (*j^{e}šû'āh* Ps 98, 2. 3; *jæša'* Ps 85, 8. 10; vgl. Ps 17, 7), 'des Rechts' und der 'Gerechtigkeit' (*mišpāṭ* und *ṣ^{e}ḏāqāh* Jer 9, 23; Ps 33, 5; vgl. Ps 85, 11. 12; 89, 15; 98, 2) oder 'der Erlösung' (*p^{e}ḏûṯ* Ps 130, 7); es sind 'Wunder-' (*niplā'ôṯ* Ps 106, 7; 107, 8. 15. 21. 31; vgl. Ps 98, 1) oder 'Ruhmestaten' (*t^{e}hillôṯ* Jes 63, 7). Der *ḥæsæḏ* ist das Gegenteil vom Zorn Gottes (*'ap* Mi 7, 18; vgl. Jes 54, 8); in ihm drückt sich das göttliche 'Erbarmen' aus (*raḥ^{a}mîm* Jes 63, 7; Jer 16, 5; Ps 25, 6; Kl 3, 22; das Verbum *rḥm* noch Jes 54, 8. 10; Kl 3, 32; *niḥam* Ps 106, 45), wie es das Wort Hoseas: „Ich verlobe dich mir in Recht und Gerechtigkeit und in Güte und Erbarmen" (2, 21) zusammenfaßt. Daß diesem huldvollen, erbarmenden Handeln JHWHs Stetigkeit anhaftet und daß sich Israel darauf verlassen kann, wird durch den dem soeben zitierten Wort Hoseas vorangestellten Satz: „Ich verlobe dich mir für immer" (*l^e'ôlām*) und durch das diesem Satz in v. 22 folgende „Und ich verlobe dich mir in Treue" (*'^{æ}mûnāh*) ausgedrückt. Der göttlichen Güte eignet Ewigkeit, weil sie 'von Ewigkeit her' ist (*me'ôlām* Ps 25, 6) und 'in Ewigkeit' währt (*l^e'ôlām* Ps 106, 1; 107, 1; 117, 2); sie ist *ḥæsæḏ 'ôlām* (Jes 54, 8), wofür Jeremia 'ewige Liebe' (*'ah^{a}ḇaṯ 'ôlām* Jer 31, 3) sagen kann. Entsprechend den bereits gemachten Beobachtungen wird das Nomen auch mit *'^{æ}mæṯ* (Mi 7, 18; Ps 25, 10; 61, 8; 85, 11. 12; 117, 2) oder mit *'^{æ}mûnāh* (Ps 98, 3; 100, 5) verbunden und als 'Schwur' (*šb' niph* Mi 7, 20) bezeichnet.

3. Diese Feststellungen lassen sich noch verdeutlichen, indem wir uns der nächsten Beleggruppe zuwenden. In ihr finden wir zunächst die Güte JHWHs als Obj. menschlichen Tuns. Neben Verben, die das Gedenken der göttlichen Huldtaten ausdrücken (*zāḵar* Ps 106, 7; *bîn hitp* Ps 107, 43) oder das Vertrauen auf sie wiedergeben (*bāṭaḥ* Ps 13, 6; 52, 10; *jḥl pi* Ps 33, 18; vgl. v. 22; 147, 11), stehen in großer Zahl Verben des Verkündigens: 'jubeln' (*rnn pi* Ps 59, 17), 'spielen' (*zmr pi* Ps 59, 18), 'künden' (*ngd hiph* Ps 92, 3), 'besingen' (*šîr* Ps 89, 2; 101, 1), 'frohlocken' (*gîl* Ps 31, 8), 'sich freuen' (*śāmaḥ* Ps 31, 8), 'preisen' (*zkr hiph* Jes 63, 7), 'erzählt werden' (*spr pu* Ps 88, 12), nicht 'verhehlen' (*kḥd pi* Ps 40, 11), vielleicht auch 'sich rühmen' (*hll hitp* Ps 52, 3; doch vgl. C. Schedl, «*ḥesed 'ēl*» in Psalm 52 [51], 3, BZ NF 5, 1961, 259 f.).

Die gleichen Äußerungen des Vertrauens und Bekennens oder des Verkündigens sind den anderen syntaktischen Bezügen von *ḥæsæḏ* eigen. Die göttliche Güte soll nicht 'weichen' (*mûš* Jes 54, 10) von Israel; sie 'folgt' (*rāḏap* Ps 23, 6) dem Beter; sie 'behütet' (*nāṣar* Ps 40, 12; 61, 8), 'stützt' (*sā'aḏ* Ps 94, 18), 'tröstet' (*niḥam* Ps 119, 76) ihn oder 'kommt' auf ihn (*bô'* Ps 119, 41); sie ist ihm vor Augen (Ps 26, 3); sie ist 'groß' über ihm (*gāḏôl* Ps 86, 13); sie ist 'hoch' und 'von Ewigkeit zu Ewigkeit über denen', die JHWH fürchten (Ps 103, 11. 17; vgl. Ps 33, 22). Sie ist 'gut' (*ṭôḇ* Ps 69, 17, doch vgl. Kraus z. St.; Ps 109, 21), ja sogar 'besser als Leben' (*ṭôḇ min* Ps 63, 4); sie ist 'köstlich' (*jāqār* Ps 36, 8) und hat kein Ende (Ps 77, 9); sie reicht bis zum Himmel (Ps 36, 6; 57, 11; 108, 5) oder wurde 'auf ewig im Himmel gebaut' (Ps 89, 3); sie ist bei Gott (Ps 62, 13), dessen Pfade Güte sind (Ps 25, 10) und der 'mein gütiger Gott' (*'^{æ}lohê ḥasdî* Ps 59, 11Q. 18) genannt oder als ein Gott, 'reich an Güte' (*raḇ ḥæsæḏ* Ps 86, 5; 103, 8) bezeichnet werden kann.

In der Verbindung von *ḥæsæḏ* mit Partikeln und Präpositionen wird ebenfalls zum Ausdruck gebracht, daß JHWH zugunsten des Beters eingreifen und somit seine göttliche Güte beweisen wird. Mit *b^e*-

verbunden steht *ḥæsæḏ* in Ps 31, 17; 143, 12; in Ps 5, 8; 69, 14 findet sich *b^erob ḥasd^ekā*. Häufiger begegnet die Verbindung mit *k^e-*: Ps 25, 7; 51, 3; 109, 26; 119, 88. 124. 149. 159, bzw. mit *k^eroḇ* Neh 13, 22. Mit *ʿal* ist das Nomen in Ps 115, 1; 138, 2 verknüpft. *l^emaʿan ḥasdækā* ist in Ps 6, 5; 44, 27 belegt. Wie die LXX diese Wendung in Ps 44, 27 mit ἕνεκεν τοῦ ὀνόματός σου übersetzt und damit deutlich zu machen scheint, daß der Name und die Güte JHWHs identisch sind, so kann unsere Wendung in Ps 25, 7 *l^emaʿan ṭûḇ^ekā* 'um deiner Güte willen' lauten. Schließlich steht *ḥæsæḏ* in Hos 10, 12 noch mit *l^epî* 'nach Aussage von' zusammen.

Wie wir bereits oben (III. 1.c. 2.c) feststellten, bedeutet auch in diesen Belegen *ḥæsæḏ* 'Leben' (*ḥajjîm* Hi 10, 12; auch Ps 86, 13; 103, 4; *ḥājāh* Ps 119, 88. 159), 'Fürsorge' (*p^eqûḏāh* Hi 10, 12) und „Lebensertrag" (Hos 10, 12; Wolff, BK XIV/1³, 241), 'Hilfe' und 'Heil' (*j^ešûʿāh* Ps 13, 6; 119, 41; *jæšaʿ* Ps 6, 5; 31, 17; 57, 4; 69, 14–15; 109, 21. 26; *t^ešûʿāh* Ps 40, 11). Sie ist Erweis des 'Rechts' (*mišpāṭ* Ps 101, 1) und der 'Gerechtigkeit' (*ṣ^eḏāqāh* Hos 10, 12; Ps 36, 11; vgl. dazu v. 7; 40, 11; 88, 13; 103, 17), der 'Macht' (*ʿoz* Ps 59, 17. 18; 62, 12; 63, 4; vgl. auch *miśgāḇ* 'Burg' Ps 59, 18), der 'Wundermacht' (*pælæ'* Ps 88, 11. 13) und der 'Herrlichkeit' (*kāḇôḏ* Ps 63, 4). Daneben treten Formulierungen des individuellen Glaubens in den Vordergrund. Die göttliche Güte äußert sich in einem verheißenden Wort (Ps 77, 9; → אמר [*'āmar*] I, 369), in der Erhörung und im Ansehen der Not o. ä. (Ps 31, 8; 52, 10; 59, 11; 66, 20; 69, 14. 17; 119, 149; 138, 2–3; 143, 12), in der Vergebung (Ps 25, 7; 51, 3) und der Zulassung zum Heiligtum (Ps 5, 8), in Wegweisung (Ps 143, 8), Belehrung (Ps 119, 64. 124) und gerechter Vergeltung (Ps 62, 13), in einem Leben ohne Plage (Ps 32, 10) und in Geborgenheit (Ps 36, 8). Ja, *ḥæsæḏ* ist das Gute schlechthin (*ṭôḇ* Ps 23, 6). In allen diesen Belegen meint *ḥæsæḏ* nach wie vor ein Handeln JHWHs, das in Ps 92, 5. 6 mit den unseren Begriff von v. 3 interpretierenden Nomina *poʿal* und *maʿ^aśæh* wiedergegeben wird. Und diesem göttlichen Handeln eignen Dauerhaftigkeit und Verläßlichkeit (*'^æmæṯ* Gen 24, 27; 32, 11; Ex 34, 6; 2 Sam 2, 6; 15, 20; Ps 26, 3; 40, 11. 12; 57, 4. 11; 89, 15; 108, 5; 115, 1; 138, 2; *'^æmûnāh* Ps 36, 6; 40, 11; 88, 12; 89, 2. 3. 25. 34. 50; 92, 3), wie sich in ihm Barmherzigkeit (*raḥ^amîm* Ps 40, 12; 51, 3; 69, 17; 103, 4) und Gnade äußern (*ḥnn* Ps 51, 3; *ḥûs* Neh 13, 22).

4. Das, was 'Güte Gottes' für Israel bedeutet, hat in zwei liturgischen Formeln einen verdichteten, prägnanten Ausdruck gefunden. Die ältere von ihnen treffen wir zum ersten Mal in der jahwistischen Dekalogrezension von Ex 34 an. In v. 6 lautet die JHWH-Prädikation: „barmherziger und gnädiger El, langmütig und reich an Güte und Treue" (*'el raḥûm w^eḥannûn 'æræḵ 'appajim w^erab-ḥæsæḏ wæ'^æmæṯ*). In wortwörtlicher Übereinstimmung finden wir die Formel noch Ps 86, 15 und – allerdings ohne *'el* und *'^æmæṯ* – Ps 103, 8. Einen Nachhall von Ex 34, 6 stellt wohl Num 14, 18 (J) dar: „JHWH, langmütig und reich an Güte". Mit Umstellung der ersten beiden Glieder zu *ḥannûn w^eraḥûm* und unter Weglassung von *'^æmæṯ* begegnet diese Formel noch Jo 2, 13; Jon 4, 2; Ps 145, 8 (dort noch *g^eḏŏl-* statt *raḇ-ḥæsæḏ*) und Neh 9, 17, bei Jo und Jon um das angefügte Glied *w^eniḥām ʿal-hārāʿāh* „und ihn gereut des Übels" und bei Neh durch Vorbau von *'^ælôah s^elîḥôṯ* „Gott der Vergebung" erweitert. Die hier ausgedrückte Vergebungsbereitschaft JHWHs kommt auch in Ex 34, 7; Num 14, 18; Jer 32, 18 zur Sprache, jedoch in Ex 34 und Num 14 mit *nāśā' ʿāwon*, in Jer 32 mit *m^ešallem ʿāwon* formuliert. Dabei ist zu beachten, daß die Wendung *ʿāśāh ḥæsæḏ la'^alāpîm* in Jer 32, 18 mit dem entsprechenden Satz des elohistischen Dekalogs in Ex 20, 6 (Deut 5, 10) identisch ist. Daraus ergibt sich die Vermutung, daß die J-Formel offenbar die ursprüngliche, im Laufe der Geschichte dann abgewandelte und veränderte Formulierung darstellt. Damit gewinnt das aus dem Vergleich der Dekalogrezensionen von J und E gewonnene Argument Stoebes an Gewicht, daß die *ḥæsæḏ*-Aussage von Gott „eine der jahwistischen Theologie eigentümliche Erweiterung ... darstellt", deren Worte „aus dem profanen Bezirk der Umgangssprache entnommen" sind (249f.). Denn bei J steht die Gnadenzusage unbedingt voran, während sie bei E – und nun mit einer Bedingung versehen – der Strafandrohung folgt, wodurch „in gewisser Weise das Gewicht der Strafandrohung" aufgehoben wird (249).

Die andere liturgische Formel „ja freundlich ist er (JHWH), ja ewig währt seine Güte" (*kî ṭôḇ kî l^eʿôlām ḥasdô*) ist Jer 33, 11 (Rudolph, HAT 12, 1968³, 216: „dtr."); Ps 100, 5; 106, 1; 107, 1; 118, 1. 29; 136, 1; 1 Chr 16, 34; 2 Chr 5, 13; 7, 3; Esr 3, 11 und, zu *kî l^eʿôlām ḥasdô* verkürzt, noch Ps 118, 2–4; 136, 2–26; 138, 8; 1 Chr 16, 41; 2 Chr 7, 6; 20, 21 (vgl. Ps 86, 5, wo die Formel wohl im Hintergrund steht) belegt. Ausnahmslos handelt es sich um junge oder gar sehr junge Texte. Daraus folgt, daß diese Formel erst in der Liturgie des nachexilischen Tempelgottesdienstes an Bedeutung gewann und sehr bald eine besonders hervorgehobene Rolle spielte.

5. Obwohl nur zweimal belegt (Jes 55, 3; 2 Chr 6, 42), müssen wir uns doch mit der Verbindung *ḥasḏê dāwiḏ* noch kurz befassen. Als allgemein anerkannt darf vorausgesetzt werden, daß *dāwiḏ* hier Gen. obj. ist, David also der Empfänger von JHWHs Hulderweisungen ist (anders Caquot 45ff.), und daß diese im Hinblick auf die durch den Propheten Nathan dem König David gegebene Verheißung des ewigen Bestandes seiner Dynastie interpretiert werden müssen (2 Sam 7, vor allem v. 15). Fragen kann man, ob der Begriff *ḥ^asāḏîm* hier, wie stets beobachtet, Taten der göttlichen Huld oder ob er Huld verheißende Worte, also 'Gnadenverheißungen', meint. Indes ist dieser Unterschied doch nur künstlich. Wenn der Chronist den König Salomo das Tempelweihgebet mit der eindringlichen Bitte:

„JHWH, Gott, weise deinen Gesalbten nicht ab; gedenke der Hulderweisungen an David, deinen Knecht!“ (2 Chr 6, 42) beenden läßt, dann läßt er Salomo an JHWH appellieren, er möchte seiner dem David gegebenen Verheißung eingedenk sein und sich ihm, dem Nachfolger auf dem Throne Davids, mit seinen Hulderweisungen in gleicher Weise zuwenden. Ebenso will Jes 55, 3 verstanden sein. Die Verheißung JHWHs, er wolle mit dem Volke eine *b^erîṯ ʿôlām* schließen, greift auf die Hulderweisungen an David zurück. Und indem diese durch das hinzugefügte *hannæʾ^æmānîm* als ʿunverbrüchlich, beständig, verläßlichʾ charakterisiert werden, wird ihre auch nach dem Zusammenbruch des politischen Königtums in Jerusalem ungeschmälerte Gültigkeit unterstrichen. Damit wird deutlich, daß auch für DtJes mit den *ḥasḏê dāwiḏ* verheißene und sich stets neu erweisende Gnadentaten JHWHs gemeint sind. Verheißenes Gnadenwirken Gottes und sich immer neu erfüllende Verheißung sind faktisch nicht zu trennen.

Nun ist, wie die beiden Texte eindeutig zeigen, die Wendung *ḥasḏê dāwiḏ* erst in der exilischen und nachexilischen Zeit bezeugt. Ihr gehen jedoch verschiedene andere Formulierungen zeitlich voraus. Wenn es in Ps 21, 8 heißt, daß der auf JHWH vertrauende König „durch die Huld ʿEljons nicht wanken wird“, dann ist der der Huld JHWHs zu verdankende Bestand des Jerusalemer Königtums (beachte die Prädizierung ʿEljon!) gemeint, wie er der Nathanweissagung entspricht (so auch Kraus, BK XV/1⁴, 171; v. Rad, ThAT I⁶, 323). Dasselbe äußert 2 Sam 22, 51 = Ps 18, 51 mit der Feststellung, daß JHWH seinem König „große Hilfe verlieh“ (*maḡdîl j^ešûʿôṯ*) und „seinem Gesalbten Huld erwies“, „David und seinen Nachkommen in Ewigkeit“ (*ʿaḏ-ʿôlām*). Was hier in der Form eines Dankliedes begegnet, findet sich in Ps 89, 50 letztlich als bange Frage im Kontext einer Klage eines Einzelnen (vgl. Kraus, BK XV/2⁴, 616f.; zum Vergleich zwischen Jes 55 und Ps 89 O. Eißfeldt, Die Gnadenverheißungen an David in Jes 55, 1–5, Festschr. Muilenburg, New York 1962, 196–207 = KlSchr IV, 1968, 44–52): „Wo sind deine früheren Hulderweise, Herr, wie du sie David geschworen hast in deiner Treue?“ Dabei greift dieses Wort auf die Zusagen JHWHs zurück, wie sie in v. 25: „Meine Treue und meine Huld soll mit ihm sein“ und in v. 29: „Für immer (*l^eʿôlām*) will ich ihm meine Huld bewahren (*šāmar* + *l^e*-), und mein Bund (*b^erîṯî*) soll ihm fest bleiben“ formuliert werden. Auch hier wird der Hulderweis Gottes auf den Erhalt der davidischen Dynastie bezogen. Daß Ps 89 vorexilisch ist, wird mit Sicherheit anzunehmen sein. Das wird nicht zuletzt durch 1 Kön 3, 6 (2 Chr 1, 8) bestätigt, wo im Zusammenhang des Gebets Salomos in Gibeon davon die Rede ist, daß JHWH dem David „große Huld erwiesen“ und ihm auch „diese große Huld bewahrt“ hat (*šāmar* + *l^e*-), indem er ihm in Salomo einen Thronerben gab. Macht dieser Text den Eindruck, als sei zwischen den göttlichen Huldtaten während der Lebenszeit Davids und denen, die den Fortbestand seiner Dynastie betreffen, zu unterscheiden, so wird die Sachlage durch 1 Kön 8, 23–24 (2 Chr 6, 14–15) noch weiter kompliziert. Denn das Tempelweihgebet Salomos hebt mit den Worten an: „JHWH, Gott Israels! Kein Gott ist wie du im Himmel oben oder auf der Erde unten, der du bewahrst den Bund und die Huld deinen Knechten (*šomer habb^erîṯ w^ehaḥæsæḏ l^e*-), die vor dir wandeln mit ihrem ganzen Herzen, der du David, meinem Vater, bewahrt hast (*šāmar* + *l^e*-), was du ihm verheißen hattest.“ Wiederum mit *šāmar* + *l^e*- konstruiert, werden hier die Huldtaten pointiert auf den Bestand des davidischen Herrscherhauses bezogen. Noch wichtiger ist, daß dabei *ḥæsæḏ* mit *b^erîṯ* verbunden, ja daß der Ausdruck *b^erîṯ* betont vorangestellt, also der Hulderweis als Inhalt des Bundes interpretiert wird. Nun hat v. Rad (ThAT I⁶, 323) darauf hingewiesen, daß der eigentliche sachgemäße hebr. Ausdruck für den Gehalt der Nathanweissagung der in 2 Sam 23, 5 stehende Begriff *b^erîṯ ʿôlām* ist. Damit würde der Formulierung aus dem Tempelweihgebet der Vorzug gegenüber der des gibeonitischen Gebets zu geben sein. Anderseits aber machen neuere Untersuchungen darauf aufmerksam, daß die ursprüngliche Verheißung von 2 Sam 7 dann im Sinne der dtr. Bundestheologie ausgestaltet worden und daß 2 Sam 23, 5 „nicht vor Mitte des 6. Jh. v. Chr.“ denkbar sei (L. Perlitt, Bundestheologie im AT, WMANT 36, 1969, 47–53; vgl. auch M. Noth, Die Gesetze im Pentateuch, 1940 = Ges. Stud. z. AT, 1966³, 122f.; S. Herrmann, Die prophetischen Heilserwartungen im AT, BWANT 85, 1965, 100–103; W. Zimmerli, Grundriß der at.lichen Theologie, 1972, 47). Somit lautet für unseren Zusammenhang die Frage: Ist *ḥæsæḏ* oder *b^erîṯ* ursprünglich, und wie ist das Verhältnis beider im religiösen Sprachgebrauch zu bestimmen?

6. Die Beantwortung dieser Frage wird angebahnt durch die außer 1 Kön 8, 23 (2 Chr 6, 14) noch 5mal belegte stereotyp formulierte prädikative Wendung: Gott, „der du den Bund und die Huld bewahrst denen“, die dich lieben, deine Gebote halten u. ä. (*šomer habb^erîṯ w^ehaḥæsæḏ l^e*-; Deut 7, 9. 12; Neh 1, 5 cj.; 9, 32; Dan 9, 4). Die durch die zweimalige Setzung des bestimmten Artikels verfolgte Absicht, den Bund eindeutig auf die Sinai-*b^erîṯ* zu beziehen und demzufolge den *ḥæsæḏ* als die Treue JHWHs zu diesem Bund zu verstehen, wird durch den Zusammenhang, der zwischen Bundbewahrung durch JHWH und Beachtung der Gebote durch Israel in Deut 7, 9. 12; Neh 1, 5; Dan 9, 4 hergestellt wird, erkennbar (vgl. auch Ps 25, 10). Der älteste Beleg für diese Wendung ist Deut 7; hier liegt Predigtstil vor, während die anderen Stellen zu Bittgebeten gehören. Außerdem läßt die Tatsache, daß in 1 Kön 8, 23 (2 Chr 6, 14) die Wendung auf den Bund mit David bezogen ist, die Vermutung entstehen, daß sie auf dtr-nachdtr Überarbeitung des Tempelweihgebets zurückgeht. Das ersieht man noch daraus, daß erst

eine Verbindung zwischen der an die später übliche allgemeine Formulierung angelehnten Wendung „der du bewahrst den Bund und die Huld deinen Knechten, die vor dir wandeln mit ganzem Herzen" und der speziellen Zusage an „den Knecht David" in v. 24 hergestellt werden muß. Daraus folgt, daß es der dtr und noch eher der nachdtr Theologie um die Betonung des Bundes JHWHs ging und daß sie deshalb den *ḥæsæḏ*-Begriff diesem Theologumenon ein- und unterordnete. Das besagt aber zugleich, daß der *ḥæsæḏ*-Begriff im allgemeinen und wohl auch schon in seiner Anwendung auf die Davids-Verheißung dem Dtr vorgegeben war. Daß der *ḥæsæḏ* JHWHs im Unterschied etwa zur *b^erîṯ* im Deut kaum eine Rolle spielt, sei als letztes vermerkt; denn den 27 Belegen für *b^erîṯ* stehen drei für *ḥæsæḏ* im Deut gegenüber. Das würde in Anwendung auf unsere Fragestellung besagen, daß die Formulierung im gibeonitischen Gebet vordtr und aus dem profanen Sprachgebrauch, wie er uns im sicher echten Hosea-Wort (12, 7 *ḥæsæḏ ûmišpāṭ š^emor*; so zuletzt Wolff, BK XIV/1³, 277) bezeugt ist, übernommen worden ist.

Hinzu kommt die andere Beobachtung, daß im Deut selbst der Bund auf das Volk Israel, nie aber auf David oder den König bezogen wird; stattdessen wird im Königsgesetz 'erwählen' (*bāḥar* Deut 17, 15) gebraucht und dieser Begriff auch für die Indienstnahme Levis (Deut 18, 5; 21, 5) benutzt. Das läßt vermuten, daß die Interpretation der JHWH-Zusage an David durch den Begriff *b^erîṯ* ein vordeut Theologumenon ist.

Diese Erwägungen können durch Ps 106 und Ps 89 zwar noch etwas abgesichert werden; eindeutige Beweise sind indes nicht möglich. Ps 106 ist von der dtr Theologie beeinflußt (Fohrer, Einleitung, 316: „nachdeuteronomistisch"). In v. 45 stoßen wir auf die Begriffe *b^erîṯ* und *ḥæsæḏ*, die in dieser Reihenfolge parallel stehen und den Grund für die Reue Gottes darstellen. Wie oben festgestellt, so fungiert auch hier der *ḥæsæḏ* als Gehalt der *b^erîṯ*. Im Unterschied dazu ist in Ps 89, 29 die Bewahrung des göttlichen *ḥæsæḏ* dem parallel dazu geäußerten Bestand der göttlichen *b^erîṯ* vorgeordnet. Die gleiche Aussage findet sich in v. 50, wo die früheren Gnadenerweise Gottes auf einen dem David in Treue geleisteten Schwur zurückgeführt werden. Hier stoßen wir also auf die umgekehrte Folge: Voran steht *ḥæsæḏ*, er wird durch *b^erîṯ* bzw. den Schwur als einer Bekräftigung der *ḥæsæḏ*-Zusage interpretiert. Die gleiche Reihenfolge *ḥæsæḏ–b^erîṯ* liegt in Jes 54, 10 vor, wo es ebenfalls darum geht, die ewige Dauer der göttlichen Güte hervorzuheben (vgl. v. 8). In dieser Deutung werden wir durch die Beobachtung bestärkt, daß beim profanen Sprachgebrauch (III. 3.) die gleiche Funktion der *b^erîṯ*-Aussage im Zusammenhang des *ḥæsæḏ*-Versprechens zu beobachten war. Denn in Gen 21 fungierten *b^erîṯ* und Schwur als Bekräftigung und Unterstreichung der Dauerhaftigkeit der Zusage Abrahams an Abimelech. Weil Gen 21 ein J-Text ist, kann auch Ps 89 vordtr sein; immerhin zwingt nichts zu der Annahme einer dtr Abfassung. Das bedeutet nun aber, daß die Möglichkeit besteht zu der Annahme, daß bereits in vordeut Zeit die dem David gegebene Verheißung sowohl mit dem Begriff *ḥæsæḏ* als auch mit dem der *b^erîṯ* ausgedrückt werden konnte.

Wie wir oben im Anschluß an Stoebe (IV. 4.) feststellten, ist die Übertragung des *ḥæsæḏ*-Begriffes auf JHWH wahrscheinlich der Arbeit des J zu verdanken. Von daher erscheint es am ungezwungensten, die Wendung *ḥasdê dāwiḏ* in den Kontext einer nachjahwistischen, aber vordeut Theologie einzufügen. Die Interpretation der David-Verheißung als einer ewigen *b^erîṯ* wird damit für J und die ihm nahestehenden Kreise unwahrscheinlich, auch deshalb, weil *b^erîṯ* hier nicht die Bekräftigung der Verheißung wie in Ps 89 (vgl. Gen 21), sondern die Verheißung selbst meint, *ḥæsæḏ* und *b^erîṯ* sich also je auf denselben Sachverhalt beziehen und somit gegenseitig ausschließen. Das besagt, daß die Wendung 'ewige *b^erîṯ*' in 2 Sam 23, 5 aus einer anderen, von J zu unterscheidenden, vordeut Quelle geflossen ist.

Das alles macht zur Genüge deutlich, daß auch im religiösen Sprachgebrauch Israels die *ḥæsæḏ*-Aussage erst in nachdtr, also in verhältnismäßig später Zeit mit der Bundesvorstellung in der Weise verkoppelt wurde, daß die Güte JHWHs zum Inhalt seines Bundes wurde. Darum ist es verfehlt, mit Glueck den *ḥæsæḏ* JHWHs grundsätzlich und umfassend als die dem Bund entsprechende Verhaltensweise JHWHs zu bezeichnen (vgl. auch III. 3.).

In diesem Zusammenhang ist noch eine letzte Beobachtung festzuhalten. Wir hatten beim profanen Sprachgebrauch als eines der Grundelemente unseres Begriffes das Prinzip der Gegenseitigkeit herausgestellt (III. 1.d. 2.d). Von daher könnte man vermuten, daß auch der Hulderweis JHWHs auf Gegenseitigkeit angelegt ist. In der Tat werden Hos 4, 1; 6, 4. 6; Jer 2, 2; 9, 23 sowohl von Glueck (21–34) als auch, und zwar noch schärfer, von Stoebe (250f.) als Belege für den *ḥæsæḏ*-Erweis der Menschen Gott gegenüber gewertet. Dagegen hat sich nachdrücklich und mit vollem Recht Jepsen gewendet (268f.). Mit ihm verstehen wir Hos 4, 1 von Sach 7, 9; Mi 6, 8; Hos 10, 12; 12, 7 her und bestimmen somit den *ḥæsæḏ* als ein Verhalten anderen Menschen gegenüber. Das gilt auch für Jer 9, 23. Und was Hos 6, 4. 6 anlangt, so hat Jepsen den nahen Bezug zu den anderen Hos-Stellen betont und damit ebenfalls das richtige Verständnis von *ḥæsæḏ* als der dem Mitmenschen zu erweisenden Güte eröffnet. Bei Jer 2, 2: „Ich gedenke zu deinen Gunsten deines Jugend-*ḥæsæḏ*, der Liebe deiner Brautzeit, wie du mir folgtest in der Wüste" gibt er zu bedenken, daß unser Nomen mit *zāḵar* verbunden ist und wie in Neh 13, 14; 2 Chr 6, 42 (vgl. Ps 98, 3; 106, 45) die guten Werke meinen kann, und umschreibt diesen Vers so: „Ich denke daran, wie du in deiner Jugendzeit dich guten Werken hingabst, wie du in deiner Brautzeit mich liebtest, wie du in allem mir nachgingst, damals in der Wüste" (269). Auch wenn sich Jepsen darüber klar ist, daß diese Interpretation von Jer 2 nicht mehr als ein erwägenswerter Vorschlag ist, so bleibt doch seine grundsätzliche Feststellung bestehen, daß angesichts der Häufigkeit unseres Begriffs im AT eine einzige Stelle nicht die Beweislast zu tragen vermag. Das bedeutet, daß das AT einen *ḥæsæḏ*-Erweis des Menschen Gott gegenüber nicht kennt. Der Mensch empfängt zwar die Güte JHWHs, aber er kann Gott nichts Gutes antun. Gegenüber dem profanen Sprachgebrauch ist also bezüglich der Gegenseitigkeit erneut eine gewisse Abweichung zu verzeichnen. (Zum Zusammenhang von *b^erîṯ* und *ḥæsæḏ* vgl. auch M. Weinfeld, הברית והחסד [Der „Bund" und die „Güte"] [Lešonénû 36, 1971f., 86–105].)

7. Wenn wir die Beobachtungen zum religiösen Gebrauch von *ḥæsæḏ* im AT zusammenzufassen versuchen, so ist einerseits eine Übereinstimmung mit dem profanen Gebrauch, anderseits aber eine Abweichung von ihm zu bedenken. Das weist abermals darauf hin, daß unser Begriff aus dem profanen Bereich in die religiöse Sprache Israels übernommen wurde.

Die Übereinstimmung erstreckt sich auf den Tat- und Gemeinschaftscharakter sowie auf die Stetigkeit des göttlichen Hulderweises. JHWHs Handeln an Israel und dem einzelnen Frommen steht im Mittelpunkt aller Aussagen. Die Geschichte seines Volkes in Vergangenheit, Gegenwart und Zukunft, das Leben des einzelnen Israeliten, ja die ganze Welt ist das Betätigungsfeld für den Erweis seiner Güte. JHWH hat sich für Israel entschieden; er hat Leben, Fürsorge, Wendung der Not und Bewahrung verheißen, ja er hat die ganze Erde mit seiner Güte angefüllt. Damit hat JHWH seinem Volk, den Menschen und der ganzen Welt Gemeinschaft mit sich selbst geschenkt. Und dieser Tat eignet ebenso wie der Zusage und Verheißung zukünftiger hilfreicher Gemeinschaft Dauer, Stetigkeit und Verläßlichkeit. So hört es Israel und der einzelne durch JHWHs Wort, auch vermittelt durch den Mund seiner Propheten; so antwortet ihm die Gemeinde im Gottesdienst, preist seine Güte im Hymnus und bekennt sich zu ihr, äußert ihr Vertrauen und ihren Dank oder bittet im Klagelied um einen neuerlichen Erweis dieser göttlichen Güte. Dabei wird die Güte gleichsam zum Inbegriff JHWHs, so daß der Beter von Ps 144, 2 für JHWH unter anderem 'meine Güte' sagen kann oder umgekehrt die Götzendiener in Jon 2, 9 als solche bezeichnet werden können, die 'ihre Güte verlassen haben' (*'āzaḇ ḥasdām*). In beiden Stellen steht also *ḥæsæḏ* für Gott selbst. Den gleichen Sachverhalt weist die in Ps 33, 18; 147, 11 (vgl. Ps 33, 22) belegte Umschreibung für die Frommen als die, 'die auf seine Güte harren' (*ham^ejaḥ^alîm l^eḥasdô*), auf. Denn hiernach ist JHWH-Furcht gleichbedeutend mit dem Harren auf seine Güte. Wesentlicher Inhalt des Glaubens Israels ist also dieses beständige Warten auf die huldvolle Zuwendung JHWHs. Das alles hat in der wohl dem Gottesdienst des zweiten Tempels entstammenden liturgischen Formel „ja freundlich ist JHWH, und ewig währt seine Güte" seinen prägnantesten Ausdruck gefunden.

Was die Abweichungen von dem profanen Sprachgebrauch angeht, so ist zunächst die Ausweitung des Geltungsbereichs des *ḥæsæḏ* von dem Kreis der Familien- und Sippengemeinschaft auf das Volk Israel und schließlich auf die ganze Welt zu nennen. Sie hängt aufs engste mit der wohl der Zeit des J zuzuweisenden Übertragung unseres Begriffs auf JHWH zusammen; denn für J ist JHWH zugleich der Gott Israels und der ganzen, von ihm geschaffenen Welt. Mit dieser Übertragung hängt weiter eine inhaltliche Nuancierung unseres Begriffs zusammen. Eignete ihm im Rahmen der Familien- und Sippengemeinschaft trotz der auch in diesem Bereich erkennbaren Momente von Güte, Freundlichkeit und Erbarmen durch das ihm innewohnende Prinzip der Gegenseitigkeit doch stets etwas Starres und manchmal sogar etwas Normatives, so wird dieses bei der Übertragung auf JHWH offensichtlich in den Hintergrund gedrängt und statt dessen das Moment der göttlichen Barmherzigkeit und Gnade, der Langmut und des Erbarmens außerordentlich betont. Jetzt äußert sich die Güte JHWHs in seiner unendlichen vergebungsbereiten und versöhnenden Liebe, wie es wiederum in der liturgischen Formel: „barmherzig und gnädig ist JHWH, langmütig und reich an Güte" seinen verdichteten Ausdruck gefunden hat. Damit ist von vornherein jede Möglichkeit ausgeschlossen, daß der Mensch in Verfolg des profanen Prinzips der Gegenseitigkeit die erfahrene göttliche Güte seinerseits JHWH zurückgeben oder ihm etwas Gutes leisten kann. Indes wird der Gemeinschaftscharakter des *ḥæsæḏ* in der Weise gewahrt, daß der Einzelne durch die ihm zuteil gewordene göttliche Güte seinem Nächsten gegenüber in ein neues, von JHWH her geordnetes Verhältnis gestellt wird, daß er die erfahrene Güte im täglichen Umgang zu bewähren, Recht und Gerechtigkeit sowie Güte und Erbarmen zu üben hat. Somit qualifiziert *ḥæsæḏ* nicht nur das Verhältnis JHWHs zu den Menschen, sondern auch das der Menschen untereinander.

Nach alledem erscheint es als verfehlt, diese mit *ḥæsæḏ* ausgesagte Hinwendung JHWHs zu Israel und die sich daraus ergebende Gemeinschaft der Israeliten untereinander von dem Oberbegriff der *b^erîṯ* her als ein Rechts-Pflicht-Verhältnis bestimmen zu wollen. Denn dort, wo *b^erîṯ* in das Wortfeld von *ḥæsæḏ* eintritt, wird das Nomen an die zweite Stelle hinter *ḥæsæḏ* gerückt und dazu benützt, die Dauerhaftigkeit und Stetigkeit der Güte JHWHs, ihre Unverbrüchlichkeit und Verläßlichkeit auszudrücken. Das gilt auch für die Dynastiezusage JHWHs an David, die, wie uns wahrscheinlich wurde, ursprünglich und unabhängig voneinander sowohl in den Begriff *ḥæsæḏ* als auch in den der *b^erîṯ* gefaßt wurde. Daß in der Nathanweissagung (2 Sam 7, 15) von der *ḥæsæḏ* JHWHs gesprochen und im Zusammenhang damit der Unterschied zwischen David und seinem verworfenen Vorgänger Saul formuliert wird, macht deutlich, daß hier das Königtum Davids von dem Sauls her interpretiert, David also wie Saul als von JHWH erwählter König verstanden werden soll. Die auf Sauls Königtum zutreffende Begrifflichkeit von Erwählung und Verwerfung, von Huldzuwendung und -entzug soll dazu dienen, das von Anfang an und grundsätzlich anders strukturierte Königtum Davids nun doch als Nachfolgeerscheinung des Saulschen Königtums anzusehen. Wenn J die *ḥæsæḏ*-Aussage auf JHWH übertragen hat und wenn das in der Ära David-Salomos geschah, dann gehört die theologische Interpretation der Nathanweissagung (2 Sam 7, 15) als einer *ḥæsæḏ*-Zusage an David sowie die sich daran anlehnende Begrifflichkeit der *ḥasḏê dāwiḏ* zum theologischen Umfeld des J. Dann aber ist es um so wahrscheinlicher, daß der in den letzten Worten Davids (2 Sam 23, 5) bezeugten Interpretation der Verheißung an David als einer ewigen *b^e^rîṯ* deshalb der Vorzug zukommt, weil diese Begrifflichkeit nicht nur den strukturellen Unterschied zwischen Davids und Sauls Königsherrschaft markiert, sondern auch das in der Dynastiezusage an David hervortretende Neue und Andersartige mit dem Begriff *b^e^rîṯ* theologisch zutreffend erfaßt.

Vielleicht ist es dieser Bezug der beiden Begriffe *ḥæsæḏ* und *b^e^rîṯ* auf ein und dieselbe Sache, eben die Dynastieverheißung an David, gewesen, die das Nachdenken über die Zuordnung und das Verhältnis von Güte und Bund JHWHs in Israel auslöste. Vielleicht sind es auch andere, uns unbekannte Anstöße gewesen, die ein solches Mühen in Gang setzten. Immerhin können wir beobachten, daß die nachexilische Theologie die Einordnung des *ḥæsæḏ*-Begriffs in die *b^e^rîṯ*-Vorstellung konsequent vollzogen hat. Die Güte JHWHs wurde zum Inhalt seines Bundes mit Israel. Aber selbst in diesem Spätstadium der Entwicklung wird unser Begriff nicht zu einem Rechtsterminus. Eher hört man in ihm die Töne von Verheißung und Gnade, von Barmherzigkeit und grundloser Güte als die von Recht und Pflicht.

V. Zur Bedeutung von *ḥæsæḏ* in der Qumran-Literatur vgl. W. Zimmerli, חסד im Schrifttum von Qumran (Hommages à A. Dupont-Sommer, Paris 1971, 439–449 = Ges. Aufs. z. AT, II, 1974, 272–283). Ausgehend von der Tatsache, daß etwa die Hälfte aller Belege (28 von 58) auf die Hodajot entfallen und daß ebenfalls mehr als die Hälfte der Stellen den Pl. 'Huldtaten' aufweist, zeigt Zimmerli die biblizistische Sprachform und die gewollte Plerophorie des Stils auf. Inhaltlich beobachtet er das Abrücken vom Begriff *ḥen* und die Annäherung an den Begriff *b^e^riṯ*. Der Fromme lebt im *ḥæsæḏ*-Bund mit Gott und bekommt teil an dem für ihn enthüllten Geheimnis.

Zobel

חָסָה *ḥāsāh*

מַחֲסֶה *maḥ^a^sæh*, חָסוּת *ḥāsûṯ*

I. Mögliche altorientalische Entsprechungen nach Etymologie und Semantik – II. Textbestand im AT – 1. Morphologie und Syntax – 2. Kontext – a) Gebete (Psalmen) – b) Weisheitliche Texte – c) Prophetische Texte – 3. „Untheologischer" Gebrauch – III. Formeln / Schemata – 1. *ḥāsāh* in den Psalmen und übrigen Gebeten – a) *b^e^ḵā* / *b^e^JHWH ḥāsîṯî* u. ä. – b) *b^e^ṣel* / *taḥaṯ k^e^nāp̄æḵa 'æḥ^æ^sæh* – c) *ḥāsāh* mit Bildern und Allegorien für Gott – d) Fromm sein – 2. *maḥ^a^sæh* in den Psalmen – 3. *ḥāsāh* / *maḥ^a^sæh* außerhalb der Psalmen – a) Gebete – b) Sonstige Texte – IV. Theologische Prägung der Wortgruppe – 1. Zur Geschichte – 2. Sitz im Leben – 3. Innere Theologisierung und Exklusivität.

Lit.: *W. Beyerlin*, Die Rettung der Bedrängten in den Feindpsalmen der Einzelnen auf institutionelle Zusammenhänge untersucht (FRLANT 99, 1970). – *H. Bobzin*, Überlegungen zum althebräischen »Tempus«system (WO 7, 1973, 141–153). – *P. Bordreuil*, „A l'ombre d'Elohim" (RHPhR 46, 1966, 368–391). – *H. A. Brongers*, Merismus, Synekdoche und Hendiadys in der bibel-hebräischen Sprache (OTS 14, 1965, 100–114). – *R. C. Culley*, Oral Formulaic Language in the Biblical Psalms (Middle and Near East Series 4, Toronto 1967). – *L. Delekat*, Zum hebräischen Wörterbuch (VT 14, 1964, 7–66, bes. 28–31). – *Ders.*, Asylie und Schutzorakel am Zionheiligtum. Eine Untersuchung zu den privaten Feindpsalmen, Leiden 1967. – *D. Eichhorn*, Gott als Fels, Burg und Zuflucht. Eine Untersuchung zum Gebet des Mittlers in den Psalmen (EHS 23/4, 1972). – *P. Hugger*, Jahwe, mein Fels (Laeta dies. Festschrift zum fünfzigjährigen Bestehen des Kollegs St. Benedikt in Würzburg, Münsterschwarzach 1968, 143–160). – *Ders.*, Jahwe meine Zuflucht. Gestalt und Theologie des 91. Psalms (Münsterschwarzacher Studien 13, 1971). – *L. Kopf*, Arabische Etymologien und Parallelen zum Bibelwörterbuch (VT 8, 1958, 161–215). – *D. Michel*, Tempora und Satzstellung in den Psalmen (Abhandlungen zur Evangelischen Theologie 1, 1960). – *G. Pidoux*, Quelques allusions au droit d'asile dans les psaumes (Maqqél shāqédh, Festschr. W. Vischer, Montpellier 1960, 191–197). – *L. Ruppert*, Der leidende Gerechte. Eine motivgeschichtliche Untersuchung zum Alten Testament und zwischentestamentlichen Judentum (FzB 5, 1972). – *H. Seebaß*, בוש (ThWAT I 568–580). – *S. H. Siedl*, Gedanken zum Tempussystem im Hebräischen und Akkadischen, 1971. – *J. van der Ploeg*, L'espérance dans l'Ancien Testament (RB 61, 1954, 481–507). – *W. A. van der Weiden*, Prov. XIV 32B „Mais le juste a confiance quand il meurt" (VT 20, 1970, 339–350, bes. 340f. 344f.). – *A. Weiser*, πιστεύω, B. Der at.liche Begriff (ThWNT VI 182–197, bes. IV, Der Wortstamm חסה).

I. Vom Lautbestand her werden die Ursprünge der Wortgruppe *ḥāsāh* in babyl. und neuassyr. *ḫesû(m)*, 'zudecken', 'verheimlichen', mit der Ableitung *meḫsû(m)*, *maḫsû(m)* 'Deckel' (?) (AHw I, 342. 641; CAD VI, 176f.) gesucht. Zwar scheint die in einem Kommentar einmal bezeugte Bedeutung 'sich verbergen' (vgl. Delekat, VT 14, 1964, 28) der des hebr. *ḥāsāh* sehr nahe zu stehen. Jedoch ist das hebr. Verb ausschließlich intransitiv und die Wortgruppe sozusagen ausschließlich theologisch gebraucht. Dieser semantische Stand ist kaum aus der Etymologie ableitbar. Mehr oder weniger Ähnliches gilt vom Verhältnis zu ugar. *ḥwš* / *ḥš* (KTU 1.4 V 51–54; hebr. *ḥûš*). Näher steht dem AT syr. *ḥasjā* 'fromm', insofern in der syr. Bedeutungsvielfalt mehr semantische Möglichkeiten (vgl. Brockelmann, Lex Syr 245f.) zu sehen sind. Für die Verbindung zu deren häufigster, wenn nicht einziger Bedeutung 'Heiligkeit', 'Frömmigkeit' (oft in der Nähe von *qdš*) deutet möglicherweise das hebr. AT einige markante Linien an (vgl. Delekat, VT 14, 29f.). Allerdings ist auch dies kaum der Weg, der zur überwiegenden Verwendung des finiten Verbs im AT führt. Im Aram. von Palmyra ist ein *pa'el* von *ḥsj* im Sinn von 'weihen' bezeugt; im Reichsaram. ein Pl. mask., חסין, das von manchen als 'Fromme' verstanden wird (vgl. DISO 93). Das äth. *ḥasawa* (A. Dillmann, LexLingAeth, 1865, 93) 'bedecken, verbergen' steht dem Akk. näher als dem Hebr. Zwischen der Bedeutung der möglichen etymologischen Entsprechungen des Arabischen und der von *ḥāsāh* lassen sich nur indirekte und unsichere Verbindungen herstellen (vgl. Delekat, a.a.O.; Kopf, VT 8, 1958, 173).

II. 1. Das Verb kommt nur im *qal* vor. Am häufigsten, aber nur in den Psalmen belegt, ist die 1. Pers. Sing. Perf. (Ps 7, 2; 11, 1; 16, 1; 25, 20; 31, 2; 71, 1; 141, 8; 144, 2; vgl. gleichwertig 57, 2); andere finite Formen sind selten. An infiniten Formen überwiegt das aktive Ptz., während der Infinitiv selten ist. *ḥāsāh* wird mit *b^e*- konstruiert. Die Ausnahmen sind: Ps 91, 4; Ruth 2, 12 (*taḥaṯ-k^{e}nāpājw*); Ps 17, 7 (Ptz. absolut; vgl. vielleicht auch Spr 14, 32). Die einzige häufigere Nominalform, *maḥ^{a}sæh*, ist näher bestimmt durch das Suffix der 1. Pers. Sing. (nur je einmal durch das der 1. Pers. Pl. [Jes 28, 15] und 3. Pers. Sing. mask. [Ps 14, 6]); seltener durch *l^e*- mit Suffix oder Nomen, *b^e*-, *min*; einmal durch Genitiv (Jes 28, 17); absolut steht es nur einmal (Hi 24, 8). Die Belege sind nicht nur numerisch auf die Psalmen konzentriert (25 aus 37 für das Verb, ohne Sir 14, 27 und 51, 8; 12 aus 20 für das Nomen). Die von der Mehrheit abweichenden Konstruktionen finden sich fast nur außerhalb der Psalmen und Gebete.

2. Wie Morphologie und Syntax variieren auch genus litterarium und Kontext nur wenig: der Großteil der Belege von Verb und Nomen ist auf Gebete beschränkt. a) Innerhalb der Psalmen begegnen *ḥāsāh*/*maḥ^{a}sæh* vor allem in Klageliedern des Einzelnen, jedoch nicht in der eigentlichen Klage, sondern in Bitten, als deren Begründung oder Motivierung, oft am Anfang (Ps 7, 2; 31, 2 = 71, 1; 57, 2; 144, 2), im Korpus (Ps 17, 7; 61, 4. 5; 142, 6; 143, 9 cj.), selten am Schluß (Ps 25, 20; 141, 8). Nicht so häufig stehen Formen von *ḥāsāh* im hymnischen Teil von Klageliedern (Ps 31, 20; 26, 8; 71, 7); öfters wieder am Schluß (Ps 5, 12; 94, 22; 64, 11). Mit dem hymnischen oder dankenden Teil der Klagelieder vergleichbar sind die Belege in Dankliedern des Einzelnen (Ps 18, 3. 31 = 2 Sam 22, 3. 31; Ps 118, 8. 9) sowie in individuellen Vertrauensliedern (Ps 11, 1; 62, 8–9). Schon diese letztgenannten wie mehrere andere Belege (Ps 91, 2. 4. 9; 37, 40; 73, 28), besonders Makarismen (Ps 2, 12; 34, 23) gelten als weisheitlich. Außerhalb des Psalteriums finden sich nur wenige ähnliche Belege: Motivation der Bitte im Klagelied ist Jer 17, 17b. Der einzige Beleg aus einem reinen Hymnus ist Sir 51, 8. b) Weisheitlich ist die Wortgruppe *ḥāsāh* außerhalb des Psalteriums einigemale gebraucht: Nah 1, 7; Spr 14, 26. 32; 30, 5; Sir 14, 27. Ps 14, 6 und Deut 32, 37 mögen weisheitlich und prophetisch zugleich geprägt sein. c) In der prophetischen Literatur ist die Wortgruppe vertreten v. a. in eschatologischen Kontexten (Jes 4, 6; 14, 32; 25, 4; 28, 15. 17; 57, 13b; Jo 4, 16; Zeph 3, 12); aus dem Psalterium kommt in diesem Zusammenhang nur Ps 46, 2 in Frage (Zionspsalm). Zwei Belege finden sich in Weherufen: Jes 28, 15. 17; 30, 2. 3. Schon aus dieser Übersicht ergibt sich der Eindruck einer Konzentration auf wenige Autoren und vorwiegend spätere Zeit.

3. Gebetswendungen bewegen sich bekanntlich innerhalb einer beschränkten Topik, sind stark typisiert und konstant, folgen in nur geringem Maße dem Wechsel der Situationen. Deswegen bleibt, wie sich zeigen wird, ihre semantische Analyse schwierig und unscharf. Da helfen als Einstieg die wenigen Texte, die höchstens als indirekt theologisch bezeichnet werden können, die aber eine ausgeprägte individuelle Physiognomie tragen. Gemeint sind: die Naturbeschreibung, Ps 104, 18; die politische Äußerung, Ri 9, 15; der religiös-soziologische Text, Ruth 2, 12, und das einmalige Bild, Hi 24, 8. Der Einstieg, dem sie hier dienen, ist selbstverständlich zunächst nur logisch. Über Chronologie und gar Entwicklungsgeschichte ist damit nichts gesagt. *maḥ^{a}sæh* meint Ps 104, 18 im Zusammenhang einer religiös deutenden „ökologischen" Naturbeschreibung den „Unterschlupf" der Dachse (vgl. die *m^e'ônoṯ* der Löwen, v. 22). Er bedeutet Schutz, gehört aber auch zu ihrem normalen Lebensraum wie Hi 24, 8 das den armen Wüstenbewohnern fehlende Dach (v. 10 mit der gleichen Negation, *b^{e}lî*, der Mangel an Kleidern). Jes 4, 6 und 25, 4 ist *maḥ^{a}sæh* als Schutz vor meteorologischen Unbilden in ein eschatologisches Bild, in Sir 14, 27 in eine hymnische Aussage einbezogen (vgl. u. III. 3.b). Ri 9, 15 ist einmalig durch den Kontext, eine Fabel mit ironischer Spitze. Der (fast inexistente) Schatten des Dornstrauchs ist der „Schatten des Königs", der Schutz, der von diesem erwartet wird (vgl. Kl 4, 20; 1 Sam 8, 3–6; 2 Kön 14, 8–10). Ruth 2, 12 meint „sich bergen unter den Flügeln JHWHs" unter dem zunächst religiösen Anschluß an das Volk JHWHs die volle Eingliederung in dessen sozialen Verband mit der damit gegebenen Möglichkeit des Überlebens. Damit ist durch eine Reihe kaum theologischer und eher unkonventioneller Belege eine gewisse semantische Bandbreite dokumentiert: Schutz, manchmal aus aktueller Not und Gefahr, aber mit der deutlichen Tendenz hin zu dem Sinn von bergendem „Lebensraum", sei es der Natur, einer Institution oder einer Gemeinschaft. Bewegung, „fliehen", suchen ist mitgemeint, insofern ständige Wechsel zwischen den verschiedenen Bereichen, die den Lebensraum ausmachen, notwendig sind.

III. 1. In den Gebetstexten kommt die Wortgruppe in nur wenigen Schemata vor.

a) Das Schema *b^e^kā/b^e^JHWH ḥāsîṯî* steht vielfach relativ selbständig am Anfang oder gegen Ende eines Psalms. Es nennt nicht das zu entwickelnde Thema, sondern beteuert den geistigen Standort oder die Haltung des Beters. Ps 11, 1 gebraucht auf einmalige Weise das volle Schema (ohne Pronomina) und nicht in direkter Anrede JHWHs, sondern in einer Auseinandersetzung mit pragmatisch denkenden Partnern. Deren Rat zur Flucht gegenüber beteuert der Psalmist, daß er sich für JHWH entschieden hat. Das bedeutet Verzicht auf Selbsthilfe, Vertrauen auf JHWH, aber anscheinend kein bestimmtes äußeres Verhalten, auch nicht das Aufsuchen des Asyls. Der ganze Psalm mag Bekenntnis sein: vv. 2–6 in „Lehre" – v. 1a in Entschluß und Haltung. Ps 31 eröffnet die gleiche Wendung, diesmal als direkte Anrede Gottes stilisiert *b^e^kā JHWH ḥāsîṯî* (v. 2). Der Psalmist verankert damit seine geplagte und hilflose Existenz ganz in Gott, von dem er weiß, daß er hilfsbereit ist. Ihn meint die unmittelbar anschließende Bitte *'al-'eḇôšāh* (v. 2b). Er selbst wäre desavouiert, wenn er den Frommen seinem Schicksal überließe (vgl. v. 18). Der Bericht der Not erhält so etwas wie einen religiösen Rhythmus durch Vertrauen, Bekenntnis (v. 15), Bitte (v. 18). Vers 20 besingt der Psalmist in hymnisch-rhetorischer Frage Gottes Güte *laḥosîm bāḵ* (parallel: *lîre æḵā*). Was er von da ab von ihr zu sagen hat, gilt *kŏl-ham^e^jaḥ^a^lîm l^e^JHWH* (v. 25b). Damit empfiehlt er allgemein seine persönliche Haltung und schließt in einer wirkungsvollen inclusio. Das *b^e^kā JHWH ḥāsîṯî* des Anfangs ist also zentral, aber kaum als besonderer Akt, vielmehr als Gesamthaltung, die sich in der Not (vgl. v. 20b) in Bitte, Bekenntnis, Vertrauen, Zuversicht aktualisiert (vv. 2–7. 15. 18; vgl. Ps 71, 1–3 = Ps 31, 2–4). Dies geschieht mit viel Affekt in den nicht nur hier sich anschließenden charakteristischen Verben und Nomina für Rettung, Befreiung: → פלט (*plṭ*) *pi*, → נצל (*nṣl*) *hiph*, Fels → צור (*ṣûr*) und → סלע (*sæla'*), Festung → מצודה (*m^e^ṣûḏāh*), → מעוז (*mā'ôz*), → ישע (*jš'*) *hiph*, → נחה (*nāḥāh*) *hiph*, → יצא (*jāṣā'*) *hiph*, → פדה (*pāḏāh*) *qal*, → פקד (*pāqaḏ*) *hiph* (einziges Verb in der 1. Pers. Sing. Perf. wie *ḥāsîṯî*). Auch Ps 7, 2 steht der gleiche Ausruf vor teilweise mit den gleichen Worten formulierten Bitten um Rettung vor Verfolgern (Imperativ *hiph* von *jš'* und *nṣl*). Ob der „Reinigungseid" (vv. 4–6; vgl. Hi 31; Ps 17, 3–4; 26, 4–6; 137, 5–6) und die Bitte von v. 9 einen aktuellen „sakralrechtlichen" Vorgang voraussetzen, und *ḥāsîṯî* vom physischen Aufsuchen des Asyls (im Heiligtum) verstanden werden muß, sei dahingestellt. Die Grenze zwischen äußerer Aktualität und Ausdrucksmittel für subjektive Haltung ist nicht eindeutig zu ziehen (vgl. die „reißenden Löwen" Ps 7, 3 und Ps 10, 9; 17, 12; 22, 14. 22). Ps 16, 1 geht dem nicht invertierten Verbalsatz *ḥāsîṯî b^e^kā* eine Bitte um Bewahrung, Rettung (*šŏmrenî*) voraus. Sie ist in solcher Absolutheit im Psalterium einmalig (vom wohl anthologischen, also sekundären Gebrauch Ps 25, 20 abgesehen) und im weiteren Verlauf nicht entfaltet. Sie hebt auf stilistisch gewählte Weise eine Komponente heraus, die in *ḥāsîṯî b^e^kā* mitschwingt: Erwartung, Hoffnung, daß JHWH im Gegenzug (*kî*!), nicht zum Lohn, rettet! Denn es liegt ganz an ihm, dem „Herrn" und „einzigen Glück" (v. 2). *'āmart* (cj. *'āmartî*) besagt keinen eigenen Akt, sondern leitet in derartiger Stellung, fast wie ein Determinativ (vgl. Ps 142, 6; 31, 15; 140, 7; schwierig Ps 91, 2) ein Bekenntnis zu JHWH ein (vgl. Ps 141, 8; 25, 15). Ps 25, 20 ist zusammengesetzt aus Ps 16, 1 und 31, 2. *ḥāsîṯî b^e^kā*, nahe dem Ende, faßt die vielen Ausdrücke des Vertrauens und Erwartens zusammen. Das Verb hat in dem anthologischen Psalm kaum noch deutliche Konturen; es bildet eine inclusio mit *bāṭaḥ* (v. 2; vgl. aber 1–3). Im Laufe des Psalms wird ständig Gott selber als Motiv der Erwartungen angerufen (vv. 5. 6. 7. 11. 15. 20. 21), der Beter, seine Sünde und Hilflosigkeit treten zurück (11b. 16). In dem weisheitlich-meditativen Ps 141 steht v. 8b unsere Wendung vor einer ähnlichen Bitte wie Ps 31, 2 (= 71, 1) und 25, 20. *b^e^kā ḥāsîṯî* scheint aber Stilmittel geworden zu sein (Culley 53). Der Dichter möchte wohl durch Verbindung zweier wahrscheinlich durch vielen Gebrauch etwas verbrauchter Wendungen beiden eine lebhaftere Farbe geben: der Erfolg ist eher eine Psychologisierung denn eine stärkere theologische Ladung (vgl. Ps 25, 1. 15; 121, 1; 123, 1; 69, 3–4). Am Ende von Psalmen steht *ḥāsāh* charakteristisch vereinfacht: mit dem Subjekt in der 3. Pers. und auf JHWH in der 3. Pers. bezogen. Ps 64, 11 nimmt *w^e^ḥāsāh ḇô* als einziges Perfekt des Schlußverses die Mitte ein zwischen je zwei sinnverwandten Sätzen von dem Gerechten, der sich freut, und den „Geradherzigen", die singen (vgl. Ps 5, 12; 31, 20). Die beiden Imperfekta meinen das veränderliche, das Perfekt *ḥāsāh* die einmal getroffene fortbestehende Grundentscheidung, nicht persönlich, sondern allgemein belehrend gegen die Gefahr selbstherrlicher Gegner Gottes (v. 6–7; vgl. Ps 10, 4. 11. 13; 31, 23; 53, 2; Dahood, AB 17, 19). Die Überlegungen von Ps 37 über das ewige Problem vom Leid der Frommen und dem Glück der Gottlosen münden zunächst in einen Nominalsatz über Gottes Heil für die Gerechten (v. 39). Im Schlußvers sprechen vier Imperfekta dreier verschiedener Verben ihnen Hilfe, Rettung, Heil zu unter dem lapidaren, isolierten Schlußsatz: *kî-ḥāsû ḇô* (v. 40).

b) Ps 57, 2 leitet eine feierlich wiederholte Bitte das individuelle Klage- und Vertrauenslied ein. Die unmittelbar folgenden zwei motivierenden Sätze sind zwar parallel, aber nicht synonym. Denn der letzte Satz von v. 2 ist formal eine Befristung. Als solche, selbst als Zielaufgabe, ist er aber nur mit der zweiten Wendung erträglich *ûḇ^e^ṣel-k^e^nāpæḵā 'æḥsæh* (vgl. Ps 16, 1). Deren im Kontext normales Imperfekt deutet wahrscheinlich einen zu wiederholenden äußeren Akt an. Kein Wunder, daß man an eine in Not zu beanspruchende Institution, an das Asyl dachte. Andere Psalmen sind dem Wortschatz nach dem Heiligtumsbereich mit seinen rechtlichen und kultischen Funktionen näher. Im individuellen Klagelied Ps 61 richtet der Dichter (ein König?) an JHWH den Wunsch: ’āḡûrāh beʾŏhŏlḵā ʿôlāmîm ʾæḥæsæh beseṭær kenāp̄æḵā (v. 5). Im hymnischen Intermezzo einer anderen individuellen Klage erweist sich darin, daß die „Menschenkinder" beṣel kenāp̄æḵā jæḥæsājûn, „wie kostbar deine ḥæsæḏ ist" (Ps 36, 8). Die anschließenden vv. 9–10 entfalten dies in rituellen, aber auch „dogmatischen" („Quelle des Lebens ... dein Licht ..." v. 10) Kulttermini. In dem schwierigen lehrhaft-weisheitlichen Ps 91 bekennt sich jemand zu JHWH mit maḥsî (v. 2) und es wird ihm zugesichert oder er wird aufgefordert weṭaḥaṯ-kenāp̄ajw tæḥsæh (v. 4b). Gott selbst werde ihn zudecken mit seinen Flügeln. Dabei erinnert v. a. das seltene Wort beʾæḇrāṯô an Deut 32, 10–12. Viel gerätselt hat man um den ursprünglichen Sitz im Leben der Wendung. Heiligtum, Kult und Asylrecht stehen im Vordergrund des Interesses. Quantitativ nehmen aber Wendungen aus dem Militärwesen (dem heiligen Krieg?) in der Umgebung einen nicht geringeren Raum ein. Die Frage scheint bloß vom Verb ḥāsāh her nicht zu lösen zu sein. Noch schwieriger ist die nach dem aktuellen Sitz im Leben, soweit man sich nicht mit den Gesetzlichkeiten eben der Gebetssprache zufrieden gibt. Das Nebeneinander von Perfekt und Imperfekt in Ps 57, 2 mag unmittelbar auf der Verfestigung der Formeln beruhen. Daß sie sich gerade so verfestigt haben, liegt vielleicht an der unterschiedlichen Richtung: dort Hinweis auf die einmal getroffene Grundentscheidung; hier die Absichtserklärung, tätig und treu zu dieser zu stehen. Bekenntnis liegt immer vor.

c) ḥāsāh ist gelegentlich direkt auf Bilder oder Allegorien für Gott bezogen oder steht in deren unmittelbarer Nähe. Das bleibt nicht ohne Folgen für deren Bedeutung. So ist in dem Klagelied (eines Königs?) Ps 144 in v. 2 eine lange Reihe hymnischer Nomina und Partizipien (v. 1–2) nach māḡinnî unterbrochen durch den Satz ûḇô ḥāsîṯî. Die Kopula erweist ihn zwar als auf JHWH und nicht den „Schild" bezogen; aber während sonst ḥāsîṯî die Haltung unmittelbar zu Gott betont, ist hier alles auf den von Gott zu gewährenden Schutz konzentriert. Der gleiche Inhalt kann in die unpersönliche, allgemeine dogmatisch-religiöse Form gegossen werden, JHWH sei „Schild" le[kol] haḥosîm bô: Ps 18, 31 = 2 Sam 22, 31; Spr 30, 5. Mit derartigen Bildern oder Allegorien für Gott als Schützer und Retter steht die Wortgruppe in einer erstarrten Verbindung (z. B. Ps 18, 3). Das ist selten so deutlich wie in der verfremdeten Verwendung Deut 32, 37: Gott fragt in bezug auf die Anhänger falscher Götter: ’ê ’ᵉlohêmô ṣûr ḥāsājû ḇô. Der allegorische „Fels" steht im Singular, obwohl die Götzenpolemik anschließend sinngemäß den Plural verwendet (v. 38). Die kultischen Elemente sind konventionell (vgl. Jer 7, 18; Ps 50, 8–15; Dan 14, 1–22).

Stilistische Variation sind Constructusverbindungen vom Typ ṣûr maḥsî (Ps 94, 22), und der st. abs. Ps 62, 8 innerhalb einer Häufung von Ausdrücken für Heil und Rettung. Das schließt nicht aus, daß derartige Reihen sich zu feierlicher, bekenntnishafter Feststellung erheben: ’ᵉlohîm maḥᵃsæh-llānû (Ps 62, 9). Wo es um Dritte geht, ein persönliches Bekenntnis also nicht vorliegen kann, nähert sich die Bedeutung wahrscheinlich stark unserem „Bekenntnis" im sozialen oder zivilrechtlichen Sinn von „Konfession"; kultisches Tun mag in der Vorstellung mitgehen, ist aber eigentlich nicht gemeint.

d) Eine eigene Bedeutung kommt ḥāsāh bᵉ- als Relativsatz oder Ptz. in Makarismen oder verwandten Sätzen zu. Ps 34, 9 werden, vielleicht etwas gequält, Beter und Hörer aufgefordert, zu „kosten" und zu „sehen", daß JHWH „gut" ist; im parallelen Halbvers heißt es: ’ašrê haggæḇær jæḥᵃsæh-bô: doch wohl der, der Gott erlebt, weil er sich um engen Anschluß bemüht; da er ihn „fürchtet", d. h. schätzt (vgl. Ps 34, 8. 10; 16, 1–2). Vers 23 schießt über das Alphabet des Akrostichs hinaus, vielleicht als abschließender Kommentar eines Tradenten. Trotz der andersartigen Form kommt er einem Makarismus nahe: „seine Knechte" sind die haḥosîm bô; JHWH „erlöst" (pôḏæh Ptz.) sie, sie brauchen nicht zu büßen wie die Bösewichter und Gegner des Gerechten (vgl. Kellermann, ThWAT I 471). Der ḥosæh (Ptz.) ist der Fromme im besten Sinn: vgl. den wahrscheinlich ältere Texte rahmenden eschatologisch gefärbten Vers Jes 57, 13b (vgl. 57, 1–2) aus dem Munde Gottes: „haḥôsæh ḇî wird erben das Land und den heiligen Berg in Besitz nehmen". Ps 2, 12: ’ašrê kŏl-ḥôsê ḇô (st. cstr.!). Das sind offenbar die, welche die Mahnungen des Weisen befolgen (vv. 10–11), und dadurch dem Zorn Gottes zuvorkommen (v. 12a: pæn). Sir 51, 8b steht die gleiche Konstruktusverbindung in der einzigen allgemeinen Aussage des persönlich stilisierten Dankliedes (1–12). Nah 1, 7 hängt sie ab von jāḏaʿ, das an zahlreichen Psalmenstellen Gottes Fürsorge meint (u. a. Ps 1, 6; 37, 18; 44, 22; 94, 11; vgl. W. Schottroff, THAT I 691–694). Der hymnische Schluß eines lehrhaften individuellen Klageliedes, Ps 5, 12f., ist teilweise einem Makarismus gleichwertig: die hôsê ḇāḵ und ’ohᵃḇê šᵉmæḵā (v. 12) sind die Gott Treuen gegen die Rebellen (v. 11); ihr Teil ist Freude und Jubel (vgl. Ps 63, 8; 64, 11). In dem hymnischen Vers Ps 31, 20 sind haḥosîm bāḵ „die, die dich fürchten", in einem anscheinend gegen „die Menschenkinder" polemischen Kontext (vgl. Ps 23, 5a), also eine Minderheit (vgl. Ps 31, 2). Am klarsten ausgeprägt ist diese religiös-ethische Bedeutung Ps 17, 7: ḥôsîm steht ohne Ergänzung als Objekt von môšîaʿ in einem einmaligen bekenntnishaften Titel JHWHs (vgl. Ps 7, 11). Nicht auszuschließen ist der absolute Gebrauch auch in Spr 14, 32 MT. Wenn man auf die cj. nach LXX verzichtet, ergibt sich ein guter Parallelismus: der Bösewicht (rāšāʿ) wird in seinem Unglück untergehen; der ḥosæh wird dagegen sogar im Tode als „gerecht" erwiesen. ḥāsāh bᵉ- steht also für

„Frömmigkeit" allgemein, anscheinend ohne ausgeprägte besondere Färbung.

2. *maḥsî* kann einfaches Prädikatsnomen für Gott sein (Ps 91, 2. 9; 142, 6; vgl. Ps 14, 6 *maḥsehû*), nomen rectum hinter „Fels" (Ps 94, 22), nomen regens vor *ʿoz* (Ps 71, 7). Die Bestimmung kann auch geschehen durch *le-* mit Suffix der 1. Pers. Sing. (Ps 61, 4) oder Pl. (Ps 46, 2; 62, 9). Ps 62, 9 motiviert das für die Gemeinschaft gesprochene Bekenntnis *'ælohîm maḥasæh-llānû* die allgemeine Mahnung, „vor Gott das Herz auszuschütten". Voraus geht das persönliche Bekenntnis *maḥsî be'lohîm* (Ps 62, 8). Ps 73, 28b ist etwas wortreicher: *šattî ba'ḏonāj JHWH maḥsî*. Wie das Verb ist *maḥsî* in viele Ausdrücke für Gottes Schutz, Kraft, Rettung eingebettet. Die Syndesen variieren nur stilistisch. Das Gewebe, die Assoziationen sagen mehr als das einzelne Wort. *maḥasæh* ist vielleicht durch die Stellung am Anfang oder gegen Ende etwas bevorzugt. Ps 73 ist besonders deutlich nicht nach einem äußeren Ablauf oder der Logik eines Themas, sondern von der Absicht des Dankes gestaltet. Darum kann er mit der Absichtserklärung schließen, „alle Taten Gottes zu erzählen" (Ps 73, 28b; vgl. vv. 21–27. 28a). Ps 73, 27–28a und 14, 6 hat *maḥasæh* es mit der Nähe Gottes zu tun, insofern der Mensch nicht nur sie nicht ausschließt oder sich rein passiv ihr überläßt, sondern durch seine Haltung wissend sie bejaht.

3. a) In Gebeten außerhalb des Psalteriums bietet sich im wesentlichen dasselbe Bild. Ob und wie immer Abhängigkeit bestehen mag, sie leben jedenfalls aus den gleichen sprachlichen und Lebensgewohnheiten. Die einschlägigen Stellen sind darum schon im Zusammenhang mit den Psalmen herangezogen worden (Nah 1, 7; Jes 57, 13; Sir 51, 8; vgl. Spr 30, 5).

b) Die andersartigen Kontexte sind überwiegend prophetisch, weniger konventionell und im allgemeinen eher einigermaßen datierbar als die Psalmen. Aus der Zeit Hiskias dürften der Weheruf Jes 30, 1–3 und das Gerichtswort Jes 28, 14–22 stammen. Der Weheruf in direkter Rede Gottes gilt den politisch-militärischen Hoffnungen auf Ägypten. Das Wortfeld erinnert an die Psalmen: man geht nach Ägypten, um „Zuflucht zu suchen in Pharaos Zuflucht und sich zu bergen im Schatten Ägyptens" (*lāʿôz bemāʿôz parʿoh welaḥsôṯ beṣel miṣrajim*; v. 2; vgl. v. 3 *hæḥāsûṯ*); das wird ihnen ausgeschlagen *lebošæṯ* (vgl. Ps 31, 2; 71, 1) und *likḷimmāh*. Vv. 1 und 2 bemängelt Gott, daß diese Pläne „nicht von mir", „ohne meinen Geist" sind, sie „meinen Mund nicht befragt haben". Religiös geprägte Sprache ist absichtlich für gottwidriges Tun verwendet. Ähnlich im erwähnten Gerichtswort: großsprecherisch verkündigen sie, daß sie den „Bund" (*berîṯ*, *ḥozæh* [?]) mit dem Tod und der Scheol geschlossen haben, Lüge zu ihrer Zuflucht genommen und im Betrug sich gedeckt haben: *kî śamnû kāzāḇ maḥsenû ûbaššæqær nistārnû* (Jes 28, 15). Gott droht, daß er Recht und Gerechtigkeit durchsetzen und „die Zuflucht der Lüge" und die „Dekkung" mit Schlossen und Fluten hinwegspülen wird (v. 17). Demgegenüber steht in der wahrscheinlich späten Schilderung des Gerichtes an den Völkern und der Verschonung des Volkes JHWHs wieder die gewohnte Bedeutung: „JHWH ist *maḥasæh* seinem Volk und *māʿôz* den Kindern Israels" (Jo 4, 16). Jes 14, 32, dessen Echtheit nicht widerlegt ist, erhalten Abgesandte auswärtiger Koalitionswerber die lapidare Antwort: „JHWH hat den Zion gegründet, dort werden die Armen seines Volkes Zuflucht suchen" (*ûḇāh jæḥæsû ʿanijjê ʿammô*; vgl. Jes 28, 16). Das sind Sprache und Gedanken der Psalmen. Vor der akuten oder befürchteten Bedrohung füllen sie sich mit den bekannten und, weil ungeläutert, oft kritisierten (vgl. bes. Jer 7, 10 [*niṣṣalnû*]–15; 26, 6; Mi 3, 11) Erwartungen an das materielle Jerusalem und seinen Tempel (vgl. O. Kaiser, ATD 18, 47). Nach der etwa gleichzeitigen Verheißungsrede Gottes, Zeph 3, 9–13, wird der „demütige und arme (vgl. Jes 14, 32; 26, 6; 11, 4) Rest Israels ... Zuflucht nehmen im Namen JHWHs" (*weḥāsāh bešem JHWH*; Zeph 3, 12; vgl. Jo 3, 5). Jes 25, 4b frischt mit *maḥsæh mizzæræm ṣel meḥoræḇ* (vgl. 14, 32; Jo 3, 12) im Wortfeld der Psalmen (vgl. v. a. 4a mit Ps 46, 2; 62, 9) ein verbrauchtes (ursprüngliches!) Bild auf (vgl. Sir 14, 27). Der erwartete Schutz JHWHs steht im Vordergrund. Jes 4, 6 ist das gleiche Bild durch rhetorische Überladung eher abgeschwächt. Gegenüber diesen sozusagen ungerahmten späten eschatologischen Stellen ist die Situation der Confessio Jer 17, 14–18 einigermaßen deutlich. In Jer 17, 17 „Werde mir nicht zum Entsetzen, du 'meine Zuflucht' am Tage der Not" hat *maḥasî* nicht nur eine antithetische Parallele, die Schädigung; eine präpositionale Bestimmung nennt allgemein „den Tag der Not". In den Psalmen ist dies nie der Fall (vgl. Ps 31, 2; 71, 1. 7; 25, 20; 91, 2. 9; 94, 22; 142, 6). *maḥsî* meint hier Gott als Ausweg aus der akuten Not. In der crux Spr 14, 26 ist trotz aller syntaktischen Rätsel (vgl. die Kommentare) *maḥsæḥ* parallel zu *mibṭaḥ-ʿoz* und steht somit in der Nähe der Psalmen. Da aber der Stichwortanschluß 14, 27 wahrscheinlich auf das Verständnis abfärbt, ist *maḥsæh* erläutert als Verschonung vor den „Fallen des Todes" (vgl. Spr 13, 14; 18, 10). Anders als in den Psalmen ist also *maḥsæh* nicht Gott und nicht in Gott, sondern die Folge oder Wirkung der *jirʾaṯ JHWH*, insofern diese das Leben oder am Leben erhält, d. h. vor dem bewahrt, was ungenau, aber umfassend mit „Tod" gemeint ist.

IV. 1. Da der uniforme, auf wenige Schemata beschränkte Gebrauch in den Psalmen weder nach Zeit noch nach genus litterarium und Sitz im Leben wegen der bekannten Unsicherheit einigermaßen verläßlich zeitlich zu ordnen ist, muß der Versuch einer chronologischen Deutung beim Vorkommen außerhalb des Psalteriums und der Gebete überhaupt ansetzen. Die anscheinend älteste Bezeugung ist profan (Ri 9, 15; vielleicht auch Ps 104, 18; Hi 24, 8 möglicherweise archaisierend). Echte Jes-Stellen setzen schon eine religiös-theologisch verfestigte Bedeutung von *ḥāsāh* und den Ableitungen voraus (Jes 30, 1–3; 28, 15. 17) wie auch die prophetischen (Jo 4, 16) und die eschatologischen Texte, ob älter (Zeph 3, 12; Jes 14, 32) oder jünger (Jes 4, 6; 25, 4–5; 57, 13). Selbst wenn die ältesten einschlägigen Psalmen spät anzusetzen wären, die zuerst genannten Jes-Stellen sowie etwa Nah 1, 7 und Spr 14, 26. 32; 30, 5 machen es wahrscheinlich, daß die für das Psalterium fast einzig belegte religiös-theologische Verwendung weit zurückreicht; denn Jes 30, 1–3 würde die Pointe verlieren, wenn *ḥāsāh* nicht schon einen bestimmten derartigen Klang gehabt hätte.

2. Sehr alte Texte stehen nahe dem Erleben und der Beobachtung: Ps 104, 18; Ri 9, 15. Ganz geht diese Spontaneität nie verloren; wenigstens macht die lückenhafte literarische Dokumentation den Eindruck, als ob sie später in Bildern plötzlich wieder wirkt oder neu erweckt wird: Jes 25, 4; 4, 6; Hi 24, 8; vielleicht auch Spr 14, 26. Das Problem bildet die geprägte und formelhafte Sprache der Psalmen. Geformtes Gebet ist in sich selbst Kult, wenn man ihn nicht ganz eng faßt. Neuerdings hat man aber aus *ḥāsāh* und den entsprechenden Formeln in den Psalmen fast so etwas wie termini technici für bestimmte kultische Vorgänge, v. a. die sakralrechtliche Asylie machen wollen (v. a. Delekat). Diese Versuche sind mit zu viel Hypothesen und subjektiven Wertungen belastet. Sie scheinen zu übersehen, daß man nicht unbesehen mit der Einbahn Kult–„Vergeistigung" in der Sprache rechnen darf, sondern auch die umgekehrte Richtung nicht von vornherein auszuschließen ist (vgl. Hugger, Zuflucht, 69–71). Manche formelhafte Wendung mag nach dem Zeugnis der Ikonographie und der Literaturen ferne Wurzeln außerhalb Israels haben (vgl. Bordreuil). Daß die Wortgruppe *ḥāsāh* und die Formeln nur über aktuelle Institutionen den Weg in Israels Gebetssprache gefunden haben, ist kaum nachzuweisen. Schließlich benützen wahrscheinlich alle Sprachen in gewissen Stadien konventionelle Vorstellungen aus den Bereichen Krieg, König und Kult (= Ritus) für ihre wichtigsten Anliegen.

3. Finite Formen von *ḥāsāh* sowie *maḥ^asæh* fungieren in einem dem individuellen Klageliede, dem anscheinend mit diesem verwandten individuellen Vertrauens- (Ps 11, 1; 16, 1; vgl. Ps 37, 40) und Dankliede (Ps 18, 3. 31; 34, 9. 23; 118, 8. 9; 73, 28; 94, 22) charakteristischen Assoziationsfeld. Doch sind sie nie Element der Klage, sondern stehen an der Nahtstelle zwischen der Not und dem Heil, jedoch noch auf der Seite der Gefahr. Trotz der Neigung zu Nivellierung und Verschleifung in oft langen Folgen wenig konturierter Wörter und Bilder wahrt die Gruppe um *ḥāsāh* eine gewisse theologisch relevante Eigenheit. Der Blick richtet sich auf die Feinde oder Gegner, d. h. nur auf Menschen, anscheinend nie auf unpersönliche Notstände wie Krankheit und Naturkatastrophen. Als Heil und Rettung kommt nur Gott in Frage unter oft gehäuften bildlichen oder allegorischen Anreden oder Prädikaten hauptsächlich aus dem Kriegs-, dem Rechtswesen und dem Kult. Meist ist Gott unmittelbar gemeint; gelegentlich tritt außerhalb der Psalmen an seine Stelle sein Name (Zeph 3, 12) oder der von ihm gegründete Sion (Jes 14, 32). So umfaßt der gedankliche und affektive Horizont Gott, den Beter selbst und die Frommen, von denen er spricht oder für die er sich einsetzt, und die Gegner, also nur Personen. Es herrscht bei weitem die 1. Pers. des Beters als zentraler Bezugspunkt vor. *ḥāsāh*/*maḥ^asæh* stehen mit Vorliebe am Anfang oder am Ende der Reihen oder gliedern durch Unterbrechung die monotone Folge. Nur ein Mensch ist Subjekt, nur Gott Ziel (besonders deutlich Ps 143, 9, wenn die von Delekat, VT 14, 1964, 30, vorgeschlagene Konjektur *'elækā ḥāsîṯî* statt des ungewöhnlichen *'elækā kissiṯî* zutreffen sollte). Nie wird in den Psalmen irgendein Mensch, Ort oder Gegenstand als Ziel der Zuflucht angegeben, auch nicht im Bild. Nie ist die Wortgruppe in den Psalmen durch einen ausdrücklich genannten terminus a quo näher bestimmt, obwohl sie an sich beides nicht ausschließt: vgl. Jes 28, 15. 17; 4, 6; 25, 4; Sir 14, 27; Jer 17, 17b; 1QH 7, 17 (ומחסי בשר אין לי). Keiner der vergleichbaren Belege aus den Psalmen hat eine entsprechende präpositionale Bestimmung (Ps 142, 6; vgl. Ps 62, 8; 71, 7; 73, 28; 91, 2; 94, 22). Zumindest das Verb ist auch nie mit anschließenden beteuernden oder verstärkenden Fragen verbunden, wie das bei anderen Verben in ähnlicher Funktion oft der Fall ist (vgl. z. B. Ps 56, 5; 118, 6; 27, 1). *ḥāsāh*/*maḥ^asæh* unterscheiden sich von Vokabeln ähnlicher Bedeutung durch eine offenbar in psalmischem Kontext eingetretene (innere) semantische Fixierung. So steht 2 Sam 22, 3 nicht weit vom Verb *'æḥ^æsæh* und in einer Reihe mit zahlreichen prädikativ-bildlichen Anreden Gottes als Schutzes und Rettung *m^enûsî* als Plus gegenüber dem sonst gleichlautenden Vers Ps 18, 2–3. Der physische Sinn dieser verwandten Vokabel erhellt daraus, daß *mānôs* auch abhanden kommen kann („Fluchtmöglichkeit"; Am 2, 14; Jer 25, 35; Ps 142, 5) und fast immer eine präpositionale Wendung erläutert, wovor geflohen wird, auch wenn Gott Ziel oder Stätte von *mānôs* ist (Jer 16, 19; Ps 59, 17; Hi 11, 20). Aufschlußreich sind einige Verben und Nomina, die zwar kaum in formaler Parallele zu unserem Wort stehen, aber gelegentlich in der Nähe oder im Verband mit Begriffen, die dessen Umwelt charakterisieren oder gleich konstruiert sind. Es sind vor allem *bāṭaḥ*/*mibṭāḥ* (→ בטח), → קוה (*qāwāh*) (v. a. Ps 25, 5. 21; 37, 34; 62, 6; 71, 5), → יחל (*jḥl*) (Ps 31, 25; 71, 14), → חכה (*ḥāḵāh*) (Jes 30, 18; Zeph 3, 8; Ps 33, 20). Besonders nahe kommt das Ptz. von *qāwāh* (vgl. v. a. Ps 25, 3. 21). Der Gegensatz zu *ḥāsāh* wird auf unterschiedliche Weise ausgedrückt; immer aber ist er grundsätzlich und nicht ein einzelnes Versagen: Ferne und „Weghuren" von Gott (Ps 73, 27–28), Rebellion (Ps 5, 11–12), Götzendienst (Ps 16, 1. 4; Jes 57, 12–13a), Abfall (Jer 17, 13). Obwohl der Stamm anscheinend ursprünglich beweglich

und in allen Bezirken, dem physischen, psychischen und theologischen brauchbar war, und diese seine angeborene Vielseitigkeit vielleicht nie ganz verloren hat, wie die angeführten prophetischen (gegenüber den Psalmen vermutlich sekundären) Verfremdungen zeigen, hat er wohl unter der Gesetzlichkeit der Gebetsdichtung eine Verengung, aber auch Intensivierung und Fixierung erfahren: *ḥāsāh*/*maḥ^a^sæh* hat in den Psalmen das Physische und Psychologische der „Flucht" abgelegt, dafür ist ihm die ausschließliche Ausrichtung auf JHWH zugewachsen, und zwar im Sinne einer Grundsatzentscheidung für diesen gegen alles andere und alle anderen, sei sie ein- für allemal gefällt oder in Gefahren und Versuchungen jeweils zu aktualisieren. Trotz oder wegen der Aufgabe aller Einzelheiten kann vor allem das Verb die gesamte Beziehung zu Gott in einem zusammenfassen und unserem Begriff „fromm sein" entsprechen und wird für eschatologische Texte brauchbar. Da mit dem Wort der Beter zugleich sich von jenen distanziert, die ohne oder gegen Gott ihr Glück suchen und andere auf ihre Seite ziehen wollen, ist das engagierte Bekenntnis so beherrschend, daß das Nomen nur einmal mit dem Suffix der 3. Pers. Sing. als sozusagen dogmatisch-distanzierte Feststellung vorkommt (Ps 14, 6). Das Wort ist in den Gebeten so streng theologisch und religiös geworden, daß es keinem Synergismus dritter Faktoren zwischen dem Frommen und Gott Raum gibt. Das im Assoziationsfeld vorausgesetzte und ausgesprochene Bewußtsein des menschlichen Ungenügens gibt der Wortgruppe etwas Klagendes; die damit als Voraussetzung und Folge verbundene Gewißheit um das Wohlwollen, die Bereitschaft und das Vermögen Gottes weisen ihr den Platz in dankenden und hymnischen Teilen zu und machen es verständlich, daß die LXX hauptsächlich mit Begriffen des Vertrauens arbeitet (vgl. Weiser: ThWNT VI 182–197).

Gamberoni

חָסִיד *ḥāsîḏ*

I. Etymologie, Bedeutung – II. Gebrauch im AT – 1. Qualitativ bestimmt: *ḥæsæḏ* übend – 2. Mit *ʿæḇæḏ* verbunden – 3. Als Bezeichnung der Kultgemeinde – III. LXX, Makkabäerbücher – IV. Diskussion.

Lit.: *W. A. M. Beuken*, Ḥāsîd: Gunstgenoot (Bijdragen 33, 1972, 417–435). – *H. A. Brongers*, De Chasidim in het Boek der Psalmen (NedThT 8, 1953–54, 279–297). – *J. Coppens*, Les Psaumes des Ḥasidim (Mélanges A. Robert [Travaux de l'Institut Catholique de Paris 4, 1957] 214–224). – *J. H. Eaton*, Kingship and the Psalms (SBT 2, 32, 1976). – *B. D. Eerdmans*, Essays on Masoretic Psalms (OTS 1, 1942, 105–296, bes. 176–257). – *L. Gulkowitsch*, Die Entwicklung des Begriffes Ḥāsîd im AT (Acta et Commentationes Universitatis Tartuensis B 32/4, 1934). – *L. Jacobs*, The Concept of Ḥasid in Biblical and Rabbinic Literature (JJSt 8, 1957, 143–154). – *A. R. Johnson*, Hesed and Hāsîd (Interpretationes, Festschr. S. Mowinckel [= NoTT 56] 1955, 100–112). – *J. Morgenstern*, The *Ḥ^A^SÎDÎM* – Who Were They? (HUCA 38, 1967, 59–73). – *H. J. Stoebe*, חסד *ḥæsæd* Güte (THAT I, 1971, 600–621, bes. 618–620).

I. Das Wort *ḥāsîḏ*, das gewöhnlich durch „fromm" wiedergegeben wird, ist offenbar von *ḥæsæḏ* abgeleitet. Der Nominaltypus *qāṭîl* bildet im Hebr. teils Adjektive, die eine Eigenschaft ausdrücken, wie z. B. *ṣāʿîr* 'klein', *nāʿîm* 'angenehm', teils Adjektive mit passivem Sinn, z. B. *ʾāsîr* 'Gefangener', *māšîaḥ* 'Gesalbter', und teils Aktionsnomina, z. B. *qāṣîr* 'Ernte' (P. Joüon, Grammaire de l'Hébreu Biblique, Rom 1947, § 88 E*b*). *ḥāsîḏ* gehört offenbar zur ersten Gruppe und bezeichnet demnach einen, der *ḥæsæḏ* hat oder übt. Es kommt im AT 32mal vor, davon 25mal in Ps.

II. 1. Die Bedeutung des Wortes läßt sich nur annähernd ermitteln, da viele Belegstellen wenig aufschlußreich sind. Zu den deutlichsten gehört 2 Sam 22, 26 = Ps 18, 26 *ʿim-ḥāsîḏ tiṯḥassāḏ*, „gegen den *ḥāsîḏ* zeigst du dich als *ḥāsîḏ*", m. a. W. Gott verhält sich dem Menschen gegenüber ähnlich, wie der Mensch sich verhält. Parallel stehen *tāmîm* 'untadelig', und *nāḇār* 'rein' (→ ברר), antithetisch *ʿiqqeš* 'verdreht, falsch', mit dem Verb *hiṯpattel* 'sich als verdreht, verschlagen erweisen'. Bei *ḥāsîḏ* handelt es sich also um eine gute Eigenschaft, die sich im gegenseitigen Verkehr zwischen Gott und Menschen auswirkt; aus *ḥæsæḏ* läßt sich dann eine Bedeutung wie 'gütig' o. dgl. ableiten. In dieselbe Richtung weist Ps 43, 1, wo der Psalmist um Hilfe gegen *gôj lo' ḥāsîḏ* bittet. Aus dem Kontext geht hervor, daß es sich gleichzeitig um einen *ʾîš mirmāh w^e^ʿawlāh*, d. h. um Menschen voll Trug und Bosheit, handelt. Die Feinde des Psalmisten sind also ein „unbarmherziges, unmenschliches Volk" (H. Birkeland, Die Feinde des Individuums in der isr. Psalmenliteratur, Oslo 1933, 166). Ps 97, 10 stellt die *ḥ^a^sîḏîm* den *r^e^šāʿîm* entgegen; obwohl der Text nicht ganz sicher ist, scheint hervorzugehen, daß die *ḥ^a^sîḏîm* JHWH lieben und das Böse hassen.

Mi 7, 2 klagt der Prophet, daß es im Lande keinen *ḥāsîḏ* und keinen Redlichen (*jāšār* [→ ישר]) mehr gibt und daß ein jeder seinem Nächsten nachstellt (*ʾāraḇ*, *ṣûḏ*). Der *ḥāsîḏ* tritt also dem Redlichen zur Seite, demgegenüber stehen die, die hinterlistig und blutgierig sind. Die Klage des Propheten erinnert an Ps 12, 2, wo in einem Klagelied das Fehlen von *ḥāsîḏ* und *ʾ^æ^mûnîm* ('Treuen') festgestellt wird; damit hängt zusammen, daß die Leute lügnerisch und schmeichlerisch reden (v. 2). Es besteht kein Grund, *ḥāsîḏ* in *ḥæsæḏ* zu ändern. *ḥāsîḏ* ist der Redliche und Treue, der seine Pflichten gegenüber der Gemeinschaft erfüllt.

Einen ebenso positiven Inhalt hat *ḥāsîḏ* 1 Sam 2, 9 in Hannas Danklied, wo es heißt, daß JHWH die Füße seiner *ḥ^asîḏîm* bewahrt, während die Frevler (*r^ešā'îm*) im Dunkel vergehen. Der *ḥāsîḏ* ist also der Gegensatz zum *rāšā'*, dem Frevler oder Gottlosen, und er steht unter der besonderen Fürsorge Gottes. Ein ähnlicher Satz in Spr 2, 8 „(Gott) bewahrt den Weg seiner *ḥ^asîḏîm*" wird zwar nicht durch eine Antithese beleuchtet, aber der Kontext enthält außer den Weisheitsausdrücken Begriffe wie *mišpāṭ*, *jāšār* und *tom* (→ תמם) und will „Hilfe, Schutz und Erfolg denen dokumentieren, die nach seinem Willen wandeln" (ATD 16, 18). Nur zweimal wird *ḥāsîḏ* von Gott gebraucht. Das eine Mal, Jer 3, 12, wo die Worte *ḥāsîḏ 'anî* JHWH in den Mund gelegt werden, zeigt der Kontext, daß es um einen Gott geht, der nicht zürnt und der Sünden vergibt. 'Gnädig' und 'gütig' sind mögliche Übersetzungen. An der zweiten Stelle, Ps 145, 17, steht *ḥāsîḏ* mit *ṣaddîq* parallel; der Psalm redet allgemein von JHWHs Güte und Fürsorge.

2. An drei Stellen in den Psalmen erscheint *ḥāsîḏ* als mehr oder weniger synonym zu *'æbæḏ* (→ עבד) 'Knecht'. Am deutlichsten ist Ps 86, 2, wo *'æbæḏ* Selbstbezeichnung des Beters ist und dieser als Begründung seiner Bitte um Bewahrung des Lebens (*šāmar*, *næpæš*) anführt, daß er *ḥāsîḏ* sei (vgl. Ps 97, 10, wo das Bewahren des Lebens der Frommen behauptet wird. Der Beter ist ferner 'elend' (*'ānî*) und 'arm' (*'æbjôn*) und hat Feinde, die 'frech' (*zeḏ*) und 'gewalttätig' (*'ārîṣ*) sind (v. 14). Auch Ps 116, 15 legt der Kontext die Identität von *ḥāsîḏ* und *'æbæḏ* nahe: v. 15 besagt, daß das Leben des *ḥāsîḏ* teuer in den Augen JHWHs ist, und in v. 16 bezeichnet sich der Beter als „dein Knecht". Der Psalm scheint ein Danklied zu sein; der Psalmist ist offenbar aus Todesgefahr gerettet worden (vv. 3. 8). Auf ähnliche Weise versichert Ps 16, 10, daß der *ḥāsîḏ* Gottes nicht „die Grube sehen", d. h. sterben werde. Das Ich dieses Psalms läßt sich nicht mit Sicherheit bestimmen; der Psalm hat Züge eines Danklieds (anders Kraus, BK XV/1, 120), aber enthält außerdem eine kräftige Absage anderer Götter.

I. Engnell, A Rigid Scrutiny, Nashville 1969, 119f., betrachtet die drei letztangeführten Psalmen als Königspsalmen und sieht im König den Knecht und „Frommen" par excellence. Auch Eaton (66f. 79–81) beurteilt diese Psalmen als Königspsalmen und beschreibt den König als „God's preeminent covenant fellow" (151). Er rechnet zu den Königspsalmen auch Ps 4, wo in v. 4 der Ausdruck *hiplāh JHWH ḥāsîḏ lô* „JHWH hat sich einen Bundesgenossen (d. h. den König) wundervoll gemacht", vorkommt. Der Text ist aber nicht sicher, und die Lesart *hiplāh ḥasdô lô* wie Ps 31, 22 empfiehlt sich. Zu derselben Kategorie würde auch Ps 89, 20 gehören, falls mit gewissen Handschriften (gegen die alten Übersetzungen) der Sing. *ḥ^asîḏ^ekā* („du hast zu deinem *ḥāsîḏ* in einer Vision gesprochen") zu lesen wäre (Ahlström, Psalm 89, Lund 1959, 99f., Eaton 151; s. u. II. 3.).

3. Weniger genau tritt der qualitative Inhalt von *ḥāsîḏ* in einer Gruppe von Aussagen hervor, wo das Wort als Bezeichnung der Kultgemeinde erscheint. In Ps 50, 5 sind die zu versammelnden *ḥ^asîḏîm* mit denen identisch, die „beim Opfer einen Bund schließen", also das Bundesvolk, bzw. die an der Bundesfeier Teilnehmenden. In Ps 79, 2 sind „deine *ḥ^asîḏîm*" mit „deinen Knechten" identisch, und in diesem Volksklagelied müssen sich diese beiden Ausdrücke auf das Volk Israel beziehen. Daraus folgt aber, daß diese „Frommen" an der Sünde teilhaben, von der in v. 9 die Rede ist, denn es ist wenig wahrscheinlich, daß in v. 2 nur ein besonders frommer Teil des Volkes gemeint ist. Nach Ps 85, 9 redet JHWH *šālôm* „zu seinem Volk und zu seinen *ḥ^asîḏîm*"; der folgende Vers spricht von „denen, die ihn fürchten". Die „Frommen" sind also das Volk, aber zugleich wird an sie die Forderung der Gottesfurcht gerichtet.

In Ps 148, 14 scheinen die drei Ausdrücke „die *ḥ^asîḏîm*", „die Kinder Israels" und „sein Volk (*'ammô*)" identisch zu sein. Es handelt sich offenbar um die Kultteilnehmer, die als Vertreter des Volkes das Lob JHWHs singen. Ebenso ist Ps 149, 1 „die Gemeinde (*qāhāl*) der *ḥ^asîḏîm*", die zum Singen eines neuen Liedes aufgefordert wird, mit den „Kindern des Zion" und „Israel" in v. 2, wahrscheinlich auch mit „seinem Volk" und „den *'^anāwîm*" in v. 4 identisch. *q^ehal ḥ^asîḏîm* ist die Kultgemeinde als Vertreter des Bundesvolkes, das am *ḥæsæḏ* seines Gottes teilhat. In v. 5. 9 wird wieder auf die Kultgemeinde mit dem Wort *ḥ^asîḏîm* Bezug genommen; die „Frommen" sollen sich freuen und JHWH ehren und werden durch das Gericht JHWHs Ehre (*hāḏār*) bekommen.

In Ps 30, 5 werden die *ḥ^asîḏîm* aufgefordert, JHWH zu loben, d. h. in das Danklied des Betenden einzustimmen. Es muß sich also wiederum um die zur Dankfeier versammelte Kultgemeinde handeln. Ähnlich verhält es sich bei Ps 52, 11. Hier erwartet der Betende „vor den *ḥ^asîḏîm*", d. h. vor der Kultgemeinde, die Erhörung seines Klagelieds.

In diesen Zusammenhang gehört auch 2 Chr 6, 41, wo Salomo bei der Tempelweihe sagt: „Deine Priester, JHWH Gott, sollen sich in Heil kleiden und deine *ḥ^asîḏîm* sich des Glückes (*ṭôḇ*) freuen". Offenbar bezeichnet *ḥ^asîḏîm* hier das versammelte Volk, die Laien der Kultgemeinde. Ähnlich steht *ḥ^asîḏîm* Ps 132, 9. 16 als Komplement zu *koh^anîm*, um die gesamte Tempelgemeinde zu bezeichnen. Sie erscheinen hier als Subjekt des Jubels.

Zweifelhaft ist schließlich die schon oben erwähnte Stelle Ps 89, 20. Hier spricht JHWH nach MT zu seinen *ḥ^asîḏîm* und kündigt die Erwählung Davids an. Das Wort könnte sich dann auf die bei der Königswahl Anwesenden beziehen, also wiederum eine Art Kultgemeinde. Gewisse Handschriften bieten aber die Singularform, die sich dann auf den König beziehen muß (s. o. II. 2.).

Das hier Gesagte schließt natürlich nicht aus, daß *ḥāsîḏ* auch hier inhaltlich bestimmt ist und sozusagen die ideale Gemeinde beschreibt. Wenn *ḥæsæḏ* jedenfalls in gewissen Fällen mit dem Bundesgedanken verbunden ist, könnte die Bedeutung 'bundestreu' oder ʿBundespartnerʾ mitschwingen. Dagegen scheint es ausgeschlossen zu sein, daß die *ḥ^{a}sîḏîm* eine Partei oder einen besonders „frommen" Teil des Volkes bezeichnen.

III. LXX übersetzt in den meisten Fällen mit ὅσιος; jedoch Ps 89, 20; 148, 14; 2 Chr 6, 41 mit υἱοὶ θεοῦ, Jer 3, 12 ἐλεήμων, Mi 7, 2 εὐλαβής, Spr 2, 8 εὐλαβούμενοι αὐτόν (Gulkowitsch 30f.).
1 Makk 7, 13 wird eine Gruppe unter den Israeliten als Ἀσιδαῖοι (d. h. *ḥ^{a}sîḏîm*) bezeichnet; diese suchen ein friedliches Auskommen mit den Syrern zu erreichen. Nach Gulkowitsch 29 handelt es sich hier um „das ganze um religiöse Freiheit kämpfende Volk", nicht um eine Partei der Frommen. 2 Makk 14, 6 ist Ἀσιδαῖοι dagegen die Bezeichnung der Anhänger des Judas Makkabäus, nach Gulkowitsch 30 „Selbstbezeichnung der nationalgesinnten Juden". Daß das Wort daneben auch einen religiösen Klang hatte, etwa ʿ(Gesetzes-)Treueʾ ist kaum zu bezweifeln.

Ringgren

* Merkwürdigerweise läßt sich *ḥāsîd* als Selbstbezeichnung der Qumrangemeinde nicht sicher ausmachen, obwohl die Bewegung der „Essener" (Ἐσσηνοί, חסין, אסח [aram. Äquivalent zu חסיד]) wahrscheinlich in unmittelbarem Zusammenhang mit der Chasidim-Bewegung der Makkabäerzeit zu bringen ist (vgl. M. Hengel, Judentum und Hellenismus [WUNT 10, ^{2}1973] 319f.); vielleicht wurde sogar die klosterähnliche Niederlassung der Essener in Qumran *mṣd ḥsjdjn* „Burg der Frommen" genannt, wenn man den Brief aus der Zeit Bar Kochbas aus Murabbaʿat (DJD II, 1961, 45, 6) richtig deutet.
In einem weiteren Brief (46, 4) wird ein gewisser Euphronius genannt, der in En Gedi (zu Qumran gehörig?) das Leben eines *ḥāsîḏ* (Text emend.) führt, d. h. Arme pflegt und Tote begräbt.
Im 11QPs^{a} begegnet das Wort 4mal, wobei sich die Beter selbst als חסידים verstehen, die in bes. Weise die Herrlichkeit des Zions dokumentieren und des Lohnes Gottes gewärtig sind. Wahrscheinlich stammen diese Texte jedoch noch aus der proto-essenischen Phase der Separation (J. A. Sanders, DJD IV, 1965, 70). Zur Selbstbezeichnung der Qumran-Essener → יחד (*jaḥad*).

Fabry

IV. Für die ältere Psalmenforschung, die eine große Anzahl der Psalmen als makkabäisch betrachtete, war *ḥāsîḏ* eine Bezeichnung der streng religiösen Partei, die sich gegen die Hellenisten auflehnte (zuletzt A. F. Puukko, OTS 8, 1950, 47–65). R. Kittel (KAT 13, $^{5.6}$1929) sieht dagegen in den *ḥ^{a}sîḏîm* den Kreis der „Stillen im Lande" oder besonders Frommen auch einer älteren Zeit. Ähnlich betrachtet Eerdmans (176ff.) die *ḥ^{a}sîḏîm* als die Bezeichnung einer Partei oder Gruppe, die besonders fromm, gerecht und redlich sein wollte (dagegen Brongers).
Gulkowitsch geht den umgekehrten Weg. Nach ihm war *ḥāsîḏ* ursprünglich Bezeichnung der Kultgemeinde und bekam erst später einen religiös-ethisch gefärbten Sinn. Morgenstern meint, *ḥ^{a}sîḏîm* bezeichne in mehreren nachexilischen Psalmen den ganzen Laienteil des Volkes, der in vorexilischen Psalmen mit *ṣaddîqîm* bezeichnet wurden.
Wie oben gezeigt wurde, bezeichnet *ḥ^{a}sîḏîm* oft, aber nicht ausschließlich, die Kultgemeinde. Es ist aber kaum anzunehmen, daß eine solche Bezeichnung ganz ohne qualitativen Inhalt gebraucht werden konnte; das Wort muß von vornherein einen positiven, religiös-ethischen Inhalt gehabt haben.

Ringgren

חָסֵר *ḥāser*

חָסֵר *ḥāser*, חֶסֶר *ḥæsær*, חֹסֶר *ḥosær*, חֶסְרוֹן *ḥæsrôn*, מַחְסוֹר *maḥsôr*

I. Etymologie und Verbreitung – 1. Außerbiblische Verbreitung – 2. At.liche Belege – 3. Wortfeld, Synonyme – 4. Wendungen – 5. LXX – II. Das Wort im AT – 1. Konkrete Zusammenhänge – 2. Mangel als Armut – 3. Mangel an Verstand als Motiv in der Weisheitsliteratur – 4. Mangel und Überfluß in Korrespondenz zu Gehorsam und Frevel – 5. *ḥāser pi* als anthropologischer Terminus.

I. 1. Die Wurzel *ḥsr* ist in allen semit. Sprachen belegt und in ihrer Bedeutung nicht ernsthaft bestritten. Die ältesten Belege sind wohl ugar. *ḫsr* ʿMangel fühlen, to lackʾ und *mḫsrn* ʿMangel, Defizitʾ (WUS Nr. 1063; UT Nr. 988), bis jetzt jedoch erst 7mal (zumeist in ökonomischen Texten) nachgewiesen (Whitaker 278. 415). Fraglich ist Aistleitners Versuch, die Bedeutung „Mangel verspüren" zu „Gier haben" zu intensivieren (KTU 1. 6, 2, 17; vgl. CML 111). In ababyl. Texten ist *ḫasāru*/*ḫesēru* ʿabbrechen, abblätternʾ (AHw I, 329; CAD VI, 176) und *ḫasru(m)* und *ḫussuru* ʿabgebrochenʾ (*ḫeser šinnē* ʿzahnlückigʾ, BBR 24, 31) bekannt. *ḫesīru* meint allgemein ʿetwas Abgeschnittenesʾ (AHw i, 342), *ḫusirtum* bezeichnet das ʿabgebrochene Rohrstückʾ (TMB 190, 25). In Omentexten wird der Stativ *ḫaser* von ʿabgestumpftenʾ (par. ʿabgebrochenenʾ Leichty, Izbu 172, 93) Hörnern oder Brustknochen (CAD) oder Leberteilen (AHw) gebraucht. Im profanen Bereich meint das Verb etwa das ʿAbbröckelnʾ an einer Schreibtafel oder an einem Mühlstein. In allen diesen Belegen bezeichnet die Wurzel also etwas, was nicht im Vollbesitz aller ihm normalerweise zustehenden oder anhaftenden Eigenarten ist.
Das zeigt sich auch syr. *ḥ^{e}sar* ʿfehlen, zugrundegehen, verlierenʾ, *ḥasîrā*ʾ ʿfehlend, mangelndʾ (LexSyr 248). Im Mand. weisen viele Belege von *hsr* in den Bereich der Opfersprache (MdD 151. 125b), wenn sie ʿfehlenʾ nuancieren zu ʿfehlerhaft seinʾ. Im Aram. bedeutet das Verb meistens – verbunden mit l^e + Personal-

suffix – ʻnicht haben, manquerʼ (DISO 94; Vogt, Lexicon Linguae Aramaicae Veteris Testamenti, 66), ähnlich auch im MHebr. von Talmud und Midrasch (WTM II, 91 f.).

Im Südsemitischen kommt die Wurzel auch vor und hat sich semantisch aufgefächert bis in die Gegenwart erhalten; vgl. arab. *ḫasira* ʻVerlust erleiden, einbüßen, verlorengehenʼ mit seinen Derivaten (Wehr, Arab.Wb, 214 f.), asarab. ʻ(dem Profanen entziehen >) weihen (eine Hierodule)ʼ (W. W. Müller, ZAW 75, 1963, 309), in PN ʻs'écarterʼ (Ryckmans, RNP I, 105), tigr., geʻez *ḫas^e^ra* ʻgering sein, wenig seinʼ, auch emotional nuanciert ʻtraurig, bedrückt, elend sein" (Wb.Tigre 72a), dann auch amhar. *ḫaser* ʻdiminish, decreaseʼ (Leslau, Cognates, 93) mit dem Nomen *'asar* ʻpenuryʼ und soq. *ḫasrán* ʻperteʼ, *ḫósir* ʻmauvaise pâtureʼ und *di-ḫósir* ʻà bon marchéʼ (LexSoq 197. 184).

Die hebr. Nomina *ḥæsær*, *ḥosær*, *maḥsôr* ʻMangelʼ sowie *ḥæsrôn* ʻDefizitʼ (KBL[3] 325. 541), letztere Form von Wagner (BZAW 96, 1966, 57 f.) als Aramaismus verstanden, haben auch weitgehend Entsprechungen in den anderen semit. Sprachen; zu *maḥsôr* vgl. schon kanaan. *maḫzir* ʻBedarfʼ, par. zu Speisen und Öl (EA 287, 16) und pun. *mḥsr* ʻmanqueʼ (CIS 165, 5; DISO 147).

2. Die Wurzel *ḥsr* begegnet im hebr. AT 57mal (+ 2 cj.). Davon ist das Verb *ḥāser* 23mal (19mal *qal*, je 2mal *pi* und *hiph*), das Adj. 17mal, die Substantive *ḥæsær* 2mal, *ḥosær* 3mal (+ Spr 10, 21 cj.?), *ḥæsrôn* 1mal und *maḥsôr* 13mal (+ Ri 18, 7 cj. + 1QH 15, 16) belegt. Sir verwendet dazu die Wurzel insgesamt 18mal (6mal Verb, 12mal Substantiv); das zeigt schon, daß es sich um eine in der Weisheitsliteratur bevorzugte Vokabel handelt. Während das Verb im hebr. AT noch gleichmäßig über einen Großteil der Bücher verteilt ist (7mal Pentateuch; 4mal Propheten; 9mal in Pss und Weisheitsliteratur), weisen 13 (von 18) Belege des Adj. in Spr (+ 1mal in Pred) sowie 8 Belege (von 13) des Subst. *maḥsôr* in Spr (+ 1mal in Ps) die deutliche Verbindung zur Weisheitsliteratur aus: 35 von insgesamt 59 Belegen der Wurzel. Als weiterer Schwerpunkt erweist sich daneben die dtr. Literatur mit 14 Belegen.

Das Verb *ḥāser* wird im AT verschiedenartig konstruiert. Neben einem intransitiven *qal* ʻfehlenʼ (vgl. Gen 18, 28) kennt das Verb ein personal konstruiertes transitives *qal* ʻMangel haben, entbehrenʼ (vgl. Deut 2, 7; mit *min* Sir 51, 24). Das *pi* hat kausative (ʻermangelnd machenʼ, Pred 4, 8) oder (durch *min* erweitert) komparative Bedeutung ʻgeringer machenʼ (Ps 8, 6; vgl. E. Jenni, Das hebräische Piʻel, Zürich 1968, 73. 104). Das *hiph* begegnet in transitiv-kausativer ʻMangel haben lassenʼ (Jes 32, 6) und innerlich transitiver Bedeutung ʻMangel habenʼ (Ex 16, 18). Auch das Adj. *ḥāser* schillert zwischen den Bedeutungen ʻjem., der Mangel hatʼ (z. B. 1 Sam 21, 16), ʻdas Mangelndeʼ (Pred 6, 2) und ʻder Mangelʼ (Spr 10, 21).

3. Das Bedeutungsfeld ʻfehlen, mangeln, weniger werdenʼ wird auch noch von einer Reihe mehr oder weniger synonymer Verben abgedeckt:

ḥāḏal ʻnicht mehr vorhanden sein, fehlenʼ (Deut 15, 11; Ri 5, 6 f.), *næʻḏar* (*ʻdr* III *niph*) ʻzurückbleiben, fehlenʼ (1 Sam 30, 19; Jes 59, 15), negiertes *hājāh niph* ʻfehlenʼ (Sach 8, 10), *māʻaṭ* ʻwenig seinʼ (Lev 25, 16), im *pi* ʻwenig werdenʼ (Pred 12, 3), *hiph* ʻverringernʼ (Ps 107, 38), bisweilen auch *ʼāsap̱ niph* ʻaufhören, abnehmenʼ (Jes 60, 20). Substantivisch wird das Wortfeld noch durch *baṣṣārāh* und *baṣṣoræṯ* ʻMangel, Regenmangel, Dürreʼ (KBL[3] 143) vertreten. Sir variiert *ḥāser* durch *ṣārak̲* ʻbedürfenʼ (8, 9; 15, 12 u. ö., vgl. 2 Chr 2, 15). Als Antonyma sind die Begriffe ʻbesitzenʼ (*bāʻal* I, *jāraš*, *nāḥal*), ʻgenug habenʼ (*śāḇaʻ*), ʻgenügend seinʼ (*śāpaq* II) und ʻreichlich seinʼ (*rāḇāh*, *rāḇaḇ*) zu werten.

4. Die Variationsbreite der Konstruktionsbezüge ist im AT gering. Es begegnen die cstr.-Verbindungen *ḥ^a^sar læḥæm* ʻMangel an Brotʼ (2 Sam 3, 29), *ḥ^a^sar leḇ* (11mal Spr; einziger Qumranbeleg 11QPs[a] 154, 7, par. *pæṯî* „einfältig" [vgl. Spr 9, 4. 16], ähnlich *nmhrj lb* „bestürzt" 1QH 2, 9) und *ḥ^a^sar t^e^ḇûnāh* ʻTorheitʼ (Spr 28, 16), denen erst Sir noch einige Zusatzbildungen hinzufügt: *ḥ^a^sar māzôn* ʻMangel an Nahrungʼ (10, 27), *ḥ^a^sar tîrôš* ʻMangel an Mostʼ (34, 27), *ḥ^a^sar ʻōṣmāh* (41, 2), *ḥ^a^sar koaḥ* ʻKraftlosigkeitʼ (11, 12), *ḥ^a^sar ʻosæq* ʻBeschäftigungslosigkeitʼ (38, 24) und *ḥ^a^sar bînāh* ʻTorheitʼ (47, 23). In solchen Wendungen kann *ḥ^a^sar* ersetzt werden durch *'ên*, vgl. Jer 5, 21; Hos 7, 11; Spr 17, 16.

5. Die Wurzel wird in der LXX vielfältig übersetzt, dabei herrscht die Wiedergabe durch Formen von δέομαι ʻermangeln, bedürftig seinʼ vor (27mal); es folgen Formen von ἐλαττονεῖν u. ä. ʻverlieren, weniger bekommenʼ (19mal) und ὑστερεῖν ʻfehlen, bedürftig seinʼ (15mal). Vereinzelt begegnet ἀπορεῖν ʻto be at a lossʼ (Spr 31, 11; Sir 3, 13) oder für das *pi* στερίσκειν ʻberauben, entleerenʼ (Pred 4, 8), für das *hiph* κενὸν ποιεῖν (Jes 32, 6) und für das Subst. *ḥosær* ἔκλειψις (Deut 28, 48). Die hebr. Wendung *ḥ^a^sar-leḇ* findet ihre Wiedergabe in ἀκάρδιος (Spr 10, 13; vgl. 10, 21; Sir 6, 20) oder ἄφρων (Spr 17, 18).

II. Die insgesamt 77 Belege im AT verteilen sich annähernd gleichmäßig auf profane, religiöse und theologische Aussagen.

1. In konkreten Zusammenhängen bezeichnet die Wurzel einfachhin das Fehlen, das Nicht-Vorhandensein von Sachen oder Personen. Dabei ist aber nicht grundsätzlich ein Zustand gemeint, vielmehr kann vor allem das Verb den inchoativen Übergang zu diesem Zustand bezeichnen. Dies ist der Fall im priesterschriftlichen Flutbericht (Gen 8, 3b. 5), wo die Wasser der Urflut nicht etwa schon ʻfehlenʼ, sondern erst ʻweniger werdenʼ (*ḥsr*), wie die Parallelausdrücke bei J (*šûḇ*, *hālak̲*, *qll*, ʻzurückgehen, verlaufenʼ v. 3b. 8. 11, antonym. *rāḇāh*, *gāḇar* ʻviel werdenʼ Gen 7, 18) deutlich erweisen. Eine ähnliche Diminution drückt das Verb aus im Zusammenhang mit der

Wundererzählung von Sarepta: der Bestand an Mehl wird nicht 'erschöpft' (*kālāh*) und der an Öl nicht 'geringer' (*ḥāser* mit *šæmæn* als eigentlichem Sinnsubjekt, 1 Kön 17, 14. 16), so daß der Lebensunterhalt der Witwe gesichert ist. Über die götzenpolemischen Bezüge dieser Stelle vgl. L. Bronner, The Stories of Elijah and Elisha as Polemics against Baal Worship (POS 6, 1968, 83).
Mangel impliziert ein Bedürfnis, wenn Fehlendes benötigt wird, wie Brot (*læḥæm*), Öl (*šæmæn*) und Wein (*jajin*, *tîrôš*) (vgl. Dalman, AuS IV, 1935, V). Wenn diese Grundnahrungsmittel (z. B. wegen langer Belagerung Ez 4, 17; Deut 28, 57) fehlen, dann ist die Existenz des Menschen in Frage gestellt. Deshalb warnt schon die frühe Weisheit vor den Gefahren von Faulheit und Großtun, da in ihrem Gefolge Brotlosigkeit auftritt (Spr 12, 9; vgl. auch Sir 10, 27b), wohingegen Arbeit und Ackerbau für Brotfülle (*śāḇaʿ*, v. 11) sorgen. Brotlosigkeit bedeutet sicherer Tod; deshalb kann David sie zum Inhalt des Fluches über das Haus Joab machen (2 Sam 3, 29; vgl. Deut 28, 48. 57) und sie in ihrer Wirkung mit Eiterfluß und Aussatz (*zāḇ ûmᵉṣorāʿ*), Gebrechlichkeit ('am Stock gehen') und Tod durch das Schwert gleichsetzen. Amos (oder einer seiner Schüler) versteht die Hungersnot (euphem. par. 'blanke Zähne') als von JHWH geschickte Plage, die zur Umkehr (→שוב [*šûḇ*]) hätte führen sollen (Am 4, 6); sie hat die gleiche Signalfunktion wie Dürre (v. 7), Ernteschäden (v. 9), Pest, Schwert und Umsturz (v. 10f.). Reventlows Deutung dieser Stelle vom Sinn des Fluchrituals her (FRLANT 80, 1962, 75–90) ist wenig überzeugend. Wein und Öl zählen daneben auch zu den Luxusgütern, so daß ihr Fehlen als eine Minderung der Lebensqualität und des Optimalen verstanden werden kann. So ist es dann für den Prediger Zeichen der Lebensfreude des Menschen (Würthwein, HAT I/18, 112ff.), auf seinem Haupt das Öl nicht mangeln (*ḥāser*) zu sehen, d. h. es üppig zu verwenden. Sir stellt die hedonistische Frage nach dem Sinn eines Lebens, das vom Mangel an Wein gekennzeichnet sei (Sir 34, 27). Ein solcher Mangel bewirkt Trauer, da Öl und Wein zur Freude (*lᵉgîl*) des Menschen geschaffen sind.

Schwer deutbar ist die Aussage über die tanzende Sulammit: „dein Schoß ist ein rundes Becken, nicht fehlt ihm der Mischtrank" (HL 7, 3; Ringgren, ATD 16, ²1967, 284ff.). Während Rudolph und Würthwein diese Aussage für eine zotige „euphemistische Ausdrucksweise für den Geschlechtsverkehr" halten, meinen andere (z. B. Gerleman), mit Hinweis auf äg. Reliefkunst (Betonung des Nabels) jeden erotischen Hintersinn ablehnen zu müssen. Vielleicht ist die Überfülle an Würzwein analog zur Auffassung bei Sir als parabolische Umschreibung oder Synekdoche für die vollendete Form aufzufassen, wie auch in der Parallele die Farbe des Weizens als Hinweis auf das orientalische Schönheitsideal zu verstehen ist (Zapletal).

Es gilt als Verdienst der tüchtigen Frau und als Zeichen ihrer Arbeitsamkeit, Kraft und Weisheit, daß es ihrem Gatten nicht an 'Gewinn' (*šālāl*, Spr 31, 11) mangelt. (Die Deutung von Winton Thomas, VTS 3, 1955, 291f. „and wool is not lacking [to her]" ist abzulehnen, da sie Eingriffe in den Text erfordert.) Gerade der Mangel an Kraft (*ḥsr kwḥ* / *ʿṣmh*) ist Grund vielerlei Übels (Sir 11, 12; vgl. Sir 41, 2). Diese Kraftlosigkeit kann zurückgeführt werden auf Trunksucht (Sir 34, 30) oder ein Übermaß an rastloser Arbeit (*ʿāmāl* 34, 4). Nach Sir ist dieses Dilemma bezeichnend für die Situation des Menschen. Der faule Mensch, der Hastige (Spr 21, 5) und der Schwätzer (Spr 14, 23) leidet am Mangel des Lebensunterhaltes, während Arbeit und Fleiß Gewinn bringen. Jedoch derjenige, der sich abplagt, siecht an Kraftlosigkeit dahin. Dieser Alltagserfahrung steht die höhere Weisheit gegenüber, daß nur der Mangel an (= Freisein von) Arbeit (*ḥsr ʿsq*), die Entlastung vom Alltagsgeschäft die Wurzel der Weisheit (*ḥǒḵmāh*) ist (Sir 38, 24; vgl. die ähnlichen Aussagen im äg. Spottlied auf die Handwerker in der Lehre des Cheti [Instruction of Duauf; 19. Dyn.; ANET ³1969, 432ff.]). In diesem Falle wird in der *ḥāser*-Aussage der Sinn der Bedürftigkeit zum Zwecke der Ironie ins Gegenteil verkehrt.
Gelegentlich findet sich *ḥāser* im Zusammenhang mit der Gastfreundschaft (dazu vgl. H. Rusche, Gastfreundschaft im AT, ZMR 41, 1957, 170–176). So legt der Hausherr größten Wert darauf, daß es dem Gast an nichts mangelt (*ʾên maḥsôr kǒl-dāḇār*), d. h. er stellt ihm Unterkunft, Speise, Trank und Geleit zur Verfügung (St.-B. IV, 565–571; AuS VI, 129–145, bes. 142); umgekehrt gilt es als Schande, die Gastfreundschaft zu verweigern, so daß der Gast für seine eigenen Belange (Brot, Wein, Stroh, Futter) aufkommen muß; diese Schande wird auch nicht gemindert, wenn ein Greis, selbst ein Fremdling (*ger*), diese Verpflichtung übernimmt (Ri 19, 9f.). Nur die „Schandtat von Gibea" (Ri 19, 22f.) vermochte eine solche Schande noch zu überbieten. Der gläubige Israelit fühlte sich zur Gastfreundschaft verpflichtet wegen der empfangenen Gastfreundschaft JHWHs beim Exodus: „Vierzig Jahre ist nun schon JHWH, dein Gott, mit dir, und an nichts hast du Mangel gelitten" (*lôʾ ḥāsartā dāḇār*, Deut 2, 7; vgl. II. 4. b). Da die Zurückweisung der Gastfreundschaft beleidigend wirkt, versichert sich der Pharao bei Hadad, daß dessen Abreise nicht durch irgendeinen Mangel verursacht sei (1 Kön 11, 22), zumal die hier geäußerte Gastfreundschaft durch Gewährung von Haus, Nahrung und (!) Ländereien (*ʾæræṣ*) das übliche Maß erheblich überschritten hatte (v. 18).
Zum Fehlen (*ḥāser*) von Personen vgl. die benötigte Anzahl Gerechter, um die Stadt vor dem Gericht zu retten (Gen 18, 28), sowie die spöttische Frage des Achis von Gath: „Habe ich etwa Bedarf an Wahnsinnigen, daß ihr mir diesen (sc. David) bringt?" (1 Sam 21, 16).
Das numerische Element zeigt sich schließlich deutlich in dem Maschal Pred 1, 5 „Was krumm ist, kann

nicht gerade werden und was nicht da ist (*ḥæsrôn*), kann nicht gezählt werden."

Dahood (The Phoenician Background of Qohelet, Bibl 47, 1966, 264–282, bes. 266) deutet das Hap.leg. *ḥæsrôn* mit Ehrlich (Randglossen 6, 1914, 58) als 'Defizit' in der ökonomisch-merkantilischen Buchführung, jedoch ist dies nur schwerlich zutreffend, denn das par. *me*ʿ*uwwāṯ* 'das Krumme' verbietet eine solche Festlegung des Textes. Es handelt sich eher um eine ins Allgemeine gehobene Sentenz, die die Unordnung und den Mangel in der Welt als bestehend und unabänderlich konstatiert (vgl. O. Loretz, Qohelet und der alte Orient, 1964, 125 und W. Zimmerli, ATD 16 z. St.).

2. In einer großen Zahl von Belegen wechselt *ḥāser* über in das Wortfeld „Armut" und steht hier mehr oder weniger synonym, in allen Fällen jedoch nur schwierig auf seinen Eigenwert analysierbar, neben → אביון (*'æḇjôn*), → דל (*dal*), → עני (*ʿānî*), → רוש (*rāš*) (vgl. T. Donald, The Semantic Field of Rich and Poor in the Wisdom Literature of Hebrew and Accadian, OrAnt 3, 1964, 27–41). Gerade die Weisheitsliteratur bevorzugt diese Verwendung der Wurzel und stellt sie in Opposition zu *rāḇāh hiph* 'vermehren, reich machen' (Spr 22, 16), *môṯār* 'Gewinn' (Spr 14, 23; 21, 5), *ʿāšar hiph* 'reich werden' (Spr 21, 17), *hôn* 'Besitz' (Spr 28, 22) und *ʿošær* 'Reichtum', *neḵāsîm* 'Güter und *kāḇôḏ* 'Ehre' (Pred 6, 2). Die Weisheitslehrer suchen das Phänomen der „Armut" näher zu ergründen, um vor allem die selbstverschuldete Armut zu verhindern. Diese ist vor allem gemeint, wenn die Wurzeln *ḥsr*, *rwš* und *skn* verwendet werden (vgl. A. Kuschke, ZAW 57, 1939, 44. 47). Dabei bezeichnet *ḥsr* die Armut hauptsächlich unter dem rein sozialökonomischen Aspekt der Eigentumslosigkeit (vgl. Etymologie), ohne mit dem Begriff selbst eine ethische Qualifikation anzudeuten (→ דל [*dal*]). Als Gründe dieser Eigentumslosigkeit werden Faulheit (Spr 6, 11; 24, 34), Geschwätzigkeit (Spr 14, 23), Verschwendung und luxuriöse Lebensführung (Spr 21, 17) sowie unüberlegte planlose Hast (Spr 21, 5) genannt. In diese Sphäre vermag dann die religiöse Betrachtungsweise einzudringen, nach der die übernatürliche Gerechtigkeitsordnung dafür eintritt, daß kleinliche Sparsamkeit – verstanden als Hartherzigkeit gegenüber den Notleidenden – sowie neidische Besitzrafferei den Reichtum als ihr intendiertes Ziel nicht erreichen (vgl. Pred 4, 8), sondern letztlich selbst zum Gegenteil, zur Eigentumslosigkeit (*ḥsr*) führen (Spr 11, 24; 28, 22). Umgekehrt braucht der Gottesfürchtige (→ ירא [*jāre'*], Ps 34, 10) und der Barmherzige ('der dem Armen gibt', *nôṯen lārāš*, Spr 28, 27) keinen *maḥsôr* zu fürchten. Hier aber zeigt sich, daß *ḥāser*-Armut gelegentlich auch (vor allem außerhalb der Weisheit) als nicht selbstverschuldet angesehen werden konnte. So ist es dann auch für den Dtr (Deut 15, 8) der *'æḇjôn*, der Mangel hat (*ḥsr*) und deshalb unter die Schutzbestimmungen der Šemiṭṭah-Ordnung fällt. Wie die Hungersnot (*ḥasar læḥæm*, s. o. II. 1.) kann auch die Besitzlosigkeit unmittelbar auf JHWH zurückgeführt werden und neben Hunger, Durst und Nacktheit Inhalt des Fluches sein, der Israel im Falle des Ungehorsams in Aussicht gestellt ist (Deut 28, 48). Und dieser *ḥosær-kōl* wird so katastrophal sein, daß die Frauen ihre soeben geborenen Kinder mitsamt der Nachgeburt verzehren werden (Deut 28, 57).

Armut und Hunger dringen in den Menschen ein und zermürben sein Inneres, so daß man vom *ʿānî* sagen kann, seine Seele sei eine *næpæš ḥaserāh* par. *meduḵdāḵ* (Sir 4, 2f.). Gerade diese psychischen und physischen (*ḥasar koaḥ*, 'kraftlos', Sir 11, 12) Auswirkungen machen ihn einer besonderen Fürsorge bedürftig. Nur ein Tor achtet darauf nicht und enthält dem Durstigen den Trank vor (*jaḥsîr*, par. *hārîq*, 'hungern lassen', Jes 32, 6 [weisheitlicher Einschub]; vgl. *mānaʿ mattān* 'die Gabe zurückbehalten' Sir 4, 3). Gerade diese Auswirkungen des *ḥæsær* hindern Qohelet (Subjekt umstritten, vgl. Loretz) daran, solche Armut freiwillig auf sich zu nehmen und 'sich das Gute zu versagen' (*meḥasser 'æṯ næpæš miṭṭôḇāh*, Pred 4, 8; kausatives, habituelles *pi*, vgl. Jenni 83), erst recht, wenn keinem Erben der angesparte Besitz zugute kommen kann. Selbst wenn einer 'buchstäblich alles hat' (*'ên ḥāser lenæpæš*, Pred 6, 2 [anders Dahood, Bibl 43, 1962, 357f.]), was er sich je wünschen könnte, so ist es damit noch nicht in seine Verfügungsgewalt gegeben, da Gott als Herr über alle Dinge frei über sie verfügen kann. So zeigt sich gerade in der Verteilung von *ḥāser* und *ʿošær* Gottes unangreifbare Gerechtigkeit. Er will sein erwähltes Volk dahin führen, wo es keinerlei *maḥsôr* gibt, d. h. wo es ruhig (*šqṭ*) leben und Besitz erwerben (*jārašʿæṣær*) kann (Ri 18, 7 cj., Textbestand sehr umstritten, vgl. J. Gray, NCB z. St. und v. 10).

Schließlich zeigen Armut und Hunger noch eine soziale Auswirkung, insofern sie den Betroffenen aus der Volksgemeinschaft ausschließen, ihn unfruchtbar (*galmûḏ*) machen und ihn so von seiner Nachkommenschaft abschneiden können (Hi 30, 3).

3. Der Mangel an Verstand, Einsichtsfähigkeit und folgerichtigem Denkvermögen wird gern als Begründung für manches unerklärliche und fehlerhafte Handeln des Menschen herangezogen. Über 20mal (nur in der Weisheitsliteratur) tritt *ḥāser* in Verbindung mit *leḇ*, *teḇûnāh*, *bînāh* [→ בין] und *ḥoḵmah* (→ חכם [*ḥākam*] III. 1.) in das Wortfeld von Vernunft, Einsicht und Klugheit (zum Wortfeld vgl. T. Donald, VT 13, 1963, 285–292) und meint hier dann vornehmlich einen intellektuellen Defekt, die Torheit (wie → כסיל [*kesîl*] dumm, → אויל [*'æwîl*] Dummkopf, → סכל [*sāḵāl*] töricht, → נבל [*nāḇāl*] Tor und → פתי [*pæṯî*] einfältig). Aus dem Fehlen einer Wendung *ḥasar daʿaṯ* (vgl. jedoch *jḥsr mdʿ*, Sir 3, 13; 13, 8) läßt sich die Bedeutung von *ḥasar leḇ* nicht als rein intellektuelle Defizienz definieren. Sir 35, 12 (Text umstritten) kann *ḥasar leḇ* in direkte Opposition zu *jir'aṯ 'el* 'Gottesfurcht' bringen, einen den nur intellektuellen Bereich überschreitenden Habitus des Menschen (→ ירא [*jāre'*]; vgl. J. Becker, Gottes-

furcht im AT, AnBibl 25, 1965; L. Derousseaux, La crainte de Dieu dans l'Ancien Testament, Paris 1970; H. P. Stähli, THAT I 765–778).

Die Vielschichtigkeit von → לב (*leḇ*) (vgl. F. Stolz, THAT I 861–867) vermag auch die Bedeutung von *ḥasar leḇ* vielschichtig erscheinen zu lassen. So kann sie das Fehlen des Verantwortungsbewußtseins (Spr 6, 32; 10, 13), die schlechthinnige Unbesonnenheit (Spr 10, 21; 11, 12; 24, 30 par. *ʿāṣel* 'faul'), Torheit (Spr 7, 7; 9, 4. 16 par. *pæṯî* 'leicht zu verführen' 12, 11) und Leichtsinn (Spr 17, 18 bei der Übernahme einer Bürgschaft) meinen. Hier führt die häufige Deutung mit „Herzlosigkeit" völlig in die Irre, da so die emotionale Sphäre zu einseitig betont wird, denn *ḥasar leḇ* bedeutet nie Gefühlskälte, sondern Gedankenlosigkeit (H. W. Wolff, Anthropologie 80; Spr 6, 32; 11, 12; 12, 11; Pred 10, 3). Spr 7, 7 meint *ḥasar leḇ* den altersbedingten Mangel an Denkvermögen des arglosen Jugendlichen, ähnlich Sir 3, 13 (*ḥsr mdʿ*) des senilen Greises (vgl. Sir 3, 12; Spr 23, 22).

Die theologische Relevanz der Wendung *ḥasar leḇ* zeigt sich besonders deutlich in den Belegen der Weisheitsliteratur, in denen *leḇ* – wie in der äg. Weisheit – das Zentrum des bewußt lebenden Menschen, den Sitz des Willens und Planens meint (Stolz, THAT I 863). Hier vernimmt der Mensch das göttliche Wort (Wolff, Anthropologie 90, vgl. die Lehre des Ptahhotep 534–563, ANET³ 414 und Deut 4, 29 u. ö., RÄR 297). In dieser Hinsicht kann das Fehlen von *leḇ* den Aspekt intellektueller Defizienz überschreiten und die Unfähigkeit des Menschen bezeichnen, den Willen Gottes für sich als verbindlich aufzunehmen. So stehen bei weisen Menschen (*'anšê leḇ*, Hi 34, 10) zuerst einmal Herz und Zunge im Gleichklang (Ptahhotep 526–532; vgl. H. H. Schmid, BZAW 101, 1966, 205). Fehlt der *leḇ*, geht als erstes die Beherrschung der Zunge verloren (Pred 10, 3). Das Bewußtsein für den rechten Weg schwindet, und der Mensch entbehrt der inneren Richtung (Spr 15, 21). Es fehlt ihm dann der innere Halt und die Bindung an Ethos und Moral. Neben das „Fehlen des Wissens" tritt nun das „Fehlen des Gewissens" und der Tor verfällt dem Ehebruch (Spr 6, 32), der Hybris und Selbstgerechtigkeit (Sir 16, 23) und schließlich dem Tod (Spr 10, 21). Gerade das Überdenken dieser Handlungsfolgen geht mit dem *leḇ* verloren (F. H. von Meyenfeldt, Het Haart (LEB, LEBAB) in het OT, Leiden 1950, 164), so daß auch von einem solchen Hintergrund aus der Wunsch an den Pharao „Dein Herz sei bei dir und verlasse dich nicht!" (Urk IV 117) ein volleres Verständnis erhält.

ḥasar leḇ spannt also seinen Bedeutungsbogen von der unverschuldeten, altersbedingten geistigen Trägheit über die intellektuelle Torheit und Verantwortungslosigkeit bis hin zur „gewissenlosen" Amoralität. Der ihr einmal Verfallene mag keine Lehre der Weisheit mehr annehmen und kann nicht mehr zurück (Sir 6, 20).

Auch der *ḥasar tᵉḇunāh* stellt sich als moralische Fehlform dar, insofern der von ihm geprägte Fürst (*nāgîḏ*) sich durch Erpressung auszeichnet (Spr 28, 16). Auch der verderbliche Einfluß Rehabeams auf sein Volk wird auf seinen *ḥasar bînāh* zurückgeführt (Sir 13, 8); das Fehlen der Erkenntnis (*daʿaṯ*) macht schließlich jede Weisheit (*ḥŏḵmāh*) unmöglich (Sir 3, 25). Wenn die *næpæš* fehlt, so fällt der Mensch in Hoffnungslosigkeit (Sir 14, 2?).

4. Auch der Mangel in seinen verschiedenen Ausprägungen wird in den Zusammenhang von Tun und Ergehen eingepaßt, indem die Korrespondenz von Mangel und Überfluß zu Gehorsam und Frevel herausgestellt wird. Am geläufigsten ist dabei die Vorstellung, die den Mangel als automatisch entstandene oder von JHWH bewirkte Tatfolge wertet. In der alten israelitischen Spruchweisheit ist der Fleißige reich, der Faule dagegen leidet Mangel (Spr 14, 23; 21, 17). Daneben können aber auch Geiz (Spr 11, 24), unüberlegte Hast (Spr 21, 5; 28, 22) und der Frevel (*ršʿ*, Spr 13, 25; vgl. 10, 3), Mangel (Hunger und Armut) nach sich ziehen. In recht drastischer Weise vermag die dtr. Paränese diese von JHWH gewirkte Korrespondenz auszumalen, insofern der Ungehorsam gegenüber der Thora Hunger, Durst, Blöße, Unterwerfung und Mangel in jeder Beziehung nach sich ziehen wird (Deut 28, 48), der so weit geht, daß die Frauen in casu belli sich gegenseitig ihrer Nachgeburt wegen beneiden (Deut 28, 57; s. o. II. 2.). Bei der visionären Belagerung Jerusalems werden die Bürger Mangel an Brot und Wasser haben und in ihrer Schuld dahinsiechen (Ez 4, 17; v. 12–15 [sekundär] spricht von verunreinigtem Brot). Jeremia führt den *ḥasar kol* auf den Ungehorsam gegen JHWH im Götzendienst zurück, aber das Volk der äg. Diaspora sieht den Grund in der Vernachlässigung des Kultes der Himmelskönigin Anahita (Jer 44, 18).

Andererseits gibt es auch vereinzelte Glaubenserfahrungen, die helfen, sich vor Mangel zu schützen: so gelten die Furcht JHWHs (*jāre'*, Ps 34, 10) und die Suche JHWHs (*dāraš*, v. 11) als sicheres Mittel, dem Mangel zu entgehen. Unzweifelhaft ist dieses Gedankengut der Weisheit entnommen (Kraus, BK XV/1, 271), vgl. Spr 28, 27, wo bes. das soziale Verhalten, die Freigebigkeit den Armen gegenüber, als Schutz vor eigenem Mangel herausgestellt wird. Das Wohlverhalten der Thora JHWHs gegenüber ist jedoch nicht immer alleiniger Garant dafür, dem Mangel zu entgehen. Freisein von Mangel und Entbehrung ist letztlich Geschenk Gottes. Diese Erkenntnis beherrscht seit dem Exodus den Glauben der Israeliten und ist im Zusammenhang mit *ḥāser* 4mal (von 7 Belegen) bestätigt. Gottes Hilfe und Fürsorge verschont das wandernde Volk vor jedem Mangel, so daß jeder Israelit eine ausreichende Menge Manna einzusammeln vermag (Ex 16, 18). Vierzig Jahre dominierte JHWHs Segen (*brk*) im Mitsein (*ʿim*) und Erkennen (*jādaʿ*) seines Volkes, so daß keinerlei Mangel dem Volk Sorge bereitete (Deut 2, 7 [Zusatz? Plöger, BBB 26, 54]); vgl. Neh 9, 21f., wobei *ḥāser* vornehmlich als Mangel an Lebensunterhalt verstanden wird. Gerade die Negation jeglichen Mangels (par. *miskenûṯ* „Armut", Deut 8,9) ist Kennzeichen des verheißenen Landes (vgl. Seitz, BWANT 93, 1971, 304). Diese im Geschehen von Exodus und Landnahme gründende Erkenntnis findet ihre Verdichtung in dem Bekenntnissatz Ps 23, 1: „JHWH ist mein Hirt, nichts wird mir fehlen!" In diesem Vertrauenslied – wahrscheinlich im Kult gesprochen – greift der Beter mit dem Bild des Hirten (→ רעה [*ro*ʿ*æh*]) eine alte Tradition auf, die vielleicht in die Patriarchenreligion zurückreicht (vgl. V. Maag, Der Hirte Israels, SThU 28, 1958, 2–28) und von hier aus mit den Elementen Verheißung und Beistand („Mit"-Sein, ʿ*im*, vgl. Ps 23, 4) verknüpft ist (vgl. Gen 49, 24 J; 48, 15 E). So liegt gerade in diesem Epitheton das Motiv seines Vertrauens. Die seltene Metapher JHWH als treusorgender Hirt (vgl. Ps 28, 9; 80, 2) wird bes. extensiv in den Trostsprüchen der exilischen Prophetie (Jer 23, 3; Ez 34, 11–22; Mi 4, 6–8; Jes 40, 10f.) durchgeführt. Gerade aus dem Berufsbild des Hirten (z. B. Ez 34, 1–4) ergibt sich für die Wendung *lo*' '*æḥsar* „nichts wird mir fehlen" eine reiche inhaltliche Auffüllung, zumal diese Metapher durch die Applikation auf JHWH eine Steigerung erfährt. *lo*' '*æḥsar* meint das Gesichertsein des Lebens, das unter der Verheißung steht und Gottes Führung, Schutz, Fürsorge, Rettung und Beistand genießt; vgl. W. E. Gößmann, Der Wandel des Gottesbildes in den Übersetzungen des 23. Psalms, MThZ 5, 1954, 276–288.

Die Negation des Mangels infolge göttlichen Beistandes findet in der exilischen Trostprophetie ihren Niederschlag, wie Jes 51, 14 zeigt – der Gefesselte wird befreit, leben und keinen Mangel an Nahrung haben –, jedoch legt sich die exilische Literatur gerade in der Benutzung des Terminus *ḥāser* eine bemerkenswerte Zurückhaltung auf, die erklärbar ist aus der greifbaren materiellen und seelischen Not dieser Zeit. Vielleicht ist unser Terminus zu sehr vom weisheitlichen Kolorit geprägt? In 1QH 15, 16 wird ein Zustand ohne Mangel neben ewigem Heil und dauerndem Frieden als Komponente der Heilszeit herausgestellt (vgl. H. J. Kandler, Die Bedeutung der Armut im Schrifttum von Chirbet Qumran, Judaica 13, 1957, 193–209, bes. 201 f.).

5. In Ps 8, 6, dem Schlüsselpunkt der Imago-Dei-Lehre (K. L. Schmidt) zeigt sich *ḥāser pi* als anthropologischer Terminus. Leider können die anderen *pi*-Belege nicht zur näheren Deutung herangezogen werden, da *ḥāser pi* nicht eindeutig faßbar ist (Jenni 73, 104). Die Seins- und Wesensbestimmung des Menschen in Ps 8, 5f. muß in Verbindung mit Hi 7, 17; 15, 14f. und Ps 144, 3f. zusammengesehen werden.

Diese Stellen (vgl. Gen 1, 26f.) gehen aus von der Frage nach dem Menschen (*māh-'ᵆnôš*; vgl. hierzu bes. W. Zimmerli, Was ist der Mensch?, in: Studien zur Alttestamentlichen Theologie und Prophetie, ThB 51, 1974, 311–324 und M. Klengel, „Was ist der Mensch?" Erwägungen zur biblischen Anthropologie heute, in: Probleme biblischer Theologie, Festschr. G. von Rad, 1971, 116–135). Weitere Lit.: → אדם ('*āḏām*) 92; T. Mettinger, Abbild oder Urbild? „Imago Dei" in traditionsgeschichtlicher Sicht, ZAW 86, 1974, 403–424; L. Scheffczyk [Hg.], Der Mensch als Bild Gottes, WdF 124, 1969; K. Gouders, Gottes Schöpfung und der Auftrag des Menschen [Ps 8], BiLe 14, 1973, 164–180).

In Ps 8 handelt es sich wohl um ein Loblied über die Herabneigung des majestätischen Gottes zum Menschen (K. L. Schmidt, in: Scheffczyk, 39), dessen kultische Einordnung unbestimmt ist (Kraus I, 66). Die Deutungen von v. 5f. sind seit LXX und V umstritten, die in '*ᵆlohîm* Engel sehen und damit im Lied einen mythologisierenden Vergleich des Menschen mit der Welt der Engel des himmlischen Hofstaates vermuten (Groß, Kraus, Jenni, Zimmerli, Hengel). Diese Deutung läßt jedoch die Aussage *wattᵉḥassᵉrehû mᵉ*ʿ*aṭ me'ᵆlohîm* nur unscharf erscheinen, da der Rang des himmlischen Hofstaates selbst nicht eindeutig bestimmbar ist. Versteht man jedoch unter '*ᵆlohîm* Gott (vgl. schon Hieronymus „paulo minus a Deo"), so ist eine in der *ḥsr*-Aussage explizite Rangabstufung des Menschen gegenüber Gott deutlicher greifbar und v. 5 ist eine Wesensaussage über den Menschen (vgl. G. von Rad 159 „elohimartig", Soggin, ASTI 8, 1970/71, 106 „zum göttlichen Wesen fehlt ihm nur wenig", ähnlich Wolff, Anthropologie, 328, Buber). Gegenüber der göttlichen Überlegenheit erscheint das Wesen des Menschen durch *ḥsr m*ʿ*ṭ* als niedriger und der Mensch wird als Beinahe-Gottheit (Ridderbos, De Psalmen, COT, 74) aufgefaßt. Vv. 6ff. wollen neben Wesen aber auch die Funktion des Menschen erklären, wenn sie ihn deutlich in königlichem Kolorit schildern. Seine Funktion im Gesamt der Schöpfung als Mandatar Gottes (Caspari, von Rad, Horst), als Weltverwalter (Wolff) im Auftrag Gottes (Zimmerli) ist primäres Thema unseres Ps. Sein Sonderrang und seine Auszeichnung bestehen darin, daß Gott den Menschen zwar nur wenig geringer gemacht hat, als er selbst ist, ihm zugleich aber das „Sein wie Gott" verwehrt hat. So besagt die Nähe zu Gott einerseits Differenz von der Schöpfung, anderseits jedoch nicht Identität mit Gott. Die kleine Spannweite im *ḥsr m*ʿ*ṭ* verbietet für Israel die im AO übliche Identifizierung des Königs mit Gott, zeigt aber umgekehrt zugleich an, daß der Mensch seinem Gott unmittelbar nahe ist. Die hinter Ps 8 stehende Königstradition wird im NT aufgegriffen und auf den erhöhten Christus, den König der Endzeit, appliziert (Hebr 2, 6–9; 1 Kor 15, 27; vgl. dazu Gouders 179).

Fabry

חָפַז *ḥāpaz*

חִפָּזוֹן *ḥippāzôn*

1. Wurzel, Bedeutung – 2. Synonyme, LXX – 3. Gebrauch im AT – 4. *ḥippāzôn*

1. Die Wurzel *ḥpz* (vgl. arab. *ḥafaza* 'antreiben, in Unruhe versetzen') dient im allgemeinen als Bezeichnung von Panik und eiliger Flucht. Die beiden Aspekte können jedoch nicht voneinander getrennt werden, weil der von Panik Getroffene gern zu fliehen wünscht und der Fliehende mehr oder weniger von Panik getroffen ist. Alle at.lichen Belege enthalten die beiden Aspekte, aber im *qal* ist die Panik betont, im *niph* die eilige Flucht. Das Verbum kommt im *qal* 6mal, im *niph* 3mal vor. Das Subst. *ḥippāzôn* ist 3mal belegt. In den Qumrantexten kommt das Verbum im *qal* 3mal vor.

2. Die Bedeutung 'Schrecken' hat *ḥpz* mit *rkk* und *jāre'* und *'āraṣ* gemeinsam. Dementsprechend finden sich alle vier Worte mehr oder weniger synonym in Deut 20, 3; 1QM 10, 4. In 1QM 15, 8 kommt dazu noch *ḥtt* als Parallelwort vor. Das *niph* von *ḥpz* steht in Ps 48, 6 mit *tmh* und *bhl*, in Ps 104, 7 mit *nûs* zusammen.

Die LXX bietet verschiedene Übersetzungen; *qal* αἰσθάνομαι (nur Hi 40, 23 für *ḥpz*; vgl. Schleusner: Lexicon veteris Testamenti; Sym καταπλήσησθαι), ἔκστασις, θαμβέομαι, σπεύδω und φοβέομαι; *niph* δειλιάω, σαλεύομαι, σκεπάζομαι. *ḥippazôn*: σπουδή und ταραχή 'Unordnung'.

3. Im konkreten Sinn wird *ḥāpaz* gebraucht in einer in die Erzählung von der Ermordung Išbošets eingeschobene Notiz: als Mephibošet ein Kind war, floh seine Wärterin mit ihm, und infolge der eiligen Flucht (*beḥŏpzāh lānûs*) ließ sie den Knaben fallen, so daß er lahm wurde (2 Sam 4, 4). Ebenso konkret ist 2 Kön 7, 15: die Aramäer flohen so übereilt von der Belagerung von Samaria, daß sie alle Kleider und Waffen auf dem Weg wegwarfen. Ketib hat hier *beheḥāpezām*, Qere aber *beḥŏpzām*, was einen Unterschied in der Nuance ergibt, aber sachlich dasselbe besagt. David wurde fast gefangen, als er vor Saul und seinen Männern floh (*næḥpaz lālækæṯ min*) aber der Angriff der Philister unterbrach die Verfolgung (1 Sam 23, 26). Ps 48, 6f. beschreibt die Panik und die eilige Flucht der Feinde JHWHs, als sie den Zionsberg sahen, vgl. z. B. 1 Sam 14, 15; Ps 46, 6ff.; 114, 1ff.; Jes 17, 12f.; 29, 5; 33, 3.

Die Israeliten werden aufgefordert, die Feinde im Krieg nicht zu fürchten, weil Gott auf ihrer Seite streitet, um ihnen den Sieg zu geben (Deut 20, 3; zur Häufung der Synonyma s. o. 1.; 1QM 10, 4; 15, 8). Der Mensch, der von Gott (Ps 31, 23) und Menschen (Ps 116, 11) verlassen zu sein glaubt, wird erschrokken und unruhig. Wahrscheinlich sagt der zerstörte Text 1QH 12, 19 etwas Ähnliches. In Hi 40, 23 steht *ḥpz* im Gegensatz zu *bāṭaḥ*. Behemot braucht nicht in Panik vor dem gewaltigen Wasser zu fliehen, sondern ist stark genug, um ruhig im Fluß zu bleiben.

ḥpz niph steht in Parallele zu *nûs*: das personifizierte, aber nicht göttliche Urwasser floh nach dem Schelten JHWHs eilend zu seinen bestimmten Plätzen (Ps 104, 7).

4. Das Nomen *ḥippāzôn* spielt in allen drei Belegen auf den Auszug aus Ägypten an. Das Essen von ungesäuertem Brot in Eile und Angst beim Passahfest wird mit der eiligen Flucht aus Ägypten begründet (Deut 16, 3), wobei man den Teig in Backtrögen, bevor er gesäuert worden war, mitbrachte (Ex 12, 34). Ungesäuertes Brot wird schnell gebacken (Gen 19, 3). Nach P soll das Passahlamm mit ungesäuertem Brot und bitteren Kräutern in Hast gegessen werden (Ex 12, 11). Dabei soll man mit gegürteten Hüften, mit Sandalen an den Füßen und mit Stäben in den Händen zum Aufbruch bereit sein. Das ist das Passah JHWHs (*pæsaḥ leJHWH*). (Zu den literarkritischen Problemen von Ex 12 vgl. P. Laaf, Die Pascha-Feier Israels [BBB 36, 1970, 10–18. 34. 135ff.], zum Ritus noch H. Haag, Pâque [DBS VI, 1960, 1120–1149].) Die Wurzel *psḥ* bezeichnet hüpfende Körperbewegungen, vgl. 1 Kön 18, 21. 26, und wahrscheinlich kamen derartige Bewegungen im Passahfest als Sinnbild der eiligen Flucht vor. (O. Keel [ZAW 84, 1972, 414–434, bes. 433] hält die hüpfende Bewegung für das wilde Springen der Dämonen, das zugleich als Bestandteil des Ritus dann apotropäische Funktion erhielt.) Die Passahfeier wird als eine Erinnerung (*zikkārôn* [→ זכר]) verstanden (Ex 12, 14). Der zweite Exodus, der Auszug aus Babel soll anders sein. Die Heimkehrenden brauchen nicht in Hast (*beḥippāzôn*) und Flucht (*bimnûsāh*) hinauszuziehen, sondern können ruhig und in Ordnung hinausgehen (*jāṣā'*, *hālak*), weil Gott als Führer an der Spitze geht und zugleich als Beschützer den Zug beschließt (Jes 52, 12), wie er es auch nach dem Auszug aus Ägypten bei der Verfolgung getan hatte (vgl. Ex 13, 31f.; 14, 19f.; Num 10, 33ff.; Jes 58, 8). Bei diesem zweiten Auszug braucht man auch nicht eine Verfolgung zu fürchten, weil Babel nicht mehr da ist (Jes 47).

André

חָפֵץ *ḥāpeṣ*

חֵפֶץ *ḥepæṣ*

I. 1. Etymologie und außerbibl. Belege – 2. Bedeutung – 3. Verteilung – 4. LXX – II. Profaner Sprachgebrauch – 1. *ḥāpeṣ* – 2. *ḥāpeṣ* mit Inf. – 3. *ḥepæṣ* – III. Theol. Sprachgebrauch – 1. Opfertheologie und Opferpolemik – 2. Polemik gegen kollektive Rechtskasuistik – 3. Gottes Zuwendung und Abweisung – 4. Gottes Heilswille – 5. Metaphor. Bezeichnungen, PN – IV. Qumran.

Lit.: *G. Gerleman*, חפץ *ḥpṣ* Gefallen haben (THAT I, 1971, 623–626). – *H.-J. Hermisson*, Sprache und Ritus im altisraelitischen Kult. Zur „Spiritualisierung" der Kultbegriffe im AT (WMANT 19, 1965, 47. 57f. 60–64. 141). – *G. Quell*, ἀγαπάω, A. Die Liebe im AT (ThWNT I, 1933, 20–34). – *R. Rendtorff*, Priesterliche Kulttheologie und prophetische Kultpolemik (ThLZ 81, 1956, 339–342). – *Ders.*, Die Gesetze in der Priesterschrift (FRLANT 62, ²1963). – *Ders.*, Studien zur Geschichte des Opfers im Alten Israel (WMANT 24, 1967). – *H.*

Schlier, αἱρέομαι (ThWNT I, 1933, 179). – *G. Schrenk*, θέλω, θέλημα (ThWNT III, 1938, 43–54). – *G. Segalla*, La volontà di Dio nei LXX in rapporto al TM: θέλημα, *rāṣôn*, *ḥēfeṣ* (RBibIt 13, 1965, 121–143). – *W. E. Staples*, The Meaning of *ḥēpeṣ* in Ecclesiastes (JNES 24, 1965, 110–112). – *C. Wiéner*, Recherches sur l'amour pour Dieu dans l'AT, Paris 1957. – *E. Würthwein*, Amos 5, 21–27 (ThLZ 72, 1947, 143–152).

I. 1. Die Etymologie der Wurzel *ḥpṣ* ist dunkel, denn alle ihre Belege sind relativ spät und beschränken sich auf den west- und vielleicht südsemit. Sprachbereich. Unsere Wurzel ist zu trennen von dem Homonym *ḥpṣ* II 'hängen lassen' (Hi 40, 17; vgl. arab. *ḫafaḍa* 'erniedrigen' [KBL³ 326] und vielleicht akk. *ḫabāṣu* II 'niederschlagen?, zermalmen' [AHw I, 303]). *ḥpṣ* I begegnet außerhalb des hebr. AT im MHebr. und Aram. Talmudischen als Subst. *ḥepæṣ* 'Wertgegenstand', *ḥ^a^pîṣāh* 'Verlangen, Lieben' und *ḥæpṣā'* 'Wertsache' (Levy, WTM II, 94f.) und im Syr. *ḥ^e^faṭ* 'delectatus est, studuit', *Etp.* 'desideratum est' (LexSyr² 249f.), Phön.-Pun. PN *ḥpṣb'l* 'pleasure of Ba'al' (Cooke), 'Baal is pleased' (Lane, vgl. F. L. Benz, Personal Names in the Phoenician and Punic Inscriptions, Studia Pohl 8, 1972, 316).

Die Lesung *mḥpṣ* 'Kostbarkeiten' in einem phön. Graffito im Osiris-Tempel in Abydos (LidzEph 2, 1908, 170) fand in der Forschung keine Bestätigung. Ebenso umstritten ist der einzige pun. Beleg (Poenulus 1142: *epsi* 'ma joie??' [DISO 94]).

In der altaram. Sefirestele III, 8 steht *lkl ḥpṣj* synthetisch par. zu *kl zj rḥm*; beide Formulierungen beziehen sich auf den „zwischen Potentaten des Altertums üblichen Geschenkaustausch" (KAI II, 268) und die so aufrecht erhaltene Wohlgesonnenheit, die nun vertraglich auf der Ebene der rechtlichen Loyalität und Solidarität fixiert werden soll. *rḥm* und *ḥpṣ* korrespondieren einander als „empfangene" und „gegebene" Wohlgesonnenheit, letzteres zu verdeutlichen als „Wohlgefallen". Beiderseitige Gunstbeziehungen manifestieren sich nun realpolitisch im Botschafteraustausch. Fitzmyer (BietOr 19, 1967, 97. 112) liest den Text anders (aber von Starcky, Dupont-Sommer und KAI bestritten) und versteht *ḥpṣ* als „Geschäftsverbindung".

Bes. im Arab. ist *ḥafiẓa* 'bewahren, behüten, beachten', *ḥifẓ* 'Bewahrung' (Wehr, Arab. Wb 171f.) verbreitet, das substantiviert dann auch eine Sache, Angelegenheit 'beachtenswert' macht und schließlich zur Bezeichnung für 'Sache, Angelegenheit, Geschäft' selbst wird (vgl. L. Kopf, VT 8, 1958, 173; Wagner, Aramaismen [BZAW 96, 1966] 58 und Jes 58, 13; Pred 3, 1. 17; 5, 7; 8, 6). *ḥpṣ* 'bewahren' begegnet auch in einer nabat. Inschrift (vgl. Jaussen-Savignac 33, 4) sowie in einigen asarab. Belegen (RES 2873, 1; 3310 B 1; Conti-Rossini 150b). Diese etymolog. Verwandtschaft läßt die Unterteilung DISO 94 in *ḥpṣ* I 'bewahren', 'Sache, Geschäft' und II 'Gefallen' als unberechtigt erscheinen.

Kaum zutreffend ist auch die Erwähnung eines asarab. NP *ḥfẓ* (KBL³ 326), denn diesem Namen (Bedeutung „Hyäne", RNP I, 97; II, 62) liegt eindeutig eine andere Wurzel (arab. *ḥfḍ*) zugrunde. – Vielleicht könnte *ḥpṣ* eine Verbindung haben zu akk. *ḫabāṣu* I 'üppig sein', gelegentlich 'fröhlich sein' (par. *râšu* 'jauchzen', vgl. AHw I, 303).

Als Bestandteil eines PN im Hebr. begegnet die Wurzel nur in *Ḥæpṣî-Bāh* (Mutter des Hiskia 2 Kön 21, 1) „Ich habe Gefallen an ihr" (KBL³ 327, vgl. Noth, IPN 223).

2. Die Wurzel *ḥpṣ* erscheint als Verbformativ, im Hebr. nur im *qal*, und als deverbale Nominalformative: als Ptz. oder Verbaladjektiv *ḥāpeṣ* und als Verbalabstraktum *ḥepæṣ*. Die etymolog. Grundbedeutung der Wurzel ist auch mit Hilfe der außerbibl. Belege nicht eindeutig zu definieren, da sich – bes. im südsemit. Bereich – heterogene Bedeutungselemente zeigen. Während sich im Süden vornehmlich die Elemente 'bewahren, behüten' (vgl. auch Ps 37, 23) herauskristallisiert haben, überwiegt im Nordwesten das emotionale Kolorit: aus dem 'Bewahren' wird ein intensives 'Sich kümmern um', ein frohes, bejahendes 'Wollen', dann 'Wohlgefallen haben, Lust haben', substantiviert das 'Wohlgefallen' einerseits und das „Kleinod", an dem man Wohlgefallen hat, andererseits. Daneben hat sich auch die emotional flache Bedeutung „Angelegenheit, Geschäft" erhalten (vgl. Wagner 58).

3. Das Verb begegnet im AT 73mal (Lisowski), vornehmlich bei Jes (12mal), im DtrGW (10mal) und im Estherbuch (7mal), dann auch in der Psalmen- (18mal) und Weisheitsliteratur (10mal). Kaum vertreten ist es im Pentateuch (nur 2mal) und im ChrGW (1mal). Das Verbaladj. *ḥāpeṣ* begegnet 12mal (Mandelkern rechnet noch Num 14, 8 und Mal 2, 17 hinzu), davon wiederum 6mal in den Pss. Das Nomen *ḥepæṣ* begegnet 38mal (im DtrGW 8mal, bei Jes 9mal, in den Pss dagegen nur 3mal). Sir benutzt Verb und Nomen je 7mal (Barthélemy-Rickenbacher, Konkordanz, 132f.).

In den Höhlen am Toten Meer begegnet das Verb 7mal (Kuhn, Konkordanz, 75, dazu noch zwei Urkundenbelege aus Murraba'at 30, 23 und 44, 6 [DJD II, Oxford 1961]) und das Nomen 15mal (zu Kuhn noch 3Q 14, 7, 1; 4Q 179, 1 II 10).

Das Verb *ḥāpeṣ* drückt eine Tätigkeit aus, die sehr häufig in den verschiedensten Zusammenhängen ausgesagt wird: von JHWH (35mal), dann auch vom König allgemein (8mal), und von David (3mal), Salomo und Ahašveros. Weitere Subjekte sind Israel, die Söhne Israels und die Völker, dann auch, vereinzelt, bestimmte und unbestimmte Individuen, schließlich die *næpæš* pars-pro-toto für die Person (Jes 66, 3). Verb und Nomen können sich auf Objekte beziehen: Grundsätzlich mit *b^e^* angeschlossen werden persönliche Objekte der Zuneigung (z. B. junges Mädchen, Frau, David, die Heiligen, die Frommen, der *'æbæd*, Israel, Kyros, Zion, Volk, Priester, Gott u. a.). Sachobjekte dagegen werden mit *l^e^* oder absolut angeschlossen: im Sinne von erstrebten Gütern (Gold, Weinberg, Brautpreis, Haus, Opfer), ideellen Werten (langes Leben, Hilfe, Rettung, Einsicht, Friede, Treue, Segen, Ehre, Worte, Gebote und Worte JHWHs, aber auch Krankheit, Unglück, Tod) und Tätigkeiten (heiraten, erwählen, lösen, Gutes und Gott Wohlgefälliges tun, gerecht sein, Almosen geben, aber auch jem. mit Krankheit schlagen, töten). Feste Wortverbindungen wie *dibrê ḥepæṣ* Pred 12, 10; *'abnê ḥepæṣ* Jes 54, 12; 1QM 5, 6 u. ö.; *'āśāh ḥepæṣ* 1 Kön 5, 22f.; CD 10, 20 u. ö. sind kaum auszumachen.

4. Wie das Wortfeld ist auch die Wiedergabe durch die LXX vielschichtig. Das Verb, incl. Adj. findet sein häufigstes Äquivalent in ϑέλειν/ἐϑέλειν (49mal, bes. in den Psalmen, während ϑέλειν sonst אבה vertritt), bes. dann, wenn Gott Subj. von *ḥāpeṣ* ist. Die Wiedergabe betont vor allem die absolute Bestimmtheit, souveräne Selbstsicherheit und die Wirksamkeit des Handelns, denn es meint ein entschlossenes wirksames Wollen (vgl. G. Schrenk, ThWNT III 47). Βούλεσϑαι (24mal) steht vornehmlich bei negierten *ḥāpeṣ*-Formen und meint dann ein entschlossenes Nichtwollen. 'Ευδοκεῖν steht 5mal für *ḥāpeṣ*, sonst meistens für *rāṣāh*. Die Nuance der Vorliebe und des Erwählens faßt die LXX durch Wiedergabe mit αἱρεῖν und αἱρετίζειν (je 1mal). Nur 2mal benutzt die LXX ἀγαπᾶν (Esth 6, 9; Ps 51, 6; sonst für *'āhab*, *rāḥam* und *rāṣāh*) und betont damit besonders das emotionale Bedeutungselement. Die gleichen Verben umschreiben häufig auch das Subst. *ḥepæṣ*. Häufigstes Nomen ist ϑέλημα (19mal) und πρᾶγμα (4mal, nur in Pred). ϑέλημα kann auch den kulttechnischen Begriff *rāṣôn* wiedergeben. ϑέλημα scheint „das willensmäßige Moment stärker hervorzukehren und das der Liebe und Neigung mehr zurückzustellen" (G. Schrenk, ThWNT III 54). Ein Rest erotischen Kolorits mag in der Übersetzung des PN *Ḥæpṣî-Bāh* durch ϑελημα ἐμόν (Jes 62, 4) noch zum Ausdruck kommen. In Jes 54, 12 versteht die LXX (ἐκλέγεσϑαι) *ḥepæṣ* als einen Erwählungsbegriff (vgl. auch Ps Sal 9, 4).

II. 1. Ca. 40mal begegnet das Verb *ḥāpeṣ* in profanen Zusammenhängen, wobei jedoch auch hier die Nähe zu theologischen Aussagen in vielen Fällen nicht zu leugnen ist. Dabei ist es auffällig, daß *ḥāpeṣ* nie das auf eine profane Sache gerichtete Wunsch-Interesse bezeichnet. Nur Jes 13, 17 wird von den Medern behauptet, daß sie bei militärischen Operationen sämtliche Bestechungsversuche mitleidlos zurückweisen, auf Silber nicht achten (*lo' jaḥšoḇû*) und sogar keinen Gefallen an Gold zeigen (*zāhāḇ lo' jaḥpeṣû-ḇô*), d. h. sie lassen sich durch nichts von ihren militärischen Unternehmungen abhalten. Der Zusammenhang macht deutlich, daß *ḥāpeṣ* hier nicht das eigentliche Begehren nach Gold meinen kann, sondern in negierter Diktion die Abweisung von Bestechungsgeldern aussagt und deshalb eine moralisch-ethisch höhere Qualifikation impliziert. Eher schon bezieht *ḥāpeṣ* sich auf Tätigkeiten und Sachverhalte.

In diese Kategorie fallen einmal die syntaktischen Verbindungen *ḥāpeṣ* + *le* + Inf. (vgl. u. II. 3.). In den Verhandlungen um den Weinberg zwischen Ahab und Naboth besagt *ḥāpeṣ* einen höheren Grad an Zustimmung („es ist dir lieber") als das *tôḇ be'ênæḵā* („es ist dir recht") zum Sachverhalt des Kauf- oder Tauschvertrages (1 Kön 21, 2. 6; vgl. ähnlich *bāḥar* 'achten > höher achten', Spr 8, 11).

Im Bereich von Freundschaft und Erotik spielt *ḥāpeṣ* eine bedeutende Rolle. Dies wurde in der Synonymenliste schon angezeigt durch *'āhaḇ*, *ḥāšaq*, *dāḇaq* etc. Solche Liebesbeziehungen können einmal zwischen Männern entstehen und hier vielfache Aktionen und Reaktionen bewirken. 1 Sam 18, 22 hat Saul Gefallen an David (*ḥāpeṣ be*), der auch beim Hof beliebt ist (*'ahebûḵā*). Diese Zuneigung gefällt David (*jāšar be'ênê*) und er stimmt zu, Sauls Schwiegersohn zu werden. Zusammen mit *'āhaḇ* bleibt *ḥāpeṣ* hier im Vorfeld der Erotik und wird ein Terminus der Freundesliebe. Jonathan hatte David sehr lieb (*ḥāpeṣ me'od*, 1 Sam 19, 1 // 20, 17: „er hatte ihn so lieb wie sein eigenes Herz" *'ahabat napšô 'ahebô*); das äußert sich darin, daß er ihn warnt, für ihn Recherchen einzieht und Fürsprache einlegt. Die erotische Konnotation kann völlig in Vergessenheit geraten, wenn *ḥāpeṣ* die Freundschaft zwischen Männern zu einem reinen Zweckbündnis qualifiziert 2 Sam 20, 11 und durchaus auch im parallelen Halbvers durch eine Dativus-possessivus-Konstruktion umschrieben werden kann.

Im sexuell-erotischen Bereich der Liebe zwischen Mann und Frau kann *ḥāpeṣ* sehr summarisch „Gefallen haben an" bedeuten, kann aber auch innerhalb der Stufung der Beziehungsbegriffe einen bestimmten Grad der Zuneigung anzeigen. So fand Gen 34, 19 der junge Sichem Gefallen (*ḥāpeṣ be*) an der Jakobstochter Dinah. Diese Aussage ist deutlich eine summarische Zusammenfassung von *dāḇaq* 'anhängen', *'āhaḇ* 'lieben', *dibbær 'al leḇ* 'ihr zu Herzen reden' (v. 3) und *ḥāšaq* 'ihr mit ganzem Herzen anhangen' (v. 8). Auch Deut 21, 14 ist *ḥāpeṣ* die summarische Aussage für die eheliche Zuneigung zur als Nebenfrau genommenen Sklavin. Diese Bestimmung regelt die Rechte dieser Kriegsgefangenen, die ein Israelit liebgewonnen (*ḥāšaq*) und zur Frau genommen (*lāqaḥ le'iššāh*, v. 11) hat. Nun, da ihr Mann kein Gefallen mehr zu ihr hat (*lo' ḥāpeṣ bāh*), d. h. sie haßt (*śāne'*, v. 15) und sie entläßt (*šillaḥ*), kann sie ihren sozialen Stand nicht wieder verlieren und als Sklavin weiterverkauft werden. Das Wechselspiel der sich steigernden gegenseitigen Zuneigung der Liebenden ist schon in Esth 2 zu verfolgen. Das Mädchen erregt danach Gefallen (*tîṭaḇ be'ênê*, vv. 2. 9) und erringt/gewinnt die Gunst (*tiśśā' ḥæsæd*, v. 9), da sie schön von Aussehen (*tîṭaḇ hanna'arāh*) war. Schließlich findet sie die persönliche Zuneigung (*tiśśā' ḥen*), und sie wird geliebt (*'āhaḇ*, v. 17). Nach Esth 2, 14 darf eine Bewerberin als Gemahlin des Ahašveros nach der ersten Nacht nicht mehr zum König zurückkehren, es sei denn, der König habe Gefallen an ihr gefunden (*kî 'im-ḥāpeṣ bāh*), ein Gefallen im Sinne erotisch-sexuellen „Begehrens".

Nicht unbestritten ist die Deutung des Ausrufes in HL 2, 7; 3, 5; 8, 4. Danach soll die Liebe (*hā'ahaḇāh*) (d. h. die Liebenden) nicht gestört und geweckt werden, „bis es ihr (ihnen) gefällt" (*'aḏ šætæḥpaṣ*); hier ist *ḥāpeṣ* absolut gebraucht, wohl im Sinne von „Gefallen, Lust haben" (vgl. W. Rudolph, KAT XVII/1–3, 1962, 131: „bis sie selbst genug haben"). Die Erklärung Würthweins (HAT I/18, 1969, 44) „bis es ihnen gefällt, die Brautkammer zu verlassen" trifft den Sinn von *ḥāpeṣ* nicht. Auch die gegenteilige Deutung Hallers (HAT I/18, 1940, 29), man sollte die Wonne der Liebenden nicht vor der Erfüllung stören, geht am Ziel vorbei. Tatsächlich soll hier wohl die Liebe der Liebenden sich selbst überlassen bleiben und nicht durch Entscheidungen von außen beeinflußt werden.

Eine völlig andere Problematik wird berührt, wenn der König Subjekt zu *ḥāpeṣ* wird. In allen Fällen wird das Verb dann Ausdruck für die Regal-Gewalt und Autorität des Königs, die – selbstgefällig und unkontrolliert ausgeübt – mit der Macht des Allkönigs JHWH kollidieren kann. So kann David allen Einsprüchen zum Trotz sein Begehren nach einer Volkszählung durchführen (2 Sam 24, 2f.) und sich damit den Zorn JHWHs zuziehen. Der König soll zwar Gott mit ganzem Herzen (*leḇ šālem*) und williger Seele (*næpæš ḥapeṣāh*) dienen (1 Chr 28, 9), aber die grundsätzliche Möglichkeit königlicher Willkür läßt Kohelet später davor warnen, dem König unkritisch zu gehorchen, denn in seinem *dāḇār* ist Gewalt und alles, was er will, kann er tun (*kŏl- 'ašær jaḥpoṣ ja'aśæh*, Pred 8, 3); diese Feststellung könnte eine bewußte Umdeutung des alten, wörtlich fast gleichen Weisheitsspruches Spr 21, 1 sein, wonach „das Herz des Königs Wasserbächen in JHWHs Hand gleicht; wohin immer er will, leitet er es", also jede königliche Machtäußerung in JHWHs Willen begründet sein läßt. Die Real-Geschichte hat aber schon bald diesen Weisheitsspruch als unrealistisches Ideal ausgewiesen mit dem bes. unrühmlichen Beispiel Jerobeam. Trotz des Drohwortes des „Gottesmannes von Juda" in Bethel gegen den Altar und das Heiligtum von Bethel und trotz des angedrohten Straftodes ging Jerobeam von seinen bösen Wegen nicht ab. Vielmehr zeigte sich seine Willkür und Vermessenheit darin, daß er jedem nach seinem Wunsch" (*hæḥāpeṣ*) die Hand füllte (→ מלא [*malle'*]) und ihn damit ungeachtet seiner genealogischen Abstammung zum Priester bestellte (1 Kön 13, 33). Die königliche Installationsmacht findet sich im Esther-Buch zu einer Formel verdichtet vor. In der Wendung *'îš 'ašær hammælæḵ ḥāpeṣ bîqārô* „der Mann, an dessen Ehrung der König Gefallen hat" (Esth 6, 6. 7. 9 [2mal]. 11) hat *ḥāpeṣ* die Bedeutung eines besonders angelegentlichen Wunsches oder Interesses für Mordechai, der für die Verhinderung eines Attentates gegen den König nun Ehrung und Auszeichnung (*jeqār ûgeḏûlāh*) erfahren soll, obwohl Haman dies für sich ausgerechnet hatte (v. 6).

Vor allem in den Pss bezeichnet *ḥāpeṣ* ein „Gefallen haben", „Streben" nach höheren, nicht materiellen Werten. In Ps 34, einem individuellen Danklied, das stark zur Form des Lehrgedichtes tendiert, fragt der Weisheitslehrer (v. 13) nach dem „Mann, der am Leben Gefallen hat (*hæḥāpeṣ ḥajjîm*), der die Tage liebt (*'oheḇ jāmîm*), um das Glück zu schauen". Angesichts des Lebens mit seinen vielfältigen Problemen findet der Psalmist im Kausalnex von Tun und Ergehen seine Antwort. Das urmenschliche Verlangen nach Lebensglück wird von Gott gestillt, wenn man ihn sucht (v. 11) und fürchtet (v. 12). Umgekehrt ist es Bestreben der Feinde, daß sie das Leben zu nehmen trachten (*biqqeš næpæš*) und es zerstören wollen (*sāpāh*). Als solche sind sie *ḥapeṣê rā'āh*, „die nach dem Unglück (des Beters) trachten" (Ps 40, 15; 70, 3). Ebenfalls in einem Klagelied (Ps 35) bittet der Bedrängte: „Laß nicht jubeln über mich verlogene Feinde ..." (v. 19), vielmehr sollen jubeln alle, „die an meiner Rechtfertigung Gefallen haben" (*ḥapeṣê ṣiḏqî*, v. 27), also die Wiederherstellung des ungestörten Lebensverhältnisses des Beters zu JHWH (Kraus, BK XV/1, 278) wünschen. In Ps 109, 17 ist der Segen (*berāḵāh*) Objekt zu *ḥāpeṣ*. Der Angeklagte soll einen Armen und Elenden mit dem Fluch verfolgt haben (vgl. Kraus, BK XV/2, 479). Seine Feinde wollen nun den Tun-Ergehen-Zusammenhang gegen ihn durch einen Fluch in Gang setzen: „Er liebte (*'āhaḇ*) den Fluch, so komme er über ihn! Er hatte keinen Gefallen (*lo' ḥāpeṣ*) an Segen, so bleibe er ihm fern!" Nach Sir 15, 16f. hat Gott Feuer und Wasser, Tod und Leben in die Entscheidung des Menschen gelegt: „wonach dich verlangt (*taḥpôṣ*), strecke deine Hand aus" (v. 16b). Hier bedeutet *ḥāpeṣ* „gern haben, begehren, erstreben".

Das Gefallen des Menschen, sein Begehren kann und soll sich auch auf die göttlichen Heilsgüter richten. Der Mensch kann Gott in seinen Großtaten (*geḏolîm*) in der Geschichte erkennen (Ps 111, 2) und daran Wohlgefallen (*ḥāpeṣ*) finden. Dies drückt sich dann aus im Lobpreis JHWHs mit ganzem Herzen (v. 1). Erfahrbarkeit Gottes und menschliche Freude korrespondieren (und bedingen) einander, denn nur „freudige, innere Anteilnahme erfährt das Geheimnis und die Wundertaten Jahwes" (Kraus, BK XV/2, 467f.). Auf die Gebote JHWHs (*miṣwôṯ*) richtet sich das besondere (*me'oḏ*) Begehren der Frommen (Ps 112, 1; 119, 35; vgl. Sir 15, 15), das sich dann weiter äußert in Gottesfurcht (→ ירא) und konkretisiert in der Mildtätigkeit gegenüber den Armen (Ps 112, 5. 9). Die *ḥepæṣ beṯôraṯ JHWH* ist Ps 1, 2 geradezu unverwechselbares Signum des Gerechten. Deutlich zeigt sich in der Fülle der Parallelformulierungen (*hagāh beṯôrāh*, „nicht wandeln im Kreis der Frevler" etc.), daß *ḥāpeṣ* mehr meint als emotionale Zuneigung, vielmehr freudig bewegte existentielle Ausrichtung des ganzen Lebens. Dies kann sich auch ausgestalten zu einer tätigen Gottesverehrung Jes 58, 2.

Im Rahmen einer Schelt- und Mahnrede (vv. 1–12) fragt Israel: „Warum fasten wir, und du siehst es nicht ...?" Des weiteren wird der Gemeindekult beschrieben mit: Gottsuche (*dāraš*, v. 2), sie begehren Kenntnis seiner Wege (*da'aṯ derāḵaj jæḥpāṣûn*), fordern (*šā'al*) von Gott

Recht und begehren, Gott zu nahen (*qirbat 'ᵉlohîm jæḥpāṣûn*). In diesem Kontext entspricht *ḥāpeṣ* offensichtlich dem Terminus der Gottesbefragung (→ שאל [*šā'al*]), ursprünglich durch den Propheten durchgeführt; später könnte in den Volksklagen oder in Klagefeiern *ḥāpeṣ* allgemein JHWH-Verehrung bedeuten. So zeigt sich *ḥāpeṣ* auch hier als Terminus der Gottesverehrung.

Im Gegenzug ist es Charakteristikum der Frevler, daß sie kein Gefallen an der Erkenntnis der Wege Gottes (*da'at dᵉrākækā lo' ḥāpāṣnû*) haben (Hi 21, 14), d. h. sie kümmern sich nicht um seine Weisungen und Forderungen und wollen sie erst recht nicht befolgen. *lo' ḥāpeṣ* wird damit zum Terminus der Ablehnung. In solcher Ablehnung des Wortes Gottes, das dem Volk zum Hohn (*ḥærpāh*) geworden ist, zeigt sich die von Jeremia (6, 10) beklagte Unbußfertigkeit des Restes Israels. Schließlich ist es charakteristisch für den Toren (*kᵉsîl*), daß er die Einsicht (*tᵉbûnāh*) ablehnt (Spr 18, 2; vgl. Sir 6, 32; 15, 15 [?]; 51, 13).
Schließlich kann das Sehnen des Menschen auch auf Gott selbst (Ps 73, 25) oder seinen Boten (Mal 3, 1) zielen. Es erscheint als höchstes Glück des Menschen, nur auf Gott sein *ḥāpeṣ* auszurichten. Er empfindet seine Nähe als köstlich (*ṭôb*). So kann er dann verwundert fragen: *mî-lî baššāmajim wᵉ'immᵉkā lo'-ḥāpaṣtî bā'āræṣ* „Wen brauche ich (sonst) im Himmel, und außer dir ersehne ich nichts auf der Erde" (Ps 73, 25). In dieser Freude an der gegenwärtigen Lebenseinheit mit Gott liegt das letztgültige Motiv der Glaubensgewißheit. Diese Lebenseinheit „ist das einzige, das ganze Leben erfüllende Gut, nicht nur höchstes Gut neben anderen Gütern" (A. Weiser, ATD 14/15, ⁷1966, 350; zur innigen Bedeutung von *ḥāpeṣ* vgl. Augustins „inquietum est cor nostrum, donec requiescat in te" [PL 32, 661]).

2. Wenn *ḥāpeṣ* mit Inf. konstruiert wird, kann es die Konnotation von 'gern, freudig' ausbilden, parallel mit *rāṣāh*; die Verben der Freude *śāmaḥ, ḥādāl, 'ālaṣ* o. a. erscheinen jedoch nicht im Kontext. Zur Negation *lo' ḥāpeṣ* finden sich || *lo' 'ābāh* und *me'en*. So behandelt Deut 25, 7. 8 den Fall der Leviratsehe-Bestimmung, daß der Schwager *lo' jaḥpoṣ lāqaḥat 'æt-jᵉbimtô*) seine Schwägerin nicht (zur Frau) nehmen will; parallel zu *ḥāpeṣ* stehen *me'en* 'sich weigern' und *lo' 'ābāh* 'nicht wollen', so daß *lo' ḥāpeṣ* das willentliche Moment betont: keinen Gefallen haben, nicht wollen, sich weigern, ablehnen. Vgl. auch Ruth 3, 13b „wenn er keine Lust hat, dich zu lösen" (*lo' jaḥpoṣ lᵉgŏ'ᵒlek*). 1 Kön 9, 1 wird die Vollendung des Tempelbaues und von allem, was Salomo auszuführen wünschte (*'ᵃšær ḥāpeṣ la'ᵃśôt*) beschrieben (in 2 Chr 7, 11 ff. fehlt der Relativsatz); hier kann man *ḥāpeṣ* auch mit „gerne wollen" oder einfach „wollen" übersetzen. Mit einem doppelten Infinitiv steht *ḥāpeṣ* Jer 42, 22; der Prophet warnt davor, nach Ägypten ausziehen und sich dort niederlassen „zu wollen" (*'ᵃšær ḥāpaṣtæm lābô' lāgûr šām*). Ps 40, 9 spricht vom „Gefallen" der Frommen, JHWHs Willen zu erfüllen *la'ᵃśôt rᵉṣonᵉkā ... ḥāpaṣtî*); *ḥāpeṣ* betont das Moment der inneren Willigkeit, des Gehorsams (vgl. das verliehene Ohr v. 7) und der Freude und rekurriert auf die Verwerfung bzw. Nicht-Anrechnung der Opfer durch JHWH: *lo' ḥāpaṣtî* || *lo' šā'altā* v. 7. – Ägypten – das „Schilftier" hat Gefallen an Kriegführen (*qᵉrābôt jæḥpāṣû*) und Freude am Silber (*raṣṣê-kāsæp*, Ps 68, 31). Hiob 9, 3; 13, 3 meint *ḥāpeṣ* „wollen", „gern tun": mit Gott rechten (*lārîb* bzw. *hôkeaḥ*); vgl. auch Hi 33, 32 „rede, denn ich will dir recht geben (*ḥāpaṣtî ṣaddᵉqækā*)". 1 Kön 5, 23 meint *ḥæpṣî lātet læḥæm* Hirams Forderung auf Brotlieferung für das zu liefernde Holz. Neh 1, 11 bittet Nehemia, Gott möge aufmerksam auf das Gebet seiner Knechte, „die Gefallen haben, deinen Namen zu fürchten" (*'ᵃbādækā haḥᵃpeṣîm lᵉjir'āh 'æt-šᵉmækā*), d. h. denen „die Verehrung JHWHs ein Herzensanliegen ist" (W. Rudolph, HAT I/20, 1949, 105). Haman fragt Esther 6, 6: „An wem hat der König Gefallen Ehre zu erweisen, außer an mir (*lᵉmî jaḥpoṣ hammælæk la'ᵃśôt jᵉqār jôter*)?" Hier hat *ḥāpeṣ* die Bezeichnung „gerne wollen".

3. Im profanen Sprachgebrauch erklärt sich die semantische Spezifizierung von *ḥepæṣ* wesentlich von den sehr unterschiedlichen Objekten her.
JHWH hat Davids *ješa'* und *ḥepæṣ* sprossen lassen (2 Sam 23, 5). Die Übersetzung von *ḥepæṣ* ist unterschiedlich: „Begehren, Wohlbehagen, Erfolg"; nach A. Schulz (EHAT VIII/2, 1920, 273) soll damit die „Nachkommenschaft" gemeint sein. Wahrscheinlicher ist jedoch „Heil und Wohlgefallen" oder „Glück und Erfolg" als Wirkungen der *bᵉrît 'olām*. – Seeleute und Reisende freuen sich (*jiśmᵉḥû*), daß JHWH sie zum „ersehnten Hafen" (*mᵉḥôz ḥæpṣām*) gebracht hat (Ps 107, 30). Kein „Gefallen (oder Interesse) an seinem Hause" hat der Frevler nach seinem Tode (Hi 21, 21). Hi 31, 16 bedeutet *meḥepæṣ dallîm* den „Wunsch" der Armen, den Hiob nie abgeschlagen (*māna'*), wie er auch die Augen der Witwe nicht schmachten ließ (*killāh*). Im Handelsvertrag Hiram-Salomo bezeichnet *kŏl-ḥæpṣᵉkā* bzw. *ḥæpṣî* den „Wunsch" nach Zedern- und Zypressenholz bzw. Lebensmittel 1 Kön 5, 22. 24; 5, 23; nach 1 Kön 9, 11 gab Hiram Gold „ganz nach seinem Begehren" (*lᵉkŏl-ḥæpṣô*). – 1 Sam 18, 25 hat Saul kein Verlangen nach einem Brautpreis (*'ên ḥepæṣ lammælæk bᵉmohar*). Nach 1 Kön 10, 13 par. 2 Chr 9, 12 gab Salomo der Königin von Saba *'æt-kŏl-ḥæpṣāh 'ᵃšær šā'ālāh* „all' ihre Wünsche, was sie erbat".
Nach Hos 8, 8 ist Israel unter den Völkern *kikᵉlî 'ên-ḥepæṣ*, gleich einem Gefäß „ohne Gefallen", „ohne Kostbarkeit" oder „Wert" (vgl. Spr 3, 15; 8, 11); mit dem Verlust der Selbständigkeit hat Israel auch die Achtung und Bedeutung unter den Völkern verloren, gleich einem wertlosen Gefäß. Ebenso erscheint Jojachin (Konjahu) als „verachtetes und weggeworfenes Gefäß" (*'æṣæb nibzæh nāpûṣ*), als Gerät ohne „Gefallen", oder „Wert" (Jer 22, 28). Nach Jer 48, 38 zerbricht JHWH Moab „wie ein wertloses Gefäß"; Moab ist zum Gespött und Entsetzen (*liśḥoq wᵉlimḥittāh*) für seine Nachbarn geworden.
Nach der Verheißung Jes 54, 12 wird Jerusalem herrlicher denn je mit Bauteilen aus Rubinen (*kadkod*), Karfunkel- oder Kristallsteinen (*'abnê 'æqdāḥ*) und

Edelsteinen (*'abnê-ḥepæṣ*). – Die Weisheit ist besser als Korallen (*p^e^nînîm*), alle Kostbarkeiten (*ḥ^a^pāṣîm*) kommen ihr nicht gleich (Spr 3, 15; 8, 11); vielleicht ist *ḥ^a^pāṣîm* als Verkürzung von *'abnê-ḥepæṣ* zu erklären. Der Brustschild Aarons ist „mit Edelsteinen (*'abnê-ḥepæṣ*) graviert wie ein Siegel" (Sir 45, 11b); der Hohepriester Simon ist wie ein mit Gold überzogenes Gefäß, das besetzt ist mit Edelsteinen (*'abnê ḥepæṣ*) aller Art (Sir 50, 9c). – Am Sabbat ist es verboten, Geschäfte zu betreiben (*'āśāh ḥepæṣ* bzw. *māṣā' ḥepæṣ*) oder Verhandlungen zu führen (*dabber dāḇār*, Jes 58, 3. 13). Spr 31, 13 beschafft die tüchtige Hausfrau Wolle und Flachs und schafft *b^e^ḥepæṣ kappêhā*. *ḥepæṣ* könnte „Gefallen", „Wille" oder „Geschäft" bedeuten, so daß die Hausfrau „schafft mit wohlgefälligen oder willig-fleißigen oder geschäftig-emsigen Händen"; Gemser (HAT I/16, 1937, z. St.) übersetzt „mit lustigen Händen". – Bei Prediger hat *ḥepæṣ* überwiegend außer 5, 3 die Bedeutung „Vorhaben, Unternehmen, Tun, Sache"; vgl. Staples 112: „. . . regulary denotes the ‚business or facts' of life; and in every case it reflects the will of God".

In Pred 3, 5 steht *ḥepæṣ* parallel zu *hakkōl*: „Für alles gibt es eine Stunde (*z^e^mān*) und eine Zeit (*'eṯ*) für jedwedes Vorhaben (*l^e^kŏl-ḥepæṣ*) unter dem Himmel." *ḥepæṣ* wird in v. 2–8 durch 2 × 7 Weisen menschlichen Tuns näher beschrieben. In 3, 17 stehen *kŏl-ḥepæṣ* und *kŏl-hamma'^a^śæh* „jegliches Unternehmen" || „jegliches Tun" parallel, nach v. 16. 17a ist das Treiben des Gerechten und des Frevlers gemeint, die Gott richtet. – Über „Unterdrückung der Armen" (*'ošæq rā'*) und Rechtsentzug (*gezæl mišpāṭ*) soll man sich nicht ereifern und über das Tun *ḥepæṣ* korrupter Beamten sich nicht wundern 5, 7, weil „die sich kontrollierenden Instanzen sich zugleich decken" (Galling HAT I/18², 101).
Auch für das Königsgericht gilt die Sentenz „Für jegliches ‚Vorhaben' (*ḥepæṣ*) gibt es Zeit und Gericht – oder besser einen richtigen Augenblick" 8, 6, der über den Erfolg des Prozesses entscheidet. Für den König bedeutet *kŏl-'^a^šær jaḥpoṣ ja'^a^śæh* 8, 3 die absolute Freiheit zu tun, was er will; *ḥāpeṣ* hat den Sinn von „wollen, planen, vorhaben". Auch 12, 1 dürfte die Bedeutung „Geschäft, Vorhaben" der Übersetzung „Gefallen" vorzuziehen sein, wenn es von den bösen Tagen und den Jahren des Greises heißt *'ên-lî bāhæm ḥepæṣ*; der Greis kann kein „Vorhaben", keine „Arbeit" mehr verrichten. – Verschieden interpretiert werden die *diḇrê-ḥepæṣ* || *diḇrê 'æmæṯ* 12, 10, die der Prediger zu finden strebte.
Meist wird übersetzt „gefällige", „Gefallen findende" Worte; vgl. Dahood (Bibl 47, 1963, 281) „felicitous words". Staples 112: „. . . he was looking for solid facts upon which to base an honest thesis"; Galling (HAT² 123 f.) übersetzt zur Wahrheit hin „vorantreibende Worte". – Vielleicht handelt es sich doch um „Gefallen findende", d. h. „überzeugende" und „zuverlässige" (*'æmæṯ*) Sprüche.

In Sirach sind die *ḥepæṣ*-Belege textlich teilweise unsicher. Sir 10, 26a mahnt: „Spiele nicht den Weisen, wenn du *ḥæpṣ^e^kā* (τὸ ἔργον σου) tust *la'^a^ḇod* (B *la'^a^śoṯ*); *ḥepæṣ* bedeutet hier vielleicht „Geschäft, Arbeit". Dagegen scheint es Sir 15, 12b „Gefallen" zu meinen, jedoch liest Kod. A *ṣōræḵ* „Nutzen": Gott hat keinen Gefallen (Nutzen) an frevelhaften Menschen. Vgl. Peters² 160; Smend 141. – Wer den Willen Gottes erforscht, empfängt nach Sir 34, 14 Einsicht: *dôreš 'el* || *dôreš tôrāh* || *dôreš ḥ^a^pāṣê 'el jiqqaḥ læqaḥ* || *rāṣôn* || *mûsār*. – Gott hat Gefallen (*ḥepæṣ*) am Umlauf des Mondes 11, 6 f.; vgl. auch 43, 7b. – Unsicher ist 11, 23, wo LXX χρεία für *ḥæpṣî* gebraucht. Vgl. Peters 60 f.: *māh ḥæpṣî kî 'āśîtî ḥæpṣî* „Was brauche ich noch, denn ich habe mein Begehren erfüllt?" (anders Smend 109 *ḥæpṣî* = meine Arbeit).

III. 1. Die termini *ḥāpeṣ*/*ḥepæṣ* spielen wie *rāṣāh*/*rāṣôn* in der (priesterlichen) Kulttheologie und besonders in der prophetischen Kultpolemik eine Rolle.

In Anschluß an Mowinckel, Gunkel, H. Schmidt u. a. suchte E. Würthwein an Am 5, 21–27 aufzuzeigen, daß es in Israel Orakel und Opferschau gab, bei denen man schon vor der speziellen und individuellen Verkündigung des Orakels das Ergebnis der Opferschau – wohlgefällige Annahme oder Ablehnung – in allgemeinen Wendungen festgehalten habe. Bei der Kultpolemik verkehrt der Prophet das Gewohnte in sein Gegenteil, indem er jeweils ein *lo'* vorsetzt, so daß es dann keine gnädige Aufnahme von Opfern und Festen und keine Erhörung von frommen Gesängen mehr gibt. – R. Rendtorff geht bei der Erklärung der termini *rāṣāh*/*rāṣôn* für die „Wohlgefälligkeit" eines Opfers von einer Anrechnungstheologie aus: ein rite, d. h. unter Beachtung bestimmter ritueller Vorschriften vollzogenes Opfer erhält die priesterliche Deklarationsformel *'olāh hû'* bzw. *ṭāme' hû'* o. ä. und wird dem Opfer-Darbringer angerechnet. – In der Kultpolemik wenden sich die Propheten „gegen ein falsches Verständnis der priesterlichen Anrechnungstheologie, das ein rite vollzogenes Opfer auf Grund des priesterlichen Anrechnungsvotums als Garantie für ein einwandfreies Verhältnis zu JHWH ansieht" (ThLZ 81, 1956, 342).

Die priesterliche Kultterminologie und -theologie, wie sie zu Anfang der Opferrituale Lev 1–5 in 1, 3. 4 oder Lev 7, 18; 19, 5. 7 zum Ausdruck kommt, zeigt sich auch Jes 1, 11 ff.: In einer abgewandelten oder nachgeahmten priesterlichen Thora fragt JHWH: „Was soll mir die Menge eurer Schlachtopfer? . . . Satt hab' ich die Brandopfer von Widdern . . . und das Blut von Stieren, Kälbern und Böcken mag ich nicht (*lo' ḥāpaṣtî*)." An Deklarationsformeln erinnert in v. 13 die Bezeichnung der *minḥāh* als „nichtig, Trug" (*šāw'*) und des Räucheropfers (*q^e^ṭoræṯ*) als „Greuel" (*tô'eḇāh*; vgl. Lev 18, 22 *tô'eḇāh hî'*). In der prophetischen Kultpolemik ist die Wohlgefälligkeits- und Annahmeformel durch *lo'* ins Gegenteil verkehrt; die Häufung der Unmutsverben „nicht ertragen" (*lo' jûḵal*) (13b), „hassen" (*śāne'*) (14a), „müde zu ertragen" (*nil'āh n^e^śo'*) (14b) unterstreicht die emphatische Polemik gegen Israels Kultgebaren, das JHWH nicht wohlgefällig annehmen will *ḥāpeṣ*. In Mal 1, 10 ff. stehen *ḥepæṣ* und *rāṣāh* zusammen: JHWH hat kein Gefallen an den Priestern (*'ên-lî ḥepæṣ bāḵæm*) wegen ihres unehrerbietigen Opferdienstes, *minḥāh* nimmt er nicht wohlgefällig an (*lo' 'ærṣæh*) aus ihrer Hand. Der Zusammenhang von Wohlgefallen *rāṣāh* und kultischer Qualifikation der

Opfertiere kommt 1, 13 zum Ausdruck, wenn JHWH im Blick auf lahme, kranke, geraubte Opfertiere fragt: „Kann ich das wohlgefällig annehmen (*ha'ærṣæh*) von eurer Hand?" Vgl. auch Mal 2, 13: „(JHWH) lehnt es ab, sich euren Opfern zuzuwenden und es wohlgefällig anzunehmen (*me'en p^e^nôṯ ... lāqaḥat rāṣôn*). Auch in Ps 51, 8. 18 stehen *ḥāpeṣ* und *rāṣāh* zum Ausdruck der Kult- und Opferkritik: JHWH hat an *zæbaḥ* kein Gefallen (*lo' ḥāpeṣ*), noch rechnet er wohlgefällig Brandopfer an (*lo' rāṣāh 'olôṯ* v. 18); Gefallen hat er an Treue (*'æmæṯ ḥāpeṣ* v. 8), ein zerknirschter Geist ist JHWHs *zæbaḥ* v. 19a, ein zerschlagenes Herz verachtet er nicht (*lo' bāzāh* v. 19b). Der Beter ist sicher, daß ein zerknirschtes Herz – anstelle von Schlacht- und Brandopfer – nicht dem Verwerfungsurteil verfällt; vgl. auch Hermisson 47. – Erst im neuerrichteten Jerusalem hat JHWH wieder Gefallen *ḥāpeṣ* an vorschriftsmäßigen (oder Gerechtigkeit vermittelnden? [W. Beyerlin, FRLANT 99, 1970]) Opfern, an Brand- und Ganzopfern Ps 51, 20f.

Opfer- und Anrechnungstheologie könnte auch Ri 13, 23 durchblicken. Gegen die Befürchtung Manoachs, sie müßten nach der Erscheinung des Boten Gottes sterben, argumentiert seine Frau: „Wenn es JHWH gefallen hätte, uns zu töten (*ḥāpeṣ lah^a^mîṯenû*), hätte er nicht Brand- und Speiseopfer von uns angenommen (*lo'-lāqaḥ*). Die tatsächliche Annahme (*lāqaḥ*) der Opfer würde also JHWHs Wohlgefallen implizieren, zumindest aber eine Tötungsabsicht ausschließen.

Prophetische Kultpolemik zeigt sich besonders in der Antithese Herz/Geist, Gehorsam u. a. und Opfer. Nach Hos 6, 6 hat JHWH Gefallen (*ḥāpeṣ*) an bundesgemäßem Verhalten (→ חסד [*ḥæsæḏ*]) und nicht (*w^e^lo'*) an Schlachtopfer, an Gotteserkenntnis statt (anders H. Kruse [VT 4, 1954, 385–400]) Brandopfer. – Priesterliche Opfertheologie mit Annahme und Verwerfung in Verbindung mit der polemischen Antithese Opfer-Gehorsam veranschaulicht auch die Verwerfung Sauls wegen Nichtbeachtung des Bannes. Auf Sauls Einrede fragt Samuel 1 Sam 15, 22f.: „Hat JHWH Gefallen (*ḥepæṣ*) an Brand- und Schlachtopfern wie am Gehorsam gegen JHWHs Befehl ...?" Der „Verwerfung" (*mā'as*) des Wortes JHWHs entspricht die göttliche Verwerfung Sauls als König v. 23b. Hören (*š^e^moa' haqšîḇ*) auf Gottes Stimme findet JHWHs Gefallen und Annahme (*ḥepæṣ*), nicht dagegen Schlacht- und Brandopfer, die JHWH von Saul nicht verlangt hatte.

Nach Rendtorff (Studien 259) gehört auch 2 Sam 15, 26 in den Bereich der Opfertheologie, auch wenn nicht von Opfern die Rede ist: Bei der Flucht läßt David die Lade nicht mitnehmen mit der Erklärung: „Wenn ich Gnade finde (*māṣā' ḥen*) vor den Augen JHWHs, dann wird er mich ... ihre Wohnung wiedersehen lassen; wenn er aber sagt ‚ich habe kein Gefallen an dir' (*lo' ḥāpaṣtî bāḵ*) – hier bin ich ..." Doch das Moment *ḥen* scheint auch für *ḥāpeṣ* das Moment der Gnade, der gnädigen Wegführung zu implizieren.

Auch Ps 40, 7–9 ist die prophetische Verwerfung des Opferkultes vorausgesetzt, vor allem in der Gegenüberstellung Opfer–Gehorsam: „An Schlacht- und Speiseopfern hast du kein Gefallen (*lo' ḥāpaṣtî*), Brand- und Sündopfer verlangst du nicht (*lo' šā'altā*)! Doch Ohren hast du mir eingegraben" v. 7. Besonders deutlich bringt v. 9 die Gehorsamsbereitschaft des dankenden Beters zum Ausdruck: „Ich habe Gefallen (*ḥāpaṣtî*), deinen Willen (*r^e^ṣôn^e^ḵā*) zu erfüllen, dein Gesetz trage ich in meinem Herzen." – Diese Substituierung und in etwa auch schon Spiritualisierung der Opfer ist Ps 51, 8 weitergeführt durch *'æmæṯ ḥāpaṣtā*, statt Opfer rechnet Gott *'æmæṯ* an; vgl. auch Hermisson 46ff. – In einer prophetischen oder gottesdienstlichen Polemik beklagt JHWH Jes 66, 4cβ, daß die Abtrünnigen „taten, was böse in meinen Augen, und erwählten (*bāḥ^a^rû*), was mir nicht gefiel (*lo' ḥāpaṣtî*)." Neben paganen Opfern (vgl. ThWAT II 844f.) hatten die Abtrünnigen Gefallen an „Scheusalen" (*šiqqûṣîm*). JHWHs *lo' ḥāpeṣ* beinhaltet Ablehnung und Verwerfung, bei den Abtrünnigen bedeutet *ḥāpeṣ* || *bāḥar* Gefallen, freiwillige Hingabe. In dem dtr (?) Zusatz Jes 65, 11f. wird JHWHs Mißfallen an den Frevlern damit begründet, daß sie JHWH verlassen, den hl. Berg vergessen und den Schicksalsgottheiten Kult dargebracht haben (v. 11).

2. Eine kultgeprägte Polemik gegen eine kollektive fatalistische Rechtskanonistik liegt wohl Ez 18, 23 vor: mit JHWHs Frage „Habe ich wirklich Gefallen (*hæḥāpoṣ 'æḥpoṣ*) am Tod [des] Frevlers und nicht vielmehr an seiner Umkehr von seinem Wandel, daß er lebt (*w^e^ḥājāh*)?" Die Lebenszusage an den von seinen Sünden umkehrenden Gottlosen, dessen Vergehen nicht gedacht wird (*lo' jizzāḵ^e^rû* v. 22) macht die stilistisch sehr auffallende und voller Anteilnahme formulierte Frage im Rahmen einer „sachlich-kasuistischen Ordnungsrede" (W. Zimmerli, BK XIII/1, 413) voll verständlich. Die betonte Lebenszusage vv. 21. 22. 23 weist schon auf den priesterlich-kultischen Rahmen einer Tempelthora hin. Der automatische Tat-Ergehen-Zusammenhang, der Schuld und Todesfolge findet nicht JHWHs Zustimmung, er durchbricht den Automatismus durch das freie Angebot der Umkehr und hat Gefallen an der Lebenszusage und Neubeginn.
In Ez 18, 32 ist die Frage von 18, 23 direkt gewendet und mit dem Umkehr-Ruf verbunden. In 33, 11 antwortet JHWH mit der feierlichen und leidenschaftlichen Schwurform „so wahr ich lebe", daß er kein Gefallen am Tod des Gottlosen hat, sondern in seinem Heilswillen neue, ungeschuldete Lebensmöglichkeit schenkt. Nach Eichrodt (ATD 22/1, 153) schließt die Lebenszusage „die durch Vergebung und Segnung Jahves erfolgte Herausnahme aus dem Strafverhängnis ein, in welchem die Verbannten sich dem Tode preisgegeben fühlen." In jedem Fall drückt *ḥāpeṣ* die prophetische Polemik und Absage an kollektive Rechtskasuistik zugunsten der indivi-

duellen Möglichkeit von Umkehr und neuem Leben aus.

In blasphemischer Umkehr des Tat-Ergehen-Zusammenhangs behaupten die Zweifler der Jerusalemer Gemeinde Mal 2, 17, jeder Übeltäter (*'ośæh rā'*) sei gut in den Augen Gottes, an solchen habe er Gefallen (*ûḇāhæm hû' ḥāpeṣ*). Die Tatfolgen von *ra'* und *ṭôḇ* werden antithetisch ausgetauscht. JHWH hat angeblich am Übeltäter Gefallen und nicht mehr am Gerechten und Gottesfürchtigen. JHWHs *ḥāpeṣ* am Gerechten manifestiert sich im Segen, den Übeltäter erwartet Untergang, Ausrottung und sonstiges Unheil; wahrscheinlich bedeutet es die Zuwendung zum Gerechten und Gottesfürchtigen, die in einer Deklaration *ṣaddîq hû'* o. ä. die Annahme und Anrechnung des gottesfürchtigen Wandels aussprach bzw. die Ablehnung des Übeltäters.

3. Im theol. Sprachgebrauch drückt *ḥāpeṣ* weiter Gottes Zuwendung oder Abweisung aus: In einem Danklied Ps 18, 20 bekennt ein König: „Er führte mich auf freien Plan, errettete mich (*jeḥalleṣenî*), denn er hatte Gefallen an mir (*ḥāpeṣ lî*)." In vv. 21–27 folgt eine Selbstdeklaration als *ṣaddîq*, die die göttliche Korrespondenz nach sich zieht: „Gegen den Frommen erzeigst du dich huldvoll (*'im ḥāsîḏ tiṯḥassāḏ*)" v. 26. Gottes *ḥāpeṣ* ist seine Zuwendung zum König, die sich in Beistand, Errettung und Sieg über die Feinde erweist. Dem *ḥāpeṣ* v. 20 entspricht *hiṯḥassāḏ* v. 26. Nach Ps 35, 27 hat Gott Wohlgefallen am *šālôm* seines verfolgten Knechtes, was nach v. 28 als Gerechtigkeitserweis (*ṣeḏāqāh*) gilt; alle Freunde, die seine Rechtfertigung gern wollen (*ḥapeṣê*), sollen jubeln und sich freuen. Ps 22, 9 spotten die Feinde des Bedrängten, Gott möge ihn doch befreien und retten, er habe ja Gefallen an ihm (*ḥāpeṣ bô*). Gnade und Wohlgefallen sollen Ps 41, 12 den gottgefälligen Beter aufrichten, daß die Feinde nicht über ihn jubeln. Den „Heiligen im Lande" gilt sein Wohlgefallen und seine Zuwendung (*ḥæpṣî*) Ps 16, 3. Am Weg der Gerechten hat er Gefallen (*darkô jæḥpāṣ*) und lenkt seine Schritte Ps 37, 23, während der Frevler umkommt. – Kein Gefallen hat JHWH am Frevel (*lo' ḥāpeṣ ræša'*) Ps 5, 5, er haßt (*śāne'*) alle Übeltäter v. 6b, vernichtet (*'ibbaḏ*) Lügner und verabscheut (*te'eḇ*) Mörder und Betrüger v. 7. Die entschiedene Ablehnung (*lo' ḥāpeṣ*) wird durch die parallelen Verben *śāne'*, *'ibbaḏ* und *te'eḇ* wirksam unterstrichen. Kein Gefallen hat JHWH an der Stärke von Pferden und Männern (*lo' ḥāpeṣ || lo' rāṣāh*) Ps 147, 10, wohl aber an denen, die ihn fürchten und auf seine Huld harren v. 11. – Als Ausdruck der Allmacht gilt „was immer er will, vollbringt er (*kōl 'ašær ḥāpeṣ 'āśāh*) 115, 3; 135, 6. Nach Pred 5, 3 hat Gott kein Gefallen an Toren (*'ên ḥepæṣ bakkesilîm*) (anders Staples).

Wenn JHWH Gefallen *ḥāpeṣ* an Israel hat, wird er es in das Land führen, das von Milch und Honig fließt, Num 14, 8. *ḥāpeṣ* hat den Sinn von wohlgefällig, wohlgesinnt oder zugetan sein. JHWHs *ḥepæṣ* gibt ihnen Zuversicht und Kraft, die Gefahren des Landes und seiner Riesen zu bestehen vgl. 13, 32ff.; 14, 3.

In einer prophetischen Liturgie feiert die Gemeinde JHWH als den, der Gefallen hat an Liebe (*ḥāpeṣ ḥæsæḏ*, Mich 7, 18). Er vergibt Schuld (*nośe' 'āwôn*), verzeiht Frevel (*'oḇer 'al-pæša'* ...); man hofft, daß er sich wieder erbarme (*jeraḥamenû*), die Schuld zertrete (*jiḵbos*) und alle Sünden hinabwirft (*jašlîḵ*) in den Abgrund des Meeres v. 19. Gottes *ḥāpeṣ* bedeutet Annahme und Anrechnung der Liebe und erweist sich in Gnadenzuwendung, Vergebung und Erbarmen. – Nach Jer 9, 23 hat JHWH Gefallen an rechter Einsicht und Gotteserkenntnis.

Jon 1, 14 bitten die Seeleute, bevor sie Jona ins Meer werfen, Gott um Verschonung: „denn du tust, was dir gefällt". Dies soll wohl eine Entschuldigung sein: „Jahvé lui-même leur semble avoir voulu les associer à ses intentions vindicatives à l'égard de Jonas" (A. van Hoonacker, Les Douze Petits Prophètes, Paris 1908, 329f.). Sie erfüllen nur seinen Willen (*ka'ašær ḥāpaṣtā 'āśîtā*). Hi 22, 3 stehen *ḥepæṣ kî tiṣdaq* parallel zu *bæṣa' kî-tattem deraḵæḵā* und *sāḵan*; hier scheint *ḥepæṣ* wie *bæṣa'* und *sāḵan* „Gewinn, Nutzen" zu bedeuten. Eliphaz fragt, welchen Gewinn Gott von Hiobs Gerechtigkeit und lauteren Lebenswandel haben sollte.

Nach 1 Sam 2, 25 hatte JHWH Gefallen daran oder war entschlossen, die Eliden sterben zu lassen *ḥāpeṣ JHWH lahamîtām*. Der Tod wird als Folge ihres frevelhaften Tuns vom Verfasser theologisch so interpretiert, daß JHWH von vornherein ihren frühzeitigen Tod beschlossen hatte (vgl. auch 1 Sam 16, 14ff.; 2 Sam 24, 1f.; 1 Kön 22, 20) und so als Lenker der Ereignisse erschien, die zum Königtum hinüberleiten (H. J. Stoebe, KAT VIII/1, 1973, 114). *ḥāpeṣ* ist hier Ausdruck der Absicht des göttlichen Geschichtswillens, -Planens und -Waltens, was hier im konkreten Fall als eine Art Verstockung und Vorherbestimmung verstanden wurde. Zum Verstokkungsproblem vgl. F. Hesse, BZAW 74, 1955, anders M. Tsevat, JBR 32, 1964, 355–358.

Schließlich steht 1 Kön 10, 9 = 2 Chr 9, 8 *ḥāpeṣ* parallel zu *'āhaḇ*: Die Königin von Saba preist Salomos Gott, der Gefallen hatte, Salomo auf den Thron Israels zu setzen (*ḥāpeṣ JHWH letitteḵā*); weil er Israel liebte (*be'ahaḇaṯ*), [um ihm ewigen Bestand zu verleihen] habe er ihn zum König gemacht, um Recht und Gerechtigkeit zu üben. *ḥāpeṣ* „Gefallen haben", „geneigt-gewogen sein" hat zugleich die Konnotation von *'āhaḇ* „lieben". – *ḥāpeṣ* bei Gott steht in Konnotation zu: *'āhaḇ* 1 Kön 10, 9 = 2 Chr 9, 8, *hiṯḥassāḏ* Ps 18, 20. 26; *rānan, śāmaḥ* Ps 35, 27; *nāśā' 'āwôn || 'āḇar 'al-pæša'* Mich 7, 18; *nāṣal/hiṣṣîl* Ps 22, 9; *lo' ḥāpeṣ* zu *lo' rāṣāh* Ps 147, 10.

4. Heilsgeschichtliche und soteriologische Züge hat *ḥepæṣ* bei Dt-Jesaja. Zutreffend bemerkt K. Elliger (BK XI/4, 286), daß in 40–55 bei *ḥpṣ* fast überall die Gefühlskomponente gegenüber der Willenskomponente zurücktritt; *ḥepæṣ* bezeichnet den Willen JHWHs. Jes 44, 28 (vgl. 26); 46, 10; 48, 10 steht

ḥepæṣ in Parallele zu *ʿeṣāh*: JHWHs *ʿeṣāh* steht fest und all sein *ḥepæṣ* wird er ausführen (*ʿāśāh*, 44, 28), JHWHs Geschichtshandeln wird seinen Plan (*ʿeṣāh*) und seinen Heilswillen durchführen; er wird Kyros berufen, um durch ihn sein Volk zu erretten und Tempel und Stadt wieder aufzubauen 44, 26. 28. JHWH selbst richtet das Wort 'seiner Knechte' auf (*meqîm debar ʿabādājw*) und vollführt den Plan (*ʿaṣat malʾākājw jaślîm*, 26); Kyros soll all' seinen *ḥepæṣ* vollführen (*kŏl-ḥæpṣî jaślîm*), gemeint ist der Wiederaufbau Jerusalems und des Tempels (v. 26b). Neben *ʿeṣāh* || *ḥepæṣ* haben wir eine weitere Parallele *meqîm debar ʿabādājw* || *ʿaṣat malʾākājw jaślîm* || *kŏl ḥæpṣî jaślîm*. Nach 48, 14 wird Kyros JHWHs Heilswillen ausführen (*jaʿaśæh ḥæpṣî*). JHWHs *ḥepæṣ* meint einen göttlichen Akt soteriologischer Art, den Heilswillen Gottes zur Befreiung Israels und zum Wiederaufbau Jerusalems. – Nach Jes 53, 10 wird JHWHs *ḥepæṣ* durch den 'Zerschlagenen', den Leidensknecht, gelingen; JHWHs *ḥepæṣ* d. i. sein Vorhaben, sein Plan und Ratschluß (so F. Feldmann, EHAT 14/2, 1926, 170) zielt nach 42, 1ff.; 49, 1ff. auf die Erlösung Israels und der Heiden. Auch hier hat *ḥepæṣ* deutlich heilsgeschichtlich-geschichtlichen Bezug und meint den Heilswillen JHWHs. Vgl. auch Jes 42, 21, daß JHWH das Exil und das gegenwärtige Elend um seines Heiles willen gewollt habe (*ḥāpeṣ*). JHWHs Wort kehrt nicht leer zurück, ohne daß es vollbracht, was JHWH wollte (*ʿāśāh ʾæt-ʾašær ḥāpaṣtî*), und ausgerichtet, wozu er es gesandt (*hiṣliaḥ ʾašær šelaḥtîw*, Jes 55, 11); es bringt Gottes Willen und Zweck, *ḥāpeṣ* und *šālaḥ* zur Ausführung: Frieden, Glück und Heimkehr.

Die prophetische Thora über die Zulassung von Eunuchen und Fremden zur JHWH-Gemeinde und zum Tempelgottesdienst Jes 56, 3–7, stellt den Eunuchen Bedingungen: Einhalten des Sabbats, freie Entscheidung für das, was Gott gefällt (*bāḥar baʾašær ḥāpaṣtî*) und Festhalten am Bund v. 4; *bāḥar baʾašær ḥāpaṣtî* heißt freie Entscheidung für den Willen, den sie zu dem ihrigen machen sollen (F. Feldmann, EHAT 14/2, 1926, 198). Unter diesen Grundvoraussetzungen erhalten sie von JHWH im Tempel „Mal und Namen", was alle Kinderlosigkeit aufwiegt und ihnen einen „ewigen Namen" verleiht. – *ḥāpeṣ* hat die Bedeutung von Wille, Heilswille, Geschichtswille zur Rettung der Exulanten und Jerusalems (Jes 42, 21; 44, 26. 28; 48, 10; 53, 10), parallel mit *ʿeṣāh* (Jes 44, 26) und *šālaḥ* (Auftrag) (Jes 55, 11); es geht um seine Verwirklichung *ʿāśāh*, *šillem* (44, 28; 48, 14; 55, 11). In der Thora für die Eunuchen bedeutet „alles, was JHWH liebt" die Einhaltung von Sabbat, Bund und Geboten, wofür sie sich freiwillig entschieden (*bāḥar*).

5. Mal 3, 12 wird Israel als *ʾæræṣ ḥepæṣ* (oder *ḥæpṣî*), als „Land des (meines?) Wohlgefallens" bezeichnet. Wahrscheinlich ist an das Land des göttlichen Wohlgefallens gedacht, das als gottgesegnetes Land eine Pracht und Zierde ist, vgl. Sach 7, 14; dagegen bezeichnet der Prophet Edom als „Frevelgau" (*gebûl rišʿāh*, Mal 1, 4). – In bräutlich-ehelicher Metaphorik wird Jes 62, 4 Jerusalem bezeichnet als *ḥæpṣî-bāh* (im Gegensatz zu *ʿazûbāh* „Verlassene"), weil JHWH daran Wohlgefallen hat; wie der Jüngling die Braut freit (*jibʿal*) und der Bräutigam sich der Braut freut (*meśoś*), so freut (*jāśîś*) sich Gott an Jerusalem v. 5. *ḥepæṣ*/*ḥāpeṣ* ist durch den Parallelismus *bāʿal betulāh* und *māśôś*, *śûś* inhaltlich emotional geprägt. – Vgl. auch Hephziba, die Mutter Hiskias 2 Kön 21, 1.

IV. Der Sprachgebrauch in den Schriften von Qumran bestätigt im wesentlichen den at.lichen Befund. „Geschäfte, Aufgaben, Verpflichtungen" des Leitungsgremiums (1QS 3, 17; CD 14, 12 [im Nachsatz als soziale Verpflichtungen qualifiziert]) und die Geschäfte des Einzelnen, speziell am Sabbat (CD 10, 20; 11, 2) werden mit *ḥepæṣ* bezeichnet. In der Sitzung der *Rabbim* bezeichnet *ḥepæṣ* wohl die offizielle Redeerlaubnis, ohne die kein Mitglied das Wort ergreifen darf (1QS 6, 11). Wie in Jes 54, 12 begegnen auch in Qumran die *ʾabnê ḥepæṣ* als Besatz der Schilde (1QM 5, 6), der Speer-Tüllen (5, 9) und der Schwertscheiden (5, 14). Neben Vieh, Silber und Gold zählen die Edelsteine zum Reichtum des endzeitlichen Jerusalems. – Wie vor den Geheimnissen (*rzjm*) so steht der Beter auch staunend vor dem *ḥpṣ* Gottes, der vom Schöpfer gesetzten geheimnisvollen und wunderbaren „Bestimmung" der kosmischen Himmelskörper (1QH 1, 13; vgl. 1QHfragm 3, 7). Gott selbst schenkt die *ḥpṣj rṣwnw*, die „Wünsche seines Willens" par. *ʿdwt ṣdqw*, *drkj ʾmtw* (CD 3, 15), damit der Mensch sie erfüllt und durch sie lebt (*ḥjh bhm*). (Vgl. dazu G. Segalla. La volontà di Dio in Qumran [RBibIt 11, 1963, 377–395]). Der Wille Gottes (*rṣwn*) ist das einzige, auf das der Mensch sein Gefallen ausrichten soll (1QS 9, 24). Er ist der Urgrund für jede menschliche Aktivität (1QH 10, 5).

Botterweck

חָפַר *ḥāpar*

I. Etymologie – II. *ḥpr* I 'graben' – 1. Belege – 2. Theologie – III. *ḥpr* II 'beschämt sein' – 1. Belege – 2. Theologie – IV. LXX.

Lit.: *M. A. Klopfenstein*, Scham und Schande nach dem Alten Testament (AThANT 62, 1972). – *D. J. McCarthy*, Some Holy War Vocabulary in Joshua 2 (CBQ 33, 1971, 228–230). – *J. L. Palache*, Semantic Notes on the Hebrew Lexicon, Leiden 1959.

I. Die hebr. Lexika unterscheiden meist *ḥpr* I 'graben' und *ḥpr* II 'sich schämen'. Die Semantik der akk. Verben, in denen der entsprechende Lautbestand vermutet wird, ist so disparat, daß Wort- und Bedeutungsgeschichte dunkel bleiben. Es werden auch für den ostsemitischen Bereich homophone Wurzeln angenommen. Im Jung- und Spätbabyl. und im Assyr. ist ein *ḫepēru, ḫapāru(m)* II ‛graben’, ‛kratzen’ (CAD VI, 170; AHw I, 340) belegt. Das entspräche in der ersten Bedeutung *ḥpr* I. Auch im Altsüdarab., Arab., Äth. ist der gleiche Lautbestand in der gleichen Bedeutung belegt (KBL³ 327). Demgegenüber ist bisher kein überzeugender semantischer Brückenschlag vom altbabyl. *ḫapāru(m)* I ‛umgeben, umzingeln’, auch ‛versammeln’, zu *ḥpr* II und zu arab. *ḫafira* und äth. *ḫafara* (KBL³ 327) ‛sich schämen’ gelungen (vgl. AHw I, 321: Klopfenstein 170–171).

II. 1. *ḥpr* I kommt 23mal, nur im Grundstamm des Verbs, vor, von der wahrscheinlich nicht einschlägigen Stelle Jes 2, 20 abgesehen (vgl. BHS). Die Belege sind einzeln oder in Gruppen auf mehrere Bedeutungen verteilt. Philologisch problemlos ist die Bedeutung ‛graben’: meist einen Brunnen (Gen 21, 30; 26, 15. 18. 19. 21. 22. 32; Num 21, 18), eine Grube (Ps 7, 16) oder „nach etwas graben“: nach Wasser (Ex 7, 24), sogar nach dem Tod (Hi 3, 21); mit eingeschlossenem Objekt: ein Loch in die Erde (Deut 23, 14), wahrscheinlich auch eine Fallgrube (Ps 35, 7; vgl. Pred 10, 8); ‛nachsehen’ nach etwas Verborgenem (Jer 13, 7). Auch das ‛scharren’ des Kriegsrosses (Hi 39, 21) ist auf Grund des Babyl. keine Schwierigkeit (AHw I, 340; CAD VI, 170). Hi 39, 29a ist die Bedeutung ‛erspähen’ für *ḥāp̱ar* gesichert durch die Parallele 39, 29b. Ihr steht nahe (militärisch) „auskundschaften“ (Deut 1, 22; Jos 2, 2. 3; vgl. Palache 32. 16. 22. 76; McCarthy 228).

2. a) Im Sinn von ‛graben’ steht *ḥāp̱ar* also in alten oder wahrscheinlich archaisierenden Texten. Das für das wichtige Brunnengraben und das Ausheben von Gruben anscheinend geläufigere Verb *kārāh* gesellt sich gelegentlich parallel dazu (Num 21, 18; vgl. Gen 26, 25; A. Lods, Histoire de la littérature Hébraïque et Juive, Paris 1950, 41–43).Ps 7, 16a stehen beide nebeneinander. Hier wie Ps 35, 7 und Pred 10, 8 liegt der Rechtsmechanismus der Talio zugrunde. Sie wird in den Psalmen gerne mit der für andere bestimmten Grube dargestellt, aber oft mit gewöhnlicheren Verben (Ps 9, 16; 57, 7; vgl. Spr 26, 27). *ḥāp̱ar* ist also wohl bewußt gewählt und hebt die Feierlichkeit. In der autobiographisch dargestellten Zeichenhandlung des Jeremia (Jer 13, 1–11) ist das Zurückholen des vorher auf Gottes Geheiß verborgenen Gürtels ein zentraler Zug des Geschehens, dem darum dieses bei Jeremia einmalige Verb gut ansteht (Jer 13, 7).

b) Gewisse Härten legen es in dem eben erwähnten Text Ps 35, 7b nahe, für *ḥāp̱ar* nicht die „Grube“ von v. 7a zu ergänzen, sondern es ohne direktes Objekt zu verstehen, etwa im Sinn von ‛böswillig ausspähen’, ‛nachstellen’, ‛verfolgen’ (vgl. Dahood, AB 16, 212). Dem liegt Hi 3, 21 nahe: die vom Leid Gebeugten ersehnen umsonst den Tod, „sie jagen ihm nach (*wajjaḥpᵉruhû* transitiv!) mehr (verbissener) als nach verborgenen Schätzen“. In beiden Texten gehen ‛graben’ und ‛ausschauen, trachten nach’ ineinander über (vgl. u.). Hi 39, 29 beschreibt Gott das Menschen unverständliche Wunder des scharfäugigen Raubvogels. Hi 11, 18b ist vielleicht ein vertrauensvolles, ruhiges ‛sich umsehen’. An drei Stellen steht die Bedeutung (militärisch) ‛auskundschaften’ fest; zu einer genaueren Ortsbestimmung reicht das karge Material nicht aus. Jos 2, 2. 3 wird das Wort nur von Kanaanäern für die israelitischen Spione gebraucht, offenbar als vorgegebener Zug, da die (redaktionelle) Einleitung andere Verben benützt (2, 1). Andererseits ist es im heutigen Kontext Deut 1, 22 vom Verfasser über den Sprecher, Mose, den Israeliten in den Mund gelegt. Deut 1, 19–46 verwendet den ältesten Bestand von Num 13–14. Dort ist in den priesterschriftlichen Partien ausschließlich *tûr* gebraucht, an einer alten Stelle das gewöhnliche *rā'āh* (Num 13, 18). Deut 1, 22 kann nun eine noch nicht bearbeitete Textform seiner Quelle verwenden (vgl. R. de Vaux, Histoire ancienne d'Israël. Des origines à l'installation en Canaan, Paris 1971, 488) oder *ḥāp̱ar* selbst gewählt haben. *ḥāp̱ar* erscheint in allen späteren Texten bewußt archaisierend: mit der literarischen Qualität soll es die Wucht der Aussage heben; Deut 1, 22 etwa die Belastung des Volkes und die Entlastung des Mose.

III. 1. *ḥpr* II kommt 17mal vor, 13mal im *qal*, 4mal im *hiph*. Den von den Lexika angegebenen Sinn ‛sich schämen’ möchte neuerdings Klopfenstein (170–183) präzisieren: (subjektiv erlebtes) ‛beschämt, scheu, verlegen, geniert sein’ im Unterschied zur Ursache, der (objektiven) ‛Schande’ (v. a. → בוש [*bôš*]; vgl. a.a.O. 182). Bei dieser Auffassung seien die einzelnen Stellen besser und verständlicher innerlich strukturiert, obwohl Klopfenstein selbst zugibt, daß das Verb unter einem starken „Bedeutungsdruck“ vieler anderer Verben derselben Sphäre steht, bes. *bôš*, die ihm meist vorangestellt sind. Nur ein einziges Mal, Ps 34, 6, ist *ḥāp̱ar* selbständig.

2. Verglichen mit dem Bild der am ausgetrockneten Bach enttäuschten und erschöpften Karawane (Hi 6, 20) sind alle übrigen Belege „theologisch“.

a) Die lebenskundlichen Aussagen Spr 13, 5 und 19, 26 sind einander darin ähnlich, daß sie nicht fordern, sondern feststellen, im zweiten Glied mit *ḥāp̱ar* enden, das mit einfachem *wāw* copulativum an ein unmittelbar vorausgehendes Verb anschließt. Spr 13, 5 liegt ein eigentlicher antithetischer Parallelismus vor: „Falsches Wort haßt der Gerechte“, *wᵉrāšā‛ jaḇîš wᵉjaḥpîr*. Die Verbfolge ist einmalig, darum auch die Eigenbedeutung der Wurzeln und des *hiph* wahrscheinlich lebendig: „Der Ungerechte aber bringt in Verruf und Verlegenheit“ (Klopfenstein 173). Da Spr 19, 26a in sich nach Syntax und Sinn abgeschlossen ist (vgl. G. R. Driver, ThZ 11, 1955, 373–374), meint 26b *ben meḇîš ûmaḥpîr* kaum nur den „ungeratenen Sohn“, sondern eher den „Schandkerl“ (vgl. Spr 10, 5; 17, 2; Seebaß → בוש [*bôš*] 579). Die Folge *bôš–ḥāp̱ar* ist so häufig, daß die beiden Partizipien bedeutungsmäßig wohl verschmelzen. Das zweite steht eher aus Gewohnheit, wegen des Stils und Metrums. „Theologisch“ sind die Themen. Wie „profan“ immer die Beobachtungen ursprünglich gewesen sein mögen, der Gerechte und *rāšā‘* werden zu einem ständigen Thema nicht nur in der Spruchliteratur, auch bei Propheten und in Psalmen (vgl. O. Keel, Feinde und Gottesleugner, SBM 7, 1969, 109–131); mit dem, der sich gegen die Eltern verfehlt, beschäftigen sich immer wieder Weisheit (Spr 1, 8f.; 10, 1; 20, 20; 30, 17; Sir 3, 1–16) und Gesetz (Ex 20, 12; 21, 15. 17; Lev 20, 9; Deut 5, 16; 21, 18–21; 27, 16).

b) Öfters ist Kinderlosigkeit Ursache auch für *ḥāpar*. Jes 54, 4 ergeht an Israel im Exil eine Verheißung. Es ist angeredet als kinderlose (v. 1–3) Frau, die nie einen Mann gehabt hat und schließlich das Schicksal der Witwen, der Verlassensten erleidet (v. 4). V. 4a endet eine Reihe von vier durch zweimaliges *kî-lo’* zu zwei Paaren gruppierten Verben mit *kî-lo’ taḥpîrî*. Anscheinend entspricht das wohl innerlich transitive *hiph* wie das erste Verb der Reihe: „fürchte nicht“, der subjektiven Erlebensseite, während die beiden mittleren (*bôš*, *klm*) die objektive Geschehensseite meinen. Zwei Verben stehen zu je einem Nomen von v. 4b in einem Wortspiel: *kî-lo’ tebôšî* zu *bošæt*, *lo’ taḥpîrî* zu *ḥærpāh*. *ḥāpar* ist so betont auf die Schmach der Witwenschaft bezogen (vgl. Klopfenstein 77. 181f.). All das wird aber ein Ende nehmen. Umgekehrt ist Jer 15, 9 deutlich zu verstehen gegeben, daß eine „Mutter von sieben“ Kindern alle verlieren wird (vgl. v. 7: Kinderlosigkeit über das Volk). Die Folge wird sein *bôšāh weḥāperāh*. Jer 50, 12b (nicht jeremianisch; vgl. W. Rudolph, Jeremia, HAT I/12³, 301) wird die „Mutter“ und „Gebärerin“ der Angeredeten (Babel) in die gleiche Lage kommen; denn „das Ende der Heiden ist: Wüste, Dürre, Steppe“.

c) Zweimal spielt *ḥāpar* in strenger (synonymer oder synthetischer) Parallele zu *bôš* eine Rolle in der prophetischen Polemik gegen illegitime Kulte. Mi 3, 7 sagt der Prophet den „Sehern“ und „Zauberern“ „Schimpf und Schande“ zu und beschreibt deren äußere Reaktion: „Sie verhüllen sich alle den Lippenbart“. Der Grund: sie erhalten keine Antwort von Gott oder den Götzen (vgl. v. 6). *ḥāpar* ist also mit *bôš* Folge des Scheiterns der Existenz: es versagt jene Mitte, der man sich verschrieben hat. Jes 1, 29 ist dies womöglich noch ausdrücklicher: *ḥāpar* wie *bôš* sind mit (kausalem) *min* und den „begehrten“ (*ḥamadtæm*) und „erwählten“ (*beḥartæm*) Objekten der Kulte, „Terebinthen“ und „Gärten“, konstruiert. Die volle (moralische) Vernichtung ist die unausweichliche Folge; die vv. 28. 30–31 rahmen mit konventionellen Zügen, was die beiden Verben in Kategorien der persönlichen Widerfahrnis und des Erlebens sagen.

d) Sonderbar ist die Übertragung von *ḥāpar* auf die Natur als Subjekt. Jes 33, 7–8 schildert die Reaktion auf das Anrücken eines (eschatologisch-apokalyptischen) Feindes, den nichts aufhält, den keine rechtlichen und moralischen Bindungen hemmen, der „den Menschen für nichts achtet“. V. 9 beschreibt das Sterben der Natur. Der Libanon ist dabei auf ganz unerwartete Weise personifiziert: *hæḥpîr lebānôn qāmal* „Der Libanon steht beschämt, verlaust“ (O. Kaiser, ATD 18, 268). Dabei ist *ḥpr hiph* (aber nicht transitiv) ausnahmsweise selbständig, frei von seiner gewöhnlichen Umgebung. Jes 24, 23 sind *ḥāpar* und *bôš* – in dieser Reihenfolge! – meristisch auf „die Bleiche“ (den Mond) und „die Heiße“ (die Sonne) als Subjekte angewandt. Beim apokalyptischen Anbruch des Reiches JHWHs verblassen sie vor JHWHs Glanz auf dem Zion.

e) In den Psalmen ist *ḥāpar* meist in Klageliedern gegen Feinde gerichtet. Ps 83, 18 (wahrscheinlich vorexilisch, vgl. v. 9: „Assur“) schließt die Bitten gegen feindliche Völker (10–18) ähnlich wie Jes 54, 4 mit zwei Paaren vier verschiedener Verben ab. *ḥāpar* ist das dritte; doch ist die dichterische Häufung vermutlich wichtiger als genaue, angeblich intendierte Unterscheidungen. Meist ist anscheinend nicht besonderes Gewicht auf die mögliche Eigenbedeutung des Verbs im Verband mit parallelen Verben und Wendungen gelegt; diese können sogar untereinander ausgetauscht werden. Nur Ps 71, 24 ist eine Aussage, also soviel wie ein Vertrauensbekenntnis; alle anderen Belege sind Bitten gegen die Feinde: Ps 35, 4. 26; 40, 15; 70, 3. Nur Ps 34, 6 *ûpenêhæm ’al-jæḥpārû* „sie müssen nicht zuschanden werden“ stellt formal eine Negation dar, der Sache nach aber eine positive Bitte, mit einer positiven Parallele: die nach JHWH ausschauen, „strahlen“, sie sollen bestehen.

f) Damit ist vermutlich das bei weitem vorherrschende konstante semantische Substrat berührt. Nur in Spr sagt *ḥāpar* in erster Linie etwas über den negativen Menschentyp, mit dem der Spruch sich gerade befaßt: daß der Betreffende durch sein Tun kompromittiert ist, weniger, daß er anderen nahetritt. An allen anderen Stellen ist die Bedeutung des Erleidens (der Folgen des eigenen Tuns) im Vordergrund. Selbst das *hiph* ist nie eindeutig nur kausativ oder transitiv. Es hat immer ein passives Subjekt. Die sozusagen grundsätzliche, theologische Bedeutung zeigt sich auch darin, daß es fast nur im Plural vorkommt. Die Ausnahmen sind nur scheinbar solche: die Sprüche scheiden hier aus; im übrigen sind nur die Übertragungen Jes 24, 23 und 33, 9 zu nennen; Jer 15, 9 handelt es sich um eine symbolische Figur, die das feindliche Volk meint. Die „Beschämung“ ist viel mehr als ein bloß unangenehmes oder peinliches, schweres und subjektives „Erleben“ oder „Erfahren“. Es ist im Sinn der Propheten oder Beter radikal auf die Ausschaltung, die Überwindung des Bösen, Gottes- und Menschenwidrigen ausgerichtet, ohne daß Tod oder physische Vernichtung genannt werden müssen. Als Begleitvorstellung gehen sie aber mit. In diesem Sinn ist es vor dem 8. Jh. nicht bezeugt und bleibt auf prophetische eschatologisch-apokalyptische Texte und Gebetstexte der Psalmen beschränkt. Ob es allerdings in der späten Zeit seiner hauptsächlichen Bezeugung je eine spezifische, von allen verwandten Verben semantisch deutlich abgehobene Funktion erlangt hat, bleibt eine Frage. Wahrscheinlich ist es nicht.

Gamberoni

* IV. 1. *ḥpr* I wird in der LXX weitgehend durch ὀρύσσειν 'graben' wiedergegeben (12mal), vereinzelt durch ἀνασκάπτειν und ἀνορύσσειν, dann aber auch durch ἐφοδεύειν, ζητεῖν und κατασκοπεύειν 'auskundschaften'. Mehrmals ist eine Verwechslung vom eigentlichen und metaphorischen Gebrauch gegenüber dem MT festzustellen (vgl. etwa Hi 3, 21).

2. *ḥpr* II wird hauptsächlich durch ἐντρέπειν 'sich schämen, scheuen' (7mal), überraschend selten jedoch durch αἰσχύνειν κτλ. und ὀνειδίζειν 'schmähen, schelten' wiedergegeben. Die LXX betont gegenüber dem MT mehr das transitiv aktive Bedeutungselement.

Bo.

חָפַשׂ *ḥāpaś*

חֵפֶשׂ *ḥepæś*

I. Vorkommen in den semitischen Sprachen – II. At.-licher Textbefund – III. LXX.

I. Der Stamm ist im Akk. nicht nachgewiesen; doch könnte die LXX-Übersetzung von *hiṯḥappeś* (2 Chr 35, 22) mit ἐκραταιώθη („er war fest entschlossen" oder „bestand darauf") das hebr. Wort entsprechend dem akk. *ḫapātu(m)* 'übermächtig sein, werden' (AHw I, 321) verstanden haben (G. R. Driver, Bibl 32, 1951, 193 Anm. 1). Im Ugar. erscheint *ḥpš* einmal in der Bedeutung 'aufsammeln' (von Getreide; KTU 1. 14, III, 8. IV, 52, WUS Nr. 954). Im Aram., Syr., Mhebr. und Nhebr. (oft in der Schreibung חפס [*ḥps*], Levy, WTM II, 94f.) hat der Stamm die Grundbedeutung 'aufspüren, ausgraben'. Von arab. Stämmen haben *ḥafaša* 'sammeln' oder 'Wasser herausholen' (GesB 250; vgl. Lane I/2, 601), 'niedertreten'; 'augenkrank oder -schwach sein' (Lane I/2, 772f.), *ḥafasa* 'sinken, fallen' (R. Dozy: Supplément aux dictionnaires arabes I, Paris [2]1927, 386) und andere Anlaß zu etymologischen Spekulationen gegeben (Driver, Bibl 32, 1951, 192f.). Äth. *ḥafᵉša* wird im Sinn von 'dick, stark sein' und 'viel Korn haben, zusammenscharren' gebraucht (E. Littmann – M. Höfner, Wb. der Tigrē-Sprache, 104).

Qumran folgt dem at.lichen Sprachgebrauch (1QH 8, 29; 10, 34 'suchen').

II. In allen sicheren at.lichen Belegen ist das Wort im Sinn von 'suchen, erforschen' zu verstehen; es kommt 20mal vor, das abgeleitete Subst. *ḥepæś* einmal. Die Intensivstämme dominieren; ihre Formen begegnen überwiegend in vorexilischen Texten.

Die 8 *pi*-Stellen sind textlich kaum anzufechten. Amos läßt JHWH androhen: „Wenn sie sich auf dem Gipfel des Karmel verstecken, werde ich sie dort aufspüren (*'aḥappeś*; zum Fehlen des Suff. in dieser Form s. H. W. Wolff, BK XIV/2, 386) und herunterholen" (9, 3). In der Gen ist das *pi* zweimal in alten Erzählungen gebraucht: Laban durchsucht Rahels Zelt nach seinem Hausgott (31, 35) und Josephs Hausmeister die Getreidesäcke nach dem Becher (44, 12). Ebenso wie in diesen Erzählungen wird die Intensität des Suchens bei der Verfolgung Davids kenntlich gemacht: jedes Versteck soll beobachtet und durchforscht werden, und dann will Saul den Flüchtigen selbst aufspüren (1 Sam 23, 23; MT wird von Stoebe gegen Ehrlich verteidigt, KAT VIII/1, 425). Benhadad stellt die unerfüllbare Friedensbedingung, er wolle alle israelitischen Häuser durchkämmen (*ḥippᵉśû*) und was irgendwie begehrenswert ist, mitgehen lassen (1 Kön 20, 6); und Jehu befiehlt, gründlich zu untersuchen (*ḥappᵉśû*), ob sich unter den versammelten Baalspriestern ein JHWH-Diener befindet (2 Kön 10, 23). Die beiden restlichen *pi*-Belege sind jünger. Die Aussage von Zeph 1, 12 berührt sich mit dem zitierten Amoswort und verwendet dieselbe Form: JHWH will Jerusalem nach den Zynikern, die nicht an sein Eingreifen glauben, durchforschen. In Ps 77, 7 wird *wajᵉḥappeś* („mein Geist forscht ...") von mehreren Übersetzern in der 1. Pers. Sing. gelesen (vgl. v. 4), während Wellhausen in *wajjaḥpoz* („ist aufgeschreckt") geändert und darin Gunkels Zustimmung gefunden hat (GHK II/2, 336). Jenni erkennt das *pi* von *ḥpś* als typisches Resultativ: es werde – abgesehen von Ps 77, 7 – „jeweils ein als Objekt genannter bestimmter Bereich vollständig durchsucht", während das *qal* nur die „Handlung in ihrem Vollzug" ausdrücken will (Das hebr. Pi'el, Zürich 1968, 130). Die 3 *pu*-Belege sind umstritten. Spr 28, 12 (*jᵉḥuppaś* „versteckt sich") liest B. Gemser (HAT I/16[2], 99) das *hitp* („verkriecht sich"); Driver (Biblica 32, 192f.) übersetzt unter Hinweis auf arab. Parallelen „... men are prostrated, trampled down", während sonst oft an Verschreibung anderer Verben gedacht wird (*ḥpš*, *ḥpz*, s. BHK); zu Ps 64, 7 s.u.

Das *hitp* ist an 4 Stellen im Sinn von 'sich verstellen oder verkleiden' gebraucht: 1 Sam 28, 8 von Saul, der sich vor der Totenbeschwörerin verkleidet, 1 Kön 20, 38 von dem Propheten, der sein Gesicht vor dem König verhüllt, und 1 Kön 22, 30 = 2 Chr 18, 29 von Ahab, der in der Schlacht als König unerkannt bleiben will. Das von Driver verteidigte *hiṯḥappeś* in 2 Chr 35, 22 (G. R. Driver, L'interprétation du Texte Masorétique à la lumière de la lexicographie hébraïque [EThL 26, 1950, 337–353, bes. 347]) wird von den meisten nach LXX und V in *hiṯḥazzeq* oder *ḥāšaḇ* geändert. Rudolph (HAT I/21, 330) liest *hiṯḥappeš* („weil er ... frei werden wollte"). Unsicher ist auch Hi 30, 18; hier scheint LXX *jiṯpoś* gelesen zu haben, das oft eingesetzt wird (s. Fohrer, KAT XVI, 414).

Das *qal* ist 3mal sicher als „erforschen, prüfen" erkennbar (Spr 2, 4; 20, 27; Kl 3, 40). Unsicher ist Ps 64, 7 *jaḥpeśû ʿôloṯ*, was ohne Änderung als „sie sinnen auf Freveltaten" verstanden werden könnte, aber meist konjiziert wird (GHK II/2, 271). Im gleichen Vers kommt noch das Ptz. *pu* vor, das hier die Bedeutung ʿersonnenʾ haben müßte, und damit verbunden das Subst. *ḥepæś*, das mit ʿAnschlagʾ o. ä. wiederzugeben wäre.

Einmal begegnet im AT das *niph*, Ob 6 *ʾêḵ næḥpeśû ʿeśāw* ʿwie wird Esau durchsuchtʾ. Die vorgeschlagene Änderung der 3. Pers. Pl. in die 3. Pers. Sing. (BHK; LXX: ἐξηρευνήθη) ist unnötig (E. König, Gramm. 346k; s. Rudolph, KAT XIII/2, 304).

Maass

* III. *ḥpś* wird in der LXX durch ἐξερευνᾶν (8mal), ἐρευνᾶν (5mal) und durch Komposita von καλύπτειν wiedergegeben. Κραταιοῦν ʿstark machenʾ (vgl. I. 1.) dürfte auf eine Verlesung zurückgehen. *ḥepæś* ʿVerstellungʾ (KBL³ 328), ʿAnschlagʾ (Kraus, BK XV/1, 445) interpretiert die LXX durch ἐξερεύνησις ʿdas Ausforschenʾ.

Bo.

חָפְשִׁי *ḥŏpšî*

חֻפְשָׁה *ḥupšāh*, חָפְשִׁית *ḥŏpšîṯ*

I. *ḫupše*-Leute und hebr. *ḥŏpšî* – II. Bedeutung – III. Religiöser Rang der Sklavenfreilassung – IV. Aussparung von *ḥŏpšî* im soteriologischen Wortfeld.

Lit.: *W. F. Albright*, Canaanite Ḥofšî, „Free", in the Amarna Tablets (JPOS 4, 1924, 169f.). – *Ders.*, Canaanite-Ḫapši and Hebrew Ḥofšî (!) again (JPOS 6, 1926, 106–108). – *U. Cassuto*, The Goddess Anath, Jerusalem 1971, 22–23. – *V. Christian*, Kan. ḫapši = „Kraft, Macht" (OLZ 28, 1925, 419–420). – *M. Dahood*, A New Metrical Pattern in Biblical Poetry (CBQ 29, 1967, 574–579; 577f.). – *M. David*, The Manumission of Slaves under Zedekiah (OTS 5, 1948, 63–79). – *M. Dietrich* – *O. Loretz*, Die soziale Struktur von Alalaḫ und Ugarit (II) (WO 5, 1969, 57–93). – *M. Dietrich* – *O. Loretz* – *J. Sanmartín*, Keilalphabetische Bürgschaftsdokumente aus Ugarit (UF 6, 1974, 466f.). – *E. Ebeling*, Freiheit, Freilassung (RLA III, 110–112). – *J. J. Finkelstein*, Ammiṣaduqa's Edict and the Babylonian „Law Codes" (JCS 15, 1961, 91–104). – *Ders.*, Some New *Misharum* Material and its Implications (Festschr. B. Landsberger, Chicago 1965, 233–246). – *J. Gray*, Feudalism in Ugarit and Early Israel (ZAW 64, 1952, 49–55; 52–55). – *P. Grelot*, *ḥofšī* (Ps LXXXVIII 6) (VT 14, 1964, 256–263). – *A. Guillaume*, Notes on the Psalms. II. 73–150 (JThSt 45, 1944, 14f.; 15). – *Ders.*, Hebrew and Arabic Lexicography IV (Abr-Nahrain 4, 1965, 1–18; 6). – *S. B. Gurewicz*, Some Examples of Modern Hebrew Exegesis of the OT (ABR 11, 1963, 15–23; 22). – *L. Kopf*, Das arabische Wörterbuch als Hilfsmittel für die hebräische Lexikographie (VT 6, 1956, 286–302; 299f.). – *F. R. Kraus*, Ein Edikt des Königs Ammi-Ṣaduqa von Babylon (Studia et Documenta ad Iura Orientis Antiqui Pertinentia 5, 1958. – *Ders.*, Ein Edikt des Königs Samsu-Iluna von Babylon (Festschr. Landsberger, Chicago 1965, 225–231). – *E. R. Lacheman*, Note on the Word ḫupšu at Nuzi (BASOR 86, 1942, 36f.). – *N. P. Lemche*, חפשי in 1 Sam. xvii 25 (VT 24, 1974, 373f.). – *Ders.*, The Hebrew Slave, Comments on the Slave Law Ex xxi 2–11 (VT 25, 1975, 129–144). – *Ders.*, The Manumission of Slaves – The Fallow Year – The Sabbatical Year – The Jobel Year (VT 26, 1976, 38–59). – *J. Lewy*, Ḫābirū and Hebrews (HUCA 14, 1939, 587–623). – *Ders.*, A New Parallel Between Ḫābirū and Hebrews (HUCA 15, 1940, 47–58). – *Ders.*, The Biblical Institution of *Derōr* in the Light of Akkadian Documents (Eretz Israel 5, 1958, 21*–31*). – *E. Lipiński*, L'„esclave hébreu" (VT 26, 1976, 120–124). – *S. E. Loewenstamm*, Notes on the Alalakh Tablets (IEJ 6, 1956, 217–225). – *I. Mendelsohn*, The Canaanite Term for „Free Proletarian" (BASOR 83, 1941, 36–39). – *Ders.*, Slavery in the Ancient Near East, New York 1949, 74–91. – *Ders.*, New Light on the Ḫupšu (BASOR 139, 1955, 9–11). – *R. North*, Sociology of the Biblical Jubilee, AnBibl 4, 1954, XIX–XXI (Lit.!). – *S. M. Paul*, Studies in the Book of the Covenant in the Light of Cuneiform and Biblical Law (VTS 18, 1970). – *J. Pedersen*, Note on Hebrew ḥofšī (JPOS 6, 1926, 103–105). – *N. Sarna*, Zedekiah's Emancipation of Slaves and the Sabbatical Year (H. A. Hoffner, Orient and Occident = Festschr. C. H. Gordon, AOAT 22, 1973, 143–149). – *A. Schoors*, Literary Phrases (Ras Shamra Parallels I, AnOr 49, 1972, 1–70; 27f.). – *H. J. Stoebe*, Die Goliathperikope 1 Sam XVII 1 – XVIII 5 und die Textform der Septuaginta (VT 6, 1956, 397–413; 403f.). – *E. Szlechter*, L'affranchissement en droit suméro-akkadien (Archives d'Histoire du Droit Orientale et Revue Internationale des Droits de l'Antiquité 1, 1952, 127–195). – *W. Thiel*, Die deuteronomistische Redaktion des Buches Jeremia (Diss. Berlin 1970), 529–537. – *N. J. Tromp*, Primitive Conceptions of Death and the Nether World in the OT (BietOr 21, 1969, 157–159). – *R. de Vaux*, Das AT und seine Lebensordnungen I, 1960, 144–146. – *M. Weippert*, Die Landnahme der israelitischen Stämme in der neueren wissenschaftlichen Diskussion (FRLANT 92, 1967, 86–88).

I. Akk. *ḫupšu* (CAD VI, 241f.; AHw I, 357) und ugar. *ḫb/pṯ* (WUS Nr. 1071; UT Nr. 930 u. 995) bezeichnen eine niedrige soziale Schicht. Nach Mendelsohn (1941 und 1955) waren die *ḫupše*-Leute „freie Proletarier" mit kleinem Grundbesitz. In Nuzi waren sie nach Lacheman Halbfreie. Nach Dietrich-Loretz empfanden die Schreiber von Alalaḫ das Wort als hurr. und bevorzugten an seiner Stelle *namê*. In Alalaḫ waren die *ḫupše*-Leute Handwerker, Hirten und Diener, in Ugarit und Assyrien auch Soldaten, in Assyrien auch Zwangsarbeiter. Schwer bestimmbar ist die Gruppe im Byblos der Rib-Addi-Korrespondenz. Einer Überprüfung bedarf die Meinung von Gray (vgl. auch Pedersen; Loewenstamm), im

Kanaan des 2. Jt.s habe es sich um eine Gruppe des Adels mit militärischen Aufgaben und königlichen Lehnsgütern gehandelt. Gray argumentiert mehrfach etymologisch. Er zieht 1 Sam 17, 25 heran, ohne das textkritische Problem dieser Stelle zu berücksichtigen.

Eine niedrige soziale Schicht, in die man dann geriet, wenn man als Sklave freigelassen wurde, scheint auch das hebr. *ḥŏpšî* von Ex 21, 2–6 ursprünglich bezeichnet zu haben (vgl. Lemche 1975). Jedoch ist diese soziale Klasse im historisch greifbaren Israel nicht nachweisbar. Während akk. *ḫupšu* und ugar. *ḫb/pṯ* frei benutzbare Appellative sind, ist hebr. *ḥŏpšî* – von der ungeklärten Stelle Ps 88, 6 abgesehen – stets Negationsbegriff zu „Sklave" und „unfrei" und wird fast nur in festen Wendungen für Sklavenfreilassung gebraucht. Erst in späten Texten zeigt sich eine Lockerung in Bedeutung und Gebrauch. Das führt zu der Vermutung, daß *ḥŏpšî* zunächst nur als Sprachruine aus einer früheren Sprach- und Gesellschaftsstufe in dem Rechtstext von Ex 21, 2–6 (und ähnlichen Texten) existierte, nur noch von diesem Zusammenhang her verstanden wurde, dadurch seine für das AT typische Bedeutung „Nicht-mehr-Sklave, Freier" erhielt und dann wieder Eingang in die lebendige Sprache fand: in andere Gesetze (z. B. Ex 21, 26. 27), in die Weiterführung der Rechtstradition von Ex 21, 2–6 (Deut 15, 12. 13. 18; Jer 34, 9. 10. 11. 14. 16), in andere Zusammenhänge (1 Sam 17, 25; Jes 58, 6; Hi 3, 19) und in übertragenen Gebrauch (Hi 39, 5). Erst als *ḥŏpšî* seine neue Bedeutung erhalten hatte, sind von ihm aus auch neue Wörter entstanden: *ḥpš pu* 'freigelassen werden' (Lev 19, 20), *ḥupšāh* 'Freilassung' (Lev 19, 20), *ḥpš* 'Freiheit' (Sir 7, 21). Auch der *bêṯ haḥŏpšîṯ* (2 Kön 15, 5; 2 Chr 26, 21Q) bzw. *bêṯ haḥŏpšûṯ* (2 Chr 26, 21K) wäre hier einzuordnen, wenn man mit Kimchi und anderen an ein „Haus des Befreitseins von Amtspflichten = königlicher Ruhesitz" denkt.

1 Sam 17, 25 ist wahrscheinlich sehr jung: Es gehört zu dem in der Goliatgeschichte beträchtlichen Überschuß des MT über die Ur-LXX. Die Deutung und Benutzung des Textes durch Gray und andere erweckt deshalb Bedenken. Übersetzt man *ḥŏpšî* hier mit 'abgabenfrei', so postuliert man zwar einen sonst nicht belegten Sinn. Aber man vgl. die Bedeutungsausweitung von akk. *andurāru šakānu* „Schulden erlassen, Sklaven freilassen" zu „von Abgaben befreien" in neuassyr. Texten (CAD I/2, 117a, → דרור [*d^erôr*]). Stoebe nimmt für *ḥŏpšî* in 1 Sam 17, 25 die normale Bedeutung 'freigelassen' an und rechnet mit einer Anspielung auf die Josephserzählung. Aber dort fehlt *ḥŏpšî*, und hier steht nicht die für Sklavenbefreiung übliche Wendung, sondern: *'eṯ bêṯ 'āḇîw ja'^a śæh ḥŏpšî b^ejiśrā'el.* Lemche (1974) deutet *ḥŏpšî* hier als eine Person, die vom Hof besondere Zuwendungen erhält. Lipiński übersetzt: „et sa maison paternelle, il l'a rendue puissante en Israël". Die Begründung geschieht in beiden Fällen aus Textbereichen, die von diesem späten Text große zeitliche Distanz aufweisen.

bêṯ haḥŏpšîṯ in 2 Kön 15, 5 wird häufig mit ugar. *bt ḫpṯt* (KTU 1.4 VIII, 7; 1.5 V, 15) als Unterweltsbezeichnung gedeutet. In diesem Zusammenhang wird auch oft Ps 88, 6 herangezogen. Doch alle diese Texte sind noch nicht wirklich geklärt. Es ist nicht sicher, daß sie sich gegenseitig erhellen. Ferner ist nicht wirklich klar, ob ein Zusammenhang mit ugar. *ḫb/pṯ* und hebr. *ḥŏpšî* besteht. Auf der Suche nach einer Unterweltsbezeichnung wird *ḥŏpšî* in Ps 88, 6 auch gern unter Hinweis auf Ez 27, 20 mit „mein Lager" übersetzt (Nötscher, Dahood, Tromp, Schoors). Aber in Ez 27, 20 heißt *ḥopæš* nicht „Satteldecke", sondern bezeichnet die Materie, aus der die Satteldecke (*bæḡæḏ*) gemacht ist; vermutlich liegt ein Lehnwort vor, vgl. akk. *ḫibšu* „eine harte Wolle" (AHw I, 344).

Ein von A. H. Sayce (JEA 10, 1924, 16) mitgeteilter Graffito aus Karnak lautet: *'[nk] b'[l] š'mr hḥpš bn ... šrn*, „Ich bin Baal[i]jamar, der Freigelassene, Sohn des ...". Sayce denkt an Hebräisch als Sprache, DISO 94 legt sich nicht fest. Inzwischen gibt es allerdings einen phön. Namensbeleg *ḥpš* aus Mogador, 4. Jh. v. Chr. (Février, Bulletin archéologique du Comité des travaux historiques et scientifiques, Paris 1965, 35).

Dietrich-Loretz-Sanmartín deuten ugar. *b.ḫbṯh* || *b.jṣ ʒh[m]* als „im Falle seiner Freilassung || wenn sie fliehen".

In Sir 13, 11 ist vermutlich mit Barthélemy-Rickenbacher die Wurzel *ḥpś* anzunehmen.

II. *ḥŏpšî* wird nach Ex 21, 2–6 der *'æḇæḏ 'iḇrî*, der aus dem Unterwerfungsverhältnis unter seinen bisherigen *'āḏôn* (→ אדון) heraustritt. Unter dem *'æḇæḏ 'iḇrî* war wohl ursprünglich ein Sklave jener Art zu verstehen, wie wir sie aus den *wardūtu*-Verträgen von *'apiru*-Leuten in Nuzi kennen (Lewy 1939 u. 1940; Weippert; Paul). Doch wenn dann, vielleicht schon bei der Redaktion des Bb, sicher in Deut 15 unter dem *'æḇæḏ 'iḇrî* der „israelitische", in Jer 34 der judäische Sklave verstanden wurde, nahm auch *ḥŏpšî* seine generellere Bedeutung an: 'Freigelassener'. Nach Lipiński blieb *'iḇrî* sogar bis zur Exilszeit Bezeichnung einer niedrigen Bevölkerungsklasse. Das Wort ist auch häufig auf Frauen bezogen, obwohl keine Fem.-Form belegt ist (Ex 21, 26f.; Deut 15; Jer 34; vgl. Lev 19, 20).

Sklavenfreilassung kann verbal hinreichend durch *jāṣā'* (Blickwinkel des Sklaven) oder *šlḥ pi* (Blickwinkel des Herrn) ausgedrückt werden. Doch entstehen mit *ḥŏpšî* die beiden volleren Wendungen *jāṣā'* [*l^e*]*ḥŏpšî* und *šillaḥ* [*l^e*]*ḥŏpšî* [*me'im*]. Sie liegen in 14 der 17 Belege von *ḥôpšî* vor. In Deut 15, 15 ist → פדה (*pāḏāh*) assoziiert. In Lev 19, 20 dagegen bezeichnet *pāḏāh* unter den möglichen Formen der Beendigung eines Sklavenverhältnisses eine Alternative zur *ḥupšāh*. Nach Jer 34, 9. 15 ist die vom dtr Gesetz vorgeschriebene Sklavenbefreiung die konkrete Form, in der der ausgerufene → דרור (*d^erôr*) verwirklicht wird (vgl. in diesem Zusammenhang Jes 58, 5f. mit Jes 61, 1f., wo ebenfalls ein *d^erôr* ausgerufen wird).

Bedeutungserweiterungen von *ḥŏpšî* über 'freigelassener Sklave' hinaus finden sich in Jes 58, 6 ('aus Unterdrückung oder Gefangenschaft befreit') und 1 Sam 17, 25 ('von Abgaben befreit'). Nirgends wird der moderne Begriff der „Freiheit" erreicht.

III. Die Gesetzesdisposition von Ex 21, 2 bleibt hinter Codex Hammurabi § 117 zurück, wo mindestens für den Fall weiterverkaufter Schuldsklaven (Szlechter) nicht mehr als 3 Dienstjahre vorgesehen sind. Zu Ex 21, 25f. dagegen gibt es noch keine außerbiblische Parallele. Aber auch die Begrenzung der Schuldsklavenzeit auf 6 Jahre besaß für Israel einen besonderen Stellenwert. Die Redaktion des Bb eröffnete ihre *mišpāṭîm*-Sammlung gerade mit dem Gesetz von Ex 21, 2–6. Deut 15, 15 begründete die Freilassung der Sklaven im siebten Jahr mit der Befreiung Israels aus Ägypten. Die dtr Bearbeitung des Jer-Buchs interpretierte den *d^erôr*-Akt des Jahres 588 vom Gesetz von Deut 15 her. TrJes sah in der Freilassung Unterdrückter das wahre Fasten (Jes 58, 6, vgl. 61, 1). Sir 7, 21 empfahl die Freilassung eines Sklaven als gutes Werk.

Die Belege für *ḥôpšî* in Jer 34, 10f. fehlen in der LXX und gehören wohl zu den späten Textwucherungen, die in Jer 34 zahlreich sind. In dem von diesen Wucherungen befreiten Text kann man für die Unterscheidung von ursprünglichem Bericht und „dtr“ Überarbeitung im Prinzip Thiel folgen. Zu dem *d^erôr* von 588 ist die babylonische Institution des *mīšarum*-Akts zu vergleichen (Kraus, Lewy 1958, Finkelstein). Der *d^erôr* war kaum eine periodische, mit einem gerade fälligen Sabbatjahr verbundene Institution, denn dann wäre keine → ברית (*b^erîṯ*) nötig gewesen (anders David und Sarna). Wenn die dtr Überarbeiter Deut 15 heranziehen, dann deuten sie den Vorgang also auf jeden Fall neu, ob man für Deut 15, 12 die Freilassung für jeden Sklaven individuell vom Termin seiner Versklavung aus berechnet oder ob man – wie Sarna mit einer Targumtradition – für alle israelitischen Sklaven zusammen im Sabbatjahr eine Freilassung annimmt.

IV. Sklaventum und Sklavenbefreiung sind in Israel theologisch bedeutsam geworden: Das ganze hierhin gehörende Wortfeld diente zur Deutung der Herausführung aus Ägypten und entwickelte sich von dort aus zu einer generellen soteriologischen Terminologie: vgl. die Wörter *jāṣā'*, *bêṯ ʿ^abāḏîm*, *pāḏāh*, *gā'al*. Daher erscheint es als relevant, daß bei diesem Prozeß das Wort *ḥŏpšî* nicht beteiligt ist. Warum, wird schon in Deut 6, 20–25 erkennbar: Hier dient die Befreiung aus der ägyptischen Sklaverei zur Legitimation des Gehorsams gegenüber dem Gesetz JHWHs. Noch reflexer ist die gleiche Vorstellung in Lev 25 entwickelt. Trotz des thematischen Zusammenhangs mit Ex 21, Deut 15 und Jer 34 fehlt hier das Wort *ḥŏpšî*. Es hat hier keinen Platz, weil der Israelit, der sich um seiner Schulden willen verkauft, gar nicht zum wirklichen Sklaven gemacht werden darf. Er muß als *śāḵîr* und *tôšāḇ* behandelt werden (Lev 25, 40). Dies ist aber wiederum darin begründet, daß ja alle Israeliten Sklaven JHWHs sind. Sie sind das dadurch geworden, daß JHWH sie der ägyptischen Sklaverei entrissen hat (25, 42 vgl. 25, 55). So führt die Exodus-Theologie einerseits dazu, daß menschliche Sklaverei abgebaut wird, andererseits wird aber nicht etwa eine Theologie der „Freiheit“, sondern eine Theologie des Gottessklaventums erreicht.

Lohfink

חֵץ *ḥeṣ*

I. Etymologie und verwandte Ausdrücke – 1. im Hebr. – 2. LXX und Qumran – II. Umwelt – 1. Ägypten – 2. Mesopotamien – 3. Kleinasien in der Zeit des Hethiterreiches – 4. Ugarit – 5. Frühes Griechenland und die Ägäis – III. Bauweise des Pfeiles – IV. Der Pfeil als Waffe – V. Bildliche Verwendung: – 1. Pfeil Gottes – 2. Symbol für männliche Geschlechtskraft und für Nachkommenschaft – 3. Bild für Lügen und Verleumdung.

Lit.: *R. D. Biggs*, ŠÀ.ZI.GA: Ancient Mesopotamian Potency Incantations (Locust Valley, N.Y., 1967). – *C. H. Gordon*, Ugaritic Textbook (Rom 1965). – *D. R. Hillers*, „The Bow of Aqhat“ in *H. A. Hoffner* (ed.), Orient and Occident: Festschrift C. H. Gordon (AOAT 22, 1973, 71–80). – *H. A. Hoffner, Jr.*, Symbols for Masculinity and Femininity (JBL 85, 1966, 326–334). – *S. Iwry*, The Evidence for Belomancy in Ancient Palestine and Phoenicia (JAOS 81, 1961, 27–34). – *H. Limet*, Le travail du métal au pays de Sumer au temps de la IIIe dynastie d'Ur, Paris 1960. – *B. Meissner*, BuA I, 1920; II, 1925. – *A. Salonen*, Die Waffen der alten Mesopotamier, Helsinki 1966, 109–125. – *J. M. Sasson*, The Military Establishments at Mari (Studia Pohl 3), Rom 1969. – *F. H. Stubbings*, Arms and Armour (*A. Wace – F. H. Stubbings*, A Companion to Homer, London 1963, 504–522, bes. 518–520). – *E. D. Van Buren*, Symbols of the Gods in Mesopotamian Art (AnOr 23), 1945. – *R. de Vaux*, Das AT und seine Lebensordnungen, 1960. – *M. Ventris – J. Chadwick*, Documents in Mycenaean Greek, Cambridge 1959, 360–361. – *W. Westendorf*, Bemerkungen zur ‚Kammer der Wiedergeburt‘ im Tutanchamungrab (ZÄS 94, 1967, 139–150). – *Y. Yadin*, The Art of Warfare in Biblical Lands, New York 1963.

I. 1. Die Wurzel des hebr. Nomens *ḥeṣ* ist in den semit. Sprachen weit verbreitet: akk. *uṣṣu* (oft *ūṣu*), ugar. *ḥẓ*, phön. *ḥṣ*, reichsaram. *ḥṣ*, äg. aram. *ḥṭ*, arab. *ḥuṭwatun*, äth. *ḥṣ*. Die weite Verbreitung dieses Terminus für Pfeil deutet seinen frühen Gebrauch in Jagd und Kriegsführung bei den Semiten an. *ḥeṣ* steht im bibl. Hebr. gewöhnlich für „Pfeil“, daneben gibt es nur noch einmal *b^enê 'ašpāh* ʻSöhne des Köchersʼ, eine poetische Bezeichnung (Kl 3, 13) und *bæn-qæšæṯ* ʻSohn des Bogensʼ (Hi 41, 20). *ḥeṣ* begegnet im AT ca. 50mal, dazu 4 Konjekturen (KBL³ 328f.).

* 2. Die LXX versteht *ḥeṣ* immer als Waffe, meistens als ʻPfeilʼ βέλος (29mal), βολίς und σχίζα (je 6mal), aber auch als ʻBogenʼ τόξευμα (7mal) und τόξον (4mal), daneben noch 1 Sam 17, 7 κοντός ʻWurfholzʼ.

Die Schriftrollen aus Qumran verwenden *ḥeṣ* fast nur noch im metaphorischen Sinne für 'Nachstellung', vgl. *ḥiṣṣê šaḥaṯ* 'Pfeile der Grube' (1QH 3, 16. 27).

Bo.

II. 1. Die Ägypter bezeichneten den Pfeil gewöhnlich durch *'ḥꜣ* und *šśr*, aber A. H. Gardiner vermutet aufgrund phonetischer Schreibungen die Existenz eines noch früheren Begriffes *swn/sjn* (Eg. Grammar, Sign-List T 11). Pfeil und Bogen waren weit verbreitet in den äg. Heeren des N. R. (16. Jh. ff.), sind aber auch für frühere Zeiten bezeugt. Auf vielen Monumenten des ausgehenden 4. Jt.s (spät vordynastisch, Yadin 46f.) ist der Bogen dargestellt; weitere Darstellungen in der Kunst des A. R. und M. R. (Yadin 46f.; 62f.; 81f. Plates 118f.; 146. 150f.; 160ff.; 200f.).

Eine symbolische Verwendung ist für die Königsinthronisation bezeugt. Nach der Krönung schoß der König nach jeder der vier Himmelsrichtungen einen Pfeil ab. Dies symbolisiert seinen Sieg über die Feinde und seine Herrschaft über alle Teile der Welt. Zugleich werden vier Vögel entsendet, um allen vier Weltgegenden die Thronbesteigung des Königs zu verkünden (Bonnet, RÄR 398).

Westendorf (139ff.; bes. 142 und Anm. 11) zeigte bereits, daß in Äg. die Darstellung des Pfeilschießens als Symbol für die Schwängerung der Frau verwendet wurde. In gleicher Weise verstand man die Darstellung in Hatti, Mesopotamien, Ugarit und im AT (Hoffner 326ff.; vgl. w. u.).

2. Da der Pfeil vornehmlich aus Schilfrohr hergestellt wurde, wurde er im Sum. auch durch den gewöhnlichen Terminus für 'Schilfrohr' (*ti*) bezeichnet. Im Akk. wurden wahrscheinlich verschiedene Termini zur Bezeichnung des 'Pfeils' gebraucht, bes. *uṣṣu*, dessen Verwandte *ḥṣ*, *ḥẓ*, *ḥṭ* oben angegeben wurden. Andere Termini verdrängten *uṣṣu* gelegentlich in einer bestimmten Epoche an einem bestimmten Schauplatz oder begleiteten *uṣṣu*, um einen bestimmten Pfeiltyp zu bezeichnen: *ḫurḫutūtu* (MB Nuzi), *mulmullu* (MB, MA und später), *qanû* (wörtl. „Schilfrohr", bezeichnet den „Pfeil" in mbabyl. Randgebieten Kleinasien, Amarna, Nuzi, Elam, ebenso in JB und SB) und *šukūdu*. Darstellungen von Pfeil und Bogen finden sich in der mesopotam. Kunst bereits in der vorliterarischen Periode (ca. 3000 v. Chr.) auf der Granitstele von Warka (Yadin 46f.; 118f.). Die früheste bekannte Darstellung des zusammengesetzten Bogens findet sich auf der Naram-Sin-Stele von Susa (23. Jh. v. Chr. [Yadin 150]) und auf einem Fragment der Kalkstein-Stele von Lagasch aus der akk. Periode (ca. 23. Jh.). Der Pfeil gilt als Symbol der Gottheiten Erra, Ninurta und Nergal (Van Buren 158f.; dazu vgl. auch T. Solyman, Die Entstehung und Entwicklung der Götterwaffen im alten Mesopotamien und ihre Bedeutung, Beirut 1968, 60. 113f.). Erra galt als Gott der verdorrten Erde und besonders als Gott der Pest. Ninurta war der Gott der Krieger, Patron der assyr. Imperatoren, von dem Assurbanipal schrieb: „Ninurta, der Wurfspeer, der große Held, der Sohn des Ellil, schnitt mit seinem spitzen Pfeile (*ina uṣṣišu zaqti*) das Leben meiner Feinde ab" (Assurbanipal, Rassam-Zylinder IX 84f.; Text nach VAB 7/2, 79). Von Nergal heißt es: „[der trägt] Bogen, Pfeile und Köcher" (E. Ebeling, AGH 116, 4; vgl. von Weiher 71). Pfeil und Bogen waren Symbole des Soldatenkönigs in neuassyr. Zeiten. Assurbanipal rühmt sich: „Ich hielt den Bogen, ließ schwirren den Pfeil, den Schmuck meines Heldentums" (vgl. Streck, VAB 7/2, 256 Z. 21). Pfeil und Bogen galten in Ägypten, Kleinasien und Syropalästina in Fruchtbarkeitsbeschwörungen und -ritualen als Symbole für die männliche Geschlechtskraft (Biggs 38). Ein Pfeilorakel, wie es dem babyl. König in Ez 21, 26ff. zugesprochen wird, ist in Mesopotamien nirgends direkt bezeugt (BuA II, 65. 275; zur Technik vgl. Zimmerli, BK XIII/1, 489). Innerhalb der siderischen Terminologie Mesopotamiens war der „Pfeil-Stern" der Sirius (BuA II, 412ff.).

3. In der hethit. Keilschrift wird „Pfeil" meist mit Sumerogrammen geschrieben; nur selten finden sich syllabische Schreibungen. Es ist auffallend, daß in den Erzählungen und Beschreibungen niemals Bogenschützen erwähnt werden. Nur zweimal werden Bogenschützen in Schlachtberichten erwähnt: feindliche Bogenschützen kämpften gegen den Eroberer Suppiluliuma I (Güterbock, JCS 10, 1956, 76f.; Riemschneider, JCS 16, 1962, 11ff.). Auf den äg. Reliefs, die über den äg.-hethit. Konflikt bei Kadesch berichten, werden die hethit. Wagenkämpfer ohne Pfeil und Bogen dargestellt im Gegensatz zu den Ägyptern. Die Hethiter benutzten ihre Streitwagen, um in Schlachtreihen anzugreifen und um die Kämpfer, die mit Stoßlanzen bewaffnet waren, schnellstens in Reichweite an den Feind zu befördern, der beim ersten Angriff noch nicht geflohen war. Die Ägypter verbesserten dies, indem sie die Streitwagen mit Bogenschützen bewaffneten (vgl. Stubbings 521). Vielleicht erklärt das die Bezeichnung einiger Bogen in Inventartexten als „Bogen vom kaskäischen Typ" (KBo XVIII 172 obv. 6, etc.). Des ungeachtet bieten Inventarlisten der militärischen Ausrüstung (KUB XIII 35 obv. I 2; III 3. 6. 46; IV 10; ABoT 54, 6; KBo XVIII 172 obv. 6ff.; 170a rev. 7; 160 IV 3) große Mengen von Pfeilen und sie bezeugen damit, daß es Bogenschützen in den hethit. Armeen gab, sogar noch in später Zeit (ca. 1300–1200 v. Chr.). Jäger als Bogenschützen finden sich in der hethit. Kunst (Akurgal, Art of the Hittites, Plates 94 und 147 [schwarz-weiß]). In magischen Ritualen werden Pfeil und Bogen verwendet als Symbole sowohl für männliche Geschlechtskraft als auch für typisch männliche, militärische Tapferkeit (Hoffner, 326ff.). In Ritualen, die Seuchen vom eigenen Heer abwenden und auf das feindliche übertragen sollen (KUB VII 54 III 19ff.; CTH 425), wird der

Gott, der die Pest schickt, dargestellt mit Pfeil und Bogen. An ihn wird die Bitte gerichtet „O Gott! Schieße immer auf das Land der Feinde mit diesen Pfeilen! Aber wenn du in das Land der Hethiter kommst, halt deinen Köcher geschlossen und deinen Bogen ungespannt!" KUB VIII 1 I 3 erwähnt die Löwenjagd mit Pfeil und Bogen. Ein Wettkampf im Bogenschießen mit dem Held Gurparanzahu ist im Mythos KUB XXXVI 67 II 18ff. beschrieben, ähnlich berichtet die Palastchronik KBo III 34 (+) II 33ff. von solchen Wettkämpfen in Gegenwart des Königs des alten Reiches.

4. Das ugar. Wort für „Pfeil" ist *ḥẓ*. Man hat gelegentlich *qṣʿt* für ein poetisches Synonym von *ḥẓ* gehalten, aber mit Gordon (UT Nr. 2258) ist wohl die Bedeutung „Bogen" vorzuziehen. In den ugar. Texten begegnen Pfeile in Inventarlisten für militärischen Nachschub, gelegentlich werden sie in Epen im kriegerischen Zusammenhang erwähnt (KTU 1.14 III, 12). Der Pfeilhersteller heißt *psl ḥẓm*, von Dietrich-Loretz mit hurrit. *ḫdǵl* identifiziert (WO 3, 3, 1966, 199). Der Gebrauch in Pfeilorakeln könnte die semantische Verbindung von *ḥẓ* „Pfeil" mit *ḥẓ* „glücklich" in *ḥjt.ḥẓt* „glückliches Leben" abgeben (KTU 1.3 V 31; 1.4 IV, 42; Iwry 27–34). Die sexuelle Bedeutung des Pfeilschießens ist nicht zu übersehen in KTU 1.23, wo es Teil einer Probe der unverbrauchten prokreativen Kräfte Els ist (Z. 37f.). Gleichfalls wichtig ist das Pfeil-Bogen-Motiv in der Erzählung des Danel (KTU 1.17). Danel erhält vom göttlichen Schmied Kothar-wa-Ḫasis Pfeile und Bogen (V, 9–35) und gibt sie seinem Sohn Aqhat weiter. Die kampflustige Göttin Anat begehrt sie und bietet als Gegengabe Reichtum und Unsterblichkeit (VI, 16–33). Aber Aqhat weist dies zurück: „Mein Bogen ist [eine Waffe für] Krieger; sollen nun Weiber [mit ihm] auf die Jagd gehen?", d. h. Pfeil und Bogen sind Waffen für Männer, nicht für Frauen. Zur Betrachtung der Geschichte von Aqhat und seinem Bogen aus dem Gesichtspunkt des sexuellen Symbolismus vgl. Hoffner 326ff. und Hillers 73f.

In den phön. Texten begegnet *ḥṣ* „Pfeil" auf 3 Pfeilspitz-Inschriften (KAI 20; 21; 22) und auf der Altar-Inschrift von Kition (KAI 32). In der letzteren begegnet zweimal der Gottesname *ršp ḥṣ*, der vielleicht in Verbindung steht zu *bʿl ḥẓ ršp* (KTU 1.82, 3) „Rešep, Herr des *ḥẓ*; vgl. VI. 1. „Gottes-Pfeil". Aram. *ḥṣ* „Pfeil" begegnet in einer Sefire-Inschrift (8. Jh.). In KAI 222 A 38f. symbolisiert das Zerbrechen von Pfeil und Bogen den Verfall der militärischen Kraft des Matiʾel für den Fall, daß er seinen Eid bricht.

5. In den Linear-B-Tafeln aus Knossos wurde ein Siegel gefunden (Wsl 107 = Ventris & Chadwick, Docs. 361), das zu den verkohlten Überresten zweier Holzkästchen gehört, die angekohlte Pfeilschäfte und -spitzen enthielten. Das Siegel zeigt das Linear-B-Logogramm für „Pfeil", zugleich eine syllabische Schreibung dessen, was wahrscheinlich das mykenische Wort „Pfeil" bedeutet (*pa-ta-ia*). Die Pfeilspitzen sind aus Bronze. In der Ilias spielt der Bogen eine relativ geringe Rolle und erscheint eher als ausländische Waffe (der Lykier, Karier, Päonier). Nur 3 bedeutende griech. Helden sind regelrechte Bogenschützen: Philoktet, Teuker und Meriones von Kreta. Nur einmal in der Ilias (X 260) leiht Odysseus sich einen Bogen von Meriones. Die meisten Pfeile haben Bronzespitzen, seltener Eisenspitzen (IV 123). Man ist der Überzeugung, daß die Bedeutung des Bogens in der Zeit des trojanischen Krieges abgenommen hat (ca. 1200 v. Chr.). Wenn das stimmt, dann ist es verständlich, daß in der Ilias nur die Helden einen Bogen gebrauchen, die zu einer Generation vor dem trojanischen Krieg gehören (z. B. Herakles). Pfeil und Bogen als Gotteswaffen sind charakteristisch für Apollo, dessen Epitheton *hekēbolos* „der weit Schießende" lautet. Man nimmt an, daß diese Pfeile Plagen symbolisieren, da sie dem Lager der Feinde den Tod bringen (Der kleine Pauly I, 442). Auch dem zusammengesetzten Bogen des Odysseus mag ein latenter Sexualsymbolismus zugrundeliegen, denn die Bewerber mußten in der Lage sein, ihn zu spannen, bevor sie irgendeinen Anspruch auf Odysseus' Frau erheben konnten. Das Schießen mit dem Bogen hat solche Assoziationen in vielen Kulturen des Altertums rund um das östl. Mittelmeer.

III. Der Pfeil bestand aus drei Teilen, jeder aus einem verschiedenen Material, damit er seine spezifische Funktion erfüllen konnte. Die Pfeilspitze bestand aus möglichst hartem Material, damit sie auch durchstoßen konnte: Feuerstein, Knochen oder Metall. Der Schaft hatte die Funktion, die Energie zu übertragen, die beim Vorschnellen der Bogensehne frei wird und er war deshalb lang, dünn, gerade, unbeugsam und leicht. Gewöhnlich war er aus Holz oder Schilfrohr. Der rückwärtige Teil sollte den Flug des Pfeiles stabilisieren und war aus Federn von Adlern, Geiern oder Gabelweihen hergestellt. Die Verbindung von Spitze und Schaft wurde so hergestellt, daß die Basis der Spitze in den Schaft eingelassen war (diese Form ist bekannt als „Dorn") oder daß der Schaft in die Basis der Spitze eingefügt wurde (die „Steckhülse"). Die Formen der Spitzen lassen sich als blattförmig oder dreieckig beschreiben, als flach oder mit Mittelrippe oder Mittelgrat. Die Form wurde diktiert durch die Art der feindlichen Bewaffnung (vgl. Yadin 8f.). Die Pfeilspitzen wurden oft mit Widerhaken ausgestattet oder in Gift getaucht (Hi 6, 4). Die Spitzen von Brandpfeilen wurden mit Vertiefungen und Löchern versehen, durch die ölgetränkte Wergfäden gezogen und angezündet wurden (vgl. Ps 7, 14).

IV. Pfeil und Bogen waren die normalen Waffen der Nomaden (Gen 21, 20) und der Jäger (Gen 27, 3; Jes 7, 24), der Räuber (Gen 48, 22; Jos 24, 12) und der Soldaten (Jes 13, 18; Ez 39, 9; Hos 1, 7). Bogenschützen gehörten gewöhnlich zu den Fußtruppen, wie auch die Schleuderschützen (1 Sam 31, 3; 1 Chr 10, 3; 12, 2; 2 Chr 35, 23), sie schossen aber auch von den Zinnen belagerter Städte (2 Sam 11, 24; 2 Chr 26, 15; vgl. Yadin 229 [Askalon]; 422 [Gaza]; 430f.

[Lachis]), von fahrenden Wagen (2 Kön 9, 24; vgl. Yadin 382f.), vom Pferderücken aus (Yadin 384f.), von der Spitze beweglicher Belagerungstürme aus (Yadin 408; Assyrer) und in Seeschlachten von einem Schiff zum anderen (Yadin 340f.; Medinet Habu). Vor der Erfindung des Katapultes waren Pfeil und Bogen die effektivsten Schleuderwaffen bei Belagerungen (2 Kön 19, 32 = Jes 37, 33).

V. 1. Pfeil und Bogen als Waffen von Gottheiten (Erra, Ninurta, Nergal, Anat, Rešep, Apollo) wurden bereits oben erwähnt (vgl. II. 2. 4. 5.). Die Pfeile JHWHs symbolisieren seinen Kampf gegen die Feinde. Num 24, 8 und Deut 32, 42 geht es um die Feinde des Volkes, und die Wirkungen der Pfeile werden in schroffer Bildersprache beschrieben. Ps 64, 8 treffen die Pfeile die trügerischen und verleumderischen Feinde des Psalmisten. Die Pfeile JHWHs treffen aber auch sein eigenes Volk, so Deut 32, 23 in einer Aufzählung von allerlei Strafgerichten: Hunger, Krankheit, wilde Tiere, Krieg. Auf Einzelpersonen wird dasselbe Bild in Klagen angewandt: Hi 6, 4; Ps 38, 3; Kl 3, 12f. Ps 91, 5f. steht „der Pfeil, der bei Tage fliegt" mit drei Ausdrücken für Seuchen, die des Nachts verheeren, zusammen; wahrscheinlich symbolisiert auch der Pfeil eine Krankheit bzw. einen Krankheitsdämon. Ez 5, 16 symbolisieren die Pfeile JHWHs Hungersnot; in v. 17 werden auch wilde Tiere genannt (vgl. o.). Werkzeuge göttlicher Strafe sind die Pfeile Ps 7, 14; Spr 7, 23.
JHWHs Pfeile werden oft als glühend beschrieben, und in Verbindung mit anderen Sturmphänomenen bei einer Theophanie werden sie als leuchtende Pfeile dargestellt (2 Sam 22, 15 = Ps 18, 15; Ps 144, 6, beide Male mit *hmm* 'verwirren'; Hab 3, 11; Sach 9, 14, ferner Ps 77, 8f. mit Bezug auf den Exodus). Gelegentlich benutzt JHWH die Pfeile einer Nation, um eine andere zu bestrafen (gegen Israel Jes 5, 28, gegen Babylon Jer 50, 9. 14; 51, 11). Ps 45, 6 wird dem König zugesagt, daß seine Pfeile die Feinde fällen werden.
Die Praxis des Pfeilorakels ist wahrscheinlich ebenfalls verbunden mit der Vorstellung von den Pfeilen Gottes (vgl. Iwry 27–34); es ist im westsemit. Bereich bezeugt und vielleicht (wenn auch nicht sicher) für Mesopotamien (vgl. II. 2. und Ez 21, 26ff.). Im Doppelorakel des Elisa an den israel. König Joas (2 Kön 13, 15–18) soll der Pfeil den militärischen Sieg symbolisieren: der König schießt nach Osten einen „Siegespfeil" und schlägt dreimal mit den Pfeilen auf die Erde, was drei Siege über die Aramäer darstellen soll; hätte er fünf oder sechsmal geschlagen, würde er sie völlig vernichtet haben.
2. Das alte Motiv von Bogen und Pfeil als ein männl. Symbol und von Spindel und Spinnrocken als ein weibl. Symbol (Hoffner 326ff.; Biggs 38; Westendorf 139f.; Hillers 73f.) läßt sich auch schon im AT ausmachen. So werden Kinder als deutlichster Beweis männl. Geschlechtskraft mit einem Köcher voller Pfeile verglichen (Ps 127, 4f.) Die ideale tüchtige Frau (*'ešæṯ-ḥajil*) legt ihre Hand an die Spindel (*kîšôr*, Spr 31, 19), dagegen verfluchte man einen Mann, wenn man ihm wünschte, er und seine Nachkommen sollten für immer an der Spindel sitzen (2 Sam 3, 29; Hoffner 329. 332; vgl. auch Odyssee XXI 350–3 mit Hoffner 329, Anm. 16). Der ideale Mann hatte ständig Pfeil und Bogen bei sich (Hoffner 329). Nach Deut 22, 5 war es strengstens verboten, das Geschlecht eines Feindes durch symbolischen und magischen Austausch der Kleider und des Zubehörs vertauschen zu wollen (Hoffner 332ff.). Das Symbol des Mannes wird hier mit *k^e lî-gæbær* „Zubehör (oder Waffe) des Mannes" bezeichnet, während das Symbol der Frau *śimlaṯ 'iššāh* „Kleidung der Frau" heißt. Hethit. und ugar. Texte zeigen klar, daß ein solcher Wechsel der Kleidung oder der Symbole, oft Transvestismus genannt, oft dazu diente, sich selbst die gewünschten männl. Qualitäten zu sichern und sie dem Feind zu rauben.

* Diese Deutung der *to'eḇāh*-Bestimmung Deut 22, 5 als Verbot eines Analogiezaubers ist jedoch nicht unbestritten, vielmehr wird primär an ein kultisches Vergehen gedacht, etwa an die „perturbatio sacrorum" (v. Rad, ATD 8, 101; ähnlich Buis-Leclercq, Le Deutéronome, Paris 1963, 151), an die kultische Prostitution (J. L'Hour, RB 71, 1964, 494) oder an perverse Transvestitur, die aus dem hethit., kanaan. Bereich bekannt ist (J. Wijngaards, Deuteronomium, BvOT, Roermond 1971, 241f.).

Bo.

3. Lügen und Verleumdung im Mund des Feindes werden oft mit scharfen und giftigen Pfeilen verglichen (Ps 57, 5; 64, 4; Spr 25, 18; 26, 18; Jer 9, 7). In Ps 64 wird dargestellt, wie die Verleumder mit ihren eigenen Waffen geschlagen werden (v. 4. 8); ebenso besagt wahrscheinlich die dunkle Stelle Ps 7, 14, daß die Nachstellungen des Frevlers (Todeswaffen, Brandpfeile) auf ihn selbst zurückkehren. Ps 11, 2 wird die Tätigkeit der *r^e šā'îm* als ein Pfeileschießen aus dem Hinterhalt beschrieben.

Hoffner

חָצַב *ḥāṣaḇ*

מַחְצֵב *maḥṣeḇ*, גָּזִית *gāzîṯ*

I. 1. Etymologie, Belege – 2. Bedeutung – II. Profaner Gebrauch – 1. Allgemein – 2. Als Berufsbezeichnung – 3. *gāzîṯ* – 4. LXX – III. Verwendung in religiös bestimmten Aussagen – 1. Der vorexilischen Propheten – 2. Bei Deuterojesaja.

Lit.: *P. A. H. de Boer*, Notes on an Oxyrhynchus Papyrus in Hebrew (VT 1, 1951, 49–57). – *D. Conrad*, Studien zum Altargesetz, Ex 20:24–26, 1968, 32–52, bes. 35f. – *G. R. Driver*, Hebrew Notes. Hosea (VT 1, 1951, 241–250, bes. 246). – *R. J. Forbes*, Studies in Ancient Technology VII, Leiden ²1966. – *W. Rudolph*, Hosea (KAT XIII/1, 1966), 132f. 139. – *S. Spiegel*, A Prophetic Attestation of the Decalogue: Hosea 6, 5 with some Observations on Psalms 15 and 24 (HThR 27, 1934, 105–144). – *I. Zolli*, Note on Hosea 6, 5 (JQR 31, 1940/41, 79–82).

I. 1. Die Wurzel *ḥṣb*, die bereits im Akk. in der Form *ḫaṣābu* belegt ist, begegnet über das Hebr. hinaus auch in ugar., phön., aram., mand., jemenit. und arab. Texten (KBL³ 329). Neben dem Gebrauch als Verbum (im *qal*, *pu*, *niph* und *hiph*) findet sie auch in Nomina Verwendung; die Siloah-Inschrift bietet *ḥṣbm* (KAI 189).
2. Dem akk. Parallelwort entsprechend, dürfte als Grundbedeutung 'abschneiden', 'abhauen' anzunehmen sein (vgl. Jes 10, 15). Von hier aus hat die Wortgruppe im AT die speziellen Bedeutungen 'heraushauen' bzw. 'brechen' (Deut 8, 9; 1 Kön 5, 29), 'aushauen' (Deut 6, 11; Jer 2, 13), 'behauen' (2 Kön 12, 13; 1 Chr 22, 2) sowie 'einhauen' (Hi 19, 24) und 'niederhauen' (Hos 6, 5; Jes 51, 9) angenommen.

II. Alle Belegstellen der Wortgruppe im AT sowie in weiteren hebr. Texten (Siloah-Inschrift, Oxyrhynchus-Papyrus) ergeben – unabhängig von den Bedeutungsunterschieden – eine profane Verwendung. Allein durch die Beziehung des Kontextes auf eine ebenfalls profane oder aber religiös bestimmte Aussage wird eine Differenzierung eingetragen.
1. Charakteristisch für den profanen Gebrauch ist die Verbindung mit felsigem Gestein und Erz. So bezeichnet *ḥāṣab* in der Bedeutung 'aushauen' die bei der Anlage von Brunnen und Zisternen (Deut 6, 11; Jer 2, 13; Neh 9, 25; 2 Chr 26, 10), Wassertunneln (Siloah-Inschrift, Z. 4. 6), Keltern (Jes 5, 2) und Grabanlagen (Jes 22, 16) auf das Ausschlagen entsprechender Hohlräume aus dem Felsgestein des Erdbodens gerichtete Tätigkeit. Analog dazu wird die Bedeutung 'heraushauen' bzw. 'brechen' ausschließlich auf den Arbeitsvorgang des Steinebrechens (1 Kön 5, 29; 1 Chr 22, 15; 2 Chr 2, 1. 17) bzw. der Erzgewinnung (Deut 8, 9) bezogen. Ebenso liegt auch bei einer Anwendung der Wortgruppe in den Bedeutungen 'behauen' und 'einhauen' stets eine Beziehung auf 'Stein' als das entsprechende Material vor; diese Beziehung wird in 2 Kön 12, 13; 22, 6; 1 Chr 22, 2; 2 Chr 34, 11 durch die Hinzufügung von → אבן (*'æbæn*) und in Hi 19, 24 durch das Nomen *ṣûr* noch besonders deutlich gemacht.
2. Innerhalb der Wortgruppe ist das Vorherrschen des Ptz. auffällig (18mal unter Einschluß von Siloah-Inschrift und Oxyrhynchus-Papyrus sowie Esr 2, 57 und Neh 7, 59, wo mit KBL³ 329 *haṣṣābājîm* zu lesen ist). Das ist weitgehend dadurch bedingt, daß in israelitischer Zeit das Brechen von Steinen, ihr Behauen sowie das Einhauen von Inschriften in Stein den besonderen Berufsgruppen der 'Steinbrucharbeiter' und 'Steinmetzen' zukam. Beide Gruppen sind dabei – obwohl meist durch die gleiche Wortform bezeichnet – voneinander zu unterscheiden, wie vor allem aus 1 Chr 22, 15 deutlich wird, wo *ḥoṣ*ᵉ*bîm* neben *ḥārāšê 'æbæn* genannt werden, wie aber auch 1 Kön 5, 29; 2 Chr 2, 1. 17, wo von *ḥoṣeḇ bāhār* gesprochen wird, im Vergleich mit den anderen Wortbelegen erkennen lassen.
* 3. Neben *ḥāṣaḇ*, *'aḇnê mahṣeḇ* findet sich vornehmlich im Zusammenhang Altar-, Tempelbau und Prunkbauten der terminus *gāzîṯ* bzw. *'abnê gāzîṯ* 11mal: im Tempelbaubericht (1 Kön 5, 31; 6, 36; 7, 9. 11. 12; 1 Chr 22, 2), im Altargesetz (Ex 20, 25), bei den Propheten (Ez 40, 42; Am 5, 11; Jes 9, 9), sowie Kl 3, 9. Conrad sucht die gebräuchliche Übersetzung „Quadersteine" für *'abnê gāzîṯ* sachlich, geschichtlich und archäologisch genauer zu fassen. Vom 9./8. Jh. v. Chr. an und später bezeichnet *gāzîṯ* das Baumaterial, den Quaderblock, für kostbare Bauten, den Königspalast und den Tempel; *'aḇnê gāzîṯ* seien die „Quadersteine" (43ff.). Für die frühere Zeit, also auch für das Altargesetz Ex 20, 25, bedeute *gāzîṯ* noch „bearbeiteter Stein" oder einfach „das, was bearbeitet, behauen ist" (45). Zur Erklärung des Verbotes von *gāzîṯ*, behauenen Steinen, für den Bau eines Steinaltares, weil dann ein Meißel (*ḥæræṯ*) sie entweiht (*ḥillel*) hatte, vgl. den Überblick bei Conrad (32ff.) sowie ThWAT I 51.
4. *ḥṣb* wird in der LXX durch Formen von λατομεῖν (16mal), dann vereinzelt durch κόπτειν, ἐγγλύφειν, ἐκλατομεῖν, aber auch durch allgemeinere Verben wie μεταλλεύειν, ὀρύσσειν, ποιεῖν wiedergegeben. Die Übersetzungen für *gāzîṯ* sind z.T. gegensätzlicher Natur. Neben ἀπελέκητος 'unbehauen' (6mal) finden sich ξεστός/ξυστός 'behauen, beschabt, geglättet' und τμητός 'zerschnitten'. Gelegentlich wird *ḥṣb* verbal umschrieben durch λαβεύειν.

Bo.

III. 1. Die vorexilischen Propheten bedienen sich des Wortes *ḥāṣab* in zweifacher Hinsicht: Einerseits benutzen sie die Vokabel für ein profanes, aus dem täglichen Leben des Israeliten genommenes Bild, mit dem sie eine religiöse Aussage verbinden; das kommt über Jes 5, 2 hinaus besonders klar in Jes 10, 15 zum Ausdruck, wo das Wort *ḥoṣeḇ* JHWH umschreibt, der Assur als Werkzeug und Axt benutzt, damit schlägt und das Gericht an seinem Volk vollzieht, sowie in Jer 2, 13, wo eine ausgehauene rissige Zisterne die fremden Götter außer JHWH symbolisiert. Andererseits beziehen sie das Verbum in der Bedeutung 'niederhauen' bzw. 'dreinhauen' aber auch auf JHWHs Gerichtshandeln durch die Propheten; so sagt Hos 6, 5, daß JHWH durch Propheten dreinhaut. (Anders jedoch Rudolph 132f. 139, der hier die Bedeutung 'einhauen' annimmt und in Anknüpfung an A. Klostermann, ThLB, 1905, 474–478 und Spiegel 136 an ein Einhauen des Dekalogs in Stein durch den als Propheten verstandenen Mose denkt.)
2. Beide Anwendungsformen der Wurzel durch die vorexilischen Propheten werden von Deuterojesaja

weitergeführt. In Jes 51, 1 vergleicht er in einem mythischen Bild den Erzvater Abraham mit einem Felsen, aus dem Israel herausgehauen wurde (vgl. P. Volz, KAT IX/2, 1932, 110f.; C. R. North, The Second Isaiah, Oxford 1964, 209; N. A. van Uchelen, ZAW 80, 1968, 183–191; anders P. A. H. De Boer, OTS 11, 1956, 58–67), während er in Jes 51, 9 (zur Form vgl. I. L. Seeligmann, VTS 1, 1953, 169, Anm. 4) in mythischer Sprache JHWH das Niederhauen der urzeitlichen Rahab zuschreibt.

Schunck

חָצִיר *ḥāṣîr*

I. 1. Wurzel, Bedeutung – 2. Synonyme, alte Versionen – 3. Streuung – II. 1. Graswuchs als Segen – 2. „kein Gras" in Fluchtexten – III. 1. Bild der Vergänglichkeit, Wortfeld – 2. Vergänglichkeit des Menschen – 3. Vergänglichkeit der Feinde/Frevler.

Lit.: *W. Baudissin*, Adonis und Esmun, 1911, 204f. – *J. Blau*, Hebrew חציר a Ghost-Word, in: Marginalia Semitica I (Israel Oriental Studies, Tel Aviv 1971, 1–35, bes. 8–11). – *G. W. Coats*, Self-Abasement and Insult Formulas (JBL 89, 1970, 14–26). – *F. Crüsemann*, Studien zur Formgeschichte von Hymnus und Danklied in Israel (WMANT 32, 1969), 135–152. – *G. Dalman*, AuS I, 334f. – *E. Y. Kutscher*, Mittelhebräisch und Jüdisch-Aramäisch im neuen Köhler-Baumgartner (VTS 16, 1967, 158–175; bes. 171). – *B. Meissner*, BuA I, 186. – *L. Wächter*, Der Tod im AT (AzTh II/8, 1967), 97–106.

I. 1. Das maskuline Subst. *ḥāṣîr* 'Gras' gehört zu der pun. (DISO 95), äth. (*ḥadra*) und arab. (*ḥaḍira*) belegten Wurzel *ḥṣr* I 'grün sein, grünen' (s. KBL³, 331). Auch im Phön. (s. Baudissin) und Altaram. (KAI 222 A, 28) kommt *ḥṣr* 'Gras, Kraut' vor, doch vgl. Kutscher, der das aram. *ḥṣr* für einen Kanaanismus hält. Das *ḥaṣrā'* im Aram. der Targume ist aus hebr. *ḥāṣîr* übernommen.
Neben *ḥāṣîr* 'Gras' kennt das bibl. Hebr. *ḥāṣîr* 'Lauch' (Num 11, 5) und *ḥāṣîr* 'Schilf' (Jes 44, 4); beide werden von einer nur im Arab. (*ḥaṣira*) belegten Wurzel *ḥṣr* II abgeleitet (s. KBL³, 330f.).
2. Die Grundbedeutung 'Grünes' hat *ḥāṣîr* „Gras" mit → דשא (*dæšæ'*), → עשב (*'eśæḇ*) und → ירק (*jæræq*) gemeinsam. Dem entsprechend finden sich alle drei Worte als mehr oder weniger genaue Parallelen zu *ḥāṣîr* 'Gras': *dæšæ'* Jes 15, 6; Spr 27, 25; *jæræq* Jes 15, 6; *jæræq dæšæ'* Jes 37, 27; 2 Kön 19, 26; Ps 37, 2; *'eśæḇ śāḏæh* Jes 37, 27; 2 Kön 19, 26; vgl. Spr 27, 25. Assoziativ nahe zu stehen scheint auch *ṣîṣ* 'Blume', vgl. *ṣîṣ haśśāḏæh* Jes 40, 6; Ps 103, 15 und das Verb *ṣîṣ* Ps 90, 6 neben *ḥāṣîr* 'Gras'.
LXX bietet für *ḥāṣîr* 12mal χόρτος, allgemein 'Viehfutter, Gras, junges Grün', 2mal den Allgemeinbegriff βοτάνη 'Pflanze, Weidekraut'. Daneben begegnen noch πράσον 'Lauch', χλόη 'junge Saat' und χλωρός, ein mehr phänomenologisches Beschreibungswort für das helle Grün der jungen Saat. V hat überwiegend *faenum* 'Heu', vereinzelt (bes. Hier.) *herba*.
3. Anders als das vielgebrauchte *'eśæḇ* (33 Belege), begegnet *ḥāṣîr* (18 Belege) fast durchwegs in poetischen Texten; in einer Prosaerzählung nur 1 Kön 18, 5. Der Gebrauch verteilt sich auf prophetische Gattungen (Jes 15, 8; 37, 27; 2 Kön 19, 26; Jes 40, 6–8; 51, 12: 8 Belege), Psalmen (Ps 37, 2; 90, 5; 103, 15; 104, 14; 129, 6; 147, 8: 6 Belege) und Weisheitsliteratur (Spr 27, 25; Hi 40, 15: 2 Belege); in Jes 34, 13; 35, 7 ist *ḥāṣer* 'Gehöfte' statt *ḥāṣîr* zu lesen, vgl. die Kommentare. Vielleicht ist auch Hi 8, 12 nicht 'Schilf', sondern 'Gras' gemeint.

II. 1. In erzählenden, hymnischen und lehrhaften Texten wird auf *ḥāṣîr* als Nahrung für die Tiere des Feldes (*behemāh*) und das vom Menschen nutzbar gemachte Vieh (*bāqār*) Bezug genommen, vgl. 1 Kön 18, 5; Ps 104, 14; 147, 8f.; Hi 40, 15; Spr 27, 25. Daß es damit indirekt dem Menschen zum Unterhalt dient, ist in Ps 104, 14 ausgesprochen, aber auch in 147, 8f. vorausgesetzt. – Das Lob der Güte und Weisheit JHWHs, der „das Gras sprossen läßt", hat sowohl in Ps 104, 14 (*maṣmîaḥ ḥāṣîr*) wie in 147, 8 (*hammaṣmîaḥ hārîm ḥāṣîr*) die Form des hymnischen Partizips. Wie Crüsemann erkannt hat, entspricht dieser Form regelmäßig eine bestimmte Thematik: das Walten Gottes als Schöpfer und Erhalter alles Geschaffenen. Der „partizipiale Hymnus" entstammt nach Form und Inhalt einer uralten Tradition babylonischer Hymnik. Sogar das spezielle Motiv des Sprossenlassens der Vegetation findet sich dort häufig wieder, vgl. *mudiššū urqîti* „der das Grün üppig macht / sprossen läßt" (mit weiteren Beispielen aus Hymnen an Marduk und Nergal, s. K. L. Tallqvist, Akkadische Götterepitheta [StOr 7, 1938 = 1974], 84. 370. 395); zu *mudiššū* vgl. hebr. *dæšæ'*; zu *urqîtu* hebr. *jæræq*.
2. Gilt üppiges Grünen auf Feldern und Bergen als Zeichen himmlischen Segens (Ps 65, 11), so ist umgekehrt das Vertrocknen und Absterben der Vegetation sicheres Zeichen von Heimsuchung, Strafe oder Fluch. Im Fluchteil altorientalischer Staatsverträge gehört Dürre und Vernichtung des Graswuchses zu den angedrohten Folgen des Vertragsbruches, vgl. *w'l jpq ḥṣr wljtḥzh jrq wlj[tḥzh] 'ḥwh* „daß kein Kraut hervorkommt, nichts Grünes mehr zu sehen ist, sein Gras nicht mehr [zu sehen ist]" (Sfire-Stele, Mitte 8. Jh. v. Chr.; vgl. KAI 222 A, 28), die ähnlichen Formulierungen im Vertrag Assurniraris V. mit Mati'ilu von Arpad aus derselben Zeit (Rs IV 20; ANET³ 533), sowie im Schlußritual des „Moabbundes" Deut 28, 69 – 30, 20 die Drohung *lo' ja'ᵃlæh bāh kōl-'eśæḇ* (29, 22). Eine Reminiszenz an derartige Formulierungen dürfte in der (exilischen?) Totenklage über Moab Jes 15, 1–9 vorliegen: totale Verwüstung hat die „Wasser von Nimrim" getroffen, *kî jāḇeš ḥāṣîr kālāh dæšæ' jæræq lo'-hājāh* (15, 6; vgl.

O. Kaiser, ATD 18, 48–59). Vergleichbare Beschreibungen in Jer 12, 4; 23, 10; Jes 19, 5–7.

III. 1. Eine ganz andere Verwendung findet *ḥāṣîr* 'Gras' im Zusammenhang der biblischen „Vergänglichkeitsaussagen". Zu deren bevorzugten Motiven gehört der Hinweis auf das schnelle Vertrocknen und Absterben der niederen Vegetation unter dem Einfluß von Hitze, Ostwind und Dürre (vgl. BuA I 186; AuS I 334f.).
Zum Wortfeld solcher Aussagen gehören Verben wie → נבל (*nāḇel*) 'verwelken' (Jes 40, 7f.; Ps 37, 2; cj. Hi 14, 2), → מלל (*mll*) 'verwelken' (Ps 37, 2; 90, 6; Hi 14, 2; Ps 58, 8?), → יבש (*jāḇeš*) 'vertrocknen' (Jes 40, 7f.; 42, 15; 15, 6; Ps 90, 6; 129, 6; Hi 8, 12) und → כלה (*kālāh*) 'zugrundegehen' (Ps 90, 7; Jes 15, 6), vereinzelt auch *šāḏap* 'versengen' (2 Kön 19, 26; Jes 37, 27 Q^a^ *hnšdp*; cj. Ps 129, 6 s. BHS) und *nāṯan niph* 'hingegeben werden' (Jes 51, 12). Kausal wirkt dabei der Wind (*rûaḥ* Jes 40, 7; Ps 103, 16), speziell der Ostwind (*qāḏîm* Jes 37, 27 Q^a^; cj. Ps 129, 6; vgl. Ez 17, 10; 19, 12); vielleicht am schnellsten getroffen wird das Gras „auf den Dächern" (*gaggôṯ* Jes 37, 27; Ps 129, 6). Dem plötzlichen Ende der Vegetation gegenüber steht ihr schnelles Aufsprießen und Wachsen, ausgedrückt durch Verben wie → צמח (*ṣāmaḥ*) 'sprossen' (Jes 44, 4; Ps 104, 14; 147, 8; cj. Hi 14, 2), → חלף (*ḥālap*) 'wechseln' in der Bedeutung '(neu) ausschlagen' (Ps 90, 5f. vgl. *hiph* Hi 14, 7; cj. Ps 129, 6 vgl. GesB, V), vielleicht auch *ṣîṣ* 'aufblühen' (Ps 90, 6; 103, 15).
2. Wenn das schnelle Vergehen der Vegetation mit der Vergänglichkeit des Menschen verglichen wird, so geschieht dies einmal in der Absicht, Gott zum Erbarmen und zur Nachsicht geneigt zu machen (Wächter 102f.). In dem stark individuell geprägten Hymnus Ps 103 (vgl. Crüsemann 302–304) steht die Vergänglichkeitsaussage im Zusammenhang des Mittelteils v. 9–18, der über JHWHs vergebende Güte handelt. Die Vergänglichkeit des Menschen (*'ᵆnôš kæḥāṣîr jāmāw* „... wie Gras (in bezug auf) seine Tage" v. 15) steht in gewolltem Kontrast zur ewig dauernden Huld JHWHs v. 17. Auch die Vergänglichkeitsaussage in der Volksklage Ps 90 (v. 15b. 16 scheint sich auf den Menschen zu beziehen, s. oben zu *ḥālap*) zielt auf das Erbarmen Gottes (v. 13), dessen Ewigkeit stark betont wird (v. 1f. 4). Als sachliche Parallelen vgl. weiter Ps 102, 2 (v. 13f.!) und Hi 14, 1f. (v. 3!). In gleicher Absicht kann der Mensch mit dem Schatten (→ צל [*ṣel*]) oder dem Staub (→ עפר [*'āpār*]) verglichen oder als Fleisch (→ בשר [*bāśār*]) bezeichnet werden. (Zu Jes 40, 6–8 s. u. 3.)

Hinsichtlich ihrer Absicht wird man die genannten Aussagen mit den von Coats bearbeiteten „Selbsterniedrigungsformeln" der höfischen und kultischen Sprache zusammensehen dürfen. Mit rhetorischen Fragen wie „wer bin ich, daß du ...?" oder „was ist der Mensch, daß du ...?" bringt der „Knecht" gegenüber seinem „Herrn" zum Ausdruck, daß er einer bestimmten Behandlung (meistens: einer gütigen) nicht wert ist. – An außerbiblischen Belegen dieser Redeweise sind außer den bei Coats genannten noch Harper, ABL 210 Rs 8; 885 Rs 17; 965 u. ö. zu vergleichen.

3. Noch in einer anderen Absicht wird die Kurzlebigkeit des Menschen mit derjenigen des Grases verglichen. In einer Reihe von Belegen (Jes 51, 12; Ps 37, 1f.; 129, 5–7; Hi 8, 11–13; wahrscheinlich auch Jes 40, 6–8) gilt der Vergleich nicht etwa dem vor Gott betenden oder meditierenden Einzelnen in seinem Gegenüber zum ewigen Gott, sondern dem Feind oder Frevler. Durch einen Propheten, Priester oder Weisheitslehrer wird hier dem (bzw. den) von Feinden oder Frevlern Bedrängten zugesagt, daß er sich nicht zu fürchten (Jes 51, 12) und nicht zu „erhitzen" braucht (Ps 37, 1): auch die Mächtigsten sind – vor Gott! – hinfällig und vergänglich wie das Gras. Die tröstende Absicht des Vergleichs geht in allen genannten Stellen aus dem Kontext hervor. In Jes 40, 6–8 wird sie allerdings nur dann erkennbar, wenn man v. 6b–8 (mit K. Elliger, BK XI 22–29, gegen das übliche Verständnis, nach dem sich der Prophet in v. 6b–7 unter Hinweis auf seine eigene [!] Vergänglichkeit dem göttlichen Auftrag hätte entziehen wollen) als zusammenhängende Rede versteht, nämlich als Wortlaut der dem Propheten nach v. 6a (vgl. v. 1) aufgetragenen Trostbotschaft. Sterbliches „Fleisch", welkende „Blume" und verdorrendes „Gras" ist in diesem Kontext weder der Mensch im allgemeinen noch der Fromme (oder der Prophet) im besonderen, sondern (vgl. v. 24!) der Feind, in dessen Gewalt sich das vom Propheten anzuredende Volk befindet: wie mächtig er sich immer geben mag – er ist kurzlebig, vergänglich „wie das Gras". Diese Botschaft bewährt sich, indem sie „in Ewigkeit zustandekommt" (v. 8b, vgl. Elliger). – Wenn v. 7 zum ursprünglichen Text gehören sollte, so muß in jedem Fall der Schluß (*'āḵen ḥāṣîr hā'ām*) als unpassende Glosse gelten.

Barth

חָצֵר *ḥāṣer*

I. Außerhalb der Bibel – 1. Etymologie – 2. Akkadisch – 3. Ugaritisch – 4. Phönizisch – 5. Altsüdarabisch – 6. Arabisch – 7. Aramäisch (und Griechisch) – II. Im AT – 1. Gehöfte – 2. Hof – a) Philologie und Statistik – b) Profane Höfe – c) Tempelvorhof – (1) Am Offenbarungszelt – (2) Am salomonischen Tempel – (3) Der Entwurf des Ezechiel – (4) Am Tempel des Serubbabel – (5) Am herodianischen Tempel – (6) Archäologisches – (7) In den Psalmen (Theologie).

Lit.: *K. Albrecht*, Das Geschlecht der hebräischen Hauptwörter (ZAW 16, 1896, 41–121). – *Th. A. Busink*, Der Tempel von Jerusalem von Salomo bis Herodes I (Studia Francisci Scholten Memoriae Dicata III, Leiden 1970, 143–151). – *M. Dahood*, Ugaritic-Hebrew Parallel

Pairs, in: *L. R. Fisher* ed., RSP I (AnOr 49, 1972, II 131. 162). – *J. Jeremias*, Hesekieltempel und Serubbabeltempel (ZAW 52, 1934, 109–112). – *A. Malamat*, „חצרים" במקרא ובמארי (Yediot 27, 1963, 180–184). – *Ders.*, מארי והמקרא: לדפוסי המשטר השבטי (Festschr. M. H. Segal, Jerusalem 1964, 19–32). – *B. Mazar*, The Mountain of the Lord. Excavating in Jerusalem, New York 1975, 96–130. – *M. Noth*, Die Welt des Alten Testaments, [4]1962, § 18: Die Siedlungen; § 22: Die Heiligtümer. – *F. Nötscher*, Biblische Altertumskunde, 1940. – *H. M. Orlinsky*, Ḥāṣēr in the Old Testament (JAOS 59, 1939, 22–37). – *R. de Vaux*, Das AT und seine Lebensordnungen II, 1962, 85–159. – *E. Vogt*, Vom Tempel zum Felsendom (Bibl 55, 1974, 23–64). – *C. Watzinger*, Denkmäler Palästinas I, 1933; II, 1935. – *W. Zimmerli*, Ezechieltempel und Salomostadt (VTS 16, 1967, 398–414). → בית (*bajiṯ*), → היכל (*hêkāl*).

I. 1. Sich stützend auf BDB hat H. M. Orlinsky (24) und nach ihm auch A. Malamat (JAOS 82, 1962, 147) für das at.liche *ḥāṣer* zwei verschiedene protosemitische Wurzeln angenommen, von denen die eine zur Bedeutung 'settlement, village', die andere zu 'enclosure, court' führte. KBL[3] hat diese Unterscheidung, die sich vor allem im Arab. feststellen läßt, akzeptiert. Aber von zwei 'proto-semitischen' Wurzeln zu sprechen, dürfte zu weit gehen. Nicht nur die drei Radikale sind sich verdächtig ähnlich, sondern auch die semantischen Unterschiede sind nicht so groß, wie sie zunächst zu sein scheinen. Vielmehr liegt wahrscheinlich eine ursemitische Wurzel in der Bedeutung 'einfrieden, einschließen' zugrunde.

2. Im Altbabyl. gibt es nach AHw I 331 und CAD VI, 130 ein *ḫaṣāru* 'Hürde, Schafpferch', das in den Mari-Texten 4mal belegt ist, einmal im Sing. und 3mal im Fem. Pl. Daß in einem Beispiel (ARM II 43:7) *ḫaṣāru* in der Nähe einer Stadt liegt (vgl. Jos 19, 8 u.ö. im AT), ist kein genügender Grund, hier eine ausschließlich menschliche Siedlung anzunehmen (gegen Malamat). Übrigens kann gerade bei halbnomadischen Stämmen innerhalb der gleichen 'Einfriedung' auch die Siedlung der Hirten liegen (vgl. Noth 132). Das spätbabyl. *ḫaṭ(a)ru* (*ḫaṭīru*) heißt ebenfalls 'Hürde, Hof' und ist vielleicht Lehnwort aus dem Aram. (AHw I 337; s. I. 7.).

3. Im Ugar. ist des öfteren die Form *ḥẓr* vorhanden (die Form *ḥṭr*, Gordon UT Nr. 852a ist Fehllesung, s. UF 7, 1975, 106). Die zahlreichen Belege für *ḥẓr*, meistens parallel zu *bt* – zweimal zu *hkl* 'Palast' – s. WUS Nr. 960 und Fisher/Dahood II 131 und 162. Aistleitner (WUS Nr. 960 und Die mythologischen und kultischen Texte aus Ras Schamra, Budapest [2]1964) setzt *bt* und *ḥẓr* vollständig gleich und gibt daher letzteres mit 'Gehöft, Wohnstätte' wieder. Gordon, Dahood und Driver (CML) aber sehen mit Recht in *ḥẓr* (*ḥṭr*) eine etwas abweichende Parallele zu *bt* und übersetzen 'court, courtyard', analog dem Parallelismus von *bajiṯ* (= Tempel) und *ḥāṣer* in den Psalmen (s. II. 2. c (7)). Die andere Bedeutung 'Siedlungen' ist höchstens durch eine einzige unsichere Stelle (KTU 1.1 II 14) zu belegen: WUS Nr. 960 „mit 1000 Höfen"; Driver „1000 villages"; aber Gordon „1000 courts". Somit läßt sich in der Schreibung trotz der graphischen Möglichkeit kein Unterschied feststellen, und es scheint semantisch die Grundbedeutung 'Einfriedung, Hof' vorzuherrschen, während 'Gehöft, Siedlung' sehr fraglich ist.

4. Auch im Phön., wo es eine graphische Unterscheidung von *ṣ* so wenig gibt wie im Hebr., ist nur die Bedeutung '(Vor-)Hof' vorhanden, und zwar nach KAI 27, 7 in einem alten Beschwörungstext aus dem 7. Jh. v. Chr.: „Das Haus (*bt*), in das ich komme ..., den 'Hof', den ich betrete"; wie im Ugar. und im AT stehen *bt* und *ḥṣr* parallel. KAI 60, 2 (96 v. Chr.?): „Die Gebäude des Hofes des Gotteshauses" (*mbnt ḥṣr bt 'lm*). KAI 122, 2 und 145, 1 (1. Jh. n. Chr., neupunisch): „Der Vorhof (des Heiligtums)" (*ḥṣrt* [*hmqdš*]).

5. Das Altsüdarab., das die Dentalen genau unterscheidet, kennt ein Subst. *ḥḏr* = 'Wohnung' (CIS IV 79, 4; 82, 4; vgl. arab. *ḥaḍara*); ebenso bei A. Jamme, Sabaean Inscriptions from Maḥram Bilqîs (Mârib), Baltimore 1962, 629, 33: „Sie erreichten die Häuser", *'ḥḍr*, (Mask. Pl.); 665, 23: „von diesen Häusern", *'ḥḍrn*. Aber mit dem gleichen mittleren Konsonanten *ḍ* wird *mḥḍr* gebildet = 'Vorhof' (des Tempels, *bjt* eine Zeile zuvor), s. RES 3943, 5 (Sab.), dazu Conti Rossini 151: „*mḥḍr* 'vestibulum, atrium', Pl. *mḥḍrt*". Zu den mit *ḥḍr* gebildeten Eigennamen s. Ryckmans bei Orlinsky 28.

6. Dagegen lassen sich im Arab. mit seinem ungemein reichen Schrifttum zwei verschiedene Wurzeln erkennen: 1) *ḥaẓara* 'umgrenzen, einschließen', davon abgeleitet *ḥaẓīrat* = 'Umfriedung, Hürde'. Nah verwandt ist die Wurzel *ḥaṣara*, die aber die Bedeutung 'einengen, abhalten, abschließen' angenommen hat (s. Orlinsky 23f.). Im Äth. hat sich *ḥaṣara* 'enclose with a wall' erhalten (W. Leslau, Contributions, 21). 2) *ḥaḍara* 'sich begeben, anwesend sein, wohnen'. Dazu gehört *ḥāḍirat* 'Wohnort' etc. Obwohl sich die zwei (oder drei) Wurzeln voneinander entfernt haben, ist doch auch hier wie in den erwähnten anderen semit. Sprachen eine Grundbedeutung 'umgeben, einfrieden' wahrscheinlich. Ein Überblick über die mannigfachen Derivate zeigt, daß sie sich gelegentlich gekreuzt haben.

7. Die Targume unterscheiden die hebr. Etymologien von *ḥāṣer* und übersetzen 'Siedlung' mit *p^{e}ṣiḥā'*/ *pasḥā'*, dagegen 'Hof' mit *dār^{e}ṯā'*. Ob das in den Targumen 4mal belegte *ḥuṭrā'* 'Hürde' mit arab. *ḥaẓīrat* verwandt ist (Orlinsky 25) oder mit *ḥoṭær* 'Stab, Rute' (Levy, Chald. Wörterbuch, 252), ist fraglich. Der mittelhebr. Fachausdruck für den Tempelhof, *'^{a}zārāh*, kommt erstmals 2 Chr 4, 9 und 6, 13 vor; in den Targumen (*'^{a}zartā'*) begegnet er nur 5mal. Bei Ez (43, 14. 17. 20; 45, 19) liegt noch die allgemeinere Bedeutung „Einfassung" (des Altars) vor, vgl. Bibl 35, 1954, 307f.; RB 81, 1974, 41–43. – Die LXX hat gleichfalls die zweierlei Bedeutungen unterschieden und 'Siedlung' meistens mit κώμη (23mal), 'Hof' mit αὐλή (131mal) wiedergegeben. Weiter verwendet die LXX ἔπαυλις, 'Landgut'

(20mal), σκηνή (6mal), ἐξώτερος (3mal), ἐξέδρα, περίπατος und οἰκία (je 1mal). Textkritisch schwierige Stellen bespricht Orlinsky 32–37.

II. 1. Im at.lichen Hebr. kommt *ḥṣr* nur als Subst. vor. Die Bedeutung wechselt nach den erwähnten arab. Wurzeln (s. KBL³). Im Sinn von 'Siedlung, Gehöft' steht es nur im Pl. Nach Orlinsky 28 begegnet es 47mal und hat immer mask. Genus. Eine stereotype Formel ist die Verbindung von „Städten und ihren (benachbarten) Siedlungen", die einen festen Besitz ausmachen und mehr sind als bloßes Weideland (vgl. Jos 21, 12). Aber größer als unsere Weiler werden sie selten gewesen sein. Beispielsweise nennt Jos 15, 21–32 im südlichen Randgebiet von Juda nicht weniger als „29 Städte und ihre Gehöfte" (v. 32). Es handelt sich weitgehend um Gebiete von Halbnomaden, vgl. Gen 25, 16: „Gehöfte und Zeltlager der Ismaeliter", Jes 42, 11: „Die Gehöfte, die Kedar bewohnt." Dennoch sind sie von den beweglichen Zelten zu unterscheiden; denn die arab. Derivate von *ḥaḍara* bezeichnen immer Dauersiedlungen; vgl. auch Neh 12, 29: „Die Sänger hatten sich rings um Jerusalem Gehöfte gebaut." Befestigungsmauern hatten sie nicht: Lev 25, 31: „Häuser innerhalb von Siedlungen, die ringsum keine (festen) Mauern haben." Sie werden zum freien Feld des Landes gerechnet. Die offene Siedlungsweise (Jer 49, 31) besagt aber nicht, daß die Weiler nicht wenigstens ähnlich wie Viehhürden bescheidene 'Einfriedungen' hatten. Hier zeigt es sich wieder, daß in der gemeinsamen Urbedeutung 'Gehöft' und 'Hof' sich berühren. – Den fünf mit *ḥāṣer* zusammengesetzten Ortsnamen wird auch die Bedeutung 'Gehöft' zugrundeliegen (KBL³ 332; Orlinsky 27).

2. a) Zu den arab. Wurzeln *ḥẓr* und *ḥṣr* 'umschließen' gehört die andere Bedeutung von *ḥāṣēr*, nämlich 'Einfriedung, Hof'. Das Genus (s. Orlinsky 28–31) ist hier gewöhnlich fem. (vgl. auch den Fem. Pl. *ḫaṣirātu* in den Mari-Texten und asa. *mḥḍrt*). Im AT begegnet 20mal *ḥᵃṣerôṯ*, abgesehen von der Wüstenstation Hazerot (Num 11, 35 u. ö., Fem. Pl. 'Einfriedungen'). Aber 5mal kommt der Mask. Pl. – immer mit Suffixen – vor, und im Sing. ist das Geschlecht ebenfalls in 10 Fällen mask. (darunter 8mal in Ez 40–43). Dazu stellt Orlinsky fest, daß es sich immer um den Tempelvorhof in Jerusalem handelt, der als Wohnstätte JHWHs angesehen wird (s. u. (7)), parallel zu *bajiṯ*. Auch sei die 15malige mask. Konstruktion überwiegend auf exilische und nachexilische Bücher beschränkt, also eine späte Erscheinung, die sich z. B. auch im Genus von *dæræḵ* zeigt. Gegen K. Albrecht, der durch leichte Textänderungen das Fem. herstellen wollte (*pᵉnîmîṯ* statt *pᵉnîmî* in Ez 40–43), schreibt W. Zimmerli, BK XIII/2, 988 zu Ez 40, 23: „Man wird (gegen Albrecht, ZAW 16, 1896, 49) anzunehmen haben, daß חצר [*ḥāṣer*] (ganz wie חלון [*ḥallôn*] ...) sowohl masc. wie fem. behandelt werden kann." Die Grundbedeutung 'Einfriedung' (M. Noth, BK IX/1, 140 'Umhegung') ist noch wörtlich vorhanden, wenn die Materialien genannt sind, aus denen die *ḥāṣer* erbaut ist, z. B. 1 Kön 7, 12 (s. H. Graf Reventlow, ZAW 81, 1969, 327[63]).

b) Einzelhäuser außerhalb der engen Städte werden meistens von einem größeren oder kleineren Hof umfriedet gewesen sein. Vornehme Paläste, wie der in Susa, besaßen neben dem 'äußeren Hof' (Esth 6, 4) und dem 'Gartenhof' (1, 5) auch einen 'inneren Hof' (4, 11; 5, 1). Das Frauenhaus hatte seinen eigenen Hof (2, 11). Im Geviert angelegte Palastbauten umschlossen einen Binnenhof, vgl. Watzinger I 97 für Samaria (und Assyrien).

Bau und Anlage des salomonischen Königspalastes werden in 1 Kön 7, 1–12 nur kurz geschildert, wobei v. 8 'der andere Hof' (*ḥāṣer hā'aḥæræṯ*), v. 9 und 12 'der große Hof' erwähnt wird. Der 'andere Hof' wird unterschieden entweder vom 'großen Hof' oder vom 'inneren Vorhof' am Tempel; er umgibt den Palast des Salomo. Dagegen ist mit dem 'großen Hof' „wohl eine alle Bauten von 6, 1 – 7, 8 und damit auch die 'innere Umhegung' (für das JHWH-Haus) von 6, 36 und die 'andere Umhegung' (für das Salomohaus) von 7, 8a einschließende Umfassungsmauer gemeint" (M. Noth, BK IX/1, 139). Aus der Zeit des Hiskia wird in 2 Kön 20, 4 ein 'mittlerer Hof' in der Nähe des Palastes genannt, falls doch wohl *ḥāṣer* statt des Ketīb *hā'ēr* zu lesen ist (vgl. die Komm., ferner Orlinsky 22; ders.: JQR 30, 1939–1940, 34–36). Im Palastbereich gab es einen Wachthof (*ḥᵃṣar hammaṭṭārāh*): Jer 32, 2 u.ö.; Neh 3, 25.

Nach Ex 8, 9 (J) starben die Frösche „in den Häusern, Höfen und Feldern"; wegen des fem. Pl. ist besser 'Höfe', nicht, wie üblich, 'Gehöfte' zu übersetzen. – 2 Sam 17, 18 erwähnt den Hof eines Privathauses mit einem Brunnen. – Nach Neh 8, 16 wurden in den einzelnen Höfen Laubhütten errichtet. – Im Unterschied zum umfriedeten Hof heißt der freie (Markt-)Platz *rᵉḥoḇ*.

c) (1) Noch mehr als profane Gebäude waren im ganzen Alten Orient die Heiligtümer von einem oder mehreren Höfen, griech. τέμενος, arab. *ḥaram*, umgeben, um dem gesamten Komplex eine abgeschlossene, imposante Größe und Weite zu verleihen und um die Volksmengen aufzunehmen. Religiös besitzt der umfriedete Bezirk eine numinose Würde, trennt das Profane vom Sakralen (Ez 42, 20) und zieht auch die Menschen in den Bann der Weihe (de Vaux II 88–91). Im AT berichtet die Priesterschrift, daß bereits am Offenbarungszelt in der Wüste ein Hof von 100×50 Ellen – 1 Elle = 52,5 cm (BRL² 204) – durch Vorhänge abgegrenzt worden sei (Ex 27, 9–19; 38, 9–20; 40, 8. 33; Lev 6, 9. 19 u.ö.), allerdings im einzelnen kein geschichtlich verwertbares Zeugnis, sondern weithin eine Retrojektion des Jerusalemer Tempels (vgl. Y. Aharoni, The Salomonic Temple, the Tabernacle and the Arad Sanctuary, in: Orient and Occident, AOAT 22, 1973, 1–8).

(2) Vom salomonischen Tempel (vgl. Busink 143–151) wird ein ummauerter 'innerer Vorhof' erwähnt (1 Kön 6, 36; 7, 12) im Gegensatz zum 'großen Hof'

(1 Kön 7, 9. 12), der wahrscheinlich sowohl den Königspalast als auch das Tempelareal umgab (s. o. b). Der innere Vorhof wird beschrieben als 'Hof vor dem Haus JHWHs'; in ihm stand auch der Brandopferaltar (1 Kön 8, 64 = 2 Chr 7, 7). Im Laufe der Zeit scheint man vom gemeinsamen 'großen Hof' einen zweiten Tempelvorhof abgezweigt zu haben. Jedenfalls ist für die Zeit Manasses und Josias (2 Kön 21, 5; 23, 12) von den 'zwei Vorhöfen des Hauses JHWHs' die Rede. 'Meine Vorhöfe' (Pl.) heißt es auch Jes 1, 12 (nach LXX aber Sing.). Baruch liest die Worte Jeremias „im oberen Vorhof (*ḥāṣer hā'æljôn*) am Eingang des neuen Tempeltores" vor (Jer 36, 10). Vermutlich war es das gleiche Tor zwischen dem äußeren und dem etwas erhöhten inneren Vorhof, an dem Jeremia selbst zum Volk sprach (19, 14) und seine berühmte Tempelrede hielt (7, 2; 26, 2); vgl. die Komm. und H. Graf Reventlow, ZAW 81, 327. Der Sing. 'Vorhof' braucht nicht so eng ausgelegt zu werden, als hätten z. Z. Jeremias noch keine zwei Tempelvorhöfe existiert. Wo Ezechiel noch den bestehenden Tempel im Auge hat, spricht er vom 'Eingang des Vorhofs' (Ez 8, 7), genauer aber 8, 16 (= 10, 3f.) vom 'inneren Vorhof des Hauses JHWHs', und 10, 5 vom 'äußeren Vorhof' (*ḥāṣer haḥîṣonāh*); 9, 7 steht der Pl. 'die Vorhöfe'.

(3) Die Schilderung des neuen Tempels bei Ez 40–42 setzt genaue Kenntnis des salomonischen Tempels voraus (Watzinger I 89; Mazar 103) und sieht daher wieder zwei Tempelhöfe vor. Der 'innere Vorhof' wird Ez 40, 23 u.ö. genannt. Er mißt 100 Ellen im Quadrat; nach Nötscher, Bibl. Altertumskunde, 285[3] und 286f., gilt dieses Maß nur für den späteren 'Priestervorhof'. Zwei Zellen an den Seitenwänden des Nord- und Südtores dienen als Priestersakristeien (40, 44–46). Acht Stufen tiefer liegt der 'äußere Vorhof' mit einem Steinpflaster und 30 Zellen (40, 17–20). Er dient zur Versammlung des Volkes (44, 19). Palastbauten sind jetzt nicht mehr geplant, so daß der äußere Vorhof sich weiter nach Süden, Osten und Norden ausdehnen kann (s. Zimmerli, VTS 16, 404). Am salomonischen Tempel kam nach dem inneren Vorhof gleich der die Palast- und Tempelanlagen gemeinsam umfassende 'große Vorhof' (s.o. 2.b). Diese allzu geringe Trennung wird von Ezechiel als strafwürdige Befleckung des Namens Gottes hingestellt (43, 8). Das gesamte Tempelareal soll ein Quadrat von 500 × 500 Ellen bilden und von einer Mauer umgeben sein, um, wie eigens angegeben wird, das Heilige vom Profanen zu trennen (42, 20; vgl. die Priesterpflichten 22, 26; 44, 23). Vor der Mauer soll außerdem ein 50 Ellen breiter, unbebauter Schutzstreifen verlaufen (45, 2, eine spätere Erweiterung).

(4) Über den zweiten Tempel (515 v. Chr. vollendet; vgl. Mazar 104f.) gibt es keine zusammenhängenden Nachrichten. Wie schon Ezechiel wird Serubbabel die salomonischen Überlieferungen möglichst treu berücksichtigt haben (vgl. Jeremias). Sicher waren zwei Vorhöfe vorhanden. Schon Jes 62, 9 verheißt: „Sie werden den Most trinken in meinen heiligen Vorhöfen." Nach Sach 3, 7 bekommt der Hohepriester „die Verwaltung meines Hauses und die Aufsicht über meine Vorhöfe". Neh 8, 16 berichtet, daß „in den eigenen Höfen und in den Vorhöfen des Gotteshauses" Laubhütten aufgebaut wurden. Die Texte im Chronikbuch (1 Chr 23, 28; 28, 6. 12; 2 Chr 23, 5) sind Zeugnisse für ihre Zeit, nicht für die vorexilische Epoche. 2 Chr 4, 9 wird zum erstenmal der 'Vorhof der Priester' genannt; er gehört zum 'inneren Vorhof' von 1 Kön 6, 36, woraus zu ersehen ist, daß er z.Z. der Chronik wenigstens teilweise – wie später beim herodianischen Tempel – für die Priester reserviert war. Der 'große Hof' (*'ᵃzārāh haggᵉdôlāh*, s.o. I. 7.) entspricht wohl ungefähr dem 'großen Vorhof' von 1 Kön 7, 9. 12, oder besser dem 'äußeren Vorhof' bei Ez 10, 5. 2 Chr 20, 5 steht die Bezeichnung 'neuer Vorhof', der wohl mit dem 'großen Hof' von 4, 9 identisch ist und anscheinend z.Z. des Chronisten (oder des Königs Josaphat?) erneuert worden war. 2 Chr 24, 21 heißt es lediglich, das Volk habe „im Vorhof des Hauses JHWHs" den Propheten Sacharja gesteinigt. Aber nach Mt 23, 35 wäre das „zwischen Tempel und Altar" geschehen, also im inneren Vorhof. In diesem Fall ist richtig vorausgesetzt, daß z.Z. des Joas der innere Vorhof für die Laien noch ganz zugänglich war. Auch 2 Chr 29, 16, wonach die Priester alles Unreine aus dem Hekal zunächst „in den Vorhof des Hauses JHWHs" brachten, wo es die Leviten übernahmen, ist an den inneren Vorhof zu denken. – „Die Vorhöfe" (Pl.) werden 1 Makk 4, 38. 48 erwähnt, das Niederreißen „der Mauer des inneren Tempelhofes" in 1 Makk 9, 54.

(5) Etwa ein halbes Jahrtausend nach dem Tempelbau des Serubbabel hat Herodes das Heiligtum erneuert und namentlich die Vorhöfe, ihre Tore, Türme, Säulenhallen und Umfassungsmauern neu ausgebaut und erweitert. Genauere Beschreibungen liegen vor bei Josephus Ant 15, 11, 1–3. 5; Bell 5, 5–6 und – zuverlässiger als der zu Übertreibungen neigende Josephus – im Mischnatraktat Middoth (vgl. übersichtlichen Plan in BL 1723, dazu auch Vogt 64; vgl. Mazar 113–124). Vom erhöhten Tempelgebäude führten 12 Stufen in den inneren Vorhof hinab, der in der Frontseite von Ost nach West 187 Ellen, von Nord nach Süd 135 Ellen maß und den Hekal umschloß (Midd 5, 1; s. Nötscher 290). An der nördlichen und südlichen Vorhofsmauer waren je drei Kammern für die Priester (Midd 5, 3f.). Von diesem innersten (Priester-)Vorhof trennte eine nur eine Elle hohe Schranke einen anschließenden Hof ab, den sog. Vorhof der Israeliten, oder Vorhof der Männer (Bell 5, 5, 6). Weiter in östlicher Richtung führten 15 Stufen zum 'Vorhof der Frauen' hinab, eine Fläche von 135 × 135 Ellen (Ant 15, 11, 5; Midd 2, 5). In ihm und in den eingebauten Räumen durften sich Frauen und Männer aufhalten, nicht aber durften Frauen den Vorhof der Männer betreten. Diesen ganzen inneren 'Heiligen Bezirk' (Bell 5, 5, 2) umgab

eine hohe Mauer mit mehreren Toren (Ant 15, 11, 5; Midd 1, 4f.). Das 'Schöne Tor' gegen Osten wird Apg 3, 2 erwähnt. Nach innen zu hatte die Ostseite des Frauenhofes Säulenhallen (Ant 15, 11, 3; 20, 9, 7).

Weitere 14 Stufen tiefer lag der großflächige äußere 'Vorhof der Heiden' (Bell 5, 5, 2), der über den früheren 'äußeren Vorhof' weit hinausging und als allgemeiner, riesiger Marktplatz Juden und Heiden zugänglich war, ähnlich einer griechischen Agora. Durch gewaltige, z.T. noch erhaltene Stützmauern hat Herodes den Tempelplatz namentlich gegen Süden bis aufs Doppelte vergrößert (Bell 1, 21, 1; Watzinger II 34). Soweit heute noch feststellbar, umschloß eine aus mächtigen Quadersteinen erbaute Mauer ein Quadrat von 280 m Seitenlänge (Vogt 28). Auch der Vorhof der Heiden war mit geräumigen, viel besuchten Säulenhallen ausgestattet (Ant 15, 11, 5; s. Nötscher 291f.); von der östlichen 'Halle Salomos' spricht Apg 3, 11; vgl. Apg 5, 12; Joh 10, 23.

(6) Wenn der Spaten der Ausgräber von Palästen, Burgen und Tempeln wenigstens die Fundamente freilegt, lassen sich vielfach mit Hilfe von Umfassungsmauern Außenhöfe, bei Palastanlagen im Geviert auch Binnenhöfe feststellen. So ist die bekannte Klagemauer im Westen des Tempelplatzes von Jerusalem nicht ein Rest vom Tempel selbst, sondern von der Mauer, mit der Herodes den Tempelplatz abstützte. Am Nordende der Westmauer ist noch ein Rest der Umfassungsmauer des Ḥaram erhalten (s. E. Mader, Mambre, 1957, 74f.). Ähnliche typisch herodianische Riesenquadern finden sich beispielsweise bei den Temenoi in Hebron, Mambre (vgl. Watzinger II 45f.; E. Mader 67–81) und Samaria (mit einem Vorhof von 70 × 70 m: Watzinger I 97; II 48). Im JHWH-Heiligtum der Zitadelle von Arad (10.–7. Jh. v. Chr.) stand der Brandopferaltar in Nachahmung Jerusalems ebenfalls innerhalb des Vorhofs (vgl. M. Weippert, ZDPV 82, 1966, 287).

(7) Außer in den Prosatexten kommen die Tempel-Vorhöfe 8mal in den Psalmen vor, davon 4mal (Ps 65, 5; 84, 11; 92, 14; 135, 2) im Parallelismus mit dem Gotteshaus (*bajit*), einmal (100, 4) mit 'Toren', einmal (84, 2f.) mit 'Wohnungen', einmal mit 'Jerusalem' (116, 19) und nur einmal (96, 8) ohne Parallele. Man kann den Parallelismus fast als synonym bezeichnen; denn die Aussagen beziehen sich auf das Heiligtum als Ganzes (altertümlich auch 'Zelt' genannt: Ps 15, 1; 27, 6; 61, 5). Daher schreibt F. Zorell, Lexicon Hebr. s.v.: „In poesi *atria* = templum", und Orlinsky 30 glaubt, wie II. 2. a erwähnt, daß diese Gleichstellung der Hauptgrund sei, weshalb 'Vorhof' 15mal als Maskulinum konstruiert wird (mask. in Ps 84, 11, fem. 84, 3).

Daß in den Psalmen nur der Pl. vorkommt, kann auf die Mehrzahl der Vorhöfe zurückgehen; es kann aber auch – wie im Ugaritischen, s. Dahood, AB 17 zu Ps 65, 5 – nur dichterischer Pluralis maiestatis bzw. amplitudinis sein, vgl. 'deine Altäre' (84, 4), 'deine Wohnungen' (43, 3; 46, 5; 84, 2; 132, 5. 7; s. H.-J. Kraus: ZDPV 75, 1959, 129). So nahmen die Vorhöfe teil an der Verehrung und Liebe, die man dem Tempel (→ בית [*bajiṯ*] III. 3.) in Jerusalem als dem Sitz der kultischen Gegenwart Gottes und dem religiösen Mittelpunkt Israels entgegenbrachte. Gott selbst hat sich diesen Ort und damit auch seine Bewohner auserwählt (vgl. de Vaux II 153–159: Die Theologie des Tempels). Aber abgesehen von dieser etwas ungenauen dichterischen Redeweise „pars pro toto" waren tatsächlich nur die Vorhöfe für das Volk zugänglich, nicht die Tempelräume selbst. Ps 5, 8a ist also *'āḇô' bêṯæḵā* besser zu übersetzen „ich darf zu deinem Hause kommen" (F. Nötscher, EB z.St.), weniger gut „ich gehe ein in dein Haus" (H.-J. Kraus: BK XV z.St.); richtig fährt 8b fort: „Ich bete zu (*'æl*) deinem heiligen Tempel hin." Wenn es im Tempelweihgebet 1 Kön 8, 31 heißt, daß einer „in diesem Haus vor deinem Altar" schwört, so meint hier 'Haus' ungenau die gesamte Tempelanlage, ebenso 8, 33 „zu dir betet in diesem Haus", genauer „beten zu (*'æl*) dieser Stätte hin" 8, 29. 35. 38. 42 (Fremde); vgl. dazu Jer 26, 2: „sich niederwerfen im Haus JHWHs"; Jes 56, 7: „ein Haus des Gebetes für alle Völker". Poetische Lizenz ist die Phrase in Ps 23, 6: „Ich darf wohnen im Haus JHWHs" (ähnlich 27, 4; → ישב [*jāšaḇ*]). In Ps 65, 5 wird seliggepriesen, „wer in deinen Höfen wohnt". Das brauchen trotz des vorausgehenden 'erwählen' und 'sich nahen lassen' nicht nur Priester zu sein, sondern 'alles Fleisch' (v. 3). Ps 84, 3: „Meine Seele lechzt, ja verzehrt sich nach den Vorhöfen JHWHs"; v. 11: „Besser ein Tag in deinen Vorhöfen als tausend"; v. 5: „Selig, wer in deinem Hause wohnen darf." Ps 92, 14: „Eingepflanzt im (am) Haus JHWHs, blühen sie empor in den Vorhöfen unseres Gottes." Ps 96, 8b: „Bringt Gaben und kommt zu seinen Vorhöfen!" Ps 100, 4: „Tretet in seine Tore mit Dank, in seine Vorhöfe mit Lob!" Ps 116, 18: „Ich erfülle JHWH meine Gelübde, und zwar vor seinem ganzen Volk, (19) in den Vorhöfen des Hauses JHWHs, in deiner Mitte, Jerusalem." Ps 134, 1 kann sich „die ihr bei Nacht im Hause JHWHs steht" wörtlich nur auf die Priester und Leviten beziehen, die verallgemeinernde Erweiterung in LXX „in den Vorhöfen des Hauses unseres Gottes" stammt aus 135, 2. Dort ist „die ihr steht im Haus JHWHs, in den Vorhöfen des Hauses unseres Gottes" reiner Parallelismus, so daß eine Einschränkung auf die Priester nicht anzunehmen ist.

Im Bereich des Tempels „vor dem Angesicht Gottes" weilen zu dürfen, war für den Frommen höchstes Glück, aber auch sittliche Verpflichtung. Die sog. Tor- (auch Thora-)Liturgien (vgl. Ps 15 und 24) zeigen, daß an die Kultteilnehmer beim Eintritt in den Heiligen Bezirk die sozialen Forderungen des JHWH-Rechtes gestellt wurden. Die opferfeindlichen Aussprüche bei den Propheten haben immer sittlich unwürdige Tempelbesucher im Auge; Gott will nicht, daß solche seine „Vorhöfe zertreten" (Jes 1, 12).

Hamp

חָקַק *ḥāqaq*

חָקָה *ḥāqāh*, חֹק *ḥoq*, חֻקָּה *ḥuqqāh*

I. Etymologie, westsemit. Belege – II. Das Verbum *ḥāqaq/ḥāqāh* – III. 1. Konkretere Bedeutungen – 2. 'Vorschrift', 'Ordnung'; *ḥoq* und *mišpāṭ* – 3. Gebrauch in P und H – 4. Deut und das dtr Geschichtswerk – 5. Das chronistische Werk – 6. Die prophetischen Bücher – 7. Die Psalmen – IV. LXX – V. Qumran.

Lit.: *G. Braulik*, Bedeutungsnuancen der Ausdrücke für „Gesetz" im deuteronomischen Sprachgebrauch (ZDMG Suppl 1, 1969, 343f.). – *Ders.*, Die Ausdrücke für „Gesetz" im Buch Deuteronomium (Bibl 51, 1970, 39–66). – *M. Delcor*, Contribution à l'étude de la législation des sectaires de Damas et de Qumrân (RB 61, 1954, 533–553; 62, 1955, 60–75). – *Z. W. Falk*, Hebrew Legal Terms (JSS 5, 1960, 350–354). – *J. Halbe*, Das Privilegrecht Jahwes Ex 34, 10–26 (FRLANT 114, 1975). – *R. Hentschke*, Satzung und Setzender. Ein Beitrag zur israelitischen Rechtsterminologie (BWANT 5/3, 1963). – *F. Horst*, Gottes Recht. Studien zum Recht im AT (ThB 12, 1961). – *G. H. Jones*, The Decree of Yahweh (Ps 2, 7) (VT 15, 1965, 336–344). – *G. Liedke*, Gestalt und Bezeichnung at.licher Rechtsätze (WMANT 39, 1971). – *Ders.*, חקק *ḥqq* einritzen, festsetzen (THAT I, 1971, 626–633). – *M. Limbeck*, Die Ordnung des Heils. Untersuchungen zum Gesetzesverständnis des Frühjudentums, 1971. – *N. Lohfink*, Das Hauptgebot. Eine Untersuchung literarischer Einleitungsfragen zu Dtn 5–11 (An Bibl 20, Rom 1963). – *R. P. Merendino*, Die Zeugnisse, die Satzungen und die Rechte. Überlieferungsgeschichtliche Erwägungen zu Deut 6 (Festschr. G. J. Botterweck, BBB 50, 1977, 185–208). – *S. Mowinckel*, The Hebrew Equivalent of Taxo in Ass. Mos. IX (VTS 1, 1953, 88–96). – *W. Nauck*, Lex insculpta (חוק חרות) in der Sektenschrift (ZNW 46, 1955, 138–140). – *G. Östborn*, Tōrāh in the O.T. A semantic study, Lund 1945. – *J. van der Ploeg*, Studies in Hebrew Law (CBQ 12, 1950, 248–259. 416–427; 13, 1951, 28–43. 164–171. 296–307). – *H. Graf Reventlow*, Gebot und Predigt im Dekalog, 1962. – *W. Richter*, Recht und Ethos. Versuch einer Ortung des weisheitlichen Mahnspruches (StANT 15, 1966). – *P. Victor*, A note on חק in the OT (VT 16, 1966, 358–361).

I. Die Wurzel *ḥqq* (die im Hebr. die Nebenform *ḥqj/ḥāqāh* hat und gewisse Formen wie von *ḥwq* bildet) kommt im Mhebr. und Jüd.-aram. mit der Bedeutung 'aushöhlen', 'eingravieren' vor; im Mand. dagegen heißt es 'in Ordnung sein'.
In westsemit. Inschriften sind die Belege dürftig und nicht eindeutig. In der Hadad-Inschrift aus Zencirli (KAI 214) steht am Ende (Z. 34) der Satz *tḥq ʿljh*, was man vielleicht als „du sollst ihn betreffend schreiben" verstehen kann; der Kontext gibt keinen sicheren Anhalt für die Deutung. In einer phön. Grabinschrift (CIS I, 51, 2) findet sich die Berufsbezeichnung *mḥq*, die man entweder als 'Bildhauer' (sculptor) oder als 'Gesetzgeber' gedeutet hat. Ferner stehen in einer neupun. Denkmalinschrift (LidzNE, 349) die Worte *[ʾr]ṣʾt hmḥqt*, die vielleicht „die abgegrenzten Länder(eien)" bedeuten. (Zu den Inschriften s. DISO 95 und Hentschke 21f.)

Arab. *ḥaqqa* bedeutet 'Furche ziehen' und 'wahr (wirklich) sein' (s. A. Guillaume, Hebrew and Arabic Lexicography IV, Abr Nahrain 4, 1965, 7). Dagegen findet Kopf, VT 9, 1959, 255f., einen Zusammenhang zwischen einer Spezialbedeutung von arab. *ḥaqqa* 'zustehen, zukommen' und hebr. *ḥoq* in der Bedeutung 'was einem zusteht, Anteil' und *meḥoqeq*, das er Deut 33, 21 als 'Anteil' auffaßt. Diese Zusammenstellung ist aber zu sehr von zufälligen Bedeutungsnuancen abhängig, um überzeugend zu sein.
Auch in den südsemit. Sprachen ist die Wurzel belegt. Im Asarab. gibt es zwei Belege für *ḥqq* in der Bedeutung 'rechtsverbindlich' (W. W. Müller, ZAW 75, 1963, 309); äth. *ḥĕg* neben *ḥĕq* heißt 'Gesetz, Vorschriften' (Leslau, Contributions, 21); im Tigrē heißt das Verbum 'Recht suchen' (Wb 77).

II. Die at.lichen Belege vom Verb *ḥqq/ḥāqāh* verteilen sich auf drei Bedeutungsgruppen: 1) 'aushauen, einritzen': Schebna läßt sich sein Grab im Felsen aushauen (Jes 22, 16 *ḥqq* || *ḥāṣaḇ*); Ezechiel ritzt auf einem Ziegelstein den Grundriß Jerusalems ein (Ez 4, 1 *ḥqq*); JHWH hat sich auf die Hände den Namen Zion eingeritzt (*ḥqq*), um ihn immer vor Augen zu haben (Jes 49, 16); Gott zeichnet Hiob die Spuren vor (Hi 13, 27 *ḥāqāh*); der Schöpfer zeichnet Hiob den Kreis des Horizontes (*ḥûḡ*) auf der Fläche der Tiefe (Spr 8, 27, vgl. Hi 26, 10). 1 Kön 6, 35; Ez 8, 10; 23, 14 bezeichnet das Ptz. *meḥuqqæh* 'Schnitzwerk' 'Ritzzeichnungen' oder 'Reliefbilder'. 2) Dreimal steht *ḥqq* mit *kāṯaḇ* 'schreiben' parallel: Hi 19, 23 von den Anklageworten Hiobs, die für alle Zukunft zeigen sollen, daß er Recht hat (*bassepær* meint entweder 'in einer Inschrift' – so KBL 665 – oder 'auf [eine] Kupfer[tafel] – vgl. akk. *siparru*; zu bemerken ist auch *ḥāṣaḇ* „in den Fels hauen" v. 24); Jes 30, 8 von den Worten Jesajas, die für die Zukunft zeugen sollen (auch hier könnte *sep̄ær* 'Kupfertafel' sein, par. *lûaḥ*). Jes 10, 1 „Wehe denen, die Satzungen des Unrechts aufzeichnen (*haḥoqeqîm ḥiqeqê-ʾāwæn*) und immerfort Unheil schreiben" (gemeint ist entweder der Erlaß böser Rechtssätze zu eigenem Vorteil oder ungerechte Rechtsprechung). 3) 'festsetzen, bestimmen': Jer 31, 35 JHWH 'bestimmt' Mond und Sterne zum Erleuchten der Nacht (par. *noṯen* von der Sonne); Spr 8, 15 „durch mich (die Weisheit) regieren (*šāp̄aṭ*) Könige und setzen die Fürsten Recht (*jeḥoqeqû*)"; Spr 31, 5 *meḥuqqāq* 'das Gesetzte' = das Gesetz; hierher gehört wohl auch Ri 5, 9 „mein Herz gehört den Regierenden (*ḥôqeqê*) Israels". Außerdem findet sich 7mal das Ptz. *poʿel meḥoqeq*, das entweder 'Stab, Szepter' (Num 21, 18; Ps 60, 9 = 108, 9; Gen 49, 10) oder 'Führer, Gebieter' (Ri 5, 14; Deut 33, 21; Jes 33, 22) bedeutet; im letzteren Fall meint Hentschke (11ff.) einen Amtstitel zu finden, aber die Belege sind zu wenig und zu unbestimmt, um einen solchen Schluß zu rechtfertigen (vgl. Liedke 160).

III. 1. Als Subst. finden sich *ḥoq* und die fem. Form *ḥuqqāh*, die beide als termini für Rechtssätze oder

Gesetzesvorschriften auftreten. In einigen Fällen kommt aber eine konkretere und wohl ursprünglichere Bedeutung zum Vorschein. Es kann eine Grenzlinie bezeichnen: Gott setzt in der Schöpfung dem Meer eine Grenze, die es nicht überschreiten kann (Spr 8, 29; Jer 5, 22; Hi 38, 10; Ps 148, 6 – hier klingen vielleicht die Begriffe 'Befehl' und 'Ordnung' mit). Jer 31, 36 bezieht sich der Ausdruck „diese *ḥuqqîm*" auf die Schöpfungsordnung, die im vorhergehenden Vers beschrieben worden ist (s. o. II.). Hi 28, 26 macht Gott dem Regen seinen *ḥoq*, d. h. entweder leitet er ihn in die rechten Bahnen oder läßt ihn zur rechten Zeit fallen. Mi 7, 11 handelt es sich wieder um die Grenze des Landes, die erweitert werden wird, und Jes 5, 14 heißt es vom Totenreich: „es reißt ihren Rachen auf *b^{e}lî ḥoq*", d. h. grenzenlos, maßlos.

Ferner bezeichnet *ḥoq* eine abgemessene Menge, einen Anteil oder eine begrenzte Zeit. So heißt es z. B. Gen 47, 22, daß die Priester in Ägypten einen *ḥoq* vom Pharao hatten und von diesem *ḥoq* lebten; es handelt sich also um ein festgesetztes Einkommen, wahrscheinlich in Naturalien. Eine ähnliche Bedeutung könnte Ez 16, 27 vorliegen: Gott verkürzte (*gāra'*) den *ḥoq* Jerusalems, d. h. minderte den der Stadt zukommenden Unterhalt (vgl. Ex 21, 10) – oder: minderte ihr Territorium (also: 'eine begrenzte Fläche' – so Liedke 165). Hierher gehört wohl auch Spr 30, 8: „Armut und Reichtum gib mir nicht, laß mich verzehren *læḥæm ḥuqqî*, d. h. das mir beschiedene Brot." Andererseits ist *ḥoq* ein Arbeitspensum, „das Soll": Ex 5, 14: die Israeliten erfüllen nicht ihr Soll an Ziegelsteinen, vgl. Spr 31, 15: die Hausfrau gibt ihrem Haus Speise und ihren Mägden *ḥoq*. Hi 14, 5. 13 handelt es sich um die Grenze der Lebenszeit bzw. die begrenzte Lebenszeit selbst (nach Liedke, 167, gehört auch Hi 23, 14 hierher).

ḥoq ist auch eine festgesetzte Ordnung: Joseph erläßt einen *ḥoq* in Ägypten „bis zum heutigen Tag", ein Fünftel des Ertrags dem Pharao zu geben (Gen 47, 26); es wurde Ordnung (*ḥoq*) in Israel, daß die Mädchen die Tochter Jephthas beweinten (Ri 11, 39; ähnlich 2 Chr 35, 25); „JHWH richtete den Bund auf für Jakob als *ḥoq*" (Ps 105, 11); Ps 2, 7 scheint JHWHs *ḥoq* an den König die bei der Thronbesteigung ergangene Zusage der Sohnschaft des Königs zu sein, wahrscheinlich mit dem äg. Königsprotokoll vergleichbar, das sonst auch *'edûṯ* und *b^{e}rîṯ* heißen kann (G. von Rad, ThB 8, 205ff.).

Für *ḥuqqāh* ist eine konkretere Bedeutung nur in wenigen Fällen anzunehmen (Liedke 175f.): Jer 33, 25: JHWH hat Tag und Nacht geschaffen und „die *ḥuqqôṯ* von Himmel und Erde gesetzt", also wohl 'Ordnungen'; Hi 38, 33 „Kennst du die *ḥuqqôṯ* des Himmels?" und Jer 5, 24 gibt JHWH den Regen zu seiner Zeit und hält die *ḥuqqôṯ* der Ernte ein – hier könnte man an „Termine" denken.

Wie Liedke (169) betont, „spielt sich der *ḥoq* immer zwischen einem Übergeordneten und einem Untergeordneten ab, und zwar als Ergebnis einer Handlung, die der Übergeordnete ausübt und die den Untergeordneten betrifft". Das spiegelt sich in den Verben, deren Obj. *ḥoq* ist: *śîm* (Spr 8, 29; Jer 5, 22), *nāṯan* (Ps 148, 6; Spr 31, 15), *'āśāh* (Hi 14, 5; 28, 26), *šîṯ* (Hi 14, 13) usw. Der Übergeordnete ist oft JHWH (Spr 8, 29; 30, 8; Jer 5, 22; Hi 14, 5. 13; 23, 14; 28, 26; 38, 10; Ps 148, 6; Ez 16, 27), kann aber auch der Pharao (Gen 47, 22), die Treiber des Pharao (Ex 5, 14) oder die gute Hausfrau (Spr 31, 15) sein (Liedke 168).

2. Die meisten Belege von *ḥoq*/*ḥuqqāh* vertreten die Bedeutung 'Vorschrift', 'gesetzliche Ordnung'. Eine genaue Abgrenzung gegen die anderen Termini für 'Gebot' und 'Gesetz' bereitet gewisse Schwierigkeiten, da vor allem im Deut und im dtr beeinflußten Schrifttum Wörter wie *miṣwôṯ*, *ḥuqqîm*/*ḥuqqôṯ*, *mišpāṭîm*, *d^{e}bārîm* und *mišmæræṯ* anscheinend nicht einzelne, formal und/oder inhaltlich differenzierte Gruppen von Geboten bezeichnen, sondern allein oder in Reihen für die Gesetzbestimmungen als Ganzes stehen (Hentschke 91).

Besonders charakteristisch ist die Zusammenstellung von *ḥoq* und *mišpāṭ*: in Deut *ḥuqqîm* und *mišpāṭîm*, ebenso in Chr (wohl dtr beeinflußt), im Heiligkeitsgesetz und bei Ez *ḥuqqôṯ* und *mišpāṭîm*; daneben finden sich 5mal die Sing.-Formen *ḥoq* und *mišpāṭ* (Liedke 16f.). Es wird gewöhnlich angenommen, daß *ḥoq* dabei die Kultvorschriften und *mišpāṭ* die Zivilgesetze vertreten (vgl. Hentschke 73). Horst sieht in den *ḥuqqîm* im Deut Ausdrücke des von ihm so genannten „Privilegrecht JHWHs", während die *mišpāṭîm* die zivilrechtlichen Bestimmungen wären. Lohfink (157) bestreitet diese These und stellt fest, daß die Reihung in folgenden Fällen vorkommt: 1) als Struktursignal Deut 5, 1; 11, 32 am Anfang und Ende der Paränese, in Deut 12, 1; 26, 16 am Anfang und Ende des Gesetzes, und 2) in Deut 4, 45; 5, 31; 6, 1. 20; 7, 11 als Apposition zu *miṣwāh* oder *'edôṯ* (vgl. Liedke 185). Liedke (17) sieht in *mišpāṭ* den kasuistischen, in *ḥoq* den apodiktischen Rechtsatz. Für diese letzte Behauptung gibt es zwar keinen eindeutigen Beleg (möglicherweise Lev 20, 8, wo die Reihe Lev 20, 9ff. offenbar als *ḥuqqôṯ* bezeichnet wird Liedke 177f.), und die von Liedke (178f.) aufgezählten Ähnlichkeiten zwischen *ḥoq* und apodiktischen Rechtssätzen beziehen sich meist auf Belege für *ḥoq*, die nichts mit Rechtssätzen zu tun haben. Es bleibt die Feststellung, daß ein *ḥoq* durch Autoritäten gesetzt ist.

Von den Stellen, die den Sing. *ḥoq ûmišpāṭ* enthalten, bezieht sich Jos 24, 25 auf die Bundesschließung in Sichem und besagt, daß Josua dem Volke *ḥoq* und *mišpāṭ* „setzte" (*śîm*) und alles im „Buch des Gesetzes JHWHs" aufschrieb (v. 26). Das könnte bedeuten, daß der Inhalt des Gesetzbuches (*sepær tôrāh*) aus Rechtssätzen bestand, die teils als *ḥoq*, teils als *mišpāṭ* bezeichnet werden konnten. So hat jedenfalls der Chronist die Stelle verstanden, als er Esr 7, 10 darauf anspielt, und so hat wahrscheinlich auch der dtr Redaktor sie aufgefaßt (gegen Liedke 183, der „Grenze und Rechtsanspruch" übersetzt). Ex 15, 25 erzählt, daß Mose dem Volke „*ḥoq* und *mišpāṭ* setzte", aber da der Satz im Kontext völlig isoliert dasteht, lassen sich keine Folgerungen ziehen. Hentschke (29) übersetzt „Kultordnung und Recht" (vgl. Liedke 184 „Verpflichtung und Rechtsanspruch"). Ps 81, 5f. scheinen sich *ḥoq*, *mišpāṭ* und *ʿeḏûṯ* alle auf die Festordnungen zu beziehen. In 1 Sam 30, 25 wird Davids Verordnung über die Beuteverteilung als *ḥoq ûmišpāṭ* bezeichnet. Die beiden Worte zusammen bezeichnen also eine rechtlich gültige Ordnung (die durch die Autorität Davids gesetzt wurde).

Aus diesen Beispielen kann man schließen, daß das Gefühl für die ursprüngliche Bedeutung der termini *ḥoq* und *mišpāṭ* sehr früh abstumpfte und daß der Bedeutungsunterschied nur selten beachtet wurde.

3. Die besten Belege für *ḥoq* und *ḥuqqāh* als selbständige technische Bezeichnungen für Rechtssätze finden sich bei P (Hentschke 32–75). Hier finden wir *ḥoq* und *ḥuqqāh* „vor allem in den Unterschriften zu einzelnen kultischen Bestimmungen bzw. zu kleinen Sammlungen von Kultvorschriften, meistens in der Verbindung (*ḥŏq-*) *ḥuqqaṯ ʿôlām*" (Hentschke 65): Ex 12, 14. 17; 27, 21; 28, 43; 29, 9; 30, 21; Lev 7, 36; 10, 9; 16, 31. 34; 24, 3; Num 10, 8; 18, 23; 19, 21; 27, 11; 30, 17; 35, 29 und im Heiligkeitsgesetz Lev 17, 7; 23, 14. 21. 31. 41. Der Ausdruck kommt auch in einigen Überschriften vor (Lev 3, 17; 16, 29; Num 19, 10 *ḥuqqaṯ ʿôlām*; Num 19, 2; 31, 21 *ḥuqqaṯ hattôrāh*, Ex 12, 43; Num 9, 12. 14 *ḥuqqaṯ happæsaḥ*). Diese Unterschriften gehören, wie Hentschke (166f.) gezeigt hat, nicht zum ursprünglichen Textbestand, sondern sind später hinzugefügt worden und haben eine paränetische Funktion. Ursprünglich müssen sie sich auf rituelle Bestimmungen bezogen haben, die für die ganze Kultgemeinde bedeutsam waren. Später sind sie dann auch in Verbindung mit Vorschriften, die nur den Priestern galten, zur Verwendung gekommen.

Nach Hentschke (72f.) kann man die Bedeutung von *ḥoq*/*ḥuqqāh* in P folgendermaßen gliedern:

a) Im Zusammenhang mit Ritualen und ähnlichen Beschreibungen kultischer Vorgänge heißt es ungefähr 'Kultordnung', z. B. Num 19, 21 „als immerwährende Kultordnung soll es ihnen gelten", Ex 12, 43 „dies ist die Kultordnung des Passah", ähnlich Ex 12, 14. 17; 30, 21; Lev 16, 29. 31; 17, 7; 24, 3; Num 9, 3. 12. 14; 10, 8. 18. 23; 19, 10.

b) *ḥoq*/*ḥuqqāh* bezeichnet sowohl allgemein gültige Pflichten (Lev 3, 17; 10, 11; 23, 14. 21. 31. 41; Num 15, 15; 30, 17) als auch die besonderen Ritualpflichten der Priester (Ex 28, 43; 30, 21; Lev 10, 9; 16, 34; Num 18, 23). Die Grenze zwischen 'Kultordnung' und 'Kultpflicht' sind hier fließend.

c) In einigen Fällen bezeichnet *ḥuqqāh* den Rechtsanspruch der Priester auf die ausschließliche Ausübung kultischer Funktionen (Ex 29, 9) oder auf bestimmte Opfergaben (Ex 27, 21; Lev 7, 36).

d) *ḥoq* (Lev 10, 13. 14) und *ḥŏq-ʿôlām* sind term. techn. für die Opferabgaben, die der Priesterschaft als ihr rechtlicher Anteil zufallen (Ex 29, 26–28; Lev 6, 11; 7, 34; 10, 13–15; 24, 9; Num 18, 8. 11. 19). Hier handelt es sich offenbar um eine technische Anwendung der Bedeutungsnuance 'was einem zukommt' (s. o. III. 1.).

e) Durch den Ausdruck *ḥuqqaṯ mišpāṭ* werden in der Unterschrift zwei kleine Gesetzeskorpora, nämlich Num 27, 8–11 (Erbrecht) und Num 35, 9–29 (Asylrecht), charakterisiert. Nach Hentschke (74) will man dadurch einen durch Rechtspraxis entstandenen *mišpāṭ* in den Bereich der von JHWH geoffenbarten sakralen Ordnungen einbeziehen. Der Ausdruck wäre am besten mit 'Sakralrecht' zu übersetzen.

Im Heiligkeitsgesetz sind die Verhältnisse ähnlich. Es findet sich Unterschriften mit *ḥuqqaṯ* (*ḥŏq-*) *ʿôlām* (Lev 16, 34; 17, 7; 23, 14; 21, 31. 41; 24, 3. 9) und Ermahnungen, die *ḥuqqôṯ* einzuhalten (Lev 18, 4. 5. 26; 19, 19. 37; 20, 8. 22).

4. Im Deut kommt *ḥoq*/*ḥuqqāh* fast ausschließlich in Reihungen vor, die eine paränetische Funktion haben: die Hörer werden ermahnt, die von JHWH gegebenen Gebote einzuhalten. Es finden sich die vielfältigsten Kombinationen: *ḥuqqîm* und *mišpāṭîm* Deut 4, 1. 5. 14; 5, 1; 11, 32; 12, 1; 26, 16; *ḥuqqîm*/*ḥuqqôṯ*, *mišpāṭîm* und *miṣwāh*/*miṣwôṯ* 7, 11; 8, 11. 1 (+ *mišmæræṯ*); 26, 16; 30, 16; *ḥuqqîm*, *mišpāṭîm* und *ʿeḏôṯ* 4, 44f.; 6, 20; *ḥuqqîm*/*ḥuqqôṯ* und *miṣwôṯ* 4, 40; 5, 31; 6, 1. 2; 10, 13; 27, 10; 28, 15. 45; 30, 10 (+ *tôrāh*) u. a. Die verschiedenen termini haben hier ihre besondere Bedeutung eingebüßt, und die Kombinationen bezeichnen alle das Gesetz als Ganzes, das außerdem im Deut *tôrāh* heißt (Hentschke 91ff.).

Im dtr Geschichtswerk herrscht derselbe Sprachgebrauch wie im Deut. Die Ausdrücke *ḥoq*/*ḥuqqāh* findet man fast ausschließlich in paränetischen Ansprachen der Könige David (1Kön 2, 3) und Salomo (1 Kön 8, 58. 61), vor allem aber in JHWH- (1 Kön 3, 14; 6, 12; 9, 4. 6; 11, 11) und Prophetenworten (1 Kön 11, 33. 34. 38), die dtr Gepräge haben, und außerdem in Geschichtsbetrachtungen und Erzählungen, in denen der Verfasser oder Redaktor selbst zu Wort kommt (1 Kön 3, 3; 2 Kön 17, 8. 13. 15. 19. 34. 37; 23, 3). Ein Sonderfall ist *ḥuqqaṯ haggôjîm* 2 Kön 17, 8: Israel hatte sich den Kultsitten der anderen Völker angepaßt; sonst sind die *ḥuqqôt* (mit Ausnahme von *ḥuqqôṯ Dāwiḏ* 1 Kön 3, 3) von JHWH gegeben.

5. Im chronistischen Geschichtswerk ist die Gesetzesterminologie von der dtr Vorlage abhängig (Hentschke 95ff.). Auch in den vom Chronisten selbst verfaßten Abschnitten kommen die typisch dtr Reihungen vor, die die Gesamtheit der Gesetze bezeichnen (1 Chr 29, 19; 2 Chr 19, 10).

In Esr und Neh kommt *ḥoq* ziemlich selten vor, und zwar entweder in den eigenen Darstellungen des Chronisten (Esr 7, 10f.) oder in traditionellen Gebeten (Neh 1, 7; 9, 13f.), außerdem in einer Verpflichtungsurkunde (Neh 10, 30) (Hentschke 97f.).

6. In den prophetischen Büchern häufen sich die Belege in Ez. Hier überwiegt die fem. Form *ḥuqqāh*

(22mal), die meistens zusammen mit *mišpāṭ* (im Pl.) steht, um JHWHs Bundesordnungen zu bezeichnen (Hentschke 85f.), während *ḥoq* nur einmal (36, 27) JHWHs Gesetz bezeichnet und außerdem in der Bedeutung 'Maß', 'Anteil' (Ez 16, 27; 45, 14) und mit Bezug auf die „unguten Satzungen" (Ez 20, 25) steht. Meistens spricht Ez im Namen JHWHs von „meinen *ḥuqqôṯ*" und „meinen *mišpāṭîm*", ohne deren Inhalt anzudeuten. Mit diesem Wortpaar „ist der gesamte Inhalt der Forderungen Jahwes für Ez . . . zureichend und klar umrissen" (Hentschke 85). In Ez 43, 11f. und 44, 5 werden die Ausdrücke *ḥuqqôṯ* und *tôrôṯ* deutlich als termini für Kult- und Tempelbestimmungen gebraucht. In 18, 9 finden wir *ḥuqqôṯ* und *mišpāṭîm* in einem Kontext, der andeutet, daß es sich um „die beiden Hauptbereiche der Bundesgesetzgebung, Kultus und Recht", handelt (vgl. v. 19. 21 – Hentschke 88). Zusammenfassend läßt sich sagen, daß Ez *ḥuqqāh* und *tôrāh* für kultische Bestimmungen, *mišpāṭ* für die Rechtsnormen des Gesellschaftslebens gebraucht.

In den übrigen prophetischen Büchern kommen *ḥoq* und *ḥuqqāh* sehr selten vor. Jes 24, 5 spricht vom Übertreten der *tôrôṯ* und vom Bruch von *ḥoq* und *b^e rîṯ* als Gründe für die Verwüstung der Erde; wie sich die drei Begriffe zueinander verhalten, wird nicht näher bestimmt. Jer 44, 10. 23 gebraucht dtr Terminologie: die *ḥuqqôṯ* und *'eḏôṯ* sind Bestandteile der einen *tôrāh* Gottes. Dasselbe gilt für Am 2, 4. In Mi 6, 16 begegnet der Ausdruck *ḥuqqôṯ 'ŏmrî*, der einerseits mit *ḥuqqôṯ dāwiḏ* (1 Kön 3, 3), andererseits mit *ḥuqqôṯ haggôjîm* (2 Kön 17, 8, s. o.) vergleichbar ist. Sach 1, 6 bezeichnet das prophetische Wort als *ḥoq* (vgl. Ps 2, 7 vom Gottesorakel an den König). Mal 3, 7. 10 ist *ḥoq* terminus für eine Kultvorschrift. Zeph 2, 2 *lædæṯ ḥoq* ist unverständlich.

7. In den Psalmen gibt es 30 Belege für *ḥoq* und 3 für *ḥuqqah*; beide „werden in gleicher Weise als Bezeichnungen für bestimmte Willensäußerungen Jahwes verwendet" (Hentschke 100). Allgemein kann festgestellt werden, daß in Ps – ebenso wie in den Paränesen des Deut und des H – „die Gesetzestermini wie *ḥoq*/*ḥuqqāh*, *mišpāṭ*, *'eḏûṯ*/*'eḏāh* u. a. meistens als synonyme Begriffe verwendet (werden), mit denen der Bundeswille Jahwes in seiner ganzen Vielfalt auf immer neue Weise gerühmt wird" (Hentschke 102).

Von den Belegen fallen 21 von *ḥoq* und 1 von *ḥuqqah* auf Ps 119 (vv. 5. 8. 12. 16. 23. 26. 33. 48. 54. 64. 68. 71. 80. 83. 112. 117. 118. 124. 135. 145. 155. 171, vgl. S. Mowinckel, Loven og de 8 termini i Sl. 119 [NoTT 61, 1960, 95–159]), wo *ḥoq* eines der Synonyma für Wort oder Gesetz Gottes ausmacht. Von den übrigen enthält Ps 2, 7 das Gottesorakel an den König „Du bist mein Sohn, ich habe dich heute gezeugt", und 148, 6 meint *ḥoq* eine nicht zu überschreitende Grenze (s. o. III. 1.).

Nach Ps 147, 19 gab JHWH Israel seine Worte, *ḥuqqîm* und *mišpāṭîm*, was Israels Vorrecht unter den Völkern ausmacht. Ps 99, 7 spricht ebenso von der Offenbarung des Gesetzes und sagt, daß Israel seine *'eḏôṯ* und den *ḥoq*, den er gab, einhielt. Ps 105, 45 sagt, daß Israel das Land der Heiden erhielt, um JHWHs *ḥuqqîm* und *tôrôṯ* einzuhalten.

Nach Ps 18, 23 hielt der Psalmist Gottes *mišpāṭîm* und *ḥuqqôṯ* ein, indem er von Gott nicht abfiel und vor ihm *tāmîm* war, weshalb er auch gemäß seiner *ṣ^e ḏāqāh* belohnt wurde. Ps 89, 32 gehört der Wiedergabe von der Nathansaussage an David: wenn auch seine Nachkommen das Gesetz übertreten (*tôrāh*, *mišpāṭîm*, *ḥuqqôṯ*, *miṣwôṯ*), werden sie zwar bestraft werden, aber Gottes *ḥæsæḏ* besteht. Ps 50, 16 bestreitet das Recht der *r^e šā'îm*, die *ḥuqqîm* und das Gesetz JHWHs im Munde zu führen.

In Ps 81, 5 werden *ḥoq* und *mišpāṭ* als eine von Gott auferlegte Kultordnung dargestellt. Ps 94, 20 spricht von falscher Rechtsprechung (*joṣer 'āmāl 'a lê-ḥoq*). Schließlich wird Ps 105, 10 das Geben von *ḥoq* und *b^e rîṯ* mit der Landesverheißung (v. 11) zusammengestellt; *ḥoq* hat hier also die Nuance der göttlichen Zusage.

IV. Das Verb *ḥāqaq*/*ḥāqāh* wird in der LXX meist in verschiedenen Zusammensetzungen mit γράφειν wiedergegeben (s. die Anmerkungen Hentschke 7–10). Für *ḥoqeq* und *m^e ḥoqeq* hat LXX an jeder Stelle eine andere Übersetzung. Für *ḥoq* in der konkreten Bedeutung finden sich z. B. δόσις Gen 47, 22, σύνταξις Ex 5, 14, ὅριον Hi 38, 10, χρόνος Hi 14, 5. 13, ἔργον Spr 31, 15, τροπή Hi 38, 33, ἀριθμεῖν Hi 28, 26, τοῦ μὴ διαλείπειν Jes 5, 14, ἀκριβασμός Spr 8, 29, κόλπος (= *ḥēq*) Hi 23, 12, ferner πρόσταγμα Gen 47, 26; Jer 5, 22. 24; Ez 45, 14; Ps 94, 20; 148, 6; νόμιμον Mi 7, 11; Ez 16, 27 und νόμος Jer 31, 36 (38, 37).

Als Gesetzestermini werden sowohl *ḥoq*/*ḥuqqāh* als auch *mišpāṭ* mit νόμιμον, δικαίωμα, πρόσταγμα, seltener νόμος und ἐντολή übersetzt; im einzelnen s. Hentschke 105–111.

V. Das Verb *ḥāqaq* ist in den Qumrantexten technischer Ausdruck für die Vorherbestimmung Gottes von Zeiten und Perioden des Weltlaufs (1QpHab 7, 13; 1QS 10, 1; 1QH 1, 24). Diese Bedeutung schimmert durch im Subst. *ḥoq* an ein paar Stellen, wo vom festgestellten Wohnort des Lichtes (1QS 10, 1), der regelmäßigen Folge der Jahre (1QS 10, 6) und von kräftigen Geistern, die die Ordnungen des Himmels erfüllen (1QH 1, 10), die Rede ist. Einmal wird *ḥoq* für die Grenzen der Abteilungen der Erde gebraucht (1QM 10, 12). Sonst bezeichnet *ḥoq* (Sing. und Pl.) das Gesetz, das man erforschen (1QS 5, 11; 1QM 10, 10) und nach dem man leben soll (1QS 1, 7. 15; 3, 8; 5, 7. 20), um den Bund aufrecht zu erhalten (1QS 5, 22; 8, 10; 10, 10). Es kann aber auch die Regeln der Qumrangemeinde bezeichnen, z. B. die *ḥuqqîm* für den *maśkîl* (1QS 9, 12) und vielleicht *ḥoq hā'eṯ* (1QS 9, 14. 23). Vom ungerechten Priester heißt es, daß er gegen Gottes *ḥuqqîm*, d. h. gegen das Gesetz oder besonders die Kultgesetze, treulos war

(1QpHab 8, 10. 17). Wenn aber die Kittäer nicht an Gottes *ḥuqqîm* glauben (1QpHab 2, 15), ist wohl die ganze Offenbarung gemeint. Man kann aber auch von „den *ḥuqqîm* der Finsternis" reden, nach denen die Geister Belials wandeln (1QM 13, 12). Auch die *ḥuqqîm* der Heiden galten als verwerflich. Ihre Anwendung zog die Todesstrafe nach sich. Vgl. dazu Z. W. Falk, „*Beḥuqey hagoyim*" in Damascus Document IX, 1 (RQu 6, 1969, 569). 1QH 7, 34 steht *ḥoq* parallel und gleichbedeutend mit *gôrāl* (→ גורל) 'Los'.
Ein Sonderfall ist der Ausdruck *ḥoq ḥārûṯ* in der Sektenschrift (1QS 10, 6. 8. 11). Nach Nauck bezeichnet diese Wendung die auf himmlischen Tafeln 'eingegrabenen' Ordnungen der Festzeiten und die damit verbundenen Lobpreisungen.

Ringgren

חָקַר *ḥāqar*

חֵקֶר *ḥeqær*, מֶחְקָר *mæḥqār*.

I. 1. Vorkommen – 2. Etymologie – II. Bedeutung.

I. 1. Die Wurzel *ḥqr* 'erforschen, untersuchen, prüfen' gibt es nur im Hebr. und beschränkt im Aram. (targ. und mand.). Nachat.lich ist sie belegt in Sir (Verb und Subst.e *ḥqr* und *mḥqrwtm* „ihre m.", 44, 4) und in 1QH (Subst. *ḥqr*). Das Mhebr.[1] (tannaitisch) beschränkt sie (Verb und nomen actionis *ḥaqîrāh*) fast völlig auf die Rechtsterminologie: ius – für Zeugen(kreuz)verhör und viel seltener fas – für die Prüfung von Umständen, die zu einem Gelübde geführt haben (zwecks eventueller Lösung des Gelübdes). Daneben kommt das Verb ganz vereinzelt in der gehobenen Sprache vor, im Gebet (bChagiga 14b) und im Trostspruch (bKetubbot 8b). Rückgriff auf das Bibelhebr. ist im Gebet gang und gäbe, und in dem kurzen Trostspruch steht *ḥqr* neben *lebāḇ* und *nāṯîḇ*, zwei normalerweise nicht mhebr. Wörtern. An Substantiven sind zu nennen *ḥeqær* (Mechilta; s. am Ende), *ḥaqrānîm* (Sifre zu Num 25, 6; ganz unsichere Überlieferung) und mhebr.[2] *ḥiqqûr* 'Unterscheidungskraft' (Abot 6, 1). Die gewöhnliche Wurzel für 'untersuchen' u. ä. ist im Mhebr. wie im Aram. *bdq*. (In der Bedeutung 'Zeugen verhören' wechselt sie ursprünglich [?] unbefangen mit *ḥqr*, jedoch bleiben spätere terminologische Präzisierungen nicht aus; vgl. Mischna Sanhedrin 5, 1 und 2.) *ḥqr* ist also einer der Fälle, wo Bibelhebr. und Aram. gegen Mhebr. gehen.
2. Als Grundbedeutung gibt KBL[3] 334 (vgl. Palache 34) ohne Begründung „tief sein" an; so bereits S. P. Chajes in seinem hebr. Psalmenkommentar, 1913, 208, der sich auf Hi 38, 16 beruft, ein Zirkelschluß. Eher könnte man nach der Art von aram. *bdq* eine Grundbedeutung 'spalten' postulieren: Bedeutet dieses sowohl 'untersuchen' wie 'spalten', so ließe sich für hebr. *ḥqr* 'untersuchen' ebenfalls ein dahinter liegendes 'spalten' annehmen. Eine solche Annahme wird durch arab. *ḫrq* 'zerreißen, spalten' so gut wie gesichert und erhält zusätzliche Unterstützung durch semantische Zusammenhänge derselben Art im Akk. (*parāsu*) und Arab. (*baqara*; zu diesen s. J. C. Greenfield, HUCA 29, 1958, 221 Anm. 24).

II. Die Wurzel *ḥqr* kommt 40mal im AT vor: das Verb 17mal in der Poesie und 10mal in der Prosa (die Angabe in Bd. I, Sp. 589, ist zu korrigieren); das Subst. *ḥeqær* 12mal und die Spielform *mæḥqār* einmal (Ps 95, 4; Pl.). Eine gewisse Konzentration in Hiob (6mal das Verb und 7mal das Subst.) rührt, wie sich zeigen wird, nicht primär daher, daß Hi mit der „Untersuchung" des Hiobproblems befaßt ist. Das Verb tritt überwiegend im *qal* auf, über dessen Bedeutung die folgende syntaktisch-inhaltliche Aufgliederung nach Subjekt und direktem Objekt einige Auskunft gibt. A) Subjekt: Mensch, Objekt: a) Mensch (bzw. seine Taten und Worte) – 1) ein Anderer: 1 Sam 20, 12 (Jonathan will seinen Vater Saul 'erforschen', d. h. seine Einstellung zu David feststellen); Hi 32, 11 (Worte 'erforschen', d. h. Argumenten auf den Grund gehen); Spr 18, 17 (der Gegner im Rechtsstreit 'ergründet' oder entschleiert denjenigen, der Recht zu haben scheint); 28, 11 (ein Armer 'ergründet' den Reichen, der sich weise dünkt). 2) das Subjekt selbst: Kl 3, 40 („Laßt uns unsere Wege, d. h. uns selbst, prüfen [→ חפש *ḥāpaś*] und 'erforschen' und umkehren"). – b) Sache: Ri 18, 2; 2 Sam 10, 3 = 1 Chr 19, 3 (das Land bzw. die Stadt auszukundschaften [*rgl pi*] und 'erforschen'); Ez 39, 14 (das Land 'durchsuchen', um die Leichen zu finden); Hi 5, 27 („das haben wir 'ergründet', so ist es"); 28, 3 (man 'durchforscht' das Gestein bis auf den tiefsten Grund, um Eisen und Erz zu finden); 29, 16 (Hiob hat die Sache des Unbekannten 'untersucht' und aufgeklärt); Spr 23, 30 (Mischtrank 'prüfen' oder kosten), 25, 2 (Könige sollen Rechtssachen 'untersuchen' und ergründen); dazu Deut 13, 15 (*haddāḇār* 'die Sache' ist impliziert: „du sollst die Sache erforschen [*dāraš*] und 'untersuchen' und ein gründliches Verhör anstellen [*šā'al*]"). B) Subjekt: Gott. Objekt: a) Mensch: Jer 17, 10 („JHWH 'erforscht' das Herz und prüft [→ בחן *bāḥan*] die Nieren"); Ps 44, 22 (Gott 'erforscht' uns und kennt die verborgenen Gedanken); 139, 1. 23 (Gott 'erforscht' und kennt bzw. prüft [*bḥn*] den Menschen und seine Gedanken); Hi 13, 9 (wenn Gott Menschen 'erforscht', kann man ihn nicht täuschen, wie man Menschen täuscht). – b) Sache: Hi 28, 27 (Gott 'erforscht' die Weisheit, par. *sipper*).
Als Synonyme erscheinen hier also vor allem *bāḥan*, *ḥāpaś*, *riggel* und *dāraš*; das Ergebnis kann durch *jāḏa'* zum Ausdruck gebracht werden.
Weit mehr als die Synonyme *bḥn*, *nsh* und *ṣrp* (→ בחן [*bāḥan*] Bd. I, Sp. 589f.), steht *ḥqr* für rein

kognitives, analytisch-eindringendes (s. I. 2.) Prüfen und Untersuchen, während bei *nsh* und *ṣrp* eher das praktische Proben und Ausprobieren, bei *bḥn* das intuitive Erfassen hervortreten, wenn auch Grenzfälle und häufiger parallelismus membrorum einer durchgängigen, klaren Scheidung entgegenstehen. Vielleicht hängt mit dieser besonderen Bedeutung von *ḥqr* sein vergleichsweise seltener religiöser Gebrauch zusammen (→ בחן, Bd. I, Sp. 589f.): Gottes Erkenntnis (Subjekt: Gott) ist nicht so sehr fortschreitend und analytisch wie vielmehr augenblicklich und ganzheitlich; jedoch ist des Menschen Denken und Sprechen von Gott weitgehend anthropomorph, und so ist eine gewisse Inkonsequenz des Ausdrucks nur natürlich. (Erkenntnis, gewonnen durch Auf-die-Probe-Stellen, In-Versuchung-Führen, ist anders zu beurteilen, da hier der zu erkennende Gegenstand, das menschliche Verhalten, erst sukzessive erzeugt wird.) Andererseits (Subjekt: Mensch) analysiert der at.liche Mensch nicht die Idee und die Erkenntnis von Gott. Das *pi*, einmalig und in einer Dreiergruppe von *pi*-Formen, heißt wahrscheinlich „skandieren“ (Pred 12, 9) wie das *qal* in Sir 44, 5 (R. Smend, Die Weisheit des Jesus Sirach erklärt, 1906, 418f.; G. Rinaldi, Bibl. 40, 1959, 268f.; für diese Erklärung der Sirachstelle und damit auch der Koheletstelle kann man zusätzlich die Geniza-Rand-Lesart und den Massada-Text *ḥwqrj mzmwr ʿl (h)qw* anführen, wo *qw* ʽMelodie' zu sein scheint [s. Ps 19, 5]).

Das *niph* dient ausschließlich dem Ausdruck *eines* Gedankens: ʽunerforschlich, unermeßlich', und zwar in Verbindung mit einer negativen Partikel (1 Kön 7, 47 = 2 Chr 4, 18: das Gewicht des von Hiram gelieferten Erzes war nicht festzustellen; Jer 46, 23: ein undurchdringlicher Wald oder in einem Irrealis (Jer 31, 37: wenn die Himmel sich ermessen [*mdd*], die Grundfesten der Erde sich ʽergründen' ließen). Daß diese Feststellung nicht mit dem Hinweis auf die geringe Anzahl von Belegen entwertet werden kann, weil von 3(4) Formen keine Auskunft über den allgemeinen Sprachgebrauch zu erwarten sei, erhellt aus der sehr ähnlichen Situation des Substantivs *ḥeqær*. Von dessen 12 Belegen sind 7 verneint, also ʽunmeßbar, unerforschlich' (Jes 40, 28; Ps 145, 3; Spr 25, 3; Hi 5, 9; 9, 10; 34, 24; 36, 26), 2 der Gegenstand rhetorischer Fragen, d.h. indirekt verneint (Hi 11, 7; 38, 16), einer steht in einem fehlerhaften (Spr 25, 27), einer in einem unsicheren Text (Ri 5, 16; vgl. v. 15) und nur einer in einer klaren positiven Aussage (Hi 8, 8: „achte auf das, was die Väter ʽerforscht' haben“). Ähnliches ist von den biblizierenden Hodajot zu sagen, wo 2mal *leʾên ḥeqær* zu lesen (1QH 3, 20; 6, 3) und 2mal ziemlich sicher zu ergänzen ist (8, 17; 18, 30), während sich positiv *ḥqr* nur einmal findet (Fragm. 15, 5). Und schließlich heißt es in der Mechilta zu Ex 20, 5 *leʾên ḥeqær weʾên mispār*. Für die at.liche Verneinung von *ḥeqær* aber ist bemerkenswert, daß von den 9 sicheren Stellen 6 sich auf Gott oder seine Eigenschaften und Taten beziehen (Jes 40, 28; Ps 145, 3; Hi 5, 9; 9, 10; 11, 7; 36, 26). Reiht man diesen Gebrauch von *ḥeqær* als einer Art nomen actionis der zuvor beschriebenen Bedeutung des *qal* an, so erhöht sich die Zahl der religiösen Aussagen der Wurzel *ḥqr* von 5 auf 11. Alle 6 Verse der zweiten Gruppe sind hymnisch, und ihre Negierung einiger möglicher Aussagen über Gott hymnischer Überschwang, sind in höchstem Maße positiv.

Tsevat

חָרַב *ḥāraḇ* I

חָרֵב *ḥāreḇ*, חֹרֶב *ḥoræḇ*, חָרְבָּה *ḥŏrbāh*, חָרָבָה *ḥārāḇāh*, *חֲרָבוֹן *ḥarāḇôn*

I. Zur Wurzel – II. trocknen – 1. Sprachgebrauch und Belege – 2. Theologische Verwendung – III. verwüstet sein – 1. Sprachgebrauch und Belege – 2. Theologische Verwendung.

I. Während GesB zwischen den Verben *ḥāraḇ* I ʽtrocknen, vertrocknet sein' und *ḥāraḇ* II ʽverheert, verwüstet sein' unterschied, neben das die dritte, in *ḥæræḇ* ʽSchwert' vertretene Wurzel trat, ist nach KBL[2/3] die Unterscheidung zwischen den beiden ersten Wurzeln aufgegeben und nur zwischen einem *ḥrb* I mit den genuinen Radikalen ḤRB und einem *ḥrb* II mit dem Bestand ḪRB zu unterscheiden. Hebr. *ḥāraḇ* I trägt demnach die beiden Bedeutungen, auf die sich andere Sprachen spezialisiert zu haben scheinen, vgl. akk. *ḫarābu* ʽwüst werden' (AHw I, 322; CAD VI, 87f.), ugar. *ḥrb* ʽvertrocknen' (WUS Nr. 1078), arab. *ḫaraba* ʽzerstören, verwüsten' und z. B. ja'ud. *ḥrb* ʽzerstören' (DISO 95, 43). *ḥrb* II ist im Hebr. außer durch das Nomen *ḥæræḇ* noch durch ein 2 Kön 3, 23; Jer 50, 21. 27 belegtes Verb *ḥāraḇ* vertreten, dem arab. *ḥariba* III ʽbekämpfen, bekriegen', IV ʽmiteinander Krieg führen', entspricht. – Trotz dieser systematischen Einsicht müssen die beiden semantischen Felder von *ḥāraḇ* I hier getrennt untersucht werden, wobei auch die nominalen Derivate, soweit erforderlich, doppelt zu berücksichtigen sind.

II. 1. Das Verb *ḥāraḇ* begegnet im AT in der Bedeutung ʽtrocknen, vertrocknet sein' im *qal*, in passivisch- bzw. kausativ-resultativer Bedeutung im *pu* bzw. *hiph*. Dazu treten die Nomina *ḥāreḇ* ʽtrocken', *ḥoræḇ* ʽTrockenheit, Dürre, Hitze', *ḥārāḇāh* ʽtrockenes Land', und **ḥarāḇôn* ʽtrockene Hitze'. Ob der bei E, Dt und Dtr dem Gottesberg beigelegte Name *ḥoreḇ* mit KBL[3] 336 von dieser Wurzel abzuleiten und mit L. Perlitt, Festschr. W. Zimmerli, 1977, 302ff., als Ersatzwort für den ob seiner Verbindung mit Edom suspekt gewordenen Namen Sinai mit der Bedeutung ʽWüste' zu beurteilen, oder mit E. Auerbach, Moses, Amsterdam 1953, 32f., von *ḥrb* II abzuleiten und dann etwa als der „Schwertförmige" zu deuten ist, dürfte, da mit den Lokalisierungsproblemen verbunden, kontrovers bleiben; zu älteren Deutungen vgl. z. B. H. Holzinger, KHC 2, 1900, 10. – Die Absetzung von *ḥāraḇ* 'trocknen' gegenüber → יבשׁ (*jāḇeš*) 'trocken sein' tritt am schönsten Gen 8, 13a und 14b (P) zutage. Hier bezeichnet *ḥāraḇ* den Prozeß, *jāḇeš* das Resultat, vgl. auch E. A. Speiser, AB 1, 1964, 53. Zur Vermeidung eines Widerspruchs wird man daher Gen 8, 13a mit „da *begannen* die Wasser von der Erde zu vertrocknen" übersetzen, vgl. Jes 19, 5f.; Hi 14, 11 und Jes 44, 27. – Die Differenz zwischen ingressivem *ḥāraḇ* und resultativ-stativischem *jāḇeš* schrumpft jedoch im *pu* (vgl. Ri 16, 7. 8) und im *hiph* (vgl. Jer 51, 36, wo das *hôḇîš* im Parallelismus dem *hæḥᵃrîḇ* vorgeordnet werden kann, vgl. Jes 42, 15; Hos 13, 15 cj.; Nah 1, 4 cj. und K. Elliger, BHS z. St., ferner Jes 50, 2; 51, 10; 2 Kön 19, 24 par. Jes 37, 25). Daß der Sprachgebrauch auch im *qal* nicht stringent ingressiv war, geht vielleicht aus Gen 8, 13b (J) und mit Sicherheit aus Ps 106, 9 hervor. Den nominalen Ableitungen ist die stativische Bedeutung eigen. So bezeichnet das Adjektiv *ḥāreḇ* einen Gegenstand als trocken im Gegensatz zu jeglicher Feuchtigkeit (vgl. Lev 7, 10; Spr 17, 1). Unter den Substantiva meint *ḥoræḇ* die Trockenheit, z. B. der Erde oder eines Objektes im Gegensatz zu ihrer vom Tau bewirkten Nässe (Ri 6, 37. 39f.), absolut die (taulose) Dürre (Hag 1, 11; Jer 50, 38 MT) und als Phänomen des Tages im Gegensatz zu *qæraḥ*, der Kälte der Nacht, die Hitze (Gen 31, 40; Jer 36, 30; Sir 14, 27), als deren Urheber Sir 43, 3 ausdrücklich die Sonne genannt wird, wie sie denn auch durch Wolkenschatten gemindert werden kann (Jes 25, 4f.; 4, 6). In dieser Verwendung entspricht ihm *ḥᵃrāḇôn* (vgl. BL 498c), Ps 32, 4 als *ḥarḇonê qajiṣ* 'Sommerhitze', belegt. Als Phänomen des Körpers bezeichnet *ḥoræḇ* entsprechend das Fieber (Hi 30, 30; vielleicht auch mit V Deut 28, 22 zu lesen). *ḥārāḇāh* (vgl. BLe 477z) schließlich hat das trockene Land im gedachten (Gen 7, 22 J; Ps 78, 15 z. B. von H. Gunkel, GHK II, 2, 1929, 343 cj., vgl. dazu zuletzt M. Dahood, AB XVII, 1973, 230) oder ausgesprochenen Gegensatz zum Meer (Ex 14, 21a J; Hag 2, 6), zum Jordanwasser (Jos 3, 17; 4, 18; 2 Kön 2, 8) oder den Nilarmen (Ez 30, 12) im Auge.

2. Die theologische Verwendung des Verbs wie der abgeleiteten Nomina ergibt sich aus dem Glauben an JHWHs Herrschaft über den als Wirkungszusammenhang verstandenen *einen* Bereich von Natur und Geschichte. So verwandelte er beim Auszug aus Ägypten das Meer in trockenes Land, indem er es durch einen starken Ostwind zurückdrängte, Ex 14, 21 (J); vgl. Ps 106, 9; Jes 51, 10. Was sich damals ereignete (Ps 106, 9), ist ein jederzeit möglicher und also auch eschatologisch zu erwartender kosmischer Reflex seines Erscheinens (Nah 1, 4, vgl. Hag 2, 6), ist Teil seiner Schöpfermacht (Jes 44, 27 – hier schließt C. Westermann, ATD 19, 1966, 128, eine Anspielung auf die Sintfluterzählung nicht aus), wobei Schöpfungsakt und Heilstat am Schilfmeer bei Deuterojesaja eigentümlich in eins gesehen werden können (Jes 51, 10). Diese Macht spiegelt sich in den unerwarteten Durchbrüchen des Naturgeschehens (Jos 3, 17; Ri 6, 37ff.), an ihr partizipiert der Prophet Elia (2 Kön 2, 8). Wessen sich der König von Assur nur vermessen rühmt (2 Kön 19, 24, par. Jes 37, 25), das vermag JHWH gegenüber seinen Feinden, die Nilarme (Ez 30, 12; Jes 19, 5f.) wie die Wasser Babels auszutrocknen (Jer 50, 38; 51, 36) oder sein eigenes, an ihm schuldig gewordenes Volk mit einer Dürre heimzusuchen. Dabei kann der als Wind JHWHs bezeichnete, die Quellen des Landes austrocknende Schirokko zur Metapher für den bevorstehenden Assyrersturm gegen das schuldige Ephraim werden (Hos 13, 15). Umgekehrt wird JHWH als der eschatologische Retter für die Seinen „ein Schatten vor der Hitze" (Jes 25, 4 – eine Metapher, die sekundär in 4bβ. 5aαbα auf die Dämpfung der Gewalthaber bezogen ist), wird er für das Jerusalem der Heilszeit eine Wolke zum Schutz vor der Hitze des Tages schaffen (Jes 4, 5f.).

III. 1. Auch in seinem zweiten Anwendungsbereich ist das Verb *ḥrb* I im *qal* intransitiv. Von Jes 34, 10 her ist seine stativische Bedeutung gesichert: *middôr lāḏôr tæḥᵃrāḇ*, „von Geschlecht zu Geschlecht soll es (scil. Edom) in Trümmern liegen". Bei Jes 60, 12; Jer 26, 9; Ez 6, 6; 12, 20; Am 7, 9 und Sir 16, 4 ist jedoch eine ingressive Übersetzung mit 'in Trümmer sinken, verheert werden' mindestens nicht auszuschließen. Das *niph*, nur mit zwei Partizipien Ez 26, 19; 30, 7 (29, 12 cj.) belegt, dient als Passiv des *qal*. Das kausative *hiph* in der Bedeutung 'in Trümmer legen, verwüsten' (Ri 16, 24; 2 Kön 19, 17 par. Jes 37, 18; 49, 17; Ez 19, 7; Zeph 3, 6, vgl. auch DISO 95, 39ff.) und dazu das *hoph* als Passiv (Ez 26, 2; 29, 12), 'in Trümmer gelegt, verwüstet worden sein', grenzen die Verwendung ab. – Objekt sind abgesehen von Anlagen, Gebäuden, Städten (vgl. auch KAI 215, 4) und Ländern selbst Bevölkerungen oder deren Teile (vgl. 2 Kön 19, 17; Jes 60, 12; Sir 16, 4). – Unter den Denominativen nimmt *ḥŏrbāh* 'Trümmerstätte' (vgl. arab. *ḫirbat*) mit 42 Belegen, davon 26 im Pl. (vgl. auch DISO 95, 43) die erste Stelle ein. Von ihnen seien als repräsentativ nur Lev 26, 31; Jes 5, 17; 51, 3; 58, 12; 64, 10; Jer 7, 34; 22, 5; 44, 2; 49, 13; Ez 5, 14; 25, 13; 33, 24; 36, 10; 38, 12; Mal 1, 4; Dan 9, 2; Esr 9, 9; Ps 9, 7; 109, 10 genannt. Es folgt das Adjektiv *ḥāreḇ* 'verwüstet, zertrümmert' (Jer 33, 10. 12; Ez 36, 35. 38; Hag 1, 4. 9 und Neh 2, 3. 17) und als Abstraktnomen *ḥoræḇ* 'Verwüstung, Zerstörung' (Jes 61, 4; Jer 49, 13; Ez 29, 10 MT; zu Zeph 2, 14 vgl. K. Elliger, BHS z. St.). Als Parallel- oder Ergänzungsbegriffe bevorzugen sämtliche in diesem Bedeutungsbereich liegende Bildungen das Verb *šāmam* und seine Derivate *šammāh* und *šᵉmāmāh* (vgl. z. B. Lev 26, 31; Am 7, 9; Jer 33, 10; Ez 6, 6; 36, 35 bzw. Jer 25, 11; 44, 22; 49, 13 bzw. Lev 26, 33; Jes 49, 19; 61, 4; Jer 44, 6; Ez 29, 10). Zur Bedeutung von *ḥŏrbāh* bleibt anzumerken, daß Hi 3, 14 (Pl.) kaum Pyramiden gemeint sind (so zuletzt G. Fohrer, KAT XVI, 1963, 111, vgl. dagegen z. B. M. H. Pope, AB XV, 1965, 31). Im Sprachgebrauch heben sich die klare Metapher des „Trümmerkäuzchens" (*kôs ḥᵒrāḇôṯ*) für den Leidenden in der Klage (Ps 102, 7) und die weniger eindeutige von „den Füchsen in den Trümmern" (*šuʿālîm bŏḥᵒrāḇôṯ*) für die Propheten Israels (Ez 13, 4, vgl. dazu W. Zimmerli, BK XIII/1, 1969, 291), die eigentümliche Rede von den offenbar in der Unterwelt befindlichen *ḥᵒrāḇôṯ ʿôlām* (Ez 26, 20), welche die Bewohner im Auge hat (vgl. E. Jenni, ZAW 64, 1952, 226) und die Wendung von den *ḥŏrḇôt ʿôlām*, Jes 58, 12; 61, 4 in der Bedeutung „uralte Trümmer" und Jer 25, 9; 49, 13 in der Bedeutung „Trümmer für immer" gebraucht (vgl. Jenni 227) von der sonstigen, primär durch ihren Sitz in Drohworten und Verheißungen bestimmten Verwendung der Nomina ab.

2. Aus letzterer ergibt sich die spezifisch theologische Bedeutung in diesem Anwendungsbereich. So wie das Austrocknen, Senden von Trockenheit, Hitze und Dürre nach at.licher Anschauung von dem über die Abläufe der Natur verfügenden Gott im Interesse seiner Herrschaft über Israel und die Völker eingesetzt wird, steht es in seiner Macht, ein ungehorsames Israel (Lev 26, 14), Jerusalem und Juda durch die Verwüstung ihres Landes (Jer 7, 34; 25, 9ff.; 44, 2. 6. 22), gegebenenfalls auch ein weiteres Mal (Ez 33, 24ff.), ihrer Heiligtümer (Am 7, 9), ihrer Städte, besonders Jerusalems (Lev 26, 31ff.; Ez 6, 6; 12, 20; Jes 5, 17; Jer 26, 9; 27, 17; Ez 5, 14), seines Königspalastes (Jer 22, 5) und im Resultat auch seines Tempels (Hag 1, 4. 9, vgl. auch Jer 26, 9) zu bestrafen, wobei die Nachbarvölker in das gleiche Gerichtshandeln (587) eingeschlossen werden können (Jer 25, 9).

Aber weil es in dem Strafhandeln um das Durchsetzen des nach at.lichem Verständnis in seinem Offenbarsein an das Schicksal Israels gebundenen Gottes geht, wurde in seinem Namen nach dem Eintritt der Katastrophe der Wiederaufbau der Trümmer, zumal der Ruinen Jerusalems verheißen. Dabei zeigt Jes 44, 26, wie die erfüllte Gerichtsprophetie das Selbstverständnis Deuterojesajas bestimmte, der in Kyros das Werkzeug JHWHs zur Befreiung der Gola und zum Wiederaufbau Jerusalems erkennen zu können meinte (44, 28). Nach der Einnahme Babels durch den Perserkönig hielt man an der nun allein auf JHWH gesetzten Hoffnung fest, daß die Trümmer Jerusalems von neuem Leben überquellen würden (49, 19), so daß man, wie man vorgreifend ein Loblied ob des ihnen zuteil gewordenen Trostes anstimmte (51, 3), diese selbst auffordern konnte, dem einziehenden König JHWH zuzujubeln (52, 9). Das Thema des Wiederaufbaus der *ʿārê ḥoræḇ*, Jes 61, 4, der *ḥŏrḇôṯ ʿôlām*, Jes 58, 12; 61, 4, kehrt in der tritojesajanischen Prophetie wieder. Von dem sie füllenden neuen Leben wird im Jeremiabuch, wohl bereits als Folge theologischer Reflexion, geweissagt (Jer 33, 10f. 12f., vgl. S. Herrmann, Prophetische Heilserwartungen, BWANT 85, 1965, 188. 205). Auf den Wiederaufbau der Trümmerstätte der „Berge Israels", d. h. des ganzen Landes (Zimmerli, BK XIII/1, 147) zur Zeit der Verleihung eines neuen Herzens und Geistes hoffte, sei es ein Mann aus der Exilsumgebung des Propheten (Zimmerli, BK XIII/2, 874), sei es ein kaum vor die Mitte des 4. Jh.s anzusetzender Bearbeiter des Ezechielbuches (J. Garscha, Studien zum Ezechielbuch, Europäische Hochschulschriften XXIII/23, 1974, 219. 310f.), als man bereits die Problematik der Heilsverzögerung, wie sie Hag 1, 4. 9 noch konkret auf die Vernachlässigung der Trümmer des Tempels zugunsten des privaten Wiederaufbaus zurückgeführt wird, hinter sich gelassen hatte. Wie lange die Problematik des Aufbaus das nachexilische Judentum beschäftigt hat, zeigt jedenfalls die Mission Nehemias, Neh 2, 3. 17.

Daß die Erwartung des nachexilischen Judentums Völkergericht und Völkersturm auf Jerusalem umfaßte, spiegelt sich in unserem Begriffsfeld zum einen in der Erwartung der Zerstörung des auf Grund seines Verhaltens 587 (vgl. Ob 10f.) besonders verhaßten Edom (vgl. Jes 34, 10; Jer 49, 13; Ez 25, 13; 35, 4; Mal 1, 4), der Handelsmacht Tyros (Ez 26, 20) und Ägyptens (Ez 29, 9f.), und zum anderen in eigentümlicher Abwandlung in der Prophetie von der Heimsuchung des Gog aus Magog auf den zuvor lange verödeten Bergen Israels (Ez 38, 8, anders z. B. G. Wanke, Die Zionstheologie der Korachiten, BZAW 97, 1966, 85ff., von Zimmerli, 943f., für ezechielisch gehalten, nach Garscha, 237f. 310, erst nach 500 konzipiert). Nachträglich erhielt sie in 38, 10ff. ihre Begründung in Gogs Absicht, die wiederbewohnten Trümmer zu zerstören. – Ez 33, 24. 27 wirft mit seiner Ankündigung einer abermaligen Vernichtung der im Mutterland verbliebenen Bevölkerung ein bezeichnendes Licht auf die zwischen ihr und der Gola, nach Zimmerli, 822, nach 586, nach Garscha, 199. 294ff., im 4. Jh. bestehenden Spannungen.

Kaiser

חֶרֶב *ḥæræḇ*

חָרַב *ḥāraḇ* II

I. 1. Das Wort – 2. Das Wortfeld – II. 1. Der wörtliche Gebrauch – a) Das Schwert als Kriegswaffe – b) Seine Funktionen – 1α) Die Terminologie seines militärischen Einsatzes – β) Die Vorstellung von der Schwerthilfe JHWHs – γ) Besondere, mit dem Schwert verbundene eschatologische Erwartungen – δ) Religionsgeschichtliche Nachklänge – 2) Das Richtschwert und das Schwert JHWHs – α) Das Schwert des Assur – β) Zum Strafvollzug – 2. Metonymer Gebrauch – a) Das Schwert als Subjekt – b) Das Schwert als Objekt – c) Die

Heimsuchungstrias „Schwert, Hunger, Pest“ und ihre Herkunft – 3. Der metaphorische Gebrauch.

Lit.: *G. Chenet*, Ḥrb de Ras-Shamra-Ugarit (Mélanges Syriens offerts à R. Dussaud I, Paris 1939, 49–54). – *Ders.*, *Ḥrb* de Ras Shamra-Ugarit et leurs rapports à l'histoire des origines israélites, Brügge 1939. – *G. R. Driver*, The Judaean Scrolls, Oxford 1965, 180ff. – *O. Eißfeldt*, Schwerterschlagene bei Hesekiel, in: Studies in Old Testament Prophecy. Festschr. Th. H. Robinson, Edinburgh ²1957, 73–81 = KlSchr III, 1966, 1–8. – *G. Fohrer*, Schwert (BHHW III, 1750f.). – *H. Fredriksson*, Jahve als Krieger, Lund 1945, 95ff. – *K. Galling*, Schwert (BRL² 57–63). – *H. Gressman*, Der Ursprung der israelitisch-jüdischen Eschatologie (FRLANT 6, 1905), 76ff. – *H. Hirsch*, Untersuchungen zur altassyrischen Religion (AfO Beih. 13/14, Graz 1961), 6. 64f. – *W. Michaelis*, μάχαιρα (ThWNT IV 530– 533). – *Ders.*, ῥομφαία (ThWNT VI 993–998ff.). – *P. Miller* jr., The Divine Warrior in Early Israel, Harvard Semitic Monographs 5, Cambridge/Mass. 1973. – *A. M. Snodgrass*, Arms and Armour of the Greeks, Aspects of Greek and Roman Life, London 1967. – *T. Solyman*, Die Entstehung und Entwicklung der Götterwaffen im alten Mesopotamien und ihre Bedeutung, Beirut 1968. – *F. Stolz*, Jahwes und Israels Kriege (AThANT 60, 1972). – *Y. Yadin*, The Art of Warfare in Biblical Lands in the Light of Archaeology, London 1963.

I. 1. Hebr. *ḥæræḇ* besitzt im akk. *ḫarbum* 'Pflug' (AHw I, 325), in den ugar. (WUS Nr. 963), ja'ud., alt- und reichsaram. (DISO 95), syr., CSD 156 II, mand. (MdD 126) Äquivoken und Äquivalenten, im arab. *ḥarbatun*, das eine Art Wurfspeer bezeichnet (Lane I, 2, 541), und sinngleichen Worten anderer sem. Sprachen (KBL³ 335f.) seine Entsprechungen. Sachlich wird man auch akk. *patrum* (sum. *giri₂*) 'Dolch, Schwert' (A. Salonen, Die Hausgeräte der alten Mesopotamier I, AASF Ser B 139, Helsinki 1965, 25. 29ff. 37ff., vgl. AHw II, 848 II) im Blick behalten.

Hebr. *ḥæræḇ* bezeichnet 1. den zweischneidigen Dolch oder das Kurzschwert (Ri 3, 16. 21); 2. das einschneidige Krumm- oder Schlagschwert, von dem nach Yadin, 79, die Rede von „der Schärfe des Schwertes“, *pî ḥæræḇ*, abgeleitet sein mag (vgl. z. B. Jos 6, 21, zum Typ auch Snodgrass, 97f., und Driver, 185f.), ohne daß die Wendung als solche mit Sicherheit auf die Benutzung dieser, seit der auslaufenden Späten Bronzezeit weithin durch das lange, wie der Dolch zweischneidige Stichschwert, der *ḥæræḇ pîpîjoṯ* bzw. *pîjôṯ* (Spr 5, 4; Jes 41, 15; Ps 149, 6, Yadin, 79) ersetzten Waffe zurückschließen läßt (vgl. z. B. Deut 13, 16; 2 Kön 10, 25; Jer 21, 7). Kriegs- und religionsgeschichtlich ist der 1QM 5, 11–14 beschriebene *kîḏon* von besonderem Interesse, weil es sich bei ihm um ein der römischen *sica* vergleichbares einschneidiges Krummschwert handelt, von dem die Sikarier ihren Namen erhalten haben (Jos. Ant. XX, 186; Apg 21, 38, Driver, 183ff., ferner Schürer I³⁻⁴, 574ff.; O. Betz, σικάριος, ThWNT VII 277–281). – 3. bezeichnet *ḥæræḇ* unspezifisch Eisenwerkzeug (Ez 26, 9), darunter auch den Meißel (Ex 20, 25). Von der Bedeutung 'Dolch' her versteht sich schließlich die Rede von den *ḥarḇôṯ ṣurîm*, den für die Beschneidung bestimmten steinernen Messern (Jos 5, 2f.). – Endlich ist das im Hebr. wohl als Denominativ zu beurteilende Verb *ḥārab* II zu nennen, das Jer 50, 21. 27 im *qal* und 2 Kön 3, 23 zweimal im *niph* mit der Bedeutung 'niedermachen' bzw. 'einander bekämpfen' belegt ist (vgl. KBL³ 335).

2. Die rund 410 at.lichen Belege (KBL³ 335f.) lassen sich mit Zorell, Lex, 265f., in 1) einen eigentlichen, 2) einen metonymen und 3) einen metaphorischen Sprachgebrauch aufgliedern, ohne daß damit dem Selbstverständnis Israels und der besonderen Eigenart der im AT zusammengefaßten Literatur gemäß notwendig eine Grenzziehung zwischen profanem und religiösem Kontext verbunden ist.

II. 1. a) Der Dolch oder das Schwert, *ḥæræḇ*, besteht aus dem Griff mit dem Heft (*niṣṣāḇ*, Ri 3, 22), der Klinge (*lahaḇ*, Ri 3, 22; Nah 3, 3) mit *einer* beim Krummschwert oder zwei Schneiden beim geraden (vgl. *pî-ḥæræḇ*, z. B. Gen 34, 26; Ex 17, 13; Num 21, 24; Jos 8, 24; Ri 1, 25, Yadin, 79, bzw. *ḥæræḇ pîpîjôṯ*, Ps 149, 6, oder *pîjôṯ*, Spr 5, 4, bzw. *šᵉtê pejôṯ*, Ri 3, 16), die man schärfte (*lāṭaš*, Ps 7,13) oder wetzte (*šinnen*, Deut 32, 41; 1QH 5, 13; vgl. Ps 64, 4), um so ein spitzes oder scharfes (*ḥæræḇ ḥaddāh*, Ps 57, 5; Spr 5, 4; Jes 49, 2; Ez 5, 1, bzw. *ḥæræḇ hahûḥaddāh*, GK²⁸ 126w; Ez 21, 14–16) und durch Fegen geglättetes Schwert (*ḥæræḇ mᵉrûṭṭāh* bzw. *môrāṭṭāh*, BLe 287, 2, und 357; Ez 21, 14. 33. 15. 16) zu erhalten. Es steckte in der Scheide (*ta'ar*, 1 Sam 17, 51; 2 Sam 20, 8; Jer 47, 6; Ez 21, 8–10. 35; 1QH 5, 15, auch mit einem persischen Lehnwort als *nāḏān* bezeichnet, 1 Chr 21, 27; Th. Nöldeke, GGA 1884, 1022). In der Regel wurde es über der linken Hüfte oder Lende gegürtet (*ḥāgar*, Ri 3, 16; 1 Sam 17, 39; 25, 13; 2 Sam 20, 8; Ps 45, 4), umgebunden (*'āsar*, Neh 4, 12), festgemacht (*ṣāmad pu*, 2 Sam 20, 8) oder angelegt (*śîm*, Ex 32, 27), getragen (vgl. auch HL 3, 8). – Der *kîḏôn* der Römerzeit bestand nach 1QM 5, 11–14 aus der gebogenen, in der Luxusausführung beidseitig goldverzierten Klinge (*bæṭæn*), zu deren Spitze (*rô'š*) zwei laterale Rillen (*sappôṯ*) liefen. Die Klinge steckte ihrerseits mit dem Heft in einem Griff (*jāḏ*) aus Horn (*qæræn*, Driver, 183ff.).

Das Schwert wurde gemacht (*'āśāh*, Ri 3, 16; 1 Sam 13, 19) oder genauer geschmiedet (*kāṭaṯ*, Jo 4, 10). 1 Sam 13, 19ff. wird von H. J. Stoebe, KAT VIII/1, 1973, 255f. als eine Erinnerung nicht etwa an eine Deportation der israelitischen Schmiede, sondern an ein philistäisches Monopol der Eisenkultur gedeutet, wobei die importierten Waffen „für den Durchschnittsisraeliten unerschwinglich waren“.

Zum Einsatz wird das Schwert genommen (*lāqaḥ*, Gen 34, 25; 1 Sam 17, 51; Ez 5, 1), gepackt (*'āḥaz*, HL 3, 8), oder ergriffen (*tāpaś*, Ez 38, 4) und dann zum Schlag (*makkāh*, Esth 9, 5, vgl. z. B. Num 21, 24 u. ö.), Stich (**madqerāh*, Spr 12, 18), Schnitt (vgl. Ez 23, 47; 1 Kön 18,28) oder Hauen (vgl. Ez 16, 40) aus der Scheide gezogen (*hôṣî'*, Ez 21, 8, vgl. v. 9), ein Vorgang, der weiter als Ziehen (*šālap*, Ri 8, 20; 9, 54; 1 Sam 17, 51; 31, 4; 1 Chr 10, 4), Entleeren (*herîq*, Ex 15, 9; Lev 26,33; Ez 12, 14; 28, 7; 30, 11) oder Öffnen des Schwertes (*pātaḥ*, Ps 37, 14) bezeichnet werden kann. Demgemäß spricht man von einem gezückten (*šᵉlupāh*, Num

22, 23. 31; Jos 5, 13; 1 Chr 21, 16) oder geöffneten Schwert (*ḥæræḇ peṯûḥāh*, Ez 21, 22, vgl. auch Jes 21, 15), während man die mit dem Schwert bewaffneten Krieger als *'îš šolep̱ ḥæræḇ* (Ri 8, 10; 20, 2. 15. 25f.; 2 Sam 24, 9; 2 Kön 3, 26; 1 Chr 21, 5), *'aḥuzê ḥæræḇ* (HL 3, 8, vgl. GK[28] 50f.) oder *topeśê ḥarāḇôṯ* (Ez 38, 4) bezeichnet. – Nach dem Gebrauch wird das Schwert in seine Scheide gesteckt (*hešîḇ 'æl-ta'ar*, Ez 21, 35, vgl. Mt 26, 52; ferner Jer 47, 6 bzw. *'æl neḏānāh*, 1 Chr 21, 27).

b) Bei der Funktion kann man zwischen der als Schlachtmesser (Jes 34, 5f.; Jer 46, 10 mindestens anklingend), als Kriegswaffe (z. B. 1 Sam 13, 19; 17, 45; 21, 9) und als Richtschwert (1 Kön 3, 24; Jes 66, 16) unterscheiden; doch ist die Differenzierung, wie schon ein Blick auf Jes 34, 5f. und die Überlegung, daß der Krieg ein Mittel göttlicher Strafe ist (Ex 22, 23; Lev 26, 25. 33; Am 7, 11. 17; 9, 10; Jes 1, 20; 3, 25 u. ö.), zeigt, gerade im prophetisch-theologischen Sprachgebrauch vielfach unscharf.

1α) Eine Zusammenstellung der zum militärischen Bereich gehörenden Phraseologie gibt einen lebendigen Eindruck von den verschiedenen Phasen des Kampfes. Unter den geprägten Wendungen gehören offensichtlich die Verbindungen eines Verbs mit *lepî-ḥæræḇ* zum älteren Sprachgut (vgl. auch Yadin, 79).

Der Häufigkeit nach steht hier *hikkāh lepî ḥæræḇ* 'mit der Schneide des Schwertes erschlagen' an erster Stelle (Gen 34, 26; Num 21, 24; Deut 20, 13; Jos 8, 24; 10, 28. 30. 32. 39; 11, 11f. 14; Ri 1, 8. 25; 18, 27; 20, 37. 48; 21, 10; 1 Sam 22, 19; 2 Sam 15, 14; 2 Kön 10, 25; Jer 21, 7; Hi 1, 15. 17), wobei sekundäre, sich älterem Kontext anpassende Bearbeitungen und antiquierender Sprachgebrauch deutlich unter den Belegen hervortreten. Im jüngeren Sprachgebrauch ist die Wendung durch einfaches *hikkāh baḥæræḇ* (Jos 11, 10; 2 Sam 12, 9; 2 Kön 19,37; Jes 37, 38; Jer 20, 4; 26, 23; 41, 2) abgelöst. Ähnlich ist *nāpal lepî ḥæræḇ* 'durch die Schneide des Schwertes fallen' (Jos 8, 24; Ri 4, 16) durch *nāpal baḥæræḇ* (Num 14, 3. 43; 2 Sam 1, 12; 3, 29; Jes 3, 25; 13, 15; 31, 8; Jer 20, 4; 39, 18; Ez 5, 12; 6, 11f.; 11, 10; 17, 21; 24, 21; 25, 13; 30, 5. 17; 32, 22–24; 33, 27; 39, 23; Hos 7, 16; 14, 1; Am 7, 17; Ps 78, 64; Kl 2, 21; 2 Chr 29, 9; 4QpNah 4, 4 cj.) bzw. *nāpal leḥæræḇ* (Lev 26, 8f.) ersetzt worden, während *hæḥærîm lepî ḥæræḇ* 'mit der Schneide des Schwertes bannen' (Jos 6, 21; Deut 13, 16; 1 Sam 15, 8) und *ḥālaš lepî ḥæræḇ* 'mit der Schneide des Schwertes besiegen' (Ex 17, 13) keinen Nachfolger gefunden haben. (Zu Ri 4, 15 vgl. z. B. BHK z. St.) – Zur Auswahl standen weiter die Wendungen *hārag̱ baḥæræḇ* 'mit dem Schwert niedermachen' (Ex 22, 23; Num 31, 8; Jos 10, 11; 13, 22; 2 Sam 12, 9; 1 Kön 2, 32; 19, 1. 10. 14; 2 Kön 8, 12; Am 4, 10; 9, 1; Ez 23, 10; 26, 8. 11; 32, 12; 2 Chr 21, 4; 36, 17, vgl. auch Num 22, 29; Jer 47, 6f.) bzw. *næhærag̱ baḥæræḇ* 'mit dem Schwert niedergemacht werden' (Ez 26, 6); *hippîl baḥæræḇ* 'mit dem Schwert fällen' (2 Kön 19, 7; Jes 37, 7; Jer 19, 7; Ez 32, 12; 2 Chr 32, 21); *hemîṯ baḥæræḇ* 'mit dem Schwert töten' (1 Kön 1, 51; 2, 8; 2 Chr 23, 21), dem *mûṯ baḥæræḇ* 'durch das Schwert sterben' (2 Kön 11, 15. 20; Am 7, 11; 9, 10; Jer 11, 22; 34, 4; Ez 7, 15; 2 Chr 23, 14. 21) bzw. *hûmaṯ baḥæræḇ* als Passiv (2 Chr 23, 14. 21) entsprechen. Gelegentlich werden auch *'āḇaḏ baḥæræḇ* 'durch das Schwert umkommen' (4QpPs 37 2, 1) oder *nikšal beḥæræḇ* 'durch das Schwert zu Fall kommen' (Dan 11, 33, vgl. auch Lev 26, 37) verwendet. Anschaulicher führen Wendungen wie *nāṯan 'æṯ haḥæræḇ bejaḏ* ... 'das Schwert in die Hand jemandes legen' (Ex 5, 21; Ez 30,24f.); *hippîl 'æṯ haḥæræḇ mijjaḏ* ... 'das Schwert aus der Hand jemandes schlagen' (Ez 30, 22), *qûm 'al* ... *baḥæræḇ* 'mit dem Schwert gegen jemanden aufstehen' (Am 7, 9), *nāḏaḏ mippenê ḥarāḇôṯ* 'vor Schwertern weichen' (Jes 21, 15), *nûs mippenê ḥæræḇ* 'angesichts des Schwertes fliehen' (Jes 31, 8; vgl. Lev 26, 36), *rāḏap ba/laḥæræḇ* 'mit dem Schwert verfolgen' (Am 1, 11; Jer 29, 18; CD 1, 4. 21, vgl. Lev 26, 8) in das Kriegsgeschehen. Prägnant nennt Ps 37, 15 das Herz als Ziel des tödlichen Stiches, *ḥarbām tāḇô' belibbām*, während 2 Sam 23, 10 berichtet, daß die blutverklebte Hand eines der Helden Davids nach langem Kampf mit dem Schwert verbackte.

Wenn der Schlachtruf erschallt, der die Hingabe der Kämpfer an JHWH und ihren Anführer zum Inhalt haben mag, *ḥæræḇ leJHWH ûleḡiḏ'ôn* (Ri 7, 20), kann die nächtlichen Verteidiger Verwirrung ergreifen, JHWH ihr Schwert gegeneinander kehren, *śîm 'æṯ-ḥæræḇ 'îš bere'ehû* (Ri 7, 22); *hinneh hājeṯāh ḥæræḇ 'îš bere'ehû* (1 Sam 14, 20; Ez 38, 21; zu Hag 2, 22 vgl. K. Elliger, ATD 25, [7]1975, z. St.). – Verflucht ist, wer sein Schwert in dem von JHWH bestimmten Kampf vom Blut zurückhält (*māna'*, Jer 48, 10). Der einsame Verlierer stürzt sich nach der Schlacht in sein Schwert (*nāpal 'al-ḥæræḇ*, 1 Sam 31, 4f.; 1 Chr 10, 4f., vgl. L. Wächter, Der Tod im Alten Testament, AzTh II/8, 1967, 89ff.). Haben die Angreifer eine Stadt mit Schwert und Bogen aus der Hand der Feinde erobert (*lāqaḥ*, Gen 48, 22; Jos 24, 12; vgl. 2 Kön 6, 22 und zur Sache auch Deut 20, 10–18. 19–20; G. von Rad, Deuteronomium-Studien, FRLANT 58, 1947,134ff. = Ges. Studien II, ThB 48, 1973, 136ff.), bleiben die *ḥalelê ḥæræḇ* vor und in ihren Mauern zurück (Kl 4, 9; Jer 14, 18), während die weiblichen Kriegsgefangenen, auch als *šeḇujôṯ ḥæræḇ* bezeichnet (Gen 31, 26), abgeführt werden. Da unter den *ḥalelê ḥæræḇ* je nach dem Kontext Ermordete (Num 19, 16; Deut 21, 1–9; Jer 41, 9), im Verlauf einer kriegerischen Handlung Hingeschlachtete (Kl 2, 21; Jes 34, 1ff.), Gefallene (z. B. Jes 22, 2) *oder* Hingerichtete (z. B. Ez 32, 17–32, vgl. v. 27) zu verstehen sind, ist vor einer mechanischen Identifikation mit der zuletzt genannten Gruppe zu warnen. Mit Eißfeldt, 77f. = 5, sind unter den *ḥalelê ḥæræḇ* jedenfalls in Jes 22, 2; Jer 14, 18 und Ez 35, 8, u. E. auch im Kampf gefallene Krieger zu verstehen, während man bei Kl 4, 9 schwanken kann, ob man sie nach Kl 2, 21 zu der zweiten Gruppe zu rechnen hat.

Im Kreise der Weisen beobachtete man, daß das Pferd unerschrocken in die Schlacht galoppiert, ohne vor einem Schwert auszureißen (*lo' jāšûḇ*, Hi 39, 22). Gleichzeitig spekulierte man über ein phantastisches Ungeheuer, dem das Schwert nicht standhalten sollte (*belî tāqûm*, Hi 41, 4–26, vgl. v. 18, E. Ruprecht, VT 21, 1971, 223f.).

Die dem Schwert entkommenen Überlebenden (vgl. *nimlaṭ meḥæræḇ*, 1 Kön 19, 17) zählten zu den *pelîṭê ḥæræḇ*, (Jer 44, 28; Ez 6, 8) oder den *śᵉrîḏê ḥæræḇ* (Jer 31, 2), den Schwertentronnenen, und bildeten den potentiellen Keim für einen neuen Aufstieg ihres Volkes. Und eines Tages mochte ein vom Krieg verwüstetes und entvölkertes Land zur *'æræṣ mᵉšôḇæḇæṯ meḥæræḇ*, zu einem aus der Schwertgewalt wiedergebrachten, d. h. von den Heimkehrern neubesiedelten Lande werden (Ez 38, 8). Daß man nicht nur im Krieg, sondern auch im Frieden auf seiner Hut sein mußte, zeigt das Beispiel dessen, der sich nicht vor dem versteckten Schwert seines Rivalen in acht nahm (*nišmar baḥæræḇ*) und ein Opfer eines heimtückischen Schlages wurde (2 Sam 20, 10).

β) Auf ein Stück exilisch-nachexilischer Ideologie stoßen wir bei der Vorstellung von der ausschließlichen Gotteshilfe. Mußte der Nomade als Jäger und Räuber „über seinem Schwert leben" (Gen 27, 40; R. de Vaux, Histoire ancienne d'Israël, EtBibl, Paris 1971, 164f.), sollte Israel, wie JHWH es vor dem Schwert Pharaos errettet hatte (Ex 18, 4) und es anschließend das Land nicht mit seinem eigenen Schwert erobert hatte – so der heilsgeschichtliche Rückblick in der Volksklage Ps 44, 4 –, sich, wie es im Vertrauensbekenntnis heißt, nicht auf sein Schwert, sondern auf JHWH verlassen (*bāṭaḥ*, Ps 44, 7). Er selbst führte ja das Schwert, Israel zu erhöhen (*ḥæræḇ ga'ᵃwātækā*, Deut 33, 29, vgl. 1 Sam 17, 47). Hatte Gott dem König nicht im Kampf geholfen, indem er dessen Schwert „vor dem Bedränger" umkehrte, war dies Grund zur Klage (Ps 89, 44) und in einer Imitation des Königsgebetes zum Ruf, den Beter vor dem bösen Schwert der Fremden zu erretten (Ps 144, 10f.; H. Gunkel, GHK II/2, [4]1926, z. St.). Weisheitlich findet sich entsprechend die Erwartung, daß der Gerechte jedenfalls von JHWH im Kampf vor dem Schwert erlöst wird (Hi 5, 20, vgl. auch Hi 27, 14 sowie Am 9, 10; Jes 1, 20). Umgekehrt sollte, wer da meinte, auf seinem eigenen Schwert „stehen" zu können, der göttlichen Heimsuchung verfallen (Ez 33, 26).

Ein kritischer Blick auf die bisher aufgeführten prophetischen Belege zeigt, daß all diese Gerichtsworte gegen Israel, Jerusalem und Juda oder die Völker und die wenigen herangezogenen Verheißungen in der jüngsten Forschung mindestens unter dem Verdacht stehen, teils zur aktualisierenden Bearbeitung des prophetischen Erbes in der Exilszeit, teils in die Auseinandersetzungen rivalisierender nachexilischer Gruppen des Judentums und zu ihren eschatologischen Hoffnungen zu gehören (vgl. generell H. W. Wolff, BK XIV/2, 1969; O. Kaiser, ATD 18, [2]1976; ATD 17[5], 1979; W. Thiel, Die deuteronomistische Redaktion von Jeremia 1–25, WMANT 41, 1973; G. Wanke, Untersuchungen zur sogenannten Baruchschrift, BZAW 122, 1971; J. Garscha, Studien zum Ezechielbuch, Europäische Hochschulschriften XXIII/23, 1974; H. Schulz, Das Buch Nahum, BZAW 129, 1973). – Als Ausnahmen mache ich ausdrücklich Hos 7, 16 und 14, 1 geltend.

γ) Unter den eschatologisch-apokalyptischen Erwartungen des nachexilischen Zeitalters seien die Verheißung, ein neues Assur werde durch eines Nichtmannes Schwert fallen (Jes 31, 8, vgl. auch Hos 1, 7; vgl. aber H. Barth, Israel und das Assyrerreich, Diss. Hamburg 1974, 57ff.); die Helfer des Messias sollten Assur mit dem Schwert weiden (Mi 5, 5, vgl. aber A. Weiser, ATD 24, [5]1967, z. St.); JHWH werde Bogen, Schwert und Krieg für immer zerbrechen (Hos 2, 20, vgl. aber W. Rudolph, KAT XIII/1, 1966, z. St.; Ps 76, 4, vgl. auch J. Becker, Israel deutet seine Psalmen, SBS 18, 1966, 34); man werde die Schwerter zu Pflugscharen umschmieden (Jes 2, 4; Mi 4, 3, vgl. aber H. Wildberger, BK X/1, 1973, z. St.); und schließlich die Vorstellung von den Frommen, die mit Lobpreisungen Gottes auf den Lippen und mit einem zweischneidigen Schwert in der Hand Rache an den Völkern üben (Ps 149, 6ff.). – Als seltsame Umkehrung von Jes 2, 4; Mi 4, 3 erscheint Jo 4, 10, wo im Blick auf die Kämpfe der Endzeit die entgegengesetzte Aufforderung an die Völker ergeht. Zuletzt sei auch der änigmatischen Hirtenworte Sach 11, 17 und 13, 7 gedacht. – Zur Abrundung des Bildes bleibt daran zu erinnern, daß man nun auch einen Dolch als geeignet für eine symbolische Rasur ansah (vgl. Ez 5, 1ff., aber auch W. Zimmerli, BK XIII/1, 1969, z. St.).

δ) In den Bereich der Religionsgeschichte führt die Verwendung des Dolches oder Schwertes zur ekstatischen Selbstverwundung im Baalskult (1 Kön 18, 28; vgl. Luc., Syr. D. 50f. sowie E. Würthwein, ZThK 59, 1962, 131ff.). Weiter zurück weist die *ḥæræḇ miṯhappæḵæṯ* 'das sich hinundherwendende Schwert', das Gen 3, 24 den Weg zum Lebensbaum bewacht. H. Gese, Wort und Geschichte, Festschr. K. Elliger, AOAT 18, Neukirchen 1973, 80f. = Vom Sinai zum Zion, BEvTh 64, 1974, 104f. (vgl. auch E. A. Speiser, AB 1, 1964, 24f.) erkennt in ihm die Blitzwaffe des kanaanäisch-syrischen Wettergottes in Gestalt eines Zwei- oder (einfachen bis doppelten) Dreizacks. Die beiden sich seltsam sperrig in den Kontext fügenden Szenen von dem Bileam mit gezücktem Schwert entgegentretenden Boten JHWHs (Num 22, 21–35, vgl. v. 31, M. Noth, ATD 7, 1966, 156ff.) und von dem Josua bei Jericho sich als Anführer des Heeres JHWHs zu erkennen gebenden „Manne" (Jos 5, 13–15, M. Noth, HAT I/7, [2]1953, 23f.), sowie die Episode von der Sichtung des mit entblößtem Schwert zwischen Himmel und Erde stehenden Boten JHWHs durch David, nachdem jener Israel mit der Pest heimgesucht hat und sich anschickt, Jerusalem zu verderben (1 Chr 21, 16, vgl. dazu Th. Willi, Die Chronik als Auslegung, FRLANT 106, 1972, 174 Anm. 247), erinnern Miller, 28ff. 128ff., an die von dem ugar. Meeresgott Jamm an die Götterversammlung gesandten Flammenboten mit einem geschärften Schwert als Zunge (*ḥrb. lṭšt*, KTU 1.2, I, 32f.; vgl. auch Apk 1, 16). – Schließlich bleibt anzumerken, daß JHWH nach der apokalyptischen Ankündigung Jes 27, 1 in Aufnahme des Mythologems vom Siege Baals über das Meeresungeheuer Lotan (KTU 1.5, I, 1–3) an seinem eschatologischen Gerichtstag den als Inkorporation aller widergöttlichen Mächte aufgefaßten Leviathan mit seinem Schwert besiegen soll. Dabei fällt auf, daß Baal KTU 1.2, IV, 11ff. Jamm mit zwei Doppeläxten besiegt. (Zum Problem der Identifikation von Lotan/Leviathan mit Jamm vgl. die Lit. bei O. Kaiser, ATD 18, 177 n. 3, jetzt auch Miller, 24.)

2. Als Richtschwert begegnet *ḥæræḇ* profan jedenfalls 1 Kön 3, 24, eschatologisch Jes 66, 16. Erkennt man mit Eißfeldt, 80f. = 7, in Ez 32, 27 dank der Gegenüberstellung der mit ihren Waffen beigesetzten Helden der Vorzeit zu den *ḥalelê ḥæræḇ* in diesen in Ez 32, 17–32 Hingerichtete, erweitert sich der Kreis der Belegstellen für das Richtschwert beträchtlich, rücken doch nun Ez (30, 11?); 31, 17–18; 32, 19–20; 35, 8 wie Jes 22, 2 – durch seine Antithese! –; Zeph 2, 12 (vgl. aber K. Elliger, ATD 25, z. St.) samt den *meṭoʿanê ḥæræḇ*, Jes 14, 19, und den *ḥalelê ʾāwæn*, 1QM 6, 3, in das Bedeutungsfeld. Das Ez 21, 19 als *ḥæræḇ ḥalālîm* angesprochene, unheimliche Schwert des „Schwertliedes", 21, 13–22, wird entsprechend als „Richtschwert" zu deuten sein (vgl. Zimmerli, BK XIII/1, z. St., und zum literar. Befund ebd., 469ff. sowie Garscha, 128ff., außerdem Jer 50, 35–38; 47, 6f. und Sach 13, 7f.). Von Jer 47, 6f. und Sach 13, 7f. erscheint die Gleichsetzung des Schwertes JHWHs mit seinem Richtschwert erlaubt, das wir so nicht allein in Ez 30, 24; 32, 10f., sondern auch in Ez 21, 8–10; Deut 32, 41f.; Jer 12, 12; Jes 27, 1; 34, 5ff. und 1 Chr 21, 12 erkennen. Zur Unterstützung dieser Hypothese kann man zunächst darauf hinweisen, daß die *ḥalelê ʾāwæn* 1QM 6, 3 im Gericht Gottes von einem flammenden Schwert (*šalhôḇæṯ ḥæræḇ*) gefressen werden sollen, vgl. auch 1QM 15, 2f.; 19, 11, ferner 12, 11f. Am Endpunkt der Entwicklung ist die Identifikation des Schwertes JHWHs mit dem Gerichtsschwert jedenfalls gesichert (vgl. auch Apk 1, 16; 2, 12). Für den Anfang läßt sich der Zusammenhang außer von Deut 32, 41f. von Ps 17, 13 her postulieren, wo der unschuldig Angeklagte an das Schwert JHWHs (in der Gebetssprache: *ḥarbeḵā*), nach W. Beyerlin, Die Rettung der Bedrängten in den Feindpsalmen (FRLANT 99, 1970), 107, vgl. 146, an das Richtschwert im Kultgerichtsverfahren appelliert (vgl. auch Ps 63, 10f.; 22, 21; Hi 15, 22; 19, 29; 27, 14 und Ps 37, 14f.). Von hieraus mag man mit einigem Recht auch Am 9, 1 – als angeblich ältesten Beleg –; 4, 10; Lev 26, 25; CD 19, 13 in die Überlegung einbeziehen, ohne zu übersehen, daß sich bei einem Gott wie bei einem Großkönig richterliche Exekution und militärische Strafexpedition kaum säuberlich trennen lassen. Daß man die *ḥæræḇ JHWH* nicht von der altisraelitischen Vorstellung von JHWH als Krieger ableiten kann, hatte schon Greßmann aus ihrem späten Erscheinen im AT erschlossen (76ff.); seine eigene Ableitung auf dem Umweg über den Bann JHWHs von dem Drachenkampfmotiv und Anleihen bei Zügen des Gottes Reschef, einer – wie der Vergleich von D. Conrad, ZAW 83, 1971, 157ff. mit W. Helck, Betrachtungen zur großen Göttin, 1971, 198ff., zeigt – immer noch rätselhaften Gottheit, muß freilich als problematisch angesehen werden.

α) Fehlt es an Verbindungsgliedern, ist in diesem Zusammenhang der Befund aus Rechtsurkunden der altassyrischen Handelskolonien nicht ohne Interesse, weil er mindestens phänomenologisch eine gewisse Parallele zur Rede und vielleicht auch zur Institution der *ḥæræḇ JHWH* stellt. Im Zusammenhang der Schwurformel ist hier wiederholt in geprägt anmutenden Wendungen vom „Schwert (*patrum*) des Aššur" die Rede, das offenbar als Emblem der Rechtspflege zu deuten ist. So konnte man beim Schwert des Aššur schwören oder schwören lassen (*ina patrim ša Aššur tamāʾum/tammuʾum*), das Schwert des Aššur packen bzw. packen lassen (*patram ša Aššur ṣabātum/šaṣbutum*) und endlich das Schwert des Aššur hinausgehen lassen (*patram ša Aššur šēṣuʾum*); zu den Belegen vgl. H. Hirsch, Untersuchungen zur altassyrischen Religion, AfO Beih. 13/14, Graz 1961, 6 II und 64ff. Hirsch zieht aus dem Material den Schluß, daß in den Handelsniederlassungen vor dem Schwerte Aššurs, das nach J. Lewy, Or NS 19, 1950, 23 Anm. 1, bei der Abwicklung von Rechtsgeschäften aus den lokalen Heiligtümern in die „Tor des Aššur" genannte Stätte gebracht wurde, Zeugenschaft gegeben, gesiegelt, Prozeß gewährt und Urkunden ausgestellt wurden, während man bei bzw. „auf" dem Schwert des Gottes schwur, schwören und bei feierlichen Eiden auch das Schwert ergreifen ließ (65 II, vgl. auch M. San Nicolo, RLA II, 310, vgl. auch 312). Daß L. Oppenheim (AfO 12, 1937, 346) das *patram ša Aššur šēṣuʾum* auf einen Ordaleid bezogen hat, nach dem der heilige Dolch aus der Scheide gezogen werden mußte, wobei ein Mißlingen als Nachweis des Meineides gegolten hätte, sei angemerkt, obwohl er damit keinen Beifall gefunden zu haben scheint. (Für Lit.-Hinweise danke ich Dr. E. von Weiher, Marburg.)

β) Für die Vollstreckung der sakralen Hinrichtung mit dem Schwert in Israel liefert Ez 23, 46ff. (vgl. 16, 40f.) nur einen problematischen Hinweis, weil hier die Schwerter des *qāhāl* erst nach der Steinigung in Funktion treten. Aus der Wendung *higgîr ʿal-jedê-ḥæræḇ* ʻder Gewalt des Schwertes preisgegebenʼ (Ps 63, 11; Ez 35, 5; Jer 18, 21, vgl. Ps 37, 11f.; 22, 21) hat man wohl zu schließen, daß der Verurteilte in dem Gerichtsverfahren, in dem Institution und Vorstellung des Schwertes JHWHs verwurzelt waren, primär mit dem Schwert gerichtet wurde. Doch stoßen wir hier, mindestens zur Zeit, an eine Grenze unserer Kenntnisse. (Zur Sache vgl. auch R. de Vaux, Das AT und seine Lebensordnungen I, 1960, 253ff.)

2. Über die Grenzziehung zwischen wörtlichem und metonymem Sprachgebrauch kann man im einzelnen streiten. Der Hebräer ist dort, wo wir das Allgemeine empfinden, mindestens in seinem Ausdruck dem Be-

sonderen und Konkreten verhaftet geblieben. Nur Jes 31, 8 könnte man die Rede von der *ḥæræḇ lo'-'îš* bzw. *lo' 'āḏām* als einen Hinweis auf das Bewußtwerden der Metonymik bzw. des Symbolcharakters der Rede vom Schwerte JHWHs werten, sofern es sich nicht doch lediglich um eine geheimnisvoll-spielerische Einkleidung handelt. Wir ordnen also diesem Anwendungsbereich unter partieller Ausgliederung der *ḥæræḇ JHWH* alle Belege zu, in denen das Schwert als Subjekt einer nicht streng sachgemäßen Aussage oder wenigstens für uns als nichtgegenständliches Objekt erscheint.

Daß *ḥæræḇ* in diesem Anwendungsbereich den Krieg im Gegensatz zum *šālôm*, zum Frieden, bedeutet, zeigt die Klage Jer 4, 10 ebenso deutlich wie das Gefälle *ḥæræḇ*, Krieg, *š*[e]*ḇî*, Gefangenschaft usw. in Esr 9, 7. Als unwiderstehlicher Angriff heißt es *ḥæræḇ hajjônāh* (Jer 46, 16; 50, 16; 25, 38 cj., vgl. GK[28]126w). Den feindlichen Überfall meint die *ḥæræḇ hammiḏbār* 'das Schwert (aus) der Wüste' (Kl 5, 9). Die militärische Überlegenheit und Gefährlichkeit des Feindes hat Jeremia mit seinem *ḥæræḇ l*[e]*'ôjeḇ* Jer 6, 25 im Auge. Wie die Bedeutung Krieg in die eines gewaltsamen Endes übergehen kann, zeigt die Gedankenfolge Ez 11, 8. 10.

a) Betrachten wir die Stellen, in denen *ḥæræḇ* Subjekt ist, rückt die Wendung vom Fressen (*'āḵal*) des Schwertes, die an das alte *l*[e]*pî-ḥæræḇ* erinnert, durch ihre Häufigkeit in den Vordergrund. Sachlich meint sie die vollständige, in der überwiegenden Mehrzahl auch die von JHWH ausgelöste Vernichtung im Kriege (Deut 32, 42; 2 Sam 2, 26; 11, 25; 18, 8; Jes 31, 8; Jer 2, 30; 12, 12; 46, 10. 14; Hos 11, 6; Nah 2, 14; 3, 15; 1QM 6, 3; 13, 11f.; 16 cap., *pu* Jes 1, 20). Dabei ist Hos 11, 6 als einziger bislang wohl unbestritten prophetischer Beleg zu melden; zu Nahum vgl. aber auch J. Jeremias, Kultprophetie und Gerichtsverkündigung in der späten Königszeit (WMANT 35, 1970) neben der unter II.1.b1β genannten Lit. – Entsprechend verhält es sich bei der Rede vom Kommen (*bô'*) des Schwertes (Jer 4, 10; 5, 12; Ez 30, 4; 32, 11; 33, 3. 4. 6; 2 Chr 20, 9). Alle Belege haben den von JHWH geschickten, oder doch den in seiner Macht stehenden (2 Chr 20, 9) Krieg im Auge. Dabei begegnen wir schon hier dem Wächterwort Ez 33, 1–20, einem beachtenswerten Stück spätnachexilischer Prophetentheologie (Garscha, 197ff., vgl. aber Zimmerli, BK XIII/2, 799). Das Schwert bzw. der Krieg macht die Frauen eines Volkes (1 Sam 15, 33), Jerusalem (Kl 1, 20), oder, Kl 1, 20 aufnehmend, JHWHs Söhne und Töchter kinderlos (Deut 32, 25, *šikkel*, vgl. auch Jer 18, 21). Es geht in einem Lande um (*'āḇar*, Lev 26, 6; Ez 14, 17), trifft seine Opfer (*hiśśîḡ*, Jer 42, 16; Hi 41, 18), und weicht, um JHWHs Strafe zu vollziehen, nicht von dem Hause des sündig gewordenen David (2 Sam 12, 10, *sûr*) – womit wir einem Stück vermutlich erst exilischer Geschichtstheologie begegnen (vgl. W. Dietrich, Prophetie und Geschichte, FRLANT 108, 1972, 127ff. und E. Würthwein, Die Erzählung von der Thronfolge Davids, ThSt 115, 1974, 24ff.).

b) Bei den Belegen mit *ḥæræḇ* als Objekt steht das *ḥæræḇ heḇî' 'al* 'das Schwert über jemanden bringen, jemanden mit Krieg überziehen lassen' an erster Stelle, wobei das Subjekt stets JHWH ist (Lev 26, 25; Ez 5, 17; 6, 3; 11, 8; 14, 17; 29, 8; 33, 2). Parallel dazu läuft das *šillaḥ 'aḥ*[a]*rê/b*[e]*/bēn/'al . . . 'æṯ ḥæræḇ* des Jeremiabuches (Jer 9, 15; 24, 10; 25,16. 27; 29, 17; 49, 37), wobei kein einziger Beleg vordeuteronomistisch sein dürfte (vgl. Thiel, WMANT 41, z. St.). Daß nun auch die Rede davon sein kann, daß JHWH bzw. der *'el jiśrā'el* das Schwert wider die Erdbewohner bzw. alle Völker ruft (*qārā'*, Jer 25, 29; 1QM 16 cap.), nimmt nicht wunder. Wenn Jeremia JHWH nach Jer 18, 21 bittet, die Kinder seiner Feinde dem Schwert auszuliefern (*higgîr*), gehört das nicht in die Geschichte des Propheten, sondern des Prophetenbuches (vgl. A. H. J. Gunneweg, Konfession oder Interpretation im Jeremiabuch, ZThK 67, 1970, 408f. 412ff., vgl. aber J. Bright, Jeremiah's Complaints: Liturgy or Expressions of Personal Distress?, in: Proclamation and Presence, London 1970, 167ff.). In der Bedeutung „der völligen Vernichtung preisgeben" treffen wir *nāṯan laḥæræḇ* Jer 25, 31; Mi 6, 14 (vgl. auch Esr 9, 7; CD 1, 4) mit JHWH bzw. El als Subjekt an. Dagegen scheint *sāḡar laḥæræḇ* 'dem Schwert ausliefern' Ps 78, 62; *niph* CD 3, 11, die Heimsuchung durch Krieg, im *hoph* CD 7, 13 die völlige Vernichtung und CD 19, 13 selbst die Hinrichtung zu bedeuten, so daß sich die Wendung in ihrer konkreten Nuancierung stark von ihrem Kontext abhängig erweist. Völlige Vernichtung hat wieder das gleichsinnige *nimsar laḥæræḇ* CD 19, 10 im Auge.

c) Die sogenannte Heimsuchungstrias ist in ihrem Vorkommen auf die dtr Partien des Jeremiabuches, die Fortschreibungen des Ezechielbuches und die Chronik beschränkt. In ihrer primären Reihenfolge faßt sie den Krieg als von außen kommendes Übel und seine Wirkungen auf die Belagerten ins Auge und lautet also 1) *ḥæræḇ*, 2) *rā'āḇ*, Hunger, und 3) *dæḇær*, Pest (Jer 14, 12; 21, 9; 24, 10; 27, 8. 13; 29, 17f.; 32, 24. 36; 38, 2; 42, 17. 22; 44, 13; Ez 6, 11; 12, 16; 4QpPs 37 2, 1; in Ez 14, 21 ist die Trias durch die Einfügung eines *ḥajjāh rā'āh*, Raubtiere, hinter *ḥæræḇ* zur Verstärkung der von außen kommenden Gefahr erweitert). Bei der Reihenfolge 1) *dæḇær*, 2) *ḥæræḇ*, 3) *rā'āḇ* Jer 21, 7 hat der Verfasser dagegen erst eine dem Krieg vorausgehende Pest, dann diesen selbst mit seinen Auswirkungen vor Augen. Wenn Jer 34, 17 die klassische Formel in ein 1) *ḥæræḇ*, 2) *dæḇær* und 3) *rā'āḇ* abwandelt, zieht der Autor die gefährlichere der beiden den Belagerten von innen drohenden Strafen vor und nimmt es deswegen in Kauf, die in der Regel kausale Abfolge zu stören. Unter demselben Gesichtspunkt ist die gleiche, ausdrücklich der Gefährdung von außen (*baḥûṣ*) und von innen (*mibbajiṯ*) unterworfene Anordnung Ez 7, 15 zu betrachten. Dieselbe Formel liegt auch 2 Chr 20, 9 zugrunde; denn das an *ḥæræḇ* angehängte *šepōṭ* ist m. E. lediglich als in den Text geratene Glosse zu betrachten. Die Reihenfolge 2), 3) ist, wie ein Vergleich mit der Vorlage 1 Kön 8, 37 zeigt, genau wie in Jer 34, 17 motiviert. – Auch die mit der genauen Umkehrung der Glieder am weitesten gehende Abwandlung der Grundformel in Ez 5, 12, 1) *dæḇær*, 2) *rāʿāḇ*, 3) *ḥæræḇ*, erweist sich als wohl überlegt: Ein erstes Drittel der Einwohner Jerusalems soll zumal durch die Pest, aber auch durch Hunger, ein weiteres Drittel außerhalb der Stadt durch das Schwert umkommen.

Als ausgesprochene Abwandlung ist Ez 28, 23 mit den Gliedern 1) *dæḇær*, 2) *dām* und 3) *ḥæræḇ* zu nennen. Auch hier ist der Zusammenhang logisch. Im belagerten Tyros soll die Pest wüten; nach der Eroberung wird auf ihren Straßen gemordet, *dām*, Blut, während die aus der Stadt Fliehenden draußen vom Schwert durchbohrt hinsinken (vgl. auch Jes 13, 15). Ob man bei den Reihen 1) *ḥæræḇ*, 2) *šeḇî* 'Gefangenschaft', 3) *bizzāh* 'Plünderung', 4) *bošæṯ* 'Schande' in Esr 9, 7 und 1) *ḥæræḇ*, 2) *læhāḇāh* 'Flamme' bzw. 'Feuer', 3) *šeḇî* und 4) *bizzāh* in Dan 11, 33 noch von einer Abwandlung der Trias reden kann, ist mindestens fraglich. Ebenso dürfte die Folge 1) *ḥæræḇ*, 2) *kelāḇîm* 'Hunde', 3) *ʿôp* 'Vögel', 4) *behemāh* 'Tiere', Jer 15, 3 (vgl. auch Deut 28, 26; 1 Kön 16, 4; 21, 19; 2 Kön 9, 36) ihre eigene Geschichte besitzen. (Zu ähnlichen Aufzählungen in Flüchen und Verwünschungen altorientalischer Texte vgl. F. Ch. Fensham, ZAW 75, 1963, 155ff.)

Sucht man nach Vorformen der klassischen Trias, wird man einerseits auf die wieder im Jeremiabuch beliebte Kurzformel 1) *ḥæræḇ*, 2) *rāʿāḇ* (Jer 5, 12; 11, 22; 14, 13. 15. 16; 16, 4; 18, 21; 42, 16; 44, 12 (2mal). 18. 27; Kl 4, 9) und das schon bei J als Strafmittel begegnende Paar 1) *dæḇær*, 2) *ḥæræḇ*, Ex 5, 3 gewiesen; vgl. auch 1 Kön 8, 32, wo *dæḇær* und *rāʿāḇ* eine neungliedrige Reihe eröffnen. Dabei dürfte literarisch Jer 5, 12 Quellpunkt für das Vorkommen im Jeremiabuch, sachlich der Sitz im Leben solcher Paare und Reihen aber die Klage sein (vgl. Kl 4, 9 und Jes 51, 19, C. Westermann, ATD 19, 1966, 198). Mithin ist eine unmittelbare Einwirkung der Klage auch auf die zahlreichen Belege der Kurz- und der Langreihen im Jeremiabuch nicht auszuschließen.

3. Der metaphorische Gebrauch von *ḥæræḇ* erweist sich gegenüber den beiden vorausgehenden Anwendungsbereichen als überaus eingeschränkt. Ausgangspunkt ist die weisheitliche Metapher, die im Wahrspruch die Worte der „fremden Frau“ mit einem zweischneidigen Schwert (Spr 5, 4, vgl. zur Identifikation der Fremden H. Ringgren, ATD 16, 1962, 28), das Geschwätz mit Schwertstichen (Spr 12, 18), die falschen Zeugen vor Gericht mit Hammer, Schwert und Pfeil (Spr 25, 18) oder die Bedrükker der Elenden mit einem Geschlecht vergleicht, dessen Zähne aus Schwertern bestehen (Spr 30, 14). Ähnlich kann die Feindschilderung der Klage die Lippen, d. h. die Aussagen, der Gegner mit dem Schwert (Ps 59, 8) oder gleichsinnig ihre Zunge mit einem geschärften Schwert identifizieren (Ps 64, 4). Im späten berichtenden Gotteslob bekennt der Beter, daß Gott die Zungen seiner mit jungen Löwen verglichenen Feinde, deren Zähne wie ein Schwert und deren Zunge wie ein geschärftes Schwert sind, wie ein Schwert in seine Scheide zurückkehren ließ und also die ihm drohende Lebensgefahr abgewandt hat (1QH 5, 9–15). Damit ist auch der Vergleichspunkt der Schwertmetapher, die Gefährlichkeit der Waffe, genannt. Gleichzeitig wird uns noch einmal ins Gedächtnis gerufen, daß JHWH der Herr alle Kriege, Kriegshandlungen und Nachstellungen ist und bleibt, mit denen sich die Völker oder die Einzelnen das Leben streitig machen oder verbittern.

Kaiser

חָרַד *ḥāraḏ*

חָרֵד *ḥāreḏ*, חֲרָדָה *ḥarāḏāh*

I. 1. Etymologie, Umwelt – 2. Bedeutung, Belege – II. Profane Verwendung: In Panik, außer sich geraten bzw. bringen – 1. Angesichts von schlechten, überraschenden Nachrichten – 2. In Kriegsgefahr – III. Religiöse Verwendung: In Panik, außer sich geraten bzw. bringen angesichts von Theophanien – IV. *ʾên maḥarîḏ*: Zustand eschatologischen Friedens bzw. sorgloser Sicherheit.

Lit.: *J. Becker*, Gottesfurcht im AT (AnBibl 25, 1965, 10f. 66–74). – *J. Blau*, Etymologische Untersuchungen auf Grund des Palästinischen Arabisch (VT 5, 1955, 341). – *H. J. van Dijk*, Ezekiel's Prophecy on Tyre (Ez. 26, 1 – 28, 19). A New Approach (BietOr 20, 1968, 32). – *G. R. Driver*, Hebrew Homonyms (Hebräische Wortforschung. Festschr. W. Baumgartner, VTS 16, 1967, 54–56). – *J. Gray*, I & II Kings. A Commentary, ²1970, 495. – *J. Jeremias*, Theophanie. Die Geschichte einer alttestamentlichen Gattung (WMANT 10, ²1977, 102). – *N. Lohfink*, Enthielten die im AT bezeugten Klageriten eine Phase des Schweigens? (VT 12, 1962, 270f.). – *A. Oepke*, ἔκστασις, ἐξίστημι (ThWNT II 447f. 457). – *G. von Rad*, Der Heilige Krieg im alten Israel, ³1958, 12. – *F. Stolz*, המם *hmm* verwirren (THAT I 502ff.). – *H. W. Wolff*, Hosea (BK XIV/1, zu 5, 8). – *W. Zimmerli*, Ezechiel (BK XIII/2, zu 26, 16; 38, 21).

I. 1. Die Wurzel *ḥrd* begegnet in verschiedenen semitischen Sprachen; die Differenzierung zwischen *ḫ* und *ḥ* in einigen dieser Sprachen vermehrt die möglichen etymologischen Beziehungen. Wiederholt ist versucht worden, alle aus der Umwelt bekannten Bedeutungen im AT wiederzufinden (vgl. vor allem Driver), jedoch ohne überzeugendes Ergebnis.

Dem Sprachgebrauch des AT am nächsten stehen syr. *ʾeṯḥereḏ* 'zittern' (vgl. mhebr. *ḥrd* 'zittern', im *hiph* 'erzittern, zittern machen, schrecken'). Dazu gehört die Bezeichnung eines Gottes als *b'l ḥrdt* 'Herr der Schrecken' in einer neupun. Inschrift (KAI 145, 5). Die Deutung von ugar. *ḫrd* als 'befürchten, in Unruhe sein' ist unsicher (WUS Nr. 1079). Ein *ḫrd*, 'wachsam', liegt KTU 2.16, 13 vor. Eine gewisse Verwandtschaft dazu könnten haben akk. *ḫarādu* IV (AHw I, 322) 'wachen, bewachen, erwachen, als Wache einsetzen, sich wach halten', arab. *ḫarida* 'verschämt sein, sich schamhaft benehmen' und *ḥarida* 'ärgerlich, wütend sein', insofern dadurch – allerdings verschiedenartige – außergewöhnliche psychische Zustände beschrieben werden. Aus akk. *ḫarādu* III 'etwas zusammenfügen', z. B. Matten – *ḫurdu* 'Türmatte' – (vgl. syr. *'eṯhar(r)aḏ* 'gehäutet werden'?) könnte für Ez 26, 16 – wo *ḥarāḏāh* zum einzigen Mal im Pl. steht – auf ein Homonym 'Trauerkleider' geschlossen werden (Lohfink), doch ist das nicht zwingend (s. u. II. 1.). (Die – hier nicht zu besprechenden – Ortsnamen *'ên ḥarod*, *ḥarāḏāh* und *ḥarodî* gehören wohl mit akk. *ḫarādum* I 'wüstes Gebiet [?]', arab. *ḥārada* 'wenig regnen' zusammen.) Alle übrigen Wörter gleichen oder ähnlichen Klanges – wie akk. *ḫurdatu* 'Querbalken'; vulva, weibliche Scham; arab. *ḫarada* 'durchbohren, sich absondern, sich eilig auf eine Reise begeben' – geben keine hinreichenden Anhaltspunkte für ihnen in der Bedeutung entsprechende homonyme Wurzeln im AT. Es ist davon auszugehen, daß *ḥrd* und seine Derivate im AT eine einheitliche Grundbedeutung haben.

2. Die Bedeutung von *ḥrd* wird häufig mit 'zittern, beben, erschrecken' wiedergegeben. Der prägnante Sinn scheint jedoch erst voll erfaßt werden zu können, wenn das Moment der Panik einbezogen wird. *ḥrd* wird in der Regel da verwendet, wo es um die Beschreibung lähmenden Entsetzens, des außer sich Geratens vor Schrecken und Erregung geht, wie es meist plötzlich auftritt, angesichts einer Unglücksnachricht, einer unliebsamen Überraschung, einer Theophanie. Hierin berührt sich die Bedeutung der Wurzel ganz eng mit der von → המם (*hmm*), allerdings ohne dessen vorwiegend religiöse Verwendung zu teilen. Daß *ḥrd* häufig in Gegensatz steht zu → בטח (*bāṭaḥ*) und anderen den Zustand sorgloser Sicherheit malenden Ausdrücken, ist ein zusätzlicher Hinweis auf die äußerste Verunsicherung, die *ḥrd* beschreiben soll. Dabei gibt es jedoch Unterschiede in der Intensität. Bei einem Übermaß an Schrecken und Panik kann von einer *ḥarāḏāh geḏolāh* (Dan 10, 7) oder gar *geḏolāh 'aḏ-me'oḏ* (Gen 27, 33) gesprochen werden. Vielleicht gehört auch 1 Sam 14, 15 in diesen Zusammenhang: Nachdem dort beschrieben ist, wie bei den Philistern eine Panik (*ḥarāḏāh*) entstand und die einzelnen Abteilungen ihres Heeres davon erfaßt wurden (*ḥāreḏû*), heißt es zum Schluß: Es wurde zu einem 'Gottesschrecken' (*ḥærdaṯ 'ælohîm*). Es legt sich nahe, dies als zusammenfassenden Ausdruck der Steigerung zu verstehen (etwa: 'Riesenpanik', vgl. D. W. Thomas, A Consideration of Some Unusual Ways of Expressing the Superlative in Hebrew, VT 3, 1953, 209–224; Becker, 71 f.), um so mehr, als 14, 20 dies als *mehûmāh geḏolāh me'oḏ* bezeichnet wird – jedenfalls soll in 1 Sam 14, 15 die höchste Intensität der Panik ausgesagt werden. Auch der Pl. *ḥarāḏôṯ* (Ez 26, 16) könnte als Steigerung verstanden werden. Verbal kann die Steigerung durch *wajjæḥærad me'oḏ* (1 Sam 28, 5) und vermutlich auch durch *ḥāreḏû lirḡā'îm* (Ez 26, 16; 32, 10) ausgedrückt werden (Zimmerli zu 26, 16).

ḥrd und seine Derivate kommt im MT 54mal vor. Das Verb begegnet 23mal im *qal*, 16mal im *hiph* (davon ist Sach 2, 4 als Textfehler zu streichen und dafür Hos 5, 8 nach LXX *haḥarîḏû* zu konjizieren); allein 12 Belege entfallen auf die Formel *'ên maḥarîḏ* (s. u. IV.). *ḥāreḏ* kommt 6mal vor, *ḥarāḏāh* 9mal (dazu kommt als Konjektur nach LXX Ez 38, 21). Auffällig ist das vollständige Fehlen der Wurzel in Ps und demgegenüber eine gewisse Häufung in 1 Sam, Jes und Ez (je 8mal). In LXX werden *ḥrd* und Derivate in erster Linie mit ἐξίστημι bzw. ἔκστασις wiedergegeben (24mal), in zweiter mit Ableitungen aus φοβέω (14mal, davon 6mal ἐκφόβων für *maḥarîḏ*); im übrigen wird nach dem Zusammenhang übersetzt. Dies bestätigt, daß der Bedeutungsschwerpunkt bei dem außer sich Geraten vor Schrecken liegt. Da dies für *ḥrd* und seine Derivate durchweg gilt, kann die weitere Besprechung gemeinsam erfolgen.

II. 1. Wie *ḥrd* verwendet wird, zeigt Gen 27, 33 besonders deutlich: Als Isaak erfährt, daß er einer List zum Opfer gefallen ist und er den für Esau bestimmten Segen einem andern gegeben hat, gerät er vollständig aus der Fassung (*wajjæḥærad ḥarāḏāh geḏolāh 'aḏ-me'oḏ*) vor Schreck und Entsetzen über das Vorgefallene. Eine nicht ganz so heftige Schreckreaktion zeigt Boas, als er mitten in der Nacht etwas zu seinen Füßen spürt (Ruth 3, 8). Eine regelrechte Panik bricht jedoch bei dem Opferfestmahl des Adonia aus, als die Nachricht von der Königssalbung Salomos eintrifft (1 Kön 1, 49): Alle brechen auf und Adonia selbst sucht Asyl. Auch die Entdeckung, daß im gekauften Getreidesack obenauf Geld liegt, bringt Josephs Brüder alle miteinander in Schrecken (Gen 42, 28). *ḥrd* beschreibt hier durchweg die erste Schreckreaktion auf eine schlimme Nachricht, wie sich auch daran zeigt, daß in den beiden letztgenannten Fällen der auf den ersten Schreck folgenden Zustand als 'sich fürchten' → ירא (*jāre'*) bezeichnet wird (1 Kön 1, 50; Gen 42, 35).

Panische Angst kann auch schon vor dem Eintreten des Ereignisses aufkommen: Der Priester Eli späht zur Straße hin, denn er „schwebt in tausend Ängsten“ (*kî-hājāh libbô ḥāreḏ*) um das Schicksal der Lade, und als die befürchtete Nachricht eintrifft, fällt er tot vom Stuhl (1 Sam 4, 13). Ähnlich wird es zu verstehen sein, wenn es beim unvermuteten Auftauchen von Samuel bzw. David heißt, die Ältesten von Bethlehem bzw. der Priester Ahimelech seien 'bebend entgegengekommen' (KBL³): *ḥrd liqra'ṯ* hieße dann 'bebend, in Erwartung schlimmer

Nachrichten jemand entgegentreten' (1 Sam 16, 4; 21, 2).
Auch in den drei Belegen von Ez 26, 16. 18 geht es um Reaktionen auf eine Schreckensnachricht, den Fall von Tyrus, bei den Fürsten der Meeresgestade und bei den „Inseln“ (bzw. deren Bewohnern). Da dies im Zusammenhang eines Leichenklageliedes und von Trauerbräuchen erwähnt wird, ist Lohfinks Versuch naheliegend, in *lbš ḥ^{a}rāḏôṯ* eine sonst unbekannte Bezeichnung für das Anlegen von Trauerkleidern zu entdecken (s.o. I.1.). Doch ist metaphorischer Gebrauch von *lbš* so häufig – ganz ähnlich ist Ez 7, 27 *jilbaš š^{e}māmāh* –, daß er auch hier anzunehmen ist (Zimmerli, Van Dijk). Zu der superlativischen Ausdrucksweise s.o. I.2.
In allen diesen Fällen handelt es sich um Reaktionen, wie sie unter besonderen Umständen auftreten können. Sie *müssen* allerdings nicht auftreten: Von Hiob, dem Empfänger der schlimmsten Serie von Schrekkensnachrichten, wird nicht gesagt, daß er dadurch in Panik geraten sei (vgl. Hi 1, 13–22). Warum? In Spr 29, 25 findet sich die Sentenz: *ḥærdaṯ 'āḏām jitten môqeš uḇôṭeaḥ b^{e}JHWH j^{e}śuggāḇ* „Sich durch Menschen in Panik, aus der Fassung bringen zu lassen, stellt Fallen; wer aber auf JHWH vertraut, ist geschützt“.
2. Einen besonderen Verwendungsbereich hat *ḥrd* im Zusammenhang kriegerischer Ereignisse, einfach weil hier unliebsame Überraschungen, schlimme Nachrichten besonders häufig sind. So löst schon das Alarmsignal des → שופר *šôpār* Panikreaktionen aus (Am 3, 6; Hos 5, 8 cj.); ebenso kann es beim unvermuteten Auftauchen des Feindes sein, insbesondere bei einer feindlichen Übermacht (1 Sam 13, 7; 28, 5; Jes 10, 29).
Weil solche Panik allzu leicht entstehen kann und dann zu entschlossenem Handeln unfähig macht, muß vom Kriegszug zurückstehen, wer *ḥāreḏ* ist, d.h. 'schreckhaft, anfällig für Panikreaktionen' (Ri 7, 3; vielleicht ist bei dieser Wortwahl auch der Anklang an den Namen der Örtlichkeit in v. 1 – *'ên ḥ^{a}roḏ* – beabsichtigt). Wer erschöpft und deprimiert ist, verfällt leichter in Panik. Darauf beruht Ahitophels Plan in 2 Sam 17, 2: Er will David überrumpeln und in der entstehenden Panik, wenn alle fliehen, David erschlagen.
Auffällig ist, wie selten *ḥrd* in Kriegsberichten erscheint, wenn es um Panik beim Gegner geht (hier wird vor allem → המם [*hmm*] gebraucht, vgl. aber auch *ṣir'āh*). Nur Ri 8, 12 und – hier allerdings gleich 3mal – 1 Sam 14, 15 wird es gebraucht, beide Male auf das feindliche Heerlager bezogen, dessen Panik mit der vorher zur Schau getragenen Sorglosigkeit der Feinde kontrastiert (*bæṭaḥ* Ri 8, 11).

III. Der Übergang vom untheologischen zum theologischen Sprachgebrauch ist fließend, denn gewiß ist als Urheber der *ḥ^{a}rāḏāh* in vielen Fällen JHWH vorausgesetzt, zumal in Kriegsgefahr. Allerdings hat das Verb an keiner Stelle JHWH als Subjekt. Und ausdrücklich ist die Panik auch nur in 1 Sam 14, 15 als *ḥærdaṯ '^{æ}lohîm* 'Gottesschrecken' bezeichnet – wenn es sich dabei nicht einfach um superlativische Ausdrucksweise handelt (s.o. I.2.). Dieser Befund läßt es – wenigstens für *ḥrd* – doch fraglich erscheinen, ob der Gottesschrecken eine so festumrissene Erscheinung gewesen ist, wie es häufig angenommen wird (von Rad; zurückhaltender Becker, 66–74). *ḥrd* bezeichnet jedenfalls eine Schreckreaktion auf ein überraschendes Geschehen, das viele Ursachen haben kann, nicht zuletzt das Wirken Gottes.
Ein Bereich, in dem die *ḥ^{a}rāḏāh* ausdrücklich mit dem Eingreifen JHWHs in Verbindung gebracht wird, ist die prophetische Gerichtsverkündigung im Zusammenhang der Vorstellung vom *jôm JHWH*, vorwiegend aus späterer Zeit. Dabei geht es in Jes 19, 6; Ez 30, 9; 32, 10 um das Gericht über Ägypten. Das löst entweder bei den Ägyptern selbst Panik aus (Jes 19, 6) oder die Nachricht von seinem Fall bringt seine Hilfsvölker in Angst und Schrecken (Ez 30, 9; 32, 10). Ebenso ergeht es den Fürsten der Meeresgestade und den 'Inseln' beim Fall von Tyrus (Ez 26, 16. 18). Der späte Zusatz Jes 41, 5 wird bei seiner Beschreibung der Panik an den 'Enden der Erde' ähnliche Nachrichten im Auge haben. Ez 38, 21 cj. wird die Panik durch das welterschütternde, in den Farben einer Theophanie beschriebene Gericht über Gog und sein Heer hervorgerufen.
Auffällig selten erscheint *ḥrd* im Zusammenhang prophetischer Gerichtsverkündigung gegenüber dem eigenen Volk. Lediglich in Jes 32, 11; Jer 30, 5 geschieht das, beide Male jedoch wird eine Wendung zum Heil angekündigt (Jes 32, 15ff.; Jer 30, 7ff.); die Verunsicherung der *ḥ^{a}rāḏāh* erscheint als Durchgangsstufe von der sorglosen Sicherheit zuvor zu dem Friedenszustand danach (Jer 30, 5f. malt sehr anschaulich die Panik: Man hört Schreckensschreie – *qôl ḥ^{a}rāḏāh* – und sieht Männer, die sich wie Gebärende die Hüften halten, und schreckensbleiche Gesichter).
Hielten sich die bisher genannten Belege im Bereich kriegerischer Ereignisse, so finden sich weitere Belege, auch aus älterer Zeit, im Zusammenhang mit Theophanieschilderungen im engeren Sinn. So gerät das Volk am Fuße des Gottesberges in großen Schrecken und Erregung, als Donner, Blitz, Gewitterwolken und mächtiger Schopharklang vom Sinai her zu vernehmen sind (Ex 19, 16) bzw. als JHWH im Feuer auf den Sinai herabfährt (Ex 19, 18, wo statt *hāhār* ebenfalls *hā'ām* zu lesen ist: *ḥrd* wird nur auf Menschen [gelegentlich auf Tiere] angewendet; wo geographische Bezeichnungen begegnen, wie Ez 26, 16; 30, 9; Jes 41, 5 sind die Bewohner gemeint). Auch Hos 11, 10f. ist es das Löwengebrüll JHWHs (→ שאג [*šā'aḡ*]), das die Menschen im Exil in Schrecken und Unruhe versetzt – mit dem Ziel, ihnen wieder eine sichere Wohnstatt zu verschaffen. So ist auch in Hi 37, 1 *ḥrd* Reaktion auf die Erscheinung Gottes in Donner und Gewitter. – In Dan 10, 7 führt die Theophanie bei Daniels Begleitern dazu, daß sie

von panischem Schrecken gepackt werden (*ḥ^arāḏāh g^eḏolāh nāp^elāh ʿ^alêhæm*), davonlaufen und sich verstecken, während Daniel selbst – zwar schreckensbleich und unfähig jeder Bewegung – die Offenbarung empfängt.
Hierher gehört auch die in Esr und TrJes begegnende Bezeichnung einer bestimmten Menschengruppe als *ḥ^areḏîm ʿal-d^eḇar* (oder *b^emiṣwaṯ*) Gottes. Hier ist *ḥrd* in einem abgeblaßten Sinn gemeint, zur Beschreibung der Unruhe und Erregung derjenigen, die über die möglichen Folgen einer Übertretung göttlicher Gebote innerlich erschrocken sind, also des innersten Kernes der nachexilischen Gemeinde. Esr 9, 4; 10, 3 geht es um das Verbot der Mischehen, die *ḥ^areḏîm* bilden den kleinen Kreis derer, die sich um Esra und seine Maßnahmen scharen. Ebenso sind Jes 66, 2. 5 diejenigen angesprochen, die Folgen falschen Gottesdienstes fürchten.
Auch die vielverhandelte Stelle 2 Kön 4, 13 ist letzten Endes von den Reaktionen auf Theophanien her zu verstehen: Wenn schon das bloße Auftauchen Samuels die Ältesten von Bethlehem in Panik geraten läßt (1 Sam 16, 4), wird auch die über alles Übliche hinausgehende Beflissenheit der Sunamitin gegenüber Elisa und Gehasi ihren Hauptgrund darin haben, daß sie erkennt: *'îš 'ælohîm qāḏôš* (v. 9). Um der Heiligkeit des Gottesnamens gerecht zu werden, entwickelt sie eine Geschäftigkeit, die auch deshalb als *ḥrd ḥ^arāḏāh* bezeichnet worden sein mag, weil sie an das bei einer Panik entstehende Durcheinander erinnert.
ḥrd kann durchaus auch angesichts des Erscheinens Gottes (oder seines Abgesandten) auftreten. Immer bleibt es jedoch Reaktion des Menschen, nicht unmittelbar Tat Gottes.

IV. Eine eigentümliche Verwendung hat das Ptz. *hiph* gefunden, das nur in der Formel *w^e'ên maḥ^arîḏ* begegnet. Das wird am leichtesten an den beiden Belegen aus den Segens- und Fluchkapiteln des Heiligkeitsgesetzes und des Deuteronomiums deutlich: In Lev 26, 6 steht die Formel im Zusammenhang des Segens, in Parallele zu *šālôm* und *bṭḥ*, als Beschreibung des Friedenszustandes, der durch Beseitigung der Gefahren durch wilde Tiere und Schwert, durch ruhigen Schlaf gekennzeichnet ist, 'ohne daß einer da ist, der in Panik bringt'. – In Deut 28, 26 hingegen dient die Formel zur Veranschaulichung des Fluchs; die Leichen werden den Vögeln und Tieren zum Fraß dienen, 'ohne daß einer da ist, der sie wegscheucht'.
Ähnlich wie in Lev 26, 6 begegnet die Formel noch Jer 30, 10 (= 46, 27); Ez 34, 28; 39, 26; Mi 4, 4; Nah 2, 12; Zeph 3, 13 in Anwendung auf das Volk, während es in dem späten Zusatz Hi 11, 19 auf das Einzelschicksal angewendet wird. Durchweg wird dabei der kommende Friedenszustand beschrieben, als Ungestörtheit von Krieg und wilden Tieren, sicheres Wohnen im Lande, als *šālôm* und *bæṭaḥ*. Wie in Deut 28, 26 (Jer 7, 33 ist wörtliches Zitat) begegnet die Formel noch Jes 17, 2 (im Blick auf Damaskus) und Nah 2, 12 (Assur). Hier sind es die Tiere, die die Stelle der Menschen eingenommen haben, die in sorgloser Sicherheit leben können, in schaurigem Kontrast zur Ungesichertheit der Menschen.

Baumann

חָרָה *ḥārāh*

חָרוֹן *ḥārôn*, חֳרִי *ḥ^orî*

I. 1. Etymologie – 2. Verteilung – 3. Bedeutung – 4. LXX – 5. Qumran – II. Konkreter Gebrauch im AT – III. Gebrauch in theologischen Kontexten – 1. Zorn Gottes – 2. Zorn des Menschen – 3. Der Mensch, zornig vor Gott.

Lit.: *G. Sauer*, חרה, *ḥrh* entbrennen (THAT I 633–635). – *W. H. Simpson*, Divine Wrath in the Eighth Century Prophets (Diss. Boston 1968). → אנף (*'ānap*).

I. 1. Die Verben *ḥārāh* und *ḥrr* haben die Grundbedeutung 'brennen' und sind wahrscheinlich abzuleiten von einem althebr. zweiradikaligen *ḥr*. Ugar. *ḥrr* bedeutet 'brennen, versengen' oder 'rösten' (KTU 1.5 II 5; 1.23, 41. 44. 48; vgl. 1.12 II 38.41; UT Nr. 902), ähnlich akk. *erēru* und arab. *ḥarra* 'brennen' (anders Rabin, ScrHier 8, 390 f., der *waḥara* für das eigentliche arab. Äquivalent hält). Das aram. *ḥrr* der Targume (Ps 2, 12; 102, 4; Ez 15, 4 f.) bedeutet 'brennen' oder 'geschwärzt werden (verkohlen)'. In Boghazköi ist *re-e-ú* als kanaan. Lehnwort = **ḥrē*, 'zornig', belegt (AHw 976).
*2. Die verbale Wurzel *ḥrh* begegnet im AT insgesamt 93mal (anders I, 382, 92mal), davon 82mal *qal*, 3mal *niph*, je 2mal *hiph* und *tiph*, 4mal *hitp*. Bevorzugt wird das Wort verwendet in narrativen Texten (Pentateuch 33mal, DtrG 26mal, Chr und Neh je 4mal). In den Psalmen (6mal) und der Weisheitsliteratur (Hi 6mal, Spr und HL je 1mal) geht der Gebrauch überraschend zurück; schließlich verschwindet das Wort fast ganz aus dem Sprachgebrauch der Propheten (Jes 3mal; Jer 2mal; Hos, Hab, Sach je 1mal, Jon jedoch 4mal!).

Bo.

3. *ḥārāh qal* begegnet meistens mit *'ap* als ausdrücklichem oder impliziertem Subjekt: *ḥārāh 'ap* „jemandes Nase/Ärger ist heiß entbrannt". Dabei ist *ḥārāh* offensichtlich intensiver als → קצף (*qṣp*), obwohl *qāṣap* in P und im Heiligkeitsgesetz für *ḥārāh* eintreten kann (BDB 354). Für den Zorn, der sich gegen eine Person richtet, steht der Ausdruck *ḥārāh 'ap b^e* (anders Num 24, 10 mit *'æl*). Ohne *'ap* meint *ḥārāh* + *l^e* einfach „(er) war zornig": *wajjiḥar l^ejaʿ^aqoḇ* „und Jakob war zornig" (Gen 31, 36). Im *niph* begeg-

net das Verb mit b^e in Jes 41, 11; 45, 24 und HL 1, 6 und bedeutet ʽjem. zürnen'. Ein *pi* begegnet im bibl. Hebr. nicht, obwohl es später offensichtlich existiert hat. So könnte nämlich das *ḥrjtj* in 11QPs^a, Sir 51, 19 (*ḥrjtj npšj* „I kindled my desire", DJD IV, 80. 82) entweder ein *pi* (KBL^3 337 sub *hiph*) oder ein *qal* sein.

Zwei *hiph*-Lesungen sind problematisch. *hæḥ^{a}rāh* Neh 3, 20 wird in den meisten modernen Versionen nicht übersetzt, jedoch könnte es „vor Eifer brennen" (BDB 354) bedeuten und somit eine Bedeutung reflektieren, die ähnlich der der *tiphʽel*-Formen sind (Jer 12, 5; 22, 15, vgl. w.u.). Hi 19, 11 enthält das *hiph wajjaḥar*, aber wahrscheinlich muß man es als *qal* umpunktieren (vgl. u. a. Fohrer, KAT XVI, 1963, 308). Die kausative Bedeutung ʽden Ärger hervorrufen' wird nämlich abgedeckt durch → כעס (*kāʽas*) (häufig in Deut, Jer und DtrG). *ḥrh hitp* hat eine intensive Bedeutung ʽin Wut geraten' (Ps 37, 1. 7. 8 [4QpPs 37, 8 liest *tiḥar*, vgl. RQu 4, 1963, 247]; Spr 24, 19). Jeremia verwendet zwei seltene t-Formationen: *t^{e}taḥ^{a}ræh* (12, 5) und *m^{e}taḥ^{a}ræh* (22, 15), die wahrscheinlich *pi*-Formen einer vierradikaligen Wurzel *tḥrh* sind (anders jedoch J. Blau, Über die t-Formen des Hifʽil im Bibelhebräischen, VT 7, 1957, 385–388, bes. 387f.: nach ihm handelt es sich hier um ein t-Kausativ, *Hitafʽel* eines triliteralen Stammes). In beiden Fällen ist jedoch die Bedeutung ʽum die Wette laufen, miteinander wetteifern' gesichert (Jastrow, DictTalm II, 1662 erwähnt noch ein *taḥ^{a}rûṯ* aus dem talm. Hebr. in der Bedeutung „heat, rivalry, contention"). Ein verwandtes Nomen *ḥārôn* bedeutet ʽZorn' oder ʽbrennende Wut' (→ אנף [ʼ*ānap*]).

*4. Die LXX verwendet ca. 20 Ausdrücke zur Wiedergabe von *ḥārāh*. Der Grund dafür läßt sich nicht eindeutig ausmachen; vielleicht empfand man die Wurzel als mit einer zu starken anthropopathischen Färbung belastet. Am häufigsten begegnen θυμοῦν (30mal), ὀργίζειν (27mal), λυπεῖν (5mal), παροξύνειν, πονερὸν φαίνεσθαι und παραζηλοῦν (je 3mal).

*5. In Qumran begegnet *ḥārāh* 13mal, davon allein 9 Belege im Damaskusdokument, während sich der Rest auf die Pescher-Literatur verteilt. Ähnlich verhält es sich mit dem Nomen *ḥārôn*. Das Fehlen dieser Worte in den wichtigsten Sektenschriften (im Gegensatz zum häufigen *ʼap*) ist auffallend. Der Gebrauch des Wortes in CD könnte mit der späten Entstehungszeit von CD zusammenhängen, als eine immer intensivere Opposition gegen die Mönchsgemeinde einen schärferen Ton in der Literatur hervorrief. Es ist fast ausnahmslos Gottes Zorn, der gegen die Rotte der Intriganten, der Sünder und Übertreter der Thora ʽentbrennt' (CD 1, 21; 2, 21; 19, 26 u.ö.).

Bo.

II. Im AT begegnet der Zorn häufig dort, wo jemand etwas gehört hat – entweder selbst oder als überkommene Nachricht – was ihn sehr beleidigt. Auch kann er häufig im Rahmen einer Konversation entstehen. Er stellt die spontane Antwort auf eine Drohung dar, die auf eine individuelle Person oder auf eine Gruppe gerichtet ist, zu der diese Person gehört. Auch Angriffe auf den Gerechtigkeitssinn, auf das wahre und richtige Verhalten, können Zorn hervorrufen. Jakob wird zornig auf Rachel, da sie ihn für ihre Kinderlosigkeit verantwortlich macht (Gen 30, 2). Die Anklage des Ischboschet gegen Abner erregt Abners Zorn (2 Sam 3, 8). Balaks Zorn entbrennt gegen Bileam, weil er ausdrückliche Instruktionen mißachtet und einen Segen statt eines Fluches auf Israel herabruft (Num 24, 10). Zorn entsteht auch, wenn jemand beleidigt oder erniedrigt wird. Potiphar wird zornig, als ihm berichtet wird, Joseph habe seine Frau beleidigt (*ṣḥq*, Gen 39, 17–19; vgl. v. 14, wo sie behauptet, ihre ganze Familie sei beleidigt worden: „Seht doch, er hat uns einen hebräischen Mann gebracht, um mit uns zu scherzen!"). Bileam wurde auf seinen Esel zornig, weil er sich weigerte weiterzulaufen (Num 22, 27). Auch Saul wurde zornig, als die Frauen sangen, daß Davids Erfolge seine eigenen überragten (1 Sam 18, 8). Die Israeliten waren zornig auf Juda, als Amasja ihnen die Teilnahme an der Schlacht gegen die Edomiter verweigerte (2 Chr 25, 10). In einer Reihe von Belegen ist Zorn mit Eifersucht gepaart oder als Folge eines Wettstreites gesehen. Sauls Eifersucht gegenüber David führte zum Zorn gegen David und Jonathan (1 Sam 20, 7. 30). Eifersucht war auch der Grund für den Zorn Israels gegenüber Juda, als Juda an erster Stelle König David bei der Rückkehr nach Jerusalem begleitete (2 Sam 19, 43). Sanballat und seine Genossen wurden wütend über die Erneuerung der Stadtmauer Jerusalems durch Nehemia (Neh 3, 33; 4, 1). Vielleicht war es Verwandtschaftsrivalität (*b^{e}nê ʼimmî niḥ^{a}rû-ḇî*), die die „Söhne meiner Mutter" nötigten, die Braut zur Weinbergshüterin zu machen (HL 1, 6). Die Nachricht von Treulosigkeit und Verrat konnte Zorn hervorrufen: Jakob zürnte Laban wegen seiner andauernden Sucherei nach den Hausgöttern, wobei Jakob nicht wußte, daß die eigentliche Hinterlist von Rachel ausgegangen war (Gen 31, 36, vgl. v. 32). Zebul aus Sichem wurde wütend, als er von dem Anschlag gegen Abimelech erfuhr (Ri 9, 30). Eliabs Zorn gegen David (1 Sam 17, 28) entsprang seinem Argwohn, David sei aus anderweitigen Motiven auf das Schlachtfeld gekommen, als er ihm angegeben habe. Wider Hiob entbrannte Elihus Zorn, weil Hiob sich selbst gegenüber Gott im Recht betrachtete; andererseits entbrannte er auch wider Hiobs Freunde, weil sie – ungeachtet der Verurteilung Hiobs – nicht in der Lage waren, ihn zu widerlegen (Hi 32, 2f., anders G. Fohrer, 446; vgl. III. 1.). Der Zorn Davids in 2 Sam 12, 5 richtet sich gegen einen Ungerechten, ohne zu ahnen, daß in der Parabel Nathans der gierige Mensch niemand anderen darstellt als ihn selbst. Ähnlich ist auch Nehemia über die Ungerechtigkeit der Vornehmen Israels zornig, die die jüdischen Bür-

ger durch Auflage von Wucherzins in die Sklaverei zwingen (Neh 5, 6).
In der vornehmen Sprache der Patriarchen finden wir höfliche Umschreibungen mit der Absicht, jemandes Ärger abzuwenden: so wird einem höflichen Ersuchen die Bitte vorangestellt *'al jiḥar be'ênê 'adonî* „Möge nicht (der Zorn) entbrennen in den Augen meines Herrn!" (Gen 31, 35) oder *we'al jiḥar 'appekā be'abdækā* „Nicht entbrenne dein Zorn gegen deinen Diener!" (Gen 44, 18). Eine Spur davon findet sich noch Ex 32, 22, wo Aaron zu Mose sagt: *'al jiḥar 'ap 'adonî* „Nicht möge entbrennen der Zorn meines Herrn!" (→ חנן [*ḥnn*] II.2.b: *'im-māṣā'tî ḥen be'ênækā*). Nachdem Joseph sich zu erkennen gegeben hatte, forderte er seine Brüder auf: *we'al-jiḥar be'ênêkæm* „Und seid nicht zornig in euren eigenen Augen!" d.h. auf euch selbst (Gen 45, 5), aber in dieser Stelle treffen wir auf Worte, die ursprünglich eine Tröstung darstellen.

III. 1. *ḥārāh* mit JHWH als Subjekt ist im AT sehr gebräuchlich (vgl. *ḥārôn*, das nur in bezug auf Gott gebraucht wird). JHWH wird zornig zuerst dann, wenn das Verhalten des Volkes ihn beleidigt; wenn sein Zorn entbrannt ist, dann richtet er sich gegen Menschen, entweder gegen einzelne, das Volk Israel, oder seltener gegen die fremden Nationen. In Deut 29, 26 meint die Wendung „gegen dieses Land" in der rhetorischen Sprache des Deut „gegen das Volk dieses Landes". Abraham und Gideon suchen JHWHs Zorn abzuwenden: *'al-nā' jiḥar la'donāj* (Gen 18, 30. 32); *'al jiḥar 'appekā bî* (Ri 6, 39), und das ist mehr als nur Höflichkeit, denn beide richten zwar demütige, aber außergewöhnliche Bitten an Gott.
Von JHWH wird nirgends in der Genesis berichtet, daß er zornig wird, trotz seiner vielen Strafgerichte, die er in der Urgeschichte verhängt. In der Wüste gestaltet sich die Lage jedoch anders. Hier wird oft von Gottes Zorn berichtet, worüber auch die idyllische Ausmalung der Wüstenzeit durch spätere Propheten nicht hinwegtäuscht (Hos 2, 16f.; Jer 2, 2f.). JHWH ist zornig auf Mose, weil er sich weigert, JHWHs Sprachrohr zu sein (Ex 4, 14); dies könnte vielleicht auch erklären, warum Abraham und Gideon so behutsam sind beim Vortragen ihrer Argumente. Viele der Dinge, die Menschen zornig machen, erzürnen auch JHWH. Dabei führt Eifersucht die Liste an. JHWHs Zorn mit dem Volk in der Wüste gründet in dem Abfall des Volkes: sie errichten sich ein goldenes Kalb (Ex 32, 10f.; vgl. v. 19; Hos 8, 5; vgl. u.). In Antwort darauf droht JHWH, das Volk durch seinen Zorn zu vernichten. Dieser Zorn wird hier als verzehrendes Feuer dargestellt. Mose dagegen will er zu einem großen Volk machen. Mose weist dieses Vorhaben klug zurück und verhindert mit seinem Verhandlungsgeschick eine Katastrophe. Die verzehrende Macht von JHWHs Zorn zeigt sich auch im Bundesbuch gerade dort, wo es um die Frage der Gerechtigkeit geht. Das Volk wird entsprechend bestraft, wenn es etwa den Fremdling bedrückt oder Witwen und Waisen Unrecht zufügt (Ex 22, 23). Auch auf das Klagen des Volkes in der Wüste kann Gott mit seinem Zorn antworten. Das Volk beklagt sich vor den Ohren des Herrn darüber, daß es kein Brot hat (Num 11, 1. 10. 33). Hier nun nimmt der Zorn die Gestalt eines Feuers an, das Teile des Lagers verzehrt (v. 1) und zeigt sich als Plage, die zahlreiche Menschen tötet (v. 33). JHWHs Zorn entbrannte auch gegen Aaron und Mirjam, als sie Mose das Recht streitig machten, als einziger von Gott beauftragt zu sein, sein Wort weiterzugeben (Num 12, 9; vgl. Ex 4). Ebenfalls richtete sich sein Zorn gegen Bileam, als er Balak treffen wollte (Num 22, 22), aber im Licht von v. 20 ist der Grund seines Zornes unklar. Als Israel in Sittim den Baal Peor verehrte, reagierte JHWH im Zorn mit einer Plage, die ungefähr 24000 Leute das Leben kostete (Num 25, 3. 9).
JHWH wird zornig, wenn seine Gebote nicht beachtet werden. Im Zusammenhang des Heiligen Krieges erregt die Feigheit bei der Verfolgung seinen Zorn (Num 32, 10. 13; vgl. Num 14). Die Strafe dafür besteht in der Verlängerung der Wanderschaft auf 40 Jahre, damit die verdorbene Generation völlig umkommen soll vor dem Einzug in das verheißene Land. Im Deut wird JHWH zornig, wenn Israel hinter anderen Göttern herläuft (*'ælohîm 'aḥerîm*, Deut 6, 15; 7, 4; 11, 17; 29, 26; *'ælohê nekar-hā'āræṣ*, Deut 31, 16f.). Sein Zorn führt hier zu einer Hungersnot (11, 17) und schließlich zum Tod. Das DtrG spiegelt ältere Quellen wider. JHWH zürnte Israel, als sie sich andere Götter suchten oder in irgendeiner Weise den Bund übertraten (*'ābar 'æt-berît*, Jos 7, 1. 11; 23, 16; Ri 2, 13f. 20; 3, 7f.; 10, 6f.). Das führt dann unausweichlich zur Niederlage in der Schlacht (vgl. die Niederlage von Ai im Gefolge von Achans Sünde, Jos 7) oder zur vollständigen Unterwerfung unter die Feinde ringsum (Ri 2, 14; 3, 8; 10, 7). Die Erfolglosigkeit im Bemühen, die Kanaanäer aus dem Land zu verdrängen, wird ebenfalls mit Israels Übertretung des Bundes begründet (Ri 2, 20–23), eine andere Manifestation des göttlichen Zornes. Auch in der Zeit der Monarchie war Idolatrie das abscheulichste Vergehen gegen JHWH. Nun jedoch erhielt der König den Tadel (2 Kön 13, 3; 23, 26; 2 Chr 25, 15). Selbst die bedeutende Reform des Josia vermochte nicht, den Zorn JHWHs von der Zerstörung der Nation abzuhalten (2 Kön 23, 26). Eine ähnliche Perspektive ergibt sich aus der historischen Zusammenfassung von Ps 106 (v. 40). Ussah verletzte offensichtlich JHWHs Verbot, die Bundeslade zu berühren; als er es dennoch tat, erntete er den Zorn JHWHs (2 Sam 6, 7 [= 1 Chr 13, 10]), worüber David unmütig wurde (2 Sam 6, 8 [= 1 Chr 13, 11]). JHWH wurde auch zornig, als David eine Volkszählung durchführte, und er schickte eine Plage. Dabei stellt 2 Sam 24, 1 fest, daß JHWH selbst den David gegen Israel aufgereizt habe, während 1 Chr 21, 1 dies auf ein Bestreben des Satans zurückführt.

ḥārāh wird nur spärlich von den Propheten gebraucht trotz ihrer Botschaft vom Gericht, aber seine Verwendung hier entspricht dem Sprachgebrauch im übrigen AT. Jesaja verkündet, der Zorn JHWHs werde gegen Israel entbrennen, weil es die Thora verworfen habe (Jes 5, 24f.); der ganze geschaffene Kosmos wird darunter zu leiden haben. Hosea erinnert Israel mit scharfen Worten an JHWHs Zorn gegenüber dem Stierkult, der von der Regierung in Samaria unterstützt wurde: *zānaḥ ʿæglek̠ šomerôn ḥārāh ʾappî b̠ām* (Hos 8, 5; Lundbom, VT 25, 1975, 228ff.; vgl. auch Ex 32, 10f.). Sacharja verkündet JHWHs Zorn gegenüber den unwürdigen Königen und ihren Beamten (Sach 10, 3).
Nur 2mal im AT wird *ḥārāh* gebraucht, um den Zorn JHWHs gegen die anderen Nationen zu bezeichnen. Hier ist es seine Eifersucht, die sich *zugunsten* Israels auswirkt. So stellt Habakuk die rhetorische Frage, ob JHWHs Zorn gegen Flüsse und Meer gerichtet sei, wenn er die Völker niederwalzt (Hab 3, 8). Diese mythologische Sprache spiegelt wahrscheinlich JHWHs Urkampf gegen die Seeungeheuer wider. In dem Königspsalm Ps 18 (= 2 Sam 22), der David zugeschrieben wird, zählt der Dichter die kosmischen Ereignisse auf, in denen JHWHs Zorn gegen die Feinde sichtbar wird (v. 8). Schließlich glaubt Hiob aufgrund seiner beklagenswerten Notlage, daß JHWHs Zorn gegen ihn gerichtet ist (Hi 19, 11), während der Epilog vom Zorn JHWHs gegen die Freunde Hiobs berichtet, weil sie über JHWH die Unwahrheit gesagt haben (Hi 42, 7; vgl. II.).
2. In der Frühzeit konnte die *rûaḥ* Gottes auf einen Menschen herabsteigen und ihn in Erregung und Zorn versetzen: Als Simsons Stolz verletzt war, weil man die Antwort auf sein Rätsel gefunden hatte, zog er in der Kraft des Gottesgeistes nach Askalon und tötete dort 30 Männer und nahm ihre Festtagskleider, um seine Gegenspieler zu entlöhnen (Ri 14, 19). Saul wird ebenfalls zornig unter dem Einfluß der *rûaḥ* und reagiert auf eine Ungerechtigkeit, die die Ammoniter den Bewohnern von Jabes-Gilead gegenüber verüben wollten (1 Sam 11, 6). Aber wie im Falle Simsons führte auch Sauls Zorn zu einem Krieg. Schließlich vermochten auch Menschen den göttlichen Zorn widerzuspiegeln, wenn die Thora mißachtet wurde. Moses Zorn lodert auf, als er das goldene Kalb erblickt (Ex 32, 19). Zweimal rief die Vergewaltigung einer Israelitin heftigen Zorn hervor. David wurde sehr zornig, als er hörte, daß Amnon die Tamar vergewaltigt hatte (2 Sam 13, 21). Die Vergewaltigung der Dinah durch Sichem (Gen 34, 7) wird als ein ähnliches Ereignis (vgl. Gen 38) erwähnt; hier wie auch sonst findet der Jahwist in der Patriarchengeschichte gewisse Prototypen zur Davidgeschichte. Aber im früheren Fall waren es primär die Söhne Jakobs, nicht Jakob selbst, die sehr zornig wurden (*wajjiḥar lahæm meʾod̠*). In beiden Fällen halten die Väter das Urteil zurück, während die Söhne die Strafe ausführen (z. B. rächte Absalom die Tamar). Zorn führt gewöhnlich zu zerstörenden Taten, und eine solche Aktion wird in der Regel von der zornigen Person selbst, nur gelegentlich von anderen ausgeführt. So zeigt denn auch David ungewöhnliche Zurückhaltung, wenn er selbst von Rache absieht.
Einige weisheitliche Texte raten davon ab, zornig zu werden, auch gegenüber den Bösewichtern (Ps 37, 1. 7f.; Spr 24, 19). Gerade die exklusive Verwendung der intensiven (*hitp*) Form zeigt an, daß sich die Warnung gegen den leidenschaftlichen Zorn richtet: *ʾal-tit̠ḥar*. Nur der leidenschaftliche Zorn führt zum Übel (Ps 37, 8); außerdem hat der Böse sowieso keine Zukunft (Spr 24, 19).
Gelegentlich setzte Israel sich dem Zorn seiner Feinde aus, aber DtJes versichert, daß JHWH ihre Pläne zunichte macht, ihr Zorn wird nichts nutzen. Am Tag der Erlösung werden sie alle beschämt vor ihm dastehen (*jeb̠ošû*, Jes 41, 11; 45, 24). Ps 124 versichert ebenfalls, daß die zornigen Feinde Israel längst ausgerottet hätten, wenn JHWH nicht auf seiner Seite gestanden hätte (v. 2f.).
3. Während das AT nie davon berichtet, daß jemand ganz offen gegen Gott zornig ist, so drücken doch häufig Menschen ihren Zorn aus im Beisein Gottes oder im Gespräch mit Gott. Gelegentlich hat man den Eindruck, daß Gott das eigentliche Objekt des Zornes ist, aber in solchen Fällen wird dieser Eindruck geschickt verborgen. In drei Fällen steht der Zorn im Zusammenhang mit Opfern vor Gott: Kain ist zornig, weil JHWH das Opfer Abels annahm, aber sein eigenes zurückwies (Gen 4, 5f.). Mose rät voll Zorn JHWH, das Opfer Korachs und seiner rebellischen Priestergruppe nicht anzunehmen (Num 16, 15). Und als Saul die Bannbestimmungen (→ חרם [*ḥeræm*]) verletzte, wies JHWH sein nachfolgendes Opfer zurück, Saul selbst verwarf er, weiterhin König zu sein über Israel (vgl. Achan, oben 1.). Sauls Verhalten erregt Samuels Zorn und er schrie die ganze Nacht zu JHWH (1 Sam 15, 11). Der Zorn vor JHWH hat es auch mit seinem Urteil zu tun, ob er es verhängt, aufschiebt oder sogar vergißt. Als Ussah bestraft wurde, weil er die Lade berührt hatte, war David nahe daran, auf JHWH zornig zu sein (2 Sam 6, 7f. [= 1 Chr 13, 10f.]), doch er blieb friedlich, sei es aus Respekt oder aus Furcht. Während seiner Unterredung mit JHWH wurde Jona zornig, weil JHWH die Strafe von Ninive zurückhielt (Jon 4, 1. 4). Schließlich wurde Jona auch zornig über die Pflanze, die über ihm verdorrte (Jon 4, 9); nach dem biblischen Verfasser hätte dieser letztere Zorn den früheren Zorn aufheben sollen, da Jona JHWHs Gnadenerweis gegenüber Ninive verstanden und seine Haltung geteilt haben sollte.

Freedman, Lundbom

חַרְטֹם *ḥarṭom*

I. Das ägyptische Vorbild – II. *ḥarṭom* im Hebr. und Bibl.-Aram. – 1. Allgemein – 2. Der *ḥarṭom* als Traumdeuter – 3. Der *ḥarṭom* als Magier – 4. Der *ḥarṭom* im Buch Daniel – III. Mhebr. *ḥôṭām*/*ḥarṭôm* und jüd.-aram. *ḥûṭmā*/*ḥarṭûmā* in der Bedeutung 'Schnabel, Maul eines Tieres'.

Lit. zu I.: *H. Kees*, Der sog. oberste Vorlesepriester (ZÄS 87, 1962, 119–139). – *A. L. Oppenheim*, The Interpretation of Dreams in the Ancient Near East (Transactions of the American Philosophical Society, NS 46:3, Philadelphia 1956, bes. 238b). – *K. Sethe*, Miszelle (ZÄS 70, 1934, 134). – *W. Spiegelberg*, Die Lesung des Titels „Vorlesepriester, Zauberer" in den demotischen Texten, Demotica I (SBAW 1925: 6, 4–6). – Zu II.: *J. M. A. Janssen*, Egyptological Remarks on the Story of Joseph in Genesis (JEOL 14, 1955–56, 65f.). – *Th. O. Lambdin*, Egyptian Loanwords in the OT (JAOS 73, 1953, 145–155, bes. 150f.). – *B. H. Stricker*, Trois études de phonétique et de morphologie copte (AcOr 15, 1937, 6f. 20). – *J. Vergote*, Joseph en Égypte (Orientalia et Biblica Lovaniensia 3, Louvain 1959), 66–73.

I. Hebr. und bibl.-aram. *ḥarṭom* geht auf demotisch *ḥr-tb(i)* < *ḥr-tp* 'Vorlesepriester, Zauberer' zurück, in dem sich der zweite Teil von äg. *ẖrj-ḥb.(t) ḥrj-tp* 'ober(st)er (Fest-)Ritualrollenträger', d. h. oberster Vorlese(prieste)r verselbständigt hat. Die Isolierung des attributiven *ḥrj-tp* 'oberer' und seine Verwendung anstelle des Gesamtausdrucks findet sich äg. schon im magischen Papyrus Harris 6, 10 (Stricker). Zur hierarchischen Einordnung des *ḥrj-tp* RÄR 604, 860f.; bildliche Darstellungen bei H. Haas, Bilderatlas zur Religionsgeschichte, 2.–4. Lief.: Äg. Religion, bearb. von H. Bonnet, 1924, Nr. 46, 131. Der oberste Vorlesepriester ist nicht nur gelehrter Schreiber, sondern zugleich der Leiter der Rituale. Infolge seines Umgangs mit heiligen Schriften versteht er sich auf Magie und Heilkunst; im volkstümlichen Verständnis haben diese Künste natürlich im Vordergrund gestanden, wie die beiden ersten Märchen des Papyrus Westcar (S. Schott, Altägyptische Liebeslieder, 1950, 176–180) und die Gestalt des Ḥor in der zweiten demotischen Erzählung von Setna-Ḫa-em-wese V 3ff. (F. L. Griffith, Stories of the High Priest of Memphis, Oxford 1900, 182ff.) zeigen. Schon im A. R. wird „oberster Vorlesepriester" zum Nebentitel anderer Beamter auch niederer Ränge (Kees); ins Hebr. wird das Fremdwort ebenfalls im stark verschlissenen Begriff übernommen worden sein.

Auch innerhalb des Akk. (Neuassyr.) war das äg. Wort in demotischer Form als Fremdwort bekannt. Die Erwähnung von drei mit äg. Namen benannten *ḫar-ṭi-bi* in ADD 851 IV 2 zeigt, daß äg. Magier bzw. Mantiker am assyr. Hof z. Z. Assurbanipals oder davor konsultiert wurden; dabei steht der Begriff im näheren Zusammenhang mit A.BA.MEŠ *mu-ṣur-a-a* 'äg. Schreiber', zuvor werden priesterliche Personengruppen wie *mašmāšu* 'Beschwörungspriester', *bārû* 'Seher', A.BA[...]MEŠ '... schreiber', *kalû* 'Kultsänger' und *dāgil iṣṣūri* 'Vogelschauer' aufgezählt. Ein zweites Mal ist der Ausdruck bei R. Borger, Die Inschriften Asarhaddons, AfO Beih. 9, 1956, § 80 I 9 belegt, wo nach AfO 18, 1957/8, 116b (vgl. CAD VI, 116b) hinter lúMAŠ.MAŠ(?).MEŠ wohl lú*ḫar-ṭi-i(?)-bi* zu lesen ist; es handelt sich um eine Aufzählung von Beute und Gefangenen, die Asarhaddon aus Ägypten heimbrachte (zu beiden Texten Oppenheim).

II. 1. Da die Übernahme des demotischen Begriffs ins Hebr. mündlich geschah, dürfte der Wechsel *t* > *ṭ* keine Schwierigkeiten machen. *b*/*p* > *m* erklärt sich als Nasalierung (Vergote); demotisches *ḥrj-tme* statt *ḥrj-tb*/*p* findet A. Volten in der Lehre des 'Onchšešonqj 5, 13 (OLZ 52, 1957, 127). Der Begriff begegnet in zwei Komplexen, nämlich Gen 41 und Ex 7f., für ägyptische Mantiker und Magier, während er in einem dritten Komplex, Dan 1f.; 4f., der in manchem nach dem Vorbild von Gen 41 gestaltet ist, für babylonische Mantiker steht.

Der demotische Begriff mit Artikel *pꜣ* erscheint griech. umschrieben in den Formen Φριτοβαύτης Josephus Contr. Ap. I 289. 295 (Stricker, Oudheidkundige Mededelingen 24, Leiden 1943, 30–34) φριτωβ und φεριτ[ο]β (Vergote, ChrEg 31, 1956, 41).

2. Die in Gen 41, 8. 24 E erwähnten *ḥarṭummê miṣrajim* bzw. *ḥarṭummîm* versuchen vergeblich, Pharaos Träume zu 'deuten' (*pāṯar* v. 8, *ngd hiph* v. 24); ihre Rolle als Traumdeuter spezifiziert LXX durch die Übersetzung ἐξηγηταί '(Prodigien)Deuter'; vgl. *coniectores* '(Traum)Deuter' bei V. Zum Traummantiker wurde der äg.-demotische Zauberer, weil die Magie auch dazu diente, böse Träume abzuwehren oder an der Erfüllung zu hindern, vielleicht auch, weil es der *ḥr-tb* mit Traumbüchern zu tun hatte.

3. Ex 7, 11. 22; 8, 3. 14 P bezeichnet *ḥarṭummê miṣrajim* bzw. *ḥarṭummîm* die ägyptischen Magier, die es Mose und Aaron in bezug auf die Wunder, mit denen sich diese vor Pharao legitimieren, gleichtun wollen, was ihnen erst am Ende (8, 14) mißlingt; an die Legendenmotive um die Exodusführer hat sich ein Stück Standesmärchen vom Wettstreit der Weisen angeschlossen. Der Funktionsdifferenz entsprechend übersetzt LXX hier mit ἐπαοιδοί 'Zaubersänger', V (außer 7, 11) mit *malefici* 'Hexe(nmeiste)r'. 7, 11 verwendet als Homonym zu *ḥarṭummê miṣrajim* neben *ḥᵃḵāmîm* das akk. Lehnwort *meḵaššᵉpîm* (< *kašāpu*[*m*] G- und D-Stamm 'ver-, behexen'); die magisch-mantische Terminologie, die P beherrscht, hat internationalen Charakter. Als Betätigungsfeld der *ḥarṭummîm* erscheinen an allen Stellen die *lāṭîm*/*lᵉhāṭîm* 'Geheimkünste'.

Das Mirakel von Ex 4, 4 J und das Schilfmeerwunder von Ex 14*P haben in den Kunststücken des obersten Vorlesepriesters der beiden ersten Märchen des Papyrus Westcar Parallelen. Die magischen Krafttaten des Ḥor aus der zweiten Setna-Ḫa-em-wese-Erzählung laufen auf einen Wettstreit mit den Magiern Äthiopiens hinaus:

der eine zaubert dem Pharao Feuer, der andere Löschwasser herbei; der eine schafft eine Finsternis, daß keiner den anderen sieht (vgl. Ex 10, 23), bis es der andere wieder hell macht, und dergleichen mehr.

4. Um Traum- und Prodigiendeutung geht es auch Dan 1f.; 4f., wo Daniel wie der ungenannte jüdische *gzr* aus 4QOrNab vor dem babylonischen König die Rolle eines mantischen Weisen spielt; zur kanaanäischen Vorgeschichte der Gestalt H.-P. Müller, Magisch-mantische Weisheit und die Gestalt Daniels (UF 1, 1969, 79–94). Der Begriff *ḥarṭom* begegnet 1, 20; 2, 2. 10. 27; 4, 4. 6; 5, 11. Die Fähigkeiten der *ḥarṭummîm/n* und der mit ihnen zusammen genannten Okkultisten sollen im Deuten königlicher Träume (2, 2; 4, 4) und, allgemeiner, im Kundtun des Verborgenen (*rāzāh lᵉhaḥᵃwājāh*) bestehen (2, 27, vgl. 4, 6); 5, 12 gibt die Künste Daniels als des Obersten der *ḥarṭummîn* und ihrer Standesverwandten noch genauer an. Als Grund für solche Befähigungen nimmt der heidnische König nach 5, 11 den „Geist der heiligen Götter" und „Weisheit wie Götterweisheit" in Anspruch; vgl. 4, 5f. 15. Auffällig ist, daß die *ḥarṭummîm/n* in plerophorisch-gelehrsamen Titelaufzählungen trotz der anderen Funktion zusammen mit Magiern genannt werden: am häufigsten erscheinen die *'aššāpîm/'āšᵉpîn* (< akk. [*w*]*āšipu*[*m*]) 'Beschwörer' 1, 20; 2, 2. 10 (Sing!). 27; 4, 4; 5, 11; daneben finden sich die magischen *mᵉkaššᵉpîm* 'Hexe(nmeiste)r' 2, 2, die unspezifischen *kaśdîm/kaśdā'în* o.ä. 'Chaldäer' 2, 2. 10; 4, 4; 5, 11 und die mantischen *gāzᵉrîn* 'Schicksalsbestimmer (?)' > 'Seher' 2, 27; 4, 4; 5, 11. Die Begriffe scheinen bereits zu verschwimmen. Dem Vorwiegen der Magier im engeren Kontext entspricht es freilich, daß Θ *ḥarṭummîm/n* ausnahmelos mit ἐπαοιδοί wiedergibt, ebenso LXX 2, 2. 27; V hat dagegen meist *arioli* 'Wahrsager', nur 5, 11 *princeps magorum*.
Die Traumdeutung von Kap. 4 und vor allem 2 legitimiert Daniel zum apokalyptischen Visionsempfänger, als der er in Kap. 7–12 fungiert; die Apokalyptik dürfte überhaupt in der mantischen Weisheit eine ihrer Wurzeln haben, vgl. H.-P. Müller, Mantische Weisheit und Apokalyptik (VTS 22, 1972, 268–293).

III. Mhbr. und jüd.-aram. *ḥarṭôm/ḥarṭûmā* 'Schnabel, Maul eines Tieres' (Levy WTM II 109f.) ist Variante zu *ḥôṭām/ḥûṭmā'* 'Nase' (daselbst S. 39; vgl. das bibl.-hebr. Denominativ *ḥāṭam* 'sich bezähmen') und steht mit *ḥr-ṭb* > *ḥarṭom* 'Zauberer' in keinem etymologischen Zusammenhang. Vielmehr scheint den beiden Bildungen das akk. *ḫuṭṭimmu* 'Schnauze' oder eine entsprechende sem. Form zugrunde zu liegen; die Gemination wurde dann entweder durch einen Sonorlaut aufgelöst (vgl. Brockelmann VGI, § 90, R. Ružička, Konsonantische Dissimilation in den sem. Sprachen, BAss VI 4, 1909, 168 und die akk. Nebenform *ḫulṭimmu*), oder sie fiel unter Dehnung des vorangehenden Vokals fort. Auch im Arab. findet sich *ḫaṭmᵘⁿ* 'Nase', 'Schnabel' (vgl. *ḫiṭām* 'Nasenzügel') neben *ḫurṭūm* 'Rüssel (des Elefanten)'.

Müller

חָרַם *ḥāram*

חֵרֶם *ḥeræm*

I. Gebrauch, Bedeutung, Etymologie – 1. Belege im AT – 2. Übersetzung durch die Septuaginta – 3. Wortfelder – a) Krieg und Vernichtung – b) Heiliges und Heiligtum – c) Strafe und Erstes Gebot – 4. Gebrauch – a) *ḥeræm* I – b) *ḥrm hiph* – c) *ḥrm hoph* – 5. Ausdrücke und Wortverbindungen mit *ḥeræm* I – 6. Bedeutung – 7. Etymologie – II. Antike Parallelen – 1. Die Meša'-Stele – 2. Altsüdarab. *hrg* – 3. *asakku* in Mari – 4. Entferntere Parallelen – 5. Vernichtungsfeldzüge als Faktum und in der Propaganda – III. Diachronischer Überblick – 1. Vordeuteronomistische Ereignisse und Institutionen – 2. Prophetische Untergrundtheologie der Königszeit – 3. Die deuteronomistische *ḥeræm*-Theorie und ihre Korrektur – 4. Nachexilische Prophetie – 5. Nachexilisches Priesterrecht.

Lit.: *F. M. Abel*, L'anathème de Jéricho et la maison de Rahab (RB 57, 1950, 321–330). – *B. J. Alfrink*, Die Achan-Erzählung (Festschr. A. Miller: Studia Anselmiana 27–28, 1951, 114–129). – *J. Behm*, ἀνατίθημι (ThWNT I 355–357). – *C. Brekelmans*, Le ḥerem chez les prophètes du royaume du Nord et dans le Deutéronome (Sacra Pagina I [Bibl EThL 22/23], 1959, 377–383). – *Ders.*, De herem in het Oude Testament, Nijmegen 1959. – *Ders.*, חֵרֶם *ḥeræm* (THAT I 635–639). – *J. Chelhod*, La notion ambiguë du sacré chez les Arabes et dans l'Islam (RHR 159, 1961, 67–79). – *F. M. Cross*, Canaanite Myth and Hebrew Epic, Cambridge Mass., 1973. – *A. Dekkers*, Der Kriegsherem und das Naturrecht. Mit einem religionswissenschaftlichen Vergleich (Diss. Wien 1964). – *L. Delporte*, L'anathème de Jahvé. Recherches sur le Ḥerem préexilien en Israël (RechScR 5, 1914, 297–338). – *G. R. Driver*, Studies in the Vocabulary of the O.T. II (JThSt 32, 1931, 251). – *Ders.*, Hebrew Homonyms (Hebräische Wortforschung, Festschr. W. Baumgartner, VTS 16, 1967, 50–64). – *A. Fernández*, El Ḥerem biblico (Bibl 5, 1924, 3–25). – *P. Fronzaroli*, Studi sul lessico comune semitico: IV. La religione (AANLR VIII/20, 1965, 246–269). – *G. Furlani*, Le guerre quali giudizi di dio presso i Babilonesi e Assiri (Miscellanea G. Galbiati III, Milano 1951, 39–47). – *A. E. Glock*, Warfare in Mari and Early Israel (Diss. Univ. of Michigan, 1968). – *N. K. Gottwald*, „Holy War" in Deuteronomy: Analysis and Critique (Review and Expositor 61, 1964, 296–310). – *M. Greenberg*, Ḥerem (EncJud 8, 1971, 344–350). – *J. Halbe*, Das Privilegrecht Jahwes Ex 34, 10–26 (FRLANT 114, 1975). – *G. F. Hasel*, The Remnant (Andrews University Monographs 5) Berrien Springs Mich., 1972. – *J. G. Heintz*, Oracles prophétiques et „guerre sainte" selon les archives royales de Mari et l'Ancien Testament (VTS 17, 1969, 112–138). – *Ders.*, Le „feu dévorant", un symbole du triomphe divin dans l'Ancien Testament et le milieu sémitique ambiant (Le feu dans le Proche-Orient antique. Actes du Colloque de Strasbourg 9 et 10 juin 1972, Leiden 1973, 63–78, bes. 68f.). – *K. Hofmann*, Anathema (RAC I, 1950, 427–430). – *H. Junker*, Der alttestamentliche Bann gegen heidnische Völker als moraltheologisches und offenbarungsgeschichtliches Problem (TrThZ 56, 1947, 74–89). – *Y. Kaufmann*, The Religion of Israel, Chicago 1960, 247–254. – *H. Kruse*, Conceptus interdicti in Lev 27, 28–29 (VD 28, 1950, 43–50). – *Ders.*, Ethos Victoriae in Vetere Testamento, Rom 1951. –

J. Liver, The Wars of Mesha, King of Moab (PEQ 99, 1967, 14–31). – *A. Malamat*, The Ban in Mari and in the Bible (Biblical Essays 1967: Proceedings of the 9th Meeting „Die Ou-Testamentiese Werkgemeenskap in Suid-Afrika", Potchefstroom 1966, 40–49). – *H. E. Del Medico*, Le rite de la guerre sainte dans l'A.T. (L'Ethnographie N.S. 45, 1947–50, 127–170). – *D. Merli*, Le „guerre di sterminio" nell'antichità orientale e biblica (BibOr 9, 1967, 53–68). – *P. D. Miller*, The Divine Warrior in Early Israel (Harvard Semitic Monographs 5, Cambridge Mass., 1973). – *W. E. Müller*, Die Vorstellung vom Rest im AT (Neuauflage Hg. H. D. Preuß) 1973. – *G. von Rad*, Der heilige Krieg im alten Israel (AThANT 20, ²1952). – *G. Schmitt*, Du sollst keinen Frieden schließen mit den Bewohnern des Landes (BWANT 91, 1970). – *H. Schulz*, Das Todesrecht im Alten Testament, Studien zur Rechtsform der Mot-Jumat-Sätze (BZAW 114, 1969). – *H. Schüngel-Straumann*, Tod und Leben in der Gesetzesliteratur des Pentateuch unter besonderer Berücksichtigung der Terminologie von „töten" (Diss. Bonn 1969). – *F. Schwally*, Semitische Kriegsaltertümer: I. Der heilige Krieg im alten Israel, 1901. – *S. Segert*, Die Sprache der moabitischen Königsinschriften (ArOr 29, 1961, 197–267). – *R. Smend*, Das Gesetz und die Völker. Ein Beitrag zur deuteronomistischen Redaktionsgeschichte (Probleme biblischer Theologie, Festschr. G. von Rad, hg. H. W. Wolff, 1971, 494–509). – *W. von Soden*, Die Assyrer und der Krieg (Iraq 25, 1963, 131–144). – *F. Stolz*, Jahwes und Israels Kriege. Kriegstheorien und Kriegserfahrungen im Glauben des alten Israel (AThANT 60, 1972). – *M. Weippert*, „Heiliger Krieg" in Israel und Assyrien. Kritische Anmerkungen zu Gerhard von Rads Konzept des „Heiligen Krieges im alten Israel" (ZAW 84, 1972, 460–493). – *A. H. Van Zyl*, The Moabites (POS 3, 1960).

I. 1. *ḥrm hiph* ist – bei Mitzählung von Jer 25, 9 – im AT 48mal belegt (in erzählenden Texten 34mal, in Gesetzen 2mal, bei Propheten 8mal, in Deut-2 Kön 33mal). *ḥrm hoph* ist 3mal belegt (2mal in Gesetzen, 1mal in einem erzählenden Text, dort jedoch im Zusammenhang eines obrigkeitlichen Erlasses). *ḥeræm* I findet sich 29mal (in erzählenden Texten 16mal, in Gesetzen 9mal, bei Propheten 5mal, in Deut-2 Kön 18mal). Das Nomen kommt nur im Sing. vor. Beim Verb wie beim Nomen fällt die Häufung der Belege in erzählenden Texten und speziell in dt/dtr Bereich auf. Demgegenüber ist *ḥeræm* II „Netz" nur in poetischen Zusammenhängen anzutreffen (Ez 4mal, Mi 1mal, Hab 3mal, Pred 1mal). 4 der 9 Belege stehen im Pl.

Ex 22, 19 ist textlich verschieden überliefert. Samaritanus und LXX^A fügen vor יחרם noch אחרים ein. Im Samaritanus fehlt 19b des MT. Gewöhnlich nimmt man für MT eine Art Haplographie an und folgt LXX^A. Aber das läßt die Textform des Samaritanus unerklärt. Besser nimmt man als ältesten erschließbaren Text an: זבח לאלהים יחרם = 19a MT. Das Plus von MT und Samaritanus zeigt zwei verschiedenartige Versuche, die Mißverständlichkeit von לאלהים (es sind ja nur fremde Götter gemeint!) aufzuheben. LXX^A ist eine Kontamination dieser beiden Versuche. – Die häufige Annahme, יחרם (selbst vielleicht wieder aus ursprünglichem אחרים verlesen) stehe an der Stelle eines älteren מות יומת (so zuletzt Schulz 1969, 59), ist wenig wahrscheinlich. Denn in der Reihe 22, 17–19 werden die Strafaussagen gesteigert. Eher könnte man annehmen, לא תחיה in 22, 17 habe ursprünglich, als *qal* oder *pu* vokalisiert, „sie soll nicht am Leben bleiben" geheißen, wenn das nicht sogar die jetzige *pi*-Fassung besagt (vgl. Ps 22, 30).

In Jos 6, 18 setzt LXX ἐνθυμηθέντες die Vorlage תחמדו voraus. Die Lesung des MT ist vorzuziehen. תחרימו ist das erste Glied einer enumerativen Verbalkette. LXX gleicht an Deut 7, 25 und Jos 7, 21 an.

Das Fehlen einer Entsprechung zu בחרם in Jos 7, 15 LXX weist nicht notwendig auf eine von MT abweichende Vorlage, da LXX in Jos im allgemeinen stark kürzt. In LXX fehlt auch der ganze Vers Jos 8, 26. Hier handelt es sich um ein Homoioteleuton (העי) oder um bewußte Textglättung.

In Jos 10, 28–39 harmonisiert LXX die Eroberung der südpalästinensischen Städte nicht nur durch Kürzungen, sondern auch durch Zusätze. Zu ihnen gehört in 10, 32 ἐξωλέθρευσαν αὐτήν, ohne das 10, 35b wohl als unlogisch erschienen wäre.

Die Emendation von למחרתם durch להחרימם in 1 Sam 30, 17 (zuerst J. Wellhausen) ist nicht nötig: vgl. H. J. Stoebe, KAT z. St. Gleiches gilt für 2 Kön 19, 17 = Jes 37, 18, wo man seit B. Duhm החריבו durch החרימו emendiert.

In Jes 11, 15 scheinen LXX, Targum und S die Lesung והחריב statt MT והחרים vorauszusetzen. Doch ist das nicht sicher. Der Text ist schwierig. Die alten Übersetzungen könnten gedeutet haben, wobei LXX vielleicht ein der hebr. Vorlage klangähnliches Wort wählte. Umgekehrt ist MT durchaus verständlich. הניף ידו, das parallel steht, bezeichnet eine Vernichtungsaktion gegen einen Feind. Die Wasser Ägyptens und Mesopotamiens sind also auf jeden Fall als Feinde personifiziert. *ḥrm hiph* paßt in die Bedeutung „Vernichten" genau in diesen Zusammenhang. Man sollte daher bei MT bleiben. Es ist auch nicht nötig, mit Driver 1931, 251, ein Homonym anzunehmen.

Auf den ersten Blick scheint die textkritische Lage in Jer 25, 9 ähnlich zu sein. Dort bezeugen LXX und S die Vorlage והחרבתים statt MT והחרמתים. Aber der gegenüber der hebr. Vorlage von LXX bei Jer generell verbreiternde Text von MT enthält – offenbar aufgrund eines gezielten Eingriffs – im Zusammenhang zweimal חרבה als Interpretament zu שמה: in v. 11 (לחרבה) und – durch Abänderung des von LXX bezeugten ursprünglichen ולחרפה – in v. 9 (ולחרבות). Der Ansatzpunkt für dieses Interpretament dürfte dann aber die in LXX noch bezeugte Lesart והחרבתים gewesen sein, die in der zu MT führenden Texttradition sekundär zu והחרמתים verlesen wurde. Im Bereich des Wortfelds der „Schande" lag eine solche Verlesung nahe, vgl. Jes 43, 28. In Jer 25, 9 ist *ḥrm hiph* also wohl nicht ursprünglich.

Es gibt kein *qal* von *ḥrm*. Die in samarit. Handschriften belegte Lesart והרמתי in Num 21, 2 ist vereinfachte und der samarit. Aussprache (nach Macuch: *wârimti*) angepaßte Graphie.

In Mi 7, 2 nehmen LXX, V, Targum, S, Aquila und Symmachus einen weiteren Beleg für *ḥeræm* I an. Doch die Verfolgungs- und Jagdmetaphorik im ganzen v. 2b spricht für *ḥeræm* II. Nur LXX ist konsistent, denn mit יריבו statt יארבו und mit יצורו statt יצודו wird ein ganz im Rechtsbereich stehender Text vorausgesetzt. Doch dürfte diese Vorlage von LXX gegenüber MT sekundär sein (Angleichung an v. 3). Wenn חרם im übrigen, wie oft *metri causa* angenommen wird, hier eine späte Glosse ist, haben wir für *ḥeræm* II keinen Beleg vor dem Ende des 7. Jh.s.

2. Die Übersetzung von *ḥeræm* I und *ḥrm hiph/hoph* durch die Septuaginta führt gut in die Bedeutungsproblematik der Wortgruppe ein. Wo es nur irgendwie vom Zusammenhang her möglich war, hat LXX die Wörter ἀνάθημα/ἀνάθεμα und ἀναθεματίζω gewählt – etwa 35mal. Diese Wörter dienen exklusiv zur Wiedergabe unserer Wortgruppe. Ausgangspunkt war wohl die Bedeutung von ἀνάθημα als 'im Tempel aufgestelltes Weihegeschenk'. Ob man aus dem ältesten nichtjüdischen Beleg der Wortgruppe für 'Fluch/verfluchen' aus dem 1./2. Jh. n. Chr. (Fluchtafeln von Megara: IG III App XIV 6, 17) auf eine entsprechende Bedeutung der Wörter schon vor der Septuaginta schließen kann, muß offenbleiben. Jedenfalls kam LXX mit der Wortgruppe nicht durch und ist – von ἀφορίζειν in Lev 27, 21 und ἀφόρισμα in Ez 44, 29 abgesehen – auf Wörter für 'zerstören, vernichten, erschlagen, vertilgen' ausgewichen, vor allem ἐξολετρεύειν (25mal), im Jes-Buch ἀπολλύειν und ἀπώλεια. Diese Wörter sind alle in LXX häufig gebraucht und stehen vor allem für Formen der Wurzeln *'bd, krt, šmd, šḥt, jrš*. Die Zahl der Wörter für Vernichtung (39) übertrifft ein wenig die Zahl der Stellen, die mit Wörtern für Weihung oder Absonderung übersetzt sind (37). Es gelang LXX also nur etwa in der Hälfte der Fälle, der hebr. Wortgruppe im Griech. eine eigene Wortgruppe entsprechen zu lassen.

3. a) Die Wörter der Wurzel *ḥrm* I sind vor allem im Wortfeld von Krieg und Vernichtung belegt. Krieg als Kontext findet sich in Num 21, 2f., in allen Belegen von Deut bis 2 Kön, in Jes 11, 15; 34, 2. 5; 37, 11; Jer 50, 21. 26; 51, 3; Mi 4, 13; Mal 3, 24; Dan 11, 44; 1 Chr 4, 41; 2 Chr 20, 23; 32, 14. Fast eine Definition für das *hæḥ^{a}rîm 'ôṯām* von Jos 11, 12 ist in Jos 11, 14 zu lesen: *'æṯ-kŏl-hā'āḏām hikkû l^{e}pî-ḥæræḇ 'aḏ-hišmiḏām 'ôṯām lo' hiš'îrû kŏl-n^{e}šāmāh*. Der Zusammenhang ist die dtr Zusammenfassung der kriegerischen Eroberung des Westjordanlandes unter Josua. Das häufigste Parallelwort zu *ḥrm* ist *nkh hiph*. Die beiden Wörter treten 22mal gemeinsam auf. Beide Verben bezeichnen die gleiche Handlung, nur unter verschiedenem Gesichtspunkt. Die Ergänzung *l^{e}pî ḥæræḇ* kann sowohl bei *nkh* (11mal: hierzu vgl. Schüngel-Straumann 69–71) als auch bei *ḥrm* (3mal: Deut 13, 16; Jos 6, 21; 1 Sam 15, 8) zu stehen kommen. Die völlige Vernichtung als Ziel der bezeichneten Aktion wird außer in Jos 11, 14 auch noch in Deut 7, 24; Jos 11, 20; Dan 11, 44; 2 Chr 20, 23 durch die Verbindung mit *šmd hiph* ausgedrückt. Andere Verben für Vernichtung und Tötung, die im Zusammenhang mit *ḥrm hiph* gebraucht werden, sind: → *jrš* (Deut 7, 17), → *krt* (Jos 11, 21), *'sp* ('einsammeln' im Sinn von 'vernichten': 1 Sam 15, 6), → *klh* (1 Sam 15, 18), → *'bd* (Deut 7, 24), → *šḥt* (2 Kön 19, 11f. = Jes 37, 11f.; 2 Chr 20, 23), → *mwt* (Jos 11, 17; 1 Sam 15, 3) und → *ḥrb* II ('vertilgen' oder – denominativ von *ḥæræḇ* 'Schwert' – 'mit dem Schwert erschlagen': Jer 50, 21. 27). Daß kein Überlebender zurückblieb, wird im Zusammenhang auch sonst häufig durch formelhafte Wendungen betont: Deut 2, 34; 3, 3; Jos 10, 28. 37. 39. 40; 11, 12. 22; Jer 50, 26; 2 Chr 20, 24; vgl. 1 Kön 9, 21. Da sich die Aktion gegen die Bevölkerung eroberter Städte richtet, steht oft die Formulierung des Kriegsorakels (*nāṯan b^{e}jāḏ* o. ä.) voran (Num 21, 2f.; Deut 2, 24. 30. 33. 36; 3, 2f.; 7, 2; 20, 13; Jos 6, 2. 16; 8, 18; 10, 30. 32; 2 Kön 19, 10 = Jes 37, 10), und die Stadt wird vorher eingenommen (*lkd*: Deut 2, 34. 35; 3, 4; Jos 6, 20; 10, 1. 28. 35. 37. 39; 11, 10. 12; Jer 50, 24). In vielen Fällen wird genauer spezifiziert, was mit dem Vieh und der erbeuteten Habe geschah (→ בזז [*bāzaz*]). In manchen Fällen werden Stadt oder Beute verbrannt (→ *śrp*: Deut 7, 5. 25; 13, 17; Jos 6, 24; 7, 15. 25; 8, 28; 11, 11. 13; vgl. *'eš* in Jer 50, 32 zu 50, 21. 26). Die Belegstellen zeigen, daß *ḥrm hiph* zum festen Gerüst eines nur wenig variierten Darstellungsschemas der dtr Literatur gehört. Es tritt regelmäßig bei Eroberungsfeldzügen gegen feindliche Städte auf. Als Waffe erscheint nur das Schwert. In poetischem Kontext variieren die Waffen: Schwert (Jes 34, 5–8), Bogen (Jer 51, 3) und die zum Zuschlagen erhobene Hand (Jes 11, 15). Als Gegensatz gilt, daß jemand überlebt (vgl. oben), daß er gerettet wird (→ *nṣl*: 2 Kön 19, 11 = Jes 37, 11; 2 Chr 32, 13–15), daß er wieder freigelassen wird (*šillaḥ mijjaḏ*: 1 Kön 20, 42), daß er verschont wird (Deut 7, 2; Jos 11, 20; 1 Sam 15, 3. 9. 15), daß ihm das Leben gelassen wird (Deut 20, 11; Jos 2, 13; 6, 17. 25; Ri 21, 11 LXX^{B}; 1 Sam 15, 8), ja daß Verträge gewährt werden (Deut 7, 2; Jos 11, 19f.; 1 Kön 20, 34. 42) und man sich verschwägert (Deut 7, 3). Auch Beutemachen kann in Gegensatz treten (Deut 7, 25; Jos 6f.; 1 Sam 15).

Durch Assonanz wird eine besondere Beziehung hergestellt zum Schwert (*ḥæræḇ*: Deut 13, 16; Jos 6, 21; 1 Sam 15, 8; Jes 34, 5; Jer 50, 21. 26) und zur völligen Vernichtung (*l^{e}ma'an hašmîḏām*: Jos 11, 20). Ebenfalls durch Assonanz wird der Gegensatz herausgearbeitet zu Mitleid mit dem Gegner (Deut 7, 2; 1 Sam 15, 8f.; Jer 51, 3), zur Begierde nach Beute (Deut 7, 26) oder zur Dirne Rahab, die am Leben bleiben soll (Jos 6, 17). Das Verb kann zur Namensätiologie von Ruinenstätten mit Namen *ḥŏrmah* dienen (Num 21, 3; Ri 1, 17).

b) Nicht derartig breit nachweisbar, aber dennoch eindeutig gehört *ḥrm* I auch zum Wortfeld des Heiligen im Sinne dessen, was dem Profanen entnommen und für JHWH abgesondert ist. Schon die Wendungen *hæḥ^{a}rîm l^{e}JHWH* (Lev 27, 28; Mi 4, 13; vgl. die Meša'-Inschrift) und *ḥeræm l^{e}JHWH* weisen darauf hin (Jos 6, 17: daß dieser Ausdruck vorliegt und durch *hî' w^{e}ḵŏl-'^{a}šær bāh* nur aufgesprengt wird, zeigen Parallelkonstruktionen wie Deut 2, 33; 3, 1; vgl. auch *'îš ḥæræmî* in 1 Kön 20, 42 und *'am ḥærmî* in Jes 34, 5). Die Belege von *ḥrm* in Lev 27 und Num 18 stehen in Texten, die vom Verbalausdruck *hiqdîš* *l^eJHWH* und vom Nomen *qodæš* beherrscht sind. Auch Ez 44, 29 bezieht sich auf Abgaben ans Heiligtum. Der *ḥeræm*, den Josua über Jericho ausspricht, impliziert auch, daß Gold, Silber und die Geräte aus Kupfer und Eisen *qodæš l^eJHWH* sind und deshalb in den Schatz (des Hauses) JHWHs eingebracht werden sollen (Jos 6, 19. 24). Nach Lev 27, 28 ist jeder *ḥeræm* als *qodæš q^odāšîm* zu behandeln. In Jos 6f. und Mi 4, 13 überlagern sich die Wortfelder des Kriegs und der Heiligkeit. Das gilt auch von Num 21, 2f., wo der *ḥeræm* aufgrund eines Gelübdes (*nædær*) vorgenommen wird. Nach Ri 21, 5 ergibt sich der *ḥeræm* aus einer *š^ebûʿāh g^edôlāh*, was einem Gelübde gleichkommt.

Einige Texte scheinen *ḥrm* auch mit Opferterminologie zu verbinden: Deut 13, 16f. (*kālîl l^eJHWH*); Jes 34, 2 (*ḥrm* || *ṭbḥ*, vgl. 34, 6 *ṭābaḥ* || *zābaḥ*); Jer 50, 27 (*l^eṭābaḥ*). Doch ist nicht sicher, ob *kālîl* in Deut 13, 16 als Opferbegriff empfunden wurde. An den Jes- und Jer-Stellen dürfte das *tertium comparationis* das Töten und die Menge von Blut und Fett sein, nicht der kultische Aspekt.

Die genauere Position von *ḥrm* im Wortfeld des Heiligen zeigt sich erst, wenn man auch auf Oppositionen achtet. Nach 1 Sam 15, 15–23 ist die Darbringung von Beutetieren als *zæbaḥ* die von Samuel im Namen JHWHs verworfene Alternative zu ihrer Tötung als *ḥeræm*. In Jes 43, 28 steht parallel zu *w^eʾætt^enāh laḥeræm jaʿ^aqob* die Aussage *waʾ^aḥallel śārê qodæš*. In der Achanerzählung muß Josua Israel „heiligen" (Jos 7, 13), damit er den *ḥeræm* loswerden kann. Das „Heilige" ist also eine Art Gegensphäre zum *ḥeræm*. Eine kultische Versammlung hilft zur Abwehr des *ḥeræm*. In Deut 7, 26f.; 13, 15 und 20, 17f. tritt *ḥrm* in Bezug zur *tôʿebāh*. Die Haltung gegenüber dem *ḥeræm*, die von Israel gewünscht wird, drückt sich in Deut 7, 26 in den Verben *šqṣ* und *tʿb* aus. Im ganzen sind im hebr. Wortfeld des Heiligen die Positionen zwischen den drei Wurzeln *qdš*, *ḥrm* und *ḥll* anders verteilt als im entsprechenden arab. Wortfeld zwischen *ḥarām* und *ḥalāl* (dazu vgl. Chelhod).

c) *ḥrm hoph* verbindet sich mit der Todesrechtsformel *môt jûmāt* in Ex 22, 19 (wohl verschärfend) und in Lev 27, 29 (wo der gleiche Fall wie in Ex 22, 19 angezielt sein dürfte). Die gleiche Formel bereitet den *ḥeræm* über Jabes-Gilead in Ri 21, 5 vor. Die Schuld, die in Ex 22, 19 zugrundeliegt, ist Abfall von JHWH. Das gleiche Vergehen, angezeigt in den typischen Formulierungen des 1. Dekalogsgebots, begründet den *ḥeræm* über einer israelitischen Stadt in Deut 13. In Ri 21 dagegen handelt es sich darum, daß eine Stadt dem Aufruf zur Stämmeversammlung nicht gefolgt ist, obwohl Todesrecht im Spiel war. Die Sünde Achans wird in Jos 7, 11. 15 als Übertretung der *b^erît JHWH* bezeichnet. *b^erît* meint wohl den Dekalog als die Liste der todeswürdigen Verbrechen in Israel. Man könnte dabei an das Verbot des Diebstahls denken (vgl. → גנב [*gānab*] in Jos 7, 11). Ebenso gut wäre aber auch möglich, daß das 1. Gebot gemeint ist. Dann wäre auch Achans Verhalten als Abfall von JHWH gesehen (vgl. → מעל [*māʿal*] in Jos 7, 1; 22, 20; 1 Chr 2, 7). Die Amalekiter werden durch den *ḥeræm* für die Sünden bestraft, die sie an Israel begangen haben (1 Sam 15, 2 *pāqadtî*; 15, 18 *ʾæt-haḥaṭṭāʾîm*). *ḥṭʾ* steht im Zusammenhang von *ḥrm* sonst noch in Deut 20, 18; Jes 43, 27, *pqd* in Jer 50, 27. In mehreren spätprophetischen Belegen steht *ḥrm* im Zusammenhang von Schuld-Strafe-Aussagen. Parallele Wörter sind dabei in Jes 34, 2. 5 *ḥemāh*, *mišpāṭ*, *nāqām*, *šillumîm*, in Jes 43, 28 *ḥṭʾ*, *pšʿ*, in Jer 51, 3 *ʾāšām*, *ʿāwon*, *n^eqāmāh*, *šlm*. In Esr 10, 8 ist *ḥeræm* Inhalt einer Strafandrohung.

Durch Assonanz werden mit *ḥrm* Motive des Zorns JHWHs (Deut 7, 4; 13, 18; Jos 7, 1) und das Wort „Sünder" verkettet (1 Sam 15, 18). Die Durchführung des *ḥeræm* ist in Jos 7, 25 (Achan) und 1 Sam 15, 23f. von typischen Talionssprüchen begleitet (vgl. auch 1 Kön 20, 42).

4. a) Brekelmans (1959, 43–47; 1971, 636) sieht in *ḥeræm* I ein ursprüngliches *nomen qualitatis*, wie *qodæš* und *ḥol*. Dieser Charakter sei noch in Lev 27, 21; Deut 7, 26; Jos 6, 17; 1 Kön 20, 42; Jes 34, 5; Mal 3, 24 erhalten. Aber alle diese Stellen können auch so verstanden werden, als ob es sich um ein *nomen concretum* oder um ein *nomen actionis* handelte. Der wirkliche Grund für Brekelmans' Annahme ist die Analogisierung von *ḥeræm*, *qodæš* und *ḥol*. Aber muß sie bis in die Bestimmung der Wortklasse gehen? Eine Prüfung aller Belege für *ḥeræm* I zeigt, daß man an allen Stellen mit der Annahme eines *nomen concretum* durchkommt. Lev 27, 21; 1 Kön 20, 42 und Jes 34, 5 sind dann als *genitivus epexegeticus*, Mal 3, 24 ist als Breviloquenz (für „damit ich nicht komme, das Land schlage und zu *ḥeræm* mache") hinreichend erklärt. Wahrscheinlicher ist jedoch, daß *ḥeræm* in den „prophetischen" Belegen 1 Kön 20, 42; Jes 34, 5; 43, 28; Sach 14, 11; Mal 3, 24, vielleicht auch in dem späten priesterlichen Beleg Lev 27, 21 *nomen actionis* ist. In allen anderen Belegen ist es *nomen concretum*.

Für die Annahme eines *nomen actionis* spricht in Jes 34, 5 *ʿam ḥærmî* die vorangehende Verbalphrase *hæḥ^ærîmām* in 34, 2, in Jes 43, 28 der Parallelismus mit *giddûpîm*. 1 Kön 20, 42 ist analog zu Jes 34, 5 zu verstehen.

Was bezeichnet *ḥeræm* I da, wo es *nomen concretum* ist? Wenn es sich um Weihgaben an das Heiligtum handelt, können Menschen, Vieh und Sachgüter bezeichnet sein (vgl. Lev 27, 28; weitere Belege: Num 18, 14; Ez 44, 29). In Lev 27, 29 wird im Zusammenhang der *ḥeræm*-Strafe der Verurteilte mit dem Nomen bezeichnet. Doch könnte hier eine Ausnahmesituation vorliegen und normalerweise in diesem Zusammenhang nur verbal gesprochen worden sein. Der vorangehende Satz könnte Formulierungszwang ausgeübt haben. Wenn es um den Kriegs-*ḥeræm* geht, bezieht sich nur in Jos 6, 17 das Nomen auf Menschen und Beutegut zusammen, und zwar in dem Ausdruck *ḥeræm l^{e}JHWH*. Sonst wird für Menschen im Zusammenhang des Kriegs stets verbal formuliert. Das Nomen ist für Dinge oder Vieh reserviert: Deut 7, 26; 13, 18; Jos 6, 18; 7, 1. 11. 12. 13. 15; 22, 20; 1 Sam 15, 21; 1 Chr 2, 7. Nur gewissermaßen als sprachliche Randmöglichkeit kann es dann auch hier Menschen bezeichnen. Menschen, und zwar dann Israeliten, können durch eine Art Kontamination auch noch zu *ḥeræm* werden: Deut 7, 26; Jos 6, 18; 7, 12. 13. Man könnte auch so formulieren: Wenn es um Menschen geht, die im Krieg ausgerottet werden, vermeidet die erzählende (im wesentlichen: die dtr) Sprache die nominale Etikettierung dieser Menschen als *ḥeræm*, obwohl das ursprünglich möglich gewesen zu sein scheint (vgl. Jos 6, 17). Das Nomen, soweit es als *concretum* gebraucht wurde, hat wohl nie den urtümlichen, kultisch-sakralen Klang verloren. Anders ist es beim Verbum.

b) *ḥrm hiph* bezeichnet an einigen Stellen mit Sicherheit eine besondere Weihung. Es handelt sich um eine Weihung für das Heiligtum in Lev 27, 28 (Personen oder Sachen); Jos 6, 18 (Gegenstände, und für diese gilt dann die Regelung von 6, 19. 24); Mi 4, 13 (Sachen). An eine Weihung zur kriegerischen Vernichtung könnte in Jes 34, 2 gedacht sein (vgl. *nāṯan l^{e}* im Parallelvers). Vielleicht spiegelt Jos 6, 19 eine hierhingehörende alte Weiheformel. Am andern Ende der Bedeutungsskala stehen jene Belege, in denen *ḥrm hiph* ein Synonym der anderen Verben für 'vernichten, töten' ist, ohne daß eine vorangehende Weihung irgendeiner Art anzunehmen wäre. Hierhin gehören z. B. 2 Kön 19, 11 parr. (bei den Assyrern ist keine dem *ḥeræm* entsprechende Institution bekannt); Jes 11, 15; Jer 50, 21 (nach *ḥæræḇ*). 26; 51, 3; Dan 11, 44 (nach *šmd hiph*); 2 Chr 20, 23. Die restlichen Belege von *ḥrm hiph* stehen alle irgendwo zwischen diesen beiden Extremen. Vernichtung und Tötung werden ausgesagt, aber aus dem Kontext wird nicht ganz deutlich, ob eine vorherige Weihung der Feinde mitgedacht werden soll. Am ehesten wird der Gedanke an eine Weihung noch mitschwingen in den alten und kompakten Texten Num 21, 1–3 und Ri 1, 17. In den eher schematischen Satzreihen, wo zuerst von der Einnahme einer Stadt, dann mit Hilfe des Verbs *nkh hiph* von der Tötung der Bevölkerung die Rede ist, erscheint *ḥrm hiph* stets erst an letzter Stelle. Steht es in Parallelismus zu *nkh*? Ist es Summation? Jedenfalls scheint das Element des Radikalen, Vollständigen, Gründlichen im Vordergrund zu stehen, nicht der Gedanke an Tötung aufgrund einer vorangehenden Weihung.

Wo *ḥrm hiph* eine Weihung meint, können neben Menschen auch Sachen Objekt des Verbs sein (vgl. oben). In Num 21, 3, wo der Gedanke an eine Vernichtungsweihe wahrscheinlich schien, heißt es: *wajjaḥ^{a}rem 'æṯhæm w^{e}'æṯ-'ārêhæm*. Die Vernichtung trifft also nicht nur die Menschen, sondern auch die Orte der Kanaanäer von Arad. In den anderen Belegen sind nur noch Lebewesen Objekte von *ḥrm hiph*. Tiere werden in Deut 13, 16; Jos 6, 21 und 1 Sam 15 ausdrücklich genannt, sind einige Male wohl mitgemeint, mehrmals ausdrücklich ausgeschlossen. Der Blick ist jedoch auf die feindliche Bevölkerung gerichtet. Oft wird sie zusammenfassend genannt. In Deut 2, 34; 3, 6; Jos 6, 21; Ri 21, 11 ist sie nach Gruppen aufgeschlüsselt (auch *'îr meṯîm* dürfte eine Bevölkerungsgruppe meinen!). Die Bevölkerung ist auch gemeint, wenn von Königen (Jos 2, 10; 11, 12), von Ländern (2 Kön 19, 11 = Jes 37, 11 vgl. aber 2 Chr 32, 14) oder von Städten die Rede ist (Deut 3, 6; 13, 16; Jos 10, 1. 37; 11, 12. 20. 21; Ri 1, 17; Jer 50, 26). Der Ausdruck „die Stadt und alles, was in ihr ist“ (o.ä.) ist mehrfach auf die beiden Verben *nkh* und *ḥrm* aufgeteilt (Jos 8, 24. 26; 10, 35. 37. 39). Das ist dann synonymer Parallelismus, in dem auch „Stadt“ die Bevölkerung der Stadt meint. Das gilt auch von Deut 13, 16 und Jos 10, 37, wo der Ausdruck zusammenbleibt. Anders höchstens in Jos 6, 17, wo aber nicht das Verb *ḥrm* steht. Daher übersetzt man Jos 11, 21 *'im 'ārêhæm hæḥ^{a}rîmām* am besten: „zusammen mit der Bevölkerung ihrer Städte vernichtete er sie (= die Truppen der Anakiter)“. Je mehr *ḥrm hiph* zu einem Synonym der Verben für 'vernichten, ausrotten' wird, desto mehr wird es also nur noch auf menschliche Wesen bezogen. Es geht nie zu der Bedeutung '*etwas* vernichten' über.

c) Die Belege für *ḥrm hoph* haben eins gemeinsam: sie sind mit dem Wortfeld für Strafe verbunden. In Ex 22, 19 sind Schuld und Strafe klar ersichtlich. Auf Apostasie steht eine Steigerung der sonst üblichen Todesstrafe. In Lev 27, 29 ist die Schuld nicht genannt. Vermutlich ist der Fall von Ex 22, 19 gemeint. In Esr 10, 8 besteht die Schuld in der Weigerung, an der großen Aktion der Auflösung der Mischehen teilzunehmen – also einem Tatbestand, der im Hinblick auf Ex 34, 16 und Deut 7, 3f. in unmittelbarem Zusammenhang mit Apostasie zu sehen ist. Die Strafe, die *ḥrm* an dieser Stelle bezeichnet, war damals eindeutig, ist uns dagegen nicht mehr greifbar. Vermutlich handelt es sich um Konfiszierung des Besitzes. Jedenfalls bezieht sich das Wort *ḥrm* nur auf einen Teil der Strafe. Die Strafe, die den Schuldigen selbst trifft, ist der Ausschluß (→בדל [*bāḏal*]) aus der *q^{e}hal haggôlāh*. In Lev 27, 29 bezeichnet *ḥrm hoph* das Urteil, durch das die Strafe bestimmt wird, oder einen ersten, der eigentlichen Tötung vorausgehenden Teil des Strafvollzugs. In Ex 22, 19 bezeichnet es die Strafe, und zwar die ganze. In Esr 10, 8 bleibt der Sachverhalt unklar.

5. Einige geprägte Nominalverbindungen mit *ḥeræm* I sind sofort verständlich: *ś^{e}ḏeh haḥeræm* (Lev 27, 21), *ḥeræm b^{e}jiśrā'el* (Num 18, 14; Ez 44, 29), *ḥeræm l^{e}JHWH* (Jos 6, 17), *'îš ḥærmî* (1 Kön 20, 42: das Suffix verweist auf JHWH), *'am ḥærmî* (Jes 34, 5: dass.). Die Verbalverbindungen sind etwas dunkler. *hājāh ḥeræm* (Deut 7, 26; Jos 6, 17) scheint das fehlende *qal* des Verbs zu ersetzen. *hājāh l^{e}ḥeræm* ebenso wie *śîm l^{e}ḥeræm* stehen zur Bezeichnung der kontaminösen Ausbreitung der

ḥeræm-Qualität auf das ganze Lager Israels. Dieser „Kontaminations-*ḥeræm*“ kann, im Gegensatz zum deklarierten *ḥeræm*, durch entsprechende Maßnahmen wieder rückgängig gemacht werden (Jos 6, 18; 7, 12). *nāṯan laḥeræm* (Jes 43, 28) könnte äquivalent zu *ḥrm hiph* sein (Bedeutung: ʻzur Vernichtung weihenʼ).

6. Vom bisher Gesagten her und unter Berücksichtigung weiterer inhaltlicher Gegebenheiten der jeweiligen Zusammenhänge lassen sich folgende Bedeutungen bestimmen: *ḥrm hiph* bedeutet ʻetwas/jemanden für das Heiligtum als definitiv dort verbleibende Gabe weihen; im Krieg eine Stadt und ihre Bevölkerung der Vernichtung weihen; diese Vernichtung durchführen; im Krieg eine Bevölkerung vollständig ausrotten; tötenʼ. *ḥrm hoph* bedeutet ʻzu einer qualifizierten Todesstrafe verurteilt werden; die Durchführung dieser Strafe; (von Gütern:) konfisziert werden (?)ʼ. *ḥeræm* I bedeutet ʻdie Sache oder Person, die im Sinne von *ḥrm hiph* geweiht oder im Sinne von *ḥrm hoph* verurteilt wurde oder durch Kontamination in deren Untergangssphäre hineingerät; den Akt der Weihe oder der Ausrottung und Tötungʼ. Die übliche deutsche Wiedergabe der Wortgruppe durch „bannen“ und „Bann“ ist falsch und irreführend. Sie war das überdies immer. Sie war eine treffende deutsche Bezeichnung für den mittelalterlichen jüdischen *ḥeræm*. Er entsprach der weltlichen „Acht“ und dem kirchlichen „Bann“, beruhte aber auf einer im AT noch nicht bezeugten späteren Entwicklung des Worts *ḥeræm*.

Unsere Bedeutungsbestimmung ist im Grunde sehr vage. In vielem sehen wir nicht klar. Hing der Gebrauch der Wortgruppe ursprünglich an einem eigenen *ḥeræm*-Ritual, etwa magischer Umkreisung einer Stadt (vgl. Jos 6, 3ff.) oder Ausstrecken eines Speers (vgl. Jos 8, 18)? Was löste eine *ḥeræm*-Weihe ursprünglich aus: ein Gelübde (vgl. Num 21, 2) oder die Anordnung des Feldherrn (vgl. Jos 6, 17)? War das entscheidende Element der Beuteverzicht oder die Radikalität der Vernichtung? Wurde die Zerstörung und Einäscherung einer Stadt noch als Teil des *ḥeræm* betrachtet oder war das eine zusätzliche Maßnahme (vgl. Jos 6, 24; 8, 28; 11, 11. 13; dazu zuletzt Heintz 1973, 68f.)? Wodurch unterschied sich die *ḥeræm*-Strafe von den anderen Formen der Todesstrafe? Darf man Jos 7, 15. 25 zur Interpretation von Ex 22, 19 heranziehen?

7. Etymologisch wird die Wortgruppe gewöhnlich auf die gemeinsemitische Wurzel *ḥrm* zurückgeführt. Ihr sind in den westsemitischen Sprachen Wörter zuzuordnen, die ʻabsondernʼ, ʻverbietenʼ oder ʻweihenʼ als Bedeutungskern haben. Typisch sind arab. *ḥarām* ʻheiliger Bezirkʼ und *ḥarim* ʻHaremʼ. Das akk. *(ḫ)arāmu/erēmu* bedeutet dagegen ʻbedeckenʼ. Die Urbedeutung ʻabsondernʼ ist im Akk. für diese Wurzel nur durch das lediglich in einer Liste belegte *ḫarāmu* II und vielleicht durch *ḫarimtu* ʻProstituierteʼ vertreten. (Nähere Diskussion bei Brekelmans 1959, 17–36; Chelhod; Fronzaroli 249f.) Ein Problembewußtsein hinsichtlich dieser allgemein angenommenen Etymologie besteht etwa in der Monographie von Brekelmans 1959 nicht. Doch sollte das Zusammenfließen von *ḥ* und *ḫ* im Hebr. zur Vorsicht raten. Tatsache ist, daß sich nur im Hebr. und Moabit. bei *ḥrm* in Verbindung mit der Idee der Aussonderung auch die Idee der Vernichtung des Ausgesonderten findet. ʻVernichtungʼ verbindet sich aber im arab. *ḫarrama* und *taḫarrama* ʻ(einen Stamm) vernichtenʼ mit der Wurzel *ḫrm*, worauf Driver aufmerksam gemacht hat. Nach der üblichen Auffassung ist die Wurzel *ḫrm* hebr. nur in Lev 21, 18 *ḥārûm* ʻmit gespaltener Naseʼ und in *ḥeræm* II ʻNetzʼ erhalten. Driver 1967, 56–59, möchte darüber hinaus bei *ḥrm hiph* mit zwei Homonymen rechnen: ʻweihen, absondernʼ von *ḥrm* und ʻvernichtenʼ von *ḫrm*. Dagegen lassen sich zwar Einwände erheben. Hebr. *ḥrm* dürfte denominativ sein. Das Nomen *ḥeræm* I verbindet aber gerade in den ältesten Belegen schon die Bedeutungen ʻWeihungʼ und ʻVernichtungʼ miteinander. Driver ist z. B. auch gezwungen, in Jes 34, 2. 5 im gleichen Aussagenzusammenhang mit Homonymen zu rechnen. Deshalb bleibt man doch wohl besser bei einem einzigen hebr. Verb. Jedoch sollte man die Frage der ursprünglichen Wurzel offenhalten. Für das sprachgeschichtlich Greifbare sollte man feststellen, daß Nomen und Verb Bedeutungselemente vereinigen, die woanders auf die beiden Wurzeln *ḥrm* und *ḫrm* verteilt sind.

Heintz 1969, 136f., führt umgekehrt *ḥeræm* II ʻNetzʼ auf *ḥrm* ʻabsondernʼ zurück, weist auf das vor allem in Mesopotamien im Zusammenhang von Siegesaussagen häufige Motiv des „göttlichen Netzes“ hin, in dem die Feinde eingefangen sind, und möchte darin den Ursprung des altisraelitischen *ḥeræm* sehen: es ist der Vernichtungsritus bei der Siegesfeier. Seine ausführliche Begründung (angekündigt für CRB) bleibt abzuwarten. Bei den 4 at.lichen Texten, wo im Zusammenhang mit Siegesaussagen das Netzmotiv vorkommt (Ez 17, 19f. || 12, 13; 32, 3; Hos 7, 12), wird für ʻNetzʼ jedenfalls nur einmal das Wort *ḥeræm* II verwendet. *ḥeræm* I und das Verb *ḥrm* fehlen an diesen Stellen völlig. Mindestens ist also im AT das Bewußtsein des von Heintz angenommenen Zusammenhangs nicht gerade entwickelt.
Ob der Bergname *ḥærmôn*, die Ortsnamen *ḥᵒrem* und *ḥŏrmāh* sowie der Personenname *ḥārim* etymologisch mit unserer Wortgruppe zu verbinden sind, bleibt unklar. Bei *ḥŏrmāh* wurde ein Zusammenhang empfunden: vgl. die Ätiologien in Num 21, 1–3 und Ri 1, 17.

II. 1. *ḥrm hiph* ʻzur Vernichtung weihenʼ findet sich in der moabit. Mešaʻ-Inschrift (KAI 181) aus dem 9. Jh.: „Kamoš sprach zu mir: Geh, nimm Nebo von Israel! Da (15) ging ich bei Nacht und kämpfte (*w'lṯḥm*) gegen es (= Nebo) von Tagesanbruch bis Mittag. Und (16) ich nahm es ein (*w'ḥzh*) und erschlug es ganz (*w'hrg kl[h]*): 7000 Bürger und Schutzbürger, Frauen und Schutzbürgerinnen (17) sowie Sklavinnen; denn ich hatte es ʻAštar-Kamoš zur Vernichtung geweiht (*kj lʻštr kmš hḥrmth*). Dann nahm ich (*w'qḥ*) von dort die (18) Geräte JHWHs und schleppte sie vor Kamoš.“ Der Text folgt in seinem Verbalgerüst (Gotteswort – Auszug – Kampf – Einnahme der Stadt – Erschlagen der Bevölkerung – *ḥeræm* – Wegschleppen der Beute) einem festen Schema (vgl. Segert 238f.). Es ist das gleiche Schema, das sich auch in vielen Texten mit *ḥrm* in Deut und Jos findet, wenn auch die Nachbarsprache in zwei Fällen andere Wurzeln benutzt (*'ḥz* statt *lkd*, *hrg* statt *nkh*). Das spricht dagegen, in diesem Schema im AT ein erst dtr Darstellungsmuster zu sehen. Die getötete Bevölkerung wird nach Kategorien aufgeschlüsselt. Das Suffix, das sich auf die Stadt Nebo bezieht, dürfte die Bevölkerung meinen. Im Unterschied zu fast allen at.lichen Notizen über die Vernichtung einer eroberten Stadt bezieht sich das Verb *ḥrm* hier jedoch nicht auf die Vernichtung der Bevölkerung selbst, sondern auf die vorangehende Vernichtungsweihe. Der Satz mit *ḥrm* unterbricht als nachholender und invertierter Begründungssatz (gegen Van Zyl 141) die Reihe der satzeröffnenden Präfixkonjugationen. Es wird diskutiert, ob dies die einzige *ḥrm*-Weihe in Mešaʿs Eroberungsfeldzug war oder ob er z. B. auch die (israelitische) Bevölkerung von Aṭarot aufgrund einer solchen Weihe ausrottete (so zuletzt Liver 24f.). Das Wort *ḥrm* kommt zwar in der betreffenden Passage nicht vor, doch heißt es: „Ich tötete alles Volk aus (?) (12) der Stadt als *rjt* (Augenweide?, Sättigung?, Versöhnungsopfer?) für Kamoš und für Moab.“ Meint hier *kl hʿm* nur „alles Kriegsvolk“ oder „die ganze Bevölkerung“? Wenn das zweite der Fall ist, und wenn überdies *rjt* ein Opferterminus sein sollte (Grimme, Ryckmans, Segert, Röllig), dann wäre die Vernichtungsweihe im Eroberungskrieg im Moab des 9. Jh.s als ein Opfer für die Gottheit verstanden worden. Es fällt noch auf, daß Mešaʿ außer für Nebo für alle von ihm eroberten Städte etwas über ihr weiteres Geschick, bei den zerstörten über den Wiederaufbau berichtet. Ist Nebo allein ein Trümmerfeld geblieben? Wenn ja, lag das an der exponierten Lage der Stadt an der nördlichen Grenze des neuen moabitischen Gebiets? Oder gab es doch nur im Fall von Nebo eine Vernichtungsweihe, und diese schloß auch einen Wiederaufbau der Stadt aus? So unklar hier also vieles bleibt – man wird aus diesem einmaligen Zeugnis darauf schließen können, daß es in Israel, Moab und vielleicht auch noch bei anderen Nachbarvölkern eine gemeinsame Praxis des Kriegs-*ḥeræm* und eine gemeinsame Tradition, von diesem zu sprechen, gab.

2. Altsüdarab. *hrg* kann bei der Eroberung einer Stadt die Tötung der Heerführer und Soldaten samt deren Frauen und Kindern aufgrund eines vor dem Kampf abgelegten Eides bezeichnen (Ja 575, 5f. u.ö.; → הרג [*hārag̱*]; was dort unter III.2. über hebr. *hrg* als „Töten von Feinden in Vollstreckung des Bannes“ gesagt wird, dürfte nicht zutreffen).

3. Malamat 1966 hat, Anregungen von Landsberger aufgreifend, die Verwandtschaft des vor allem aus Mari bekannten akk. Begriffs *asakku* „Tabu“ mit dem at.lichen Begriff des *ḥeræm* herausgearbeitet. Doch sind die Ähnlichkeiten begrenzt. Die Aneignung tabuisierter Gegenstände kann den Verletzer des Tabus schuldig (ursprünglich: des Todes schuldig) machen. Das erinnert an die Achan-Erzählung. Speziell konnte auch durch den Feldherrn Kriegsbeute tabuisiert werden. Doch war das in Mari nur eine zeitweilige Tabuisierung zwecks späterer gerechter Verteilung. Das Hauptelement des biblischen *ḥeræm*, die Ausrottung der Bevölkerung eroberter Städte, liegt diesem Zusammenhang fern. Neben dem *asakku* eines Gottes gab es auch das des Königs. „In Israel *ḥerem* clearly exceeded the semantic range of *asakkum* in Mari“ (Glock 207).

4. Um genauere und noch religiös geprägte Parallelen für den at.lichen *ḥeræm* zu finden, muß man die strengen Grenzen des Alten Orients räumlich oder zeitlich überschreiten, und auch dann wird man niemals eine Parallele finden, die in allen Aspekten übereinstimmt. Aeschines, Gegen Ktesiphon, 107–112, berichtet von einem Krieg der delphischen Amphiktyonen gegen die Kirraier, Mitamphiktyonen, die sich gegen die Amphiktyonie schuldig gemacht hatten. Auf das Orakel der Pythia hin wurde ihnen der Krieg erklärt, die Bevölkerung wurde verkauft, die Stadt verwüstet und das Land völliger Unnutzbarkeit geweiht. Das erinnert an Ri 21. In Rom gab es die *devotio* von Verbrechern. Zum Tode verurteilte Verbrecher wurden den unterirdischen Göttern geweiht (Dion. Hal. 2, 10). Man denkt an Lev 27, 29. Bei den Kelten war das den Göttern geweihte (ἀνατεθειμένος) Gold unantastbar (Diod. 5, 27). Cäsar berichtet: Huic (= Marti) cum proelio dimicare constituerunt, ea quae bello ceperint plerumque devovent; cum superaverunt, animalia capta immolant reliquasque res in unum locum conferunt. Multis in civitatibus harum rerum exstructos tumulos locis consecratis conspicari licet; neque saepe accidit ut neclecta quispiam religione aut capta apud se occultare aut posita tollere auderet, gravissimumque ei rei supplicium cum cruciatu constitutum est (Bell. Gall. 6, 17). Die Tötung von Kriegsgefangenen wird hier nicht ausdrücklich erwähnt, aber da nach 6, 16 die Menschenopfer sehr häufig waren, ist es nicht unwahrscheinlich, daß in der dem Kriegsgott geweihten Beute auch Gefangene eingeschlossen waren. Für germanische Stämme ist die Tötung von Kriegsgefangenen als Weihegabe für die Götter ausdrücklich bezeugt. Von den Kimbern berichtet Strabo (Geogr. 7, 2, 3) dies als festen Brauch. Orosius (Histor. 5, 16, 5) schildert nach älteren Quellen die Vorgänge nach der Schlacht von Arausio: Nova quadam atque insolita exsecratione cuncta quae ceperant pessum dederunt; vestis discissa et proiecta est, aurum argentumque in flumen abiectum, loricae virorum concisae, phalerae equorum disperditae, equi ipsi gurgitibus immersi, homines laqueis collo inditis ex arboribus suspensi sunt, ita ut nihil praedae victor, nihil misericordiae victus agnosceret. Tacitus berichtet vom Verhalten der Hermunduren im Krieg mit den Chatten: Diversam aciem Marti ac Mercurio sacravere, quo voto equi viri cuncta viva occisioni dantur (Annal. 13, 57). Dasselbe ist von den Goten und Franken bezeugt. Im arabischen Raum wird vom Gassanidenfürsten Al-Ḥāriṯ ibn ʿAmr erzählt, er habe seine Feinde unter Anrufung der Götter ausnahmslos verbrannt. Ähnliches tat unter islamischem Vorzeichen noch Ibn Saud, der Wahabi. Vgl. zu allen diesen Parallelen Schwally 34–42; Junker 77f.; Hofmann 427; Stolz 194f.

5. Da der Kriegs-*ḥeræm* Israels die totale Ausrottung einer Bevölkerung mit sich brachte, ist zu fragen, in welchem Maß im Alten Orient ein solches Vorgehen vielleicht ohne den Rahmen einer religiösen Weihung und Tabuisierung vorkam. Mindestens für die Assyrer ist die These vertreten worden, ihr Kriegsziel sei in vielen Fällen die totale Vernichtung des Feinds gewesen (Müller 13–26). Aber diese Auffassung läßt sich nicht halten (vgl. Hasel 97f.; generell gegen die übliche Einschätzung der Assyrer als besonders brutaler Nation: von Soden, mit Lit.). Ziel von Kriegen war die Stabilisierung der durch die Feinde in Frage gestellten Ordnung oder die Brechung des Unabhängigkeitswillens eines Nachbarn und seine Eingliederung in das eigene Herrschaftssystem – aber nicht seine völlige Vernichtung. Auf der Ebene des Faktischen gilt jedoch trotzdem vom ganzen Alten Orient, daß es in Kriegen sehr grausam hergehen konnte und daß ganze Städte samt Bevölkerung vernichtet werden konnten. Mit welcher Nüchternheit man davon sprach, mögen 2 Briefe aus Mari verdeutlichen. Išme-Dagan berichtet an Jasmaḫ-Adad: „Alle Soldaten des Ja'ilānum-Stammes versammelten sich unter Mār-Addu, um Krieg zu führen. Wir hatten eine Schlacht in Tu[.]wi, und ich siegte. Mār-Addu und alle Mitglieder des Ja'ilānum-Stammes wurden getötet und alle seine Sklaven und Soldaten erschlagen" (ARM IV 33, 5–18). Jasmaḫ-Adad dagegen hatte in einem anderen Fall eine besiegte Stadt geschont. Daraufhin schrieb ihm sein Oberherr Šamši-Adad: „Du schriebst mir, du habest die Stadt Tillabnim eingenommen, aber die Bürger des Orts nicht [erschlagen], sondern mit ihnen Frieden geschlossen und ihnen erlaubt zu gehen. Das, was du da getan hast, ist sehr empfehlenswert, es ist ... Talente Goldes wert. Allerdings, wenn du früher eine Stadt einnahmst, kannte man (dieses Verhalten) nicht" (ARM I 10, 5–11; zu beiden Texten vgl. Glock 177f.). Die angeblich milderen Pharaonen konnten, wenn sie wollten, ebenfalls Ausrottungskriege führen. Von Tutmose I wird berichtet: „He hath overthrown the chief of the Nubians; the Negro is helpless defenceless in his grasp ..., there is not a remnant among the Curly-Haired, who come to attack him; there is not a single survivor among them" (ARE II, 30). Aus der Bibel ist hierzu 1 Kön 9, 16 zu vergleichen. Es gab mythische Vorbilder für vollständige Ausrottung, etwa die Sintfluterzählung. Im Erra-Epos IV 26–29 heißt es: „Into the city to which I send you, o man, you shall not fear any god nor be afraid of any man, small and great kill together! The infant, the child: let no one escape!" (Übers. nach Hasel 84). Berichte über grausame Vernichtungsaktionen des eigenen Heers und entsprechende Bilddarstellungen hatten in der konkreten Politik außerdem eine feste Funktion. Sie dienten propagandistischen Zwecken, man jagte damit ehemaligen oder möglichen Feinden Furcht ein. Daß diese Propagandatechnik von den Assyrern auch gegenüber Juda benutzt wurde, zeigt 2 Kön 19 parr. Die Begegnung mit der bewußt zur Schau gestellten assyrischen Kriegsideologie dürfte für die Ausbildung der dtr *ḥeræm*-Theorie nicht ohne Bedeutung gewesen sein. So fällt es auf, wie häufig das Motiv des Rests, der sich rettet oder der nicht einmal gerettet wurde, im Zusammenhang solcher Kriegsberichte erscheint (vgl. Hasel 50–134) – genau wie im Zusammenhang der meisten dtr *ḥrm*-Belege. Es bleibt noch hinzuzufügen, daß Kriege im Alten Orient, auch wenn man sie besser nicht als „Heilige Kriege" bezeichnet (vgl. Weippert; Stolz), stets eine religiöse Sinndimension hatten. Im Krieg erging göttliches Gerichtsgeschehen (vgl. Furlani). Der Amalekiter-*ḥeræm* als von Gott angeordnete Strafexpedition der israelitischen Frühzeit ebenso wie die späten prophetischen Heilsorakel, die vom göttlichen *ḥeræm* sprechen, fügen sich also in ein allgemein verbreitetes Vorstellungsmuster ein.

III. 1. Während uns die Mešaʿ-Inschrift mit Sicherheit eine kriegerische *ḥeræm*-Aktion der Moabiter gegen Israel im 9. Jh. bezeugt, gibt es im AT keinen einzigen Text, dem wir für irgendeine Periode der Geschichte Israels eine zuverlässige Information über eine israelitische *ḥeræm*-Aktion entnehmen könnten. Im vor-dtr Material unterliegen die Notizen über die Vernichtung der Bevölkerung von Ortschaften namens Horma (Num 21, 2f.; Ri 1, 17) dem Verdacht, sekundäre Namensätiologien zu sein. Im Fall von Jericho (Jos 6f.), wo eine vor-dtr Erzählung mit einigen vom dtr Typ sich abhebenden Belegen von *ḥeræm* verarbeitet ist, ist vom archäologischen Befund und von der Gattung her die historische Basis fragwürdig. Am ehesten käme noch der Kernnachricht in der aus prophetischen Kreisen stammenden Erzählung vom (nicht konsequent durchgeführten) Vernichtungsfeldzug Sauls gegen die Amalekiter eine gewisse Wahrscheinlichkeit zu. Doch beeinträchtigt auch hier das ins Grundsätzliche weisende Erzählinteresse den vollen Quellenwert. Vermutlich enthält die raffende Darstellung von Jos 10 und 11 einige alte Nachrichten über *ḥeræm*-Kriege. Es wird nicht ein Zufall sein, daß nicht bei allen Städten das Wort *ḥrm* gebraucht wird. Aber wie die LXX dieses in Jos 10, 32 (Lachis) nachgetragen haben, so dürfte schon die älteste uns erreichbare Textgestalt nachträgliche Systematisierungsversuche enthalten, und was nun wirklich alte Nachricht war, läßt sich nicht mehr sagen. Erst recht unterliegen sämtliche anderen dtr Erwähnungen von *ḥeræm*-Kriegen dem Verdacht, auf dtr Systemdenken zurückzugehen. Ri 21, 11 dürfte einem sehr spät formulierten Text angehören (vgl. im Vers selbst z. B. die P-Terminologie von *kŏl-'iššāh joḏaʿaṯ miškaḇ-zāḵār*) und ist schon deshalb in seinem Zeugniswert fragwürdig. 1 Chr 4, 41 (Vernichtung der Hamiten und der *meʿûnîm* [?] im Gebiet von Gedor durch die Simeoniten zur Zeit Hiskias) könnte historisch treffende Sondernachricht der Chr sein. Aber impliziert hier das Verb *ḥrm hiph* noch das alte Element der Vernichtungsweihe? Die Erzählung in 2 Chr 20 hat legendären Charakter, und *ḥrm hiph* bedeutet hier auch mit Sicherheit einfach „vernichten". Damit ist der Umkreis möglicher historischer Nachrichten im AT mit negativem Ergebnis abgeschritten.

Daraus folgt nicht, daß es keinen *ḥerœm*-Krieg gab. Die alten Erzählungen und das prophetische Reden vom *ḥerœm* setzen ihn vielmehr eindeutig als mindestens hin und wieder in der Frühzeit Israels geübten Brauch voraus. Ferner ist nicht ausschließbar, daß andere Texte von *ḥerœm*-Kriegen berichten, ohne daß das Wort selbst fällt, etwa Ri 18, 27 oder 20, 48. Nach dem allerdings dtr Vers Jos 10, 35 wurde ja auch über Lachis der *ḥerœm* verhängt, obwohl vorher in Jos 10, 31f., wo eigentlich von Lachis die Rede war, das Wort nicht fiel. Dennoch bleibt es unwahrscheinlich, ja ist auszuschließen, daß jeder Krieg der Landnahme- oder Richterzeit ein *ḥerœm*-Krieg gewesen wäre. Auch eine spezielle Verbindung von *ḥerœm* und Verteidigungskrieg gibt es nicht – eher umgekehrt. *ḥerœm* als festes Element eines „heiligen Kriegs" im Sinne von G. von Rad 1952 steht und fällt mit dieser Theorie selbst. Auch eine Tradition von einem JHWH-Gebot, nach dem Israel bestimmten Völkern gegenüber den *ḥerœm* verhängen müsse, ist weder nachzuweisen noch wahrscheinlich. Vielmehr scheint der *ḥerœm* damals, als man ihn verhängen konnte, von einem im konkreten Fall geleisteten Gelübde (vgl. Num 21, 2 und den Schwur der Stämme in Ri 21, 5), einer besonderen Anordnung des Feldherrn (vgl. Jos 6, 17) oder einer prophetischen Weisung (vgl. 1 Sam 15, 3) ausgelöst worden zu sein. Normalerweise wird schon das Interesse an der Beute die Ausrufung eines *ḥerœm* verhindert haben. Die breiter ausgeführten alten *ḥerœm*-Erzählungen kreisen in der Tat eher um die Tabuisierung der Beute (und entsprechendes menschliches Versagen) als um die Ausrottung der feindlichen Bevölkerung: Jos 6f. und 1 Sam 15. Wenn es zum *ḥerœm* kam, dann entfesselte sich allerdings eine Orgie der Vernichtung. In ihrem Stimmungsgehalt kann sie vielleicht noch am ehesten bei Jes 34, 1–15, dem Gedicht über JHWHs *ḥerœm* an Edom, nachempfunden werden (dazu vgl. als ugarit. Parallele KTU 1.3 IV). Alle Menschen und alles Vieh wurden getötet, und auch die Beute wurde vernichtet. U. U. wurden die wertvollsten Stücke in ein Heiligtum gebracht (vgl. Jos 6, 19. 24). An der Beute zeigte sich der kontaminöse Charakter des *ḥerœm*-Tabus (Achan-Erzählung Jos 7). Für die Möglichkeit eines *ḥerœm*-Kriegs gegen Israeliten käme als Beleg neben der historisch fragwürdigen Aktion gegen Jabes-Gilead in Ri 21, 1–14 (und der ähnlichen gegen Gibea in Ri 20, wo jedoch das Wort *ḥrm* fehlt) das Gesetz Deut 13, 13–19 in seinem vor-dt Bestand in Frage. Hier könnte, auch wenn 13, 16b (mit *ḥrm*) nicht vor-dt sein sollte, doch vielleicht die Sache selbst in 13, 16a. 17* angedeutet gewesen sein. *ḥerœm* wäre in diesem Fall als Strafe gedacht gewesen.

Neben dem Kriegs-*ḥerœm* gab es, wie Ex 22, 19 zeigt, schon zu Beginn der Königszeit die *ḥerœm*-Strafe (zum Zeitansatz des Bundesbuchs und zur Bedeutung von Ex 22, 19 für seine definitive Struktur vgl. jetzt Halbe). Schmitt 141f. hat unter Hinweis auf die Behandlung von Majestätsverbrechen (vgl. 1 Sam 22, 19; 2 Kön 9, 26) vermutet, sie habe sich von der einfachen Todesstrafe dadurch unterschieden, daß auch Kinder und Habe des Delinquenten vernichtet wurden. Sie stand auf Abfall von der JHWH-Verehrung.

Ob die erst in späten Texten belegte besondere *ḥerœm*-Weihe von Sachwerten und Menschen für das Heiligtum (Lev 27, 21. 28; Num 18, 14; Ez 44, 29) als Institution in die Frühzeit Israels zurückreicht, entzieht sich unserer Kenntnis. Wenn ja, dann war sie vielleicht nur bei bestimmten Heiligtümern üblich und kam vielleicht auch noch nicht gerade den in den späten Texten genannten Priestergruppen zugute. Typisch wird aber auch damals gewesen sein, daß eine Auslösung nicht erlaubt war. Vermutlich hat sich der Brauch aus der *ḥerœm*-Weihe von Kriegsbeute entwickelt (vgl. Mi 4, 13).

2. Mit dem Königtum dürfte die Neigung zu *ḥerœm*-Kriegen noch seltener geworden sein als vorher. Inzwischen hatte sich eine Situation entwickelt, in der man für im Krieg gewonnene Arbeitskraft durchaus Verwendung hatte. Hatte es vorher zwar kein Gebot gegeben, die Bevölkerung des von den israelitischen Stämmen beanspruchten Landes auszurotten, so gab es doch die Tradition von der Verheißung JHWHs, er werde die „Bewohner des Landes" vertreiben (→ גרש [*gāraš*] und ירש [*jāraš*]), und das Gebot, ihnen keinen (Vasallitäts-)Vertrag zu gewähren (Ex 23, 31b. 32; 34, 12. 15; vgl. Ri 2, 2) (Näheres bei Schmitt und Halbe). Wo die Machtverhältnisse es erlaubten, lief das zwar nicht notwendig auf die Ausrottung der Kanaanäer, wohl aber mindestens auf ihre Enteignung und Vertreibung hinaus. Der Übergang zum Territorialstaat ließ es nun jedoch besser erscheinen, die unterworfene Bevölkerung in den Gebieten, auf die Israel Anspruch erhob, wohnen zu lassen und nur zum Frondienst zu verpflichten (vgl. Ri 1, 28. 30. 33. 35). In weiter entfernten Gebieten ließ man tributpflichtige Reiche bestehen. Zwischen den dynastischen Spitzen entstand ein Gefühl der Brüderschaft, gleichgültig, in welcher Richtung das machtpolitische Gefälle im Augenblick gerade verlief: man tastete sich nicht so leicht an. Der Dienst JHWHs kam eher im entfalteteren Opferkult zum Ausdruck. Gegen diese Tendenzen scheint sich in prophetischen Kreisen, vor allem des Nordens, Protest entwickelt zu haben. Und in diesem Zusammenhang spielte dann auch die Erinnerung an den ehemaligen *ḥerœm*-Krieg eine Rolle. Das bezeugen 2 aus Prophetenkreisen stammende Erzählungen. 1 Sam 15 macht die Schonung des sagenhaften Amalekiterkönigs Agag und die Umwandlung der besten Beutetiere aus *ḥerœm* in Opfertiere durch Saul zur Ursache von Sauls Verwerfung. Samuel, der prototypische Seher und Königsmacher, hat sie auszusprechen. Interessant ist die Wortverbindung *re'šîṯ haḥerœm*.

Wahrscheinlich greift die Erzählung hier polemisch einen gemachten Versuch auf, den Terminus *ḥeræm* in einen Opferterminus zu verwandeln. 1 Kön 20, 35–43 gehört zu einem Erzählungskranz, der von einem namentlich nicht genannten, ursprünglich vielleicht typisch gemeinten König von Israel handelt, 1 Kön 20 + 22 (vgl. zuletzt Gray ²1970, 414–416). In diesem Stück springt die positive Darstellung des Königs ins Negative um. Eine prophetische Unheilsansage ergeht an ihn, weil er seinen von JHWH besiegten Gegner, den König von Damaskus, begnadet und mit ihm einen Vertrag geschlossen hat (20, 34), wo dieser König doch als *ḥeræm* JHWH geweiht war (20, 42 *'îš ḥærmî*). An dieser prophetischen Untergrundtheologie ist wichtig, daß in beiden Erzählungen äußere Feinde als *ḥeræm* betrachtet werden: Wüstenstämme und Aramäer. Das entspricht der faktischen Feindsituation der Königszeit. Es unterscheidet diese Auffassung von der dtr *ḥeræm*-Theorie, die sich auf palästinensische Städte bezieht, und verbindet sie mit der Verwendung der *ḥeræm*-Terminologie in den Völkerorakeln der Prophetenbücher.

3. Ob die frühen Fassungen des dt Gesetzes den *ḥeræm* schon erwähnten, läßt sich nicht mehr feststellen. In Frage kämen Vorstufen von Deut 7 und 13.

Die erste, wohl in den triumphalen Jahren Josias redigierte Fassung des DtrG (vgl. dazu Cross 274–289; Smend) machte *ḥrm* dagegen zu einem wichtigen Begriff. Sie hat das Bild vom grausamen sakralen Vernichtungskrieg gegen die Gesamtbevölkerung Palästinas geschaffen, das den modernen Leser so beeindruckt und so bedrückt. Allerdings verkennt man meist die wahren Intentionen des DtrG. Dtr fand in seinen Quellen und Vorlagen für die frühe Zeit Israels *ḥeræm*-Erzählungen und Nachrichten über *ḥeræm*-Kriege (uns noch greifbar in Num 21; Jos 6f.; 1 Sam 15; Jos 10f.). Ferner lagen ihm Völkerlisten von Völkern vor, die zu seiner Zeit nicht mehr existierten. Schließlich kannte er die Traditionen von JHWHs Landverheißung sowie von der Verheißung, JHWH (bzw. Israel mit Hilfe JHWHs) werde die Bewohner des verheißenen Landes vertreiben (jetzt noch greifbar in Ex 23; 34; Ri 2; ihm in einem Frühstadium des Deut vielleicht schon vorgegeben im Grundbestand von Deut 7), ja vernichten (Ex 23, 23 *kḥd hiph*). Eine vor-dtr Tradition von einem Gebot der Völkervertreibung ist uns nicht greifbar, existierte aber möglicherweise ebenfalls (vgl. Ri 1). Deut 20, 17 enthält eine Rückverweisformel auf ein JHWH-Gebot der Vernichtung aller Völker der Völkerliste. Da die Rückverweisformeln des Deut im allgemeinen zuverlässig sind, müssen wir mindestens an die im Sinne eines Gebots verstandene Verheißung von Ex 34, 12. 15 (vgl. Ex 23, 31b. 32) denken. Vielleicht hat Dtr selbst sie schon in Deut 7, 2 im Sinne eines Gebots (mit dem Verb *ḥrm*) interpretiert. Auf jeden Fall entwirft Dtr eine Synthese der Landnahmezeit, gemäß der alle Völker, die im verheißenen Land wohnten, auf JHWHs Gebot hin ausgerottet wurden. Dabei dient das Verb *ḥrm* als ein Leitwort. Es verliert seinen spezifischen Sinn und wird zu einem allgemeinen Wort für radikale Vernichtung (vgl. in Jos 10 auf der Ebene der dtr Redaktion die Möglichkeit, den gleichen Sachverhalt mit und ohne *ḥrm* auszudrücken). Das grundsätzlich vorausgesetzte JHWH-Gebot (Deut 20, 17; Jos 10, 40; 11, 12. 15. 20) macht ein dem einzelnen Krieg vorangehendes Gelübde oder eine spezielle Anordnung durch Prophet oder Feldherrn überflüssig. Das Verb wird nur noch auf die Tötung von Menschen bezogen. Städte, Häuser, Brunnen, Tiere bleiben dagegen nach der dtr Landnahmetheorie unversehrt. Die Israeliten übernehmen einfach den Besitz, nur die Menschen werden ausgewechselt. Grundsätzlich ist das in Deut 6, 10f.; Jos 24, 13 gesagt; für konkrete Einzelfälle vgl. Deut 2, 34f.; 3, 4–7. Im Kriegsgesetz Deut 20, 10–18 wird Deut 20, 14b durch 20, 17 nicht zurückgenommen. Für Jericho war die Tradition gegen die dtr Regel und blieb als Sonderfall einfach stehen. Für Ai ließ sich zwar die Einäscherung der Stadt nicht aus der Tradition entfernen, aber mindestens wurde ein besonderer Befehl JHWHs eingeführt, daß Sachen und Vieh erbeutet werden durften (Jos 8, 2. 27). Bei den Aufzählungen von Jos 10f. wird von der Vernichtung von *kŏl-næpæš* (10, 28. [30. 32.] 35. 37. 39; 11, 11) oder – wo auf das Gesetz von Deut 20, 16f. verwiesen wird – in Anspielung auf Deut 20, 16 von der Vernichtung von *kŏl-nešāmāh* (10, 40; 11, 11f. 14f.) gesprochen, und Jos 11, 40 klärt eindeutig, daß mindestens im Sinne von Dtr mit diesen Ausdrücken nur die Menschen, nicht auch die Tiere gemeint sind. Die Einäscherung von Hazor, die offenbar auch aus der Tradition feststand, wird als Ausnahme gekennzeichnet (Jos 11, 13). Die Sinnspitze der alten *ḥeræm*-Erzählungen, nämlich der radikale Beuteverzicht, ist also völlig weggebrochen. Die Vernichtung der Menschen wird überdies gerechtfertigt. Der erste im DtrG beschriebene *ḥeræm*-Krieg eignete sich dafür gut als Beispielerzählung (vgl. Num 21, 21–31): Sihon von Hesbon erhält zunächst ein friedliches Abkommen vorgeschlagen (Deut 2, 26 *dibrê šālôm*). Aber er lehnt ab (2, 30 *welo' 'abāh*). Erst dann beginnt Israel den *ḥeræm*-Krieg. Allerdings wird sofort klargestellt, daß die Verweigerung der friedlichen Regelung selbst wieder JHWH-gewirkt ist: *hiqšāh JHWH 'ælohæ̂kā 'æt-rûḥô we'immeṣ 'æt-lebābô lema'an tittô bejādekā*. Genau das gleiche wird in Jos 11, 18–20, auf die gesamte Landnahme zurückblickend, für alle Könige und Städte Westjordaniens festgestellt, mit der einzigen Ausnahme von Gibeon. In Jos 11, 19 heißt es: *lo' hājetāh 'îr 'ašær hišlîmāh 'æl-benê jiśrā'el*. Es wäre also möglich gewesen, sich friedlich zu unterwerfen. Nur: „Von JHWH wurde es gewirkt, daß er ihren Mut stärkte zum Kampf gegen Israel, damit sie (die Israeliten) sie der Vernichtung weihten, ohne ihnen Gnade zu gewähren" (Jos 11, 20). Daher wird man auch das Kriegsgesetz in Deut 20, 10–18 so verstehen müssen, daß die Verpflichtung Israels, vor einem Krieg dem Gegner zunächst ein Angebot friedlicher Unterwerfung zu machen (20, 10f.), nicht nur für die Städte gilt, die „sehr weit entfernt" liegen (20, 15), sondern genau so auch für die Städte, die JHWH Israel zum Erbbesitz bestimmt hat (20, 16). Die unterschiedliche Form der Kriegsführung, nämlich *ḥrm* (20, 16–17), ist erst zu praktizieren, wenn das Unterwerfungsangebot abgelehnt ist. Daß dies nach dem DtrG mit einer einzigen Ausnahme stets geschah, stand auf einem anderen Blatt. Doch erst wenn es geschehen war, galt das alte Gebot, keinen Vertrag zu gewähren. Durch das Kriegsgesetz Deut 20, 10–18 ist der *ḥeræm* auch streng auf die Landnahmesituation und die Bewohner des verheißenen Lands eingegrenzt. Später und gegenüber anderen Völkern gelten andere Regeln. Im Grunde wird also durch das Gesetz, das den *ḥeræm* zu gebieten scheint, der *ḥeræm* für die wahren Adressaten des Gesetzes (Josia und seine Zeitgenossen) gerade verboten. Wie bewußt diese Einschränkung des *ḥeræm* geschieht, zeigt Deut 25, 17–19, wo die Vernichtung der Amalekiter gefordert wird – zweifellos eine vorgezogene Legitimation der Erzählung von 1 Sam 15. Das Wort *ḥrm*, das im vorgegebenen Text in 1 Sam 15 ein Leitwort bildete, ist hier, wo Dtr selbst formulieren kann, vermieden. Im ganzen: Die *ḥeræm*-Theorie des vorexilischen DtrG diente dazu, verschiedenartige alte Traditionen über die Landnahme zu systematisieren; daneben vollbrachte sie aber auch ganz bestimmte Leistungen für die Leser der Josiazeit. Es galt, ihnen das religiös-nationale Selbstbewußtsein zu stützen. Die assyrische Vorherrschaft und der damit gegebene Kulturdruck hatten zu einem religiös-nationalen Plausibilitätsschwund geführt. Der assyrischen Propaganda ähnlich konnte jetzt auch Israel durch bluttriefende Kriegserzählungen Terror ausstrahlen. Zugleich waren diese Erzählungen aber die Sache einer fernen Vergangenheit, und für die Gegenwart und ihre Außenpolitik konnte Israel sich höchst zivilisierter Kriegsregeln rühmen, stand also auch hierin nicht zurück hinter dem Besten, was Großmächte damals aufweisen konnten. Wichtig ist, daß die dtr *ḥeræm*-Theorie nicht dazu nötig gewesen zu sein scheint, Josias Vernichtungsaktionen gegen kultische Institutionen in Juda und im ehemaligen Nordreich zu legitimieren. Dafür genügten die alten und nun ins Deut aufgenommenen Gebote der Vernichtung kanaanäischer Kulte (Deut 7, 5; 12, 2f.; vgl. Ex 23, 24; 34, 13). Allenfalls diente dem noch das Gesetz Deut 13, 13–19 (Abfall einer Stadt vom JHWH-Kult). Doch selbst hier liegt eine eingrenzende Interpretation alter Tradition vor. Man muß das Gesetz im Vergleich mit Ex 22, 19 und im Zusammenhang der Gesetze Deut 13, 2–6. 7–12; 17, 2–7 lesen. Während vorher auf jedem Opfer für andere Götter die *ḥeræm*-Strafe stand, ist diese jetzt nicht mehr verhängt für die verschiedenen Arten der Anstiftung zum Dienst anderer Götter und für den Abfall einzelner Personen. Nur noch für den Fall der Apostasie einer ganzen Stadt ist sie vorgeschrieben.

Die exilische Überarbeitung des DtrG mußte erklären, wie es zur Katastrophe kommen konnte. Ein wichtiges Mittel der rückblickenden Geschichtsdeutung bestand darin, daß die Idee aufgegeben wurde, bei der Landnahme seien alle Bewohner des Landes ausgerottet worden. Sie existierten vielmehr teilweise weiter. Ihr verführerischer Einfluß auf Israels Glaube war eine Hauptursache für die große Geschichte des Abfalls. Das Verb *ḥrm*, das nun im Zusammenhang solcher Aussagen mit einer Negation erscheinen müßte, wird jedoch vermieden, vermutlich, um nicht zu eklatante Widersprüche zu den Aussagen der vorexilischen Schicht hervortreten zu lassen. Die Vernichtung, die hätte stattfinden sollen, aber nicht stattfand, wird als geplantes Werk JHWHs gesehen, das durch Israels Sünde verhindert wurde. Als Verben dienen vor allem *jrš hiph*, *šmd hiph* und *krt hiph*. Genügend übriggebliebene Völker erhält man, indem man für das verheißene Land den großen Umfang des späteren Davidsreiches zugrundelegt. Das Wort *ḥrm* spielt noch eine Rolle in dem jetzt oder sogar noch später in seine endgültige Gestalt gebrachten Kapitel Deut 7, wo in 7, 3–4 (vgl. auch den sekundären Nachtrag in Ex 34, 16) das alte Bündnisverbot durch das Mischehenverbot expliziert wird (*ḥrm* in 7, 2 und 7, 25f.). Deut 20, 18 als Sinngebung des *ḥeræm* („damit sie euch nicht lehren, alle Greuel nachzuahmen, die sie begingen, wenn sie ihren Götzen dienten, und ihr nicht gegen JHWH, euren Gott, sündigt") ist zweifellos erst jetzt ins Kriegsgesetz eingetragen worden. In 1 Kön 9, 21 wird berichtet, daß Salomo die nicht vom *ḥeræm* vernichteten Reste der Landesvölker zu Fronarbeitern machte. Der nicht vollzogene *ḥeræm* dient also dem exilischen Deuteronomisten dazu, die eingetretene Katastrophe verständlich und damit geistig verarbeitbar zu machen. Durch assoziative Nähe überträgt dabei das *ḥeræm*-Motiv in Deut 7 seine Intransigenz auf das in nachexilischer Zeit wichtig werdende Mischehenverbot und die völkische Absonderung.

4. Der vor-dtr Gebrauch von *ḥrm* bei den Propheten lebt auch in nachexilischer Zeit bisweilen in Orakeln gegen andere Völker auf (Jes 11, 15; 34, 2. 5; Jer 50, 21. 26; 51, 3; Mi 4, 13; Dan 11, 44). Neu ist, daß jetzt manchmal JHWH selbst den *ḥeræm* vollzieht. Wohl von der dtr Sprachentwicklung her meint das Wort jetzt auch manchmal einfach 'töten, vernichten'. Mit dieser Bedeutung kann es dann auch in Aussagen auftauchen, die auf JHWHs Handeln gegenüber Israel Bezug nehmen (Jes 43, 28; Sach 14, 11; Mal 3, 24).

5. Im nachexilischen Priesterrecht wird mit einer besonderen Form privater Stiftung von Sachen und Menschen ans Heiligtum gerechnet, die *ḥeræm* heißt. Eine solche Stiftung ist *qodæš qodāšîm* und kann nicht durch Geld abgelöst werden (vgl. Lev 27, 21. 28; Num 18, 14; Ez 44, 29). Die *ḥeræm*-Strafe lebte nach Lev 27, 29 weiter. Allerdings erfahren wir dort

nicht, wofür sie damals noch verhängt wurde, und es besteht der Verdacht, daß der Vers nur eine auf Ex 22, 19 bezogene theoretische Rechtsharmonisierung ist, der keine Praxis mehr entsprach. Dafür spräche, daß Esr 10, 8 die Verhängung einer *ḥeræm*-Strafe androht, die nicht an Personen, sondern an Sachen vorgenommen wird. Es handelt sich offenbar um Güterkonfiskation für das Heiligtum, während die Person des Delinquenten selbst durch den mit einer anderen Terminologie bezeichneten Ausschluß aus der *qᵉhal haggôlāh* bestraft wird. Das führt der Sache nach in eine gewisse Nähe zum talmudischen *ḥeræm*, ist davon aber terminologisch abzuheben. Für ihn könnte eher Jes 43, 28 eine Anregung gegeben haben (*ḥrm* || Profanierung und Schmähung; vgl. die gleiche Motivkombination in der späten Textänderung in Jer 25, 9 MT). Zum sachlich nahen ἀνάϑη/εμα des NT und der frühen Kirche vgl. Behm.

Lev 27, 29 ist wohl ausgelöst durch die Nennung von Menschen als mögliche private *ḥeræm*-Gaben an JHWH im vorangehenden Vers. Diese gestifteten Menschen bleiben am Leben, wohl als Sklaven des Heiligtums. In Lev 27, 28 steht *ḥrm hiph*, und das Subjekt der Schenkung ist genannt: *'îš*. Um diesen Fall klar von der Tötung eines Menschen als *ḥeræm* abzuheben, wird in einem angefügten Satz, 27, 29, auf die alte *ḥeræm*-Strafe Bezug genommen. Entscheidend ist, daß hier *ḥrm hoph* steht. Das zeigt, daß es sich um einen anderen, abzuhebenden Fall handelt. Wegen dieser Funktion von Lev 27, 29 scheint es gewagt, Vorformen des „Gesetzes" zu rekonstruieren (zuletzt Schulz 40f.). Erst recht hat der Vers nichts mit Jiftahs Gelübde zu tun. Jiftah hat seine Tochter als *'ôlāh* geopfert (Ri 11, 30f.).

Lohfink

חרם *ḥrm* II

חָרוּם *ḥārûm*, חֲרוּמַף *ḥᵃrûmap̄*, חֵרֶם *ḥeræm* II

I. Umwelt – 1. Ägypten – 2. Mesopotamien – II. Etymologie und Verbreitung – III. 1. at.liche Belege – 2. Qumran – 3. LXX – IV. Exegetischer Befund – 1. *ḥārûm* – 2. *ḥeræm*.

Lit.: *D. Bidoli*, Die Sprüche der Fangnetze in den altägyptischen Sargtexten (ADAI.Ä 9, 1976). – *C. H. W. Brekelmans*, חֵרֶם *ḥēræm* Bann (THAT I, 1971, 635–639). – *G. Dalman*, AuS VI, 1939, 343–370. – *F. Daumas*, Fischer und Fischerei (LexÄg II, 2, 1975, 234–242). – *G. R. Driver*, Hebrew Homonyms (VTS 16, 1967, 50–64). – *Ders.*, Studies in the Vocabulary of the Old Testament II (JThSt 32, 1931, 250–257). – *F. Dunkel*, Die Fischerei am See Genesareth und das Neue Testament (Bibl 5, 1924, 375–390). – *K. Galling*, Fisch und Fischfang (BRL² 83f.). – *J. G. Heintz*, Le Filet Divin, Jerusalem 1965. – *Ders.*, Oracles Prophétiques et „Guerre Sainte" selon les Archives Royales de Mari et l'Ancien Testament (VTS 17, 1969, 112–138). – *I. Gamer-Wallert*, Fische und Fischkulte im Alten Ägypten (ÄgAbh 21, 1970). – *P. Humbert*, Problèmes du Livre d'Habacuc (Mémoires de l'Université de Neuchâtel 18, 1944). – *J. Jeremias*, Kultprophetie und Gerichtsverkündigung in der späten Königszeit Israels (WMANT 35, 1970). – *O. Keel*, Die Welt der altorientalischen Bildsymbolik und das Alte Testament, 1972. – *B. Meißner*, Assyrische Jagden (AO 13, 2, 1911). – *P. Montet*, Les Scènes de la Vie Privée dans les Tombeaux Égyptiens de l'Ancien Empire (Publications de la Faculté des Lettres de l'Université de Strasbourg 24, 1925). – *A. Salonen*, Die Fischerei im Alten Mesopotamien (AnAcScFen B 166, 1970). – *A. S. van der Woude*, Micha (PredikOT, Nijkerk 1976). – →דג (*dāḡ*); →חרם (*ḥāram*, I. 1. 7).

I. 1. In Ägypten läßt sich das Netz als Fischfanggerät bis in die vordynastische Zeit zurückverfolgen, wobei das weite spindelförmige Sacknetz und das dreieckige Schleppnetz wegen des reichen Ertrages, den sie einbrachten, die größte Bedeutung innehatten. Diese Netze hatten am oberen Tau hölzerne Schwimmer, das untere Tau war durch Gewichte beschwert, so daß sie vertikal im Wasser standen. Sie wurden zwischen zwei Booten ins Wasser gelassen und von zwei Mannschaften an langen Seilen vom Ufer aus auf den Strand gezogen, wo die Fische aus dem Netz herausgenommen und eingesammelt wurden.

Mit Beginn des M. R., als man an die Verwandlung des Toten in einen Fisch glaubte, galten im äg. Totenglauben Fischer und Netz als Gefahrenpunkte für den Verstorbenen. Wie Sargtexte und das Totenbuch 153 A(?).B zeigen, konnte der vor Osiris Gerechtfertigte sich vor diesen Gefahren schützen, indem er den Fischer, das Netz und seine Teile mit Namen kannte und aussprach.

2. In Mesopotamien war das Netz das Fanggerät der Meeresfischer, wenngleich es für die frühe Zeit auch als Gerät der Süßwasserfischer belegt ist. Unter den Meeresfischern scheinen die Fischer mit den Netzen zeitweise eine eigene Gruppe gebildet zu haben, denn sie wurden z. B. von den Schildkrötenfischern unterschieden. Die wichtigste Bezeichnung für das Fischernetz ist der Sammelbegriff $^{gi\check{s}}$sa = *šētu* (auch für das Vogel- und Jagdnetz gebraucht), wozu noch über 30 weitere Namen für verschiedene Netzarten hinzutreten (vgl. Salonen 61–69). Je 9 Begriffe entfallen dabei auf die beiden Grundtypen des stellbaren Netzes und des Wurf-/Schleppnetzes. Im metonymen Sprachgebrauch war das Netz Zeichen des Triumphes über die Feinde und ein Symbol der gerichtlichen Souveränität der Gottheit und des Königs (vgl. Salonen 70; Heintz, VTS 17, 129ff.). Als Netzkämpfer treten in späterer Zeit nur Götter auf (vgl. die Geierstele des Eannatum).

II. Für die hebr. Wurzel *ḥrm* II *niph* 'gespalten sein' und Subst. *ḥeræm* 'Netz' findet sich die gemeinsame Grundbedeutung wahrscheinlich nur noch im Arab. *ḫarama* 'durchlöchern, perforieren' mit seinen Derivaten *'aḫram* 'eine durchbohrte Nasenscheidewand habend' und *taḫrīma* 'Spitze, durchbrochene Arbeit' (vgl. Wehr, Arab. Wb ⁴1968, 212f.; BDB 356f.; GesB 260; KBL³ 340). Gegen Driver (JThSt 21, 251; VTS 16, 56) sind akk. *ḫarāmu* II 'absondern' und *ḫarimtu* 'Prostituierte' *ḥrm* I zuzuordnen (KBL³ 340; vgl. dazu arab. *ḥaruma* 'unerlaubt sein, weihen', das auch in den Bedeutungen 'wegnehmen, ausschließen' belegt ist [Wehr 155]). Das gleiche gilt für den akk. PN

Ḫurrumu, der von *ḫarāmu* II abgeleitet ist (AHw I, 323; CAD VI, 89f.; gegen Noth, IPN 226; KBL³ 340 [Verschreibung: *Ḫurummu*]). Im Mhebr.-Neuhebr. sind die Verbform *ḥāram* II 'Netze anfertigen, fischen', *ḥ^aram* 'abstumpfen' von der Nase, das Subst. *ḥārām* 'Fischer' sowie die Subst. *ḥæræm* 'Netz, Fischteich' und *ḥærmā'* 'Netz' belegt (Levy, WTM II, 112). Aus dem Pun. ist die Berufsbezeichnung *ḥrm* 'Netzhersteller' bekannt (DISO 96). – Eine gemeinsame semantische Basis für *ḥrm* I und II postuliert Heintz (VTS 17, 136f.), demzufolge die Realität des Netzes und die sich darin ausdrückende Aussonderung die Grundlage für den Begriff des biblischen Banns bilden soll.

III. 1. Formen von *ḥrm* II sind 11mal im AT belegt: Ptz. passiv *qal ḥārûm* 'mit gespaltener Nase' Lev 21, 18, der davon abgeleitete Name *ḥ^arûmap̄* 'Spaltnase' Neh 3, 10 und 9mal *ḥeræm* 'Schleppnetz' Ez 26, 5. 14; 32, 3; 47, 10; Mi 7, 2; Hab 1, 15. 16. 17; Pred 7, 26.

Viele Änderungen von MT sind vorgenommen worden. So wird *ḥeræm* Hab 1, 17 in der Regel nach 1QpHab 6, 8 zu *ḥæræḇ* 'Schwert' geändert (Elliger, ATD 25, 34; Jeremias 79; Rudolph, KAT XIII/3, 209), doch ergibt *herîq ḥeræm* 'das Netz ausleeren' einen brauchbaren Sinn (vgl. Humbert 42), so daß erst in v. 17b die Deutung der vorhergehenden Verse erfolgt. In Mi 7, 2 wird *ḥeræm* entweder gestrichen (Weiser, ATD 24, 285; Robinson, HAT I/14, 148) oder zu *ḥorim* 'die Vornehmen' (Rudolph, KAT XIII/3, 121f.) bzw. zu *herîmû* 'die Hände zum Bösestun heben' (KBL³ 340; Vuilleumier, CAT XIb, 80) geändert und zu v. 3 gezogen. Mit Bezug auf Aquila, Symmachus, S, Targum und CD 16, 15, die ebenfalls *ḥeræm* – aber in der Bedeutung 'Bann' – lesen, ist MT zu belassen. Die von Driver (JThSt 32, 251; VTS 16, 59) und KBL³ 340 vorgeschlagene Wiedergabe von *w^ehæḥ^ærîm* Jes 11, 15 mit 'er wird spalten' beruht auf der falschen Zuordnung von akk. *ḫaramu* II zu *ḥrm* II. Hier liegt eine Form von *ḥrm* I 'bannen' vor, bzw. wird im allgemeinen *ḥrm* zu *ḥrb* I 'austrocknen' geändert (vgl. Wildberger, BK X/1, 464). Ebenso ist die Änderung von *ḥinnām* Spr 1, 11 (KBL³ 340) mit Blick auf Spr 1, 17 und Ps 35, 7 abzulehnen (vgl. Dahood, Psalms I, AB, 211f.; W. A. van der Weiden, Le Livre de Proverbes, BietOr 23, 1970, 19–22).

2. Aus den Qumranschriften könnte lediglich CD 16, 15 mit dem Zitat von Mi 7, 2b als Beleg für *ḥeræm* II 'Netz' gelten, doch hat hier *ḥeræm* nach übereinstimmender Deutung den Sinn 'Bann, Gelübde'.

3. LXX gibt *ḥārûm* mit κολοβόρριν 'verstümmelt' und den Namen *ḥ^arûmap̄* onomatopoetisch mit Ἐρωμαφ wieder. Für *ḥeræm* steht 5mal σαγήνη '(Schlepp-?)Netz' Ez 26, 5. 14; 47, 10; Hab 1, 16; Pred 7, 26; 2mal ἀμφίβληστρον '(Wurf-?)Netz' Hab 1, 15. 17 und ἄγκιστρον 'Angelhaken' Ez 32, 3. In Mi 7, 2 übersetzt LXX sehr frei ἐκθλίβουσιν ἐκθλιβῇ 'sie bedrängen durch Bedrückung'.

IV. 1. Innerhalb des 2. Priestergesetzes (Lev 21, 16–23; HG) steht *ḥārûm* in einer Liste von körperlichen Mängeln, die den Ausschluß von der Ausübung des Priesterdienstes nach sich ziehen. Elliger (HAT I/4, 291f.) deutet *ḥārum 'ô śārûa'* (v. 18) als „abnorme Entwicklung von Körperteilen", doch wird analog zu den vv. 18–20 an konkrete Körpergebrechen zu denken sein, hier an Nase und Ohr, so daß in v. 18 der Bereich von Sehen, Gehen, Reden und Hören umschrieben wird. *ḥārûm* bezeichnet dabei die Sprachbehinderung aufgrund einer durchbrochenen oder verbogenen Nasenscheidewand, vielleicht auch wegen eines Wolfsrachens, wodurch ein näselnder Klang in der Stimme entsteht.

2. *ḥeræm* ist ein term. techn. aus der Fischereisprache. Er wird wegen der Verben *'lh hiph* 'heraufziehen' Ez 32, 3; *grr* 'ziehen' Hab 1, 15; *rjq hiph* 'ausleeren' Hab 1, 17 sowie der Nennung von Trockenplätzen *mišṭāḥ* bzw. *mišṭôaḥ* Ez 26, 5. 14; 47, 10 als 'Schleppnetz' gedeutet und von *mikmæræṯ* 'Wurfnetz' unterschieden, das man über dem Wasser 'ausbreitet' Jes 19, 8 und mit dem man 'sammelt' Hab 1, 15 (vgl. Dalman 361; Galling, BRL² 84; →דג [*dāḡ*] 144f.).
Die Beziehung von Jagd und Fischfang zueinander zeigt sich in der Parallelität von *ræšæṯ* 'Jagdnetz' Ez 32, 3 und *m^eṣoḏîm* 'Fangseile', *'^asûrîm* 'Fesseln' Pred 7, 26 zu *ḥeræm* (vgl. auch Jer 16, 16) sowie *ṣûḏ* 'jagen' im Zusammenhang des Fischfangs Mi 7, 2.

Die Belege von *ḥeræm* gehören alle der Bildersprache an und befinden sich fast ausschließlich in der prophetischen Literatur.
a) Das „göttliche Netz" in der Hand JHWHs oder in seinem Auftrag von Menschen gebraucht ist ein Zeichen der Macht und Souveränität. So zeigt es in Ez 32, 3 die Überlegenheit JHWHs über den Pharao, der als Jungleu und Krokodil (*tannîn* [→ תנין]) dargestellt wird. JHWH selbst – in einer Erweiterung: durch viele Völker – wird die Bestrafung und Vernichtung des Pharao vornehmen, indem er dem Jungleu das 'Jagdnetz' (*ræšæṯ*) überwirft und das Krokodil mit dem *ḥeræm* aus den Wassern heraufzieht. Den Kadaver wird JHWH auf das Land und die Felder werfen, so daß sich alle Tiere daran sattfressen können. Dieses Gerichtshandeln JHWHs wird so gewaltig sein, daß davon die ganze Erde und sogar der Kosmos betroffen sein werden. (Zum Netz Marduks als mögliche Entsprechung vgl. EnEl IV 95.) Nach Hab 1, 14–17 ist die Macht der Babylonier mit Billigung JHWHs so groß, daß sie die Menschen anderer Völker wie Fische mit *ḥakkāh* 'Angel', *mikmæræṯ* 'Wurfnetz' und *ḥeræm* nach ihrer Willkür fangen können, ohne auf Widerstand zu stoßen. Die Wertschätzung der Fanggeräte zeigt sich in der Vergöttlichung der Netze (v. 16), denen die Babylonier Opfer darbringen. (Zu weiteren Belegen des „göttlichen Netzes" und altoriental. Parallelen vgl. Heintz, VTS 17, 129–138; Keel 78f. 214f.)
b) Wird der Mensch oder sein Tun mit dem *ḥeræm* verglichen, so drückt sich darin die Gefahr aus, die von diesem Menschen ausgeht. Nach Mi 7, 2 ist die Verderbnis in Juda so groß, daß jeder der Feind seines Nächsten ist. Wie ein Jäger dem Wild auflauert,

und wie der Fischer mit dem Netz den Fischen nachjagt, so machen die Menschen aufeinander Jagd (anders van der Woude 244, der *ḥeræm* als 'Bann, Verderben' deutet, dem alle nachjagen). Ähnlich beschreibt der Prediger 7, 26 die Gefährlichkeit der verführerischen Frau, indem er sie mit *meṣoḏîm* 'Fangseilen' vergleicht. Ihr Herz ist *ḥarāmîm* 'Schleppnetzen' ähnlich, denn sie ist immer wieder darauf aus, Männer zu betören und einzufangen; ihre Hände sind wie *'asûrîm* 'Fesseln', so daß der Betörte sich nicht von ihr lösen kann.

c) Der *mišṭaḥ ḥarāmîm* 'Trockenplatz der Netze' Ez 26, 5. 14 in der Gerichtsankündigung gegen Tyrus ist ein Bild für die totale Vernichtung dieser blühenden Handelsstadt; die so unbewohnbar gewordene Insel ist dann nur noch für die Fischer von Bedeutung, die auf deren Felsen ihre Netze zum Trocknen auslegen. In Ez 47, 10 zeigt der *mišṭôaḥ laḥarāmîm* die Veränderung vom Negativen zum Positiven an: Das Tote Meer wird voller Fische sein, und von En-Gedi bis En-Eglaim werden die Trockenplätze für die Netze der Fischer von dem unermeßlichen Fischreichtum des einst toten Meeres künden, der durch das heilbringende Wasser der Tempelquelle bewirkt werden wird.

Giesen

חרף *ḥrp* I

I. Die Wurzeln *ḥrp* in der Forschungsgeschichte – II. *ḥrp* I – 1. Belege – 2. *ḥoræp* und die Etymologie von *ḥrp* I – 3. Das Verbum – 4. Eigennamen – 5. Parallel- und Gegenbegriffe – 6. Versionen.

Lit.: *J. Barth*, Wurzeluntersuchungen zum hebr. und aram. Lexicon, 1902. – *G. R. Driver*, Studies in the Vocabulary of the O.T. IV (JThS 33, 1932, 38–47). – *J. Eitan*, The Bearing of Ethiopic on Biblical Exegesis and Lexicography (JPOS 3, 1923, 136–143). – *G. Gerleman*, Studies in the Septuagint. I. Book of Job (LUÅ N.F. Avd. 1. Bd. 43 Nr. 2, 1946). – *S. Krauss*, Talmudische Archäologie, II, 1911. – *B. Landsberger*, Schwierige akk. Wörter. 2. „Früh" und „spät" (AfO 3, 1926, 164-172). – *W. Leslau*, Ethiopic and South Arabic Contributions to the Hebrew Lexicon, Berkeley 1958. – *J. D. Michaelis*, Supplementa ad Lexica Hebraica, Pars Tertia, 1786, 933–940. – *F. Rundgren*, Arabisches *χarīf* „Herbst" und *χarūf* „Lamm" (OrS 18, 1969, 137–141). – *A. Schultens*, Liber Jobi, Leiden 1737. – *M. Wagner*, Die lexikalischen und grammatikalischen Aramaismen im at.lichen Hebräisch (BZAW 96, 1966).

I. Das Bibl.-Hebr. kennt zwei Wurzeln *ḥrp*. Von der einen ist das Substantiv *ḥoræp* abgeleitet, das meist mit 'Herbst', 'Winter' übersetzt wird (vgl. P. Fronzaroli, AANLR 20, 1965, 142. 148), von der anderen *ḥærpāh*, das 'Schmach', 'Schande' bedeutet. Allerdings hat man trotz dieser erheblichen Bedeutungsunterschiede versucht, beide Substantive und die zugehörigen Verben von einer einzigen Wurzel abzuleiten. So versteht Gesenius (Thes. 522ff.) *ḥrp* als „carpsit" ('pflücken') und gelangt von da aus zu der Bedeutung „carpsit conviciis ... probris affecit" („mit Schmähen rupfen ... schmähen"). Levy (TW I, 283, vgl. WTM II, 113f.) gewinnt für das jüd.-aram. *ḥarap* von einer (angenommenen) Grundbedeutung 'klein, unbedeutend sein' aus einerseits den Sinn 'scharfe, spitze Reden gegen jem. führen, schmähen, lästern', andererseits den Sinn 'früh, jung sein', von dem sich *ḥarîpûṯā'* 'Jugendzeit' (Hi 29, 4) ableite. Und noch Dalman (Aram.-neuhebr. HWb., 161b) notiert zu einem aram. Stamm *ḥrp* die Bedeutungen 'schärfen', 'spitzen' sowie 'lästern' (für das *pa*) und 'früh sein' (für das *aph*).

Zumeist aber rechnet man mit mindestens zwei Wurzeln *ḥrp*. Auch hier wird mehrfach von einer von dem arab. *ḫarafa* (vgl. akk. *ḫrp* II, 'wegschlagen', AHw I, 323) abgeleiteten Wurzel *ḥrp* 'rupfen', 'pflücken' ausgegangen, sei es, daß man davon die Bedeutung (verbis carpere =) 'schmähen' gewinnt und ein zweites *ḥrp* a) als Denominativ von (etymologisch nicht näher bestimmtem) *ḥoræp* findet (Siegfried-Stade, Hebr. Lex. zum A.T., 225) oder b) eine Bedeutung 'überströmen', 'saftig, frisch sein' postuliert, von dem *ḥoræp* „'Herbst(-Zeit)', aber auch 'Lebenssaft', 'Jugendfrische'" abgeleitet sei (Fürst, Hebr. und chald. Hwb., 442f.), sei es, daß man – meist – *ḥrp* I vom Arab. her als 'rupfen', 'reißen', 'pflücken' und von da aus *ḥoræp* als 'Zeit des Pflückens' = 'Herbst' bestimmt (mit denominiertem Verbum in Jes 18, 6) und daneben *ḥrp* II von im Jüd.-Aram., Syr. und Arab. vorliegenden Derivaten eines Stammes *ḥrp* (arab. *ḥrf*) 'spitz, scharf sein' aus als 'schmähen', 'verhöhnen' versteht (GesB 261, König, Hebr. Wb., 126, KBL[2] 335f., KBL[3] 341). Driver und danach KBL[2.3] rechnen für Ps 57, 4 mit einer dritten Wurzel *ḥrp* (→ חרף [*ḥrp*] II, II.1.). Das Ptz. *niph næḥæræpæṯ* Lev 19, 20 (s. dazu u. II.3.) wird teils mit *ḥrp* II 'schmähen' zusammengestellt: „von dem Mann verschmäht" (so u.a. Luther und die Lutherbibel bis zur Revision von 1964) oder 'preisgegeben' (Fürst 442; ebenso Levy, WTM II, 114 für das Ptz. Pass. *qal ḥarûpāh* „eig. der Schande preisgegeben; übertr. einem Manne angehörend"), teils mit *ḥrp* I (*ḥoræp*) (König 126: „gleichsam abgepflückt, d. h. zur Ehe versprochen"; KBL[1]: „[für einen anderen Mann] bestimmt" [mit Hinweis auf Landsberger 170]), aber auch von einer besonderen Wurzel abgeleitet (GesB 261 [„unsicherer Stamm"], KBL[3] 342 [*ḥrp* IV]).

De facto verteilt sich das Belegmaterial auf zwei Wurzeln: *ḥrp* I, das mit akk. *ḫarāpu(m)* 'früh sein, werden' (Landsberger; AHw I, 323; CAD VI, 90) zusammenhängt, und *ḥrp* II, das mit arab. *ḥarafa* zusammenzustellen ist (→ חרף [*ḥrp*] II).

II. 1. Zu *ḥrp* I gehört das Verbum dieses Stammes in Jes 18, 6 (*qal*) und Lev 19, 20 (*niph*) sowie das Subst. *ḥoræp* Gen 8, 22; Jer 36, 22; Am 3, 15; Sach 14, 8; Ps 74, 17; Hi 29, 4; Spr 20, 4. Die Zuweisung der Personennamen *ḥārip̱* Neh 7, 24; 10, 20 und *ḥārep̱* 1 Chr 2, 21 zu dieser Wurzel ist unsicher; sie sind wohl (wie der Gentilname *ḥ^{a}rîpî*/*ḥ^{a}rûpî* 1 Chr 12, 6) eher von *ḥrp* II abgeleitet.

2. Das Subst. *ḥoræp̱* bezeichnet den Winter, für palästinische Verhältnisse die Regenzeit (s. dazu Dalman, AuS I/1, 34ff.). Dem entspricht es, daß *ḥoræp̱* neben *qajiṣ* 'Sommer' steht (Gen 8, 22; Sach 14, 8; Ps 74, 17; vgl. Am 3, 15); beide zusammen bezeichnen den Zeitraum des ganzen Jahres (Sach 14, 8; Ps 74, 17). Der israelitische König Jerobeam II., vielleicht neben ihm auch Glieder der Oberschicht in Israel, besaßen ein „Winterhaus" und ein „Sommerhaus" (Am 3, 15). Ein „Winterhaus" des judäischen Königs Zedekia war im Blick auf die kalte Jahreszeit mit einem Kohlenbecken ausgestattet (Jer 36, 22). Zu dem Zeitraum, der mit *ḥoræp̱* umschrieben ist, gehört, wie Jer 36, 22 zeigt, der 9. Monat (Kislew; Nov.-Dez.); das ist die Zeit, in der es regnet (Esr 10, 13; vgl. äthHen 2, 3) und in der man wegen der Regengüsse (vor Kälte) zittert (Esr 10, 9). Daß *ḥoræp̱* auch die Zeit der Ernte umfasse, die mit dem Laubhüttenfest, dem Fest des „Einheimsens" (*ḥag hā'āsîp̱*, „am Ende des Jahres" Ex 23, 16) von Tenne und Kelter (Deut 16, 16) im 7. Monat (Sept.-Okt.) abschließt, ist nirgends gesagt. ÄthHen 82, 19 rechnet vielmehr das Einbringen der Früchte des Landes und des Ertrages der Äcker sowie die Kelterung des Weines ausdrücklich zu jener Zeit, deren Kennzeichen „Gluthitze und Trockenheit" sind, d. h. zum Sommer, der für das „astronomische Buch" äthHen 72–82 die Zeit des 4.–6. Monats, also zwischen Sommersonnenwende und Herbstäquinoktium (82, 18; 72, 15–20) ausmacht. Die Hitze und damit die Zeit des Einheimsens gehören zum Sommer (*qajiṣ*; vgl. auch Jer 8, 20; Spr 6, 8; 10, 5), im Gegensatz dazu zum Winter (*ḥoræp̱*) die Kälte (vgl. Gen 8, 22 und z. B. Baba Meṣi'a 107b). Daß *ḥoræp̱* nichts mit der Ernte(zeit) zu tun hat, wird dadurch unterstrichen, daß die Rabbinen bei einer Aufteilung des Jahres in 6 Zweimonatsfristen (*zæra'* 'Samen, Saat', *ḥoræp̱* 'Winter', *qîr* 'Kälte', *qāṣîr* 'Schnitternte', *qajiṣ* 'Obstlese', *ḥom* 'Hitze') *ḥoræp̱* nach der Aussaat an zweiter Stelle im Jahr – „die Hälfte des Kislew (9.), Marcheschwan (10.), die Hälfte des Schebat (11. Monat)" = Dez.–Jan. – einordnen (Baba Meṣi'a 106b; Tos. Ta'an. 1, 7, 215, 15; vgl. Krauss II, 149). Damit erweist sich die verbreitete Ableitung des Wortes *ḥoræp̱* von einem arab. *ḫarafa* 'pflücken' (Schultens 801f.; Gesenius, Thes.; GesB; KBL^2, vgl. auch Eitan 142) und sein Verständnis als 'Zeit des (Obst)pflückens', 'Herbst' als unhaltbar (vgl. Landsberger 170f.); die Bedeutung 'Herbst' für asarab. *ḫrp* und arab. *ḫarīf* ist sekundär (vgl. auch Lane I, 2, 725ff.). *ḥoræp̱* ist vielmehr von einer Wurzel *ḥrp* = 'früh sein/werden' abgeleitet. Diesen Sinn hat die Wurzel im Akk., wo das Verbum *ḫarāpu(m)* von Sonne, Regen, Hochwasser u.a., das Adj. *ḫarpu(m)* von Regen, Hochwasser, Saat, Ernte, vom Morgen u.a. ausgesagt sind (AHw I, 323. 326 und CAD VI, 90. 105f.; vgl. auch *ḫarpū*, 'Herbst'), und im Ugar. (falls in *ḫprt* Metathesis [statt *ḫrpt*] und damit die Bedeutung 'Jährling[e]' vorliegt [KTU 1.4 VI, 48; UT Nr. 992]). Diese Bedeutung der Wurzel *ḥrp* wird, abgesehen von dem *niph* des Verbums in Lev 19, 20 und dem daran anknüpfenden Ptz. Pass. *qal* im Talmud, wieder sichtbar im Jüd.-Aram. (*ḥ^{a}rap aph* 'etwas früh tun' [Sanh. 70b; Levy, WTM II, 114a]; *ḥ^{a}rāpā'* 'frühzeitig' [vom Frühregen; von Schafen, die im Monat Adar geworfen wurden – im Gegensatz zu den 'späten' ['^{a}pîlôṯ], die im Nisan geworfen wurden [RH 8a; u.a.]; *ḥ^{a}rîpûṯā'* 'Jugendzeit', 'frühes Mannesalter' [Hi 29, 4; s.u.], wohl davon *ḥurpā'* einfach 'Lamm' [dieses dann auch im Syr. und Mand., ebenso arab. *ḫarūf* 'Lamm']; vgl. schon akk. *ḫurāpu* 'Frühjahrslamm' [AHw I, 357f.]). Hierher gehört auch asarab. *ḫrp* und äth. *ḫarīf* 'Jahr' (Leslau 22), wobei hier offenbar eine ähnliche Entwicklung – 'Frühjahr' > 'Jahr' – vorliegt wie bei *ḥodæš* 'Neumond' > 'Monat'.

ḥoræp̱ bedeutet also die Frühzeit des (im Herbst beginnenden Bauern-)Jahres, das 'Frühjahr'. Klimatisch gesehen ist das in Palästina der „Winter".

Dieser Sinn liegt auch in Spr 20, 4 vor (vgl. dazu Dalman, AuS I/1, 36. 164). Von hier aus ist auch die Bedeutung von *ḥoræp̱* in Hi 29, 4 zu entscheiden. Hiob gedenkt seines früheren Glückes (29, 2ff.): „Wie ich war *bîmê ḥŏrpî*, als Gott (noch) mein Zelt 'schützte' (s. BHK)." *ḥoræp̱* meint hier nicht den „Herbst" als eine Zeit der reifen Manneskraft (so seit Schultens 800ff. die Mehrzahl der Ausleger), sondern die „Frühzeit", also die Jugend und die frühen Mannesjahre (mit Symmachus ἐν ἡμέραις νεότητός μου, V in diebus adolescentiae meae; Barth 23f.; N. Peters, EHAT 21, 1928, 314; G. Hölscher, HAT I/17, ^{2}1952, 70 [unter Hinweis auf die Derivate zu *ḥoræp̱* bei Levy, TW I, 284]; KBL^3; u.a.; G. Fohrer, KAT XVI, 402. 405 denkt hier nicht an die „Jugend", sondern an die „frühere Zeit", die Zeit des Wohlbefindens), ohne daß deshalb ein hap. leg. (KBL^2) anzunehmen ist.

3. Das Verbum *ḥrp* (*qal*) ist in Jes 18, 6 von *ḥoræp̱* denominiert und bedeutet hier 'überwintern' (wie *qjṣ qal* 'übersommern' von *qajiṣ* 'Sommer' ebenda; vgl. χειμών-χειμάζω, hiems-hiemare).

Das *niph* von *ḥrp* findet sich in einem Rechtssatz in Lev 19, 20: „Wenn ein Mann einer Frau beiwohnt, sie aber ist eine Sklavin, *næḥ^{æ}ræpæṯ le'îš*, und sie ist fürwahr nicht freigekauft noch ist ihr Freilassung gewährt, so wird *biqqoræṯ* (K. Elliger, HAT I/4, 1966, 243. 260: 'Abrügung'; eher wohl: 'Schadenersatzpflicht' [KBL^3 145]) sein, sie werden nicht sterben, denn sie ist (noch) nicht freigelassen worden." In dem hier vorausgesetzten Fall wird von der Frau (Sklavin), mit der ein Mann (nicht ihr Herr, nicht ihr Gatte) verkehrt, gesagt, daß sie „einem Mann *næḥ^{æ}ræpæṯ*" ist. Daß *næḥ^{æ}ræpæṯ* „zur Ehe ausersehen" meine, daß also eine Ehe noch nicht zustande gekommen und deshalb die Todesstrafe nicht fällig sei (M. Noth, ATD 6, ^{2}1966, 123), ist unwahrscheinlich; denn die Aussetzung der Todesstrafe wird in

v. 20b nicht damit begründet, daß keine Ehe besteht, sondern damit, daß die Sklavin nicht freigelassen ist. Zudem wäre, wenn die Frau, die (noch) Sklavin ist, rechtlich nicht als „Ehefrau" gilt, ein Anlaß für Todesstrafe nicht gegeben, die ausdrückliche Bestimmung, daß die Sklavin und der Beischläfer nicht sterben sollen, also unmotiviert. Der Fall steht vielmehr dem von Deut 22, 23f. 25f. nahe, der als Verbrechen den Verkehr eines Mannes mit einem jungfräulichen Mädchen, das *me'orāśāh le'îš* „einem Mann ‚angetraut' (‚verlobt')" ist, behandelt. Durch den Akt des *'rś* wird das Mädchen seinem Gatten „angetraut" (man spricht üblicherweise, aber ungenau von „Verlobung"), wodurch es rechtlich bereits seine Frau wird, auch wenn es vorerst noch im Hause seines Vaters bleibt und von seinem Ehemann noch nicht in die Ehe „genommen" wird (vgl. Deut 20, 7aα). Dieses „Angetrautsein" wird in Lev 19, 20 mit *næḥ^{æ}ræpæṯ* bezeichnet (vgl. auch u. II.6.). Statt des Ptz. *niph* gebraucht später der Talmud das Ptz. Pass. *qal ḥ^{a}rûpāh* (Sabb. 72a u.ö.), das in Qidd. 6a in der Weise mit *'rsh* (= bibl.-hebr. *'rśh*) gleichgesetzt wird, daß das letztere allgemein, das erste aber speziell in Judäa verwendet worden sei. (Das in KBL^{3} 342 unter *ḥrp* IV herangezogene *ḫarūpu* [MAOG II/3, 44 Z. 39] bedeutet nicht „Verlobter", sondern „Johannisbrot"; vgl. BWL 216, 39; AHw I, 329; CAD VI, 120). Auf den Verkehr mit einem „angetrauten" Mädchen oder einer „angetrauten" Frau steht für beide Beteiligten die Todesstrafe (vgl. Deut 22, 23f. samt dem Sonderfall in v. 25f.). Daß im Fall von Lev 19, 20 diese nicht verwirkt wird (vgl. v. 20bα), hat seinen Grund darin, daß die Frau (noch) Sklavin und – wie betont wird – weder losgekauft noch freigelassen ist. Der Rechtsanspruch des Herrn der Sklavin steht über dem des Ehemannes der „Angetrauten". Semasiologisch ist *næḥ^{æ}ræpæṯ* weder die „Verschmähte", die „Preisgegebene", noch die „Abgepflückte" (s.o. I.), sondern die „*früh* (einem Manne) Gegebene" (so Landsberger 170), eher noch: „die in einen Frühzustand Versetzte", womit auf ihren Status der in der „Vorehe" (P. Koschaker, ArOr 18, III, 1950, 228) Befindlichen Bezug genommen wird (vgl. M. David, OLZ 30, 1927, 1072f.).

4. Für eine Zuweisung der Personennamen *ḥārîp̄* (Neh 7, 24; 10, 20) und *ḥārep̄* (1 Chr 2, 51; zu einem hebr. Siegel s. LidzEph I, 1900, 274) zu *ḥrp* I könnte sprechen, daß in der Liste der Heimkehrer aus der Golah in Neh 7 || Esr 2 anstelle des Namens *ḥārîp̄* in Neh 7, 24 in Esr 2, 18 *jôrāh* steht. Diese Namensform hängt offensichtlich mit *jôræh* 'Frühregen' zusammen, was zu der Annahme führen kann, daß für die Israeliten der Name *ḥārîp̄* 'früh' bedeutete. Der Name wäre dann etwa zu erklären als „Früh-ling", die Frühgeburt, im Gegensatz zu dem akk. Namen Uppulti „(Spätfrucht =) Spätling", „Spätgeburt" (von *apālu* 'spät sein', vgl. dazu Landsberger 168; die Form in zusammengesetzten Namen s. AN 131. 155). Doch → חרף (*ḥrp*) II.

5. Entsprechend dem akk. Gegensatzpaar *ḫarāpu* – *apālu* 'früh sein' – 'spät sein' (s. Landsberger) steht im Hebr. des AT dem *ḥrp* I die Wurzel *'pl* gegenüber in dem Adj. *'āp̄îl* „spät" (Ex 9, 32 [Zusatz zu J], von späterer Frucht gesagt). Weitere Parallel- und Gegenbegriffe ergeben sich aber nicht aus der Etymologie, sondern aus der konkreten Bedeutung des von *ḥrp* I abgeleiteten Wortes. Für die Zeit des *ḥoræp̄* bietet das AT das Wort *s^{e}ṯāw* HL 2, 11, das hier ausdrücklich in Parallele zu „Regen" steht. Das Wort ist aus dem Altaram. übernommen (Inschrift des Königs Barrakib von Sam'al [2. Hälfte 8. Jh. v. Chr.]: KAI Nr. 216, 18f.); weiter im Jüd.-Aram. und im Syr. Es gehört zu akk. *šatū* 'trinken' (AHw II, 1202) und arab. *šitā'* 'Regenzeit', 'Winter' (vgl. Wagner Nr. 207). – Als Gegenbegriff zu *ḥoræp̄* 'Winter' steht *qajiṣ* 'Sommer' Gen 8, 22; Sach 14, 8; Ps 74, 17; vgl. Am 3, 15, entsprechend denominiert neben *ḥrp qal* 'überwintern' *qjṣ qal* 'übersommern' Jes 18, 6.

6. Das Verbum *ḥrp* I ist in Jes 18, 6 von LXX (ἥξει) nicht, von Targum (*j'bdwn stw'*) und V (hiemabunt) richtig verstanden; in Lev 19, 20 gibt es LXX (διαπεφυλαγμένη; das Verbum steht für *šmr* [14mal] und *nṣr* [Deut 32, 10]) dem Sinn entsprechend, Targum Jerušalmi I (*mt'rs'* 'angetraut') genau und auch Targum Onkelos (*'ḥjd'* 'zugeeignet') angemessen wieder, während Targum Neophyti 1 mit *mš'bdh* 'zum Dienst unterworfen' an die Stellung der Sklavin zu ihrem Herrn, V (nubilis) aber an die Heiratsfähigkeit denkt.

Die ursprüngliche Bedeutung des Subst. *ḥoræp̄* spiegelt sich in LXX in der Wiedergabe mit ἔαρ 'Frühling' in Gen 8, 22; Sach 14, 8; Ps 74, 17 wider, während die Bedeutung 'Winter' in dem Adj. χειμερινός (Jer 36, 22) sichtbar wird. In Am 3, 15 ist dem οἶκος θερινός 'Sommerhaus' der οἶκος περίπτερος gegenübergestellt, das Haus, das durch seinen Säulenumgang Schutz gegen Sonne, aber auch gegen Regen bietet.

Daß die LXX in Hi 29, 4 für *bîmê ḥŏrpî* ἐπιβρίθων ὁδούς (B) / ὁδοῖς (AS^{2}) setzt, erklärt sich kaum vom Konsonantenbestand her: Dem griech. Übersetzer habe *b^{e}moaḥ ropæh* (במח רפה statt בימי חרפי) vorgelegen (Gerleman 21); denn von „im Mark schlaff werdend / niedersinkend" führt keine semasiologische Entwicklung zu dem angenommenen Sinn „when I sank down owing to corpulence" > „when I walked heavily on the roads". Wahrscheinlicher ist, daß die LXX – MT nicht verstehend – die Formulierung: „wenn ich (schwer lastend =) gewichtig (= Ehrfurcht gebietend und empfangend) auf den Straßen (ging)" (cf. Gerleman) Hiobs Darstellung in v. 7ff. entnahm. Hieronymus hat sich ihr mit „florens in viis" angeschlossen, während Targum, Symmachus und V den MT korrekt wiedergeben (s.o. II.2.). Bei ὀνειδιζόμενος „geschmäht" Spr 20, 4 ist fälschlich an *ḥrp* II gedacht.

Das Targum gibt *ḥoræp̄* 5mal mit *s(j)tw'* wieder (Gen 8, 22; Jer 36, 22; Am 3, 15; Sach 14, 8; Ps 74, 17; s. dazu o. II.5.), in Hi 29, 4 mit *ḥ^{a}rîpûṯā'* 'Frühzeit', 'Jugendalter' (s.o. II.2.), in Spr 20, 4 – wie LXX mißverstehend – mit *mtḥsd* ʿgeschmähtʾ. – V hat für *ḥoræp* ver ʿFrühlingʾ (Ps 74, 17), hiems (Gen 8, 22; Sach 14, 8) bzw. das Adj. hiemalis (Jer 36, 22; Am 3, 15), in Hi 29, 4 sachgemäß adolescentia; sie denkt auch in Spr 20, 4 mit propter frigus an den „Winter", verschiebt aber – unter Umwandlung der Zeitangabe („im Winter") in eine Begründung („wegen der Kälte") – den Sinn.

Kutsch

חרף *ḥrp* II

I. 1. Die Wurzel *ḥrp* II – 2. Statistik – 3. Wortfeld – II. 1. Das Verbum – 2. Das Substantiv – 3. Theologische Aussagen – 4. Namen – III. 1. LXX, Targum, Vulgata – 2. Sirach, Qumran.

Lit.: *G. R. Driver*, Studies in the Vocabulary of the O.T. IV. (JThS 33, 1932, 38–47). – *J. Schneider*, Art. ὄνειδος κτλ. (ThWNT V, 1954, 238–242). – *R. Smend*, Die Weisheit des Jesus Sirach, hebr. und deutsch, 1906. – *Y. Yadin*, The Ben Sira Scroll from Masada, Jerusalem 1965.

I. 1. Die Wurzel, zu der *ḥrp* II gehört, begegnet außer im Bibl.-Hebr. im Mhebr., im jüd. und christl.-paläst. Aram., im Syr., Mand. und im Arab., wo sie teilweise ʿscharf seinʾ u. ä. bedeutet. Im einzelnen zeigt sich dort folgender Sprachgebrauch. Das Verbum hat die Bedeutung 1) ʿscharf seinʾ im Syr. (mit *pa* ʿschärfenʾ und *etpa* ʿgeschärft seinʾ) und Mand.; 2) ʿreizenʾ, ʿanstachelnʾ im christl.-paläst. Aram. (*aph*), Syr. (*pa*, *aph*); 3) ʿschmähenʾ, ʿverhöhnenʾ, ʿgeringachtenʾ im Bibl.-Hebr., Mhebr. und Jüd.-Aram. (Ob ein Zustandsverbum wie ʿscharf seinʾ mit dem transitiven ʿschmähenʾ zusammengehören kann, ist nach v. Soden zweifelhaft.) Substantive bedeuten 1) ʿSchärfeʾ, Adjektive entsprechend ʿscharfʾ im Jüd.-Aram., im Syr. und (nur Adj.) im christl.-paläst. Aram. und im Mand. (Im Mhebr. setzt *ḥārôp̱* ʿGrabeisenʾ diese Bedeutung voraus; im Arab. ist *ḥarf* die ʿscharfe Kanteʾ.) Daraus ergab sich im Syr. bei zwei Substantiven bzw. beim Adjektiv der Sinn ʿSchnelligkeitʾ bzw. ʿschnellʾ, der auch im Jüd.-Aram. in *ḥarîpûṯāʾ* ʿstarke Strömungʾ vorauszusetzen ist, sowie ʿScharfsinnʾ bzw. ʿscharfsinnigʾ im Jüd.-Aram. und im Syr. Aus dem Bibl.-Hebr. gehören wahrscheinlich Namen von Personen und einem Ort, aus dem Jüd.-Aram. Personennamen hierher (s. u. II.4.). Im christl.-paläst. Aram. begegnet ein Subst. in der Bedeutung ʿAnstachelungʾ. 2) Auf der anderen Seite meinen hebr. *ḥærpāh*, jüd.-aram. *ḥærpeṯāʾ*, *ḥērûp̱āʾ* das ʿSchmähenʾ, die ʿLästerungʾ, die ʿSchmachʾ. Die verschiedenen Bedeutungen lassen eine semasiologische Entwicklung erkennen. Von ʿscharfʾ aus ergibt sich ʿschnellʾ (vgl. bibl.-hebr. *ḥdd*: *hoph* Ez 21, 14–16 ʿgeschärft werdenʾ neben *qal* Hab 1, 8 ʿschnell seinʾ [|| *qll qal*]), von ʿschärfenʾ, ʿscharf machenʾ aus ʿreizenʾ, ʿanstachelnʾ und weiter ʿschmähenʾ. Das macht deutlich, daß es sich – wie heute im allgemeinen angenommen – in diesen Fällen um *eine* Wurzel handelt. Daß diese dagegen nichts mit *ḥrp* I zu tun hat (→ חרף [*ḥrp*] I, I.1.), ergibt sich daraus, daß dorthin keine semasiologischen Beziehungen wahrscheinlich gemacht werden können, sowie daraus, daß im Arab. sich beide Wurzeln im ersten Konsonanten unterscheiden (*ḫarūf* junges Lamm :: *ḥarāfa* Schärfe; vgl. Rundgren, OrS 18, 1969, 137–141).

Die Grundbedeutung der Wurzel *ḥrp* II, ʿscharf seinʾ, im *pi* ʿscharf machenʾ, ʿschärfenʾ, tritt im Bibl.-Hebr. vielleicht in Eigennamen (s. u. II.4.), nicht aber im Verbum und im Subst. (*ḥærpāh*) zutage. Die im christl.-paläst. Aram. und im Syr. belegte Bedeutung ʿanstachelnʾ findet sich immerhin in Sir 43, 16: „Sein (JHWHs) Wort treibt den Südwind an" (*ḥrp hiph* in M [Yadin 32], *pi* in B [Smend 46]).

2. Das Verbum *ḥrp* II ist im AT 39mal (4mal *qal*, 34mal [+ Ps 57, 4] *pi*) belegt. Es findet sich gehäuft im Zusammenhang von 1 Sam 17 (5mal; dazu 2 Sam 21, 21; 23, 9 [Glosse]; ebenso 11QPs[a] 28, 14) und 2 Kön 19 = Jes 37 (je 4mal), 11mal im Psalter (+ Ps 57, 4), dazu in Ri 5, 18 (ältester Beleg); 8, 15; Jes 65, 7; Zeph 2, 8. 10; Hi 27, 6; Spr 14, 31; 17, 5; 27, 11; Neh 6, 13; 1 Chr 20, 7; 2 Chr 32, 17. – Das Subst. *ḥærpāh* tritt 73mal auf: gehäuft in Jer, Ez, Kl (12-/7-/3mal), im Psalter (20mal), im übrigen 31mal von 1 Sam 11, 2 bis Neh und Dan (je 4mal).

3. Neben und parallel zu *ḥrp* II stehen → גדף (*gdp*) *pi* ʿschmähenʾ, ʿlästernʾ (2 Kön 19, 6 [neben 4]. 22; Jes 37, 6 [neben 4]. 23; Ps 44, 17; [1QpHab 10, 13]), *hll* III *po* ʿzum Gespött machenʾ (Ps 102, 9), *lʿg* ʿverspottenʾ (Spr 17, 5), *nʾṣ pi* ʿlästernʾ (Ps 74, 10. 18), *ʾmr ʿl* ʿgegen jmdn. redenʾ (2 Chr 32, 17), *kʿs hiph* ʿzum Unmut reizenʾ (Jes 65, 3 neben 7). Zum Wortfeld gehören weiter *bûz* und *bzh* (→ בזה) ʿgeringschätzenʾ (Spr 1, 7 / Num 15, 31 u. ö.), *ḥsd* I *pi* ʿschmähenʾ (Spr 25, 10; Sir 14, 2), *klm hiph* ʿbelästigenʾ, ʿbeschimpfenʾ (Ruth 2, 15; 1 Sam 20, 34 u. ö.), *mûq hiph* ʿverspottenʾ (Ps 73, 8: GesB :: KBL² s. v.), *nqb qal* in der Bedeutung ʿlästernʾ (Lev 24, 11. 16a. b) und *qll pi* ʿverfluchenʾ (Lev 24, 11 u. ö.; dafür setzt ein Teil der Targume auch *ḥrp pi*), *šʾṭ* ʿverachtenʾ (Ez 16, 57; 28, 24. 26), auch *bôš hiph* in der Bedeutung ʿschändlich handelnʾ (Spr 10, 5 u. ö.). Als Gegenbegriff findet sich *kbd pi* ʿals gewichtig ansehenʾ, ʿehrenʾ (Spr 14, 31).

Dem Subst. *ḥærpāh* entsprechen *bûz*, *bûzāh* ʿGeringschätzungʾ (Ps 119, 22 / Neh 3, 36), *bošæṯ* ʿSchandeʾ (Jes 30, 5), *giddûpîm* und *giddûpāh* ʿSchmähungʾ (Zeph 2, 8 / Ez 5, 15), *derāʾôn* ʿAbscheuʾ (Dan 12, 2), *ḥæsæḏ* I ʿSchmähungʾ (Sir 41, 22), ʿSchandeʾ (Lev 20, 17; Spr 14, 34), *laʿaḡ* ʿVerspottungʾ (Ps 44, 14), *qælæs*/*qallāsāh* ʿSpottʾ (Jer 20, 8 / Ez 22, 4), *næḡaʿ weqālôn* ʿSchlag und Schandeʾ (Spr 6, 33), vor allem *kelimmāh* und *kelimmûṯ* ʿSchimpfʾ (Jer 51, 51; „ursprünglich: tätlicher :: *ḥærpāh* wörtlicher Schimpf" [KBL² 440b] / Jer 23, 40). In Wendungen „(zur) Schmach werden/machen" steht *ḥærpāh* neben *ʾālāh* und *qᵉlālāh* 'Fluch' (Jer 42, 18), *za'ᵃwāh* 'Schrecken' (Jer 24, 9), *šammāh/mᵉšammāh* 'Entsetzen' (Jer 25, 18 / Ez 5, 15), *šᵉreqāh* 'Pfeifen' (zur Dämonenabwehr) (Jer 29, 18), *māšāl* 'Sprich-(Spott-)wort' und *šᵉnînāh* 'Spottwort' (Jer 24, 9), dessen Ableitung von *šnn* 'schärfen' (Deut 32, 41: Schwert; Ps 64, 4: Zunge) den Zusammenhang von *ḥrp pi* und *ḥærpāh* mit *ḥrp* = 'scharf sein' illustriert. Vgl. weiter *šᵉ'āṭ* 'Verachtung' (Ez 25, 6). – Zur Parallele *ḥærpāh*||*'ærwāh* 'Scham' (Jes 47, 3) s.u. II.2.

II. 1. Im Bibl.-Hebr. meint *ḥrp* II 'schmähen', 'lästern', 'höhnen'. „Wie lange soll der Widersacher noch schmähen (*ḥrp pi*), soll der Feind deinen Namen immerfort lästern (*n'ṣ pi*)?" [Ps 74, 10]. Der jeweilige Kontext gibt Nuancierungen in verschiedener Richtung. Wer einen anderen schmäht, will ihn in seiner Bedeutung, in seiner Würde und in seiner Fähigkeit herabsetzen, macht deutlich, daß er ihn geringschätzt, verachtet. Die Führer der Stadt Sukkot verweigern Gideon und seinen Leuten die erbetene Verpflegung und unterstreichen ihre Mißachtung mit der Frage, ob er denn die von ihm verfolgten Midianiter-„Könige" schon in seiner Hand habe (Ri 8, 15, vgl. 6). Die siegreichen Feinde schmähen den geschlagenen Davididen (Ps 89, 52). Und die Gegner des Nehemia würden diesen 'schmähen', wenn er aus Angst vor einem Anschlag sich im Tempel eingeschlossen hätte (Neh 6, 13). Solches 'Schmähen' als Geringschätzen steht im Gegensatz zu *kbd pi* 'für gewichtig halten', 'ehren': Wer den Geringen bedrückt, wer den Armen verspottet (*l'g*), schmäht dessen Schöpfer (Spr 14, 31a; 17, 5a), aber wer sich des Armen erbarmt, ehrt ihn (14, 31b). Häufig ist mit dem Schmähen die Betonung der eigenen Größe, des eigenen Vermögens verbunden. So 'schmäht' der König Sanherib von Assyrien „den lebendigen Gott", JHWH (2 Kön 19, 4. 16. 22. 23 = Jes 37, 4. 16. 23. 24; 2 Chr 32, 17), indem er diesem die Macht zu hilfreichem Eingreifen zugunsten Jerusalems abspricht, zugleich aber sich selbst und seine Erfolge preist (2 Kön 18, 30. 32b–35; 19, 10–13 = Jes 36, 15. 18–20; 37, 10–13; 2 Chr 32, 11–19). Ebenso 'schmäht' nach 1 Sam 17 der Philister Goliath „die Schlachtreihen Israels" (v. 10) mit der Aufforderung, ihm einen Einzelkämpfer für einen Entscheidungskampf entgegenzustellen; er hält sich für unbesiegbar, jener Israelit aber – falls überhaupt einer zum Kampf bereit wäre (vgl. v. 11. 24) – hätte keine Chance. So „verachtet" (*bzh*) der Philister dann auch den jungen David (v. 42), der ihm entgegentritt, und „verflucht" ihn (*qll pi*, v. 43). Die Schmähreде des Philisters trifft mit Israel (v. 10. 25) „die Schlachtreihen des lebendigen Gottes" (v. 26. 36; vgl. 11QPsᵃ 28, 14) und berührt damit letztlich JHWH selbst. Mit seinem Sieg über die Philister nimmt David die 'Schmach' von Israel weg (vgl. v. 26a). Zu *ḥrp* in solchem Zusammenhang vgl. weiter 2 Sam 21, 21 = 1 Chr 20, 7; (2 Sam 23, 9). Vgl. dazu F. Willesen, The Philistine Corps of the Scimitar from Gath, JSS 3, 1958, 327–335. Daß zum 'Schmähen' des anderen die Selbstüberheblichkeit gehört, findet darin auch seinen terminologischen Ausdruck, daß in Parallele zu *ḥrp* auch *gdl* (*hiph*) *'l* 'großtun gegen jmd.' ausgesagt sein kann: so vom Feind, ja vom Freund gegenüber dem Beter in Ps 55 (v. 13), so von Moab und Ammonitern gegenüber dem Gottesvolk (Zeph 2, 8. 10), denen eben wegen ihres 'Hochmuts' (*gā'ôn* v. 10) von JHWH Unheil angekündigt wird. Ist der Geschmähte der Stärkere, so wirkt das Schmähen auf ihn anstachelnd, aufreizend; er wird sich an denen, die ihn erniedrigen wollten, rächen, sie strafen. So verfährt Gideon mit den Leuten von Sukkot (Ri 8, 15f.); so zahlt JHWH den Israeliten ihre durch illegitimen Kult bewirkte „Gotteslästerung" heim (Jes 65, 6f.; vgl. *k's* [*hiph*] *'al pānîm* „ins Angesicht zum Unmut reizen" in v. 3). Die militärische und politische Katastrophe Israels von 587 v. Chr. hat die Völker zur hämischen Frage veranlaßt: „Wo ist nun ihr Gott?" (Ps 79, 10); hoffender Glaube läßt aber die Gedemütigten JHWH bitten, solche Schmach siebenfach heimzuzahlen (v. 12; vgl. auch Ps 74, 10. 18. 22). Dieselbe Frage trifft als Schmähung seiner Widersacher auch den einzelnen (Ps 74, 10, vgl. 4), der sich in einer nicht näher erkennbaren Not befindet (vgl. auch Ps 102, 9). Andererseits wird der Psalmist durch Gottes Gnade, durch das Kommen des von ihm verheißenen Heils aufgerichtet, so daß er dem, der ihn schmäht, „antworten" kann (Ps 119, 41f. [*qal*]) – wie auch ein Vater auf Schmähungen zu „antworten" vermag, wenn sein Sohn weise ist und so sein Herz erfreut (Spr 27, 11 [*qal*]).

An zwei Stellen tritt das Moment des 'Lästerns' o.ä. beim Schmähen ganz zurück zugunsten des 'Geringschätzens', in Ri 5, 18 und Hi 27, 6. Die Wendung *ḥerep napšô lāmûṯ* in Ri 5, 18 bedeutet wörtlich: „Er (der Stamm Sebulon) hat sein Leben gering geachtet zum (*lᵉ*: in Richtung auf, vgl. GKa § 114m) Sterben", d. h. die Angehörigen des Stammes haben lieber ihr eigenes Leben hingegeben als den Kampf verloren. Das kann man wiedergeben: „Er hat sein Leben preisgegeben." Auch Hi 27, 6 ergibt einen guten Sinn: „An meinem Rechtsein halte ich fest und lasse nicht ab, mein (Herz =) Gewissen (schätzt gering =) mißbilligt nicht einen meiner Tage (*lo' jæḥᵆrap lᵉḇāḇî mijjāmāj*)", ob man mit MT *qal* liest (cf. Ps 69, 10; 119, 42; Spr 27, 11) oder mit K. Budde (GHK II/1, ²1913, 156) *pi* herstellt.

In Ps 57, 4 – „Er (JHWH) möge vom Himmel senden und mich retten, *ḥerep šo'ᵃpî*" – wird man mit den meisten Auslegern das Ptz. wohl als Pl. cstr. lesen. (Zu *napšî* am Anfang von v. 5 s. BHS.) Subjekt zu *ḥerep* ist wohl nicht JHWH (so LXX; vgl. unten II. 3), sondern die *šo'ᵃpîm*, ob man den Sing. beläßt (cf. GKa § 145l) oder den Pl. herstellt: *ḥerᵉpû*. „Es schmähen, die nach mir schnappen" ist asyndetisch angefügter Begründungssatz zu der Bitte in v. 4aα (vgl. Gen 17, 14 und GKa § 158a sowie das „Schmähen der ‚Edomiterinnen', die dich verachten [Ptz.]" Ez 16, 57). Es bedarf also weder der Annahme einer weiteren Wurzel *ḥrp* mit der Bedeutung ʿfrustrateʾ, ʿdisappointʾ, ʿverwirrenʾ, ʿenttäuschenʾ (Driver, KBL[2.3]), deren semasiologische Ableitung von arab. *ḫarifa* ʿschwachsinnig seinʾ > ʿfaselnʾ (vgl. syr. *ḥraf* ʿmischenʾ, tigre ʿviel redenʾ) schwer einsehbar ist, noch einer Emendation (*jaḥpᵉrû* „sie mögen zuschanden werden": H.-J. Kraus, BK XV/1, ⁴1972, 411, nach H. Gunkel, GHK II/2, 1926, 245 [dort weitere Vorschläge]).

2. Die Bedeutung des Substantivs *ḥærpāh* variiert je nach der sich aus dem Kontext ergebenden Aussagerichtung. So meint *ḥærpāh* die Schmähung, das Schmähen (Jes 51, 7; Mi 6, 16 [s. BHK, BHS]; Hi 16, 10; Dan 11, 18; Neh 5, 9) als das „Reden gegen jmd." (vgl. 2 Chr 32, 17), die Schmährede, die man „ausspricht" (*nśʾ*, Ps 15, 3) und die man „hört" (Jer 51, 51; Zeph 2, 8; Kl 3, 61); es besagt aber auch das (eigene) schmähliche Verhalten (Hos 12, 15: Israels gegenüber seinem Gott, par. *dāmîm* ʿBlutschuldʾ) samt seiner Folge (Jer 31, 19: *nāśāʾṯî ḥærpaṯ nᵉʿuraj*). Vor allem aber bezeichnet *ḥærpāh* die Schmach, die Schande, die einer auf einen anderen „legt" (1 Sam 11, 2; Jer 23, 40; Ps 78, 66), die Schmach, die auf einem einzelnen (Gen 30, 23; 1 Sam 25, 39; Jer 15, 15; Ps 69, 8; Spr 6, 33; Kl 3, 30), auf einer Gruppe (Jes 4, 1), auf einem Volk (1 Sam 17, 26; Jes 25, 8; Jer 31, 19; Ez 36, 30; Zeph 3, 18; Kl 5, 1) liegt. Daneben steht die Redeweise, daß a) eine Sache, b) ein einzelner, c) eine Stadt, d) ein Volk o.ä. 1) *ḥærpāh* bzw. 2) *lᵉḥærpāh* „wird" oder 3) *ḥærpāh* bzw. 4) *lᵉḥærpāh* „gemacht wird" (*ntn, śjm*) (1.b: Psalmist Ps 31, 12; 109, 25, Davidide Ps 89, 42; 1.c: Jerusalem Ez 5, 15; 1.d: Israeliten, Judäer Ps 79, 4; Neh 2, 17; 2.a: das Wort JHWHs für die Jerusalemer Jer 6, 10 [sie schmähen] bzw. für Jeremia 20, 8 [er wird geschmäht]; fasten für den Psalmisten Ps 69, 11 [er wird geschmäht]; 2.c: Bosra Jer 49, 13; 2.d: Judäer Jer 42, 18; 44, 8. 12; 3.b: Psalmist Ps 39, 9; 3.c: Jerusalem Ez 22, 4; 3.d: Israeliten Ps 44, 14; 4.c: Jerusalem Ez 5, 14; 4.d: König und Bewohner von Jerusalem nach 597 Jer 24, 9; 29, 18, Israeliten Jo 2, 17. 19). In diesen Wendungen wird *ḥærpāh* – wie es auch bei den parallel dazu oder in ähnlichen Aussagen verwendeten Termini *ʾālāh, zaʿᵃwāh* (Q), *māšāl, qᵉlālāh, šammāh, šᵉnînāh, šᵉreqāh* der Fall ist (s.o. I.3.) – geradezu zu einer Bezeichnung derer, denen „Schmach" aufliegt, die sich in „Schmach" befinden. – In Jes 47, 3 meint *ḥærpāh* in Par. zu *ʿærwāh* doch wohl wie dieses die weibliche Scham (vgl. Jer 13, 26).

Als „Schmach" werden empfunden und im AT genannt: Für die betroffene Person: Einschätzung Davids als entlaufener Knecht (1 Sam 25, 29 vgl. v. 10f.), Ehelosigkeit (Jes 4, 1), Witwenschaft (Jes 54, 4), Kinderlosigkeit (Gen 30, 23; [Lk 1, 25]), allgemein der Zustand des Leidens, der Erniedrigung (Ps 22, 7; 31, 12; 39, 9); aber auch die Selbstdemütigung vor JHWH kann dem Psalmisten zur „Schmach" werden (Ps 69, 11). „Schmach" für den Täter ist Ehebruch (Spr 13, 13), Schandtat (18, 3). Für die Sippe ist es schmachvoll, ein Mädchen mit einem unbeschnittenen Mann zu verheiraten (Gen 34, 14). Und als „Schmach" für das Volk Israel gelten die ägyptische Sklaverei (Jos 5, 9; O. Eißfeldt, Hexateuchsynopse, 1922 [= 1973], 32; oder: unbeschnitten sein [KBL³ 342]?), Verstümmelung von Angehörigen des Volkes (1 Sam 11, 2), Verachtung durch Goliath (1 Sam 17, 26 [s.o. II.1.]), Hungersnot (Ez 36, 30; vgl. Targum zu Jo 2, 19), politische Demütigung (Jes 25, 8; 30, 5 [47, 3 Babel], als Folge des Überfalls des apokalyptischen Heeres Jo 2, 19 [H. W. Wolff, BK XIV/2, ²1975, 73]), Niederlage und Zerstreuung (Ps 44, 14), Eroberung und Zerstörung Jerusalems und des Tempels (Jer 51, 51; Ps 79, 4) Verlust der *naḥᵃlāh* (Kl 5, 1f.), Schutzlosigkeit als Situation der nach 587 im Lande Gebliebenen (Neh 1, 3) – der Wiederaufbau der Mauern bedeutet das Ende des „Schmachseins" (2, 17).

3. Menschliches Schmähen zielt nicht nur auf den Mitmenschen, sondern auch auf Gott. Äußere Feinde lästern JHWH mit ihrem Hochmut (2 Kön 19, 4 usw.), durch Verwüstung seines Heiligtums (Ps 74, 10. 18. 22), mit der Frage: „Wo ist nun ihr Gott?" (Jo 2, 17); aber auch die Angehörigen seines Volkes schmähen ihn (Ps 69, 10), besonders durch Fremdkult (Jes 65, 7). – Als ein verwerfliches Tun wird *ḥrp* (*qal* und *piʿ*) niemals von JHWH ausgesagt (zu Sir 43, 16 s.o. I.1.). Aber es kann zu JHWHs Gerichtshandeln gehören, daß er Schuldige (vgl. das Bekenntnis in Dan 9, 16) „zur Schmach macht" (Ephraim Hos 12, 15, die Judäer Jer 24, 9; 29, 18; [42, 18;] Ps 44, 14, Jerusalem [Ez 5, 14f.;] 22, 4, Bosra Jer 49, 13, seine Feinde Ps 78, 66). Die Bitte des Volkes wendet sich an JHWH, er möge der Schmach, die dem Gesalbten widerfahren ist, gedenken (Ps 89, 51), die Schmach des Volkes ansehen (Kl 5, 1), sie auf die Feinde zurückfallen lassen (Neh 3, 36); der Psalmist bittet um Abwendung von *ḥærpāh* (Ps 119, 22. 39), um Bewahrung vor der „Schmähung des Toren" (Ps 39, 9). Für eine neue Zukunft aber kündigt JHWH die Befreiung Israels von dem Schmähen der Völker (Ez 36, 15, vgl. Zeph 3, 18, auch Jo 2, 19), die Wegnahme der „Schmach seines Volkes von der ganzen Erde" (Jes 25, 8) an. Und nach Dan 12, 2f. werden „die einen zu ewigem Leben, die anderen ʿzu Schmachʾ (Glosse?), zu ewiger Abscheu" auferstehen.

4. Die Personennamen *ḥārîp̱* (Neh 7, 24; 10, 20) und *ḥārep̱* (1 Chr 2, 51, LidzEph I, 1900–02., 274) bedeuten – von *ḥrp* (ursprünglich =) ʿscharf seinʾ abgeleitet – ʿscharfʾ, ʿfrischʾ (IPN 228), eher noch ʿscharfsinnigʾ (*ḥārîp̱* in diesem Sinn Targum zu Hi 11, 12; Targum Jerušalmi I zu Num 13, 3; Horajoth 14a). Wenn das Targum Jerušalmi I in Gen 25, 15 den Namen des Ismael-Sohnes *ḥᵃḏaḏ* durch *ḥᵃrîpāʾ* ersetzt, hat es jenen mit *ḥdd* ʿscharf, schnell seinʾ zusammengestellt und also auch den Namen *ḥᵃrîpaʾ* von *ḥrp* II her verstanden. Die häufigeren Belege und die näherliegende Bedeutung lassen diese Ableitung der von *ḥrp* (חרף) I vorziehen. – Der Name von Salomos ägypti-

schem Schreiber *'ªlîḥoræp* (1 Kön 4, 3) bleibt wohl unerklärt (M. Noth, BK IX/1, 1968, 56), da das Element *ḥoræp* nicht sinnvoll zu deuten, aber auch die Ableitung von einem ägyptischen Namen (*'r-ḥp* = *'ªlîḥap* „Apis ist mein Gott"; s. KBL³ 54a) unsicher ist.
Der aus dem Gentilnamen *ḥªrûpî* (Q) / *ḥªrîpî* (K) (1 Chr 12, 6) zu erschließende Name eines (nicht lokalisierten) Ortes *ḥārû/îp* dürfte, ebenfalls von *ḥrp* II abgeleitet, auf eine Geländebezeichnung zurückgehen: 'Felsenklippe' o.ä.; vgl. in derselben Bedeutung die Subst. *šen* (1 Sam 14, 4f.; Hi 39, 28) und mhebr. *šᵉnûnîṯ* (Levy, WTM IV, 586b) von *šnn* 'scharf sein'.

III. 1. Die Versionen geben *ḥrp* (*qal* und *pi*) und *ḥærpāh* zumeist sachgemäß wieder: LXX das Verbum mit ὀνειδίζειν 'schmähen' (34mal; Ri 5, 18 usw.), das Subst. mit ὄνειδος 'Schimpf', 'Schmach' (24mal; Gen 34, 14 usw.) und ὀνειδισμός 'Schmähung', 'Beschimpfung' (44mal; 1 Sam 25, 39 usw.), die Targume das Verbum mit *ḥsd* 'Schmach erleiden', *pa* 'beschimpfen', 'schmähen' (30mal; Ri 8, 15 usw., dazu Ps 57, 4), das Subst. mit *ḥsd* (1.2 Sam), *qln* 'Schande', 'Schmach' (10mal + Jes 47, 3 + Kl 3, 30), die V das Verbum mit exprobrare 'Vorwürfe machen' (26mal; Ri 8, 15 usw.), das Subst. mit opprobrium (65mal; Gen 30, 23 usw.). Daß den Übersetzern der LXX auch der Sinn 'scharf sein' für *ḥrp* bekannt war, zeigt die Übersetzung des Verbums mit παροξύνειν 'scharf machen', 'anreizen', 'erbittern' (Spr 14, 31; 17, 5) sowie des Subst. mit dem Adj. ὀξύς 'scharf' (Hi 16, 10).
2. Bei Sir und in Qumran werden Verbum und Subst. (außer in Sir 43, 16; s. I.1.) wie im AT gebraucht: das Verbum im Sinn von 'schmähen': Sir 34, 31 Bm (einen Freund, LXX ἐξουθενοῦν); 41, 22 M (nach einer Spende, LXX ὀνειδίξειν); 1QpHab 10, 13 (die Verführten schmähen die Auserwählten Gottes; neben *gdp*); 11QPsª 28, 14 (s.o. II.1. zu 1 Sam 17), aber auch von 'schändlich handeln' (Sir 42, 14 eine Tochter; vgl. Hos 12, 15 [s.o. II.2.]; LXX καταισχύνειν), das Subst. in der Bedeutung 'Schmach': in Sir als Tatfolge 5, 14 A (|| *bošæṯ*, LXX κατάγνωσις); 6, 1 A (neben *qālôn*, LXX ὄνειδος); 34, 2 B (fehlt in LXX); 41, 6 M (LXX ὄνειδος); 42, 14 Bm (LXX ὀνειδισμός), als Qualifizierung von Worten (34, 2c) und von Streit (6, 9 A, LXX 2mal: ὀνειδισμός), in Qumran in Wendungen '(zu) *ḥærpāh* werden/machen' 1QS 4, 12 (|| *za'ªwāh*), 1QH 2, 9 (|| *qælæs*); 2, 34 (|| *bûz*), 4QpHosª 2, 13 (|| *qālôn*; vgl. 1Q 34, 3, 1, 3 (ohne eindeutigen Kontext).

Kutsch

חָרַץ *ḥāraṣ*

חָרוּץ *ḥārûṣ*, חָרִיץ *ḥārîṣ*

I. 1. Etymologie – 2. Bedeutung – 3. LXX – 4. Qumran – II. Konkreter Gebrauch im AT – 1. Scharf schneidende Instrumente – 2. die „schneidige", fleißige Person – 3. entschlossenes Sprechen – III. Der Gebrauch im theolog. Kontext – 1. *ḥārûṣ* als göttliches Strafinstrument – 2. Entschlossenes Sprechen und Handeln (oder deren Mangel) im Heiligen Krieg – 3. Von Gott vorherbestimmtes Ende.

I. 1. Die Wurzel *ḥrṣ* hat im Hebr. die Grundbedeutung 'schneiden', wie aus Lev 22, 22 ersichtlich ist, wo das Ptz. passiv *qal ḥārûṣ* 'geschnittene', d. h. von Natur aus verstümmelte Tiere bezeichnet. *ḥāraṣ* hat eine Reihe von Bedeutungen, die sich mit denen des verwandten akk. *ḫarāṣu* vergleichen lassen. *ḫarāṣu* bedeutet 1) 'abschneiden'; 2) 'genau bestimmen' (vgl. *parāsu*); 3) 'einschneiden'; 4) 'klären, genau feststellen'; 5) 'abziehen' (AHw I, 323f.; CAD VI, 92–95). Im Ugar. könnte das Nomen *ḥrṣ* 'Dreschschlitten' (KTU 1.19 I, 8) oder 'Furche, Runzel' (KTU 1.17 VI, 37) bedeuten (WUS Nr. 971). Die Bedeutung eines verwandten Verbs in KTU 1.19 I, 10 ist dunkel. Der Text KTU 1.17 VI, 37 ist besonders unklar, und mehrere Alternativübersetzungen sind vorgeschlagen worden (vgl. UT Nr. 900 und die Ergänzung 543; RSP I, 3, 56a.b; ANET³ 151). Von besonderem Interesse ist das Vorkommen von *ḥrṣ* – vielleicht auch hier in der Bedeutung 'Dreschschlitten' – zusammen mit *ṣmd(m)* (bibl. *ṣæmæḏ*) in KTU 4.145, 8; 4.169, 4. 7f.; 4.384, 11; 4.377, 5. 6. *ṣmd* hat die Bedeutung 'Stecken, Kriegskeule' oder 'Ochsenjoch'; möglicherweise ist es ein Flächenmaß und bezeichnet das Gebiet, das ein Paar Ochsen innerhalb einer begrenzten Zeit umpflügen oder dessen Getreideertrag es dreschen kann (UT Nr. 900; 2168). In KTU 4.145, 8 erscheint es in einer Liste von militärischen Versorgungsgütern, und es ist ähnlich wie in KTU 4.363, 9 dem pferdegezogenen Kriegswagen zugeordnet. Die Bedeutung 'graviert' ist für das phön. Adjektiv *ḥrṣ* (KAI 10, 4. 5. 12; 11; 38, 1; 60, 3. 5) vorgeschlagen worden, aber all diese Belege scheinen ebenso die Bedeutung 'golden' zuzulassen, daher muß die Beurteilung noch offenbleiben. Zu KAI 145, 10 vgl. unten; KAI 81, 2 ist dunkel. In den Targumen, in der Midraschliteratur und im Talmud bedeuten *ḥªraṣ* 'to dig a cavity, cut a trench' und 'to decree, designate' (DictTalm 505) und das Substantiv *ḥªrîṣ* 'moat, canal, incision' ebenso wie in 3Q 15, 8 (DJD III, 244; vgl. *ḥārûṣ* Dan 9, 25) und im Altaram. (KAI 202, A 10; vgl. akk. *ḫarīṣu* AHw I, 326).
2. a) Im AT ist das gewöhnliche Verb für 'schneiden' → כרת (*kāraṯ*); zusätzlich wird *ḥāraṣ* noch durch → *ḥāraš* verdrängt, was das Schneiden eines Graveurs oder Bildhauers bezeichnet. Ebenso kann *ḥāraš* wie das verwandte arab. *ḥaraṯa* 'pflügen' bedeuten. Das Verb *ḥāraṣ* ist mit seinen Substantiven 28mal im AT belegt. Einer von den Belegen (2 Kön 21, 19) ist

ein Eigenname, der ebenso wie vergleichbare ugar. Namen (PNU 136) den äg. Ausdruck *dm rn* widerspiegeln könnte, vgl. unten. 7mal ist es im *qal* belegt. Außer Lev 22, 22 ist die Idee des Schneidens oder Schärfens nur noch in der Wendung *ḥāraṣ lāšôn l*[e] 'die Zunge spitzen' belegt. Dieses weist auf eine kraftvolle Redeweise hin, aber es ist nicht klar, ob es eine entschiedene Redeweise bedeutet oder eine scharfe, beißende Redeweise, die dem Angeredeten Unrecht zufügen will (vgl. die Ausdrücke 'einschneidende Bemerkung' oder 'scharfes Wort'). Für die 'dezidierte, entschiedene' Redeweise sprechen mehrere Beobachtungen: 1) der talmud. Sprachgebrauch (obwohl es möglich ist, daß dieser durch den Gebrauch von eingravierten Dekreten im späten 1. Jt. beeinflußt wurde; jedoch ist die Bedeutung 'eingravieren' nicht genau belegt); 2) der akk. Gebrauch; 3) der äg. Ausdruck *dm rn* 'den Namen einer Person aussprechen' (wörtlich 'schneiden; vgl. *dm.t* 'Messer'), der normalerweise in einem Kontext steht, der Freude oder Gunst beinhaltet (WbÄS V, 449–459). Die Schärfe des Mundes oder der Zunge ist noch in Ps 52, 4(2); 140, 4(3); Jer 9, 7(8) und Jes 49, 2 erwähnt. Tatsächlich ist aber die sekundäre Bedeutung 'festsetzen, beschließen' im AT gebräuchlicher. Im *niph* ist nur das Ptz. *næḥ*[æ]*rāṣāh*/*næḥ*[æ]*ræṣæṯ* (5mal) in der Bedeutung 'festgesetzt, beschlossen' belegt.

b) *ḥārûṣ* könnte ursprünglich ein Adjektiv 'scharf' gewesen sein, doch wird es im AT ausschließlich als Substantiv gebraucht (Jes 41, 15 ist eine Glosse, so Reider, VT 2, 1952, 116f.; vgl. Duhm, Jesaia, [5]1968 = GHK 3/1, [4]1922, 306) und bezeichnet hauptsächlich den scharfen Dreschschlitten oder eine „schneidige" Person. (*ḥārûṣ* 'Gold' ist eine andere Wurzel → זהב [*zahaḇ*].) *ḥārûṣ* ist das einheimische hebr. Wort für den Dreschschlitten. Das synonyme *môrāḡ* ist vielleicht ein Lehnwort aus dem Altsumerischen (vgl. Reider). *môrāḡ* ist nur 3mal im AT belegt: 2 Sam 24, 22 (= 1 Chr 21, 23) und Jes 41, 15. In 2 Sam 24, 22 par 1 Chr 21, 23 wird *môrāḡ* von einem Ausländer, Arauna, einem heth. Jebusiter, gebraucht, der mit David verhandelt. In Jes 41, 15 ist *môrāḡ* als erklärende Glosse eingedrungen. *môrāḡ* bezeichnet einen hölzernen Schlitten (2 Sam 24, 22). Vorne ist er etwas nach oben gebogen, und an der Unterseite befinden sich scharfe Steine oder Eisenteile, um die Getreidehalme aufzuschlitzen. Auf dem Schlitten, der von einem Paar Ochsen gezogen wird, steht noch eine Person, um das Gewicht zu erhöhen (vgl. S. R. Driver, The Books of Joel and Amos [The Cambridge Bible, 1915], 227f.; Dalman, AuS III, 78–85). *ḥārûṣ* ist ein ähnliches Instrument. Hiob gibt uns einen Eindruck von der Unterseite des *ḥārûṣ*, wenn er von dem Krokodil Leviathan sagt: „Unter sich hat es Scherbenspitzen, es breitet einen Dreschschlitten im Schlamm aus" (Hi 41, 22 [30]). Obwohl moderne Schlitten im Nahen Osten Basalt oder andere harte Steine gebrauchen (vgl. Driver), scheint der alte hebräische *ḥārûṣ* scharfe Eisenteile, zumindest gelegentlich, gehabt zu haben. Am 1, 3 heißt es *ḥ*[a]*ruṣôṯ habbarzæl* (wobei die Qualifikation vermuten läßt, daß auch manchmal andere Materialien gebraucht wurden), und die Targume geben in Jes 28, 27 *ḥārûṣ* durch *môrîḡê barz*[e]*lā'* wieder (vgl. *næḥ*[a]*rāṣāh* in Jes 28, 22). Die Unterseite war also mit einem Maul vergleichbar, das voll scharfer Zähne war (vgl. Jes 41, 15 und KTU 1.19 I, 8: *kḥrṣ 'bn ph* 'wie ein Dreschschlitten mit Steinen ist sein Maul' – WUS Nr. 971). In Spr bezeichnet *ḥārûṣ* gewöhnlich die „schneidige" Person (12, 27; 21, 5 et passim). Hier wird *ḥārûṣ* in der Regel mit „fleißig" wiedergegeben (BDB, RSV, KBL[3]), aber es könnte in der Tat etwas mehr in Richtung auf 'wachsam, scharfsinnig, achtsam' bedeuten. Da *ḥārûṣ* oft einen Gegensatz zu → רמיה (*r*[e]*mijjāh*) bildet (10, 4; 12, 24. 27), kennzeichnet es vielleicht eine ehrgeizige Person. In Spr 21, 27 ist *ḥārûṣ* eher als abstrakte denn als individuelle Qualität aufzufassen. In Jo 4, 14 (2mal) ist *ḥārûṣ* ein Nomen (BLe 472x), *'emæq hæḥārûṣ* bezeichnet das 'Tal der Entscheidung'. In Dan 9, 25 hat das Nomen *ḥārîṣ* die Bedeutung 'eingeschnittener Platz', d. h. es bezeichnet den Stadtgraben oder eine Straße (vgl. oben 1.).

c) Das Nomen *ḥarîṣ* bezeichnet 'etwas, das abgeschnitten ist' oder 'ein scharfes (Schneide-)Instrument'. *ḥ*[a]*riṣê hæḥālāḇ* 'Käsestücke' in 1 Sam 17, 18 meint mehrere Käselaibe oder Käseschnitten. In 2 Sam 12, 31 (= 1 Chr 20, 3) sind *ḥ*[a]*rîṣê habbarzæl* 'Eisenhaue', 'eiserne Pickel'.

3.* Die LXX verwendet zur Übersetzung des Verbs 5 verschiedene Wörter, wobei sie für συντέμνειν (4mal) und γρύζειν (3mal) eine gewisse Vorliebe zeigt. Bei der Wiedergabe von *ḥārûṣ* ist sie völlig unsicher (11 verschiedene Wörter), mit Ausnahme der Belege mit der Bedeutung 'Gold' χρυσός/χρυσίον.

4.* In Qumran begegnet *ḥāraṣ* 7mal fast ausschließlich in eschatologischen Zusammenhängen. Hier bezeichnet es die 'bestimmte' Zeit (1QS 4, 20. 25; 1QM 15, 6), das 'beschlossene' Ende (1QH 3, 36). Es ist jedoch auch noch die konkrete Bedeutung bekannt, wenn in 1QM 5, 9 die Kannelierung einer Lanzenspitze gemeint ist. *ḥārîṣ* meint in 3Q 15, 5. 8 den 'Kanal Salomos' (vgl. DJD III, 1962, 244).

Bo.

II. 1. Die Hacke (*ḥārîṣ*) galt als gewöhnliches Arbeitswerkzeug, und der Dreschschlitten (*ḥārûṣ*) wurde in der Landwirtschaft verwendet. Die Hacke wird bei Bauarbeiten in 2 Sam 12, 31 (= 1 Chr 20, 3) gebraucht, zu denen David die Ammoniter zwingt. Der Dreschschlitten gehört zum Besitz des Bauern, und er wird zur Erntezeit zum Dreschen des Getreides benutzt. Aber wir sehen auch, daß er in Kriegszeiten als Folterinstrument gebraucht wird (W. R. Harper, Amos [ICC 1936], 17f.). Amos klagt in strenger Form die Aramäer (d. h. Hasael?) an, daß sie die Bevölkerung Gileads mit diesen Schlitten grausam „gedroschen" haben (Am 1, 3).

2. Das AT enthält 5 Sprüche, die diejenige Person loben, die als *ḥārûṣ* bezeichnet wird. Ein *ḥārûṣ* hat

sein eigenes Leben vollständig unter Kontrolle; er übt auch eine gewisse Kontrolle über das Leben der anderen aus. Der *ḥārûṣ* erlangt Macht und will herrschen, während der Faule (*remijjāh*) zur Zwangsarbeit genommen wird (Spr 12, 24). Er sammelt auch großen Reichtum, wohingegen der Träge (*ʿāṣel*) in die Armut herabsinkt (Spr 10, 4; vgl. auch 12, 27; *hôn-ʾāḏām* – unklar –; 13, 4). Vgl. die modernen Sprichwörter wie „Morgenstund hat Gold im Mund" oder „The early bird catches the worm"; ähnlich Spr 12, 27 „Eine faule Person wird seine Beute nicht fangen, aber ein fleißiger, zielbewußter Mensch (*ḥārûṣ*) wird sehr reich". Aber *ḥārûṣ* zu sein, bedeutet nicht, daß man schnell handelt, vielmehr meint es die sorgfältig kalkulierte Bewegung, die zum Erfolg führt. Der *ḥārûṣ* handelt anders als der Hastige oder Überstürzte (*ʾāṣ*), der deshalb auch zum Armen wird (Spr 21, 5).

3. In der hebr. Psychologie kann der Akt des Sprechens mit einer schneidenden Tätigkeit verglichen werden. Nicht nur die Zunge kann scharf sein (vgl. o. I. 2. a), sondern auch in Umlauf gesetzte Wörter können als Fragmente verstanden werden, die eine Art Endgültigkeit besitzen; wenn sie einmal ausgesprochen sind, können sie nicht mehr rückgängig gemacht werden. Daher betrachtet König Ahab das Urteil des verkleideten Propheten als endgültig, da der Prophet selbst den (wahrscheinlich fiktiven) Befehl zitiert, den er empfangen, aber nicht ausgeführt hat; der König denkt deshalb auch nicht mehr lange nach, wenn er dem Propheten sagt: „So sei dein Urteil, du selbst hast es entschieden" (1 Kön 20, 40).

III. Mit Ausnahme von Lev 22, 22 stehen alle theologisch gefärbten Belege des Verbs und der Substantive im Kontext von Gericht und Krieg. Lev 22, 22 verbietet den Gebrauch von verstümmelten Tieren als Opfergabe für JHWH.

1. Der Dreschschlitten wird zweimal in der Jesaiatradition erwähnt als Bild für die göttliche Bestrafung. JHWH benutzt ihn aber nicht gegen Israel, denn er richtet zu großen Schaden an. Israel ist in seinen Augen wie Dill und Kreuzkümmel und muß mit einer Rute oder einem Stock geschlagen werden (Jes 28, 27). Aber JHWH wird den *ḥārûṣ* / *môrāḡ* bei der Wiederherstellung Israels anwenden. Israel selbst wird JHWHs Dreschschlitten sein, und er will es benutzen, um Berge und Hügel und vielleicht auch den fremden Feind zu zerschneiden (Jes 41, 15).

2. Im Heiligen Krieg – wie in jedem Krieg – entscheiden Entschlossenheit oder Unentschlossenheit den Ausgang des Krieges. Im Philisterkrieg soll das Geräusch von Schritten in den Wipfeln der Bakabäume das Signal zum Angriff auf die Feinde sein, und JHWH befiehlt David, ʿentschlossen zu handelnʾ (*ʾāz tæḥerāṣ*), d. h. anzugreifen, wenn er das Signal hört (2 Sam 5, 24). Diese Wendung erscheint auch in der neupunischen Henschir Makter Inschrift (KAI 145, 10) *ʿqṣb ḥbʿrt šḥrṣ drkn* ʿhe cut off the tribes [*ḥbrt*] who attacked our roads [*drkn*]ʾ (Krahmalkov, Rivista di studi fenici 3, 1975, 196). Ebenso wichtig ist im Heiligen Krieg die Unfähigkeit der Feinde, gegen Israel scharf oder entschlossen zu reden. Zur Zeit des Exodus versichert JHWH seinem Volk, daß ʿnicht einmal ein Hund die Zunge gegen sie wetzen wirdʾ *loʾ jæḥeraṣ kælæḇ lešonô; a fortiori* ebenso wird es kein Mensch tun (Ex 11, 7). Während der Landnahme gab es keinen Widerstand gegen Josua und sein Heer, als sie gegen die Kanaanäer bei Makkeda kämpften (Jos 10, 21). Joel erwähnt wechselweise ein ʿTal der Entscheidungʾ *ʿemæq hæḥārûṣ* (Jo 4, 14) und ein ʿTal von Josaphatʾ. Dort wurde – für uns nicht bekannt – wahrscheinlich ein früherer Krieg entschieden, und Joel denkt an diesen Ort, denn JHWH wird dort einen zukünftigen Sieg über die Heiden erringen.

3. Gewisse Dinge sind von JHWH ʿvorgeschnittenʾ, d. h., sie sind schon vor der Zeit entschieden, in der sie stattfinden. Nach Hiob (14, 5; vgl. Dan 9, 27) ist die Zahl der Tage eines Menschen von Gott vorherbestimmt, der so eine Grenze aufstellt, die der Mensch nicht überschreiten kann. Ebenso sind die Tage einer Nation durch JHWH vorherbestimmt. Jesaja teilt dem Volk mit, daß die Zerstörung Jerusalems im voraus festgesetzt wurde (Jes 28, 22), ebenso wie die Vernichtung der Assyrer (Jes 10, 22 f.). Daniel ahmt Jesaja nach, wenn er sagt, die Verwüstung Jerusalems durch Antiochus sei zwar in ähnlicher Weise vorherbestimmt (Dan 9, 26; 11, 36), aber auch das Ende dessen, der diese Verwüstung verursachte (Dan 9, 27). – Vgl. oben I. 4. über Qumran.

Freedman, Lundbom

חָרַשׁ *ḥāraš* I

חָרָשׁ *ḥārāš*, חֲרָשִׁים *ḥarāšîm*

1. Schneiden, Pflügen, Eingraben – 2. Pflügen = Planen – 3. Handwerklich bearbeiten; Zaubern – 4. LXX.

Lit.: *G. R. Driver*, Hebrew Poetic Diction (VTS 1, 1953, 26–39, bes. 27). – *S. E. Loewenstamm*, The Hebrew Root חרשׁ in the Light of Ugaritic Texts (JJSt 10, 1959, 63–65). – *H.-P. Müller*, Magisch-Mantische Weisheit und die Gestalt Daniels (UF 1, 1969, 79–94). – *M. Wagner*, Die lexikalischen und grammatikalischen Aramaismen im alttestamentlichen Hebräisch (BZAW 96, 1966, 59: Nr. 110).

1. Unter חרשׁ faßt KBL[2.3] verschiedene Begriffe zusammen: 1. pflügen, 2. eingraben, 3. verarbeiten, vorbereiten, 4. (Ptz.) Techniker. Das scheint eine logische semantische Entwicklungsreihe zu sein, etwa mit der gemeinsamen Basis ʿ(ein-)schneidenʾ (ähnlich GesB, BDB und F. Zorell, Lexicon Hebraicum, Roma 1950 ff.; s. v.). Doch ist die allgemeine Bedeutung ʿschneidenʾ in den altsemit. Sprachen nicht be-

legt. Die spezielle Bedeutung ʿpflügenʾ (akk. *erēšu*, ʿsaatpflügenʾ, CAD IV, 285ff.; AHw I, 238f.; kanaan. *a/iḫrišu* [EA 226, 1]; vgl. KBL³) ist im Ugar. *ḥrṯ* schon festgelegt und deutlich von *ḥrš* ʿHandwerkerʾ unterschieden (WUS Nr. 976. 980), ebenso arab. *ḥaraṯa* ʿpflügenʾ von *ḥarīs* ʿsorgfältigʾ. Loewenstamm und nach ihm Müller (s. u.) und M. Delcor, THAT I, 639, nehmen daher wohl zu Recht jeweils selbständige Wurzeln an. Eine Brücke zwischen ʿpflügenʾ und ʿ(handwerklich) bearbeitenʾ könnte die Bedeutung ʿeingrabenʾ bilden. Sie begegnet indes nur in Jer 17, 1, und zwar im übertragenen Sinn: Judas Sünde ist ʿeingegrabenʾ auf der Tafel ihres Herzens (par. ʿgeschriebenʾ). Dieses singuläre *ḥrš* verbindet Loewenstamm ganz mit dem ugar. *ḥrṯ* und vermutet nur für diese beiden die protosemit. Grundbedeutung ʿschneidenʾ. Das *ḥrš* in Jer 17, 1 gehört also wie eine Nebenform zu dem inhaltlich völlig identischen *ḥārûṯ* ʿeingegrabenʾ (Schrift) in Ex 32, 16 (E) sowie Sir 45, 11; 1QS 10, 6. 8. 11; vgl. 1QM 12, 3; 1QH 1, 24 (zur Bedeutung von *ḥrš* in Qumran vgl. S. H. Levey, The Rule of the Community III, 2, RQu 5, 1964/65, 239–243), das im AT von ʿpflügenʾ gänzlich getrennt ist und mehr darstellt als nur eine aram. Form. „Arab. *ḥarata* ʿgrabenʾ neben *ḥaraṯa* ʿpflügenʾ u. pun. חרת ʿeingravieren, schreibenʾ ... lassen einen Aramaismus freilich etwas fraglich erscheinen" (Wagner 59); zur Bedeutung „artisan, ouvrier spécialisé" für pun. *ḥrš* vgl. M. Sznycer, Sem 15, 1965, 35–43, bes. 38ff. Die Targume übersetzen *ḥrš* nie mit *ḥrt*, sondern gewöhnlich mit *rdʾ*; auch S gebraucht Umschreibungen wie „den Pflug (*paddānā*) führen". *ḥrt* kommt in den Targumen nur zweimal vor und bedeutet, wie zu erwarten, ʿeinritzen, eingravierenʾ: Lev 19, 28 (Trauermale) und an unserer Stelle Jer 17, 1. Die enge Verbindung von ʿpflügenʾ und ʿeinritzenʾ im Ugar. betont Loewenstamm unter Hinweis auf den Satz: „Er pflügt seine Brust wie einen Garten" (KTU 1.5 VI, 20f.; vgl. WUS Nr. 980; vgl. auch KTU 1.6 I, 4). Außerdem ist vielleicht eine Urverwandtschaft mit der ähnlichen Wurzel → חרץ (*ḥrṣ*) vorhanden, vgl. ferner *ḥæræṭ* ʿGriffelʾ Jes 8, 1; 1QM 12, 3; aber *ḥæræṯ* 1QH 1, 24 (s. KBL³ 339).

* Die Bedeutung ʿpflügenʾ begegnet zunächst ganz konkret: nach dem Königsrecht 1 Sam 8, 11ff. werden die Israeliten für den König pflügen, ernten und andere Arbeiten ausführen müssen (v. 12); Elia fand Elisa beim Pflügen, als er ihn zum Nachfolger berief (1 Kön 19, 19); die Ochsen pflügten, als der Feind einbrach (Hi 1, 14); der Faule will nicht pflügen und kann deshalb auch keine Ernte erwarten (Spr 20, 4); man darf nicht mit Rind und Esel zusammen pflügen (Deut 22, 10). Aber das Pflügen wird auch in verschiedenen Zusammenhängen als Bild oder Illustration angewandt. Dabei ist die prophetische Drohaussage Mi 3, 12, zitiert Jer 26, 18, noch ziemlich konkret: Zion wird umgepflügt werden und Jerusalem in einen Trümmerhaufen verwandelt. Jes 28, 24 bezeichnen *pātaḥ* (ʿöffnenʾ, den Boden aufbrechen) und *śdd* (das Nachpflügen) zwei Arten von *ḥrš*, die mit dem Säen zusammen die kluge Arbeit des Bauern darstellen: so wird auch Gott mit seinem Volk sachgemäß handeln. Am 6, 12 stellt die Frage, ob man mit Ochsen das Meer pflügt (cj. BHK, BHS) als Ausdruck des Ungereimten (par. „Rennen Rosse über Felsen?") (Am 9, 13, s. u. 2.). Hosea droht an, daß Juda als Strafe pflügen, d. h. hart arbeiten muß (Hos 10, 11; zu 10, 13 s. u. 2.). Ps 129, 3 wird durch den Satz „Pflüger haben auf meinem Rücken gepflügt" die Bedrängung durch die Feinde beschrieben. Schließlich weist Simson mit den Worten: „Hättet ihr nicht mit meinem Rinde gepflügt ..." auf die Ausnutzung seiner Frau beim Rätsellösen hin (Ri 14, 18).

(Ri.)

2. Für die semantische Entfaltung der Basis *ḥrš* I führt KBL³ unter „3." an: ʿverarbeiten, vorbereitenʾ. Das Wort ʿverarbeitenʾ soll sicher schon auf das folgende „4. Techniker" überleiten. Dagegen stellt es Loewenstamm (65) wohl besser zu ʿpflügenʾ, wozu er die Erklärung von Raschi zitiert, daß ʿpflügenʾ die Vorbereitung für das Säen ist. *ḥrš* ʿvorbereitenʾ kommt nämlich nur im metaphorisch-moralischen Sinn vor: Böses, Gutes, Ränke vorbereiten (= planen) (1 Sam 23, 9; Spr 3, 29; 6, 14. 18; 12, 20; 14, 22; Sir 7, 12; 8, 2). Die zugrundeliegende Anknüpfung an ʿpflügenʾ wird durch Hos 10, 13 („Ihr habt Unrecht gepflügt, Frevel geerntet, Lügenfrucht gegessen") und Hi 4, 8 („Wer Böses pflügte und Unheil säte, muß dies auch ernten") nahegelegt. Dalman (AuS II, 179–185) beschreibt, wie eng im Orient Pflügen und Säen zusammengehören, da das Korn eingepflügt wird. Messianische Fruchtbarkeit zeigt sich darin, daß die Ernte so lang dauert, bis das Saatpflügen im Herbst beginnt (Am 9, 13). GesB läßt bei den genannten Metaphern die Ableitung von ʿpflügenʾ oder von ʿbearbeitenʾ offen. In Ez 21, 36 steht allerdings der Ausdruck *ḥārāšê mašḥîṯ* ʿSchmiede des Verderbensʾ, falls die Vokalisation ursprünglich ist. Der Hebräer konnte aus *ḥrš* beides zusammen heraushören.

3. a)* *ḥārāšîm* ʿHandwerkerʾ werden im AT 31mal erwähnt. Dabei kann *ḥārāš* durch ein hinzugefügtes *ʿeṣ* oder *ʾæḇæn* näher spezifiziert werden: 2 Sam 5, 11; 1 Chr 22, 15 (beides); Ex 28, 11 (*ʾæḇæn*); 2 Kön 12, 12; Jes 44, 13 (*ʿeṣ*), vgl. 1 Chr 14, 1 (*qîr* statt *ʾæḇæn*), Deut 27, 5; Jes 41, 7; 45, 10 (*ṣîr* ʿGötzenbildʾ). Die *ḥārāšîm* werden zusammen mit *bonîm* (2 Kön 22, 6; 2 Chr 34, 11), *ḥoṣeḇîm* ʿSteinhauerʾ (Esr 3, 7; 2 Chr 24, 12), mit *ḥošeḇ* und *roqem* (Ex 35, 35; 38, 23), mit *masger* ʿSchmiedʾ (2 Kön 24, 14. 16; Jer 24, 1; 29, 2; alle mit Bezug auf die Deportation unter Jojachin) und mit *ṣorep* (Jes 41, 7; Jer 10, 9) erwähnt; anders deutet W. F. Albright, JBL 71, 1952, 253, der *ḥrš* von arab. *ḥaris* ʿwatchmanʾ ableitet und *ḥaraš wᵉhammasger* als „guardian of the prison" versteht. Die *ḥārāšîm* können also Stein-, Holz- oder Metallarbeiter sein (Waffenschmiede 1 Sam 13, 19; Jes 54, 10).

Erwähnt werden die *ḥārāšîm* vor allem im Zusammenhang mit dem Tempelbau oder Arbeiten am Tempel (bzw. Stiftshütte Ex 35, 35; 38, 23): 2 Sam

5, 11 = 1 Chr 14, 1; 2 Kön 22, 6; 1 Chr 29, 5; 2 Chr 24, 12; 34, 11; Esr 3, 7 und als Verfertiger von Götzenbildern: Jes 40, 19; 41, 7; 44, 13; 45, 16; Jer 10, 3; Hos 13, 2. Theologisch wichtig ist dabei, daß die Götzen *ma'ᵃśê jᵉḏê ḥārāš*, d. h. Werk von Menschenhänden sind (Deut 27, 15) oder, wie Hos 8, 6 sagt, *ḥārāš 'āśāhū wᵉlo' 'ᵉlohîm hû'*: sie sind also keine Götter.

(Ri.)

b) KBL³ gibt noch ein *ḥrš* III 'zaubern' an. In der Tat scheint nochmal eine selbständige Basis vorzuliegen. Für das AT kommt sehr wahrscheinlich nur Jes 3, 3 *ḥᵃrāšîm* 'Zauberei' in Frage (vgl. die Kommentare, neuestens BK X/1, z. St.). Ansonsten steht für magisches Tun eine Reihe von Vokabeln zur Verfügung (*lḥš*, *nḥš*, *kšp*, *'nn*). Diese Bedeutung von *ḥrš* ist im Ugar. (zweimal), sodann im Jüd.-Aram., Syr., Samarit. und Äth. verhältnismäßig gut bezeugt, nicht aber im Akk. und Arab. (vgl. die Lexika, besonders KBL³).

Nun will H.-P. Müller aufgrund der graphischen Übereinstimmung das technisch-künstlerische Schaffen aufs engste mit Zauberei verbinden. „Die Wurzel *ḤRŠ III* ... weist auf ein Denken, nach dem manuell-technisches Tun ohne begleitende Magie sinnlos ist" (80). Von ihr sei hebr. *ḥārāš* 'Handwerker' abzuleiten. „Zu *ḤRŠ III* gehören wohl auch die Verbformen Gen 4, 22; 1 Kön 7, 14 'Eisen bearbeiten' und Prov 3, 29; 6, 14 (jeweils mit Obj. *ra'[ā]*) 'schwarze Magie treiben' (?)." – Gewiß war solches Denken und Tun im Alten Orient und auch in Israel verbreitet; aber es darf nicht überbetont werden, und für das AT ist zu beachten, daß die JHWH-Religion okkulte Praktiken streng verbot (Ex 22, 17 [Bundesbuch]; Lev 19, 26; 20, 27; Deut 18, 9–13; 1 Sam 28, 3; vgl. BL² 1074f. 1781), freilich ohne sie völlig ausmerzen zu können, wie gerade auch die in Jes 3, 3 aufgezählten Gruppen beweisen (ähnlich Jer 27, 9). In der Gestalt des Weisen (→ חכם [*ḥkm*]), z. T. auch des Propheten und des Orakelpriesters, konnte – wie u. a. H.-P. Müller ausführlich dartut – der Aberglaube entschärft und in die JHWH-Religion eingebaut werden. Das zeigt sich besonders in der Priesterschrift, wo die handwerklichen und künstlerischen Fähigkeiten bei der Herstellung der Priesterkleidung und des Offenbarungszeltes auf ein von Gott mitgeteiltes Charisma zurückgeführt werden (Ex 28, 3; 31, 3. 6; 35, 26; 36, 1f.). Auch Hiram aus Tyrus war „mit Weisheit erfüllt" (1 Kön 7, 14). Ebenso wird sogar das Erfahrungswissen des Landwirts nach theozentrischem Kausalitätsdenken auf besondere Belehrung seitens Gottes bezogen (Jes 28, 23–29). All das ist der at.lichen Religion durchaus konform. Dagegen ist es unwahrscheinlich, daß bei diesen Personen mit dem Begriff *ḥārāš* der andere von „Zauberer" verknüpft wurde. Die einzigen zwei Belege für *ḥrš* 'zaubern' im Ugar. und die Belege in den späten semit. Sprachen bieten hierfür keine genügende Grundlage. Sogar für die alte und außerbiblische Verwendung des Subst. 'Handwerker' und des Adjektivs 'kunstfertig' im Ugar. (vgl. WUS Nr. 976; UT Nr. 903) oder im Phön. (vgl. DISO 97) ist keine Verbindung mit 'zaubern' zu erkennen. Eher wird, wie so oft in den semit. Sprachen, eine selbständige Basis anzunehmen sein. Die Ableitung von jungbabyl. *ḫarāšu* 'binden, anbinden' (AHw s. v. 324) ist unsicher.

*4. חרש I wird in der LXX durch ἀροτριᾶν (12mal), τεκταίνειν/τέκτων (11mal), θερίζειν und λιθουργικός (je 2mal) wiedergegeben, während die Lesungen αἰσχύνειν (Spr 20, 4), ἀλοητός (Am 9, 13), ἁμαρτωλός (Ps 128, 3) wohl als Lesefehler zu werten sind. *ḥārāš* ist für die LXX im technischen Bereich festgelegt: τέκτων (19mal; zur Äquivalenz von חרש und τέκτων vgl. F. Vattioni, Il mestiere di Gesù, Studi Sociali 2, 1962, 107–129), τεχνίτης (5mal), χαλκεύς (3mal), οἰκοδόμος (2mal) und ἀρχιτέκτων (1mal).

(Fa.)

Hamp

חָרַשׁ *ḥāraš* II → דמה II/דמם *dāmāh/dmm*

חָשַׂךְ *ḥāśaḵ*

I. Bedeutung, Vorkommen – II. Der Mensch als Subjekt – III. Gott als Subjekt.

Lit.: *F. V. Winnett*, A Monotheistic Himyarite Inscription (BASOR 83, 1941, 22–25). – *G. R. Driver*, Problems in „Proverbs" (ZAW 50, 1932, 141–148). – *Ders.*, Problems in the Hebrew Text of Proverbs (Bibl 32, 1951, 173–197).

I. Die Wurzel *ḥśk* erscheint im AT nur in der Verbalform und bedeutet 'zurückhalten, (ver-)schonen'. Diese Bedeutung wird durch den vergleichbaren Gebrauch von *ḥśk/ḥsk* im Mhebr. und von *ḥᵃsaḵ* im Aram. bestätigt, die keine wesentlichen Bedeutungsverschiebungen zeigen. Die südsemit. verwandte Form von arab. *ḥašaka* 'einschlagen, hineinschlagen, hineinstopfen, einfüllen', asarab. *ḥškt* 'Frau, Gefährte' und *mḥškt* 'Gesandter' weisen eine entferntere Bedeutungsbeziehung auf. Die letztgenannten verwandten Formen scheinen sich auf Personen zu beziehen, die 'verboten, unverletzlich', also Mitglied des Harems sind, vgl. Winnett 24. Im Ugar. ist ein verwandtes Verb *ḥšk* belegt KTU 1. 3 III 18. IV 11; 1. 1 II 21. III 10, vgl. Driver CML 138; WUS Nr. 983; G. Rinaldi, BibOr 8, 1966, 126. Die Identifizierung dieses Verbs wurde jedoch von R. E. Whitaker, A Concordance of the Ugaritic Literature, Cambridge, Mass. 1972, 266 bestritten. Whitaker lehnt jedes Vorkommen eines Verbs *ḥšk* im Ugar. ab und sieht darin eher Formen des Verbs *ḥš* 'eilen, sich beeilen' gefolgt von der Präposition *k*. Diese ugar. Unsicherheiten können jedoch die Eindeutigkeit, mit der die Bedeutung von *ḥāśaḵ* im at.lichen Gebrauch belegt ist in keiner Weise beeinträchtigen. Das Verb *ḥāśaḵ* begegnet 28mal, davon sind zwei Belege sicherlich das Ergebnis von Irrtümern in der Texttradition:

In Ez 30, 18 *ûḇiṯhapnᵉḥes ḥāśaḵ hajjôm* wurde das Verb zweifellos falsch gelesen, statt *ḥāšaḵ*, 'wurde dunkel' (vgl. LXX, V, Targ., S). Esr 9, 13 *ḥāśaḵtā lᵉmaṭṭāh me-ʿawonenû* „Du hast von unseren Sünden zurückgehalten" klingt unbeholfen, es sollte vielleicht *ḥāšaḇtā* gelesen werden „Du hast weniger angerechnet als unsere Sünden (gegen uns)" (vgl. KBL^3). Von den verbleibenden 26 Belegen erscheinen 13 in den weisheitlichen Büchern Hiob und Sprüche.

II. In 19 der *ḥāśaḵ*-Belege ist der Mensch Subjekt der Handlung mit der Bedeutung 'zurückhalten, hindern, abhalten'. Das Objekt dieser zurückhaltenden Tätigkeit ist entweder der Mensch selbst in der Ganzheit seiner Person oder in anderen Fällen physische Fähigkeiten wie Sprechen oder Bewegen. Dies verursacht eine erweiterte und metaphorische Bedeutung, nach welcher sich der Mensch gewisser Arten von Aktivität enthält, so daß das Verb in Bezug auf die Enthaltung, gewisse Dinge zu tun oder zu sagen, eine moralische Konnotation bekommt. Die konkrete Bedeutung 'zurückhalten, (sich) enthalten' ist 2 Sam 18, 16 gut illustriert, wo die Soldaten Joabs durch ein Trompetensignal von der Verfolgung der Anhänger Absaloms zurückgehalten werden. *ḥāśaḵ* gibt die Aktion des „Abbrechens" oder „Einstellens, Zurückhaltens" der verfolgenden Truppen wieder. Jes 14, 6 beschreibt die gegenteilige Situation, wonach der siegreiche Feldherr sich weigert, seine Soldaten von der Verfolgung des geschlagenen Feindes zurückzuhalten. In diesem satirischen Gedicht über den Untergang eines tyrannischen Herrschers, der Jes 14, 4 als der König von Babylon identifiziert ist, wird das Ausmaß seiner Macht durch die Tatsache gezeigt, daß er seine Feinde 'unablässig verfolgte' (*mᵉraddep bᵉlî ḥāśāḵ*; nach BHS).

Diese direkte Bedeutung des 'Zurückhaltens' durch ein Signal oder einen Befehl wird im at.lichen Gebrauch häufig in metaphorischer Richtung erweitert. Daher erscheint *ḥāśaḵ* auch in Geboten, die den Menschen auffordern, gewisse Handlungen auszuführen oder zu unterlassen. Spr 13, 24 wird der weise Vater ermahnt, die Rute nicht zurückzuhalten und seinen Sohn zu züchtigen, damit er Gehorsam erlerne. Jes 54, 2 findet sich ein ähnlicher Appell an die menschliche Willenskraft, wo die Überlebenden des babyl. Exils, die ausersehen sind, Jerusalem und das Land Juda neu zu bevölkern, aufgefordert werden, nicht vom Aufstellen ihrer Zelte abzulassen, um damit den Anspruch auf ihr Heimatland erneut zu erheben. Dieses spezielle Wortbild ist Teil einer Mahnrede an die Exulanten, sich auf die Rückkehr nach Juda vorzubereiten, um Israel als Nation wieder aufzurichten. Ähnlich wird Jes 58, 1 der Prophet von Gott aufgefordert, sich nicht seiner Stimme zu enthalten und seinem Volk das Ausmaß ihrer Sünden vorzuhalten. Hiob (16, 5) meint gegenüber seinen Freunden, daß bei vertauschten Positionen – wenn nicht er, sondern seine Freunde die Qualen erlitten – daß dann auch er gleich ihnen mit tröstenden Worten ihre Qual 'einzuschränken' (*ḥśk*) oder zu lindern versuche. Er besteht jedoch darauf, daß sich seine Qual in keiner Weise verringert (Hi 16, 16 *ḥāśaḵ*, 'zurückgehalten ist'), wenn er darüber spricht. Die Vorstellung, sich des Sprechens zu enthalten, zeigt sich Hi 7, 11: „So will denn auch ich meinem Mund nicht wehren . . .", weil das Leben so kurz und Hiobs Leiden so stark sind. Hiermit wäre auch Spr 10, 19 zu vergleichen, wonach derjenige, der seine Lippen im Zaum hält, sich weise verhält. Dieses Thema von der Zurückhaltung und vom sparsamen Gebrauch der Rede ist bei den Lehrern der Weisheit sehr beliebt und erscheint in verschiedenen Kontexten. Dabei liegt die Vorstellung zugrunde, daß der Schwätzer nur allzu leicht eine der zahlreichen möglichen Sünden begeht, indem er Gedanken und Gefühle preisgibt, die besser verborgen blieben. Die Redegabe des Menschen wie seine Emotionen müssen kontrolliert werden, und ein Scheitern dieser Kontrolle erregt schnell Feindseligkeit und Abweisung. Dieser Gedanke erscheint erneut Spr 17, 27, wo derjenige, der seine Worte 'zurückhält' (*ḥāśaḵ*), sich als weise und einsichtig darstellt. Durch das Lenken seiner Gefühle, die er nicht in Worte umsetzt, vermeidet der Weise die Feindschaft und Bitternis, die zu hastige oder im Ärger gesprochene Worte hervorrufen. Die Betonung bei der Auferlegung einer solchen Vorsicht und Selbstkontrolle des Redens liegt in dem Bedürfnis des Menschen, seine Gefühle im Zaum zu halten, die er durch zu vieles Reden zur Schau stellen würde.

Die Vorstellung von der Einschränkung des Gebrauchs gewisser Körperteile, metaphorisch gebraucht für die Unterdrückung einzelner Handlungen, findet sich beispielsweise in Jer 14, 10, wo Israel angeklagt ist, JHWH die Gefolgschaft zu verweigern. Hier wird einfach nur gesagt, daß sie ihre Füße nicht zurückgehalten haben, sich von JHWH zu entfernen. Durch die Hinwendung zu anderen Kult-Formen und -Traditionen als den von JHWH gebotenen und durch die Nachsicht gegenüber Handlungen, die die von JHWH vorgegebene Sittlichkeit verletzen, hat Israel es versäumt, den von JHWH verlangten Gehorsam zu leisten. Eine andere Situation, in welcher die Weigerung, etwas zurückzuhalten, erweiterte metaphorische Bedeutung erlangt, findet sich Hi 30, 10 in der Klage Hiobs, daß seine Freunde und Nachbarn sich nicht enthalten haben, vor ihm auszuspucken (*rqq*), um damit ihre verächtliche Geringschätzung gegen ihn und seine Leiden zu zeigen.

An mehreren Stellen ist die Zurückhaltung von Besitz und Eigentum belegt. Spr. 11, 24 zeigt einen paradoxen Kontrast zwischen dem Großzügigen, der reichlich gibt und dadurch reicher wird, und dem Geizigen, der es unterläßt, anderen zu geben. Durch eine solche Verweigerung einer Gabe, die von ihm erwartet werden kann (*ḥôśeḵ mijjošær*), wird er nur ärmer. Möglicherweise bedeutet dies, daß er durch sein Nichtgeben in geistiger Hinsicht verarmt, wahrscheinlicher ist aber eine direkte wirtschaftliche Strafe. Die Weigerung, sich großzügig zu erweisen und zu schenken, resultiert in dem Mißerfolg, Freunde zu gewinnen und Vertrauensbeziehungen mit anderen herzustellen. Ganz besonders zeigt sich dieser paradoxe Gedanke Spr 21, 26 „Der Mensch begehrt allezeit“ (*hiṯ'awwāh ta'ᵃwāh*; LXX ἀσεβής setzt die Lesung *ḥaṭṭā'* anstelle von *ta'ᵃwāh* voraus, vgl. BHK[3]; MT ist jedoch neutraler, so daß der vorliegende Text wahrscheinlich korrekt ist), „doch der Gerechte gibt, ohne zu geizen“. Der Weisheitslehrer erwähnt besonders die paradoxen und kontrastierenden Ergebnisse, die sich aus den beiden verschiedenen Verhaltensarten ergeben. Derjenige, der durch seine Haltung zeigt, wie sehr ihm daran liegt, Gewinne zu machen und so viel wie möglich zu erhalten, ist unbeliebt und nicht vertrauenswürdig, daher erhält er keine Geschenke und genießt kein Vertrauen im Geschäftsleben. Dagegen gewinnt der Gebefreudige Freunde und stellt Beziehungen her, die ihm letzlich zum Vorteil gereichen.

2 Kön 5, 20 gibt einen weitaus subtileren Ausdruck der israelit. Auffassung von Ehre und Privileg bezüglich des Gebens und Empfangens von Geschenken wieder. Die Stelle besagt, daß der vom Aussatz befallene Aramäer Naaman den Propheten Elisa wählt, um Heilung von seiner Krankheit zu finden, wobei er ein außerordentlich großes Geschenk von Silber, Gold und Festgewändern mit sich führt (2 Kön 5, 5). Nachdem der Prophet Naaman den Heilungsweg aufgezeigt hat, weigert sich Elisa, irgendein Geschenk anzunehmen und „schont Naaman“ (*ḥāśaḵ ... na'ᵃmān* 5, 20). Da der geistige Reichtum Elisas als größer anzusehen ist als der materielle des aramäischen Feldherrn, ist es das Vorrecht des wahrhaft großen Mannes, dem weniger privilegierten zu geben. Dagegen wird Elisas Diener Gehasi, der zumindest einen Teil des vorgesehenen Geschenkes begehrt, für seine Gier bestraft, indem er sich an Naamans Lepra ansteckt.

Die große religiöse und ethische Bedeutung, die der Bereitwilligkeit zum Schenken aus eigenen materiellen Besitz beigemessen wird, zeigt sich in zwei Erzählungen über die hebr. Patriarchen. In der Josephserzählung wird der Erfolg und die bevorzugte Behandlung, die Joseph in dem Haus des pharaonischen Offiziers Potiphar genießt, durch die Tatsache belegt, daß dieser Joseph den vollen Gebrauch aller seiner Besitztümer gestattet. Nichts gibt es in diesem Haus, das er Joseph vorenthält (Gen 39, 9 E *wᵉlo'-ḥāśak ... mᵉ'ûmāh*). Nur seine Frau ist wegen der besonderen ehelichen Beziehung von dieser Großzügigkeit ausgenommen. Noch eindrucksvoller zeigt sich die völlige Hingabe und das Vertrauen in der Weigerung, irgendetwas, auch nicht den kostbarsten Besitz, jemanden vorzuenthalten: Abraham ist bereit, Gott seinen Sohn Isaak zu geben. Diese Bereitwilligkeit Abrahams, Gott zu geben, stellt den zentralen Punkt der Erzählung Gen 22, 1–19 E dar. Zweimal wird bekräftigt, daß Abrahams Gehorsam aufrichtig ist, denn er ist bereit, Gott seinen einzigen Sohn Isaak nicht vorzuenthalten (*ḥāśaḵ* Gen 22, 12. 16). Darin offenbart sich das Ausmaß von Abrahams Gehorsam gegenüber Gott, wofür er reichlich gesegnet wurde (Gen 22, 16–18).

In einer Sammlung des Buches der Sprüche mit starkem äg. Einfluß begegnet Spr 24, 11 das Verb *ḥāśaḵ* im Zusammenhang einer Ermahnung, die hinsichtlich ihrer präzisen Bedeutung eine Reihe von Einzelheiten im Dunkeln läßt. Der zweite Halbvers liest *ûmāṭîm lahæræḡ 'im-taḥśôḵ*, was mit „Halte zurück (*'im* als Beteuerungspartikel, vgl. GKa § 149) die, die zum Schlachten wanken“ wiedergegeben werden könnte. Liest man *ûmuṭṭîm lahæræḡ 'al-teḥāśeḵ* (*hoph.* Ptz. von *nṭh*,vgl. BHK[3]) und übersetzt „Halte dich nicht von denen zurück, die zum Schlachten (d. h. zur Hinrichtung) gebracht werden“, würde die Ermahnung auf Hilfeleistung für den fälschlich zum Tode Verurteilten zielen. Driver, Bibl 32, 188f. möchte hier eine erweiterte Bedeutung der Wurzel *ḥśk* in Übereinstimmung mit syr. *ḥsk* 'bewahrt, beschützt, in Sicherheit' sehen. Die Neue Englische Bibel folgt daher seinem Vorschlag und gibt den Halbvers mit „und rette sie, die zu ihrem Tode hinweggeschleppt werden“ wieder, vgl. W. McKane, Proverbs (OTL 1970), 400ff. Die Art des Unglücks, die hier mit *hæræḡ* 'Abschlachtung, Hinrichtung' bezeichnet wird, ist offengelassen. Sehr wahrscheinlich wird hier auf die Todesstrafe als gesetzliche Strafe verwiesen, der möglicherweise ein Fehlurteil zugrunde liegt. Abgesehen von Drivers Vorschlag sollte jedoch auch an die Möglichkeit gedacht werden, wonach die Absicht der Belehrung darin liegt, auf Mitgefühl mit jedem zum Tode Verurteilten zu dringen, ohne irgendeine Reflektierung auf das Gericht oder das Urteil zu bezwecken.

III. In den übrigen Belegen für den Gebrauch des Verbs *ḥśk* im AT erscheint Gott als Subjekt, entweder direkt oder auch indirekt, wenn es sich um eine passive Formulierung handelt. So wird Hi 21, 30 der Sünder am Unglückstag verschont oder zurückgehalten als Zeichen der großen Barmherzigkeit Gottes, der die Menschen nicht danach bestraft, was sie verdienen. Ein ähnlicher Gedanke findet sich Hi 33, 18, worin bekräftigt wird, daß Gott zum Ausdruck seiner Barmherzigkeit den Menschen vom Abgrund bewahrt; d. h. Gott verschont die Menschen vom Tode, den sie aufgrund ihrer Missetaten verdienen. In Ps 78, 50 zeigt sich Gottes Weigerung, das gleiche für die widerspenstigen Ägypter zu tun, einfach dadurch, daß er ihr Leben nicht nur nicht vor dem Tode bewahrte, sondern sie auch der Pest erliegen ließ, die er über Ägypten sandte. Dieselbe allgemeine Vorstellung, daß Gott Unglück und Not von der Menschheit fernhält, wird Hi 38, 23 sehr viel poetischer gefaßt. Hier wird Hiob auf die himmlischen Speicher verwiesen, in denen Gott Schnee und Hagel aufbewahrt und für die Zeiten der Unruhe und des Krieges zurückhält.

In drei weiteren Belegen wird auf Gottes Macht hingewiesen, die Handlungen der Menschen zu lenken. Diese sehr bedeutsame Verwendung findet ihr Gegenstück in der Auffassung, daß Gott des Menschen Herz verhärten (→קשה [*qāšāh*]) könne, um es so zu Widerspenstigkeit und Ungehorsam gegen Gottes Willen zu reizen. Gen 20, 6 E enthüllt Gott in einem Traum dem Abimelech, König von Gerar, daß Sarah, die er als Abrahams Schwester kennen gelernt und zur Frau genommen hatte, in Wirklichkeit bereits die Frau Abrahams war. Daß er sie noch nicht berührt hatte, wird dabei als eingreifende Tat Gottes offenbar, der Abimelech dadurch vor dem Begehen einer unwissentlichen Sünde bewahrte. Ein ähnliches Verständnis von Gottes Macht, die menschlichen Handlungen zu leiten, findet sich 1 Sam 25, 39. Hier hat sich Nabal Davids Zorn und Feindschaft zugezogen, indem er ihn beleidigt und sich weigert, ihm oder seinen Mannen irgendwelche materielle Unterstützung zu leisten. Daher droht und plant David ihn zu töten, bis Nabals Frau Abigail eingreift und David von solch einer Mordtat abbringt. Als Nabal innerhalb kurzer Zeit plötzlich stirbt, wird dies als Akt göttlicher Strafe aufgefaßt. Deshalb kann David Gott danken, der ihn davor bewahrte, durch einen Mord Blutschuld auf sich zu laden (*weʾæt-ʿabdô ḥāśak merāʿāh*). Gott hat Davids Plan umgestoßen, um ihn vor Sünde zu bewahren. Sehr wahrscheinlich ist derselbe Gedanke in Ps 19, 14 ausgedrückt, der jedoch hinsichtlich seiner Bedeutung unsicher ist. Der Psalmist bittet Gott, ihn von den *zedîm* zurückzuhalten. Diese Wort als „hochmütiges Handeln, Hochmut" aufzufassen, wäre die einfachste Interpretation. *zed* wird jedoch weit häufiger auf hochmütige und überhebliche Personen angewandt, was auch hier beabsichtigt sein mag. LXX übersetzt das Subst. mit ἀλλοτρίων, offensichtlich eine Verlesung von *zārîm*. Es ist durchaus möglich, das Ansinnen des Psalmisten als Bitte zu verstehen, ihm die Unannehmlichkeiten zu ersparen, mit Hochmütigen konfrontiert oder von ihnen beherrscht zu werden. Berücksichtigt man jedoch den verinnerlichten und vergeistigten Tenor von Ps 19B, ist es glaubhafter, die Bitte hier als Hinweis zu interpretieren, daß sich der Psalmist seiner Schwäche und Sündhaftigkeit völlig bewußt ist. Daher bittet er Gott um Lenkung seiner Gedanken und Handlungen, daß er ihn somit vor der Ausführung eben dieser Taten bewahre.

Clements

חָשַׁב *ḥāšab*

חֹשֵׁב *ḥošeb*, חֶשְׁבּוֹן *ḥæšbôn*,
*חִשָּׁבוֹן *ḥiššābôn*, מַחֲשֶׁבֶת *maḥᵃšæbæt*

I. 1. Vorkommen – a) im AT – b) in andern semitischen Sprachen – 2. Bedeutungsbereiche – a) Grundbedeutung – b) Felder – c) Übersetzungen der LXX – II. Allgemeinere Verwendungsweisen – 1. Feste Wendungen im *qal* und *niph* – 2. *piʿel*-Formulierungen – 3. Negation und Übertragung – 4. Begriffe – 5. Literarische Verwendung – a) Häufungen – b) Literaturgattungen – 6. Sprachbereiche – III. Theologische Verwendungsweisen – 1. Anthropologische Grundaussagen – 2. Theologische Konfrontationen – 3. Planungsaussagen – 4. Die sog. Anrechnungstheologie – 5. Eigennamen – 6. Gen 15, 6 – 7. Ps 32, 2 – 8. Pred 7, 23ff.

Lit: *H. Z. Dimitrovsky*, הערות לגלגלו של חשבון Notes concerning the Term חשבון (Tarbiẓ 39, 1969/70, 317, hebr.). – *G. R. Driver*, Technical terms in the Pentateuch (WO 2, 1954–59, 254–63). – *M. D. Goldman*, „Thinking" in Hebrew (ABR 1, 1951, 135–37). – *F. Hahn*, Genesis 15_6 im Neuen Testament, in : Probleme biblischer Theologie. (Festschr. G. von Rad, 1971, 90–107). – *H.-W. Heidland*, Die Anrechnung des Glaubens zur Gerechtigkeit (BWANT IV 18, 1936). – *Ders.*, λογίζομαι... (ThWNT IV 287–295). – *E. Jenni*, Das hebräische Piʿel, Zürich 1968, 226–228. – *K. Koch*, Tempeleinlaßliturgien und Dekaloge (Studien zur Theologie der atl. Überlieferungen. Festschr. G. von Rad, 1961, 45–60). – *N. Lohfink*, Die Landverheißung als Eid. Eine Studie zu Gn 15 (SBS 28, 1967). – *F. Nötscher*, Zur theologischen Terminologie der Qumran-Texte (BBB 10, 1956, 52f.). – *G. von Rad*, Die Anrechnung des Glaubens zur Gerechtigkeit (ThLZ 76, 1951, 129–132 = Gesammelte Studien zum AT, ThB 8, 1958, 130–135). – *R. Rendtorff*, Die Gesetze in der Priesterschrift (FRLANT 62, ²1963). – *Ders.*, Priesterliche Kulttheologie und prophetische Kultpolemik (ThLZ 81, 1956, 339–342). – *G. Rinaldi*, Ebr, *ḥšb*, sir. *ḥšab*, arab. *ḥasaba* = contare e *ḥasiba* = pensare, ritenere, etiop. *ḥassab* = computo (BibOr 5, 1963, 141f., 169). – *W. Schottroff*, חשב *ḥšb* denken (THAT I 641–646). – *D. Sperber*, On the Term חשבון (Tarbiẓ 39, 1969, 96f., hebr.). – *Ders.*, Calculo-Logistes – Ḥasban (Classical Quarterly 19, 1969, 374–378). – *E. Würthwein*, Amos 5, 21–27 (ThLZ 72, 1947, 143–152). – *Ders.*, Kultpolemik oder Kultbescheid? (Tradition und Situation. Festschr. A. Weiser, 1963, 115–131 = Wort und Existenz. Studien zum AT, 1970, 55–67 bzw. 144–160). →צדק.

I. 1. a) Die Wurzel *ḥšb* ist im at.lichen Hebr. belegt als Verbum im *qal*, *pi* und *hitp* sowie in den nominalen Bildungen *ḥošeb*, substantiviertes Ptz. akt. *qal* als Berufsbezeichnung 'Stoffwirker, Sticker' (in der P-Schicht Ex 25–31; 35–40), bzw. 'Techniker' (2 Chr 26, 15); *maḥᵃšæbæt* (auch *maḥᵃšābāh*), ein fem. Verbalnomen mit präfigiertem *ma-* als Bezeichnung einer Handlung oder deren Ergebnis, 'Plan', dann 'Erfindung, Werk' (zusammen mit dem term. techn. *ḥošeb*); den beiden erst in jüngeren Schichten (Pred, Chr, Sir) auftauchenden Nomina *ḥæšbôn*, eine Abstraktbildung 'Rechnung, Berechnung, Ausforschung' (I.2.; zu *ḥæšbôn* II Hesbon n.l. KBL³ 346f.) und **ḥiššābôn*, ein pluralisch bezeugter Terminus 'Erfindung, Konstruktion' (2 Chr 26, 15 bezogen auf Wurfmaschinen, Geschütze, II.4.). Zu *ḥešæb* 'Bund, Gurt' vgl. Rinaldi 142. 169, KBL³ 346, Schottroff 642 (aus *ḥbš* metathesiert), anders Driver 255ff. (aus *ḥšb* 'zusammenziehen, zusammensetzen', dazu I.2.a). Außerdem begegnet *ḥšb* als Bestandteil von Personennamen masc. gen.: *Ḥ^ašūḇāh, Ḥaššûḇ, Ḥ^ašaḇjāh(û), Ḥ^ašaḇnāh* und *Ḥ^ašaḇn^ejāh* (dazu III.5.). – Wurzelverwandtschaft mit *'sp* 'sammeln', *ḥpś* 'suchen' ist nicht nachweisbar (vgl. Rinaldi 141). Die Annahme einer arab. belegbaren (?) homonymen Wurzel für die *hitp*-Stellen Num 23, 9; 1QS 3, 1. 4 ('sich verbünden, binden', Goldman 136f.) erübrigt sich (vgl. Rinaldi 141, auch Driver 258f.).

b) Außerhebr. ist die Wurzel belegt: ugar. als Subst. *ḥtbn* 'Rechnung' (H. Donner, BiOr 17, 1960, 181; M. Dahood, Bibl 45, 1964, 409; UHPh 58f.; WUS Nr. 990); phön.-pun. die Ptz. *qal ḥšb* (CIS I 74, 4) und *pi mḥšbm* (DISO 97) als Beamtenbezeichnung 'Quästor' o. ä., das Ptz. *qal* auch in dem Ausdruck *ḥšb n'm* 'wohlwollend' (KAI Nr. 160, 5; 161, 2). Die Wurzel ist bezeugt im Bibl.-Aram. als Verbum mit der Bedeutung 'rechnen, halten für' (Dan 4, 32, *pe*), als Nomen 'Rechnung' äg.-aram. (Cowley, AP 81, 1, *ḥšbn* Sing. st. cstr.), jüd.-aram. *ḥušbānā'* 'Berechnung' (KBL³), in den palmyr. (CIS II 3913 II, 75. 115 – in der Formel *lḥšbn* 'auf Grund von, in Anrechnung' und als Inf. *itp* 'berechnet werden', DISO 97f.), den nabat. (*kl' nḥšb bjnj lbjnjk*, wohl ein Hebraismus: 'als nichts gerechnet werden' – im Kontext eines Schuldtilgungsabkommens, J. Starcky, RB 61, 1954, 161 ff.; J. J. Rabinowitz, BASOR 139, 1955, 11 ff.) und den hatr. Inschriften (*ḥšbn' dbjt B'šmn*, ein Titel: „Rechnungsführer des B.-Tempels", DISO 97f.; A. Caquot, Syr 32, 1955, 54 Nr. 49, 3), sodann syr. und mand. als Verbum 'anrechnen, planen' (MdD 154a; Aramaic Handbook II.2 72; vgl. auch I.1 7, I.2 3, dazu KAI Nr. 215; I.2 61) und als Nomen 'Berechnung' (O. Eißfeldt, Neue keilalphabetische Texte aus Ras-Schamra, Berlin 1965, 34 Z. 2; MdD 138b).

Südsemit. ist die Wurzel nachweisbar im arab. Verbum *ḥasaba* 'rechnen, zählen, berechnen' und seinen Derivaten, insbesondere *ḥusbān* 'Rechnung' (Wehr 158f.), auch äth. *ḥas(a)ba* 'denken, rechnen' (Tigre Wb. 73a).

Als mögliche akk. Entsprechung konnte bisher nur *epēšu* 'machen, tun' vermutet werden. Die Beziehungen zu *epēšu* und seinen Derivaten (vgl. GesB, KBL¹·²) sind aber bei der großen Bedeutungsweite dieser Gruppe (vgl. AHw, CAD) kaum fixierbar (vgl. Rinaldi 141; I.2.b). – Als Lehnwort begegnet im Äg. seit den Pyramidentexten das Verbum *ḥšb* in der Bedeutung 'rechnen' (WbÄS III, 166f.; W. Vycichl, MDIK 16, 1958, 375).

2. a) Für das hebr. Verbum *ḥšb* ergeben sich zwei konstitutive Bedeutungsmomente, das Moment des Rechnens mit den Modifikationen 'anrechnen, berechnen, verrechnen, abrechnen', dann auch 'zählen, werten, schätzen, kalkulieren', und das Moment des Planens 'ausdenken, ersinnen, erfinden', welche beide auch für die derivierten Substantive charakteristisch sind. Beide Komponenten lassen sich auch teilweise in den außerhebr. Kognaten erkennen. Nach Rinaldi (141f.) sind sie Niederschlag einer Bedeutungsentwicklung von 'rechnen, denken' zum Ausdruck einer „attività esterna", nämlich 'Pläne

schmieden' u. ä. Ob darüber hinaus für *ḥšb* eine Grundbedeutung 'weben, wirken' anzunehmen ist, ist fraglich. Ausgehend von *ḥošēḇ* 'Sticker' („embroiderer", der Figuren in Leinengewebe stickt – im Unterschied zum 'Leinenweber' *'oreḡ* und 'Kunstweber' *roqem;* vgl. dazu DJD I, 1955, 18–38, T. IV–VII) und *ḥešæḇ* 'Band, Gurt' (äg. *ḥšb* 'Kreuzband'; *ḥšb.t* 'zusammengezogen, eingezogen'), kommt Driver ähnlich wie zuvor schon Goldman zu folgendem Schluß:

„Ursprünglich bedeutet *ḥšb* 'zusammenziehen, zusammenfügen' ('drew, put together' ... Cognate *ḥābaš* 'bound [on, up]' ' ...); und so, im wörtlichen Sinn, kommt es vor in *hthšb* 'tat sich zusammen' ('was banded together') (Num. 23, 9). In sekundärer Bedeutung wird *ḥšb* verwendet vom Zusammenfügen von Zahlen ('figures'), d. h. Kalkulieren und Rechnen, und von Plänen ('plans'), d. h. Entwerfen, so daß es sowohl 'rechnen' wie 'planen' heißen kann, wie auch *nsk* 'weben' 'planen, entwerfen' bedeutet ... Wenn dieser Schluß richtig ist, muß die Bedeutung von *ḥešæḇ* 'Band' auf den primären Sinn der Wurzel als Bezeichnung für 'zusammenbinden, straffziehen' bezogen werden, während die von *ḥošēḇ* 'Sticker' von dem sekundären Sinn kommt und eine spezielle Fertigkeit im Entwerfen von Figuren meint" (258 f.; Übers. v. Vf.).

Auch KBL³ nennt als erste Bedeutung 'weben' (? 346). Schwer erklärbar bleibt dabei, daß sowohl *ḥešæḇ* wie *ḥošēḇ* in ihrer Spezialbedeutung derselben jüngeren Schicht angehören (P). Einen Beleg für eine solche ursprüngliche Bedeutung bietet auch Num 23, 9 (reflexiv, 'sich rechnen zu') nicht. Doch erscheint die skizzierte Bedeutungsentwicklung nicht unmöglich.

Sofern eine Entwicklung in Richtung auf eine begriffliche Verwendung im Sinne der Nominalbildungen 'Kunststicker', 'Rechnung', 'Plan', 'Erfindung' auch für das Verbum anzunehmen ist (Rinaldi 141f.), ist es wichtig, auf die beiden Sinnkerne 'rechnen' und 'planen' zu achten. In diesem Rahmen kann dann auch von einem „Denkakt" (Heidland, von Rad) oder von „denken" (Schottroff) gesprochen werden, wobei es sich aber im allgemeinen um eine „aktuelle denkerische Betätigung" (Jenni 226) handelt, auf deren erkenntnistheoretische Voraussetzungen durch den Gebrauch von *ḥšb* nicht abgehoben wird.

b) Der Bedeutungskern 'rechnen', besonders aktiviert in den *pi*.-Formen, den Nominalbildungen und in handels- und finanztechnischen Kontexten (auch außerhebräisch), läßt sich als Zentrum eines semantischen Feldes verstehen, zu dem in erster Linie die Verben des numerischen Zählens, → ספר (*spr*) und → מנה (*mnh*) gehören, auch das seltene *kss* 'abzählen' (*miḵsāh* 'Anzahl, Summe, Betrag', Ex 12, 4; Lev 27, 23). *ḥšb* greift jedoch insofern darüber hinaus, als es ein Umgehen nicht nur mit Zahlen und Gewichten, vielmehr auch mit Werten und Faktoren überhaupt bezeichnet, ein Abwägen, Einschätzen, Kalkulieren, ein ordnendes Werten und rationales Einteilen, ein technisch-kaufmännisches Rechnen. Die ge-

legentlich kontextparallelen Verben → חפץ (*ḥpṣ*), → רצה (*rṣh*) 'Gefallen haben', → בזה (*bzh*) 'geringschätzen, verachten', → מאס *m's* 'verwerfen' oder → נשׂא (*nś'*) bzw. → כסה (*ksh*) *pi* (*'āwôn* 'Schuld') 'vergeben, decken' unterstreichen diesen besonderen Sinnwert von *ḥšb*.
Auch die zweite Bedeutungskomponente 'planen', freigesetzt bei offenen Objekten, etwa in der figura etymologica mit *maḥ^{a}šæbæṯ*, scheint von jenem inneren Kern des kalkulierenden Rechnens beherrscht zu sein. Denn in der Konkurrenz mit → יעץ (*j'ṣ*) 'raten, beschließen, vorhaben' und → זמם (*zmm*) 'sinnen, planen' – auch auf der Ebene der Nomina *'eṣāh* – *maḥ^{a}šæbæṯ* – *m^{e}zimmāh* (*zimmāh*) oder bei Berührungen mit → דמה (*dmh*) *pi* 'vergleichen, erwägen', → זכר (*zkr*) 'gedenken', → הגה (*hgh*) 'murmeln, bedenken', → ידע (*jd'*) 'erkennen, wissen' u. a. im Sinnfeld 'planen' – schlägt die Bedeutung des rationalen Kalküls durch und bewirkt – auf Personen bezogen – die gelegentlich festgestellte „weitgehend negative Intention solchen 'Planens'" (Schottroff 644), die in den technisch ausgerichteten Kontexten so nicht hervortritt (vgl. dazu aber III.1.).
An *ḥšb* haftet die Vorstellung des technisch-rational kalkulierenden Rechnens. Es ist (neben *kss*) das einzige belegbare hebr. Verbum, das Rechenvorgänge bezeichnet, die über bloßes Abzählen hinausgehen, was auch noch in den beiden Derivaten *ḥæšbôn* und *ḥiššāḇôn* seinen späten begrifflichen Niederschlag gefunden hat. Von daher gesehen scheint es – zurück zu der Frage akk. Äquivalente – so zu sein, daß dem hebr. *ḥšb* folgende akk. Verben gegenüberstehen: *kapādu* 'sinnen, planen, trachten', *ḫasāsu* 'denken, gedenken, ausdenken, planen'; *manû* 'zählen, rechnen, zurechnen, übergeben = in die Hand zählen' (s. III.5.) und wohl auch *epēšu* 'tun, machen', das *ḥšb* etymologisch am nächsten steht und seiner Spezialbedeutung in mathematischen Texten wegen (*nipišu* '[rechnerisches] Verfahren'; vgl. W. von Soden, Leistung und Grenze sumerischer und babylonischer Wissenschaft: Die Welt als Geschichte 2, 1936, 509–557, bes. 531 = Libelli 142, 1965, 75–123, bes. 97; Belege CAD s. v.) partiell entspricht.
c) Dieselbe Bedeutungsstruktur spiegelt sich auch in den Übersetzungen der LXX. An drei Viertel aller *ḥšb*-Stellen steht dafür das Verbum λογίζεσθαι mit seinen Komposita – fast ausschließlich reserviert für *ḥšb* –, und zwar als handelssprachlicher Ausdruck für „kaufmännisches Rechnen": 'berechnen eines Wertes, anrechnen, berechnen mit Angabe von Maß und Person', seltener 'halten für' – nicht im Sinne der klassisch-griechischen Philosophie. Ähnlich, jedoch nur etwa für die Hälfte aller *ḥšb*-Derivat-Vorkommen, λογισμός 'Berechnung, Abrechnung'. Auch hier ist die klassische Bedeutung 'Arithmetik' nur für die jüngsten *ḥšb*-Belege erwägenswert. Der verbleibende Rest der *ḥšb*-Stellen ist in der LXX ganz uneinheitlich wiedergegeben. Das betrifft vor allem die Stellen, wo das Bedeutungselement des konstruktiven Planens zum Zuge kommt (abgesehen von besonderen Präferenzen z. B. bei Esth 8,3 ποιεῖν, Gen 38, 15 δοκεῖν, Hi ἡγεῖσθαι, Sach μνησικακεῖν u. a.), das offenbar durch λογίζεσθαι nicht erfaßt werden kann (vgl. ἀρχιτεκτονεῖν Ex 35, 32; μηχανεύεσθαι, μηχανή 2 Chr 26, 15), oder wo die Übersetzer größeren Wert auf den emotional-subjektiven Charakter der Aussage legen (z. B. Gen βουλεύειν; Gen 6,5 u. a. διανοεῖσθαι; Jes 55,4 διάνοια; u. a.). Diese Verteilung der Gewichte entspricht im großen ganzen der Bedeutungskonstellation von *ḥšb*. Daß die Einwirkung des hebr. Wortes auf das griechische vor allem den „subjektiven, gefühlsmäßigen, ja willensmäßigen Charakter" des bezeichneten „Denkakts" beträfe, und zwar „ungriech. im Sinne eines persönlichen, gefühlsmäßigen Werturteils", in der „Betonung des Gefühls und des Willens" (Heidland, ThWNT IV 287ff.), wird man deshalb nicht sagen können, weil die Bedeutung von *ḥšb* zwar mit 'rechnen, ersinnen, erdenken, planen, halten für' umschrieben, nicht aber prinzipiell als „emotional" oder gar „voluntaristisch" qualifiziert werden kann.

II. 1. Die Verwendung von *ḥšb* ist durch folgende Characteristica gekennzeichnet:
a) Die aktiven Verbalformen und auch das Verbalnomen kommen nur mit personalem Subjekt vor. Scheinbare Ausnahmen wie Hi 41, 19. 24 (Leviathan); Ps 52, 4 (Zunge); Spr 16, 9 (Herz) erklären sich leicht als Übertragung (möglicherweise auch Jon 1, 4: „das Schiff drohte zu zerbrechen", Jenni 228; anders D. N. Freedman, JBL 77, 1958, 161f.). Gemeint ist also eine typisch und exklusiv menschliche, persönliche Tätigkeit. Vermutlich fehlen darum Belege der Kausativstämme, weil bei *ḥšb* weder eine Veranlassung von anderer Seite noch ein willfähriges und abhängiges Untersubjekt vorstellbar ist.
b) Das Natürliche und fast Unwillkürliche dieser Tätigkeit des Rechnens und Planens, findet seinen Niederschlag in einer beträchtlichen Zahl von Stellen, an denen *ḥšb* mit *maḥ^{a}šæbæṯ* zu einem festen Ausdruck verbunden ist, der allgemein und unbestimmt den wiederholten und wiederholbaren Vollzug aussagt (Pl.: 2 Sam 14, 14; Jer 11, 19; 18, 18; 29, 11; 49, 20; 50, 45; Sach 8, 17; Dan 11, 24f.; Sing.: Jer 18, 11; 49, 30; Esth 8, 3; 9, 25; Ez 38, 10; 2 Chr 26, 15).
c) Das Persönlich-Subjektive wird an verschiedenen Stellen unterstrichen durch die Beifügung *b^{e}leḇ* 'im Herzen o. ä.', was an den betreffenden Stellen nur betonen will, daß das Rechnen und Planen in diesen Fällen nach der subjektiven Seite hin als innerer Denkvorgang aufgefaßt werden soll (Jes 10, 7; 32, 6Q LXX; Sach 7, 10; 8, 17; Ps 140, 3, dazu Gen 6, 5; Ez 38, 10; Spr 16, 9; 19, 21; 1 Chr 29, 18 und Jer 4, 14).
d) Tätigkeit und Vorgang sind wertfrei bezeichnet, wenn sich *ḥšb* auf ein gegenständliches Objekt bezieht. Jes 13, 17 stellt an den Medern heraus, daß „sie Silber nicht schätzen und an Gold keinen Gefallen haben (*ḥpṣ*)", d. h. nicht mit Geldwerten rechnen. Nach 1 Kön 10, 21 wurde zu Salomos Zeiten „Silber überhaupt nicht gerechnet" (*'ên næḥšāḇ*); es galt

nichts mehr. Die Vorstellung des Wägens und Rechnens läßt auch Jes 40, 15. 17 erkennen, wo es heißt: „Sieh, die Völker sind wie Tropfen am Schöpfeimer und wie Stäubchen auf der Waage geachtet", und die bittere Aussage Hi 6, 26: „Wörter zu rügen – zählt ihr darauf? ... Selbst um die Waise würdet ihr losen, würdet verschachern den Freund" (vgl. auch Kl 4, 2; Dan 4, 32). Neben dem Rechnen mit Gewichten und Werten, wozu auch die *pi*-Belege, die *niph*-Form 22, 7 und einige außerhebr. Formulierungen gehören (I.1.b; II.1.b), ist es das konstruierende Erfinden (Am 6, 5; 2 Chr 2, 13; Ex 31, 4; 35, 32) und das registrierende Ordnen, das in Formulierungen ohne besondere Akzentuierung zum Ausdruck kommt, so z. B. in der Notiz: „Beerot wird nämlich auch zu Benjamin gerechnet" (2 Sam 4, 2) oder: „es wird zu den Kanaanitern gerechnet" (Jos 13, 3); „auch dieses gilt als rephaitisches Land" (Deut 2, 20, dazu 2, 11; Lev 25, 31; Jes 29, 17; 32, 15).

e) Bei der Anwendung auf personale Objekte ergibt sich der bereits erwähnte negative Effekt (vgl. o. zu Hi 6, 26). Dabei ist nicht nur ein folgenloses 'Halten für' gemeint, wenn Juda die am Weg sitzende Frau als Hure einschätzt (Gen 38, 15), Eli Hanna als Betrunkene (1 Sam 1, 13), die Mägde Hiob als einen Fremden (*zār* Hi 19, 15), wie es auch die Stelle Gen 31, 15 zeigt: „Gelten wir (Rahel und Lea) ihm (Laban) nicht als Fremde, da er uns verkauft hat (*mkr*) ...", vielmehr ein persönliches Abwerten, ein Fixieren in der eigenen und allgemeinen Einschätzung (*l^e*). Das abschätzige Vergleichen findet seinen Ausdruck in der nicht selten gesetzten Partikel *k^e*: wie Ton, Geschirr, ein Stäubchen, Nichts, Null, Schlacken (cj.), Vieh, Schlachtschafe, Ausländer, ein Feind u. a., aber auch in dem doppelten Akkusativ („als Stigmatisierten werten", Jes 53, 4). So scheint es, daß dies nicht bloß in den aktuellen Begebenheiten, sondern offenbar grundsätzlich als zugefügter Schaden, als fluchähnlich in der Wirkung, als Böses erfahren und angesehen wurde. Die Tendenz zum Negativen ist weiter erkennbar an den finalen Formulierungen (z. B. 1 Sam 18, 25; Neh 6, 2. 6; Esth 9, 24f.). Das Rechnen und Planen, Kalkulieren und Klassifizieren hat dann in vielen Fällen ein negatives Objekt bei sich, vorwiegend *rā'āh* (Gen 50, 20; Sach 7, 10; 8, 17; Ps 35, 4; 140, 3; 41, 8; Ez 38, 10, vgl. 11, 2; Mi 2, 1 [vgl. dazu J. T. Willis, Bibl 48, 1967, 535ff.]; Ps 36, 5; 1Q Jes^a 32, 6; Ps 52, 4; Spr 16, 30; Jes 53, 3f.), während andererseits ein positiver Ausdruck fast ganz fehlt (zu den theol. relevanten Stellen s. u. III.). Mal 3, 16 MT (*ḥoš^{e}ḇê š^{e}mô* „die seinen Namen schätzen") ist textlich nicht ganz problemlos, wäre aber vielleicht trotzdem in diesem Gesamtrahmen interpretierbar (mit der Präsenz JHWHs rechnen = JHWH fürchten). Spr 17, 28: „Ein schweigender Tor wird für weise gehalten", deutet ironisch auf das Trügerische dieser Wertung (vgl. Neh 13, 13). Dem allgemeinen Befund entspricht schließlich, daß als Subjekte von *ḥšb* zu etwa einem Viertel Feind-Personen fungieren. Die häufige Verwendung der Präposition *'al* 'gegen' markiert die Sinnrichtung.

f) Eine feste Wendung scheint die Konstruktion mit (doppeltem) akkusativischem Sachobjekt und mit dativischem *l^e* der Person zu sein: 'jemandem etwas (als etwas) (an-) berechnen' oder in der Passiv-Form: 'etwas wird (als etwas) für jemanden (ange-) berechnet'. Ein Beispiel für die auch theologisch bedeutsame Formulierung (III.6.) ist die kniefällige Bitte Simeis an David: „Es rechne mir (*'al jaḥ^{a}šoḇ-lî*) mein Herr die Schuld (*'āwon*) nicht an und gedenke (*zkr*) nicht, womit sich dein Knecht vergangen hat (*'wh hiph*) an dem Tag, da mein Herr, der König, aus Jerusalem wegging, indem es der König im Sinn behält (*śûm 'æl libbô*)" (2 Sam 19, 20). Varianten und Analogien sind Hi 35, 2, dann Gen 15, 6; 50, 20; Ps 32, 2; Esr 9, 13 (HSS). Die Affinität zu *'āwon* könnte eine Beziehung zum Schuldrecht, zumindest zu Schuldrechtvorstellungen (oppos. *ṣ^{e}ḏāqāh*) andeuten. Von den passivischen Belegen sei genannt: „als Blutschuld (*dām*) soll es jenem Mann angerechnet werden" (Lev 17, 4, vgl. Num 18, 27; Lev 7, 18; Spr 27, 14: „als Fluch wird es [sc. der geheuchelte Gruß] ihm angerechnet"; vgl. I.1.b).

2. Die *pi*-Modifikation bewirkt bei *ḥšb* eine Verlagerung des Sinnakzents auf das Resultat der Denkbemühung (Resultativ, Jenni 226ff.). Das Augenmerk wird gerichtet auf das praxisnahe Planen („des Menschen Herz denkt sich seinen Weg aus", Spr 16, 9), die effektive strategische Planung („gegen Festungen hat er seine Methoden", Dan 11, 24), das gezielte Unterfangen („Was wollt ihr gegen JHWH ausrichten?", Nah 1, 9; „sie ersinnen gegen mich das Schlimmste [*ra'*]", Hos 7, 15), das intensive Überdenken und Durchrechnen bis zum Endergebnis („dies zu erkennen", Ps 73, 16; „[aller] der Tage seit der Urzeit", Ps 77, 6; „[alle] meine Wege", Ps 119, 59; 144, 3 – wohl im Sinne von 'durchdringen, erforschen' [par. *jd'*] – „Was ist ein Menschenkind? Du erforschtest es!"), auf das konkrete Ergebnis des planend-rechnenden Bemühens (zu Pred 7, 23ff. u. III.8.). Von da ist es nur ein Schritt bis zur technischen Verwendung des *pi* im mathematischen bzw. kaufmännischen Sinn: „Mit den Männern, denen man das Geld aushändigte, um es den Arbeitern zu geben, rechnete man nicht ab" (2 Kön 12, 16); zu vergleichen sind Lev 25, 27. 50. 52; 27, 18. 23 (Verrechnungsanweisungen) sowie die aram. Belegstellen gleicher Bedeutung (I.1.b) und die Substantive (II.1.d).

Singulär ist das *hitp* Num 23, 9: „Sieh, ein Volk – für sich allein wohnt es und zu den Völkern rechnet es sich nicht" (vgl. *mnh* 'zählen', *mispār* 'Zahl' v. 10 MT). Auch hier zeigen sich Ordnungsvorstellungen im Hintergrund. Es wird mit überschaubaren, bzw. zähl- und vergleichbaren Größen gerechnet, und eben das gibt die Möglichkeit, dieses eine Volk als einzigartig aus der Reihe der Völker herauszunehmen.

3. Bemerkenswert sind die negierten Formulierungen, weil sie in Abwehr und Enttäuschung den Blick

auf Erwartungen freigeben, welche normalerweise durch *ḥšb* geweckt werden. Ungewöhnlich ist es und staunenswert, wenn man mit Geld (Silber) nicht rechnet wie die Meder (Jes 13, 17) und wie zur Zeit Salomos (1 Kön 10, 21 par.), wenn man über die Vergabe von Arbeiten nicht abrechnet (2 Kön 12, 16 *pi* = das Geld nicht berechnet wird, 2 Kön 22, 7 *niph*). Daß von dem Gottesknecht überhaupt keine Notiz genommen wird (Jes 53, 3, vgl. v. 4) wie auch daß mit Menschenleben nicht mehr gerechnet wird (Jes 33, 8), offenbart einen desolaten Zustand, der der Klage wert ist. Die Selbsteinschätzung Israels ist nach Num 23, 9 etwas ganz Außergewöhnliches und geradezu Paradoxes. Die dem Verbum eigene rechnerische Bedeutungskomponente tritt vor allem dort zutage, wo die Negation ('nicht rechnen') einen mathematischen Sinn annimmt ('als Nichts und Null rechnen'). So 1 Kön 10, 21 in der zusammengedrängten Formulierung: *'ên kæsæp lo' næḥšāḇ* ... *lime'ûmāh* (vgl. 2 Chr 9, 20) – „Silber gab es nicht – es wurde für nichts gerechnet"; ähnlich Jes 40, 17: „als (weniger als) Nichts (*me'æpæs*) und Null (*tohû*) gelten sie ihm"; Dan 4, 32: „alle Erdenbewohner sind wie nichts (*kelāh* aram.) gerechnet" (vgl. auch den Beleg in dem nabat. Kontrakt: *kl' nḥšb*, I.1.b). Dieselbe Vorstellung liegt den Stellen 2 Sam 19, 20; Ps 32, 2 und Lev 7, 18 zugrunde, wo es darum geht, ob etwas (Schuld, Opfer) gezählt, bewertet und als existente Größe gerechnet, gebucht werden soll oder nicht. Die Alternative Ja – Nein verweist auf einen Akt der Entscheidung.

4. *maḥašāḇāh*, bzw. *maḥašæḇæṯ*, zumeist unbestimmt pluralisch gebraucht, auch zusammen mit *ḥšb*, hängt stark an der Verbalbedeutung, und da diese durch Objekte u. a. nicht eingeschränkt wird, mit Schwergewicht auf 'kreatives Rechnen, Kalkulieren', d. h. 'Vorhaben, Planungen, Pläne', wobei die technische Komponente in jüngeren Texten stärker betont ist, wie die Kontexte von Ex 35, 32ff.; 31, 4; 2 Chr 2, 13; 26, 15 (vgl. Am 6, 5 verb.) beweisen (Rinaldi 142).

Das hebr. erst spät bezeugte *ḥæšbôn* I erfährt bei Pred und Sir begriffliche Verwendung im Sinne von 'rechnerisch-greifbares Resultat', 'praktisches Endergebnis', 'Endsumme und Ziel des „eins zum andern Tuns"' (Pred 7, 27), 'Zusammenrechnen, Fazit', also unter Betonung der in der *pi*-Verwendung schon sichtbar gewordenen resultativen Ausrichtung ('Ausforschung' Sir 27, 5f.; 42, 3). 1QH 1, 29 bezieht sich auf den heiligen Gesang; möglicherweise meint *ḥæšbôn* hier – ähnlich wie Am 6, 5 – den kunstvollen rhythmischen Vortrag (Rinaldi 142).

Ähnlich verhält es sich mit dem nur 2mal belegten Pluraletantum *ḥiššeḇonôṯ*. Es ist kein term. techn., wie die verschiedenartig determinierenden Kontexte zeigen. 2 Chr 26, 15 – mit dreifachem Umschreibungsversuch mit Hilfe von *ḥšb: ḥiššeḇonôṯ maḥašæḇæṯ ḥôšeḇ* „Konstruktionen – Erfindung eines Technikers" (d. h. ein technisches Wunderwerk), bezogen auf Pfeil- und Wurfgeschütze zur Verteidigung der Stadt, für die man keine spezielle Bezeichnung kannte (vgl. dazu P. Welten, Geschichte und Geschichtsdarstellung in den Chronikbüchern, WMANT 42, 1973, 111ff.) – und Pred 7, 29 in der *ḥæšbôn*-Sentenz 7, 23ff., als Bezeichnung eines anthropologischen Grunddatums: „Sie suchen viele Künste" (d. i. Ideen, Strategien der Selbstverwirklichung, III.8.).

5.a) Bildungen der Wurzel *ḥšb* finden sich in bestimmter Häufung (d. h. mehr als 1mal und mit Ausnahme der figura etymologica) in folgenden Texten, bzw. Textschichten und -komplexen: JE Gen 50, 20; P Ex 25–39; Lev 25; 27; Num 18, 27. 30; Deut 2, 11. 20; im sog. dtr Traditionskorpus und im chr Geschichtswerk nur vereinzelt (2 Sam 14, 13f.; 2 Chr 26, 15; Neh 6, 2. 6); sodann in den prophetischen Schriften in dichterer Streuung Jes 29, 16f.; Mi 2, 1. 3; Nah 1, 9. 11; Jer 18, 8ff.; 29, 11; Jes 40, 15ff.; 53, 3f.; 55, 7ff.; in den Psalmen 33, 10f.; 35, 4. 20; 40, 6. 18; 140, 3. 5; Hiob 19, 11. 15; 41, 19f.; Kl 3, 60f.; Dan 11, 24f., schließlich Pred 7, 25ff. Die Häufung läßt sich an den meisten Stellen auf bewußte Verwendung zurückführen; an einigen entspricht sie den jeweils behandelten Materien (Aufzählungen, Anweisungen u. ä.).

b) Am häufigsten ist das Vorkommen im Weisheitsspruch (Spr 6, 18; 12, 5; 15, 22. 26; 16, 3. 9. 30; 17, 28; 19, 21; 20, 18; 21, 5; 24, 8; 27, 14; Jes 2, 22?) und in der Weisheitsdichtung (Hi 5, 12; 6, 26; 13, 24; 18, 3; 19, 11. 15; 21, 27; 33, 10; 35, 2; 41, 19. 21. 24 und Pred 7, 23ff.; vgl. Sir 9, 15; 27, 5f.; 42, 3). Recht häufig ist auch die Verwendung in der prophetischen Verkündigung (Hos 7, 15; 8, 12; [Am 6, 5]; Mi 2, 1. 3; 4, 12; Jes [2, 22]; 5, 28; 10, 7; [13, 17]; 29, 16f.; [32, 15; 33, 8]; Nah 1, 9. 11; Jer 4, 14; 6, 19; 11, 19; 18, 8. 11. 12. 18; 23, 27; 26, 3; 29, 11; 36, 3; 48, 2; 49, 20. 30; 50, 45; 51, 29; Ez 11, 2; 38, 10; Jes 40, 15. 17; 53, 3f.; 55, 7ff.; 59, 7; 65, 2; 66, 18; Sach 7, 10; 8, 17; Mal 3, 16; vgl. Dan 4, 32; 11, 24f.). Eine spezielle Bindung an eine literarische Gattung ist nicht feststellbar. Nicht gattungsgebunden, aber sehr häufig erscheint die Wortgruppe als Feindtopos in den Psalmen (10, 2; 21, 12; 33, 10; 35, 4. 20; 36, 5; 41, 8; 44, 23; 52, 4; 56, 6; 88, 5; 140, 3. 5. außerdem 32, 2; 33, 11; 40, 6. 18; 73, 16; 77, 6; 92, 6; 94, 11; 119, 59; 144, 3). Sie ist technisch gebraucht (Ptz. *pi*, *niph*) in Priesteranweisungen (Ex 31; 35; Lev 25; 27; Num 18), begegnet in beiläufigen Notizen und Anmerkungen (z. B. Jos 13, 3; 2 Sam 4, 2; 1 Kön 10, 21; 2 Kön 22, 7). Sie findet sich aber auch verschiedentlich in literarischen (z. T. redaktionellen) Schlüsselpositionen (Gen 6, 5; 15, 6; 50, 20; Num 23, 9; 1 Sam 18, 25; 2 Sam 14, 13f.; 19, 20; Jer 18, 8ff.; 2 Chr 26, 15; Pred 7, 23–29).

6. Die Frage, ob *ḥšb* besonderen Sprachschichten und Sprachgruppen zuzurechnen ist, läßt sich nur teilweise beantworten. Aus den beiläufigen Erwähnungen in erzählenden und beschreibenden Texten, in Notizen, Psalmaussagen, Prophetenworten, Priesterlehren scheint hervorzugehen, daß *ḥšb* und

mahᵃšæbæṯ – nach außerbiblischen Zeugnissen auch *ḥæšbôn* (ugar., aram., Sir) – in at.lichen Zeit zur Umgangssprache gehört hat. Zitate wie Gen 31, 15; 2 Sam 19, 20 bestätigen das. *ḥšb* war der gewöhnliche Ausdruck für Vorgänge des Rechnens und Planens, sowohl was das Zahlungswesen (Geld, Schuld), die Verwaltung, bzw. Registration (Ortschaften, Personen) wie die technische Planung von Unternehmungen (Belagerung, Erfindung) anging. Daher ist es kaum verwunderlich, daß vor allem die weisheitlichen Lehrer ausgiebig Gebrauch davon machen – mußte ihnen doch zumindest auch die Ausbildung zu den genannten Tätigkeiten angelegen sein. Daß sie sich dann auch theoretisch mit Vollzug und Wesen jener *ḥšb*-Handlungen befaßten, dafür sind die Proverbien (vgl. z. B. Spr 15, 22; 20, 18), besonders aber die *ḥæšbôn*-Sentenz Pred 7, 23ff. Zeugnis. Aber auch Propheten und Priester konnten bei theologischen wie anthropologischen wie technischen Aussagen diesen Rechen- und Planungsausdruck nicht entbehren. Doch scheint er sich erst spät (P, Pred) und nur partiell (Ptz., *pi*) begrifflich spezialisiert zu haben (vgl. 2 Chr 26, 15).

III. 1. Die mit *ḥšb* bezeichnete Tätigkeit des Rechnens und Planens findet im AT grundsätzliche Beachtung unter anthropologischen Aspekten. Geht es in den Sprüchen 15, 22 („Scheitern von Plänen tritt ein, wenn Vorbesprechung [*sôḏ*] fehlt; gibt es viele Berater, gelingt es") und 20, 18 („Planungen haben bei Beratung [*ʿeṣāh*] Bestand, und [nur] nach [vielen] Überlegungen führe Krieg") noch um Erfahrungen mit mangelhafter politischer Planungsarbeit, d. i. um die Voraussetzungen für eine erfolgreiche Planung und Unternehmung, und in 21, 5 („Die Pläne des Fleißigen führen nur zu Gewinn, aber der Hastige bringt's nur zu Verlust") noch um kaufmännische Kalkulation und ihre Effektivität, wird *ḥšb* alsbald zum Signum menschlicher Daseinsäußerung überhaupt. So konstatiert der erste Teil von Spr 16, 9 als Grundgegebenheit, daß der menschliche Wille (*leḇ ʾāḏām*) sich seinen je eigenen Lebensweg plant, ausrechnet (*pi*); Spr 19, 21 bemerkt ergänzend, daß viele solche Pläne im Menschen sind. In beiden Aussagen deutet sich bereits an, daß diese Planungen einer prinzipiellen Wertung unterliegen. Dabei ist es nicht nur Sache der guten Vorbereitung und geschickten Durchführung, ob sie Bestand haben werden. Vielmehr eignet ihnen eine besondere Qualifikation, die freilich auch sichtbar werden kann: „Die Pläne der Rechtlichen gehen auf Recht; die Überlegungen der Frevler auf Trug" (Spr 12, 5).

Der negative Klang an Stellen, wo Menschen mit Menschen rechnen, wurde (II.1.e) bereits erwähnt. Im Anschluß daran sind auch die Feindaussagen in den Psalmen zu sehen. Bei den Feinden der Königs- und Gemeindepsalmen (21, 12; 33, 10; 44, 23; 56, 6) ist der konkrete politische Hintergrund feststellbar. Anders bei den Feinden des einzelnen. Zu fragen ist, ob aus der Verwendung von *ḥšb* hier auf wirtschaftliche Zusammenhänge geschlossen werden darf (vgl. Gen 31, 15). Die allgemeinen und formelhaften Wendungen lassen eine Konkretisierung nicht zu. Es scheint, als ob das politische Feindbild auf die Aussagen eingewirkt habe. Doch wollen diese offenbar nur Schädlichkeit und Gefährlichkeit – bei aller untergründigen Angst vor dem Gezählt-, Verrechnet- und Fixiertwerden (vgl. 2 Sam 24 par.) – solcher Machenschaften zum Ausdruck bringen.

Radikaler ist die Wertung an Stellen, wo die Schöpfungstheologie dominiert. Dort wird ein grundsätzlich negatives Urteil über alles menschliche Planen gesprochen. Gen 6, 5 J: „Da sah JHWH, daß die Schlechtigkeit der Menschen groß war auf Erden und daß jedes Gebilde aus der Planung seines Willens (*kŏl-jeṣær mahšeḇoṯ libbô*) nur schlecht war jederzeit, und es reute JHWH ..." am Anfang und Gen 8, 21: „Das Gebilde des menschlichen Willens ist böse von Jugend auf" am Ende der Sintflutperikope. Der Pl. charakterisiert die ununterbrochene Kette von Planspielen der Menschheit, die die verschiedenartigsten Hervorbringungen zeitigt – hier verstanden als ein menschliches Grundphänomen und theologisch gewertet als Anfang der Schöpfung einer antigöttlichen Eigenwelt. – Wie ein Kommentar zu Gen 6, 5; 8, 21 liest sich Pred 7, 29: „Nur dies, sieh, habe ich gefunden, daß Gott den Menschen aufrecht (*jāšār*) geschaffen hat; sie aber suchen viele Künste" (*ḥiššeḇonôṯ rabbîm*) – im Sinne kalkulierter und technisch konzipierter, aber bestimmungswidriger, überflüssiger und zielloser Aktivität (vgl. III.8.). – In gleichem Sinn kann Ps 94, 11 – wieder im Zusammenhang des Schöpfungsgedankens (94, 9ff.) – feststellen, daß die Planungen der Menschen von JHWH als →הבל (*hæḇæl*) 'Hauch' angesehen werden (vgl. Pred), als etwas dem menschlichen Atem Ähnliches, Wesenloses und Vergängliches, ja Wertloses.

2. Besonders aufschlußreich sind die Stellen, an denen *ḥšb* mit menschlichem Subjekt *ḥšb* mit göttlichem Subjekt gegenübergestellt ist. So formuliert Gen 50, 20 an hervorgehobener Stelle die Quintessenz der Josephsgeschichte: „Ihr hattet zwar Böses gegen mich geplant (*ḥšb*); das aber hat Gott zum Guten geplant (*ḥšb*)". Das soll heißen, wie die doppelte Verwendung von *ḥšb* mit Akk. und *ʿal* (im Sinne des freien schöpferischen Planens und Rechnens mit und d. i. gegen Menschen) und mit Akk. und *le* (im Sinne des Wertens, Einordnens, Verrechnens vorgegebener Daten und unter der Vorstellung des fiskalischen Gutschreibens für jemanden) nahegelegt, daß ein grausames Kalkül bei der Durchführung zum Faktor eines höheren und umfassenderen Kalküls wurde, das auf das Gute gerichtet war. Gen 50, 20 ist so gesehen nur eine, wenngleich außergewöhnliche Anwendung der Erfahrungssätze Spr 16, 3. 9; 19, 21, in der prägnantesten Formulierung: „Des Menschen Wille rechnet sich seinen Weg aus, aber JHWH lenkt seinen Schritt" (16, 9), die den Zusammenprall zweier Planungen zum Thema haben (zu Gen 15, 6 unten III.6.).

Dieselbe Konfrontation strukturiert den Prophetenspruch Mi 2, 1–5. In einer Art Schuldausgleich (ius talionis) reagiert JHWH nach 2, 3 („Darum – so hat JHWH gesprochen – bin ich dabei, über dieses Geschlecht Unheil zu planen“) auf Ereignisse, welche das Wehewort 2, 1 geißelt („Wehe denen, die Heilloses planen ... auf ihren Lagerstätten“). Es ist die Logik Rechnung und Gegenrechnung, wobei, anders als Gen 50, 20, JHWH als strafender Richter erscheint.

Als Schöpfer und Herr der Welt, der seine Politik durchsetzt, wird JHWH Ps 33, 10f. gepriesen, der den „Plan der Völker vereitelt und die Entwürfe der Nationen zunichte macht“, dessen „Plan für immer steht, und die Entwürfe seines Willens von Generation zu Generation“ (vgl. Hi 5, 12).

Jes 55, 7ff. sucht den versöhnlichen Ausgleich in der Mahnung zum Aufgeben unheilvoller Planungen und zur Umkehr in JHWHs Erbarmen und Vergebung. Das aber bedeutet die Anerkennung der höheren Planungen und Wegbereitungen, die den menschlichen Planzielen nicht gleich sind: „Denn meine Pläne sind nicht eure Pläne und eure Wege sind nicht meine Wege – Spruch JHWHs; denn so viel der Himmel höher ist als die Erde, so sind meine Wege höher als eure Wege und meine Pläne höher als eure Pläne“ (55, 8f.). Bekehrung und Unterwerfung – kultisch vollziehbar in der Gottesnähe (55, 6f.) – ist die rechte Einstellung, da die Planungen Gottes in ein Endstadium getreten sind (55, 10f.).

Augenscheinlich ist die Übertragung bestehender Wendungen auf das Gottesverhältnis Hos 8, 12; Hi 13, 24; 19, 11 (33, 10 zitiert); Nah 1, 9 (*pi*). 11. Die beiden ersteren zeigen reziproken Gebrauch. JHWHs Weisungen werden wie die eines Fremden (*kᵉmô-zār*) eingeschätzt (zur Wendung vgl. Gen 31, 15; Hi 19, 15); JHWH selbst schätzt Hiob vermeintlich ein „gleichwie seine Gegner“ (Hi 19, 11 MT), taxiert ihn „als Feind“ (13, 24; vgl. dazu Gen 38, 15; 1 Sam 1, 13; Ps 44, 23; Hi 18, 3). Nah 1, 9. 11 sind ganz singuläre Aussagen, die von einem *ḥšb* sprechen, das selbst vor JHWH nicht Halt macht („Was rechnet [*pi*] ihr euch aus bei [*'æl*] JHWH“, 1, 9) und zum erklärten Feind JHWHs wird („Arges plant einer gegen JHWH“, 1, 11) (zu den Feindstellen in den Psalmen vgl. III.1.; zu Ps 32, 2 III.7.).

3. Stehen *ḥšb* und seine Derivate für das Planen und Rechnen des menschlichen Daseins, ist es denkbar, daß sie in dieser Funktion auch auf die Person der Gottheit übertragen werden. In der Tat finden sich Aussagen, die auf solche Weise von der Geschichts- und Weltplanung JHWHs sprechen. Vor allem in der jeremianischen Tradition scheint diese Aussage zum Theologumenon geworden zu sein – weithin in den sekundären Schichten wie Jer 18, 8. 11; 26, 3; 36, 3; 49, 20. 30; 50, 45. Zumeist geht es um konkrete Pläne und Absichten gegen Babel (51, 29), Edom (49, 20), auch gegen die Stadt Jerusalem (Kl 2, 8), dann aber auch abstrahierend um Gesamtplanung und Gesamtziel: Mi 4, 12; Jer 29, 11 („Pläne des Friedens und nicht zum Unheil“); Jes 55, 8f. („hohe Pläne“). In hymnischen Texten werden sie Gegenstand des Lobpreises (Ps 33, 11) und der Anbetung (Ps 92, 6: „Wie groß sind deine Werke, JHWH! Wie sehr tief sind deine Pläne!“; Ps 40, 6; 144, 3). Ps 40, 18 ist textlich unsicher (nach Ps 70, 6: *ḥušāh-lî* „eile zu mir“). Wäre MT zu lesen (*jaḥᵃšoḇ lî*), hätte man hier einen Beleg für die Anwendung auf das individuelle Sorgen JHWHs („der Herr plant für mich“) – eine theologische Verwendung eigenen Rechts neben 40, 6 (dazu u. III.5.; zu 1QM 14, 14 Rinaldi 142).

4. Im priesterschriftlichen Traditionskorpus scheint *ḥšb* neben der Spezifizierung des Partizips ('Sticker') in Ex 25ff. und der *pi*-Verwendung ('berechnen, verrechnen, abrechnen') in Lev 25; 27 noch eine dritte Fixierung als technischer Terminus erfahren zu haben an den *niph*-Stellen Lev 7, 18; 17, 4; Num 18, 27. 30.

Seit G. von Rads Studie über „Die Anrechnung des Glaubens zur Gerechtigkeit“ und R. Rendtorffs Untersuchungen zu den deklaratorischen Formeln in den Gesetzen der Priesterschrift nimmt man an, der Ausdruck gehöre zur „konventionierten Sprache des Kultus“ und beziehe sich auf den „deklaratorischen Akt“, durch den der Priester „Annahme oder Zurückweisung des Opfers statuiert“ (130). „Anerkennung eines Opfers als rite vollzogen ist aber natürlich nichts anderes als eben seine 'Anrechnung'“ (131). Diese priesterliche Deklaration ist demnach Ausdruck und Manifestation einer kultischen „Theologie der Anrechnung“, die auch für Reinheitsentscheidungen und andere kultische Qualifikationen (Torliturgie) die Voraussetzung bildet (dazu Koch, Tempeleinlaßliturgien 45ff.; Schottroff 644f.). Dagegen erheben sich jedoch einige Bedenken.

a) Es muß schon bedenklich stimmen, wenn man die geringe Anzahl der Belege (4 – von Gen 15, 6 und Ps 106, 31 ist zunächst abzusehen) betrachtet. Dazu kommt, daß Num 18, 27. 30, wo festgelegt wird, daß der Zehnte von dem den Leviten zustehenden Zehnten der Gesamtabgaben als die Hebe angerechnet wird, die die Leviten ihrerseits den Priestern schulden („es wird den Leviten angerechnet wie Ertrag von Tenne und Kelter“) keine spezielle, sondern allgemeine Verwendung vorliegt (*ḥšb niph* mit *lᵉ kᵉ* wie Jes 40, 17; Spr 27, 14, bzw. Jes 5, 28; 29, 16 und Hi 41, 21); daß Lev 17, 4 mit seiner rigorosen wie singulären Qualifikation der profanen Schlachtung („dem Mann wird es als Mord [*dām*] gewertet; Blut hat er vergossen“) und der erklärende Zwischensatz über das Essen von Opferfleisch am dritten Tag nach der Schlachtung in Lev 7, 18 („nicht wird es ihm angerechnet; *piggûl* ist es“) als einzige Belege übrigbleiben, die eine solche „priesterliche Anrechnungstheologie“ zu tragen hätten. Selbst diese aber erweisen sich bei näherem Zusehen als wenig tragfähig.

b) Lev 7, 18aγ ist im Kontext von 7, 11–21 deutlich Parenthese. Sofern priesterliche Fachsprache vorliegt, betrifft sie die entscheidende Qualifikation in v. 18aβ: „der es darbringt, wird kein Wohlgefallen finden“ (*rṣh niph*, vgl. Rendtorff, Würthwein). Was aber folgt, sind erklärende, begründende Sätze, die besagen, daß das ganze Mahlopfer durch diese Ordnungswidrigkeit ungültig wird, nicht zählt, keine Anrechnung finden kann. Im Blick auf den Grundtext Lev 19, 5–8 zeigt sich, daß 19, 7 nur die *rṣh*-Deklaration und *piggûl*-Qualifikation kennt, daß der *ḥšb*-Satz also als sekundäres Interpretament anzusehen ist, das in nüchterner Geschäftsmäßigkeit die Nichtgültigkeit eines solchen Opfermahls zum Ausdruck bringt. Entsprechendes gilt für Lev 17, 4. Auch hier gehört die *ḥšb*-Aussage dieses „Gutachtens" samt Begründung zur späteren Interpretation (vgl. K. Elliger, HAT I/4, 1966, 222ff.).

c) Ob diesen Stellen in der *niph*-Formulierung theologische Relevanz zukommt, ist keineswegs eindeutig. Wohl geht es im jeweiligen Kontext um Anerkennung und Annahme von Opferleistungen. Doch an keiner Stelle liegt ein besonderer Akzent auf der *ḥšb*-Aussage. Im Gegenteil, sie scheint – anderer Verwendung analog – mehr beiläufig auf eine bestimmte Ordnung für die Priester (Lev 7, 18; Num 18, 30) bzw. für die betroffenen Personen (Num 18, 27; Lev 17, 4) zu verweisen, daß eben die Dinge so oder so geregelt wären. Eine theologische Implikation ist natürlich nicht auszuschließen. Gerade aber die passivische Formulierung zeigt, daß über die allgemeine Feststellung der Gültigkeit bzw. Einordnung hinaus keine weiteren speziell theologischen Aussagen gemacht werden sollen (vgl. Lev 25, 31).

Die *ḥšb*-Wendungen und die damit verbundenen Vorstellungen sind – wie die Belege zeigen – in die Bereiche priesterlicher Theorie und Praxis eingedrungen, kamen sie doch einem Ordnungsdenken (Rechnen, Planen) entgegen, auf das gerade dort Wert gelegt wurde. An zwei Stellen geriet *ḥšb* in den Kreis der Opferqualifikationsaussagen und ergänzte die dortigen Vorstellungen mit der Präzision des rechnerischen Ausdrucks (Lev 7, 18; 17, 4). Daß daraus auf eine „Theologie der Anrechnung" geschlossen werden dürfte, lassen diese singulären Belege nicht zu (zu Gen 15, 6 s. III. 6.).

5. Von *ḥšb* sind folgende Eigennamen abgeleitet: *Ḥ^ašuḇāh*, *Ḥ^ašaḇjāh*, *Ḥ^ašaḇjāhû*, *Ḥ^ašaḇnāh*, *Ḥ^ašaḇn^ejāh* und *Ḥaššûḇ* (zu *Ḥæšbôn* vgl. KBL³; zur Bildungsweise IPN 20f., 33, 38, 188f., 244), alle mask. Etwa zwanzig Träger solcher Namen lassen sich at.lich ausmachen. Zum weitaus größten Teil sind sie als Leviten kenntlich gemacht (explizit etwa zwei Drittel). Ungefähr die Hälfte davon gehört in die Zeit Nehemias (ausschließliches Vorkommen in 1 Chr, 2 Chr, Neh, Esr). Die Namen scheinen demnach traditionell levitisch zu sein. Ihre Grundstruktur bilden *ḥšb* Perf. und das theophore Element – Subjekt wohl auch in den passivischen Formen (unerklärbar ist das Element *n*), so daß sich eine Bekenntnisaussage ergibt: 'JH(WH) hat gerechnet, geplant', bzw. '(JHWH-) geplant'. Daß es sich bei diesen „Danknamen" darum handelt, daß „das Wohlverhalten der Menschen mit dem Geschenk eines Kindes belohnt" wurde (IPN 188), ist nur eine und nicht einmal die wahrscheinlichste Möglichkeit unter andern (nach Gen 15, 6, vielmehr Ps 106, 31). Vorstellbar ist ein Zusammenhang mit Ps 40, 6 ('sich sorgen um, sich kümmern', o. III. 3.; vgl. Rinaldi 142), vor allem der Verweis auf die wunderbare Disposition JHWHs, die in dem Geschenk des Kindes erfahren wurde, und d. h.: *ḥšb* in der Verwendung im Sinne heilvoller Pläne – wohl im Zusammenhang der Schöpfungstheologie wie Ps 33, 11; 92, 6; 144, 3; 1QM 14, 14. – Vielleicht bieten die bisher ungeklärten akk. Danknamen mit dem Verbum *manû* 'zählen' eine Analogie hierzu (AN 192f., vgl. I. 2. b).

6. Fraglos kam *ḥšb* zur größten theologischen Bedeutung und Wirkung im Zusammenhang von Gen 15, 6 (Heidland, Hahn): „Er (Abram) glaubte an JHWH, und das rechnete er ihm als Gerechtigkeit an". Der Vers ist literarkritisch umstritten; vertreten wurde die Zuweisung zu E (seit Wellhausen), auch J (vgl. Lohfink), JE[R] (= Dtr nach R. Smend, Zur Geschichte von האמין. Hebräische Wortforschung. Festschr. W. Baumgartner, VTS 16, 1967, 248ff.) u. a. Einheitlicher ist die Auffassung über die Funktion des Verses: Er bezieht sich auf den Abschnitt 15, 1–5 zurück, nimmt Abstand und faßt zusammen, interpretiert und zieht das Fazit; ein „feierlich konstatierender Satz", „fast schon (mit dem) Charakter eines allgemeinen theologischen Lehrsatzes" (von Rad, ATD 2–4, ⁹1972, 143f., dazu Lohfink 32, Anm. 2). Dem entspricht die syntaktische Struktur. Es dominiert noch das erzählende Imperf. cons. (*wajjaḥš^eḇæhā*); es setzt sich aber an ein Perf. (mit *w^e*) an (*w^ehæ'æmîn*), das als – wie immer zu definieren: vorzeitig („und als ...") oder frequentativ („und mehrfach ...") – Hintergrundstempus seinerseits dem Imperf. cons. untergeordnet ist (W. Schneider, Grammatik § 48). Dazu stimmt, daß das Verbalsuffix bei *ḥšb* den Perfektsatz zum Objektsatz macht („und die Tatsache, daß Abram an JHWH glaubte") und so die Abhängigkeit zwischen Vordersatz und Hauptsatz festigt. Insofern ist *w^e* hier nicht Tempuszeichen, sondern hat die Funktion, den Erzählzusammenhang zu unterbrechen und Distanz zu schaffen und zugleich in der Art der mit *w^e* angereihten Sätze – oft mit Überraschungseffekt (GKa § 154) – den Übergang zu einer Schlußfolgerung zu finden, die mit konstatierendem Perfekt eingeleitet wird.

Gen 15, 6 bedient sich dreier Aussagemittel, des Ausdrucks *hæ'æmîn b^e* 'vertrauen auf, glauben an', des Begriffs *ṣ^eḏāqāh* 'Gerechtigkeit' (d. i. das In-der-richtigen-Ordnung-Sein) und der Wendung *ḥšb* mit acc. Suffix, mit *l^e* und einem Akk.-Objekt 'jemandem etwas als etwas berechnen, anrechnen'. Je nach Herkunftsbestimmung dieser drei Elemente und ihrer Kombination ergeben sich verschiedene Auslegungen.

Von Rad suchte in der „konventionierten Sprache des Kultus" den Herkunftsbereich der beiden letzteren Interpretamente (d. h. von 15, 6b). Über die *ḥšb-niph*-Stellen stieß er auf einen „urteilenden Denkakt, der im Kultus an wichtigster Stelle steht", einen „deklaratorischen Akt", den der Priester im Auftrag JHWHs in kultischer Anrechnung des Opfers unter Verwendung von „deklaratorischen Formeln" (dazu Rendtorff) zu vollziehen hatte. Über den Begriff *ṣ^eḏāqāh* und seine Verwendung in der kultischen Praxis traf er auf einen „ganz anderen Lebensbereich des Jahwekultus", nämlich die Torliturgien und glaubte in der dort zentralen Gerechtigkeitsaussage (etwa in Gestalt des deklaratorischen

Satzes: „Gerecht ist er; er wird sein Leben haben", Ez 18,9) wieder eine „kultische Anrechnung" erkennen zu können, wiewohl in diesem Zusammenhang *ḥšb* zugegebenermaßen nicht belegt ist. In diesen beiden kultischen Bereichen, dem Opferkult und der Torliturgie, sah er Gen 15,6b traditionsgeschichtlich verwurzelt, wenngleich er den Passus selbst für „revolutionär und geradezu polemisch" erklärt, der den „strengen Rahmen des Kultischen mit seiner Bindung an Opfer" zerreißt und die „Anrechnung" in den „Raum eines freien und ganz persönlichen Verhältnisses Jahwes zu Abraham hinaus verlagert", d. i. spiritualisiert. Lohfink kritisiert an von Rads Erklärung (1), daß der traditionsgeschichtliche Herkunftsbereich nicht eindeutig bestimmt wird, d. h., daß der Kontext Gen 15,6a und 15,1–5 dabei nicht berücksichtigt wird; (2), daß nicht eigentlich eine Spiritualisierung kultischer Vorgänge, vielmehr eine deutende Interpretation der Abraham-Verheißung aufgrund kultischer Erfahrungen und Vorstellungen anzunehmen ist; (3), daß der Begriff *ṣᵉḏāqāh* („Gerechtigkeit") im Zusammenhang der „kultischen Anrechnung", zumindest bei der Opferdarbringung (vgl. Lev 7,18; 17,4) nicht belegt ist (58ff.). Lohfink ist mit O. Kaiser (Traditionsgeschichtliche Untersuchung von Genesis 15, ZAW 70, 1958, 107ff.) u. a. der Auffassung, daß das Heilsorakel der „Erfahrungsbereich" ist, „der zur Deutung der alten Abrahamtradition herangezogen worden war" und dem sich die Interpretationselemente von Gen 15,6 insgesamt einfügen: das Vertrauen in der Annahme des göttlichen Orakelspruchs, „vielleicht in Form eines Loblieds?"; die „Richtigkeit" (*ṣᵉḏāqāh*, akk. *kittu*) beim rituellen Orakelgeschehen; die Anrechnung, die (wie bei von Rad) in einer „Richtigkeitserklärung des Priesters" („kultischer Gebrauch von *ḥšb*") besteht. – Beide Darstellungen sind in einem entscheidenden Punkt unpräzise, nämlich in der Bestimmung der Bedeutung der *ḥšb*-Wendung. Von Rad beobachtet zwar, daß *ḥšb* nur in dem von ihm genannten ersten kultischen Bereich (Opfer) vorkommt, und faßt die dortige Verwendung als Interpretament, Reflexion kultischer Vorgänge sehr genau ins Auge: „Der Unterschied zwischen den deklaratorischen Formeln und den Belegen für das kultische חשב ist ja nur der, daß diese sich in Anweisungen an Priester finden, sie unterweisen über die Art der von ihnen zu vollziehenden Qualifikationen. Jene aber enthalten den Wortlaut der an den Kultteilnehmer ergehenden Sprüche." (131); vermag aber die Beziehung jener sehr späten und sekundären (III.4.) Unterweisungen über periphere kultische Themen zu Gen 15,6 nicht zu erklären. Denn in der Torliturgie ist zwar *ṣᵉḏāqāh* wie im Heilsorakel möglicherweise *hæʾæmîn*, aber *ḥšb* nicht zu Hause. So bleibt nur anzunehmen, daß es sich bei der Verwendung von *ḥšb* in Gen 15,6 um einen von den P-Stellen unabhängigen, aber diesen und auch Gen 50,20; Ps 32,2 parallelen Vorgang handelt, wo *ḥšb* ad hoc zur Deutung kultisch-theologischer Sachverhalte herangezogen wurde.

Der spezielle Beitrag dieses Interpretaments zur Gesamtaussage von Gen 15,6 besteht in folgendem: a) Der Fazit-Charakter der Stelle wird unterstrichen. Der Akt (bzw. Pl.) des annehmenden Glaubens wird abschließend als entscheidender Faktor für die JHWH-Beziehung gewertet. Der wohl durch Schuldrechtsvorstellungen vorgeprägte Ausdruck (vgl. 2 Sam 19,20; H. H. Schmid, Gerechtigkeit als Weltordnung, BHTh 40, 1968, 108 Anm. 139) nennt das Resultat der geschilderten Vorgänge aus theologischer Sicht eine Abrechnung, wobei der Anklang an das Geschäftliche durchaus beabsichtigt ist – wie der Kontext zeigt. Die in Gen 15,1–6 vorliegende Interpretation der Abrahamverheißung arbeitet durchweg mit solchen Ausdrücken und Vorstellungen. Zu verweisen ist auf das Versprechen hohen Lohns (v. 1) und auf die Frage nach der Realisation (v. 2), auf die Verhandlungen über Besitz und Erbe (*jrš* 3mal, v. 3f.), auf die Zahlendemonstration (v. 5). Insofern erscheint *ḥšb* keineswegs unmotiviert. Die Anrechnung des Glaubens als *ṣᵉḏāqāh* dokumentiert den befriedigenden Abschluß der Verhandlung. (Zum Geschäftsstil der Perikope [vgl. auch Gen 31,25ff. und vor allem 18,20ff.] als Interpretationselement vgl. die Auslegung G. von Rads, ThAT I⁶, 390ff. 407f., II⁵ 404; anders Heidland.)
b) Da das Verbum seiner Herkunft nach in der üblichen Subjektbeziehung eine personale und rationale Sinnstruktur aufweist, ruft seine Verwendung Gen 15,6 hervor, was man „Verinnerlichung, Subjektivierung, Spiritualisierung" genannt hat; eine Verlagerung in den „Raum eines freien und ganz persönlichen Verhältnisses". Der vorwiegend in der Weisheit reflektiert verwendete Begriff ist hier singulär zur Bezeichnung eines außergewöhnlichen Vorgangs gebraucht. Zusammen mit der (kultischen?) *ṣᵉḏāqāh*-Vorstellung dient er dazu, die einmalige Reaktion JHWHs als einen Urteilsakt theologisch zu fassen.
7. Ps 32,2 ist strukturparallel zum Makarismus in v. 1, paraphrasiert und expliziert die dort verwendeten kultischen Formeln, die sich ihrerseits auf den v. 5 berichteten Vorgang der Sündenvergebung beziehen. Die Explikation gebraucht dabei eine Wendung mit *ḥšb lᵉ*.: „Wohl dem Menschen, dem JHWH Schuld nicht anrechnet und in dessen Sinn keine Unwahrhaftigkeit ist". Die – wie in Gen 15,6 – interpretative Verwendung von *ḥšb* besagt, daß der Akt der Sündenvergebung – aktiv. v. 5, passiv. v. 1 ausgedrückt – für JHWH wie für den betreffenden Menschen (*'āḏām*) persönliche Konsequenzen hat, die für JHWH darin bestehen, auf ihm zustehende Rechte zu verzichten und „Schuld nicht anzurechnen" (d. h. für null und nichtig zu erklären), für den Menschen, jede innere Unehrlichkeit aufzugeben; daß also eine theologische Subjektivierung intendiert ist, die JHWHs wie seines Gegenübers Gesinnung in den Blick nimmt; daß *ḥšb* wiederum durch den Kontext und dessen Grundvorstellung über Gedanken und Absichten auf den Plan gerufen wurde (vgl. die enge Verbindung von *ḥšb* und *ʿśh rᵉmijjāh* in Ps 52,4) und von dem der Weisheit verpflichteten Verfasser des Psalms hier eingebracht wurde (der Versuch einer Gesamtdeutung bei K. Seybold, Das Gebet des Kranken im AT, BWANT 99, 1973, 159ff.); daß einmal mehr *ḥšb* sich als theologisch-personales Interpretament kultischer Vorgänge erweist, deren Wirkung damit bis in Gottes Innerstes (par. *rûaḥ*) zurückverfolgt wird.

8. Die begriffliche Verwendung der Nomina *ḥæšbôn* und *ḥiššeḇonôṯ* (Pl.) spielt vor allem in der einem anthropologischen Thema gewidmeten Sentenz Pred 7,23(26)–29 eine Rolle. Für das methodische Vorgehen bei seinen Forschungen (*tûr*) – vom Suchen zum Finden der Weisheit und Erkenntnis – übernimmt Pred den fiskalisch vorgeprägten Ausdruck *ḥæšbôn* 'Rechnung', und zwar mit seiner zweifachen Bedeutung: im konstruktiven Sinn 'Planung, Entwurf' – so 9,10 in der Reihe der in der Scheol fehlenden Lebensmerkmale, zwischen „Werk" und „Wissen, Weisheit" – und im kalkulatorischen Sinn 'Berechnung, Resultat, Fazit, Formel' so 7,25.27 zur Bezeichnung des auf anthropologischen Gebieten nicht erreichbaren Ziels seiner denkerischen Bemühung: Ein hantierbares, rechnerisch verwendbares Ergebnis, eine Summe oder eine Formel zu finden, ist hier nicht möglich; der Befund ist negativ (vgl. die beiden Fundergebnisse bei der Erforschung der Beziehungen der Geschlechter 7,26 und 7,28 – mit Zahlenangaben!). Die Verwendung der *ḥšb*-Begriffe hat für den Prediger den Sinn, (a) zu unterstreichen, daß der Weise auf anthropologischen Forschungsgängen, wiewohl eins zum andern setzend, d.i. methodisch vorgehend, zu keinem greifbaren Ergebnis kommt (7,27), wo dies doch das Normale wäre (9,10); (b) gerade diese seine Bestrebungen selbstkritisch und pessimistisch mit dem Dogma at.licher Schöpfungstheologie in Beziehung zu setzen (in Anlehnung an Gen 6,5, oben III.1.); (c) mit dieser Sentenz ein theologisches Urteil zu bilden, das, ausgehend von der korrumpierten Beziehung zwischen Mann und Frau, eine generell anthropologische Erkenntnis formuliert: Das aus dem Menschen selbst (*'āḏām*) kommende Streben nach „vielen Künsten" (M. Claudius), das sind: Erfindungen, Anschlägen, Techniken, Methoden der Selbstverwirklichung bedeuten die Verkrümmung des ursprünglich gerade geschaffenen Geschöpfes. Die Unterwerfung des eigenen Werkes unter dieses Urteil kennzeichnet die dem Prediger eigene Denkbewegung.

Zum Qumran-Schrifttum vgl. Nötscher; zum NT Heidland, Hahn.

Seybold

חָשָׁה *ḥāšāh* → דמה II / דמם *dāmāh/dmm*

חָשַׁךְ *ḥāšaḵ*

חֹשֶׁךְ *ḥošæḵ*, חֲשֵׁכָה *ḥᵃšeḵāh*, חָשֹׁךְ *ḥāšoḵ*, מַחְשָׁךְ *maḥšāḵ*

I. Etymologie, Streuung, Wortfeld – II. Umwelt – 1. Ägypten – 2. Mesopotamien – 3. Ugarit – III. Buchstäblich-konkrete Bedeutung – 1. Finsternis und Schöpfung – 2. Finsternis in der Geschichte Israels – 3. Andere wörtliche Verwendungen – IV. Übertragene Bedeutung im AT – 1. Finsternis als Böses – 2. Finsternis und Unwissenheit – 3. Finsternis als Unheil – 4. Finsternis als Tod – 5. Finsternis in Flüchen – 6. Finsternis als Gericht und Strafe – V. LXX – VI. Qumran.

Lit.: *S. Aalen*, Die Begriffe 'Licht' und 'Finsternis' im AT, im Spätjudentum und im Rabbinismus (SNVAO 1951). – *H. Conzelmann*, σκότος κτλ. B.C. (ThWNT VII, 427–434). – *E. Hornung*, Licht und Finsternis in der Vorstellungswelt Altägyptens (StudGen 18, 1965, 73–83). – *Ders.*, Nacht und Finsternis im Weltbild der alten Ägypter, 1956. – *F. Nötscher*, Zur theol. Terminologie der Qumran-Texte (BBB 10, 1956, 92–148). – *H. Ringgren*, Light and Darkness in Ancient Egyptian Religion (Liber Amicorum, Festschr. C. J. Bleeker, Leiden 1969, 140–150). – *W. H. Schmidt*, Die Schöpfungsgeschichte der Priesterschrift (WMANT 17, ²1967). – *W. von Soden*, Licht und Finsternis in der sum. und babyl.-assyr. Religion (StudGen 13, 1960, 647–653). – *D. W. Thomas*, צַלְמָוֶת in the O.T. (JSS 7, 1962, 191–200). – *N. J. Tromp*, Primitive Conceptions of Death and the Nether World in the O.T. (BietOr 21, 1969). – *J. Zandee*, Death as an Enemy according to Ancient Egyptian Conceptions (SNumen 5, 1960).

I. Die hebr. Wurzel *ḥšk* hat Verwandte im Phön. und Pun., im bibl. und außerbibl. Aram. und in späteren semit. Dialekten. Die Wurzel kommt weder in ugar. Texten noch im Akk. vor. Im MT findet sich das Verb nur im *qal* ('dunkel sein, werden') und *hiph* ('dunkel machen, verdunkeln'). Das Subst. *ḥošæḵ* heißt 'Finsternis, Dunkel'. Ableitungen sind *ḥᵃšeḵāh*, 'Finsternis', *maḥšāḵ* 'dunkler, geheimer Ort' und das Adj. *ḥāšoḵ*, 'dunkel'.

Die Wurzel kommt 112mal im Hebr. des MT vor, einmal im Aram. (Dan 2,22). Das Verb kommt 17mal vor, davon 11mal im *qal* und 6mal im *hiph*. Das Subst. *ḥošæḵ* kommt 79mal vor, *ḥᵃšeḵāh* 8mal, *maḥšāḵ* 7mal und *ḥāšoḵ* nur 1mal (Spr 22,29).

Zum Wortfeld von *ḥšk* gehören u.a. *'ᵃpelāh* 'Finsternis', *kehāh*, *kāhāh* (→ כהה), 'dunkel', *lajlāh* (→ ליל), 'Nacht', *næšæp*, 'Dämmerung', *'êpāh*, 'Dunkelheit', *'ᵃlāṭāh*, 'Finsternis', *'ānān* (→ ענן) 'Wolke', *'āraḇ* (→ ערב) 'dunkel werden', *'ᵃrāpæl*, 'Finsternis', *ṣel* (→ צלל) 'Schatten', *ṣālal*, 'sich verdunkeln', *ṣalmāwæṯ* (→ צלמות), *qadṣûṯ*, 'Verfinsterung'. Als gegensätzliche Begriffe sind zu nennen: *'ôr* (→ אור), 'Licht', *jôm*, (→ יום) 'Tag', *nāgah*, *nogah* (→ נגה), 'Glanz, glänzen', *ner*, *nîr*, 'Leuchte', *ṣŏhᵒrajim*, 'Mittag', *šæmæš* (→ שמש), 'Sonne'; vgl. auch *hālal*, 'leuchten', *zāhar*, 'erglänzen'.

Die Wurzel *ḥšk* ist verhältnismäßig selten im Pentateuch (11mal), kommt aber bei dem Propheten häufiger vor (34mal, davon 20mal in Jes). In den Schriften fallen von den 62 Belegen mehr als drei Viertel auf Hi (26mal) und Ps (21mal).

II. 1. Die Begriffe Licht und Finsternis (äg. *kkw*, WbÄS V, 142ff.) nehmen eine wichtige Stellung in der äg. Religion ein (Ringgren, Hornung; Zandee

88–94). Nach der hermopolitanischen Schöpfungslehre vertreten zwei von den acht Urgottheiten, Kuk (*kkw*) und Kauket (*kwk.t*) die Finsternis. Die acht sind aus dem Chaos und der Finsternis des Urozeans (Nun) hervorgegangen; sie haben zusammen das Licht geschaffen. Gelegentlich sind die Rollen von Kuk und Kauket so verteilt, daß der erstere das Licht und den Sonnenaufgang, die letztere die Nacht hervorbringt.
Im großen Sonnenhymnus Echnatons (ANET^3 370f.) wird die Nacht als die Zeit der Finsternis bezeichnet, wo Diebe und Raubtiere unerkannt wirken. Die Erde ist in Finsternis gehüllt und ist stille. Am Morgen wird aber die Finsternis zurückgedrängt und die anscheinend tote Erde findet ihr normales Leben wieder.
Der tägliche Wechsel von Finsternis und Licht wird als tägliche Erneuerung des schöpferischen Kampfes des Lichtes gegen die Finsternis aufgefaßt, wobei jeder Sonnenaufgang eine Wiederholung des urzeitlichen Siegs des Lichtes darstellt. Apophis, der Drache der Finsternis, wird von Re und seiner Gefolgschaft besiegt (Ringgren 144f.).
Das Totenreich der Ägypter wird als ein Ort der Finsternis beschrieben. Echnatons Tod wird in den Kategorien des Sonnenuntergangs und der Finsternis und Amons Aufstieg zur Macht als Licht beschrieben (Ringgren 147f.). Nach einem Sargtext (CT Spell 80) tritt der Verstorbene ins dunkle Gebiet des Nun ein im Vertrauen auf den Beistand von Hu und Sia. – Licht und Finsternis werden auch metaphorisch für Gesundheit und Leiden gebraucht. Der Sonnengott gibt Licht und Leben sowohl den Lebendigen als auch den Verstorbenen in der Unterwelt, die das Sonnenboot in der Nacht durchfährt. Nach Hornung (LdÄ I, 1153f.) galt die Finsternis als äußeres Zeichen von Not und Umsturz und war seit der Amarna-Zeit auch Metapher für Bedrängnis und Gottesferne.

Mitchel

2. Für 'Finsternis, Dunkelheit' kennt das Akk. folgende, im wesentlichen in ihrer übertragenen Bedeutung wohl synonymen Begriffe: 1) *ekletu(m)* (im CAD s.v. *ikletu*) und 2) *uklu(m)* zu einem Verbum *eklu(m)*, 'dunkel sein, werden' (beide nur im babyl. Dialekt bezeugt), 3) *eṭūtu* (im jüngeren babyl. und assyr. Dialekt bezeugt) zu einem Verbum *eṭû*, ebenfalls 'dunkel sein, werden', und 4) *da'ummatu(m)* (nur babyl. zum Verbum *da'āmu(m)* I, 'dunkelfarbig sein'. Sumerisch wird die Dunkelheit mit dem Wort *kukkú* bezeichnet; das Zeichen dafür ist doppelt gesetztes GI_6, das einfach geschrieben 'schwarz' und auch 'Nacht' bedeutet. Für andere oft unklare Begriffe vgl. die Wbb. zu den Angaben der lexikalischen Listen; für *ganzir*, 'Eingang zur Unterwelt, Finsternis', s. auch CAD V, 43b.
'Finsternis, Dunkelheit' wird im babyl.-assyr. Sprachbereich für den Menschen immer als ungünstig und bedrohlich angesehen, lediglich aus dem Sumerischen ist die Assoziation: dunkel = kühl und damit angenehm in Verbindung mit der Tempelzella belegbar (s. TCS III, 57 zu 29). So ist in Omendeutungen Hunger und Finsternis eng miteinander verbunden, 'er wird in Dunkelheit dauernd umhergehen' steht im Gegensatz zu 'reich sein'. Den Kranken umgibt Dunkelheit oder sie befällt seinen Leib und er bittet darum, daß GN 'seine Dunkelheit ausreißen möge'. Von den Gesichtszügen wird oft gesagt, daß sie sich in bedrohlicher Situation verfinstern. Fluchformeln enthalten den Wunsch, daß der Betroffene in 'niemals erleuchteter Dunkelheit umhergehen möge' oder 'der helle Tag ihm zum tiefen Dunkel werden möge'. Im Gegensatz zum hellen Tageslicht steht die Dunkelheit des Todes. Besonders hingewiesen sei noch auf die mit dem König Sargon von Akkad verbundenen historischen Omina, von denen gesagt wird: 'Opferleber des Sargon, der in Dunkelheit einherging und dem dann Licht hervorkam' und 'der Dunkelheit durchwanderte und dann Licht sah' (RA 27, 151; AfO 5, 216). Gilgamesch bewältigt auf seinem Weg zu Utnapištim, was bisher noch keinem Menschen gelang: den 12 Doppelstunden dauernden Weg durch das absolute Dunkel im Inneren der Berge zu durchmessen, bis er 'vor Sonnenaufgang herauskommt' (Gilg. IX).
Nach den in der zahlreich vertretenen Beschwörungsliteratur zu findenden Aussagen ist die Dunkelheit der bevorzugte Bewegungsraum der Dämonen. Sie „sitzen in der Dunkelheit", „fliegen wie Nachtvögel am Ort der Dunkelheit". Dämonen werden verglichen mit dichten Wolken oder dem Staubsturm und bringen so selbst am hellen Tag Dunkelheit besonders für den von ihnen befallenen Kranken. Die Dämonen fahren (so schnell) wie Blitze in der Dunkelheit und sollen inmitten des Grabes festgehalten werden.
Es entsteht der Eindruck, daß die Dämonen mit dem eigentlichen Sitz der Dunkelheit, der Unterwelt, die auch oft als 'Haus der Dunkelheit' bezeichnet wird, eng verbunden sind. Die Totengeister (*eṭemmu*) wohnen darin im Dunkeln, sehen kein Licht. Auf der anderen Seite finden wir in sumerischen Hymnen auf den Sonnengott Utu bzw. dessen Sohn Gibil die Aussage, daß er in der Unterwelt, am dunklen Ort, Licht macht; er ist auch als Fackel des Arallû, der Unterwelt, bezeichnet. Dem liegt wohl die Vorstellung zugrunde, daß der Sonnengott nach seinem abendlichen Untergang durch die Unterwelt wandert, womit sich die Epitheta 'Herr der Totengeister, Herr der Toten und Lebendigen' verbinden ließen. Das Erhellen von Dunkelheit im Zusammenhang mit der Herstellung von Ordnung und Gerechtigkeit auf dieser Welt wird auch einer Reihe von anderen Göttern wie Nusku, Nabû, Ninurta und Adad zugeschrieben. Ganz besonders aber wird der Mondgott Sin als Erheller des Dunkels gepriesen. Hatte das im Verhältnis schwache Licht des Mondgottes deswegen für die Babylonier so große Bedeutung, weil dadurch die

nächtliche Dunkelheit nicht zur Unterweltsdunkelheit und damit zum ungehinderten Betätigungsfeld der Dämonen, die oft als rastlose *eṭemmū* (Totengeister) bezeichnet sind, wurde? Jedenfalls ist das Licht den Dämonen feindlich und von Šamaš wird gesagt, daß er die Dämonen fernhält. So ließe sich auch die Bedrohlichkeit der Neumondnacht und ganz besonders der Sonnen- und Mondfinsternisse erklären, in denen man sich dem möglichen Angriff irgendeines, d. h. vorher also nicht durch Magie zu beeinflussenden Dämonen gegenübersah. Die intensive Beschäftigung mit den astronomischen Finsternissen, die im AT ja ganz fehlt, würde so in direkter Beziehung zur sumerisch-babylonischen kosmologisch-religiösen Vorstellungswelt stehen.

Lutzmann

*3. Sichere Belege für Finsternis fehlen in den ugar. Texten. In KTU 1.4, VII 54f. wird der Götterbote Gpn-w'Ugr als *bn ġlmt* und *bn ẓlmt* bezeichnet. Wenn es sich nicht um Eigennamen handelt, könnte man vielleicht 'Sohn der Verborgenheit' (vgl. hebr. *'ālam*) und 'Sohn der Finsternis' (vgl. hebr. *ṣalmāwæṯ*) übersetzen, was sich auf die Doppelgottheit als Abkommen des Unterweltsgottes beziehen würde (J. C. de Moor, The Seasonal Pattern in the Ugaritic Myth of Ba'lu, AOAT 16, 1971, 172).

Ri.

III. 1. a) Jede theologische Bestimmung des Begriffes 'Finsternis' muß mit Gen 1 (P) einsetzen, wo die Finsternis in v. 2 als eines der konstitutiven Elemente des Chaos aufgefaßt wird: „und Finsternis war über der *tehôm*". Obwohl die Finsternis als vorhanden vorausgesetzt wird und also nicht ein Teil von Gottes Schöpfung ist (in scheinbaren Gegensatz zu Jes 45, 7, „Ich bilde das Licht und schaffe die Finsternis", aber dort wird eine dualistische Anschauung zurückgewiesen, die die Finsternis als eine selbständige Größe auffaßte), ist sie jedoch nicht nur das Fehlen des Lichts (obwohl die Finsternis z. B. nach Am 5, 18. 20 der Gegensatz des Lichts ist). Eher hat sie eine eigene Qualität, die, wenn unbehindert, sie lebensfeindlich macht. Deshalb muß mit ihr etwas getan werden, bevor die Erde bewohnbar wird. Nach Gen 1, 3f. schuf Elohim das Licht und „trennte (*bdl* [→בדל] *hiph*) das Licht von der Finsternis". Die Trennung wird als räumlich aufgefaßt, wenigstens ist das der Fall Hi 26, 10 und 38, 19f. Im ersteren Vers sagt Hiob (oder Bildad?), daß Gott einen Kreis über die Wasser zog, an der Grenze zwischen Licht und Finsternis. Der Kreis muß der Horizont sein (vgl. Spr 8, 27 →חוג [*ḥûg*]). In den letzteren Versen personifiziert JHWH Licht und Finsternis und fragt Hiob, ob er ihre Wohnorte kennt, wohin sie nach vollendeter Arbeit heimkehren. So bedeutete also der erste Tag der Schöpfungswoche nicht nur die Scheidung zwischen Licht und Finsternis, sondern auch die Bestimmung ihrer Wohnorte. Offenbar ist aber der Begriff auch zeitlich. Am Tageseinbruch kehrt die Finsternis zu ihrem Ort zurück, während das Licht von seinem Wohnort hervorkommt, am Abend ist es umgekehrt. Bei der Schöpfung wurde die Finsternis also nicht vernichtet, sondern eher untergeordnet. Sie wurde nicht ins Dasein gerufen, auch nicht als „gut" betrachtet, aber die Trennung gab ihr einen Platz im geordneten Kosmos. Ferner heißt es Gen 1, 5, daß Gott „die Finsternis Nacht nannte". Diese Namensnennung ist mehr als eine Identifikation; durch die Benennung der Finsternis charakterisierte sie Gott, brachte ihr Wesen zum Ausdruck, ja zeigte sogar seine Herrschaft über sie an. Erst durch die Benennung der Finsternis, versieht Gott, wie ein Vergleich mit EnEl 1, 1f. zeigt, sie mit vollständiger Existenz (vgl. wieder Jes 45, 7). Nachdem Gott Licht und Finsternis zu besonderen Größen gemacht hatte, legte er sie am vierten Schöpfungstag unter die „Herrschaft" der Himmelskörper, die „das Licht von der Finsternis scheiden" sollten (Gen 1, 18). Die Funktion der Finsternis im Kosmos kommt in Texten wie Ps 104, 20 zum Ausdruck, wo Licht und Finsternis die Aufgabe haben, die Zeit für die tägliche Routine von Menschen und Tieren anzugeben.

b) Die Natur der Finsternis ist natürlich auch von ihrem Platz im Schöpfungskontext abhängig. Aber darüber hinaus sagt man, daß Finsternis über einen Menschen „fällt" (*nāp̄al*, Gen 15, 12), daß man in die Finsternis „hinausgestoßen" (*hdp*) wird (Hi 18, 18), daß sie einen zum Schweigen bringt (*ṣmt*, Hi 23, 17), daß man darin „vergeht" (*dmm*, 1 Sam 2, 9). Die Finsternis „bedeckt" (*kāsāh*) Dinge (Jes 60, 2) und kann deshalb als Versteck dienen (Ps 139, 11); darum wirken die Frevler darin (Hi 24, 16).

Man kann in der Finsternis „wandeln" (*hālak̲*, Ps 82, 5; Pred 2, 14; Jes 9, 1; 50, 10), „sitzen" (Ps 107, 10; 143, 3; Jes 42, 7; Mi 7, 8) oder „herumtasten" (Hi 12, 25). Finsternis wird oft durch „Wolken" hervorgerufen (2 Sam 22, 12 = Ps 18, 12; Jes 5, 30); deshalb werden die beiden Begriffe im AT oft verbunden. Finsternis kann auch durch einen Heuschreckenschwarm verursacht (Ex 10, 15) oder einfach durch das Auslöschen einer Lampe zustande gebracht werden (Hi 18, 6; 29, 3). Obwohl Finsternis von Menschen (Hi 28, 3), von der Sonne (Ps 112, 4) oder vom „Licht" (Jes 58, 10) verscheucht werden kann, steht sie völlig unter der Herrschaft Gottes (2 Sam 22, 29 = Ps 18, 29; Hi 19, 8; Jes 42, 16; Jer 13, 16; vgl. weiter unten). Im Vergleich mit dem Licht wird die Finsternis übertroffen (Pred 2, 13).

c) Das AT besteht betont darauf, daß die Finsternis von Gott beherrscht wird, und zwar vom Anfang an, als Gott die Finsternis ihrer Willkür beraubte durch ihre Einordnung in seine Schöpfungsaktivität (vgl. BHHW I 482). Wie schon erwähnt, sonderte er sie aus, benannte sie und legte sie unter die Herrschaft der Himmelskörper (Gen 1, 4, 5, 18). Daß der regelmäßige Wechsel von Tag und Nacht Gott direkt unterstellt ist, setzt auch Am 5, 8 voraus („verfinstert den Tag zu Nacht"). Eine Illustration von Gottes Macht über die Finsternis bietet die neunte Plage in Ägypten (Ex 10, 21f.), wobei Mose auf den Befehl Gottes seine Hand gen Himmel ausstreckt und „dichte Finsternis (*ḥašæḵ-'ªpelāh*) im ganzen Lande entsteht, drei Tage lang".Das ist um so mehr auffallend, da der Pharao als Sohn und Vertreter des Sonnengottes als der Lichtspender seines Landes galt (ANET³ 431). Vor dem Gott Israels waren Re und der Pharao also machtlos. Ps 105, 28 erinnert an diese Episode zusammen mit anderen für Israel als Volk grundlegenden Ereignissen. Auch in der Wüste zeigte Gott seine Macht über die Finsternis, indem er sie gebrauchte, um sein Volk zu schützen (Ex 14, 20; vgl. Jos 24, 7). Nach DtJes sollte dasselbe Phänomen beim erneuten Exodus aus Babel wiederholt werden: „Ich werde die Finsternis (*maḥšāḵ*) vor ihnen zum Lichte machen" (Jes 42, 16). Ps 18, 29 sagt: „Mein Gott macht meine Finsternis hell (*ngh*)", und anderswo in den Psalmen wird dasselbe Bekenntnis wiederholt: „Du machst Finsternis, und es wird Nacht" (Ps 104, 20). Ja, vor JHWH verliert die Finsternis sogar ihre Substanz: „Auch die Finsternis ist nicht finster für dich, die Nacht leuchtet wie der Tag, die Finsternis ist wie das Licht" (Ps 139, 12). Ebenso bekennt Hiob Gottes Macht über die Finsternis: „Er deckt Verborgenes (*'ªmuqôṯ*) auf aus dem Dunkel, und die Finsternis bringt er ans Licht" (Hi 12, 22); „auf meine Pfade legt er Finsternis" (Hi 19, 8; vgl. 26, 10).

Drei prophetische Stellen sind in diesem Zusammenhang wichtig. Jes 45, 7 (vgl. oben) bezeugt die allumfassende schöpferische und kontrollierende Macht Gottes; auch nicht die Finsternis liegt außerhalb seines Machtgebiets. Als Jeremia Juda eine letzte Gelegenheit der Umkehr anbietet, sagt er Jer 13, 16: „Gebt JHWH, eurem Gott, die Ehre, ehe es finster wird ... da harrt ihr auf Licht und er macht es zu Finsternis, wandelt es in Wolkendunkel." In dem einzigen Beleg für das Wort 'Finsternis' im bibl. Aram. (*ḥªšôḵā'*) heißt es (Dan 2, 22), daß Gott alle Weisheit hat und alles Geheime enthüllt, „er weiß, was in der Finsternis ist, und das Licht wohnt bei ihm". Das, was den Menschen dunkel ist, ist also Gott bekannt; tatsächlich existiert für ihn Dunkelheit/Finsternis nicht, denn er beherrscht sie völlig.

2. An mehreren entscheidenden Phasen der Geschichte Israels spielt die Finsternis im eigentlichen Sinn eine wichtige Rolle. Das erste Ereignis ist JHWHs Bundesschließen mit Abraham Gen 15. Das uralte Bundesritual wurde von tiefer Finsternis begleitet (v. 12 *ḥªšoḵāh geḏolāh*). Das wurde ein Vorbild für spätere Bundesschließungen zwischen JHWH und seinem Volk in Ex 20 und Deut 5. Die Finsternis deutete anscheinend den „Schrecken JHWHs" an und kündigte die symbolische Finsternis an, in die der Bundesbrecher geworfen werden sollte.

Finsternis spielte auch eine entscheidende Rolle in den Plagen, die der Befreiung des Volkes aus äg. Sklavendienst vorausgegangen. Die Ägypter betrachteten die Finsternis als eine Sphäre der Bösen, was die letzten drei Plagen besonders wirksam machte. Die achte Plage war ein Heuschreckenschwarm, die den ganzen Boden bedeckte, so daß das Land dunkel wurde (*wattæḥšaḵ*, Ex 10, 15). Die Heuschreckenplage in Jo 2, 2 mit begleitender Finsternis erinnert deutlich an diese Finsternis. Die neunte Plage war noch heftiger, da man nun die Finsternis „greifen" oder „fühlen" konnte (*wejāmoš ḥošæḵ*, Ex 10, 21), „eine dichte Finsternis" (*ḥošæḵ-'ªpelāh*, Ex 10, 22), die drei Tage lang dauerte. Dieses Gericht traf direkt den Sonnengott von Ägypten. Dieses Ereignis liefert auch die Voraussetzung für das richtige Verständnis von Ezechiels Klagelied über Pharao (Ez 32, 1–16), eine Beschwörung, die Ägypten und alles, was es vertritt, in die Unterwelt senden soll. V. 8 sagt ausdrücklich: „Alle leuchtenden Lichter am Himmel kleide ich deinethalben in Schwarz, und Finsternis bringe ich über dein Land." So wird Finsternis mit anderen Zeichen zusammen ein Vorbote des Gerichts. Dieselben Elemente erscheinen zusammen in der Schilderung vom Tag JHWHs Jo 3, 4.

Gerade vor Israels Übergang des Schilfmeeres sandte Gott wieder Finsternis zum Besten des Volkes, diesmal um es vor den verfolgenden Ägyptern zu schützen (Ex 14, 20, vgl. Jos 24, 7).

So wie Finsternis einen Teil des Bundesschließens mit Abraham ausmachte, spielte sie wieder eine wichtige Rolle in der Sinai-Theophanie im Zusammenhang mit der Gesetzgebung. Deut 4, 11 faßt zusammen: „Da tratet ihr hinzu und standet unten an dem Berge; der Berg aber brannte lichterloh bis in den Himmel hinein bei Finsternis (*ḥošæḵ*), Gewölk und Dunkel (*'ªpelāh*)" (vgl. Deut 5, 23). In Ex 20, 21 wird das Wort *'ªrāpæl* gebraucht. Die Zusammenstellung von Ausdrücken für 'Finsternis' ist (vgl. unten) für die Theophanieschilderungen typisch.

Bei der Landnahme wird Finsternis noch einmal erwähnt. Mit Bezug auf die israelitischen Späher sagt Rahab zum König von Jericho: „Als man das Tor schließen wollte, da es finster wurde, gingen die Männer heraus" (Jos 2, 5). Obwohl der Ausdruck hier offenbar nur buchstäbliche Bedeutung hat, ist es bemerkenswert, daß Finsternis noch einmal als Schutz der Israeliten vor einer entscheidenden Schlacht diente.

3. a) Das abgeleitete Subst. *maḥšāḵ* wird am besten mit „dunkler Ort" wiedergegeben. Es bezeichnet gewöhnlich einen Ort, der buchstäblich dunkel ist. Ps 74, 20 sagt z. B., daß die *maḥªšakkê 'æræṣ* 'die Schlupfwinkel des Landes' Stätten der Gewalttat sind, wahrscheinlich als Verstecke der Gewalttäter (oder der Vergewaltigten?). In Ps 143, 3 heißt es „Der Feind ... legt mich in Finsternis (*maḥªšakkîm*) gleich ewig Toten", einen Ausdruck der wahrscheinlich Kl 3, 6 direkt zitiert wird. Der Ausdruck kann sich konkret auf Gefängnis beziehen oder symbolisch mit dem Totenreich als einem Ort der Finsternis zusammenhängen.

Daß auch *ḥošæḵ* als ein dunkler Ort aufgefaßt werden konnte, ersieht man aus dem Parallelismus in Jes 45, 13: „Ich will die Schätze der Finsternis (*ḥošæḵ*) und die Reichtümer der Verstecke (*mistārîm*) geben“, d. h. Schätze, die an dunklen Orten versteckt worden sind (vgl. Hi 3, 21; Spr 2, 4). Wenn der Psalmist sagt: „Möge Finsternis mich bedecken“ (Ps 139, 11), muß er auch an Finsternis als Ort des Entkommens oder des Versteckes gedacht haben.

b) Die Finsternis ist das Gebiet der Frevler. Spr 2, 13 spricht von Frevlern, die die rechte Straße verlassen, „um auf finsteren Wegen (*darḵê-ḥošæḵ*) zu wandeln“. Offenbar sucht das Böse ganz natürlich die Verborgenheit der Finsternis. Hi 24, 13–17 wird das Thema mit Beispielen entwickelt: Mörder töten in der Finsternis, Diebe stehlen des Nachts, Ehebrecher verkleiden sich in der Dämmerung und Leute brechen im Finstern (*ḥošæḵ*) in die Häuser ein, „denn ihr Morgen ist die Finsternis (*ṣalmāwæṯ*), denn sie sind vertraut mit den Schrecken des Dunkels (*ṣalmāwæṯ*).“ Andere Beispiele finden sich Jes 29, 15, wo der Prophet jene Kreise beschreibt, die Aufruhr gegen Assyrien planen: „Wehe denen, die ihren Plan tief vor JHWH verbergen und ihr Werk im Finstern (*maḥšāḵ*) tun.“ Ez 8, 12 erzählt die Vision des Propheten, in der er die Ältesten Israels sieht, wie sie ihre Greuel „im Finstern“ (*baḥošæḵ*) treiben. In Hi 34, 22 sagt aber Elihu von solchem Treiben: „Es gibt kein Dunkel (*ḥošæḵ*) und keine Finsternis (*ṣalmāwæṯ*), worin sich die Übeltäter bergen könnten“ – alle müssen vor das Gericht Gottes treten.

c) Merkwürdigerweise umschreibt Finsternis nicht nur die Sphäre der Übeltäter, sondern auch den Wohnort Gottes, besonders wenn er sich in der Theophanie offenbart. Der locus classicus ist 2 Sam 22, 8–16 = Ps 18, 8–16. Nach einer Beschreibung von Gottes Erscheinen in Rauch, Feuer und Blitz heißt es v. 12: „Er machte Finsternis (*ḥošæḵ*) zu seiner Hülle, dunkle Wasser und dichte Wolken rings um sich her zu seinem Gezelt.“ Trotz gewisser textlicher Probleme ist es deutlich, daß das Dunkel der Wolken das Gezelt ist, in dem Gott seine Majestät verhüllt. Diese Finsternis verbirgt Gott vor den Blicken der Menschen, so daß er nicht gesehen werden kann. So war, wie schon erwähnt, bei der Gesetzgebung auf dem Sinai die Majestät JHWHs in Finsternis (mehrere Synonyme) und Gewölk verhüllt (Deut 4, 11; 5, 23; vgl. Ex 20, 18. 21). Bei der Tempelweihe erinnert Salomo das Volk daran, daß JHWH gesagt hatte, er wolle im Dunkel (*ʿarāpæl*) wohnen (1 Kön 8, 12 = 2 Chr 6, 1). Sowohl Eliphaz (Hi 22, 13f.) als auch Ps 97, 2 beschreiben Gott als in Gewölk und Finsternis gehüllt.

IV. 1. Bei den Propheten erscheint die Finsternis mehrmals als Symbol des Bösen. Aber Licht und Finsternis sind hier mehr als Bilder oder Symbole, man empfindet eine Wesensverwandtschaft zwischen Licht und Finsternis einerseits und Gut und Böse andererseits (vgl. F. Delitzsch, Jesaja, 86). Ein Beispiel findet sich Jes 5, 20: „Wehe denen, die das Böse gut und das Gute böse nennen, die Finsternis zu Licht und Licht zu Finsternis machen, die bitter zu süß und süß zu bitter machen.“ Es geht um Leute, die ethische Distinktionen verkehren. Das Bild kann auch falsche Gottesverehrung andeuten wie Jes 45, 19: „Ich bin JHWH und keiner sonst. Nicht im Verborgenen habe ich geredet, an einem Orte finsteren Landes (*bimeqôm ʾæræṣ ḥošæḵ*), nicht gesagt zum Geschlechte Jakobs: Suchet mich umsonst“ (od. „im Chaos“, *tohû*). Die Pointe scheint zu sein, daß JHWHs Offenbarung nicht im Geheimen geschehen ist, sondern deutlich und zugänglich ist; man braucht also nicht zu magischen Praktiken Zuflucht zu nehmen oder, wie v. 20 andeutet, hölzerne Götter zu verehren. Aber der Vers hat wohl vor allem das offene Hervortreten JHWHs im Gegensatz zum Wirken im Geheimen im Auge. In Ez 8, 12 kreuzt sich der Gedanke des geheimen Treibens mit der Idee des Bösen im Götzendienst: „Hast du gesehen, was die Ältesten des Hauses Israel im Finstern treiben, indem sich ein jeder sein Bild auswählt?“

2. Besonders in der Weisheitsliteratur kommt Finsternis als Symbol der Unwissenheit im Gegensatz zur erleuchteten Weisheit vor. Dahood sieht sogar eine semantische Verbindung zwischen Finsternis und Unwissenheit im Verb *ʿālam* ʻverbergen, dunkel sein, unwissend seinʼ (z. B. Hi 22, 15 „der Pfad der Unwissenheit“; Hi 42, 3 „der ohne Einsicht den Ratschluß verdunkelt“; Pred 3, 11 „Finsternis/Unwissenheit“; Jer 18, 15 „Pfade der Finsternis/Unwissenheit“, s. AB 16, 162; 17, 30f. 270). Jedenfalls ist eine solche Verbindung wahrscheinlich in Hi 37, 19, wo Elihu sagt: „Belehre uns, was wir ihm sagen sollen, wir können nichts vorbringen vor Finsternis (*ḥošæḵ*)“; Pope (AB 15, 240) übersetzt „We cannot argue from ignorance“. Hi 38, 2 sagt JHWH: „Wer ist es, der da verdunkelt (*maḥšîḵ*) den Ratschluß mit Reden ohne Einsicht?“ Die Frage impliziert, daß Hiob unwissend gesprochen hat und dadurch Dinge verdunkelt hat, die sonst deutlich und klar waren. Hi 12, 24f. sagt Hiob selbst von Gott: „Den Häuptern des Landes nimmt er den Verstand und läßt sie irren in pfadloser Öde, daß sie tappen in Finsternis ohne Licht und daß sie wie Trunkene taumeln.“ Die Schwierigkeit, im Dunkeln den rechten Weg zu finden, wird also ein Bild der Lage derer, die ohne Verstand sind. So heißt es auch Ps 82, 5 von den Frevlern: „Sie sind ohne Einsicht und ohne Verstand (*loʾ jāḏeʿû welo ʾ jāḇînû*), sie wandeln (*hlk hitp*) in Finsternis (*ḥašekāh*). Hier gibt der Kontext der Unwissenheit einen klaren ethischen Sinn. Pred 2, 13f. stellt Weisheit und Licht gegen Torheit und Finsternis; die ersteren übertreffen die letzteren, „der Weise hat seine Augen im Kopfe, der Tor aber geht im Finstern“. Jes 60, 2 „Finsternis (*ḥošæḵ*) bedeckt die Erde und Dunkel (*ʿarāpæl*) die Völker“ könnte sich auf den Mangel an Gotteserkenntnis beziehen; der Gegensatz ist jedenfalls das Erscheinen des Lichts und der Herrlichkeit (*kāḇôḏ*) JHWHs.

In mehreren Fällen in der prophetischen und weisheitlichen Literatur wird Finsternis mit Blindheit oder Gefangenschaft in Verbindung gebracht. Blindheit kann die Folge hohen Alters sein, wie Pred 12, 3 „die durch die Fenster sehen (d. h. die Augen) werden dunkel (*ḥāšeḵû*)", oder durch traumatische Erfahrungen verursacht, wie Kl 5, 17 (wegen des Falls von Jerusalem) „sind unsere Augen trübe (*ḥāšeḵû*)". Die kümmerliche Lage der Blinden wird anschaulich beschrieben: „sie stoßen bei hellem Tage auf Finsternis, und am Mittag tappen sie wie in der Nacht" (Hi 5, 14); „sie tappen in Finsternis ohne Licht" (Hi 12, 25, vgl. Gen 19, 11; Deut 28, 29; 2 Kön 6, 18; Jes 59, 10). Ps 69, 24 enthält einen Fluch über die Feinde des Psalmisten: „Mögen ihre Augen dunkel werden (*tæḥšaḵnāh*), daß sie nicht sehen" (für solche Flüche gibt es mehrere außerbibl. Parallelen, z. B. den heth. Soldateneid ANET³ 353f., den Eid Baʿals KTU 1.14, IV, 5). Dagegen verheißt Jes 29, 18 die Heilung der Blinden: „An jenem Tage ... werden die Augen der Blinden aus Dunkel und Finsternis heraus (*me'opæl ûmeḥošæḵ*) sehen." Ähnlich heißt es bei DtJes: „Blinden will ich Führer sein auf dem Wege, auf Pfaden sie leiten, die sie nicht kannten, will die Finsternis (*maḥšāḵ*) vor ihnen her zum Lichte machen und holperigen Grund zum flachen Felde" (Jes 42, 16). Hier handelt es sich um die Heimkehr der Gefangenen aus Babel, die durch die Erscheinung JHWHs zustande gebracht wird.

Die Dunkelheit des Gefängnisses macht Finsternis als Bild für Gefangenschaft geeignet. Als Beispiele melden sich zunächst drei Stellen aus den Gottesknechtliedern bei DtJes Jes 42, 6f. „Ich habe dich zum Bund für das Volk, zum Lichte der Völker gemacht, um blinde Augen aufzutun, Gebundene herauszuführen aus dem Gefängnis und die in der Finsternis sitzen, aus dem Kerker." Die Blinden und Gefangenen sind hier die Völker ohne die richtige Gotteserkenntnis. Abgesondert sein von Gott, der Licht ist, bedeutet Finsternis (anders Elliger, BK XI, 235f.: Befreiung von Gefangenen). Jes 49, 9: „Sprich zu den Gefangenen: Gehet heraus! zu denen in der Finsternis: Kommet ans Licht!" Freiheit und Licht gehören zusammen. Die dritte Stelle Jes 50, 10 ist nicht ganz eindeutig: „Wer unter euch JHWH fürchtet, der höre die Stimme seines Knechtes; wer in der Finsternis (*ḥᵃšeḵîm*) wandelt ... der vertraue auf den Namen JHWHs und stütze sich auf seinen Gott!" Ob diese Sätze als Beschreibung des Knechtes gemeint sind oder rhetorische Fragen mit der Antwort „Niemand" sind, oder an die vom Knecht zu Befreienden gerichtet sind (s. die Komm.), so steht doch die Verbindung von Finsternis und Unfreiheit fest. Wahrscheinlich liegt dasselbe Bild vor in Mi 7, 8 „Wenn ich in Finsternis sitze, ist JHWH mein Licht"; jedenfalls handelt es sich um die Not, in der sich Zion befindet. Ps 107, 10. 14 spricht ganz deutlich von Leuten, „die in Dunkel und Finsternis (*ḥošæḵ weṣalmāwæṯ*) saßen, gebunden in Elend und Eisen", die aber von JHWH befreit worden sind. In seinem Spottlied gegen Babel verspricht DtJes dem Tyrannen dasselbe Schicksal, wie dieser es Israel zugefügt hat: „Setze dich schweigend hin, geh in die Finsternis" (Jes 47, 5); hier schwingt wohl der Gedanke von Finsternis als Unheil und als Strafe mit. Das Bild von Gefangenschaft geht in das von Unheil im allgemeinen über. Das Volk, das nach Jes 9, 1 „in Finsternis (*ḥošæḵ*) wandelt" und „im Lande des Dunkels (*ṣalmāwæṯ*) wohnt", ist nicht gefangen, aber lebt unter Feindesherrschaft und ist also unfrei; zugleich weitet sich das Bild zu Leiden und Unheil im allgemeinen aus.

Hierher gehört auch die symbolische Verwendung mit Bezug auf die babylonische Eroberung von Jerusalem. Kl 4, 7f. stellt fest, daß die Fürsten Jerusalems, die „reiner als Schnee und weißer als Milch" waren, nun „schwärzer als Ruß" (*ḥāšaḵ miššeḥor*) geworden sind. Das steht im Einklang mit der Warnung Jeremias (13, 16): „Gebet JHWH, eurem Gott, die Ehre, ehe er Finsternis bringt (*jaḥšiḵ*), ehe eure Füße straucheln an umnachteten Bergen (*hārê næšæp*), und während ihr auf Licht harrt, macht er es zu Finsternis (*ṣalmāwæṯ*), wandelt es in Wolkendunkel (*ʿᵃrāpæl*)". So wird also Finsternis ein Symbol der Gefangenschaft, wo Gefangene eingekerkert werden. In diesem Sinn wird der Begriff in Ps 107, 10. 14 (s. o.), und in Mi 7, 8; Jes 9, 1; 42, 7; 49, 9 gebraucht.

3. Sowohl Gefangenschaft als auch Unheil im allgemeinen werden im AT oft mit Šeʾol, dem Totenreich als einem Ort der Finsternis, verbunden. Oft ist es im konkreten Fall unmöglich zu entscheiden, welche die exakte Bedeutung eines bildlichen Ausdrucks ist.

Im Buche Hiob wird Finsternis oft als Bild vom Schicksal der Frevler gebraucht. Eliphaz gebraucht es mehrmals: „Sie stoßen bei hellem Tage auf Finsternis und tappen am Mittag wie in der Nacht" (Hi 5, 14), „Er glaubt nicht, daß er wiederkehre aus dem Dunkel" (Hi 15, 22; die vorhergehenden Verse reden von Angst und Schrecken des Gottlosen); „Er weiß, daß ein Tag der Finsternis ihm bereitet ist" (Hi 15, 23); wegen der Sünde Hiobs ängstigt ihn plötzlicher Schrecken, „dein Licht wird finster, daß du nicht siehst" (Hi 22, 11). Bildad sagt: „Das Licht des Gottlosen erlischt, und nicht strahlt die Flamme seines Feuers. Das Licht in seinem Zelt wird dunkel (*ḥāšaḵ*), und seine Lampe über ihm erlischt" (Hi 18, 5f.). Eine brennende Lampe ist oft Symbol des ungestörten Glücks, das Erlöschen der Lampe deutet Unheil an. Es ist möglich, daß Bildad auch auf die Furcht vor dem Aussterben der Familie anspielt (vgl. Hi 18, 18). Hierher gehört wohl auch Hi 20, 26, wo Bildad sagt: „Lauter Finsternis ist für ihn aufgespart" (text. emend., s. BHK³). Finsternis kann aber auch als Bild für das Los der Gerechten dienen. So sagt Hiob z. B.: „Er hat meinen Weg verbaut, ich kann nicht weiter, auf meine Pfade legt er Finsternis" (Hi 19, 8) oder „in seinem Licht wandelte ich durch Dunkel" (Hi 29, 3). Hier ist auch die schwierige Stelle Hi 23, 17 zu nennen: „Ich vergehe" (oder

„werde verstummt", *ṣmt niph*) „vor der Finsternis, und mein Angesicht bedeckt das Dunkel" (diese Übersetzung setzt die Streichung von *lo'* voraus; sonst wäre zu übersetzen „ich wurde nicht vor der Finsternis stumm", was auch einen annehmbaren Sinn gibt, vgl. die Komm.). In Ps 18, 29 (= 2 Sam 22, 29) spricht der Psalmist von Gottes Hilfe in der Not: „Du lässest meine Leuchte strahlen, JHWH, mein Gott, erhellst meine Finsternis (*ḥŏškî*)." Pred 5, 16 beschreibt das Los aller Menschen: „Alle seine Tage verbringt er in der Finsternis." Finsternis ist hier ein Bild des freudenlosen Lebens. In Pred 12, 1f. geht es um die Beschwerden eines hohen Alters: „... ehe die Sonne sich verfinstert (*ḥāšaḵ*) und das Licht und der Mond und die Sterne, und nach dem Regen die Wolken kommen."

Auch in den prophetischen Schriften bedeutet Licht Glück und Finsternis Unheil. Das erklärt Jes 58, 10: „Dann wird dein Licht aufstrahlen in der Finsternis (*ḥošæḵ*) und dein Dunkel (*'^{a}pelāh*) wird wie der helle Mittag." Die Finsternis repräsentiert das Chaos, der Anbruch des Tages JHWHs Sieg über die dunklen Chaosmächte (E. Jacob, Theology of the O.T., 265). Ein ähnlicher Kontrast liegt Jes 59, 9 vor: „Wir harren auf das Licht, und siehe da, Finsternis (*ḥošæḵ*) am hellen Tag, und wir wandeln im Dunkel (*'^{a}pelāh*)" (vgl. Jes 9, 1; 50, 10; 60, 2). Nach Muilenburg (IB 5, 690) ist dieser Kontrast charakteristisch für israelitisches Denken über Anfang und Ende.

Gott selbst bringt zuweilen Unheil. In Jer 13, 16 (s.o.) wird es mit dem Bild eines Bergwanderers, der von der Finsternis überrascht wird, veranschaulicht. Kl 3, 2 drückt denselben Gedanken aus: „Er hat mich getrieben, mich geführt in lichtloses Dunkel (*ḥošæḵ lo' 'ôr*)." Gott rettet aber auch: „Wenn ich in Finsternis sitze, ist JHWH mein Licht." (Mi 7, 8).

4. Das äußerste Unheil, das einen Menschen treffen kann, ist der Tod. Das Totenreich, *š^{e}'ol*, ist ein Gebiet der Schatten und der Finsternis. „Finsternis" wird deshalb sogar ein poetisches Wort für das Totenreich. Diese Deutung wird z. B. 1 Sam 2, 9 durch den Kontext nahegelegt: „Die Füße seiner Frommen bewahrt er, aber die Gottlosen werden zunichte im Dunkel (*baḥošæḵ jiddāmmû*)." Andere Stellen, die auf Še'ol anspielen können, sind: Hi 15, 30 „Er entkommt nicht aus der Finsternis"; 17, 13 „Wenn ich hoffe, ist das Totenreich mein Haus, im Dunkel breite ich aus mein Lager"; 18, 18 „Er (der Gottlose) wird aus dem Lichte in die Finsternis gestoßen, aus der Welt (*teḇel*) verscheucht"; 22, 11 „Dein Licht (mit LXX) ward finster, daß du nicht siehst, und der Schwall der Wasser bedeckt dich"; Ps 35, 6 „Ihr Weg soll Finsternis und Schlüpfrigkeit (*ḥ^{a}laqlaqqôṯ*) sein" (ein Fluch); Ps 88, 13 „Werden deine Wunder in der Finsternis kund, dein Heil im Lande des Vergessens?" (v. 11 spricht von den Toten und den *r^{e}pā'îm*, v. 12 weist auf das Totenreich als Grab und *'^{a}ḇaddôn* hin); Ps 88, 19 „mein Vertrauter ist die Finsternis (*maḥšāḵ*)"; Ps 143, 3 „Der Feind ... legt mich in Finsternis gleich ewig Toten" (vgl. ähnlich Kl 3, 6 „er hat mich in Finsternis gelegt gleich ewig Toten"); Pred 6, 4 von einer Fehlgeburt: „sie kommt in Nichtigkeit, und in Finsternis (*ḥošæḵ*) geht sie dahin, mit Dunkel (*ḥošæḵ*) bleibt ihr Name bedeckt" (ohne Namen gelangt sie nicht zur vollen Wirklichkeit und ihr wird kein Nachleben gesichert, s. Zimmerli, ATD 16/1, 198); Pred 11, 8 „Wenn der Mensch viele Jahre lebt ..., so gedenke er der Tage des Dunkels (*ḥošæḵ*) – auch ihrer sind viele"; Nah 1, 8 „Er (JHWH) jagt seine Feinde in die Finsternis". Auch andere Stellen verbinden Finsternis mit dem Tod, ohne sie direkt mit Š^{e}'ol zu identifizieren, z. B. Hi 3, 4ff., wo Hiob seinen Geburtstag verflucht: „Jener Tag werde Finsternis (*ḥošæḵ*)! Nicht frage nach ihm Gott in der Höhe, und nicht erglänze über ihn ein Lichtstrahl! Ihn fordere ein die schwarze Finsternis (*ḥošæḵ w^{e}ṣalmāwæṯ*), es lagere sich auf ihn dunkles Gewölk; ihn schrecke Tagesverdüsterung! Jene Nacht – es raffe sie hin das Dunkel ... Es sollen finster werden (*jæḥš^{e}ḵû*) die Sterne ihrer Dämmerung"; Hi 10, 20–22 „Laß doch ab von mir, daß ich mich ein wenig erheitere, ehe ich dahinfahre ohne Wiederkehr ins Land der Finsternis (*ḥošæḵ*) und des Dunkels (*ṣalmāwæṯ*), ins Land, so düster wie die schwarze Nacht (*'æræṣ 'êpāṯāh k^{e}mô 'opæl ṣalmāwæṯ*), ohne Ordnung, wo Licht wie Finsternis ist (*wattôpa' k^{e}mô-'opæl*4. Das äußerste Unheil, das einen Menschen treffen kann, ist der Tod. Das Totenreich, *š^{e}'ol*, ist ein Gebiet der Schatten und der Finsternis. „Finsternis" wird deshalb sogar ein poetisches Wort für das Totenreich. Diese Deutung wird z. B. 1 Sam 2, 9 durch den Kontext nahegelegt: „Die Füße seiner Frommen bewahrt er, aber die Gottlosen werden zunichte im Dunkel (*baḥošæḵ jiddāmmû*)." Andere Stellen, die auf Še',,Du hast mich hinunter in die Grube gelegt, in Finsternisse (*maḥ^{a}šakkîm*), in Meerestiefen"; Spr 20, 20 „Wer seinen Vater und seine Mutter flucht, dessen Leuchte erlischt in der Zeit der Finsternis"; vgl. auch Jes 45, 19 (o. IV. 1.).

5. Da Finsternis oft als Symbol von Tod und Unheil steht, wird der Ausdruck oft in Flüchen verwendet. Die betreffenden Stellen sind schon oben angeführt worden, nämlich Hi 3, 4ff. (Hiob flucht seinen Geburtstag); Ps 35, 6; 69, 24 (Flüche über Feinde); Jes 47, 5 (gegen Babel); Spr 20, 20 (gegen Eltern).

6. Wie schon angedeutet wurde, erscheint Finsternis oft als das Los der Sünder. In solchen Fällen kann das dadurch angedeutete Unheil als Gericht oder Strafe betrachtet werden. Dies ist vor allem bei den Propheten der Fall. So beschreibt Jesaja das Schicksal seines Volkes als Finsternis: „Da blickt er auf die Erde, und siehe da, bange Finsternis (*ḥošæḵ*), und das Licht wird verfinstert (*ḥāšaḵ*) durch ihr Gewölk" (Jes 5, 30). Ebenso wird Jes 8, 22 die Lage im Lande nach der assyrischen Eroberung folgendermaßen beschrieben: „Und blickt man auf die Erde, siehe, da ist Angst und Finsternis (*ḥ^{a}šaḵāh*), Dunkel (*m^{e}'ûp*) der Drangsal, und in die Dunkelheit (*'^{a}pelāh*) [ist man] hinabgestoßen." Wenn dieser Vers mit 9, 1 zu-

sammengehört, schildert er die Situation, in die das Licht hereinbricht. In Jes 47, 5 trifft die Strafe Babel, den Feind Israels: „Geh in die Finsternis, Tochter der Chaldäer!" Jeremia droht Jerusalem Strafe an mit Worten wie „es wird finster" und „er macht das Licht zu Finsternis" (Jer 13, 16 s.o.). Micha rügt die Propheten Israels wegen der sozialen Mißstände und sagt: „Darum wird Nacht über euch kommen, daß ihr keine Gesichte schaut, und Finsternis, daß ihr nicht wahrsagen könnt. Die Sonne wird diesen Propheten untergehen, und der Tag wird ihnen schwarz werden" (Mi 3, 6). Finsternis symbolisiert hier das Versagen des prophetischen Vermögens und das Aufhören ihrer Tätigkeit sowie allgemein Unheil (und Tod?). Nahum spricht von JHWHs Rache über Ninive: „Ein Ende macht er seinen Widersachern, seine Feinde jagt er in die Finsternis" (Nah 1, 8).

Gottes Zorn wirkt sich auch in der Natur aus. Demgemäß wird das Gericht JHWHs oft als eine Rückkehr ins Chaos geschildert. Eines der Merkmale vom Tag JHWHs ist Finsternis, vielleicht sogar Ur-Finsternis. Am 5, 18ff. zeigt, daß der Tag JHWHs allgemein als ein Tag des Lichtes und des Glücks betrachtet wurde, wo die Feinde Israels gerichtet werden sollten. Amos sagt, es ist umgekehrt: „Er ist Finsternis und nicht Licht", „dunkel (*'āpel*) und ohne Glanz". Ein Jahrhundert später sagt Zephanja: „Ein Tag des Zorns ist jener Tag, ein Tag der Drangsal und Angst, ein Tag der Öde und Verödung, ein Tag des Dunkels (*ḥošæḵ*) und der Finsternis (*'apelāh*), ein Tag der Wolken (*'ānān*) und der Dunkelheit (*'arāpæl*)" (Zeph 1, 15). Hier häufen sich die Synonyme, zugleich eine Zusammenfassung von alledem, was durch das Wort *ḥošæḵ* symbolisch zum Ausdruck gebracht wurde. Die Bilder sind innerhalb der Theophanietradition ausgebildet worden und hier auf die Erscheinung JHWHs zum Gericht angewandt. Ähnliche Ausdrücke finden sich noch in Jo 2, 1f., wo wieder die Termini *ḥošæḵ*, *'apelāh*, *'ānān* und *'arāpæl* zur Verwendung kommen. Drei von denen werden Deut 4, 11 mit Bezug auf die Erscheinung Gottes auf dem Sinai gebraucht. Wahrscheinlich sind die beiden Stellen von der alten Theophanietradition abhängig. Außerdem wird vielleicht auf die Heuschreckenplage in Ex 10, 15 angespielt. Jo 2, 10 fährt fort: „Vor ihnen bebt die Erde, erzittert der Himmel; Sonne und Mond verfinstern sich, und die Sterne verlieren ihren Schein." Züge, die einer konkreten Schilderung des Heuschreckenschwarms entstammen könnten, nehmen einen halb mythologischen Charakter an und wachsen zu Vorboten des eschatologischen Tages JHWHs aus, wie in 3, 3f. weiter entwickelt wird: „Ich werde Wunderzeichen geben am Himmel und auf Erden, Blut und Rauchsäulen. Die Sonne wird sich in Finsternis wandeln und der Mond in Blut, ehe der große und furchtbare Tag JHWHs kommt."

In Jes 13 wird die Vorstellung vom Tag JHWHs auf Babylon angewandt. Hier heißt es wieder „Die Sterne des Himmels und seine Konstellationen lassen ihr Licht nicht strahlen; die Sonne ist finster bei ihrem Aufgang, und der Mond läßt sein Licht nicht scheinen" (Jes 13, 10). So kehrt die Erde in der Endzeit in den Urzustand zurück, in dem sie sich vor der Schöpfung des Lichts befand.

Ohne ausdrücklich den Tag JHWHs zu nennen, spricht auch Ezechiel von Finsternis als Strafe über die Feinde Israels. In einem Drohwort gegen Ägypten heißt es: „In Taḥpanḥes wird sich der Tag verfinstern, wenn ich das Szepter Ägyptens dort zerbreche ... Gewölk wird die Stadt bedecken ..." (Ez 30, 18) – hier mischen sich Züge von der neunten Plage und vom Tage JHWHs. Ferner: „Bei deinem Erlöschen bedecke ich den Himmel, verfinstere seine Sterne; die Sonne verhülle ich mit Gewölk, der Mond läßt sein Licht nicht mehr leuchten. Alle leuchtenden Lichter am Himmel kleide ich deinethalben in Schwarz (*hiqdartî*) und Finsternis (*ḥošæḵ*) bringe ich über dein Land" (Ez 32, 7f.).

Ringgren

V. In der überwiegenden Mehrzahl der Fälle übersetzt die LXX hebr. *ḥošæḵ* und *maḥšāḵ* mit σκότος oder σκοτεινός (9mal). Einmal (Hi 17, 13) wird *ḥošæḵ* durch ein selteneres Synonym γνόφος wiedergegeben, und einmal (Ps 74, 20) wird *maḥašakkê* mit ἐσκοτισμένοι übersetzt, 3mal bleibt *ḥošæḵ* unübersetzt (1 Sam 2, 9; Jes 5, 30b; Ez 8, 12). Einmal (Deut 5, 23) folgt die LXX einem Text, der nur in wenigen hebr. Handschriften vorliegt, und einmal (Hi 37, 19) scheint ein völlig abweichender Text vorausgesetzt zu sein. 5mal bietet die LXX eine eigene Deutung des Begriffes 'Finsternis': Hi 34, 22 τόπος; Hi 38, 2 κρύπτων; Ps 88, 19 ταλαιπωρία; Ps 107, 14 ἀναγνῶν; Spr 22, 29 νωθρός (für *ḥašoḵ*). Das Verb *ḥāšaḵ* wird durch σκοτίζω, συσκοτάζω* oder σκοτάω wiedergegeben; einmal setzt die LXX eine andere Textform voraus (Ex 10, 19 φθείρω).

Geraty

VI. Für die dualistische Theologie der Qumrangemeinde ist der Gegensatz zwischen Licht (*'ôr* [→ אור]) und Finsternis (*ḥošæḵ*) grundlegend. Gott hat einen „Engel (Geist) des Lichtes" und einen „Engel (Geist) der Finsternis" (oder „des Unrechts", *'awlāh* oder *'āwæl* [→ עול]) geschaffen (1QS 3, 18f. 25), und jeder Mensch wandelt im Herrschaftsgebiet eines von den beiden (1QS 3, 19ff.). Die Geschlechter des Unrechts gehen aus der Quelle der Finsternis (*meqôr ḥošæḵ*) hervor (1QS 3, 19). Die außerhalb der Gemeinde Stehenden sind „Söhne der Finsternis" (1QS 1, 10; vgl. 1QM 1, 1. 7. 10. 16; 3, 6. 9; 13, 16; 14, 17) und die Gemeindemitglieder sollen sie „hassen" (1QS 1, 10). Sie treiben „Werke der Finsternis" (1QS 2, 7; vgl. 1QM 15, 9) oder „wandeln auf den Wegen der Finsternis" (1QS 3, 21; 4, 11) oder in den „Satzungen" (*ḥuqqîm*) der Finsternis (1QM 13, 12). Ihr schließliches Schicksal ist „das Feuer der Finsternis" (*'eš maḥašakkîm*, 1QS 4, 13), auch „das Dunkel des Feuers" (*'apelaṯ 'eš*) genannt.

Hier mischen sich offenbar zwei Vorstellungen von Straforten, die durch Finsternis bzw. Feuer charakterisiert werden.
Die Kriegsrolle sieht einen endzeitlichen Krieg zwischen den Söhnen des Lichtes und den Söhnen der Finsternis voraus (1QM 1, 1 usw.). Er wird bis zum Ende der „Zeiten der Finsternis“ (*môʿadê ḥošæk̲*) dauern (1QM 1, 8), und schließlich werden die Söhne der Finsternis vernichtet (1QM 1, 16; 13, 16).
In den Hodajot kommt *ḥošæk̲* auffallend selten vor; das Hauptgewicht liegt auf dem Sieg des Lichtes. Gott hat „aus der Finsternis ein Licht (*mā'ôr*) leuchten lassen“ (1QH 9, 26) und den Menschen aus „der Wohnung der Finsternis“ befreit (1QH 12, 26). Dunkel und Finsternis (*qad̲rûṯ*, *mšḥwr*, *ṣalmāwæṯ*) werden 1QH 5, 31–33 als Bild für die Not des Psalmisten gebraucht. Hier kommt auch *ḥošæk* im wörtlichen Sinn vor: „am Anfang der Herrschaft der Finsternis“ fällt nach 1QH 12, 6 eine der Gebetszeiten der Gemeinde.
Außerdem kommt *ḥošæk* noch in einigen fragmentarischen Texten vor. Im sog. Buch der Geheimnisse (1Q 27) steht: „Unrecht wird vor der Gerechtigkeit verschwinden, wie Finsternis vor dem Licht verschwindet (*gālāh*, ʿin die Verbannung gehenʾ).“ In einem astrologischen Text (4Q 186, 1, 2, 7f.) begegnet der Satz *wešālôš beb̲or haḥošæk̲* „und drei (Teile) in der Grube der Finsternis“. Hier steht „Grube der Finsternis“ offenbar als Gegensatz zu *bêṯ hā'ôr* „Haus des Lichtes“, aber was damit gemeint ist, bleibt unklar, aber offenbar handelt es sich um den Anteil des Menschen an den beiden Prinzipien des Guten und des Bösen (s. M. Delcor, RQu 5, 1966, 531). In 4Q 184, 1, 6 steht ʿFinsternisʾ anscheinend mit Bezug auf eine „Hure“ (*zônāh*), die in Finsternis (*ḥošæk̲ 'ªpelāh*) weilt und mit der Unterwelt in Verbindung steht, aber wahrscheinlich ist etwas anderes gemeint, vielleicht Rom oder seine jüdischen Mitläufer. Im aramäischen Text über die Visionen des Amran (J. T. Milik, RB 79, 1972, 77–97) finden sich auch Hinweise auf den Gegensatz zwischen *nehôrā'* ʿLichtʾ und *ḥªšōk̲ā'* ʿFinsternisʾ sowie auf „die Söhne des Lichtes“.

Ringgren, Mitchel

חֹשֶׁן *ḥošæn*

I. Vorkommen und Etymologie – II. Kulturgeschichtliche Entwicklung und theologische Bedeutung – 1. Orakeltasche – 2. Brustschild – 3. Symbolik.

Lit.: *H. Bonnet*, RÄR 125f. – *K. Elliger*, Ephod und Choschen. Ein Beitrag zur Entwicklungsgeschichte des hohepriesterlichen Ornats (VT 8, 1958, 19–35) (= Festschr. *F. Baumgärtel*, 1959, 9–23). – *I. Friedrich*, Ephod und Choschen im Lichte des Alten Orients, Wien 1968. – *J. Gabriel*, Untersuchungen über das alttestamentliche Hohepriestertum mit besonderer Berücksichtigung des hohepriesterlichen Ornats, Wien 1933. – *J. S. Harris*, The Stones of the High Priest's Breastplate (Annual of the Leeds University Oriental Society 5, 1963/1965, 40–62). – *J. Maier*, Urim und Tummim. Recht und Bund in der Spannung zwischen Königtum und Priestertum im alten Israel (Kairos NF 11, 1969, 22–38). – *O. Nußbaum*, Das Brustkreuz des Bischofs, 1964, 7ff. – *E. Sellin*, Noch einmal der alttestamentliche Efod (JPOS 17, 1937, 236–251). – *H. Thiersch*, Ependytes und Ephod. Gottesbild und Priesterkleid im Alten Vorderasien, 1936.

I. Das Subst. *ḥošæn* findet sich – abgesehen von Sir 45, 10f. – 25mal in P. Es steht in Texten, die von der Anfertigung des priesterlichen Ornats (Ex 25, 7; 28, 4. 15–30; 35, 9. 27; 39, 8–21) oder der Investitur Aarons (Ex 29, 5; Lev 8, 8) sprechen und bezeichnet ein Pektorale des Hohenpriesters. Als sachliche außerbiblische Parallele kann man auf den Brustschmuck des ägyptischen Oberpriesters von Memphis verweisen (s. Abb. in BHHW II, 739). In einem mittelbronzezeitlichen Grab von Byblos hat man das Pektorale eines Königs gefunden, eine ungefähr rechteckige Goldplatte mit Edelsteinschmuck und goldener Tragkette (vgl. Ez 28, 13; vgl. P. Montet, Byblos et l'Égypte, Paris 1929, Taf. 94).
Die Etymologie von *ḥošæn* ist unsicher. Die bisher versuchten Ableitungen sind nicht unbeeinflußt von der jeweiligen Interpretation der Belegstellen. Bei arab. *ḥasuna*, ʿschön seinʾ wird besonders an die kostbare Ausstattung des *ḥošæn* gedacht. Die Herleitung von *ḥsn* ʿbergen, aufbewahrenʾ, (vgl. aram. *'assānā'* ʿVorratʾ) zielt auf die Bedeutung „Behältnis, Tasche“ ab.
II. 1. Für die Entwicklung des *ḥošæn* lassen sich in Ex 28 literarkritisch zwei Schichten feststellen (vgl. auch Elliger). Aus Ex 28, 15f. 22. 30 ergibt sich, daß der *ḥošæn* wohl ursprünglich neben dem *'epôd̲ bad̲* (eine Art Lendenschurz) ein selbständiger Bestandteil der Priesterkleidung war (vgl. → גורל [*gôrāl*] III.2.). Er hatte die Form einer quadratischen Tasche (23 × 23 cm) und bestand aus einem Stoffstück, das zusammengelegt und an den Seiten zugenäht war; die Öffnung befand sich also oben. Er wurde auf der Brust getragen und mit zwei im Nacken geknüpften Schnüren gehalten. Die vv. 15 und 30 geben mit dem alten Namen *ḥošæn* (*ham*)*mišpāṭ* den ehemaligen Zweck dieser Brusttasche an: eine Orakeltasche zur Aufnahme der Lossteine Urim und Tummim (→ גורל [*gôrāl*] vielleicht ist sogar bei dem „Ephod“ von 1 Sam 14, 3. 18; 21, 10; 23, 9; 30, 7 der *ḥošæn* miteinbegriffen). Beim Hohenpriester als dem obersten Verwalter des Losorakels ist nach v. 15 (par. 39, 8) der *ḥošæn* aus dem gleichen kostbaren viergewebigen Stoff wie der Ephod. Lev 8, 8 spiegelt ungefähr das gleiche Überlieferungsstadium wider.
2. In der zweiten Schicht (Ex 28, 17–21. 23–29; par. 39, 10–14. 16–21) wird der *ḥošæn* zu einem Brustschild versteift und Unterlage für einen Edelsteinbesatz. Zugleich wird er dem Ephod einverleibt. Die Gemmen sind in vier Reihen zu je drei Steinen angeordnet, „in Gold gefaßt, welches spiralig mit dem Gewebe genau verbunden war, damit sie nicht

herausfallen konnten“ (Flav. Jos. Ant. III, 7, 5). Die Bedeutung der einzelnen Steinnamen im MT ist durchaus unklar und hat durch die LXX ihre erste Interpretation erfahren. Auf den Steinen sind die Namen der zwölf Stämme eingraviert; eine Beziehung zwischen Stein- und Stämmenamen läßt sich nicht ausmachen. Eine ähnliche Zusammenstellung von Edelsteinen findet sich bei Ez 28, 13 (vgl. Apk 21, 19f.). Nach Ex 25, 7 und 35, 9 sind die Edelsteine eine Spende der Gemeinde. Der Edelsteinbesatz könnte in den Verzierungen des Königspektorale sein Vorbild haben. Wegen des größeren Gewichtes des Brustschildes wird auch die Aufhängung geändert. Zu diesem Zweck werden an ihm vier Ringe angebracht, zwei an den oberen und zwei an den unteren Ecken. Von den oberen Ringen führen zwei goldene Kettchen zu den oberen Teilen der Träger des Ephod, wo sie an Rosetten befestigt sind. Durch die unteren Ringe, die sich an der Rückseite des *ḥošæn* befinden, ist eine blaue Schnur gezogen, die durch zwei weitere Ringe am unteren Teil der Träger des Ephod die beiden Ornatstücke eng verbindet. Der *ḥošæn* kann sich deshalb nicht verschieben.

3. Jeweils am Ende der beiden Überlieferungen findet sich eine symbolische Deutung des *ḥošæn*. V. 30 läßt Aaron mit den im *ḥošæn* aufbewahrten Urim und Tummim „das Recht der Israeliten beständig vor Gott tragen“. Diese Interpretation zeigt, „wie man den Sinn des Choschen früh, vermutlich noch in vorexilischer Zeit, umgedeutet hat. Die Urim und Tummim werden hier nicht mehr zur Herbeiführung der göttlichen 'Entscheidung' unter Stellung einer Disjunktivfrage in einem bestimmten Zweifelsfall hervorgeholt, sondern sie bleiben auf dem Herzen Aarons liegen“ (Elliger 30). Hinter der Anordnung, Israels Recht „beständig“ vor Gott zu bringen, steht vielleicht die Tendenz, das Rechtswissen ganz an die hohepriesterliche Entscheidungsgewalt zu binden (Maier 31). V. 29 knüpft bei seiner Deutung an den Edelsteinbesatz an. Der Hohepriester soll durch den *ḥošæn* das Zwölfstämmevolk dem gnädigen JHWH dauernd in Erinnerung bringen. Dieses Kernstück hohenpriesterlichen Ornats fungiert demnach als das sichtbare Zeichen der fürsprecherischen Rolle seines Trägers. Dem leeren *ḥošæn* wird durch diese Neuinterpretation jeglicher Rest einer ursprünglich mantischen Bedeutung genommen. Sir 45, 10f. vereint in seinem begeisterten Lobpreis auf die priesterliche Würde Aarons noch einmal diese beiden Traditionen.

Die griechischen Übersetzungen περιστήθιον, ποδήρης, λογεῖον/λόγιον, Sym: δοχεῖον/δόχιον spiegeln verschiedene, z. T. abweichende Deutungen wider.

Dommershausen

חָשַׁק *ḥāšaq*

חֵשֶׁק *ḥešæq*, חִשֻּׁק *ḥiššuq*, חָשׁוּק *ḥāšûq*

I. 1. Etymologie, Bedeutung – 2. Anwendung im ursprünglichen Sinn – II. 1. Übertragene Bedeutung, profan – 2. Übertragene Bedeutung, theologisch.

Lit.: *H. J. Franken*, The Mystical Communion with JHWH in the Book of Psalms, Leiden 1954, 36. – *I. Husik*, Joseph Albo, the Last of the Medieval Jewish Philosophers (PAAJR I, 1930, 70–71). – *G. Quell*, ἀγαπάω (ThWNT I 20ff. 34).

I. 1. Die Wurzel *ḥšq*, verbunden mit der Präp. *b^e* (Brockelmann, Synt. § 106a) oder *l^e* mit inf. cstr. findet sich im AT 8mal, 1mal Sir im *qal*, ebd. 1mal im *niph*, im AT 1mal im *pi* und 2mal im *pu*. Als Bedeutung der Wurzel ist entsprechend anderen semit. Idiomen, wie akk. *ešēqu* 'verbunden sein' (AHw I, 249; O. Rößler ZA 50, 1952, 131), möglicherweise auch lib.: Tuâreg *aseǵ:* 'verbinden, vereinen', auch für hebr. die Grundbedeutung: 'hängen an, fest verbunden sein' (H. J. Franken) anzunehmen. Die KBL^3 s. v. hergestellte Beziehung zu arab. *ʿašiqa*/*ʿasiqa* 'leidenschaftlich lieben' (vgl. auch A. Guillaume, Abr Nahrain 1, 1959/60, 25) bezieht sich stärker auf die übertragene Bedeutung.

2. Der ursprüngliche Sinngehalt ist im AT nur noch im term. techn. des Berichtes über die Anfertigung des Zeltheiligtums (P), *pi* (Ex 38, 28) 'verbinden' und *pu* 'verbunden, zusammengefügt sein' (Ex 27, 17; 38, 17) vorhanden. So ist dann *ḥāšûq* (Ex 27, 10. 11; 38, 10–12. 17. 19) als Verbindungsstange oder -balken (M. Noth, ATD 5, z. St.; E. Jenni, Das hebr. Piʿel, Zürich 1968, 163) zu verstehen; von daher läßt sich auch *ḥiššuq* '(Rad-)speiche', als Verbindungsstange zwischen Felge und Nabe (1 Kön 7, 33) erklären.

II. 1. Erst die Verknüpfung der Wurzel *ḥšq* mit dem Subjekt →נפש (*næpæš*) eröffnet die Übertragung auf individuelle menschliche Bindungen: des Mannes an die Frau (Gen 34, 8, προσαιρέομαι), des Weisen an die Weisheit (Sir 51, 19, διαμάχομαι 'sich ereifern'). Der Kontext umschreibt die Bedeutung mit *dāḇaq b^e* (→דבק II.1.a) (Gen 34, 3) bzw. mit *loʾ hāpak pānîm min* (Sir 51, 19). Im Gegensatz zu *dāḇaq* (II.1.b) hat *ḥāšaq* stets positive, nie feindselige Bedeutung ('verfolgend anhaften'). Derartigen menschlichen Bindungen trägt Deut 21, 11 (ἐνθυμέω) insofern Rechnung, als es die Ehe mit einer fremdländischen Gefangenen, zu der solche Beziehungen bestehen, gestattet (*lāqaḥ l^eʾiššāh*). Sir 40, 19 preist eine in Liebe hingegebene Frau (*niph*, ἄμωμος 'untadelig'). Das von dieser Wurzel abgeleitete Segolatnomen *ḥešæq* kennzeichnet die innere Hingabe, die Lust zu einem Vorhaben, so Salomos Freude an seiner Bautätigkeit (1 Kön 9, 19, πραγματεία) in Parallele zu 1 Kön 9, 1 *ḥapeṣ laʿ^aśôṯ*; 2 Chr 7, 11 *kŏl-habbāʾ ʿal libbô laʿ^aśôṯ*. So hatte schließlich auch der Prophet seine Lust an der Dämmerung *næšæp ḥišqî* (Jes 21, 4;

LXX andere Lesart). Als Bezeichnung der Freundschaft unter Männern (→אהב ['āhaḇ], II. 3.) begegnet ḥāšaq nicht.

2. Dieser Ausdruck der Hingegebenheit wird im AT verständlicherweise auch auf die Beziehungen zwischen Gott und Mensch angewandt. Bezeichnenderweise legt Ps 91, 14 die Aussage über die fromme Bindung des Menschen an JHWH diesem selbst in den Mund (bî ḥāšaq, ἐπ' ἐμὲ ἤλπισεν) und deutet diese Haltung mit jiqrā'enî, jāḏa' šᵉmî. Damit bezeichnet der Psalmist die Hingabe nicht als emotionale Rührung, sondern als gefestigte, bewußte Vertrauensbezeugung. Die Ausdrucksweise klingt stark an den dtr Stil an. So überrascht es nicht, daß die Wurzel ḥšq, wenn auch nicht allzu häufig, dort auftritt. In Deut 10, 15 wird JHWHs Bindung an die Väter Israels in Beziehung gesetzt zu seiner Liebe zu ihnen (lᵉ'aḥᵃḇāh 'ōṯām, →אהב ['āhaḇ] IV. 2.) und der Erwählung der Nachkommenschaft (wajjiḇḥar bᵉzar'ām), weshalb LXX richtig προείλατο übersetzt. Der gleiche Befund liegt auch in Deut 7, 7f. vor, wo die Parallelität von 'aḥᵃḇāh und bāḥar noch erweitert wird durch šōmrô 'æṯ haššᵉḇu'āh(v. 8). Damit ist das liebende Festhalten JHWHs an seinem Eigentumsvolk nicht von dessen Qualitäten, sondern von seiner eigenen, dem Menschen unbegreifbaren (Husik) Entscheidung der Vergangenheit herzuleiten. Der theologische Gebrauch setzt ebenso wie der profane nicht die augenblickliche Gefühlsaufwallung voraus, nicht eine unbedingte erotische Neigung allein, sondern auch eine begründete, unbedingte Entscheidung. So wie sich Sichem Dina erwählt hat, um seinen Vater um sie werben zu lassen (Gen 34, 3. 8), wie sich der Krieger für eine fremdländische Sklavin entscheidet, um sie zur Frau zu nehmen (s. o.; Deut 21, 11), wie Salomo an seiner begonnenen Bautätigkeit festhält (1 Kön 9, 19), so kennt der Sänger JHWHs Namen und ruft ihn in der Not an, woraufhin er ihm ein Erhörungsorakel zuteil werden läßt. In gleicher Weise kennt JHWH sein Volk und fühlt sich an seine einmal gegebenen Zusagen gebunden. Das Festhalten setzt eine frühere Herstellung der gottmenschlichen Bindungen voraus, die nicht aufgegeben werden. In diesem Sinne kann auch die textlich angezweifelte Stelle Jes 38, 17 gedeutet werden als die Vertrauenshaltung des Beters, daß JHWH sein Leben festhält (LXX Imp. εἵλου) und nicht dem Verderben anheimgibt. Die Wurzel ḥšq drückt damit weder eine mystische Vereinigung von Gott und Mensch noch eine gefühlsmäßige Bestimmtheit, sondern eine bewußte Frömmigkeitshaltung von seiten des Menschen und Treue von Gottes Seite her aus, die selbst unter Belastungen festgehalten werden.

Wallis

חָתַם ḥāṯam

חוֹתָם ḥôṯām

I. Etymologie. Belege – II. Archäologisches – III. Siegelung als königliche und juristische Handlung – IV. Abgeleitete Bedeutung des Verbums ('schließen' und 'aufbewahren') – V. Das Verbum in prophetischer und apokalyptischer Tradition – VI. Bildliche Verwendung des Nomens (das Siegel = der Hochgeschätzte).

Lit.: *D. Diringer*, Le iscrizioni antico-ebraiche palestinesi, Florenz 1934. – *L. Fischer*, Die Urkunden in Jer 32, 11–14 nach den Ausgrabungen und dem Talmud (ZAW 30, 1910, 136–142). – *K. Galling*, Beschriftete Bildsiegel des ersten Jahrtausends v. Chr. vornehmlich aus Syrien und Palästina (ZDPV 64, 1941, 121–202). – *A. H. J. Gunneweg*, Mündliche und schriftliche Tradition der vorexilischen Prophetenbücher (FRLANT, N.F. 55, 1959). – *D. Jones*, The Tradition of the Oracles of Isaiah on Jerusalem (ZAW 67, 1955, 226–246). – *Th. O. Lambdin*, Egyptian Loanwords in the Old Testament (JAOS 73, 1953, 145–155). – *S. Moscati*, I sigilli dell' Antico Testamento (Bibl 30, 1949, 314–338). – *Ders.*, L'epigrafia ebraica antica 1935–1950 (BietOr 15, 1951). – *H. H. von der Osten*, Altorientalische Siegelsteine, Uppsala 1957 (Bibliographie 180–184). – *S. Schott*, Wörter für Rollsiegel und Ring (WZKM 54, 1957, 177– 185). – *F. Vattioni*, I sigilli ebraici (Bibl 50, 1969, 357– 388). – *P. Welten*, Die Königs-Stempel (ADPV,1969).

I. Die Wurzel *ḥtm* findet sich im West- und Südsemit. Die Bedeutung des Verbums ist entweder 'siegeln' oder 'schließen'. Das Nomen hat überall die Bedeutung 'Siegel' und 'Siegelring'. Im Ostsemit. findet sich die Wurzel nicht, statt dessen das Subst. *kunukku*, und das Verbum *kanāku* (Übersicht bei Moscati 1949, 326 f.).

Das Fehlen der Wurzel im Ostsemit. legt die Frage nahe, ob die Wurzel gemeinsemit. ist, oder von außen ins West- und Südsemit. eingedrungen ist. Für eine Entlehnung spricht die Tatsache, daß die hebr. Nominalbildung *qāṭal*, die dem Nomen *ḥôṯām* zugrunde liegen muß, äußerst selten vorkommt. Deshalb nimmt man gewöhnlich an, daß die Semiten das Subst. aus dem Äg. her übernommen haben, und das Verbum in den semit. Sprachen denominiert ist; denn das Subst. *ḥtm*, 'Siegel' ist schon im A. R. belegt (s. z. B. Brockelmann, VG I, 342, die meisten neueren Wörterbücher und Grammatiken, Moscati 1949, 329 f., Lambdin 151). Das äg. Subst., das im A. R. offenbar nur das Zylindersiegel, in späterer Zeit aber auch den Siegelring bezeichnet (Schott 181 f.), „dürfte von dem seit der Frühzeit belegten Verbum 'siegeln' abzuleiten sein" (Schott 183). Die Verbalbedeutung 'schließen' ist dann wahrscheinlich, sowohl im Äg. als auch in den semit. Sprachen, sekundär (Moscati 1949, 330; anders GesB).

Das hebr. Nomen ist im AT 15mal belegt (einmal in der Nebenform *ḥoṭæmæṯ*). Von diesen 15 Belegen begegnet uns aber fast die Hälfte im festen Ausdruck *pittûḥê ḥôṯām* 'Siegelgravuerarbeit' (Ex 28 und 39 bei der Beschreibung der Anfertigung der Priesterkleidung). Auf in Palästina gefundenen Siegeln kommt *ḥtm* 27mal vor (dazu einmal das entsprechende aram. Verbum Dan 6, 18). Die Bedeutung in *pi* und *hiph* ist die abgeleitete ʿschließenʾ. Übrigens begegnet das Verbum am häufigsten in späteren Schriften (mehr als die Hälfte der Vorkommen in Neh, Esth, Hi und Dan).

Neben *ḥôṯām* kommt im at.lichen Hebr. ein anderes Nomen vor, *ṭabbaʿaṯ*, das auch aus dem Äg. stammt (*ḏbc.t*, ʿSiegel(ring)ʾ, s. Moscati 1949, 331–334; Lambdin 151; Schott 178–181). Im äg. Bereich wird dieses Wort in Ritualtexten, das Nomen *ḫtm* dagegen in Zaubertexten bevorzugt (Schott 183). Im Hebr. wird das Wort verallgemeinert und bezeichnet die Ringe, die zum Tragen der Bundeslade verwendet werden, oder die zum priesterlichen Kleid gehören usw. (Ex 25–39); sonst allgemeine Schmuckringe (Ex 35, 22; Num 31, 50; Jes 3, 21), und nur im Buche Esth unzweideutig von Siegelringen (Esth 3, 10. 12; 8, 2. 8. 10) – so wohl auch Gen 41, 42 (Moscati 1949, 324).

II. Vier Haupttypen von Siegeln sind bei den Ausgrabungen in Palästina gefunden worden:
a) *Skarabäen.* Echt äg. Skarabäen oder einheimische Nachahmungen. Sehr reich vertreten – wohl mehrere Tausend (allein in Tell el-Aǧǧul [bei Gaza] etwa 1000; in Lachisch etwa 550, in Gezer etwa 400 usw.; s. Fl. Petrie, Ancient Gaza I–IV, London 1931–34; O. Tufnell, Lachisch III, London 1953, 368–373 und IV, 1958, 113–126; R. A. S. Macalister, The Excavation of Gezer, II, London 1912, 314–330; ferner A. Rowe, A Catalogue of Egyptian Scarabs, Kairo 1936). Die Hieroglypheninschriften zeigen, daß die meisten aus der Mittel- und Spätbronzezeit herrühren. In der frühen Zeit wurde normalerweise Steatit („Speckstein") verwendet, später auch härtere und edlere Steine, Fayence, Bein usw. (s. BRL² 10f. und BHHW III, 1812–1813).
b) *Zylindersiegel.* Echt mesopotam. Siegel oder einheimische Nachahmungen. Seltener vorkommend (1949 waren etwa 200 bekannt; s. B. Parker, Cylinder Seals from Palestine, Iraq 11, 1949, 1–43; vgl. J. Nougayrol, Cylindres-Sceaux et Empreintes de Cylindres trouvés en Palestine, Paris 1939, V–VI; später sind 20 in Hazor und nur ganz wenige an anderen Stellen gefunden worden; s. Y. Yadin, Hazor III–IV, Plates, Jerusalem 1961, CCCXIX–CCCXXII; G. E. Wright, BASOR 167, 1962, 5–13 u. a.). Einige repräsentieren die chalkolithische Zeit, die meisten sind aus der Mittel- und Spätbronzezeit und nicht wenige aus der israelit. vorexilischen Zeit. Sie sind entweder aus Steinarten wie Steatit, Hämatit usw. oder aus Fayence, Glas und ähnlichen formbaren Materialien hergestellt. Die Ornamentik besteht aus stilisierten Menschen- und Tiergestalten. Inschriften gibt es hier nicht. – Die bisher erwähnten fremden Siegeltypen tragen also nicht den Namen des Besitzers und dienten wahrscheinlich sowohl als Amulette wie auch als Siegel. Sie waren in der Regel durchlöchert und konnten demnach an einer Schnur um den Hals getragen werden (s. weiter BRL² 10f., 299).
c) *Israelitische Namenssiegel.* Von diesen (die auch oft Privat-Siegel genannt werden) sind etwas mehr als 200 gefunden; dazu kommen etwa 100 Siegelabdrücke auf Tonwaren (s. Diringer 119–127 u. 159–261; Galling 172–198; Moscati 1950, 47–65 u. 72–82; Vattioni 376–385; das Zahlenverhältnis zwischen den eigentlichen Siegeln und den Abdrücken kann nicht genau festgestellt werden, da mehrere Ausgrabungsberichte hier keinen Unterschied machen, s. Vattioni 359). In der äußeren Form ahmen sie oft die äg. Skarabäen nach, sind wie diese aus härteren Steinarten (vgl. Hi 41, 7 LXX; Ex 28, 11. 21. 36; 39, 6. 14. 30) hergestellt und oft durchlöchert; selten in einen Ring gefaßt (s. weiter BRL² 299–307 u. BHHW III, 1786–1790). Sie sind ziemlich gleichmäßig ausgestattet: ungefähr die Hälfte trägt Bilder (Menschen- oder Tiergestalten, stilisierte Figuren, gewöhnlich fremden Siegeln entlehnt); beinahe alle haben ein *lamed*-possessivum vor einem Eigennamen, hinter diesem oft den Namen des Vaters oder Angaben wie „Diener der NN" oder „Diener des Königs", ein paarmal „Sohn des Königs". Ganz wenige tragen Frauennamen mit dem Zusatz „Frau des NN" oder „Tochter des NN". Sie stammen fast alle aus der späten Königszeit; aus der nachexilischen Zeit gibt es weniger, meist reine Bildsiegel, doch oft mit aram. Inschrift (s. z. B. F. M. Cross, Eretz Israel 9, 1969, 20–27).
d) *Königsstempel.* Diese Siegel kennen wir nur von Abdrücken auf Krughenkeln. Sie sind aber sehr reich vertreten (insgesamt mehr als 800 Vorkommen; allein in Lachisch mehr als 300 und in Ramat Rahel etwa 150; alle Einzelheiten bei Welten). Sie tragen alle entweder ein vier- oder zweiflügeliges Symbol, mit der Beischrift *lmlk*, „dem König gehörig", und einem von vier judäischen Stadtnamen. Die Krüge waren wahrscheinlich für Öl- und Weinlieferungen – von den judäischen Krongütern an die Garnisonen in Judäa unter Hiskia und Josia – bestimmt (so Welten; anders z. B. Cross, Eretz Israel 9, 1969, 20–22 u. a.).

III. Aus der archäologischen Übersicht geht hervor, daß hebr. beschriftete Siegel im alten Israel keine allzu große Verbreitung gefunden haben. Es dürfte kaum so wie in Mesopotamien gewesen sein, wo Herodot zufolge jeder Mann sein Siegel hatte. Im AT werden – wenn auch mehr in späteren, novellistisch geformten Berichten – als Siegelbesitzer meistens Könige oder Beamte genannt. Das Siegel scheint gleichsam Symbol der Königs- und Beamtenwürde gewesen zu sein. An den Stellen, wo im AT konkret von einer Versiegelung berichtet wird, handelt es sich um eine juristische und meistens eine königliche Handlung: Königin Isebel versiegelt die Briefe mit den Anklagen gegen Naboth mit dem Siegel des Königs (1 Kön 21, 8). Die Briefe Hamans, die die Juden ins Verderben stürzen sollen, werden gleichfalls mit dem Siegel des Königs versehen (Esth 3, 12), und später wird Esther und Mardochai erlaubt, Hamans Befehle durch Briefe zu widerrufen, die ebenso mit dem königlichen Siegel versehen sind, „denn ein Schreiben, das im Namen des Königs geschrieben ist und mit dem Königs-Siegel versiegelt ist, darf niemand widerrufen" (Esth 8, 7ff.). So wurde auch, nachdem man Daniel in die Löwengrube geworfen hatte, ein Stein vor den Eingang gewälzt, „und der König versiegelte ihn mit seinem Ring (*ʿizqāh*) und mit dem Ring seiner hohen Beamten" (Dan 6, 18). Auch hier ist das Versiegeln eine hochoffizielle Handlung. Bei der von Esra vorgenommenen Bundeserneuerung ist der erste, der unter das Schreiben sein Siegel drückt, der Statthalter Nehemia; eine

Reihe von Beamten tun dann dasselbe (Neh 10, 1–28). Die gesellschaftlich niedriger Stehenden nehmen an der Versiegelung nicht teil, sondern schließen sich „ihren vornehmen Brüdern an" (10, 29–30). Die ganze Zeremonie ist als eine offizielle Handlung gekennzeichnet (über die textkritischen und literarischen Probleme in dem betreffenden Kapitel s. z. B. Rudolph, HAT I/20, 1949, 172–176). Dieselbe Beurteilung des Versiegelns ist aus einer der Patriarchenerzählung ersichtlich: wenn Juda seiner Schwiegertochter Thamar sein Siegel und seine Schnur geben kann (Gen 38, 18. 25), hängt es damit zusammen, daß er nicht irgendwer ist, sondern als Stammeshäuptling auftritt (so auch in der spätjüdischen Nachdichtung Test. Juda 15, 3, wo Juda allerdings als designierter König aufgefaßt wird, und das Siegel in ein Königsdiadem verwandelt ist).

Bei Jeremias Ackerkauf in Anatoth (Jer 32) ist die Pointe der Erzählung eben die, daß Jeremia so offiziell wie möglich verfährt. Deshalb kommen so viele juristische Einzelheiten in dem Bericht vor, und das Versiegeln der Dokumente wird mehrmals erwähnt (vv. 10. 11. 14. 44). Es handelt sich deutlich um ein privates Übereinkommen, das – auch ohne Beteiligung von Beamten – durch das korrekte Verfahren juristische Gültigkeit erlangt. – Über das rein technische Verfahren bei der Versiegelung von Leder- oder Papyrusdokumenten (zubinden mit einer Schnur, die mit einem kleinen Lehmklumpen [vgl. Hi 38, 14] befestigt wird, auf dem der Siegelstempel gepreßt wird) s. Fischer und Jones 227f., die die spezielle „Doppelurkunde" Jer 32 ausführlich behandeln; vgl. ANEP Nr. 265.

Ist also nach dem AT die Versiegelung vor allem eine offizielle, juristische Handlung, so stimmt damit vortrefflich überein, daß verhältnismäßig viele von den in Palästina gefundenen hebr. Namenssiegeln von königlichen Beamten herrühren: *lgdljhw* (*'*)*šr ʿl hbj*(*t*) (Moscati 1951, 61f.); vier Personen, die als *ʿbd hmlk* bezeichnet werden (Diringer 229–231; Moscati 1951, 52); vier Personen als *bn hmlk* (Diringer 127 und 232f.; Vattioni 381 und 385; „Sohn des Königs" vielleicht eine Beamtenbezeichnung, s. BRL² 304). Endlich werden sechs Personen als „Diener" oder „Beamten" (*ʿbd, nʿr*) von *'brm* bzw. *jrbʿm*, *ʿzjw*, *jwkn* und *'ḥz* angegeben (Diringer 224–228; 221–224; 126 und Moscati 1951, 59). Diese Namen könnten die betreffenden israelitischen und judäischen Könige bezeichnen (BRL² 303f.). Im besten Falle stammen also 15 Siegel von königlichen Beamten (16, wenn der Jotam auf dem Siegel von Elath nicht der König, sondern ein hoher Beamter ist; s. N. Avigad, BASOR 163, 1961, 21). Daß ein Siegel als etwas Selbstverständliches bei einem Beamten vorausgesetzt wird, geht übrigens deutlich aus einem Ostraconbrief von Arad hervor: Dem (wohl militärischen) Beamten Nahum wird geboten, er solle ein Faß Öl abholen; und weiter heißt es: „schicke es mir schnell, und versiegele es mit deinem Siegel" (*ḥtm 'th bḥtmk*) (Y. Aharoni, BASOR 184, 1966, 14–16). Zeugnis des offiziellen Charakters des Versiegelns legen auch die oben erwähnten Königsstempel ab, und – wenn sie richtig gedeutet sind – die sog. „Statthalter-Siegel", d. h. ein Dutzend Siegelabdrücke aus der pers. Epoche mit der Inschrift *pḥw'* ʿStatthalter' (Y. Aharoni, Excavations at Ramat Rachel I, Rom 1962, 5–10; 29–34; II, 1964, 19–22; 43–45; dagegen F. M. Cross, Eretz Israel 9, 1969, 24–26).

IV. Die weniger prägnante Bedeutung des Verbums *ḥāṯam* ʿschließen', begegnet in verschiedenen Zusammenhängen: In der Bildersprache des Hohenliedes heißt es, die unnahbare Geliebte sei wie eine „verschlossene (versiegelte) Quelle" (HL 4, 12). Von den Verbrechern wird gesagt, sie schließen sich tagsüber aus Furcht vor dem Licht im Hause ein (Hi 24, 16 – „versiegeln für sich", *pi*). Gesetzlich-medizinisch heißt es vom männlichen Glied, es könne im Falle einer Geschlechtskrankheit „vor dem Ausfluß schließen" (*ḥtm hiph*), d. h. vom Ausfluß verstopft werden, wobei die Person unrein wird (Lev 15, 3). Dazu kommen ein paar Stellen bei Hiob, wo JHWH als Herr der Naturmächte wie folgt geschildert wird: während der Winterstürme hindert er die Menschen am Ausgehen („versiegelt für sie" Hi 37, 7, Textänderung nach 9, 7 s. Fohrer, KAT XVI, 1963, 481), und er hat die Macht, die Sterne zu verfinstern („für sie zu versiegeln" Hi 9, 7).

Es gibt einige interessantere Stellen, wo JHWH wiederum als handelndes Subjekt auftritt, doch hat das Verb die Bedeutung ʿaufbewahren'. In seiner vierten Rede spricht Hiob den Wunsch aus, sich im Scheol verstecken zu können, bis der göttliche Zorn vorüber ist. Der Wunsch wird aber nicht erfüllt: JHWH bewahrt Hiobs Sünde in einem Beutel versiegelt auf, und die Strafe kann so ewig dauern (Hi 14, 13–17; s. Fohrer, KAT XVI, 1963, 257–260, über den Aufbau des Stückes). Die Vorstellung hat nahe Parallelen Deut 32, 34f. und Hos 13, 12 (Fohrer). Deut 32, 34 wird das Verbum *ḥtm* gleichfalls benutzt; dort wird gesagt, daß der Frevel der Feinde für den Rachetag in JHWHs Schatzkammern versiegelt aufbewahrt wird. Da die Siegelung, wie oben dargelegt, als eine juristisch bindende Handlung betrachtet wird, soll an beiden Stellen zum Ausdruck gebracht werden, daß das Aufbewahren der Sünde bei JHWH gleichsam eine Maßnahme göttlichen Rechts und somit unwiderruflich ist. Auf charakteristische Weise kehrt der Gedanke abgewandelt in der Apokalyptik wieder: die „Versiegelung der Sünde" Dan 9, 24 (Ketib) geschieht nicht auf eine in der fernen Zukunft liegende Strafe hin, sondern bedeutet, daß die Sünde vergeben wird. Dem Zusammenhang nach kommt der Engel Gabriel zu Daniel und verkündet ihm, daß die 70 Jahren bei Jeremia als 70 Jahrwochen verstanden werden müssen. Am Ende dieser Periode wird die Sünde „versiegelt" und die Schuld gesühnt sein (über die übliche Textänderung nach Qere von לחתם in להתם s. Plöger, KAT XVIII, 1965, 134). Dann kommt die Zeit der Herrlichkeit mit „ewiger

Gerechtigkeit“ und „Versiegelung von Gesicht und Prophet“ (s. u.).

V. Das Verbum *ḥtm* kommt an zwei Jesajastellen vor, die auf dem ersten Blick einander gleichen, bei näherem Zusehen aber gegensätzlich aufgefaßt werden müssen. Jesaja befiehlt, man solle „das Zeugnis (*teʿûdāh* [→ עוד]) zubinden“ und „die Weisung (→ תורה [*tôrāh*] versiegeln“ (Jes 8, 16–20; über die Auffassung der Verbalformen, s. Wildberger, BK X/1, 1972, 342f. und Jones 232). Offen bleibt, ob es sich bei diesen Ausdrücken um die mündliche Verkündigung Jesajas oder um eine niedergeschriebene Botschaft handelt (wie die Parallele Jer 36 nahelegen könnte; s. über die ganze Diskussion Gunneweg 32–34 und 45f.). Das zugefügte *belimmuḏāj* („unter/bei meinen Jüngern“) hilft hier nicht weiter; das Ganze kann sowohl wörtlich (Zubinden und Versiegelung einer Schriftrolle) als auch übertragen (Übergeben einer Botschaft an die Jünger) verstanden werden. Für die erste Möglichkeit spricht aber, daß das Verfahren mit Ausdrücken beschrieben wird, die aus dem juristischen Bereich stammen; d. h. das Zubinden und die Versiegelung werden – ähnlich der Aufstellung eines Testaments – als eine juristische Handlung betrachtet. Und diese prophetische Handlung verfehlt ihre Wirkung, wenn sie nicht buchstäblich durchgeführt wird. Was nämlich Jesaja mit der Handlung erzielt, ist dasselbe wie 8, 1–4, wo Zeugen herbeigeholt werden: es soll später kontrolliert werden können, ob die Botschaft wirklich der Erfüllung entspricht (s. Jones 235f. und Kaiser, ATD 17, ²1963, 95; etwas anders Gunneweg 45–49). An der anderen Jesajastelle wird die prophetische Botschaft mit „den Worten einer versiegelten Schrift“ verglichen (Jes 29, 11f.). Das kleine Prosastück ist wohl als eine nachexilische Erweiterung des Orakels v. 9–10 aufzufassen, und wird nur im Lichte dieser Verse verständlich (s. Kaiser, ATD 18, 1973, 214–216): es handelt sich um den von Jes 6, 9–10 bekannten Verstokkungsgedanken; der Prophet ist überzeugt, daß die Judäer nicht nur seine Botschaft nicht hören wollen, sondern – nach Gottes Willen – auch nicht hören und verstehen können. Mit der ersten Jesajastelle verglichen, ist der Gedanke hier also durchaus negativ aufzufassen; die Botschaft soll keinen Erfolg haben. (Vgl. dazu R. Kilian, Der Verstockungsauftrag Jesajas, in: Festschr. G. J. Botterweck, BBB 50, 1977, 209–225.)

Dem Gedanken, daß die prophetische Botschaft versiegelt wird, damit nachträglich bewiesen werden kann, daß der Prophet das Spätere wahrhaftig vorausgesagt hat, kommt in der spätjüdischen Apokalyptik große Bedeutung zu. Jetzt aber wird darauf Gewicht gelegt, daß alles, was in den letzten Zeiten geschieht, den göttlichen Plänen folgt, die dem Propheten schon in der Frühzeit offenbart wurden. Dan 9, 24 heißt es, daß am Ende der Zeiten „Gesicht und Prophet“ versiegelt werden. Das könnte einfach bedeuten, daß prophetische Vision und Verkündigung überflüssig sind, wenn alles vollbracht ist. Es bedeutet aber wohl eher, daß der frühere prophetische Offenbarungsempfang in der Endzeit durch die Erfüllung seine Bestätigung findet. In diesem Sinne ist prophetische Tätigkeit vorüber, ist sozusagen „geschlossen“ und hat keine Aufgabe mehr (s. Porteous, ATD 23, ²1968, 116). Apokalyptisch-technisch sind die beiden Stellen in Dan 12 aufzufassen, wo Daniel befohlen wird, die Worte bis zur Endzeit geheim und versiegelt zu halten (Dan 12, 4. 9). Die ganze Fiktion, Daniel habe die Botschaft etwa 500 Jahre vor dem Ende empfangen, wird durch die Vorstellung aufrechterhalten, alles sei versteckt geblieben bis zur Zeit eben vor dem Ende (vgl. Porteous, ATD 23, ²1968, 143f.).

VI. Oben (s. unter III.) wurde hervorgehoben, daß das Siegel als ein Zeichen der Königs- und Beamtenwürde aufzufassen ist. Deshalb kann das Siegel oder der Siegelring dann auch als Bild für eine hochgeschätzte Person benutzt werden. Die liebevolle Braut fordert den Geliebten auf: „lege mich wie ein Siegel an deine Brust, (setze mich) wie ein Siegel auf deinen Arm“ (HL 8, 6). Es handelt sich im Bild sowohl um das Siegel, das an einer Schnur um den Hals getragen wird, als auch um den Siegelring, der am Finger sitzt (oder denkt man an eine Spange mit einem Siegel [vgl. Moscati 1949, 319]? Letzteres ist archäologisch nicht bezeugt). Das Bild findet sich auch in äg. Liebesliedern, vgl. Würthwein, HAT I/18, ²1969, 68.

Das spezielle Verhältnis zwischen Gott und König kann mit demselben Bild ausgedrückt werden. Bei der Thronbesteigung fällt dem König „die Funktion der ‘Beglaubigung’ und Stellvertretung der Königsherrschaft Gottes“ zu (Weiser, ATD 20/21, ⁶1969, 194). Jer 22, 24 wird Jojachin als JHWHs Siegelring an der rechten Hand bezeichnet – und trotzdem soll er „weggeworfen“ werden. Haggai hat wohl dieser Stelle das Bild entnommen, wenn JHWHs Erwählung Zerubbabels mit den Worten: „ich mache dich zum Siegelring“ ausgedrückt wird (Hag 2, 24). Wie Jojachin am Anfang des Exils als Siegelring „weggeworfen“ wurde, wird Zerubbabels am Ende des Exils neuerwählt und als Siegelring auf JHWHs Finger gesetzt (vgl. Horst, HAT I/14, ³1964, 209).

Der Text Ez 28, 12 ist unklar (s. Zimmerli, BK XIII/2, 1969, 672). Vielleicht ist aber im ursprünglichen Text der tyrische König mit einem Siegel verglichen worden (vgl. LXX).

Otzen

חתן *ḥtn*

חָתָן *ḥāṯān*, חֹתֵן *ḥoṯen*

I. 1. Umwelt – 2. Zur Etymologie – II. 1. Bedeutungen und Belege: a) *ḥāṯān*, b) *ḥtn hitp*, c) *ḥoṯen* und *ḥoṯænæṯ*,

d) h^aṯunnāh – 2. Statistik – 3. Verwandte Begriffe – 4. Versionen – III. Ex 4, 24–26.

Lit.: *Frd. Delitzsch*, Prolegomena eines neuen hebr.-aram. Wörterbuchs zum AT, 1886. – *A. Goetze*, Short or Long *a*? Notes on Some Akkadian Words (Or 16, 1947, 239–250). – *J. Hoftijzer* – *G. van der Kooij*, Aramaic Texts from Deir ʿAlla (Documenta et monumenta Orientis antiqui 19, 1976). – *A. Jamme*, Sabaean Inscriptions from Maḥram Bilqîs (Mârib), Baltimore 1962. – *J. D. Michaelis*, Supplementa ad Lexica Hebraica. Pars II, 1785, 988f. – *T. C. Mitchell*, The Meaning of the Noun *ḥtn* in the OT (VT 19, 1969, 93–112). – *W. W. Müller*, Altsüdarab. Beiträge zum hebr. Lexikon (ZAW 75, 1963, 304–316). – *Th. Nöldeke*, Mandäische Grammatik, 1875. – *J. Wellhausen*, Reste arabischen Heidentums, [2]1897. – *A. J. Wensinck*, Khitān (Handwörterbuch des Islam, 1941, 314–317). – *H. v. Wißmann*, Zur Geschichte und Landeskunde von Alt-Südarabien (SAW 246, 1964).

Zu III. (außer den Komm.): *W. Beltz*, Religionsgeschichtliche Marginalie zu Ex 4, 24–26 (ZAW 87, 1975, 209–211). – *Y. Blau*, Der Ḥatan Damim (hebr.) (Tarbiz 26, 1956/57, 1–3). – *B. S. Childs*, Myth and Reality in the OT (SBT 27, 1960). – *J. Coppens*, La prétendue agression nocturne de Jahvé contre Moïse, Séphorah et leur fils (ETL 18, 1941, 68–73). – *W. Dumbrell*, Exodus 4:24–26: A Textual Re-Examination (HThR 65, 1972, 285–290). – *G. Fohrer*, Überlieferung und Geschichte des Exodus (BZAW 91), 1964, 45ff. (Lit.). – *J. de Groot*, The Story of the Bloody Husband (Exodus IV 24–26) (OTS 2, 1943, 10–17). – *J. Hehn*, Der „Blutsbräutigam" Ex 4, 24–26 (ZAW 50, 1932, 1–8). – *H. Junker*, Der Blutbräutigam. Eine textkritische und exegetische Studie zu Ex 4, 24–26 (At.liche Studien, F. Nötscher ... dargeboten von H. Junker u. G. J. Botterweck, BBB 1, 1950, 120–128). – *H. Kosmala*, The „Bloody Husband" (VT 12, 1962, 14–28). – *P. Middlekoop*, The Significance of the Story of the „Bloody Husband" (Ex 4:24–26) (S.E. Asia Journal of Theology [Singapore] 8/4, 1966/67, 34–38). – *J. Morgenstern*, The „Bloody Husband" (?) (Exod. 4:24–26) once again (HUCA 34, 1963, 35–70). – *G. Richter*, Zwei alttestamentliche Studien. I. Der Blutbräutigam (ZAW 39, 1921, 123–137, bes. 123–128). – *L. F. Rivera*, El „esposo sangriento" (Ex 4, 24–26) (RevBibl [Buenos Aires] 25, 1963, 129–136). – *H. Schmid*, Mose, der Blutbräutigam. Erwägungen zu Ex 4, 24–26 (Judaica 22, 1966, 113–118). – *S. Talmon*, *Ḥathan damîm* (Eretz Israel 3, 1954, 93–96). – *G. Vermès*, Scripture and Tradition in Judaism. Haggadic Studies. Chapter Seven: Circumcision and Exodus IV 24–26 (Studia Post-Biblica IV, 1961, 178–192).

I. 1. Die Wurzel *ḥtn* hat es im Unterschied zur Blutsverwandtschaft mit dem durch Heirat entstehenden Verhältnis der Schwägerschaft (affinitas) zwischen dem einen Ehegatten (oder – in Erweiterung der Bedeutung – seiner Familie) und den Blutsverwandten (cognati) des anderen Ehegatten zu tun. Sie findet sich vornehmlich in westsemitischen Sprachen, außerdem im Akk., wobei man fragen kann, ob es sich hier nicht um ein westsemitisches Lehnwort handelt (vgl. Goetze 247). Auszugehen ist von den Substantiven, die Personen bezeichnen. Dazu kommen Abstraktbildungen und Verben, die zumeist denominiert sein dürften. Wichtigstes Substantiv ist jeweils eine dem bibl.-hebr. *ḥāṯān* entsprechende Bildung. Sie bezeichnet überall in erster Linie den Schwiegersohn; so ugar. (*ḫatnu*: UT 77, 25 [= KTU 1.24, 25], PRU III, 233), mhebr. (*ḥāṯān*); so – vornehmlich als Wiedergabe von hebr. *ḥāṯān* – jüd.-aram. (auch bJeb 52a; CIJ I, 290, 1), syr., christl.-palästin., samaritan. (*ḥaṯnā*'); so nabat. (*ḥtn*; CIS II, 209, 7; dazu Mitchell 110f.); mand. (*hatna*; MdD 128b); arab. (*ḫatan*); akk. (*ḫatanu*[*m*], *ḫatnu*; CAD VI, 1956, 148; AHw I 335b); auch asa. *ḫtn* (RES 4878, 2) ist nicht ʿVerwandter' (Müller 309), sondern ʿSchwiegersohn' (cf. v. Wißmann 398), allenfalls auch ʿSchwager'. – Neben ʿSchwiegersohn' ist als Bedeutung ʿSchwager' belegt im Syr. („Gatte der Schwester"), im Mand. (fem. *hatnan*) ʿSchwägerin'; MdD 128b) und im Akk. (z. B. ARM VIII, 68, 6 als ʿVerschwägerter' mehrerer Männer) sowie die Bedeutung ʿBräutigam' (als der durch Heirat zur Frau tretende Nicht-Blutsverwandte) im Altaram. (Deir ʿAllā Comb. II, 7; Hoftijzer – van der Kooij 173ff.), im Jüd.-Aram., Syr., Christl.-Palästin. (diese drei vornehmlich für hebr. *ḥāṯān*) sowie im Mand., Arab. und möglicherweise einmal im Akk., wenn in Gilg VI, 7 (Ištar zu Gilgameš: „Du sollst mein Gatte sein") in einer jungbabyl. Variante (KAR 115, 8) *ḫatanu* statt *ḫā'iru* ʿGatte' steht (CAD VI, 148b; dagegen AHw I 335b: „Fehler?"). – Lane I, 704 verzeichnet für arab. *ḫatan* auch die Bedeutungen ʿSchwiegervater' sowie ʿMann der Tante' (väterlicher- oder mütterlicherseits). Auch für mand. *hatna* gibt MdD 128b wie Nöldeke 107, 2 die Bedeutung ʿSchwiegervater' (beide ohne einen Beleg). Einen Verschwägerten zweiten Grades, nämlich den Schwiegersohn einer Frau im Verhältnis zu deren Bruder, bezeichnet akk. *ḫadanu* in einem heth. Brief (KUB 23, 85, 8; CAD VI, 148b). – Im Ugar. begegnet *ḫtn* auch als Personenname (UT 1099, 20. 23. 27 [= KTU 4.269, 20. 23. 27]), in Mari (frühes 2. Jt.) als Bestandteil westsemit. Personennamen (APNM 101. bes. 205f.). – Verschiedene Abstraktbildungen bedeuten ʿVerschwägerung': jüd.-aram. *ḥîttûnā*', syr. m^e*ḥattnūṯā*, *ḥuttānā* (auch ʿEhe'), oder ʿHeirat', ʿHochzeit': mhebr. *ḥîttûn*, syr. *ḥaṯnūṯā* (HL 3, 11; s.u. II. 1. d); auch akk. (oder kanaan. Lehnwort?) *ḫatnūtu* bedeutet ʿHochzeit' (in der Wendung *ḫatnūtam epēšu* ʿHochzeit machen', ʿheiraten' in einem Brief aus Tell Taʿanek: W. F. Albright, BASOR 94, 1944, 23 bei und mit Anm. 73; CAD VI, 150a; AHw I 336a). Ein reichsaram. Beleg in RES 1785 G für *ḥtn* ist nach Lesung und Bedeutung (ʿHochzeit'?) unsicher (cf. DISO 98). Unklar ist auch (die Zuordnung und) die Bedeutung von asa. *mḫtn*: ʿceremonial place' (Jamme 55f.), ʿKultplatz?' (Müller 309), ʿdomus circumcisionis?' (Brockelmann, Lex. Syr. 264b; vgl. arab. *ḫatana* ʿbeschneiden'). Wo (abgesehen vom Arab.) ein Verbum *ḥtn* begegnet, ist es denominativ; es findet sich meist in reflexiven Formen in der Bedeutung ʿsich verschwägern': im Mhebr. (*hitp*), Jüd.-Aram. (*itp*), Syr. (*etp*). Das Mhebr. kennt – dem Bibl.-Hebr. entsprechend – das Ptz. *qal* in der Bedeutung ʿSchwiegervater'. Soweit ist der Gebrauch des Verbums vom Bibl.-Hebr. abhängig. Darüber hinaus bildet spätrabbinisches Hebr. ein Ptz. *pu meḥuttān* 'Verschwägerter', mit dem hier beide Schwiegerväter, der des Mannes und der der Frau, bezeichnet werden (Levy, WTM II, 129b). Syr. *ḥtn pa* steht in Gen 38, 8 für griech. γαμβρεύεσθαι 'heiraten' und entspricht hier nicht hebr. *ḥtn*, sondern *jbm pi* 'die Schwagerehe vollziehen' (→ יבם [*jbm*]). Im Ugar. meint *ḫtn* „to marry" (KTU 1.24 32; so UT Nr. 1025; dagegen Mitchell 110 bei Anm. 1: „marriage"), im Asa. '(zwei Familien) durch Heirat verbinden' (Ja 651, 14; Jamme 155f.), ebenso im Mand. *htn pa* '(einen Mann und eine Frau) verheiraten' (MdD 155). Eine wichtige Besonderheit zeigt das Arabische. Das Verbum *ḫatana* hat auch hier im III. Stamm, von *ḫatan* denominiert, die Bedeutung 'sich verschwägern' (Lane I, 703). Darüber hinaus bedeutet das Verbum im I. und VIII. (Passiv-)Stamm 'beschneiden', wovon die Subst. *ḫatn*, *ḫitān* 'Beschneidung' gebildet sind (s.u. I. 2.b).

2. Für eine semasiologische Ableitung von *ḥāṯān* usw. werden zwei Möglichkeiten in Erwägung gezogen.

a) Das Akk. kennt neben dem Subst. *ḫatanu(m)* ein Verbum *ḫatānu* in der Bedeutung 'schützen' (CAD VI, 148f.; AHw I, 335f.). Schon Delitzsch 90f. hatte einen Zusammenhang zwischen beiden Wörtern vermutet (vgl. auch Goetze 247). Dementsprechend erklärt KBL³ 350b das hebr. *ḥāṯān*: „Wer durch Heirat (als Tochtermann oder Schwager) mit einem anderen und seiner Familie verwandt ist und deren Schutz genießt." Bei dieser Erklärung ist vorausgesetzt, daß der *ḥāṯān* (= 'Schwiegersohn', die Bedeutung 'Schwager' tritt im Hebr. ganz zurück, s.u. II. 1.a) in die Hausgemeinschaft seines Schwiegervaters und damit in dessen Schutz eintritt (Delitzsch 91). Ein solcher Vorgang war z.B. im Falle einer „Errēbu-Ehe" (vgl. E. Ebeling, RLA II, 1938, 283; F. Horst, RGG³ II, 1958, 316) gegeben – die Regel war er allerdings nicht; vielmehr geht im Normalfall die Frau in die Familie des Mannes ein. Es ist aber kaum angängig, von dem Nebenfall her die Grundbedeutung eines Wortes zu erklären. *ḥāṯān* 'Schwiegersohn' ist also nicht vom akk. *ḫatānu* 'schützen' abzuleiten.

b) Daß im Arab. *ḫatana* (auch) 'beschneiden' bedeutet, führte dazu, daß man für hebr. *ḥtn* einen Zusammenhang zwischen Beschneidung und Bräutigam und überhaupt Hochzeit angenommen hat (Wellhausen 175 u.a.). Levy, WTM II, 129b, postuliert andererseits für hebr. *ḥāṯān* als Grundbedeutung geradezu „das Kind, an dem die Beschneidung vollzogen wird," und läßt 'Bräutigam' bzw. 'Eidam' erst davon abgeleitet sein. Der einzige Text im AT, der eine Verbindung zwischen *ḥāṯān* und Beschneidung herstellt, findet sich in Ex 4, 26b. Diese Stelle läßt aber gerade erkennen, daß der Bezug der Wurzel *ḥtn* zur Beschneidung hier einen Sonderfall darstellt (s.u. III.).

II. 1. a) Im Hebr. des AT ist das Subst. *ḥāṯān* das Grundwort. *ḥāṯān* meint in erster Linie einen (jungen) Mann im Verhältnis zu seinem Schwiegervater, dann auch im Verhältnis zu dem Mädchen, das ihm angetraut ist, mit dem er aber noch nicht die Ehe vollzogen hat, zu seiner „Braut"; *ḥāṯān* ist also der 'Schwiegersohn' bzw. der 'Bräutigam'. So spricht das AT von den Schwiegersöhnen des Lot Gen 19, 12 (? del. *ḥāṯān û* cf. KBL³ 350b). 14a.b, von Simson als Schwiegersohn des (nicht mit Namen genannten) Timniters Ri 15, 6, von dem Leviten aus dem Gebirge Ephraim als Schwiegersohn eines Mannes aus Bethlehem Ri 19, 5, von David als Schwiegersohn des Königs Saul 1 Sam 18, 18; 22, 14, von Tobia, dem Gegner Nehemias, als Schwiegersohn des Schechanja Neh 6, 18, von einem der Söhne des Hohenpriesters Jojada als Schwiegersohn des Horoniters Sanballat Neh 13, 28.

Wo im AT *ḥāṯān* den 'Bräutigam' meint, wird nie eine bestimmte Person (namentlich) bezeichnet. Vielmehr erscheint der 'Bräutigam' – wie auch die ihm meistens zugeordnete 'Braut' (*kallāh*) – fast immer als der Typus des Menschen, der besondere Freude hat. Der Freude des Bräutigams an seiner Braut entspricht die Freude Gottes an Jerusalem in der angekündigten Heilszeit Jes 62, 5; der Verfasser des kleinen Lobliedes in Jes 61, 10 vergleicht seine Freude an Gott mit der des Bräutigams und der Braut, wenn sie ihren Hochzeitsschmuck anlegen. Als die typische Äußerung von Fröhlichkeit wird die jubelnde Stimme von Bräutigam und Braut beim Eintreten des angesagten Unheils verstummen Jer 7, 34; 16, 9; 25, 10, wie sie bei der Wiederherstellung des früheren Heilszustandes wieder erklingen wird Jer 33, 11. Dem das Brautgemach verlassenden Bräutigam wird die Sonne (im Hebr. mask.!) bei ihrem Aufgehen verglichen Ps 19, 6. Und zum Bußgottesdienst werden selbst Bräutigam und Braut aus dem Brautgemach aufgerufen Joel 2, 16. – Die Bedeutung 'Bräutigam' setzt man im allgemeinen auch in dem Ausdruck *ḥaṯan dāmîm* in Ex 4, 25. 26 voraus, den man dann als „Blutbräutigam" übersetzt; s. dazu III.

Das Subst. *ḥāṯān* kann schließlich ganz allgemein den 'Verschwägerten' bezeichnen. Daraus, daß der judäische König Joram die Schwester des israelitischen Königs Ahab, Athalja, geheiratet hatte (sie war „Tochter Omris" 2 Kön 8, 26, nicht „Tochter Ahabs" v. 18; cf. J. Begrich, ZAW 53, 1935, 78f.; vgl. W. Rudolph, HAT I/21, 1955, 264), ergab sich, daß sein Sohn Ahasja *ḥaṯan bêṯ 'aḥ'āḇ*: der „Verschwägerte des Hauses Ahab" war (2 Kön 8, 27; vgl. unten 1.b zu 2 Chr 18, 1).

b) Das Verbum *ḥtn* ist von dem Substantiv *ḥāṯān* denominiert (GesB 269a; KBL³ 350b). Vom *qal* begegnet nur das Ptz. (s.u. 1.c); das *hitp* bedeutet 'sich verschwägern'. So würden die Israeliten sich mit den Vorbewohnern des Landes (Kanaan) 'verschwägern', indem sie ihre Töchter den (Söhnen von) Kanaanäern gäben und sich bzw. ihren Söhnen Töchter der Kanaanäer nähmen – was die Sichemiten wünschen Gen 34, 9, was den Israeliten aber nach Deut 7, 3 verboten und nach Jos 23, 12 mit Bestrafung bedroht ist. Esra muß erfahren, daß die Israeliten einschließlich der Priester und Leviten sich durch Heirat mit Frauen fremder Abstammung mit „greulichen Völkern" verschwägert haben Esr 9, bes. v. 14. Und der judäische König Josaphat hatte sich mit dem israelitischen König Ahab verschwägert 2 Chr 18, 1, indem er seinen Sohn Joram die Schwester des Ahab, Athalja, hatte heiraten lassen (s.o. 1.a zu 2 Kön 8, 27). Ein Sonderfall solcher „Verschwägerung" ist es, wenn ein Mann durch die Heirat zum Schwiegersohn des Vaters der Braut wird; so wenn David sich mit Saul verschwägert 1 Sam 18, 21–23. 26f. und Salomo mit dem Pharao 1 Kön 3, 1.

c) Das Ptz. *qal ḥoṯen* – das denjenigen, „der einen zum Schwiegersohn hat, ʿSchwiegervaterʾ", meint (vgl. KBL³ 350b) – bezeichnet den Vater der Braut bzw. Frau als den Schwiegervater; so den Schwiegervater des Leviten vom Gebirge Ephraim Ri 19, 4. 7. 9, so den (überlieferungsgeschichtlich unterschiedlich benannten) Schwiegervater des Mose: Jethro Ex 3, 1; 4, 18 (*jæṯær*); 18, 1f. 5–8. 12a.b. 14f. 17. 24. 27, Priester von Midian 3, 1; 18, 1, bzw. Hobab, Sohn des Reguel Num 10, 29, Midianiter Num 10, 29 bzw. Keniter Ri 1, 16 LXX; 4, 11 (nach Ex 2, 21 vgl. v. 16. 18, auch Reguel, Priester von Midian). Entsprechend ist das Fem. *ḥoṯænæṯ* die Mutter der Braut bzw. Frau als die Schwiegermutter: „Verflucht ist, wer mit seiner *ḥoṯænæṯ* ʿSchwiegermutterʾ schläft" Deut 27, 23 (vgl. Lev 20, 14: „Wenn jemand eine Frau und ihre Mutter nimmt, ist es eine Schandtat [*zimmāh*]").

d) Von dem (denominierten) Verbum *ḥtn* ist das Subst. *ḥᵃṯunnāh* gebildet (zur Bildung vgl. BLe 467 r‴), das sich im AT nur in HL 3, 11 findet: „Ihr Töchter Jerusalems, kommt heraus, und seht euch satt, ihr Töchter Zions, an dem König Salomo in der Krone, mit der seine Mutter ihn schmückte am Tage seiner *ḥᵃṯunnāh* und am Tag seiner Herzensfreude." Man gibt *ḥᵃṯunnāh* üblicherweise mit „Hochzeit" wieder (KBL³ 351a, dazu: „Ehevollzug"); präziser ist hier – wie die Zugehörigkeit von *ḥᵃṯunnāh* zu *ḥāṯān* im Sinne von ʿBräutigamʾ zeigt und die Parallele zu „(Tag der) Herzensfreude" nahelegt – die Bedeutung dieses Tages im Blick Salomos ausgedrückt, also der Tag der ʿBräutigamschaftʾ gemeint.

2. Das Subst. *ḥāṯān* findet sich im AT insgesamt 20mal. Im einzelnen gehören die Belege für die Bedeutungen ʿSchwiegersohnʾ und ʿVerschwägerterʾ (9 bzw. 1) zu den „Geschichtsbüchern", diejenigen für die Bedeutung ʿBräutigamʾ zu den Prophetenbüchern bzw. zum Psalter (7 und 1). Dazu kommt Ex 4, 25. 26. – *ḥtn hitp* ist 11mal belegt, *ḥoṯen* ʿSchwiegervaterʾ 21mal, *ḥoṯænæṯ* ʿSchwiegermutterʾ und *ḥᵃṯunnāh* ʿBräutigamschaftʾ, ʿHochzeitʾ je einmal.

3. Wo die Wurzel *ḥtn* nicht allgemein die Verschwägerung meint – *ḥāṯān* der ʿVerschwägerteʾ 2 Kön 8, 27, *ḥtn hitp* ʿsich verschwägernʾ Gen 34, 9; Deut 7, 3; Jos 23, 12; Esr 9, 14; 2 Chr 18, 1 –, zielt sie auf das Verhältnis des Mannes zur Familie seiner Frau: Er ist *ḥāṯān* ʿSchwiegersohnʾ zu seinem *ḥoṯen* ʿSchwiegervaterʾ und seiner *ḥoṯænæṯ* ʿSchwiegermutterʾ; er ist *ḥāṯān* ʿBräutigamʾ zu seiner ʿBrautʾ, *kallāh*; er ʿwird Schwiegersohnʾ eines Mannes *ḥtn hitp* (1 Sam 18, 21–23. 26f.; 1 Kön 3, 1). Umgekehrt bezeichnet *kallāh* das Mädchen bzw. die Frau nicht nur in ihrem Verhältnis als ʿBrautʾ zu ihrem ʿBräutigamʾ (Jes 49, 18; 61, 10; 62, 5; Jer 7, 34; 16, 9; 25, 10; 33, 11; Jo 2, 16; vgl. HL 4, 8–12; 5, 1; auch 2 Sam 17, 3 cj. [cf. BHK, BHS und Kommentare]: „wie sich ʿeine Braut zu ihrem Mannʾ wendet" [zu *šûḇ* = „sich hinwenden zu" vgl. z. B. Jes 19, 22; Ps 9, 18; 119, 79]), sondern auch als Schwiegertochter zu dem Vater (Gen 11, 31; 38, 11. 16. 24; Lev 18, 15; 20, 12; 1 Sam 4, 19; Ez 22, 11; Hos 4, 13. 14; 1 Chr 2, 4) bzw. zu der Mutter (Mi 7, 6; Ruth 1, 6. 7. 8. 22; 2, 20. 22; 4, 15) ihres Mannes. Für die Schwiegereltern der Frau hat das Bibl.-Hebr. eigene Termini: *ḥām* = Vater des Mannes Gen 38, 13. 25; 1 Sam 4, 19. 21, *ḥāmôṯ* = Mutter des Mannes Mi 7, 6; Ruth 1, 14; 2, 11. 18. 19. 23; 3, 1. 6. 16. 17. – Wie *ḥᵃṯunnāh* die Verbindung des Bräutigams mit seiner Braut unter dem Blickwinkel des Bräutigams als ʿBräutigamschaftʾ bezeichnet (HL 3, 11), so *keᵉlûloṯ* die ʿBrautzeitʾ als Stand der Braut Jer 2, 2. – Die Differenzierung in der Bezeichnung der Schwiegereltern (des Mannes – der Frau) wird im Mhebr. nivelliert, indem hier *ḥām* und *ḥāmôṯ* den Schwiegervater bzw. die Schwiegermutter sowohl des Mannes als auch der Frau meinen (Levy, WTM II, 68b), wie dann auch im Spätrabbinischen das Ptz. *pu meᵉḥuttān* beide Schwiegerväter bezeichnet (Levy, WTM II, 129b). – Zu dem Sonderfall von einem ʿSchwagerʾ, nämlich dem Bruder eines sohnlos verstorbenen Mannes, der dessen Witwe (*jeᵉḇāmāh*) in Leviratsehe heiraten (*jbm pi*) soll, → יבם (*jāḇām*).

4. Von den Versionen behalten die Targume und S die Wurzel *ḥtn* bei (s.o. I.1.). – LXX und V differenzieren bei der Wiedergabe von *ḥāṯān*, indem sie für *ḥāṯān* = ʿSchwiegersohnʾ γαμβρός bzw. gener (Gen 19, 12. 14a. 14b [nur LXX]; Ri 15, 6; 19, 5; 1 Sam 18, 18 [v. 17–19 fehlt in LXXᴮ]; 22, 14; Neh 6, 18; 13, 28 [nicht LXX]; [vgl. 1 Makk 16, 12]), außerdem auch in 2 Kön 8, 27 [Orig., Lukian] für *ḥāṯān* = ʿVerschwägerterʾ, setzen, für *ḥāṯān* = ʿBräutigamʾ aber νυμφίος bzw. sponsus (Ps 19, 6; Jes 61, 10; 62, 5; Jer 7, 34; 16, 9; 25, 10; 33, 11; Jo 2, 16). Ein Schwanken wird sichtbar, wenn in Ri 15, 6 und 19, 5 LXXᴮ, in Neh 13, 28 die gesamte LXX-Überlieferung νυμφίος für *ḥāṯān* = ʿSchwiegersohnʾ bieten. Zu Ex 4, 25f. s.u. III. Während LXX die ʿSchwiegerväterʾ unterscheidet, indem sie *ḥoṯen* = ʿSchwiegervater des Mannesʾ mit γαμβρός (20mal; in Ex 18, 14 ist *ḥoṯen* nicht wiedergegeben), *ḥām* = ʿSchwiegervater der Frauʾ aber mit πενθερός (Gen 38, 13. 25; 1 Sam 4, 19. 21) übersetzt, und für *ḥoṯænæṯ* (wie 12mal für *ḥāmôṯ*) πενθερά (Deut 27, 23 Cod. A; Cod. B stellt dagegen den Beischlaf mit der νύμφη ʿBrautʾ unter Fluch) hat, differenziert V für *ḥoṯen* zwischen socer (Ri 19, 4. 7. 9) (auch 4mal für *ḥām*), dem socrus für *ḥoṯænæṯ* entspricht, und cognatus (Ex 3, 1; 4, 18; 18, 1. 5–8. 12a. 14. 27; Num 10, 29; Ri 1, 16; 4, 11). Für *ḥᵃṯunnāh* steht sonst nicht gebräuchliches νύμ-

φευσις bzw. desponsatio. – *ḥtn hitp* gibt LXX ohne Unterscheidung mit γαμβρεύειν (Deut 7, 3; Esr 9, 14 Cod. B) bzw. ἐπιγαμβρεύειν (Gen 34, 9; 1 Sam 18, 21 [ohne Cod. B]. 22f. 26f.; Esr 9, 14 Cod. A; 2 Chr 18, 1; [vgl. 1 Makk 10, 54. 56]) sowie mit ἐπιγαμίαν ποιεῖν (Jos 23, 12) wieder, während V in 1 Sam 18, 21–23. 27 dafür sachgemäß gener esse (bzw. gener fieri in v. 26) setzt, sonst aber für das Sichverschwägern unterschiedliche Wendungen bietet: affinitate coniungi (1 Kön 3, 1; 2 Chr 18, 1), connubia iungere (Gen 34, 9) bzw. miscere (Jos 23, 12), matrimonia iungere (Esr 9, 14), coniugia sociare (Deut 7, 3).

III. Ein besonderes Problem bildet die Wendung *ḥaṯan dāmîm*, die nur an einer Stelle, in Ex 4, 25 und 26, vorkommt und die üblicherweise mit 'Blutbräutigam' wiedergegeben wird. In Ex 4, 24–26 heißt es:
(24) Und es geschah unterwegs an einer Übernachtungsstätte, daß JHWH ihn überfiel und ihn zu töten suchte. (25) Da nahm Zippora einen (scharfen) Stein, schnitt die Vorhaut ihres Sohnes ab und rührte (damit) an seine Füße; und sie sprach: „Ein *ḥaṯan dāmîm* bist du mir." (26) Da ließ er von ihm ab. Damals sagte sie *ḥaṯan dāmîm* im Blick auf die Beschneidung(en).
Von den Versionen haben LXX und die Targume (außer sam.) statt *ḥaṯan dāmîm*, den hebr. Text nicht verstehend, „Blut der Beschneidung", während (Aquila?) Symmachus und Theodotion (νυμφίος αἱμάτων) und das samaritan. Targum (*ḥmwj mdmjm* „mein Schwiegervater [für hebr. *ḥoṯen*] vom Blut her") dem MT folgen und S sinngemäß umschreibt (per vinculum sanguinis mihi sponsus es).
Die Frage nach der Bedeutung von *ḥaṯan dāmîm* ist mit weiteren, sich aus dem Text ergebenden Schwierigkeiten belastet. Nach einem Grund für JHWHs Feindhandeln (z. B. Wellhausen 175: Mose war nicht beschnitten) darf man hier so wenig fragen wie etwa Gen 32, 25; 38, 7; 2 Sam 24, 1. Daß nicht der Sohn (so z. B. Morgenstern 44. 66f.), sondern Mose selbst (so schon S) der Angegriffene ist, ergibt sich daraus, daß der Sohn erst in v. 25aα eingeführt wird (Fohrer 47), sowie aus dem ursprünglichen Anschluß von v. 24 an v. 20a, wo zunächst auch nur *ein* Sohn von Mose und Zippora (cf. 2, 22), nicht zwei Söhne (so MT wegen Ex 18, 3) erwähnt waren. Des weiteren rührt Zippora mit der Vorhaut ihres Sohnes nicht an die „Füße", d. h. wohl: an die Scham, des Sohnes (anders Kosmala 24; Fohrer 47) – dieser, frisch beschnitten, blutet selbst –, sondern an die des Mose. Daß JHWH offensichtlich (nicht wegen der Beschneidung [M. Noth, ATD 5, 1959, 35f.], sondern) deswegen, weil dem Mose das Blut appliziert wurde, von diesem abläßt (v. 26a), zeigt, daß diesem Blutritus – vergleichbar dem von Ex 12, 22f. – apotropäische Wirkung zugeschrieben wird. Daß das Blut für diesen Ritus durch eine Beschneidung gewonnen wurde, führt auf das Ziel der kurzen Erzählung. Dieses liegt nicht darin, die Beschneidung der Kleinkinder (anstatt der Herangewachsenen) zu begründen (so Wellhausen 175, Childs 60, Fohrer 47f.); sie will vielmehr die Wendung *ḥaṯan dāmîm* erklären (Schmid 115), wie der Schlußsatz in v. 26b unterstreicht. Ex 4, 25f. ist für uns der einzige Text im nordwestsemit. Bereich, der die Wurzel *ḥtn* mit der Beschneidung in Beziehung setzt. Daß trotzdem hier, wie oft angenommen, bei *ḥāṯān* usw. die Beschneidung eine Rolle gespielt habe, ist unwahrscheinlich und nicht vorauszusetzen. Dann aber bedurfte für Israeliten *ḥaṯan dāmîm* als aus einem anderen (beduinisch-midianitischen? vgl. Gen 25, 2) Sprachbereich stammend der Erklärung. Unter Berücksichtigung eines semantischen Zusammenhangs mit arab. *ḫatana* 'beschneiden' wird *ḥaṯan dāmîm* als 'Blutbeschnittener' zu deuten sein (Kosmala 27; Fohrer 47), jedenfalls in v. 26. In v. 25 dagegen dürfte das „mir" auf die Umdeutung für Israeliten hinweisen: „Ein 'Blut-Verschwägerter' bist du mir." Die Übersetzung „Blut-Bräutigam" paßt nicht für den längst verheirateten Mose; auch ist die Annahme eines Zusammenhanges zwischen Beschneidung und Hochzeit (z. B. Junker 123; Noth 35f.) überflüssig.

Kutsch

חָתַת *ḥāṯaṯ*

חַת *ḥaṯ*, חִתָּה *ḥittāh*, חִתִּית *ḥittîṯ*, חֲתַת *ḥaṯaṯ* I und II, חַתְחַתִּים *ḥaṯḥattîm*, מְחִתָּה *meḥittāh*

I. Vorkommen in den semitischen Sprachen – II. At.licher Textbefund.

I. Akk. *ḫatû(m)* II heißt 'niederschlagen' (Feindesland; durch Krankheit); philologisch wäre als hebr. Äquivalent zwar eher חתא anzunehmen, aber die Verwandtschaft ist offensichtlich. Näher steht dem hebr. *ḥtt* akk. *ḫātu(m)*, *ḫattu(m)* I, das 'Schrecken, Panik' bedeutet (AHw I, 336).
Im Ugar. ist *ḥt* I 'gebrochen' u. a. im Keret-Epos überliefert (WUS Nr. 1101). Die Nähe zu einem Stamm tertiae א erweist sich auch aus arab. *ḫata'a* VIII 'zerschlagen werden'; *ḫatta* ist im Arab. 'abreiben' oder 'aufreiben' (= zerstören), 'zerbrechen', *ḫattun* 'Tod' oder 'Zerstörung', *ḫatatun* eine Baumkrankheit (Lane I/2, 508f.; R. Dozy, Supplément aux Dictionnaires Arabes I, Paris 21927, 246f.; H. Wehr, Arab. Wb., 41968, 140). GesB 269 führt als arab. Parallelen *ḫatatun* 'Schlaffheit, Kraftlosigkeit', *ḫatit* 'verächtlich, gering', *ḫatta* IV mit *min* 'sich schämen' an, sämtlich mit *ḫ*.
Im Aram. ist *ḥaṯaṯ* 'zerbrechen' ein Hebraismus (G. Dalman, Aram.-neuhebr. Wb., 155). Auch das Syr. entlehnt das hebr. Wort. Ob syr. *ḥaṯheṯ* 'verführen', *ḥaṯîṯâ* 'genau' und die dazugehörigen Substantive in Beziehung zu dem hebr. Wort stehen, ist fraglich (C. Brockelmann, LexSyr 263f.). Im Mhebr. sind Analo-

giebildungen nach *ḥtj*, *ḥt'* und *ḥth* üblich. Abgeleitete Substantive sind *ḥittûj* 'Brechen', *ḥittûṯ*, *ḥittîṯ* 'Erschrecken, Angst' (Levy, WTM II, 125f.). Die drei substantivischen hapax legomena des AT *ḥittāh*, *ḥᵃṯaṯ*, *ḥaṯḥattîm* sind im Nhebr. geläufig, ebenso *ḥaṯ* und *meḥittāh* (s. u.). Das Äth. kennt *ḥatāt* 'in Stücke gerissen werden' (E. Littmann – M. Höfner: Wb. der Tigresprache, 1962, 81).
Im Qumran-Schrifttum ist das Wort in der Kriegsrolle, den Hodajot und im Jes-Kommentar verwendet; in der ersteren in der sich biblischer Worte bedienenden Mahnung „fürchtet euch nicht und erschreckt nicht", 1QM 15, 8 (ergänzt), in den Hodajot zweimal im Sinn von 'mutlos werden' (1QH 2, 35; 7, 8) und in 4QpJes^a in dem Satz *wḥtw wnms l[b..]* (zu Jes 10, 24f.), von J. M. Allegro übersetzt: „and they will be dismayed, and will melt the he[art of ...]" (JBL 75, 1956, 174–187; Document III, Fragment C, 179).

II. 1. Die prophetischen Bücher enthalten 37 der 56 Belege, der Pentateuch nur 2 (Deut 1, 21; 31, 8), die Ps und Spr (abgesehen von den abgeleiteten Substantiven) keinen. Die Grundbedeutung der pass. Stammformen ist 'erschrocken sein', die der aktiven 'schrecken' (transitiv). Jenni spezifiziert: „von Schreck erfüllt werden (nicht einfach: sich fürchten)" und *pi*: „schrecken (= von Schreck erfüllt machen)" (Das hebräische Pi'el, Zürich 1968, 67f.). P. Joüon registriert die sehr unterschiedlichen Übersetzungen und stellt fest, daß die Wurzel in der Tat eine etwas vage Bedeutung hat. Das Wort steht nach seiner Darlegung entweder für Furcht, Verwirrung oder Schwäche (Notes de lexicographie hébraïque; III. Racine חתת, MUSJ 1912, 425–432).
Zwei Anwendungen treten im AT besonders hervor: einmal dient das Wort der Ausmalung des Erschrocken- und Betroffenseins beim (strafenden) Eingreifen JHWHs, und zum andern hat es seinen festen Platz in der dtr Ermahnung zur Furchtlosigkeit. Es tritt im AT neben *'āzar* 'gürten', →בוש (*bôš*), בעת (*b't*), →זעק (*zā'aq*), *hêlîl* (→ילל), →ירא (*jāre'*), →כרת (*krt*), →לכד (*lāḵaḏ*), →ערץ (*'āraṣ*), →פקד (*pāqaḏ*), →רעע (*r''*) und →שדד (*šdd*). Auffällig ist, daß es nicht mit →פחד (*pḥd*) gepaart wird. Wenn die Ursache des Erschreckens genannt wird, ist sie durch *min* oder *mippenê* mit der Verbform verbunden.
2. *qal*: Jes 8, 9 verwendet dreimal in dichterischer Sprache den Imp. Pl.: die Völker sollen sich angesichts des Kommenden gürten und 'erschrecken' (zur Problematik des Textes, bes. des ersten Wortes *ro'û*, s. BK X, 329). Die Herkunft des mehrmals (von K. Budde, H. Schmidt, M. Sæbø) speziell behandelten Verses ist umstritten. H. Wildberger hält ihn für jesajanisch, bezeichnet *ḥtt* als „Lieblingsausdruck Jesajas" und sieht in den „ironischen Imperativen" eine genaue Parallele zu Jes 6, 9b (BK X, 331). Tatsächlich kommt das Wort im Buch Jes I 10mal vor (im Buch Jer 21mal), allerdings ist die Echtheit der meisten Jes-Stellen bestritten worden. Kaum zu beanstanden ist Jes 20, 5: die Judäer werden 'erschrecken' (neben *bôš*), wenn JHWH Ägypten und Kusch durch den assyrischen König gefangen wegführen wird. Aber auch Assurs Fürsten werden einst „von ihrer Fahne fliehen" (= wegschrecken, Jes 31, 9). Jes 37, 27 (= 2 Kön 19, 26) wird den Assyrern angekündigt (Perfekte), daß sie „erschrecken und zuschanden werden" (*bôš*). Auch bei Jer sind sowohl Israeliten wie ihre Feinde im Visier, 8, 9 die Weisen (*ḥtt* neben *bôš hiph* und *lkd niph*), 48, 1 (1. Sing.). 20. 39 (1. *ḥat*) Moab (neben *šdd pu*, *bôš hiph*, *lkd niph*, *hêlîl*, *zā'aq*), 50, 2 (bis) Babel (neben *lkd niph* und *bôš hiph*) und 50, 36 seine Orakelpriester.
Jer 14, 4 *hā'ᵃḏāmāh ḥattāh* „der Ackerboden ist kraftlos" (?) wird meist geändert, obwohl es sich (bes. auf Grund arabischer Parallelen) rechtfertigen läßt; Rudolph liest *hæḥārāh* und zitiert andere Vorschläge (HAT I/12, ³1968, 98). Ob 9 sagt den Helden von Teman voraus, daß sie erschrecken *weḥattû*, weil die Bewohner vom Gebirge Esaus ausgerottet werden (*krt niph*). Diese Zeugnisse lassen sich sämtlich vom erwarteten Endgericht Gottes verstehen. Wer sie so versteht, aber keine vorexilische Eschatologie annimmt, muß sie aus exilischer oder nachexilischer Zeit herleiten (G. Fohrer, ThLZ 85, 1960, 416). Ausgeschlossen ist das eschatologische Verständnis Hi 32, 15: Elihu tadelt Hiobs Freunde, weil sie so konsterniert *ḥattû* und ratlos sind.
3. Das *niph* ist im AT von allen Stammformen am stärksten vertreten. Der Versuch, die Anwendung des *qal* und *niph* auf einen konsequent unterschiedlichen Nenner zu bringen, ist problematisch. Zwar haben die nicht-eschatologischen *niph*-Belege das Übergewicht, doch stehen andere in unzweifelhaft eschatologischem Kontext. Auch für das *niph* liefert das Jer-Buch die meisten Vorkommen; sie sollen zunächst zusammengestellt werden. Im Berufungsauftrag an Jeremia sind *niph* und *hiph* in einem Wortspiel aufeinander bezogen: „... erschrick nicht (*'alteḥaṯ*) vor ihnen, damit ich dich nicht mit Schrecken vor ihnen erfülle" (1, 17); für die *hiph*-Form hat LXX πτοηθῇς. Daß die Wiederholung desselben Verbs ein dichterischer Kunstgriff ist, zeigt sich an dem Gebet Jer 17, 14–18 („Heile mich JHWH, so werde ich heil ..."); in v. 18a werden sowohl *bôš* wie das *niph* von *ḥtt* wiederholt: „... laß sie erschrecken, aber laß mich nicht erschrecken"; das ist antithetischer Parallelismus. In anderen Fällen – wie v. 14a – gibt die zweite Verbform das Ergebnis der mit der ersten beschriebenen Handlung an (M. Held, The Action-Result ... Sequence of identical Verbs ..., JBL 84, 1965, 272–282). Kontrastierend ist auch die (jedenfalls nicht von Jeremia stammende) Warnung vor dem Götzendienst: „... erschreckt nicht vor dem Zeichen des Himmels, denn (*kî*) die Heiden erschrecken vor ihnen" (10, 2, beides mit *min*). Unter dem Regiment des gerechten Davidsprosses und seiner guten Hirten braucht sich das Volk nicht mehr zu fürchten (*jāre'*), nicht zu erschrecken (*welo' jeḥattû*)

und wird nicht mehr heimgesucht werden (*pāqad*). Dieser Vers, 23, 4, der Abschluß der Hirtenworte, ist wie die ganze Perikope v. 1–4 in Prosa gehalten, die unmittelbar folgende messianische Weissagung, v. 5 und 6, in rhythmischer Form. Intransitiv ist das *niph* auch in dem der Sprache des DtJes verwandten Vers Jer 30, 10: „Fürchte dich nicht (*jāreʾ*), mein Knecht Jakob, und erschrick nicht (*weʾal-teḥaṯ*), Israel ...“ (zur Frage der Herkunft der Kap. 30 und 31 s. Rudolph, HAT I/12, 188–207). Der Vers kehrt wörtlich gleich in 46, 2 wieder und ist im MT dort vermutlich ein redaktioneller Zusatz. Die in diesen Jer-Worten stets wiederholte Parallelisierung mit *jāreʾ* erfolgt auch 1 Sam 17, 11, sowie in allen Deut-, Jos- und Chr-Stellen; in ihnen fehlt der eschatologische Aspekt. Die Mahnung, sich nicht zu fürchten und nicht zu erschrecken, hat offensichtlich in der dtr Ermutigung ihre stereotype Prägung gefunden. Der Dtr läßt Mose das ganze Volk (Deut 1, 21) und Josua (Deut 31, 8) ermahnen: „Fürchte dich nicht und erschrick nicht“; 1, 21 ist der verneinte Imp. mit *ʾal* und Kurzaorist, 31, 8 mit *loʿ* und Vollaorist konstruiert. In der Parallele Jos 1, 9 (nach Noth *niph* oder *qal*, HAT I/7, 22) geht dem *ʾal-teḥaṯ* ein *ʾal taʿaroṣ* voraus. Mit geringen Abweichungen kehrt die dtr Wendung Jos 8, 1 (Sing.) und 10, 25 (Pl.) wieder; auch die Chr nimmt sie in der Mahnung Davids an Salomo (1 Chr 22, 13; 28, 20), Jahasiels an Juda (2 Chr 20, 15.17 Pl.) und Hiskias an die Jerusalemer (2 Chr 32, 7) auf. An Hesekiel ergeht die Aufforderung, sich vor dem „Haus der Widerspenstigkeit“ nicht zu fürchten und zu erschrecken, Hes 2, 6; 3, 9; *jāreʾ* ist das erste Mal mit *min*, das zweite Mal mit dem Akkusativ, *teḥaṯ* beide Male mit *mippenê(hæm)* konstruiert, wie Jer 1, 17; Mal 2, 5. Das Nebeneinander beider Verben kennt auch die alte Prosa. In der David-Goliath-Erzählung wird die Furcht der Israeliten vor dem Philister mit den Worten *wajjeḥattû wajjireʾû meʾoḏ* geschildert (1 Sam 17, 11). Nur Mal 2, 5 findet das Wortpaar auf die Gottesfurcht Anwendung: der Bund mit Levi bestand darin, daß JHWH ihm Leben und Frieden gab und ihn Gott fürchten und sich vor seinem Namen beugen ließ *wajjîrāʾenî ûmippenê šemî niḥaṯ* (zur Vokalisation s. GKa 67 u) *hûʾ* (vgl. S. Plath, Furcht Gottes, 1962, 39. 45). In anderem Sinn wird das Wort im Buch Jes I zweimal zu JHWH in Beziehung gesetzt: Assur wird vor JHWHs Stimme erschrecken (Jes 30, 31); doch sowenig der Löwe vor der Stimme der Hirten erschrickt (*jeḥaṯ*), läßt JHWH sich von Assurs Bestrafung abhalten (Jes 31, 4); *jeḥaṯ* in Jes 7, 8 sagt die Vernichtung Ephraims als Volk voraus. Hart nebeneinander stehen in den beiden einzigen DtJes-Belegen (51, 6. 7) die Verheißung, daß – obwohl Himmel und Erde vergehen – JHWHs Gerechtigkeit nicht „wankt“ (*loʾ teḥaṯ*), und – wieder parallel zu *jāreʾ* – die Mahnung an diejenigen, die die Gerechtigkeit kennen, die Schmähung der Leute nicht zu fürchten und vor ihrer Verhöhnung nicht zu erschrecken (*ʾal-teḥāttû*). In 51, 6 ist *teḥaṯ* in den alten Übersetzungen offenbar anders gelesen worden; LXX hat ἐκλίπῃ (= *tæḥdal*?). Der Hymnus der Hanna endet mit dem Ausblick auf JHWHs Weltgericht und die Erhöhung des Messias (1 Sam 2, 10): „JHWH –, es werden erschrecken, die gegen ihn streiten“; die vorgeschlagene Änderung der 3. Pl. Imperf. *niph jeḥattû* in die 3. Sing. Imperf. *hiph jāḥeṯ* ist nicht erforderlich (s. H. J. Stoebe, KAT VIII/1, 102). Hi 39, 22 wird die Furchtlosigkeit des Kriegsrosses geschildert (*welo*ʾ *jeḥāṯ*). Das Kap. Hi 21 malt das ungetrübte Glück der Gottlosen aus; dazu scheint v. 13 b nicht zu passen: „in einem Augenblick werden sie in die Unterwelt (hinab)geschreckt“; doch kann *rægaʿ* im Sinn von ʿRuhe, Friedenʾ gedeutet (GesB 746) und *jeḥattû* mit den meisten alten Übersetzern *jeḥāṯû* (Imperf. *qal* von *nḥt*) gelesen werden (G. Fohrer, KAT XVI, 337 f.).

4. Das *pi* ist Jer 51, 56 intransitiv konstruiert; das wird zwar in poetischer Sprache für möglich gehalten (GKa 52 k), doch sowohl LXX wie S haben das Wort hier nicht gelesen, wodurch es verdächtig wird und wahrscheinlich zu streichen ist. Hi 7, 14 ist ein Nachsatz, der mit dem Perf. cons. *pi weḥittattanî* beginnt: „... so hast du mich mit Träumen erschreckt und mit Visionen überfallen“. Das Perf. cons ist hier auf frühere Erfahrungen bezogenes Frequentativum nach Bedingungssätzen mit *kî* (GKa 112 hh).

5. Die kausative Funktion des *hiph* im Unterschied zum *pi* ist aus den fünf Belegen nicht eindeutig zwingend zu erschließen; sie begegnen in den Büchern Jes, Jer, Hab und Hi. In der messianischen Weissagung Jes 9, 3 scheint das Bild durch die Anwendung von *ḥtt hiph*, ʿschreckenʾ, verlassen: „den Stock dessen, der ihn antreibt, *haḥittoṯā*“; man hilft sich wie 1 Sam 2, 4 mit der Übersetzung „hast du zerbrochen“. Jer 49, 37 schreibt die ungewöhnliche unkontrahierte Form *weḥaḥtattî* (GKa 67 aa; Rudolph, HAT I/12, 272, streicht *h*). Zur *hiph*-Form in Jer 1, 17 s. o. Die Drohung in Hab 2, 17 besagt, daß die Tiere die Frevler wegen des Raubbaus und der mörderischen Gewalttaten schrecken werden (*jeḥîtan*; zum Bindevokal *a* s. GKa 60 d). Der Qumran-Kommentar liest *jḥth* (oder *wḥth*), LXX πτοήσει σε; meist wird in *jeḥittækā* geändert (BHS). Die masoret. Form ist jedoch auch als im späteren Hebr. oft zu beobachtende Quantitätsmetathese zwischen Konsonant und Vokal oder als Analogie-Bildung nach den Verben ע״ו zu rechtfertigen (GKa 20 n). Hiob beteuert, daß er sich durch die große Menge nicht tyrannisieren (*ʾæʿærôṣ*) noch durch die Verachtung der Sippen abschrecken ließ (*jeḥittenî*, 31, 34).

Die hier vollständig aufgezählten at.lichen Belege können aufgrund von Emendationen noch vermehrt werden; Jer 21, 13 wird statt *jeḥaṯ* (von *nḥt*) mit LXX u. a. *jāḥeṯ* (*hiph* von *ḥtt*) und Spr 17, 10 ebenfalls mit LXX statt *teḥaṯ* (von *nḥt*) *tāḥeṯ* (*hiph* von *ḥtt*) gelesen (s. O. Rössler, ZAW 74, 1962, 127). Doch ist die masoret. Herleitung von *nḥt* in beiden Fällen entschieden verteidigt worden (Rudolph, HAT I/12, 138; Gemser, HAT I/16, ²1963, 73).

6. Das Adj. *ḥat̲* (1 Sam 2, 4; Jer 46, 5; auch als Ptz. *qal* erklärt) ist im Hymnus der Hanna auf den Bogen der Helden bezogen (vgl. zu Jes 9, 3); der Pl. ist nicht in den Sing. zu ändern (BHK), sondern korrekt nach dem Genitiv der cstr.-Verbindung gebildet (GKa 146a; H. J. Stoebe, KAT VIII/1, 102). Jer 46,5 handelt von den geschlagenen und flüchtigen Ägyptern; *ḥattîm* ist hier am ehesten als 'bestürzt' zu verstehen (Rudolph: „erschüttert"); Gen 9, 2 (P) steht das Wort wieder mit dem Stamm *jāre'* beisammen: „Furcht und Schrecken vor euch soll auf den Tieren ... lasten" (zur Formel und Aussage s. C. Westermann, BK I, 619). Hi 41, 25 wird das Krokodil ein Geschöpf *lib̲lî-ḥāt̲* genannt; hier liest Fohrer mit Hölscher das Subst. *ḥ^a^t̲āt̲* (KAT XVI, 527), während früher auch in *l^e^b̲a'al ḥajjot̲* geändert wurde (BHK). *lib̲lî-ḥat̲* ist im Nhebr. im Sinn von 'unerschrocken' geläufig.

Ein anderes (ebenfalls im Nhebr. lebendiges) Derivat ist *ḥittāh*, das im AT nur einmal, Gen 35, 5 (E), erscheint: Bei Jakobs Aufbruch nach Bethel kommt ein „Schrecken Gottes" *ḥittat̲ 'ælohîm* über die benachbarten Städte, der sie hindert, Jakobs Sippe wegen der Schandtat an Sichem zu verfolgen.

Nur zwei Ez-Kapitel weisen das Subst. *ḥittît̲* 'Schrekken' auf, Ez 32, 23–32 (7mal); 26, 17. Bei der Beschreibung der Höllenfahrt Ägyptens werden Gefallene und Schwerterschlagene in der Unterwelt aufgezählt, die einst Schrecken verbreitet haben (*nāt̲^e^nû ḥittît̲(ām)*, so 32, 23. 24. 26, und 26, 17 von Tyrus; Ez 32, 25 mit *nittan*, 32, 32 mit *nāt̲attî* (1. *nāt̲an*). 32, 27 steht die cstr.-Verbindung *ḥittît̲ gibbôrîm*, 32, 30 ein fragwürdiges *b^e^ḥittîtam migg^e^b̲ûrāt̲ām* (s. Zimmerli, BK XIII, 778).

Das Subst. *ḥ^a^t̲at̲* kommt nur Hi 6, 21 vor, wo als Folge der Wahrnehmung des Schreckens die Furcht genannt wird: „Ihr seht den Schrecken und fürchtet euch."

Ein Pl. *ḥat̲ḥattîm* (Nhebr. 'Gefahren') ist Pred 12, 5 gebildet; H. W. Hertzberg (KAT XVII z. St.) übersetzt 'Schrecknisse'.

In den jüngeren Partien der Spr wird das Subst. *m^e^ḥittāh* (ebenfalls im Nhbr.) im Sinn von 'Untergang, Verderben' gebraucht; es ist die Klammer zwischen Spr 10, 14 und 15: „Der Narren Mund ist nahes Verderben" (ähnlich Spr 13, 3; 18, 7), und „das Verderben der Elenden ist ihre Armut". Mangel an Leuten bedeutet für den Fürsten Verderben (14, 28). Eine *m^e^ḥittāh* für die Übeltäter ist sowohl der Sieg des Rechtes (Spr 21, 15) wie JHWH selbst (10, 29). Jeremia bittet, JHWH möge ihm nicht zur *m^e^ḥittāh* werden, sondern eine Zuflucht am Unheilstag sein (17, 17), und DtJes verheißt Sicherheit vor Furcht und Schrecken (54, 14). Moab wird allen Nachbarn zum Schrecken (oder Entsetzen) werden (Jer 48, 39). Die einzige Ps-Stelle, die den Stamm benutzt, beklagt: „Du hast seine Mauern eingerissen, seine Festungen zu einer *m^e^ḥittāh* gemacht" (89, 41); hier ist nach dem Zusammenhang am ehesten an eine Wiedergabe mit 'Zerstörung' zu denken.

Als letztes ist ein von *ḥtt* abzuleitender Eigenname zu nennen: *Ḥ^a^t̲at̲* 1 Chr 4, 13, in dem ein Anklang an den *paḥad̲ jiṣḥāq* (Gen 31, 42. 53) gefunden werden könnte.

Maass

טַבּוּר *ṭabbûr* → הר *har* II 471–473

טָבַח *ṭāb̲aḥ*

טַבָּח *ṭabbāḥ*, טֶבַח *ṭæb̲aḥ* טִבְחָה *ṭib̲ḥāh*, מַטְבֵּחַ *maṭbeaḥ*

I. Etymologie und Semantik – 1. Außerhalb der Bibel – 2. Wortstatistik im AT – 3. *ṭabbāḥ* – 4. Profanes Schlachten – 5. Die alten Versionen a) LXX (und V) – b) Targ. und S – II. Moralische und theologische Bedeutung – 1. Menschen als Objekt – 2. Gott als Subjekt.

Lit.: *J. Behm*, θύω, ThWNT III 180–190. – *Dalman*, AuS VI, 70–103. – *S. Grill*, Der Schlachttag Jahwes (BZ N.F. 2, 1958, 278–283). – *O. Michel*, σφάζω, ThWNT VII 925–938.

I. 1. In allen semit. Sprachen ist die Basis *ṭbḥ* gut belegt und bedeutungsmäßig homogen (vgl. KBL³): Akk. *ṭabāḫu* und asarab. *ṭbḫ* heißt 'schlachten'. Im Ugar. sind von *ṭbḫ* nur Verbalformen belegt (Verzeichnis der Stellen in UT Nr. 1029; WUS Nr. 1111). Die spezifische Bedeutung 'kochen' liegt vor in der zwar beschädigten Stelle: „Sie kochten ein Zicklein in Milch" (KTU 1. 23, 14 →גדי [*g^e^d̲î*], →חלב [*ḥāl̲āb̲*]); sonst sind 'schlachten' und 'kochen' nicht immer deutlich zu trennen, z. B. KTU 1. 16, VI, 17: „Schlachte (Koche) ein Lamm, auf daß ich esse" (s. ThWNT VII 930[27]). Die Grundbedeutung 'schlachten' bezieht sich vorwiegend auf die Vorbereitung von Festmählern, aber auch auf das Schlachten von Opfern (Grabopfer für Ba'al: KTU 1. 6, I, 18–28; ein Opfer für El: KTU 1. 1, IV, 30). Häufig bezeugt ist die Wurzel *dbḥ* 'opfern' (→זבח [*zābaḥ*]), seltener *šḥṭ* 'schlachten'. – Auch aram., syr., mand., pun. ist die Bedeutung wie im Hebr. 'schlachten, kochen'. Im Arab. jedoch ist *ṭabaḫa* nur noch 'kochen', während für 'schlachten, opfern' *d̲abaḥa* (oder *saḥaṭa*) gebraucht wird.

2. Im AT ist das Verbum 11mal belegt, und zwar nur im *qal*, 2mal (1 Sam 9, 23 f.) begegnet das Subst. *ṭabbāḥ* 'Koch', einmal (1 Sam 8, 13) fem. Pl. *ṭabbāḥôt̲* 'Köchinnen', 31mal mask. Pl. *ṭabbāḥîm* 'Leibwächter'; 13mal *ṭæb̲aḥ* 'Schlachtung' (cj. Ez 21, 20b), 3mal das gleichbedeutende *ṭib̲ḥāh*, einmal (Jes 14, 21) *maṭbeaḥ* 'Schlachtstätte' (vgl. *mizbeaḥ* 'Altar'). Dreimal steht die etymologische Figur *ṭbḥ ṭæb̲aḥ* 'ein

Schlachten (= Schlachttiere) schlachten' (Gen 43, 16 [J]; Ez 21, 15; Spr 9, 2), ähnlich *ṭbḥ ṭiḇḥāh* (1 Sam 25, 11). Schließlich gibt es einen PN Tebach (Gen 22, 24) sowie einen ON Tebach (cj. 2 Sam 8, 8 = Tibchat 1 Chr 18, 8).

3. Eine Entwicklung im Gebrauch und in der Bedeutung läßt sich nicht feststellen, abgesehen von der nur im AT vorkommenden Bedeutung *ṭabbāḥîm* 'Leibwächter' des Königs, die sich nach Ausweis der Etymologie wenigstens ursprünglich mit Schlachten und Kochen zu betätigen hatten (vgl Gen 40, 2 'Obermundschenk' und 'Oberbäcker') und vielleicht auch als 'Scharfrichter' (s. H. Gunkel, GHK I/1³, 410). Belegt ist der Amtstitel *śar haṭṭabbāḥîm* für den äg. Potiphar (6mal: Gen 37, 36; 39, 1; 40, 3f.; 41, 10. 12); die Stellen gelten als elohistisch, das Alter des term. techn. ist nicht näher auszumachen. Ähnlich hat der babyl. Heerführer Nebusaradan den Titel *raḇ-ṭabbāḥîm* (7mal 2 Kön 25, 8–20, 17mal Jer 39, 9–52, 30). Noch in Dan 2, 14 (aram.) ist Arioch 'der Führer der Leibwächter' (*raḇ-ṭabbāḥajjā'*). Die etwas engere Bedeutung 'Koch' – der zuvor wohl auch den 'Schlächter' machte – und 'Köchin' findet sich 1 Sam 9, 23f. und 8, 13 (s. o.). Das Schlachten war Sache der Männer (Gen 18, 7; Ri 6, 19; 1 Sam 25, 11; vgl. Dalman, AuS VI, 74. 102).

4. Nur für das AT gilt die Einschränkung, daß *ṭbḥ* sich immer auf gewöhnliche, profane Schlachtung von Haustieren bezieht zum Zweck einer stattlichen Mahlzeit (Gen 43, 16; Ex 21, 37 [Bundesbuch]; Deut 28, 31; Spr 9, 2; vgl. Mt 22, 4; Lk 15, 23). Deshalb begegnet es viel seltener und unterscheidet sich von der sicher ursemit. verwandten Basis →זבח (*zbḥ*), die zwar ein paarmal profanes Töten beinhaltet (z. B. 1 Sam 28, 24; Ez 34, 3; vgl. KBL³ s. v.), aber weitaus in den meisten Fällen kultisches Opferschlachten. Dasselbe gilt von der ebenfalls viel häufiger vorkommenden Basis →שחט (*šāḥaṭ*), die sich besonders auf den Akt des 'Schächtens' konzentriert und meistens – aber nicht ausnahmslos – für rituell-kultische Schlachtung verwendet wird. Sie ist zu einem priesterlichen term. techn. geworden (vgl. N. H. Snaith, VT 25, 1975, 244). Namentlich vor der josianischen Zentralisation der Opfer (621 v. Chr.) waren sehr wahrscheinlich auch profane Schlachtungen mit opferähnlichen Riten verbunden; jedenfalls war in Israel der Blutgenuß wohl schon immer verboten und geschah jede Schlachtung regulär durch Aufschneiden der Kehle. Beispielsweise war die Schafschur ein Erntefest der Herdenbesitzer, das mit Wein und Festmählern gefeiert wurde (2 Sam 13, 23), wobei religiöse Opfer wahrscheinlich nicht fehlten (A. Wendel, Das Opfer in der altisraelitischen Religion, 1927, 92, zit. in ThWNT VII 930[27]); aber in 1 Sam 25, 11 werden von Nabal lediglich die Nahrungsvorräte 'Brot, Wasser und das Geschlachtete, das ich für meine Scherer geschlachtet habe' aufgezählt, also doch nur eine normale Schlachtung. – Im Anschluß an das AT kennt auch das rabbinische Schrifttum profanes Schlachten ohne rituellen Bezug (*ṭbḥ* nach Ex 21, 37) und rituelles Schlachten in kultischem und auch in profanem Zusammenhang (*šḥṭ*); dabei wird der berufsmäßige Schlächter mit *ṭabbāḥ* bezeichnet (vgl. DictTalm 516. 1546f., ThWNT VII 933).

5. a) Zur Wiedergabe von *ṭbḥ* benützt die LXX die Wurzeln σφάζειν und θύειν, welche beide 'schlachten' sowohl zu kultischen, als auch zu profanen Zwecken bedeuten können, „was sich von Hause aus für antike Begriffe nahe berührt" (ThWNT III 181). Θύειν mit der Grundbedeutung 'opfern' ist die regelmäßige Wiedergabe von *zbḥ* (für die Wurzel *ṭbḥ* nur an vier Stellen, s. u.); die übliche Übersetzung von *šḥṭ* und *ṭbḥ* ist σφάζειν, jeweils mit den abgeleiteten Derivaten. Das Streben nach Abwechslung und Konkretisierung zeigt sich besonders in den genannten vier Fällen der etymologischen Figur *ṭbḥ ṭæbaḥ* (*ṭiḇḥāh*): Wenn es Gen 43, 16 heißt σφάξον θύματα, so läßt θύματα kaum an Opfertiere denken, zumal nur von einem eilig zu bereitenden Essen für die Brüder Josephs in Ägypten die Rede ist. Ebenso lautet die Wiedergabe in Spr 9, 2 vom Mahl der personifizierten Weisheit. 1 Sam 25, 11 steht sogar für das aufbewahrte Schlachtfleisch des Nabal (s. o.) θύματα, ἃ τέθυκα; anders Ez 21, 15 σφάξῃς σφάγια. Dagegen will in Jer 11, 19 die LXX vielleicht eigens sagen, daß der Prophet einem arglosen Lamm gleicht, das zum Geopfertwerden geführt wird (ἀγόμενον τοῦ θύεσθαι); denn Jer 25, 34 und 51, 40 (= LXX 28, 40, also wohl der gleiche Übersetzer wie in Kap. 11) wird dasselbe *liṭbôaḥ* übersetzt mit εἰς σφαγήν. Das Hinschlachten von Menschen wird nur mit σφάζειν/σφαγή ausgedrückt (vgl. Jer 25, 34; 48, 15; [50, 27]; Ps 37, 14; Jes 14, 21; 34, 2; 65, 12). Das 'Schlachtschaf' (oder 'wie ein Lamm zur Schlachtung') wird ebenfalls mit der geläufigen Formel ἐπί/εἰς σφαγήν wiedergegeben: Jes 53, 7; Jer 12, 3; Spr 7, 22; Ps 44, 23 (πρόβατα σφαγῆς = Sach 11, 4. 7 für *ṣo'n hahªregāh*). Ganz eigenartig ist die LXX-Lesung in Kl 2, 21: „Du hast getötet ..., gekocht (ἐμαγείρευσας), nicht geschont." Dem Übersetzer war offenbar die Bedeutung 'kochen' geläufig, und daher benutzte er sie wörtlich, wobei er wohl an das Töten und Zerlegen eines Opfers dachte. – Auch in der V muß mit 'immolare' (Deut 28, 31; Spr 9, 2) oder 'victima' (Gen 43, 16; Jer 11, 19; 12, 3; 51, 40; Spr 9, 2; Ez 21, 15) nicht kultisches Schlachten gemeint sein (s. H. Georges, Ausführliches Lateinisch-Deutsches Handwörterbuch s. v.). LXX und V lassen durch ihre Wortwahl nur erkennen, daß sie, wie schon die Klassiker, das kultische Vokabular auch im profanen Sinn verwenden.

b) Die Targume und S setzen für verbales *ṭbḥ* gewöhnlich das häufige Verbum *nks* (Subst. *niksᵉṯā'*, s. J. Levy, WTM s. v.), das 'schlachten' im allgemeinen bedeutet, ohne – wie das at.liche *ṭbḥ* – auf profane Tötung beschränkt zu sein; für 'opfern' gibt es den geläufigen Begriff *dbḥ*. Von *ṭbḥ pa.* ist das Ptz. *mᵉṭabbᵉḥajjā'* die 'Schlächter' belegt (J Lev 1, 5; Ez 40, 43; außerdem kennen die Targume und S das

Subst. *ṭabbāḥā'* 'der Schlächter' (Lev 1, 5. 11; vgl. J. Levy WTM s. v.; DictTalm s. v.; Brockelmann, LexSyr s. v.), aber auch = 'Koch, Köchin' (1 Sam 9, 23f.; 8, 13), ferner *ṭᵉḇāḥā'* 'die Schlachtung' (Spr 7, 22). Als Subst. ('zur Schlachtung') wird auch öfters, wenn es sich um Menschen handelt (Jes 14, 21; 34, 2; 65, 12; Jer 25, 34; 48, 15; 50, 27; 51, 40; Ez 21, 15. 33), *qaṭlā'* gebraucht. Diese typisch aram. Basis (s. M. Wagner, Die lexikalischen und grammatikalischen Aramaismen im at.lichen Hebräisch, BZAW 96, 1966, 100f.) steht auch für andere hebr. Äquivalente. Desgleichen ist für 'Leibwächter' Pl. *qāṭôlajjā'* verwendet, dem in S *daḥšê'* 'satellites, lictores' entspricht (LexSyr s. v.).

II. 1. Objekte der Schlachtung – real oder bildlich – können auch Menschen sein. Durch die Wurzel *ṭbḥ*, wie auch durch *šḥṭ*, kommt das blutige Niedermetzeln stärker zum Ausdruck als durch allgemeinere Wendungen, etwa das *hiph* von → מות (*mûṯ*) und → נכה (*nkh*) oder → הרג (*hārag̱*). Die Gottlosen schlachten die Rechtschaffenen (Ps 37, 14). Die Jugend Moabs steigt hinab zur Schlachtung (Jer 48, 15). In lyrischen Texten ist das 'Schlachten' von Menschen gern mit dem Vergleich 'wie ein Lamm', oder 'wie Schlachtschafe' verbunden (s. o. I. 5., vgl. ThWNT VII 936). Der Vergleich kennzeichnet die Arglosigkeit und Ahnungslosigkeit (Jer 11, 19), oder die Ergebenheit und Sanftmut des Gottesknechtes (Jes 53, 7). Letztere Stelle wird als messianischer Typus im NT zitiert (Apg 8, 32); der Targum jedoch dreht – wie gar oft – die bittere Aussage ins Gegenteil um: „Die Starken der Völker wird er wie ein Lamm zur Schlachtung hingeben" (s. H. Hegermann, Jesaja 53 in Hexapla, Targum und Peschitta, BFChTh 2/56, 1954). Hier drückt der Vergleich die rücksichtslose Selbstverständlichkeit der Tötung aus, wie schon akk. '*kīma immeri iṭbuḫšu*' (F. Delitzsch, Assyr. Handwörterbuch, 1896, 299; vgl. Jer 12, 3); Spr 7, 22: „... wie ein Stier zur Schlachtung"; Ps 44, 23: „Wir sind geachtet wie Schlachtschafe" (*kᵉṣo'n ṭiḇḥāh*; v. 12 *kᵉṣo'n ma'ᵃḵāl*). Als Beispiel des Martyriums wird Ps 44, 23 im NT (Röm 8, 36) und in rabbinischen Texten angeführt (vgl. ThWNT VII 937f.).

2. In Gerichtsschilderungen kann Gott selber direkt oder indirekt Subjekt von *ṭbḥ* sein, sei es daß er die Feinde seines Volkes tötet, sei es daß er in seinem eigenen Volk wie ein 'Scharfrichter' auftritt: Die Hirten werden geschlachtet und zerschmettert (Jer 25, 34); die Abtrünnigen müssen sich zur Schlachtung bücken (Jes 65, 12). Ähnliches sagt das 'Schwertlied' (Ez 21, 15. 20. 33) sowie Sach 11, 4. 7 mit dem Ausdruck *ṣo'n hahᵃreḡāh;* Jer 12, 3: „Raffe sie weg wie Schafe zur Schlachtung (*kᵉṣo'n lᵉṭiḇḥāh*) und weihe sie für den Tag der Tötung." Die apokalyptisch/eschatologische Fortsetzung solcher Aussagen bildet um die Exilszeit, besonders bei Jer, die Vorstellung von einem 'Schlachttag JHWHs' (vgl. Grill), womit der prophetische 'Tag JHWHs' als 'Zornestag' (Kl 1, 12; 2, 1. 21f.; Spr 11, 4; Jes 13, 13; Ez 7, 19; Zeph 1, 15. 18; 2, 3) und 'Rachetag' (Jes 34, 8; 63, 4; Jer 46, 10) näher ausgemalt wird. Der in diesen Gerichtsankündigungen mit Vorzug gebrauchte Begriff *zæḇaḥ* bedeutet nur noch im analogen und sarkastischen Sinn '(Schlacht-)Opfermahl', zu dem die Vögel und wilden Tiere eingeladen sind (Ez 39, 17–20). Durchschlagend ist hier die Grundbedeutung des Schlachtens (vgl. *jôm hæræḡ* bzw. *hᵃreḡāh* Jes 30, 25; Jer 12, 3; *jôm zæḇaḥ* Zeph 1, 8), so im Parallelismus Jes 34, 6: In Bosra hält JHWH ein Schlachtopfer (*zæḇaḥ*), ein großes Schlachten (*ṭæḇaḥ gāḏôl*); er hat alle Völker zur Schlachtung hingegeben (v.2). Nach Jer 46, 10 berauscht sich das Schwert JHWHs mit Blut, wenn er im Land des Nordens ein *zæḇaḥ* veranstaltet (vgl. Grill 279). In Jer 50, 27 sind die Babylonier mit Stieren verglichen: „Erschlagt alle seine Stiere; sie sollen hinabsteigen zur Schlachtung." Nach Jer 51, 39f. hält JHWH im übertragenen Sinn ein Gelage (*mištæh*) und führt die Babylonier „wie Schafe hinab zum Schlachten" (*kᵉḵārîm liṭbôaḥ*). Auch Israel selbst wurde von JHWH am Tag seines Zornes getötet und ohne Erbarmen hingeschlachtet (Kl 2, 21; LXX s. o. I. 5. a). Aber auch in diesem Fall wird die gewiß sehr herbe Gottesauffassung ohne Kritik und ohne Vorwürfe ertragen.

Hamp

טָהַר *ṭāhar*

טָהוֹר *ṭāhôr*, טֹהַר *ṭohar*, טָהֳרָה *ṭŏhᵒrāh*

I. Umwelt – 1. Ägypten – 2. Mesopotamien – II. Etymologie, Wortfeld, Vorkommen im AT – III. At.licher Gebrauch – 1. Reines Gold u. ä. – 2. Kultische Reinheit – a) Allgemein – b) Kultfähigkeit – c) Reiner Platz – d) Reine Tiere – e) Kultgegenstände – f) Reinigung von Kultgeräten – g) Reinigung von Unreinheit – 3. Übertragene Bedeutung – IV. LXX – V. Qumran.

Lit.: *H. Cazelles*, Impur et sacré à Ugarit (Festschr. J. Henninger, 1976, 37–47). – *J. Döller*, Die Reinheits- und Speisegesetze des AT in religionsgeschichtlicher Beleuchtung (ATA 7, 2. 3, 1917). – *W. H. Gispen*, The Distinction between Clean and Unclean (OTS 5, 1948, 190–196). – *F. Hauck*, καθαρός (ThWNT III, 416–434). – *H.-J. Hermisson*, Sprache und Ritus im altisraelitischen Kult (WMANT 19, 1965, 84–99). – *H. W. Huppenbauer*, טהר und טהרה in der Sektenregel (1QS) von Qumran (ThZ 13, 1957, 350f.). – *W. Kornfeld*, Reine und unreine Tiere im AT (Kairos 7, 1965, 134–147). – *F. Maas*, טהר *ṭhr* rein sein (THAT I, 1971, 646–652). – *W. Paschen*, Rein und unrein. Untersuchung zur biblischen Wortgeschichte (StANT 24, 1970).

I. 1. Äg. *wʿb* (WbÄS I, 280–282) heißt sowohl 'reinigen' als auch 'rein sein, werden' und wird auch als

Adj. 'rein' gebraucht. Im transitiven Sinn heißt das Verb teils konkret 'waschen', 'sauber machen' (z. B. ein Kleid), teils übertragen 'reinigen' (z. B. König, Priester, Tempel, Altar), d. h. von Unreinem oder Bösem befreien. Im Sinne von 'rein sein' wird es von Personen, Körperteilen, Kleidern, Gebäuden, Opfern usw. gebraucht, aber auch vom unbewölkten Himmel. Besonders häufig ist der Ausdruck *w'b 'wj* 'mit reinen Händen' gegenüber dem Gott (vom Priester) oder gegenüber dem König (vom Aufwärter). Von ritueller Reinheit wird es oft in den Formeln *w'b w'b* 'rein, rein (ist)' und *ıw w'b* 'es ist rein' z. B. beim Opfer, beim Reinigen, beim Betreten des Tempels gebraucht. Der Opfernde sagt *ỉw.j w'b.kwj* 'ich bin rein'. Als Adj. zeigt *w'b* Bedeutungsübergänge von 'rein' = 'sauber' zu 'rein' = 'geweiht, heilig' und zu 'rein' = 'noch nicht benutzt' auf. Es wird von Personen, Dingen aller Art, Gebäuden, Örtlichkeiten usw. gebraucht (Belege, s. WbÄS).

Die Reinheit spielt im Gottesdienst und Totenkult eine sehr wichtige Rolle (RÄR 631–633). Reinheit ist eine unabweisbare Bedingung für jedes kultische Handeln. Der Tempel, die Kultgeräte und vor allem der Handelnde müssen rein sein. *W'b* 'Reiner' wird sogar das gewöhnliche Wort für 'Priester'. „Wer in den Tempel eintritt, sei rein" (Urk IV 831), aber auch: „Jeder, der in dieses Grab eintritt, nachdem er sich gereinigt hat, wie er sich reinigt für den Tempel des großen Gottes" (Urk I 174).

Reinigung geschieht mit Wasser (Waschen von Körper und Kleidung) oder Natron, aber umfaßt auch die Meidung alles dessen, was der Gottheit zuwider ist (Enthaltsamkeit, Speiseverbote, Verkehr mit unreinen Menschen).

Von der Reinigung des Königs bei der Krönung sind zahlreiche Bilddarstellungen erhalten, auf denen Horus und Thoth den König mit Libationsflaschen reinigen. Aus den Flaschen strömen statt Wasser die Hieroglyphen 'Leben' und 'Glück' (A. Gardiner, The Baptism of Pharaoh, JEA 36, 1950, 3–12). Die Reinigung ist also nicht nur ein Entfernen von Unreinheit, sondern zugleich eine Neubelebung des Königs. Hier liegt vielleicht eine Anspielung vor auf die Reinigung des Sonnengottes im Himmelsozean vor seinem Aufgang (A. M. Blackman, RT 39, 44ff.; vgl. RÄR 634). Auf ähnliche Weise bewirkt die Reinigung des Toten nicht nur rituelle Reinheit, sondern auch Leben (RÄR 635).

Ein Ritual für die Reinigung Pharaos ist von S. Schott in NAWG 1957:3 behandelt worden. Hieraus geht auch hervor, daß es um Entfernung von Bösem und Abscheulichem geht. Es wird auch gesagt, daß die Reinheit des Königs der Reinheit der Götter der vier Himmelsrichtungen entspricht, also die ganze Welt erfüllt (vgl. I. Engnell, The Call of Isaiah, UUÅ 1949:4, 36f.). Zur Reinheit des Königs vgl. auch E. Otto, Gott und Mensch (AHAW, 1964), 67f.

2. 'Rein' heißt akk. *ebbu* (AHw I 180; CAD 4, 1–4) oder *ellu* (AHw I, 204f.; CAD IV, 102–106); die beiden Wörter sind weithin synonym, zeigen aber einige besondere Nuancen auf. *Ebbu* (sum. *dadag*) heißt 'glänzend' (von Metallen, Gold, Edelsteinen, Holz), 'rein' (von Kleidern), 'heilig' (oder 'rein', von Sachen, Tieren, Materialien in kultischem Gebrauch, von Riten und göttlichen Wesen) und 'verläßlich'. *Ellu* (sum. *ku, sikil*) kann auch 'glänzend' bedeuten (von Edelsteinen, vom Licht, vom Gesicht; vgl. Ausdrücke wie „rein wie der Himmel", „wie die Sonne", „wie Milch" CAD IV, 81); es heißt ferner 'rein' (= unvermengt? von Gold, Naphtha, Öl usw.), aber es bezieht sich nie auf physische Sauberkeit. Es steht sehr oft von Sachen, Materialien und Tieren in kultischem Gebrauch, es bezeichnet die rituelle Reinheit einer Person, und es steht in einer Bedeutung, die dem Begriff 'heilig' nahekommt (A. Haldar, Associations of Cult Prophets among the Ancient Semites, Uppsala 1945, 202–206) und wird dabei von Göttern, Königen, Priestern, ihren Handlungen, Wohnungen usw. gebraucht (man spricht u. a. von 'reinen' oder 'heiligen' Beschwörungen). Schließlich heißt es auch 'frei'. Die Verben *ebēbu* (AHw I, 180f.,; CAD IV, 4–8) und *elēlu* (AHw I, 197f.; CAD IV, 80–83) sind auch weithin synonym und stehen oft zusammen, im D-Stamm mit der Bedeutung 'reinigen' werden sie auch oft mit Verben für 'waschen' verbunden. Als Reinigungsmittel dient oft Wasser, z. B. „heilige, reinige (*ullulu, ubbubu*) diesen Mann mit heiligem (*ellu*) Wasser vom Apsu", CT 17, 5 III 1f. – das Reinigungswasser entspricht also mythisch dem Apsu – „Ich wusch meine Hände, ich reinigte (*ubbubu*) meinen Körper im reinen (*ellu*) Wasser der Quelle", Maqlû VII 119). Gilgamesch wäscht sein Haar und reinigt (*ubbubu*) seine Waffen (Gilg VI 1, 1, hier wohl buchstäblich). Salmanassar reinigt seine Waffen im Meer (KAH 2, 113 I 10). Sogar die Götter reinigen sich im reinen Wasser des *bīt rimki* (Waschungshaus; 5 R 51 III 38f.). Außerdem erscheinen die Tamariske und andere Pflanzen als Reinigungsmittel („Möge die Tamariske mich lösen [*pašāru*]", Maqlû I 23; zu bemerken ist hier die „Lösung" von Unreinheit und Schuld). Interessant ist auch die Verbindung mit *kuppuru*: „du sollst den König mit heiligen (*ebbu*) Reinigungsriten (*takpirāte*) reinigen (*tukappar*)" (BBR Nr. 26 II 2). Tempel, Volk und Fürsten werden gereinigt (KAV 218 A II 22; CAD IV, 7). Der König wird für seinen Thron 'gereinigt' (CAD IV, 83). Aussätzige werden gereinigt und können wieder ihr Haus betreten (CAD IV, 7). Opfer sollen 'rein gehalten' werden, so daß kein Fehler (*ḫiṭītu*) begangen wird (YOS 1, 45 II 24; CAD IV, 82).

Ullulu heißt auch 'weihen': Nabonid weihte und gab seine Tochter dem Mondgott (YOS 1, 45 II 10).

II. Die Wurzel *ṭhr* ist im bibl. und späteren Hebr. sowie im Jüd.-Aram. bezeugt, außerdem im Arab. (*ṭahara, ṭahura*, 'rein sein', 'gerecht sein'), Asarab. (*ṭhr*, 'Reinheit', Conti Rossini 159; vgl. soqotri *ṭahir* 'rein') und im Äth. (*ṭahara*, 'rein sein, ähnlich Tigre, s. Wb 606; vielleicht aus dem Hebr. entlehnt, Th. Nöldeke, Neue Beiträge zur semitischen Sprachwissenschaft, Straßburg 1910, 36; E. Ullendorff, Ethiopia and the Bible, London 1968, 123). Im Ugar. findet sich *ṭhr* (Var. *ẓhr*) mit Bezug auf Edelsteinen, wahrscheinlich: 'glänzend' (Cazelles). Das Syr. gebraucht *z^e^ḵā* bzw. *d^e^ḵā* → זכה (*zāḵāh*). – Gewisse hebr. Belege deuten eine Grundbedeutung 'glänzend' an. So heißt es Ex 24, 10, Mose, Aaron und die Ältesten Israels haben den Gott Israels geschaut, indem der Boden unter ihm wie Saphirfliesen, glänzend wie die Klarheit des Himmels (*k^e^ʿæṣæm haššāmajim lāṭohar*) war. In Ps 89, 45 wird vom König gesagt *hišbattā miṭṭ^e^hŏrô*, was vielleicht in *miṭhārô* zu verbessern ist; er ist also seines Königglanzes beraubt worden, vgl. iran. *χvar^e^nah* und akk. *melammu* als Ausdruck für den göttlichen Glanz des Königs; G. Widengren, Die Religionen Irans (RdM 14, 1965), 58f., E. Cassin, La splendeur divine (Civilisation et Sociétés 8, 1968). Ähnliches gilt für Mal 3, 3, wo *ṭhr pi* mit *ṣrp pi* zusammen steht mit Bezug auf das Läutern von Silber, und Hi 37, 21, wo der Wind den Himmel 'reinigt' (*pi*), d. h. klar macht.

Diese Grundbedeutung wird auch z.T. bestätigt durch einen Blick auf das Wortfeld; zu den Synonymen gehören → ברר (*brr*) 'rein, klar sein', → זכה (*zāḵāh*) 'rein, gerecht sein', gelegentlich auch → לבן (*lbn*) 'weiß sein'; mit *ṭhr* verbunden erscheinen auch Verba für 'läutern, reinigen' wie *zqq* und *ṣrp* und die Wurzel → נקה (*nāqāh*), die die ins Ethische übertragene Bedeutung vertritt. Zu → כפר (*kippær*) in Verbindung mit *ṭhr* s. u.; vgl. Paschen 37–42. Gewisse Beziehungen finden sich auch zu → קדש (*qdš*) 'heilig'. Als Gegensatz erscheint → טמא (*ṭāmeʾ*) mit Synonymen.

Das Verbum *ṭāhar* ist im *qal* (29mal), *pi* (40mal), *pu* (cj. 1 Sam 20, 26 statt des zweiten *ṭāhôr* und zweifelhaft Ez 22, 24, wo vielleicht für *m^e^ṭohārāh humṭārāh* zu lesen ist) und *hitp* (20mal) belegt. Von Ableitungen sind *ṭāhôr* 'rein', *ṭohar* 'Reinheit, Reinigung', *ṭŏh^o^rāh* 'Reinheit, Reinigung' und vielleicht *miṭhār* (s.o.) belegt.

III. Die meisten at.lichen Belege von *ṭhr* beziehen sich auf kultische Reinheit, daneben finden sich aber Belege mit übertragener Bedeutung: moralische Reinheit, und solche, wo *ṭāhôr* 'lauter, gediegen' zu heißen scheint. Diese letzteren sollen zunächst geprüft werden.

1. Einige Kultgeräte sollen aus *zāhāḇ ṭāhôr* gemacht werden. In der Verordnung über die Verfertigung des Tabernakels Ex 25; 30, 3 mit dem Ausführungsbericht Ex 37 wechselt der Ausdruck 'reines Gold' mit einfachem *zāhāḇ* 'Gold'. Die Lade soll mit 'reinem Gold' überzogen werden (25, 11; 37, 2), die *kapporæṯ* wird aus 'reinem Gold' verfertigt (25, 17; 37, 6), ebenso der Schaubrottisch (25, 24 *ʿāśāh*; 37, 11 überzogen *ṣph pi*). Ferner werden kultische Gefäße aus 'reinem Gold' gemacht (25, 26; 37, 16). Was den Leuchter betrifft, finden sich mehrere Angaben über 'reines Gold' als Material (25, 31. 39; 37, 17. 22. 24). Schließlich sind die Lichtscheren und Pfannen aus 'reinem Gold' (25, 38; 37, 23) und der Räucheraltar damit überzogen (30, 3; 37, 26). Im Zusammenhang mit dem priesterlichen Gewand (Ex 28, Ausführungsbericht Ex 39) kommen wieder Hinweise auf 'reines Gold' vor: zwei Ketten für den Ephod (28, 14), zwei Ketten für die Brusttasche (28, 22; 39, 15. 17), Schellen am Saum des Obergewandes (28, 33 *zāhāḇ*; 39, 25 *zāhāḇ ṭāhôr*), ein Stirnblatt mit der Zuschrift *qodæš l^e^JHWH* (28, 36; 39, 36; 39, 30, wo auch *nezær haqqodæš* steht).

Ob hier wirklich ein Unterschied vorliegt zwischen dem am häufigsten gebrauchten Ausdruck *zāhāḇ* und dem genaueren *zāhāḇ ṭāhôr* ist unsicher. Beim Chronisten finden wir teilweise andere Ausdrücke. 1 Chr 28, 15f. heißt es, daß der Leuchter und der Schaubrottisch aus *zāhāḇ* seien, während 28, 17 Gabeln, Becken und Schalen aus *zāhāḇ ṭāhôr* sind; 1 Kön 7, 50 gebraucht dafür *zāhāḇ sāḡûr*. Nach 1 Chr 28, 18 ist der Räucheraltar aus *zāhāḇ m^e^zuqqāq*. Nach 2 Chr 3, 4 wurde die Vorhalle des salomonischen Tempels inwendig mit *zāhāḇ ṭāhôr* überzogen, für das Hauptgebäude und das Allerheiligste wird *zāhāḇ ṭôḇ* verwendet (3, 5. 8; in v. 7 steht nur *zāhāḇ*). Schließlich wird nach 2 Chr 9, 17 der Elfenbeinthron des Königs mit 'reinem Gold' (1 Kön 19, 18 hat *zāhāḇ mûp̄āz*) überzogen.

Die hier auftretenden Synonyma deuten an, daß sich der Ausdruck auf reines, gediegenes Gold bezieht. Da es sich aber fast ausnahmslos um kultische Gegenstände handelt, läßt sich nicht leugnen, daß der Begriff 'kultische Reinheit' dabei mitschwingen kann. In bildlicher Verwendung findet sich noch *kæṯæm ṭāhôr* 'reines Gold' Hi 28, 19, um die Kostbarkeit der Weisheit zu beschreiben. Zu vergleichen ist noch Ps 12, 7: die Reden JHWHs sind *ṭāhôr* und mit geläutertem (*ṣārûp̄*, *m^e^zuqqāq*) Silber zu vergleichen.

2. a) Meistens ist *ṭāhôr* ein kultischer Begriff mit *ṭāmeʾ* (→ טמא) als Gegensatz. Es ist Aufgabe der Priester, zwischen heilig und profan und zwischen rein und unrein zu scheiden (*hiḇdîl* [→ בדל], Lev 10, 10, vgl. Ez 44, 23; Lev 20, 25); die Priester von Jerusalem erfüllen nach Ez 22, 26 diese Aufgabe nicht. Das Gesetz über reine und unreine Tiere soll den Unterschied angeben zwischen *ṭāmeʾ* und *ṭāhôr*, zwischen Tieren, die man essen darf, und solchen, die man nicht essen darf (Lev 11, 47). Das Gesetz über Aussatz soll darüber unterrichten, wann man unrein und wann man rein ist (Lev 14, 57). Der allgemeine Grundsatz, daß Reines nicht aus Unreinem hervorgehen kann, erhält Hi 14, 4 eine bildliche Verwendung: aus dem unreinen Menschengeschlecht kann nicht ein vor Gott reiner Mensch hervorgehen.

b) Der Reine ist kultfähig. Das *š^e^lāmîm*-Opferfleisch darf nur von Reinen gegessen werden; wer als Unreiner ißt, soll aus der Gemeinschaft ausgemerzt werden (Lev 7, 19f.). Dagegen darf nach deuteronomischer Ansicht Fleisch von Tieren, die nicht für Opferzwecke geschlachtet werden, von Reinen und Unreinen gegessen werden (Deut 12, 15. 22; vgl. auch

Deut 15, 22). Als David bei der Mahlzeit Sauls am Neumondtag ausbleibt, glaubt Saul, daß der Grund sei, er sei nicht rein (1 Sam 20, 26).
Wer rein ist, muß Passah halten (Num 9, 13); wer nicht rein ist bzw. sich nicht gereinigt hat, kann das Passahlamm nicht essen (2 Chr 30, 17f.; Esr 6, 20). Einige kultische Handlungen sollen nur von einem *'îš ṭāhôr* verrichtet werden (Num 19, 9. 18f.).
Ein Priester, der rein ist, darf von der Hebe des Webeopfers (Num 18, 11; Lev 10, 14 fügt hinzu: an reiner Stätte, s.u.) und von den Erstlingsfrüchten (Num 18, 13) essen. Nach Lev 22, 4 darf ein Priester von den „heiligen Gaben (*qŏḏāšîm*) der Israeliten" essen erst, wenn er rein ist (s. Elliger, HAT I/4, 292).
Eine besondere Reinigung in Verbindung mit der Levitenweihe wird Num 8, 5–22 beschrieben. Sie werden mit Entsündigungswasser (*mê ḥaṭṭā'ṯ*) besprengt, sie scheren (→ גלח) sich und waschen ihre Kleider, Opfer werden dargebracht, um Sühne zu bewirken (*kippær*, v. 12. 21), und die Leviten werden vor JHWH hingeführt. So werden sie aus dem Volk ausgesondert (*hiḇdîl*) und gehören von jetzt an JHWH (*wehājû lî*, v. 14). Danach können sie den heiligen Dienst verrichten. – Nach Neh 12, 30 reinigten sich die Priester und Leviten, bevor sie das Volk, die Tore und die Mauer reinigten.
c) Die Kulthandlungen sollen an einem reinen Platz (*māqôm ṭāhôr*) ausgeführt werden. Die Reste des Sündopferstiers werden an einer reinen Stätte außerhalb des Lagers verbrannt (Lev 4, 12); die Fettasche wird vor das Lager an eine reine Stätte getragen (Lev 6, 4); ein reiner Mann soll die Asche der roten Kuh außerhalb des Lagers an einer reinen Stätte niederlegen (Num 19, 9). Die Webebrust und die Hebekeule werden von den Priestern an einem reinen Platz (LXX dagegen ἁγίῳ) gegessen (Lev 10, 14); vgl. das Speiseopfer, das neben dem Altar, an einem *heiligen* Platz gegessen wird (Lev 10, 12f.), ebenso der Sündopferbock (Lev 10, 16ff.).
d) Es gibt reine und unreine Tiere (Lev 11, 47; 20, 25 *ṭāhôr – ṭāme'*, vgl. Gen 7, 2. 8 J rein – nicht rein); die Tiere werden Lev 11 verzeichnet. Die reinen Tiere darf man essen, die unreinen nicht (Lev 11, 47; Deut 14, 11. 20). Noah opferte von den reinen Tieren und Vögeln (Gen 8, 20 J). Weiteres → טמא (*ṭāme'*).
e) Gewisse Kultgegenstände werden ausdrücklich als rein bezeichnet: der Schaubrottisch (Lev 24, 6; 2 Chr 13, 11 – vielleicht verkürzt für „Tisch aus reinem Gold", vgl. Ex 25, 23f.; 37, 10f. s.o.; auf dem Tisch liegt u.a. reiner Weihrauch, *leḇonāh zakkāh*), ferner der Leuchter (Lev 24, 4; Ex 31, 8; 39, 37 – auch hier verkürzter Ausdruck? vgl. Ex 25, 31; 37, 17 s.o.). Der Weihrauch soll nach Ex 30, 35 sowohl *ṭāhôr* als auch *qoḏæš* sein; er besteht u.a. aus *leḇonāh zakkāh* (Ex 37, 29 steht nur *qeṭoræṯ hassammîm ṭāhôr*). Nach Jes 66, 20 werden Speiseopfer in reinen Gefäßen dargebracht. Mal 1, 11 spricht von 'reinen Opfern', die überall in der Welt dargebracht werden, im Gegensatz zu den untauglichen Opfern, die die Priester Israels darboten; aber hier klingt doch wohl der Gedanke von der rechten Intention mit?
f) Eine andere Gruppe von Belegen bezieht sich auf die Reinigung von Kultgegenständen, um sie in den Zustand der Kultfähigkeit zu versetzen. Zu beachten ist hier die Verbindung mit *qiddeš*, 'heiligen', und *kippær* 'sühnen', sowie das, wovon die Gegenstände gereinigt werden. Nach Lev 16, 19 soll der Altar am Versöhnungstag mit Blut besprengt werden, „um ihn zu reinigen (*ṭhr pi*) und zu heiligen (*qdš pi*) von den Unreinheiten (*ṭum'ôṯ*) der Söhne Israels"; nach v. 16 handelt es sich um *ṭum'ôṯ*, *pešā'îm* und *ḥaṭṭo'ṯ*. Mit dem kultischen Begriff der Unreinheit verbindet sich also hier die Vorstellung von Sünde. Ez 43, 26 sieht vor, daß der Altar 7 Tage lang entsühnt (*kpr pi*) und gereinigt (*ṭhr pi*) und eingeweiht (*mille' jāḏ!*) werden soll; in den vorhergehenden Versen kommt auch das Verbum *ḥiṭṭe'*, 'entsündigen', vor. Bei der Reformation Hiskias nach 2 Chr 29 heiligten sich (*hiṯqaddeš*) die Priester, um den Tempel zu reinigen (*ṭhr*, v. 15); sie reinigten das Innere des Tempels und schafften das Unreine (*ṭum'āh*, v. 16) hinaus; sie heiligten (*qdš*) den Tempel 8 Tage lang (v. 17) und berichteten dann an Hiskia: „Wir haben den ganzen Tempel gereinigt" (*ṭhr*, v. 18; vgl. v. 19 *heḵîn, hiqdîš*). 2 Kön 18, 4 gebraucht keine solche Termini. Die Reformation Josias wird 2 Chr 34 folgendermaßen beschrieben: Josia begann, Juda und Jerusalem von Kulthöhen, Ascheren und Götzenbildern zu reinigen (*ṭhr* v. 3); die Reinigung schloß das Verbrennen der Gebeine der Götzenpriester ein (v. 5), und das Ganze wird v. 8 mit den Worten „das Land und den Tempel reinigen" zusammengefaßt. Der Paralleltext 2 Kön 23 gebraucht dagegen das Verbum *ṭimme'* 'verunreinigen' (vv. 8. 10. 13), d. h. durch die Berührung mit Totengebeinen unrein machen.
Nach Neh 12, 30 reinigen sich (*ṭhr hitp*) Priester und Leviten und reinigen (*pi*) dann das Volk, die Tore und die Mauern Jerusalems. Neh 13, 9 reinigte Nehemia die Zellen im Tempelvorhof und brachte die Kultgeräte dorthin. Zusammenfassend wird 1 Chr 23, 28 als die Aufgabe der Leviten „die Reinigung alles Heiligen" (*ṭŏhŏraṯ lekŏl-qoḏæš*) angegeben; vgl. Neh 12, 45: Priester und Leviten oblagen dem Dienst ihres Gottes und der Pflege der Reinheit.
g) Ein großer Teil der Belege für *ṭāhôr* und das Verb *ṭhr* (*qal, pi, hitp*) finden sich in den Ritualgesetzen über Unreinheit und Reinigung davon.
Im Gesetz über Aussatz finden wir mehrere Beispiele der deklaratorischen Formel *ṭāhôr hû'* (Lev 13, 13. 17. 39. 40. 41; außerdem 11, 37 vom Saatkorn, worauf eine Tierleiche fällt). Die *pi*-Form des Verbs begegnet als Ausdruck für die Reinerklärung durch den Priester (Lev 13, 17. 23. 28. 34. 35. 37), die *qal*-Form steht 13, 6. 34; 14, 8f. 20, das Ptz. *hitp* bezeichnet den zu Reinigenden Lev 14, 4. 7. 8. 9. 11. 14. 17–19. Zur Reinigung gehört Besprengung mit Wasser (Lev 14, 7); die endgültige Reinigung wird durch eine *kippær*-Handlung zustande gebracht (14, 10–20). Ein konkretes Beispiel liefert die Erzählung von

Naaman 2 Kön 5: er wird angewiesen, im Jordan zu baden, um rein zu werden (vv. 5. 13), und obwohl er den Sinn der Aufforderung nicht versteht (v. 12), wird er tatsächlich rein (v. 14).
Andere Belege für Reinigung beziehen sich auf geschlechtlichen Ausfluß (Lev 12, 7f. *qal*; hier auch *kippær*). Die Unreinheit wird durch Waschung entfernt („in Wasser baden und rein werden" Lev 17, 15; 22, 7; 19, 19 – hier auch *ḥiṭṭe'* – Num 31, 24; Kleider waschen Lev 11, 32; 13, 58; 17, 15; Num 31, 23). Num 19, 12 steht „sich entsündigen (*hiṯḥaṭṭe'*) und rein werden".
In Ez 39 ist von der Reinigung des durch die Leichen des Gog verunreinigten Landes die Rede (vv. 12. 14. 16).
3. Ebenso wie die Grenzen zwischen Unreinheit und Sünde fließend sind (→ טמא [*ṭame'*]), steht die Reinheit in naher Beziehung zu dem ethisch und religiös Guten. Pred 9, 2 zählt eine Reihe von Gegensatzpaaren auf: gerecht – frevlerisch (*ṣaddîq* – *rāšā'*), gut – böse (*ṭôḇ* – *ra'*, wenn vorausgesetzt werden darf, daß ein Glied ausgefallen ist), rein – unrein (*ṭāhôr* – *ṭame'*): es geht beiden gleich, sagt der Verfasser. Natürlich könnte es sich hier um kultische Reinheit und Unreinheit handeln, aber der Kontext deutet eine ethisch-religiöse Bewertung an. Ähnliches gilt für die schon oben angeführte Stelle Hi 14, 4: aus dem (ethisch) unreinen Menschengeschlecht kann nicht ein vor Gott (ethisch) reiner Mensch hervorgehen. Derselbe Gedanke begegnet in dreifacher Variation anderswo im Buche Hiob: 4, 17 „Ist wohl ein Mensch gerecht (*ṣāḏaq*) vor Gott, vor seinem Schöpfer rein (*ṭāhar*) ein Mann?" 15, 14 „Was ist doch der Mensch, daß er rein sein (*zāḵāh*) könnte, daß gerecht sein (*ṣāḏaq*) könnte der vom Weibe Geborene?" 25, 4 „Wie könnte da der Mensch vor Gott gerecht sein (*ṣāḏaq*), wie wäre rein (*zāḵāh*) der vom Weibe Geborene?" Hier zeigt sich, daß *ṭāhar*, *zāḵāh* und *ṣāḏaq* bedeutungsmäßig sehr nahe verwandt sind.
Fließende Grenzen zwischen konkreter und übertragener Bedeutung finden wir auch Sach 3, 5. Der Hohepriester Josua wird von seinen schmutzigen (*ṣo'îm*) Kleidern befreit und erhält einen 'reinen' Kopfbund, was zugleich bedeutet, daß seine Schuld (*'āwon*) von ihm genommen wird (v. 4). 'Schmutzig' steht hier offenbar als Bild für Sünde oder Schuld, die reinen Kleider sind buchstäblich 'nicht schmutzig', jedoch zugleich Sinnbild ethisch-religiöser Reinheit. Eine ähnliche Wortverbindung findet sich Spr 30, 12: „ein Geschlecht, das rein in seinen (eigenen) Augen ist, obwohl es seinen Schmutz (*ṣo'āh*) nicht abgewaschen hat". Der Zusammenhang zeigt, daß ethische Qualitäten gemeint sind.
ṭ^ahôr-jāḏajim 'rein an Händen' steht Hi 17, 9 mit *ṣaddîq* parallel; im vorhergehenden Vers sind *nāqî* und *jāšār* synonym. Wer Reinheit des Herzens liebt und anmutig (*ḥen*) spricht, wird Spr 22, 11 gelobt; der Ausdruck ist nicht eindeutig, aber Spr 15, 26 wird angenehmes (*no'am*) Reden als rein bezeichnet, während böse Gedanken als Greuel beschrieben werden. Nach Ps 12, 7 sind JHWHs Reden (*'imrāh*, Pl.) rein, wie gereinigtes und geläutertes Silber (*ṣārûp̱*, *m^ezuqqāq*); da im Vorhergehenden von der lügenhaften Rede der Frevler die Rede ist, ahnt man die Bedeutung 'wahr', 'zuverlässig'. Ps 19, 8–11 enthält eine Reihe von Prädikaten zu JHWHs Wort (Gesetz, Gebot usw.), unter denen sich auch *ṭāhôr* (von der „Furcht" JHWHs, vielleicht Textfehler für *'imrāh* 'Rede') und *bar* (→ ברר) finden; Synonyma sind *næ'^æmān*, *jāšār*, *'^æmæṯ* und *ṣāḏaq*. Der Psalm scheint vor allem die Wahrheit und Zuverlässigkeit des Gotteswortes betonen zu wollen, vielleicht klingt auch die Klarheit und Deutlichkeit des göttlichen Befehls mit. Nach Hab 1, 13 ist JHWH zu rein, um auf *ra'* und *'āmāl* zu schauen, aber trotzdem, so klagt der Prophet, läßt er die Treulosen walten. Gelegentlich ist von Reinigung von Götzendienst die Rede, z. B. Gen 35, 2 „Schafft die fremden Götter weg und reinigt euch"; Jos 22, 17 das Volk ist noch nicht vom *'āwon* bei Baal-Peor gereinigt worden; Jer 13, 27 „Ich habe deine Greuel (*šiqqûṣ*) gesehen, wie lange wird es dauern, bis du rein wirst?"; Ez 36, 25 „Ich werde euch mit reinem Wasser besprengen, daß ihr rein werdet; von all eurer Unreinheit und all euren Götzen werde ich euch rein machen" (vgl. Ez 37, 23 *šiqqûṣ*, *gillûl*, *pæša'*); vgl. auch Neh 13, 30 „So reinigte ich sie von allem Ausländischen (*neḵār*)".
'Reinigen' steht auch für Sündenvergebung im allgemeinen. „Von *'āwon* reinigen" steht Jer 33, 8 mit *sālaḥ* parallel; vgl. Ez 36, 23, wo nur „von *'āwon* reinigen" steht. Ez 24, 13 spricht von der Unmöglichkeit der Reinigung (von Unreinheit durch „Unzucht", d. h. Götzendienst). Lev 16, 30 verbindet die Reinigung von Sünden (*ḥaṭṭo'ṯ*) mit dem Begriff der Sühne (*kippær*). Spr 20, 9 spricht von der Unmöglichkeit, sich von der Sünde zu reinigen (oder: rein zu halten) und sein Herz rein zu bewahren (*zikkāh*). Der Psalmist von Ps 51, 4 bittet Gott, er möge ihn von seiner Sünde (*ḥaṭṭā'ṯ*) reinigen; der parallele Satz „Wasche mich von meinem *'āwon*" hebt auf Reinigungszeremonien ab. V. 9 verbindet die Reinigung mit Waschung und Ysop als Reinigungsmittel (vgl. Lev 14, 46f. bei Aussatz, Num 19, 18 bei kultischer Unreinheit). Als Ergebnis steht v. 12 „ein reines Herz". Mal 3, 3 verspricht die Reinigung der Söhne Levis wie die Läuterung von Silber und Gold (*ṣrp*, *zqq pi*); das Ergebnis wird die Darbringung von Opfern in Gerechtigkeit (*ṣ^eḏāqāh*).

IV. Die LXX übersetzt *ṭhr* und Ableitungen meist mit καθαρός und καθαρίζειν. Gelegentlich werden andere Wörter gewählt: ἁγνός Ps 12, 6; 19, 9; ὅσιος Spr 22, 11; δίκαιος Spr 30, 12; δόκιμος 2 Chr 9, 17; ἅγιος Lev 19, 14 (Angleichung an v. 13?); ἁγνίζειν 2 Chr 29, 16. 18; 30, 18; ἁγνισμός Num 8, 7; ἀφαγνίζειν Num 8, 6. 21. Βρέχειν Ez 22, 24 setzt die Lesart *mumṭār* voraus.

V. Die Reinheitsaussagen der Qumran-Texte verteilen sich auf zwei Gruppen. Einerseits wird mehrmals in der Sektenregel und gelegentlich in der Damaskusschrift „die Reinheit der Vielen" (*ṭŏhᵒraṯ hārabbîm* 1QS 6, 16. 25; 7, 3. 16. 19) bzw. „die Reinheit der heiligen Männer (*ṭŏhᵒraṯ 'anšê haqqoḏæš* 1QS 5, 13; 8, 17) oder einfach die *ṭŏhᵒrāh* (1QS 6, 22; 7, 25; 8, 24; CD 9, 21, 23) erwähnt als etwas, dessen Berührung den Außenstehenden verboten ist. Ob es sich um das Reinigungsbad, die gemeinsamen Mahlzeiten oder noch etwas anderes handelt, geht nicht klar hervor (Paschen 94ff.). Jedenfalls kommt hier die Exklusivität der Qumrangemeinde in ihrer Absonderung von allen Außenstehenden klar zum Ausdruck.

Andererseits finden sich in den Hodajot mehrere Belege für das Verbum *ṭhr*, meistens *pi*, mit Bezug auf die Reinigung von Sünde und Schuld (*'āwon* 1QH 1, 32, *pæša'* 3, 21; 7, 30; 11, 10, *'ašmāh* 4, 37; 6, 8). Einmal wird die Reinigung mit der Läuterung (*zqq*) von Silber verglichen (15, 16); ein anderes Mal (6, 8) ohne die Nennung von Silber mit *zqq* zusammengestellt. Das Ergebnis der Reinigung ist nach 3, 21 das Eintreten in die Gemeinschaft der Gemeinde. Nach 16, 12 schließlich geschieht die Reinigung durch den heiligen Geist Gottes. Die 1977 veröffentlichte Tempelrolle enthält zahlreiche weitere Belege.

Ringgren

טוב *ṭôḇ*

טוב *ṭûḇ* יטב *jṭb*

I. 1. Vorkommen – 2. Bedeutungen im außerbiblischen Bereich – a) Qualitätsbezeichnung – b) Zweckbestimmung – c) *ṭb* in der Beziehung zwischen Menschen und Göttern – d) Der „gute Hauch" des Königs – e) *ṭb* als Vertrags- und Bündnisterminus – f) *ṭb* im Rechtsvollzug – g) *ṭb* als Charakteristikum eines Menschen – h) *ṭb* in Verbindung mit *zkr* – II. 1. Belege im AT – 2. Profanzweckimmanente Bedeutung – 3. *ṭôḇ lᵉ* als Ausdruck praktischer Lebensförderung – 4. *ṭôḇ lēḇ* – 5. *ṭôḇ* in ethisch-moralischer und theologischer Bedeutung – a) *ṭôḇ bᵉ'ênê* – „das rechte Augenmaß" – b) Die Polarität von *ṭôḇ* und *ra'* – c) *dæræḵ haṭṭôḇāh* – d) *dāḇār ṭôḇ* – e) *ṭôḇ* in der Weisheitsliteratur – f) *ṭôḇ* als JHWH-Epitheton – 6. *ṭôḇ* in Personen- und Ortsnamen – III. Qumran – IV. LXX.

Lit.: *W. F. Albright*, The Refrain „and God saw ki ṭôb" in Genesis (Mélanges Robert, Paris 1957, 22–26). – *Ders.*, The Son of Tabeel (Isaiah 7, 6) (BASOR 140, 1955, 34f.). – *Ders.*, Contributions to Biblical Archaeology and Philology. 1. Chaos and the Origin of Light in Genesis I (JBL 43, 1924, 363–369). – *J. Barr*, Theophany and Anthropomorphism in the OT (VTS 7, 1960, 31–38). – *J. Bauer*, Der priesterliche Schöpfungshymnus in Gen 1 (ThZ 20, 1964, 1–9). – *J. Becker*, Das Heil Gottes. Heils- und Sündenbegriff in den Qumrantexten und im Neuen Testament, 1964. – *E. Beyreuther*, „Gut" (Theologisches Begriffslexikon zum Neuen Testament, Hrsg.: *L. Coenen, E. Beyreuther, H. Bietenhard*, II/1, 1969, 621–626). – *H. H. Blieffert*, Weltanschauung und Gottesglaube im Buche Kohelet, Diss. Rostock 1938. – *Th. Boman*, Das hebräische Denken im Vergleich mit dem griechischen, [5]1968. – *J. Bottéro*, L'Ecclésiastique et le problème du mal (NC 8, 1956, 133–159). – *D. Boyarin*, Studies in the Aramaic Legal Papyri (ANES 31, 1971, 57–62). – *M. Buber*, Bilder von Gut und Böse, [2]1953. – *Ders.*, Good and Evil, Two Interpretations, New York 1953. – *G. W. Buchanan*, The OT Meaning of the Knowledge of Good and Evil (JBL 75, 1956, 114–120). – *W. M. Clark*, A Legal Background to the Yahwist's Use of „Good and Evil" in Genesis 2–3 (JBL 88, 1969, 266–278). – *J. Coppens*, La Connaissance du Bien et du Mal et le Péché du Paradis. Contribution á l'interprétation de Gen., II–III (AnLov Ser. II. Fasc. 3, 1948). – *J. S. Croatto*, ṬÔBÂ como „amistad (de Alianze)" en el Antiguo Testamento (AION 18/4, 1968, 385– 389). – *M. Dahood*, Proverbs and Northwest Semitic Philology, Rom 1963. – *Ders.*, Ugaritic and the Old Testament (ETL 44, 1968, 35–54). – *O. Eißfeldt*, Der Maschal im Alten Testament (BZAW 24, 1913). – *I. Eitan*, A Contribution to Isaiah Exegesis (HUCA 12/13, 1937/38, 55–88). – *K. Fahlgren*, Ṣᵉdāḳā, nahestehende und entgegengesetzte Begriffe im Alten Testament, Uppsala 1932. – *R. Fey*, Amos und Jesaja (WMANT 12, 1963). – *J. Fischer*, טוב ורע in der Erzählung von Paradies und Sündenfall (BZ 22, 1934, 323–331). – *M. Fox*, Ṭôḇ as Covenant Terminology (BASOR 209, 1973, 41f.). – *R. Gordis*, The Knowledge of Good and Evil in the OT and the Qumran Scrolls (JBL 76, 1957, 123–138). – *L. H. Gray*, A Basical Grammar of the Semitic Languages, Amsterdam 1971. – *W. Grundmann*, ἀγαθός (ThWNT I, 1933, 10–18). – *Ders.*, καλός (ThWNT III, 1938, 539–553). – *D. R. Hillers*, A Note on Some Treaty Terminology in the Old Testament (BASOR 176, 1964, 46f.). – *L. Jacquet*, Abîme de malice et abîme de bonté, Ps 36 (BiViChr 81, 1968, 36–47). – *A. Jirku*, Der „Mann von Ṭob" (II. Sam 10, 6. 8) (ZAW 62, 1950, 319). – *I. Johag*, *Ṭôḇ* – Terminus technicus in Vertrags- und Bündnisformularen des Alten Orients und des ATs, in: Festschr. Botterweck, BBB 50, 1977, 3–23). – *K. Koch*, „denn seine Güte währet ewiglich" (EvTh 21, 1961, 531–544). – *H. Kruse*, Die „dialektische Negation" als semitisches Idiom (VT 4, 1954, 385–400). – *A. Kuschke*, Die Menschenwege und der Weg Gottes im Alten Testament (StTh 5, 1952, 106–118). – *A. G. Lamadrid*, Pax et bonum (... šalōm, ṭôb et bĕrît ...) (Antonianum 44, 1969, 161–181). – *Ders.*, Pax et bonum, 'Shalôm' y 'ṭôb' en relación con 'bĕrît' (EstB 28, 1969, 61–77). – *J. Liebreich*, Psalms 34 and 145 in the Light of their Key Words (HUCA 27, 1956, 181–192). – *I. Löw*, טובתיו Neh 6, 19 (ZAW 33, 1913, 154f.). – *H. D. Major*, The Tree of Knowledge of Good and Evil (ExpT 20, 1908/1909, 427f.). – *M. Mannati*, Ṭûb-Y. en Ps XXVII 13: La bonté de Y., ou les biens de Y.? (VT 19, 1969, 488–493). – *G. Mensching*, Gut und Böse im Glauben der Völker, [2]1950. – *A. R. Millard*, 'For he is Good' (TyndB 17, 1966, 116f.). – *W. L. Moran*, „A Note on the Treaty Terminology of the Sefire Stelas" (JNES 22, 1963, 173–176). – *Ders.*, The Ancient Near Eastern Background of the Love of God in Deuteronomy (CBQ 25, 1963, 77–87). – *W. W. Müller*, Altsüdarabische Beiträge zum hebräischen Lexikon (ZAW 75, 1963, 304–316). – *F. Nötscher*, Zur theologischen Terminologie der Qumrantexte (BBB 10, 1956). – *Ders.*, Gotteswege und Menschenwege in der Bibel und in Qumran (BBB 15, 1958). – *G. S. Ogden*, The Tôb-Spruch in Qoheleth, Diss. Princeton 1975. – *B. Reicke*, The Knowledge Hidden in the Tree of Paradise (JSS I/3, 1956, 193–201). – *F.*

Rosenthal, Yôm Ṭôḇ (HUCA 18, 1943/44, 157–176). – *H. H. Schmid*, Wesen und Geschichte der Weisheit (BZAW 101, 1966). – *W. H. Schmidt*, Die Schöpfungsgeschichte der Priesterschrift (WMANT 17, ²1967). – *F. L. R. Stachowiak*, Chrestotes (Stud. Friburg, N. F. 17, 1957). – *Ders.*, „Güte" (Bibeltheol. Wb. hrsg. v. *J. Bauer*, Bd. I, Graz ²1962, 580–589). – *W. Staerk*, L'arbre de vie et l'arbre de la science du bien et du mal (RHPhR 8, 1928, 67). – *J. J. Stamm*, Die akkadische Namengebung, ²1968. – *H. S. Stern*, The Knowledge of Good and Evil (VT 8, 1958, 405–418). – *H. J. Stoebe*, Gut und Böse in der Jahwistischen Quelle des Pentateuch (ZAW 65, 1953, 188–204). – *Ders.*, טוב *ṭôb* gut (THAT I, 1971, 652–664). – *R. von Ungern-Sternberg*, Redeweisen der Bibel (BSt 54, 1968). – *R. de Vaux*, Rezension zu: J. Coppens, La Connaissance ... (RB 56, 1949, 300–308). – *E. Vogt*, „Regen in Fülle" (Ps 68, 10–11) (Bibl 46, 1965, 359–361). – *Ders.*, Filius Ṭāb'ēl (Is. 7, 6) (Bibl 37, 1956, 263f.). – *K. Weiß*, χρηστός, χρηστότης (ThWNT IX, 1973, 472–481). – *C. Westermann*, Schöpfung (Themen der Theologie 12, 1971, 88–93). – *H. Wildberger*, Israel und sein Land (EvTh 16, 1956, 404–422). – *H. W. Wolff*, Joel und Amos (BK XIV/2, ²1975). – *W. Zimmerli*, Zur Struktur der at.lichen Weisheit (ZAW 51, 1933, 177–204).

I. 1. Die Wurzel *ṭb* gehört zu der kleinen Gruppe urspr. biliteraler Nomina und ist – wie die meisten dieser Art – gemeinsemit. Ursprungs (vgl. J. Barth, Die Nominalbildung in den semit. Sprachen, ²1894, § 1 a. b; BLe S. 270, Anm. 5; – V. Christian, Untersuchungen zur Laut- und Formenlehre des Hebräischen, Wien 1953, 111 sieht im hebr. *ṭôḇ* eine Verbindung mit dem akk. Permansivptz. in verbaler und nominaler Verwendung). In Angleichung an die dreiradikaligen Wurzeln trat neben die biliterale perfektive Form *ṭb* schon früh (vgl. Barth, § 1 c) eine triliterale imperf. Nebenform *jṭb* (vgl. E. Vogt, Lex. Ling. Aram. Vet. Test., Rom 1971, 75) mit Supplementärfunktion (vgl. J. Barth, § 1 c. d; BLe S. 378. 392j). Gray (§ 103; vgl. Brockelmann, VG § 71 a. c) vermutet als Grundlage der Vokalisation ein gemeinsemit. sekundäres Infix *-ai̯-/-au̯-*, das sich zu betontem *ā* assimilierte. Im Kanaan. veränderte es sich zu *ô* (später z. T. wieder rückläufig zu *ā*) und wurde teilweise zu *û* verdumpft (vgl. BLe § 2i. 14j; Gray, § 45f. 93. 96f.; anders V. Christian, 109; G. J. Botterweck, BBB 3, 1952, 48).

Ugar. belegt sind das Nomen *ṭbn* 'Wohlklang' (KTU 1. 19, 46) und *ṭbt*, dessen Bedeutung 'Güte' infolge des zerstörten Textes stark umstritten ist (KTU 1. 82, rev. 34; vgl. WUS Nr. 1110); daneben findet sich das Adj. *ṭb*, Pl. *ṭbm* 'gut, angenehm, süß' (KTU 1. 43, 12. 15; 1. 3, I, 20; 4. 213 passim). Ein Verb ist im Ugar. nicht belegt. In vielfältiger Bedeutungsnuancierung erscheinen im weiteren nordwestsemit. Sprachbereich das Nomen: altaram. *ṭbt*, syr. *ṭ'b* bzw. *ṭwb*'; das Verb: altaram. *ṭjb*/*ṭ'b* und *jṭb*, syr. *ṭ'b*; das Adj.: altaram., syr., nabat., palmyr. *ṭb*, bibl.-aram. *ṭ'b*, hatra, targ., pun. *ṭb*' sowie das Adv.: targ. *ṭb*, palmyr. *ṭbjt*. – Ostsemit. ist von besonderer Bedeutung das akk. Subst. *ṭābtu* 'Wohltat' neben *ṭābūtu* bzw. *ṭūbtu* 'Freundschaft', 'Wohlgesinntheit', daneben treten auf das Adj. *ṭābu* 'gut' mit *ṭābiš* 'gut', *ṭūbu* 'das Gute'. Das Verb *ṭiābum*/*ṭābu* erscheint hier wie in den übrigen Sprachbereichen – ähnlich äg. *nfr* – in der Bedeutung: 'gut, schön werden', 'gut, schön machen'.

Umstritten scheint die etymologische Zugehörigkeit eines Wortes *ṭwb* im aram. und nordarab. Sprachbereich in der Bedeutung 'Gerücht', 'Rede', 'Ruf', häufig mit negativem Vorzeichen als 'üble Nachrede'. Hier handelt es sich um ein selbständiges Homonym, das aufgrund seiner einsilbigen Form leicht entstehen konnte und der zu *dbb* gehörigen Nebenform *ṭbb*/*zbb* zuzuordnen ist. (KBL³ 352; J. Barr, Comparative Philology and the Text of the OT, Oxford 1968, 16f.; R. Gordis, VT 5, 1955, 88–90; I. Löw, 154f.; M. Wagner, Die lexikal. und grammatikal. Aramaismen im at.lichen Hebräisch, BZAW 96, 1966, 59; E. Zolli, טוב II., Bibl 34, 1953, 121–123).

2. Eine Untersuchung der Wurzel *ṭb* auf frühester Bedeutungsebene weist bereits eine Vielfalt von Anwendungsmöglichkeiten auf, die sich nicht aus einem einzigen Begriffsinhalt entwickelt haben und deshalb etymologisch zurückzuverfolgen wären, die vielmehr synchron (als Polysemien) nebeneinander schon existieren und für die jeweilige Situation und den Anwendungsbereich zu klassifizieren sind. Eine wirkliche bedeutungsmäßige Neuentwicklung ist für *ṭb* zu keinem Zeitpunkt festzustellen. Es handelt sich stets um Inhaltserweiterungen und Spezialisierungen des Begriffs in bestimmten Lebensbereichen.

a) In formaler Grundbedeutung bezeichnet *ṭb* mit seinen Derivaten allgemein diejenigen Eigenschaften, die ein Objekt erstrebenswert machen. Hier tritt urspr. reine Zweckbestimmtheit qualitativer und quantitativer Art in den Vordergrund. Dabei kann *ṭb* zum festen Bestandteil der Art- oder Sortenbestimmung eines Gegenstandes werden, z. B. ugar. *tql ksp ṭb* 'ein Šeqel Feinsilber' (KTU 1. 43, 12. 15; vgl. Gen 2, 12; 1 Sam 25, 8; Jos 7, 21; 2 Kön 3, 19. 25; Jes 5, 9; 2 Chr 3, 5. 8; Pred 7, 14; Esth 8, 17 u. ö.) oder *jn ṭb* (KTU 4. 213, 1. 4. 6. 9. 11. 14. 16. 20. 22) neben *jn d l ṭb* (KTU 4. 213, 2. 5. 7. 10. 12. 13. 15. 17. 19. 23; vgl. Z. 3: *ḫlq*), wobei es sich um Weinsorten verschiedener Geschmacksrichtungen wie Honigwein und Würz- oder Wermutwein handelt (vgl. Dalman, AuS IV, 375; M. Dahood, BietOr 17, 1965, 59, Nr. 1028; O. Eißfeldt, JSS 5, 1960, 18; UT Nr. 1028; WUS Nr. 1110; J. Aistleitner, ActOr 11, Budapest 1960, 24–34; – vgl. Ps 34, 9; 133, 1f.; HL 1, 2f.; 7, 10; Jes 5, 20; – anders Ch. Virolleaud, PRU II, 84, „bon vin" – „ne pas bon vin"). Der Aspekt der Süße äußert sich arab. *ṭijāb* als metonymische Bezeichnung einer Dattelart sowie in akk. *ṭābu* 'süße Speise'. – Der umfassende Verwendungsbereich von Öl als wesentlicher Speisezusatz, Beleuchtungs- und Heilmittel sowie als Salböl bei Opfergaben (VAB 4, 62, 52) erklärt die zahlreichen Belege für große Mengen von *šmn ṭb*, 'feines Öl', als Geschenk- und Handelsartikel im Vorderen Orient (es handelt sich dabei um gestoßenes, von allen nichtöligen Bestandteilen gereinigtes Öl; vgl. Dalman, AuS IV, 247. 256; – EA 14 I 32; II 50; III 34–45; 17, 44 u. ö.). Nach arab. Sprachgebrauch bezeichnet *šmn ṭb* nur profanes Würzöl, nicht aber im Kult gebräuchliches Salböl (H. Gunkel, BZAW 34, 1920, 73f.; – vgl. 2 Kön 20, 13; aber Jer 6, 20 *qānæh haṭṭôḇ* in Verbindung mit „Weihrauch aus Saba" im kultisch-sakralen Bereich, synonym zu *ṭjb*). Zur Kennzeichnung reinster Qualität werden auch *eru* 'Kupfer' (EA 40, 13), *eqla* 'Gelände, Feld' etc. mit *ṭb* verbunden.

Etymologisch nicht zur Wurzel *ṭb* 'gut' gehörig ist akk. fem. *ṭābtu* (ideogr. MUN) 'Salz'. Hier liegt ein „homonyme étymologique" vor, das durch konvergente Lautentwicklung zustande gekommen ist und schließlich als metonymisch zu *ṭb* 'gut' und dem Fem. *ṭābtu* 'Gutes, Wohltat' verstanden wurde, weil man das Salz als ein dem Menschen unentbehrliches Produkt betrachtete. Offensichtlich handelt es sich um eine Sinnübertragung durch Namenassoziation.

Ein echtes Metonym in der Art der Synekdoche bilden dagegen nbabyl. *ṭjb* 'lieblicher Duft' (VAB 4, 256, 5) und min. *ṭjb* als eine diesen Wohlgeruch erzeugende Essenz, wahrscheinlich ein Harz, das – mit anderen Aromata vermischt – bei Räucheropfern Verwendung fand (CIH 308, 4 mit umstrittener Bedeutung; 681; 686; RES 2771, 4f.; 2778, 12; 2839 'Wohlgeruch Gottes', u. ö.; – vgl. W. W. Müller, Die Wurzeln med. und tertiae Y/W im Altsüdarab., Diss. Tübingen 1962, 72).

b) Im täglichen Leben charakterisiert *ṭb* in allen Sprachbereichen den praktischen materiellen Nutzwert eines Gegenstandes, einer Handlung oder Situation im Hinblick auf ihre Zweckmäßigkeit als 'brauchbar', 'nützlich', 'günstig'. Das Wort gewinnt hier seinen spezifischen Inhalt durch das jeweilig angestrebte Ziel.

Dieser Aspekt äußert sich im Assyr. nur im D-Stamm des Verbs als 'herrichten', 'herstellen', 'bereiten' (Tigl. IV 70; vgl. II 10). – Weniger den Wohlklang als die 'Stimmgewalt' lobt ugar. *ṭb/ṭbn ql* (KTU 1. 3, I, 20; KTU 1. 19, 45f.; anders Ch. Virolleaud, La déesse 'Anat, Paris 1938 z. St.; – vgl. I Danel 46). Als poetisches Epitheton der Tür betrachtet F. Delitzsch (Handwörterbuch, 300) *muṭi-ib-tum* (AHw II, 691 b), ein Synonym zu *da-al-tum* (vgl. AHw I, 154), als „Erfreuerin, Beglückerin (des nach Hause Zurückkehrenden)". – Akk. *kī ūmu iṭṭību* bedeutet für den Seefahrer 'schönes, d. h. günstiges Wetter' (EA 7, 59), aram. *m'n ṭb* ein 'seetüchtiges Schiff' (Aḥ 109). – Wichtig ist es für einen Sprecher, die richtigen Worte zu finden, d. h. gute Redegabe zu besitzen und sie bei passender Situation zur Anwendung zu bringen (CT 29 „. . . Mögen deine Lippen freundlich sein [*šaptāka lū ṭābā*], wenn du dich daran machst!").

c) Auch das Götter-Mensch-Verhältnis ist z. T. durch den Aspekt der 'richtigen', 'gerechten' Worte und Taten bestimmt (vgl. VAB 4, Neb. 86, Col. I, 15–23), solcher nämlich, die der Erfüllung des Götterwillens dienen und deshalb von den Göttern belohnt werden (VAB 7, L[4] II 10f.: „Die großen Götter blickten freudig meine guten [*damqāte*] Werke an, und auf ihren erhabenen Befehl hin setzte ich mich *ṭābiš* auf den Thron des Vaters . . ." – *ṭābiš*, „in guter Weise", kann auch als „unter günstigen Auspizien" verstanden werden). In den Annalen Assurbanipals (VAB 7, Rm I 44ff.) ist das Wohlgefallen der Götter gepaart mit den Regengüssen Adads, d. h. mit der Fruchtbarkeit des Landes und dem damit verbundenen Wohlstand. Den Menschen respondierend sprechen die Götter günstige, nutzbringende Worte, nicht zuletzt im Orakel (VAB 7, S. 344–346; K 1285, ll. 13. 26), von dessen günstiger Auslegung jedes wichtige Unternehmen abhängig ist, um die zum Handeln bestgeeigneten Tage zu ermitteln (*ūmī ṭābūti*, s. AOAT 2, 179 a; *ina arḫi ṭābi* 'im günstigsten Monat', s. VAB 7, 640).

Bei der in babyl. Hymnen häufigen Bitte des Königs an die Götter um *šīru ṭābu* (VAB 4, 130, 53; VAB 7, L[2] 21; S[2] 42; S[3] 71; Col. n 12 u. ö.) kann es sich einmal um den Wunsch nach physischer Gesundheit, dann aber auch um den nach einem guten Omen handeln. Die Verbindung der Bitte mit dem Verlangen nach „Schutz der Seele" (VAB 4, 78, 46) oder nach „Freude des Herzens" (VAB 7, Cyl. L[2] 20f.; vgl. VAB 4, 112, 56) plädiert für die Bedeutung „Gesundheit des Leibes". Diese ist jedoch in den Belegen mehrfach mit dem Orakelbegehren verbunden (vgl. bes. das poesievolle Gebet Nebukadnezars an die Göttin Ninkarrak, VAB 4, 76, 38–78, 52). Als stereotype Grußformel in nbabyl. Königsbriefen an Rangniedrigere erfolgte der allgemeine Wunsch des Wohlergehens für den Empfänger: *libbaka lū ṭābka*, „dein Herz möge fröhlich sein", d. h. „es möge dir gutgehen". Wohlbefinden im Sinne von Ruhe und Frieden im Land soll sich auch auf die Untertanen – besonders auf gerade unterworfene Völker – erstrecken, und zwar dank der milden und gerechten Leitung ihres (neuen) Herrschers. In diesem Sinne könnte man trotz verschiedener sprachlicher Abwandlungen von einer „Befriedungsformel" sprechen (VAB 4, 172, 35–37; vgl. 102, 11–16; VAB 5, 110, 17; KAI 222 B 6).

d) Nach assyr. und babyl. Texten manifestiert sich der gnädige Wille des Königs in seinem *šāru ṭābu*, seinem „guten Hauch" (EA 297, 18). Damit wird er auf eine Ebene mit den Göttern gestellt, z. B. mit Marduk als dem *il šāri ṭābi* (EnEl VII 20; „dessen guten Windhauch wir in gewaltiger Not einatmen", EnEl VII 23). – Der *šāru ṭābu* des Königs tut sich kund in einer positiven Nachricht für jemanden, der um Unterstützung (meist militärischer Art) ansucht, sowie in reeller materieller Hilfeleistung. – Vgl. die verwandten Stellen *šāru balāṭi-ia* (EA 141, 2), *ša-ri-ia* (EA 281, 3). Hier könnte es sich um personalisierende Synekdoche, stellvertretend für den König, handeln. Er bezeichnet ein rein positives Element. Sein Entzug bedeutet Strafe, Versagung der materiellen Hilfeleistung, Ungnade des Herrschers. Er raubt dem so Betroffenen die „Ruhe seines Herzens", seine persönliche Sicherheit (EA 297, 17f.), macht ihn hilflos gegen seine Feinde (EA 137, 67–80).

e) Von der altassyr. Zeit bis wenigstens in das 6. Jh. stehen im Mittelpunkt der Schließung oder Erhaltung bzw. der Feststellung des Bruches eines politischen Bündnisses neben akk. *aḫḫūtu/i*, 'Brüderschaft', in aktiver Bedeutung das Verb (Prs. *iṭāb/iṭib/iṭibbu*; Perm. *ṭāb*) sowie das Nomen *ṭābūtu* (*ṭūbtu/ṭūbu*, mit kollektiver Pluralbedeutung *ṭub[b]āti*), 'Wohlgesinntheit', 'Freundschaft' (→ ברית I 767) in Souveränitäts- und Souzeränitätsverträgen, weiter in „amtlichen" Briefen und Mitteilungen zwischen den einzelnen Herrschern. Darin manifestiert sich die Loyalität der Partner in verschiedener Weise. Die Wendung *ṭūbtu u sulummû* ist Terminus für einen durch Vertrag erwirkten Frieden. In Verbindung mit *itti* ('mit', 'unter') und *bīri* ('zwischen') bezeichnet *ṭābūtu/i* diejenigen Beziehungen zwischen zwei Staaten, die durch einen formalen Vertrag fixiert sind. Eine häufige Variante ist das Nebeneinander von Bundesfreundschaft, *ṭābūtu/i*, und Bruderschaft, *aḫḫūtu/i* (EA 4, 15. 17; 17, 51; 11 Rev. 22 u. ö.). Diese Termini können nebeneinander oder – als Synonyme – füreinander stehen. Das Bezugsverhältnis ist besonders eng in der Verbindung des Substantivs *aḫḫūtu* mit dem Adj. *ṭābtu* als Attribut (EA 1, 64). Diese Relationen sprechen weniger für ein Herr-Vasallen-Verhältnis als für die Beziehungen zwischen gleich- oder fast gleichgestellten Herrschern, deren gegenseitige Bündnisverpflichtungen sie umfassen, so etwa im Bereich des Handels (EA 11 Rev. 22f.; 16, 32) oder der Heiratspolitik (EA 4, 15–18; vgl. 1, 64).
Bereits in EA finden sich als parallele Termini für „einen Bund schließen" die Ausdrücke *šalmu* (statt *salīma*, vgl. AHw III 1149 b) *epēšu*, *ṭābūta epēšu* und *kitta(m) epēšu* (EA 136, 8–13. 27–32; 138, 53; vgl. Lamadrid, EstB 28, 61–77). Das Gegenteil dazu, „einen Bund brechen", „sich gegen einen Bund verfehlen", nimmt besonders in den Annalen Assurbanipals eine exponierte Stellung ein. Die Termini *adû* und *ṭābtu* treten hier mit denselben Verben auf, sind jedoch nicht (wie Lamadrid und Moran meinen) synonym und austauschbar.

Während nämlich der Terminus *adû* in den beiden Partnern, die gemeinsam einen Bund schließen, zwei Bezugspunkte bzw. Ausgangspunkte mit gleichem Stellenwert hat, geht *ṭābtu* jeweils explizit nur von der Seite des Souveräns mit Wirkung für den Vasallen aus. Hier liegt keineswegs Gleichwertigkeit der Vertragschließenden vor, d. h. bei den Formulierungen mit *ṭābtu* handelt es sich unbedingt um Verträge mit Vasallen, wie auch die in einigen Texten auftretende Feststellung der Huldigungs- und Tributverweigerung des Abgefallenen beweist (VAB 7, Rm VII, 89f.; B 7, 95; Rm IX, 9, 117–119, vgl. auch Rm VIII, 66 *lā ḫāsis ṭābti* im Kontext, u. ö.). Bestärkt wird dieses Verhältnis dadurch, daß bei einem Bündnis mit dem assyrischen König dieses mit den Göttern Assurs selbst geschlossen und vor ihnen fest beeidet wird, nicht aber vor den Göttern der anderen Partei (vgl. anders die *Sᵉfire*-Stelen), so daß ein Vertragsbruch nur durch den Vasallen erfolgen kann (zu Einzelheiten vgl. I. Johag, BBB 50, 1977, 3–23).

f) Für die Verwendung von *ṭôḇ* im Rechtsvollzug kommt vor allem der aram. Lebensbereich in Frage (vgl. J. Muffs, Studies in the Aramaic Legal Papyri from Elephantine, Leiden 1969).

Von besonderer Bedeutung für den Wortbildungsbereich ist dabei die Herausstellung der unterschiedlichen Verwendung passivischer und aktivischer Verbformen, die z. T. für ganz bestimmte Rechtsfälle typisch sind.

In Verbindung mit *lbb* ist *ṭb* in allen Sprachbereichen als Terminus des Sachenrechtes einzugrenzen, d. h. er hat seinen Platz im Zivil- und Prozeßrecht in den Bereichen des Handels, der Güterübertragung durch Kauf oder Erbschaft (nicht bei Schenkungen). Es ist ein feststehender Terminus für „Entgeltlichkeit", der in den Abschlußklauseln eines Vertrags- oder Protokolltextes die Anspruchserfüllung dokumentiert und den damit verbundenen Verzicht auf weitere Forderungen rechtsgültig macht.

Die Beziehung zwischen dem Gedanken der Satisfaktion und dem der Anspruchserfüllung wird in Verzicht- und Übereignungsdokumenten deutlich in der aktivischen Form *hwṭbt lbbj b* ... „du hast mein Herz zufriedengestellt mit ..." (Muffs, 46f. 70f.; AP 6, 20; 20, 8). Dieser Ausdruck beinhaltet zwei Aspekte, die die passivische Form vermittels zweier Termini wiedergibt: (1) *jhbt lj dmwj/jm't lj*, „du hast mir seinen Preis gegeben/mir einen Eid geschworen", (2) *wṭjb lbbj bgw*, „und dadurch ist mein Herz befriedigt worden". Unter diesem Aspekt ist die passivische Formulierung direktes Ergebnis der aktivischen. Erfüllung der geforderten Leistung und „Zufriedenstellung des Herzens" sind identisch.
g) Als Attribut auf Personen bezogen erscheint vielleicht ugar. *ṭb* (pl. *ṭbm*) in der Bedeutung 'fröhlich', 'heiter'; (vgl. Fisher, RŠP II, 158; KTU 1. 108, 4f. liest *ẓbm*). – Eine ethische Komponente weisen die aram. Mašal-Sprüche aus Elephantine auf. Sie benennen konkrete Begriffe als Bilder für metonymische Abstraktbedeutung (Aḥ 86. 109. 151. 152. 159; vgl. 115. 123. 163–165). Ein großer Teil dieser Sprüche beinhaltet allgemeingültige Lebensweisheiten aus dem täglichen Gemeinschaftsleben, die sich auf das sittliche Verhalten der Menschen beziehen und konkrete Richtlinien geben: „Gute Augen (*'jnjn ṭbn*) sollen nicht verdüstert und gute Ohren (*'dnjn ṭbn*) sollen nicht verstopft werden, und ein guter Mund (*pm ṭb*) wird die Wahrheit lieben und sie sprechen" (Aḥ 86).
h) Abhängig von Formen der Wurzel → זכר (*zkr*) findet sich in späterer, z. T. nachchristlicher Zeit *ṭb* in palmyr. und nabat. Graffiti: in Memorial- und Dedikationsinschriften, häufig in Parallele zu → שלם (*šlm*) (CIS II, 228; RES 1106, 1–4; 1116 A2 [?]; 1136 A. C2 u. ö.) und *brjk* ... N. N. (KAI 224, 1f. u. ö.). Schottroff (WMANT 17, 21967) macht die unterschiedliche profane bzw. sakrale Verwendung im palmyr. und nabat. Sprachgebrauch deutlich und verweist (219) auf die at.lichen Entsprechungen der Stiftersituation Neh 5, 19; 13, 31 (mit *kᵉ*, 'entsprechend'). Aufgrund seines Handelns ist der Fromme des göttlichen Gedenkens und der Gewährung dauernden Segensbezuges gewiß; der Akt des Gedenkens sichert Heilsgut (*ḥjjn*); so erhält *ṭb* den Aspekt der Frömmigkeit: *dkrn ṭb*, „frommes Gedenken" (Schottroff, 80). – Auf Totengedenktafeln fordert

die exklamatorische Formel *dkjr l/btb*, „es werde gedacht zum/im Guten ..." (KAI 238, 8f.; 244, 2. 3. 5; 246, 3; 251, 3; 256, 3 mit *l^e*; – RES 1137 A; 1171, 1; 1192, 11; 1383; 1389 u. ö. mit *b^e*) nicht nur das „gute Gedenken" für die Person des Toten, sondern auch für seinen „guten Namen" (*šm ṭb*) oder für die „Schönheit" und „Trefflichkeit" einer Frau (KAI 226, 3; 276, 9. 11: „Und so trefflich und schön war sie, daß niemand [ihr] ähnlich war an Trefflichkeit."). – Die Mißachtung dieser Forderung ist in einigen Texten mit Fluch belegt (KAI 245, 1. 2. 3), wer ihr jedoch Folge leistet, soll dasselbe „gute Gedenken" erhalten wie der Tote (KAI 240, 2. 3).

II. 1. In allen at.lichen Büchern außer Ob, Hab und Hag sind Formen von *ṭôḇ* belegt: 738mal hebr., 3mal aram. (Dan 2, 32; 6, 24; Esr 5, 17), dazu 13mal in nom. propr. Neben der perf. Wurzel *ṭwb* steht 123mal die imperf. Nebenform *jṭb* (44mal *qal*, 73mal *hiph*; – [das *hiph* von *ṭwb* ist nur 3mal vertreten;] – 6mal als superlativ. Subst. *mêṭāḇ*). Die Zuordnung von *ṭôḇ* zum Adj. (mask. Sing.) oder Verb (*qal* stativ, Ptz. oder Inf.) ist an vielen Stellen umstritten (Lisowsky und Mandelkern divergieren in 70 Fällen; vgl. KBL³ 354–356). *ṭôḇ/āh* tritt häufig substantiviert auf. Daneben erscheint ein nach Analogie der *quṭl*-Abstrakta zu *ṭôḇ* gebildetes Abstraktum *ṭûḇ* (32mal). Unter dem Aspekt der zeitlichen und regionalen Einordnung läßt sich für den Gebrauch der Wurzel feststellen, daß sie von der Früh- bis in die Spätzeit at.licher Schriftfixierung im geographischen Gesamtbereich Israels belegt ist, wenn auch z. T. in spezifischem Gebrauch und bestimmter Lebenssphäre.

At.liche Belegübersicht: *ṭôḇ*, Verb oder Adj. (vgl. die obige einschränkende Bemerkung): J: 31; E: 14; P: 15; Deut: 1–11 und 27–34: 24; Deut 12–26: 6; Jos: 8; Ri: 14; Ruth: 3; 1 Sam: 39; 2 Sam: 26; 1 Kön: 24; 2 Kön: 12; 1 Chr: 8; 2 Chr: 23; Esr: 7; Neh :12; Hi: 12; Ps: 69; Spr: 62; Pred: 52; HL: 4; Jes: 9; DtJes: 3; TrJes: 2; Jer: 37; Kl: 7; Ez: 9; Dan: 4; Hos: 5; Jo: 1; Am: 4; Jon: 2; Mi: 4; Nah: 2; Sach: 4; Mal: 1; Esth: 23; – *ṭôḇ hiph*: 1 Kön: 1; 2 Kön: 1; 2 Chr 1 – *ṭûḇ*: J: 2; E: 2; P: 1; Deut: 2; 2 Kön: 1; Esr: 1; Neh: 4; Hi: 2; Ps: 7; Spr: 1; Jes: 1; TrJes: 2; Jer: 3; Hos: 2; Sach: 1; – *jṭb qal*: J: 3; E: 2; P: 2; Deut 1–11 u. 27–34: 6; Deut 12– 26: 3; Jos: 2; Ri: 3; Ruth: 2; 1 Sam: 2; 2 Sam: 2; 1 Kön: 2; 2 Kön: 1; Neh: 2; Ps: 1; Pred: 1; Jer: 4; Nah: 1; Esth: 5; – *jṭb hiph*: J: 9; E: 1; P: 2; Deut 1–11 u. 27–34: 6; Deut 12–26: 4; Jos: 1; Ri: 2; Ruth: 1; 1 Sam: 4; 1Kön: 1; 2 Kön: 2; Hi: 1; Ps: 6; Spr: 5; Pred: 1; Jes: 2; DtJes: 1; Jer: 14; Ez: 2; Hos: 1; Jon: 3; Mi: 2; Zeph: 1; Nah: 1; – *mêṭāḇ*: P: 4; 1 Sam: 2.

Das Wort ist besonders im Südreich beheimatet in der Zeit zwischen dem 8. und 6. Jh. sowie nach dem Exil. Eine Häufung läßt sich besonders im Dtr Geschichtswerk feststellen, in verfeinerter, wenn auch nicht abstrahierter Bedeutung eines speziellen Sprachbereichs in den Psalmen, weiter in der Weisheitsliteratur – hier meist profan – und bei Jer. – Die Nebenform *jṭb* bevorzugt das *hiph* zum Ausdruck des Kausativs, d. h. zur Kennzeichnung des aktiven Eintritts in die Handlung gegenüber durativem Verweilen in einer Eigenschaft oder bereits vollzogenen Handlung. Dabei unterscheidet sich *jṭb hiph* in seiner Verwendung durchaus nicht immer von *jṭb qal* oder *ṭôḇ qal*.

2. Am häufigsten ist auch im AT die zweckimmanente Bedeutung für *ṭôḇ*. Unter dem Aspekt der Eignung oder des Nutzens einer Sache oder Person liegt der Schwerpunkt dabei auf dem funktionalen Aspekt als etwas, das in der rechten Ordnung steht, seinem Wesen, d. h. seiner Aufgabe, entspricht. Es handelt sich also um „Gutheit für etwas" mit einem sehr konkreten und greifbaren Beziehungshintergrund.

Davon ausgehend bietet die Billigungsformel des Schöpfungsberichtes *wajjar' 'ᵆlohîm kî ṭôḇ* (Gen 1, 4. 10. 12. 18. 21. 25. 31) ein Paradebeispiel. Wesentlich für die Auffassung von *ṭôḇ* ist die Verbindung mit →ראה (*rā'āh*), das ein Sehen im Sinne von „Betrachten", „Prüfen" oder auch „Befinden für" meint, um daraufhin die Feststellung treffen zu können: „Wahrlich, es ist gut". Auf diese Weise wird die Zweckmäßigkeit des Werkes hervorgehoben und betont, daß die so von Gott geschaffene Welt „in Ordnung" ist. Mesopotam. Parallelen kennzeichnen die Wendung „sehen, daß etwas gut ist" (bzw. „wie gut etwas ist") als Redeweisen von Handwerkern nach Vollendung ihrer Arbeit (W. H. Schmidt 62). Die Nutzauffassung wird unterstrichen durch die funktionale Benennung der Schöpfungswerke. Sie sind gut für den Zweck, für den sie angefertigt wurden, ohne daß eine objektive Beurteilung dahintersteckt (vgl. Westermann, Schöpfung 88).

Aktivische Adjektivbedeutung erhält *ṭôḇ* in Verbindung mit einem Ratschlag (2 Sam 17, 14), der der Vollendung einer Angelegenheit dient, ebenso wie eine günstige Traumdeutung (Gen 40, 16). Im Sinne des richtigen, der Situation entsprechenden Verhaltens wird auch *jṭb hiph* benutzt (Gen 4, 7; Jon 4, 4. 9), das auch im AT im Profanbereich die aktivische Bedeutung 'herrichten', 'bereiten' (Ex 30, 7) oder spezieller 'einen Beschluß fassen' (1 Sam 20, 13), das Haupt 'schmücken' (2 Kön 9, 30) aufweist, indem von der Wirkung auf die Ursache des Handelns zurückgeschlossen wird. Weiter ist *jṭb hiph* Ausdruck der besonderen Trefflichkeit einer Handlungsweise (1 Sam 16, 17; Jes 23, 16; Jer 1, 12; Ez 33, 32; Ps 33, 3), wobei die finite Form von *jṭb* mit dem Inf. eines zweiten Verbs oder mit einem Subst. verbunden ist; Jer 2, 33 kennzeichnet ein gewitztes, gerissenes Vorgehen (vgl. Mi 7, 3 das Oxymoron *'al-hāra' ... l^ehêṭîḇ*); außerdem ist es kennzeichnend für besondere Treue und Liebe (Ruth 3, 10). Als Inf. abs. zur Verstärkung eines finiten Verbs oder Ptz. verleiht es Elativ- bzw. Superlativbedeutung. Die Handlung wird intensiviert bis zur Vollkommenheit: „gründlich untersuchen" (Deut 13, 15; 17, 4; 19, 18), „vollständig zermalmen" (von Götterbildern, Deut 9, 21; 2 Kön 11, 18) u. a.

Im Bereich der Landwirtschaft tritt der Aspekt der Fruchtbarkeit in den Vordergrund. Körnerreiche Ähren bester Qualität sind *šibb^olîm ṭôḇîm* (vgl. Gen

41, 5. 22. 24. 26). Als *ṭôḇ* bezeichnete Rinder (Gen 41, 26; 1 Sam 8, 16) oder Esel (1 Sam 8, 16) sind gutgenährte, wohlgebaute und kräftige Arbeitstiere oder besonders geeignetes Schlachtvieh. – Das Subst. *ṭûḇ* bzw. *ṭôḇāh* bezeichnet im Profanbereich nicht so sehr die Qualität eines Gegenstandes selbst, sondern die solche Qualität bewirkende Ursache. Beide Termini sind umfassende Begriffe für den Ertrag des Landes (Esr 9, 12; Neh 9, 25; Jer 2, 7). Besondere Bedeutung hat *ṭôḇ* Jer 17, 6 als Metonym für „Regen", d. h. dasjenige Gut, das Fruchtbarkeit des Bodens bewirkt (vgl. v. 8: *ḥōm* als Antithese zu *ṭôḇ*). In der Schlußrede des Mose (Deut 28, 12) wird der Regen als Gut aus dem „reichen Schatzhaus" (*'ôṣārô haṭṭôḇ*) Gottes genannt als Segen menschlicher Arbeit, und zwar neben „Gütern im Überfluß an der Frucht deines Leibes, an der Frucht deines Viehs und an der Frucht deines Landes" (v. 11; vgl. Neh 9, 36; Ps 65, 12; 68, 10f.; Jes 4, 2; 30, 23f.; Jer 31, 12ff.; Hos 2, 23f.; s. Dahood, Bibl 45, 1964, 393–412, bes. 411).

Im Weihegebet Salomos (1 Kön 8) wird der Zusammenhang zwischen dem Ausbleiben des Regens und den Sünden des Volkes verdeutlicht (vv. 35f.). Verbunden mit der Bitte um Sündenvergebung ist die um Regen für das Land (vgl. Jer 3, 3; 5, 25). Ebenso wie Jes 31, 12 verknüpft auch Ps 85, 13 Regen (*ṭôḇ*) und Fruchtbarkeit des Landes mit der zukünftigen Heilszeit.

Von besonderer Bedeutung ist der Ausdruck *'æræṣ ṭôḇāh* (Ex 3, 8; Num 14, 7; Deut 1, 25. 35; 3, 25; 4, 21. 22; 6, 18; 8, 7. 10; 9, 6; 11, 17; Jos 23, 16; Ri 18, 9; 1 Chr 28, 8; Hos 10, 1; Sach 9, 16f.) bzw. *hā'ᵃdāmāh haṭṭôḇāh* (Jos 23, 13. 15; 1 Kön 14, 15). Als das den Israeliten verheißene Land ist es unter doppeltem Aspekt zu sehen: (1) *ṭôḇ(āh)* umfaßt hier alle Werte, die das Land materiell für die Israeliten beim Auszug aus Ägypten und während der Wüstenwanderung begehrenswert machen. (2) In Verbindung mit den Schilderungen des Segens, den das Land von JHWH erfährt, ist *ṭôḇ* als Verheißungsterminus aufzufassen in einer Reihe mit den übrigen Termini der Landverheißung. Der Verheißungscharakter des Landes als Heilsgut und Erbbesitz kommt besonders zum Ausdruck in der „kultisch-bekenntnishaften Aussage" *ṭôḇāh hā'āræṣ 'ᵃšær-JHWH 'ᵉlohênû noṯen lānû* (Deut 1, 25; 4, 21; 8, 10 u. ö.), in der J. G. Plöger (Literarkrit., formgeschichtl. und stilkrit. Untersuchungen zum Deuteronomium, BBB 26, 1967, 51. 88) wohl zu Recht ein kultisches Responsorium vermutet.

Auf Menschen bezogen hebt *ṭôḇ* eine bestimmte Fähigkeit, Trefflichkeit oder besonders positive Eigenschaft hervor: ein Neugeborener wird als *ṭôḇ* angesehen, wenn er kräftig und wohlgestaltet ist (Ex 2, 2); heiratsfähige Mädchen sind *ṭoḇoṯ* (Gen 6, 2; vgl. äg. *nfr.t*, WbÄS II, 258). Der st.-cstr. *ṭôḇaṯ-śækæḵ* bezeichnet die Fähigkeit, praktisch zu denken, sich bei einer Arbeit als geschickt zu erweisen (1 Sam 25, 3; 2 Chr 30, 22). Wirksame Tätigkeit überträgt man beim *'îš ṭôḇ* auf das Wesen der handelnden Person selbst (2 Sam 18, 27; 1 Kön 2, 32): „ein wackerer Mann", denn „er bringt gute Kunde" (1 Kön 1, 42). Hier wird die Hochschätzung deutlich, die ein verläßlicher Bote erfuhr, war doch in Ägypten seine Unterweisung sogar Unterrichtsgegenstand (vgl. Gemser, HAT I/16, 1963, 59; A. Erman, Die Literatur der Ägypter, 1923, 90. 105).

Gegen die Meinung zahlreicher Exegeten ist der Bote in Jes 52, 7 im engeren Rahmen nicht als messianischer Heilsbote zu verstehen, denn der Kontext (vv. 1–12) macht deutlich, daß der Verfasser nicht an eine ferne Zukunft, sondern an die Befreiung Israels aus dem Exil denkt. Zwar hat *bśr pi* nicht generell positive Bedeutung, besitzt jedoch eine dahingehende Tendenz. *ṭôḇ* (7b) ist als Subst. aufzufassen im synthetischen Parallelismus neben *šālôm* und *ješû'āh*, die mit *mašmîa'* gekoppelt sind. Alle drei Botschaftstermini zielen über die gegenwärtige Erlösung hinaus auf die Aussage des Gottkönigtums.

Die Forderung der Tüchtigkeit wird besonders auch für den König erhoben (2 Kön 10, 3 *ṭôḇ*||*jšr*), und zwar nicht in bezug auf seine politischen Herrscherfähigkeiten, sondern wesentlich hinsichtlich seiner Bundestreue (vgl. 1 Sam 15, 26–28) – ein Hinweis auf die Stellung des Königs in der Verknüpfung von Glaubensgeschichte und politischer Geschichte Israels. Dies gilt ebenso für die Oberhäupter und Richter des Volkes, über die der Prophet Micha ein vernichtendes sozialkritisches Urteil fällt, deren Bester ist „wie ein Stechdorn, und der Redlichste von ihnen wie eine Dornenhecke" (7, 4).

Im semitischen Denken und Sprachgebrauch wird ein Mensch weniger nach seinem Aussehen als nach seinen Fähigkeiten bewertet. Steht für die Griechen das geistige Moment der Schönheit im Vordergrund, so für den Orientalen das sinnliche. Schön ist, was dem Menschen angenehm und nützlich ist. Ästhetische Schönheit im orientalischen Sinne kann deshalb im AT nie durch *ṭôḇ* alleine gekennzeichnet werden, sondern nur zusammen mit einem nominalen Bezugswort, gewöhnlich in st.-cstr-Verbindung mit *mar'æh* (Gen 24, 16; 26, 7; 2 Sam 11, 2; Esth 2, 2. 3. 7; Dan 1, 4), *to'ar* (1 Kön 1, 6), *ro'î* (1 Sam 16, 12), also immer verknüpft mit den Wurzeln *r'h* bzw. *t'r*, 'sehen' oder zutreffender 'betrachten', 'beobachten', so daß diese „Schönheit" nicht in sich, sondern auf der subjektiven Betrachtungsweise des Gegenübers beruht. Dabei überwiegt stets die materielle Natur des „Begehrenswerten", „Brauchbaren" (vgl. Boman, 69f.). Die „Schönheit" des verheißenen Landes äußert sich vor allem in seiner Fruchtbarkeit. Menschen tun sich durch besondere Eigenschaften und Merkmale hervor: Saul durch seine das Volk überragende Größe (1 Sam 9, 2, *ṭôḇ*||*bāḥûr*), David durch Lebhaftigkeit, Saitenspiel, Tapferkeit u. a. (1 Sam 16, 12. 18).

3. In unpersönlichen Nominalkonstruktionen mit den richtungweisenden Partikeln *l*ᵉ, *b*ᵉ oder *'æl* und

einem Personalsuffix hebt *ṭôḇ* den Nutzen hervor, den jemand durch eine Person, Sache oder Handlung gewinnt. Lautenspiel soll auf Sauls kranke Psyche positiv einwirken, damit der „böse Geist" von ihm weiche (1 Sam 16, 16. 23). In Verbindung mit *dbr* geht es darum, zugunsten eines anderen zu sprechen, etwa unter Hinweis auf die Nützlichkeit seiner früheren Taten (1 Sam 19, 4; vgl. 20, 12; 27, 1; 2 Sam 18, 3). In den Gefahren der Wüstenwanderung erscheint den Israeliten eine Rückkehr nach Ägypten vorteilhafter als weiterzuziehen (Num 11, 18; 14, 3), denn dort hatten sie ihr Auskommen. Ebenso bleibt ein freigelassener Sklave bei seinem Herrn, wenn es ihm dort materiell gut ging (Deut 15, 16; 23, 17). In allen diesen Fällen steht im Vordergrund die Erhaltung oder Sicherung des notwendigen oder gewohnten Lebensraumes, entweder unter ökonomischem Aspekt oder auch mit politisch gefärbter Komponente unter dem Gesichtspunkt von Ordnung, Wohlstand und Wohlergehen eines Volkes (Ri 9, 2; vgl. 2 Chr 10, 7). Bei allen Belegstellen geht es um ganz persönlichen subjektiven Vorteil (zum vertragsrechtlichen Aspekt der Wendung vgl. Johag, BBB 50, 3–23).

Persönlich konstruiert als Aussage über das gute Handeln JHWHs an jemandem (*ṭôḇ JHWH le*), gewinnt *ṭôḇ* heilstheologische Bedeutung, resultierend aus dem Gegensatz zwischen Gerechtem und Gottlosem und als Hoffnung im Unglück (Ps 73, 1; 145, 9; Kl 3, 25f.; vgl. dagegen Ps 39, 3). Gütig erweist sich JHWH gegen die *ješārîm* und die *ṣaddîqîm*. *ṭôḇ* erscheint ebenfalls als Synonym oder Parallele zu *ṣedāqāh* (→ צדק) zum Ausdruck der Treue JHWHs.

4. Als Träger der Gefühle und Empfindungen erweist sich der Ausdruck *ṭôḇ leḇ* in der Bedeutung 'guter Dinge, fröhlich sein', besonders profan gebraucht im Zusammenhang mit Festen, Eß- und Trinkgelagen (Ri 16, 25; 1 Sam 25, 36, charakterisiert durch den Nachsatz: „und er war vollkommen betrunken"; 2 Sam 13, 28; Esth 1, 10; vgl. Ri 19, 6. 9. 12; Ruth 3, 7; Spr 15, 15). *ṭôḇ leḇ* bezeichnet hier einen Zustand, in dem man weder aufnahme- noch entscheidungs- noch handlungsfähig ist, ohne daß sich darüber eine negative Wertung findet. Der Ausdruck zielt nicht nur auf die Folgen des Genusses ab, sondern kennzeichnet z. T. auch die innere Einstellung eines Menschen, besonders deutlich Pred 9, 7, wo die Aufforderung zum Essen mit Freude und zum Weintrinken mit frohem Herzen mit der Begründung gottgefälligen Tuns ergeht. – Eine andere Nuance zeigt die Bedeutung „guten Mutes sein" oder ingressiv „Mut fassen" (1 Kön 21, 7; Pred 7, 3; Esth 5, 9; vgl. Spr 15, 13; 17, 22 mit *jṭb hiph* als Ausdruck der Möglichkeit, in den Zustand des Wohlbefindens einzutreten). Die innere Einstellung zeigt sich im Gesichtsausdruck: „Ein frohes Herz macht das Angesicht heiter, bei Kummer im Herzen ist der Geist gedrückt" (Spr 15, 13; vgl. 17, 22; Pred 7, 3). – Unheil und Verderben drohen dem Volk Israel, weil es in seinem Überfluß vergessen hat, JHWH mit Freuden und mit der ganzen Fülle seines Herzens zu dienen (Deut 28, 47 *beṭûḇ leḇāḇ*). In diesem nachexilischen Vers ist implizit der Vorwurf des Bundesbruches enthalten. JHWH nicht mit der Fülle des Herzens dienen heißt, sich von ihm abkehren, sein Gesetz nicht halten, sich anderen Göttern zuwenden (v. 45). In nachexilischer Zeit erhält *leḇ* in Verbindung mit *ṭûḇ* den Aspekt „Glück" in heilstheologischer Bedeutung (Jes 65, 14).

5. a) Neben Ausdrücken mit → ישר (*jšr*), → חפץ (*ḥpṣ*), → רצה/רצון (*rṣh/rṣwn*) wird die passivische Wortverbindung *ṭôḇ beʿênê* (42mal, in späteren Belegen mit *lipnê* oder *ʿal*), 'in jemandes Augen gut sein, erscheinen', oder aktivisch mit *jṭb qal* (16mal; vgl. aram. AP 27, 19. 21 f.), 'sich als gut erweisen' – häufig mit dem Handlungsverb *ʿāśāh* – mit „gefallen" übersetzt ohne Beachtung der verschiedenen Bedeutungsnuancen. Die Wendung gehört zumeist in den Bereich des täglichen Lebens, und zwar zur Hervorhebung des jemandem in seinem Leben selbst förderlich Erscheinenden, als Schätzung nach dem „Augenmaß" (Ungern-Sternberg, 62). In dieser völlig subjektiven Schätzung nach dem Augenmaß verdeutlicht sich eine unabhängige Willensäußerung: „Tu, was in deinem Belieben steht" (Gen 20, 15; 1 Chr 21, 23; Esth 1, 19; 3, 9. 11; 5, 4. 8. 14; 7, 3; 8, 5. 8; 9, 13; vgl. Jer 40, 4 *ṭôḇ*||*jšr*; ; 1 Sam 14, 36. 40; 2 Sam 19, 19; 24, 22; 2 Kön 10, 5; Sach 11, 12). In solchen Fällen kann es sich um eine Beifalls- oder Billigungsformel handeln, etwa in bezug auf eine gute Nachricht (Gen 45, 16), eine kluge Rede (Gen 34, 18; 41, 37; Lev 10, 20; Jos 22, 30; 2 Sam 18, 4; Esth 1, 2), oder einen Beschluß (Deut 1, 23; 2 Sam 3, 19). Auch die gesamte Lebensweise eines Menschen wird für gut befunden, wenn sie dem „richtigen Augenmaß" entspricht (1 Sam 18, 5; 29, 6. 9; 2 Sam 3, 36; vgl. 2, 26), da das Auge als Maßstab innerer Gesinnung angesehen wird (vgl. Sir 31, 13; Aboth 2, 9; 5, 19).

Ein anderer Aspekt kennzeichnet die Aussage *ṭôḇ beʿênê* als Unterwerfung der eigenen Person unter das Verfügungsrecht eines anderen, bedingt durch die bestehende Rechtslage (Gen 16, 16; Jos 9, 25; 1 Sam 24, 5; Jer 16, 14). Ri 10, 15 unterwerfen sich die Israeliten dem Willen und Urteil JHWHs als Folge ihrer Verstöße gegen die Bundesordnung (vgl. 1 Sam 11, 10; 2 Sam 15, 26; 19, 28). Wie das Verhältnis der Untertanen zum König durch dessen Richtlinien fixiert ist (vgl. Dan 6, 24; Esr 5, 17; Neh 2, 5. 6. 7), so unterwirft sich auch der Beter dem objektiven Willen Gottes. Dem bundesgemäßen Handeln steht die Verheißung des Wohlergehens (*jîṭaḇ lāḵ*) gegenüber. Israel hat jedoch nur die Wahl zwischen einer bejahenden und einer verneinenden Antwort zur Bundesordnung, die JHWH geschaffen hat, die deshalb „gerecht" und „gut" ist (Deut 6, 18; 12, 28; 2 Kön 10, 30; 2 Chr 14, 1 *ṭôḇ*||*jšr*; vgl. 1 Sam 3, 18; Mi 6, 8).

Deutlich wird der bundes- und rechtsterminologische Charakter der Wendung *ṭôḇ beʿênê*/*ṭôḇ lipnê* in

der Gegenüberstellung des Gott Wohlgefälligen und des Sünders, der dem Gericht verfallen muß (Pred 2,26; 7,26; vgl. Lev 10,19; Mal 2,17). Vom Menschen wird absoluter Gehorsam gefordert, auch wenn ihm die nötige Einsicht für sein Handeln fehlt, so wie Bileam, der gegen seinen Willen und urspr. Plan Israel segnen mußte (Num 24,1). 2 Kön 20,3 (= Jes 38,3; vgl. 2 Chr 31,20) umfaßt „tun, was in den Augen Gottes wohlgefällig ist" einen Lebenswandel vor JHWH in Treue und mit ungeteiltem Herzen. Auf positives Verhalten erfolgt eine positive Antwort JHWHs in der Gebetserhörung (2 Kön 20,3–5; vgl. 1 Sam 3,18; 2 Sam 10,12 = 1 Chr 19,13). Abhängig vom Wohlgefallen JHWHs ist auch die Ausführung eines das gesamte Volk betreffenden Vorhabens und sein Ausgang (1 Chr 13,2).
Tritt an die Stelle von *ṭôḇ* aber *jšr* (→ישר), so wird der „objektive Maßstab kritischer Beurteilung" angelegt (Ungern-Sternberg, 64), und zwar von Gott, selten von seiten des Menschen (Ex 15,26; Deut 6,18; 12,25; 13,9; 21,9; 1 Sam 18,20.26; 2 Sam 17,4; u.ö.). Damit liegt das „rechte Augenmaß" für eine Handlung außerhalb des menschlichen Korrektivs. – *ḥpṣ* 'gefallen' (→חפץ) beinhaltet dagegen ein affektbestimmtes Urteil auch negativer Art und wird deshalb vor allem in bezug auf den Menschen und sein Verlangen gebraucht (vgl. G. Gerleman, חפץ *ḥpṣ* Gefallen haben, THAT I, 624f.), genau wie *rṣh*/*rṣwn* 'gnädig annehmen' (→רצה) (Gen 33,10; Deut 33,24; 2 Chr 10,7), meist unter dem Aspekt der Willkür (Spr 14,35; 16,13.15; 19,12; Dan 8,4; u.ö.).

b) Mit 79 Belegen nimmt die direkte Verbindung von *ṭôḇ* mit seinem Oppositum *ra'* (→רעע) einen ziemlich breiten Raum ein, besonders bei Jer (15mal). Die Antithese ist in mehreren Wendungen z.T. formelhaft belegt. Zunächst beinhaltet sie kein ethisch-theologisches Moment, sondern bedeutet 'gut' – 'schlecht' im Hinblick auf Geschmack und Sinnesempfindung (Gen 3,6; 2 Sam 19,36), 'heilvoll' – 'unheilvoll' mit verschiedenen Nuancierungen, schließlich sittlich gut und böse (vgl. J. Fischer 323–325).
In Verbindung mit *jd'*/*da'aṯ* (→ידע) (Gen 2,9.17; 3,5.22; vgl. Deut 1,39) bezeichnet die Wendung „funktionales Erkennen" dessen, was für den Menschen förderlich oder schädlich ist (Westermann, Genesis, 329). Eine verstandesgemäße Auffassung des Ausdrucks beweist *lehaśkîl* Gen 3,6 (vgl. 2 Sam 14,17.20; Ps 36,4; Pred 4,13). Das sittliche Erkenntnisvermögen von „gut" und „böse" soll dem Menschen die autonome Daseinsbewältigung sichern. Indem er von dem „verbotenen Baum" ißt, greift er die Autorität Gottes an, will ihm ähnlich sein, denn Gott „kennt die Gegensätze des Seins, er geht mit ihnen unmittelbar um (ידע), er ist der aller Gegensätzlichkeit Überlegene" (Buber, Bilder, 24). Hier gewinnt die Wortverbindung eminent theologische Bedeutung als Kennzeichnung der zwischen Kreator und Kreatur bestehenden Distanz.
Abgesprochen wird das Unterscheidungsvermögen zwischen *ṭôḇ* und *ra'* dem Kleinkind, der Generation derer, die noch nicht für ihr Tun verantwortlich zu machen, d.h. schuldlos sind (Deut 1,39; Jes 7,15.16; vgl. Num 14,31) – Eine ethische Komponente enthält auch die Opposition „verschmähen" – „erwählen" (Ps 36,5; Jon 4,11). 1 Kön 3,7–12 ist die Bitte Salomos um Entscheidungsvermögen zwischen „gut" und „böse" identisch mit dem Verlangen nach der Befähigung, gerecht zu richten (v. 11f.; vgl. 2 Sam 14,17). Unverstand bedeutet nach Jer 4,22 das Unvermögen, anstelle des Bösen Gutes zu tun, d.h. der Ordnung des Bundes zu entsprechen. Die Angesprochenen sind „einfältige Kinder", die die Tragweite dessen, um was es geht, nicht ermessen können. – Unter- und Entscheidungsvermögen spricht auch der Greis sich ab (2 Sam 19,36). Jes 7,15 sieht wie Gen 3,5 den Zusammenhang von Speise und Erkenntnis des Guten und Bösen als „Nahrung zur echten Entscheidung" (H. W. Wolff, Frieden ohne Ende, BSt 35, 1962, 45).
„Zwischen gut und böse unterscheiden" (2 Sam 14,17: *šāma' haṭṭôḇ wehāra';* 1 Kön 3,9: *bîn bên-ṭôḇ lerā'*) tritt synonym für „zwischen Recht und Unrecht entscheiden" auf und nimmt so auch einen Platz in der Rechtsterminologie ein. Kennzeichnend für einen guten König ist, daß er Wahrheit (*ṭôḇ*) und falsche Aussage (*ra'*) hört und gerecht unter- und entscheidet aufgrund der Weisheit Gottes, die in ihm ist.
Ethisch ausgerichtet ist auch die Wendung *šillam rā'āh taḥaṯ ṭôḇāh* (Gen 44,4; 1 Sam 25,21; Ps 35,12; 38,21; 109,5; Spr 17,13; vgl. 1 Sam 24,18f.; Jer 18,20) bzw. *lerā'āh welo' leṭôḇāh* mit der richtungweisenden Partikel *le* (Jer 21,10; 39,16; 44,27; Am 9,4 u.ö.). Die Klage: „jemand hat Gutes mit Bösem vergolten" gehört in den Bereich des Rechtstreites als Anklage oder Unschuldsbeteuerung (Ps 35,12; 38,21; 109,5 u.ö.). In den individuellen Klageliedern trägt der unschuldig Angeklagte seinen Rechtsstreit vor Gott gegen den Frevel und die Lüge falscher Zeugen. Gutes mit Bösem vergolten zu haben, bedeutet ein großes Unrecht, das mit ständigem Unglück bestraft werden soll (Spr 17,13). Belohnt wird dagegen, wer sogar seinem Feind Gutes erweist bzw. ihn unbehelligt ziehen läßt (vgl. 1 Sam 24,18–20). An mehreren Stellen tritt der Gegensatz von „Heil – Unheil", „Glück – Unglück" in materieller Hinsicht, aber mit theologisch-ethischer Überhöhung zutage (1 Kön 22,8.18 = 2 Chr 18,7.17; Jer 21,10; 39,16; 44,27; Am 9,4). JHWH zeigt sich als der Gott, der den Bundesbruch Israels, wie angekündigt, straft und Israel aus dem Lande tilgt, das er ihm gegeben hat (Jer 44,27).
In einigen Fällen werden die Wendungen *ṭôḇ wārā'* oder *'im-ṭôḇ we'im-rā'* (bei präpositionaler Formulierung mit *min-'aḏ*) als polarer Merismus zum Ausdruck der Totalität angesehen: positiv = „alles" bzw. indefinit „irgendetwas"; negativ = „nichts" (Honeyman, JBL 71, 1952, 11–18; Boccacio, Bibl 33, 1952, 173–190; Buchanan, 114–120; Hillers, 46f.; Brongers, OTS 14, 1965, 100–114; Clark, 266–278;

Fox, 41 f.; – zutreffend für Num 24, 13; Spr 15, 3; Jes 41, 23; Jer 10, 5). Die meisten betroffenen Textstellen sind jedoch differenzierter zu betrachten. Als deklaratives gesprochenes Wort bezeichnet die Wortverbindung die Abhängigkeit einer Entscheidung vom Urteil einer Autoritätsperson, z. B. bei der Einstufung eines Opfertieres als rein oder unrein durch den Priester (Lev 27, 12). In Verbindung mit → דבר (*dbr*) ist ein rechtlich begründetes Vorgehen gegen jemanden gemeint (Gen 31, 24. 29; 2 Sam 13, 22).

Laban soll natürlich nicht „nichts" zu Jakob sagen – wie aus der Merismustheorie zu schließen wäre –, sondern er soll ihn nicht zur Rede stellen. Ebenso ergreift auch Absalom keine rechtlichen Maßnahmen gegen Amnon. Gericht und Urteil stehen dem Menschen nicht zu, er kann lediglich Vollstrecker sein (vgl. Gen 24, 50; Lev 5, 4; Kl 3, 38; Zeph 1, 12). – Die Israeliten, die nach Ägypten fliehen wollen, erwarten JHWHs Urteil darüber (Jer 42, 6; vgl. Pred 12, 14). In diesem Sinne gehört die Wendung nicht nur zur Situation der Heils- oder Unheilsorakel, sondern ist term. techn. für ein spezielles Urteil in einer Ja- oder Nein-Situation.

Von besonderer Gewichtigkeit ist das Mahnwort des Propheten Amos: „Suchet das Gute und nicht das Böse, damit ihr möglicherweise lebt und es so sei: JHWH, der Herr der Heerscharen, sei mit euch ...!" (5, 14 in Anlehnung an das Gotteswort 5, 4). Die bedingte Heilszusage *l^ema'an tiḥjû* (v. 14) *'ûlaj jæḥ^ænan* (v. 15) ist die direkte Folge von *diršû-ṭôḇ w^e'al-rā'*, das identisch ist mit *diršûnî wiḥ^ejû* (v. 4) und *diršû 'æṯ-JHWH wiḥ^ejû* (v. 6), so daß JHWH und *ṭôḇ* als synonym erscheinen. Das „Gute", um das es Amos geht, liegt nicht im Kultbereich (v. 5), sondern in der Rückkehr zur allzeit gültigen Ordnung JHWHs, in der Wahrung des Rechtes und der Verachtung falscher Aussage, Bosheit, abgestumpfter Kultpraxis (v. 15; vgl. Ps 34, 11. 14 f.; 36, 4; 37, 3; Spr 11, 27; Mi 3, 2 u. ö.). Die Wahrung des Rechtes im Tor ist für Amos „elementare Gehorsamsforderung" (Fey, 36) und Grundlage seiner theologischen und sozialkritischen Aussageabsicht (vgl. auch Neh 9, 13; Ps 119, 39. 112; Spr 20, 23; 24, 23. 25). Die Identität von *ṭôḇ* und *mišpāṭ* (→ משפט) beruht auf den Zusammengehörigkeitsforderungen der Gemeinschaft; *ṭôḇ* in aktivischer Bedeutung bezeichnet „Gemeinschaftstreue" (vgl. 2 Chr 24, 16; Ps 14, 1. 3; Spr 3, 27; Mi 3, 2). „Wie das Böse in Israel immer böse ist, weil es gegen den Gemeinschaftsgedanken verstößt, so ist auch das Gute nur wegen seiner Übereinstimmung mit dem Gemeinschaftsprinzip gut" (Fahlgren, 156).

c) Das der Bundesordnung JHWHs gemäße Handeln kann der Ausdruck *dæræḵ haṭṭôḇāh*, 'rechter Lebenswandel', 'Heilsweg' bezeichnen. Damit verbunden sind entsprechende soziale und ethisch-theologische Forderungen (Jer 7, 5), in der Regel Normen des Gemeinschaftslebens. Jeremia verknüpft den gottesfürchtigen Wandel mit dem Recht, im verheißenen Land zu wohnen. TrJes verweist dagegen auf die besondere Huld Gottes, der das Volk auch dann nicht im Stich läßt, wenn es auf frevlerischem Wege wandelt (Jes 65, 2). Diese Auffassung ist geprägt vom Erlebnis der Rettung aus dem Exil.

Direkter Gegensatz zu *dæræḵ haṭṭôḇāh* ist *dæræḵ lo' ṭôḇ* (Ps 36, 5; Spr 16, 29; Jes 65, 2), wobei die eine Wendung nominal, die andere verbal formuliert ist. Näher charakterisiert ist dieser „ungute Weg" als der frevlerische (*rš'*; Ez 3, 18 f.), häufiger mit dem allgemeineren Terminus *ra'* (1 Kön 13, 13; 2 Kön 17, 13; 2 Chr 7, 14; Ps 119, 101; Spr 2, 12; 8, 13; Jer 18, 11; 23, 22; 25, 5; Ez 13, 22; 33, 11 u. ö.). Der *dæræḵ haṭṭôḇāh* bzw. *dæræḵ ṭôḇîm* oder *dæræḵ hajj^ešārîm* als *'oraḥ mišpāṭ* (Jes 40, 14; Spr 2, 8; 17, 23 u. ö.) beinhaltet auch den Aspekt des profanen irdischen Wohlergehens, des „gesicherten Lebensweges" (vgl. Nötscher, BBB 15, 50; – 1 Sam 24, 20; 1 Kön 8, 36 = 2 Chr 6, 27 f.; Spr 2, 7 f.; 12, 15; 15, 19).

d) Eine bedeutende Rolle nimmt *ṭôḇ* in der Bundes- und Rechtsterminologie ein (s. Johag, 3–23). *jṭb hiph* dient dabei dem Ausdruck der aktiven Heilstat Gottes als Angebot und Garantie späterer Interventionen (Gen 32, 10. 13; Ex 1, 20; Deut 8, 16; 28, 63; Jos 24, 20; Ri 17, 13; Ps 51, 20; Jer 18, 10; Ez 36, 11 u. ö.). In der Verbindung mit dem Substantiv *dāḇār* oder dem Verb *dbr pi*, die besonders häufig in den geschichtlichen Büchern und bei Jer auftritt, schlägt sich vor der Billigung des Königtums und der Urbanisierung des Landes die rechtliche Autorität des Familien- oder Sippenoberhauptes, später diejenige priesterlicher, königlicher oder prophetischer Funktionen nieder und kommt dann der Formel *ṭôḇ b^e'ênê* inhaltlich sehr nahe (vgl. Deut 1, 14; 5, 28; 18, 17; Jos 22, 33; 1 Sam 9, 10).

Bei Orakel- oder Prophetenbefragung bezeichnet die Antwort *dbr ṭôḇ* ein Ja, d. h. einen guten Ausgang (2 Chr 10, 7), *dbr ra'* dagegen einen schlechten (1 Kön 22, 13 = 2 Chr 18, 12). Zu tun, „was gut ist in den Augen Israels" (2 Sam 3, 19) oder „gute Worte sprechen" (1 Kön 12, 7) als synonyme Ausdrucksform, ist Vorbedingung für einen Bundesschluß Davids bzw. Rehabeams mit den Nordstämmen, schließt also einen bestimmten Verpflichtungsbereich ein (vgl. 1 Sam 3, 12 f. 21). „Gute Worte" (*d^eḇārîm ṭôḇîm*) oder „gute Dinge" (*ṭôḇāh/ṭôḇôṯ*) finden sich an einigen Stellen neben *ḥæsæḏ* (→ חסד), → *šālôm* (→ שלום) oder *'aḥwāh* (Sach 11, 14) – manchmal paarweise – als Synonym für 'Bund' (*b^erîṯ* → ברית) selbst oder als Angabe des Bundesinhaltes.

Der Terminus *šālôm w^eṭôḇ* (vgl. Gen 26, 29; Deut 23, 7; Esr 9, 12; Jes 52, 7; Jer 8, 15 u. ö.) bezieht sich zunächst grundlegend auf Wohlstand, Sicherheit und Harmonie des materiellen Lebensbereiches (vgl. Lamadrid, EstB, 63). Gen 26, 29 ist er term. techn. für den Bund zwischen Abraham und Abimelek (vgl. Gen 21, 22–34; 31, 44–53; Ps 34, 15). Es werden Bedingungen gestellt, die der Mensch, der das Leben begehrt und Gutes/Güter (*ṭôḇ/āh*) genießen will, erfüllen muß. Über die Angleichung der Interessenssphären hinaus erstreckt sich der Sinn von *ṭôḇ* in den

ethischen Bereich (häufig mit *jṭb qal* faktiv oder *hiph* stativ in aktiver Bedeutung).
Für Jeremia, Ezechiel und Micha ist der Prüfstein, der den wahren vom falschen Propheten unterscheidet, *šālôm*, (Jer 6, 14; 8, 11; Ez 13, 10. 16; Mi 3, 5); für Micha ben Jimla ist es *ṭôḇ* (1 Kön 22, 8. 13. 18 = 2 Chr 17, 7. 12. 17). *šālôm* und *ṭôḇ* als Pseudonyme stehen beide konträr zu *rāʿāh*.
2 Sam 7, 28 bezieht sich *ṭôḇāh* auf den Bund JHWHs mit den Davididen (vgl. 7, 29; 1 Sam 25, 30; 1 Chr 24, 16; akk. *dabābu ṭābūta* = hebr. *dabber ṭôḇ*). Eine vertragliche Regelung liegt wohl auch 2 Kön 25, 28 (= Jer 52, 32) zugrunde. Esr 9, 12 handelt von der negativen Einstellung der Thora gegen Mischehen, deren Verbot als Bestandteil des JHWH-Bundes dargestellt wird, wie auch aus dem Kontext Esr 9 hervorgeht (Hillers, 47: „a document par excellence of the covenant"). – Jer 12, 6 steht *jᵉdabbᵉrû ṭôḇôṯ* (6 b) in Antithese zu *bāgᵉḏû* (6 a), 'betrügen', hier handelt es sich um ein formloses Angebot guter Beziehungen, nicht um einen fundierten Vertrag, so daß die Einhaltung der Bedingungen nicht gewährleistet sein muß (vgl. Fox, 42).
Als Terminus des JHWH-Bundes erweist sich *haddāḇār haṭṭôḇ* besonders im Zusammenhang mit der Landverheißung und ihrer Erfüllung (Jos 21, 43–45; 23, 14. 15f.). JHWH hat seinen Teil des Vertrages eingehalten: „Nichts fiel dahin von all dem Guten, das JHWH dem Hause Israels versprochen hatte; alles traf ein" (Jos 21, 45; vgl. 1 Kön 8, 56). Die Polarität von *haddāḇār haṭṭôḇ* und *haddāḇār hāraʿ* läßt dabei neben der Landgabe auch die Möglichkeit des Gerichts und der Tilgung des Volkes offen, wenn nämlich Israel nicht seinerseits die Bundesverpflichtungen einhält (Jos 23, 25f.; vgl. Neh 5, 9; *lo'-ṭôḇ haddāḇār* = frevelhaftes Treiben; 1 Sam 26, 16; 1 Kön 14, 13; Jer 29, 32; Hos 8, 1–3; 14, 3; Mi 1, 12). – Zur Kennzeichnung des Heilswillens Gottes steht *dibber ṭôḇ* parallel zu *dibber šālôm* (Num 10, 29; 1 Sam 25, 30; vgl. Ps 85, 9).
Als neues theologisches Element zeigt sich bei Jer (dtr Redaktion) die Heilsverkündigung ohne Vorleistung des Volkes (Jer 32, 42; vgl. 24, 5–7; 29, 10 u. ö.). Der Zusammenhang mit *leḇ* kennzeichnet *dāḇār ṭôḇ* in dem prophetischen Preislied für den König als Freuden- oder Heilsbotschaft (Ps 45, 2; anders Kraus, z. St.; s. aber R. Tournay, VTS 9, 1963, 168–212). – Als Terminus der Rechtsbefindlichkeit begegnet die Wortstellung *dāḇār ṭôḇ* (2 Sam 15, 3 Pl.), zum Ausdruck der Zustimmung *ṭôḇ haddāḇār* (1 Kön 2, 18. 38. 42; 18, 24). – In nicht formelhafter Wendung hat *dāḇār ṭôḇ* auch die Bedeutung 'freundliches Wort' (Spr 12, 25), *dibber ṭôḇah* 'zu jemandes Nutzen reden' (Jer 18, 20) oder zur rechten Zeit das rechte Wort finden (Spr 15, 23). Außerdem erhält auch zweckmäßiges Handeln diese Bezeichnung (Ex 18, 17 negiert; Esth 7, 9).
e) Typisch für die Weisheitsliteratur – besonders für Spr und Pred – ist die Form der sog. *ṭôḇ-min*-Sprüche. Es handelt sich dabei um antithetisch angelegte Wortpaare in Mašal-Form, deren ursprünglicher Sitz im Leben die Familien- und Sippenethik mit dem Ziel praktischer Lebensbewältigung, gemessen an Fähigkeit und Widerstand ist (vgl. Spr 12, 9; 15, 17. 24; 18, 22; 21, 9. 19; 25, 7; 27, 5. 10; – aram.: Aḥ 57; äg. Ptah-hotep 13, Erman, Literatur, 91f. – Pred 4, 6. 9; 5, 4; 7, 10 u. ö.). Sie richten sich deshalb aus an der anthropozentrischen Frage *māh ṭôḇ*/*māh jiṯrôn lāʾāḏām* (Pred 1, 3; 2, 3. 22; 3, 9; 5, 15b; 6, 8. 12; 10, 10f. u. ö.).

Pred, Spr und Hi verwenden dabei den „unverbindlichen Terminus" *'āḏām* (Zimmerli, Struktur, 179), der den Aspekt der Bundeszugehörigkeit des Menschen zu JHWH unberücksichtigt läßt.
In Prosaform finden sich solche rhetorischen Fragen oder abwägenden Aussagen, die nur eine eindeutige Antwort zulassen, Ex 14, 12; Ri 8, 2; 11, 25; 18, 19; 1 Sam 1, 8; 15, 28; 1 Kön 19, 4; 2 Kön 5, 12; Am 6, 2; Jon 4, 3. 8; Nah 3, 8. Offen ist die Entscheidung Gen 29, 19; Ri 15, 2; 1 Sam 9, 2; 21, 2; Jes 56, 5.

Gemäß ihrer Aussageabsicht ist zu unterscheiden zwischen komparativisch („besser als ...") und adversativ („gut ist ... und nicht ...") gebildeten Formen (vgl. H. H. Schmid, Weisheit, Anm. 69; anders H. Kruse, 391f. 397).

Die erste Form trifft nur zu für die Fälle, bei denen es um eine vom Menschen gesetzte, an dessen Neigung orientierte Normierung von gut und böse bzw. nützlich und unnütz geht, die keinen Absolutheitsanspruch hat, sondern aus zweckethischem Denken resultiert (vgl. 2 Kön 10, 3). In dieser Sphäre läßt sich von einer Wertskala innerhalb der Weisheitsliteratur sprechen. – Anders verhält es sich, wenn die Aussage auf dem Gegensatz von Gehorsam – Ungehorsam beruht und damit in den theologischen Bereich hineinragt, der keine Relativierung erlaubt, sondern den Menschen unabdingbar verpflichtet (1 Sam 15, 22; Ps 69, 32; vgl. Spr 17, 1).

Die Struktur der *ṭôḇ-min*-Sprüche variiert: entweder sind die polaren Aussagen auf die zwei Halbverse verteilt oder die Antithesen sind in einem einzigen Halbvers enthalten und werden im zweiten begründet bzw. dienen selbst als Erklärung einer vorausgegangenen Feststellung (Zimmerli, Struktur, 192). Allen gemeinsam ist die Absicht, Wegweiser zum Glück des Menschen zu sein, So finden sich neben *ṭôḇ* Begriffe wie *ḥjh*/*ḥajjîm* (→ חיה), *ʿošær* (→ עשר), *kāḇôḏ* (→ כבד), *jāmîm* (→ יום), *'oræḵ* u. a.
Hierher gehören auch die weisheitlichen Sprüche, die „im Stile einer gratulierenden Sentenz" (Kraus, BK XV zu Ps 112, 5) etwas feststellend als *ṭôḇ* benennen, besonders hervorgehoben durch den Ausruf *māh ṭôḇ*, z. T. verstärkt durch deiktisches *hinnēh* oder affirmatives *kî* (Ps 127, 3ff.; 133, 1; Sir 25, 4f.). In solchen Sprüchen spiegelt sich das in *ṣᵉḏāqāh* und *mišpāṭ* verwurzelte Leben wider (Ps 112, 5; Jes 3, 10; Kl 3, 20), ebenso das auf Harmonie abgestellte Gemeinschaftsleben (Gen 2, 18; 2 Kön 2, 19).

Eines der Hauptthemen der *ṭôḇ-min*-Sprüche ist die Beurteilung von Armut und Reichtum (Ps 37, 16; Spr 15, 16; 16, 8. 19; 19, 1. 22; 28, 6 u. ö.). Häufig schlägt sich der Gegensatz von „gerecht" – „frevlerisch" als gleichbedeutend zu „arm" – „reich" nieder. Der Reichtum als solcher wird jedoch nicht generell verurteilt, sondern nur der unrechtmäßig erworbene Besitz der Gottlosen (vgl. dagegen Ps 49). Das Streben nach dem irdischen Gut der Sättigung und Freude erhält seine besondere Ausprägung bei Pred (2, 24; 3, 22; 5, 17; 8, 15; vgl. 3, 12), wo *ṭôḇ* als „Topos vom unreflektierten Leben" (Ellermeier, 87) gelten kann. Der Sinn des irdischen Lebens wird im vollzogenen Genuß der dem Menschen verliehenen Güter gesehen, und zwar angesichts der Diskrepanz zwischen Gerechtigkeit und Wohlergehen, Frevel und Unglück, unter dem Aspekt der Tat-Ergehen-Folge (Pred 2, 1; 3, 13; 4, 8; 5, 17; 6, 3. 6; 8, 12. 13. 15). Es wird jedoch deutlich, daß Pred bei aller Profanität der Aussagen die weltlichen Güter als Geschenk der göttlichen Gnade ansieht. – Um das verantwortungslose frevlerische Handeln des Menschen geht es Pred in seinen pessimistischen Aussagen, so daß er die Toten und Ungeborenen glücklicher preist als die Lebenden, nicht nur, weil sie das frevlerische Treiben schauen müssen, sondern auch selbst in seinen Sog geraten können (Pred 4, 3; vgl. 7, 2. 3; Spr 17, 20).

Sicherung von Leben und Glück über alle materiellen Güter und Machtpositionen hinaus bietet der Besitz von Weisheit (*ḥoḵmāh* [→חכם]) und Einsicht (*da'aṯ* [→ידע]) in der ganzen Breite ihrer Bedeutungsvielfalt (Spr 3, 14; 8, 10f. 19; 16, 16; 19, 8; Pred 4, 13; 7, 5. 11; 9, 16. 18 u. ö.). Sie stehen als höchstes Gut neben Gottesfurcht und Gottvertrauen, in denen sich die Gültigkeit des Bundesverhältnisses äußert und die sich in Bekenntnisaussagen mehrfach kundtun (Ps 63, 4; 84, 11; 118, 8. 9; 119, 72; vgl. Spr 16, 20 mit *'ašrê*; Ps 111, 10 faßt Dahood *ṭôḇ* als Genitivobj. zum Subst. *śeḵæl* auf, und zwar personal als „der Gute" in Chiasmus-Konstruktion zu *jir'aṯ JHWH* im ersten Kolon des Verses).

f) Als das Gute par excellence besitzt das Subst. *ṭûḇ*/*ṭôḇāh* (auch *ṭôḇ* neutr. oder adj.) im religiösen Bereich zwei Bedeutungsinhalte, die sich zueinander verhalten wie Ursache und Wirkung, Abstraktbegriff und dessen Manifestation im (Kollektiv-)Konkretum (vgl. Mannati, 488–493). Als Abstraktum bezieht sich *ṭûḇ*/*ṭôḇ(āh)* als das Bonum an sich allein auf JHWH, indem es personifiziert und mit ihm identisch wird, nicht mehr als „das Gute", sondern als „der Gute" (Ps 16, 2; 119, 22; vgl. 14, 28. 68; 84, 17; Spr 13, 21; als negatives Gegenstück Ps 36, 2). In diesem Sinne ist *ṭûḇ* Ex 33, 19 als Theophanie-Begriff parallel zu *pānîm* (→פנים), *kāḇôḏ* (→כבד) oder *no'am* (→נעם) *JHWH* zu werten. Die Vorstellung von JHWH als Quelle menschlichen Heils und Wohlergehens findet ihre stärkste Ausprägung in Dank- und Geschichtspsalmen sowie bei Jer (15, 11; 17, 6; 33, 11; 44, 17 u. ö.).

Der imperativische Kurzhymnus *hôḏû l^e JHWH kî-ṭôḇ kî l^e'ôlām ḥasdô* (1 Chr 16, 34; Ps 106, 1; 107, 1; 118, 1. 29; u. ö.; vgl. Ps 52, 11; 54, 8 *kî-ṭôḇ* als hymnische Kurzformel) ist die zentrale Bekenntnisaussage des AT, die auf dem historisch-personalen Gottesbegriff Israels fußt. Sitz im Leben ist das Danklied der Gemeinde als Weiterentwicklung aus dem Mose- und dem Mirjamlied (Ex 15; vgl. Ps 68, 5ff.). Die konkreten Heilstaten werden mit dem Begriff *ṭôḇ* umfaßt; die Formel erhält so bei aller Geschichtsbezogenheit Allgemeingültigkeit (vgl. Jes 63, 7). Der imperativischen Aufforderung zum Lob und der Nennung des zu Preisenden folgt im *kî*-Satz die Durchführung (deshalb affirmatives, proklitisches, nicht kausatives *kî*). Die Form des Hymnus sowie die Verbindung mit Instrumentenbegleitung und Opfern, außerdem die Erwähnung des *bêṯ JHWH* verweisen in den Bereich der Tempelliturgie. Das Heil der Gottesnähe, das der Gerechte schon vor Betreten des Tempels erfährt (Ps 23, 6; 65, 5; 73, 28; 84, 11; vgl. 100, 5), findet Ausdruck in den Dankliedern der Gemeinde und in individuellen Klage- und Dankliedern (Ps 54, 8; 86, 5; 119, 122 u. ö.). Der Gedanke der Gutheit bzw. Güte Gottes, die sich in konkreten Taten manifestiert, zieht sich parallel zu seiner Gerechtigkeit als oberster Norm des Handelns als Grundthese durch das AT (in spätisraelit. Zeit wird die Formel übernommen als Gotteslob nach Beendigung einer Schlacht, 1 Makk 4, 24).

Häufig tritt *ṭôḇ* bei Jer in heilsgeschichtlicher, auf Zukunft ausgerichteter Bedeutung auf als Heilsgut für das Volk wie für den Einzelnen (8, 15; 14, 11. 19; 17, 6 u. ö.). Besonderes Gewicht gewinnt es dabei als Inhalt des neuen Bundes, des *b^erîṯ 'ôlām* (32, 40. 41. 42; vgl. 33, 9. 11. 14). Der *ṭûḇ JHWH* ist Antwort auf das aktive *ṭôḇ* des Menschen (vgl. Hi 21, 13; 36, 11; Ps 23, 6; Jer 8, 15). Darin äußert sich das Verhältnis der Bundestreue. So sieht Fox (41) Hos 3, 5 *ûpāḥ^aḏû 'æl-JHWH w^e'æl-ṭûḇô* in Verbindung mit den Verba *šûḇ* und *biqqeš* als Ausdruck der Bundesqualität, synonym zu *jāre' JHWH* (Ps 31, 20; 34, 3. 9–15; 68, 10f.; Nah 1, 7).

Der Mensch erfährt die Gutheit Gottes in konkreten bona, die jedoch – als Gnadengeschenk – seiner absoluten Verfügungsgewalt entzogen sind (Hi 2, 10). Sie betreffen materielle Werte, die ein glückliches Leben bewirken sollen (Ps 34, 9. 13), ohne Berücksichtigung moralischer Qualitäten (z. B. gute Ernteerträge, Wohlstand, Macht, Kindersegen; vgl. Deut 26, 11; 28, 11; 30, 9; Hi 2, 10; 9, 25 u. ö.). Die bereits erhaltenen Gaben sind für den Frommen die Garantie für weitere *ṭôḇ*-Erweise, die nicht nur für ihn, sondern auch für seine Nachkommen Geltung haben (Ps 25, 13; Spr 13, 22).

Das aktive göttliche Gutes-Tun (*'āśāh ṭôḇ*/*āh*) hat das passivische menschliche Wohlergehen (*jṭb qal* und *hiph*) zur Folge. Beide sind geknüpft an die Bedingung von Gehorsam bzw. Umkehr (Gen 32, 10. 13), deshalb oft mit konditionalem *waw* oder *l^ema'an* verbunden. Wohlergehen als Ergebnis der Bundestreue findet seinen Niederschlag z. B. im langen Leben und im Besitz des verheißenen Landes (Deut 4, 40; 5, 16. 29; vgl. Ex 18, 9; Num 10, 32 u. ö.), Zeichen einer ganz bestimmten Lebensqualität (vgl. bes. 1 Chr 29, 28). Aus menschlicher Sicht erhält *ʿāśāh ṭôḇ* in den Psalmen und weisheitlichen Schriften die Bedeutung „Gerechtigkeit", „Gottesfurcht"; *ʿāśāh loʾ ṭôḇ* als Ausdruck „frevelhaften", „gottlosen" Handelns (Hi 24, 21; Ps 14, 1. 3; 51, 2. 4; Pred 7, 20 u. ö.) kann umfassender Begriff für „Sünde" sein (vgl. W. Zimmerli, BK XIII/1, 412). Im Gegensatz dazu ist die positive Wendung *ʿāśāh ṭôḇ* volle Verwirklichung der Güte und Rechtschaffenheit im Leben (Ps 14, 1. 3; 37, 3; 53, 4).

6. Als Bestandteil eines PN findet sich *ṭôḇ* bzw. *ṭûḇ* im AT in *ʾaḥiṭûḇ* (1 Sam 22, 9) und *ʾaḇîṭûḇ* (1 Chr 8, 11). Zu verweisen ist auf die Entsprechung zu den ababyl. Namen *Abu-ṭābu* und *Aḫu-ṭābu*, die für die Adjektivform des *ṭwb*-Elementes sprechen, als Bestandteil eines Attributnamens (anders H. Ringgren, אב, ThWAT I, 16). Möglicherweise liegt eine im phön. Sprachbereich häufig belegte Verdumpfung des urspr. ô-Vokals zu û vor. – Aus einer späteren Zeit stammt der mit *ṭôḇ* als erstem Element und theophorem *jāhû* oder *ʾel* gebildete Name *Ṭôḇîjāh(û)* bzw. *Ṭāḇʾel* (Neh 6, 19; Jes 7, 6), bei dem es sich um einen „Vertrauensnamen" handelt (IPN 147; vgl. H. Bauer, Die hebr. Eigennamen ..., ZAW 48, 1930, 73–80, hier 75; J. J. Stamm; E. Vogt, Filius, 263.; Albright, Son, 34f.; Alt, Menschen ohne Namen, AnOr 18, 1950, 9–24, hier 22f.). – Als geographische Bezeichnung ist *ṭôḇ* belegt Ri 11, 3. 5; 2 Sam 10, 6. 8. Vielfach schließt man auf das heutige eṭ-Ṭaijibe im nördl. Ostjordanland. Nach Abel (Géographie de la Palestine, II, Paris [3]1967, 10) entspricht *ṭôḇ* dem *Twbj* der Palästina-Liste Tutmosis III. (Nr. 22) und dem *Du-bu* der EA (205, 3). Dagegen wehrt sich besonders Noth (Aufsätze zur bibl. Landes- und Altertumskunde, I, 1971, 438, Anm. 26). Faßt man *ṭôḇ* in der Verbindung *ʾîš ṭôḇ* lokal auf, „ein Mann aus *Ṭôḇ*", so bildet die Wendung eine Entsprechung zu akk. „*amēlu* der Stadt N.N." als Bezeichnung für einen Regenten niederen Ranges (EA 141, 4; 162, 2; 174, 4 u. ö.).

III. In den Qumrantexten der Höhle 1 (+CD) ist *ṭôḇ* 33mal belegt (Kuhn): 2mal als Verb, 15mal als Subst., 16mal als Adj., zumeist in ethisch-moralischer Bedeutung. Dazu kommen noch 15 Belege aus 4Q; 11Q und Murabbaʿat.
Als „sola gratia sub lege" (Becker, 161) wird die Güte Gottes besonders in den Hymnen verkündet, parallel zu Begriffen wie *ḥæsæḏ*, *raḥam*, *seliḥāh*, *ṣeḏāqāh*. „Güte Gottes" und „Gerechtigkeit" sind Wechselbegriffe (1QH 7, 30; 11, 9. 31; 1QS 11, 14). *ṭwb* ist verbunden mit den Forderungen der Bundes- und Gesetzestreue als Heilsweg (1QS 1, 2; vgl. 1, 5; 4, 3; 10, 12. 18; 1QH 14, 17; 15, 18; vgl. 14, 26; 16, 18; 17, 24). Die Güte ist Ausdruck der Bundeshilfe, die Gott seinem Volk gegen die Feinde verleiht (1QM 18, 8), höchstes Gut und Quelle des Glücks für den Gerechten (1QH 10, 16; 11, 6; 12, 21; 18, 14). Wesentlich für die Bestimmung von „gut" und „böse" ist die Auseinandersetzung mit dem Dualismusdenken in den Kategorien von Wahrheit – Lüge; Licht – Finsternis; Gut – Böse. Der Mensch ist hier Subjekt und Objekt zugleich (Nötscher, BBB 10, 79). Mit seiner Bestimmung zur Herrschaft über die Welt hat er die Aufgabe erhalten, zwischen Gut und Böse zu wählen und sich für das Gute zu entscheiden (1QS 3, 17f.; 4, 26). Die Spaltung innerhalb der Menschenwelt erstreckt sich auf die „Geister der Wahrheit und des Frevels" im Herzen des Menschen (1QS 4, 26; vgl. 4, 3; 1QH 14, 12). Pflicht des Einzelnen in der Gemeinschaft ist die Übung „gütiger Demut" (*ʿnwt ṭwb* parallel zu *ʾhbt ḥsd* und *mḥšbt ṣdq*, 1QS 2, 24) sowie die Vergeltung böser Taten mit guten in Anerkennung Gottes als des einzigen gerechten Richters (1QS 10, 18). Dafür wird er im Priestersegen bedacht mit den Gaben der Weisheit und Einsicht (1QS 2, 3; vgl. Num 6, 24–26).

IV. Der Bedeutungsfülle von *ṭôḇ* sucht LXX durch nuancenreiche Übersetzung gerecht zu werden. Die gebräuchlichsten Wortgruppen sind – nach ihrer Häufigkeit – ἀγαθός, καλός, χρηστός, εὖ (in Verbindung mit γίγνεσθαι, εἶναι, ποιεῖν, χρᾶσθαι), κρεῖττων, ἀρέσκειν, ὀρθός, σφόδρα, δοκεῖν, χάρις. Mit 416 Belegen sind Formen von ἀγαθός am häufigsten vertreten, der größte Teil in der Weisheitsliteratur. Griechisch-hellenistischem Denken ist es zuzuschreiben, daß *ṭôḇ* als Gottesbezeichnung durch neutrisches ἀγαθόν übersetzt wird.

Das Subst. ἀγαθωσύνη (15mal) bezieht sich im Unterschied zu χρηστότης nicht allein auf die Güte Gottes, sondern auch auf materielle Güter und menschliches Handeln. – Das Verb ἀγαθοποιεῖν ist (neben ἀγαθοῦν und ἀγαθύνειν) Übersetzung von *hêṭîḇ* und bringt „die Realisierung des Guten durch Handeln zum Ausdruck" (Grundmann, ἀγαθός, 17).
Das *ṭôḇ*-Äquivalent καλός/καλῶς bedeutet ʿnützlich, brauchbarʾ, häufiger aber ʿsittlich gutʾ (Grundmann, καλός, 545). – In den meisten Fällen werden καλός und ἀγαθός synonym verwandt (vgl. Num 24, 1; Deut 6, 16; 12, 28; 2 Chr 14, 1; Spr 3, 4; Jes 1, 17; Am 5, 14f. u. ö. – s. Beyreuther, 624). In der Wiedergabe von *ṭôḇ* durch καλός in Gen 1 zeigt sich der griech Schönheitsbegriff. Im Unterschied zu *ṭôḇ* wird καλός hier als „objektiviert empfunden, die Ablösung von einer bestimmten Funktion ist hier vollzogen" (Schmitt, 151).
Von Bedeutung ist auch χρηστός als Bezeichnung der Vorzüglichkeit oder Kostbarkeit einer Sache (Jer 24, 2. 3. 5; Dan 2, 32), häufiger jedoch zur Charakterisierung von Personen. Als Ehrentitel und Herrscherepitheton eignet sich χρηστός zur Beschreibung von Personen, die von ihrer Machtstellung und ihrer Einflußmöglichkeit einen „wohltätigen Gebrauch" (Weiß, 474) machen (vgl. Ps 112, 5; Jer 52, 32), vornehmlich aber des Reichtums der Güte JHWHs. Auffallend ist dabei die besonders in den Psalmen und prophetischen Texten begegnende Erhellung bzw. Spezifizierung des Begriffs durch andere mit ihm korrespondierende Begriffe, vor allem mit ἔλεος, das hebr. *ḥsd* entspricht (vgl. Weiß, 474). – Das Subst. χρηστότης dient fast ausschließlich zum Lobpreis JHWHs, vor allem in den Psalmen.

Das Adj. εὖ umfaßt in Verbindung mit γίγνεσθαι, εἶναι, ποιεῖν und χρᾶσθαι göttliche und menschliche Wohltaten sowie Wohlergehen im allgemeinen Sinne. In der stereotypen Formel: ἵνα εὖ σοι γένηται erscheint es vornehmlich in der deut. Gesetzesparänese (vgl. Deut 4, 40; 6, 18; 10, 13; 12, 25. 28 u. ö.).

Höver-Johag

טוּחַ *ṭûaḥ*

טָחַח *ṭāḥaḥ*, טִיחַ *ṭîaḥ*, טֻחוֹת *ṭuḥôṯ*

I. 1. Etymologie, Belege – 2. Bedeutung – II. Profane Verwendung – III. Gebrauch in religiös-kultischen Texten – 1. Der Reinheitsgesetze – 2. Der Propheten – 3. *ṭuḥôṯ* in Hiob und Psalmen.

Lit.: *S. Mowinckel*, טחות und שכוי. Eine Studie zur Astrologie des AT (AcOr 8, 1929, 1–44).

I. 1. Die Wurzel *ṭwḥ*, zu der es wahrscheinlich auch noch die Nebenform *ṭḥḥ* gegeben hat (vgl. Jes 44, 18), tritt über das Hebr. hinaus auch in ugar., mhebr., jüd.-aram., pun., arab. und äth. Texten auf. Neben dem Gebrauch als Verbum (im *qal* und *niph*) findet sie in den Derivaten *ṭîaḥ* (Ez 13, 12) – und wohl auch *ṭuḥôṯ* (Ps 51, 8; Hi 38, 36) – auch als Nomen Anwendung.

2. Alle Belegstellen führen darauf, daß als Grundbedeutung der Wortgruppe 'bestreichen' anzunehmen ist (Lev 14, 42; Ez 13, 10). Von hier aus hat das Verbum dann die speziellen Bedeutungen 'darüberstreichen' (Ez 22, 28), 'überziehen' (1 Chr 29, 4) sowie 'überzogen sein' bzw. 'verklebt sein' (Jes 44, 18) angenommen, während das Nomen *ṭîaḥ* die Bedeutung 'Lehmüberzug', 'Tünche' erhielt (Ez 13, 12) und das Nomen *ṭaḥôṯ* mit der Bedeutung 'Dunkel', 'Verborgenes' die konkrete Folge des Überstreichens bzw. Überzogenseins wiedergibt (so mit Gunkel, GHK II/2[5], 227 und H.-J. Kraus, BK XV/1[4], 382 in Übereinstimmung mit LXX, die in Ps 51, 8 τὰ ἄδηλα übersetzt; eine andere Übersetzung und Ableitung, die einseitig von Hi 38, 36 ausgeht und nicht mit Ps 51, 8 vereinbar ist, bei Hölscher, HAT I/17[2], 95–97 und Fohrer, KAT XVI, 508–509).

II. Für den Gebrauch des Verbums ist eine Verbindung mit Nomina, die Mörtel, Lehm oder Tünche bezeichnen, charakteristisch (7mal unter 11 Belegstellen); das spiegelt sich auch darin wider, daß man in nachexilischer Zeit von der Wurzel *ṭwḥ* ein eigenes Nomen (*ṭîaḥ*) mit der Bedeutung 'Lehmüberzug', 'Tünche' ableitete (vgl. dazu Zimmerli, BK XIII/1, 295). *ṭwḥ* drückt so in erster Linie den zunächst rein profanen Vorgang des Verputzens einer Hausmauer mit Mörtel (Lev 14, 42–43. 48), des Bestreichens einer Wand mit Lehm bzw. dünner Tünche (Ez 13, 10–12. 14–15) aus. Analog dazu bezeichnet es dann aber auch das Überziehen einer Wand eines Raumes mit Gold oder Silber (1 Chr 29, 4).

In gleicher Weise dient *ṭwḥ* bzw. *ṭḥḥ*, auf die Augen eines Menschen bezogen, zur Umschreibung der wieder ganz profanen Erscheinung des Überzogenseins bzw. des Verklebtseins der Augen, d. h. der Blindheit (Jes 44, 18, wo l. *ṭaḥû* von *ṭḥḥ* mit Duhm, GHK III/1[5], 336 oder *ṭāḥ* von *ṭwḥ*, was dem K[e]tib entsprechen und die Annahme einer Nebenform *ṭḥḥ* überhaupt unnötig machen würde).

III. 1. Innerhalb des zu den Reinheitsgesetzen gehörenden Abschnitts über den Aussatzbefall von Häusern bezeichnet *ṭwḥ* das nach einer Entfernung der befallenen Steine und des alten Mörtels erforderliche neue Verputzen der Hauswände mit anderem, neuen Mörtel (Lev 14, 42–43. 48). Das Auftragen des neuen Mörtels bedeutet hier Reinheit, obwohl diese Reinheit erneut verunreinigt werden kann (Lev 14, 43–44; vgl. K. Elliger, HAT I/4, 176f.).

2. Unter den Propheten gebrauchen nur Ez und DtJes die von *ṭwḥ* gebildete Wortgruppe. Ähnlich wie im Gesetz über den Aussatz an Häusern geht es auch bei Ezechiel zunächst um das Bestreichen einer Wand, – nun jedoch mit dünner Tünche, die anders als Mörtel keinen festen Zusammenhalt der darunterliegenden Steine bewirkt, sondern diesen nur vortäuscht. Ezechiel dient dieses Bild vom Auftragen dünner trügerischer Tünche zur Illustration seiner gegen die falschen Propheten gerichteten Verkündigung: Das Reden und Handeln der falschen Propheten gleicht dem Tun eines Mannes, der einer Wand durch einen Tüncheanstrich nach außen den Anschein der Zuverlässigkeit gibt und so die im Haus Wohnenden zu falscher Sicherheit verleitet (Ez 13, 10.14; 22, 28. – Ez 13, 11–12. 15 sind erweiternde Zusätze späterer Bearbeiter; vgl. Fohrer, HAT I/13, 71–73, Zimmerli, BK XIII/1, 295). *ṭwḥ* symbolisiert hier somit falsche Heilsverheißungen.

Dieser Symbolcharakter des Verbums liegt ebenso auch in Jes 44, 18, einem späteren Einschub in DtJes (C. Westermann, ATD 19, 123), vor: Das Verklebtsein der Augen, d. h. die Blindheit der Anfertiger und Anbeter von Götzenbildern ist Umschreibung für mangelnde Erkenntnis und mangelnden Verstand.

3. Schwierig und bis heute umstritten ist die Übersetzung und dementsprechend auch der Gebrauch von *ṭuḥôṯ* (vgl. Gunkel 227; Fohrer, KAT XVI, 508–509). Trifft jedoch die noch immer wahrscheinlichste Übersetzung 'Dunkel', 'Verborgenes' zu (vgl. I.2.), so liegt in Ps 51, 8 wie in Hi 38, 36 eine Verbindung von Dunkel bzw. Verborgenem mit der Wahrheit und der Weisheit, die JHWH im Bereich des Geheimen gewährt, vor. *ṭuḥôṯ* bezeichnet somit nach der Art der Weisheitslehre das von JHWH bereitete und geförderte Dunkel und steht so in einer Linie mit der Verborgenheit, die auch 1 Kor 2, 7 für die Weisheit in Anspruch nimmt.

Schunck

טוֹטָפֹת *ṭôṭāpoṯ*

I. Stirnschmuck – II. Symbolik.

Lit.: *M. Caloz*, Exode XIII, 3–16 et son rapport au Deutéronome (RB 75, 1968, 5–62). – *H. Grimme*, Hebr. טטפת und טת, zwei Lehnwörter aus dem Ägyptischen (OLZ 41, 1938, 148–152). – *C. A. Keller*, Das Wort OTH als „Offenbarungszeichen Gottes", Basel 1946, bes. 65–66. – *G. Klein*, Die Totaphot nach Bibel und Tradition (Jahrbücher für protestantische Theologie 7, 1881, 666–689). – *E. König*, Das Deuteronomium (KAT 3, 1917), 99. – *R. Ružička*, Konsonantische Dissimilation in den semitischen Sprachen (BAss 6/4, 1909), 129. – *E. A. Speiser*, ṬWṬPT (JQR 48, 1957, 208–217). – *Ders.*, *Pālil and Congeners: A Sampling of Apotropaic Symbols* (Assyriological Studies 16, 1965, 389–394). – *B. Stade*, Das Kainszeichen (ZAW 14, 1894, 250–318, bes. ab 308). – *J. Swetnam*, Why was Jeremiah's New Covenant New? (Studies on Prophecy, VTS 26, 1974, 111–115). – *M. Weinfeld*, Deuteronomy and the Deuteronomic School, Oxford 1972, 299–303.

I. Stirnschmuck („zwischen den Augen" Ex 13, 9. 16; Deut 6, 8; 11, 18) ist, außer der äg. Uräusschlange (vgl. Grimme) und Hörnern (vgl. ANEP, Index, s. v. horn), ikonographisch vielfach belegt (z. B. ANEP 37. 74–75 F. 464; AOB 283. 284; vgl. verschiedene Symbole in Augenhöhe der dargestellten Personen, vor allem auf Rollsiegeln: z. B. ANEP 687. 690. 698. 700. 701. u. ö.). Verwandte Vorstellungen sind auch literarisch bezeugt: „Auf meinem Bauch, auf meinem Rücken, trage ich das Wort des Königs, meines Herrn" (El-Amarna: ANET³ 484); „Siehe, ich habe dir das Beste meines Inneren gesagt, laß es als festen Grundsatz vor deinen Augen stehen" (Die Lehre für Merikare, 43f., ANET³ 418). Aber *ṭôṭāpoṯ* selbst ist außerbiblisch nicht bezeugt. Ein apotropäisches Amulett ist bloß Hypothese (vgl. Speiser, Ass. Studies 16, 389–393). Die vielleicht gleiche Wurzel im Arab. und Mand. hat in der Bedeutung mit dem AT nichts Ersichtliches zu tun (vgl. KBL³ 357). Der geschichtliche und sachgemäße Zusammenhang der Phylakterien (Mt 23, 5; vgl. 2 Sam 1, 10 targ.; mhebr.) mit *ṭôṭāpoṯ* darf nicht vorausgesetzt werden. (Vgl. L. I. Rabinowitz, Encyclopaedia Judaica XV, 898–904.)

II. Die immer defektive masoret. Schreibung (טֹ[וֹ]טָפֹת) (Ex 13, 16; Deut 6, 8; 11, 18) und der Sing. als Entsprechung in Ex 13, 9, griech. (ἀσάλευτον; vgl. Betz, ThWNT VII, 660²⁰) S und V lassen eine Angleichung an eine sing. Segolatendung an das vorausgehende ’ôṯ als möglich erscheinen. *ṭôṭāpoṯ* ist immer bestimmt durch *bên ‘ênêḵā*, bzw. *‘ênêḵæm*; voraus geht ’ôṯ *‘al jāḏeḵāh* bzw. *jæḏkæm;* Ex 13, 16 steht *leṭôṭāpoṯ* als zweites Prädikatsnomen gemeinsam mit *le’ôṯ* unter *wehājāh*, während es Deut 6, 8; 11, 18 allein unter *wehājû* steht, *le’ôṯ* dagegen indirektes Objekt zum Verb *ûqešartām/ûqešartæm* ist. Aus der spärlichen, obendrein formelhaften und kontextuell homogenen Bezeugung sind weder Tatsache

noch Gestalt noch Funktion einer materiellen Realität (vgl. Speiser, Assyr. Studies 16, bes. 392f.) am kultur- und religionsgeschichtlichen Ursprung auszumachen. Es bleibt die Frage nach Funktion und Sinn in der literarisch geprägten Doppelwendung. *ṭôṭāpoṯ* steht im frühesten, früh- oder vordt Beleg, Ex 13, 16 (Caloz; Weinfeld 179–190. 301; vgl. N. Lohfink, Das Hauptgebot [AnBibl 20], Rom 1963, 121–124; C. Brekelmans, Die sogenannten deuteronomischen Elemente in Gen.-Num. [VTS 15, 1966, 90–96]; Ders., Éléments deutéronomiques dans le Pentateuque [Recherches Bibliques. < Journées du Colloque Bibl. de Louvain > 8, 1967, 77–91]) unter dem semantischen Druck von ’ôṯ. Das Gefälle vom häufigen (vgl. Schottroff: THAT 1, 509) zum fast einmaligen Wort und die Syntax lassen es nicht anders erwarten. So ersetzte es der spätere Bearbeiter von Ex 13, 3–10 zur Verdeutlichung durch *zikkārôn* (→ זכר). Literarisch ist Anlaß oder Gegenstand in Ex 13, 11–16 zwar partikulär die Regelung der Erstgeburt, aber die Sprechsituation („Kinderfrage" Ex 13, 14; vgl. 8) führt auf das Ganze von Auszug und Gesetz (vgl. das im Pent. einmalige *tôraṯ JHWH* Ex 13, 9), wie es Deut 6, 8; 11, 18 ausdrücklich ist (6, 7; 11, 19). Ein Vergleich (v. a. Deut 11, 18a) mit bildlichen Wendungen von Spr 1–9 (Spr 1, 9; 3, 21–22; 4, 4. 9; 6, 21–22; vgl. Jes 49, 18), ergibt, daß Kontext und Stil, besonders der übertragene Gebrauch von *qāšar* (Spr 3, 3; 6, 21; 7, 3), zwar weisheitlich, aber die Verbindung *qāšar ‘al* mit *le* sowie die Folge *qāšar-hājāh le* einmalig sind. Ein Weiser bricht also eine geprägte Wendung (Ex 13, 16) auf, um sie zu verdeutlichen. *ṭôṭāpoṯ* tastet er dabei nicht an, beläßt es sogar mit dem farblosen Verb *hājāh le* (wie Ex 13, 16; vgl. 9) vermutlich, weil sich keine bestimmte Vorstellung verband und es im Sprachgebrauch für dieses kaum noch verstandene Wort keine Alternative gab, so daß er es nicht wagte, deutlich und konkret zu werden (vgl. dagegen die anschaulichere Anweisung zu den Mezuzot, Deut 6, 9; 11, 20; zum kultur- und religionsgeschichtlichen Hintergrund, Jes 57, 8), sondern es mit vagen paränetisch-finalen Hinweisen bewenden ließ, da *ṭôṭāpoṯ* durch Form und Herkommen literarisch fest verankert war. Das war vielleicht eine halbe Lösung, aber nicht sinnlos, da anscheinend je später desto leichter Vorhandenes religiös historisiert oder symbolisiert, d. h. nach bestimmten Ideen gedeutet, sogar (religiöse, kultische) Symbole nach Plan zusammengebaut werden konnten (vgl. z. B. priesterliche Amtstracht: Ex 28; 39; Quasten: Num 15, 37–41). Solche Symbole erhöhten Wert und Gewicht des Symbolisierten. Wie z. B. das Siegel „an der Hand" (Jer 22, 24; vgl. Hag 2, 23; HL 8, 6) Bild für besondere Vertrautheit sein kann, so deuten *ṭôṭāpoṯ* „zwischen den Augen" etwas ganz persönliches an, gemahnen den einzelnen an Rettung und Gesetz, wie beschriebene (Deut 27, 1–8; Jos 8, 30–35) oder unbeschriebene (Ex 24, 3–8; Jos 4, 4–7; 24, 26–27) Stelen sie dem Volk in Erinnerung halten sollen.

Daß man später in *ṭôṭāpoṯ* die Phylakterien/Tefillin der Stirn vorgeschrieben fand, lag wohl auch an der Tendenz, Praxis und Schrift restlos zur Deckung zu bringen (vgl. E. A. Speiser, Assyr. Studies 16, 391–393; Helfmeyer, ThWAT I, 185).

Gamberoni

טִיט *ṭîṭ*

I. Etymologie, Bedeutung – II. 1. Verwendung im AT – 2. Übertragene Verwendung.

Lit.: *J. Barth*, Wurzeluntersuchungen zum hebr. u. aram. Lexicon, 1902, 25. – *G. Dalman*, AuS II, 1932. – *J. Kelso*, The Ceramic Vocabulary of the OT, New Haven 1948. – *A. W. Schwarzenbach*, Die geographische Terminologie im Hebräischen des AT, Leiden 1954.

I. Haupt hat in JBL 26, 1907, 32 *ṭîṭ* als ein Wort, das mit dem aram. *ṭînā*ʾ zusammenhängt, sehen wollen. Die Form wäre dann ursprünglich *ṭint*, die mit partieller Assimilation des fem. *t* die spätere Form *ṭîṭ* ergab. Doch findet man im Arab. die Formen *maṭîṭat* und *ṭinnun*, in der Bedeutung ʿSchlammʾ, und im Akk. *ṭēṭu*, *ṭeṭṭu* und *ṭīṭu*, in der Bedeutung ʿSchlamm, Lehm, Ton, nasse Lehmerde, Dreckʾ. Da *ṭîṭ* auch im Hebr. dieselbe Bedeutung hat, liegt es nahe zu schließen, daß das Wort von Mesopotamien nach Kanaan gekommen ist, besonders weil es in Assyrien-Babylonien deutlich in stetigem Gebrauch gewesen ist. Das Wort scheint nicht Ugarit erreicht zu haben. Vom Hebr. ist es ins Neuhebr. weitergegangen.

II. 1. *ṭîṭ* ist eine gewöhnliche Bezeichnung für Kot und Dreck in den Gassen und Straßen der alten Welt gewesen, mit Staub der Erde verglichen (2 Sam 22, 43; Ps 18, 43; Mi 7, 10). Das Wort kann auch für den Schlamm verwendet werden, den das Meer in seinem Tosen aufwirbelt (Jes 57, 20). Auch in Ps 69, 15 ist *ṭîṭ* mit den Tiefen des Wassers zusammengestellt; es wird dort vom Sinken in *ṭîṭ* gesprochen. Auf dieselbe Weise ist das Wort in Hi 41, 22 (in einigen Übers. Hi 41, 30) mit den Tiefen der See verbunden. Hier wird von dem Ungeheuer Leviathan gesprochen, und eine Reihe von Schreckensbildern, die die Gefährlichkeit des Tieres illustrieren, wird gemalt. Das Bild ist doch nicht ganz klar, und die Übersetzungen variieren. Vielleicht liegt eine Mischung von Bild und Sache vor, wie Weiser übersetzt: „Auf seiner Unterseite hat er spitze Scherben, ein Dreschbrett drückt er in den Schlamm“ (ATD 13, 253).
Das Wort wird auch benutzt, um den Schlamm auf den Boden von Brunnen und Zisternen zu bezeichnen. Vom Propheten Jeremia wird erzählt, wie er in diesen Schlamm hineinsank (Jer 38, 6).
Wie im Akk. wird auch im Hebr. das Wort für Töpferlehm gebraucht, Jes 41, 25; Nah 3, 14.
2. Im prophetischen Wort Jes 41, 25 ist *ṭîṭ* in bildlicher Weise verwendet. Der von Norden, vom Aufgang der Sonne, Kommende, sollte alle Herrscher niedertreten, wie ein Töpfer seinen Lehm mit Füßen tritt. In gleicher Weise wird das Wort in 2 Sam 22, 43 und Ps 18, 43 gebraucht.
Das Bild vom Schlamm der finsteren Gruben wird verwendet, um die tiefe Verzweiflung zu schildern, aus der JHWH seine Beter gerettet hat: „Er zog mich aus der Grube des Grausens, aus Schlamm und Kot“ (Ps 40, 3). Der Beter konnte ausrufen: „Reiß mich aus dem Schlamm!“ (Ps 69, 15), in deutlich bildlichem Zusammenhang. In seiner Not bringt der Beter sein Gebet zu Gott, damit er ihn „aus der Grube des Grausens“ ziehe.

Kapelrud

טַל *ṭal*

I. Etymologie – II. Meteorologisches – III. Der Tau in weisheitlichen Schöpfungstexten – IV. Der Tau in Segens- und Fluchformeln – V. Der Tau in at.licher Bildsprache – VI. Mythologische Vorstellungen vom Tau in den ugaritischen Texten und im AT.

Lit.: *D. Ashbel*, On the Importance of Dew in Palestine (JPOS 16, 1936, 316–321). – *Aa. Bentzen*, Messias, Moses redivivus, Menschensohn (AThANT 17, 1948). – *G. Dalman*, AuS I, 1928. – *P. Humbert*, La rosée tombe en Israël (ThZ 13, 1957, 487–493). – *J. C. de Moor*, The Seasonal Pattern in the Ugaritic Myth of Baʿlu (AOAT 16, 1971). – *Ph. Reymond*, L'eau, sa vie, et sa signification dans l'Ancien Testament (VTS 6, 1958). – *R. B. Y. Scott*, Meteorological Phenomena and Terminology in the Old Testament (ZAW 64, 1952, 11–25). – *F. Vattioni*, La rugiada nell'Antico Testamento (RivBibl 6, 1958, 147–165). – *G. Widengren*, Psalm 110 och det sakrala kungadömet i Israel (UUÅ 1941: 7, 1) (deutsch: Zur neueren Psalmenforschung, 1976, 185–216).

I. Das in den west- und südsemit. Sprachen vorkommende Wort hat überall die Bedeutung ʿTauʾ oder ʿgelinder Regenʾ. Die Wurzel ist *ṭll*; denominierte Verbalformen (ʿfeucht seinʾ, ʿfeuchtenʾ, ʿTau fallen lassenʾ usw.; vgl. die Wörterbücher) sind in den meisten Sprachen, aber nicht im Hebr., belegt. Es gibt offenbar keine urspr. Verbindung zur homonymen aram. Wurzel, die mit hebr. *ṣll* ʿüberschattenʾ (Grundbedeutung ʿdunkel seinʾ, s. Halper, ZAW 30, 1910, 216) verwandt ist (gegen KBL^2 352f. und KBL^3 358f.; s. aber GesB 276, BDB 378 und Baumgartner, KBL^2 1079, die die Wurzeln auseinanderhalten; vgl. übrigens Dan 4, 9 und Neh 3, 15, im letzteren Fall aramaisierendes Hebr.).

II. Nur durch den Tau erhalten die Pflanzen in der langen, trockenen Sommerzeit Palästinas eine gewisse Feuchtigkeitsmenge (meteorologisches und statistisches über Taufall: Dalman 89–96; 310–314; 514–519; Ashbel 316–321; Gilead and Rosenan, IEJ 4, 1954, 120–123; Scott 21f; Reymond 25–27; Vattioni 147f.). Der Tau ist demnach im Sommer eine Lebensbedingung so wie der Regen (→מטר [*māṭār*]) in der Winterzeit, und so kann im AT eine Zeit der Hungersnot einfach als eine Periode 'ohne Tau und Regen' bezeichnet werden (1 Kön 17, 1; die Zusammenstellung von Tau und Regen kommt mehrmals vor, s. Deut 32, 2; 2 Sam 1, 21; Hi 38, 28). Der Tau ist also von großer Bedeutung, und so haben die Israeliten – wie aus verschiedenen Ausdrücken im AT hervorgeht (vgl. Humbert 487f.) – Beobachtungen über den Tau als meteorologisches Phänomen gemacht: Der Tau „fällt herab" (Num 11, 9; 2 Sam 17, 12; Ps 133, 3; die Verben *jārad* und *nāpal*); der Tau kommt vom Himmel (Gen 27, 28. 39; Deut 33, 13; vgl. Deut 33, 28; Spr 3, 20 und Sir 43, 22, wonach der Himmel oder die Wolken von Tau „triefen" (*'rp*), und den parallelen ugar. Ausdruck *ṭl šmm*, KTU 1. 3, II, 39–40); der Tau fällt in der Nacht (Num 11, 9; Ri 6, 36–40; HL 5, 2; vgl. Dan 4, 12. 20. 22. 30; 5, 21, wo die stets wiederkehrende Phrase: „er soll vom Tau des Himmels benetzt werden" ausdrückt, Nebukadnezar solle wie die Tiere auf freiem Felde übernachten; vgl. Reymond 26f.); der Tau verschwindet schnell am Morgen (Ex 16, 13–14; Hos 6, 4; 13, 3); der Tau „lagert sich" auf dem Boden (Ex 16, 13–14) und tritt auf unebenen Oberflächen in größerer Konzentration auf, wie das Gideon-Zeichen voraussetzt (Ri 6, 36–40). Vielleicht liegt auch hinter dem Ausdruck Jes 18, 4: „wie Taugewölk in der Erntezeit" (oder: in der Hitze der Ernte) die Beobachtung, daß die Taumenge im Laufe des Sommers zunimmt (s. Dalman 93; 311, vgl. aber Kaiser, ATD 18, 78). Eine ähnliche Beobachtung Sir 18, 16 (nicht unter den hebr. Fragmenten): „Kann nicht der Tau die brennende Hitze zum Aufhören bringen?" (vgl. Sir 43, 22, wo der hebr. Text unklar ist).

Der Reif (*k^e pôr*) wird im AT wohl als gefrorener Tau betrachtet (*k^e por šāmajim*, Hi 38, 29; vgl. Reymond 28; Scott 17), außerdem erwähnt in Ex 16, 14; Ps 147, 16; Sir 3, 15; 43, 19.

III. Hinter beinahe allen Erwähnungen des Taus im AT (insgesamt kommt das Wort etwa 30mal vor) steht die Überzeugung, daß der Tau eine Gabe JHWHs ist (vgl. Humbert 488–490), so wie er in der ugar. Religion eine Gabe Baals ist (vgl. Reymond 41–48 und weiter KTU 1.19, I, 38–46). JHWH ist der Spender der Fruchtbarkeit, und ohne Tau keine Fruchtbarkeit. Der Tau ist so ein Ausdruck des Segens JHWHs und gehört sozusagen zur Schöpfungsordnung. Dies geht vor allem aus weisheitlichen Texten hervor. Typisch für die weisheitliche Schöpfungslehre ist die Häufung von Beispielen der Schöpfermacht JHWHs. In solchen Aufzählungen wird mehrmals der Tau unter anderen Naturphänomenen erwähnt. In der Gottesrede im Buche Hiob wird sowohl die Schöpfung als auch das Ordnen und Aufrechterhalten der geschaffenen Welt durch unbeantwortete Fragen geschildert, unter denen sich auch die Frage befindet: „Hat der Regen einen Vater, oder wer hat die Tautropfen erzeugt?" – mit der stillschweigend vorausgesetzten Antwort: niemand, außer JHWH! (Hi 38, 28; Fohrer, KAT XVI, 492, betrachtet wohl zu Unrecht den Vers als Glosse zu v. 29, wo eine ähnliche Frage bezüglich des Reifes gestellt wird). Ebenfalls typisch weisheitlich ist die kürzere Aussage Spr 3, 19–20: JHWH habe durch Weisheit Erde und Himmel gegründet, durch sein Wissen öffnen sich die Urmeere und triefen die Wolken von Tau (vgl. Spr 8, 28; Hi 28, 25f.; Jer 10, 12f. und Gemser, HAT I/16, 30; weiter Ps 147, 16 [*k^e pôr*]). Dieser Schöpfungsgedanke wird in der späteren Weisheit weitergeführt, wobei der Schwerpunkt etwas verschoben wird: JHWH wirkt durch alle Zeiten in seinem Ordnen und Aufrechterhalten der Schöpfung; im großen Lobpreis der Schöpfungsordnung im Sirachbuch wird unter einer Reihe von Naturphänomenen auch der Tau erwähnt, der in der glühenden Hitze erfrischt (Sir 43, 22; zur schwierigen hebr. Textform s. Vattioni 165f.; vgl. weiter 43, 19). Der Grundgedanke dieses Abschnittes (daß die Naturphänomene Offenbarung von JHWHs *kāḇôḏ* sind; s. J. Marböck, Weisheit im Wandel, BBB 37, 1971, 145–151), kehrt in abgewandelter Form in den LXX-Zusätzen zu Dan 3 wieder; hier nehmen die Naturphänomene an der Lobpreisung JHWHs Teil, und in dieser Verbindung wird der Tau einige Male erwähnt (Dan LXX 3, 64. 68; vgl. C. Kuhl, Die drei Männer im Feuer, BZAW 55, 1930, 114f. 118). Charakteristisch ist also, daß die Erwähnung eines Naturphänomens wie des Taus in theologisch geladenem Zusammenhang vor allem in weisheitlichen Schöpfungstexten zu finden ist. Eine eigentlich theologische Auffassung der Natur wird ja auch vor allem erst in der weisheitlichen Schöpfungslehre ausgebildet (s. von Rad, ThAT I, [6]1969, 463–467; vgl. Eichrodt, ThAT II/III [6]1974, 100–108). Diese weisheitliche Schöpfungslehre spielt eine gewisse Rolle für die spätere apokalyptische Spekulation über die Einrichtung von Himmel und Erde. In solchem Zusammenhang erhält z. B. Henoch Auskunft über die Vorratskammern der verschiedenen Naturerscheinungen, darunter auch über die für den Tau (äthHen 34, 1–2; 36, 1; 60, 20; 75, 5).

IV. Ist der Tau also unlösbar mit Schöpfungsordnung, Fruchtbarkeit und Gottessegen verbunden, so ist es verständlich, daß das Versprechen des Taus mit in Segensformeln aufgenommen wird, und daß umgekehrt mit Entziehung des Taus in Fluch- und Strafaussageformeln gedroht wird. Solche Formeln haben wahrscheinlich einen kultisch-rituellen Ursprung, können aber auch von diesem Sitz im Leben losgerissen auftreten. Eine charakteristische Gegenüberstellung von Segen und Fluch findet sich Gen 27; durch

List erlangt Jakob den Segen des Vaters: „Gebe dir Gott vom Tau des Himmels und von der Fettigkeit der Erde und eine Fülle von Korn und Most", während Esau einen „negativen" Segen, der sich dem Fluch nähert, erhält: „Du wirst deine Wohnung haben fern von der Fettigkeit der Erde und vom Tau des Himmels obenher" (Gen 27, 28. 39; vgl. die Zusammenstellung von *ṭl šmm* mit *šmn 'arṣ*, KTU 1.3, II, 39; Driver, CML 85; Vattioni 151f). Obwohl die beiden Formeln in Gen 27 in eine der stereotypen Erzählungen von der Abschiedsrede des sterbenden Vaters eingebettet sind und außerdem in der Endfassung das Verhältnis zwischen Israel und Edom beleuchten sollen, können sie als alte, „ursprünglich offenbar selbständig umgelaufene Sprüche" betrachtet werden, die sich auf das Verhältnis zwischen palästinischen und ostjordanischen Kleinviehhirten und Jägern beziehen (Noth, ÜPt 107f; vgl. V. Maag, ThZ 13, 1957, 418–429). Ein Fluch kann auch gegen leblose Dinge ausgesprochen werden. Im dtr Geschichtswerk wurde ein Klagelied über Saul und Jonathan eingefügt (2 Sam 1, 17–27; Näheres über die Stellung des Liedes im Geschichtswerk bei R. A. Carlson, David the Chosen King, Uppsala 1964, 47– 49 und J. H. Grønbaek, Die Geschichte vom Aufstieg Davids, Kopenhagen 1971, 221f.). Es heißt v. 21, die Berge Gilboa, wo die Helden gefallen sind, sollen nimmer mehr Tau und Regen empfangen, sollen also unfruchtbar bleiben. Der Gedanke ist entweder, daß die Stelle in ewigem Trauerzustand bleiben, oder daß sie Strafe erleiden soll, weil sie das unschuldige Blut aufgenommen hat (vgl. Vattioni 155f.; Ginsberg, ANET^3, 1969, 153, Anm. 34).

Im dtr Geschichtswerk steht das Wort *ṭal* in einer anderen Strafaussage, die jedoch gegen Israel gerichtet ist. Israel glaubt, Baal sei statt JHWH der Geber der Fruchtbarkeit; die Strafe kommt als eine mehrjährige Entziehung von „Tau und Regen" (1 Kön 17, 1). Die Stelle ermöglicht einen tiefen Einblick in diese religiöse Krise; denn eben in dem ugar. Aqhat-Text heißt es mit ganz ähnlichen Worten, daß Baal sieben oder acht Jahre die Fruchtbarkeit verweigern wird, „ohne Tau, ohne Regen" (*bl ṭl bl rbb*, KTU 1.19, I, 44; vgl. Driver, CML, 58f. und Ginsberg, ANET^3, 1969, 153). Wie der Tau eine göttliche Gabe ist, ist auch die Entziehung des Taus sowohl in Ugarit als auch in Israel eine Tat, die eine religiöse Deutung erfährt.

Etwas speziellere Segensformeln finden sich in den Stammessprüchen Gen 49 und Deut 33, die – mindestens in ihrer ursprünglichen Gestalt – in die vorkönigliche Zeit zurückreichen. Ihren Sitz im Leben haben diese Sprüche am wahrscheinlichsten im Amphiktyoniekult (s. A. H. J. Gunneweg, ZAW 76, 1964, 254; vgl. ThWAT I 839f.), und einige von ihnen versprechen Kriegsglück oder Fruchtbarkeit. So vor allem der große Abschnitt über Joseph Deut 33, 13–17, wo sein Land „mit den köstlichen Gaben des Himmels, mit dem Tau, und mit dem Urmeer, das unten liegt" gesegnet wird (v. 13). Die Konstruktion ist etwas schwerfällig, und die meisten Forscher ersetzen, sich auf Targum, Peschitta und Gen 49, 25 stützend, das Wort *miṭṭāl* mit *meʿāl*, „obenher", wodurch auch der Parallelismus verbessert wird (vgl. Vattioni 154). Die Zusammenstellung von *ṭal* und *tehôm* Spr 3, 20; Hi 38, 28–30 könnte jedoch gegen diese Korrektur angeführt werden. Die die Stammessprüche umrahmende Theophaniebeschreibung (Deut 33, 2– 5. 26–29) verrät den kultischen Hintergrund sowohl der einzelnen Sprüche als der ganzen Komposition (vgl. A. Weiser, Festschrift Bertholet, 1950, 518; Gunneweg, ZAW 76, 1964, 254), und auch hier findet sich (v. 28) ein Segen, der ganz Israel Tau, Korn und Most verspricht.

Ganz natürlich kehren Elemente dieser alten Segenssprüche in prophetischen, eschatologisierenden Aussagen wieder: Sach 8, 9–15 spricht von der glücklichen Zukunft, wenn der Tempel wiederaufgebaut worden ist, und Israel nicht mehr ein Fluch, sondern ein Segen sein soll (vgl. ThWAT I 832). Konkret heißt das, die Fruchtbarkeit werde zurückkehren (Frucht des Weinstockes, Ertrag der Erde und Tau des Himmels). Diese Segensverheißung hat – ganz wie Jakobs Segen Gen 27 – seine Parallele mit negativem Vorzeichen: Hag 1, 2–11 (ein Abschnitt, der mit dem Thema Tempelbau, dem erwähnten Sacharja-Stück nahe steht; s. Elliger, ATD 25^4, 140) sieht in der Unterlassung des Tempelbaus durch das Volk die Ursache der Unfruchtbarkeit des Landes und zählt die Folgen auf: der Himmel hat den Tau und die Erde den Ertrag zurückgehalten, Korn, Most und Öl sind von der Dürre getroffen (v. 10–11). In der aram. Bileamprophetie aus Deir ʿAllā kommt in unklarer Kontext (Comb. II, 35f.) *ṭl* und *šr* („Regen"?) zusammengestellt vor (s. J. Hoftijzer and G. van der Kooij, Aram. Texts from Deir ʿAllā, Leiden 1976, 175. 181. 251f.).

In der Apokalyptik wird der prophetische Gedanke von der außerordentlichen Fülle der Naturgaben in den letzten Zeiten übersteigert: alle normalen Naturerscheinungen – darunter auch der Tau – werden verschwinden, und nur der Glanz der Herrlichkeit des Höchsten wird da sein (4 Esr 7, 39–44).

V. In der at.lichen Bildsprache tritt der Tau auf zwei verschiedene Weisen auf: der Vergleich bezieht sich entweder auf die meteorologische Beobachtung des Taus oder auf die Auffassung des Taus als Ausdruck von JHWHs Segen. Im ersten Fall ist das Bild meistens negativ, im zweiten Fall naturgemäß immer positiv gebraucht. Ein Heeresüberfall von überwältigender Größe kann mit dem Tau, der überall fällt und alles deckt, verglichen werden (2 Sam 17, 12 – Absaloms geplanter Feldzug gegen David; vgl. eine ähnliche Verwendung des Bildes 1QM 12, 9). Hosea gebraucht den Tau in seinen Bildern mehrmals, einige Male negativ: ausgehend von der Beobachtung, daß der Tau am Morgen schnell verschwindet, kann er von der Bundestreue des Volkes reden, die ist „wie eine Morgenwolke und wie ein Tau, der frühmorgens vergeht“ (Hos 6, 4; vgl. anders Sir 3, 15: wie der Reif [gefrorener Tau!] vor der Hitze werden deine Sünden wegschwinden). Dieselben Ausdrücke werden drohend verwendet Hos 13, 3: das Geschick des Volkes soll sein „wie die Morgenwolke und wie der Tau, der frühmorgens vergeht“.

Ansonsten wird der Tau zum Symbol des guten Zustandes oder Ereignisses: wenn Israel sich bekehrt, wird JHWH „Israel wie ein Tau sein, daß es soll blühen wie eine Lilie“ (Hos 14, 6). JHWH ist die „lebenspendende und lebenerhaltende Kraft“ für das zukünftige Israel (Weiser, ATD 24³, 103). Entweder aus der nachexilischen Zeit stammend oder auf das Exil des Nordreiches bezogen ist die Aussage Mi 5, 6 von dem Rest Jakobs, der unter den Völkern wie Tau von JHWH sein wird, d. h. Vermittler des Segens, der den Völkern zuteil wird (Weiser, ATD 24³, 275). Nicht ganz klar ist das Bild Jes 18, 4: JHWH wartet ruhig „wie Taugewölk in der Erntezeit“ (oder: in der Hitze der Erntezeit), bevor er die Feinde zerstört (s. Reymond 30f.).

Endlich kann das Bild vom Tau verschiedene menschliche Verhältnisse veranschaulichen: königliche Gunst kann mit Tau auf dem Gras verglichen werden (Spr 19, 12), der gerechte Hiob vergleicht seinen Zustand mit dem eines Baumes, dessen Wurzeln Wasser empfangen und dessen Zweige Tau erhalten (Hiob 29, 19); in dem nach weisheitlicher Tradition geformten „Lehreröffnungsruf“ im Lied Moses (Deut 32, 2; s. von Rad, ATD 8, 140), wird die Rede Moses mit Tau und Regen auf Feld und Kraut verglichen; in Ps 133, 3 wird die Eintracht unter den Brüdern gepriesen, und in dem etwas überarbeiteten Vergleich (s. Kraus, BK XV⁴, 889–891) auf die guten Wirkungen von Öl auf dem Kopf und von Tau auf dem Berg Hermon hingewiesen.

VI. An zwei oder drei Stellen im AT scheinen in Verbindung mit dem Tau mythologische Vorstellungen hindurch. Unmittelbar klar sind diese Texte nicht (Hi 38, 28; Jes 26, 19; Ps 110, 3). Daß aber hier eine Anspielung auf alte Mythen vorliegt, wird, wenn man entsprechende Vorstellungen in der ugar. Religion ins Auge faßt, wahrscheinlich.

Einige Stellen aus den ugar. Texten sind oben (unter III und IV) angeführt. Aus diesen Stellen geht vor allem hervor, daß der Tau als Gabe Baals aufgefaßt wird. Außerdem scheinen aber mehrere weibliche Gestalten mit dem Tau verbunden zu sein:

a) *Anat* schöpft nach ihrem großen Kampf mit Baals Gegnern Wasser und wäscht „mit dem Tau des Himmels, mit dem Öl der Erde, mit dem Regen des Wolkenreiters. Tau, den der Himmel gießt, Regen, den die Sterne gießen“ (KTU 1.3, II, 38–41; vgl. IV, 42–44). Es ist möglich, daß es sich hierbei um einen magischen Ritus handelt, dessen Ziel es ist, Regen und Tau herbeizuführen (besonders deutlich KTU 1.3, IV; CML 89; s. de Moor 98–100 und 104f; vgl. A. S. Kapelrud, The Violent Goddess, Oslo 1969, 100–103).

b) Von der Tochter Dan'els, *Puġat*, heißt es: „du, die du Wasser auf den Schultern trägst, die du Tau auf die Gerste schöpfst, die du den Weg der Sterne kennst“ (KTU 1.19, II, 5–7; vgl. 10f. und IV 28ff.). Die Aussage kann vielleicht so aufgefaßt werden, daß Puġat den Regen- und Tau-Ritus Anats wiederholt (de Moor 100).

c) Wichtiger aber als diese beiden Riten – die doch höchstens zeigen, daß magische Mittel zum Hervorrufen von Regen und Tau im ugar. Kult benutzt wurden, und daß der Tau auch in den Göttermythen eine gewisse Rolle spielte – ist die Tatsache, daß unter den Töchtern (oder Frauen?) Baals sich eine namens *Ṭallai*, „die betaute“ (vgl. Pope, WbMyth I, 312), befindet. Mit zwei Schwestern gemeinsam wird sie fast immer in Zusammenhang mit Baal in stereotypen Wendungen erwähnt: „Pidrai, Tochter des Honig-Taus ... Ṭallai, Tochter des Sprühregens ... 'Arṣai, Tochter des vollen Blühens“ (die Bedeutungen der Nebenbezeichnungen sind viel diskutiert; hier in Anschluß an de Moor 81–84, der viele Hinweise auf andere Deutungsversuche anführt). Die drei Gestalten werden erwähnt: KTU 1.3, I, 23–25; III 5–7; (IV, 49–51) KTU 1.4, I, 17–19; IV, 55–57; KTU 1.5, V, 10–11 (die beiden ersten). Nur im Text KTU 1.101, 5 (s. de Moor, UF 1, 1969, 180f.) tritt Ṭallai allein auf: „Ṭ. machte sein (Baals) Haupt wunderschön zwischen seinen Augen“, wohl: schmückte seine Haaren mit Tautropfen; vgl. HL 5, 2. Obwohl vieles ungeklärt bleibt, steht also fest, daß im ugar. Pantheon der Tau als eine der Töchter Baals auftritt, aber doch keine hervorragende Rolle spielt (s. de Moor 81–84; 188; 317 s. v. „dew“).

Von hier aus fällt vielleicht etwas Licht auf die drei AT-Stellen:

a) Hi 38, 28 könnte eine versteckte Polemik gegen die Vorstellung sein, daß ein anderer als JHWH, also Baal, den Tau erzeugt habe.

b) Jes 26, 19 spricht von Auferstehung der Toten und fügt hinzu *kî ṭal 'ôroṯ ṭallækā*, „denn Tau der Lichter ist dein Tau“ (neuere Untersuchungen über die vielen Probleme des Verses: Humbert 490–493; M.-L. Henry, Glaubenskrise und Glaubensbewährung, BWANT 5, 6, 1967, 106–108; Kaiser, ATD 18, 173–177; F. J. Helfmeyer, „Deine Toten – meine Leichen“. Heilszusage und Annahme in Jes 26, 19, BBB 50, 1977, 245–258, bes. 255ff.). Der Abschnitt ist sicher ziemlich spät, und 26, 19 will vielleicht nur sagen, daß JHWH „in seiner Lichtwelt über einen wunderbaren und wundertätigen Tau verfügt, der die Schatten der Unterwelt zu beleben vermag“ (Kaiser; vgl. Reymond 215f.). Eine engere Verbindung zu mythologischen Vorstellungen ist jedoch auch möglich: de Moor sieht einen Zusammenhang zwischen *ṭal 'ôroṯ* und dem Beinamen der ersten Tochter Baals, Pidrai, *bt 'r;* er übersetzt „Tochter des Honig-Taus“, eine besondere Art von Tau, der offenbar auch von Anat in ihren fruchtbarkeitsbringenden Riten benutzt wird. Vielleicht hat also das rätselhafte *ṭal 'ôroṯ* hier eine spezielle Bedeutung: JHWH's Tau, der die Auferstehung der Toten bewirken kann, ist von besonderer Art, d. h. er ist mit dem aus alten Zeiten bekannten, lebensfördernden Honig-Tau identisch (de Moor 82–84; 104f.; ferner Widengren 11f. [= 195f.]; H. Riesenfeld, The Resurrection in Ezekiel XXXVII [UUÅ 1948: 11], 10–13; Vattioni 157–160; anders

G. Schwarz, ZAW 88, 1976, 280f., der einen erwägenswerten Emendationsvorschlag bringt: *ṭal 'ôḇoṯ*, „Tau der Totengeister"). Über die späteren jüd. Vorstellungen vom „Tau der Auferstehung", s. Riesenfeld, a. a. O. 10 und St.-B. IV, 1177.

c) Ps 110, 3 (frühere Untersuchungen bei Kraus, BK XV4, 752; neuere Behandlungen der Textprobleme: J. Coppens, The Sacral Kingship [S Numen IV, 1959, 337–343]; R. Tournay [RB 67, 1960, 10–18]; G. Cooke [ZAW 73, 1961, 218–224]). Der Text ist unzweifelhaft verderbt und fordert Änderungen. Hier soll vor allem die Anspielung auf den Tau erörtert werden. Der betreffende Satz kann folgendermaßen gelesen werden: *meræḥæm šaḥar leḵ keṭal jeliḏtîḵā*, „trete aus dem Mutterschoß der Morgenröte, wie den Tau habe ich dich geboren" (s. vor allem Widengren 9–11 = 193–196; Bentzen 14f.; die Kommentare und die oben erwähnten Abhdl. von Coppens, Tournay und Cooke). Die Aussage ist – wohl in Verbindung mit der Thronbesteigung – an den judäischen König gerichtet und spricht in mythischer Terminologie von seiner Geburt – kultideologisch verstanden. Die Frage ist, wie das Verhältnis zwischen König, Tau und Morgenröte zu verstehen ist. Widengren geht ziemlich weit: die Königszeremonie, die in Ps 110 widerspiegelt wird, stammt aus der kanaanäischen Zeit Jerusalems; indem Widengren sich auf den ugar. Text SS stützt, deutet er Vers 3 folgendermaßen: im Text KTU 1.23 (51–53; Driver, CML 112f.) erzeugt El das Götterpaar *Šaḥar* und *Šalem;* die erste (Šaḥar ist nach Widengren 10f. weiblich; vgl. Coppens, a. a. O. 338 Anm. 10) sei mit der Morgenröte identisch, der zweite mit dem Sonnenuntergang und außerdem mit dem jerusalemischen El Eljon. Man hat sich also den jerusalemischen König als Kind dieser beiden Göttergestalten vorgestellt, und ihn selbst als den Tau aufgefaßt (Widengren übersetzt: „Aus des Morgenrots Schoß, *als* Tau hab' ich dich gezeugt"; s. Sakrales Königtum im AT und im Judentum, 1955, 44–47; vgl. Widengren 9–12 = 193–197). Bentzen faßt das Präpositionsglied anders auf: „Auf heiligen Bergen habe ich ich dich gezeugt, aus Weibesschoß, *vor* dem Morgenstern und dem Tau" (Bentzen 15; vgl. Fortolkning til de gammeltestamentlige salmer, Kopenhagen 1939, 557–560). Am besten faßt man wohl *keṭal* als reines Vergleichsglied auf. Als Sinn des Passus in der urspr. („kanaanäischen") Form ergibt sich dann: der jerusalemische König ist Kind von El und Šaḥar, ganz wie der Tau die Tochter von Baal (und der Morgenröte Šaḥar?) ist. Im israelitischen Königskult und in Ps 110 finden sich also diese mythologischen Vorstellungen nur sehr verschleiert (Jes 14, 12 kann man aber geradeaus etwas ähnliches vom babyl. König aussagen).

Die Namen von zwei judäischen Königinnen, 'Aḇîṭal und Ḥamûṭal (vgl. den Männernamen *jhwṭl* AP Nr. 22, 57; 23, 4) könnten mit *ṭal* 'Tau' zusammengesetzt sein (s. die Wbb.). Meistens werden sie als aramaisierende Formen (*ṭl* = *ṣl*, 'Schatten') aufgefaßt (s. H. Bauer, ZAW 48, 1930, 76 u. 80; A. Vincent, La Religion ... d'Éléphantine, Paris 1937, 402f.; IPN 39; weitere Diskussion Vattioni 148–150).

Otzen

טָמֵא *ṭāme'*

טֻמְאָה *ṭum'āh*

I. Etymologie, Wortfeld, Vorkommen – II. Rituelle Unreinheit im AT – 1. Allgemein – 2. Unreine Tiere – 3. Tote Menschen – 4. Aussatz – 5. Übrige Unreinheit beim Menschen – 6. Kultunfähigkeit – III. Übertragene Bedeutung: Götzendienst, Sünde – IV. LXX – V. Qumran.

Lit.: *J. Döller*, Die Reinheits- und Speisegesetze des Alten Testaments in religionsgeschichtlicher Beleuchtung (ATA 7, 2. 3, 1917). – *W. H. Gispen*, The Distinction between Clean and Unclean (OTS 5, 1948, 190–196). – *F. Hauck*, καθαρός A. Der Sprachgebrauch. B. Rein und unrein außerhalb des NT: Erster Teil (ThWNT III 416–421; 430–432). – *K. Koch*, Haggais unreines Volk (ZAW 79, 1967, 52–66). – *W. Kornfeld*, Reine und unreine Tiere im Alten Testament (Kairos 7, 1965, 134–147). – *F. Maass*, טמא *ṭm'*, unrein sein, THAT I 664–667. – *M. Noth*, Gesammelte Studien 1966, 67–81. – *W. Paschen*, Rein und Unrein, (STANT 24, 1970). – *G. v. Rad*, ThAT I, 61969, 285–293. – *L. E. Toombs*, Clean and Unclean (IDB I, 1962, 641–648) – *K. Wigand*, Die altisraelitische Vorstellung von unreinen Tieren (ARW 17, 1914, 413–436). – *R. K. Yerkes*, The Unclean Animals of Lev. 11 and Dt. 14 (JQR 14, 1923/24, 1–29). – *W. Zimmerli*, Grundriß der alttestamentlichen Theologie, 1972, 81; 112–113. – *J. K. Zink*, Uncleanness and Sin (VT 17, 1967, 354–361).

I. Die Wurzel, die in *ṭāme'* 'unrein sein' vorliegt, findet sich mit gleicher Bedeutung im Jüd.-Aram., Syr. und Mittelhebr. Im klassischen Arab. ist sie nicht belegt; dagegen findet sich im späteren Arab., ein Verbum *ṭamā*, 'verschlammen' und *ṭammaj* 'Nilschlamm'. Paschen (27) nimmt eine Ausgangsbedeutung 'feuchter Schmutz' an.

Belegt sind im AT das Verb (*qal*, *pi*, *hitp*) insgesamt 155mal und das Subst. *ṭum'āh* 'Unreinheit' 136mal. Zum Wortfeld gehören →שקץ (*šqṣ*) (Verb; Subst. *šæqæṣ* und *šiqqûṣ*) mit der Bedeutung 'verabscheuen' bzw. 'Greuel', →נדה (*niddah*), das sich auf sexuelle Unreinheit bezieht, →תועבה (*tô'eḇāh*), 'Abscheu, Greuel' und *piggûl* '(wegen Nichteinhaltung der Verzehrfristen) verwestes Opfer-Fleisch'. Im Zusammenhang mit Unreinheit steht oft *gillulîm* 'Götzen', ferner die verschiedenen Wörter für 'Sünde' und 'Schuld' (s.u.).

II. 1. Im AT ist es die Aufgabe der Priester, zwischen dem Unreinen und dem Reinen, dem Heiligen und dem Profanen zu unterscheiden (*bdl hiph;* z. B. Lev 10, 10; Ez 22, 26; 44, 23). Es handelt sich dabei um

rituelle Unreinheit, die mit der Heiligkeit JHWHs unvereinbar ist.
Unrein sind gewisse Tiere und Tiergruppen, schwere Krankheiten, geschlechtliche Ausflüsse und Verirrungen, Tod und im übertragenen Gebrauch einige Tätigkeiten, besonders alle, die mit Fremdkult zu tun haben.
Warum gewisse Dinge unrein machen und andere nicht, wird im AT nie erklärt. Aber Tiere, die in der Umwelt „heilig" waren oder im Fremdkult eine bestimmte Rolle spielten, sind in Israel unrein. Die Kombination von geschlechtlicher Unreinheit mit Polemik gegen alle Formen von Fremdkult könnte darauf hinweisen, daß die Gesetze über sexuelle Unreinheit ihren Hintergrund in der Ablehnung jeder Vergöttlichung des Geschlechtlichen haben.
Die rituelle Unreinheit ist oft mit der Todessphäre verbunden. Die Unterscheidung zwischen reinen und unreinen Tieren erfolgt nur bei Tieren, die als Opfer, Erstlingsgabe oder Speise vorgesehen sind, wo nur „reine" Tiere erlaubt sind. Ein Aussätziger wurde tatsächlich wie ein Toter streng abgesondert. Männlicher Ausfluß und weibliche Menstruation sind Leben, das nicht zur Verwirklichung kommt, und tragen deshalb einen Todesaspekt. Geschlechtlicher Verkehr, Samenausguß und Entbindung gehören zwar alle zur Entstehung des Lebens, aber auch diese werden als Unreinheit verstanden und fordern Reinigung.
Wenn es sich um äußere Unreinheit handelt, muß man sich durch Wasser reinigen, aber manchmal wird auch eine Sühnezeremonie gefordert, weil die Unreinheit als Sünde und Schuld verstanden werden kann.

* Von religionsgeschichtlicher Seite ist auf die Ähnlichkeit zwischen Unreinheit und Tabu aufmerksam gemacht worden. In der Tat liegt wohl auch in manchen Fällen, vor allem mit Bezug auf Geschlecht und Tod, ein tatsächlicher Zusammenhang zwischen alten Tabuvorstellungen und israelit. Unreinheitsvorschriften vor, während in anderen Fällen die Unreinheit eher in der Ablehnung von außerisraelit. Kultpraxis verwurzelt ist.
Die ältere, evolutionistisch beeinflußte Religionsgeschichte betrachtete Heiligkeit und Unreinheit als Differenzierungen eines urspr., gemeinsamen Tabubegriffs: das „gute", göttliche Tabu wäre zur Heiligkeit, das „böse", schädliche, dämonische Tabu zur Unreinheit geworden. Was das geschichtliche Israel und das hebr. AT betrifft, entbehrt diese Auffassung jeder Grundlage. Im AT sind Heiligkeit und Unreinheit absolute Gegensätze (z. B. Jes 6, 3f.; 35, 8; 52, 1. 11; vgl. H. Ringgren, Israelitische Religion, RdM 26, 127f.; R. Dussaud, Les origines cananéennes du sacrifice israélite, Paris [2]1941, 30ff.). Der einzige Beweis für einen Zusammenhang zwischen unrein und heilig ist eine Mischnastelle (Jadajim 3, 2f.), wo es heißt, daß die heiligen Schriften „die Hände unrein machen" (*meṭammeʾîn ʾeṯ-hajjāḏajim*). Wahrscheinlich bedeutet aber dieser Ausdruck nur, daß diese Schriften so heilig sind, daß man die Hände unwillkürlich als unrein betrachten muß (H. Ringgren, The prophetical conception of holiness, UUÅ 1948: 12, 16).

Als ein Tabubegriff hat man oft das akk. *ikkibu* (sum. *emgeb*) bezeichnet (CAD VII, 55–57; AHw I, 368f.). Dieses Wort bezeichnet in erster Linie etwas Verbotenes, Sachen, Orte oder Handlungen, die den Menschen durch ein göttliches Verbot untersagt sind. Hemerologien verbieten gegebenenfalls das Essen oder Fangen von gewissen Tieren, weil es *ikkibu* ist; oft wird auch der verbietende Gott genannt und Strafe angedroht. Einen Fluß zu überschreiten ist ein *ikkibu* des Ea, was zugleich die Konnotationen 'von Ea verboten' und 'Sünde gegen Ea' trägt. Übertretung des Verbots wird oft mit dem Verb *akālu*, 'essen', ausgedrückt, was nicht immer buchstäblich aufgefaßt werden muß. In späteren Texten wird *ikkibu* als ein unbestimmtes Synonym für 'Sünde' oder 'Strafe' benutzt (CAD VII, 57). Außerdem deutet es in gewissen Fällen an, daß etwas einem Gott oder dem König vorbehalten ist. CAD gebraucht die Übersetzung „sacred, reserved", aber es könnte auch als „durch das Verbot eines Gottes geschützt" aufgefaßt werden. Ähnliches gilt für das (fast) synonyme *asakku* (AHw I 79, CAD I/II, 326f.), nur daß dieses das dem Gotte (oder dem König) Heilige, Sakrosankte bezeichnet, *ikkibu* dagegen meist das dem Menschen Schmerz oder Krankheit Verursachende, Greuliche ist (B. Landsberger, ZA 41, 1933, 218f.; vgl. auch F. Thureau-Dangin, RA 38, 1941, 41–43). →חרם (*ḥrm*) I. II. 3.
Ikkibu und *asakku* sind also kein mechanisch wirkendes Tabu, sondern setzen das Verbot eines Gottes voraus. Andererseits kommen sie in gewissen Fällen dem Begriff 'heilig, (jemandem) geweiht' nahe. Sie sind also kaum dem israelit. *ṭāmeʾ*-Begriff vergleichbar.
Im AT erscheinen Unreinheit und Sünde gelegentlich als mehr oder weniger identisch. Beide sind der Gemeinschaft insgesamt schädlich und können „als Äußerungen der lebensfeindlichen Wirklichkeit, die das Dasein durchdringt und immer wieder versucht, in das Gebiet des Göttlichen und Guten einzudringen, betrachtet werden. Es gibt sozusagen eine Sphäre des Unheils und des Todes, die immer wieder das Menschenleben bedroht: das ist die Unreinheit, die Sünde, das Chaos" (Ringgren, Israelitische Religion 128).

Ri.

2. Außer Hos 9, 4 und Ez 4, 14 sind unreine Tiere nur in den Gesetzen erwähnt, vor allem in Lev 11 (34 Belege; vgl. Deut 14). Die ausführliche Aufzählung in Lev 11, 4–8 (vgl. Deut 14, 7–8) nennt als unrein Kamel, Klippdachs, Hase und (Wild-) Schwein. Diese werden als Vierfüßler, die wiederkäuen oder gespaltene Klauen haben, aber nicht beides, definiert. Rein sind nämlich nach Lev 11, 3 nur die Vierfüßler, die wiederkäuen *und* gespaltene Klauen haben. Lev 11, 24–26 sagt, daß alle Vierfüßler mit Klauen, die nicht gespalten sind, und solche, die nicht wiederkäuen, unrein sind. Dasselbe gilt für alle Vierfüßler mit Tatzen, 11, 27–28, und einige näher spezifizierte kriechende Kleintiere, 11, 29–31. Deut 14, 10 bezeichnet Wassertiere ohne Flossen und Schuppen als *ṭāmeʾ*, während Lev 11, 9–12 dieselben Tiere als *šæqæṣ* bestimmt. Ebenso sind alle fliegenden Kleintiere in Deut 14, 9 als *ṭāmeʾ*, aber in Lev 11, 20, 23 als *šæqæṣ* beschrieben. Der *ṭāmeʾ-ṭāhôr*-Abschnitt Deut 14, 4–20 wird zusammenfassend mit „Du sollst keine *tôʿeḇāh* essen" eingeleitet, während der Abschnitt in Lev 11 entsprechend mit dem Verbot, *šæqæṣ* zu essen

(v. 43) abgerundet wird. Vgl. ThWAT II 842ff.; Elliger, HAT I/4, z. St.
Ein unreines Tier verunreinigt alles und alle, die damit in Berührung kommen. Das Tier darf nicht gegessen werden (Lev 11, 47; Ri 13, 4–7). Wer es trägt oder berührt (*nāga'*) wird bis zum Abend unrein (*ṭāme' 'aḏ-hā'æræb*). Das, worauf der Kadaver fällt, wird bis zum Abend unrein (v. 32). Ein Tongefäß, ein Backofen oder ein Kochherd, die auf diese Weise verunreinigt werden, müssen eingerissen werden (vv. 33. 35). Jede Speise, die mit Wasser aus einem unreinen Gefäß zubereitet wird, und jedes Getränk in einem unreinen Gefäß wird unrein (v. 34). Wenn ein Tierkadaver auf trockene Pflanzensamen fällt (v. 37), wird dieser jedoch nicht verunreinigt (*ṭāhôr hû'*), wenn nicht zuvor Wasser darauf gekommen ist (v. 38).
Verendete oder zerrissene *reine* Vierfüßler verunreinigen bis zum Abend den Menschen, der sie ißt, trägt oder berührt (Lev 11, 39–40; Lev 22, 8; vgl. Ez 4, 14). Nach Deut 14, 21 sollen solche Tiere einem Fremden (*zār*) gegeben oder einem Ausländer (*nŏkrî*) verkauft werden, die von den Heiligkeitsgesetzen nicht betroffen sind. Nach Lev 17, 15 dagegen wird sowohl der Einheimische (*'æzrāḥ*) als auch der Fremde bis zum Abend unrein, wenn sie das Tier essen.
Die Weisungen Lev 11 über reine und unreine Tiere werden mit dem Verbot, sich mit irgendwelchem kriechenden Kleintier zu einem Greuel zu machen und sich dadurch zu verunreinigen, abgeschlossen und durch die Heiligkeitsformel unterstrichen: „Ich bin JHWH, euer Gott; ihr sollt euch heilig halten(*hiṯqaddeš*) und heilig sein, denn ich bin heilig" (v. 44) „denn ich bin JHWH, der euch aus dem Lande Ägypten herausgeführt hat ..." (v. 45).
Wer später entdeckt, daß er mit einem unreinen Tier in Berührung gekommen ist (Lev 5, 1–13) und folglich die erforderte Reinigung nicht hat ausführen können, hat Schuld auf sich geladen (*ṭāme' we'āšam* v. 2); er soll seine Verirrung (*ḥaṭṭā'ṯ*) bekennen und ein Sündopfer darbringen. Der Priester soll ihm Sühne von seiner Verirrung erwirken (*kippær*).
Tiere, die geopfert werden, müssen rein sein; durch die Übergabe an JHWH werden sie heilig (*qoḏæš*, Lev 27, 9). Unreine Tiere dürfen nicht geopfert werden, sondern sollen ausgelöst oder verkauft werden (Lev 27, 11–13. 27; Num 18, 15). Opferfleisch, das mit etwas Unreinem in Berührung gekommen ist, soll im Feuer verbrannt werden (Lev 7, 19; vgl. Hag 2, 14).
Das Wasser gegen Unreinheit (*mê niddāh*, Num 19) enthält die Asche einer als Sündopfer verbrannten Kuh (v. 9). Der Priester (v. 7), vor dem die Kuh geschlachtet wird, der Mann, der die Verbrennung ausführt (v. 8) und der reine (*ṭāhôr*, v. 10) Mann, der die Asche sammelt, sollen alle bis zum Abend unrein (*ṭāme'*) sein, so auch jeder, der das Wasser berührt (v. 21). Offenbar haftet die Unreinheit, die mit der Asche entfernt werden soll, vorwegnehmend an der Asche.

Nach Hos 9, 4 werden die Exulanten durch das Essen des Schlachtopfers (*zæḇaḥ*) unrein. Das kann entweder bedeuten, daß jedes Opfer in einem fremden unreinen Lande ohne Tempel unmöglich ist, was durch den Zusatz „es kommt nicht ins Haus JHWHs" begründet wird, oder die Unreinheit kommt daher, daß man die heiligen Opfergaben ißt, die eigentlich JHWH zufallen sollten (vgl. „es ist nur für ihre Gier", d. h. für sie selbst da, d. h. es wird profan gebraucht). Vgl. H. W. Wolff, BK XIV/1, 199f., W. Rudolph, KAT XIII/1, 176.
Fleisch, das nicht Opferfleisch ist, darf sowohl von dem Reinen als von dem Unreinen gegessen werden (Deut 12, 15. 22; 15, 22).
3. Wer mit einem toten Menschen, ungeachtet auf welche Weise er gestorben ist, mit Menschengebeinen oder einem Grab in Berührung kommt, wird sieben Tage lang unrein (Num 19, 11–22; 16 Belege). Das Gesetz liegt in zwei Versionen vor: 11–13 und 14–22. In beiden Fällen wird die Reinigung von Unreinheit am dritten und am siebenten Tage mit Wasser vollzogen. Die Folge ausgebliebener Reinigung ist etwas verschieden motiviert: Die erste Version (v. 13) konstatiert, daß der Mensch, der sich nicht reinigt (wörtlich 'entsündigt' *hiṯḥaṭṭe'*), die Wohnung (*miškān*) JHWHs verunreinigt und aus Israel ausgerottet werden soll (*nikraṯ*), während die andere Version (v. 20) das *Heiligtum* (*miqdāš*) JHWHs und die Ausrottung aus der *Versammlung* (*mittôḵ haqqāhāl*) nennt. Die Entsündigung (*ḥiṭṭe'*) geschieht durch Besprengung mit dem Wasser gegen Unreinheit (vv. 12–13. 17–20); darauf soll er seine Kleider waschen und sich im Wasser baden. Alle Gefäße in der Nähe des Verstorbenen (vv. 15. 18) werden unrein und sollen auch besprengt werden. Wer in Berührung kommt mit jemand, der auf diese Weise verunreinigt geworden ist, wird seinerseits bis zum Abend unrein (v. 22; vgl. Lev 22, 4).
Damit das Lager, in dessen Mitte JHWH wohnt, nicht verunreinigt wird, soll sich der Unreine draußen aufhalten (Num 5, 2–3). Leichen in den Vorhöfen des Tempels verunreinigen das Haus JHWHs (Ez 9, 7).
Ein Nasiräer darf sich während der Zeit seines Geweihtseins überhaupt nicht einem toten Menschen nähern (Num 6, 6–12), weil er JHWH heilig ist (*qoḏæš leJHWH*, v. 8). Wenn jemand in seiner Nähe stirbt, wird Reinigung gefordert: Scheren seines Haupthaares am siebenten Tage, Sündopfer, Brandopfer und Schuldopfer am achten Tage. Der Hohepriester darf sich einem Toten nicht nähern (auch nicht Blutsverwandten), denn er ist heilig (Lev 21, 11). Wenn das trotzdem geschieht, wird er vierzehn Tage unrein. Seine Reinigung wird mit einem Sündopfer abgeschlossen. Zur Entweihung eines Priesters durch eine unzüchtige Tochter vgl. Lev 21, 9.
Wer sich durch einen Verstorbenen verunreinigt hat, soll das Passah nach der dafür geltenden Ordnung veranstalten, aber es soll im zweiten Monat, nicht

wie gewöhnlich im ersten, geschehen (Num 9, 4–14). Ein Gekreuzigter muß vor Einbruch der Nacht begraben werden, weil die Verfluchung Gottes über ihn ruht. Der Leichnam verunreinigt das Land des Erbbesitzes (Deut 21, 23). Daß die Unreinheit, besonders durch Tod, im Gegensatz zur Heiligkeit übertragbar ist, kommt auch in Hag 2, 13–14 zum Ausdruck. Haggais eigenes Volk, der Prophet selbst einbegriffen, wird vom Prophet als unrein betrachtet, weil der Tempel noch nicht aufgebaut ist und vollständige Reinigung dadurch unmöglich ist (zu *hā'ām hazzæh* s. Koch, ZAW 79, 1967, 52–66 gegen Rothstein u. a.).

4. Der oder das mit Aussatz (→צרעת [*ṣāra'aṯ*]) Behaftete oder des Aussatzes Verdächtige ist unrein. Die Belege erscheinen in Lev 13 (24mal), Lev 14 (8mal) und Num 5, 3 (1mal). In Lev 13 kommt →טהר (*ṭhr*) 19mal und in Lev 14 24mal vor. Dazu erscheint *ṭhr* 4mal in 2 Kön 5, 10–14.

Die Anweisungen für Aussatz betreffen den 'Aussatz' an Menschen (Lev 13, 2–46; 14, 2–32), an Kleidern (13, 47–59) oder an Häusern (14, 34–53. 57). Der des Aussatzes Verdächtige soll zum Priester gebracht werden. Der Priester entscheidet, ob es sich um wirklichen Aussatz handelt oder nicht (Lev 13). Wenn der Priester Aussatz festgestellt hat, soll er den Betreffenden für unrein erklären (*ṭimme'*). Der Aussätzige soll mit zerrissenen Kleidern gehen, sein Haupthaar wild herabhängend tragen, seinen Bart einhüllen und zur Warnung *ṭāme' ṭāme'* rufen. Abgesondert (*bāḏāḏ*) außerhalb des Lagers soll er wohnen (13, 45–46), weil das Lager, in dessen Mitte JHWH wohnt, nicht verunreinigt werden darf (Num 5, 3).

Wenn eine Person aussatzähnliche Symptome hat (einen weißen Fleck auf der Haut, wildes Fleisch in einer Geschwulst, ein Geschwür, die Narbe einer Brandwunde, Krätze oder Kahlköpfigkeit) soll er sieben Tage lang isoliert werden. Nach der Besichtigung des Priesters soll er noch sieben Tage lang isoliert werden, und wenn der Priester dann findet, daß der Betreffende nicht aussätzig ist, soll er ihn für rein erklären (*ṭihar hakkohen*). Der Kranke soll dann seine Kleider waschen.

Bei der Diagnose spielt die weiße Farbe eine große Rolle. Wenn ein weißer Fleck auf der Haut ausbleicht, das wilde Fleisch weiß wird, weiße oder weißrötliche Geschwüre oder Brandwunden ausbleichen oder nicht größer werden, ist die Person rein. Wenn dagegen das Haar am angegriffenen Platz weiß wird, soll der Betreffende für unrein erklärt werden. Merkwürdigerweise ist die Person, die ganz weiß ist, weil der Aussatz den ganzen Körper bedeckt hat, *rein* (13, 12f.). Vgl. 2 Kön 5, 27, wo der Diener Elisas als Strafe weiß wie Schnee vom Aussatz wird (*m^{e}ṣorā' kaššælæḡ*).

Ein Kleid, das vom Aussatz angegriffen ist, soll sieben Tage lang isoliert werden (13, 47–58). Hat sich das Mal ausgebreitet, ist das Kleid von bösartigem Aussatz behaftet (*ṣāra'aṯ mam'æræṯ* vv. 51f.) und soll verbrannt werden. Hat sich das Kleid nicht verändert, soll es gewaschen und noch sieben Tage lang isoliert werden. Findet der Priester, daß eine Vertiefung vorhanden ist, soll das Kleid verbrannt werden. Wenn das Mal verblaßt ist, soll es weggerissen werden. Wenn es durch Waschen verschwindet, soll das Kleid noch einmal gewaschen werden. Dann wird es rein sein. Im Abschnitt 13, 47–58 fehlen die Formeln *ṭimme' hakkohen* und *ṭihar hakkohen*, aber er schließt: „Dies ist das Gesetz über den Aussatzbefall . . ., ob es für rein oder unrein zu erklären ist (*l^{e}ṭah^{a}rô 'ô l^{e}ṭamm^e'ô*)".

Ein Haus, das wegen gelblichen oder rötlichen Vertiefungen von befürchteten Aussatz angegriffen ist, soll geschlossen werden (14, 34–53). Hat sich das Mal nach sieben Tagen ausgedehnt, sollen die betreffenden Steine herausgerissen und aus der Stadt an einen unreinen Ort hinausgeworfen werden. Wenn das Haus nach erneutem Verputzen noch angegriffen ist, soll es eingerissen werden. Ist der Aussatz weg, soll der Priester das Haus für rein erklären. Alles, was im Haus war, aber vor der Besichtigung davongebracht wurde, ist nicht unrein geworden (v. 36). Ist jemand während der Zeit der Isolierung dort hineingegangen, ist er unrein geworden (vv. 46–47).

Der von der Krankheit Geheilte soll in zwei Etappen gereinigt werden (Lev 14, 2–32). Der Priester begegnet dem sich Reinigenden (*ṭhr hitp* Ptz.) außerhalb des Lagers und besprengt ihn mit dem Blut eines geschlachteten Vogels. Ein lebender Vogel, der in dasselbe Blut getaucht worden ist, wird freigelassen. Nach der Waschung seiner Kleider, Scheren seines Haares und Bad wird der Geheilte rein (v. 8) und darf das Lager betreten; jedoch muß er dieselbe Prozedur nach sieben Tagen wiederholen. Der zweite Teil der Reinigung geschieht vor JHWH am Eingang des Begegnungszeltes (vv. 11. 23). Sie wird vom Priester vollzogen und umfaßt die Darbringung eines Speiseopfers, eines Schuldopfers und eines Brandopfers. Das Blut des Schuldopfers wird auf das rechte Ohrläppchen, den Daumen und die große Zehe des sich Reinigenden appliziert. Zum Blut wird Öl hinzugetan. Von demselben Öl sprengt der Priester 7mal vor JHWH und gießt den Rest auf das Haupt des sich Reinigenden. Es wird in vv. 18–20. 29 ausdrücklich festgestellt, daß dieser Teil der Reinigung Sühnewirkung hat (*kippær 'ālājw hakkohen*). Auch bei der Reinigung des mit Aussatz behafteten Hauses gipfelt die Entsündigung in Besprengung mit Blut (14, 49–53). Nach 2 Kön 5, 10–14 befiehlt Elisa dem Aramäer Naaman sich siebenmal im Jordan zu baden, um rein von seinem Aussatz zu werden. Nach dem Bad wird Naaman rein, d. h. sein Fleisch „kehrt zurück" (*šûḇ*), und wird wie das Fleisch eines Knaben. Elisa hatte gesagt, daß nur JHWH von Aussatz heilen kann (v. 7); in seiner Genesung findet Naaman die Bestätigung, so daß er ein JHWH-Verehrer wird (v. 15).

5. Rituelle Unreinheit bei Menschen (außer Aussatz) kommt in fünf Zusammenhängen vor: Ausfluß und Ausgießen des Samens beim Mann, Menstruation und Entbindung bei der Frau und Geschlechtsverkehr. Die Belege erscheinen hauptsächlich in Lev 15:

ṭāme' 36mal und *ṭāhar* 6mal. Ausfluß (*zûb*) beim Mann (Lev 15, 3–15) verunreinigt den Mann selbst (v. 3), das, worauf er sitzt oder liegt (vv. 4. 9) und denjenigen, der damit (vv. 5–6. 10) oder mit ihm in Berührung kommt (v. 7). Bespuckt der Mann jemand (v. 8) oder berührt er jemand oder ein Gefäß, ohne die Hände im Wasser gewaschen zu haben (vv. 11–12), werden diese unrein. Derjenige, der direkt oder indirekt mit ihm in Berührung kommt, wird unrein bis zum Abend (*ṭāme' ʿaḏ-hāʿæræḇ*). Wenn der Mann von seinem Ausfluß rein geworden ist, d. h. wenn dieser aufgehört hat, folgt nach sieben Tagen die Reinerklärung, die in zwei Etappen geschieht (vgl. Aussatz): zuerst Waschung der Kleider und Bad in lebendigem Wasser (v. 13), dann die Sühnung (*kippær ʿālājw hakkohen*) vor JHWHs Angesicht am Eingang des Begegnungszeltes mit Darbringung von Sündopfer und Brandopfer (vv. 14–15).

Die Reinigungsvorschrift bei Samenerguß (*šiḵbaṯ-zæraʿ*: Lev 15, 16–18. 32) gilt dem Mann selbst (v. 16), allem, was mit dem Ausfluß in Berührung kommt (v. 17) und der Frau, der er beigewohnt hat (v. 18). Die stereotype Formel (*ṭame' ʿaḏ-hāʿæræḇ*) gilt für beide, auch für die Kleider; aber die Reinigungsvorschriften kennen nur das Bad des Mannes und die Waschung der Kleider; eine Sühnenzeremonie wird nicht erwähnt.

Bei der Frau gelten die gleichen Vorschriften bei normaler Menstruation (*niddāh*, Lev 15, 19–24. 33; 18, 19) als auch bei der längeren oder unregelmäßigeren (15, 25–27). Die Frau gilt selbst sieben Tage lang als unrein, aber alles und alle, die direkt oder indirekt mit ihr in Berührung kommen, sollen bis zum Abend unrein sein; wenn aber etwas von ihrem Blut beim geschlechtlichen Verkehr auf den Mann kommt, wird auch er sieben Tage unrein sein (v. 24; vgl. Ez 22, 10). Die Reinigungsvorschriften (15, 28–30), Bad und Sühnezeremonie sind mit denen, die für den Ausfluß beim Mann gelten, identisch.

Nach der Entbindung von einem Sohn (Lev 12) wird die Mutter sieben Tage, bei einer Tochter aber vierzehn Tage unrein. Während ihrer Reinigungstage (*jᵉmê ṭŏhᵒrāh*), 33 für einen Sohn, 66 für eine Tochter, soll sie zu Hause bleiben, nichts Heiliges berühren oder nicht in das Heiligtum kommen. In den Reinigungsvorschriften fehlen die Waschung und das Bad. Dagegen wird gesagt, daß die Frau rein wird, wenn sie Sündopfer und Brandopfer darbringt und der Priester sie vor JHWH am Eingang des Begegnungszeltes sühnt.

Beim geschlechtlichen Verkehr mit Samenausguß werden beide bis zum Abend unrein (Lev 15, 18; vgl. oben). Der Mann wird sieben Tage unrein, wenn er dabei etwas vom Blut der Frau an sich bekommt (Lev 15, 24; vgl. oben). Außerdem wird der Mann unrein, wenn er mit der Frau eines anderen Mannes Geschlechtsverkehr hat (Lev 18, 20) oder einem Tier beiwohnt (Lev 18, 23). Für die beiden letzten Fälle verordnet Lev 20, 10. 15 die Todesstrafe, ebenso v. 18 für den Verkehr mit einer menstruierenden Frau.

David sah Bathseba, die Frau Urias, auf dem Dach baden (2 Sam 11, 2–4), er wohnte ihr bei, „nachdem sie sich von ihrer Unreinheit geheiligt hatte" (*qdš hitp*); dies weist darauf hin, daß es sich um ein Reinigungsbad handelte. Obwohl die Sühnezeremonie nicht erwähnt wird, befreit der Text David vom Verdacht, sich durch eine unreine Frau verunreinigt zu haben. Trotzdem aber verunreinigte er sich, weil es sich um die Frau eines anderen Mannes handelte, aber von dieser Unreinheit sagt der Text nichts!

Wenn eine Frau ihrem Mann untreu ist (Num 5, 11–31) oder ihr Mann auf sie eifersüchtig wird, soll er sie zum Priester führen und für sie ein Eifersuchtsopfer (*minḥaṯ qin'āh, minḥaṯ zikkārôn mazkæræṯ ʿāwon*) opfern. Die Frage ist, ob sie sich verunreinigt hat (*ṭm' niph*, vv. 13–14. 20. 27. 29; *pi* 19) oder nicht. Der Priester stellt sie vor JHWH hin, läßt sie den Selbstverfluchungseid schwören und gibt ihr Fluchwasser zu trinken. Wenn ihr Bauch anschwillt und ihre Hüften einfallen (v. 27), ist sie schuldig und muß ihre Schuld tragen (v. 31). Wenn sie unschuldig ist, wird ihr das Wasser keinen Schaden bringen und sie wird als rein (*ṭhr*, v. 28) betrachtet und kann empfangen.

Eine geschiedene Frau, die sich wieder verheiratet, sich scheidet oder Witwe wird, darf nicht von ihrem ersten Mann zurückgenommen werden, weil sie sich durch ihre zweite Ehe verunreinigt hat (Deut 24, 4 *hotp*). Sie zurückzunehmen wäre ein Greuel (*tôʿeḇāh*) vor JHWH und Sünde (*ḥeṭ'*).

6. Unreinheit schließt von der Teilnahme am Kult aus. Kein Unreiner darf in den Tempel kommen (2 Chr 23, 19). Übertretung der Reinheitsvorschriften führt zum Tode, weil dadurch die Wohnung JHWHs verunreinigt wird (Lev 15, 31). Die Strafbestimmung für Übertretungen der Reinheitsvorschriften mündet in eine allgemeine Paränese bes. gegen Verunreinigung durch Tiere (Lev 20, 25 f.); der Abschnitt ist in ein Kapitel mit Strafbestimmungen für Unzuchtsünden, die mit der Todesstrafe geahndet werden, eingesprengt; vgl. Elliger, HAT I/4, z. St. Dagegen sagt Lev 7, 20 f. eindeutig, daß ausgerottet werden soll, wer durch Berührung mit einem unreinen Tier verunreinigt ist und trotzdem vom *šᵉlāmîm*-Opfer ißt. Ein Priester, der von den Opfern ißt, bevor er sich von solcher Unreinheit gereinigt hat, soll weg vom Angesicht JHWHs ausgerottet werden, weil er durch seine unreine Berührung mit dem Heiligen Sünde auf sich geladen hat (Lev 22, 3–9). Ein Unreiner darf den heiligen Zehnten nicht tragen (Deut 26, 14).

III. Übertragen wird *ṭāme'* von unreinem Wesen und unreinen Handlungen gebraucht. Dabei handelt es sich oft um Abfall von JHWH und um heidnische Sitte und Fremdkult, manchmal als Unzucht dargestellt. Häufig wird die Unreinheit ausdrücklich als Sünde, Schuld und Vergehen bezeichnet.

Die Gesetzessammlung in Lev 18, 6–23 enthält Verbote gegen sexuelle Verirrungen mit einem eingesprengten Verbot von Kinderopfer an Moloch

(v. 21). Unrein wird der Mann, der mit einer Frau während der Zeit ihrer Regeln (v. 19), mit der Frau eines anderen Mannes (v. 20) oder mit einem Tier (v. 23) Verkehr hat; (vgl. oben). Die Zusammenfassung (24–30; *ṭāme'* 6mal) bezeichnet alle die in der Sammlung genannten Verbindungen als unrein. Mit solchen Dingen haben sich die Heiden verunreinigt (v. 24 *niph*), so daß das Land verunreinigt wurde (vv. 25.27 *qal*). Diese *tôʿeḇôṯ* bedeuteten eine Schuld (*ʿāwon*), so daß das Land durch die Heimsuchung (*pqd*) JHWHs seine Bewohner ausspie (*qj'*). Ein Israelit, der sich durch die genannten *ḥuqqôṯ hattôʿeḇôṯ* verunreinigt (v. 30), soll aus seinem Volk ausgerottet werden. Die sexuellen Verirrungen werden also als unreine heidnische Sitten verurteilt und als Schuld betrachtet.

In der Sammlung von Heiligkeitsgesetzen verschiedener Art (Lev 19, 2–37), von denen ungefähr jedes zweite mit *'ᵃnî JHWH 'ᵆlohêḵæm* schließt, steht *ṭāme'* im Verbot, sich durch Totengeister (*'oḇôṯ*) und „Wissenden" (*jiddeʿonîm*) zu verunreinigen. Jedes Befassen mit Geisterbeschwörung und Wahrsagerei soll mit dem Tode bestraft werden (Lev 20, 6. 27, vgl. Sach 13, 2–6). Alle Wahrsagerei wird als JHWH-fremd empfunden.

Unreinheit und Götzen (*gillûlîm*) werden bei Ezechiel oft zusammen erwähnt: 14, 11; 20, 7. 18. 31; 22, 3–4; 23, 7. 13–17. 30. 38; 36, 18. 25; 37, 23. Als Beispiel der Widerspenstigkeit der Israeliten nennt Ez 20 ihre Unwilligkeit, vor dem Exodus die Götzen Ägyptens aufzugeben (*šlm hiph*, v. 8). Durch sie hatten sie sich verunreinigt (v. 7). Dieser Ungehorsam wiederholt sich in der Wüste (18–21) und setzt sich noch in der Zeit Ezechiels fort (30–32). Im Abschnitt 23–26 wird das Exil mit der Abfälligkeit der Wüstengeneration begründet, die dazu führte, daß JHWH selbst das Volk sich durch Opfergaben und Kinderopfer verunreinigen (*hiph*) ließ, um sie später zu strafen. Nachdem die verzögerte Strafe (9. 14. 17. 22) mit dem Exil vollzogen worden ist, wird Israel auf dem Berg Zion JHWH statt der Götzen (39) dienen und die schlechten Dinge, durch die es sich verunreinigt (43) und den heiligen Namen JHWHs profaniert (39) hatte, verabscheuen.

Auch Ez 23 sagt, daß Israel sich seit der Zeit in Ägypten durch Götzen verunreinigt hat. Hier wird der Abfall von JHWH als die Unzucht zweier Frauen mit ihren Buhlen beschrieben; vgl. Hos 5, 3; 6, 10. Ohola = Samaria verunreinigte sich durch die Götzen Assurs (v. 7) und Oholiba = Jerusalem durch Assur (v. 13), Babel (v. 17) und Heiden (v. 30). Weil sie gleichzeitig am JHWH-Kultus teilnahmen, verunreinigten und profanierten sie den Tempel JHWHs (38–39). Die beschriebenen Greuel werden zusammenfassend als Sünde (*ḥeṭ'* v. 49) bezeichnet. Israel hat Götzen in sein Herz geschlossen (*hæʿᵆlû gillûlêhæm ʿal-libbām*), „den Anstoß zur Verschuldung vor sich hingestellt" (Ez 14, 3–4. 7), und sich durch Missetaten (*pæšaʿ*) verunreinigt (v. 11); wer so handelt, soll nach dem Gesetz aus dem Volk ausgerottet werden (*krt hiph;* v. 8). Unter den Greueln (*tôʿeḇôṯ*), die in der Sündenliste Jerusalems (Ez 22, 3–12) aufgezählt werden und die den Namen Jerusalems verunreinigt haben, werden Unreinheit durch Götzen (3–4), geschlechtlicher Verkehr mit einer Frau während der Zeit ihrer Menstruation (Zeit der Unreinheit, v. 10) und mit einer Schwiegertochter (v. 11; vgl. Ez 33, 26) genannt. Die Unreinheit wird im Gericht durch Zerstreuung vernichtet (v. 15). In Ez 36 wird dagegen die Reinigung mit der Errettung zusammengestellt. Die Verbrechen und Greuel (v. 31), von denen das Volk durch Besprengung mit Wasser gereinigt werden soll, bestehen in unreinem Wesen, unreinen Handlungen und Abgötterei (17–18. 25. 29; vgl. Ez 37, 23). In der Reinigung heiligt JHWH seinen entweihten Namen. Ebenso wurde nach Ps 106, 34–39 das Volk durch seinen Götzendienst unrein; dadurch wurde das Land entweiht (*ḥānep*) und das Volk JHWH ein Abscheu (*tʿb pi*, v. 40).

Unreinheit wird manchmal ausdrücklich mit Sünde, Vergehen und Verbrechen gleichgestellt (Lev 16, 16. 19; 18, 25; 22, 9; Jes 6, 5; 64, 5; Kl 1, 8–9; 4, 15; Pred 9, 2; Ez 14, 11; 18, 6. 11. 15; 37, 23; 39, 24; Sach 13, 1–2). Die Unreinheit Jesajas und des Volkes steht im schärfsten Kontrast zur Heiligkeit JHWHs. Als die Lippen des Propheten gereinigt werden, wird seine Schuld gesühnt (*kpr, pu*) 6 ,7, so daß er das Wort des Heiligen verkündigen kann. Die Reinigung des Propheten ist gleichzeitig ein Vorbild des Reinigungsprozesses JHWHs mit seinem Volk (Jes 6, 3–13). Ein Priester, der unrein geworden ist und von den Opfergaben ißt, hat durch seine Berührung mit dem Heiligen gesündigt und soll sterben (Lev 22, 2–9). Am Versöhnungstage sollen das Heiligtum und der Altar von den Unreinheiten (*ṭum'ôṯ*), Übertretungen (*pešāʿîm*) und Sünden (*ḥaṭṭo'ṯ*) (Lev 16, 16. 19) gesühnt werden. Die Reinigung geschieht durch Besprengung mit dem Blut des Sündopferbockes, bzw. durch Bestreichung und Besprengung mit dem Blut des Bockes und des Sündopferstieres (vgl. Reinigung von Aussatz). In den Klageliedern (4, 15) werden die Priester in ihren blutbefleckten Kleidern als unrein bezeichnet; als ihre Sünde und Schuld (*ḥaṭṭā'ṯ*, *ʿāwon*) wird das Vergießen gerechten Blutes angegeben (v. 13); vgl. Ez 24, 11. 13. Die Zusammenstellung unreine Menschen – befleckte Kleider – Verbrechen kommt auch in Jes 64, 5 vor, wo Israel ihre Schuld (*ʿāwon*) vor JHWH bekennt. „Die Frau eines Nächsten zu schänden (verunreinigen, *ṭimme'*)," findet sich dreimal in Aufzählungen von Sünden (Ez 18, 6. 11. 15): „samt dem Blut essen" (berichtigter Text, s. BHK[3]) „seine Augen zu den Götzen (*gillûlîm*) erheben", „sich einer Frau in ihrer Unreinheit (*niddāh*) nähern" usw. Dies alles wird als Sünde, Schuld und Übertretung bezeichnet und mit dem Tode bestraft. Der Gegensatz ist *mišpāṭ* und *ṣedāqāh*, die zum Leben führen. Nach Ez 37, 23 wird JHWH die Zerstreuten erretten von allen Abtrünnigkeiten (lies *mešûḇôṯ* s. BHK[3]), durch die sie sich ver-

unreinigt haben, indem sie durch Götzen, Scheusale (*šiqqûṣîm*) und Übertretungen gesündigt haben; vgl. Ez 39, 23–24, wo die Zerstreuung des Volkes als Folge von Unreinheit und Sünde (*pæšaʿ*) erscheint.
Das Land des Erbteils darf nicht verunreinigt werden, weil dort die Wohnung JHWHs ist (Num 35, 34). Durch Blut = Mord wird das Land entweiht (*ḥnp hiph*, v. 33), und die Schuld kann nur durch Blut gesühnt werden (v. 33b). Das Land verunreinigen bedeutet den heiligen Gott profanieren. Israel wird von Jeremia angeklagt, unmittelbar nach der Landnahme das Land durch Abfall zu den Götzen verunreinigt und das Erbteil JHWHs zum Greuel gemacht zu haben (Jer 2, 7); das Volk bestreitet die Anklage (v. 23), aber die Schuld ist ein untilgbarer Fleck (*ktm niph*) vor JHWH (v. 22). Als Israel mit *šiqqûṣîm* und *tôʿeḇôṯ* das Heiligtum verunreinigte (Ez 5, 11; vgl. 2 Chr 29, 16), benahm es sich noch schlimmer als die Heiden (v. 6), denn es verwarf die *mišpāṭîm* und *ḥuqqôṯ* JHWHs. Zur Zeit Zidkias verunreinigten die Priester und Führer des Volkes mit den *tôʿeḇôṯ* der Heiden den Tempel, den JHWH geheiligt (*qdš hiph*) hatte (2 Chr 36, 14) und zogen sich dadurch die Strafe des Exils zu. Ez 43, 7f. spricht von Entweihung (*ḥll*) des Heiligtums durch Beerdigung von Königen und durch Fremdkult, was zugleich heißt, daß der heilige Name JHWHs verunreinigt wird. 'Profanieren' und 'verunreinigen' werden also im Verhältnis zum Heiligen fast gleichbedeutend. Ein Israelit oder ein Fremdling, der Kinder dem Moloch darbringt, verunreinigt das Heiligtum und profaniert (*ḥll pi*) den heiligen Namen JHWHs und soll gesteinigt werden (Lev 20, 2–3). Moloch-Opfer im Tal Hinnom und *šiqqûṣîm* im Tempel verunreinigen den Namen JHWHs, weil es seinem Willen widerspricht (Jer 7, 30–31; 32, 34–35).
Nach 2 Kön 23 hat Josia durch seine Reform die heidnischen Kultstätten *verunreinigt*. Auf den Höhen (23, 8. 13) und am Tophet (23, 10) wurden die Altäre, Masseben und Ascheren zerhauen und ihre Plätze mit Menschengebeinen gefüllt. Der Altar in Bethel (23, 16) wurde verunreinigt, indem man den Inhalt der Gräber darauf verbrannte. 2 Chr 34, 3. 5. 8 wird auf dieselben Handlungen durch das Verb *ṭhr* Bezug genommen. Im ersteren Fall wird also das Unreinmachen durch Berührung mit Leichen, im zweiten die Reinigung von heidnischen Wesen betont.
Die Heiden stehen selten als Subj. von *ṭāmeʾ*. Die unreinen sexuellen Verirrungen, mit denen Israel sich nicht befassen darf (Lev 18, 6–23), wurden früher von den Heiden betrieben, die dadurch sich selbst und das Land verunreinigten, und deshalb aus dem Lande ausgespieen wurden (*qjʾ* v. 24f.). Auf diese Stelle nimmt Esr 9, 10–15 Bezug, als er die aus dem Exil zurückgekehrten Israeliten vor fremden Ehen warnt. Einige Heiden scheinen sich jedoch von ihrer Unreinheit abgesondert und den JHWH-Verehrern angeschlossen zu haben (Esr 6, 21). Obwohl Ps 79, 1 von Jerusalem in Trümmern spricht, muß sich die Verunreinigung des heiligen Tempels nicht notwendig auf die Zerstörung des Heiligtums beziehen. Es handelt sich eher um die Profanierung der Heiligkeit JHWHs durch das Eindringen der unreinen Nicht-Israeliten in den Tempel (vgl. Deut 23, 1–5; Kl 1, 10). Derselbe Gedanke, daß die Unreinheit der Götzenverehrer mit der Heiligkeit unvereinbar ist, findet sich Jes 35, 8–10, wo gesagt wird, daß kein Unreiner, sondern nur ein erlöstes Volk den heiligen Weg nach Zion betreten wird. Kein Unbeschnittener oder Unreiner soll in das gerettete, heilige Jerusalem kommen (Jes 52, 1). Wer unterwegs ein Götzenbild aus Silber oder Gold trägt, soll seine Unreinheit einsehen und es von sich werfen (Jes 30, 22).
Gen 34 unterscheidet sich als Sage von den anderen Texten, die von Unreinheit durch Unzucht sprechen. Die Vergewaltigung Dinas durch den unbeschnittenen Sichem (34, 5. 13. 27) rief die Rache ihrer Brüder an Sichem und seiner Familie, die sie verunreinigt hatte (v. 27 *ṭmʾ*), hervor.

Wenn Mi 2, 10 den vorhergehenden Abschnitt zusammenfassen soll, ist die Anwendung von *ṭumʾāh* sehr eigenartig, da sonst nirgendwo Unterdrückung als Unreinheit bezeichnet wird. Sellin schlägt deshalb die Emendation *meʿaṭ meʾûmāh taḥbelû ḥaḇol* „Um eines geringes bißchen willen nehmt ihr grausames Pfand" vor, was im Zusammenhang besser paßt (anders Rudolph, KAT XIII/3, 56ff.).

Sich in einem fremden Land zu befinden, erschwert oder vereitelt die Einhaltung der Reinheitsvorschriften. Ein fremdes Gebiet kann im Gegensatz zum Land, wo das Heiligtum JHWHs steht, als unrein betrachtet werden (Jos 22, 19; Jes 52, 11; Am 7, 17). Unter den Heiden kann man die Speisevorschriften nicht befolgen (Hos 9, 3; Ez 4, 13–14). – Für Hiob ist der Abstand zwischen Gott und Mensch so groß wie der Abstand zwischen den Gegenpolen rein und unrein (Hi 14, 4).

IV. Die LXX übersetzt meistens mit μιαίνειν (*qal*, *niph*, *pi*, Adj., *ṭumʾāh;* ἀκαθαρσία (*qal*, *pi*, Adj., *ṭumʾah*); ἀκάθαρτος (*qal*, *niph*, Adj., *ṭumʾāh*); ἀκάθαρτος γίνεσθαι (*qal* Lev 14, 36). Als Übersetzung von *qal* sind auch ἐκμιαίνεσθαι (Lev 18, 20. 23. 25; 19, 31) und von *pi* μίανσις (Lev 13, 44) gebraucht. Sonst steht für *pi:* βεβηλοῦν, den heiligen Namen Gottes profanieren (Ez 43, 7–8), ἐξαίρειν von Silber und Gold der Götzenbilder (Jes 30, 22), Adj.: ἀποκαθημένη, unreine Frau (Lev 15, 33), ῥύπος „Kann ein καθαρός aus einem ῥύπος kommen?", Hi 14, 4); *ṭumʾāh:* ἁμαρτία, Sühne von Aussatz (Lev 14, 19).

V. Wenn die Qumrantexte von Trennung zwischen unrein und rein, heilig und profan sprechen (CD 6, 17; 12, 20), liegt der Schwerpunkt auf dem Unterschied zwischen den vollwürdigen Mitgliedern der Gemeinde und den Umkehrwilligen. Einige Male kommt eine Häufung von Unreinheitsvokabeln vor: 1 QpHab 8, 13 *niddaṯ ṭumʾāh*, 1 QS 4, 10 *darkê niddāh* *ba^ᶜᵃḇoḏaṯ ṭum'āh*, 1QM 13, 5 *ᶜᵃḇoḏaṯ niddaṯ ṭum'āṯām*.

In der Reinheitskatechese 1QS 5, 13–20 (vgl. CD 10, 10–13; 11, 18–12, 2; 12, 8–20) wird es den Mitgliedern (*'anšê hajjaḥaḏ*) verboten, den Umkehrunwilligen zum Reinigungsbad zuzulassen, weil alle, die Gottes Wort übertreten, unrein sind (5, 13–14). Von solchen Menschen muß man sich absondern (*bdl hiph*, 5, 10). Niemand, der von irgendeiner Unreinheit des Menschen betroffen ist (*mᵉnuggāᶜ*), darf in die Versammlung Gottes eintreten oder eine Stellung in der Gemeinde einnehmen (1QSa 2, 3–5). Kein Unbeschnittener, Unreiner oder Gewalttätiger soll den Weg der Heiligkeit betreten (1QH 6, 20–21). Solange sie die Satzungen Gottes verwerfen, dürfen die sich nicht mit Reinigungswasser (*mê niddāh*), Meeres- oder Flußwasser oder irgendeinem Waschungswasser (*mê raḥaṣ*, 1QS 3, 4–6) reinigen. Ihre Werke sind Schmutz (*maᶜᵃśêhæm lᵉniddāh*) und ihr Besitz ist unrein (5, 19–20; CD 6, 15). Das Wasser einer kleinen Lache, das einen Menschen nicht ganz bedecken kann, wird verunreinigt, wenn ein Unreiner es berührt (CD 10, 13). Dasselbe gilt für Bäume, Steine und Sand, Geräte, Nägel und Pflöcke (CD 12, 15–18). Wenn jemand mit Lästerzunge sagt, daß die Satzungen des Bundes Gottes nicht fest gegründet stehen, verunreinigt er seinen heiligen Geist (*rûaḥ qŏḏšᵉhæm*), der der Geist der Wahrheit ist (CD 5, 11; 7, 3; vgl. 1 QS 4, 2–8). Zum Geist des Frevels (*rûaḥ ᶜawlāh*) gehören u. a. Wege des Schmutzes im Dienst der Unreinheit (1QS 4, 10). Profanierung des Heiligtums kann auf verschiedene Weise geschehen. Der Habakuk-Kommentar 12, 6–9 zu 2, 17 schreibt *middᵉmê qirjāh* für *middᵉmê 'aḏām* und läßt den Pescher auf den gottlosen Priester beziehen. Er hat Greueltaten (*maᶜᵃśê tôᶜᵃḇôṯ*) verübt und das Heiligtum Gottes verunreinigt. Wenn Opfer dargebracht werden, darf man es nicht durch einen unreinen Menschen schicken, weil der Altar dadurch verunreinigt wird; das Schlachtopfer der Gottlosen ist ein Greuel (*tôᶜeḇāh*, CD 11, 18–21). Niemand darf in ein Gebetshaus (*bêṯ hištaḥᵃwôṯ*) eintreten im Zustand der Unreinheit, der eine Waschung erfordert; wenn die Trompeten der Gemeinde blasen, soll er es vorher oder nachher tun (11, 21–23). Umgang mit einer Frau mit Blutfluß verunreinigt das Heiligtum (CD 5, 6). Nach 12, 1–2 darf ein Mann nicht Umgang mit einer Frau in Jerusalem haben, um die Stadt des Heiligtums durch ihre Unreinheit (*niddāh*) nicht zu verunreinigen. Ob dies ein allgemeines Verbot ist oder nicht, kommt auf die Lücke im letzten Wort in 11, 23 an. Lohse schlägt [*hšb*]*t* vor. Das Verbot wird dann auf den Sabbat beschränkt. In einem Pescher zu Jes 24, 17f. (CD 4, 14ff. vgl. 1QM 13, 5) ist von den drei Netzen Belials die Rede: Unzucht, Reichtum und Befleckung des Heiligtums. Wer dem einen entkommt, wird vom anderen gefangen. Die Zusammenstellung von Reichtum und (schmutziger) Unreinheit kommt auch in 1QpHab 8, 12–13 vor, wo es vom gottlosen Priester heißt, daß er um des Reichtums willen gegen die Gebote treulos handelte. Ein eigentümliches Verständnis kommt in CD 20, 23 vor, wo „das Heiligtum verunreinigen“ im Gegensatz zu „sich auf Gott stützen“ und „zu Gott umkehren“ steht. (Unsicher ist die Interpretation der parallelen Verben *šᶜn niph* „sich auf Gott stützen“, *ṭm' pi* „verunreinigen“ oder „für unrein erklären“ [Obj. Heiligtum], *šûḇ* „zu Gott umkehren“, CD 20, 23. Vgl. die Übersetzungen und Kommentare von J. Maier, A. Dupont-Sommer, E. Lohse, L. Moraldi u. a.)

Wer ein Gebrechen hat oder von Unreinheit geschlagen ist (*mᵉnuggāᶜ bᵉṭum'aṯ bᵉśārô*), soll nicht zum Kampf ziehen (1QM 7, 4), da der Krieg ein heiliges Unternehmen ist. Die Priester sollen sich nicht mit dem unreinen Blut der Erschlagenen besudeln (*gā'al hitp*), denn sie sind heilig (1QM 9, 9).

André

טָמַן *ṭāman*

מַטְמוֹן *maṭmôn*

I. 1. Etymologie – 2. Vorkommen im AT – II. Gebrauch im AT – III. *maṭmôn*.

I. 1. Die hebr. Wurzel *ṭmn* ist aus *ṭmr* dissimiliert, wie die Belege für *ṭmr* in den semit. Sprachen nahelegen. Es findet sich akk. *ṭ/tamāru* ᶜverscharren', asarab. *ṭmrm* (RES 3910, 7) ᶜVerwahrtes', arab. *ṭamara* ᶜbegraben, vergraben, verscharren', wohl auch meḥri *ṭamōr*, das mit seiner Bedeutung ᶜverbergen, verstecken, einheimsen' zu sehr von arab. *ṭamara* abweicht, um nur als arab. Entlehnung angesehen zu werden, und weitverbreitet aram. *ṭmr*, vgl. jüd.-aram. ᶜverbergen, aufbewahren', christl.-palästin. ᶜverbergen', syr. ᶜvergraben, verbergen' und mand. ᶜbewahren'. Auch äth. *ṭafara* ᶜdecken, überwölben', *ṭafar* ᶜDach, (Himmels)gewölbe' kann seiner Bedeutung nach zur Wurzel *ṭmr* gestellt werden.

Das arab. Subst. *maṭmūra* ᶜunterirdischer Vorratsraum zum Aufbewahren des Getreides' erfordert keineswegs ein Verbum *ṭmr* in der Bedeutung ᶜaufbewahren' (so S. Fränkel, Die Aramäischen Fremdwörter im Arabischen, 1886, 137), sondern läßt sich mühelos von der Grundbedeutung der Wurzel *ṭmr* ᶜverbergen' herleiten. Damit ist allerdings auch das Urteil gefällt über die Zusammenstellung von *ṭmn* mit arab. *iṭma'anna* ᶜsich neigen, zur Ruhe kommen' und *ṭammana* ᶜberuhigen', die – wie die weit abliegende Bedeutung zeigt – kaum etwas mit hebr. *ṭmn* zu tun haben dürften (gegen Th. Nöldeke, Zur Grammatik des classischen Arabisch, 1897 [Neudr. 1963], 8).

Es ist kaum möglich, etwa mit R. Růžička, Konsonantische Dissimilation, 100, im hebr. *ṭmn* den urspr. Konsonantenbestand zu sehen und die Formen von *ṭmr* als dissimiliert (*n* zu *r*) aufzufassen. Für den vorgeschlagenen umgekehrten Weg einer Dissimilation von *ṭmr* zu hebr. *ṭmn* spricht, daß sich als Erklärung eine Angleichung oder 'Reimwortbildung' vor allem an das Verbum *ṣāfan*, das ebenfalls 'verbergen' bedeutet, anführen läßt (W. W. Müller, Marburg, verdanke ich wertvolle Hinweise).

2. *ṭmn qal* findet sich 28mal im AT (3mal im Pent., 3mal in Jos, 7mal bei Jer, 7mal in Pss, 6mal bei Hi und 2mal in Spr), das *niph* Jes 2, 10 (der ganze Vers fehlt 1QJes[a]!) hat die zu erwartende reflexive Bedeutung zum *qal* 'sich verstecken'.

Das früher angezweifelte (vgl. GesB, auch BDB und noch Zorell, Wb – nach J. Barth, ZDMG 43, 1889, 180 ein i-Imperfekt *qal*-) *hiph* 2 Kön 7, 8 (bis) muß nicht nur nach E. König, Wb [6.7]1937, 136 (vgl. auch dessen Historisch-kritisches Lehrgebäude der hebr. Sprache, III, § 191 d. e. f) als „direkt-kausatives" *hiph* „sie legten sich einen geheimen Schatz an" verstanden werden, sondern es wird durch die Marginallesart Sir 41, 15 (Ms B) bestätigt, wo das *hiph* von *ṭmn* ein *hiph* von *ṣpn* ersetzt.

II. *ṭāman* findet sich im AT im Sinne von 'verbergen, indem man etwas vergräbt'. Gen 35, 4 vergräbt Jakob alle fremden Götter unter der *'elāh* bei Sichem (vgl. dazu O. Keel, VT 23, 1973, 305–336). Wenn Ex 2, 12 Mose den erschlagenen Ägypter im Sand verscharrt, so ist hier nicht an ein Beerdigen gedacht, sondern an das Verstecken, wie auch Hi 3, 16, wonach Hiob einem *nepæl ṭāmûn* gleich sein möchte, mehr an das schamvolle Verstecken als an das Beerdigen der Fehlgeburt gedacht ist. Nur Hi 40, 13, wo Hiob aufgefordert wird, wenn er wie Gott sein kann, dann doch die Hochmütigen und Frevler im Staub zu begraben (*ṭŏmnem*), sie einzuschließen im *ṭāmûn*, ist wohl an das Grab und damit an die Unterwelt als Ort des Einschließens gedacht.
Auch Jer 13, 4. 5. 6. 7 wird *ṭāman* im Sinne von 'vergraben' gebraucht bei der Schilderung der Zeichenhandlung Jeremias (sei sie nun realistisch, allegorisch oder visionär zu deuten), wonach Jeremia einen leinenen Hüftschurz in einer Felsspalte am Euphrat vergraben soll. Nach Jer 43, 9. 10 gräbt (*ṭāman*) Jeremia Steine in Tachpanches in den Boden als verborgenes Fundament für den Thron Nebukadnezars.
In der Achangeschichte Jos 7, 21. 22 bilden ein wertvoller Mantel und Silber das Objekt des Vergrabens, wie ähnlich in der Aramäerkriegserzählung 2 Kön 7, 8 (*hiph*) die Aussätzigen Silber, Gold und Gewänder vergraben. Bei den im Sand verborgenen (*ṭāmûn*) Schätzen, die Issachar (und Sebulon?) nach Deut 33, 19 erhalten soll, ist wohl an Purpurschnecken, Schwämme und Glas gedacht (so C. Steuernagel, GHK I/3, 1, 179, anders – auf Karawanenhandel bezogen – H. J. Zobel, BZAW 95, 39). Neben Erde und Sand können auch Flachsstengel zum Zudecken dienen Jos 2, 6, wonach Rahab die Kundschafter darunter versteckt.
In der Psalmensprache bezeichnet *ṭāman* das heimliche Aufstellen des Netzes (*ræšæṯ* Ps 9, 16; 31, 5; 35, 7. 8) oder das Legen der Falle (*paḥ* Ps 140, 6; 142, 4 b, *paḥîm* Jer 18, 22 b und 1QH 2, 29, *môqešîm* Ps 64, 6, *ḥæḇæl* Hi 18, 10). Die Bilder aus der Jagdsprache malen die Situation des Beters aus: seine Feinde stellen ihm im Verborgenen nach, wobei sich ihr eigener Fuß im Netz, das sie gelegt haben, verfangen kann (Ps 9, 16, vgl. auch 35, 8). *ṭāman* betont in diesem Zusammenhang die Heimlichkeit und damit die Hinterhältigkeit des Fallenstellens. Vielleicht ist auch Hi 20, 26 hier einzuordnen, wo in der zweiten Antwort des Zophar geschildert wird, wie der Frevler dem Gericht nicht entrinnt, wenn es heißt *kŏl-ḥošæḵ ṭāmûn* „alle Finsternis ist (für ihn) verborgen", so daß die Finsternis ihm zur Falle wird.
Ein weiterer bildhafter Gebrauch liegt Jes 2, 10 (Variante zu 2, 19) vor, bei der Aufforderung, sich am Tage JHWHs im Staub zu verbergen vor dem Schrecken JHWHs und dem Glanz seiner Erhabenheit (vgl. Apk 6, 15).
Um die erschreckende Trägheit eines faulen Menschen, der alles nur halb macht, ironisch (normalerweise ißt selbst der Faule gerne) auszumalen, heißt es Spr 19, 24 (Var. 26, 15): Der Faule vergräbt (*ṭāman*) seine Hand in die Schüssel, aber zum Munde bringt er sie nicht zurück. Sir 41, 14f. weist darauf hin, daß vergrabene Weisheit nichts nützt und daß ein Mensch, der seine Torheit verbirgt, besser ist als ein Mensch, der seine Weisheit verbirgt.
Wenn Hiob versucht, seine Unschuld zu erweisen, dann kann er Hi 31, 33 darauf hinweisen, daß er niemals vor(!) Menschen seine Sünden verbarg, indem er seine Schuld in seiner Hemdtasche vergrub (*ṭāman*). CD 5, 4 wird behauptet, das Buch der Thora sei seit den Tagen Eleasars und Josuas verborgen gewesen bis zum Tage Zadoks.
ṭāman wird in LXX fast ausnahmslos mit Formen von κρύπτειν, in V mit Formen von abscondere, im Targ. meist mit Formen von *ṭmr* neben *kmn* und *ṭm'* und im Syr. erwartungsgemäß mit Formen von *ṭmr* wiedergegeben.

III. Das Subst. *maṭmôn* ist im Sing. nur 1mal (Gen 43, 23), im Pl. 4mal (Jes 45, 3; Jer 41, 8; Hi 3, 21; Spr 2, 4; dazu noch Sir 42, 9) belegt. Die Bedeutung erstreckt sich von der Vorratsgrube bis zum verborgenen Schatz. Nach Jer 41, 8 versprechen 10 der samaritan. Pilger dem Gedalja-Mörder Ismael dafür, daß er sie am Leben ließ, ihre auf dem Felde in Vorratsgruben verborgenen Vorräte (vgl. arab. *maṭmūra*) an Weizen, Gerste, Öl und Honig.
Im Kyros-Orakel Jes 45, 3 sichert JHWH seinem Gesalbten verborgene Schätze (*'ôṣerôṯ ḥašæḵ*) und versteckte Kostbarkeiten (*maṭmunê mistārîm*) zu, damit er JHWH erkenne. Gotteserkenntnis zu gewinnen, ist nach Spr 2, 4 nur möglich, wenn man der Weisheit nachspürt wie nach Schätzen (*kammaṭmonîm*). Hiob dagegen weiß, daß gepeinigte und verbitterte Menschen den Tod suchen „wie ein Habgieriger nach verborgenen Schätzen gräbt" (G. Fohrer, KAT XVI, 125). Im allgemeinen Sinn von Kostbarkeit wird der Sing. *maṭmôn* Gen 43, 23 gebraucht, wo das Geld für das Getreide, das Joseph in die Säcke zurücklegen

läßt, als Schatz bezeichnet wird. Nach Sir 42, 9 ist eine Tochter für den Vater ein Schatz, der ihn wach hält (nach LXX), weil die Sorge um sie ihm den Schlaf verscheucht.

Ein noch in KBL[2] erwogener Zusammenhang zwischen *maṭmôn* und *māmôn* μαμωνᾶς läßt sich nicht aufrechterhalten (vgl. H. P. Rüger, ZNW 64, 1973, 127–131).

D. Kellermann

טָעַם *ṭāʿam*

טַעַם *ṭaʿam*, טְעֵם *ṭeʿem*, מַטְעַמִּים *maṭʿammîm*

I. Etymologie, Bedeutung – II. At.licher Gebrauch – III. *ṭʿm* im theologischen Zusammenhang.

I. Die Wurzel *ṭʿm* ist nicht nur in den westsemit. Sprachen, im Hebr., Neuhebr., Bibl.-Aram. und sonst im Aram. (s. BDB; KBL[3]; Vogt, Lex. Ling. Aram.), sondern auch im ostsemit. (akk.: *ṭêmu*; Muss-Arnolt, A Concise Dictionary of the Assyr. Lang., 355f.; BDB 380f.) und südsemit. Sprachraum belegt (arab. *ṭaʿm*, *ṭaʿima*; Lane 1853f.; äth.: *ṭeʿma*, *ṭaʿma*; Littmann-Höfner 619; Dillmann, Lex. Ling. Aeth., 1241ff.).

Als Grundbedeutung des Verbums ist 'schmecken' bzw. 'kosten' (von festen wie flüssigen Speisen), also 'wahrnehmen und empfinden mit dem Geschmackssinn' auszumachen, so daß das Verb zugleich den Sinn 'genießen, essen' annehmen (so im Hebr., Aram., Arab., Äth.) und zu der Bedeutung 'wahrnehmen, empfinden' übergehen kann (so im Hebr.). Die derivaten Nomina kennzeichnen von daher meist entsprechend die 'schmackhafte Speise' oder den 'Geschmack' (einer Speise), wobei hier die Bedeutungsskala weiter über 'Einsicht, Verstand, Urteil' bis hin zu 'Befehl, Erlaß, Bericht' reichen kann (neben hebr. *ṭaʿam* und bibl.-aram. *ṭeʿem* vgl. akk. *ṭêmu*).

II. Im AT sind das Verb *ṭʿm* im *qal* (10mal) und die derivaten Nomina *ṭaʿam* (13mal) und *maṭʿammim* (8mal), in den aram. Texten des AT das Verbum im *pa* (3mal) und das derivate Nomen *ṭeʿem* (28mal und 2mal *ṭaʿam*) belegt.

Der urspr. Sinn des Verbums 'schmecken, wahrnehmen mit dem Geschmacksinn', der seinen Sitz im Gaumen hat (Hi 12, 11; 34, 3) und mit zunehmendem Alter verkümmert (2 Sam 19, 36), ist im Hebr. deutlich ausgewiesen. Da es dabei um ein sich im Zusammenhang von Essen und Trinken vollziehendes Unterscheiden und Empfinden des spezifischen Geschmacks von Speisen und Getränken geht, kann das Verbum mit Akk.-Obj. – in Annäherung an *'āḵal* und *šāṯāh* bzw. an *lāḥam* – einmal mehr den äußeren Vorgang des Schmeckens, das auf Geschmack bedachte Zu-sich-Nehmen von Nahrung zum Ausdruck bringen, so daß *ṭʿm* hier am besten mit 'etwas genießen' bzw. 'zu sich nehmen' (1 Sam 14, 24; 2 Sam 3, 35; 19, 36; Jon 3, 7) oder in Verbindung mit *meʿaṭ* 'eine Kostprobe nehmen von' wiederzugeben ist (1 Sam 14, 29. 43). Im Bibl.-Aram. weist von daher das Verbum im *pa* mit Akk.-Obj. parallel zu *'āḵal* die Bedeutung 'zu essen geben' auf (Dan 4, 22. 29; 5, 21; vgl. 4, 30).

Daneben kann der Akzent bei *ṭʿm* auf dem durch den Gaumen gesteuerten sorgfältigen geschmacklichen Prüfen und Unterscheiden einer Speise liegen und das Verbum (mit Akk.-Obj.), wie der parallel verwendete Begriff →בחן (*bāḥan*) andeutet, 'kosten, abschmecken, den Geschmack prüfen' meinen (Hi 12, 11; 34, 3 cj. *lô 'oḵæl*). Als Ausdruck inhaltlicher Wahrnehmung und Empfindung selbst begegnet *ṭʿm* mit folgendem *kî*-Satz im AT nur im übertragenen Sinn von 'in Erfahrung bringen, merken, daß' (Spr 31, 18; Ps 34, 9 || *rā'āh*).

Während das derivate Nomen *maṭʿammîm* 'das schmackhafte Gericht' (Gen 27, 4. 7. 9. 14. 17. 31), bzw. 'die Leckerbissen' kennzeichnet (Spr 23, 3. 6), läßt das Nomen *ṭaʿam* ein breites Bedeutungsspektrum erkennen. So zeigt es einerseits die urspr. Bedeutung 'Geschmack' (von Speisen und Getränken), der bezüglich Wein als unverändert charakterisiert (Jer 48, 11: im Bild auf Moab übertragen) oder durch den Vergleich (*ke-*) mit anderen Speisen näher bestimmt werden (Ex 16, 31; Nu 11, 8) oder aber den guten, den Wohlgeschmack ausdrücken kann (Hi 6, 6).

Weiter bezeichnet das Nomen im übertragenen Sinn den subjektiven Geschmack bzw. das Geschmacksempfinden von Personen, also die Gabe prüfender und unterscheidender Wahrnehmung, so daß *ṭaʿam* das 'Urteilsvermögen' des Frommen (Ps 119, 66) wie der Ältesten (Hi 12, 20) und den 'Verstand' einer klugen (1 Sam 25, 33) und das 'Gespür' bzw. 'Zartgefühl' einer schönen Frau beinhaltet (Spr 11, 22). Die Wendung *hešîḇ ṭaʿam* hat daher die Bedeutung 'klug antworten' (Spr 26, 16), und der Ausdruck *šinnāh ṭaʿam* besagt 'sich wahnsinnig stellen' (1 Sam 21,14; Ps 34, 1; eigentlich: 'das Urteilsvermögen verstellen'; vgl. akk.: *ṭēma šanû* BWL 325; vgl. weiter Sir 25, 18 *belo' ṭaʿam* 'unwillkürlich'). Darüber hinaus kann *ṭaʿam* aramaisierend auch den Bescheid kritischer Prüfung und Wahrnehmung angeben, also 'das Urteil, den Erlaß oder Befehl' (Jon 3, 7).

Das im Bibl.-Aram. gebräuchliche Nomen *ṭeʿem* zeigt ebenfalls noch die urspr. Bedeutung 'Geschmack' (von Speisen und Getränken) in der Phrase *biṭʿem ḥamrā'* 'unter Einfluß des Weines' (Dan 5, 2; wörtlich: durch den Geschmack des Weines [beeinflußt]; s. KBL[2]; vgl. BDB; Vogt, Lex. Ling. Aram.), weist aber sonst nur spätere Bedeutungsinhalte auf. Im übertragenen Sinn der sorgsam prüfenden Wahrnehmung wird *ṭeʿem* in der Redensart *śîm ṭeʿem ʿal* 'die Aufmerksamkeit auf jem. richten', also 'auf jem.

achten' gebraucht (Dan 3, 12; 6, 14; vgl. *śîm bāl le-* Dan 6, 15), und es begegnet (analog zum Hebr. *hešîḇ ṭaʿam*) mit gleichem Gehalt in der Wendung *haṯîḇ teʿem* 'jem. klug antworten, sich mit klugen Worten an jem. wenden' (Dan 2, 14).

Überwiegend hat aber das bibl.-aram. Nomen den Sinn 'Anweisung, Erlaß, Befehl' (Esr 6, 14; 7, 23; die nur hier jeweils begegnende Vokalisation *ṭaʿam* wird offenbar in Anlehnung an das hebr. Nomen zur besonderen Hervorhebung des 'göttlichen' Befehls verwendet; vgl. BLe 228f.), vor allem in der Phrase *śîm ṭeʿem* 'Befehl geben' (Dan 3, 10. 29; 4, 3; 6, 27; Esr 4, 19. 21; 5, 3. 9. 13. 17; 6, 1. 3. 8. 11. 12; 7, 13. 21) aber auch in der Cstr.-Verbindung *beʿel-ṭeʿem* 'Befehlshaber' (Esr 4, 8f. 17; zur möglichen Annahme einer hier vorliegenden Beamtenbezeichnung, nämlich 'Kanzleivorsteher' vgl. akk. *bêl ṭêmi* und KBL² 1079). Schließlich kommt bei *ṭeʿem* noch eine weitere Bedeutungsnuance mit 'Bericht' hinzu (Esr 5, 5), die auch der Wendung *jehaḇ ṭeʿem* 'Bericht erstatten, Rechenschaft ablegen' zugrunde liegt (Dan 6, 3; vgl. auch akk. *turru ṭêmu* = 'berichten').

III. Im theol. Zusammenhang erscheint *ṭʿm* einmal mit urspr. Sinngehalt dort, wo es durch eine Fastenverordnung unter Verbot gestellt wird, sei es durch das Fastengelübde anläßlich eines JHWH-Krieges (1 Sam 14, 24. 29. 43) oder durch das Fastenedikt im Rahmen eines allgemeinen Bußbegängnisses (Jon 3, 7). Sodann weist *ṭʿm* unter deutlich weisheitlichem Einfluß eine theol. Akzentuierung auf, und zwar im übertragenen Sinn des primär für die Alten und Weisen charakteristischen und für eine schöne Frau wünschenswerten prüfenden und differenzierenden Empfindens und Urteilens. So wird die menschliche Klugheit und Urteilskraft grundsätzlich als göttliche Gabe eingestuft, die JHWH zur Durchsetzung seines Planes schenken und wirksam werden lassen (1 Sam 25, 33), die er aber auch wiederum den Verständigen entziehen kann (Hi 12, 20). Oder aber es ist von der spezifischen Erkenntnis der Frommen die Rede, von der dem bedrängten und schutzbedürftigen Frommen angebotenen und dringlich gemachten hilfreichen Erfahrung der rettenden Güte (*ṭûḇ*) JHWHs (Ps 34, 9), oder von der durch den Thora-Frommen erbetenen, nur mit Hilfe JHWHs zu erlernenden rechten Beurteilung der von ihm erlassenen guten Satzungen und Gebote (Ps 119, 66). Das bibl.-aram. Nomen *ṭaʿam* endlich kennzeichnet bewußt analog aber zugleich im Unterschied zum menschlichen Befehl *ṭeʿem* die durch das prophetische Wort vermittelte Anweisung des Himmelsgottes (Esr 6, 14; 7, 23).

Schüpphaus

טַף *ṭap̱*

I. Etymologie – II. Bedeutung – 1. Allgemein – 2. 'Anhang' – 3. 'Abhängige' – 4. 'Kinder' – III. Religiös-theologischer Gebrauch – 1. Ganzheit – 2. Erwählung der Geringen.

Lit.: *L. Koehler*, Ṭapp = Nicht oder wenig Marschfähige (ThZ 6, 1950, 387f.). – *J. A. L. Lee*, 'ΑΠΟΣΚΕΥΗ in the Septuagint (JThSt NS 23, 1972, 430–437). – *P. Weigandt*, Zur sogenannten „Oikosformel" (NT 6, 1963, 49–74, bes. 53–63 u. 71–74).

I. Etymologie und gemeinsemit. Hintergrund von *ṭap̱* sind umstritten. Das Wort wird oft (nach G. Dillmann, Lex. Ling. Aeth., 1251) mit äth. *ṭaff* 'Kleinkind' in Verbindung gebracht. Andere verweisen auf arab. *ṭanifa* 'ängstlich, argwöhnisch sein' (so KBL²), auf *ntp*/*ṭpp* 'tropfen, triefen' bzw. auf *ṭpp* II (= arab. *ṭaffa*) 'zusammenscharen, sammeln, häufen' (so J. Fürst, Hebr. u. Chald. Wörterbuch über das AT I, ³1876).

Unsicher ist auch der Zusammenhang von *ṭap̱* mit dem nur in Jes 3, 16 belegten Verbum *ṭpp*, das man – unter Voraussetzung der Verwandtschaft mit *ṭap̱* = 'Kleinkind' – meist mit 'Kinderschritte machen, trippeln' übersetzt (vgl. KBL³ und schon Gesenius, Thesaurus, ²1835), gelegentlich auch (so F. Zorell, Lexicon, mit arab. Parallelen) mit 'schnell einhergehen' bzw. 'tänzeln, springen, hüpfen'.

II. 1. Die Überbewertung der möglichen Verwandtschaft mit äth. *ṭaff* hat wohl die noch immer verbreitete Annahme begünstigt, *ṭap̱* bedeute ausschließlich 'Kleinkind(er)'. Diese altersspezifische Bedeutungsverengung (die z. B. H. W. Wolff, Anthropologie des AT, 1973, 179 vertritt) wird den 42 at.lichen Belegen für *ṭap̱* nicht gerecht. Aber auch die kulturhistorisch begründete Umschreibung als „die nicht (oder wenig) Marschfähigen eines wandernden Stamms" (so Koehler, KBL² und KBL³) ist noch zu spezifisch (wenn auch für einzelne Stellen zutreffend, wo der *ṭap̱* bei Kriegszügen zurückbleibt: Num 32, 16. 17. 24. 26; Deut 3, 19; Jos 1, 14; vgl. Gen 50, 8) und zu sehr vom unsicheren etymologischen Zusammenhang mit *ṭpp* bzw. *ṭnp* abhängig. Mindestens Deut (vgl. 25, 18) kennt für „marschunfähig" einen anderen Ausdruck (*næḥæšālîm*).

Das (abgesehen von Deut 20, 14) nur in erzählenden Texten des AT belegte Kollektivum *ṭap̱* steht häufig in Reihen, in denen hauptsächlich folgende anderen Wörter vorkommen: *nāšîm* (an 24 von 42 Stellen), *'anāšîm*/*meṯîm*/*geḇārîm*, außerdem – von *ṭap̱* immer deutlich unterschieden – verschiedene Wörter für 'Haustiere/Vieh' bzw. 'Besitz/Habe'. *ṭap̱* bezeichnet nicht immer die gleichen Realitäten. Dennoch ist innerhalb des AT wohl nicht mit einer Bedeutungsentwicklung zu rechnen. Grundbedeutung dürfte etwa sein: 'der Anhang', d. h. 'abhängige/unselbständige Menschen', 'der Restbestand' (vgl. Jer 48, 16 LXX [= 41, 16 MT] τὰ λοιπά – also nicht, wie es oft geschieht, als Verschreibung von τὰ νήπια zu erklären!), 'das Nicht-so-Wichtige' (manchmal mit Konnotation des Verächtlichen, z. B. Ex 10, 10. 24; Deut 1, 39). *ṭap̱* hat also sprachlich und sachlich eine „Komplementärfunktion": erst aus dem Kontext ergibt sich, was – unter Abzug der vor oder nach *ṭap̱* genannten Menschengruppen – mit *ṭap̱* jeweils gemeint ist.

2. In seiner allgemeinsten Verwendung – meist außerhalb von Reihen – dürfte *ṭap̱* etwa 'Anhang, Familie, Troß' bedeuten und Frauen, Kinder, Alte, Sklaven usw. mit umfassen, so z. B. Gen 43, 8; 47, 12 (s.u.); 47, 24; 50, 8. 21; Ex 10, 10. 24 (mit verächtlichem Unterton!); 12, 37; Num 31, 17f. (s.u.); 32, 16. 17. 24; Ri 18, 21 (s.u.); 2 Sam 15, 22; Esr 8, 21.

2 Chr 20, 13 und 31, 18 präzisieren diesen Gebrauch von *ṭap̱* mit Hilfe einer erklärenden Glosse (so W. Rudolph, HAT I/21, z.St.): „ihr Anhang, d. h. ihre Frauen und ihre Söhne (und ihre Töchter)". Ob – so Rudolph – „ihre Frauen und Söhne" in 20, 13 eine richtige, „ihre Frauen und Söhne und Töchter" in 31, 18 dagegen eine unrichtige (weil 31, 16 widersprechende) Glosse ist, kann dahingestellt bleiben und tangiert die Deutung von *ṭap̱* nicht. Jedenfalls weisen diese beiden Stellen darauf hin, daß die generelle Bedeutung von *ṭap̱* schon recht früh nicht mehr geläufig und deshalb erklärungsbedürftig war.

Die Wiedergabe des singulären Ausdrucks *l^epî haṭṭap̱* in Gen 47, 12 mit „nach der Größe jedes Hausstandes" erklärt diese Stelle völlig. Die Übersetzung „down to the youngest" (so Speiser, AB 1 z.St. u.a.) ist gezwungen. Die von G. R. Driver (Syr 33, 1956, 70–78) angeregte und z. B. von KBL^3 (als *ṭap̱* II) übernommene Ableitung von einer Wurzel *tpp* II 'tropfen' (s.o. unter I.) – was zu der Bedeutung „within a drop", d. h. „in full measure" führt – widerspricht der engen stilistischen und inhaltlichen Verknüpfung von Gen 47, 12 mit 45, 11 und 50, 21 (vgl. auch die analoge Funktion der Formeln „du/ihr und dein/euer Haus" – z. B. Gen 45, 11 – und „ihr und euer *ṭap̱*", Gen 50, 21, von LXX mit οἰκία übersetzt).

Die auf dem Hintergrund dieser allgemeinen Bedeutung von *ṭap̱* in Num 31, 17f. vorgenommenen Differenzierungen berechtigen nicht zur Behauptung, *ṭap̱* selbst meine in 31, 17 „bloß die männliche Jugend" und in 31, 18 „nur die weibliche Jugend" (so Weigandt 54 in Anlehnung an KBL^2).

Die von K. Budde (u.a.) z.St. und BHK^3 vorgeschlagene Konjektur *'æṯ-hannāšîm w^e'æṯ-haṭṭap̱* statt *'æṯ-haṭṭap̱* in Ri 18, 21 ist unangebracht und überflüssig, wenn man den allgemeinen Gebrauch von *ṭap̱* zur Kenntnis nimmt, der auch von LXX^A und Theod (τὴν πανοικίαν) bestätigt wird (allgemein zu den LXX-Äquivalenten für *ṭap̱* vgl. Lee).

3. Eine eingeschränktere Bedeutung – etwa 'die abhängigen/nicht wehrfähigen Menschen' (d. h. Kinder, Alte, Sklaven usw.) – hat *ṭap̱* an folgenden Stellen, wo es im Gegensatz zu den explizit oder implizit erwähnten Männern/Kriegsleuten und zu den unmittelbar vor- oder nachher genannten Frauen steht: Gen 45, 19; 46, 5; Num 16, 27; 32, 26; Deut 2, 34; 3, 6. 19; 29, 10; 31, 12; Jos 1, 14; 8, 35; Ri 21, 10; Jer 40, 7; 41, 16; 43, 6; Esth 8, 11 (vgl. 1QSa 1, 4 und evtl. 1, 8 text. emend.). Dieser Gebrauch ist besonders bei Aufzählungen von gemachter bzw. zu machender Beute (mit → בזז [*bzz*]) feststellbar: Gen 34, 29; Num 14, 3 (vgl. 14, 31 und Deut 1, 39); Num 31, 9; Deut 20, 14.

Der Vergleich von Num 32, 26 (wo *ṭap̱* von *nāšîm* abgehoben wird) mit Num 32, 16. 17. 24 (wo *ṭap̱* allein steht; vgl. ähnlich Gen 50, 8) spricht ziemlich eindeutig für die Unterscheidung von generellem (Frauen inbegriffen) und speziellem (ohne Frauen) Sinn von *ṭap̱*. Frauen können zum *ṭap̱* gehören; daß dies aber im Einzelfall zutrifft, geht aus dem Kontext und nicht aus der Wortbedeutung allein hervor.

In Deut und Jer liegt ein einheitlicherer, klischeehafter Sprachgebrauch vor: alle Stellen aus diesen Büchern weisen die engere Bedeutung von *ṭap̱* auf. Vgl. besonders die Formeln *m^eṯîm w^ehannāšîm w^ehaṭṭap̱* (Deut 2, 34; 3, 6) und *'^anāšîm w^ehannāšîm w^ehaṭṭap̱* (Deut 31, 12; Jer 40, 7; ähnlich Jer 41, 16 und 43, 6).

Das Vorkommen von *zāqen* in Deut 29, 10; Ez 9, 6; Esth 3, 13 scheint die Behauptung zu widerlegen, zum *ṭap̱* gehörten auch alte Menschen. Aber *ziqnêḵæm* in Deut 29, 10 meint „Älteste", d. h. Amtsträger. In Esth 3, 13 werden zwei Umfassungspaare (*minna'ar w^e'aḏ zāqen* und *ṭap̱ w^enāšîm*) addiert, die sich teilweise überschneiden. In Ez 9, 6 liegt entweder derselbe Fall vor (*zāqen bāḥûr ûḇ^eṯulāh* und *w^eṭap̱ w^enāšîm*) oder *zāqen* bezieht sich auf die götzendienerischen „Ältesten" von 8, 11, die ja auch nach 9, 6b als erste vernichtet werden.

4. Der Kontext von Num 14, 31 und Deut 1, 39 (*w^eṭappeḵæm* par. *ûḇ^enêḵæm 'ašær lo'-jāḏ^e'û hajjôm ṭôḇ wārā'*) – evtl. auch von Deut 29, 10; 31, 12; Jos 8, 35 – legt für diese Stellen den häufig als Grundbedeutung von *ṭap̱* angenommenen Sinn 'Kinder' nahe (vgl. auch 1QpHab 6, 11).

III. Eine spezifisch theol. Verwendung von *ṭap̱* ist nicht festzustellen. Immerhin kann man auf zwei interessante Aspekte hinweisen:

1. *ṭap̱* taucht häufig in Zusammenhängen auf, in denen Vollständigkeit betont wird: vgl. die dt und jeremianische Formelsprache (s.o. unter II. 3.) und die Aufzählungen von Beute (s.o.); vgl. auch Esth 3, 13; 8, 11. In diesem Sinn markiert *ṭap̱* die Vollständigkeit göttlichen Gerichts bzw. totale Vernichtung (Num 16, 27; Ez 9, 6; Num 31; vgl. zur Sache, jedoch ohne *ṭap̱*, Jos 6, 21; 1 Sam 15, 3; 22, 19). Analog dazu unterstreicht 2 Chr 20, 13 gerade durch die Nennung des *ṭap̱*, daß „ganz Juda vor JHWH steht" (Einheit und Ganzheit Israels ist ein Leitmotiv chronistischer Theologie) und daß der Gottesdienst nicht mehr wie früher reine Männersache ist. Schließlich bestätigt *ṭap̱* an den dt/dtr Stellen Deut 29, 10; 31, 12; Jos 8, 35 die Tatsache, daß Bundesschluß und Thoraverlesung das ganze Volk umfassen – sogar die kommenden Generationen, „die heute nicht hier bei uns sind" (Deut 29, 14).

2. Die Verwendung von *ṭap* im Deut läßt das biblische (und spezifisch dt) Thema der „Erwählung der Geringen“ anklingen. Nicht an der rebellischen Wüstengeneration, sondern ausgerechnet am *ṭap* – an den Kleinen, Schwachen, Verächtlichen, die leicht zur Beute von Feinden werden und „noch nichts von Gut und Böse wissen“ – geht die Landverheißung in Erfüllung (Deut 1, 39; vgl. Num 14, 31). Dazu paßt auch, daß der *ṭap* – zusammen mit der ebenfalls schutzbedürftigen Gruppe der *gerîm* (→ גור ThWAT I 986) – bei der Kultversammlung mitbeteiligt ist (Deut 29, 10; 31, 12; Jos 8, 35 – s.o. unter 1.).

Locher

טָרַף *ṭārap*

טֶרֶף *ṭæræp*, טְרֵפָה *ṭerepāh*, טָרָף *ṭārāp*

I. Zur Wurzel – 1. Etymologie – 2. Vorkommen – 3. Bedeutung – II. Allgemeiner Gebrauch – 1. *ṭrp* und seine Derivate im eigentlichen Sinne – 2. Rechtliche und sakralrechtliche Bestimmungen – 3. *ṭārap* und *ṭæræp* im Sinne von 'menschlicher Nahrung' – III. Theologischer Gebrauch – 1. Übertragung der Funktionsmerkmale von *ṭrp* auf geschichtliche Größen im negativen Sinne – a) Assur, Edom u.a. – b) Gruppen – c) Einzelne – 2. Übertragung der Funktionsmerkmale von *ṭrp* auf geschichtliche Größen im positiven Sinne – 3. JHWH als Subjekt für Formen von *ṭrp*.

I. 1. Für *ṭrp* sind bis jetzt weder ugar. noch akk. Belege bekannt geworden. Die Wurzel findet sich lediglich im Hebr., Mittelhebr., Jüd.-Aram. und Kopt. in der Bedeutung von 'reißen, zerreißen, wegreißen, rauben'. Sicherlich hat auch das syr. Äquivalent in der Bedeutung von 'zerschlagen' und das arab. Wort für 'abweiden' mit dieser semit. Wurzel etwas zu tun.

2. Im AT kommen Formen von *ṭrp* 56mal vor, hinzu treten zwei Belege (Gen 8, 11 [J] und Ez 17, 9), die von einem Nomen *ṭārāp* abgeleitet werden müssen, an dem die Bedeutung 'frisch gepflückt' (scil. von einer Pflanze) haftet. Es ist nicht notwendig, dafür eine eigene Wurzel zu postulieren. Die Bedeutungserweiterung verbleibt grundsätzlich im Bedeutungsbereich von *ṭrp*. Auffällig ist im AT, daß die Verbformen in der Minderzahl sind (25mal), die Nominalformen *ṭerepāh*, *ṭæræp* in verschiedenen Bedeutungen dominieren. An Stammesmodifikationen begegnen *qal* 'reißen, rauben', *niph* und *pu* als Passivum des Grundstammes und ein Beleg im *hiph* (Spr 30, 8) als Kausativum des *qal*, das an dieser Stelle eine abgeschwächte Bedeutung 'genießen lassen' (KBL) annimmt. Beispiele dieser Wurzel kommen nur in 16 at.lichen Büchern vor, wobei bemerkenswert ist, daß die erzählenden Teile keinen einzigen Beleg haben (*ṭrp* fehlt ganz im dtr und im chronistischen Geschichtswerk). Auch für die 5 Megillot, sowie für Dan, DtJes, Jo, Jon, Ob, Zeph, Hab, Sach, Hag besteht Fehlanzeige. Da der eine Beleg aus Deut dem Mosesegen entstammt (33, 20) und die Stelle in Num (23, 24 [E]) einem Bileamspruch angehört, d. h. beide Belege zu älteren, in die Bücher integrierten Materialien gerechnet werden müssen, kann man eigentlich auch davon sprechen, daß *ṭrp* in weiten Teilen des Pent. fehlt. Die 4 Exodus-Belege sind im Bundesbuch zu finden (nur Ex 22), und für die Gen ist die Josephsgeschichte (37 und 44) schon allein mit 4 von 8 Stellen (davon einmal *ṭārāp*, s.o.) vertreten. Bei Mi, Jer und Mal kommt der Stamm nur je einmal vor, bei Jes, Hos, Am und Spr je zweimal, wobei die Form in Am 1, 11 umstritten ist. Das häufigste Vorkommen ist bei Nah (5), Ez (11, davon einmal *ṭārāp*, s.o.), in den Ps (8) und bei Hi (6) zu registrieren. Die drei Lev-Belege gehören in das Priesterrecht. Es sind offenbar nur ganz bestimmte, begrenzte literarische Zusammenhänge, die sich von der Bedeutung und dem Funktionsradius der Wurzel her bestimmen, in denen *ṭrp* mit seinen Formen Verwendung findet. Im Blick auf den Gebrauch in Stammessprüchen (Gen 49, 9. 27; Deut 33, 20), im Bileamkomplex und bei Propheten des 8. Jh. v.Chr. muß gefolgert werden, daß die Wurzel schon sehr früh verwendet und nicht erst aus den späten prophetischen und weisheitlichen Texten in die Frühzeit retrojiziert worden ist.

3. Die Grundbedeutung ist 'reißen, zerreißen' als vornehmliche Tätigkeit von Großwild-Raubtieren. Das AT bringt im wesentlichen Löwe (Löwin, Löwenjunges *'arjeh*, *'arî* [→ אריה], *lāḇî*, *kepîr*, *lajiš*, *šaḥal*) und Wolf (→ זאב [*ze'eḇ*]) mit diesem Begriff direkt zusammen. Vereinzelt ist der Panther (Leopard, *nāmer*, Jer 5, 6) oder allgemeiner ein böses (wildes) Tier (*ḥajjāh rā'āh*, Gen 37, 33) genannt. Durch 'Reißen' und 'Zerreißen' verschafft das Raubtier sich Nahrung, sonst muß es verhungern. Trotzdem haftet dieser natürlichen Nahrungssuche der Charakter des Gewalttätigen an, der bildlich ausdeutbar ist. Es ist verständlich, daß im Zusammenhang mit diesem Bedeutungsinhalt *ṭrp* mit seinen verschiedenen Formen das Verständnis von 'rauben' und 'Raub', 'Beute' und 'Beute davontragen' annehmen kann. In einigen Fällen besteht die Möglichkeit, das Nomen *ṭæræp*, von den Modalitäten der Nahrungssuche abstrahiert, allein und wertfrei oder sogar positiv in der Bedeutung von 'Nahrung' zu begreifen (Ps 111, 5; Mal 3, 10; Spr 31, 15). Der Bezug zur Grundbedeutung ist freilich noch deutlich erkennbar. In diesem Sinne suchen laut Hi 24, 5 Zebras (*perā'îm*, nach P. Humbert Wildesel, s. KBL) nach *ṭæræp*, d. h. nach Nahrung. Mag sein, daß auch hier das abgerissene und abgezupfte Steppengras den Rückbezug zur Grundbedeutung des Stammes noch andeutet. Die gleiche Vorstellung, daß von einer Pflanze ein Blatt oder ein Zweig abgerissen sein kann, hat zu der Bedeutung von 'frisch', 'frisch gepflückt' geführt (Gen 8, 11 [J]; Ez 17, 9), wobei diese Bedeutungserweiterung auch zu einer eigenen masoret. Nominalbildung gelangt ist, zu *ṭārāp*. Das andere von *ṭārap* her gebildete No-

men *ṭ^erepāh* heißt durchweg 'Zerrissenes', wobei in allen Fällen an ein von einem wilden Tier angefallenes Tier, zumeist Haus- oder Herdentier, bzw. Opfertier, gedacht ist. Die Tätigkeitsmerkmale von *ṭārap̱*, sowie die Betroffenheit durch *ṭārap̱* werden im AT häufig als Bilder für Verhaltensweisen geschichtlicher Größen verwendet. Auch Menschen, Völker, Könige, Stände vermögen wie Raubtiere zu handeln, und einzelne Menschen, Menschengruppen, sowie ganze Völkerschaften können Objekt solcher Verhaltensweisen sein. Schließlich ist es möglich, die Funktionseigentümlichkeiten von *ṭārap̱* auch auf Gottes aktives Handeln zu übertragen: Gott wird in Gericht und Heil in gleicher Weise wie ein Löwe seinem Volk gegenüber wirksam.

II. 1. Die zahlreicheren frühen Stellen, in denen *ṭārap̱* im übertragenen Sinne gebraucht wird (s.u.), bezeugen indirekt, was die weniger zahlreichen Belege für den eigentlichen Gebrauch auch sagen, daß Raubtier und 'Reißen', bzw. 'Beutemachen' natürlicherweise zusammengehören. So meint es eine der rhetorischen Fragen bei Am (3, 4): „brüllt ein Löwe im Walde, wenn er keine Beute hat?" Die Verhaltensweise des Löwen ist allgemein bekannt und wird nicht abgewertet. Der Löwe muß ja dahinsterben, wenn er sich nicht Raub verschafft (Hi 4, 11; vgl. 24, 5). Es entspricht sogar der Schöpfungsordnung, nach welcher es JHWH selber ist, der der Löwin *ṭæræp* verschafft (jagt) (Hi 38, 39). Die jungen Löwen brüllen nach Beute und erwarten von Gott die ihnen zustehende Nahrung (*'ŏḵlām*, Ps 104, 21). Aber nicht nur Tiere, sondern auch Menschen können zum Opfer des Raubwildes werden. Diese Möglichkeit nutzt eine Passage in der Josephsnovelle als Motiv. Die Nichtwiederkehr seines Sohnes Joseph wird dem Vater Jakob durch den Hinweis darauf verständlich zu machen versucht, daß möglicherweise ein böses wildes Tier Joseph zerrissen und gefressen habe (Gen 37, 33: *ṭārop̱ ṭorap̱ jôsep̱*, als Parallelbegriff steht *'āḵal*; vgl. 44, 28; vor die Perf.-*pu*-Form ist als Verstärkung der Inf. absol. *qal* gesetzt).

2. Solche wie die unter II. 1. genannten Eventualitäten berühren u.U. besitzrechtliche Verhältnisse, die im antiken Orient und auch im AT zu bestimmten Regelungen in der Pflicht zu Ersatzleistungen geführt haben. Kann derjenige, dem das Vieh anvertraut ist, dem Besitzer das gerissene Tier oder Teile davon vorweisen (nach Am 3, 12 genügen ein Ohrläppchen oder ein paar Schenkel als Zeugen [Zeugnis], *'eḏ*), so besteht keine Ersatzleistungspflicht (Ex 22, 12: *'im ṭārop̱ jiṭṭārep̱*). Auch der Jahwist weiß in der Erzählung von Jakob und Laban (Gen 31, 39) von diesem im Bundesbuch beschriebenen Recht. Jakob hat dieses aber nicht zu seinen Gunsten angewendet, obwohl er dazu die Möglichkeit und Berechtigung gehabt hätte. Hier wie dort ist *ṭ^erepāh* juristisches Objekt. Auch die oben genannte Stelle aus der Josephsgeschichte kennt die Bezeugung des durch ein wildes Tier veranlaßten gewaltsamen Todes eines Menschen durch Vorweisen von blutiger Kleidung (Gen 37, 33).

ṭ^erepāh spielt weiterhin in den sakralrechtlichen Bestimmungen eine gewisse Rolle. Ez sagt von sich, daß er Fleisch von zerrissenen Tieren von seiner Jugend an bis zu dem Zeitpunkt, da JHWH ihm unreine Speise zumutet, nicht genossen habe (4, 14, s. W. Zimmerli, BK XIII/1, z.St.). Er hat sich bestimmten priesterlichen Reinheitsgeboten untergeordnet, von denen noch im Buche Lev die Rede ist. Leider sind die dort überlieferten Verordnungen zeitlich nicht mehr genau bestimmbar, so daß Ez 4, 14 das älteste Zeugnis für das Vorhandensein solcher 'Priestergesetze' sein könnte. Einen ursprünglicheren Eindruck macht Lev 17, 15 (Heiligkeitsgesetz), wo der Genuß eines verendeten oder zerrissenen Tieres zwar grundsätzlich nicht verboten ist, den Genießenden aber – er sei Fremdling oder Einheimischer – bis zum Abend unrein macht. Ihm wird auferlegt, sich selber und seine Kleidung zu waschen (vgl. Lev 11, 40a). Diese Verordnung ist von jedem einzuhalten. Im jetzigen Zusammenhang von Lev 22, 8 (Heiligkeitsgesetz) wird dem Priester wegen Verunreinigungsgefahr der Verzehr von *n^eḇelāh ûṭ^erepāh* untersagt, doch gilt dieser Vers gegenüber dem Kontext als sekundär (vgl. M. Noth, ATD 6 z.St.). Auch Ex 22, 30 wird nicht als zum Bestand des Bundesbuches gehörig angesehen. Formal wie inhaltlich fällt dieser Vers aus dem Zusammenhang heraus. Er setzt ein Reinheits- und Heiligkeitsideal voraus, wie es erst in Lev entfaltet ist (vgl. M. Noth, ATD 5 z.St.). In einem ebenfalls sekundären Vers (Lev 7, 24) ist den Israeliten auch der Genuß vom Fett eines Aases oder eines gerissenen Tieres verboten, während das Fett für praktische äußere Verwendungsmöglichkeiten freigegeben ist (v. 24 zerreißt den Zusammenhang von v. 23 und 25, s. M. Noth, ATD 6 z.St.). So ist wahrscheinlich auch in Ez 44, 31, im ezechielischen Tempelprogramm, die Anordnung für Priester, Aas und Gerissenes zu meiden, nicht authentisch, da sie offenbar von Lev 22, 8 übernommen worden ist (vgl. W. Zimmerli, BK XIII/2, 1139. 1246). Auf Grund des vorgelegten Materials darf soviel gesagt werden, daß der Genuß von *ṭ^erepāh* nach den sakralrechtlichen Bestimmungen der vorexilischen Zeit zwar nicht verboten war, jedoch verunreinigte, was bestimmte Reinigungshandlungen notwendig machte. In der exilisch-nachexilischen Zeit war der Genuß dann für Priester und schließlich auch für Laien überhaupt untersagt.

3. Das von der Grundbedeutung her weiterentwickelte Verständnis von *ṭæræp* als menschliche Nahrung erfährt im AT eine positive Wertung. Bekannt ist der Lobpreis der tüchtigen Hausfrau in Spr 31, 15, die für den gesamten *bajiṯ* für *ṭæræp* Sorge trägt. Nach Ps 111, 5 gehört zu dem preiswürdigen Tun JHWHs auch die Gewährung von *ṭæræp* denen, die ihn fürchten. Selbst die in dem zweiten (nachexilischen) Tempel aufbewahrten Tempelabgaben des Volkes, die einen 'Vorrat' im Gotteshause bilden,

werden mit dem Begriff *ṭæræp̱* bezeichnet, Mal 3,10. Die Ordnung der Abgaben und die Einhaltung der entsprechenden Bestimmungen führen zu wirtschaftlichem Wohlstand im Lande. Auch die auskömmliche Nahrung, um die der Weise Gott bittet, wird mit *ṭārap̱* (*hiph*) umschrieben, Spr 30,8: *haṭrîpenî læḥæm ḥuqqî*, „laß mich 'zerreißen' Brot, das mir zusteht!".

III. 1. a) Die harte Eroberungs- und Unterdrükkungspolitik der Assyrer im 8. Jh. v.Chr. wird im Bilde der Verhaltensweisen eines Raubtieres geschildert, speziell des Löwen. Die älteste Stelle dafür steht in Jes 5,29, innerhalb einer Unheilsankündigung an das eigene Volk. Bis in einzelne Phasen des Beutemachens hinein wird die Art des Löwen beobachtet: er brüllt zunächst, dann knurrt er, sodann packt er zu (*jo'ḥez ṭæræp̱*), schleppt die Beute weg, und es ist niemand imstande, ihm den Raub zu entreißen (*we'ên maṣṣîl*). Im Kontext (v. 26–28) sind einzelne militärische Aktionen genannt, so daß man auch in v. 29 an solche denken könnte (vgl. B. Mazar, VT 13, 1963, 312; H. Wildberger, BK X/1, 225), seien es nun im Bild beschriebene (Vergleichspartikel *ke*-), seien es auf Grund der Annahme, in *lāḇî'* eine militärische Einheit sehen zu dürfen, direkt genannte. Wahrscheinlich sind Bild und Wirklichkeit ineinander verwoben. Reichlich 100 Jahre später ist in der Unheilsankündigung des Nahum für Assur-Ninive erneut das Bild des Löwen gebraucht. Die Stadt Ninive ist eine Löwenhöhle, in welcher eine ganze Löwenbrut (Löwinnen und Junge) haust, die sich *ṭæræp̱* und *ṭerep̱āh* angehäuft hat (*wajemalle'*). Damit sind sicherlich die auf den Eroberungszügen zusammengerafften Schätze und Beutegegenstände gemeint. Nahum gebraucht für dieses Tun und sein Ergebnis das Verbum *ṭārap̱*, sowie die Nomina *ṭæræp̱* und *ṭerep̱āh*, worin Brutalität und Gewalttätigkeit des Tuns zum Ausdruck gebracht sind (Nah 2,13). In Nah 3,1 ist die Bildmaterie nicht verlassen, obwohl das Vergleichswort 'Löwe' fehlt. Der Weheruf über Ninive bezeichnet die Assyrerstadt als *'îr dāmîm*, die *lo' jāmîš ṭæræp̱*; „nicht abläßt vom Raub" (bzw. Rauben, *ṭæræp̱* hat starke verbale Rektion; Imperf. hier als Aspekt der unabgeschlossenen Handlung und als tempus frequentativum). Doch Assur-Ninive wird untergehen auf Grund von Aktionen JHWHs, durch die die Junglöwen vom Schwert gefressen werden (*ûkep̱îrajiḵ to'ḵal ḥāræḇ*) und durch welche die Beute aus dem Lande heraus vernichtet wird (*wehikrattî me'æræṣ ṭarpeḵ*, Nah 2,14). Wieder ist unvermittelt nebeneinander Bild und Wirklichkeit gestellt, die Vernichtung trifft auch die Streitwagen, die ausdrücklich genannt sind und mit Feuer verbrannt werden sollen. Jes 31,4 geht mit seinen Vorstellungen in der Unheilsankündigung noch einen Schritt weiter: JHWH wird selber mit einem knurrigen, zornigen Löwen, mit einem über seine Beute geratenen Jungleu verglichen (*ka'ašær jæhgæh hā'arjeh wehakkep̱îr 'al-ṭarpô*), der sich nicht davon abbringen läßt, sein vernichtendes grausames Werk zu vollführen. Das Unheil trifft Assur in der gleichen Weise, wie Assur anderen Unheil zugefügt hat. – In dem großen Völkerspruchgedicht des Amos wird von Edom zum Aufweis der Verschuldung gesagt, daß 'sein Zorn unablässig (*lā'aḏ*) raubt (*wajjiṭrop̱*)'. Hier ist erneut die Bildwirklichkeit genutzt, ohne daß ein Raubtier als Vergleich erwähnt wird (gegen die Echtheit H. W. Wolff, BK XIV/2, 170f.; differenzierter W. Rudolph, KAT XIII/2, 120. 134f.; in beiden Komm. wird mit Recht die an sich durch Syr. und V gestützte und früher beliebte Änderung von *wajjiṭrop* zu *wajjiṭṭor* von *nāṭar* abgelehnt; s. auch S. Wagner, ThLZ 96, 1971, 663ff.). Umgekehrt werden in Jer 5,6 Löwe, Wolf und Panther mit ihren typischen Tätigkeitsmerkmalen aufgezählt (*nāḵāh hiph*, *šāḏaḏ*, *šāqaḏ*). Sie belauern Jerusalem, und jeder, der die Stadt verläßt, wird zerrissen werden (*kŏl-hajjoṣe' mehennāh jiṭṭārep̱*). Diese Unheilsankündigung rechnet mit der Verwirklichung durch eine geschichtliche Größe, ohne diese direkt zu nennen.

b) In einer Ständepredigt geißelt Ez (22,23–31) die sozialen Verhaltensweisen verschiedener Gruppen innerhalb seines Volkes: das Königtum, die Priester, die Beamten, die Propheten und den Landadel (*'am hā'āræṣ*). Im einzelnen werden die Könige (Ez 22,25, lies mit LXX statt *qæšær neḇî'æhā*: *'ašær neśî'æhā*) als brüllende und nach Beute jagende Löwen gezeichnet (*ṭorep̱ ṭæræp̱*). Der Kontext läßt mit den dort gebrauchten Parallelbegriffen deutlich die soziale Unterdrückung und Ausbeutung erkennen (*næpæš 'āḵālû ḥosæn wîqār jiqqāḥû* ...). Und die *śārǽhā* (seine, des Landes), die Beamten, vermutlich die Richter, werden als reißende Wölfe vorgestellt (*kiz'eḇîm ṭorep̱ê ṭāræp̱*), deren Tätigkeit ebenfalls mit 'Blutvergießen, Lebenvernichten' – um schnöden Gewinns willen – charakterisiert wird (Ez 22,27; vgl. Zeph 3,3f.; W. Zimmerli, BK XIII/1, 524f.). *ṭārap̱* und *ṭæræp̱* sind an dieser Stelle Termini sozialen Fehlverhaltens. Nicht ganz eindeutig ist, ob auch in Ez 19,3.6 in dem Klagelied über die 'Fürsten Israels', wobei auf die letzten Vertreter des davidischen Königtums angespielt zu sein scheint (s. die Diskussion bei W. Zimmerli, BK XIII/1, 417ff.), der Vergleich des Königtums und einzelner seiner Vertreter mit einer Löwin und ihren Jungleuen diese negative Komponente im Verständnis hat. Zunächst ist nur die allgemein bekannte und natürliche Art der Löwen beschrieben: die Löwin zieht Junge auf, und diese lernen, Beute zu machen (*wajjilmaḏ liṭrop ... ṭæræp̱*). Allerdings ist der Nachsatz *'āḏām 'āḵal* auffällig. Wenn es ein allgemeines Attribut königlichen Verhaltens meinen sollte, käme darin wohl doch ein antiroyalistischer Zug zur Geltung. Das Klagelied blickt auf die Vernichtung des judäischen Königtums zurück, die z.T. im Bild der Löwenjagd umschrieben ist (Ez 19,2–9).

c) In den individuellen Klageliedern oder Gebeten eines unschuldig Verfolgten ist der persönliche Feind gelegentlich im Bilde des reißenden Löwen gezeichnet. Der Beter wendet sich an JHWH um Hilfe, damit der Verfolger (*roḏep*, Ps 7, 2, hier wohl Sing. zu lesen, s. H. J. Kraus, BK XV/1, 53) nicht wie (Vergleichspartikel *k*ᵉ-) ein Löwe reißt, so daß niemand zu retten vermag (*w*ᵉ*'ên maṣṣîl*). Es ist erwogen worden, im Objekt zu *pæn jiṭrop*, in *napšî*, die urspr. Bedeutung von *næpæš* = 'Gurgel' anzunehmen (Ps 7, 3). In Ps 17, 12 ist die gleiche Vorstellung vorhanden; die persönlichen Nachstellungen werden verglichen (*dāmāh*) mit einem Löwen, der danach lechzt zu rauben (*jiḵsop liṭrop*). Die parallelen Wendungen lassen nicht nur an äußerliche Gewalttaten (v. 9. 11), sondern auch an Verleumdungen oder falsche Anklagen denken (v. 10b). Das individuelle Klagelied in Ps 22 nennt neben dem Reißenden (*ṭorep*, v. 14) und brüllenden Löwen (22, 14. 22) Stiere (v. 13), Hunde (v. 17) und Büffel (v. 22), freilich ohne diese Tierbezeichnungen mit *ṭārap* zu konstruieren. So kann die vielfältige Bedrohung, die einem Menschen durch einen anderen zugefügt wird, u. a. mit dem gewaltsamen Zerreißen der Beute durch ein wildes Raubtier (zumeist Löwe) zum Ausdruck gebracht werden. Hat JHWH geholfen, so wird oft im Danklied an die Gefahr erinnert, in welcher der Beter einst stand, Ps 124, 6: „Gepriesen sei JHWH, der uns nicht dahingegeben hat als Raub (*ṭæræp*) für ihre Zähne." Das Tun ist das eines Raubtieres gewesen, das Subjekt ist ausdrücklich *'āḏām*, der Mensch schlechthin (v. 3. 6. 2). Hiob rühmt sich bei seinen Unschuldsbeteuerungen, daß er als angesehener Mann einst in der Gesellschaft die Sache der Armen und Entrechteten vertreten habe, wobei er dem Gottlosen die Beute aus den Zähnen gerissen hätte (Hi 29, 17, *ṭæræp* als juristisch festgestelltes unrechtes Gut in den 'Zähnen' des Gesetzesverletzers). Im Hintergrund steht wieder die soziale Frage (vgl. den Kontext). Hiob empfindet sich an einer anderen Stelle selber von einem Feind verfolgt, dessen Zorn ihn, den Unglücklichen, zerreißt (16, 9). Der Feind ist Gott selber. All das Hiob betreffende Unglück ist das Ergebnis des zerstörerischen Handelns Gottes, der wie ein Raubtier in seinem Zorn über die Beute herfällt (*'appô ṭārap*). Der Vorwurf des Bildad (Hi 18, 4), Hiob zerfleische sich in seinem Zorne selber (*ṭorep napšô b*ᵉ*'appô*), wirkt wie eine direkte Antwort auf Hiobs kühn vermessenen Vorwurf an Gott (vgl. A. Weiser, ATD 13 z. St.; G. Fohrer, KAT XVI, 296f. streicht den Passus als ergänzende Glosse, wohl zu Unrecht).

2. Auch Israel bzw. einzelne seiner Stämme oder der 'Rest Jakobs' können die geschichtliche Größe sein, auf welche das Bild des reißenden Löwen übertragen ist. Jetzt wird es aber positiv als Ausdruck der Kraft und der Stärke, der Unwiderstehlichkeit und des Sieghaften verstanden. Die Funktionseigentümlichkeiten sind die gleichen wie bei dem negativen Verständnis der Übertragung. Im zweiten elohistischen Bileam-Spruch wird Israel darin gerühmt, daß es einem Löwen vergleichbar ist (Vergleichspartikel *k*ᵉ-), der aufsteht, sich erhebt und sich nicht wieder zur Ruhe legt, bis daß er seinen *ṭæræp* gefressen und das Blut der Geschlagenen geschlürft hat (Num 23, 24). Unter den Stammessprüchen von Gen 49 erfährt Juda eine besonders günstige Zeichnung. Wenn es sich erhebt und zu weiteren Handlungen schreitet, dann ist es immer von Beute aufgestanden (*miṭṭæræp* ... *'ālîṯā*). Juda ist als Löwe gezeichnet (*gûr 'arjeh j*ᵉ*hûḏāh*, Gen 49, 9), stark, kräftig, erfolgreich, unwiderstehlich. Ähnlich tüchtig und kriegerisch erfolgreich wird Benjamin im Bilde des reißenden Wolfes geschildert (*binjāmîn z*ᵉ*'eḇ jiṭrāp*). Er hat morgens wie abends Raub zu verzehren (Gen 49, 27). Wesentlich jünger ist der Gad-Spruch aus Deut 33, 20. Gads Erfolge sind mit demselben Bildgleichnis (Löwe) erzählt, das Verbum *ṭārap* wird im Sinne von 'zerfleischen' gebraucht. Die Sprüche lassen sich stammesgeschichtlich ausdeuten (s. H. J. Zobel, BZAW 95, 1965; K. D. Schunck, BZAW 86, 1963).

Noch in der nachexilischen Zeit finden diese Bildeigentümlichkeiten für die Beschreibung der Überlegenheit Israels unter den Völkern Verwendung. Der 'Rest Jakobs' (*b*ᵉ*qæræḇ 'ammîm rabbîm*) ist wie (*k*ᵉ-) ein Löwe, der unverhindert schlägt und zerreißt (Mi 5, 7 *'ᵃšær 'im 'āḇar w*ᵉ*rāmas w*ᵉ*ṭārap we'ên maṣṣîl*). In all diesen Darstellungen wollen die Bildinhalte das Gesegnetsein Israels, seine Stärke und seine Vorzugsstellung unter den Völkern zum Ausdruck bringen.

3. An wenigen Stellen erfährt im AT auch das Tun JHWHs in Gericht und Heil seine Umschreibung als *ṭārap*-Geschehen. Am direktesten sagt es Hosea in einer an 'Ephraim' gerichteten Unheilsankündigung (5, 14 und Kontext). Nach dieser ist JHWH selber derjenige, der Ephraim Gewalt antut, nicht irgendeine andere Macht (etwa die des Assyrers). Der syrisch-ephraimitische Krieg ist verloren, „denn", so sagt es die prophetische Drohung in direkter Rede, „ich bin für Ephraim wie ein Jungleu und für das Haus Juda wie ein junger Löwe; ich, ja ich zerreiße und ich packe und trage fort, und niemand vermag zu retten". Das Bußgebet in Hos 6, 1 nimmt darauf Bezug, indem es auffordert, zu dem umzukehren, der gerissen hat, da dieser allein zu heilen vermag. JHWH ist in seinen zerstörerischen Potenzen wie ein Löwe vorgestellt (vgl. H. W. Wolff, BK XIV/1 z. St.). Der Assur-Spruch bei Jes (31, 4) nimmt die gleichen Vorstellungsgehalte auf. Doch diesmal wendet sich JHWH zugunsten von Jerusalem und Juda gegen den Peiniger des Gottesvolkes. Erinnert sei an die kühnvermessene Kennzeichnung der Gewalt, die Hiob gegen sich von Gott gewendet sieht, JHWH gebärdet sich in seinem Zorn wie ein reißendes Raubtier (Hi 16, 9). Daß diese Bildmaterie auch in kultisch-liturgische Dokumente Eingang gefunden hat, beweist Ps 50, 22 in einer vermutlich nachexilischen prophetischen Gerichtsliturgie (H. J. Kraus, BK XV/1 z. St.; s. auch G. Fohrer, Einleitung, [11]1969). Diejenigen werden verwarnt, die Gott vergessen möchten. Die Liturgie zitiert einen Gottesspruch: *pæn 'æṭrop w*ᵉ*'ên maṣṣîl*, „daß ich nicht zerreiße, und es ist niemand da, der retten kann". JHWHs furchtbare Möglich-

keiten, die sich gegen den Frevler und den Säumigen richten können, lassen sich sachzutreffend mit diesem harten Ausdruck *ṭārap̱* beschreiben. JHWH ist zwar nicht direkt als Löwe bezeichnet, aber *ṭārap̱* muß die Assoziation zum Raubtierverhalten wecken. Der Beleg Ps 76, 5 (in einem Hymnus auf die Stärke des Zion-Gottes) ist leider stark verderbt (s. die schon seit alter Zeit angestellten Rekonstruktionsversuche in den Apparaten von BHK³ und BHS, sowie die Diskussion in den Komm.). Unter Umständen ist MT folgender Sinn abzugewinnen: „Furchtbar bist du (Änderung nach Syr. + Targ.), mächtiger als einer, der Berge von Beute macht, bzw. hat." In diesem Verständnis ist freilich schon eine Interpretation von *'addîr mehar^e^rê ṭāræp̱* enthalten.

Wagner

יאל *j'l*

I. 1. Etymologie, Grammatikalisches – 2. Bedeutung, Verwendung – 3. Ein anderes Verbum *j'l*.

Lit.: *P. Haupt*, AJSL 22, 1906, 255. – *P. de Lagarde*, Übersicht über die im Aramäischen übliche Bildung der Nomina, 1889.

I. 1. Über das Verbum *j'l* sind viele etymologische Spekulationen betrieben worden, als ob man dadurch den Kern des Wortes herausfinden könne. Wie viele andere Wörter ist es in Verbindung mit der Wurzel *'wl* gesetzt worden. Buhl sagt von dieser Wurzel: „Stamm einer großen Anzahl Wörter, deren Bedeutungen aber so verschieden sind, daß hier ohne Zweifel allerlei urspr. selbständige Stämme zusammengefallen sind." Die Ableitung vom Stamme *'wl*, wie sie Haupt in AJSL 22, 255 versuchte, ist nach angedeuteter Analogie von de Lagarde gemacht. Der letztere hat auf den Zusammenhang des arab. *'āwwal*, erster, mit *wa'ala* gezeigt. J. Pedersen (Hebr. Gramm., Kopenhagen ²1933, 234) hat es vorgezogen, sich mit dem Gebrauch des Verbums zu beschäftigen, statt mit einer zweifelhaften Etymologie. Er hat *j'l* als ein Verbum bezeichnet, das kraft seiner Bedeutung den Charakter eines Hilfsverbes hat, wie „anfangen, aufhören, wiederholen" u.a. Diese Verben werden oft so konstruiert, daß die Haupthandlung in Inf. cstr. mit oder ohne *l^e^-* mitgeteilt wird, z. B. *hô'altî l^e^ḏabber*, „ich habe mich nun unterfangen zu reden" (Gen 18, 27). Doch können sie auch so konstruiert werden, daß die Haupthandlung in derselben Form wie das Hilfsverb mitgeteilt wird, ohne verbindende Partikel, z. B. *hô'alnû wannešæḇ*, „hätten wir uns doch entschlossen, jenseits des Jordans zu bleiben" (Jos 7, 7). Es geht aus den genannten Beispielen hervor, daß das Verbum je nach den Umständen verschieden übersetzt werden muß.

2. Die Bedeutung wechselt mit der Situation. Mit Ausgangspunkt in der arab. Grundbedeutung kann man vielleicht auch im Hebr. eine Bedeutung „sich als erster erweisen" annehmen, wie es Köhler gemacht hat. Diese Bedeutung läßt sich aber kaum im wirklichen Zusammenhang anwenden. Der gewöhnlichste Gebrauch deutet an, daß das Verbum einen Anfang bezeichnet, einen Anfang der nicht ganz leicht ist, sondern durch Bescheidenheit, Höflichkeit oder andere Hindernisse erschwert ist. Die Bedeutung kann auch weiter gehen: in Angriff nehmen, sich entschließen, etwas zu tun. Das oben erwähnte *hô'altî l^e^ḏabber* (Gen 18, 27. 31) kann auch anders übersetzt werden: „Nur mit Schwierigkeit habe ich mich entschlossen, zu reden."
In derselben Weise können die Textstellen ganz verschieden übersetzt werden. In Ex 2, 21 heißt es: *wajjô'æl mošæh lāšæḇæṯ 'æṯ-hā'îš*, von M. Noth in ATD übersetzt: „Mose ließ sich bereit finden, bei dem Manne zu bleiben." In RSV heißt es: „and Moses was content to dwell with the man", und in NEB: „So it came about that Moses agreed to live with the man." Ganz einfach könnte man vielleicht sagen: „Moses entschloß sich, bei dem Manne zu bleiben." Der schwierige Anfang ist wohl markiert in Ri 1, 27. 35, aber in Jos 17, 12 kann nicht von einem Anfang die Rede sein, „so gefiel es den Kanaanitern, in diesem Lande sitzen zu bleiben". Die beiden Imp. in Ri 19, 6, *hô'æl-nā' w^e^lîn*, werden gewöhnlich so wiedergegeben: „Tu mir den Gefallen und bleib über Nacht." Vielleicht will der Verf. in Deut 1, 5 auch die Schwierigkeit beim Anfang andeuten: „Moses begann zu erklären." In Ri 17, 11 kann ein Moment der Einwilligung vorhanden sein, aber wahrscheinlich bedeutet das Wort hier: „Er entschloß sich." 1 Sam 12, 22 liegt vielleicht auch auf dieser Linie: „Es gefiel JHWH, euch zu seinem eigenen Volk zu machen", aber vielleicht auch: „JHWH hatte schon angefangen, euch zu seinem eigenen Volk zu machen." Dasselbe Problem scheint auch in 1 Chr 17, 27 anwesend zu sein, und auch hier wird die erste Übersetzung gewöhnlich vorgezogen: „Und nun mag es Dir gefallen, das Haus deines Dieners für immer vor Dir bestehen zu lassen."
Ein solcher Ausdruck des Gefallens liegt auch vor in 2 Sam 7, 29; 2 Kön 5, 23; 6, 3; Hi 6, 9. 28; Hos 5, 11; und es läßt sich nicht bezweifeln, daß es sich in vielen Fällen so verhält. Das Gefallen scheint doch oft nicht ein freudiges Gefallen zu sein, sondern ein widerwilliges, das eine Gewährung enthält, aber dies ist doch nicht immer der Fall.
3. Es gibt noch ein zweites Verb *j'l*, das von → אויל (*'^æ^wîl*), Tor, denominiert ist und im *niph* in der Bedeutung 'töricht sein' oder 'töricht handeln' (Num 12, 11; Jer 5, 4) oder 'sich als Tor erweisen' (Jes 19, 13; Jer 50, 36; Sir 37, 19) benutzt wird. Das denominierte Verbum ist begrenzt in seinem Gebrauch und abgegrenzt in seiner Bedeutung.

Kapelrud

יְאֹר *je'or*

1. Vorkommen und Herkunft – 2. Ägyptischer Nilglaube – 3. Der Nil unter JHWHs Macht – 4. Mythischer Hintergrund – 5. Der Nil in Sir.

Lit.: *D. Bonneau*, La crue du Nil, divinité égyptienne, Paris 1964. – *A. de Buck*, On the Meaning of the Name *Ḥ'py* (Orientalia Neerlandica, Leiden 1948, 1–22). – *J. A. Fitzmyer*, The Genesis Apocryphon of Qumran Cave I (BietOr 18A, ²1971, 108f. 110. 152f.). – *A. Hermann*, Der Nil und die Christen (JAC 2, 1959, 30–69). – *T. O. Lambdin*, Loanwords in the O.T. (JAOS 73, 1953, 145–155). – *S. Morenz*, Die Geschichte von Joseph dem Zimmermann (TU 56, 1951, 29–34). – *Ders.*, Ägyptische Religion (RdM 8, ²1977). – *Ch. Palanque*, Le Nil à l'époque pharaonique, son rôle et son culte en Égypte (Bibl. de l'école des hautes études 144, Paris 1903). – *K. H. Rengstorf*, ποταμός (ThWNT VI 595–607). – *Ph. Reymond*, L'eau, sa vie et sa signification dans l'A.T. (VTS 6, 1958). – *A. Schwarzenbach*, Die geographische Terminologie im Hebr. des AT, Leiden 1954, 64f. – *B. H. Stricker*, De overstroming van de Nijl (MEOL 11, 1956). – *W. Vycichl*, Ägyptische Ortsnamen in der Bibel (ZÄS 76, 1940, 79–93).

1. *je'or*, *je'ôr* (6mal) kommen im AT 45mal im Sing. als Bezeichnung für den Nil vor (vgl. noch cj. Gunkel, ZAW 42, 1924, 179 zu Jes 33, 21b), dazu 3 Stellen Sir 39, 22; 47, 14 und 24, 27 (cj. Peters, EHAT 25, 1913, 204). 16mal steht es im Plural für die Mündungsarme oder Kanäle des Nil. Dan 12, 5. 6. 7 bezeichnet *je'or* den Tigris, Hi 28, 10 einen wasserführenden Stollen.

je'or ist äg. *ỉtrw* (seit 18 Dyn. *ỉrw* geschrieben; WbÄS I, 146). Als es ins Hebr. entlehnt wurde, lautete es wohl *ja'ru(w)*. Zur Amarna-Zeit wird *a* zu *o*, was als hebr. Aussprache *jor* ergibt (Vycichl 82).

Ein anderes äg. Wort für den Nil im AT ist *šîḥôr*, 'Teich des Horus' (Jos 13, 3; Jes 23, 3; Jer 2, 18; 1 Chr 13, 5).

je'or scheint, trotz Fremdwort, nicht als Eigenname empfunden zu sein, denn es hat meistens den Artikel, so durchgängig in Gen, Ex und Dan. Lediglich Jes 19, 7; Ez 30, 12; Hi 28, 10 steht es absolut, doch wird Jes 7, 18; Am 8, 8; 9, 5 *miṣrajim* und 2 Kön 19, 24; Jes 19, 6; 37, 25 *māṣôr* hinzugefügt, als bedürfe der Name dieser näheren Bestimmung.

In die gleiche Richtung geht, daß LXX, wie sie *nāhār* allgemein mit ποταμός wiedergibt, auch *je'or* 50mal so übersetzt (4mal διῶρυξ). Aus solchem Wortverständnis kann in Dan auch der Tigris *je'or* genannt werden. Einige Male findet sich auch *nāhār* für den Nil (Jes 19, 5; Jer 46, 7f.; Ez 32, 2, wozu *nehārîm* Jes 18, 2. 7 wohl den Blauen und Weißen Nil meint. Wichtig ist noch, daß Jer 2, 18 (*šîḥôr*) und Sir 24, 27 in LXX Γηῶν übersetzt wird, wodurch der Nil mit dem zweiten der Paradiesströme gleichgesetzt wird (→ גיחון [*gîḥôn*]).

Eising

2. Der äg. Name des Nil im AT läßt fragen, ob auch äg. Vorstellungen vom Nil (vgl. RÄR 525ff.; Palanque, Bonneau) zu belegen sind. Soweit es um religiöse Vorstellungen und Kultgebräuche geht, muß dies verneint werden.

Unter dem Namen Hapi (*ḥ'pj*, WbÄS III, 42, de Buck) haben die Ägypter den Nil oder richtiger die Nilüberschwemmung als Gott verehrt. Der Nil wurde geläufig mit dem Urwasser Nun in Beziehung gesetzt (WbÄS Bel. II, 215, 9–10) und wie dieses „Vater der Götter" genannt. Durch zwei Quellöcher soll der Nil aus der Tiefe der Erde hervorbrechen; diese wurden ursprünglich in der Gegend von Silsile (Nilstele dort aus der 19. Dyn.: P. Barguet, BIFAO 50, 1952, 49–63), später in der Gegend des ersten Kataraktes bei Elephantine (vgl. Herodot II 28) verlegt.

Der Nil galt als urzeitlich und konnte demnach als „der Einzige, der sich selbst erschaffen hat" angerufen werden. In Elephantine war besonders der Hauptgott Chnum Behüter der Nilquellen und somit der Geber der Nilüberschwemmung. Auch andere Gottheiten, z. B. Amon-Re, Aton, Sobk und Isis, oft als Isis-Sothis, treten in derselben Rolle auf. Wohl bezeugt ist Osiris als Herr der Nilüberschwemmung, ja, als mit dem Nilwasser identisch. Die Gleichsetzung des Nils mit Osiris hat den spätzeitlichen Glauben, daß der Tod im Nil eine Vergöttlichung bewirke, hervorgerufen. Sonst kommt ein Paar von Nilgöttern, als ober- und unterägyptischer Nil gedeutet, vor, und weiter finden sich in den späten Tempeln lange Prozessionen von Nilgöttern, die die Gaben der von ihnen repräsentierten Gaue dem Hauptgott des Tempels darreichen. Diese Nilgötter werden durch einen fetten Leib und markante Hängebrüste gekennzeichnet.

Besondere Feste werden dem Nil gefeiert, wobei man mit Jubel „den hohen Nil, der das ganze Land durch seine Speisen leben läßt", preist. Mehrere Nilhymnen sind erhalten (ANET³ 372f.). Könige und Gaufürsten können sich rühmen, daß sie „der Nil für ihre Leute" sind (Grapow, Die bildl. Ausdrücke des Ägyptischen, 1924, 62).

Bergman

3. In Gen, Ex hat der Nil keinen göttlichen Rang, er ist in der Josephs-Erzählung kaum mehr als ein großer Fluß. Beim Traum des Pharao kommen die fetten und mageren Kühe zwar aus dem Nil (Gen 41, 1–3. 17ff.), was man als Andeutung verstehen könnte, daß von diesem Fruchtbarkeit und Hungersnot für das Land abhängen. Doch ist zu beachten, daß die vollen und tauben Ähren nicht ausdrücklich zum Nil in Beziehung gesetzt werden. Das Kommen der Kühe aus dem Nil könnte also auch damit zusammenhängen, daß sie am Fluß ihre Weide haben. Immerhin zeigt sich mehrfach, daß die Israeliten den Nil und seine Landschaft gekannt haben. Die Wassermassen und das Anschwellen des Nil haben die Menschen jedenfalls sehr beeindruckt. Wenn ein solch breiter Fluß eine Stadt umgibt, dann ist sie besonders geschützt (Nah 3, 8). Sein Wasser dient

den Menschen als Getränk (Ex 7, 18f.), es verleiht dem Land Fruchtbarkeit. Fischfang und Pflanzenwuchs hängen von ihm ab wie der Flachsanbau, der Webern und Seilern ihr Handwerk ermöglicht (Jes 19, 5–9). Dem Verkehr auf dem Nil dienen Papyruskähne (Jes 18, 2). Wenn der Fluß freilich versiegt, dann stinken seine Kanäle (Jes 19, 6f.), dann können Fliegenschwärme auftreten, ein Bild für das Heer Ägyptens (Jes 7, 18). Nach heutigem biologischen Wissen könnte man die dritte ägyptische Plage der Stechmücken mit dem Nil verbunden denken. Ex 8, 12 und Weish 19, 10 glauben die Stechmücken aber durch Gottes Macht aus dem Staub entstanden.

In den Plage-Erzählungen des Ex wird der Nil mehrfach mit Gottes Wirken in Verbindung gebracht. Durch ihn wird sein Wasser zu Blut und kommen die Frösche über das ganze Land. Schon Ex 4, 9 wird dem Mose ein Zeichen vermittels des Nilwassers vorgeschrieben, das zu Blut werden soll, wenn Mose es auf die Erde gießt. Bei der ersten Plage geschieht das beim Ausstrecken des Stabes über dem Fluß (Ex 7, 18. 20). Während hier zunächst *je'ôr* im Sing. steht (Ex 4, 9; 7, 15. 17f. 20f. 25. 28; 8, 5. 7; 17, 7), drücken Ex 7, 19 der Pl. und dazu drei Ausdrücke für Gewässer die Allgemeinheit der Strafe aus. Möglicherweise beziehen sich „die Nile" aber auch auf die Mündungsarme des Flusses, vgl. Ex 8, 1 bei der Froschplage, dazu auch Ps 78, 44. Trotz der Anlehnung der Ereignisse an natürliche Phänomene wie die Trübung des Wassers durch den fruchtbaren Schlamm und die Frösche, die es im Nil ja wohl immer gibt, kommt es im Ex darauf an, daß alles der Verfügungsgewalt Gottes untersteht. Am 8, 8; 9, 5 gehen zunächst auf ein von Gott gewirktes Erdbeben, das aber mit dem Anschwellen und Abnehmen des Nils verglichen wird. Man darf daraus erschließen, daß auch diese Bewegungen des Nil von der Macht Gottes abhängen. Gott kann sogar den mächtigen Nil zum Versiegen bringen (Jes 19, 5–9), so daß er stinkend wird und alle leiden müssen, die auf ihn angewiesen sind.

4. Erweist Gott an den bisherigen Stellen am Nil seine Macht, so gibt es andere bei den Propheten, an denen mit dem Nil augenscheinlich mythische Vorstellungen verbunden sind.

Ez 29, 3–5 kommt *je'or* 6mal vor, indem Ägyptens König sich damit brüstet, daß ihm die Nile (Nilarme, vgl. Zimmerli, BK XIII, 703) gehören, die er sogar erschaffen haben will. Ist in ägyptischen Texten Amon-Re Schöpfer und Herr des Nils, so gibt sich hier der Pharao selbst als Herr des Nils und damit letztlich als Gott. Damit tritt er auf gegen den wahren Gott Israels. Dieser nimmt die Hochmutsrede des Pharao auf, redet den Pharao dreimal an mit „dein Nil" und „großes Krokodil, das zwischen den Armen des Nils liegt" (29, 3). Daß JHWH der wahre Herr des Nils und des Pharao-Nilgottes ist, zeigt er dadurch, daß er das Krokodil fängt, es mit allen Fischen dem Strom entreißt und es in die trockene Wüste wirft (29, 4f.). Dazu vergleiche man das Klagelied über den Pharao Ez 32, wo zwar *je'or* nicht vorkommt, vielmehr seine und des Meeres Wasser mit *majim* und *nehārôṯ* bezeichnet werden. Vergleichbar ist aber, daß dort das Krokodil mit dem Netz gefangen und auch aufs trockene Land geworfen wird (4–6). Die so dargestellte Vernichtung des Pharao und aller Feinde Israels (32, 13f.) ist mit einer Verheißung für die jetzt geknechteten Völker verbunden. Wenn sie sich erfüllt, „dann werden sie erkennen, daß ich JHWH bin" (32, 15). Wichtig ist hier der Vorwurf für das Krokodil: „du hast mit deinen Nüstern gesprudelt und du hast die Wasser getrübt mit deinen Füßen und ihre Ströme aufgewühlt" (nach Zimmerli, BK XIII, 762f.). Was zunächst wie das natürliche Verhalten des Krokodils im Nil aussehen mag, ist vielleicht doch Anklang „mythischer Hintergründigkeit der politischen Großmacht" (Zimmerli, BK XIII, 769), weil es so aussieht, als würde das Schwellen des Nils und seine Trübung durch den fruchtbaren Schlamm als Wirkung des Krokodils verstanden. Man wird denken an den Krokodilgott Sobk als den Herrn und Spender des Nils im Fajum. Dort hatte er in Krokodilopolis einen Tempel, dort feierte man auch die Nilüberschwemmung (RÄR 394. 755f.). Es ist freilich seltsam, daß man in Ägypten den Krokodilgott verehrte, anderseits aber das Krokodil fürchtete und sich mit Zaubersprüchen dagegen sicherte (RÄR 392–394). Ergänzendes Zeugnis mythischen Hintergrundes ist auch Hi 40, 25f., wo Gott den Hiob, um seine Macht gegenüber der menschlichen Ohnmacht zu offenbaren, fragt: „Kannst du das Krokodil am Angelhaken ziehen ... legst du ihm ein Binsenseil in die Nase?" „Krokodil" ist hier Übersetzung von *liwjāṯān* (→ לויתן), den nach Jes 27, 1 JHWH zusammen mit dem „Drachen im Meer" töten wird. Diesen Sieg JHWHs preist auch Ps 74, 14: „Du hast Leviatans Häupter zerschmettert, gabst ihn zur Speise, zum Fraß den Schakalen" (Gunkel, HAT II/2, 321; Kittel, KAT 13, 249). Das alles entspricht gut unseren *je'or*-Stellen Ez 29, 4f. und 32, 3–5. Hi 3, 8 verweist zudem in mythische Vorzeit und nach Ps 104, 26 hat Gott Leviatan geschaffen, „um mit ihm zu spielen". Auch der mythische Rahab (→ רהב) ist hier zu berücksichtigen. Mag Rahab an Stellen wie Ps 87, 74 und Jes 30, 7 nur poetische Bezeichnung für Ägypten sein, so gehen alle anderen Stellen darüber hinaus. Ps 89, 10 ist von einer von Gott besiegten Empörung des Meeres die Rede, von einem Durchbohren Rahabs, wobei das Ganze im Kontext von Schöpfung und Weltherrschaft Gottes steht. Ausdrücklich in die Urzeit verweist auch Jes 51, 9. Mit Rahab zusammen wird wieder das Meer erwähnt Jes 51, 9; Ps 89, 10f.; Hi 15, 12f. All diesen Stellen und dazu noch Hi 9, 13 (vgl. Horst, BK XVI, 147f.) sind gemeinsam Kampf und Sieg Gottes gegen die Urflut. Daß Gott seine Macht durch Austrocknen des Meeres bzw. der großen Flut zeigt, entspricht dem, daß er den Nil austrocknen lassen kann (Jes 19, 6f.). Vom Austrocknen des Nils als Zeichen der Macht sprechen auch 2 Kön 19, 24 || Jes 37, 25; Sach 10, 11. Es ist

Sanherib, der behauptet, daß er „alle Ströme Ägyptens austrocknen ließ", womit er göttliche Macht beansprucht. Er hat nicht bedacht, daß, was er sich zuschreibt, Gott „seit den Tagen der Vorzeit" geplant hat (19, 25). Gegen die Anmaßung Sanheribs zeigt Gott seine Übermacht dadurch, daß er diesem „einen Ring durch die Nase" zieht, ihm „einen Zaum in das Maul legt" (19, 28). Das gleicht dem Schicksal, das Hi 40, 25; Ez 29, 4 das Krokodil erleiden muß, könnte aber auch das Los sein, das der König der Assyrer sonst gefangenen Königen bereitete (VAB VII, 80; IX, 107; AOB Nr. 144).
Jer 46, 7–9 bringt mit dem Nil den Pharao Necho und sein Heer zusammen. Das Anschwellen des Nils stellt das große Heer Ägyptens dar, wobei der Pharao seine Macht als Überschwemmung des Landes zur Vernichtung der Städte und ihrer Bewohner rühmt (46, 8). Auch hier triumphiert Gott über solche Anmaßung, denn es kommt sein „Tag der Rache" (46, 10), diesmal nicht durch Austrocknen des Nils dargestellt.
Zugunsten seines Volkes wird Gott aber Sach 10, 10–12 die Wellen des Meeres schlagen und den Nil austrocknen lassen. Wenn dabei Assur in den Staub getreten wird, dann ist hier wohl kaum an das Geschick des Krokodils nach Ez 29, 3 gedacht.
Jes 33, 21 und Nah 3, 8 haben gemeinsam, daß ein breiter Strom für eine Stadt Sicherheit und Segen bedeutet. Da jedenfalls „breite Flüsse und Ströme" in Jes 33, 21 Jerusalem verheißen sind, wird man die vieldiskutierte Stelle wohl von einem Wirken Gottes durch Wasser des Heils und der Fruchtbarkeit verstehen dürfen, falls man den Namen JHWH oder seine Erwähnung durch *'addîr* dem Vers beläßt (dafür z. B. Duhm, GHK 3/1[5], 246; Procksch, KAT IX, 421; Änderung in *jihjæh* z. B. Ziegler, EB 108; Kaiser, ATD 18, 269). Ob man freilich die Aussage findet, daß Gott „anstelle" von breiten Strömen der mächtige, schützende Gott ist, hängt von *māqôm* ab, wofür König, Jesaja 289 dieses Verständnis vertritt, daß in der Endzeit Gott selbst und unmittelbar den Schutz der Seinen übernimmt. Vom Licht der Sonne wird für die eschatologische Verheißung angenommen, daß Gott selbst statt Sonne und Mond das ewige Licht Zions sein wird (Jes 60, 19f.). Dieses „anstelle" auch für den Fluß und das lebenswichtige Wasser allein aus unserer Stelle anzunehmen, ist freilich gewagt, wenn auch zu beachten ist, daß eine Quelle und Ströme als eschatologisches Motiv im Zusammenhang mit dem Zion nicht selten vorkommen (Ez 47, 1–12; Joel 4, 18; Ps 36, 9f.; 46, 5; 65, 10; vgl. Kraus, BK XV, 343f.; Zimmerli, BK XIII, 1192f.). Jer 17, 13 wird JHWH ja sogar genannt „der Quell lebendigen Wassers" (vgl. auch Jes 8, 6; 11, 9; 12, 3).
5. Die drei Sir-Stellen schließen hier an im Verständnis des Nils als Bild der Fruchtbarkeit und Quelle des Heils von Gott. Sir 39, 22 „Sein (Gottes) Segen strömt über wie der Nil" gilt von der Fruchtbarkeit des Landes, die Gott spendet, da im Gegensatz dazu in v. 23 JHWHs Zorn eine Salzwüste bewirkt. Sir 24, 27 heißt es vom Bundesbuch Gottes: „Es fließt von Belehrung über wie der Nil" (vgl. Peters, EHB 21, 205), ein Bild für den überquellenden Reichtum des Gesetzes.
Sir 47, 14 sagt, daß Salomo „von Bildung überströmt wie der Nil". Der Verfasser benutzt den Vergleich mit dem Nil zum Ausdruck dessen, wie reich und übervoll an Weisheit dieser idealisierte König ist.

Eising

יבל *jbl*

I. Etymologie – II. Außerbiblische Belege – 1. Akkadisch – 2. Ugarit – 3. Aramäisch – 4. Phönizisch und Punisch – III. Das Verb *jbl* im AT; Vorkommen und theolog. Gehalt – IV. *j^e^bûl* im AT; Synonyme, Vorkommen und theolog. Gehalt.

Lit.: *R. Dussaud*, Les origines cananéennes du sacrifice israélite, Paris [2]1941. – *H. Hoffner*, Alimenta Hethaeorum, New Haven 1974. – *M. J. Lagrange*, Études sur les religions sémitiques, Paris [2]1905. – *S. Moscati u.a.*, An Introduction to the Comparative Grammar of the Semitic Languages (Porta Linguarum Orientalium NS 6, 1964).

I. Das westsemit. *jbl* (belegt im Hebr. Aram., Ugar., Phön.-Pun.) entspricht dem *wbl* der anderen semit. Sprachen (Moscati Nr. 8. 64–65).

Der erste Radikal *w* wird im Akk. zur Zeit des Ababyl. und Altakk. durch das Zeichen PI wiedergegeben, was dem Silbenwert *wa*, *we*, *wi*, *wu* und gelegentlich *b* (vgl. *bābilu*) entspricht. Im Mbabyl., Massyr. und später wird das *w* als erster Radikal in der Orthographie entweder überhaupt nicht oder durch Zeichen wiedergegeben, die normalerweise für ein *m* mit anschließendem Vokal stehen (vgl. GAG § 21). Daneben wurde im Akk. eine sekundäre Wurzel *tabālu* gebildet, um die Wegbewegung von einem gewählten Bezugspunkt auszudrücken: „forttragen, fortschaffen, wegnehmen".
Ähnliche sekundäre Wurzeln mit *t* als erstem Radikal sind im Akk. für Verben mit schwachem, ersten Radikal belegt: *awû* (**hwj*?) und *taw/mû* 'sprechen, schwören'; *abākū* und *tabāku* 'umkehren, ausgießen' (vgl. CAD I, 1, 8f. *abāku* B 'to turn upside down'), *wukkulu* (D-Stamm von *wkl*) und *takālu* '(an)vertrauen' (vgl. v. Soden, Ergänzungen zu GAG § 103d), *warû* und *tarû* 'bringen, führen, (ge)leiten' (vgl. GAG §§ 102m. 103d). Wie andere Wurzeln primae *w*, so hat auch *wbl/jbl* einige Formen (hauptsächlich bei Imperativen im Grundstamm und bei gewissen Verbalnomen) ohne die Silbe, die durch das beginnende *w* mit folgendem Vokal gebildet wird, als ob hier eine ursprünglich zweiradikale Wurzel *bl* vorliegt (Moscati Nr. 16. 119; GAG § 103; UT § 9. 48).
Die folgenden akk. Nomen werden mit der verkürzten Wurzel *bl* gebildet: *biltu* 'Last, Talent, Ertrag, Abgabe' und vielleicht *bu/ibbulu* 'Überschwemmung, Flut', *bibiltu* 'Dezimierung, Vernichtung'. Da gelegentlich betontes *l* im hieroglyphischen Äg. orthographisch mit *n* oder *r* wiedergegeben wird, könnte man äg. *bnbn* 'fließen (von

einem Fluß)' und *bnn* 'überquellen, erzeugen' als verwandt betrachten. Alle verwandten Verben teilen die Vorstellung einer linearen Bewegung, wobei zum einen das Hervorkommen (*j^e^bûl* 'Ertrag, Erzeugnis', äg. *bnn* 'erzeugen') und zum anderen das Verschwinden (akk. *bu/ibbulu* 'Überschwemmung, Flut', *bibiltu* 'Vernichtung', hebr. *mabbûl* 'Flut') im Vordergrund stehen.

II. 1. Das akk. Verb *wabālu* hat die Bedeutungen: '(Gaben) bringen, (Tiere) zur Nutzung übergeben, (eine Schreibtafel oder einen Brief) zustellen, (Güter oder Waren) transportieren, (eine Last) tragen, wegschwemmen (vom Wasser), (Personen) begleiten oder führen'.

Verwandte akk. Nomina sind: *babbilu, bābilu* 'Träger, Überbringer, Pächter', *bu/ibbulu, bibiltu* (s.o.), *bibil libbi* 'Wunsch', *biblu* 'Mitgift, Ertrag, Hochflut', *bibil pāni* 'Versöhnung', *biltu* (s.o.), *mubabbilu* 'Träger', *šē/ubultu, šūbiltu* 'Warensendung, Transport, Lieferung', *šutabultu* 'Gemisch', *tabālu* 'forttragen, -schaffen'.

2. In ugar. Texten ist das Verb *jbl* 'bringen, fördern' im Unterschied zum bibl. Hebr., wo es nur im *hiph* oder *hoph* vorkommt, im Grundstamm belegt. Es ist mit folgenden Objekten verbunden: Tribut (*'rgmn, mnḥ*), Geschenk oder Bezahlung (*trḫ* 'Brautpreis', *ksp* 'Sold', *ks* 'Geschenk', *qš* 'Bescherung', *ʒlqṣm* [irgendwelche Steine], *qšt* 'Bogen'), Botschaft oder Nachricht (*rgm, bšrt*). Die Bedeutung 'versehen mit' hat *jbl* im Zusammenhang mit Schnürriemen (*qblbl*). Das Nomen *jbl* (vokalisiert **jabul*, Passiv des Grundstammes) ist in der Verbindung *jbl 'rṣ* (vgl. hebr. *j^e^bûl hā'āræṣ*) 'Ertrag der Erde, d.h. was die Erde hervorbringt/erzeugt', belegt (UT Nr. 1064; WUS Nr. 1129; vgl. IV.).

3. Im Ja'udischen und Reichsaram. findet sich *jbl* in der Bedeutung 'bringen, überbringen, transportieren, befördern' (DISO 103). Nach DISO 103 ist das Verb nur im *qal* oder im Grundstamm belegt, wohingegen KAI 229 für das ja'ud. Verb den D-Stamm postuliert. Lagrange 497 und G. A. Cooke, Text-Book of North Semitic Inscriptions, Oxford 1903, 180, weisen noch auf *jbl* 'Einnahmen, Einkünfte' im lückenhaften Kontext von Pan. 21 (vgl. KAI 215, 21, wo aber ein solches Nomen nicht erkannt wird) hin.

4. In EA 287, 55 hat das kanaan. Substrat das Ptz. aktiv des G-Stamms *ūbil* (für *jōbil*?) anstelle des zu erwartenden *bābil* verursacht. Im pun. Tarif von Marseille (CIS I, 165; KAI 69, 7) kennzeichnet *jbl* ein Opfertier, wahrscheinlich einen Hammel oder Widder. Die Vokalisation *jābil* und die Bedeutung wird durch akk. *jābilu* 'Hammel, Widder' bestätigt (AHw I, 411; CAD VII, 321; NAssyr. Lehnwort aus dem Westsemitischen → יובל *jôbel*). Nach Dussaud 139f. bezeichnet dabei *jbl* das kastrierte und *'jl* das nicht-kastrierte Tier.

III. Das Verb *hôbîl* und die passive Form *hûbal* beschreiben im AT das Führen oder Begleiten wichtiger Persönlichkeiten, oft im Zusammenhang mit feierlichen oder pompösen Zeremonien. So wird in Ps 45, 15f. die fremde Prinzessin *baṯ-mælæḵ*, die für den judäischen König als Braut ausersehen ist, mit den sie begleitenden Jungfrauen (*b^e^ṯûlôṯ*) zum König geführt. Ps 60, 11 und 108, 11 beschreiben in ihrem Kontext das Geleit, das Gott für den siegreichen judäischen König in der eroberten feindlichen Stadt (*'îr māṣôr*) vorsieht, wobei JHWHs Begleitung nicht nur Herrlichkeit, sondern auch Sicherheit verbürgt (vgl. vv. 12–14). JHWHs begleitende Gegenwart gewährt nach Jes 55, 12 Sicherheit (*b^e^šālôm*), Freude und Fröhlichkeit (*jipṣ^e^ḥû ... rinnāh*) beim Weggang aus Babylon und der Rückkehr der exilierten Juden in ihr Heimatland. Die hohen Berge, die Hügel und die Bäume auf dem Feld werden singen und in die Hände klatschen. Auch dem Leichnam erweist man feierliches Geleit zum Grab (Hi 10, 19; 21, 32).

Ein zweites semantisches Hauptfeld des Verbs ist das Bringen und Geben von Tribut oder Geschenken an einen Höhergestellten, um dessen Wohlwollen zu erreichen. Tribut (*šāj* Ps 68, 30; 76, 12; Jes 18, 7 oder *minḥāh* Zeph 3, 10; Hos 10, 6 [vgl. II.2. ugar. *'rgmn* und *mnḥ*]) wurde den Königen im ganzen AT gebracht und angeboten (Hos 10, 6; *minḥāh* ist sonst auch Objekt von → בוא [*bô'*]) *hiph* [Gen 4, 3; 43, 26; Lev 2, 8; 1 Sam 10, 27; 1 Kön 10, 25 u.ö.], *qrb hiph* [Lev 2, 14; 9, 17; Ri 3, 18 u.ö.] und *šālaḥ* [Ri 3, 15 u.ö.]). Aber wie in der politischen Sphäre der geringere König (Vasall) dem höhergestellten König den Tribut brachte (vgl. ugar. *djbl lšpš mlk rb*), so wird in Ps 68, 30 erwartet, daß die Könige ihren Tribut JHWH bringen: *l^e^ḵā jôbîlû m^e^lāḵîm šāj*. Israel ist JHWHs Volk und seine Mitglieder sind seine Untertanen. Als solche bringen sie ihm ihre Gaben und Opfer als eine Art Tribut. Daher beschreibt das Verb *hôbîl* auch das Bringen eines Opfertieres zum Schlachten (im Tempel) Jes 53, 7 *kaśśæh ... laṭṭæbaḥ* und Jer 11, 19 *k^e^ḵæbæś ... liṭbôaḥ*. In Hi 21, 30 scheint in *jôbilû* die gleiche Vorstellung wie in der akk. Wendung *pānī wabālu* vorzuliegen 'vergeben, aussparen, Gunst oder Bevorzugung jem. erweisen' (CAD I, 1, 18; A. Goetze, [Sumer 14, 1958, 28ff.]) vgl. *ḥillāh pānîm* → חלה und akk. *bibil pānī* „Versöhnung".

IV. *j^e^bûl* als Ptz. passiv bestätigt den Gebrauch des *qal* im Anfangsstadium der Sprache. Wenn es auch möglich ist, daß das *qal* von *jbl* im frühen Hebr. nachträglich durch *hiph* und *hoph* ersetzt wurde, so ist es doch wahrscheinlicher, daß *j^e^bûl* von einem kanaan. Dialekt entlehnt ist, wo das *qal* von *jbl* die normale Verbform war. Dies war (s.o.) der Fall im Ugar. und Pun., selbst die Konstruktion *jbl 'rṣ* begegnet im Ugar. Als Passiv bezeichnet *j^e^bûl* das, was Erde (*j^e^bûl hā'āræṣ/hā'^a^dāmāh*) oder Weinstock (*j^e^bûl bagg^e^pānîm*, Hab 3, 17) hervorgebracht haben. Da praktisch alle Pflanzen auf den Erdboden angewiesen sind, wird der Umfang von *j^e^bûl* sehr umfassend und absichtlich ungenau definiert, obwohl es im Gegensatz zu *p^e^rî* explizit nirgends die Früchte der Bäume bezeichnet.

V übersetzt *j^eḇûl* mit *fructus* (Ps 78,46; 85,13), *germen* (Ez 34,27; Hab 3,17; Hag 1,10; Sach 2,12; Lev 26,4.20; Deut 11,17; 32,22) *in herbis cuncta* (Ri 6,4) und *proventus* (Ps 78,46). LXX übersetzt *j^eḇûl* gewöhnlich mit κάρπος (Deut 11,17; Ri 6,4; Ps 78,46; 85,13), weniger oft mit γεννήματα (Lev 26,4; Deut 32,22; Hab 3,17), ἰσχύς (Ez 34,27), ἐκφορία (Hag 1,10) und σπόρος (Lev 26,20). Den Versionen zufolge ist zu vermuten, daß in Hi 20,28 ursprünglich dieses Wort nicht enthalten war.

Dem direkten und unmittelbaren Wortsinn nach ist es nicht JHWH, der *j^eḇûl* gibt; die Erde (*hā'āræṣ* oder *hā'^aḏāmāh*) gibt (*nāṯan* Lev 26,4.20; Deut 11,17; Ez 34,27; Sach 8,12; Ps 67,7; 85,13; vgl. mit *p^erî* Lev 25,19; 26,4.20; Ez 34,27; Sach 8,12; Ps 1,3 u.ö.) und versagt mittels des Menschen ihr Erzeugnis. Die letzte Kausalität JHWHs bleibt natürlich in allen Fällen vorausgesetzt. Der *j^eḇûl* der Erde beruht nämlich auf JHWHs Gunst für sein Volk. Wird er zornig, hält die Erde den *j^eḇûl* zurück (Hag 1,10) oder das Feuer von JHWHs Zorn (*'eš ... b^e'appî*) verzehrt die Erde und ihren *j^eḇûl* (Deut 32,22). Ähnlich ist das Schicksal der Feinde JHWHs. Er schleudert seinen Zorn auf Ägypten, indem er dessen *j^eḇûl* der Heuschrecke (*ḥāsîl*) gibt (Ps 78,46).

j^eḇûl wird nicht metaphorisch für die Taten der Menschheit gebraucht, wie *p^erî* und seine griech. Übersetzung κάρπος (vgl. Hauck, ThWNT III, 617f.).

j^eḇûl hat eine Menge Synonyma im AT: *dāgān*, *šæḇær*, *karmæl*, *'^aḇûr*, *qāṣîr*, *p^erî*, *t^eḇû'āh*, *bar*. Aber es läßt sich nicht sicher entscheiden, daß *j^eḇûl* das bevorzugte Wort für agrarische Produkte in einer der großen Quellenschriften des AT war. Im Hexateuch wird *j^eḇûl* sowohl von D (Deut 11,17; 32,22; Ri 6,4) wie von P (Lev 26,4.20; vgl. Ez 34,27) benutzt. Auch Habakkuk (Hab 3,17) und die nachexil. Propheten (Hag 1,10; Sach 8,12) verwenden es. Wenn es auch in den früh-bibl. Quellen keinen unbestrittenen Beleg gibt, so ist doch im Hinblick auf das Ugar. ein früher Gebrauch dieses Wortes im Hebr. nicht unwahrscheinlich.

Hoffner

יבם *jbm*

יָבָם *jāḇām*, יְבָמָה *j^eḇāmāh*

I. 1. Bedeutungen und Belege für *jāḇām*, *j^eḇāmāh* und *jbm pi* – 2. Statistik – 3. Die Wurzel *jbm* in anderen semitischen Sprachen – 4. Zur Etymologie – 5. Die Versionen – II. Die Institution der Schwagerehe (Levirat): 1. in Israel, 2. in seiner Umwelt.

Lit.: *S. Belkin*, Levirate and Agnate Marriage in Rabbinic and Cognate Literature (JQR 60, 1969/70, 275–329). – *M. Burrows*, Levirate Marriage in Israel (JBL 59, 1940, 23–33). – *Ders.*, The Marriage of Boaz and Ruth (ebd. 445–454). – *Ders.*, The Ancient Oriental Background of Hebrew Levirate Marriage (BASOR 77, 1940, 2–15). – *E. Chiera*, Mixed Texts (Publ. of the Baghdad School V), 1934. – *G. R. Driver* – *J. C. Miles*, The Assyrian Laws, Oxford 1935, 240ff. – *H. Gese*, Die Religionen Altsyriens (RdM 10, 2, 1970, 1–232). – *S. D. F. Goitein*, Zur heutigen Praxis der Leviratsehe bei oriental. Juden (JPOS 13, 1933, 159–166). – *C. H. Gordon*, Ugaritic Literature, Rom 1949. – *J. Gray*, The Legacy of Canaan (VTS 5, [2]1965). – *F. Horst*, Leviratsehe (RGG[3] IV, 1960, 338f.). – *P. Koschaker*, Zum Levirat nach heth. Recht (RHA 10, 1933, 77–89). – *D. A. Leggett*, The Levirate and Goel Institutions in the OT, Cherry Hill, New Jersey, 1974 (Lit.). – *J. Mittelmann*, Der altisraelit. Levirat, 1934. – *J. Morgenstern*, The Book of the Covenant. II (HUCA 7, 1930, 19–258), 159ff. – *A. F. Puukko*, Die Leviratsehe in den altorient. Gesetzen (ArOr 17/II, 1949, 296–299). – *L. I. Rabinowitz*, Levirate Marriage and Ḥaliẓah (EncJud [Jerusalem] 11, 1971, 122–131). – *K. H. Rengstorf*, Jebamot (Die Mischna ... III, 1), 1929. – *H. H. Rowley*, The Marriage of Ruth (HThR 40, 1947, 77–99 = The Servant of the Lord ..., Bristol 1965, 161–186; Lit.). – *W. Rudolph*, Das Buch Ruth (KAT XVII, 1962, 21–72), 60ff. – *J. Scheftelowitz*, Die Leviratsehe (ARW 18, 1915, 250–256). – *Th. and D. Thompson*, Some Legal Problems in the Book of Ruth (VT 18, 1968, 79–99). – *M. Tsevat*, Marriage and Monarchical Legitimacy in Ugarit and Israel (JSS 3, 1958, 237–243). – *B. N. Wambacq*, Le mariage de Ruth (Mélanges E. Tisserant. I, Rom 1964, 449–459).

I. 1. Die Wurzel *jbm* hat es mit einem besonderen Fall von Schwägerschaft (vgl. dazu → חתן [*ḥtn*]), also der Beziehung zwischen den jeweiligen Angehörigen zweier Familien, die durch Heirat von Personen dieser Familien entstanden ist, zu tun. Worum es geht, veranschaulicht die einschlägige Anordnung in Deut 25,5–10. Hier bezieht *jbm* den Bruder (= *jāḇām*) eines sohnlos gestorbenen Mannes auf dessen Witwe, die eben in ihrem Verhältnis zu „ihrem" *jāḇām* als *j^eḇāmāh** (oder *jāḇæmæṯ**) bezeichnet wird, wobei dem Terminus *jāḇām* inhäriert, daß der so Bezeichnete grundsätzlich „seine" *j^eḇāmāh* in die „Schwagerehe", den Levirat, zu nehmen (*jbm pi*) verpflichtet ist. – In der Erzählung von Gen 38 fordert Juda seinen zweiten Sohn Onan auf, mit der Witwe seines Bruders die Schwagerehe zu vollziehen (*w^ejabbem 'oṯāh*) und seinem Bruder Nachkommenschaft „aufzurichten". Diesen speziellen Bezug – Stellung und Verpflichtung des *jāḇām* gegenüber seiner *j^eḇāmāh* – hat die Wurzel *jbm* fast durchweg wie im AT so in der nachat.lich-jüd. Literatur. Ausnahmen finden sich in Ruth 1,15a.b (ebenso noch in Jeb II,3; III,3; XV,4a; vgl. Rengstorf 17), wo eine *j^eḇāmāh* einer Frau, der Ruth, zugeordnet ist und wo damit die Witwe des verstorbenen Bruders ihres ebenfalls verstorbenen Mannes gemeint ist, und in bSeb 102a = LevR 20, 163b, wo Mose als *jāḇām* der Frau (Elisabeth) seines – noch lebenden! – Bruders Aaron bezeichnet ist.

2. Das Subst. *jāḇām* findet sich im AT 2mal: in Deut 25,5.7, das zugehörige Fem. *j^eḇāmāh** (oder

*jāḇæmæṯ**) 5mal: in Deut 25, 7a.b. 9: Ruth 1, 15a.b, das – von *jāḇām* denominierte (Rengstorf 3* Anm. 1; KBL³ 367a) – Verb *jbm pi* 3mal: in Gen 38, 8; Deut 25, 5. 7. – Der Herstellung eines hebräischen Verbums *jbm* mit der Bedeutung 'erschaffen' in Ps 68, 18 (so M. Dahood, Bibl 46, 1965, 313f., im Anschluß an das Ugar. [s. I.3.]) ist die übliche Emendation *b' msjnj* („[JHWH] 'kam vom' Sinai [zu dem Heiligtum]") (für *bm sjnj* MT) vorzuziehen.

3. Beide Subst., *jāḇām* und *jeḇāmāh*, finden sich wie im bibl. so im Mittelhebr., im Jüd.-Aram. und im Syr., ebenso das Verbum (im *pi* bzw. *pa*). Das Mittelhebr. hat als weitere Substantive *jibbûm* 'Schwagerehe' (Rengstorf 3* Anm. 1) und *jeḇāmût* 'Vollziehen der Schwagerehe' gebildet; von dem Verbum *jbm* gebraucht es auch das *hitp* und *nitp*, wobei hier nicht der *jāḇām*, sondern die *jeḇāmāh* als Subjekt erscheint: 'sich in die Schwagerehe nehmen lassen' (vgl. Rengstorf zu Jeb I, 2b und 4b). Auch das Syr. hat *jaḇmûṯā'* „leviratus".

Nach KBL³ 367a kennt das Arab. ein Verbum *wabama* 'erzeugen'; doch dieses fehlt in allen gängigen Wörterbüchern (Lane; Lisān al-ʿarab; Tāǧ al-ʿarūs; Freytag; Bustānī, Muḥīṭ al-Muḥīṭ; Dozy). – Umstritten ist, was *jbm* und *jbmt* im Ugar. meinen. *jbm* (KTU 1.6 I 31; 1.16 II 32) wird vom hebr. *jāḇām* her mit 'Schwager' übersetzt (Gordon, Ugar. Lit., 43. 79; CML 166b), ohne daß in jeweils lückenhaftem Text etwas über die so bezeichnete Person auszumachen ist. Weiter gespannt ist die Diskussion um das mehrfach in Parallele zu der Wendung *btlt ʿnt* „Jungfrau Anat" stehende Epitheton dieser Göttin *jbmt l'mm* (KTU 1.4 II 15; 1.10 III 3; 1.3 II 33; außerdem in KTU 1.17 VI 25 sowie als Selbstbezeichnung der Anat ebd. Z. 19), dem in KTU 1.3 III 12 – ebenfalls par. *btlt ʿnt* – *jbmt l'mm* entspricht. Hat man auch hier zunächst entsprechend hebr. *jeḇāmāh* die Übersetzung 'Schwägerin' bevorzugt (Gordon, Ugar. Lit., 29. 50. 18. 90 sowie 19; CML 166b [„relative by marriage"]), wendet man sich später mehr der Bedeutung 'Erzeugerin' zu, die W. F. Albright zunächst über *jāmām** 'Erzeuger' (so BASOR 70, 1938, 19 Anm. 6), dann über die Wurzel *wbm* (so brieflich an M. Burrows, s. Burrows in BASOR 77, 6f.) (vgl. arab. *wabama* [?]) gewonnen hat (dem stimmt UT Nr. 1065 zu). Ist *l'm* 'Volk' (UT Nr. 1346; WUS Nr. 1433; vgl. hebr. *le'om*) oder 'Fürst' (CML 158b), ergeben sich die Übersetzungen „Schwägerin der Völker" (Gordon) bzw. „Schwägerin der Fürsten" (CML) oder „Erzeugerin der Völker" (Albright) bzw. „Erzeugerin der Fürsten" (UT Nr. 1065). Im ersten Fall könnte 'Schwägerin' nur in atypischem, verallgemeinertem Sinn gebraucht sein; das gilt erst recht, wenn man *l'mm* (singularisch) auf den „Fürsten" Baal bezieht und *jbmt l'mm* mit „Schwester Baals" übersetzt (Gray 43 Anm. 8). Ist – im zweiten Fall – *jbmt* die „Erzeugerin", müßte auch *jbm* – will man diesen nicht von *jbmt* trennen – in entsprechender Weise gedeutet werden: als „Erzeuger". Aber mindestens in KTU 1.6 I 31 „Erzeuger für (?) die Götter (oder: für El)" ist dieses Verständnis problematisch. – Eine weitere Erwägung sieht in dem Text KTU 1.13, 20 in *l'mm*, das hier ohne *jbmt* par. zu *btlt* steht, einen besonderen Namen der Anat, „während *jbmt* ihren Status als selbständige Frau charakterisiert" (Gese 157). Hier bleibt offen, welche Bedeutung *jbmt* dort, wo es neben *l'mm* steht, hat. Angesichts dieser Schwierigkeiten nimmt es nicht wunder, daß Aistleitner (WUS Nr. 1130) die Wurzel *jbm* für „unerklärt" hält.

4. Was ergibt sich aus diesem Material für die Etymologie von hebr. *jāḇām*? Würden die Termini *jbm* und *jbmt* im Ugar. verschwägerte Personen, 'Schwager' und 'Schwägerin' bezeichnen, dann wäre dies die vorgängige Bedeutung. Das Verständnis des *jāḇām* als des zum Vollzug der Schwagerehe (*jbm pi*) verpflichteten Bruders eines sohnlos verstorbenen Ehemannes wäre von da aus eine für das Hebr. und die hierin vom Hebr. abhängigen Sprachen geltende Sonderbedeutung; der ursprüngliche – weitergefaßte – Sinn würde dann in Ruth 1, 15 und bSeb 102a sichtbar. Gerade in dieser allgemeinen Bedeutung ist *jāḇām* aber nicht mit dem (zudem unsicheren) arab. *wabama* 'erzeugen' zusammenzustellen: Schwägerschaft hat es nicht vom Begriff her mit dem Zeugen von Kindern zu tun. Meint aber ugar. *jbmt* 'Erzeugerin', dann kann hebr. *jāḇām* usw. kaum damit zusammenhängen. Denn das Erzeugen von Kindern ist Zweck jeder Ehe, nicht nur der Schwagerehe; deren Besonderheit, daß der erste Sohn dem verstorbenen Bruder bzw. ersten Gatten der Frau zugerechnet wird, wird mit 'erzeugen' nicht zum Ausdruck gebracht. So zeigt sich kein Anhalt dafür, daß hebr. *jāḇām* etymologisch aus dem Ugar. oder aus dem Arab. zu erklären ist.

5. Von den Versionen behalten Targume und S Substantive und Verbum von der Wurzel *jbm* bei (vgl. o. I.3.). In targ. Erweiterungen gegenüber dem MT steht zusätzlich *jaḇmā'* o.ä. in Num 27, 4; Deut 25, 9 (beide Ps.-Jon.); Ruth 1, 13, *jeḇimtā'* in Deut 25, 4 (Ps.-Jon.; vgl. bJeb 4a), *jbm pa* in Ruth 4, 5. – Die LXX gibt *jāḇām* bei Fehlen eines entsprechenden griech. terminus technicus sachgemäß mit ἀδελφὸς τοῦ ἀνδρός wieder (Deut 25, 5bα. 7bα), auch da, wo sie fälschlich das Subst. (*jeḇāmî*) statt des Verbs (*jabbemî*) gelesen hat (Deut 25, 7bβ). Für das Fem. *jeḇāmāh* setzt sie demgemäß in Deut 25, 7a. 9 γυνὴ τοῦ ἀδελφοῦ bzw. bei der Wiederholung in v. 7bα nur γυνή, unterscheidet aber davon *jeḇāmāh* = allgemein 'Schwägerin' in Ruth 1, 15a.b (s.o. I.1.) mit (nur hier begegnendem) σύννυμφος 'Mitvermählte'. Das Verbum übersetzt sie mit συνοικεῖν (Deut 25, 5b; zu v. 7bβ s.o.) bzw. angemessener mit γαμβρεύειν (Gen 38, 8; in Deut 7, 3; 2 Esdr 9, 14 Cod. B für *ḥtn hitp*). – V hat für *jāḇām* (nicht levir, das, wenn auch selten, seit dem 3. Jh. belegt ist, sondern) frater viri (Deut 25, 7bα) bzw. frater eius (v. 5bα), für *jeḇāmāh* uxor fratris (Deut 25, 7a) und einfach mulier (v. 7bα. 9) bzw. in Ruth 1, 15a cognata, das in v. 15b durch ea aufgenommen wird, sowie für das Verb sociari

(Gen 38, 8) bzw. in coniugium sumere (Deut 25, 7bβ), während sie in v. 5b *w^ejibb^emāh* mit „et suscitabit semen fratris sui" (vgl. v. 7bα) umschreibt.

II. 1. Die Institution der „Schwagerehe" im eigentlichen Sinn ist in Israel wie im Judentum dort vorausgesetzt, wo eines sohnlos (LXX in Deut 25, 5: kinderlos) verstorbenen Mannes Bruder dessen Witwe, seine Schwägerin, zur Frau nimmt und der Erstgeborene dieser Verbindung dem Verstorbenen zugerechnet wird. Von seltenen Ausnahmen abgesehen (s. I. 1.), werden nur dort, wo es um diese Verbindung geht, Schwager und Schwägerin als *jāḇām* bzw. *j^eḇāmāh*, die Verbindung selbst vom Manne her als *jibbem* bezeichnet. Umstritten ist, ob die einschlägigen at.lichen Texte in Gen 38; Deut 25, 5–10 und Ruth 4 verschiedene Entwicklungsstufen dieser Institution (evtl. mit Ursprung im kanaanäischen Bereich [Burrows, JBL 59, 30]) widerspiegeln (z. B. Morgenstern: fünf Stadien) oder ob die Erzählungen in Gen 38 und Ruth 4 und die Rechtsbestimmung in Deut 25, 5–10 dieselben Vorstellungen über die Wiederverheiratung einer Witwe innerhalb der Familie ihres verstorbenen Mannes voraussetzen (Thompson). Daß *jbm pi* nicht nur auf die Erzeugung eines Sohnes für den verstorbenen Bruder, sondern auf eine andauernde Ehe zielt, ergibt sich aus Deut 25, 6 („Erstgeborener") und für die wohl älteste Stelle Gen 38 (J) aus v. 14b (die Witwe wird *'iššāh* ihres Schwagers). Nach Gen 38 sind die Brüder des Verstorbenen zum Vollzug der Schwagerehe mit dessen Witwe verpflichtet. Die Reihung folgt dem Alter (v. 7. 8. 11), hier schon aus erzähltechnischen Gründen, wohl aber auch in Übereinstimmung mit dem Brauch (cf. später Jeb IV, 5. 6). Der Annahme, daß auch der Vater des Verstorbenen diese Verpflichtung trage (so u.a. Morgenstern 180; vgl. zu Israels Umwelt u. II. 2.), widerspricht die Erzählung: Juda selbst sieht es als seine Verpflichtung an, daß er der Tamar seinen inzwischen erwachsenen Sohn Sela hätte geben müssen (Gen 38, 26a); die von ihm mit ihr gezeugten Söhne werden ihm selbst, nicht aber dem verstorbenen Er zugerechnet (Rengstorf 16*f., Rudolph 63). Ein freiwilliger Levirat durch einen entfernteren Verwandten ist in Ruth 4 nicht vorausgesetzt und so in Gen 38, wenn auch nicht ausdrücklich ausgeschlossen (Rudolph 62f.), doch ganz unwahrscheinlich. Auch Deut 25, 5–10 spricht nur von der Leviratspflicht der Brüder des Verstorbenen. Daß sie „zusammen wohnen" – ob im Hause ihres Vaters oder in ungeteilter Erbengemeinschaft –, ist hier ausdrücklich gesagt (v. 5a), ist aber auch in Gen 38, 8 vorausgesetzt, wenn dort der Vater seinen Sohn Onan zur Erfüllung seiner Schwagerpflicht anweist und andererseits seinen dritten Sohn seiner Schwiegertochter vorenthält, beide Söhne also noch seiner potestas unterstehen. Deut 25, 7–10 eröffnet dem *jāḇām* die Möglichkeit, die Schwagerehe zu verweigern, wenn ihm dies auch die öffentliche Schmähung durch die *j^eḇāmāh* einträgt, indem diese ihm einen Schuh auszieht (*ḥlṣ*) und ihn anspeit. Ob auch dem Erzähler von Gen 38 diese Möglichkeit bekannt war, ist nicht sicher zu sagen; der Duktus seiner Erzählung jedenfalls schließt sie aus: Onan kann sich seiner Leviratspflicht nicht entziehen, er kann nur die Zeugung eines (ihm nicht zuzurechnenden) Sohnes verhindern.

Zahlreiche rechtsgeschichtliche Probleme enthält Ruth 4. Hier liegt Schwagerehe nicht vor, weder terminologisch – die Wurzel *jbm* fehlt hier (zu Recht) ganz – noch sachlich: Im Blick ist die Heirat nicht eines Bruders, sondern eines entfernteren Verwandten des Elimelech (wobei der erste „Löser" diesem noch näher steht als Boas) nicht mit dessen Witwe, Naemi, sondern mit dessen (ebenfalls verwitweter) Schwiegertochter. Die Erzählung von Ruth 4 zielt zwar darauf, daß Boas die Ruth zur Frau nimmt. Die der Darstellung zugrunde liegende Rechtsinstitution ist aber nicht der Levirat, sondern die *g^e'ullāh*, die 'Auslösung', d. h. das Recht bzw. die Pflicht zum (Rück- bzw. hier) Vorkauf von Grundbesitz, den ein Israelit aus Not verkaufen muß(te), durch den nächststehenden Verwandten (vgl. Lev 25, 25ff.; Jer 32, 6ff.; → גאל [*g'l*]). Nach Ruth 4, 5. 10 muß der 'Löser' (*go'el*), ein entfernter (!) Verwandter – auf Grund des Brauches der Zeit oder (eher?) als besonderer Zug nur dieser Erzählung? –, zusammen mit dem Grundbesitz auch die Ruth „erwerben". Allein die Zweckangabe – den Namen des Verstorbenen (Elimelechs? Machlons?) aufzurichten (Ruth 4, 5. 10) – ist an Deut 25, 5ff. angelehnt; es wird auch nicht gesagt, daß der dann geborene Sohn dem „Verstorbenen" zugerechnet wird.

Zweck der Schwagerehe ist es, einem sohnlos verstorbenen Mann Nachkommenschaft (Gen 38, 8 vgl. 9), einen „Namen" (Deut 25, 7 vgl. 6. 9) „aufzurichten", seine „Linie" in der Sippe bzw. „in Israel" (so Deut 25, 7 vgl. 6) zu erhalten. Schutz und wirtschaftliche Sicherstellung der Witwe (Thompson, Leggett) sind zwar in Gen 38 und Deut 25, 5–10 (zu Ruth 4 s.o.) nicht genannt, werden aber durch die Schwagerehe bewirkt; jedoch wird durch sie der Witwe der Übergang zu einem Gatten außerhalb der Familie ihres verstorbenen Mannes verwehrt (Deut 25, 5aβ). Verlust von Familienbesitz indes wäre in solchem Fall nicht zu befürchten, da die Frau selbst solchen Besitz nicht darstellt (gegen Puukko 298f.) und da sie als Witwe nicht erbberechtigt ist (anders Thompson). – Lev 18, 16 und 20, 21 steht nur gegen unrechtmäßige Verbindung Schwager-Schwägerin. – Das Judentum hat die sich aus dem Levirat ergebenden verwandtschaftsrechtlichen Probleme sowie die Möglichkeit der Weigerung („Ḥaliṣa") breit diskutiert. Vgl. auch Mk 12, 18–27 par.

2. Im Alten Orient bieten zur „Schwagerehe" in Israel die heth. und mittelassyr. Gesetze (nicht CH) und je ein Text aus Nuzi und Ugarit nach Personenkreis und Intention in unterschiedlichem Maße Vergleichbares. Nach dem Heth. Gesetz (II § 79* Friedrich; vgl. dazu Leggett 21f.) wird eine Witwe von

einem Verwandten ihres verstorbenen Mannes in der Reihenfolge Bruder–Vater, bei des letzteren Tode evtl. auch von einem Vatersbruder oder einem (hier wohl: verheirateten) Bruder des Verstorbenen (Variante: von seinem Bruderssohn) in die Ehe genommen. Sohn- oder Kinderlosigkeit ist nicht genannt, aber vielleicht doch vorausgesetzt (vgl. Koschaker 80), wenn die Witwe andererseits durch den Erbteil ihres Mannes wirtschaftlich sichergestellt ist (II § 78* Friedrich). Nach MAG § 33 (in unvollständigem Text) bleibt eine im Hause ihres Vaters wohnende Witwe, wenn sie Söhne hat, bei diesen. Hat sie keine Söhne, gibt ihr Schwiegervater sie einem anderen Sohn zur Frau (vgl. auch § 30). Ist kein Bruder ihres verstorbenen Ehemannes vorhanden, kann ihr Vater sie ihrem Schwiegervater zur Frau geben. Leben weder ein Schwager noch der Schwiegervater, ist die Frau „Witwe" und in ihren Entscheidungen frei. Nach MAG § 43 kann ein Vater bei Tod oder Flucht des Sohnes, zu dessen Gunsten er ein Mädchen als Braut „gesalbt" (vgl. dazu E. Kutsch, BZAW 87, 1963, 29ff.) oder ihrem Vater Brautgaben gebracht hat, dieses Mädchen einem anderen Sohn zur Frau geben, sofern dieser mindestens 10 Jahre alt ist; ist nur ein jüngerer Sohn vorhanden, kann der Brautvater zwischen Zustimmung zur Heirat und Rückgabe der Brautgaben entscheiden; falls ein weiterer Sohn fehlt, erfolgt letztere. – Umgekehrt kann nach § 31 ein Mann im Falle des Todes seiner Gattin – will er nicht die Brautgaben zurücknehmen – mit dem Einverständnis seines Schwiegervaters eine etwa vorhandene Schwester der Verstorbenen heiraten. – Ähnlich wie in MAG § 43 kann nach einem Vertrag aus Nuzi (Chiera Nr. 441) ein Mann, der für seinen Sohn eine Frau durch Kauf erworben hat, diese bei dessen Tod einem anderen Sohn zur Frau geben. – In Ugarit setzt RS 16. 144 (PRU III, 76) voraus, daß die Witwe eines vermutlich sohnlosen (Tsevat 239) Königs von dessen Bruder geheiratet wird.

Anders als bei dem israelitischen Levirat ist in Nuzi dann aber die Existenz von Kindern vorausgesetzt (Leggett 24). – Darin, daß bei Hethitern wie Assyrern die Pflicht, die Witwe eines Mannes zu heiraten, nicht allein auf einen Schwager zielt und daß sie andererseits in MAG auf die im Hause ihres Vaters wohnende Ehefrau (§ 33) bzw. angetraute („verlobte") Frau (§ 43) beschränkt ist, und erst recht bei MAG § 31 bestehen deutliche Unterschiede zu der israelitischen Regelung, die durch die Wurzel *jbm* bestimmt ist. Da nach heth. Recht die Witwe den Anteil ihres Mannes erbt (HG II § 78* Friedrich), scheint die Regelung ihrer Wiederverheiratung dahin zu tendieren, diesen Anteil nach Möglichkeit in der Familie des (verstorbenen) Mannes zu halten. – Die assyr. Bestimmungen dagegen schützen die durch die Übergabe von Brautgaben entstandenen Ansprüche des Ehemannes bzw. seiner Familie (§ 30. 31. 43) und erweitern zu diesem Zweck die Möglichkeit, sie zu realisieren, ehe die Gaben – als letzter Ausweg – zurückgenommen (§ 30. 31) bzw. zurückgegeben (§ 43) werden. Das Motiv der Sicherstellung des „Namens", der Erblinie eines sohnlos Verstorbenen durch die Schwagerehe findet sich in Israels Umwelt höchstens in Ugarit.

Kutsch

יָבֵשׁ *jāḇeš*

יַבָּשָׁה *jabbāšāh*, יַבֶּשֶׁת *jabbæšæṯ*

I. Belege und Bedeutung – 1. Wurzel – 2. Verbum – 3. Derivate – 4. Ortsname – II. Verwendung – 1. Allgemein und als zu überwindendes Negatives – 2. In Aussagen über Gericht und Heil – 3. Die Rettung am Meer als Durchzug auf trockenem Land – 4. JHWH als Schöpfer und Herr des Trockenen wie des Meeres.

I. 1. Die auch in anderen semit. Sprachen vorhandene Wurzel *jbš* (vgl. KBL³ s. v.) tritt im Hebr. vor allem als Verbum auf, dazu als Adj. in *qaṭil*-Bildung sowie in den substantivischen Derivata *jabbāšāh* und *jabbæšæṯ*. Da Verbum, Adj. und Substantiva sich – nicht selten gemeinsam – in ähnlichen Sinnzusammenhängen und Textsorten finden, kann und muß man sie gemeinsam erörtern.

Alle Bildungen haben in irgendeiner Weise mit 'trokken (werden oder sein)' zu tun (vgl. → חרב [*ḥāraḇ*], das auch zusammen mit *jāḇeš* auftritt: Jes 42, 15; 44, 27; Jer 51, 36; Nah 1, 4), und dies meist in realer, seltener, jedoch nicht weniger bedeutsam, in übertragen-metaphorischer Redeweise. Dabei kann es sich zunächst um Alltäglichkeiten handeln, wie z. B. trockenes Brot oder getrocknete Trauben. Innerhalb theol. wesentlicherer Aussagen wird, abgesehen von der Textgruppe, welche den Durchzug Israels durchs Meer bei der Rettung aus Ägypten (→ יצא [*jāṣā'*] und → עלה [*'ālāh*]) als einen Weg auf dem Trockenen mitten im Meer (→ ים [*jām*]) beschreibt oder besingt (s. unter II. 3.), 'Trockenes' im AT sonst als etwas nicht Erstrebenswertes, Ungutes und Negatives angesehen. Es ist z. B. etwas, das überwunden wird bzw. werden soll, wobei vor allem hier sich auch die meisten metaphorischen Aussagen finden (s. unter II. 1.). Es ist ferner negativer Gegenpol zu Positivem (vgl. die häufige Opposition zu *laḥ*) und kann in Zusammenstellung mit dergleichen positiven Ergänzungen soviel wie 'alles, allumfassend, überall' bedeuten (s. unter II. 4.). Besonders häufig aber ist von 'Trockenem, Dürrem' in Ansagen und Schilderungen von Negativem die Rede, wie z. B. in Gerichtsankündigungen (II. 2.).

Daraus ergibt sich schon hier, daß *jbš* und seine Derivate innerhalb des AT, trotz der zuweilen auftretenden Beziehungen zum Exodusgeschehen, das sich auch in Aussagen über JHWHs Macht über Trockenes und Meer widerspiegelt, kein besonderes und schon gar kein positives theol. Eigengewicht haben, da ja das durch sie Angesprochene oder Ausgesagte sonst niemals einem positiven Gotteshandeln oder menschlichem Wohlverhalten bzw. Wohlbefinden zugeordnet wird und werden kann.

2. Das Verbum tritt nach gewöhnlicher Zählung 38mal im *qal* auf und bedeutet dort meist 'trocken sein', seltener 'trocken werden' (Gen 8, 7. 14; Jos 9, 5. 12; 1 Kön 13, 4; 17, 7; Jes 15, 6; 19, 5. 7; 27, 11; 40, 7f. 24; Jer 12, 4; 23, 10; 50, 38; Ez 17, 9f. [3mal]; 19, 12; 37, 11; Hos 9, 16; Jo 1, 12. 20; Am 1, 2; 4, 7; Jon 4, 7; Sach 11, 17; Ps 22, 16; 90, 6; 102, 5. 12; 129, 6; Hi 8, 12; 12, 15; 14, 11; 18, 16; Kl 4, 8). Diesen Stellen ist Jes 50, 2 hinzuzunehmen, wo mit LXX und 1QJes^a *tîḇaš* zu lesen ist. In Gen 8, 7 und Jes 27, 11 ist die Form *j^{e}ḇošæṯ* als Inf. cstr. *qal* zu bestimmen, nicht aber vom Subst. *jabbæšæṯ* abzuleiten (GKa § 70a1, Anm. 2).

Das *pi* findet sich nur Hi 15, 30 und Spr 17, 22 (beide Male metaphorisch gebraucht) als 'trocken machen' (m. Akk.) oder 'austrocknen' (trans.). In Nah 1, 4 ist besser *hiph* zu lesen (vgl. BLe 382 und E. Jenni, Das hebr. Pi'el, Zürich 1968, 104). Nach Jenni erscheinen im *pi* Aussagen über allgemeine menschliche Erfahrungen (vgl. Spr 17, 22: ein gedrücktes Gemüt dörrt das Gebein aus), wobei das agens betont ist und der bewirkte Zustand losgelöst von anderen Vorgängen betrachtet wird.

Den 12 Belegen im *hiph* (Jos 2, 10; 4, 23 [2mal]; 5, 1; Jes 42, 15 [2mal]; 44, 27; Jer 51, 36; Ez 17, 24; 19, 12; Ps 74, 15) in den Bedeutungen 'austrocknen (m. Akk.), vertrocknen lassen', dazu Sach 10, 11 als 'vertrocknen' (intrans., innerlich trans.; vgl. Jenni 46. 104), ist Nah 1, 4 (dort nicht *qal*; s. o.) hinzuzufügen. Zur Nähe dieses *hiph* zu ähnlichen Formen von *bôš* sowie zum in Jo 1, 12 beabsichtigten Doppelsinn von 'austrocknen' und 'zuschanden werden' → בּוֹשׁ (*bôš*) I, 576. 579f. und M. Dahood, Bibl 46, 1965, 314f. Im *hiph* begegnen (nach Jenni 104) „speziell verumständete, besondere Vorgänge". „Das Schwergewicht liegt auf dem Vorgang, der mit anderen Vorgängen in Relation gebracht ist." Bei den Belegen im *pi* und *hiph* ist direkt oder indirekt immer JHWH das Subj.; auch der Ostwind in Ez 19, 12 steht unter ihm und kommt von ihm (gegen Jenni 104).

Die LXX hat für *qal* und *pi* ἀποξηραίνειν, für *qal*, *pi*, *hiph* ξηραίνειν, im *qal* auch ξηρὸς γίγνεσθαι (Ez 37, 11), im *hiph* auch ἐξαίρειν (Jer 28, 36 LXX = MT 51, 36), dazu καταξηραίνειν und μαραίνειν.

3. Den 9 Belegen des Adj. *jāḇeš* (*qaṭil*-Bildung), das neben seiner Bedeutung 'trocken' oft in übertragenem Gebrauch für 'hinfällig' steht oder für anderes Negatives, das (im häufigen Gegensatz zu *laḥ*) nicht erstrebenswert ist (Num 6, 3; 11, 6; Jes 56, 3; Ez 17, 24; 21, 3; 37, 2. 4; Nah 1, 10; Hi 13, 25), sind noch Sir 6, 2; 14, 10 (übertragener Gebrauch; vgl. oft auch Sir 14, 9 cj.) und 1QH 3, 30; 8, 19 hinzuzufügen (LXX: ξηρός, κατάξηρος).

Das 14mal verwendete Subst. *jabbāšāh* bezeichnet 'trockenes Land' (Jes 44, 3), 'trockenen Boden' (Ex 14, 16. 22. 29; 15, 19; Jos 4, 22; Neh 9, 11: hier sogar 'trockenen Fußes'?) und 'Festland' (im Gegensatz zum Meer → יָם [*jām*]: Gen 1, 9. 10; Ex 4, 9; Jon 1, 9. 13; 2, 11; Ps 66, 6). 'Festland' ist auch in 1QH 3, 31; 8, 4 gemeint; in 1QH 17, 4 ist der Sinnzusammenhang unklar. Die Zusammenstellung von *bjm' wbjbš'* bedeutet auch im Palmyr. soviel wie 'überall' (DISO 103). Die LXX verwendet ἄνυδρος, ξηρός, aber auch einfach γῆ.

Schließlich findet sich zweimal das Subst. *jabbæšæṯ* (Ex 4, 9; Ps 95, 5; beide Male zusammen mit *jabbāšāh*). Die LXX hat hier ξηρός und γῆ. Zu Gen 8, 7 und Jes 27, 11 vgl. oben beim Verbum.

In den Qumrantexten ist neben 1QH 3, 30f. (das Feuer Belials vernichtet Grünes wie Trockenes, sowie das Festland; vgl. Ez 21, 3 und zur Sache ThWNT VI, 938f.); vor allem ist 1QH 8 wichtig, wo die Gemeinde mit einer heiligen Pflanzung verglichen wird, die an Bächen und Quellen inmitten trockenen Landes lebt, wofür sie JHWH preist. Dort stehen in 1QH 8, 4. 19f. Subst., Adj. und Verbum nebeneinander (Zusammenhang in 8, 19f. aber unklar); zu 8, 4 vgl. Jes 44, 3.

4. Zur Ortschaft Jabesch (in) Gilead vgl. Ri 21, 8f.; 1 Sam 11; 31, 11ff. u.ö.; 1 Chr 10, 11f. Sie ist bisher – trotz der üblichen Hinweise auf das *wādi (el-)jābis* und möglicherweise auf das *Jabiši* (?) in EA 256, 28; vgl. dort aber die Anm. auf S. 1320 – nicht eindeutig identifiziert; s. dazu M. Noth, Aufsätze zur bibl. Landes- und Alterstumskunde, Bd. 1, 1971, 476–488; K. Elliger, BHHW II, 1964, 790f. (nach Noth und Elliger: *tell el-maqlūb*; vgl noch J. Simons, The Geographical and Topographical Texts of the OT, Leiden 1959, 315). – Ob in 2 Kön 15, 10. 13. 14 ein Eigenname oder ein Ortsname (einer anderen Ortschaft) vorliegen, ist umstritten.

II. 1. Allgemein und ohne größere theol. Relevanz erscheinen *jbš* oder bzw. mit seine(n) Derivaten zunächst in Num 6, 3 (der Nasiräer soll weder frische [*laḥ*] noch getrocknete [LXX σταφίς] Trauben essen) und Jos 9, 5. 12 (die Gibeoniten nehmen zum Gelingen ihrer List hartes, trockenes Brot mit). Beide Male steht hier das Adj.; wo bei kommenden Stellenangaben das Verb im *qal* steht, wird kein besonderer Hinweis gegeben.

So wie ein Strom vertrocknet, so auch stirbt ein Mensch (Hi 14, 11; zur verschiedenen Deutung dieses Nebeneinanders vgl. Horst, BK XIV/1 z.St.).

Auf der Wüstenwanderung klagt das Volk, daß seine Kehle jetzt 'trocken' (Adj.) sei (Num 11, 6 J); der positive Gegensatz dazu wird in v. 5 ausführlich ausgemalt.

Damit ist schon hier angedeutet, daß *jbš* und seine Derivate öfter in Textzusammenhängen begegnen, wo 'Trockenes' (real oder metaphorisch gemeint) als etwas Negatives angesehen wird, das überwunden werden sollte oder muß, als etwas, das in Positives verwandelt wird oder werden sollte.

So klagt der Beter in Ps 22, 16 „mein Gaumen (cj. *ḥikkî*) ist trocken wie eine Scherbe" und bezeichnet damit (vgl. v. 15) eventuell ein Fieber, von dem er gepackt ist. In ähnlichen Notschilderungen der Klagelieder des Einzelnen wie des Volkes findet sich dieses Motiv noch in Ps 90, 6; 102, 12 (vgl. Jes 15, 6). Wenn Ps 90, 6 den Menschen mit dem Gras vergleicht, das doch bald 'verdorrt', so wird hier ein auch an anderen Stellen gängiges Motiv aufgenommen (Ez 17, 10; 19, 12; Jes 40, 7; Ps 129, 6), wonach der Glutwind es ist (vgl. Ez 19, 12 *hiph*), der diese plötzliche Verwandlung bewirkt. In Ez 37, 11 benennt und klagt das Volk ebenfalls seine eigene Notsituation des Exils mit einem „verdorrt sind unsere Gebeine", wobei dann die die Situation der Exilsgemeinde betreffende wie kennzeichnende Gesamtvision des Ez aus diesem Motivwort heraus gestaltet wird. Das „verdorrt" wird hierbei in v. b bezeichnenderweise als „ohne Hoffnung" interpretiert, und Ez 37, 2. 4 (Adj.) kennzeichnen die genannten Gebeine zwar betont als „sehr verdorrt", aber doch sollen und können sie dann das Wort JHWHs hören, das aus dem Mund Ezechiels ergeht. Auch hierzu ist die obige Erklärung von Ez 37, 11 nochmals heranzuziehen: Der Anteil der Verkündigung des Propheten an der „Wiederbelebung" des Volkes wird in Ez 37, 1 ff. immer wieder herausgestellt!

Schließlich klagt Hiob zu JHWH, daß er vor ihm doch nur verdorrtes (Adj.) Stroh sei (Hi 13, 25; vgl. Nah 1, 10 und zur Sache Dalman, AuS III, 137), so daß JHWHs Gerichtsmacht doch in keinerlei rechtem Verhältnis zur Ohnmacht und Bedeutungslosigkeit Hiobs stände.

2. Da JHWH es ist, der über das Meer wie das Trockene Macht hat, vertrocknen die Wasser, wenn er sie hemmt (Hi 12, 15), trocknen die Wasser der Sintflut (Gen 8, 7 P; vgl. die Datumsangabe dieses Vertrocknens Gen 8, 14 P). JHWH läßt Ströme vertrocknen und versiegen (Ps 74, 15 *hiph*), und der Rizinus des Jona verdorrt, wenn JHWH einen Wurm schickt, der die Pflanze sticht (Jon 4, 7).

Daß JHWH „vertrocknen läßt" bzw. Grünes in Trockenes verwandelt als Anzeichen oder Folge(n) seines Gerichts, sind daher besonders häufige Topoi in Ankündigungen oder Schilderungen dieses göttlichen Gerichtshandeln (vgl. → חרב [*ḥāraḇ*]), das damit zugleich als ein immanentes Gericht qualifiziert ist. Die unter II. 1. zusammengestellten Belege rücken damit auch in eine gewisse Nähe zu den hier unter II. 2. aufzuführenden, was auch so gedeutet werden kann, daß der Gebrauch von *jbš* mit seinen Derivaten innerhalb dieser beiden semantischen Gruppen der älteste zu sein scheint.

Daß göttliches Gericht Trockenheit mit sich bringt oder in Trockenheit besteht, ist zudem auch in nicht wenigen und wichtigen Texten der Umwelt des alten Israel belegt. Bevor er mit der Flut straft, schickt Enlil eine Trockenheit, um die lärmende (rebellierende?) Menschheit zu dezimieren (Atraḫasis II 1, 15). Zur Trockenheit als göttlicher Strafe vgl. ferner WbMyth I, Register s. v. „Dürre", außerdem H. Gese in H. Gese / M. Höfner / K. Rudolph, Die Religionen Altsyriens, Altarabiens und der Mandäer, RdM 10/2, 1970, 79. 85. 89f. 136. 184.

Nirgendwo hat im AT eine Dürre etwas zu tun mit dem (oder einem) „Tod" JHWHs, wie etwa nach dem ugar. Text KTU 1.3, V, 17ff. eine solche Trokkenheit in Zusammenhang mit dem Tod Baals steht; man vgl. zur Sache ferner ähnliche Zusammenhänge im Aqhatepos (KTU 1.19, I, 30) oder Keretepos aus Ugarit (KTU 1.16, III, 12ff.). Es war dort auch der Gott Mot, der als Gott der Dürre galt.

Nach dem AT vertrocknet der Bach Kerith, weil JHWH nicht regnen läßt, was als Strafe verstanden werden soll (1 Kön 17, 7; vgl. Am 4, 7). Durch JHWHs Schelten vertrocknen die Fische, da sie dann ohne Wasser sind (Jes 50, 2 cj.; s. o.). Die Hand des Königs verdorrt, welche er gegen den Propheten streckt (1 Kön 13, 4). JHWH auch ist es, der den grünen Baum verdorren läßt (Ez 17, 24 *hiph*). Ein Wehe ergeht über die Stadt, da sie im Gericht wie dürre (Adj.) Stoppeln verzehrt wird (Nah 1, 10; vgl. Hi 13, 25), ein Wehe auch über den treulosen Hirten, dessen Arm verdorren soll (Sach 11, 17). Die Klage über Moab spricht vom Gras, das verdorrt (Jes 15, 6). Auch der Nil trocknet aus und alles Ackerland mit ihm (Jes 15, 5. 7), wenn JHWH es will, ankündigt und tut. JHWHs Feuer wird jeden grünen wie dürren (Adj.) Baum verzehren (Ez 21, 3). Das über Babel zur Befreiung der Exulanten ergehende Gericht wird auch die Folge haben, daß die dortigen Wasserkanäle vertrocknen (Jer 50, 38; vgl. 51, 36 *hiph*). Verdorren als Teil des Gerichts findet sich noch in Ez 17, 9; Hos 9, 16; Jo 1, 12. 20). Wenn dann auch die Exilsgemeinde angesichts des an sich selbst erfahrenen Gerichts klagen muß, daß die Tochter Zion und ihre Jünglinge trocken wie Holz geworden seien (Kl 4, 8), so zeigt Jes 27, 11, daß vertrocknete Äste der Bäume als Feuerholz abgebrochen wurden. Und die, welche Zion hassen, gleichen dem Gras, das verdorrt (wenn man es auszieht? Ps 129, 6).

Nach Nah 1, 4 ist die Tatsache, daß JHWH Wasser versiegen läßt (*hiph*), Teil und Folge seines Erscheinens zum Gericht, Bestandteil der Gerichtstheophanie. In diesen Zusammenhang gehört auch Am 1, 2, wo für das *jāḇeš* keineswegs (nach Jes 19, 8; 33, 9) ein *j*^{e}*ḇoš* zu lesen ist. Der Parallelismus zu → אבל (*'āḇal*) findet sich noch in Jer 12, 4; 23, 10 (beides wohl Zusätze; zu den Stellen und zur Sache: I. Meyer, Jeremia und die falschen Propheten, OBO 13, 1977, 117f.). Da nun die Dürre als Gerichtshandeln JHWHs durch Amos auch noch in Am 4, 7 genannt wird (vgl. Rudolph, KAT z. St., gegen H. W. Wolff, BK z. St.), besteht auch von daher kein Grund, den Vers Am 1, 2 dem Amos abzusprechen (z. St. und ihrer Metapher vgl. vor allem M. Weiss, ThZ 23, 1967, 1–25; S. Wagner, ThLZ 96, 1971, 659–661; K. Koch, ZAW 86, 1974, 530–534). Hier ist von JHWHs Kommen und dessen Wirkung (vgl. Nah 1, 4) die Rede. Sein nicht befruchtend, sondern im

Gegenteil vernichtend wirkendes Kommen in einem Unwetter (oder Erdbeben?) von Süden her wird sich gen Norden, d. h. gegen das Nordreich erstrecken. Das Gericht wird folglich auch hier wie sonst bei Amos gegen Nordisrael ausgesagt, wobei der Karmel (→כרמל) als besonderes Symbol von Fruchtbarkeit extra genannt wird, weil auch er unter die vernichtende Wirkung dieser etwas umgeprägt, nämlich überwiegend nur in ihren Wirkungen geschilderten Gerichtstheophanie JHWHs fallen wird. Zur Nennung des Zion (→ציון) vgl. noch Ps 50, 2; zum „Brüllen" Am 3, 8 (→שׁאג [*šā'ag̱*]).

Vom „Vertrocknen" als Gericht und Strafe ist auch in weisheitlichen Texten die Rede, wo dieses Gericht innerhalb des Tun-Ergehen-Zusammenhangs (vgl. ThWAT I, 542 mit Lit.) ausgesagt wird. Hier wird der Gottlose wie der Frevler mit schnell verdorrenden Pflanzen ohne Wasser verglichen (Hi 8, 12f.; 18, 16; vgl. Hi 15, 30 *pi* und Spr 17, 22 *pi*, weiter auch Sir 6, 2; 14, 10 als allgemeine Lebensweisheit).

Wenn es auch üblich und sattsam bekannt sowie als Teil des Gerichtshandelns JHWHs mehrmals genannt ist, daß Gras angesichts des Glutwinds schnell verdorrt (vgl. Ps 90, 6; 102, 12; 129, 6; auch Ez 17, 10; 19, 12 und zur Sache auch oben unter II. 1.), so ist das „Thema" der Verkündigung des DtJes doch gerade angesichts dieses Tatbestandes der Vergänglichkeit alles Irdischen und des Gerichts, das sich in solchem Verdorren ereignet, die Ansage der gegenteiligen Beständigkeit und Wirkungskraft des JHWH-Wortes (Jes 40, 7f.; vgl. 40, 24). Auch in Jes 42, 15 (*hiph*) ist das Gerichtshandeln JHWHs nur der negative Untergrund seines Heilswirkens an Israel, und wer die „Tiefe" versiegen lassen kann (Jes 44, 27 *hiph*), kann auch Heil für Israel schaffen (v. 28), da er Ströme auf das „Dürre" (Subst.) gießt (Jes 44, 3). DtJes knüpft damit auch hier an die sonst übliche Gerichtsbotschaft seiner prophetischen Vorgänger an, wendet sie aber ebenso typisch ins Positive, indem er sie durch Heilszusagen, die nach dem Gericht und an ein Volk, das durch dieses Gericht hindurchgegangen ist (Jes 40, 2), ergehen, überhöht.

Auch schon Ez konnte verheißen, daß alle Bäume erkennen würden, daß JHWH den saftigen (*laḥ*) Baum trocken gemacht hat (Ez 17, 24 *hiph*), den dürren aber neu ausschlagen lassen kann. So soll sich dann auch nach Jes 56, 3 (Adj.) kein Verschnittener mehr sagen, daß er ein verdorrter Baum sei: er darf vielmehr Glied der Gemeinde werden.

3. Aus der priesterschriftlichen Steigerung der Schilderung des Exodusgeschehens in der Beschreibung der Rettung am Meer stammt die sicher nicht zeitlich erste, wohl aber theol. gewichtigste Aussage über dieses Rettungshandeln JHWHs, der *jbš* mit seinen Derivaten eingebettet ist. Hierbei wird jedoch nur bereits von J (und E?) über diese Rettung Erzähltes auf den allerdings steigernden Begriff gebracht. Ex 14, 16. 22. 29 (vgl. den Zusatz in 15, 19; stets Subst.) beschreiben die Herrlichkeitsoffenbarung JHWHs beim Durchzug durch das Meer in der Weise aufgipfelnd, daß die Wasser mitten durchgeteilt wurden und Israel auf dem „Trockenen" mitten durchs Meer (→ים [*jām*]) zog. Traditionsgeschichtlich aufgenommen wird diese Aussage in Ps 66, 6 (auch Subst.) und Neh 9, 11 (Subst.); einen Anklang zeigt Sach 10, 11 (*hiph*). Nach Jos 2, 10 haben auch die Kanaanäer von diesem Geschehen gehört. Jos 4, 22f. (Verb im *hiph*, dazu Subst.) nehmen bei der katechetischen Kinderfrage, die den Sinn der Steine im Jordan erfragt, auch auf das Geschehen am Schilfmeer Bezug, während nach Jos 5, 1 (*hiph*) wiederum die Könige der Amoriter und Kanaanäer von dem Durchzug Israels durch den Jordan gehört hatten (→ירדן), bei dem JHWH die Wasser des Flusses „ausgetrocknet" hatte, was in deutlicher Parallelität zum Schilfmeergeschehen geschildert wird. Die Priesterschrift ist es dann auch, die im Zusammenhang der Sintfluterzählung ebenfalls noch vom „Vertrocknen" der Wasser spricht (Gen 8, 7; vgl. 8, 14) und damit ihr besonderes Interesse an dieser Wortgruppe kundtut.

Ex 4, 9 J (Subst. *jabbæšæṯ*) nennt als Zeichen (→אות [*'ôṯ*] ThWAT I, 200) der Berufung des Mose seine potentielle Kraft, Wasser, das er auf das trockene Land gießt, in Blut zu verwandeln.

4. 'Trocken(es)' (stets Subst.) steht dann noch in Opposition zu 'Meer' (*jām*) in Gen 1, 9f. P, wonach Gott das Meer und das Trockene „gemacht" hat (so in Ps 95, 5 und Jon 1, 9; daher untersteht ihm beides), indem er Trockenes und Meer voneinander „geschieden" hat. Zur Sache Westermann, BK I, 168 und → בדל (*bāḏal*).

Aus der für Jona zuerst mehr theoretischen Aussage in Jon 1, 9 wird in 1, 13 sofort die praktische Folgerung gezogen, daß niemand vom Meer ans 'Trockene' gelangen kann, wenn JHWH, dem beides untersteht, dies nicht will. Erst auf sein Geheiß hin kann daher auch der Fisch den Jona aufs 'trockene Land' speien (Jon 2, 11). Dieses Nebeneinander von 'Trockenem' und 'Meer' zeigt dabei auch noch zugleich an, daß JHWH über „alles" herrscht, was durch die einander zugeordneten Oppositionen – ähnlich wie bei „Himmel und Erde" – ausgedrückt werden soll, und „überall" (vgl. DISO 103 und oben I. 3.) zugegen und wirksam ist.

Preuß

יָגָה *jāgāh*

יָגוֹן *jāg̱ôn*, תּוּגָה *tûg̱āh*

I. Vorkommen und Bedeutung – II. Allgemeiner Gebrauch – III. Theologischer Gebrauch – 1. יגה und seine Derivate in der Klage – 2. in der prophetischen Klage – 3. in der Heilsankündigung – 4. in der Unheilsansage – 5. Zusammenfassung.

Lit.: *J. Scharbert*, Der Schmerz im Alten Testament (BBB 8, 1955).

I. *jāḡāh* mit seinen Derivaten kommt im AT 26mal vor, wobei 8 Belege für verbalen und 18 Stellen für nominalen Gebrauch registriert werden können. Zwei verschiedene Nominalbildungen leiten sich von der Wurzel her, *jāḡôn* (14mal) und *tûḡāh* (4mal). Die Verbformen stehen im *niph* (passivisch) und *hiph* (aktivisch), einmal ist das *pi* verwendet (wie *hiph*). Es sind bis jetzt weder in älteren semit. Sprachen (Ugar., Akk.) noch im Bibl.-Aram. Belege für eine Form von *jāḡāh* bekannt geworden. Dagegen scheint in einer neupun. Inschrift aus dem Anfang des 1. Jh.s v.Chr. (1955 in Leptis gefunden) ein Nomen *jʿgn* (*jgn*) auf den Stamm *jgj* zurückgeführt werden zu können (KAI[2] 119, 6; II, 124f.). Indes ist es auch möglich, in dem ʿ nicht eine mater lectionis zu sehen, sondern den irrtümlich vertauschten Radikal der Wurzel *jgʿ*. Bedeutungsmäßig würde der Beleg auch zu diesem Stamm passen. An *jāḡāh* haftet je nach der Stammesmodifikation die Bedeutung 'Kummer haben' bzw. 'Kummer erleiden' oder 'Kummer bereiten'. Die Nomina kann man durchweg mit 'Kummer' übersetzen. Indes ist es auf Grund des jeweiligen Kontextes und der darin gebrauchten Parallelbegriffe auch möglich, Synonyma dafür einzusetzen: 'Leid, Gram, Schmerz'. Für den neupun. Beleg wird als Bedeutung 'Qual, Mühe, Arbeit' vorgeschlagen. Mit 'Kummer' ist nicht an einen einzelnen physischen oder psychischen Schmerz gedacht, sondern an eine Grundstimmung des Lebensgefühls, die sich aus dem unterschiedlichsten Erleben von Schmerz, Leid, Gram u. ä. ergeben kann. 'Kummer' ist das Gegenteil von Freude und Jubel. Das Bedeutungsfeld setzt sowohl für das aktive Bereiten als auch für das passive Erleiden von Schmerz subjektive Beziehungen voraus. Es handelt sich bei dem *jāḡāh*-Geschehen immer um ein Betreffen oder Betroffensein. Die Wurzel findet häufig Verwendung in der Klage selber oder nach Behebung des Beklagten im Bericht über die Klage (in Ps und in Kl je 5mal, in der prophetischen Literatur 9mal und bei Hi einmal). Zu erwarten sind Reflexionen über diese Existenzbestimmung des Menschen durch das Leid in Weisheitssentenzen (3mal in den Spr). Die übrigen 3 Belege verteilen sich auf die Josephsgeschichte (2) und Esth (1).

II. In der Josephsgeschichte klagt Jakob seinen Söhnen gegenüber, daß sie sein graues Haupt mit *jāḡôn* in die Grube brächten, wenn sie ihm nach dem Verlust von Joseph den jüngsten Sohn Benjamin nähmen. Der mögliche, gedanklich vorstellbare Verlust des jüngsten Sohnes eröffnet schon den Tatbestand von Kummer. Kummer ist ein Prozeß. Der vollendete Tatbestand von Kummer führt in seinem prozessualen Fortgang zu einem bösen, fried- und freudlosen Tod (Gen 42, 38; 44, 31). Schmerz und Leid und ihre Konsequenzen sind vorstellbar, sind antizipierend erlebbar, empfindbar und definierbar. Sie können noch vor Einbruch als solche bezeichnet werden.

Die drei Belege in den Spr gebrauchen *tûḡāh* (= Kummer). Alle drei Stellen gehören zu einer Spruchsammlung, die sich – was hier nicht weiter von Belang ist – aus zwei älteren Sammlungen zusammensetzt (10, 1 – 22, 16). Der Kern dieses Corpus enthält Weisheitssentenzen aus vorexilischer Zeit. Es handelt sich bei Spr 10, 1; 14, 13; 17, 21 um zweigliedrige Sentenzen, in denen allgemeinmenschliche Erkenntnisse und Einsichten, gewonnen aus der Erfahrungswelt, ausgesprochen werden. 10, 1 entspricht gedanklich-inhaltlich 17, 21: Ein törichtes Kind ist seinen Eltern eine *tûḡāh* (ein Kummer), während ein verständiger (*ḥāḵām*) Sohn dem Vater Freude bereitet. *tûḡāh* ist also nicht ein einzelner Schmerz, sondern die Grundbestimmtheit des Lebens durch das Vorhandensein, Sichverwirklichen und Sichäußern eines mißlichen Tatbestandes. Nicht ganz deutlich ist Spr 14, 13: „Auch beim Lachen kann das Herz Schmerz empfinden, und das Ende der Freude ist Leid (*tûḡāh*)" (statt suffig. *'aḥ^arîṯāh śimḥāh* lies *'aḥ^arîṯ haśśimḥāh*). H. Ringgren (ATD 16 z. St.) sieht hier wie Spr 14, 10 gute psychologische Beobachtungen wiedergegeben. 'Die innersten Gefühle des Menschen sind anderen unbekannt.' Der geheime Kummer wird durch betonte äußere Fröhlichkeit verschleiert (ebd.). *'aḥ^arîṯ* ist aber wohl auch mit 'Grenze' übersetzbar, so daß die Sentenz meinen könnte, dicht neben der Freude 'grenze' der Gram, Freud und Leid liegen in einem Menschenherzen eng beieinander.

Daß durch Worte einem anderen Menschen Leid zugefügt werden kann, sagt Hi 19, 2 (vgl. den Kontext). Hiob hält seinen Gesprächspartnern entgegen, daß sie ihn mit Worten zerschlügen und durch Beschimpfungen und ungerechtfertigte Zurechtweisungen 'bekümmerten' (*tôḡ^ejûn*). Die durch Hiobs Freunde repräsentierte 'öffentliche Meinung' bereitet in ihrer Be- und Verurteilung dem Nonkonformisten lebensmindernden und -zerstörenden Kummer.

Bei der Ordnung des Purimfestes durch Mardochai wird neben dem Datum und der Gestaltung des Festes eine historische Begründung gegeben (Esth 9, 22). Das Fest soll an die Tage erinnern, an denen die Juden nach all den Pogromen Ruhe erlangten, und an den Monat, 'welcher sich für sie gewandelt hatte von *jāḡôn* zu *śimḥāh*, von Trauer zum Festtag'. Hier ist *jāḡôn* die Grundbestimmtheit für das Lebensgefühl eines ganzen Volkes. Kummer konstituiert sich durch äußere und innere Bedrückung und Verfolgung. *jāḡôn* wird zum Ausdruck einer sozialsoziologischen Existenzbestimmung (vgl. H. Bardtke, KAT XVII/5, 389–393; H. Ringgren, ATD 16 z. St.).

III. 1. Daß die Wurzel *jāḡāh* mit ihren verschiedenen verbalen und nominalen Formen in der Klage ihren besonderen Ort hat, geht aus dem häufigen Gebrauch in literarischen Zusammenhängen hervor, die das Klagegeschehen beschreiben. Zunächst sind die individuellen Klagelieder zu nennen, z. B. Ps 13, 3. Die Gottesferne bewirkt und bedeutet *jāḡôn*. *jāḡôn* spielt sich im →לבב (*leḇāḇ*) ab, sowie *ʿeṣôṯ* (wahrscheinlich *ʿaṣṣæḇæṯ*, doch spricht manches durchaus für MT, s. auch H. J. Kraus, BK XV/1 z.St.) in der *næpæš* vorhanden ist. Die Gottesabgewandtheit verursacht Sorge und Gram. Diese bestimmen das Leben des Klagenden vom Kern, vom Zentrum her und machen es unerträglich. Die gleiche Situation beschreibt Ps 31, 11 in der Klage eines unschuldig Verfolgten. Der Psalm enthält neben Klagen und Bitten Elemente der Vertrauensäußerung und des Dankes nach Erhörung des Klagegebetes. Der Beter sieht sein Leben in Kummer und Seufzen (*jāḡôn* und *ʾanāḥāh*) dahinschwinden. Könnten diese beiden Psalmenbelege noch aus vorexilischer Zeit stammen, so sind Ps 107, 39 und 116, 3 nachexilisch. Ps 116, 3 gehört in ein individuelles Danklied hinein, in welchem die Schilderung der Not und der Klage dem Dank vorangestellt ist. Worin die besonderen Nöte und Kümmernisse bestanden, geht aus den Wendungen nicht präzise hervor. 'Stricke des Todes' und 'Bedrängnisse durch *šeʾol*' werden parallel zu *jāḡôn* und *ṣārāh* (→ צרר) erwähnt. Die Dankfestliturgie von Ps 107 hat eine hymnische Erweiterung in den v. 33–43, in welcher allgemeine Theologumena auf die Potenzen JHWHs ausgesprochen werden. Dieser Teil trägt weisheitliche Züge. JHWHs soziales Engagement für den 'Elenden' (→ אביון [*ʾæḇjôn*]) geschieht auf dem Hintergrund seiner Bedrückung Reicher und Mächtiger (*neḏiḇîm* [→ נדב]). Daß diese sich unter der Last von *rāʿāh* und *jāḡôn* werden ducken müssen, geht allein auf JHWHs Tun zurück (H. J. Kraus, BK XV/2 z.St. möchte v. 40 vor v. 39 stellen, was im Blick auf den logischen Zusammenhang von v. 38–41 sicher richtig ist. Unter Umständen kann man v. 39 auch so verstehen, daß er v. 40 bereits antizipiert). Stand Ps 107, 39 innerhalb einer Dankfestliturgie nur noch mittelbar mit der Klage in Zusammenhang, so ist dies wieder unmittelbarer bei Ps 119, 28 (im Kontext von v. 25–32) der Fall. Die Niedergeschlagenheit des Beters äußert sich in allgemeinen Wendungen: *dāleṗāh napšî mittûḡāh* („schlaflos bin ich vor Kummer"; vgl. v. 25: *dāḇeqāh le-ʿāpār napšî*), woraufhin jeweils die Bitte um Belebung bzw. Aufrichtung gemäß dem Worte Gottes (*kiḏeḇāreḵā*) folgt. Kummer mag den Beter befallen wegen seiner mangelnden Frömmigkeit. Er empfindet, daß er in seinem Leben der göttlichen *tôrāh* nicht entspricht. Andere Präzisierungen lassen sich nicht erkennen.

Eine typische Klagesituation setzt das Zitat in Jer 45, 3 voraus, wo Jeremia vor der an Baruch gerichteten Trostansage dessen Klage rezitiert: „Wehe doch mir, denn JHWH hat meinem Schmerz (*maḵʾoḇî*) Kummer (*jāḡôn*) hinzugefügt. Ich bin erschöpft bei meinem Seufzen (*beʾanḥāṯî*) und Ruhe (*menûḥāh*) finde ich nicht." Diese Wendung macht einen so typischen gebundenen Eindruck, daß man an geprägte Formulierungen denken möchte. Im jetzigen Zusammenhang ist das Verwobensein des persönlichen Schicksals mit dem Unheilsgeschick des Volkes gemeint. Jeremia muß seinem Volk Gericht ansagen.

Daß auch die 5 Belege aus den Kl den Klagegattungen des ATs entstammen, ist unumstritten. Jede nähere gattungsmäßige Bestimmung der Einzellieder stößt dagegen auf Schwierigkeiten. Neben der Leichenklage stehen das individuelle und das kollektive Klagelied. Mitunter sind Elemente aller verschiedenen Klagegattungen in einem Lied enthalten (vgl. die Diskussion dazu in den Komm., z.B. bei H. J. Kraus, BK XX; O. Plöger, HAT I/18; A. Weiser, ATD 16). In den Fragen der zeitlichen Ansetzung besteht relative Einmütigkeit darüber, daß die Kl durch den Untergang Jerusalems und die Zerstörung des Tempels veranlaßt und vermutlich nicht lange danach abgefaßt worden sind (zu einzelnen Problemen der Kap. 1 und 3 s. die Komm.). – Kap. 1 stellt eine Leichenklage dar, die allerdings auf den Zion bezogen ist (Kraus schlägt darum die Bezeichnung 'Klage um das zerstörte Heiligtum' vor). V. 4 beschreibt den beklagenswerten Zustand nach der geschichtlichen Katastrophe, die Verödung der Stadt und das Leid der Menschen. Speziell die bei Fröhlichkeit und Festtanz sonst unbeschwerten und unbekümmerten *beṯulôṯ* (Mädchen) werden nunmehr als von Kummer betroffene dargestellt (*nûḡôṯ*, Part. *niph*). In diese Form von *jāḡāh* ist der Ausdruck alles Leides und Wehs gesammelt, das Menschen, namentlich Mädchen, in einer im Kampf eroberten Stadt im antiken Orient angetan werden kann. Kl 1, 5 bringt die Motivierung des Leides, sie ist streng theologisch gehalten. Nicht Bedränger und Feinde sind Subjekt des 'Bekümmerns', sondern JHWH selber (*hôḡāh*, Perf. *hiph* mit Suff.), er ganz aktiv, freilich – wie in der Klage dann weiterhin ausgeführt wird – wegen der Fülle all des Frevels, den die Stadt getan hatte. Die Beter wenden sich nicht von dem das Leid heraufführenden JHWH ab, sondern bekennen sich zur Rechtmäßigkeit seines Gerichtshandelns. Auch wenn nach Kl 1, 12 die Klage sich in der Ausmalung des Schmerzes verströmen kann, wird von der Aussage, daß JHWH in seiner Zornglut Subjekt des Schmerz-Bereitens gewesen ist (*hôḡāh*, LXX *hôḡānî*), nichts zurückgenommen. Kap. 3 ist in seiner Komposition kompliziert. Elemente eines individuellen Klageliedes scheinen zu dominieren. Da die entsprechenden *jāḡāh*-Stellen innerhalb eines als Vertrauensmotiv zu fassenden Passus des individuellen Klageliedes enthalten sind, können die formalen Probleme des gesamten Kapitels hier auf sich beruhen bleiben. Das Vertrauensmotiv bedient sich herkömmlicher Bekenntnisinhalte zu JHWHs eigentlicher Gesinnung, nämlich das Bekenntnis zu seiner immerwährenden Güte und Barmherzigkeit (O. Plöger, HAT I/18 z.St.; Kraus spricht von didaktisch-paränetischen Ausführungen des Verfassers, a.a.O.). Kl 3, 31–33 rekapituliert, daß JHWH nicht für immer (*leʿôlām*) verstößt, sondern daß er vielmehr, wenn er betrübt hat, gemäß seiner Barmherzigkeit sich erbarmt (v. 32, *kî ʾim-hôḡāh weriḥam keroḇ ḥasāḏāw* [nach Qere Pl.]), daß er nicht von seinem Herzen her bedrückt und Menschen bekümmert

(v. 33, *wajjaggæh* ist so schwerlich richtig punktiert, Impf. *pi* müßte ja lauten *waj^ejaggæh*, erwogen wird die Punktierung als Impf. *hiph wajjôgæh*). Das Bemühen, in einer Art Theodizee die Glaubenskrise nach der Katastrophe von 587 v.Chr. zu überwinden, gelangt in diesem Passus zu einem gewissen Höhepunkt. In aktueller Anwendung allgemeiner israelit. Bekenntnisinhalte werden JHWHs eigentliche Gesinnung und urspr. Tun proklamiert, nämlich Liebe zuzuwenden und Barmherzigkeit zu üben. Das Gericht ist verdientermaßen ergangen, aber nur für eine begrenzte Zeit. Das *jāğāh*-Tun JHWHs ist nicht sein opus proprium. Dieser Passus weist stark zu DtJes hinüber.

2. Jeremia ist für seine Konfessionen bekannt. In ihnen gibt er Aufschluß über sein Empfinden als Prophet, vor allem auch darüber, wie sehr er unter seinem Amt gelitten hat. Jer 20, 18 steht im Zuge einer Verfluchung des Tages seiner Geburt: „Warum denn mußte ich aus dem Mutterschoß hervorgehen, um (nur) *ʿāmāl* und *jāğôn* zu sehen . . .?" Aus dem Voranstehenden wird die inhaltliche Füllung von *jāğôn* und *ʿāmāl* (→עמל) deutlich. Es sind Rechtsunsicherheit, Verfolgung, Verleumdung und Verspottung sowie Erfolglosigkeit seiner Predigt, denen sich Jeremia in seinem Prophetsein von JHWH ausgeliefert empfindet. Darin fühlt Jeremia von seinem Gott sich betrogen (20, 7ff.). Im Gegensatz zu den anderen Schriftpropheten des ATs läßt Jeremia sehr viel von seiner inneren Beteiligung an dem Unheilsgeschick seines Volkes erkennen, 8, 18 (*jāğôn ʿālaj libbî dawwāj*): „Kummer ist über mich geraten, mein Herz ist krank." Die von ihm auszurichtende Gerichtsbotschaft JHWHs macht ihn selber krank und läßt sein Leben leidbestimmt sein. Er leidet mit seinem Volk.

3. Bei DtJes spielt *jāğôn* in der Heilsankündigung eine Rolle. *jāğôn* wird Israel nicht mehr betreffen, denn Kummer und Leid sind gewichen (*nāsû jāğôn wa'^anāḥāh*, Jes 51, 11) von denen, die JHWH dann erlöst hat und die auf den Zion kommen. Die einst Jerusalem peinigten (*môğajiḵ*, Ptz. *hiph*) müssen nun den Zornes- und Gerichtsbecher nehmen und aus ihm trinken (51, 23), so wie ihn Jerusalem hatte trinken müssen (51, 22). Unter den *môğîm* ist die geschichtliche Größe der Neubabylonier mit ihrer kriegerischen Eroberungs-, Unterwerfungs- und Deportationspolitik zu verstehen. Die Stelle Jes 35, 10 entspricht so wörtlich 51, 11, daß sie nur als ein Zitat aus DtJes angesehen werden kann. Der Wandel von Trauer in Jubel und von Kummer in Freude gehört zu dem Vorstellungsgehalt der Heilsankündigungen in Jer 31, 13, wobei im Kontext (in den v. 10–12) noch zusätzlich der Gedanke der Erlösung durch JHWH und der jubelnden Rückkehr der Zerstreuten (der Diaspora) zum Zion vorhanden ist. Dies erinnert so stark an Jes 51, 11 (35, 10), daß trotz aller Versuche, diese Verse für jeremianisch zu halten, doch wohl an eine exilisch-nachexilische Entstehungszeit zu denken ist. Dort haben diese Heilsankündigungen ihren 'Sitz im Leben', ihren Ort in der Geschichte (s. die sachliche Erörterung des Problems bei S. Herrmann, BWANT 85, 1965, 215ff.).

4. An die Bildrede von den zwei ungetreuen Frauen Ohola und Oholiba ist die Perikope von dem Gerichtsbecher gefügt, in welcher auch *jāğôn* verwendet wird (Ez 23, 31–34). Oholiba (Jerusalem) soll den Becher wie Ohola (Samaria) trinken, wodurch Oholiba mit *šikkārôn* und *jāğôn* angefüllt werden wird (v. 33). W. Zimmerli (BK XIII/1 z.St.) spricht bei diesem Wortpaar von einem Zeugma im Sinne von „Trunkenheit, die Kummer bereitet". Aus dem Zusammenhang heraus erhält *jāğôn* die Deutung auf entsetzliche, schauerliche Verheerung, kriegerische Zerstörung der Stadt und darauffolgende Verödung. Es wird noch darum gestritten, ob dieser Passus auf Ezechiel selber zurückgeht oder aus seiner Schule stammt. Zimmerli betont, daß nichts gegen eine ezechielische Herkunft spricht. Die *nûğê mimmôʿeḏ* aus Zeph 3, 18 („fern vom Fest Bedrückte", Part. *niph* Pl. cstr.) sind leider nicht mehr verständlich. Der ganze Vers ist verderbt, und speziell die genannte Wendung wird gewöhnlich nach LXX wiederhergestellt und zu v. 17 gezogen (s. Text und Apparat in BHK[3] und BHS: *k^ejôm môʿeḏ* 'wie am Tage der Begegnung'). Der jetzige Zusammenhang bietet Heilssprüche.

5. Im theol. Gebrauch von *jāğāh* und seinen Derivaten sind immer der Mensch oder eine menschliche Gruppe die Betroffenen. *jāğôn* wird von Menschen anderen Menschen zugefügt. Der theol. Bezug wird so hergestellt, daß Menschen oder Menschengruppen darin ein Gerichtshandeln Gottes erkennen, dieses als solches annehmen und sich der Zuversicht getrösten, daß der Gott, der zu bekümmern vermochte, auch den Schmerz in Freude zu wandeln versteht. Das Zutrauen zu Gottes eigentlicher Gesinnung, zu seiner grundlosen Barmherzigkeit, ist begleitet von der willigen Anerkenntnis seines gerechten Unheilshandelns. Aber auch die durch zwischenmenschliche Konflikte entstandenen individuellen *jāğāh-jāğôn-tûğāh*-Situationen werden in der Klage vor Gott gebracht und in der Bitte um Schutz, Recht und Abhilfe auf Gott bezogen. Auch hier ist das Zutrauen zu Gottes Hilfsfähigkeit und -willigkeit der tragende Grund, der seinerseits in den Bekenntnissen und Überlieferungen Altisraels wurzelt. So wie nach at.lichen Zeugnissen Gott selber das Subj. des *jāğāh*-Tuns zu Gericht und Unheil seines Volkes ist, so können diese Potenzen auch zum Heil für Israel und zum Unheil über die Feinde des Gottesvolkes eingesetzt werden. Doch niemals ist Gott selber Objekt eines *jāğāh*-Geschehens.

Wagner

יָגַע jāgaʿ

יְגִיעַ jᵉgîaʿ, יְגִיעָה jᵉgîʿāh, יָגָע jāgāʿ,
יָגֵעַ jāgeaʿ, יָגִיעַ jāgîaʿ

I. Umwelt – 1. Ostsemitisch – 2. Westsemitisch – II. 1. Etymologie – 2. Statistik – 3. Streuung der Belege – 4. LXX – 5. Bedeutungen – III. Bedeutungssphären – 1. Profan-säkular – 2. Religiös-theologisch.

Lit.: *G. Fohrer*, Twofold Aspects of Hebrew Words (Festschr. D. W. Thomas, London–New York 1968, 95–103). – *H. L. Ginsberg*, Lexicographical Notes (ZAW 51, 1933, 308f.). – *E. Jenni*, Das hebräische Piʿel, Zürich 1968, 71f., 99. – *F. Perles*, A Miscellany of Lexical and Textual Notes on the Bible (JQR 2, 1911, 130). – *S. Segert*, Zur Habakkuk-Rolle aus dem Funde vom Toten Meer III (ArOr 22, 1954, 452f.).

I. 1. Das akk. Verbum *egû(m)* ist im Sinne von ʽermüden, nachlässig sein' (AHw I, 191) oder ʽto be careless, neglectful (of duty)' (CAD IV, 48f.) im Ababyl. bis zum Nbabyl. und Nassyr. belegt. – In ababyl. Gesetzen erscheint wiederholt die Wendung „Wenn der Schiffer (oder Wächter, Schäfer, Händler u.a.) nachlässig war" (Eschnunna § 5, 25; 60, 34, vgl. ANET^3 161; CH § 105, 47; 125, 75; 236, 32; 237, 46; 267, 82, vgl. ANET^3 170f., 176f.), die ein Verbrechen ökonomisch-sozialer Art aufzeichnet. Hammurabi beteuert dem Volk gegenüber: „Ich war nicht nachlässig" (CH Epilog xl 15, vgl. CAD IV, 49; ANET^3 177). Ababyl. Briefe enthalten Anweisungen, daß mit Silber (YOS 2, 11, 12; 134, 17; MDP 18, 240, 14) und einem Gebäude (OECT 3, 62, 17) nicht nachlässig umgegangen werden soll. Ferner soll man auf der Wache nicht ʽermüden' (VAS 16, 107, 6). – Texte religiösen Inhalts sprechen des öfteren von einem Nachlässig-Sein einer Gottheit gegenüber oder der Gottheit selbst. Es wird gebetet: „Ich war nicht nachlässig, deine Opfer zu geben" (KAR 128 Rs. 19) oder bekannt: „Ich war nachlässig, habe gesündigt ..." (Scheil, Sippar 2, 10) und gefleht: „Sei deinem Diener, der nachlässig war, gnädig" (PBS 1/1, 2, ii, 36). Der Gedanke der Sünde und Übertretung kommt direkt durch *egû(m)* zum Ausdruck. Im Vasallenvertrag Esarhaddons heißt es in einem Eidkontext: „Wer ... sündigt (*ša e-gu-u iḫaṭṭû*) gegen die Eide dieser Tafel" (D. J. Wiseman, Iraq 20, 1958, 57 Z. 397; vgl. AHw I, 191). Man kann sich auch Esagil gegenüber versündigen (BWL 56p). König Nabonid jedoch behauptet, „Ich wurde nicht müde (*lā egî*), war nicht pflichtvergessen, war nicht nachlässig (*lā addû*)" (W. Röllig, ZA 56, 1964, 223 Z. 18; vgl. J. C. Gadd, AnSt 8, 1958, 64 Z. 18), wenn es darum ging die Worte seiner Gottheit auszuführen. Die Schutzgötter „zur Rechten und Linken sollen nicht das Wachen über dich vernachlässigen" (PBS 7, 106, 14), d.h. in ihrem Wachen nicht müde werden. Keiner der Astralgötter soll einen „Fehler begehen" (EnEl V 7; vgl. A. Heidel, Babyl. Genesis, ^{3}1963, 44; ANET^3 67; CAD IV, 49). Das Subst. *egû* bezeichnet eine „lose Frau" (Antagal F 127f.) oder einen „Sünder" (BWL 56; ludlul III p) und damit eine „sündige Person" (CAD IV, 47). Das Nominalderivat *egītu* ʽNachlässigkeit, läßliche Sünde' (AHw I, 190; CAD IV, 46) erscheint in dem Satz, „Meine läßliche Sünde ließ er den Wind forttragen" (BWL 50 Z. 60, ludlul III 60). Eine solche „läßliche Sünde" kann jedoch auch einen Fluch heraufbeschwören (Šurpu III 142) oder – wenn einer Gottheit gegenüber begangen – zur Zerstörung des Tempelturmes führen (PBS 15, 69, 6). Das Nomen *egûtu* ʽNachlässigkeit' (AHw I, 191; CAD IV, 51) wird im Zusammenhang vom „Vergeben der Nachlässigkeit des Wahrsagers" (PRT 128, 5) gebraucht und das Nomen *mēgûtu(m)* ʽNachlässigkeit' (AHw II, 640) in Verbindung mit kasuistischen Rechtssätzen (vgl. M. Civil, AS 16, 1965, 6).

2. Im westsemit. Sprachraum sind Wortbildungen des Stammes *jgʿ* besonders im Arab. bekannt. Die arab. Wurzel *wǧʿ* ist in den Verbalformen *waǧiʿa* ʽMühe haben, Schmerzen haben, leiden', *ʼawǧaʿa* ʽSchmerzen machen, Leiden verursachen', *tawaǧǧaʿa* ʽSchmerz, Leid, Sorge oder Kummer zum Ausdruck bringen' und dem Nomen *waǧaʿ* ʽLeiden, Krankheit' (E. W. Lane, Arab.-Engl. Lex. VIII, 3049) belegt. – Morphologisch verwandt ist das asarab. *ʼgw* ʽsich mühen' (RES 3854, 2; vgl. W. W. Müller, ZAW 75, 1963, 309) und auch das äth. Verbum *wagʼa* ʽsich kümmern' der Tigre Sprache (WbTigre 448b). – Im Neupun. ist das morphologisch verwandte Nomen *jgn* ʽMühe, Arbeit' (DISO 103; KAI 119, 6 [→ יגה]) nur einmal belegt. – Im Ugar. ist kein Beleg für die Wurzel *jgʿ* bekannt. Ein Bedeutungselement scheint im umstrittenen Verbum *dlp* ʽerschöpft sein' (KTU 1.2, IV, 17. 26; UT Nr. 666; vgl. WUS Nr. 749: ʽbedrängen' oder ʽerschüttern'; J. Oberman, JAOS 67, 1947, 201: ʽquiver'; E. A. Speiser, JCS 5, 1951, 64–66) anzuklingen. – Im Mhebr. sind Verbalformen des Stammes *jgʿ* (*qal*, *pi*, *hiph*, *hitp*) und die Nominalformen *jāgāʿ* ʽArbeiten, Anstrengung' und *jᵉgîʿāh* ʽAbmühen, Mühe' (J. Levy, WTM II, 218f.) bekannt.

II. 1. Die Wurzel *jgʿ* ist gemeinsemit. Ursprungs. Enge Berührungen, z.T. auch Überschneidungen, besonders im akk. und hebr. Sprachgebrauch der Verbalformen führen mit aller Vorsicht zur Annahme der gemeinsemit. Grundbedeutung ʽmüde sein (werden)', woraus die Entstehung von distinktiven Verwendungsweisen und Bedeutungsfeldern in den semit. Einzelsprachen zu erklären ist. – Im hebr. Sprachgebrauch des Verbums und verschiedener Derivate liegt der Hauptakzent auf der Grundbedeutung ʽmüde sein (werden)'. Erweiterte Bedeutungsfelder ergeben sich aus der Kraftanstrengung, die man im Zustand des Müde-Seins oder dem Vorgang des Müde-Werdens anwendet und aus der heraus man sich „bemüht" oder „abmüht". Der Erfolg solcher „Mühe" ist metonymisch der „Ertrag" der Arbeit und so der „Erwerb". Synekdochisch erweitert bezeichnet es schließlich den „Besitz" und das „Vermögen". Anhand dieser Entwicklung ist es überflüssig, zwei relativ selbständige Bedeutungsfelder für ʻmüde sein (werden)' und ʻmühen (abmühen)' zu postulieren, deren Verwendungsweisen sich in der hebr. Sprache kaum berühren oder überschneiden.

2. Die verschiedenen Verbal- und Nominalformen sowie die Adjektivderivate der hebr. Wurzel *jgʻ* sind im AT 48mal belegt. Das Verbum begegnet 26mal, davon ist das *qal* 20mal, *hiph* 4mal (Jes 43, 23f.; Mal 2, 17a.b) und *pi* 2mal (Jos 7, 3; Pred 10, 15) belegt. Das mask. Verbalnomen *jᵉḡîaʻ* der aramäisierenden (vgl. Meyer, Hebr. Gramm. II, 28) *qaṭīl*-Bildung (vgl. J. Barth, Die Nominalbildung in den semit. Sprachen, ²1894, 84; BLe 471) ist 16mal belegt. Die fem. *qaṭîl*-Bildung *jᵉḡîʻāh* (KBL³; vgl. *jᵉḡîʻāh* in Wbb von König 141 und Zorell 292) ist nur 1mal in der Defektivschreibung *jᵉḡiʻāh* (Pred 12, 12) belegt (vgl. Levy, WTM II, 219 für Pleneschreibung im Mhebr.). Das hap. leg. *jāḡāʻ* (Hi 20, 18) ist ein mask. Verbalnomen der *qaṭal*-Bildung, das oft durch die cj. *yᵉḡîʻô* eliminiert wird (Budde, Graetz, Beer, Dhorme u.a.; vgl. BHK mit Hinweis auf MSKen 145 יגיע). Doch wird es angemessener sein mit G. Fohrer (KAT XVI, 325) und G. Gerleman (BHS) beim MT zu bleiben und möglicherweise mit Suff. zu *jᵉḡāʻô* ʻseinen Ertrag' (vgl. BHS), das haplographisch ausgefallen sein mag, zu ergänzen. Das Adj. *jāḡeaʻ* der *qaṭil*-Bildung (Barth, Nominalbildung 12, 165; Meyer, Hebr. Gramm. II, 25) erscheint 3mal (Deut 25, 18; 2 Sam 17, 2; Pred 1, 8). H. Gunkels Änderung der masoret. Lesung *goweaʻ* zu *jāḡeaʻ* in Ps 88, 16 (GHK II/2, 383f.; vgl. BHS; KBL³ 369) mit Berufung auf LXX (S und Hier) stellt eine abwegige Abschwächung der Aussage dar (vgl. H.-J. Kraus, BK XV, 607; M. Dahood, AB 17a, 302). Das hap. leg. *jāḡîaʻ* (Hi 3, 17) ist ein Adj. der *qaṭil*-Bildung (vgl. BLe 470n). – Im hebr. Sirach erscheint je 1mal das Verbum im *qal*-Stamm (11, 11), das Nomen *jᵉḡîaʻ* (14, 15) und das Adj. *jāḡîaʻ* (37, 12; vgl. I. Levi, The Hebrew Text of the Book of Ecclesiasticus, Leiden 1969, 41, der *yāḡeaʻ* vorschlägt). – In der Qumranlit. ist die Wurzel *jgʻ* in der *qal*-Form *jgʻw* (1QpHab 10, 7 im Zitat von Hab 2, 13) belegt, die wahrscheinlich ein Impf. mit Defektivschreibung ist, aber möglicherweise auch als Perf. vokalisiert werden kann (K. Elliger, BHTh 15, 1953, 56; Segert 452f.). Der defektive *hiph* Inf. *lwgjʻ* (1QpHab 10, 11) ist zu *lᵉhôgîaʻ* zu ergänzen (vgl. E. Lohse, Die Texte aus Qumran, ²1971, 240). Unsicher ist die Ergänzung *'jg*[ʻ] (so K. G. Kuhn, Konkordanz 82, anders E. L. Sukenik, *'Ôṣar ham-Mᵉgillôt hag-Gᵉnûzôt*, Jerusalem 1954, 58).

3. Die 48 Belege der Wurzel *jgʻ* sind auf 17 at.liche Bücher verteilt. Der Pent. enthält 3 Formen (2mal Deut, 1mal Gen), die Schriftpropheten haben 24 (14mal Jes 40–66, 4mal Jer, 1mal Ez, 5mal Dodekapropheton), die Weisheitslit. hat 10 (6mal Hi, 3mal Pred, 1mal Spr), die Lieddichtung hat 6 (5mal Ps, 1mal Kl) und die Geschichtsbücher haben 5 (je 2mal Jos und 2 Sam, 1mal Neh) Belege. Diese Streuung der Belege gibt zu erkennen, daß Derivate von *jgʻ* auf keine Literaturgattung beschränkt sind.

4. Die LXX übersetzt die hebr. Verbalformen 15mal mit κοπιᾶν (vgl. ThWNT III, 827f.), 2mal mit παροξύνειν (Mal 2, 17a.b) und je 1mal mit ἀνάγειν (Jos 7, 3), ἀποθνήσκειν (Hi 9, 29), ἔγκοπος ποιεῖν (Jes 43, 23), προϊστάναι (Jes 43, 24), μανθάνειν (Jes 48, 12), μοχθεῖν (Jes 62, 8), ἐκλείπειν (Hab 2, 13), παρεκτείνειν (Spr 23, 4) und κοποῦν (Pred 10, 15). Die Nominalform *jᵉḡîaʻ* ist 8mal mit πόνος und je 2mal mit ἔργον (Hi 10, 3; 39, 11; vgl. ThWNT II, 631ff.), κόπος (Gen 31, 42; Neh 5, 13), κοπιᾶν (Hi 39, 15; Jes 45, 14), und μόχθος (Jes 55, 2; Ez 23, 29) wiedergegeben. Das Nomen *jᵉḡîʻāh* ist mit κόπωσις und das Nomen *jāḡāʻ* mit κοπιᾶν übersetzt. Die Adj. *jāḡeaʻ* ist 2mal mit κοπιᾶν und 1mal mit ἔγκοπος (Pred 1, 8) wiedergegeben und für das Adj. *jāḡîaʻ* findet sich κατάκοπος. Diese Vielfältigkeit griech. Begriffe weist kein Übersetzungssystem auf, spiegelt aber zugleich reichhaltige Bedeutungsschattierungen wider.

5. Die Verbalgrundbedeutung des Stammes *jgʻ* darf mit ʻmüde sein (werden)' im eigentlich, objektiv-körperlichen Sinn, also ʻmatt, kraftlos, erschöpft sein (werden)' und nicht im übertragenen, subjektiv-seelischen Sinn von ʻeiner Sache müde oder überdrüssig sein (werden)', richtig umgrenzt sein. Die Präp. *bᵉ*- gibt als Obj. Seufzen (Ps 6, 7; Jer 45, 3), Rufen (Ps 69, 4; Jes 43, 22) und Wandern (Jes 57, 10) an, ʻdurch' die man in seiner physischen Anstrengung müde wird. Der Zustand ʻermüdet' scheint dem Vorgang ʻmüde werden' (vgl. Jenni 72) zeitlich vorauszugehen. Die *pi*-Form hat die Bedeutung ʻmüde machen' im zeitlosen Sinn in Pred 10, 15. In Jos 7, 3 (vgl. Jenni 99) ist sie futurisch für ʻmüde machen' (König, Wb 140) oder ʻermüden' (GesB 283) gebraucht, wo andere jedoch den erweiterten Sinn ʻbemühen' (BDB 388; KBL³ 369) vorschlagen. Die *hiph*-Form bedeutet kausativ ʻmachen, daß jemand müde ist' (Jenni 72), d.h. ʻjemand ermüden' (KBL³ 369). Die Präp. *bᵉ*- bezeichnet die Obj. „Weihrauch" (Jes 43, 23), „Worte" (Mal 2, 17a) und „Sünden" (Jes 43, 24), ʻmit' denen oder ʻdurch' die man jemand müde macht und ermüdet. – Erweiterte Bedeutungen erscheinen im Zusammenhang der natürlichen Folge der Kraftanstrengung im Zustand des Müde-Seins und dem Vorgang des Ermüdens in der *qal*-Form mit ʻsich mühen um' ohne Ergänzung nach *'ᵃšær* (Jes 47, 15; vgl. McKenzie, AB 20, 90: „labor") oder ʻsich abmühen'. Hier gibt die Präp. *bᵉ*- wieder die Obj. an, ʻum' die man sich abmüht (Land, Jos 24, 13; Wein, Jes 62, 8; Feuer, Hab 2, 13; Nichts, Jer 51, 58) oder ʻmit' dem man sich müht (Zauberei, Jes 47, 12). Man kann sich auch ʻum' JHWH (Jes 43, 22) mühen.

Die masoretische Punktation in 2 Sam 5, 8 liest *jiggaʻ*, nämlich ein *qal*-Imperfekt des Stammes *ngʻ* (vgl. KBL² 593), dessen Bedeutung in diesem Kontext schwer verständlich ist. H. L. Ginsberg (ZAW 51, 1933, 308) punktiert den MT um in die *pi*-Form *wᵉjiggaʻ* von der Wurzel *jgʻ* und schlägt anhand des Arab. die Bedeutung „to torture" vor. Dieser Vorschlag hat keinen Anklang gefunden (vgl. J. Mauchline, NCB, 1971, 217f.), z.T. auch weil *ṣinnôr* als 'Spieß' (mit E. L. Sukenik, JPOS 8, 1928, 126) und nicht als 'Wasserschacht' (vgl. J. Simons, Jerusalem in the OT, Leiden 1952, 168–174, mit Lit.) verstanden ist. Man wird doch bei einer Form von *ng'* bleiben müssen (KBL³ 369, auch ohne H. Ewalds Vorschlag der *hiph*-Form *wejagga'* 'stürzen in' anzunehmen oder mit S. R. Driver, Samuel, ²1913, 259, den MT in die Form *wajja'al* zu emendieren, vgl. BHK), ohne endgültig entscheiden zu können, ob in diesem Kontext „erreicht" (Simons 169–173; H. W. Hertzberg, ATD 10, ⁴1968, 217) oder vielleicht doch besser „hochsteigen" (F. W. Birch, L.-H. Vincent, G. Bressan, Bibl 25, 1944, 377–381, u.a.) den Kern der Aussage trifft.

Der passive Zustand „müde" kommt im Adj. *jāḡea'* (Deut 25, 18; 2 Sam 17, 2) zum Ausdruck. Einen aktiven Vorgang scheint in der schwierigen Stelle Pred 1, 8a das Adj. *jeḡe'îm* zu bezeichnen, dessen Bedeutung z.T. vom Terminus *debārîm* (→ דבר [*dāḇār*]), der hier nicht den Sinn von „Dinge" (so weiterhin R. Gordis, Koheleth, ²1955, 146; H. Lamparter, Botschaft des AT 16, ²1959, z.St.), sondern „Worte" (so noch 13mal im Pred) hat (vgl. H. W. Hertzberg, KAT XVII, 4–5, 72; K. Galling, HAT I/18, ²1969, 85f.; R. B. Y. Scott, AB 18, 210; F. Ellermeier, Qohelet, 1967, 202f. u.a.). Dadurch erweist sich die von A. B. Ehrlich (Randglossen VII, 56) vorgeschlagene und von F. Zimmermann (JQR 36, 1945/46, 41) übernommene Emendation des Adj.s in das *pi*-Ptz. *mejagge'îm* weder empfehlenswert noch notwendig. Wörtlich kann die Aussage in Pred 1, 8a mit „Alle Worte sind (wirken) ermüdend" (vgl. König, Wb 140) übersetzt werden. Der aktive Aspekt von *jāḡea'* drückt demnach aus, daß die Worte selbst nicht müde sind, sondern daß sie konkret 'ermüdend' auf Sprecher und Zuhörer einwirken.
Das Nomen *jeḡî'āh* (zur Form und Schreibweise s.o. II. 2.) in Pred 12, 12 bedeutet im st. cstr. mit *bāśār* (→ בשר) 'Ermüdung des Körpers'. Hier kommt die physische „Ermüdung des Körpers", die durch die Anstrengung des vielen Studierens verursacht ist, zur Sprache. Aus diesem Grund treffen die Bedeutungen 'Anstrengung' (König, Wb 141) und 'Arbeit' (GesB 283) nicht den Sinn der Aussage.
Das Adj. *jāḡîa'* erscheint in Hi 3, 17 im st. cstr. mit *koaḥ* (→ כח), so daß diese cstr.-Verbindung den Gedanken 'die an Kraft ermüdeten (erschöpften)' (GesB 283; vgl. A. Dillmann, KeHAT, ³1869, 31: „Abgemüdeten") oder ganz zusammengezogen 'die Krafterschöpften' (vgl. A. S. van der Woude, THAT I, 823) wiedergibt.
Das Nomen *jāḡā'* (zur Form und cj. s.o. II. 2.) hat eine metonymische Bedeutung in Hi 20, 18, die den 'Erwerb' als den Erfolg der ermüdenden und mühevollen Kraftanstrengung bezeichnet.
Das Nomen *jeḡîa'* läßt verschiedene Bedeutungsschattierungen und Erweiterungen erkennen, in denen sich eine semasiologische Entwicklung des kausalen Zusammenhangs von Ursache und Wirkung widerspiegelt. So kann es die ermüdende Tätigkeit selbst, d.h. die 'Arbeit' oder 'Mühe' (Hi 39, 11. 16; Ps 78, 46; Jes 55, 2) bezeichnen sowie auch das Resultat des durch ermüdende Tätigkeit Erwirkten, d.h. das Produkt in der Form des 'Arbeitsertrages' und 'Erwerbs' (Deut 28, 33; Ps 109, 11; Jer 3, 24) und synekdochisch erweitert der erworbene 'Besitz' (Hos 12, 9; Neh 5, 13; vgl. Sir 14, 15) und ganz allgemein das 'Vermögen' (Jes 45, 14; Jer 20, 5; Ez 23, 9). Die Genitivverbindung *jeḡîa'-kappajim* (oft mit Pronominalsuff.) bedeutet wortwörtlich 'die Mühe der (meiner, deiner) Hände' (Gen 31, 42; Ps 128, 2; Hag 1, 11) und – wenn auf den Menschen bezogen – drückt metonymisch das durch die ermüdende Tätigkeit mit Händen Erworbene und Erarbeitete aus, also den 'Gewinn' (Ehrlich, Randglossen I, 158f.) und den 'Ertrag' (vgl. Fohrer 99, 101). Auf Gott bezogen drückt es das von ihm Erwirkte bzw. Erschaffene (Hi 10, 3) aus.
Als sinnverwandte Termini zur Bedeutungsnuance 'Erwerb' erscheinen *'ôn* 'Reichtum' (KBL³ 22), *saḥar* 'Gewinn' (Jes 45, 14), *kæsæp* 'Geld' (Jes 55, 2; vgl. J. Barr, CPT 153) und das Erworbene schließt Viehbestand und Söhne und Töchter (Jer 3, 24), Schätze (*ḥosæn*) und Kostbarkeiten (*jeqār*) aller Art (Jer 20, 5) mit ein.
Das Verbum *jg'* steht 5mal parallel zu dem Synonym *j'p* (→ יעף) in Jes 40, 28. 30f.; Hab 2, 13 = Jer 51, 58 und je 1mal parallel zu *'bd hiph* (→ עבד) in Jes 43, 23 und in Verbindung mit dem Nomen *'āmāl* 'Mühe' (→ עמל, Pred 10, 15). In Deut 25, 18 steht das Adj. *jāḡea'* neben dem Adj. *'ājep* (→ יעף). Ein Wort ähnlicher Bedeutung wie *jeḡîa'* ist *jiṯrôn* 'Gewinn, Überfluß, Vorzug' (vgl. M. Wagner, BZAW 96, 1966, 63 Nr. 123).

III. 1. Physisch-körperliches Müde-Sein kann durch Flucht (2 Sam 17, 2), Schlacht (2 Sam 23, 10), rituelles Weinen (Ps 6, 7; Jer 45, 3) und Rufen (Ps 69, 4; vgl. Jes 43, 22), Worte (Pred 1, 8 s.o. II. 5.; 10, 15; Mal 2, 17), Studieren (Pred 12, 12 s.o. II. 2.5.) sowie durch die Darbringung von Opfergaben (Jes 43, 23) oder anderer Kulthandlungen (Hi 9, 29) zustande kommen. Ein nüchterner Realitätsgehalt kommt in der Wertschätzung des menschlichen Erfolgs im Feldbau zum Ausdruck. Den hart gewonnenen 'Arbeitsertrag' überläßt man nicht einem Wildochsen (Hi 39, 11). Obwohl der Mensch nicht wie ein Straußenweibchen seiner Mühe (Hi 39, 16) gegenüber gleichgültig ist (vgl. Jes 65, 23), muß er sich stets an den Weisheitsspruch erinnern: „Mühe dich nicht ab, es zu Reichtum zu bringen" (Spr 23, 4. Für einen kritischen Vergleich mit Amenemope IX, 9–15 vgl. W. McKane, Proverbs, 1970, 382). Wahre Lebensfülle kann nicht mit dem mit Mühe Erworbenen gekauft werden (Jes 55, 2). Es ist freie Gottesgabe (v. 1–5). – Lebenspessimismus und Resignation spiegelt sich in Hiobs Aussage bezüglich des „Krafterschöpften" (Hi 3, 17) wider, der nur im Grab Ruhe findet.
2. Der Gedanke, daß Gott keinen 'Gewinn' (Hi 10, 3) an der Vernichtung des Menschen hat, ent-

springt dem engen Schöpfer-Geschöpf-Verhältnis. Nach einem weisheitlichen Zuspruch werden die, die auf Gottes Wegen wandeln, die Frucht ihrer „Hände Arbeit" (Ps 128, 2) genießen. Die Patriarchentradition enthält eine solche Erinnerung. Gott schuf Jakob Recht, als die langjährige „Arbeit der Hände" (Gen 31, 42; vgl. E. A. Speiser, AB 1, 247, mit Hinweis auf den akk. Ausdruck *mānaḫātu* 'Verdienst') gefährdet war. Die Umkehrung der Tagesordnung von Gewalttat und Unrecht zu der von göttlichem Rechtsschutz und Sicherheit enthält auch die Schilderung des zukünftigen Heilszustandes.

Die richtende Voraussage, daß sich „Völker für das Nichts (das Feuer) abmühen" (Hab 2, 13 = Jer 51, 58 s. o. II. 3. B. Duhms Emendation *wajjīgeʿû*, Habakuk, 1906, 58, die von W. Nowack, GHK 274, und E. Sellin, KAT, 2-31930, 354, übernommen wurde, ist durch 1QpHab höchst problematisch geworden, vgl. Segert 453) zeigt die Nutzlosigkeit jeder Gewaltpolitik, die sich durch frondienstliche Ausbeutung der Untertanen Weltruhm und Sicherheit zu verschaffen sucht. Demgegenüber stellt Ephraim eine kühne Behauptung auf: „Bei all meinem Mühen wird man keine Schuld an mir finden, die Sünde ist" (Hos 12, 9; vgl. W. Rudolph, KAT XIII/1, 222f.; H. W. Wolff, BK XIV/13 z. St., bezüglich der auf LXX gegründeten Textkorrekturen). Scharfe Anklage wird gegen die Sinnlosigkeit aller aufgewandten Mühe im Götzendienst Israels angehoben: „Du bist müde geworden von all deinem Wandern" (Jes 57, 10). Alle divinatorischen Praktiken und okkulten Wissenschaften Babylons (vgl. G. E. Wright, SBT 2, 77–93), um die es sich „von Jugend an abgemüht hat" (Jes 47, 12, mit MT und 1QJesa gegen Duhm und Ewald beizubehalten) und deren Erbe sich in der Astrologie und dem Okkultismus der Neuzeit fortpflanzt, kann trotz aller Mühe nichts zur geistig-religiösen Daseinsförderung und Daseinssicherung beitragen und keine Rettung in der Not herbeiführen (Jes 47, 15).

Gegenüber der Unzulänglichkeit heidnischer Götter zeigt sich JHWH als der Gott, der Israel ein Land gab, das „keine Mühe gekostet hat" (Jos 24, 13). Israel erhielt von seinem Gott ein fertig bearbeitetes und bebautes Land. Die Schandtat der Amalekiter bestand aus dem Überfall auf Schwache und Nachzügler, als Israel durch die Strapazen der Wüstenwanderung „müde und matt war" (Deut 15, 18). Es braucht sich auch nicht das ganze Volk (Heerbann) nach der Stadt Ai zu „bemühen" (Jos 7, 3), denn JHWH vertreibt für Israel die Völker Kanaans (vgl. 24, 11. 18). Gott ist mit seinem Volk, solange es im rechten Bundesverhältnis weilt. Ist es aber ungehorsam und rebellisch, dann erfüllt sich der Fluch, daß andere sich an dem Arbeitsertrag Israels erfreuen werden: „Die Frucht deines Landes und all dein Arbeitsertrag wird ein Volk verzehren, das du nicht kennst" (Deut 28, 33; vgl. Ps 78, 46; 109, 11; Hag 1, 11; Jer 20, 5; Ez 23, 9). Die Weisheitslehrer wußten schon, daß ein Frevler seinen erarbeiteten Erwerb nicht genießen kann (Hi 20, 8). Schließlich erhebt sich die Klage, daß Israel unter dem Fremdjoch des Exils ermüdet (Kl 5, 5), ohne Ruhe zu finden.

Jes 40–66 enthält einige der weitgreifendsten theol. Aussagen unserer Stichworte. JHWH ist Schöpfergott und Herr der Weltgeschichte, der „nicht ermattet (*ʿajep* [→ יעף]) und nicht müde wird (*jgʿ*)" (40, 28). Er ist Quell unerschöpflicher Kraft, der Erschöpften, Müden und Matten (v. 30) aufhilft. Er ist zugleich der Herr derer, die auf ihn hoffen (v. 31) und ihn anrufen (vgl. Ps 6, 7; 69, 4): „Er gibt dem Müden Kraft und dem Ohnmächtigen Stärke in Fülle. Jünglinge werden müde und matt und junge Männer straucheln und fallen. Aber die auf JHWH harren, erhalten neue Kraft, daß sie auffahren mit Flügeln wie Adler, daß sie laufen und nicht matt werden, daß sie wandern und nicht müde werden" (Jes 40, 29–31). JHWH spendet den Müden und Matten physische Lebenskraft und geistig-geistliche Aufrüstung. – Jes 43, 22–25 erhebt eine ungeheuerliche Anklage gegen Israel. Durch die Sünden des Volkes wird der Herr zum Diener und durch ihre Missetaten ermüdet er: „Nein, du hast mich dienen lassen mit deinen Sünden, hast mich ermüdet mit deinen Missetaten" (v. 24). Der überraschende Wechsel von „Herr" zu „Diener" (letzteres spielt auf die Gottesknechtlieder an, vgl. C. Westermann, ATD 19, 107) beruht auf dem Anspruch Israels, Gott mit vielen Opfern treu gedient zu haben. Gott erwartete jedoch von seinem Volk keinerlei Kulthandlungen, die es zur Ermüdung führe (v. 23b). Die durch Dienen verursachte Ermüdung Gottes (43, 24b; LXX vermeidet durch absichtliche Abweichung den Anthropomorphismus, vgl. J. Ziegler, ATA XII/3, 154, und ähnlich Targ.: „Du hast es stark gemacht vor mir mit deinen Vergehen") weist die ganze Tragik des sündigen Handelns des Volkes auf. Im Gedanken des göttlichen Dieners scheint eine Verbindung zur ermüdenden Mühe des Gottesknechtes nahezuliegen: „Ich habe mich umsonst gemüht, um nichts und nutzlos meine Kraft verzehrt" (Jes 49, 4; vgl. 53, 10–12). Die Mühe des Gottesknechts ist vergeblich.

Die Schilderung des zukünftigen Heilszustandes ist durch den Schwur JHWHs gesichert, der auf die Zeit hinweist, in der der Gläubige sich der erarbeiteten Frucht des Ackers und der Rebe des Weinstocks erfreuen kann: „Ich will dein Getreide nicht mehr deinen Feinden zu essen geben noch deinen Wein, um den du dich abgemüht hast" (Jes 62, 8). JHWH ist der Künder des Friedens, der das Geschick seines Volkes bestimmt. Zu den Hauptgedanken des apokalyptischen Gedichtes vom „neuen Himmel und der neuen Erde" (65, 8–25) gehören die Beschreibungen, daß die Erwählten ihrer „Hände Arbeit" (v. 22) genießen werden und sich „nicht umsonst mühen sollen" (v. 23). Diese zukünftige Realisierung wahrer Lebensfülle (55, 1–5) schließt ein von Gott umfriedetes Dasein mit ein.

Hasel

יָד *jāḏ*

זְרוֹעַ *zeroaʿ*, יָמִין *jāmîn*

כַּף *kap̱*; אֶצְבַּע *ʾæṣbaʿ*

I. Umwelt 1. Ägypten – 2. Mesopotamien – II. 1. *jāḏ*, philologisch – 2. *jāḏ*, verwandte Begriffe, Denominative, Homonyme – 3. *jāḏ*, Bedeutungen – 4. Weitere biblische Terminologie – 5. Bibl. Aramäisch – 6. LXX – III. Gebrauch: 1. Hand, die hält – 2. Hand, die eine Person bezeichnet – 3. Besitz und Herrschaft – 4. *bejāḏ* – 5. Handbewegungen – IV. Ikonographie – V. Theologische Aspekte: 1. *jāḏ* als Macht, Gewalt – 2. Göttliche Macht – 3. Feindliche Macht Gottes – 4. Göttliches Unvermögen – 5. Übertragung von Macht, Gewalt – 6. Göttliche Gebärden – 7. Götzen u. a., als Werk von Menschenhand.

Lit.: *H. Altenmüller*, „Hand", LexÄg II, 938–943. – *H. Braun*, Qumran und das NT I, 89f. – *L. H. Brockington*, The Hand of Man and the Hand of God (Baptist Quarterly 10, 1947, 191–197). – *M. A. Canney*, Givers of Life, London 1923, 88–103. – *M. Dahood*, Congruity of Metaphors (VTS 16, 1967, 40–49; bes. 44–46). – *D. Daube*, The NT and Rabbinic Judaism, London 1956, 224–246. – *M. Delcor*, Two Special Meanings of the Word יד in Biblical Hebrew (JSS 12, 1967, 230–240). – *Ders.*, מלא *mlʾ* voll sein, füllen (THAT I, 1971, 897–900; bes. 898f.). – *R. C. Dentan*, Hand (IDB II, 1962, 520f.). – *E. Dhorme*, L'emploi métaphorique des noms de parties du corps en hébreu et en akkadien, Paris 1923 = 1963, 137–154. – *E. Edel*, Die Etymologie der neuägyptischen Präposition *mdj* (Or 36, 1967, 74f.). – *A. Fitzgerald*, Hebrew *yd* = „Love" and „Beloved" (CBQ 29, 1967, 368–374). – *J. A. Fitzmyer*, Some Observations on the Gen Apocryphon (CBQ 22, 1960, 284). – *D. Flusser*, Healing through the Laying-on of Hands in a Dead Sea Scroll (IEJ 7, 1957, 107f.). – *P. Fronzaroli*, Studi sul lessico comune semitico (AANLR VIII/19, 1964, 259. 273. 279). – *K. Galling*, Erwägungen zum Stelenheiligtum von Hazor (ZDPV 75, 1959, 1–13). – *B. de Geradon*, Le coeur, la bouche, les mains (BiViChrét 1,4, 1953, 7–24). – *H. Holma*, Die Namen der Körperteile im Assyrisch-Babylonischen, Helsinki 1911, 110–128. – *J. Holman*, Analysis of the Text of Ps 139 (BZ 14, 1970, 31–71; bes. 53f.). – *P. Humbert*, Étendre la main (VT 12, 1962, 383–395). – *A. R. Johnson*, The Vitality of the Individual in the Thought of Ancient Israel (Cardiff ^{2}1964, 50–60). – *O. Keel*, Die Welt der altorientalischen Bildersymbolik und das AT, ^{2}1977, bes. IV, 3. VI, 1. – *Ders.*, Wirkmächtige Siegeszeichen im AT (Orbis Biblicus et Orientalis 5, 1974). – *P. Lacau*, Les noms des parties du corps en Égyptien et en Sémitique, Paris 1970, 136f. – *E. Lohse*, χείρ (ThWNT IX, 1973, 413–427). – *U. Luck*, Hand und Hand Gottes. Ein Beitrag zur Grundlage und Geschichte des biblischen Gottesverständnisses, 1959. – *C. Du Mesnil du Buisson*, Les Peintures de la synagogue de Doura-Europos, Rom 1939. – *T. Nöldeke*, Beiträge zur semitischen Sprachwissenschaft, Straßburg 1904, 124–136. – *Ders.*, Neue Beiträge zur semitischen Sprachwissenschaft, Straßburg 1910, 113–116. – *R. North*, Yâd in the *Shemitta*-Law (VT 4, 1954, 196–199). – *J. L. Palache*, Semantic Notes on the Hebrew Lexicon, transl. and ed. by R. J. Z. Werblowski, Leiden 1959, 38. – *R. Peter*, L'imposition des mains dans l'Ancien Testament (VT 27, 1977, 48–55). – *G. Révész*, Die menschliche Hand, Basel 1944. – *H. Riesenfeld*, The Resurrection in Ez 37 and in the Dura Europos Paintings (UUÅ 1948, 11. 32–34. 36f.). – *G. Rinaldi*, *jād* (BibOr 6, 1964, 246). – *G. Robinson*, The Meaning of יד in Isaiah 56,5 (ZAW 88, 1976, 282–284). – *K. Rupprecht*, Quisquilien zu der Wendung מִלֵּא (את) יד פלוני (jemandem die Hand füllen) und zum Terminus מלאים (Füllung) (Festschr. R. Rendtorff, DBAT Beiheft 1, 1975, 73–93). – *H. Schlier*, βραχίων (ThWNT I, 1933, 683). – *A. S. van der Woude*, יד *jāḏ* (THAT I, 1971, 667–674). – *H. W. Wolff*, Anthropologie des Alten Testaments, 1973, 107–109.

I. 1. a) Das gewöhnliche äg. Wort für „Hand" (vgl. WbÄS VI 73 s.v. Hand) ist *ḏr.t* (WbÄS V 580ff.; vgl. auch die Variante *ḏ3.t* ebd. 516), was wohl eine Umschreibung mit der Bedeutung „Greiferin" ist. Die ursprünglichen gemeinsemitischen Wörter für „Hand" wurden anscheinend schon früh aus der Umgangssprache tabuisiert (Altenmüller 938 mit Anm. 5), so daß die Entsprechung zu *jd* wohl nur im Schriftzeichen für *d* bewahrt ist (WbÄS V 414) und *kp* (vgl. hebr. *kap̱*) nur für die abgeschnittenen Hände der Feinde gebraucht wird (WbÄS V 118; seit dem NR belegt und vielleicht als Lehnwort zu betrachten).
Sonderwörter für die rechte und die linke Hand tauchen im NR auf (*wnmj* WbÄS I 322 bzw. *smhj* WbÄS IV 140). *ḏr.t* zeigt einen sehr breiten Gebrauch und kann z. B. sowohl den Rüssel des Elefanten wie die Pfote der Katze bezeichnen (WbÄS V 584, 9–10). Allerlei Geräte gelten als „Hände", und im erweiterten Sinn sind Anat und Astarte „Die Hände des Wagens" (JEA 19, 1933, 160. 173). Zwischen „Hand" und „Arm" wird oft nicht unterschieden. In Opferformeln treten „Hand" und „Arm" ganz parallel auf (z. B. WbÄS Bel. V 101 zu 581, 3 und 582, 1). Die Faust heißt *ḫfʿ* (WbÄS III 272; vgl. das Verbum *ḫfʿ* „fassen, packen"), dessen Determinativ eine geballte Hand ist, während *ḏr.t* – wie das Schriftzeichen *d* – durch eine ausgestreckte Hand gekennzeichnet wird. Keine strenge Trennung wird aber in dieser Hinsicht durchgeführt: sowohl „Hand" (*ḏr.t*) wie „Faust" (*ḫfʿ*) können den Szepter halten, den Feind packen und über das Leben der Menschen verfügen.
b) Die Hände sind in den Darstellungen gewöhnlich nicht leer. Allerlei Geräte und Insignien in den Händen der Menschen und der Götter manifestieren ihre Macht und Autorität, ihre Handlungskraft und Handlungsbereitschaft: Geißel und Szepter in den Händen des Pharao und des Osiris, Lebenszeichen und Szepter in den Händen der Götter – wobei die Göttinnen das Papyrusszepter vorziehen –, Würdenstäbe, Schreibgeräte usw. in den Händen verschiedener Beamter. Das Handlungsvermögen kann textlich durch ein Epitheton wie „mit vielen Händen" (so Amun, PBoulaq 17, 6–7) hervorgehoben werden. Einen genialen bildlichen Ausdruck hat derselbe Gedanke in den Amarna-Darstellungen des Aton gefunden, wo die vielen Strahlen in Hände ausmünden, welche der Königsfamilie „Leben" und „Herrschaft"

überreichen oder von ihr Opfergaben entgegennehmen. Begleitende Texte sprechen sowohl von „den Strahlen" (Sandman, Texts 69, 10) wie von „der Hand" (ebd. 75, 10), „die Leben und Herrschaft tragen".

c) Von der führenden Rolle der Hand unter den Gliedern – als Zeichen der Handlung – zeugen diese Amarna-Darstellungen, die sonst bekanntlich jeden Anthropomorphismus vermeiden. Ausdruck derselben Vorstellung in einem anderen Bereich ist die Sonderbehandlung der abgeschnittenen Hände der getöteten Feinde im NR, als Siegestrophäe aufgehängt oder in einem großen Haufen vor dem Gotte niedergelegt, was wohl eine ausländische Sitte ist (Altenmüller 940 mit Anm. 44–46). Bei der Schöpfung, der göttlichen Handlung par préférence, spielt in einigen Versionen „die Gotteshand" (*ḏr.t nṯr*) eine wichtige Rolle. Im Anschluß zu der heliopolitanischen Kosmogonie, die sich der Vorstellung des masturbierenden Urgottes Atum bedient (schon Pyr. 1248 belegt, wo jedoch mask. *ḫfʿ*, nicht fem. *ḏr.t* steht), tritt seit der 1. Zwischenzeit „die Hand des Atum" als selbständige Göttin auf, die später mit Hathor-Nebet-Hetepet und Jusaas gleichgestellt wird (s. J. Vandier, RÉg 16, 1964, 55–146; 17, 1965, 89–176; 18, 1966, 67–142). Auch Mut und Isis spielen die Rolle als „Gotteshand". Dieselbe Bezeichnung wird auch seit dem MR als Titel der Gottesgemahlinnen gebraucht (s. J. Leclant, s.v. Gotteshand, LexÄg II, 813ff.). Die Gottesanbeterin „mit schönen Händen" – sie halten Sistra – soll den Gott befriedigen (vgl. H. Brunner, ZÄS 80, 1955, 7f.). „Die Hand auf das Schöne legen", d. h. das Sistrum zu berühren, steht symbolisch sowohl für Handauflegung wie für Umarmung.

d) Die Haltung der Hände – zusammen mit den Armen – drückt am deutlichsten allerlei Gebärden aus, so bei Gruß und Gebet, bei Jubel und Klage. Schutz und Abwehr werden durch besondere Gesten betont. In Darstellungen der schützenden Haltung erhalten die Hände und Arme nicht selten, um den Effekt zu verstärken, Flügel, so z. B. Isis, die ihren Gatten beschützt. Die ausgebreiteten Hände des Ka-Zeichens geben die Bereitschaft an, Opfergaben zu empfangen. Die Hand am Mund kann den Status des Kindes (so Harpokrates) kennzeichnen, wurde aber in der Spätantike als Zeichen des Schweigegebots in den Mysterien gedeutet. (Für weitere Handgesten s. Altenmüller 938f.) Amulette, wie auch einige Kultgeräte, werden oft als Hände gestaltet (Räucherschale, Salblöffel usw.).

e) In den Kultszenen spielen die Hände als Träger und Empfänger allerlei Opfergaben und Instrumente und als Hauptträger der Gebärdensprache des Kultdramas wichtige Rollen. Die begleitenden Texte reden gern von „Leben, Gesundheit, Herrschaft", die sich in den Händen des Pharao oder des Gottes befinden. Es kann auch Furcht vor der Hand des Pharao oder des Gottes bestehen, wenn die Hand als strafend gedacht wird. Auf einem Denkmalstein in Theben aus der Ramessidenzeit lesen wir von der Göttin Meretseger: „Sie hat gegen mich Erbarmen gezeigt, nachdem sie mich ihre Hand hat sehen lassen." In der Hand des Gottes zu sein, drückt aber besonders den Schutz des Gottes aus. In der Lebenslehre des Amenemope lesen wir: „Verhöhne nicht einen Mann, der in der Hand Gottes ist" (24, 11) und „Wie freut sich der, der den Westen erreicht, wenn er heil ist in der Hand des Gottes" (24, 19–20). Vom Schicksalsgott Amun-Re hören wir: „Die Jahre sind in seiner Hand" (PBerlin 3049 XII 2), und eine frühramessidische Weisheitslehre stellt die rhetorische Frage: „Ist nicht gestern wie heute auf den Händen des Gottes?" (zitiert Morenz ÄR 79). Als besondere Kultobjekte gelten in Hierakonpolis „die beiden Hände des Horus", welche nach einem Mythos von Isis – wohl wegen versuchter Gewalt – dem Sohn abgeschlagen wurden. Der Kultbeamte soll „mit reinen Händen", „mit offener Hand" (freigebig), „mit freundlicher Hand" und „mit wissender Hand" vor den Gott treten. Nach dem Amunritual (I 6) versichert der agierende König: „Ich bin Horus in meiner Reinheit, meine Hände sind die des Horus, meine Arme die des Thoths." Inzwischen drücken „Hand" und „Herz" die Verbindung von Absicht und Ausführung aus (WbÄS V 582, 15). Im Lob eines Mannes aus dem MR finden sich parallel „mit freundlicher Hand" und „mit freundlichem Herzen" (Sethe, Lesest. 75, 20).

Bergman

2. Das Akkadische verwendet das auf das semit. Urnomen *jad* zurückgehende *idu* nur im Sinn von „Arm, Seite, Kraft" (CAD VII, 10ff.; AHw I, 365). Unter den Wörtern für „Hand" ist das weitaus gebräuchlichste *qātu* mit einer Fülle von Gebrauchsweisen (auch „Leistung, Verfügung; Anteil; Bürgschaft, Bürge"; s. AHw II, 908ff.). „Die Hände waschen, reinigen" (*mesû, ullulu, ubbubu*) wird für Kulte oft gefordert; „die Hand erheben" (*našû;* dazu *nīš qāti* „Handerhebung", sum. Lehnwort *šu'illakku*", AHw II, 797; III, 1262b) gehört wohl zu jedem Gebet (s. W. Mayer, Untersuchungen zur Formensprache der babyl. „Gebetsbeschwörungen", 1976, 8. 25f.). „Die Hand fassen" (*ṣabātu*) wird auch als Bild für die göttliche Hilfe gebraucht, und „die Hände des Gottes schufen die Menschen". Andererseits werden auch Krankheiten oft „Hand der Ištar, des Ninurta" usw. genannt, und die Hände von Dämonen schaffen viel Unheil. An anderen Stellen ist *qātu* der Machtbereich eines Gottes; dazu gehören auch Namen wie Āmur-qāssa 'Ich erkannte ihre Macht'. Ein weiteres viel gebrauchtes Wort für „Hand" ist *rittu* (AHw II, 990), das, von Göttern gesagt, besonders in Ausdrücken für „in der Hand halten" (Göttin *tamḫat rittušša*) verwendet wird, auch in kosmischem Sinn: *itmuḫ Marduk rittuššu ... markas* (Band) *ša[mê u erṣeti]* (KB 6/2, 114, 8). Den Zahnschmerzwurm „möge Ea schlagen mit seiner starken Hand" (*ina*

dannati rittī-šu). Bei Dämonen ist *rittu* meist eine Tiertatze.

Wesentlich häufiger gebraucht als seine hebr. Entsprechung *ḥopæn* „hohle Hand" wird *upnu* mit gleicher Grundbedeutung. Beim Beten „sind meine Hände geöffnet" (*petâ upnā-ja* Mayer, l. c. 470, 12), „öffnete der König seine Hände" (KB 6/2, 138, 1) usw. Der Beter klagt aber auch: „von Leiden, Bann, Sünden usw. sind meine Hände voll" (*malâ upnā-ja*, Šurpu V, 123f.). Ein sehr seltenes Wort für „beide Hände" ist *atulimānu/talīmānu* (AHw I, 88b; CAD I/II, 521f.); der Beter „erhebt beide Hände". Das letzte Wort für „Hand", das hebr. *kap* entsprechende *kappu* II (AHw I, 444b; in CAD VIII, 187 mit *kappu* I „Flügel" identifiziert), erscheint nicht in religiösen Redewendungen (vgl. u. V. 1.).

von Soden

II. 1 Das gebräuchlichste Wort im AT für 'Hand' ist *jāḏ*. Es erscheint mehr als 1600mal (zum statistischen Überblick der Verwendung im AT s. THAT I, 1971, 667f. Zweifelhaft ist, ob dieser Überblick mehr als nur die ziemlich gleichmäßige Verteilung des Wortes aufzeigt, wobei die umfangreicheren Bücher mehr Belege bieten; aus der Beobachtung, daß die meisten Vorkommen in 1 Sam, Jer, Ez [in dieser Reihenfolge] zu finden sind, ist aber auch kein brauchbarer Schluß zu ziehen, denn sie alle sind umfangreiche Bücher).

Die Tatsache, daß dieses Wort hauptsächlich für einen speziellen Körperteil, dazu für einen sehr bedeutenden, benutzt wird, läßt den plausiblen Schluß zu, daß es sich um einen sehr alten Begriff handelt, und das Auftreten verwandter Formen in den wichtigsten semit. Sprachen macht wahrscheinlich, daß es sich ursprünglich um ein gemeinsemit. Wort handelt (Bergsträsser, 184; Fronzaroli, 259. 273. 279). Etymologisch verwandt sind akk. *idu*, ugar. *jd* (UT Nr. 633 auch *d*, mit *bd* für *bjd* wie auch im Phön., Pun.), Amarna *badiu* als Glosse zu *ina qātišu* (F. M. T. de Liagre Böhl, Die Sprache der Amarnabriefe, 1909, § 37m., EA 245, 35; WUS Nr. 1138), phön. und pun. *jd*, syr. *'īḏ*, jüd.-aram. *jd*, äth. *'ed*, asarab. *jd*, *'d*, arab. *jad*, vgl. äg. *d*.

Für dieses Wort hat sich keine Verbalwurzel als zufriedenstellende Basis gefunden, so daß es sich ursprünglich um eine zweiradikalige Form handeln könnte (vgl. Brockelmann, VG I, 333, § 115dβ).

Alternativ könnte als Grundwort einfaches *d* = 'Hand' gelten (vgl. C. Rabin, JJS 6, 1955, 111–115, von KBL[3] 369 irrtümlich als Rabinowitz, JSS zitiert). Rabin weist auf folgende drei Formen hin: 1) *jāḏ* wie im Hebr., Arab., Aram. Ugar., Phön. und vergleichsweise akk. *idu*, syr. *'īḏā* u. a.; 2) *'d* wie z. B. äth. *'ed*, *'ad* in verschiedenen arab. Dialekten, *'id* in einigen Umgangssprachen; 3) *d*, abgeleitet aus ugar. *bd;* belegt auch im Phön., EA *ba-di-u*, das *di* als Element für 'Hand' beinhaltet, und Jes 16, 6; Jer 48, 30, wo *lo'-ken baddājw* nach Rabin „Nicht-Wahrheit ist in seinen Händen", d. h. „er hat eine falsche Meinung von sich" bedeutet. Hiermit vergleicht er das Sprichwort R. Jannais in Aboth iv, 15 *'ên beʲāḏênû*, das von Obadiah von Bertinoro korrekt als „wir wissen nicht warum" gedeutet wurde. Der hebr. Eigenname *Bedjah* (Esr 10, 35; LXX[L] βαδαια) bedeutet „in Gottes Hand", vgl. Samaria Ostrakon 58 *bdjw* und ugar. *bd'il*. Weiter verweist Rabin auf *daj* 'Vermögen' als Derivat und alter Dualis von *d*, 'Hand' = 'Macht, Fähigkeit' und daher 'Vermögen, Können', wobei er auch Jes 45, 9 *ûpŏʿŏlᵉkā 'ên-jāḏajim lô* „dein Werk hat keine Hände" und Jer 49, 9 = Ob 5 in der Bedeutung „sie stehlen, so viel sie können" (*dajjām*) heranzieht. Auch führt er noch den äg. Buchstaben *d* als die Bezeichnung für die Hand und die Existenz reduplizierter Formen (akk. *idd*, vulgär arab. *jadd*, *'idd*) als weitere Beispiele einer ursprünglich einfacheren Form an.

2. Daß *jāḏ* nicht von einer Wurzel *jāḏāh* 'werfen' abgeleitet werden kann, erscheint klar. Doch wurden, vor allem von Palache (38), verschiedene Ableitungsversuche von *jāḏ* unternommen. Er verbindet mit diesem Nomen: 1) *jāḏāh* 'werfen', eine nicht abwegige Annahme, die auf der Handbewegung basiert; 2) arab. *wadā*, aram. *'d'* 'aushändigen, zahlen', wiederum ein natürlicher Zusammenhang; 3) hebr. *jāḏāh* (*hiph*) 'zahlen, Dank abstatten', verglichen mit Konstruktionen wie *šillem tôḏôṯ*, *nāṯan tôḏôṯ*; 4) arab. *'adā(j)*, *'addā* 'aushändigen, zahlen' (vgl. 2); 5) arab. *'āda* 'stark sein', wo der Anfangsguttural eine Gegenindikation zu sein scheint; 6) *jāḏāh* Jes 11, 8 im Ausdruck *gāmûl jāḏô hāḏāh* als 'seine Hand bieten'. Dieses Beispiel wird oft als verderbt angesehen; die beiden Vorschläge *jᵉdahdeh* 'umhertanzen' (NEB) oder 'mit Steinen spielen' (J. Reider, VT 2, 115) eliminieren den Begriff 'Hand'. *hāḏāh* wird ebenfalls mit aram. *haddî* und arab. *hadā* 'führen, lenken' verglichen. Man kann also feststellen, daß Verbalableitungen, die von der Handbewegung ausgehen, nicht unwahrscheinlich sind. Unter den vorgeschlagenen liegen 'werfen' oder 'aushändigen' am nächsten; besteht mit *jāḏāh* (*hiph*) 'Dank abstatten, sich bedanken' ein Zusammenhang, so kann er am ehesten in den Handbewegungen gesehen werden, die einen solchen Ausdruck des Respekts und der Ehrerbietung (vgl. III, 5. [j]) begleiten.

Ganz andere Fragen erheben sich mit dem Vorschlag einer hiervon zu unterscheidenden Wurzel, einem Homonym von *jāḏ*, im Sinne von 'Liebe' und 'geliebt' (A. Fitzgerald, CBQ 29, 1967, 368–374; M. Delcor, JSS 12, 1967, 230–240). Wie Delcor klar ausführt, greift diese Diskussion in einer Anzahl von Stellen direkt auf ein Bedeutungsproblem über, wo der Sinn 'Phallus' zumindest möglich ist. Dies könnte zu der Vermutung führen, daß dieser Gebrauch nicht aus der Erweiterung der normalen Bedeutung von *jāḏ* aus sittlichen Gründen anstelle eines anderen Wortes für das männliche Organ herzuleiten ist, sondern daß es ein unterschiedliches Wort ist, dessen Identität mit *jāḏ* Verwechslung stiftet oder auch ein Wortspiel gestattet. Die grundsätzliche Frage ist, ob die Wurzel *jdd*, die für das Hebr. als Wurzel von *jāḏîḏ*, *jᵉḏîḏôṯ*, *jᵉḏîḏāh* u. a. (→ ידיד)angenommen wird, auch ein Nomen *jāḏ* hat, vergleichbar dem arab. *wadd*, ugar. *jd* = 'Liebe'. KBL[3] nimmt dies für Ps 16, 4 an und liest *mijjaddām* für *mijjāḏām* (vgl. C. Schedl, ZAW 76, 1964, 174, der *middām* unter Hinweis auf ugar. *jd* 'Liebe' mit „ihnen zuliebe" übersetzt). Fitzgerald erweitert dies und schlägt versuchsweise dieselbe Bedeutung für eine Reihe von Stellen vor: Kl 3, 3, wo *hāpaḵ jāḏ* im Sinne von verkehrter Liebe zu verstehen ist (vgl. jedoch unten *hāpaḵ jāḏ* als Handlung des Wagenlenkers); Pred 7, 27, wo die Parallele von *leḇ* und *jāḏ* die Übersetzung „Fesseln sind ihre Liebe“ unterstützt. In Jes 11, 11 schlägt Fitzgerald *jaddô* ʿseine Liebeʾ vor: „Er wird sie alle das zweite Mal um so mehr lieben“. Vgl. auch Ps 78, 42; 80, 18; 88, 6; 95, 7. Jes 66, 14 und Jer 15, 17 steht *jāḏ* kontrastrierend parallel zu *zaʿam* (→ זעם) ʿZorn, Grimmʾ. Der Sinn von Jes 57, 8 ist problematisch, öfter wurde eine sexuelle Bedeutung von *jāḏ* vorgeschlagen, s. weiter unten. Zusätzlich nimmt Fitzgerald für Hi 20, 10 und Kl 4, 6 die Bedeutung ʿGeliebteʾ (Pl.) an unter Hinweis auf die Eigennamen *Jiddô* (1 Chr 27, 21; Esr 10, 43 K) und *Jaddaj* (Esr 10, 43 Q).

Die Argumente Delcors tragen dem Gebrauch von *jd'il* im Ugar. Rechnung (KTU 1. 23, 33–35); der terminus erscheint zusammen mit *mṭ* und *ḫṭ* ʿStab, Szepterʾ, auch ʿPenisʾ. *jd* kann auf diese Weise wie im Hebr. als Euphemismus betrachtet werden. Delcor argumentiert jedoch, daß eine Wurzel *jd* im Südarab., Arab., Syr., Ugar., Hebr. und Akk. ausreichend belegt ist (vgl. auch WUS, wo *jd* I [Nr. 1138] ʿHandʾ von *jd* II [Nr. 1139] ʿPenisʾ unterschieden wird, wobei die Frage offenbleibt, ob sie zusammenhängen oder ob *jd* II mit *jd* III [Nr. 1140] ʿLiebeʾ in Verbindung zu bringen ist).

Die philologischen Argumente sind nicht unbedingt entscheidend, obwohl die Existenz einer Wurzel *jdd* im Sinne von ʿLiebeʾ feststeht. Zwei Aspekte der Diskussion bedürfen einer weiteren Untersuchung, deren relevante Punkte weiter unten besprochen werden. Zunächst ist die Frage, ob – bezogen auf die z. B. von Fitzgerald diskutierten Stellen – die Bedeutung ʿLiebeʾ unbedingt angebrachter ist als die metaphorischen Bedeutungen, die zu *jāḏ* ʿHandʾ gehören. Wie noch zu sehen sein wird, erlaubt der Gebrauch dieses terminus nicht nur im Hebr., sondern auch in anderen semit. Sprachen mit der Bedeutung ʿMachtʾ eine absolut befriedigende Interpretation in Jes 11, 11, in den erwähnten Pss-Belegen, in Jes 64, 14 und Jer 15, 17. Pred 7, 27 könnte *jāḏ* im Sinne von ʿArmʾ wörtlich verstanden werden (s. u.); Kl 3, 3 liegt metaphorischer Gebrauch vor. Andererseits kann die Bedeutung ʿLiebeʾ nicht völlig ausgeschlossen werden, sie scheint jedoch in keinem Beispiel wesentlich zu sein. Zum zweiten entsteht die schwierigere Frage, ob dieser terminus unter der Voraussetzung einer Wurzel *jdd* ʿLiebeʾ als vollständig getrennt von *jāḏ* (ʿHandʾ) zu behandeln ist. Zu überlegen wäre, ob eine Bedeutungserweiterung von ʿHandʾ zu ʿMachtʾ, auch ʿsexuelle Macht, Kraftʾ vorliegt; ebenso auch die Möglichkeit, ob der Gebrauch von ʿHandʾ für ʿPhallusʾ eine solche Entwicklung erlaubt; die durch die Verwendung von *jāḏ* im Sinne von ʿMonument, Denkmalʾ (s. u.) entstehenden Fragen laden ebenso zu sexuellen Assoziationen ein. Die Belege können hier nur abgewogen werden, wobei weitere Überlegungen auf dem Gebiet der verwandten Sprachen über den Gebrauch der termini des menschlichen Körpers förderliche Faktoren zur Diskussion beitragen würden.

3.a) Die übliche Bedeutung von *jāḏ* ist ʿHandʾ, jedoch besteht keine scharfe Unterscheidung zwischen Hand, Handgelenk und Arm. So berichtet Gen 24, 22 von den Armreifen der *jāḏ*, hier Hand und Unterarm eingeschlossen. Ein eigenes Wort für ʿArmʾ (→ זרוע [*zᵉrôaʿ*]) gestattet eine Unterscheidung, wie auch die Amarna-Briefe eine Differenzierung zeigen zwischen der Glosse *ina qātišu* ʿin seiner Handʾ durch *badiu* (s. o.) und *qātu* durch *zuruḫ* (EA 287, 27; 288, 34). Aber dieselbe Bedeutungsüberschneidung findet sich auch im akk. *idu*, und akk. *aḫu* bezeichnet ebenfalls ʿArmʾ und ʿHandʾ (Holma 110ff.). *bên jāḏajim* (Sach 13, 6) meint ʿzwischen den Armenʾ im Sinne von ʿBrustʾ; ähnlich *bên zᵉroʿājw* (2 Kön 9, 24) ʿzwischen den Schulternʾ. *ʾaṣṣilôṯ jāḏajim* (Jer 38, 12) bezieht sich auf die ʿAchselhöhlenʾ, *ʾaṣṣîlê jāḏajim* (Ez 13, 18) auf ʿHandgelenkeʾ, ähnlich Sir 9, 9; 41, 19 auf den ʿEllbogenʾ. Im architektonischen oder bautechnischen Sinn wird *ʾassîlāh* Ez 41, 8 gebraucht.

Präziser wird die Hand durch *bohæn jāḏ* (z. B. Ex 29, 20) ʿDaumenʾ und *ʾæṣbᵉʿôṯ jāḏ* ʿFingerʾ (z. B. 2 Sam 21, 20) definiert. Auch der terminus *kap jāḏ* ist zu finden (z. B. Dan 10, 10), bedarf jedoch einer Untersuchung der Bedeutungen von *kap* und des Überschneidungsgrades dieser beiden Haupttermini für ʿHandʾ (s. u. II.4.).

b) 1) Wie schon akk. *idu* wird auch im Hebr. *jāḏ* für die Körperseite verwendet, bzw. für die Seite im allgemeinen, z. B. *jad dæræk* (1 Sam 4, 13 Q), *lᵉjaḏ-maʿgāl* (Ps 140, 6), *lᵉjaḏ-šᵉʿārîm* (Spr 8,3). Dem kommt der eigentlich präpositionale Gebrauch *ʾal-jᵉḏêhæm* (Hi 1, 14) ʿneben ihnenʾ sehr nahe; vgl. *ṣillᵉḵā ʿal-jāḏ jᵉmînᵉḵā* (Ps 121, 5). Jedoch enthalten einige Belege, die hierzu gehören könnten, ein metaphorisches Element der ʿStärkeʾ. So bezieht sich der Ausdruck 1 Chr 23, 28 auf die Unterstützung der aaronidischen Priester durch die Leviten, *maʿᵃmāḏām lᵉjaḏ-bᵉnê ʾahᵃron.* Eine erweiterte Verwendung bezeichnet die Richtung: *mijjaḏ kittîm* (Num 24, 24) oder die Breite des Abstands beider Arme *raḥᵃḇaṯ-jāḏajim* (z. B. Gen 34, 21); *rᵉḥaḇ jāḏajim* (Ps 104, 25) meint ʿbreitʾ. Als verwandte Entwicklung bezeichnet *jāḏ* eine ʿGrenzeʾ, wie Num 34, 3 und Jos 15, 46, oder das ʿFlußuferʾ (auch akk. *aḫu*) wie Ex 2, 5.

2) Abgeleitet sind auch die Bedeutungen: ʿAnteil, Teilʾ (Jer 6, 3) im Sinne des begrenzten Stücks Weideland, das unter eines Mannes Hand bzw. Kontrolle fällt (vgl. Robinson: *jāḏ* = ʿBesitz, Anteilʾ, s. u.); ein Teil oder Anteil des Saatguts (Gen 47, 24); Teile des Volkes (Neh 11, 1); metaphorisch ein Anteil am König (2 Sam 19, 44). *kōl-jāḏ* (Neh 10, 32) scheint sich auf ʿSchulden aller Artʾ zu beziehen, obwohl *jāḏ* hier auch ʿKontrolleʾ, (vielleicht ähnlich Deut 15, 2) bezeichnen kann. Hierauf wäre die Bedeutung ʿmilitärische Abteilungʾ zu beziehen (2 Kön 11, 7), wenn sie auch möglicherweise mit der Bedeutung ʿMachtʾ und daher ʿmilitärische Machtʾ (s. u.) in Verbindung zu bringen ist. Fest steht, daß für *jāḏ* = ʿHandʾ der Dual *jāḏajim* verwendet wird, für die abgeleiteten Bedeutungen jedoch der Pl. *jāḏôṯ*.

3) Weitere Bedeutungen von *jāḏ* weisen auf handähnliche Gegenstände hin, wobei nun ein Vergleich mit dem korrespondierenden Gebrauch von *kap* im Sinne von ʿHülseʾ (s. u.) zu machen ist. Z. B. bezeichnet *jāḏ* die ʿArmlehneʾ (1 Kön 10, 19), ʿAchse, vielleicht Nabeʾ eines Rades (1 Kön 7, 32f.) und ʿZapfenʾ (Ex 26, 17). Möglicherweise bezeichnet *jāḏ* auch eine Art Denkmal oder Stele, die nach 2 Sam 18, 18 als *maṣṣeḇāh* zu identifizieren ist: „er errichtete zu seinen Lebzeiten die *maṣṣeḇāh* im Königstal ..., die bis zum heutigen Tage das *jāḏ* Absaloms heißt“. Die gleiche Bedeutung, wenn auch vermutlich metaphorisch, findet sich Jes 56, 5, wo die Eunuchen im Tempelbezirk *jāḏ wāšem* erhalten; wie auch in der Absalom-Erzählung ist es mit Erinnerung verbunden; deswegen wird gesagt, daß ʿein fortdauern-

der (ewiger) *šem'* besser sei als Söhne und Töchter (Robinson versteht hier *jāḏ* im Sinne von 'Besitz' [s.o.; vgl. Gen 35, 4], parallel zu *šem*, 'Erbteil'). Wahrscheinlich ist auch 1 Sam 15, 12; 1 Chr 18, 3 ein solches Denkmal gemeint, wo das *hiph* von *nāṣaḇ* das eigentliche Errichten des Denkmals, offensichtlich einer Sieges-Stele, anzeigt. Jedoch hat der mit 1 Chr 18, 3 korrespondierende Text 2 Sam 8, 3 *l^ehāšîḇ jāḏô bin^ehar* (*p^erāṯ* Q), was „seine Siegesstele aus dem Euphrat retten" bedeuten könnte, aber doch wohl eher „die Kontrolle bis zum Euphrat wiederherstellen". Ez 21, 24 verwendet *jāḏ* im Sinne eines 'Zeigers', eines Wegweisers an der Straßenkreuzung (MT differiert, aber die Bedeutung ist klar); dieser Wegweiser konnte vermutlich wie eine Hand aussehen, doch ist die Existenz eines solchen Gegenstandes durch keinerlei archäologischen Beweis bestätigt.

4) Die Beziehung zwischen *jāḏ* 'Hand' und *jāḏ* 'Denkmal' wird nicht ohne weiteres sichtbar. M. Delcor (230–234) legte eine sorgfältige Untersuchung der Belege vor, die zeigt, daß weder ein philologischer Beweis in verwandten Sprachen vorliegt, noch ein klarer archäologischer; vgl. seine Behandlung der Steine von Gezer (wenngleich er die zweifelhaften Folgerungen W. F. Albrights hinsichtlich ihres Begräbnischarakters akzeptiert; vgl. jetzt P. H. Vaughan, The Meaning of *bāmâ'* in the Old Testament, Cambridge 1974), und der Stele von Hazor. Eine engere Parallele findet sich auf den punischen Stelen, auf denen eine Hand, interpretiert als die segnende Hand der Gottheit, graviert ist. Noch eine Parallele aus Hazor findet sich auf einer weiteren Stele mit dem Relief zweier Hände, über denen die Mondscheibe steht, und auf vergleichbaren palmyr. Denkmälern mit zwei betenden Händen. Von daher hat es den Anschein, als sei die Verwendung von *jāḏ* = Denkmal entweder von der Darstellung der segnenden und schützenden Hand der Gottheit oder von den Händen des Anbeters (s. IV.) abzuleiten. Delcor macht auch auf den Ortsnamen *jaḏ hammælæḵ* in der Sisak-Inschrift aufmerksam (vgl. B. Mazar, VTS 4, 1957, 57–66). Die mögliche phallische Verbindung zu *maṣṣeḇôṯ* jedoch und ihre Assoziation in Heiligtümern mit dem weiblichen Symbol der *'ašerāh* erlaubt die mögliche Alternative, daß die Verwendung von *jāḏ* in diesem Kontext mit dem sexuellen Gebrauch des terminus verbunden ist (vgl. Delcor's vorsichtige Argumentation mit Hinweisen auf die Literatur 236f.).

5) Wie bereits aufgezeigt, könnte die sexuelle Verwendung von der anderen Verbalwurzel *jdd* 'Liebe' herzuleiten sein. Es gibt jedoch noch weitere Möglichkeiten: erstens, 'die Füße bedecken', ist ein Euphemismus für 'urinieren' (z. B. 1 Sam 24, 4, *l^ehāseḵ 'æṯ-raglājw*) und 'die Haare an den Füßen' für 'Schamhaare' (Jes 7, 20, *śa'ar hāraglājim;* ähnlich verwendet Jes 6, 2 *rægæl* als Surrogat für den Genitalbereich), so daß *jāḏ* eine Umschreibung für einen weiteren terminus 'phallus' darstellt; eine ähnliche Umschreibung ist *bāśār* (Lev 15, 2; 6, 3; Ez 23, 20) oder *b^eśar 'ŏrlāh* (Gen 17, 11), *b^eśar 'ærwāh* (Ex 28, 42). *z^emôrāh* in Ez 8, 17 wird manchmal mit dieser Bedeutung belegt, obgleich dies unwahrscheinlich erscheint. Ebenso ausgelegt wird *k^elî* 1 Sam 21, 6 (s. jedoch H. J. Stoebe, KAT VIII/1, 396) und auch – recht wenig wahrscheinlich – *qoṭæn* in 1 Kön 12, 10. Dazu gehören auch *'ammāh* 'Unterarm, Elle', *'eḇær* 'Schwinge, Flügel' und *'æṣba'* 'Finger', die im rabbin. Hebr. für 'Penis' verwendet werden, letzteres vielleicht bereits in Qumran (vgl. die Belege bei Delcor 237). *māqôr* 'Quelle' wird Lev 12, 7; Spr 5, 18 und in der Mischna für die weiblichen Genitalien gebraucht, für das männliche Organ in 1QM 7, 6 und Rabbi Eliezer XXII (vgl. Y. Yadin, The Scroll of the War of the Sons of Light against the Sons of Darkness, übers. von B. und C. Rabin, Jerusalem 1962, 291; vgl. auch 1QH 1, 22 und Y. Yadin, JBL 74, 1955, 40–43). Diese Bedeutung für *jāḏ* könnte dann zu der Wendung Deut 23, 13 *jāḏ miḥûṣ lammaḥ^anæh* für 'Latrine' und spezifischer zu *m^eqôm hajjāḏ* 1QM 7, 7, vermutlich mit Anspielung auf die Deut-Belege, führen; vgl. auch Y. Yadin, Jerusalem Revealed, Jerusalem 1975, 90 über die Tempelrolle (46, 13 mit derselben Wendung). Es ist jedoch nicht klar, ob *jāḏ* hier mehr als nur die 'Seite' bezeichnet; 1QS 7, 13 hat *jāḏ* im Sinne von 'Penis' (vgl. A. R. C. Leaney, The Rule of Qumran and its Meanings, London-Philadelphia 1966, 207). In Jes 57, 8 steht *jāḏ ḥāzîṯ*, wo der Kontext zwingend einen fremden religiösen Gegenstand vermuten läßt, vielleicht ein phallisches Objekt; Jes 57, 10 weist *ḥajjaṯ jāḏeḵ* auf, das als 'Männlichkeit, Manneskraft' verstanden werden könnte, wenn auch andere eine abweichende Bedeutung vorziehen (z. B. NEB „Du verdienst dein Brot", was ziemlich prosaisch klingt). Eine komplexere Metapher findet sich vielleicht in HL 5, 4f. Das Thema der sich öffnenden Tür, bezogen auf die Liebe, gibt es auch in der äg. Poesie (s. G. Gerleman, BK XIII, 167ff.) und während es absolut möglich ist, die Formulierung – als Teil der Absicht – wörtlich zu verstehen, scheint es nicht abwegig, daß auch eine sexuelle Bildersprache beabsichtigt ist, die sich auf die *jāḏ* des Mannes und die *jāḏajim* der Frau 'tropfend von Myrrhe' bezieht (s. auch u. zu *kap*).

Die zweite mögliche Alternativ-Erklärung zeigt sich schon Jes 57, 10, denn hier liegt der Sinn von 'Vitalität, Kraft' nahe. Der erweiterte Gebrauch von *jāḏ* 'Macht, Kraft' ist unten besprochen; hier ist die Frage, ob es richtig ist, auch die sexuelle 'Kraft' als einen Aspekt anzunehmen. Wenn es naheliegt, daß der primär metaphorische Gebrauch sich aus der Hand als Instrument kraftvoller Aktion entwickelt hat und von daher auch auf Kriegsführung und Waffen zu beziehen ist, kann der wechselbezogene Gedanke an 'Kraft' als 'Manneskraft' hiervon nicht vollkommen getrennt werden. Die Bedeutung von *jāḏ* als 'Penis' könnte daher als mögliche Erweiterung des Gebrauchs von *jāḏ* im Sinne von 'Kraft' betrachtet werden. Ausführlichere Aspekte hierzu sind der großen Anzahl an illustrativem Material aus verschiedenen Kulturen zu entnehmen – von Canney (62f.) etwas wahllos zusammengestellt – sowie ERE VI, 495. (Vgl. auch Lacau, 81, der äg. *mt* 'Phallus' mit hebr. *meṯ*, *m^eṯîm* 'Männer' in Verbindung bringt.)

4.a) Das zweithäufigste Wort für 'Hand' im bibl. Hebr. ist *kap*, das etwa 200mal vorkommt (zur Statistik vgl. THAT 689; die Aufteilung läßt keinerlei Besonderheiten erkennen). Hebr. *kap* ist parallel zu ugar. *kp* (UT Nr. 1286; WUS Nr. 1364), arab. *kaff*, äth. *kaf*, äg. *kp*, akk. *kappu* (KBL³ hat noch kopt. *ḫop*, das aber zutreffender mit hebr. *ḥopæn*, s. II. 4. b zu assoziieren wäre). Fronzaroli (259) vergleicht hierzu das verbale *kpup* 'biegen, verbogen sein'. Eine Nebenform von *kap*, *'ækæp*, wurde zur Erklärung von Hi 33, 7 vorgeschlagen; wenn dies zutrifft, würde die Hand hier eine feindliche Bewegung ausführen (parallel zu *'emāh* wie Hi 13, 21; vgl. KBL³, 46). *jāḏ* und *kap* als die beiden wichtigsten Begriffe für 'Hand', haben ihren Namen auch zwei Buchstaben des Alphabets (*jôḏ* und *kap̱*, griech. *iōta, kappa*) gegeben. Daraus geht klar hervor, daß die Handform durch zwei unterschiedliche Darstellungen zweifach zu sehen ist, wenn auch in beiden Beispielen die Skizze einer Hand mit Fingern die Grundlage zu bilden scheint. Tatsächlich ist es nicht möglich, aufgrund der Darstellungen präzise zu unterscheiden, welche Aspekte des Handumrisses wirklich gemeint sind. 1 Kön 18, 44 bezeichnet *keḵap̱-'îš* einen kleinen Gegenstand. *kap̱* tendiert zur Bezeichnung der offenen Hand, die bereit ist, etwas zu empfangen. So steht *kap̱* für die Hand des Pharao, die seinen Becher hält (Gen 40, 11); diese Stelle scheint den Unterschied zwischen *jāḏ* und *kap̱* zu verdeutlichen, wenn es heißt, daß der Becher (*kôs*) des Pharao in der Hand (*bejāḏ*) des Mundschenks ist und ihn dieser in die Hand (*'al-kap̱*) des Pharao gibt (*nāṯan*). Diese Präzisierung erscheint aber zu genau, denn in der sinngemäßen Wiederholung 40, 13 wird gesagt, daß „du den Becher in seine Hand (*bejāḏô*) geben (*nāṯān*) wirst". Das Bild des „Bechers in der Hand Gottes" wird immer mit *jāḏ* ausgedrückt (z. B. Jes 51, 17).

Während also *jāḏ* 'Hand' eine große Anzahl von Gegenständen halten kann, ist der Gebrauch von *kap̱* bedeutend eingeschränkter und bezeichnet vor allem die hohle Hand, in welche Öl gegossen werden kann (vgl. Lev 14, 15) oder Mehl (Num 5, 18); *kap̱* bezeichnet die offenen Hände des Priesters (Ex 29, 24) und Hände, die Silberstücke halten (2 Sam 18, 12); ferner können ein Stab (Ex 4, 4; 4, 2 steht jedoch *jāḏ*), Spieße (2 Sam 18, 14), ein Schwert (Ez 21, 16) und ein Schilfrohr (Ez 29, 7) in der *kap̱* gehalten werden.

Zwei poetische Parallelen (Spr 31, 19 weist auf Spinngerät in der Hand [*jāḏ, kap̱*], Jes 62, 3 auf eine Krone *'aṭæræṯ* in der Hand [*jāḏ*] bzw. einen *ṣānîp̱* in der Hand [*kap̱*] Gottes hin) machen deutlich, daß die Unterscheidung beider termini keinesfalls präzise ist. Die poetischen Parallelen könnten die Aufspaltung einer stereotypen Wendung darstellen (vgl. E. Z. Melamed, ScrHier VIII, 1961, 143f.): Melamed führt *jāḏ jāmîn* als Ausdruck an, der in parallelen Einheiten häufig in seine Bestandteile zerlegt wird, z. B. Jes 48, 13. Auch *kap̱ jāḏ*, 'Handfläche', 'haltende Hand' könnte in zwei Wörter geteilt worden sein mit dem Ergebnis, daß die beiden nun in parallelen Satzteilen erscheinen, wobei jedes einen volleren Sinn erhält. Aus einer solchen Spaltung könnte sich der Gebrauch von *kap̱* allein als „die Hand, die einen Gegenstand hält" entwickelt haben, zu unterscheiden von dem eigenständigeren Sinn als 'Handfläche'.

Aus dem Vorhergehenden wird jedoch klar genug ersichtlich, daß *kap̱* wahrscheinlich nicht die geschlossene Hand oder Faust bezeichnet (gegen E. R. Rowlands, HDB 363, und eine Anzahl von *kap̱*-Wiedergaben in NEB). Wo weitere präzise Aussagen gemacht sind, bezeichnet *kap̱* die Handfläche als eine glatte Oberfläche (so Jes 49, 16, wo Jerusalem auf Gottes Händen eingegraben ist; Dan 10, 10, das sich auf „meine Knie und meine Handflächen" [*kappôṯ jāḏāj*] bezieht). In *ûḇā' beḵappô* (2 Kön 18, 21 = Jes 36, 6) ist auf das Durchbohren der Hand mit einem Schilfrohr hingewiesen (im Gegensatz zu Ez 29, 7, wo *tāp̱aś beḵap̱* das Ergreifen eines Schilfrohres bezeichnet). Spr 6, 3 jedoch bedeutet *bô' beḵap̱* 'in die Gewalt jemandes kommen'. Der Text Hi 36, 32 ist problematisch. MT hat *'al-kappajim kissāh* 'er verbirgt das Licht in seinen Händen' (vgl. Jes 49, 2 *beṣel jāḏô*); aber auch die Lesung *kep̱îm* 'Donnerkeile' (vgl. NEB) wurde vorgeschlagen.

kap̱ scheint auch die vom Körper abgetrennte Hand zu bezeichnen (so auch im Äg.; vgl. Lacau, 136f., der feststellt, daß der terminus *kp* für die Hände verwendet wird, die dem toten Feind abgetrennt und der Gottheit durch den König dargereicht werden); so entsteht die Beziehung zu den *kappôṯ hajjāḏājim* der Jezebel (2 Kön 9, 35), zum Abhacken der Hand (*kap̱*) einer Frau als Strafe (Deut 25, 12) und zu den abgetrennten Händen Dagons (1 Sam 5, 4 *kappôṯ jāḏājw*). Der Text Ri 8, 6. 15 *haḵap̱ zæḇaḥ* ... *'attāh bejāḏækā* ist nicht unbestritten; wenn er korrekt ist, würde er bedeuten: „Ist die abgehackte Hand des (toten) *Zæḇaḥ* ... in eurer Hand?"; allerdings könnte *haḵap̱* in beiden Beispielen eine Verschreibung für *ha'ap̱* sein. Doch erscheint die Wiederholung desselben Fehlers unwahrscheinlich, und vielleicht sollte hierin – s. auch u. – ein Hinweis auf das Abhacken der Hand als Siegeszeichen zu sehen sein.

kap̱ steht auch in Verbindung mit Fuß oder Bein (*ræḡæl*), wobei es den Fuß oder die Fußsohle meint. Ez 1, 7 ist die Unterscheidung zwischen *ræḡæl* 'Bein' und *kap̱ ræḡæl* 'Fuß' klar. 2 Kön 19, 24 (*kap̱-pe'āmaj*) steht *kap̱* für die 'Fußsohle' sowie für Vogel-, Tier- und Menschenfüße (Gen 8, 9; Lev 11, 27; Jos 3, 13).

kap̱ wird auch für „handähnliche" Gegenstände gebraucht. Der Pl. *kappôṯ* bezieht sich häufig auf Schalen oder flache Teller für den religiösen Gebrauch (z. B. 1 Kön 7, 50 und wiederholt Num 7). Parallel hierzu steht die Verwendung des korrespondierenden terminus für eine Wiegeschale (vgl. *kappu* [Holma, 117f.]; ugar. *kp mzm*) in verwandten Sprachen; weiter wird auf Schalen „mit eingravierten Händen auf ihrer Rückseite" und auf Schalen mit einer hohlen Röhrenöffnung, vielleicht für Libationen, verwiesen. Wahrscheinlich ist wohl, daß diese Schalenart eine hohle Hand darstellen sollte, die selbst Funktionen in religiösen Riten vornehmen konnte (vgl. o. – Vgl. auch J. Kelso, The Ceramic Vocabulary of the OT, [BASOR Suppl. 5–6, 1948], § 42; G. E. Wright, Biblical Archaeology, Philadelphia-London 1957 [deutsche Übersetzung 1957], 142 u. Abb. 96; J. Kelso, BA 4, 1941, 30).

Ähnlich ist der Gebrauch von *kap̱* zur Bezeichnung der 'hohlen Gelenkpfanne des Oberschenkels' (Gen 32, 26. 33) und die Pfanne einer Schleuder (1 Sam 25, 29; vgl. arab. *kiffat* für die Katapultpfanne).

Weniger sicher ist die Bedeutung von *kappôṯ hamman'ûl* in HL 5, 5. Bezeichnet es die Vertiefung für den Türriegel (so KBL[1]) oder die Griffe des Riegels (KBL[3]; BDB mit der Spezifizierung „die [gebogenen] Griffe des Riegels")? *jāḏ* (s. o.) meint ebenfalls einen Griff, Knauf. Der Sachverhalt wird hier – wie bereits festgestellt – durch die Verwendung sexueller Bilder undeutlich, wenngleich der übliche Begriff für einen bestimmten Teil der Türausstattung wahrscheinlich erscheint. Zu *kap̱* in seinem erweiterten Gebrauch s. u.

b) Hebr. *ḥopæn* (6mal) bezeichnet ebenfalls die offene, hohle Hand oder die Handvoll. (Vgl. akk. *ḫapnu, upnu* 'zum Himmel erhobene Hände'; [Holma, 118f.]; arab. *ḥafnat, ḥufnat;* äth. *ḥefn;* äg. *ḥf*ʿ, vgl. griech. κόφινος 'Korb' [vgl. kopt. *ḥop* s. o. II. 4. a].) Der terminus wird immer im Dual verwendet und meint zwei zusammengehaltene hohle Hände. Pred 4, 6 zeigt den Kontrast zwischen einer *kap̱* (hand-) 'voll' und zwei *ḥopæn*, wodurch die Bedeutung beider termini klar wird. Fronzaroli (260) definiert *ḫupn* als Faust, oder das, was die Faust halten kann, eine Handvoll.

c) Auch *šoʿal* bezeichnet die hohle Hand oder eine Handvoll. Im späteren Hebr. meint es auch die Tiefe (des Meeres?). 1 Kön 20, 10; Ez 13, 9 zeigen den Pl. in der üblichen Verwendung für die Handvoll Staub bzw. Gerste; Jes 40, 12 *mî-māḏaḏ bešŏʿolô majim* bezieht sich auf eine einzige Handvoll, wenn auch cj. *bešŏʿolîm jām* häufig bevorzugt wird.

d) *'ægrop* (nur Ex 21, 18; Jes 58, 4) wird unterschiedlich aufgefaßt. LXX und V schlagen 'Faust' vor (πυγμή, pugnus); auch 'Spaten, Schaufel' wurde in Anlehnung an die Ableitung von *grp* (vgl. Ri 5, 21) angenommen sowie 'hinwegschaufeln', verglichen mit arab. *grf*. Die Tatsache, daß *'ægrop* in jedem Beispiel zu *'æḇæn* parallel steht, löst das Problem nicht, obwohl zwei Objekte zu erwarten wären: ein hölzerner Gegenstand und ein anderes Gerät. Vgl. auch Num 35, 17 *be'æḇæn jāḏ*, 35, 18 *bikelî ʿeṣ-jāḏ*, jedoch 35, 21 einfach *bejāḏô;* die Konstruktion ist nicht völlig klar.

e) Weitere termini sind: *zerôaʿ* → זרוע 'Arm', dessen Bedeutung sich mit der von *jāḏ jāmîn* und *śemo'l* für die rechte bzw. linke Hand überschneidet; vor allem ersteres wird in demselben metaphorischen Sinn verwendet wie *jāḏ* 'Macht, Kraft' (s. u.). *'ammāh* 'Unterarm, Elle' erscheint oft als Maßeinheit. *'æṣbaʿ* 'Finger, Zehe' (s. o.) steht häufig in enger Verbindung mit *jāḏ* oder *kap̱*; zur speziellen metaphorischen und theologischen Verwendung s. u. Hiermit wäre zu vergleichen der magische Gebrauch von akk. *ubānu* (Holma, 123f., vgl. hebr. *bohæn, behôn* [z. B. Ri 1, 6]. Besondere Bedeutung wird offensichtlich dem Bestreichen des rechten Daumens und der großen Zehe der Priester mit Opferblut Ex 29, 20, nach Lev 8, 23f. auch des rechten Ohrläppchens, beigemessen. Vgl. Lev 14, 14. 25, und den Gebrauch von Öl in Ritualen (Lev 14, 17. 28), die sich auf die Reinigung vom *ṣāraʿaṯ* beziehen.

5. Aram. *jaḏ* steht für die eigentliche Hand (Dan 5, 5, mit Hinweis auf die Finger [*'æṣbeʿān*] einer Männerhand) und metaphorisch für 'Macht, Herrschaft' (so Dan 6, 28 'die Macht *jaḏ* des Löwen') – obgleich *jaḏ* vermutlich auch die 'Tatze' bezeichnen könnte (vgl. auch Esr 5, 8). 'Unter die Herrschaft stellen von' wird durch *jehaḇ bejaḏ* ausgedrückt, z. B. Dan 2, 38 (vgl. *nāṯan bejāḏ* im Hebr.), 'aus der Gewalt erretten' durch *šêziḇ min-jaḏ* (Dan 3, 15). Des Menschen Atem steht unter der Herrschaft Gottes (*nišmeṯāḵ bîḏeh*, Dan 5, 23). Dan 2, 34. 45 *dî-lā' bîḏajin*, vgl. hebr. *'æpæs jāḏ*, drückt das Zustandekommen ohne menschliche Mitwirkung aus.

šelaḥ jaḏ (Esr 6, 12) meint wie im Hebr. 'unternehmen'. Esr 7, 14. 25 finden sich zwei Bezeichnungen für das Gesetz Esras – *dāṯ 'ælāhāḵ dî bîḏāḵ* und *ḥŏḵmaṯ 'ælāhāḵ dî-bîḏāḵ*. Der parallele Sprachgebrauch von *sip̄rā'* in den Elephantine-Papyri (AP 10, 12) legt eine Bedeutung 'das Gesetz(buch) in deiner Hand, dein Besitz' nahe, möglich ist aber auch ein Sinn 'unter deiner Herrschaft'.

In Dan 4, 32 bedeutet *jemaḥe' bîḏeh* idiomatisch „(niemand darf) ihn auf die Hand schlagen", d. h. niemand darf ihm Einhalt gebieten, nach seinem Gefallen zu tun, wobei 'die Hand Gottes' metaphorisch für das in seiner Macht Stehende gebraucht ist.

Bibl. Aram. *pas jeḏā'* (Dan 5, 5. 24) bedeutet 'flacher Handrücken' oder 'die ganze Hand unterhalb des Gelenks', nicht aber 'die Handfläche' (vgl. phön. *pst* 'Tafel'); in späterem Hebr. bedeutet *pas*: 'Stück', Hand- oder Fußfläche'; aram. *passa'* 'Spaten'; vielleicht auch *keṯonæṯ passîm* Gen 37, 3 usw. 'Rock aus Flicken'. Bibl. Aram. *'ammāh* (Dan 3, 1; Esr 6, 3) wird nur für die Maßeinheit Elle verwendet.

In IQGenApok 20, 4–5 stehen *jaḏ* und *kap* parallel in der Beschreibung der Schönheit Sarah's (vgl. J. T. Milik, RB 62, 1955, 400, der eine Wendung aus Test.Lev. in Aram. zitiert: (ואצבעת כפי וידי). IQGenApok 21, 15 hat ליד ימא für das Ufer des Meeres.

6. Das übliche Wort für 'Hand' und gebräuchliche Äquivalent für *jāḏ* im Griech. ist χείρ (zum klassischen Gebrauch von χείρ vgl. ThWNT IX, 413–427). Der Begriff beinhaltet sowohl die menschliche als auch die göttliche Hand mit ihren schützenden und heilenden Funktionen (zu letzterem vgl. unten). Im übertragenen Sinn meint er 'Seite' (vgl. hebr.), 'Macht, Kraft', 'Arbeit, Tätigkeit' und einer 'Handvoll' oder die 'Truppe'. χείρ gibt nicht nur *jāḏ* wieder, sondern auch *kap* (z. B. Ri 6, 13f.), *ḥopæn* (z. B. Ez 10, 2 LXX A), *šoʿal* (Jes 40, 12), *tāw* (Hi 31, 35), *jāmîn* (Gen 48, 14). *koaḥ* in Num 14, 27 wird in LXX A mit χεῖρ, in LXX B jedoch mit ἰσχύς übersetzt. Ebenso wird eine große Anzahl weiterer termini verwendet, vor allem für die speziellen erweiterten Bedeutungen von *jāḏ;* eine detaillierte Ausführung hierzu erübrigt sich.

III. 1. Der Begriff *jāḏ*, einfach als Teil des menschlichen Körpers, erscheint am klarsten in den vielen Ausdrücken, die die Hand, die etwas hält, beschreiben. Die Reihe der Objekte ist weit gestreut (vgl. o. II. 4), ähnlicher, manchmal auch gleicher Sprachgebrauch liegt bei *kap̱* vor. So hält die Hand: Waffen (z. B. *ḥæræḇ* Num 22, 23; allgemeiner *kelîm* 2 Kön

11, 8; *ḥᵃnîṯ* 1 Chr 11, 23; *kîḏôn* Jos 8, 18), Haushaltsgegenstände des täglichen Lebens (z. B. *kôs* Gen 40, 11; *kaddîm* Ri 7, 19; *kᵉlî* Jer 18, 4 als Gefäß des Töpfers; *kæsæp* Deut 14, 25), Opfergaben (*'eš* Gen 22, 6; *minḥāh* Num 5, 25; *šôr* 1 Sam 14, 34; *ʿæglat bāqār* 1 Sam 16, 2), für die auch die Verwendung von *kap* gebräuchlich ist. In den beiden letzten Beispielen *šôr* und *ʿæglat bāqār* geht der Sinn von 'in der Hand halten' auf die erweiterte Bedeutung 'in seinem Besitz haben' über. Eine ähnliche Erweiterung ist auch in dem Begriff *mᵉ'ûmāh min-haḥeræm* (Deut 13, 18) impliziert. Das Spektrum ist so groß, daß diese wenigen Beispiele genügen müssen. Ihnen ist zu entnehmen, daß es sich bei realen oder metaphorischen Objekten um den gleichen Sprachgebrauch handelt: so hält JHWH einen *kôs* in seiner Hand (z. B. Jes 51, 17), ein *qæšæṯ* als Waffe ist metaphorisch gebraucht (vgl. Hi 29, 20). Sehr häufig wird der Gegenstand – real bzw. metaphorisch – als *bᵉjaḏ* befindlich beschrieben; Esr 8, 33 wird aber Silber in (*ʿal*) die Hände gewogen. Für 'halten' steht *ḥāzaq*, daher *hannaʿar hammaḥᵃzîq bᵉjāḏô* (Ri 16, 26) oder auch *'āḥaz* (Ps 73, 23). Aber diese Verben haben auch einen erweiterten oder metaphorischen Sinn, der auf 'Lenkung, Führung' hinweist (vgl. deutlicher Jes 51, 18 [parallel zu *mᵉnahel*]; Jer 31, 32 im Kontext des Bundes), oder auf Ermutigung (vgl. Ez 13, 22 *pi*). *sāmaḵ* wird Ps 37, 24 von der haltenden oder schützenden Hand Gottes ausgesagt.

In einer Reihe von Fällen ist die Grenze zwischen dem wörtlichen Gebrauch, einen Gegenstand in der Hand halten, und den erweiterten Bedeutungen von 'unter der Herrschaft, Gewalt stehen' (vgl. Ps 95, 4), sowie von der Hand als Stellvertreter für eine Person (vgl. Mal 1, 10, s. III. 2.), sehr schwer zu definieren. In Sach 4, 12 wird nicht deutlich, ob *bᵉjaḏ* bezüglich *šibbᵃlê hazzêṯîm* ein 'Halten', oder wahrscheinlicher 'neben' oder 'durch' meint.

Der idiomatische Ausdruck *maqqel jāḏ* (Ez 39, 9) bezeichnet klar die Waffe, die in der Hand gehalten wird.

2. Wie also ersichtlich, gibt es Fälle, in denen nicht leicht zu entscheiden ist, ob *jāḏ* wörtlich gebraucht wird im Sinne von 'Hand' oder weniger präzise im Sinne einer Person, die Macht ausübt oder deren Hand die Gewalt über einen bestimmten Gegenstand hat (vgl. A. R. Johnson). In einigen dieser Beispiele mag die wörtliche Bedeutung dominieren. So impliziert Ex 32, 4 *wajjiqqaḥ mijjāḏām*, daß das Weggenommene von den betreffenden Personen in der Hand gehalten wurde und daher real meint 'er nahm (es) von ihnen'. *jāḏajîm šopᵉḵôṯ dām-nāqî* (Spr 6, 17) kann offensichtlich auf der wörtlichen Ebene verstanden werden, denn es sind die Hände, die das Mordinstrument halten; dennoch ist hier klar impliziert, daß die Personen des Mordes schuldig sind. 'Aus der Hand jemandes fordern' heißt 'Verantwortung zuschieben' (so 1 Sam 20, 16). Aufmerksame Diener (Ps 123, 2) sollen auf die Handbewegung (*'æl-jaḏ 'ᵃḏônêhæm*) achten, die ihnen einen Befehl anzeigt; exakter jedoch ist der Begriff zu verstehen als Ausdruck der Aufmerksamkeit gegenüber der Autorität ihres Herrn.

Die Bedeutungserweiterung findet sich deutlicher in *ʿᵃśeh lᵉḵā 'ᵃšær timṣā' jādæḵā* (1 Sam 10, 7), das die angemessene militärische Handlung impliziert, aber auch erweiterten Sinn besitzt. Von hier führt deutlich eine Entwicklung zu dem nächsten Beispiel, wo die Hände die Eigenschaft von Personen erlangen. Ez 7, 27 beschreibt *wîḏê ʿam-hā'āræṣ tibbāhalnāh* den Zustand der 'Bedrängnis'; offensichtlich liegt hier eine erweiterte Bedeutung vor, indem mit 'Hand' eigentlich die Person bezeichnet wird, vgl. ähnliche Wendungen in Ps 6, 3f., wo *ʿᵃṣāmîm* und *næpæš* mit *bāhal* gebraucht werden. Was die Hände halten oder tun, kann metaphorisch die Haltung der Person selbst beschreiben. So zeigt *'āwæn bᵉjāḏᵉḵā* (Hi 11, 14) die unheilvolle Macht einer Person; *ṭᵒhŏr-jāḏajim* (Hi 17, 9) und *bor jāḏaj* (Ps 18, 21) drücken den Zustand der Reinheit einer Person mit dem terminus der Hände aus, die durch Berührung mit Unreinem beschmutzt werden können. So drückt Ps 18, 21 *ṣæḏæq* parallel zu *bor jāḏaj* einen weiteren Begriff aus. Die Gottlosen haben *zimmāh* an ihren Händen (Ps 26, 10). Blut an den Händen haben (vgl. Gen 4, 11), für Blut verantwortlich sein (Gen 9, 5), überhaupt verantwortlich sein (Gen 31, 39), wird auf die Hände bezogen, alles zur Bezeichnung der verantwortlichen Person. Hiermit vergleichbar ist die Qualität der Person *'ên bᵉjāḏî rāʿāh wāpæšaʿ* (1 Sam 24, 12), wie auch *jᵉdêḵæm dāmîm mālē'û* (Jes 1, 15), dem 1QJesᵃ אצבעותיכם בעאון hinzufügt.

Das Problem der Verunreinigung durch Berühren des Unreinen wird häufig mit den termini der Hände ausgedrückt wie auch die Beseitigung durch Begriffe des Reinigungsaktes (→ טמא [*ṭāme'*]; vgl. ThWNT IX 415). Daher wird die Reinigungswaschung (*rāḥaṣ*) an den Händen vollzogen (Ex 40, 31), auch an Händen und Füßen (Ex 30, 19). Der durch Körperabsonderungen (*zāḇ*) Unreine überträgt diese Unreinheit auf eine andere Person, wenn er sich nicht vorher die Hände reinigt (*wᵉjāḏājw lō'-šāṭap bammājim*, Lev 15, 11).

Die Berührung mit der Hand (*jāḏ nāgᵉʿāh bî*, Dan 10, 10) kann im Sinne von Schutz, schützen verstanden werden, doch die analoge Stelle Jes 6, 7, wo der Mund Jesajas mit einer glimmenden Kohle vom Altar berührt wird (*nāgaʿ ʿal*), zeigt, daß die Bedeutung 'Reinigung' gleicherweise möglich ist.

Die Hand kann schützen: *tānûaḥ jaḏ-JHWH bāhār hazzæh* (Jes 25, 10 Q) drückt eine bestimmte Handbewegung aus (vgl. auch *jāḏ* ... *hājᵉṯāh 'æṯ* Jer 26, 24). Aber das gleichklingende Verb *nāḥaṯ* wird Ps 38, 3 in feindlichem Sinne verwendet, wo *wattinḥaṯ ʿālaj jāḏæḵā* parallel zu *ḥiṣṣæḵā niḥᵃṯû bî* in einem Wortspiel um *nûaḥ* und *nāḥaṯ* steht. Pred 7, 18 gebraucht dasselbe Verb im Sinne von 'festhalten' (*'al-tannaḥ 'æṯ-jāḏæḵā*, parallel zu *'āḥaz*); Pred 11, 6 findet sich eine vergleichbare erweiterte Bedeutung des Verbs mit *jāḏ*: 'die Hand nicht zurückhalten', d. h.

'nicht faul sein'. Danach kann die Wurzel *nûaḥ* in Verbindung mit *jāḏ* entsprechend dem Kontext eine Reihe von Bedeutungen haben. Ein anderer Gedanke des Schützens wird Jer 33, 13 in *'al-j^e ḏê mônæh* (zum Gebrauch von *pāqaḏ* in Ps 31, 6 s. u.) wiedergegeben, der die Sicherheit der Herde unter des Hirten Obhut als eine Metapher der göttlichen Fürsorge gebraucht.

Dasselbe trifft auch für *kap̱* zu. *ḥāmās* (Gewalt) ist an des Menschen Hand (z. B. Jon 3, 8), ebenso *'āwæl* (Ps 7, 4), *ra'* (Mi 7, 3). Jes 59, 3 stehen *kap̱* und *'æṣba'* parallel mit Hinweis auf die Verunreinigung durch Blutvergießen und *'āwæn* (vgl. Jes 1, 15 in 1QJes^a). Ebenso kann *kap̱* auch für Wendungen der Unschuld und Reinigung gebraucht werden (z. B. Ps 24, 4; 26, 6). Ps 78, 72 ist *wajjar'em k^e ṯom l^e ḇāḇô uḇiṯ^e ḇûnôṯ kappājw janḥem* übertragen auf das göttliche Handeln.

3. *Jāḏ* wird auch zur Bezeichnung von Besitz und Herrschaft verwendet, wobei die letzte Bedeutung die Grundlage für einen weit umfangreicheren metaphorischen Gebrauch darstellt. Im wörtlichen Sinn kann sogar gestohlenes Eigentum im Besitz (*b^e jāḏô*) einer Person sein (Ex 22, 3). Bestimmte Gebiete können im Besitz eines Königs sein und daher aus diesem Besitz oder dieser Verfügung wieder genommen werden (*mijjāḏô*, Deut 3, 8). *taḥaṯ jāḏ* bezeichnet das im Besitz oder in der Verfügungsgewalt einer bestimmten Person Befindliche (z. B. 1 Sam 21, 4).

Hiermit verwandt ist vielleicht der Gebrauch der Wurzel *māle'*, bezogen auf die Einsetzung und Weihe. Das gebräuchliche *mille' jāḏ* (vgl. Ex 28, 41) wird für die priesterliche Einsetzung verwendet und ist – wie Ri 17, 12 ersichtlich – verbunden mit der Vereinbarung einer angemessenen Bezahlung (vgl. v. 10, wo von einer regelmäßigen Zahlung von 10 Sekel Silber, sowie von Kleidung und Unterhalt gesprochen wird), so daß der Begriff *mille' jāḏ* die eigentliche Übergabe der ganzen oder symbolischen Bezahlung in die Hand der eingesetzten Person impliziert. Eine Ausweitung von hier zur Altarweihe scheint Ez 43, 26 (MT) aufzuzeigen, wo der Begriff neben *kippær* und *ṭihar* als dritter terminus in der Beschreibung erscheint; einige Versionen jedoch beziehen diesen Begriff auf die Priesterweihe (vgl. Zimmerli, BK XIII, 1098).

1 Chr 29, 5; 2 Chr 29, 31 wird dieselbe Konstruktion für die Aufbringung großzügiger Abgaben verwendet, die vielleicht im Zusammenhang mit dem oben erwähnten Zweck zu sehen sind. Ein unterschiedlicher Gebrauch findet sich in Fällen, in denen ein Gegensatz zwischen 'Geloben mit dem Munde und Erfüllen (*mille'*) mit den Händen' aufgestellt wird (z. B. Jer 44, 25). Unterschieden davon ist der Gebrauch von *mille'* hinsichtlich des Spannens eines Bogens (*mille' jāḏô baqqæšæṯ*, 2 Kön 9, 24; vgl. dazu *z^e rôa'*, ThWAT II 651).

Eine abweichende metaphorische Erweiterung könnte in Pred 7, 26 (27) für die Hände der Frau als Fesseln vorliegen; alternativ wäre zu denken an *jāḏ* im Sinne von 'Liebe', vgl. II. 3.

4. Ein besonderer und verwandter Gebrauch zeigt sich in der Präpositionalform *b^e jaḏ*, häufig gebraucht für den individuellen Mittelsmann, der eine bestimmte Aufgabe zu erfüllen hat. *b^e jaḏ* kann sich einfach auf die Durchführung eines Auftrags beziehen, wie in *b^e jaḏ re'ehû* (Gen 38, 20), aber auch auf den speziellen Beauftragten wie in *b^e jaḏ go'el haddām* (Jos 20, 9). Gott kann durch die Vermittlung einer besonders erwählten Person (*môšîa' b^e jāḏî*, Ri 6, 36) erretten.

Die Unterscheidung zwischen diesen Wendungen und solchen, in denen die wirkliche Hand gemeint ist, ist nicht immer deutlich: so beschreibt Ri 3, 15 die Übergabe des Tributs (*minḥāṯ*) *b^e jaḏ* – mit der Hand oder durch die Vermittlung Ehuds. In Verbindung mit Gott (z. B. Ex 16, 3, *b^e jaḏ JHWH*) ist die Interpretation 'durch die Macht von' besser. Die Verwendung von *b^e jaḏ* in bezug auf prophetisches Wirken findet sich Hag 1, 1. 3; 2, 1. 10 (wo einige Manuskripte *'æl* haben) und Mal 1, 1. In Sach 7, 7. 12 und Hos 12, 11 bezieht sich der Ausdruck allgemeiner auf die Propheten in ihrer Gesamtheit.

Ebenso ist es schwierig, eine deutliche Unterscheidung zwischen *b^e jaḏ* im Sinne einer Vermittlung und seinem Gebrauch im Sinne von 'unter der Herrschaft von' zu machen. 2 Chr 26, 11 werden sowohl *b^e jaḏ* als auch *'al-jaḏ* benutzt, wobei die Differenzierung zwischen beiden keineswegs klar ist; noch wird völlig deutlich, ob die Wendungen 'durch Vermittlung von' oder 'unter der Herrschaft von' bedeuten.

Auch *b^e jaḏ-piš 'ām* Hi 8, 4 ist mehrdeutig: entweder sind Hiobs Söhne 'in die Gewalt ihrer Sünde gegeben', oder wir verstehen den Ausdruck als 'wegen' der Sünde (so Svi Rin, BZ NF 7, 1963, 32f., der ugar. *bd 'itt*, 'wegen einer Frau' mit Jer 41, 9 *b^e jaḏ-g^e ḏaljāhû* vergleicht), oder das Gericht erfolgt 'aufgrund' der Sünde.

5. Ein weites Spektrum an Ausdrücken charakterisiert Gesten und Bewegungen, die mit der Hand ausgeführt werden; in einigen Beispielen ist die Bedeutung ziemlich klar, in anderen jedoch hinterläßt selbst der Kontext Zweifel an der präzisen Interpretation der Geste. Die Merkmale der betreffenden Handbewegungen weisen auf die Auslegung des ikonographischen Materials hin (s. IV. Ikonographie, und Révész, 92–114).

a) Eine Reihe von Wendungen sprechen von Handbewegungen im Zusammenhang mit Geschäften und Bürgschaften. So scheint es, daß *jāḏ l^e jāḏ* Spr 11, 21; 16, 4 eine Art feierliche Zusicherung bezeichnet, eine Verbürgung von Wahrheit und Glaubwürdigkeit für das Ausgesagte (vgl. W. McKane, Proverbs, OTL, 1970, 437, der die Wendung auf einen Vorgang bei Kauf und Verkauf bezieht). Denselben Sinn zeigt *tāqa'* 'schlagen, einschlagen'. So meint Hi 17, 3 *mî-hû' l^e jāḏî jittāqa'* (wofür auch die Lesung *jiṯqa'* vorgeschlagen wurde) parallel zu *śîmāh-nā 'ŏrḇenî*, 'Sicherheit geben', offensichtlich 'verbürgen, garantieren', 'verantwortlich haften für'. Dieselbe Wurzel wird auch im *qal* mit *kap̱* gebraucht, wohingegen die

Verpflichtungsbedeutung in Spr 22, 26 deutlich aus der Parallele 6, 1; 17, 18 ersichtlich ist. In Ps 47, 2 macht die Parallele mit *rûaʿ* den Sinn von Beifall wahrscheinlich und dasselbe trifft möglicherweise auch auf Nah 3, 19 zu. Zur Beschreibung von Freudengesten, ausgedrückt durch die Verben *māḥāʾ*, *nāḵāh*, vgl. u. Das Ineinanderschlagen der Hände drückt offensichtlich eine Art von Bürgschaft oder Übereinstimmung aus. Eng verbunden hiermit ist *teśûmæṯ jāḏ* (Lev 5, 21), das die Abgabe einer Verpflichtung bezeichnet, und *nāṯan jāḏ* Ez 17, 18 (vgl. 2 Kön 10, 15), wo es parallel mit *berîṯ* steht, und Vereinbarung oder Bund bedeutet (vgl. Zimmerli, BK XIII, 386). Eine andere Bedeutung scheint *nāṯan jāḏ* Gen 38, 28 zu haben, wo es nur 'die Hand ausstrekken' (vgl. *šālaḥ* unten) meint; Jer 10, 15 und Kl 5, 6 ist der Sinn wohl 'sich ergeben'; Ex 7, 4 hat es eine feindliche Bedeutung. 1 Chr 29, 24 (mit *taḥaṯ*) und 2 Chr 30, 8 (mit *le*) bezeichnet das 'Schwören des Treueeides', dessen Bedeutung mit der oben genannten Vereinbarung in Zusammenhang gebracht werden kann. *šîṯ jāḏ* ist eine andere Wendung, die manchmal eine Art Abkommen beinhaltet: Ex 23, 1 in Verbindung mit Frevler und falschem Zeugnis, Hi 9, 33 in Verbindung mit dem Schiedsmann, der in einem Rechtsstreit seine Hand auf beide Parteien legt. Die Wendung wird jedoch auch im Sinne von 'jemandem im Tode die Augen schließen' Gen 48, 17 gebraucht, vielleicht irgendwie analog zur Geste, jemandem die Hand auf den Mund legen als Aufforderung zum Schweigen (s. u.). Die Formulierung Gen 48, 17 scheint auf den ersten Blick einfach 'seine Hand jemandem auflegen' zu meinen, jedoch läßt der Kontext des Segnens hier 'Segen übertragen' durch eine Handbewegung vermuten, so daß von daher ein Vergleich mit dem später üblichen Gebrauch von *sāmaḵ* in Verbindung mit der Priesterweihe angebracht ist (s. u.).

b) Der in zwei Beispielen mit *nāṯan jāḏ* (s. o.) unterlegte Sinn des Treueeides wird in einer Reihe von Wendungen deutlicher, wobei besonders die Verwendung von *śîm* in diesem Sinne mit *taḥaṯ jārek* Gen 24, 2. 9; 47, 29 festzuhalten ist; damit vergleichbar *teśûmæṯ jāḏ* (s. o.). Zu weiteren Bedeutungen von *śîm* in Verbindung mit *jāḏ* und *kap̱* s. u. Das Erheben der Hand als Gebärde, die das Schwören eines Eides kennzeichnet oder begleitet, wird Gen 14, 22 mit *rûm hiph* ausgedrückt (vgl. auch Dan 12, 7, wo die Bewegung als das Heben der rechten und linken Hand spezifiziert ist); in weiteren Belegen wird *rûm* recht unterschiedlich gebraucht (s. u.). *nāśāʾ jāḏ* steht allgemein für das Schwören eines Eides (z. B. Ex 6, 8), und auch für das Aussprechen einer Segnung (Lev 9, 22; Ps 134, 2 parallel zu *bereḵ JHWH*); möglicherweise auch Ps 10, 12, obwohl sich hier das Erheben der Hand parallel zu *qûm* und mit *ʾal-tiškaḥ* eher auf den Kampf, das Zeigen der Macht gegen den Feind beziehen könnte. Ein feindlicher Sinn mag dem Eid in Ps 106, 26 impliziert sein; deutlicher wird dies in 2 Sam 18, 28; 20, 21 und Jes 49, 22, parallel zu *ʾārîm nissî*, als Geste gegen die Völker oder möglicherweise – trotz der Implikation von Krieg und Feindschaft – als Aufruf an die Völker, sich zu versammeln, um die Söhne und Töchter Israels zu tragen. *nāśāʾ jāḏ* erscheint auch Ps 28, 2 als Geste der Anrufung der Gottheit (s. u. j 4).

c) Ein weites Bedeutungsspektrum haftet der sehr gebräuchlichen Wendung *šālaḥ jāḏ* an (vgl. P. Humbert, VT 12, 1962, 383–395; Keel, 1974, 153–158 zu *šālaḥ* und *nāṭāh*). So kann sie das einfache Ausstrecken der Hand bezeichnen, lediglich zur Ausführung einer entsprechenden Handlung (z. B. Gen 3, 22 das Pflücken der Frucht; 8, 9 von Noah, der die Taube bei ihrer Heimkehr in seine Hand nimmt). Sie wird auch (wie *jāḏ šeluḥāh* Ez 2, 9) für eine ausgestreckte übernatürliche Hand gebraucht, die eine Schriftrolle hält; oft auch im feindlichen Sinne (z. B. Gen 37, 22), hier in enger Parallele zu *nāṭāh*. Hierauf bezogen ist die Bedeutung der sich ausbreitenden Macht und Herrschaft (Dan 11, 42). Wie in Ps 125, 3 kann die Hand auch für frevlerische Zwecke ausgestreckt werden; so vielleicht auch in *šālaḥ jāḏ ʿal* 1 Chr 13, 10, bezogen auf Ussa's Berührung der Lade, wobei die Präposition *ʿal* eine feindliche Tat ausdrückt. Anstelle von 2 Sam 6, 6 *wajjišlaḥ ʿuzzāh ʾæl-ʾarôn hāʾælōhîm wajjōʾḥæz bô* steht jedoch 1 Chr 13, 9 die einfachere Wendung *wajjišlaḥ ʿuzzā ʾæṯ-jāḏô*, die 13, 10 in feindlichem Sinn zu verstehen ist. *šālaḥ jāḏ* kann den rechtlichen Sinn von 'berühren' (Ex 22, 7) haben. *mišlaḥ jāḏ* bezeichnet Besitz (z. B. Deut 12, 7), in Jes 11, 14 offensichtlich in verwandtem metaphorischen Sinn. Die Wendung *šālaḥ (pi) jāḏ* wird Spr 31, 19 f. zweimal verwendet: das erste Mal im neutralen Sinn 'sich bemächtigen von', parallel zu *kappæhā tāmeḵû*, das zweite Mal in einer Geste der Freundlichkeit gegen den Armen, parallel zu *kappāh pāreśāh læʿānî*. HL 5, 4 (vgl. II. 3. 4.) *dôḏî šālaḥ jāḏô min-haḥôr* kann wegen der bildlichen Darstellung der Liebe und der möglichen Doppelbedeutung mit 'steckte seine Hand durch die Öffnung', aber auch mit 'er zog seine Hand zurück von' interpretiert werden. In jedem Fall ist der sexuelle Bezug spürbar. Eine weitere Wendung *šālaḥ mijjaḏ* (1 Kön 20, 42) bedeutet 'freilassen'. Ein feindlicher Sinn wird oft mit *nāṭāh jāḏ* (z. B. Jes 5, 25) und durch die verwandte Wendung *hajjāḏ hanneṭûjāh* (z. B. Jes 14, 26) wiedergegeben, obwohl *zerôaʿ* der gebräuchlichere terminus ist (s. ThWAT II 653 ff.). *nāṭāh jāḏ* wird auch als Gestus des Anrufens (Spr 1, 24) verwendet.

H. Wildberger (BK X/1, 217 zu Jes 11, 9) hält die Wendung für eine ursprünglich schützende Geste, häufig umgedeutet, um Feindschaft auszudrücken; es scheint sich jedoch kein Beleg zu finden, in dem die schützende Bedeutung unbestritten ist.

Das Gegenteil des 'Ausstreckens der Hand' ist ihr 'Zurückziehen', ausgedrückt durch *šûḇ hiph* (vgl. Gen 38, 29). Jer 6, 9 zeigt die Verwendung dieses terminus in der praktischen Bedeutung einer Handlung des Winzers, der die Trauben abschneidet; Am 1, 8

u. ö. findet sich jedoch auch eine feindliche Bedeutung; so auch Kl 2, 8; 3, 3. Ein Mensch mag seine Hand vom Frevel zurückziehen (Ez 18, 8), und Gott zieht seine Hand zurück, um nicht zu vernichten (Ez 20, 22). In Jes 1, 25 scheint der Ausdruck ein solches Zurücknehmen der Feindseligkeit oder einen Akt der Wiederherstellung zu meinen. Ps 74, 11 bringt dies lebendiger zum Ausdruck, wobei unter Verwendung von *jāḏ* und *jāmîn* von Gott gesagt wird, daß er seine Hand in der Falte seines Gewandes verbirgt (*miqqæræḇ ḥêqeḵā* Q). Dieselbe Bedeutung wird Ex 4, 6f. ausgedrückt, zuerst durch *bô' hiph*, dann durch *šûḇ hiph*.

d) *śîm* mit *jāḏ* und *kap* ist mit den Gesten des Schweigens assoziiert (s. u. g 2). Auch drückt es Schutz (*kap*, Ps 139, 5) und Feindseligkeit (*kap*, Hi 40, 32) aus. Das metaphorische *śîm næpæš beḵap* (Ri 12, 3; 1 Sam 19, 5; 28, 21) bedeutet 'sich der Gefahr aussetzen'; auch Hi 13, 14 parallel zu *'æśśā' beśārî beṣinnāj* gebraucht. Die Bedeutung derselben Wendung in Ps 119, 109, parallel zu *wetôrāṯeḵā lo' šāḵaḥti* ist sehr unsicher.

e) *māṣā'* mit *jāḏ* (z. B. *jāḏî māṣe'āh*; Jes 10, 10) bedeutet 'erreichen' oder 'ergreifen, besetzen', wobei das Subjekt Assyrien ist (so auch Jes 10, 14). In Ps 21, 9 wird *jāḏ* parallel zu *jāmîn* (beide Male mit *māṣā'*, einmal mit *le* und das andere Mal mit Akk.) im Sinne von 'erreichen' verwendet. In Hi 31, 25 bedeutet es 'Reichtum erwerben'; Pred 9, 10 'was die Hand zu tun findet'; so auch in 1 Sam 10, 7, wo offensichtlich eine militärische Aktion impliziert ist (s. III. 2.), wohingegen in Pred eine mehr allgemeine Bedeutung vorliegt.

f) Jer 38, 23 (vgl. auch 34, 3) steht *tāpaś* für das 'Packen, Ergreifen' der Hand, weiter für 'Gefangennehmen'.

g) *rāpāh* mit *jāḏ*, sei es in einem Verbalausdruck wie *hæræp jāḏæḵā* (2 Sam 24, 16) 'laß deine Hand ruhen', oder in adj. Verbindung wie *jāḏajim rāpôṯ* (z. B. Jes 35, 3), gibt entweder Schwäche, Trägheit oder Nachlassen der Spannkraft wieder. In Jer 38, 4; Esr 4,4 steht *rāpāh pi* für 'Schwäche verursachen', d. h. 'entmutigen'. Oft werden Wendungen dieser Art in Verbindung mit termini der Furcht oder der Aufmunterung gebraucht. Das Bild zeigt die locker herabhängenden Hände im Gegensatz zu den kraftvoll erstarkten, mit Macht versehenen (*ḥāzaq qal* und *pi*, so mit *jāḏ* z. B. Ri 9, 24; vgl. auch j. 3 unten und den üblichen Gebrauch von *jāḏ ḥazāqāh*, s. u. V.). 2 Chr 15, 7 verwendet *ḥāzaq* in Parallele mit *lō' rāpāh*. Deut 32, 36 hat *'āzelaṯ jāḏ* den ähnlichen Sinn der 'schwindenden Macht' für Israels Kraftverlust. Pred 10, 18 wählt *šiplûṯ jāḏajîm* ebenfalls für 'Schwäche, Mangel an Aktivität'.

h) *qāṣar* (→ קצר II) von der Hand ausgesagt, drückt im wesentlichen das Gegenteil von *šālaḥ* aus. Es steht für die nicht ausgestreckte, eng an den Körper angelegte göttliche Hand, im Gegensatz zu der beim Handeln ausgestreckten Hand (s. u.).

i) *hāpaḵ jāḏ* (z. B. 1 Kön 22, 34) wird für die Tätigkeit des Lenkers gebraucht, der den Wagen umwendet.

j) Im folgenden seien die vielen Wendungen erwähnt, die deutlich eine Handbewegung aussagen, deren präzise Bedeutung jedoch nicht in jedem Fall deutlich wird.

(1) Hi 31, 27 hat *wattiššaq jāḏî lepî* in einem Kontext, der die Sonnen- und Mondverehrung andeutet; hier kann eine Geste der Verehrung angenommen werden, wenn auch die präzise Bedeutung unbekannt bleibt.

(2) *jāḏ lepæh* in Spr 30, 32 scheint eine Gebärde des Schweigens anzudeuten, wenn jemand in unüberlegte Handlungen verwickelt ist; jedoch wird die Beziehung von hier zur vorhergehenden Stelle Hi 31, 27 nicht klar. Hi 21, 5 (*jāḏ*) und 29, 9 (*kap*) drücken das Schweigen mit *śîm* und derselben Wendung aus.

(3) Sach 14, 13 hat *wehæḥæzîqû 'îš jaḏ re'ehû we'āleṯāh jāḏô 'al-jaḏ re'ehû*. Der Kontext gibt die durch göttliches Eingreifen entstandene Panik wieder und v. 14a spricht von dem Konflikt zwischen Judah und Jerusalem. Da der erste Satz Ermutigung, Befreiung von Furcht (vgl. o. g) zeigt, kann man einen ähnlichen Inhalt auch für den zweiten Satz vermuten. In diesem Fall würden beide Wendungen die Antwort des Volkes auf eine katastrophale Situation nahelegen, wobei die zweite vermutlich mit dem Thema 'Sicherheit' von *jāḏ lejāḏ* (s. o. a) in Verbindung zu bringen ist.

Als Alternative (so NEB) ließe die erste Wendung an Ermutigung denken, die zweite an Feindschaft zwischen Bundesgenossen in dem Augenblick, in dem sie sich gegenseitig Kraft zu geben versuchen. Tatsächlich weist *'ālāh* mit *'al* ganz selbstverständlich auf eine feindliche Haltung hin, so daß beide Wendungen häufig in dieser Bedeutung wiedergegeben werden, mit *ḥāzaq hiph* 'ergreifen' im feindlichen Sinne. Sollte (wie z. B. P. D. Hanson, The Dawn of Apocalyptic, Philadelphia 1975, 371 vorschlägt) v. 14a eingeschoben sein und eine widersprechende Bemerkung über den Bürgerkrieg in eine Stelle bringen, die von Gott und den Völkern handelt, dann erscheint jeder Sinn möglich: die feindliche Bedeutung würde sich dann auf den Schrecken beziehen, der zwischen den Völkern ausbricht, die ermutigende dagegen auf die Reaktion in Juda hinsichtlich der göttlichen Tat. Der präzise Sinn bleibt zweifelhaft, da *'ālāh 'al* auch 'zur Unterstützung von' meinen kann.

(4) *bemo'al jāḏajim* (Neh 8, 6), ebenfalls von *'ālāh* abgeleitet, ist vielleicht verwandt; die naheliegendste Annahme ist, daß es sich auf das Erheben der Hände bei der feierlichen Verkündigung des *'āmen* bezieht. Die Tatsache, daß hier keine Feindseligkeit anzunehmen ist, kann als Unterstützung der Bedeutung 'Ermutigung' in Sach 14, 13 angesehen werden.

(5) *māḥā'* wird mit *jāḏ* und *kap* gebraucht. In Ez 25, 6 steht *māḥā' jāḏ* parallel zu *rāqa' rægæl*, beide wiederum parallel zu *śāmaḥ*. Daher ist hier ein Akt der Freude anzunehmen, was auch die Bedeutung für Jes 55, 12 (*kap*) und Ps 98, 8 (*kap*) parallel zu *rānan* zu sein scheint. *tāqa' kap* (in Parallele mit *rûa'*, Ps 47, 2) drückt Beifall aus, so vermutlich auch Nah 3, 19. Andere Verben des Schlagens meinen jedoch Ärger und Feindschaft: *sāpaq kappajim*, Num 24, 10, Ärger; auch in Kl 2, 15; Hi 27, 23 (*sāpaq*), beide parallel zu *šāraq*, wird das Zischeln als feindseliger Akt betrachtet. Diese Konstruktion hat auch Jes 2, 6 cj. *biḏê nŏḵrîm jaśpîqû*, allerdings ist der Sinn von *śpq* II 'Überfluß haben, strotzen von' zutreffender, denn die Bedeutung 'ein gutes Geschäft machen'

kommt bei *sāpaq* I (*śāpaq*) nicht vor. *nāk̲āh*, ebenfalls mit *kap*, drückt 'Not, Elend' aus (in Ez 6, 11 *hiph* mit *b^ek̲ap*, parallel zu *rāqa' b^eræg̲æl* und weitergeführt mit *'āmar 'āḥ;* auch Ez 21, 19, wo *w^ehak̲ kap 'æl-kāp̲* das Elend bei der Urteilsverkündigung nahelegt). Ez 22, 13 schlägt (*nāk̲āh hiph*) JHWH im Zorn mit seiner Hand (*kap*); 21, 22 ist die Wendung aus 21, 19 verbunden mit JHWH, 'der seinen Zorn stillt' (*nûaḥ hiph*), das entweder „ihn (den göttlichen Zorn) abklingen lassen" oder wahrscheinlicher, „ihn sich legen lassen" meinen kann (vgl. Sach 6, 8).

(6) *jānîa' jāḏô* (Zeph 2, 15) stellt eine vermutlich feindliche Gebärde dar, denn es steht parallel zu *šāraq*. Dan 10, 10 bezeichnet das *Hiph* Daniels 'sich Stützen auf seine Knie und Handflächen' (*kappôṯ jāḏî*); möglich ist aber auch eine Verschreibung für *'ûr*.

(7) *nûp hiph* scheint auch eine feindliche Bewegung zu beinhalten. Die gebräuchliche Wiedergabe 'weben, schwenken' wird von J. Milgrom (IEJ 22, 1973, 33–38) als ungenügend bezeichnet; das Verb meint 'hochheben, aufheben, emporheben'. Dies geht aus Jes 10, 32; 11, 15; Sach 2, 13; Hi 31, 21 klar hervor. Jes 13, 2 könnte es eine Drohung oder ein Signal sein, wobei letzteres mit *śe'û nes* und *hārîmû qôl* besser in den Kontext paßt; alle drei Wendungen zeigen dann das Zusammenrufen der Krieger an. Der Gebrauch desselben Ausdrucks in 2 Kön 5, 11 weist jedoch auf eine unterschiedliche Bedeutung hin; vermutlich erwartet Naaman von Elisa, daß er durch einen feindlichen Gestus seine Krankheit von ihm vertreibe, wahrscheinlicher jedoch verstand man das Erheben der Hand des Propheten als magische Kraft (vgl. z. B. Révész, 114–121).

(8) *rûm hiph* wurde bereits oben erwähnt (s. b); dazu aber ist auf eine wörtlichere Bedeutung 'hochheben' von Hand oder Fuß hinzuweisen (Gen 41, 44), wo die Durchführung einer Handlung angezeigt wird; vgl. das 'Erheben' der Hand (Ex 17, 11) und ihr Senken (*nûaḥ hiph*) in den Gesten Moses während der Schlacht mit Amalek. 1 Kön 11, 26f.; Mi 5, 8 ist die Bewegung feindlich und könnte ähnlich wie das Handeln des Mose gesehen werden. Hierauf bezieht sich auch die gebräuchlichere Verwendung von *jāḏ rāmāh* im Sinne des 'Triumphierens' (Deut 32, 27; Ez 14, 8; Num 33, 3; möglicherweise auch Jes 26, 11). Num 15, 30 könnte die Wendung eher 'vorsätzlich, trotzig' meinen. Deut 12, 6; 13, 17 bezeichnet *t^erûmaṯ jæḏ^ek̲æm* das zu Opfernde, das vor Gott Erhobene.

(9) *śîm* mit *jāḏ 'al rō'š* (2 Sam 13, 19) meint offensichtlich eine Geste der Bedrängnis oder Scham (vgl. Jer 2, 37).

(10) *jāḏājw 'al-ḥ^alāṣājw kajjôleḏāh* (Jer 30, 6) ist eine Gebärde der Bedrängnis.

(11) *no'er kappājw* (Jes 33, 15) meint eine Bewegung, mit der die Ablehnung einer Bestechung ausgedrückt wird.

(12) *jāṣaq majim 'al-jāḏajim* (2 Kön 3, 11) kann eine Geste des Respekts oder eine Dienstleistung sein.

(13) Eine Reihe von Bewegungen sind im besonderen mit den verschiedenen Gesten assoziiert, so am deutlichsten in dem Gebrauch von *pāraś* (*qal* und *pi*). In Jes 25, 11 wird das Verb für einen Schwimmer gebraucht, der seine Hände (*jāḏ*) ausbreitet; dem verständlichen Anfangsstichos und Vergleich folgt eine dunkle Bezugnahme auf *'im 'ŏr^eḇôṯ jāḏājw*, die vielleicht als 'Fertigkeit, Gewandtheit' (vgl. arab. *'irbatun;* vgl. Kaiser, ATD 18, 1973, 164) zu interpretieren ist. Kl 1, 10 bedeutet das Verb mit *jāḏ* 'die Hände zum Plündern ausstrecken'. Häufiger jedoch wird es für die Anrufung der Gottheit gebraucht: so Ps 143, 6; Kl 1, 17; beide mit *jāḏ* (letzteres mit *b^ejaḏ*); öfter mit *kap* (z. B. in Jes 1, 15). Jes 62, 5 verwendet das gleiche Idiom, um Gottes Aufruf an das Volk auszudrücken. Spr 31, 20 (s. o.) steht *pāraś qal* mit *kap* parallel zu *šālaḥ pi* mit *jāḏ* für das Ausstrecken der Hände als Geste der Freundlichkeit. Hiermit kann man das singuläre Auftreten von *šāṭaḥ pi* mit *kap* in Ps 88, 10, parallel zu *qārā'* vergleichen.

(14) *nāśā'* hat *jāḏ* und *kap* im Sinne von 'Anruf, Aufruf' (so Kl 2, 19; Ps 63, 5; 119, 48 [*'æl-miṣwôṯæk̲ā*]; 141, 2 – alle mit *kap;* Ps 28, 2; 63, 5 mit *jāḏ*); in ähnlichem Sinn Ps 86, 4 mit *næpæś*. Fraglich ist, ob es für *nāśā'* ohne Objekt in jedem Fall angebracht erscheint, die Hinzufügung (vgl. z. B. KBL² 636) von *qôl* anzunehmen ('die Stimme erheben') oder ob wir andere mögliche Bezüge auf eine Handbewegung oder auf ein anderes Beispiel von Hand und Stimme als Bezeichnung der ganzen Person annehmen müssen, die ebenso mit *næpæš* ausgedrückt sind.

(15) *pāṯaḥ* mit *jāḏ* Deut 15, 8. 11 drückt Großzügigkeit aus; in Ps 104, 28; 146, 16 öffnet Gott seine Hände (*jāḏ*) zum Segen, beide Male in Verbindung mit der Gewährung von Nahrung für seine Geschöpfe. Das Gegenteil wird Deut 15, 7 wiedergegeben mit *qāpaṣ jāḏ* parallel zu *'immēṣ lēḇāḇ*.

(16) 2 Kön 4, 34 beschreibt, wie Elisa ein Kind zum Leben erweckt; das verwendete Verb ist *śîm:* Elisa legt *kappājw 'al kappājw* und ähnlich macht er es mit *pæh* und *'ênajim*. Es ist augenscheinlich, daß auch hier ein starkes magisches Element vorliegt, das die Übertragung des Lebens von einer Person auf die andere zum Ausdruck bringt und vermutlich die Wiedererweckung eines jeden Körperteiles durch die Berührung mit dem korrespondierenden Teil aussagt.

(17) In Verbindung mit gewissen Handbewegungen können Segen und Fluch (dazu vgl. W. Jannasch, RGG III, ³1959, 53f.) übertragen werden. Der Gestus des Segnens besteht im Auflegen der Hände auf eine Person (*šālaḥ* und *šîṯ* in Gen 48, 14) und im Erheben der Hände (*nāśā'* in Lev 9, 22).

Die große Vielfalt der in diesem Überblick besprochenen Bewegungen zeigt nicht nur die Schwierigkeit bei der Feststellung des präzisen Sinnes jeder einzelnen Geste sondern auch die Wahrscheinlichkeit, daß sich in den tatsächlichen Lebenslagen die Bedeutung einer Gebärde erst aus dem Kontext ergibt, vielleicht auch durch Worte oder andere Begleitumstände. Das zeigt sich in einer Reihe von Fällen, in denen dieselbe Wendung für sehr unterschiedliche Bedeutungen verwendet wird. Um den Sinn der Hände und ihre Tätigkeiten jeweils zu erfassen, ist die Kontextinformation von entscheidender Bedeutung. Außerdem ist darauf hinzuweisen, daß in einer Reihe von Stellen – obgleich die Unterscheidung nicht klar zu treffen ist – wahrscheinlich eine Art von magischer Assoziation vorliegt, was sich bei der Betrachtung der im nächsten Abschnitt kurz zusammengestellten ikonographischen Belege erhellen läßt (vgl. Révész, a. a. O.). Auch gebraucht eine Reihe von Beispielen dieselbe Wendung zur Beschreibung der göttlichen und menschlichen Aktionen; die Bewegungen werden ganz selbstverständlich auch Gott zugeschrieben.

IV. 1. Die Darstellung von Händen und Armen im Alten Orient hat eine Vielzahl von Illustrationen der oben beschriebenen Handbewegungen hervorgebracht. Dabei ist klar, daß eine genaue Unterscheidung zwischen Hand und Arm in diesen Bildern nicht immer möglich ist, da der terminus *jāḏ* tatsächlich für beide steht. So zeigen alle unter → זרוע (*zᵉrôaᶜ*) erwähnten Illustrationen aus ANEP (Nr. 476; 479; 486; 490; 501 u. a.) Gottheiten, die Waffen in den Händen halten (entweder der rechten Hand oder in beiden Händen). In den meisten Belegen ist der rechte Arm über den Kopf erhoben. Grundsätzlich zeigen diese Bilder die Gottheit als Krieger. Keel macht hierbei eine sehr genaue Differenzierung zwischen der Darstellung einer Figur, die eine Waffe hält (sei es der *kîḏôn* Jos 8, 18ff. oder Moses *maṭṭæh*), und einer mit erhobenen Händen (vgl. Mose in Ex 17, 8ff.).

Das große Spektrum der Terminologie für das Erheben der Hände und die verschiedenen Bedeutungen, die den meisten der Verwendungen anhaften (vgl. o.), mahnen zur Vorsicht bei der Interpretation des ikonographischen Materials dort, wo die präzise Funktion der Geste aus den anderen Elementen des Bildes nicht klar ersichtlich wird. Auf manchen Beispielen sind die Hände zum Zeichen der Macht, des Segnens oder der Anbetung erhoben; in anderen ist die genaue Bedeutung der Bewegung ebenso schwer zu ermitteln wie manchmal in den Texten (vgl. z. B. ANEP 239).

2. Ein unterschiedliches Verständnis zeigt sich in der Darstellung der Hand als pars pro toto für die Gottheit in einer Reihe von Bildern aus der Synagoge von Dura-Europos. Die Belege sind vollständig aufgeführt bei Du Mesnil Du Buisson, Les Peintures de la Synagogue de Doura-Europos, Rom 1939; die der Ezechiel-Reihe werden von Riesenfeld (33f.) untersucht. Danach erscheint die offene rechte Hand Gottes oder seines Engels aus den Wolken oder vom Himmel in folgenden Bildern: Opfer des Abraham (Nr. 1, s. auch dieselbe Darstellung der göttlichen Hand mit den Worten *'al tišlaḥ* in der Mosaik der Synagoge zu Beth Alpha, vgl. E. R. Goodenough, Jewish Symbols in the Greco-Roman Period, New York, I, 1953, 246–248; E. L. Sukenik, The Ancient Synagogue of Beth Alpha, Jerusalem 1932, Pl. XIX), Überqueren des Meeres (Nr. 4), Mose am Dornbusch (Nr. 5), Elia und die Wiedererweckung des Sohnes der Witwe (Nr. 27) und 5mal in der Vision der Gebeine bei Ezechiel (Nr. 20). In letzteren richtet sich die Hand Gottes 4mal auf Menschen, die sich vom Boden erheben. Riesenfeld führt einige Beispiele für den späten Gebrauch dieses Motivs in Verbindung mit der Auferstehung an und findet hierzu auch Analogien im Vorkommen der Hand als Symbol des Lebens auf alten Grabsteinen. Nach Du Mesnil du Buisson (z. B. 99) unterteilt dagegen die Abbildung der Hand die Szenen der Ezechiel-Darstellung und markiert die Augenblicke, in denen Gott spricht. Diese Abbildungen sind sehr viel später als das bibl. Zeitalter zu datieren und repräsentieren in gewisser Hinsicht eine Entwicklung der Darstellungskunst für die Gegenwart der Gottheit, ohne diese wirklich darzustellen. Zugleich illustrieren sie damit den Gebrauch der Hand als Repräsentant der Person und als Übermittlungsträger von Macht, Kraft.

3. Auf den Ezechiel-Darstellungen aus Dura-Europos finden sich auch Darstellungen von *disjecta membra* einschließlich der Hände, die auf dem Boden liegen. Es wird deutlich, daß sie hier für die toten und verstreuten Körper stehen sollen, die gerade gesammelt und zum Leben erweckt werden.

Abbildungen von Köpfen und Händen in Kampfszenen hielt man für die Symbolisierung des Sieges (vgl. z. B. C. H. Gordon, Introduction to OT Times, New Jersey 1953, 140; World of OT, New York 1958, 153f.; deutsch: Geschichtliche Grundlagen des AT, 1956). Gordon vermutet, daß diese amputierten Gliedmaßen auch für statistische Zwecke verwendet wurden; man ist versucht, hiermit das Zählen der Vorhäute 1 Sam 18, 24–27 zu vergleichen. Wahrscheinlicher ist jedoch, dies – und die eigentliche Abtrennung der Gliedmaßen während oder nach der Schlacht (vgl. Ri 8, 6, wenn MT korrekt ist; Ri 1, 6f. zum vergleichbaren Abschneiden der Daumen und großen Zehen) – als Hinweis auf die Vernichtung der Macht des Feindes zu sehen, symbolisiert durch seine Hand, oder auch durch seinen Kopf oder Penis. Gordon (Or 22, 1953, 294) weist auf die Parallele in den Ras-Shamra-Texten (KTU 1. 3, II 2–3) hin, wo „Anath's Jagderfolg mit ihrem Sieg im Krieg gekoppelt ist, ausgedrückt durch die Köpfe und Hände ihrer menschlichen Opfer, die wie Kugeln bzw. Grashüpfer durch die Luft fliegen" (Z. 9–10). Die Opferung der Hand (und auch des Penis) des toten Feindes an die Gottheit wird von Lacau, 136f. untersucht. Auch diese Belege zeigen die Interpretationsprobleme bei ikonographischem Material, selbst da, wo die Anführung des Text-Beleges als Parallele gerechtfertigt erscheint. (Zu den späteren Belegen, vgl. H. Jursch, RGG III, ³1959, 152.)

V. 1. Der metaphorische Gebrauch der Hand oder des Arms (→ *zᵉrôaᶜ*, II 650ff.) wurde bereits in vielen der unter III., vor allem III. 3. angeführten Belege angedeutet, wo die Vorstellung der Macht impliziert ist. Dieser metaphorische Gebrauch bleibt nicht auf das AT beschränkt, sondern muß auch im weiteren Kontext in anderen Sprachen des Alten Orients gesehen werden. In der Tat erleichtert die Unmittelbarkeit der Metapher die Einsicht, warum der Gebrauch sich immer weiter ausgebreitet hat. Zum Vergleich der akk. und hebr. Verwendung der termini für die Teile der oberen Körperhälfte einschließlich der Hand s. Dhorme 137–154.

Die Verwendung von *jāḏ* im Sinne von 'Macht, Herrschaft' zeigt ein großes Spektrum. Sehr generelle Terminologie liegt vor in Gen 31, 29 *jæš-lᵉ'el jāḏî* und in Deut 28, 32 das Gegensätzliche *'ên lᵉ'el jāḏᵉkā*. Gen 49, 24 wird militärische Macht wiedergegeben in der Parallele *qæšæṯ* und *zᵉrôᶜê jāḏājw*. *wᵉlō-hājāh ḇāhæm jāḏajim* (Jos 8, 20) meint Unvermögen; vgl. auch

Deut 32, 36. Ein Herrscher hat die Kontrolle (*jāḏ*) über die Regierungsgeschäfte seines Königreiches (z. B. Gen 41, 35); in Ps 89, 26 wird diese königliche Herrschaft mit *jāḏ* und *jāmîn* ausgedrückt. Die Beziehung zwischen der königlichen Macht hier über *jām* und *neharôṯ* sowie die Formulierung von 2 Sam 8, 3 (vgl. o. *jāḏ* = Stele) ist komplexer Art; vielleicht sollte letzteres als buchstäbliche und historische Form des Ps-Verses verstanden werden, wobei der Bezug durch das Qere' auf den Euphrat beschränkt wird. Soldaten sind in der Hand, unter der Kontrolle ihrer Offiziere (z. B. Num 31, 49). *taḥaṯ jāḏô* könnte 'innerhalb seiner Fähigkeit' (Ez 46, 5) oder 'unter seiner Kontrolle' (z. B. Ri 3, 30) meinen. *jāḏ* wird auch im Sinne von 'Unterstützung' gebraucht: so in 1 Sam 22, 17, wo die Priester von Nob David unterstützen, *kî gam-jāḏām 'im-dāwiḏ*. Eine große Anzahl dieser Wendungen wird für die Ausübung von Kontrolle und Herrschaft in den verschiedenen Lebensbereichen verwendet.

Metaphorischer Gebrauch findet sich auch in *kŏl-jāḏ ʿāmel* (möglicherweise *ʿāmāl* zu lesen) *teḇô'ænnû* (Hi 20, 22), in der Bedeutung „Macht des Schicksals". Spr 18, 21 spricht von der 'Gewalt' (*jāḏ*) der Zunge über Leben und Tod.

Die Wendungen *be'æpæs jāḏ* (Dan 8, 25) und *lo' bejāḏ* (Hi 34, 20) bedeuten wohl 'ohne militärische Macht' oder möglicherweise auch 'ohne jegliches menschliches Zutun'. Ist letzteres der Fall, dann würde eine Differenzierung zwischen *jāḏ* im Sinne gewöhnlicher menschlicher Kräfte und der von Gott ausgeübten Gewalt gemacht, die tatsächlich häufig mit *jāḏ* ausgedrückt wird. Ex 9, 3 kann *jāḏ* im Sinne von 'feindlich, destruktiv' gesehen werden, wenn Gottes Hand als *hôjāh bemiqnekā* beschrieben wird; diese feindliche Bedeutung findet sich auch allgemeiner (z. B. Deut 2, 15).

2. Auf vielfältige Weise wird die Macht Gottes durch die Hand Gottes ausgedrückt und die mehr allgemeinere Vorstellung der machtvollen Hand wird mit den verschiedensten göttlichen Handlungen assoziiert. Göttliche Macht wird Hi 30, 21 mit *ʿoṣæm jāḏekā* wiedergegeben (*koaḥ jeḏêhæm* wird 30, 2 von der menschlichen Macht ausgesagt, vgl. Jes 10, 13, wo *koaḥ* parallel zu *ḥŏkmāṯî* steht). In einigen Beispielen kann die göttliche Macht durch Menschenhand weitergegeben werden, wobei die Macht von Gott durch einen Vermittler an den Empfänger gelangt (dazu vgl. W. Jannasch, RGG III, ³1959, 53f.). Ps 89, 14 wird die göttliche Macht mit *jāḏ*, *zerôaʿ* und *jāmîn* in parallelen Versteilen wiedergegeben (vgl. auch 89, 22). Ex 8, 15 dient *'æṣbaʿ 'ælohîm* allgemein für die Ursache der unglücklichen Heimsuchung, die über Ägypten gekommen ist. Derselbe terminus wird Ps 8, 4 für die göttliche Schöpfungskraft in bezug auf die Himmel gebraucht. In Ex 31, 18; Deut 9, 10 steht die Wendung für das Niederschreiben der Gesetze durch Gott, womit deren wahrhaft göttlicher Ursprung beglaubigt wird.

Auch schöpferische Kraft wird mit *jāḏ* ausgedrückt: seine Hände *nāṭû šāmajim* (Jes 45, 12), seine Hand *jāseḏāh 'æræṣ* (Jes 48, 13). *bejāḏô mæḥqerê-'āræṣ* Ps 95, 4 könnte Besitz meinen, jedoch ist wohl eher die Vorstellung einer Herrschaft mit dem Schöpfungsthema im folgenden Vers zu verbinden. Das Verb *ʿāśāh* mit *jāḏ* steht sowohl für die Schöpfung (so Jes 66, 2) als auch allgemeiner für die mit der Schöpfung zusammenhängende göttliche Handlung (Jes 41, 20). Ex 15, 17 drückt *kûn* diese schöpferische Kraft aus, parallel zu *pāʿal* und mit der Errichtung eines Heiligtums verbunden (vgl. Ps 89, 22 von der Stärkung des Königs).

Die Hand Gottes verleiht Schutz (so 1 Kön 18, 46; Esr 8, 22 mit *ʿal;* 1 Chr 4, 10 mit *ʿim*). Ps 37, 24 verwendet *śāmaḵ* mit *jāḏ* für diesen Schutz. Ex 33, 22f. beschreibt Mose in der Felsspalte, wie Gott ihn mit seiner Hand (*kap*) bedeckt und sie zurückzieht (*sûr hiph*), sobald er an ihm vorbeigeschritten ist. Jes 49, 2 (vgl. 51, 15) bezieht sich auf 'sich verbergen' *beṣel jāḏô*. Zwei Wendungen für 'Sicherheit' finden sich Ps 31, 6 *bejāḏekā 'apqîḏ rûḥî* und 31, 16 *bejāḏekā 'ittōṯāj*, beide als Hinweis auf die schützende göttliche Hand. Schutz wird auch Ps 139, 5 mit *wattāšæṯ ʿālaj kappækā* ausgesagt. Ps 80, 18 beschreibt die Hand Gottes, die auf dem *'îš jemînækā* (parallel zu *'immaṣtā*) liegt, wobei der Sinn 'Schutz' oder 'Stärkung' ist. Ps 91, 12 wird der Schutz von engelgleichen Wesen übernommen, die *ʿal-kappajim jiśśāʾûnekā*. Israel wird als *ṣô'n jāḏô* beschrieben (Ps 95, 7 MT, oft emendiert, doch scheint die Bedeutung 'Schutz' völlig zutreffend zu sein). Hi 12, 10 hat *bejāḏô næpæš kŏlḥāj*, was in anderem Kontext sehr gut 'in seinem Schutz' bedeuten könnte, hier aber im Sinne von 'unter seiner Herrschaft, zu seiner Verfügung' geändert ist. Wenn Ps 88, 6 vom Abgeschnittensein (*gāzar*) von der Hand Gottes spricht, dann meint es den Aufenthalt im Reich des Todes, in der Scheol, wo Macht und Schutz Gottes nicht vorhanden sind. Die Wurzel *gāzar* wird tatsächlich oft in diesem technischen Sinn des Getrenntseins von Gott (Ps 31, 23), vom Lande der Lebenden (Jes 53, 8), vom Kult (2 Chr 26, 21) gebraucht.

Das machtvolle Handeln Gottes wird häufig durch *jāḏ* in Verbindung mit Formen der Wurzel *ḥzq* ausgedrückt. Ex 13, 3 u. a. haben *beḥozæq jāḏ*, der gebräuchlichste Ausdruck ist jedoch *bejāḏ ḥazāqāh* (Ex 3, 19 u. ö.), oft in Parallele zu *zerôaʿ neṭûjāh* z. B. Ps 136, 12 → *zerôaʿ*). Auch *jāḏ neṭûjāh* (z. B. Jes 9, 11) ist zu finden. Die ausgestreckte Hand mag feindlich sein gegen die Feinde Israels, die in gleicher Weise als Feinde Gottes angesehen werden (so Ägypten, Ex 15, 12), oder gegen Israel (z. B. Jes 9, 11). Ein mehr wörtlicher Gebrauch findet sich in Num 20, 20 *beʿam kāḇeḏ ûbejāḏ ḥazāqāh* 'mit beträchtlicher militärischer Macht', wobei zu fragen ist, ob *jāḏ* hier im Sinne einer 'militärischen Abteilung' zu sehen ist und ob folglich der Sprachgebrauch dieser Redewendung – von Gott ausgesagt – in den Begriffen der Kriegführung seinen Ursprung hat. Wenn Ex 14, 31; Deut 7, 19 vom 'Sehen' der mächtigen Hand Gottes sprechen, ist dies sicherlich ein Hinweis auf Vorstellungen, die sich greifbarer z. B. Ri 5, 4. 20 ausdrücken, wo JHWH in die Schlacht zieht und die Sterne mitkämpfen. Dies stützt die militärische Konnotation von *JHWH ṣᵉḇā'ôṯ;* vgl. auch Ps 44, 3 wo *'attāh jāḏᵉkā* beschrieben ist, als vollbringe sie die Eroberung. Das Thema wird ausführlich in den Schlachtberichten z. B. Jos 5, 13–15 beschrieben, wo dem Josua der Führer der göttlichen Armee erscheint, und auch in der Stilisierung dieser Schlachtberichte (wie in 1 Sam 7 und beim Chronisten), so daß das gesamte militärische Geschehen Gott selbst zugeschrieben wird.

ḥāzaq wird auch in Verbindung mit der prophetischen Eingebung gebraucht. Ez 3, 14 findet sich ein lebendiger Bericht, wie die *rûaḥ* von Ezechiel Besitz ergreift, und *jaḏ-JHWH ʿālaj ḥāzāqāh*. Hiermit stimmt eine Reihe von Belegen (z. B. Ez 1, 3) überein, in welchen die Hand Gottes schlechthin auf dem Propheten liegt (*hājᵉṯāh ʿālājw*, vgl. auch Jer 15, 17 *mippᵉnê jāḏᵉkā*), und womit auch die Beschreibung von der Inspiration des Elisa 2 Kön 3, 15 verglichen werden kann. Problematischer ist Jes 8, 11, wo auf *koh 'āmar JHWH 'ēlaj* dann *bᵉhæzqaṯ hajjāḏ* folgt. Im Vergleich zu Ez könnte die Wendung Jes 8, 11 den Augenblick der prophetischen Inspiration wiedergeben unter der Voraussetzung, daß *jāḏ* sich auf die Hand Gottes bezieht. Ebenso möglich ist aber, sie im schützenden Sinn zu verstehen, d. h. 'als Gott mich bei der Hand nahm' (vgl. Jes 45, 1 *ḥāzaq* mit *jāmîn*), eine Bedeutung, die sich in dem folgenden Satz fortsetzt, ob wir nun v. 11 MT *wᵉjissᵉrenî* 'er strafte mich' folgen oder zu *wajᵉsîrenî* 'er nahm mich hinweg' emendieren. Jedoch erscheint dies weniger wahrscheinlich; die Parallele in Jes 45, 1 ist selbst besser zu verstehen im Sinne einer Beauftragung. Der aus den Ez- und Jes-Belegen entstandene Eindruck zeigt die überwältigende prophetische Inspiration und ihre unwiderstehliche Forderung (vgl. auch Jer 20, 7; H. Wildberger, BK X/1, 336f. Sein Argument, wonach der Prophet zögert, sein Erlebnis in Worten wiederzugeben, weil er nicht explizit von der Hand Gottes spricht und sich nicht selbst als 'ergriffen' bezeichnet, scheint ohne ausreichende Grundlage zu sein. Relevanter ist seine Ansicht, daß Jesaja eine feststehende Formel gebraucht, wobei eine solche formelle Wendung ganz klar die Implikation in sich birgt, daß es der Prophet selbst ist, der von der Hand Gottes ergriffen wird).

Göttliche Macht drückt sich insbesondere in den beiden Themen von der Befreiung aus fremder Herrschaft und von der Auslieferung in die Herrschaft Fremder aus. Hierfür steht ein großes Spektrum an Wendungen zur Verfügung:

Für die Befreiung von feindlichen Kräften, sowohl im eigentlichen (und oft militärischen) als auch im metaphorischen Sinn ist *nāṣal* das gebräuchlichste Wort. So betet Jakob, aus der Hand seines Bruders befreit zu werden (Gen 32, 12); Gott verspricht, Israel aus der Gewalt Ägyptens zu befreien (Ex 3, 8). Von Gott heißt es (z. B. Deut 32, 39): *'ên mijjāḏî maṣṣîl*. Dasselbe Verb steht für die menschliche Errettung Num 35, 25, im Hinblick auf den Schutz bei Totschlag vor dem *go'el haddām*. Spr 6, 5 enthält wahrscheinlich einen Textfehler (lies vielleicht *ṣajjāḏ* für *jāḏ*); ist die Stelle jedoch richtig, würde sie auf Befreiung aus feindlicher Gewalt hinweisen. Öfter steht *nāṣal hiph* mit *mikkap* (z. B. 2 Chr 32, 11; 2 Kön 20, 6 von Gott); vgl. auch 2 Sam 14, 16, wo David der Befreier ist, sowie 2 Sam 19, 10 in Parallele zu *plṭ (pi) mikkap. Hiph* steht Mi 4, 10 für die göttliche Befreiung, parallel zu *gā'al mikkap* (vgl. auch den Gebrauch von *Hiph* in Hab 2, 9 für diejenigen, die ihren unredlichen Gewinn vor dem Zugriff bewahren wollen). Jer 15, 21 hat *pāḏāh mikkap* für die göttliche Befreiung, parallel zu *hiṣṣîl mijjāḏ*. In den Paralleltexten hat Ps 18, 1 *jāḏ*, 2 Sam 22, 1 *kap*.

jšʿ (*hiph*) kommt häufig vor, in Ps 106, 10 parallel zu *gā'al*, Ex 14, 30 in einer zusammenfassenden Betrachtung über die Errettung aus Ägypten. Im Kontext göttlicher Befreiung hat 1 Sam 4, 13 *mikkap;* Ri 6, 14 (Gideon) und 2 Kön 16, 7 (König von Assyrien) haben dieselbe Konstruktion für den menschlichen Befreier. 1 Sam 25, 26 hat *wᵉhôšeaʿ jāḏᵉkā lāḵ*, offensichtlich im Sinne von 'nicht erlauben, daß deine eigene Hand dich erretten soll' (zu einer hier möglichen forensischen Bedeutung vgl. J. F. A. Sawyer, VT 15, 1965, 484), als Gegensatz zur Errettung durch die göttliche Macht.

Ps 107, 2 hat *gā'al* für die göttliche Errettung, wie auch Ps 106, 10 parallel mit *jšʿ* und Jer 31, 11 parallel mit *pdh*. Deut 7, 8 wird *pāḏāh mijjāḏ* für die Errettung vor dem Pharao gebraucht; Hos 13, 14; Ps 49, 16 für die Errettung aus der Gewalt der Scheol; Hi 5, 20 vor der Gewalt des Schwertes; und Hi 6, 23 aus der Hand ruchloser Menschen. Neh 1, 10 hat eine ausführlichere Wendung für die Befreiung durch Gott: *bᵉḵoḥᵃḵā haggāḏôl ûḇᵉjāḏᵉḵā haḥᵃzāqāh*. Nur Ps 71, 4 verwendet *plṭ pi* für die göttliche Errettung aus der Gewalt des Bösen, parallel zu *mikkap* mit zwei weiteren termini für die Frevler. 1 Sam 24, 16; 2 Sam 18, 19. 31 haben *šāpaṭ* für die göttliche Errettung vor menschlichen Feinden.

Hiermit verwandt sind gewisse andere Wendungen. So spricht 2 Kön 13, 5 von Gott, der Israel den *môšiaʿ* sandte, *wajjēṣᵉ'û mittaḥaṯ jaḏ-'ᵃrām*, wo die Vorstellung der göttlichen Errettung indirekt mit Hinweis auf den Vermittler ausgedrückt ist. *šāmar* steht eigentlich für 'befreien, retten', obwohl die Vorstellung 'schützen, in Sicherheit halten' klar vorhanden ist: Ps 140, 5 hinsichtlich der Hand des Frevlers (parallel zu *nāṣar*), und Ps 141, 9 in einer Metapher, die das Bewahren vor den Fallen der Frevler zum Inhalt hat.

Die Wendung *poreq 'ên mijjāḏām* (Kl 5, 8) entspricht genau *'ên mijjāḏî maṣṣîl* (Deut 32, 39). *mlṭ niph* steht neutral für die Flucht aus der Gewalt der Feinde (z. B. 1 Sam 27, 1; negativ z. B. Jer 32, 4); das *pi* parallel zu *pāḏāh* meint Hi 6, 23 eine Bitte an die Mitmenschen um Befreiung aus der Gewalt eines Gegners.

Ein implizierter Verweis auf die göttliche Rettung findet sich 2 Chr 30, 6 in *happᵉlêṭāh hanniš'æræṯ lāḵæm mikkap malkê 'aššûr*.

Am 9, 2 beschreibt Gottes Hand, die die vor seinem Gericht Fliehenden aus der Scheol zurückholt (*lāqaḥ*); die Bedeutung läßt eine Parallele zu den Belegen vermuten, wo *lāqaḥ* mehr technisch das göttliche Hinüberholen in ein anderes Reich zu meinen scheint.

3. Gott gibt die Menschen auch in die Gewalt der Feinde; darüber hinaus kann auch seine eigene Gewalt feindlich sein.

Die theologische Bedeutung einer Vielzahl von Wendungen, mit denen das Ausliefern der Menschen unter das Gericht ausgesagt ist, hängt natürlich davon ab, wie diese die Herrschaft Gottes über die Ereignisse beurteilen. Die feindliche Hand des Gegners, der diejenigen unter seine Herrschaft erhält, die ihm zum Gericht überstellt sind, kann als Mittler der göttlichen Absicht gesehen werden. Der häufigste Ausdruck hierfür ist *nāṯan bejāḏ* (z. B. Jos 2, 24; auch mit *kap̱* in Ri 6, 13; Jer 12, 7; vgl. auch aram. *jehaḇ* Dan 2, 38). 1 Kön 5, 17 besagt *nāṯan tāḥaṯ kappôṯ raglājw* die Auslieferung der Feinde Davids an diesen durch Gott. Auch wird die Wendung allgemein für die Auslieferung Israels unter das Gericht fremder Mächte gebraucht, aber auch mit Bezug auf *go'el haddām* (Deut 19, 12). Daneben finden wir einfaches 'unter die Kontrolle, Herrschaft von ... stellen', ohne jeglichen feindlichen Unterton (z. B. Ri 9, 29). Hi 9, 24 drückt *nāṯan niph* die Kontrolle der Frevler über das Land aus, wobei aus dem Kontext klar hervorgeht, daß Hiob dies auf das Handeln Gottes zurückführt (vgl. v. 23).
Derselbe Sinn findet sich bei *māḵar* (z. B. Ri 2, 14, wo es tatsächlich parallel zu *nāṯan* steht); *māḵar* steht in diesem Sinn in Ri zweimal (1 Sam 23, 7 ist der Text jedoch wahrscheinlich fehlerhaft), sonst nur Ez 30, 12; Jo 4, 8.
sāḡar bezeichnet dieselbe Bedeutung im *pi* (z. B. 1 Sam 17, 46) und im *hiph* (z. B. Ps 31, 9 von Gott; 1 Sam 30, 15 vom Ausgeliefertsein in die Gewalt einer anderen Person durch David; Jos 20, 5 von der Überstellung an den *go'el haddām*). Hi 16, 11 hat *sāḡar hiph* mit *'æl*, parallel zu *we'al-jeḏê rešā'îm jirṭenî* (vgl. den korrespondierenden aram. terminus 1QGenApoc 22, 17).
Weitere, nur selten verwendete Verben sind *'āzaḇ* (Neh 9, 28; 2 Chr 12, 5) und *skr* (*pi* Jes 19, 4).
Dieselbe Vorstellung des göttlichen Gerichts findet sich in *nāp̱al bejāḏ* (z. B. 2 Sam 24, 14) 'in die Gewalt Gottes fallen'. Ruth 1, 13 beinhaltet ein feindliches Handeln Gottes im Ausdruck *jāṣā' ḇî jaḏ-JHWH*, sowie mit *kap̱* Hi 13, 21 (die Hand Gottes, die Hiob weggenommen sehen möchte).
Feindseligkeit zeigt sich Hi 40, 32 in *śîm kap̱ 'al* gegen die Behemoth. Ez 21, 29 wird in einem Gerichtsorakel an Juda das 'Fallen in die Gewalt des Feindes' mit *bakkap̱ tittāpeśû* ausgesagt.
Was in all diesen Wendungen für die Macht Gottes – sei es Gottes Hand, die seine Stärke zeigt, oder die Auslieferung Israels in die Gewalt des Feindes als Instrument des göttliche Gerichts ausdrückt – offensichtlich wird, ist die Tatsache, daß dieselben Wendungen für göttliches wie auch für menschliches Handeln gebraucht werden. Es gibt hier keine charakteristische Terminologie für das Handeln Gottes.
4. Das Gegenteil der Darstellung göttlicher Macht, wie sie vor allem in der ausgestreckten Hand Gottes zu sehen ist, zeigt der Gebrauch von *qāṣar* (Num 11, 23; Jes 50, 2; 59, 1), das auch für die Machtlosigkeit der Menschen steht (2 Kön 19, 26 = Jes 37, 27).

5. *sāmaḵ jāḏ* erscheint im AT ca. 20mal und widerspiegelt sehr oft deutlich die Vorstellung der Übertragung einer Sache von einer Person auf eine andere oder auf ein Opfertier. Am 5, 19 ist es ganz neutral für einen Mann verwendet, der seine Hand an die Mauer legt, und Ps 37, 24 von Gottes haltender und schützender Hand. Mit differenzierter Bedeutung erscheint es jedoch z. B. Num 27, 18 für die Beauftragung des Josua und seine Einsetzung als der Nachfolger Moses; oder für ein Opfertier z. B. Ex 21, 10. Lev 16, 21 wird die Bedeutung der Handlung beschrieben: Aaron legt (*sāmaḵ*) seine beiden Hände auf den Kopf des Ziegenbocks und bekennt über ihm (*'ālājw*) die Sünden Israels; er legt (*nāṯan*) die Sünden, auf das Haupt des Bockes, der sie davonträgt (*nāśā'*). Lev 24, 14 beschreibt dieselbe Handlung; jeder, der einen Gotteslästerer gehört hat, soll seine Hand auf den Kopf des vor das Lager geführten Mannes legen und die ganze Gemeinde soll ihn steinigen, wenn er hinausgeführt ist. Da in jedem dieser Beispiele mit einer präziseren Aussage beim Auflegen der Hände auf ein Tier oder eine Person eine Art von Übertragung gegeben zu sein scheint, und weil dasselbe auch von dem Auftrag an die Leviten oder an Josua gesagt werden kann, ist auch hier eine Machtübertragung anzunehmen. (Péter unterscheidet „l'imposition d'une main“, als Ausdruck für Identität zwischen Mensch und Opfertier, von „l'imposition des mains“, als Ausdruck für Übertragung.) Dieselbe Terminologie wird später für die rabbinische Weihe gebraucht und ist (z. B. Num. Rabba zu 27, 20) als das Ausgießen der Persönlichkeit 'wie von einem Gefäß in ein anderes' erklärt worden (vgl. D. Daube, The NT and Rabbinic Judaism, London 1957, 224–246, der vollständige Besprechung mit Hinweisen gibt). Jedoch gibt es im AT keinen Beleg, wonach diese Terminologie für Heilungstaten angewendet wird, wenn auch LXX die Wiedergabe von *wehenîp̱ jāḏô 'æl-hammāqôm* 2 Kön 5, 11 (s. oben) mit καὶ ἐπιθήσει τὴν χεῖρα αὐτοῦ ἐπὶ τὸν τόπον vornimmt. Es ist klar, daß dies eine interpretative Übersetzung darstellt, wobei hier ἐπιτίθημι als ein natürliches Äquivalent für *sāmaḵ* beachtet wird. Abgesehen vom nt.lichen Gebrauch findet sich die engste Parallele 1QGenApoc 20, 22. 29 ואסמוך ידי עלוהי ויחה, die daher als Beleg für die Ausdehnung von *sāmaḵ* auf Heilungen und damit als Hintergrund für den nt.lichen Gebrauch genommen werden kann (vgl. J. A. Fitzmyer, The Genesis Apocryphon of Qumran Cave I. A Commentary [BietOr 18A, ²1971, 140]; vgl. auch CBQ 22, 1960, 284; H. Braun, Qumran und das NT, I, 1966, 89f.; D. Flusser, IEJ 7, 1957, 107f.).
6. Bei der Untersuchung der vielfältigen Verwendungen von *jāḏ* und *kap̱* zeigte sich, daß viele dieser Wendungen sowohl das Handeln Gottes wie auch das der Menschen aussagen. So hält JHWH einen *kôs* in seiner Hand (z. B. Jes 51, 17) oder die Hand Gottes liegt in feindlicher Absicht auf einem Menschen (*nûaḥ*, Ps 38, 3). Seine Hände sind geübt in der

Leitung seines Volkes wie die eines Schäfers (Ps 78, 72). Er bekundet seine Macht durch seine Hand (Ex 15, 3). Er erhebt (*nāśā'*) seine Hand, deren Geste wahrscheinlich als feindlich gegen die Frevler zu verstehen ist (Ps 10, 12; NEB 'mach dich ans Werk' gibt nicht die richtige Bedeutung wieder, obwohl die Wendung Schutz aussagen könnte); *sômek jāḏô* in Ps 37, 24 bezeichnet eine göttliche Schutzgebärde. Im feindlichen Sinn oder als Aufforderung steht die Wendung Jes 49, 22. Gott hält seine Hand zurück, sie ist kurz (*qāṣar*, Num 11, 23; Jes 50, 2; 59, 1); er kann seine Hand zurückziehen (*šûḇ hiph*), um nicht zu zerstören (Ez 20, 22). In ärgerlicher Gebärde (Ez 22, 13) schlägt er (*nāḵāh*) in seine Hände (*kap* – die offene Hand, nicht die geschlossene Faust, so NEB); er schlägt nach Ez 21, 22 die Hände ineinander (*nāḵāh kap)*, 'um seinen Grimm zu stillen' (*nûaḥ hiph*), oder wahrscheinlicher um ihn auf das Objekt seines Zornes hinzusetzen. Er breitet (*pāraś*) seine Hände auffordernd seinem Volk entgegen (Jes 65, 2); er öffnet (*pāṯaḥ*) segnend seine Hände (Ps 104, 28; 145, 16) und erhebt (*nāśā'*) seine Hände zum Eidschwur (z. B. Ex 6, 8).

Dieses kurze Resumée der Handbewegungen, dessen ausführliche Darstellung bereits oben gegeben wurde, macht deutlich, daß auch hier in einer großen Anzahl von Beispielen genau dieselben Wendungen für Gott und Mensch gebraucht werden. Die Tatsache, daß in einigen wenigen Fällen eine einzelne Wendung nur in bezug auf den Menschen erscheint, wäre eine zweifelhafte Grundlage für die Aussage, daß sie nicht auch für Gott stehen kann oder daß dies absichtlich vermieden wurde. So steht *nāśā' jāḏ* 'einen Eid schwören' für beide; *rûm (hiph) jāḏ* wird nur vom Menschen ausgesagt (vgl. Gen 14, 22). Es wäre gewiß irrig anzunehmen, daß letzteres nicht auch für Gott stehen könnte.

Diese allgemeine Beobachtung läßt es wünschenswert erscheinen, die sehr ausführlichen Argumente von P. Humbert (VT 12, 1962, 383–395) genau zu untersuchen, der eine Unterscheidung zwischen *šālaḥ jāḏ* und *nāṭāh jāḏ* annimmt: *šālaḥ jāḏ* sei in erster Linie als menschliche Geste, *nāṭāh jāḏ* als „proprement et exclusivement divin" anzusehen (392).

Die Analyse des Sprachgebrauchs deutet auf eine große Anzahl von Kontextbelegen für *šālaḥ jāḏ*, deren größter Teil sich auf menschliche Gebärden bezieht; jedoch wird der Ausdruck in 5 Stellen auf die Gottheit angewendet (Ex 3, 20; 9, 15; 24, 11 [alle J]; Ez 8, 3; Ps 138, 7). Humberts Argumentation, daß die Belege als Ausnahmen betrachtet werden müssen, werden durch seinen Kommentar zu Ps 138, 7 untergraben, wo er behauptet, „c'est de nouveau un anthropomorphisme voulu et guerrier". Kann man aber wirklich unterscheiden zwischen einem bewußten Anthropomorphismus und der sehr gewöhnlichen und tatsächlich ganz natürlichen Zuteilung von Handlungen an Gott, die genau mit denen der Menschen zu vergleichen sind? Humberts Ansicht wird weiter durch seine Weigerung geschwächt, drei Belege von *šālaḥ jāḏ* einzubeziehen, die in Verbindung mit einem göttlichen Wesen stehen, das aber nicht Gott selbst ist. So ist 2 Sam 24, 16 *mal'ak JHWH* das Subjekt; Ez 2, 9 erwähnt *jāḏ šᵉlûḥāh* und impliziert deutlich entweder Gott oder ein engelgleiches Wesen, wobei ersteres wahrscheinlicher ist, denn nach dem Kontext ist eine Stimme zu hören, offensichtlich Gottes Stimme; Ez 10, 7 hat den terminus *kᵉrûḇ*. Die Argumentation von Humbert, „ils concernent des créatures et n'impliquent nullement une action de Dieu lui-même" ist ein völliges Mißverstehen des at.lichen Verhältnisses zwischen Gott und den engelgleichen Wesen, die an seiner Stelle handeln; dies wird besonders in den Belegen deutlich, wo sich die Erzählung unmerklich zwischen beiden bewegt (vgl. z. B. Ri 6, 11 f.; 14, 22 f. 23; dazu vgl. auch J. Barr, VTS 7, 1959, 31–38).

Betrachtet man also Humberts Äußerungen zu *šālaḥ jāḏ*, so machen seine selbstsicheren Feststellungen zu *nāṭāh jāḏ* mißtrauisch. Seine Untersuchung des Sprachgebrauchs zeigt, daß die Wendung für Gott selbst oder seine Mittler gebraucht ist mit der möglicherweise einzigen Ausnahme Hi 15, 25. Die fraglichen Mittler sind Mose (z. B. Ex 9, 22), Aaron (z. B. Ex 7, 19), Josua (Jos 8, 18. 26) und *ḥoḵmāh* in Spr 1, 24. Indem Humbert den Anspruch erhebt, daß der Ausdruck nur zur Beschreibung der Gottheit allein gehört, umgeht er den Beleg Hi 15, 25, den er als Beispiel von Hybris ansieht, ein Fall, in dem ein Mensch unberechtigt eine nur Gott allein zustehende Geste macht.

nāṭāh jāḏ ist 41mal belegt und selbst wenn er recht hat mit seiner Ansicht, daß Hi 15, 25 keine wirkliche Ausnahme sei, könnte man bezweifeln, ob es statistisch gesehen eine tragfähige Folgerung ist, diese Wendung so einzugrenzen. Angesichts der weitgehenden Überschneidung göttlicher und menschlicher Gebärden kann die Folgerung nicht mehr als ein vorläufiger Versuch sein. Hinzuzufügen wäre, daß – während Aaron, Mose und Josua ganz richtig als Mittler Gottes gesehen werden und ihre Handlungen daher denen Gottes gleichzusetzen sind – Humberts Argument nicht voll befriedigen kann, wenn er die Beispiele von *šālaḥ* als nicht zu Gott gehörend ausnimmt, in denen der Mittler ein engelgleiches Wesen ist. In Jos 8, 18 befiehlt Gott Josua, seine Hand auszustrecken; aber es ist richtiger zu sagen, daß in Wirklichkeit Gott handelt und nicht Josua, ebenso wie Ex 17, 8–13 Gott es ist, der seine Hände erhebt und nicht Mose; denn in beiden Beispielen wird deutlich, daß der Erzähler Gott als die handelnde Macht sehen möchte.

Fraglich ist auch, ob Humbert die Gebärde richtig mit „pointer la main" beschrieben hat, was eigentlich eine feindliche Bewegung impliziert, gerichtet gegen Orte oder ein Volk. Aber der Gebrauch des Verbs ist nicht so begrenzt. Jes 45, 12 wird von Gott gesagt *jāḏaj nāṭû šāmajim* (so auch Ps 104, 2 ohne *jāḏ*); hier und auch sonst wird die Bedeutung des Ausstreckens, Ausbreitens deutlich. In Spr 1, 24 wird von der Weisheit gesagt, daß sie ihre Hände ausstreckt, aber ihr niemand Beachtung schenkt; die Gebärde hat deutlich auffordernden Sinn. Wieder beobachten wir, wie dieselbe Gebärde mehr als nur eine Bedeutung ausdrücken kann, oder daß möglicherweise derselbe Ausdruck mehr als nur eine Bewegung beschreibt.

7. Was der Mensch mit seinen Händen hervorbringt, wird auf vielfache Weise wiedergegeben. Die Wendung *jᵉgîaʿ kappajim* (z. B. Gen 31, 42) wird in diesem Sinn gebraucht; in Hi 10, 3 steht sie für Hiob als dem Produkt göttlicher Hände. Ähnlich finden wir

pᵉrî mit *kap* (so Spr 31, 16) und *jāḏ* (Spr 31, 31), auch *gᵉmûl* mit *jāḏ* (z. B. Ri 9, 16); Spr 12, 14 den Ausdruck für die Belohnung, die den guten Taten folgt. Gen 5, 29 gibt die Arbeit der Menschenhand mit *ʿiṣṣᵉbôn jāḏênû* wieder, parallel zu *maʿaśenû*. Letzteres ist für eine solche Vorstellung am gebräuchlichsten und ist in großem Umfang Ausdruck dessen, was immer der Mensch machen kann. So bezieht sich HL 7, 2 auf die Arbeit des Handwerkes (*ʾömmān*). Deut 2, 7 z. B. weist auf den göttlichen Segen über alles Werk von Menschenhand hin, wobei diese Wendungen häufig in einer Vielfalt von Kontexten zu finden sind. Spezifischer jedoch ist die Wendung für Götzenbilder, z. B. Jer 1, 16 *maʿaśê jᵉḏêhæm* parallel zu *ʾᵉlohim ʾaḥerîm*. Dieses Beispiel ist absolut klar, wobei die Wendung vor allem für Deut und für Jer charakteristisch ist; vgl. auch Hos 14, 4̇; Ps 115, 4; 135, 15. Bei einigen Stellen ist es schwierig, die Bedeutung von *maʿaśê jᵉḏêhæm* o. ä. zu bestimmen, ob es sich um ʿTaten, Handlungen' oder ʿGötzen' handelt; so muß Deut 31, 29 wahrscheinlich in letzterem Sinn verstanden werden, jedoch ist die allgemeinere Bedeutung auch möglich (so NEB; RSV übersetzt wörtlich und daher zweideutig). Diese Zweideutigkeit ist das natürliche Ergebnis der Betonung, daß es sich bei den Götzen um Objekte von Menschenhand handelt; in den deut. und jerem. Schriften sind beide Bedeutungen recht oft zu finden. Dies wird Jes 17, 8 ausführlich dargelegt, wo erst die Altäre und dann die *ʾašerîm* und *ḥammānîm* als *maʿaśêh jāḏājw* bzw. *ʾašær ʿāśû ʾæṣbᵉʿôtājw* beschrieben werden; im Gegensatz hierzu müssen sich die Menschen ihrem Schöpfer (*ʿośehû*), dem Heiligen Israel zuwenden. Ein expliziter Hinweis auf den Hersteller eines Götzenbildes findet sich in derselben Phraseologie Deut 27, 15.

Ebenso wird *maʿaśeh jāḏājw* für Gottes Werke verwendet. Jes 5, 12 steht die Wendung parallel zu *poʿal JHWH;* vgl. auch Ps 92, 5. Auch seine Schöpfungsordnung wird so beschrieben (Ps 102, 26). Vor allem ist der Mensch das Werk von Gottes Händen (Ps 138, 8; Hi 14, 15; 34, 19); der terminus wird auch für Assyrien Jes 19, 25 sowie allgemeiner für das Volk Gottes Jes 60, 21; 64, 7 gebraucht. Ps 111, 7 werden die Werke von Gottes Hand als *ʾᵉmæṯ* und *mišpāṭ* bezeichnet.

Ackroyd

ידה *jdh*

תּוֹדָה *tôḏāh*

I. Etymologie und Belege – II. Bedeutung – 1. im hebr. Sprachgebrauch – 2. Ägypten – 3. Mesopotamien – III. Gebrauch – 1. Bekennen als Lobpreis – a) Verbalformen und Gattung – b) Konstituentien – c) Sitz im

Leben – 2. Bekennen als Beichte – a) kultisch – b) sakralrechtlich – c) als Lebensform.

Lit.: *D. Bach*, Tôdâh dans l'Ancien Testament. Contribution à l'étude du sacrifice et de l'action de grâce en Israël, Thèse de Doctorat en Sciences Religieuses, Strasbourg 1972. – *Ders.*, Rite et Parole dans l'Ancien Testament. Nouveaux éléments apportés par l'étude de Tôdâh (VT 28, 1978, 10–19). – *K. Baltzer*, Das Bundesformular (WMANT 4, ²1964). – *A. Barucq*, L'Expression de la louange divine et de la prière dans la Bible et en Égypte (IFAO, Bibl. d'étude XXXIII, Kairo 1962), bes. 323–335. – *W. Beyerlin*, Die tôdā der Heilsvergegenwärtigung in den Klageliedern des Einzelnen (ZAW 79, 1967, 208–224). – *H. J. Boecker*, Redeformen des Rechtslebens im AT (WMANT 14, ²1970). – *P. A. H. de Boer*, De voorbede in het Oude Testament (OTS 3, 1943). – *H. Brunner*, ,,Gebet" (LexÄg II, 452–459). – *H. Cazelles*, L'Anaphore et l'Ancien Testament. Eucharisties d'Orient et d'Occident (Lex Orandi 46, Paris 1970, 11–21). – *F. Crüsemann*, Studien zur Formgeschichte von Hymnus und Danklied in Israel (WMANT 32, 1969). – *A. Erman*, Die Literatur der Ägypter, 1923. – *M. Gilbert*, La prière de Daniel, Dn 9, 4–19 (RThL 3, 1972, 284–310). – *A. E. Goodman*, תודה and חסד in the Linguistic Tradition of the Psalter (Festschr. D. W. Thomas, hg. v. P. R. Ackroyd and P. Lindars, Cambridge 1968, 105–115). – *H. Grimme*, Der Begriff von hebräischem הודה und תודה (ZAW 58, 1940/41, 234–240). – *H. Gunkel – J. Begrich*, Einleitung in die Psalmen, ²1966. – *K. Heinen*, Das Gebet im AT. Eine exegetisch-theologische Untersuchung hebr. Gebetsterminologie (Excerpta ex Diss. Pont. Univ. Greg. [1969], Rom 1971). – *H.-J. Hermisson*, Sprache und Ritus im altisraelitischen Kult. Zur ,,Spiritualisierung" der Kultbegriffe im AT (WMANT 19, 1965). – *F. Horst*, Die Doxologien im Amosbuch (ZAW 6, 1929, 45–54). – *B. W. Jones*, The Prayer in Daniel IX (VT 18, 1968, 488–493). – *D. Kellermann*, Die Priesterschrift von Numeri 1₁ bis 10₁₀ literarkritisch und traditionsgeschichtlich untersucht (BZAW 120, 1970). – *U. Kellermann*, Nehemia. Quellen, Überlieferung und Geschichte (BZAW 102, 1967). – *K. Koch*, ,,denn seine Güte währet ewiglich" (EvTh 21, 1961, 531–544). – *A. Lacocque*, The Liturgical Prayer in Daniel 9 (HUCA 47, 1976, 119–142). – *F. Mand*, Die Eigenständigkeit der Danklieder als Bekenntnislieder (ZAW 70, 1958, 185–199). – *W. Mayer*, Untersuchungen zur Formensprache der babylonischen ,,Gebetsbeschwörungen", Rom 1976, 307ff. – *O. Michel*, Gebet II (Fürbitte) (A. Nichtchristlich I, Alter Orient) (RAC IX, 1972 [1976], 1–11). – *Ders.*, ὁμολογέω κτλ. (ThWNT V, 1954, 199–200). – *O. Plöger*, Reden und Gebete im deuteronomistischen und chronistischen Geschichtswerk (Festschr. G. Dehn, hg. v. W. Schneemelcher, 1957, 35–49). – *R. Rendtorff*, Studien zur Geschichte des Opfers im alten Israel (WMANT 24, 1967). – *E. von Severus*, Gebet (III. jüdisch), (RAC VIII, 1972, 1162–1169). – *A. Stuiber*, Eulogia (RAC VI, 1965 [1966], 900–928, bes. 900–906). – *C. Westermann*, Lob und Klage in den Psalmen, ⁵1977). – *Ders.*, ידה *jdh* hi. preisen (THAT I, 1971, 674–682). – *D. Wohlenberg*, Kultmusik in Israel. Diss. ev. theol. Hamburg 1967.

I. Außer dem Hebr. kennen die Wurzel *jdh* (*jdʿ*, *wdj*) nur noch die aram. Sprachfamilie (biblisch: Dan 2, 23; 6, 11) und das Arab. (KBL³ 372). Grundbedeutung ist ,,bekennen". Im AT ist sie belegt als Verb (ca. 100mal), als Nomen (*tôḏāh*, ca. 30mal) und in der Form des Eigennamens Hôdawjāh(û) (Esr 2, 40; 1 Chr 3, 24; 5, 24; 9, 7; M. Noth, IPN 194f.).

II. 1. Das Verbum *jdh* kommt im *hiph* und *hitp* vor und umfaßt zwei Bedeutungskomplexe. Zum einen: 'loben, rühmen, preisen, ein Loblied singen'. Zum andern: 'gestehen, beichten, bekennen'. „Danken" ist eine „Weise des Lobens" (Westermann, Lob, 21). Die Verwendung der beiden Aktionsarten ist semantisch ohne Belang. Es ist richtig, daß das *hiph* meist den Lobpreis, das *hitp* das Geständnis ausdrückt. Der mit *ksh pi* gebildete antithetische Parallelismus in Spr 28, 13 wie der auf den negierten Verben *jdʿ hiph* und *ksh pi* aufbauende synonyme in Ps 32, 5 fordern aber die Bedeutung „bekennen, beichten", zumal an beiden Stellen *pæšaʿ* als Objekt steht. Hingegen verweist der Gebrauch von *jdh hitp* in 2 Chr 30, 22 auf das zweite Bedeutungsspektrum. Hier begegnet nämlich als Objekt *leJHWH*, das sich sonst mit *jdh hitp* nicht verbindet, wohl aber mit *jdh hiph* (z. B. Jes 12, 4; Ps 33, 2; 105, 1; Esr 3, 11). Hinzu kommt, daß *miṯwaddîm* hier *mezabbeḥîm ziḇḥê šelāmîm* ergänzt (vgl. Rendtorff, 153). Das Lobopfer (*tôḏāh*, s. unten III. 1. c) ist aber ein qualifiziertes *zæḇaḥ šelāmîm* (Hermisson 33). Das *hitp* gehört ausschließlich der Prosa an. Wo die Prosa das *hiph* kennt, gebraucht sie es in technischem Sinn. Durch die Zusammenstellung mit → הלל (*hll*) *pi* (Neh 12, 24. 46; 1 Chr 23, 30; 25, 3; 2 Chr 5, 13; 31, 2), durch die Verknüpfung mit der Aussage „denn seine Güte währet ewig" (1 Chr 16, 41; 2 Chr 7, 3. 6) oder durch beides (Esr 3, 11) wird der Hymnengesang bezeichnet. Im Tempelweihgebet (1 Kön 8, 23–53; 2 Chr 6, 14–42) bittet Salomo darum, Gott möge sein Volk erhören, wenn es sich bekehre (*šûḇ*), im Tempel bete (*pll*) und flehe (*ḥnn*) und seinen Namen preise (*jdh hiph*). Hier ist ein Bußgottesdienst mitsamt dem zugehörigen Volksklagelied vorausgesetzt. Volksklagelieder aus Anlaß einer Niederlage oder Trockenheit liegen uns in Ps 79 bzw. Jer 14, 2–9 vor. Wenigstens Ps 79 endet, der Gattung entsprechend (s. unten III. 1. a), in v. 13 mit einem Lobgelübde, so daß anzunehmen ist, daß *jdh hiph* in 1 Kön 8, 33. 35; 2 Chr 6, 24. 26 dieses meint. Gestützt wird die Annahme durch Neh 11, 17 *jehôḏæh lattepillāh* „er stimmt beim Volksklagelied (Gunkel-Begrich, 119) den Lobpreis an". Auch Ps 106 mit seiner Verbindung von hymnischem Introitus und Sündenbekenntnis ist hier zu vergleichen. Der Gebrauch des *hiph* ist also eine Eigentümlichkeit der poetischen Sprache, während sich die Prosa des *hitp* bedient. Ersteres gilt auch trotz 1 Chr 29, 13. Als mit *brk pi* synonymer term. techn. ist das *hiph* in das Prosagebet eingedrungen (vgl. 1 Chr 29, 10. 20).
Das vom *hiph* des Verbs abgeleitete Nomen *tôḏāh* (BLe 495) entspricht diesem in seinen Bedeutungen: (1) Lob (Dank), Loblied (Danklied), Lobopfer (Dankopfer), (der das Loblied singende) Chor. (2) Geständnis, Beichte. Gleichbedeutend mit dem Pl. von *tôḏāh* = Chor ist das nur Neh 12, 8 belegte *hujjeḏôṯ*.
D. Bach, der in beiden Bedeutungskomplexen die *tôḏāh* in Zusammenhang mit einem Opfergeschehen sieht, schlägt als Übersetzung „sacrifice de confession" vor (VT 28, 1978, 19).

G. Mayer

2. Sichere Wörter für 'Dank/danken' – sowie auch für 'Dankgebet, Dankopfer' (usw.) – zeigt die äg. Sprache nicht auf. Mehrere der Wörter und Wendungen für 'Lob, Preis / loben, preisen' (WbÄS VI, 100 s. v. 'Lobpreis' 8 Hinweise, und 119 s. v. 'preisen' 22 Hinweise) dürften von einer dankbaren Haltung zeugen und somit als mögliche Zeichen der Danksagung gelten. Die genaue Bestimmung der Nuancen dieser verschiedenen Wörter ist aber schwierig, da die in den Deutezeichen angegebenen Gesten und Haltungen hierfür nicht ausreichen. Wenn z. B. in einer Doppelprozession von 24 Personen das Agieren *eines* Teilnehmers gerade mit *nhm* (nach WbÄS II, 286 'danken') beschrieben wird (Urk. VIII Text Nr 55k, 13), kann man fragen, ob seine Haltung wirklich dankbarer ist als diejenige der anderen. In einem Paralleltext (ebd. 56k, 22 bzw. 23) finden sich auch die beiden anderen Wendungen, die von WbÄS mit 'danken' übersetzt werden, nämlich *ḥsj-Rʿ* (WbÄS III, 155, nur spät belegt) und *dwꜣ-nṯr* (WbÄS V, 428). Die Bildung dieser beiden Ausdrücke ist interessant. 'Für etwas danken' wird somit, dem WbÄS nach, durch 'Re für etwas loben' bzw. 'Gott für etwas preisen' ausgedrückt. Wichtig ist zu beachten, daß diese Wendungen als Subjekte sowohl Menschen wie Götter haben können, und daß Personen, Pharao, Städte usw. als Gegenstände des Dankes erscheinen. In einer Dedikationsinschrift in Dendera (Mar. Dend. I, 54a) dankt Hathor dem Pharao, ihrem geliebten Sohn, aber auch der Stadt für die Tempelanlage, oder sie 'lobt Re' für den Pharao und für die Stadt.
Bei seiner Behandlung der persönlicheren Elemente des Lobes in Ägypten stellt auch Barucq (327) fest, daß die explizite Danksagung sehr selten zu belegen ist. Die besten Zeugnisse finden sich in der bekannten Stelengruppe „der persönlichen Frömmigkeit" aus der Ramessidenzeit und in Schultexten aus derselben Epoche (vgl. Barucqs Bußgebetsammlung [569] und Übersetzungen bei Erman 376ff.). Besonders beachtenswert ist das einzigartige Lobversprechen in der Stele des Nebre: „Ich werde diesen Denkstein auf deinen Namen machen und die Verehrung auf ihn schriftlich hinsetzen, wenn du mir den Schreiber Nechtamon rettest." Die Aufrichtung der Stele und die Erzählung der Wohltat des Gottes sind sehr greifbare Zeichen des Dankes.
Indirekt können natürlich auch allerlei theophore Personennamen und Götterepitheta, welche die Gnade der Gottheit und ihr rettendes oder heilendes Eingreifen verkündigen, als Zeugnisse des Dankes gelten. Barucq (a. a. O. 334) weist darauf hin, daß die

geläufig vorkommenden Wendungen *m nfrw.k* und *m ḥśwt.k* in den Privatinschriften in Amarna als Ausdrücke für Dankbarkeit dieser Personen gegen den König aufgefaßt werden können.
Während der Lobpreis der Götter, dessen natürlicher Lebensraum eine allgemeine Stimmung ist, in den Hymnen und Gebeten (Barucq, Brunner; J. Assmann, „Aretalogien" [LexÄg I, 425–434]) vorherrscht, sind Sündenbekenntnisse in dem uns vorliegenden Material äußerst selten und hauptsächlich in der oben angegebenen Textgruppe zu belegen. Die sog. negativen Sündenbekenntnisse (TB Kap. 125), eher als Unschuldserklärungen zu bezeichnen (vgl. Ch. Maystre, Les déclarations d'innocence, Kairo 1937), zeigen einen in negativer Form gehaltenen, sehr bunten Sündenkatalog auf. Als Titel dieses Kapitels steht aber „Abtrennen des NN von allem Bösen, das er getan hat", und in der Lehre des Amenemope heißt es ausgesprochen: „Sage nicht: Ich habe keine Sünde" (XIX, 19), was das Sündengefühl der Ägypter deutlich bezeugt (Morenz, Ägyptische Religion, 138ff.).

Bergman

3. Sprachlich gibt es im Akk. zu *hôḏāh*, *tôḏāh* und *hiṯwaddāh* keine Entsprechung. In der Aussage entsprechen *hôḏāh* und *tôḏāh* weitgehend *dalālu* (II) 'huldigen, preisen' und *dalīlu* I (auch *dilīlu*) 'Huldigung(en), Lobpreis' (AHw I, 153f.; CAD D, 46f. 50f.). Am häufigsten erscheint, fast immer in der Schlußdoxologie von Gebeten, *dalīlī-ka/ki/kunu ludlul* „ich will dich/euch lobpreisen"; Objekte zu *dalālu* können aber auch Begriffe wie *qurdu* 'Kriegertum', *tanittu* 'Ruhm' oder das meistens mit *šūpû* 'verherrlichen' verbundene *narbû* 'Großtaten' sein. Die Gottheit als Objekt findet sich insbesondere in Namen wie *Sîn-ludlul*; häufiger sind da allerdings Kurzformen wie *Adallal*. Über *dalīlī-ka ludlul* und verwandte Ausdrücke handelt jetzt ausführlich W. Mayer (307ff.) mit vielen Hinweisen auf das AT. Das „Lobversprechen" ist der Dank an die Gottheit; ein Wort für „danken" kennt ja weder das Akk. noch das Hebr. Daß Götter und Menschen in unauflöslichen Wechselbeziehungen stehen, findet in den teilweise auch schon in sum. Gottesbriefen, Bußgebeten und Beschwörungen bezeugten Lobversprechen (Mayer, 315ff.) einen besonders beredten Ausdruck; Leben und Loben gehören eng zusammen. Andere Verben des Lobens sind (Mayer 319ff.) *šurruḫu* und *nu''udu* 'rühmen', *šit(am)muru* '(ver)ehren', *kitarrubu* 'immer wieder grüßen', *šurbû* 'groß machen, preisen'; dazu kommen weitere, mit „sagen" und „machen" gebildete Ausdrücke. Aus der Fülle der Ausdrücke und ihrer so häufigen Verwendung nicht nur in zu Formeln verfestigten Ausdrücken läßt sich ablesen, welche Bedeutung dem Lobpreis der Gottheit beigemessen wurde.
Anders steht es mit dem Sündenbekenntnis. Hier fehlt dem Akk. ein hebr. *hiṯwaddāh* entsprechendes Wort; *ḫīṭa petû* „Sünde eröffnen" begegnet nur in Amarna-Briefen vereinzelt (AHw II, 860b: 20). Trotzdem hat das Sündenbekenntnis in babyl. Gebeten seinen festen Ort (vgl. Mayer, l.c. 111ff.), weil man in der Sünde eine der Hauptursachen für das Leid sah, von dem der Beter erlöst werden will. Normalerweise erscheint der Hinweis auf die Sünde in Relativsätzen oder nominalen Ausdrücken innerhalb der Klage um das Leid und der Bitte um Erlösung, etwa „wegen der Sünde, die ich kenne oder nicht kenne, wo ich nachlässig war, sündigte, frevelte, mich ganz schwer verging" (AGH 8, 10f.). Es gibt aber auch das Bekenntnis in Hauptsätzen, z. B. „ich war nachlässig, sündigte, frevelte, verging mich ganz schwer; sie alle sind meine Sünden und Missetaten. Ich mißachtete unwissentlich, überschritt dein Gebot, schwor falsch bei dir, bewahrte nicht deine Ordnungen" (AfO 19, 51, 67ff.). Neben das allgemeine Sündenbekenntnis tritt das spezielle mit der Nennung einzelner Sünden, z. B. „ich sagte und änderte es dann, ich forderte Vertrauen und gab nicht; ich tat Unziemliches, Unheilvolles war in meinem Mund; ich erzählte, was nie gesagt wurde" (JNES 15, 1956, 142, 53f. 33, 280, 124/6; zahlreiche weitere Einzelbekenntnisse folgen in dem zweiten Gebet). Anleitungen zur Selbstprüfung für Einzelbekenntnisse enthalten mit Beichtspiegeln vergleichbare Sündenkataloge. Die Beschwörungsserie Šurpu, wohl Ende des 2. Jt.s entstanden, nennt in der 2. und 3. Tafel an die 300 Möglichkeiten, wie man durch falsches Tun und unbewußte Schuld in die als „Bann" (*māmītu*) bezeichnete Scheidung von der Gottheit hineingeraten kann (vgl. E. Reiner, Šurpu, Graz 1958). Es gibt übrigens auch vereinzelt Schuldbekenntnisse von Königen, die bestimmte Sünden nennen, freilich in Verbindung mit der Aufzählung frommer Werke. So sagt der kränkelnde Assurnassirpal I. um 1050: „Nicht dachte ich an deine Herrschaft, betete nicht dauernd an; die Menschen Assyriens wußten nicht Bescheid, wandten sich nicht immer an deine Gottheit" (AfO 25, 1978, 39/43, 23f.). Religiöse Haltungen und Überzeugungen sind oft älter als die sie kennzeichnenden Begriffe und können ohne begriffliche Prägungen sich noch weiterentfalten.

von Soden

III. 1. a) Charakteristisch und instruktiv für die Verwendung des Verbs ist die Ausdeutung der Namen Ruben, Simeon, Levi, Juda durch J (Noth, ÜPt 26. 30) in Gen 29, 31–35. Was Lea gegenüber ihrer Schwester Rahel entbehrt, ist die Liebe ihres Mannes (vv. 32–34). Ihre Not ist die Zurücksetzung (v. 31). Wenn JHWH ihr Elend ansieht (v. 32), wenn er sie erhört (v. 33), dann ist auch ihre Bitte vorauszusetzen. Die Geburt des vierten Sohns, als deren abschließende Erfüllung, führt zum Lobpreis: „Diesmal will ich JHWH loben" (v. 35). D. h.: Schon im 8. Jh. v. Chr., wahrscheinlich noch früher, gehören die Elemente Schilderung der Not, Bitte, Erfüllung, Dank durch Lobpreis zusammen. Der Lobspruch *'ôḏæh 'æṯ-JHWH* ist Lobgelübde, aber auch Kurzform eines Loblieds, sozusagen seine Urgestalt, aus aktuellem Anlaß geboren.

Ein Lobgelübde, das in der Regel durch den Voluntativ der 1. Pers. Sing. *hiph* ausgedrückt wird, beschließt das Klagelied des einzelnen (Ps 7, 18; 28, 7; 35, 18; 42, 6. 12; 43, 4. 5; 52, 11; 54, 8; 57, 10; 71, 22; 86, 12; 109, 30; 119, 7). Der Beter kann das Lobgelübde auch mit Hilfe des Inf. cstr. umschreiben. Dabei bleibt, wie in Ps 119, 62, der Voluntativ gewahrt: „Ich will aufstehen zu loben", oder das Gelübde erscheint als Bitte: „Führe mich aus dem Gefängnis, damit ich lobe" (Ps 142, 8). Auch ein Wunsch in der 3. Pers. Pl. (*jôḏû*) kann das Lobgelübde ersetzen. Ähnlich verhält es sich mit dem Klagelied des Volkes. Entweder wird das Lobgelübde durch den Voluntativ der 1. Pers. Pl. ausgedrückt (Ps 79, 13) oder es tritt eine mit dem Inf. cstr. konstruierte Bitte an seine Stelle: „Hilf uns ... zu loben" (Ps 106, 47). In Ps 44, 9, wo *nôḏæh* auf die Äußerungen des Vertrauens folgt, ist das Lobgelübde gewissermaßen vorgezogen.

Die Anlässe, die zu einem Lobgelübde führen, lassen sich angesichts der typisierenden Bildsprache in den Klageliedern des einzelnen nur unbestimmt erheben: das Leben des Beters ist bedroht. Die Schilderung immer wiederkehrender Situationen dominiert, unter denen das Erlebnis der Verfolgung herausragt (Ps 71, 10; 86, 14). Der Beter wird unschuldig verfolgt. Grundlos stellen die Feinde ihm das Netz, graben sie die Grube (Ps 35, 7; vgl. 57, 7); grundlos bedrängen sie ihn (Ps 7, 5). Den Frommen überschütten seine Feinde mit ihrer Bosheit (Ps 52, 3–6). Hinterlist paart sich mit Gewalt (Ps 140, 2–5). Ergreifend klingt Ps 109, 3f.: „Mit Worten voller Haß umringten sie mich; sie befehden mich ohne Grund. Für meine Liebe klagen sie mich an, obwohl mein Gebet ihnen galt" (Übersetzung nach Kraus, BK XV/2, 744). Auch der erzwungene Aufenthalt in der Fremde schneidet von der lebenspendenden Gegenwart Gottes ab, die im Kult erlebt wird (Ps 42/43). Gefangenschaft gleicht dem Tod, wo es keinen Lobpreis Gottes gibt (Ps 142, 5. 8).

Die Grundsituation, die im Volksklagelied das Lobgelübde hervorbringt, ist die nämliche wie im Klagelied des einzelnen: die Bedrohung des Lebens, nur daß sie auf die Gemeinschaft übertragen ist. Es ist die tatsächliche oder nach menschlichem Ermessen zu erwartende (vgl. 2 Chr 20, 4ff.) völkische Katastrophe. Der aus der Niederlage resultierenden Zerstreuung unter die Völker (Ps 44, 10–12; 106, 47) entspricht die Zerstörung Jerusalems mit der Entweihung des Tempels (Ps 79). Trotz manchen Versuchen, Ps 79 einem bestimmten historischen Geschehen zuzuordnen, bleibt es ungewiß, ob er sich auf die Eroberung Jerusalems durch Nebukadnezar 587/6 v.Chr. oder auf ein Ereignis der Makkabäerzeit bezieht. Für die Späteren sind Fall Jerusalems und babylonische Gefangenschaft zum Muster der radikalen kollektiven Not geworden.

Die ausgeführte Form des Lobpreises ist die *tôḏāh* (Jes 51, 3; Jer 30, 19; Jon 2, 10; Ps 26, 7; 42, 5; 69, 31; 95, 2; 100, 1. 4; 147, 7; Neh 12, 27). Sie ist ein fröhliches Lied, in dem Jubel über Gottes Erbarmen durchbricht (Ps 42, 5), und gehört zu den Freudenkundgebungen, die über das „neue Heil" (Weiser, ATD 20/21, [6]1969, 273), die erneute Zuwendung Gottes nach der Zerstörung des judäischen Staats, erschallen werden (Jes 51, 3; Jer 30, 19). Im Danklied des einzelnen, das man sich auch als Erfüllung des Lobgelübdes zu denken hat, nimmt das Verbum *jdh* seinen festen Platz ein. Oft bildet *'ôḏæh* mit Objekt die Einleitung (Jes 12, 1; 25, 1; Ps 9, 2; 108, 4; 118, 21; 138, 1+2). Ist dieser Platz schon durch einen anderen Ausdruck des Preisens besetzt, dann folgt *'ôḏæh* am Ende (Ps 18, 50 = 2 Sam 22, 50; Ps 30, 13; 118, 19. 28). Das Gelübde leitet hier über vom einmaligen Dank zum dauernden Lobpreis (Crüsemann 236). Im Lobgelübde kommt es vor, daß der Voluntativ der 1. Pers. durch die Wunschform der 3. Pers. Pl. mask. umschrieben wird (Ps 107, 8. 15. 21. 31). In den Hymnen kommt die Formel nur zweimal vor. Einmal dient sie als Einleitung (Ps 111, 1), dann kündigt der Beter seinen Lobpreis erst gegen Ende des Schöpfungspsalms an (Ps 139, 14).

Gewöhnlich leitet den Hymnus der Imperativ *hôḏû* „lobet" ein (Jes 12, 4; Jer 33, 11; Ps 30, 5; 97, 12; 136, 1. 2. 3; 2 Chr 20, 21). Gleiches gilt für die Geschichtspsalmen (Ps 105, 1; 106, 1; 1 Chr 16, 8) und Liturgien (Ps 107, 1; 118, 1), wenn sie nicht gar nur Differenzierungen des Hymnus darstellen. *hôḏû* nimmt auch die durch ein anderes Verb ausgedrückte Einleitung wieder auf (Ps 100, 4). Durch die Wiederholung am Ende wird aus der Einleitung ein Rahmen (Ps 118, 29; 136, 26; 1 Chr 16, 34). Ausnahmsweise rückt der Lobruf an den Schluß (Ps 97, 12). Umschrieben kann er werden durch die Wunschform der 3. Pers. Pl. mask. (Ps 67, 4. 6; 89, 6; 99, 3; 145, 10) oder der 3. Pers. Sing. fem. (Ps 76, 11), oder es kommen Bildungen mit dem Inf. cstr. vor (Ps 92, 2; 122, 4). F. Crüsemann läßt *jôḏû* und *tôḏækkā* (Ps 76, 11) weder als Umschreibung des Lobgelübdes noch des imperativischen Lobrufs gelten, sondern rechnet die damit gebildete Redeform zum „Lobwunsch", einer eigenständigen hymnischen Redeform, deren Variabilität er jedoch durchaus anerkennt (184–191).

Die Anlässe, mit denen *jdh* im Danklied des einzelnen verknüpft ist, lassen sich als helfende Wende kennzeichnen (zur Terminologie vgl. C. Westermann, Gewendete Klage, BSt 8, 1955 oder Ders., Die Rolle der Klage in der Theologie des AT, ThB 55, 1974, 250–268). Angesichts des Schicksals, das eine Niederlage für den Besiegten nach sich zog, freilich abgestuft nach dem sozialen Rang (vgl. 2 Kön 25), erschien der Sieg als neu geschenktes Leben, das den Einklang zwischen JHWH und seinen Getreuen aufwies (Jes 25, 1–5; Ps 18, 36–39. 50), wie die Heilung

der als tödlich empfundenen Krankheit den Beter in preisenden Jubel ausbrechen läßt (Ps 30, 3. 13). Auch der Kindersegen, der die Stellung der Frau garantiert, der ihr die Liebe des Mannes erringt (Gen 29, 35), gehört hierher.
Entfaltet wird das Lob durch einen mit *kî* beginnenden Satz. Wo *'ôḏæh* die *tôḏāh* einleitet, erzählt der *kî*-Satz die Heilstat, die der Beter an sich erfahren hat. Weitere Sätze können die Erzählung fortführen. Der perfektische Verbalsatz ist die Regel. Ein Nominalsatz liegt nur in Ps 108, 5 vor. Die Erzählung geschieht in der Form der Anrede: „Du hast mein Recht und meinen Streit geführt" (Ps 9, 5 nach Kraus, BK XV/1. Vgl. Jes 12, 1; 25, 1; Ps 108, 4; 118, 21; 138, 2). Bei dem die *tôḏāh* beschließenden Lobgelübde fehlt der Kurzbericht; denn das künftige Loben Gottes ist offen. Nur wo die hymnische Redeform des Lobwunsches das Schlußgelübde vertritt, finden wir zweimal einen Kurzbericht in der 3. Pers. (Ps 107, 9. 16), der als Aufnahme des vorangegangenen ausführlichen Berichts zu verstehen ist. Trotz großer Ähnlichkeit ist im Lobgelübde des individuellen Klagelieds der Befund nicht so eindeutig. In Ps 7, 18; 28, 7; 35, 18; 42, 6. 12; 43, 4. 5; 71, 22; 119, 7 fehlt der *kî*-Satz, das Gelübde ist offen. Anderwärts nimmt er mannigfache Formen an. Im perfektischen Verbalsatz antizipiert der Beter die Heilstat in der Gewißheit der Erhörung. Dabei redet er Gott, wie in der Einleitung der *tôḏāh*, in der 2. Pers. an. Anrede sind auch der Nominalsatz Ps 57, 11 (vgl. 108, 4) und der aus Nominal- und Verbalsatz kombinierte Vers Ps 86, 13: „Deine Güte ist größer als ich, und du hast mich aus der untersten Scheol errettet." In der 3. Pers. steht Ps 54, 8, wo *kî ṭôḇ* noch einmal durch „denn er hat mich aus aller Not gerettet" expliziert wird. Hier ist allerdings der konkrete Bezug auf den Beter durch das Suffix *-nî* gewahrt. Ps 109, 31 wechselt der *kî*-Satz in die 3. Pers. über; das Verb steht im Impf. Die auf den imperativischen Lobruf *hôḏû* folgenden *kî*-Sätze sind durchweg in der 3. Pers. gehalten. Im Gegensatz zum Danklied enthalten sie auch keinen Bericht, sondern, mit leichten Abwandlungen, eine Aussage über JHWH und seine → חסד *(ḥæsæḏ)* (Jer 33, 11; Ps 100, 4; 107, 1; 136, 1. 2. 3 u. ö.), bzw. sein Wohlgefallen (*rāṣôn* [→ רצה]; Ps 30, 6). Wenn der Lobwunsch *jôḏû* an die Stelle des Imp. *hôḏû* tritt, ist der *kî*-Satz als imperfektischer Verbalsatz ausgestaltet. Unabhängig davon, ob JHWH als Richtender und Erbarmender (Ps 67, 5) oder ob seine Größe in einer rhetorischen Frage beschrieben wird, fehlt jedoch der Verweis auf eine bestimmte entscheidende Tat. Beabsichtigt ist eine Aussage über sein Wesen. Dagegen bleiben nach *'ôḏæh*, auch wo es im Hymnus vorkommt, Anrede und die Person betreffende Tat erhalten (Ps 139, 14).
Es zeigt sich also, daß *'ôḏæh*, ohne Rücksicht auf Stellung und Funktion in den Gattungen, stets ein Geschehen zwischen JHWH und Mensch zum Inhalt hat, das im *kî*-Satz berichtet wird, während der auf den Aufruf zum Lob folgende *kî*-Satz eine Aussage über JHWH macht. Dieser signifikante Unterschied läßt Westermann im ersten Fall vom berichtenden, im zweiten vom beschreibenden Lob sprechen. Aufgrund dieses inhaltlichen Kriteriums benennt er Danklied und Hymnus als berichtenden und beschreibenden Lobpsalm (Lob, 25).

So gewiß *kî* auf den Inhalt hinzeigt, so gewiß begründet es aber auch das Lob. Aus dieser doppelten Funktion ergibt sich eine gewisse Unsicherheit in der Übersetzung, die ein Vergleich neuerer deutscher Kommentare belegt. So gibt Gunkel (GHK II/2, 1926) *kî* in Ps 9, 5 mit „denn" wieder, Weiser (ATD 14/15) schreibt „daß" und Kraus (BK XV/1) übersetzt es überhaupt nicht. In Ps 30, 6 steht bei Gunkel „denn", Weiser läßt das Wort unübersetzt und Kraus gibt es mit „ja" wieder. Sagt in Jes 12, 1 Kaiser (ATD 17) „denn", so übersetzt Wildberger (BK X/1) „wahrlich". Da „denn" die Funktion der Begründung überbetont, so ist eine Wiedergabe durch eine deiktische Partikel angebracht, d. h. unter den vorgeschlagenen Übersetzungen entsprechen „wahrlich" und „ja" der Doppelfunktion am ehesten. Beide verweisen auf den Inhalt, ohne die Begründung auszuschließen. Auch Crüsemann hat sich für die Übersetzung „ja" entschieden, allerdings nur, wenn *kî* auf den imperativischen Lobruf folgt, da er im *kî*-Satz nicht nur den Inhalt des Lobs, sondern die Durchführung der Aufforderung sieht (32–35), während er sonst am begründenden „denn" festhält.

b) Wie die Fülle parallel verwendeter Verben und anderer Ausdrücke zeigt, ist der Lobpreis emotional stark besetzt. Zum Lob gehört die Freude (Ps 9, 3; 67, 5; 105, 3; 1 Chr 16, 10 u. ö.), das Singen und Spielen (→ זמר [*zmr*] Ps 7, 18; 18, 50; 30, 5. 13; 108, 4 u. ö.), Frohlocken (→ עלץ *'lṣ* Ps 9, 3; *'lz* Ps 28, 7), Jubeln (→ רנן *rnn* Jes 12, 6; Ps 33, 1; 67, 5; 71, 23; 100, 2), Rühmen (→ הלל *hll* Ps 35, 18; 109, 30 u. ö.). Mannigfaltig sind die Verben, die dem deutschen Jauchzen entsprechen (→ רוע [*rw'*] Ps 100, 1; → גיל [*gjl*] Ps 43, 4; *ṣhl* Jes 12, 6). Selten begnügt sich der Beter mit einem einzigen Ausdruck. Im Überschwang der freudigen Erregung häuft er Verb auf Verb (Ps 9, 3; 67, 5; Jes 12, 6). Wer zum Lob aufruft, dessen Stimme gleicht einer Stimme des Jubels (*śāśôn* [→ שׂישׂ]) und der Freude; so gestimmt sind Bräutigamm und Braut (Jer 33, 11).
Der Lobpreis ist auch keine Privatsache, die nur den Lobenden und den Gelobten betrifft. *hôḏāh* richtet sich an die Öffentlichkeit. Es ergeht ein Aufruf zur Bekanntmachung, oder der Beter deutet sie an, indem er seine Absicht zu erzählen verkündet (Ps 9, 2; 79, 13). Dann beschreibt er sie als die Frommen (Ps 52, 11), den Kreis der Rechtschaffenen und die Gemeinde (→ עדה [*'eḏāh*] Ps 111, 1), ohne ihre Größe zu bestimmen. Sie besteht aus vielen (Ps 109, 30), stellt sich dar als große Versammlung und zahlreiches Volk (Ps 35, 18). Schließlich erstreckt sie sich auf die ganze Welt. Die Völker (*gôjim* Ps 18, 50; *'ammîm* Jes 12, 4; Ps 57, 10; 105, 1; 108, 4; 1 Chr 16, 8) und Nationen (*le'ummîm* Ps 57, 10; 108, 4) sollen das Lob erfahren.
Das Objekt wird durch *'eṯ* und *le* mit dem Verb ver-

bunden oder bleibt ohne Bezeichnung. Gegenstand ist fast ausschließlich Gott. Nur viermal hat *jdh* den Menschen zum Objekt: Gen 49, 8; Ps 45, 18; 49, 19f.; Hi 40, 14. Schwebte den Autoren an den beiden ersten Stellen die königliche Macht als Abglanz der göttlichen Herrschergewalt vor, so machen die beiden letztgenannten Stellen deutlich, ja, sie leben davon, daß eigentlich der Lobpreis sich nie auf den Menschen beziehen kann, da dieser sonst an Gottes Stelle träte. Der Lobpreis des Menschen schwindet mit seinem Objekt. Ihn kann man nur ironisch loben. Der Ausdruck des Gotteslobs durch den absoluten Gebrauch von *jdh* (Neh 11, 17; 12, 24; 2 Chr 31, 2) ist also nur folgerichtig.

Der Lobpreis redet Gott an oder redet von ihm. Dementsprechend findet sich das Objekt in der 2. Pers. und der 3. Pers. Sing., die sich zahlenmäßig etwa die Waage halten. Freilich ist dabei zu bedenken, daß die imperativische Aufforderung die 3. Pers. verlangt. Steht das Objekt in der 2. Pers., so wird es durch das mit dem Verb verbundene entsprechende Personalsuffix (25mal), durch *leḵā* (Ps 6, 6; 79, 13; 119, 62; 1 Chr 29, 13) oder durch mit dem Suffix der 2. Pers. versehene Hypostasen ausgedrückt. Als solche begegnen der „Name" (→ שֵׁם [*šem*] 11mal), einschließlich „heiliger Name" (Ps 106, 47; 1 Chr 16, 35), der in der nachdeuteronomischen Literatur zum Wechselbegriff für JHWH geworden ist (O. Grether, Name und Wort Gottes im AT, BZAW 64, 1934, 35ff.), und das auffällige „Wunderkraft" (→ פלא [*pælæ*'], Ps 89, 6). Das Tetragramm fehlt. Umgekehrt verhält es sich beim Gebrauch der 3. Pers. Hier überwiegt deutlich das Tetragramm (32mal), während der hypostasierte Name als „Name JHWHs" nur Ps 122, 4, als „sein heiliger Name" (*zeḵær qoḏšô*; vgl. W. Schrottroff, 'Gedenken' im Alten Orient und im AT, WMANT 15, ²1967, 297ff.) Ps 30, 5; 97, 12 vorkommt. Auf gleicher Ebene mit dem Tetragramm stehen die Gottesbezeichnungen *'ælohîm* (Ps 136, 2; Neh 12, 46), *'el haššāmajim* (Ps 136, 26) und *'āḏon* (Ps 136, 3). Das mit dem Verb verbundene Suffix der 3. Pers. findet nur spärliche Verwendung (Ps 28, 7; 42, 6. 12; 43, 5), das gleiche gilt für *lô* (Ps 100, 4).

Die drei den Lobpreis bestimmenden Elemente der Freude, der Öffentlichkeit und der exklusiven Ausrichtung auf Gott bedingen als viertes konstituierendes Element seine Verbindung mit dem Leben. Gott zu loben vermag nur der lebendige Mensch (Jes 38, 19). Einmal zu Staub zerfallen, tut er es nicht mehr (Ps 30, 10). Die Totengeister (Ps 88, 11) wie die von Gott geschiedene Schattenwelt der Scheol (Jes 38, 18) kennen kein *jdh*, danach zu fragen, ist rein rhetorisch.

c) Um JHWHs Namen zu loben, zieht man hinauf nach Jerusalem, in den Tempel (Ps 118, 19). So will es die für Israel geltende Ordnung (Ps 122, 1–4). Sitz im Leben ist der Gottesdienst, der Ort der Tempel. Innerhalb des Tempelbezirks lassen sich verschiedene Örtlichkeiten unterscheiden, wo der Lobpreis erschallt.

Die *tôḏāh* gehört mit dem Altar zusammen. Der Gläubige umzieht mit einer *tôḏāh* den Altar (Ps 26, 7). Am Altar will er loben (*'ôḏeḵā* Ps 43, 4). Vor dem *hêḵāl*, pars pro toto für das Tempelgebäude, fällt er anbetend nieder (Ps 138, 2), also im Vorhof, wo sich der Brandopferaltar befindet (Th. A. Busink, Der Tempel von Jerusalem, 1, Leiden 1970, 322). Dem entspricht Jon 2, 10, wo zur Darbringung des gelobten Opfers die *tôḏāh* gehört. Ps 54, 8 faßt Lob und Opfer in einem Gelübde zusammen (*'æzbeḥāh*, *'ôḏæh*). Auch der Lobwunsch (*jôḏû*), der in Ps 107, 21f. das Lobgelübde vertritt, beinhaltet einen Aufruf zu Opfern (*jizbeḥû*), die hier *zibḥê tôḏāh* genannt werden.

Aus den angeführten Stellen ergibt sich ein Zusammenhang zwischen dem Danklied des einzelnen und einem Opfer, die beide auf ein Gelübde (*neḏær* [→ נדר]) in der Not zurückgehen und beide zusammen dargebracht werden (Rendtorff 136f.). Die Zusammengehörigkeit drückt sich auch in der gleichen Bezeichnung aus. Statt *zæbaḥ tôḏāh* (Ps 116, 17) kann es auch einfach *tôḏāh* heißen (Jer 17, 26; 33, 11; Ps 56, 13; 2 Chr 29, 31; 33, 16), ein Gebrauch, der sogar schon recht früh belegt ist (Am 4, 5). Näheres über das freiwillige Lobopfer des einzelnen erfahren wir aus P (Lev 7, 11ff.). Der *zæbaḥ tôḏāh* ist ein Heilsopfer (*zæbaḥ šelāmîm* [→ שלם]), zu dem zusätzlich vegetabilische Gaben dargebracht werden. Über dieses Zusatzopfer, von dem der Priester seinen Anteil bekommt, liegen zwei Versionen vor. Der Hauptunterschied zwischen beiden ist, daß die erste in Angleichung an die *minḥāh* ungesäuertes Brot verlangt (v. 12), während die zweite Gesäuertes zuläßt (v. 13). Ziehen wir Am 4, 5 heran, so kann v. 13 urspr. keine Erleichterung sein, vielmehr stehen zwei Möglichkeiten der Ausführung nebeneinander, von denen die zweite die ältere Praxis repräsentiert. Die Darbringung ungesäuerten Brots ist nachexilischer Brauch (K. Elliger, HAT I/4, 1966, 99). Die Vorschrift, daß vom Opferfleisch bis zum andern Morgen nichts übrig bleiben darf (v. 15), schärft auch H ein (Lev 22, 29f.). Als Opfertiere für die Heilsmahlopfer kommen Rinder und Kleinvieh in Frage (Rendtorff 161f.). Das dürfte auch auf die *tôḏāh* zutreffen. Aus Ps 69, 31f. ist jedenfalls zu entnehmen, daß man als *tôḏāh* gewöhnlich einen Stier (*šôr*) oder Jungstier (*par*) opferte.

Es fragt sich natürlich, wo eine solche individuelle Veranstaltung im Gottesdienst verankert ist, zumal, wenn man den hierfür nötigen Aufwand in Rechnung stellt. Zur Ausführung bedarf es der Öffentlichkeit wie der priesterlichen und levitischen Spezialisten. Lediglich an zwei Stellen hören wir von konkreten Gelegenheiten, bei denen Dankopfer dargebracht wurden. Beide finden sich beim Chr. Bei dem von ihm nach der Reinigung des Tempels zur Wiederherstellung des Kults veranstalteten „Tempelweihfest" fordert Hiskia (715/4–697/6; S. Herrmann, Geschichte Israels in at.licher Zeit, ²1980, 310) das Volk auf, *zebāḥîm wetôḏôt*, d. h. als Dankopfer qualifizierte Schlachtopfer darzubringen (2 Chr 29, 31). Auch freiwillige Brandopfer werden in diesem Zusammenhang erwähnt. Dies geschieht, nachdem die feste Reihe (Num 29; 2 Chr 29, 21; Esr 6, 17; 8, 35) der offiziellen Opfer abgeschlossen ist. Danach sieht es aus, als habe in nachexilischer Zeit die Festagende einen Freiraum für die freiwilligen Opfer vorgesehen (vgl. Num 29, 39), der hier von den Dankopfern gefüllt wird. 2 Chr 33, 15f. spricht zwar nur von einer Tempelreinigung, aber die „Heilsopfer als Dankopfer", die Manasse (697/6–642/1; S. Herrmann, Geschichte Israels, 310) zum Dank für seine durch JHWH bewirkte Rettung aus der Hand des assyrischen Großkönigs Assurbanipal opferte, sind sicher analog bei einem die Reinigung beschließenden Fest dargebracht zu denken. Wenn der dtr Bearbeiter des Jeremiabuches die *tôḏāh* unter Hymnengesang vollzogen werden läßt (Jer 33, 11), so gleicht er das private Dankopfer hinsichtlich der Praxis den ständigen Morgen- und Abendopfern sowie den vorgeschriebenen Festopfern an, die vom Hymnengesang der Tempelsänger begleitet werden (1 Chr 23, 30f.; 2 Chr 7, 6), wie aus der Verbindung des Heilsmahlopfers mit dem levitischen Lobgesang hervorgeht (2 Chr 30, 22), wahrscheinlich im Blick auf das zu seiner Zeit geübte Verfahren. Im übrigen weist der Chr, um die Bedeutung des levitischen Amts zu betonen, dem Hymnengesang der Leviten einen durchaus eigenständigen Rang innerhalb des Kults zu (1 Chr 16, 4. 7. 37. 41). Tempelmusik und Gesang sind es, die die göttliche Gegenwart herbeirufen (2 Chr 5, 12f.). Von der Bindung an Opfer und Priester gelöst, überschreitet der levitische Hymnengesang die Grenzen des Tempelbezirks. Er gehört schlechthin zur kultischen Feier, so bei der Grundsteinlegung zum Tempel durch Serubbabel und Jeschua (Esr 3, 11) oder bei der Weihe der Jerusalemer Stadtmauer (Neh 12, 27). In der Darstellung des Krieges als Gottesdienst tritt er an die Stelle des Kampfgeschreis (2 Chr 20, 21; vgl. G. v. Rad, Der Heilige Krieg im alten Israel, [4]1965, 80f.), was vermutlich nicht möglich gewesen wäre, wenn der Hymnus nicht tatsächlich im als Kultus verstandenen Krieg seinen Platz gefunden hätte. Wie sehr die kultischen Elemente die Beschreibung des Kriegs bestimmen, läßt sich noch aus 1 Makk 4, 24; 13, 51 entnehmen. Dort wird das auf die Schlacht folgende Siegeslied mit der Formel für den levitischen Hymnengesang umschrieben.

Ohne Danklied gibt es kein Dankopfer. Umgekehrt hören wir aber davon, daß Danklieder gesungen werden, ohne daß die Feier mit einem Opfer verbunden wäre. Ja, eine *tôḏāh* als Lied kann geradezu das Opfer ersetzen (Ps 69, 31f.; Hermisson 38). Zwangsläufig opferlos sind die *tôḏôṯ*, die anderwärts lokalisiert werden. Es gibt eine *tôḏāh* am Tor. Für deren Verständnis aufschlußreich ist der in seiner Überschrift ausdrücklich als *mizmor leṯôḏāh* gekennzeichnete Ps 100. Es ergeht an eine Mehrzahl die Aufforderung zum Einzug (*bo'û*) mit *tôḏāh*, die in der Fortsetzung durch *tehillāh* aufgenommen wird. Schließlich faßt der Imp. *hôḏû* diese Aufforderung noch einmal zusammen (v. 4). Die pluralischen Imperative, zusammen mit den einander zugeordneten Begriffen *tôḏāh* und *tehillāh*, zeigen, daß wir es hier mit einem Hymnus zu tun haben, der beim Einzug in den Tempelbezirk gesungen wird. Die Merkmale des Einzugs und der pluralischen Aufforderung treffen auch auf Ps 95, 2. 6 zu. Wallfahrer (Ps 122) sangen solche Hymnen, wie sich der Beter von Ps 42, 5 wehmütig erinnert.

Über die Aufführung des Lobpreises läßt sich aus den Psalmen nur weniges erheben. Er geschieht im Lied mit Instrumentalbegleitung. Vorausgesetzt, daß das Ich bzw. das Wir oder das Ihr des Imperativs nicht nur literarisch sind (Wohlenberg 576. 583), finden wir Sologesang (Danklied des einzelnen, Hymnus des einzelnen) und Darbietung durch ein Kollektiv (Danklied des Volkes, Hymnus). Aufführung im Wechselgesang ist bei manchen Hymnen wahrscheinlich (z. B. Ps 136). Ohne daß eine Differenzierung nach Gattungen festzustellen wäre, werden als Begleitinstrumente Kastenleier (*kinnôr*), Harfe (*neḇæl*) und zehnsaitige Bogenharfe (*ʿāśôr*) genannt. Ob der Sänger sich selbst begleitete oder ob er von einem Orchester oder einem Instrumentalsolisten begleitet wurde, ist offen. Gegen die eigene Begleitung spricht, daß das nämliche Ich gleichzeitig zwei Instrumente spielt (Ps 57, 9f.; 71, 22; 92, 2+4). Vielleicht gab es aber auch verschiedene Aufführungsweisen. Reichlicher fließen die Angaben im chr Geschichtswerk. Der Lobgesang ist den Leviten anvertraut (1 Chr 16, 4f. 7. 42; 23, 30; 25, 6; 2 Chr 5, 12; 7, 6; 31, 2). Sie sind Sänger und Musiker (2 Chr 7, 6), die außer den schon erwähnten Instrumenten noch die Zimbel (*meṣiltajim*) spielen (Neh 12, 27; 1 Chr 16, 5; 2 Chr 5, 12). Ein Musiker beherrschte ein bestimmtes Instrument (1 Chr 16, 5; 25, 3). Einzelne Träger von Leitungsfunktionen heben sich ab: Mattanja (Neh 11, 17; 12, 8. 24f.), Jedutun (1 Chr 25, 3), Asaph (Neh 12, 46). Die ersten beiden werden auch als Solisten erwähnt: Mattanja als Sänger (Neh 11, 17), Jedutun als Spieler der Kastenleier (1 Chr 25, 3). Mag auch die Einteilung der Leviten in 24 Klassen, die sich zum Dienst abwechselten (1 Chr 25), chronistische Fiktion sein, so hören wir doch davon, daß aus ihrer Gesamtheit für den Dienst jeweils Chöre und Orchester zusammengestellt wurden (Neh 12, 31. 38. 40; 2 Chr 20, 21). Wenn sie im Tempelgottesdienst auftreten, stehen sie östlich des Altars im Vorhof (2 Chr 5, 12). Dienstzeiten sind mindestens die Opferzeiten. Beim Musizieren kommt es auf die Übereinstimmung des Gesangs mit der Instrumentalmusik an (2 Chr 5, 13). Gelegentlich werden sie durch Trompeten blasende Priester verstärkt (2 Chr 5, 12; Neh 12, 35). Die Einreihung der Tempelmusiker unter die Leviten ist nachexilisch, obgleich sie auf David zurückgeführt wird (Esr 3, 10; 2 Chr 7, 6). Historisch zutreffend ist wohl, daß es Tempelmusiker gab, seitdem der Tempel zu Jerusalem existierte.

Die aus den Psalmen gewonnenen Daten lassen sich

durchaus mit den Nachrichten der Chr verbinden. Die Instrumente sind die Instrumente des Tempelorchesters. Sowohl solistische als auch chorische Vortragsweise ist möglich. Als Probleme bleiben, ob das Ich des Beters mit dem Ich des Vortragenden identisch ist, und in welcher Form die „Gemeinde" mitwirkt. Die Vermutung hat viel für sich, daß sich innerhalb des Tempels die Aufführenden aus den Reihen der Berufsmusiker rekrutierten (Wohlenberg 582). Man hätte dann eine ähnliche Entwicklung wie beim Opfer anzunehmen, wo auch der einzelne sein Opfer darbringt, der Priester aber für die technische Durchführung verantwortlich ist.

2. a) Nach P bildet in bestimmten Fällen ein Schuldbekenntnis einen Bestandteil der Opferhandlung (Lev 5, 1–6; Num 5, 5–10). Das Perf. cons. *w^ehiṯwaddāh* (Lev 5, 5) bzw. *w^ehiṯwaddû* (Num 5, 7) eröffnet die Aufzählung dessen, was zu geschehen hat. Die zu bekennende Tat eines einzelnen wird als Verfehlung eingestuft und schließt sich an das Verb als Relativsatz (*'ašær ḥāṭā' 'ālǣhā* Lev 5, 5) oder als Objekt (*'æṯ-ḥaṭṭā'ṯām* Num 5, 7) an.

Lev 5, 1–6. Auf das Bekenntnis folgt als Wiedergutmachung (*'āšām*; Elliger, HAT I/4, 76) die Darbringung eines Sündopfers (*ḥaṭṭā'ṯ*), das aus einem Stück weiblichen Kleinviehs, Schaf oder Ziege, besteht. Dann eröffnet sich wie bei jedem Sündopfer (Rendtorff 230) dem Priester die Möglichkeit, die Verfehlung zu sühnen. Die Vorschrift ordnet das Verfahren in einer Reihe von vier Fällen, von denen zwei der Rechtssphäre entstammen und die Unterlassung von Zeugenaussagen und leichtsinniges Schwören betreffen (v. 1 und 4), während die beiden andern die aus zu später Erkenntnis erwachsene Unterlassung der in Lev 11–15 geforderten Waschungen zum Gegenstand haben (vv. 2. 3). Das Opfer weist einen Weg, nachträglich die Folgen der unwissentlich oder unbedacht begangenen Sünden aufzuheben (vgl. Elliger, HAT I/4, 73f.).

Num 5, 5–10. Wie im vorigen Text wird nach der Überschrift das Ritual mit dem Schuldbekenntnis eröffnet. Der erwartete, durch Perfecta consecutiva ausgedrückte Fortgang, daß der Priester durch ein Opfer Sühne schafft, bleibt indes aus. Mit der Wiedergutmachung bricht der Gang ab, und statt dessen finden wir einen Konditionalsatz, in welchem das weitere Ritual nebenbei erwähnt wird. Sicher soll das Verfahren mit der Sühne enden, beherrschend ist aber der Fall, daß es für den Schadenersatz keinen Empfangsberechtigten mehr gibt. Das Delikt wird einerseits als untreues Handeln an JHWH bezeichnet, andererseits soll der Schadenersatz primär einem geschädigten Privatmann zufallen. Solche Fälle regelt Lev 5, 20–26. Den Besitz von hinterlegtem, entliehenem, gewaltsam weggenommenem oder verlorenem Gut abzuleugnen, oder gar einen Meineid dabei zu leisten, stellt eine Veruntreuung gegenüber JHWH dar. Der wahre Eigentümer hat Anrecht auf Schadenersatz in Höhe von 1 $^1/_5$ des Wertes (nach rabbinischer Auslegung $^5/_4$, da das Fünftel von der ganzen Zahlung gerechnet wird). Durch die Qualifikation des Eigentumdelikts als *ma'al b^eJHWH* steht aber auch JHWH ein Schadenersatz zu, ein tadelloser Widder, welcher dem sühnewirkenden Priester gehört. Dann erst erfolgt die Aufhebung der Tatfolgen. Das Num 5, 5ff. im Konditionalsatz enthaltene Geschehen erscheint hier als das eigentliche Ritual. In Num 5, 5–10 handelt es sich also um eine Sonderregelung („Nachtrag") zu Lev 5, 20–26 für den Fall, daß niemand mehr die Wiedergutmachung entgegennehmen kann. Sie spricht die Zahlung dem diensttuenden Priester zu. Neu gegenüber Lev 5, 20ff. ist auch die Einführung des Bekenntnisses. Möglicherweise ist es auch dort vorauszusetzen (D. Kellermann 66). Wenn man jedoch in Rechnung stellt, daß in der „Novelle", ähnlich wie in Lev 5, 1–6, die Tat juristisch nicht mehr recht greifbar geworden ist, so hat es erst hier seine volle Berechtigung.

Lev 16, 21f. Auch das Ritual des Versöhnungstags kennt ein Schuldbekenntnis. Gegenstand sind die Sünden des Israeliten. Die Häufung der Begriffe *'āwon, pæša', ḥaṭṭā'ṯ*, die dazu noch im Pl. erscheinen, dient der möglichst umfassenden und allgemeinen Formulierung. Gesprochen wird es durch einen einzelnen (*hiṯwaddāh*). Der Hohepriester repräsentiert das Volk. In der vorliegenden Fassung kehrt der aus Lev 5, 1–6 und Lev 5, 20–26 + Num 5, 5–8 bekannte Dreierschritt Bekenntnis, Opfer, Sühnung wieder (v. 24). Durch die Integration der Entsendung des Sündenbocks in das Sühneritual wird einerseits das Wortgeschehen verdinglicht, andererseits aber auch der ursprünglich magische Vorgang der Sündenübertragung „entmythologisiert".

Lev 26, 40. In Lev 26, 14–38 sagt das Schlußkapitel von H in an prophetische Redeweise erinnerndem, die Erfahrungen von 587 durchschimmern lassendem Stil die Bestrafung von Israels Untreue an. Stufe für Stufe voranschreitend, endet sie mit dem Untergang des Volkes. Die anschließenden vv. 39–45 nehmen dieser letzten Drohung nachträglich ihre Radikalität, indem sie sie als pädagogische Maßnahme Gottes interpretieren. Zwar ist die Deportation die Folge der seit Generationen aufgehäuften Schuld, aber auch die Möglichkeit, sie abzutragen. Vor der Restitution steht das kollektive Bekenntnis der Schuld (*w^ehiṯwaddû 'æṯ-'^awonām w^e'æṯ-'^awon '^aḇoṯām*), die als Untreue und pflichtvergessene Widersetzlichkeit (*mā'al* und *hālaḵ b^eqærî*; Elliger, HAT I/4, 378) näher beschrieben wird. Daß der Ort wie Art und Weise des Bekenntnisses nicht beliebig sind, zeigt ein Vergleich mit 1 Kön 8, 46–50 || 2 Chr 6, 36–39, zu dem das dort ausformulierte Bekenntnis (v. 47 || v. 37) berechtigt. Dieser Text wiederum ist eine durch die Deportation von 587 erzwungene Neufassung von 1 Kön 8, 33f. || 2 Chr 6, 24f. Für die Deportierten ist an die Stelle des Tempels als Ort des Gebets die Hinwendung zum Land, nach Jerusalem, zum Tempel getreten. Im übrigen ist die Form nahezu gleich geblieben. Nimmt man noch die Anreihung an die im Tempelweihgebet aufgezählten Fälle hinzu, für die um Erhörung gebetet wird, so wird es wahrscheinlich, daß auch die zweite Version auf einen Bußgottesdienst abhebt, in dessen Mitte das Schuldbekenntnis gestanden hat. Ein solcher, natürlich opferloser Bußgottesdienst dürfte auch der Ort des Bekenntnisses von Lev 26, 40 sein.

Was Form und Inhalt des Bekenntnisses angeht, lassen uns die besprochenen Stellen im Stich. Zu Lev 16, 21 wird uns allerdings in der rabbinischen Literatur der Text überliefert. Der Hohepriester bekennt (*miṯwaddæh*): „Ach, JHWH, vor dir hat sich vergangen (*ʿāwû*), gefrevelt (*pāšeʿû*), sich verfehlt (*ḥāṭeʾû*) dein Volk, das Haus Israel. Schaffe doch Sühne (*kappær-nāʾ*) für die Schulden, Freveltaten, Verfehlungen, mit denen sich dein Volk, das Haus Israel, vor dir vergangen, gefrevelt, sich verfehlt hat" (Mischna Joma VI 2). Nun könnte man annehmen, der Wortlaut sei das Ergebnis schriftgelehrten Bemühens und aus Lev 16, 21 herausgesponnen, zumal die Reihenfolge der Verben nicht unbestritten ist. Rabbi Jose (um 130–160) besitzt eine Tradition, nach der sie lautet: „Verfehlt hat sich (*ḥāṭeʾû*), vergangen hat sich (*ʿāwû*), gefrevelt hat (*pāšeʿû*) vor dir dein Volk, das Haus Israel" (Tosefta Kippurim III, 12, ed. S. Lieberman, New York 1962, 245). Gerade die Sonderüberlieferung beruht jedoch auf rabbinischer Kombination, wie aus einer andernorts festgehaltenen Diskussion hervorgeht (Tosefta Kippurim II, 1, ed. S. Lieberman, 233): Die mit *ḥṭʾ* einsetzende Version wird damit begründet, daß auch in den anderen dreigliedrigen Bekenntnissen Ps 106, 6; 1 Kön 8, 47; Dan 9, 5 dieses Verbum an erster Stelle stünde. Ähnliche, ausdrücklich durch *jdh* eingeführte Bekenntnisse in kultischem Kontext finden sich auch in nichtrabbinischen Strängen der jüdischen Überlieferung. Im Formular des Bundeseintritts der sog. Sektenregel von Qumran (1 QS 1, 16ff.) folgen auf den Lobpreis Gottes durch Priester und Leviten und die Aufzählung der *ʿwwnt, pšʿj ʾšmtm, ḥṭʾtm* durch die Leviten zwei Bekenntnisse in der 1. Pers. Pl. Das erste ist dreigliedrig, die Verben halten genau die Reihenfolge der Aufzählung ein. *ʿwh* steht also wie in Mischna Joma an erster und *ḥṭʾ* an letzter Stelle. Der Text des zweiten ist zwar verderbt, läßt sich aber mit Hilfe von CD 20, 29 leicht heilen. Das „gottlose Handeln" (*ršʿ*) sowohl der jetzigen als auch der früheren Generationen wird als „Widersetzlichkeit" (*hlk qrj*) gegen Gottes Satzungen erläutert. Mit dieser Wendung qualifiziert auch Lev 26, 40 die Schuld Israels, wiederum unter Einschluß der vorangegangenen Geschlechter. Diese nachbiblischen Schuldbekenntnisse weisen zwei charakteristische Merkmale auf: (1) Sie sind kurz, beschränken sich darauf, das Vergehen auszusprechen; allenfalls wird eine knappe Erläuterung angefügt. (2) Sie wiederholen verbal die Begriffe der agendarischen Anweisung. Die Kürze versteht sich, wenn man voraussetzt, daß die jeweils Betroffenen selbst zu Wort kommen. Daß innerhalb des Kultus ein Privatmann eine komplizierte Komposition vorträgt, ist nur schwer vorstellbar. Gleiches gilt für Gruppen aus dem Volk, die man sich nur zufällig, folglich wechselnd, zusammengesetzt denken kann. Als Grundform des Bekenntnisses ist also die Kurzform anzunehmen. Dem entspricht der biblische Befund. Der einzelne bzw. das Kollektiv bekennen ihre Verfehlung mit einem oder mehreren aneinander gereihten Verben in der 1. Sing. bzw. Pl. Perf. (*ḥāṭāʾṯî* Ex 9, 27; 10, 16; Num 22, 34; 1 Sam 15, 30; 2 Sam 12, 13; 19, 21; 2 Kön 18, 14. – *ḥāṭāʾṯî* ... *hæʿæwêṯî* 2 Sam 24, 17; vgl. 1 Chr 21, 17. – *ḥāṭāʾnû* Ri 10, 15; 1 Sam 7, 6. – *ḥāṭāʾnû weḥæʿæwînû rāšāʿnû* 1 Kön 8, 47 || 2 Chr 6, 37). Ein kurzer Verweis auf die als Sünde eingestufte Tat steht 1 Sam 15, 24; 2 Sam 24, 10 || 1 Chr 21, 8 bzw. Ri 10, 10 (zu Jos 7, 10 s. unten III. 2. b). Angesichts der Identität der Verben mit den Wurzeln der in den agendarischen Anweisungen verwendeten Begriffe zeigt es sich, daß diese die Form des Bekenntnisses in sich tragen. Sie können auf die Ausformulierung verzichten, da sie auf die jeweils entsprechende feststehende Geständnisformel (Boecker 111ff.) verweisen. Allerdings wurde das Bekenntnis von verschiedenen Gattungen als ein teilweise die ganze literarische Einheit prägendes Motiv aufgenommen (s. unten III. 2. c).

b) Mit dem Bekenntnis, das Achan Jos 7, 20 ablegt, gehorcht er der in v. 19 ausgesprochenen Aufforderung. Während diese nun aus den drei Imperativen *śîm-nāʾ kāḇôḏ, ten tôḏāh, haggæḏ-nāʾ* besteht, hat die Antwort nur zwei Glieder: das Eingeständnis der Verfehlung (*ḥāṭāʾṯî*) und den Hinweis auf die Tat (*wekāzoʾṯ wekāzoʾṯ ʿāśîṯî* v. 20; der ausführliche Bericht ist spätere Auffüllung). Da die beiden ersten Imperative JHWH als weiteres Objekt haben (*leJHWH* bzw. *lô*), muß der erste Teil des Bekenntnisses, der sich an JHWH (*leJHWH*) wendet, sich auf beide beziehen, zumal der zweite Teil durch die Wiederholung des Verbs *ʿśh* offenkundig den dritten Imp. aufnimmt, so daß *ḥāṭāʾṯî leJHWH* gleichzeitig Confessio und Doxologie ist (Grimme 234ff.; Horst 50). Die Aufforderung gehört mitsamt dem Bekenntnis zu einem sakralrechtlichen Verfahren, das durch einen auf Josuas Anfrage (vv. 7–9) ergangenen Gottesspruch angeordnet wurde (vv. 10–15). Als Tat liegt zugrunde: das Volk hat sich verfehlt (*ḥṭʾ*), indem es sich an geweihtem Gut (*ḥeræm*) vergriffen (7, 11), einen Akt der Untreue (*mʿl* 7, 1) begangen hat. Den Täter, für den das Volk mithaftet, ermittelt in der Volksversammlung vor dem Heiligtum das Losorakel. Durch die Herbeischaffung des veruntreuten Guts wird der alte, der *beriṯ* (vv. 11. 15) entsprechende Zustand wiederhergestellt. Auf diesen eigentlichen Abschluß des Verfahrens folgt die Bestrafung des Täters (v. 15 Verbrennung, da es sich um *ḥeræm* handelt; v. 25 Steinigung wegen Diebstahls). Zwischen der Ermittlung des Täters und der Restitution hat die *tôḏāh* ihren Sitz.

Um ein sakralrechtliches Verfahren handelt es sich auch Esr 10. Die Ähnlichkeiten mit Jos 7 liegen auf der Hand. Der Tatbestand – hier die Mischehen –

wird als Untreue (*m'l*; 10, 2. 10) bestimmt. Die Täter sollen in der Volksversammlung vor dem Heiligtum identifiziert werden (10, 7–9). Das Verfahren wird mit der Restitution abgeschlossen (10, 18–44). Im Gegensatz zu Jos 7 ist die Aufforderung zum Geständnis (*tenû tôḏāh* v. 11) vor die Ermittlung des Täters gerückt; doch dürfte dies nicht auf einer grundsätzlich abweichenden Prozeßordnung beruhen, sondern auf die Unmöglichkeit zurückgehen, die Täter in kürzester Frist zu identifizieren, so daß die eigentliche Ermittlungstätigkeit einer Kommission übertragen werden muß (10, 16f. Es fehlt auch die Aufforderung zur Doxologie). Der Wortlaut des Geständnisses selbst wird uns nicht mitgeteilt, was Spätere als Übelstand empfanden und die Lücke durch ein ausführliches Gebet ausfüllten (Neh 9; s. unten III. 2. c). Sieht man einmal von der Rationalisierung ab, die sich in Esr 10 im Wegfall der Doxologieforderung und im Ersatz der Feststellung der Täter mittels Losorakel durch die minutiöse Kleinarbeit eines Gremiums manifestiert, so ist nicht nur die sakrale Prozeßordnung über einen Zeitraum von mehr als 400 Jahren gleich geblieben (M. Noth setzt den „Sammler" der ätiologischen Sagen in Jos 1–12 auf 900 an; HAT I/7, ³1971, 13), sondern auch die Form der Aufforderung zum Geständnis, ausgedrückt durch den Imp. von *ntn* mit *tôḏāh* als nahem und JHWH als fernerem Objekt.

c) Von den Gebeten des chronistischen Geschichtswerks und des Danielbuchs enthalten Esr 9, 6–15; Neh 1, 5–11; 9, 6–37; Dan 9, 4–19 ein Schuldbekenntnis, und zwar in Esr 9, 6 (vgl. v. 15); Neh 1, 6f.; 9, 33; Dan 9, 5 (vgl. 15). Der Gattung nach handelt es sich um dem Volksklagelied verwandte kollektive Bußgebete. Sie werden durch *jdh hitp* eingeleitet (Neh 9, 2f. In Neh 1, 6 ist die Einleitung als Relativsatz in die Bitte um Erhörung hineingezogen worden; erst dann wechselt die 1. Pers. Sing. in die 1. Pers. Pl. über) oder beschlossen (Esr 10, 1) oder gerahmt (Dan 9, 4. 20). Mit Ausnahme von Neh 9, 12 steht *jdh* parallel zu *pll hitp*. Die Haltung der Beter ist Trauer und Demut. Sie fasten (Neh 1, 4; 9, 1; Dan 9, 3), tragen Trauerkleidung (Neh 9, 1; Dan 9, 3), zerreißen ihre Kleider und raufen sich die Haare (Esr 9, 3f.), streuen sich Erde aufs Haupt (Neh 9, 1; Dan 9, 3) oder werden ganz allgemein als die Trauerriten befolgend beschrieben (Neh 1, 4). Die Proskynese erwähnen Esr 10, 1 (*mitnappel*; vgl. Esr 9, 5) und Neh 9, 3 (*mištaḥawîm*). Neben dem absoluten Gebrauch (Esr 10, 1; Neh 9, 3; Dan 9, 4) findet sich die Ergänzung durch das Objekt *ḥaṭṭā'ṯ* (Neh 1, 6; Dan 9, 20) oder *ḥaṭṭā'ṯ/'āwon* (Neh 9, 2). Diesem Objekt entspricht die Terminologie der Schuldbekenntnisse nur bedingt. Das Bekenntnis Esr 9, 6, auch sonst auffallend konstruiert, enthält die Nomina *'āwon* und *'ašmāh*, Neh 9, 33 steht *rš' hiph*. Neh 1, 6f. kennt zwar *ḥṭ'*, erweitert es aber in v. 7 durch das seltene Verbum *ḥbl* 'Übles tun'. Gleichfalls erweitert, und zwar mit *'wh* und *rš' hiph*, somit verallgemeinert, ist Dan 9, 5 (v. 15 nur durch *rš' qal*). Hinzu kommt, daß Schuldbekenntnisse auch die Bußliturgie Ps 106 (v. 6), die Klagelieder Jer 3, 21–25; 14, 7–9. 19–22; Ps 41, 5–11; 51 sowie das Danklied Hi 33, 27 enthalten, was bei der engen Beziehung von Klage und Dank nicht verwunderlich ist. Es existiert also eine besondere, durch das Schuldbekenntnis charakterisierte Form der Klage. Diese Beobachtungen lassen darauf schließen, daß an den genannten Stellen *jdh hitp* als term. techn. für die Verrichtung eines bestimmten Gebets gebraucht wird, nämlich des ein Schuldbekenntnis in sich begreifenden Bußgebets bzw. Klagelieds.

Die vorkommenden Formen (Impf. cons. Neh 9, 2; Dan 9, 4; Inf. cstr. mit *ke* Esr 10, 1; Ptz. Neh 1, 6; 9, 3; Dan 9, 20) gehören zum Erzählstil. Sie ordnen die Gebete in die Erzählung ein und gleichzeitig der Intention des Erzählers unter, die er durch den Ort ihrer Einfügung zu erkennen gibt. Der Held, sei es ein Individuum, sei es das Volk, betet immer dann, wenn der Gang der Handlung eine Krisis hat, d. h. das Volk sich in einer Notlage befindet. Die Wende tritt unmittelbar durch das bekennende Gebet ein. Nach dem Gebet Esr 9, 6–15 läutert sich das Volk und ist zur Buße bereit (Esr 10, 1–6). Nehemias Gebet (Neh 1, 5–11) zeigt seine Wirkung in der Einwilligung des Königs in seine Mission (Kap. 2). Nachdem das Volk in Neh 9, 5–37 seine Schuld bekannt hat, läßt es sich erneut auf die Gebote verpflichten (Kap. 10). Die Folge bleibt nicht aus, die neue Stadtmauer kann feierlich eingeweiht werden (Neh 12, 27ff.). Das Bußgebet in Daniels Mund (Dan 9, 4ff.) führt v. 21ff. zu Gottes Eingreifen, indem Gabriel die Deutung der 70 Jahre aus Jer 25, 11; 29, 10 überbringt, die sich an den Trümmern Jerusalems erfüllen sollen (Dan 9, 2; vgl. dazu Plöger, KAT XVIII, 1965, 136f.). In Esr 9/10; Neh 9/10; Dan 9 mag zwar das Formular einer Bundeserneuerung durchschimmern (Baltzer, 51–57), für den Chr sind die Gebete in erster Linie Darstellungsmittel (Plöger, Gebete, 44). Gleiches gilt für das Danielbuch. Sie entspringen der Grundhaltung, daß Gebet und Bekenntnis der Not, die als Konsequenz der Verfehlung gesehen wird, ein Ende setzen und dem einzelnen wie dem Volk eine Zukunft ermöglichen (Plöger, Gebete, 48). Es ist die weisheitliche Lebensform, die in Spr 28, 13 prägnant zusammengefaßt ist (vgl. Ps 32): „Wer seine Freveltaten zudeckt, dem gelingt es nicht; gesteht er (*môḏæh*) sie aber und läßt von ihnen, so findet er Erbarmen."

G. Mayer

יָדִיד *jāḏîḏ*

I. 1. Etymologie – 2. Belege – 3. Bedeutung – II. 1. Profaner Gebrauch – 2. Religiöser Gebrauch – III. Religionsgeschichtliche Überlegungen.

Lit.: *P. A. H. de Boer*, II Sam 12, 25 (Studia Biblica et Semitica, Festschr. Th. C. Vriezen, Wageningen 1966, 25–29). – *O. Eißfeldt*, Renaming in the Old Testament, dt.: Umnennungen im Alten Testament (Words and Meanings, Festschr. D. Winton Thomas, Cambridge 1968, 69–79; dt.: KlSchr V, 1973, 69–76). – *A. Fitzgerald*, Hebrew *'yd'* = 'Love' and 'Beloved' (CBQ 29, 1967, 368–374). – *M. Noth*, IPN. – *J. J. Stamm*, Hebräische Frauennamen (VTS 16, 1967, 301–339). – Lit. → אהב (*'āhab̲*), → דוד (*dôd*).

I. 1. Das im at.lichen Hebr. bezeugte Nomen *jāḏîḏ* ist auch im Ugar. (WUS Nr. 1140), im Amor. (Huffmon, APNM 209) und vielleicht auch im Phön. (vgl. KBL[3]) belegt. Daß es eine *qaṭīl*-Bildung von der Wurzel *jdd* ist, kann trotz des Fehlens dieser Wurzel im Hebr. nicht zweifelhaft sein, da dieses Verb in anderen semit. Sprachen vorkommt (ugar. *jdd*, arab. *wadda*, asarab. *waddada*, akk. *namaddu*; vgl. KBL[3]) und außer unserem Nomen noch andere Ableitungen dieser Wurzel im at.lichen Hebr. sowie in einigen semit. Sprachen begegnen. Dazu gehören die Abstraktbildungen *j^eḏîḏûṯ* (Jer 12, 7) und *j^eḏîḏoṯ* (Ps 45, 1; vielleicht mit BHS doch *j^eḏîḏûṯ* zu lesen) sowie die Namensbildungen *j^eḏîḏāh*, so der Name der Mutter Josias (dazu Stamm 325), *j^eḏîdjāh*, der Zuname Salomos, und der auch anderwärts bezeugte Männername *mêḏāḏ* (LXX: Μωδαδ; vgl. auch den ugar. Namen *mdd-bʿl* [dazu Gröndahl, PNU 399] und das מודד *mwdd* zweier aram. Inschriften [dazu Donner, KAI II, 221; dort Lit.]). Weitere mit *jdd* gebildete Personennamen bezeugt das Ugar.: *jdd, jddn, bn jddn* (dazu Gröndahl, PNU 390–391).

Ob es wie im Arab. und Ugar. auch im Hebr. ein ebenfalls von *jdd* II abgeleitetes Nomen *jaḏ* II gibt, wie es C. Schedl, ZAW 76, 1964, 174, für Ps 16, 4 in Korrektur des MT *middām* zu *mijjāḏām* 'um ihrer Liebe willen', 'ihnen zuliebe' postuliert, bleibt zumindest fraglich. Der Vorschlag von A. Fitzgerald, dieses Nomen *jd(d)* für Jes 11, 11; Pred 7, 26; Kl 3, 3, vielleicht auch für Jes 57, 8; 66, 14; Jer 15, 17; Ps 88, 6; 95, 7 anzunehmen, wird weithin abgelehnt (vgl. H. Wildberger, BK X/1, 463 zu Jes 11, 11: „Ebenso heißt יד kaum je ‚Liebe'".).

2. Das Nomen *jāḏîḏ* kommt 8mal im AT vor. Der älteste Beleg ist der Stammesspruch über Benjamin aus dem Mose-Segen (Deut 33, 12), der mit hoher Wahrscheinlichkeit nicht erst der Königszeit, sondern schon der vorstaatlichen Zeit Israels entstammt (vgl. Zobel, Stammesspruch und Geschichte, 1965, 53–59. 108–112). Sodann finden wir *jāḏîḏ* 2mal im Weinberglied Jesajas (5, 1) und einmal im Jer-Buch (11, 15). Die restlichen Belege sind Ps 60, 7 (Volksklagelied) = 108, 7 (Liturgie); 84, 2 (Hymnus); 127, 2 (Weisheitslied), Psalmen verschiedener Gattung und exilisch-nachexilischer Entstehungszeit. Hinzu kommt noch *j^eḏîḏûṯ* in Jer 12, 7 und *j^eḏîḏoṯ* im vorexilischen Ps 45, 1. Nimmt man die oben aufgeführten hebr. Namensbildungen Jedida (2 Kön 22, 1), Jedidja (2 Sam 12, 25) und Medad (Num 11, 26–27; Eißfeldt: E; Noth, ATD 7, 75: Zusatz zu einer J-Grundlage) dazu, so ergibt sich das Bild einer zwar spärlichen, aber zeitlich und gattungsmäßig relativ weit gestreuten Bezeugung unseres Nomens.

3. Im Ugar. hat das Verb *jdd* die Bedeutung '(sexuell) lieben'; denn El fordert die Gottesdienerin Tlš auf: „Liebe die Feldgötter, kreiße und gebäre" (KTU 1.12 I, 24–25). Auch das fem. Nomen *mddt* 'Geliebte' meint gewiß dasselbe, bezeichnet doch damit Krt sein eigenes Weib (KTU 1.14 II, 50; IV, 28). Dasselbe bedeuten die entsprechenden arab. und äth. Verben *wadda* und *waddada*. Von daher ist die Übersetzung des Nomens *jāḏîḏ* mit 'Geliebter' von vornherein gegeben. Auffällig ist jedoch, daß dieses Wort in anderen Zusammenhängen des Ugar. den sexuellen Bezug verloren hat oder doch zumindest stark in den Hintergrund hat treten lassen. So begegnet die Wendung *jdd ʾl* als stehendes Attribut des Gottes Mt, wobei die Bezeichnung *bn ʾl mt* 'der Sohn Els, Mt' ihre Parallele in *jdd ʾl ġzr* 'der Liebling Els, der Starke' hat (KTU 1.5 II, 9; 1.6 VI, 30–31 u. ö.). Das gleiche ist bei der wohl feierlich von El dem Gott Jm übereigneten Titulatur *mdd ʾl* 'Liebling Els' (KTU 1.4 II, 34; VI, 12; 1.1 IV, 20 u. ö.) der Fall, wie denn auch die genannten ugar. Personennamen, weil es männliche Namen sind, eher die Bedeutung 'Liebling (des Gottes N. N.)' als 'Geliebter (des Gottes N. N.)' nahelegen. Jedenfalls spielt in keinem einzigen Fall der sexuelle Bereich eine Rolle.

Aufgrund dieses Sachverhalts erscheint es angebracht, auch für das hebr. *jāḏîḏ* die Bedeutung 'Liebling' oder 'Freund' anzunehmen. Darauf weist M. Noth mit der Erklärung des Frauennamens Jedida als eines profanen Namens hin: „Gern wird das Kind von den Eltern als ‚geliebt', ‚Liebling' bezeichnet" (223; ebenso Stamm 325). Und nicht zuletzt ist zu beachten, daß die LXX unser Wort durchweg mit ἀγαπητός oder dgl. wiedergeben und es somit dem Verb → אהב (*'āhab̲*) inhaltlich naherücken.

II. 1. Man möchte von der Überlegung ausgehen, daß das Nomen *jāḏîḏ* von Hause aus dem profanen Bereich angehörte und das Verhältnis von Menschen oder Menschengruppen zueinander in einem positiven Sinn bestimmende Gefühl der Zuneigung ausdrückte. Dafür könnte der Frauenname Jedida stehen. Denn wenn das Kind als 'geliebt' oder 'Liebling' der Eltern bezeichnet wird, spricht sich darin das wohlwollende, von der Liebe getragene Verhältnis der Eltern zu diesem Kind aus. Als Stütze für eine solche profane Namensdeutung wird auf die sprachlichen und inhaltsgleichen Parallelen sowohl für Mädchen als auch für Knaben in anderen semit. Sprachen verwiesen (so zuletzt Stamm 325). Zugleich aber begegnet uns der im Namen liegende Bezug des Namensträgers zur Gottheit bei den ugar. Namen *jdd-ʾl* oder *mdd-bʿl*, so daß aufgrund dieses Sachverhalts die profane Deutung des Namens Jedida in Frage gestellt, zumindest aber die theophore Erklärung des at.lichen Namens Medad nahegelegt wird, so daß dieser Name als Hypokoristikon aus *medad-ʾel* anzusprechen ist, was durch den parallelen theo-

phoren Namen Eldad, 'El hat geliebt' (Noth 183), bekräftigt wird.
Ein weiterer Beleg für profan verstandenes *jāḏîḏ* könnte in Ps 45, 1 vorliegen. In der Überschrift wird dieser Psalm als *šîr jeḏîḏoṯ* charakterisiert. Daß es sich um ein Königslied, genauer um ein Lied auf die Hochzeit eines Königs, vielleicht des Ahab mit der Isebel (so Eißfeldt, Einleitung[3], 132), handelt, steht außer Zweifel. Gerade das aber kompliziert die Deutung der Überschrift; denn die in der Regel gebotene Wiedergabe 'Liebeslied' paßt nicht zum Inhalt des Psalms. H. Wildberger (BK X/1, 167) schlägt deshalb die Übersetzung 'Lied der Freundinnen', nämlich der Braut, vor. Aber auch das stößt sich mit v. 11, wo die königliche Braut vom Sänger mit 'meine Tochter' angeredet wird. Da dieses Lied seine Aufnahme in den Psalter der Umdeutung auf das Verhältnis JHWHs zu seinem Volk verdankt, wird man wohl auch die Überschrift in v. 1 als redaktionell bezeichnen und von diesem neuen Sachverhalt her interpretieren müssen. Das bedeutet, daß der Terminus 'Liebeslied' auf die Liebe JHWHs zu Israel bezogen sein will.
Die restlichen Belege für profan verstandenes *jāḏîḏ* sind ebenfalls nicht eindeutig. Das Weinberglied singt der Prophet für seinen *jāḏîḏ* und stellt fest, daß dieser *jāḏîḏ* einen Weinberg besaß. Wie das Lied weiter erkennen läßt, ist JHWH der *jāḏîḏ* Jesajas und als solcher zugleich auch der Besitzer des Weinbergs „Israel". So gewiß *jāḏîḏ* in → דוד (*dôḏ*) eine Parallele hat, so begegnet doch im Lied nirgends die Bezeichnung JHWHs als des Geliebten Israels oder dgl. (gegen Sanmartin-Ascaso, ThWAT II 160). Somit erscheint die Wiedergabe mit 'Freund' am sachgemäßesten. Immerhin würde das bedeuten, daß JHWH das Objekt der Freundschaft und Zuneigung Jesajas ist. Aber das ist insofern auffällig, als im AT stets der umgekehrte Subjekt-Objekt-Bezug vorliegt (II. 2.). Das würde die andere Deutung befürworten, die in *jāḏîḏ* und *dôḏ* Hinweise auf den Bräutigam sieht. So gewiß im Verlauf des Lieds der Bräutigam mit JHWH identifiziert wird, so läge doch im Begriff *jāḏîḏ* selbst kein religiöser Bezug vor. Er wäre ganz profan gebraucht und würde Freundschaft, Zuneigung und den Erweis eines Freundschaftsdienstes meinen.
Bleibt noch Ps 84, 2: „Wie lieblich (*jeḏîḏôt*) sind deine Wohnungen, JHWH Zebaoth!" Ganz allgemein bezieht man diesen Vers auf die Liebe des Sängers zum Jerusalemer Heiligtum. Immerhin wäre auch die andere Deutung möglich, die in JHWH das Subjekt der Liebe sieht und den Tempel als sichtbares Zeichen der Zuneigung JHWHs versteht. Auf alle Fälle ist diese Stelle der einzige Beleg für den Bezug unseres Begriffs auf ein sächliches Objekt, was einen späteren Sprachgebrauch darstellt.
2. Das Ergebnis, daß das Nomen *jāḏîḏ* im AT fast ausschließlich eine Eigenheit JHWHs zum Gegenstand hat, ist von einigem Belang. Als Objekte der Liebe JHWHs werden genannt der Stamm Benjamin (Deut 33, 12), das Volk Israel (Ps 60, 7 = 108, 7; Jer 11, 15; 12, 7?) und ein einzelner (Ps 127, 2; ebenso Jedidja 2 Sam 12, 25). Dabei kann ausdrücklich von JHWH in der 3. Pers. gesprochen werden wie im Mose-Segen oder bei der Zubenennung Salomos; oder der Bezug auf JHWH wird durch ein Suff. der 3. oder 2. Sing. hergestellt wie in Ps 60, 7 und in Ps 127, 2. Nur bei Jer ist die Verbindung mit dem Suff. 1. Sing. 'mein Liebling' bzw. 'Liebling meiner Seele' bezeugt.
Auf diese wenigen und zeitlich weit gestreuten Belege eine Folgerung zu gründen, muß stets ein Wagnis bleiben. Dennoch seien einige Bemerkungen versucht. Am aufschlußreichsten ist der Benjamin-Spruch des Mose-Segens (dazu jüngst C. J. Labuschagne, The Tribes in the Blessing of Moses [OTS 19, 1974, 97–112]). Die Bezeichnung 'Liebling JHWHs' wird durch die folgenden Spruchteile erläutert: „er wohnt sicher, ,'Eljon' beschirmt ihn alletage, und zwischen seinen Berghängen wohnt er." Mit dem Ausdruck „Liebling JHWHs" ist die Vorstellung von Sicherheit, Schirm und Schutz gegeben. Man wird dabei an das Namenswortspiel „Benjamin – Glückssohn" (Gen 35, 18; dazu vgl. O. Eißfeldt, KlSchr V, 72) erinnert. Ganz ähnlich ist der Gehalt von 2 Sam 12, 25. Salomo, der zweite Sohn Davids und der Bathseba, erhält von JHWH durch den Propheten Nathan den Zunamen „Liebling JHWHs" (anders G. Fohrer, ThWNT VII, 1964, 301). Da 2 Sam 12, 24–25 die Erzählung vom Ehebruch Davids mit Bathseba abschließen, wird die mit der feierlichen Zubenennung intendierte Aussage die sein, daß JHWH das zweite Kind dieser Ehe am Leben erhalten, ja sogar in einen besonderen Schutz nehmen will (Eißfeldt 69. 75f.; ob Berührungen zu der im Äg. bezeugten ähnlich lautenden Königsliteratur vorliegen, ist nicht auszumachen; vgl. Bergman, ThWAT I 107). Von hier aus wird es verständlich, daß diese Bezeichnung „Liebling JHWHs" dann im Jer-Buch auf das Gottesvolk angewendet wird, drückt sie doch die besondere, von JHWH seinem Volk seit der Herausführung aus Ägypten immer wieder erwiesene Herabneigung und zugleich die den anderen Völkern gegenüber geltende Einzigartigkeit Israels aus. Da Jer 11, 15 und 12, 7 in den Kontext einer Gerichtsanklage und einer Klage JHWHs gehören, wird deutlich, daß der Bezeichnung „Liebling JHWHs" etwas Verpflichtendes anhaftet; denn wenn das Gottesvolk die Liebe JHWHs erwidert hätte, brauchte Gott nicht sein Volk aus seinem Haus zu verjagen oder es gar seinen Feinden auszuliefern. Interessant ist, daß Ps 60, 7 ebenfalls in ein Volksklagelied gehört. Die Klagenden und Bittenden bezeichnen sich selbst als „deine Lieblinge" und parallel dazu in v. 6 als „solche, die dich fürchten" (*jere'ækā*). Deshalb wäre es auch möglich, in Analogie zu *jere'ækā* unser *jeḏîḏækā* als „diejenigen, die dich, JHWH, lieben" zu interpretieren. Doch dagegen müßte ins Feld geführt werden, daß diese Stelle der einzige Beleg für den umgekehrten Subjekt-

Objekt-Bezug wäre (vgl. allerdings oben II. 1. zu Jes 5, 1). Daß schließlich in Gestalt eines Weisheitsspruches die Glaubensüberzeugung verdichtet ist, daß JHWH seinem Lieblingskind alles für dessen Existenz Notwendige schenkt (Ps 127, 2; doch vgl. V. Hamp, „Der Herr gibt es den Seinen im Schlaf" [Wort, Lied und Gottesspruch, Festschr. J. Ziegler, II, 1972, 71–79]), ist das letzte Zeugnis für den in unserem Begriff liegenden Gehalt der Zuneigung, des Schutzes und Schirms des ganz persönlich dem Volk und dem einzelnen zugetanen Gottes Israels.

III. Der Umstand, daß einerseits das Nomen *jāḏîḏ* samt den anderen Derivaten der Wurzel *jdd* II im AT recht spärlich belegt ist und daß andererseits die an und für sich dem AT geläufige Vorstellung von der Liebe Gottes für sein Volk und den einzelnen nicht durch *jdd*, sondern durch → אהב (*'hb*) ausgedrückt wird, läßt die Vermutung aufkommen, daß die *jāḏîḏ*-Vorstellung als etwas Fremdartiges empfunden und deshalb gemieden wurde. Das ließe an eine Entstehung dieser Vorstellung in der kanaan. Umwelt Israels und an eine frühe Übernahme durch Israel denken. Nun deutet darauf einerseits innerhalb des AT hin, daß die beiden ältesten Belege der vorstaatlichen und der frühen Königszeit angehören und daß der Benjamin-Spruch mit der Bezeichnung 'Eljon für JHWH doch wohl auf den El-'Eljon zurück verweist, und anderseits ist die Titulatur *jdd ȝl* (und *mdd b'l*) in den Ugarit-Texten bezeugt. Und da der El-'Eljon die spezifische Ausformung der in Jerusalem verehrten El-Gottheit gewesen zu sein scheint, die Zubenennung Salomos aber ebenfalls in Jerusalem erfolgte, könnte die *jāḏîḏ*-Vorstellung des JHWH-Glaubens auf die Jerusalemer Kultterminologie zurückgehen. Indes wird man sich angesichts der Spärlichkeit der zur Verfügung stehenden literarischen Quellen des hypothetischen Charakters solcher Überlegungen stets bewußt bleiben müssen.

Zobel

יָדַע *jāḏa'*

דַּעַת *da'aṯ*, דֵּעַ *dea'*, דֵּעָה *de'āh*, מוֹדָע *môḏā'*, מֹדַעַת *moḏa'aṯ*, מַדָּע *maddā'*, מַנְדָּע *mandā'*

I. 1. Etymologie – 2. Wurzelkontaminationen, Konjekturen – 3. Belege, Aufteilung – 4. LXX – II. Umwelt – 1. Ägypten – a) *rḫ*, *'rk*, *'m* – b) Kundiger, Handwerker, Zauberer, Ritualist – c) Gott (er)kennen, Gestalten, Namen – d) Wissen der Toten – e) 'erkennen' im sexuellen Sinn – 2. Akkad – a) *idû* und Stämme – b) profanes 'kennen', sexuelles 'erkennen', Vertrautsein, Fertigkeit, Takt – c) Familien-, Erb- und Zeugenrecht – d) Beschwörung, Religion – e) Offenbarung – 3. Ugarit – a) Belege – b) Kenntnis einer Botschaft und Warnung – c) persönliches 'kennen' – d) sexuelles 'erkennen' – e) *jd'* in Magie und Mythologie – 4. *jd'*-haltige Namen – a) Alter Orient – b) AT – III. 1. profanes 'erkennen' – a) visuelle und auditive Wahrnehmung – b) Subjekt des 'Erkennens' – c) Herz als Erkenntnisorgan – d) 'suchen', 'forschen' nach Erkenntnis – e) histor. Kennen, Umzugehen-wissen, Kunstfertigkeit – f) emotionales Kennenlernen, sexuelle Bekanntschaft – g) (Baum der) Erkenntnis von Gut und Böse – h) *jd'*/*da'aṯ* in der Weisheit Israels – 2. *jd'* im religiösen Bereich – a) Gott 'erkennt', sorgt, prüft – b) 'Gott erkennen', suchen, vertrauen – c) 'Gott nicht erkennen', sündigen, Abfall; Beziehungslosigkeit – 3. Offenbarung – a) Terminologie – b) Geschichtserweise, Heilsorakel (?), Thora-Unterweisung (?) – c) *jd' kî 'anî JHWH* – d) Zeichen, Wunder, Machttaten, Exodus – e) paränetische Erweiterung in Deut, DtrG – f) proph. Erweiswort – g) *da'aṯ 'ælohîm* in der proph. Kritik – h) JHWH-Erkenntnis in der Heilszeit – i) Herkunftsbereich der *da'aṯ 'ælohîm* – 4. Derivate – a) *dea'* – b) *maddā'* – c) *mandā'* – d) *moḏā'* – *moḏa'aṯ* – 5. Qumran.

Lit.: *P. R. Ackroyd*, Meaning and Exegesis, Festschr. D. W. Thomas, London – New York 1968, 1–14. – *J. Barr*, Comparative Philology and the Text of the Old Testament, Oxford 1968, 19ff. 325. 328. – *F. Baumann*, ידע und seine Derivate (ZAW 28, 1908, 22–41. 110–143). – *Ders.*, „Wissen um Gott" bei Hosea als Urform der Theologie? (EvTh 15, 1955, 416–425). – *G. Bertram*, φρήν κτλ. (ThWNT IX, 1973, 216–231, bes. 220–226). – *G. J. Botterweck*, „Gott erkennen" im Sprachgebrauch des AT (BBB 2, 1951). – *Ders.* (WiWei 14, 1951, 48–55). – *G. W. Buchanan*, The Old Testament Meaning of the Knowledge of Good and Evil (JBL 75, 1956, 114–120). – *R. Bultmann*, γιγνώσκω, ThWNT I, 1933, 688–719. – *J. de Caevel*, La Connaissance religieuse dans les Hymnes d'Action de Grâces de Qumrân (ETL 38, 1962, 435–460. – *D. J. A. Clines*, The Tree of Knowledge and the Law of Jahweh (VT 24, 1974, 8–14). – *M. Dahood*, Qoheleth and Recent Discoveries (Bibl 39, 1958, 302–318, bes. 312). – *Ders.*, Ugaritic Studies and the Bible (Gregorianum 43, 1962, 55–79, bes. 63f.). – *Ders.*, Northwest Semitic Philology and Job (Memorial Gruenthaner, New York 1962), 55–74, bes. 72. – *Ders.*, Proverbs and Northwest Semitic Philology (SPIB 113, 1963, 18. 20f. 31). – *Ders.*, Hebrew-Ugaritic-Lexicography II (Bibl 45, 1964, 403); III (Bibl 46, 1965, 316f.); XII (Bibl 55, 1974, 381–393, bes. 388f.). – *Ders.*, Canaanite Words in Qoheleth 10, 20 (Bibl 46, 1965, 210–212). – *W. D. Davies*, „Knowledge" in the Dead Sea Scrolls and Matthew 11:25–30 (Christian Origins and Judaism, Philadelphia 1962, 119–144). – *R. C. Dentan*, The Knowledge of God in Ancient Israel, New York 1968. – *G. R. Driver*, Linguistic and Textual Problems: Isaiah I–XXXIX (JThSt 38, 1937, 36–50, bes. 49). – *Ders.*, Hebrew Note on Prophets and Proverbs (JThSt 41, 1940, 162–175, bes. 162). – *Ders.*, Hebrew Notes (JBL 68, 1949, 57–59). – *J. H. Eaton*, ידע „know" (BiTrans 25, 1974, 333). – *I. Eitan*, A Contribution to Biblical Lexicography, New York 1924, 48ff. – *J. A. Emerton*, A Consideration of some Alleged Meanings of ידע in Hebrew (JSS 15, 1970, 145–180), vgl. *ders.* (ZAW 81, 1969, 182–191, bes. 189f.). – *Ders.* (VT 25, 1975, 810–816, bes. 811f.). – *H. M. Féret*, Connaissance biblique de Dieu, Paris 1955. – *J. Fischer*, טוב ורע in der Erzählung von Paradies und Sündenfall (BZ 22, 1934, 323–331). – *A. Fitzge-*

rald, Hebrew yd' = „Love" and „Beloved" (CBQ 29, 1967, 368–374). – *F. Gaboriau*, Enquête sur la signification de connaître. Étude d'une racine (Angelicum 45, 1968, 3–43). – *Ders.*, La connaissance de Dieu dans l'AT (Angelicum 45, 1968, 145–183). – *Ders.*, La signification de „connaître" dans l'AT. Étude d'une racine, Rom 1968. – *Ders.*, Le thème biblique de la connaissance, Paris 1969. – *J. Goldingay*, 'That You May Know that Yahweh is God'. A Study of the Relationship between Theology and Truth in the OT (TynB 23, 1972, 58–93). – *M. D. Goldman*, Lexicographical Notes on Exegesis 4. The Root *wd'* and the Verb „to know" in Hebrew (ABR 3, 1953, 45–51, bes. 46f.). – *R. Gordis*, The Knowledge of Good and Evil in the Old Testament and the Qumran Scrolls (JBL 76, 1957, 123–138). – *J. Haenel*, Das Erkennen Gottes bei den Schriftpropheten, 1923. – *O. Haggenmüller*, Erinnern und Vergessen Gottes und der Menschen (BiLe 3, 1962, 1–15. 75–89. 193–201). – *H. H. Hirschberg*, Some Additional Arabic Etymologies in Old Testament Lexicography (VT 11, 1961, 373–385, bes. 379). – *H. B. Huffmon*, The Covenant Lawsuit in the Prophets (JBL 78, 1959, 285–295). – *Ders.*, The Treaty Background of Hebrew *yāda'* (BASOR 181, 1966, 31–37). – *Ders.* – *S. B. Parker*, A Further Note on the Treaty Background of Hebrew *yāda'* (BASOR 184, 1966, 36–38). – *J. P. Hyatt*, A Note on *yiwwāda'* in Ps 74, 5 (AJSL 58, 1941, 99f.). – *J. A. Illundain*, El conocimiento de Dios en el Antiguo Testamento, Diss. Löwen 1972. – *R. Knierim*, Offenbarung im Alten Testament, Festschr. G. von Rad, 1971, 206–235. – *H. Kosmala*, Die „Erkenntnis der Wahrheit", Hebräer–Essener–Christen (StPB 1, 1959, 153–173). – *R. Kümpel*, Die Berufung Israels. Ein Beitrag zur Theologie des Hosea, Diss. kath. theol. Bonn, 1973, 110f. 233–235. – *N. Lohfink*, Die priesterliche Abwertung der Tradition von der Offenbarung des Jahwenamens an Moses (Bibl 49, 1968, 1–8, bes. 2f.). – *J. L. McKenzie*, Knowledge of God in Hosea (JBL 74, 1955, 22–27). – *J. Milik*, Der Fall des Menschen (Bibl 20, 1939, 387–396). – *W. Moran* (Bibl 38, 1957, 218). – *S. Mowinckel*, Die Erkenntnis Gottes bei den alttestamentlichen Propheten, Supplement zu NoTT, 1941. – *Th. Nöldeke*, Neue Beiträge zur semitischen Sprachwissenschaft, Straßburg 1910, 194f. – *F. Nötscher*, Zur theologischen Terminologie der Qumran-Texte (BBB 10, 1956, 15–79). – *G. Pidoux*, Encore les deux arbres de Genèse 3! (ZAW 66, 1954, 37–43). – *B. Reicke*, The Knowledge Hidden in the Tree of Paradise (JSS 1, 1956, 193–201). – *Ders.*, The Knowledge of the Suffering Servant, Festschr. L. Rost (BZAW 105, 1967, 186–192). – *J. Reider*, Etymological Studies: ידע or ירע and רעע (JBL 66, 1947, 315–317). – *W. Reiss*, „Gott nicht Kennen" im Alten Testament (ZAW 58, 1940/41, 70–98). – *H. H. Schmid*, Wesen und Geschichte der Weisheit (BZAW 101, 1966, 199–201). – *W. Schottroff*, ידע *jd'* erkennen (THAT I, 1971, 682–701). – *W. v. Soden* (AHw I, 1965, 187f.; II, 1972, 666f. 682; III, Lfg. 14, 1977, 1259). – *J. A. Soggin*, Osservazioni filologico-linguistiche al secondo capitolo della Genesi, 1) l'expression עץ הדעת טוב ורע v. 9. 17 (Bibl 44, 1963, 521–523). – *Ders.*, Philological-Linguistic Notes on the Second Chapter of Genesis (Old Testament and Oriental Studies, BietOr 29, 1975, 169–178, bes. 169ff.). – *H. S. Stern*, „The Knowledge of Good and Evil" (VT 8, 1958, 405–418). – *H. J. Stoebe*, Gut und Böse in der Jahwistischen Quelle des Pentateuch (ZAW 65, 1953, 188–204, bes. 195ff.). – *D. W. Thomas*, vgl. hierzu: Bibliography of the Writings of D. W. Thomas, Festschr. D. W. Thomas, London – New York 1968, 217–228. – *Ders.*, A Note on נודע in 1 Sam XXII.6 (JThSt 21, 1970, 401f.). – *R. de Vaux*, Rezension zu: J. Coppens, La connaissance du Bien et du Mal et le Péché du Paradis (RB 56, 1949, 300–308). – *S. Wagner*, ידע in den Lobliedern von Qumran, Festschr. H. Bardtke, 1966, 232–252. – *H. W. Wolff*, „Wissen um Gott" bei Hosea als Urform der Theologie (EvTh 12, 1952/53, 533–554 = ThB 22, ²1973, 182–205). – *Ders.*, Erkenntnis Gottes im Alten Testament (EvTh 15, 1955, 426–431). – *W. Zimmerli*, Erkenntnis Gottes nach dem Buche Ezechiel. Eine theologische Studie (AThANT 27, 1954 = ThB 19, 1963, 41–119). – *Ders.*, Das Wort des göttlichen Selbsterweises (Erweiswort), eine prophetische Gattung (Travaux de l'institut catholique de Paris 4, 1957, 154–164 = ThB 19, 1963, 120–132). – *Ders.*, Die Quellen der alttestamentlichen Gotteserkenntnis, Festschr. W. Trillhaas, 1974, 226–240.

I. 1. Die Wurzel *jd'* '(er)kennen), wissen' ist – vielleicht mit Ausnahme vom Arab. – im gesamten semit. Sprachbereich sicher belegt: akk. *idû/edû* (AHw I, 187f.; CAD I/7, 20–34); ugar. *jd'* (WUS Nr. 1148; UT Nr. 1080), äth. *ajde'a*, asarab. *jd'* (Conti-Rossini 162) und die neusüdarab. Dialekte (Leslau, Contributions 24), phön., aram. *jd'* (DISO 104f.), christl. palästin., syr., mand. (MdD 188f.) *jeda'*. – Nach Nöldeke (ZDMG 40, 1886, 725; ders., Neue Beiträge, 202f.) finden sich im Arab. nur noch Spuren von *jd'*, das von *'arafa* und *'alima* verdrängt wurde. – Neuäg. *jd'* 'klug' (Pap. Anastasi I 17, 8) ist eine Entlehnung des westsemit. Ptz. (WbÄS I, 153). Nach O. Rössler (Neue Afrikanist. Studien, 1966, 218–229, bes. 228) ist äg. *rḫ* '(er)kennen, wissen' die lautgerechte Wiedergabe des semitohamitischen *jd'*.

Neben akk. *idû/edû* prim. *j* begegnet im Grundstamm noch eine Wurzelvariante *wadû*. Nach von Soden (GAG § 103e) ist die Variante *wadû* der Klasse prim. *w* aus dem D-Stamm zurückgebildet (GAG § 106q). Auch im äth. Kausativ *ajde'a* handelt es sich um ein Verb prim. *j*, wobei allerdings wie im Hebr. *jd'* (vgl. G. Bergsträsser, Hebr. Grammatik II, 1929, 124–131) der Analogie-Einfluß der Wurzel prim. *w* zu beachten ist.

Die etymol. Versuche, *jd'* von *jāḏ* (Haenel, 225 Anm. 2) oder von arab. *wd'* 'niederlegen, ruhig werden' (ZDMG 25, 1871, 506–508) oder 'stille, ruhig sein > [inchoativ] stille werden > inne werden, erkennen' (Botterweck 11) u.a. sind alle rein hypothetisch. Vgl. Gaboriau, Angelicum 45, 6–17; Thomas, JThS 35, 1934, 298–301.

2. Wegen der ungesicherten Etymologie der gemeinsemit. Wurzel *jd'* und der Schwierigkeit, den zahlreichen Stellen der Wurzel *jd'* einen kontextkonformen Sinn abzugewinnen, haben – nach gelegentlichen älteren Lexikographen – insbes. D. W. Thomas und M. Dahood hinter *jd'* andere Wurzeln aufgespürt, deren Ergebnisse aber wegen ihres hypothetischen und oft willkürlichen Charakters bei J. Reider, L. J. Liebreich, J. A. Emerton, J. Barr auf Skepsis oder Ablehnung gestoßen sind.

a) *jāḏaʿ* < arab. *wadaʿa* ʿruhig, gedemütigt, erniedrigt seinʾ: Ri 8, 16; 16, 9; 1 Sam 6, 3; Am 3, 3; Hos 6, 3; 9, 7; Jes 8, 9; 9, 8; 15, 4; 53, 3. 11; Jer 2, 16; 14, 18; 15, 12; 24, 1; 31, 8. 19; Ez 19, 7; Sach 14, 7; Dan 12, 4; Esr 4, 13; Ps 14, 4; 35, 15; 53, 5; 74, 5; 119, 158; 136, 6; Hi 9, 5; 20, 20. 26; 21, 19; 37, 7. 15; 38, 33; Pred 10, 20; Spr 5, 6; 9, 13; 10, 9. 21; 12, 16; 13, 20; vgl. Sir 7, 20 (Goldman 45–51; Thomas; Barr; Robinson 268; Gemser, Sprüche Salomos, ^{2}1963, Anhang 111ff.; J. P. Hyatt, AJSL 58, 1941, 99f.; Liebreich); dieser Vorschlag ist schon sehr alt und geht auf Reiske 1779; Michaelis und B. Kennicott, Remarks on Selected Passages in the OT, Oxford 1787, 222, zurück. b) *jāḏaʿ* < arab. *wadaʿa* mit Sonderbedeutung ʿallein lassen, vernachlässigenʾ: Ex 3, 7; Spr 14, 7 (Thomas, JThS NS 15, 1964, 54–57). c) *jāḏaʿ* < arab. *wadaʿa* mit übertragener Bedeutung ʿbestrafenʾ: Gen 18, 21; Ri 8, 16 Peš; 16, 9; Hos 6, 3 (Quinta: παιδεύειν); 9, 7; Jes 53, 3; Jer 31, 19; Ez 19, 7; Dan 12, 4; Hi 20, 20; Spr 10, 9; Sir 7, 20 (Schindler, Ben Yehuda, Liebreich, Yalon, Thomas, Barr). Vgl. die schon von Pococke, A Commentary on the Prophecy of Hosea, Oxford 1685, 455 zu Ri 8, 16 und Hos 9, 7 rekonstruierte semantische Entwicklung von *jāḏaʿ* ʿwissen – zum Wissen bringen – strafenʾ. d) *jāḏaʿ* < arab. *wadaʿa* III ʿAbschied nehmen, verlassen, wegschickenʾ: Ex 3, 7; 1 Sam 21, 3; 22, 6; Spr 14, 7 (Thomas, JThS NS 15, 1964, 54–57; 21, 1970, 401f.). e) *jāḏaʿ* < arab. *wadiʿa* ʿsich sorgen, sich kümmern umʾ: Ex 2, 25; Ps 31, 8 (Thomas, JThS 49, 1948, 143f.). f) *jāḏaʿ* < arab. *wadiʿa* III mit Sonderbedeutung ʿto be reconciledʾ: Am 3, 3 (Barr 19f. 328). g) *jāḏaʿ* < arab. *daʿā* ʿsuchen, fragen nachʾ: Hos 6, 3; Spr 10, 35; 24, 14; 29, 7 (KBL^{3} 219; Barr 24; Thomas, VTS 3, 1955, 284f.). h) *jāḏaʿ* < arab. *daʿā* III ʿniederstoßen, zerstörenʾ: Ps 74, 5; Ez 19, 7 (Barr 25. 325; G. R. Driver, JBL 68, 1949, 57ff.). i) *jāḏaʿ* < arab. *daʿā* ʿanrufenʾ: Ps 91, 14; Hi 6, 3; 23, 3; Spr 3, 5 (Zolli, Sefarad 16, 1956, 23–31). j) *jāḏaʿ* < arab. *waḏaʿa* ʿto flowʾ, ʿschwitzenʾ (vgl. akk. *zuʾtu, zutu*, ugar. *dʿt*, hebr. *zeʿā*): Jes 53, 11; Spr 10, 9. 32 (vgl. Reiske, arab. *ḏāʿa* ʿeffundere, expirareʾ); 14, 7. 33; Sir 12, 1 (nach einem alten Vorschlag von Nöldeke, Neue Beiträge 194f.; jetzt Dahood, Proverbs, 21; Bibl 46, 1965, 316f.). k) *joḏeaʿ* < ugar. *dʿt* ʿFreundʾ: Pred 10, 20; Spr 8, 12; 22, 12 (Dahood, Bibl 46, 1965, 316f.; vgl. KAI II 125; zu Spr 22, 12 vgl. dagegen Thomas, JThS NS 14, 1963, 93f.: ʿKlage, Rechtshandel, Prozeßʾ). l) *jāḏaʿ* < ugar. *jdʿt* ʿGehorsamʾ: 1 Sam 2, 12 (Löwenstamm, Lešonenu 30, 1965, 66. 85–91). m) *maddāʿ* < ugar. *mndʿ* ʿmessenger, Boteʾ: Pred 10, 20 (Dahood, Bibl 39, 1958, 312).

Schließlich suchte man durch textkritische Konjekturen zahlreiche *jdʿ*-Stellen mit angeblich unverständlichem Sinn zu klären: n) *jāʿaḏ* statt *jāḏaʿ*: 1 Sam 21, 3 (BDB); umgekehrt Jer 24, 1 (Driver, JBL 53, 1934, 288). o) *jāraʿ* statt *jāḏaʿ* mit anschließender Dittographie zu *rāʿaʿ*: Ri 8, 16; Jes 53, 3; Ez 19, 7; Ps 138, 6; Hi 21, 19; Spr 10, 9 (Reider, JBL 66, 1947, 315ff.); Hi 35, 15 (Emerton, JSS 15, 1970, 154f.). p) *jāzaʿ* statt *jāḏaʿ* Jes 53, 11 (Dahood, NWSem Philology, 1963, 21, dagegen Barr 22f.); Spr 10, 9. 32; 14, 7. 33 (Dahood, Proverbs 18. 20. 31f., vgl. schon Nöldeke, Neue Beiträge, 194f.). q) *dāʿāh* ʿbitten, wünschenʾ statt *jāḏaʿ*: Ez 19, 7; Ps 74, 5; Spr 10, 32; 15, 14; 24, 14; 29, 7 (Barr, 24f. 325; zu Spr vgl. auch Thomas, VTS 3, 1955, 284; KBL^{3} 219). r) *gāḏaʿ* statt *jāḏaʿ*: Gen 18, 21; Ri 8, 16; Jes 53, 3; Jer 31, 19; Ez 19, 7; 38, 14; Spr 10, 9 (Fürst; dagegen Thomas, JThS 42, 1941, 64f.). s) *ʿārāh* statt *jāḏaʿ*: Spr 10, 32 (M. Scott). t) *rāʾāh* statt *jāḏaʿ* Ex 2, 25 (Dillmann, Kautzsch, Bertholet).

3. Nach Lisowsky begegnet die Wurzel *jdʿ* mit ihren Derivaten im hebr. AT 1058mal, in den aram. Teilen 51mal. Das Verb *jāḏaʿ* ist – außer Ob, Hag, Kl und Esr – in den übrigen Büchern des AT 948mal (Schottroff 947) (822 *qal*, 71 *hiph*, 42 *niph* [Schottroff 41], 6 *pu*, 3 *hoph*, 2 *hitp*, 1 *pi*, 1 *po*) belegt. Besonders häufig begegnet es bei Ez (99mal), Ps (93mal), Jer (77mal), Jes (75mal) und Hi (70mal). Im Pentateuch begegnet es 174mal (nur 9mal Lev und 17mal Num), im DtrGW 181mal, dagegen im ChrGW nur 38mal. Mit je 35 Belegen weisen Spr und Pred einen hohen Anteil auf, während das HL nur 2 Belege hat. Letzteres mag andeuten, daß *jāḏaʿ* eine bestimmte semantische Komponente der Frühzeit später eingeebnet hat.

daʿaṯ begegnet 90mal (11mal als Subj., 37mal als Obj.): Spr 40mal, Hi 11mal, Pred 8mal; deutlich seltener Jes 9mal, Hos 4mal, Mal 1mal.

Das Derivat *deaʿ* ist auf die Elihu-Reden bei Hi (5mal) beschränkt, *deʿāh* begegnet 6mal (Jes 2mal; je einmal Jer, Ps, Hi und 1 Sam; cj. Spr 24, 14); *maddāʿ* (6mal), *moḏaʿaṯ* (1mal) und *môḏāʿ* (2mal) sind späte Derivate (Dan, 2 Chr, Ruth, Pred, Spr, Sir).

Das aram. Verb *j^{e}ḏaʿ* begegnet 47mal (Dan 36mal, Esr 11mal), *pe* (22mal) und *haph* (25mal); das Nominalderivat *mandaʿ* ist 4mal bei Dan belegt. Sir verwendet das Verb 29mal, das Nomen *daʿaṯ* 9mal, *maddaʿ* 2mal, *deaʿ* und *deʿāh* je 1mal.

4. In der LXX wird *jāḏaʿ qal* durch 22 Verben, 3 Substantive und 8 Adjektive wiedergegeben (vgl. E. C. Dos Santos, An Expanded Hebrew Index for the Hatch-Redpath Concordance to the Septuagint, Jerusalem, o. J., 77). Es begegnen γιγνώσκειν (490mal) mit ihren Komposita ἀπογιγνώσκειν (1mal), διαγιγνώσκειν (2mal), ἐπιγιγνώσκειν (52mal) und εἰδέναι (185mal) mit Kompositum συνειδέναι (1mal), ἐπίστασθαι (42mal), ἰδεῖν (16mal) und γνωρίζειν (3mal), αἰσθάνεσθαι, ἀκούειν und μανθάνειν begegnen je 2mal.

jdʿ niph wird ähnlich wiedergegeben: 3mal γίγνεσθαι; hier wie auch im *pu* begegnet 5mal γνωστός, *pi* ἰδεῖν κτλ., *po* διαμαρτυρεῖν. In der Wiedergabe des *Hiph* dominiert γνωρίζειν (30mal), γιγνώσκειν κτλ. 3mal. Die revelatorische Bedeutungskomponente findet sich wieder in ἀγγέλλειν κτλ. (10mal), δηλοῦν (4mal) und δεικνύειν κτλ. (5mal), wohingegen die LXX durch seltenes διδάσκειν (nur 6mal) den pädagogischen Bedeutungsbereich von *jdʿ hiph* weitgehend eingrenzt. In Sir begegnet bei gleicher Terminologie nur 1mal νοεῖν zusätzlich.

Das Substantiv *daʿaṯ* wird durch 21 Äquivalente erfaßt (Dos Santos 44): γνῶσις (29mal) und ἐπίγνωσις (5mal), αἴσθησις (19mal), σύνεσις (6mal) und ἐπιστήμη (5mal), βουλή/βούλημα (3mal), σοφία (2mal) und νοῦς, παιδεία und φρόνησις je 1mal.

Die LXX bleibt bei der Wiedergabe der übrigen Derivate von *jdʿ* im angegebenen Wortfeld. Das aram. *jᵉḏaʿ* findet in den griech. Bibelübersetzungen verschiedene Wiedergaben. Für das *peʿal* begegnen γιγνώσκειν, εἰδεῖν, γνωστός und ἐπιγιγνώσκειν, das *aphʿel* wird durch δηλοῦν, σημαίνειν, ἀπ/ἀναγγέλλειν und ὑποδεικνύειν wiedergegeben, während Theodotion hier fast durchwegs mit γνωρίζειν übersetzt. Aram. *mandaʿ* wird durch ψυχή wiedergegeben, während Theodotion φρήν verwendet.

II.* 1. a) Das wichtigste äg. Wort für 'kennen', 'erfahren', 'wissen' ist *rḫ* (WbÄS II, 442ff.). Ein anderes Wort für 'kennen' ist *ʿrḳ* (WbÄS I, 212). Als normales Oppositionswort dazu tritt *ḫmj* 'nicht kennen', 'nicht wissen' (WbÄS III, 278ff.) auf. Für 'erfahren', 'kennenlernen' werden neben *rḫ* und *ʿm* (WbÄS I, 184) Wörter für 'sehen' (*ptr*, *mȝȝ*) und 'hören' (*śḏm*) gebraucht. 'Kenntnis haben' heißt später auch *śjȝ* (WbÄS IV, 30); vgl. Sia, der bekanntlich als Personifikation der Erkenntnis und des Verstandes neben Hu als Verkörperung des Wortes auftritt (s. Bonnet). Die wichtige Wendung *m ḫm-f* (usw.) 'ohne jemandes Wissen' (WbÄS III, 280) kommt in negierten Sätzen vor, um die Allwissenheit und Souveränität eines Gottes oder Pharaos auszudrücken. Für 'wissen', 'erfahren', 'kundig' und 'klug' gibt es neben *rḫ* und *rḫ-św* (WbÄS II, 445) eine Reihe Wörter (s. WbÄS VI, 88 und 84 s.v. 'kundig' bzw. 'klug'). Der Tatbestand, daß mehrere von ihnen mit *ỉb* 'Herz' zusammengesetzt sind (*ȝḫ-ỉb*, *wbȝ-ỉb*, *whʿ-ỉb* usw.) zeugt davon, daß das Herz als Sitz des Wissens und der Klugheit galt (s. Piankoff 47ff.). Für andere Bezeichnungen des Weiseseins und der Weisheit wie *śȝȝ/śȝ.t* und *śȝr/śȝr.t* s.o. → חכם (II, 925–927).

b) *rḫ* kann allerlei Arten von Kenntnissen und Wissen umfassen. Die Wendung *rḫ ḫt* bezeichnet den Spezialisten, sei es den Wissenden, den Handwerker, den Zauberkundigen oder den Ritualisten. Präzisierungen wie *rḫ ʿwj* und *rḫ ḏbʿw* 'mit kundigen Armen' bzw. 'mit kundigen Fingern' werden für den König als Ritualvorträger belegt. In diesem Zusammenhang ist der König auch „einer, der die mächtigen Sprüche kennt" (Chassinat, Dendérah I, 135; vgl. ebd. II, 144). In den autobiographischen Inschriften rühmen sich die Redenden oft wegen ihrer Weisheit, Kenntnisse und Kundigkeit (s. Janssen 108ff.). Das Ideal ist „besser als die Gelehrten zu wissen, ein wirklich Kundiger zu sein (usw.)". In der Hochschätzung des Wissens knüpft diese Literaturart an der Weisheitsliteratur an. Diese Lehren sollen die Unwissenden zum Wissen erziehen (Ptahhotep 47 und Amenemope 27, 10).

c) Mit Menschen bekannt zu sein ist bedeutungsvoll. Der beredte Bauer behauptet stolz, daß er alle Leute des Gaues kennt (Z. 16). Ein geliebter Titel ist *rḫ (n) nśw* 'Bekannter des Königs' (WbÄS II, 446, 14), auch in femininer Form belegt. Noch wichtiger ist es, den Gott zu erkennen. Von dem gegenseitigen Erkennen des Königs und des Gottes reden die Texte oft. Echnaton proklamiert vor dem Gott Aton: „Es gibt keinen andern, der dich erkennt, außer dein Sohn" (Amarna VI, 27, 12). Der Fromme soll die Gestalten und die Namen des Gottes erkennen. Oft wird aber hervorgehoben, daß man die wirkliche Gestalt und den wahren Namen des Gottes nicht erkennen kann. „Der Gott ist zu groß, um ihn anzubeten, zu gewaltig, um ihn zu kennen" heißt es im großen Leidener Amonhymnus (IV, 19). Gottes Pläne kann man nicht erkennen: „Wenn du die Pläne Gottes nicht erkennen kannst, so kannst du auch den morgigen Tag nicht erkennen" (Amenemope 22, 5–8). Die Lebenslehren betonen gern die Grenzen des menschlichen Wissens, auch wenn sie das Ideal des wahren Weisen hervorheben.

d) In der Totenliteratur spielen besondere Kenntnisse eine wichtige Rolle. „Ich kenne die Namen der Gaue, der Städte und der See" (CT V, 364) versichert der Tote. Allerlei Sprüche muß der Tote kennen, so wie auch die Namen der Götter und der Dämonen. Einige Abschnitte des Totenbuchs tragen den Titel „Die Sprüche für das Kennen der Seelen der heiligen Orte". Dank dieser Sprüche wird der Tote Herr von allerlei Geheimnissen. Der Tote rühmt sich eines göttlichen Allwissens: „Es gibt nichts, das ich nicht weiß im Himmel, auf Erden und im Wasser; es gibt nichts, was ich nicht weiß im Hapi; es gibt nichts, von dem Thoth nicht weiß, das ich nicht weiß!" (CT V, 305f.). Ja, er soll sogar Thoth, den Weisen par excellence (vgl. P. Boylan, Thoth, the Hermes of Egypt, Oxford 1922, 98–106) übertreffen.

e) *rḫ* kann, ganz wie *jāḏaʿ*, auch „erkennen" im geschlechtlichen Sinn bedeuten (WbÄS II, 446, 8), wobei oft ein Phallus als Determinativ steht. Spielerisch determiniert man in der Spätzeit inzwischen auch *rḫ* 'wissen' in ähnlicher Weise. Ein guter Beleg für diesen sexuellen Gebrauch von *rḫ* findet sich in einem Minhymnos aus Edfu (Chassinat, Edfou II 390–391), welcher *rḫ* statt des *nk* 'coire' der alten Version aufzeigt (vgl. H. Gauthier, Les fêtes du dieu Min, Kairo 1931, 239f.).

Lit.: *Bonnet*, RÄR 715 s.v. Sia. – *J. M. Janssen*, De traditioneele Egyptische autobiografie voor het Nieuwe Rijk. I–II, Leiden 1946. – *A. Piankoff*, Le „Coeur" dans les textes égyptiens, Paris 1930. (Für weitere Lit. → חכם [*ḥkm*].)

Bergman

2. a) Die Wurzel *idû*, *edû (wadû)* '(er)kennen, wissen' ist im Akk. seit der ababyl. Zeit reich belegt (vgl. AHw I, 187f.; II, 666f. 682; III, 1259; CAD 4, 34f.; 7, 20–34; 10/1, 263; 10/2, 163–168).

Die Formen von *wadû* sind offenbar aus dem D-Stamm zurückgebildet (GAG § 106q); der G-Stamm 'wissen, kennen' bildet ein Adjektiv *edû* 'wohlbekannt, berühmt' und ein unregelmäßiges Ptz. *mudû* (< *mudaʾu*) (vgl. GAG § 56d und P. Jensen, ZA NF 1, 1924, 124–132) 'weise, wissend, informiert', das auch in der Bedeutung 'Bekannter, Vertrauter' u.ä. begegnet (vgl. R. Yaron, The Laws of Eshnunna, Jerusalem 1969, 43. 100. 216).

Daneben begegnen die Substantive *mūdûtu*, ababyl. 'Wissen, Kenntnis', nbabyl. 'Weisheit', **idūtu* 'Wissen' und *mūdânūtu* negiert als 'Unkenntnis' (nassyr.). Im D-Stamm *(w)uddû* bedeutet das Verb 'informieren, markieren, offenbaren', ähnlich im Š-Stamm *šūdû* 'ankündigen, bekanntmachen'. Vom Š-Stamm werden die Substantive *mušēdû* 'Melder' und *šūdûtu* 'Ankündigung, Kundmachung' (beide nur jbabyl.) gebildet. Der Št-Stamm *šutēdû* bedeutet 'sich Kenntnis verschaffen'. Die wenigen Belege im N-Stamm haben passivische Bedeutung.

b) Auch im Akk. ist (wie im Hebr.) das Wortfeld 'kennen, wissen', 'Kenntnis, Weisheit' weit ausgeprägt. Die termini gehen dabei überwiegend von ganz konkreten Wahrnehmungen aus.

Sie stehen parallel mit *amāru* 'sehen, einsehen, erkennen', *aḫāzu* 'fassen, erfassen, lernen', *ḫâṭu* 'sehen, erfassen, lernen', *lamādu* 'erfahren, wissen, erkennen (auch sexuell)', *ṣabāru* 'ergreifen, begreifen, verstehen', *šamū* 'hören, vernehmen, erfahren'; ähnlich konkret ist *pīt uzni* 'weise' (wörtl. mit offenen Ohren) zu verstehen.

Das Verb *idû*/*edû* bedeutet zunächst ein profanes 'kennen' (eine Person, ihr Alter, ihren Aufenthaltsort, Angelegenheiten, Fakten, richtigen Zeitpunkt u.v.a.), ein 'vertraut sein mit' (handwerklichen Fertigkeiten, militärischer Planung, örtlichen Gegebenheiten), dann auch das 'wissen' um einen Sachverhalt (Erntezeit, Sperrung von Kanälen und Straßen, Notlage) und schließlich spezieller 'erfahren sein' (in der Astronomie, in der Liturgie, im Kampf, in der Technik der künstlichen Bewässerung, in der Behandlung von Krankheiten und Seuchen).
Wissen *idû* charakterisiert den sozialen Stand des Menschen. Bergbewohner und Mörder 'kennen' keinen Anstand (TCL 3, 93), und böse Leute 'kennen nicht' die Einhaltung des Eides (ABL 1237, 16). Der Weise (*eršu*) dagegen kennt Mäßigung (AfO 7, 281 r. 7); er kann erkennen, wie die Gottheit zu ihm steht, doch bleibt das göttliche Strafmaß auch ihm verborgen (PBS 1/1, 14, 24). Ansonsten gilt aber die alte anthropologische Selbsteinschätzung, daß der Mensch 'stumpf' (*sukkuku*) ist, denn er weiß nichts (4R 10 r. 29ff.).
Die akk. Briefliteratur versteht *idû* vornehmlich in der Bedeutung des 'Informiertseins' (über die Pläne anderer, Befehle des Königs, drohende Gefahren, militärische Lagen); vgl. die stereotype Informationsformel *šarru bēlī ú-da* „der König, mein Herr, möge wissen, daß ..." (ABL 482, 9).

In gleicher Weise werden auch Loyalitäts- und Solidaritätsadressen an den König gerichtet, sowie die Akkreditierungsschreiben von (ausländischen) Diplomaten (vgl. EA 149, 47) und Priestern (vgl. ABL 65, 11); vgl. auch die zusammenfassende Formulierung ABL 85 r. 10; 768, 4 u. ö.

c) Im Familien- und Erbrecht begegnet die Formulierung 'jem., der seinen Vater nicht kennt' als Bezeichnung für einen (Halb-)Waisen und seine undurchsichtigen Abstammungsverhältnisse (BE 14, 8, 6). Im Munde Assurbanipals bedeutet *ul i-di aba u umme* „Ich kenne weder Vater noch Mutter" (OECT 6. pl. 11) des Königs göttliche Abstammung. Im Zeugenrecht begegnet *idû* in verschiedenen Variationen:

'(Ich schwöre), ich weiß nichts davon!' (ABL 896, 12; vgl. 287r. 9), 'Deine Götter und Šamaš mögen meine Zeugen sein, daß ich ...' (EA 161, 33; vgl. auch ABL 390r. 7; MDP 24, 393, 16); die gebräuchliche Eidesformel lautet „möge Gott mein Zeuge sein!" (TCL 14, 32, 15).

d) Im magischen Bereich werden in Beschwörungen 'bekannte und unbekannte' (*idû u la idû*) Götter angerufen. Als bes. gefährlich galten die Machenschaften der Dämonen, die den ahnungslosen Menschen treffen (4R 55 Nr. 2, 4) oder die Flüche, von denen der Mensch nichts weiß (Šurpu II, 82). Wenn man den Namen und den Aufenthaltsort einer Person nicht kennt, so hat man keine Macht über sie (Maqlû II, 209). Der Mensch bittet die Götter um Hilfe gegen die Dämonen, weil er sie selbst nicht kennt und deshalb ihr Wirken nicht voraussehen kann (vgl. Maqlû VI, 123). Auch gegen unbekannte Krankheiten gab es eigene Gebete (vgl. KAR 73r. 20 u.ö.); ebenso suchte sich der Mensch gegen unwissentlich begangene Sünden zu schützen (JNES 15, 132, 83).
Ohne Kenntnis des Namens der Gottheit gibt es keine Kommunikation zwischen Mensch und Gott. Ansonsten erkennt der Mensch die Götter nur recht dürftig: er kennt ihre Wohnorte und ihre Pläne nicht, so daß ihm damit der Einblick in seine eigene Zukunft verwehrt ist (4R 10r. 29ff.). Dieses Nichtwissen ist aber auch auf der göttlichen Ebene gegeben: Die Götter kennen die Pläne der Tiamat nicht (EnEl III, 128) und können deshalb den Ausbruch der Flut nicht verhindern. Dagegen wird von Šamaš gesagt, daß er die Pläne anderer Gottheiten kennt; Ea ist in jeder Hinsicht 'versiert' (Gilg. XI, 176). Ea, Šamaš, die Anunaki erhalten deshalb das Epitheton *mūdê kalāma* 'der alles weiß' (vgl. auch die Mutter des Gilgamesch, Gilg. P. I, 15). Wissen und Weisheit sind eine Eigenschaft der Götter. Marduk, „der alle Weisheit kennt" (*mudû gimri uznu*, EnEl II, 116), kennt die Herzen der Igigi (VAB 4, 214, I, 17), deshalb erhält er das Epitheton *^{d}ŠA.ZU* (= *mudê libbi ilî*, EnEl VII, 35); vgl. den instruktiven Parallelismus an dieser Stelle: z. B. Herzen der Götter beruhigen, Gerechtigkeit wahren, Recht zur Geltung bringen u.a.

So erhält Hammurabi den Titel *mudē igigallim* „versunken in Weisheit" (CH III, 17); Assurbanipal ist *eršu, mudú, ḫasīsu, pit uzni* und Besitzer der *nēmequ* „Weisheit" (AKA 197, IV, 5) und Esarhaddon wird als *lē'û, itpēšu, ḫassu* und *mudú* bezeichnet (Borger, Esarhaddon 45, II, 19) und schließlich nimmt Šamaš-sum-ukin für sich die Titel *enqu, mudú*, und *ḫasis kal šipri* „der alle Werke versteht" (AnOr 12, 303, I, 9) in Anspruch. Gilgamesch wird „der Starke, Berühmte, Erfahrene" genannt (Gilg. I, II, 26).
Der *mudū šarri* (RŠ 15, 137, 12; 16, 239,18) 'Freund des Königs' (vgl. äg. *rḫ (n) nśw*) genießt besondere Privile-

gien und steht vielleicht in einem ähnlichen Rang wie der Angehörige einer Kriegerkaste (*mariannu šarri*). A. Goetze (Laws of Eshnunna 111 Anm. 13) will im *mudū šarri* einen Flüchtling sehen, der am Königshof Asyl erhalten hat.

e) Als Offenbarungstermini fungieren *uddû* und *šūdû:* Die Götter offenbaren sich im Kosmos dadurch, daß sie den Gestirnen den Weg 'anweisen' (EnEl V, 6), den Mond als Ornament der Nacht 'zuweisen' (EnEl V, 13), oder daß Marduk den Göttern ihre verschiedenen Wirkbereiche 'kundtut' (*mu'addî qirbēti ana ilî;* EnEl VII, 84). Die Wirkbereiche von Sin und Šamaš lassen sich im gesamten Kosmos entdecken (*utaddû;* TCL 6, 51 r. 5f.). Die Götter können ihren Willen 'bekanntgeben' durch Zeichen und Orakel (YOS 1, 45, I, 7), vor allem bei der Designation von Priestern, Königen und Statthaltern; vgl. den Titel Enlils „der die Statthalter bezeichnet" und Nabû's „der das Königtum designiert" (BWL 114, 54). Grundlage jeder Religionsausübung aber ist, daß die Gottheit 'ihren Namen bekanntgibt', so daß man ihren Namen 'nennen' (*zakāru*) kann. Wenn sich auch im Akk. kein Diskurs über die „Offenbarung" findet, so zeigt sich doch allenthalben, wie wichtig das Faktum selbst von den Menschen empfunden wurde. So versuchten sie, mittels Orakel und Omina den Willen der Götter und Aufschluß über das Geschick der Menschen zu erfahren; es galt als Zeichen drohenden Unheils, wenn ein gewünschtes Omen 'nicht geoffenbart wurde' (*ul utaddû*, PBS 1/2, 116, 41 f.).

3. a) *jd'* ist in Ugarit bisher 48mal nachgewiesen (Whitaker 303f.) als Verb und als Nomina *d't* und *mnd'*, wobei die Zuordnung und Bedeutung des letzteren umstritten ist:

M. Dietrich – O. Loretz, BiOr 23, 1966, 131, übersetzt 'vielleicht, gegebenenfalls'; CML 162 hält an einer Ableitung von *jd'* fest: 'assuredly' > 'it is something known', ebenfalls Virolleaud [PRU] zu KTU 2. 34, 10f.; 2. 45, 31 'messager'). – Ob *md'* (KTU 1.107, 39) mit Whitaker zu unserer Wurzel zu rechnen ist, ist nach dem Einwand von O. Loretz (UF 7, 1975, 128) fraglich. Hier hat *md'* wohl die Bedeutung „warum", während es in den beiden Wirtschaftstexten KTU 4. 387, 12 und 4. 609, 4 eine Person bezeichnet, die in einem Vertrauensverhältnis, als 'guter Bekannter', zum König steht; vgl. in den akk. syllabischen Texten Ugarits *mûdû* als „compagnon; qui connaît, qui a commerce" (J. Nougayrol, PRU 3, 1955, 234; vgl. auch M. Dahood, UHPh [BietOr 17, 1965] 61).

b) Für das Verb ist die Bedeutung 'kennen, wissen' unbestritten (WUS Nr. 1148; UT Nr. 1080). Im Profanen Verwendungsbereich, fast ausschließlich in der ugar. Briefliteratur, ist das Objekt des Wissens eine Botschaft (*rgm*, KTU 2. 8, 6 und vielleicht 2. 3, 24) oder eine Warnung (KTU 2. 17, 8), die durch einen Boten überbracht wird (É. Lipiński, UF 5, 1973, 199); in diesem Fall bedeutet *jd'* 'beherzigen'.

Die Briefe werden geschrieben, damit der Empfänger bestimmte Nachrichten erhält (KTU 2. 34, 30; 2. 9, 3): so erfährt (*jd'*) die Mutter von der erfolgreichen Audienz ihres Sohnes beim Großkönig (KTU 2. 16, 7). Im amtlichen Schriftverkehr umschreibt *jd'* die offizielle Kenntnisnahme, z. B. über eine Großrazzia: „Unsere Stadt ist zerstört. Nimm dies zur Kenntnis!" (KTU 2. 61, 13; vgl. Loretz, UF 7, 1975, 532).

c) *jd'* berührt auch in Ugarit den persönlich intimen Bereich; so das verständnisvolle Wissen Keret's um seine Tochter Ṯitmanet, von der er Ungemach fernhalten will (KTU 1. 16 I, 33; vgl. H. Sauren – G. Kestemont, UF 3, 1971, 211). Auch El kennt (*jd'*) das wahre Wesen der kriegerischen Anat, die Aqhat getötet hat (KTU 1. 18 I, 16) und sogar El zu töten plant (KTU 1. 3 V, 27; vgl. A. S. Kapelrud, The Violent Goddess, Oslo 1969, 65).

d) Auch in Ugarit kann *jd'* 'erkennen' im sexuellen Sinne bezeichnen, wie es aus der synthetischen Parallele zu *hrj* 'empfangen, schwanger werden' deutlich wird (KTU 1. 13, 31). Ba'al hat Anat 'umgeben' (*'zrt*), sie 'erkannt' (*jd'*), sie 'wurde schwanger' (*hrj*) und 'gebar' (*wld*) (vgl. H. Cazelles, Syr 33, 1956, 52. 55f.). Textlich umstritten ist KTU 1. 17 II, 41, wo im Zusammenhang mit einem Inkubationsritus Kathirat als *jd't* bezeichnet wird (vgl. A. Caquot – M. Sznycer – A. Herdner, Textes Ougaritiques I, LAPO 7, 1974, 426).

e) Formelhaft verfestigt hat sich die Wendung *jd' hlk kbkbm* 'den Lauf der Sterne kennen' (KTU 1. 19 II, 2; II, 7; IV, 38), die vielleicht eine besondere magische Weisheit ausweist (vgl. H. P. Müller, UF 1, 1969, 94).

In der ugar. Mythologie sind die Götter häufig Subjekt eines Wissens, ohne daß nähere Angaben möglich wären (KTU 1. 3 I, 25; 1. 10 I, 3). In der Beschwörung gegen Schlangengift wird der Gott angerufen, der den Biß 'erkennt', d. h. richtig zu diagnostizieren weiß, und es 'versteht' (*jpq*), das Gift zu nehmen (KTU 1. 107, 35; vgl. Loretz, UF 7, 1975, 128). Nach dem Tode Ba'als ist die Suche nach einem sachkundigen Nachfolger das beherrschende Problem der Götterversammlung (KTU 1. 6 I, 48).

Allerdings ist die Aufforderung der Göttin Aṯirat: *nmlk jd' jlḥn* nicht mehr exakt zu deuten, da *jlḥn* Probleme aufwirft.

Obwohl es ein gängiges Mythologumenon ist, daß die Götter Verborgenes und Zukünftiges wissen, taucht *jd'* in solchen Zusammenhängen so gut wie nie auf (vgl. ugar. *ḥdj, ph* 'sehen'); visionäres Erkennen und mantisch-magische Offenbarung wird nicht mit Hilfe der Wurzel *jd'* ausgesagt. Dies zeigt sich deutlich in KTU 1. 6 III, 8. El erfährt in einem Traum, daß die Himmel von Öl triefen und die Täler von Honig fließen. Daraus erst kann Anat schließen (*jd'*), daß der tote Ba'al wieder lebt (*k ḥj 'l3jn b'l*) und das Siechtum des Kosmos ein Ende hat.

Das Unvermögen von Kosmos und Menschenwelt, sich den gewaltigen Götterpalast Ba'als (Aistleitner) auf dem Zaphon vorstellen zu können (*jd'*||*bjn*; vgl. L. R. Fisher, RSP I, II, 221), scheint mehrfach als Tenor in KTU 1. 1 III, 15. 26. 27; IV, 15. 18; vgl. auch 1. 7, 32 vorzuliegen. Ba'al allein versteht (*bjn*) das Wesen des Blitzes und des Donners, die Botschaft der Bäume und Steine, von Himmel und Erde, von Urflut und Sternen; er schaut die Zusammenhänge, von denen die Menschen nichts begreifen (*l td' nšm*). Diese Fähigkeiten Ba'als bilden die Explikation von *jd' jlhn*, wie es vom höchsten Gott erwartet wird (vgl. H. Donner, ZAW 79, 1967, 328–330; A. R. Ceresko, UF 7, 1975, 74).

4. In fast allen semit. Sprachen tritt die Wurzel *jd'* als Bestandteil von Eigennamen auf. Am häufigsten werden Danknamen gebildet aus *jd'* + theophorem Bestandteil *'el, jahû, b'l, šm, nabû, Ea* u.v.a.

a) So begegnen bereits in Ugarit die PN *b'l-d'* (*ba'lī-jada'*, Groendahl, PNU 39) „Ba'al hat erkannt" und die Kurzform *ad'*, *ad'j*, *jd'* und *md'* (PNU 142f.).
In der akk. Namensgebung waren *edû/idû*-Namen mit oder ohne theophorem Element offensichtlich sehr beliebt. Wir finden die Satzklagenamen: *Ar-ni-ú-ul-i-dam* „Meine Sünden kenne ich nicht" (VS 13, 103, 13), ^{d}*Bēl-ḫi-ṭu-ul-i-di* „Ba'al, meine Verfehlungen kenne ich nicht" (vgl. ^{d}*Ea-ḫi-i-ṭi-ul-i-di*, Stamm AN 164) und die religiösen Vertrauensnamen *Ili(AN)-i-da-an-ni, Ili(AN)-ú-dan-ni* „Mein Gott kennt mich" (= sorgt sich um mich, vgl. Noth, IPN 181), ^{d}*Nabû-Idanni* „Nabû kennt mich" (AN 198; Tallqvist, APN 150b); oft nehmen die Satznamen noch ein weiteres Element auf; vgl. ^{d}*A-šur-ki-ti-i-di* „Aššur kennt meine Gerechtigkeit" (APN 41a; ähnliche Bildungen in großer Zahl bei C. Saporetti, Onomastica Medio-Assira II, Studia Pohl 6, 1970, 124), *Ilí-ki-nam-i-di* „Mein Gott kennt den Gerechten", ^{d}*Šamaš-ki-nam-i-di* „Šamaš weiß, daß ich gerecht bin" (AN 239f.). ^{f}*Man-nu-i-da-at/as-su-i-di* „Wer kennt seine Macht?" ist offensichtlich ein Preisname in Frageform (AN 238). Bei *A-ba-am-la-i-di, A-ba-ul-i-di* „Ich kenne den Vater nicht" oder *Ul-i-di-ul-a-mur* „Weder kenne ich (den Vater) noch habe ich (ihn) gesehen" handelt es sich wohl um Namen von Findlingskindern (AN 321, hier auch weitere Beispiele; vgl. auch APN 90f.).
Zu den amoritischen PN nach dem Grundmuster *Ja-da-AN/Ja-daḫ-AN* vgl. Huffmon, APNM 38, 209.

b) Diese PN finden sich weitgehend auch im AT: *'aḇjāḏā'* und *'aḇîḏā'* (Gen 25, 4; 1 Chr 1, 33), *'æljāḏā'* (2 Sam 5, 16), *be'æljāḏā'* (1 Chr 14, 7), *jô/jehôjāḏā'* (2 Sam 8, 18), *jeda'jāh* (1 Chr 9, 10), *jeḏî'a'el* (1 Chr 7, 6), *šemîḏā'* (Num 26, 32; vgl. Samaria-Ostracon 29 [Gibson, Textbook 9]) und *de'û'el* (Num 1, 14; vgl. KBL[3] 375), wobei auch hier verschiedene Kurzformen vorkommen: *jāḏā'* (1 Chr 2, 28), *jaddûa'* (Neh 10, 22) und *jiddô* (1 Chr 27, 21).

III. 1. a) Dem äußeren Erkenntnisakt (*jāḏā'*) läuft häufig eine visuelle sensorische Wahrnehmung parallel: *rā'āh* (Num 24, 16f.; Deut 11, 2; 1 Sam 26, 12; Jes 29, 15; 41, 20; 44, 9. 18; 58, 3; 61, 9; Jer 2, 23; 5, 1; 12, 3; Ps 138, 6 vgl. [Reider 317]; Hi 11, 11; Pred 6, 5; Neh 4, 5; vgl. auch die Aufmerksamkeitsformel *da' ûre'eh* 1 Sam 12, 17; 14, 38; 23, 22; 24, 12; 25, 17; 2 Sam 24, 13; 1 Kön 20, 7. 22; 2 Kön 5, 7; Jer 2, 19). Dieses *rā'āh* ist häufig auch dem *jāḏa'* vorgängig und ermöglicht es erst (Gen 18, 21; Ex 2, 25; Deut 4, 35; 1 Sam 6, 9; 18, 28; Jes 5, 19; Ps 31, 8); *ḥāzāh* (Num 24, 16; Dan 5, 23), *šûr* 'blicken' (Num 24, 16f.), *š'h hitp.* 'betrachten' (Gen 24, 21), *nkr hiph* (Deut 33, 9; Jes 61, 9) und *šāzap* 'erblicken' (Hi 28, 7).
Auch ein auditiver Vorgang kann dem *jāḏa'* vorangehen: *šāma'* (Ex 3, 7; Deut 9, 2; Jes 33, 13; 40, 28; 48, 7. 8; Jer 5, 15; Ps 78, 3; Neh 6, 16). Beide Sinne sind konstitutiv für den Erkenntnisvorgang *rā'āh – šāma' – jāḏa'* in Ex 3, 7; Lev 5, 1; Num 24, 16f.; Deut 29, 3; 33, 9; Jes 32, 3f.; 48, 6. In solchen Parallelismen kann *jāḏa'* eine übergeordnete Funktion haben, indem es das sensorische Erkennen zusammenfaßt und gedanklich weiterverarbeitet (z. B. Ex 3, 7). Die große Bedeutungsbreite von *jāḏa'* über das rein apperzipierende Erkennen hinaus in die Richtung 'Acht haben, sich sorgend zuwenden etc.' wird deutlich, wenn es in Parallele zu *śîm* 'sich zu Herzen nehmen' (Jes 41, 20. 22), *śāḵal* 'Acht geben' (Jes 41, 20; 44, 18), → בקש (*biqqeš*) 'suchen' (Jer 5, 1), *bāḥan* 'sorgsam prüfen' (Jer 12, 3) und *qāšaḇ* 'aufmerksam sein' (Jes 32, 2) steht.
Die Komplexität mancher Erkenntnisvorgänge wird durch Anhäufung der verschiedenen Verben des Wortfeldes 'erkennen' ausgedrückt, ohne daß man etwa die verschiedenen Nuancen der einzelnen Eigenbedeutungen aktuell vorfinden könnte (vgl. K. Elliger, BK XI/1, 1978, 168f.). 'Sehen, erkennen, merken und verstehen' (Jes 41, 20; *rā'āh, śîm, śāḵal, jāḏa'*) lassen nicht immer auf eine erzielte Unterscheidung zwischen sinnlicher und geistiger Apperzeption schließen; eher ist die Totalität menschlicher Erkenntnisfähigkeit angesprochen; vgl. auch die Zusammenstellung von *jāḏa'* mit *šāma'* und *bîn* (Jes 40, 21), *bîn, rā'āh* und *śāḵal* (Jes 44, 18), *rā'āh* und *bîn* (Hi 11, 11), *šāma', rā'āh* und *bîn* (Jes 6, 9), *rā'āh, šāma', qāšaḇ* und *bîn* (Jes 32, 3f.), *šāma', ḥāzāh, rā'āh* und *šûr* (Num 24, 16), und schließlich aram. *ḥazāh* und *šema'* (Dan 5, 23).

b) Das Subjekt des Erkennens muß rein physisch zur Erkenntnis befähigt sein: der Mensch muß Augen haben (Deut 29, 3); diese müssen sehen können (*rā'āh*, Jes 44, 18), dürfen nicht blind sein (*šā'āh* oder *š''*, Jes 32, 3f.), sie müssen aufgetan (*pāqaḥ*, Gen 3, 7), geöffnet (*šetum*, Num 24, 16) und offen (→ גלה [*gālāh*], Num 24, 16) sein. Der Mensch muß Ohren haben (Deut 29, 3), die geöffnet (*pāṯaḥ*, Jes 48, 8) und empfindlich (*qāšaḇ*, Jes 32, 3f.) sind. Er muß eine *leḇ* haben (Deut 29, 3), die empfindlich (*śāḵal*, Jes 44, 18) sein muß, nicht aber verstockt (*šāman*, Jes 6, 9f.) oder unvorsichtig (*nimhar*, Jes 32, 3f.) sein darf. Der Mensch darf nicht schlafen (*jāšen*, Gen 19, 33. 35; 1 Sam 26, 12), noch betrunken (*šāḵar*, Gen 19, 33. 35; Deut 29, 5), noch verblendet (*ṭaḥ*, Jes 44, 18) sein. In Schmerz und Leid merkt Hiob nicht, was um ihn vorgeht (Hi 14, 21).

c) Im Bereich des 'Erkennens' hat das Herz (→ לב [*leḇ/leḇāḇ*]) als Erkenntnisorgan mancherlei Funktionen: Durch die äußere Wahrnehmung hindurch dient *leḇ* der Vertiefung der Wahrnehmung und der Entscheidungsfindung auf der Basis des Wahrgenommenen (vgl. Ex 7, 23; 9, 21 u.ö. Weitere Belege bei F. H. von Meyenfeldt, Het hart (leb, lebab) in het

O.T., Leiden 1950, 142). Als Sitz des Erinnerungsvermögens befähigt das Herz den Menschen, partikulare Erkenntnisinhalte in einen übergeordneten Erfahrungsbereich einzugliedern (vgl. Deut 4, 9; Jes 33, 18; 65, 17 u. ö.; Meyenfeldt 143), ermöglicht dem Menschen Urteil und Verantwortung gegenüber den wahrgenommenen Dingen (vgl. Jos 14, 7).

Im Herzen konzentrieren sich die verschiedenen Erkenntnisinhalte zu einer Einsicht in den wahren Sachverhalt der Dinge, aus der heraus der Mensch sein Leben bewußt gestaltet (Deut 8, 5; Spr 2, 2; 8, 5; 19, 8 u. ö.). Hier werden dann die Wurzelgründe gelegt für die Umkehr und für die Bundestreue des Menschen (s. w. u.). Angesichts vieler heterogener Erkenntnisangebote z. B. bei einem Aufenthalt unter den Heiden (Deut 30, 1) soll der Mensch sich besinnen und die wahren Werte im Auge behalten (Deut 4, 39; Jes 32, 4 u. ö.).

d) Der Mensch muß sich um bestimmte Erkenntnisse mühen. Er muß sie 'suchen' (*biqqeš*, Jer 5, 1; Pred 7, 25; 8, 17; *dāraš*, Ps 9, 11; *šā'al*, Ri 18, 5 [Orakel]) oder mühsam 'auskundschaften' (*tûr*, Pred 7, 25) und 'durchforschen' (*šûṭ pil*, Jer 5, 1), bis man sie gefunden hat (*māṣā'*, Jer 5, 1; Hi 23, 10; 28, 13; Spr 8, 9; Pred 8, 17). So ist Erkenntnis die Folge eines systematischen Forschens (*ḥāqar*, Jer 5, 1; Ps 139, 1. 23), Prüfens (*bāḥan*, Jer 6, 27; 12, 3; Ps 139, 23; Hi 23, 10), sich Mühens (*'āmal*, Pred 8, 17), Versuchens (*nissāh pi*, Ri 3, 4; mit Gott als Subj. Deut 8, 2; 13, 4; 2 Chr 32, 31) und abwägenden Urteilens (*bāḥar mišpāṭ*, Hi 34, 4). Alle diese Belege zeigen, daß *jd'* eine Fülle von Implikationen aufweist, die man weder auf den sensitiven, noch auf den noetischen Bereich festlegen kann.

Das Erkenntnis-*Objekt* muß grundsätzlich erkennbar sein, d. h. es muß in Reichweite des Erkennenden sein, vor ihm (*nægæḏ*, Ps 51, 5; 69, 20), ihm vor Augen (*'eṯ*, Jes 59, 12), unmittelbar bei ihm (*'im*, mit der Konnotation des Besitzanspruches Ps 50, 11; Hi 15, 9), ihm nahe (*qārab*, Jes 5, 19) sein (nur JHWH kann von ferne erkennen [Ps 138, 6; 139, 2]). Es darf nicht verborgen sein (*lo'-nikḥaḏ min*, Hos 5, 3; Ps 69, 6), sondern muß eintreffen (*bô'*, Jes 5, 19). Dem normalen Erkenntnisvorgang stehen fern die großen (*gᵉdolôṯ*, Jer 33, 3), verborgenen (*setær*, Jes 29, 15; Jer 40, 15; Dan 2, 22), unfaßbaren (*bᵉṣurôṯ*, Jer 33, 3; *nᵉṣurôṯ*, Jes 48, 6), finsteren (*ḥošæḵ*, Jes 29, 15; Dan 2, 22; Ps 88, 13), tiefen (*'ᵃmîq*, Dan 2, 22) und auch die neuen Dinge (*ḥᵃḏāšôṯ*, Jes 48, 6).

Gewisse Umstände ermöglichen erst einen Erkenntnisvorgang: man muß dem Erkenntnisobjekt nahe (*qārôḇ*, Jes 33, 13), mitten drin (*tôḵ*, Neh 4, 5) sein; oder man geht ihm entgegen (*rûṣ*, Gen 24, 17. 21), tritt hinzu (*nāgaš*, 1 Sam 14, 38), hat einen Zeugen (*'eḏ*, Lev 5, 1; negativ Jes 44, 9). In der Unterwelt ist jede Erkenntnismöglichkeit ausgeschlossen (Ps 88, 13).

Schließlich wird eine Reihe von Erkenntnisobjekten in der Überlieferung durch Erzählen (*sāpar*, Ps 78, 3) oder durch Offenbarung (*gālāh*, 1 Sam 3, 7; *jāḏa' hiph*, *rā'āh hiph*, Jer 11, 18; Ex 6, 3; *nāgaḏ*, Jes 40, 21) bekanntgemacht.

e) Im Sinne des historischen Kennens spricht Ex 1, 8 von einem „neuen König in Ägypten, der Joseph nicht mehr kannte“. Vgl. Deut 9, 2 die Enakiter, die Israel ja selber 'kenne'. Vgl. auch *jd'* im Sinne von Bekanntschaft mit einem Lebenden (Gen 29, 5; Deut 22, 2; Ez 28, 19; Hi 19, 13; 29, 16; 42, 11). Zur Phrase „ein Volk, das du nicht kennst“ vgl. Deut 28, 33. 36; 2 Sam 22, 44; Jer 9, 15; Ez 28, 19; Sach 7, 14; Ruth 2, 11; Jes 55, 5. Zur Wendung „ein Land, das ihr nicht kennt“ vgl. Jer 15, 14; 16, 13; 17, 4; 22, 28; Ez 32, 9.

Als persönlich wertendes Kennen eines Menschen und seiner Eigenart vgl. 2 Kön 9, 11 „ihr kennt ja den Mann und seine Denkart“. Nach 2 Sam 3, 5 'kennt' David den Abner aus schlechten Erfahrungen. Vgl. noch 1 Sam 10, 11; 1 Kön 5, 17; 18, 37; Spr 12, 10; HL 6, 12.

Mehr im Sinne des Umzugehen-Wissens, technischen Könnens, der Kunstfertigkeit begegnet *jd'* mit substantivem oder infinitivem Sachobjekt:

'îš joḏea' ṣajiḏ 'ein kundiger Jäger' (Gen 25, 27), *joḏᵉ'ê hajjām* 'Schiffer' (1 Kön 9, 27 = 2 Chr 8, 18) sind die *'anšê 'ᵒnijjôt;* vgl. den des 'Geschriebenen (*sepær*) Kundigen' (Jes 29, 12), die kundigen Saitenspieler (1 Sam 16, 16. 18, die die Totenklage (*næhî*) auszuüben verstehen (Am 5, 16). Vgl. weiter *jd'* mit *l* + Inf.: Holzfäller (1 Kön 5, 20), Baumeister (2 Chr 2, 6), Kunsthandwerker in Gold, Silber, Erz und Eisen sowie in Stoffen von Karmesin und Purpur (2 Chr 3, 7). Schließlich bezeichnet *jd'* dann auch die Fähigkeit 'zu reden' (Jer 1, 6), 'Gutes zu tun' (Jer 4, 22), 'Böses zu tun' (Pred 4, 17) u. a.

f) Neben dem technischen Umfang und der Sachkunde bedeutet *jd'* auch das praktische, emotionale und volitive 'Kennen-lernen', die 'Bekanntschaft', 'Anteilnahme' und ein 'Sich-kümmern', vgl. *jd'*||*pqd* (Hi 5, 24; 35, 15); *jd'*||*šmr* (Jer 8, 7; Hi 39, 1), *jd'*|| *mṣ' ḥen* (Ex 33, 12. 17) u. a. So 'kümmerte sich' *jd'* Potiphar neben Joseph um nichts in seinem Hause (Gen 39, 6. 8). Spr 27, 23 ergeht die Mahnung: „Hab wohl acht (*jāḏoa' teḏa'*) auf das Aussehen deiner Schafe, richte deine Aufmerksamkeit (*śîm libbᵉḵā*) auf die Herden.“ Hiob 'kümmert' *jd'* sich nicht um sein Leben, er 'verachtet' *m's* sein Dasein; vgl. auch Hi 35, 15.

jd' im Sinne von 'Kennenlernen', 'Bekanntschaft', 'Liebe' bezeichnet dann auch den geschlechtlichen Verkehr des Mannes mit der Frau (Gen 4, 1. 17. 25; 38, 26; Ri 19, 25; 1 Sam 1, 19; 1 Kön 1, 4) oder der Frau mit dem Mann (Gen 19, 8; Ri 11, 39; vgl. *jd' miškaḇ zāḵār* [Num 31, 17f. 35; Ri 21, 11f.]); zum homosexuellen Verkehr vgl. Gen 19, 5; Ri 19, 22.

Die Erklärungen des sexuellen Sprachgebrauchs aus der Entschleierung der Frau in der Hochzeitsnacht (A. Socin) oder aus dem ersten Beischlaf (F. Schwally, K. Budde) sind nicht zwingend; eher wäre an euphemistischen Sprachgebrauch für sexuelles Tun (Gaboriau, Angelicum, 45, 37–40; Schottroff 691; vgl. AHw I, 188 und B. Landsberger, MAOG 4, 1928/29, 321) zu denken.

g) Das Erkenntnis- bzw. Unterscheidungsvermögen zwischen Gut und Böse (*jdˁ bên-ṭôḇ wārāˁ*) geht dem unmündigen Kind noch ab, weil es die Tragweite dessen, worum es geht, noch nicht ermessen kann (Deut 1, 39; 1 Kön 3, 7; Jes 7, 15. 16; Jer 4, 22), den Erwachsenen befähigt sie (1QSa 1, 10f.), während der greise Barsillai sie für sich in Frage stellt (2 Sam 19, 36). – Salomos Bitte um „ein verständiges Herz (*leḇ šomeaˁ*), das Volk zu regieren (*lišpoṭ*) und zu unterscheiden, was gut und böse ist" (*lehāḇîn bên-ṭôḇ lerāˁ*) (1 Kön 3, 9) meint wohl das Entscheidungs- und Urteilsvermögen zwischen Recht und Unrecht (vgl. 3, 11).

Die Erkenntnis des verbotenen ʾBaumes der Erkenntnis von Gut und Böseʾ (Gen 2, 9. 17) und die nach dem Genuß seiner Früchte erlangte gottähnliche (*hājāh kēʾlohîm* 3, 5; *hājāh keʾaḥaḏ mimmænnû* 3, 22) Erkenntnis von Gut und Böse wird entsprechend der semantischen Vielfalt von *ṭôḇ-rāˁ* unterschiedlich interpretiert: Wer *ṭôḇ-rāˁ* als ʾgut-schlechtʾ, ʾnützlich–schädlichʾ funktional oder utilitaristisch interpretiert (was dem Menschen nützt oder schadet), der versteht dann auch *jdˁ* wertfrei funktional; vgl. J. Wellhausen, Composition des Hexateuchs, ³1899. – Dagegen hat K. Budde (Die Biblische Urgeschichte, 1883, 65–72) *jdˁ ṭôḇ wārāˁ* als ethische Entscheidungsfähigkeit erklärt. M. Buber (Bilder von Gut und Böse, 1952, 15–31) hat den ethischen mit dem funktionalen Aspekt des ʾErkennens von Gut und Böseʾ miteinander verbunden: Das sittliche Erkenntnisvermögen von Gut und Böse will dem Menschen die autonome Daseinsbewältigung ermöglichen und sichern. Indem der Mensch wie Gott sein will, greift er Gottes Autorität an; Gott „kennt die Gegensätze des Seins, er geht mit ihnen unmittelbar um (*jdˁ*), er ist der aller Gegensätzlichkeit überlegene" (Buber 24). Vgl. auch H. J. Stoebe, ZAW 65, 1953, 188–204; R. de Vaux, RB 56, 1949, 300–308; W. M. Clark, JBL 88, 1969, 266–278. – Manche fassen *jdˁ* als geschlechtliche Erkenntnis und Erfahrung auf, als Wissen um die Befähigung zur Zeugung und Geburt; dieses geschlechtliche Wissen um Lust und Leid, Leben und Tod war dem Menschen verwehrt, weil es gottgleich macht (H. Schmidt, Die Erzählung von Paradies und Sündenfall, 1931, 13–31; Engnell 103–119; L. F. Hartmann, CBQ 20, 1958, 26–40 u. a.). Manche bringen die Schlange als Symbol des kanaan. Fruchtbarkeitskultes in Zusammenhang mit der ʾErkenntnis von Gut und Böseʾ (Coppens, Hidding, Loretz, Soggin u. a.). – Neben diesen Erklärungen verdient die Auffassung von *ṭôḇ wārāˁ* als Ausdruck polarer Totalität im Sinne von ʾallesʾ Interesse (vgl. A. M. Honeyman, JBL 71, 1952, 11–18; P. Boccaccio, Bibl 33, 1952, 173–190; D. R. Hillers, BASOR 176, 1964, 46f. u. a.). Nach G. von Rad bedeutet ʾErkennen von gut und böseʾ „Allwissenheit im weitesten Sinne des Wortes", nach Pidoux 37–43 würden die Früchte des Baumes der Erkenntnis von Gut und Böse „une force qui l'aurait assimilé aux dieux" verleihen ... „la force qui est une des charactéristiques de la divinité" (41).

h) In der at.lichen Weisheit bezeichnet *ḥŏkmāh* (Weisheit) nicht allein die Weisheit Israels; dies zeigt sich schon in der häufigen Verbindung mit anderen, einander nahestehenden Begriffen (vgl. G. v. Rad, Weisheit in Israel, 1970, 75). So beansprucht in den Spr *daˁaṯ* (40mal) neben *ḥŏkmāh* (39mal), die miteinander ausgewechselt werden können (vgl. J. Becker, Gottesfurcht im Alten Testament, AnBibl 25, 1965, 214), einen großen Raum. In „fast spielerischer Koordination" (G. v. Rad 76) erscheinen neben *mezimmāh* ʾBesonnenheitʾ (Spr 1, 4; 2, 10f.; 5, 2; 8, 12), *teḇûnāh* ʾEinsichtʾ (Spr 2, 6; 2, 10f.; 17, 27; 24, 3f.), *ʿŏrmāh* ʾKlugheitʾ (Spr 1, 4; 8, 12) und *bînāh* (Spr 9, 10) in häufiger Parallele zu *ḥŏkmāh* (Spr 1, 7; 2, 6. 10; 8, 12; 9, 10; 14, 6; 24, 3f.; 30, 3).

Zwei verschiedene Auffassungen von *daˁaṯ* lassen sich auf älteres (Spr 10–29) und jüngeres (Spr 1–9) Spruchgut zurückführen. Nach der älteren Auffassung bezieht sich *daˁaṯ* auf weltliche Dinge, besonders im menschlichen Miteinander. Dies zeigt sich in den häufigen antithetischen Parallelismen Weiser und Tor: *daˁaṯ* ist hier die Eigenschaft, die den Weisen (*ḥaḵāmîm* Spr 10, 14; 15, 2. 7), Gerechten (*ṣaddîqîm* Spr 11, 9; 29, 7), dem Klugen (*ʿārûm*, Spr 13, 16; 14, 8) und Verständigen (*nāḇôn*, Spr 14, 6; 15, 14; 18, 15) zukommt, ohne daß über ihre Herkunft reflektiert wird.

Der Weise bewahrt (*ṣāpan*, Spr 10, 14) oder verbirgt (*kāsāh*, Spr 12, 23) seine *daˁaṯ*. Während die Spötter die *ḥŏkmāh* vergeblich sucht, fällt dem Verständigen die *daˁaṯ* leicht (Spr 14, 6); während der Unerfahrene die Torheit erbt (*ktr* [?]) sich der Kluge mit *daˁaṯ* (Spr 14, 18; vgl. W. A. van der Weiden, Le livre des Proverbs, Rom 1970, 110 ʾacquérir, acheterʾ); Herz und Ohr suchen (*biqqeš*, Spr 15, 14; 18, 15) *daˁaṯ*, Zunge und Lippen der Weisen reden (1. *taṭṭîp*, Spr 15, 2) und verbreiten (*zārāh*, Spr 15, 2. 7) die *daˁaṯ*. Wer *mûsār* ʾZüchtigungʾ bzw. ʾZuchtʾ liebt, liebt *daˁaṯ* (Spr 12, 1; vgl. 19, 27; 23, 12). Wenn man den Verständigen zurechtweist, gewinnt er *daˁaṯ* (Spr 19, 25; vgl. 12, 1), wenn man ihn belehrt, nimmt er *daˁaṯ* an (Spr 21, 11; vgl. Dan 1, 4); er zeigt *daˁaṯ* und *teḇûnāh*, wenn er sich im Reden zurückhält und sachlich abwägt (Spr 17, 27). Hier zeigt sich ein Verständnis von der relativen Eigengesetzlichkeit der Abläufe.

Eine stärkere Theologisierung scheint im jüngeren Teil der Spruchsammlung stattgefunden zu haben. Hier gibt JHWH *ḥŏkmāh*, aus seinem Mund kommen *daˁaṯ* und *teḇûnāh* (Spr 2, 6). Er ist den Redlichen Hilfe (Spr 2, 7), diejenigen, die sie erfahren und annehmen, erlangen *ḥŏkmāh* und *daˁaṯ* (Spr 2, 10). Durch JHWHs *ḥŏkmāh* und *daˁaṯ* wurden Himmel und Erde begründet und entwickelt (Spr 3, 19f.).

Die Erkenntnis ist nicht dem Menschen von Natur aus mitgegeben (vgl. G. v. Rad 78), sondern JHWH selbst und die „göttliche Autorität der Weisheit" (B. Lang, Frau Weisheit, 1975, 171) wirken beim Zustandekommen von *daˁaṯ* mit. Diesem Zusammenhang entspricht auf menschlicher Seite die JHWH-Furcht als Anfang der Erkenntnis (Spr 1, 7, *jir'aṯ JHWH re'šîṯ da'aṯ*).

Das Verhältnis von *jir'aṯ JHWH* und *da'aṯ* wird deutlich durch die Parallelen: *da'aṯ||ḥŏkmāh, jir'aṯ JHWH||re'šîṯ* der *da'aṯ* (Spr 1, 7); *jir'aṯ JHWH||da'aṯ* (Spr 1, 29), *da'aṯ 'ælohîm||ḥŏkmāh, tebûnāh, bînāh* und *da'aṯ* (Spr 2, 5), *da'aṯ qedôšîm||bînāh* und als *teḥillāh* der *ḥŏkmāh* (Spr 9, 10). Die Begriffe sind nicht scharf voneinander zu trennen, jedoch dürften sie als verschiedene Aspekte gläubiger Grundhaltung des Menschen zu verstehen sein, die sich letztlich auf dieselbe Realität beziehen (vgl. bes. Spr 2, 5; 9, 10; vgl. Becker 220).

Als Charakteristikum der Spr zeigt sich der synonyme Gebrauch von JHWH-Furcht und Gotteserkenntnis (zur letztlichen Identität von *da'aṯ*, *da'aṯ 'ælohîm* und *da'aṯ qedôšîm*, vgl. Becker 217f.) bes. in Spr 2, 5 (vgl. Spr 1, 29; 9, 10). Als Gabe der Weisheit beinhaltet *da'aṯ||jir'aṯ JHWH* den Sinn der Religion bzw. echte Religiosität, wenn *jir'aṯ JHWH* als ehrfürchtige Scheu vor JHWH zu verstehen ist, die sich in Rechtschaffenheit und Frömmigkeit zeigt, und *da'aṯ* die Bekanntschaft mit Gott und Wandel auf seinen Wegen meint (vgl. Jes 11, 2). JHWH gibt nicht nur Weisheit, von ihm kommen auch Erkenntnis und Einsicht (Spr 2, 6); er ist Hilfe und Schutz (Spr 2, 7f.) für die, die auf JHWH vertrauen (Spr 3, 5).
Während in Spr überwiegend positiver Art über die Erkenntnis gesprochen wurde, zeigt sich bei Pred eine pessimistische Einstellung zur *da'aṯ*. *ḥŏkmāh* und *da'aṯ* (7mal) verstärken und vertiefen einander (A. Lauha, BK XIX, 1978, 47); sie führen letztlich nicht zu einem echten Gewinn (Pred 1, 16–18). Diesem Sachverhalt entspricht auch, daß *ḥŏkmāh* und *da'aṯ*, die aus Gottes freiem Willen geschenkt werden (Pred 2, 26), im Vergleich mit Torheit und Reichtum nur einen relativen Vorteil haben (Pred 2, 21; 7, 11f.), denn im Totenreich gibt es weder *ḥŏkmāh* noch *da'aṯ* (Pred 9, 10).
In Sir begegnen *jāḏā'* 29mal und *da'aṯ* 9mal, wobei jedoch der Textbestand einiger Stellen Sir 7, 3. 20; 9, 10; 46, 6. 10; 51, 15 umstritten ist. Sir bevorzugt jedoch *ḥkm* und *bjn* mit ihren Derivaten. In Sir werden *śkl*, *jd'*, *ḥšb* mit ihren Derivaten fast ausnahmslos auf menschliche Erkenntnis und Weisheit bezogen (vgl. J. Marböck, Weisheit im Wandel, BBB 37, 1971, 14f.).

Weisheit und Wissen sind die Kennzeichen des Arztes (38, 3), des Weisen und des Schriftgelehrten (37, 22f.). Vielleicht greift er griech. Logoslehre auf, wenn er das „Wort" für den Ort erklärt, an dem Weisheit sich offenbart (*jd'* pass., 4, 24; vgl. 5, 10).

Die meisten Belege von *jāḏa'* finden sich im Zusammenhang der „Weisheit profanen Inhalts" (Marböck 126f.), in der die Erfahrung in allen denkbaren Lebenslagen formuliert wird: nach Sir 40, 29 zeichnet den verständigen (*jôḏea'*) und wohlerzogenen (*jsr*) Menschen aus, daß er im Umgang mit seinen Mitmenschen Umsicht übt und sich vor voreiligen Schlüssen hütet. Er berät sich nur mit solchen, die die Thora halten (37, 12) und unbestechlich sind (37, 8) und zeichnet sich aus durch Verschwiegenheit (35, 8). In der Vielfalt seiner Ratschläge geht es ihm bes. um das Wohlergehen des Menschen. Zur Intensivierung seiner Mahnung benutzt er gelegentlich den Imperativ *da'* „wisse!".

So warnt er vor Mißgunst (34, 13) und vor gewalttätigen Menschen (9, 13) und mahnt in deutlicher Nachbildung zum Liebesgebot (Deut 6, 5; Lev 19, 18), den Nächsten wie sich selbst zu schätzen (34, 15). Die Warnung vor Hedonismus (11, 19), Vertrauensseligkeit (8, 18; vgl. 12, 11) und voreiligem Urteil (9, 11; vgl. 34, 24) begründet Sir mit der Unfähigkeit des Menschen, den weiteren Verlauf der Dinge im voraus zu kennen.

Oft greift Sir in die Heilsgeschichte, um die Weisheit Gottes in der Geschichte und seine pädagogische Leitung der Menschen darzustellen.

Er machte das Wasser in der Wüste trinkbar (Sir 38, 5; vgl. Ex 15, 23f.), verhärtete das Herz des Pharao (Sir 16, 15; vgl. Ex 7, 3), ließ David den kriegserfahrenen Goliath niederstrecken (Sir 44, 16; vgl. Sir 47, 5; vgl. 1 Sam 17, 40ff.) und machte den Henoch (Gen 5, 24) zum Beispiel der Umkehr (LXX), der Bekehrung der Völker (L), der *da'aṯ* (hebr., vielleicht eine Anspielung auf die Offenbarerrolle des Henoch).
Auch Sir verwendet die Erkenntnisformel, in 36, 22 als Bestandteil der Erhörungsmotivation (vgl. die nordwestsemit. Parallelen bei T. Penar, BietOr 28, 1975, 60), in 33, 5 in der duplizierten Form „damit sie (sc. die Heiden) erkennen, wie wir erkannt haben, daß es keinen Gott gibt außer dir".

Für Sir besitzt Gott alle Weisheit (Sir 1, 1), er erkennt alle Erkenntnis (Sir 42, 18). Gott kann auch die geheimen Sünden erkennen (Sir 16, 17. 21); vor ihm ist nichts verborgen (Sir 17, 15–20; vgl. Marböck 136), denn die gesamte Schöpfungsordnung ist sein Werk.
2. a) Als Ausdruck eines besonderen Verhältnisses zwischen JHWH und Israel oder einer Erwählung zu einem Dienst begegnet *jd'* Am 3, 2: „Nur euch habe ich erwählt aus allen Geschlechtern der Erde". Trotz des dtr. Sprachgebrauchs verwendet Am 3, 2 aber nicht den Erwählungsterminus *bḥr* (vgl. Deut 7, 7; 14, 2), sondern den ambivalenten Terminus *jd'* für die besondere Verbindung JHWHs mit Israel oder mit einzelnen führenden Gestalten (vgl. u.a. Botterweck 18–22; Th. Vriezen, Die Erwählung Israels nach dem AT, 1953, 36f.; H. Wildberger, Jahwes Eigentumsvolk, 1960, 108). Nach Gen 18, 19; Ex 33, 12. 17; Deut 34, 10; Jer 1, 5; 2 Sam 7, 20 = 1 Chr 17, 18 ist JHWH in ein besonderes Verhältnis der Aussonderung und Erwählung getreten zu Abraham, Mose, Jeremia und David. JHWH hat Abraham „auserwählt, seinen Söhnen und ... zu gebieten, JHWHs Wege einzuhalten durch Übung von Gerechtigkeit und Recht" (Gen 18, 18f.). Ex 33, 12. 17 sagt JHWH zu Mose: „Ich kenne dich mit Namen (*jd' bešem*), auch hast du ... Gnade gefunden (*mṣ' ḥen*)"; *jd' bešem||mṣ' ḥen* charakterisieren die beson-

dere Ausersehung (und Berufung); vgl. auch Deut 34, 10. Vgl. die Verben *lqḥ*||*bḥr*||*jdʿ* für die gnadenhafte Erwählung Davids 2 Sam 7, 20 = 1 Chr 17, 18. Jer 1, 5 wird die Bestellung des Jer zum Prophetenamt durch *jdʿ*||*qdš hiph* charakterisiert; längst vor seiner Geburt (*jṣʾ*||*jṣr*) war Jer zum Propheten ausersehen (*jdʿ*||*qdš hiph*||*nāḇîʾ neṯattîḵā*).

Huffmon (The Treaty Background, 37) will *jāḏaʿ* mit heth. *šek*/*šak*, akk. *idû*, ugar. *jdʿ* in vorderasiatischen Staatsverträgen in Verbindung bringen und at.liches *jdʿ* auch als Terminus gegenseitigen Anerkennens verstehen; vgl. ferner Huffmon-Parker 36–38; McKenzie, Knowledge, 22–27.

Als ʿWohlwollenʾ, ʿFürsorgeʾ und ʿSchutzʾ JHWHs begegnet *jdʿ* selten. So spricht Nah 1, 7f. in einem Hymnus: „Gut ist JHWH, eine Zuflucht der Drangsal, er kennt, die auf ihn vertrauen ..." JHWH beantwortet das Vertrauen mit Fürsorge und Wohlwollen, vgl. Ps 1, 6; 31, 8; 37, 18; 144, 3.
Im „Lobgesang der Hanna" (1 Sam 2, 1–10) begegnet das Theologumenon: „Ein Gott des Wissens *ʾel deʿôṯ* (pl. intensitatis? oder der Erkenntnisse) ist JHWH, ein Gott, der die Taten wägt (*weʾel tôḵen* [text. emend.] *ʿalîlôṯ*)". JHWH ist ein wissendprüfender (*jdʿ*) und wägend-richtender Gott (*tkn*); *jdʿ* bedeutet ʿwohl-wissenʾ, ʿprüfenʾ, ʿabwägenʾ, ʿprüfen und richtenʾ; vgl. Ps 94, 11 „JHWH weiß um die Gedanken der Menschen"; Hi 23, 10; Spr 24, 12. Im Unschuldsbekenntnis spricht der Beter: Wenn ... wir „unsere Hände erhoben zu einem fremden Gott – würde Gott solches nicht erforschen (*ḥqr*) – er kennt (*jdʿ*) ja die Heimlichkeiten des Herzens" (Ps 44, 22; vgl. Jer 12, 3; Ps 40, 10; Hi 31, 6) und im Sündenbekenntnis „Dein Zorn entbrenne nicht, JHWH, du weißt ja selbst, wie zügellos dein Volk ist" (Ex 32, 22; vgl. Ps 69, 6). Im Bekenntnis der Zuversicht betet er: „Durchschaue mich (*ḥqr*) ... und erkenne mein Herz (*jdʿ*), prüfe mich (*bḥn*), erkenne (*jdʿ*) meine Gedanken und sieh (*rʾh*), ob mein Wandel nur Mühe ist" (Ps 139, 23f., vgl. v. 1. 2. 4). In JHWHs Wissen, Wägen, Prüfen und Richten sehen die Frommen den Anlaß göttlichen Einschreitens (Jer 15, 15; 18, 23; Ps 69, 20; vgl. Neh 9, 10). Zum Zusammenhang von *jdʿ*||*nsh pi* vgl. Deut 13, 3 „... denn JHWH, euer Gott, stellt euch auf die Probe (*nsh pi*), um zu erkennen, ob ihr JHWH ... liebt"; vgl. auch Deut 8, 2; Ri 3, 4; „Gott ließ Hiskia gewähren, indem er ihn auf die Probe stellte (*lenassôṯô*), um zu erfahren (*lāḏaʿaṯ*), wie er wirklich gesinnt sei." An einigen Stellen antwortet JHWH z. B. im Traum „Auch ich weiß wohl, daß du (Abraham) das in aller Unschuld getan hast" (Gen 20, 6; vgl. auch 2 Kön 19, 27 = Jes 37, 28; 48, 4; Jer 48, 30; Ez 11, 5; Am 5, 12).
b) ʿJHWH kennenʾ bedeutet dann ein praktisches, religiös-sittliches Verhältnis: Wer meinen ʿNamen kenntʾ (*jdʿ šemî*), ihm ʿanhängtʾ (*ḥšq*), den will JHWH ʿrettenʾ (*plṭ pi*) und ʿschützenʾ (*śgb pi*) (Ps 91, 14). Vgl. den Parallelismus *loʾ jdʿ*||*qr' bešem* (Jer 10, 25; Ps 79, 6). Es ʿkennenʾ (*jdʿ*) ihn alle, die redlichen Herzens sind (*jišrê-leḇ*) (Ps 36, 11). Gott erkennen nur, die bereit sind, vom Götzendienst und Sünde ʿabzulassenʾ (*rph hiph*).

Vgl. *jdʿ*||*drš* ʿsuchenʾ (Ps 9, 11; 36, 11), *jdʿ*||*jrʾ* (1 Kön 8, 43; Jes 11, 2; Ps 119, 79; Spr 1, 7; 2, 5; 3, 6; 2 Chr 6, 33). – Wer in allem JHWH ʿkenntʾ (*jdʿ*) (Spr 3, 6), d. h. wer mit ganzem Herzen auf ihn ʿvertrautʾ (*beṭaḥ*) (v. 5a), ihn ʿfürchtetʾ (*jerāʾ*) und ʿvom Bösen sich fernhältʾ (*sûr merāʿ*), findet seine Wege ʿgeebnetʾ. – Vgl. *jdʿ*|| *ʿbd* (1 Chr 28, 9); *jdʿ*||*ʾmn hiph* (Jes 43, 10); *jdʿ*||*drš* (Ps 9, 11; 36, 11).

c) ʿJHWH nicht erkennenʾ erscheint in Verbindung mit parallelen Verben als Ausdruck des Abfalles und des religiös-sittlichen Niederganges: Wer JHWH nicht kennt, ʿsündigtʾ gegen ihn (*ḥāṭāʾ*) (1 Sam 2, 25), ist ein ʿFrevlerʾ (*ʿawwāl*) (Hi 18, 21), der ʿeinbricht, stiehlt, mordet, lügt und fluchtʾ (Hos 4, 1), ʿdie Ehe brichtʾ (Jer 9, 1); er ist ʿtreulosʾ (Jer 9, 1), ʿtäuschtʾ (Jer 9, 2), ʿüberlistetʾ (Jer 9, 3). Ganze Reihen von Lastern stehen in Parallele zu *loʾ jdʿ*. – Daneben ist *loʾ jdʿ* auch Ausdruck von ʿAbtrünnigkeitʾ (*pšʿ*), die JHWH ʿverlassenʾ (*ʿzb*) (Hos 4, 10; Jes 1, 4), ʿvergessenʾ (*škḥ*) (Hos 4, 6), ʿverschmähenʾ (*nʾṣ pi*) (Jes 1, 4) oder ʿverachtenʾ (*bûz*) (1 Sam 2, 12. 30); vgl. ʿbuhlenʾ (*znh*) (Hos 2, 7), ʿdurch Baal weissagenʾ (Jer 2, 8).

Als Ausdruck religiöser Unerfahrenheit durch das Fehlen früherer Offenbarung oder Begegnung ʿkannteʾ (*jdʿ*) Samuel noch nicht und verwechselte die Stimme JHWHs, es war ihm nämlich eine „Offenbarung JHWHs noch nicht zuteil geworden" (*ṭæræm jiggālæh ʾēlājw*) (1 Sam 3, 7). Jakob in Bethel ʿerkannteʾ erst nach dem Traumgesicht, daß JHWH an dieser Stelle ist, und so erschauderte er (Gen 28, 16). Vgl. auch Ri 13, 6. – Die Neusiedler im eroberten Samaria ʿkennenʾ nicht den Kult des Landesgottes und bedürfen der Belehrung. Vgl. Baumann 39–41. 110–141; Botterweck 42–98; R. C. Denton, The Knowledge of God in Ancient Israel, 1968, 34–41; Schottroff 694f.
Die Heiden ʿkennenʾ JHWH nicht, wollen nicht auf seine ʿStimme hörenʾ (Ex 5, 1), seinen ʿNamen nicht anrufenʾ (Jer 10, 25; Ps 79, 6) und ihn nicht verehren; sie haben keine Beziehung zu ihm.
Der Ausdruck ʿandere Götter nicht kennenʾ bezeichnet die Beziehungslosigkeit Israels gegenüber den Göttern fremder Völker. Sie haben sich Israel nie in Wort oder Tat geoffenbart; Israel hat mit ihnen nichts zu schaffen (Deut 11, 28; 13, 3. 7. 14; 28, 64; 29, 25; 32, 17; vgl. auch Jer 7, 9; 19, 4; 44, 3; Dan 11, 38).

3. a) Das Hebr. drückt ʿOffenbarungʾ aus mit Hilfe der Wurzeln *glh* ʿaufdecken, enthüllenʾ, *ngd hiph* ʿvorbringen, berichten, mitteilenʾ, *jdʿ hiph* ʿkundtunʾ und *niph* ʿsich zu erkennen geben, sich kundtunʾ; *rʾh niph* ʿsich sehen lassen, erscheinenʾ; hierzu kommen noch *dbr pi*, *ʾmr*, *šmʿ* u. a. Eine theologische Bedeutung zeigt sich in der unterschiedlichen Terminologie von Ex 6, 3: „Ich bin Abraham, Isaak und Jakob als *ʾel šaddaj* erschienen (*wāʾerāʾ*); aber mit meinem Namen JHWH habe ich mich ihnen nicht zu erkennen gegeben (*loʾ nôḏaʿtî lāhæm*)." Die Priesterschrift weist das ʿErscheinen JHWHsʾ einer vorläufigen Stufe der Väterreligion zu; mit Mose beginnt etwas

Neues, JHWH gibt sich als er selbst, als *'anî JHWH* zu erkennen. Mose soll seine Rede beginnen mit *'anî JHWH* (v. 6) und zum Schluß bekräftigen mit *'anî JHWH* (v. 8); vgl. R. Rendtorff, Offenbarungsvorstellungen im Alten Israel, KuD Beih. 1, 1961, 25.
b) Offenbarung (*jd' hiph/niph*) liegt vor, wenn JHWH seinen Namen kundtut in geschichtlichen Machterweisen (Jes 64, 1 f.; Ps 76, 2; Jer 16, 21; Ez 39, 7). Vgl. die Selbstkundgabe JHWHs in den hymnischen Aussagen Ps 9, 17; 48, 4; 77, 15. 20; 79, 10; 88, 13; 103, 7. Oft hat die Offenbarung konkrete inhaltliche Kundgaben JHWHs: So tut er Samuel den neuen König kund (1 Sam 16, 3) oder Nathan die Dauer der David-Dynastie (2 Sam 7, 21 par. 1 Chr 17, 19). Vgl. auch die Kundgabe der Gebote Ex 25, 22; Ez 20, 11; ferner Neh 9, 14; Gen 41, 39; Jer 11, 18.
In Ps 25, 4 bittet der von Feinden bedrängte Beter: „'Tue mir kund' (*hôḏî'enî*), JHWH, deine Wege, deine Pfade 'lehre mich' (*lammeḏenî*)"; 39, 5 'bittet er um Kundgabe' (*jd' hiph*) seines Lebensendes, damit er weiß (*jd'*), wie vergänglich er ist. Nach 51, 8 ist die Einsicht in die ... Schuldverfallenheit nicht Ergebnis menschlichen Nachdenkens, sondern eine Gabe göttlicher Mitteilung (*jd' hiph*). Vgl. 90, 12 die Bitte der Gemeinde an JHWH „Unsere Tage zu zählen – das lehre (uns) (*jd' hiph*), daß wir einbringen ein weises Herz (*leḇāḇ ḥŏḵmāh*)"; v. 16 „laß offenbar werden (*r'h niph*) an deinen Knechten dein Wirken ...". So bittet der Bedrängte 143, 8: „Laß mich ... deine Huld vernehmen (*šm' hiph*) ... laß mich erkennen (*jd' hiph*) den Weg, den ich gehen soll." Vgl. auch die Vertrauensäußerungen Ps 16, 11; 25, 14.
Vielleicht ist bei dieser Kundgabe, Mitteilung oder Belehrung (*jd' hiph*) an ein Heilsorakel oder Thora-Unterweisung zu denken (G. Gunkel – J. Begrich, Einleitung in die Psalmen, [9]1975, 224; J. Begrich, Das priesterliche Heilsorakel, ThB 21, 1964, 217–291; H.-J. Kraus, BK XV/1–3, [5]1978). Bei der Thora-Unterweisung könnte man mit A. Robert (Le sens du mot Loi dans le Psaume CXIX, RB 46, 1937, 182–206) und A. Deißler (Psalm 119 und seine Theologie, 1955, 71) daran erinnern, daß 'Weg' und 'Pfad' oft synonym zu 'Gesetz' gebraucht wird.
c) Dem Offenbarungsbegriff *jd' niph* 'sich zu erkennen geben' und *jd' hiph* 'kundtun' zur Bezeichnung der göttlichen Selbstoffenbarung entspricht die Erkenntnisaussage *jd' kî 'anî JHWH*, der meist eine Aussage über Gottes Handeln vorausgeht. Im prophetischen Wort des göttlichen Selbsterweises (W. Zimmerli, ThB 19, 1963, 120–132) bildet *jd' kî 'anî JHWH* Ziel und Zweck des Prophetenwortes, während der Gottesbescheid *ntn bejāḏ* als Beweiszeichen der zu beweisenden Selbstvorstellung JHWHs sich unterordnet (Zimmerli, ThB 19, 124). Diese Erkenntnisaussagen gehören sicherlich nicht in den Bereich einer Priester-*da'aṯ* noch einer Weisheits-*da'aṯ*. Die Erkenntnisaussage hat ihre Wurzeln in zeichenhaften Geschehnissen mit Entscheidungscharakter, in den Exodus- oder JHWH-Krieg-Traditionen und im apodiktischen Rechtsvortrag (Ex 6, 2ff.; Ez 20, 5ff.; vgl. Ex 29, 46; Lev 22, 32f.; 25, 38; Num 15, 41).

Die Fragen nach dem Verhältnis von Offenbarung und Geschichte zielt letztlich dahin, ob ein Geschehen nur dann als Handeln JHWHs erkennbar war, „wenn ihm ein ankündigendes JHWH-Wort unmittelbar vorausgegangen war" (R. Rendtorff, Geschichte und Wort im AT, EvTh 22, 1962, 621–649). Nach Rendtorff „muß nicht ein Dritter da sein, ... ein Vermittler zwischen dem Geschehen und dem, der es erfährt ... das Geschehen selbst kann und soll ja in dem, der es sieht und es in seinem Zusammenhang als Handeln JHWHs versteht, Erkenntnis JHWHs wirken" (Offenbarung als Geschichte, KuD Beih. 1, [2]1962, 40). Dagegen hat nach W. Zimmerli (Offenbarung im AT, EvTh 22, 1962, 30) „die Geschichte gegenüber dem Selbsterweis Jahwes nur dienende Funktion, denn das den Menschen anredende 'Ich bin Jahwe' ist das eigentlich Gemeinte". Die Geschichte „trägt nicht etwa in sich verborgen ein Sinngeheimnis, das der Mensch mit seiner Kraft des Deutens angehen könnte. Wohl aber kann Gott durch die Bestellung des Verkündigers, der den Namen Jahwes über diesem Geschehen nennt, sie zur leibhaften Anrede an den Menschen werden lassen" (Offenbarung im AT, 28f.). Während Rendtorff mehr auf die Bedeutung der Tat beim Offenbarungsgeschehen verweist, betont Zimmerli mehr die Bedeutung des Wortes.

Mehr oder weniger geprägt und formelhaft erscheint die Wendung *jd' kî 'anî JHWH* „und du wirst (sollst) erkennen, daß ich JHWH bin", die im prophetischen Wort verankert ist; ihr geht fast immer eine Aussage über JHWHs Handeln voraus, oft bildet die Erkenntnisaussage den Abschluß, gelegentlich folgt nochmals eine nähere Begründung oder ein Zusammenschluß. Von den insgesamt 947 verbalen *jd'*-Belegen findet sich die Kurzform *jd' kî 'anî JHWH* mit kleineren Variationen allein bei Ez 71mal (vgl. die Konkordanzen von Mandelkern und Lisowsky sowie Botterweck 14–17 und Zimmerli, Erkenntnis Gottes, 42ff.).

Durch eine adverbiale Bestimmung *be* mit Inf. wird sie näher bestimmt: „... erkennen, daß ich JHWH bin, wenn ihre Erschlagenen mitten unter ihren Götzen liegen ..." (Ez 6, 13; 12, 15; 15, 7; 20, 42. 44; 25, 17; 28, 22; 30, 8; 33, 29; 34, 27; 35, 12; 36, 23; 37, 13). – Öfter findet sich auch eine Zweckbestimmung mit *lema'an*, z. B. Ez 16, 62 „und du sollst erkennen, daß ich JHWH bin, damit du dich voll Scham daran erinnerst ... und deinen Mund nicht mehr auftust". Außerhalb Ez findet sich die Zweckbestimmung noch Ex 7, 5. 17; 8, 18; 14, 4. 18; 31, 13; 1 Kön 20, 13. 28; Jer 24, 7; Ps 46, 11. – Neben der Einfügung „dein Gott" in die Erkenntnisaussage findet sich auch noch *'ælohîm* mit hervorhebendem Artikel Deut 4, 35. 39; 7, 9; 1 Kön 8, 60; 2 Chr 33, 13 u.ö.; vgl. auch 1 Kön 18, 37; 2 Kön 19, 19; Jer 37, 20; Sir 36, 22; Ps 83, 19 „erkennen, daß du allein der Höchste bist über die ganze Erde". – Gelegentlich hat der Objektsatz *kî 'anî JHWH* noch eine relativische Erweiterung „... erkennen, daß ich JHWH bin, der Israel heiligt, wenn mein Heiligtum für alle Zeit in ihrer Mitte sein wird" Ez 37, 28; vgl. Jes 43, 10; 45, 3; 49, 23. 26; 52, 6. – Ausschließlich bei Ez findet sich die Wendung

„... erkennen, daß ich, JHWH ... tue" Ez 5, 13; 14, 23; 17, 21. 24; 22, 17; 36, 36; 37, 14. Häufig hat der Objektsatz zu *jd'* JHWHs Handeln zum Inhalt, z. B. „daß JHWH mich gesandt hat" Num 16, 28; Sach 2, 13. 15; 4, 9; 6, 15; weitere ähnliche Belege bei Botterweck 16. Sonst ist im Objektsatz JHWHs Wort Gegenstand des Erkennens 2 Kön 10, 10; Jes 9, 8; Jer 32, 8; 44, 28. 29; Sach 11, 11; weiterhin sein Name Jer 16, 21; seine Hand Jos 4, 24; 1 Sam 6, 3; seine Gerichte Ps 119, 75; seine Gnade Jon 4, 2.

d) Die Erkenntnisaussage im Kontext zeichenhafter Ereignisse mit Entscheidungssituationen kommt recht deutlich in den Exodus- und Plagenüberlieferungen zum Ausdruck. Bei der Hundsfliegenplage Ex 8, 18 J tritt der Zeichencharakter der göttlichen Handlung deutlich hervor, wenn Mose in JHWHs Auftrag zu Pharao spricht: „ich will an jenem Tage das Land Gosen ... besonders behandeln, daß dort keine Hundsfliegen sind, damit du erkennst, daß ich JHWH bin mitten im Lande ... Morgen soll dieses Zeichen (*'ôṯ*) geschehen" (8, 18. 19b). Bei der Drohung der Tötung der Erstgeburt „... wird kein Hund die Zunge spitzen, damit ihr erkennt, daß JHWH einen Unterschied macht zwischen Ägypten und Israel" (Ex 11, 7). JHWHs Handeln drängt zur Entscheidung in Erkenntnis, Anerkenntnis, Bekenntnis und Erkenntlichkeit. – Nach Ex 8, 6 soll das gewünschte Ende der Plage für den Pharao Beweis und Erkenntnisgrundlage sein, „daß es keinen gibt gleich JHWH, unserem Gott". Die Abwendung des Hagels läßt den Pharao erkennen, „daß die Erde JHWH gehört" (Ex 9, 29); ähnlich soll die unheilvolle Verpestung des Nilwassers (Ex 7, 17 J) für den Pharao und die Ägypter ein Zeichen göttlichen Selbsterweises und eine Quelle leidvoller Betroffenheit und Erkenntnis sein. Zeichen (*'ôṯ*), Wunderzeichen (*môpeṯ*), „Erprobungen" (*massoṯ*) und Erschreckendes (*môrā'îm*) (Deut 4, 34f.) dienen als Erkenntnisauslösende Fakten; ihre Fremdartigkeit und ihr unerwartetes Einbrechen in den Alltag löst beim Menschen eine spontane Erkenntnis aus. Die häufigste Funktion des *'ôṯ* richtet sich auf die Erkenntnis, „daß ich JHWH bin". Diese Erkenntnisformel (Rendtorff) oder Hoheitsformel (Elliger) begegnet zuerst beim Jahwisten und will im davidisch-salomonischen Vielvölkerstaat die Herrschaft des einen Gottes JHWH durchsetzen (Ex 8, 18ff.; 10, 2f.; zur Kritik an der Frühdatierung vgl. H. H. Schmid, Der sog. Jahwist, Zürich 1976). Von hierher dringt dieses Funktionsschema dann auch in die spätere Literatur vor. Als solche Zeichen (*'oṯôṯ*) werden außer den äg. Plagen der Sieg über die Feinde (1 Kön 20, 13), der Sabbat (Ex 31, 13; Ez 20, 12) und die Ausrottung der Götzendiener (Ez 14, 8) genannt. Gelegentlich wird die monotheisierende Tendenz der Erkenntnisformel strenger pointiert: die ganzen *massoṯ*, *'oṯôṯ*, *môpeṯîm* und *môrā'îm* des Exodus sollen zu der Erkenntnis führen, daß es keinen Gott außer JHWH gibt (Deut 4, 34f.); im Gottesgericht auf dem Karmel soll das Opferfeuer JHWH gegenüber den Baalen als Gott erweisen (1 Kön 18, 37).

In der P-Offenbarungsrede Ex 6, 2–12 soll Israel „erkennen, daß ich JHWH bin, euer Gott, der euch herausgeführt hat aus dem Druck der Frondienstlasten Ägyptens" (v. 7). An der Realisierung der Verheißungen an die Erzväter, dann aber bes. an der Errettung (*jṣ' hiph*, *nṣl hiph*, *g'l*) aus Ägypten sollen die Israeliten erfahren und (an-)erkennen, daß JHWH unter ihnen ist und sich machtvoll kundtut. Selbst „die Ägypter sollen erkennen, daß ich JHWH bin, daß ich meine Hand gegen Ägypten ausstrecke und die Israeliten aus ihrer Mitte hinausführe" (7, 5). Für die Ägypter ist die 'Erkenntnis' leidvolle und ohnmächtige Betroffenheit. – Im Wunder am Meer „sollen die Ägypter erkennen, daß ich JHWH bin, wenn ich mich ... verherrliche *b^ehikkāḇ^eḏî*" (14, 18; ähnlich 14, 4).

In der Manna-Überlieferung Ex 16 erhalten die murrenden Israeliten die Zusage: „am Abend werdet ihr erkennen (*jd'*), daß JHWH euch aus dem Lande Ägypten herausgeführt hat, und am Morgen werdet ihr die Herrlichkeit JHWHs sehen (*r'h*), wenn er euer Murren ... gehört haben wird" (v. 6f.; vgl. auch v. 12). – Nach Ex 29, 45f. will JHWH „inmitten der Israeliten wohnen und ihnen Gott sein; sie sollen erkennen, daß ich JHWH ihr Gott bin, der sie ... herausgeführt hat, indem ich in ihrer Mitte wohne. Ich bin JHWH, ihr Gott"; hier ist die Erkenntnisaussage durch das Ägyptenmotiv erweitert. – An der Beobachtung des Sabbats als Zeichen zwischen Gott und Volk „soll man erkennen, daß ich JHWH bin, der euch heiligt" (Ex 31, 13), d. h. aus den Völkern aussondert.
Im Nachtrag zum Laubhüttenfest (Lev 23, 39–43) wird die Anweisung zum Wohnen in Laubhütten historisch begründet: „auf daß man erfährt (erkennt) bei euch ..., daß ich in Laubhütten die Israeliten habe wohnen lassen, als ich sie herausführte aus Ägypten; ich bin JHWH, euer Gott" (v. 43); hier soll Israel an die Grundlegung seiner nationalen Existenz in der Mosezeit erinnert werden. Nach Num 14, 34 (nachträglich) soll die gegenwärtige Generation aus Mangel an Vertrauen auf Gottes Führung nicht in das verheißene Land kommen; lediglich die Kinder sollen nach 40jähriger Buße (Gottes Strafgericht) der Landgabe teilhaftig werden.
Die P-Erkenntnisaussagen gründen in Gottes Handeln bei der Herausführung und Befreiung aus Ägypten (Ex 6, 7; 7, 5), im Wunder am Meer (14, 4. 18), in der Speisung mit Wachteln und Manna (16, 6f. 12). Daneben bilden das Zelt der Begegnung (Ex 29, 45), die Sabbatheiligung (Ex 31, 13) und das Zelten während des Laubhüttenfestes (Lev 23, 43) Erinnerungszeichen der Gemeinde an ihre Frühzeit.

e) Im Deut, im DtrG sowie in seinen Bearbeitungen ist die Erkenntnisaussage paränetisch abgewandelt. In der Predigt Deut 7, 1–11 bildet die hymnisch ausgeweitete Erkenntnisaussage (v. 9) den Abschluß der paränetischen Gebots- und Verbotsreihe: „So erkenne denn, daß JHWH, dein Gott, der Gott ist, der treue Gott, der den Bund und die Huld ... denen bewahrt, die ihn lieben und seine Gebote halten." Vgl. in der Paränese Deut 11, 2–32 die Beteuerung

(v. 7), „eure Augen sind es, die die ganze große Tat JHWHs gesehen haben, die er gewirkt hat". – Deut 4, 32–40 wird Israel aufgefordert zu forschen, ob je „etwas so Gewaltiges geschehen ist oder je solches erhört wurde" (v. 32); dann werden breit die Zeichen und Wunder ausgeführt, „wie das alles JHWH in Ägypten an euch vor euren Augen getan hat" (v. 34b). Den Zweck der erlebten Zeichen und Taten bringt die Erkenntnisaussage (v. 35): „Du hast es zu sehen bekommen, damit du erkennst, daß JHWH der Gott ist, außer dem es keinen gibt." Vgl. auch Deut 4, 39: „So sollst du jetzt erkennen (*wejāḏaʿtā*) und es dir zu Herzen nehmen (*weḥašēḇotā*), daß JHWH Gott ist ..." Das 'Erkennen JHWHs' meint ein 'Sich-zu-Herzen-nehmen', ein Hören und Befolgen der göttlichen Gebote.
Trotz der Zeichen und Wunder vor Pharao hat JHWH seinem Volk bis heute „weder ein Herz zu verstehen (*leḇ lāḏaʿaṯ*), noch Augen zum Sehen (*ʿênajim lirʾôṯ*), noch Ohren zum Vernehmen (*ʾŏznajim lišmoaʿ*) geschenkt" (Deut 29, 3; vgl. auch v. 4).
Die Wendung „erkennen, daß JHWH Gott ist" begegnet im DtrG zur Betonung der Ausschließlichkeit JHWHs oder seines Namens. So bittet Salomo, JHWH möge Israel Recht schaffen, „damit alle Völker der Erde erkennen (*lemaʿan daʿaṯ kŏl-ʿammê*), daß JHWH Gott ist, keiner sonst" (1 Kön 8, 60). – Ebenso erfleht Hiskia in der Bedrohung durch Sanherib Rettung von JHWH, „damit alle Königreiche der Erde erkennen, daß du, JHWH, Gott bist, du allein" (2 Kön 19, 19 par. Jes 37, 20; vgl. 2 Chr 33, 13). – Vgl. auch die Bitte Salomos für den Fremden, „so mögest du ihn erhören, ..., damit alle Völker der Erde deinen Namen erkennen (*lemaʿan jeḏeʿûn*), auf daß sie dich verehren (*lejirʾāh*), damit sie erkennen (*welāḏaʿaṯ*), daß dein Name über diesem Haus genannt ist ..." (1 Kön 8, 43 par. 2 Chr 6, 33). Die Taten JHWHs und die Erhörung im Tempel führen den Fremden zur Gottesfurcht, Erkenntnis und Bekenntnis des im Namen anrufbaren JHWH.
f) Besonders häufig ist die Erkenntnisaussage *jāḏaʿ kî ʾanî JHWH* mit dem Prophetenwort, dessen Abschluß sie oft bildet; ihr geht meist eine Aussage über Gottes Handeln voraus. W. Zimmerli (ThB 19, 54–56) hat zunächst in den beiden Prophetenworten 1 Kön 20, 13. 28 wegen der „geradezu klassischen Knappheit ihrer Diktion", „ihrer nationalisraelitischen Heilstheologie im nordisraelitischen Bereich" und ihrer Gedankenwelt des heiligen Krieges eine 2 bis 3 Jh. ältere Gestaltung des Gotteswortes als in Ez gesehen. Im Zentrum der beiden Sprüche steht eine Ansage des göttlichen Eingreifens in die Kämpfe Ahabs mit Benhadad: „siehe, ich gebe sie heute in deine Hand (*hinenî noṯenô bejāḏeḵā hajjôm*), und du wirst erkennen (*wejāḏaʿtā*), daß ich JHWH bin" (v. 13).
Mit dem Eingreifen gegen die Aramäer und ihrer Übergabe an Juda will JHWH sich vor seinem Volk, aber auch vor den Heiden als der „Ich bin JHWH" erweisen (v. 28). W. Zimmerli hat 1957 (= ThB 19, 120–132) für den um die Erkenntnisaussage erweiterten Botenspruch die Gattungsbezeichnung „prophetisches Wort des göttlichen Selbsterweises", abgekürzt „Erweiswort" vorgeschlagen. In diesem ursprünglich dreigliedrigen „Erweiswort" bildet die Erkenntnis des göttlichen Selbsterweises *jāḏaʿtā kî ʾanî JHWH* Ziel und Zweck des Prophetenwortes, während der Gottesbescheid von der göttlichen Übergabe der Feinde in Judas Gewalt *nāṯattî bejāḏeḵā* als Beweiszeichen sich der zu beweisenden Selbstvorstellung JHWHs unterordnet (Zimmerli, ThB 19, 124).

Die Redewendung *ntn bejāḏ* (→ יד [*jāḏ*]), oft als „Überlieferungs- oder Übereignungsformel" bezeichnet (W. Richter, BBB 18, ²1966, 21 ff.; J. G. Plöger, BBB 26, 1967, 61 ff. u. a.; vgl. jedoch die Bedenken von F. Stolz, Jahwes und Israels Kriege, Zürich 1972, 21 f.; H. Wildberger, THAT II, 117–144, bes. 135. 137 u. a.), erscheint im kriegerischen Zusammenhang für die Auslieferung des Feindes oder des Landes durch JHWH in die Gewalt Israels oder anderer Völker. Nach G. v. Rad (Der heilige Krieg im alten Israel, ⁹1965, 6–9) ist „die Verwurzelung der Phrase (sc. *ntn bejāḏ*) im heiligen Krieg evident"; auf den zusagenden Gottesbescheid „gründet sich jene durch nichts zu erschütternde Siegesgewißheit ..." (S. 9). Der Gottesbescheid von der göttlichen Überlieferung der Feinde ist das Beweiszeichen für JHWHs Selbstvorstellung.

In den Völkerworten Ezechiels finden sich „die formreinsten Beispiele des Erweiswortes, das im weiteren dann so überraschend neuartigen Bereichen dienstbar gemacht ist" (Zimmerli, ThB 19, 130). JHWH übergibt die Ammoniter wegen ihrer Schmähung des Jerusalemer Heiligtums und des Volkes den „Ostleuten" aus der Wüste: „So werdet ihr erkennen, daß ich JHWH bin" (Ez 25, 5b). JHWH will seine Hand wider Ammon ausstrecken, es ausrotten und austilgen, damit es darin Gottes Selbsterweis erkennt (*wejāḏaʿtā*, 25, 7). Für die Philister erfolgt der Selbsterweis JHWHs in seiner Rache (25, 17) und für Tyrus in der Zerstörung, Plünderung und Tötung der Tochtersiedlungen (26, 6). Vgl. Ez 29, 6. 9. 16; 35, 3 f. 5–9. 10–13 und 14 f. als Abschluß. – Zur Verbindung der Erkenntnisaussage mit Gerichtsworten vgl. Jer 16, 21: „Darum, siehe, ich lasse sie erkennen (*môḏîʿām*), ja diesmal lasse ich sie meine Macht und meine Kraft erkennen (*ʾôḏîʿem*), und sie werden erkennen *jdʿ*, daß mein Name JHWH ist." Vgl. auch Mal 2, 4.
Bei DtJes weist die Erkenntnisaussage in den Bereich des priesterlichen Heilsorakels (J. Begrich, Das priesterliche Heilsorakel, ZAW 52, 1934, 61–92; ders., BWANT IV/25, 1938, 6–19; W. Zimmerli, ThB 19, 69–71. 81 f. 97; W. Schottroff, 698; anders C. Westermann, ATD 19, 66 f.; K. Elliger, BK XI/1, passim). Nach Begrich 91 redet der Prophet im Stil des priesterlichen Heilsorakels, um seinen Zuhörern das trostreiche Bild Gottes zu vergegenwärtigen, das einem jeden aus den Orakelantworten vertraut war.

Begrich und Zimmerli ist zuzustimmen, daß die Erkenntnisaussage im Unterschied zu 1 Kön 20 und Ez nicht im Zusammenhang prophetischer Redegattungen laut wird, sondern wahrscheinlich ihren Sitz im priesterlichen Erhörungsorakel hatte.

Im Rahmen eines großen Erhörungsorakels an Kyros (Jes 45, 1–7) will JHWH ihm verborgene Schätze und versteckte Reichtümer geben, „auf daß du erkennst, daß ich JHWH bin, der dich bei deinem Namen gerufen hat, der Gott Israels" (45, 3; vgl. 45, 6). Den Erkenntnisaussagen gehen Aussagen von JHWHs Handeln voraus.

Die Zusage JHWHs an die Exulanten mündet in die Erkenntnisaussage: „auch du sollst erkennen, daß ich JHWH bin, bei dem nicht zuschanden werden, die auf mich vertrauen" (49, 23). Im Sieg JHWHs über die Feinde soll „alles Fleisch erkennen, daß ich JHWH bin, dein Retter und dein Erlöser, der Starke Jakobs" (49, 26; vgl. 60, 16; vgl. Jo 2, 27; 4, 17). Paränetisch-deuteronomisch überladen ist 41, 12: „damit sie sehen (*r'h*) und erkennen (*jd'*) und sich's zu Herzen nehmen (*śîm*) und allzumal verstehen (*śkl*), daß JHWHs Hand dies getan hat ..."; vgl. noch 43, 10; 41, 23. 26 (forensisch). Vgl. auch Ps 20, 7; 41, 12; 56, 10; 135, 5; 140, 13. – Auf die Erklärung der Rubeniten, daß das Abbild des Altares JHWHs lediglich Zeuge zwischen Israel und Ruben sein solle und sie sich nicht von JHWH abkehren wollten, sprach Pinehas (Jes 22, 31): „Nun haben wir erkannt, daß JHWH in unserer Mitte ist, weil ihr diesen Treubruch an JHWH nicht verübt habt" (vgl. Ri 17, 13; 2 Sam 5, 12 par. 1 Chr 14, 2; 2 Kön 5, 15; Neh 6, 16).

g) Bei den Propheten, insbesondere bei Hos und Jer erscheint die 'Gotteserkenntnis' *da'aṯ 'ælohîm*, von H. H. Wolff als „Wissen um Gott" übersetzt, vornehmlich in Gerichtsworten:

Hos 4, 1 [6]; 5, 4; 8, 2; Jer 2, 8; 4, 22; 9, 2. 5; vgl. Hos 2, 10, als Heilsworte Hos 2, 22; Jer 31, 34; vgl. Jes 11, 2. 9; 33, 6; vgl. ferner 6, 3; 13, 4; Jer 22, 16; Mal 2, 7; Jes 28, 9; Dan 11, 32.

In der prophetischen Kritik wegen des Mangels oder der Ablehnung der *da'aṯ 'ælohîm* begegnet als Parallele *škḥ*:

„Du vergaßest die *tôrāh* deines Gottes, so vergesse (*škḥ*) auch ich deine Söhne" (Hos 4, 6). Fehlen, Überlassen der *da'aṯ 'ælohîm* steht parallel mit 'Abfall' *bgd* (5, 7; 6, 7), 'Abtrünnigkeit' *srr* (7, 14; 9, 15), *mārāh* (14, 1), 'Unzucht' (2, 4. 7; 1, 2; 3, 2; 4, 12; 5, 4; 6, 10; 9, 1; 8, 9f.) sowie 'Falschheit' *kḥš* (10, 13; 12, 1), 'Trug' *mirmāh* (12, 1), 'Untreue' *'āḇar berîṯ* (6, 7; 8, 1), *ḥālaq leḇ* (10, 2). In einem Scheltwort stehen *da'aṯ 'ælohîm*, *'æmæṯ* und *ḥæsæḏ* (4, 1; 6, 6), *tôrāh* (4, 6; Mal 2, 7) oder *ṣæḏæq* (Jes 58, 2; 53, 11) parallel.

Die besondere Bedeutung von *da'aṯ* wird Hos 6, 6 deutlich: „Ich habe Gefallen an *ḥæsæḏ* und nicht (oder: mehr als) Schlachtopfer (*zæbaḥ*), an *da'aṯ* statt (mehr als) Brandopfer (*'ôloṯ*)." Der Mangel an *da'aṯ* (*lo' jāḏa'* oder *mibbelî da'aṯ*) und Unheil, Verderben bilden oft den Kausalnex für die gegenwärtige oder kommende Situation: „Deshalb zieht mein Volk in die Verbannung, weil es keine *da'aṯ* hat" (Jes 5, 13; vgl. Hos 4, 1. 6; 13, 4; Jer 2, 8; 4, 22; 9, 2. 5 u. ö.). Ein anschauliches Bild der Situation ohne Treue und Gotteserkenntnis zeichnet Hos 4, 1: „Es herrscht Meineid, Lüge, Mord, Diebstahl, Ehebruch, Gewalttat, und Blutschuld reiht sich an Blutschuld."

h) In der verheißenen Heilszeit schenkt JHWH seinem Volk Gerechtigkeit (*ṣæḏæq*), Recht (*mišpaṭ*), Liebe (*ḥæsæḏ*), Erbarmen (*raḥamîm*), Treue (*'æmunāh*) und JHWH-Erkenntnis (Hos 2, 21). Die *da'aṯ* wird dann allen zuteil, „das Land wird voll JHWH-Erkenntnis sein" (Jes 11, 9); diese Friedenssituation ist ein Geschenk JHWHs, der diese *da'aṯ* gibt (Hos 2, 22; Jer 24, 6). Auch der Messias trägt dieses Zeichen, auf ihm ruht der Geist der *da'aṯ* (Jes 11, 2) und der Gottesfurcht (vgl. Jes 33, 6 und die Gegenüberstellung von *jir'aṯ JHWH* und *da'aṯ* in den Spr, z. B. 1, 7. 29; 2, 5).
In diesen Ankündigungen des messianischen Reiches (Jes 11, 2. 9; 33, 6; 53, 11; Jer 31, 34; 24, 6; 9, 23; Hos 2, 22 u. a.), auf dem Hintergrund der dargestellten Unheilsankündigungen, ist die prophetische Auffassung der *da'aṯ* besonders markant: sie ist ein von Menschen gefordertes Sich-Bemühen um JHWH, ein religiös-sittliches Verhalten; Mangel oder Besitz der *da'aṯ* entscheiden über Heil und Unheil der ganzen Gemeinschaft, so daß um diese *da'aṯ* eine gegenseitige Verantwortung besteht, die erst in der Heilszeit aufgehoben ist. „Sie alle werden mich erkennen ... Denn ich will vergeben ihre Schuld und gedenke nicht mehr ihrer Sünde" (Jer 31, 34). Die Sündenvergebung macht die endgültige 'Gotteserkenntnis' erst möglich (vgl. Jes 53, 11) und führt in die engste Gemeinschaft mit Gott (vgl. S. Herrmann, Die prophetische Heilserwartung im AT, BWANT 85, 1965, 179–185, bes. 183). – Nach Jer 24, 7 will JHWH der Gola ein neues Herz schenken, „mit dem sie mich erkennen, daß ich JHWH bin, und sie werden mein Volk sein und ich werde ihr Gott sein, denn sie werden sich mit ganzem Herzen zu mir bekehren"; vgl. Jer 31, 31–34.

i) Bei der Frage nach dem Herkunftsbereich denken E. Baumann (*jd'* und seine Derivate, 31, und ders., „Wissen um Gott", 416–425), G. Fohrer (Studien zur atl. Prophetie, 1967, 228 [Anm. 16]. 275) und W. Eichrodt (Int 15, 1961, 259–273, bes. 264) an den Erlebnisbereich der Ehe, an treue eheliche Verbundenheit. In dieses eheähnliche Verhältnis zwischen JHWH und Israel paßt Hos 2, 22 „ich verlobe mich (*'rš*) dir in Treue, Huld und Erbarmen, und du wirst JHWH 'erkennen' (*jd'*)" oder Hos 5, 4 *rûaḥ zenûnîm*||*'æṯ-JHWH lo' jd'*; vgl. noch 6, 6. 10; 8, 2. 9f. – Nach Baumann (*jd'* und seine Derivate, 124. 125) bezeichnet bei Hos *da'aṯ 'ælohîm* bzw. *da'aṯ JHWH* die „Gottesbezogenheit", den „Gottesverkehr", die „Bemühung um Gott in Respekt, Liebe, Vertrauen".
Andere bringen *jd'* und *da'aṯ 'ælohîm* mit der Terminologie der vorderasiatischen Staatsverträge in Verbindung (H. B. Huffmon, S. B. Parker u. a.): 'kennen' sei ein terminus technicus für die gegenseitige rechtliche Anerkennung zwischen dem Souverän und dem Vasallen, z. B. Suppiluliuma-Ḫuqqan (Huffmon 31); von Suppiluliuma und Assurbanipal wird gesagt, daß die Götter sie 'kennen', d. h. daß die Götter sie als legitimierte Herrscher anerkennen (Huffmon 32f.). Diesen vertragsrecht-

lichen Sinn will Huffmon (34–37) im AT finden (Gen 18, 19; Ex 33, 12 [vgl. 33, 17] *jd' b^e šem;* Jes 45, 3f.; 2 Sam 7, 20; Jer 1, 5). Andere Texte betreffen das Verhältnis bzw. die Bundesanerkennung von JHWH und Israel (Am 3, 2; 9, 7; Hos 13, 4f.; Deut 9, 24; 34, 10; Jer 12, 3). Schließlich soll *jd'* auch die Anerkennung des Vasallen gegenüber dem Souverän bedeuten (Hos 8, 2; 2, 22; 5, 4; vgl. 4, 1). Doch A. Goetze (JCS 22, 1968, 7f.) weist die von Huffmon postulierte Vergleichbarkeit mit der heth. Terminologie zurück und entzieht damit der These die Grundlage.

J. L. McKenzie geht von der unterschiedlichen Formulierung *da'at 'ælohîm* und *jd' 'æt-JHWH* aus: 'JHWH erkennen' beinhalte nicht nur theoretische Erkenntnis, sondern Übernahme des göttlichen Willens für den eigenen Lebensbereich (vgl. Hos 2, 22; 5, 4; 6, 3). *da'at 'ælohîm* bedeute die Kenntnis und Ausübung der traditionellen hebr. Moral (vgl. die Begründung in CBQ 10, 1948, 170–181). 'JHWH-Erkenntnis' schließt alles ein, was wir im weiten Sinn des Wortes unter Religion verstehen.
Eine neue Erklärung für *da'at 'ælohîm* „Wissen um Gott bei Hosea als Urform von Theologie" hat H. W. Wolff geboten: *da'at 'ælohîm* wurzelt im Bereich des priesterlichen Dienstes und meint „die priesterliche Aufgabe der Pflege und Übermittlung eines bestimmten lernbaren und auch vergeßbaren Wissen um Gott" (ThB 22, 192). Bei Hos sieht Wolff (ThB 22, 205) „den Übergang von den freien Formen des altisralitischen Credo zu einer Schule bildenden deuteronomischen Theologie"; „das Wissen um die Gottestaten in der Herausführung aus Ägypten, in den Ereignissen der Wüste und der Schenkung des Landes", sowie „die Stiftung von Bund und Tora" bilden die Grundform von „Theologie" (ThB 22, 205).

Wenn Wolff aber nicht etwa Gott selbst als inhaltliches Objekt der *da'at 'ælohîm* sieht, sondern „die Taten in der Frühzeit Israels und das alte Gottesrecht" (Erkenntnis Gottes im AT, 428), so gilt auch seine Feststellung (Erkenntnis Gottes im AT, 427), „daß Erkenntnis nie für sich erscheint, sondern stets im Kontakt mit ihrem Gegenstand"; damit „wird sie aber durch ihr Objekt eindeutig als personales Verhalten qualifiziert, das aus lebendiger Gottesbegegnung wächst" (R. Kümpel 234).

J. Begrich (Die priesterliche Tora, ThBl 21, 1964, 232–258, bes. 251–258) hat einen Begriffswandel bei der priesterlichen *da'at* und *tôrāh* herausgestellt (vgl. Hos 4, 6; Mal 2, 7). In den P-Gesetzen erteilt die priesterliche *tôrāh* in persönlicher Anrede den Laien Belehrung über kultische Fragen. Die Priester-*da'at* als Berufswissen enthalte für den internen Gebrauch bestimmte Angaben über den Vollzug des Kultes (vgl. R. Rendtorff, Die Gesetze in der Priesterschrift, FRLANT 62, 1954, 77). Nach J. Begrich (Die priesterliche Tora, 258) dürfte erst durch den Restaurationsakt Esras das priesterliche Wissen *da'at* zur allgemeinen Kenntnis gebracht und dieser *tôrāh*-Begriff dem allgemeinen Gebrauch zugeführt worden sein.

Schließlich wird *jd' hiph* auch vom Menschen gebraucht, der die Offenbarung verkünden soll: Mose (Ex 18, 16. 20), Samuel (1 Sam 10, 8), Priester (Ez 44, 23). Ferner sollen alle Erlösten (Jes 12, 4) und Frommen (Ps 105, 1; 145, 12) den Völkern die Kunde bringen.
4. a) *dea'*, substantivierter Inf. cstr. *Qal* (GKa § 69m) hat die Abstraktbedeutung 'Wissen' und ist auf die Elihu-Reden des Hiob-Buches beschränkt. Elihu gebraucht dieses Wort in deutlicher Abhebung von *da'at*, das er nur negativ verwendet, und er sieht *dea'* als das Wissen eines Jugendlichen im Gegensatz zur *ḥokmāh* der Alten, die sich nach Elihus Meinung nicht bewährt hat (Hi 32, 6. 10. 17). Für diese *dea'* erhebt er den Anspruch, daß er sie von ferne her nimmt (Hi 36, 3), ja, daß sie letztlich nur Gott eigen ist (Hi 37, 16). In Sir 16, 25 ist es das Wissen des Schriftgelehrten (par. *rûaḥ*).
Die fem. Form *de'āh* bedeutet 'Wissen' und begegnet 6mal. Auch *de'āh* bezieht sich zuerst einmal auf das Allwissen JHWHs, der im Lobgesang der Hannah ein *'el-de'ôt* (vgl. GKa § 124e) ist (1 Sam 2, 3); vgl. *'l d'wt* in 1QS 3, 15; 1QH 1, 26; Gott kennt auch die geheimsten Sünden der Menschen. Diesen Plural benutzt auch Elihu, um Herkunft und Fülle seines Wissens aufzuzeigen (Hi 36, 4). Gerade die Frevler (*r^e šā'îm*) bestreiten in ihrer „schrankenlosen Hybris" (Kraus, BK XV/2, 51979, 669) diese *de'āh* Gottes (Ps 73, 11). In einem Drohwort wendet sich Jes gegen die trunkenen Priester und Propheten, die 'taumeln beim Gesicht und wanken beim Bescheid', die aber den Anspruch erheben, als Vertreter des Gotteswillens und als Deuter von Kunde und Gesichten Anteil an Gottes Wissen zu haben. Sie weisen Jes zurück, der sie Wissen (*de'āh*) und Offenbarungsdeutung lehren will wie einen Kinderlehrer (Jes 28, 7. 9).
Für die messianische Heilszeit kündigt JHWH Hirten mit Einsicht und Wissen an, die das Volk in Ausführung des göttlichen Heilswillens weiden sollen (Jer 3, 15; dtr. oder nach-dtr. Bearbeiter). Im Zusammenhang der Messiaserwartung (Jes 11, 9) ist die *de'āh 'æt-JHWH* die umfassende Heilsgabe JHWHs an sein Volk, die nach v. 9b die Voraussetzung des kosmischen Friedens ist. Der Messias ist nach v. 2b ausgestattet mit dem Geist der Erkenntnis (*rûaḥ da'at*) und der JHWH-Furcht (*jir'at JHWH*). Die zukunftsträchtige Bedeutung von *de'āh* (Spr 24, 14) und *ḥokmāh* stellt auch die Spruchweisheit heraus. Sir 51, 16 wertet *de'āh* 'aktuelle Einsicht' als Folge der habituellen *ḥokmāh*.
b) Die 6 Belege des nomens *maddā'* entstammen ausschließlich der spätnachexilischen Zeit. Mit Schottroff (684) ist auf das aram. Äquivalent *manda'* 'Verstand' hinzuweisen, dessen adjektivischen (!) Belege in Elephantine (*kmnd'* 'bekanntlich') jedoch umstritten sind. Der Chronist paart *maddā'* mit *ḥokmāh* (2 Chr 1, 10. 11. 12) und sieht in beiden die Idealeigenschaft des Königs Salomo. Dagegen tritt *maddā'* an die Stelle von *bîn* und *nāḇôn* in der Parallele 1 Kön 3, 9. 11. 12. Dan 1, 4. 17 (vgl. auch aram. *manda'*,

Dan 5, 12) sieht in *maddāʿ* eine Eigenschaft, die die Bewerber hoher Beamtenstellen vorweisen müssen: umfassendes Wissen und geistige Flexibilität. Nach Sir 3, 13 darf man seinen Vater nicht verachten, weil mit seinem zunehmenden Alter seine geistige Flexibilität abnimmt. Gerade im Umgang mit den Mitmenschen soll der Mensch sich verständig, mit *maddāʿ* verhalten, sich geistig flexibel auf ihn einstellen, sich nicht über ihn erheben (Sir 13, 8).

Umstritten ist die Bedeutung von *maddāʿ* in der Mahnung „Nicht einmal auf deinem Lager (*miškāḇ*) fluche dem König, und selbst in deiner *maddāʿ* fluche keinem Reichen!" (Pred 10, 20). Die Mehrzahl der Kommentatoren erschließt aus dem Parallelismus für *maddāʿ* die Bedeutung 'Schlafgemach', wobei sie entweder die zugrundeliegende Verbalwurzel *jāḏaʿ* im sexuellen Sinne verstehen (KBL[2.3]; Braun, BZAW 130, 1973, 126) oder eine Verlesung von *mṣʿ* annehmen (F. Perles, JQR 2, 1911/12, 130ff.; A. Lauha, BK XIX, 1978, 196f.). Unsicher sind auch die Herleitungen aus akk. *mdʿ* 'Freund' oder ugar. *mndʿ* 'Bote' (M. Dahood, Bibl 46, 1965, 210ff.) oder die Deutung mit 'Ruhe' (D. W. Thomas, JThSt 50, 1949, 177). Andere bleiben bei der urtümlichen Bedeutung von *maddāʿ*: man solle niemanden, auch nicht in Gedanken fluchen (McNeile, G. A. Barton, ICC; R. Gordis, Hertzberg, Loretz und C. F. Whitley, BZAW 148, 1979, 90f.).

c) Das aram. Nominalderivat *mandaʿ* (4mal bei Dan) bezeichnet wie hebr. *maddāʿ* (vgl. Dan 1, 4. 17) die geistige Qualität des Daniel, die (neben *rûaḥ* und *śkl*) ihn zur Traumdeutung befähigt (Dan 5, 12). Bei der Restitution des zu einem tierähnlichen Wesen entarteten Nebukadnezars kehrte sein Verstand und sein Denkvermögen (*maddāʿ*) zurück und befähigte ihn damit zu einem vollwertigen Menschen (Dan 4, 31. 33). Letztlich ist *mandaʿ* neben *ḥŏkmᵉṯāʾ* eine Gabe Gottes (Dan 2, 21).

d) Die übliche Deutung vom *moḏāʿ* und *moḏaʿaṯ* mit 'verwandter' (KBL[3] 521) stützt sich auf Spr 7, 4, wo der Mensch aufgefordert wird, ein besonders enges Verhältnis zu *ḥŏḵmāh* und *bînāh* aufzunehmen. Er soll sie als Schwester und *moḏāʿ* nehmen. Doch mit GesB 400 und den Belegen Ruth 2, 1 [Q]; 3, 2 (Boas als *moḏāʿ* oder *moḏaʿaṯ* [formales Fem.]) ist höchstens an eine entfernte Verwandtschaft (vgl. die Abgrenzung zum *qārôḇ* in Ruth 3, 12), eher noch an eine enge Bekanntschaft zu denken.

5. In den bisher veröffentlichten Schriften von Qumran und Murabbaʿat begegnen *jdʿ* 140mal, *daʿaṯ* 50mal, *deʿāh* 16mal und *maddāʿ* 4mal. Dabei findet sich für *jdʿ* die Mehrzahl der Belege in der Hymnen-Literatur (1QH; 1Q 22; 34; 36; 4QDibHam; 11QPs[a] u.a. 92mal), während die Regel-Literatur nur 30 Belege aufweist. *daʿaṯ* ist ausgewogen: Hymnen (+ 4QSl u.a.) 24mal, Regel 22mal, ebenfalls *deʿāh*: Hymnen 7mal, Regel 8mal; *maddāʿ* begegnet 3mal in 1QS.

jdʿ hat in Qumran den Sinn von bes. Kenntnissen anthropologischer, kosmologischer und vor allem soteriologischer Art. Da *sôd* und *rāz* häufig als Objekte begegnen, steht *jdʿ* oft für das esoterische Geheimwissen der Sekte. Nach K. G. Kuhn (ZThK 47, 1950, 203–205) handelt es sich um eine Vorform des gnostischen Denkens, eingepflanzt in die jüd. Gesetzesreligion und spätjüd. Apokalyptik (vgl. auch ZThK 49, 1952, 306f.; vgl. dazu die Kritik von Nötscher, BBB 10, 1956, 38ff.). Eine besondere Bedeutung spielt *jdʿ* in den Hymnen (J. de Caevel, S. Wagner u.a.). Gott gibt dem Menschen Anteil am Erkennen (1QH 4, 27; 7, 27; 10, 4; 11, 4. 16), ohne seinen Willen ist keinerlei Erkennen möglich (1, 8; 20, 9). *jdʿ* ist die Voraussetzung für rechtes Ethos, denn der mit dem *rûaḥ daʿaṯ* begnadete Mensch verabscheut den Weg der Frevler (1QH 14, 25f.) und bekämpft die Übeltäter (14, 12ff.). *jdʿ* ist das Erleben einer Gemeinschaft (Wagner 250), ein Gut, das man der Gemeinschaft zur Verfügung stellen muß (1QS 1, 11f.). In der formelhaften Einbindung in das soteriologische Bekenntnis (vgl. H. W. Kuhn, SUNT 4, 1966, 26ff. 139–181, bes. 165) steht *jdʿ* für das Bekenntnis des Heilshandelns Gottes an seinen Auserwählten.

Botterweck

יְהוּדָה *jᵉhûḏāh*

I. 1. Vorkommen – 2. Etymologie – 3. Bedeutung – II. Juda als Landschaftsname – III. 1. Juda als Name des Stammes – 2. Juda als Name des Stammvaters – IV. Bemerkungen zur Geschichte Judas – V. Theologisches.

Lit.: *Y. Aharoni*, The Northern Boundary of Judah [Jos 15, 10s] (PEQ 90, 1958, 27–31). – *Ders.*, The Land of the Bible. A Historical Geography, London 1966. – *W. F. Albright*, The Names „Israel" and „Judah" with an Excursus on the Etymology of *tôdâh* and *tôrâh* (JBL 46, 1927, 151–185). – *A. Alt*, Judas Gaue unter Josia (PJ 21, 1925, 100–116 = KlSchr II, 276–288). – *Ders.*, Der Gott der Väter, 1929 = KlSchr I, 1–78. – *Ders.*, Bemerkungen zu einigen judäischen Ortslisten des AT (BBLAK 68, 1951, 193–210 = KlSchr II, 289–305). – *Ders.*, Festungen und Levitenorte im Lande Juda (KlSchr II, 306–315). – *Ders.*, Das Königtum in den Reichen Israel und Juda (VT 1, 1951, 2–22 = KlSchr II, 116–134). – *K. T. Andersen*, Die Chronologie der Könige von Israel und Juda (StTh 23, 1969, 69–112). – *E. Auerbach*, Der Wechsel des Jahresanfanges in Juda im Lichte der neugefundenen Babylonischen Chronik (VT 9, 1959, 113–121). – *K. Baltzer*, Das Ende des Staates Juda und die Messiasfrage (Festschr. v. Rad, 1961, 33–43). – *J. Bright*, Geschichte Israels, 1966. – *A. Caquot*, La parole sur Juda dans le testament lyrique de Jacob (Genèse 49, 8–12) (Semitica 26, 1976, 5–32). – *F. M. Cross – G. E. Wright*, The Boundary and Province Lists of the Kingdom of Judah (JBL 75, 1956, 202–226). – *F. M. Cross*, A Reconstruction of the Judean Restoration (JBL 94, 1975, 4–18). – *O. Eißfeldt*, „Juda" in 2. Könige 14, 28 und „Judäa" in Apostelgeschichte 2, 9 (WZ Halle 12, 1963, 229–238 = KlSchr IV, 99–120). – *Ders.*, „Juda" und „Judäa" als Bezeichnung nordsyrischer Bereiche (FF 38, 1964, 20–25 = KlSchr IV, 121–131). – *J. H. Grønbæk*, Benjamin und Juda (VT 15, 1965, 421–436). – *Ders.*, Juda und Amalek. Überlieferungsgeschichtliche Erwägungen zu Ex 17, 8–16 (StTh 18, 1964, 26–45). – *H. H. Grosheide*, Juda als onderdeel van het Perzische rijk (Geref TTs 54, 1954, 65–76). – *M. Haran*, The Rise and Decline of the Empire of Jeroboam ben Joash (VT 17, 1967, 266–297). – *J. Hempel*, Art. Juda 1. (BHHW II, 1964, 898–900). – *S. Herrmann*, Autonome Entwicklungen in den Königreichen Israel und Juda (VTS 17, 1968, 139–158). – *Ders.*, Geschichte Israels in at.licher Zeit, 1973. – *S. H. Horn*, The Babylonian Chronicle and the Ancient Calendar of the Kingdom of Judah (Andrews Univ. Sem. Stud. 5, 1967, 12–27). – *F. Huber*, Jahwe, Juda und die anderen Völker beim Propheten Jesaja, BZAW 137, 1976. – *Ihromi*, Die Königinmutter und der ʿamm ha'arez im Reich Juda (VT 24, 1974, 421–429). – *E. Janssen*, Juda in der Exilszeit. Ein Beitrag zur Frage der Entstehung des Judentums (FRLANT 69, 1956). – *A. Jepsen, R. Hanhart*, Untersuchungen zur israelitisch-jüdischen Chronologie, 1964. – *A. Jepsen*, Noch einmal zur israelitisch-jüdischen Chronologie (VT 18, 1968, 31–46). – *Ders.*, Ein neuer Fixpunkt für die Chronologie der israelitischen Könige? (VT 20, 1970, 359–361). – *Z. Kallai-Kleinmann*, The Town-Lists of Judah, Simeon, Benjamin and Dan (VT 8, 1958, 134–160). – *U. Kellermann*, Die Listen in Neh. 11; eine Dokumentation aus den letzten Jahren des Reiches Juda? (ZDPV 82, 1966, 209–227). – *A. Kuschke*, Kleine Beiträge zur Siedlungsgeschichte der Stämme Asser und Juda (HThR 64, 1971, 291–313). – *E. Kutsch*, Zur Chronologie der letzten judäischen Könige (Josia bis Zedekia) (ZAW 71, 1959, 270–274). – *Ders.*, Das Jahr der Katastrophe: 587 v.Chr. Kritische Erwägungen zu neueren chronologischen Versuchen (Bibl. 55, 1974, 520–545). – *J. Lewy*, Influences Ḫurrites sur Israël (RÉS 1938, 49–75). – *Ders.*, The Old West-Semitic Sun God Hammu (HUCA 18, 1943/44, 429–488). – *E. Lipiński*, L'Étymologie de „Juda" (VT 23, 1973, 380–381). – *N. Lohfink*, Die Einheit von Israel und Juda (Una Sancta 26, 1971, 154–164). – *G. C. Macholz*, Zur Geschichte der Justizorganisation in Juda (ZAW 84, 1972, 314–340). – *A. Malamat*, The Last Wars of the Kingdom of Judah (JNES 9, 1950, 218–227). – *Ders.*, Jeremiah and the Last Two Kings of Judah (PEQ 83, 1951, 81–87). – *Ders.*, The Last Kings of Judah and the Fall of Jerusalem. An Historical-Chronological Study (IEJ 18, 1968, 137–156). – *Ders.*, The Twilight of Judah in the Egyptian-Babylonian Maelstrom (VTS 28, 1975, 123–145). – *B. Mazar*, David's Reign in Hebron and the Conquest of Jerusalem (Festschr. Silver, New York 1963). – *A. R. Millard*, The Meaning of the Name Judah (ZAW 86, 1974, 216–218). – *H.-P. Müller*, Phönizien und Juda in exilisch-nachexilischer Zeit [Am 1, 9f.] (WdO 6, 1971, 189–204). – *J. M. Myers*, Edom and Judah in the Sixth-Fifth Centuries B.C. (Festschr. W. F. Albright, Baltimore 1971, 377–392). – *M. Noth*, IPN. – *Ders.*, Das System der Zwölf Stämme Israels, 1930. – *Ders.*, Eine siedlungsgeographische Liste in 1. Chr. 2 und 4 (ZDPV 55, 1932, 97–124). – *Ders.*, Die Ansiedlung des Stammes Juda auf dem Boden Palästinas (PJ 30, 1934, 31–47 = ABLAK I, 183–196). – *Ders.*, Zur historischen Geographie Südjudäas (JPOS 15, 1935, 35–50 = ABLAK I, 197–209). – *Ders.*, Die Welt des AT, ^{4}1962. – *Ders.*, Geschichte Israels, ^{7}1969. – *V. Pavlovský, E. Vogt*, Die Jahre der Könige von Juda und Israel (Bibl. 45, 1964, 321–347). – *J. Potin*, David roi de Juda à Hébron (BTS 80, 1966, 4–5). – *G. v. Rad*, 'Ισραήλ etc. (ThWNT III 356–359). – *B. Reicke*, „Juda" 2.–4. (BHHW II, 1964, 900–901). – *L. Rost*, Israel bei den Propheten (BWANT IV/19), 1937. – *C. Schedl*, Textkritische Bemerkungen zu den Synchronismen der Könige von Israel und Juda (VT 12, 1962, 88–119). – *K.-D. Schunck*, Juda und Jerusalem in vor- und frühisraelitischer Zeit (Festschr. Jepsen, 1971, 50–57). – *R. Smend*, Gehörte Juda zum vorstaatlichen Israel? (Fourth World Congress of Jewish Studies, Papers I, 1967, 57–62). – *L. A. Snijders*, Het „volk des lands" in Juda (Geref TTs 58, 1958, 241–256). – *J. A. Soggin*, Zur Entwicklung des at.lichen Königtums (ThZ 15, 1960, 401–418). – *Ders.*, Der judäische ʿam-ha'areṣ und das Königtum in Juda. Ein Beitrag zum Studium der deuteronomistischen Geschichtsschreibung (VT 13, 1963, 187–195). – *Ders.*, Das Königtum in Israel, 1967. – *E. L. Sukenik*, Paralipomena Palestinensia (JPOS 14, 1934, 178–184). – *S. Talmon*, The Judaean ʿAm ha'areṣ in Historical Perspective (Fourth World Congress of Jewish Studies, Papers I, 1967, 71–76). – *E. R. Thiele*, The Chronology of the Kings of Judah and Israel (JNES 3, 1944, 137–186). – *Ders.*, A Comparison of the Chronological Data of Israel and Judah (VT 4, 1954, 185–195). – *T. C. G. Thornton*, Charismatic Kingship in Israel and Judah (JThS NS 14, 1963, 1–11). – *R. de Vaux*, Histoire ancienne d'Israël, I, Paris 1971. – *H. C. M. Vogt*, Studie zur nachexilischen Gemeinde in Esra-Nehemia, 1966. – *L. Waterman*, Jacob the Forgotten Supplanter (AJSL 55, 1938, 25–43). – *P. Welten*, Die Königs-Stempel (ADPV 1969). – *W. R. Wifall Jr.*, The Chronology of the Divided Monarchy of Israel (ZAW 80, 1968, 319–337). – *G. E. Wright*, The Provinces of Salomon (EJ 8, 1967, 58–68). – *Y. Yadin*, The Fourfold Division of Judah (BASOR 163, 1961, 6–12). – *H.-J. Zobel*, Stammesspruch und Geschichte (BZAW 95, 1965). – *Ders.*, Ursprung und Verwurzelung des Erwählungsglaubens Israels (ThLZ 93, 1968, 1–12). – *Ders.*, Das Selbstverständnis Israels nach dem AT (ZAW 85, 1973, 281–294). – *Ders.*, Beiträge zur Geschichte Groß-Judas in früh- und vordavidischer Zeit (VTS 28, 1975, 253–277).

I. 1. Der Eigenname *j^ehûḏāh* ist vorab im AT bezeugt. Lisowski-Rost zählen 814, Mandelkern hat indes nur 805 hebr. Belege, zu denen jeweils noch 7 aram. (*j^ehûḏ*) kommen. In der Qumran-Lit. findet sich der Name 23mal. Schließlich gibt es noch 76mal das hebr. Gentilicium *j^ehûḏî*, 6mal die fem. Form *j^ehûḏîṯ* und 10mal das aram. *j^ehûḏāj*. Die außer-at.lichen, weithin in assyr.-babyl. Inschriften anzutreffenden Belege beziehen sich auf das gleiche Objekt wie die at.lichen Bezeugungen, tragen also nichts Wesentliches für unsere Erörterungen aus.

2. Im Hinblick auf die Etymologie des Wortes Juda verzeichnet KBL^3 zutreffend lakonisch: „etym. inc.", „Etymologie ungewiß".

In der at.lichen Tradition wird der Name mit dem Verb → ידה (*jdh*) ʻpreisen' verbunden. Gen 29, 35 (J) legt der Lea den Satz in den Mund: „Diesmal will ich JHWH preisen"; und der Stammesspruch über Juda aus dem Jakob-Segen (Gen 49, 8) beginnt mit dem Wortspiel: „Juda, dich preisen deine Brüder". In beiden Fällen liegt eine Volksetymologie vor, die keinen Anspruch auf Wissenschaftlichkeit erhebt, besteht sie doch in einem Spiel mit sprachlichen Assoziationen und Wortähnlichkeiten (vgl. zuletzt J. Barr, Etymology and the OT [OTS 19, 1974, 1–28]).

Was die wissenschaftliche Erklärung des Namens Juda angeht, so ist man sich heute am ehesten noch in der Negation einig, daß Juda kein theophorer Name ist. Dieses vertrat einst O. Procksch (Genesis, 2.31924, 178), der Jehuda als „Jahwe-haltig" ansprach; J. Hempel (898) meint, Juda sei die Kurzform des volleren *Jehud-'el* „gepriesen sei El", versieht allerdings diese Feststellung mit einem Fragezeichen. Ähnlich lautete die Antwort von E. Meyer (Die Israeliten, 1906, 441), aus dem volleren Jehuda-'el „El ist majestätisch", abgeleitet also von → הוד (*hôḏ*) 'Majestät', sei die Kurzform Jehuda entstanden. Anders herum, nähmlich als eine aus dem Gottesnamen *Jhwd* bestehende Bildung erklärt H. S. Nyberg (Studien zum Hoseabuche, Uppsala 1935, 77) unseren Namen und verweist auf „die Gruppe der יהוד-Verehrer" und auf die anderen, von ihm in gleicher Weise interpretierten Namen Abihud, Ahihud und Ammihud. J. Lewy (RÉS 1938, 54–55; HUCA 18, 1943/44, 479) erklärt das biblische Juda ebenso wie das inschriftliche Iaudi als Kompositum aus der Kurzform des at.lichen Gottesnamens Iau (= יהו) und dem hurrit. Zugehörigkeitssuffix *-di*/*-da*. Schließlich hält auch W. F. Albright (JBL 46, 1927; ähnlich jüngst wieder Millard) unseren Namen für eine urspr. theophore, dann aber verkürzte Namensbildung, bestehend aus dem im AT nicht belegten *hoph.* juss. von *hôḏāh* und dem JHWH-Namen, mit der Bedeutung „Yahwe let be praised". Ihm hat sich F. Zorell (Lexicon, 1957, 298a) angeschlossen. Bei Albright sind auch die älteren Versuche von Haupt, Jehuda sei ein „fem. collective" von *jehôḏæh* mit dem Sinn „He acknowledges allegiance to the religion (of Yahweh)", und M. Jastrow Jr., der Name sei aus Yahu und *jūḏāh* oder *da'āh* gebildet, aufgeführt.

Einen Wandel brachte in die etymologischen Überlegungen die Beobachtung von A. Alt (KlSchr I, 5, Anm. 1) hinein, daß Juda kein Personenname, sondern eine „Ortsnamensbildung wie Jogbeha" sei. Dem stimmten u. a. L. Watermann (29–31) und M. Noth (Josua, 31971, 125; Welt des AT, 50–51) insofern zu, als sie darin ebenfalls eine geographische Bezeichnung oder einen Landschaftsnamen wie Ephraim oder Naphtali sahen. Dem wird heute weithin beigepflichtet: z. B. de Vaux, Histoire, 507; Herrmann, Geschichte, 137, Anm. 56; R. Bach, RGG III, 31959, 963; W. Thiel, Verwandtschaftsgruppe und Stamm in der halbnomadischen Frühgeschichte Israels (Altor. Forschungen 4, 1976, 151–165), 157. Aufgrund dieser Erkenntnis hat Lipiński unter Hinweis auf S. Yeivin vorgeschlagen, den Namen Juda von arab. *wahda* 'Schlucht, Hohlweg' herzuleiten und den Eigennamen als *qatul*-Bildung 'das ausgewaschene, ausgehöhlte (Land)' zu verstehen und darin einen Hinweis auf die geomorphologischen Eigentümlichkeiten des Landes Juda zu finden. Allerdings gibt es dieses Nomen *wahda* nicht im AT, so daß die vorgeschlagene Etymologie hypothetisch bleiben muß.

3. Der Reihenfolge der Bezeugungen innerhalb des AT entsprechend ist in Gen Juda der Name des vierten Sohnes Jakobs von seiner Gattin Lea, hinter Ruben, Simeon und Levi. Als ein solches Individuum erscheint er sowohl in der alten Stammessage Gen 38 als auch in der Novelle von Joseph und seinen Brüdern, wo er in der älteren Version des J als Sprecher der Brüderschar fungiert (Gen 37, 26; 43, 3. 8; 44, 14. 16. 18; 46, 28). Aber schon in den verschiedenen Schichten des Juda-Spruches im Jakob-Segen (Gen 49, 8. 9. 10–12) wird der Personenname transparent und läßt den gleichnamigen Stamm dahinter sichtbar werden, wie er als solcher im Mose-Segen (Deut 33, 7) und in anderen alten Traditionen erscheint (z. B. Ri 1, 2–7; beachte den Pl. der Verbformen in vv. 4–7!). Spätestens mit der Erhebung Davids als König über das „Haus Juda" (2 Sam 2, 4) werden wir darauf aufmerksam, daß Juda jetzt mehrere Stämme oder Gruppierungen umfaßt, geschieht doch diese Erhebung im nicht-judäischen, kalebitischen Hebron. Daß fortan Juda auch die politische Bezeichnung des gleichnamigen Königtums ist, versteht sich von selbst. Zugleich aber hören wir, etwa in der Simson-Erzählung (Ri 15, 9), wo die Philister heraufziehen und sich „in (*be*) Juda" lagern, oder in der Notiz des Jos-Buches (20, 7), Hebron liege auf dem „Gebirge Juda", daß Juda hier ein geographischer Terminus ist, der das Land bzw. das dort gelegene Gebirge bezeichnet. Auch in 1 Sam 23, 3 wird Juda nach Noth (Welt des AT, 51) „deutlich als Landschaftsname gebraucht". Ein anderer Bedeutungsgehalt liegt vor, wenn in Jer 40, 15; 42, 15. 19; 43, 5; 44, 12. 14. 28 die nach der Ermordung Gedaljas nach Ägypten fliehende Gruppe als „der Rest Judas" bezeichnet wird und wenn die Militär-Kolonisten von Elephantine sich ebenfalls als „Judäer" oder „Juden" (Cowley, AP 21, 2. 4. 11; 22, 1; 30, 22) verstehen. Nicht zuletzt aber ist in exilisch-nachexilischen Schriften Juda der Name der Gola (Rost 114), der unter Nehemia selbständig gewordenen persischen Provinz (vgl. Neh 5, 14 sowie die Elephantine Papyri, Cowley, AP 30, 1: „Bagohi, Statthalter Judas") und in der Namensform Judäa Bezeichnung für einen Teil hellenistischer Reiche (1 Makk 3, 34).

Daß höchstwahrscheinlich das Juda aus 2 Kön 14, 28 (wie auch aus Apg 2, 9) den in assyr. Texten und den Sendschirli-Inschriften bezeugten nordwestsyr. Kleinstaat יאדי *j'dj* „Jaudi" meint, hat zuletzt O. Eißfeldt (KlSchr IV, 99–131; dort auch die Hinweise auf C. H. Gordon, G. R. Driver und J. Mauchline) nachdrücklich vertreten.

In den Qumran-Texten spiegelt sich zunächst der auch im AT beobachtete Sprachgebrauch wider: Juda kann das Land (CD 4, 3; 6, 5) mit seinen Städten (1 QM 12, 13; 19, 5; 1 QpHab 12, 9), das Volk (CD 7, 12; auch 4, 11: Haus Juda) und seine Führer

(CD 8, 3; 19, 15) und schließlich auch den Stamm Juda (4 QPB 1) bezeichnen. Aber schon die letzte Stelle macht mit ihrer messianischen Interpretation von Gen 49, 10 deutlich, daß der Sinngehalt von Juda unter der Hand ein anderer wird, daß er sich nämlich auf die Qumran-Gemeinde bezieht. Juda, das sind diejenigen, die, obwohl es auch Übles in Juda (4 QT 27) und Frevler in Juda geben kann (CD 20, 27), das Gesetz erfüllen und dem Lehrer der Gerechtigkeit treu sind (1 QpHab 8, 1; 12, 4), und es sind diejenigen, die mit den Söhnen Levis und Benjamins gemeinsam gegen die Söhne der Finsternis streiten (1 QM 1, 2).

Wie schon oben (I. 2.) vermerkt, wird heute weithin der geographische Gebrauch des Namens Juda als der ursprüngliche angesehen. Dieser Wandel spiegelt sich eindrücklich in den Auflagen des KBL wider. Während 1958 „Juda" untergliedert wurde in „I. n. m.", „II. n. tribus", „III. Reich, Staat Juda", ist in der 3. Aufl. von 1974 zu lesen: „1. n. terr., d. Stamm Juda; ursprl. 'הר יה'", „2. h. ep., Juda S. v. Jakob", „3. Reich u. Staat Juda", „4. Provinz Juda", „5. n. m.". Der auf dem Gebirge Juda seßhaft gewordene Stamm übernahm also den Namen der Landschaft, bzw. wurde von den anderen Gruppen nach seinem Wohngebiet benannt. In einem weiteren Akt der Transposition wurde sodann der Stamm in seinem Stammvater Juda individualisiert und erschien nunmehr als vierter Sohn Jakobs und Leas. Diese Individualisierung des Stammes in seinem heros eponymos ist in Gen 49 und in Gen 38 am augenscheinlichsten. In der nachexilischen Namengebung schließlich, die den Hang einer Benennung der Kinder nach Persönlichkeiten der israelitischen Geschichte erkennen läßt, begegnet uns als einer der ersten Namen noch im 5. Jh. v. Chr. Juda als der Name eines Leviten (Esr 10, 23), eines Benjaminiten (Neh 11, 9) und zweier Priester (Neh 12, 34. 36). Darin, daß durch diese Namen die reine Abstammung betont werden soll, folgt Noth der These G. Hölschers (vgl. Noth, IPN, 60).

Auch wenn die Bedeutungen mitunter fließend sind und jede statistische Angabe nur einen Näherungswert darstellen kann, ist doch folgende Übersicht interessant, weil sie auf die eigentliche Bedeutung des Namens Juda aufmerksam macht. Etwa 40mal ist Juda ein Individuum, etwa 290mal bezeichnet es den Stamm oder das Volk und etwa 480mal ist das Land oder die politische Größe Juda gemeint. Auf letzterem liegt demnach im AT das Gewicht.

II. Die Genitiv-Verbindungen von Juda mit *'aḏmaṯ* (Jes 19, 17), mit *'æræṣ* (Deut 34, 2; 1 Sam 22, 5; 30, 16; 2 Kön 23, 24; 25, 22 und weitere 18 Belege) bzw. dem Pl. *'arṣôṯ* (2 Chr 11, 23), mit *har* (Jos 11, 21; 20, 7; 21, 11; 2 Chr 27, 4) bzw. dem Pl. *hārê* (2 Chr 21, 11), mit *miḏbar* (Ri 1, 16; Ps 63, 1) und mit *næḡæḇ* (1 Sam 27, 10; 2 Sam 24, 7) meinen eindeutig das Land oder die Landschaften Judas und charakterisieren diese als Ackerland, Gebirge, Steppe und Wüste. Ähnliche Beschreibungen der Größe Juda nach geographischen Gesichtspunkten finden wir auch anderwärts im AT. In Jer 17, 26 werden die Schephela, das Gebirge und der Negeb (auch Jer 32, 44; 33, 13) aufgezählt, und Y. Yadin (11, Anm. 30) hat in einer listenartigen Zusammenstellung unter Berufung auf Jos 11, 16; 12, 8; 15; Deut 1, 7; 2 Chr 26, 10 auf die in diesen Stellen bezeugte vierfache Gliederung des Landes Juda in Wüste, Gebirge, Schephela und Negeb hingewiesen. Das entspricht offensichtlich den natürlichen Gegebenheiten des Landes Juda.

Was die Ausdehnung des geographischen Begriffs Juda anlangt, so denkt die die Schephela mitenthaltende Formel ebenso wie die Grenzbeschreibung in Jos 15, 1–12 an das Mittelmeer als Westgrenze. Doch das entspricht nicht dem tatsächlichen Sachverhalt, lagen doch in der Schephela eine Reihe mächtiger, von Juda nicht eroberter Kanaanäerstädte (Ri 1, 19), die dann im Verlauf des 12. Jh.s v. Chr. zum Bereich der philistäischen Pentapolis gehörten. Selbst in früh-davidischer Zeit wird dieser Sachverhalt, daß Judas westlicher Nachbar die Philister sind, als selbstverständlich vorausgesetzt (1 Sam 23, 1 ff.; 27, 8–12 u. ö.; vgl. auch O. Eißfeldt, Israelitisch-philistäische Grenzverschiebungen von David bis auf die Assyrerzeit [ZDPV 66, 1943, 115–128 = KlSchr II, 453–463]), wie denn auch der wohl der David-Zeit angehörende Segen Noahs (Gen 9, 25–27) die Philister (Japhet) neben den Israeliten oder besser: neben den zu Groß-Juda gehörenden Gruppen (Sem) als gleichberechtigte Besitzer Kanaans kennt.

Als Ostgrenze Judas wird im AT durchweg das Tote Meer angesehen; denn die *miḏbār* von Juda (vgl. Ri 1, 16; Ps 63, 1) ist, wie die Benennungen „die Midbar von Siph" (1 Sam 23, 14; 26, 2), „die Midbar von Maon" (1 Sam 23, 24. 25) und „die Midbar von En-Gedi" (1 Sam 24, 2) zeigen, der Landstrich, der den Ostabfall des judäischen Gebirges hin zum Toten Meer bildet (vgl. M. Noth, ABLAK I, 198).

Die Südgrenze wird durch den Terminus Negeb markiert. Wenn auch geographisch fließend, so ist er doch geopolitisch eindeutig; denn die an den Negeb im Süden angrenzende Wüste wird nirgendwo im AT mit dem Namen Juda verbunden (vgl. etwa Midbar Beersebas Gen 21, 14).

Nur im Norden ist eine geographische Abgrenzung des Bereichs Juda nicht eo ipso gegeben. Die mit der soeben herangezogenen landschaftlichen Gliederung verbundene politische Gliederung in den Jer-Stellen zählt neben den Städten Judas „den Bezirk Jerusalem" und „das Land Benjamin" auf. Daraus wird ersichtlich, daß Jerusalem und Benjamin zwar zu dem Königtum Juda gehören, zumindest für Jer aber mit dem Begriff Juda nichts zu tun haben. Daraus läßt sich folgern, daß z. Z. Jeremias „der Bezirk Jerusalem" die Nordgrenze des geographischen Begriffs Juda markierte. Daß Jerusalem nicht zu Juda gehörte, sondern eine eigenständige politische Größe darstellte, versteht sich von der Einnahme Jerusalems durch David (2 Sam 5, 6–12). Er hat es durch „seine Leute", also seine Söldner einnehmen lassen und betrachtete folglich diese Stadt als eigenständigen, ausschließlichen Besitz der Krone, wie denn die korrekte politische Bezeichnung fortan stets lautet: Juda und Jerusalem. Somit wird die nördliche Begrenzung des geographischen Begriffs Juda durch die Südgrenze des einstigen Stadtstaats Jerusalem gebildet. Diese Feststellung gilt unbestreitbar für die Dauer des Königtums Juda, also von David bis 586 v. Chr. Für die vor- und früh-davidische Zeit indes läßt sich hinsichtlich der Zugehörigkeit Jerusalems zum judäischen Territorium nichts Eindeutiges ausmachen. Neuerlich hat sich K.-D. Schunck aufgrund von Ri 1, 3–8 energisch für eine um 1270 v. Chr. anzunehmende Zerstörung Jerusalems durch judäische Sippen, der jedoch keine Besiedlung der Stadt gefolgt sei, eingesetzt. Das hätte allerdings zur Folge, daß Jerusalem und sein Gebiet zum Territorium Judas gehört hätte oder doch zumindest der Anspruch Judas auf diese Stadt damit hätte begründet werden können. Das ist jedoch nirgendwo der Fall. Im Gegenteil zählt die „Theoretische Stämmegeographie der vorstaatlichen Zeit" Jerusalem eindeutig zur „‚Interessensphäre' des Stammes Benjamin" (Jos 15, 8; 18, 16; Noth, Jerusalem und die israelitische Tradition [OTS 8, 1950, 28–46 = ThB 6, ³1966, 172–187], 172–173; vgl. auch Deut 33, 12 und dazu Zobel, Stammesspruch, 35), auch wenn die Benjaminiten, wie Ri 1, 21 ausdrücklich mitteilt, diese Stadt nicht haben einnehmen können. Dagegen vermag Jos 15, 63, wo den Judäern der Anspruch auf Jerusalem eingeräumt wird, nichts einzuwenden, da diese Stelle gegenüber Ri 1, 21 sekundär ist und, wie Noth mit Recht betonte (Josua, ²1953, 100), sowohl dem System der Grenzbeschreibungen (Jos 15, 8; 18, 16) als auch der Meinung des Bearbeiters (Jos 18, 28) widerspricht, der Jerusalem nicht zu Juda zählte. Das läßt es als wahrscheinlich gelten, daß Jerusalem in vorstaatlicher Zeit nicht von Benjamin, noch viel weniger von Juda erobert wurde, das Territorium Jerusalems also auch nicht zum Gebiet Judas gehört haben kann (zur Ausdehnung der Flur Jerusalems vgl. A. Alt, KlSchr III, 248, und zur Größe des Stadtstaates a. a. O., 251–252). Schließlich wird das Gebiet Judas noch durch den auf der Höhe Jerusalems sich in westlicher Richtung erstreckenden kanaan. Stadtstaatengürtel begrenzt (vgl. Noth, Geschichte, 37. 56).

Diese grobe geographische Umschreibung des judäischen Territoriums wird durch weitere Angaben bestätigt und ergänzt. Zunächst soll kurz dargestellt werden, von welchen Ortschaften es im AT ausdrücklich heißt, daß sie zu Juda gehören (*l*ᵉ) oder in Juda liegen (*b*ᵉ). Ersteres wird 1 Sam 17, 1 von Socho (= *ch. ʿabbād*, Noth, Josua, 94) ausgesagt, und letzteres gilt von Kirjath-Jearim (Ri 18, 12; = *dēr el-azhar*, Noth, Josua, 110; vgl. aber 1 Chr 13, 6: *l*ᵉ), Beerseba (1 Kön 19, 3; = *bīr es-sebaʿ*) und Beth-Šemeš (2 Kön 14, 11; = *er-rumēle*, Noth, Josua, 89). Und wenn Esr 1, 2. 3 zu Jerusalem hinzufügt *ʾᵃšær bîhûḏāh* „das in Juda liegt", so wird damit auf die politische Veränderung, die das Ende der davidischen Dynastie für Jerusalem mit sich brachte, aufmerksam gemacht. Denn diese Stadt gehörte nunmehr zu Juda, das hier wohl die Provinz Juda meint, deren räumliche Ausdehnung allerdings vor allem in südlicher Richtung nur gering war (dazu Herrmann, Geschichte, 387 f.).

Nicht zuletzt aber sind zwei weitere Angaben von einigem Belang. Zeigte es schon die Zugehörigkeit der Städte Socho und Beerseba zu Juda, daß der geographische Bereich Judas in der Tat weit nach Süden ausgreift, so macht es die in Jos 20, 7 stehende Näherbestimmung von Hebron als einer Stadt „auf dem Gebirge Juda" (vgl. Jos 11, 21, wo neben Hebron noch Debir und Anab als Städte des Gebirges Juda genannt werden) eindeutig klar, daß sich der Bereich Judas von Jerusalem im Norden bis zum Negeb im Süden erstreckt. Das wird auch von 1 Sam 30, 14 vorausgesetzt, wo vom Negeb der Kreti, vom Negeb Kalebs und von dem Negeb, „der zu Juda gehört", gesprochen wird. Weiter nennt 2 Sam 24, 7 den Negeb Judas. Diese Wendung klingt wie die vom Negeb Arads in Ri 1, 16. Vielleicht ist noch 1 Sam 27, 10 hinzuzufügen, wo der Negeb Judas neben dem Negeb der Jerachmeeliter und dem Negeb der Keniter aufgezählt wird; doch weil v. 12 vom Volk redet, wird Juda wohl eher die Judäer meinen (vgl. Zobel, VTS 28, 1975, 265–266).

Die zweite Bemerkung ist die wichtigere und bezieht sich auf die beiden Ortsnamen Bethlehem und Baalat. Bei beiden Namen wird die geographische Näherbestimmung „Juda" ohne *l*ᵉ oder *b*ᵉ direkt angefügt (Bethlehem-Juda: Ri 17, 7–9; 19, 1. 2. 18; 1 Sam 17, 12; Ruth 1, 1. 2; Baalat-Juda: 2 Sam 6, 2 cj.). Offenbar besteht also ein Unterschied zwischen solchen direkt mit Juda verbundenen und den anderen, wohl nicht von Hause aus, sondern erst im Laufe der Geschichte zu Juda gehörenden Ortschaften. Daß in den genannten Bezeichnungen Juda in gleichem Sinn zu deuten und als Landschaftsname aufzufassen ist, wird nicht zuletzt daraus ersichtlich, daß die in Bethlehem ansässige Sippe Ephrata oder Ephrat heißt (vgl. 1 Sam 17, 12; Ruth 1, 2). Dann aber weisen diese Bezeichnungen darauf hin, daß der geographische Begriff Juda im engeren und weiteren Sinn gebraucht werden kann. Somit hat die Vermutung, das Wort Juda sei eine geographische Bezeichnung gewesen, die zunächst an dem so benannten Gebirge gehaftet, sich dann aber auf alle in dem südlichen Teil Palästinas ansässigen israelitischen Gruppen ausgedehnt hat, am meisten für sich.

III. 1. Weithin herrscht heute Einmütigkeit darüber, daß die auf dem Gebirge Juda seßhaft werdende Gruppe von Israeliten sich infolge dieses Ansiedlungsprozesses als Stamm konsolidierte und den Namen Juda annahm (so zuletzt Noth, Geschichte, 56 f.; de Vaux, Histoire, 508; Herrmann, Geschichte,

137, Anm. 56). Das läßt sich auch daraus ersehen, daß sich das Siedlungsgebiet des Stammes Juda nicht mit dem Umfang des Gebirges Juda deckt; denn Hebron, zwar auf dem Gebirge Juda gelegen, gilt doch als Stadt Kalebs. Daraus erhellt weiter, daß die südlich an Juda angrenzenden Stämme oder Sippen der Kalebiter, Keniziter, Keniter und Jerachmeeliter ihre Gebiete bereits inne hatten und somit der Expansion Judas auch im Süden gewisse Grenzen gesetzt wurden.

Der Stamm wird stets Juda geheißen haben. So lautet jedenfalls sein Name in den historisch zuverlässigen und eindeutig der Zeit der lebendigen Tribalverfassung entstammenden Texten Gen 49, 8–12 und Deut 33, 7. Dazu paßt, daß auch die anderen israelitischen Stämme lediglich aus dem Eigennamen bestehende Namen trugen. Für gleichfalls relativ alt wird man die Bezeichnung *b^enê j^ehûdāh* halten dürfen. Sie begegnet 53mal im AT, kann aber neben dem Stamm (so etwa Num 2, 3; 10, 14; Jos 15, 12. 13. 63; 18, 11. 14; Ri 1, 16) auch das Volk des Königreichs Juda (so bei Jer, vor allem 7, 30; 32, 30. 32 u. ö.), ja sogar die Juden (Dan 1, 6) und schließlich ganz wörtlich die Söhne und Nachkommen des Stammvaters Juda (1 Chr 2, 3. 4; 4, 1 u. ö.) meinen. Eine späte Verbindung liegt gewiß in der Wendung *maṭṭeh b^enê j^ehûḏāh* vor (Jos 15, 1. 20. 21; 21, 9 u. ö.), weil das dieser Bezeichnung zugrunde liegende einfache *maṭṭeh j^ehûḏāh* mit seinen insgesamt 10 Belegen ausschließlich der P oder anderen jungen Stücken entstammt (Ex 31, 2; 35, 30; 38, 22; Num 1, 27; 7, 12; 13, 6; 34, 19; Jos 7, 1. 18; 21, 4). Schließlich finden wir noch die Bezeichnung *šeḇæṭ j^ehûḏāh* in Jos 7, 16; 1 Kön 12, 20; 2 Kön 17, 18; Ps 78, 68. Hierbei scheint es sich um eine ebenfalls erst frühestens mit dem Königtum, vielleicht sogar erst mit der Reichstrennung oder noch später aufgekommene Titulatur zu handeln. Daß sich die Größe des *šeḇæṭ* in „Geschlechter" (*mišpāḥāh*) untergliedert, wird in Num 26, 22 (P), Jos 7, 17 (emend.) und Ri 17, 7 vorausgesetzt.

2. Schon in den beiden, wie uns schien, ältesten Bezeichnungen Judas als eines Stammes ist der Vorgang der Abstraktion wahrzunehmen. Denn die Stammessprüche individualisieren den Stamm und stellen ihn als Einzelperson dar, die, so im Mose-Segen (Deut 33, 7), eine Bitte ausspricht und die, wie der Jakob-Segen feststellt, Brüder und einen Vater hat (Gen 49, 8) oder die als Herrschergestalt beschrieben und deren Einzug in Silo erhofft wird (Gen 49, 10–12; vgl. Zobel, Stammesspruch, 10–14). In gleicher Weise kann die Wendung *b^enê j^ehûḏāh* ganz wörtlich verstanden und auf die Söhne und Nachkommen des Vaters Juda bezogen werden, wie es in der Tat Gen 46, 12; Num 26, 19. 20 u. ö. geschieht. Und weil dieses abstrahierende Individualisieren bereits in frühesten Belegen bezeugt ist, wird man es als einen genuinen, ursprünglichen Vorgang ansehen dürfen. Mit dem Werden des Stammes Juda also ist die Herausbildung der Vorstellung des heros eponymos Juda verbunden.

Als solcher erscheint Juda in der urtümlichen, stammesgeschichtliche Begebenheiten widerspiegelnden Erzählung Gen 38. Juda, mit der Kanaaniterin Sua verheiratet, zeugt Er, Onan und Sela, von denen jedoch Er und Onan sterben. Ers Witwe Thamar, vom ebenfalls verwitweten Juda für eine Dirne gehalten, wird von ihm schwanger und gebiert die Zwillinge Perez und Serah. In Num 26, 19–22 erscheinen dann als eigentliche Söhne Judas, mithin als judäische Geschlechter, die Selaniter, Parziter und Sarhiter, wobei auffälligerweise nur noch die Parziter weiter untergliedert werden in Hezroniter und Hamuliter. In Ruth 4, 12 wird Perez mit Bethlehem-Ephrata verbunden, und in Ruth 4, 18–22 findet sich der Stammbaum von Perez über Hezron, Ram, Amminadab, Nahason, Salmon, Boas, Obed bis zu Isai und David. Schließlich ist auf die Listen in 1 Chr 2, 3–55 und 4, 1–23 zu verweisen, wo in die judäischen Geschlechter u. a. auch Kenas (4, 13), Kaleb (4, 15; 2, 42), Jerachmeel (2, 25) und Kain (2, 55) aufgenommen worden sind und zumindest in 4, 24–43 noch vor Ruben an Juda sogleich die Genealogie Simeons angeschlossen wurde, womit die auch sonst dem AT nicht unbekannte Verbindung von Simeon mit Juda ausgedrückt wird (vgl. Ri 1, 3; Jos 19, 1). Somit kennen selbst diese Genealogien noch den Unterschied zwischen dem eigentlichen und einem erweiterten Juda, zwischen einem Juda mit seinem Kern in Bethlehem-Ephrata und dem Juda, zu dem Kenas, Kaleb, Jerachmeel und Kain, vielleicht auch noch Simeon hinzugehörten. Es ist bemerkenswert, daß sich diese genealogische Schichtung sogar noch in der Gaueinteilung Josias widerspiegelt (Alt, KlSchr II, 285ff.).

Für die at.liche Genealogie wichtiger jedoch ist der Umstand, daß der Stammvater Juda Glied der Jakob-Familie ist. Als vierter Sohn Jakobs mit Lea ist Juda hinter Ruben, Simeon und Levi in das Zwölf-Stämme-System eingegliedert worden (Gen 29, 35 J; 35, 23 P). Obwohl dieses Schema noch manche Änderung erfuhr wie etwa die Streichung Levis oder die Zusammenfassung Ephraims und Manasses zu Joseph, so blieb doch der Platz Judas insofern davon unberührt, als er lediglich von der vierten auf die dritte Stelle rückte. Das ist deshalb von so großer Bedeutung, weil es im AT Anzeichen dafür gibt, daß man einen Ausgleich zwischen den tatsächlichen Machtverhältnissen etwa in der davidisch-salomonischen Zeit und der durch die Genealogie gebotenen Rangordnung der Stämme herzustellen versucht hat, läßt doch die J-Version der Joseph-Erzählung Juda und nicht den Erstgeborenen Ruben den Sprecher der Brüderschar sein und erklärt doch der Chronist recht umständlich, daß, obwohl Juda der mächtigste unter seinen Brüdern war, dennoch das Erstgeburtsrecht Rubens nicht an Juda, sondern an Joseph fiel, aber dieser nicht als solcher ins Familienregister eingetragen wurde, eben weil aus Juda der Nagid hervorging (1 Chr 5, 1–2). Schließlich wird man auch die Reihenfolge der Stammessprüche im Jakob-Segen, wo nach den negativen Voten über Ruben sowie über Simeon und Levi der erste positive Spruch dem Stamm Juda gilt, der überdies mit insgesamt 8 Zeilen zu den längsten Sprüchen des Jakob-Segens gehört, dahingehend interpretieren dürfen, daß Juda der vom Erzvater Jakob eigentlich Gesegnete sein soll. Bei aller gebotenen Zurückhaltung läßt sich den aufgeführten Texten so viel entnehmen, daß dieses genealogische System mit Juda an vierter Stelle zur Zeit Davids und Salomos in seiner Grundstruktur offenbar schon so fest lag, daß eine den tatsächlichen Verhältnissen adäquate Rangordnung der Söhne innerhalb des Systems und damit eine Umgruppierung nicht mehr möglich war.

IV. Was die Geschichte Judas angeht, so ist eines der schwierigsten Probleme die Darstellung seiner Frühgeschichte in vordavidischer Zeit, weil dafür nur spärliche und zudem keineswegs eindeutige Quellen zur Verfügung stehen. In der Frage, ob Juda von Osten über den unteren Jordan (so zuletzt Noth, Geschichte, 75; Bright, Geschichte, 127f.; Aharoni 197–200; Schunck 50–57) oder aber von Süden in sein Land gekommen ist (so zuletzt J. Scharbert, LThK V, [2]1960, 1150; de Vaux, Histoire, 501–507; Herrmann, Geschichte, 124. 143f.), gehen die Meinungen auseinander. Die Gelehrten, die für den Osten plädieren, verweisen auf die Einordnung Judas in die „Lea-Gruppe", für die insgesamt oder doch zumindest für Simeon und Levi durch Gen 34 ein früher Aufenthalt im mittleren Westjordanland und danach wenigstens für Simeon ein Abgedrängtwerden in den äußersten Süden wahrscheinlich ist. Diesem Aufenthalt in und um Sichem könnte das Eindringen ins Kulturland von Osten her voraufgegangen sein. Und weil Simeon mit Juda zusammen wohnt und weil nach Ri 1 beide Stämme gemeinsam ihr Land eingenommen haben, könnte auch Juda, schon verbunden mit Simeon, von Osten her eingedrungen sein. Den auf diesem Wege lediglich zu postulierenden Aufenthalt Judas im mittleren Westjordanland versuchen andere wie Aharoni und Schunck durch den Hinweis auf die Notiz von einer Auseinandersetzung Judas mit Adonibezeq bei Bezeq (Ri 1,4ff.) zu erhärten; denn wenn dieser Ort mit der *ch. ibzīq* identisch ist, spielte sich das erzählte, in seinem Hergang allerdings recht unklare Geschehen im mittleren Westjordanland ab. Trotz allem bleibt zu fragen, ob der Aufenthalt der Lea-Gruppe oder auch eines Teils von ihr im Raum Sichem notgedrungen den Einmarsch von Osten erfordert, oder ob nicht doch auch das Vorrücken in dieses Gebiet von Süden her denkbar ist. Dafür könnte das weitere Geschick Simeons insofern sprechen, als er nach den Auseinandersetzungen bei Sichem dorthin wanderte, woher er gekommen war. Für die Südthese verweist man auf die Kundschaftererzählung (Num 13–14). Ihr liegt eine kalebitische Landnahmetradition zugrunde. Wie Kaleb, so argumentiert man, seien auch die anderen im südlichen Westjordanland ansässigen Stämme wie Kenas, Kain, Jerachmeel mit Juda und Simeon gemeinsam, vielleicht sogar mit Levi aus dem Raum Kades direkt in ihr späteres Gebiet vorgedrungen. So einleuchtend das ist, bleibt auch hier zu fragen, ob diese kalebitische Tradition so ohne weiteres für Juda und Simeon herangezogen werden kann. Bei unseren geographischen Überlegungen war es uns wahrscheinlich geworden, daß Hebron und der Süden des Gebirges Juda bereits besetzt waren, als Juda in sein Gebiet kam. Das spricht für eine Trennung der Landnahmevorgänge von Juda und Simeon einerseits und Kaleb samt den anderen Stämmen anderseits. Ist damit aber die Südthese unwahrscheinlich geworden? Das ist kaum der Fall, eben weil die geopolitischen Gegebenheiten eher für den südlichen als für den östlichen Landnahmeweg sprechen (so Herrmann, Geschichte, 124). Außerdem ist zu beachten, daß sich Juda offenbar deshalb in der Nachbarschaft von Kaleb, Kenas, Kain und Jerachmeel niederließ und sich sogar, wie wir sehen werden, mit ihnen zusammenschloß, weil zwischen ihnen offenbar schon vor ihrer Landnahme Kontakte und Verbindungen bestanden. Was den Zeitpunkt der Ansiedlung angeht, so ist man aus Mangel an eindeutigen Angaben ebenfalls auf Kombinationen angewiesen. Noth ordnet die judäische Landnahme in den allgemeinen Prozeß der Landnahme ein und denkt dabei an das ausgehende 13. Jh. v. Chr. (ABLAK I, 189) oder doch auch an die 2. Hälfte des 14. Jh.s v. Chr. (Geschichte, 79). Wer jedoch in der Zuordnung Judas zur Lea-Gruppe ein geschichtliches Faktum ausgedrückt findet, trennt die Landnahme dieser Gruppe von der der Rahel-Gruppe sowohl in räumlicher, als auch in zeitlicher Hinsicht, betrachtet sie also als einen eigenständigen älteren Vorgang. Darauf könnte der merkwürdige Sachverhalt zurückgehen, daß uns mit Gen 35, 21–22, Gen 34 und Gen 38 Sonderüberlieferungen von Gliedern eben nur dieser Lea-Gruppe erhalten sind, die in die Patriarchenerzählung deshalb eingebettet wurden, weil sie dieser zeitlich nahestehen, zumindest aber Geschehnisse aus der Zeit vor der Landnahme des Hauses Joseph widerspiegeln (vgl. Gen 34). Mithin wird man die Ansiedlung Judas im 14. Jh. v. Chr. ansetzen dürfen.

Der eigentlichen Landnahme Judas auf dem Gebirgsrücken zwischen Jerusalem und Hebron schloß sich offenbar recht bald das langsame, friedliche, im Einvernehmen mit den Kanaanäern geschehende Vordringen Judas in das sich westlich an das Gebirge anschließende Hügelland, die Schephela, an. Dieses Geschehen bildet den stammesgeschichtlichen Gehalt von Gen 38 und erklärt die Aufnahme von Städtenamen jener Gegend in die judäische Genealogie (vgl. de Vaux, Histoire, 501f. 504). Damit war offenbar der gesamte von der Wüste im Süden und Osten sowie von den kanaan. Stadtherrschaften im Norden und Westen begrenzte Raum besiedelt.

Das nächste noch erfaßbare politische Ereignis von einigem Rang war der wohl durch den ständigen Druck der aus dem Wüstenraum um Kades herum nach Norden nachdrängenden Elemente wie der Amalekiter, vielleicht auch der Edomiter und anderer Gruppen, bewirkte Zusammenschluß der dort lebenden Judäer und Simeoniten, der Kalebiter, Kenisiter, Keniter und Jerachmeeliter zum großjudäischen Bund (dazu und zum Folgenden vgl. Zobel, VTS 28). Seine Bezeichnung wird die uns ab 2 Sam 2, 4 insgesamt 41mal begegnende, urspr. das Königtum Davids in Hebron meinende (vgl. die später gebrauchte korrekte Bezeichnung „Haus Juda und Jerusalem" in Jes 22, 21; Sach 8, 15), dann aber meist im Gegenüber zu „Haus Israel" (2 Sam 12, 8; 1 Kön 12, 21 und weitere 12 Belege), „Haus Joseph" (Sach 10, 6) oder nur „Ephraim" (Hos 5, 12) gebrauchte Wendung „Haus Juda" gewesen sein, macht es doch die Erzählung 2 Sam 2, 1–4 mit der Zuordnung Hebrons zu den Städten Judas und mit den Begriffen „Älteste Judas" und „Haus Juda" in v. 4 deutlich, daß das „Haus Juda" genannte Gemeinwesen bereits vor der Königserhebung Davids bestand (anders de Vaux, Histoire, 510, und Stoebe, KAT VIII/1, 518). Obendrein legt es der Begriff *bajiṯ* nahe, bei dem, was die zum „Haus Juda" vereinten Glieder zusammenhielt, an einen Bund oder dgl. zu denken (→ בַּיִת [*bajiṯ*] I 637).

Das Gebiet Groß-Judas war territorial, also im allgemeinen nach Städten gegliedert; lediglich die Keniter und Jerachmeeliter scheinen insofern eine Ausnahme zu machen, als sich bei ihnen wohl noch über einige Zeit das alte Tribalprinzip erhielt (1 Sam 30, 29). Repräsentiert wurden diese Kreise durch die jeweiligen Ältesten, die in der gemeinsamen Hauptstadt Hebron die Geschicke ihres übergreifenden Gemeinwesens lenkten.

Dieser wohl im Verlauf des 12. Jh.s v. Chr. zustande gekommene Bund hat insoweit sein politisches Ziel erreicht, als er den erworbenen reichen Besitzstand seiner sechs Mitglieder hat im großen und ganzen bewahren helfen. Denn den Amalekitern ist es trotz wiederholter Versuche letztlich nicht gelungen, im Gebiet Groß-Judas Fuß zu fassen. Aber auch mit den am Westrand seines Bereichs ansässig gewordenen Philistern scheint es nicht zu ernsthaften Auseinandersetzungen gekommen zu sein, machen doch unsere Quellen den Eindruck, als habe zwischen den beiden Nachbarn eine einigermaßen eindeutige Grenzregelung existiert (vgl. Zobel, VTS 28, 271 ff.). Das bedeutet indes nicht, daß nicht auch Groß-Juda zur weiteren Einflußsphäre der Philister gehörte. Immerhin hören wir im Unterschied zum Gebirge Ephraim nichts von einer Philisterbesatzung des Gebirges Juda; und die großjudäischen Ältesten hatten offenbar zumindest innenpolitisch so freie Hand, daß sie David zum König über sich salben konnten.

Doch bevor wir uns dem zuwenden, muß noch die Frage der Zugehörigkeit Judas zum Reich Sauls erörtert werden. Das wird hauptsächlich unter Hinweis auf die 1 Sam 23–24 und 26–27 bezeugte Verfolgung Davids durch Saul im Lande Juda und auf die allerdings von Noth (Geschichte, 162) zu Recht als eine mit den übrigen Saul-Geschichten literarisch und sachlich ohne deutlich erkennbaren Zusammenhang stehende Sonderüberlieferung bezeichnete Erzählung vom erfolgreichen Kampf Sauls gegen Amalek (1 Sam 15) angenommen (so zuletzt Schunck, Benjamin, 1963, 124–126; Smend; Aharoni, 257–258; Bright, Geschichte, 177. 181; de Vaux, Histoire, 509; auch J. Scharbert, LThK V, ^{2}1960, 1150). Diejenigen, die das Gegenteil vertreten, berufen sich vorab auf die Notiz von 2 Sam 2, 9, wonach Esbaal zwar über Israel, nicht aber über Juda König gewesen sei. Dieses Argument versucht man allerdings dadurch zu entkräften, daß sich Juda durch die Erhebung Davids vom ehemaligen Reich Sauls getrennt und verselbständigt habe (so Noth, Geschichte, 169; Aharoni, 257–258). Indes ist diese Überlegung nicht durchschlagend; denn auch über die anderen westjordanischen Teile vom Erbe Sauls regierten de facto die Philister, so daß die ganze Notiz von 2 Sam 2 nichts weiter als ein Postulat ist, also Juda hätte aufgeführt werden können. Und mit Herrmann wird man die Ausdehnung der Verfolgung Davids auf judäisches Gebiet als eine Maßnahme „außergewöhnlicher Art" bezeichnen müssen, so daß nichts dazu zwingt, „Saul auch über Juda König sein zu lassen" (Geschichte, 181). Daß keine großen und kleinen Richter aus Juda bezeugt sind (vgl. Schunck, Die Richter Israels und ihr Amt [VTS 15, 1966, 252–262], 257) und daß Juda im Debora-Lied nicht erwähnt wird, sei noch genannt, um die bis in die frühe Königszeit hineinragende eigenständige Entwicklung Judas zu würdigen.

Mit der Königserhebung Davids über Juda stehen wir endlich auf historisch sicherem Boden. David, der sich durch Beutegeschenke die Ältesten Groß-Judas gewogen gemacht hatte (1 Sam 30, 26–31), wird nun von ihnen in Hebron zum König über das Haus Juda gesalbt (2 Sam 2, 1–4). Also auch bei der Aufnahme des monarchischen Prinzips in die demokratische Verfassung Groß-Judas erleben wir die Ältesten als die über das Geschick ihres Gemeinwesens entscheidende politische Gewalt. Diejenigen, die in 1 Sam 30, 26 „Älteste Judas" (*ziqnê j^{e}hûḏāh*) heißen, werden in 2 Sam 2, 4 „Männer Judas" (*'anšê j^{e}hûḏāh*) genannt. Daß in der Tat beide Ausdrücke dieselbe Größe meinen, zeigen die anderen Zusammenhänge, in denen uns das außer der soeben zitierten Stelle noch 3mal im AT belegte „Älteste Judas" begegnet: Nach 2 Sam 19, 12 sollen die Ältesten Judas nach Absaloms Tod den König wieder heimholen, und in v. 15 schicken „die Männer Judas" (*'îš j^{e}hûḏāh*) die Botschaft an David, er möchte zurückkommen. In dieser Erzählung ist noch in v. 17 und vv. 42–44 von den „Männern Judas" (*'îš*) die Rede. Ähnlich ist der Sachverhalt in 2 Kön 23, 1 (= 2 Chr 34, 29): Die hier genannten „Ältesten Judas und Jerusalems" heißen in v. 2 „alle Männer (Sing.) Judas und alle Bewohner Jerusalems". Schließlich spricht noch Ez 8, 1 von Ältesten Judas, d. h. Ältesten der exilierten Judäer. Für den Begriff „Älteste Judas" kann also auch „Männer (Sing.) Judas“ stehen. Und diese Wendung besagt im allerdings selteneren Pl. dasselbe wie im häufigeren Sing. In 2 Sam 2, 4 heißt es, daß „die Männer Judas“ (Pl.: *'anšê jehûḏāh*) David zum König über das Haus Juda erheben, und anschließend erklärt der König in v. 7, daß ihn „das Haus Juda“ zum König über sich gesalbt habe. Die Größen „Männer (Pl.) Judas“ und „Haus Juda“ sind also identisch, wie denn auch die Bezeichnung „Haus Juda“ stets mit dem Pl. des Verbs konstruiert wird (2 Sam 2, 7. 10; Jer 3, 18; 36, 3; Ez 8, 17; 25, 3; vgl. Jer 11, 10; Neh 4, 10). Die „Männer“ repräsentieren das Haus genauso, wie es in 1 Sam 30, 26 die Ältesten tun. Mit anderen Worten: „Männer“ (Sing. u. Pl.) bzw. „Älteste“ sind die politische Kraft des Hauses Juda. So ist es in 1 Kön 1, 9, wo Adonia seine Brüder und „alle Männer (Pl.) Judas“ zwecks Anerkennung seines Anspruchs einlädt. Neben dieser Bedeutung meint die Wendung „Männer Judas und Benjamins“ in Esr 10, 9 alle ehefähigen Männer. Und in 1 Sam 17, 52 werden sekundär auch „Männer Judas“ neben „Männern Israels“ an der Verfolgung der durch Davids Goliath-Sieg in die Flucht getriebenen Philister beteiligt. Hier meint „Männer“ die Krieger des Heerbannaufgebots.

Diese breite Bedeutungspalette eignet auch dem 31-mal bezeugten Sing. „Männer Judas“. Auf die Identität von „Männer“ und „Älteste“ wiesen wir bereits hin. Jetzt ist nachzutragen, daß unsere Wendung im Sinne von „die Regierungsgeschäfte ausführende Männer“ noch Ri 15, 10; 2 Sam 19, 15. 17. 42–44; 2 Kön 23, 2 steht. Die Rechtsgemeinde ist Jes 5, 3. 7 angeredet. Häufig ist damit das Heerbannaufgebot gemeint (Ri 15, 11; 1 Sam 11, 8; 15, 4; 2 Sam 20, 2. 4; 24, 9; 2 Chr 13, 15; 20, 27; 34, 30). Diese Bezeichnung dient auch dazu, die politische Größe des Volkes Juda zu beschreiben als aus Judäern und Jerusalemern bestehend (Jer 4, 3. 4; 11, 2. 9; 17, 25; 18, 11; 32, 32; 35, 13; 36, 31; auch Dan 9, 7). Jer 44, 26. 27 schließlich bezieht sich auf die nach Ägypten ausgewanderten Judäer. In allen Stellen, so ist zu sehen, hat dieser Begriff eine politische Bedeutung. Er bezieht sich von Hause aus auf solche Judäer, die als Vollbürger der Heerbannpflicht unterliegen, die die Torgerichtsbarkeit pflegen, die als Älteste auch die Regierungsgeschäfte wahrnehmen, und kann dann ganz allgemein auch die Bürger des Staates Juda bezeichnen.

Alle bisher aufgeführten Wendungen werden schließlich von dem Begriff „das Volk des Landes“ (*ʿam hāʾāræṣ*) gedeckt, wenn dieser Begriff sich auf die zu politischem Handeln vereinte Gruppe der grundbesitzenden Vollbürger Judas bezieht (vgl. Gen 23, 7. 12. 13; 2 Kön 11, 14. 18–20; 21, 24 [bis!]; 23, 30; 25, 19 [bis!]; vielleicht auch 2 Kön 15, 5; 16, 15; 23, 35; 24, 14; 25, 3). Darauf, daß zumindest die Bezeichnung „Männer Judas“ mit dem Ausdruck „Volk des Landes“ identisch ist und das gleiche meint, machte bereits E. Würthwein (Der ʿamm ha'arez im AT, 1936, 15) aufmerksam. Schließlich darf vermerkt werden, daß zumindest in 2 Kön 14, 21 (= 2 Chr 26, 1) die noch weitere 5mal belegte Bezeichnung „das Volk Judas“ (*ʿam jehûḏāh*) mit dem „Volk des Landes“ identisch ist, da es um die Einsetzung Asarjas anstatt des ermordeten Amazja zum König Judas durch „das ganze Volk Judas“ geht, eine Aufgabe also, die sonst das „Volk des Landes“ wahrnahm. 2 Sam 19, 41 berichtet, daß „das ganze Volk Judas“ und „das halbe Volk Israels“ mit David zieht; da sodann v. 42–44 von „allen Männern (Sing.) Judas und Israels“ die Rede ist, scheint es sich um das Kriegsvolk zu handeln. Und die Jer-Stellen (25, 1. 2; 26, 18) bezeichnen mit „Volk Judas“ den Adressaten des JHWH-Wortes und meinen einfach die Judäer. In Esr 4, 4 schließlich bezieht sich unsere Wendung auf die zum Tempelbau bereiteten Judäer.

Mit der Feststellung, daß es für den judäischen Begriff *ʿam hāʾāræṣ* keine israelitische Entsprechung gibt, folglich auch die damit bezeichnete Größe etwas ausschließlich Judäisches ist, haben wir einen weiteren Beleg dafür gewonnen, daß Juda und Israel zwei durch ihre bis z. Zt. Davids getrennt voneinander verlaufene geschichtliche Entwicklung unterschiedliche politische Gebilde sind. Daß sich auch das Königtum in den Reichen Israel und Juda je von seinen unterschiedlichen Anfängen her als charismatisches oder dynastisch gebundenes Königtum artikuliert, sei lediglich der Vollständigkeit halber vermerkt (vgl. dazu Alt, VT 1; zuletzt wieder Herrmann, VTS 17; Geschichte, 195).

Für die weitere Geschichte Judas ist zu beachten, daß der im AT insgesamt 150mal belegte Titel „König von Juda“ zum ersten Mal in 1 Kön 12, 23 im Munde des Gottesmannes Semaja von Rehabeam bezeugt ist. Selbst der 42mal gebrauchte Pl. „die Könige von Juda“ ist vor 1 Kön 14, 29 „Chronik der Könige von Juda“ nur noch in 1 Sam 27, 6 belegt, wo erläutert wird, warum Ziklag Besitztum „der Könige von Juda“ ist, eine Notiz also, die augenscheinlich jung ist, deren literarisches Gewand jedenfalls jünger als die Reichstrennung ist (vgl. Stoebe, KAT VIII/1, 478f.). Der skizzierte literarische Befund ist angesichts des Sachverhalts von einiger Bedeutung, daß Saul von David (1 Sam 24, 15; 26, 20) und auch vom Philister Akis (1 Sam 29, 3) als „der König Israels“ bezeichnet wird, er also mit hoher Wahrscheinlichkeit diesen Titel trug. Auch wenn nur ein einziges Mal belegt, so ist doch die Tatsache von Belang, daß in 2 Sam 6, 20 David von Mikal ebenfalls „der König Israels“ genannt wird. Während mit den Wendungen „David war König über das Haus Juda“ (2 Sam 2, 4. 7), „Esbaal war König über ganz Israel“ (2 Sam 2, 9) oder „David regierte über ganz Israel und Juda“ (2 Sam 5, 5) wertneutral ein politischer Sachverhalt beschrieben wird, hat der Titel „der König Israels“ wohl stets besondere Dignität, schwingt in ihm doch die sakrale Weihe mit, die dem König Israels als dem Gesalbten JHWHs zumindest bei Saul und die dem Namen Israel offenbar von allem Anfang an eignet.

Von daher ist es wahrscheinlich, daß David und wohl auch Salomo wie vor ihnen Saul den Titel „der König Israels“ trugen. Mit der Reichstrennung fiel jedoch diese Titulatur an den Nordreichskönig Jerobeam, so daß Rehabeam die analog dazu gebildete Titulatur „der König Judas“ erhält. Er war der erste und Jojachin der letzte, der „König Judas“ genannt wurde (2 Kön 25, 27). Hierbei umfaßt Juda sowohl das gleichnamige Land als auch das Territorium Jerusalems (vgl. Rost, Israel, 3), ist also Bezeichnung für das Staatsgebiet, wie es ähnlich z. Zt. Nehemias wieder der Fall war, der durch die die Umsiedlung von Familien des Landes nach Jerusalem betreffende Regierungsmaßnahme (Neh 7, 4. 5; 11, 1. 2) endgültig den Gegensatz zwischen Stadt und Land in Juda auszugleichen bemüht war.

Die Namensrivalität, die letztlich die beiden durch geschichtliche Traditionen ungleich gewichtigen Namen Israel und Juda einander gegenüberstellte, wie es etwa eindrücklich Jes 5, 7 geschieht (vgl. H. Wildberger, BK X/1, 172), fand mit dem Ende der Eigenstaatlichkeit des Nordreichs im Jahr 722 ihren Abschluß. Wie Rost gezeigt hat, wurde in der Folgezeit mit großer Selbstverständlichkeit der Name Israel von Juda adaptiert und zugleich damit die den Namen tragende israelitische Tradition übernommen. Dieser Aneignungsprozeß, der möglicherweise bis in die Tage Josias gereicht hat (Herrmann, Geschichte, 329), hatte allerdings zur Folge, daß Juda wieder ausschließlich profane Bezeichnung einer politischen Größe wurde und es weiterhin blieb. So gewiß die Regierungszeit Josias für das Südreich die letzte politische Blüte bedeutete, hat er doch die Nordgrenze Judas weit in ehemaliges Nordreichsgebiet hinein vorschieben und zugleich durch die Kultreform die innere Stabilisierung Judas bewirken können, so begegnet doch z. B. in Deut 1–29 der Name Juda nur ein einziges Mal ganz am Rande in der Aufzählung der sich auf dem Garisim aufstellenden Stämme (Deut 27, 12), während der Israel-Name in Deut 1–29 46mal anzutreffen ist.

Das für die Geschichte der Königszeit insgesamt schwierigste Problem ist das der Chronologie. Da es auch das Nordreich betrifft und den Rahmen des Artikels sprengen würde, soll hier nicht darauf eingegangen werden (vgl. dazu zuletzt Herrmann, Geschichte, 235f. und die Anm. 2–8 angegebene Lit.). Desgleichen muß auf eine Darstellung der Geschichte Judas in exilisch-nachexilischer Zeit verzichtet und auf die gängigen Werke verwiesen werden.

V. Was die Frage nach dem Beginn der JHWH-Verehrung für die zu Juda zusammengeschlossenen Gruppen angeht, so tappen wir völlig im Dunkeln. Weil Juda und die zu ihm gehörenden Stämme und Sippen einen bis z. Zt. Davids von den mittelpalästinischen Stämmen getrennt verlaufenen eigenen Weg durch die Geschichte hatten, wird man auch mit einem eigenen Zugang zur JHWH-Verehrung rechnen müssen. Aber wie er verlief, bleibt hypothetisch. Man kann an die mit Juda verbundenen Keniter denken, die wohl schon vor den Judäern JHWH als ihren Gott kannten (vgl. H. Heyde, Kain, der erste Jahwe-Verehrer, AzTh 1/23, 1965). Man kann aber auch die zur Lea-Gruppe gehörenden Leviten als Vermittler des JHWH-Glaubens annehmen, zumal die Exodus-Überlieferung Mose dem Stamm Levi zuordnet (Ex 2, 1–10) und die Leviten in oder um Kades mit dem Priesteramt betraut worden sein wollen (Deut 33, 8–11). Und wenn man sich für den südlichen Landnahmeweg Judas entscheidet, könnte man, unabhängig von den Leviten, an die Oasenstätte Kades denken und ihr die Funktion einer Vermittlerin des JHWH-Glaubens an die sich vorübergehend dort aufhaltenden judäischen und mit ihnen verwandten Gruppen zuweisen, zumal seit langem erkannt worden ist, daß eine Reihe von Kades-Überlieferungen in den Gesamtverband der Wüstenzeit- und Sinai-Überlieferungen eingebaut und durch diese in den Schatten gerückt wurden, Kades also gegenüber dem Sinai eine eigenständige Bedeutung zuzuerkennen ist. Eine Entscheidung für diese oder jene Möglichkeit ist nicht oder nur zögernd zu treffen, sind doch auch verschiedene Kombinationen der gebotenen Möglichkeiten vorstellbar.

Immerhin ist eine Beobachtung schon hier angebracht: Die Intensität und das Gewicht der JHWH-Verehrung waren im Juda der Frühzeit offenbar geringer als in Israel. Denn die für den Glauben Israels grundlegenden Exodus- und Sinai-Überlieferungen sind ausschließlich nordisraelitisches Eigentum; sie sind mit dem Namen Israel aufs Innigste verbunden. Ebenso steht es mit der Erwählungs- und der Bundesvorstellung. Selbst die frühisraelitischen Kultsymbole, die Lade und das Goldene Stierbild, von der Überlieferung samt und sonders mit dem Sinaigeschehen verknüpft, gelten als typisch israelitisch. Daß Juda nichts auch nur annähernd Gleichwertiges vorzuweisen hat, merkt man dem Bemühen Davids an, seiner neuen Hauptstadt auch den Rang einer kultischen Metropole zu verschaffen, indem er sich der israelitischen Lade erinnert und diese nach Jerusalem holt. Offenbar stand ihm nichts Geeigneteres zur Verfügung, erfahren wir doch aus unseren Quellen nichts über typisch judäische Kultsymbole.

Für die vor der JHWH-Verehrung liegende Spanne der judäischen Religionsgeschichte ist wie auch für die anderen Protoisraeliten die El-Verehrung anzunehmen (vgl. O. Eißfeldt, El und Jahwe [KlSchr III, 386–397]; Ders., Der kanaanäische El als Geber der den israelitischen Erzvätern geltenden Nachkommenschaft- und Landbesitzverheißungen [KlSchr V, 50–62]). Für das damals allerdings jebusitische Jerusalem bezeugt Gen 14, 18–20 den El-Eljon, für das kalebitische Hebron bzw. das nahebei gelegene Heiligtum Mamre Gen 13, 18; 17, 1; 18, 1ff. den El-Schaddaj, für das Heiligtum Beersebas Gen 21, 33 den El-Olam und für den im Negeb zu suchenden Brunnenort Beer-Laḥaj-Roi Gen 16, 11–14 (vgl. Gen 24, 62) den Gott El-Roi. Somit verknüpft die at.liche

Tradition die Erzväter Abraham und Isaak mit Orten, die auf dem Territorium des späteren Groß-Juda liegen. Dabei ist auffällig, daß uns für den Stamm Juda selbst kein eigenes Heiligtum bezeugt ist, er also offenbar an dem Kultus anderer Heiligtümer, vielleicht gar an dem von Hebron/Mamre von Anfang an beteiligt zu denken ist. Auch im religiösen Bereich macht sich die frühe Form einer gewissen judäischen Staatenbildung bemerkbar. Ihr entspricht die Herausbildung eines stark national geprägten Selbstverständnisses in Juda, dem für annähernd die gleiche Zeit ein mehr religiös bestimmtes israelitisches Selbstverständnis gegenübersteht (vgl. Zobel, Selbstverständnis). Im gleichen geistigen Milieu wurzelt auch das dynastisch gebundene Königtum Judas, das sich als rein politisch begründetes und erst im Nachhinein durch die Nathan-Verheißung (2 Sam 7) religiös legitimiertes Königtum von dem durch göttliche Erwählung inaugurierten und sodann durch die Zustimmung des Volkes konstituierten charismatischen Königtum Israels grundlegend unterscheidet.
Nicht zuletzt aber wird man die durch den Tempelbau Salomos in Jerusalem institutionalisierte, zuvor schon durch die Berufung des wahrscheinlich vorisraelitisch-jebusitischen Priesters Zadok (vgl. H. H. Rowley, Worship in Ancient Israel, Philadelphia 1967, 72–75) in das Kabinett Davids eingeleitete Aufnahme kanaanäischer Glaubensvorstellungen in den JHWH-Glauben zu bedenken haben. Der Tatbestand, daß der auch in den Ugarit-Texten mit der El-Vorstellung verbundene Schöpfergottglaube (→ אל [*'el*]) vom AT selbst mit Gen 14, 19 als spezifische Titulatur des El-Eljon von Jerusalem ausgewiesen und somit als Jerusalemer Theologumenon apostrophiert wird, läßt es als wahrscheinlich gelten, daß die Vermittlung der Schöpfervorstellung an den JHWH-Glauben Jerusalem oder doch Juda zu verdanken ist; denn der älteste Zeuge dafür ist mit Gen 2, 4bff. der gewiß judäische Jahwist, und der diese Vorstellung nach jahrhundertelangem Dornröschenschlaf zu neuem Leben verhelfende Exils-Prophet DtJes war ebenfalls Judäer. Auch für andere Credo-Aussagen Israels, die im religiösen Milieu Kanaans wurzeln, wird man Jerusalem als Einfallstor ansehen dürfen.
Außer den Abrahams- und Isaaks-Traditionen, die, wie gesagt, von Hause aus groß-judäische Traditionen waren, sind als typisch judäisch noch die Davids-Zion-Traditionen zu nennen. Begegnen wir diesen beiden Traditionen in vorexilischer Zeit etwa bei Jes oder auch bei Jer (vgl. v. Rad, ThAT I[6], 55ff. 78ff.), so gewinnen sie doch erst durch das Ende der judäischen Eigenstaatlichkeit im Jahre 586 v. Chr. und durch das Exil an weiterreichender Bedeutung. Im Blick auf die Davids-Tradition ist mit dem Exil vor allem die Frage nach der weiteren Gültigkeit des einst durch Nathan an David ergangenen Gotteswortes gestellt. Darauf geht DtJes ein, wenn er die Nathan-Weissagung demokratisiert und das Volk als den eigentlichen Empfänger der ewigen Gnadengaben Davids ansieht (Jes 55, 3–5; dazu vgl. O. Eißfeldt, Die Gnadenverheißungen an David in Jes 55, 1–5 [KlSchr IV, 44–52]). Die andere Möglichkeit, die ungebrochene Aktualität der Nathan-Verheißung für den Glauben Israels in exilisch-nachexilischer Zeit zu sichern, besteht in ihrer eschatologischen Interpretation. Sie gilt als noch nicht erfüllt und deshalb weiterhin gültig. Die erwartete Erfüllung kann wie bei Jer (23, 5–6; 33, 15–16; 30, 9) auf das „Wiedererstehen der davidischen Doppelmonarchie" (Rost, Israel, 3) hinauslaufen, wobei Ez (37, 24; vgl. 34, 23–24) die Wiedervereinigung von Juda und Joseph zu dem neuen Israel unter der Herrschaft des kommenden David erwartet (vgl. W. Zimmerli, BK XIII/2, 1258ff.), TrJes (65, 9) vielleicht und Sach (2, 16) wie vor ihnen wohl Mi (5, 1ff.) eine auf Juda beschränkte Heilserwartung haben. Mit ihr ist der Name Juda im religiösen Sinn eindeutig verknüpft.
In diesem Zusammenhang spielen aber auch die übrigen messianischen Hoffnungen insoweit hinein, als in ihnen ein kommender Herrscher aus dem Davidshaus erwartet (vgl. Jes 8, 23 – 9, 6; 11, 1–5; Hos 3, 5; Am 9, 11–12; Ps 89) und somit, auch wenn nicht überall ausdrücklich vermerkt, eben doch für Jerusalem und Juda der Anbruch einer neuen Zeit erhofft wird. Jedenfalls weisen in früher nachexilischer Zeit die an den Statthalter Serubbabel bzw. an ihn und den Hohenpriester Josua geknüpften Hoffnungen (Hag 2, 20–23; Sach 4, 14) auf die Existenz solcher sich vorab für Juda auswirkenden Naherwartungen hin, wie denn selbst gegen Nehemia der Vorwurf erhoben wurde, er habe sich als „König in Juda" ausrufen lassen wollen (Neh 6, 7). Diese schon im AT vielfach gestaltete Messiaserwartung hat dann im Judentum eine weitere Entfaltung erfahren, wobei als Fixpunkte stets die Herkunft des Messias aus dem Geschlecht Davids und sein Wirken eben auch für Juda und Jerusalem erscheinen (vgl. z. B. PsSal 17–18; 4 Esr 12, 31–34; TestSim 7 sowie die Qumran-Texte).
Die andere der beiden Traditionen, die Zions-Tradition, ist, wie von Rad zutreffend betonte, eine selbständige Erwählungstradition. Sie stellt die jüngste dieser Traditionsbildungen dar (ThAT I[6], 59f.). Da sie inhaltlich allerdings „von dem Bewußtsein unbegrenzter Sicherheit und Geborgenheit bei Jahwe" (von Rad, a. a. O.) bestimmt ist, muß man den Unterschied zur typisch israelitischen Erwählungstradition, also der Exodus-Tradition, beachten; denn während diese von starker Dynamik gekennzeichnet ist, eignet jener eine beharrende Statik (vgl. auch Zobel, Erwählungsglauben), worin man wohl abermals altes judäisches Gedanken- und Vorstellungsgut sehen darf. Immerhin ist es letztlich dieser Tradition zu verdanken, daß Juda der Name der Gola und in nachexilischer Zeit die „offizielle Bezeichnung für die Kultgemeinde, die sich um den Jerusalemer Tempel schart, und für die seit Nehemia gegenüber Samarien verselbständigte persische Provinz" (Rost,

Israel, 3; R. Bach, RGG III, [3]1959, 964, weist auf die archäologischen Zeugnisse für den Namen *jhd* hin) wurde und daß schließlich der JHWH-Glaube als „jüdisch" (vgl. Sach 8, 23) weiterleben konnte (Hempel, BHHW II, 899; vgl. J. Scharbert, LThK V, [2]1960, 1151).

Mit den hier dargelegten Einschränkungen, daß es trotz der Fülle der mit dem Israel-Namen verbundenen theologischen Aussagen doch auch einige an den Namen Juda anknüpfende Theologumena im AT gibt, gilt die kategorische Feststellung von Rads also noch heute: „Juda ist der Name eines Stammes, und er bleibt ... – und das gilt für den ganzen Umfang der alttestamentlichen Literatur – profaner Stammesname" (ThWNT III, 357).

Zobel

יהוה *JHWH*

I. Das Wort – II. Belege für die Vokalisation und außerbiblische Verwendung – 1. Biblische Belege für die Vokalisation – a) Orthographie – b) Namengebung – 2. Außerbiblische Belege aus der ersten Hälfte des 1. Jt.s v. Chr. – a) Vorkommen des Namens – b) Namengebung – 3. Griechische Quellen – 4. Belege für den Namen aus dem 2. Jt. v. Chr. – a) Äg. Belege – b) Ugar. Belege – c) Keilschriftliche Belege – d) Nabatäische Belege – 5. Zusammenfassung – III. Amor. Belege und die Rekonstruktion der Aussprache des Tetragramms – 1. Die Belege – 2. Die Aussprache – IV. Bedeutung des Namens – 1. Allgemeine Bemerkungen – 2. Biblisches Material – a) Die alte Poesie – b) Späteres Material – 3. Andere etymologische Theorien – a) Verbale Etymologien – b) Die Kurzformtheorie – V. Die Gestalt JHWHs.

Grundlegende Lit.: *F. M. Cross*, Canaanite Myth and Hebrew Epic, Cambridge/Mass., 1973. – *G. R. Driver*, The Original Form of the Name 'Yahweh' (ZAW 46, 1928, 7–25). – *Z. S. Harris*, Development of the Canaanite Dialects, New Haven, 1939. – *J. L'Hour*, „Yahweh Elohim" (RB 81, 1974, 524–556). – *J. Ph. Hyatt*, The Origin of Mosaic Yahwism (The Teacher's Yoke, Memorial H. Trantham, Waco, Texas, 1964, 85–93). – *E. Jenni*, יהוה *Jhwh* Jahwe (THAT I, 1971, 701–707). – *J. Kinyongo*, Origine et signification du nom divin Yahwé à la lumière de récents travaux et de traditions sémitico-bibliques (BBB 35, 1970). – *D. J. McCarthy*, Exod 3:14: History, Philology and Theology (CBQ 40, 1978, 311–322). – *S. Mowinckel*, The Name of the God of Moses (HUCA 32, 1961, 121–133). – *A. Murtonen*, A Philological and Literary Treatise on the Old Testament Divine Names *'l, 'lwh, 'lwhym* and *yhwh*, Helsinki 1952. – *S. Norin*, Jô-Namen und J^{e}hô-Namen (VT 29, 1979, 87–97). – *G. H. Parke-Taylor*, Yahweh: The Divine Name in the Bible, Waterloo/Ontario 1975. – *B. Porten*, Archives from Elephantine, Berkeley 1968. – *W. H. Schmidt*, Der Jahwename und Ex 3, 14 (Textgemäß, Festschr. E. Würthwein, 1979, 123–138). – *M. W. Stolper*, A Note on Yahwistic Personal Names in the Murašû Texts (BASOR 222, 1976, 25–28). – *R. de Vaux*, Histoire ancienne d'Israel I, Paris 1971. – *Ders.*, The Revelation of the Divine Name YHWH (Proclamation and Presence, Festschr. G. H. Davies, London 1970, 48–75; bes. 67–69). – *L. Viganò*, Nomi e titoli di YHWH alla luce del semitico del Nord-Ovest (BietOr 31), Rom 1976. – *B. N. Wambacq*, 'Eh^{e}yeh '^{a}šer 'eh^{e}yeh (Bibl 59, 1978, 317–338). – Weitere Lit. im Art.

I. Das Tetragramm *JHWH* ist der Eigenname des Gottes Moses. Die richtige Aussprache des Namens ging in der jüdischen Tradition des Mittelalters verloren. Schon spät in der Zeit des zweiten Tempels wurde der Name als unaussprechbar heilig und somit im öffentlichen Vortrag nicht verwendbar betrachtet, obwohl er noch privat gebraucht wurde. Früh in der Neuzeit fingen die Gelehrten an, die Aussprache zu rekonstruieren. Die Form *jahwæh* ist jetzt fast allgemein anerkannt (Geschichte der neuzeitlichen Auffassung bei Kinyongo, 51–53). Die Struktur und Etymologie des Namens sind viel diskutiert worden. Obwohl kein Konsensus besteht, wird allgemein angenommen, daß der Name eine Verbform darstellt, abgeleitet von der Wurzel *hwj*, später *hjj* (→ היה), 'existieren, da sein'. Ob das Verb urspr. eine *qal*-Bildung oder eine *hiph*-Form ist, ist nicht ganz klar. Die überwiegende Mehrzahl der Argumente spricht für die letztere Annahme.

Die mit dem Tetragramm verbundenen Probleme sind mannigfach und alle ein wenig technisch. Die biblische Orthographie und Namengebung sowie die außerbiblischen Belege für die Aussprache sind zu beachten, und die phonologischen und typologischen Argumente müssen erörtert werden, ehe die biblische Erzählung selbst behandelt werden kann.

Freedman

II. 1. a) Im MT ist *JHWH* eines der sog. *q^{e}rē* perpetua: die Konsonanten werden mit den Vokalen der ausgesprochenen Form *'^{a}donāj* (→ אדון), bzw. – bei vorausgehendem *'^{a}donāj* – *'^{æ}lohîm*, versehen, ohne daß die dazu gehörenden Konsonanten am Rand angegeben werden. Die falsche Form *j^{e}howāh* (Jehova) entstand dadurch, daß die Christen der Renaissance die massoretische Lesung entweder nicht verstanden oder übersahen. Die Massoreten haben aber nicht genau die von ihrer Aussprache geforderten Vokalzeichen eingesetzt, was *j^{a}howāh* ergeben hätte, denn diese Form hätte eben gegen das Tabu verstoßen, das sie vermeiden wollten, wenn die erste Silbe einen a-haltigen Vokal enthalten würde. Deshalb haben sie *j^{e}howāh* geschrieben, mit dem sozusagen farblosesten Vokalzeichen, das sie kannten. Die Schreibung *j^{e}howih* für *'^{æ}lohîm* verstößt ebensowenig gegen das Tabu. Diese Schreibungen enthalten somit einen indirekten Beweis dafür, daß die erste Silbe nicht ein ^{e} oder einen verwandten Vokallaut enthielt (Gordon, UT, Nr. 1084; andere Erklärung R. Kittel, Yahweh,

The New Schaff-Herzog Encyclopedia of Religious Knowledge, New York 1912, XII, 470f.).

Wahrscheinlich ist diese Lesung des Gottesnamens viel älter als der MT. In gewissen (obwohl nicht allen) Qumrantexten kann die Schreibung des Namens mit dem althebr. Alphabet eine besondere Lesung andeuten. In 4Q 139 haben zwei Punkte vor dem Namen *JHWH* vielleicht dieselbe Funktion (nach J. Strugnell bei J. P. Siegel, HUCA 42, 1971, 159–172). Material aus jüd. Quellen findet sich bei M. Reisel, The Mysterious Name of YHWH, Assen 1967, und E. Rosh-Pinnah, JQR 57, 1967, 212–226. Nach G. R. Driver (Textus 1, 1960, 112–131) wurde das Tetragramm in frühen biblischen Texten zu *j* verkürzt, aber seine Ausführungen sind nicht überzeugend.

b) Personennamen, die den Namen *JHWH* enthalten, finden sich häufig im AT (vgl. IPN und Kinyongo 47f.). In Anfangsstellung hat das Element zwei Formen, *jô-* und *j^ehô-*. Im vorliegenden MT wechseln sie ziemlich frei, z. B. *jônāṯān* und *j^ehônāṯān*, *jôjāḵîn* und *j^ehôjāḵîn*; die kürzere Form findet sich häufiger in frühkönigzeitlichen und nachexilischen Texten, die längere in Texten der späteren Königszeit (Driver, ZAW 46, 22). Die längere Form ist offenbar die ursprüngliche. Obwohl ein *h* nach den Lautgesetzen des Hebr. nur an einer formativen Grenze (*maqṭîl* < *mahaqṭîl*, *babbajiṯ* < *bahabbajiṯ*) elidiert wird, ist es kaum erstaunlich, daß eine solche Elision in einem Eigennamen auch im Wortinneren möglich ist (Harris 54–56). Am Ende eines Namens hat das Tetragramm auch zwei Formen, *-jāhû* und *-jāh*, z. B. *malkijjāhû* und *malkijjāh*, *ma'^aśejāhû* und *ma'^aśejāh*. Auch hier muß die längere Form als ursprünglich gelten, was ergibt, daß beide aus **jahw* hergeleitet sind mit Vokalisierung des *w* zu *u* (vgl. BLe § 25c'.d'). In der längeren Form ist das *u* verlängert worden und deshalb bewahrt; in der kürzeren Form wurde *u* nicht verlängert und fiel deshalb weg.

Wir behandeln hier nicht die Kurzform *jāh*, die in der Poesie seit dem 10. Jh. (z. B. Ps 68, 5. 19) und in der liturgischen Formel *hal^elû-jāh* auftritt. Merkwürdigerweise kommt sie auch Ex 15, 2 vor. In Ex 17, 16 (*kes jāh*) ist wahrscheinlich eine Verbform von der Wurzel *ksj* (*kāsāh*) zu lesen. F. M. Cross meint, daß die Form *jāh* wenigstens in späteren Quellen nichts mit dem Gottesnamen zu tun hat, sondern ein Vokativpartikel wie ugar. *j* und arab. *jā* ist (Near Eastern Archaeology in the Twentieth Century, Festschr. N. Glueck, Garden City 1970, 306, A. 17).
Nach einigen Forschern, vor allem G. R. Driver, stellt die Kurzform die ursprüngliche Gestalt des Gottesnamens dar. Nach ihm (ZAW 46, 23) werden Götternamen in anderen semit. Sprachen nie gekürzt; es sei deshalb unwahrscheinlich, daß ein so heiliger Gottesname wie *JHWH* abgekürzt werden könnte. Gegenbeispiele sind zwar selten, sind aber vorhanden, z. B. *ḥîrom* < *'^aḥîrom*, vielleicht *'ældāḏ* < *'æl-h^adaḏ* 'Hadad ist Gott' und *mêḏāḏ* < *mê-h^adaḏ* 'Wasser des Hadad (?)'.

2. a) Das höhere Alter des sparsamen außerbiblischen Materials macht es geeignet, Ausgangspunkt unserer Untersuchung zu sein. Die Belege für den Namen *JHWH* finden sich mit einer bemerkenswerten Ausnahme in Segens- und Fluchformeln, Anspielungen auf solche Formeln sowie in kultischen Ausdrücken und Titeln. Die Belege werden hier in chronologischer Ordnung gegeben (Belege, wo der Gottesname suppliert worden ist, werden ausgelassen, z. B. die Fort Salmanassar-Inschrift, A. R. Millard, Iraq 24, 1962, 41–51, ebenso die beiden Ostraka aus Megiddo, bzw. Samaria mit *ljh*, s. de Vaux, 322, A. 83f.).

(1) Der älteste außerbiblische Beleg findet sich in der Meša'-Inschrift (KAI 181, 17f.), wo es heißt: *w'qḥ mšm* '[*t k*]*lj jhwh w'sḥb hm lpnj kmš* „Und ich nahm die Gefäße (vgl. Jes 52, 11) des *jhwh* und schleppte sie vor Kemoš". Das Vorkommen des Tetragramms ist unbestritten.

(2) Ein Siegel im Harvard Semitic Museum (8. Jh.) trägt die Inschrift *lmqnjw 'bd jhwh* „Dem Miqnejaw, dem Knecht *jhwh*'s gehörig". Der Name scheint levitisch zu sein (vgl. 1 Chr 15, 18. 21); der Besitzer des Siegels war wahrscheinlich ein Priester, der im Heiligtum Dienst tat (Cross 61).

(3) Eine Grabinschrift aus Chirbet el-Qōm südwestlich von Lakiš (um 750; HUCA 40–41, 1969–70, 139–204) enthält den Satz *brk 'wrjhw ljhwh*, „Gesegnet sei Urijahu von JHWH" (s. A. Lemaire, RB 84, 1977, 595–608).

(4) Eine in Kuntillat 'Ajrud an der Grenze zum Sinai in vier Fragmenten gefundene Inschrift trägt u. a. die Buchstaben *hjṭb jhwh* und den Gottesnamen Ba'al in phön. Schrift (Qadmoniot, 9, 1976, 122).

(5) Die Lakiš-Briefe aus der letzten Zeit des Königtums enthalten mehrere Formeln mit dem Tetragramm. Die Mehrzahl der Belege findet sich in Grußformeln: *jšm' jhwh 't 'dnj š*[*m*]*'t šlm 't kjm 't kjm* „Möge *jhwh* meinen Herrn recht bald gute Nachrichten hören lassen" (KAI 192, 1–3; Varianten in KAI 193, 2f.; 194, 1f.; 195, 1–3; 197, 1f.); *jr' jhwh 't 'dnj 't h't hzh šlm* „Möge *jhwh* meinen Herrn die jetzige Zeit in Gesundheit sehen lassen" (KAI 196, 1f.). Die im AT geläufige Schwurformel *ḥj jhwh* „so wahr *jhwh* lebt" (→ חיה), kommt auch in Lakiš vor, einmal mit der biblischen Schreibung (KAI 196, 12) und einmal in der eigentümlichen Schreibung *ḥjhwh* (KAI 193, 9, wahrscheinlich scriptio continua, möglicherweise Haplographie, vgl. Harris 31. 57; M. Greenberg, JBL 76, 1957, 34–39). Der Name findet sich auch im Kontext *jbkr jhwh 't* '[??]*j* (KAI 192, 5f., unerklärt) und vielleicht auch in einer schwer beschädigten Stelle KAI 194, 7f.

(6) Die von Aharoni entdeckten Arad-Ostraka sind nur zum Teil veröffentlicht worden. Einer der Briefe (IEJ 16, 1966, 1–7) enthält zwei Erwähnungen von *jhwh*, die erste im einleitenden Gruß: *'l 'dnj 'ljšb jhwh jš'l lšlmk* (Z. 1–3), „An meinen Herrn Eljašib. Möge *jhwh* deinen Frieden suchen" (wörtlich 'fragen nach', was wahrscheinlich soviel wie 'geben' meint, vgl. 1 Sam 1, 28; ähnliche Formel auf aram. Cowley, AP 30, 1f.), die zweite Z. 7–10: *wldbr 'šr ṣwtnj šlm bjt jhwh h' jšb* „Und was die Angelegenheit betrifft, die

du mir befohlen hast – sie ist geregelt. Im Hause des *jhwh* bleibt er" (der Absender ist vielleicht im Tempel zu Jerusalem stationiert; das Wohnen im Tempel ist merkwürdig, vgl. Ps 23, 6, wo *bêṯ JHWH* vielleicht JHWHs Gebiet oder Land meint – das kann auch hier der Fall sein, → ישב *jāšab*).

(7) Der schwierigste Beleg für die vorexilische Verwendung des Tetragramms findet sich in einigen Wandinschriften aus Ḫirbet Beit Lei in der Nähe von Lakiš (J. Naveh, IEJ 13, 1963, 74–96; vgl. F. M. Cross, Festschr. N. Glueck, Garden City 1970, 299–306). Die Inschrift A lautet nach Cross: [']*nj jhwh 'lhjk 'rṣh 'rj jhdh wg'ltj jršlm* „Ich bin *jhwh*, dein Gott. Ich will die Städte Judas gnädig ansehen, und ich will Jerusalem erlösen". Cross betrachtet den Text als poetisch und erwägt die Möglichkeit, daß er eine Prophetie aus der Zeit des Falls Jerusalems sei. Der Text B lautet nach Cross: *nqh jh 'l ḥnn nqh jh jhwh* „sprich (uns) frei, o gnädiger Gott; sprich (uns) frei, o *jhwh*". Text C lautet *hwš' jhwh* „Erlöse (uns), *jhwh*". Obwohl Naveh und Cross unterschiedliche Lesungen bieten, sind sie über das Vorkommen des Tetragramms einig; beide sind auch der Meinung, daß die Texte keineswegs formelhaft sind.

(8) Die restlichen Belege sind auf aram. Texte aus Ägypten beschränkt. Zwei Schreibungen des Gottesnamens kommen vor, nämlich *jhw* (fast immer in Papyri) und *jhh* (einmal in einem Papyrus [AP 13, 14], sonst auf Ostraka); die einmal belegte Schreibung *jh* (BMAP 3 s. Porten 106, A. 5) stellt wahrscheinlich eine Schwächung von urspr. *jhw* dar.

Der Name kommt 8mal in der Formel *ḥj jhh* auf Ostraka vor. Daß der Ausdruck geläufig ist, geht aus einem Brief an eine Frau hervor: „Ich schicke dir morgen Gemüse. Hole das Boot morgen am Sabbat ab, damit es nicht verderbt wird. Wenn nicht, werde ich, so wahr *jhh* lebt, dir das Leben nehmen. Vertraue nicht auf Mešullemeth oder auf Šemaja. Nun, schicke mir Gerste zurück ... Nun, so wahr *jhh* lebt, wenn nicht, wirst du für die Rechnung verantwortlich sein" (Clermont-Ganneau 152, Porten 126). Die Form *jhh ṣb't* kommt auf Ostraka in Grußformeln vor (Porten 106, A. 6. 109). Besonders interessant ist der Gruß: „Ich schicke dir Frieden und Leben. Ich segne dich durch *jhh* und *ḥn*[*m*]", eine offenbar synkretistische Formel, die JHWH mit dem äg. Lokalgott Chnum kombiniert (zum Text s. Porten 159. 275). Schwüre bei *jhw 'lh' bjb bjrt'* „dem Gott *jhw* in der Festung von Elephantine" u. ä. finden sich in denselben Papyri (AP 6, 4, s. Porten 237–240 und AP 45, s. Porten 153).

Mehrere Belege für *jhw* beziehen sich auf den Kult im Tempel zu Elephantine, gewöhnlich *'gwr'* (akk. *ekurru*, aus sum. *é.kur*), jedoch einmal *bjt* und einmal *bjt mdbḥ'* genannt (Porten 109). Ein aram. Text bezieht sich offenbar auf die Belästigung der jüd. Garnison in ihrem Gottesdienst (AP 27). Der Tempel des *jhw* wurde wahrscheinlich um 410, als unser Text abgefaßt wurde, zerstört. In einem späteren Text, um 408 geschrieben, bitten die Mitglieder der Garnison um Erlaubnis, den Tempel wiederaufzubauen (AP 30; vgl. 31; Rosenthal, Aram. Handbook, I/1, 10f.). Ein weiterer Text nimmt vielleicht auf den Wiederaufbau Bezug (AP 33, Porten 110–115. 284–296). In einem Text werden zwei Leute als *khnj' zj jhw 'lh'* „Priester des Gottes *jhw*" erwähnt. Der Ausdruck „Diener (*lḥn*) des *jhw*" bezieht sich wahrscheinlich auf irgendeine religiös begründete Stellung (AP 38, 1; s. Porten 35. 74. 106, A. 5. 109. 214).

Besonders bemerkenswert ist die Kollektenliste (AP 22) mit der Überschrift *znh šmht ḥjl' jhwdj' zj jhb ksp ljhw 'lh' lgbr l*[*g*]*br ksp*[*š 2*] „Dies ist (die Liste der) Namen der Leute von der jüdischen Garnison, die Geld gaben für den Gott *jhw*, ein jeder den Betrag von zwei Šekel". Die Unterschrift der Liste scheint der Überschrift zu widersprechen, denn sie besagt, daß mehr als ein Drittel des Geldes *jhw* zufiel, ein ähnlicher Betrag der 'Anath-Bethel und das Übrige dem Ešem-Bethel. Dies scheint einen zum Teil synkretistischen Kult zu spiegeln, obwohl andere Deutungen möglich sind (vgl. Porten 160–179).

(8) Somit zeugen ca. 19 Belege des Tetragramms in der Form *jhwh* von der Zuverlässigkeit des MT in dieser Hinsicht; mehr Belege sind zu erwarten, vor allem aus dem Arad-Archiv.

Die Vokalisation der Form *jhwh* ist von einigen als *jahwō* angesetzt worden aufgrund von Formen wie *nbh*, Nebo, und *'th*, bibl.-hebr. *'ôṯô* (Meša', KAI 181, 14; Lakiš 3, KAI 193, 12; vgl. de Vaux 322f.; Kinyongo 49–51 und neuerdings L. Delekat, Festschr. K. G. Kuhn, 1971, 23–75; zu den Formen F. M. Cross – D. N. Freedman, Early Hebrew Orthography, New Haven 1952, und KAI ad loc.). Es ist aber aufgezeigt worden, daß die südkanaan. Dialekte (Hebr., Moabit.) in der Verwendung der matres lectionis konsequent waren: *j* stand für *ī*, *w* für *ū* und *h* für *ē*, *ā* oder *ō* (s. Cross-Freedman, a.a.O.). Die Lesung *ō* wird also nicht von den Tatsachen gestützt. Die Elephantineformen *jhw* und *jhh* sind mehr als doppelt so zahlreich wie die *jhwh*-Belege, obwohl die wechselnde Schreibung verwirrend wirkt. Die Ostraka-Form *jhh* ist wahrscheinlich sprachlich weiter fortgeschritten (mit *ū* > *ō*) als die Papyrus-Form (mit *û*). Man könnte dies als ein Anzeichen dafür nehmen, daß der Lautwandel zu der Zeit eben im Gange war, aber es ist einfacher anzunehmen, daß die Wirkung des Lautgesetzes schon vollendet war und daß *jhw* eine leicht archaisierende Form ist.

Zusammenfassend läßt sich also sagen: a) die Konsonanten des Namens sind *jhw*; b) der Name endete auf einen langen nicht-hohen Vokal, der jedenfalls nicht *ī* oder *ū* war; c) eine kürzere Form des Namens erscheint um die Zeit des Exils; sie kann aus den präfigierten (*jehô-*, *jô-*) oder suffigierten (*-jāhû*, *-jāh*) Formen der Zusammensetzungen hergeleitet werden; d) nachdem der Endvokal verschwunden ist, ist *w* zu *ū* (später > *ō*) übergegangen.

Ein problematischer Beleg findet sich auf dem Räucheraltar aus Lakiš (5. Jh., Lachish III, hrsg. O. Tufnell,

London 1953, 358f.; s. Porten 292, A. 27), wo *jh* vielleicht als Gottesname steht, aber die Lesung ist fraglich (verteidigt von Y. Aharoni, IEJ 18, 1968, 163, bestritten von F. M. Cross, BASOR 193, 1969, 21–24). Krughenkel aus dem 5. und 4. Jh. mit der Inschrift *jhw* oder *jh* (z. B. Y. Aharoni u. a., Excavations at Ramat Raḥel, Rom 1964, 20f.) enthalten wahrscheinlich nicht den Gottesnamen (wie z. B. Driver ZAW 46, 22, meint), sondern bieten eine verkürzte oder entartete Form des gewöhnlichen *jhwd*.

b) Die Personennamen bieten ein viel reichhaltigeres Material als die Belege für die selbständige Form. Ein großer Teil der Belege muß aber hier unberücksichtigt gelassen werden, da die Datierung mehrerer Texte, bes. der westsemit. Siegel und Bullen, unsicher ist. Wir fassen hier die einigermaßen datierbaren westsemit. Quellen und die akk. Daten zusammen.

(1) Die verschiedenen Formen des Gottesnamens in persönlichen Satznamen sind nicht einheitlich bezeugt. Frühe Belege sind auch beschränkt an Zahl. Die einzigen möglicherweise relevanten Namen aus dem 10. Jh. sind die beiden auf dem Rande des Geserkalenders (KAI 182) geschriebenen *'bj* und *pnj*; die Supplierung eines *h* am Ende des ersten ist sehr unsicher, wie auch die Vollständigkeit des zweiten (KAI II, 181f.). Auch das 9. Jh. bietet nur zwei Namen, beide deutlich lesbar, *šm'jhw* und *'zrjhw* (D. Diringer, Le iscrizioni antico-ebraiche palestinesi, Florenz 1934, 199f.; J. C. L. Gibson, Textbook, 61). Das oben erwähnte Siegel im Harvard Semitic Museum aus dem 8. Jh. liefert den Namen *mqnjw* (F. M. Cross, Myth, 61). Ein Siegel aus dem 8. oder 7. Jh. enthält den Namen *jhwmlk* (G. R. Driver, PEQ 77, 1945, 5). Ein Siegel aus Ramat Rahel (8. Jh.) bietet *jwbnh* (Y. Aharoni, EI 6, 1960, 56–60).

Namen mit dem Gottesnamen in Endposition sind reichlich belegt im 7. und 6. Jh. Die judäische Form ist gewöhnlich *-jhw*, wie die folgenden Beispiele zeigen: *'wrjhw* (Arad, Y. Aharoni, EI 9, 1969, 17; um 625; Chirbet el-Qōm, RB 84, 599, um 750); *'ḥjhw* (Lakiš, KAI 193, 17; Ophel-Ostrakon KAI 190; 7. Jh.); *'šjhw* (Brief aus Arad; Y. Aharoni, BASOR 184, 1966, 14; Siegel aus Arad, Y. Aharoni, EI 8, 1967, 101–103; 7.–6. Jh.); *bqjhw* (Ophel-Ostrakon, KAI 190); *brkjhw* (Siegel aus Arad; EI 8, 1967, 101–103); *gmrjhw* (Arad, EI 9, 17; Lakiš 1, 1); *hwdjhw* (Lakiš, KAI 193, 17); *hwš'jhw* (Yabneh Yam, KAI 200, 7; um 625; Cross, BASOR 165, 1962, 35; Lakiš KAI 193, 1); *ḥṣljhw* (Lakiš 1, 1); *ḥjhw* (aus *'ḥjhw*, Tell Qasile, Text 1, B. Maisler, JNES 10, 1951, 265f.; 8. Jh.; vgl. S. Moscati, Epigraphica, 113); *ṭbjhw* (Lakiš, KAI 193, 19); *j'znjhw* (Lakiš 1, 2f.); *jd'jhw* (Arad, EI 9, 17); *jḥzqjhw* (Ophel-Ostrakon, KAI 90); *jrmjhw* (Lakiš 1, 4; Ostrakon aus Arad, Y. Aharoni, EI 9, 1969, 11, um 600; Sonnenheiligtum in Lakiš, Y. Aharoni, IEJ 18, 1968, 166–169, gegen Ende der Königszeit); *knjhw* (Lakiš KAI 193, 15); *mbṭḥjhw* (Lakiš 1, 4); *mlkjhw* (Arad, EI 9, 11; Neḥemjahu-Ostrakon aus Arad, EI 9, 15, um 701); *mtnjhw* (Lakiš 1, 5); *nḥmjhw* (Arad, EI 9, 17; Neḥemjahu-Ostrakon aus Arad, EI 9, 15); *nrjhw* (Arad EI 9, 17; Lakiš Sonnenheiligtum, IEJ 18, 166–169; Lakiš 1, 5); *ntnjhw* (Chirbet el-Qōm; RB 84, 596f., um 750); *sbrjhw* (Arad, EI 9, 17); *smkjhw* (Lakiš, KAI 194, 6; 198, 2; Lakiš 11, 5); *'nnjhw*, *'śjhw*, *ṣpnjhw* und *šbnjhw* (Lakiš Sonnenheiligtum, IEJ 18, 166–169); *šlmjhw* (Siegel aus Arad, EI 8, 101–103); *šm'jhw* (Weizenröster aus Arad, EI 9, 17; Murabba-'at 17B, DJD II, 93–100; 700–650, vgl. Cross, BASOR 165, 1962, 42; Lakiš, KAI 194, 6; 199, 4); *šmrjhw* (Ostrakon aus Arad, IEJ 16, 1966, 5f.).

Die (nord)israelit. Form war im 8. Jh. *-jw* (wovon sich vielleicht Spuren finden in der LXX, die angeblich älter ist als die judäische Normalisierung: 'Ηλειοῦ, nicht 'Ηλία(ς); vgl. auch 1 Kön 17, 2, wo MT *'elājw* liest gegen LXX πρὸς 'Ηλειοῦ, s. D. Diringer und S. P. Brock, Words and Meanings, Festschr. D. Winton Thomas, Cambridge 1968, 39–45). Folgende Beispiele sind zu erwähnen: *'bjw* (Sam 52, 2 [Textausgabe: G. A. Reisner – C. S. Fischer – D. G. Lyon, Harvard Excavations at Samaria, 1908–1910, I, Cambridge/Mass., 1924, 227–246], um 735, s. Cross, BASOR 165, 1962, 35); *gdjw* (Sam 4, 2; 5, 2; 6 = KAI 185, 2f. usw., 15 Belege); *dljw* (Hazor Text 8, Y. Yadin u. a., Hazor II, Jerusalem 1960); *jd'jw* (Sam 1 = KAI 183, 8; 42, 2; 48, 1); *mrnjw* (Sam 42, 3; 45, 2f.; 47, 2f.); *'bdjw* (Sam 50, 2); *qljw* (Samaria Scherbe C 1012, um 722, vgl. Cross, BASOR 165, 1962, 35, A. 7); *šmrjw* (Sam 1 = KAI 183, 1f.; 13, 2; 14, 2; 21, 1f.). In Kuntillat 'Ajrud finden sich einige Namen mit der nördlichen Form: *'mrjw*, *hljw*, *'bdjw* und *sm'jw* (s. vorläufig Z. Meshel, Kuntillet 'Ajrud, a Religious Centre from the Time of the Judaean Monarchy on the Border of Sinai, Ausstellungskatalog des Israel Museums, Nr. 175, 1978). – Vgl. Norin.

Die israelit. Anfangsform war dieselbe, bezeugt in *jwjšb* aus dem 8. Jh. (Sam 36, 3; vgl. auch 35, 3; 57, 1). Im 7. und dem frühen 6. Jh. wechselte die judäische Form zwischen dem vorherrschenden *jhw-* und dem weniger häufigen *jw-*, wie *jhw'z* (Arad Weizenröster, EI 9, 17), *jhw'l* und *jhwkl* (Lakiš Sonnenheiligtum, IEJ 18, 166–169) sowie *jw'zr* (Murabba'at 17B, DJD II, 93–100).

Die Elephantine-Formen sind sehr wechselnd. Am Anfang des Namens ist *jhw-* vorherrschend, wie z. B. *jhw'wr*, *jhwḥnn*, *jhwṭl*, *jhwntn* und *jhwšm'*, aber auch andere Formen sind bekannt (s. AP und Kraeling, Papyri, Indices). Die Form *jhh-* findet sich in *jhh'wr* und *jhhdd* (AP 1, 2; 11, 13; zur Lesung des letzteren s. Porten 106, A. 5, 136, A. 83; Cowleys Lesung wird verteidigt von M. D. Coogan, JSJ 4, 1973, 186, A. 2), *jw-* in *jwntn* (AP 81, 14. 29) und *jh-* in *jhntn* und *jh'šn* (AP 2, 21; BMAP 5, 4. 7. 9; 6, 2; 10, 21?). Am Ende war die Standardform *-jh* (s. AP und BMAP, Indices), obwohl auch *-jw* vorkommt (AP 5, 15; 6, 18; 10, 22; 11, 16).

Es ist zu erwähnen, daß im Material aus der spätbibl. Zeit die Form *jhw* sowohl am Anfang wie am Ende des Namens neben *jw-*, *-jw* und *-jh* gut bezeugt ist, wahrscheinlich archaisierend (von den 30 Namen in Lidzbarski, Handbuch, Index, sind 14 mit *-jhw* gebildet; weiteres Material in LidzEph). Auf hasmonäischen Münzen heißt Jonatan *jhwḥnn*, Antigonus *mttjh*, während Alexander Jannäus sowohl die lange als auch die kurze Form gebraucht: *jhwntn* in einer königlichen Münzenreihe, *jwntn* in einer priesterlichen (Beispiele in G. A. Cooke, A Textbook of North-Semitic Inscriptions, Oxford 1903, Nr. 149C, a–d).

(2) Die Namen von wenigstens drei palästinischen Herrschern mit *jhwh*-Namen sind in assyr. Königsannalen bezeugt. Eine Initialform des Gottesnamens begegnet in der Transkription *ia-ú-ḫa-zi* für Ahas, die hebr. **jahū-ḥaz^i* entspricht. Asarja wird als *az-ri-ia-a-ú* erwähnt, hebr. *ʿazr^i-jahū*. Hiskias Name wird auf zwei verschiedene Weisen wiedergegeben: *ḫa-za-qi-ia-ú*, *ḫa-za-qi-a-ú* (hebr. **ḥāzaq^i-jahū*) und *ḫa-za-qi-ia* (hebr. *ḥāzaq^i-jāh*) (Tallqvist, APN s.v.; die Variante *ḫa-za-qi-a-a-ú* ist nicht ganz klar). Unklar ist der Name des Königs von Hamat *ia-ú-bi-iʾ-di* (Tallqvist, APN 92b; Diskussion bei E. Lipiński, VT 21, 1971, 371–373 und Kinyongo 24–26); *jwrm* als Name eines Fürsten von Hamat in 2 Sam 8, 10 ist vielleicht vergleichbar (Driver, ZAW 46, 9, A. 9). Zu anderen Namen aus ostsemit. Quellen, die vielleicht das Tetragramm enthalten, s. Driver, ZAW 46, 10f. Die Namen mit *jhwh* als Schlußteil zeigen dieselbe Form wie die Königsnamen, diejenigen mit dem Gottesnamen als Anfangsteil sind unsicher. Die bedeutende Firma Muraššu und Söhne in Nippur (5. Jh.) hatte Verbindungen mit vielen Mitgliedern der jüdischen Diaspora, und mit dem Tetragramm gebildete Namen sind häufig in ihren Dokumenten (s. M. D. Coogan, JSJ 4, 1973, 183–191; 7, 1976, 199f.). Sechs verschiedene Namen haben anfangendes *ia-a-ḫu*, z. B. *ia-a-ḫu-u-natan* (aram. Beischrift *jhwntn*) / hebr. **jahū-nāṯan*. Zwei Dutzend Namen haben das Schlußelement *-ia-a-wa$_6$* (z. B. *abi-ia-a-wa$_6$*), was hebr. *-jaw* entspricht.

3. In den ersten Jahrhunderten n. Chr. wurde das Tetragramm epigraphisch häufiger als im 1. Jt. v. Chr. Der Kontext ist aber so verschieden, daß es zu weit führen würde, wollte man dem Material gerecht werden (s. besonders R. Ganschinietz, Iao, PW 9, 1914, 698–721; ferner D. Wortmann, Neue magische Texte, Bonner Jahrbücher 168, 1968, 56–111; K. Preisendanz, Papyri Graecae magicae, 1931; D. Wortmann, Zur Überlieferung der griech. Zauberpapyri, Miscellanea critica, hrsg. J. Irmscher u. a., 1951, I, 203–217). Der Name erscheint jetzt als ιαω als Name einer allmächtigen Gottheit, die von Zauberern zusammen mit Adonai und Abraxas angerufen wurde. Der Name genoß hohe Achtung: „wird dieser Name nur ausgesprochen, so gerät die Erde aus ihren Grundfesten" (Wortmann, Bonner Jahrbücher 168, 56–111, bes. 59).

Ein Amulett aus dieser Periode trägt die Inschrift: „Iao Adonai Sabaoth, gib dem Träger dieses Amulettes Gunst, Freundschaft, Wohlergehen und Liebesglück" (Wortmann 106). Der Name ist auch in Zauberwörtern wie *iao sabaoth adonai akrammachammerei* (Preisendanz II, 10) häufig. Er kommt auch in der Form *iabezebuth* vor (PW 9, 706, 4). Die anderen Formen sind schwieriger zu deuten, da Vokalfolgen oft regelmäßig als Zauberwörter erscheinen; viele spiegeln offenbar eine Form wie *iao*, z. B. ιαωου, ιαυο, ιαυ, ιεου, ιεαω (PW 9, 700, 44. 50; 702, 43. 45).

Patristische und klassische Autoren bieten ein ähnliches Bild. Die vorherrschende Form ist eine gekürzte, z. B. ιαω (Macrobius, Diodorus Siculus, PW 9, 708, 8; 707, 5), ιαου (Clemens von Alexandrien, PW 9, 700, 29; vgl. aber Kinyongo 51), *jaho* (Hieronymus, PW 9, 699, 28), ιευω (Porphyrius, PW 9, 702, 33), ιω (Onom. sac., PW 9, 702, 17). Eine interessante Mischform ist *jaoth* bei Irenäus, wahrscheinlich nach *sabaoth* gebildet (PW 9, 701, 55). Obwohl der Name also häufig stark verstümmelt worden ist, scheint jedoch die vollständige Form vorzukommen: ιαβε (Epiphanius, Theodoret, PW 9, 707, 63; vgl. Kinyongo 57) und vielleicht ιαη (Origenes, PW 9, 704, 65, andere Deutung de Vaux 323, A. 29). Theodoret nennt diese Form samaritanisch und nennt als judäische Form αια (PW 9, 705, 12). Daß diese Form auch in Papyri vorkommt, macht die gewöhnliche Erklärung als eine Spiegelung von *ʾæhjæh* zweifelhaft, obwohl nicht unmöglich, da die letztere Form in der rabbinischen Überlieferung als Gottesname anerkannt ist (J. P. Siegel, HUCA 42, 1971, 167). Zum klassischen Material s. auch B. D. Eerdmans, OTS 5, 1948, 1–29, und G. J. Thierry, OTS 5, 1948, 30–42.

4. a) Von den äg. Belegen ist eine Ortsnamenliste aus dem Amontempel von Soleb (Amenhotep III. 1402–1363) die älteste; hier findet sich der Ausdruck *tꜣ šꜣśw jhw*[*ꜣ*] „das Land der Schasu-*jhw*"; ähnliche Angaben finden sich auf einem Block aus Soleb (Amenhotep III.) und zweimal in Listen aus Medinet Habu (Ramses III. 1198–1166) (s. R. Giveon, Les bédouins Shosu des documents égyptiens, Leiden 1971, 27; Diskussion bei M. Weippert, Bibl 55, 1974, 265–280. 427–433, s. auch S. Herrmann, EvTh 26, 1966, 281–293). Der Name könnte das Tetragramm spiegeln. Albright vokalisierte ihn als *j(a)hw(e?)* und Cross hat neulich *ja-h-wi* vorgeschlagen (W. F. Albright, Yahweh and the Gods of Canaan, London 1968, 149; F. M. Cross, Myth, 61f. nach W. Helck). Es muß hervorgehoben werden, daß die Vokalisation der Fremdwörter im Äg. problematisch ist.

b) Im Ugar. gibt es eine beschädigte Stelle KTU 1.1 IV, 14f., wo es heißt *šm bnj jw . . . wpʿr šm jm* „Der Name meines Sohnes ist *jw*, er wird *jm* genannt werden". Das Vorkommen des Wortes *jw* sollte nicht bestritten werden; es ist wahrscheinlich ein Eigenname. Viele haben ihn mit dem Tetragramm zusammengestellt (urspr. Virolleaud, später Gordon, UT Nr. 1084; eine andere Rekonstruktion des Textes und Diskussion bei J. C. de Moor, The Seasonal Pattern in the Ugaritic Myth of Baʿlu, AOAT 16, 1971, 116.

118f.; vgl. de Vaux 323 und Kinyongo 34–36). Ein Zusammenhang ist aus mehreren Gründen unwahrscheinlich. Die Form *jw* konnte im 2. Jt. nicht von *jhw* hergeleitet werden, wenn nicht der Name undurchsichtig geworden wäre, was unwahrscheinlich ist. Wie auch immer der ugar. Text gelesen wird, es muß das Wortspiel zwischen *jw* und *jm* (Gott des Meeres) beachtet werden. Die Verbindung von einer Verbform mit dem Namen *jammu* würde sogar in einer Volksetymologie merkwürdig sein; in der Poesie wäre es besser, im Wechsel von *w* und *m* eine Erklärung zu suchen (derselbe Wechsel steckt hinter der griech. Form ιευω für *Jammu* bei Eusebius, Praep. Ev. 1, 19, 21). – Zu früheren kanaan. Hypothesen s. Kinyongo 32f. 44f.

c) Keilschriftliche Belege gibt es nicht. Die Form *aḫi-jami* auf einer spätbronzezeitlichen Tafel aus Tell Ta'annek enthält den Gottesnamen *jam*, nicht *jhw* (B. Hrozny in: Tell Ta'annek, hrsg. E. Sellin, Wien 1904, II, 5–17. 121; de Vaux 323). Nicht als akk. Transkriptionen von *jhw* sind *iaūm*, *iau* und *ia* aufzufassen; die erste ist das Poss.-Pron. der 1. Pers., die beiden anderen hypochoristische Endungen.

d)* H. Cazelles (Dieu et l'Etre, Études Augustiniennes, Paris 1978, 27–44, bes. 31. 43) macht auf den nabatäischen Gottesnamen *'hjw*, (etwa 15 Belege, u.a. PN *'bd 'hjw*) aufmerksam (J. Cantineau, Le Nabatéen, Paris 1930, 57, vgl. J. Euting, Sinaitische Inschriften aus Arabien, 1885; B. Moritz, Der Sinaikult in heidnischer Zeit, 1917). Er meint, Mose habe diesen als Name der lokalen Gottheit des Gottesbergs Horeb (Ex 3, 1f.) vorgefunden und ihn mit dem Verb *hājāh* in Verbindung gebracht. Die Schwierigkeit dieser Hypothese liegt in der großen Zeitspanne zwischen der Mosezeit und den Inschriften.

(Ri.)

5. Daß die Konsonanten des Tetragramms *jhw* sind, steht somit fest. Fest steht auch der Vokal der ersten Silbe, nämlich *a*, und die Tatsache, daß die erste Silbe geschlossen war. Der Vokal der zweiten Silbe ist zweifelhaft. Die westsemit. Orthographie bestätigt, daß es ein nicht-hoher Vokal war. Da es gute Gründe dafür gibt, daß die massoret. Regel, daß alle Endvokale lang sind, richtig ist, bleiben vier Möglichkeiten übrig, nämlich *ǣ*, *ē*, *ō* und *ā*. Von diesen werden nur die zwei ersten durch das griech. Material bestätigt (die Formen auf ω hängen wahrscheinlich mit der Kurzform *jahō* zusammen).

III. 1. Das noch unvollständig veröffentlichte Mari-Archiv ist die wichtigste Quelle für die Satznamen, die unserer Kenntnis des (von der Ur-III-Zeit bis zur Amarnazeit bezeugten) Amor. zugrunde liegen (zu Ur III s. G. Buccellati, The Amorites of the Ur III Period, Neapel 1966, 125–231, zu Amarna Ch. Krahmalkow, JNES 30, 1971, 140–143). Der Beweiswert der amor. Namen ist jedoch problematisch. Mehrere Gruppen sind relevant. Die erste enthält ein verbales Element *ja-wi*, z.B. *ja-wi-*^{d}*IM*, *ja-wi-AN*, *ja-wi-i-la*, *ja-wi-*^{d}*d[a-gan]*, *ja-wi-ja*, *ja-wi-um*, *ja-wi-e* (APNM 160; Namen mit *la-wi-* könnten verwandt sein, APNM 79ff. 225, Cross, Myth, 62). Die vier ersten sind aus einem Götternamen und einer Form des Verbs *hwj* gebildet und können als *jahwī-hadd*, *jahwī-il(a)* (bis) und *jahwī-dagan* normalisiert werden. Der fünfte und der sechste Name enthalten das Verb plus eine hypochoristische Endung. Der letzte, normalisiert *jahwē*, ist wichtig, weil er den bedingten Übergang von *ī* zu *ē* für das Amor. bezeugt (vgl. *ji-i-ti-ba'-al* = *ji'itī-ba'al* „Ba'al wird kommen", APNM 208, mit *ja-al-e-*^{d}*da-gan* = *jal'e-dagan*, APNM 224).

Die zweite Gruppe enthält das Verbalelement *ja-aḫ-wi*, z.B. *ja-aḫ-wi-na-si*, *ja-aḫ-wi-AN* (APNM 191f.). Diese Namen sind mit dem Tetragramm zusammengestellt worden, sollten aber wahrscheinlich von der Wurzel *ḥwj*, 'leben' hergeleitet werden, also: *jaḥwī-naśi* und *jaḥwī-il(a)* (so APNM 71f.). Das verbale Element in *ja-u-i-lí* steht allein da; es spiegelt wahrscheinlich eine Kurzform von *hwj* (APNM 160) und sollte als *jahū-ilī* normalisiert werden. (Zu einigen schwierigen Formen aus Ur III s. Buccellati 136. 164.)

Es findet sich also im Amor. eine Verbform, die der Rekonstruktion des Tetragramms auffallend ähnlich ist, aber es liegt kein Grund vor, die beiden zu „identifizieren". Die amor. Form ist ein Imperf. von der Wurzel *hwj*, die wahrscheinlich wie im Hebr. und Aram. 'existieren, da sein' heißt. Morphologisch kann die Form entweder die Grundform oder die Kausativform sein (ähnlich Kinyongo 66–69; Cross zieht das Kausativ vor, Myth 63–65).

Der Versuch, einen amor. Gott *jahwǣ* aufzuzeigen (A. Finet, Syria 41, 1964, 118–122), ist als gescheitert zu betrachten (W. von Soden, WdO 3, 1964, 179–181; APNM 70–72; de Vaux 324f.).

2. Obwohl Amor. und Hebr. zwei verschiedene Sprachen sind, haben ihre Verbalsysteme vieles gemeinsam. Es liegt kein Grund vor zu bezweifeln, daß in einer gewissen Entwicklungsstufe des Hebr. eine Form *jahwī* (ohne den Übergang *w>j*) bzw. *jahwǣ* existiert hat. Da das hebr. Verbalsystem die Endung *ǣ* fordert, können wir schließen, daß die Aussprache des Tetragramms in der bibl. Periode *jahwǣh* war. Die übrigen Formen können durch verschiedene lautgesetzliche Wandlungen erklärt werden. Diese Entwicklung hängt mit dem Übergang des Tetragramms von einem Verb zu einem Eigennamen zusammen; dieser Übergang schwächt sozusagen die grammatische Funktion des Wortes.

Die verschiedenen Formen können also folgendermaßen erklärt werden. Geschlossene Silben gehen so oft wie möglich in offene über. Der Schlußvokal, der in Verbformen nicht wegfallen kann, ist nach dem Bedeutungswechsel nicht mehr wesentlich. Er wird deshalb gekürzt und fällt schließlich weg, wie alle kurzen Vokale am Wortende. Das Ergebnis ist **jahw*, eine unmögliche Form; das *w* wird vokalisiert und kann verlängert werden, was die Form *jahū* ergibt (BLe § *25c'd'*; vgl. Cross, Myth, 61). Wenn der

Vokal nicht verlängert wird, muß er wegfallen, was **jah* ergibt, nach regelmäßiger Verlängerung des Vokals *jāh*.
Aus der Form *jahū* werden zwei andere Kurzformen hergeleitet: a) Durch Erweiterung des Lautgesetzes, nach dem *h* wegfällt an formativen Grenzen, entsteht aus *jahū* die Form *jaū*, die, da solche Vokalfolgen im Hebr. unbeständig sind, leicht *jaw* ergibt. b) Der Endvokal *ū* kann in *ō* übergehen, was *jahō* ergibt. Dieser Übergang fand wahrscheinlich zunächst in Eigennamen statt und wurde später auf den Gottesnamen in anderen Stellungen ausgedehnt; er könnte auch in Analogie zur archaischen Endung *-ō* in z. B. *jerîḥô*, *šilōh* vollzogen sein.
Aus diesen beiden Formen entstehen zwei andere: c) *jahō* > *jehō* durch regelmäßige Reduktion des unbetonten Vokals, und d) die Kontraktion *jaw* > *jô*.
Schließlich verdient die Form *'æhjæh* in Ex 3,14 Beachtung. Wie schon erwähnt kommt sie auch in patristischen und klassischen Quellen vor (vgl. auch Hos 1,9, wo statt des erwarteten „ich bin nicht euer Gott" „ich bin nicht euer *'æhjæh*" steht, de Vaux 336f.). Gewöhnlich wird dieses Wort als 1. Pers. Sing. Imperf. aufgefaßt. Es gibt aber Anzeichen dafür, daß dies eine volkstümliche Deutung ist und daß die Form in der Tat mit *jahwæh* identisch ist (Übergang *j* > '). Ein solcher Übergang ist im Amor. bekannt, wie die Namen *a-bu-um-ja-qar*, ARM 5,4,5, und *a-bi-e-qar*, APNM 214, zeigen; s. weiter H. L. Ginsberg in: The Mordechai M. Kaplan Jubilee Volume, New York 1953, 257, und W. R. Arnold, JBL 24, 1905, 107–165), obwohl dessen Vorkommen dunkel ist, da die 1. Pers. im erhaltenen Material selten ist. Es ist in der Tat vorgeschlagen worden (von C. Krahmalkov, vgl. Cross, 68, A. 92), daß der amor. Name *e-wi-ma-lik* aus Alalaḫ als *'ehwī-malik*, 'der (göttliche) König ist da' normalisiert werden soll. Demnach wäre *'æhjæh* dasselbe wie *jahwæh*. Falls aber *jahwæh* eine *hiph*-Form darstellt, würde *'hjh* eine parallele *'aph'el*-Bildung sein. Die Form könnte also eine *hiph*-Form in der 1. Pers. Imperf. sein, oder sogar eine Nominalbildung mit prosthetischem '.

Freedman – O'Connor

IV. 1. Der Konsens der heutigen Forschung stützt den bibl. Text, wenn er den Namen *JHWH* mit der Wurzel *hwj* 'sein' → היה zusammenstellt. Die parallele amor. Form schließt die Beweiskette. Wie schon erwähnt, entstand bei den amor. Belegen das Problem der Stammform, da im Amor. das Verb entweder Grundform oder Kausativ sein könnte. Im Hebr. aber muß *jahwæh* eine Kausativform sein, da die Dissimilation von *jaqṭal* zu *jiqṭal* im Amor. nicht wirksam war, während sie im Hebr. Zwang ist. *jahwæh* muß deshalb *hiph* sein. Obwohl das Kausativ von *hwj* sonst im Nordwestsemit. unbekannt ist (mit der Ausnahme des Syr., das hier von weniger Belang ist; zur Sefire-Form *jhwh*, II A, 4, s. J. A. Fitzmyer, Sefire, Rom 1967, 87), muß es also im hebr. Gottesnamen vorliegen (vgl. P. Haupt, OLZ, 1909, 211–214; W. F. Albright, JBL 43, 1924, 370–378, JBL 67, 1948, 373–381, Yahweh and the Gods of Canaan, London 1968, 168–172; Cross, Myth, 60–75; D. N. Freedman, JBL 79, 1960, 151–156; Kinyongo 69–82; zum Sinn J. Ph. Hyatt, JBL 86, 1967, 369–377).
Alle Rekonstruktionen, die in *JHWH* eine Verbform erkennen, assoziieren es mit einem Satznamen oder mit einem Satz in einer kultischen Litanei (so Albright). Dies wird meistens durch typologische Argumente unter Hinweis auf andere Satznamen gestützt: da kausative Formen von anderen Verben mit der Bedeutung 'sein' in Satznamen vorkommen, darf man annehmen, daß eine vergleichbare Kausativform dem hebr. Gottesnamen zugrunde liegt.
Die meisten semit. Verba für 'sein' sind von der Wurzel *kwn* hergeleitet, obwohl *kwn* nicht immer 'sein' heißt. Akk. *kānu* heißt 'fest stehen'. Im Ugar. erscheint die Wurzel im El-Epithet „Stier El, sein Vater, König El, der ihn schuf (*jknn*)" (KTU 1.3 V, 35f.; 1.4 IV, 47f.). Sowohl Grund- wie Kausativformen kommen in Eigennamen in Ugarit (Gröndahl, PNU s.v.) und Mari (APNM s.v.) vor. Im Aram. ist die Wurzel *kwn* selten (DISO s.v.) und bildet keine Eigennamen. In phön. und pun. Texten scheint nur der Grundstamm belegt zu sein, in Eigennamen kommt auch das Kausativum vor (F. L. Benz, Personal Names in the Phoenician and Punic Inscriptions, Rom 1972, 332). Im Hebr. zeigen die Eigennamen hauptsächlich *hiph*- und *po'lel*-Formen. Der interessanteste der ersteren Namen ist *jehôjāḵîn* mit der eigentümlichen Variante *jeḵonjāh*. Die Wurzel *hwj* bildet im allgemeinen keine Eigennamen. Akk. *bašû* 'sein, sich finden' kommt in Eigennamen vor, besonders in der kausativen Š-Form, z. B. *Sin-aḫa-šubši* 'Sin, laß einen Bruder werden' (Tallqvist, APN 198). Dieses typologische Material zeigt also, daß sowohl die Grundform als auch die Kausativform bei der Bildung von Eigennamen gebraucht wurde.
2. Es ist hier unmöglich, der Mannigfaltigkeit des sich auf JHWH beziehenden bibl. Materials gerecht zu werden; trotzdem hat die neuere Forschung einige feste Anhaltspunkte ergeben.
a) Die Analyse der ältesten Poesie ist in den letzten Jahren verfeinert worden, und eine wahrscheinliche relative Datierung kann aufgestellt werden (W. F. Albright, Yahweh and the Gods of Canaan, London 1968; D. N. Freedman, Divine Names and Titles in Early Hebrew Poetry, in: Magnalia Dei, Gedenkschr. G. E. Wright, Garden City 1976, 55–107). Die Typologie des Gottesnamens in der alten Poesie erlaubt uns, drei Perioden festzustellen. Das 12. Jh. war die Zeit des kriegerischen mosaischen Jahwismus; in dieser Zeit ist der Name JHWH vorherrschend (Ex 15; Ps 29; Ri 5). Im 11. Jh. war die Verschmelzung des südlichen JHWHs mit dem levantinischen El im Gange, was sich in der Poesie durch den Gebrauch von El spiegelt, aber auch durch die Wiederbelebung der El-Namen der Patriarchenzeit,

bes. El Šaddai, El ʿEljon und El ʿOlam (hierher gehören Gen 49, die poetischen Teile von Num 23–24 und Deut 33). In der frühen Königszeit (10.–9. Jh.) werden die synkretistischen Tendenzen fortgesetzt, wie 1 Sam 2; 2 Sam 1; 22 (= Ps 18); 2 Sam 23; Deut 32 und Ps 78; 68; 72 zeigen.

In diesem Material ist der Name JHWH im allgemeinen vorherrschend. Da anzunehmen ist, daß der Name nicht vor 1200 v. Chr. in die israelit. Überlieferung Eingang fand, liegt ein klarer terminus post quem vor. Die einzige Ausnahme ist um so mehr bemerkenswert, da das einzige Gedicht, wo der Name JHWH nicht vorkommt, nämlich Gen 49 (außer v. 18, der zum liturgischen Rahmen gehört und sekundär ist), einer vormosaischen Gestalt zugeschrieben wird. Die elohistischen Psalmen 78 und 68 und die Bileamorakel sind auf andere Gottesnamen eingerichtet, aber JHWH kommt je einige Male vor. Es ist also möglich, daß Gen 49 tatsächlich nichtjahwistischen Ursprungs ist.

Was diese Textgruppe zu unserer Untersuchung beiträgt, ist entscheidend. In allen diesen archaischen Liedern erscheint JHWH sowohl grammatisch als auch syntaktisch deutlich als Eigenname. Die ursprüngliche verbale Form und Funktion haben keine Spur zurückgelassen (für Beispiele isolierter Verbformen als Gottesnamen s. H. B. Huffmon, Festschr. W. F. Albright, Baltimore 1971, 283–289; aus dem vorislamischen Arabien sind *jaguṯ* ʿer hilft' und *jaʿūq* ʿer schützt' bekannt, s. de Vaux 328).

b) In späteren Texten kommen Beispiele vor, wo eine verbale Kraft des Namens anzunehmen ist. Diese müssen aber als Wiederbelebung archaischen Gebrauchs betrachtet werden.

Aus dieser Wiederbelebung stammen folgende Formeln: (1) *jahwæh šālôm* ʿer schafft Frieden', der Name von Gideons Altar, Ri 6, 27; (2) *jahwæh ṣᵉḇāʾôṯ* ʿer schafft Heere', der erste Teil der Legende auf der Lade nach 1 Sam 4, 4; der zweite Teil *jošeḇ hakkᵉruḇîm* ist entweder Subj. oder Apposition zum Gottesnamen El, vgl. 2 Sam 6, 2; 1 Chr 13, 6 (s. J. de Fraine, VTS 15, 1966, 135–149; J. P. Ross, VT 17, 1967, 76–92; vgl. M. Liverani, Annali dell'Istituto Orientale di Napoli 18, 1967, 331–334). (3) *jahwæh qannāʾ* ʿer schafft Eifer', Ex 34, 14; der darauf folgende Satz heißt „er ist *ein* eifersüchtiger Gott", nicht „*der* eifersüchtige Gott"; (4) *jahwæh nissî* ʿer schafft meine Zuflucht', der Name von Moses Altar, Ex 17, 15 (nach LXX καταφυγή, vgl. *mᵉnûsî* 2 Sam 22, 3; Jer 16, 9; Ps 59, 17).

W. F. Albright rekonstruiert in seiner unveröffentlichten History of the Religion of Israel einige weitere solche Formeln: (1) *jhwh jirʾæh* für *jahwæh jirʾāh* ʿer schafft Furcht', Gen 22, 14; (2) *ʾel ʾᵆlohê jiśrāʾel* für *ʾel jahwæh jiśrāʾel* ʿEl schafft Israel', Gen 33, 20; (3) *ʾel ʾᵆlohê hārûḥôṯ* für *ʾel jahwæh rûḥôṯ* ʿEl schafft die Winde'.

Die Gestalt dieser Sätze ist ungewöhnlich, aber ähnliche Eigentümlichkeiten finden sich in Eigennamen. Aus diesen Formeln können wir schließen, daß die Ausdrücke mit *jahwæh* + Obj. Sätze sind, die den in der El-JHWH-Synthese des 11. Jh.s wiedereingeführten Gott El beschreiben. Der Name JHWH selbst ist ein typisches Hypochoristikon; die urspr. Form muß *jahwæh ʾel* ʿEl schafft' gewesen sein. Es kann nicht ein Titel Els gewesen sein, sondern nur einer Gottheit, die dem Hofstaat des obersten Gottes gehörte.

Der Gottesname in Ex 3, 12. 14 (s. dazu Kinyongo 127–132; H. Schmid, Judaica 25, 1969, 257–266) erscheint in der Form *ʾæhjæh* (zum Vers im allgemeinen s. J. Lindblom, ASTI 3, 1964, 4–15; Kinyongo 91–116; B. Albrektson, Festschr. D. Winton Thomas, London 1968, 15–28, vgl. de Vaux 325–337). Ob die Form eine phonologische oder morphologische Variante von *jahwæh* oder eine verwandte Verbalform 1. Pers. ist, ist nicht zu entscheiden. Wie oben erwähnt, gibt es gewisse Gründe für die erstere Erklärung. Der Satz *ʾæhjæh ʾᵃšær ʾæhjæh* ist wenigstens nach der massoret. Analyse eine Konstruktion idem per idem, „employed where the means or desire to be more explicit does not exist" (S. R. Driver, The Book of Exodus, Cambridge 1911, 363; vgl. Ex 16, 23 und s. Albrektson, a.a.O. 26f.; de Vaux, Proclamation, 67–69). Der Gebrauch dieser Konstruktion wird erhellt durch die ungewöhnliche Grammatik von Ex 3, 2f., wo das Verb *bʿr* offenbar in zwei verschiedenen Bedeutungen gebraucht wird: ʿbrennen' und ʿvon Feuer verzehrt werden' (v. 3); s. D. N. Freedman, Bibl 50, 1969, 245f. mit einer anderen Erklärung. Ein ähnlicher Ausdruck findet sich Ex 33, 19 in einer Beschreibung von JHWH als barmherzigem und gnädigem Gott: „ich bin gnädig denen, denen ich gnädig bin, und barmherzig denen, denen ich barmherzig bin". Hier wird die Tatsache seines Handelns betont; nichts deutet Willkür oder Eigenwilligkeit an. Der Satz Ex 3, 14: „ich schaffe, was ich schaffe", d. h. ich bin der Schöpfer par excellence, könnte als Gegenstück dieser Sätze gemeint sein; dann sollte man übersetzen: „Ich schaffe, den ich schaffe" und das Barmherzig- und Gnädigsein könnte man als theologische Glossen zur ungewöhnlichen Verbform betrachten.

Freedman

3. Raummangel verbietet, die unendliche Menge von andersartigen Erklärungen des Tetragramms ausführlich zu behandeln. Ausgelassen werden exzentrische Theorien, wie z. B. die Herleitung aus der indogerman. Wurzel *djā*, die in den Namen Zeus und Juppiter vorliegt (de Vaux 325f.; Kinyongo 27–31. 37f. 42–46; die Theorie wurde erneuert von D. Broadribb, Biblia Revuo 6, 1970, 162f.).

a) Eine Anzahl semit. Wurzeln, meistens nur im Arab. belegt, sind zur Erklärung des JHWH-Namens herangezogen worden. Aber, wie Driver bemerkt, sind diese arabisierenden Herleitungen a priori zweifelhaft und die traditionelle hebr. Erklärung ist an sich ebenso vernünftig wie andere Vorschläge (Enc. Britannica [14]1929, 12, 996). Die drei wichtigsten Etymologien sind: (1) arab. *hawā* ʿfallen' (de Vaux 326f.), (2) arab. *hawā* ʿwehen', was mit JHWH als Sturmgott in Verbindung gebracht wird (T. J. Meek, Hebrew Origins, New York 1960, 99–101) und (3) arab. *hawā* 'lieben, leidenschaftlich sein' (S. D. Goitein, VT 6, 1956, 1–9; vgl. de Vaux 326f.). Eine vierte Etymologie hat den Vorteil, mit der alten Zeit assoziiert zu sein, nämlich ein angebliches ugar. *hwj* 'sprechen' (R. A. Bowman, JNES 3, 1944, 1–8 und Murtonen 90, der den Namen als ein Nomen mit dem Präfix *j-* betrachtet: „the Commander"). Die Verbalwurzel ist aber in den ugar. Texten nicht belegt, und das Subst. *hwt* wird am besten als akk. Lehnwort (*awātu* 'Wort') betrachtet.

b) Die Meinung, daß die Form *jhwh* nicht die ursprüngliche ist, hat mehrere Vertreter, vor allem G. R. Driver und S. Mowinckel (zu früheren Vertretern vgl. Kinyongo 53–56). Driver schlägt die unhaltbare Erklärung vor, daß alle kurzen Formen des Namens als *jā* ausgesprochen wurden und daß die Form *jāhū* als falsche Lesung eines orthographischen *jhw* entstanden ist (ZAW 46, 20–25). Die Beweise für *jhw* als Schreibung von *jā* sind alle nicht-semit. Namen. Die Probleme bei der Wiedergabe fremder Wörter sind für die Schreibung hebr. Wörter durch hebr.-sprechende Leute belanglos. Die Theorie von orthographischer Verwechslung in einem häufigen Wort ist unannehmbar, da stummes Lesen bis ins frühe Mittelalter unbekannt war. Driver meint, daß *jā* urspr. ein Ausruf war (vgl. Kinyongo 59–61; ähnlich B. D. Eerdmans, OTS 5, 1948, 1–29). Die Form *jahwæh* entstand, als der primitive Ruf oder Name zu *ja(h)wa(h)* verlängert wurde; dann wurde die Ähnlichkeit mit dem Verb bemerkt und die Etymologie von Ex 3 gebildet. Diese Etymologie betrachtet Driver als sehr alt; die längere Form entstand zur Zeit des Exodus, wurde aber als zu heilig für den allgemeinen Gebrauch betrachtet, weshalb *jāh* in den Eigennamen beibehalten wurde.

Mowinckel (HUCA 32, 121–133; ähnlich E. C. B. Mac Laurin, VT 12, 1962, 439–463; H. Kosmala, ASTI 2, 1963, 103–106; vgl. Kinyongo 61–64, de Vaux 325f.) sieht den Ursprung des Namens in einem angeblichen *jā huwa* 'o Er', gebildet aus dem im Arab. und Ugar. belegten Vokativpartikel und *huwa*, arab. = 'er'. Obwohl das Pron. der 3. Pers. ohne Zweifel im AT als Gottesbezeichnung vorkommt (bes. bei DtJes, z. B. 43, 10; auch Ps 102, 28 und in der alten Poesie, Deut 32, 4. 6. 39; Ps 78, 38; 68, 36) und obwohl die herangezogenen Analogien sehr interessant sind, ist die Erklärung aus phonologischen Gründen unhaltbar. Das Altkanaan. und das Amor. bestätigen den Übergang von *w* zu ' im Personalpronomen in der altbabyl. Zeit. Das ' der bibl. Form *hû'* ist kein Vokalbuchstabe, sondern ein Konsonant, von dem man nicht absehen darf. Deshalb ist Mowinckels Hinweis auf arab. *huwa* unangemessen; protokanaan. **jā huwa* würde in der Mittelbronzezeit zu *jā hū'a* geworden sein, es gibt aber kein Anzeichen für ein ' in *jahwæh*.

V. Der Gott Israels ist die zentrale Gestalt des AT, und wie er in seinem Wirken und seinem Verhältnis zu den Menschen dargestellt wird, ist das Thema dieses ganzen Wörterbuchs. Hier können nur einige Aspekte aus der ältesten Poesie behandelt werden.

Andere Aspekte werden in G. E. Mendenhall, The Tenth Generation, Baltimore 1973, behandelt. Ein Verzeichnis der literarischen Studien würde endlos sein. Eine Übersicht der gebräuchlichsten JHWH-Formeln findet sich bei Murtonen 67–90; seine Schlüsse betreffs des Namens sind aber unannehmbar. Über Monotheismus in der frühen Eisenzeit handelt W. L. Lambert in: Festschr. T. J. Meek, Toronto 1964, 3–13.

Die Ursprünge der JHWH-Verehrung sind dunkel, aber seit mehr als einem Jh. finden Forscher, daß die bibl. Überlieferungen auf midianitische oder kenitische Herkunft anspielen (klassisch in dieser Hinsicht ist H. H. Rowley, From Joseph to Joshua, London 1950, 149–163; ders., Mose und der Monotheismus, ZAW 69, 1957, 1–21; A. H. J. Gunneweg, Mose in Midian, ZThK 61, 1964, 1–9; R. de Vaux, Sur l'origine Kénite ou Madianite du Yahvisme, EI 9, 1969, 28–32; s. auch Kinyongo 7–19. 39–41; andere Perspektiven bei A. Cody, Bibl 49, 1968, 153–166 und de Vaux 313–321). Die Erzählung Ex 18 wird gewöhnlich als Beweis dafür angenommen, daß Jethro, der midianitische Schwiegervater des Mose ihn in den JHWH-Kult einweihte; es ist demnach zu vermuten, daß die Erwähnung Ex 3, 6 vom „Gott deines Vaters" sich auf den Gott des Jethro bezieht, des geistigen Vaters und Schwiegervaters des Mose. Eine Spiegelung dieser kultischen Entlehnung könnte in Num 25 vorhanden sein, wenn der Ba'al von Beth Peor mit dem (midianitischen) JHWH identifiziert werden kann; die Erzählung würde sich dann auf eine erneute Begegnung zweier Kulte nach einer Zeit getrennter Entwicklung beziehen (Mendenhall, The Tenth Generation, 105–121; vgl. auch die Verbindung Keniter – Rechabiten 1 Chr 2, 55).

Es gibt viele Einwände gegen diese Rekonstruktion, aber keine andere befriedigt. Die beste Alternative ist der Vorschlag von J. P. Hyatt (1964, 85–93), der in Ex 3, 6 gemeinte Vater sei Moses physischer Vater; aber der besondere Hinweis auf den jahwistischen Charakter des Namens von Moses Mutter, Jochebed, ist zweifelhaft (de Vaux 321, A. 75).

Die JHWH-Epitheta der alten Poesie bilden eine bunte Gruppe (vollständiger Freedman, Divine Names, 55–107; zum syr.-palästin. Hintergrund Cross, Myth, 44–111; P. D. Miller, The Divine Warrior in Early Israel, Cambridge/Mass. 1973). Einige stammen aus syr. Überlieferungen, z. B. *rok̲eb̲ šāmajim* 'Himmelsreiter' (Deut 33, 26), *rok̲eb̲ bā'^{a}rāb̲ôt̲* 'Wolkenreiter' (Ps 68, 5) und *rok̲eb̲ biš^{e}mê š^{e}mê qæd̲æm* 'der Reiter auf alten und fernen Wolken' (Ps 68, 34), die alle das Ba'al-Epithet *rkb 'rpt* spiegeln (S. P. Brock, VT 18, 1968, 395–397). Andere sind wohlbekannte El-Titel: *'el 'olām*, *'el 'æljôn*, *'el šaddaj* (→ אל I, 253– 261). Andere, obwohl weniger häufig, finden sich nur im AT, z. B. *ṣûr* (→ צור) 'Fels' und *z^{e}mîrôt̲* 'Festung'. Viele andere sind völlig durchsichtig: *ṣaddîq* (→ צדק) 'der Gerechte', *jāšār* (→ ישר) 'der Aufrichtige', *'el de'ôt̲* 'der Gott der Erkenntnis', *'el hakkab̲ôd̲* 'der Gott der Herrlichkeit', *'el r^{o}'î* 'der Gott meines Sehens', *memît̲ um^{e}ḥajjæh* 'der tötet und lebendig macht', *m^{e}lammed̲* 'Lehrer', *māḡinnî* (→ מגן) 'mein Oberherr'.

Andere Titel leiten sich aus der Prosaüberlieferung her. Die J-Version von der Offenbarung des Namens an Mose hebt natürlich die Eigenschaften und Attribute der Gottheit hervor, da nach J der Name selbst schon lange bekannt war. In Ex 34, 6f. beginnt die Attributenliste mit *'el raḥûm weḥannûn* „der barmherzige und gnädige Gott" (vgl. 33, 19 s.o.). Die folgenden Ausdrücke, *'æræk̠ 'appajim* 'langmütig', *rab̠ ḥæsæd̠ wæ'æmæt̠* 'sehr gütig und treu', *nośe' 'āwon wāpæša' weḥaṭṭā'āh* 'der Schuld und Übertretung und Sünde vergibt', bringen einen zentralen Aspekt des Wesens JHWHs, seine Bereitschaft zur Vergebung, zum Ausdruck. In spannungsvollem Gegensatz dazu stehen *wenaqqeh lo' jenaqqæh* „aber er freit nicht (die Schuldigen)" und *poqed̠ 'awon 'āb̠ôt̠ 'al bānîm* „der die Sünden der Väter an den Kindern heimsucht". Vergeltende Gerechtigkeit wird gegen vergebende Liebe abgewogen. Die mosaische Darstellung des Bundesgottes schwebt zwischen diesen Attributen. Das Volk JHWHs wurde durch seine göttliche Gnade ins Dasein gerufen und besteht nur durch seine fortwährende Barmherzigkeit weiter. Es muß aber seinem Oberherrn gehorsam sein und nach seinen Geboten leben. Ungehorsam und Aufruhr werden nicht geduldet, noch können die Schuldigen ungestraft bleiben. Göttliche Gerechtigkeit und Barmherzigkeit gehen paradoxerweise Hand in Hand; die beiden können nicht getrennt werden. Israel, das heilige Volk, wird durch Gnade und Barmherzigkeit errichtet und bewahrt, wird aber als Volk durch die Bundesforderungen und die Grundsätze der Gerechtigkeit definiert. Ohne Gerechtigkeit kann es nicht Israel, das Volk JHWHs sein; ohne Barmherzigkeit kann es überhaupt nicht existieren.

Das Wesen JHWHs in der frühen Poesie ist schwierig zusammenzufassen (s. bes. de Vaux 423–433 und D. N. Freedman, God Compassionate and Gracious, Western Watch 6, Nr. 1, 1955, 6–24). Die zentrale Stellung des göttlichen Kriegers ist kürzlich hervorgehoben worden (vgl. P. D. Miller); die Bedeutsamkeit des Gottes, der aktiv und direkt für sein Volk kämpft, kann nicht bestritten werden (z. B. Ex 15, wo der mythologische Hintergrund zum Teil zur Seite geschoben worden ist; de Vaux 360f.; F. M. Cross – D. N. Freedman, JNES 14, 1955, 237–250; Cross, Myth, 112–144; D. N. Freedman, Festschr. J. M. Myers, Philadelphia 1974, 163–203). Diese Gestalt sollte aber nicht mit dem Bild des allmächtigen Naturgottes zusammengeworfen werden, der sein Volk verteidigt und ihm seine eigenen Truppen, die Sterne und die meteorologischen Erscheinungen, zur Verfügung stellt (Ri 5, 20; 2 Sam 22, 14; Jos 10, 12f.). Diese Gestalt scheint in Ps 29 und in den Theophanieüberlieferungen Deut 33, 2–5. 26–29; Ps 68, 18; Hab 3, 3–15 von kriegerischen Aktivitäten unabhängig zu sein. In der Tat scheinen die Prosaüberlieferungen von der göttlichen Kriegführung deutlicher zu sein als die poetischen (Miller, The Divine Warrior, 128–135). Ferner ist JHWH in der alten Poesie ein Gott, der mantische Äußerungen eingibt (Num 23f.). Später wird JHWH als Herrscher einer gerechten (Deut 32), bes. einer monarchischen (1 Sam 2; 2 Sam 23) Gesellschaft dargestellt. Durchgehend spiegelt die Poesie die verschiedenen historischen Situationen des Volkes in der Frühzeit wider: auf eine Periode der intensiven religiösen Expansion, im Bilde der göttlichen Kriegsführung dargestellt, folgt eine Zeit relativer Beständigkeit, die schließlich dem vorherrschenden Muster des alten Orients, der Monarchie, angepaßt wird.

Das Wesen des mosaischen Monotheismus wird oft dahingehend mißverstanden, als ob JHWH der einzige existierende Gott wäre. Diese Auffassung ist dem frühen bibl. Material fremd. Es gibt andere Götter, die sich auf zwei Kategorien verteilen: diejenigen, die für JHWH wirken (und später als Engel auftreten) und diejenigen, die gegen ihn stehen. Alle diese Gestalten stammen aus der vormosaischen jahwistischen Mythologie. Diese Gruppen werden am häufigsten in der alten Poesie erwähnt.

JHWH untergeordnet sind die Mitglieder des *sôd̠ qed̠ošîm* 'des Rats der Heiligen' (Ps 89, 8, s. Miller, The Divine Warrior, 66–69; vgl. auch die ideologisch „späteren" Stellen Ps 35, 10; 71, 19; 89, 9; 1 Kön 8, 23 = 2 Chr 6, 14; auch Deut 10, 17; Ps 136, 2). Sie umgeben ihn, wenn er sich bewegt (Deut 33, 2f.; Sach 14, 5). Seine Überlegenheit ist selbstverständlich: „Wer ist wie du, JHWH, unter den Göttern? Wer ist wie du, Furchtbarer, unter den Heiligen?" (Ex 15, 11; vgl. Ps 89, 6–8).

Obwohl das Motiv der göttlichen Ratsversammlung (→ סוד) im AT gewöhnlich mit JHWH verbunden wird, hat es sich aus seiner Verschmelzung mit El ergeben. Die Ratsversammlung des El, die in den ugar. Texten wohlbekannt ist, erscheint in ihrer urspr. Form nur einmal im AT, nämlich Deut 32, 8f., wo die urzeitliche Verteilung der Erbschaften der Söhne Els beschrieben wird: „Als Eljon den Nationen ihre Erbschaften zuteilte, als er die Menschheit aufteilte, bestimmte er die Gebiete der Völker nach der Zahl der Söhne Els (mit LXX und dem Qumranfragment BASOR 136, 1954, 12); dann wurde JHWHs Anteil sein Volk, Jakob sein Erbteil." Die meisten von diesen und ähnlichen Stellen weisen auf eine undifferenzierte Menge von Göttern um JHWH hin. Im archaisierenden Gedicht Hab 3, 5 werden aber JHWHs beide Leibwächter genannt; *Dæb̠ær*, der Pestgott, geht vor ihm, und *Ræšæp*, die Seuchengottheit, folgt ihm nach. Entmythologisierte kleinere Gottheiten erscheinen in der späteren israelit. Literatur als hypostasierte Tugenden: *ṭob̠* und *ḥæsæd̠* 'Güte' und 'Treue' begleiten den Psalmisten (Ps 23, 6), eine Tugendallegorie wird von drei kleineren Gottheiten, *'æmæt̠*, *ṣæd̠æq* und *ḥæsæd̠* 'Wahrheit', 'Gerechtigkeit', 'Treue' aufgeführt (Ps 85, 11f.). Die Söhne Gottes in Gen 6, 1f. und die Cheruben und Stiere, die mit den kultischen Einrichtungen verbunden sind, könnten auch niedrigere Gottheiten sein. Ein Paar von Muttergöttinnen, *Šād̠ajim* und *Ræḥæm* 'Brüste' und 'Mutterschoß', erscheint in Gen 49, 25, obwohl sie schon in diesem archaischen Kontext entmythologisiert sind.

Die urspr. Heimat JHWHs lag im Süden, auf der

Sinaihalbinsel, in oder zwischen geheimnisvollen Bergen, Sinai (Deut 33, 2), Seʿir (Deut 33, 2; Ri 5, 4), Paran (Deut 33, 2; Hab 3, 3) und Teman (Hab 3, 3), wahrscheinlich in der Nähe von Edom, Midian und Kuschan. (Andere Forscher ziehen das Gebiet östlich oder südlich von Aqaba im nördlichen Teil von Arabien vor.) Diese Heimat spiegelt sich vor allem im JHWH-Epithet *zæh sinaj* ʿder vom Sinai' (Ri 5, 5; Ps 68, 9). Seine spätere Heimat, den Zion, erreicht er nach einer langen Fahrt nordwärts (s. Freedman, BA 1977, 46–48); Zion wird ausdrücklich mit dem weit nördlichen Zaphon, der Wohnung des ugar. Baʿals, identifiziert (Ps 48, 3). Die nördlichen Berge erscheinen auch als „die Berge des Alten, die Hügel des Ewigen" (Deut 33, 15).

Unter den Gegnern JHWHs finden sich die mythischen Ungeheuer Leviathan (→ לויתן), Rahab (→ רהב), Tehom (→ תהום), und die Schlange (→ נחש *nāḥāš*) (Ps 68, 23, s. P. D. Miller, HThR 57, 1964, 240–243). Zu ihnen könnten auch die „neuen Götter" (*'ælohîm ḥadāšîm*) von Ri 5, 8 und Deut 32, 17 gehören, aber der genaue Sinn dieses Ausdrucks ist dunkel.

Im allgemeinen hat die Gestalt JHWHs gewisse Ähnlichkeiten mit dem Kemoš von Moab, dem Milkom/Molech von Ammon und dem Qaus von Edom, soweit wir etwas über diese wissen. Keiner von den vier kommt in den epischen Texten von Ugarit vor, aber Kemoš und Milkom scheinen dort bekannt gewesen zu sein (KTU 1.100, 36; 1.107, 16 und 1.123, 5 bzw. UT Nr. 1484). Die Entwicklung der vier Kulte in der frühen Eisenzeit könnte sehr gut parallel verlaufen sein, und Salomo hat in der Tat JHWH, Moloch und Kemoš verehrt (1 Kön 11, 7) zusammen mit der Astarte der Sidonier (vgl. auch 2 Chr 2, 4). Der levitische Name Qušajahu (viell. besser Qaus-jahu) könnte einer Identifikation von Qaus und JHWH entstammen, aber das Material ist zu spärlich (Albright, BASOR 72, 1938, 11, A. 36). Der Name *jehôšûʿāh* könnte ebenso synkretistisch sein, da *šûʿāh* anderswo ein Gottesname zu sein scheint.

Die synkretistische Identifizierung von JHWH mit anderen Gottheiten war eine ziemlich konstante Erscheinung im 1. Jt., wie aus den Propheten wohl bekannt ist. Der Gebrauch des Titels *'ælohê haššāmajim* ʿGott des Himmels' in der Perserzeit könnte einen teilweisen, aber marginellen Synkretismus mit Ahura Mazdah spiegeln (D. K. Andrews, Festschr. T. J. Meek, Toronto 1969, 45–57). Die Elephantinegottheiten Ešem-Bethel und ʿAnath-Bethel waren mit JHWH verbunden, aber wir wissen nicht, ob sie als Hypostasen gewisser Funktionen oder als selbständige, untergeordnete Gottheiten gegolten haben (Porten 151–186). Späterer Synkretismus, wie die Identifikation von (JHWH) Zebaoth mit Sabazios, fällt außerhalb dieser Untersuchung.

Der Name JHWH ist verhältnismäßig selten in der Weisheitsliteratur (in Pred kommt es überhaupt nicht vor); in den poetischen Teilen von Hi kommt er nur einmal vor (12, 9; vgl. Jes 41, 20), in Prosa dagegen in der Rahmenerzählung und Hi 38, 1; 40, 1. Dies spiegelt eine der altorientalischen Weisheit gemeinsame Tendenz, allgemeine Ausdrücke für die Gottheit vorzuziehen (R. Gordis, Poets, Prophets, and Sages, Bloomington 1971, 159–168). Der Name wird auch in gewissen Qumrantexten vermieden, mit Ausnahme von Bibelzitaten. Die Ersetzung des Tetragramms durch *'l* kann wegen der implizierten textkritischen Probleme nicht als Polemik gegen den Gottesnamen betrachtet werden (Gordis, a.a.O. 168. 193; J. P. Siegel, HUCA 42, 1971, 159–172). Fitzmyer behauptet, daß die palästin. Juden des 1. Jh.s JHWH *mārē'* (aram.) und *'āḏôn* (hebr.) nannten (CBQ 36, 1974, 562). Die Standardübersetzung der LXX ist κύριος; Origenes, Aquila, Symmachos und Theodotion gebrauchen das dem יהוה-Namen ähnliche griech. ΠΙΠΙ (vgl. W. G. Waddell, The Tetragrammaton in the LXX, JThS 45, 1944, 158–161). Der geeignete Epilog dieser Entwicklung ist der oben behandelte magische Gebrauch.

Freedman – O'Connor

יוֹבֵל *jôḇel*

I. 1. Belege – 2. Äg. – 3. Akk. – 4. Arab., phön. – 5. LXX – II. 1. Enge Verbindung zum Sabbatjahr – 2. 49 oder 50? – 3. Im Einzelfall oder im allgemeinen? – III. Vermutliche Stufen des Jobelgesetzes – IV. Jahr des Wohlgefallens JHWHs.

Lit.: *J. Bottéro*, Désordre économique et annulation des dettes en Mésopotamie à l'époque paléo-babylonienne (JESHO 4, 1961, 113–146). – *D. Correns*, Die Mischna Schebiit (vom Sabbatjahr), Diss. Göttingen 1954. – *M. Elon*, Freedom of the Debtor's Person in Jewish Law (hebr., Jerusalem 1964). – *J. D. Eisenstein*, Sabbath, Sabbatical Year and Jubilee (Jew Enc X, 1905, 605–608). – *F. Horst*, Das Eigentum nach dem AT (Gottes Recht, ThB, 1961, 79–103. 203–221).– *Ders.*, Eigentum, biblisch (RGG II, 363ff.). – *E. Kutsch*, Erlaßjahr (RGG II, 31958, 568f.). – *Ders.*, Erwägungen zur Geschichte der Passafeier und des Massotfestes (ZThK 55, 1958, 1–35). – *N. P. Lemche*, The Manumission of Slaves – The Fallow Year – The Sabbatical Year – The Jobel Year (VT 26, 1976, 38–59, bes. 38–41). – *E. Neufeld*, Socio-Economic Background of Yōbēl and šemiṭṭâ (RSO 33, 1958, 53–124). – *R. North*, Sociology of the Biblical Jubilee [Lev 25] (AnBibl 4, 1954) mit früherer Lit. – *N. Sarna*, Zedekiah's Emancipation of Slaves and the Sabbatical Year (Festschr. C. Gordon, AOAT 22, 1973, 143–150). – *E. Urbach*, The Laws Regarding Slavery as a Source for Social History in the Period of the Second Temple, the Mishnah and Talmud (Papers of the Institute of Jewish Studies 1, 1964, 1–94 = Zion 25, 1960, hebr.). – *G. Wallis*, Das Jobeljahr-Gesetz, eine Novelle zum Sabbatjahr-Gesetz (MIO 15, 1969, 337–345). – *R. Westbrook*, Jubilee Laws (ILR 6, 1971, 209–226). – *Ders.*, Redemption of Land (ILR 6, 1971, 367–375). – *W. Zimmerli*, Das „Gnadenjahr des Herrn" [Jes 61, 1f.] (Festschr. K. Galling, 1970, 321–332). → דרור *derôr*.

I. 1. *jôḇel* kommt im Sinne von ʻ(Widder-)Horn' nie ohne ein Begleitwort vor, das eindeutig ʻHorn, Posaune(nschall)' bedeutet. In keinem biblischen Kontext findet sich irgendwie ein Hinweis darauf, daß *jôḇel* ein Material ist oder eher eine Anspielung auf die bekannteste Verwendung einer solchen Posaune, auf das Jubiläum: so *šôpᵉrôṯ (haj-)jôḇᵉlîm* Jos 6, 4. 6. 8. 13; *qæræn hajjôḇel* Jos 6, 5 wird mit *mᵉšôḵ* eingeleitet; deshalb heißt *mᵉšôḵ* in Ex 19, 13 wohl auch ʻSchall', läßt aber *jôḇel* unbestimmt. Ansonsten kommt *jôḇel* nur 21mal vor, immer für die Institution des Erlaßjahres, entweder mit (Lev 25, 13. 28a. 40. 50. 52. 54; 27, 17. 18b. 23. 24) oder ohne *šᵉnaṯ* ʻJahr' (Lev 25, 10. 11. 12. 28b. 30. 31. 33; 27, 18a. 21; Num 36, 4). Jos 6 und Ex 19, 13 sind E (Eißfeldt); Lev 27 ist P, so auch Lev 25 (oder wohl H).

2. Äg. *ḥb śd* wird oft mit Jubiläum übersetzt, und es bestehen auch gewisse Ähnlichkeiten: allgemeines Jubeln, landauf-landab, über längere Zeit hinweg nach einer feierlichen Proklamation. Allerdings konnte das *ḥb śd* erst nach 30 Regierungsjahren, danach auch öfter für denselben Pharao proklamiert werden. Und es hatte nichts mit einem siebenjährigen Zyklus oder der Befreiung von sozialer Ungerechtigkeit und Bedrückung zu tun. Letztere findet sich zwar bei Haremheb um 1320 v. Chr., aber ohne Verbindung mit *ḥb śd* „ein für allemal", wie auch später unter Bocchoris 720 v. Chr., was den Präzedenzfall für Solons σεισάχθεια (594) nach Diodor 1, 79, 4 bildet (unerwähnt in PW 2A, 1118); S. J. Pirenne, AHDO 4, 1949, 12.

3. Akk. *biltu* ʻLast, Tribut, Ertrag(sgabe)' (AHw I, 126, CAD II, 228) wird mit *wabālu* verbunden und demnach als Quasi-Infinitiv von *jbl* gewertet (so N. M. Nicolskij – meist übersehen – in bezug auf die „Votivgaben" Lev 27, 17, ZAW 50, 1932, 216). Nach C. Gordon (RB 44, 1935, 39) könnte *šūdûtu* entfernte Ähnlichkeit mit dem Jobel-Erlaß oder eher mit *šᵉmiṭṭāh* haben (sum. Vorgänger bei J. van Dijk, ZA 55, 1962, 272). Ein Fragment, das eine Stundung nach Art von *šᵉmiṭṭāh* oder *andurāru* erwähnt, soll sogar in eine Lakune des CH § 68 passen (S. Langdon, PSBA 36, 1914, 100). Bottéro 145 sieht das Edikt des Ammi-Saduqa als eine Art σεισάχθεια (ed. F. Kraus 158; neuer Teil bei J. Finkelstein RA 63, 1969, 45–64). Über den Brauch der Brache in Assyrien vgl. D. Opitz, ZA 37, 1927, 104–106.

4. Sarab. Inschriften sprechen von der Gottheit als Besitzer des Landes, vgl. dazu die Legitimation des Erlaßjahres Lev 25, 23 (N. Rhodokanakis, Anzeiger der Wiener Akademie 53, 1916, 176. 190). Aqiba 130 n. Chr. behauptet, er habe in Arabien (Variante Gallia, vielleicht = Galatia, P. Benoit, RB 54, 1947, 85) das Wort *jubla* als Bezeichnung für den Widder gehört (Levy WTM; Roš-haššanah 26b; so 8b, 27a; Arach 12b; jBer IX, 13ᵉ). Das galt als inanis judaeorum fabula (J. Kranold, De anno Hebraeorum jubilaeo, Göttingen 1837, 18) bis zur Entdeckung des Marseiller Tarifs (1846; KAI 69), wo ein Verzeichnis der Opfertierpreise folgendes enthält: *bjbl 'm bʻz kll 'm ṣwʻt 'm šlm kll lkhnm ksp šql:* „im (Falle eines) *jbl* oder (im Falle) einer Ziege, ein Ganzopfer oder ein Sündopfer oder ein Ersatzopfer, (bekommen) die Priester 1 Seqel Silber" (KAI 69, 7). Hier paßt ʻSchaf' oder ʻWidder' für *jbl* weit besser als ʻErlaß(jahr)' (→ יבל [*jbl*] 391); gegen die zur Unterstützung herangezogene Parallele *šôp̄ār* ʻHorn' = akk. *šapparu* ʻWildziege' (?) vgl. B. Landsberger, Fauna Mesop., ASAW 42/6, 1934, 96; jetzt JNES 24, 1965, 296; W. Heimpel, St. Pohl 2, 1968, 251. Seltener wurde versucht, den Widder als ʻFührer' auf das hebr. (arab., ugar.) Verb *wabala/jbl* ʻfeierlich bringen' zurückzuführen (D. Baldi, Giosuè [La Sacra Bibbia, Turin 1956] 46 mit König, Lehrgebäude [1885] 2, 105; E. Power, VD 4, 1924, 46).

5. Trotzdem bleibt beachtenswert, daß LXX *jôḇel* überall mit ἄφεσις ʻWeg/Zurücksendung' übersetzt (vgl. Josephus, Ant. 3 (283) 12, 3 ʻFreiheit'; nur Lev 25, 10 σημασία ʻProklamation'; 25, 10ff. mit ἄφεσις), was mit der normalen Bedeutung des hebr. Verbs *jāḇal* ʻfeierlich oder reichlich (zurück)bringen oder -senden' übereinstimmt: zurückkehrende Exulanten (Jer 31, 9; Jes 55, 12); siegreiche Heerscharen (Ps 60, 1 = 108, 11); Leichenbegängnis (Hi 10, 19; 21, 32); feierliche Opfer (Zeph 3, 10; Ps 68, 30; 76, 12); vgl. auch die Nominalformen *(jᵉ)ḇûl* ʻErtrag der Erde' (Lev 26, 4; Jes 44, 19 [Hi 40, 20; 37, 12 oft mit *teḇel* ʻErde' → תבל]), *jāḇāl* ʻStrom' (Jes 30, 25; 44, 4 [Lev 22, 8; Jer 17, 8; Dan 8, 2]); vielleicht auch ʻMusik' als das, was fließt (Gen 4, 21); (über *biltu* als ʻErtragsgabe' vgl. oben 3., als ʻInterkalation' unten II. 2.). Nicht verwandt dagegen ist ʻjubeln', lat. jubilare ʻbei der Ernte schreien' (KBL³ mit J. Milik, VD 28, 1950, 167, gegen K. Lokotsch, Etym. Wb der europ. Wörter oriental. Ursprungs, 1927, 76). Griech. ἵημι impliziert nichts Festliches oder Reichliches, und im Verb *jbl* fehlt der Sinn ʻweg/zurück', wie er von LXX ἀφίημι postuliert wird; doch haben alle Vorkommen von ἄφεσις etwas Festlich-Feierliches an sich im Sinne von „Wiederherstellung früheren Wohlbefindens".

II. 1. Der Sinn von *jôḇel* muß also (trotz z. B. IDB 2, 1001; W. Albright, Bibl. 37, 1956, 490) letztlich allein aus Lev 25, 10 abgeleitet werden. Dort bedeutet es, übrigens in engster Verbindung mit dem Sabbatjahr, eine Art feierliches Zurückkehren in die Heimat und die Befreiung von unbestimmten oder schon erwähnten wirtschaftlichen Nachteilen; denn es ist ein → דרור *dᵉrôr* ʻFreilassung, Bewegungsfreiheit'. Diese Heimkehr muß mit dem Schall des Widderhorns (*šôp̄ār*, sonst *qæræn*, *tᵉruʻāh*; nie *jôḇel*) im „fünfzigsten" Jahr proklamiert werden.

2. „Fünfzig" wird ausdrücklich mit dem siebten Sabbatjahr, dem 49. Jahr in Verbindung gebracht: möglicherweise als aufgerundete Zahl für 49 selbst oder präzise als ein den Sabbatzyklus unterbrechendes Extrajahr (Restbestand einer früheren Pentekontade oder sieben 50-Tage-Perioden des Ackerbaujahres nach J. und H. Lewy, HUCA 17, 1942, 91). Lev 25, 11

spricht jedoch explizit von einer Jahresernte für drei Jahre, also einschließlich zweier folgender Brachjahre. Aber gerade dort ist erstaunlich, daß man vom 6./7./8. anstatt vom 48./49./50. Jahr redet.
Ältere Autoren neigen dazu, diese scheinbare Gleichsetzung von 49/50 als eine Art Interkalation (*jbl* ʿproducere, verlängern', A. Klostermann, ThStK 53, 1880, 723; oder aber *Epacta* „intercalary year", North 126) von entweder einem ganzen Jahr oder von 49 Tagen (Lev 25, 8, S. Zeitlin, REJ 89, 1930, 354) oder nur von den zehn Tagen zwischen dem tatsächlichen Anfang des Jahres und der Proklamation „am zehnten des Monats" Tišri, Lev 25, 9 (vgl. J. Wellhausen, CompHex[3] 165) zu betrachten.
3. Im Vergleich mit den sozialen Vorschriften des Jobels ist die Frage verhältnismäßig unwichtig, ob im 49. oder 50. oder sogar in beiden Jahren ein „Erlaß des Landes" zu feiern war. Die Hauptsache ist, daß das Jobeljahr, was immer es sein mag, ein Sonderfall des „siebten" Jahres ist (Lev 25, 4. 8). Damit erhebt sich unvermeidlich die Frage, ob dieses „siebte" Jahr zu identifizieren ist mit der in Ex 21, 2 erwähnten Freilassung eines „hebräischen" Sklaven in *seinem* siebten Jahr als Sklave, oder mit Deut 15, 12, wo das siebte Jahr des einzelnen Sklaven in gewisser Weise mit der allgemeinen *š*ᵉ*miṭṭāh* (LXX ἄφεσις), die unmittelbar vorausgeht, gleichgesetzt wird. Zwar gibt es Unterschiede zwischen diesen drei Sabbatjahr-Vorschriften, sie sind aber so geringfügig und unklar, daß nicht zu entscheiden ist, wo genau wir es mit einem siebten Jahr des allgemeinen Kalenders zu tun haben und wo mit dem wechselnden siebten Jahr eines Individuums. Diesen drei Gesetzen ist das Ziel, die Verbesserung der sozial-wirtschaftlichen Lage des einzelnen und damit der ganzen Gesellschaft, gemeinsam. Dieses Ziel ist so dominant, daß es zu der Hypothese berechtigt, in dem allgemeinen Kalenderjahr, das in einigen Details vorausgesetzt wird, eine nachträgliche Idealisierung und Überarbeitung zu sehen. Aus der individuellen Freilassung wurde das Idealbild der allgemeinen, in regelmäßigen Zeitabständen stattfindenden Freilassung entwickelt.

III. Trotz der vielen offenen Fragen scheint es lohnender, eine Synthese der Elemente des Strebens nach sozial-ökonomischer Gerechtigkeit, die dem Jobeljahr-Kapitel zugrunde liegen, zu versuchen:
1. Ausgangspunkt von allem ist wohl nicht die reine Agrarbrache, wie Lev 25, 6 vermuten läßt, sondern vielmehr Elend, Armut, Schwachheit und Katastrophen, die vielen Israeliten, wie den Menschen überall, das Leben unerträglich werden ließen.
2. Wenn diese Elenden mit ihren Familien nicht grausam an Hunger sterben wollten, mußten sie sich eine Anleihe beschaffen, eine Schuld aufnehmen.
3. Kaum ein Reicher gewährt jedoch eine solche Anleihe, nicht nur weil die Aufhebung der Schuld im siebten Jahr schon zu Beginn voraussehbar war, sondern auch generell, weil der zu erwartende Profit in keinem Verhältnis zu Risiko und Verlust stand.
4. Als lebendes anstelle eines leblosen Pfandes (H. Weil, AHDO 2, 1938, 171; A. Arbeles, MGWJ 30 (f), 1922, 285) oder eher zur allmählichen Abtragung der Schuld (P. Koschaker, ASAW 42, 1931, 107) wurde entweder der Schuldner selbst oder aber sein Sohn „Sklave" des Verleihers; d. h. als ein solcher Sklave war er nicht mehr frei, nach eigenem Ermessen zu handeln und zu verdienen, solange der Lohn seiner Arbeit ganz zur Rückzahlung der Anleihe verwendet werden mußte.
5. Die Dauer der Versklavung war im Einzelfall nun vorgeschrieben und begrenzt: Hammurabi (CH § 117) duldete nur drei Jahre; die sechs Jahre der Bibel sind vielleicht nicht weniger human, aber realistischer. Befreiung nach einem vorherbestimmten Termin war das Hauptanliegen beider Gesetze (H. Cazelles, Études sur le code de l'alliance, Paris 1946, 150): zweifellos handelt es sich hier nur um zufällig erhaltene Beispiele einer sicherlich verbreiteten Handhabung und nicht um voneinander abhängige oder unabhängige Neuerungen. Ob in Jer 34, 14 und Neh 5, 5 der historische Anstoß zu diesen Gesetzen vorliegt, ist umstritten (zu Mi 2, 4 vgl. A. Alt, Festschr. S. Mowinckel, Oslo 1955, 13–23).
6. Auch wenn der befreite Arme wahrscheinlich anschließend wieder in die Schuldsklaverei geraten mußte, durfte das in keinem Fall mehr als siebenmal vorkommen. Da diese fünfzig Jahre eine normale Lebensspanne bilden, liegt es nahe, die „Befreiung" oder vielmehr die Wiedergewinnung des Anspruchs auf den eigenen Landbesitz mehr im ökonomischen Interesse der Allgemeinheit als dem des armen Greises zu sehen. Vgl. etwa den Fall Naboth (1 Kön 21), wo das ererbte Feld nie endgültig von der kleinen Familie in die Hand von Großgrundbesitzern übergehen darf (Num 36, 7).
7. Der Rechtfertigungssatz Lev 25, 23 „all das Land gehört mir (JHWH)", der nach Horst 220 ursprünglich kanaanäisch sein könnte und sich auf Baal bezieht, bedeutet jedenfalls nicht, daß Privateigentum ausgeschlossen oder unbegrenzt war, sondern daß die Eigentumsverhältnisse zwischen den Menschen so zu regeln waren, daß alle und nicht nur einige in wahrer Freiheit leben konnten.

IV. Diese echten Ziele der verschiedenen, längst normativ gewordenen Sozialgesetzgebungen finden sich im Jobel-Kapitel zusammengefaßt. Das Jobel stellt sich nach allem als eine besondere Art der Befreiung von Sklaven und Ackerland im siebten Jahr dar (Lev 25, 1–12). Zweifellos ist Jobel jedoch mehr mit dem Agrareigentum als mit der Sklaverei verbunden (Lev 25, 10. 13. 23), aber beide stehen in unmittelbar konkreter Beziehung zur Verschuldung und Anleihe (Lev 25, 25. 35. 39; Deut 15, 2. 7. 12; Neh 5, 7f.). Die Regelung der verschiedenen Kaufverträge angesichts des Jobelerlasses (Lev 25, 28–55; 27, 17–24; Num 36, 4: personelle Transaktionen wie etwa beim *go'el*-Rückkaufsrecht Lev 25, 25; Jer 32, 8; oder beim Levirat Deut 25, 5; Ruth 3, 13; Ez 46, 17) ist weit eingehender behandelt als solche Vorschriften, die sich oberflächlich mit der Agrarbrache zu befassen scheinen, jedoch in jedem Falle mehr die wirtschaftliche Besserstellung der Unterprivilegierten im Auge haben (Lev 25, 8. 12. 24). Diese peinlich genauen und kaum realistischen Kauf- und Brachregelungen sind wohl kleinere Anpassungen des Kompilators in einer (Exils-)Zeit, in der die ursprünglichen Bedingungen der ökonomischen Freilassung im Alltagsleben nicht mehr erfahren wurden.

Man muß sogar zugeben, daß dieser kanonistisch-kasuistisch und auch liturgisch orientierte P-Kompilator mehr an die ideellen oder sogar eschatologischen Konnotationen des Textgutes dachte, das er überlieferte. Der farbenfrohe und feierliche „Strom der Jubelnden zur (geistigen) Heimat" (mehr oder weniger ähnlich den Jubiläums-Pilgerfahrten in Rom), das „Gnadenjahr des Herrn" als Vorwegnahme der himmlischen Freilassung (Jes 61, 2; Lk 4, 19) oder die Wiederherstellung aller Dinge (Apg 3, 21; H. Wildberger, EvTh 16, 1956, 419) interessierte ihn mehr als die kaum spürbare Verbesserung des sozialen Wohlstandes des einen oder anderen in den kleinen Dörfern im Laufe der Zeit. Damit soll aber nicht gesagt werden, daß nicht eine allgemeine Erlaßproklamation als Teil der ursprünglichen Gesetzgebung überliefert worden sein konnte: Die ersten Schuldversklavungen konnten wohl fast sämtlich schon in den ersten Jahren der Landnahme entstehen und daher etwa gleichzeitig zu einem endgültigen Ende kommen; oder aber eine feierliche Proklamation konnte auch für jene Freilassungen gelten, die erst einige Jahre später fällig waren. Soweit „stellt diese H-Gesetzgebung zum Jobeljahr den Versuch früher nachexilischer Gesetzgeber dar, in beispielloser Manier ... zwei soziale Probleme zu lösen, für die in der ganzen vorexilischen Periode keine wirksame Lösung gefunden worden war, und die vermutlich eines Tages wieder akut wurden" (J. Morgenstern, IDB 2, 1002). „Dann ergibt sich daraus aber der zwingende Schluß, daß den Exilspropheten das Jobeljahr als überkommene Institution, die von dem Vorläufer von Jes 61 zum Gefäß seiner überraschenden Heilsbotschaft gemacht worden ist, schon vorgelegt hat" (Zimmerli 327).

North

יוֹם *jôm*

יוֹמָם *jômām*, יום יהוה *jôm JHWH*

I. Umwelt – 1. Akkadisch – 2. Ägyptisch – II. 1. Etymologie und Verbreitung – 2. Formen und Streuung – 3. Wortverbindungen – 4. Nahestehende Wörter und Ausdrücke – III. Allgemeine Verwendungen – 1. Zeitlich-kalendarisch – 2. Erweiterter Gebrauch – IV. Theologische Gebrauchsweisen – 1. Schöpfungstheologisch – 2. Kulttheologisch – 3. Geschichtstheologisch – a) Geschichtliches und zukünftiges Ereignis – b) *jôm JHWH* bei Am und Jes – c) *jôm JHWH* in anderen Prophetenschriften – d) Ausdrücke im Umkreis von *jôm JHWH* – e) *jôm JHWH* im Rahmen der prophetischen Eschatologie – V. Qumran – VI. LXX.

Lit. (außer Kommentaren und at.lichen Theologien): *S. Aalen*, אור (ThWAT I, 1973, 160–182). – *Ders.*, Die Begriffe 'Licht' und 'Finsternis' im Alten Testament, im Spätjudentum und im Rabbinismus (SNVAO II, 1951:1, 1951). – *J. Barr*, Biblical Words for Time (SBT 33, ²1969). – *J. Bergman, H. Ringgren, Ch. Barth*, בקר (ThWAT I, 1973, 743–754). – *L. Černý*, The Day of Yahweh and Some Relevant Problems (Práce z vědeckých ústavů 53, V, Prag 1948). – *G. Dalman*, AuS I/2, 1928, 594–642. – *S. J. De Vries*, Yesterday, Today and Tomorrow. Time and History in the Old Testament, London 1975. – *J. Finegan*, Handbook of Biblical Chronology, Princeton–London 1964. – *E. Jenni*, יום *jōm* Tag (THAT I, 1971, 707–726). – *M. P. Nilsson*, Primitive Time-Reckoning, Lund 1920. – *G. von Rad*, ἡμέρα A. „Der Tag" im AT (ThWNT II, 1935, 945– 949). – *M. Sæbø*, Sacharja 9–14. Untersuchungen von Text und Form (WMANT 34, 1969). – *Ders.*, אוֹר *'ōr* Licht (THAT I, 1971, 84–90). – *R. de Vaux*, Das Alte Testament und seine Lebensordnungen I, ²1964, 286–313, bes. 290–294. – *J. R. Wilch*, Time and Event. An Exegetical Study of the Use of *'ēth* .., Leiden 1969.

Zu II. 1.: *H. Birkeland*, Akzent und Vokalismus im Althebräischen (SNVAO II, 1940:3, 1940). – *Th. Nöldeke*, Neue Beiträge zur semitischen Sprachwissenschaft, 1910, 133–35. – *A. F. Rainey*, The Word „Day" in Ugaritic and Hebrew, Leshonenu 36 (1971/72) 186–189.

Zu II. 3.: *G. W. Buchanan*, Eschatology and the „End of Days" (JNES 20, 1961, 188–193). – *B. S. Childs*, A Study of the Formula „Until this day" (JBL 82, 1963, 279–292). – *G. Gerleman*, „Heute", „Gestern" und „Morgen" im Hebr. (TAik 72, 1967, 84–89). – *H. Kosmala*, „At the End of the Days" (ASTI 2, 1963, 27–37). – *A. Lefèvre*, L'expression „En ce jour-là" dans le livre d'Is. (Festschr. A. Robert, Paris 1957, 174–179). – *E. Lipiński*, באחרית הימים dans les textes préexiliques (VT 20, 1970, 445–470). – *P. A. Munch*, The Expression *bajjôm hāhū'*. Is it an Eschatological terminus technicus? (ANVAO II, 1936:2, 1936). – *J. Schreiner*, Das Ende der Tage. Die Botschaft von der Endzeit in den alttestamentlichen Schriften (BiLe 5, 1964, 180–194). – *H. Seebaß*, אחרית (ThWAT I, 1973, 224–228). – *W. Staerk*, Der Gebrauch der Wendung באחרית הימים im at. Kanon (ZAW 11, 1891, 247–253).

Zu III. 1.: *J. M. Baumgarten*, The Beginning of the Day in the Calendar of Jubilees (JBL 77, 1958, 355–360). – *P. J. Heawood*, The Beginning of the Jewish Day (JQR NS 36, 1945/46, 393–401). – *E. Kutsch*, Chronologie. III. Israelitisch-jüdische Chronologie (RGG I, ³1957, 1812–1814). – *J. Morgenstern*, The Three Calendars of Ancient Israel (HUCA 1, 1924, 13–78). – *Ders.*, Supplementary Studies in the Calendars of Ancient Israel (HUCA 10, 1935, 1–148). – *Ders.*, The Calendar of the Book of Jubilees, its Origin and its Character (VT 5, 1955, 34–76). – *F. S. North*, Four-month Seasons of the Hebrew Bible (VT 11, 1961, 446–448). – *J. B. Segal*, Intercalation and the Hebrew Calendar (VT 7, 1957, 250–307). – *H. R. Stroes*, Does the Day Begin in the Evening or Morning? Some Biblical Observations (VT 16, 1966, 460–475). –

Sh. Talmon, The Calendar Reckoning of the Sect from the Judaean Desert (ScrHier 4, ²1965, 162–199). – *S. Zeitlin*, The Beginning of the Jewish Day During the Second Commonwealth (JQR 36, 1945/46, 403–414).
Zu IV. 1.: *W. H. Schmidt*, Die Schöpfungsgeschichte der Priesterschrift (WMANT 17, ²1967, 67–73). – *O. H. Steck*, Der Schöpfungsbericht der Priesterschrift (FRLANT 115, 1975, 158–177).
Zu IV. 3. b–d (ausgewählte, vorwiegend neuere Lit. zum Thema *jôm JHWH*): *J. Bourke*, Le Jour de Yahvé dans Joël (RB 66, 1959, 5–31. 191–212). – *C. Carniti*, L'espressione „il giorno di JHWH": Origine ed evoluzione semantica (BibOr 12, 1970, 11–25). – *F. Couturier*, Le „Jour de Yahvé" dans l'Ancien Testament (Revue de l'Univ. d'Ottawa 24, 1954, 193–217). – *G. Eggebrecht*, Die früheste Bedeutung und der Ursprung der Konzeption vom „Tage Jahwes", Diss. Halle/Wittenberg 1966/67. – *A. J. Everson*, The Day of Yahweh as Historical Event, Diss. Union Theol. Seminary, Richmond, Virginia 1969. – *Ders.*, The Days of Yahweh (JBL 93, 1974, 329–337). – *F. C. Fensham*, A Possible Origin of the Concept of the Day of the Lord (Biblical Essays 1966, Potchefstroom 1967, 90–97). – *J. Gray*, The Day of Yahweh in Cultic Experience and Eschatological Prospect (SEÅ 39, 1974, 5–37). – *H. Gressmann*, Der Ursprung der israelitisch-jüdischen Eschatologie (FRLANT 6, 1905). – *G. N. M. Habets*, Die große Jesaja-Apokalypse (Jes 24–27), Diss. masch. Bonn 1974, bes. 334–352. – *J. Héléwa*, L'origine du concept prophétique du „Jour de Yahvé" (Ephemerides Carmeliticae 15, 1964, 3–36). – *J. Jeremias*, Theophanie. Die Geschichte einer alttestamentlichen Gattung (WMANT 10, ²1977, 97–100). – *E. Kutsch*, Heuschreckenplage und Tag Jahwes in Joel 1 und 2 (ThZ 18, 1962, 81–94). – *R. Largement – H. Lemaître*, Le Jour de Yahweh dans le contexte oriental (Sacra Pagina 1, BiblEThL 12, 1959, 259–266). – *C. van Leeuwen*, The Prophecy of the *Yōm YHWH* in Amos v 18–20 (OTS 19, 1974, 113–134). – *H.-M. Lutz*, Jahwe, Jerusalem und die Völker. Zur Vorgeschichte von Sach 12, 1–8 und 14, 1–5 (WMANT 27, 1968). – *E. G. Medd*, An Historical and Exegetical Study of the „Day of the Lord" in the Old Testament with Special Reference to the Book of Joel (Diss. St. Andrews, 1968/69). – *S. Mowinckel*, Psalmenstudien II. Das Thronbesteigungsfest Jahwäs und der Ursprung der Eschatologie (Videnskapsselskapets Skrifter II, Kristiania 1921:6, 1922). – *Ders.*, „Jahves dag" (NoTT 59, 1958, 1–56. 209–229). – *H.-P. Müller*, Ursprünge und Strukturen alttestamentlicher Eschatologie (BZAW 109, 1969, 72–85). – *H. D. Preuß*, Jahweglaube und Zukunftserwartung (BWANT 87, 1968, 170–179). – *G. von Rad*, The Origin of the Concept of the Day of Yahweh (JSS 4, 1959, 97–108). – *K.-D. Schunck*, Strukturlinien in der Entwicklung der Vorstellung vom ‚Tag Jahwes' (VT 14, 1964, 319–330). – *Ders.*, Der „Tag Jahwes" in der Verkündigung der Propheten (Kairos NF 11, 1969, 14–21). – *J. M. P. Smith*, The Day of Yahweh (AJTh 5, 1901, 505–533). – *M. Weiss*, The Origin of the „Day of the Lord" – Reconsidered (HUCA 37, 1966, 29–71).

I. 1. a) Das gemeinsemit., nicht deverbale Subst. *jaum* erscheint akk. als *ūmu(m)*, altakk. noch *jūmum*. Der Pl. ist zumeist *ūmū*, nur sehr selten als Fem. *ūmātu(m)*. Als Ableitungen sind zu nennen *ūmtum/ūndu* „bestimmter Tag"; *ūma(m)* „heute"; *ūmakkal* „ein Tag, einen Tag lang; *ūmiš* „wie der helle Tag"; *ūmišam(ma)* und, nur neubabyl., *ūmussu* „täglich"; *ūmšu(m)* „bis zu diesem Tag" (Belege für alle Wörter im AHw). In der nur literarisch bezeugten, nicht ursemit. Bedeutung „Sturm" ist *ūmu* eine Lehnübersetzung aus dem Sum., wo *u(d)* „Tag" und „Sturm" bedeutet; als Bezeichnung eines mythischen Löwen kennen *ūmu* nur die lexikalischen Listen. Ein nur dichterisches Synonym ist *immu(m)* (AHw I, 378b; CAD VII, 135a); *urru(m)* bezeichnet vor allem den morgigen Tag (*urra(m)* „morgen").
b) Eine vollständige Aufarbeitung der Zehntausende von Belegen ist auch für die Wbb. nicht möglich. Daher müssen auch hier einige Hinweise genügen. Wie sonst im Semit. und Indogerman. wird Tag sowohl als Gegensatz zur Nacht als auch als Tag und Nacht verstanden; Einteilung in je 6 Doppelstunden (*bī/ēru*, wörtl. Zwischenraum), deren Länge je nach der Jahreszeit wechselt. Die Haupttageszeiten sind wie überall Morgen, Mittag und Abend (→בקר [*boqær*], צהרים [*ṣŏhᵒrajim*], ערב [*'æræḇ*]). Vom Tag im Gegensatz zur Nacht ist einmal in den astrologischen Omina und in den astronomischen Texten der jüngeren Zeit allenthalben die Rede, außerhalb dieser ganz überwiegend in literarischen Texten, insbesondere Dichtungen. Es fällt aber auf, daß gerade die Hymnen an den Sonnengott Šamaš, den Erheller der Finsternis, vom hellen Tag nur sehr selten sprechen. In dem großen Hymnus BWL 126ff. etwa wird Šamaš in Z. 178 „Erheller des Tages", in Z. 180 aber „Verkürzer des Tages" (im Winter) genannt. Die im Sommer sehr große Tageshitze bewirkte, daß die Babylonier für manche Verrichtungen, nicht zuletzt Märsche, oft die Nacht bevorzugten. „Heller Tag" werden bisweilen auch andere Götter, z. B. Nabû, genannt. Die Verfinsterung des Tages durch Gewitter und Regen wird dem Wettergott Adad zugeschrieben; die noch stärkere Verdunkelung durch Sonnenfinsternisse galt als ein schweres Unglück und gehört neben den Mondfinsternissen zu den Hauptthemen der Astrologie. Einzelnen werden verdunkelte Tage in Flüchen gewünscht.
c) Überwiegend um den Tag im Gegensatz zur Nacht geht es auch in der Tagewählerei, die in Babylonien und Assyrien eine sehr große Rolle spielte. In den eigentlichen Hemerologien (z. B. P. Jensen, KB VI, 2, 8ff.; R. Labat, Hémérologies et ménologies d'Assur, Paris 1939) wird für jeden Tag des Monats und des Jahres gesagt, was man unternehmen und was man unterlassen soll. Auch Kulthandlungen werden nicht für jeden Tag empfohlen. Als generell ungünstige Tage gelten die Mondphasentage 7, 15 (*šapattu*), 22 und 29 sowie der 19. Tag als 49. Tag des Vormonats. In den Kalenderomina (vgl. R. Labat, Un calendrier babylonien des travaux des signes et des mois, Paris 1965) wird gesagt, welche günstigen oder schlechten Folgen bestimmte Handlungen an einzelnen Tagen haben; auch Sternkonstellationen und andere ominöse Vorkommnisse sind nicht an allen Tagen gleich günstig oder ungünstig.
d) Weitaus häufiger noch ist vom Tag als Zeiteinheit die Rede, so z. B. in Urkunden aller Art. Im Kult gab

es Opfer und Verrichtungen, die jeden Tag durchzuführen waren, und daneben solche, die nur für bestimmte Tage vorgeschrieben waren. *ūmu* steht oft auch im Sinne von Festtag, meistens freilich vor der Festtagsbezeichnung wie etwa *ūm akīti* „Neujahrstag", *ūm eššēši* „Monatsfesttag", *ūm isinni* „Festtag", *ūm kispi* „Totenopfertag", *ūm tēlilti* „Reinigungstag", *ūm rimki* „Badetag" usw. Man spricht aber auch vom Tag des Gottes, Tag der Gottesverehrung, Tag der Nachfolge der Göttin (vgl. BWL 38, 16. 25f.) und andererseits vom Tag des Zornes, des Schicksals usw.

e) Der Pl. dient häufiger noch als der Pl. *šanātu(m)* „Jahre" als ein Ausdruck für die Zeit (→ עת [*'eṯ*]), einmal im Sinne der Lebenszeit, die die Götter verlängern oder verkürzen können. Eine neuassyr. Schülertafel, die Bezeichnungen für das 4.–9. Jahrzehnt des Lebens aufführt, nennt, offenbar vom Ende aus gesehen, das 5. Jahrzehnt *ūmē kurûti* „kurze Tage" und das 7. *ūmē arkūti* „lange Tage" (STT Nr. 400, 45f.); lange Tage waren für Menschen, die kein Nachleben nach dem Tode erhofften, ein Hauptinhalt ihrer Hoffnung, wenn schon die darauf folgenden Stufen *šībūtu* „Greisenalter" und *littūtu* „hohes Alter" für die allermeisten unerreichbar blieben. „Ferne Tage" (*ūmū rūqūtu*) oder *ūm(ū) ṣiātim/ṣâti* „Tage ferner Zeit" können vergangene oder zukünftige sein, *ūmū ullûtu* oder jünger *ūmē pāni* nur vergangene; in die Zukunft weisen z. B. *ūmū dārûtu(m)* und *warkiāt/arkât ūmī* und adverbiale Ausdrücke wie *aḫriātiš*, *dāriš* oder *labāriš ūmī* „für die spätere Zeit". Nur selten begegnet in Hinweisen auf schlimme Schicksale der Ausdruck *ina lā ūmī-šu* „zu seinen Nichttagen, zur Unzeit" (BWL 132, 114).

f) *ūmu* wird älter nur im Pl., jünger auch im Sing. schließlich noch im Sinne von „Wetter" gebraucht; vgl. etwa *ūmū dannū* „das Wetter ist schlecht" (AHw I, 159a zu 4b); *kī ūmū iṭṭībū* „sobald als sich das Wetter gebessert haben wird" (VAB 2, 7, 59).

von Soden

2. a) Unter den äg. Wörtern für „Tag" (s. WbÄS VI, 153) stellt *hrw* (WbÄS II, 492ff.) das Hauptwort dar. Beim Datieren kommt seit MR als Sonderwort *św* (WbÄS IV, 58) vor. *dnj.t* (*ḏnj.t* WbÄS V, 465) bezeichnet den Tag des ersten und dritten Mondviertels, während *'rḳj* (WbÄS I, 212) den letzten Monatstag oder Jahrestag (in der Verbindung *'rḳj rnp.t*) angibt. In der Spätzeit entwickeln sich Sondernamen für die Mehrzahl der Monatstage (s. WbÄS VI, 153 und Brugsch, Thesaurus I, 46–52). Für „jeden Tag" wird der Ausdruck *r' nb* (eigtl. „jede Sonne") öfter als *hrw nb* gebraucht. „Tag für Tag" heißt *hrw ḥr hrw*. *hrw pn* – oder neuäg. *pꜣ hrw* – bedeutet „heute". Für die Formel „bei Tag und Nacht" findet sich *m hrw m grḥ* oder *grḥ mj hrw* (WbÄS II, 499, 1). Tagesanbruch heißt *ḥḏ-tꜣ* „das Hellwerden des Landes" – vgl. das Verbum *ḥḏ-tꜣ* „tagen" – und Tagesbeginn *wp-hrw*.

b) *hrw*, das etymologisch aus *hrw* 'zufrieden, ruhig, froh sein' herzuleiten ist, wird durch das Sonnenzeichen determiniert. Es bezeichnet den Tag als das Helle, die Zeit, in der die Sonne scheint. *hrw* steht aber auch für 'Tag und Nacht'. Der Tag beginnt am Morgen mit oder nach der Morgendämmerung. Die Nacht (*grḥ*, was mit *grh* 'aufhören' und *gr* 'schweigen' zusammenzustellen ist) stellt die andere Zeit, zwischen Sonne und Sonne oder zwischen Gestern und Morgen, dar. Kalendermäßig gehört die Nacht zum vorausgehenden Tag, im Kult leitet sie jedoch den kommenden Festtag ein. Datumwechsel findet beim Sonnenaufgang statt, und die Stundenzählung beginnt mit dem Tag. Tag und Nacht haben je 12 Stunden, deren Länge somit nach der Jahreszeit wechselt. 30 Tage machen einen Monat aus. Das Jahr mit seinen 12 Monaten zählt 360 Tage, wozu die 5 Schalttage, „die (Tage) außerhalb (der Zeit)" hinzuzufügen sind.

c) Das Beobachten der Zeiten und die Bestimmung des Charakters jedes Tages setzen in Ägypten früh ein. Die Horoskopoi („Zeitbetrachter") der Tempel sind berühmt. Im Volksleben entwickelte sich die Sitte der Tagewählerei. Seit dem MR gibt es Angaben für jeden Monatstag, vom NR an für jeden Tag des Jahres. Die Vermerke sind „gut" und „schlecht", was oft in drei Stufen etwa „bedenklich", „schlecht" und „widrig" näher präzisiert wurde. Gewöhnlich hat jeder Tag drei Angaben, die wahrscheinlich für Morgen-, Mittag- und Abendzeit stehen. Oft wird die Natur der Tage mythisch begründet, und bestimmte Ratschläge (z. B. für Opfer, Essen, Reisen, Beischlaf) werden daran angeknüpft. „Verrichte an diesen Schlimmen (scil. Tagen) keinerlei Arbeit an Korn und Kleidern! Beginne überhaupt keine Sache!" heißt es von den Schalttagen, welche als Geburtstage der 5 Götter Osiris, Seth, Horus, Isis und Nephthys von besonderem Gewicht waren (S. Schott, Altägyptische Festdaten, AMAW 10, 1950, 887ff.). Für sie wurden Sonderschutzbücher zusammengestellt. Neben den einfachen Geburtsnamen („Geburt des Osiris" usw.) tauchen im NR merkwürdige Benennungen („Nilbarsch, der in seinem Teiche ist", „Kind, das in seinem Neste ist" usw.) auf. Es wird versichert: „Wer die Namen der Schalttage kennt, wird weder hungern noch dürsten. Er wird der Jahrespest nicht anheimfallen. Sachmet hat keine Macht über ihn" (Buch von den Schalttagen 2, 6f., zitiert Schott 889). Die Tagewählerei der Ägypter hat einen großen Einfluß in der antiken Welt ausgeübt, was die Erwähnung der *dies Aegyptiacae* in spätantiken Kalendern gut bezeugt (vgl. Hopfner, Fontes Hist. Rel. Aeg., 521ff., 561ff., 647).

d) Grundlegend für die Ägypter war der Rhythmus Tag–Nacht. Tag und Nacht gelten als „die beiden Zeiten" (*tr.wj*). Die poläre Formel „Tag und Nacht" kann die Totalität ausdrücken (Merismus). „Du hast Macht am Tage, du läßt zittern in der Nacht" (Pyr. 2110) zeugt von der totalen Herrschaft des Gottes. Die Vorstellung von Sonne und Mond als den beiden

Augen des Himmelsgottes (z. B. des Chenti-Irti) zeugt vom Gott, der im ewigen Kreislauf durch die Nacht zum Tag gelangt. Das sich Tag für Tag verjüngende Leben, das eine jede Nacht wiederholte Empfängnis und eine jeden Tag eintreffende Wiedergeburt voraussetzt, stellt das Hauptthema der äg. Sonnenlieder dar (vgl. J. Assmann, Liturgische Lieder an den Sonnengott, 1969, 118ff., 180f.). „Lob dir, der entsteht Tag für Tag, der sich gebiert jeden Morgen" gibt den Grundton des wichtigen äg. Morgendienstes im Tempel an (→בקר [*boqær*] I. 1.). Deshalb kann der Gott so angerufen werden: „O Herr des Tages, der die Nacht schafft" (Urk. VI 119) aber auch so: „O Herr der Finsternis, der das Licht schafft." Gewöhnlicher tritt jedoch eine Polarisierung ein, wobei Licht und Leben als positive Gegenpole zu Finsternis und Tod erscheinen. Ein typischer Totenspruch lautet: „Mein Abscheu ist es, in der Nacht herauszugehen, ich gehe am Tage heraus. Ich werde in der Nacht erzeugt, aber am Tage geboren" (CT VI 86). *pr.t m hrw* „das Herausgehen am Tage" ist bekanntlich der Titel des äg. Totenbuchs und drückt den höchsten Wunsch des Toten aus. „Der Tag bei seinem Hervorkommen" kommt auch als Königsbezeichnung vor (Urk. III 60).

e) *hrw nfr* „guter, vollkommener Tag" ist eine sehr gewöhnliche Wortverbindung, die etwa mit „Festtag" zu übersetzen ist (vgl. H. te Velde, De goede dag der oude Egyptenaren, Leiden 1971). *hrw nfr* kommt sogar seit dem AR als Personenname vor (Ranke, PN I 231, 4), was vielleicht durch die Geburt der betreffenden Person an einem Festtag zu erklären ist. *hrw nfr* ist die geeignete Zeit, um Feste zu feiern und zu trinken. Ein Isis-Lied fängt so an: „Schöner Tag! Himmel und Erde sind in Feststimmung, da Isis in Chemmis gebar ..." (Junker-Winter, Philae II 13f.). Eine treffliche Beschreibung des „schönen Tages", d. h. der geordneten Zeit, gibt ein Lied, das Thoth beim Kampf zwischen Horus und Seth rezitiert: „O schöner Tag, wenn Horus Herr dieses Landes ist! O schöner Tag an diesem Tage, der in seine Minuten eingeteilt ist! O schöner Tag in dieser Nacht, die in ihre Stunden eingeteilt ist! O schöner Tag in diesem Monat, der in seine 15-Tagesperioden eingeteilt ist! O schöner Tag in diesem Jahre, das in seine Monate eingeteilt ist! O schöner Tag in diesem Zeitalter, das in seine Jahre eingeteilt ist! O schöner Tag dieser Ewigkeit ..." (Chassinat, Edfu VI 61). Ein Liebeslied variiert das Thema so: „O schöner Tag in dieser Nacht! Morgen wollen wir von neuem sagen: Wie frisch ist der Morgen! Er ist schöner als gestern. Weil er so schön ist, laßt uns einen sehr schönen Tag feiern!" (Schott, Altäg. Liebeslieder, Nr. 92, S. 130).

f) Sowohl nach den Festkalendern der verschiedenen Tempel wie innerhalb der Königssphäre sind eine Reihe von Festtagen bekannt (s. Bonnet, RÄR s.v. Feste 184–187 und Schott 959–993). Mehrere dieser Benennungen sind mit *hrw* gebildet (z. B. „Tag des großen Auszugs des Osiris", „Tag der Reinigung der Neunheit", „Tag des Aufrichtens des Djed-Pfeilers", „Tag des Wagfestes"). Die größeren Feiern dauerten mehrere Tage lang. Das berühmte Opetfest zählte unter Ramses III. 27 Tage! Hierzu kommen allerlei denkwürdige Tage in der Familiensphäre: „Geburtstag", „dieser Tag des Landens (= Sterbens)", „der Tag des Gerichtes" usw. (vgl. WbÄS II, 500, 1ff.). Vom „Tag Gottes" reden die Ägypter nicht. Statt dessen können sie von „der Zeit des Gottes" (z. B. des Seth) als Kulminationspunkt seiner Macht sprechen (s. Morenz, ÄR 80ff.). Sowohl Personen/Götter wie auch Naturphänomene haben ihre Zeiten, was aber durch verschiedene Wörter ausgedrückt wird (*ꜣ.t* für Personen, *tr* für Naturphänomene).

Bergman

II. Das hebr. Nomen *jôm* 'Tag', das vor allem ein Wort des Alltags ist, kommt sehr häufig vor (s. 2.) und weist eine recht vielgestaltige Verwendung auf, die hier das besondere Interesse haben wird (vgl. Černý 5–26).

1. Die Etymologie des Wortes, das in den semit. Sprachen allgemein bezeugt ist (Bergsträsser, Einführung in die semit. Sprachen, 185; BDB; KBL[3]), hat man noch nicht klären können. Inwieweit der Umstand, daß akk. *ūmu* 'Tag' auch noch den Sinn 'Sturm' hat, hier klärend sein kann (vgl. G. R. Driver, JSS 13, 1968, 46f., zu Jes 21, 1), bleibt unsicher (vgl. Černý 10f.; oben I. 1. a). Die etymologische Bestimmung wird dadurch noch erschwert, daß die Herleitung der Wurzel des Wortes auch nicht eindeutig ist.

Teils hat man eine zweiradikalige Wurzel *jm* (so etwa Nöldeke), teils aber öfter eine dreiradikalige Wurzel *jwm* angenommen (vgl. J. Barth, in: Orientalische Studien. Nöldeke-Festschr. II, 1906, 791f.; BLe 618n; Brockelmann, VG I, 74. 430; P. Joüon, Grammaire de l'Hébreu Biblique [Rom 1965] 140; GesB; KBL[3]). Im letzten Fall erklärt man gewöhnlich den gegenüber dem Sing. **jaum* abweichenden Pl. *jāmîm* (**jam-*) als eine Angleichung an das nahestehende Wort *šānîm* 'Jahre' (so zuletzt KBL[3]; vgl. noch D. Michel, Syntax 1, 90). Im Hinblick auf den einschlägigen Befund der einzelnen semit. Sprachen aber, der ein kompliziertes Nebeneinander von sowohl *jm* als auch *jwm* im Sing. und neben der Grundform **jam-* auch noch o-Vokalismus im Pl. aufweist (Meyer, HGr II, 83; sonst Nachweise der wechselnden Formen in DISO 107f.; EHO 50. 53; KAI III, 10; BDB; KBL[3]), erhebt sich die Frage, ob dieser komplizierte Sachverhalt nun nicht eher auf strukturell-phonologische Weise sprachgeschichtlich zu erklären sei; der Befund ist aber noch nicht in dieser Weise befragt worden (A. Sperber, A Historical Grammar of Biblical Hebrew, Leiden 1966, 140, sieht hier nur einen innerhebr. Dialektenunterschied angedeutet). Es dürfte jedoch in diesem Fall eine Elision bzw. Kontraktion des schwachen /*w*/ einer Grundform **jaum(u)* anzunehmen sein (vgl. Birkeland 41ff.), die dann in der einzelnen Sprache unterschiedlich realisiert worden ist, im Sing. wie auch im Pl. des Wortes.

Auf diese Weise brauchen weder der gewöhnliche Pl. *jāmîm* noch Sonderformen im Pl. (*jāmîn* Dan 12, 13; *j^e^môt* Deut 32, 7; Ps 90, 15, beidemal par. zur Sonderform *š^e^nôt* 'Jahre'; s. RSP I, 207; Dahood, Psalms II, AB 17, 326) zu befremden oder auch gegen den Sing. als „Abweichung" ausgespielt zu werden. Im Hinblick auf die sprachliche Vielfalt in diesem Punkt können die Formen als dialektisch bzw. einzelsprachlich bedingte, unterschiedliche Realisierungen der einen Wurzel **jaum(u)* aufgefaßt werden.

2. Die Wortsippe, die sich dann am wahrscheinlichsten von **jaum(u)* herleiten läßt, umfaßt kein Verbum, sondern ist fast ausschließlich durch das Subst. *jôm* 'Tag' vertreten; mit 2304 hebr. und 16 aram. Belegen ist es das fünfthäufigste Substantiv im AT (THAT I, 707f. 714; II, 371, vgl. עת [*ʿet*]; eine stark abweichende Zählung findet sich bei Černý 5; KBL³); *jôm* ist somit auch das weitaus häufigste zeitangebende Wort (gegenüber *ʿôlām* 'lange Zeit/Ewigkeit' mit 440 hebr. und 20 aram. Belegen, s. Jenni, THAT II, 228–243, und *ʿet* 'Zeitpunkt/Zeit' mit 296 Belegen, s. Jenni, THAT II, 370–385). Hinzu kommt nur noch das adverbiell gebrauchte יומם (*jômām*) 'bei Tag/tagsüber' (zur Form s. GKa 100g; BLe 529y; Meyer II, 39; DISO 108, 55), und zwar mit 51 Belegen, Num 10, 34 mitgerechnet (Mandelkern; THAT I, 708, eine andere Zählung KBL³).

In seiner Statistik hat Jenni (THAT I, 708, wie auch Lisowsky) das umstrittene Jes 54, 9 mit hinzugerechnet, aber kaum mit sachlichem Recht (Mandelkern; BHS gegen BHK). Es fällt beim Sing. auf, daß es immer plene geschrieben ist; unsicher ist nur Jer 17, 11, wo gewöhnlich *qere* ימיו gelesen wird (vgl. Rudolph, Jeremia, HAT I/12, ³1968, 114). Es erheben sich wesentliche Bedenken gegen die Vorschläge, יום Hi 3, 8 in ים 'Meer' (vgl. Fohrer, Hiob, KAT XVI, 1963, 110; KBL³ 396a), und umgekehrt ים 'Meer' Sach 10, 11 in יום zu ändern (vgl. Sæbø, Sach. 222). Die defekt. Pl.-Schreibung in Num 6, 5 ist einmalig.

Der Sing. des Wortes (1452mal hebr. und 5mal aram.) ist in allen Büchern des AT vertreten, besonders in den historischen, sodann in den prophetischen (vor allem Jes, Jer und Ez, sowie Zeph und Sach) und in den Pss. Der Pl. (847mal hebr. und 11mal aram.) fehlt allein in Ob, Hag und HL. Der Dual *jômajim* (auch *jomajim*) kommt nur 5mal vor (Ex 16, 29; 21, 21; Num 9, 22; 11, 19; Hos 6, 2; vgl. Meyer II, 43). Eigentümlich ist die 5mal belegte Pl.-Form mit *-āh*-Endung (ימימה [*jāmîmāh*] Ex 13, 10; Ri 11, 40; 21, 19; 1 Sam 1, 3; 2, 19; vgl. GKa § 90h), die immer auf *mijjāmîm* folgt und mit diesem eine feste, adverbielle Formel bildet, 'Jahr um Jahr' (s. 4. unten).

3. Haben die bisherigen formellen Ausführungen nur wenig zur Bedeutung von *jôm/jāmîm/jômām* beigetragen, so kommt der Sinngehalt der Wörter anhand ihrer wechselnden Verbindungen mit andern Wörtern und ihres weiteren Wortfeldes direkter – und profilierter – in Sicht, da *jôm* bzw. *jāmîm* (zum Teil auch *jômām*) relativ selten syntaktisch unabhängig konstruiert sind; sie sind überwiegend mit einem andern Wort bzw. Wortelement eng verbunden, öfter auch als Subjekt (182mal) oder als Objekt (81mal) (Lisowsky 594ff.). Die Verbindungen, die Näherbestimmungen von wechselnder Bedeutung angeben können, sind sehr verschiedener Art.

a) Die *Doppelung* des undeterm. Sing., *jôm jôm* 'täglich', drückt die Distribution aus (etwa Gen 39, 10; s. Brockelmann, Synt. 129a; vielleicht auch ugar., vgl. Gordon, 2062, 10 u. UT Nr. 1100, dazu aber negativ KTU 2. 47). Die gedoppelten Wörter können auch – vor allem in jüngeren Schriften – miteinander verbunden werden (*jôm wājôm*, Esth 3, 4) oder mit Präp. erweitert sein (*jôm b^e^jôm* Neh 8, 18, wieder erweitert zu *l^e^ʿæt-jôm b^e^jôm* 1 Chr 12, 23; vgl. *d^e^bar/bidbar/lidbar-jôm b^e^jômô* 'wie es jeder Tag erfordert', etwa Ex 5, 13 / 2 Chr 8, 13 / 8, 14; ferner *l^e^jôm b^e^jôm* 2 Chr 24, 11, vgl. *k^e^jôm b^e^jôm* 'wie jeden Tag' 1 Sam 18, 10; s. sonst BDB [7e]; THAT I 716 [4]; KBL³ 382; vgl. DISO 108 [9. 11]; KAI, Kan. Glos.). Sinngleich ist *kŏl-jôm* 'jeden Tag' Ps 140, 3, erweitert zu *b^e^kŏl-jôm*, etwa Ps 7, 12 (vgl. GKa 127b).

b) Wie es schon unter dem vorigen Punkt ersichtlich wurde, verbindet sich das Wort häufig und vielfach mit Präpositionen, was auch bei anderen Zeitwörtern der Fall ist (vgl. THAT II, 228–235 und 372–377 zu *ʿôlām* und *ʿet*). Die präpositionellen Ausdrücke, die z.T. einen formelhaften Charakter erkennen lassen, haben meistens eine zeitadverbielle Funktion unterschiedlicher Art, wobei es oft schwierig ist, genauer zu differenzieren (vgl. BDB 399b–401a; THAT I, 711–21; KBL³ 383f. [10]).

Von total 2304 Belegen von *jôm/jāmîm* im hebr. Teil ist das Wort 1057mal (= 45,9%) mit einer Präp. verbunden (so vor allem im Sing.). Die Vorrangstellung hat dabei *b^e^* (wie auch bei *ʿet*, s. THAT II, 372f.), die 728mal verwendet ist (= 68,9%, davon 590mal im Sing. und 138mal im Pl.). Demgegenüber sind *ʿad* 121mal (davon 7mal *w^e^ʿad*, jedesmal nach vorangehendem *min* zur Angabe einer Zeitstrecke), *l^e^* 71mal, *k^e^* 76mal (hier nicht als Vergleichspartikel im strengen Sinne, vgl. THAT II, 373) und *min* 66mal verwendet worden. – *jômām* ist dagegen nur einmal präp. verbunden, und zwar mit *b^e^*, Neh 9, 19 (BDB 401 [1]).

c) Die Bedeutung 'Tag' wird mehr oder weniger geschwächt, wenn ein Präpositionalausdruck mit *jôm* (gelegentlich auch *j^e^mê*) noch mit einem Verb verbunden ist. An erster Stelle steht hier *b^e^jôm* mit Inf. (fast 70mal) im Sinne einer allgemeinen Zeitangabe bzw. einer temporalen Konjunktion 'als/wenn', jedoch ohne daß die Grundbedeutung 'Tag' völlig ausgeschlossen zu sein braucht (zur wichtigen Stelle Gen 2, 4b nach dem vorangehenden 7-Tage-Schema vgl. C. Westermann, Genesis, BK I/1, ²1976, 270). Es kommen auch andere Präp. als *b^e^* (*ʿad*, *k^e^*, *l^e^*, *min*) und andere Verbformen als Inf. (Perf., Impf.) vor (s. THAT I 711 mit ausführlichem Stellennachweis, sowie BDB 400a [7d]). Im Sinne von 'wann' ist *jôm* völlig abgeblaßt (im Nominalsatz) in Lev 14, 57.

d) Ferner sind wichtige und recht häufig belegte Zeitformeln aus Präpositionalausdrücken mit *jôm* (selten mit *jāmîm*) und einem Demonstrativpronomen zusammengesetzt. Auch diese Zeitformeln geben adverbielle Bestimmungen unterschiedlicher Art an.
In der Formel *'aḏ hajjôm hazzæh* 'bis zu diesem Tag' / 'bis heute', die 84mal vorkommt (Childs 280), und die sowohl in kürzerer Form (*'aḏ hajjôm* 'bis heute' Gen 19, 38) als auch emphatisch erweitert erscheint (*'aḏ 'æṣæm hajjôm hazzæh* 'bis zu eben diesem Tag', 3mal, Lev 23, 14; Jos 10, 27; Ez 2, 3; vgl. die entsprechende Formel *be'æṣæm hajjôm hazzæh*, 13mal, auch noch in mehrfach kürzerer Form), bildet der determ. Sing. *hajjôm*, der sehr häufig vorkommt (etwa 350mal, THAT I, 714), und zwar im verschiedenen Sinne, den begrifflichen Schwerpunkt (s. vor allem De Vries, 139–277, mit Erörterung aller relevanten Belege). In der Formel *'aḏ hajjôm hazzæh* liegt somit das Gewicht einerseits auf der Gegenwart des Erzählers (bzw. Redaktors), oder auch des Erzählten (vgl. M. Noth, Könige, BK IX/1, 1968, 180), andererseits aber – durch die Präp. *'aḏ* ausgedrückt – auf dem dauerhaften Fortbestand eines Sachverhalts in diese Gegenwart hinein. Kommt die Präp. *min* 'von' noch hinzu, verstärkt sich der Eindruck einer wichtigen Zeitstrecke (s. etwa Ex 10, 6; Ri 19, 30; 1 Sam 12, 2; vgl. Childs 280). Durch diese Formel wird die Bedeutung eines geschichtlich Gegebenen für die Gegenwart zum Ausdruck gebracht, oder es kann durch die Gegenwart bestätigt werden (s. etwa Deut 6, 24; 10, 15; 29, 27; 1 Kön 3, 6; 8, 24, sonst vor allem in der deut-dtr sowie auch in der chr Lit.). Anhand eines Ereignisses aus ferner Vergangenheit, mit dem die Formel verbindet, dient sie gelegentlich zur Erklärung eines Namens oder eines gegenwärtigen Verhältnisses (s. etwa Gen 26, 33; Jos 7, 26; Ri 18, 12; 2 Chr 20, 26). Die Einschätzung einer solchen ätiologischen Fragestellung ist in diesem Fall unter den Forschern nicht einhellig.

In Auseinandersetzung mit A. Alt, KlSchr I, 1953, 176–192, und – etwas modifizierend – M. Noth, VTS 7, 1960, 262–282 (Noth, Aufsätze I, 1971, 34–51), folgert dabei B. S. Childs (292), daß diese Formel „seldom has an etiological function of justifying an existing phenomenon, but in the great majority of cases is a formula of personal testimony added to, and confirming, a received tradition." Vgl. sonst B. O. Long, The Problem of Etiological Narrative in the O.T. (BZAW 108, 1968, 6–8. 90–93).

Eine andere, theologisch noch wichtigere Formel ist *bajjôm hahû'* 'an jenem Tag', die auch weit häufiger als die vorige belegt ist (nach Mandelkern total 208mal, vgl. H. Gressmann, Der Messias, FRLANT 43, 1929, 83; Sæbø, Sach. 261; dabei kommt sie 69mal [33%] im DtrGW und 109mal bei den Propheten [52,4%] vor, davon wieder 45mal im Jes-Buch [vgl. Lefèvre] und 17mal in Sach 12–14; in den Pss nur in Ps 146, 4). Die Formel kann gelegentlich sowohl zu *bajjôm* gekürzt (Ri 13, 10) als auch mit präp. und adv. Elementen erweitert sein (s. THAT I 715). Sie meint zunächst einen abgegrenzten Zeitpunkt, einen 'Tag', der noch emphatisch hervorgehoben ('am selben Tag') oder auch nur zu 'damals' abgeblaßt sein kann. Das betrifft vor allem den zeitadverbiellen Gebrauch der Formel in Texten, die auf die Vergangenheit bezogen sind (De Vries 57–136), wobei die Formel einen besonderen vergangenen 'Tag' (etwa Gen 15, 18 [J, vgl. Munch 8]; Ex 14, 30; Jos 9, 27), die Gleichzeitigkeit zweier Geschehnisse (etwa Gen 26, 32; Deut 21, 23), oder auch noch einen künftigen 'Tag' (etwa Deut 31, 17–19) angeben kann. In futurischen, und dann in erster Linie prophetischen, Texten (De Vries 279–331) erweckt die Formel öfter den Eindruck, daß der 'Tag' nicht nur einen abgegrenzten Zeitpunkt, sondern ebensosehr einen größeren Zeitabschnitt unbestimmten Umfangs meinen kann (etwa Jes 2, 20; 3, 18; 4, 2; 7, 18; Jer 4, 9; Am 8, 3. 9; Sach 14, 6f.), was sonst eher durch den Pl. *jāmîm* 'Tage' ausgedrückt zu werden pflegt (s. unten). Dabei nähert sich aber die Formel ähnlichen Formeln wie *bajjāmîm hāhem(māh)* 'in jenen Tagen' (etwa Jer 3, 16; 5, 18; Sach 8, 6; vgl. Gressmann, Messias, 83f.; sonst auch von der Vergangenheit, s. THAT I 720) oder *bā'eṯ hahî'* 'zu jener Zeit' (etwa Jes 20, 2; Jer 3, 17; 4, 11; vgl. Gressmann, a. a. O.; Wilch 47–104; J. G. Plöger, BBB 26, 1967, 218–225); dabei nähert sie sich auch dem besonderen prophetischen Ausdruck *jôm JHWH* 'Tag JHWHs' (s. unten IV. 3. b–e). In den prophetischen Texten scheint *bajjôm hahû'* besonders in den jüngeren Überlieferungsschichten verwendet zu sein, und zwar weithin in kompositorischer Anwendung, teils verbindend (vgl. Munch 15–20; De Vries 310–314), teils Abschnitte einfügend (vgl. De Vries 297–310), teils Rahmen bildend (so vor allem in Sach 12–13; vgl. Sæbø, Sach. 264–266). Ohne ihren zeitadverbiellen Charakter zu verlieren erhält die Formel dadurch Funktionen, die ihr auch noch den Charakter eines 'eschatologischen Terminus' verleihen; sie ist in jüngeren Prophetenüberlieferungen zu einem Merkmal eschatologischen Stils geworden (vgl. IV. 3. e. unten).

Gegenüber H. Gressmann (Messias, 82–87; vgl. ders., Der Ursprung, 336), der nachzuweisen versucht hatte, daß „die Redewendung *an jenem Tage* schon von Amos als [eschatologischer] *terminus technicus* vorausgesetzt wird" (86), möchte P. A. Munch seine eschatologische Auffassung dadurch widerlegen, daß sie sich völlig erübrige, weil sich die Formel überall als Zeitadverb verstehen läßt. Hat er darin auch grundsätzlich weite Zustimmung gefunden, ist trotzdem eine gewisse Einseitigkeit seiner Analyse sowie seine alternative Fragestellung kritisiert worden (vgl. die Besprechung von W. Rudolph, OLZ 40, 1937, 621ff.; Sæbø, Sach. 262f.; De Vries 57f. 285f.). Die ehemalige scharfe Kontroverse in dieser Frage scheint nunmehr durch eine abgewogene und differenzierende Funktionsbeschreibung abgelöst zu sein.

e) Semasiologisch sehr wichtig sind die genitivischen Näherbestimmungen von *jôm/jāmîm*, die in großer Anzahl und Mannigfaltigkeit vorliegen (ausführliche

Nachweise bei THAT I 711–714. 718–720; vgl. BDB, KBL³). Im Rahmen von St.-cstr.-Verbindungen wird das Nomen am häufigsten als nom. regens (*jôm*/*j^emê*), aber auch öfter als nom. rectum (*jôm*, *hajjôm* / *jāmîm*, *hajjāmîm*) durch andere Nomina oder Sätze qualifiziert, oder aber es gibt selbst Näherbestimmungen von anderen Nomina oder Sachverhältnissen an.

Als nomen regens meint *jôm* gewöhnlich einen besonderen Tag, dessen Charakter durch das folgende nomen rectum gekennzeichnet wird. Dabei kann *jôm*/*j^emê* als (kalendarische) Zeitangabe näher präzisiert werden (etwa als *jôm-haḥodæš* 'Neumondstag' Ex 40, 2; *jôm hakkæsæ'* 'Vollmondstag' Spr 7, 20; [*šešæṯ*] *j^emê hamma'^aśæh* '[sechs] Werktage' Ez 46, 1), was sonst für den kultischen Bereich besonders bezeichnend war (vgl. etwa *jôm haššabbāṯ* 'Ruhetag/Sabbat' Ex 20, 8. 11; *jôm mô'eḏ* 'Festtag' par. zu *jôm ḥag JHWH* 'Tag des JHWH-Festes' Hos 9, 5; mit weiteren Charakterisierungen etwa *jôm t^erû'āh* 'Tag des Lärmblasens' Num 29, 1; *jôm ṣôm* 'Fasttag' Jes 58, 3; vgl. THAT I 712f.; sonst IV. 2. unten). Ferner bestimmt das nomen rectum den Charakter des Tages im meteorologischen Sinne (etwa *jôm haggæšæm* 'Regentag' Ez 1, 28; *jôm haššælæḡ* 'Tag mit Schnee' 2 Sam 23, 20; *j. qāḏîm* 'T. mit Ostwind' Jes 27, 8), im Blick auf menschliche Tätigkeiten (etwa *jôm qāṣîr* 'Erntetag' Spr 25, 13; *jôm milḥāmāh* 'Schlachttag' Hos 10, 14; *j^emê śāḵîr* 'Tage des Tagelöhners' Hi 7, 1, 'Dienstzeit' Lev 25, 50; *j^emê 'eḇæl* 'Trauertage/-zeit' Gen 27, 41), und in bezug auf wichtige Ereignisse in der Vergangenheit (vgl. *jôm ṣe'ṯ^eḵāh* 'Tag deines Ausgangs' [aus Ägypten] Deut 16, 3; *jôm hammaggepāh* 'Tag der Plage' Num 25, 18) sowie in der Zukunft (so etwa Jes 22, 5; Jer 46, 10; Zeph 1, 15f. und andere Stellen, die auf den 'Tag JHWHs' bezogen sind; s. THAT I 724; sonst IV. 3. b.–e. unten). Um geschichtliche Ereignisse geht es auch in den Fällen, wo nomen rectum ein Eigenname ist, sei es ein geographischer (*jôm miḏjān* 'Tag Midians' Jes 9, 3, vgl. Ri 7, 9ff.; *jôm j^erûšāla*[*j*]*im* 'Tag Jerusalems' Ps 137, 7, vgl. Kl 2, 16. 21; 4, 18. 21f.; sonst *jôm jizr^e''æl* 'Tag Jesreels' Hos 2, 2, vgl. H. W. Wolff, Hosea, BK XIV/1, ³1976, 32f.; *jôm massāh* 'Tag von Massa' Ps 95, 8), oder sei es der Name eines Menschen (*j^emê dāwiḏ* 'Tage Davids' 2 Sam 21, 1, von seiner Regierungszeit) oder der Name Gottes (so vor allem im prophetischen Ausdruck *jôm JHWH* 'Tag JHWHs', in bezug auf Gottes zukünftiges Eingreifen in die Geschichte; s. IV. 3. unten). Es kann allgemeiner mit sowohl 'Unglück' und 'Not' (für das Kollektiv des Volkes wie für einen Einzelnen, so etwa *jôm 'êḏ* 'Unglückstag' Deut 32, 35; Spr 27, 10, vgl. M. Saebø, THAT I 123f.; *jôm ṣārāh* 'Tag der Not' Gen 35, 3; Ob 12; *jôm rā'āh* 'Tag des Unheils' Ps 27, 5; weitere Angaben in THAT I 713f.) als auch mit 'Glück' (eig. 'Gutem', *jôm ṭôḇāh* 'Glückstag' Pred 7, 14, wo es kontrapunktisch zu 'Unheilstag' gestellt ist; s. aber unten IV. 3. e.) verbunden sein. Dem einzelnen kann es sodann auf seine 'Geburt' (etwa *jôm hullæḏæṯ* Gen 40, 20, vgl. noch Hos 2, 5; Pred 7, 1; auch nur *jômô* 'sein Tag', d. h. der Geburt, Hi 3, 1) und auf seinen 'Tod' (*jôm hammāwæṯ* Pred 7, 1; *jôm môṯô* 'Tag seines Todes' Jer 52, 34, oder auch hier nur *jômô* 'sein Tag', d. h. des Todes, 1 Sam 26, 10) bezogen sein, während Pl. st. cstr. *j^emê*, dann gewöhnlich mit *ḥajjîm* 'Leben' verbunden, von der Lebenslänge ('Lebenstage') des einzelnen verwendet werden kann (vgl. THAT I 718f.).

Als nomen regens wird *jôm* (über 20mal) bzw. *j^emê* (nur 3mal, Lev 13, 46; Num 6, 5; 9, 18, sonst st. abs. 12mal) auch noch durch einen mit *'^ašær* (3mal mit *šæ-*) eingeleiteten Nebensatz näher bestimmt (vgl. THAT I 712. 719). Die Näherbestimmungen sind hier meistens geschichtlicher Art, indem der Nebensatz das den betreffenden Tag kennzeichnende Ereignis nennt (so etwa den Auszug, Deut 9, 7, und die Landnahme, Deut 27, 2, oder die Grundsteinlegung des Tempels, Hag 2, 18; und in bezug auf Gott sowohl seine Schöpfungstat, Deut 4, 32, als auch sein kommendes Eingreifen, Mal 3, 17. 21). Es kann aber auch persönlich bezogen sein, wie wenn Jer den Tag, an dem er geboren wurde, verflucht (20, 14; vgl. Hi 3, 3). Reicht schon der Sing. *jôm* an einigen Stellen über den 'Tag' im strengen Sinne hinaus, wobei sich hier die Bedeutung 'Zeit' nahelegt, so ist dieser Sinn in den Pl.-Belegen klar; doch ist die Konstruktion *j^emê*/(*haj*)*jāmîm '^ašær* durchgehend zu einer temporalen Konjunktion 'so lange (als)' abgeblaßt (vgl. etwa Lev 13, 46).

Als nomen rectum kann sodann *jôm* andere Wörter zeitlich qualifizieren, so etwa im Ausdruck *g^enuḇtî jôm* 'am Tag Gestohlenes' Gen 31, 39 (vgl. GKa 90*l*; Brockelmann, Synt. 77c; s. auch die befremdliche Form *b^erîṯî hajjôm* 'mein Bund mit dem Tag' Jer 33, 20); oder es kann andere Zeitwörter ausfüllen (etwa *b^e'æræḇ jôm* 'am Abend des Tages' Spr 7, 9; s. sonst THAT I 709). Die zeitliche Bestimmung kann in eine lokale übergehen, wenn es sich um Weg und Abstand handelt, so in *dæræḵ jôm* 'eines Tages Weg/Reise' (Num 11, 31; 1 Kön 19, 4; vgl. BDB 398 [2a]). Der Sing. kann gelegentlich auch im erweiterten Sinn vom Leben eines Menschen verwendet werden, so wenn es Hi 30, 25 par. zu *'æḇjôn* 'Armer' *q^ešeh-jôm* 'einer, der einen schweren Lebtag hat' heißt. Doch ist Zeitraum oder Dauer gewöhnlicher durch den Pl. (*haj*)*jāmîm* ausgedrückt (vgl. noch dazu Idiome wie *'ûl jāmîm* 'einige Tage altes Kind' Jes 65, 20; *l^e'oræḵ jāmîm* 'Länge der Tage' / 'solange ich lebe' Ps 21, 5; 23, 6; *merôḇ jāmîm* 'nach vielen Tagen' Jes 24, 22), so auch öfter in bezug auf die Lebenszeit der Menschen (s. ausführliche Angaben in THAT I 718f.). In der formelhaften Wendung *b^e'aḥ^arîṯ hajjāmîm* wird allgemein die 'Folgezeit' (das 'Danach', so etwa Gen 49, 1; dazu Seebaß, ThWAT I 224–228), dann die 'Zukunft' sowie auch das 'Ende der Zeit' zum Ausdruck gebracht (s. etwa Jes 2, 2 / Mi 4, 1; Hos 3, 5; Ez 38, 16; Dan 2, 28; 10, 14; vgl. hierzu Gressmann 84; Staerk; neuerdings Buchanan, Kosmala, Lipiński, Schreiner; sonst IV. 3. e unten).

Die Constructus-Verbindung kann gelegentlich durch die Präp. *l*ᵉ aufgelöst werden (Brockelmann, Synt. 74a), so auch wenn *jôm* nomen regens ist (*jôm lᵉJHWH* Ez 30, 3; vgl. Jes 2, 12; 34, 8; in Sach 14, 1 noch mit dem in Verbindung mit *jôm/jāmîm* öfters vorkommenden Verb *bô'* 'kommen'; vgl. Jenni, THAT I 266f.).

f) Der genitivischen Näherbestimmung nahestehend ist die relativ seltene attributive Bestimmung durch ein Adjektiv; so in Formulierungen wie *(kᵉ)jôm tāmîm* '(etwa) ein ganzer Tag' Jos 10, 13, im Sinne einer Zeitangabe (der hellen Tageszeit; anders KBL³ [2]); oder *jôm ṭôḇ* 'ein guter (glücklicher) Tag' 1 Sam 25, 8 (auch Esth 8, 17; 9, 19. 22) im beschreibenden Sinne eines Festtages (vgl. *mo'ᵃḏîm ṭôḇîm* 'fröhliche Feste' Sach 8, 19). Negativ kann es *jôm 'ānûš* 'Unheilstag' Jer 17, 16 (vgl. V. 17), sowie *jôm rā'* 'böser Tag' Am 6, 3 und *jôm măr* 'bitterer Tag' Am 8, 10 im Sinne eines Unheilstags (für das Volk) heißen; dabei ist die Nähe zum *jôm JHWH* offenkundig, von dem auch gesagt ist, daß er 'bitter' ist, sonst *gāḏôl* 'groß' oder prädikativ, daß er *qārôḇ* 'nahe' ist, Zeph 1, 7. 14 (vgl. Ez 7, 7; s. etwa H. W. Wolff, Amos, BK XIV/2, ²1975, 319f. 378f.; sonst IV. 3. unten).

g) Es liegt auf der Hand, daß sich ein Wort wie *jôm* bzw. *jāmîm* relativ oft mit einem Zahlwort verbindet (s. ausführliche Nachweise bei THAT I 710f. 716f.; vgl. sonst GKa 129*f*; Brockelmann, Synt. 84b. 86). Dabei werden in erster Linie kalendarische Daten angegeben, und zwar zur Angabe von Ereignissen (s. etwa Ex 16, 1), prophetischen Offenbarungserlebnissen (s. etwa Hag 1, 1), vor allem aber in kultischen und gesetzlichen Zusammenhängen von dem 'siebten Tag' der Woche sowie von anderen Festterminen (vgl. etwa Gen 2, 2; Num 28–29; Jos 5, 10; 1 Kön 12, 32f.); in diesen Fällen kann *jôm* gelegentlich wegfallen (s. etwa Hag 2, 1. 10 und bei den Angaben von Offenbarungsempfang in Ez). In 1 Sam 27, 1 meint *jôm-'æḥāḏ* unbestimmtes 'eines Tages', sonst ist *(bᵉ)jôm 'æḥāḏ* eine adverbielle Wendung zur Angabe des 'einen Tages' oder der Gleichzeitigkeit (vgl. etwa Gen 27, 35; Lev 22, 28; 1 Kön 20, 29; Jes 9, 13; eine Sonderstellung hat Sach 14, 7, s. IV. 3. c unten). 'Zwei Tage' wird 5mal durch Dual *jo/jômajim* ausgedrückt (s. II. 2. oben).

4. a) Oppositum zum *jôm* ist eigentlich nur → *lajlāh* (*lajil/lêl*) 'Nacht' (mit 233 Belegen, nach THAT I 708; anders KBL³ 502). Weil aber *jôm* mit *lajlāh* öfter einen Doppelbegriff, der einen 'Tag' von 24 Stunden meint, bildet (*jôm wālajlāh* 'Tag und Nacht', bzw. adverbiell 'tagsüber/nachts', etwa Gen 8, 22; Jes 28, 19; so auch *jômām* statt *jôm*, etwa Ex 13, 21, s. Mandelkern 473f.; vgl. BHK/S zu Jer 33, 20. 25; oder in umgekehrter, aber sinngleicher Folge *lajlāh wājôm*, etwa 1 Kön 8, 29), was aber auch durch *jôm* allein ausgedrückt werden kann (etwa bei Zählung der Tage, *šᵉlošæṯ jāmîm* 'drei Tage' Esth 4, 16, oder beim distributiven Gebrauch *jôm jôm* 'täglich', s. 3. a oben), kann 'Nacht' auch als „das Korrelat des Tages" bezeichnet werden (so Dalman, AuS I/2, 630).

b) Im übrigen ist *jôm* auf eine Reihe von anderen Zeitwörtern bezogen, oft im ausfüllenden Sinn. So kann es mit den nächsten umgebenden Tagesbezeichnungen verbunden sein, wie *'æṯmôl* 'gestern' (s. KBL³ 99) zu *jôm 'æṯmôl* 'der gestrige Tag' Ps 90, 4, und *māḥār* 'morgen' (s. KBL³ 541) zu *jôm māḥār* 'der morgige Tag', etwa Spr 27, 1 (vgl. *hajjôm ûmāḥār* 'heute und morgen' Ex 19, 10; auch *bajjôm hā'aḥer* 'am folgenden Tag' 2 Kön 6, 29), oder mit Wörtern, die fernere Zeiten angeben, wie in den Ausdrücken *jᵉmê qæḏæm* 'Tage der Vorzeit', etwa Jer 23, 7; Mi 7, 20 (vgl. *jāmîm miqqæḏæm* Ps 77, 6 und *jāmîm qaḏmônîm* 'frühere Tage' Ez 38, 17) und *jᵉmê 'ôlām* 'Tage der Vorzeit', etwa Am 9, 11; Mi 5, 1 (vgl. *jᵉmôṯ 'ôlām* Deut 32, 7), die sich auf die Vergangenheit beziehen (vgl. dafür auch die allgemeine Wendung *jāmîm ri'šonîm* 'frühere Tage', etwa Deut 4, 32), während andere Ausdrücke die Zukunft (so *lᵉ'oræḵ jāmîm* und *bᵉ'aḥᵃrîṯ hajjāmîm*, s. 3. e oben), dabei auch ihren Abschluß bezeichnen können (so *lᵉqeṣ hajjāmîm* 'am Ende der Tage' Dan 12, 13; vgl. *'æṯ-qeṣ* 'Endzeit', etwa Dan 8, 17; s. sonst THAT I 721).

c) Ferner verbindet sich *jôm* – öfter pleonastisch – mit zeiteinteilenden Wörtern wie *šāḇûa'* 'Woche' (vgl. *šᵉlošāh šāḇu'îm jāmîm* 'drei Wochen lang' Dan 10, 2f.), *ḥoḏæš* 'Monat' (vgl. *ḥoḏæš jāmîm* 'ein Monat lang', etwa Gen 29, 14; sinngleich ist *jæraḥ jāmîm*, etwa Deut 21, 13) und *šānāh* 'Jahr' (vgl. *jᵉmê šānāh* 'die Tage des Jahres' Hi 3, 6; *šᵉnāṯajim jāmîm* 'zwei [volle] Jahre', etwa Gen 41, 1; vgl. sonst GKa 131*d*). Die Teile des Tages selbst werden durch nahestehende Wörter wie → *boqær* 'Morgen' (214mal), *ṣŏhᵒrajim* 'Mittag' (23mal) und *'æræḇ* 'Abend' (134mal) ohne schärfere Abgrenzung ausgedrückt (zu der schwer deutbaren Wendung *bên hā'arbajim* 'zwischen den Abenden' Ex 12, 6 [und sonst 9mal in Ex und Num], die wohl mit 'in der Abenddämmerung' wiederzugeben ist, vgl. THAT I 709; anders BLe 518; Dalman, AuS I/2, 619f. 628f.; de Vaux, Lebensordnungen I, 293). Gelegentlich kann *jôm* durch Wörter dieser Art ersetzt sein (vgl. die Umschreibung *'æræḇ boqær* 'Abend Morgen' für 'Tag', Dan 8, 14), oder mit einem von ihnen verbunden werden (vgl. *bᵉæræḇ jôm* 'am Abend des Tages', par. zu *bᵉnæšæp* 'in der Abenddämmerung', Spr 7, 9); aber etwas öfter verbindet sich *jôm* mit anderen, beschreibenden Wörtern (vgl. *bᵉjôm 'ôr* 'am hellen Tag' Am 8, 9, *ḥom hajjôm* 'Hitze / heiße Zeit des Tages', etwa Gen 18, 1; *'ad nᵉḵôn hajjôm* 'bis auf den vollen Tag' Spr 4, 18; oder *min-hā'ôr 'ad-maḥᵃṣîṯ hajjôm* 'vom Licht zur Hälfte des Tages', d. h. 'vom Morgen bis zum Mittag', Neh 8, 3; *rᵉḇi'îṯ hajjôm* 'Viertel des Tages' Neh 9, 3; s. III. 1. unten).

d) Besonders zu erwähnen sind schließlich einige Belege, wo der Pl. *jāmîm* das übliche Wort für 'Jahr' *šānāh* (876mal, s. THAT I 722) ersetzt. So wechselt *tᵉqûpôṯ hajjāmîm* 1 Sam 1, 20 mit *tᵉqûpaṯ haššānāh* Ex 34, 22; 2 Chr 24, 23 zur Angabe des 'Wendens (der Tage) des Jahres' (vgl. noch *miqqeṣ jāmîm lajjāmîm* 'zu Ende jedes Jahres' 2 Sam 14, 26); jährliche Wiederkehr meint wohl auch die Wendung *zæbaḥ hajjāmîm* 'jährliches Opfer', etwa 1 Sam 1, 21 (vgl. M. Haran, VT 19, 1969, 11–22; sonst P. Joüon, Bibl 3, 1922, 71 f.; anders F. S. North, VT 11, 1961, 446–448). Allgemeiner sind die Wendungen *mijjāmîm jāmîmāh* (s. II. 2. oben) und *lajjāmîm* 'jährlich' Ri 17, 10 (s. noch 1 Sam 27, 7; 29, 3; vgl. dazu BHK/S; KBL³ 383).

III. Die obige Übersicht der Formen und Verbindungen sowie des Wortfelds von *jôm/jāmîm* hat in seinem Gebrauch eine überaus große Vielfalt sichtbar gemacht. Waren die formellen und syntaktischen Besonderheiten des Singulars und des Plurals weithin analog oder gleich, wofür sich eine getrennte Behandlung vom *jôm* und *jāmîm* erübrigte, war doch ein beachtlicher Unterschied zu erkennen, und zwar bezeichnet *jôm* durchgehend einen so oder so fixierten *Zeitpunkt*, während *jāmîm* öfter zeitliche *Dauer* ausdrückt, indem es Zeitabschnitte verschiedener Art angibt. Dabei kann der Pl. gelegentlich 'Zeit' allgemein meinen (was schon Kimchi bemerkt hat, vgl. C. von Orelli, Die hebräischen Synonyma der Zeit und Ewigkeit, 1871, 52 f.; Barr 106, der auf Num 9, 22 hinweist; s. sonst *kŏl-hajjāmîm* 'für alle Zeit/immer' etwa Deut 4, 40 (vgl. BDB 400 [7*f*]; THAT I 718); mit *lo'* negiert in 1 Sam 2, 32 im Sinne von 'niemals'; vgl. BDB 399 [6]). Der Pl. kann somit in die Richtung eines allgemeinen (und abstrakten) Zeitbegriffs tendieren, ohne daß ein solcher nach üblicher Meinung im AT vorhanden zu sein scheint (vgl. etwa De Vries 39; anders Barr 100–106). Bei alledem ist das Wort *jôm* konstitutiv für das hebräische Zeitverständnis; nicht nur ist es aufgrund des naturgebundenen festen Tag-Nacht-Wechsels das zeiteinteilende Grundwort, das die Basis für die übrige (und die kalendarische) Zeiteinteilung bildet (vgl. THAT I 722; De Vries 42; auch Aalen, ‚Licht' und ‚Finsternis', 10–20), sondern es weist auch noch einen reichen Gebrauch erweiterter und übertragener Art auf, wie schon oben einigermaßen ersichtlich wurde. Danach läßt sich auch die weitere semasiologische Erörterung grob gliedern (s. IV. 1.–2. unten; s. die andere, aber ähnliche Unterscheidung bei De Vries 343–346). Die darauf folgende Beschreibung der besonderen theologischen Aspekte wird sich aber nicht nur an den letzten dieser Punkte, sondern an die beiden anschließen (s. IV. unten); es dürfte hier nicht allzu scharf zwischen 'profanem' und 'religiösem' Bereich unterschieden werden.

Das Wort *jôm* und sein engeres Wortfeld scheinen – sehr zu Unrecht – in der bisherigen Forschung im Schatten anderer wichtiger Zeitwörter wie → *ʿôlām* 'Ewigkeit' (s. E. Jenni, Das Wort *ʿôlām* im Alten Testament, ZAW 64, 1952, 197–248; 65, 1953, 1–35) und → *ʿēt* 'Zeit' (s. Wilch; sonst II. 2. oben) gestanden zu haben. Nun ist jedoch ein beträchtlicher Teil des *jôm*-Materials von De Vries analytisch bearbeitet worden; doch fehlt immer noch eine ausführliche Monographie des ganzen Materials im Rahmen der übrigen Zeitwörter. – Zu den zum

Teil sehr unterschiedlichen Erörterungen des hebräischen Zeitverständnisses s. die Forschungsübersicht bei Wilch, 2–19. Hinzu kommt nun De Vries; vgl. auch noch H. H. Schmid, Das Zeitverständnis der Geschichte im Deuteronomium, ZThK 64, 1967, 1–15.

1. Die feste Naturgrundlage des *jôm* ist das 'Licht' (→ אוֹר [*ʾôr*]; Sæbø, THAT I 84–90). Der 'Tag' ist im engen Sinne die „helle Tageszeit" (KBL³ 382) im Gegensatz zu 'Nacht' (s. II. 4. a oben). Das Verhältnis von 'Tag' und 'Nacht' ist wesentlich das von 'Licht' und 'Finsternis' (vgl. Aalen), obwohl die Nacht auch nicht ohne Licht ist. Die Sonne (→ *šæmæš*, vgl. Th. Hartmann, THAT II 987–999), die dem Mond und den Sternen an Kraft überlegen ist (s. IV. 1. unten), gibt dem Tag nicht nur Licht, sondern auch noch Hitze; die Mitte des Tages (vgl. Neh 8, 3), wenn der Tag 'voll' ist (vgl. Spr 4, 18), ist zugleich die 'heiße Zeit' (Gen 18, 1; Neh 7, 3; s. sonst II. 4. c oben. Für die Stadien der Zeitfolge des Tages ist Ri 19, 4–16. 20. 25–27 aufschlußreich; vgl. Dalman; de Vaux).

Der Tag als die „helle Tageszeit" ist der temporale Orientierungspunkt, von dem aus andere wichtige Zeitwörter sich auf zwei Linien einordnen lassen. Die eine Linie verläuft über den Anfang des Tages am 'Morgen' (*bōqær*; s. II. 4. c), mit Sonnenaufgang und davor dem Licht (des Morgens; vgl. Neh 8, 3) und der 'Morgendämmerung' (*šaḥar*, vgl. Hartmann 990 f.), zur 'letzten Nacht / gestern abend' (*ʾæmæš*, etwa Gen 19, 34), weiter zu 'gestern' (*ʾætmôl*, etwa 1 Sam 4, 7; *tᵉmôl*, etwa 2 Sam 15, 20) und zu 'vorgestern' (*šilšôm* ['vor *drei* Tagen'], etwa Ex 5, 8) und weiter noch zu den ferneren Tagen, die 'vor' einem liegen (*qædæm* 'Vorzeit', s. E. Jenni, THAT II 587–589). Die andere Linie führt über den Abschluß des Tages am 'Abend' (*ʿæræb*), mit der 'Abenddämmerung' (*næšæp*, etwa 2 Kön 7, 5; s. sonst II. 4. c oben), zu 'heute Nacht' (*hallajlāh*, etwa Gen 19, 5, als Korrelat zu *hajjôm* 'heute') und der 'Nacht' (*lajlāh*, etwa Ex 13, 21) und weiter zu 'morgen' (*māḥār*, etwa Ex 8, 25) und 'übermorgen' ([*hajjôm*] *haššᵉlîšît* ('der *dritte* Tag', etwa 1 Sam 20, 12) bis auf die ferneren Tage, die 'danach' (*ʾaḥar*, vgl. *ʾaḥᵃrît* 'was nachher kommt', dann 'Zukunft', s. E. Jenni, THAT I 110–118; sonst II. 3. e) folgen. Es ist beachtenswert, daß nur die den 'Tag' am nächsten umgebenden Tage eigene Bezeichnungen haben, während schon die übernächsten gezählt werden, was sonst üblich ist (s. II. 3. g oben). Nicht nur die Tage des Monats, sondern auch die der Woche haben keine Namen, sondern nur Nummern, jedoch mit Ausnahme des Sabbats (*šabbāt*, etwa Jes 1, 13 bzw. *jôm haššabbāt*, etwa Ex 20, 8; s. IV. 2. unten). Das unterstreicht nur noch die konstitutive Bedeutung des 'Tags' auch bei größeren Zeiteinheiten.

Im letzten Fall handelt es sich allerdings nicht um den Tag der „hellen Tageszeit", sondern um den kalendarischen Tag von 24 Stunden, für den das Hebr. aber kein eigenes Wort hat (anders als in etwa Aram. od. Syr., s. Levy, ChW I, 329 f. 336; THAT I 209).

Dieser 'Volltag' schließt in temporaler Komplementarität die 'Nacht' mit ein, wobei die 'Nacht' an den vorangehenden Tag angeschlossen ist (vgl. etwa Gen 19, 33f.; 1 Sam 19, 11, sowie Wendungen wie *jôm wālajlāh* und *hallajlāh* 'heute nacht'; de Vaux 291). Von seinem schöpfungsgebundenen Ausgangspunkt her (vgl. Gen 1, 3–5; s. IV. 1. unten) wird *jôm* als 'Volltag' keinen anderen Anfang als *jôm* im engeren Sinne haben, also den Morgen (und die 'kleinere Zeitfolge' bleibt dieselbe: *'æṯmôl, 'æmæš, boqær-(haj)jôm-'æræḇ, (hal)lajlāh, māḥār*).

Doch ist der Befund in diesem Punkt durch die kultischen Bestimmungen für die Feier des Sabbats und anderer Feiertage mehrdeutig geworden. Was den 'unbedingten Ruhetag' (so K. Elliger, HAT I/4, 303, für *šabbāṯ šabbāṯôn* in Lev 23, 32) des Versöhnungstags am 10. VII. (Lev 23, 27) betrifft, ist es beachtenswert, daß dieser Tag ausdrücklich auf den „*neunten* des Monats, und zwar abends" festgelegt wird, um so „von Abend zu Abend" zu dauern (v. 32). Dabei steht – in gewisser Konkurrenz – eine (kalendarische) Zählung der Tage (vom Morgen ab) neben einer kultischen Festlegung des Feiertags (des Sabbats) vom Abend des vorangehenden Tages an. Es wurde aber kultisch auch mit dem Tagesanfang am Morgen gerechnet (wie etwa die Opferbestimmungen in Lev 7, 15; 22, 30 zeigen; die Abschwächung desselben von Stroes, 470, ist nicht stichhaltig). Im kultischen Bereich scheint jedoch der abendliche Tagesanfang allmählich an Bedeutung gewonnen zu haben (wobei gewisse Unebenheiten Anzeichen eines längeren Prozesses sind, vgl. etwa Lev 23, 5f. mit Ex 12, 8. 18; auch Num 33, 3, sonst Neh 13, 19f. mit Bezug auf den Sabbat; dazu Morgenstern, 1935, 15–28; de Vaux). Vom Kultischen her hat sich diese Tagesberechnung im Leben der Juden weiter ausgewirkt und ist später die 'normative' jüdische geworden; doch hat es in diesem Punkt noch lange Nonkonformisten gegeben, wie etwa Talmon gezeigt hat (ScrHier 4, 187–198).

Es kommt in diesem Zusammenhang allerdings ein anderer Faktor noch hinzu, der den Befund des 'Tags' als 'Volltags' in seiner temporal-kalendarischen Funktion bei größeren Zeiteinheiten einigermaßen kompliziert. Denn der 'Volltag' ist nicht nur durch die „helle Tageszeit" und das Licht der Sonne (s. oben), sondern auch noch durch den 'Mond' (*jāreaḥ* bzw. *ḥoḏæš*) bestimmt (vgl. II. 4. c oben). Das zeigt sich weniger an der Einheit der 'Woche' (*šāḇûa'*), deren siebentägige Periode sich nicht so leicht mit dem Mondumlauf von rund $29^1/_2$ Tage vereinigt, oder an der aus sieben Wochen samt einem (Feier-)tag zusammengesetzten 50-Tage-Periode, die ihre Spuren etwa in der Berechnung des Wochenfestes und des Jobeljahrs hinterlassen hat (vgl. Lev 23, 15f. [mit Ex 23, 16; 34, 22; Deut 16, 9]; 25, 8–13), die aber vor allem in späteren, apokryphen Schriften (wie Jub und äthHen) sowie im Qumran-Schrifttum nachgewirkt hat (vgl. Morgenstern, 1955; Segal, Baumgarten und de Vaux; sonst A. Jaubert, VT 3, 1953, 250–264, und VT 7, 1957, 35–61; E. Kutsch, VT 11, 1961, 39–47); vielmehr erweist der Mond seine kalendarische Bedeutung in erster Linie beim 'Monat' (*jæraḥ*, → *jāreaḥ* 'Mond'; → *ḥoḏæš* 'Neumond / erster Tag des Neumonds / Monat'), vor allem im kultischen Bereich (dann nicht nur der 'Neumond', sondern auch der 'Vollmond'; s. IV. 2. unten); darüber hinaus auch bei der Berechnung des 'Jahres' (*šānāh*, auch *jāmîm*; s. II. 4. d oben), die – auf weit komplizierteren Beobachtungen als der einfachen des Tag-Nacht-Wechsels fußend – die Spannung zwischen einer solaren (mit 365 Tagen und einigen 'Stunden' [aram. *šā'āh* 'kleiner Zeitraum', dazu GesB: 'Stunde', KBL: 'Augenblick', etwa Dan 3, 6; noch nicht im hebr. AT]) und einer lunaren (mit rund 354 Tagen [samt auf längere Zeit verteilte Ausfüllungen zur Überbrückung der Diskrepanz zum 'Sonnenjahr']) Jahresberechnung wahrnehmen läßt. Im AT sind diese unterschiedlichen Berechnungsarten in *luni-solarer Form* kombiniert (vgl. etwa Segal; de Vaux). Dabei machen sich noch Einflüsse aus der Umwelt Israels, vor allem aus Mesopotamien und Ägypten, bemerkbar (s. I. oben), was aber zum weiteren Fragenkomplex des Kalenders im alten Orient führt (vgl. Nilsson; Kutsch; J. van Goudoever, Biblical Calendars, Leiden 1959; M. Weippert, BRL², 165–168; EncJ 2, 42–54; auch S. Mowinckel, Zum israelitischen Neujahr und zur Deutung der Thronbesteigungspsalmen [ANVAO II, 1952:2], 1952).

Neben den allgemeinen Kalenderfragen ist in neuerer Zeit besonders die oben angeschnittene Frage nach dem Beginn des Tages – ob am Morgen oder am Abend – lebhaft erörtert worden; so schon von A. Dillmann, Die Genesis (⁶1892, 22), der die sog. 'Morgen-Theorie' erneuert hat; so auch und am konsequentesten U. Cassuto, A Commentary on the Book of Genesis, I (Jerusalem ²1972, 28–30), während diese Theorie, in verschiedener Weise modifiziert oder geschichtlich differenziert, weitergeführt worden ist von etwa E. König, Kalenderfragen im althebräischen Schrifttum (ZDMG 60, 1906, 605–644, bes. 605–612), B. Jacob, Das erste Buch der Tora. Genesis (1934, 35–37), de Vaux, Heawood, sowie neuerdings De Vries (42) und Steck, Schöpfungsbericht, 175. Dagegen sind etwa Zeitlin und Stroes bestrebt gewesen, die traditionelle 'Abend-Theorie' im weitest möglichen Ausmaß zu erhärten. Eine weitere traditionsgeschichtliche Erörterung der Frage scheint nun vor allem erforderlich.

2. Die zeitlich-kalendarische Anwendung von *jôm*/*jāmîm* steht natürlich im Vordergrund. Doch ist das Wort auch vielfach Gegenstand eines erweiterten Gebrauchs unterschiedlicher Art gewesen, wobei es selbst einen besonderen inhaltlichen Charakter erhalten oder auch noch zur Charakterisierung anderer Gegenstände beitragen kann.

Geht man davon aus, daß *jôm* zunächst die 'helle Tageszeit' meint (s. III. 1. oben), ist schon die Bedeutung 'Volltag' (24 Stunden) eigentlich eine Erweiterung im temporalen Sinn. Wichtiger im temporalen Sinn sind jedoch alle Fälle, wo das Singgewicht nicht auf dem 'Tag' als solchem liegen bleibt, sondern auf einer so oder so charakteristischen 'Zeit' oder Situation. Das gilt nicht nur für den Pl. *jāmîm*, der nicht selten den Sinn 'Zeit' hat, öfter in Verbindung mit einer weiteren Charakteristik (vgl. etwa *kîmê ʿôlām* 'wie in (den Tagen) der Vorzeit' Am 9, 11; *jᵉmê ʾeḇæl* 'Tage/Zeit der Trauer' Gen 27, 41; s. sonst THAT I 719–721), sondern auch den Sing. *jôm* (vgl. etwa *jôm qāṣîr* 'Erntetag/zeit' Spr 25, 13, oder *jôm ṣārāṯî* 'Tag/Situation meiner Not/Gefahr' Gen 35, 3; Nachweise sonst in II. 3. d–f oben; THAT I 712f.; De Vries 44f.). Ähnliches dürfte auch beim mehr oder weniger verblaßten adverbiellen Gebrauch von sowohl *jôm* als auch *jāmîm/jᵉmê* im Sinn von 'als' / 'zur Zeit' der Fall sein (zu Einzelheiten s. II. 3. a–d oben; THAT I 711f. 718f.). Ferner kann *(haj)jāmîm/jᵉmê* in bezug auf eine geschichtliche Periode bzw. Epoche etwa mit dem Namen eines Königs verbunden sein (vgl. *bîmê dāwiḏ* 'zur (Regierungs-)Zeit Davids' 1 Sam 21, 1; s. auch etwa Ri 8, 28; 1 Kön 16, 34), oder es kann so relativ oft im Titel von Büchern vorkommen (*sepær diḇrê hajjāmîm* 'Chronik'; s. etwa 1 Kön 14, 19; Neh 12, 23; 1 Chr 27, 24; Esth 6, 1; weiteres in BDB 399a). Auf ähnliche Weise kann *jôm* eine geschichtliche schicksalsschwere Situation angeben, die im Kontext näher beschrieben wird (vgl. etwa *jôm jᵉrûšāla[j]im* 'der Tag [die Katastrophe] Jerusalems' Ps 137, 7; dazu Ob 12–14; in bezug auf Babel: *kî bāʾ jômᵉḵā ʿeṯ pᵉqadtîḵā* 'denn dein Tag ist gekommen, die Zeit, da ich dich heimsuche' Jer 50, 31; weiteres in THAT I 713 sowie in IV. 3. a unten; zum wichtigen Begriff *jôm jhwh* 'Tag JHWHs' s. IV. 3. b–e unten). Besondere Beachtung verdient *hajjôm* 'heute' (s. II. 3. d oben), wenn diese Form (bzw. in Zusammensetzungen) mehr als nur einen Tag beabsichtigt, etwa die Gegenwart des Redenden im charakteristischen Gegenüber zu vergangenen Situation(en) oder Ereignis(sen) als Kontrast (vgl. etwa *lannāḇîʾ hajjôm jiqqāreʾ lᵉp̄ānîm hāroʾæh* „den man heute (heutzutage/gegenwärtig) 'Prophet' heißt, pflegte man vor alters 'Seher' zu nennen" 1 Sam 9, 9) oder öfter als eine Aktualisierung, wie sie vor allem in der dtr Mahnrede vorkommt (vgl. etwa Deut 11, 1–9. 13. 26. 32; 28, 1; die völlige Erneuerung betonend ist 27, 9; s. sonst De Vries 139–277, bes. 252–277, 337), wobei auch die entscheidende Bedeutung des 'heute', der Gegenwart, für die Zukunft offenbar wird (vgl. etwa Jos 24, 15).

Im persönlichen Bereich kann *jôm* auf entsprechende Weise schicksalsschwere Bedeutung haben, wobei alleinstehendes *jômô* 'sein Tag' nicht nur Geburtstag und Todestag (s. II. 3. e oben), sondern auch den Tag / die Zeit des Endes und Gerichts des Gottlosen (Ps 37, 13; Hi 18, 20; vgl. noch *bᵉloʾ-jômô* 'vorzeitig' Hi 15, 32) meinen kann. Der Pl. *jāmîm* bezieht sich recht häufig auf die Tage des Lebens und kann somit Ausdruck der Lebenszeit eines Menschen sein (Nachweise in THAT I 718f., sonst II. 3. e oben) und dabei gelegentlich auch 'Alter' meinen (Hi 32, 7).

Vom zeitlichen am weitesten entfernt ist der Gebrauch im räumlichen Sinn, wenn *jôm/jāmîm* Abstand in der Form einer Reisestrecke angibt (s. II. 3. e oben; BDB 398 [2b]).

Vom erweiterten Gebrauch des Worts gilt im allgemeinen, daß es oft schwierig ist, die Übergänge genauer anzugeben.

IV. Hat nun das Wort *jôm/jāmîm* sich als das temporale Grundwort mit einer besonders weiten und vielschichtigen Verwendung erwiesen (s. noch THAT I 722, 4.a; De Vries 337), sind auch die Übergänge vom sog. 'profanen' Gebrauch (in direkt-temporalem und erweitertem Sinn) zu ausgesprochen religiös-theologischem Gebrauch öfter fließend und entsprechend schwierig zu bestimmen. Das 'Theologische' ist schon vielfach in den obigen Erörterungen und Übersichten miteinbezogen gewesen. So ist es theologisch bedeutsam, daß etwa die 'Tage' keine Namen haben, sondern gezählt werden (s. III. 1. oben); denn dadurch ist ihnen jede Eigenständigkeit genommen; die 'Tage' – oder die Gegensätze 'Tag' und 'Nacht' – sind im AT nicht Ausdruck göttlicher Mächte; sie sind nicht vergöttlicht, sondern JHWH, dem Gott Israels, völlig unterstellt (vgl. Aalen, „Licht" und „Finsternis", 16; W. H. Schmidt 100; THAT I 723; EncJ 5, 1374f.). Die 'Tage' – und die 'Zeit', insofern davon im AT die Rede sein kann – sind Gottes Tage (und Zeit); das wird aber theologisch in unterschiedlicher Form ausgedrückt.

1. Gott ist der Herr von Tag und Zeit, weil er der *Schöpfer* von Licht und Finsternis, von Tag und Nacht und Jahreszeiten ist (vgl. Ps 74, 16f. und Jes 45, 7; s. auch Ps 139, 11f.; Jer 33, 20). Es liegt hier eine schöpferische Pankausalität Gottes vor, die Tag und Nacht gleich umgreift, die aber nicht in entsprechender Weise in dem schöpfungstheologisch wichtigen Gen 1 ausgesagt ist. Vielmehr scheint hier eine gewisse Polarität von Licht und Finsternis vorhanden zu sein, in der das Licht als Gottes erstes Schöpfungswerk gekennzeichnet wird, das zudem – wie seine übrigen Werke – als 'gut' (*ṭôḇ*; vgl. Stoebe, THAT I 659f.) gebilligt wird (v. 3–4a), während dasselbe in bezug auf die Finsternis nicht zum Ausdruck gebracht wird (vgl. etwa von Rad, ThWNT II 946; Westermann, BK I, 157f.; ders., ATD 19, 131f.; Sæbø, THAT I 88). Obwohl sodann ein 'Trennen' (*hiḇdîl*) des Lichtes von der Finsternis (v. 4b) und vor allem ein 'Benennen' (*qārāʾ*) des Lichtes 'Tag' und der Finsternis 'Nacht' erfolgen und als weitere Akte des Schöpfungsvorganges anzusehen sind (vgl. Steck 158. 163. 165, in Auseinandersetzung mit W. H. Schmidt 95–100), wobei die Finsternis/Nacht (wenigstens funktional) in die Schöpfung Gottes einbezogen wird, behält doch der 'Tag' als 'die helle Tageszeit' oder die Zeit des (Sonnen-)Lichtes einen Vorrang. Darüber hinaus ist das theologisch Entscheidende in Gen 1, 3–5 der ständige Wechsel von Tag und Nacht als eine schöpfungsmäßige Grundordnung (vgl. bes. Steck 166–177), die nach der Sintflut

bestätigt wird (Gen 8, 22; vgl. Jer 33, 20), und die erst eschatologisch in der herrlichen Endoffenbarung JHWHs aufgehen soll (Sach 14, 7; vgl. Sæbø, THAT I 89). Dabei ist „die Kategorie der Zeit der des Raumes vorgeordnet; die Schöpfung beginnt nicht mit der Scheidung des Weltraumes, sondern mit der von Tag und Nacht als der Grundordnung der Zeit" (Westermann, BK I, 157). Dadurch ist außerdem noch die Möglichkeit für sowohl das Sieben-Tage-Schema des ersten Schöpfungsberichts als auch für seine Verbindung mit der Geschichte geschaffen worden (vgl. Westermann 155f.; Steck 173–175).

Die Scheidung von Tag und Nacht ist auch in Gen 1, 14–18 Gegenstand wichtiger Aussagen (s. auch Ps 136, 7–9), nun in Beziehung gesetzt zu *me'ôrôṯ* 'Leuchtkörper' (v. 14–16) bzw. 'Licht' und 'Finsternis' (v. 18). In diesem Abschnitt aber, dessen spannungsreiches Verhältnis zu 1, 3–5 man unterschiedlich beurteilt hat (vgl. etwa Schmidt 109–120; Westermann 175–186; anders Steck 95–118), ist es bemerkenswert, daß die obige Polarität von Licht/Tag und Finsternis/Nacht nicht mehr sichtbar ist; auch zwischen Sonne und Mond scheint eine neutrale Bilanz zu bestehen. Ihre temporale Funktionalität steht vor allem im Vordergrund, und zwar nicht nur in bezug auf 'Tage und Jahre', sondern auch für 'festgesetzte Zeiten / Festzeiten' (*mô'aḏîm*), wobei sich hier ein kulttheologischer Aspekt bemerkbar macht; dasselbe ist auch am Ende des Berichts der Fall, wo es um den siebten Tag geht, an dem Gott 'ruhte' (*šāḇaṯ*), 2, 2–3 (s. IV. 2. unten).

Wenn schließlich die 'Leuchtkörper' und Gestirne in Gen 1, 14–18 nur als Zeitmesser dargestellt sind, ist ihnen aber jede traditionelle schicksalwirkende Macht genommen; als Teile der Schöpfung Gottes sind sie Diener, nicht Herrscher der Zeit (vgl. I. oben).

Die schöpfungsmäßige Herrschaft Gottes über die Zeit reicht aber von kosmischer Weite bis hin zu den 'Tagen' des Einzelnen, wie es vor allem in weisheitlich geprägten Texten zum Ausdruck kommt (vgl. etwa Ps 39, 5–7; 90, 9f. 12. 14; 102, 4. 12. 24f.; Hi 7, 6; 8, 9; 10, 20; 17, 1. 11; auch Ps 31, 16: *bejāḏeḵā 'ittôṯāj* 'in deiner Hand sind meine Zeiten [Zukunft]').

2. Die Herrschaft Gottes über die Zeit des einzelnen kommt aber namentlich kulttheologisch zur Sprache. Auch in der Kulttheologie geht es weithin um Scheidung und Ordnung der Tage und Zeiten (zur kalendarischen Auswirkung des Kultischen s. schon III. 1. und IV. 1. oben).

Besondere Tage gehören Gott als 'heilig' (*qāḏôš*; vgl. Neh 8, 9; auch *jemê habbe'ālîm* '[Fest-]Tage der Baale' Hos 2, 15), weshalb sie durch bestimmte Vorschriften bzw. Rituale reguliert sind. Neben Tagen, die durch besondere Umstände (vgl. etwa *jemê niddāh* 'Tage der [monatlichen] Unreinheit' Lev 12, 2) oder besondere Begebenheiten im familiären (vgl. Gen 21, 8) oder offiziellen (vgl. Jes 58, 3; Sach 7, 1ff.) Leben bestimmt waren (vgl. de Vaux, II, 322f.; De Vries 46f.; s. II. 3. e oben), gab es vor allem regelmäßig rückkehrende Feiertage im Jahr, die in wechselnder Weise kultisch geregelt waren (vgl. G. B. Gray, Sacrifice in the Old Testament, New York ²1971, 271–284; H.-J. Kraus, Gottesdienst in Israel, ²1962, 40–112; de Vaux, II, 322–380; J. B. Segal, The Hebrew Festivals and the Calendar, JSS 6, 1961, 74–94).

Dabei ist zunächst der häufigste Feiertag, der Sabbat, zu nennen, der als abschließender *Ruhetag* einer siebentägigen Woche den kleinsten kultischen Zeitrhythmus ausmacht. Dieser Feiertag, der Ex 23, 12; 34, 21 nur verbal beschrieben ist, im Dekalog (Ex 20, 8–11 und Deut 5, 12–15) wie sonst aber mit dem Namen (*jôm haš*) → *šabbāṯ* genannt, hat mit der Zeit kräftig an Bedeutung gewonnen (vgl. Kraus 98–108; de Vaux, II, 330–340; F. Stolz, THAT II 863–869, mit Lit.)

Zusammen mit dem Sabbat nennen Am 8, 5; Hos 2, 13 und Jes 1, 13 den 'Neumondstag' (*ḥoḏæš*; s. sonst Num 10, 10; 1 Sam 20, 5. 18f. 26f.; vgl. Kraus 96f.; de Vaux, II, 324). Dabei ist ein vom Mond geregelter Kultrhythmus genannt (s. III. 1. oben); der Mond, der in Mesopotamien als „Herr des Kalenders" galt (Kraus 59), und der in Ps 104, 19 in seiner Funktion 'für die Feste' (*lemô'aḏîm*) vor der Sonne erwähnt ist, hat eine nicht zu übersehende kultische Bedeutung gehabt, wovon auch das Ritual des 'Neumondstages' in Num 28, 11–15, im jüngsten Kultkalender (Num 28–29), noch Zeugnis ablegt (vgl. Lev 23, 24; Num 29, 1; sonst jüngere Texte wie Neh 10, 34; 2 Chr 2, 3).

In den Kultkalendern (Ex 23, 14–17; 34, 18–23; Deut 16, 1–17; Lev 23; Num 28–29; vgl. Ez 45, 18–25; so de Vaux, II, 324–328, etwas anders Kraus 40–50), die sich vor allem mit den drei großen Pilgerfesten im Jahr befassen, ist es beachtenswert, daß die älteren (Ex 23; 34) völlig agrarisch bestimmt sind, während in den jüngeren (des H in Lev 23 und der P in Num 28–29, sowie in Ez 45) ein auf bestimmte Tage festlegendes, kalendarisches Interesse sich wahrnehmen läßt. Wenn dabei nicht nur die Neumondstage 1. I. und 1. VII. (mit halbjährigem Abstand) wichtig sind, sondern auch besonders 15. I. und 15. VII., dann mag auch der 'Vollmondstag' (*jôm hakkæsæ*'; vgl. Ps 81, 4; Spr 7, 20) von großer kultischer Wichtigkeit gewesen sein.

So darf in der Betrachtung und Berechnung des 'Tages' (und allgemeiner: der Zeit) nicht nur mit einer zu beobachtenden Spannung von Sonne (bzw. Tageshelle) und Mond (bzw. Abend/Nacht), sondern wohl auch mit einer gewissen schöpfungstheologischen und kulttheologischen Konkurrenz zu rechnen sein.

3. Gott ist der Herr der Zeit, nicht nur weil er den ständigen Wechsel von Tag und Nacht geschaffen und damit die Grundlage eines Geschichtsablaufs gelegt hat, sondern weil er auch noch in den Geschichtslauf mächtig eingreift; der geschichtstheologisch wichtigste Ausdruck seines Handelns ist die

Genitivverbindung *jôm JHWH* 'Tag JHWHs'. Sie kommt 16mal vor, und zwar nur bei Propheten (aus dem Südreich): Jes 13, 6. 9; Ez 13, 5; Jo 1, 15; 2, 1. 11; 3, 4; 4, 14; Am 5, 18 (2mal). 20; Ob 15; Zeph 1, 7. 14 (2mal); Mal 3, 23. Dreimal ist die Verbindung durch *le* 'für' aufgelöst: Jes 2, 12; Ez 30, 3 und (mit *bā'* 'kommt' erweitert) Sach 14, 1. Achtmal ist sie durch Näherbestimmungen erweitert (*j. 'æbrat J.* Ez 7, 19; Zeph 1, 1 und *j. 'ap J.* Zeph 2, 2. 3; Kl 2, 22 'T. des Zorns J.s'; *j. nāqām J.* Jes 34, 8 'T. der Rache J.s' [vgl. Jer 46, 10]; *j. zæbaḥ J.* 'T. des Schlachtopfers J.s' Zeph 1, 8; auch noch *j. mehûmāh ... la'donāj JHWH* 'T. der Bestürzung ... für den Herrn J.' Jes 22, 5); abgesehen von Kl 2, 22 (rückschauend) sind auch hier nur prophetische Belege vorhanden. Auffälligerweise kommt der Ausdruck nicht in Dan vor.

In der modernen Forschung ist dieser Befund sehr unterschiedlich interpretiert worden. In einer älteren Phase hat man vor allem nach der (vor-prophetischen) Herkunft der 'Vorstellung' bzw. 'Idee' eines besonderen 'Tag JHWHs' gefragt. Dabei hat Gressmann einen sehr alten, naturmythologisch geprägten, unheils- und heilseschatologischen Ideenkomplex angenommen und seine weitere Entwicklung im AT dargestellt, während Mowinckel in Auseinandersetzung mit ihm die prophetische Eschatologie wie die besondere Rede vom 'Tag JHWHs' aus dem israelitischen Kult, vor allem aus dem Thronbesteigungsfest JHWHs, her erklärt hat und darin von vielen gefolgt worden ist (vgl. etwa J. Lindblom, Prophecy in Ancient Israel, Oxford 1962, 316–322; A. S. Kapelrud, Joel Studies, Uppsala/Leipzig 1948; Gray). Dazu kritischer haben Černý und S. Herrmann (Die prophetischen Heilserwartungen im Alten Testament, BWANT 85, 1965, 120–124) auf die (heils-)geschichtlichen Überlieferungen Israels als einen besseren Verstehenshorizont hingewiesen; so auch Couturier und neuerdings Preuß und van Leeuwen. Demgegenüber hat von Rad die besondere Phraseologie der Rede vom 'Tag JHWHs' in erster Linie aus den Traditionen von den älteren Heiligen Kriegen verstehen wollen; so auch etwa Müller und Schunck, während Lutz die Ansicht von Rads stark modifiziert hat (vgl. noch Héléwa, der sonst auf den Bundesgedanken hinweist, wie auch F. C. Fensham, A Possible Origin of the Concept of the Day of the Lord [Biblical Essays 1966, Potchefstroom 1967, 90–97], der dabei auf die vorderasiatischen „treaty-curses" hinweist); am stärksten abweisend ist Weiss, der den Begriff als eine Neuschöpfung des Amos sehen möchte (vgl. noch Carniti). Die Nähe zu den Theophanie-Vorstellungen hat Jörg Jeremias untersucht (vgl. noch Bourke sowie Wolff, Joel [BK XIV/2, ²1975] 38f.). Anders als die ältere Forschung (vgl. aber Largement/Lemaître) ist man nun im allgemeinen bestrebt, den 'Tag JHWHs' inner-alttestamentlich zu verstehen. Man hat (immer noch) vielfach nach seinem Ursprung gefragt; doch weiß man eigentlich (trotz vielen Vermutungen) fast nichts, was er (gegebenenfalls) vor Amos gewesen ist, sondern nur was er unter den Propheten geworden ist. Und das Bild ist dabei verwirrend mannigfaltig.

a) Wie es oben sichtbar wurde, kann *jôm* als nom. regens durch ein näher bestimmendes nom. rectum auch einen geschichtlichen Aspekt annehmen (s. II. 3. e); so sprach man etwa von 'dem Tag, da der Herr am Horeb aus dem Feuer zu euch redete' (Deut 4, 15) oder vom 'Tag deines Ausgangs aus dem Land Ägypten' (Deut 16, 3; an den sollte man kultisch-vergegenwärtigend 'denken' [*zākar*; s. ThWAT II 571–593; THAT I 507–518]; vgl. das häufige aktualisierende *hajjôm* 'heute' im Deut, s. Mandelkern 466). In dieser Weise wurden besondere Zeitpunkte angegeben, die für das Leben des Volkes eine wichtige (ändernde) Bedeutung hatten; wichtig war jedoch nicht der Zeitpunkt als solcher, sondern das darin festgehaltene Ereignis. „Der Begriff 'Tag' umschreibt den Ereignis- und Geschichtscharakter eines machtvollen Geschehens und seine Wirkungen" (Herrmann 121). Dies ist auch der Fall, wenn das nomen rectum ein geographischer Name ist ('Tag Midians' Jes 9, 3; 'der Jesreeltag' Hos 2, 2; 'die Tage von Gibea' Hos 9, 9; 10, 9; s. II. 3. e oben, sowie THAT I 720; Preuß 173).

Wenn JHWH nomen rectum zu *jôm* ist, hat er einen Zeitpunkt, wo er handeln, in die 'Geschichte' eingreifen will; das sich dann Ereignende bestimmt er allein. Die Zeitstufe ist notwendig nicht eine einzige (etwa eine futurische), denn darüber entscheidet der jeweilige Gebrauch und Kontext, doch ist die futurische die häufigere. Die Hauptsache ist aber die Tat Gottes.

b) Die älteste Stelle ist Am 5, 18–20, die metaphorisch besagt, daß JHWH einen 'Tag' festgesetzt hat, an dem er eingreifen wird und vor dem man nicht fliehen kann. Dieser 'Tag' wird das Entgegengesetzte von dem bringen, was sich das Volk von JHWH erhofft, nämlich Unheil ('Finsternis') und nicht Heil ('Licht'; vgl. THAT I 89). Diese Rede des Amos ist eine Gerichtsrede, die geschichtsbezogen ist (vgl. v. 27), und die einen integrierenden Teil seiner übrigen Gerichtsverkündigung ausmacht, in der er sich vielfach neuschöpfend erwiesen hat (vgl. etwa seine Rede vom *qeṣ* 'Ende' Israels, 8, 2).

Auf entsprechende Weise ist die Form und Phraseologie der jesajanischen Rede vom 'Tag JHWHs' in Jes 2, (6–11)12–17(18–22) Teil der Gerichtsverkündigung Jesajas in die Gegenwart des Volkes hinein; so auch in 22, 5, wo auf die Erwähnung des 'Tages' gleich „die Konkretionen im Blick auf die geschichtliche Stunde" folgen (Wildberger, Jesaja [BK X/1, 1972] 106).

Der 'Tag JHWHs', von dem Amos wie Jesaja in je ihrer eigenen, geschichtsbezogenen Weise reden, richtet sich also auf die nächste Zukunft des Volkes, die radikal anders werden wird.

c) Bei den folgenden Propheten scheint das Reden vom 'Tag JHWHs' auf ganz anderer Weise ein prophetisches Theologumenon geworden zu sein. Aufschlußreich in dieser Beziehung sind sowohl Zeph 1, 7 – 2, 3 (vgl. A. S. Kapelrud, The Message of the Prophet Zephaniah, Oslo 1975, 27–33, vgl. 80–87) als auch das literarisch sehr zusammengesetzte Ez 7, 2–4. 5–27 (vgl. W. Zimmerli, Ezechiel [BK XIII, 1969] 158–186). Die Wiederkehr einer Reihe (zum

Teil synonymer) Näherbestimmungen zum 'Tag' in Zeph 1, 7f. 14–16; 2, 2f., die sich teils auf Veränderungen in der Natur, teils auf den Zorn Gottes und die Angst der Menschen, sowie teils auf die 'Nähe' (*qārôḇ*) des 'Tages' beziehen, macht den Eindruck einer mehr oder weniger stereotypen Phraseologie. Auf ähnliche Weise stehen in Ez 7, 2–4. 5ff. Begriffe wie *haqqeṣ* 'das Ende', *rā'āh* 'Unglück', *hajjôm* 'der Tag', die sonst in verschiedenen Zusammenhängen aufgetreten sind, hier in barocker Fülle nebeneinander. Der 'Tag JHWHs' ist immer noch ein kommender Gerichtstag Gottes gegen Israel, wenn auch über Israel hinaus; er ist aber nicht nur ein 'angepaßtes' Verkündigungselement, sondern ist weithin ein eigenständiges Lehrstück geworden (vgl. etwa Müller 74–76).

Das Exil hat in gewisser Hinsicht eine Wendung gebracht. Nun sieht man – etwa in Kl 1, 12; 2, 1. 21f. – auf den 'Tag des Zornes JHWHs' zurück; beim Untergang der Tempelstadt Jerusalem *ist der 'Tag' schon gekommen*, hat sich seine Ankündigung erfüllt (vgl. noch Ob 15; auch Ps 137, 7). Damit ist aber die 'Geschichte' des 'Tages JHWHs' nicht zu Ende.

In der nachexilischen Prophetie setzt sich die lehrhafte Traditionsbildung an diesem Punkt fort. Wie der 'Tag JHWHs' allmählich der Kristallisationskern eines mehrphasigen eschatologischen Dramas wird, machen vor allem Jo 1–4 und Sach 12–14 kenntlich; dabei kann der 'Tag JHWHs' sowohl Unheil wie Heil bringen, sich auf Israel wie auch auf die 'Völker' beziehen (vgl. Lutz; Sæbø, Sach. 252–317; auch Preuß 178f.). Die Endstation ist die Apokalyptik des Dan, wo *jôm JHWH* durch *qeṣ* 'Ende' und andere festgeprägte Termini ersetzt ist (Nachweise bei von Rad, ThWNT II 949).

d) Obwohl der ereignishafte Charakter des 'Tages JHWHs' sowie andere Charakterisierungen des 'Tages' mit der Zeit immer stärker in den Vordergrund getreten sind, bleibt doch sein Zeit-Charakter bewahrt. Das zeigt sich auch an den verschiedenen Zeittermini, die sich um den 'Tag JHWHs' herum lagern: *bajjôm hahû'* 'an jenem Tag', *bajjāmîm hāhem* 'in jenen Tagen', *bā'eṯ hahî'* 'in jener Zeit', *hinneh jāmîm bā'îm* 'siehe, Tage kommen', *be'aḥarîṯ hajjāmîm* 'am Ende der Tage' (s. II. 3. d oben; sonst Gressmann, Messias, 83f.; auch Preuß 174–176, mit Hinweisen auf Stellen und Lit.). Die meisten dieser Formeln, die eine Entwicklung durchgemacht haben und erst in den jüngeren Texten einen eschatologischen Charakter haben, geben nicht nur einen ereignishaften Zeitpunkt, sondern 'Tage'/'Zeit', die 'Endzeit', an.

e) Im Rahmen der prophetischen Eschatologie, die in bezug auf die vorexilischen Propheten weithin eine Frage der Definition ist, soll zwar die Bedeutung des *jôm JHWH* nicht überschätzt werden (vgl. von Rad, ThWNT II 947), doch trägt der Ausdruck wesentlich zu einer *theozentrischen* Akzentuierung der prophetischen (eschatologischen) Verkündigung bei: *Gott* behält die Initiative zu machtvollen Taten, die Herrschaft über Zeit und 'Geschichte' des Volkes Israel und der Völker.

V. Der Sprachgebrauch in den Schriften von Qumran entspricht im wesentlichen dem alttestamentlichen, auch im eschatologischen Sinne (Nachweise bei Kuhn, Konkordanz, 86f.; sonst DJD II, 1961, 292; III, 1962, 306 (315); IV, 1965, 96; V, 1968, 99; auch J. Maier, Die Texte vom Toten Meer, II, 1960, 216). Doch macht sich ein größeres kalendarisches Interesse geltend (vgl. Talmon, ScrHier 4, 162–199; auch Lit.).

VI. In der LXX wird *jôm* fast nur durch ἡμέρα wiedergegeben, was den Zeitcharakter des Wortes hervorhebt (vgl. Delling, ThWNT II 950; Jenni, THAT I 726; vor allem aber De Vries, *passim*, s. 367c). Von den übrigen Wiedergaben sind die meisten nur einmalig belegt; zu erwähnen sind etwa βίος 12mal und καιρός 3mal (s. Delling, ThWNT III 459f.).

Sæbø

יוֹנָה *jônāh*

תּוֹר II *tôr* II, גּוֹזָל *gôzāl*, יְמִימָה *jemîmāh*

I. Taubenzeichnungen und Etymologie: 1. *jônāh* – 2. *tôr* II – 3. *gôzāl* – 4. *jemîmāh* – 5. LXX – II. Umwelt: 1. Verbreitung der Taubenarten im Vorderen Orient – 2. Taubendarstellungen auf Kultgegenständen, Göttin und Taube – 3. In der akk. Literatur – 4. In der äg. Literatur – III. Altes Testament: 1. Taube in der Bildersprache – 2. Rabe und Taube als Orientierungshilfe Gen 8 – 3. Taubendarbringung im Ritus der Landgabeverheißung Gen 15 – 4. Taubenopfer – 5. Taube der fernen Götter Ps 56, 1 – 6. Tauben als Freudenbotinnen Ps 68, 14.

Lit.: *F. S. Bodenheimer*, Animal Life in Palestine, Jerusalem 1935. – *Ders.*, Animal and Man in Bible Lands, Leiden 1960. – *B. Brentjes*, Nutz- und Hausvögel im Alten Orient (WZ Halle-Wittenberg 11, 1962, 635–702). – *E. D. van Buren*, The Fauna of Ancient Mesopotamia as Represented in Art (AnOr 18, 1939, 88f.). – *Dies.*, Symbols of the Gods in Mesopotamian Art (AnOr 23, 1945). – *G. Cansdale*, Animals of Bible Lands, Exeter Devon 1970. – *M. E. Cohen*, The Identification of the *kušû* (JCS 25, 1973, 203–210). – *G. Dalman* (AuS VII, 1942, 256–290). – *G. R. Driver*, Birds in the OT II (PEQ 87, 1955, 129–140). – *J. Feliks*, The Animal World of the Bible, Tel Aviv 1962. – *H. Greven*, περιστερά, τρυγών (ThWNT VI, 1959, 63–72). – *O. Keel*, Vögel als Boten (OBO 14, 1977, bes. 11–91). – *S. Krauss*, Talmudische Archäologie II (1911 [= 1966], 138–140). – *W. S. McCullough*, Dove (IDB I, 1962, 866f.). – *Ders.*, Pigeon (IDB III, 1962, 810). – *Ders.*, Turtledove (IDB IV, 1962, 718f.). – *S. Mowinckel*, Den kurrende due (NoTT 65,

1965, 187–194). – *A. Parmelee*, All the Birds of the Bible, their Stories, Identification and Meaning, London 1959, 53–58. 236ff. – *W. Pinney*, The Animals in the Bible, Philadelphia 1964. – *G. Rinaldi*, יונה et ug. *jnt*, *abjnt*, vgl. 2 Aqht 1, 17–22 (BibOr 8, 1966, 10). – *A. Salonen*, Vögel und Vogelfang im Alten Mesopotamien (AnAcScFen B 180, 1973). – *Steier*, „Taube" (PW IV A/2, 1932, 2479–2500). – *W. Wessely*, Die symbolische, mythische und allegorische Bedeutung der Taube bei den alten Hebräern (Wiener israelit. Jahrbuch 1846).

I. Das Hebräische kennt für die Taube mehrere Bezeichnungen mit unterschiedlichen Belegen im AT und in den verschiedenen semit. Dialekten:

1. Das Subst. יונה *jônāh* wird gewöhnlich von der Verbalwurzel *jnh* > *'nh* (EA 116, 11: *a-un-nu;* ugar. *'nj**, WUS Nr. 304; *tant*, UT Nr. 2507 'the (rain?) [of the heavens]', 'das Zuraunen [des Himmels]', asarab. *'nj* [W. W. Müller, Die Wurzeln mediae und tertiae y/w im Altsüdarabischen, 1962, 26]) abgeleitet (GesB 295; KBL[3] 384; G. R. Driver 129), die einen murmelnden, dumpfen Laut bezeichnet, wie er etwa beim Fallen des Regens entsteht (vgl. KTU 1.3, III, 24; vgl. auch KTU 1.1, III, 14). Im AT begegnet die Wurzel *jnh* (par. *'āḇal;* Jes 3, 26; 19, 8) als Verb der Klage und der Trauer um einen Toten, wobei auch hier wohl der murmelnde Laut der Klagenden der Bildung des Beschreibungsverbs voraufging. Jedoch bleibt der onomatopoetische Hintergrund erhalten, wenn das Gurren der Taube als Bild der Klage verwendet wird (vgl. Jes 38, 14; 59, 11). Vgl. den Parallelismus „klagen wie Tauben" und „an die Brust schlagen" (Nah 2, 8; vgl. auch P. Seethaler (BiLe 4, 1963, 115–130, bes. 120). Auch der Name des Propheten Jona wird mit der Taube in Verbindung gebracht und metaphorisch für seine Eigenart oder Botschaft interpretiert.

Außerbiblische Belege für *jônāh* sind sehr selten. Im ganzen ost- und südsemit. Raum fehlt dieses Wort völlig, das offensichtlich nur im nordwestsemitischen Sprachgebrauch nachzuweisen ist. Die ältesten Belege stammen aus dem Ugar.

Whitaker 313f. nennt 7 Belege, die bedeutungsmäßig jedoch umstritten sind: KTU 1.39, 1; 1.41, 10. 21; 1.46, I, 12; 1.87, 11. 23; 1.109, 6. In KTU 1, 39 handelt es sich um eine Opferliste (Dhorme, CTA; vgl. UF 7, 1975, 171ff.), mit Schafen, Tauben, Rindern, Lämmern und Färsen als Opfermaterie. Z. 1 (*dqṭ š' jnt š'm dqṭ š'm*), die unseren Terminus *jnt* enthält, wird aber schon von R. Dussaud, Syr 12, 1931, 70, als rubrizistische Überschrift „Rituel de réjouissance. Complainte de réjouissances. Rituel de réjouissances" verstanden. Danach wäre *jnt* eine Gattungsbezeichnung für einen Klageritus. Auch in KTU 1.41 handelt es sich um eine Opferliste, deren Textzustand kaum noch Zusammenhänge erkennen läßt; genannt werden u.a. Rinder und Schafe als gewöhnliche Opfermaterie aus Groß- und Kleinvieh. Die Rolle von *jnt.qrt* (Z. 10. 16) ist im Zusammenhang nicht näher bestimmbar (so auch KTU 1.46, I, 12); (vgl. J. C. de Moor, UF 2, 1970, 317). Gleichen Zusammenhang weist auch KTU 1.87 auf; A. Herdner, Syr 33, 1956, 110f. greift den alten Vorschlag Gordons auf, *jnt* als Nebenform zu *jn* „Wein" aufzufassen. Der Text KTU 1.109 ist in den Z. 1–23 identisch mit KTU 1.46. Damit bedarf Aistleitners Meinung, *jnt* bedeute die Taube (WUS Nr. 1185), einer weiteren Klärung. Mit Sicherheit läßt sich nur sagen, daß alle Belege in Opferformularen vorkommen, in denen die spezifischen Opfer der einzelnen Götter des ugar. Pantheon aufgezählt werden.

Im Jüd.-Aram. begegnet *jôntā'* und *jonā'*, im galiläischen Dialekt auch *jawnā'*, vgl. auch syr. *jauna* 'columba' (LexSyr[2] 300) und mand. *jaunā* (MdD 185b). Hier ist sie bevorzugte Opfermaterie und wurde deshalb gesegnet. Im Targum und Midrasch wird der Geist Gottes bei der Weltschöpfung mit der Taube verglichen (Chag 15a); zur Religionspolemik des Targums gegen ein taubenähnliches Götterbild auf dem Garizim vgl. die Belege bei J. Levy, WTM 2, 229. Im Midrasch-Traktat Kinnim gilt die Taube als Reinigungsopfer für die vom Kindbett aufgestandene Frau. In Qumran ist der Terminus bisher nicht nachgewiesen.

jônāh begegnet im AT 33mal: Gen 5mal (jahwist. Flutbericht), Lev 9mal und Num 1mal (Opferbestimmungen), HL 6mal, Ps 3mal, Hos und TrJes je 2mal, 2 Kön, Jes, Jer, Ez, Nah je einmal.

2. *tôr* II ist ebenfalls eine onomatopoetische Bezeichnung der „Turtel"-Taube (GesB 874; KBL[2] 1023; Driver 130), die in alle Sprachen des Mittelmeerraumes eingedrungen ist; vgl. akk. *turtu;* griech. τρυγών oder τρυγῶς, lat. *turtur*. Dagegen hat das Äg. in *grj* einen anderen lautmalenden Terminus für die Taube ausgebildet (WbÄS V, 181). Auch *tôr* begegnet nicht in Qumran. – *tôr* II begegnet im AT 14mal, vorwiegend im Zusammenhang mit Opferbestimmungen und par. zu *jônāh:* Lev 9mal und Num einmal, Gen 15, 9 (J), Ps, HL und Jer je einmal.

3. *gôzāl* bezeichnet das Vogeljunge, dann auch die (junge) Taube (Gen 15, 9), vgl. arab. *ǧauzal* und syr. *zūgallā* 'junge Taube'. Daneben bedeutet *gôzāl* Deut 32, 11 den jungen Adler. – Im AT ist das Subst. nur an den angeführten Stellen belegt.

4. *j^{e}mîmāh* ist der Name von Hiobs Tochter (Hi 42, 14). Er entspricht arab. *jamāmatun* 'Taube'. Nach G. R. Driver (129ff.) basiert *j^{e}mîmāh* ebenso wie akk. *summatu* 'Taube' und arab. *ḥamamātun* 'Taube' auf dem stimmhaften *m*, das charakteristisch ist für Wurzeln, die ein sanftes Geräusch anzeigen; *j^{e}mîmāh* sei ein Dialektwort aus dem Arabischen.

Öfter wird zur Erklärung von *j^{e}mîmāh* auf ugar. *jmmt. l'mm* als Epitheton der Göttin 'Anat (KTU 1.3, III, 12) verwiesen, als Variante des häufigeren *jbmt l'mm*.

Doch die Bedeutung von *jbmt l'mm* ist unsicher: „génétrice des nations" (Albright [BASOR 70, 1938, 19 n. 6], Cassuto [The Goddess Anath, Jerusalem 1971, 64f.], Dahood [UHP 60] u.a.), „l'amante" (van Selms [Marriage and Family Life in Ugaritic Literature, London 1954, 70]), „la belle soeur des princes" (Driver, ähnlich Gray); 'Anat als Verwandte [Schwester] des Baal (Ginsberg [BASOR 97, 1945, 9ff.], de Moor [UF 1, 1969, 183]), als „progenitress of Heroes" (vgl. hebr. *j^{e}ḇāmāh;*

W. C. Kaiser Jr., The Ugaritic Pantheon [Phil. Diss. Brandeis Univ., 1973, 154f.]). → יבם (*jbm*).

5. Die LXX gibt *jônāh* 32mal mit περιστερά wieder (anders E. C. Dos Santos, An Expanded Hebrew Index for the Hatch-Redpath Concordance to the Septuagint, Jerusalem o.J., 79, der 29 Belege zählt). – Den wohl verderbten Text Ps 56, 1 *ʿal-jônaṯ ʾelæm reḥoqîm* (l. *ʾelîm* statt *ʾelæm*) hat LXX nicht verstanden: ὑπὲρ τοῦ λαοῦ τοῦ ἀπὸ τῶν ἁγίων μεμακρυμένου. – In Zeph 3, 1 gibt LXX den Eigennamen mit περιστερά wieder. – Jer 46, 16; 50, 16 gibt LXX *hajjônāh* durch Ἑλληνικός wieder, während Aq und Sym *jônāh* voraussetzen.
tôr II hat seine Entsprechung in τρυγών 14mal. Die im Griech. verbreiteten Bezeichnungen φάσσα, πέρδιξ (= *qorēʾ*) u.a. werden in LXX nicht herangezogen.
gôzāl Gen 15, 9 gibt LXX mit περιστερά wieder. *jemîmāh* ist im Hebr. hap. leg.; in der LXX nennt Job die Tochter Ἡμέρα.

II. 1. Die Taube ist schon seit dem 4. Jt. v. Chr. im Vorderen Orient in zahlreichen Arten verbreitet (Salonen 85), paläontologisch sogar schon für das Pleistozän nachgewiesen in den prähistorischen Höhlen von Zuttijeh (vgl. Bodenheimer, Animal and Man, 2. 3). Die häufigsten Taubenarten sind die schieferblaue Felsentaube *(Columba livia)*, die gezüchtete weiße Haustaube *(C. livia domestica)*, die am weißen Halsring erkennbare Ringeltaube *(C. palumbes)*, die rote Hohltaube *(C. oenas)* und die aschgraue Turteltaube *(C. turtur)* (vgl. F. S. Bodenheimer, Animal Life, 171). – Zu den zahlreichen Kolumbarien – überwiegend aus der hellenistisch-römischen Zeit – vgl. AuS VII, 256–290. Solche Taubentürme enthielten in der Regel eine Reihe von Nistnischen, doch schon Galling bezweifelt die Verwendung dieser Kolumbarien zur Taubenzucht. Immer wieder ist das Kolumbarium als Urnengrabanlage gedeutet worden, selbst in Regionen, in denen die Totenverbrennung nachweislich nicht üblich war (vgl. Y. Yadin, Masada, [2]1967, 138f.). Problematisch ist es jedoch, aus der häufigen Identifizierung von Grabanlagen und Kolumbarien auf eine Seelenvogelfunktion der Taube zu schließen (Greeven, ThWNT VI, 65).
2. Oft wird die Taube als Attribut der Ištar (vgl. die griech. Etymologie περιστερά > *perach-Ištar* „Vögel der Ištar") verstanden, wobei man auf eine Tauben-Terrakotta im Ascheren-Tempel in Naharijah (17. Jh. v. Chr.) und auf die Bleitauben im Ištar-Tempel von Assur (13. Jh. v. Chr., Beleg bei Keel-Winter 41–47) verweist; vgl. auch die Taubenfigurinen im Bereich des Ninmach-Tempels von Babylon und die taubenförmigen Anhänger (Gold, Lapislazuli) vom Königsfriedhof in Ur. Die älteste Taubendarstellung stammt aus der Obed-Zeit (4. Jt.) in Tell Arpaçije (E. D. van Buren, Fauna, 88).
Das Taubenmotiv findet sich häufig auf Kultgegenständen seit dem Anfang des 3. Jt. (Terrakottahäuschen aus dem Ištar-Tempel aus Assur, Schicht 9; van Buren, Fauna, 89), Kultgefäßen aus dem Astarte(?)-Heiligtum aus Beth Shean, aus Nuzi und an phön. Tempelnachbildungen (vgl. W. Fauth, Aphrodite Parakyptusa, Mainz 1967, 356). Bedeutsam ist die Verbindung von Taube und Ištar-Rosette (vgl. E. D. van Buren, The Rosette in Mesopotamian Art, ZA NF 11, 1939, 99–107).
Bei der Darstellung einer Göttin mit Vögeln ist die Identifizierung der Vögel mit Tauben meist umstritten. Wenig zweifelhaft ist jedoch die Taube auf der Schulter einer (Kriegs-)Göttin mit Wulstsaummantel und siebenfacher Keule auf einem Rollsiegel aus Alalach VII (1800–1650; vgl. D. Collon, AOAT 27, 1975, Nr. 12, 180). Diese Göttin mit der Taube, ikonographisch seit Beginn des 2. Jt. nachgewiesen, könnte mit der *bʿlt šmm rmm* „Herrin des hohen Himmels" der ugar. Literatur identifizierbar sein.
Der „syrische" Typus der Göttin mit der Taube hat sich schon früh nach Westen über Kleinasien nach Griechenland ausgebreitet. Hier wurde die Taube zum Attribut der Aphrodite und des mit ihr verbundenen Eros/Adonis, von hier aus dann der Atargatis/Derketo. Als heiliges Tier der Atargatis genoß die Taube Verehrung in Askalon, auf Paphos (Zypern) und Dodona.
*3. Unter den bei Salonen 114ff. und 250ff. genannten und umfassend belegten möglichen akk. Wörtern für T. und Taubenarten sind gesichert nur *summatu/summu* – das Mask. ist viel seltener –, *sukannīnu/šukannunnu* und *amursānu/uršānu* II/*araššannu?* (Wild- oder Ringeltaube). Letzteres, überwiegend in lexikalischen Listen und Omentexten bezeugt, wird als Waldvogel bezeichnet und dem Gott Dumuzi zugeordnet, da sein Ruf als *rēʾû* „Hirte" verstanden wurde; nach STT 52, 52 seufzt ein Mensch wie ein *uršānu*. *summatu* und *summu* (vgl. auch AHw 1058a) begegnen ganz überwiegend in literarischen Texten aller Art, insbesondere auch in Vergleichen (jemand jammert, weint wie eine T.); Beispiele bei Salonen 255ff. Im Sintflutbericht des Gilgameš-Epos wird eine T. wie in Gen 8, 8f. als erste aus der Arche entsandt (Gilg. XI 146f.; lies *summatu!*). Die Medizin gebraucht T.nkot als Droge. *sukannīnu* (AHw 1055a) ist das meist gebrauchte Wort für T. in Briefen, Urkunden und Opferritualen. T.en werden gern gegessen – 300 kosten nach einem altbabyl. Brief (AbB 7, 159) 2 Sekel Silber – und sind als Opfertiere für das 1. Jt., besonders die Zeit der Chaldäerkönige, oft bezeugt. Vereinzelt heißen Frauen in frühen babyl. Urkunden *Summatum* 'Täubchen'. Eine aus einigen Denkmälern erschlossene besondere Beziehung der T. zur Göttin Ištar ist in den Texten m.W. nicht nachzuweisen.

von Soden

4. In Ägypten spielt die Taube (*wšꜣt*, *pḥt mnwt*) keine bedeutende Rolle. In der Geflügelzucht ist sie so gut wie unbekannt. In der Deckenornamentik von Pa-

lästen und Grabanlagen begegnet sie jedoch häufig neben Gänsen und Enten. Dem entspricht, daß Tauben häufig in Opferlisten enthalten sind und daß Taubeneier zur Speisung der Toten gehörten und deshalb als Grabbeigaben beliebt waren (LdÄ I, 1186). Wie alles, was fliegt, konnte auch die Taube als Seelenvogel angesehen werden, in dessen Gestalt sich der Ba des Verstorbenen zum Himmel erhebt (vgl. H. Kees, Götterglaube, Berlin-Ost ³1977, 46f. 407). Dies mag eine religionsgeschichtliche Parallele darin finden, daß die dunkelfarbige Ringeltaube als Attribut der Totengöttin Persephone galt. Eine bes. Bedeutung besaß die Taube im Zusammenhang mit der Inthronisationsfeier des Osiris und des Horus. Nach Vollzug der Inthronisation ließ man die Tauben (z.T. identifiziert mit den Horussöhnen) in alle Himmelsrichtungen fliegen, um diese Inthronisation „der ganzen Welt" zu verkünden (Kees, 128ff.).

III. 1. In der at.lichen Bildersprache erscheint die Taube als Symbol der Minne; die Anmut von Taubenpaaren mit ihrem Schnäbeln sowie die angebliche Treue zueinander dürften das Taubenbild geprägt haben. So bittet HL 2, 14 der Bräutigam seine Geliebte: „Meine Taube in den Felsenklüften, im Versteck der Felswand, laß mich schauen deinen Anblick, laß mich hören deine Stimme." HL 5, 2; 6, 9 rühmt der Bräutigam seine Freundin als makellose Taube. Ebenso vergleicht sie die Schönheit der Augen des Bräutigams, die schön sind wie Tauben an Wasserläufen, die sich in Milch baden, so klar, rein und leuchtend sind die Augen des Geliebten (5, 12). Die Turteltaube erscheint 2, 12 als Frühlingsbote, ihr Ruf läßt sich hören, wenn die Blumen aus der Erde hervorlugen. – Im Lied des Hiskia (Jes 38, 14) vergleicht der Kranke seine Klagen mit dem Gurren einer Taube, ähnlich das klagende, nach Rettung schmachtende Volk (Jes 59, 11). Ebenso heißt es von der Königin und ihren Palastdamen, die in Gefangenschaft geraten sind, sie klagten vor Leid gleich gurrenden Tauben (Nah 2, 8). Die verängstigten und klagenden Flüchtlinge vergleicht Ez 7, 16 mit gurrenden Tauben auf den Bergen. – Die aus dem Exil Zurückgerufenen eilen in scheuer Behendigkeit und Furchtsamkeit heim (Hos 11, 11). Auch Jes 60, 8 ist die Schnelligkeit der Tauben zu ihren Schlägen Bild für die Westländer, die heimwärts drängen. Ps 55, 7 wünscht der Psalmist sich Schwingen wie die Taube, um den Feinden entfliehen zu können und Ruhe zu finden. Hos 7, 11 wird die Schaukelpolitik Ephraims mit einer „einfältigen Taube ohne Verstand" verglichen; ahnungslos und ohne Orientierung zwischen Assur und Ägypten rannte Israel ins Verderben; vgl. auch 8, 1; 9, 15. – Da die Taube zu den Zugvögeln gerechnet wird, übertrifft sie mit ihrer Instinktsicherheit und Ordnung sogar den Menschen, der nicht weiß, was er JHWH schuldet (Jer 8, 7). – Nach Jer 48, 28 soll Moab die Stadt verlassen und gleich Felsentauben in Felsenklüften oder in der Wüste wohnen, als in den Städten den Feinden preisgegeben zu sein.

2. In der Fluterzählung (Gen 8, 6–12. 13a) erscheinen Rabe *'orēḇ* und Taube *jônāh* als Orientierungshilfe auf hoher See. Noah ließ zunächst den Raben, dann die Taube aus der Arche, um zu erkunden, ob die Wasser sich von der Erde verlaufen hätten und er mit Gefolge die Arche verlassen könnte. Bei ihrem zweiten Flug kehrt die Taube mit einem frisch gepflückten Ölbaumzweig *zajiṯ ṭārāp̄* im Schnabel zurück. Das Auslassen von Vögeln in Seenot oder Fluterzählungen ist weit verbreitet (vgl. A. Heidel, The Gilgamesh Epic and OT Parallels, Chicago ³1963; Cl. Westermann, BK I/7, 518ff.; I/8, 596ff.; O. Keel, Vögel als Boten, 79ff.). Im Unterschied zu Gen 8 wird im Gilgamesch-Epos (XI, 145–154) zunächst eine Taube *summatu*, dann eine Schwalbe (*sinuntu*) hinausgelassen, die jeweils zurückkehrten; der Rabe (*āribu*) sah, wie das Wasser sich verlief, er „fraß, flatterte, krächzte ... und kehrte nicht um" (154). Wegen der unterschiedlichen Reihenfolge der Vögel u.a.m. hat man auf zwei Versionen geschlossen:

Nach Westermann enthielt die Vogelszene in einer älteren Gestalt die drei Aussendungen der Taube, während die einmalige Entsendung des Raben (v. 7) nur den Rest einer Einzelvariante zu 8, 6–12 darstelle. Danach hätte der Jahwist der vorgegebenen Tradition nur die erzählende Gestaltung gegeben (BK I/8, 599). Demgegenüber betont O. Keel u.a., daß die dreimalige Entsendung der Taube eine ältere Variante mit dem Raben verdrängt hat. Keel (90f.) gibt zu erwägen, ob die Verdrängung des Raben durch die Taube vielleicht aus der Beliebtheit der Taube als Vogel der 'Anat-Astarte resultieren könnte; der robustere Rabe hätte vornehmlich als Navigationshilfe gedient. U. Cassuto betont den kultischen Gegensatz von Rabe und Taube; der Rabe ist ein unreiner, die Taube dagegen ein reiner Vogel. Die zurückgekehrte Taube mit dem Ölbaumzweig kündigt die Rettung an.

3. Turteltaube *tôr* und Taubenjunges *gôzāl* erscheinen in einem Opfervorgang im Rahmen eines Ritus der Selbstverpflichtung und der feierlichen Bundeszusage der Landgabe Gen 15, 7–12. 17–21: Abraham soll eine dreijährige Kuh, eine dreijährige Ziege und einen dreijährigen Widder in der Mitte teilen, und mit ihnen eine Tiergasse bilden; außerdem soll er eine Turteltaube und eine junge Taube nehmen, aber nicht teilen. Im Tiefschlaf nimmt Abraham wahr, wie ein rauchender Ofen und eine Feuerfackel durch die Gasse zwischen den Tierhälften hindurchgehen. Manche Beobachtungen (vgl. Jer 34, 18 und den Staatsvertrag der Könige Barga'ja von KTK und Mati'-'el) legen nahe, daß die ungeteilten *tôr* und *gôzāl* sowie die Vermehrung zu je drei opferfähigen Tieren nicht zum ursprünglichen Ritus des Halbierens der Tiere und des Durchschreitens gehörten, sondern den Ritus zu einer Opferdarbringung umgestalten sollten, ohne den Ritus der Selbstverfluchung zu eliminieren. Die Altersbestimmung von Gen 15, 7–12. 17–21 ist sehr umstritten. Westermann (BK I/2, 1977ff., 256) denkt an ein „spätes Stadium der Geschichte der Väterverheißung, als der Besitz des

Landes (v. 7–21) und das Weiterbestehen des Volkes (v. 1–6) gefährdet war und die alten Väterverheißungen neu erweckt wurden, um in der Zeit der Gefährdung Israel der Zusage Gottes gewiß zu machen ...". Nach Zimmerli (ZBK 1.2, 1976, 56) hat jedoch „die Vermutung, daß der Erzähler hier eine alte Überlieferung wiedergibt, die weit hinter die deuteronomische Zeit mit ihrem distanzierten Reden von der Präsenz JHWHs am heiligen Ort zurückreicht, ... viel für sich".

4. Von den Vögeln fand lediglich die Taube im Opferdienst als Opfer Verwendung: Lev 1, 14; 5, 7. 11; 12, 6. 8; 14, 22. 30; 15, 14. 29; Num 6, 10; dies könnte damit zusammenhängen, daß die Tauben unter den Vögeln die am frühesten domestizierten Tiere waren. Wann die Taubenopfer in Israels Kultpraxis erstmals Eingang gefunden haben, läßt sich nicht mit Sicherheit feststellen.

So läßt sich für das Geflügelbrandopfer Lev 1, 14ff. – offensichtlich eine Ergänzung von späterer Hand – nach K. Elliger (HAT I/4, 1966, 32) nicht einmal sicher sagen, ob ein solches Opfer überhaupt vorhanden war. Vielleicht galt es nicht als vollgültiges Brandopfer und setzte sich erst später unter dem Druck der sozialen Verhältnisse durch. Die Frage, ob es sich um alte Opferpraxis handelt, „die sich nur erst relativ spät ... in den Priesterkreisen der Exilszeit durchsetzte" (Elliger 33) oder doch eher um eine nachexilische Regelung des Taubenopfers „unter dem Druck der veränderten wirtschaftlichen Lage" der nachexilischen Gemeinde, ist wohl unter Berücksichtigung der weiteren Bedürftigkeitsnovellen (5, 7ff. 11ff.; 12, 8; 14, 21ff.) zugunsten der nachexilischen Entstehung oder Durchsetzung zu beantworten. Ursprünglich als Ersatz der kostspieligen Opfer für den Bedürftigen der nachexilischen Zeit ist das Taubenopfer schließlich ein vollgültiges Brandopfer geworden mit analogem Ritual der großen Brandopfer.

Als Sündopfer sind Turteltauben *torîm* oder junge Felsentauben *b^e^nê-jônāh* durch die Bedürftigkeitsnovelle Lev 5, 7–10 zugelassen: „Wenn jemand den Aufwand eines Stücks Kleinvieh nicht aufbringen kann, so bringt er seine Buße ... in Gestalt von zwei Turteltauben oder zwei jungen Felsentauben für JHWH, eine zum Sündopfer und eine zum Brandopfer" (5, 7). Wenn dann auch die beiden Tauben für den Bedürftigen noch unerschwinglich sind (5, 11), kann er – nach einer weiteren Novelle 5, 11–13 – ein Zehntel Epha Gries als Sündopfer bringen; vgl. dazu Elliger 74f. In jedem Fall hat aber das blutige Taubenopfer den Vorrang gegenüber dem vegetabilischen Opfer. Damit das Opfertier ganz und unversehrt als Ersatz dienen kann, darf beim Sündopfer der Kopf der Taube nicht abgekniffen werden (5, 8). Im Reinigungsopfer der Mutter wird ein einjähriges Lamm zum Brandopfer und eine junge Felsentaube oder Turteltaube zum Sündopfer an den Eingang des Begegnungszeltes zum Priester gebracht (Lev 12, 6). Auch hier reduziert eine Bedürftigkeitsregelung (12, 8; vgl. Lk 2, 24) das einjährige Lamm auf die Erbringung von zwei Turteltauben oder Felsentauben zum Brandopfer (vgl. 1, 14; 5, 7; 14, 22; [15, 30]).

Auch beim Reinigungsopfer des Armen (*dal*) werden im Falle der Bedürftigkeit (14, 21–32) die beiden Lämmer auf zwei Turtel- oder Felsentauben reduziert (v. 22), die Griesmenge von drei Zehntel auf ein Zehntel (v. 21b); eine Taube dient zum Sündopfer, die andere zum Brandopfer. Die Vorschriften des Reinigungsopfers für den Mann (Lev 15, 13–15) und für die Frau (15, 28–30) sehen nach der Heilung des Flusses bzw. der Blutungen nach der Karenzzeit am achten Tag ein kombiniertes Sünd- und Brandopfer von je einer Taube (*tôr* oder *jônāh*) vor (15, 14. 29). – Ebenso besteht das Reinigungsopfer des Nasiräers, der ohne sein Zutun in Berührung oder Nähe zu einem Toten geraten ist (Num 6, 6–12), in einem kombinierten Sünd- oder Brandopfer aus zwei Turtel- oder Felsentauben, die der Nasiräer nach der Siebentagekarenz (Num 19, 11. 14. 16) nach dem Scheren des Haupthaares (6, 9) an den Eingang des Begegnungszeltes bringt. Damit waren die Voraussetzungen für den Neubeginn bzw. das Wiederaufleben der Nasiräats-Weihe gegeben. – Da die Praxis der Reinigungsopfer mehr und mehr zunahm, wurden später Tauben (περιστερά) am Tempelplatz feilgeboten (Mt 21, 12 par.).

5. Die Taube in der Überschrift von Ps 56, 1 wird mit einer leichten Textkorrektur *ʿal-jônāṯ ʾelim* (statt *ʾelæm*) als „Taube der fernen Götter" mit der syr.-kanaan. Gottheit ʿAnat/Astarte/Atargatis in Beziehung gebracht (Greeven, Caquot, Lipiński, Winter u.a.). Vgl. die Rundplastiken von Tauben, die Darstellungen an Terrakottahäuschen und auf Gefäßen sowie die Zuordnung von Taube und Göttin in Vorderasien bei Winter 37–80.

6. Schwierig und unsicher ist die Deutung von *kanpê jônāh næḥpah bakkæsæp* ... Ps 68, 14bc. Seit Gunkel haben manche die Taube mit Silber und Gold bedeckten Flügeln als kostbares Beutestück verstanden, andere (Delitzsch, Mowinckel, Caquot u.a.) fassen die Taube als Bild für Israel oder als Symbolname für die Paredra JHWHs (ʿAnat/Astarte) auf. O. Keel (Vögel als Boten, 34ff.) hat die Taube als Siegesbotin wahrscheinlich gemacht: „Wenn Israel auch, wie dereinst Ruben (vgl. v. 14a mit Ri 5, 16), sich vom Kampf fernhält [sc. zwischen den Satteltaschen ruht], so werden die Flügel der Taube doch mit Gold und Silber überzogen, um den Sieg Jahwes ... aller Welt zu verkünden" (34). Erhellend ist der Parallelismus in Ps 68: v. 12b *m^e^baśś^e^rôṯ* und v. 14 *jônāh*, vgl. schon B. D. Eerdmans, The Hebrew Book of Psalms (OTS IV), Leiden 1947, 328.

Zum at.lichen Befund, insbes. zur Vorstellung Hl. Geist – Taube vgl. H. Greeven 67ff. und die Kommentare.

Botterweck

יָחַד jāḥad

יַחַד jaḥad, יָחִיד jāḥîd, יַחְדָו jaḥdāw

I. 1. Etymologie und außerbiblische Belege – 2. Bedeutungsentwicklung – II. 1. Verbreitung im AT – 2. Wiedergabe der LXX – 3. Verbreitung in Qumran – III. Der Terminus und seine Bedeutungen – 1. Substantiv und Verb – 2. Adjektiv und Adverb – a. im sächlichen Bereich – b. in interpersonalen Bezügen – c. in religiös-theologischen Vorstellungen – IV. Verabsolutierung zum ekklesiologischen Grundbegriff in Qumran.

Lit.: H. Bardtke, Die Rechtsstellung der Qumrān-Gemeinde (ThLZ 86, 1961, 93–104). – *A. M. Denis*, Die Entwicklung von Strukturen in der Sekte von Qumran, in: *J. Giblet*, Vom Christus zur Kirche, Wien 1966, 21–60. – *B. Dombrowski*, *HYḤD* in 1QS and τὸ κοινόν: An Instance of Early Greek and Jewish Synthesis (HThR 59, 1966, 293–307); vgl. schon seine Diss. Basel 1962/63. – *Y. M. Grintz*, Die Männer des Yaḥad – Essener (Sinai 32, 1953, 11ff. in: *A. Schalit* [Hg.], Zur Josephus-Forschung, WdF 84, 1973, 294–336). – *M. D. Goldman*, Lexicographic Notes on Exegesis (ABR 1, 1951, 57–71; bes. 61ff.). – *E. Koffmahn*, Rechtsstellung und hierarchische Struktur des יחד von Qumran (Bibl 42, 1961, 433–442); vgl. auch Bibl 44, 1963, 46–61. – *J. Maier*, Zum Begriff יחד in den Texten vom Toten Meer (ZAW 72, 1960, 148–166); vgl. seine Diss. Wien 1958. – *R. Marcus*, Philo, Josephus and the Dead Sea *Yaḥad* (JBL 71, 1952, 207–209). – *J. Mauchline*, The Uses of *YAḤAD* and *YAḤDĀU* in the OT (GUOST 13, 1947–49, ed. 1951, 51–53); (vgl. P. Nober, VD 30, 1952, 371). – *J. C. de Moor*, Lexical Remarks Concerning *Yaḥad* and *Yaḥdaw* (VT 7, 1957, 350–355). – *L. Rost*, Die Vorstufen von Kirche und Synagoge im Alten Testament (BWANT IV/2, ²1967). – *Ders.*, Zur Struktur der Gemeinde des Neuen Bundes im Lande Damaskus (VT 9, 1959, 393–398). – *P. Seidensticker*, Die Gemeinschaftsformen der religiösen Gruppen des Spätjudentums und der Urkirche (SBFLA 9, 1958/59, 94–198). – *S. H. Siedl*, Qumran. Eine Mönchsgemeinde im Alten Bund. Studie über Serek ha-yaḥad (Bibl. Carmelitica II/2, Rom 1963). – *W. R. Stegner*, The Self-Understanding of the Qumran Community Compared with the Self-Understanding of the Early Church (Diss. Drew University, Madison 1960). – *E. F. Sutcliffe*, The General Council of the Qumran Community (Bibl 40, 1959, 971–983). – *S. Talmon*, The Sectarian יחד – a Biblical Noun (VT 3, 1953, 133–140). – *P. Wernberg-Møller*, The Nature of the *Yaḥad* According to the Manual of Discipline and Related Documents (AnLeeds Or.Soc. 6, 1966–68, 65–81). – *D. Yellin*, Forgotten Meanings of Hebrew Roots in the Bible 9. יחד (Jewish Studies I, New York 1927, 449).

I. 1. Obwohl die Basis *j/wḥd* in fast allen semit. Sprachen belegt ist, ist die Etymologie nach wie vor umstritten. Ausgehend von der Wurzelverwandschaft mit *'ḥd* (→ אחד) 'eins' ist für *jḥd* die Bedeutung 'eins, einzig, allein' u. ä. vorgeschlagen worden (Goldman, de Moor, Sauer [THAT I, 104]). Dieser traditionelle Versuch postuliert eine dreiradikalige Wurzel, wie sie auch in der Mehrzahl der Belege zum Vorschein kommt. Die vor allem im aram. Sprachbereich vorkommende Zweiradikaligkeit *ḥad* 'ein', fem *ḥᵉdā'* 'eine', fordert jedoch eine Erklärung entweder als Folge des Abwurfs eines gefärbten Murmelvokals vor *ḥ* (Brockelmann, VG I, 257) oder, weniger wahrscheinlich – durch Annahme einer zweiradikaligen Wurzel (V. Christian, Untersuchungen zur Laut- und Formenlehre des Hebräischen, SBAW 228/2, 1953, 173: „Etymologisch gehört das Wort zur Wurzel *ḥd* 'trennen' [vgl. arab. *ḥadda* 'begrenzen, abhalten, unterscheiden', *ḥā(i)da* 'abweichen, sich entfernen].").

Die ältesten greifbaren Belege der Wurzel *jḥd* entstammen dem ugar. Material. Hier bedeutet *jḥd* 'einsam' (WUS⁴ Nr. 1153), 'einzig' oder auch schon, wie in Qumran, 'community' (UT Nr. 1087; vgl. M. Dahood, Bibl 46, 1965, 318: *pqr jḥd*, „overseer of the [religious] community") mit religiöser Färbung. Von hohem Alter ist ebenfalls die kanaan. Glosse in EA *jaḫudunni*, unzweifelhaft in der Bedeutung „zusammen mit (mir)" (CAD 7, 321; RA 19, 108; anders DISO 106: „moi seul"). Belegt ist die Wurzel in amorit. PN *Jaḫadu* u. ä., wobei sie als Appellativ oder sogar als theophores Element fungiert (APNM 210); ein solcher Gebrauch der Wurzel ist dem AT fremd, auch nicht als Terminus des Monotheismus. In der alt-aram. Zakir-Inschrift begegnet die Wurzel als Verb (KAI 202 A 4) im *Haph hwḥd* und meint hier das 'Vereinigen, Zusammenbringen' militärischer Kräfte. Das Jüd.-Aram. kennt das *Pa* in der Bedeutung 'allein lassen, bestimmen' und das *Hitp* zur Bezeichnung des 'allein Beisammenseins' von Mann und Frau (KBL³ 387). Im Südsemit. ist die Wurzel stark verbreitet. Allein das Arab. hat mehr als 10 verschiedene Formationen gebildet, die wie das Verb *waḥada* 'allein, einzig, unvergleichlich sein', II 'vereinigen', V 'allein sein, eine Einheit bilden', VIII 'eins sein', alle um die Bedeutung 'eins, allein, vereinigt' kreisen (Wehr, Arab. Wb 936f.). Diese Bedeutungen sind schon im Asarab. belegt, so im Qataban. *wḥd* 'gemeinsam' (RES 3566, 7; vgl. Conti-Rossini 136 „unus, unicus'; RNP I 7) auch tham.; das Äthiop. kennt *weḥda* 'wenig sein', deklarativ 'verachten', tigr. *waḥada* 'be united' (Wb. Tigre 433; Leslau, Cognates 82), weitergeführt in Ge'ez, Amhar. *and* und den anderen Dialekten der afrikan. Nordostküste (Leslau, Etymological Dictionary of Harari, Berkeley 1963, 22), im Meḥri *ṭād* (Brockelmann, VG I, 484). Im Syr. treten deutlich die Elemente 'abgetrennt, eremitisch, monastisch' in das Bedeutungsfeld mit ein (Lex Syr 300; vgl. auch mand. *iahid* [MdD 185]). Im Mhebr. und Christl.-Palästin. schließlich sind ebenfalls mehrere Formative belegt: *jāḥad* 'vereint, verbunden sein', *Pi* 'vereinigen', *jiḥûd* 'Einigsein, Alleinsein' (= *jiḥûdā'*) u. a. (WTM II 232–235).

Akk. *(w)ēdu(m)* 'einzig, allein, einzeln, einsam' (CAD 4, 36ff.; vgl. GAG § 71c) hängt ganz sicher mit unserer Wurzel etymologisch zusammen, wie es vielleicht auch die phön. pun. Ausformung *jad* (vgl. Poenulus 932) und auch das Amhar. (s. o.) andeuten. Semantisch steht akk. *ištēn* 'eins', vereinzelt 'einzigartig' mit seinen zahlreichen Derivaten (vgl. CAD 7,

275–278) unserer Wurzel nahe, entspricht aber eher *'æḥāḏ*.

2. Von den vorgelegten Versuchen, die Bedeutungsentwicklung nachzuzeichnen, ist wohl der Theorie von de Moor zuzustimmen. Danach heißt die Grundbedeutung nicht „together" und die Entwicklung geht nicht über „all" – „all one" zu „alone" (so Goldman), vielmehr lautet sie tatsächlich „eins", verbale Ausformung „eins sein", Nomen „Einheit, geschlossenes Ganzes". Dabei verläuft die semasiologische Abfolge vom korporativen „zusammen sein" über „zusammen (getrennt von anderen; vgl. Christian)" zu „allein".

An diese Form kann der alte semit. Lokativ *-aw* (ursprünglich *-u* [Brockelmann VG I, 465; Mauchline]) affigiert werden zu *jaḥdāw* (Nebenform *jaḥdājw*, Jer 46, 12. 21; 49, 3); anders Joüon; vgl. Bauer-Leander, HG I, 530, die die Endung als Personalsuffix „mit ihm zusammen" deuten. Zuletzt deutete K. Aartun, UF 5, 1973, 1–5 die Form als Zusammensetzung aus **waḥda* (ursprünglich Nomen im Akkusativ) + **-w(V)* (Hervorhebungspartikel), gleichbedeutend mit dem unerweiterten Typ *jaḥaḏ*. Schließlich wird in nachalttestamentlicher Zeit das *Waw* wieder abgestoßen und das Adverb lautet jetzt יחד oder (in Parallelbildung zu לפניו) יחיד'. Bei alledem ist zu bedenken, daß hier eine Bipolarität in der semantischen Ausfächerung deutlich wird. Die Elemente „allein" (vgl. Mauchline; Goldman) und „zusammen" laufen nebeneinander (anders G. Sauer, THAT I, 105; zur Ambivalenz vgl. auch E. Koffmahn, Bibl 42, 1961, 434f.). Zur weiteren Bedeutungsentwicklung im Rahmen von AT und Qumran vgl. u.

II. 1. Im AT begegnet *jḥd* insgesamt 154mal (+ 7mal Sir; + 4mal cj.); das Verb 3mal (*qal* Gen 49, 6 J; Jes 14, 20; Hi 3, 6 cj.; *pi* Ps 86, 11; Sir 34, 14 cj.), das Substantiv sogar nur 2mal (Deut 33, 5; 1 Chr 12, 18; anders Talmon 134ff., der das Substantiv noch häufiger [Ps 2, 2; Esr 4, 3] vermutet); als Adverb begegnet *jaḥaḏ* 43mal (+ 1mal Sir und 1mal cj.), *jaḥdāw* 96mal (+ 4mal Sir) und *jāḥîḏ* 12mal.

Der Sprachgebrauch in Qumran ist deutlich umgekehrt: Von den 133 (nach Kuhn 115) Belegen finden sich Verb 6(7)mal, Adv. 22(25)mal, die Substantive *jaḥaḏ* 101(87)-mal und *jāḥîḏ* 4mal. *jaḥdāw* ist völlig aus dem Sprachgebrauch verschwunden und von daher als rein at.liches Formativ anzusehen, in Qumran nur in 1QJes^a bewahrt (zum Problem vgl. de Moor 352f.).

Die Verteilung der Wurzel im AT zeigt keine auffälligen Besonderheiten. Sie ist belegt von J (für E vgl. Gen 22 [6mal] bis Chr und wird bevorzugt von Jes (34mal), Jer (19mal), den Psalmen (32mal) und Hi (16mal). Deut und DtrGW kennt sie 24mal.

2. Die LXX vermag Verb und Substantiv nicht eindeutig wiederzugeben; ebenfalls verliest sie *jāḥîḏ* zu *jāḏîḏ*, wenn sie 7mal ἀγαπητός übersetzt; sonst überträgt sie richtig μονογενής (4mal) und μονότροπος; Aquila zieht μοναχός vor; zur Bedeutung beider griech. Termini vgl. F. E. Morard, Monachos, Moine, Histoire du terme grec jusqu'au 4^{e}siècle (FreibZPhTh 20, 1973, 332–411, bes. 347–357); vgl. auch ders. in Archiv für Begriffsgeschichte 18, 1974, 167ff. Die häufigste Wiedergabe von *jaḥaḏ* ist ἐπὶ τὸ αὐτό (13mal), das in der Bedeutung „as a whole, in all" (de Moor 355) und „together, at the same place" (Bauer) bekannt ist. Zum Sprachgebrauch vgl. auch den Parallelismus mit ἐν ἐκκλησίᾳ 1 Kor 11, 18. 20 und E. Ferguson, „When you come together" *Epi to auto* in Early Christian Literature (Restoration Quarterly 16, 1973, 202–208). Es folgen – bes. bei Hiob – ὁμοθυμαδόν 'einmütig', dann auch 'zusammen' und ἅμα, etym. mit ὅμος, ὁμοῦ verwandt (→אחד), das jedoch mehr in den lokalen Bereich verweist. Das Adv. *jaḥdāw* wird durch ἅμα (39mal), ἐπὶ τὸ αὐτό (29mal) und ὁμοθυμαδόν (7mal) wiedergegeben. Nur einmal begegnet μόνος (Jes 10, 8), wahrscheinlich verlesen, so daß man vermuten kann, daß das numerische Element in der Grundbedeutung nun in der aktuellen Bedeutung kaum noch greifbar ist (vgl. κάτα μόνας [Ps 141, 10] und die Übersetzungen von *jāḥîḏ*).

3. In den von Kuhn (Konkordanz 87ff. und Nachträge 198) erfaßten Belege zeigt sich deutlich eine Konzentration auf die Regelliteratur: Verb 5mal in 1QS; Subst. *jḥd* 62mal in 1QS, 8mal in 1QSa, 3mal in 1QSb, *jḥjd* (nur CD), Adv. 9mal in 1QS, 1mal in 1QSa (weitere Belege in 1QH und 1QM). Während im AT die *jḥd*-Formative im Wesentlichen absolut gebraucht werden, zeigt in Qumran vor allem das Substantiv reich variierende Konstruktionsbezüge. So begegnet *jḥd* als nomen rectum in den Wendungen *særæk hajjaḥaḏ* 'Regel der Gemeinschaft', *'esæt hajjaḥaḏ* 'Rat der Gemeinschaft' (1QS 3, 2; vgl. G. Vermès, Mélanges Bibliques 1957, 316–325), *'anšê hajjaḥaḏ* 'Männer der Gemeinschaft' (5, 1. 3), *sôd hajjaḥaḏ* 'Rat der Gemeinschaft' (6, 19), *mišpeṭê hajjaḥaḏ* 'Gesetze der Gemeinschaft' (6, 15), *berîṯ hajjaḥaḏ* 'Bund der Gemeinschaft' (8, 16f.), *bêṯ jaḥaḏ* 'Haus der Gemeinschaft' (9, 7), *šulḥān hajjaḥaḏ* 'Tisch der Gemeinschaft' (1QSa 2, 18), *'edaṯ hajjaḥaḏ* 'Gemeinde der Gemeinschaft' (1QSa 2, 21) und schließlich *môræh hajjaḥaḏ* 'Lehrer der Gemeinschaft' (CD 20, 1). Von bes. Bedeutung für das Verständnis von *jaḥaḏ* sind die Wendungen, in denen es die Funktion eines nomen regens hat: *jaḥaḏ 'æmæṯ* 'Gemeinschaft der Treue' (1QS 2, 24), *jaḥaḏ 'eṣāh* 'Gemeinschaft des Rates (Gottes)' (3, 6), *jaḥaḏ 'ôlamîm* 'Gemeinschaft der Ewigen' (3, 12), *jaḥaḏ qôḏæš* 'heilige Gemeinschaft' (9, 2) und bes. *jaḥaḏ 'el* 'Gemeinschaft Gottes' (1, 12; 2, 22).

III. 1. Deut 33, 5 und 1 Chr 12, 18 gelten gemeinhin als die einzigen at.lichen Belege des Subst. (anders Zorell, GesB, Talmon 134ff.), das hier die Bedeutung „Gemeinschaft, Vereinigung" zeigt. Der *jaḥaḏ šiḇṭê jiśrā'el* in den schwierigen Vv. des Mosesegens meint vielleicht so etwas wie ein „ancient Hebrew Parliament" (Sulzberger), das dann entsteht, wenn sich die Stammesführer (*rā'šîm*) versammeln (v. 4f.). Nach 1 Chr 12, 18 will David mit den 30 Anhängern in

Ziklag einen *jaḥaḏ* bilden, vorausgesetzt, sie sind in friedlicher Absicht zu ihm gekommen. In beiden Fällen meint *jaḥaḏ* eine Größe politischer Art, ein vorinstitutionelles Bündnis. Das Verb begegnet nur in unpolitischen Zusammenhängen. Im Segen Jakobs (Gen 49) kündigt der Ahnherr die Gemeinschaft mit dem *qāhāl* Simeons und Levis auf; seine *kāḇôḏ* will sich nicht mit ihnen vereinigen wegen ihrer Grausamkeit (v. 6; M. Dahood, Bibl 36, 1955, 229 leitet *teḥaḏ* auch diesmal von *ḥdj*, „to fix (one's gaze)" ab und übersetzt „let not my liver be seen in their assembly"). Dieses „Sich vereinen" (par. *bō' be*; vgl. Hi 3, 6) hat offensichtlich segensreiche Wirkung, seine Verweigerung aber zieht Fluch und Zerstreuung nach sich (v. 7). Der König und Tyrann von Babylon wird wegen seiner Untaten nicht mit den Toten im Grab „vereinigt" werden und so ohne Bestattung und Gemeinschaft bleiben (Jes 14, 20; vgl. Talmon 138; der gebräuchliche Terminus für das „Versammelt werden bei den Vätern" ist *'āsap̱ niph;* vgl. Gen 25, 8).

Bes. Schwierigkeit – weil ohne Parallele – bereitet *jḥd pi* Ps 86, 11. Nur aus dem syntaktischen Parallelbegriff *jārāh hiph* „unterweisen, jem. etwas lehren" in v. 11aα läßt sich gegen LXX und Syr die Bedeutung „auf ein einziges hin ausrichten" bestimmen (vgl. Kraus z. St.; E. Jenni, Das hebräische Pi'el, Zürich 1968, 188; KBL³ 387 u. a.). So bittet der Bedrängte um neue Konzentration *jaḥeḏ leḇāḇî lejir'āh šemæḵā* „Richte mich auf das eine aus, deinen Namen zu fürchten!"

Die Emendationen sind nicht unbestritten; zu Sir 31, 14 vgl. E. Vogt, Bibl 48, 1967, 72ff. (l. prb. *dāḥāh*) und in Ps 122, 3 ist wohl gegen Gunkel die Lesung des Adv. vorzuziehen. Hi 3, 6 (l. *jeḥaḏ* mit LXX, vgl. Horst, BK XVI/1, 37) verwendet das Verb metaphorisch. In seiner Selbstverwünschung will Hiob nicht mehr „teilhaben" an den Tagen des Jahres, d. h. er will nicht mehr leben.

2. Das Adv. und Adj. qualifizieren eine übergeordnete Tätigkeit dahingehend, daß sie nun die Konnotation des „miteinander, gleichzeitig, zusammen, insgesamt" erhält.

a) Im sächlichen Bereich sind *jaḥaḏ* und *jaḥdāw* häufig synonym mit *kōl* „alle" (bes. Jes 10, 8; vgl. 40, 5). Pflanzen liegen zusammen und werden verbrannt (Jes 18, 6; 27, 4; 60, 13); verschiedene Bäume bilden eine Mischpflanzung (Jes 41, 19). Aus Flachs und Wolle zugleich hergestellte Mischgewebe dürfen nicht getragen werden (Deut 22, 11). Rind und Esel soll man nicht miteinander ackern lassen (22, 10), andererseits ist aber das friedliche Miteinander sonst feindlicher Tiere ein beliebtes Bild für den kosmischen Frieden (Jes 11, 6. 7). Das Miteinander von Äckern und Furchen (Hi 31, 38), von Mauern und Wällen (Kl 2, 8), von Häusern, Feldern und Frauen als Beute (Jer 6, 12) wird im AT erwähnt. Das gleichzeitige Auffahren von Wagen und Rossen kennzeichnet die Situation des Gerichtes Gottes (Jes 43, 17). Alles Fleisch stirbt miteinander (Hi 34, 15) oder erfährt Rettung (Jes 40, 5). In der Baubeschreibung des *miškān* erhält *jaḥdāw* eine schwer greifbare bautechnische Valenz und meint wohl die fest ineinander greifende bündige Verzapfung von Brettern (Ex 26, 24; 36, 29). Metaphorische Verwendung liegt vor Deut 33, 17; Jes 45, 8; Hi 6, 2; 17, 16; Spr 22, 18).

b) Im interpersonalen Bereich berühren Adj. und Adv. vielfältige Bezüge. Bes. deutlich tritt dabei die militärische Terminologie in den Vordergrund: „gemeinsam gegen jem. sein" (Jes 9, 20), sich verschwören (Neh 4, 2), gemeinsam lagern (Jos 9, 2; 11, 5; Ri 6, 33; 2 Sam 10, 15), berauben (Jes 11, 14) und umbringen (2 Sam 14, 16), gemeinsam fliehen (Jes 22, 3; Jer 46, 21; Ps 48, 5; 141, 10 cj.), gefangen genommen werden (Jes 22, 3; Jer 48, 7; 49, 3; Am 1, 15) oder umkommen (1 Sam 31, 6; 2 Sam 2, 16; 21, 9; Jer 46, 12; 1 Chr 10, 6). Häufig begegnet *jaḥaḏ* in der Beschreibung der konspiratorischen Nachstellung durch die Feinde (Ps 2, 2; 31, 14; 41, 8; 71, 10; 74, 6 cj. 8; 83, 6; Hi 16, 10). Aufgrund Gottes Eingreifen sollen sie sich allesamt schämen (Ps 35, 26; 40, 15; 70, 3 cj.) und miteinander ausgerottet werden (Ps 37, 38). In allen diesen Fällen hat *jaḥaḏ* die Bedeutung „gemeinsam gegen", und nur wenige Fälle sind bekannt, in denen *jaḥaḏ* eindeutig ein „Gegeneinander" meint (Deut 25, 11; 1 Sam 17, 10; 2 Sam 2, 13).

Im Bereich des Gerichtes besagt *jaḥaḏ* das gemeinsame Vorgehen der Parteien, die Unterschiedslosigkeit vor dem Gesetz und die Gleichheit in der Strafe (vgl. Jes 43, 9; 50, 8; Jer 6, 11. 21; 13, 14; 51, 38). Im Alltagsleben wohnen die Menschen zusammen, gehen zusammen, treffen zusammen, bauen zusammen ein Haus und speisen zusammen (Gen 13, 6 [2mal]; 22, 6. 8. 19; 36, 7; Deut 25, 5; Ri 19, 6; Jer 41, 1; Am 3, 3; Hi 2, 11; Esr 4, 3; zu Neh 6, 2 vgl. auch R. Schiemann, VT 17, 1967, 367ff., der hier aufgrund eines Paralleleinflusses von *j'ṣ jḥdw* Neh 6, 7 die Bedeutung „let us covenant together" vorschlägt; zu Ps 133, 1 vgl. A. Y. Brawer, BethM 18, 1, 1972f., 62ff. 134). Auch im liturgisch–kultischen Bereich ist das gemeinsame Tun bedeutsam: wie man einerseits die Thora miteinander übertreten kann (Jer 5, 5; vgl. Jes 66, 17), so kann man auch miteinander auf Gottes Wort antworten (Ex 19, 8; vgl. 24, 3) und seinen Namen erhöhen (Ps 34, 4). Häufig beschreibt *jaḥaḏ* das gemeinsame Schicksal der Menschen (Jes 1, 31; 42, 14; Hi 3, 18; 21, 26; 40, 13; Ps 49, 11; 62, 10). Sogar in der prophetischen Vorstellung von der Wiedervereinigung der getrennten Reiche qualifiziert *jaḥaḏ* die neue Gemeinschaft des Gottesvolkes (Jer 3, 18; 50, 4; Hos 2, 2; Ps 102, 23; 122, 3).

Einige Belege, bes. des Adj. *jāḥîḏ* aktualisieren noch das numerische Element der Grundbedeutung. Im Umkreis der Opferung des Isaak (Gen 22) wird immer wieder emphatisch darauf hingewiesen, daß er der *bæn-hajjāḥîḏ* „der einzige Sohn" des Abraham ist (v. 2. 12. 16), der in bes. Weise vom Vater geliebt wird (vgl. Spr 4, 3). Zum spezifischen Opferkontext des Ausdruckes *bæn-hajjāḥîḏ* hier und zu seinen Auswirkungen im NT vgl. F. Cocchini, Il figlio unigenito sacrificato e amato (Studi storica-religiosi 1, Rom 1977, 301–323). Der Hinweis auf die „einzige" Tochter, bestätigt durch die Aussage „außer ihr hatte er weder (*'ên*) Sohn noch Tochter" (v. 34bβ) betont Ri 11, 34 die dramatische Schwere des Jephtha-Gelübdes. Geradezu sprichwörtlich geworden ist die „Trauer um den Einzigen" (*'eḇæl jāḥîd*) als Metapher für die Situation im eschatologischen Gericht (Am 8, 10; Jer 6, 26; Sach 12, 10; nach W. W. Graf von Baudissin, Adonis und Esmun, 1911, 89ff. liegt in der *jāḥîḏ*-Klage kein Relikt des Adonis-Kultes vor). Im Akk. konnte der Verlust des einzigen Sohnes beklagt werden in der Bildung des PN *Ḫabilwedum* „Der Einzige ist tot", der den nachgeborenen Namensträgern deutlich als Ersatz ausweist (Stamm, AN 296f.). Im Gebet wird der Hinweis auf das „Einzig-sein", „Alleinsein" (→בדד *bāḏāḏ* und H. Seidel, Das Erlebnis der Einsamkeit im AT, ThA 29, 1969, bes. 29f.) wie der Hinweis auf das Klein-sein (→קטן) und Arm-sein (→דל) als Motiv der Erhörung vorgetragen (Ps 25, 16), denn JHWH sorgt sich besonders um die Einsamen (Ps 68, 7). Metaphorisch steht *jāḥîḏ* auch für das einzige Gut des Menschen, für sein Leben (par. *næpæš*, Ps 22, 21; 35, 17) und damit pars-pro-toto für den Menschen selbst im Aspekt der Hilfsbedürftigkeit. Zur Frage, ob *hajjāḥîḏ* später messianischer Titel des Bar Kochba geworden ist, vgl. M. Philonenko, Un titre messianique de Bar Kokheba, ThZ 17, 1961, 434f.

c) Der Übergang zur Verwendung von Adj. und Adv. in religiös-theologischen Zusammenhängen ist fließend. Der Mensch ist aufgerufen, Gott durch Menschen und Volk hindurch zugleich wahrzunehmen, seine Werke zu erkennen und zugleich zu verstehen (Hi 34, 29; Jes 41, 20; 45, 20. 21). Umgekehrt ist das Sehen der Werke der Götzen zugleich ein tiefes Erschrecken (Jes 41, 23), denn sie sind machtlos. Deshalb sollen sich die Götzenbilder allesamt schämen (Jes 44, 11; 45, 16), wie auch das ganze babyl. Pantheon erschrecken soll (Jes 46, 2); ihre Verehrer rufen sie vergeblich an (*qāra' jaḥaḏ*, Anrufung in der Gemeinschaft [Hos 11, 7] meint wohl ein kultisches Handeln; vgl. ähnlich Ps 55, 15) und ihre Priester und Fürsten werden gemeinsam in die Gefangenschaft gehen (Jer 48, 7). Ihnen gegenüber ist der Gott Israels mächtig. Er ruft und zugleich erhebt sich alles (Jes 48, 13), er schafft den Menschen und zugleich damit das Werk des Menschen (Ps 33, 15). Gott vergibt (Jes 65, 7) und erbarmt sich (Hos 11, 8) in der Unmittelbarkeit seiner Entschlüsse. Gott und Mensch können miteinander rechten (*špṭ*, Jes 41, 1; 43, 26; Hi 9, 32). Gottes Gericht ist umfassend und Helfer und Geholfene kommen zusammen darin um (Jes 31, 3; vgl. Jer 50, 33), umgekehrt rettet er die Seinen, er sammelt den Rest (*jaḥaḏ śîm*, Mi 2, 12; *qāḇaṣ*, Jer 31, 8). Wenn er rettet, sind alle miteinander fröhlich (Jer 31, 13) und das Lob Gottes vereinigt Menschen und Welt zu einer kosmischen Gemeinschaft des Rühmens (*rnn*, Jes 52, 8; Hi 38, 7). In der Zeit der Notwende wird nach DtJes die *keḇôḏ JHWH* offenbart (Jes 40, 5) und alles Fleisch (*kŏl* ... *jaḥdāw*) soll sie sehen. (Man sollte *jaḥdāw* hier weder als Nomen von *ḥdj* „face" deuten [so Dahood, CBQ 20, 1958, 46ff.] noch durch das nichtssagende „zumal" wiedergeben [so Elliger, BK XI/1, 1978, 1. 21], sondern als verstärkende synthetische Parallele zu *kŏl* werten). Die Rechte des Herrn sind zugleich wahr und gerecht (Ps 19, 10) und erfüllen damit eine Norm, wie sie menschlichen Werken nicht zukommen kann.

IV. In nachexilischer Zeit bildete sich innerhalb der israelit. Glaubensgemeinschaft eine Reihe verschiedener Gruppierungen (vgl. Seidensticker), die als Zielsetzung die möglichst vollkommene Erfüllung der mosaischen Thora propagierten. Viele *ḥaḇûrôṯ* „Verbindungen" (→חבר; Neusner, RQu 5, 1964/65, 119–122; Fitzmyer, JAOS 81, 1961, 188f.), vor allem die Pharisäer, sind uns bekannt. Solche Gruppierungen benannten sich nach traditioneller ekklesiologischer Terminologie mit *berîṯ*, *qāhāl*, *'eḏāh*, *'ām*, *sôḏ* und *'eṣāh* (vgl. Rost, passim; G. W. Anderson, Festschr. H. G. May, Nashville 1970, 135–151), so z. B. eine Pharisäergruppe „Heilige Gemeinde (*qahalā'*) von Jerusalem" (bJoma 69a). Auch die essenischen Gruppen gebrauchten verschiedene Selbstbezeichnungen. Z. B. nannte sich die Damaskusgruppe „Neuer Bund" (*berîṯ haḥaḏāšāh*, CD 8, 21), die Gruppe mit der Regel 1QSa bevorzugte für sich die Bezeichnung „Gemeinde Israels (*'edaṯ jiśrā'el*) am Ende der Tage" (1QSa 1, 1), während die Qumran-Gruppe sich nur *jaḥaḏ* (grundsätzlich im Sing.) nannte, eine Bezeichnung, die die Damaskusgruppe erst nach der Rezension B auch für sich übernimmt (CD 20, 1. 14. 32). Verschiedene Gründe sind angeführt worden, um die Auswahl gerade dieses Terminus und seine Verabsolutierung zum qumran-ekklesiologischen Zentralbegriff zu erklären.

Dombrowski versuchte, *jaḥaḏ* als Übersetzungswort für hellenistisches τὸ κοινόν religiös-kultischer Provenienz zu erweisen (doch vgl. phön. *gaw* → גויה). Da aber mit der Bezeichnung auch das Wesentliche der bezeichneten Substanz übertragen wird, hätte das Maß der Hellenisierung weit größer sein müssen, als es in Wirklichkeit war. Zudem wäre die Gleichung *jaḥaḏ* = τὸ κοινόν den antiken Historiographen Philo und Josephus nicht entgangen, die ihrerseits deutlich Schwierigkeiten hatten, für die qumran-essenische Selbstbezeichnung ein entsprechendes griech. Äquivalent (θίασος, ὅμιλος, vgl. Marcus 207ff.) zu finden. Als privatrechtliche Körperschaft mag der *jaḥaḏ* mit dem hellenistischen Verein vergleichbar sein (Bardtke, Hengel.)

Für die Qumran-Essener selbst mag wohl das der Wurzelbedeutung inhärente Moment des „Eins-sein, Gemeinschaft sein" Anstoß gewesen sein, diesem Wort durch Substantivierung wieder ein Eigenleben zu verschaffen, weil es das Wesentliche ihrer neuen Glaubensgemeinschaft programmatisch aussagte. *jaḥaḏ* vermochte nicht nur die „Gemeinschaft" als

Ganzes, sondern auch die „Einigkeit" der Mitglieder untereinander und die „Einzigkeit" der Gemeinde als „allein seligmachende" (Koffmahn) zu verdeutlichen. Dieser *jaḥad* stellt sich als eine organisierte Größe dar mit deutlicher esoterischer Abgrenzung nach außen, fester Hierarchie und zönobitisch-monastischer Lebensweise nach innen, realisiert im täglichen Miteinander in der Reinheit der sacra communio. *jaḥad* meint aber wohl nicht nur eine monastische Kerngruppe, sondern impliziert auch nichtmonastische, der Qumrangruppe assoziierte Randgruppen (Wernberg-Møller, Sutcliffe u. a.). Ihr erklärtes Ziel lautet: „in gütiger Demut, barmherziger Liebe und Sinnen nach Gerechtigkeit, jeder gegenüber seinem Nächsten" (1QS 2, 24) zu Gott umzukehren (1QS 3, 1 →שוב) im strengen Gehorsam gegenüber der Thora des Moses (CD 15, 7ff.). Dieser *jaḥad* stellte in der lebensfeindlichen Wüste am Toten Meer (vgl. Jes 40, 3) eine innere Struktur bereit, die in die Lage versetzte, alte prophetische Traditionen (Jer 31, 31ff.) mit neuem Geist zu erfüllen, in deutlicher Kontrapunktik zum hellenisierenden Zeitgeist des orthodoxen Judentums (vgl. weiter Maier, Koffmahn, Siedl und J. Murphy-O'Connor, The Essenes and their History, RB 81, 1974, 215–244).

Fabry

יָחַל *jāḥal*

תּוֹחֶלֶת *tôḥælæṯ*

I. 1. Wurzel – 2. Derivate – 3. Etymologie – 4. Alte Versionen – II. 1. Belege – 2. Bezug – 3. Stammformen – 4. Wortfeld – III. 1. „auf Gott warten" – 2. „ausharren" – 3. Formen des theologischen Gebrauchs.

Lit.: *R. Bultmann*, ἐλπίς κτλ. (ThWNT II 518–520) – *A. Weiser*, πιστεύω κτλ. (ThWNT VI 182–197). – *L. Kopf*, VT 8, 1958, 176f. – *E. Jenni*, Das hebräische Pi'el, Zürich 1968, 249f. 256ff. – *C. Westermann*, Das Hoffen im Alten Testament (ThB 24), 1964, 219–265. – *Ders.*, יחל *jḥl* pi/hi warten (THAT I 727–730). – *H. W. Wolff*, Anthropologie des Alten Testaments, 1968, 221–223. – *W. Zimmerli*, Der Mensch und seine Hoffnung im Alten Testament, 1968, 12–18.

I. 1. Die Wurzel *jḥl* ist außerhalb des Hebr. nicht mit Sicherheit nachzuweisen. Ein Vorkommen im Phön. könnte der PN *jḥlb'l* (KAI 49, 15) belegen, doch handelt es sich wohl nur um eine durch Lautwandel entstandene Nebenform des PN *jḥnb'l* (KAI 80, 2). Im Arab. würde lautgesetzlich *wḥl* am besten entsprechen, aber nach den bisher ermittelten Bedeutungen (vgl. KBL³ 389) scheint nicht dieselbe Wurzel vorzuliegen. Auch die Bedeutung von syr. *'auḥel* (Brockelmann, LexSyr 301a) geht in anderer Richtung. Dagegen ist *jḥl* 'warten' sowohl in den Qumrantexten (s. u. II. 1.) wie im späteren Mittelhebr. *jiḥûl* 'Erwartung' (WTM II 235) bezeugt. Zur angeblichen Nebenform *ḥjl* s. u. I. 3.

2. Aus dem *hiph* ist das Subst. *tôḥælæṯ* 'Erwartung, Hoffnung' gebildet, vgl. dazu die Form *tôḥēlāh* in den Qumrantexten (1 QH 9, 14) und das mittelhebr. *jiḥûl*. – Als weiteres Derivat wird aufgrund eines einzigen Belegs (Kl 3, 26) das Adj. *jāḥîl* 'wartend, harrend' genannt (GesB, KBL²), doch empfiehlt es sich, dieses Wort als Verbalform zu lesen (s. u. II. 1.; KBL³). – Ob der PN *jaḥleᵉ'el* von *jḥl* abgeleitet ist (KBL²), scheint zweifelhaft (KBL³; M. Noth, IPN 204).

3. Zur Grundbedeutung der Wurzel sind verschiedene Hypothesen vorgetragen worden. KBL²·³ verweist auf die Bedeutungen von *wḥl* im Arab. ('im Schlamm stecken, in der Klemme sein') und im Altsüdarab. ('unentschlossen sein', 'stunden'), sowie von *'auḥel* im Syr. ('verzweifeln'), sucht also die Grundbedeutung vorwiegend in der objektiven und subjektiven Bedrängnis, aus der die Haltung des Wartens (auf Hilfe, Befreiung usw.) entsteht. – Anders versucht L. Kopf die Wurzel vom arab. Subst. *ḥawl* 'Macht' her zu erklären; er weist darauf hin, daß auch andere Verben des Wartens eine Etymologie des stark/fest/mächtig-Seins hätten (vgl. →בטח [*bāṭaḥ*] I und →חכה [*ḥāḵāh*] II. 2. a.). Entsprechend bringt er →קוה [*qāwāh*] 'hoffen, harren' mit arab. *quwwa* „Kraft", und nachbibl. המתן 'warten' mit arab. *matīn* 'fest, stark' in Verbindung. Die früher als Nebenform zu *jḥl* betrachtete Wurzel *ḥjl* (GesB: III חיל) stellt er zu hebr. *ḥajil* 'Kraft, Stärke' und arab. *ḥawl* 'Macht'; L. Kopf hält demnach *ḥjl* für die eigentliche Wurzel, *jḥl* für deren Nebenform. – Wieder anders möchte A. Weiser *jḥl* von *ḥjl* 'kreißen, gebären' (GesB: I חיל) herleiten; Grundbedeutung von *jḥl* wäre demnach der „Zustand des schmerzvollen Harrens". – Bis dahin hat sich keine dieser Ableitungen durchzusetzen vermocht.

4. Die griech. Bibel übersetzt *jḥl* in der Hauptsache mit ὑπομένειν (7mal), ἐλπίζειν 13mal), ἐπελπίζειν (6mal, nur in Ps 119), oder διαλείπειν (2mal); das Subst. *tôḥælæṯ* „Erwartung" wird u. a. mit ἐλπίς (2mal), ὑπόστασις oder καύχημα (je 1mal) wiedergegeben. Es scheint so, als habe LXX die Wurzel vorwiegend im Sinn der zukunftgerichteten Hoffnung interpretiert, doch ist daran zu erinnern, daß ἐλπίζειν in LXX viel eher „das Moment des persönlichen Sich-Hingebens" und des Vertrauens betont (Zimmerli, 17f.). – Demgegenüber steht für die Vulgata das Moment der Zukunftshoffnung im Vordergrund (→חכה [*ḥāḵāh*] I. 3.): sie übersetzt vorwiegend mit *expectare* (13mal, außerdem 19mal in den Pss *iuxta Hebr.*) oder *sperare* bzw. *supersperare* (19mal in den Pss *iuxta LXX*, außerdem in Kl 3, 21), und nur vereinzelt mit *praestolari* 'warten', *sustinere* oder *perseverare*. Die lat. Wiedergabe von *tôḥælæṯ* entspricht diesem Befund.

II. 1. Der MT bietet die Wurzel 48mal, und zwar das Verb 41mal, davon im *pi* 24mal, im *hiph* 15mal, im *niph* 2mal, das Subst. 6mal, das „Adjektiv" 1mal. Ein genaueres Bild über den Umfang und die Verteilung des Gebrauchs ergibt sich erst aufgrund einer Prüfung der zahlreichen Formen, die durch Emendation einer anderen Wurzel (z. B. *ḥîl* ʿkreißen, beben', oder *ḥll* I *hiph* ʿanfangen') zuzuweisen oder neu in die Statistik aufzunehmen sind.

a) Auszuscheiden ist sicher Jer 4, 19: das von vielen MSS und den alten Versionen gestützte K^{e}tib *'āḥûlāh* „ich muß mich winden" (Rudolph) verdient im Blick auf den Kontext den Vorzug gegenüber dem Q^{e}re *'ôḥîlāh*. – In 2 Sam 18, 14 will das überlieferte Wort Joabs *lo'-ken 'oḥîlāh l^{e}pānǽkā* keinen annehmbaren Sinn hergeben (vgl. Hertzberg, ATD 10, ^{4}1968, 292: „ich kann mich bei dir nicht so [lange] aufhalten"!); wahrscheinlich ist *lāken 'āḥellāh* „so will ich den Anfang machen" (von *ḥll*, s. KBL^{3}) zu lesen. – In Ez 19, 5 widerspricht das überlieferte *nôḥ^{a}lāh* (gewöhnlich als *niph* von *jḥl* verstanden) dem unmittelbar folgenden *'ā$\underline{b}$^{e}dāh tiqwātāh;* die Form ist daher mit Zimmerli (BK XIII/1, 418, nach Cornill) in *nô'^{a}lāh* „wurde zu Schanden" (*niph* zu *j'l* I) zu ändern.
b) An fünf Stellen (Gen 8, 10; Ri 3, 25; Mi 1, 12; Ps 37, 7; Hi 35, 14) finden sich Verbalformen einer nur hier belegten, mit *jḥl* bedeutungsgleichen Wurzel *ḥjl* (s. o. I. 3.), doch handelt es sich wohl um entstellte Formen von *jḥl* (in Gen 8, 10 lies *waj^{e}jaḥel*, in Mi 1, 12 *jiḥ^{a}lāh*, in Ri 3, 25 *wajjôḥîlû*, in Ps 37, 7 und Hi 35, 14 den imp. *w^{e}hôḥel lô*, *hiph* zu *jḥl*). Eine weitere *pi*-Form ergibt sich, wenn in Gen 8, 12 das unwahrscheinliche *niph wajjijjāḥæl* wie v. 10 als *pi waj^{e}jaḥel* verstanden, und zwei weitere *hiph*-Formen, wenn in 1 Sam 13, 8 mit dem Q^{e}re *wajjôḥæl*, und in Kl 3, 26 statt des schwierigen „Adjektivs" *w^{e}jāḥîl* mit BHS und Rudolph *w^{e}joḥîl* gelesen werden darf.

Bringt man diese Emendationen in Anrechnung, so ändert sich die Statistik von *jḥl* entsprechend: das Verb 44mal, und zwar *pi* 27mal, *hiph* 17mal, das Subst. 6mal, die Wurzel also im Ganzen 50mal. Die Wurzel begegnet schon in der jahwistischen Fluterzählung (Gen 8, 10. 12), in der Ehuderzählung (Ri 3, 25 cj), in der Überlieferung von Sauls Aufstieg und Fall (1 Sam 10, 8; 13, 8) und im Kreis der Elisalegenden (2 Kön 6, 33). Das Subst. *tôḥælæṯ* findet sich mehrfach in der ersten Sammlung von Salomossprüchen (Spr 10, 28; 11, 7; 13, 12). Ez 13, 6 scheint in die Zeit um 587 zu gehören (Zimmerli, BK XIII/1, 298 f.), wogegen die prophetischen Überlieferungen der Königszeit keinen sicheren Beleg enthalten (allenfalls Mi 1, 12). Aus exilischer Zeit stammen die Belege aus DtJes (Jes 42, 4; 51, 5) und in den Klageliedern (Kl 3, 21. 24. 26; das Subst. 3, 18), aus nachexilischer Zeit der Gebrauch in sekundären Stücken zum Michabuch (Mi 5, 6; 7, 7). Hier dürften, aufs Ganze gesehen, auch die 20 (mit cj. 21) Belege im Psalter anzusiedeln sein (Ps 31, 25; 33, 18. 22; 37, 7 cj; 38, 16; 42, 6. 12; 43, 5; 69, 4; 71, 14; 119, 43. 49. 74. 81. 114. 147; 130, 5. 7; 131, 3; 147, 11; das Subst. 39, 8), ebenso die 9 (mit cj 10) Belege im Hiobbuch (Hi 6, 11; 13, 15; 14, 14; 29, 21. 23; 30, 26; 32, 11. 16; 35, 14 cj; das Subst. 41, 1). Aus Qumran sind wenigstens 6 Belege bekannt (1 QH 7, 18; 9, 10; 11, 31; f 4, 17; CD 8, 4; für das Subst. vgl. 1 QH 9, 14).

2. Wie bei anderen Verben des Wartens und Hoffens (→ חכה [*ḥākāh*], קוה [*qāwāh*], שבר [*śbr*], צפה [*ṣāpāh*]) so ist auch beim Gebrauch von *jḥl* häufig ein Objekt oder Ziel der Erwartung im Blick.
a) In der Mehrzahl der Belege wird der Gegenstand des Wartens oder Hoffens ausdrücklich genannt (Konstruktion: 30mal mit *l^{e}*, 3mal mit *'æl*). Man wartet oder hofft auf JHWH bzw. Gott (2 Kön 6, 33; Kl 3, 24; Mi 7, 7; Ps 31, 25; 33, 22; 37, 7 cj.; 38, 16; 42, 6. 12; 43, 5; 69, 4; 130, 7; 131, 3; dazu Hi 13, 15 cj. und 35, 14 cj.), auf sein Wort (Ps 130, 5; 119, 74. 81. 114. 147, seine „Ordnungen" (Ps 119, 43), seine Weisung (Jes 42, 4), seine Treue (Ps 33, 18; 147, 11; vgl. 1 QH 9, 10; 11, 31), seinen Arm (Jes 51, 5), seine Hilfe (Kl 3, 26) oder sein Erfüllen von Prophetenworten (Ez 13, 6); auch beim Gebrauch von *tôḥælæṯ* kann JHWH als Gegenstand der Erwartung genannt werden (Ps 39, 8; negativ Kl 3, 18). In andern Belegen richtet sich die Erwartung auf Menschen (Hi 29, 21. 23; Mi 5, 6), auf menschliche Reden (Hi 32, 11), oder aber auf eine Wendung des Geschicks zum Licht (Hi 30, 26) bzw. zum Guten (Mi 1, 12 cj.).
b) In einer kleineren Gruppe von Belegen fehlt der Bezug auf einen Gegenstand des Wartens. Wichtig ist hier nicht, auf wen oder auf was man wartet, wohl aber, wie lange oder bis wann jemand wartet. Wenn Noah zweimal (dreimal?) „sieben Tage lang" abwartet (Gen 8, 10. 12), so ist zwar das Abnehmen der Flut (8, 11) als Ziel und Ende seines Wartens im Blick, aber der Ton der Aussagen liegt eindeutig darauf, daß Noah während je sieben Tagen nichts weiteres unternimmt, also untätig bleibt. – Auch wenn Saul „sieben Tage lang" wartet und zusehen muß, wie das Volk anfängt, sich zu verlaufen (1 Sam 10, 8; 13, 8), geht es hintergründig zweifellos um ein Warten auf Samuel (*ʿaḏ-bô'î* 10, 8; *lammôʿeḏ* 13, 8), aber im Vordergrund steht ebenso deutlich, daß Saul sieben Tage mit dem Brandopfer zuwarten, also untätig verharren soll. – Ähnlich müssen die Knechte Eglons „bis zum Überdruß" auf ihren Herrn warten (Ri 3, 25 cj; s. o. II. 1.). – Zu den Beispielen temporären, befristeten Wartens gehört wohl auch Hi 14, 14: ein Machtspruch Gottes (v. 13) könnte Hiob befähigen, alle Tage seiner Fron auszuharren, „bis meine Ablösung kommt" (*ʿaḏ-bô ḥ^{a}lîpāṯî*, vgl. F. Horst, BK XVI/1, 179. 210).
c) Noch kleiner ist die Gruppe von Belegen, in denen weder ein Gegenstand noch eine zeitliche Grenze des Wartens genannt wird. Noch stärker als bei der zweiten Gruppe rückt bei diesem „absoluten" Gebrauch die Haltung des Wartens-an-sich in den Mittelpunkt des Interesses. Nach Ps 71, 14 will der Psalmist inmitten aller Bedrängnis und Schmach (v. 13) „immerdar harren". – Dasselbe, geduldige Aushalten und Harren ist sowohl in Kl 3, 21 („so will ich harren", in Kl 3, 24 dagegen: „so will ich auf ihn

harren"), wie in Hi 6, 11 („wie habe ich die Kraft, noch auszuharren?") gemeint. – Absoluter Gebrauch scheint auch in Ps 119, 49 vorzuliegen („dieweil ich hoffe"; anstelle der überlieferten, gewöhnlich als Kausativ verstandenen Form *jiḥaltānî* ist eher *jiḥāltî* zu lesen). – In Hi 32, 16 läßt der Zusammenhang auf ein unterwürfig schweigendes „Abwarten" Elihus schließen. Hi 13, 15 scheidet hier aus, da in *lô 'ajaḥel* zu ändern, also ein objektgerichtetes Warten anzunehmen ist.

3. Wie die Übersicht der Belege ergeben hat (s. o. 1), sind vom Verbum *jḥl* faktisch nur *pi-* und *hiph*-Formen bekannt. Die in KBL² 377f,; KBL³ 389 vorgeschlagene Differenzierung von *pi* 'warten' und *hiph* 'sich wartend verhalten' ist von E. Jenni (249f. 256ff.) bestätigt, näher begründet und präzisiert worden. Seine These beruht auf der Beobachtung eines bald mehr am Objekt, bald mehr am Subjekt des Wartens interessierten Gebrauchs (s. o. 2.); an diesem Kriterium muß sich ihre Gültigkeit erweisen.

Das *pi* von *jāḥal* nennt „regelmäßig ein bestimmtes Objekt" oder setzt ein solches doch voraus (Jenni 257); es „enthält immer eine bestimmte Erwartung" (Jenni 249). Dies trifft insofern zu, als in 19 (von total 24) *pi*-Belegen des MT ein Objekt der Erwartung genannt wird: es scheint demnach in der Tat, als ob die Objektbetonung für den Gebrauch des *pi* bezeichnend sei. Aber einerseits kann auch beim *pi* ein Objekt fehlen, und andererseits läßt sich umgekehrt für das *hiph* objektbetonter Gebrauch nachweisen. Objektlosen *pi*-Gebrauch belegen Ps 71, 14; 119, 49; Hi 6, 11; 14, 14, wahrscheinlich (s.o. 1.) auch Gen 8, 10. 12. Daß in diesen Stellen ein Objekt der Erwartung „vorausgesetzt" werde (Jenni 257), geht aus dem jeweiligen Kontext nicht hervor.

Das *hiph* von *jāḥal* bezeichnet – wie das aller Verben mit transitiver Grundbedeutung – ein „innerlich-kausatives Handeln" (Jenni 256); es wäre demnach in der Regel mit „sich selbst zu wartender Haltung entschließen/veranlassen" wiederzugeben. Bei dieser Auffassung der *hiph*-Formen müßte das Interesse am Subjekt des Wartens im Vordergrund, dasjenige am Objekt des Wartens dagegen im Hintergrund stehen. – Für das erstere kann mit Recht auf Stellen wie 1 Sam 10, 8; 13, 8 cj; Hi 32, 16 verwiesen werden, wo von einem „nicht speziell gerichtete(n), temporäre(n) Sich-abwartend-Verhalten" die Rede ist (Jenni 257). Schwierigkeiten macht nur, daß gerade diese Art des Wartens auch mit dem *pi* ausgedrückt werden kann. Noch größere Bedenken erheben sich, wenn im Blick auf drei Stellen mit theologischem Gebrauch (2 Kön 6, 33; Mi 7, 7; Kl 3, 24) trotz deutlicher Zielrichtung des Wartens (auf JHWH) aus der „modalen Prägung" (1. Sing.impf.) der *hiph*-Formen eine „Betonung des Entschlusses des Subjekts" gefolgert wird. Wenigstens Ps 71, 14 (*pi*) ist im gleichen Sinn „modal geprägt", und als objektbetonte *hiph*-Belege, die eine solche Prägung *nicht* aufweisen, müssen außer Ps 38, 16; 42, 6. 12; 43, 5; 130, 5 auch die emendierten Formen in Ps 37, 7; Kl 3, 26 und 35, 14 in Betracht gezogen werden.

Als Ergebnis ist festzustellen, daß eine deutliche, semasiologisch-syntaktische Unterscheidung des Gebrauchs von *pi* und *hiph* von *jāḥal* nicht mehr nachgewiesen werden kann. Wenn die vorgeschlagene Differenzierung je gültig war, so muß das „Ineinanderfließen der beiden Bedeutungen" (Jenni 258) lange vor dem Aufkommen des theologischen Sprachgebrauchs eingesetzt haben. Ob im Einzelfall mehr objekt- oder mehr subjektbetontes Warten gemeint ist, kann heute nur noch aus dem Kontext erschlossen werden.

4. Zum Wortfeld von *jḥl* gehören zunächst die synonymen Verben, die in Parallelismen, im weiteren Kontext oder in sinnverwandten Zusammenhängen auftreten. Besonders häufig steht *jḥl* neben → קוה [*qāwāh*] 'warten, hoffen' (Jes 51, 5; Ps 130, 5; Hi 30, 26; Mi 5, 6; Kl 3, 26 vgl. 25; 1 QH 11, 31); für das parallele Auftreten von *tôḥælæṯ* und *tiqwāh*/*miqwæh* „Hoffnung" vgl. Ps 39, 8; Spr 10, 28; 11, 7; 1 QH 9, 14. In Ps 33, dessen Schlußteil ein Bekenntnis zum vertrauenden Warten und Hoffen auf JHWH enthält, erscheint *jḥl* (v. 18. 22) neben *ḥāḵāh* (v. 20) und *bāṭaḥ* (v. 21). Auch in 1 QH 7, 18 wird *jḥl* parallel zu einem Verbum des Vertrauens (→ שׁען [*šā'an*] 'sich stützen auf') gebraucht. – Weitere Einzelheiten:

a) An mehreren Stellen ergibt der Kontext einen inhaltlichen Zusammenhang zwischen *jḥl* und → דמה [*dāmāh*] II/*dmm*/*dwm* 'sich still halten, schweigen' (IV. 1. 3.). Am deutlichsten ist dies in Hi 29, 21 vgl. v. 23, wo *šm'* 'zuhören', *jḥl* 'abwarten' und *dmm* 'still bleiben' in einer Reihe stehen, ebenso in Ps 37, 7 („sei stille zu JHWH und harre auf ihn", l. *hôḥel*). Im Anschluß an diesen Sprachgebrauch wird man in Kl 3, 26 *ṭôḇ jôḥîl dûmām* („es ist gut, in Stille zu harren", vgl. v. 28) und in Hi 35, 14 *dîm lepānājw wehôḥel lô* („sei stille vor ihm und harre auf ihn") lesen dürfen. Dieselbe Gedankenverbindung liegt in Ps 39, 3; 62, 2. 6, vielleicht auch in Ps 65, 2 vor.

b) Beim Gebrauch von *jḥl* liegt oft der Gedanke an ein gespannt wartendes „Ausschauen" nahe. So steht *jḥl* in Mi 7, 7 parallel zu *ṣāpāh* 'spähen' – einem Verb, das auch für sich genommen die Konnotation des „Wartens" haben kann, vgl. Ps 5, 4. Dieselbe Gedankenverbindung zeigt die Klage Ps 69, 4: „Meine Augen verzehren sich vom Warten (l. *mijjaḥel*) auf meinen Gott"; „meine Augen verzehren sich" ist auch sonst (Ps 25, 15; 119, 82. 123; Jer 14, 6) Ausdruck für intensives Warten.

c) Ziel jedes objektbezogenen Wartens ist ein *Gutes*, eine Wohltat: entsprechende Begriffe gehören denn auch in das Wortfeld von *jḥl*. Aber manches Warten bleibt unerfüllt. Daß einer Gutes erwartet und schließlich doch Böses erfährt, ist eine vielfältig geäußerte Klage: „Ich harrte auf Licht, aber es kam Finsternis" Hi 30, 26 (mit *jḥl*; ähnlich Mi 1, 12 cj.); vgl. Jes 5, 7; Jer 8, 15; 13, 16; 14, 19; Jes 59, 9. 11; Hi 3, 9; 30, 26; Ps 69, 21 (mit *qwh*); Hi 3, 21 (mit *ḥkh*). Im Blick auf solche Enttäuschung (Hi 41, 1) spricht man von „verlorenem" Harren (Kl 3, 18 *tôḥælæṯ*) bzw. Hoffen (Ez 19, 5; 37, 11; Hi 8, 13; Ps 9, 19; Spr 10, 28; 11, 7 *tiqwāh*), → אבד [*'āḇaḏ*] IV. 2. Verlorene Hoffnung läßt „zuschanden werden" Jes 30, 3; vgl. dagegen Ps 22, 6 (mit *bṭḥ*); 25, 3; Jes 49, 23 (mit *qwh*).

III. 1. Theologisch relevanter Gebrauch liegt zunächst da vor, wo sich das Warten auf Gott bezieht (s. o. II. 2.a). In der formelhaften Wendung „auf JHWH warten" ist Gott als der bezeichnet, von dem alles Gute, auf das einer wartet, herkommt: Gott selber, und er allein, ist Ursprung und Wirklichkeit des Erwarteten, vgl. die Begründungen Ps 130, 4. 7 („denn bei dir/bei JHWH ist ..."). Weil es ihn als solchen aus der Vergangenheit kennt, wartet Israel „auf JHWH"; weil es ihn als solchen nie haben, sondern nur immer neu erfahren kann, darum „wartet" es auf JHWH.

Auffallend selten findet sich im Zusammenhang dieser Formel eine inhaltliche Bestimmung dessen, was man von JHWH erwartet. Kl 3, 26 redet vom Warten auf seinen rettenden Eingriff *littešûʿaṯ JHWH*; vgl. Jes 51, 5 *'æl zeroʿî*), Ps 33, 18; 147, 11 vom Warten auf seine *ḥæsæḏ* („huldvolle Zuwendung und Heilstreue", H. J. Kraus). Das Warten bezieht sich nach Ps 119, 74. 81. 114. 147; 130, 5 auf das göttliche „Wort" (*dāḇār)*, nach Ps 119, 43 auf seinen „Rechtsentscheid" (*mišpāṭ*), nach Jes 42, 4 auf seine „Weisung" (*tôrāh*); bei *dāḇār*, *mišpāṭ* und *tôrāh* wird man primär an einen aktuell ergehenden Spruch (Heilsorakel?) denken müssen. Richtet sich die Erwartung allerdings „auf ein Ereignis", nämlich auf das „rettende Eingreifen" JHWH's (Westermann 728), so scheint dieses „Eingreifen" nach der Mehrzahl der Belege doch primär in einem günstigen Spruch zu bestehen. Diese Bedeutung hat die Formel auch in 2 Kön 6, 33. Nach allen Unheilserfahrungen (6, 24–30) hält es der König von Israel für sinnlos, JHWH noch einmal durch Elisa zu „befragen" (→ דרשׁ [*dāraš*] III. 1.; 2 Kön 3, 11): „Sieh, so groß ist das Unheil von JHWH – was soll ich da weiter auf JHWH warten?" Das unmittelbar darauf folgende Heilswort Elisas (2 Kön 7, 1) setzt diesen Ausdruck der Verzweiflung ins Unrecht.

Als Partizip begegnet die Formel in der Bezeichnung der Frommen als *mejaḥalîm leJHWH/leḥasdô* Ps 31, 25; 33, 18; 147, 11 (häufig parallel zu *jir'ê JHWH*, → ירא [*jāre'*]). Ps 31, 25 macht deutlich, daß es sich bei dem „Warten auf JHWH" nicht um eine den Frommen inhärente Eigenschaft handelt: sie bedürfen, um wirklich „auf JHWH Harrende" zu sein, einer besonderen Bestätigung und Stärkung.

2. Theologische Relevanz kann aber auch der objektlose, oft zu schnell als „profan" bezeichnete Gebrauch von *jḥl* (s. o. II. 2. b. c) haben. In mehreren Fällen ist das „Warten" durch eine bestimmte Beziehung des Menschen zu Gott begründet oder motiviert. Ob die siebentägige Wartefrist in Gen 8, 10. 12; 1 Sam 10, 8; 13, 8 ein reines Erzählungsmotiv oder eine traditionelle Form für geduldig/gehorsames Abwarten darstellt (vgl. das *expectare* der Vulgata), kann man wenigstens fragen. Eindeutig theologischer Gebrauch liegt in Ps 71, 14 und Kl 3, 21 vor (vgl. auch Ps 119, 49 cj): das „Aushalten" des Frommen in Einsamkeit, Bedrängnis und Leid gründet in der Gottesbeziehung, von der er herkommt und nach der er sich ausstreckt. Auch für Hi 6, 11 und 14, 14 ist diese Bedeutung anzunehmen.

3. Die Frage nach der form- und gattungsgeschichtlichen Herkunft des theologischen Gebrauchs von *jḥl* hat Westermann durch seinen Hinweis auf das „Bekenntnis der Zuversicht" im Klagelied des Einzelnen beantwortet (vgl. H. Gunkel–J. Begrich, Einleitung in die Psalmen, 1933, 233 über die „Vertrauensäußerungen"). In der Tat sind Bekenntnisse des Typs „auf JHWH harre/hoffe/vertraue ich" im Klagelied des Einzelnen stark vertreten (Ps 119, 43. 49. 74. 114. 147; 38, 16; 39, 8; 130, 5; mit *qwh:* Ps 25, 2; 39, 8; 40, 2; 71, 5; 130, 5; mit *bṭḥ:* Ps 13, 6; 25, 2; 26, 1; 31, 7. 15; 52, 10; 56, 5. 12; 119, 42; 143, 8; mit *ḥsh:* Ps 7, 2; 11, 1; 16, 1; 31, 2; 71, 1 usw.).

Man darf aber nicht übersehen, daß *jḥl* auch in anderen Teilen des Klageliedes Verwendung findet. Dem „Bekenntnis der Zuversicht" geht oft die Klage über vergebliches oder enttäuschtes Warten voraus, vgl. Ps 69, 4; Kl 3, 18; Hi 6, 11; 30, 26 (dazu Ps 69, 21). Die Frage *mah qiwwîṯî JHWH* Ps 39, 8 ist möglicherweise als Klage zu verstehen; ähnlich *māh 'ôḥîl leJHWH ʿôḏ* 2 Kön 6, 33 und *mah-koḥî kî-'ajaḥel* Hi 6, 11. Mehrfach begegnet die Selbstaufforderung zum Harren, vgl. Ps 42, 6. 12; 43, 5; Kl 3, 21. 24; Mi 7, 7 sowie aus Qumran das Fragment 1 QH f 4, 14; als Gelübde (mit *qwh*) Ps 52, 11; vgl. Hi 14, 14. Eine weitere Verwendungsform ist die Mahnung bzw. der Aufruf zum Harren (Ps 130, 7; 131, 3; Kl 3, 26); die ganze Gemeinde wird hier aufgefordert, dem Beispiel des Einzelnen zu folgen. Das „Bekenntnis der Zuversicht" reflektiert demnach einen Weg der Erfahrung, der von der Klage über die Selbstaufforderung zum fröhlichen, wenn auch der Bestätigung immer noch bedürftigen Bekenntnis führt.

Barth

יָחַשׂ *jāḥaś*

יַחַשׂ *jaḥaś*

1. Vorkommen – 2. Bedeutung – 3. Theologische Implikationen.

Lit.: *Fr. Schulthess*, Zwei etymologische Versuche (ZAW 30, 1910, 61 f).

1. Das bibl.-hebr. *jḥś* wird, wie das ihm entsprechende und häufig belegte jüd.-aram. *jḥs* (vgl. Levy, WTM s. v.), herkömmlich mit „sich in die Geschlechtsregister eintragen lassen" bzw. mit „Registrierung, Stammbaum" o. ä. wiedergegeben (vgl. KBL³ s. v.). Schulthess bringt es – wohl zu Recht – mit arab. *wḥš* „Wild, sofern es einsam und unumgänglich ist im Gegensatz zum Haustier", verbal: „verwildern, sich entfremden" zusammen und nimmt als ursprüngliche Bedeutung „die Isolierten" an (vgl. auch KBL³ s. v.). Seine Gleichsetzung dieser „Isolierten" mit der jüdischen „Diaspora" dürfte jedoch kaum richtig sein. Der tatsächliche Gebrauch von *jḥś* läßt durch-

aus einen Zusammenhang mit arab. *wḥš* möglich erscheinen, weist aber das Moment des „Auswärtigen“ im Sinn von Diaspora sicher nicht auf (s. u. 3.). – In anderen semit. Sprachen ist die Wurzel bisher nicht belegt.

Im hebr. AT begegnet die Wurzel *jḥś* insgesamt 21mal, davon nur einmal als Nomen (*sepær hajjaḥaś* Neh 7, 5b, wenn nicht auch hier mit Kropat, Syntax des Autors der Chronik, BZAW 16, 1909, 57; Ehrlich, Randglossen z. St.; Rudolph, HAT I/20, 11 Anm. 2 u. a. Inf. *hitp* zu lesen ist), sonst immer als Verb, und ausschließlich im *hitp;* als finite Form nur 1 Chr 5, 17; 9, 1 und vielleicht noch 2 Chr 31, 19; Esr 8, 3 (wenn nicht auch an diesen beiden Stellen Inf. *hitp* vorliegt, vgl. z. B. Keil, BC zu Esr 8, 3). 2mal findet sich das determinierte Ptz. Pl. (Esr 2, 62 = Neh 7, 64). Jedoch scheint 3 Esdras 5, 39 ἐν τῷ καταλοχισμῷ auch hier den hebr. Inf. *hitp* vorauszusetzen (das Nomen καταλοχισμός für *jḥś* Inf. *hitp* noch LXX 1 Chr 4, 33; 5, 17; 9, 22; 2 Chr 31, 17. Zu 3 Esdras als direkte Übertragung einer hebr. Vorlage vgl. Rudolph, HAT I/20, XV f.; R. Hanhart, Text und Textgeschichte des 1. Esrabuches, MSU 12, 1974, 11 u. a.). Das Ptz. Pl. könnte hier also aus ursprünglichem Inf. *hitp* verschrieben sein. An den übrigen 14 (mit Esr 2, 62 = Neh 7, 64; Esr 8, 3; Neh 7, 5b; 2 Chr 31, 19 sind es 19!) Stellen, also in der überwiegenden Mehrheit aller Fälle, begegnet *jḥś* als Inf. *hitp*.

jḥś ist nur innerhalb des Chronistischen Geschichtswerkes belegt, und zwar immer im Zusammenhang mit Namenlisten oder mit der Erstellung von Namenlisten (einzige Ausnahme: der unsichere Beleg 2 Chr 12, 15). Die ursprüngliche Zugehörigkeit des Wortes oder der ganzen Einheit, in der es begegnet, zu Chr-Esr-Neh wird dabei von vielen mit guten Gründen bestritten oder doch stark angezweifelt (vgl. z. B. Noth, ÜSt; Rudolph, HAT I/20 und 21 z. St.). Die Belege sind nicht gleichmäßig auf die (sekundären) Texteinheiten des Chronistischen Geschichtswerkes verteilt, sondern finden sich nur in einem geringen Teil von ihnen, hier allerdings bisweilen gehäuft (z. B. 1 Chr 7, 5–9; 2 Chr 31, 16–19). Öfter scheint *jḥś* innerhalb der (sekundären) Texte noch einmal sekundär zugesetzt zu sein, vor allem als Einleitung oder Abschluß einer vorgegebenen Liste (1 Chr 4, 33; 5, 17; 7, 5. 40; Esr 8, 1; auch 1 Chr 5, 7? 9, 1?). Wenn – so wohl richtig – die Liste Neh 7 aus Esr 2 übernommen wurde (vgl. U. Kellermann, Nehemia, Quellen Überlieferung und Geschichte, BZAW 102, 1967, 24–26, Lit.), sind auch die beiden Belege Neh 7, 5a.b sekundäre, die Liste einleitende Zufügungen. Für die vier Belege 2Chr 31, 16. 17. 18. 19 hat V kein Äquivalent, dürfte also einen älteren hebr. Text bezeugen, in dem *jḥś* fehlte, so daß auch hier *jḥś* sekundär eingeschoben ist. In 1 Chr 5, 1 gehört *jḥś* zu einer wohl sekundären Glossierung. *jḥś* ist Glosse in 2 Chr 12, 15, vielleicht auch in 1 Chr 7, 5 (vgl. BHK) und wohl auch in Esr 8, 3 (*jḥś* fehlt in den zu 8, 3 parallel gebauten Sätzen 8, 4–14). Auch daß *jḥś* sich öfter syntaktisch nicht gut einfügt, weist auf den sekundären Charakter vieler Belege hin.

Das späte und zugleich unvermittelte, plötzliche Auftreten von *jḥś*, der literarkritisch bzw. textkritisch sekundäre Charakter der meisten Belege, ihre höchst ungleichmäßige Verteilung im Chronistischen Geschichtswerk sowie die prägnante, nahezu technische Bedeutung des Wortes (s. u. 2.) erklären sich am leichtesten, wenn *jḥś* zunächst zur spezifischen Sprache einer gesonderten, in sich geschlossenen Gruppe gehörte, die für die sekundäre Einfügung (eines Teils) der Belege verantwortlich ist, und deren Sprachgebrauch und Denkweise in das nachbiblische, rabbinische Judentum eingegangen sind.

יחשׂ wird in der LXX durch συνοδία wiedergegeben (Neh 7, 5). Für יחשׂ *hitp* stehen καταλοχισμός (5mal), ἀριθμός (4mal), συνοδία (2mal), καταλοχία, ἐγκαταλογίζειν, συλλοχισμός und καταριθμεῖν (je 1mal).

Das Ptz. *miṯjaḥśîm* (Esr 2, 62) wird nicht verstanden und durch μεθωεσιμ transkribiert (Lukian: γενεαλογοῦντες). Es ist auffällig, daß nur 1mal die Wiedergabe γενεαλογεῖσθαι (1 Chr 5, 1) begegnet.

2. 1 Chr 4, 33 faßt die Genealogie der Simeoniten 24–27 und die Liste ihrer Wohnorte 28–32 zu einer Einheit zusammen, wobei sich *môšeḇoṯām* 33bα offensichtlich auf 28–32 und *hiṯjaḥśām* 33bβ auf 24–27 bezieht. Obwohl der Stammbaum 24–27 einander folgende Geschlechter aufzählt, kann *hiṯjaḥśām* neben *môšeḇoṯām* nicht mehr die genealogische Einordnung der einzelnen Glieder in das zeitliche Nacheinander der Geschlechterfolge ausdrücken, sondern nur noch die aktuelle und damit zeitlos gültige Zugehörigkeit. *jḥś* interpretiert den echten Stammbaum einander folgender Geschlechter als eine Liste derer, die ohne Rücksicht auf das zeitliche Nacheinander den Simeoniten zugehören. Zwar bekundet auch sonst die mit *jḥś* gemeinte Zuschreibung die Zugehörigkeit zu einer Familie oder einem Familienverband (vgl. *lemišpeḥoṯājw* ... *leṯoleḏôṯām* 1 Chr 5, 7; *wa'aḥêhæm* ... *mišpeḥôṯ* 1 Chr 7, 5; *ûḇenê* X 1 Chr 7, 7; *leṯoleḏôtam* ... *bêṯ* '*aḇôṯam* 1 Chr 7, 9 usw.). Dennoch meint *jḥś* nirgends, daß die zeitliche Abfolge von Generationen in einem Stammbaum dokumentiert wird, sondern daß jemand für die Gegenwart und damit zeitlos gültig einem bestimmten Kreis zugeschrieben wird. Obwohl also *jḥś* fast immer die Vorstellung der genealogischen Zusammengehörigkeit bei sich hat, ist die mit *jḥś* gemeinte Zuschreibung bzw. Eintragung nicht diachronisch, sondern immer synchronisch interessiert.

Der substantivierte Inf. *hitp hiṯjaḥeś* bezeichnet meist nicht mehr den Vorgang der Registrierung, sondern metonymisch das Ergebnis dieses Vorgangs, und zwar nicht die durch die Einschreibung entstandene Liste, den Stammbaum o. ä. (vgl. KBL[3]; König, Wörterbuch s. v.), sondern konkret „das in den Geschlechtsregistern Verzeichnete“ (vgl. GesB s. v.), „genealogice inscripti“ (Zorell, Lexicon s. v.), also die in das Verzeichnis aufgenommenen einzelnen oder Sippen. Dies ist deutlich zu erkennen an allen Stellen, an denen der Inf. als Subjekt oder Prädikatsnomen eines Nominalsatzes einem anderen Nomen korrespondiert, das logisch oder grammatikalisch eine Mehrzahl bezeichnet. Nicht „ihre Registrierung" noch „ihr Geschlechtsregister", sondern „ihre Eingetragenen" sind so und so viele (1 Chr 7, 5. 7. 9. 40).

1 Chr 4, 33 ist *hitjaḥśām* dem konkreten Pl. *môšᵉḇotām* beigeordnet. Wie sich *môšᵉḇotām* auf die in 28–32 aufgezählten Wohnorte bezieht, so das parallele *hitjaḥśām* auf die in 24–27 genannten Söhne Simeons. Es meint also nicht „ihr Geschlechtsregister" o. ä. (Zorell, Lexikon; KBL³ s. v.), sondern konkret die den Simeoniten Zugeschriebenen (GesB s. v.). Dasselbe gilt für Esr 8, 1 (*hitjaḥśām* neben dem konkreten *rā'šê 'aḇotêhæm*). Auch Esr 8, 3 dürfte der Inf. *hitp* in der konkret-metonymen Bedeutung vorliegen (vgl. die parallelen Aussagen in Esr 8, 4ff.). 2 Chr 31, 16–19 dürfte die konkrete Übersetzung „die Eingetragenen" der gewöhnlich gewählten vorzuziehen sein, ebenso 1 Chr 5, 1 („aber nicht zu den für das Erstgeburtsrecht Eingetragenen") und 1 Chr 5, 7 („bei den im Geschlechtsregister Eingetragenen"). Die konkret-metonyme Bedeutung des Inf. an den meisten Stellen macht auch die Ersetzung des als ursprünglich vermuteten Inf. durch Ptz. Esr 2, 62 = Neh 7, 64 bzw. durch das Nomen *hajjaḥaś* Neh 7, 5b verständlich. – Der Inf. *hitp* meint also nur selten den Vorgang der Zuschreibung oder Einschreibung (so vielleicht Neh 7, 5a), sondern stellt meist das Resultat der Zuschreibung fest, daß nämlich bestimmte einzelne oder Gruppen zu den Eingeschriebenen gehören.

Jedoch auch das finite Verb blickt immer auf den abgeschlossenen Vorgang der Einschreibung zurück und hat – vielleicht mit Ausnahme von 1 Chr 5, 17 – resultativ-faktitiven Charakter (1 Chr 9, 1 und, falls finites Verb vorliegt, auch 2 Chr 31, 19; Esr 8, 3).

Neben *jḥś* findet sich gelegentlich → כתב [*kāṯaḇ*] bzw. → ספר [*sepær*] (1 Chr 9, 1; 2 Chr 12, 15; Esr 2, 62 = Neh 7, 64; Neh 7, 5b), so daß *jḥś* wohl immer die Idee eines Schriftstückes evoziert. Die mit *jḥś* verbundene Vorstellung dürfte darum in einer Institution verankert sein, auch wenn über die Gestalt dieser Institution nichts Genaues ausgemacht werden kann.

3. Die mit *jḥś* gemeinte Zuschreibung zu Israel oder zu einer seiner Gliederungen hat nicht das Ziel, die Gesamtheit aller faktisch Vorhandenen zu registrieren, wie vor allem aus Esr 2, 62 = Neh 7, 64 hervorgeht. Vielmehr beinhaltet diese Zuschreibung neben dem positiven Moment der Zuordnung auch das negative der Aussonderung. Daß jemand Israel bzw. einer Gruppe in Israel zugeschrieben wird, meint zugleich, daß er von anderen unterschieden und abgehoben wird. Von daher ergibt sich zwanglos eine Verbindung zu arab. *wḥš* 'sich entfremden' usw.

Ferner ist deutlich erkennbar, daß die mit *jḥś* gemeinte Zuschreibung nicht dazu dient, den Eingeschriebenen Pflichten abzuverlangen, sondern ihnen Rang und Ehren zuerkennt und Rechte verleiht. So gehen z. B. diejenigen ihrer priesterliche Rechte verlustig, die sich nicht mehr als zu den Priestern zugeschrieben ausweisen können (Esr 2, 62 = Neh 7, 64), während umgekehrt die Einschreibung die Anerkennung priesterlicher Rechte zur Folge hat (2 Chr 31, 16–19). Auch die Zuschreibung zu den waffenfähigen Männern hat nicht mehr die Erfordernisse eines wirklichen Kampfes vor Augen, in dem die Eingeschriebenen bestimmte Pflichten übernehmen müßten, sondern zeichnet sie aus und ehrt sie (1 Chr 7, 5. 7. 9. 40). Wer ganz Israel (1 Chr 9, 1) bzw. der zurückgekehrten Gola (Esr 8, 1; Neh 7, 5b) zugeschrieben wird, ist dadurch als vollberechtigtes Glied des Gottesvolkes ausgewiesen und ausgezeichnet.

Die mit *jḥś* gemeinte Einschreibung hat also wenig mit einer Volkszählung zu tun, wie sie etwa 2 Sam 24 erzählt wird, noch mit einer Registrierung, wie sie etwa vom römischen Steuerzensus her bekannt ist, sondern muß vielmehr mit der at.lich belegten Vorstellung zusammengesehen werden, nach der durch eine Einschreibung in ein Verzeichnis für die Eingeschriebenen Rechte und Ehren begründet und gesichert werden und eine aussondernde Scheidung von anderen vollzogen wird (vgl. z. B. Ex 32, 32f; Jes 4, 3; Ez 13, 9; Ps 87, 6. – Vgl. hierzu L. Koep, Buch IV, in: RAC II, 725–731, Lit.; E. Zenger, Ps 87, 6 und die Tafeln vom Sinai, in: Festschr. J. Ziegler, FzB 2, 1972, 97–102).

Mit *jḥś* meldet sich somit eine Auffassung von Israel zu Wort, nach der über die ererbte Zugehörigkeit zum Volk hinaus eine eigene Zuschreibung zu Israel bzw. zu einer seiner Gliederungen erforderlich ist, damit einer voll zu „Israel" gehört, eine Auffassung also, nach der sich die natürlich gegebene Volksgemeinschaft nicht mehr ohne weiteres mit der theologischen Größe „Israel" deckt.

Mosis

יַיִן *jajin*

I. 1. Der Wortstamm – 2. LXX – II. Zur Kulturgeschichte des Weins – 1. Seine Zubereitung – 2. Seine Aufbewahrung und Arten – III. Die Wertung des Weines – 1. Nahrungsmittel – 2. Genußmittel – 3. Tröstungsmittel – IV. Trunkenheit und Weinenthaltung – V. Der Wein im Kult – VI. Die bildliche Bedeutung.

Lit.: *N. Avigad*, Two Hebrew Inscriptions on Wine-Jars (IEJ 22, 1972, 1–9). – *L. Bauer*, Volksleben im Lande der Bibel, 1903. – *G. I. Beridzé*, Les vins et les cognacs de la Géorgie, Tbilisi 1964. – *J. P. Brown*, The Mediterranean Vocabulary of the Vine (VT 19, 1969, 146–170). – *E. Busse*, Der Wein im Kult des AT (FreibThSt 29, 1922). – *G. Dalman*, AuS IV, 1935 (Neudr. 1964) 291–413. – *M. Delcor*, De l'origine de quelques termes relatifs au vin en hébreux biblique et dans les langues voisines. ACLing

Sém Cham 9, 1969 (ed. 1974), 223–233. – *A. Demsky*, „Dark Wine" from Judah (IEJ 22, 1972, 233f.). – *J. Döller*, Der Wein in Bibel und Talmud (Bibl 4, 1923, 143–167. 267–299). – *W. Dommershausen*, Der Wein im Urteil und Bild des Alten Testaments (TrThZ 84, 1975, 253–260). – *A. Drubbel*, Der Wein in der Heiligen Schrift (Heilig Land 9, 1956, 74–76. 82–84). – *E. Ferguson*, Wine as a Table-Drink in the Ancient World (Restoration Quarterly 13, 1970, 141–153). – *K. Galling*, Wein und Weinbereitung, BRL², 362f. – *V. Hehn/O. Schrader/A. Engler/F. Pax*, Kulturpflanzen und Haustiere in ihrem Übergang aus Asien nach Griechenland und Italien sowie in das übrige Europa, ⁸1911 (Neudr. 1963). – *M. E. Jastrow*, Wine in the Pentateuchal Codes (JAOS 33, 1913, 180–192). – *K. Kircher*, Die sakrale Bedeutung des Weines im Altertum, 1910. – *J. Limbacher*, Weinbau in der Bibel, Preßburg 1931. – *H. F. Lutz*, Viticulture and Brewing in the Ancient Orient, 1922. – *J. Megrelidzé*, Sur l'origine du culte de Dionysos Vaky – Bacchus – Aguna et du mot du vin (Bedi Karthlisa 19f., 1965, 109–111). – *S. M. Paul*, Classifications of Wine in Mesopotamian and Rabbinic Sources (IEJ 25, 1975, 42–44). – *Ch. Rabin*, Hittite Words in Hebrew (Or 32, 1963, 113–139). – *E. Schürer*, Geschichte des jüdischen Volkes im Zeitalter Jesu Christi II, 1907 (Neudr. 1970). – *A. van Selms*, The Etymology of *yayin*, „Wine" (JNWSL 3, 1974, 76–84). – *C. Seltman*, Wine in the Ancient World, London 1957. – *N. Shapira*, The Wine Industry as to the Ancient Hebrew Sources (Koroth 3, 1962, 40–75). – *A. A. Wieder*, Ben Sira and the Praises of Wine (JQR 61, 1970, 155–166). – *V. Zapletal*, Der Wein in der Bibel (BSt 20, 1) 1920.

I. 1. Die ursprüngliche Bedeutung von *jajin* läßt sich nicht mehr feststellen. Die Zurückführung auf eine Wurzel *vei* (lat. vieo) 'sich winden' (vgl. Hehn, Kulturpflanzen, 93) bleibt äußerst hypothetisch. Ungewiß ist auch die Ableitung von *jānāh* 'bedrücken' mit einer zugrunde liegenden Bedeutung 'drücken, pressen' (van Selms 82). Der Wortstamm wurde aber offensichtlich mit dem Anbau der Weinrebe → גפן [*gæpæn*] ausgebreitet. Da 'Wein' auf akk. *karānu* heißt, ist semit. Ursprung kaum anzunehmen. Rabin, Or 32, 138f., vermutet heth. oder altkleinasiat. Herkunft, wahrscheinlich mit Recht. Vgl. hebr. *jajin, jên*, ugar. *jn*, arab. und äth. *wain* (auch in der Bedeutung 'Rebe', 'Traube'), altsüdarab. *wjn, jjn* ('Weinberg'), akk. *īnu* (Lehnwort), heth. *wijāna* (Rebe), griech.-lat. οἶνος, vinum und die entsprechenden indogermanischen Bezeichnungen. Als Synonyme werden gebraucht *sobæ'* 'edler Wein' (KBL²: 'Weizenbier') (Jes 1, 22) und das aram. *ḥæmær* (Esr 6, 9; 7, 22; Dan 5, 1. 2. 4. 23).

2. Die LXX übersetzt *jajin* fast ausschließlich mit οἶνος (144mal) und deutet es damit als gleichbedeutend mit *tîrôš*. Je einmal begegnen γλεῦκος (Hi 32, 19; Verdeutlichung gegenüber MT), οἰνοπότης (Spr 23, 20 für *sobe' jajin*) und συμπόσιον (Esr 7, 7 für *mišteh hajjajin*).

II. 1. Die Herstellung von Wein war der vorisraelitischen Bevölkerung Kanaans sicherlich bekannt. In einer um 1780 v. Chr. verfaßten Schrift erzählt der ägyptische Sinuhe, ein Freund des Königs Sesostris I. (ca. 1980–1935), seine Abenteuer in Palästina. Er schildert: „Feigen gab es darin und Weintrauben und mehr Wein als Wasser ... Ich hatte Brot als Tageskost und Wein als etwas Alltägliches" (AOT 57). Auch die biblische Patriarchengeschichte setzt das Vorkommen des Weins in Kanaan voraus (Gen 14, 18; 27, 25. 28. 37); seit der Königszeit ist der Weingenuß allgemein verbreitet.

Die eigentliche Weinzubereitung begann mit der Traubenlese in den Monaten August – September. Die Rispen wurden mit Winzermessern abgeschnitten und in Körbe gesammelt. Zuweilen breitete man sie dann – meist im Weinberg selbst – bis zu 14 Tagen in der Sonne aus, um den Zuckergehalt der Beeren zu erhöhen. Gewöhnlich aber wurden die Trauben gleich in die Kelter geschüttet. Diese bestand aus zwei runden oder eckigen Becken, dem Preß- und dem Sammelbecken; beide waren entweder in den Felsboden eingehauen oder in die Erde gegraben, mit Steinen ausgepflastert und verpicht. Das Preßbecken (*gaṯ*) nahm eine Fläche von ca. 16 qm ein, war 20–30 cm tief und nach einer Seite oder Ecke zu geneigt. Das Sammelbecken (→ *jæqæḇ*) lag niedriger, war kleiner, ca. 1 m tief und durch eine Rinne mit dem Preßbecken verbunden. Die Trauben wurden von Männern oder Jungen mit bloßen Füßen getreten *dārak jajin bajjeqāḇîm* (Jes 16, 10; vgl. Jer 48, 33) oder mit großen Steinen beschwert. Es gab auch Preßbalken, die mit einem Ende in die Beckenwand eingelassen waren, so daß an sie gebundene runde Gewichtsteine mittels Hebelkraft auf die Trauben gedrückt werden konnten. Den so ausgepreßten Traubensaft füllte man in Tonkrüge (*neḇæl* Jer 13, 12) oder Schläuche aus Ziegen- oder Lammfell (*no'ḏ* Jos 9, 4. 13); innerhalb 6–12 Stunden kam er zur Gärung.

Diesen Most bezeichnet die at.liche Überlieferung mit → תירוש [*tîrôš*] (sem. Wurzel *wrṯ*, 'auspressen'). Vgl. Mi 6, 15: „Du wirst Most keltern, aber keinen Wein trinken." Dabei denkt sie sowohl an den Süßmost als auch an den schon in Gärung übergegangenen alkoholhaltigen Most, der wie der Wein „den Verstand rauben kann" (Hos 4, 11; vgl. KAT XIII, 1, 110). *tîrôš* kommt sehr oft in Verbindung mit Getreide (*dāgān*) und Öl (*jiṣhār*) vor, besonders wenn von den Erstlingsgaben und dem Zehnten die Rede ist (Neh 10, 40; 13, 12; Deut 14, 23; 18, 4 u. ö.). Ein poetisches Synonym ist *'āsîs* 'Süßmost'. In Qumran trinkt man bei den gemeinsamen Mahlzeiten *tîrôš*, wahrscheinlich mit Wasser vermischt (1 QS 6, 4ff.; 1 QSa 2, 17f. 20; 1 QH 10, 24); möglicherweise ist hier *jajin* durch *tîrôš* ersetzt.

Nach der Gärung sollte man den Wein nicht auf seiner Hefe liegen lassen (vgl. *šemārîm* Ps 75, 9), sondern in andere Gefäße abziehen; oft benutzte man dazu eine Art Heber und filterte durch ein Sieb oder ein Stück Tuch. Die Krüge beschriftete man zuweilen mit dem Namen der Weinart oder der Herkunftsgegend. Als besondere Weingegenden galten der Libanon (Hos 14, 8), Helbon bei Damaskus (Ez 27, 18),

Samaria (1 Kön 21, 1; Jer 31, 5), Hesbon, Sibma, Jaser im Ostjordanland (Jes 16, 8f.; Jer 48, 32), En-Gedi (HL 1, 14), Eskol bei Hebron (Num 13, 23).
2. Aufbewahrt wurde der Wein in Kellern, in der Nähe des Wohnhauses. Das mit Kalkstein durchsetzte Land eignete sich gut für die Anlage solcher Keller. Besondere Vorratsräume für Wein gab es auch in den Weingärten der Könige, in Festungen und im Tempel (1 Chr 27, 27; 11, 11). Ältere abgelagerte Weine wurden den jüngeren vorgezogen. Man hat im alten Palästina wohl vornehmlich eine dunkelblaue Beerenart angebaut und aus ihr den landesüblichen Rotwein hergestellt (Spr 23, 31; vgl. Jes 63, 2 oder „Traubenblut" Deut 32, 14; 1 Makk 6, 34; Sir 50, 16).
Um den Wein zu verstärken oder wohlschmeckender zu gestalten, vermischte man ihn mit Pfeffer, Wermut oder Weihrauch. Man sprach dann von Misch- oder Würzwein (*māsak̲/mæsæk̲*, Spr 9, 2. 5; 23, 30; Jes 5, 22; 65, 11; Ps 75, 9; bzw. *ræqaḥ* HL 8, 2). Mit Myrrhe vermengten Wein benutzte man als Betäubungsmittel (vgl. Ps 60, 5). Den aus Trestern gewonnenen Wein verarbeitete man zu Essig (*ḥomæṣ*), der mit Wasser verdünnt als durststillend empfunden wurde (Ruth 2, 14). Die Sitte, den Wein mit Wasser vermischt zu trinken – etwa im Verhältnis 2 : 1 oder 3 : 1 – scheint erst in der hellenistischen Zeit aufgekommen zu sein (vgl. 2 Makk 15, 39). In Jes 1, 22 jedenfalls wird die Verwässerung des Weines als etwas Schlechtes betrachtet. Der sogenannte Rauschtrank (*šek̲ār*), wahrscheinlich eine Art Bier, wurde vom Wein unterschieden (Lev 10, 9; Num 6, 3; Deut 29, 5; Ri 13, 4; 1 Sam 1, 15).

III. 1. Zum Essen trank man Wasser, aber bei der vollen Mahlzeit wurde normalerweise Wein gereicht (Gen 27, 25; Jes 22, 13; 1 Chr 12, 39f.). Wein wird deshalb oft mit Brot zusammen genannt (Gen 14, 18; 1 Sam 16, 20; 25, 18). Er gehörte ebenso zur Beköstigung des Statthalters (Neh 5, 13. 18) wie zu der des Arbeiters (2 Chr 2, 9. 14). Man nahm Wein als Mundvorrat mit auf die Reise (Ri 19, 19) und deponierte ihn in den Garnisonstädten (2 Chr 11, 11; 32, 28). Jesus Sirach rechnet neben Weizenmark, Milch, Honig und Öl das „Blut der Trauben" zu den wichtigsten Nahrungsmitteln (39, 26).
2. Der Wein erfreut „Götter und Menschen" (Ri 9, 13; Ps 104, 5; Koh 10, 19; Sir 31, 27); er wurde als ein Genußmittel betrachtet, das bei keinem Fest fehlen durfte (Jes 5, 12). „Zimmer des Weintrinkens (*bêt̲ mišteh hajjajin* Esth 7, 8) hieß in einem vornehmen Haus der Raum, in dem man die Festmähler abhielt. Anlässe zu einem feierlichen Trinkgelage gab es genügend: Sohnesentwöhnung (Gen 21, 8), Hochzeit (Ri 14, 10), Weinlese (Ri 9, 27), Schafschur (1 Sam 25, 2. 36f.), Hausbau (Spr 9, 1–6), Königsinthronisation (1 Chr 12, 40), Bündnisschluß (2 Sam 3, 20f.), Besuch von Freunden oder Personen, die man ehren wollte (1 Makk 16, 15; 2 Kön 6, 23). In der Tempelrolle begegnet sogar ein eigenes Weinfest. Man trank nach dem Essen und suchte die fröhliche Stimmung durch Gesang, Musik und Bekränzen der Gäste mit Blumen zu erhöhen (Jes 5, 12; 28, 1; Weish 2, 8). Auch das gegenseitige Sich-Zutrinken war nicht unbekannt (Döller 272). An diesen Trinkgelagen nahmen die Frauen gewöhnlich nicht teil (2 Sam 13, 23–32), obgleich der Weingenuß ihnen gestattet war. Man trank aus Tonbechern oder -schalen, nur die Reicheren konnten sich Trinkgefäße aus Edelmetall leisten; Glaskelche kamen erst in hellenistischer Zeit in weiteren Gebrauch.
3. Weil der Wein erfreut, müssen ihn besonders diejenigen trinken, die traurig sind (Pred 2, 3. 11. 24; Sach 10, 7; vgl. den „Trostbecher" für Trauernde Jer 16, 7). Man glaubte auch, daß der Wein dem Verzweifelnden und Verbitterten hilft, indem er ihn seine Sorgen vergessen läßt (Spr 31, 6f.). „Der Wein ist zum Trinken für die in der Wüste Ermatteten", war die Antwort Zibas an König David, der sich auf der Flucht befand (2 Sam 16, 2).

IV. In Israels ältester Zeit wurden die Wirkungen eines übermäßigen Weingenusses höchstens als anstößig empfunden, die Propheten und Weisheitslehrer aber warnten eindringlich vor der Trunksucht und wiesen auf die verhängnisvollen Folgen hin. Jesaja schleuderte sein Wehe gegen diejenigen, die im Weinvertilgen Helden sind (5, 22. 11), und Tobit gab seinem Sohn den Rat, Trunkenheit möge nicht mit auf seinem Wege gehen (Tob 4, 15). Als verderbliche Wirkungen werden aufgezählt: Die Trunkenheit läßt den Menschen taumeln und wanken (Ps 107, 27; Spr 23, 34), sie verursacht Übelkeit und Erbrechen (Jes 28, 8; Jer 25, 27), trübt die Augen (Spr 23, 29), bringt Bewußtlosigkeit (Jer 51, 39. 57), weckt Leichtsinn und Spötterei (Hos 7, 5), steigert den Zorn (Sir 31, 30), mindert die Schamhaftigkeit (Kl 4, 21), raubt den Verstand (Hos 4, 11), läßt die Trinker verarmen (Spr 23, 21; 21, 17) und macht die Führer unfähig zur Ausübung ihres Amtes (Spr 31, 4f.). Abschreckend sollen endlich auch die Beispiele der Trunkenheit wirken, die erzählt werden von Noah (Gen 9, 21), Lot (Gen 19, 31–38), Nabal (1 Sam 25, 36–39), David (2 Sam 11, 13), Absalom (2 Sam 13, 28), Ela 1 Kön 16, 9f.), Belsazzar (Dan 5, 2), Holofernes (Judith 12, 20; 13, 4–10) und Simon (1 Makk 16, 15f.).
Die Enthaltung von Wein war etwas Ungewöhnliches. Sie bezog sich zunächst auf Wein, der in irgendeiner Beziehung zum heidnischen Kult stand (Dan 1, 8; vgl. Deut 32, 38). Weiter wird von Daniel berichtet, daß er aus Trauer drei Wochen lang keinen Wein trank (Dan 10, 2f.). Die kultischen Funktionen der Priester sollten nicht durch den Rausch gefährdet werden, deshalb war unter Androhung der Todesstrafe den amtierenden Priestern der Weingenuß verboten (Lev 10, 8–11; Ez 44, 21). Auch der Nasiräer sollte während der Zeit seines Gelübdes auf jede aus Trauben hergestellte Flüssigkeit verzichten (Num 6, 3; vgl. Ri 13 und Am 2, 12). Schließlich tranken

die Rechabiter keinen Wein, weil sie ihre beduinische Lebensweise ohne festes Haus, Getreide- und Weinbau beibehalten wollten (Jer 35, 1–19).

V. Der Wein fand erst Aufnahme in den Kult, nachdem er tägliches Nahrungsmittel geworden war. Vermutlich verwendete man in der Nomaden- und Wüstenzeit Wasser als Trankopfer. Das Weinverbot der Rechabiter dürfte in diese Richtung weisen. Gesetzesstellen, die sich auf den Wein im Kult beziehen, gehören durchweg der priesterschriftlichen Quellenschicht an (Ex 12, 1–20; 29, 38ff.; Num 15, 2; dazu Deut 26, 1–8). Das erste Zeugnis für die Verwendung von Wein bei der Pascha-Feier stammt aus hellenistischer Zeit (Jub 49, 6). Auch das samaritanische Pascha, das den Wein noch nicht kennt, ist ein Argument für die späte Verbindung Wein – Pascha.
Der Terminus *nāsak̠ jajin* bezeichnete sowohl die Darbringung von Trankopfern für fremde Götter (Deut 32, 38) als auch die im JHWH-Kult übliche Weinspende (Ex 29, 40; Lev 23, 13; Num 15, 5. 10; 28, 7. 14; Hos 9, 4). Freilich waren reine Weinopfer, bzw. bloße Weinspendealtäre – mit Ausnahme von Gen 35, 14 – weder im öffentlichen noch im privaten Kult üblich. Der Wein war vielmehr eine Opferbeigabe. Zu jedem Brandopfer gehörte eine genau vorgeschriebene Menge: zum Lammopfer 1/4 Hin Wein; zum Widderopfer 1/3 Hin Wein; zum Stieropfer 1/2 Hin Wein (Num 15, 5–10; 28, 14; Lev 23, 13). Auch das tägliche Morgen- und Abendopfer endete mit einer Weinlibation, ebenso das Abschlußopfer eines Nasiräats. Auf dem Schaubrottisch befanden sich außer den Broten Kannen mit Wein (Num 4, 7), und bei den Opfermahlzeiten durfte der Wein nicht fehlen. Der von Leviten gehütete Opferwein wurde aus Schalen am Fuße des Brandopferaltares ausgegossen (Sir 50, 15) oder über das Opfer gesprengt und mitverbrannt („lieblicher" Geruch: Num 15, 7; Jub 7, 5). Als Trank, den auch die Götter zu sich nehmen, wird der Wein im AT in Ri 9, 13 und Deut 32, 37f. erwähnt. In der Umwelt Israels stellte das Opfer eine tatsächliche Speisung der Gottheit dar (vgl. KTU 1, 14 II, 66–79 u. ä.). In Ez 44, 7, wo JHWH von *laḥmî*, „meine Nahrung, Speise" (vgl. Num 25, 2) spricht, dürfte diese Vorstellung im Hintergrund stehen.

VI. Die Bedeutung des Weines im Leben Israels zeigt sich nicht zuletzt in seiner Bildersprache, in der durch „Wein" freud- und unheilvolle Zustände symbolisiert werden. Die Fülle des Segenswirkens Gottes zeigt sich darin, daß die aus Babylon Geretteten ohne Geld Wein und Milch kaufen können (Jes 55, 1). Der Weisheitslehrer setzt „Wein" mit „Leben" gleich (Sir 34, 27) und den Weingenuß mit der inneren Kraft der Weisheitslehren (Spr 9, 2. 5; Sir 40, 20). Die in der Brust drängenden Gedanken sind wie der junge, gärende Wein, der sich einen Ausweg sucht und selbst neue Schläuche zersprengt (Hi 32, 19); während der auf seinen Hefen liegende Wein das ruhige, vom Weltverkehr abgesonderte Leben Moabs versinnbildet (Jer 48, 11). „Blut trinken wie Wein" bedeutet in Sach 9, 15 den Sieg über die Feinde erringen; in Ps 78, 65f. wird Gott mit einem Helden verglichen, der vom Wein aufsteht. Im HL werden die Liebkosungen des Bräutigams und die Liebe der Braut höher eingeschätzt als der Weingenuß (1, 2. 4; 4, 10; 5, 1; 7, 10). In Deut 32, 33 steht Wein für das Heil oder den Frieden der Völkerwelt. Schließlich wird der kommende paradiesische Äon so fruchtbar sein, daß man seine Kleider in Wein waschen kann (Gen 49, 11), die Berge und Keltern von Most überströmen (Jo 2, 24) und JHWH allen Völkern ein Mahl mit besten Weinen bereitet (Jes 25, 6).
Der Becher mit Wein in der Hand JHWHs ist Bild für Gottes Zorn- und Strafgericht über Israel und andere Völker. Die Sünder müssen diesen Becher austrinken und selbst die Hefe mitschlürfen (Ps 75, 9). Gemäß der Bechervision soll sich Jeremia (25, 15ff. 27) an alle Völker wenden, damit sie trunken werden, hinfallen und nicht wieder aufstehen vor dem Schwert, das JHWH sendet. Auf Veranlassung JHWHs kommt Unheil, Unselbständigkeit über die Völker, weil sie den Wein aus dem goldenen Becher Babel, d. i. der Becher des prachtvollen Babel, getrunken haben (Jer 51, 7; vgl. Sach 12, 2, wo ein ähnliches Bild auf Jerusalem angewandt wird). Gottes Becher trinken bedeutet überhaupt Unglück auf sich laden (Jer 49, 12; Ez 23, 31ff.; Hab 2, 16; Kl 4, 21). Wenn Gott dem Volk Wein zu trinken gibt, legt er ihm etwas Hartes auf (Ps 60, 5) oder vernichtet es gänzlich (Jer 13, 12ff.). – In Qumran begegnet *jajin* nur 4mal, immer in übertragener Bedeutung. In einem Zitat von Deut 32, 33 ist das Drachengift der Wein der Gottlosen (CD 8, 9; 19, 22), allegorisch ausgelegt als der sündige Weg aller Gottfernen (CD 8, 10; 19, 23).

Dommershausen

יכח *jkḥ*

תּוֹכַחַת *tôk̠aḥat̠*, תּוֹכֵחָה *tôk̠eḥāh*

I. Das Verbum – 1. Etymologie, Grundbedeutung – 2. LXX – 3. Forensischer Gebrauch – A. Allgemeines – B. *môk̠îaḥ* als Figur des Rechtsverfahrens – C. *jkḥ* als Ausdruck der jeweiligen Funktion des *môk̠îaḥ* – a) Beschreibend – b) In der Rede – α) Appellation des Beschuldigten – β) Klage – γ) Appellation zur Feststellung – δ) Verteidigung – ε) Urteil – c) Der Vorgang – D. Theologischer Gebrauch – 3. Pädagogischer Gebrauch – a) Allgemeines – b) Der Vorgang – c) Die Reaktion – d) Theologischer Gebrauch – 4. Abgeleiteter Gebrauch – a) Streitgespräch der Weisen – b) Divination – II. Das Nomen – 1. Forensischer Gebrauch – 2. Pädagogischer Gebrauch – III. Qumran.

Lit.: *H. J. Boecker*, Redeformen des Rechtslebens im AT (WMANT 14), ²1970, bes. 45–47. 177. – *F. Büchsel*, ἐλέγχω κτλ (ThWNT II 470–474). – *L. Dürr*, Das Erziehungswesen im AT und im antiken Orient (MVÄG 36, 2, 1932). – *K. Elliger*, Studien zum Habakukkommentar vom Toten Meer (BHTh 1953), 50. – *A. Gamper*, Gott als Richter in Mesopotamien und im AT, Innsbruck 1966. – *B. Gemser*, The Rîb- or Controversy-Pattern in Hebrew Mentality (VTS 3, 1955, 120–137). – *A. Guillaume*, Hebrew and Arabic Lexicography, 1965, I 9. – *F. Horst*, Recht und Religion im Bereich des AT (Gottes Recht, ThB 12, 260–291, bes. 289). – *F. Horst*, Hiob (BK XVI/1, 85f.). – *G. Liedke*, יכח *jkḥ hi* feststellen, was recht ist (THAT I 730–732). – *V. Maag*, Text, Wortschatz und Begriffswelt des Buches Amos, Leiden 1951, 152–154. – *G. Many*, Der Rechtsstreit mit Gott (RIB) im Hiobbuch, Diss. München 1971, 91–100. – *I. L. Seeligmann*, Zur Terminologie für das Gerichtsverfahren im Wortschatz des biblischen Hebräisch (Hebr. Wortforschung, Festschr. W. Baumgartner, VTS 16, 1967, 251–278). – *W. Richter*, Recht und Ethos (StANT 15), 1966, 166–186. – *R. de Vaux*, Das AT und seine Lebensordnungen I, ²1964. – *P. R. Wilson*, An Interpretation of Ezechiel's Dumbness (VT 22, 1972, 91–104, bes. 98–102). – *H. W. Wolff*, Hosea (BK XIV/1, ³1976, 94. 143). – *E. Würthwein*, Der Ursprung der prophetischen Gerichtsrede (ZThK 49, 1952, 1–16).

I. 1. Die Wurzel *jkḥ* findet sich im Hebr. und Jüd.-Aram. Verwandt sind äth. *wakaḥa* und arab. *wakaʿa* sowie die Wurzel *nkḥ* (KBL³ 391f.). Grundbedeutung ist „richtigstellen" (Horst), „zeigen, was recht ist" (Liedke). Belegt sind die Stammformen *niph* (3mal), *hiph* (54mal), *hoph* (1mal) *hitp* (1mal). Das Vorkommen häuft sich bei den Propheten (13mal) und in den Büchern Ps (7mal), Hi (17mal) Spr (10-mal). Von den Nomina ist *tôkeḥāh* 4mal, *tôkaḥaṯ* 24mal belegt.

2. Die LXX übersetzt יכח *niph* je 1mal durch ἀληθεύειν, διελέγχειν und ἔλεγχος. Das *hiph* wird vornehmlich wiedergegeben durch ἐλέγχειν (41mal). Die Doppelübersetzung durch ἐλέγχειν und παιδεύειν spiegelt besonders den vielseitigen Begriffsinhalt von *jāḵaḥ hiph* (vgl. G. Bertram, ThWNT V, 1954, 622). Weitere Übersetzungen sind ἐξελέγχειν (3mal), ἔλεγχος und ἑτοιμάζειν (je 2mal). Je 1mal begegnen διελέγχειν, βλασφημεῖν und ὀνειδίζειν. Das *hoph* wird durch ἐλέγχειν und das *hitp* durch διελέγχειν übersetzt.

3. A. Der forensische Gebrauch hat seinen Ort im Rechtsverfahren, das im Tor (Jes 29, 21; Am 5, 10) stattfindet, und seinen Vorstufen. Dieses „Normalverfahren" erweist sich als Leitbild für die Darstellung anderer Formen der rechtlichen Auseinandersetzung. So begegnet *jkḥ* im Zusammenhang mit der richterlichen Funktion des Königs (Jes 11, 3f.: Hab 1, 12; vgl. J. Jeremias, Kultprophetie und Gerichtsverkündigung in der späten Königszeit Israels, WMANT 35, 1970, 101f.) und bei der Einholung eines Rechtsspruchs bei der Gottheit im Tempel (Jes 2, 4; Mi 4, 3; vgl. Wildberger, BK X/1, 84). Insbesondere stellt E sich in Analogie zum Verfahren im Tor eine auf eine *beriṯ* hinzielende Konfliktregelung der Patriarchenzeit vor, wo der eine Partner den Status eines *ger* hat (Gen 21, 25ff.; 32; ähnlich, doch ohne ausdrückliche Erwähnung der *beriṯ*, Gen 20, 1–17). Es ist nicht unberechtigt, die in den genannten Texten einschlägigen Stellen in die Untersuchung einzubeziehen.

B. Ganz offenkundig bezeichnet das Ptz. *môḵîaḥ* eine das Verfahren tragende Person. In Hi 9, 33 (vgl. Spr 24, 24f.) fällt der *môḵîaḥ* den Spruch, der die Parteien verpflichtet, hat also die Funktion eines Schiedsmannes. Dies wurde von der LXX durch die Parallelisierung von ἐλέγχων mit μεσίτης bes. deutlich nachempfunden. Eine andere Funktion muß er in Am 5, 10 haben. Sieht man mit Wolff (BK XIV/2, 273) und Rudolph (KAT XIII/2, 194) die Stelle im Licht der vv. 7 und 12, so ist ein Bezug auf den Richter ausgeschlossen, da es gerade die Richter sind, die der Rechtsbeugung bezichtigt werden. Aus dem nämlichen Grund kann darum auch in Jes 29, 21 *môḵîaḥ* nur einen meinen, der das Recht einfordert, sei es, indem er klagt (vgl. Ez 3, 26; Hi 40, 2), sei es, indem er seinen Standpunkt verteidigt. Richter bzw. Schlichter und Partei können also gleichermaßen *môḵîaḥ* genannt werden. Derselbe Begriff für verschiedene Funktionen ist kein Zufall, sondern in der Art des Prozesses begründet. Diese Eigentümlichkeit des Verfahrens ist mit schuld daran, daß die modernen Übertragungen oft so merkwürdig unbestimmt bleiben müssen.

C. a) Die finiten Formen können die Funktion des *môḵîaḥ* in der 3. Pers. beschreiben. Wenn die richtende Instanz Subjekt ist, liegt oft ein Parallelismus zu → שפט [*špṭ*] vor, wobei *jkḥ* synonym auf *špṭ* folgt (Jes 2, 4; 11, 3f.; Mi 4, 3; Hab 1, 12). Für das Vorgehen der klagenden Partei wird *jkḥ* in Gen 21, 25 verwendet. Das Wesen des israelitischen Rechtsstreits als Interaktion der Parteien spiegelt sich im Gebrauch des *hitp* (Mi 6, 2) bzw. des *niph* (Hi 23, 7, wo allerdings ein mit Hilfe des Ptz. gebildeter Nominalsatz die 3. Pers. Impf. vertritt).

b) Über diesen allgemein konstatierenden oder erzählenden Gebrauch hinaus sind die finiten Formen Teile der Redeformen, die mit den zuletzt von Boecker herausgearbeiteten Stufen des vorgerichtlichen und gerichtlichen Verfahrens verknüpft sind.

α) In der Appellationsrede des Beschuldigten fordert mit dem Jussiv der 3. Person der Beschuldigte das Gericht auf, ihm zu seinem Recht zu verhelfen (Boecker 44), nachdem er die Anschuldigung zurückgewiesen (Gen 31, 36f.) oder in dem formelhaften Zeterruf *lo' ḥāmās beḵappaj* seine Unschuld hinausgeschrien hat (Hi 16, 17. 21; 1 Chr 12, 18).

β) Der Zeuge, der vor dem Gericht die Anklage erhebt (Ps 50, 7), gibt seine Absicht in der 1. Pers. *'ôḵiḥaḵā ʿal* kund (Ps 50, 8). Ebenfalls in der 1. Pers. schließt er innerhalb der Anklagerede die Aufzählung der die Anklage begründenden Tatbestände ab (Ps 50, 21). Um die Einleitung einer Anklagerede, in der auf den Aufweis der Schuld der Strafvorschlag folgt, handelt es sich auch in der schwierigen

Stelle Hos 4,4 (vgl. die Heilungsvorschläge in den Komm.). Jedenfalls gibt der überlieferte Text zu erkennen, daß die negierten Jussive *'al-jāreb̲ we'al-jôk̲aḥ*, indem sie die Anklage anderer ausdrücklich unterbinden, den eigentlich Betroffenen ihre ganze Wucht spüren lassen. Unbeschadet dessen, wieweit man es für möglich erachtet, in Hi 13 ganze Gerichtsreden wiederzufinden, so ist das Kapitel dennoch mit juristischer Terminologie gefüllt (Horst BK XVI/1, 186). Hiob ist der zu Unrecht Beschuldigte, der seine Unschuld in einem ordentlichen Gerichtsverfahren nachweisen möchte. Davon wird in zwei Gängen gehandelt: in vv. 3–12 und 13–27. Im ersten Abschnitt sucht er sich der Behauptungen seiner Freunde zu erwehren, die sich angemaßt haben, stellvertretend für Gott zu sprechen, im zweiten ist Gott selbst der Beschuldiger, von dem er im Bewußtsein seiner Unschuld zu wissen verlangt, was es nun mit den Anschuldigungen auf sich habe. Die Instanz, an die er sich wendet – hier beide Male Gott – erscheint in der 3. Pers. und ist mit der Präposition *'æl* verbunden (vv. 3.15). Aufschlußreich ist ein Vergleich mit Ps 50. Wie in Ps 50,8.21 wird der Rechtsgegner in der 2. Pers. angesprochen. So liegt es auch nahe, daß in Hi 13,3 wie in Ps 50,8 der Kläger in der 1. Pers. die beabsichtigte Klage ankündigt, allerdings in der Umschreibung *hôk̲eaḥ 'æḥpāṣ* (zum Inf. vgl. BLe 332t. 382). Ps 50,21 entspricht Hi 13,15. Während in Ps 50,16b–20 der Kläger die Anklagepunkte einzeln aufführt und in v. 21 die Anklage noch einmal zusammenfaßt, nennt der Kläger die Punkte, deren man ihn beschuldigt, dem Verb vorausstellend summarisch *darkî*. An die Stelle der anklagenden Darstellung ist die verteidigende Gegendarstellung getreten. Aus dem Gesagten ergibt sich, daß wir in Hi 13,3.15 Elemente einer Klagerede vor uns haben, und zwar in v. 3 die Ankündigung bzw. Einleitung, den Abschluß der Aufzählung in v. 15.

γ) Von der Anklage zu unterscheiden ist die Feststellungsklage (Boecker 68f.), die zum Ziel hat, einen von zwei Standpunkten als richtig erweisen zu lassen. Auch ihr kann eine Appellation vorgeschaltet sein. Im Exhortativ Pl. *niph* wendet man sich an den Kontrahenten, gemeinsam die strittige Sache der entscheidenden Instanz vorzulegen (Jes 1,18).

δ) In der Verteidigungsrede weist der Beschuldigte die Kläger mit einer Frage ab, die mit Nein zu beantworten ist, um dann zur Darstellung seines eigenen Standpunkts überzugehen. Indem sie das Tun des Klägers aufgreift, gebraucht die Frage *jkḥ* in der 2. Pers.; im übrigen besteht für die Formulierung eine gewisse Variationsbreite (Hi 6,25f.; 19,5).

ε) Abimelechs Tat, Sara in seinen Harem geholt zu haben (Gen 20), bleibt objektiv eine *ḥaṭā'āh gedolāh* (v. 9), obwohl er sich selbst als unschuldig betrachtet (vgl. v. 5) und in Abraham den wahren Täter sieht. Zwar hat er durch Gottes besondere Fügung den Beischlaf mit einer verheirateten Frau nicht vollzogen, ein Delikt, das Deut 22,22 mit dem Tode bedroht (vgl. Gen 20,3), geblieben ist jedoch eine Rufschädigung, eine Verletzung von Saras Ehre. Sie wird nach v. 16 geheilt durch die Zahlung einer als „Augendecke" bezeichneten Summe und die Verkündigung von Saras Unschuld durch Abimelech. Die 1000 Sekel sind zwar ihre Wiedergutmachung, ausgehändigt werden sie jedoch Abraham als ihrem *ba'al*, wie auch Deut 22,19.29 die dem Übeltäter auferlegte Geldbuße dem Vater als dem pater familias übergeben wird. Ihre Entrichtung und die dort des weiteren angeführte Regelung *welô tihjæh le'iššāh* (v. 19) kann man sich gut in einem Verfahren vorstellen, das die verletzte Ehre wiederherstellt, wie es Gen 20,16 tut. Der mit *hinneh* eingeleitete Satz und seine Fortsetzung, der mit dem Ptz. *niph* konstruierte Nominalsatz (das Pronomen braucht in diesem Fall nicht gesetzt zu werden; vgl. GKa 116s; die dort noch vorgeschlagene Änderung in die 2. Pers. Perf. ist überflüssig), vertreten in Gen 20 die abschließende Konfliktregelung. Sie bilden den Urteilszuspruch der Schuldlosigkeit, ausgesprochen vom Kontrahenten (Boecker 124).

c) *jkḥ* geschieht durch das Wort (Ps 50,7; Hi 13,3.13), in Argument und Gegenargument (Hi 13,22). Der Ankläger hält dem Beschuldigten seine Verstöße gegen Gesetz und gute Sitte vor. Er hat die Tora Gottes vergessen (Hos 4,5), die insbesondere den Lebensbereich des Nächsten schützt (vgl. Ps 50,18–20 mit Ex 20,14–16; Gen 21,25 mit Lev 5,23 und 19,13; Hi 22,6–9 mit Ex 22,25; Deut 24,6; Ex 22,1f.; Deut 24,17ff.). Charakteristisch für die Klagerede des Beschuldigten, der die Feststellung seiner Unschuld begehrt, ist die Frage nach Art und Umfang der Schuld (Hi 13,23; vgl. Gen 20,9; 31,36; 1 Kön 18,9; Jer 37,18). Der Gefragte muß nach Darstellung des Wandels (Hi 13,15) die Antwort schuldig bleiben. Der abschließende Spruch des Richters bringt das gestörte Verhältnis der Rechtspartner zueinander wieder in Ordnung (Hi 16,21; vgl. Jes 2,4 = Mi 4,3). Er ist Rechtshilfe (Jes 11,4). Daher kann sich zwar der Urteilsspruch der Schuldlosigkeit kurzfassen (Gen 20,16), ein ebenso knapp formulierter anderer Spruch träfe jedoch ins Leere. Vielmehr muß er als Weisung ergehen, die das Leben neu gestaltet (Jes 2,3f.). Wer die Unterwerfung unter das mächtig wirkende Wort verweigert, hat die Konsequenzen zu tragen, da es letztlich seinen Tod bewirkt (Jes 11,4).

D. JHWH (El, Eloah, Elohim) ist die Quelle des Rechts; er ist der höchste Kläger und Richter, nicht nur für sein Volk Israel (Jes 1,18; Mi 6,2; Ps 50,8.21) und für einzelne (Gen 31,42; Hi 13,10; 16,21; 22,4; 1 Chr 12,18), sondern auch für die Völker der Welt (Jes 2,4 = Mi 4,3). Darum begegnet er immer wieder als Subjekt von *jkḥ* oder führt dieses Verbum im Mund (vgl. die oben genannten Stellen). Als Quelle des Rechts ist er letzte Instanz, an die man in der äußersten Not appelliert (Hi 16,21; 1 Chr 12,18). Da er keine Verfahren mit ungewissem Ausgang eröffnet, tendiert die Bedeutung von *jkḥ* oft nach „strafen". Aber nicht nur einzelne

Redeformen werden auf ihn übertragen. Diese Redeformen können darüber hinaus in andere Formen mit einem anderen Sitz im Leben integriert werden. In der prophetischen Gerichtsrede, die durch den Propheten als Mittler erbeten worden sein kann (2 Kön 19, 4; vgl. Jeremias, 141), ruft JHWH sein Volk zur Einsicht. Eine Weiterbildung der prophetischen Gerichtsrede liegt in Ps 50 vor, einem Festpsalm, wo Israel seine Sünden – wahrscheinlich von Leviten (Jeremias 127) – vorgehalten werden.

3. a) Sofern *jkḥ hiph* ein pädagogisches Einwirken bezeichnet, steht es meist mit *jsr/mûsār* (→ יסר) zusammen (Jer 2, 19; Ps 6, 2; 38, 2; 94, 10; Hi 5, 17; Spr 9, 7). Das Objekt wird direkt als Nomen bzw. Suffix (2 Sam 7, 14; Jer 2, 19; Ps 6, 2; 38, 2; 141, 5; Hi 5, 17) oder durch die Präpositionen *b^e* (Spr 30, 6) bzw. *l^e* (Spr 9, 7f.; 15, 12; 19, 25) angeschlossen. Wie aus Spr 9, 8 hervorgeht, ist die unterschiedliche Konstruktion semantisch ohne Bedeutung. Trotzdem fällt auf, daß sich die präpositionale Verbindung außerhalb Spr überhaupt nicht findet, wie umgekehrt der direkte Anschluß in diesem biblischen Buch nur zweimal vorkommt; den durch *'eṯ* verbundenen Relativsatz wird man wohl den Präpositionalanschlüssen zuzurechnen haben. Mehr als eine stilistische Besonderheit läßt sich aber daraus nicht ablesen, zumal auch kein Zusammenhang zwischen der Verbalform und der Konstruktion des Objekts erkennbar ist. Als Passiv dient das *hoph*. So gebraucht gehört *jkḥ* zum Sprachschatz der Weisheit. Seinen Sitz hat es vornehmlich in der Sentenz, in der die festgestellte Erfahrung ausgesprochen wird. Höchst selten wird sie als berufsbezogene Lehre in der Form eines Rats weitergegeben (vgl. Spr 9, 8 mit 9, 7) oder als liturgischer Bittruf bei Krankheit und Not (Ps 6, 2; 38, 2). Auch in 2 Sam 7, 14; Jer 2, 19, wo das Wort im Prophetenmund als Verheißung bzw. Drohung erscheint, wird die Erfahrung des Zusammenhangs von Schuld und Strafe spürbar.

b) *jkḥ* gehört zum Beruf des Vaters, des natürlichen Erziehers seiner Söhne (2 Sam 7, 14; Spr 3, 12) und des Lehrers (Ps 94, 10), in aller Regel also des Weisen, dessen Umgang man sucht (Spr 15, 12; 25, 12; vgl. 13, 20; 15, 31). Obgleich ein solches Tun ein Merkmal von Liebe und Zuneigung darstellt (Spr 3, 12; Hi 5, 17), ist es bar jeder Nachsicht. Die Worte treffen hart (Spr 28, 23), nicht minder als die Prügel, die ihre Wirkung unterstützen sollen. Der Stock ist das Zuchtmittel (2 Sam 7, 14; Ps 141, 5), und selbst dort, wo er als solches bei dem zu Korrigierenden versagt, ist er immer noch zu empfehlen, da sein Gebrauch durch die Anschauung auf den unerfahrenen Dritten den heilsamen Einfluß nicht verfehlen wird (Spr 19, 25; vgl. dazu W. McKane, Proverbs, 1970, 525f.). Auslösendes Moment des *jkḥ* ist ein falsches Handeln des Schülers, das Verfehlen eines Gebots (*'wh hiph;* 2 Sam 7, 14), dessen Art Spr 30, 6 erschließt, ein Mahnwort, das in seiner ursprünglichen Form, wie sie z. B. die ägyptische „Lehre des Ptahhotep“ (aus der Zeit des Mittleren Reichs, 2150–1750 v. Chr.) überliefert (ANET[3] 434), den Schüler dazu anhielt, jede aufgetragene Botschaft wortgetreu auszurichten (andere Deutung bei S. Morenz, Äg. Religion, 1960, 235f.); dagegen hat die biblische Fassung möglicherweise den Schreiber heiliger Texte im Blick, deren Unveränderbarkeit ihm eingeschärft werden soll (vgl. Deut 4, 2; 13, 1). Wiewohl konkret, ist die Verfehlung dennoch typisch, so daß verhindert werden muß, daß sie für den Adressaten habituell wird. Dieser Satz gilt auch dann, wenn sich die Situation aus einem bestimmten soziologischen Ort in einen weiteren Bereich verlagert. In Jer 2, 18f. besteht die Verfehlung darin, statt auf JHWH sein Vertrauen auf trügerische politische Koalitionen zu setzen. Im Vorgang des *jkḥ* selbst wird die Verfehlung aufgedeckt und mit Namen genannt. Um was für einen harten Angriff auf den Selbstwert der Person es dabei geht, zeigt der Schluß des oben zitierten Verses, Spr 30, 6: „und du dich als verlogen erweist“. Die disziplinierende Strenge, die den Täter bloßstellt, ist nicht zu übersehen. Doch hätte man damit erst die eine Seite beschrieben. Die andere Seite ist der sich daraus ergebende Zuwachs an *da'aṯ* (→ ידע [*jāda'*]), Erkenntnis und Einsicht (Jer 2, 19; Ps 94, 10; Spr 19, 25) in die Ordnung, die den Lauf der Welt bestimmt, in den Zusammenhang von Tat und Folge. Was Israel und Juda 721 bzw. 701 über sich ergehen lassen mußten, ist die Konsequenz des Abfalls von JHWH (Jer 2, 19).

c) Gegenüber dem Akt des *jkḥ* sind zwei Verhaltensweisen festzustellen: Man unterwirft sich gern (*'āhaḇ*) oder lehnt ihn haßerfüllt ab (*śāne'* Spr 9, 8). Die Verhaltensweisen sind nun grundsätzlich unüberwindbar. Wie die Erfahrung lehrt, gehören sie zur Person des „Spötters“ (*leṣ* [→ ליץ]; Spr 9, 7; 15, 12; 19, 25) oder des „Frevlers“ *rāšā'* [→ רשע]; Spr 9, 7) bzw. des „Weisen“ (Spr 9, 8) oder „Verständigen“ (*nāḇôn* [→ בין]; Spr 19, 25). In seiner Unbelehrbarkeit blitzt das Wesen des *leṣ* auf (Spr 13, 1; vgl. noch 23, 9; 27, 22), während freudiger Lerneifer den *ḥāḵām/nāḇôn* kennzeichnet (Spr 1, 5; 14, 6; 19, 25; 21, 11). Daher ergeht an den Lehrer der Rat, sich dieser Erfahrung entsprechend einzurichten und den Spötter gar nicht erst zurechtzuweisen, sondern sein Bemühen gleich dem *ḥāḵām* zuzuwenden (Spr 9, 8). Als ideal zu preisen ist das Verhältnis zwischen Schüler und Lehrer, wenn letzterer mit seinen mahnenden Worten auf ein offenes Ohr trifft: „Ein goldener Ring, ein kostbares Kleinod – ein weiser Mahner dem hörenden Ohr“ (Spr 25, 12).

d) Daß JHWH als Subjekt zu *jkḥ* erscheint, ist ein Sonderfall eines umfassenderen Prozesses, nämlich der „Theologisierung“ der Weisheit, für die wir oben in Spr 30, 6 schon ein beredtes Beispiel gesehen haben. JHWH verhält sich zu den Menschen wie der Vater zum Sohn (Spr 3, 12) und ist der Weisheitslehrer, der die Erkenntnis vermittelt (Ps 94, 10). Die aus der Liebe fließende Zurechtweisung erfolgt durch Krankheit oder sonst verhängtes Unheil, das selbst die Rolle des Subjekts übernehmen kann (Jer 2, 19).

Folglich lassen sich umgekehrt Krankheit und Not als Konsequenz falschen Handelns, als JHWHs zurechtrückendes Eingreifen deuten (Hi 5, 17f.; 33, 19; ganz besonders Ps 38). Dann sind sie keine endgültigen Strafen, sondern eröffnen die Möglichkeit eines neuen Anfangs (Hi 5, 18), die durch das öffentliche fröhliche Bekenntnis der Schuld realisiert wird (Hi 33, 27–29; vgl. Ps 38, 19). Diese „theologisierte" Weisheit lieferte dann auch der zweiten Schicht der Nathanweissagung (L. Rost, Die Überlieferung von der Thronnachfolge Davids, BWANT III/6, 1926, 65) das Deuteschema, das die Geschichte erträglich macht (2 Sam 7, 14).

4. a) Im Streitgespräch der Weisen bezeichnet *jkḥ* das argumentative Zurechtrücken des vom Partner vertretenen Standpunkts. Für eine solche Rede gilt ein gewisser Formzwang, soll sie der Gegner als Widerlegung akzeptieren (Hi 15, 3; 32, 12).

b) Ein einziges Mal drückt *jkḥ* auch die Bekundung des göttlichen Willens im Orakel aus, der am Eintreffen eines vorher festgelegten Zeichens erkannt wird (vgl. P. van Imschoot, BL, 1968[2], s. v. Orakel). Die erfragte Person erscheint als nahes Objekt des Verbs, so daß sich die Übersetzung „festlegen, bestimmen" ergibt (Gen 24, 14. 44).

II. 1. Alle Merkmale, die wir für Bedeutung und Gebrauch des Verbs festgestellt haben, treffen auch für die vom *hiph* abgeleiteten (GKa 85 p; BLe 61 n) Nomina *tôkaḥaṯ* und *tôkeḥāh* zu. Im forensischen Gebrauch ist *tôkaḥaṯ* die Parteirede (Hab 2, 1; Ps 38, 15; Hi 13, 6; 23, 4). Im Munde Gottes ist sie der Strafe wirkende Urteilsspruch, durch den sich das Gericht vollzieht (Ez 5, 15; 25, 17). Auf letztere Verwendung beschränkt sich auch die nur viermal (2 Kön 19, 3 = Jes 37, 3; Hos 5, 9; Ps 149, 7) vorkommende Form *tôkeḥāh*.

2. *tôkaḥaṯ*, oft neben *mûsār* genannt (Spr 3, 11; 5, 12; 6, 23; 10, 17; 12, 1; 13, 18; 15, 5. 10. 32), ist im pädagogischen Gebrauch „Zurechtweisung, Rüge, Tadel, Warnung" und läßt sich gattungsmäßig als Droh- und Scheltrede bestimmen (Spr 1, 23. 25. 30; 5, 12; vgl. Ch. Kayatz, Studien zu Proverbien 1–9, WMANT 22, 1966, 119ff.; 61f.), die der Lehrer an den Schüler richtet (Spr 5, 13). Den Worten Nachdruck verleiht der Stock (Spr 29, 15). Folgen der Ablehnung, die mit „nicht wollen" (*lo' 'āḇāh* Spr 1, 25), „verschmähen" (*nā'aṣ* Spr 1, 30; 5, 12), „sich ekeln" (*qûṣ* Spr 3, 11), „verlassen" (*'āzaḇ* Spr 10, 17), „hassen" (*śāne'* Spr 12, 1; 15, 10), „halsstarrig sein" (*hiqšāh 'oræp* Spr 29, 1) ausgedrückt wird, sind Dummheit (Spr 12, 1), Irrtum (Spr 10, 17), Unglück (Spr 5, 9–12) und Tod (Spr 15, 10), während Zukehr (*šûḇ* Spr 1, 23), Bewahren (*šāmar* Spr 13, 18; 15, 5), Hören (*šāma'* Spr 15, 13), die den Gehorsam beschreiben, Weisheit (Spr 29, 15), den Geist der Weisheit (Spr 1, 23), Klugheit (Spr 15, 5. 32), Ehre (Spr 13, 18) und Leben (Spr 6, 23; 15, 31) spenden. *tôkaḥaṯ* ist wahre Liebe (Spr 27, 5). Gottes *tôkaḥaṯ* vernimmt der Beter in schwerer Krankheit (Ps 39, 12; 73, 14).

III.* Das Verb *jākaḥ* begegnet in Qumran mindestens 18mal, fast ausschließlich im *hiph* in der Bedeutung „zurechtweisen", das Substantiv *tôkaḥaṯ* begegnet 9mal. Sein Bedeutungsspielraum reicht von der „Zurechtweisung" unter Zeugen im Sinne einer correctio fraterna (1QS 6, 1) über „strafende Zurechtweisung" als Gerichtshandeln Gottes (1QH 7, 29; 9, 24. 33; 12, 31) bis zur Folterung, „Züchtigung" (und Hinrichtung?) des Lehrers der Gerechtigkeit durch den „Mann der Lüge" (1QpHab 5, 10). Umgekehrt wird in der Endzeit der Qumran-Essener zum vergeltenden Werkzeug Gottes, wenn er in seinem Auftrag die „Züchtigung" (= strafende Ausrottung) der Frevler übernimmt (1QpHab 5, 4). Vgl. H. J. Fabry, Die Wurzel *šûḇ* in der Qumran-Literatur, BBB 46, 1975, 166. (*Fabry*)

G. Mayer

יָכֹל *jāḵol*

I. 1. Etymologie, Belege, LXX – 2. Bedeutung. – II. Belege im Phön. und Aram. – III. At.liche Verwendung – 1. von Menschen – 2. von Gott – 3. ohne Inf. – 4. Jakob am Jabbok – 5. Qumran.

Lit.: *W. Grundmann*, δύναμαι (ThWNT II 286–318). – Zu Gen 32: *R. Coote*, The Meaning of the Name Israel (HThR 65, 1972, 137–142). – *O. Eißfeldt*, Non dimittam te, nisi benedixeris mihi (Mélanges A. Robert, Paris 1957, 77–81 = KlSchr 3, 1966, 412–416). – *K. Elliger*, Der Jakobskampf am Jabbok (ZThK 48, 1951, 1–31 = ThB 32, 1966, 141–173). – *S. Gevirtz*, Jacob at the Ford (Gen. 32, 23–33) (HUCA 46, 1975, 50–53). – *H. J. Hermisson*, Jakobs Kampf am Jabbok (Gen. 32, 23–33) (ZThK 71, 1974, 239–261). – *J. L. McKenzie*, Jakob at Peniel: Gn 32, 24–32 (CBQ 25, 1963, 71–76). – *F. van Trigt*, La signification de la lutte de Jacob près du Yabboq (OTS 12, 1958, 280–309). – Zu Hos 12: *P. R. Ackroyd*, Hosea and Jacob (VT 13, 1963, 245–259). – *F. Diedrich*, Die Anspielungen auf die Jakob-Tradition in Hosea 12, 1 – 13, 3 (FzB 27, 1977). – *M. Gertner*, An Attempt at an Interpretation of Hosea XII (VT 10, 1960, 272–284). – *E. M. Good*, Hosea and the Jacob Tradition (VT 16, 1966, 137–151). – *W. L. Holladay*, Chiasmus, the Key to Hosea XII 3–6 (VT 16, 1966, 53–64). – *J. Vollmer*, Geschichtliche Rückblicke und Motive in der Prophetie des Amos, Hosea und Jesaja (BZAW 119, 1971, 105–115).

I. Das Verb erscheint im Nordwestsemit. vermutlich (nach der meist angenommenen Deutung) schon im Phön. von Karatepe (KAI 26; ca. 720 v. Chr.), ferner im äg., bibl. und nabat. Aram. und im Aram. von Qumran, Targum und Talmud. Als Wurzelbasis ist wohl *kl* anzunehmen, die entweder mit *j* oder einem eingefügten *h* (aram-*khl*) erweitert wurde. Im hebr. AT erscheint das Verb 193mal, in Sir 4mal und in

Qumran 8mal, im Bibl.-Aram. 12mal, immer im *qal*. Von der LXX wird es meistens mit δύναμαι und Derivaten, einigemal auch mit ἰσχύω und ποιέω und Derivaten übersetzt.
2. Die weithin meistbelegte Bedeutung ist 'können', 'vermögen', 'gelingen' (mit GesB[17], BDB und Zorell, gegen KBL[2.3]); davon 'dürfen', ferner 'überlegen sein', 'siegen', 'fassen', 'ertragen', 'aushalten (können)'. Die letzten drei bilden nach Köhler und Elliger die Hauptbedeutung, was allerdings, angesichts ihres seltenen Vorkommens, kaum der Fall sein dürfte.

II. 1. Im Phön. begegnet uns der Satz *wbjmtj 'nk 'št tkl hdj dl* ... (KAI 26 II 5), „Zu meinen (des berichtenden Königs) Zeiten konnte eine Frau ...“; die restlichen Worte sind nach KAI unübersetzlich, doch vgl. jüngstens E. Lipiński, Rivista degli Studi Fenici 2, 1974, 48: „In my days a woman was able to rejoice in spinning the spindle“, also das Bild eines friedlichen Landes. Eine verschiedene Einteilung der Konsonanten, bei der *jkl* nicht vorkommt, und deswegen eine andere Übersetzung, finden wir bei A. van den Branden, Melto Nr. 1, 1965, 44f.
2. Im Aram. des AT, von Hermopolis, Qumran, Talmud und Targum erscheint das Verb oft und ist manchmal mit dem sinnverwandten *khl* identisch. Auch hier ist seine Bedeutung meistens 'können', 'vermögen'; einmal, Dan 7, 21, hat es den Sinn 'überlegen sein', 'siegen'.
3. Einen juristisch-spezialisierten Sinn hat das Verb im Aram. von Elephantine: mit der Negation heißt es 'auf das Recht verzichten, vor Gericht etwas zu unternehmen' (Vogt: non habere jus ...), vgl. den Verzicht, vor Gericht zu gehen, BMAP 3, 12; den Kontrakt für die Abtretung eines Hauses, BMAP 10, 15, und den Ehekontrakt AP 15, 31.

III. 1.* Im Hebr. des AT wird *jāḵol* meist mit Inf. cstr. (ohne oder meist mit *l^e*) konstruiert; auffallenderweise ist *jāḵol* dabei in der Mehrzahl der Fällen negiert oder auf andere Weise als unsicher dargestellt (Bedingungssatz Gen 15, 5; 1 Sam 17, 9; Jes 47, 12; Frage 2 Chr 32, 13f.; Ps 78, 19f.; mit *'ûlaj*, 'vielleicht' Num 22, 11; Irrealis Jer 13, 23; jedoch positiv Ex 18, 23; 1 Kön 3, 9). So heißt es z. B. „sie konnten (vermochten) nicht mit [den Feinden] (zu) kämpfen (*hillāḥem*)“, 2 Kön 16, 5; Jes 7, 1 (vgl. 1 Sam 17, 9 mit *'im*; Num 22, 11 mit *'ûlaj*); „sie konnten/können ihnen nicht widerstehen“, Ri 2, 14 (*'āmaḏ*), Jos 7, 12f. (*qûm*); vgl. Ps 18, 39; 36, 13, wo *qûm* eher 'aufstehen' bedeutet); „sie konnten sie nicht vertreiben“, Deut 7, 17; Jos 15, 63; „er konnte nicht sehen“ (o. ä.) (= war blind Gen 48, 10; 1 Sam 4, 15; 1 Kön 14, 4; weil es dunkel war 1 Sam 3, 2; vgl. auch Ps 40, 13 als Beschreibung des Leidens als Folge der Sünde). Mose kann nicht allein „das Volk tragen“ (Num 11, 14; Deut 1, 9), wegen hohen Alters konnte er nicht mehr „aus- und eingehen“ (Deut 31, 2). Man wird die Abkommen Abrahams nicht zählen können (Gen 13, 16; vgl. 15, 5, in beiden Fällen Bedingungssätze). Jephtha kann sein Wort nicht rückgängig machen (Ri 11, 35). Der König von Assyrien prahlt, niemand könne aus seiner Hand retten (2 Kön 18, 29 = Jes 36, 14; par. 2 Chr 32, 13–15 ausführlicher, hier können sogar Götter nicht retten). Die Frevler sind wie ein Meer, das nicht ruhig sein kann (Jes 57, 20; Jer 49, 23). Oft wird die Machtlosigkeit des Menschen vor Gott hervorgehoben: als Gott gehandelt hat, können Laban und Betuel nichts tun (Gen 24, 50). David kann sein verstorbenes Kind nicht zurückholen (1 Sam 12, 23). Hiob kann nicht vor der Hoheit Gottes [bestehen] (Hi 31, 23, ohne Inf.). Bileam kann nichts reden, was ihm nicht von Gott eingegeben wird (Num 22, 18. 37. 38). Vgl. auch „Wer kann vor JHWH bestehen“ (1 Sam 6, 20; die Antwort ist: niemand). Besonders im Buch des Predigers wird dies Unvermögen des Menschen betont: Der Mensch kann nicht gerade machen, was Gott krumm gemacht hat (Pred 7, 13; vgl. 1, 15). „Alles Ding müht sich ab; kein Mensch vermag es zu sagen“ (1, 8). Der Mensch kann nicht das Tun Gottes ergründen (8, 17), und deshalb auch nicht mit ihm rechten(6, 10). Babylon kann das drohende Unheil nicht abwenden (*kpr pi*, Jes 47, 11; par. *lo' teḏ^e'î šaḥ^arāh*). Die Götzen Babylons „vermögen die Last nicht zu retten“ (Jes 46, 2). Gold kann nicht retten am Tage des Zorns JHWHs (Ez 7, 19; Zeph 1, 18).
Ein anderer Aspekt des Nicht-Könnens ist vorhanden, wenn Tradition oder Sitte etwas verbietet. Die Söhne Jakobs können nicht ihre Schwester Dina einem Unbeschnittenen als Frau geben (Gen 34, 14). Die Ägypter können oder dürfen nicht mit Hebräern zusammen essen (Gen 43, 32). Die anderen Israeliten können infolge eines Eides ihre Töchter nicht einem Mann aus Benjamin geben (Ri 21, 19). Der *go'el* (→ גאל) Ruths kann das Feld von Naemi nicht lösen, weil er dadurch seinen eigenen Erbbesitz schädigen würde (Ruth 4, 6). In weiterer Spezialisierung wird *jāḵol* zum juristischen Terminus = 'dürfen': Deut 17, 15 „du darfst nicht einen Ausländer ... über dich (als König) setzen“; Deut 21, 16 (ein Mann, der zwei Frauen hat) „darf nicht dem Sohne der geliebten Frau das Recht des Erstgeborenen zusprechen“; 22, 3 „du darfst dich nicht (deiner Pflicht, deinem Nächsten Verlorenes zurückgeben) entziehen“; 22, 19 „er soll sie als Weib behalten und darf sie sein Leben lang nicht verstoßen“; 22, 29 „er darf sie nicht verstoßen“. Vgl. das kultische Gebot Deut 12, 17: man darf die Zehnten des Korns, des Weins und des Öls nicht in den Ortschaften essen, sondern nur vor JHWH am Heiligtum.
Kultische Verbote werden mit negiertem *jāḵol* ausgedrückt: Die Israeliten dürfen nicht auf den Berg Sinai steigen (Ex 19, 23); man darf das Passah nicht in den Ortschaften des Landes schlachten (Deut 16, 5); ein Unreiner darf das Passah nicht halten (Num 9, 6); Josua sagt, das Volk könne JHWH nicht dienen, weil er ein heiliger und eifersüchtiger Gott sei, der ihre Sünden nicht vergeben werde (Jos 24, 19);

Mose kann oder darf nicht das Gesicht Gottes sehen (Ex 33, 20); Mose konnte nicht in das *'ohæl mô'ed̲* hineingehen, „weil die Wolke darauf lagerte und die *kāb̲ôd̲* JHWHs die Wohnung erfüllte (Ex 40, 35), vgl. 1 Kön 8, 11; die Priester konnten wegen der Wolke nicht hintreten, ihres Amtes zu walten, weil der *kāb̲ôd̲* JHWHs den Tempel erfüllte (= 2 Chr 5, 14, vgl. 7, 2). (*Ri.*)

2. Theologisch gesehen wäre der allmächtige Gott Israels derjenige, für den das Verb vorzugsweise gebraucht werden sollte; dies ist aber verhältnismäßig selten der Fall und geschieht oft in einer negativen Formulierung, vgl. Num 14, 16; Deut 9, 28; Jer 18, 6; 20, 7 und 44, 22; Hab 1, 13; Hi 42, 2; Ps 78, 19–20 und 2 Chr 32, 14. In den beiden Pentateuchstellen vertritt Mose in seinem Gebet die These, nach der die Völker an Gottes Allmacht zweifeln könnten, wenn Israel das ihm gelobte Land nicht erhalten und in der Wüste untergehen würde. In der dritten Jeremiastelle und bei Habakuk vermag Gott die Laster des Gottesvolkes nicht zu sehen bzw. zu ertragen, so rein sind nach Habakuk seine Augen. In den beiden Psalmenstellen und ähnlich in 2 Chr wird Gott als Subjekt einer lasterhaften Rede zitiert, in der wiederum an seiner Allmacht gezweifelt wird. Nur dreimal erscheint *jāk̲ol* mit Gott als Subjekt in einem positiven Zusammenhang: Jer 18, 6 wird seine Allmacht durch das Bild des Töpfers, der mit dem Lehm verfahren kann, wie er will, hervorgehoben; Jer 20, 7 verführt und besiegt er den Propheten; nach Hi 42, 2 vermag Gott alles; nichts ist ihm verwehrt.

Im aram. Buch Daniel ist Gott 4mal Subjekt von *jkl*: 3, 17. 29; 4, 34 und 6, 21. Und dort wo Engel und Menschen Subjekt sind (6mal), geschieht dies um hervorzuheben, daß sie ohne Gott, um so mehr gegen ihn nichts vermögen, vgl. 2, 10. 27. 47; 4, 15; 6, 15; 7, 21. Auch Daniel gelingt es nur mit Gottes Hilfe, Träume zu deuten, 5, 16 (Q). Der häufige Gebrauch des sonst selten belegten *jkl* mit Gott als Subjekt im Danielbuch ist somit charakteristisch für dieses Buch.

3.* Ohne Inf. steht *jāk̲ol* teils in der Bedeutung 'fassen', 'ertragen', teils mit dem Sinn 'überlegen sein, siegen'. Die erstere Bedeutung liegt vor in Jes 1, 13: Gott kann nicht „Frevel und Feiertag" ertragen; Ps 101, 5: Gott kann den Stolzen und Hochmütigen nicht ertragen (par. *ṣmt hiph*); nach Hos 8, 5 können die Israeliten von sich aus nicht rein werden (mit *niqqājôn* als Obj.); Jer 38, 5 „der König vermochte nichts gegen sie"; und das oben genannte Hi 42, 2 (*kol*).

Die Bedeutung 'siegen' findet sich in den folgenden Beispielen: Gen 30, 8 (Rachel bei der Namengebung von Naphthali: „Einen Gotteskampf habe ich mit meiner Schwester gekämpft und habe obsiegt"); Gen 32, 26 und Hos 12, 5 (Jakob am Jabbok, s. u.); Jer 20, 7 (s. o.); Jes 16, 12 („wenn Moab in sein Heiligtum kommt zu beten, 'richtet er nichts aus'"); Ps 21, 12 („Wenn sie Böses anzetteln ..., sie führen es nicht aus"); Ps 13, 5 (der Feind sagt: „Ich habe ihn überwältigt"); Num 13, 30 (Kaleb redet dem Volke Mut ein: „Wir werden sie überwältigen"); Ri 16, 5 („wie wir [Simson] überwinden können"); Jer 1, 19 („sie werden dich nicht überwältigen"); Jer 20, 10 („vielleicht läßt er sich betören, daß wir ihn überwältigen", vgl. v. 11 „meine Verfolger werden nichts vermögen"); Jer 38, 22 (die nach Babel weggeführten Frauen klagen: „Verführt [*hissîtû*], überwältigt haben dich [den König von Israel] deine Vertrauten"); Ob 7 („betrogen [*nš' hiph*], überwältigt haben dich [Edom] deine Freunde"); Ps 129, 2 (die Feinde haben „mich bedrängt, aber nicht überwältigt"); Esth 6, 13 (Haman vermag nichts gegen Mordochai). (*Ri.*)

4. Einmal finden wir nicht unmittelbar Gott, sondern einen rätselhaften „Menschen" als Subjekt von *jkl* in der dem J zugewiesenen Erzählung Gen 32, 23–33. Gen 32, 26 hat der Mensch Jakob nicht überwunden, was durch die volkstümliche Etymologie (v. 29) des neuen Namens Jakobs (→ ישׂראל [*jiśrā'el*]) bestätigt wird. Hos 12, 4b–5 wird der „Mensch" erst als *'ᵉlohîm*, 'Gott', dann als → מלאך (*mal'āk̲*), 'Bote', 'Engel' bezeichnet, wohl der älteste Identifizierungsversuch des „Menschen"; man beachte aber die verschiedene Präpositionen (*'et̲* und *'æl*) und die anderen Verben: *śārāh* und *śārar* (oder *śwr*? dann müßte man aber *wajjāśar* lesen), vgl. die Vorschläge in der genannten Literatur. Mit den durch das zweite Verb gebotenen Schwierigkeiten brauchen wir uns hier nicht zu befassen (→*jiśrā'el*). Während nun der Text im v. 26 ganz klar ist: „Als der Mensch merkte, daß er ihn nicht besiegen konnte, berührte er seinen Oberschenkel mit der Hand ...", ist v. 29 reich an Schwierigkeiten. Die übliche Übersetzung lautet: „... denn du hast mit Gott (Göttern) und Menschen gestritten und hast sie besiegt!".

Eine zweite Übersetzung müßte man jedoch in Betracht ziehen: „... denn du hast mit Gott (Göttern) gestritten – ja, Menschen hast du besiegt!" (nach Coote; lies dann aber *wᵉ'im* mit *waw* asseverativum. Das am Ende des Satzes stehende Verb mit *waw* consecutivum ist allerdings eigentümlich). Eine weitere Möglichkeit wäre, „mit Menschen" zu streichen, was aber eine lectio facilior ergibt.

Immerhin ist der Sinn unseres Verbs in diesem Zusammenhang klar: einmal hat ein Mensch gegen ein göttliches Wesen gekämpft und gesiegt. Dabei ist es für uns hier unerheblich, ob es sich um eine Form des (→ אל [*'el*] so Eißfeldt) oder ein sonstiges, göttliches Wesen gehandelt habe (so schon Hosea). Wichtig bleibt hingegen die Tatsache, daß, obwohl Jakob eigentlich den Endsieg nicht davonträgt, er den anderen dennoch z. T. zu seinem Willen zu zwingen vermag. Eine solche Tatsache konnte freilich später nicht ohne weiteres wiedergegeben werden: das göttliche Wesen wird zum „Menschen" im J, und bei Hosea, der der Urfassung am nächsten stehen dürfte, ist die ganze Episode ein weiteres Zeichen für die Schuld Jakobs, die sich in der des späteren Israel fortsetzte.

5.* In Qumran begegnet *jkl* ca. 10mal und findet sich – soweit die Texte intakt sind – nur in negierter Form vor. Es steht in Aussagen über die Anthropologie der Qumranessener. Von sich aus ist der Mensch „nicht befähigt" *jkl*, gleich welche nähere Tätigkeit damit verbunden wird (Gottes Herrlichkeit erfassen 1 QS 11, 20; seine Wunder erzählen 1 QH 11, 24; vor ihm bestehen 1 QH 7, 29; seine eigenen Schritte lenken 1 QH 15, 13. 14. 21). *lw' jkl* wird zum Terminus für das kreatürliche Unvermögen des Menschen. *(Fabry)*

Soggin

יָלַד *jālaḏ*

יֶלֶד *jælæḏ*, **יַלְדָּה** *jaldāh*, **יַלְדוּת** *jal^{e}dûṯ*, **יָלִיד** *jālîḏ*, **תּוֹלְדוֹת** *tôl^{e}ḏôṯ*

1. Etymologie, Vorkommen, Bedeutung – 2. Geburt und Nachkommenschaft als Thema at.licher Theologie – 3. Genealogien, Toledot – 4. Gott als Subjekt von *jld* – 5. Zu *jælæḏ* und *jālîḏ* – 6. Übertragener Sprachgebrauch – 7. Qumran.

Lit.: *F. Büchsel*, γεννάω κτλ., ThWNT I 669–674. – *M. David*, Die Adoption im altbabylonischen Recht, Leipziger rechtswissenschaftliche Studien 23, 1927. – *G. R. Driver – J. C. Miles*, The Babylonian Laws I, Oxford ^{2}1956. – *H. Donner*, Adoption oder Legitimation? Erwägungen zur Adoption im Alten Testament auf dem Hintergrund der altorientalischen Rechte (OrAnt 8, 1969, 87–119). – *K. Galling*, Goliath und seine Rüstung (VTS 15, 1966, 150–169). – *P. Humbert*, Yahvé dieu géniteur (Asiatische Studien 18/19, 1966, 247–251). – *B. Jacob*, Der Pentateuch. Exegetisch-kritische Forschungen, 1905. – *E. Jenni*, Das hebräische Piʿel. Syntaktisch-semasiologische Untersuchung einer Verbalform im Alten Testament, Zürich 1968. – *F. Kühlewein*, ילד *jld*, gebären, THAT I 732–736. – *Th. Lescow*, Das Geburtsmotiv in den messianischen Weissagungen bei Jesaja und Micha (ZAW 79, 1967, 172–207). – *E. Lipiński*, Le récit de 1 Rois XII 1–19 à la lumière de l'ancien usage de l'hébreu et des nouveaux textes de Mari (VT 24, 1974, 430–437). – *E. C. B. Maclaurin*, ANAK/'ANAΞ (VT 15, 1965, 468–474). – *A. Malamat*, Organs of Statecraft in the Israelite Monarchy (BA 28, 1965, 34–65). – *Ders.*, Kingship and Council in Israel and Sumer (JNES 22, 1963, 247–253). – *P. D. Miller*, Yeled in the Song of Lamech (JBL 85, 1966, 477f.). – *G. Sauer*, Bemerkungen zu den 1965 edierten ugaritischen Texten (ZDMG 116, 1966, 235–241). – *J. Scharbert*, Der Sinn der Toledot-Formel in der Priesterschrift (Festschr. W. Eichrodt AThANT 59, 1970, 45–56). – *R. de Vaux*, Das A.T. und seine Lebensordnungen I, 1960. – *P. Wernberg-Møller*, The Contribution of the Hodayot to Biblical Textual Criticism (Textus IV, 1964, 133–175). – *F. Willesen*, The Yālīd in Hebrew Society (StTh 12, 1958, 192–210). – *P. Weimar*, Die Toledot-Formel in der priesterschriftlichen Geschichtsdarstellung (BZ N.F. 18, 1974, 65–93).

1. Die Basis **wld* (akk. *walādu* neben jüngerem *alādu*, arab. äth. *walada*) ist in den semit. Sprachen, meist als *jld* (syr. *īleḏ*), reich bezeugt (KBL^{3}). Die Grundbedeutung „(Kinder) hervorbringen" ist überall gegeben, ihre Abwandlung in den entsprechenden Stammformen des Verbums weithin von gleicher Art.

Im AT ist das Verbum (unter Einschluß des Ptz. *pi*) 492mal belegt, am häufigsten im *qal* und *hiph*, wobei die relativ meisten Belege auf Gen und Chr entfallen; sie finden sich vor allem in den Genealogien und in den Patriarchengeschichten der Gen. Im einzelnen ergibt sich nach THAT I, 732f. folgende Statistik: Belege für das Verbum: Gen 170, 1 Chr 117, Jes 23, Jer 22, Ex und Hi 15, Ruth 14. Davon stehen im *qal* 237 Belege (Gen 90, 1 Chr 26, Jer 17, Jes 15), im *niph* 38 (1 Chr 10, Gen 7), im *pi* 10 (Ex 8, Gen 2), im *pu* 27 (Gen 11), im *hiph* 176 (1 Chr 80, Gen 59, Rut 9, Jes 6), im *hoph* 3 (Gen 40, 20; Ez 16, 4. 5) im *hitp* 1 (Num 1, 18).

Von *jld* abgeleitet sind die Nomina *wālāḏ* 'Kind' (Gen 11, 30), *jælæḏ* 'Kind, Knabe' (89mal), *jaldāh* 'Mädchen' (3mal), *jal^{e}dûṯ* 'Jugend' (3mal), *jillôḏ* 'geboren' (5mal), *jālîḏ* 'Sohn' (13mal), *leḏāh* 'Geburt' (4mal), *môlæḏæṯ* 'Nachkommenschaft, Verwandtschaft' (22mal), *tôl^{e}ḏôṯ* 'Nachkommen, Generation' (39mal), die Personennamen *'^{a}ḥîlûḏ* (2 Sam 8, 16 u. ö.: Vater Josaphats) und *môlîḏ* (1 Chr 2, 29), die Ortsnamen *môlāḏāh* (Jos 15, 26 u. ö.) und *tôlāḏ* (1 Chr 4, 29), bzw. *'æltôlaḏ* (Jos 15, 30; 19, 4; Nötscher in Driver-Festschr. 35f.: „Ort des Bittens um ein Kind"). – In den Qumranschriften sind belegt: *jālaḏ* (6mal), *jālûḏ* (5mal), *leḏāh* (1 QH 3, 7, vgl. Jer 13, 21), *môlāḏîm* (4mal), *tôl^{e}ḏôṯ* (8mal). – Die LXX übersetzt (nach der Häufigkeit der Äquivalente geordnet): *jālaḏ qal* τίκτειν, γεννᾶν, γί(γ)νεσθαι, γεννητός (γυναικός), τέκνα ποιεῖν, τεκνοποιεῖν, παιδίον, τοκετός μήτηρ, *niph* τίκτειν, γεννᾶν pass., γίγνεσθαι, ἀπόγονος εἶναι, γέννησις, γεννητός, *pu* ἀπόγονος γεννᾶν, τίκτειν pass., γί(γ)νεσθαι, *hiph* γεννᾶν, γί(γ)νεσθαι, (ἐκ)τίκτειν, τεκνοποιεῖν, *hoph* τίκτειν pass., γένεσος, *hitp* ἐπαξονεῖν (ἐπισκέπτειν) κατὰ γένεσιν. *jælæḏ* παῖς, υἱός, παιδίον, παιδάριον, τέκνον, νεανίας, νεανίσκος, ἄρσ(ρ)ην, νεώτερος, ν(ε)οσσός. *jaldāh* παῖς, παιδίσκη, κοράσιον. *jillôḏ* γεννᾶν, τίκτειν. *jālîḏ* υἱός, ἔκ(γ)γονος, γενεά, + *bêṯ* οἰκογενής. *leḏāh* τόκος, τίκτειν. *jaldûṯ* (ἐκ)-γεννᾶν, νεότης. *môlæḏæṯ* γί(γ)νεσθαι, + *'æræṣ* πατρίς, γένεσις, γενεά, συγγένεια, + *bêṯ* ἐνδογενής, + *'āḇîḵā* ὁμοπάτριος, φυλή, *tôl^{e}ḏôṯ* γένεσις, συγγένεια, γενεά.

Gemäß der Grundbedeutung der Basis 'hervorbringen' wird das *qal* in Genealogien (Gen, 1 Chr), aber auch Spr 17, 21; 23, 22. 24 vom Mann ausgesagt, wo es den Sinn 'erzeugen' hat. Da jedoch für 'erzeugen' das kausative *hiph* zur Verfügung stand, wird das *qal* mit der Bedeutung 'gebären' für die Frau reserviert, wie Jer 30, 6 wohl nahelegt. Subj. von *jld* sind auch Tiere (Gen 30, 39; 31, 8; Jer 14, 5; Ez 31, 6; Hi 39, 1. 2; Jer 17, 11 das Rebhuhn, das Eier legt), worin ein Stück gegebener Gemeinsamkeit des Lebendigen (der Menschen und Tiere) zum Ausdruck kommt. *qal* und *hiph* werden auch im übertragenen Sinn verwendet. *niph* und *pu* übernehmen die Funktion eines Passivs zum *qal* 'geboren werden'. In der Wendung „dem (*l*[e]) A. wurde N. geboren" steht beim *niph* Gen 4, 18; 21, 5; Num 26, 60 *'et* vor dem Namen des Sohnes, wohl ein Zeichen unpersönlicher Konstruktion (KBL[3] 97b), durch die Vater- und Sohnschaft betont wird. Im *pi* 'Geburtshilfe leisten' (Ex 1, 16, s. Jenni 210f.) wird das Ptz. zur Berufsbezeichnung 'Hebamme' (Ex 1, 15). Vom *hoph* ist nur der Inf. in der Wendung „Tag der Geburt" bezeugt, das *hitp* hat die Bedeutung „sich in die Familienverzeichnisse eintragen und damit anerkennen lassen" (KBL[3]).

2. Die Zeit der Väter steht für Israel unter den Leitmotiven Land und Nachkommen, die in den Pentateuchschichten jeweils unterschiedlich stark akzentuiert werden. Während J das Landthema betont, steht für E das Volk im Vordergrund. Der Jehowist, dem nach neuesten Forschungen ein beträchtlicher Teil der vorpriesterlichen Gen-Texte gehört, gestaltet die überkommenen Vätererzählungen zur Familiengeschichte der Patriarchen aus, wobei Zeugung und Geburt wesentliche und tragende Elemente sind. In diesen beiden Vorgängen sind sicherlich schon für J die Exponenten verwandter landsuchender Stämme, Abraham, Isaak und Jakob/Israel zur heilsgeschichtlichen Linie verbunden, die über die 12 Jakobsöhne zum Volk Israel läuft. In ihnen erfüllt sich die göttliche Nachkommenschaftsverheißung, die zusammen mit der Landverheißung auch von P und anderen späten Schichten ausgebaut wird. Die göttliche Zusage für (zahlreiche) Nachkommen, die sich in deren Geburt realisiert, dürfte ein Erbe aus der nomadischen Vorgeschichte Israels sein, wie die Patriarchenerzählungen bezeugen. Sie ist nicht auf den Lebensraum der Halbnomaden beschränkt. In der ugaritischen Keret-Legende erhält König Keret, der Frauen und Kinder verloren und sich dann nach Els Anweisung eine Gemahlin erworben hat, die Zusage Els: „Sie wird dir 7 Söhne gebären" (KTU 1, 15 II, 23), „sie wird dir eine Tochter gebären" (III, 7ff.). Die Verheißung erfüllt sich.

* Daneben begegnet *jld* in Ugarit noch ca. 40mal in der Bedeutung „gebären", im Kausativ „zeugen" (WUS Nr. 1166; UT Nr. 1097) und bezieht sich sowohl auf die Götterwelt ('Anat gebiert dem Ba'al einen Stier, KTU 1. 10 III, 21; die Frauen Els gebären liebliche Götter KTU 1. 23, 58ff.) als auch auf die Menschenwelt (dem Keret wird ein Sohn geboren KTU 1. 14 III, 43; ebenso dem Danel KTU 1. 17 II, 14). *(Bo.)*

Neben der Geburt des Stammvaters (Isaak: Gen 21; Ismael: Gen 16; Jakob und Esau: Gen 25, 19–26; die Söhne Jakobs: Gen 29f.) wird verschiedentlich auch die des Retters (Mose: Ex 2, 1–10; Simson: Ri 13; Samuel: 1 Sam 1) besonders hervorgehoben und auf JHWHs Wirken zurückgeführt. Auch der Retter aus der davidischen Dynastie (Jes 9, 5f.) und der Sohn der *'almāh* (Jes 7, 14) werden auf das Wort und Handeln Gottes hin geboren. So lenkt Gott die Geschichte des Volkes im Werden und Fortbestehen. Zugleich wird dabei am Geschick des einzelnen deutlich, daß letzten Endes Gott Leben schenkt. Zwar werden im AT Zeugung und Geburt nüchtern als rein menschliche Aktivitäten gesehen, im Gegensatz etwa zu der göttlichen Erzeugung des Königs, wie sie die altorientalische Königsideologie beschreibt (vgl. u. 4.). Aber man ist sich dessen bewußt, daß die Geburt eines Menschen auch Hulderweis und Gabe Gottes ist. P wertet sie als Auswirkung göttlichen Segens (Gen 1, 28; 5, 1–3). In den vorpriesterlichen Schichten wird diese Vorstellung auf zweifache Weise zum Ausdruck gebracht: in den Namensdeutungen und im Motiv von der unfruchtbaren Ahnfrau. Eva sagt: „Ich habe einen Sohn erworben mit Hilfe JHWHs" (Gen 4, 1); „Gott hat mir einen anderen Sproß gegeben für Abel" (4, 25). Jakobs Frauen wollen mit der Namengebung kundtun, daß JHWH das Elend angesehen, erhört, daß Gott Recht verschafft, Lohn und reiche Gabe gegeben und die Schmach weggenommen habe (29, 31–30, 24). Die unfruchtbare Ahnfrau Sara (Gen 16, 1) und Rachel (30, 1–7. 22–24) – Unfruchtbarkeit ist eine Schmach (30, 23) oder auch göttliche Strafe (20, 17f.) – gebiert nur, wenn JHWH sein wirksames Wort ergehen läßt oder Gott ihrer gedenkt. Bei einer solchen Geburt wird Gottes Wirken augenfällig erfahren: sie ist ein heilsgeschichtliches Ereignis. In diesem Sinn versteht auch das dtr Werk die Geburt Simsons (Ri 13, 2f.) und Samuels (1 Sam 1, 5. 17), vgl. Lk 1, 7. 13. Hierbei erhält die Formel „sie wurde schwanger und gebar den X." (Gen 4, 1 u. ö.) eine besondere Bedeutung (Ri 13, 3–7; 1 Sam 2, 21); sie nimmt in der Erfüllung göttlicher Zusage (Gen 21, 2; 2 Kön 4, 17) und abgewandelt in der Verheißung (Gen 16, 11; Jes 7, 14) einen zentralen Platz ein, vgl. auch Lk 1, 31.

* Hos 1, 2 soll der Prophet eine Dirne zum Weibe nehmen und mit ihr *jalḏê z*[e]*nûnîm* zeugen, weil Israel von JHWH weghurt und Ba'al anhängt. Die Namen der Kinder 'Jesreel', 'Ohne Erbarmen' und 'Nicht mein Volk' (1, 4. 6. 9) charakterisieren realsymbolisch Israels Schuld und JHWHs Gericht. – In einem Tiefpunkt seiner prophetischen Wirksamkeit verflucht Jeremia seine eigene Geburt (15, 10; 20, 14; vgl. Hi 3, 3). *(Bo.)*

3. Am häufigsten steht *jld* mit verschiedenen Stammformen (*qal*, *hiph*, *niph*, *pu*) in den Genealogien, die sich in Gen und 1 Chr häufen. In P wird für 'zeugen' das *hiph*, im Material vor P, das wohl frühestens durch den Jehowisten eingebracht ist, auch das *qal* verwendet. Aus dem unterschiedlichen Sprachgebrauch kann nicht abgeleitet werden, daß das *hiph*

„den wirklichen leiblichen Vater und Erzeuger bezeichnen", das *qal* aber „eine Bürgschaft für wirkliche Vaterschaft und Legitimität nicht leisten will oder kann" (Jacob). Das *hiph* scheint in der vertikalen Genealogie, die vom Vater über den Sohn, den Enkel usw. führt, bevorzugt zu werden (Gen 5; Ruth 4, 18–22), das *qal* in der horizontalen, die alle Nachkommen eines Stammvaters zu erfassen sucht (vgl. Gen 10; 22, 20–24). Diese sind in ihrer Struktur nach dem vorliegenden Text Mischformen, die z. T. pass. eröffnet werden („dem A. wurde B. geboren", Gen 4, 18; 10, 1 u. ö.), die Nachkommen aufzählen („die Söhne des C. sind:" Gen 10, 22f. u. ö.) und auch die Stammütter einbeziehen („D. gebar E.", Gen 22, 20ff. u. ö.); sie sind geeignet, die Verwandtschaft von Stämmen und Sippen auszusagen. Die vertikale Genealogie führt die Linie vom Stammvater zu dem wichtigen Nachkommen (Gen 5; 6, 10; 11, 10–27). Beide Arten sind eine Möglichkeit, Geschichte darzustellen, namentlich wenn sog. Erweiterungen, erzählende Elemente eingestreut sind. Es fragt sich, ob sie „Pflanzstätten von Erzählungen" waren, die aus ihnen herausgewachsen sind (Westermann, BK I, 17) oder ob nicht alte Stoffe mit Hilfe überlieferter genealogischer Notizen zusammengebunden wurden. – *tôl^ed̲ôt̲* 'Erzeugungen' wird von P, verbunden mit Genealogien, im Sinn von „Stammesgeschichte" als Struktursignal der sich auf das Volk Israels hin verengenden Heilsgeschichte eingesetzt: Gehäuft in der Schöpfungs- und Jakobsgeschichte sagt die Formel *'ellæh tôl^ed̲ôt̲*, daß beide unter dem Segen Gottes stehen, der sich in Fruchtbarkeit und Mehrung äußert (Weimar 92f.). Gen 2, 4a will besagen: „So steht es also mit der 'Stammesgeschichte' ... von Himmel und Erde, nachdem diese geschaffen waren"; „'der Himmel und die Erde' sind sozusagen als der Ahnvater anzusehen, und die *tôl^ed̲ôt̲* sind die Geschöpfe, die daraus während des Heptaemerons gebildet werden". Damit ist eine Theogonie oder göttliche Kosmogonie im Erschaffen als Zeugen und Gebären abgelehnt und die Verwandtschaft aller Geschöpfe betont (Scharbert, Toledot-Formel 53–56).

4. Götterzeugungen und -geburten, wie sie etwa die ugar. Mythologie, z. T. ausführlich und derb (bes. in KTU 1. 28, aber auch in Ba'altexten: KTU 1. 5 V 22; 1.15 III 5 und in der Nikkal-Hymne KTU 1.24, 5) beschrieben werden, sind der JHWH-Religion fremd: JHWH hat nach dem AT weder Gemahlin noch Kinder. Die wenigen Stellen (Deut 32, [15]. 18 Ps 2, 7; Ps 110, 3 [LXX]), in denen Gott als Subjekt von *jld* erscheint, sind bildlich auf mythologischem Hintergrund zu verstehen (Humbert 250). Zeichen dafür ist, daß Deut 32, 18 als Subj. *ṣûr* 'Fels' (vgl. auch Jer 2, 27 zu dieser Vorstellung) gewählt ist, Ps 2, 7 JHWH in der Situation der Inthronisation des Königs spricht: „Ich habe dich *heute* gezeugt" und im MT Ps 110, 3 *jaldut̲æk̲ā* „deine Jugend" punktiert ist, womit das mythische Bild entschärft wird. Der König ist nicht physischer Sohn JHWHs, auch nicht formal adoptiert von ihm (→ בן *ben*). Seine bes. Beziehung und Legitimation durch Gott (Donner 113f.) wird mit Anspielung auf das Formelgut der Adoption, die das AT weder in Bericht, noch in Gesetz, noch in Vertrag bezeugt, ausgesagt: „mein Sohn bist du" (Ps 2, 7, vgl. 2 Sam 7, 14; Ps 89, 27); „ich gebe dir Völker zum Erbe, zu deinem Besitz die Grenzen der Erde" (Ps 2, 8; siehe dazu CH § 4f. und die bei M. David zitierten Verträge).

* Dagegen meint H. J. Boecker, ZAW 86, 1974, 86–89, bes. 89, daß Ps 2, 7 wie auch 2 Sam 7, 14 vom Institut der Adoption sprechen. Gerade weil dieses Institut im AT sonst nicht belegt ist, erregt die Aussage Ps 2, 7, in der Gott den davidischen König zu seinem Sohn erklärt und ihn damit in sein Amt einsetzt durch die Benutzung der ungewöhnlichen Rechtsform in atl. Ohren besondere Aufmerksamkeit. *(Bo.)*

Noch weniger denkt das AT an eine physische Abstammung des Menschen allgemein von Gott. Jes. 66, 9 (*jld hiph*) besagt nur, daß JHWH „gebären läßt", den Mutterschoß öffnet, ebenso wohl in 1 QSa 2, 11; doch siehe DJD I 117, J. Maier, Die Texte vom Toten Meer II, München/Basel 1960, 158. Und Gen 5, 3 in Verbindung mit 1, 26 macht deutlich, daß die anerschaffene „Gottebenbildlichkeit" durch menschliche Zeugung weitergegeben wird, vgl. EnEl I, 15f. (AOT^2 109).

5. Die *j^elād̲îm*, deren Rat Rehabeam (1 Kön 12, 1–19) folgt, sind nicht Kinder, sondern – so die LXX (σύντροφοι) – die mit ihm aufgewachsenen Gefährten oder vielleicht auch eine den „Ältesten (Israels)" gegenüberstehende Institution, die aus den königlichen Prinzen gebildet wurde (Malamat). Auch Gen 4, 23 könnten junge Männer, Krieger, gemeint sein. Theologisch bedeutsam ist, daß Jer 31, 20 Ephraim JHWHs Lieblingskind genannt wird und daß Esr 10, 1; Neh 12, 43 auch Frauen und Kinder zur Gemeinde JHWHs gehören.

Der *j^elîd̲ bajit̲* ist wie im Babyl. ([*w*]*ilid bîtim*, vgl. Driver – Miles, 222) der „hausgeborene Sklave", der nach Gen 17 beschnitten werden mußte. Diese Gruppe von Abhängigen („Leibeigenen") konnte besondere Aufgaben, z. B. Kriegsdienste (Gen 14, 14) übernehmen. Eine solche „Truppe" sind wohl die „Söhne Enaks" (Num 13, 22. 28; Jos 15, 14, vgl. Deut 9, 2) und die „Söhne Rafas" (2 Sam 21, 16. 18). Jer 2, 14 verneint, daß Israel ein Sklave oder hausgeborener Knecht gegenüber JHWH sei, also nicht voll von ihm umsorgt und beschützt werde.

6. Bisweilen dringt in bildlichem Sinn die Grundbedeutung 'hervorbringen' durch: Frevler gebären Lüge (Ps 7, 15), Unrecht und Trug (Job 15, 35), Unbeständiges („Stroh" Jes 33, 11). Auf den sprichwörtlich großen Schmerz der „Gebärenden" wird im Vergleich (Jes 13, 8; Jer 22, 25; Mi 4, 9f. u. ö.; 1 QH 3, 7. 11; 5, 31) verwiesen. Wenn schließlich die Stadt Jerusalem (Zion) gebiert (Jes 51, 18; 66, 7), verbin-

den sich über das Volk, das gemeint ist und sich durch Gottes Gnade mehrt, Bild und Wirklichkeit.

* 7. In Qumran begegnen *jld* ca. 16mal, *jlwd* 5mal (4mal in 1QH) und *twldwt* 8mal (4mal in 1QS). Während sich *jld* in wechselnden Zusammenhängen vorfindet (Kinder zeugen CD 7, 7; 19, 3; Werfen des Viehs am Sabbat CD 11, 13; Gott zeugt den Messias 1 QSa 2, 11; Wehen des Gebärens als Kennzeichen der Endzeit 1QH 5, 31), ist *jlwd* zur Wendung *jlwd 'šh* „der vom Weib Geborene" verfestigt und bezeichnet den Menschen in seiner kreatürlichen Anfälligkeit und Ohnmacht (vgl. Jes Sir 10, 18 γεννήματα γυναικῶν und im NT: Mt 11, 11 γεννητοὶ γυναικῶν). *twldwt* meint vornehmlich die Geschlechter der Menschen (1QS 3, 13; 4, 15), die Geschlechter Israels (CD 4, 5) oder die Geschlechter der Qumranessener (1QM 3, 14; 5, 1; 10, 14). Im allgemeineren Sinne kann es aber auch „Ursprung" (der Wahrheit oder des Frevels 1QS 3, 19) bedeuten. (*Bo.*)

Schreiner

ילל *jll*

יְלֵל *j^elel*, יְלָלָה *j^elālāh*

I. 1. Etymologie, Umwelt – 2. Bedeutung, Belege – II. Ursprüngliche Verwendung – 1. Wehklagen angesichts von Todesfällen und Katastrophen – 2. Wehklagen zur Vorbereitung eines Volksbittags – III. Prophetische Verwendung – 1. Gerichtsverkündigung gegenüber fremden Völkern – 2. Gerichtsverkündigung gegenüber dem eigenen Volk.

Lit.: *A. Baumann*, Urrolle und Fasttag (ZAW 80, 1968, 350–373). – *H. H. Heidland*, ὀλολύζω (ThWNT V 174). – *H. Jahnow*, Das hebräische Leichenlied im Rahmen der Völkerdichtung (BZAW 36, 1923, 2–57). – *W. Janzen*, Mourning Cry and Woe Oracle (BZAW 125, 1972, 89f.). – *E. Peterson* , ἀλαλάζω (ThWNT I 228). – *M. Sæbø*, Sacharja 9–14. Untersuchung von Text und Form (WMANT 34, 1969, 229–233). – *H. Wildberger*, Jesaja (BK X/2, 514). – *H. W. Wolff*, Der Aufruf zur Volksklage (ZAW 76, 1964, 48–56).

I. 1. Die Wurzel *jll* kommt – als Verb wie als Nomen – in verschiedenen semitischen Sprachen (aram., syr., mand.) vor. Eng verwandt sind auch arab. *walwala*, amh. *wailawa*, 'schreien' (vgl. *waile* 'wehe!', *walale* 'Schmerzensschrei'). Ein neupunischer Beleg ist unsicher (KAI 161, 2). Im Akk. finden sich keine direkten Entsprechungen (das von KBL³ dafür beigebrachte *alālu* 'Arbeitsruf, -lied' und seine Derivate gehören zu → הלל II[*hll*]). Auch im Ugar. fehlt eine Entsprechung. Die Ähnlichkeit von griech. ὀλολύζω bzw. ἀλαλάζω (vgl. lat. *ululo*) braucht nicht unbedingt auf Verwandtschaft zu beruhen. Sie geht vor allem wohl auf den oft vermuteten lautmalerischen Charakter der Wurzel zurück. Von daher wird sich auch die Ähnlichkeit mit → הלל *hll* II erklären: wenn dieses ursprünglich ein jubelndes Trillern bezeichnet, so hat man es bei *jll* genau entgegengesetzt mit einem gellenden, heulenden Schreien zu tun. – Das Verb ist 30mal belegt (immer *hiph*); *j^elel* findet sich 1mal, *j^elālāh* 5mal.

2. *jll* wird meist mit 'jammern, heulen, wehklagen' übersetzt. Diese Wiedergabe erscheint im Blick auf den abgeschliffeneren späteren Sprachgebrauch der nachbiblischen Zeit – für die mhebr. wie für die gleichzeitigen syr. und aram. Belege – angemessen. Für die biblische Zeit muß aber noch schärfer herausgestellt werden, daß es sich um ein außerordentliches Phänomen handelt: ein unartikuliertes, markerschütterndes, gellendes Geheul, wie es im Zusammenhang urtümlicher Totenklage (Jahnow 40) und angesichts plötzlich hereinbrechender Katastrophen auftreten kann.

In den gleichen semantischen Bereich führt die – nach KBL³ zu erschließende – verwandte Wurzel *'ll* II bzw. die dazugehörende Interjektion *'al^elaj* 'wehe mir!' (die sich ähnlich auch in amh. *'allē*, akk. *allū* und äg.aram. *alla/ī* findet) und die dazugehörende Wurzel *'lh* II (falls der einzige Beleg Jo 1, 8 nicht als eine Form von *jll* zu emendieren ist, vgl. H. W. Wolff z. St.).

Im Wortfeld von *jll* finden sich vor allem: → זעק (*z'q*) (z. B. Jes 14, 31; 15, 3f.; Jer 25, 34; 47, 2; 48, 20. 31; Ez 21, 17; Hos 7, 14; *z^e'āqāh* Jes 15, 8), mit der Variante *ṣ'q* (z. B. Jes 65, 14; *ṣ^e'āqāh* Jer 25, 36; 49, 3; Zeph 1, 10), → ספד (*spd*) (z. B. Jer 4, 8; 49, 3; Jo 1, 13; Mi 1, 8; *mispēḏ* Mi 1, 8), → אבל (*'bl*) (z. B. Jo 1, 11; Mi 1, 8) und andere Bezeichnungen für Trauerbräuche, wie Tragen des *śaq*, der Trauerglatze, Bestreuen mit Asche. Als Anlaß und Begründung für das Klagegeheul werden genannt: → שדד (*šdd*) (z. B. Jes 23, 1. 14; Jer 25, 36; 48, 20; 49, 3; Jo 1, 11; Sach 11, 2f.) und ähnliche, Verwüstung und Zerstörung beschreibende Wörter. Hierdurch wird der oben umschriebene Verwendungsbereich bestätigt. – Als Gegensatz von *jll* erscheint in Jes 65, 14 *rnn*.

Der einzige Beleg für *j^elel*, Deut 32, 10, fällt nach Form und Inhalt ganz aus dem Rahmen der übrigen Belege der Wurzel heraus und bietet überhaupt große Schwierigkeiten für das Verständnis. Es handelt sich jedenfalls um eine Beschreibung der Schauerlichkeit der Wüste. Die verschiedenen angebotenen Übersetzungen ('Gehörshalluzinationen', 'Geheul wilder Tiere') können nicht wirklich befriedigen; mit der Möglichkeit einer Textverderbnis muß gerechnet werden. Die Belege für *j^elālāh* bewegen sich jedoch sämtlich im gleichen semantischen Bereich wie die verbalen Belege, was noch dadurch unterstrichen wird, daß *j^elālāh* durchweg in unmittelbarer Nachbarschaft von Verbformen von *jll* auftritt (Vgl. Jes 15, 8 mit 15, 2f.; Jer 25, 36 mit 25, 34; Zeph 1, 10 mit 1, 11; Sach 11, 3 mit 11, 2).

Von den Belegen für das Verb *jll* ist Jes 52, 5 zu streichen (mit KBL^3 ist es als Form von *hll* III zu erklären); dafür ist Jo 1, 8 vermutlich hinzuzufügen (wie in 1, 5. 11. 13 ist auch hier *hêlîlû* als ursprünglicher Text anzunehmen, s. o.). Die gelegentlich erwogene Heranziehung von *w^{e}tôlālênû* in Ps 137, 3 als weiteren Beleg ist abzulehnen.
In LXX werden *jll* und Derivate vorwiegend mit ὀλολύζω (18mal) bzw. ὀλολυγμός (2mal) übersetzt (durchweg in Jes; Jer 48, 20. 31; Ez 21, 17; Hos 7, 14; Am 8, 3; Sach 11, 2), 5mal mit ἀλαλάζω (Jer 4, 8; 25, 34; 47, 2; 49, 3) bzw. mit ἀλαλαγμός (Jer 25, 36), 7mal mit θρηνῶ (Jer 51, 8; Jo 1, 5. (8). 11. 13; Mi 1, 8; Zeph 1, 11; Sach 11, 3). Die oben beschriebene Bedeutung bestätigt sich vor allem auch dadurch, daß in Ez 30, 2 *jll* mit dem Klageruf ὦ, ὦ wiedergegeben ist. 'Ολολύζω wird fast ausschließlich zur Übersetzung von *jll* verwendet, während ἀλαλάζω (vor allem *rwʿ hiph*) und noch mehr θρηνῶ (vor allem für *qjn pil*) einen weiteren Übersetzungsspielraum haben.

II. 1. Nach dem Vorangegangenen wäre zu erwarten, daß *jll/j^{e}lālāh* vorwiegend im Zusammenhang mit Totenklagen verwendet wird. Auffälligerweise begegnet die Wurzel aber durchweg in prophetischen Texten (wenn man von dem wahrscheinlich nicht hierhergehörenden einzigen Beleg für *j^{e}lel* in Deut 32, 10 absieht, s. o. I. 2.). Gerade bei den wenigen Berichten von Trauer um einzelne Verstorbene fehlt *jll* völlig. Auch in den prophetischen Büchern begegnet *jll* nirgends in solchem Zusammenhang. Dieser Tatbestand fordert eine Erklärung, die angesichts des Mangels an direkten Aussagen darüber nur Vermutung sein kann. Es scheint sich bei *jll* aber wohl nicht um ein allgemein für Totenklage übliches Wort zu handeln; es muß mit ihm eine besondere Bewandtnis haben.
Es ist immer wieder beobachtet worden, daß das AT in bezug auf Trauerbräuche sich weit stärker zurückhält als die Umwelt. Dahinter steht ein theologischer Vorbehalt gegen viele Erscheinungsformen des Totenkults. Nun begegnet *jll* in Hos 7, 14 in einem Zusammenhang, in dem es als Ausdruck götzendienerischer Praxis erscheint, von der sich Israel fernhalten soll. Dies könnte erklären, warum *jll* nicht bei den Berichten von einzelnen Todesfällen, die sich im AT finden, begegnet.
Es scheint aber noch ein weiterer Umstand hinzuzukommen: Auch im späteren Judentum, das den Totenbräuchen der Umwelt unbefangener gegenübertritt, wird in diesem Zusammenhang kaum von der Wurzel *jll* Gebrauch gemacht. In den prophetischen Büchern begegnet die Wurzel durchweg in Zusammenhängen, wo es um große Katastrophen geht, die ein ganzes Land oder Volk betreffen, sei es ein fremdes oder das eigene. Ist das vielleicht charakteristisch für *jll*, daß es erst auftritt, wenn die ganze Gemeinschaft betroffen ist, nicht nur einzelne? Dann wäre es niemals Bestandteil der normalen Totenklage gewesen, sondern immer Ausdruck der Betroffenheit angesichts eines alle Vorstellung übersteigenden, alle in Mitleidenschaft ziehenden katastrophalen Geschehens. *jll* wäre dann auch seiner Verwendung nach ein Wort für das Außerordentliche, für die höchste Steigerung der Klage, das Klagegeheul.
2. Diese Außergewöhnlichkeit des Klagegeheuls würde *jll* eine besondere Signalfunktion für den Katastrophenfall verleihen. In solchen Situationen galt es, das ganze Volk, die ganze betroffene Gemeinschaft so schnell wie möglich zusammenzuholen, um gemeinsam den letzten Versuch zu machen, die Hilfe der Gottheit zu erwirken und so eine Wendung herbeizuführen. (Für solche Versammlungen in Juda hat sich die Bezeichnung „Volksklagefeier" eingebürgert; da es sich aber nicht nur darum handelt, die vorhandene Notlage zu beklagen, sondern vor allem darum, eine Wendung zu erbitten, wäre die Bezeichnung „Volksbittag" vorzuziehen; sie wird im folgenden verwendet.)
H. W. Wolff hat zuerst darauf hingewiesen, daß es für die Eröffnungsphase eines solchen Volksbittags geprägte Redeformen gab; sie sind uns zwar durch die prophetischen Bücher überliefert, müssen aber ursprünglich auch abgesehen von prophetischer Tätigkeit verfügbar gewesen sein. Im Rahmen dieses „Aufrufs zur Volksklage" spielt die Wurzel *jll* eine entscheidende Rolle: Sie begegnet in 8 von 11 Texten, die Wolff seiner Bestimmung dieser Gattung zugrundegelegt hat (Jes 14, 31; 23, 1–14; Jer 25, 34; 49, 3; Ez 21, 17; Jo 1, 5–14; Zeph 1, 11; Sach 11, 2; nur in Jes 32, 11–14; Jer 6, 26 und bezeichnenderweise in 2 Sam 1, 24 – wo es sich um eine einzelne Totenklage handelt – fehlt *jll*), und in 4 von 8 Texten, die er als unvollständige Beispiele heranzog (Jes 13, 6; Jer 4, 8; 51, 8; Ez 30, 2f.; *jll* fehlt in Jer 7, 29; 22, 10. 20 und – wieder eine Einzelklage – in 2 Sam 3, 31). *jll* gehört also zu den regelmäßigsten Bestandteilen des „Aufrufs zur Volksklage".
Wolff hat – von dem Stichwort „Volksklage" ausgehend – die Gattung daraufhin untersucht, ob sie insgesamt Elemente der Totenklage enthält. Das ist in der Tat der Fall, wie er überzeugend nachgewiesen hat. Aber es geht doch nicht nur um Trauer über das Unglück oder um den Ausdruck des Schmerzes darüber. Es geht bei dem „Aufruf zur Volksklage" vor allem auch um eine Signalwirkung im Blick auf die sich anbahnende „Volksklagefeier".
Die beabsichtigte Signalwirkung zeigt sich etwa in der dem „Aufruf zur Volksklage" fast regelmäßig beigefügten Begründung (eingeleitet mit *kî*) für das Anstimmen des Klagegeheuls. Auch das Zerreißen der Kleider, das Anlegen des *śaq*, das Bestreuen des Kopfes mit Asche u. dgl. mußte auf jeden noch nicht Informierten wie ein optisches Signal wirken. Vor allem werden aber die akustischen Signale ihre Wirkung nicht verfehlt haben, das Weinen, Schreien, Anstimmen der Klage (*spd*). Das markerschütternde, gellende Wehklagen, die *j^{e}lālāh*, wird aber die allgemeine Aufmerksamkeit besonders schnell erregt ha-

ben, vielleicht gefolgt vom Klang des *šôpār*, der in Jer 4, 5; Jo 2, 1; Zeph 1, 16 in enger Verbindung mit *jll* begegnet.
Man wird sich den Ablauf etwa so vorzustellen haben, daß zunächst der Anlaß, die Katastrophe, durch irgendeinen Umstand als drohend oder bereits hereingebrochen erkannt wurde. Darauf werden einzelne begonnen haben, zu klagen und die Trauerbräuche zu üben. Andere wurden dadurch aufmerksam. Auf ihre Nachfrage werden sie die erwähnte Begründung mitgeteilt bekommen haben, in kurzen, abgehackten Sätzen, die entweder auf die schon eingetretene (oft mit *šdd* ausgedrückt, vgl. Jes 23, 1. 14; Jer 25, 26; 48, 20; 49, 3; Sach 11, 3) oder noch kommende (oft ausgedrückt mit Formen von *bw'* (z. B. Jes 13, 6; 14, 31; 23, 1) Katastrophe verweisen. Als Folge davon wird das Volk sich an seinem Heiligtum oder einem anderen geeigneten Ort versammelt haben. In diesem Zusammenhang ist die Beobachtung Wolffs von Interesse, daß der Aufruf *hêlîlû*, 'heult', meist bestimmte Personengruppen anspricht. Das paßt durchaus zu der Situation in der Eröffnungsphase eines Volksbittags: Es kann in der Regel nicht sofort das ganze Volk angesprochen werden, sondern nur der Teil davon, der zunächst in die Ausbreitung der Katastrophenmeldung (die identisch ist mit dem Aufruf zum Volksbittag) eingeschaltet werden kann oder soll. Das ist deutlich in Jo 1 vorausgesetzt, wo zunächst v. 5 die schlafenden Weintrinker aufgeschreckt werden, v. 8. eine (im jetzigen Text wahrscheinlich durch Textverderbnis ausgefallene, vgl. die Komm.) andere Gruppe, v. 11 die Weingärtner und v. 13 die Priester. In Zeph 1, 10 f. ist der gleiche Tatbestand durch die Nennung verschiedener Örtlichkeiten Jerusalems angedeutet.
Aus dem Ausgeführten wird deutlich, daß *jll* einen wesentlichen Verwendungsbereich im „Aufruf zur Volksklage" hat. Es läßt sich wahrscheinlich machen, daß auch die meisten der von Wolff nicht herangezogenen Belege hier ihren ursprünglichen „Sitz im Leben" haben. Das gilt vor allem auch für die Belege für *jelālāh* in Jes 15, 8; Jer 25, 36; Zeph 1, 10; Sach 11, 3; aber auch die verbalen Belege in Jes 15, 2f.; 16, 7; Jer 47, 2; 48, 20. 31. 39; Am 8, 3; Mi 1, 8 scheinen in diesen Zusammenhang zu gehören. *jll* erscheint so als ein für die Eröffnungsphase eines Volksbittags kennzeichnendes Wort. Vielleicht erklärt sich daraus auch das relativ seltene Vorkommen der Wurzel: Sie beschreibt etwas wirklich Außergewöhnliches.

III. 1. Von der auch in den prophetischen Texten noch zu erkennenden ursprünglichen Verwendung ist zu unterscheiden der Gebrauch, den die Propheten davon gemacht haben. Ihnen geht es um Gerichtsankündigung. Dieser Absicht kann es sehr wohl dienen, ein von *jll* begleitetes Katastrophengeschehen zu beschreiben oder gar die Redeformen des „Aufrufs zur Volksklage" in direkter Rede anzuwenden und so die Hörer unmittelbar in die Katastrophensituation hineinzuversetzen.

jll begegnet dabei überwiegend in Gerichtsankündigungen gegen andere Völker, vor allem in den sogenannten „Fremdvölkerorakeln". Spielt es hier eine Rolle, daß *jll* bei fremden, dem Totenkult ergebenen Völkern eher erwartet wurde als beim eigenen? Oder ist darin eine Nachwirkung von Staatsvertragsbestimmungen wie in dem KAI 222 A, 30 wiedergegebenen aramäischen Vertrag aus dem 8. Jh. zu sehen, wonach dem Vertragspartner für den Fall des Vertragsbruchs *jelālāh* 'Wehklagen' angedroht wurde, statt Zitherklang? Jedenfalls finden sich insgesamt 19 Belege für *jll*/*jelālāh* im Rahmen von Gerichtsdrohungen gegen fremde Völker.
Das 'Klagegeheul' wird angedroht: allen Völkern (Jer 25, 34. 36), Babel (Jes 13, 6; Jer 51, 8), Ägypten (Ez 30, 2), den Philistern (Jes 14, 31; Jer 47, 2), Moab (Jes 15, 2f. 8; 16, 7; Jer 48, 20. 31. 39), Ammon (Jer 49, 3), Tyrus (Jes 23, 1. 6. 14). Dabei werden zuweilen besondere Repräsentanten des jeweiligen Volkes angeredet, so die „Hirten" (d. h. Anführer, Jer 25, 34) oder bestimmte Städte des betreffenden Volkes (Jer 49, 3), oder ein Feind wird in Symbolgestalten vorgestellt (Jes 23, 1. 6. 14).
Die Gerichtsdrohungen werden von den Propheten – auch wenn das meist nicht ausdrücklich im unmittelbaren Zusammenhang mit der Androhung des Klagegeheuls ausgesprochen wird – im Namen JHWHs ausgesprochen. In Jes 13, 6; Ez 30, 2 wird das Gericht ausdrücklich als „Tag JHWHs" (→ יום [*jôm*]) bezeichnet. Durchweg wird aber damit gerechnet, daß die Angeredeten nicht bei JHWH ihre Zuflucht suchen werden, sondern bei ihren eigenen Göttern (vgl. etwa Jes 15, 2). Das bedeutet, daß diese Völker vom Standpunkt der Propheten aus gesehen selbst dann keine Chance haben, wenn sie aufgrund der über sie hereinbrechenden Katastrophe zu einer Art Volksbittag zusammenkommen und ihre Gottheit anrufen. Im Grunde hat also die Aufforderung, das 'Klagegeheul' anzustimmen, den fremden Völkern gegenüber ironischen Charakter: Selbst wenn sie noch so sehr schreien und heulen, es wird ihnen nichts nützen!
2. Dem eigenen Volk wird insgesamt 15mal das 'Klagegeheul' angedroht (ohne Wiederholungen im gleichen Abschnitt: nur 9mal). Diese Androhung wird aber zum Teil ganz anders begründet als bei den fremden Völkern: In Jes 65, 14 und Hos 7, 14 ist es der Götzendienst des Volkes bzw. von Teilen desselben, der zur Katastrophe führen wird. Dabei wird rechtes und falsches Verhalten JHWH gegenüber verglichen in Hos 7, 13–15; *jll* erscheint hier insbesondere als Zeichen götzendienerischer Haltung (vgl. o. II. 1.). Oder es wird das Schicksal der Treugebliebenen dem der Abgefallenen gegenübergestellt in Jes 65, 13–15. Ein solcher Vorwurf des Götzendienstes ist natürlich nur dem Volk JHWHs gegenüber sinnvoll.
Auch im Blick auf das eigene Volk findet sich die Anrede besonderer Repräsentanten (s. o. 1), etwa der „Hirten" (Sach 11, 3) oder der Regenten (Ez 21, 17).

Ebenso findet sich die Anrede symbolischer Gestalten (Sach 11, 2). Die Aufteilung der Aufrufe zum 'Klagegeheul' auf verschiedene Gruppen innerhalb des Volkes (Jo 1, 5. [8]. 11. 13) oder auf verschiedene Stadtbezirke (Zeph 1, 10f.) wurde schon erwähnt (II. 2.). In Am 8, 3 sind wahrscheinlich Sängerinnen (*šārôṯ*) gemeint, die statt der gewohnten Lieder in das Wehklagen ausbrechen werden (vgl. die Komm.).

Es ist selbstverständlich, daß die Gerichtsdrohungen der Propheten gegenüber dem eigenen Volk im Namen JHWHs ausgesprochen werden, in Jer 4, 8 unter ausdrücklicher Berufung auf JHWHs Zorn. Im Gegensatz zu den Fremdvölkerorakeln findet sich hier aber eine bewußte Solidarisierung des Propheten mit den Angeredeten. Das kommt unmittelbar zum Ausdruck in Ez 21, 17; Mi 1, 8 wo der Prophet sich selbst zum Anstimmen des 'Klagegeheuls' auffordert, sich also inmitten der hereinbrechenden Katastrophe sieht. Hieran wird erkennbar, daß die Gerichtsdrohungen gegen das eigene Volk eine grundsätzlich andere Funktion haben als die gegen die Fremdvölker. Während es dort um die unwiderruflich kommende Katastrophe geht, ist hier die Möglichkeit der Umkehr nie ganz aus dem Blickfeld verschwunden. Indem der Prophet sich selbst zu einem der Anführer des Klagegeheuls macht, ruft er zur Volksklage auf. Versammelt sich das Volk daraufhin zu einem Volksbittag, ist eine Wendung nicht ausgeschlossen.

Baumann

יָם *jām*

I. Etymologie – II. Das Meer in der Umwelt des AT – 1. Ägypten – 2. Mesopotamien – 3. Ugarit – III. Das Meer im AT – 1. In geographischen Namen – 2. Neutrale Verwendung – 3. Kosmisches Meer, Mythologisches – 4. Der Exodus – 5. Jona – 6. Aussagen über Tyrus – 7. Redensarten mit *jām*, allgemeine Auffassung vom Meer – 8. Zusammenfassung – III. 1. LXX – 2. Qumran – IV. Das eherne Meer.

Lit.: *A. H. W. Curtis*, The ‚Subjugation of the Waters' Motif in the Psalms: Imagery or Polemic? (JSS 23, 1978, 245–256). – *P. Dhorme*, Le désert de la mer (Is. XXI), (RB 31, 1922, 403–406). – *G. R. Driver*, Mythical Monsters in the OT (Festschr. G. Levi della Vida, Rom 1956, I, 234–249). – *O. Eißfeldt*, Gott und das Meer in der Bibel (Festschr. J. Pedersen, Kopenhagen 1953, 76–84). – *H. Gunkel*, Schöpfung und Chaos in Urzeit und Endzeit, 1895. – *A. Heidel*, The Babylonian Genesis, Chicago ²1951. – *O. Kaiser*, Die mythische Bedeutung des Meeres in Ägypten, Ugarit und Israel, BZAW 78, 1959. – *H. G. May*, Some Cosmic Connotations of *MAYIM RABBÎM*, „Many Waters" (JBL 74, 1955, 9–21). – *S. Norin*, Er spaltete das Meer (CB, OT Series 9, Lund 1977). – *Ph. Reymond*, L'eau, sa vie, et sa signification dans l'A.T. (SVT 6, 1958). – *A. J. Wensinck*, The Ocean in the Literature of the Western Semites (Verhandelingen der Koninklijke Akademie van Wetenschappen, 19:2, Amsterdam 1918 [= 1968]).

I. Hebr. *jām* (< *jamm*) entspricht etymologisch ugar. *jm*, phön. *jm* und aram. *jam(mā')*. Akk. *jāmi* (AHw 514) ist westsemit. Lehnwort. Normal heißt 'Meer' im Akk. *tâmtu* (älter *tiāmtu*), das hebr. → תהום *t^ehôm* entspricht. Das Arab. gebraucht *baḥr*, vgl. äth. *bāḥr*. Arab. *jamm* kommt schon im Koran vor (vom Roten Meer, vom Nil), ist aber trotzdem als aram. Lehnwort zu betrachten (Fraenkel 231). Äg. *ỉm*, kopt. *eiom* ist ebenfalls semit. Lehnwort (s. u. II. 1.).

II. 1. Im eigentlichen Sinn heißt 'Meer' auf Äg. *wꜣḏ wr*, „das große Grüne" (WbÄS I, 269, auch *km wr*, „das große Schwarze", WbÄS V, 126); vom N. R. an kommt auch das semit. Lehnwort *ỉm* vor. Daneben kennt die äg. Religion den Urozean, *nnw*, Nun, das kosmische Urgewässer, woraus im Anfang der Schöpfergott herauskam, das immer noch die Welt umgibt und woraus die Sonne jeden Morgen hervorgeht (→ תהום [*t^ehôm*]), und das sich auch im Nil verkörpert (Kaiser 10–32). Das Meer und der Urozean gehen aber begrifflich ineinander. Schon in den Pyramidentexten steht *wꜣḏ wr* mit Bezug auf das Urmeer (Pyr. 902; 1505a, s. Kaiser 33). Gewöhnlich aber steht *wꜣd wr* ganz sachlich vom offenen Meer, so z. B. im Märchen vom Schiffbrüchigen (Erman, Lit. 56ff.), wo u. a. ganz nüchtern festgestellt wird: „Als der Sturm losgebrochen war, waren wir auf dem Meere" oder nach dem Untergang des Schiffes: „Ich wurde von einer Welle des Meeres an eine Insel geworfen" (Kaiser 34). Als der Schiffbrüchige am anderen Morgen erwacht, sieht er eine riesige Schlange aus dem Meer heraufkommen – hier klingen vielleicht mythologische Vorstellungen vom Urozean mit (G. Lanczkowski, ZDMG 103, 1953, 363. 368). Im 175. Kap. des Totenbuches findet sich die Vorstellung, daß die Welt einmal wieder in den Anfangszustand zurückkehren wird, so daß der Urozean (Nun) als Einziges übrigbleibt (nach der Übersetzung von Kees, s. Morenz, Äg. Religion 177).

Vereinzelt finden sich auch Andeutungen auf Vorstellungen vom Meer als einer lebensfeindlichen Macht (Kaiser 31ff.). Die Lehre für Merikare nennt zwar nicht ausdrücklich das Meer, aber zählt unter den Wohltaten des Schöpfergottes für die Menschen auch die Beseitigung des „Gierigen des Wassers" (*snk n mw*) auf. Aber im Spruch 11, 13 des Papyrus Hearst (A. Gardiner, JEA 19, 1933, 98; dazu G. Posener, La légende égyptienne de la mer insatiable, Annuaire de l'Institut de philologie et d'histoire orientales et slaves 13, Brüssel 1953/55, 469ff.) heißt es: „So wie Seth das Meer (*wꜣḏ wr*) besprochen hat, so bespricht Seth auch dich, du Krankheit der Asiaten." Es handelt sich wahrscheinlich um Seth als Helfer des Sonnengottes, in welcher Eigenschaft er abends die dem Sonnenschiff den Weg versperrende Schlange tötet (Totenb. 108, Kaiser 87f.). Derselbe Gedanke erscheint auch in dem Zauberspruch 189 des großen Berliner Medizinischen Papyrus: „Sie (die Zaubersprüche) sind ihm (dem Kranken) nützlich . . ., wie wenn das Meer (*ỉm*) die Stimme des Seth hört" (W. Wreszinski, Der große med. Papyrus Berlin 3038, 1909, 44. 102). Im letzten Beispiel wird das Meer mit dem semit. Lehnwort *ỉm* bezeichnet. Das ist auch der Fall in dem leider schlecht erhaltenen Astartepapyrus (ANET 17f.). Hier wird erzählt, wie das Meer von den Göttern Tribut fordert, wie die Göttin Astarte ihm nackt entgegentritt und wahrscheinlich schließlich beschwichtigt (Kaiser 81ff.). Offenbar liegen hier Einflüsse der westsemit. (ugarit.?) Mythologie vor (vgl. u. II. 3).

2. Akk. *tâmtu*, 'Meer' (AHw 1353f.) wird als allgemeiner geographischer Terminus gebraucht: *tâmtu elîtu*, „das obere Meer" meint das Mittelmeer, *tâmtu šaplītu*, „das untere Meer" ist der Persische Meerbusen. Der Ausdruck „vom oberen Meer bis zum unteren Meer" deutet die ganze bekannte Welt an. Ein in neuassyr. Abschrift erhaltenes Promemoria zählt die Länder auf, die König Sargon „dreimal mit seiner Hand erobert hat"; dabei werden auch Länder „jenseits des oberen Meeres" und „jenseits des unteren Meeres" erwähnt (Meissner, BuA II, 377f.).

In historischen Inschriften wird oft erwähnt, wie Könige bis ans Mittelmeer („das große Meer", Assurnasirpal, AOT 340) hervordringen und dort ihre Waffen waschen oder reinigen (Sargon, BuA II, 368; Assurnasirpal, AOT 340). Tiglatpileser tötet ein *naḫiru* in der Mitte des Meeres (AOT 339), Salmanassar steigt auf Schiffe und geht mitten aufs Meer (ebd. 342). Im konkreten Sinn wird das Meer z. B. in einem Sonnenhymnus erwähnt: „Du überschreitest das Meer, das breite weite, dessen innerstes Innere nicht einmal die Igigi-Götter kennen. Deine Lichtstrahlen sind bis in den Ozean hinabgestiegen, selbst die . . . des Meeres schauen dein Licht" (BuA II, 167, BWL 128, 35f.). Betont wird hier einerseits die Weite des Meeres (vgl. Mondhymnus BuA II, 165 = Å. Sjöberg, Nanna-Suen 167, 14: „Deine Gottheit ist wie der ferne Himmel, wie das breite Meer voll von Ehrfurcht"), andererseits seine Tiefe: bis in die Meerestiefe drängen die Sonnenstrahlen.

Zusammen mit anderen Teilen des Kosmos wird das Meer erwähnt, um die Ganzheit auszudrücken: von Šamaš wird gesagt, daß er täglich über Meer, Ozean, Berge, Erde und Himmel fährt (AOT 245, Z. 27ff.); im Erraepos werden Land, Städte, Berge, Meere, Tage, Leben, Getier aufgezählt, um ein allumfassendes Strafgericht auszudrücken (AOT 222, Z. 37ff.). Ausdrücke wie „Vögel des Himmels" und „Fische des Meeres" sind geläufig.

In der sum. Kosmogonie gehen Himmel und Erde aus dem Urmeer, Nammu, auch *abzu* genannt, hervor. Ein babyl. Lehrgedicht von der Schöpfung (AOT 130f.) sagt, daß zur Zeit, wo „Apsû noch nicht gemacht worden war", „alle Länder See waren". Nach EnEl dagegen wird von Anfang an zwischen Apsû, dem Süßwasserozean, und Tiāmat, dem Salzwassermeer, unterschieden, obwohl diese beiden „ihre Wasser in eins vermischten". Apsû wird von Ea durch eine Beschwörung in Schlaf versenkt, und er gründet auf ihm seine Wohnung – Apsû ist das Süßwasser, das sich unter der Erde befindet. Tiāmat dagegen schafft Unruhe und wird schließlich von Marduk überwunden und getötet; ihren Körper zerteilt er in zwei Teile und macht aus dem oberen Teil das Himmelsgewölbe; dann bestellt er Wächter, damit die himmlischen Wasser nicht herausgelassen werden. Über den Apsû setzt er die Erde wie einen Thronhimmel. Von der unteren Hälfte Tiāmats ist nicht mehr die Rede; Heidel (116) meint aber, daß sie als Stoff für die Erschaffung der Erde diente.

Die Erde liegt also auf dem Apsû und wird von Wasser umgeben. Auf einer neubabyl. Weltkarte (BuA II, 378f.), die als die Kopie eines älteren Originals dargestellt wird, wird das kreisförmige Festland von einem „Fluß", dem sog. *nâru marratu*, 'Bitterfluß' oder 'Ringfluß' (BuA II, 111) umgeben. Es gibt auch einen Text, der den Fluß oder Strom (*nâru*) als den, „der alles schuf" preist (AOT 130); der Fluß scheint der Euphrat zu sein, und der Text hat als Beschwörung gedient.

Apsû, dagegen nicht *tâmtu*, ist der Name des größten Wasserreservoirs im Tempel, das den verschiedenen kultischen Zwecken diente – es wird oft mit dem Euphrat oder dem Tigris verglichen (BuA II, 77). Zwischen Wasser, *apsû*, Fluß, Beschwörung und Leben besteht offenbar ein Gedankenzusammenhang.

3. Die ugar. Texte erwähnen gelegentlich das Meer im eigentlichen Sinn. In KTU 1.23, 30 wird erzählt, wie El an das Ufer des Meeres, par. das Ufer des Ozeans (*thm*), geht, ferner ist von den Fischen aus dem Meer, par. die Vögel des Himmels, die Rede (KTU 1.23, 63), und schließlich wird die Länge des männlichen Glieds des El mit dem Meer verglichen (KTU 1.23, 33f.). Einmal findet sich auch die Zusammenstellung *qdm – jm*, Osten – Westen (KTU 1.4, VII 34). Sonst beziehen sich die Belege entweder auf die Göttin, die als Athirat des Meeres (*'ṯrt jm*) bezeichnet wird (KTU 1.4, I 14. 21; III 25. 27. 29; KTU 1.6, I 44. 45. 47. 53), oder *jm* ist der Name eines Gottes, der mit Baʿal kämpft (Kaiser 44ff.).

Der Erzählungsgang ist ungefähr wie folgt: „Seiner Hoheit See" (*zbl jm*) herrscht mit der Einwilligung Els als König; er wird auch *ṯpṭ nhr*, „Richter Strom", genannt (KTU 1.2 passim), ein Epithet, das an die babylonische Sitte des Flußordals (z. B. CH § 2 und an die Vorstellung von der heilenden Wirkung des Schöpfungsstromes (s. o. II. 2.; Heidel 75, Kaiser 57f.) erinnert.

Jam sendet Boten an die Götterversammlung und verlangt, daß Baʿal ihm ausgeliefert werde. El willigt ein und erklärt Jam als Herr (*bʿl*) und Gebieter (*'dn*) (KTU 1.2 I 36f. 45). Baʿal ist aber nicht dazu bereit und greift Jam an (KTU 1.2 IV 1–5). Kothar-wa-Ḫasis verspricht ihm den Sieg und macht für ihn Waffen, um Jam zu besiegen. Jam bricht schließlich zusammen und fällt zu Boden. Astarte jubelt über den Sieg: „See fürwahr ist tot! Ba'al soll König sein" (Z. 32). Auf diesen Sieg wird KTU 1. 3 III 37– 44 Bezug genommen, wo es heißt:

Welcher Feind erhob sich dem Baal,
welcher Gegner dem Reiter der Wolken?
Hab' ich nicht See, Els Liebling, geschlagen?
Hab' ich nicht Strom, den großen Gott, vernichtet?
Hab' ich nicht den Drachen (*tnn*) gezügelt, ja ihn gezügelt?
Ich habe die gewundene Schlange geschlagen,
šljṭ mit sieben Köpfen.
Ich schlug den Liebling Els, die Erde,
Ich vernichtete den Jungstier Els, Atak ...

Die Frage ist, ob See – Strom mit den folgenden „Drache", „Schlange" und *šljṭ*, identisch ist oder nicht (Schlange und *šljṭ* sind jedenfalls in KTU 1. 5, I 1–3 miteinander und mit Lotan-Leviathan identisch). Der Text ist nicht eindeutig. Für die Annahme einer Mehrzahl von Seeungeheuern spricht die Tatsache, daß das ganze Stück eine Aufzählung von besiegten Feinden ist und daß noch mehr solche folgen, die überhaupt nicht mit Jam identisch sein können. – Es ist ferner zu beachten, daß der Kampf Ba'als gegen Jam nicht in eine Schöpfung der Welt ausmündet; die Schöpfung scheint vielmehr schon in der Vergangenheit zu liegen. Es handelt sich um einen Kampf um die Herrschaft.

III. 1. Als rein geographische Bezeichnung kommt *jām* allein oder in verschiedenen Kombinationen vor. a) Einfaches *jām* oder *hajjām* bezeichnet das Mittelländische Meer (Ri 5, 17 sogar der Pl. *jammîm*), das auch als *hajjām haggāḏôl* (Jos 1, 4), *jām pᵉlištîm* (Ex 23, 31), *hajjām hā'aḥᵃrôn* (Deut 11, 24) oder *jām jāpô'* (Esr 3, 7) näher bestimmt werden kann. Da dieses Meer die ganze westliche Grenze des Landes bildet, ist *jām* zur Bezeichnung der Himmelsrichtung „Westen" geworden: *mijjām* heißt „vom Westen", *jāmmāh* „nach Westen".
b) *jām hammælaḥ*, das Tote Meer (Gen 14, 3), das auch *jām hāʿᵃrāḇāh*, „Meer der Steppe" (Deut 3, 17; vgl. einfaches *hajjām* in einem Kontext, der *hāʿᵃrāḇāh* nennt Ez 47, 8) oder *hajjām haqqaḏmônî*, „das östliche Meer" (Ez 47, 18) genannt wird.
c) *jam-sûp*, „das Schilfmeer", bezeichnet teils das Gewässer, durch das die Israeliten sich aus Ägypten retteten (Ex 13, 18), teils den elamitischen Meerbusen (Golf von Akaba, Ex 23, 31; Num 14, 25; 1 Kön 9, 26).
d) *jām kinnæræṯ/kinnᵉrôṯ*, 'See Gennesareth' (Num 34, 11; Jos 12, 3; 13, 27).
e) Ein *miḏbar-jām*, „Wüste des Meeres", wird Jes 21, 1 erwähnt; da es sich hier um Babylonien handelt, könnte *jām* den Persischen Meerbusen oder den „Strom" (*nāhār*) Euphrat bezeichnen (vgl. Dhorme und die Komm.).
2. Völlig wertneutral steht *jām* fast nur in den Ausdrücken *mijjām*, 'vom Westen' und *jāmmāh* 'nach Westen' und an einigen Stellen, wo es um eine rein geographische Beschreibung geht, z. B. *lip̄'aṯ jām*, 'auf der westlichen Seite', gegen Westen (Ex 27, 12; 38, 12), Floße auf dem Meer (1 Kön 5, 23; 9, 27; 10, 22), die Inseln im Meer (Jes 11, 11; Esth 10, 1; vgl. Jer 25, 22 „jenseits des Meeres"), der Karmel am Meer (Jer 46, 18), *ḥôp̄ hajjām*, 'das Ufer des Meeres' (Gen 49, 13; Ri 5, 17; Jer 47, 7; Ez 25, 16), Boten über das Meer senden (Jes 18, 2) oder der Ausdruck *dᵉgê hajjām*, 'Fische des Meeres' (Gen 1, 26. 28; 9, 2; Num 11, 22; Ez 38, 20; Hos 4, 3; Hab 1, 14; Zeph 1, 13; Ps 8, 9 (par. *ʿoḇer 'ŏrḥôṯ jammîm*); Hi 12, 8; (vgl. auch „Tiere im Meer" Lev 11, 9f.).
Ganz selbstverständlich wird das Meer als ein Teil des von Gott geschaffenen Weltalls erwähnt; es bildet jedoch nicht feste Verbindungen wie „Himmel und Erde". Der Schöpfungsbericht von P nennt Himmel, Erde und Meer (Gen 1); darauf wird Ex 20, 11 in der Begründung des Sabbatgebots Bezug genommen (vgl. Ex 20, 4 Himmel, Erde, Wasser). Der Psalm 1 Chr 16, 31 fordert Himmel, Erde, Meer und Wald auf, sich zu freuen; Ps 98, 8 nennt Berge, Flüsse und Meer; Hos 4, 3 sagt, daß die Tiere der Erde, die Vögel des Himmels und die Fische des Meeres trauern und verschmachten. Man findet auch andere Kombinationen: Erde, Himmel, Wind, Meer (Pred 1, 3–7; Reymond 167 A. 1 findet Übereinstimmung mit äg. und sumer. Kosmologie), Himmel, Erde, Meer, Tiefen (*tᵉhômôṯ* Ps 135, 6), Himmel, Scheol, Erde, Meer (Hi 11, 8f.). Es handelt sich in diesen Fällen offenbar um zufällige Zusammenstellungen von Teilen, um das Ganze anschaulich zu machen.
3. Nach dem Schöpfungsbericht von P war die Erde im Anfang vom Urmeer (*tᵉhôm*) bedeckt; dieses wird Gen 1, 2 auch als „Wasser" beschrieben. Nachdem Gott am zweiten Tag durch das Himmelsgewölbe das Wasser in eine obere und eine untere Hälfte geteilt hat, unterscheidet er am dritten Tag zwischen dem Festland („das Trockene", *hajjabbāšāh*) und „den Meeren" (*jammîm*, Gen 1, 10).
Seitdem ruht die Erdscheibe auf ihren Grundfesten, den Bergen, im kosmischen Meer: Gott hat die Erde auf „den Meeren" gegründet (*jāsaḏ* [→ יסד]) und auf den Strömen befestigt (*hekîn* [→ כון]) (Ps 24, 2). Schon hier zeigt sich eine gewisse Inkonsequenz im Sprachgebrauch mit Bezug auf die Begriffe Urmeer – geographisches Meer – kosmischer Ozean, eine Inkonsequenz, die sich immer wieder in verschiedenen Kontexten geltend macht. *tᵉhôm*, *jām* und *nāhār* (→ נהר) werden abwechselnd von dem die Erde umgebenden Weltozean gebraucht. Wenn es z. B. Ps 72, 8 und Sach 9, 10 heißt, daß der König „vom Meer zum Meer" (*mijjām ʿaḏ-jām*) und „vom Strom bis an die Enden der Welt (*ʿaḏ-'apsê-'āræṣ*)" herrschen soll, deutet der Parallelismus an, daß *jām* und *nāhār* den Weltozean bezeichnen und die Weltherrschaft des Königs beabsichtigt ist, aber an und für sich könnte *jām* das Mittelmeer bzw. den Persischen Meerbusen (vgl. II. 2.) und *nāhār* den Euphrat bezeichnen. Jo 2, 20 spricht vom östlichen (*qaḏmonî*) und westlichen (*'aḥᵃrôn*) Meer als den äußersten Plätzen, wohin der

„Nördliche" vertrieben werden soll. Dieselbe Bedeutung könnte Sach 14, 8 vorliegen (Wasser wird von Jerusalem aus bis zum östlichen und westlichen Meer fließen), aber hier könnten auch das Mittelmeer und das Tote Meer gemeint sein.

Dieses „Meer" erscheint nun als eine dem Gott und der Welt feindliche Macht, der Gott am Anfang der Welt entgegentritt. Vor dem Schelten (→ גער [*gā'ar*]) JHWHs floh das Urmeer (*t^{e}hôm*) oder das Wasser (*majim*), das die Erde bedeckte (Ps 104, 6f.). So setzte er dem Wasser eine Grenze (*g^{e}bûl*), die es nicht mehr überschreiten wird; vgl. Jer 5, 22, wo dem Meer (*jām*) eine Grenze oder ein *ḥoq* gesetzt wird, und Hi 38, 8–10, wo JHWH dem *jām* Türe und *ḥoq* setzt.

Mehr oder weniger mythologisch klingende Hinweise auf dieses Urereignis finden sich in Psalmen und anderen poetischen Texten. „Durch seine Macht wurde das Meer ruhig, durch seinen Verstand zerschmetterte er Rahab; durch seinen Hauch wurde der Himmel klar, seine Hand durchbohrte die flüchtige Schlange" (Hi 26, 12f.). „Du herrschest über den Stolz des Meeres, wenn seine Wogen toben, beruhigst du sie; du zerschmettertest Rahab wie einen Durchbohrten" (Ps 89, 10). „Du spaltetest das Meer mit deiner Macht, du zerschmettertest die Drachen (*tannînîm*) im Wasser, du zerbrachst die Köpfe des Leviathan" (Ps 74, 13f.). Mit Ausnahme von Rahab finden sich hier dieselben Gestalten wie in den ugar. Texten (s. o. II. 3.): Drache, Leviathan (Lotan), die flüchtige Schlange, und das Problem ist wieder, ob diese mit Jam – dem Meer – identisch oder seine Helfer sind. In Hi 26, 12f. scheint sogar die Schlange mit dem Verdunkeln des Himmels durch Wolken in Verbindung zu stehen (vgl. die äg. Apophisschlange, Kaiser 144).

Anspielungen auf diesen Mythus finden sich in verschiedenen Kontexten. Hab. 3, 8 fragt: „Zürnst du denn auf die Ströme, oder ergrimmst du auf das Meer?" Nah 1, 4 spricht vom Schelten des Meeres und dem Austrocknen der Ströme durch JHWH. Jes 50, 2 „Ich trockne mit meinem Schelten das Meer aus, die Ströme mache ich zum trocknen Land", könnte sich auf den Exodus beziehen, ebenso Ps 77, 17: „Die Wasser sahen dich, o Gott ... die Tiefen (*t^{e}hômôṯ*) zitterten ...", denn v. 20 fährt fort: „Durch das Meer ging dein Weg, dein Pfad durch große Wasser (*majim rabbîm*)." Der letzte Vers erinnert an Jes 43, 16 „JHWH macht einen Weg im Meer, einen Pfad in starken Wassern (*majim 'azzîm*)", wo aber kein ausdrücklicher Zusammenhang mit dem Exodus besteht.

Das Urmeer ist zwar überwunden, ist aber immer noch vorhanden als eine drohende Realität. Ps 46, 3f. bedenkt den Fall, daß die Berge mitten ins Meer (*b^{e}leḇ jammîm*) hinunterstürzen; trotzdem fürchtet sich der Psalmist nicht, weil JHWH seine Zuflucht ist. Nach Ps 68, 23 finden sich Feinde JHWHs in der Tiefe des Meeres (*m^{e}ṣulôṯ jām*), aber er wird sie herausholen und ihre Köpfe zerschmettern (*māḥaṣ*, v. 22, wie in den mythischen Stellen).

Hi 38, 16 werden die Quellen des Meeres (*niḇkê jām*) und der Grund der Tiefe (*t^{e}hôm*) als unzugängliche Plätze erwähnt, die kein Mensch erreichen kann. Hi 28, 14 stehen *jām* und *t^{e}hôm* parallel, um den Gedanken zum Ausdruck zu bringen, daß die Weisheit nirgends in der Welt zu finden ist, sondern nur bei Gott vorhanden ist.

In der apokalyptischen Literatur spielt das Meer wieder eine Rolle: aus ihm steigen die vier Tiere von Dan 7 herauf (v. 3; vielleicht Anspielung an Stellen wie Jes 17, 12f.; Jer 6, 23, wo die Unruhe der Nationen mit dem Brüllen des Meeres verglichen wird, aber wahrscheinlicher mit Bezug auf das Urmeer, vgl. O. Plöger, KAT 18, 108). Ähnlich kommt 4 Esr 11, 9 der Adler und 4 Esr 13, 2f. der Mensch (Messias) aus dem Meer herauf (vgl. 13, 25. 51. 52f.: unerforschlich wie die Tiefe des Meeres).

Seit Gunkels „Schöpfung und Chaos" (1895) ist allgemein angenommen worden, daß ein israelitischer Schöpfungsmythus mit dem Kampf JHWHs gegen ein Seeungeheuer existiert habe und durch Einfluß von seiten des babylonischen Schöpfungsmythus entstanden sei. Dem entgegen hat Heidel hervorgehoben, daß Tiamat nie ausdrücklich als Drache bezeichnet wird (83ff.), daß *t^{e}hôm* nicht unmittelbar aus Tiamat hergeleitet werden kann, daß aber die beiden Wörter einen gemeinsamen Ursprung haben können (98ff.), und daß die von Gunkel herangezogenen Stellen sich nicht unbedingt auf die Schöpfung beziehen und demgemäß nicht direkt aus dem Marduk-Tiamat-Mythus hergeleitet werden können (102ff.). Kaiser (140ff.) weist auf die ugar. Parallelen hin und betont, daß einige Stellen unzweideutig mit dem Schöpfungsmotiv verbunden sind, während andere deutlich den Kampf gegen die Seeungeheuer in die Zeit nach der Schöpfung verlegen (vgl. Ugarit). Norin meint, der Kampfmythus sei westsemitischen Ursprungs, sei in Ägypten bekannt geworden (Astartepapyrus) und von dort aus in die Exodusvorstellungen der Israeliten eingegangen.

Da das Kampfmotiv in den sumer. Schöpfungsvorstellungen fehlt, wäre es sogar denkbar, daß der „Drachen"-Kampf aus der westsemit. Mythologie stammt und in das verhältnismäßig späte babyl. Schöpfungsepos aufgenommen worden ist. Jedenfalls besteht die engste Verwandtschaft zwischen den israelitischen und den ugaritischen Vorstellungen.

4. In den Erzählungen von der Befreiung Israels aus Ägypten spielt das Meer eine entscheidende Rolle. Die Israeliten sind am Strand des *jam-sûp* angelangt (Ex 13, 18 E); sie lagern sich am Meer gegenüber Ba'al-Zaphon (14, 2 P). Die Ägypter verfolgen sie und finden sie dort (14, 9). Auf den Befehl JHWHs streckt Mose seine Hand über das Meer aus und spaltet es (*bāqa'* 14, 16 P). Nach E wird die Spaltung des Meeres durch einen starken Wind zustande gebracht (14, 26a; v. 26b: das Meer wird trockenes Land und das Wasser wird gespalten). Die Israeliten durchschreiten also das Meer (14, 22); die Ägypter folgen ihnen nach bis zur Mitte des Meeres (*tôḵ haj-jām*). Mose streckt wieder seine Hand über das Meer aus, und das Meer kehrt zurück (v. 27) und tötet die Ägypter (vgl. 15, 19).

Diese Erzählung erfährt dann ihre Deutung im Meereslied Ex 15, 1–18. Das Meer erscheint hier als ein Werkzeug in JHWHs Hand: Er stürzt Pferd und Mann ins Meer (v. 1 = v. 21); er wirft das Heer des Pharao ins Meer (v. 4), das Schnauben seines Zorns macht das Wasser im Meer erstarren (*qp'*, v. 8); er haucht auf die Feinde und das Meer bedeckt sie (v. 10). Merkwürdigerweise heißt es dann, daß die *Erde* sie verschlang (v. 12), aber *'æræṣ* steht wohl hier für die Unterwelt.

Auf diese grundlegenden Heilsereignisse nehmen die Psalmen oft Bezug. Dabei wird das Spalten des Meeres oft mit den Farben des oben genannten Kampfmythus geschildert. Wenn es z. B. Ps 74, 13a heißt: „Du hast das Meer durch deine Macht gespalten", spricht v. 13b von „dem Drachen im Wasser" und v. 14 von Leviathan. V. 12 aber spricht von Heilstaten „auf der Erde". Es ist somit nicht deutlich, ob der Abschnitt die Schöpfung oder den Auszug meint; v. 15 ist vom Austrocknen der Ströme die Rede, was sich auf den Exodus beziehen könnte, aber vv. 16f. sprechen ganz deutlich von der durch die Schöpfung zustandegebrachten Ordnung der Welt. Ps 78, 13 ist dagegen klar: „Er spaltete das Meer und führte sie durch, ließ die Wasser feststehen gleich einen Damm (*neḏ*)". In demselben Psalm stellt v. 53 fest, daß das Meer die Feinde bedeckte. Ps 33, 7 ist nicht eindeutig: „er sammelt das Wasser des Meeres wie ein *neḏ* ('Schlauch'?)"; da dasselbe Wort *neḏ* in Ps 78, 13 vom Exoduswunder gebraucht wird, könnte auch hier von der Befreiung als einem Zeugnis von JHWHs Macht die Rede sein, der vorhergehende Vers dagegen spricht eindeutig von der Schöpfung der Welt. Ps 77, 20 „Durch das Meer ging dein Weg ..., doch deine Spuren waren nicht zu erkennen", ist an und für sich mehrdeutig, v. 21 stellt aber fest, daß es um die Befreiung des Volkes durch Mose und Aaron geht.

Ps 66 spricht von den wunderbaren Taten JHWHs (v. 5) und spezifiziert: „Er wandelte das Meer in trockenes Land, durch den Strom (*nāhār*) gingen sie zu Fuß" – hier wird also das Exoduswunder mit dem Übergang des Jordans parallelisiert. Dasselbe gilt Ps 114, 3. 5; hier wird das Meer personifiziert: es sieht Gott und flieht. Der Kontext enthält Züge einer Theophanie. Ps 106, 7 stellt nüchtern fest, daß die Israeliten am *jam-sûp̱* Gott trotzten (*wajjamrû*, zum Text s. BHS); dagegen gebraucht v. 9 das mythologisch gefärbte Verb *gā'ar* (→ גער) von JHWHs Einschreiten gegen das Schilfmeer (die Zusammenstellung von *gā'ar* und 'austrocknen' auch Nah 1, 4. s. o.). Trotz der Widerspenstigkeit der Väter hat also JHWH ihnen „um seines Namens willen" (v. 6) geholfen.

DtJes spielt ein paarmal auf dieselben Ereignisse und mit ähnlichen Wendungen an. Er betrachtet ja die bevorstehende Rettung als einen neuen Exodus und beruft sich auf die Befreiung aus Ägypten als einen Beweis von JHWHs Macht: „So spricht JHWH, der einen Weg bahnte im Meere und einen Pfad in mächtigen Wassern, der ausziehen ließ Wagen und Rosse ..." (Jes 43, 16). Etwas Neues, noch Wunderbareres will er jetzt tun (v. 19). Die Worte „mit meinem Schelten trockne ich das Meer aus", Jes 50, 2, beziehen sich nicht eindeutig auf das Exodusgeschehen, aber 51, 10 wird derselbe Ausdruck ganz deutlich auf den Auszug bezogen, denn die Fortsetzung redet von einem erlösten Volk, das durch das Meer zieht. Der vorhergehende Vers spielt deutlich auf den Kampfmythus an, indem er die Tötung des Rahab und des Drachen in den *j^emê qæḏæm* und *dôrôṯ 'ôlāmîm* erwähnt (zur Zeitbestimmung vgl. Kaiser 141 f.). – Auch Tritojesaja spielt auf das Exoduswunder an: JHWH hat Mose, den Hirten seiner Herde, aus dem „Meer" (d. h. dem Nil?) herausgezogen, er hat die Wasser gespalten und das Volk durch Tiefen (*t^ehômôṯ*) gehen lassen, „um sich einen ewigen Namen zu machen" (Jes 63, 11; zum Text s. BHS).

5. In der Jona-Erzählung spielt das Meer wieder eine wichtige Rolle. Es wird von Jona berichtet, er wollte von Japho nach Tarsis fahren, um dem Befehl JHWHs zu entkommen. JHWH aber ließ einen gewaltigen Sturm auf dem Meer entstehen (Jon 1, 4), so daß die Schiffsleute die Geräte ins Meer warfen, um sich Erleichterung zu schaffen (v. 5). Auf die Fragen der Mannschaft antwortet Jona, daß der Sturm von JHWH gesandt sei; dieser sei der Gott des Himmels, der das Meer und das Trockene gemacht habe (v. 9). Sie fragen weiter, was sie tun sollen, um das Meer zu beruhigen (v. 11), und Jona antwortet, sie sollen ihn ins Meer werfen (v. 12). Das Meer stürmt weiter (v. 13), aber als die Schiffsleute Jona ins Meer geworfen haben, beruhigt sich das Meer (v. 15). Das Meer ist also nicht einfach eine geographische Größe, es gehorcht JHWH und dient seinen Zwecken. In dem deutenden Psalm, Jon 2, sagt Jona, JHWH habe ihn ins Meer geworfen (v. 4); die Wortwahl: *m^eṣûlāh, jammîm, nāhār* deutet die kosmische Bedeutung des Meeres an – v. 6 gebraucht außerdem *t^ehôm*, und v. 7 spricht von der Totenwelt.

6. Eine dritte Konzentration von *jām*-Belegen findet sich in Ezechiels Aussagen über Tyrus, die große Seestadt der Phönizier. Tyrus ist mächtig auf dem Meer (26, 17), wohnt am Zugang zum Meere und treibt Handel mit den Völkern der Küstenländer (27, 3), ist inmitten des Meeres großartig gebaut (27, 4), alle Schiffe des Meeres treiben dort Handel (27, 9). Ezechiel vergleicht Tyrus mit einem Schiff, das schwer beladen inmitten des Meeres fährt (27, 25), jetzt aber kommt der Ostwind und zerbricht es *b^eleḇ jammîm* (v. 26) und es sinkt (v. 27). So liegt es jetzt schweigend (*k^eḏumāh*, oder ist *niḏmāh*, 'vernichtet' zu lesen?) im Meer (27, 32). „Einmal entstiegen deine Waren dem Meere ... Nun bist du zerschmettert, vom Meere hinweg in die Tiefen der Wasser" (*b^ema'^amaqqê-mājim*, 27, 33 f.). In Kap. 28 sagt der König von Tyrus, er throne auf einem Göttersitz mitten im Meer (v. 2), aber in seiner Überheblichkeit wird er von den Feinden in die Grube hinabgestoßen werden und den Tod eines Erschlagenen sterben inmitten des Meeres (v. 8). So wird also das Meer, das

einst die Quelle des Reichtums von Tyrus war, zugleich dessen Untergang werden. Hier klingen auch Motive wie Unterwelt und Totenreich mit. – Ähnliche Gedanken finden wir in Jesajas Aussagen über Tyrus (Jes 23, 2. 4. 11), vgl. auch Sach 9, 4.

7. Von der Auffassung des Meeres im allgemeinen erhält man eine Vorstellung durch verschiedene Redensarten, die das Wort *jām* enthalten.

Die Weite des Meeres ist sprichwörtlich. Ps 104, 25 spricht vom „großen und weiten Meer" (*hajjām gādôl ureḥaḇ jāḏājim*). Hi 11, 9 sagt, daß das Wesen Gottes „weiter (wörtl. „länger") als die Erde und breiter als das Meer" ist. Auch Jes 11, 9 spielt wohl auf die Größe des Meeres an: so wie das Wasser in großer Menge das Meer füllt, so wird die Erkenntnis Gottes das Land bzw. die Erde füllen.

„Jenseits des Meeres" (*meʿeḇær hajjām*) ist die größte denkbare Entfernung, vergleichbar mit „hoch oben im Himmel" (Deut 30, 13). Wenn der Psalmist sagt, daß er auch nicht am „Ende des Meeres" (*'aḥarîṯ jām*) Gott entfliehen kann (Ps 139, 9), nennt er die entlegendste Stelle, die er sich vorstellen kann. An beiden Stellen schwingt der Gedanke vom Meer als kosmischer Größe mit, denn einerseits wird der Himmel, andererseits die Morgenröte als Parallele gebraucht.

Noch mehr hat die Tiefe des Meeres die Phantasie in Bewegung gesetzt. *jām* wechselt mit Synonymen wie *tehôm* und *meṣûlāh*, 'Tiefe'; man findet sogar die Kombination *meṣûlôṯ jām* (Mi 7, 19: Gott will die Sünden in die Tiefe des Meeres werfen, d. h. sie gänzlich vergeben; Ps 68, 23: Gott wird seine Feinde aus der Tiefe des Meeres herausholen). Der Boden (*qarqaʿ*) des Meeres ist für Amos der entlegenste Versteck, den ein Mensch aufsuchen kann (Am 9, 3; parallel Himmel, Scheol, Karmel als hoher Berg), aber wie in Ps 139 (s. o.) kann er auch hier Gott nicht entkommen. Die Wurzeln des Meeres (*šŏršê hajjām*) und die Wolken (Hi 36, 30) stellen die Reichweite der Herrschaft Gottes dar. Auch „die Quellen des Meeres" (Hi 38, 16) deutet die Tiefe des Meeres an, denn parallel steht „der Boden (*ḥeqær*) der Tiefe (*tehôm*)". „Das Herz des Meeres bzw. der Meere" (*leḇ jam[mîm]*, Ps 46, 3; Spr 23, 24; Ez 28, 2. 8) meint ebenso die Tiefe des Wassers, vgl. auch Jon 2, 4 „er warf mich in die *meṣûlāh*, ins Herz des Meeres".

Die Bewegungen des Meeres haben natürlich die Aufmerksamkeit an sich gezogen. Die Wellen (→ גל [*gal*]) und Brandungen (→ משבר [*mišbār*]) werden oft erwähnt; die beiden Wörter stehen bisweilen zusammen (Ps 42, 8; Jon 2, 4). Bildlich beziehen sie sich auf Tod und Leiden. Die *bāmoṯê-jām*, „Höhen" des Meeres, Hi 9, 8, könnten die Wellen sein – oder ist der himmlische Ozean gemeint?

Der brausende Lärm des Meeres wird gelegentlich erwähnt. Ps 65, 8 spricht vom *šā'ôn* des Meeres und seinen Wellen, parallel mit dem *hāmôn* der Völker: alles wird von JHWH zum Schweigen gebracht (vgl. Ps 46, 4; 89, 10). Jer 17, 12f. finden sich wieder die beiden Wurzeln *šā'āh* und *hāmāh* vom Toben des Meeres, diesmal als Bild für den Lärm der heranstürmenden Völker. Jes 5, 30 wird *nahamaṯ-jām*, 'das Tosen des Meeres' als Bild vom hereinbrechenden Unheil gebraucht.

Das Meer kann *rāʿam* 'donnern' (Ps 96, 11 = 1 Chr 16, 32; Ps 98, 7), *sāʿar* 'stürmen' (Jon 1, 11), *rāṯaḥ* 'kochen' (Hi 41, 23), *rāḡaʿ* 'aufregen' (Subj. Gott, Jes 51, 15; Ergebnis: Brausen, *hāmāh*, der Wellen) und *hiṯgāʿaš* 'stürmen' (Jer 5, 22). Jon 1, 15 spricht vom „Wüten" (*zaʿap*) des Meeres. Die Frevler sind wie das aufgewühlte (*niḡrāš*) Meer, das nicht zu Ruhe kommen kann (*hašqeṭ lo' jûḵal*) und dessen Wasser Schlamm und Kot aufwühlen (Jes 57, 20).

Das Meer kann sich aber auch beruhigen (*šāṯaq* Jon 1, 11), „stehen bleiben" (*ʿāmaḏ*), „erstarren" (*qp'* Ex 15, 8), „stehen" (*nṣb* Ex 15, 8; Ps 78, 13).

Andere Verben, die mit *jām* verbunden werden können sind *rāʿaš* 'erschüttern' (Hag 2, 6); *rāḡaz* 'erbeben', *ḥjl* 'zittern' (Ps 77, 17), *nûs* 'fliehen' (Ps 104, 7; 114, 3. 5); *ḥpz niph*, 'schnell weichen' (Ps 104, 7). Das Meer kann steigen (*ʿālāh* Ez 26, 3, *ṣûp* Deut 11, 4), zur normalen Höhe zurückkehren (*šûḇ* Ex 14, 27) oder sinken („weggehen" *hālaḵ* Ex 14, 21; *'āzal* Hi 14, 11).

8. Die theologische Bedeutung des Meeres läßt sich nicht auf eine einfache Formel bringen, denn der at.liche Sprachgebrauch ist nicht eindeutig und konsequent. In vielen Fällen bezeichnet *jām* einfach das Meer im rein geographischen Sinn, in anderen Fällen dagegen ist *jām* sprachlich und gedanklich verbunden mit dem Urmeer *tehôm*, das offenbar im konkreten Meer weiter existiert, oder mit dem kosmischen Meer, das den Kreis der Erde umgibt und gelegentlich auch als „Strom" (*nāhār*) bezeichnet wird. Daraus folgt, daß das Meer nur selten in theologisch neutralen Kontexten erscheint. Einerseits ist das Meer eine negative Größe, ein feindliches Element, das von Gott gebändigt wird, eine Nicht-Welt, die der bewohnten Welt entgegensteht. Merkwürdigerweise hat das Meer diese Eigenschaft mit der trockenen, unfruchtbaren Wüste gemeinsam. Es kann sogar heißen, daß das Meer über Babel hinflutet und es mit seinen tosenden Wogen bedeckt, daß aber das Ergebnis davon ist, daß die Städte zur Wüste werden und das Land zum Land der Dürre (Jer 51, 42f.). Wüste und Meer sind die beiden lebensfeindlichen Elemente in der Welt (vgl. J. Pedersen, Israel, its life and culture I–II, London 1926, 471–474).

Andererseits ist das Meer Gott untergeordnet und muß ihm gehorchen. Er hat das Meer „gemacht" (Ps 95, 5; Jon 1, 9). Er hat dem Meer eine Grenze gesetzt, die es nicht überschreiten kann (s. o.). Er ruft das Wasser des Meeres und gießt es über die Erde aus (Am 9, 6). Nicht nur heranstürmende Feinde (s. o.) können mit dem brausenden Meer verglichen werden, sondern auch die Hoheit Gottes (Ps 93, 4). Nicht nur Untergang und Tod können durch die Tiefe des Meeres veranschaulicht werden, sondern auch die Unergründlichkeit JHWHs (Hi 11, 9, s. o.).

III. 1. In der LXX wird *jām* fast durchgängig mit θάλασσα wiedergegeben, nur vereinzelt finden sich Umschreibungen mit παράλιος (Gen 49, 13; Deut 1, 7; Jos 2, 3; Hi 6, 7) oder παραθαλάσσιος (2 Chr 8, 17). Jos 15, 46 liest einen Eigennamen Ιεμναι oder Γεμαι, Ex 36, 27. 32 setzt einen anderen Urtext voraus.

2. In den Qumrantexten kommt *jām* einigemal im rein geographischen Sinn vor, vor allem im Habakkuk-Kommentar (1 QpHab 5, 12; 6, 1; 11, 14f. in Bibelzitaten, 3, 10f. im Kommentar mit Bezug auf die Kittäer; ferner 1 QM 11, 10 *jam sûp*). Sonst wird es meistens in Bildern und Vergleichen gebraucht, und zwar zusammen mit *tehôm* und/oder *meṣûlôṯ*, oft mit Verben für das Tosen oder Toben des Meeres verbunden, z. B. „Sie machten meine Seele gleich einem Schiff auf hoher See (*bimeṣûlôṯ jām*)" (1 QH 3, 6f.). „Ihre Weisen sind wie Seeleute auf Meerestiefe (*meṣûlôṯ*), denn verschlungen wird ihre Weisheit durch das Tosen der Meere (*bahamôṯ jammîm*), wenn Urfluten (*tehômôṯ*) emporschäumen (1 QH 3, 14f.). „Ich war wie ein Seemann im Schiff im Toben der Meere (*zaʿap jammîm*)" (1 QH 6, 22f., in der Fortsetzung Anspielung auf Ps 42, 18). Eine andere Stelle sagt, daß die Gottlosen wie Stürme (*naḥšôlê*, Mischna-Wort) der Meere lärmen und zitiert dann Jes 57, 20) (1 QH 2, 12). Es wird auch auf Gott als den Schöpfer von Meer und Urflut hingewiesen (1 QH 1, 14; 13, 9; vgl. 1 QM 10, 13). 1 QS 3, 4 sagt, daß die Bösen sogar nicht durch das Wasser des Meeres und der Strömen gereinigt oder „geheiligt" werden können.

IV. Das eherne Meer (*jam hannehošæṯ*, 1 Kön 25, 13; 1 Chr 18, 8; Jer 52, 17), auch *hajjām mûṣāq* ʿdas gegossene Meerʾ (1 Kön 7, 23; 2 Chr 4, 2) oder einfach *jām* (1 Kön 7, 24; 2 Kön 16, 17) genannt, war ein Wasserbehälter im salomonischen Tempel, der für die Waschungen der Priester gebraucht wurde (2 Chr 4, 6). Der Behälter hatte einen Durchmesser von 10 Ellen und war 5 Ellen hoch. Er stand ursprünglich auf zwölf ehernen Stieren, aber Ahas entfernte die Stiere und „setzte ihn auf ein steinernes Pflaster" (2 Kön 16, 17). Er wurde bei der Eroberung Jerusalems durch die Babylonier zerstört (2 Kön 25, 13). Wenn der Behälter mit dem ehernen Kessel des Tabernakels (Ex 30, 18) vergleichbar ist, stand er wahrscheinlich am Eingang des Tempels vor dem Altar.

Obwohl es nie ausdrücklich gesagt wird, entspricht das eherne Meer wahrscheinlich dem „Meer" im babyl. Tempel (s. o. II. 2.), das den *apsû* repräsentierte (vgl. W. F. Albright, Die Religion Israels im Lichte der archäologischen Ausgrabungen, 1956, 166–168).

Ringgren

יָמִין *jāmîn*

ימן *jmn hiph*, יְמָנִי *jemānî*, יְמִינִי *jemînî*, יָמִינִי *jāmînî*, יִמְנָה *jimnāh*, תֵּימָן *têmān*

I. 1. Etymologie – 2. Belege – 3. Bedeutung – II. Verwendung – 1. Rechte Hand – 2. Süden – 3. Günstige Seite, Glück – III. Theologisches – IV. Qumran.

Lit.: *Ch. Cohen / L. I. Rabinowitz*, Right and Left (Enc. Jud. 14, 177–180). – *M. Dahood*, Congruity of Metaphors (VTS 16, 1967, 40–49). – *W. Grundmann*, δεξιός (ThWNT II 37–39). – *G. Rinaldi*, *jmjn (jāmîn)* „La destra" (BibOr 10, 1968, 162).

I. 1. Das Wort, von dem das Verb anscheinend denominiert ist, ist im Akk. (*imnu*, *imittu*, AHw I 377. 379), im Ugar. (WUS Nr. 1179), in der Siloa-Inschrift (KAI 189, 3), im Aram. (reichsaram., nabat., palmyr., DISO 109, und syr.), ferner im Arab., Altsüdarab. (Verb und Nomen, s. Conti-Rossini) und im Äth. (*jamān*), doch nicht im Bibl.-Aram. und vorläufig nicht im Phön.-Pun. belegt. Es ist also ein gemeinsemit. Wort (vgl. P. Fronzaroli, AANLR VIII, 20, 1965, 258. 265. 268). Im Äg. findet sich *ỉmn* ʿrechtsʾ neben *wnmj* mit derselben Bedeutung und *ỉmnt(j)* ʿWestenʾ, ʿwestlichʾ (in Ägypten orientiert man sich nach Süden, wo die Quellen des Nils liegen).

2. Im hebr. AT treffen wir *jāmîn* 139mal, ferner 1mal in der Siloa-Inschrift, 3mal im hebr. Sir und (nach Kuhn) 10mal in den Qumran-Texten. Aus *jāmîn* denominiert sich das nur im *hiph* (5mal) belegte Verb. Andere Derivate sind das im AT 33mal, in Qumran 1mal belegte Adj. *jemānî* ʿrechtsʾ, ʿsüdlichʾ, und die nomina gentilicia *jemînî* (13mal), *jāmînî* (1mal) und *jamnāh* (4mal). *têmān* ist 24mal als Subst. und Adj., 10mal als nomen loci belegt, davon stammt das 8mal belegte gentilicium *têmānî*. Die LXX übersetzt überwiegend mit δεξιός und Derivaten.

In antithetischem Parallelismus erscheint *jāmîn* überwiegend mit *śemo'l* ʿlinksʾ (s. u.), in synonymem Parallelismus mit → יד (*jāḏ*) ʿHandʾ, oder → זרוע (*zerôaʿ*) ʿArmʾ, 2mal in Ps 144, 8. 11 mit *pæh* ʿMundʾ (Wort und Tat).

Ähnliche Parallelen erscheinen in Ugarit, z. B. *jmn – šm'l* KTU 1. 2 I, 40; 1. 23, 63f.; *jd* = *jmn* KTU 1. 2 I, 39; 1. 4 VII, 40f.; 1. 10 II, 6f.; 1. 14 II, 14f.; 1. 15 II, 17f.; 1. 16 I, 41f. 47f.; 1. 19 IV, 56–58; *jmn* – *p* KTU 1. 23, 63f.; vgl. L. R. Fischer, RSP I, 1972, II Intr. 7d, 218 a. d, 239a, 240 a. d, 461a und II, 1975, I 54a.

3. Drei Bedeutungen sind im Gebrauch von *jāmîn* festzustellen: 1) die häufigste, die ʿrechteʾ (Seite, Hand usw.), bzw. ʿrechtsʾ. Mit der Hand verbunden erhält es manchmal die bildliche Bedeutung von ʿKraftʾ, ʿMachtʾ. 2) Manchmal bezeichnet das Wort und seine Derivate den ʿSüdenʾ. 3) Seltener, jedoch in der Namengebung implizit, ist die Bedeutung die ʿgute, günstige Seiteʾ (latus faustum). Zwischen der ersten und der zweiten Bedeutung ist der Zusammenhang offensichtlich: der Süden liegt rechts, wenn

man in Richtung des Sonnenaufgangs schaut („sich orientiert"). Die Beziehungen zwischen den ersten beiden Bedeutungen und der dritten (wenn überhaupt vorhanden) können nicht mehr ermittelt werden; es genügt die Feststellung, daß in vielen alten und modernen Kulturen die rechte Seite auch die „gute", die „günstige" ist, so daß man z. B. die rechte Hand gibt und von rechts nach links reicht. (Möglicherweise hat die Tatsache, daß die meisten Menschen rechtshändig sind, mitgewirkt.) Die Annahme zweier homophoner Wurzeln erweist sich als unnötig und unbegründet.

II. 1. Die 'rechte' Hand bzw. Seite ist die Bedeutung, in der *jāmîn* und *j^{e}mānî* am häufigsten vorkommen, sowohl im biblischen als im außerbiblischen Bereich. In diesem Sinn steht *jāmîn* oft mit *ś^{e}mo'l* zusammen, entweder ganz buchstäblich, um die Befindlichkeit rechts und links von einer Person oder einem Gegenstand zu bezeichnen (Ex 14, 22. 29; 2 Sam 16, 6; 1 Kön 22, 19; Neh 8, 4; Sach 4, 3. 11) oder im erweiterten Sinn: an allen Seiten, in alle Richtungen, bzw. negiert: in keine Richtung, überhaupt nicht: Jes 9, 19; 54, 3; Ez 21, 21 (zum Text s. Zimmerli, BK XIII/1, 472); Sach 12, 6. Zu beachten sind besonders der Ausdruck „sich anderswohin, nach rechts oder nach links, wenden" (Gen 24, 49 *pānāh*, 2 Sam 2, 21 *nāṭāh*) und der negierte Ausdruck „weder nach rechts noch nach links, d. h. überhaupt nicht, abbiegen" (mit *nāṭāh* Num 20, 17; 22, 26; 2 Sam 2, 19, mit *sûr* Deut 2, 27; 1 Sam 6, 12, bildlich vom Urteil des Richters Deut 17, 11, und vom zielbewußten Einhalten der Gesetze Deut 5, 32; 17, 20; Jos 1, 7; 2 Kön 22, 2 = 2 Chr 34, 2; Jes 30, 21; vgl. 1 Makk 2, 22; mit besonderem Bezug auf Götzendienst Deut 28, 14; Jos 23, 6), ähnlich mit verbalem Ausdruck 2 Sam 14, 19. Eine Wahlsituation ist Gen 13, 9 (zum Teil verbal) vorausgesetzt, die Unfähigkeit zwischen rechts und links zu unterscheiden deutet Jon 4, 11 die fehlende Urteilskraft der Niniviten an.

Gelegentlich wird ganz neutral erwähnt, daß der eine oder andere die rechte oder linke Hand für einen bestimmten Zweck benutzt. Die Männer Gideons halten die Fackeln in der linken Hand und die Posaunen in der rechten (Ri 7, 20). Im Deboralied heißt es, daß Sisera „mit der (linken?) Hand" den Zeltpflock ergriff, mit der rechten den Hammer (Ri 5, 26). Mit der linken Hand hält man den Bogen, mit der rechten hält man die Pfeile und spannt die Sehne (Ez 39, 3). Bei der Reinigung der Aussätzigen hält der Priester Öl in der linken Hand und sprengt es mit der rechten vor JHWH; danach bestreicht er damit das rechte Ohrläppchen, den Daumen der rechten Hand und die große Zehe des rechten Fußes des Aussätzigen (Lev 14, 15f. 26f.), ähnlich wird mit dem Blut des Schuldopfers verfahren (Lev 14, 14. 25). Im HL stützt der Mann das Haupt der Geliebten mit seiner linken Hand, und mit der rechten umarmt er sie (HL 2, 6; 8, 3).

Ebenso neutral wird manchmal erwähnt, daß man etwas mit der rechten Hand tut: man gibt Bestechungsgeschenke (Ps 26, 10), hält ein Götzenbild (Jes 44, 20), versucht ein zänkisches Weib einzuhalten (Spr 27, 16), erkämpft den Sieg (Hi 40, 14), hantiert das Losorakel (Ez 21, 27), der Siegelring wird an der rechten Hand getragen (Jer 22, 24; Sir 49, 11). Mit seiner rechten Hand gibt Gott Segen (Ps 16, 11) und hält den Zornesbecher (Hab 2, 16). In einigen Fällen liegt keine besondere Hervorhebung der Rechten vor, in anderen kann der Vorzug der rechten Hand mitklingen.

Wenn 'rechts' und 'links' nebeneinander genannt werden, steht 'rechts' fast immer an erster Stelle (22mal); Ausnahmen Gen 13, 9; Ez 4, 4; 16, 46. Die Rechte hat irgendwie den Vorzug. Als Jakob Ephraim mit seiner rechten Hand segnet, Manasse aber mit der linken, bedeutet das, daß der Jüngere einen größeren Segen bekommt (Gen 48, 14. 19). Die rechte Seite ist auch die Ehrenseite: die Königin-Mutter sitzt zur Rechten des Königs (1 Kön 2, 19), ebenso die Braut des Königs (Ps 45, 10); der König soll zur Rechten JHWHs sitzen (Ps 110, 1); so ist der König auch „der Mann deiner Rechten" (Ps 80, 18; vielleicht klingt der Gedanke mit, daß der König die Kraft JHWHs vermittelt). In Deut 33, 2 ist der Text verderbt: *'eš dāṯ* ist zur Rechten JHWHs; die Konjekturen wollen nicht recht befriedigen (s. die Komm.).

Da die Rechte die Hand ist, mit der Menschen handeln, bedeutet das Erhöhen der Rechten eine Stärkung der Kraft (Ps 89, 43). Wenn JHWH die rechte Hand eines Menschen ergreift, heißt das eine Stärkung des Betreffenden (Jes 41, 13 Israel; 45, 1 Kores; vgl. Ps 63, 9; 73, 23 – ähnlich akk. *qāta ṣabātu/aḫāzu* für Führen und Hilfe, AHw II 909). JHWH läßt seinen gewaltigen Arm zur Rechten des Mose einhergehen und gibt ihm dadurch eine mächtige Hilfe (Jes 63, 12). Pred 10, 2 ist die rechte Seite die des Glücks und Erfolgs.

Von alters her steht oft „die Rechte" bildlich-poetisch für „die Kraft", „die Macht".

In diesem Sinn steht *jāmîn* parallel oder sonst zusammen mit → יד (*jāḏ*) (Jes 48, 13; Ps 74, 11; 89, 14; 138, 7; 139, 10) oder → זרוע (*z^{e}rôa'*) (Ps 44, 4; 98, 1) oder aber allein (Ex 15, 6. 12; Ps 18, 36 – fehlt 2 Sam 22 –; 48, 11; 63, 9; 78, 54; 80, 16; 118, 15f.; Kl 2, 3f.). Die bisherigen Belege beziehen sich auf die Rechte, d. h. die Kraft JHWHs. Es kann sich aber auch um die „Rechte" des Königs (Ps 21, 9 mit *jāḏ*) oder sonstiger Menschen (Ps 26, 10 mit *jāḏ*; 144, 8 mit *jāḏ*; Hi 40, 14 allein) handeln.

Auch hier spielt die Rechtshändigkeit der meisten Menschen hinein. Ri 3, 15 hebt Linkshändigkeit als etwas Besonderes hervor, wenn auch das dort gebrauchte Wort *'iṭṭer* noch unsicherer Bedeutung ist (vgl. schon LXX ἀμφοτεροδέξιος, kaum zu Recht); vgl. auch Ri 20, 16. Das Verb hat einmal, 1 Chr 12, 2 den Sinn 'die Rechte gebrauchen' (und also mit beiden Händen schießen); sonst bedeutet es immer 'nach rechts gehen'. Die rechte Hand ist demnach die Tat- oder Leistungshand.

* Besonders in der Gestik spielt „die Rechte" eine große Rolle. Das Erheben der rechten Hand galt als Geste der Bekräftigung, so vor allem beim Abschluß eines Vertrages (z. B. Ez 17, 18) oder bei einem Eid (Gen 14, 22); vgl. dazu bes. Z. W. Falk, Gestures Expressing Affirmation, JSS 4, 1959, 268f. – Die Identifikation von der Rechten als Schwurhand mit dem Schwur selbst sieht L. Kopf, VT 9, 1959, 257 bereits terminologisch in *jāmîn* gegeben, das – wie arab. *jmn* – selbst auch „Schwur" bedeuten kann.

(*Fabry*)

Dahood (40ff.) hat sich gefragt, warum in den Psalmen von der linken Hand keine Rede ist. Eine Antwort sucht er in der Tatsache, daß *jāḏ* und *jāmîn* oft parallel stehen und versteht *jāḏ* als die linke Hand, z. B. Ps 89, 14 „stark ist deine (linke) Hand, und hoch ist deine Rechte", vgl. Jes 48, 12f. Gott hat mit seiner (linken) Hand die Erde gegründet und mit seiner Rechten den Himmel ausgespannt. Diese Erklärung ist möglich. Doch wahrscheinlicher ist der Vorschlag von M. Dietrich und O. Loretz (BiOr 23, 1966, 130), die den Parallelismus als steigernd auffassen: Kraft – große Kraft. Es ist aber auch möglich, den Parallelismus als identisch zu fassen: es handelt sich in beiden Fällen um Gottes Kraft im allgemeinen. Vgl. den ähnlichen Parallelismus zwischen *ṣaḏ* 'Seite' und *jāmîn* Ps. 91, 7: „Tausend fallen zu deiner Seite, zehntausend zu deiner Rechten". Der einzige Fall, wo die vorgeschlagene Deutung wahrscheinlich ist, ist Ri 5, 26 (s. o.).

2. Für den 'Süden' bzw. 'südlich' haben wir *jāmîn* u. a. Jos 17, 7; 1 Sam 23, 19. 24; 2 Sam 24, 5; 1 Kön 12, 10; Ez 10, 3; Ps 89, 13 (hier Gegensatz *ṣāpôn*), daneben auch *j^emānî* 1 Kön 6, 8; 7, 39; 2Kön 11, 11; Ez 47, 1 f.; 2 Chr 4, 10; 23, 10 (alle mit *kāṯep/kæṯæp*). M. Palmer (The Cardinal Points in Ps 48, Bibl 46, 1965, 357f.) zieht noch Ps 48, 11 heran, was aber unwahrscheinlich ist.
In manchen von diesen Stellen wäre freilich eine Übersetzung mit 'der rechten Seite' oder 'rechts' auch in Betracht zu ziehen; dagegen steht aber die Tatsache, daß die Bezeichnung dann völlig ungewiß bliebe, indem wir den Standort des Erzählers nicht kennen.
Eindeutig auf den 'Süden' bezogen ist dagegen *têmān* (20mal + Sir 43, 16); 4mal steht es ferner als terminus technicus für den 'Südwind' (Sach 9, 14; Ps 78, 26; Hi 39, 26; HL 4, 16). Es erscheint auch als nomen loci für eine im nördlichen *ḥeǧāz* gelegene Gegend, die vom modernen hebräischen Gebrauch (= Jemen) zu unterscheiden ist. Sie ist nach Y. Aharoni (The Land of the Bible, London 1967, 384; vgl. Abel, Géographie I, 284) mit *ṭawīlân* identisch.
3. Als Bezeichnung für die „günstige Seite" (latus faustum), davon das „Glück", ist die Namengebung Benjamins, Gen 35, 18, heranzuziehen. Das nach dem Brauch von der Mutter *bæn 'ônî* „Sohn meiner Trauer", genannte Kind, wird hier durch den Vater sofort in *binjāmîn* umbenannt, „Sohn der Rechten", also „Glückskind" (Noth). Dieser doppelte Sinn ist auch im Arab. belegt, wo *jamana* sowohl 'nach rechts gehen' als auch 'glücklich sein' heißt, vergleiche den Landnamen *al-jaman* „Jemen", Arabia meridionalis bzw. felix. Während freilich in Israel der Name Benjamin auch auf die Tatsache hindeutet, daß der betreffende Stamm am südlichen Ende eines noch ohne Juda vorausgesetzten Israels lag, so zeigt doch die erwähnte Namengebung, daß auch das Element des Glücks darin eine Rolle spielt, vgl. die Personen- und Landnamen *jāmîn*, *jāmînî* und *j^emînî*.
Der erwähnte Name Benjamin kommt als *binjāmîn* ca. 170mal vor, in der Var. *bæn-jāmîn* (oder *bæn 'îš j^emînî* oder *bæn haj^emînî*) 7mal. Diese Verbindungen sind alt: sie stehen wohl schon hinter der Bezeichnung eines halbnomadischen Stammes in der Gegend von Mari (18.–17. Jh.) als DUMU^MEŠ – *jamīna*, oft als *binū-jamīna* (westsemit.) gelesen; allerdings ist auch die Lesart *marū-jamīna* (akk.) für das Logogramm in Betracht zu ziehen, in welchem Fall wir es einfach mit 'Südländern', ohne Beziehung zum alttestamentlichen Namen zu tun hätten (vgl. K. D. Schunck, Benjamin, Untersuchungen zur Entstehung und Geschichte eines israelit. Stammes, BZAW 86, 1963, 3–8).

III. JHWHs Rechte ist „schrecklich an Kraft" (Ex 15, 6; lies vielleicht *ne'dôrî*, Inf. abs., mit W. L. Moran, The Hebrew Language in its Northwest Semitic Background, in: The Bible and the Ancient Near East, Festschr. W. F. Albright, hrsg. von G. E. Wright, Baltimore-London 1961, 54–72, bes. 60, und Anm. 48 mit Lit.); sie „hat die Erde gegründet und ... den Himmel ausgebreitet" (Jes 48, 13); sie „stärkt" bzw. „unterstützt" den Beter (Ps 18, 36; der Ausdruck fehlt aber im Paralleltext 2 Sam 22, 36 und ist deswegen nach einigen Kommentaren zu streichen; zum Problem vgl. noch G. Schmuttermayr, Psalm 18 und 2 Samuel 22. Studien zu einem Doppeltext, StANT 25, 1971, 147f., der zur Streichung neigt, obwohl eine begründete Entscheidung für ihn nicht möglich ist; dazu kritisch E. Zenger, BZ NF 20, 1976, 265f.). In einer Vertrauensäußerung Ps 63, 9 wähnt sich der Fromme von JHWHs Rechten gehalten; selbst am äußersten Meer würde seine Rechte ihn fassen, Ps 139, 10. JHWHs Rechte – zusammen mit weiteren Gliedern seines Körpers – bewirkte die Landnahme und nicht der Mut oder die Macht des Gottesvolkes (Ps 44, 4; 48, 11; vgl. 78, 54; 80, 16; JHWHs „Rechte ist voller Gerechtigkeit" (oder: „Ruhm"? → צדק [*ṣdq*]); wenn JHWH seine „Rechte zurückhält" bzw. „-zieht", dann ergeht es auch dem Gottesvolk schlecht (Ps 74, 11; Kl 2, 3–4); seine Rechte ist ferner „erhaben" (Ps 89, 14); „seine Rechte und sein heiliger Arm haben gesiegt" (Ps 98, 1; vgl. 118, 15f.; Ex 15, 12). Aber auch die „Rechte" des Königs vermag Wunder zu wirken (Ps 21, 9; 45, 5). Die Terminologie erinnert stark an diejenige, die für den Gott Israels gebraucht wird: „Des Königs (linke) Hand wird dessen Feinde ergreifen; des Königs Rechte wird dessen Hasser ergreifen!" (beide Male *timṣā'*, das wohl, mit M. Dahood, AB 16, 133, doch ähnlich schon G. R. Castellino 1955, auf Grund von 1 Sam 23, 17, mit ʿeinholenʾ, ʿergreifenʾ übersetzt werden muß. Das zweite *timṣāʾ* wird manchmal mit Symm. und Tg. in *timḥāṣ* abgeändert, was sich aber nicht empfiehlt). In Ps 45, 5 erscheint der König als siegreicher Regent: „Deine Rechte weise auf furchtbare Taten!" (*nôrāʾôṯ*), oder (nach Castellino) „Deine Rechte zielt furchtbar!" (der Text ist entstellt). Dasselbe Bild erhalten wir dort, wo die „Rechte" für andere, gewöhnliche Menschen gebraucht wird; bemerkenswert sind Ps 144, 8, wo die Errettung „aus den großen Wassern" in Parallele steht mit der Errettung „aus der Hand der Fremden, deren Mund Falsches redet, deren Rechte geschickt im Betrug ist"; ferner die ironische Bemerkung JHWHs, Hi 40, 14: Hiob wird aufgefordert, es Gott gleich zu tun: nur „dann werde auch ich [JHWH] dich loben, weil deine Rechte dir Rettung gebracht hat!" Die selbstverständliche Voraussetzung dieser Rede ist freilich, wie sonst im AT, daß die menschliche Rechte dazu nicht imstande ist.

* IV. In Qumran begegnet ימין ca. 13mal und bleibt vornehmlich im Rahmen des at.lichen Sprachgebrauches, wenn es die kraftvolle „Rechte" Gottes meint, die erschafft (1QH 17, 18) und dem Beter Schutz gewährt (1QH 18, 7). Als solche ist sie auch die erste Aufschrift auf den Feldzeichen in der eschatologischen Entscheidungsschlacht (1QM 4, 7). Der qumran-essenische Beter sieht sich an seiner Rechten von Gott gestützt (1QS 11, 4f.). Die negierte meristische Form *lwʾ jmjn wśmʾwl* „weder rechts und links (abweichen)" (1QS 1, 15; 3, 10) bezeichnet die Geradlinigkeit in der Befolgung der Thora.

(*Fabry*)

Soggin

יָנָה *jānāh*

1. Etymologie, Belege – 2. Die *qal*-Form – 3. Die *hiph*-Form.

1. Die Wurzel *jānāh* ist im Mhebr. (*hiph*: ʿübervorteilenʾ, [mit Worten] ʿärgernʾ), im Jüd.-aram. (*aph* ʿunterdrücken, übervorteilen, ärgernʾ), im Altaram. (Sefire, KAI 223 B 16, ʿbedrücken, bedrängenʾ) und im Altass. (*wanāʾum*, ʿunter Druck setzen, bedrängenʾ), vielleicht auch im Arab. (*wanā*, ʿschwach seinʾ) belegt. Im Hebr. des AT finden sich teils 4 Belege vom Ptz. *qal* (außerdem ein Beleg Ps 123, 4, wo jedoch für *geʾê jônîm gaʾajônîm* zu lesen ist), teils 14 Belege von verschiedenen *hiph*-Formen, die sich fast ausschließlich auf Gesetze (Bb. H) und auf Gesetze anspielende Prophetensprüche (davon 6 bei Ez) verteilen. LXX übersetzt Ptz. *qal* mit (μάχαιρα) ʿΕλληνική (2mal), μεγάλη Jer 25, 38, περιστερά Zeph 3, 1. *Hiph* wird mit κακοῦν übersetzt, 4mal mit θλίβειν.

2. Das Ptz. *qal* ist vor allem in der Kombination *ḥæræḇ hajjônāh*, „würgendes, gewalttätiges Schwert", belegt. Der Ausdruck findet sich an drei Stellen im Jer-Buch, zunächst in 25, 38, einem Vers, der die Kommentare zur Vision vom Zornesbecher, 25, 15ff., abschließt und vielleicht nicht von Jeremia stammt. Das Land (Juda? das Land der Feinde?) ist zur Wüste geworden vor dem (seinem?) gewalttätigen Schwert (l. *haḥæræḇ* od. *ḥarbô hajjônāh; ḥarôn* ist aus dem folgenden Satz eingedrungen) und vor seinem (JHWHs? Nebuchadrezzars?) glühenden Zorn (gegen die RB 1931, 92f. vorgeschlagene Deutung ʿTaubeʾ der Ištar s. Condamin, Bibl 12, 1931, 242f.). In der Aussage über Ägypten, Jer 46, heißt es dann v. 16, daß die Söldner zueinander sagen: „Auf, laßt uns zurückkehren zu unserem Volke, in das Land unserer Heimat, vor dem gewalttätigen Schwert." Ein ähnlicher Satz kehrt in der Aussage über Babel, 50, 16, wieder: „Vor dem gewalttätigen Schwert wendet sich ein jeder zu seinem Volk, flieht ein jeder in sein Land." Der Vers spielt auf Jes 13, 14 an und ist sicher als sekundär zu betrachten. Schließlich bezeichnet Zeph 3, 1 Jerusalem als die widerspenstige (*moreʾāh*), befleckte (*nigʾālāh*) und gewalttätige (*jônāh*) Stadt. Aus den folgenden Versen geht hervor, daß es sich um gewalttätige Fürsten, ungerechte Richter und betrügerische Propheten handelt.

3. Das *hiph* bedeutet ʿbedrückenʾ, ʿvergewaltigenʾ. Es begegnet zunächst im Bundesbuch, wo Ex 22, 20 verboten wird, einen Schutzbürger (*ger*) zu ʿbedrückenʾ oder zu bedrängen (→ לחץ [*lāḥaṣ*]); das Verbot wird durch einen Hinweis darauf begründet, daß die Israeliten selbst in Ägypten Schutzbürger gewesen sind. Dieses Verbot wird dann im Heiligkeitsgesetz (Lev 19, 33) wieder aufgenommen (mit pluraler Anrede) mit derselben Begründung (v. 34b) aber dahin weiter ausgeführt, daß man ihn wie einen Eingeborenen (*ʾæzrāḥ*) behandeln und ihn wie sich selbst lieben soll. In den Bestimmungen über Ackerkauf im Zusammenhang mit dem Jobeljahr, bezieht sich das Verbot (Lev 25, 14. 17) auf Bedrückung des Nächsten (*ʾāḥ*, *ʿāmîṯ*) und ist wohl durch die Tatsache begründet, daß es sich in der Regel um Notverkäufe handelt: man soll die Zwangslage eines anderen nicht ausnutzen (Elliger, HAT I/4, 353).

Deut 23, 17 wird verboten, einen geflohenen Sklaven zu „bedrücken"; man darf ihn nicht seinem früheren Herrn ausliefern, sondern ihn, wo er will, wohnen lassen. Im Bundesbuch folgt auf das Verbot gegen Bedrückung des *ger* noch ein Verbot gegen Vergewaltigung (*ʿnh pi*) der Witwen und Waisen (Ex 22, 21). Diese Kombination findet sich dann Jer 22, 3 wieder, wo in einer Prosaaussage im dtr Stil an den König und sein Volk die Mahnung begegnet: „Übt Recht und Gerechtigkeit ..., plagt (*jānāh hiph*) und vergewaltigt (*ḥms*) den Fremdling (*ger*), die Waise und die Witwe nicht."

Ezechiel gebraucht z. T. andere Vokabeln. Zwar steht 22, 7 die Anklage „die Waise und die Witwe bedrückt man bei dir" (so auch 22, 29), aber in der

Ausführung über die persönliche Verantwortlichkeit des Individuums, Kap. 18, heißt es vom Frevler, daß er *ʿānî weʾæbjôn* (Psalmensprache) bedrückt (v. 12) und daß der Gerechte keinen Mann (Menschen) bedrückt (vv. 7. 16). Im Verfassungsentwurf am Ende des Buches wird schließlich den Fürsten verboten, das Volk zu bedrücken (45, 8) und etwas vom Erbbesitz des Volkes zu nehmen und die Volksglieder dadurch „von ihrem Besitz zu ʿverdrängenʾ" (46, 18): ein jeder soll unbehindert über seinen Erbbesitz verfügen.

Außerhalb dieser Traditionskette steht ein Beleg bei DtJes, wo Gott verspricht, die Bedrücker des Volkes (*monajik̠*) ihr eigenes Fleisch verzehren zu lassen, „damit alle Welt erkenne, daß ich, JHWH, dein Helfer und Erlöser bin" (Jes 49, 26). Zu dieser Kategorie würde auch Ps 74, 8 gehören, falls statt *nînām* entweder *nînem* (*qal*) oder *nônem* (*hiph*) zu lesen wäre: die Feinde sagen also: „Wir wollen sie bedrücken". In Qumran begegnet *jnh* nur in 4 QpPs 37, 3, 7 im Pescher zu Ps 37, 20. Hier sind es die Führer der Gottlosigkeit, die das Volk Gottes „bedrückt" haben, ein deutlicher Hinweis auf die Situation von Verfolgung und Nachstellung in Qumran.

Ringgren

יָנַק *jānaq*

יוֹנֵק *jôneq* יוֹנֶקֶת *jônæqæt̠*

I. 1. Etymologie – 2. Die ugar. Belege – 3. Belege im AT – II. Verwendung im AT – 1. *qal* – 2. *hiph* – 3. *jôneq* – 4. *jônæqæt̠*.

I. 1. Der Verbalstamm *jnq* ʿsaugenʾ ist in verschiedenen aram. Dialekten (DISO 109, auch syr., mand.), im Ugar. (WUS Nr. 1188) und im Akk. (*enēqu*, AHw I, 217, immer im wörtlichen Sinn) bezeugt; wahrscheinlich gehört auch äg. *śnk̠* ʿsäugenʾ, ʿsaugenʾ (WbÄS IV, 174, urspr. Kausativbildung) hierher.

2. Von besonderem Interesse sind die ugar. Belege. Vom Sohn des Königs Keret heißt es: „Er wird die Milch der Athirat saugen und die Brüste der Jungfrau Anat schlürfen (*mss*)" (KTU 1.15 II 26). Von den „gnädigen" Göttern Šahar und Šalim heißt es wiederholt, daß sie die Brüste der Athirat und Raḥmai saugen (KTU 1.23, 24. 59. 61). An der letzten Stelle fährt der Text fort: „Eine Lippe zur Erde und eine Lippe gen Himmel, und die Vögel des Himmels und die Fische im Meer gehen in ihren Mund, und sie eilen von Stück zu Stück, wie sie bereitet werden und von rechts und links in ihren Mund (gelegt), und werden nicht gesättigt."

3. Das AT enthält 8 Belege für *qal* und 10 Belege für *hiph*; dazu kommen 11 Belege für das Ptz. *qal jôneq* in der Bedeutung ʿSäuglingʾ und 5 Belege für das Ptz. *hiph mênæqæt̠* ʿAmmeʾ. Das Ptz. *qal* bedeutet ʿSprößlingʾ und findet sich 6mal. Daneben kommt *jenîqāh* ʿSprößlingʾ 1mal vor (Ez 17, 4).

LXX übersetzt meistens mit θηλάζειν, Jes 60, 16 mit ἐσθίειν, *hiph* oft τροφεύειν, *jôneq* mit νήπιος (vgl. G. Bertram, νήπιος, νηπιάζω, ThWNT IV 913–925). Für *mênæqæt̠* hat LXX τρόφος.

II. 1. Die *qal*-Formen haben zunächst die wörtliche Bedeutung ʿsaugenʾ (Hi 3, 12 „wozu (gab es) Brüste, die ich sog?" HL 8, 1 „O, wärest du mein Bruder, der die Brüste meiner Mutter gesogen hat"). Die übrigen Belege weisen bildliche Verwendung auf. So wird Deut 33, 19 von Sebulon gesagt: „Sie saugen den Reichtum des Meeres ein", d. h. genießen den Ertrag des Meeres, und Jes 60, 16 vom wiederaufgerichteten Zion: „Du wirst die Milch der Völker ‚schlürfen', an der Brust der Könige trinken", d. h. die Reichtümer der Völkerwelt einheimsen. Jes 66, 11 heißt es nach einer Aufforderung an die Einwohner Jerusalems, sich zu freuen: „daß ihr euch labet (*jnq*) und satt werdet an der Brust ihres Trostes, daß ihr schlürfet (*mṣṣ*) und euch erquicket (ʿ*ng hitp*) an ihrer reichen Mutterbrust" (*wînaqtæm* v. 12 ist in *wejonaqtām* zu verbessern). Jerusalem wird also als Mutter dargestellt und seine Einwohner als Säuglinge, die von ihr reichlich ernährt werden.

Anderer Art ist Hi 20, 16 „Das Gift von Vipern saugt er (der Frevler) ein, es tötet ihn der Otter Zunge."

2. Die *hiph*-Belege sind meistens wörtlich gemeint: ʿsäugen, stillenʾ: Gen 21, 7 („Wer hat Abraham verkündet, daß Sara Kinder stillt?"); 32, 16 („dreißig säugende Kamele"); Ex 2, 7. 9 (vom Stillen des Kindes Mose); 1 Sam 1, 23 (Hanna stillte das Kind Samuel); 1 Kön 3, 21 („ich stand auf, um mein Kind zu stillen"); Kl 4, 3 („selbst Schakale säugen ihre Jungen"). Nur Deut 32, 13 findet sich eine übertragene Bedeutung: Gott „ließ [Israel] Honig ʿschlürfenʾ aus den Felsen und Öl aus Kieselgestein".

Das Ptz. *mênæqæt̠* heißt ʿAmmeʾ (Gen 35, 8; 24, 59; 2 Kön 11, 2 = 2 Chr 22, 11), übertragen Jes 49, 3 „Könige werden deine Wärter sein und Fürstinnen deine Ammen."

3. *jôneq* heißt ʿSäuglingʾ, ʿkleines Kindʾ und steht oft mit ʿ*ôlel* (→ עול) in ähnlicher Bedeutung zusammen. Saul wird aufgefordert, unter den Amalekitern „Männer und Frauen, Kinder und Säuglinge" (*meʿôlel weʿad jôneq*) zu töten (1 Sam 15, 3). Saul tötet die Bevölkerung von Nob, Männer und Frauen, Kinder und Säuglinge ... (1 Sam 22, 19). Jeremia fragt, ob die Israeliten durch ihre Sünden Mann und Weib, Kind und Säugling (ʿ*ôlel wejôneq*) ausrotten wollen (Jer 44, 7), und in Kl 2, 11 wird geklagt, daß Kinder und Säuglinge auf den Plätzen verschmachten, und Kl 4, 4 werden wieder *jônᵉqîm* und ʿ*ōlālîm* als Opfer des Durstes und des Hungers genannt. Die Kombination besagt offenbar, daß sogar die Kleinsten ausgerottet werden oder Opfer der Heimsuchung sind. Deut 32, 25 steht „der Säugling samt dem ergrauten Mann" (*jôneq* ʿ*im* ʾ*îš śêbāh*), um die

Ganzheit der Bevölkerung als Opfer des Krieges zu beschreiben. Im Aufruf zur Bußfeier Jo 2, 12ff. sagt der Prophet: „Versammelt (*'sp*) das Volk ... versammelt (*qbṣ*) die Greise, holt herbei (*'sp*) die Kinder und Säuglinge!" M. a. W., die ganze Bevölkerung soll aufgerufen werden.
An anderen Stellen wird auf das kleine, hilfsbedürftige Kind Bezug genommen. So fragt z. B. Mose, ob er sich des Volkes annehmen soll, wie die Wärterin den Säugling trägt (Num 11, 12). Jes 11, 8 wird der Frieden in der Natur u. a. dadurch veranschaulicht, daß der Säugling an dem Loch der Otter wird spielen können. Auf dieselbe Weise faßt man gewöhnlich Ps 8, 3 auf: *mippî jôneqîm weʿôlelîm jissadtā ʿoz*, „Aus dem Mund der Kinder und Säuglinge hast du eine Feste gegründet", d. h. sogar die Kleinsten und Schwächsten sind als Schutz gegen die feindliche Macht des Chaos geeignet, weil JHWH dahinter steht. LXX und S fassen *ʿoz* als 'Lobpreis' auf, was den Sinn ergibt, daß sogar der stammelnde Lobgesang der kleinen Kinder Gott wohlgefällig ist. Beide Deutungen bereiten Schwierigkeiten, und dasselbe gilt für den Versuch, den Vers mit dem vorhergehenden zu verbinden: „Du, dessen Hoheit am Himmel besungen wird (*tenāh* von *tānāh* Ri 5, 11) vom Munde der Kinder ..." Nun wird aber *min* normalerweise nicht als Präp. des agens gebraucht, dagegen oft im Ausdruck „Zuflucht vor etwas suchen". *ʿoz* könnte demnach als *māʿôz* verstanden werden, und die Übersetzung würde lauten: „Vor dem Mund der *jôneqîm* hast du eine Zuflucht gegründet." Dann aber kann *jôneqîm* nur als ein Hinweis auf die mythologischen *jnqm* des ugar. Textes über die „gnädigen Götter" verstanden werden (H. Ringgren, SEÅ 37–38, 1972–73, 17f.; ähnlich C. Schedl, Forschungen und Fortschritte 38, 1964, 183ff.); (vgl. dazu auch W. Rudolph, Festschr. W. Zimmerli, 388–396). Da Ps 73, 9f. wie ein Echo desselben Textes klingt (H. Ringgren, VT 3, 1953, 265ff.; vgl. auch das Verb *msh*, das an *mss* im Keret-Text erinnert), ist es nicht unwahrscheinlich, daß der Mythus in Israel bekannt gewesen ist. Der Ps 8, 3 hat in der älteren jüdischen Exegese eine Umdeutung erfahren, indem hier die *jôneqîm weʿôlelîm* auf Israel als das schwache und hilflose Volk bezogen werden; Raschi deutet es sogar auf die Priester und Leviten (vgl. Bertram, 922). – Zu *jôneq* Jes 53, 2 vgl. u. 4.
4. *Jônæqæt* heißt 'Sprößling, Schoß', wie auch *jôneq* Jes 53, 2. Das Wort kommt ausschließlich in bildlicher Verwendung vor.
Ps 80, 9ff. stellt Israel als einen Weinstock dar, den JHWH aus Ägypten verpflanzt hat; v. 12 sagt, daß er seine Sprosse bis an den Strom breitete. Hos 14 beschreibt die Wiederherstellung Israels in Termini der Fruchtbarkeit und sagt v. 7: „Seine Schößlinge sollen sich ausbreiten." Im Doppelgleichnis Ez 17 wird zweimal erzählt von einem Adler, der von einer hohen Zeder ein Reis vom obersten Zweig (v. 4 *jenîqāh*, v. 22 *jônæqæt*) nimmt. Das erste Mal pflanzt er es „im Krämerland", das zweite Mal auf einem hohen Berg. Das erste Gleichnis handelt von der Wegführung des Königs in Gefangenschaft nach Babel, das zweite von der Wiederherstellung Israels.
Die übrigen Belege finden sich im Buche Hiob, wo zunächst Bilder aus der Pflanzenwelt das Schicksal des Frevlers veranschaulichen: er wächst in der Sonne und seine Sprosse erstrecken sich im Garten (8, 16), aber bald ist es mit ihm aus (v. 18); er wird seinem Schicksal nicht entrinnen, „seine Schößlinge dörrt die Flamme" (15, 30). Dagegen Hi 14, 7 „Für den Baum gibt es doch eine Hoffnung: wird er umgehauen, kann er wieder treiben, und seine Schößlinge hören nicht auf" – der Mensch aber stirbt und ist dahin (v. 10). Schließlich steht *jôneq* Jes 53, 2 in derselben Bedeutung: der Knecht wuchs auf „vor ihm" (JHWH? „vor sich hin", Nyberg, SEÅ 7, 1942, 49, oder lies: *lepānenû*, „vor uns"?) „wie ein Schoß und wie eine Wurzel aus dürrem Boden" – ein Bild seiner Geringheit und Schwäche.

Ringgren

יָסַד *jāsad*

יְסוֹד *jesôd*, יְסוּדָה *jesûdāh*, יְסֻד *jesud*,
מוּסָד/מוּסָדָה *mûsād(āh)*,
מוֹסָד/מוֹסָדָה *môsād(āh)*, מַסָּד *massād*

I. Allgemein – 1. Wurzel – 2. Verwandte Sprachen – 3. Statistik – 4. Grundbedeutung – II. Der biblische Befund – 1. Substantive – a) *jesôd*, *jesûdāh*, *jesud* – b) *mûsād/mûsādāh* – c) *môsād/môsādāh*, *massād* – 2. Verb – a) *qal*, *niph* – b) *pi*, *pu*, *hoph* – III. Theologische Verwendung – 1. JHWH, der Gründer der Erde – 2. Unzugänglichkeit der Gründung der Erde – 3. Fundamentlegung durch JHWH – 4. Fundamentlegung für den zweiten Tempel – 5. Der Sockel des Altars.

Lit.: *B. Couroyer*, Un égyptianisme biblique: „Depuis la fondation de l'Égypte" (Ex IX, 18), (RB 67, 1960, 42–48). – *W. Foerster*, κτίζω κτλ. (ThWNT III 999–1034). – *A. Gelston*, The Foundations of the Second Temple (VT 16, 1966, 232–235). – *P. Humbert*, Note sur *yāsad* et ses dérivés (VTS 16 = Festschr. W. Baumgartner, 1967, 135–142). – *E. Jenni*, Das hebräische Piʿel, Zürich 1968, 211–212. – *H. Muszyński*, Fundament - Bild und Metapher in den Handschriften aus Qumran (AnBibl 61), 1975, bes. 46–65. – *W. H. Schmidt*, *jsd* gründen (THAT I 736–738). – *K. L. Schmidt*, θεμέλιος κτλ. (ThWNT III 63–64).

I. 1. Neben *jsd* I 'den Grund legen', 'Grundlegung, Fundament' o. ä. nehmen die Wörterbücher in Ps 2, 2; 31, 14 – wohl zu Recht – einen Stamm *jsd* II 'sich zusammentun' o. ä. als sekundäre Bildung zu *sôd* (→ סוד) an (vgl. GesB; KBL[3] u.a. s.v.). Es ist möglich, daß *jsd* I und *swd/jsd* II auf einen gemeinsamen semit. Grundstamm zurückgehen. Dessen

Grundbedeutung wird mit 'zusammenbinden, binden' o. ä. angenommen (vgl. Gesenius, Thesaurus II, 601–603). Der tatsächliche Gebrauch des hebr. *jsd* I sowie seiner Äquivalente in anderen semit. Sprachen läßt jedoch keinerlei Anklänge an diese angenommene Grundbedeutung erkennen, so daß aus dem postulierten gemeinsamen Grundstamm von *jsd* I und *swd/jsd* II für die Bedeutung von *jsd* I keine Folgerungen gezogen werden können (vgl. auch H. J. Fabry, סוד als ekklesiologischer Terminus, in: Festschr. G. J. Botterweck, BBB 50, 1977, 102; anders Muszyński 46f.).
In Qumran vermischen sich die beiden Wurzeln *jsd* und *swd* in einem Maße, daß oft kein Bedeutungsunterschied mehr festgestellt werden kann (vgl. Muszyński 46, Anm. 109, Lit.). Jedoch liegt hier offensichtlich eine Bedeutungsentwicklung vor, die für Qumran typisch ist. „Der biblische Sprachgebrauch bezeugt" jedenfalls „einen festgeprägten unterschiedlichen Sachinhalt beider Worte" (Muszyński 47; vgl. 52), so daß vom Sprachgebrauch in Qumran her keine Rückschlüsse auf at.liches *jsd* I möglich sind.
2. Hebr. *jsd* I ist wurzelgleich mit asarab. *mwśd* 'Grund' (vgl. W. W. Müller, Altsüdarabische Beiträge zum Hebräischen Lexikon, ZAW 75, 1963, 304–316) und arab. *wisād* (= jüd.-aram. *'issāḏā*) 'Kissen', 'stützende Unterlage'. Es wird ferner zusammengebracht mit syr. *satta* 'Rebsteckling'. *jsd* I ist ugar. als Substantiv und als Verb belegt (WUS Nr. 1189; UT Nr. 1117, s. u. II. 1.c). Ob *jsd* in ugar. *bn jsd* (WUS Nr. 1190; UT Nr. 1118) und phön. PN *bn jsd* (KAI 29, 2) mit *jsd* I zusammengehört, ist umstritten (vgl. PNU 102. 146). Unsicher ist auch die Lesung *jsdh* (= hebr. *j^esôḏāh*) auf der Stele des Jeḥawmilk von Byblos (vgl. KAI 10, 14).
Das akk. *išdu*, mit hebr. *jsd* I wurzelgleich (so AHw I 393f.; unsicher: GesB; KBL u. a.), weist eine Bedeutungsbreite auf, die der des hebr. *jsd* I ziemlich genau entspricht. *išdu* meint zunächst das Fundament von Bauten, das diesen festen Halt und dauernden Bestand sichert; dann auch den unerschütterlichen Grund einer ganzen Stadt bzw. eines ganzen Landes oder Reiches; ferner die sichere und feste Grundlage der menschlichen Existenz und die Verläßlichkeit eines menschlichen Verhaltens; schließlich die Basis, den unteren Teil z. B. eines Gefäßes oder eines anderen Gegenstandes; dann auch den unteren Teil einer Pflanze oder eines Körperteils (vgl. AHw). Aus *išdu* ist vielleicht *šuršudu* (AHw 960) denominiert.
Bibl.-aram. wird für Fundament das aus dem Akk. übernommene *'uššîn* verwendet, das ebenso wie sum.-akk. *uššū* (vgl. GAG 61h) fast nur als Pl. vorkommt (Esr 4, 12; 5, 16; 6, 3; vgl. Vogt, Lexicon Linguae Aramaicae Veteris Testamenti; KBL s. v.). Dagegen ist im jüd.-aram. neben dem Stamm *'šš* wieder häufig *jsd* I zu finden (vgl. Levi, WTM s. v.).
3. Im AT begegnet *jsd* I in verschiedenen substantivischen Bildungen sowie als Verb. Da akk. und arab. von *jsd* wohl Substantive, jedoch keine Verben belegt sind, dürfte die nominale Verwendung der Wurzel gegenüber der verbalen primär sein. Adjektivische Bildungen fehlen. – Außer den nach Lisowsky 80 Vorkommen der Wurzel im MT ist *jsd* noch belegt Sir 16, 19 *j^esôḏê teḇel* und kann mit Sicherheit vorausgesetzt werden Sir 1, 15: θεμέλιον αἰῶνος (vgl. Spr. 10, 25 *j^esôḏ 'ôlām*); Sir 10, 16: zerstören ἕως θεμελίων γῆς (vgl. Ps 137, 7 *'aḏ hajj^esôḏ bāh*); Sir 50, 15: ausgießen εἰς θεμέλια θυσιαστηρίου (vgl. Lev 4, 7 u. ö. *'æl j^esôḏ mizbe^aḥ*) und wohl auch Sir 3, 9: ἐκριζοῦν θεμέλια (antithetisch parallel zu στηρίζειν οἴκους). Dagegen dürfte Judit 16, 15: Springen der Berge ἐκ θεμελίων eher hebr. *māqôm* wiedergeben (vgl. Hi 9, 6; 18, 4; Jes 13, 13).
Von den 80 Belegen im MT entfällt etwa die Hälfte auf das Verb (41mal), davon wieder etwa die Hälfte auf *qal* (20mal), ein Viertel auf *pi* (10mal); die restlichen Belege verteilen sich auf *niph* (2mal), *pu* (6mal) und *hoph* (3mal); *hiph* und *hitp* fehlen. Von den 39 substantivischen Belegen stellt *j^esôḏ* etwa die Hälfte (19mal), *môsāḏ* etwa ein Drittel (13mal).
4. Alle Vorkommen des hebr. Stammes *jsd* I sowie der entsprechenden Wörter in anderen semit. Sprachen bezeugen dieselbe Grundbedeutung: *jsd* gehört zur Lebenswelt einer sedentären Bevölkerung, die gewohnt ist, aus dauerhaften Materialien feste Gebäude zu errichten. Es meint zunächst das Fundament und den Grund eines festen Gebäudes bzw. seine Grundlegung und Fundierung. Dabei ist vor allem das Moment der Festigkeit und der gesicherten Dauer betont, die dem Gebäude durch das Fundament bzw. durch die Fundamentlegung gegeben wird.
Diese Grundbedeutung wird dann einerseits ausgeweitet, so daß *jsd* das ganze errichtete und „gegründete" Gebäude bzw. die Errichtung und „Gründung" des ganzen Gebäudes meint, also nicht mehr auf Fundament bzw. auf Fundamentlegung eingegrenzt bleibt. Andererseits wird die Grundbedeutung dahingehend eingeschränkt, daß das Moment der Festigkeit, das in der Vorstellung des Fundaments enthalten ist, zurücktritt oder ganz verschwindet und statt dessen die Vorstellung des Unteren im Gegensatz zum Oberen oder auch des Anfänglichen im Gegensatz zum Abschließenden und Beendenden hervortritt. Bisweilen wird die Vorstellung des Unteren dahingehend präzisiert, daß das Untere zugleich das Verdeckte und darum das Verborgene ist, so daß es etwas Unerhörtes und Ungewöhnliches ist, wenn dieses Untere zum Vorschein kommt.
Im AT finden sich diese verschiedenen Vorstellungselemente von *jsd* zunächst im ursprünglichen „profanen" Bereich der Errichtung von gewöhnlichen Bauten. Sodann begegnet *jsd* im Zusammenhang der erstmaligen oder der für die heilvolle Zukunft angesagten und endgültigen Errichtung des Heiligtums oder des Zion. Wie die Vorstellung eines ganzen Baus kann auch *jsd* auf andere Bereiche der Wirklichkeit übertragen werden. Es wird metaphorisch verwandt im hymnischen Lobpreis Gottes als des Schöpfers und Begründers der Erde bzw. in Aus-

sagen über die Gründung und Schöpfung der Erde. Außerdem kann *jsd* das feste und nicht mehr abzuändernde Anordnen und Befehlen meinen.

II. 1. a) Der Sing. *j^esôd* begegnet neunmal im Zusammenhang mit der entsündigenden Einweihung eines Altars Ex 29, 12; Lev 8, 15; 9, 9; (vgl. zum selben Ritus der Altarweihe bzw. ihrer Erneuerung ohne Erwähnung des *j^esôd* Ex 30, 10; Lev 16, 18f.; Ez 43, 20; vgl. auch Ex 29, 36f.) bzw. im Zusammenhang mit einem Sündopfer (→ חטא [*ḥṭ'*]) Lev 4, 7. 18. 25. 30. 34; 5, 9. Um die Weihe des Altars vorzunehmen oder zu erneuern bzw. um für sich, den Fürsten oder das Volk Sühne zu erwirken, soll der Priester vom Blut des Opfertieres nehmen und an die Hörner des Altars „geben" oder auch an die „Wand" (*qîr*) des Altars „spritzen" (*nzh hiph* Lev 5, 9). Das ganze übriggebliebene Blut soll er an den *j^esôd*, den Sockel des Altars, „ausschütten" (→ שׁפך [*špk*]). – *j^esôd* meint also im Gegensatz zu den Hörnern, die sich oben am Altar befinden oder auch im Gegensatz zu seiner „Wand" den unteren Teil des Altars, den Sockel oder Fuß, mit dem der Altar auf dem Erdboden aufruht bzw. in den Erdboden eingelassen ist. Dieselbe Bedeutung hat das vermutete *j^esôd* Sir 50, 15. – S. u. III. 5.

j^esôd Sing. ist Ez 13, 14 das Fundament, auf dem eine Mauer errichtet wird; Hab 3, 13 das Fundament eines Hauses, das unmittelbar auf gewachsenem Fels aufruht; Ps 137, 7 das Fundament einer Stadt, wohl genauer der Stadtmauer. Dieselbe Bedeutung hat *j^esôd* Pl. auf *-îm* Mi 1, 6. – Durch die Zerstörung wird das Fundament „aufgedeckt" (→ גלה [*glh*] Ez 13, 14; Mi 1, 6) oder „entblößt" (→ ערה [*'rh*] Hab 3, 13; Ps 137, 7). An diesen vier Stellen ist also *j^esôd* Sing. und Pl. auf *-îm* das tief eingesenkte, darum sicher tragende und zugleich durch das darauf errichtete Bauwerk verdeckte Fundament. Das Aufdecken und Entblößen des an sich verborgenen Fundaments kennzeichnet die Radikalität der Zerstörung. Ähnlich ist Sir 10, 16 hyperbolisch von einer Zerstörung ἕως θεμελίων γῆς (wohl = *'aḏ j^esôḏê teḇel*, vgl. Sir 16, 19) die Rede.

Die Hinfälligkeit des Menschen wird Hi 4, 19 dadurch ausgedrückt, daß sein *j^esôd*, an sich das festigende und Dauer gewährende Bauelement, nicht auf Fels, sondern auf „Staub" (→ עפר [*'āpār*]) aufruht; Hi 22, 16 der flüchtige Bestand der Frevler dadurch, daß ihr *j^esôd* wie ein Strom unter ihnen wegfließt, während nach Spr 10, 25 umgekehrt zum Gerechten ein *j^esôd 'ôlām*, ein für immer bestehendes und für immer Bestand verleihendes Fundament gehört. Sir 1, 15 wird die bleibende Gegenwart der Weisheit bei den Menschen dadurch ausgedrückt, daß sie für ihre Wohnung bei ihnen ein dauerhaftes Fundament, θεμέλιος αἰῶνος (wohl = *j^esôd 'ôlām*) gelegt hat. An diesen vier Stellen ist *j^esôd* als weisheitliche Metapher gebraucht und drückt die dauerhafte Festigkeit und bleibende Gegenwart aus. – Sir 16, 19 meint *j^esôd* Pl. auf *-îm* neben den „Gründen der Berge" *qiṣḇê hārîm* (vgl. Jon 2, 7) das Fundament des Erdkreises, auf dem er fest und unerschütterlich aufruht. Sowohl der Sing. von *j^esôd* als auch sein Pl. auf *-îm* bezeichnet also immer – in eigentlicher oder metaphorischer Verwendung – ein konkretes Bauelement, nämlich den untersten Teil eines Baus, sein Fundament. – Zweimal findet sich *j^esôd* Pl. auf *-ôṯ*. Nach Kl 4, 11 hat das Feuer, das JHWH an den Zion gelegt hat, „seine Fundamente" *j^esôḏoṯæhā* verzehrt. Anders als Ez 13, 14; Hab 3, 13; Mi 1, 6; Ps 137, 7 (und Sir 10, 16), wo von einer Zerstörung die Rede ist, durch die das Fundament (*j^esôd* Sing. oder Pl. auf *-îm*) „aufgedeckt" oder „entblößt" wird, die Zerstörung also bis zum Fundament reicht, ist hier *j^esôd* Pl. auf *-ôṯ* selbst Objekt der Zerstörung. *j^esôḏôṯ* ist darum wohl nicht nur das Fundament, sondern steht metonym für die ganzen Bauten des Zion (die oft gewählte Übersetzung „bis auf den Grund" o. ä., z. B. H.-J. Kraus, BK XX, 71; W. Rudolph, KAT XVII, 246; A. Weiser, ATD 16, 351 ist ungenau). Dieselbe metonyme Ausweitung hat der Pl. auf *-ôṯ* auch Ez 30, 4, wo angekündigt wird, daß die *j^esôḏôṯ* Ägyptens, d. h. aber sicher seine Bauten als ganze, zerstört werden. – Zu Jes 54, 11 s. u. II. 2. a.

Auch der Sing. *j^esûḏāh* (Ps 87, 1) ist wie das parallele „die Tore Zions" metonym gebraucht und meint nicht das Fundament des Baus, sondern den Bau als ganzen, der JHWH gehört (mask. Suffix!; anders Humbert 139; Muszyński 50). Die Ps 87, 1 belegte metonyme Bedeutung von *j^esûḏāh* stützt auch die für Jes 23, 13 vielfach vorgeschlagene Konjektur aus *j^esāḏāh*, „er hat sie gegründet", zu *j^esuḏāh* „eine (Seefahrer-)Gründung" (vgl. Duhm, GHK III/1 u. a. z. St.; anders z. B. KBL³ s. v. *jsd* I).

Die metonyme Bedeutung „(Gesamt-)Gebäude" trennt also *j^esôd* Pl. auf *-ôṯ* von *j^esôd* Sing. und Pl. auf *-îm* und verbindet es mit *j^esûḏāh* (anders Muszyński 48). Sie spricht zugleich gegen die vielfach vorgeschlagene Konjektur von *môs^eḏôṯ* (*hā'āræṣ*) zu *mijj^esûḏaṯ* bzw. *mîsuḏaṯ* (*hā'āræṣ*) in Jes 40, 21; dazu s. u. II. 1. c. – Zwei weitere Belege für *j^esôd* sind textlich unsicher: 2 Chr 23, 5 *ša'ar haj^esôd* (2 Kön 11, 6: *ša'ar sûr*); Esr 3, 12 *b^ejŏsdô* (inf. *qal von jsd*? Aus *bîsodô* verschrieben?). Textlich unsicher ist auch *j^esud* Esr 7, 9 (in 3 Esdras 8, 6 ohne Äquivalent; zu 3 Esdras als direkte, gegenüber LXX ältere Übertragung einer hebr. Vorlage vgl. Rudolph, HAT I/20, XV f; D. Hanhart, Text und Textgeschichte des 1. Esrabuches, Göttingen 1974, 11 u. a.).

b) 2 Chr 8, 16 ist der „Tag der Gründung (*mûsāḏ* Sing.) des Hauses JHWHs" dem Zeitpunkt seiner Vollendung gegenübergestellt. *mûsāḏ* meint hier sicher nicht einen Teil des Gebäudes, sondern einen Vorgang, nämlich den der Grundsteinlegung und zugleich den Zeitpunkt des Baubeginns. Dieselbe Bedeutung: Nicht Fundament als Bauteil, sondern Grundsteinlegung als Vorgang, dürfte *mûsāḏ* Sing. auch an der schwierigen Stelle Jes 28, 16 haben (anders Humbert 140; Muszyński 50). JHWH will einen „Eckstein der Kostbarkeit der tiefgegründeten Gründung" gründen, d. h. einen kostbaren Eckstein, der in der Weise einer tiefgegründeten Fundamentierung eingesenkt ist. *mûsāḏ mussāḏ* „tiefgegründete Grundsteinlegung" ist formal-grammatikalisch also als adnominale Bestimmung und als Charakterisierung des kostbaren Ecksteins aufzufassen, nimmt aber das Verb *jsd* zweifach auf und kennzeichnet – der Sache nach adverbiell – den Vorgang der Fundierung, durch den der kostbare Eckstein tief eingesenkt wird und darum besonders tragfähig und durch nichts zu erschüttern ist, s. u. III. 3. – Zu Jes 40, 21 s. u. II. 1. c.

Die Konjektur *mûsāḏ* aus *mûsāḵ* 2 Kön 16, 18 ist willkürlich und durch nichts gefordert. In Jes 30, 32 ist *mûsāḏāh* sicher aus *mûsārāh* 'Züchtigung' verschrieben. Ez 41, 8 wird das Ketib *mjsdwt* durch das Qere *mwsdwt* verbessert. Qere *mwsdwt* ist aber Pl. von *môsāḏ*, nicht von *mûsāḏ/mûsāḏāh*, s. u. II. 1. c. Das von den Wörterbüchern (vgl. auch Humbert 140 f.) gebotene *mûsāḏāh* ist also weder belegt, noch kann es durch Textkorrektur erschlossen werden.

mûsāḏ kommt somit nur im Sing. vor und bezeichnet den Vorgang der Grundsteinlegung für ein Gebäude.

c) *môsāḏ* bildet den Pl. sowohl auf -*ôṯ* als auch auf -*îm*. Ein Bedeutungsunterschied zwischen den beiden Pl. ist nicht festzustellen. *môsāḏ* Sing. ist nicht belegt. Nach Jer 51, 26 nimmt man von den Trümmern Babels weder einen Stein, um ihn als Eckstein zu verwenden (*æbæn lepinnāh*), noch einen Stein *lemôseḏôṯ*. Parallel zu *pinnāh* kann *môseḏôṯ* nicht den Vorgang der Fundamentlegung, sondern nur konkret die Grundmauern bezeichnen. Ebenso meint *môseḏê dôr wāḏôr* Jes 58, 12, parallel zu *ḥŏrbôṯ 'ôlām*, die Grundmauern, die noch stehen geblieben sind, als die Gebäude zerstört wurden. Nach Ez 41, 8 Qere sind die *môseḏôṯ* (nicht *mûseḏôṯ*, s. o. II. 1. b) der seitlichen Anbauten des Tempels sechs Ellen hoch. An diesen drei Stellen bezeichnet also *môseḏîm/-ôṯ* die Grundmauern eines Gebäudes, die bis zu einer gewissen Höhe aufgeführt werden, damit auf ihnen das eigentliche Gebäude errichtet werden kann. Dieselbe Bedeutung hat das hap. leg. *massaḏ* 1 Kön 7, 9 (Gegensatz *haṭṭepāḥôṯ* 'Kragstein'?).

Die Vorstellung „Grundmauern, auf denen das ganze Gebäude errichtet ist", wird dann auf das Gebäude des Kosmos übertragen. So kann von „Grundmauern der Berge", *môseḏê hārîm*, Deut 32, 22; Ps 18, 8 und von „Grundmauern des Himmels(-gewölbes)", *môseḏôṯ haššāmajim* 2 Sam 22, 8 (Text? vgl. Ps 18, 8) gesprochen werden. Vor allem aber kennt man „Grundmauern der Erde" *môseḏê 'āræṣ* Jes 24, 18; Jer 31, 37; Mi 6, 2; Ps 82, 5; Spr 8, 29; *môseḏôṯ tebel* 2 Sam 22, 16 = Ps 18, 16. Auffällig ist, daß nicht nur *tebel*, sondern auch *'āræṣ* und *hārîm* hier immer ohne Artikel steht.

Eine genaue Parallele hierzu findet sich in Ugarit. Die kostbaren Materialien, aus denen bestimmte Gegenstände für eine Göttin hergestellt werden, heißen *dbbm d msdt 'rṣ* (WUS Nr. 1189; UT Nr. 1117). *msdt 'rṣ* sind also die felsigen Gründe, die „Grundmauern der Erde", aus denen kostbare Ma-

terialien gewonnen werden und auf denen die Erde bzw. das Land aufruht.

môseḏôṯ hā'āræṣ Jes 40, 21 ist sicher verderbt (*mero'š* als Parallelbegriff; Artikel bei *'āræṣ*; konkrete Bedeutung von *môseḏôṯ*). Gegen die vielfach vorgetragene Konjektur *mijjesûḏaṯ* bzw. *misûḏaṯ hā'āræṣ* spricht die sonst bezeugte metonyme Bedeutung von *jesûḏāh/jesôḏôṯ*, s. o. II. 1. a. Vielleicht ist zu lesen (*halo' habînôtæm*) *mimmûsaḏ hā'āræṣ* „seit der Gründung der Erde": Ausfall eines der drei (!) einander folgenden מ, Angleichung des als *môsāḏ* gelesenen *mûsāḏ* zum sonst allein gebräuchlichen Pl. – Zu *mûsāḏ* s. o. II. 1. b.

Wenn in kosmischen Zusammenhängen von den „Grundmauern" die Rede ist, ist oft noch die Eigenschaft des Festen und Unverrückbaren mitgemeint, die durch solche „Grundmauern" den Bergen, dem Himmelsgewölbe oder der Erde verliehen wird. Wie JHWH dem Meer seine Grenze setzt, die die Wasser nicht überschreiten können, so festigt er auch „die Grundmauern der Erde" (Spr 8, 29). Darum wird die kosmische Ordnung erschüttert, wenn die „Grundmauern der Erde" (Jes 24, 18; Ps 82, 5), die „Grundmauern des Himmels" (2 Sam 22, 8) oder die „Grundmauern der Berge" (Ps 18, 8) erbeben. Meist steht jedoch die Verborgenheit und Unzugänglichkeit der kosmischen „Grundmauern" im Vordergrund, s. u. III. 2.

Schließlich kann von den kosmischen „Grundmauern" in meristischen Wendungen die Rede sein. Die Doppelausdrücke: die Grundmauern der Berge – die Erde (Deut 32, 22; Ps 18, 8); die Grundmauern des Himmels – die Erde (2 Sam 22, 8); die Grundmauern der Erde – die Berge (Mi 6, 2); Grundmauern der Erde unten – die Himmel oben (Jer 31, 37); die Grundmauern der Erde – der Boden des Meeres (2 Sam 22, 16 = Ps 18, 16) nennen jeweils extreme einander entgegengesetzte Bereiche des Kosmos oder der Menschenwelt, um so das Ganze der Welt bzw. das Ganze ihrer „Gründe" auszudrücken (vgl. auch 1 Kön 7, 9: der salomonische Tempel ist ganz aus wohlbehauenen Steinen erbaut *mibbajiṯ ûmiḥûṣ* „von innen und von außen", *ûmimmassāḏ 'aḏ-haṭṭepāḥôṯ* „von den Grundmauern bis zur letzten Schicht unter den Dachbalken"). In diesen Wendungen verschwindet die ursprünglich mit „Grundmauern" verbundene Vorstellung des Festen und Sichernden völlig. Sie nähern sich ähnlichen meristischen Wendungen, in denen ohne *môseḏôṯ/-îm* einfach von Himmel und Erde oder von Erde und Meer o. ä. gesprochen wird.

2. a) Nach Ps 102, 26 hat JHWH die Erde gegründet (*jsd qal*), und das Werk seiner Hände (*ma'aśeh jāḏækā*) sind die Himmel. *jsd qal* steht hier chiastisch parallel zu *ma'aśeh*, kann also nicht das Legen der Fundamente für die Erde, sondern muß das vollständige Werk der ganzen Erschaffung der Erde bezeichnen. Dasselbe gilt von allen Stellen, an denen *jāsaḏ* 'Gründen' der Erde zum 'Ausbreiten' (*ṭpḥ, nṭh*) oder 'Erstellen' (*kwn*) der Himmel in Parallele steht (Jes 48, 13; 51, 13. 16; Sach 12, 1; Ps 78, 69; 104, 5 [Him-

mel: v. 2]; Spr 3, 19). Wie der meristische Doppel-
ausdruck die Erschaffung des ganzen Kosmos umfaßt, so *jāsaḏ* die ganze Erschaffung der Erde.

Auch dort, wo die Erschaffung des Himmels nicht
erwähnt ist, umgreift *jāsaḏ* im Sinne von Erschaffen
den ganzen Vorgang der Schöpfung. Ps 24, 2 wechselt es mit *kônen*. Ps 89, 12 bezieht es sich nicht nur
auf den Erdkreis (*tēḇel*), sondern auch auf das, was
ihn erfüllt (*mᵉloʾāh*) und wird durch *bārāʾ* v. 13 fortgeführt. Hi 38, 4 nennt es einleitend den ganzen
Schöpfungsvorgang, der in den folgenden Versen in
einzelnen Aspekten dargelegt wird. Nach Am 9, 6
hat JHWH sein Wohngemach im Himmel gebaut
(*bānāh*) und sein Gewölbe auf der Erde gegründet
(*jāsaḏ*), d. h. aber, es (auf der Erde als seinem
Grund) als Ganzes errichtet.

Auch an den wenigen Stellen, an denen *jāsaḏ* sich
nicht auf die Erschaffung der Erde durch JHWH,
sondern auf einen anderen Herstellungsvorgang bezieht, meint es diesen als ganzen. Nach 2 Chr 31, 7
begann man im dritten Monat eine größere Zahl von
Vorratshalden (*ᵃremôt* v. 6b) anzulegen (*jāsaḏ*; vgl.
GKa § 69n; § 71) und beendete diese Arbeit im siebten Monat. Die Vielzahl der Halden verbietet es, *jāsaḏ* hier auf das „Legen der untersten Schicht" (einer
Halde) einzuschränken (so W. Rudolph, HAT I/21,
304). Auch steht *killû* „sie beendeten" nicht in Opposition zu *jāsaḏ*, sondern zu *heḥellû* „sie begannen".
jāsaḏ bezeichnet also das ganze Aufschütten jeder
einzelnen Halde bis zur letzten. 2 Chr 24, 27 ist *jāsaḏ*
eine Bautätigkeit, die sich auf den schon bestehenden
Tempel richtet, kann also sicher nicht auf das Legen
von Fundamenten eingeschränkt sein.

Von daher ist auch der genaue Sinn von *jsd qal* in
übertragener Verwendung zu bestimmen. JHWH hat
nach Ps 104, 8 Bergen und Tälern nicht nur einen Ort
„bestimmt" (so die meisten Übersetzungen), sondern
ihn allererst bereitet und hergerichtet (*jāsaḏ*). Er hat
nach Ps 119, 152 dem Gesetz (*ʿēḏût*) nicht nur ständige Dauer verliehen, sondern es allererst aufgestellt
und geschaffen (*jāsaḏ*). Er hat nach Hab 1, 12 nicht
nur einen (schon vorhandenen) Feind zur Züchtigung „bestimmt", sondern ihn zu diesem Zweck
allererst erstehen lassen (*jāsaḏ*). – Zu Jes 23, 13 s. o.
II. 1. a.

Jes 54, 11 ist wohl für MT *wîsaḏtîḵ*, „und ich gründe
dich", mit 1 Q Jesᵃ und LXX *wîsoḏotajiḵ*, „und deine
Gründungen, und deine neu gegründeten Bauten", zu
lesen (chiastisch parallel zu *ᵃbānajiḵ*, „deine Steine").
JHWH verheißt also, die Bauten des neuen Zion mit
Saphir zu besetzen (vgl. Tob 13, 16; Apk 21, 18–20). –
Zu *jᵉsôḏôt* s. o. II. 1. a.

Denselben umfassenden Sinn hat das zweimal belegte *jsd niph*. Die „Gründung Ägyptens" (*jsd niph*) Ex
9, 18 beinhaltet die ganze Errichtung des ägyptischen
Reiches. Jes 44, 28 steht *jsd niph* parallel zu *bānāh*
und meint den ganzen Aufbau des neuen Tempels.

Obwohl also *jsd qal* und *niph* – anders als *jsd pi, pu*
und *hoph* – den ganzen Vorgang der Errichtung und
Herstellung umfaßt, unterscheidet es sich deutlich

von allgemeinen und unspezifischen Verben des Ma-
chens und Herstellens, z. B. von *ʿāśāh*. Zwei Vorstellungselemente, die in der Grundbedeutung der Wurzel *jsd* 'Fundament, Fundamentlegung' enthalten
sind, modifizieren und charakterisieren die mit *jsd
qal* und *niph* benannte Errichtung des ganzen Werkes. Einmal das Element des „von unten her Hoch-
ziehens" eines Baus, des „von Grund auf Errichtens"
und damit des Neuen, ja sogar Erstmaligen und
Uranfänglichen. Offensichtlich ist diese Komponente überall dort bestimmend, wo *jsd qal* den Schöpfungsvorgang bezeichnet (vgl. auch CD 2, 7). Sie ist
jedoch auch in allen anderen Belegen (vielleicht mit
Ausnahme von 2 Chr 24, 27) nicht zu übersehen.

Sodann muß an mehreren Belegstellen von *jsd qal*
und *niph* das Element des Festen und Unumstößli-
chen mitgehört werden, so fast immer im Zusammenhang mit der Erschaffung der Erde (vgl. z. B. Ps
24, 2 und in übertragener Verwendung Ps 119, 152).
Dieses Bedeutungselement ist jedoch oft nicht mehr
vorherrschend. Denn parallel zum 'Schaffen'
(→ ברא [*bārāʾ*]), 'Ausbreiten' (*nāṭāh*), 'Machen'
(*ʿāśāh*) des Himmels kann statt vom 'Gründen' *jsd
qal* der Erde auch von ihrem 'Ausbreiten' (→ רקע
[*rqʿ*] Jes 42, 5; 44, 24; Ps 136, 6) oder von ihrem 'Machen' (*ʿāśāh*), 'Festigen' (→ כון [*kwn*]) und 'Bilden'
(→ יצר [*jṣr*] Jes 45, 18) gesprochen werden. *jsd qal*
wird hier durch andere Verben ersetzt, ohne daß sich
die Bedeutung und Funktion des ganzen Ausdrucks
ändert.

b) Jos 6, 26 wird über den, der das zerstörte Jericho
wieder aufbaut, ein Fluch ausgesprochen, nach dem
er um den Preis seines Erstgeborenen die Fundamente der Stadt legen (*jsd pi*) und um den Preis seines
Jüngsten ihre Stadttore einsetzen soll, vgl. 1 Kön
16, 34 (Zitat aus Jos 6, 26). Nach 1 Kön 5, 31 sollen
große und kostbare Steine gebrochen werden, damit
man die Fundamente des ersten Tempels mit behauenen Steinen legen kann (*jsd pi*). Der Fundamentlegung ist hier die Ausführung des Baus (*bānāh* 1 Kön
5, 32) gegenübergestellt. 1 Kön 6, 37 bezeichnet *jsd
pu* die Fundamentlegung für den Tempel, der 1 Kön
6, 38 seine Vollendung (→ כלה *kālāh*) gegenübersteht, ähnlich auch 1 Kön 7, 10. Nach Sach 4, 9 haben die Hände Serubbabels die Fundamente des
zweiten Tempels gelegt (*jsd pi*) und werden den Bau
auch zu Ende führen (*bṣ*).

Esr 3, 10 meint *jsd pi*, Esr 3, 6; Hag 2, 18; Sach 8, 9
jsd pu die Grundsteinlegung für den zweiten Tempel
als Anfang der Bauarbeiten. Esr 3, 11 hat *jsd hoph*
dieselbe Bedeutung, vielleicht auch 2 Chr 3, 3
(Text?).

An all diesen Stellen hat also *jsd pi, pu* und *hoph* den
bautechnischen präzisen Sinn 'die Fundamente legen', auf denen danach der Bau errichtet und vollendet werden kann (vgl. Jenni 212) und unterscheidet
sich somit klar von *jsd qal* und *niph*, das die Errichtung des ganzen Baus bezeichnet (anders vermutet
W. H. Schmidt, Sp. 736). Außerdem tritt an diesen
Stellen das Element des Festigenden zurück. Die

Fundamentlegung wird ausschließlich als Markierung des Anfangs der Bauarbeiten erwähnt, dem die Ausführung und die Vollendung des Baus gegenübergestellt wird.
Anders Jes 14, 32; 28, 16 und wohl auch Ps 8, 3, wo JHWH das Subj. von *jsd pi* bzw. *hoph* ist. Hier kommt vor allem die Verläßlichkeit und Festigkeit in den Blick, die dem Bauwerk dadurch gegeben wird, daß JHWH seine Fundamente legt, s. u. III. 3.

Der genaue Sinn von *jsd pi*, 'die Fundamente legen', spricht gegen die für Jes 28, 16 vielfach vorgeschlagene Konjektur *josed̲* (Ptz. *qal*) aus *jissad̲*. Das nach *hinnᵉnî* zu erwartende Ptz. (vgl. GKa § 116pq; § 155f.) muß Ptz. *pi mᵉjassed̲* sein (so 1 Q Jesᵃ; anders 1 Q Jesᵇ). Nach 'נ, in der phön. Schrift leicht mit מ zu verwechseln (vgl. ANEP Nr. 286, vor allem Zeile 7. 13. 17), ist das מ des Ptz. *pi* durch Haplographie ausgefallen.

Die Vorstellung des Festigenden macht auch die metaphorische Verwendung von *jsd pi* Esth 1, 8 'anordnen' verständlich: Der König hat durch seine Anordnung ein unerschütterliches Fundament gelegt, nach dem sich die Handlungen seiner Großen zu richten haben. Ähnlich ist wohl auch 1 Chr 9, 22 zu verstehen: Die Einsetzung der Türhüter des Tempels durch David und Samuel ist derart, daß diese Anordnung für spätere Zeiten wie ein Fundament unerschütterlich gültig bleibt. – Zu Esr 7, 9 s. o. II. 1.a.
In dem Vergleich HL 5, 15 – die auf „Fundamenten aus Feingold" (*'ad̲nê-pāz*) „gegründeten" (*jsd* Ptz. *pu*) Beine – ist neben dem Moment des sicher Aufruhenden (eine ähnliche Vorstellung Sir 26, 18) wohl einfach der Unterschied Unteres – Oberes ausgedrückt.

III. 1. Nach Ps 24, 2 ist JHWH der, der die Erde über den Meeren „gegründet" hat (*jsd qal*). Der zusammengesetzte Nominalsatz schildert entsprechend der allgemeinen Funktion dieser Satzart (vgl. z. B. D. Michel, Tempora und Satzstellung in den Psalmen, 1960, 177–182; vgl. auch GKa § 142a–e u. a.) nicht den (vergangenen) Vorgang der Schöpfung, sondern kennzeichnet JHWH als den Erdbegründer, der als solcher grundsätzlich und immer das Eigentums- und Herrscherrecht über die Erde und ihre Bewohner besitzt (v. 1). Denselben Stellenwert hat die Rede von der „Gründung" der Erde (*jsd qal*) durch JHWH in Ps 89, 12. – Auch Jes 48, 13 ist vom „Gründen" der Erde (*jsd qal*) durch JHWH in einem (zusammengesetzten) Nominalsatz die Rede. Auch hier wird also nicht die Schöpfung als vergangenes Geschehen erzählt, sondern in Fortsetzung von v. 12b gesagt, was JHWH (bzw. seine Hand) ist, der nämlich, der die Erde gründet und den Himmel ausspannt.
Ps 102, 26 beschreibt *jsd qal* ebenfalls nicht den einstigen Vollzug der Gründung der Erde durch JHWH, sondern kennzeichnet die Erde als eine, die JHWH „vorher" (*lᵉpānîm*) „gegründet" hat und den Himmel als das Werk seiner Hände, um damit darzutun, daß JHWH – anders als seine Werke – immer er selbst bleibt. *jsd qal* macht also hier unmittelbar eine Aussage über die Erde, mittelbar aber wieder über JHWH. – Ps 78, 69 wird die bleibende Dauer des Heiligtums, das JHWH auf dem Zion gebaut hat, durch die Beständigkeit der (Himmels-)Höhe sowie der Erde, „die du für immer gegründet hast" (*jsd qal*), veranschaulicht. Auch hier berichtet *jāsad̲* nicht das Geschehen der Erdengründung, sondern kennzeichnet wie Ps 102, 26 die Erde als eine von JHWH gegründete und darum beständige.
Die Doxologie Am 9, 6 bekennt JHWH als den, „der im Himmel sein Hochgemach gebaut und sein Gewölbe auf Erden gegründet hat" (*jsd qal*). Die „Gründung", die hier JHWH charakterisiert, bezieht sich zwar unmittelbar auf sein himmlisches Heiligtum, dies ist jedoch primär als Teil des Kosmos verstanden (vgl. die ähnlichen Schöpfungsaussagen in den Doxologien Am 4, 13; 5, 8), so daß auch Am 9, 6 JHWH als „Gründer" (eines Teils) der Schöpfung benannt wird. – Zu Ps 8, 3 s. u. III. 3.
Jes 51, 13; Sach 12, 1; Ps 104, 5 tritt das Ptz. *josed̲*, Jes 51, 16 der gerundivische Infinitiv mit *lᵉ* als Apposition zu JHWH. *jsd* schildert hier nicht das Schöpfungsgeschehen, sondern stellt JHWH in seiner Eigenschaft als Gründer der Erde und Schöpfer des Kosmos vor.
Alle mit *jsd* gebildeten Schöpfungsaussagen erzählen somit nicht früheres Schöpfungshandeln, sondern stellen den gegenwärtig redenden oder den gegenwärtig angeredeten JHWH als den vor, der die Erde gegründet und den Himmel ausgespannt, d. h. der den Kosmos und seine Ordnung geschaffen hat.
An allen genannten Stellen ist deutlich erkennbar, daß diese „Eigenschaft" JHWHs, Gründer der Erde und Schöpfer des Universums zu sein, den Grund dafür angibt, daß er in der Geschichte an Israel, am Zion, am Davidhaus, am Beter handelt – erwählend, aufbauend, rettend, helfend. Durch diese Hinordnung auf das geschichtliche Handeln verliert aber die durch *jāsad̲* (und andere Schöpfungstermini) ausgesprochene Charakterisierung JHWHs keineswegs an Gewicht. Sowenig Erde und Himmel als Objekt des göttlichen „Gründens" und Erschaffens ersetzt werden durch Israel als den Adressaten des geschichtlichen Heilshandelns, ebenso wenig löst sich JHWH als der Weltenschöpfer auf in den an Israel geschichtlich handelnden Gott. Vielmehr kommt umgekehrt die Eigenschaft Gottes als des Schöpfers des Universums in seinem geschichtlichen Handeln an Israel neu zur Wirkung und zum Vorschein. Wenn JHWH in der Geschichte Israels wirkt, tut er dies grundlegend in seiner Eigenschaft als Schöpfer des Universums.
Ferner wird an den genannten Stellen (ausgenommen vielleicht Ps 104, 5) von JHWH als dem „Gründer" der Erde und als dem Schöpfer des Universums nicht in der unangefochtenen Selbstverständlichkeit z. B. des spontanen und unbekümmerten Lobpreises gesprochen, sondern im Sinne des geforderten (wenn JHWH sich als der Schöpfer vorstellt) oder des abgelegten (wenn der Mensch JHWH als den Schöpfer

benennt) Bekenntnisses, zu dem sich der von JHWH angeredete Mensch entscheiden soll bzw. zu dem sich der Beter entscheidet. In dieser Entscheidung entschließt sich der Mensch, JHWH als „Gründer" der Erde und Schöpfer des Universums anzuerkennen, im Hinblick darauf, daß er als der Schöpfer zugleich der am Menschen geschichtlich handelnde Gott ist.

2. Wie das „Einsenken" (*ṭbʿ*) der Berge, das „Feststellen" (*kwn*) des Himmels usw., so gehört nach Spr 8, 29 auch das Festigen *ḥwq* (Text?) der „Fundamente der Erde" (*môs^{e}ḏê ʾāræṣ*) zu jenen Werken Gottes, die von Uranfang an (*meʾāz; meʿôlām; meroʾš; b^{e}ṭæræm*) getan wurden. Obwohl die Fundamente der Erde die Welt des Menschen tragen, gehört das Legen dieser Fundamente jenem uranfänglichen „Zeitraum" zu, der allein JHWH und seiner Weisheit zugänglich, dem Menschen aber verschlossen ist.

Spr 3, 19 wird die Rede, mit der die Weisheit gepriesen und der Hörer zu ihrem Erwerb aufgefordert wird, durch die betonte Feststellung unterbrochen, daß vor allem JHWH mit der Weisheit zu tun hat und daß die Weisheit etwas ist, womit er die Erde „gegründet" (*jsd qal*) und den Himmel festgestellt hat. Diese Betonung der Zugehörigkeit der Weisheit zu JHWH sowie ihre grundlegende Rolle bei der Schöpfung des Universum (zusammengesetzter Nominalsatz!) kann im Zusammenhang nur den Sinn haben, die Möglichkeit des Menschen, Weisheit zu besitzen, einzuschränken. Nur als Stückwerk und nur anteilhaft vermag der Mensch jene Weisheit zu erwerben, die eigentlich und vollständig allein bei JHWH und bei seinem Schöpfungswirken zu finden ist.

Nach Hi 38, 4 geschah das Gründen der Erde (*jsd qal*) zusammen mit dem Einsenken (*ṭbʿ*) ihrer Fundamente usw. in einem unvordenklichen Zeitraum, zu dem kein Mensch Zugang haben konnte. Nach Jer 31, 37 ist es schlechterdings unmöglich, daß der Himmel ausgemessen und die „Grundmauern der Erde" (*môs^{e}ḏê ʾāræṣ*) vom Menschen ausgegraben und erkundet werden. Dagegen bewirkt die Theophanie JHWHs, daß diese Grundmauern aufgedeckt (→ גלה [*glh*]) und das Bett des Meeres sichtbar (→ ראה [*rʾh*]) wird (2 Sam 22, 16 = Ps 18, 16). Wenn das Feuer des göttlichen Zornes „bis zur äußersten Unterwelt" (*ʿaḏ š^{e}ʾôl taḥtîṯ*) brennt und die „Grundmauern der Berge" (*môs^{e}ḏê hārîm*) in Flammen setzt, dringt es bis in die letzten und untersten, dem Menschen unzugänglichen Grenzbereiche des Kosmos vor, so daß es für den Menschen nirgends mehr einen Zufluchtsort geben kann (Deut 32, 22).

An diesen Stellen markiert das Gründen der Erde bzw. die Grundmauern der Erde eine „Zeit" und einen „Bereich", der als „Anfang" und „Grund" der Menschenwelt JHWH allein vorbehalten, dem Menschen dagegen schlechterdings unzugänglich und unverfügbar ist und kennzeichnet damit zugleich die Begrenztheit und Beschränktheit alles menschlichen Vermögens.

3. Nach Jes 14, 32 bα ist es JHWH, der die Fundamente des Zion gelegt hat (*jsd pi*). Diese vorgegebene Tat JHWHs schafft die Möglichkeit, daß die „Armen seines Volkes", d. h., die Armen, die sein Volk sind, sich nicht nur sicher wissen, sondern tatsächlich auf dem Zion eine verläßliche Zuflucht und eine unzerstörbare Geborgenheit finden (→ חסה [*ḥsh*] v. 32 bβ).

Der genaue Sinn von Jes 28, 16 ist sehr umstritten (→ בחן [*bḥn*] III; → אבן [*ʾæḇæn*]; → אמן [*ʾmn*] V. 5.). Der Schlußsatz, der wohl die Folge und das Ziel des Vorausgehenden angibt, spricht von dem, „der sich festmacht", „der glaubt" (*hammaʾ^{a}mîn*). Das Leitwort des ersten Satzes ist *jsd*, das dreimal variiert wird. JHWH stellt sich als den hin, der auf dem Zion einen Stein als Fundament legt (*m^{e}jasseḏ*, text. em. s. o. II. 2. b). Dieser Stein ist ein kostbarer Stein, d. h. wohl nicht, ein Edelstein, sondern ein für die Fundierung eines Gebäudes hervorragend geeigneter, also besonders fester und gut hergerichteter Stein („kostbarer Stein" in diesem Sinn noch 1 Kön 5, 31; 7, 9–11). Den Fundamentstein, der von besonderer Güte ist, will JHWH als Fundament legen in der Weise einer „wohlgegründeten Fundierung" (s. o. II. 1. b). Zur besonderen Qualität des Steins kommt also die außergewöhnlich sorgfältige Weise der Fundamentlegung durch JHWH selbst hinzu. Diese ganze, von der Wurzel *jsd* beherrschte Aussage betont somit nicht die Verborgenheit und Unsichtbarkeit des Fundamentsteins (so z. B. Duhm, GHK III/1, 175), sondern die Festigkeit und Verläßlichkeit, die JHWHs Werk dem Zion verleiht.

Damit dürfte das Moment des Festen, das im Nachsatz durch die Wurzel *ʾmn* ausgedrückt ist, demselben Moment, das im ersten Satz durch die Wurzel *jsd* ausgedrückt ist, entsprechen. Die Festigkeit des Glaubens antwortet somit auf die Festigkeit des im Zion konzentrierten und dargestellten Heilswerkes JHWHs, das dem Glauben vorausgeht und ihn objektiv ermöglicht.

Ebenfalls umstritten ist Ps 8, 3. Wenn die ersten drei Wörter zum vorausgehenden Vers gezogen werden dürfen und *ʿoz* wie *māʿôz* als 'Schutzburg, Festung' verstanden werden kann (so z. B. A. Deissler, Zur Datierung und Situierung der „kosmischen Hymnen" Pss 8; 19; 29, in: Lex Tua Veritas, Festschr. Junker, 1961; J. A. Soggin, VT 21, 1971, 568–570 u. a.), ist hier gesagt, daß JHWH die Fundamente für die Feste des Himmels gelegt hat (*jsd pi*) und damit seiner weltweiten Herrschaft eine Festigkeit verliehen hat, gegen die die Feinde nichts vermögen (vgl. ינק [*jānaq*]).

4. Nach Haggai soll Not und Bedrängnis vom Segen JHWHs abgelöst werden, wenn sich Israel daranmacht, das Haus JHWHs zu bauen (Hag 1, 8; 2, 15–19). Die Wende zum Besseren datiert Hag 2, 18 auf den Tag der Grundsteinlegung (*jsd pu*) für den zweiten Tempel. Diese Datierung ist jedoch sehr wahrscheinlich spätere Glosse, also erst nach der Grundsteinlegung und wohl auch erst nach Vollendung des

Tempelbaus entstanden und kann deshalb das von Haggai verkündete Heil nicht als endgültig und in jeder Hinsicht vollkommen ansehen. Die Glosse präzisiert also das Datum der Heilswende und relativiert zugleich das angesagte Heil.
Nach Sach 8, 9 wird am Tag der Grundsteinlegung (*jsd pu*) für den zweiten Tempel vom Propheten eine neue Segenszeit angekündigt. Das verheißene Heil besteht nach Sach 8, 9–13 darin, daß das Land guten Ertrag bringt und das bisher von den Heiden verachtete Israel wieder zu Ehren kommt. – Nach Sach 4, 6b–10a ist der Tag der Grundsteinlegung (*jsd pi* v. 9) für den zweiten Tempel derart, daß man ihn geringachten könnte, dennoch wird die Vollendung des Tempels gewiß kommen und voll Freude sein (v. 10a).
Nach Esr 3, 8–13 bricht das ganze Volk bei der Grundsteinlegung des zweiten Tempels (*jsd pi* v. 10; *jsd hoph* v. 11) in großen Jubel aus (v. 10). Dieser Jubel und die durch ihn signalisierte Wende zum Besseren wird jedoch dadurch relativiert, daß schon vor der Grundsteinlegung (*jsd pu*) Opfer dargebracht werden (Esr 3, 6) und vor allem dadurch, daß neben dem großen Jubel das laute Weinen der früheren Klagefeiern weiter ertönt (Esr 3, 12f.).
Der mit *jsd pi, pu* und *hoph* bezeichnete Baubeginn des zweiten Tempels gilt also an allen Stellen als Anfang einer neuen Heilszeit, dieses Heil wird jedoch überall deutlich als vorläufiges und unvollkommenes dargestellt.
5. Während die Bestreichung der Hörner des Altars mit Blut bei der Einweihung des Altars und beim Sündopfer einen wesentlichen Bestandteil des Sühneritus darstellt, dürfte das Ausgießen (→ שפך [*šāpak̠*], nicht *zāraq* o. ä.!) des restlichen Blutes an den Fuß (*j^esôd̠*) des Altars zunächst nur der ordnungsgemäßen Beseitigung des übriggebliebenen Blutes dienen (vgl. R. Rendtorff, Studien zur Geschichte des Opfers im AT, WMANT 24, 1967, 145–147. 218–220) und das Blut Gott als seinem eigentlichen Herrn zurückgeben wollen (vgl. Deut 12, 16. 23–27; 15, 23; Lev 17, 10–14).
Anders als die Hörner (→ קרן [*qæræn*]) des Altars ist darum sein *j^esôd̠*, jedenfalls ursprünglich, kein für den Sühneritus wichtiger Teil des Altars. Sir 50, 15 jedoch geschieht das Ausgießen des „Rebenblutes" an den Fuß des Altars „zu lieblichem Wohlgeruch", ist also selbst Opferritus, so daß hier der *j^esôd̠* des Altars rituell bedeutsam wird.
Dasselbe gilt vielleicht auch für Lev 5, 9, wo der Rest des Blutes nicht an den *j^esôd̠* ausgegossen, sondern auf dem *j^esôd̠* „ausgedrückt" wird (*mṣh niph*; vgl. Lev 1, 15; ausdrücken des Bluts auf der „Wand" des Altars).
Nach Apk 6, 9f. (vgl. Apk 16, 6f.) befinden sich die Seelen derer, die getötet wurden „um des Wortes Gottes und um seines Zeugnisses willen, an dem sie festhielten", ὑποκάτω τοῦ θυσιαστηρίου, „unten am Altar", und schreien zu Gott. Diese Vorstellung scheint die Einbeziehung des Altarsockels in den Opferritus vorauszusetzen, die Sir 50, 15 (und Lev 5, 9?) bezeugt ist, und mit der Vorstellung zu verbinden, nach der das zu Unrecht vergossene Blut zu Gott „schreit" (→ זעק [*zāʿaq*], vgl. Gen 4, 10 u. ö.).

Mosis

יָסַף *jāsap̱*

I. Etymologie, Belege – II. *jsp* als selbständiges Verbum – 1. 'hinzufügen' – 2. Die sog. Kanonformel – 3. 'vermehren' – 4. In Schwurformeln – 5. Absoluter Gebrauch – III. Als Hilfsverbum – 1. Mit Inf. constr. – 2. Beiordnung – IV. *jsp/'sp/sph/swp* – V. Qumran – VI. LXX.

I. Der Verbalstamm *jsp* findet sich im Phön. (Grundstamm: 'hinzufügen', KAI 10, 11; 14, 19), Moab. 'hinzufügen' (KAI 181, 21. 29), in verschiedenen aram. Dialekten (Dan 4, 33; DISO 109, immer *haph.-'aph.* mit der Bedeutung 'hinzufügen'), ferner im Altsüdarab. in der Form *wśf* ('hinzufügen, vermehren, gewähren', Conti Rossini 141; Ullendorff, VT 6, 1956, 196), sowie soqotri *sef*, „augment" (Leslau 24). Dem Sinn nach wäre akk. *(w)aṣābu*, 'hinzufügen, vermehren', (CAD 1/2, 352f.), *ṣibtu*, 'Zins' zu vergleichen, obwohl der s-Laut Schwierigkeiten macht.
Im AT sind die Formen *qal* (33mal), *niph* (6mal) und *hiph* (176mal) belegt, insgesamt 214 Belege.

II. 1. Das selbständige Verbum (*qal* und *hiph*) wird gewöhnlich mit Obj. und *ʿal* konstruiert und bedeutet dann 'etwas zu etwas anderem hinzufügen'.
Bei der Rückerstattung von unrecht vorenthaltenem Gut soll ein Fünftel vom Wert 'hinzugefügt' werden (*w^ah̠^amîšiṯô jôsep̱ ʿal*, Lev 5, 16. 24; Num 5, 7). Ebenso soll bei Lösung von etwas, was JHWH geheiligt worden ist, z. B. Zehnten, ein Fünftel des Wertes 'hinzugefügt' werden (*qal* Lev 22, 14; 27, 13. 15. 19. 27; *hiph* Lev 27, 31). Zu den drei Asylstädten sollen noch (*ʿôd̠*) drei 'hinzugefügt' werden (Deut 19, 9; vgl. Num 36, 3f., *niph)*. JHWH 'vermehrt' die Tage des Menschen (2 Kön 20, 6; Jes 38, 5; Ps 61, 7 *hiph*), aber vom Menschen kann man sagen, daß er „Jahr zu Jahr fügt" im Sinne von „den Jahren ihren Lauf lassen" (Jes 29, 1 *qal*). JHWH sagt durch Jeremia, daß es keine Rolle spielt, wie viele Opfer man darbringt („füget eure Brandopfer zu euren Schlachtopfern", Jer 7, 21 *qal*), weil er Gehorsam fordert (vv. 22–28; vgl. 6, 20).
jsp ʿal bedeutet manchmal „etwas noch Schlimmeres tun". Samuel soll für das Volk beten, weil man zu allen anderen Sünden das Übel hinzugefügt hatte, einen König zu verlangen (1 Sam 12, 19 *qal*). Elihu wirft Hiob vor, zu seiner Sünde (*ḥaṭṭā'ṯ*) noch Auflehnung (*pæšaʿ*) gefügt zu haben (Hi 34, 37 *hiph*).

Baruch sagt, JHWH habe Jammer zu seinem Schmerz gefügt (Jer 45, 3 *qal*). Im Schlußabschnitt des Heiligkeitsgesetzes, Lev 26, wird vv. 14–17 die Strafe für Gesetzesübertretung angegeben; wer trotz der Strafe nicht gehorsam wird, wird noch siebenfach gestraft (*wejāsaptî ʿalêkæm makkāh šæbaʿ*, v. 21; vgl. v. 18 *jsp* mit Inf., vv. 24. 28 *šæbaʿ* ohne *jsp*). Dieselbe Konstruktion, aber in positiver Bedeutung, d. h. 'übertreffen', erscheint in Pred 1, 16 *hiḡdaltî wehôsaptî ḥŏkmāh ʿal kŏl-ʾašær-hājāh lepānaj*, „ich habe große Weisheit erworben, die die Weisheit all derer übertrifft, die vor mir waren". Damit soll 2, 9 verglichen werden: *wegādaltî wehôsaptî mikkol* ... d. h. „(obwohl) ich größer geworden bin und (an Reichtum) alle übertroffen habe, die vor mir waren", habe ich meine Weisheit behalten (als Zusammenfassung von 2, 4–8, s. Zimmerli, ATD 16/1, 154). Die Weisheit und der Reichtum Salomos, haben das Gerücht übertroffen, das die Königin von Saba gehört hatte (*hôsaptā ḥŏkmāh weṭôb ʾæl haššemûʿāh*, 1 Kön 10, 7; die Konstruktion mit *ʾæl* ist selten, die Parallele 2 Chr 9, 6 hat *jāsaptā ʿal*).

jsp hiph mit *ʿal* kann durch *ke* erweitert werden: „ebenso viel hinzufügen". So wünscht Mose, daß JHWH die Israeliten noch tausendmal zahlreicher machen soll (*jôsep ʿalêkæm kāḵæm ʾælæp peʿāmîm*, Deut 1, 11); ähnlich wünscht Joab die hundertfache Vermehrung des Volkes angesichts der Volkszählung (2 Sam 24, 3 mit *ʾæl*, vgl. 1 Chr 21, 3 mit *ʿal*).

2. *jsp hiph* mit *ʿal* erscheint als Gegensatz von *gāraʿ min* (→ גרע) in Deut 4, 2; 13, 1 *loʾ tosipû ʿal-haddāḇār* ... *weloʾ tiḡreʿû mimmænnû*, „ihr sollt nichts hinzutun zu dem, was ich euch gebiete, und sollt auch nichts wegnehmen" (die sog. Kanonformel). Die Formel hat eine äg. Parallele: am Ende der Lehre des Ptahhotep heißt es: „Nimm kein Wort (*md.t*) hinweg (*ỉtj*), bringe keines hinzu (*ỉnj*), setze keines (*k.t*) an die Stelle eines anderen (*k.t*)." Fraglich ist aber, ob die Formel sich auf die Quantität der Worte bezieht. Man kann sie auch übersetzen: „Sage nicht einmal dies und einmal das, (und) vermenge nicht eine Sache mit einer anderen." Dann schützt die Formel gegen eine Veränderung des Wortlauts (S. Morenz, Ägyptische Religion, RdM 8, 1960, 235f.). Die beiden Deut-Stellen beziehen sich auf Gebote, die Gott gegeben hat. Die Verbote werden hier im Zusammenhang mit einer Warnung vor Götzendienst aktualisiert. Sich zu den von JHWH gegebenen Geboten – und nur zu diesen – zu halten ist eine Voraussetzung des Lebens und des Besitzes des verheißenen Landes. Die Warnung vor Abfall zu anderen Göttern deutet darauf hin, daß die Formel in ihrem jetzigen literarischen Zusammenhang den Inhalt des JHWH-Glaubens verteidigt und nicht als Kanonfixierung gedacht ist. Etwas den Worten Gottes hinzuzufügen wird Spr 30, 6 als lügnerisch bezeichnet (hier nur der erste Teil der Formel). Das Verbot, etwas wegzunehmen, erscheint allein in Jer 26, 2 wo JHWH Jeremia beauftragt, *kŏl-haddeḇārîm* zu sprechen. Nach der Reaktion der Zuhörer ist der Inhalt und nicht der Umfang gemeint. Dagegen sagt Jer 36, 32 (*niph*), daß die Schriftrolle, die Baruch schrieb, um die von Jojakim verbrannte Rolle zu ersetzen, Zusätze bekam. Ob diese Zusätze von Jeremia selbst stammten, nach seinem Diktat geschrieben wurden oder spätere Erweiterungen darstellten, ergibt sich nicht.

Eine ähnliche Formel erscheint in einem ganz anderen Zusammenhang in Pred 3, 14. Das Werk Gottes kann nicht vom Menschen beeinflußt werden. Es geht alles seinen gewohnten Gang, und der Mensch kann weder etwas hinzufügen noch etwas wegnehmen. (Zu Pred 3, 14 und der Kanonformel vgl. W. Herrmann, WZLeipzig 3, 1953–54, 293–295.) Vom Dekalog sagt Mose Deut 5, 22: „Das sind die Worte, die JHWH redete *weloʾ jāsap wajjiḵteḇem*", d. h. er schrieb sie auf, nachdem er aufgehört hatte zu reden (der Ausdruck ist vermutlich eine Abkürzung von *jsp* + *ʿal haddāḇār* oder *jsp ledabber*, vgl. G. Vermès, BZAW 103, 1968, 236).

3. Ein Hinzufügen ergibt eine Vermehrung oder Vergrößerung, was mit *jsp hiph* mit *ʿal* ohne Obj. oder mit *jsp* + Obj. ausgedrückt wird. So sagt Esra, daß die Männer, die fremde Frauen genommen haben, dadurch die Schuld Israels vermehrt haben (*lehôsîp ʿal-ʾašmat jiśrāʾel*, Esr 10, 10, vgl. Spr 23, 28). Als die Nordisraeliten im syrisch-ephraimitischen Krieg Gefangene aus Juda genommen hatten, sagten einige der Vornehmsten in Ephraim, es wäre schlecht genug, Juda und Jerusalem anzugreifen (*rabbāh ʾašmāh lānû*), aber noch dazu seine Brüder als Kriegsbeute zu nehmen, bedeute eine Vermehrung der Schuld (*lehôsîp ʿal-ḥaṭṭoʾṯênû weʿal ʾašmāṯênû*, 2 Chr 28, 13). Jesaja sagt, das Volk habe seinen Gott verlassen (*ʿāzaḇ*) und noch dazu seinen Abfall vermehrt (*tôsîpû sārāh*, Jes 1, 5). Nach Ez 23, 14 war die Unzucht Oholibas (d. h. Jerusalems) noch schlimmer als die der Schwester (Samaria) (*wattôsæp ʾæl taznûṯæhā*). Rehabeam droht, das Joch auf dem Volk noch schwerer als Salomo zu machen (*ʾôsîp ʿal ʿulleḵæm* (1 Kön 12, 11. 14, par. 2 Chr 10, 11. 14). Nehemia klagt, das Volk habe durch Sabbatbruch den Zorn auf Israel vermehrt (*hiph.* Ptz. Neh 13, 18; vgl. Num 32, 14 *lāsæpæṯ* cj.).

In der Weisheitsliteratur kommt *jsp hiph* oft mit „Weisheit", „Kenntnis" u. ä. vor. Der schon Weise, der auf die Sprüche hört, mehrt die Einsicht (*læqaḥ* Spr 1, 5). „Gib dem Weisen Lehre, so wird er noch weiser werden (*wejæḥkam-ʿôḏ*), lehre den Gerechten, so wird er in der Lehre zunehmen" (*wejôsæp læqaḥ*, Spr 9, 9). In der Gruppe von vier Sprüchen (Spr 16, 21–24), die die Redeart des Weisen behandeln, scheint *jsp læqaḥ* (vv. 21. 23, vgl. Sir 6, 5) eher „Überredungskraft/Anmut hinzufügen" zu bedeuten (vgl. Gemser, HAT I/16, ²1963, 70f.; Ringgren, ATD 16/1, 67. 70). Wer weise ist, mehrt die Durchschlagskraft seiner Rede, wenn er sie in einer anmutigen Weise vorbringt. (Die Emendation von *weʿal* zu *ûḇaʿal* [v. 23], „an expert speaker promotes learning", Scott, AB 18, 1965, 105; McKane, Proverbs 490, ist nicht nötig.)

Die Gebote der Weisheit verlängern das Leben und geben dem, der sie nicht vergißt, immer mehr *šālôm* (Spr 3, 2; vgl. 9, 11 *hiph*, cj. *niph*, Ringgren 41, Scott 74, McKane 224). Aber größere Erkenntnis bringt auch größere Qual (Pred 1, 18; M. Dahood, Qohelet and Northwest Semitic Philology, Bibl 43, 1962, 349–365, bes. 350f., versteht *jôsip̄* als Inf. cstr. *hiph* und denkt an einen phön. Hintergrund des Spruches „to increase knowledge is to increase sorrow"). Gottesfurcht verlängert das Leben (*tôsîp̄ jāmîm*), während Gottlosigkeit es verkürzt (Spr 10, 27). Redliche Menschen werden über ein Schicksal wie das des Hiob empört, aber der Gerechte stählt sich dagegen und „nimmt zu an Kraft" (Hi 17, 9).
jsp wird manchmal mit *b^e^rāk̄āh* und großem Erfolg verbunden. Am deutlichsten ist das in Ps 115, 14, wo *jôsep̄ JHWH ʿal* zwischen den *brk*-Sätzen (vv. 12. 13. 15) eingesprengt steht. Der Gott Israels, der Schöpfer (v. 15f.), kann im Gegensatz zu den Götzen (vv. 4–8) das Geschlecht mehren. Der Name Joseph erhält in Gen 30 zwei Erklärungen. E (v. 23) leitet Joseph aus *ʾsp* ab: Gott hat die Schmach Rachels weggenommen, da sie endlich einen Sohn geboren hat. In der J-Erzählung (v. 24) wird Joseph mit *jsp hiph* verbunden und weist auf die Geburt eines weiteren Sohnes, Benjamin, hin.
Der Ertrag der Bäume mehrt sich (Lev 19, 25), wenn man beim Pflanzen und Ernten nach einer bestimmten Weise verfährt. Der Mensch kann seinen Reichtum nicht selbst vermehren; er hängt ganz vom Segen JHWHs ab (Spr 10, 22). Als Hiob sich vor JHWH demütigte und von ihm gesegnet wurde, hatte das u. a. zur Folge, daß JHWH seinen Besitz auf das Doppelte vermehrte (Hi 42, 10). In seiner Strafrede an David sagt Nathan, daß JHWH, der ihm so viel gegeben habe, dieses oder jenes (*kāhennāh w^e^k̄āhennāh*) hätte hinzufügen können (2 Sam 12, 8). Im ersten der drei Sprüche über Freigebigkeit Spr 11, 24–26 heißt es, daß der Verschwender nur reicher wird (*jsp niph* + *ʿôd̄*). Dagegen wird der Sparer nur ärmer, je mehr er spart. Aus vv. 25f. geht hervor, daß der Verschwender denjenigen meint, der verschenkt und dafür Segen bekommt (vgl. Spr 19, 4). In einem an Hiskia gerichteten Heilsorakel (Jes 37, 31 = 2 Kön 19, 30 *qal*) wird gesagt, daß der übriggebliebene Rest von Juda unten „Wurzeln hinzufügen" und oben Frucht ansetzen wird, d. h. er wird weiter gedeihen. Im Klagelied in Jes 26 wird die Fähigkeit JHWHs, das Land und das Volk zu vermehren, gegen die Unfähigkeit des Volks dazu kontrastiert (vv. 16–18). In einem Heilsorakel Jes 29, 17–24 wird gesagt, daß die Demütigen nach der Vernichtung der Feinde ihre Freude an JHWH vermehren werden (v. 19). Der Pharao befürchtete, daß die Israeliten, wenn sie sich mehrten (*rbh*, Ex 1, 10. 12. 20), in einer kriegerischen Situation sich den Feinden Ägyptens ʿanschließenʾ (*niph* v. 10) könnten. Der klagende Psalmist sagt zuversichtlich, daß er so, wie er früher immer JHWH gelobt hat (Ps 71, 5f.), auch weiterhin Anlaß dazu haben wird (v. 14). Ez 5, 16 sagt, daß JHWH zur Strafe u. a. den Hunger im Volk immer größer machen wird (die Aussage fehlt in der LXX). Nach der Version des Chronisten hat David einen großen Teil des Baustoffs zum Tempel verschafft, und er ermahnt seinen Sohn, noch mehr zu schaffen (1 Chr 22, 14). Jes 15, 9a. b ist eine crux interpretum. Man gibt Kaiser (ATD 18, 58f.) gern recht: „ʿHinzugefügtesʾ ist eine recht abstrakte Umschreibung weiterer Schicksalsschläge". Als Schwierigkeit kommt hinzu, daß die Form *nôsāp̄ôt̲* (*niph* Ptz. fem. Pl.) einmal an sich einzig dasteht, daß *jsp* aber auch sonst nicht in substantivierter Form vorkommt.

4. Die Schwurformel *koh jaʿ^a^śæh ʾ^æ^lohîm/JHWH l^e^ ... w^e^k̄oh jôsip̄*, „Gott tue (mir) dies und das", „Gott strafe mich" (vgl. J. Pedersen, Der Eid bei den Semiten, 1914, 117f.; südarabische Parallelen bei Ullendorff, VT 6, 1956, 196) wird meistens über den eigenen Kopf ausgesprochen: *li* oder *l^e^* + PN (Saul 1 Sam 14, 44; Jonathan 1 Sam 20, 13; Abner 2 Sam 3, 9; David 2 Sam 3, 35; 19, 14; Salomo 1 Kön 2, 23; Isebel 1 Kön 19, 2; Ben-Hadad 1 Kön 20, 10; der König Israels 2 Kön 6, 31; Ruth 1, 17). Dabei ist zu bemerken, daß 1 Kön 19, 2; 20, 10 die Verben der Formel im Pl. stehen, weil *ʾ^æ^lohîm* hier für die Fremdgötter steht und sich nicht auf JHWH bezieht. Zweimal, 1 Sam 3, 17 und 25, 22, wird der Eid über einen anderen als den Sprechenden ausgesprochen. In 3, 17 beschwört Eli Samuel, kein einziges Wort von dem, was ihm JHWH in der Nacht gesagt hat, zu verschweigen. In 25, 22 spricht David den Eid über seine Feinde aus, als er verspricht, jedes männliche Mitglied des Hauses Nabals zu töten (*ʾoj^e^b̄ê* fehlt in der LXX, s. Stoebe, KAT VIII/1, 448).
Vielleicht stellt diese Formel den Hintergrund der Fragen in Ps 120, 3 dar: „Was soll er dir tun und was noch weiter, du falsche Zunge?"

5. *jsp hiph* steht manchmal in absoluter Stellung, und zwar in negierter Form, teils als Verstärkung von *hājāh niph: kāmōhû lo' nihjāt̲āh w^e^kāmōhû lo' t̲ôsîp̄*, „wie nie zuvor gewesen ist noch werden wird" (Ex 11, 6; vgl. Jo 2, 2), teils um das Aufhören der Handlung des unmittelbar vorhergehenden Verbums auszudrücken: *ʿajin š^e^zāp̄attû w^e^lo' tôsîp̄*, „das Auge, das ihn gesehen hat, wird ihn nicht mehr sehen" (Hi 20, 9). Am deutlichsten tritt das in Deut 25, 3 hervor: „vierzig Schläge darf er ihm geben, aber nicht mehr (*lo' jôsîp̄*), damit er nicht, wenn er mehr Schläge gibt, zuviel geschlagen werde"; vgl. auch Hi 34, 32 „wenn ich Unrecht getan habe, will ich es nicht weiter tun" (vgl. Num 11, 25). *jsp hiph* steht auch im Kontext „bis hierher, aber ʿnicht weiterʾ": *ʿad̲-poh t̲āb̲ô' w^e^lo' t̲ôsîp̄*, „bis hierher sollst du (das Meer) kommen, aber nicht weiter" (Hi 38, 11). Am Ende des Hiobbuches demütigt sich Hiob und sagt, daß er zweimal Gott geantwortet habe, aber daß er es nicht ein drittes Mal tun werde (Hi 40, 5). Möglicherweise enthält Spr 19, 19 ein Beispiel positiver Verwendung von absolutem *hiph*, aber der Text ist schwierig und ein sicheres Urteil ist nicht möglich.

III. 1. *jsp* wird oft als Hilfsverbum mit Inf. cstr. gebraucht in der Bedeutung „fortfahren etwas zu tun", „etwas noch mehr oder weiter tun" (*qal* 1mal, *hiph* 21mal; mit l^e + Inf. *qal* 12mal, *hiph* 64mal). Der Ausdruck wird oft mit *'ôḏ* verstärkt. Von allen 98 Belegen sind 53 negiert und stehen am Ende des Abschnitts. Bei negiertem *jsp* ist das Hauptverbum früher im Abschnitt selten erwähnt, z. B. Gen 38, 26 *w^elo' jāsap 'ôḏ l^eda'tāh*, aber v. 18 *wajjāḇô' 'elǣhā*. Ausnahmen sind: *qal* Gen 8, 12; Ri 13, 21; 2 Sam 27, 4; *hiph* Deut 19, 20; Jos 23, 13; Ri 10, 13; Jes 51, 22; Am 7, 13. Bei bejahtem *jsp* mit Inf. ist die Lage vielmehr umgekehrt: in 25 Fällen ist das Hauptverbum gerade vorher erwähnt, z. B. Num 22, 23 *wajjaḵ bil'ām 'æṯ hā'āṯôn* und v. 25 *wajjôsæp l^ehakkôṯāh*, während in 20 Fällen das Verbum ein anderes ist.

2. *jsp hiph* wird manchmal parataktisch mit dem Hauptverbum konstruiert, z. B. Gen 25, 1 *wajjōsæp 'aḇrāhām wajjiqqaḥ 'iššāh*, „Abraham nahm wieder (noch) eine Frau", ferner Gen 38, 5; 1 Sam 19, 21; 2 Sam 18, 22; Hi 36, 1; Esth 8, 3; Dan 10, 18; 1 Chr 14, 13. Die beiden Verba können auch asyndetisch nebeneinander gestellt werden, z. B. Hos 1, 6 *lo' 'ôsîp 'ôḏ 'araḥem*, „ich will mich nicht mehr erbarmen", ferner Ri 11, 14; Jes 52, 1; Spr 23, 35. Das Hauptverbum und das Hilfsverbum können verschiedene Subjekte haben: *lo' ṯôsîpî 'ôḏ jiqr^e'û lāḵ*, „du sollst nicht mehr fortfahren, daß sie dich nennen" = „sie werden dich nicht mehr nennen" (Jes 47, 1. 5).

IV. Inf. cstr. von *jsp* sollte *sæpæṯ* heißen (vgl. BLe § 379q und die Meša'-Inschrift, KAI 181, 21). Einige Male haben die Masoreten allem Anschein nach *spt* als *s^epôṯ* von *sāpāh*, 'wegfegen', vokalisiert (Jes 30, 1; Num 32, 14). *sāpāh* würde hier einen sehr eigentümlichen Sinn ergeben. In Jes 30, 1 fordert der Zusammenhang etwas wie „Sünde zu Sünde fügen"; in Num 32, 14 ist „den Zorn vermehren" ein ganz natürlicher Ausdruck nach der Erwähnung des Zorns in vv. 10. 13.

Das schwache Impf. *jo'sep* von *'āsap*, 'sammeln', kann ohne א geschrieben werden und kann dann äußerlich mit dem Impf. *hiph* von *jsp* verwechselt werden. Num 11, 25 *w^elo' jāsāpû* ist sowohl *'sp* als *swp* gelesen worden (vgl. vv. 16. 24. 30 und BHS), aber die massoretische Lesart ist gut möglich, d. h. *jsp qal* in absoluter Stellung: „sie fuhren nicht fort", d. h. zu prophezeien (vgl. II. 5.). Die Episode mit Eldad und Medad vv. 26–29 ist ein freistehender Abschnitt, der den Zusammenhang zwischen v. 25 und v. 30 abbricht. Vv. 25–30 besagen, daß Mose und die 70 Ältesten ins Lager zurückkehrten, als die Verzückung nachließ (z. T. gegen Noth, ATD 7, 77–81). 2 Sam 6, 1 beginnt mit *wajjosæp 'ôḏ+'æṯ+*Obj.+*b^e*. Diese Konstruktion ist sonst nirgendwo belegt. LXX hat *'sp* gelesen, was auch in den Zusammenhang besser paßt (vgl. *jsp* 5, 22 und J. Blenkinsopp, JBL 88, 1969, 151). Umgekehrt kommt es vor, daß *jsp* im Impf. *hiph* mit א geschrieben wird (Ex 5, 7; 1 Sam 18, 29).

Einige Fälle sind sehr problematisch. *'osipḵā* in 1 Sam 15, 6 ist von der LXX als *'sp qal* Impf. aufgefaßt worden: προσθῶ σε μετ' αὐτοῦ, während viele Kommentatoren es heute vorziehen, *'æsp^eḵā* von *sph* zu lesen. Lisowsky nimmt dieselbe Form *'osipḵā* (*'æl-'^aḇoṯǣḵā*) in 2 Chr 34, 28 unter *jsp* auf (= LXX: προστίθημι), obwohl sie von *'sp* gefolgt wird, *w^enæ'^æsaptā 'æl-qiḇroṯǣḵā* (= LXX: προστεθήσῃ) und die Konstruktion gegen *jsp* spricht.

V. Die Qumran-Texte zeigen gewisse Eigenheiten auf. Das Objekt wird mit *'eṯ* eingeführt (1 QpHab 6, 1 *hôn*; 11, 15 *qālôn*?). Inf. cstr. *hiph* wird zu *lôsîp* (1 QpHab 8, 12; 11, 15) kontrahiert. In den drei Beispielen von *niph* (1 QS 6, 14; 8, 19; CD 13, 11) bezieht sich *jsp* auf den, der sich der Gemeinschaft anschließt. Das einzige Beispiel von *jsp* in der Funktion des Hilfsverbums (1 QS 2, 11) hat die asyndetische Konstruktion. *hôsîpû* steht als Gegensatz zu *šbt hiph* (1 QH 1, 35). Der Bedeutungsunterschied zwischen *'sp* und *jsp* ist verwischt worden: *w^ejôsîpû* (1 QpHab 6, 1) ist der Pescher von *w^ejaspehû* (5, 14); vgl. *w^eja'aspehû* (Hab 1, 15); vgl. auch *qbṣ hôn* (1 QpHab 8, 11) mit *jsp '^awôn 'ašmāh* (8, 12).

VI. LXX übersetzt meistens mit προστιθέναι, das auch als Übersetzung von u. a. *'sp* (17mal) und *sph* (6mal) vorkommt. *jsp* wird auch mit πλείονα ποιεῖν akt. (Spr 11, 24, MT *niph*) übersetzt. Der zweite Halbvers hat συνάγειν (*ḥśk*?). συνάγειν entspricht *jsp* in 2 Sam 3, 34, *'sp* in 2 Sam 6, 1 (vgl. IV.), während *s^epû* in Jes 29, 1 und Jer 7, 21 als *sph* gelesen worden ist. *jsp* wird weiter mit πρόσθεμα (Lev 19, 25), δύνασθαι (Jes 24, 20), ἀναλαμβάνειν (Hi 17, 9, ὑπερβαίνειν (Hi 38, 11), ἀναλίσκειν (Spr 23, 28), ἔρχεσθαι (Spr 23, 35) übersetzt. In Hi 40, 32 zeigt μηκέτι γινέσθω, daß LXX *'al-tôsap* (pausa) in absoluter Meinung verstanden hat, „es wird nicht weiter geschehen", weil die Übersetzung von V „nec ultra addas loqui" *l^edabber* als Ergänzung voraussetzt. Freie Übersetzung oder hebraisierende Umschreibung in Gen 8, 10: πάλιν ἐξαποστέλλειν; Ex 10, 29: ὀφθήσομαι, vgl. v. 28 προσθεῖναι ἰδεῖν; Spr 1, 5: σοφώτερος ἔσθαι; Spr 16, 21: οἱ δὲ γλυκεῖς ἐν λόγῳ πλείονα ἀκούσονται und 16, 23 φορέσει ἐπιγνωμοσύνην (hap. leg.); Jes 29, 19: ἀγαλλιᾶσθαι (?); Jer 38(31), 12: πεινᾶν ἔτι. *jsp* nicht übersetzt: Gen 37, 5: Jes 15, 9; Ez 5, 16 und Jes 37, 31 (vgl. 2 Kön 19, 13 προστιθέναι).

André

יָסַר *jāsar*

מוּסָר *mûsār*

I. 1. Etymologie – 2. Vorkommen – 3. LXX – II. *jāsar* – 1. semant. Feld – 2. unterweisen – 3. belehren – 4. züchtigen, bestrafen – III. *mûsār* – 1. semant. Feld – 2. Lehrumfang – 3. Lehrinhalt – 4. Züchtigung, Bestrafung – IV. Theolog. Gebrauch.

Lit.: *G. Bertram*, παιδεύω κτλ. (ThWNT V, 1954, 596–624). – *R. D. Branson*, The Hebrew Term שׂנא, Diss. Boston University 1976. – *G. R. Driver*, Studies in the Vocabulary of the OT (JThSt 36, 1935, 293–301). – *L. Dürr*, Das Erziehungswesen im AT und im antiken Orient, 1932. – *G. Gerleman*, Bemerkungen zum atl. Sprachstil (Festschr. Th. C. Vriezen, Wageningen 1966, 108–114, bes. 112). – *H. J. Kraus*, Geschichte als Erziehung (Festschr. G. v. Rad, 1971, 258–274, bes. 267–272). – *Ders.*, Paedagogia Dei als theologischer Geschichtsbegriff (EvTh 8, 1948/49, 515–527). – *M. Sæbø*, יסר *jsr* züchtigen (THAT I, 1971, 738–742). – *J. A. Sanders*, Suffering as Divine Discipline in the Old Testament and Post Biblical Judaism, Rochester N. Y. 1955. – *D. Yellin*, יסר, אמץ, חזק (Sinai 65, 1969, 139f.). – *R. B. Zuck*, Hebrew Words for Teach (Bibliotheca Sacra 121, 1964, 228–235).

I. 1. Verwandte Formen der Wurzel *wsr* finden sich im Akk., Ugar. und Arab. Das akk. *esēru* bedeutet zwar 'Zahlung einfordern', 'unter Druck setzen' (AHw I, 249; Sæbø 738 zieht dagegen *jsr* zu *ašāru*, AHw I, 79), aber zwei ugar. Belege aus rituellen Texten (KTU 1.5 V, 4; 1.16 VI, 26) haben die Bedeutung 'unterweisen', ein dritter ist Teil eines PN (KTU 4.281, 29). Die Verbindung von *wsr* mit der arab. Wurzel *šwr* (J. Barth, Etymologische Studien 1893, 55) wird durch ein Vorkommen des asarab. *jšrn* 'erklären' bestärkt, das ebenso der Wurzel *šwr* entstammt (W. W. Müller, Altsüdarab. Beiträge zum Hebr. Lexikon, ZAW 75, 1963, 304–316, bes. 310). In Qumran ist die Wurzel 6mal, zumeist in der Bedeutung 'unterweisen' belegt (vgl. J. Murphy-O'Connor, A Literary Analysis of Damascus Document VI, 2 – VIII, 3, RB 78, 1971, 210–232, bes. 221), und auch im späten Hebr. wird dieser semant. Wert beibehalten (DictTalm. 1967, 583). Die Grundbedeutung der Wurzel 'unterweisen' ist also im gesamten Vergleichsmaterial belegt.

2. Das Verb begegnet im MT 43mal, das Nomen 51mal, zuzüglich des hap. leg. *jissôr* (Hi 40, 2). Letzteres ist trotz seiner Parallelität in der Form zu *gibbôr* (S. R. Driver – G. B. Gray, Job, ICC ²1927, 325) eher als Form von *swr* zu lesen (M. H. Pope, Job, AB 1973, 318). Die Nomina in Hi 12, 18; Spr 7, 22 sollten als Formen von *'sr* gedeutet werden (Pope 89; W. McKane, Proverbs, OTL 1970, 340). Damit ergibt sich eine Gesamtzahl von 92 Belegen. Das Verb ist am häufigsten im *pi* (32mal) belegt, 5mal im *niph*, 4mal im *qal*, je 1mal im *hiph* und in einer späten Form (Ez 23, 48), zusammengesetzt aus *niph* und *hitp* (GKa § 55k).

Über ein Drittel aller Belege ist in Spr (29 Nomina; 5 Verben) bezeugt; 15 (8; 7) in Jer; 10 (1; 9) in Ps; Deut hat 6 (1; 5); Hi 5 (4; 1); 1 Kön 4 Verben, von denen sich 2 in 2 Chr wiederfinden; 1 Chr 1 Verb; Jes 4 (2; 2); Lev 3 Verben; Ez 2 (1; 1); Hos 4 (1; 3) und Zeph 2 Nomina.

jāsar/*mûsār* erscheint nicht in der ältesten Literatur des AT und nur selten in nachexil. Belegen (zur Datierung von Spr 1–9 vgl. R. J. Clifford, Proverbs IX: A Suggested Ugaritic Parallel, VT 25, 1975, 298–306). Hauptsächlich ist es in der Literatur der Königszeit zu finden, aber es ist auch häufig in exil. Material belegt. Die Datierung der ältesten Belege der hebr. Literatur ist mit dem Datierungsproblem der ältesten Schichten aus Spr und Deut verknüpft und mit der Frage, ob die Belege 1 Kön 12, 11. 14 verba ipsissima Rehabeams sind. Beim Auftauchen von *jāsar*/*mûsār* hat das Wort schon einen Fächer von semant. Werten entwickelt, der sich etwas von der Grundbedeutung 'unterweisen' entfernt hat. Am häufigsten erscheint es in der Weisheitsliteratur, die der natürliche Sitz im Leben zu sein scheint; der Gebrauch in kultischen Texten aus Ugarit mahnt jedoch zur Vorsicht gegenüber der Vermutung, daß dieses Wort nur einen einzigen Bezugspunkt in der hebr. Gesellschaft hatte, von wo es in andere hinüberwechselte. Das späte Auftauchen könnte in der Tat anzeigen, daß dieses Wort schon einen weiten Umfang semant. Werte besaß, als es vom Kanaanäischen entlehnt wurde.

*3. LXX benützt zur Wiedergabe von *jāsar* ausschließlich παιδεύειν, außer 1 Chr 15, 22, wo sie ἄρχων verwendet; *mûsār* wird in der Regel durch παιδεία/παιδία wiedergegeben, vom gleichen Wortstamm sind ἀπαίδευτος für *'ên mûsār* Spr 5, 23; παιδεύειν Spr 13, 24; 23, 13; παιδευτής Hos 5, 2. In Spr 8, 33 wird *mûsār* mit σοφία übersetzt und mit *ḥŏkmāh* identifiziert.

(Bo.)

II. 1. Das semant. Feld von *jāsar* ist ziemlich begrenzt, da es nur mit einigen wenigen Wörtern in den gewichtigen Vorkommen verbunden ist. 5mal erscheint es neben → *jkḥ* 'zurechtweisen'. Außer in Ps 94, 10 werden diese Wörter im synthetischen Parallelismus gebraucht (Ps 6, 2; 38, 2; Spr 9, 7; Jer 2, 19). Ps 6, 2 und 38, 2 sind identisch, beide gehören zum Klagepsalm des einzelnen und bilden den einleitenden Hilferuf der Anrede (vgl. C. Westermann, Lob und Klage in den Psalmen, ⁵1977, 48ff.). Der Psalmist bittet darum, daß JHWH ihn nicht 'zurechtweisen' (*jkḥ*) soll in seinem Zorn (*'ap*), noch daß er ihn 'straft' (*jsr*) in seinem Grimm (*ḥemāh*); in ähnlicher Weise heißt es auch in Jer 10, 24, JHWH möge ihn nicht in seinem Zorn (*'ap*) züchtigen (*jsr*). Die Verbindung von JHWHs Zorn mit *jāsar* wird vom Empfänger gefürchtet, denn JHWHs Handeln ist dann eher destruktiv. Andererseits kann *jāsar* aber durch *mišpāṭ* eingeengt werden, und es bezeichnet dann eine kontrollierte Bestrafung „nach Billigkeit", die nicht zerstört, sondern konstruktiv und hilfreich ist (Jes 28, 26; Jer 10, 24; 30, 11; 46, 28).

2. Die primäre Aufgabe der Unterweisung (*jāsar*) ist die Wissensvermittlung zur Formung eines bestimmten Verhaltens. Der gewöhnliche Adressat der Unterweisung ist das Kind, und nach der Spruchweisheit soll der elterliche Teil diese Aufgabe mit Eifer erfüllen, um die geziemende Entwicklung des Kindes zu einem nützlichen Glied der Gesellschaft sicherzustellen (Spr 19, 18; 29, 17). Man kann einen Sklaven (Spr

29, 19), oder einen Toren (Spr 9, 7) unterweisen, eine Belehrung nur mit Worten ist jedoch erfolglos. Dennoch soll man die Strauchelnden durch Unterweisung ermutigen (Hi 4, 3; Pope, Job 35; gegen die von KBL³ 400 vorgeschlagene Wurzel *jsr* II). JHWH bedient sich vieler Wege und Topoi, um den Menschen zu unterweisen. Er erklärt dem Bauern seine Tätigkeit (Jes 28, 26), er weist den Propheten mit seiner menschlichen Sehweise in die andersartige göttliche Perspektive der Ereignisse ein (Jes 8, 11). JHWH unterweist Völker und Individuen (Ps 94, 10. 12), und seine Belehrung erreicht den Menschen („convert", Dahood, Psalms I, AB 16, 1966, 87) auch in tiefer Nacht (Ps 16, 7). Deut 4, 36 stellt fest, daß JHWH Israel direkt vom Himmel her unterwies, als er seine Gebote am Sinai kundtat. Unterweisung geschieht durch Beobachtung: fremde Könige werden ermahnt, die Unterstützung JHWHs für den israelit. König zur Kenntnis zu nehmen und nicht zu revoltieren (Ps 2, 10). Des weiteren sollen die Völker die Vernichtung der Dirne Juda als JHWHs Strafe für ihren Götzendienst verstehen (Ez 23, 48).

3. Oft erscheint *jāsar* in der Bedeutung 'korrigieren', d. h. jemanden unterweisen durch die „Korrektur" seiner vergangenen Taten mittels Strafe. Die Verantwortlichkeit der Eltern für diese Art der Unterweisung wurde als selbstverständlich angesehen (Deut 21, 18).

In einer Reihe von Belegen ist JHWH der Strafende, der diejenigen „korrigiert", die gegen ihn gesündigt haben. Nach Hosea wird Israel wegen seiner bösen Taten bestraft (Hos 7, 12; 10, 10), wobei es kein Anzeichen dafür gibt, daß die „Züchtigung" der Erziehung und Wiederaufrichtung des Volkes dienen soll (vgl. H. W. Wolff, BK XIV/1, 125. 162. 238f.). In den Psalmen wird die Krankheit als Strafe Gottes angesehen, die beim Beter Reue erwecken soll (Ps 6, 2; 38, 2; 39, 16). Jeremia (10, 24) bittet darum, daß zum Zweck der Wiederherstellung die Strafe Gottes über das Volk kommen soll, doch weiß er, daß Gottes Eingreifen zerstörend ist, wenn es nicht durch *mišpāṭ* gemäßigt ist.

In den Geschichtsereignissen zeigt sich der korrigierende Einfluß Gottes, sie können auch auf noch schlimmere Aktionen hindeuten, falls das Volk die Belehrung und Züchtigung zurückweist. Die Belehrung *jāsar* kann dabei durch die Mühsal der Wüstenwanderung (Deut 8, 5), durch Belagerung (Jer 6, 8) oder durch die Zerstreuung von Ephraim (Jer 31, 18) gegeben werden.

Die Folgen der harten Disziplinierung Gottes können die Zusicherung des Lebens mit sich bringen (Ps 118, 18) sowie die Stärkung des Volkes (Hos 7, 15; das gebräuchlichere *ḥāzaq* erklärt hier als Parallelwort die seltene Bedeutung von *jāsar*, nicht aber die seltene Wurzel, gegen Driver 295).

4. Im letzten Kapitel des Heiligkeitsgesetzes, Lev 17–26, ist das Verb 3mal belegt, wobei 2mal Gott den Irrtum des Volkes durch harte Not korrigieren will (Lev 26, 18. 23). Der dritte Beleg spricht von der Bestrafung wegen fehlender Reue trotz vorhergegangener Züchtigung (26, 28). Eine exil. Erweiterung zu Jer 30, 10f. (J. P. Hyatt, Jeremiah, IB V, 1956, 1024f.), wie sie auch in 46, 27f. zu finden ist (J. G. Janzen, Studies in the Text of Jeremiah, Cambridge, Mass. 1973, 94) spricht ebenso von der Idee der Bestrafung. Das Ziel dieser Verse ist zwar helfendheilend, aber die grundlegende Vorstellung ist die der Bestrafung für Sünde.

Das Böse (*ra'*) selbst könnte die treibende Kraft der Bestrafung sein. In Jer 2, 19 wird Juda wegen seiner Verträge mit fremden Völkern verurteilt, da es hierdurch den Bund mit JHWH gebrochen hat. Diese neuen Bündnisse werden auf Juda zurückfallen, aber statt der Sicherheit, die sie bringen sollen, sind sie das Werkzeug für seine Vernichtung. Der Akt der Untreue gegenüber ihrem Gott begründet eine unheilvolle Dynamik, die sich eventuell in der Bestrafung Judas auswirkt.

Der Gebrauch von *jāsar* in der Bedeutung 'bestrafen', in der die Andeutung eines helfenden Charakters fehlt, könnte dem Konzept der körperlichen Bestrafung eines Schülers entstammen (vgl. unten *mûsār*). Es bezeichnet dann den Akt der Disziplinierung und nicht so sehr das Ergebnis, d. h. die Unterweisung. Der nächste Schritt war dann der Verlust jeglicher pädagogischer Konnotationen. Nach Deut 22, 18 soll ein Mann eine körperliche Strafe dafür erhalten, wenn er seine Frau fälschlicherweise beschuldigt, keine Jungfrau mehr gewesen zu sein. Hier ist kein erzieherischer Nebenton zu spüren, da der Mann diese Beschuldigung offensichtlich kein zweites Mal vorbringen konnte. Die Ältesten der Stadt müssen den Beleidiger physisch bestrafen. Die Antwort Rehabeams auf die Forderung Israels nach Erleichterung ihrer Verpflichtungen für den Königshof sind in 1 Kön 12, 11. 14 und 2 Chr 10, 11. 14 überliefert. Diese Rede, die anerkanntermaßen aus späten Quellen stammt, aber dennoch echte Worte Rehabeams wiedergeben könnte, gebraucht *jāsar* in der Bedeutung 'unterdrücken'. Im übertragenen Sinn ist hier von der Züchtigung mit Geißeln und Skorpionen die Rede, um so die Unterdrückung des Volkes anzuzeigen, ein erzieherischer Nebenton ist in dieser Rede nicht vorhanden (E. L. Curtis, Chronicles, ICC ²1952, 362f.).

III. 1. *mûsār* ist in den Sprüchen 9mal direkt mit *tôkaḥaṯ* 'Tadel, Zurechtweisung' (→ יכח) verbunden (Spr 3, 11; 5, 12; 6, 23; 10, 17; 12, 1; 13, 18; 15, 5. 10. 32). In 3, 11 und 5, 12 ist die Zurechtweisung die Ursache für eine Bedrängnis, die der Empfänger erleidet, wohingegen *tôkaḥaṯ* in den anderen Belegen stets einen verbalen Tadel oder eine mündliche Zurechtweisung anzeigt (Sanders 38). Der Zusammenhang von Bedrängnis und *mûsār* wird offensichtlich, wenn damit Schläge verbunden sind (*nkh*, Spr 3, 11; Jer 2, 30; 5, 3). In Jeremia wird 6mal *lāqaḥ* 'erhalten' zusammen mit *mûsār* verwendet (Jer 2, 30; 5, 3; 7, 28; 17, 23; 32, 33; 35, 13), ebenso wie in Spr 1, 3;

Zeph 3, 2. 7. Wenn jemand *mûsār* erhält, lernt er aus Erfahrung und gleicht sein Verhalten an akzeptablere Maßstäbe an. Keinen *mûsār* zu erhalten, bedeutet, die angebotene Lehre auszuschlagen. *mûsār* wird daneben noch verbunden mit *ḥŏkmāh* (Spr 6, 23; 8, 10f.; 23, 23), *bînāh* (Spr 4, 1; 23, 23), *ṣædæq ûmišpāṭ* (Spr 1, 3), *da'aṯ* (Spr 19, 27; 23, 12), *tôrāh* (Spr 1, 8; 4, 1). Es kann mit der *jir'aṯ JHWH* (Spr 15, 33) identifiziert und auf JHWH zurückgeführt werden (Spr 3, 11).

2. *mûsār* kann verwendet werden, um den Umfang dessen zu bezeichnen, was zu lernen ist. In vier Fällen bezeichnet es den Umfang des väterlichen Lehrens (Spr 1, 8; 4, 1; 13, 1; 15, 5). Der „Vater" kann dabei ein Elternteil (1, 8) oder ein professioneller Lehrer sein, dessen Autorität in der Lebensweisheit liegt, die er durch Erfahrungsweisheit erworben hat (4, 1; 13, 1; McKane 303; R. H. Whybray, The Book of Proverbs, CBC 1972, 77). Der Sohn (Schüler) ist aufgefordert, die Unterweisung seines Vaters zu lernen (*šāma'*), um davon zu profitieren.

Als Umfang des zu Lernenden kann *mûsār* die Bedeutung einer notwendigen Qualität erhalten, die nötig ist, um die Probleme des Lebens zu meistern. Daher ist man angehalten, sich *mûsār* um jeden Preis zu verschaffen (Spr 8, 10; 23, 23), da es die Grundlage für ein weises Handeln in der Zukunft bildet (Spr 19, 20). Es ist daher eng verbunden mit 'Kenntnis' (*da'aṯ*, Spr 8, 10; 12, 1; 19, 27; 23, 12) und 'Weisheit' (*ḥŏkmāh*, Spr 1, 2; 19, 20; 23, 23), die alle nötig sind, wenn man ein angemessenes Verhalten erreichen will. Derjenige, der *mûsār* vernachlässigt, wird kein erfolgreiches Leben haben, er wird Schande und Armut erleiden (Spr 5, 12; 13, 18), ja sogar den Verlust seines Lebens (Spr 15, 32). Auf der anderen Seite bedeutet das Lernen (*šāma'*) von *mûsār* dann Weisheit (Spr 8, 33) und damit den rechten Lebensweg (Spr 6, 23; 10, 17); es ist nicht nur notwendig fürs Überleben, sondern auch für das Erreichen von Glück und Wohlstand (McKane 307).

In zwei der spätesten Sprüche wird *mûsār* theologisch mit der *jir'aṯ JHWH* in Verbindung gesetzt (Spr 1, 7; 15, 33; vgl. McKane 487); die Gottesfurcht ist die Quelle des Lernens und der Weisheit. Durch die Hereinnahme der Weisheitsliteratur in den jahwistischen Glauben entstand die Erkenntnis, daß das notwendige Wissen für eine erfolgreiche Lebensbewältigung letztlich ein religiöses Wissen sein muß. Daher erhält *mûsār* die Dimension der Religion, die nötig ist, um ein JHWH-gefälliges Leben zu führen.

3. In einer Reihe von Belegen bezeichnet *mûsār* eine bestimmte Lehre, die gelernt werden soll, und nicht so sehr den Lehrumfang. Der Weise gewinnt Einsicht über den Ertrag der Faulheit, wenn er über den schlechten Zustand des Weinbergs eines Faulpelzes nachdenkt (Spr 24, 32). Den gleichen Begriffsinhalt gebrauchen die Propheten Ezechiel (5, 15) und Zephania (3, 7), um den gewünschten Effekt der Strafe Gottes an sündigen Völkern zu beschreiben.

In Ps 50, 17 werden die Bösen bestraft, weil sie sich weigern zu lernen, eine Vorstellung, die mit der deut Einfügung in Jer 17, 23 übereinstimmt (E. W. Nicholson, Jeremiah 1–25, CBC 1973, 154). In beiden Fällen wurden die Gebote des Dekalogs nicht beachtet und so der Bund gebrochen (Branson 109f.). Die Weigerung, eine Belehrung anzunehmen, bedeutet hierbei die Nichtbeachtung der Bestimmungen des Bundes.

3mal klagen die Propheten das Volk an, nicht auf JHWHs Stimme oder Worte zu hören (Jer 7, 28; 35, 13; Zeph 3, 2). Jer 32, 33 liegt die gleiche Vorstellung vor, wobei es jetzt die Botschaft des Propheten ist; an allen vier Stellen wird JHWH bzw. der Prophet zurückgewiesen; es geschieht zugleich eine Identifikation der Botschaft der Propheten mit der Stimme JHWHs, so daß die Zurückweisung des ersteren auch die Zurückweisung des zweiten bedeutet. Die Lehre ihrer Botschaft, *mûsār*, wurde zurückgewiesen, d. h. es gibt keine Änderung im Verhalten des Volkes, die sich am Aufruf des Propheten orientiert.

In den schwierigen Belegen Hi 20, 3; Jer 10, 8 scheint *mûsār* ebenso eine verbale Unterweisung zu sein. Hi 20, 3 betont Zofar, die Worte Hiobs stellten eine „schändliche Rüge" dar, die er nicht annehmen könne. In dem schwer verständlichen Jer 10, 8 scheint Jeremia sagen zu wollen, daß die weisen Männer anderer Völker entweder andere auf der Basis lehren, was ihnen ihre hölzernen Idole gesagt haben oder daß sie andere die Verehrung der Idole lehren. In jedem Fall wird diese Lehre aber als wertlos bezeichnet.

4. *mûsār* wird nicht nur mit dem Inhalt der Lehre in Verbindung gesetzt, sondern auch mit der Methode der Belehrung. Die Erziehung der Jugend erfordert den Weisen zufolge eine strenge Disziplinierung. Die Rettung vor der Torheit geschieht durch Schlagen mit der Rute (Spr 22, 15), das Leben selbst soll durch Lehren gesichert werden, die durch körperliche Bestrafung verstärkt werden (Spr 23, 13, C. H. Toy, Proverbs, ICC 1904, 433). In der Tat verletzt der Vater, der seinen Sohn liebt, ihn aber nicht züchtigt, die Bundesverpflichtungen seinem Sohn gegenüber (Spr 13, 24, Branson 80f.).

Der Mangel an *mûsār* bringt den Tod, die schlimmste Strafe (Spr 5, 23). Jene, die sich mit Bösem (Spr 15, 10) und Torheit (Spr 16, 22) beschäftigen, erfahren ihren selbstgewählten Lebensstil als strengen Zuchtmeister, denn die strenge Disziplinierung, die sie zu umgehen suchten, ist durch Vernichtung und Tod ersetzt.

Nur 2mal ist *mûsār* in der Bedeutung 'Bestrafung' in Verbindung zu JHWH gesetzt, ohne daß eine Nebenbedeutung von Läuterung oder Erlösung belegt ist. In Hos 5, 2 kündigt JHWH an, das Haus Israel zu züchtigen und selbst zur vollständigen Bestrafung für sie zu werden. Jer 30, 12–17 spricht von Heilung der unheilbaren Wunden Judas, aber in der Zwischenzeit muß das Volk für seine Sünden noch eine grausame Bestrafung durch einen Feind auf sich nehmen (30, 14).

In den meisten Fällen ist *mûsār* erlösend, wenn es als Bestrafung von JHWH kommt; es soll den Gepeinigten wieder zu einem richtigen Verhalten zurückbringen. JHWH erwartet von Israel, daß es aus allen Ereignissen lernt, die es in der Zeit von Exodus und Wüstenwanderung erlebt und erlitten hat und daß es dem Bund treu ist (Deut 11, 2). Jedoch zeigen Jer 2, 30; 5, 3, daß das Volk auch dann ungehorsam blieb, wenn JHWH bei seiner wiederholten Belehrung ihre Bedrängnis vermehrte.

Der Weise vergleicht den *mûsār* JHWHs mit der Züchtigung eines Vaters dem geliebten Sohn gegenüber, als Ausdruck seiner Liebe, die den Gläubigen zu bessern versucht (Spr 3, 11, McKane 294; Whybray 25). Ein ähnlicher Gebrauch findet sich in Hi 5, 17 (Toy 65). Die Bestrafung durch Šaddai ist pädagogischer Art (Hi 33, 16; 36, 10). Der späteste Beleg dieser Vorstellung findet sich in Jes 26, 16 (vgl. B. Otzen, Traditions and Structures of Isaiah XXIV–XXVII, VT 24, 1974, 196–206, bes. 204), wo die Heimsuchung des Volkes durch JHWH Reue weckt.

Jes 53, 5 bietet einen ungewöhnlichen Gebrauch von *mûsār*, da es zwei getrennte Bedeutungen kombiniert. Die Könige bzw. die Völker (52, 15b) lernen einmal durch Beobachtung und Erfahrung. Zusätzlich erhalten sie diese Belehrung durch das Leiden des einen, der ihre Strafe erleidet. Diese Tat wirkt dadurch erlösend, daß die durch die Sünde verursachte Bestrafung durch einen Dritten (stellvertretend) ertragen wird, und zwar um deren willen, die durch das Leiden belehrt werden (Sanders 15f.).

IV. Für den Weisen war die Zucht ein wesentlicher Bestandteil im Erziehungsprozeß des Schülers. Torheit und Boshaftigkeit markieren den Weg bis hin zur Vernichtung (Spr 5, 23). Der einzige Weg für den Schüler, sein Leben zu retten, bestand im willigen Ertragen der rigorosen Lehrmethoden (Spr 6, 23). Die pragmatische Einstellung des Weisen beruht auf der Doktrin vom doppelten Weg: der Weg des Lebens wird durch Weisheit, Einsicht und der hieraus erlernten Klugheit abgesichert, aber der Pfad der Schande und des Todes liegt vor dem zuchtlosen Toren, der seinen eigenen Neigungen folgt (Spr 4, 13; 10, 17; 15, 10). Als die Weisheitsschule stärker durch die jahwistische Theologie beeinflußt wurde (vgl. M. V. Fox, Aspects of the Religion of the Book of Proverbs, HUCA 39, 1968, 55–69), wurde die Weisheit als Gabe JHWHs angesehen, die durch Studieren der Gesetze erlernt werden konnte. Der Weg zum Bestehen des Lebens wurde mit dem richtigen Verständnis des Einen verbunden, der die Schöpfung befehligt. Daher wurde *mûsār* der JHWH-Furcht gleichgestellt, d. h. das Verstehen der Regeln für ein erfolgreiches Leben bedingt das Lernen der Prinzipien der richtigen Religion (Spr 1, 7; 14, 33).

JHWH unterweist die Menschheit, eine übliche Funktion der Gottheit in den Religionen des Alten Mittleren Ostens. Dabei lehrt er nicht nur Dinge, die den innerweltlichen Lebensbereich betreffen (Jes 28, 16), seine größte Offenbarung ist vielmehr in seinem Bund enthalten. Der Bund führt hinter die Schranken eines geschriebenen Gesetzbuches zurück und schließt alle befreienden Handlungen ein, die dem Sinaigeschehen vorangehen und folgen. Die Geschichte von JHWHs Erlösung für sein Volk ist zugleich belehrend und bindend (Deut 4, 36; Ps 50, 17; 94, 12; Jer 17, 23). Es gibt eine Vielfalt von Methoden, durch die JHWH belehren kann: durch Gesetz (Deut 4, 36); direkte Mitteilung (Jes 8, 11); Träume (Ps 16, 11); Propheten (Jer 7, 28; 32, 33; 25, 13; Zeph 3, 2); Leiden (Spr 3, 11); Beobachtung des Leidens anderer (Zeph 3, 7). Empfänger seiner Unterweisung sind der einzelne, die Völker Israel und Juda und selbst die größere Gemeinschaft der Völker (Ps 2, 10; 94, 10; Ez 5, 15). Auf der zwischenstaatlichen Ebene will JHWH durch die Geschichtsereignisse nicht nur Israel, sondern auch die anderen Völker lehren, ihn zu fürchten (Ez 5, 15; 22, 48).

In einer Reihe von Belegen wird JHWH als der gezeigt, der korrigierende Maßnahmen ergreift, um eine bestimmte Lehre zu erteilen oder wiederholt zu lehren. Er tritt dem Volk entgegen, um Reue zu erwecken, d. h. williges Gehorchen seinen Geboten gegenüber. Diese Konfrontation kann durch die Predigt eines Propheten geschehen (Jer 7, 28; Zeph 3, 2), gewöhnlich geschieht sie aber durch eine Form des Leidens, die dem Sünder auferlegt wird (Lev 26, 18. 23; Hi 5, 17; 36, 10; Ps 6, 2; 38,2; 39, 12; Jes 26,12; Jer 2, 30; 5, 3; 6, 8; 10, 24; 31, 18). Das Leiden selbst bewirkt nicht notwendigerweise eine Vergebung, es wirkt vielmehr als Antrieb, um jemanden zur Reue zu bewegen. Diese erzieherische und bessernde Bestrafung ist Teil der Gerechtigkeit Gottes, und solange sie Besserung bewirkt, bleibt sie Teil der Bundesbeziehungen (Ps 6, 2; Jer 10, 24, A. A. Anderson, Psalms I, NCB 1972, 88). An drei Belegstellen geschieht das Erlernen einer Lehre durch die Beobachtung des Leidens anderer (Ez 5, 15; 23, 48; Zeph 3,7). Nur bei einem Beleg scheint das Leiden eines Individuums erlösend zu sein; es geschieht stellvertretend für die, die das Leiden beobachten und erleben (Jes 53, 5, Sanders 15f.).

Denjenigen, die die Zurechtweisung ablehnen, gereicht JHWHs Handeln zur Bestrafung und nicht zur Wiederherstellung. Die Annahme der Zurechtweisung ist keine Sache der Einsicht, sondern des Willens; durch die Verweigerung des Gehorsams setzt man sich dem Zorn JHWHs aus (Jer 10, 24). *jāsar/mûsār* hat dabei nur an wenigen Stellen den Gedanken des Strafens ohne pädagogischen Nebenton (Lev 26, 28; Jer 30, 11. 14; 46, 28; Hos 5, 2; 10, 10). JHWH kann die Vernichtung eines Volkes auch dazu benützen, um so ein anderes zu belehren; der Urteilsspruch kann eine Nation betreffen und für eine andere lehrreich, d. h. erlösend, sein (Zeph 3, 7; Ez 5, 15).

Der Gebrauch von *jāsar/mûsār* sagt nicht nur etwas über JHWH aus, sondern auch über den Menschen.

Es ist ein grundlegender Gedanke, daß der Mensch nicht nur für die Kompliziertheit des Lebens die Unterweisung braucht, sondern auch für den Dienst vor JHWH. Diese Unterweisung kann durch Beobachtung (Zeph 3, 7), Offenbarung (Deut 4, 3) oder Leiden (Spr 3, 11) geschehen. Hierbei ist dann der Mensch zu einem Zweifachen fähig, zum Lernen und JHWH-Gehorchen sowie zur Ablehnung der Unterweisung. *jāsar*/*mûsār* wird daher eine Sache des Willens und des Intellekts, da der Mensch das Vermögen hat, sich JHWH zu widersetzen. JHWH kann zwar zurechtweisende Zucht anwenden, aber der Mensch kann sich ihr widersetzen (Lev 26). Als letzte Möglichkeit kann seine Bestrafung eine zielgerichtete bewußte Lehre sein, um andere zu warnen (Ez 5, 15), wenn nämlich der Mensch JHWHs Pläne für seine Errettung ablehnt und dafür bestraft wird.

Branson

יָעַד *jāʿaḏ*

→ מוֹעֵד *môʿeḏ*, → עֵדָה *ʿeḏāh*

I. Belege der Basis – 1. Semdeskription – 2. Derivate im Westsemit. – 3. Verbreitung im AT – II. Subjekt: Mensch – 1. Fremdbestimmung – 2. Kollektive Selbstbestimmung – 3. Selbstbestimmen nach der Priesterschrift – III. Verhältnis Gott – Mensch – 1. Gott bestimmen – 2. Gottes Bestimmen – 3. „Begegnung".

Lit.: *B. W. Dombrowski*, The Meaning of the Qumran Terms „TʿWDH" and „MDH" (RQu 7, 1971, 567–574). – *M. Görg*, Das Zelt der Begegnung (BBB 27), 1967. – *J. Hoftijzer*, Ex. XXI 8 (VT 7, 1957, 388–391). – *L. Rost*, Die Vorstufen von Kirche und Synagoge im Alten Testament (BWANT IV/24), 1938. – *G. Sauer*, יעד, *jʿd*, bestimmen (THAT I, 1971, 742–746). – *R. Schmitt*, Zelt und Lade als Thema alttestamentlicher Wissenschaft, 1972. – *J. A. Thompson*, Expansions of the עד root (JSS 10, 1965, 222–240). – *W. P. Wood*, The Congregation of Yahweh: A Study of the Theology and Purpose of the Priestly Document, Diss. Union Theological Seminary, Richmond, Virginia 1974.

I. 1. Die anscheinend gemeinsemitische Basis *wʿd* zeigt morphologisch eine Verbindung des Wurzelaugments *w* mit einer zweikonsonantigen Wurzel *ʿd*, eine Kombination, die nach Ausweis des Akk. für fientische Semstruktur signifikant ist (vgl. GAG § 103b). Sie eröffnet zugleich eine eigene Sektion innerhalb des weitverzweigten Systems der Prä- und Afformativbildungen mit dem Basiselement *ʿd*, dessen „original semantic connotation" nach Thompson 223 mit „recurrence" zu bestimmen sein soll. Ob freilich diese Bedeutung dem hypothetischen Grundwort wirklich innewohnt, ist zweifelhaft, zumal die mit *ʿd* gebildeten Lexeme im Akk., wie etwa die Präp. *adi* 'bis' oder das Nomen *adānum* (*ʿad-ān*, AHw I, 10b, vgl. GAG § 26r) 'Frist' eher mit der Semdeskription „terminativ" als mit „iterativ" zu charakterisieren sind. Während *adānum* (= ugar. *ʿdn*) seiner altbabyl. Bezeugung wegen nicht als aram. Lehnwort angesprochen werden kann (gegen G. R. Driver, WdO 1/5, 1950, 412), ist eine aram. Abkunft von akk. *adû* (pl. *adê*) 'Eid' (AHw I, 14a), „*adû*-agreement" (CAD 1/I, 131–134) durchaus möglich (J. A. Fitzmyer, JAOS 81, 1961, 187; ders., BietOr 19, 1967, 23f.; Thompson 236f. T. Veijola, UF 8, 1976, 347f.), wenn auch nicht gesichert, zumal auch bei der hier vorliegenden semantischen Modifikation ein terminativer Semkern ausgemacht werden kann, der der Annahme einer Primärerweiterung des Elements *ʿd* oder noch eher der einer Sekundärableitung von der Basis *wʿd* keineswegs widerrät (vgl. Thompson 236). Die räumliche und zeitliche Limitation als Sinngebung der primären Verbindungen mit *ʿd* könnte eine zusätzliche Absicherung finden, wenn sich erweisen ließe, daß eine Kontamination mit dem ins Akk. übernommenen sumer. Lehnwort *á-dù*/*adû* '(tägl.) Arbeitspensum' (AHw I, 14a) vorläge, was aber unsicher ist.

2. Derivate von *wʿd* sind vor allem im Westsem. greifbar. Ugar. Texte belegen die nominalen Synonyma *ʿdt* (→ עדה [*ʿeḏāh*]) und *mʿd* (→ מועד [*môʿeḏ*]) 'Versammlung' und als mögliche Ableitung auch *tʿdt* in der Bedeutung 'Bevollmächtigter' (WUS Nr. 1195, anders UT Nr. 1832, dazu Veijola 346). Wie diese Nominalbildungen läßt auch das in der äg. Erzählung des Wenamun (2, 71) belegte kanaan. Fremdwort *mwʿd(t)* 'Ratsversammlung' keinen direkten Schluß auf Verbreitung und Semantik der zugehörigen Basis im kanaan. Raum zu, doch gilt offenbar auch hier die terminative Semdeskription. Bei aller kontextbedingten Variabilität bleibt die zielgerichtete Bestimmung semantisches Kennzeichen bis in die jüngeren Dialekte: syr. *waʿdā*, „appointed time, signal or place", mit denom. Formen im *pa* und *etpa* „to meet" (CSD 108b; vgl. Thompson 230); mhebr., aram. *w*/*jʿd* „to appoint" (DictTalm 583f.) mit verwandten Nomina (vgl. Thompson 230, KBL³ 400b); ob dazu auch *ʿiddān*, 'Zeit', gehört, ist umstritten: GesB 918b (negativ), KBL³ 400b (positiv), doch vgl. zu den älteren Äquivalenten oben I. 1. (anders Thompson 232); analoge Verwendung auch im Altsüdarab., Amhar. und Arab. (vgl. Thompson 230ff., KBL³ 400, THAT I 742). Die Basis ist zudem Element im phön. PN *ʾšmnjʿd* (BDB 416; vgl. Benz, PP 278f., 324).

3. Das AT kennt eine breite Bezeugung der nominalen Ableitungen → *ʿeḏāh* (vgl. jedoch Thompson 230) und → *môʿeḏ* (jeweils s. v.), zu welchen vielleicht auch → עדות (*ʿeḏûṯ*) zu zählen ist (vgl. unten III. 3.), mit Vorbehalt noch → עת (*ʿeṯ* < **ʿidt* vgl. BLe § 61j; vgl. auch E. Jenni, THAT II 371), kaum aber *ʿeḏ* (→ עוד) (dazu Driver 412). Dazu kommen die hap.leg. *môʿaḏ* (Jes 14, 31) 'Sammelplatz' (?) (KBL³ 529; vgl. Rost 7, besonders aber die Diskussion bei

H. Wildberger, BK X/2 574) und *mûʿāḏāh* (Jos 20, 9), 'Verabredung' (KBL[3] 529b; vgl. M. Noth, HAT I/7, [3]1971, 122f.; Rost 7).
Im Unterschied zu den älteren Dialekten ist das Belegspektrum der Verbphrasen bemerkenswert: *jʿd* im *qal* (5mal), *niph* (19mal), *hiph* (3mal) und *hoph* (2mal). Emendationsversuche zugunsten der Basis *jʿd* liegen vor zu 1 Sam 21, 3; 22, 6; Ps 132, 6.

Das masoret. *jwdʿtj* (1 Sam 21, 3) ist wegen LXX διαμαρθυρήσομαι meist zu *hwʿdtj* (S. R. Driver, Budde u. a.), aber auch zu *nwʿdtj* (Klostermann, Dhorme) oder zu *jʿdtj* (Boström) emendiert worden (vgl. die Diskussion bei H. J. Stoebe, KAT VIII/1, 1973, 392f.). Eine sichere Entscheidung ist nicht möglich, zumal auch andere Konjekturen versucht sind (vgl. z. B. D. W. Thomas, JThSt 35, 1934, 299f.).
Gegen die versuchte Konjektur *nwʿd* für *nwdʿ* 1 Sam 22, 6 (so KBL[3] 400b, vgl. mit Recht Stoebe 409). Statt des masoret. *jʿr* (gewöhnlich als poetische Fassung des Toponyms *qrjt jʿrjm* gefaßt, vgl. u. a. H. J. Kraus, BK XV/2, [5]1978, 1063) ist jüngst die asyndetisch an *bśdh* gehängte *qal*-Form *jāʿaḏ* vorgeschlagen worden („in the field he appointed", A. Robinson, ZAW 86, 1974, 221). Ein zwingender Grund zur Emendation besteht jedoch nicht (vgl. z. St. auch E. Vogt, Bibl 56, 1975, 35).
Zu beachten ist ferner der PN *nwʿdjh* (Esr 8, 33; Neh 6, 14), der das Arsenal der *niph*-Belege erweitert (vgl. III. 3.). Ob die PN *mʿdjh* (Neh 12, 5) bzw. *mwʿdjh* (Neh 12, 17) hierhergehören, ist nicht sicher (M. Noth, IPN 250, weiß für beide Bildungen „keine einleuchtende Erklärung", vgl. jedoch KBL[3] 529 bzw. 576).

Die griech. Entsprechungen der LXX zeigen eine derartige Variabilität (vgl. Rost 107ff.), daß von einer spezifischen Semerfassung keine Rede sein kann. Von besonderem Gewicht ist lediglich die Wiedergabe γνωσθήσομαι (Ex 25, 22; 29, 42; 30, 6. 36; Num 17, 19), die offenbar dem Mißverständnis mit der Ableitung von *jdʿ* folgt. Über at.liches Formengut hinaus führt in Qumran lediglich 1 QM 1, 10 mit der Zitation des *jwm jʿwd*, des zur Vernichtung der Söhne der Finsternis vorherbestimmten Tages (vgl. auch 13, 14. 18).

II. 1. Im kasuistischen Sklavinnengesetz (Ex 21, 7–11) spielt *jʿd qal* verbfunktional eine doppelte Rolle. Der eingeschobene Relativsatz *ʾašær loʾ jeʿāḏāh* (v. 8) im ersten Unterfall nennt einen Tatbestand, der zwar rechtserheblich, aber nicht direkter Gegenstand der Protasis ist. So ist eine formale Gleichstellung des hier gemeinten *jʿd*-Vorgangs mit dem in v. 9 folgenden nicht ohne weiteres legitimiert (gegen M. Noth, ATD 5, [6]1978, 136). Die Konstruktion mit *le* stützt die semantische Orientierung: es geht um eine zielgerichtete Bestimmung.

Als graphische Variante von *lô* (vgl. ähnliche Fälle in KBL[3] 487a) ist *loʾ* nicht zu streichen (gegen GesB 306a). Um die Annahme einer Negativpartikel zu retten, hat K. Budde, ZAW 11 (1891) 99ff. eine Emendation in *jdʿh* vorgeschlagen.
Nicht minder problematisch sind semantische Interpretationen, wie sie H. Cazelles, Études sur le Code de l'Alliance, Paris 1946, 48 („épouser") und P. A. H. de Boer, Orientalia Neerlandica, Leiden 1948, 165 („keep") versuchen, ohne ihre Deutungen anderwärts ausreichend abdecken zu können (vgl. Hoftijzer 389). Dagegen möchte Hoftijzer selbst den Relativsatz auch auf das folgende *wehæpdāh* ausgedehnt wissen, um zugleich eine logische Subordination (final) zu unterstellen: „who ist not taking the decision about her to let her be redeemed". Da diese Deutung aber weder Verbfunktion noch Konstruktion (vgl. v. 9!) genügend in Rechnung stellt, wird man bei der Wiedergabe „der sie für sich bestimmt hat" (vgl. u. a. Noth 136; B. S. Childs, The Book of Exodus, 1974, 448) bleiben dürfen (vgl. auch BHS z. St.), wobei an eine Zuweisung „zu ehelichem Umgang" (Noth 144) gedacht ist.
Der anschließend vorgeführte zweite Unterfall setzt *jʿd* in Präfixkonjugation (Langform) in die Protasis, um einem nunmehr unmittelbar rechtlich relevanten Umstand anzuzeigen, der sich auf den Wechsel der Bezugsperson von *jʿd* (mit *l*) bezieht (v. 9). Die Verbfunktion dürfte hier mit extratemporal zu bestimmen sein (vgl. G. Liedke, WMANT 39, 1971, 38). Im Gegensatz zur Situation des Mißfallens an der Sklavin (v. 8) gilt jetzt der Fall einer Zuweisung der Frau an den Sohn des Käufers; hier soll eine Gleichstellung mit den Töchtern und deren Rechtsanspruch erfolgen, während der Fall v. 8 einen Erwerb der Sklavin durch einen anderen (Loskauf), jedoch nicht durch einen Ausländer zur Auflage macht. Eine Freilassung ist indessen grundsätzlich ausgeschlossen (7); ob mit dem „Recht der Töchter" *mišpaṭ habbānôṯ* in „gewissem Umfang" die „Rechte einer Frau" deckungsgleich sind (Noth 144), sei dahingestellt.

Mit *jʿd* (*qal*) *le* ist demnach eine autorisierte Zuweisung umschrieben, die zugunsten einer Person erfolgt. Des näheren bestimmt sich der semantische Bereich im rechtlichen Kontext als Verfügung über eine Frau mit dem Ziel ihrer Einbindung in ein eheähnliches Verhältnis. Damit erweist sich *jʿd* schon sehr früh als Bestandteil juristischer Terminologie (vgl. Görg 168).
Die rechtserhebliche Relevanz von *jʿd qal* kommt auch mit der Position des an das Nomen *môʿeḏ* angeschlossenen paronomastischen Relativsatzes *ʾašær jeʿāḏô* (2 Sam 20, 5) zum Ausdruck. Es geht um eine auf drei Tage bemessene Frist, innerhalb deren Amasa die Judäer aufzubieten hat (v. 4). Die von David erlassene Anordnung bemüht anscheinend eine Art Kriegsrecht der Mobilmachungsphase. Amasas Fristenüberschreitung ist zugleich Anlaß für die offizielle Annahme, er sei Parteigänger des abtrünnigen Benjaminiten Seba, womit sein Schicksal feststeht. Ein Verlassen der königlichen Terminsetzung ist zugleich ein crimen laesae majestatis, ohne daß es noch einer eigenen Urteilsverhandlung bedarf. Man beachte die geschickte Einkleidung dieser Konsequenz einer Mißachtung von *jʿd* in v. 6–10 (vgl. auch Rost 6).
2. Den frühesten Nachweis für *jʿd niph* bietet die als Frage gestaltete, sprichwortartige Formulierung: *hajelekû šenajim jaḥdāw biltî ʾim nôʿāḏû* (Am 3, 3). Eine Emendation von *nôʿāḏû* in *nôḏāʿû* (im Anschluß an LXX) ist nicht nur formal, da auf Analogie zu *jāḏaʿtî* (v. 2) abzielend, sondern auch inhaltlich pro-

blematisch (vgl. H. W. Wolff, BK XIV/2, ²1975, 217f., W. Rudolph, KAT XIII/2, 1971, 151 u. a. gegen D. W. Thomas, JThS 7, 1956, 69f.). Die Position der Verbphase weist extratemporale und im Rahmen der Subordination konstatierende Funktion aus: ein Miteinandergehen ist nicht ohne vorheriges Treffen denkbar. Die semantische Konnotation verbleibt auf der Ebene des Alltäglichen (Rudolph 154); für weitergehende Interpretationen, wie die Anspielung auf das Verhältnis JHWH-Prophet, besteht trotz der diesbezüglichen Kulmination der Fragenkette in v. 8 kein zwingender Anlaß (Wolff 222). Amos sucht offenbar „zuerst nur zu dieser allerselbstverständlichsten Wahrheit Zustimmung" (Wolff 222), so daß keine förmliche Verabredung zu unterstellen ist (vgl. dazu auch Rudolph 155). Dennoch wird gegen Rudolph 151 nicht an die mögliche Voraussetzung eines zufälligen Zusammentreffens zu denken sein, da es eben nicht der bloße Zufall ist, der ein Miteinandergehen bewirkt, sondern der Umstand, daß sich die beiden zum gemeinsamen Gang „bestimmt" haben: *j'd niph* meint hier ein „konstruktives" Treffen. Zur formalen Charakterisierung des Wortes v. 3 als Teil einer „lehrhaften Disputation" (Wolff 220) stimmt die auf Evidenz abzielende Argumentation, die der Rechtssprache zu eigen ist (Görg 168).

Die Konstruktion des Narrativs *wajjiwwāʿᵃḏû* mit *jaḥdāw* und folgendem *lᵉ* + Inf. in Hi 2, 11 deutet eine kollektive Zweckbestimmung an, der sich die aus verschiedenen Gegenden angereisten Freunde Hiobs unterwerfen. Die von F. Horst (BK XVI/1, ³1974, 33) als Problem „von geringer Bedeutung" charakterisierte Frage, ob *j'd niph* hier „mehr das Moment der gemeinsamen Verabredung" oder „des (verabredeten) Sichtreffens" hervorheben wolle, berührt nicht exakt den gemeinten Tatbestand. Das Treffen der Freunde ist keineswegs Selbstzweck; es geht nicht auf förmliche Vereinbarung zurück, die Selbstbestimmung ist vielmehr zielorientiert auf den Besuch bezogen. Der Nachdruck von *j'd niph* liegt demnach auch hier auf der finalen Ausrichtung, die zugleich Manifestation des terminativen Semkerns ist.

Die kollektive Selbstbestimmung kann sich auch gegen jemanden kehren. So findet die aggressive Konzentration der Mächte Kanaans zum Kampf gegen Israel ihren literarischen Ausdruck in einer sich zuspitzenden Konsequenz von Narrativen (Jos 11, 4f.), wobei die Verbphrase *wajjiwwāʿᵃḏû* mit der zusammenfassenden Zitation der Könige die Konfrontation vorbereitet (v. 5). *j'd niph* impliziert hier wiederum weniger den Gedanken an ein verabredetes Sichtreffen, als vielmehr die auf aktive Bedrohung zielende Vereinbarung, weist also nach vorn. Je gewichtiger die derart drängende Opposition die Exposition der Darstellung beherrscht, um so eindrucksvoller kann sich dann das Szenarium des JHWH-Kriegs entfalten (v. 6ff.). Die poetische Umsetzung der gleichgerichteten Konfrontation in Ps 48, 5ff.

setzt *j'd niph.* in den Stativ (*nôʿᵃḏû*), um zugleich die umfassende Bedrohung zu dokumentieren. Zwar werden hier frühe Traditionen „in den Rang einer visionären Demonstration" erhoben; doch liegt weniger eine „historisierende Variante zu dem urzeitlichen Chaoskampf der Weltentstehungsmythen" (H. J. Kraus, BK XV/1, ⁵1978, 513) vor, als vielmehr jene in geschichtlicher Erfahrung begründete, aber als Opposition im JHWH-Krieg potenzierte und ins Kosmisch-Universelle überführte Bedrohung durch die, welche sich zum Kampf gegen Israel „bestimmen".

Der Aspekt einer kollektiven Verschwörung klingt noch in einer neutral wirkenden Botschaft mit dem Voluntativ *lᵉḵāh wᵉniwwāʿᵃḏāh jaḥdāw* und der Benennung des konkreten Bestimmungsortes nach, in der sich die wahre Absicht der Gegner Nehemias verbirgt (Neh 6, 2). Das scheinbare Angebot zur Verständigung ist in Wahrheit ein böswilliges Diktat; das vorgesehene Treffen wird denn auch als berechnender Anschlag kommentiert (v. 2b). Auf jeden Fall ist ein zielorientiertes Treffen gemeint, wie dies auch R. Schiemann, VT 17, 1967, 368f. („let us covenant together") mit Hinweis auf die Parallelkombination *j'ṣ jaḥdāw* in Neh 6, 7 zum Ausdruck bringt.

Auch der Rat des Semaja, sich im *bêṯ 'ᵃlohîm* zu treffen, mithin das Asylrecht wahrzunehmen, bedient sich der Formulierung *niwwāʿeḏ 'æl* (Punktualis der Zukunft), wobei ebenfalls die finale Ausrichtung semantisch bedeutsam ist (6, 10). Zugleich erweist sich freilich das Wort des Ratgebers als nicht minder trügerisch: Nehemia sieht Semaja als Parteigänger seiner Gegner, die ihn beschämen wollen (v. 11ff.). Immerhin erscheint *j'd niph* noch an dieser Stelle im Kontext des offenbar semiologisch angezielten Rechtsbereichs.

3. Ein eigener Sektor wird durch die Vorkommen von *j'd niph* besetzt, die in spezifischer Weise von einem kultrechtlichen Zusammenhang geprägt sind. Die alternativen Möglichkeiten, sich für oder gegen die Kultgemeinde zu „bestimmen", d. h. zu entscheiden, werden gerade mit den Belegen zur Geltung gebracht, die im Einflußbereich priesterschriftlicher Terminologie angesiedelt sind.

Zunächst erklärt die priesterliche Grundschrift in einem JHWH in den Mund gelegten „general oath" (S. E. McEvenue, AnBibl 50, 1971, 113) Num 14, 35, daß Auflehnung gegen die Führer des Volkes (vgl. 14, 2f.) zugleich Rebellion gegen JHWH ist. Das Urteil ergeht über die ganze Gemeinde (*'eḏāh*), die mit dem Attribut *rāʿāh* versehen und paronomastisch mit der appositionellen Wendung *hannôʿᵃḏîm 'ālaj* charakterisiert wird: ihre Verworfenheit versteht sich von der kollektiven Opposition gegen JHWH her. Auch diese Selbstbestimmung hat ein Ziel, die totale Kurskorrektur, ihr entspricht darum die Radikalität des Urteils. Im sekundär priesterschriftlichen Text Num 16, 11 zielt der Aufstand wiederum formal gegen die Führung (Aaron), „indirekt aber gegen Jahwe" (B. Baentsch, HAT I/2, 1903, 546); vor allem stellt sich hier die Gruppe um Korah als revolutionäre Zelle dar, die – im Hintergrund gewiß eine „Opposition gegen die Jerusalemer Priesterschaft“ (M. Noth, ATD 7, 1966, 111) – im Mosewort (v. 8–11) als *ʿeḏāh* in der *ʿeḏāh* als „Anti-Gemeinde“ mit der zugleich wertenden Apposition *hannôʿāḏîm ʿal JHWH* belegt wird, mithin wiederum eine paronomastische Erläuterung erfährt. Auf der gleichen Ebene bewegt sich der wohl noch jüngere Einschub in Num 27, 3 (vgl. Noth 183), wo ebenfalls das Nomen *ʿeḏāh* von dem Kommentar *hannôʿāḏîm ʿal JHWH* begleitet wird. Baentsch will hier den Akt der Rebellion „nicht als Levitenaufstand (wie bei P^{S}), sondern wie bei P als eine Bewegung in der Gemeinde, an der sich Glieder aller Stämme beteiligten“ (636) verstehen, doch gibt der Text zu solcher Differenzierung keinen zwingenden Anlaß.

Obwohl *jʿd niph* bei P^{g} und P^{s} in Verbindung mit *ʿal* oppositionelle Selbstbestimmung zu realisieren scheint, ergibt sich doch in der u. a. von priesterschriftlichen Sprachelementen durchsetzten Exposition zum sog. Tempelweihgebet mit 1 Kön 8, 5 (= 2 Chr 5, 6) ein Sonderfall. Die Salomo begleitende Gemeinde mit der Bezeichnung *kōl-ʿaḏaṯ jiśrāʾel* ist mit dem Kommentar *hannôʿāḏîm ʿālājw* versehen, wobei *ʿal* hier keine Opposition anzeigt. Trotzdem ist – analog zu den beobachteten Konstruktionen – P-Sprache unverkennbar (E. Würthwein, ATD 11/1, 1977, 86), so daß keine Segmentierung von v. 5 mit Zuweisung von *hannôʿāḏîm ʿālājw* zu älterem Bestand (M. Noth, BK IX/1, 1968, 178) gerechtfertigt erscheint. Priesterschriftliche Redaktion einer jüngeren Phase verrät ebenso eine Anweisung über die Funktion der Trompetensignale Num 10, 3f. (zur literarischen Position vgl. D. Kellermann, BZAW 120, 1970, 146f.), wo sich eine Assoziation des „Petitivs“ (vgl. M. Görg, ThR 73, 1977, 19) *nôʿaḏû* mit den Termini *ʿeḏāh* und *ʾohæl môʿeḏ* (v. 3) findet: ein weiteres Zeichen für die in der P-Tradition gültige semantische Interdependenz.

III. 1. Die semantische Affinität zur Rechtssprache kommt dort auf spezifische und zugleich gebrochene Weise zum Vorschein, wo mit *jʿd hiph* das Bestimmungsverhältnis Gott – Mensch angesprochen ist. Im Kontext der parallel geformten Drohworte Jer 49, 19–21 (über Edom) und 50, 44–46 (über Babel) findet sich die rhetorische Frage *mî jôʿiḏænnî* als „formelhafte Wendung“ (F. Horst, BK XVI/1, ³1974, 149) im Munde JHWHs. Mit der jeweils auf eine ebenfalls in Frageform gekleidete Variante der Unvergleichlichkeitsphrase (*mî kāmônî*) folgenden Wendung weist JHWH „jede Rechenschaft für sein Gewalt ausübendes Handeln ab“ (Horst) und diskreditiert zugleich fremde Machtambitionen jedweder Provenienz. Hier sind es die Fremdvölker Edom und Babel, wobei der Edomspruch wohl jünger und in Analogie zum Babelspruch gestaltet ist (W. Rudolph, HAT I/12, 1958, 269), die ihr aggressives Selbstbewußtsein in die eigene Vernichtung führt. Das kausative Verständnis von *jʿd hiph* enthebt den Menschen grundsätzlich jeder Chance, Gottes Entscheidungskompetenz beeinflussen zu können. Dieses Unvermögen angesichts des absoluten Vermögens Gottes manifestiert sich besonders deutlich in Hi 9, 19, wo die zitierte Formel im Kontext der Klage Hiobs wiederkehrt.

Hier möchte Horst eine von den Jer-Stellen verschiedene Funktion erkennen: es solle „nicht gesagt werden, daß man Gott nicht vorladen kann, weil er sich nicht vorladen läßt; vielmehr heißt es, daß man ihn, Hiob, nicht vorladen will, der gerade vorgeladen zu werden wünscht“ (149). Eine solche Trennung der Formelfunktionen ist jedoch nicht nötig, da der gesamte Kontext von v. 19 göttlicher Autonomie das Wort redet: sie in ihrer Unberechenbarkeit und absoluten Potenz ist es, woran Hiob verzweifelnd Anstoß nimmt. Gott ist nicht eine menschlichen Ansprüchen zugängliche Rechtsinstanz. Stattdessen entzieht er sich jeder Schelte, er selbst setzt unangreifbar sein Recht (*mišpāṭ*).

2. Die rechtsetzende Funktion JHWHs findet ihren sinnfälligsten Ausdruck im Gericht, das im geprägten Bild vom „Schwert“ JHWHs signalisiert wird. Gegen Askalon und die Meeresküste, dorthin (*šām*) hat JHWH nach Jer 47, 7 das Schwert bestimmt (*jʿd qal*), das Mordinstrument hier sozusagen als „lebendige Größe, ein göttliches Organ“, wobei Nebukadnezar der „Vollstrecker“ des Willens JHWHs, „gleichsam sein Degen“, geworden ist (Rudolph 237). Das „Schwertlied“ Ez 21, 13–22 apostrophiert in seinem zweiten Teil (zur Struktur vgl. W. Zimmerli, BK XIII/1, 1969, 474) die Funktion des Schwerts als „Gerichtswerkzeug“ (Zimmerli 475) in direkter Anrede. Dabei ist mit der *hoph*-Form von *jʿd* in v. 21 (zur Emendation von *muʿāḏôṯ* in *mûʿæḏæṯ* [Sing. fem.], so G. R. Driver, Bibl 35, 1954, 154f., besteht kein zwingender Anlaß) das „geheimnisvolle“ Bestimmtsein des Schwertes umschrieben, näherhin die „Wendung seines ʻGesichtesʼ, das ihm hier gleich einem Menschen zugeschrieben wird“ (Zimmerli 478).

Auf eine Strafdrohung ist auch Mi 6, 9 orientiert; hier ist es die „Rute“ (*maṭṭæh*), die JHWH bestimmt hat (*jʿd qal*).

Eine Emendation des Textes erübrigt sich (zu den mit Recht abgelehnten Vorschlägen vgl. Rudolph, KAT XIII/3, 1975, 115). Das fem. Suffix der Form *jʿdh* „neutrisch zu fassen“ (Rudolph 115), ist ebenfalls nicht nötig. Auf dem Hintergrund der so fixierten Gerichtssprache wird auch der umstrittene Beleg Jer 24, 1 (MT) interpretierbar. Die hier bezeugte *hoph*-Form *mûʿāḏîm* dient nicht nur zur Erläuterung der Position der beiden symbolträchtigen Feigenkörbe vor dem *hêḵal JHWH*, sondern soll wohl auch ihre geheimnisvolle Provenienz deutlich machen. JHWH setzt dieses Zeichen zum Heil und zum Unheil.

Nach G. R. Driver, JBL 53, 1934, 288, nötigt eine Ableitung von *jʿd* die Basis „to bear a sense alien to its whole usage“. Wie die Deutungen von Driver („ʻripeʼ or ʻtest figsʼ“) oder von D. W. Thomas, JThS 3, 1952, 55 (Ableitung von der supponierten Basis *jdʿ* ʻstellenʼ) überzeugen auch die Alternativen Rudolphs, HAT I/12, 1958, 134 (Basis *ʿmd*) nicht. Der Gerichtskontext eröffnet aber eine entsprechende Dimension für *jʿd*: das Schicksal der Gola wie auch der Jerusalemer wird symbolisch bestimmt: die Jerusalemer trifft nach v. 10 u. a. das Schwert.

3. Die Beziehung auf JHWH erfährt mit der Übertragung des sonst kollektivbezogenen *jʿd niph* auf einen Offenbarungsmodus der Gottheit selbst im Zentrum der priesterschriftlichen Theologie eine spezifische Ausprägung.
Die Belege lassen sich nach ihren Konjugationsformen und Satzqualitäten differenzieren. Den Hauptsätzen in Ex 25, 22; 29, 43 entspricht die Suffixkonjugation; den subordinierten Relativsätzen in Ex 29, 42; 30, 6. 36; Num 17, 19 die Präfixkonjugation, wobei die Verbfunktionen jeweils sicheres Futur anzeigen. Die Hauptsätze sind zugleich Kurzsätze und imitieren den formularhaften Stil der vorpriesterlichen Rituale, um zugleich an deren Autorität Anteil zu gewinnen.

Nach K. Koch, FRLANT 71, 1959, 12f. gehört einer der von ihm in Ex 25, 22 angesetzten beiden Kurzsätze (mit *wᵉ* + Suffixkonjugation) zur Vorlage von P, eine fünfgliedrige Reihe läßt sich aber auch ohne Hinzunahme von v. 22 rekonstruieren (M. Görg, ZAW 89, 1977, 115; ders., BN 4, 1977, 17f.), so daß für v. 22 wohl Abkunft von P unterstellt werden darf. Der im ersten Kurzsatz mit *šām* angedeutete lokale Bezug des *jʿd niph* wird erst im folgenden Satz eingehend kommentiert, indem die Lokalbestimmungen *meʿal hakkapporæṯ* und *mibbên šᵉnê hakkᵉrubîm* hinzutreten, die ihrerseits gewiß an den Verhältnissen im Jerusalemer Tempel (Kerubenthron) orientiert sind.

Bei allem Interesse von P an einer lokalen Beziehung von *jʿd niph* in der JHWH-Rede darf das Gewicht des semantischen Bereichs nicht einseitig auf die „Betonung des Ortes" verlagert werden (so Schmitt 227). Gleichrangig ist hier wie auch sonst bei P der Blick auf den Adressaten und vor allem auf die finale Ausrichtung: das „Begegnen" erfolgt um des Redens mit dem Adressaten der „Begegnung" willen. Diese Bezugnahme wird in Ex 25, 22 durch die Verknüpfung von *jʿd niph* mit *lᵉḵā* einerseits und durch die auf *šām* folgende Verbphrase mit *dbr pi* und *'ittᵉḵā* andererseits dokumentiert. Ferner steht die lokale Orientierung nicht zuletzt unter dem Eindruck des auch hier greifbaren Spiels von P mit der Paronomasie, wie sie mit der Beziehung *jʿd-ʿeḏûṯ* (v. 21 b) zum mindesten in der Sicht von P – womöglich nicht zu Unrecht (vgl. M. Görg, BN 2, 1977, 14) – gegeben zu sein scheint.
Überdies insistiert P offensichtlich nicht auf der ausschließlichen Fixierung des Begegnungspunktes oberhalb der Lade, da der zweite Beleg für *jʿd niph* im Hauptsatz (Ex 29, 43) mit *šāmmāh* zum „Eingang" des *'ohæl môʿeḏ* zurückverweist, einer Lokalität also, die in der außerpriesterschriftlichen Zelttradition bereits eine Rolle spielt (vgl. Görg 60 u. ö.). Die auch hier gewiß imitierte Kurzsatzbildung erfaßt zugleich ein kollektives Adressatentum für JHWH *nôʿaḏ*, wie es der traditionelle Publizitätsbezug des „Zelteingangs" erwarten läßt. Gleichwohl geht mit dem Relativsatz in v. 42, der *jʿd niph* mit einer Adresse (*lāḵæm*), der Lokalbestimmung *šāmmāh* und einer finalen Orientierung (*lᵉḏabber 'elâḵā šām*) verbindet, ein Bemühen um die Zusammenschau von „kollektivem" und „individuellem" *jʿd niph* einher. Mit der Zweckbestimmung wird P aufs neue dem terminativen Grundaspekt der Basis gerecht, wobei wiederum das Interesse an einer paronomastischen Korrespondenz (*jʿd – môʿeḏ*) augenfällig ist.
Bei allem Eindruck der Komposition mit heterogenen Elementen stellt der Kontext der *jʿd niph*-Belege im Abschnitt Ex 29, 43–46 „in seiner jetzigen Gestalt eine pointierte Zusammenfassung der Gedanken von P über den Sinn des gesamten Heiligtums samt seiner Priesterschaft" dar (Koch 31). Die mit den Suffixkonjugationen in 1. Sing. formal greifbare thematische Linie führt von *nôʿaḏtî* (v. 43) über *qiddaštî* (v. 44) zu *šāḵantî* (v. 45), was zugleich die Notwendigkeit erweist, sowohl die Dynamik von *qdš pi* wie die von *škn* von *jʿd niph* her zu verstehen, d. h. von der programmatischen Selbstbestimmung, der sich JHWH um der Begegnung willen zu unterziehen gedenkt. Von *škn* her *jʿd niph* zu interpretieren, wie es Schmitt 227 empfehlen möchte, scheint angesichts der Konsequenz innerhalb v. 43–45 nicht der sachgemäße Weg. *jʿd niph* signalisiert den Fixpunkt der Kontaktnahme, die Vorbedingung des „Heiligens" und „Wohnens" JHWHs ist, von Vorgängen also, die sicher nicht bloß auf der temporalen Ebene zu beurteilen sind, wohl aber der Annahme einer statischen Präsenz auf Dauer widerraten. Von der gewonnenen Aspektkorrelation entfernen sich die restlichen Belege für göttliches *jʿd niph* nicht grundsätzlich, obgleich formale Varianten greifbar werden: der Wechsel im Adressaten von *lᵉḵā* (Ex 30, 6. 36) zu *lāḵæm* (Num 17, 19) bei gleichbleibendem Ort innerhalb des Heiligtums; die paronomastische Bezugnahme auf *ʿeḏûṯ* allein (Ex 30, 6) oder in Verbindung mit *'ohæl môʿeḏ* (Ex 30, 36; Num 17, 19). Auch in den geprägten Wendungen bei P bleibt somit der terminative Semkern sichtbar.

Görg

יעל *jʿl*

I. Belege, Etymologie, Wortfeld, LXX – II. 1. Verwendung in der prophetischen Polemik. – 2. Verwendung in weisheitlichen Texten.

Lit.: *H. D. Preuß*, Verspottung fremder Religionen im AT (BWANT 92, 1971, 161. 170. 208f. 224. 239). – *M. Sæbø*, THAT I 746–748.

I. Das grammatisch nur im *hiph*, semantisch nur innerhalb theologischer Aussagen, nicht aber im profanen Bereich auftretende Verb *jʿl* findet sich 23mal innerhalb des AT, dazu zweimal in Sir (5, 8; 38, 21) und einmal in den Qumrantexten (1 QH 6, 20). Die at.lichen Belege fügen sich deutlich zu zwei Gruppen (vgl. Sæbø), nämlich eine prophetische, welcher der eine dtr Text zuzuordnen ist (1 Sam 12, 21; Jes 30, 5 [zweimal]. 6; 44, 9f. [zweimal]; 47, 12; 48, 17; 57, 12; Jer 2, 8. 11; 7, 8; 12, 13; 16, 19; 23, 32 [zweimal]; Hab 2, 18) und eine weisheitliche (Spr 10, 2; 11, 4; Hi 15, 3; 21, 15; 30, 13; 35, 3). Die in KBL^3 401 erwähnte Konjektur zu Ps 16, 2f. hat wenige Anhänger gefunden, bleibt daher hier unberücksichtigt. Die Bedeutung des Verbs ist meist '(jemandem) helfen bzw. nützen'; intransitiv als 'Nutzen haben von etwas' begegnet es nur in Jer 12, 13; Hi 21, 15; 35, 3.

Zur umstrittenen Etymologie vgl. THAT I 746 und A. Guillaume (Abr Nahrain 1, 1959, 26), der an eine metathetische Form von arab. *ʿalā* „prosper", denkt. Von den möglichen Derivaten sind nur תעלה und תולעת in Sir 30, 23 und 41, 14 und wahrscheinlich noch die Bildung → בליעל (*belîjaʿal*) (ThWAT I 654–658) heranziehbar, während die früher öfter hergestellte Verbindung zu *jāʿel* (usw.) 'Steinbock' (vgl. etwa noch E. König, Wb 154) heute mit Recht kaum noch vertreten wird.

Das Verb wird meist im durch *loʾ* verneinten Imperf. verwendet, da es vor allem herausstellen möchte (s. II.), was alles *nicht* hilft oder nützt. Neben *loʾ* finden sich dabei noch die Verneinungen *bal*, *biltî* und *ʾajin*. Positiv wird das Verb nur in Jes 48, 17 (mit dem erläuternden Begriff → דרך [*drk*] *hiph*) und Jer 2, 11 (mit dem positiven Bezug zu → כבוד [*kāḇôḏ*]) verwendet und dabei bezeichnenderweise in Beziehung zu JHWH gesetzt.

Von den Wörtern, die ebenfalls die Nutz- und Hilflosigkeit der Götzen, der eigenen menschlichen Bemühungen herausstellen, stehen besonders → נצל (*nṣl hiph*) → עזר (*ʿzr*) (Subst., vgl. Jes 30, 5) und → תהו (*tohû*) (1 Sam 12, 21; Jes 44, 9) erläuternd neben *jʿl*, aber auch *bošæṯ* und *ḥærpāh* (Jes 30, 5). Ähnlich wie *jʿl* werden noch *jṭb*, *jšʿ* und *skn* gebraucht, die nicht selten neben *jʿl* auftauchen (vgl. Preuß 239 und 161 zum Wortfeld, mit Belegen). Innerhalb der Belege aus der Weisheitsliteratur sind → בצע (*bṣʿ*) (ThWAT I 731–736) sowie *jiṯrôn* sowohl positiv innerhalb des Wortfelds wie verneint und fragend als Oppositionen zu beachten.

Die LXX setzt für *jʿl hiph* meist ὠφελεῖν, dann auch ὠφέλεια; selten sind ὠφέλημα Jer 16, 19; ὄφελος Hi 15, 3; ἀνωφελής Jes 44, 10 und Jer 2, 8. Gelegentlich kommt auch συμφέρειν vor (vgl. ThWNT IX 71–80, bes. 75f.). Auffällig abweichend sind nur 1 Sam 12, 21 mit περαίνειν und Hi 35, 13 mit ποιεῖν.

II. 1. *jʿl hiph* ist zuerst Bestandteil prophetischer Kritik und Polemik. Im begründeten Weheruf Jes 30, 5 (Kaiser, ATD z.St.) ist Ägypten ein Volk, das nicht helfen kann. V. 6 nimmt in neuer Texteinheit dann v. 5 nochmals auf. Zur Argumentation vgl. F. Huber, Jahwe, Juda und die anderen Völker beim Propheten Jesaja (BZAW 137, 1976, 116f. 120f. 139) und W. Dietrich, Jesaja und die Politik (BEvTh 74, 1976, 139ff.). – Nach Jer 12, 13 wird Israel nichts von seinem Gesäten (→ זרע [*zrʿ*]) genießen, von nichts einen Nutzen haben.

Ab Jeremia wird aber vor allem die auch schon vor ihm sich findende Thematik von der Ohnmacht der Götzen(bilder) (vgl. etwa Hos 8, 6; 10, 5–7; 13, 2) auf den Begriff gebracht, wofür dann vorwiegend *jʿl* verwendet wird. DtJes, das DtrG und die späte Einzelstelle Hab 2, 18 stehen in dieser hier beginnenden Traditionslinie.

Nach Jer 7, 8 helfen Lügenworte (→ שקר [*šqr*]) nichts (vgl. Hi 15, 3), die nach Jer 23, 32 Worte der falschen Propheten sind, die nach 2, 8 wiederum von Propheten gesprochen wurden, die im Namen Baʿals (→ בעל) sprechen und damit Götzen nachjagen (→ אחרי [*ʾaḥarê*], → הלך [*hālaḵ*]), die nichts nützen und nicht helfen können. Auf dergleichen Worte soll man daher nicht vertrauen (→ בטח [*bāṭaḥ*]; bei Götzen niemals → אמן [*ʾmn*] *hiph*, sondern letzteres nur bei JHWH!). Israel hat es sogar fertig gebracht, seinen geschichtsmächtigen JHWH gegen einen Götzen (v. 11; Sing.!) einzutauschen, der nicht hilft. Ist dabei an das Kalb in Samaria gedacht? Nach Jer 16, 19b werden die Völker selbst erkennen, daß ihre Väter Lüge gehabt haben, nichtige Götter (→ הבל [*hbl*]), bei denen keine Hilfe war. Da diese Aussage als Zitat im Munde der Völker selbst erscheint, erhält sie besonderes Gewicht.

Götzen können nicht helfen, folglich ihre Bilder auch nicht, da die fremden Götzen in den polemisch-spottenden Texten des AT bewußt mit ihren leb- und machtlosen Bildern gleichgesetzt werden. In dieser Argumentationsart ergehen sich Jes 44, 9f. (→ פסל [*psl*]; zu 44, 9–20 und seiner literarkritischen Schichtung vgl. Preuß 208ff.), wonach sowohl das Götzenbild, an dem das Herz seiner Hersteller hängt, als auch dies ihr Produkt selber nicht helfen werden noch können. Auch Babels Zauberei hilft nicht (Jes 47, 12), nach der man wohl (um Hilfe suchend) geschielt hatte. Auch in Jes 57, 12 ist bei den „Werken" (*maʿaśæh* [→ עשה]), die nicht helfen, an Götzenbilder zu denken, wie der weiterführende v. 13 zeigt, der auch das Positive (vgl. sonst nur noch Jes 48, 17) neben dem Negativen bringt. 57, 3–13 ähneln dabei den Gerichtsszenen bei DtJes. Wirkliche Zuflucht ist nur JHWH, der Verheißung schenkt.

Götzen der Nichtigkeit (*tohû*; 1 Sam 12, 21; Jes 44, 9) soll man nicht nachfolgen (→ אחרי [*ʾaḥarê*] und → סור [*sûr*]), da diese nicht helfen, d. h. nicht retten, mahnt der Deuteronomist, darin der Prophetie nahestehend (vgl. auch Deut 13, 14).

Hab 2, 18 als spätexilischer Zusatz, dem inhaltlich Jes 2, 18; 19, 3 und Mi 5, 12f. zu vergleichen sind, kann in seiner geballten Polemik nicht umhin, auch die Ohnmacht der Götzenbilder zu betonen. In rhetorischer Frage (vgl. die Fragen in Hi 21, 15; 35, 3,

die aber gerade nicht rhetorisch sind!), die ihre Antwort bereits in sich selbst trägt, in götzenspottenden Texten häufig ist, da sie an sich zum Hymnus gehört, Götzenspott aber Korrelat des JHWH-Hymnus ist, wird gefragt, was denn ein menschengeschaffenes, lügenhaftes Götzenbild helfen kann.
Jes 48, 17 ist der einzige prophetische Text, der – nicht ohne Grund als JHWH-Rede gestaltet – davon spricht, daß nur JHWH Israel das lehrt, was ihm hilft, und zwar indem er ein Gott ist, der es leitet (→ דרך [*drk*] *hiph;* vgl. ThWAT II 309).
Daß Götzen nichts nützen, wird mit Hilfe des Verbs *j'l* folglich seit Jeremia ausgesagt. DtJes und DtrG führen das Thema weiter. Damit wird aber etwas auf den Begriff gebracht, was schon ältere at.liche Texte (s. o.) mehr erzählten als definierten, indem sie von der Ohnmacht fremder Götzenbilder berichteten, ohne schon *j'l* dabei zu verwenden (dazu Preuß 161). Dieses Wort taucht dann aber an dem Zeitpunkt auf, an dem es angesichts babylonischer Bedrohung und im anschließenden Exil konzentriert um die Frage ging, ob andere Götter „helfen" können, wo JHWH unterlegen schien. In dieser Zeit der Not und Anfechtung, in der man „Hilfe" suchte, verweist Jeremia ausdrücklich darauf, wo diese Hilfe nicht und nie zu finden ist. Andere exilische Autoren und Texte folgen ihm darin. Dieser Bereich prophetischer Kritik und Polemik ist dabei prophetisch-geschichtlichem Denken und prophetischer Gerichtsbotschaft verbunden, damit vom zweiten Bereich der Verwendung von *j'l* weit geschieden (s. II. 2), nämlich vom Bereich weisheitlichen Denkens, wo betreffs *j'l* auch ganz anders argumentiert, gefragt und gedacht wird. Damit ist aber ebenfalls klar, daß die Texte spottender Götzen(bild)polemik innerhalb der Propheten nicht als weisheitlich anzusehen sind (so etwa Fohrer, Einl., 11 Anm. 419, und vor allem G. von Rad, Weisheit in Israel, 1970, 229–239), da in der Weisheitsliteratur sich zwar auch der Gebrauch von *j'l* findet, dieser dort aber nirgends im Bereich der Götzenpolemik erscheint (Weish 13–15 ist historisch wie traditionsgeschichtlich spät und formgeschichtlich gemischt).
2. Neben der Textgruppe prophetischer Polemik, die dem Ruf zur Umkehr dienen will, steht bei *j'l* die andere der weisheitlichen Texte, zu der zwei Belege aus Spr und vier aus Hi gehören und die ebenfalls sämtlich von dem sprechen, was alles *nicht* hilft oder nutzt, somit *j'l* auch nur in Verbindung mit Negationen bzw. im negativ-kritischen Sinn gebraucht. Die Weisheit fragt ja oft und gern nach dem, was Nutzen bringt und weiterhilft.
Spr 10, 2 und 11, 4 stellen als weisheitlichen Erfahrungssatz heraus, daß unrecht erworbenes Gut bzw. Reichtum (vgl. Pred 11, 4) am Tag des Zornes nicht retten, sondern daß dies nur *ṣ^edāqāh* (→ צדק) tut und tun kann. Mit dem Tag des Zornes ist hier kein jüngstes Gericht, sondern das Hereinbrechen einer irdischen Krise gemeint, in der – gemäß der von JHWH der Welt eingestifteten und bewahrten Weltordnung – Unrechtes nichts Gutes hervorbringen kann.
Im Hiobbuch, wo letztlich bereits Satan indirekt die Frage nach dem „Nutzen" der Frömmigkeit Hiobs stellt (Hi 1, 9), wirft Eliphas dem Hiob vor, daß seine Worte, welche doch die eines weisen Mannes sein sollten, keine Hilfe, keinen Nutzen brächten (Hi 15, 3; vgl. Sir 5, 8). Hiob dagegen steigert Gebrauch wie Inhalt von *j'l*, indem er betont, daß selbst das Anrufen des → שדי (*šaddaj*) nichts nütze (21, 15; mit „wir" im Pl.; vgl. 22, 2f. mit *skn* und Mal 3, 14), und daß Hiobs Gegner noch dazu mit zu seinem Sturz verhalfen (*j'l* zwar ohne Negation, aber in negativem Sinn; 30, 13). In der zweiten Elihurede wird in 34, 9 (mit *skn*) offensichtlich auf Hiobs Äußerung in 21, 15 kritisch – wenn auch verzeichnend – Bezug genommen, und auch 35, 3 nimmt kritisch zu Hiobs Position Stellung, nach der es doch gar nichts mehr gebe, was ihm „nützen oder helfen" könne, wobei beide Male die Rede Hiobs als Zitat erscheint, das seine in der Meinung des Elihu schuldhaften und falschen Äußerungen nochmals bewußt machen soll. Außerdem unterstreicht die auch um das Thema des „Nutzens" kreisende Diskussion den weisheitlichen Wurzelgrund des Hiobbuchs.
In 1QH 6, 20 wird *j'l* (als Inf. mit *l^e*) mit gegenüber dem AT bereits verschobener Nuancierung verwendet: Gott hat befohlen, was dem Weg seiner Heiligkeit nützt, frommt, entspricht (zum verdorbenen Text vgl. wohl Jes 48, 17).

Preuß

יעף I *j'p*

יָעֵף *jā'ep̱*, עיף II *'jp*, עָיֵף *'ājep̱*

I. 1. Etymologie, Grundbedeutung – 2. Statistik und Streuung der Belege – 3. Synonyma – 4. Qumran – 5. LXX – II. Bedeutungssphären – 1. Physisch-objektive Bedeutungssphäre – 2. Übertragene Bedeutungssphäre – 3. Religiös-theologische Bedeutungssphäre.

Lit.: *M. Z. Kaddari,* משנה ההוראה של "עיף" במקרא (Die Doppelbedeutung von „*'ajep*" in der Bibel) (Tarbiẓ 34, 1965, 351–355, engl. Zusammenfassung S. VI). – *S. Segert,* Zur Habakuk-Rolle aus dem Funde vom Toten Meer III (ArOr 22, 1954, 444–459, bes. 452f.). – *E. Zolli,* Note di lessicografia biblica (Bibl 27, 1946, 127f.).

I. 1. Die etymologischen Untersuchungen der Verb- und Adjektivformative der Wurzelgruppe *j'p* I und *'jp* II im bibl. Hebr. ergibt folgendes Bild:

a) Die Wurzel *jʿp* I gehört zu den triliteralen Stämmen mit ursprünglichem *jôḏ* als erstem Radikal (vgl. R. Meyer, Hebr. Gram., [3]1969, II, 138; G. Bergsträsser, Hebr. Gram., [2]1962, II, 126) und ist in Parallele zu *jgʿ* (→ יגע) ʿmüde sein (werden)' zu sehen. Sie hat demnach nichts mit der Wurzel *jʿp* II zu tun, die eine Nebenform der Wurzel *ʿwp* I (vgl. KBL[3] 402) mit ursprünglichem *waw* als mittlerem Radikal ist. Im Unterschied zu *jgʿ* ist *jʿp* I nicht gemeinsemit., sondern ist in den semit. Sprachen außer dem bibl. Hebr. und der davon abhängigen mhebr. *pi*-Form 'ermüden' (vgl. G. Dalman, Aram.-Nhebr. Wb, [3]1938 = 1967, 185; DictTalm I, 185) noch im Arab. in den Schreibweisen *waǵafa* und *waʿafa* 'rennen, eilen' bekannt. Ob im Christl.-Palästin. eindeutige Belege vorhanden sind, bleibt weiterhin unklar (vgl. F. Schulthess, Lexicon Syropalaestinum, 1903, 85a).

Zollis Vorschlag, die Wurzel *jʿp* I von einer hypothetischen Wurzel *jʿp* II, die mit *jʿp* II in KBL[3] 402 nicht identisch ist, an Hand von akk., arab. und asarab. Entsprechungen zu trennen, wobei sich *jʿp* II durch Metathese aus *jpʿ* entwickelt haben soll und die Bedeutung 'aufsteigen, glänzen' habe, kann wegen unscharfer Erkenntnis der separaten Wurzeln der semit. Entsprechungen kaum als überzeugend angesehen werden. Die arab. Formen *jafaʿa* 'aufwachsen, aufsteigen' und *wafʿu(n)* 'Anhöhe, hohes Gebäude' (vgl. G. R. Driver, Bibl 35, 1954, 158) sowie das asarab. *jfʿ* 'sich erheben' (Conti Rossini 164), mit denen auch das ugar. *jpʿ* 'arise (?)' (UT Nr. 1133), 'hehr sein (?)' (WUS Nr. 1215; vgl. F. L. Moriarty, CBQ 14, 1952, 62; PNU 144f.; J. Maier, Die Texte vom Toten Meer 2, 1960, 149f.) in Verbindung gebracht werden kann, scheint mit der erschlossenen hebr. Wurzel *jpʿ* II zusammenzuhängen, die von der hebr. Wurzel *jpʿ* I (→ יפע) 'leuchten lassen, strahlend erscheinen, sich entpuppen' (KBL[3] 405; vgl. E. Jenni, THAT I, 753ff.) mit ihren Entsprechungen im akk. *(w)apû* 'sichtbar sein' und *šûpû* 'sichtbar machen' (CAD I/2, 201–204; vgl. W. von Soden, GAG § 103b. 106o) getrennt werden muß (vgl. APNM 212f.). So ist es unwahrscheinlich, von nur einer Wurzel *jpʿ* in den semit. Sprachen zu sprechen, auf die man metathetisch *jʿp* II zurückführen kann.

In Jes 8, 23 erscheint das *hoph* Ptz. *mûʿāp*, das jedoch kaum von der Wurzel *jʿp* I abzuleiten ist (so Mandelkern, Concordantiae, 491). Traditionell wird es von *ʿwp* II 'dunkel, finster sein' abgeleitet (vgl. BLe § 490d), aber neuerdings mit **ʿjp* 'schimmern' in Verbindung gebracht und die Bedeutung „Schimmer" herausgelesen (H. L. Ginsberg, Eretz Israel 5, 1958, 62*. 64*; KBL[3] 529). Andere leiten es von *ʿwp* I (→ עוף) 'fliegen' ab und bringen es in Verbindung mit syr.-arab. *ʿawwafa* 'freigeben, loslassen', so daß es den Sinn von 'entrinnen' ('escape') hat (V liest „*et non poterit avolare de angustia sua*"; vgl. A. Guillaume, JSS 9, 1964, 290; G. R. Driver, Festschr. W. Eilers, 1967, 46. 49; H. Wildberger, BK X/1, 356).

In Dan 9, 21 findet sich die problematische Wendung *muʿāp biʿāp*, die traditionell mit „stark ermüdet" (wörtlich „ermüdet in Ermüdung") wiedergegeben wurde und so etymologisch zu *jʿp* I gehörend betrachtet wurde. Mit relativer Sicherheit ist jedoch das *hoph* Ptz. *muʿāp* (in vielen hebr. Mss *mûʿāp*) als Beleg der Wurzel *jʿp* II zu betrachten (KBL[3] 402), die wahrscheinlich eine Nebenform der Wurzel *ʿwp* I 'fliegen' darstellt und mit arab. *wǵf* 'rennen, eilen' in Verbindung zu bringen ist. Problematisch bleibt der Vorschlag, diese *hoph*-Form als Metathese aus *jpʿ* 'aufsteigen, glänzen' (so Zolli 128) anzusehen. Das Nomen *jeʿāp* hat man als einen aramaisierenden Terminus betrachtet (E. Kautzsch, Die Aramaismen im AT, 1902, 37f.; Wagner, Aramaismen, 1966, 122; KBL[3] 402), man wird aber besser tun, es als einen innersprachlichen Typus eines hebr. Nomens anzusehen (vgl. Meyer, Hebr. Gram., [3]1969, II, 24 § 34.6). Es scheint ein Derivat von *jʿp* II zu sein und die Bedeutung „Flug" zu haben, so daß man die Wendung *muʿāp biʿāp* mit „in geschwindem Flug" (wörtlich „in fliegendem Flug"; vgl. LXX, Theodotion, V, S) zu übersetzen hat (vgl. J. A. Montgomery, Daniel, ICC, 1928, 372; O. Plöger, KAT XVIII, 133f.; anders Keil und Meinhold, die bei „stark ermüdet" bleiben wollen und es auf Daniel beziehen).

b) Das Adjektivformativ *jāʿep* ist mit Sicherheit eine *qaṭil*-Form (vgl. Meyer, Hebr. Gram., [3]1969, II, 25). Wenn man von den Emendationen (Ri 4, 21; 1 Sam 18, 28. 31; 2 Sam 21, 15) absieht, erscheint es relativ selten (Ri 8, 15; 2 Sam 16, 2; Jes 40, 29; 50, 4) und ist ohne Zweifel ein Derivat der Wurzel *jʿp* I.

c) Die hebr. Wurzel *ʿjp* II scheint sich durch Metathese aus *jʿp* I entwickelt zu haben (vgl. J. Barth, Die Nominalbildung in den semit. Sprachen, [2]1967, 19 § 106; GesB 583). Eine Entsprechung könnte im syr. Verbum *ʿāp* 'müde sein' (vgl. LexSyr 516) vorliegen. Der Versuch, die hebr. Wurzel *ʿjp* II anhand von Ps 63, 2 mit *ʿjp* I 'dunkel sein' (vgl. KBL[2] 700), die eine Nebenform von *ʿwp* II (vgl. akk. *upû* 'Gewölk') zu sein scheint (vgl. KBL[2] 689) und ein ursprüngliches *wāw* im mittleren Radikal hatte (vgl. J. Barth, Etymologische Studien, 1893, 33), in Verbindung zu bringen (Kaddari), überzeugt nicht, weil alle Indizien darauf hinweisen, daß sich *ʿjp* II metathetisch aus *jʿp* I entwickelte und so ein ursprüngliches *jôḏ* erhalten blieb. Die gleiche Problematik macht sich auch in dem Vorschlag L. Kopfs (VT 8, 1958, 188f.) bemerkbar, der *tôʿeḇāh* (→ תועבה) aus der Doppelwurzel *ʿjp* II und *jʿp* I herleiten will.

Alle fünf Belege der Verbformative des *qal*-Stammes der Wurzel *ʿjp* II (Ri 4, 21; 1 Sam 14, 28. 31; 2 Sam 21, 15; Jer 4, 31) sind umstritten. Mit Ausnahme von Jer 4, 31 hat der MT in jedem Beleg *wajjāʿap*, was man allgemein zu *wajjiʿap* (Defektivschreibung für *wajjîʿap*, vgl. GKa § 72t) konjiziert und als Verbalform von *jʿp* I ansieht. Zu den Änderungsvorschlägen in Ri 4, 21 gehören *weʿājep* 'müde, erschöpft' (BDB, Moore) und *wajjāʿæp* 'da wurde er ohnmächtig' (Bertheau). Tiefere Texteingriffe sind *wajjiḡwaʿ* 'und er verschied' (Ehrlich) und *wajjāʿap* (von *ʿwp*) 'and he twitched convulsively' (G. R. Driver, Mélanges A. Robert, Paris 1957, 74; vgl. R. G. Boling, Judges, AB 6A, 1975, 98). Andere sehen diese als erzwungene Konjekturen an (W. Richter, BBB 18, [2]1966, 48) und schlagen dem Text entsprechender *wejāʿep* (Keil, Budde, Gray, BHS) vor „er war eingeschlafen und erschöpft", d. h. „vor Erschöpfung eingeschlafen". – Der Textzusammenhang macht die Wendung des MT in 1 Sam 14, 28 „und das Volk war erschöpft" (*wajjāʿap* von *ʿjp* II) schwierig, so daß, wenn man sie nicht als Glosse eliminiert (Wellhausen, Ehrlich), tiefgreifende Emendationen vorgenommen werden. Als zur Fluchformel gehörend hat man *wejaʿaṭop* 'verschmachten' (Caspari u.a.), *wajjāʿaḏ* 'zu Zeugen nehmen' (H. P. Smith, S. R. Driver, Budde), *wajjôḏaʿ* 'et il a fait connaître' (Dhorme), *wajjæræḇ* 'zustimmen' (Klostermann) vorgeschlagen. Da die Hauptversionen den MT stützen, erscheinen diese Texteingriffe willkürlich. Die Form *wajjāʿap* des MT kann ruhig von *ʿjp* II abgeleitet werden (nicht wie Ehrlich von *ʿûp* 'fliegen'), wobei sich auch die Vokalisation *wajjīʿap* (von *jʿp* I) erübrigt. Die Worte scheinen nicht zur Fluchformel zu gehören (Keil, van den Born, Hertzberg, Stoebe) und können auch in v. 31 mit der Bedeutung „aber das Volk war sehr erschöpft" (*wajjāʿap*) als Lesung des MT stehen bleiben (vgl. Stoebe, KAT VIII/1, 265. 268), weil dem Kontext nach Saul dem Volk den Eid abnahm, nichts zu sich zu nehmen (v. 24). – Die von J. Wellhausen (Der Text der Bücher Samuelis, 1871, 210) vorgeschlagenen Texteingriffe in 2 Sam 21, 15 eliminieren u.a. die *lectio difficilior* des MT „und David wurde müde" (*wajjāʿap dāwiḏ*) mit teilweisem Rückgriff auf die LXX und vermuten, daß hier schon der Name des Philisters stecken soll. Seine cj. *wajjāqŏm dôḏ* 'und Dod erhob sich', der viele folgen (H. P. Smith, Dhorme, Englert u.a.), die aber mit Recht zurückgewiesen wurde (Ehrlich, Randglossen III, [2]1968, 331), ist ebenso willkürlich wie der Vorschlag *wajjīʿap* (vgl. Caspari, KAT VII, 1926, 649). – Andererseits faßt P. Joüon *ʿājep* in 2 Sam 17, 29 als eine Perfektform auf (Bibl 9, 1928, 312). – In Jer 4, 31 wurde das *qal* Perfekt *ʿājepāh*, das ohne besondere Schwierigkeit in der Wendung „meine Seele ist erschöpft vor den Mördern" erscheint, zu *ʿajepāh* konjiziert (GesB, KBL[2]), d. h. in ein fem. Adjektiv umgewandelt. Der MT wird jedoch von den Versionen gestützt. Diese cj. ist daher nicht notwendig (König, Wb 326). Es scheinen also keine zwingenden Gründe vorzuliegen, die Lesungen des MT in diesen Texten zu eliminieren und die Verbalformen der Wurzel *ʿjp* II abzusprechen.

d) Das Adjektivformativ *ʿājep* 'müde' ist ebenso wie sein Synonym *jāʿep* ein Adjektiv der *qaṭil*-Form. Ob es ein ursprüngliches Adjektiv ist (so Meyer, Hebr. Gram., II, 25) oder ein Derivat des Verbalstammes darstellt, hängt mit davon ab, ob man einen Verbalstamm *ʿjp* II anerkennt. Da keine zwingenden Gründe vorliegen, diesen Stamm zu eliminieren, scheint die Annahme berechtigt, das Adjektivformativ als ein Derivat des Verbalstammes anzusehen. Dies scheint durch die Analogie mit dem Syr. gestützt zu sein, in dem das Adjektiv *ʿajīfā* 'müde' neben dem Verb, von dem es abstammt, belegt ist (Lex Syr 516).

e) Ein Überblick über die semantischen Zusammenhänge der Wurzelgruppe *jʿp* I und *ʿjp* II im bibl. Hebr. und ihre Beziehungen zueinander sowie die Bestimmungen ihrer Kontexte lassen eine klare Definition der Grundbedeutung nur schwer zu. Die Bedeutungsnuancen 'müde werden/sein' und 'müde' scheinen im Vordergrund zu stehen, aus denen sich die Generierung zu 'ermatten' und 'matt', 'kraftlos werden/sein' und 'kraftlos', 'erschöpft werden/sein' und 'erschöpft' am besten erklärt.

2. Die Wurzel *jʿp* I erscheint in den Verb- und Adjektivformativen in nur fünf at.lichen Büchern. Das Verbum ist im *qal*-Stamm in drei Schriftpropheten (4mal DtJes; 3mal Jer; 1mal Hab) und das Adjektiv in zwei Geschichtsbüchern (je 1mal Ri und 2 Sam) und im Jesajabuch (2mal) belegt. – Die Derivate der Wurzel *ʿjp* II sind auf zehn at.liche Bücher verstreut. Das Verb erscheint nach dem MT in Geschichtsbüchern (4mal) und in einem Schriftpropheten (Jer), während das Adjektiv im Pent. (2mal Gen, 1mal Deut), in Geschichtsbüchern (je 2mal Ri und 2 Sam), in der Lieddichtung (2mal Ps), Weisheitslit. (je 1mal Hi und Spr) und in den Schriftpropheten (4mal Jes 1–39, je 1mal Jes 40–55 und Jer) belegt ist.

3. Als Synonym zu *ʿājep* i.S. von 'müde' erscheint das Adjektiv *jāḡeaʿ* (→ יגע) und i.S. von 'erschöpft' kann die Bedeutungsnuance des Verbums *tmm* (→ תמם) 'erschöpft, verbraucht sein' o.ä. verglichen werden. In einem Fall (Hi 22, 7) scheint *ʿājep* anstelle von *ṣāmeʾ* (→ צמא) 'durstig' (vgl. Hi 5, 5; E. Dhorme, Job, Paris 1926 = London 1967, 328) gebraucht worden zu sein, obwohl auch hier die Nuance der physischen Ermüdung mitzuschwingen scheint.

4. Die Qumranliteratur gebraucht *ʿjp* in der Form der orthographischen Variante *ʿʾp* (vgl. Jes 50, 4; M. Wallenstein, The NEẒER and the Submission in Suffering Hymn from the Dead Sea Scrolls, Istanbul 1957, z.St.) im Zusammenhang einer durch Worte zustande gebrachten Erquickung eines „Müden" (1QH 8, 36; vgl. M. Mansoor, STDJ III, Leiden 1960, 158). Wenn die schwierige Lesung *lʿpjm* in 1QH 7, 10 entweder für *lʿjpjm* oder für *ljʿpjm* steht (so G. Jeremias, Der Lehrer der Gerechtigkeit, SUNT 2, 1963, 181 Anm. 10; S. Holm-Nielsen, Hodayot-Psalms from Qumran, Århus 1960, 131 f. Anm. 10 u.a.) und weder als *qal* Ptz. von *ʿwp* 'die Fliegenden' (so T. Gaster, The Dead Sea Scriptures, Garden City 1956, 217) noch als Pl. eines aram. Lehnwortes *ʿopî* 'Gezweig' (vgl. die Übersetzungen von Bardtke, Dupont-Sommer, Maier, Lohse und Ps 104, 12; M. Wagner, BZAW 96, 1966, 92 f.), was schlechterdings keinen guten Sinn gibt, angesehen wird, dann ist es ein weiterer Beleg für die Wurzelgruppe *jʿp* I und *ʿjp* II. In diesem Fall wäre es eine Aussage, die Gott als den erscheinen läßt, der durch den Lehrer der Gerechtigkeit die „Müden" auf den rechten Weg führt (vgl. Jes 50, 4; J. Licht, The Thanksgiving Scroll [hebr.], Jerusalem 1957, z.St.).

5. Die LXX übersetzt die hebr. Stammformen mit einer überraschenden Vielfalt griech. Termini. Die Verbalformen von *jʿp* I wurden 4mal mit dem allgemeinen Ausdruck des Hungerns πεινᾶν (vgl. ThWNT VI, 12–22) in Jes 40, 28. 30 f.; 44, 12 übersetzt und je 1mal durch die Termini ὀλιγοψυχεῖν 'erschöpft' (Hab 2, 13; vgl. D. Lys, VT 16, 1966, 225), κοπιᾶν 'müde werden' (Jer 2, 24; vgl. ThWNT III, 827 f.) und ἐκλείπειν (Jer 51, 58; vgl. BHS, Segert) wiedergegeben. Für das Adjektivderivat *jāʿep* wurde 2mal ein Ausdruck des Kraftlos-Seins ἐκλύειν (Ri 8, 15; 2 Sam 16, 2) und 1mal πεινᾶν (Jes 40, 29) gewählt. Die Übersetzung ἐν καιρῷ ἡνίκα δεῖ in Jes 50, 4 entspricht dem hebr. Text nicht.

Die fünf masoret. Verbalformen von *ʿjp* II wurden 3mal mit ἐκλύειν (1 Sam 14, 28; 2 Sam 21, 15; Jer 4, 31) und je 1mal mit ἐκψυχεῖν (Ri 4, 21 LXX[A]) und κοπιᾶν (1 Sam 14, 31) übersetzt. Ebenso gibt je 1mal κοπιᾶν (Jes 46, 1), ὀλιγοψυχεῖν (Ri 8, 4 LXX[A]), ἄνυδρος 'wasserlos, dürr' (Ps 143, 6), ἄβατος 'unbetreten, unzugänglich' (Ps 63, 2), 2mal ἐκλύειν (2 Sam 16, 14; 17, 29), 3mal ἐκλείπειν (Gen 25, 29 f.; Ri 8, 4 LXX[B]) und je 5mal πεινᾶν (Deut 25, 18; Jes 5, 27;

28, 12; Ri 8, 4 LXX^B. 5 LXX^A) und διψῆν 'durstig' (Hi 22, 7; Spr 25, 25; Jes 29, 8; 32, 2; Jer 31, 25 [24]; vgl. ThWNT II, 231 f.) das Adjektivformativ wieder. Das Vorkommen dieser neun griech. Termini zeigt kein bestimmtes Übersetzungssystem, läßt aber auf gedankliche Berührungen und Überschneidungen der hebr. Wurzelgruppe schließen. Es bleibt dabei, daß jeder Einzelfall für sich betrachtet werden muß.

II. 1. Im frühen Teil des Jakob-Esau-Kreises der Genesiserzählungen (Gen 25, 27–34) erscheint im Kontext der Rivalität der Brüder die Aussage über Esaus physische Ermüdung (vv. 29 f.), die durch seine körperliche Verausgabung im Jagdzug zustande kam und ihn dazu führte, sein Erstgeburtsrecht zu verkaufen. Neben dem objektiv-körperlichen Müde-Sein des einzelnen kommt auch das physische Müde- oder Erschöpft-Sein großer Gruppen zum Ausdruck. Als Folge des anstrengenden Wüstenzuges war das ganze Israel „müde (*'ājep*) und matt" (Deut 25, 18), und die aus Schwäche Zurückgebliebenen erlagen so einem ruchlosen Überfall der Amalekiter (vgl. Ex 17, 8–16). Kriegszüge bringen für die Krieger objektiv-physische Ermüdung und Erschöpft-Sein (Ri 4, 21 s.o. I. 1. c; 8, 4 mit *'ājep* und v. 15 mit *jā'ep*; 1 Sam 14, 28. 31; 2 Sam 16, 2 mit *jā'ep* und v. 14 mit *'ājep*; 17, 29 mit *'ājep* und v. 2 mit *jāgea'*; 21, 15 s.o. I. 1. c). Im Gegensatz dazu beschreibt der Prophet Jesaja den hervorragenden physischen Zustand eines herbeieilenden Feindheeres und dessen ständige Kampfbereitschaft mit den Worten: „Keiner ist müde (für MT *'jp* liest 1QJes^a das gleichbedeutende *j'p*, was ein weiterer Hinweis für den synonymen Gebrauch beider Adjektiva ist; gegen Ehrlich, Randglossen IV, 23) und keiner strauchelt in ihm" (Jes 5, 27). W. Eichrodt vermerkt hierzu: „Auch wenn man der Dichtersprache weitgehende Freiheit zugesteht, [paßt] es auf kein irdisches Volk, sondern weist auf einen übermenschlichen Gegner hin, der Israel den Garaus machen wird" (Der Heilige in Israel, Jesaja 1–12, BAT 17/1, 1960, 117). In einer Anzahl von Texten wird es klar, daß das physische Müde-Sein durch objektiv-körperliche Schwäche bedingt ist, die durch einen Mangel an Speise (Gen 25, 29 f.; Ri 8, 4 f. 15; 1 Sam 14, 28. 31; 2 Sam 16, 2. 14) und/oder Trank (Hi 22, 7; Spr 25, 25; 2 Sam 16, 2; Jes 29, 8; 44, 12) verursacht sein kann. Hier ist die Reihenfolge „hungrig, müde und durstig" (2 Sam 17, 29: *rā'eb* [→ רעב] *we'ājep weṣāme'* [→ צמא]) aufschlußreich, weil sie aufweist, daß „müde" in gewissen Kontexten den beiden anderen Termini nahesteht (vgl. Hi 5, 5; G. Fohrer, KAT XVI, 1963, 357). Die Wendung *næpæš 'ajepāh* in Spr 25, 25 (vgl. Jer 31, 25) ist treffender mit „müde Kehle" (vgl. W. McKane, Proverbs, OTL 1970, 590) als mit dem traditionelleren „durstige Kehle" (B. Gemser, HAT XVI, ²1963, 113) wiederzugeben, weil Staub sowie auch Durst die Kehle ermüden, die durch kühles Wasser volle Lebenserneuerung erfährt (vgl. Jes 29, 8). Jes 44, 12 demonstriert, daß auch *j'p* den Sinn eines von Durst Ermüdeten hat, was jetzt durch 1QJes^a gegen frühere Emendationen gestützt wird, der öfters *'jp* anhaftet.

2. Im figurativen Sprachgebrauch wird die Wendung „dürres und lechzendes Land" (Ps 63, 2: wörtl. „trockenes und müdes Land"; zum mask. *'ājep* nach fem. *ṣijjāh* vgl. 1 Kön 19, 11; 1 Sam 15, 9; Jer 20, 9; GKa § 132d; König, Syntax § 334f; Kaddari 354 f., was willkürliche Texteingriffe, vgl. Dahood, Psalms II, AB 17, 1968, 97, zweifelhaft macht) als ein bildhafter Vergleich für das schmachtende Verlangen des Beters gebraucht, der sehnsüchtig Gottes Hilfe sucht. Ähnlich drückt Ps 143, 6 aus, daß der nach JHWHs Hilfe Flehende (vgl. Ps 42, 3) sich nach seinem Gott sehnt wie das ausgedörrte und nach Wasser „lechzende Land" (11QPs^a liest *b'rṣ 'jph*). – Das Bild des müden, erschöpften Landes (vgl. Dalman, AuS VI, 122 f.) erscheint in prophetischen Texten. Das Bild des Schattens eines massiven Felsens im „erschöpften Land" (Jes 32, 2) weist symbolisch auf den Schutz und die Hilfe hin, die in der zukünftigen Heilszeit ein jeder dem andern in völkischer oder sozialer Not leisten wird. Anderer Art sind jedoch die Bilder vom Laufen und Wandern des Hoffenden, der ohne zu ermüden mit und durch JHWH der Zukunft entgegengeht (Jes 40, 31, s.u. II. 3.). Jeremia kann aber die Tochter Zions (Jerusalem) bildlich als eine den Mördern anheimgefallene Frau darstellen, die einen ächzenden Angstschrei ausstößt: „Weh mir, meine Seele ist erschöpft vor den Mördern" (Jer 4, 31; s.o. I. 1. c).

3. Einen zusammenfassenden Teilblick in die JHWH-Botschaft des Propheten Jesaja gewährt der Zwischenruf „Schafft dem Müden Ruhe" (Jes 28, 12). Der „Müde" (*'ājep*) ist nicht einzig der „Bürger und Bauer" (B. Duhm, GHK 3/1, ⁵1968, 198), sondern bezeichnet kollektivisch den Israeliten der Jesajazeit, der durch alle Kriegswirren und Ausbeutung erschöpft ist. Mit dem Motiv des Ruhe-Schaffens (vgl. G. von Rad, ThB 8, ³1965, 101–108) werden diesseitige und jenseitige Mächte aufgefordert, dem Müden Ruhe durch die Herstellung friedlicher, heilsamer Zustände zu erwirken (Jes 30, 15; vgl. Ex 33, 14; Deut 3, 20; 12, 10; 25, 19). Die Änderung des Zustandes des Müden ist letztlich göttliche Heilstat. Die angekündigte Rettung auf dem Zion (Jes 29, 1–8; vgl. H.-P. Müller, BZAW 109, 1969, 86–101) ist ein eschatologisches Gottesgeschehen, das an dem Bild des Träumenden verdeutlicht wird: „Wenn er erwacht, ist er matt und lechzend seine Seele; so wird es der Menge aller Völker ergehen, die gegen den Berg Zion kämpfen" (v. 8). Die Nutzlosigkeit der Gewaltpolitik der Nationen, die sich Reichtum, Weltruhm und Sicherheit durch frondienstliche Ausbeutung aneignen, kommt scharf in JHWHs Urteilsspruch zum Ausdruck: „Nationen mühen sich für das Feuer ab" (Hab 2, 13 = Jer 51, 58. Zu 1QpHab vgl. K. Elliger, BHTh 15, 1953, 56; Segert 452. In Jer 51, 58 liest man allgemein mit M^K455, LXX, Theodotion, S *jî'āpû* anstelle des masoret. *wejā'epû*, das in v. 64 überflüssigerweise wiederholt ist).

Jes 40–55 enthält einige der tiefgreifendsten theologischen Aussagen unserer Stichworte. JHWH ist Schöpfergott und Herr der Weltgeschichte und erweist sich als der, der „nicht ermüdet (*jʿp*) und nicht matt wird (*jgʿ*)“ (40, 28). Diese Qualifikation macht ihn zur unerschöpflichen Kraftquelle für den „Müden“ (v. 29: *jāʿep̱*), dem er immer wieder durchhilft. Das Symbol der strotzenden physischen Kraft sind die Jünglinge und jungen Männer, die dennoch einmal körperlich „müde und matt werden“ (v. 30). Im Gegensatz zu ihnen stehen die auf JHWH Hoffenden, die ihre Kraft stets durch ihren Gott erneuern (vgl. Ps 84, 8; 103, 5), so daß „sie laufen und nicht matt werden (*jgʿ*), daß sie wandern und nicht müde werden (*jʿp*)“ (v. 31). Die Bilder vom nie ermüdenden Laufen und Wandern zeigen, daß der Hoffende sich auf dem Weg mit JHWH befindet (vgl. v. 27), in dem die Grundhaltung des Glaubens auf der Verheißung der ständigen Krafterneuerung ruht, mit der man jeder Zeit getrost der Zukunft entgegengehen kann. Diese Zusage erweist, daß der Herr der Geschichte auch der Herr des Geschicks des gläubig Hoffenden ist. Dem hiesigen Gedanken liegt die Verheißung der Labung und Erquickung der „müden Seele“ in Jer 31, 25 sehr nahe.

Das Götzenspottlied von Jes 44, 9–20 (vgl. J. Ch. Kim, Verhältnis Jahwes zu den anderen Göttern in Deuterojesaja, Diss. theol., Heidelberg 1963, 53–61; H. D. Preuß, Verspottung fremder Religionen im AT, BWANT 92, 1971, 208–215) enthält einen ungeheuerlich scharfen Kontrast zu der Beschreibung des nie ermüdenden Gottes Israels in Jes 40, 28–31. Wie der Götzenhersteller selbst in der Schöpfung seines Götzen kraftlos und „müde“ wird (44, 12), so kann der von ihm erschaffene Gott keine Wesenszüge haben, die über den, der ihn fabriziert hat, hinausgehen (vgl. G. A. F. Knight, Deutero-Isaiah, New York 1965, 118). Zudem wird der Gott des Götzenanbeters ihm auch noch in der Not zur Last (Jes 46, 1; C. F. Whitley, VT 11, 1961, 459, streicht *maśśāʾ laʿ^{a}jep̱āh* als Glosse, doch siehe Westermann, ATD 19, ^{2}1970, 143). Der Kontrast kann nicht treffender sein: Die Bilder der Hauptgötter Babylons müssen in der Not weggetragen werden (vgl. Preuß 217ff.) und ermüden dabei bloß, ohne retten zu können; der bildlose Gott Israels, JHWH, jedoch *hat* sein Volk getragen (vgl. J. J. Rabinowitz, JBL 73, 1954, 237) und *will* es weiterhin tragen, schleppen und retten (vv. 3f.). Diese Kontraste liefern ihren eigenen Teil zum bibl. Bild der Unvergleichlichkeit JHWHs (vgl. C. J. Labuschagne, The Incomparability of Yahweh in the OT, Pretoria Oriental Series 5, Leiden 1966) und zeigen einen wesentlichen Bestandteil der Götzenbildpolemik in der Verkündigung von Jes 40–55 auf.

Der dritte Gottesknechtspruch (Jes 50, 4ff.) bringt zum Ausdruck, daß der Knecht Gottes sich zu den „Müden“ (*jaʿep̱* ist in v. 4 kollektivisch gebraucht; zur LXX s. o. I. 5.; willkürlich sind die Emendationsversuche von Duhm, GHK 3/1, 379, *ḥānep̱* „Zweifler“; J. Morgenstern, VT 11, 1961, 294. 311, *ḥor^{e}p̱aj* „die mich schmähen“; vgl. H. Cazelles, RScR 43, 1955, 53f.) gesandt weiß, um sie mit dem Wort aufzurichten (1 QJes^{a} und 1 QJes^{b} stützen MT mit לְעוּת, vgl. C. R. North, Second Isaiah, Oxford 1964, 201; P. E. Bonnard, Le Second Isaïe, Paris 1972, z. St., gegen die vielen Korrekturvorschläge). Unter den Müden scheinen hier, dem Befund von Jes 40, 28–31 entsprechend, die Hoffenden zu verstehen zu sein, also Menschen (gegen S. W. Praetorius, ZAW 36, 1916, 12f.; Cazelles 54), die ihr Harren und Hoffen nicht aufgeben und deren Verhältnis zu Gott unter nicht enden wollender Gefahr steht. Mit dem Wort, das er selbst von seinem Gott erhält, vermittelt der Gottesknecht dem Müden aufrichtende und lebenspendende Kraft.

Hasel

יָעַץ *jāʿaṣ*

עֵצָה *ʿeṣāh*, מוֹעֵצָה *môʿeṣāh*

I. 1. Etymologie – 2. Vorkommen im AT – II. Allgemeiner Gebrauch – 1. *qal* – 2. NF *ʿwṣ* – 3. *niph* – 4. *hitp* – 5. *jôʿeṣ* – 6. *ʿeṣāh* – 7. Verteilung von *ʿeṣāh* im AT – 8. *ʿeṣāh* – Aufgabe der Weisen? – 9. Mit *ʿeṣāh* verbundene Verben – 10. Phasen und Möglichkeiten von *ʿeṣāh* – 11. Der Rat Achitophels und der Rat der „Alten“ bzw. „Jungen“ – 12. Bedeutungsnuancen von *ʿeṣāh* – 13. *môʿeṣāh* – III. Theologischer Gebrauch – 1. Jes und Spr 19, 21 – 2. 'Rat' und 'ʿ(be)raten' – 3. 'Beschluß/Plan' und 'beschließen/planen' – 4. Jes – 5. DtJes – 6. Jes-Apok – 7. Jer – 8. Ez – 9. Dodekapropheton – 10. Pss – 11. Hi – 12. ChrG – IV. 1. Ben Sira – 2. Qumran.

Lit.: *P. A. H. de Boer*, The Counsellor, in: Wisdom in Israel and in the Ancient Near East (VTS 3, 1955, 42–71). – *G. R. Driver*, Mistranslations (ExpT 57, 1945/46, 192f.). – *J. Fichtner*, Gottes Weisheit. Gesammelte Studien zum Alten Testament (AzTh II, 3, 1965). – *Ders.*, Jahwes Plan in der Botschaft des Jesaja, ebd. 27–43. – *J. R. Irwin*, The Revelation of עצה in the Old Testament, Diss. Drew University, Madison N. J. 1965. – *Ders.*, in: Diss. Abstr. 26f., 1965/66, 7470. – *H.-P. Müller – M. Krause*, חכם *ḥāḵam* (ThWAT II 920–944). – *S. Mowinckel*, Zwei Qumran-Miszellen (ZAW 73, 1961, 297–299). – *G. Schrenk*, βουλή (ThWNT I 631–636). – *H. P. Stähli*, יעץ *jʿṣ* raten (THAT I 748–753).

Zu I.: *W. F. Albright*, The Proto-Sinaitic Inscriptions and their Decipherment, Harvard Theol. Series 22, Cambridge 1966. – *W. W. Müller*, Altsüdarabische Beiträge zum hebräischen Lexikon (ZAW 75, 1963, 304–316). – *M. Wagner*, Die lexikalischen und grammatikalischen Aramaismen im alttestamentlichen Hebräisch (BZAW 96, 1966).

Zu II. und III.: *J. Begrich*, Studien zu Deuterojesaja (BWANT 77, 1938 = ThB 20, 1963). – *R. Bergmeier*, Zum Ausdruck עצת רשעים in Ps 1, 1; Hi 10, 3; 21, 16 und 22, 18 (ZAW 79, 1967, 229–232). – *M. Dahood*, Accusative *ʿeṣāh*, „Wood“, in Isaiah 30, 1b (Bibl 50, 1969, 57f.). – *W. Dietrich*, Jesaja und die Politik (BEvTh 74, 1976). – *G. R. Driver*, Problems of the Hebrew Text and Language (Festschr. F. Nötscher, BBB 1, 1950, 46–61). – *W. Eichrodt*, Der Herr der Geschichte, Jesaja 13–23 und 28–39 (BAT 17/2, 1967). – *J. Fichtner*, Jesaja unter den Weisen (ThLZ 74, 1949, 75–80). – *F. Huber*, Jahwe, Juda und die anderen Völker beim Propheten Jesaja (BZAW 137, 1976). – *O. Mury – S. Amsler*, Yahweh et la sagesse du paysan. Quelques remarques sur Ésaïe 28, 23–29 (RHPhR 53, 1973, 1–5). – *J. Pedersen*, Israel I–II, Kopenhagen 1926, 128–133. – *L. Rost*, Die Überlieferung von der Thronnachfolge Davids BWANT III/6, 1926 = Das kleine Credo und andere Studien, 1965, 119–253. – *W. Rudolph*, Jesaja 23, 1–14 (Festschr. F. Baumgärtel, 1959, 166–174). – *H. Wildberger*, Die Thronnamen des Messias, Jes. 9, 5b (ThZ 16, 1960, 314–332). – *Ders.*, Jesajas Verständnis der Geschichte (VTS 9, 1963, 83–117).

Zu IV.: *D. Barthélemy – O. Rickenbacher*, Konkordanz zum Hebräischen Sirach mit syrisch-hebräischem Index, 1973. – *J. Carmignac – P. Guilbert*, Les Textes de Qumran (I), Paris 1961. – *J. Carmignac – É. Cothenet – H. Lignée*, Les Textes de Qumran (II), Paris 1963. – *G. Jeremias*, Der Lehrer der Gerechtigkeit (SUNT 2) 1963. – *K. G. Kuhn*, Nachträge zur „Konkordanz zu den Qumrantexten“ (RQu 4, 1963, 163–234). – *E. Lohse*, Die Texte aus Qumran, Hebräisch und Deutsch, [2]1971. – *J. Maier*, Die Texte vom Toten Meer, I. II., 1960. – *M. Z. Segal*, Jerusalem [2]1958, ספר בן סירא השלם. – *J. Worrell*, עצה: „Counsel“ or „Council“ at Qumran? (VT 20, 1970, 65–74).

I. 1. Die יעץ zugrundeliegende Wurzel ist im west-, nicht dagegen im ostsemit. Sprachraum belegt. Sie findet sich bereits im Altsinaitischen (*jʿẓ* „advise, give counsel/oracle“: W. F. Albright, Proto-Sinaitic Inscriptions 43), im Arab. (*waʿaẓa* ʿermahnen, zureden, raten, warnenʾ, *wāʿiẓ* ʿPredigerʾ, *ʿiẓa* ʿPredigt, Lehre, Warnung, Ermahnungʾ, *waʿẓ* und *waʿẓa* ʿErmahnung, Warnung, Predigt, Paräneseʾ: Wehr, Arab. Wb. 961b), im Asarab. (*ʿẓt* ʿErmahnungʾ: W. W. Müller, ZAW 75, 310, mit Hinweis auf CIH 541, 56. 64. 94 ʿadmonitioʾ; KBL[3] 403a irrig: ʿOrdnungʾ), im Pun. (*jʿṣ* ʿRatgeberʾ DISO 110; aber RES II, Nr. 906 Z. 1 יאץ!; im Reichsaram. (Ptz. *pe. jʿṭ* ʿRatgeberʾ: Aḥ 12; *ʿṭh* ʿRatʾ: Aḥ 28 u.ö.), im Bibl.-Aram. (Ptz. *pe jʿṭ* ʿRatgeberʾ: Esr 7, 14. 15; *itpe* ʿsich beratenʾ: Dan 6, 8; *ʿeṭāʾ* ʿRatʾ: Dan 2, 14), sowie im Jüd.-Aram. (KBL[2] 1082b; DictTalm 585a, 1101b; Levy, WTM II, 252a: ʿratenʾ, *pa* ʿRatschläge fassenʾ). Auch das verwandte *maʿada* im Äth. (Dillmann, Lexicon 210: „monuit, exhortatus est, pec. referens, quod futurum esset“) ist zu vergleichen. – Im Ostsemit. (Akk.) findet sich für ʿ(be)ratenʾ *malāku* (AHw 593f.), das als *mlk* II *niph* (ʿmit sich zu Rate gehenʾ) Neh 5, 7 begegnet, sowie Dan 4, 24 bibl.-aram. in **m[e]leḵ* ʿRatʾ (hierzu: M. Wagner, BZAW 96, Nr. 170).

Das Verb ist bibl.-hebr. außer im *qal* noch im *niph* und *hitp* belegt. Daneben tritt *ʿwṣ* als Nebenform auf. Freilich könnte, da die Form nur 2mal im Imp. Pl. (*ʿuṣû*) belegt ist (s.u.), auch eine von der jüd.-aram. belegten Nebenform *ʿwṣ* (vgl. DictTalm 1056a, Levy, WTM III, 628b) beeinflußte, irrtümliche Punktation der Masoreten vorliegen (statt *ʿ[a]ṣû*), zumal im AT von *jāʿaṣ* keine Imperativformen vorkommen (vgl. BLe 383: „nach Analogie der Verba ע״ו“; ähnlich Bergsträsser, Hebr. Gramm. § 26d Anm. d). – Als nominale Ableitungen begegnen *ʿeṣāh* und *môʿeṣāh*.

Als Grundbedeutung wird gewöhnlich ʿratenʾ angenommen. Damit ist jedoch die Tatsache nicht leicht in Einklang zu bringen, daß das Nomen *ʿeṣāh* nicht nur ʿRatʾ, sondern auch, und zwar etwa an der Hälfte der Belegstellen (!) ʿVorhaben, Planʾ bedeuten kann. Ähnliches gilt (unter Absehung des Ptz. *qal* ʿRatgeberʾ) vom Verb, bei dem sich (im *qal*) die Bedeutungen ʿratenʾ einerseits und ʿbeschließen, planenʾ andererseits in etwa die Waage halten. Die beliebte Übersetzung ʿRatschlußʾ (statt: ʿPlanʾ) dient nur zur Verschleierung des Dilemmas. Sie wäre nur dann redlich, wenn nicht nur ein denkbarer sachlicher Zusammenhang zwischen beiden Bedeutungsinhalten bestünde (so Fichtner, Gottes Weisheit 29: „insofern ..., als der ʿRatgeberʾ durch seinen ʿRatʾ einen ʿPlanʾ anregt und einen bestimmten ʿEntschlußʾ hervorruft“), sondern dieser Zusammenhang auch etymologisch und linguistisch für *jʿṣ* und *ʿeṣāh* als wahrscheinlich erwiesen werden könnte. Der etymologische Befund deckt nur die Bedeutung ʿraten, ermahnenʾ bzw. ʿRat, Ermahnungʾ, nicht jedoch ʿvorhaben, beschließen, planenʾ bzw. ʿVorhaben, Planʾ. Sollte die Basis lediglich im Bibl.-Hebr. einen Bedeutungswandel durchgemacht haben? So richtig es ist, daß erstmals Jesaja *ʿeṣāh* für JHWHs ʿ(Geschichts-)Planʾ gebraucht (s.u. III.), so geht doch das Sprechen von JHWHs Plan im allgemeinen Sinn schwerlich erst auf diesen Propheten zurück, noch weniger *ʿeṣāh* in der Bedeutung ʿPlanʾ. Es finden sich nämlich schon in der älteren Spruchliteratur beide Bedeutungen von *ʿeṣāh*, Spr 19, 20f. sogar in zwei aufeinander folgenden Sentenzen (v. 20: ʿRatʾ, v. 21: JHWHs ʿPlanʾ!), und an der traditionsgeschichtlich alten Stelle Ri 20, 7 ist (so richtig Irwin 57–61) *ʿeṣāh* (par. *dāḇār*) vom Kontext her eindeutig nicht als ʿRatʾ, sondern als ʿPlanʾ zu verstehen, den die zu Mizpa versammelten Israeliten nach den Worten des Leviten „herbeischaffen“ sollen (*hāḇû lāḵæm dāḇār w[e]ʿeṣāh h[a]lom*). Selbst 2 Sam 16, 20, wo dieselbe Formel bzw. geprägte Wendung begegnet, *kann* zumindest so verstanden werden (vgl. Irwin, 63f.). Noch bemerkenswerter ist, daß *jāʿaṣ* (*qal*), so in dem literarhistorisch alten (jahwistischen) Rahmentext des Bileam-Orakels (Num 24, 14), die Bedeutung ʿein Orakel erteilenʾ haben kann, die Albright (s.o.) übrigens unter anderem für die altsinaitische Variante der Basis notiert (vgl. schon das Lexikon von Gesenius, lat. Ausgabe 1833, 432: „*praedixit*, futura *nuntiavit*. Num 24, 14. Jes 41, 28“, außerdem Zorell, Lexicon 319, unter Verweis auf arab. *waʿaẓa*: „sensu latiore: cum auctoritate, consilii dandi causa alqd alci *annuntiat*, c.acc.pers.et rei Nu 24, 14"). So könnte die ursprüngliche Bedeutung von *jā'aṣ* durchaus 'ein Orakel erteilen' gewesen sein. Da Ratsucher das Orakel in Anspruch nahmen, konnte die Basis die Bedeutung 'raten' annehmen und der „Orakelgeber" zum „Ratgeber" werden, der „Orakelinhalt", also der offenbarte Zukunfts*plan* der Gottheit, zum Rat, insofern sich daraus das richtige, dem Plan der Gottheit gemäße Verhalten ablesen lassen konnte. Diese Hypothese wird immerhin dem hochbedeutsamen Befund von Num 24, 14 gerecht. So besehen hätte Jesaja, indem er *'eṣāh* durchweg in der Bedeutung von 'Vorhaben', 'Plan' gebraucht, den ursprünglichen Bedeutungsinhalt des Nomens insofern wieder aufgegriffen, als in dem erteilten Orakel ein göttlicher „Plan" offenbar wurde. Die vor Jesaja nicht sicher belegte (!) Bedeutung des Verbs 'beschließen', 'planen' wäre dann freilich nicht alt, sondern erst vom Nomen (Plan) abgeleitet. Hier wäre die bedeutungsgeschichtliche Genesis: 'Orakel erteilen' – '(be)raten' – 'beschließen/planen'. Die Bedeutung 'raten' dürfte somit (gegen Irwin) gegenüber derjenigen 'einen Beschluß' bzw. 'Plan fassen' nicht als sekundär anzusehen sein. Dagegen wird man (mit Irwin) bei *'eṣāh* die Bedeutung 'Plan' gegenüber 'Rat' als primär zu verstehen haben.

2. Das Verbum *j'ṣ* begegnet im AT 57mal im *qal* (davon 22mal als terminus technicus für 'Ratgeber' im Ptz. akt.), 22mal im *niph*, 1mal im *hitp*. Die Nebenform *'wṣ* findet sich 2mal (Ri 19, 30; Jes 8, 10). Von den nominalen Ableitungen der Basis sind 86mal *'eṣāh* und 7mal *mô'eṣāh* belegt. Insgesamt finden sich im AT (bei Nichtberücksichtigung der 4 aram. Belege) 175 Belege der Basis. Nichtberücksichtigt ist dabei *'eṣāh* II 'Ungehorsam, Auflehnung, Widerstreben' (Ps 13, 3; 106, 43: KBL² 726f., vgl. Driver, ExpT 57, 192f.), dgl. *'eṣāh* III, 'Holz' (Jer 6, 6).

Die Belege sind sehr ungleich über das AT verteilt. Am konzentriertesten finden sie sich in Jes (36mal, davon in Jes 1–35 allein 27mal), in 2 Chr 19mal, in 2 Sam, Ps und Spr je 17mal, in Jer 13mal, und in 1 Kön und Hi je 12mal, also 80% des Vorkommens in nur 8 at.lichen Schriften. Die Tatsache, daß nur 29 Belege (d.h. knapp 17%) in ausgesprochenen Weisheitsschriften (Hi, Spr) auftauchen, ist angesichts dieser Basis erstaunlich.

II. 1. Von den nach Abzug der 22 Belege von *jô'eṣ* (als terminus technicus) übrigen 35 Belege des *qal* entfallen gattungsmäßig nur 5 auf Erzählung (2 Sam 16, 23; 17, 7; 1 Kön 12, 8 [= 2 Chr 10, 8]; 12, 13), dagegen 30 auf direkte Rede bzw. (so Spr 12, 20) auf weisheitliche Sentenzen. Die Belege in indirekter Rede verteilen sich auf eine Rede Jethros (Ex 18, 19), Bileams (Num 24, 14), Huschais (2 Sam 17, 11. 15), Achimaaz' und Jonathans (2 Sam 17, 21), Nathans (1 Kön 1, 12), Jeremias (Jer 38, 15), des Psalmisten (Ps 16, 7; 62, 5), Hiobs (Hi 26, 3), sowie 18mal auf JHWH-Worte in (mit Ausnahme von Ps 32, 8) prophetischer Rede (10mal in Jes; 3mal in Jer; dazu: Ez 11, 2; Mi 6, 5; Hab 2, 10; 2 Chr 25, 16). Dieser überraschende Befund erklärt sich z. T. dadurch, daß *jā'aṣ* an den 17 prophetischen Stellen (ab Jesaja) nicht 'raten', sondern 'planen' bedeutet, während es an den übrigen Stellen (mit Ausnahme von Num 24, 14: '[Zukünftiges] verkünden' und Ps 62, 5: 'planen'), also insgesamt 16mal 'raten' heißt.

An Konstruktionen sind folgende zu notieren: *jā'aṣ* als Einleitung direkter Rede (2 Sam 17, 11), verbunden mit *l^e* ('jemandem raten': Hi 26, 3), mit dem Akk. der Person ('jemandem raten, jemanden beraten': Ex 18, 19; 2 Sam 17, 15; Jer 38, 15), sehr häufig (11mal) begegnet die figura etymologica (vgl. GKa § 117p) *jā'aṣ 'eṣāh*, davon 5mal in der Bedeutung 'einen Rat geben' (4mal mit doppeltem Akkusativ: 'jemandem einen Rat geben': 1 Kön 1, 12; 12, 8 [= 2 Chr 10, 8]; 12, 13) und 5mal 'einen Plan beschließen' (hier 4mal mit JHWH zumindest als logischem Subjekt: Jes 14, 25 [pass.]; 19, 17; Jer 49, 20; 50, 45). In der Bedeutung 'planen' trägt *jā'aṣ* mit nur einer einzigen Ausnahme (Jes 32, 8) einen negativen Akzent. Dieser wird noch durch die Konjunktionen *'æl* und *'al* ('gegen') unterstrichen (*'æl* Jer 49, 20; 50, 45; *'al* Jes 7, 5; 14, 26; 19, 12. 17; 23, 8; Jer 49, 30). Als Objekt des Planes finden sich *rā'āh* ('Böses' Jes 7, 5), *'ᵃṣat-rā'* ('böser Plan' Ez 11, 2); *zimmāh* ('Schandtat[en]' Hab 2, 10), sowie die Infinitivkonstruktionen *lᵉhaddîaḥ* („um herabzustürzen" Ps 62, 5) und *lᵉhašḥîtᵆkā* („um dich zu verderben" 2 Chr 25, 16). – Auch die Verteilung von *j'ṣ qal* auf die hebräischen „Tempora" ist aufschlußreich: Das finite Verb begegnet in der überwiegenden Mehrzahl der Belege (25mal) in dem konstatierenden Tempus des x-qāṭal. Nur 4mal findet sich die Form x-jiqṭol, die das sichere Futur signalisiert (jedesmal 1. Pers. Sing.), davon 1mal in der Einleitung eines Orakelspruchs (Num 24, 14), 2mal in der Einleitung eines Rates (Ex 18, 19; 1 Kön 1, 12), und 1mal in einem temporalen Nebensatz mit konditionalem Beiklang (Jer 38, 15). Nur je 1mal finden sich die Verbindungen qāṭal-x (Hab 2, 10) und jiqṭol-x (Ps 32, 8: 1. Pers. Sing.). Daneben sind noch 4 Partizipialformen des *qal* zu registrieren: drei aktive (im verbalen Gebrauch: Jes 19, 17; Ez 11, 2; im nominalen Gebrauch: Spr 12, 20 *jo'ᵃṣê šālôm*), sowie eine passive (Jes 14, 26: *hā'eṣāh hajjᵉ'ûṣāh*). Der Narrativ findet sich eigenartigerweise nicht.

2. Die Nebenform *'wṣ qal* begegnet nur an zwei Stellen (Ri 19, 30; Jes 8, 10), und zwar in der Bedeutung 'einen Plan fassen', jedesmal im Imp. Pl. (*'uṣû*). Wie *j'ṣ* (s.o.) kann auch *'wṣ* mit dem inneren Objekt *'eṣāh* zu einer figura etymologica verbunden werden (Jes 8, 10), die ursprünglich vielleicht auch für Ri 19, 30 vorauszusetzen ist (vgl. BHK³, BHS z. St.). Ri 19, 30 unterliegt dem 'einen Plan fassen' ein positiver Sinn (vgl. auch Ri 20, 7), dagegen Jes 8, 10 (in einer Gottesrede) ein negativer Sinn. An eine bloße Beratung ist Ri 19, 30 sowenig wie Jes 8, 10 gedacht; denn der

Levit, dem die Worte nach dem ursprünglichen Text wahrscheinlich zugeschrieben wurden (vgl. BHK³, BHS z. St.), erwartet keine bloße Beratung, sondern die Fassung eines konkreten Plans, das Verbrechen der Leute von Gibea zu ahnden.

3. Das *niph* der Basis schließt an die Bedeutung 'raten' des *qal* an. Während die mediale Bedeutung 'sich beraten lassen' nur einmal (Spr 13, 10) belegt ist, dominiert die reziproke Bedeutung 'sich beraten'. An nur einer Stelle (1 Kön 12, 28) ist der Sinn 'mit sich zu Rate gehen'. An 4 (bzw. 2) Stellen (1 Kön 12, 6. 9 = 2 Chr 10, 6. 9) kommt es zur Bedeutung 'nach Besprechung *anraten*' (KBL³ 403a), wo also auf das Ergebnis der Beratung abgezielt ist, das im konkreten Fall gegenüber dem Vorgesetzten (König Rehabeam) nicht in einem Beschluß, sondern nur in einem Rat bestehen kann. Die nur für *einen* Beleg (2 Chr 30, 23) eindeutig zutage liegende Bedeutung 'beschließen' empfiehlt sich bei 1 Kön 12, 28 sowenig wie bei 2 Chr 25, 17; 30, 2; 32, 3 (anders: KBL³ 403a). *jʿṣ niph* wird mit den verschiedensten Präpositionen konstruiert: mit *jaḥdāw* ('zusammen mit'): Jes 45, 21; Ps 71, 10; 83, 6 (zusätzlich mit *leḇ*); Neh 6, 7; mit *'eṯ*: 1 Kön 12, 6. 8 = 2 Chr 10, 6. 8; Jes 40, 14; mit *ʿim*: 1 Chr 13, 1; 2 Chr 32, 3; mit *'æl*: 2 Kön 6, 8; 2 Chr 20, 21. Außerdem kann ein *verbum finitum* folgen (1 Kön 12, 28; 2 Chr 25, 17), sowie bei 'beschließen' (2 Chr 30, 23) wie bei 'sich beraten' (2 Chr 30, 2; 32, 3) ein Infinitiv. Letzterer Umstand deutet an, daß die Beratung einen Plan zum Gegenstand hat, der bei Zustimmung aller Beteiligten, vor allem der Vorgesetzten (vgl. 2 Chr 30, 4; 32, 3) zum Beschluß werden kann. Das folgende *verbum finitum* (1 Kön 12, 28; 2 Chr 25, 17) signalisiert, daß die Beratung (Selbstberatung) zu einem Beschluß (Entschluß) geführt hat. – *jʿṣ niph* kann im positiven wie im negativen Sinne Verwendung finden, *positiv:* 1 Kön 12, 6 (= 2 Chr 10, 6); 1 Chr 13, 1; 2 Chr 20, 21; 30, 2. 23; 32, 3; *negativ*: 1 Kön 12, 8. 9 (= 2 Chr 10, 8. 9); 12, 28; 2 Kön 6, 8; Jes 45, 21; Ps 71, 10; 83, 6; Neh 6, 7; 2 Chr 25, 17. – Syntaktisch überwiegt bei weitem (13mal) der Narrativ; die konstatierende Vergangenheit (x-qāṭal) begegnet 2mal (Ps 71, 10; 83, 6), das heischende Futur (x-jiqṭol) 1mal (Jes 45, 21). – Daneben finden sich noch 6 verbale Konstruktionen mit dem Ptz. in der Bedeutung der Gleichzeitigkeit (Sing.: Jes 40, 14; Pl.: 1 Kön 12, 6. 9 [= 2 Chr 10, 6. 9]; Spr 13, 10).

4. Die *reziproke* Bedeutung 'sich beraten' kann neben dem *niph* auch durch das *hitp* ausgedrückt werden (Ps 83, 4). An dieser einzigen Stelle ist – wie übrigens interessanterweise auch bei dem einzigen Beleg von *jʿṭ itp* (Dan 6, 8) – ein negativer Akzent zu registrieren: Beidemale sind Feinde Subjekt, die gegen Fromme bzw. Verehrer JHWHs (wie Daniel) 'Rat halten'. Das Ergebnis der Beratung ist Dan 6, 8 eine Bitte an den König. An beiden Stellen eignet dem Reflexivstamm von *jʿṣ*/*jʿṭ* der Akzent einer Verschwörung.

5. Im Ptz. *qal jôʿeṣ*, das, incl. cj. *jôʿaṣājiḵ* Jes 47, 13 (KBL² 390a; KBL³ 385b), 23mal belegt ist, kommt ausschließlich die Bedeutung 'raten' zum Tragen. Das Ptz. hat (wie das aram. *jāʿeṭ* Esr 7, 14. 15) mehr oder weniger den Charakter eines terminus technicus für 'Ratgeber, Berater' angenommen. Dabei ist deutlich eine Entwicklung festzustellen. Nach Überzeugung der Weisen kommt „durch eine Fülle von Ratgebern" (*beroḇ jôʿeṣ*) Rettung zustande (Spr 11, 14; 24, 6). Dabei sind an der erstgenannten Stelle eindeutig politische Berater (etwa eines Königs) gemeint. Der ursprünglich politische Sinn von Spr 11, 14 ist sodann im gleichlautenden Versteil der zweiten Stelle (Spr 24, 6) schon ins Private abgebogen: „Krieg" (Spr 24, 6a) ist nunmehr noch eine Umschreibung für „Lebenskampf" (vgl. Gemser z. St.). Noch ein drittes Mal kommt das Sprüchebuch (15, 22) auf „eine Fülle von Ratgebern" zu sprechen: „Wo 'Beratung' (*sôḏ*) fehlt, scheitern die 'Pläne' (*maḥašāḇôṯ*), aber 'bei einer Fülle von Ratgebern' (*beroḇ jôʿaṣîm*) gelingt's." Da in den Proverbien sonst nirgends von einem einzigen Ratgeber die Rede ist, kommt der Option der Weisen für „eine Fülle von Ratgebern" um so größeres Gewicht zu, dies noch um so mehr, als man die Weisen wegen ihrer Lehrer-Schüler-Beziehung eher für Individualisten ansehen sollte. Jedoch statt den Erfolg in der Beratung durch *einen Weisen* garantiert zu sehen, plädieren sie für die Konsultation einer „Fülle von Ratgebern". Diese treten offenbar, so Spr 15, 22, zu einer „Beratung" bzw. zu einem „Rat" (*sôḏ*) zusammen. Wie z. B. der Rat Ahithophels (2 Sam 16, 20–23; 17, 1–3) zeigt, kann natürlich auch ein einzelner einen Rat erteilen, d. h. einen Plan vorschlagen. Ein solcher Rat jedoch, so sind wenigstens die Sprüchebuchstellen zu verstehen, verspricht nicht unbedingt Aussicht auf Erfolg (man denke an den, allerdings bewußt in die Irre führenden Rat Huschais: 2 Sam 17, 5–14), erst dann vielmehr wird der als Rat vorgeschlagene Plan eines einzelnen nicht scheitern, wenn er in einer „Beratung" durch eine „Fülle von Ratgebern" für gut befunden worden ist (vgl. Spr 15, 22). „Ratgeber", die sich etwa in einem „Rat" versammeln, müssen also nicht unbedingt selbst einen Plan als Rat vorschlagen, sie haben vielmehr primär über einen Plan positiv oder negativ zu befinden. Bei der Prüfung eines Planes kommt es offenbar darauf an, daß sie durch möglichst viele „Ratgeber" bzw. „Berater" durchgeführt wird (Spr 15, 22; vgl. 11, 14; 24, 6), sonst könnte der Plan scheitern. 2 Sam 17, wo Rat gegen Rat und Ratgeber gegen Ratgeber stehen, könnte sich fast wie eine Beispielerzählung zu Spr 15, 22 lesen. Aus den drei herangezogenen Proverbienstellen läßt sich hinsichtlich des Charakters eines *jôʿeṣ* noch folgende doppelte Erkenntnis gewinnen: *jôʿeṣ* (Ratgeber) ist zunächst noch keine Amtsbezeichnung; denn jeder kompetente und erfahrene Mann konnte im konkreten Fall als *jôʿeṣ* fungieren. Er mußte außerdem nicht unbedingt dem Stande der Weisen angehören; denn es ist nur schwer vorstellbar, daß ein Privatmann (vgl. Spr 24, 6!) im konkreten Fall

auf „eine Fülle“ von Weisen als Ratgeber hätte zurückgreifen können.
Als erster amtlicher „Ratgeber“ wird Ahithophel genannt, der als Berater Davids zu dessen abtrünnigem Sohn Absalom überging (2 Sam 15, 22) und danach der persönliche Berater des letzteren wurde (vgl. 2 Sam 15, 34; 16, 20–23; 17, 1–23). Nach dem Chronisten hatte David noch seinen eigenen Onkel Jonathan als „Berater“ (1 Chr 27, 32) neben Ahithophel, an dessen Stelle Jojada, der Sohn Benajas, getreten wäre (1 Chr 27,34). Huschai figuriert demgegenüber als „Freund“ des Königs (2 Sam 16, 16; 1 Chr 27, 33), worunter wohl ein Vertrauensamt zu verstehen ist. Ebenfalls nach Angaben der Chronik diente die Königinmutter Atalja ihrem Sohn Ahasja als „Beraterin“ (*jô'æṣæṯ* 2 Chr 22, 3). Sie und andere Angehörige des Hauses wurden dem jungen König „Berater zu seinem Verderben“ (2 Chr 22, 4, vgl. v. 3). Die Letztgenannten (außer der Königinmutter) scheinen freilich kaum als offizielle Königsberater fungiert zu haben. Ein solches Amt wird auch 2 Chr 25, 16 vorausgesetzt, wo König Amasja einem ungebetenen JHWH-Propheten vorhält: „Haben wir dich zum ‚Berater des Königs‘ bestellt?“ Vielleicht spricht aus dieser Stelle eine Tendenz des Chronisten: JHWH-Propheten werden abgewiesen, dafür dürfen schlechte Berater zum Verderben davidischer Könige am Hofe wirken. Freilich verwirft der Chronist keineswegs das Amt eines königlichen Beraters an sich, wie das Beispiel von Davids Onkel Jonathan (1 Chr 27, 32) zeigt. Zudem wird eigenartigerweise sogar einer der Torwächter in der späteren Davidszeit (Secharja) als ein „kluger Berater“ qualifiziert (1 Chr 26, 14), worunter schwerlich ein Inhaber eines Amtes zu verstehen ist. Auch betont der Chronist, daß sich davidische Könige vor wichtigen Entscheidungen nicht nur mit schlimmem, sondern auch mit gutem Ausgang, mit Männern ihrer Umgebung, ja sogar mit dem Volk beraten haben (*j'ṣ niph:* 2 Chr 10, 8. 9; 25, 17 bzw. 1 Chr 13, 1; 2 Chr 10, 6; 20, 21; 30, 2; 32, 3).
Jesaja setzt das Amt des Ratgebers in Jerusalem und Juda seiner Zeit voraus (Jes 3, 3). Der Ratgeber wird zusammen mit anderen Amtsinhabern (wie Richter, Propheten, Älteste, Würdenträger) und mit sonstigen Vertretern unentbehrlich erscheinender oder einflußreicher seriöser wie unseriöser Berufe (wie Helden, Kriegsmänner, Wahrsager, Zauberkünstler, Beschwörungskundige) als „Stütze und Stab“, d. h. als Garant menschlicher (gesellschaftlicher, staatlicher) Ordnung angesehen, zu Unrecht freilich, wie das Gotteswort Jes 3, 1–7 enthüllt; denn JHWH, auf den man sich zu stützen vergißt, wird diese Pseudostützen entfernen (Jes 3, 1). Ähnliche Aussagen finden sich Jes 19, 11 (über die weisen Ratgeber Pharaos), bei DtJes 47, 13 (über die Ratgeber Babels) und Mi 4, 9 (über die Ratgeber Zions). Die unmittelbare Nennung der Ratgeber neben den (zwielichtigen) Zauberkünstlern (Jes 3, 3) könnte die Vermutung nahelegen, Jesaja verwerfe das Amt des Ratgebers. Dies ist jedoch keineswegs der Fall; denn nach dem jesajanischen Gotteswort Jes 1, 24–26 wird JHWH nach dem Gericht über Jerusalem die Richter dieser Stadt wieder machen wie zur ersten Zeit und ihre Ratgeber (Räte) wie zu Anbeginn (Jes 1, 26). Jesaja denkt bei „Anbeginn“ offenbar an die Davidszeit, in der das Amt des königlichen Ratgebers (Ahithophel!) ja von größter Bedeutung für Königtum und Staat gewesen war. Für den Ratgeber der Endzeit ist dann Entsprechendes zu erwarten. Damit hat das Ratgeberamt bei Jesaja sogar eine eschatologische Perspektive erhalten. – Wie Jesaja und die genannten späteren Propheten bezeugt auch Hiob Gottes Macht über die (mächtigen) Ratsherren (Hi 12, 17). Ihre Faszination auf den normalen Bürger ist jedoch ebenfalls aus einem Wort desselben Hiob (Hi 3, 14) erkennbar, der sein erbärmliches Leben mit der Ruhe bei ihnen in der Šeol vertauschen möchte. Als sichere Amtsbezeichnung begegnet *jô'eṣ/jā'eṭ* erstmals im Esrabuch (Esr 4, 5; 7, 28; 8, 25 bzw. Esr 7, 14. 15). Esr 4, 5 wird die Bestechlichkeit der Räte des Perserkönigs erwähnt, die sich die Feinde der Juden zunutze machten, um den Tempelbau zu hintertreiben. Auf die wenigen Stellen mit eindeutig theologischem Sprachgebrauch (Jes 9, 5; 41, 28) ist weiter unten noch näher einzugehen.
6. Von den 86 Belegen für *'eṣāh* I sind 2 auszuscheiden: Jes 47, 13 ist *jô'aṣājiḵ* (*jô'eṣ*) zu konjizieren (s.o.), Spr 27, 9 vermutlich *'aṣṣæḇæṯ* (Gemser, HAT I/16 z. St., KBL² 726b). Die Konjektur *'aṣbô* in Hos 10, 6 (vgl. KBL² 726b) ist dagegen nicht zwingend erforderlich, insofern MT durchaus einen Sinn ergibt (vgl. de Boer, VTS 3, 1955, 49f.; Wolff, BK XIV/1 z. St.). Für *'eṣāh* ist die Ambivalenz der Bedeutungen ('Rat' und 'Plan') charakteristisch; beide Bedeutungen halten sich im Blick auf die Gesamtzahl der Stellen (84) in etwa die Waage. Jedoch ändert sich das Bild sofort, wenn man die erzählenden und die poetischen Texte für sich betrachtet. In den poetisch-prophetischen Abschnitten verhält sich 'Plan' zu 'Rat' etwa 2:1. Lediglich das Spruchbuch fällt insofern aus dem Rahmen, als dort 7 Belege mit der Bedeutung 'Rat' (Spr 1, 25. 30; 8, 14; 12, 15; 19, 20; 20, 18; 21, 30) nur 2 Belegen mit der Bedeutung 'Plan' (Spr 19, 21; 20, 5) gegenüberstehen. In den erzählenden (bzw. nichtprophetischen) Texten ist dagegen 22mal die Bedeutung 'Rat' und nur 5mal mit einiger Sicherheit die Bedeutung 'Beschluß, Vorhaben, Plan' zu registrieren (Ri 20, 7; Esr 4, 5; 10, 8; Neh 4, 9; 1 Chr 12, 20); das Verhältnis ist hier also etwa 4:1.
7. Auch die Verteilung von *'eṣāh* allgemein auf die poetisch-prophetischen und die erzählenden Abschnitte des AT ist aufschlußreich: Von den insgesamt 84 Belegen entfallen nur 27, also etwa ein Drittel, auf erzählende Texte außerhalb der Prophetenschriften. *'eṣāh* ist also ein Vorzugsterminus der poetischen Literatur. Von den übrigen 57 Belegen in letzterer wiederum begegnen je 9 Stellen im Sprüchebuch und in Hiob, ebenfalls etwa ein Drittel, da-

gegen 11 Belege in den nichtapokalyptischen Teilen von Jes 1–35 und weitere 4 in Jes 40–66 (insgesamt 15). Ebenfalls häufig (8mal) ist *ʿeṣāh* in Jer belegt, während die übrigen Prophetenschriften dagegen stark abfallen (Ez 2mal; Hos, Mi und Sach je 1mal). Somit begegnet *ʿeṣāh* mit 28 Belegen ungleich öfter in der prophetischen Literatur als in den Weisheitsschriften (18mal). Das Bild wird erst dann etwas günstiger für die Weisheit, als von den insgesamt 9 Psalmbelegen 5 in Psalmen auftauchen, die der Weisheit nahestehen (Ps 1, 1; 33, 10. 11; 73, 24; 119, 24). Aber auch so dominiert die prophetische Literatur noch gegenüber der weisheitlichen (28 gegen 23 Belege). Was sich bezüglich des Vorkommens von *jʿṣ* und Derivata ganz allgemein ergeben hatte (I. 2.), wird durch den speziellen Befund von *ʿeṣāh* in gewissem Sinn bestätigt. Auch wenn eine gewisse Affinität von *ʿeṣāh* zur weisheitlichen Literatur festzustellen ist, bleibt der Befund erstaunlich.

8. Handelte es sich bei *ʿeṣāh* (und *jʿṣ*), wie in der Regel angenommen, um typisch weisheitliche Terminologie, wäre das statistische Bild kaum erklärlich. Diese Relation ist um so verwunderlicher, als die immer wieder herangezogene Stelle Jer 18, 18 das Gegenteil zu beweisen scheint: „Denn nicht geht dem Priester die Weisung aus, und dem Weisen der Rat und dem Propheten das (Offenbarungs-)Wort." Wird hier nicht dem gegenüber dem Priester und Propheten erst relativ spät etablierten Stand der „Weisen" die Prärogative des Rates eingeräumt? Ist dies für die Verfasser weisheitlicher Sentenzen (vgl. Spr 22, 17; 24, 23) oder die Sammler solcher Sentenzen, die Männer Hiskias (Spr 25, 1) gut denkbar? In diesem Fall müßte es sehr befremden, daß die Autoren von Spr 10–29 nur 3mal auf Herkunft, Funktion und Bedeutung des ʿRatesʾ (*ʿeṣāh*) zu sprechen kommen (Spr 12, 15; 19, 20; 21, 30; vgl. noch Spr 22, 22: *môʿeṣāh*), sowie an drei weiteren Stellen auf den „Plan" (*ʿeṣāh*) des Menschen bzw. den „Plan" JHWHs (Spr 20, 5. 18 bzw. Spr. 19, 21). Spr 21, 30 wird sogar die Bedeutung des von Menschen stammenden Rates noch relativiert: „Keine Weisheit gibt es, keine Einsicht, keinen Rat gegenüber JHWH." Das wären gewiß eigenartige „Weise", die ihre vornehmste Aufgabe, die Erteilung des Rates, in ihrer Bedeutung derart herunterspielten! Auch der Umstand, daß sie die Notwendigkeit *vieler* Ratgeber bei dem Zustandekommen günstiger Beschlüsse betonen (Spr 11, 14; 15, 22; 24, 6: alle Belege von *jôʿeṣ* als terminus technicus im Sprüchebuch), weist in die gleiche Richtung, wie auch das völlige Fehlen finiter Verbformen von *jʿṣ* in den Sprüchen (Spr 12, 20 ist nur noch die partizipiale Status-constructus-Verbindung *jôʿaṣê šālôm* belegt). Von daher fällt auch neues Licht auf Ez 7, 26b: „Sie verlangen Vision(en) vom Propheten, aber Weisung geht dem Priester aus und Rat den Ältesten." In dieser Dreierliste von Ämtern erscheint auf den ersten Blick der „Weise" durch die „Ältesten" (*zᵉqenîm* → זקן) ausgewechselt zu sein, zumal das Ezechielzitat den Anfang von Jer 18, 18 wieder aufnimmt. Die von J. Fichtner (ThLZ 74, 1949, 77 = Gottes Weisheit 1965, 21, vgl. auch Stähli, THAT I, 751 f.) geäußerte Vermutung, daß „die in der vorexilischen Zeit einflußreichen und diplomatisch wichtigen ‚Weisen' ausgespielt und den Ältesten das Feld geräumt" haben, basiert indes auf dem Postulat, daß die Ältesten zuvor eine weniger bedeutsame Rolle gespielt hätten. In Wirklichkeit liegen die Dinge wahrscheinlich anders. Zwar sind „die Alten" (*zᵉqenîm*), die Rehabeam 1 Kön 12, 6–8 um Rat fragt, nicht als offizielle Vertreter der Sippen Israels zu verstehen, sie könnten aber sehr gut – im Dienste des Königs – an die Stelle der zur Zeit der absoluten Monarchie Salomos nicht mehr konsultierten Sippenältesten Israels getreten sein (vgl. v. 6: „die vor seinem Vater Salomo ... dienend gestanden hatten"). Von den „Ältesten Israels" wird immerhin in der Thronfolgegeschichte berichtet, daß sie zum Rat Ahithophels Stellung nahmen, und zwar positiv (2 Sam 17, 4; vgl. v. 15). Ihnen oblag es also schon zur Zeit Davids, über die Qualität des Rates eines königlichen Ratgebers (!) zu befinden. In beiden Fällen geht es um *politischen* Rat, den man eher solchen Personen zutrauen sollte, die wie „die Ältesten" zur Zeit Davids, die Alten am Königshof Rehabeams, ja sogar noch – wie die Ältesten in den Tagen Ezechiels – vor der Zerstörung Jerusalems mit Staatsgeschäften in irgendeiner Weise vertraut waren, als den „Weisen", denen doch primär die Schulung künftiger Beamter oblag. Selbst Jer 18, 18 fügt sich gut in diesen Zusammenhang; denn die drei dort genannten Gruppen sind als die Gegner zu verstehen, „die der gemeinsame Haß gegen Jer zusammengeführt hat" (Rudolph, HAT I/12, 125), an der Ausschaltung Jeremias aber konnten nicht die eher unpolitischen Weisen, wohl aber die König Jojakim ergebenen Beamten zusammen mit der Tempelpriesterschaft und den kultorientierten Propheten ein vitales Interesse haben. Sie werden Jer 18, 18 wohl deshalb hyperbolisch „Weise" genannt, weil sie durch die Schule ihrer weisheitlichen Lehrer gegangen waren und bei ihren Entscheidungen auf Erfahrungen dieser Weisen zurückgreifen konnten. Daraus ergibt sich: „Rat erteilen" ist in at.licher Zeit ein Geschäft der weisheitlich geschulten Beamten, der Politiker, nicht aber der „Weisen" als solcher gewesen, letztere waren mit konkreten politischen Entscheidungen nicht direkt befaßt; auch daß sie in konkreten Fällen wie ein Orakel befragt wurden, ist nicht bezeugt. Ihre Beziehung zur konkreten Politik, in der es mitunter auf einen guten Rat und Ratgeber ankam, war nur eine indirekte, da sie künftige Beamte zu schulen hatten. Allein deswegen mußten sie in ihren Sentenzen bisweilen auch auf den (politischen) „Rat" zu sprechen kommen. Mit diesem, vor allem durch Irwin eröffneten Verständnis der *zᵉqenîm* als derjenigen, denen die Erteilung von *ʿeṣāh* oblag, muß die geläufige These, „daß die Wurzel *jʿṣ* in den Bereich der Weisheit gehört" (Stähli, THAT I 751), wenigstens zu einem großen Teil revidiert werden. Auch

die Rolle, die „Rat" und „Ratgeber" in den Sprüchen Achikars spielen (s.o. I.1.), kann nicht als Gegenargument dienen; denn Achikar, „der weise und gewandte Schreiber ... der Ratgeber von ganz Assyrien" (Aḥ I, 1.2; AOT 454) wird nicht als irgendein Weiser, sondern als hoher Staatsbeamter verstanden. In dieser Eigenschaft fungiert er als „Ratgeber". Achikars „Weisheit", die in jenem relativ frühen, weithin bekannten Werk der Sapientialliteratur als Voraussetzung für ein derartiges Amt verstanden wird, sollte Schülern der Weisen offenbar als Beispiel dienen, die ihrerseits Staatsämter anstrebten. Nur in dieser Weise ist die Affinität der Wurzel *jʿṣ* zur Weisheit und Weisheitsliteratur zu verstehen, die schon durch die im Wortfeld von *jʿṣ* vorkommenden Wurzeln *bjn*, *ḥkm*, *śkl* und deren Derivata angezeigt ist. Aufgabe der Weisen (als eigenem Berufsstand) war es also auch, über „Rat" und „Ratgeber" zu theoretisieren, nicht aber, im konkreten Falle als Ratgeber mit Rat zur Hand zu sein. Dies war höchstwahrscheinlich Aufgabe eines anderen Berufsstandes, der „Ältesten", die sich aufgrund ihrer Ausbildung wohl „Weise" im *weiteren* Sinn des Wortes nennen konnten (vgl. Jer 18, 18). Im Unterschied zur Enthüllung des göttlichen Plans durch Seher wie Bileam (vgl. Num 24, 14!) ist die Raterteilung durch die Ältesten als profane Aufgabe zu begreifen; dagegen *ʿeṣāh* als Offenbarungsterminus in Analogie zum prophetischen *dāḇār* zu verstehen (Irwin 199 u.ö.) heißt, Jer 18, 18; Ez 7, 26 überinterpretieren. Schließlich ist auch *tôrāh* als konkrete „Weisung" der Priester (Jer 18, 18; Ez 7, 26), was Irwin übersieht, im Unterschied zum prophetischen *dāḇār* kaum ein eigentlicher Offenbarungsterminus, insofern in späterer Zeit zwar die ganze *tôrāh* als dem Mose geoffenbart gilt, die konkrete priesterliche *tôrāh* jedoch als Applizierung priesterlicher Sakraltraditionen auf den konkreten Fall zu verstehen ist. Die drei Gruppen werden an den beiden zitierten Prophetenstellen nicht deswegen nebeneinander genannt, weil sie, wenn auch in verschieden starkem Maße, etwa als Offenbarungsmittler zu verstehen wären, sondern weil sie auf dem Felde der Politik von größtem Einfluß waren. Wenn die Erteilung von *ʿeṣāh* ursprünglich etwas mit der Enthüllung eines göttlichen *Plans* zu tun hatte, dann ist hier nicht an die Institution der „Ältesten", sondern an das frühe Seher- und Orakelwesen (vgl. Bileam!) zu denken. Höchstens könnte man die mit der Raterteilung befaßten „Ältesten" als durch die Schule der Weisen gegangene, profane „Nachfolger" der Seher in der Art Bileams verstehen; an die Stelle der Enthüllung eines göttlichen Plans wäre die Mitteilung eines menschlichen, mit der Hilfe der Weisheit, nicht göttlicher Offenbarung gefundenen, angemessenen Rates getreten. Auch Ahithophel, der offizielle Ratgeber Davids und später Absaloms, war eine Art profaner Seher; denn seinem Rat wurde von den Zeitgenossen geradezu die Bedeutung eines (prophetischen) Gotteswortes zugemessen (2 Sam 16, 23).

9. Für Gebrauch und Bedeutung von *ʿeṣāh* ist aufschlußreich, mit welchen Verben es als Objekt verbunden wird. Es sind nicht weniger als 21. Von diesen können 4 mit *ʿeṣāh* in *beiden* Bedeutungen ('Rat' und 'Plan') konstruiert werden. Es sind dies: *jāʿaṣ* 'raten, beschließen' (11mal in der Form einer figura etymologica, s.o.), *jhb* 'geben, präsentieren' (jew. imp. pl. *hāḇû*, Ri 20, 7: einen Plan; 2 Sam 16, 20: einen Rat), *šāmaʿ* 'hören' (Spr 19, 20: Rat; Jer 49, 20; 50, 45: JHWHs Plan), sowie *prr hiph* 'zerbrechen, vereiteln' (2 Sam 15, 34; 17, 14: Ahithophels Ratschlag; Ps 33, 10; Esr 4, 5; Neh 4, 9: einen Plan bzw. Pläne).

Mit dem Objekt *ʿeṣāh* nur in der Bedeutung 'Rat' werden 3 Verben konstruiert: *ʿāzaḇ* 'verlassen', d. h. 'sich nicht halten an' (1 Kön 12 [= 2 Chr 10], 8. 13 [Rehabeam]: den Rat der Ältesten), *pāraʿ* 'unbeachtet lassen' (Spr 1, 25: den Rat der Weisheit), sowie *skl pi* „töricht sein lassen" (2 Sam 15, 31 [JHWH]: Ahithophels Ratschlag). – Lediglich in der Bedeutung 'Plan' findet sich *ʿeṣāh* als Objekt von 14 verschiedenen Verben. Hiervon begegnen bei 7 Verben Menschen und bei 7 JHWH bzw. Gott als Subjekt.

Mit einem *menschlichen* Subjekt sind belegt: *ʿûṣ* 'beschließen' (Jes 8, 10), *bôʾ hiph* 'herbeischaffen' (Jes 16, 3 Qere), *str hiph* 'verbergen' (Jes 29, 15), *bôš hiph* 'zuschanden machen' (Ps 14, 6: den Plan des Elenden), *bîn* 'verstehen' (Mi 4, 12: JHWHs Plan), *ḥšk hiph* 'verdunkeln' (Hiob: Hi 38, 2 = 42, 3: Gottes Plan), *nʾṣ* 'verschmähen' (Ps 107, 11: den Plan des Höchsten).

Die 7 Verben mit JHWH als Subjekt sind: *blʿ pi* 'verwirren' (Jes 19, 3: Ägyptens Plan), *bqq* 'verheeren' (Jer 19, 7: Judas und Jerusalems Plan), *jādaʿ* '(er)kennen' (Jer 18, 23: die Mordpläne der Feinde Jeremias), *mlʾ pi* 'erfüllen, gelingen lassen' (Ps 20, 5: die Pläne des davidischen Königs), *šlm hiph* 'zur Vollendung bringen' (Jes 44, 26: den von JHWHs Boten verkündeten Plan) sowie *ʿāśāh* 'vollbringen, ausführen' (Jes 25, 1 [JHWH]: „ein Wunder" an Plänen, vgl. BHK³, BHS; in MT dagegen *ʿeṣôṯ* direktes Objekt; Jes 30, 1 [Judäer]: einen nicht von JHWH stammenden Plan, von M. Dahood, Bibl 50, 1969, 57 f. unnötigerweise als archaischer Akkusativ von *ʿeṣ* „Holz-Idol" gelesen), *plʾ hiph* 'wunderbare Pläne haben' bzw. 'sich wunderbar in seinen Plänen erweisen' (Jes 28, 29; vgl. KBL² 726b gegen KBL² 760a; Näheres Mury-Amsler 1–5).

10. Die zitierten Belege zeigen mithin folgende Phasen und Möglichkeiten eines *Rates* auf: Ein Rat wird „erteilt" (*jaʿaṣ*) bzw. „gegeben" (*jhb*), er wird „gehört" (*šāmaʿ*) oder auch „unbeachtet gelassen" (*pāraʿ*) bzw. „verlassen" (*ʿāzaḇ*). Es kann auch sein, daß ein anderer, ein Mensch oder JHWH den Rat(schlag) „vereitelt" (*prr hiph*). – Noch reichlicher ist nach den Belegen die Palette der Möglichkeiten hinsichtlich Verlauf und Schicksal eines *Plans:* Ein Plan wird „gefaßt" bzw. „beschlossen" (*jāʿaṣ*, *ʿwṣ*) oder „präsentiert" (*jhb*), „herbeigeschafft" (*bôʾ hiph*), „verstanden" (*bîn*), „erkannt" (*jādaʿ*), vor

Dritten „verborgen“ (*str hiph*), „ausgeführt“ (*ʿāśāh*), „zur Vollendung gebracht“ (*šlm hiph*), etwa wenn JHWH ihn „gelingen läßt“ (*mlʾ pi*). Der Plan kann jedoch auch „verschmäht“ (*nʾṣ*), „zuschanden gemacht“ werden (*bôš hiph*), nicht zuletzt von JHWH „verwirrt“ (*blʿ pi*), „verheert“ (*bqq*) oder „vereitelt“ werden (*prr hiph*).

11. Ein Rat wie ein Plan können also gelingen wie mißlingen, letzteres jedoch oft nicht aus sich heraus, sondern weil ein anderer, sei es ein Mensch, sei es JHWH, eingreift.

Wie solches bei einem Rat geschehen kann, illustrieren die beiden erzählenden Texte, die um den so verschiedenen Ausgang jeweils zweier Ratschläge kreisen (2 Sam 16, 15 – 17, 23; 1 Kön 12 [= 2 Chr 10], 1–19).

Sogleich drängt sich die Ähnlichkeit beider Erzählungen auf: Beidemal schlägt ein schlechterer Rat den besseren aus dem Felde, wobei freilich nur hinter Huschais Rat (2 Sam 17, 5–14) böse Absicht gegenüber dem Beratenen (Absalom) steckt. Obwohl die Erzählung von der Thronnachfolge Davids (2 Sam 9–20; 1 Kön 1–2), in der Ahithophels Doppelrat (2 Sam 16, 20–22; 17, 1–4) und Huschais gegenläufiger Rat das Zentrum eines entscheidenden Aktes bilden (2 Sam 16, 15 – 17, 23), dem Verfasser von 1 Kön 12, 1–19 im Rahmen des DtrG bekannt gewesen sein dürfte (vgl. L. Rost, Thronnachfolge, 136–138 [= 242ff.]), ist diese literarische Abhängigkeit nicht so groß, daß dieser „mit den tatsächlichen Vorgängen noch vertraute(n), aber doch ‚private(n)‘, vielleicht sogar ‚naive(n)‘ Erzählung“ (M. Noth, BK IX/1, 270) die einander konkurrierenden Ratschläge der „Alten“ und der „Jungen“ einfach erfunden haben könnte. Die Unterschiede sind dafür doch zu gravierend: Den Absalom berät auf Verlangen jeweils ein einzelner, der in Absaloms Lager übergegangene offizielle Ratgeber Davids, Ahithophel aus Gilo (2 Sam 15, 12) und der zu Absalom nur zum Schein übergewechselte „Vertraute“ Davids, der Arkiter Huschai (vgl. 2 Sam 15, 32–37; 16, 16–19), deren einander widersprechende Ratschläge nacheinander die Zustimmung des Königssohnes und der „Ältesten Israels“ (2 Sam 17, 4, vgl. 17, 1–3) bzw. Absaloms und „aller Männer Israels“ finden (2 Sam 17, 14, vgl. 17, 5–13). Rehabeam erfragt dagegen den Rat der „Alten“ wie den der „Jungen“ (1 Kön 12, 6–11), also jeweils einer Gruppe von Beratern. Vordergründig betrachtet, findet jeweils der Rat die Billigung, der dem König am meisten schmeichelt, so Huschai dem Feldherrn Absalom, der sich schon im Geiste an der Spitze eines siegreichen Heerbanns Gesamtisraels sehen kann (vgl. 2 Sam 17, 11–13), und so die „Jungen“ den Prahl- und Herrschergelüsten Rehabeams (vgl. 1 Kön 12 [= 2 Chr 10], 11). Die Erzähler sehen indes hier JHWHs Geschichtslenkung am Werk: JHWH ist es, der dafür sorgte, daß Ahithophels kluger Rat nicht befolgt wurde, weil er Absaloms Untergang bereits beschlossen hatte (2 Sam 17, 14). Die Bitte Davids, JHWH möge Ahithophels Rat töricht sein lassen (2 Sam 15, 31, vgl. 1 Kön 22, 20–23), wurde erfüllt, und Huschai, den David zu diesem Zweck zu Absalom geschickt hatte, diente somit als Werkzeug Davids wie JHWHs. Ebenso diente der törichte Rat der „Jungen“ für Rehabeam dazu, um eine prophetische Gerichtsweissagung gegen das Haus Davids wahrzumachen (1 Kön 12 [= 2 Chr 10], 15). Menschliche Ratschläge sind dem göttlichen Geschichtsplan ein- und untergeordnet. Überspitzt gesagt: Der Rat Huschais wurde letztlich nicht durch sein Gefallen angenommen und dadurch zum (befolgten) Plan, sondern weil er im letzten JHWHs Plan entgegenkam, mit ihm konform ging; das gleiche gilt für den Rat der „Jungen“ an Rehabeam. An der Übereinstimmung oder Nichtübereinstimmung eines menschlichen Ratschlags mit JHWHs Plan hängt es, ob er als Plan Erfolg hat oder nicht. So klingen schon in den beiden Erzählungen, die scheinbar ganz profan von jeweils miteinander konkurrierenden Ratschlägen berichten, im Hintergrund theologische Gedanken an, die vor allem bei Jesaja, aber auch in Spr 19, 21 ausdrücklich artikuliert werden (s. u. III.).

12. Was die Bedeutungsnuancen von *ʿeṣāh* angeht, so ist zu sagen: Auf der Seite des Spektrums ʿRatʾ kann *ʿeṣāh*, etwa als Parallelbegriff zu *ʾimrê-ʾel* (Ps 107, 11), *tôkaḥat* (Spr 1, 25. 30) oder *mûsār* (Spr 19, 20), den Akzent ʿErmahnungʾ annehmen. An einigen Stellen, wo *ʿeṣāh* als Parallelbegriff zu *ḥoḵmāh* und (bzw. oder) *teḇûnāh* begegnet, dürfte nicht so sehr der ʿRatʾ als die Fähigkeit, die rechten Mittel und Wege zu finden (GesB 610b), gemeint sein: Jer 49, 7; Spr 21, 30 (weniger sicher: Deut 32, 28; Hi 12, 13). – Jes 19, 11 werden „die weisesten Ratgeber des Pharao“ *ʿeṣāh niḇʿārāh* („ein blöder Rat“) genannt, es liegt also ein abstractum (ʿRatʾ) pro concreto (ʿRatsversammlungʾ) vor (vgl. B. Duhm, GHK III/1, 143); die in BHS vermerkte, von O. Kaiser, ATD 18, z. St., aufgegriffene Konjektur (*ḥaḵmê parʿoh jāʿaṣû ʿeṣāh niḇʿārāh*) empfiehlt sich schon deshalb nicht, weil *bāʿar qal* und *niph* immer nur von Personen gebraucht wird (vgl. Duhm ebd.). Ähnlich möchte R. Bergmeier (ZAW 79, 1967, 229–232) den Abstraktbegriff *ʿaṣaṯ rešāʿîm* (Ps 1, 1; Hi 10, 3; 21, 16; 22, 8), der gewöhnlich mit „Rat der Frevler“ (Ps 1, 1) oder „Plan der Frevler“ (Hiob-Stellen) übersetzt wird, konkret als „Gemeinschaft der Frevler“ verstehen. Jedoch ist es fragwürdig, von dem unter IV. noch zu diskutierendem, relativ späten und spezifischen Sprachgebrauch der Qumrangemeinde auszugehen und die vier weiteren at.lichen Belege mit *hālaḵ beʿeṣāh* bzw. *bemôʿeṣāh* (2 Chr 22, 5 bzw. Mi 6, 16; Ps 81, 13; Jer 7, 24) einfach auszuklammern; denn gerade dort wird deutlich, daß *hālaḵ beʿeṣāh* „einem Rat (bzw. einer Entschließung) folgen“ meint. Auch darf die von H. J. Kraus (BK XV⁵, 135) herausgestellte Klimax (→ *jāšaḇ* → *ʿāmad* → *hālaḵ*) in Ps 1, 1 nicht übersehen werden: die „Gemeinschaft“ ist, wenn man so sagen darf, erst im dritten Stadium, dem *môšaḇ leṣîm* erreicht. Auch würde die

Aussage „der Gemeinschaft der Frevler folgen" nicht recht in das Ps 1, 1 gezeichnete Bild hineinpassen. Die drei Hiobstellen sind schon text- und literarkritisch zu problematisch (Glossen?), als daß sie Ps 1, 1 weiter erhellen könnten. Hi 21, 16 übersetzt Bergmeier (a.a.O. 231): „Haben sie nicht ihr Glück in eigener Hand, ist die Gemeinschaft der Frevler nicht ferne von ihm?" Von der sonstigen Argumentation Hiobs bzw. des Hiobdichters würde man eher erwarten: „Ist (der vergeltende) Gott nicht fern von den Frevlern?" Es ist somit an der herkömmlichen Übersetzung von *ʿeṣāh* mit „Rat" bzw. (so an den Hiobstellen) mit „Plan" festzuhalten. Nur wird man *ʿaṣaṯ rešāʿîm* in Ps 1, 1 als „Maximen, praktische Lebensprinzipien der Frevler" näher präzisieren dürfen (GesB 610b, vgl. Kraus, BK XV[5], 135).

Im Bereich des Bedeutungsspektrums 'Plan' kann *ʿeṣāh* der spezifische Sinn 'Beschluß' eigen sein, so wenn *ʿeṣāh* Ergebnis einer Beratung ist (vgl. Esr 10, 8). *beʿeṣāh* (1 Chr 12, 20) hat schon fast adverbiale Bedeutung: 'absichtlich' (KBL[2] 726b); hier die Zurateziehung eines weisen Mannes zu vermuten (P. A. H. de Boer, VTS 3, 54), ist abwegig. *'îš ʿeṣāh* kann nicht nur 'Ratgeber, Berater' heißen (Jes 40, 13; Ps 119, 24), sondern auch – bei Zugrundelegung der Bedeutung 'Plan' – „der Mann des Plans", d. h. der Mann, der einen Plan ausführt bzw. in einem Plan eine Funktion ausübt, so Jes 46, 11. – Als weitere St.-cstr.-Verbindung mit besonderer Bedeutung ist noch *ʿaṣaṯ šālôm* (Sach 6, 13) zu erwähnen, was wohl als „Übereinstimmung in Plänen" (GesB 610b) oder (abgeblaßt) als „friedliche Gesinnung" (KBL[2] 726b) interpretiert werden kann.

Wie das Verbum *jāʿaṣ* so gehört auch das Nomen *ʿeṣāh* sowohl als 'Rat' wie als 'Entschluß, Plan' nicht der Sphäre des rein Intellektuellen an. Darauf deutet schon die 4mal belegte Wortverbindung *ʿeṣāh ûgeḇûrāh* „Rat und Stärke" hin (2 Kön 18, 20 = Jes 36, 5; Jes 11, 2; Hi 12, 13), was an der erstgenannten Stelle als Gegensatz zu *deḇar śepāṯajim* („bloßes Wort") erscheint. So steht Jes 29, 15 *maʿaśæh* ('Werk') zu *ʿeṣāh* in Parallele, Spr 8, 14 *tûšijjāh* ('Gelingen, Erfolg'). J. Pedersen urteilt im Hinblick auf dieses Spezifikum von *ʿeṣāh* mit Recht: „It means that the carrying into effect is the normal expansion of the counsel. Therefore counsel and action are identical" (Israel I–II, 129). P. A. H. de Boer (VTS 3, 56), O. Kaiser (ATD 17, 102 Anm. 24) und auch J. R. Irwin (192f.) haben sich Pedersens Urteil zu eigen gemacht.

13. Das Nomen *môʿeṣāh* ist in MT an 7 Stellen, und zwar ausschließlich im Pl. belegt, nur einmal (Spr 22, 20) in der Bedeutung von 'Ratschlag', sonst in der Bedeutung 'Plan, Entschließung' mit durchweg negativer Wertung. Von nur zwei Ausnahmen abgesehen (Jer 7, 24; Spr 22, 20) begegnet das Nomen mit Suffixen der 3. Pers. Pl. Dreimal findet sich die formelhafte Wendung *hālaḵ bemôʿaṣôṯ* „(bösen) Entschließungen folgen" (Jer 7, 24; Mi 6, 16; Ps 81, 13). Auch Spr 22, 20 wird *môʿeṣāh* mit der Präposition *be* konstruiert, an drei weiteren Stellen mit *min* (Hos 11, 6; Ps 5, 11; Spr 1, 31). Auffälligerweise findet sich *môʿeṣāh* nie als Subjekt oder Akkusativobjekt. Noch stärker als *ʿeṣāh* ist *môʿeṣāh* ein Vorzugsterminus der poetischen und prophetischen Literatur; in den erzählenden Schriften ist er nicht belegt. Nur Spr 22, 20 steht das Nomen in nichttheologischem Kontext, sonst einmal in einer gegen die Feinde des Psalmisten gerichteten Bitte in einem individuellen Klagelied (Ps 5, 11), 4mal in einem Gotteswort (Jer 7, 24; Hos 11, 6; Mi 6, 16; Ps 81, 13) und 1mal in einer Rede der göttlichen Weisheit (Spr 1, 31), insgesamt also 5mal im Munde eines nichtmenschlichen Ich. Hos 11, 6 und Mi 6, 16 liegt eine prophetische Gerichtsrede, an den inhaltlich miteinander verwandten Stellen Jer 7, 24 und Ps 81, 13 eine prophetische Scheltrede mit theologischer Geschichtsbetrachtung vor. An allen Stellen außer Spr 22, 20 findet sich *môʿeṣāh* in direktem oder indirektem Zusammenhang mit Gottes Gericht, auch Spr 1, 31, wo für die Mißachtung des Rates der Weisheit Strafe angedroht wird. Die Strafe trifft die Schuldigen nicht nur wegen ihrer (bösen) „Pläne" (Hos 11, 6), sondern auch (Ps 5, 11) so, daß sie „durch" ihre bösen Pläne (oder: „aus" ihnen?) fallen, ja sie kann sogar darin bestehen, daß sie sich von ihren „Plänen" (parallel der „Frucht ihres Tuns") sättigen müssen (Spr 1, 31). In Ps 5, 11 eignet *môʿeṣāh* das Spezifikum des Hinterhältigen. In Mi 6, 16 bezieht sich das Personalsuffix auf das Haus Omris und Ahabs, deren (bösen) Entschließungen die Bewohner von Zion folgten. Das Element der Verstocktheit ist an den Stellen Jer 7, 24 und Ps 81, 13 zu registrieren, wo sich *šerîrûṯ libbām* als Parallelbegriff findet.

Umstritten ist freilich die masoretische Lesart *mimmôʿaṣôṯêhæm* (wegen ihrer Pläne) in Hos 11, 6, da die nachträgliche und mit Hos 11, 5 anscheinend konkurrierende Begründung des Gerichtswortes nicht so recht in den Kontext zu passen scheint, der eher eine weitere Strafe (in der Art der in v. 6a angegebenen) erwarten läßt. Jedoch befriedigen die verschiedenartigsten Textverbesserungsvorschläge der Kommentare (zuletzt Rudolph: verhörtes *maʿaśoṯêhæm* von *maʿaśāh* 'Zubereitung') noch weniger, da sie erheblich in den Textbestand eingreifen. Schon eher könnte man mit G. R. Driver (Festschr. F. Nötscher, 54) ein bisher unbekanntes Substantiv *maʿaṣāh* 'Ungehorsam' (vgl. *ʿāṣāh* II, s.o. I.2.) vermuten („for their disobedience"), ein Nomen, das Driver, ebd., auch Ps 81, 13 (nicht wie irrtümlich im Text: Ps 81, 12) finden will. Da jedoch Hos 11, 6 auch „wegen ihrer Pläne" durchaus in den Kontext paßt (Wolff, BK XIV/1, 259), ist MT doch wohl beizubehalten (vgl. auch Hos 10, 6). – Verschiedentlich wird Hi 29, 21 (so z. B. Hölscher, HAT I/17, z. St.) *lemô ʿaṣāṯî* in *lemôʿaṣāṯî* emendiert, da viele Hss diese Lesart bieten. Es liegt jedoch kein zwingender Grund vor, die auch in KBL[2] 504b, KBL[3] 529b und THAT I 751 akzeptierte Konjektur zu übernehmen. Überdies begegnet die Präposition *lemô* als vollere poetische Form von *le* in Hiob (nur dort!) an noch drei weiteren Stellen (Hi 27, 14; 38, 40; 40, 4) und hat in anderen westsemitischen Sprachen (ugar., amorit.) Entsprechungen (KBL[3] 505b mit

Literaturhinweisen). Schließlich würde *mô'eṣāh* in Hi 29,21, sieht man von der besonderen Stelle Spr 22,10 einmal ab, im Unterschied zu den übrigen 6 Stellen ein positiver Sinn eignen. Überdies spricht die Tatsache gegen die Emendation, daß *mô'eṣāh* (auch Spr 22,20 in der Bedeutung 'Ratschlag'!) nur im Pl. vorkommt. Die abweichende Lesart jener Hss erklärt sich wohl durch versehentliche Zusammenschreibung bzw. Zusammenlesung, die dann eine Punktation nach *mô'eṣāh* nach sich zog. – In Jes 41,21 hat J. Begrich (Deuterojesaja 44; vgl. nun auch KBL³ 529b) eine Emendation von *'aṣumôṯêḵæm* in *mô'aṣôṯeḵæm* vorgeschlagen und aufgrund des Kontextes eine weitere Bedeutung von *mô'eṣāh* ('Beweis') angenommen. Jedoch empfiehlt sich diese Konjektur nicht: Es ist unerfindlich, wie es von 'Ratschlag' oder 'Plan' zur Bedeutung 'Beweis' kommen konnte. Dagegen ist *'aṣumôṯêḵæm* gut als „eure Starken" im Sinne von „eure Argumente" verständlich (vgl. KBL² 728b, auch Westermann, ATD 19,68, und schon GesB 611b), so daß sich eine Emendation erübrigt. So fehlt denn auch in BHS die noch in BHK³ nach der Lesart der Peschitta für möglich gehaltene Konjektur. Die Lesart der syr. Übersetzung wird als bewußte Verbesserung eines ihr unverständlich gewordenen hebräischen Wortes verständlich. – Dagegen ist ernsthaft eine Emendation von *ba'aṣûmājw* (Ps 10,10) in *bemô'aṣôṯājw* zu erwägen (Gunkel, Kraus z.St., KBL² 504b, BHK³, vgl. BHS), da „durch seine Pläne" viel besser mit dem Kontext harmoniert, in dem Verben dominieren, die hinterlistiges Tun anzeigen, als dies bei der Lesart des MT (durch seine Gewalt[anwendung]?) der Fall ist. Auch paßt die Konjektur sehr gut zu dem negativen Bedeutungsinhalt von *mô'eṣāh* ('Plan') und dem durchgängigen Gebrauch von Präpositionen in Verbindung mit diesem Nomen. Schließlich ist der MT von Ps 10,10 überhaupt verderbt.

III. 1. Der einschlägige Aufsatz von J. Fichtner über JHWHs Plan in der Botschaft des Jesaja zeigt auf, daß Jesaja als erster Schriftprophet ausdrücklich auf den Plan JHWHs zu sprechen kommt und eine entsprechende Theologie entwickelt hat. Diese richtige Erkenntnis Fichtners darf freilich nicht generalisiert werden, als ob *jā'aṣ* „im theologischen Bereich zum ersten Mal von Jesaja verwendet" werde (H.P. Stähli, THAT I 752). Die theologisch bedeutsame Aussage über JHWHs „Plan" (*'eṣāh*) in Spr 19,21 darf nicht ignoriert oder als von Jesaja beeinflußt betrachtet werden: „Viele Pläne (*maḥašāḇôṯ*) sind im Herzen eines Menschen, doch nur der Plan JHWHs (*'aṣaṯ JHWH*) bleibt bestehen." Indes kann man aus diesem Maschal noch nicht einen Geschichtsplan JHWHs nach Art der jesajanischen Botschaft herauslesen, wohl aber darf man das Wort im Sinne einer göttlichen Fügung verstehen, die menschliche Pläne durchkreuzen kann. Die Weisen wußten also sehr wohl um JHWHs Plan wie um die Diskrepanz zwischen menschlichem Planen und dem Plan (Ratschluß) JHWHs. Man kann hierzu noch Spr 21,30f., aber auch Gen 50,20 aus der Josephsgeschichte vergleichen. Wenn nun Jesaja, wie Fichtner in seinem Aufsatz „Jesaja unter den Weisen" wahrscheinlich gemacht hat, dem Kreis der Weisen entstammte, dann ist sein wiederholtes prophetisches Reden von einem offenbar umfassenden (Geschichts-)Plan JHWHs noch leichter verständlich. Selbst die Weisen hatten, wie oben (II.8.) angedeutet, Vorgänger, die der *Sache* nach vom Plan der Gottheit sprachen: die Seher in der Art Bileams, der dem Moabiterkönig Balak von JHWH her in einem Orakelspruch die Zukunft seines Volkes enthüllte (Num 24,14: *jā'aṣ!*).

2. *'eṣāh* wird sowohl in der Bedeutung 'Rat' als auch im Sinne von 'Plan' (Beschluß) im theologischen Kontext verwandt. Das gleiche gilt von *jā'aṣ (jô'eṣ)*. Freilich fällt auf, daß *jā'aṣ* und *'eṣāh* in der Bedeutung 'raten' bzw. 'Rat' in theologischem Zusammenhang nur relativ selten auftauchen. Der älteste Beleg ist unstreitig 2 Sam 17,14. Hier begründet der Verfasser des Geschichtswerkes von Davids Thronnachfolge (2 Sam 9–20; 1 Kön 1–2) theologisch, daß Ahithophels unstreitig besserer Rat gegenüber dem für Absalom (und Ahithophel!) verhängnisvollen Rat des Huschai nicht zum Zug kam: „JHWH aber hatte angeordnet, den guten Rat Ahithophels zu ‚vereiteln' (*prr hiph*), damit JHWH über Absalom Unheil brächte." Was sich, vordergründig betrachtet, als eine raffinierte, von David selbst indirekt veranlaßte Intrige Huschais zugunsten Davids, als Krieg mit anderen, gleichsam geheimdienstlichen Mitteln darstellt, wird theologisch als die irdische Manifestation einer geheimnisvollen göttlichen Fügung und konkreten Geschichtslenkung JHWHs verstanden. Der unterlegene Ahithophel mag zwar, wie die meisten Kommentatoren betonen, auf Grund *eigener* klarer Erkenntnis, daß seine und Absaloms Sache nach der Annahme von Huschais Rat verloren war, Selbstmord begangen haben (2 Sam 17,23), im Sinne der theologischen Geschichtsschau des Erzählers ist dies jedoch nur die letzte Konsequenz daraus, daß Ahithophels Plan an JHWH selbst gescheitert war, der sich gegenüber dem klugen Königs- und Prinzenberater als überlegen erwiesen hatte. So ist nicht nur Ahithophels kluger Rat, sondern auch der weise Ratgeber selbst an JHWH als dem Lenker der Geschicke seines erwählten Königs David zuschanden geworden. Das tragische Schicksal Ahithophels und seines berühmten, hernach als sachgemäß erwiesenen Rates (vgl. 2 Sam 17,14) dürfte in Israel noch lange nachgewirkt haben. Vielleicht darf man den vermutlich zweitältesten Beleg (Spr 21,30), der jedenfalls nicht sicher als nachjesajanisch anzusehen ist, von daher verstehen: „Keine Weisheit gibt es und keine Einsicht und keinen 'Rat' vor JHWH." Der klügste und beste Rat, der Rat Ahithophels, mußte an Huschais zwar schmeichlerischem, in sich jedoch törichten Rat scheitern, weil JHWH es so gewollt hatte. Angesichts dessen ist es verständlich, wenn Jesaja vom König der Heilszeit erwartet, daß JHWH ihm *rûaḥ 'eṣāh ûgeḇûrāh* verleihen werde (Jes 11,2, vgl. noch Spr 8,14). Der Parallelterminus *geḇûrāh* macht deutlich, daß es sich nicht um eine im Theoretischen verbleibende *'eṣāh* handelt, sondern um eine *'eṣāh*, die zur kraftvollen Tat führt (vgl. 2 Kön 18,20 = Jes 36,5). Es ist dabei die gottgeschenkte Kraft gemeint, die

den König befähigt, in seiner Regierung jeweils die rechten Mittel und Wege zu finden (s. o. unter II. 12. zu Jer 49, 7; Spr 21, 30), nicht diejenige, anderen zu raten. Der Thronname des erwarteten Heilskönigs *pælæ' jô'eṣ* (Jes 9, 5) könnte verstanden werden als „der (für sich!) wunderbaren Rat weiß" (S. Mowinckel, ZAW 73, 298: „der wunderbar ausgestattete Herrscher, der immer ‚Rat weiß'"), nicht „der Wunderbares rät" (KBL³ 386a); wahrscheinlich aber wird man wegen der jesajanischen Vorliebe für *'eṣāh* in der Bedeutung 'Plan' mit H. Wildberger (ThZ 16, 316) der Übersetzung „der Wunderbares plant" den Vorzug geben müssen. In der Sache ist der Unterschied freilich gering. Und da jener König über das dem Willen JHWHs konforme Charisma dieses kraftvollen „Rates" (oder besser: „Plans") verfügt, wird er nicht wie ein Ahithophel (oder auch ein Absalom) scheitern. Der Prophet wird hier freilich in erster Linie daran gedacht haben, daß Könige in Juda den Ehrentitel *jô'eṣ* getragen haben (vgl. Mi 4, 9), wie Jesaja erfahren mußte, leider oft zu Unrecht. Ähnlich verheißt Jesaja in einem Gotteswort, daß JHWH nach einem Läuterungsgericht (Jes 1, 25) Jerusalem wieder „Ratsherrn" wie zu Beginn schenken werde (Jes 1, 26: *jo'aṣajik̠*). Ganz im Sinne Jesajas werden an der vielleicht unechten Stelle Jes 19, 11 „die weisesten Berater des Pharao" als ein „verdummter Rat" (*'eṣāh nib̠'ārāh*) bezeichnet (vgl. auch Jes 19, 3. 12), wird JHWH doch nach einem echten jesajanischen Drohwort neben anderen Amts- und Würdenträgern auch die „Ratsherrn" (*jô'eṣ*) aus Jerusalem und Juda entfernen (Jes 3, 3; vgl. auch Hi 12, 17). – Auch bei Jeremia fragt JHWH im Edom-Orakel (Jer 49, 7–19) ironisch, ob den Klugen dort der „Rat" (*'eṣāh*), d. h. die Fähigkeit abhanden gekommen sei, die gerichtsreife Situation Edoms zu erkennen und entsprechende Konsequenzen (etwa in Form einer Flucht) zu ziehen (Jer 49, 7, vgl. v. 8). Jedoch auch den „Ältesten" (*zeqenîm*) Judas ist – in der letzten Phase vor Jerusalems Untergang – nach einem Gotteswort bei Ezechiel (7, 26) der „Rat" (*'eṣāh*) ausgegangen, also sogar denen, die sozusagen von Amts wegen in politischen Dingen Rat wissen und erteilen mußten (vgl. auch Jer 18, 18, s. o. II. 8.). – Zwar spricht Deuterojesaja so wenig wie sein großes Vorbild Protojesaja von JHWHs Rat (dafür um so mehr von JHWHs Plan, s. u.), indes gibt auch er unmißverständlich zu verstehen, daß JHWH niemanden braucht, mit dem er „sich beraten" müßte (Jes 40, 14: *j'ṣ niph*). Zudem ist von den (sogenannten) Göttern keiner fähig, ihm zu „raten" (Jes 41, 28: *we'ên jô'eṣ*), d. h. konkret, ihm Rede und Antwort zu stehen (C. Westermann, ATD 19, z. St.: „doch kein Sprecher ist da"). Auf Beratung (*j'ṣ niph*) angewiesen sind dagegen „die Entronnenen der Völker", d. h. des schon als vernichtet angesehenen Babel, um ihre von JHWH herbeigeführte verzweifelte Lage zu verstehen (Jes 45, 21). Babel können die vielen „Berater" (cj. *jô'aṣajik̠*, vgl. KBL³ 385b) nicht helfen (Jes 47, 13). – Wenn menschlicher Rat versagt, wer

kann da noch raten? Ein Späterer gibt Jer 32, 19 im Rahmen einer Nachinterpretation eines jeremianischen Gebetswortes (Jer 32, 17–25, vgl. Rudolph, HAT I/12³, 211) eine deutliche Antwort: „JHWH allein ist groß von 'Rat' (*'eṣāh*) und mächtig von 'Tat' (*'alîlāh*)". – Ein ähnliches Zeugnis findet sich Hi 12, 13 (*'eṣāh* par. *tebûnāh*), nachdem Hiob unmittelbar zuvor selbst die Weisheit der Greise in Frage gestellt hat (Hi 12, 12). Überhaupt spricht die jüngere Weisheit öfter von Gottes Rat, genauer vom Rat der (göttlichen) Weisheit: So sagt die als personifiziert vorgestellte Weisheit Spr 8, 14 von sich: „Bei mir ist 'Rat' (*'eṣāh*) und 'Hilfe' (*tûšijjāh*), bei mir ist 'Einsicht' (*bînāh*), bei mir ist 'Kraft' (*geb̠ûrāh*)". Spr 1, 25. 30 ist freilich die Rede davon, daß die Menschen den „Rat" der Weisheit ausgeschlagen bzw. nicht gewollt haben. Wie ein Kontrast zu diesen Menschen erscheint dagegen der weise wie fromme Dichter des 119. Psalms, der (v. 24) von sich bekennt, daß JHWHs Zeugnisse seine Wonne und seine „Ratgeber" (*anšê 'aṣātî*) sind. Von einer direkten Beratung des Beters sprechen zwei Psalmstellen: In Ps 32, 8 zitiert der Psalmist ein Gotteswort, das er offenbar in Form eines priesterlichen Heilsorakels empfangen hat (vgl. H. J. Kraus, BK XV⁵, 405): „Ich will dich 'weisen' (*śkl hiph*) und 'lehren' (*jārāh hiph*) den Weg, den du gehen sollst. ‚Ich will (dir) raten' (*'î'aṣāh*), über dir ist mein Auge." Auf ein solches Heilsorakel scheint auch Ps 16, 7a anzuspielen: „Ich preise JHWH, ‚der mich beraten hat' (*je'āṣānî*)." Nach Kraus (a. a. O. 266) besteht der Rat darin, daß JHWH dem Beter den Lebensweg kundgetan hat (v. 11). – Zweimal in eindeutig negativem Sinn und in theologischem Kontext begegnet *j'ṣ (hitp, niph)* in dem Volksklagelied Ps 83: „Gegen dein Volk ersinnen sie einen ‚listigen Plan' (*sôd̠*), ‚beraten sich' (*j'ṣ hitp*) gegen die, welche sich bei dir bergen" (v. 4). Diese Verschwörung richtet sich, wie aus v. 6 zu entnehmen ist, sogar direkt gegen Gott (bzw. JHWH): „Denn sie (die Heidenvölker) ‚beraten sich einmütig' (*j'ṣ niph*, *leb̠ jaḥad̠*), gegen dich ‚schließen sie einen Bund' (*kārat̠ berît̠*)." Eine konkrete geschichtliche Situation ist kaum zu vermuten. Es dürfte sich hier vielmehr das im Verlauf der Geschichte Israels wohl fundierte Credendum niedergeschlagen haben, daß Gottes Volk immer auch ein in seiner Existenz durch andere Nationen bedrohtes Volk ist. Diese Bedrohung wird vom Selbstverständnis Israels als Gottesvolk her auch als gegen JHWH gerichtet verstanden.

3. Der Schwerpunkt des theologischen Gebrauchs von *jā'aṣ* und seiner Derivata liegt unstreitig auf der Bedeutung 'beschließen, planen' ('Beschluß, Plan'). Von den 27 Belegen, an denen von JHWHs (Gottes) 'Planen' bzw. 'Plan' die Rede ist, findet sich mehr als die Hälfte (15) im Jesajabuch (Jes 14, 24. 26. 27; 19, 12. 17; 23, 8. 9 bzw. Jes 5, 19; 14, 26; 19, 17; 25, 1; 28, 29; 44, 26; 46, 10. 11), und zwar konzentriert in Jes 1–39. Darüber hinaus werden 11mal *menschliche* „Pläne" bzw. menschliches „Planen"

direkt mit JHWH in Verbindung gebracht (Jes 19, 3; 29, 15; 30, 1; Jer 18, 23; 19, 7; Nah 1, 11 [*jo*ʿ*eṣ*]; Ps 33, 10; Hi 5, 13; 10, 3; 22, 18 cj; Neh 4, 9), davon 3mal in Jes (19, 3; 29, 15; 30, 1). Schließlich ist an 8 weiteren Belegen von *j*ʿ*ṣ*, ʿ*wṣ* und ʿ*eṣāh* von *menschlichem* Beschließen, Planen bzw. von einem menschlichen Plan in einem Gotteswort bei den Schriftpropheten die Rede (*j*ʿ*ṣ:* Jes 9, 5; Jer 49, 30; Ez 11, 2; Hab 2, 10; ʿ*wṣ:* Jes 8, 10; ʿ*eṣāh:* Jes 8, 10; Jer 49, 30; Ez 11, 2; in Nicht-Gottesworten vgl. Jes 16, 3; Hos 10, 6). Außerhalb der Schriftpropheten werden *jā*ʿ*aṣ* und ʿ*eṣāh* – von Menschen ausgesagt – nur an insgesamt 8 Stellen irgendwie mit JHWH (Gott) in Beziehung gebracht (Hi 5, 13; 10, 3; 22, 18 cj; 38, 2 = 42, 3; Spr 19, 21; Neh 4, 9; 2 Chr 25, 16). Da hier mit wohl nur einer Ausnahme (Spr 19, 21) der Einfluß schriftprophetischen Sprachgebrauchs vorausgesetzt werden darf, kann man bei ʿ*eṣāh* (Plan) und *jā*ʿ*aṣ* (planen) zwar von typisch schriftprophetischen Bedeutungsvarianten sprechen, nicht jedoch, wenigstens nicht bei ʿ*eṣāh* (vgl. Spr 19, 21!), von einer jesajanischen Sprachschöpfung. Wohl könnte man daran denken, daß Jesaja über ʿ*eṣāh* (Plan) als erster den Schritt zu *jā*ʿ*aṣ* in der Bedeutung 'beschließen, planen' vollzogen hat, und dies im Dienste seines besonderen Kerygmas von JHWHs Plan und JHWHs Planen. Als sprachlicher und theologischer Ansatzpunkt konnte ihm die einschlägige Erfahrung der Weisen dienen, wie sie etwa in dem oben (III. 1.) schon angeführten Maschal Spr 19, 21 artikuliert ist. Freilich könnte Jesaja auch über das Königsprädikat *jô*ʿ*eṣ* („der, welcher Rat weiß", vgl. Mi 4, 9) zu dem neuen Sprachgebrauch von *jā*ʿ*aṣ* gelangt sein, zumal er im Tempel JHWH visionär als König erlebt hat (Jes 6, 3). Ob man aus Jer 49, 20; 50, 45 (*jā*ʿ*aṣ* ʿ*eṣāh*) aber den Schluß ziehen kann, daß es von alters her nicht nur königliches Vorrecht und königliche Pflicht gewesen sei, einen Plan zu fassen (H. Wildberger, BK X, 189), sondern daß dieses Pläne-Fassen auch schon vor Jesaja durch *jā*ʿ*aṣ* ausgedrückt wurde, ist zweifelhaft, da die beiden Jeremia-Stellen ja von jesajanischem Sprachgebrauch beeinflußt sein können und der Königsprädikation in Mi 4, 9 ein derart spezieller Sinn noch fehlt.

4. Schon in der Frühzeit seines Wirkens dürfte JHWHs Plan in der Verkündigung Jesajas eine bedeutende Rolle gespielt haben. Das ist jedenfalls aus einem mit den Kommentatoren (vgl. Kaiser, Wildberger) in die Frühperiode des Propheten zu datierenden Scheltwort gegen die Spötter unter seinen Landsleuten (Jes 5, 18f.) zu entnehmen. Es enthält ein der Sache nach zutreffendes Zitat aus den Reden der Spötter: „Es eile, es komme rasch ‚sein Werk' (*ma*ʿ*aśehû*), damit wir (es) sehen; es nahe sich und es treffe (doch) ein der ‚Plan' (ʿ*eṣāh*) des Heiligen Israels" (v. 19). Mit dem bespöttelten Plan ist (so Wildberger z. St.) „JHWHs Geschichtswalten" gemeint, „sofern sich in ihm sein Gericht am Volk vollzieht".

Wenn Jesaja von Plan und Planen der Menschen im Zusammenhang mit JHWH spricht (Jes 7, 5; 8, 10; 29, 15; 30, 1), dann versteht er darunter immer Vorhaben und Aktionen, die JHWHs Plan und Planen widerstreiten oder doch jedenfalls nicht in JHWHs Sinne sind. Deswegen müssen diese menschlichen Pläne an JHWH scheitern. Scheitern muß das gegen König Ahas und Juda gerichtete böse Planen (*jā*ʿ*aṣ* ... *rā*ʿ*āh*) Arams (und Ephraims) in Jes 7, 5: „Es kommt nicht zustande und gelingt nicht" (Jes 9, 7b: Übersetzung Wildberger). Ähnliches sagt Jesaja in dem in seiner Echtheit freilich nicht unumstrittenen Wort gegen die Völker (Jes 8, 9f.), das man vielleicht in der Frühperiode des syrisch-ephraimitischen Konfliktes ansetzen kann (vgl. Wildberger z. St. mit Literaturhinweisen): „‚Schmiedet einen Plan' (ʿ*uṣû* ʿ*eṣāh*) – er geht in die Brüche, ‚trefft eine Vereinbarung' (*dabb*ᵉ*rû dāḇār*) – zustande kommt sie nicht! Denn mit uns ist Gott!" (v. 10). Der gegen Jerusalem und Juda gerichtete Plan der Völker muß mißlingen, weil eben JHWH mit Jerusalem und Juda im Bunde ist.

Jedoch auch die Pläne der Maßgeblichen in Jerusalem und Juda müssen scheitern, wenn sie JHWHs Geschichtsplan widerstreiten. In die Zeit des von Hiskia geführten antiassyrischen Aufstands gegen Sanherib (703–702 v. Chr.) führen die Belege Jes 29, 15 und 30, 1. Im Weheruf Jes 29, 15f. wird denen gedroht, „die ihren ‚Plan' (ʿ*eṣāh*) tief vor JHWH verbergen, damit ihr ‚Werk' (*ma*ʿ*aśæh*) im Dunkeln bleibt" (v. 15). Dieser gottwidrige Geheimplan wird im Weheruf Jes 30, 1–5 wieder aufgenommen: „Wehe den störrischen Söhnen, Ausspruch JHWHs, die einen ‚Plan' (ʿ*eṣāh*) ausführen, der nicht von mir, und eine Spende gießen, doch ohne meinen Geist, um Sünde auf Sünde zu häufen" (v. 1, Übersetzung Kaiser). In v. 2 wird dieser gottwidrige Plan als die zum Scheitern verurteilte Bündnispolitik mit Ägypten präzisiert.

Freilich ergibt sich bei den diskutierten Stellen im Zusammenhang mit der jesajanischen Verkündigung das Problem, daß anscheinend nur JHWHs Gerichts- und Unheilspläne über sein Volk und die Fremdvölker unabwendbar sind und menschliche Pläne am Plan JHWHs zerbrechen müssen, während JHWHs Heilspläne für Jerusalem und Juda durch menschliches Handeln „durchkreuzt" werden können. Was bleibt da noch vom Fazit des in seiner Authentizität freilich nicht unumstrittenen Bauerngleichnisses des Propheten (Jes 28, 23–29): „Er (d. h. JHWH) zeigt sich wunderbar in seinem Plan, großartig in seinem Erfolg" (v. 29b; vgl. Mury-Amsler 2)? Wie steht es da um die Effektivität dieser Weisheit JHWHs nach diesem Gleichnis, über die Mury-Amsler (5) urteilen: JHWH „n'est pas moins sage, moins inventif, moins habile qu'un paysan. Son action dans l'histoire n'est pas moins déroutante dans sa diversité que les divers travaux des champs. Mais elle n'est pas non plus moins efficace car, comme eux, elle s'adapte aux temps et aux circonstances particulières afin d'atteindre son but"? Die Lösung ist mit W. Dietrich (Jesaja 242) wohl darin zu suchen: „Wo Jahwe sein Nein gesprochen hat, gibt es kein Wenn und Aber mehr. Ganz anders, wo das Nein Jahwes gegen das eine Volk zugleich ein Ja für ein anderes bedeutet. Solche Zusagen gelten nur widerruflich, bleiben nur dann in Kraft, wenn die Betroffenen sich der Zusage gemäß verhalten." Das hat nichts mit Wankelmütigkeit JHWHs zu tun; denn so betont Dietrich ebd.: „Das zu meinen, hieße verkennen, daß Jahwe nach Jesajas Auffassung auch seine Unheilspläne nie ohne Grund über Menschen verhängt; es geht ihnen immer menschliche Sünde, d. h. der Mißbrauch der Freiheit, zwischen dem Richtigen und dem Falschen zu wählen, voraus." Während jedoch „Jahwes Unheilspläne stets die Antwort auf ein zuvor erfolgtes Fehlverhalten auf der Seite der Menschen" sind, „so gründen sich seine Heilspläne doch nie auf vorangegangenes Wohlverhalten von Menschen" (Dietrich 243); so gründet die Eroberung Israels durch Assur in Israels Schuld und nicht in Assurs Verdienst, gleichfalls die Heilszusage an Juda (Jes 7, 4–9, vgl. v. 7b) in den bösen Plänen Arams und Ephraims (vgl. v. 5), und nicht in Judas und Ahas' Wohlverhalten (vgl. Dietrich ebd.).

Wie stark das jesajanische Theologumenon vom „Plan JHWHs" in der „Schule" des Propheten nachwirkte, ist aus der Häufigkeit des theologischen Gebrauchs von *jāʿaṣ* ('beschließen, planen') und *ʿeṣāh* ('Plan') in den übrigen Partien des Jesajabuches zu ersehen. Bevor auf Deuterojesaja eingegangen wird, sollen zunächst die übrigen Belege in Jes 13–23 berücksichtigt werden. Die hier einschlägigen Kapitel 14; 19 und 23 werden heute entweder gänzlich Jesaja abgesprochen (z. B. von Kaiser) oder nur noch zum Teil für jesajanisch gehalten (z. B. von Wildberger). Die Weissagung gegen Ägypten (Jes 19, 1–15) kommt in ihrem ersten (v. 1b–4) und dritten Teil (v. 11–15) hier in Betracht (v. 3. 12); beide Teile könnten nach Wildberger (704–708) noch jesajanisch sein. JHWH verstört in seinem Gerichtshandeln den Geist (*rûaḥ*) Ägyptens und verwirrt seine *ʿeṣāh* (v. 3). Die Verwirrung des „Plans" oder besser: des „Planens" Ägyptens hat allgemeine Ratlosigkeit zur Folge, die sich in der Befragung von Götzen und Totengeistern artikuliert (v. 3). Pharaos weiseste Ratgeber versagen (vgl. v. 11). So kann der Prophet (v. 12) ironisch fragen: „Wo sind denn deine Weisen? Sie sollen dir künden und wissen lassen, was JHWH Zebaoth über Ägypten ‚beschlossen hat'" (*jāʿaṣ*, Übersetzung von Kaiser). Neu ist, daß JHWHs „Plan" nun nicht mehr direkt oder indirekt Staaten oder Teile des Gottesvolkes betrifft, sondern zu einem reinen Gerichtsplan gegen ein Fremdvolk geworden ist, dessen Zusammenhang mit Juda/Jerusalem man aus dem Text jedenfalls nicht entnehmen kann. Zudem dient JHWHs Plan auch zur Beschämung fremdländischer Weiser (v. 12). So hat denn ein Späterer in einer ersten Ergänzung dieses Ägypten-Orakels (v. 16f.) den „Plan" JHWHs gegen Ägypten auf merkwürdige Weise mit dem Land Juda in Verbindung gebracht (v. 17). „Die bloße Erinnerung an dieses Land wird Schrecken hervorrufen, weil sich mit ihr sofort der Gedanke an den unabänderlichen Ratschluß Jahwes der Heere einstellt" (Wildberger 732). Ist diese Interpretation richtig, dann muß v. 17 als Teilkorrektur von v. 12 angesehen werden: Dort sind selbst die Weisen, d. h. die politischen Berater des Landes unfähig, den Inhalt von JHWHs über Ägypten gefaßten Plan, d. h. den Gang der Geschichte, zu erkennen, während die Ägypter nach v. 17 über das Gedenken an das „Land Juda" vor JHWHs Plan erschrecken, d. h. erkennen, daß ihnen von JHWH her unwiderruflich Unheil droht bzw. sie schon ereilt hat.

Deutlicher als Jes 19 trägt die gegen Assur gerichtete Unheilsweissagung von JHWHs unabänderlichem Ratschluß (Jes 14, 24–27) jesajanische Züge, obwohl Kaiser (40f.) auch hier die Autorschaft des Propheten bestreitet. Duhm (123) und Wildberger (568) setzen den Abschnitt in der Zeit der Sanherib-Invasion in Juda (701 v. Chr.) an. Dreimal heißt es im Hinblick auf JHWHs „Plan" (*ʿeṣāh*, v. 26), daß JHWH ihn (v. 26) bzw. es (v. 24. 27) „beschlossen" hat (*jāʿaṣ*). JHWHs Gerichtsplan über Assur ist unwiderruflich. Bezeichnenderweise wird er erst „in meinem Land" (v. 25), d. h. in Juda, verwirklicht. Dieser Plan hat nicht nur für Assur Bedeutung, vielmehr ist er darüber hinaus „beschlossen über die ganze Erde" (v. 26). Damit ist wohl angedeutet, daß in Juda, in JHWHs Land, auch die Weltherrschaftspläne des einstigen JHWH-Werkzeugs Assur (vgl. Jes 10, 7–11) zerbrechen, das in Verkennung seiner Werkzeugfunktion maßlos geworden war. Ein Weltgeschichtsplan JHWHs oder „die Aufrichtung einer neuen Ordnung über die Völkerwelt" (Eichrodt 31) ist aus v. 26 indes nicht herauszulesen; denn JHWHs Planen ist „je auf die besondere Stunde der Geschichte hin ausgerichtet" (Wildberger 569).

Trotz anderer Auffassung von Rudolph (173f.) und Eichrodt (111f.) stammt das Orakel über das verwüstete Phönizien (Jes 23, 1–14), in dem JHWHs Plan gegen Tyrus zur Sprache kommt (8f.), schwerlich vom Propheten. Das Ganze erweckt mehr den Eindruck einer zurückschauenden Klage als den einer Prophetie. Der Wechsel von Frage und Antwort in v. 8f. erinnert zudem an den Kult (vgl. Ps 24, 3f. 8). Die über Tyrus hereingebrochene Katastrophe (v. 5–11) versteht der Autor als Verwirklichung dessen, was JHWH gegen diese Stadt „geplant" hat (*jāʿaṣ*). Die Stelle erinnert entfernt an Jes 19, 11–15. Nur macht dort JHWHs Plan – durchaus jesajanisch – die (staatspolitische) Weisheit Ägyptens zuschanden (vgl. Jes 19, 11f.), hier dagegen die Herrlichkeit und Ehre der phönizischen Handelsstadt (Jes 23, 8f.).

5. Im Rahmen des Kyros-Orakels von Jes 44, 24–45, 7 kommt DtJes in Jes 44, 26 darauf zu sprechen, daß JHWH das „Wort" (*dāḇār*) seiner Knechte (cj.) „aufrichtet" (*qwm hiph*) und den „Plan" (*ʿeṣāh*, nicht: Rat) seiner Boten „zur Vollendung bringt" (*šlm hiph*). Es handelt sich um JHWHs konkreten

Geschichtsplan für sein Volk, den er durch „seine Boten" (*mal'ākājw*), d. h. seine Propheten, verkündet hat. Anknüpfung an und Weiterentwicklung von Jesajas Prophetie durch seinen großen „Schüler" sind deutlich zu erkennen: Hatte Jesaja wiederholt von JHWHs Geschichtsplan gesprochen (s. o.), so versteht DtJes die Propheten überhaupt als „Boten" von JHWHs Plan, deren Aufgabe darin besteht, JHWHs Geschichtsplan zu enthüllen, freilich nun nicht mehr den Gerichtsplan, sondern den *Heils*plan (vgl. Jes 44, 26–28). Kyros selbst erscheint als der Vollbringer all dessen, was JHWH „gefällt" (vgl. v. 28), d. h. als menschliches Werkzeug, das den durch die Propheten verkündeten göttlichen Plan ausführt. – Ein zweites Mal kommt DtJes im Zusammenhang mit Kyros (Jes 46, 9–11) auf JHWHs *ʿeṣāh* zu sprechen (v. 10f.). JHWH verkündet, daß sein „Plan" zustande kommen (*qûm*) und er alles, was ihm gefällt (*kŏl-ḥæpṣî*, vgl. Jes 44, 28) vollbringen wird (v. 10). Dies geschieht dadurch, daß er aus einem fernen Land „den Mann seines Planes" (*'îš ʿaṣātî* Qere), d. h. den Kyros holen wird (v. 11). Kyros wird also als *'îš ʿeṣāh*, als auserwähltes Werkzeug JHWHs, den von JHWHs Boten (Propheten) verkündeten göttlichen Plan ausführen (vgl. Jes 44, 26). Somit konkretisiert sich JHWHs Geschichtsplan nach DtJes in einem Heilsplan für das Gottesvolk, indem einem Fremdherrscher, was gegenüber Jesaja neu ist, nun nicht mehr eine Gerichts-, sondern eine Heilsaufgabe am JHWH-Volk zukommt.

6. Im Rahmen eines vorausgreifenden Dankliedes (Jes 25, 1–5) innerhalb der großen Jesaja-Apokalypse (Jes 24–27) dankt der Verfasser JHWH, daß er „die Stadt", ein „Symbol aller gottfeindlichen Machtkonzentration" (Kaiser, ATD 18, 159f.), vernichtet hat (v. 2). In diesem Geschehen sieht er „ein Wunder an Plänen" (*pælæ' ʿeṣôṯ*, s. BHS) vollbracht, die „fest und zuverlässig von alters" (v. 1). Wahrscheinlich erblickt der Autor im erwarteten Fall der gottfeindlichen Stadt die Erfüllung von Fremdvölkerorakeln, etwa von Jes 13; 14; 21 (vgl. Kaiser 160). Wahrscheinlich versteht er darüber hinaus in *pælæ' ʿeṣôṯ* JHWH von *pælæ' jôʿeṣ* (Jes 9, 5) her; das käme einer apokalyptisierenden Neuinterpretation der davidisch orientierten Heilserwartung von Jes 9, 1–5 gleich. Erst hier könnte man wohl schon von einem göttlichen „Weltplan" sprechen, der mit einem „Wunder an Plänen" (v. 1) umschrieben wird.

7. Bei Jeremia finden sich keine sicheren Belege für „Plan" und „Planen" JHWHs. Die Hinweise auf JHWHs Gerichtsplan (*ʿaṣaṯ JHWH 'ašær jāʿaṣ*) gegen Edom (Jer 49, 20) und Babel (Jer 50, 45) begegnen im Rahmen unechter Fremdvölkerorakel bzw. Orakelteile. Dabei ist Jer 49, 20f. teilweise mit Jer 50, 45f. identisch und von letzterem literarisch abhängig (vgl. Rudolph, HAT I/12, 291ff.). Dagegen kommt der Prophet in dem nach Rudolph in Jer 49, 30–32 erhaltenen authentischen Orakel gegen Edom darauf zu sprechen, daß Nebukadrezar wider die Bewohner von Hazor „einen Plan gefaßt" hat (*jāʿaṣ ʿeṣāh*, v. 30), einen Eroberungsplan, hinter dem, wie sich aus v. 32 ergibt, letztlich JHWH selbst steht. Ganz anders steht JHWH nach dem individuellen Klagegebet des Propheten (Jer 18, 13–17) dem (Mord-)„Plan" gegen Jeremia gegenüber, um den er „weiß" (*jāḏaʿ*, v. 23). Da dem so ist, kann Jeremia ebd. um Vergeltung für seine Feinde bitten. Entfernt an Jes 19, 3 erinnert Jer 19, 6 (im Rahmen der deut Erweiterung Jer 19, 2b–9), wonach JHWH den „Plan" Judas und Jerusalems wegen der im Tophet begangenen Frevel zunichte macht, wörtlich „verheert" (*bqq*). Da aber kein konkreter Plan Judas und Jerusalems zu erkennen ist, ist wohl gemeint, daß JHWH Juda und Jerusalem in einen Zustand versetzt, in dem man keinen vernünftigen Plan mehr fassen kann, weder ein noch aus weiß.

8. Ezechiel bezeichnet in einem Gerichtswort an die führenden Männer Jerusalems (Ez 11, 1–13) fünfundzwanzig am Osttor des Tempels versammelte Männer als solche, „die auf Frevel sinnen" (*haḥošᵉḇîm 'āwæn*) und „einen Plan des Bösen fassen" (*hajjoʿaṣîm ʿaṣaṯ-raʿ*): v. 2. Damit sind unsozial eingestellte Jerusalemer gemeint (vgl. Ez 11, 3), nicht die Ältesten, denen nach Ez 7, 26 der „Rat" (*ʿeṣāh*) ausgeht.

9. Im Dodekapropheton kommt JHWHs „Plan" (*ʿeṣāh*) nur ein einziges Mal, dazu in einer hinsichtlich ihrer Echtheit umstrittenen Stelle zur Sprache: Mi 4, 12 heißt es, daß die gegen Jerusalem versammelten Völker nicht „die Gedanken JHWHs" (*maḥšᵉḇôṯ JHWH*) „kennen" (*jāḏaʿ*) und „seinen Plan" (*ʿaṣāṯô*) „verstehen" (*bîn hiph*), der darin besteht, daß JHWH sie wie Garben auf der Tenne, also zu ihrem eigenen Gericht versammelt hat. Ahnungslos also tun sie das Ihre dazu, daß sich JHWHs Gerichtsplan an ihnen vor Jerusalem erfüllt. Hos 10, 6 ist es der eigene (politische) „Plan" Israels (d. h. des Nordreichs), der diesem zur Schande gereicht. Der Prophet Nahum (1, 11) ermutigt seine Landsleute mit einer Anspielung auf Sanherib, der von Jerusalem abziehen mußte: „der Böses gegen JHWH ersann (*ḥāšaḇ ʿal JHWH rāʿāh*), der Ruchloses plante (*jāʿaṣ bᵉlijjāʿal*)". Für den Heilspropheten Nahum richtet sich der gegen Jerusalem zielende Eroberungsplan letztlich gegen JHWH selbst.

In weisheitlicher Tradition steht Habakuk, wenn er der ungenannten Weltmacht (wohl Babel) in seinem zweiten Weheruf (Hab 2, 9–11) voraussagt: „Du hast Schande ‚geplant' (*jāʿaṣtā*) für dein Haus" (2, 10a). Die Weltmachtpläne des Fremdherrschers gereichen seiner Dynastie zur Schande, weil ihm eben gerade das nicht gelingt, was er intendiert hat, nämlich „sich (dadurch) zu schützen vor dem Griff des Unheils" (v. 9, Übersetzung nach Rudolph, KAT XIII/3, z. St.), ja sogar sein eigenes Leben „verwirkt" (v. 10, vgl. Rudolph). – Zusammenfassend kann man den Schriftpropheten-Belegen für menschliches Planen und menschliche Pläne außerhalb des Jesajabuches sagen, daß menschliches, vor allem politisches Planen in der Regel scheitern, ja sogar in Schande umschlagen muß, wenn es nicht (wie in Jer 49, 30–32) gerade JHWHs Geschichtsplan entspricht. Damit hält sich die nachjesajanische schriftprophetische Verwendung von *jāʿaṣ/ʿeṣāh* grundsätzlich in dem bereits von Protojesaja abgesteckten theologischen Rahmen. Freilich bewegen sich in der späteren Prophetie die gegen Juda/Jerusalem gerichteten Pläne der Fremdvölker im Unterschied zu Jesaja in keiner Weise mehr im Rahmen von JHWHs Geschichtsplan. Erstaunlich ist, daß Jesajas Theologumenon vom „Plan JHWHs" außerhalb des Jesajabuchs (mit Ausnahme von Mi 4, 12 und der beiden unechten Stellen Jer 49, 20 und 50, 45) nicht nachgewirkt hat.

10. Nur in vier, dazu mit einer Ausnahme exilisch-nachexilischen Psalmen (14; 33; 73; 106) ist von JHWHs „Plan" oder – im Hinblick auf JHWH – von einem menschlichen „Plan" die Rede.

In der ziemlich alten prophetisch wie weisheitlich beeinflußten, hoffnungsvoll schließenden Klage von Ps 14 (vgl. Kraus, BK XV[4], 105; vgl. jedoch Kraus, BK XV[5], 247: „die Klage, die der prophetischen Anklage durchaus vergleichbar ist, findet ihren Höhepunkt in der verzweifelten Frage in 4.") ist davon die Rede, daß die Übeltäter (vgl. v. 4) „am Plan des Armen" (*ʿaṣaṯ-ʿānî:* wohl „am Plan gegen den Armen") zuschanden werden (*bôš hiph*), „denn JHWH ist seine Zuflucht" (v. 6). Bei Zugrundelegung der transitiven Bedeutung von *bôš hiph* würde es sich um einen (vergeblichen) Versuch handeln, „den Plan des Armen" zuschanden zu machen (eine weitere Übersetzungsmöglichkeit in KBL[3] 112b: „schändlich handeln wegen des Plans gegen den Armen"). Am ehesten empfiehlt sich das erstgenannte, etwa von Kraus vertretene Verständnis von *ʿaṣaṯ-ʿānî* als „Breviloquenz". Wie man auch übersetzen mag, auf jeden Fall handelt es sich um einen weiteren Beleg für das Scheitern eines nicht JHWH konformen Plans. Das Besondere daran ist, daß sich dieser Plan gegen Arme, d. h. gegen solche richtet, die JHWHs Schutz besonders anvertraut sind.

In Ps 33, einem Hymnus, werden „der Plan der Heiden" (*ʿaṣaṯ gôjîm*, par. *maḥšeḇôṯ ʿammîm*) und „der Plan JHWHs" (*ʿaṣaṯ JHWH*) einander gegenübergestellt (v. 10f.). Während JHWH den Plan (oder besser kollektiv: die Pläne) der Heiden „zerbricht" (*prr hiph*, v. 10), bleibt sein Plan in Ewigkeit „bestehen" (*ʿāmaḏ*) und „die Beschlüsse seines Herzens" (*maḥšeḇôṯ libbô*) gelten „für immer" (*leḏor wāḏor*, v. 11). Der Zusammenhang (v. 12) legt nahe, daß an solche Pläne der Heiden gedacht ist, die Gottes Volk tangieren. Insofern müssen sie am Weltgeschichtsplan JHWHs scheitern, in dem das Gottesvolk eine zentrale Rolle spielt. Noch mehr als die Affinität zu Protojesaja (die Unterordnung der Pläne der Völker unter den souveränen Geschichtsplan JHWHs) wird die Differenz zu ihm sichtbar: JHWHs Geschichtsplan wird zu einem ewigen Geschichtsplan, der von konkreten geschichtlichen Situationen gleichsam abgelöst ist, und die Möglichkeit, daß selbst ein sich freilich in Grenzen haltender Angriff eines Fremdvolkes auf Gottes Volk mit JHWHs Geschichtsplan als einem Gerichtsplan für Israel im Einklang stehen kann (vgl. Jes 10, 5f.), kommt nicht mehr in den Blick. – In dem deut beeinflußten Geschichtspsalm Ps 106 heißt es v. 13, daß die Väter auf dem Wüstenzug in ihrer Gier nach fleischlichen Gütern schnell JHWHs „(Heils-)Taten" (*maʿaśājw*) „vergaßen" (*šāḵaḥ*) und nicht auf seinen „Plan" bzw. „Ratschluß" (*ʿeṣāh*), d. h. auf dessen Erfüllung „warteten" (*ḥkh pi*). JHWHs *ʿeṣāh* nimmt hier deutlicher als sonst die Konturen eines Heilsplans für Gottes Volk an. Das Unheil resultiert hier aus dem Nicht-abwarten-Können des in JHWHs Plan festgesetzten Heils. – Ps 73, 24 fällt insofern aus dem Rahmen heraus, als hier von JHWHs „Plan" (nicht: Rat!) für den einzelnen Frommen die Rede ist: „Nach deinem Plan (*baʿaṣāṯeḵā*) führst du mich, und danach – 'in' Herrlichkeit nimmst du mich auf." *ʿeṣāh* meint hier nicht etwa „Ratschlag". Dies ist auch gegen Irwin zu betonen, der, von dem ihm mit Recht problematisch erscheinenden Verständnis von *ʿeṣāh* in Ps 73, 24 als „advice" ausgehend, zur Auffassung gekommen ist, die Grundbedeutung von *ʿeṣāh* sei „purpose" (Irwin 56), also „Vorhaben", das als Vorhaben Gottes in dem mehr politischen Bereich etwa von den „Ältesten" (Ez 7, 26) im konkreten Fall in Form eines Ratschlags enthüllt worden sei (vgl. Irwin 112–132). Der weisheitlich orientierte Beter ist vielmehr der Überzeugung, daß ihn JHWH seinem Heilsplan (*ʿeṣāh*) entsprechend zur letztendlichen Bestimmung (bis zur Aufnahme in die Herrlichkeit) durch das Leben geleiten werde. Möglicherweise denkt der Psalmist an einen je speziellen Heilsplan für den einzelnen Frommen. Über den Maschal Spr 19, 21, in dem JHWHs bestehen bleibende *ʿeṣāh* den vielen „Plänen" (*maḥašāḇôṯ*) im Herzen des Mannes gegenübergestellt wird, ist unter III. 1. schon gehandelt worden.

11. Von Spr 19, 21 her ist es gut verständlich, daß gerade das Weisheitsbuch Hiob 2mal auf Gottes und 5mal auf des Menschen „Plan" zu sprechen kommt (Hi 38, 2 = 42, 3 bzw. Hi 5, 13; 10, 3; 18, 7; 21, 16b = 22, 18b). – Ganz im Sinne der traditionellen Weisheit behauptet Eliphas (Hi 5, 13), daß Gott „die Klugen in ihrer Schlauheit fängt, so daß ‚der Plan der Verschlagenen' (*ʿaṣaṯ niptālîm*) sich überstürzt (*mhr niph*)". Ähnlich – im Sinne der „schicksalwirkenden Tatsphäre" – behauptet Bildad (Hi 18, 7), daß den Frevler „sein (eigener) Plan" (*ʿaṣāṯô*) zu Fall bringt (*šlk hiph*). Eben dies aber bestreitet Hiob (10, 3), wenn JHWH – anders als gegenüber Hiob – über dem „Plan der Frevler" (*ʿaṣaṯ rešāʿîm*) aufstrahlt (*jpʿ hiph*), womit „das heilvolle Erscheinen JHWHs im Lichtglanz, seine Epiphanie" (Horst, BK XVI/1, 154f.) gemeint ist. Die Stelle ist keine Glosse! – Dagegen sind Hi 21, 16 und 22, 18 als Glossen zu tilgen. Freilich ist die Aussage: „der Frevler Plan ist *ihm*" (cj. vgl. BHK!), d. h. Gott, „fern" (Hi 21, 16b = 22, 18b) der Sache nach nur eine leichte Abmilderung von Hi 10, 3: Gott sieht dem Plan der Frevler

zwar nicht heilvoll zu, er sieht dafür weg, nimmt ihn also nicht zur Kenntnis. – Gott aber macht in einer rhetorischen Frage (Hi 38, 2 = 42, 3) deutlich, daß Hiob es ist, der den „Plan" (*ʿeṣāh*) verdunkelt (*ḥšk hiph*, Hi 38, 2) bzw. „verhüllt" (*ʿlm hiph*, Hi 42, 3) mit Worten ohne Einsicht. Unter dem „Plan", den Hiob verdunkelt, d. h. „in weglose Finsternis (verkehrt), was klares Wollen und Tun ist" (G. Fohrer, KAT XVI, 499), ist „das Wollen und Tun Gottes in Schöpfung und Lenkung der Welt" (ebd. 500) zu verstehen. Der „Plan" ist – so Fohrer ebd. – „einerseits die Weltordnung, die Hiob in Frage stellt und als Willkür deutet, andererseits die Unergründlichkeit des göttlichen Wollens und Tuns, die dem Menschen uneinsichtig ist". Neu ist die Ausweitung der Bedeutung von *ʿeṣāh* vom Felde der Geschichte auf die vornehmlich im Bereich der Natur verwirklichte Weltordnung.

12. Außer an der schon unter I. 1. behandelten singulären Stelle Ri 20, 7 kommt *ʿeṣāh* eigenartigerweise in den erzählenden Schriften einzig im relativ jungen chronist. Geschichtswerk auch die Bedeutung 'Beschluß' zu (Esr 4, 5; 10, 8; Neh 4, 9; 1 Chr 12, 20), wie auch *jāʿaṣ* in 2 Chr 25, 16 der Sinn „beschließen". Theologisch relevant sind indes nur die Stellen Neh 4, 9 (*ʿeṣāh*) und 2 Chr 25, 16 (*jāʿaṣ*). An der älteren Stelle (Neh 4, 9) gibt Nehemia in seiner Denkschrift Gott die Ehre, indem er das Abstehen der Feinde von ihrem geplanten Überfall auf die im Wiederaufbau befindlichen Mauern Jerusalems darauf zurückführt, daß Gott den Plan der Feinde, „ihren Plan" (*ʿaṣāṯām*), „zerbrochen" (d. h. vereitelt) hat (*prr hiph*). Dies geschah dadurch, daß Nehemia vom Feindplan Kenntnis erhalten und Präventivmaßnahmen ergriffen hatte (vgl. Neh 4, 1–8). Die Terminologie (*heper ʿeṣāh*) ist zwar konventionell (vgl. Esr 4, 5; Ps 33, 10, auch Jes 8, 10; 14, 27; außerdem 1 Sam 15, 34; 17, 14 mit *ʿeṣāh* in der Bedeutung 'Rat'), dafür ist neu, daß nach Nehemias Verständnis die Feinde selber ihr eigenes Scheitern als das Zerbrechen ihres Plans durch (den) Gott (der Juden) erfahren. 2 Chr 25, 16 ist schon insofern interessant, als dort die Basis *jʿṣ* nicht weniger als dreimal begegnet: in *jôʿeṣ* (Ratgeber), *ʿeṣāh* (Rat) und *jāʿaṣ* (beschließen!). Daran, daß König Amasja die Intervention des ungenannten Propheten (vgl. 2 Chr 25, 15) hochmütig zurückweist, erkennt dieser, daß Gott den Untergang Amasjas „beschlossen" hat (*jāʿaṣ*).

IV. 1. In den hebräisch erhaltenen Teilen von Ben Sira stellt sich nach Ausweis der Konkordanz (Barthélemy-Rickenbacher 159 f. 309) der statistische Befund von *jāʿaṣ* und Derivata wie folgt dar: Das *qal* begegnet nur 4mal als Partizip *jôʿeṣ* „Ratgeber" (Sir 37, 7 bis. 8; 44, 3), das *niph* (sich beraten) 1mal (Sir 37, 10) – *hjʿṣh* (Sir 4, 28) ist von einem anderen Stamm abzuleiten (LXX ἀγώνισαι, vgl. *ʿāṣāh* II, auch Driver, ExpT 57, 193: „made himself stubborn, resisted") –, ebenfalls 1mal ist das *hitp* (*hitjāʿaṣtî;* LXX: ἐστηρίχθην) belegt (Sir 39, 32). Das Nomen *ʿeṣāh* begegnet 6mal (Sir 30, 21 [Hs B Randglosse]; 35, 19; 37, 13; 41, 23 [= 42, 1]; 42, 8; 47, 23). Sir 11, 9 ist (gegen Hs B: *ʿṣh*) mit der Hs A *ʿṣbt* zu lesen.

Im „Lob der Väter" zählt Ben Sira zu Beginn (Sir 44, 3–6) 12 Ruhmestitel auf, die Gruppen berühmter Männer der Vorzeit zuzurechnen sind. An dritter Stelle nennt er (Sir 44, 3) nach den „Beherrschern der Erde in ihrer Königswürde", den „berühmten Männern in ihrer Macht" und vor den „Sehern aller Dinge in ihrem Prophetenamt": „die Ratgeber in ihrer Einsicht" (*hajjôʿaṣîm biṯḇûnām*). Die Erwähnung der „Ratgeber" an dritter Stelle ist beachtlich; sie steht wohl mit der Hochschätzung der Weisen durch Ben Sira in Zusammenhang, die aus den folgenden 6 Ruhmestiteln (Sir 44, 4 f.) deutlich wird. So widmet er denn auch dem Ratgeber und der Beratung einen eigenen Abschnitt (Sir 37, 7–18). Um so erstaunlicher ist daher die Skepsis, die schon aus den einleitenden Sprüchen über zeitgenössische „Ratgeber" spricht (Sir 37, 7 f.): „Jeder Ratgeber ‚deutet mit der Hand' (*jānîp̱ jāḏ*)", d. h. weist dem Ratsuchenden den Weg, „aber es gibt *jôʿeṣ dæræḵ ʿālājw*" (*ʿālājw* ist mit Hamp, dessen Übersetzung [EB IV 1959] hier im allgemeinen übernommen wird, in *ʿawlāh* zu konjizieren), also: „Ratgeber, die Irrwege (weisen)": Sir 37, 7. Die Ambivalenz der „Ratgeber" wird noch verstärkt durch den Hinweis auf ihre Kostspieligkeit: „Vor dem ‚Ratgeber' sei auf der Hut und erforsche zuvor, was er nötig hat!" (Sir 37, 8 a. b). Dazu kann sich der Egoismus des „Ratgebers" auch auf den Inhalt seines Rats auswirken (vgl. Sir 37, 8 c. d. 9). Mit der doppelten Warnung „Berate dich nicht!" (*ʾal tiwwāʿeṣ, niph*) und „Verbirg geheime Pläne!" ist Sir 37, 10 die Einheit v. 10–11 überschrieben. Zur Beratung ungeeignet sind (v. 10): der *Neider* (*ḥmjk* mit Suff. der 2. Pers. Sing., von Segal, z. St., als „Schwiegervater" interpretiert, jedoch wegen *mqnʾ* im Parallelismus membrorum zu Unrecht), v. 11: die *Frau* (über ihre Nebenbuhlerin), der *Händler* (über das Geschäft), der *Mißgünstige* – *ʾîš raʿ* – (über das Wohltun), der *Faule* (über seine Arbeit), der *faule Sklave* (über seinen harten Dienst). Dafür empfiehlt Ben Sira (das Verb *jʿṣ niph* von v. 10 wirkt nach) in v. 12 als Berater einen peinlich gewissenhaften und gottesfürchtigen Mann, der dem Ratsuchenden von Herzen zugetan ist und ihm hilfreich zur Seite steht. Die sittlich-religiöse Qualität des „Ratgebers" ist also entscheidend. – Der bedeutsamste Ratgeber aber, und das ist neu gegenüber der at.lichen Tradition, ist das eigene Gewissen: „Doch auf den ‚Rat des Gewissens' (*ʿaṣaṯ leḇāḇ*) achte, denn nichts ist dir treuer als dieses!" (Sir 37, 13). Als Weiser warnt Ben Sira (41, 23 [= 42, 1]) schärfstens vor der Indiskretion, „irgendwelche heimliche Beratung (*kol sôḏ ʿeṣāh*) zu enthüllen". *ʿeṣāh* kann sich auch auf Schändliches beziehen; so ist Sir 42, 8 beiläufig vom geilen Greis die Rede, der „sich" im Hinblick auf Unzucht „Rat holt" (*nwṯl ʿṣh*), d. h. auf Unzucht aus ist. – Die übrigen 3 Belege von *ʿeṣāh* verweisen auf das Spektrum „Überlegung – Entschluß". Der Weise mahnt, schon aus eigenem Interesse nichts „ohne Überlegung" (*b^e lo' 'eṣāh*) zu tun (Sir 35, 19). Die Überlegung darf jedoch – so Sir 30, 21 – nicht in „Grübeln" ausarten: *w^e 'al takšîl^e kā ba'^a ṣāṯ^e kā* (Hs B, erste Randlesart). Als verhängnisvollen „Entschluß" (*'eṣāh*) aus der Geschichte erwähnt Sir 47, 23 denjenigen Rehabeams (vgl. 1 Kön 12), durch den (*ba'^a ṣā* [*ṯô*]) dieser das Volk „in Verwilderung (Entzweiung?) stürzte" (*hipria'*). Der einzige Beleg für *j'ṣ hitp* findet sich Sir 39, 32 in einem Loblied (Sir 39, 16–35), hier in etwas abweichender Bedeutung: *'al ken mero'š hitjā'aṣtî w^e hiṯbônantî ûbiḵtāḇ hinnaḥtî*. Dies könnte wörtlich übersetzt werden: „Darum bin ich vom Anfang an ‚zu dem Entschluß gekommen', habe (seinem Inhalt) meine Aufmerksamkeit zugewandt und (ihn: d. h. als Loblied) schriftlich niedergelegt." D. h. die Wunder Gottes in Schöpfung und Heilsgeschichte (Sir 39, 16–30) haben den Weisen zum Entschluß angeregt, sie in einem Loblied zu feiern. – Man vermißt die Verwendung von *'eṣāh* in der Bedeutung „Plan", vor allem im theologischen Sinn (Geschichtsplan), etwa nach der Art Jesajas. Trotz des „Lobes der Väter" scheint Ben Sira also doch nicht zu einer tiefergehenden Geschichtsbetrachtung vorgestoßen zu sein.

2. In Qumran ist die Häufigkeit der Belege von *'eṣāh* beeindruckend: Die Qumran-Konkordanz von K. G. Kuhn und die Nachträge dazu in RQu 4 (S. 216) verzeichnen nicht weniger als 83 Stellen. Dagegen fällt der Gebrauch von *j'ṣ* mit nur 4 Belegen erstaunlich ab: 2mal *qal* im Ptz. akt. (1 QH 3, 10; 6, 21) und 2mal *niph* (1 QS 6, 3; CD 3, 5). Umstritten ist, worauf sich *pælæ' jô'eṣ* (1 QH 3, 10) bezieht, auf das von der Schwangeren geborene männliche Kind (Z. 9f., so etwa: J. Carmignac, Les Textes de Qumran I, 194f.; E. Lohse, Die Texte aus Qumran, 121) oder auf Gott, der als (ungenanntes) Subjekt des als *hiph* zu interpretierenden *jgjḥ* („läßt hervorbrechen") zu verstehen wäre (so S. Mowinckel, ZAW 73, 297f., nach Vorgängern). Auch J. Maier (Die Texte vom Toten Meer I, z. St.) bezieht *pælæ'* auf Gott, wird aber der an Jes 9, 5 orientierten Titulatur nicht gerecht, indem er *jô'eṣ* von *pælæ'* ablöst und als Satzprädikat auffaßt: „(Der) Wunderbare berät (sich) mit seiner Macht"; ein *niph* erscheint zudem ausgeschlossen. Am ehesten empfiehlt sich die von Mowinckel vertretene Deutung, zumal (so Mowinckel 298) in 1 QH 6, 29ff. in *gbwr* eine zweite, an Jes 9, 5 orientierte Titulatur Gottes vorliegt. Die schmerzvolle Geburt verweist nicht auf den Messias, sondern symbolisiert „das bevorstehende Heil der Qumrangemeinde" (Mowinckel). Dieses (naheschatologische) Heil der Gemeinde bringt – nach der Überzeugung des hier sprechenden „Lehrers der Gerechtigkeit" (vgl. G. Jeremias, Der Lehrer der Gerechtigkeit, 171) – Gott selbst zuwege, und zwar als *pælæ' jô'eṣ* (1 QH 3, 10), als „einer, der Wunderbares plant" (s.o. III. 2.) „mit seiner Heldenkraft" (*'im g^e bûrāṯô*, ebenfalls Anspielung auf Jes 9, 5). D. h. das nahe erwartete Heil der Gemeinde erscheint als Verwirklichung eines wunderbaren Gottesplanes. Jedoch auch Belial ruht nicht: Er ist „dabei zu beraten" (*jô'eṣ*) oder „zu planen" (?) „mit ihren Herzen" (*'im l^e ḇāḇām*), d. h. mit den Abtrünnigen (1 QH 6, 21f.). Das Ergebnis der Beratung bzw. des Plans ist *maḥšæḇæṯ riš'āh* „ein Plan des Frevels" (1 QH 6, 22). – Ambivalent wie der Gebrauch des *qal* ist auch derjenige des *niph* (1 QS 6, 3; CD 3, 5). In der Gemeinderegel (1 QS) werden 6, 2f. von den Gemeindemitgliedern gemeinsame Mahlzeiten, gemeinsames Gebet und gemeinsame „Beratung" (*jḥd jw'ṣw*) gefordert, worauf unter *'eṣāh* noch zurückzukommen ist. CD 3, 5f. zeigt sich die Verstocktheit der Israeliten in Ägypten darin, daß „sie sich berieten" (*lhj'ṣ*), d. h. „gegen die Gebote Gottes" verschworen.

'eṣāh kann wegen der Fülle der Belege nur kursorisch behandelt werden. Bemerkenswerterweise eignet *'eṣāh* nur an 8 Stellen die Bedeutung 'Rat' im Sinne von 'Ratschlag/Ermahnung', so 1 QS 9, 9. 17: „die Ermahnung des Gesetzes", 1 QS 6, 4: „der Rat" von Gemeindemitgliedern, 1 QS 6, 22; 9, 2: „eines Gemeindemitgliedes", 1 QS 8, 23. 25: im Falle seines vorübergehenden Ausschlusses; 4 QpNah 2, 9: derer, „die Ephraim verführen". – An der CD 5, 17 zitierten Stelle Deut 32, 28 heißt *'eṣôṯ* soviel wie 'Einsicht'. – 4mal findet sich der adverbiale Ausdruck *b^e 'eṣāh* „auf Beschluß / mit Vorsatz" (1 QpHab 3, 6 bis; 4, 11; 1 QS 7, 11; CD 12, 8). Dafür begegnet etwa 16mal die Bedeutung „Ratschluß/Plan", 13mal als Ratschluß Gottes (1 QS 1, 13; 2, 23 [*'ôlāmîm*]; 3, 6; 6, 9; 11, 18. 22; 1 QH 1, 5; 4, 13; 6, 10; 16, 8; 1 QHf 13, 7; 1 QSb 5, 25), 3mal als gottwidriger Plan (1 QM 13, 11; 4 QpNah 1, 2; 2, 6). – Bei den sonstigen über 50 Belegen schwankt die Bedeutung von *'eṣāh* von 'Beratung' über 'Ratsversammlung' bis zu 'Rat' als Umschreibung einer bestimmten Form von Gemeinschaft. In Richtung 'Gemeinschaft' im negativen Sinn tendieren die Belege 4 QpNah 3, 7. 8. Singulär ist 1 QSb 3, 28 die Bezeichnung der Gesamtmenschheit als „Rat allen Fleisches" (*'^a ṣaṯ kôl bāśār*). Eine ganze Anzahl von Konstruktionen mit *'eṣāh* beziehen sich auf die Qumrangemeinde, ihre Organe oder doch wenigstens auf Funktionen der Gemeinde bzw. ihrer Organe, ohne daß eine Festlegung im einzelnen immer möglich ist: *'^a ṣaṯ hārabbîm* (1 QS 6, 16) dürfte die Gemeindevollversammlung (in actu) bezeichnen. Aspekte der Gemeinde sind in 1 QS 1, 8. 10 „die Ratsversammlung Gottes" (*'^a ṣaṯ 'el*), 1 QS 10, 24 „der Rat der Einsicht" (*'^a ṣaṯ tûšijjāh*), in Text 1 Q 38, 8, 1 „der (vertraute) Kreis deines Rates" (*sôḏ '^a ṣāṯ^e kāh*: von Gottes Rat). Mehrfach erscheint die Gemeinde als „heiliger Rat" (*'^a ṣaṯ* [*haq*]*qoḏæš*, 1 QS 2, 25; 8, 21; 1 QM 3, 4; 1 QH 6, 5 [?]; 7, 10; 1 QSa 2, 9; CD 20, 24). Vor allem aber, an nicht weniger als 23 Stellen, wird sie qualifiziert als *'^a ṣaṯ* [*haj*]*jaḥaḏ* „Rat der Einung" (1 QpHab 12, 4; 1 QS 3, 2; 5, 7; 6, 3. 10. 12. 14. 16; 7, 2. 22. 24; 8, 1. 5. 22; 11, 8; 1 Q 14, 10, 6; 1 QSa 1, 26. 27; 2, 2. 11; 1 QSb 4, 26;

4 QpJes[d] 1, 2; 4 QFl 1, 17). In 1 QS 8, 11 ist vom „Rat der Männer der Einung" (*ʿaṣaṯ ʾanšê hajjaḥaḏ*) die Rede, 1 QS 3, 6 von der „Einung seines Ratschlusses" (*jaḥaḏ ʿaṣāṯô*), d. h. der den göttlichen Plan verwirklichenden Einung (s. o.). Von dem letztgenannten Beleg her fällt auf das schillernde Selbstverständnis der Gemeinde als *ʿeṣāh* einiges Licht. Sie verstand sich als *jaḥaḏ* „Einung", d. h. enge Gemeinschaft, die auf eine *ʿeṣāh*, einen „Ratschluß/Plan" Gottes zurückgeführt wurde. Und da sich die Gemeinde dieses Gottesplans immer wieder in ihrer Beratung (*ʿeṣāh* s. o.) bewußt wurde, konnte sie sich selbst als „Rat (bzw. Ratsversammlung) der Einung" verstehen. *ʿeṣāh* meint also nicht einfach „Gemeinschaft", sondern eher einen bestimmten Gemeinschafts*vollzug* im Zusammenhang mit den Beratungen der Gemeinde. Insofern trifft J. Worrells Umschreibung von *ʿeṣāh* in Qumran als „a reciprocal consultation in a prescribed setting" (VT 20, 74) das Richtige. Schließlich ist noch kurz auf Bedeutung und Verwendung des für Qumran gleichfalls typischen Ausdrucks *ʾanšê ʿeṣāh* (+ Suffix bzw. Genitiv) einzugehen. Damit sind nicht (wie in Jes 40, 13) „Berater" gemeint, sondern Personen, die durch denjenigen, dessen *ʿeṣāh* sie zugeordnet sind, „beraten" oder besser „bestimmt" werden, so daß sie dessen Anhang bzw. eine zusammen mit ihm tätige Gemeinschaft bilden. Auf der einen Seite ist von solchen *ʾanšê ʿeṣāh* die Rede, die Gott (1 QpHab 6, 11. 13; 1 QSb 4, 24, auch: *ʾnwšj ʿṣhtw*, 1 QSa 1, 3) bzw. dem „Lehrer der Gerechtigkeit" (1 QpHab 9, 10; 4 QpPs 37 2, 18 [19]) zugeordnet sind, also letztlich die Qumrangemeinde. Auf der anderen Seite werden solche *ʾanšê ʿeṣāh* erwähnt, die dem „Haus Absalom", also Abtrünnigen, zuzurechnen sind (1 QpHab 5, 10) bzw. (4 QpNah 1, 5) dem „Zorneslöwen" (vielleicht Alexander Jannaios). Dem dualistischen Denken Qumrans entsprechend wird *ʾanšê ʿeṣāh* also in Verbindung mit der differentia specifica zur Selbstbezeichnung der Gemeinde wie auch entsprechend zur Charakterisierung ihrer Abtrünnigen bzw. Widersacher.

So konnte das Nomen *ʿeṣāh* – offenbar wegen der ihm schon im at.lichen Schrifttum eigenen, doppelten (theologischen wie anthropologischen) Dimension – der Qumrangemeinde in besonderem Maße als sprachliches Ausdrucksmittel ihres außergewöhnlichen Selbstverständnisses dienen.

Ruppert

יַעֲקֹ(וֹ)ב *jaʿaqo(ô)ḇ*

I. 1. Vorkommen und Bedeutung – 2. Etymologie – II. Jakob im Pentateuch – 1. Die Ausprägung der Jakob-Überlieferung bei J, E, P – 2. Die Deutung der Jakob-Gestalt – 3. Jakob und Israel – III. Der Vätergott – 1. El – 2. „Der Starke Jakobs" – 3. „Der Gott Jakobs" – IV. Geschichtliches – V. Jakob im Prophetenkanon – 1. als Individuum – 2. als Bezeichnung des Volkes – VI. Jakob in den Psalmen – 1. als Individuum – 2. als Bezeichnung des Volkes – VII. Jakob im Deut – VIII. Zusammenfassung.

Lit.: *P. R. Ackroyd*, Hosea and Jacob (VT 13, 1963, 245–259). – *W. F. Albright*, Northwest-Semitic Names in a List of Egyptian Slaves from the Eighteenth Century B.C. (JAOS 74, 1954, 222–233). – *Ders.*, Yahweh and the Gods of Canaan, London 1968. – *A. Alt*, Der Gott der Väter (BWANT 12) 1929 = KlSchr I, 1–78. – *Ders.*, Erwägungen über die Landnahme der Israeliten in Palästina (PJB 35, 1939, 8–63 = KlSchr I, 126–175). – *J. Bright*, Geschichte Israels, 1966, 51–89. – *W. Caspari*, Der Name Jaqob in israelitischer Zeit (Festschr. G. Jacob, 1932, 24–36). – *P. Diepold*, Israels Land (BWANT 95), 1972. – *M. Dietrich – O. Loretz*, Zur ugaritischen Lexikographie (I) (BiOr 23, 1966, 127–133). – *H. Eising*, Formgeschichtliche Untersuchung zur Jakobserzählung der Genesis, 1940. – *O. Eißfeldt*, Religionshistorie und Religionspolemik im AT (Festschr. H. H. Rowley, VTS 3, 1955, 94–102 = KlSchr III, 359–366). – *Ders.*, Die Genesis der Genesis, 1958, ²1961. – *Ders.*, Jahwe, der Gott der Väter (ThLZ 88, 1963, 481–490 = KlSchr IV, 79–91). – *Ders.*, Jakobs Begegnung mit El und Moses Begegnung mit Jahwe (OLZ 58, 1963, 325–331 = KlSchr IV, 92–98). – *Ders.*, Palestine in the Time of the Nineteenth Dynasty (a) The Exodus and the Wanderings (CAH II/2, XXVI (a), Cambridge ³1975, 307–330). – *Ders.*, Jakob-Lea und Jakob-Rahel (Festschr. H.-W. Hertzberg, 1965, 50–55 = KlSchr IV, 170–175). – *Ders.*, Der kanaanäische El als Geber der den israelitischen Erzvätern geltenden Nachkommenschaft- und Landbesitzverheißungen (WZ Halle 17, 1968, 45–53 = KlSchr V, 50–62). – *Ders.*, Renaming in the OT (Festschr. D. Winton Thomas, New York 1968, 69–79 = dt. Umnennungen im AT, KlSchr V, 68–76). – *D. N. Freedman*, The Original Name of Jacob (IEJ 13, 1963, 125–126). – *T. E. Fretheim*, The Jacob Tradition (Int 26, 1972, 419–436). – *J. C. C. Gibson*, Light from Mari on the Patriarchs (JSS 7, 1962, 44–62). – *A. Goetze*, Diverse Names in an Old-Babylonian Pay-List (BASOR 95, 1944, 18–24; 19 Anm. 6a von *W. F. Albright*). – *E. M. Good*, Hosea and the Jacob Tradition (VT 16, 1966, 137–151). – *C. H. Gordon*, The Story of Jacob and Laban in the Light of the Nuzi Tablets (BASOR 66, 1937, 25–27). – *Ders.*, The Patriarchal Narratives (JNES 13, 1954, 56–59). – *H. Greßmann*, Sage und Geschichte in den Patriarchenerzählungen (ZAW 30, 1910, 1–34). – *W. Gross*, Jakob, der Mann des Segens. Zu Traditionsgeschichte und Theologie der priesterlichen Jakobsüberlieferungen (Bibl 49, 1968, 321–344). – *H. Gunkel*, Jakob (Preußische Jahrbücher 176, 1919, 339–362). – *A. H. J. Gunneweg*, Geschichte Israels bis Bar Kochba, ³1979. – *M. Haran*, The Religion of the Patriarchs (ASTI 4, 1965, 30–55). – *S. Herrmann*, Geschichte Israels in alttestamentlicher Zeit, ²1980. – *J. M. Heuschen*, Jacob of de genadevolle uitverkiezing (ETL 45, 1969, 335–358). – *G. Hölscher*, Zur jüdischen Namenskunde (Festschr. K.

Marti, BZAW 41, 1925, 148–157). – *J. Hoftijzer*, Die Verheißungen an die drei Erzväter, Leiden 1956. – *W. L. Holladay*, Chiasmus, the Key of Hosea XII 3–6 (VT 16, 1966, 53–64). – *H. B. Huffmon*, Amorite Personal Names in the Mari Texts, Baltimore 1965 (APNM). – *G. Jacob*, Der Name Jacob (Litterae Orientales 54, 1933, 16–19). – *A. Jepsen*, Zur Überlieferungsgeschichte der Vätergestalten (WZ Leipzig 3, 1953/54, 265–281 = Der Herr ist Gott, 1978, 46–75). – *J. O. Lewis*, An Analysis of Literary Forms in the Jacob Narratives. Diss. Masch. The Southern Baptist Theol. Seminary, Louisville, Kent. 1964. – *V. Maag*, Jakob – Esau – Edom (ThZ 13, 1957, 418–429). – *Ders.*, Der Hirte Israels. Eine Skizze von Wesen und Bedeutung der Väterreligion (Schweiz. Theol. Umschau 28, 1958, 2–28). – *E. Meyer*, Die Israeliten und ihre Nachbarstämme, 1906 = 1967, 271–287. – *J. G. Mitchell*, A Study of the Jacob Tradition in the OT (Diss. Southern Baptist Theol. Semin.), 1970. – *S. Mowinckel*, „Rahelstämme" und „Leastämme" (Von Ugarit nach Qumran, Festschr. O. Eißfeldt, BZAW 77, ²1961, 129–150). – *M. Naor*, יַעֲקֹב und יִשְׂרָאֵל (ZAW 49, 1931, 317–321). – *E. Nielsen*, Shechem, A Traditio-Historical Investigation, Kopenhagen ²1959, 222–240. – *M. Noth*, Die israelitischen Personennamen im Rahmen der gemeinsemitischen Namengebung (BWANT 46), 1928 (IPN). – *Ders.*, Überlieferungsgeschichte des Pentateuch, 1948, 58–62. 86–111. 216–219. – *Ders.*, Mari und Israel. Eine Personennamenstudie (Geschichte und AT, Festschr. A. Alt, BHTh 16, 1953, 127–152 = ABLAK II, 1971, 213–233). – *Ders.*, Geschichte Israels, ⁷1969. – *M. Oliva*, Jacob en Betel: Visión y Voto (Gn 28, 10–22) (Institución San Jerónimo 3, Valencia 1975). – *E. Otto*, Jakob in Bethel. Ein Beitrag zur Geschichte der Jakobüberlieferung (ZAW 88, 1976, 165–190). – *A. de Pury*, Promesse divine et légende cultuelle dans le cycle de Jacob: Genèse 28 et les traditions patriarcales, I–II, Paris 1975. – *W. Richter*, Das Gelübde als theologische Rahmung der Jakobsüberlieferungen (BZ NF 11, 1967, 21–52). – *L. Rost*, Die Gottesverehrung der Patriarchen im Lichte der Pentateuchquellen (VTS 7, 1960, 346–359). – *H. H. Rowley*, Recent Discovery and the Patriarchal Age (BJRL 32, 1949/50, 44–79 = The Servant of the Lord and Other Essays on the OT, Oxford ²1965, 283–318). – *L. Ruppert*, Herkunft und Bedeutung der Jakob-Tradition bei Hosea (Bibl 52, 1971, 488–504). – *L. Sabourin*, La lutte de Jacob avec Elohim (Sciences Eccl. 10, 1958, 77–89. 256f.). – *J. Scharbert*, Patriarchentradition und Patriarchenreligion (BEvTh 19, 1974, 2–22). – *J. Schildenberger*, Jakobs nächtlicher Kampf mit dem Elohim am Jabbok (Festschr. B. Ubach, Montserrat 1954, 69–96). – *L. Schmidt*, Überlegungen zum Jahwisten (EvTh 37, 1977, 230–247). – *W. H. Schmidt*, Alttestamentlicher Glaube in seiner Geschichte, ²1976, 17–34. – *H. Seebass*, Der Erzvater Israel und die Einführung der Jahweverehrung in Israel (BZAW 98), 1966. – *Ders.*, Die Stämmeliste von Dtn. XXXIII (VT 27, 1977, 158–169). – *Ders.*, Landverheißungen an die Väter (EvTh 37, 1977, 210–229). – *W. Staerk*, Studien zur Religions- und Sprachgeschichte des AT, I, 1899, 21–53. 77–83; II, 1899, 1–13. – *J. K. Stark*, Personal Names in Palmyrene Inscriptions, Oxford 1971 (PNPI). – *C. Steuernagel*, Die Einwanderung der israelitischen Stämme in Kanaan, 1901. – *W. H. Stiebing Jr.*, When was the Age of the Patriarchs? (Bibl Arch Rev 1, 1975, 17–21). – *Th. L. Thompson*, The Historicity of the Patriarchal Narratives (BZAW 133), 1974. – *R. de Vaux*, Les Patriarches Hébreux et les découvertes modernes

(RB 53, 1946, 321–347; 55, 1948, 321–347; 56, 1949, 5–36 = dt. Die hebräischen Patriarchen und die modernen Entdeckungen, 1959). – *Ders.*, Les Patriarches Hébreux et l'Histoire (Studii Biblici Franciscani Liber annuus 13, 1962/63, 287–297 = Bible et Orient, Paris 1967, 175–185). – *Ders.*, Histoire Ancienne d'Israël, I, Paris 1971. – *Th. C. Vriezen*, La tradition de Jacob dans Osée XII (OTS 1, 1942, 64–78). – *L. Wächter*, Israel und Jeschurun (Festschr. A. Jepsen, AzTh I/46, 1971, 58–64). – *G. Wallis*, Die Geschichte der Jakob-Tradition (WZ Halle 13, 1964, 427–440) = Die Jakobtradition und Geschichte (Geschichte und Überlieferung, AzTh II/13, 1968, 13–44). – *Ders.*, Die Tradition von den drei Ahnvätern (ZAW 81, 1969, 18–40). – *H. Weidmann*, Die Patriarchen und ihre Religion im Licht der Forschung seit Julius Wellhausen (FRLANT 94), 1968. – *P. Weimar*, Aufbau und Struktur der priesterschriftlichen Jakobsgeschichte (ZAW 86, 1974, 174–203). – *H. Wuthnow*, Die semitischen Menschennamen in griechischen Inschriften und Papyri des vorderen Orients (Studien zur Epigraphik und Papyruskunde I, 4), 1930. – *S. Yeivin*, YA'QOB'EL (JEA 45, 1959, 16–18). – Weitere Lit. → אברהם *'aḇrāhām*, → ישראל *jiśrā'el*.

I. 1. Der Jakob-Name kommt im AT nach Lisowsky-Rost 349mal, nach Mandelkern 345mal vor. Außerdem verzeichnet Kuhn 9 Belege im Schrifttum von Qumran und Stark (PNPI 26) 3 weitere Belege von *j'qwb* in palmyr. Texten. Wie letztere Bezeugungen als jüdischer männlicher Eigenname gedeutet werden (PNPI 91), so ist auch das 1 Chr 4, 36 belegte *ja'ᵃqoḇāh* der um *-āh* verlängerte Eigenname (Noth, IPN 38) eines Simeoniten, wie denn in der jüdischen Diaspora und seit „der letzten Zeit des Tempels in Gelehrtenkreisen Palästinas der Name Jakob häufiger … und im 1. Jh. n. Chr. außerhalb des Gelehrtentums nicht selten" ist (Hölscher 152f.). Desgleichen begegnet der Personenname in der Form Ἰακώβ im NT für den Sohn Isaaks (Mt 1, 2; Lk 3, 34; Joh 4, 5f. u. ö.) und den Vater Josephs (Mt 1, 15f.; Lk 3, 23) und in der gräzisierten Form Ἰάκωβος für den Sohn des Zebedäus (Mt 4, 21 u. ö.), den Sohn des Alphäus (Mt 10, 3 u. ö.), den Sohn der Maria (Mt 27, 56 u. ö.) und für andere Personen (Bauer, ⁵1958, 725–727). In mannigfaltigen Abwandlungen findet sich unser Name auch in griech. Inschriften und Papyri (Wuthnow 55f. 159). Die anderen at.lichen Stellen meinen entweder den Erzvater Jakob oder das von diesem genealogisch hergeleitete Volk Israel bzw. einen Teil von ihm. Auch wenn es mitunter schwer oder gar nicht zu entscheiden ist, ob diese oder jene Bedeutung vorliegt, so bezieht sich doch die Mehrzahl der Belege auf den Erzvater. Denn im AT ist 208mal und in der Qumran-Literatur 5mal eindeutig das Individuum Jakob gemeint. Insgesamt läßt sich eine Häufung der Belege beobachten in Gen 180/178 (Individuum), Deut 11/7, Proto-Jes 15/0, DtJes 23/0, TrJes 4/1, Jer 16/0, Hos 3/2, Am 6/0, Ob 3/0, Mi 11/0, Mal 4/0, Ps 34/1 und Kl 3/0, während in den Büchern Ri, Jo, Hab, Zeph, Hag, Sach, Hi, Spr, Pred, HL, Ruth, Esr und Neh Jakob nicht erscheint.

2. Der Name Jakob wird in der at.lichen Überliefe-

rung ausschließlich volksetymologisch gedeutet. Gen 25, 26a, von Eißfeldt (Hexateuchsynopse, 44*) der Quelle L, von M. Noth (ÜPt 30) u.a. aber dem J zugewiesen, verbindet den Namen Jakob mit *ʿæqæb̲* 'Ferse', weil Jakob bei seiner Geburt die Ferse Esaus festhielt. Die Erzählung von der Segnung der beiden Söhne Esau und Jakob durch ihren fast erblindeten Vater Isaak läßt den um seinen Erstgeburtssegen geprellten Esau sprechen: „Mit Recht hat man ihn Jakob genannt, hat er mich doch zum zweitenmal betrogen (*ʿāqab̲*): Mein Erstgeburtsrecht hat er genommen, und nun hat er mir auch meinen Segen genommen" (Gen 27, 36: J). Wie die Handlungsweise Jakobs hier wohl ganz positiv verstanden, also als Grund zur Freude Israels über Edom interpretiert wird, so ist diese Volksetymologie noch einmal Hos 12, 4 belegt, dort aber auf die beiden Gen-Überlieferungen bezogen und eindeutig negativ gewertet: Der Umstand, daß Jakob u.a. „im Mutterschoß seinen Bruder betrog (*ʿāqab̲*)", gereicht dem Propheten zur Begründung einer Gerichtsandrohung. Schließlich kann man auch in Jer 9, 3: „Jeder betrügt den anderen" (*kŏl-ʾāḥ ʿāqôb̲ jaʿqob̲*) eine Anspielung auf den Jakob-Namen und auf dessen Deutung als „Betrüger" sehen, wie denn Rudolph (HAT I/12³, 64) im Anschluß an Erbt diesen Vers geradezu übersetzt: „jeder Bruder übt Jakobstrug". Daß der Name Jakob im AT ausschließlich mit der Wurzel *ʿqb* in ihrer Bedeutung als Nomen 'Ferse' und als Verb 'betrügen' (dazu vgl. auch ug. *ʿqb*; Gordon, UT Nr. 1907; WUS Nr. 2086) verbunden wird, bestimmt die Überlegungen von Ackroyd hinsichtlich des Gehalts von *ʿqb*: wörtlich heiße es „to overtake, to supplant", und bildlich bedeute es „to deceive". Immerhin ist auffällig, so stellt Ackroyd fest, daß weder Hosea noch die Pentateuch-Überlieferung etwas von der eigentlichen und heute allgemein angenommenen Bedeutung des Namens Jakob wußten.

Denn dieser Auffassung nach ist der Name ein Hypokoristikon eines ursprünglich theophoren Namens. Er gehört zu dem Typus, der aus einem Gottesnamen und dem Imperf. eines Verbs gebildeten Satznamen, dessen Langform Jakob-El lautete. Sie ist im AT allerdings nicht belegt.

Mit Hilfe einer Textkonjektur will D. N. Freedman die Vollform des Namens in Deut 33, 28 wiederfinden: „Israel wohnt sicher, für sich ‚wohnt' (*ʿān* statt *ʿên*) Jakob-‚El' (*ʾēl* statt *ʾæl* sowie Versetzung des Worts in diesen Stichos): (Er besitzt) ein Land von Korn und Most, sogar sein Himmel tropft von Tau."

Außerhalb des AT jedoch gibt es eine stattliche Anzahl von Bezeugungen unseres Namens (vgl. schon Greßmann 6–9; jetzt vorab Rowley 290f.; Gibson 51; de Vaux, Histoire, 186. 192f.; Huffmon, APNM, 203f.; dort die Belege). Im obermesopotamischen Ašnakkum (Chagar Bazar) ist die Namensform *Ia-aḫ-qú-ub-El* in Texten aus dem 18. Jh. v. Chr. bezeugt. In Texten von Kish findet sich der Name in der Form *Ia-aḫ-qú-ub-El* und *Ia-qú-ub-El*. In der Form *Ia-qú-ub-El* kommt der Name unter den Funden von Tell Ḫarmal vor. Texte der 1. Dynastie von Babylon enthalten den Namen *Ia-qu-úb-El* und sogar die Kurzform *Ia-qú-bi*. Auf äg. Skarabäen der Hyksos-Zeit steht *Iaʿqob-ʾr* und *Iaʿqob-hr*, wohl Jakob-El zu lesen (anders Albright, Yahwe, 50 Anm. 10. 133 Anm. 1). Und Listen Thutmosis III., Ramses II. und III. führen einen palästinischen Ortsnamen *Iaʿqob-El* auf. Aus dieser Übersicht geht hervor, daß Jakob von Hause aus ein männlicher Personenname ist, daß er die Kurzform von Jakob-El darstellt und daß dieser Name bei den Aramäern bekannt, bei den Kanaanäern und Phöniziern aber eine Ausnahme war (de Vaux, 1959, 4). Seiner Bildung nach gehört unser Name „zu einem in der zweistromländisch-‚westsemitischen' Namengebung besonders häufigen Typ" (Noth, ABLAK II, 225), ja er ist ein „simple(r) Personenname wie Hinz und Kunz" (Greßmann 9). Und da die Wurzel *ʿqb* in einer ganzen Reihe solcher Namen (vgl. *Aqbi-il*, *(Ḫ)aqba-aḫum*, *(Ḫ)aqba-ḫammu*), aber auch in den äg. Sklavennamen *ʿqbʾ* und *ʿqbtw* (Albright, JAOS 1954, 231), in dem aram. Namen *ʿaqûbaʾ* (KAI 241, 1) und in einigen Keilschriftnamen aus Ugarit (*abdi-ia-qub-bu*, *ia-qub-baʿal*, *ia-qub-bi-nu*, *ia-qub-ia-nu;* vgl. PRU III, 241. 261, sowie F. Gröndahl, PNU 111f. 317. 337) begegnet, wird man in der Tat mit M. Noth sagen dürfen, daß „der Name Jakob ... geradezu ein typisch zweistromländisch-‚westsemitischer' Name ist" (ABLAK II, 225).

Was die Deutung unseres Namens angeht, so darf mit Recht der Versuch, ihn als Gottesnamen zu verstehen (Meyer 282. 286f.), als endgültig gescheitert gelten, zumal der soeben zitierte Ugaritname *Abdi-iaqubbu* als „pseudotheophor" (PRU III, 261) angesprochen werden muß. Auch der Vorschlag von G. Jacob (dort die ältere Lit.!), unser Name sei mit Hilfe der Bezeichnung für den Berghahn *jaʿqûb* 'er folgt (sc. dem Berghuhn) nach' zu deuten, hat mit Recht keine Resonanz gefunden. Letztlich hat sich die Interpretation von Noth (IPN, 177f. 197) heute allgemein durchgesetzt. Er verweist auf die im Asarab., aber auch im Äth. vorkommende Wurzel *ʿqb* 'bewachen, beschützen' und übersetzt den Namen Jakob mit: „die Gottheit hat beschützt" (178) oder „(die Gottheit) möge schützen" (197). Ähnlich lauten die Übersetzungen von Gibson (51), Stamm (ThZ 35, 1979, 9), de Vaux (1959, 4; Histoire, 193), Herrmann (77 Anm. 36), Freedman (125) und Bright (78). Diese Deutung ist allerdings jüngst von Dietrich und Loretz in Frage gestellt worden (131); denn in einem ugar. Text begegnet die Wurzel *ʿqb* in der Bedeutung 'direkt folgen auf, nahe sein' (KTU 4.645, 1: Das Feld der Snr-Leute, das sich an [das Gebiet von] Ajlj anschließt), die noch im Amor. und Phön. nachzuweisen ist und die die postulierte Übersetzung des in einer phön. Inschrift vorkommenden Wortes *ʿqb* mit 'Fortsetzung' (KAI 37B, 1; Bd. II, 55) bestätigt. Unser Name wäre dann zu übersetzen „Er (El) ist nahe", was sehr ansprechend ist.

Hier muß sogleich eine weiterführende Überlegung angeschlossen werden. Nach der at.lichen Überlieferung besteht zwischen den Namen Jakob und Israel insoweit ein Unterschied, als der erste als „neutraler“ Name (so mehrfach Eißfeldt, zuletzt KlSchr V, 74) feierlich durch den theophoren, El-haltigen Namen Israel ersetzt wird. Dem stünde aber die Namensform Jakob-El ernstlich im Wege, ganz gleich ob man das El appellativisch oder als Eigennamen versteht, weil sie einen sich eben formal und inhaltlich vom Namen Israel überhaupt nicht abhebenden Namen bietet. Und wenn, wie es bei Israel nie bezweifelt wird, El der Eigenname der bekannten kanaanäischen Gottheit ist, dann ergeben sich weitere Spannungen mit dem herkömmlichen Verständnis des vorpalästinischen Vätergottglaubens. Folgende Möglichkeiten wären zu erwägen: 1) Die Halbnomaden lernten El nicht erst im Kulturland kennen, sondern nannten bereits ihren Vätergott so (vgl. zuletzt W. H. Schmidt 25ff.). 2) Der Name Jakob, von Hause aus zwar theophor, hatte in seiner Kurzform längst diese religiöse Bedeutung verloren und war zur at.lichen Zeit nur mehr ein ganz neutraler Personenname. Diese zuletzt genannte Möglichkeit läßt sich am ehesten mit der at.lichen Überlieferung verbinden.

II. Die Deutung des Namens Jakob als eines gängigen männlichen Personennamens ist gewiß nicht ohne Einfluß auf die Interpretation der at.lichen Jakob-Überlieferungen gewesen.

1. Wie schon bei der Grobübersicht ermittelt, liegt ihr Schwerpunkt in der Gen. In ihr bzw. in einem Teil von ihr ist die Gestalt Jakobs geradezu thematisiert: Gen 27–36 oder auch Gen 25, 19 – 35, 22. Ihre literarkritische Scheidung in die Quellenschriften J, E und P, also die neuere Urkundenhypothese, ist heute weithin Allgemeingut der at.lichen Wissenschaft, ohne damit die der sog. neuesten Urkundenhypothese zugrundeliegenden Beobachtungen als unzutreffend zu bezeichnen. Das aber besagt, daß wir grundsätzlich mit einem jahwistischen, einem elohistischen und sogar mit einem priesterschriftlichen Jakob-Bild rechnen müssen, von der Möglichkeit eines entsprechenden dtr. Bildes ganz zu schweigen. Dabei kommt dem J im Rahmen dieser Überlegungen deshalb besondere Bedeutung zu, weil er, soviel wir wissen, der erste in der Geschichte gewesen ist, der eine zusammenhängende schriftliche Darstellung der Erzväterüberlieferungen, also auch der Jakob-Überlieferung, geschaffen hat (vgl. zuletzt L. Schmidt). Daß J in seiner Joseph-Erzählung den Vater der Brüder Israel und nicht Jakob nennt (37, 3. 13; 43, 6. 8. 11 u. ö.), mag seinen Grund vielleicht darin haben, daß für J im Zuge seiner Erzählung bereits aus dem Erzvater das Volk Israel hervorzugehen beginnt (vgl. H. Donner, Die literarische Gestalt der at.lichen Josephsgeschichte, 1976, 39; auch Jepsen 277).

Die Fragen nach Umfang und Gehalt der Eigenleistung des J indes können nur zögernd beantwortet werden, weil die Texte oftmals eindeutige Antworten nicht gestatten. Während man mit hoher Wahrscheinlichkeit annehmen kann, daß die Jahweisierung der Vätergottheiten auf J zurückgeht, weil ihm gerade darin E und P nicht folgen, und man wohl auch mit einiger Wahrscheinlichkeit die Israelitisierung der Überlieferungen von ihm wird herleiten können, weil ihr im Raum der politischen Geschichte die erstmalige Zusammenfassung aller „israelitischen“ Stämme im Großreich Davids korrespondiert (vgl. besonders Wallis, ZAW 81, 20ff., der spezielle Eigentümlichkeiten vom älteren J, von J und E hinsichtlich der Jakob-Esau-Überlieferung herausarbeitet), und man demzufolge vielleicht auch die genealogische Verknüpfung der Vätergestalten zu Großvater, Vater und Sohn dem J zutrauen darf, ist die Frage danach, ob J die Väter- und die Auszugs-Landnahmetradition miteinander verknüpft oder beide schon verbunden vorgefunden hat, umstritten. Nicht zuletzt wird auch die Frage nach der „Tendenz“ des J, seiner Gesamtthematik oder seinem Kerygma unterschiedlich beantwortet.

Was die Frage nach der Verknüpfung der beiden genannten Traditionen angeht, so hat vor allem von Rad (ThAT I[6], 182ff.; Das formgeschichtliche Problem des Hexateuch, 1938, 54f. = Ges. Stud., 67f.; vgl. Weidmann 148) J als den Schöpfer dieser Verbindung angesehen, während Wolff (Das Kerygma des Jahwisten [EvTh 24, 1964, 1–17 = Ges. Stud., 345–373], 347) und wohl auch Smend (Jahwekrieg und Stämmebund, FRLANT 84, [2]1966, 83) im Anschluß an Noth (ÜPt 42ff.) diese Verknüpfung bereits der vorjahwistischen Tradition zuweisen. Darin wird man den zuletzt Genannten zustimmen müssen, daß zum traditionsgeschichtlichen Urgestein der Vätererzählungen das Landnahmemotiv gehört hat (Noth, ÜPt 58ff., jüngst de Pury), ist doch, wie Alt (KlSchr I, 65f.) gezeigt hat, das Landverheißungs- und -erfüllungselement fester Bestandteil des Vätergottglaubens gewesen. Aber auf dieser frühen überlieferungsgeschichtlichen Stufe lagen beide Themen sehr nahe beieinander, betrafen sie doch den jeweiligen Erzvater. Die jetzige Gestaltung des J indes, und darin wird man von Rad folgen dürfen, weist nicht nur die eben in der Davids-Zeit und somit der Zeit des J am besten verstehbare und deshalb von J herzuleitende genealogische Verbindung der Erzväter, sondern auch die erst mit dem Abschluß des bis in die Frühzeit Davids dauernden Landnahmeprozesses ganz Israels gegebene Erfüllung der Erzväterverheißungen auf. Folglich ist es wahrscheinlicher, daß J diese Verbindung geschaffen als sie vorgefunden hat (vgl. Mitchell), was allerdings nicht bedeutet, daß er auch die Exodus- und Landnahmeüberlieferung verkoppelt hat.

Nicht so leicht ist es, eine Antwort auf die Frage nach der Tendenz des J zu geben, soweit diese die Jakob-Überlieferung betrifft. Nach von Rad (ThAT I[6], 185f.) ist die Aussage des J darin zu fassen, daß er der Jakob-Erzählung das Geburtsorakel (Gen 25, 23) voranstellt sowie ihr die wuchtige Bethel- und Penuel-Erzählung (Gen 28; 32) einfügt und schließlich Jakob selbst das Gebet von Gen 32, 9–12 in den Mund legt. Damit bekommt die Jakob-Erzählung nach J folgenden Sinn: „Gott hat es mit Jakob zu tun; er soll der Ahnherr des Gottesvolkes werden, und deshalb will er ihn führen, wohin immer er geht." Davon, daß „der Glaube an die göttliche Führung Jakobs" das Werk des J sei, spricht auch Jepsen (279–281). Doch ob das wirklich das Spezifische für J ist, muß angesichts der Tatsache, daß sowohl das Geburtsorakel (Gen 25, 23) als auch der Isaak-Segen (Gen 27, 27 ff.) nichtjahwistische, vielleicht sogar vorjahwistische Stücke sind, beide aber die Identifizierung von Jakob mit dem Volk Israel und Esau mit dem der Edomiter voraussetzen (anders Wolff 349 Anm. 20; vgl. auch Maag), gefragt werden. Daß J durch Aufnahme dieser Stücke auch deren Aussage übernimmt und sich zu eigen macht, ist unbestritten. Fraglich ist nur, ob J nichts darüber Hinausgehendes, Eigenständiges sagen will.

Wolff hat auf Grund von Gen 12, 1–4 das Stichwort „Segen" als typisch jahwistisches „Deutewort der großen Geschichte Israels von Abrahams Aufbruch bis zum Davidischen Großreich" (356) herausgestellt. Zwar ist auch dieses Wort in der Tradition vorgegeben und sowohl mit Jakob (Gen 27, 29) als auch mit Israel (Num 24, 9) bereits verbunden gewesen, und – wenn Jepsen Recht hat – war das eigentliche Thema der vorjahwistischen Jakob-Tradition „der Kampf um den Segen der Gottheit" (274), aber die in Gen 12 vorliegende bewußte Abwandlung des Wortes und seine Ausrichtung auf den Schlußsatz „Segnen können sich mit dir alle Geschlechter der Erde" sind das Werk des J. Für die Jakob-Überlieferung bedeutet das (Wolff 364 f.), daß J durch die genealogische Verknüpfung Jakobs (und Esaus) mit Isaak den Fortgang des Segens in eine weitere Generation verfolgen kann (Gen 27). Als Spannungselement gehört dazu die Möglichkeit, den Segen zu verspielen (Gen 25; 27). Weiter ist für ihn, weil sich Gen 28, 14 deutlich auf Gen 12, 3 bezieht und somit eindeutig von J ist, die Ausbreitung Jakobs in alle Winde die Realisierung des Segens. Und schließlich verweist Wolff auf Gen 30, 27. 31, wo vom Segen Jakobs in Form großer Herden und von der davon ausgehenden Segnung des Aramäers Laban die Rede ist. Daß am Ende dieser Erzählungen der Friedensschluß zwischen Jakob und Laban steht, wird ebenfalls auf J zurückgeführt, dem es nach Wolff um friedliche Verständigung Israels mit seinen Nachbarn, ja sogar um „Wirtschaftshilfe nach dem Modell Jakobs" (365) zu tun ist. Wenn auch diese Formulierungen allzu modern anmuten, so hat doch Wolff mit dem Stichwort „Segen" in der Tat auf ein, wenn nicht sogar das wichtigste Leitwort des J hingewiesen (vgl. zu den Pentateuchquellen auch Rost 347–350). Für ihn ist demnach Jakob der Inbegriff des glücklichen, weil reich gesegneten, in der Welt einzigartig dastehenden Israel (vgl. dazu auch Coppens, VTS 4, 1957, 97–115).

Darüber hinaus verweist Fohrer (Einleitung 165) darauf, daß J in den Vätererzählungen das Verhältnis von Gott und Mensch darstellen und einerseits aussagen wolle, daß Gott den sündigen Menschen nicht verläßt, ihm weiterhin nahe ist, mit ihm redet und ihn gnädig führt, und andererseits zeigen will, wie die richtige Entscheidung dieses Menschen vor Gott auszusehen habe, daß er ein Glaubender wie Abraham, ein geduldig Hinnehmender wie Isaak, ein Hoffender und Harrender wie Jakob und ein Demütiger wie Joseph sein möge (vgl. auch Kaiser, Einleitung^4, 89–93). Ob diese theologisch tief schürfenden Aussagen wirklich die des J sind, wird man fragen müssen, auch wenn es richtig ist, daß alle übergreifenden, den Gesamtkomplex der Jakob- oder gar der Erzväter-Erzählungen betreffenden Züge mit hoher Wahrscheinlichkeit Interpretamente des J sind. Er hat nicht nur die Erzväter genealogisch miteinander verbunden und sie somit unter die Gesamtthematik „Segensverheißung, Segenserfüllung (vielleicht auch Segensvermittlung)" gestellt, sondern er hat auch die jeweilige Erzvatergestalt thematisch bewußt gestaltet und dabei an Jakob besonders die Zielstrebigkeit und Hartnäckigkeit des Handelns, das zum glänzenden Erfolg führt, sowie seine auf Gottes Beistand vertrauende Haltung, die ihn den Segen nicht verspielen läßt, hervorgehoben. Freude, Genugtuung, ja ein gewisser Stolz strahlen aus dem Jakob-Bild des J.

Bei E erscheint entsprechend der Thematik des Gesamtwerkes die Jakob-Überlieferung theologisch durch das Stilmittel des Gelübdes gerahmt (Richter) und die Jakob-Gestalt selbst ethisch-sittlich verfeinert. So wird der Reichtum Jakobs nicht mehr auf dessen Hirtentricks wie bei J (Gen 30, 25–43), sondern auf göttliches Eingreifen (Gen 31, 2–12) zurückgeführt. Ähnliche Anschauungen, daß nämlich der Kindersegen (Gen 33, 5) oder die große Habe (Gen 33, 11) von Gott gegeben sei, äußert E, wie denn immer wieder eine gewisse Theologisierung der profanen Stoffe durch E zu beobachten ist (vgl. Gen 31, 50 mit Gen 31, 48 sowie Gen 30, 5. 8. 18. 20. 23 und von Rad, ATD 2/4^{10}, 12).

Einen letzten Schritt in der Interpretation der Jakob-Gestalt geht P. Insgesamt ist die von ihm aufgenommene Überlieferung erheblich geschrumpft. Weithin besteht seine Vätergeschichte nur mehr aus listenartigen Aufzählungen und kurzen Notizen. Aus diesen ein Jakob-Bild des P zu gestalten, ist nicht möglich, zumal W. Gross darauf hinwies, daß Jakob für P lediglich eine zwischen dem Abraham-Bund und dem Volk Israel stehende Zwischenphase darstellt. Nur in Gen 27, 46 – 28, 9 wird P breiter (vgl. C. Houtman, What did Jacob see in his dream at Bethel?, VT 27, 1977, 337–351). Er erzählt die feierliche Aussendung Jakobs nach Aram zum Zwecke der Heirat einer legitimen Frau. Aus der Flucht Jakobs bei J ist bei P die Aussendung geworden. Der Prozeß „der Ausreinigung der alten Tradition von allem Anstößigen" (von Rad, ATD 2/4[10], 227) geht auch bei P weiter. Ebenfalls ist das Verhältnis Esaus und Jakobs harmonischer dargestellt. Und schließlich ist für P der Erzvater bedeutsam als Gewährsmann in den Auseinandersetzungen seiner eigenen Zeit in der Mischehenfrage. Außerhalb der Gen verweist P auf den Bund mit Abraham, Isaak und Jakob (Ex 2, 24) bzw. auf den durch Erhebung der Hand gegenüber den drei Erzvätern ausgedrückten Schwur, ihnen das Land zu geben (Ex 6, 8). Ob man mit Weimar (202) sagen kann: „Neben Abraham als dem Mann des Bundes wird Jakob als der Mann des Segens gestellt", muß fraglich bleiben.

2. Wenden wir uns dem Problem der Deutung der Jakob-Gestalt in der mündlichen Überlieferung zu, so haben wir uns mit zwei Problemen zu befassen. Das erste ist die Frage, ob die Gestalt Jakobs eine Einzelperson oder eine als Stamm oder dgl. zu verstehende Menschengemeinschaft ist. Das zweite Problem betrifft die Umnennung Jakobs zu Israel.

Daß die Jakob-Gestalt eine menschliche und keine göttliche Größe darstellt, ist, nicht zuletzt dank der etymologischen Deutung des Namens, heute allgemein anerkannt. Das bedeutet, daß man Jakob den anderen Trägern jenes Namens gleichstellen und ihn als Individuum ansprechen müßte (de Vaux, 1959, 5f.; Albright, Yahweh, 56, u.a.). Zu dem gleichen Ergebnis führten auch die Überlegungen über Gestalt und Inhalt der Väterreligion durch Alt. Wenn der jeweilige Erzvater „Offenbarungsempfänger und Kultstifter" ist, dann muß er ein menschliches Individuum gewesen sein (Alt, KlSchr I, 47f.). Und es wäre sogar legitim, mit Gunkel (351–359) weiter in die mündliche Überlieferung zurückzufragen und Jakob im Hinblick auf Gen 25, 27, wo er als gesitteter Mann und Zeltbewohner beschrieben wird, als den Hirten, Esau als den Jäger (zuletzt Noth, ÜPt, 104–108, und Maag 423ff.), folglich die Jakob-Esau-Erzählungen als sog. Standesmärchen zu interpretieren und sogar ihren geschichtlichen Wert in Frage zu stellen (schon Greßmann; jetzt Thompson). Alle diejenigen, die die Jakob-Gestalt so oder ähnlich verstehen, sehen sich deshalb genötigt, zu der Frage Stellung zu nehmen, wie die Sagenfigur Jakob zum Ahnherren des geschichtlichen Volkes Israel hat werden können. Für Gunkel (362) ist das auf der jüngsten Stufe der Überlieferung geschehen; denn das Stammesgeschichtliche sei gegenüber dem Märchenhaften sekundär (341). Albright (Yahweh, 56) meint, mit den Erzvätererzählungen seien z.T. sogar sehr alte ethnische Traditionen vermischt worden.

Daneben behauptet sich aber auch noch heute die einst von Steuernagel inaugurierte, im einzelnen jedoch erheblich modifizierte stammesgeschichtliche Deutung der Erzväter. Ohne auf die zusätzlichen Probleme, die mit Abraham und Isaak hinsichtlich dieser These gegeben sind, einzugehen, besagt sie, daß sich hinter der Figur Jakobs – zumindest in den Gen-Erzählungen – eine Gruppe verbirgt, man also eigentlich von dem Jakob-Stamm (Eißfeldt, Genesis, 61; KlSchr V, 74), den Jakob-Leuten (Mowinckel 132; Gunneweg 18f.), der proto-israelitischen Gruppe Jakob (Wallis, 1968, 17) oder dgl. reden müßte (ähnlich auch de Vaux, Histoire, 253; Seebass, EvTh 37, 212). Für diese Deutung spricht, daß zumindest in den uns vorliegenden Quellen Jakob eher eine auf halbnomadischer Stufe stehende Gruppe, die seßhaft zu werden anstrebt, darstellt als eine wandernde Einzelperson. Darauf führt auch die Beobachtung, daß im Unterschied zum Namen Abraham, der nie für das Volk gebraucht wird, und zum Namen Isaak, der nur Am 7, 9. 16 als Parallelbegriff für Israel erscheint, der Jakob-Name, wie wir oben sahen, eine stehende Parallelbezeichnung für Israel ist. Und da auch sonst im AT zu beobachten ist, daß Gemeinschaften personifiziert werden, stehen doch die Söhne Jakobs für die gleichnamigen israelitischen Stämme, wird man wohl auch Jakob als Repräsentanten einer Gruppe ansehen dürfen. Daß in dieser Gruppe noch die Erinnerung wach war, ihr Urvater habe einst als Offenbarungsempfänger fungiert, soll damit nicht bestritten werden, auch wenn weitere Aussagen darüber kaum gemacht werden können, weil sie jenseits des Horizonts der jetzigen Gen-Erzählungen, die es vorab mit dem Aufenthalt der Erzväter in Kanaan zu tun haben, liegen.

3. Wie wir demnach Jakob als die Jakob-Leute interpretieren und diese von den späteren 12 Jakob-Söhnen abheben müssen, so könnte man auch, damit die Frage nach dem Verhältnis von Jakob zu Israel innerhalb der Pentateuch-Überlieferung aufnehmend, Israel als eine ursprünglich eigenständige, mit Jakob dann verschmolzene Menschengruppe interpretieren. Daß Jakob und Israel ursprünglich „zwei Sagengestalten" gewesen seien, meinte schon Jacob (18). Auch Mowinckel (132) sah in ihnen zwei ursprünglich selbständige Größen der Überlieferung, die die Geschichte zweier Gruppen widerspiegeln. Seebass schließlich bemühte sich, die Eigenständigkeit des besonders mit Sichem verbundenen Erzvaters Israel zu beweisen (Israel, 1966; EvTh 37, 212f.). Ohne auf die Fragen und Probleme, die mit dem Namen Israel gegeben sind, einzugehen, sei doch soviel gesagt, daß die Umnennung Jakobs zu Israel nach Gen 32, 23–33 (vgl. Eißfeldt, Non dimittam te, nisi benedixeris mihi [Mélanges Bibliques, Festschr. A. Robert, Brüssel 1957, 77–81 = KlSchr III, 412–416]; F. van Trigt, La signification de la lutte de Jacob près du Yabboq Gen 32, 23–33 [OTS 12, 1958, 280–309]; G. McKenzie, Jacob at Peniel [CBQ 25, 1963, 71–76]; R. Barthes, La lutte avec l'ange: Analyse textuelle de Genèse 32, 23–33, in: R. Barthes u.a., Analyse structurale et exegèse biblique, Neuchâtel 1971, 27–39; K. Elliger, Der Jakobskampf am Jabbok [ZThK 48, 1951, 1–31 = ThB 32, 1966, 141–173]; H. J. Hermisson, Jakobs Kampf am Jabbok [ZThK 71, 1974, 239–261]; G. Hentschel, Jakobs Kampf am Jabbok – eine genuin-israelitische Tradition? [Erfurter ThSt 37, 1977, 13–37]; A. de Pury, Jakob am Jabbok [ThZ 35, 1979, 18–34]) an

der Schwelle des kanaanäischen Kulturlandes und bei der somit erstmaligen Begegnung Jakobs mit dem Gott El geschieht und nach Gen 33, 18–20 zur feierlichen Einführung der El-Verehrung in dieser nunmehr Israel heißenden Gruppe führt, wird doch der daraufhin bei Sichem errichtete Altar mit dem Bekenntnisnamen „El ist der Elohim Israels" belegt (so Eißfeldt, KlSchr III, 412–416; IV, 96–98; V, 73–74; zu Gen 33, 20 vgl. auch M. H. Pope, El in the Ugaritic Texts, VTS 2, 1955, 15; I. Mihalik, Some Thoughts on the Name of Israel [Theol. Soundings, New Orleans 1973, 11–19], 15). Das besagt, daß man in „Israel" eine mit religiöser Weihe behaftete neue Bezeichnung für die nunmehr die El-Gottheit verehrende Jakobgruppe wird sehen dürfen, nicht aber eine ursprünglich von den Jakob-Leuten unabhängige eigenständige, dann mit dieser verschmolzene Stammesgruppe.

Die nächste Frage in diesem Zusammenhang ist die, ob noch genauer auszumachen ist, wer zur Größe Jakob einst gehörte. Denn der Umstand, daß die Überlieferung Jakob als den Vater von zwölf Söhnen, die die Einheit Israels verkörpern, kennt, will doch so verstanden sein, daß in der Größe Israel die Größe Jakob enthalten ist, daß aber Jakob und die zwölf Söhne, d. h. Israel, nicht identisch sind. Diese Identität beider Größen begegnet uns zwar in Gen 25, 23; 27, 29. 40, wo Jakob das Volk Israel und Esau das der Edomiter bedeutet; aber diese Völkersprüche gehören einer jüngeren Überlieferungsstufe an (vgl. dazu Zobel, Israel und die Völker [Habil.-Schrift Halle, 1967]). Daß beide Sprüche oder doch zumindest die genannten Verse im Rahmen der Jakob-Esau-Erzählungen anachronistisch sind, erhellt daraus, daß sonst zwischen Jakob und seinen eben dieses Israel repräsentierenden Söhnen deutlich unterschieden wird (vgl. auch die umständlichen Formulierungen in 1 Kön 18, 31; 2 Kön 17, 34), sowohl hinsichtlich der äußeren Lebensumstände und der politischen Gegebenheiten als auch des Gottesglaubens. Was die Lebensumstände betrifft, so wird uns Jakob als Zeltbewohner (Gen 25, 27; 32, 33; 33, 18 u. ö.) und als erfolgreicher Hirt geschildert (Gen 29, 1 ff.; 30, 25 ff. u. ö.); als solcher lebt er auch in Kanaan. Die Söhne Jakobs hingegen gehen im Zuge ihrer Landnahme zum Ackerbau über, wie denn der das Volk meinende Jakob in Gen 27, 27–29 auch als Ackerbauer dargestellt wird. So richtig es ist, daß der Weidewechsel nicht nur das Eindringen der Erzväter nach Kanaan, sondern auch die Landnahme der israelitischen Stämme, ja sogar den Übertritt israelitischer Gruppen nach Ägypten zu erklären vermag und somit darauf hinweist, daß diese drei Geschehniszusammenhänge, so deutlich sie in der at.lichen Überlieferung zeitlich voneinander abgehoben werden, doch allesamt zu dem gleichen, allerdings zeitlich wohl erheblich weiter ausladenden Phänomen der Landnahme „Israels" gehören, so darf doch der Unterschied nicht verwischt werden, daß die Erzväter und auch Jakob um ein friedliches Auskommen mit den Kanaanäern bemüht waren, sie als die Herren des Landes anerkannten, von denen eben auch Jakob ein Grundstück bei Sichem käuflich erwirbt (Gen 33, 19), die spätere eigentliche Landnahme uns in der at.lichen Überlieferung aber als ein kriegerischer Vorgang geschildert wird, worin sich zumindest der herrische Anspruch der Israeliten auf das eigentlich ihnen gehörende Land Kanaan ausdrückt. Und auch im Gottesglauben ist der Unterschied, daß die Erzväter mit ihnen eben auch Jakob El als ihren Gott verehren und daß darüber hinaus noch in Gen 31, 53 der *paḥad* Isaaks erwähnt wird, bei dem Jakob schwört, und in Gen 49, 24 ein *'aḇîr* Jakobs begegnet, für die späteren Israeliten aber JHWH der Gott schlechthin ist. Aus alledem ergibt sich mit Notwendigkeit, daß Jakob nicht gleich Israel ist, die Jakob-Leute also nicht die Söhne Israels sind. Soweit kann noch einigermaßen stichhaltig argumentiert werden.

Fragt man indes weiter, wer nun die Jakob-Leute gewesen seien bzw. in welchen uns bekannten Größen Jakob aufgegangen ist, so bleibt wohl jede Antwort darauf hypothetisch. Der Umstand, daß die Abraham-Überlieferung in Hebron, die Isaak-Überlieferung in Beerseba und die Jakob-Überlieferung in Mittelpalästina und im Ostjordanland haftet, daß sich also die Überlieferungen geographisch nicht überlappen, sondern im großen und ganzen das spätere Wohngebiet Israels abdecken, begründet die Vermutung, Jakob mit solchen israelitischen Gruppen, die eben um Sichem und Bethel sowie um Mahanaim und Penuel herum wohnten, in Verbindung zu bringen. Das aber sind in historisch greifbarer Zeit die Stämme Ephraim und Manasse, vielleicht auch Benjamin, sowie in Gilead der Stamm Gad. Deshalb bestimmt Noth (ÜPt 118–120) im Anschluß an Alt das „Haus Joseph" als den Träger der Jakob-Überlieferungen, was zusammen mit dem Umstand, daß Abraham und Isaak nach Süd-Juda und in den Negeb gehören, zur Folge hat, daß für Juda selbst ein eigener Erzvater fehlt (ebenso W. H. Schmidt 23). Indes wird mit einiger Wahrscheinlichkeit das „Haus Joseph" der Träger der Exodus-Landnahmetraditionen gewesen sein, wodurch eine Identifizierung mit Jakob unwahrscheinlich wird. Da sich nach Gen 34 einst, und d. h. doch vor der Landnahme des „Hauses Joseph", Simeon und Levi im Raum Sichems aufhielten, wird das „Haus Joseph" als ursprünglicher Träger der Jakob-Überlieferung völlig unwahrscheinlich. Stattdessen treten die eben genannten Stämme in den Bereich des Möglichen. Da die Geburtserzählung beide Söhne der Lea zuweist und somit von den Rahel-Söhnen Joseph und Benjamin abhebt, könnte man auch an die anderen Lea-Kinder Ruben, Juda, Issachar und Sebulon denken (Eißfeldt, CAH 316 f.; KlSchr IV, 170–175; Jepsen 274. 276; anders Mowinckel 129 ff.). Erwägenswert wird diese Hypothese durch den Hinweis, daß außer der Simeon und Levi betreffenden Sonderüberlieferung Gen 34 noch von Ruben (Gen 35, 21–22) und Juda (Gen 38) Stämmeüberlieferungen in die Jakob-Erzählung eingefügt worden sind, was darauf hinweisen könnte, daß diese Überlieferungen in die Erzväterzeit gehörende, auf alle Fälle ältere Geschehnisse zum Gegenstand haben, als die die anderen israelitischen Stämme betreffenden Überlieferungen. Und was Issachar anlangt, so ist von Alt (KlSchr I, 165–168) unter Hinweis auf einige Amarna-Briefe wahrscheinlich gemacht worden, daß dieser Stamm viel eher, vielleicht schon im 14. Jh. v. Chr., in der Jesreel-Ebene siedeln konnte. Diese Erkenntnis wird man auch auf die anderen Lea-Stämme anwenden dürfen. Hinsichtlich des Stammes Ruben wird der Umstand, daß er im genealogischen System als Erstgeborener gilt und jedenfalls in das Ostjordanland gehört, dahingehend zu deuten sein, daß Ruben ursprünglich im Raum von Gilead lebte und vielleicht sogar der Überlieferungsträger der Jakob-Tradition war, wie Jepsen (270–273) annimmt, war doch auch das Grab Jakobs einst im Ostjordanland lokalisiert gewesen (so Noth, ÜPt 96, Anm. 260). Und nicht zuletzt wird man darauf verweisen dürfen, daß diese altertümlichen Überlieferungen noch die halbnomadische Lebensweise jener Stämme durchschimmern lassen, wie es für die Jakob-Leute anzunehmen war. Gen 35, 21–22 redet vom Zelt-Aufschlagen und lokalisiert das Vergehen Rubens bei Migdal-Eder 'Herdenturm', was wohl im Ostjordanland zu suchen ist. Gen 34 setzt voraus, daß Simeon und Levi nicht ansässig sind (v. 10. 17), Herden besitzen (v. 5. 23) und als Beute aus Sichem Klein- und Großvieh sowie Esel (v. 28) mitnehmen. Wenn Gen 49, 6 von beiden sagt, sie hätten u. a. auch Stiere verstümmelt, so weist das ebenfalls auf eine Lebensweise hin, bei der man mit Stieren nichts anzufangen wußte. Schließlich schildert auch Gen 38 Juda als einen Schafzüchter.

III. 1. In den Gen-Erzählungen wird Jakob mit Sichem und Bethel (vgl. zur Übertragung der Tradition von Sichem nach Bethel Otto 165 ff.) im West- sowie mit Mahanaim und Penuel oder Peniel im Ostjordanland in Verbindung gebracht. Diese Verbundenheit wird gemäß unserer Überlieferung stets durch die Offenbarung der jeweiligen Gottheit ausgelöst. In Bethel ist es der El-Bethel, der Jakob erscheint und ihm die Zusage von Nachkommenschaft und Landbesitz gibt, woraufhin der Erzvater eine Mazzebe errichtet und diese Bethel nennt (Gen 28, 10–22) bzw. einen Altar baut und den Ort El-Bethel bezeichnet (Gen 35, 1–7). In Sichem errichtet Jakob einen Altar oder, wie es wohl besser heißen muß, eine Mazzebe und nennt sie *'el 'ælohê jiśrā'el* (Gen 33, 20). Nachdem Jakob von Elohim oder besser: von El gesegnet und in Israel umbenannt worden war, nannte er jene Stätte Penuel oder Peniel 'Angesicht Els' (Gen 32, 30). Daß auch hier Jakob El verehrte, darf mit Sicherheit angenommen werden. Und in bezug auf Mahanaim ist bei E von den 'Engeln Elohims' die Rede, und der Ortsname wird als 'Lager Elohims' gedeutet (Gen 32, 2–3), so daß man fragen kann, ob nicht hinter diesen Andeutungen eine Tradition von der Verehrung Els durch Jakob in Mahanaim steckt (vgl. C. Houtman, Jacob at Mahanaim [VT 28, 1978, 37–44]). Aus allen Angaben erhellt, daß Jakob bzw. die Jakob-Leute in Palästina, worauf Eißfeldt wiederholt hingewiesen hat (zuletzt Genesis, 63 f.; KlSchr V, 50–62), Verehrer des kanaanäischen Gottes El waren, sind doch die örtlichen El-Gottheiten Hypostasen des einen El. Mithin ist es dieser El gewesen, der dem Jakob die Zusage auf Nachkommenschaft und Landbesitz gemacht hat. Soweit sind die Dinge noch einigermaßen durchsichtig.

2. Problematisch wird es erst, wenn man versucht, das Verhältnis Els zum Gott der Väter oder zu den Göttern der Väter in unserer Überlieferung zu bestimmen. Wir verdanken Alt die in ihren Grundzügen auch heute noch gültige Beobachtung, daß zum jeweiligen Erzvater ein eigener Erzvatergott gehört hat, eben der Gott des Vaters (KlSchr I, 16 ff.). Einen Hinweis auf diesen Religionstyp findet Rost (353) gegen die Einwände Hoftijzers in Gen 31, 53 (E): Zwei Halbnomadengruppen, repräsentiert durch Jakob und Laban, vereinbaren die Abgrenzung ihres Weidegebiets und bekräftigen dieses Abkommen durch einen Schwur. Jakob ruft den Elohim Abrahams und Laban den Elohim Nahors zum Garanten des Vertrages an. Im gleichen Zusammenhang heißt es noch, daß Jakob „beim *paḥaḏ* seines Vaters Isaak" schwor. Daß das Wort *'āḇîw* 'seines Vaters' sekundärer Zuwachs ist, die Titulatur dieses Gottes von Hause aus *paḥaḏ jiṣḥāq* (zum *paḥaḏ jiṣḥaq* vgl. J. Becker, Gottesfurcht im AT [AnBibl 25, 1965, 177 ff.]; N. Krieger, Der Schrecken Isaaks [Jud 17, 1961, 193 ff.]; D. R. Hillers, *paḥad yiṣḥāq* [JBL 91, 1972, 90–92] → פחד) lautete, stellt v. 42 sicher und macht obendrein deutlich, daß er eine gegenüber dem Gott Abrahams eigenständige Größe gewesen zu sein scheint. Aber die Sache wird noch komplizierter durch die Nennung des *'aḇîr* Jakobs in Gen 49, 24 (→ אביר), haben wir doch damit zwei Gottesbezeichnungen, die jeweils aus einem Nomen und dem Erzvaternamen zusammengesetzt und mit Jakob verbunden werden. Denn daß „der Starke Jakobs" von den Jakob-Leuten verehrt wurde, darf mit Sicherheit angenommen werden, wie der *paḥaḏ* Isaaks von den Isaak-Leuten verehrt wurde. In dem Maße, wie unsere Jakob-Gestalt individualisiert und die Jakob-Erzählung an die (Abraham-)Isaak-Erzählungen angeschlossen wurde, mußten auch die Gottesbezeichnungen diesem Prozeß angepaßt werden. Das geschah, indem der *paḥaḏ* Isaaks zu dem von Jakob verehrten Gott seines Vaters Isaak wurde. Im gleichen Zusammenhang wird auch der mit Isaak verknüpfte Vater Abraham zum Vorvater Jakobs und somit der Gott Abrahams auch zu einem von Jakob verehrten Vätergott. Daraus erhellt, daß der Starke Jakobs die Vätergottheit der Jakob-Leute war, die möglicherweise in einem Frühstadium auch nur „der Gott meines/unseres Vaters" geheißen haben kann (vgl. W. H. Schmidt 19 f.).

Von der Bezeichnung her hat Alt überzeugend abgeleitet, daß diese Glaubensvorstellung der Wandergesellschaft zugehört, ist doch die Gottheit nicht lokal, sondern personal gebunden. Mit der Gruppe zieht sie mit. Gen 31 entspricht dieser Beobachtung insofern, als es „um die Abgrenzung von Weidegebieten zweier Wanderhirtenstämme" am Rande des Kulturlandes geht (Rost 354). Wenn aber dieser Religionstyp dem Halbnomadentum entspricht, dann werden auch die Verheißungen von Nachkommenschaft und Landbesitz wesentlich älter sein und nicht erst an den Heiligtümern des Kulturlandes, sondern schon draußen in der Steppe den Vätern zugesagt worden sein (Noth, ÜPt 58f.; Gesch., 116–117; vgl. Jepsen 270; W. H. Schmidt 20–22; Gunneweg 18). Verständlich ist das schon, weil einerseits der Inhalt der Verheißungen den Wünschen Land suchender Wanderhirten entspricht und anderseits die Übernahme dieser Zusagen und ihre Realisierung durch die El-Gottheit an den Kulturlandheiligtümern nach der Seßhaftwerdung der Väter durchaus einleuchtet.

Nun weist Rost noch darauf hin (354f.), daß in Gen 46, 1 abermals in bezug auf Jakob vom „Gott seines Vaters Isaak" die Rede ist und daß sich diese Gottheit sodann vorstellt: „Ich bin der El, der Gott deines Vaters" (v. 3). Welche Fragen auch immer mit dem Text gestellt sein mögen, wichtig ist, daß hier Vätergott- und El-Verehrung als identisch angesehen werden. Aus der Tatsache, daß die Kulturlandheiligtümer des Gottes El älter sind als die Einwanderung der Erzvätergruppen und daß die Erzväter El nicht in der Wüste, sondern in Kanaan kennengelernt haben, folgert Rost (355), Vätergott- und El-Verehrung hätten zumindest eine Zeitlang nebeneinander bestanden; ein Teil der Leute, der bereits seßhaft geworden war, habe mit den Kanaanäern gemeinsam El verehrt, während ein anderer Teil, der noch nomadisierte, „an dem aus dem Wanderleben der Wüste mitgebrachten Gott der Väter" festhielt (355). So erwägenswert diese These ist, steht ihr letztlich doch entgegen, daß in Gen 49, 25, aber auch in Gen 40, 3 und Ex 15, 2 Vätergott und El identisch erscheinen (vgl. Haran 35–37). Das ist auch der stärkste Einwand gegen die Meinung Eißfeldts, die in Gen 35, 4 und Jos 24, 2. 14–15 vorausgesetzte Abrenuntiation beziehe sich auf die vorkanaanäischen Vätergottheiten (KlSchr III, 363; IV, 97; CAH 311). Daß es sich nicht nur um vor-mosaische, sondern um vor-kanaanäische Gottheiten und Göttersymbole handelt, ist von Eißfeldt richtig erkannt worden. Daß aber die Bezeichnung „fremde Götter" (Gen 35, 4) oder „Götter, denen eure Väter gedient haben" (Jos 24, 14–15; vgl. 24, 2), dasselbe meine wie der von Alt erkannte und beschriebene Gott der Väter, ist angesichts der Tatsache, daß Gen 35, 4 mit den fremden Göttern zugleich auch Ohrringe nennt und daß diese Götter viel eher so etwas wie die Teraphim der Rahel gewesen sind (Gen 31, 30ff.), recht unwahrscheinlich (vgl. auch Weidmann 159. 172f.). Daß in Gen 49, 24 durch die Parallelisierung des *'abîr* Jakobs mit dem Hüter des Israel-Steins, der, wie die dabei stehende lokale Partikel *šām* zeigt, an einem Ort haftet, und in Gen 49, 25 durch die Parallele „El-Schaddaj" (so mit BHS zu lesen) zu „Gott deines Vaters" Vätergott und El miteinander identifiziert erscheinen, kann nicht als Beweis dafür gelten, El und Vätergottheit seien von Hause aus dieselbe Gottheit (gegen Eißfeldt). Vielmehr ist der vorkanaanäische Kult des „Starken Jakobs" im Verlauf der Landnahme der Jakob-Leute mit dem an den verschiedenen Kulturlandheiligtümern verehrten El zusammengeflossen oder genauer: der „Starke Jakobs" hat den El absorbiert und ist infolge dieses Prozesses eine lokale Bindung eingegangen. Denn daß die Erzväter die alten Heiligtümer okkupierten und schließlich als deren Kultstifter erschienen, weist auf ihre innere Kraft hin und erklärt diesen Vorgang des Aufsaugens der El-Gottheit durch den Vätergott (vgl. Herrmann 75. 79; auch W. H. Schmidt 22–25).

3. Darauf scheint noch die Bezeichnung „der Gott Jakobs" hinzuweisen (vgl. auch Wanke, BZAW 97, 54–58). Wir finden sie 16, vielleicht mit Ps 24, 6 (LXX) 17mal und, wenn 2 Sam 23, 3 mit BHS „der Gott ‚Jakobs'" gelesen wird, sogar 18mal.

Vielleicht ist bei Ps 114, 7 ein durch Haplographie ausgefallenes *j* zu ergänzen und die Wendung *'ælohê ja'aqob* zu lesen (vgl. die Komm.). Auch bei dem einmaligen „El Jakobs" (Ps 146, 5) kann man fragen, ob El hier Eigenname oder Appellativum ist. Im letzteren Fall würde die Verbindung dasselbe meinen wie die übliche Bezeichnung „der Gott Jakobs".

Auffällig ist, daß unsere Verbindung nur 4mal in Erzählungen, nämlich in Ex 3, 6. 15. 16; 4, 5, auftaucht, und zwar stets mit „der Gott Abrahams" und „der Gott Isaaks" (Ex 3, 6. 15; 4, 5) verbunden bzw. in der Wendung „der Gott Abrahams, Isaaks und Jakobs" (Ex 3, 16), die übrigen Belege aber in poetischen Texten stehen. Dabei überwiegen die Psalmen mit 10 Belegen (20, 2; 24, 6; 46, 8. 12; 75, 10; 76, 7; 81, 2. 5; 84, 9; 94, 7). Zwei weitere stehen in den letzten Worten Davids (2 Sam 23, 1. 3) und je einer bei Jes (2, 3) und Mi (4, 2), beides jedoch identische spätnachexilische Stellen. Diese Übersicht ist nicht sehr ermutigend, was die Eigenständigkeit und das Alter der Verbindung angeht. Der älteste, annähernd sicher datierbare Beleg ist 2 Sam 23, 1. 3. David nennt sich „Gesalbter des Gottes Jakobs" und „Liebling der Lieder Israels" und bezeugt, daß zu ihm „der Gott ‚Jakobs'" und „der Fels Israels" geredet und ihm die ewige Dynastie zugesagt habe. Das führt eindeutig nach Jerusalem und vielleicht auch in die David-Zeit. Und man gewinnt den Eindruck, daß diese Bezeichnung JHWHs ein Jerusalemer Theologumenon ist. Das wird insofern durch die Psalmverse bestätigt, als der größte Teil von ihnen vorexilisch zu sein scheint und – wie auch Jes 2, 3 = Mi 4, 2 – nach Jerusalem gehört. Dabei ist in Ps 20, 2 Schutz und Beistand, in Ps 75, 10 Hilfe, in Ps 81, 2 Stärke, in Ps 76, 7 die Kriegsmacht JHWHs der Ausdruck des „Gottes Jakobs", wie denn in Ps 46, (4.) 8. 12: „JHWH Zebaoth ist mit uns, eine Burg der Gott Jakobs" und in Ps 84, 9 JHWH Zebaoth als Parallele für den „Gott Jakobs" auftaucht und wohl ebenfalls das Machtvolle dieser Gottesbezeichnung ausdrücken will. So wird die Vermutung von Kraus (BK XV/1⁵, 311), der alte Gottesname der Erzväterzeit „der Starke Jakobs" habe „die Tradition von der starken Schutzmacht des ‚Gottes Jakobs' ins Leben gerufen", ernsthaft zu erwägen (so auch Wildberger, BK X/1, 63) und vielleicht dahingehend zu präzisieren sein, daß die Bezeichnung „der Gott Jakobs“ eine Weiterbildung der eben auch im Psalter belegten altertümlichen Verbindung „der Starke Jakobs“ (Ps 132, 2. 5; vgl. Ps 24, 6) ist, was angesichts der Gleichartigkeit der formalen Verwendung und des Gehalts dieser Wendung als sicher angenommen werden darf. Denn der Parallele JHWH/*'abîr* Jakobs (Ps 132) entspricht die andere JHWH/Gott Jakobs (Ps 20; 24; 46; 84; 94; vgl. Ps 114; 146); und inhaltlich geht es um den Ausdruck von Stärke und Hilfe, Schutz und Beistand, verdeutlicht noch durch Hinzufügung von Zebaoth zu JHWH (Ps 46; 84). Die Bezeichnung Zebaoth aber weist ihrerseits nach Jerusalem. Das alles macht es wahrscheinlich, daß die Titulatur „der Gott Jakobs“ offenbar eine erst zur David-Zeit und in Jerusalem entstandene Parallele für JHWH darstellt, die von J in Ex 3, 16; 4, 5 als Zusammenfassung der vorjahwistischen Religionsformen der Vätergott- und El-Verehrung benutzt wurde, worin ihm E in Ex 3, 6. 15 folgte.

Wildberger schließlich (BK X/1, 63 f.) erwägt, ob nicht die ältere Bezeichnung *'abîr* Jakobs wie auch die jüngere Form „der Gott Jakobs“ an der Lade hafteten (vgl. Ps 24; 132) und mit ihr nach Jerusalem kamen.

IV. Eine sich von Jakob herleitende und den „Starken Jakobs“ als ihren Gott verehrende Gruppe von Kleinviehnomaden vollzieht, aus der Safa-Gegend herkommend (Wallis, ZAW 81, 35f.), offenbar im Zuge des Weidewechsels ihre Landnahme im mittleren Ost- und Westjordanland. Dieser Vorgang ist durch und durch friedlich und erstreckt sich auf die nähere Umgebung der städtischen Zentren Mahanaim und Penuel, Sichem und Bethel. Über die zeitliche Ansetzung dieses Prozesses lassen sich lediglich Vermutungen anstellen. Angesichts der Tatsache, daß Gen 34 vor der Landnahme der Mose-Schar spielt und daß Gen 49, 14–15 etwa in die Zeit Labajas verlegt werden kann, wird für die Jakob-Leute ein ungefähr ein oder zwei Jahrhunderte vor der Landnahme der Mose-Schar liegendes Eindringen nach Kanaan anzunehmen sein, auch wenn mancherlei Züge in noch frühere Zeiten hinaufzureichen scheinen (vgl. dazu vorab die Geschichten Israels, Noth 117f.; Bright 67–72; Eißfeldt 6–10; de Vaux 252; Herrmann 70. 77–81; Gunneweg 17–20; auch Gordon, JNES 1954, anders BASOR 1937). Für die Zeit 1800–1500 v.Chr. plädieren z. B. Albright und Rowley 305. Weil die archäologischen Beiträge noch problematisch sind, soll hier darauf nicht eingegangen werden). Das Wertvollste an diesem Vorgang ist für die at.liche Überlieferung der Eintritt in die landesübliche El-Verehrung. Offenbar macht sich diese Gottheit die bereits vom Starken Jakobs geweckten Wünsche der Einwandernden auf Landbesitz und zahlreiche Nachkommenschaft zu eigen und unterstützt sie in geeigneter Weise. So verbindet sich die vorkanaanäische Verehrung des Starken Jakobs mit dem El-Kultus Kanaans. Nunmehr wird El feierlich als der Gott Jakobs oder, weil die Umnennung Jakobs zu Israel damit einhergeht, als der Gott Israels proklamiert, wie denn auch die Erzväter die Lokalüberlieferungen Kanaans an sich bringen und sie so umprägen, daß sie als die eigentlichen Helden erscheinen.

V. Wenn wir uns den Bezeugungen des Namens Jakob in der prophetischen Literatur zuwenden, so ist zunächst zu beachten, daß der Name einerseits für den Erzvater steht und andererseits das Volk Israel oder doch Teile von ihm meint.

1. Als Name des Erzvaters begegnet der Jakob-Name in den Prophetenbüchern sehr selten. Jes 58, 14 spricht von ihm als dem Vater des Gottesvolks; Ez 28, 25; 37, 25 verweist darauf, daß JHWH das Land seinem Knecht Jakob gegeben hat; Ob 10 spricht von Jakob als dem Bruder Esau-Edoms, und Mal 1, 2 verweist darauf, daß JHWH Jakob geliebt habe, Esau aber nicht. Wie hier die bekannte Überlieferung herangezogen wird, so kann man auch bei der Verbindung „der Stolz Jakobs“ fragen, ob nicht doch in Am 8, 7: „Geschworen hat JHWH beim Stolz Jakobs“ und in Ps 47, 5: „Er erwählte uns unser Erbteil, den Stolz Jakobs, den er liebt“, auf die Jakob-Überlieferung in ihrer gleichsam sprichwörtlichen Verdichtung angespielt wird (Wolff, BK XIV/2, 377).

Eindeutig indes ist die Aufnahme der Jakob-Tradition bei Hosea (vgl. auch Eybers, Semitics 2, 1971/72, 84; F. Diedrich, Die Anspielungen auf die Jakob-Tradition in Hosea 12, 1 – 13, 3 [FzB 27], 1977). Mit 12, 4a: „Im Mutterleib überlistete er seinen Bruder“ wird auf Gen 25, 26 in Verbindung mit Gen 25, 23 und nebenbei auch auf Gen 25, 28–34 in Verbindung mit Gen 27, 36 angespielt. v. 4b: „In seiner Manneskraft rang er mit Elohim“ erinnert an Gen 32, 23–33, denn hier wie dort wird das Verb *śārāh* gebraucht. Bei v. 5a: „Er rang mit einem Engel und siegte“ könnte man ebenfalls an den Jabbok-Kampf denken (so W. H. Schmidt 33). Aber Gen 32 redet von einem „Mann“ oder von „Elohim“ (v. 25. 29 bzw. 29. 31), nicht aber vom „Engel“. Diesen gibt es vielmehr in Gen 32, 2. Ob Hos noch andere Jakob-Überlieferungen kannte oder ob diese Erzählungen zu seiner Zeit noch nicht ihre endgültige Gestalt gefunden hatten oder ob Hos einfach frei formulierte, läßt sich schwer entscheiden (vgl. vorab Good 140–151; Rudolph, KAT XIII/1, 222, streicht den Satz, was nicht überzeugt). Der nächste Satz: „Er weinte und flehte ihn an“ (v. 5), ist ebenfalls schwer zu deuten, auch wenn Jakob und nicht der Engel Subjekt ist. Good (147ff.) denkt an Gen 35, 8, Holladay (56f.) an Gen 33, 4 (Weinen) und Gen 32, 6; 33, 8. 10. 15 (Gnadeerflehen); andere wie Wolff (BK XIV/1, 275) sehen darin eine freie Anspielung auf Gen 32 bzw. „auf eine Sondertradition der Pnuelüberlieferung“ (Otto 176 Anm. 60). Die Fortsetzung (v. 5b) redet davon, daß „er (Gott) ihn in Bethel fand und dort mit ‘ihm’ sprach“, und spielt somit abermals recht frei auf Gen

28, 10–22 und 35, 1–7 an (Good 146. 149). Schließlich verweist Hos 12, 13 auf die Flucht Jakobs zu Laban (Gen 27, 41–45; 29, 1–14) sowie auf den Dienst Jakobs, von Hos jetzt zum Zwecke der Aktualisierung Israel genannt, um die Frauen Lea und Rahel (Gen 29, 15–28). Insgesamt zeigt der Prophet große Vertrautheit mit wesentlichen Stücken der Jakob-Überlieferung, die er zur Unterstreichung seiner Gerichtsbotschaft frei heranzieht und, ähnlich dem E (vgl. Ruppert), negativ interpretiert (Wolff, BK XIV/1, 268f.; Rudolph, KAT XIII/1, 224, gegen Ackroyd 245–259), wie das, allerdings mit nur einer Andeutung, auch bei Jer 9, 3 der Fall ist (Rudolph, HAT I/12, 64).

2. War schon bei dem Verweis auf die Jakob-Überlieferung durch Hos und Jer die eigentliche Absicht die Identifizierung des Volkes mit seinem Erzvater, so daß sich die Sünde des Volkes bereits im Fehlverhalten des Erzvaters abschattet, so sind nun die zahlreichen Stellen zu behandeln, an denen Jakob Name für das Volk ist. Am häufigsten wird das durch die Zuordnung von Israel zu Jakob im Parallelismus membrorum erreicht, wobei überwiegend Jakob voransteht (Jes 9, 7; 10, 20; 14, 1; 27, 6; 40, 27; 41, 8. 14; 42, 24; 43, 1. 22. 28; 44, 1. 5. 21. 23; 45, 4; 46, 3; 48, 1. 12; 49, 5. 6; Jer 2, 4; 30, 10 = 46, 27; 31, 7; Ez 20, 5; 39, 25; Mi 1, 5; 2, 12; 3, 8. 9; Nah 2, 3; Ausnahme Jes 41, 8). Außerdem gibt es als Parallelbegriffe noch Jeschurun (Jes 44, 2), Juda (Jes 65, 9; Jer 5, 20; Hos 12, 3), Ephraim und Juda (Hos 10, 11), Samaria (Mi 1, 5), Zion (Jes 59, 20), Abraham (Mi 7, 20) und Joseph (Ob 18). Dabei muß von Fall zu Fall geprüft werden, welche völkische Größe mit dem Jakob-Namen gemeint ist. Wenn nur Juda oder Joseph genannt wird, ist es klar, daß sich der Name auf das Süd- oder Nordreich bezieht. Was mit Jeschurun gemeint ist, ist nicht deutlich (vgl. Wächter 58–64: Israel; Seebass, VT 27, 1977, 160f. 166. 169: die mit Juda zusammenlebenden nichtisraelitischen Nachbarn Kaleb, Kain, Othniel und Jerachmeel, was unwahrscheinlich ist). Daß dann auch das Exilsvolk (DtJes) und die nachexilische Gemeinde (TrJes) Jakob heißen, ist nicht das eigentliche Problem, das vielmehr darin liegt, daß Jakob das ganze Volk genauso wie einzelne Teile von ihm meinen kann.

Diese Beobachtung wird bestätigt durch die Stellen, wo Jakob ohne Parallelausdruck im Prophetenkanon allein steht. So ist vom „Haus Jakobs" (Jes 2, 5. 6; 8, 17; 14, 1; 29, 22; 58, 1; Ez 20, 5; Am 3, 13; 9, 8; Ob 17; Mi 2, 7) sowohl in bezug auf das Nord- und auf das Südreich wie auf das Ganze der beiden Teile die Rede. Der „Stolz Jakobs" geht offenbar auf die Anmaßung Samarias (Am 6, 8), wie das einfache Jakob Am 7, 2. 5 das Nordreich betrifft. Der „Rest Jakobs" (Mi 5, 6–7) bezieht sich auf die jüdische Gola; das einfache Jakob bei Jer (10, 25; 30, 7. 10; 31, 11; 46, 27. 28) meint das Volk Juda; die ohne Parallele bei Jes 48, 20 stehende Verbindung „Knecht Jakob" geht auf die Exilsgemeinde (vgl. auch „Zelte Jakobs" Jer 30, 18; Mal 2, 12); das einfache Jakob (Jes 29, 22), die „Herrlichkeit Jakobs" (Jes 17, 4; vgl. v. 3 „Herrlichkeit der Söhne Israels") wie auch die „Schuld Jakobs" (Jes 27, 9) meint doch wohl stets das ganze Volk; und „Söhne Jakobs" (Mal 3, 6) oder „Same Jakobs" (Jes 45, 19. 25; Jer 33, 26) hat die gleiche Bedeutung wie Jakob allein.

Schließlich werfen die verschiedenen, mit Jakob zusammengesetzten und als Titel JHWHs verstandenen Gottesbezeichnungen „der König Jakobs" (Jes 41, 21), „der Heilige Jakobs" (Jes 29, 23: parallel dazu „der Gott Israels"), „der Teil Jakobs" (Jer 10, 16; 51, 19) und nicht zuletzt wieder „der Gott Jakobs" (Jes 2, 3 = Mi 4, 2) oder „der ‚Gott' des Hauses Jakobs" (Jes 29, 22) und „der Starke Jakobs" (Jes 49, 26; 60, 16: parallel dazu JHWH; vgl. Jes 1, 24: „der Starke Israels") ein helles Licht auf das, was der eigentliche Gehalt des Jakob-Namens ist. Wie Jakob und Israel parallel stehen können, so werden auch die entsprechenden Gottesbezeichnungen im Parallelismus membrorum einander zugeordnet. Daran ist zu erkennen, daß zwischen JHWH und Jakob eine ebensolche Korrelation besteht wie zwischen JHWH und Israel. Das lassen die Visionen des Amos daran erkennen, daß durch den Hinweis, Jakob könne nicht bestehen, da er schon gering sei (7, 2. 5), JHWH zur Reue veranlaßt werden kann, daß dann aber doch das Gericht über Israel ergeht (7, 8. 9; 8, 2). Noch klarer wird von den Propheten diese Verbundenheit durch Wendungen ausgedrückt, die zum Wortfeld von Jakob gehören. Bei Jes heißt das „Haus Jakobs" auch „dein (JHWHs) Volk" (2, 6); Mi 2, 7 faßt die Auflehnung gegen die Verkündigung des Propheten in die Frage: „Ist denn ‘verflucht’ das Haus Jakobs?", was erst angesichts der dem Haus Jakobs offenbar eignenden Segensfülle voll verständlich wird; obendrein spielt diese Verbindung nach van der Woude (Micah in Dispute with the Pseudo-Prophets [VT 19, 1969, 244–260], 247f.) auf den Bundesschluß am Sinai an, so daß Jakob die Bezeichnung für das Bundesvolk ist. Jes 14, 1 spricht vom abermaligen Erbarmen, der Wiedererwählung Jakob-Israels, so daß sogar Fremde sich zum Haus Jakobs gesellen. DtJes (41, 8; 44, 1. 2. 21; 45, 4; 48, 20) wie schon Jer (30, 10; 46, 28) reden Jakob als den Knecht JHWHs an. In diesem Zusammenhang finden sich bei Jer Wendungen vom Loskauf (31, 11), von der Befreiung und Errettung (30, 7. 10; 46, 27) und bei DtJes von der Erwählung (41, 8; 44, 1. 2; 45, 4), Erlösung (41, 14; 44, 23; 49, 26 = 60, 16), Berufung (48, 12), von der Erschaffung (43, 1) und wiederum vom Loskauf Jakobs (48, 20). Bei TrJes steht abermals „mein Volk" (58, 1) für Jakob, und Ez schließlich redet von der durch den Gottesschwur unterstrichenen Erwählung Jakobs in Ägypten (20, 5).

Der Name Jakob bei den at.lichen Propheten meint also eindeutig Israel als Gottesvolk, als Gemeinde JHWHs. Von da her ist die Vermutung Wolffs (BK XIV/1, 240), Jakob bezeichne Hos 10, 11 „den alten Stämmebund" und habe in Hos 12, 3 die „heilsgeschichtliche Vergangenheit" Israels (272) zum Inhalt, zu verstehen. Wie Jakob einerseits als negative Beispielfigur dem Volk vor Augen gehalten und es somit auf sein eigenes Versagen angesprochen werden kann, so ist doch andererseits der Erzvater, einstmals von Gott erwählt und mit großen Segensverheißungen bedacht, für die Propheten der Inbegriff des gesegneten Gottesvolkes. In ihm zeichnet sich die Erwählung Israels schon im voraus ab, sind seine Befreiung und Erlösung, seine Errettung und Berufung stets schon ausgedrückt. Er ist Inbegriff der Treue Gottes zu seinem Volk, womit es in tiefster Depression getröstet zu werden vermag. Wenn das Volk also in seiner Geschlossenheit auf seine geistliche Existenz angesprochen werden soll, kann es Jakob genannt werden. Dabei ist dieser Name offenbar deshalb bevorzugt worden, weil er nicht in Gefahr stand, politisch mißverstanden zu werden, hat doch keines der israelitischen Gemeinwesen in der langen Geschichte, von der Jakob-Gruppe einmal abgesehen, jemals Jakob geheißen. Von da her erklärt sich wohl auch die übliche Reihenfolge Jakob/Israel im Parallelismus. Wenn schließlich DtJes sagen kann, daß JHWH Jakob geschaffen habe (43, 1), und Ez von der Erwählung Jakobs in Ägypten spricht, so ist beides insofern konsequent, als damit auf nichts anderes als die in der Tat geschichtlich dort anzusetzende Geburt des Gottesvolkes angespielt wird.

VI. 1. Das Bild, das die Psalmen von Jakob zeichnen, ist von dem der Propheten kaum oder doch nicht wesentlich unterschieden (vgl. W. E. Barnes, A Note on the Meanning of יעקב (אלהי יעקב) in the Psalter [JThSt 38, 1937, 405–410]). In Ps 105, 9–10 ist von Abraham, Isaak und Jakob/Israel als von drei Individuen die Rede, mit denen JHWH einen Bund geschlossen hat. Dessen sollen sich die zum Gottesdienst versammelten Israeliten, die Ps 22, 24 „aller Same Jakobs/Israels" heißen, erinnern und JHWH dafür danken. Diese Gottesdienstgemeinde wird in v. 6 angesprochen als „Kinder Abrahams, seines Knechts, Söhne Jakobs, ‚seines Erwählten'" (ähnlich 1 Chr 16, 13). In dieser Anrede drückt sich die Treue JHWHs zu Bund und Schwur mit Israel aus, wie denn in v. 23 von Israel/Jakob der Übertritt nach Ägypten ausgesagt und in v. 24 dieses als „sein (JHWHs) Volk" bezeichnet wird. Die gleiche Vorstellung findet sich noch Ps 77, 16, wo Gottes erlöstes Volk „Söhne Jakobs und Josephs" genannt wird, oder Deut 33, 28, wo „die Gemeinde Jakobs" von 33, 4 „der Born Jakobs" heißt. Eine negative Aufnahme der Jakob-Tradition im Liedgut Israels findet sich nicht.

2. Streiften wir schon kurz den Sachverhalt, daß sich das Volk Israel als Söhne Jakobs versteht, so ist darauf jetzt besonders einzugehen. Neben dieser Bezeichnung stoßen wir abermals auf die Verbindung „Haus Jakobs" in Ps 114, 1 für das aus Ägypten ziehende Israel. Könnte man meinen, hier liege eine profane Bedeutung von Jakob vor, so wird das doch durch die Nennung des „Gottes Jakobs" in v. 7 unmöglich; denn Jakob ist auch hier nichts anderes als die Apposition JHWHs, des Gottes Jakobs.

Auch im Liedgut Israels begegnet die Parallelsetzung von Jakob und Israel recht häufig. Von den Stammessprüchen kommen Gen 49, 7 und Deut 33, 10 in Betracht. Die Stelle des Jakob-Segens, die von der Zerstreuung Simeons und Levis in Jakob/Israel handelt, entstammt einem prophetischen Fluchorakel und gehört eigentlich oben unter V. 2. Nach dem Mose-Segen erstreckt sich die Gesetzesunterweisung der Leviten auf Jakob/Israel, womit jedenfalls so etwas wie die JHWH-Gemeinde gemeint ist. Ob sie ganz Israel umfaßte, ist fraglich, weil die Sprüche des Mose-Segens eine nordisraelitische, um den Tabor gescharte Stämmegruppierung erkennen lassen (vgl. Zobel, Die Stammessprüche des Mose-Segens [Dtn 33, 6–25]. Ihr „Sitz im Leben" [Klio 46, 1965, 83–92]). Sodann haben wir mehrere Belege in den Bileam-Liedern des J (Num 24, 5. 17), die eher national-profan klingen, und des E (Num 23, 7. 10. 21. 23 [bis!]), die viel stärker religiös geprägt sind und mit Jakob/Israel demzufolge eindeutig das von JHWH gesegnete, von ihm erwählte und behütete Gottesvolk im Auge haben.

Diese Beobachtung, daß im Namen Jakob in der Frühzeit mehr das Nationale vor dem Religiösen betont wird und daß in der Folgezeit der religiöse Sinngehalt den nationalen überwiegt und schließlich ganz verdrängt (vgl. dazu auch Zobel, Das Selbstverständnis Israels nach dem AT [ZAW 85, 1973, 281–294]), ist an den Psalmen ebenfalls zu machen. Die wahrscheinlich nachexilischen Lieder Ps 14, 7 = 53, 7; 135, 4; 147, 19 verstehen unter Jakob (/Israel) die Gemeinde JHWHs, der er seine Worte und Satzungen gegeben (147, 19), die er sich erwählt und zum Eigentum genommen hat (135, 4). Dazu kommen noch die Stellen aus solchen späten Psalmen, an denen sich nur Jakob findet: Ps 47, 5 bezeichnet das von Gott dem Volk geschenkte Land als „Stolz Jakobs, den er liebt"; Ps 79, 7 (= Jer 10, 25) drückt die Niederlage des Volkes von 586 v. Chr. u.a. so aus, daß „die Heiden" „Jakob gefressen haben" (ähnlich Kl 1, 17; 2, 2. 3); Ps 85, 2 (Q) bezeugt die Wendung des „Geschicks Jakobs" in der Exilszeit und führt diese darauf zurück, daß Gott seinem Volk die Schuld vergeben hat (v. 3); Ps 87, 2 stellt fest, daß Gott die Tore Zions mehr liebt als alle Wohnungen Jakobs; Ps 99, 4 bezeugt, daß Gott „Recht und Gerechtigkeit in Jakob geübt" habe und fordert deshalb die Gemeinde zum Lobpreis auf.

In vorexilischen Texten hingegen ist es oftmals nicht so klar zu entscheiden, ob Jakob eine religiös oder völkisch-national bestimmte Größe ist. Der schwierige Text Num 24, 19 spricht davon, daß „einer aus Jakob" Edom niedertreten werde, womit auf die Eroberung Edoms durch David angespielt und somit Jakob als das davidische Israel verstanden wird, wie das auch in den bereits genannten Bileam-Liedern des J der Fall ist. Das Mose-Lied, wohl ebenfalls ein recht frühes Zeugnis israelitischer Dichtkunst (Eißfeldt, Das Lied Moses ..., 1958, 41–43), läßt bei der Verteilung der Völker an die jeweiligen Nationalgötter durch El Eljon „Jakob" JHWHs Volk werden (Deut 32, 9), wie denn in Deut 32 der Terminus Israel nicht auftaucht (zu v. 8 vgl. BHS). Und wenn man mit BHS v. 14–15 lesen darf: „'und Jakob aß und wurde satt', fett wurde Jeschurun und schlug aus", dann ist damit auf den im Kulturland erfolgten Abfall des Volkes angespielt. Hier sind nun Nationales und Religiöses wieder so ineinander verflochten, daß man weder das eine noch das andere als dominierend bezeichnen kann, daß aber eben beides im Namen Jakob mitschwingt. Ps 78, der wohl auch vorexilisch ist (Eißfeldt, Das Lied Moses ..., 1958, 31–37), enthält in v. 5. 21. 71 das Begriffspaar Jakob/Israel, wobei v. 5 von dem „Zeugnis in Jakob" und der „Weisung in Israel" spricht, die JHWH hat aufrichten lassen und die sich gegen das Vergessen der Taten Gottes und seiner Gebote (v. 7) richtet, während v. 21 vom Zorn JHWHs auf den Unglauben Jakobs während der Wüstenwanderung redet und v. 71 das Königtum Davids über „sein (JHWHs) Volk Jakob und sein Erbe Israel" zum Inhalt hat. Auch hier ist das Nationale, daß es um das Staatsvolk Davids geht, mit dem Religiösen, das im Begriff „JHWH-Volk" liegt, aufs Innigste verbunden. Das ist auch der Fall in Ps 44, 5, wo Gottes Zuneigung sich im Befehlen von „Heilstaten für Jakob" (zum Text vgl. BHS) ausdrückt, und in Ps 59, 14, der von Gottes Herrschaft „in Jakob" redet.

Was schließlich die in den Liedern Israels vorkommenden, mit Jakob gebildeten Gottesbezeichnungen angeht, so steht an erster Stelle die Verbindung „der Gott Jakobs". Daß es sich hierbei offenbar um ein etwa zur David-Zeit aufgekommenes Jerusalemer Theologumenon handelt, wurde oben (III. 3.) dargelegt. Hier muß noch darauf hingewiesen werden, daß in 2 Sam 23, 1. 3 unser Name das den Staatsgott JHWH (vgl. v. 2) verehrende Staatsvolk Davids meint und diesem so etwas wie religiöse Weihe verleiht. Dem widersprechen die Belege für „der Gott Jakobs" in den vorexilischen Liedern Ps 20, 2; 46, 8. 12; 76, 7; 81, 2. 5; 84, 9 und nach Textänderung auch Ps 24, 6; 114, 7 nicht. Dazu treten noch die nachexilischen Stellen Ps 75, 10; 94, 7 und Ps 146, 5, wo allerdings „der El Jakobs" steht. Daß diese Verbindung eine Weiterbildung der auch im Psalter belegten Gottesbezeichnung „der Starke Jakobs" ist (Ps 132, 2. 5; vgl. Ps 24, 6 LXX) und den gleichen Gehalt aufweist, wurde ebenfalls schon bedacht.

VII. Nicht im Corpus des deut Gesetzes, wohl aber im Einleitungs- und Schlußteil kommt der Name Jakob vor, und zwar stets in Verbindung mit den beiden anderen Namen Abraham und Isaak. Er bezeichnet also eindeutig den Erzvater. In 9, 27 werden die Erzväter „deine (JHWHs) Knechte" genannt, was in Jer und DtJes ebenfalls begegnet. Im Gegensatz zum widerspenstigen Volk werden sie ganz positiv beurteilt. Daran ist Zweierlei für das Deut Gültiges abzulesen: von den Erzvätern wird nur Gutes gesagt, und zwischen ihnen und Israel wird unterschieden, weil jene der vor-ägyptischen Epoche der Geschichte Israels angehören. Weiter spricht 29, 12 von einem Bund JHWHs mit Israel im Lande Moab, den er dem Volk verheißen und den Erzvätern zugeschworen habe, eine Vorstellung, die es im AT nur hier gibt.

Mehrfach findet sich im Deut die jeweils durch den Kontext grammatisch leicht variierte Wendung: „Das Land, das JHWH euren Vätern, dem Abraham, Isaak und Jakob geschworen hat, es euch zu geben" (6, 10; 34, 4; ähnlich 9, 5; ohne Namensnennung der Väter 6, 18. 23; 7, 13; 8, 1; 10, 11; 11, 9. 21; 26, 3. 15; 28, 11; ähnlich 19, 8; 31, 7. 20ff.); in 1, 8; 30, 20 sind obendrein noch die Väter als Empfänger des Landes genannt, wobei wohl die alte Tradition durchschlägt. Die Wendung vom Land, „das JHWH dem Abraham, Isaak und Jakob geschworen hat, es seinem Samen zu geben", steht auch im Pentateuch (Ex 33, 1: J?; ähnlich Gen 50, 24: J?); in Num 32, 11 sowie bei P (Ex 6, 8; vgl. Ex 2, 24) und in Lev 26, 42 ist ebenfalls von dem den Erzvätern zugeschworenen Land die Rede. Ob hier eine gegenseitige Beeinflussung anzunehmen und wie diese genauer zu bestimmen ist, sei hier dahingestellt. Denn für unseren Zusammenhang ist die Feststellung wichtiger, daß das Deut die Erzväter vorab als die Empfänger der feierlichen, als Schwur formulierten Landverheißung JHWHs schildert, deren Erfüllung allerdings die Landgabe an das Volk Israel ist (vgl. Diepold 77–81. 86f.). Dazu kommt noch mit solchen Stellen, die zwar nicht die Erzväter namentlich aufzählen, wohl aber summarisch von ihnen handeln, die weitere Aussage, daß JHWH ihnen einen Bund zugeschworen habe, den er nun Israel gegenüber halten und einlösen werde (7, 8. 12; 8, 18 u. ö.). Einen solchen Bund setzen auch 2 Kön 13, 23 und Ps 105, 9–10 voraus. Sein Inhalt ist nach dem Deut die Erwählung Israels, die sich in ihr ausdrückende Andauer der Güte JHWHs oder dgl. Mit dieser Aussage von der Treue JHWHs ist offenbar das gefunden, was für das Deut den Kern der Thematik „Erzväter" ausmacht. Sie sind ein eindrückliches Zeugnis von der Treue Gottes zu seinem Wort, von der Liebe Gottes zu seinem Volk, von dessen grundloser Erwählung.

VIII. Zusammenfassend kann festgestellt werden, daß der Bedeutungsumfang und Bedeutungsgehalt von Jakob im Liedgut Israels im großen und ganzen der gleiche ist wie in der prophetischen Literatur, daß davon nur in gewisser Hinsicht das Deut abweicht, weil es den Namen ausschließlich dem Erzvater vorbehält. Waren die frühesten Zeugnisse für ein auf das Volk angewandtes Jakob in der früh-davidischen oder, wenn Eißfeldt mit der Ansetzung des Mose-Liedes um die Mitte des 11. Jh. v.Chr. Recht hat, sogar in vor-davidischer Zeit, wofür auch die Stammessprüche sprechen würden, zu verzeichnen und lassen diese erkennen, daß mit dem Namen Jakob völkische und religiöse Vorstellungen verbunden und dabei die nationalen Empfindungen sogar hier und da prädominant waren, so sind doch mit fortschreitender Zeit die religiösen Inhalte zusehends in den Vordergrund getreten. Dabei ist Jakob zu einer Bezeichnung geworden, die so etwas wie die Idee Israels in der Geschichte verkörpert. Und wenn es richtig ist, daß im Parallelismus membrorum das zweite Glied das erste näher charakterisiert, so dürfte, weil Jakob in der Regel voransteht und weil Israel ein noch viel stärker religiös belegter Begriff zu sein scheint, eben der Name Jakob doch wieder mehr das Moment nationaler Einheit und Geschlossenheit betonen.

Zobel

יַעַר *ja'ar*

I. Wälder im syrisch-palästinensischen Raum – II. Etymologie und Bedeutung – 1. „Wald" oder „Dickicht" – 2. „Honig"? – III. Belege im AT – 1. in Eigennamen und geographischen Hinweisen – 2. im übrigen Gebrauch – a) Kontext und Wortfeld – b) alte Übersetzungen – IV. Theologische Bedeutung.

Lit.: *D. Baly*, Geographisches Handbuch zur Bibel, 1966. – *H. Bardtke*, Die Waldgebiete des jordanischen Staates (ZDPV 72, 1956, 109–122). – *G. Dalman*, AuS I, 73–89; 254–261. – *A. Eig*, On the Vegetation of Palestine, Tel-Aviv 1927. – *H. Gilead*, היער המקראי (BethM 61, 1974/75, 276–282). – *G. Giordano*, The Mediterranean Region (in: *S. Haden-Guest, J. K. Wright, E. M. Teclaff* [ed.], A World Geography of Forest Resources, New York 1956, 317–352). – *R. Gradmann*, Die Steppen des Morgenlandes in ihrer Bedeutung für die Geschichte der menschlichen Gesittung, 1934. – *Ders.*, Palästinas Urlandschaft (ZDPV 57, 1934, 161–185). – *C. Houtman*, De jubelzang van de struiken der wildernis in Ps. 96:12b (Festschr. N. H. Ridderbos, Amsterdam 1975, 151–174). – *B. S. J. Isserlin*, Ancient Forests in Palestine. Some Archaeological Indications (PEQ 1955, 87f.). – *H. F. Mooney*, Southwestern Asia (in: *S. Haden-Guest* usw. [s.o.], 421–440). – *M. Nadel*, שמות הררים התלויים בשערה (Lešonénu, Sonderheft, 5714, 51–60). – *E. Orni – E. Efrat*, Geography of Israel, Jerusalem – London [3]1971. – *L. Rost*, Judäische Wälder (PJB 27, 1931, 111–122). – *M. B. Rowton*, The Topological Factor in the *Ḫapiru* Problem (Festschr. B. Landsberger, Assyr. Studies 16, Chicago 1965, 375–387). – *Ders.*, The Woodlands of Ancient Western Asia (JNES 26, 1967, 261–277). – *W. van Zeist – J. A. H. Heeres*, Paléobotanical Studies of Deir ʿAllā, Jordan (Paléorient, 1, 1973, 21–37). – *M. Zohary*, Plant Life of Palestine. Israel and Jordan (= Chronica Botanica 33), New York 1962. – *Ders.*, שרידי יערות קדומים שנמצאו בארץ ישראל (EMiqr III, 726–735).

I. In prähistorischer Zeit bedeckten ausgedehnte Wälder große Teile der Mittelmeerländer (vgl. Rowton, JNES 26, 1967, 263ff.). Für den syrisch-palästinensischen Raum sind die frühere Anwesenheit und der Charakter dieser Wälder teils aufgrund freilich noch sparsam vorhandener paläobotanischer und -geographischer Studien (vgl. Gradmann, ZDPV 57, 174; Van Zeist-Heeres 35ff.), teils aufgrund einiger Mitteilungen in der alten Literatur und in den alten Urkunden (ANET[3] 227, 240, 268f., 307, 477, vgl. 25f. (Wen-Amon-Erzählung); EMiqr III, 724f., Rowton, JNES 26, 261–277) und Bildern (ANEP 350, 374 usw.), teils aufgrund der nur geringen Überreste der früheren Vegetation (AuS I, 76; Gradmann, ZDPV 57, 171; Zohary, Plant Life, 71ff.) zu rekonstruieren. Zur Bestimmung des Begriffes „Wald" im AT ist eine kurze pflanzengeographische Skizze dienlich.

In der palästinischen Pflanzenwelt gibt es nicht weniger als 718 Gattungen und etwa 2250 Pflanzenarten (Deutschland 2680; Britische Inseln 1750, vgl. Zohary 39), die abhängig von Klima und Bodenbeschaffenheit, von Wäldern mit dichtem Baumwuchs bis zum vereinzelt vorkommenden Steppengras variieren können (Karten bei u.a. Baly; Zohary und in: Atlas of Israel, published by Survey of Israel, Jerusalem–Amsterdam, 1970, Kap. VI). Aufgrund der Floraanalyse in phytogeographischen Gruppen hat der Botaniker A. Eig versucht, Palästina in drei Gebiete aufzugliedern (Zohary 50ff. und 232f. [Studien Eigs]; Orni-Efrat 164–174; de Buit, DBS VI, 1044–1050; Atlas of Israel, VI): 1. das mediterrane Gebiet (größter Teil Cisjordaniens und ein breites Gebiet von Jarmuk bis Petra in Transjordanien mit einer alljährlichen Niederschlagsmenge über 350 mm); 2. das irano-turanische Gebiet (schmaler Streifen in Cisjordanien, östl. und südl. von erstgenanntem Gebiet, begrenzt durch die Wasserscheide Hebron-Jerusalem-Nablus-Tiberias; in Transjord. schließt es erstgenanntes Gebiet ein mit nordöstl. Ausläufer in die syr. Wüste; Niederschlagsmenge: 350–150 mm alljährlich; Kontinentalklima; lößartiger Boden); 3. das saharo-sindische Gebiet (größtes der drei genannten Gebiete, etwa die Hälfte Palästinas, weiter Edom und große Teile des Negebs, alljährliche Niederschlagsmenge nur 150–25 mm). Abgesehen von einigen kleineren Gebieten (z. B. der sudanischen Penetrationszone in dem Gebiet des Toten Meeres) und Übergangszonen und von Gebieten, welche in edaphischer Hinsicht zum Baumwuchs untauglich sind, wird von den drei Gebieten das erste durch Wald und Maquis gekennzeichnet (z. B. Karmel, Galilea; AuS I, 75). Die Überreste der prähistorischen Vegetation weisen darauf hin, daß einst Kiefern-, Eichen-, Savannen- und andersartige Wälder und außerdem immergrüne Park- und Steppenbuschwälder (*macchia*, Maquis) Palästinas Berge und Täler bedeckt haben (Zohary 67ff.). Mensch (vgl. Jes 14, 8; 37, 24; 60, 13) und auch Tiere (Jes 7, 25; 27, 10) haben schon früh, als wichtige ökologische Faktoren, Wälder gerodet und ausgerottet, die aber später teilweise durch die regenerative Kraft des Pflanzenkleides durch Maquis und *garrigue* ersetzt wurden (Gradmann, Steppen, 44; ders., ZDPV 57, 171). Teilweise hat der Mensch den Boden auf andere Weise benutzt, so daß dann auch die Erosion vernichtend zugeschlagen hat (Rowton, Topological Factor, 378).

Wenn man unter „Wald" einen geschlossenen Baumwuchs versteht, dann hat man sich die Wälder in den Mittelmeerländern und vor allem in Syrien und Palästina immerhin anders vorzustellen als die Wälder in Nord- oder Mitteleuropa. Durch das Wort „Wald" wird auch der Maquis bezeichnet, das mediterrane Waldland oder der Strauchwald, in dem sich Hartlaubgehölz und immergrüne niedrige Bäume und Sträucher von etwa 4 m Höhe finden. Wenn der Mensch nicht eingreift, kann unter günstigen ökologischen Bedingungen Maquis sich wieder zum Wald entwickeln, in dem eine oder mehrere Baumarten vorkommen (vgl. z. B. die Aleppokiefernwälder mit ihren Sträuchern von Maquis und *garrigue*, Zohary, 111; ders., EMiqr III, 726ff.; Rowton 380f.). Deshalb ist es nicht möglich, immergrüne Wälder und Maquis genau zu unterscheiden (Zohary 83). Ein Wald mit hohen Bäumen hat öfters dichtes Unterholz von Büschen und Sträuchern (Rowton 376). Die *garrigue* ist niedriges Gebüsch mit reicher Bodenflora von Kräutern bis zur Höhe von 1 m. Neben diesen „Wald"-Typen gibt es schließlich noch *batha* (*bāṭāh* Jes 5, 6, ein im Jahre 1927 von Eig geprägtes Wort für mediterrane Zwergsträucher, die 50 cm nicht übersteigen; Eig 37–49, spez. 37ff., auch „Heide" genannt). Obwohl zur Zeit, abgesehen von den Überresten alter Wälder auf dem Karmel, dem Libanon, in Transjordanien usw., und von den ausgedehnten Aufforstungen (Weitz, EncJud IX, 1971, 787–790) in Israel, die jetzt durchgeführt werden, in großen Teilen des pal. Gebietes *garrigue* und *batha* vorherrschen, hat man für die at.liche Zeit mit erheblich mehr hohem und dichtem Wald zu rechnen. Im Gegensatz aber zur Lage im syrisch-palästinensischen Gebiet hat man weder in Mesopotamien (Mooney 428), noch in Ägypten (Giordano 341) und Arabien (Mooney 433ff.) Wälder wie auf den syrischen und kanaanäischen Bergen gekannt.

II. 1. Im Ugar. findet sich ein Wort *jʿr* nur in KTU 1.4, vii, 36; 1.5, vi, 18; 1.6, I, 2 und KTU 4.609, 18, dazu in einigen Namen von Orten und Personen (Gröndahl, PNU 30. 142). Die Übersetzung des Wortes schwankt zwischen 'Wald', 'Gestrüpp' usw. einerseits (z. B. Gordon UT Nr. 1126; Aistleitner WUS Nr. 1200) und 'Schermesser' andererseits (WUS Nr. 2097; vgl. hebr. *taʿar* und *môræh* I). In KTU 1.5, vi, 17–19 (vgl. KTU 1.6, i, 2) wird *jʿr* in *ǵr. bʾbn jdj. psltm. bjʿr jhdj. lḥm. wdqn* durch viele Gelehrte mit Recht durch 'Schermesser' übersetzt (Aistleitner, Die mythologischen und kultischen Texte aus Ras Schamra, Budapest ²1964, 17; De Moor, UF 1, 1969, 227; ders., AOAT 16, 190. 193; Fisher, RSP I, 135; anders z. B. Jirku, Kanaan. Mythen und Epen aus Ras Schamra-Ugarit, 1962, 63 ['Wald']; Fenton, UF 1, 1969, 70[*bjdm* anstatt *bjʿr*]). In KTU 1.4, vii, 36 hingegen deutet *jʿr* deutlich auf den Begriff 'Wald' hin: *b. bʿl. tỉḫd jʿrm šnỉ. hd. gpt ǵr* „Die Feinde Baʿals griffen die Wälder an, die Hasser Hadads die Hänge der Felsen." Auf gleiche Weise wie hin und wieder im AT findet sich hier eine enge Beziehung zwischen „Wald" und „Berg", ohne daß man (z. B. mit Dahood, Proverbs and Northwest Semitic Philology, Rom 1963, 18 Anm. 2; Nadel 57) Synonymie anzunehmen hat (vgl. Lipiński, La royauté de Yahwé, Brüssel 1965, 205 Anm. 2; Van Zijl, AOAT 10, 148): *jʿr* ist nicht durch 'Hügel' zu übersetzen. Ebensowenig ist die Übersetzung von *ǵr* durch 'Wald', 'Gehölz' gesichert (De Moor, JNES 24, 1965, 362f.; Van Zijl, AOAT 10, 149f.; weiter Aistleitner, WUS Nr. 2166; Gordon, UT Nr. 1953; Fisher, RSPI, 435).

Im Akk. findet sich, neben dem für 'Wald' geläufigen Wort *qištu(m)* (AHw 923b), auch als Fremdwort *a-ar* (CAD I/2, 209a; vgl. *ajaru*, CAD I/1, 230 und **jaru*, CAD 7, 326). Fraglich ist, ob hier Verwandtschaft mit westsem. *jʿr* vorliegt (so GesB s.v. יער). In anderen vor allem nordwestsem. Sprachen kommt *jʿr* nur vereinzelt in den älteren Phasen vor. Im Punischen soll man ein Wort *iar* für 'Holz' (*lignum*, Augustinus, Enarratio in Psalmum cxxiii, MPL 37, 1644) gekannt haben, und eine numidisch-punische Bilingue (KAI 100, 6) vermeldet *hḥršm šjr* 'Zimmerleute' (vgl. *jʿr* als Element in Personennamen: Benz, Personal Names in the Phoenician and Punic Inscriptions, Rom 1972, 324). In der moabit. Mešaʿ-Inschrift (KAI 181, 21f.) findet sich *ḥmt hjʿrn* „Mauer der 'Wälder'" neben *ḥmt hʿpl* „Mauer der Akropolis". In diesem Fall dürfte es sich um eine Bezeichnung einer der Mauern eines moabitischen Ortes handeln, die ihren Namen dem Umstand entlehnte, daß sie entweder ein Park (vgl. auch Pred 2, 5f.) umgab, oder aus (Zedern-)Holz hergestellt wurde (s. u. III. 1. zu 1 Kön 7, 2 usw.). Im Syrischen ist *jaʿrā* 'Gestrüpp', 'Dickicht' in S oft Übersetzung von *šāmîr* in der alliterierenden Verbindung *šāmîr* und *šajiṯ* (Jes 5, 6; 7, 23ff.; 9, 17; 10, 17; 27, 4; 32, 13 (ohne *šajiṯ*); weiter Jes 24, 25; Hos 10, 4; Hi 38, 27; Spr 24, 31). Im aram. T° ist *jaʿrā* Übersetzung von hebr. *sûp̱* 'Schilf' (Ex 2, 3. 5 usw.), während in dieser Sprache hebr. *jaʿar* durch andere Wörter übersetzt wird (s. u. III. 2. b). Man schlägt im allgemeinen einen Zusammenhang zwischen hebr. *jaʿar* und arab. *waʿr* ('ungangbar[er Weg]', 'wellig[es Gelände]', Lane s.v.) vor (im Äthiopischen ist dieses Wort 'steiniges und waldiges Gelände'). Vielleicht besteht dieser Zusammenhang in etymologischer Hinsicht, aber je nachdem ob sich ein solcher *jaʿar* in der trockenen syrisch-arabischen Wüste oder auf den feuchten syrisch-palästinensischen Bergen findet, kann die Bedeutung des Wortes wechseln und bald das steinige Gelände, bald den durch dichtes Unterholz unzugänglichen Wald bezeichnen.

2. An einigen at.lichen Stellen wird *jaʿar* durch 'Honigwabe' übersetzt (1 Sam 14, 26 [cj. 25: *wajᵉhî jaʿar*

$d^e\underline{b}a\check{s}$ (mit LXX)]; HL 5,1; vgl. 1 Sam 14,27 *ja'^{a}rāh*). Caquot (ThWAT II 136) hat mit Recht darauf hingewiesen, daß *ja'^{a}rāh* „ein unverständliches hapax legomenon" ist, „dessen eingebürgerte Übersetzung durch 'Honigwabe' keineswegs sicher ist". Dasselbe gilt dem Wort *ja'ar* 'Honig(wabe)'. Die einzige Stelle, wo sich das Wort dieser Bedeutung nähert, ist HL 5,1 (die LXX übersetzt hier ἄρτος 'Brot'; vgl. Vetus Latina *panis;* S „Süßigkeit"; Symmachus δρυμός). Im Zusammenhang mit Ex 2,3.5 (T°) ist Raši der Meinung, das Wort bedeute etwa 'Zuckerrohr' (vgl. Nestle bei P. Joüon, Le Cantique des Cantiques, Paris ²1909, 226: 'Bienenbrot'). In 1 Sam 14,25f. gibt es noch weniger Grund für die Annahme, daß *ja'ar* 'Honigwabe' bedeuten soll. Man kommt hier mit der Übersetzung 'Wald' gut aus. Die Bedeutung von *ja'ar* in HL 5,1 ist also unsicher und selbstverständlich genauso die Etymologie dieses Wortes. Einige betrachten es als Homonym von *ja'ar* 'Wald', nehmen demnach eine andere Herkunft an (vgl. KBL³ s.v. 404; Guillaume, Abr-Nahrain 4, 1963/4, 7: arab. *'arj*, äth. *ma'ar;* De Moor, UF 7, 1975, 591 Anm. 1 weist auf die Ungewißheit dieser Etymologie hin), andere sind der Meinung, daß die Wörter von derselben Wurzel stammen (so schon Gesenius, Thesaurus s.v. 611; anders Delitzsch, Philol. Forderungen an die Hebr. Lexikographie, MVAG 20, 1917, 26ff.). Immerhin besteht die Möglichkeit, daß *ja'ar* in HL 5,1 (wie ugar. *'r*) auf pflanzliche Süßigkeit hinweist, was im palästinensischen Bereich einen Zusammenhang mit *ja'ar* 'Wald' nahelegt.

III. 1. Als Namenselement kommt *ja'ar* am häufigsten in dem geographischen Namen der „Wälderstadt" (AuS I, 76) Qirjat Je'arim vor (Jos 9,17; 15,9f. [= Ba'ala]. 60 [= Qirjat Ba'al]; 18,14 [idem]. 15; Ri 18,12 (2mal); 1 Sam 6,21; 7,1f.; Jer 26,20 [Qirjat-hajje'arim!]; Neh 7,29; 1 Chr 2,50.52f.; 13,5f.; 2 Chr 1,4; weiter als Qirjat 'Arim in Esr 2,25; als Qirjat in Jos 18,28 [Haplographie? Simons, GTTOT § 327 (II/14)]). Es handelt sich um eine benjaminitische Stadt (jetzt *dēr el-azhar* [Simons, GTTOT § 314; 319 (F/1); 326; 1016 usw.]), etwa 14 km wnw von Jerusalem an der judäischen Grenze. Andere Stellen, in denen *ja'ar* als Element in geographischen Namen zu betrachten ist, sind: Jos 15,10 in einer Beschreibung der Grenze des judäischen Gebietes, in der der Nordabhang *har-j^e'ārîm* („Wäldergebirge", vgl. Alt, PJB 24, 1928, 28ff.) als *k^{e}sālôn* bezeichnet wird (auch LXX, V, S und T deuten es als Ortsnamen); 1 Sam 22,5 (David soll nach *ja'ar ḥæræṯ* gehen [= *ḫārās* etwa 4 km ö von Qe'īlā (vgl. 23,1–13)]; GTTOT § 700; Rowton, Topological Factor, 380 Anm. 32); 2 Sam 18,6 (vgl. 8.17; Schlacht gegen Absalom im *ja'ar 'æprajim*. Es handelt sich hier wahrscheinlich um einen Wald in Transjordanien [GTTOT § 785; Noth, Gesch. Israels, Göttingen ⁷1969, 60, 185; vgl. jedoch D. Leibel, Yedi'ot 31, 1966/7, 136–139: „Wald der Refaim"]). Außerdem gibt es Stellen, in denen der Wald ziemlich genau lokalisiert wird: Jos 17,15.18 erwähnt eine vorgenommene Waldrodung im Lande der Pheresiter und Rephaiter durch Josephs Nachkommen. Die Lage dieses Waldes ist jedoch umstritten, vor allem weil man (vgl. Eißfeldt, Hexateuch-Synopse, Leipzig 1922 [= 1973], 77; Noth, PJB 37, 1941, 75 [= ABLAK I, 368]) in Jos 17,14f. und 16ff. zwei verschiedene, inhaltlich einander jedoch parallellaufende Erzählungen voraussetzt, deren erstere nur eine jüngere Variante der nicht auf das Ostjordanland bezüglichen zweiten Geschichte ist. Neben denjenigen, die hier das Ostjordanland vermuten (Noth, a.a.O.; Mauchline, VT 6, 1956, 31; Bartlett, VT 20, 1970, 269 Anm. 3), gibt es andere, die das Westjordanland bevorzugen (Hertzberg, BHHW III, 2134; Gray, Joshua, NCB, 151). In 2 Kön 2,24 wird über einen Wald in der Nähe Bethels gesprochen, während manchmal die Wälder auf dem Karmel (→ כרמל [*karmæl*]), dem Libanon (→ לבנון [*l^{e}bānôn*]) und einmal in Basan (Sach 11,2) erwähnt werden. Ez 21,2f. teilt mit, es gäbe einen Wald im Negeb, aber es ist möglich (abgesehen von Textemendation; Reider, VT 2, 1952, 119f.), daß hier die südliche Himmelsrichtung gemeint ist (Zimmerli, BK XIII/1², 461. 464f.). Fragwürdig ist es, in Jes 10,17ff. einen Wald in Assur und in Jer 46,23 einen Wald in Ägypten vorauszusetzen, weil in diesen Stellen Metaphern benutzt werden. In Ps 132,6 ist *ś^{e}dê-ja'ar*, mit Ephrata parallel, als Ortsname für Qirjat Je'arim zu fassen, obwohl die alten Übersetzungen diese Meinung nicht stützen (vgl. auch Robinson, ZAW 86, 1974, 220ff.). In 1 Kön 7,2; 10,17 (par. 2 Chr 9,16). 21 (par. 2 Chr 9,20) wird eines der Gebäude von Salomo *bêṯ ja'ar hall^{e}bānôn* genannt, in Jes 22,8 *beṯ hajja'ar* (vgl. auch Jer 21,14; 22,7: Weiser, ATD 20, 189; Rudolph, HAT 12³, 139). Es handelt sich hier um ein aus Zedernholz hergestelltes Gebäude, dessen ursprüngliche Bestimmung aus den Quellen nicht genau zu erschließen ist. Eine Hypothese ist, das Gebäude war einst ein Zeughaus (vgl. die angeführten Texte, weiter Neh 3,19 und V 2 Chr 9,16; Jes 22,8: *armamentarium*), aber wahrscheinlicher ist, daß das „Libanonwaldhaus" anfänglich eine königliche Empfangshalle war (Mulder, ZAW 88, 1976, 99ff.).

Als Element in Personennamen ist *ja'ar* nicht deutlich (*ja'rāh* in 1 Chr 9,42 [MSS von LXX *ja'dāh*]).

2. a) Abgesehen von dem Ortsnamen Qirjat Je'arim (s.o. III.1.) und von HL 5,1 (s.o. II.2.) kommt *ja'ar* 59mal im AT vor (in der Bedeutung 'Wald' usw.).

Die Stellen sind: Deut 19,5; Jos 15,10; 17,15.18; 1 Sam 14,25f.; 22,5; 2 Sam 18,6.8.17; 1 Kön 7,2; 10,17.21; 2 Kön 2,24; 19,23; Jes 7,2; 9,17; 10,18f.34; 21,13; 22,8; 29,17; 32,15.19; 37,24; 44,14.23; 56,9; Jer 5,6; 10,3; 12,8; 21,14; 26,18; 46,23; Ez 15,2.6; 21,2f.; 34,25; 39,10; Hos 2,14; Am 3,4; Mi 3,12; 5,7; 7,14; Sach 11,2; Ps 29,9; 50,10; 80,14; 83,15; 96,12; 104,20; 132,6; HL 2,3; Pred 2,6; 1 Chr 16,33; 2 Chr 9,16.20. Die grammatisch-syntaktische Position des Wortes ist einigermaßen kennzeichnend für seine Rolle in den at.lichen Büchern: für etwa die Hälfte kommt das Wort in st. cstr. vor (meistens als nomen rectum), nur einige Male ist es Subj. (2 Sam 18, 8; Jes 32, 19; Sach 11, 2) oder Obj. (Jer 10, 3; 46, 23; Ps 29, 9; 83, 15; Pred 2, 6), öfters ist es mit Präpositionen (als präposit. Objekt) verbunden. Zweimal (außer Jos 15, 10) findet sich eine Pluralform auf *-îm* (Ez 34, 25 [in einigen Handschriften *k^e tîb:* יעורים, vgl. Gesenius, Thesaurus, 612; Wernberg-Møller, RQu 2, 1959/60, 448, in BHS (versehentlich?) nicht mehr vermerkt]; 39, 10), nur einmal eine auf *-ôṯ* (Ps 29, 9 [Driver, JThSt 32, 1931, 255, denkt an einen Plural von **ja'^a rā* 'Zicklein', aber Doppelformen bei Pluralendungen sind sonst üblich, GKa § 87m]). Einmal ist das Wort mit *-h locale* (Jos 17, 15) und 4mal mit einem Suffix (Jes 10, 18f.; Jer 21, 14; 46, 23) versehen. In Jes 44, 23 liegt ein Vokativ vor.

Neben diesen grammatischen Angaben gibt es eine Anzahl kontextueller Anweisungen und im Wortfeld wirkender Worte, die die Bedeutung von *ja'ar* verdeutlichen.

Öfters kommen die Wörter *'eṣ* und *'eṣîm* in unmittelbarem Kontext vor (Deut 19, 5; Jes 7, 2; 10, 19; 44, 14 usw.). Man hat Bäume gerodet (Jos 17, 15. 18 *br' pi*); umgehauen (Deut 19, 5; Jer 46, 23; Ez 39, 10 *ḥṭb*); gefällt (Jes 44, 14; Jer 10, 3; 46, 23 *krt*), aber auch gepflanzt (Jes 44, 14 *nṭ'*). In Jes 10, 34 kann *nqp* 'abhauen' als *pi* oder als *niph* aufgefaßt werden (Jenni, Das hebr. Pi'el, Zürich 1968, 237). Feuer (Jes 9, 17; 10, 17; Jer 21, 14; Ez 39, 10 [vgl. 15, 6]; Ps 83, 15), Gewitter (Ps 29, 9, obwohl die Übersetzung 'Wald' hier fraglich ist) und Hagel (Jes 32, 19 [?]) können die Wälder verheeren, während der Wind Bäume 'beben' läßt (Jes 7, 2). Das Ende der „Herrlichkeit" (Jes 10, 18) eines Waldes kann auch durch die Verben *kālāh* und *jārad* bezeichnet werden (Jes 10, 18; 32, 19; Sach 11, 2). Es hat neben den unzugänglichen Wäldern (2 Sam 18, 8. 17; Jer 26, 18; Mi 3, 12 usw., vgl. 1 Makk 9, 45), anscheinend auch durch Menschen angebaute Wälder, Parklandschaften und Gärten gegeben (Jes 44, 14; HL 2, 3; Pred 2, 6 [vgl. 5] → גן [*gan*]). Obstgärten können jedoch durch Verheerungen wieder in Wald verwandelt werden (Hos 2, 14) und Wald kann sich inmitten von Gärten (oder: auf dem Karmel) befinden (Mi 7, 14). Neben „allen Bäumen im Walde" im allgemeinen (Ps 96, 12 usw.) sind folgende Bäume mit Namen zu verzeichnen: *'elāh* (2 Sam 18, 9) und *'allôn* (Jes 44, 14; Sach 11, 2) 'Eichen' oder 'Terebinthen'; *'oræn* (Jes 44, 14) 'Lorbeer'; *'æræz* (2 Kön 19, 23; Jes 37, 24; Sach 11, 2) 'Zeder' oder 'hochstämmiges Nadelholz'; *b^e rôš* (ebenda) 'Wacholder' und *tirzāh* (Jes 44, 14), eine unbekannte Baumart. Der Wald liefert Brennholz (Jes 44, 15 usw.), aber auch *d^e baš* (1 Sam 14, 25ff.) und fruchttragende Bäume (Pred 2, 6 erwähnt eine Art Gartenanlage), von denen *tappûaḥ* (HL 2, 3) 'Apfelbaum' und *gæpæn* (vgl. *z^e môrāh* 'Zweig', Ez 15, 2. 6; Hos 2, 14 [hier auch *t^e 'enāh* 'Feigenbaum']) vielleicht ausnahmsweise besonders hervorgehoben werden, weil es sich hier eben nicht um übliche Bäume im Wald handelt. Dem Maquischarakter der Wälder entspricht die Anwesenheit von Dornen und Disteln (Jes 9, 17; 10, 17) und von Unterholz und Gestrüpp (*śôbæk* 2 Sam 18, 9; *s^e bak* Jes 9, 17; 10, 34), in denen sich Flüchtlinge bequem verstecken können (1 Sam 22, 5; vgl. Hoftijzer, UF 4, 1972, 156 Anm. 13), die aber dem Menschen auch verhängnisvoll werden können (2 Sam 18, 8f.). Hieraus ergibt sich, daß Wälder überhaupt keine Orte zur normalen Bewohnung sind, obwohl man dort wohl notgedrungen die Nacht verbringen kann (Jes 21, 13; vgl. *mālôn* 2 Kön 19, 23 [par. *mārôm* Jes 37, 24]; Ez 34, 25; Mi 7, 14). Die unzugängliche Lage vieler Wälder bestätigen Wörter wie *'^a bānîm* und *paḥaṯ* (2 Sam 18, 17) und auch in wüstem Gelände hat es, nach einigen Berichten, *ja'ar* gegeben (Jes 21, 13; Ez 21, 2f.). Hin und wieder werden Wörter wie *har* (Jos 15, 10 [in einem Namen]; 17, 15. 18; Jes 44, 23; Mi 3, 12 [par. Jer 26, 18 *bāmôṯ*]; Ps 50, 10; 83, 15; 96, 12 [par. 1 Chr 16, 33]; vgl. 2 Kön 19, 23 [par. Jes 37, 24]); *midbār* 'Steppe' (Ez 34, 25; vgl. Jes 32, 15); *'^a rāb* 'Wüste' (Jes 21, 13; vgl. Jer 5, 6 *z^e 'eb '^a rābôṯ*) und eben *śādæh* (1 Sam 14, 25; 2 Sam 18, 6; Jes 56, 9; Ez 21, 2; 39, 10; Hos 2, 14; Ps 50, 10 usw.) in demselben Wortfeld gefunden, ohne daß man z. B. auf Identität zwischen *ja'ar* und *har* schließen darf (s. o. II. 1.). Selbstverständlich finden sich in Berggebieten Wälder auf den Bergen (z. B. auf dem Libanon 2 Kön 19, 23; Jes 10, 34 usw.). Der rohe und unheimliche Charakter der Wälder wird öfters durch Raubtiere und andere wilde Tiere gesteigert (Jes 56, 9; Ps 50, 10; 104, 20; vgl. Hos 2, 14; Ez 34, 25; 1 QH 8, 8), von denen mit Namen der Löwe (Jer 5, 6 [par. Steppenwolf]; 12, 8; Am 3, 4; Mi 5, 7), der Bär (2 Kön 2, 24) und die Wildschweine (Ps 80, 14; vgl. O. Keel, Die Welt der altorientalischen Bildsymbolik und das Alte Testament, ²1977, 96f.) genannt werden. Neben *ḥajjāh* kommt auch das Wort *b^e hemāh* zur Bezeichnung der Tierwelt des Waldes vor (Mi 5, 7; vgl. Ps 50, 10; Botterweck, ThWAT I, 523–536; vielleicht handelt es sich hier nicht um Raubtiere).

Die obige Darstellung weist darauf hin, daß das Wort *ja'ar* im AT nicht ein eng umgrenzter technischer Term für eine wohlumrissene Gattung „Wald" gewesen ist. Die Bedeutung des Wortes nähert sich jedoch dem von Eig, Zohary und anderen Botanikern beschriebenen Wald im mediterranen Gebiet (s. o. I.). Es handelt sich hier zwar ausnahmsweise um Wälder mit nur hohen Bäumen, vor allem aber um den zwischen und unter diesen Bäumen vorkommenden Strauchwald (Maquis) mit Gras (vgl. 1 Makk 4, 38) und Kräutern, in dem zahme und wilde Tiere leben können und der dem Wald seinen oft unzugänglichen Charakter zuspricht. In diesem Zusammenhang passen auch Wörter wie *ḥoræš* (Ez 31, 3; 2 Chr 27, 4; vgl. Jes 17, 9; 1 Sam 23, 15–19); *ḥ^a rošæṯ* (vgl. Ri 4, 2. 13. 16); *s^e bak* (Gen 22, 13; Jes 9, 17; 10, 34); *s^e bok* (Jer 4, 7; Ps 74, 5); *śôbæk* (2 Sam 18, 9) und *'āb* (Jer 4, 29).

b) In der LXX wird *ja'ar* etwa 50mal durch δρυμός übersetzt (in den Büchern, von denen keine hebr. Vorlage vorhanden ist, kommt dieses Wort in Bar 5, 8; 6, 63; 1 Makk 4, 38; 9, 45; PsSal 11, 5; TestSal 11, 7 [vgl. 14, 6]; TestAbr A 10 [2]; B 6 [2] vor). Auch ist δρυμός einige Male Übersetzung von hebr. Wörtern wie *ḥoræš* (2 Chr 27, 4); *ḥ^a rošæṯ* (Ri 4, 16 [A]) und *s^e bok* (Ps 73, 5), während sich an anderen Stellen jeweils nach Handschriften verschiedene Übersetzungen finden. Manchmal ist nicht deutlich, welches hebr. Wort durch die LXX übersetzt wurde. In V findet sich 36mal *saltus* und 19mal *silva* (außerdem in *Psalmos ad. Hebr.* in Ps

29, 9; 96, 12; 132, 6 *saltus*). Nur in 2 Chr 9, 16 wird *nemus* benutzt (in Gen 21, 33; 1 Sam 22, 6; 31, 13 Übersetzung von *'æšæl*, in Ri 6, 25f. 30 für *'ašerāh*). In V ist die geläufige Übersetzung von *'ašerāh lucus* (in LXX ἄλσος). Es handelt sich hier um die Stätten heidnischer Kulte, den „sakralen Wald", den „heiligen Hain", wie dieses Wort versehentlich durch die Übersetzungen der LXX und V auch in den älteren modernen Übersetzungen übertragen wurde (Luther; vgl. „grove" in der „King James Version"; „bosch" in der niederl. „Statenvertaling" usw.).
In den beiden Übersetzungen des aram. Sprachbereiches wendet S für *ja'ar* fast immer *'ābā* an (50mal; vgl. für *ja'rā* u.a. Hi 38, 27; Spr 24, 31 und s.o. II.1.), T hingegen *ḥuršā'* (39mal). Im Rahmen des midraschartigen Charakters der letztgenannten Übersetzung kommen öfters andere Übertragungen vor (מַשִׁירִיתָא „Armee" in Jes 9, 17; 10, 18f. usw.; בֵּית מִקְרִית מַלְכָּא „kühles Haus des Königs" in 1 Kön 7, 2 usw.).

Wie im Hebr. ist auch in den alten Übersetzungen die Grenze zwischen *ja'ar* einerseits und *har* oder *śāḏæh* andererseits zuweilen fließend: δρυμός für *har* (Jos 17, 18) und *śāḏæh* (2 Sam 18, 6); *saltus* für *śāḏæh* (2 Sam 17, 8; 2 Kön 14, 9; Ez 31, 6); *silva* für *śāḏæh* (2 Sam 2, 18; 2 Chr 25, 18) und für *sebōk-'eṣ* (Ps 74, 5). Man findet hier eine Bestätigung der Annahme, daß *ja'ar* im AT, obwohl Bezeichnung eines Waldes in profanem Sinn, kein technischer Term für eine bestimmte Gattung „Wald" ist.

IV. Vielleicht weniger als → גַּן (*gan*), → עֵץ (*'eṣ*) und derartige Wörter spielt *ja'ar* im theologischen Sprachgebrauch des AT eine Rolle (s.o. III.2.b auch zur Übersetzung von *'ašerāh*). Dem Wort kann man ja keine sakrale Bedeutung beimessen. Trotzdem kommt *ja'ar*, zumal in den prophetischen Büchern, in theologischen Aussagen vor. Zuweilen ist *ja'ar* nur Unterteil einer Vergleichung wie in Jes 7, 2 (Das Herz des Volks und des Königs bebte, wie Bäume im Walde beben vom Winde); 9, 17 (Bosheit lodert wie Feuer, das den Wald anzündet); Ez 15, 6 (Wie Gott das Holz des Weinstocks, das im Walde wächst, dem Feuer zu verzehren gibt, so . . . usw.). Fraglich ist, ob ein Weinstock überhaupt im Walde wachsen kann (vgl. Hos 2, 14; s.o. III.2.a). *gæpæn* (in der allgemeinen Bedeutung 'Rankenpflanze', 'Strauch', s. ThWAT II, 60; vgl. Zimmerli, BK XIII/1², 328) und vor allem *zemôrāh* meinen vielleicht 'junge, grüne Zweige'. Ez 15, 2 wäre vielleicht folgendermaßen zu übersetzen: „Du Menschenkind, was hat das Holz der Rebe voraus vor allem Holz, (und) der Zweig, der unter den Bäumen des Waldes wächst?" (*h* vor *zemôrāh* wäre als Fragepartikel zu lesen).
Neben diesen Vergleichen stehen die Fälle, in denen Tiere des Waldes genannt werden (Jes 56, 9; Jer 5, 6; 12, 8; Am 3, 4; Mi 5, 7; Ps 50, 10; 80, 14; 104, 20 [Nachttiere]; 1 QH 8, 8; vgl. Hos 2, 14), die entweder zum Gericht auftreten oder Bild der Einsamkeit und des Gerichtes sind (vgl. auch 2 Kön 2, 24). Obwohl der Wald durch Räuber und unzugängliches Gestrüpp ein für Menschen unbehagliches Gelände sein

kann, hat er doch eine bestimmte „Herrlichkeit" (*kāḇôḏ* Jes 10, 18). Diese „Herrlichkeit" (vgl. *ge'ôn hajjarden* Jer 12, 5; 49, 19; Sach 11, 3; ThWAT I, 881) ist nicht zuerst ästhetisch bestimmt, sondern sie entlehnt ihre Würde der Verfügungsgewalt Gottes, weil der Wald Teil seiner Schöpfung ist (Ps 50, 10: Alles Wild im Walde ist Gottes; Ps 29, 9: „die Stimme" Gottes reißt Wälder kahl [falls keine andere Auslegung vorzuziehen ist, s.o. III.2.a]; vgl. Bar 6, 63: Gottes Feuer verzehrt die Wälder). Vielleicht begegnet man in Jes 37, 24 (par. 2 Kön 19, 23) (Sanherib sei bis zu der äußersten Höhe des Libanons gekommen, „in den Wald seines Gartens [*karmillô*]") der Vorstellung des „Gottesgartens" (H. Greßmann, Der Messias, 1929, 179ff.; ThWAT II, 39f.; Kaiser, ATD 18, 314). Dies ist das einzige Mal, in dem die enge Verbindung zwischen *ja'ar* und *karmæl* keinen offenkundigen Gegensatz zeigt. Deutlich jedoch weisen Jes 29, 17; 32, 15 diese Spannung auf: der Libanon wandelt sich zum Garten und der Garten (*karmæl*) wird für Wald geachtet (*ḥāšaḇ* in dieser Bedeutung z. B. auch in 1 Kön 10, 21). Gottes Verfügungsgewalt über die Wälder entgegen steht das Benehmen des Götzendieners: er sucht im Walde seinen Götzen (Jes 44, 14; Jer 10, 3; zum götzenpolemischen Zusammenhang: H. D. Preuß, Verspottung fremder Religionen im AT, BWANT 92, 1971, 211ff.), indem er unter den Bäumen des Waldes einen Baum für sich stark werden läßt und schließlich mit einem Schnitzmesser einen Gott als Werk von Menschenhänden daraus macht.
Die Gefahren des Waldes sind für den israelitischen Menschen öfters größer gewesen als die Bequemlichkeiten, daher wird in einigen Unheilsaussagen der Wald als Bild eines unzugänglichen Ortes verwendet. In Mi 3, 12 (zitiert in Jer 26, 18) wird verkündigt, daß Jerusalem zu Steinhaufen und der Tempelberg zu Höhen (LXX: ἄλσος δρυμοῦ; S und T Sing.; vgl. 2 Kön 23, 8 und → בָּמָה [*bāmāh*]) eines Waldes wird. Hos 2, 14 kündigt an, daß der Gott Israels Weinstöcke und Feigenbäume verwildern lassen und zum Wald machen will (vgl. HL 2, 3: der Freund der Braut ist wie ein Apfelbaum unter den Bäumen des Waldes). Aber nicht nur wird der Wald Symbol der Verheerung, er *ist* auch Verheerung für die Menschen. Bildhaft malt dies 2 Sam 18, 8: Absalom fand sein Ende in einem Waldland, das mehr Volk fraß, als das Schwert (vgl. auch 2 Kön 2, 24). Andererseits verkündigen die Propheten in ihren Urteilssprüchen auch die Verheerung der Wälder selbst: Jes 10, 18f. 34; Jer 21, 14 (vielleicht ist hier das „Libanonwaldhaus" gemeint, s.o. III.1. und 22, 6f.); 46, 23 (der Wald darf doch wohl nicht in Ägypten lokalisiert werden, s.o. III.1.); Ez 21, 2f. (gegen das „Südland", s.o. III.1.). In Sach 11, 2 gipfelt die Empfindung von Schmerz um die Verwüstung der Wälder in einer Aufforderung zur Wehklage: „Heult, ihr Zypressen; denn die Zedern sind gefallen . . . heult, ihr Eichen Basans, denn der unzugängliche Wald ist umgehauen."

Andererseits kommt auch in heilvollen Aussagen der Wald vor. Nicht so deutlich ist dies in Jes 29, 17; 32, 15 (s.o.), deutlicher in Ez 34, 25: der gute Hirt wird einmal seine Herde sogar in den Wäldern schlafen lassen. Ez 39, 10 verkündigt, daß die Bürger der Städte Israels dereinst sieben Jahre von den Waffen des Königs von Magog Feuer machen können, so daß man kein Holz im Walde zu schlagen braucht. Und auch jetzt gipfelt die Empfindung von Freude um Gottes Erlösung in einer Aufforderung an die Wälder zum Frohlocken und Jauchzen: Jes 44, 23; Ps 96, 12 (par. 1 Chr 16, 33; vgl. Houtmann, a.a.O.); Bar 5, 8). In der Endzeit wird auch der oft so unheimliche Wald, wie einst in der Urzeit (Gen 2), ein Ort des Friedens und der Sicherheit sein.

Mulder

יָפָה *jāp̄āh*

יָפֶה *jāp̄æh*, יְפִי *jᵉp̄î*, יְפֵיפֶה *jᵉp̄êp̄æh*

I. Umwelt: äg. *nfr* – II. 1. Etymologie, Belege – 2. Wortfeld, Bedeutung, menschliche Schönheit – 3. Zion, König, Baum – 4. HL – 5. Sonstiges.

Lit.: *M. Mannati, Ṭûb-Y.* en Ps XXVII 13: *La bonté de Y.* ou *Les biens de Y.?* (VT 19, 1969, 488–493). – *H. W. Wolff*, Anthropologie des Alten Testaments, 1973, 111–115.

I. Das äg. Wort *nfr*, das gewöhnlich mit ʻschön' oder ʻgut' übersetzt wird, hat ein breites Spektrum von Sonderbedeutungen (WÄS II, 253ff.). *ỉnr nfr* ist ein „schöner" Stein, aber auch ein Stein, der für das Bauen „geeignet" ist; ein *t̠ȝw nfr* ist ein „günstiger" Fahrtwind; eine *pẖr.t nfr* ist ein „wirksames" Heilmittel (vgl. H. Stock, nt̠r nfr – der gute Gott?, 1951, 4ff. mit weiteren Beispielen). In manchen Fällen ist *nfr* = ʻjung': junge Leute, junge Soldaten, Rekruten. Wenn Osiris den Namen *wnn-nfrw*, Onnophris, trägt, wird er wahrscheinlich als der ständig sich erneuernde oder verjüngende Gott bezeichnet (s. dazu G. Jéquier, Considérations sur les religions égyptiennes, Neuchâtel 1946, 51–54). Ebenso könnte *nt̠r nfr* als Epithet des Königs ihn als die immer sich erneuernde Inkarnation des Horusgottes bezeichnen. Die „schönen Wege" sind die Wege, die der Verstorbene zum großen Gott wandelt, „der schöne Westen" ist der Ort der Erneuerung des Lebens. Versuche, auf Grund dieser Sonderbedeutungen eine ursprüngliche Bedeutung von *nfr* zu finden („etwas, was ans Ende oder zum Ziel führt", Stock 8; „sich verjüngend, erneuernd", Jéquier, a.a.O.; „Durchgang" oder „Übergang" [zum Leben], J. Bergman, Actes du XXIXᵉ Congrès international des Orientalistes, Sect. Égyptologie, Paris 1975, 8–14) sind in diesem Zusammenhang nur von theoretischem Interesse.

II. 1. Verwandt mit *jāp̄āh*/*jāp̄æh* sind syr. *p'j* ʻschön sein' (vielleicht auch *ĭp̄ā'* ʻimstande, ausreichend sein', vgl. u.), arab. *wafā* ʻheil sein, vollendet sein', asarab. *wpj* ʻheil sein', vielleicht äth. *wafaja* ʻvollendet sein' (Leslau, Contributions, 24). In den Amarnabriefen findet sich kan. *japu* mit der Glosse *ḫamudu* (vgl. hebr. → חמד [*ḥāmad̠*]). Möglicherweise gehört auch akk. *wapû*, ʻsichtbar werden', hierher.

Belegt sind vom Verbum: *qal* 5mal, *pi* 1mal, *hitp* 1mal, daneben die reduplizierte Form *jŏp̄jāp̄îṯā* (Ps 45, 3), ferner das Adj. *jāp̄æh* 42mal mit der reduplizierten Form *jᵉp̄êp̄æh* (Jer 46, 20 und wahrscheinlich Jer 11, 16, wo statt *jᵉpeh-pᵉrî jᵉp̄êp̄æh* zu lesen ist) und das Subst. *jᵉp̄î*/*jop̄î* 19mal.

2. Die häufige Zusammenstellung mit *to'ar* ʻGestalt' (Gen 41, 18; Deut 21, 11; 1 Sam 25, 3; Esth 2, 7) und *mar'æh* ʻAussehen' (Gen 12, 11; 41, 24; 1 Sam 17, 42; 2 Sam 14, 27) oder mit beiden (Gen 29, 17; 39, 6; vgl. Esth 2, 7 *ṭôḇaṯ mar'æh*) zeigt, daß sich die Schönheit auf die äußere Erscheinung bezieht. Parallel stehen *nā'wāh* (HL 6, 4 von einer Stadt), *nāʻam* (HL 7, 7 von der Geliebten), *bar* (→ ברר, HL 2, 10 von Sonne und Mond), *ḥen* (→ חנן, Spr 31, 30).

Sowohl Männer wie Frauen werden als schön bezeichnet: Joseph (Gen 39, 6), der junge David (1 Sam 16, 12, *jᵉp̄êh ʻênajim*, außerdem *ṭôḇ ro'î;* 17, 42 *jᵉpeh mar'æh*), Absalom (2 Sam 14, 25), der König (Ps 45, 3; der König von Tyrus Ez 28, 12. 17; messianischer König Jes 33, 11), ferner Sara (Gen 12, 11), Rahel (Gen 39, 6), Abigail (1 Sam 25, 3), Tamar, die Schwester Absaloms (2 Sam 13, 4), Tamar, die Tochter Absaloms (2 Sam 14, 27), Abisag von Sunem (1 Kön 1, 3f.), die Töchter Hiobs (Hi 42, 15), die königliche Braut (Ps 45, 12), Vasthi (Esth 1, 11), allgemein von schönen Frauen (Am 8, 13; Spr 11, 22); bildlich von Israel als Frau (Ez 16, 13–15. 25), vom „fremden Weib" (Spr 6, 25). Außerdem haben wir die zahlreichen Beispiele im HL (s.u.). Die Schönheit der Frau wird durch Kleidung unterstrichen (Jer 10, 11).

Schön sind ferner Kühe (Gen 41, 2. 4. 18), eine Färse als Symbol von Ägypten (Jer 46, 20), Bäume (Jer 11, 16; Ez 31, 3. 7–9), die menschliche Stimme (Ez 33, 32), Zion (Ps 48, 8; 50, 2; Kl 2, 15) und Tyrus (Ez 27, 3. 4. 11). Auffallend oft wird erwähnt, wie die Schönheit beim anderen Geschlecht Liebe erweckt. Das kommt gelegentlich durch ein unmittelbar folgendes *'āhaḇ* (Gen 29, 18; 2 Sam 13, 1) oder *ḥāšaq* (Deut 21, 11) zum Ausdruck (vgl. noch *ḥāmad̠* Spr 6, 25, *hiṯ'awwāh* Ps 45, 12), wird aber auch sonst durch den Zusammenhang impliziert (Gen 12, 10ff.; 39, 6ff.; 1 Kön 1, 1ff., ebenso in der Allegorie Ez 16). Ein paarmal wird die Schönheit durch das Verb *hll* als etwas Preisenswertes dargestellt (Gen 12, 15; 2 Sam 14, 25).

Die körperliche Schönheit wird meist positiv bewertet; sie kann aber auch zum gottfeindlichen Stolz verleiten (Tyrus Ez 27, 3ff.; König von Tyrus Ez 28, bes. v. 17; die Frauen von Jerusalem Jes 3, 16–24 mit *jopî* in v. 24). Bei Frauen wird gelegentlich hervorgehoben, daß Schönheit allein nicht ausreicht, nur mit Klugheit oder Gottesfurcht gepaart stellt sie das Frauenideal dar: Abigail ist *ṭôḇaṯ śækæl* und schön an Gestalt (1 Sam 25, 3); eine schöne Frau, die ohne Schamgefühl (*sāraṯ ṭāʿam*) ist, ist ein Unding (Spr 11, 22). „Trug (*šæqær*) ist die Anmut (*ḥen*) und nichtig (*hæḇæl*) die Schönheit, eine Frau, die JHWH fürchtet, die soll man rühmen" (Spr 31, 30).

3. Ungleich äg. *nfr* ʿschön, gut', wird *jph* nicht auf Gott bezogen. Dagegen wird Zion als die Wohnung JHWHs gelegentlich als schön bezeichnet: „Schön erhöht, eine Freude der Erde ..." (Ps 48, 3); „Von Zion, der Vollkommenheit der Schönheit, erstrahlt Gott" (Ps 50, 2). Auf diese beiden Stellen wird Kl 2, 15 angespielt: mit der „Freude der Erde" und „der Vollkommenheit der Schönheit" ist es jetzt aus.

Dagegen wird die Schönheit von Tyrus (als Schiff dargestellt) negativ beurteilt, da sie Anlaß zum gottwidrigen Stolz gibt (Ez 27, 3. 4. 11).

Ein einziges Mal wird der König von Israel als solcher als schön gepriesen, nämlich im Hochzeitslied Ps 45, 3. Jes 33, 17 wird auf die Schönheit des messianischen Königs hingewiesen. Der König von Tyrus aber rühmt sich im Stolz seiner Schönheit (Ez 28, 12. 17) und wird dafür bestraft.

Von einem schönen Baum als Symbol von Israel ist Jer 11, 16 die Rede: „Einen grünenden Ölbaum, schön (l. *jᵉp̄êp̄æh*) an Gestalt hat dich JHWH genannt" – jetzt aber wird der Baum verbrannt werden. Dasselbe Thema wird von Ezechiel aufgegriffen und in einer allegorischen Rede auf Ägypten angewandt: dieses Land wird im Bild einer schönen Zeder dargestellt (Ez 31, 3. 7. 8. 9), die durch ihren Stolz in Verderben gerät.

4. In der Liebespoesie des HL wird ganz selbstverständlich häufig auf die Schönheit der Liebenden hingewiesen (1, 16 mask. sonst immer fem.). Ausdrücke wie „Wie schön bist du!" (1, 15f.; 4, 1), „du Schönste der Frauen" (1, 8; 5, 9; 6, 1), „meine Schöne" (2, 10. 13) sind formelhaft. Interessant ist der Vergleich mit Tirza und Jerusalem (6, 4) und mit Mond und Sonne („schön wie der Mond, klar wie die Sonne", 6, 10). Weitere Belege sind 4, 10 („deine Liebe", *dôḏajiḵ*), 7, 2 („deine Schritte") und 7, 7 („Wie schön bist du", Verb mit par. *nāʿam*, l. *ʾahuḇāh*).

Das Brautmotiv wird von Ezechiel in einer allegorischen Rede, Kap. 16, auf Israel angewandt. Hier wird dargestellt, wie das Findelkind Israel zu einer schönen Frau aufwächst und von JHWH mit prachtvollen Kleidern ausgestattet wird, „überaus schön" wird (v. 13) und für ihre Schönheit berühmt wird (v. 14). Sie verläßt sich aber auf ihre Schönheit und treibt Unzucht (d. h. Götzendienst, v. 15) und soll deshalb bestraft werden. Vereinzelt wird ein ähnliches Motiv Jer 4, 30 verwendet: Vergebens macht sie sich schön (*hitp*): ihre Liebhaber werden sie trotzdem verachten.

5. Jer 10, 4 ist vom Schmücken (*pi*) der Götzenbilder mit Gold und Silber die Rede; sie sind aber trotzdem machtlos. – Sach 9, 17 spricht von der Trefflichkeit (*ṭûḇ*) und der Schönheit des wiederhergestellten Israels (die Suffixe sind auf *ʿam*, nicht auf JHWH zu beziehen).

Einen erweiterten Sinn hat *jāp̄æh* offenbar in ein paar Stellen im Pred. Gott hat alles „schön gemacht zu seiner Zeit", heißt es (3, 11). Hier könnte man auch die Übersetzung „gut" erwägen (Zimmerli, ATD 16, 168. 171); jedenfalls liegt wohl eine Anspielung auf Gen 1, 31 und ähnliche Stellen vor. Pred 5, 17 scheinen *ṭôḇ* und *jāp̄æh* fast gleichbedeutend zu sein; hier werden das Essen und Trinken und das Genießen des Lebens als „gut" und „schön" bezeichnet.

Ringgren

יָפַע *jāpaʿ*

יִפְעָה *jip̄ʿāh*

I. Wurzel – II. 1. Statistik – 2. „aufstrahlen" – 3. „erscheinen, kommen, sichtbar werden" – 4. Versionen – III. 1. Literarische Formen – 2. Umwelt – 3. Sinaitradition – 4. Ambivalenz – 5. Theophanie und Epiphanie.

Lit.: *F. Schnutenhaus*, Das Kommen und Erscheinen Gottes im AT (ZAW 76, 1964, 1–22, bes. 8f.). – *J. Jeremias*, Theophanie (WMANT 10, ²1977, 8–10. 62–64. 77f.). – *E. Jenni*, יפע *jpʿ* hi. aufstrahlen (THAT I, 1971, 753–755).

I. Die hebr. Wurzel *jpʿ* ʿaufleuchten, glänzend erscheinen' hat eine mögliche Entsprechung nur im akk. *(w)apû* ʿsichtbar werden' (meistens in den Kausativstämmen *šūpû* und *šutāpû*/*šutēpû*, ʿhervorbringen, erscheinen lassen' oder ʿsichtbar werden, erstrahlen' [von Planeten], ʿberühmt werden'; CAD I/2, 201–204; Belege für das deriv. Adjektiv *šūpû* ʿglänzend, herrlich' bei K. L. Tallqvist, Akkadische Götterepitheta, StOr 7, 1938 [= 1974], 89; C. Mullo Weir, A Lexicon of Accadian Prayers in the Rituals of Expiation, London 1934, 29. 253; AHw III, 1281). – Bei dem arab. **jfʿ* ʿaufsteigen, aufwachsen' (davon das Subst. *jafaʿ* ʿGebäude'), dem asarab. **jfʿ* ʿsich erheben, sich aufrichten' und dem ugar. *jpʿ* (ʿhehr sein' oder ʿsich erheben'? vgl. Gordon, UT Nr. 1133; WUS Nr. 1215) scheint es sich um eine andere Wurzel zu handeln (Jenni 753); sie wird KBL³ 405 als *jpʿ* II verzeichnet. – W. F. Albright hat (RA 16,

1922, 177 n. 1) eine semantische Beziehung von *jp'* I zu → יפה (*jāpāh*) 'schön sein' vermutet. Die Wurzel *jp'* I ist sowohl im Jüd.-Aram. (Th. Nöldeke, Neue Beiträge zur semit. Sprachwissenschaft, 1910, 198f. 203f.) wie im Mittelhebr. und im Targumischen (Levy, WTM II, 254) in der Bedeutung 'erscheinen' belegt.

II. 1. Im AT finden sich 8 Belege des Verbums *jp'* (Deut 33, 2; Ps 50, 2; 80, 2; 94, 1; Hi 3, 4; 10, 3. 22; 37, 15); ein weiterer kommt hinzu, wenn in Ps 12, 6 statt des schwierigen *jāpî^{a}ḥ* nach den Versionen *jôpîa'* oder *'ôpîa'* gelesen werden darf, s.u. 4. Das Subst. **jip'āh* ('strahlender Glanz', KBL[3]) ist nur 2mal überliefert (Ez 28, 7. 17). Unklar bleibt, ob der Personenname *Jāpîa'* zu derselben Wurzel zu stellen ist, s. KBL[3]. – Einer ausgesprochenen Beliebtheit erfreut sich *hôpîa'* (wie im MT nur *hiph*) in der Literatur von Qumran (nach K. G. Kuhn, Konkordanz zu den Qumrantexten: 18 Belege, davon u.a. 1 QH 9mal, 1 QM und CD je 3mal).

2. Beim Gebrauch von *hôpîa'* steht in der Regel der Gedanke an ein Lichtphänomen im Vordergrund. Das ergibt sich einerseits aus den synonym oder parallel gebrauchten Verben → אור (*'wr) hiph* 'hellmachen' (Ps 80, 2, vgl. 4. 8. 20; 1 QH 9, 26, vgl. 27) und → זרח (*zāraḥ*) 'aufstrahlen, erglänzen' (Deut 33, 2; vgl. dazu weiter → נגה [*nāgah*]), andererseits aus den im Wortfeld häufig anzutreffenden Ausdrücken für 'Licht' (Hi 3, 4f.; 37, 15; 1 QS 10, 2; 1 QH 7, 24; 9, 26; in 1 QH 4, 6 'Morgenröte') und für 'Finsternis' (Hi 3, 4f.; 10, 21f.; 1 QS 10, 2; 1 QH 9, 26; Hi 37, 15?). Um das Aufstrahlen einer physischen Lichtquelle handelt es sich allerdings nur in wenigen Fällen (1 QS 10, 2: die Gestirne am nächtlichen Himmel). Zu Hi 3, 4; 10, 22; 37, 15 vgl. sofort.

Unter den genannten Hiobstellen ist nur 3, 4 klar verständlich: Hiob verwünscht den Tag seiner Geburt, „er sei Finsternis", „nicht erstrahle über ihm ein Licht". – Die schwerlich intakt überlieferte Stelle Hi 10, 22 redet von der trostlosen Finsternis im Totenreich, doch ist trotz allen Bemühungen (vgl. die Komm.) bis dahin nicht erklärt, auf wen/was sich das isolierte *wattôpa'* 'und sie erstrahlte' beziehen soll. – Eine ähnliche Verlegenheit besteht angesichts Hi 37, 15. Gleichviel, ob man *w^{e}hôpîa'* normalkausativ ('und er läßt erstrahlen') oder innerlichkausativ ('und es erstrahlt') verstehen will – es bleibt doch unklar, an was bei dem zum Erstrahlen gebrachten 'Licht seiner Wolke' (der Blitz?) zu denken ist.

Übertragene Bedeutung liegt da vor, wo als Subjekt des 'Erstrahlens' keine physische Lichtquelle in Frage kommt. Dies ist für alle Stellen anzunehmen, wo JHWH bzw. Gott selbst 'erstrahlt' bzw. 'aufleuchtet' (Deut 33, 2; Ps 50, 2; 80, 2; 94, 1; s. dazu unten 3.). Weiterhin zeigen besonders die Qumranschriften, wie anstelle der physischen Lichtquelle ein „geistiges" Licht 'aufstrahlen' oder menschliche Subjekte 'zum Aufleuchten bringen' kann. Der unvollständig erhaltene Text läßt in 1 QM 18, 10 und 1 QH 18, 6 nicht erkennen, wer oder was den bedrängten Frommen „aufstrahlte". In 1 QH 9, 26f. („in deiner Herrlichkeit erstrahlte mein Licht, denn eine Leuchte aus der Finsternis hast du mir aufleuchten lassen") und 1 QH 11, 26f. („deine Wahrheit erstrahlte zu ewiger Herrlichkeit") wird jedoch das Heil bzw. die Wahrheit Gottes als das eigentlich gemeinte „Licht" deutlich (→ אור [*'ôr*], ThWAT I, 181f.). Aufgrund der so verstandenen „Erleuchtung" kann dann der Fromme auch von sich selbst sagen, daß er 'erstrahlt', 1 QH 7, 23–25: „Mein [G]ott, du hast mir geholfen ... ich bin erstrahlt in siebenfältigem Li[cht] ... Denn du wurdest mir zur [ew]igen Leuchte." Man vergleiche auch die hymnische Aufforderung an Jerusalem, 1 QM 12, 13: „erstrahle im Jubel!"

3. Daneben gibt es einen Gebrauch von *hôpîa'*, für den weder ein physisches noch ein geistiges 'Aufleuchten', sondern das 'Erscheinen' eines bisher Verborgenen oder Unsichtbaren charakteristisch ist. Wie im deutschen „Erscheinen" ist dabei der Gedanke an ein Lichtphänomen mehr oder weniger bewußt lebendig, aber gerade nicht dies „Aufleuchten", sondern das sichtbare „Erscheinen" oder „Kommen" steht hier im Mittelpunkt der Aussage.

Für diesen Gebrauch des Verbums ist die Häufigkeit von Worten für „Kommen" im Kontext bezeichnend. In Deut 33, 2 deckt sich *hôpîa'* nicht nur mit *zāraḥ* (s.o. 2.), sondern auch mit → בוא (*bô'*) und *'āṯāh* 'kommen'. *hôpîa'* entspricht in Ps 50, 2 dem *bô'* von v. 3, in Ps 80, 2 dem *hālaḵ* von v. 3 und in Ps 94, 1 dem *nāśā'* 'sich erheben' in v. 2. Zur Bedeutung 'erscheinen, kommen' neigt *hôpîa'* schließlich auch in Hi 10, 3 (s.u. III. 1.).

Auch in den Qumranschriften hat *hôpîa'* manchmal die Bedeutung 'kommen', 'sichtbar erscheinen'. Dies gilt sicher für 1 QpHab 11, 7, wo vom Auftreten des Frevelpriesters die Rede ist: „am Versöhnungstag erschien er ihnen, um sie zu verschlingen". Da dem Verbum hier jede positive Konnotation fehlt, kommt eine Übersetzung mit „erstrahlen" sicher nicht in Frage. Eine Wiedergabe mit „kommen", „erscheinen" oder „gegenwärtig sein" empfiehlt sich aber auch in 1 QH 4, 6 („Wie die Morgenröte ... bist du mir erschienen"); 4, 23 („Du erschienst mir in deiner Kraft zu vollkommener Erleuchtung"), und 9, 31 („von meiner Jugend an erschienst du mir in der Einsicht in dein Gericht"). Liegt der Gedanke an ein „geistiges" Aufstrahlen und Erleuchten hier (bes. in 4, 6. 23) gewiß nicht fern, so geht es doch wesentlich um das „Kommen" Gottes zu den Frommen bzw. um deren Erfahrung seiner Gegenwart.

Eine nochmals verschieden nuancierte Bedeutung von *hôpîa'* ergibt sich, wenn als Subjekt eine unsichtbare (oder doch verborgene) Wirklichkeit gedacht ist; die Qumranschriften bieten auch dafür mehrere Beispiele. So „erscheint" dem Frommen das verderbliche „Trachten" der Frevler „zu Bitternissen" (1 QH 5, 32; vgl. 7, 3), und bei der Läuterung der

Gemeinde (CD 20, 27) „erscheinen" die Taten des Frevlers (CD 20, 3. 6). Im gleichen „apokalyptischen" Sinn erscheint dann auch „die Herrlichkeit Gottes für Israel" (CD 20, 25f.). Weder mit 'aufleuchten' noch mit 'kommen' wäre *hôpîaʿ* hier richtig wiedergegeben; am besten übersetzt man mit 'sichtbar/offenbar werden'.

4. Die alten Versionen zeigen bei der Wiedergabe von *hôpîaʿ* eine auffallende Unsicherheit. Nur in zwei Fällen übersetzt die LXX mit ἐμφαίνομαι 'erscheinen' (Ps 80, 2 und 50, 2); in der letzteren Stelle ist ἐμφανῶς ἥξει aus *hôpîaʿ* v. 2 und *jāḇô'* v. 3 des MT kombiniert. Die V folgt dem in 80, 2 mit *manifestare*, in 50, 2 mit *manifeste veniet*, wofür Hier. im ersten Fall *ostendere*, im zweiten korrekt *apparuit* und in v. 3 *veniet* bietet. Abweichend übersetzt die LXX in Ps 94, 1 mit παρρησιάζομαι 'freimütig reden/auftreten' (dasselbe Verbum in Ps 12, 6); die V übernimmt dies mit *libere egit*, und erst Hier. verbessert in *ostendere*. In Hi 3, 4 gibt die LXX mit ἔλθοι der Bedeutung 'kommen' den Vorzug, wogegen V mit *inlustret* das 'aufleuchten (lassen)' betont.

In einigen Fällen scheint die Bedeutung von *hôpîaʿ* mit mehr oder weniger Glück erraten zu sein. So bietet die LXX in Deut 33, 2 κατέσπευσεν ('eilte herab', sc. vom Berge Paran; V korrekt: *apparuit*). – Den schwierigen Beleg in Hi 10, 3 übersetzt die LXX mit προσέσχες ('du näherst dich / kümmerst dich', sc. um den Rat der Gottlosen); auch das *adiuves* der V ist freie Deutung. – In der LXX-Version von Hi 10, 22 und 37, 15 ist *hôpîaʿ* nicht wiederzuerkennen; die V hat in 37, 15 *ostenderent*, in 10, 22 jedoch einen völlig abweichenden Wortlaut. – Wenn das Substantiv *jipʿāh* in Ez 28, 7. 17 von der LXX mit κάλλος 'Schönheit' und von der V mit *decus* 'Zierde' wiedergegeben wird, so ist deutlich, daß hier eine unzutreffende Ableitung des Wortes (*jāpāh*, s.o. I.) vorliegt.

Zusammenfassend ist festzustellen, daß LXX und V – soweit ihnen die Wurzel bekannt war – fast durchgehend im Sinn von 'kommen, erscheinen', mit der einen Ausnahme von Hi 3, 4, V dagegen nie im Sinn von 'aufleuchten, erstrahlen' übersetzt haben.

III. 1. Theologische Bedeutung gewinnt *hôpîaʿ* primär da, wo es zur Beschreibung des Erscheinens der Gottheit dient. Das ist deutlich in vier Belegen kultpoetischer Gattung der Fall: Deut 33, 2 und Ps 50, 2 stehen am Anfang hymnischer Partien, Ps 80, 2 und 94, 1 am Anfang von Volksklageliedern. In Hi 10, 3 (Hiobs Antwort auf Bildads erste Rede) ist wahrscheinlich ironisch vom Erscheinen Gottes die Rede. Von der naheliegenden Folgerung, *hôpîaʿ* gehöre von Hause aus zur sakralen Sprache (term. techn. der Theophanieschilderung!), muß jedoch gewarnt werden; ihr widerspricht der „profane" Gebrauch in Hi 3, 4; 10, 22; 37, 15, der sich auch in der Qumranliteratur fortsetzt (vgl. bes. 1 QpHab 11, 7; 1 QH 5, 32; CD 20, 3. 6). Im übrigen hat sich gerade in Qumran ein theologisch relevanter Gebrauch von *hôpîaʿ* entwickelt, der sich keineswegs auf das Erscheinen Gottes beschränkt (s.o. II. 2. 3.).

2. Soweit es mit JHWH bzw. Gott als Subjekt dessen Erscheinung beschreibt, gehört *hôpîaʿ* in den Umkreis der Theophanievorstellungen. Wie *zāraḥ* und *nāḡah*, beschreibt es die Theophanie als überwältigendes Lichtphänomen. Zum Verständnis dieses „visuellen" Elementes ist zunächst an den religionsgeschichtlichen Hintergrund im Alten Orient zu erinnern (zu sum. *me-lám*, akkad. *melammu* bzw. *šalummatu* 'Schreckensglanz', vgl. Jeremias 77f.; zum Gebrauch von akkad. *(w)apû* 'strahlend hervorgehen' und *šûpû* 'strahlend' s.o. I.). – Auch nach ägyptischen Vorstellungen gehören verderbliches Feuer – oder doch blendender Glanz – zum Kommen der Götter in ihrer „wahren", durch keine Bilder zu vermittelnden Gestalt (E. Hornung, Der Eine und die Vielen. Ägyptische Gottesvorstellungen, 1971, 117–124). Es wäre abwegig, diesen Typ der Theophaniebeschreibung aus dem Kult von solaren Gottheiten herzuleiten; vgl. Schnutenhaus 9, der damit rechnet, daß die Erscheinungsweise des Sonnengottes auch auf JHWH übertragen sein könnte. Mit B. Stein (Der Begriff K^{e}bod Jahweh und seine Bedeutung für die alttestamentliche Gotteserkenntnis, 1939, 75–79) ist als gemeinsame Wurzel vielmehr die Religion der „Primitiven" zu betrachten: Feuer und Licht sind mit deren Gottesvorstellung untrennbar verbunden (W. Schmidt, Der Ursprung der Gottesidee VI, 1935, 299f. 419).

3. Unter den at.lichen Aussagen über das „strahlende" Erscheinen Gottes ist nach allgemeinem Urteil Deut 33, 2 die älteste; der entsprechende Gebrauch von *hôpîaʿ* (Ps 50, 2; 80, 2; 94, 1) und *zāraḥ* dürfte traditionsgeschichtlich von ihr abhängen. Die Angabe von Deut 33, 2, JHWH sei „vom Sinai her" erschienen, läßt auf eine Beziehung zur Sinaitradition schließen, doch ist festzustellen, daß die vorpriesterschriftlichen Berichte über die Sinaitheophanie gerade von der „strahlenden" Erscheinung JHWHs/Elohims nichts wissen (Jeremias 100–111. 154f.). Von einer literarischen Einwirkung dieser Berichte auf Deut 33, 2 kann demnach nicht die Rede sein. Die Stelle bekräftigt die überragende Bedeutung der Sinaitradition, aber sie beschreibt die Theophanie in durchaus eigenständiger Weise.

4. Wie bei andern, zur Beschreibung der Theophanie verwendeten Verben, so wird auch beim Gebrauch von *hôpîaʿ* der Zweck und die Wirkung von Gottes Kommen bzw. Erscheinen aus dem Kontext erkennbar. Immer handelt es sich um ein aktuelles Eingreifen Gottes in die irdisch-menschlichen Verhältnisse, doch kann damit hier Bestrafung und Tod für seine Feinde, dort Rettung und Leben für sein Volk gemeint sein. Das Gericht (*n^{e}qāmôṯ*) steht in Ps 94, 1f., die Hilfe (*j^{e}šûʿāh*, vgl. *ʿezær* 1 QM 1, 16) in Ps 80, 2f. im Vordergrund; auch im Zusammenhang der hymnischen Umrahmung des Mosesegens Deut 33, 2–5. 26–29 ist vor allem die helfende Wirkung (*ʿezær* v. 26) von Gottes Kommen betont. Auf die feierliche

Theophanieschilderung Ps 50, 1–6 folgt eine zweiteilige Gottesrede, „in der Jahve mit seinem Volke ins Gericht geht" (H. Gunkel, z. St.). Dieser „prophetische" Gebrauch von *hôpîa'* ist um so bemerkenswerter, als das Wort gerade in der prophetischen Gerichts- und Heilsverkündigung nie Verwendung gefunden hat. Durch seinen doppelten Symbolgehalt (verzehrendes Feuer und strahlendes Licht!) bringt *hôpîa'* die Ambivalenz von Gottes Erscheinen plastisch zum Ausdruck.

5. Das Erscheinen JHWHs wird man sich einerseits als geschichtlich-aktuelles, andererseits als kultisch-institutionelles Ereignis vorzustellen haben, vgl. die von C. Westermann vorgeschlagene Unterscheidung zwischen „Epiphanie" und „Theophanie" (Lob und Klage in den Psalmen, [5]1977, 74f.). So ist in Ps 80, 2; 94, 1 vorwiegend an ein geschichtliches, in Ps 50, 2 dagegen an ein kultisches Ereignis gedacht. Aber das geschichtliche Ereignis wird erst in kultischer Rede und Handlung als JHWHs Erscheinen erkannt, wie umgekehrt das kultische Erscheinen nur als Vergegenwärtigung vergangener oder kommender Geschichtstaten JHWHs Substanz gewinnt; die beiden „Orte" des Erscheinens sind nicht getrennt voneinander denkbar. Hier wie dort geht es um die Erfahrung der mächtigen, nur in Symbolworten beschreibbaren Gegenwart JHWHs. *hôpîa'* charakterisiert diese Erfahrung als ein dem Gottesvolk nie verfügbares, nur aus der souveränen Treue JHWHs erklärbares, zunächst unter allen Umständen erschreckendes und erst so dann auch rettendes und Hoffnung erfüllendes Ereignis.

Barth

יָצָא *jāṣā'*

מוֹצָא *môṣā'*, תּוֹצָאוֹת *tôṣā'ôṯ*

I. Allgemeines – II. *qal* im allgemeinen Gebrauch – III. Theologisch besonders relevante Aussagen – IV. Auszug aus Ägypten (*qal*) – V. *hiph* im allgemeinen Gebrauch – VI. Herausführung aus Ägypten (*hiph*) – VII. Qumrantexte.

Lit.: *P. Boccacio*, I termini contrari come espressioni della totalità in ebraico (I) (Bibl 33, 1952, 173–190; dort 178ff. zu *bô'* und *jṣ'*). – *H. J. Boecker*, Die Beurteilung der Anfänge des Königtums in den deuteronomist. Abschnitten des 1. Samuelbuches (WMANT 31, 1969, 39–42). – *L. Boisvert*, Le passage de la Mer des Roseaux et la foi d'Israël (Science et Esprit 27, 1975, 147–159). – *B. S. Childs*, Deuteronomic Formulae of the Exodus Tradition (VTS 16, 1967, 30–39). – *H. Cazelles*, Rédactions et Traditions dans l'Exode (Festschr. W. Kornfeld, Wien 1977, 37–58). – *D. Daube*, The Exodus Pattern in the Bible, London 1963 (dort S. 31–35 zur Herausführungsformel; vgl. S. 39ff. betr. Freilassung von Sklaven). – *A. Eitz*, Studien zum Verhältnis von Priesterschrift und Deuterojesaja (Diss. Heidelberg 1969/70, 62–71). – *Sh. Esh*, Note on יצא (VT 4, 1954, 305–307). – *J. P. Floss*, Jahwe dienen – Göttern dienen (BBB 45, 1975). – *G. Fohrer*, Überlieferung und Geschichte des Exodus (BZAW 91, 1964). – *M. Görg*, Ausweisung oder Befreiung (Kairos NF XX, 1978, 272–280). – *W. Groß*, Bileam (StANT 38, 1974, 257f.). – *Ders.*, Die Herausführungsformel. Zum Verhältnis von Formel und Syntax (ZAW 86, 1974, 425–453). – *P. Humbert*, Dieu fait sortir (ThZ 18, 1962, 357–361. 433–436). – *E. Jenni*, יצא *jṣ'* hinausgehen (THAT I, 755–761). – *J. Jeremias*, Theophanie (WMANT 10, 1965, 7f. 9. 24. 52ff. 61. 148). – *K. Kiesow*, Exodustexte im Jesajabuch (OBO 24, 1979). – *L. Köhler*, Hebräisches *jāṣā'* und Markus 8, 11 (ThZ 3, 1947, 471). – *J. Kühlewein*, Geschichte in den Psalmen, 1973. – *N. Lohfink*, Das Hauptgebot (AnBibl 20, 1963, 161f.). – *Ders.*, Zum „kleinen geschichtlichen Credo" (ThPh 46, 1971, 19–39). – *H. Lubsczyk*, Der Auszug Israels aus Ägypten, Leipzig 1963. – *R. Meyer*, Gegensinn und Mehrdeutigkeit in der althebräischen Wort- und Begriffsbildung (SSAW Phil.-hist. Kl., Bd. 120, H. 5, Berlin 1979, 9f.). – *E. W. Nicholson*, Exodus and Sinai in History and Tradition, Oxford 1973. – *S. I. L. Norin*, Er spaltete das Meer (CB, OT Series 9, Lund 1977). – *M. Noth*, Überlieferungsgeschichte des Pentateuch, 1948, [2]1960, 50–54. – *J. G. Plöger*, Literarkritische, formgeschichtliche und stilkritische Untersuchungen zum Deuteronomium (BBB 26, 1967, 100–115. 174–184). – *H. D. Preuß*, Deuterojesaja. Eine Einführung in seine Botschaft, 1976. – *W. Richter*, Beobachtungen zur theologischen Systembildung in der at.lichen Literatur anhand des „kleinen geschichtlichen Credo" (Wahrheit und Verkündigung, Festschr. Schmaus, Bd. I, 1967, 175–212). – *Ders.*, Die sog. vorprophetischen Berufungsberichte (FRLANT 101, 1970, 112). – *H. Rücker*, Die Begründungen der Weisungen Jahwes im Pentateuch (ErfThSt 30, Leipzig 1973, 40ff. 52ff.). – *L. Ruppert*, Gottes befreiendes Handeln in der Geschichtstheologie des AT. In: Das Heil und die Utopien, 1977, 67–81. – *W. H. Schmidt*, Jahwe in Ägypten (Sefer Rendtorff; Dielheimer Blätter, Beiheft 1, 1975, 94–112 = Kairos NF XVIII, 1976, 43–54). – *R. Schmitt*, Exodus und Passah im AT, 1975. – *F. Schnutenhaus*, Das Kommen und Erscheinen Gottes im AT (ZAW 76, 1964, 1–22; dort 2–5). – *J.-L. Ska*, La sortie d'Égypte (Ex 7–14) dans le récit sacerdotale (Pg) et la tradition prophétique (Bibl 60, 1979, 191–215). – *D. E. Skweres*, Die Rückverweise im Buch Deuteronomium (AnBibl 79, Rom 1979, 110ff. 213ff.). – *H. Vorländer*, Die Entstehungszeit des jehowistischen Geschichtswerkes, Frankf./M., Bern, Las Vegas 1978 (82ff.). – *H. E. von Waldow*, Die Bedeutung der Erwählungstraditionen Israels für die Eschatologie der at.lichen Propheten (Diss. Heidelberg 1956, 24ff.). – *P. Weimar*, Untersuchungen zur priesterschriftlichen Exodusgeschichte (FzB 9, 1973, 119). – *P. Weimar – E. Zenger*, Exodus. Geschichten und Geschichte der Befreiung Israels (SBS 75, 1975: bes. zur historischen Fragestellung). – *J. Weingreen*, הוצאתי in Gen 15, 7 (Festschr. D. W. Thomas, London – New York 1968, 209–215). – *J. Wijngaards*, The Formulas of the Deuteronomic Creed (Tilburg 1963, 22–27). – *Ders.*, הוציא and העלה, a Twofold Approach to the Exodus (VT 15,

1965, 91–102). – *E. Zenger*, Funktion und Sinn der ältesten Herausführungsformel (ZDMG Suppl I, 1969, 334–342).

Vgl. ferner die in ThWAT I, 536, zum Thema „Theophanie" genannte Lit.

I. Die gemeinsemitische (vgl. Jenni 755; Bergsträsser, Einf., 187) Wurzel *jṣ'* wird meist zur Bezeichnung der verschiedenen Formen eines Heraus- bzw. Hinausgehens (*qal*) oder Heraus- bzw. Hinausbringens (*hiph*) verwendet. Die Wurzel ist auch im Akkad. als [*w*]*aṣû* (CAD I/II, 356–385) belegt (vgl. Esr 6, 15), ferner im Ugar. (UT Nr. 1138; WUS Nr. 1222; Whitaker, Conc., 317; UF 9, 214; dort auch im *Šafʿel* als 'herauskommen lassen, entweichen', ferner als verbalisiertes Substantiv und auch als militärisches 'ausrücken'), s. ferner UF 7, 206; weiter im Phön. und Pun. (DISO 110; 164 zum Subst.; vgl. KBL³ 406a), im Aramäischen (KBL² 1082b; LexSyr, 304f.; ferner auch die Belege in KAI III, 38), wobei im Aram. für 'Herausgehen' aber häufiger *npq* (in den bibl.-aram. Teilen des AT: 11 Belege), im Arab. häufiger *ḫrǧ* verwendet wird (vgl. Jenni 755). In Ebla tauchte der Name 'I-ṣa-Yà auf (BA 39, 1976, Nr. 2, 50).
Zum Wortfeld von *jṣ'* sind zu vergleichen: → בוא (*bô'*) (wie *jṣ'* ebenfalls nur im *qal*, *hiph*, *hoph*), → שלח (*šlḥ*) *pi*, → שוב (*šûḇ*), *nsʿ* und auch *zrʿ*; im Bereich von Theophanieschilderungen auch *ṣāʿaḏ* (Ri 5, 4f.) und → ירד (*jāraḏ*). Zu *bô'* als Opposition von *jṣ'* vgl. Bd. I, 537. 540. 547. 565. 568.
Vom Verbum *jāṣā'* finden sich 781 Belege im *qal* (Doppelvorkommen innerhalb eines Verses und hier auch als figura etymologica werden doppelt gezählt!), 278 im *hiph*, aber nur 4 klare Belege im *hoph* (Gen 38, 25; Jer 38, 22; Ez 38, 8; 47, 8: 'herausgeführt werden'), während Ez 14, 22; 44, 5; 2 Sam 18, 22 (l. *muṣe't:* vgl. Gen 38, 25; Deut 14, 28 mit Wellhausen und Caspari als 'ausbezahlt'; vgl. das 'ausgeben' in 1 QS 6, 20) und HL 8, 10 sowohl als *hoph*-Belege wie auch im Gesamtsinn ihrer Kontexte umstritten sind. – Zu den bei *jṣ'* verwendeten Präpositionen s. GesB 310b.
Eine dem arab. *waḍu'a* bzw. *waḍa'a* ähnliche Bedeutung 'glänzen' (vgl. auch ugar.: KTU 1.16, I, 53) hat nach H. L. Ginsberg vor allem M. Dahood für Spr 25, 4; Hi 23, 10b und 28, 11 (vgl. v. 1) postuliert (M. Dahood, Proverbs and Northwest Semitic Philology, Rom 1963, 52; Bibl 46, 1965, 321; Bibl 47, 1966, 416 betr. *môṣā'* = 'Stern', vgl. auch Ps 65, 9; Hi 38, 7; HL 8, 10 und Neh 4, 15; Psalms I, 93f. 267; zu Hi 28, 11 vgl. auch A. C. M. Blommerde, Northwest Semitic Grammar and Job, BietOr 22, Rom 1969, 106f.; vgl. ferner J. Barr, Comparative Philology and the Text of the OT, Oxford 1968, 328).
Derivate sind als nominale Bildungen aus dem Verb: *jôṣe'ṯ* 'Fehlgeburt, Mißgeburt' beim Vieh (?; Ps 144, 14; vgl. Ex 21, 22); *jāṣî'* 'Abkömmling' (nur 2 Chr 32, 21 Q; vgl. KBL³ 408f.); *ṣæ'æṣā'îm* 'Gewächs, Sproß, Nachkommen' (11 Belege, dazu 2 bei Sir; zu den Belegen bei Sir vgl. Barthélemy-Rickenbacher, Konk., 161f.).
Das an 27 Stellen begegnende Nomen *môṣā'* (Abstraktbildung; dazu R. Meyer) hat eine ähnliche Bedeutungsbreite wie das Verbum *jṣ'*: Ausgang, Ausgehen, Vorhaben, Ausgangspunkt, Aufgang (der Sonne), was als „Äußerung" aus den Lippen jemandes herausgeht (vgl. JHWHs: Deut 8, 3; Sir 39, 17); selbst 'Quelle' (2 Kön 2, 21 u.ö.), wobei auf Ps 19, 7 (vgl. 75, 7 und 1 Chr 2, 46 als Eigenname) und Hos 6, 3 besonders verwiesen sei. Vgl. dann auch das *môṣā'āh* als 'Ursprung' (Ausgang = Anfang) in Mi 5, 1; aber auch 'Abort' nach 2 Kön 10, 27 Q: Ort, zu dem man hinausgeht?
Ähnlich wie *môṣa'* ist *tôṣā'ôṯ* aufgefächert (23 Belege: Ausgänge, Quellen, Endpunkt; aber auch Ausweg, Rettung – Ps 68, 21). Ob auch *ṣo'n* von der Wurzel *jṣ'* herzuleiten ist (vgl. KBL² 790a), ist umstritten.
Die wichtigsten Äquivalente der LXX sind ἐξέρχομαι (ThWNT II, 676–678), ἐκπορεύομαι (ThWNT VI, 578f.), ἔξοδος (ThWNT V, 108–113) und ἐξάγω (für *hiph*). Zur Fülle der insgesamt aber über 100 Äquivalente vgl. E. C. dos Santos, An Expanded Hebrew Index for the Hatch-Redpath Concordance to the Septuagint, Jerusalem o.J., 83f.

In der Lesung umstritten sind Spr 25, 4; Hos 6, 5; dazu die unsicheren *hoph*-Stellen.

II. a) Von den 781 Belegen des Verbs im *qal* zeigen die überwiegende Mehrzahl (fast 400) die Bedeutung, nach der eine Person irgendwo herausgeht oder herauskommt (bzw. dies nicht tut), von irgendwo fortgeht, weggeht, aufbricht, auch entkommt, zuweilen sogar zurückkommt; vgl. zu allem → שוב (*šûḇ*), vor allem aber → נסע (*nāsaʿ*) und → הלך (*hālaḵ*). Die Bedeutung ist also „dislokativ-separativ-ingressiv" (H. Schweizer, Elischa in den Kriegen, StANT 37, 1974, 151; daher auch meist mit *min*) und hat nicht selten den Ausgangspunkt oder Beginn der Bewegung im Blick (vgl. „Hinaus!" 2 Sam 16, 7), während die Opposition → בוא (*bô'*) stärker auf das Ziel schaut (gilt auch für *hiph*). *jāṣā'* wird hierbei meist im Perf. oder Ptz. *qal* verwendet (als Hilfsverb, analog zu *bô'* (→ בוא, I 538, etwa in 2 Sam 24, 20; 1 Kön 2, 46; 19, 11: „tritt nach draußen"; 2 Kön 8, 3; 10, 9; Jes 30, 22; Mal 3, 20).
Einige Texte zeigen hierbei deutlich den Gebrauch von *jāṣā'* als Leitwort: Ex 8/9; 11, 8; 16, 4ff.; Ri 11, 31ff.; 1 Sam 11, 1–11; 1 Kön 20, 13ff.
Ein wichtiger Aspekt dieses Bedeutungsfeldes von *jāṣā'* ist hierbei noch das Herauslassen, das Freilassen (→ חפשי [*ḥŏpšî*]) von Sklaven bzw. das Freiwerden von Sachen (*šᵉmiṭṭāh*): Ex 21, 2. 5; vgl. gerade 21, 7: folglich fester Begriff und in Ex 21, 2–11 eines der Leitworte. *jāṣā'* ist hierbei sogar ohne die Näherbestimmung durch *ḥŏpšî* verwendbar, da dieser Sinn auch ohne diese genauere Qualifizierung klar ist (Lev 25, 28. 30. 31; vgl. weiter Lev 25, 33; 27, 27; Deut

15, 16; 2 Kön 13, 5 – oder hier *hiph?*). Auf diesen Gebrauch wird unter V.c und VI. nochmals zurückzukommen sein.
b) Als weitere große Gruppe sind die (über 50) Belege zu nennen, die davon sprechen, daß Dinge oder Sachen (z. B. Flüsse, Jahre, Grenzen; zu letzterem s. Bd. I, 899) von irgendwo ausgehen, entstehen, dann auch hinführen zu (mit *'æl*) oder enden (dazu auch E. Kutsch, ZAW 83, 1971, 15–21) bzw. dies alles (verneint) nicht tun. „Herauskommen" kann hierbei auch ein „Nottun" meinen (2 Kön 12, 13); „unternehmen" oder „gelingen" wird durch *jāṣā'* ausgesagt (2 Kön 18, 7; Spr 25, 4). Ein Schwert wird gezogen (Ez 21, 9); ein Fluß entspringt (Gen 2, 10; Ez 47, 8); etwas kommt ans Licht (Hi 28, 11; vgl. Hab 1, 4; Ps 17, 2) oder sproßt (1 Kön 5, 13; Jes 11, 1; 14, 29 u.ö.). Ein Mensch stammt ab von oder kommt aus dem Mutterleib hervor (Jer 1, 5; 20, 18; Sir 40, 1; hierzu die unter I. genannten Derivate).
Dieses Geborenwerden oder Abstammen ist von besonderer Bedeutung (→ זרע [*zāra'*] II 680, dazu die Kombination mit *jāṣā'* in 2 Sam 7, 12; 16, 11 und der Kontrast zu 1 Kön 8, 19 = 2 Chr 6, 9, ferner die negative Aussage 2 Kön 20, 18 = Jes 39, 7; zur Sache auch E. von Nordheim, VT 27, 1977, 450f.) für die Davidverheißung und die hier wohl in beabsichtigter Nähe zu ihr gestaltete Nachkommenverheißung an Abraham nach P (Gen 17, 6; vgl. 17, 16; 35, 11), wo „Könige" genannt sind (s. zur Sache: I, 799–801 und R. Clements, Abraham and David, London 1967, 72). Kontrastaussagen hierzu sind auch die über das „Abgehen" einer Fehlgeburt (Ex 21, 22; Num 12, 12; vgl. Deut 28, 57) oder auch der Pollution (Lev 15, 16. 32; 22, 4; auch dazu vgl. ThWAT II 669). Mi 5, 1 schafft durch sein fehlendes Subjekt und die unklare Beziehung des *lî* auch für die Übersetzung des dortigen *jeṣe'* wie des *môṣā'* Probleme (zur Diskussion: W. Rudolph, KAT XIII/3, 90 und UF 9, 358ff.), die aber kaum dazu berechtigen, hier *jṣ'* als „unterwerfen, (herausgehen, um sich zu) ergeben" zu übersetzen (so jedoch in 1 Sam 11, 3. 10; 2 Kön 18, 31 = Jes 36, 16; Jer 38, 2. 17. 18. 21), wonach der kommende Herrscher sich JHWH (= *lî*) ganz unterstellen wird (vgl. Mi 5, 3; so aber J. T. Willis, JQR 58, 1967/68, 317–322), da vor allem Mi 5, 1c sich dieser Deutung versperrt.
c) Eine dritte größere Belegzahl (über 120mal) bezeugt *jāṣā'* als militärischen term. techn. (oft mit → צבא [*ṣāḇā'*]; dazu THAT II 500ff.) für „in den Kampf ziehen, ausrücken" (z. B. Gen 14, 8, mit v. 17 als bewußtem Kontrast?; Ex 17, 9; Num 1, 3. 22ff.; Ri 21, 21 als Kontrast zum friedlichen Herausgehen; Num 26, 2 „jeder Wehrfähige"; bis hin zu 1 und 2 Chr. Hier fällt bereits auf, daß sowohl JHWH zum Kampf „auszieht", als dies auch der Heerbann Israels tut (Ri 4, 14; vgl. 5, 4), wobei jedoch die Verwendung des gleichen Verbs (absichtlich?) vermieden wird (→ ירד [*jāraḏ*]; vgl. aber 1 Chr 14, 15!). Zur Verwendung im ChrG vgl. P. Welten, Geschichte und Geschichtsdarstellung in den Chronikbüchern, WMANT 42, 1973, 92. 97. 130. 154f.
d) Diese Verwendung im Bereich militärischer Sprache führt auf eine erste, relativ häufige oppositionell-kombinatorische Verbindung von *bô'* und *jāṣā'* als „ausrücken und (wieder) einrücken" (so auch in Ugarit und in den Qumrantexten; zur Sache betr. der hier unter d–f verhandelten Oppositionen vgl. Plöger, 174ff.; ferner → בוא [*bô'*], I 537. 562–568): Num 21, 23; 27, 17. 21 (kultisch uminterpretiert: vgl. unter e); Deut 20, 1; 21, 10; 23, 10f. mit Nähe zum Kultischen; 24, 5; 31, 2?; Jos 11, 4; 14, 11; 1 Sam 8, 20; 18, 13. 16; 29, 6; 2 Sam 5, 2; zu 1 Kön 3, 7 vgl. jedoch 2 Chr 1, 10!; weiter 2 Kön 11, 7 und dazu J. Wellhausen, Comp. d. Hexateuch, [4]1963, 292f. und G. Robinson, VT 27, 1977, 56–58; Jes 42, 13; Hi 39, 21; 1 Chr 5, 18; 20, 1; 2 Chr 1, 10; vgl. Spr 30, 27 betr. Heuschrecken.
e) „Ein- und ausgehen" (→ בוא, I 540) wird ferner für „kultisch handeln" (Subjekt meist Priester) verwendet (Ex 28, 35; 33, 7–11; 34, 34; Lev 9, 23; 16, 17; Num 16, 17f. 23f.; 27, 18. 21 (hier deutlich schillernd zwischen militärisch und kultisch); 1 Kön 8, 10 (nur *jāṣā'*; vgl. 2 Chr 5, 11); 2 Kön 11, 9; Ez 42, 13f.; 44, 3 (vgl. v. 19); 46, 2. 8–10; betr. → נשיא (*nāśî'*): Ez 44, 3; 46, 2. 8. 10. 12; betr. → עם (*'am*): Ez 46, 9f.); 2 Chr 23, 7 einzige Stelle betr. König; vgl. 26, 18. 20 als Kontrast; dann auch 1 QSa 1, 17 (1, 23 *hiph*).
f) Neben allgemeinem „ausgehen und eingehen" (etwa 15 Belege) stehen *bô'* und *jāṣā'* nicht selten zusammen, um als oppositionell-umgreifendes Begriffspaar eine Ganzheitsaussage (vgl. Boccacio) zu artikulieren: „etwas – oder gar alles – können, vermögen" bzw. überhaupt „etwas tun" (Num 27, 18?; Deut 28, 6. 19; 31, 2; 2 Kön 11, 8 par.; 19, 27; Jes 37, 28; Jer 37, 4; Ps 121, 8; vgl. den bewußten Kontrast und die Wortstellung in Gen 42, 15). Verneint wird daraus ein „nicht-mehr-aus-noch-ein-wissen, nichts mehr tun können, zu nichts mehr fähig sein" (1 Kön 3, 7; hier kaum militärisch, anders Plöger 180; Deut 31, 2; vgl. 2 Sam 3, 25 mit *môṣā'*).
g) Wie im Akk. (*ṣit šamši*), Ugar. (vgl. THAT II 993) und Äg. (vgl. z. B. J. Assmann, Liturgische Lieder an den Sonnengott, 1969, Reg.; ders., Zeit und Ewigkeit im alten Ägypten, 1975, 49ff.) steht *jāṣā'* nicht selten für das Herausgehen = Aufgehen der Sonne (oder anderer Himmelskörper): Gen 19, 23; Ri 5, 31; Jes 13, 10 (→ זרח [*zāraḥ*]; dies in Ri 9, 33 wegen des folgenden *jṣ'*?); Ps 19, 6f., vgl. 65, 9; 75, 7 und dazu G. W. Ahlström, Psalm 89, 1959, 127f. In Kombination mit → בוא (*bô'*) (I 537) ist das Auf- und Untergehen der Sonne bzw. der Sterne ausgesagt in Neh 4, 15; vgl. Ez 7, 10 mit allerdings unklarem Text. Die Nähe zum militärischen Gebrauch sollte hier nicht übersehen werden. Geht es doch beim Aufgehen der Sonne auch um den Antritt ihrer Herrschaft (Ps 19); vgl. das Herauskommen von → צדק(ה) *ṣædæq-ṣᵉḏāqāh* in Jes 45, 23; 62, 1; Ps 37, 6, wodurch Substantiv und Verb zusammen als „aufstrahlen von

Heil“ näherbestimmt werden (vgl. auch „glänzen“ und dazu Esh, VT 4, 1954, 306f.; Ahlström, Ps 89, 79). Nach Ahlström (a.a.O., 127 Anm. 5) zeigt *jṣ'* innerhalb der Psalmen stets eine Beziehung zum Lichtgedanken, was aber nur auf Ps 19 zutrifft (vgl. die Kritik von Ringgren, ThWAT II 662).

h) „Aus dem Munde hervorgehen“ (→ פה *pæh* vgl. akk. *ṣīt pī*) kann allgemein „reden“ (Jos 6, 10; 8, 17 u.ö.), meist aber nachdrücklicher „befehlen“ ausdrücken (Num 30, 3; 32, 34; Jer 44, 17 u.ö.; vgl. Lk 2, 1!; dann auch Spr 2, 6 ohne das Verb, dazu aber RS 22.439:I:4–5 = Ugaritica V, 277). Aus dem Mund JHWHs bzw. Gottes gehen Befehle und verläßliche Aussagen hervor (so besonders DtJes: 45, 23; 48, 3; 55, 11; dann Ps 89, 35; Hi 37, 2: Donner; auch Dan 9, 23).

i) Wie Wasser hervorbricht (Ex 17, 6; Num 20, 11; Ri 15, 19; vgl. *môṣā'* als „Quelle“; dann Ez 47, 1. 8. 12; Jo 4, 18; Sach 14, 8 in weiterer Entfaltung: als Folge des neuen Wohnens JHWHs in seinem Tempel bei seinem Volk), wie Licht aufbricht (Hos 6, 5) oder Feuer ausbricht (→ אש *'eš;* I, 459–469 und Esh, VT 4, 1954, 305–307; dazu Ex 22, 5; Lev 9, 24 u.ö.) und bei allem nicht selten JHWH als Verursacher genannt wird, so geht auch Zorn von ihm aus (Num 17, 11) oder ein Fluch (vgl. auch hier die sachliche Nähe mit *bô'* als Opposition und dazu ThWAT I 543f. sowie → אלה *'ālāh*) geht aus über die ganze Erde (Sach 5, 3; vgl. 5, 5bf.).

k) Zusammen mit → גורל (*gôrāl*) bezeichnet *jāṣā'* das Herauskommen des Bescheids bei und durch Loswerfen, und dies häufig bei Landverteilung durch Los (Num 33, 54; Jos 16, 1; vgl. 18, 11; dann 19, 1. 17. 24. 32. 40; 21, 4 – Jos 19 und 21: P?! – 1 Chr 24, 7; 25, 9; 26, 14; auch Hi 23, 10 – damit nur in exilisch-nachexilischen Stellen. 1 Sam 14, 4 meint im Gegensatz dazu gerade ein „frei ausgehen“ als nicht (!) vom Los betroffen werden. – Zu den Qumrantexten s. VII.

l) *jāṣā'* in Objektverbindung zu → נפש (*næpæš*) oder → רוח (*rûaḥ*) wird schließlich (wie auch in Ugarittexten: KTU 1.18. IV, 24f. 36 = KTU 1.16, I, 35) für „das Leben aushauchen“ verwendet (Gen 35, 38; Ps 146, 4; vgl. Hi 14, 2; Ez 26, 18; Gen 44, 28; Sir 38, 23). Hierzu ist auch die Kombination mit *leḇ* zu nennen („der Mut entfiel ihm“: Gen 42, 28) sowie das „außer sich geraten“ in HL 5, 6.

III. Schon die bisher besprochenen Texte zeigten für *jāṣā'* oft eine Nähe zum theologischen Bereich, so daß der Übergang „profan → theologisch“ auch hier wiederum, wie öfter innerhalb des AT, nicht klar abgrenzbar ist. So seien hier noch Texte zusammengestellt, in denen *jṣ' qal* innerhalb theologisch besonders wichtiger Kontexte begegnet, z. B. als von JHWH ausgesagt.

a) In den Visionen des Sach (Sach 2–6) ist *jāṣā'* mit 14 Belegen ein Leitwort. Mehrmals kommt hier der → מלאך (*mal'āḵ*) heraus (2, 7; 5, 5; ähnlich 2 Kön 19, 35 par und die Umprägung in 2 Chr 32, 31!; dann Dan 9, 22; Num 22, 32). Ein großer Geschehensbogen hält die Visionen zusammen, und dieser ist z. B. auch durch die häufige Verwendung von *jāṣā'* hervorgerufen (vgl. auch 5, 6. 9; 6, 1. 7), wodurch einerseits der „Eindruck einer zentrifugalen Bewegung“ entsteht und entstehen soll (K. Seybold, Bilder zum Tempelbau, SBS 70, 1974, 34), andererseits die auch räumliche Orientierung der Gesamtanordnung deutlich wird (ebd., 36, 41; vgl. W. Beuken, Haggai-Sacharja 1–8, Studia Semitica Neerlandica 10, 1967, 248; G. Wallis, VTS 29, 1978, 379f.).

Im himmlischen Hofstaat kommt auf die Frage JHWHs, wer Ahab betören wolle, eine → רוח (*rûaḥ*) heraus (1 Kön 22, 21f.) und erklärt sich bereit, → שקר (*šæqær*) zu sein und zu wirken im Munde all seiner Propheten. Micha erklärt, daß der Auftrag dazu erteilt wurde (vgl. 2 Chr 18, 20f.).

Auch von den falschen Propheten Jerusalems geht Unheil oder Gottlosigkeit und Bosheit aus in das ganze Land (Jer 23, 15 als Urteilsspruch). Es wird aber auch verheißen, daß aus dieser Stadt wieder Lob hervorgehen soll (Jer 30, 19) und ihr Herrscher (→ משל [*mšl*]) aus ihrer Mitte hervorkommen soll (Jer 30, 21).

Vom Zion wird Weisung ausgehen (→ תורה [*tôrāh*]; Jes 2, 3; Mi 4, 2; vgl. Deut 17, 11?), die durch das parallele → דבר (*dāḇār*) (II 123) näher bestimmt wird (vgl. Jes 45, 23; 51, 4f.; 55, 11; Ez 33, 30) und somit mehr als nur Hilfe zur Beilegung konkreter Konflikte meint. Auch der „Rest“ wird seinen Ausgangspunkt in Jerusalem haben (Jes 37, 32 par; → שארית [*še'erîṯ*]; zur Problematik der Zuordnung von Restvorstellung und Zionstradition vgl. W. E. Müller – H. D. Preuß, Die Vorstellung vom Rest im AT, 1973, 126 u.ö.).

Nach DtJes versichert JHWH selber mehrmals, daß Heil, Hilfe, Rettung und wirksames, verläßliches Wort als Heilszusage aus seinem Munde hervorgehen (Jes 45, 23; 51, 4f.; 55, 11, vgl. die Umprägung Jes 62, 11, die doch Entscheidendes festzuhalten versucht). In gewisser Nähe dazu steht auch Ps 17, 2, wo wohl ein priesterlicher Zuspruch erwartet wird.

Das Stichwort → משפט (*mišpāṭ*) in Ps 17, 2 läßt an die text- wie literarkritisch unsichere Stelle Hos 6, 5 erinnern, die vielleicht durch Hab 1, 7 und 1, 4, wo ähnliches in der Klage verneint wird, Erläuterung erfahren kann. Das hier stets verwendete Impf. kennzeichnet die beabsichtigte Folge.

In der Verbannung wollen Leute wohl das Wort, das von JHWH ausgeht, vom Propheten hören; sie tun aber trotzdem nicht danach (Ez 33, 30). Ebendort wird auch das Wegziehen der Restbevölkerung Jerusalems und ihres Königs ins Exil durch eine Zeichenhandlung Ezechiels vorwegnehmend darstellend verkündigt (Ez 12, 4; vgl. v. 12; in v. 14 auch mit *hiph*; zum Pl. *môṣā'ê* vgl. Ps 65, 9). Die dort Übriggebliebenen werden zu den Exulanten „herauskommen“, um Zeugen für das Jerusalem widerfahrene Gericht (!) zu sein (Jer 14, 22; vgl. 15, 1; dann Ez 36, 20; Am

4, 3; Mi 4, 10; Sach 9, 14; 14, 2: „herausgehen" in Gerichtsworten).
b) Während das zu *jāṣā'* oppositionelle *bô'* für das Beschreiben des weisheitlichen Tun-Ergehen-Zusammenhangs häufig verwendet wird (→ בוא I 542ff.), findet sich ein analoges „Herauskommen" als Aussage dieses Sachverhalts in Spr und Pred nicht, wohl aber in Sir 16, 14 (vgl. 42, 13). In 1 Sam 24, 14 wird ein Sprichwort zitiert, wonach Böses vom Bösen „herauskommt", und auch das zweifache und aufeinander bezogene *jāṣā'* in 2 Kön 2, 23f. verweist darauf, daß dieser Gebrauch zwar selten war, aber doch vorkommen konnte.
c) Eine kleine Textgruppe bringt *jāṣā'* zur Kennzeichnung der Geschichtslenkung JHWHs, was erneut an *bô'* (s. dort III. und VII. betr. *hiph*; dann ThWAT II 123) erinnert, wenn dort auch die Textgruppe größer war. Etwas „geht von JHWH aus" und ist damit nach Weg und vor allem Ziel festgelegt (Gen 24, 50; Jes 28, 29; Kl 3, 38 (mit v. 37); Ruth 1, 13 (?); auch Ps 109, 7 und 2 Kön 18, 7 ohne das selbstverständliche „von JHWH".
d) 18 Belege verwenden *jāṣā' qal* mit JHWH als Subjekt und sprechen so vom Herauskommen JHWHs, damit von einem theophanen oder epiphanen Geschehen, das meist auf ein Handeln zielt (vgl. wiederum *bô'*; dazu ThWAT I 565; Lit: I 536; ferner → ירד (*jārad*) und → צעד; zur Sache: Schnutenhaus, 2–5). Damit ist weniger der jeweilige Ausgangspunkt JHWHs im Blick, als vielmehr Ziel und Absicht seines Herausgehens (Jenni, 759). Als Teilbereich der mancherlei Aussagen vom Kommen Gottes (vgl. Bd. I, 568) haben die mit *jāṣā'* gebildeten Texte weniger den Himmel oder den irdischen Tempel oder sonst einen Ort, die ja auch als Korrelate zu sehen wären (M. Metzger, UF 2, 1970, 139–158), besonders im Blick, als daß sie JHWHs Herausgehen als ein überwiegend kriegerisches näherbestimmen (vgl. o. II. c). JHWH zieht aus zum Kampf, meist für, aber nach prophetischen Gerichtsansagen auch gegen sein Volk (vgl. Ri 5, 4f.; Jes 42, 13b; 2 Sam 5, 24!; auch Hos 6, 3 mit *môṣā'*). Ausgangspunkt ist wohl der Sinai, wie Deut 33, 2 und Hab 3, 3 ausweisen. Mi 1, 3 (vgl. wörtlich Jes 26, 21, aber zum Gericht über die Völker) sagt JHWHs Ausziehen ohne nähere Bezeichnung des Ausgangsortes aus (*māqôm*: himmlischer Palast?), kennzeichnet es aber als ein zum Gericht erfolgendes (Mi 1, 5; ferner noch Jer 4, 7; 15, 1; 21, 12; 23, 19; 25, 32). Die im Bereich der Natur durch JHWHs Kommen entstehenden Folgen werden dabei häufig genannt. Zur militärischen Hilfe für sein Volk zog JHWH auch nach Hab 3, 13 aus (Beleg fehlt bei Lisowsky). Sach 14, 3 verheißt mit Motiven des JHWH-Krieges (vgl. Ri 5, 4f.), daß JHWH ausziehen wird, um gegen die Völker zu kämpfen. JHWHs → כבוד (*kāḇôḏ*) zog aber auch zum Zeichen des Gerichts aus dem Jerusalemer Tempel aus (Ez 10, 18f.). *jāṣā'* als term. techn. für Theophanieschilderungen findet sich außerdem noch z. B. äth. Hen 1, 3; AssMos 10, 3 (dazu Jeremias, 52f.). Auch Ex 11, 4 J bezieht sich auf kriegerisches Handeln JHWHs (vgl. Ps 81, 6; Mi 7, 15; 2 Sam 5, 24 par). Diese Belege stehen schon in einer gewissen Nähe zu den Texten, in denen vom Auszug aus Ägypten mit *jāṣā' qal* gesprochen wird (vgl. IV.). Psalmen klagen, daß JHWH nicht zusammen mit den Heerscharen (→ צבא [*ṣāḇā'*]) auszog (Ps 44, 10; vgl. Mi 7, 15; Ps 60, 12 = 108, 12; 68, 8 mit Kontext) und zeigen damit nochmals an, daß ein Ausziehen JHWHs zur (kriegerischen) Hilfe für sein Volk zum Glaubens- und Hoffnungsgut Israels gehörte.

IV. Das Ausziehen Israels aus Ägypten (*jāṣā' qal*) tritt gegenüber dem Gebrauch von *jṣ' hiph* als (aus Ägypten) „herausführen" (dazu unter VI.) nach der Zahl der etwa 40 Belege zwar zurück (nicht in Lev, Hos, Am, Jo, Jon, Nah, Zeph, Ob, auch nie bei Sir; zu den *qal*-Belegen: Humbert, 433–436, aber mit unvollständiger Aufzählung), muß aber doch gesondert dargestellt werden, da sich einerseits im Gebrauch des *qal* innerhalb dieses Zusammenhanges einige Besonderheiten zeigen, andererseits der Gebrauch des *hiph* in diesem Sinnbereich dann deutlicher in seiner Eigenart bestimmt werden kann.
a) Einziger Beleg in Gen ist 15, 14 innerhalb des Summariums v. 13–16, das schon P kennt, daher nicht von E stammen kann (oft: E = v. 13. 14. 16). Diese Gottesrede ist ein Kabinettstück at.licher Geschichtstheologie (von Rad, ATD, z. St.), setzt aber mit diesem ihrem Charakter eine gewisse Entwicklung geschichtlicher Zusammenschau voraus. V. 12 und 17f. passen gut zusammen und lassen somit ebenfalls v. 13–16 als Einschub erkennen. Geschichte wird hier als durch JHWHs Verheißung wie Erfüllung zerdehnt und gestaltet interpretiert, als durch JHWHs Absicht und Plan geführt. Das Ausziehen des Volkes aus Ägypten wird „vorausgesehen". Zum möglichen Stichwortzusammenhang von *jṣ'* in 15, 14 (vgl. v. 4. 5. 7) zu 14, 17f. (Endgestalt von Gen 14 damit ebenfalls notwendig spät) vgl. N. Lohfink, Die Landverheißung als Eid, SBS 28, 1967, 85ff.
Mit dem Buch Ex setzt die deutlichere Beziehung von *jṣ'* zur Beschreibung des befreienden Handelns JHWHs ein. Er befreit sein unterdrücktes Volk aus der Knechtschaft in Ägypten, wobei auch hier (vgl. II. c; III. d) die Nähe zum militärischen Gebrauch von *jāṣā'* auffällt. JHWH handelt kriegerisch, um zu befreien. Ex 11, 8 (dreimal *jṣ'*) setzt vor dem Hintergrund von v. 4 einen ersten Schwerpunkt; nach 12, 31 sollen Mose und Aaron das Ausziehen befehlen, welches zum Dienst JHWHs führen soll (→ עבד [*'bd*]; v. 37 hat *ns'* statt *jṣ'*, zeigt damit den noch wenig ausgeprägten Begriffsapparat innerhalb dieser Kap.: gerade in Ex 13, 17 – 14, 31 fehlt *jṣ' hiph* völlig!). 12, 41 bringen im Kontext den Vollzug dieses Befehls, wonach „alle Heerscharen" Israels (militärisch!) aus dem Land Ägypten auszogen (→ ארץ [*'æræṣ*], → מצרים [*miṣrajim*]).
Ex 13, 3 (Dublette v. 4) und 13, 8 gehören einerseits zu den ersten Texten, die mit dem Hinweis auf das

Ausziehen (*qal*) aus Ägypten eine Datierung verbinden; vgl. 19, 1; Num 1, 1; 9, 1; 33, 38; 1 Kön 6, 1, meist mit Inf., ferner Num 33, 1 vor der Stationsliste und dazu 26, 4. Auch Ex 23, 15 und 34, 18 beziehen die Datierung des Mazzotfestes auf den Auszug aus Ägypten (vgl. Deut 16, 3. 6). Zur Sache und zur Argumentationsart vgl. J. Halbe, ZAW 87, 1975, 324–346, und – mit anderen Ergebnissen – E. Otto, Das Mazzotfest in Gilgal, BWANT 107, 1975. Die Texte mit *jṣ' qal* für das Ausziehen aus Ägypten sind damit in der Tat (Jenni, THAT I 761) stärker am Faktum als Datum interessiert (vgl. Görg, 272), wodurch aber auch der „Sitz im Leben" als Sitz „in der Literatur" bestimmt ist. Israel soll des Auszugstages „gedenken" (→ זכר [*zākar*]; Ex 13, 3 als Moserede; vgl. das katechetische Element in 13, 8), an dem es „aus dem Sklavenhaus" auszog (vgl. weiter unter d).

b) Die Verbindung *mibbêṯ ʿaḇāḏîm* (dazu: Floss, 56ff. 526ff.; auch Plöger, 113, Anm. 204) qualifiziert zuerst Ägypten negativ, Israel dagegen positiv als aus diesem Dasein durch seinen Gott befreit (so besonders dann bei *jṣ' hiph*; s. unter VI.). Diese 13mal sich findende Verbindung hat als Verben 3mal → פדה (*pāḏāh*) bei sich (Deut 7, 8; 13, 6; Mi 6, 4), einmal → עלה (*ʿālāh hiph*) allein (Jos 24, 17) und einmal zusammen mit *jṣ' hiph* (Ri 6, 8). Wenn Mi 6, 4 von Micha sein sollte, könnte man (vgl. Floss) für eine ursprüngliche Bindung des Verbs *pāḏāh* an das „Sklavenhaus" plädieren, falls nicht dafür die Argumentationsbasis zu schmal ist. *jṣ' qal* wird nur hier in Ex 13, 3 bei „aus dem Sklavenhaus" verwendet, jedoch findet sich das *hiph* zehnmal (Ex 13, 14; 20, 2; Deut 5, 6; 6, 12; 7, 8; 8, 14; 13, 6. 11; Ri 6, 8; Jer 34, 13). Plöger verweist noch darauf (108f.), daß *jṣ' hiph* einerseits mit „aus dem Land Ägypten" zusammensteht, ferner mit „JHWH, dein Gott", während eine andere Schicht zwar auch *jṣ' hiph* bietet, dann aber nur von „Ägypten" und „JHWH" spricht und außerdem bei „aus dem Sklavenhaus" nie das sonst häufige „mit starker Hand" steht. Er findet daher (vgl. Lubsczyk, 83ff.; genauer: Groß) verschiedene Schichten des Gebrauchs der Herausführungsformel. Es ist aber schon fraglich, ob von einer klaren „Formel" gesprochen werden kann (vgl. Groß), und wie diese inhaltlich genauer zu erklären und historisch exakter zu beziehen ist, worauf bei der Betrachtung der *hiph*-Belege nochmals einzugehen ist. Die Verbindung von *jṣ'* mit „aus dem Sklavenhaus" zeigt jedenfalls ein Stadium theologischer Reflexion und Durchdringung an, was auch durch das „gedenke, daß du Sklave warst in Ägypten" unterstrichen wird (Deut 5, 15; 15, 15; 16, 12; 24, 18. 22). Auch hierauf wird unter VI. nochmals zurückzukommen sein.

c) Nach Ex 14, 8 (und Num 33, 3: Zusatz; gemeinsame Schicht von P) zogen die Israeliten „mit erhobener, starker Hand" aus Ägypten, und nach Num 11, 20 wird es trotz der murrenden Frage („warum sind wir aus Ägypten gezogen?") weiterhin Fleisch durch JHWH geben.

Num 23, 32; 24, 8 werden innerhalb der *hiph*-Belege noch eine Rolle spielen. Aus den Bileamgeschichten sind darüber hinaus aber noch Num 22, 5 (vgl. v. 11; *qal*) zu beachten, wo Israel als ein aus Ägypten gezogenes Volk qualifiziert wird; der Vers spielt „auf diese Heilstat an und bringt so von Anfang an YHWH mit ins Spiel. Die Spannung muß (daher) steigen..." (W. Groß, Bileam, 258). Eine schon klar herausgebildete Formel zeigt sich nicht, obwohl Anklänge an ähnliche Aussagen vorliegen und Verbindungen sich einstellen sollen.

d) Im Deut sind es die Belege 4, 45f.; 9, 7; 11, 10 und 23, 5 (zu letzterem vgl. 24, 9; 25, 17) und somit mindestens zu 50% dtr Texte, die auf den Auszug rekurrieren. Zuerst sind es Israels verpflichtende Gebote, die durch den Auszug und den dabei rettend tätigen Gott bestimmt sind und somit verstärkt (neuen) Gehorsam erwarten (4, 45f., v. 46 mit Anspielung auf den Sieg über Sihon, den Mose und die Israeliten schlugen, als sie aus Ägypten gezogen waren, d. h. zur Datierung im weiteren Sinne gehörend; vgl. o. unter b; Datierungen im weiteren Sinne in dtn/dtr Texten: Deut 9, 7; 23, 7; Jos 2, 10; 1 Kön 8, 9; 2 Kön 21, 15; Jer 7, 25; Mi 7, 15; Ps 114, 1).

Dtr ist die Erinnerung an die Untreue Israels seit der Zeit, „als ihr aus dem Land Ägypten gezogen seid" (Deut 9, 7; vgl. 2 Kön 21, 15; Jer 7, 15 dtr, hier mit dem Plus der Prophetensendung; vgl. weiter den Kontext von 2 Kön 21, 15). Hier wird die Solidarität von Sünde und Abfall herausgestellt, um (z. B. wegen Jer 31, 29; Ez 18, 2) die Solidarität auch in der Schuld und in der Strafe zu begründen (vgl. Bd. I 14–16 s.v. → אב [*'āḇ*]). Dtr ist auch die Näherbestimmung von Lade und Gesetzestafeln der → ברית [*berîṯ*] in ihrer Zuordnung zum Auszug in 1 Kön 8, 9 (vgl. Ex 20, 2 par). Zur dtn/dtr Wertung des Auszugs vgl. Skweres.

Das Volk des Auszugs war beschnitten gewesen (Jos 5, 5: nachklappender Verweis wie in Jos 5, 4 dtr, wenn auch Verbindung zwischen Landnahme und Auszug herstellend: v. 5; zur Sache: E. Otto, Das Mazzotfest in Gilgal, BWANT 107, 1975); dazu dann die Dublette v. 6 mit dtr Bezug auf 40 Jahre Wüstenzeit. Nach Jos 2, 10 sagt Rahab den Kundschaftern, daß die Einwohner Jerichos von JHWHs Taten gehört hätten „bei eurem Ausziehen aus Ägypten", womit dieses Geschehen als für Israel grundlegend bezeugt wird. Selbst die Ägypter hatten sich ja bei Israels Auszug gefreut (Ps 105, 38). Als Bitte an JHWH um ähnliche Wunder „wie in den Tagen deines (!) Ausziehens aus Ägypten" macht Mi 7, 15 in der Liturgie 7, 8–20 diesen Rückgriff auf das Geschehen von anderer Seite her ebenso wesentlich. Auch nach Hag 2, 15 gilt JHWHs Heilswort, das er – nicht nur zeitlich primär, sondern wesenhaft grundlegend – beim Auszug aus Ägypten gesprochen hat, immer noch. JHWHs Ausziehen ist auch das seines Volkes, wie die Rettung Israels JHWHs Epiphanie ist (vgl. Ps 114, 1; und dazu Jos 2, 10; zur selten expliziten, aber sachlich doch häufiger als zuweilen angenommen mitschwingenden Beziehung des Auszugs zum „Wunder am Meer“ vgl. Coats, VT 17, 1967, 258–260 und u. VI.). Hierher gehört dann wohl auch noch Ps 81, 6, wo das *ʿal* ohne Analogie ist und der Kontext nach einem „aus Ägypten“ verlangt.

Innerhalb der im Deut enthaltenen dtn/dtr Landbeschreibungen, die das verheißene Land bewußt paradiesisch übersteigernd malen – und dies doch wohl tun, um es als neues Verheißungsgut der Exilsgemeinde vor Augen zu stellen –, wird das Land, „in das du kommst“ (→ בוא [*bô'*] IV.) dem Land Ägypten, „aus dem du ausgezogen bist“, wertend und übersteigernd gegenübergestellt: im verheißenen Land wird keine künstliche Bewässerung für die Aussaat notwendig sein (Deut 11, 10; → זרע [*zāraʿ*] II 668).

Die Begründungen dtn Rechtssätze sind, soweit sie *jṣ' qal* gebrauchen, stärker auf den Zeitpunkt des Auszugs bezogen und nähern sich auch darin den (bereits erwähnten; vgl. o. b und d) Datierungen weiteren Stils in der dtn/dtr Literatur (Deut 16, 3. 6; vgl. das *hiph* in 16, 1; dann 23, 5; 24, 9 als Anhang zu v. 8; 25, 17; dazu Rücker, 40ff. und Skweres).

e) DtJes verwendet *jāṣā' qal* häufiger in Verheißungen und Beschreibungen des neuen Exodus (Jes 48, 20; 52, 11. 12; 55, 12: zur Sache: D. Baltzer, Ezechiel und Deuterojesaja, BZAW 121, 1971, 12–26; Preuß, Deuterojesaja, 42–45 und Kiesow), in 52, 11 außerdem in dem für DtJes so typischen doppelten Imperativ.

V. „Im *hiph* des Verbums kehren die meisten Verwendungsweisen des *qal* in der entsprechenden kausativen Bedeutung wieder“ (Jenni 758). Die 278 Belege lassen sich folglich analog zu Abschnitt II aufgliedern, wobei auch hier die Belege der sog. „Auszugsformel“ vorerst ausgeklammert und in eigenem Abschnitt (VI) verhandelt werden sollen.

a) *jṣ' hiph* steht zunächst für „jemanden (eine Person oder mehrere) herausführen, hinausführen, herausholen, wegschicken, herausgehen lassen, hinaustreiben“, dann auch „herausreißen, retten“, und auch hier wieder (vgl. ThWAT I 538) zuweilen als eine Art Hilfsverb mit Weiterführung, „um dann irgend etwas mit ihm/ihr/ihnen zu tun“ (knapp 40 Belege; darunter in Gen 19 als Leitwort mit beabsichtigten Kontrasten). Man führt z. B. hinaus, um zu töten (Gen 38, 24; vgl. v. 25 *hoph*; dann Lev 24, 14. 23; Num 15, 36 u. ö.), oder man trägt einen Toten hinaus (Am 6, 10).

Truppen werden in den Kampf geführt (vgl. II. c): 2 Sam 5, 2; 10, 16; Jes 43, 17 u. ö. Die Kombination mit *bô' hiph* in Num 27, 17 führt ebenfalls in den militärischen Bereich (vgl. 2 Sam 5, 2; 1 Chr 11, 2; allgemeiner: Ex 4, 6).

Dem Gebrauch von *jāṣā' qal* (ebenfalls öfter zusammen mit *bô'*; vgl. etwa 1 Chr 9, 28 und oben II. e) für „kultisch handeln“ entspricht hier wie dort ein analoger Gebrauch des *hiph* (Gen 14, 18; Dtn 14, 28; Ri 6, 18; wohl auch Ex 19, 17). Eine Zusammenstellung der P-Belege von *jṣ' hiph* bei K. Elliger, HAT I/4, 1966, 301 Anm. 22.

b) Das *hiph* steht ferner für „Dinge oder Sachen – d. h. etwas, nicht jemanden – hinaustragen, herausbringen, herausnehmen, herausheben, wegbringen, wegnehmen, loslassen, hervorbringen [lassen], hervorgehen lassen, wegtun“, und Jenni (759f.) betont hierfür mit Recht, daß es dabei jeweils dort, wo JHWH Subjekt ist (vgl. dazu aber genauer u. Abschnitt VI. 1 und o) nicht um ständiges, sondern um aktuelles Handeln JHWHs geht.

Wasser, Feuer oder Wind ließ JHWH hervorgehen (Num 20, 8. 10; Deut 8, 15; Ps 78, 16 u. ö.; Mücken: Ex 8, 14; Sterne: Jes 40, 26; Hi 38, 32).

Der Zehnte ist abzusondern (Deut 14, 28) oder sonstige Geräte, Speisen, Kultgeräte oder auch Götzenbilder. Man bringt die rote Kuh aus dem Lager (Num 19, 3), schafft Reste eines geopferten Tiers fort (Lev 4, 12. 21 u. ö.) oder auch die Asche des Brandopfers (Lev 6, 4; vgl. Ez 46, 20; Lev 14, 45). Etwas wird ans Licht gebracht (Jer 51, 10), ein Werk wird vollendet (Jes 54, 16), ein Pfand herausgelegt (Deut 24, 11; vgl. Ri 6, 18f. u. ö.; vgl. das Plus in 2 Chr 34, 14 gegenüber 2 Kön 22, 8). Beweise werden zur Gerichtsverhandlung gebracht (Deut 21, 19; 22, 15; vgl. Jes 43, 8). Man gibt etwas aus oder verwendet es (2 Kön 12, 12; vgl. 15, 20; dazu cj. *hoph* in 2 Sam 18, 22).

Aber auch Unmut oder Verleumdung bringt man hervor (Spr 10, 18; 29, 11: *jṣ' hiph* in Spr nur für das Werk des Toren; vgl. die Mahnung Pred 5, 1!). Im für die Weisheit konstitutiven Tun-Ergehen-Zusammenhang (vgl. wieder *bô'* III.) wird *jṣ' hiph* in Spr 30, 33 verwendet.

Zum Hervorbringen (lassen) von – meist allerdings negativ qualifizierten! – Worten vgl. Jer 15, 19; Hi 8, 10; 15, 13; Pred 5, 1. – Num 13, 32; 14, 36f.; Deut 22, 14. 19; Spr 10, 18; Neh 6, 19).

Meist späte Texte verwenden *jṣ' hiph* für „hervorbringen = sprossen lassen, wachsen“: Gen 1, 12. 24 (zur „Mutter Erde“ s. Westermann, BK I/1, 173f.); Num 17, 23; Deut 28, 38; Jes 61, 11; 65, 9; vgl. Hi 10, 18; Ps 104, 14; Sir 38, 4.

Schließlich handeln einige Texte bei Ez vom Gericht, auch vom Fluch, das oder den JHWH ausgehen lassen wird (vgl. Jer 38, 23; dagegen 51, 10 sek. betr. Heil), und Ez stellt die Deportation Jerusalems als Zeichenhandlung dar (Ez 11, 7. 9; 12, 4. 5. 6. 7: nicht in *qal* zu ändern, vgl. Zimmerli, BK XIII/1, 259); vgl. Sach 5, 3f.

c) Als kleine, aber wichtige Gruppe seien noch die Texte erwähnt, welche *jṣ' hiph* für „befreien“ oder „freilassen“ von Gefangenen verwenden (Gen 40, 14; 42, 7; 43, 23; Jer 20, 3; 51, 44; 52, 31: Befreiung aus Babel, vgl. DtJes!; in Jer 52, 31 ist das Plus gegenüber 2 Kön 25, 27 zu beachten, vgl. aber BHK z. St.; dann Ps 142, 8; vgl. 68, 7; 107, 14. Weil, wie unter VI. darzustellen ist, bei der sog. „Herausführungsformel“ mit *jṣ' hiph* oft ein besonderer Aspekt der „Befreiung“ gefunden wird, sind die hier zusammengestellten Belege nicht unwesentlich.

VI. a) Im Blick auf die 91 (Humbert: 76; Wijngaards: 83/84) Belege mit *jṣ' hiph*, die von der Herausführung Israels aus Ägypten handeln (zur Forschungsgeschichte: Groß 425–427), sind zuerst einige allgemein geläufige und meist anerkannte Befunde festzuhalten.
Eine eindeutige, klare und stets gleichlautende „Formel" ist die Herausführungsaussage zuerst einmal nicht. Subjekt ist meist JHWH (dazu s. unter l und o), zuweilen Mose und (oder) Aaron, Objekt meist die Israeliten, zuweilen die Väter oder das Volk (mit entsprechenden Suffixen), der Ausgangspunkt ist Ägypten bzw. das Land Ägypten, und das Verb erscheint im Perf. (1., 2., 3. Pers.), Ptz., Inf., in Haupt- und Nebensätzen, mit und ohne Appositionen sowie in unterschiedlichen Funktionen (Impf. kommt nicht vor; zu allem genauer: Groß).
Die Formulierung als „Heraufführung" aus Ägypten mit *'ālāh hiph* (dazu: G. Wehmeier, THAT II 272–290 mit Lit.) ist, wie etwa Am 9, 7; Ex 3, 8. 17 J zeigen (zu diesen Texten: W. H. Schmidt, Sefer Rendtorff 96), die ältere. *jṣ' hiph* im genannten Sinn fehlt bei Am, Hos, Mi, Jes I, Nah, Hab, Zeph, Ob, Hag, Sach, Jo. Zum Verhältnis der betr. „Auszug" gebrauchten Verben s. auch Fohrer, Überlieferung und Geschichte ..., 1 Anm. 1. Zum Nebeneinander beider Verben vgl. auch Jer 10, 13.
Gewöhnlich wird dann weiter darauf verwiesen, daß in der Prophetie *jṣ' hiph* für den „Auszug" erst ab Jer auftrete (Jenni, THAT I 760) oder ab Deut 1, 27 (KBL^3 407b), einen weiteren Schwerpunkt im Deut habe und überhaupt in Gesetzestexten (Wijngaards, VT 15, 1965, 92) und dort in den Begründungen der Rechtssätze (dazu jetzt Rücker, 40ff. zum Deut, 52ff. zum HG) häufig sei. Es habe dann ferner in nachexilischer Zeit immer mehr an Bedeutung gewonnen. Außerdem sei – was von W. Groß mit unzureichenden Argumenten (s. u.) bestritten wird – im Gebrauch von *jṣ'* ein Akzent auf der Herausführung als einem befreienden Handeln JHWHs zu entdekken, zumal das *hiph* von *jṣ'* gegenüber dem *qal* (z. B. durch häufigen Gebrauch in direkten Gottesreden) klarer die Initiative JHWHs betone. Diese Beobachtungen gilt es zu verifizieren, zu vertiefen und vor allem zeitlich zu orten. Hierbei ist von eindeutig datierbaren Texten auszugehen.
b) Es trifft zu, daß der Bezug auf die Herausführung aus Ägypten in Begründungen von Rechtssätzen eine Rolle spielt. Das Bundesbuch hat hierbei nun aber noch *jāṣā' qal* und außerdem das Volk als Subjekt (Ex 23, 15; vgl. 34, 18). Aus dem Heiligkeitsgesetz, das betr. Herausführung aus Ägypten bezeichnenderweise nun aber nur *jṣ'* im *hiph* und dann mit JHWH als Subjekt kennt, sind zu nennen: Lev 19, 36; 22, 33; 23, 43; 25, 38. 55; 26, 45. Davon sind 25, 38 und 26, 45 Grundsatzaussagen: Herausführung zielt auf Landgabe, und JHWH will (dort) „euer Gott" sein (vgl. 22, 33 Ende, ferner Ex 29, 46 P mit ausgeführterer Zielangabe; auch Num 15, 41 P). Die Befreiung aus der Knechtschaft Ägyptens erfolgt zum Leben unter der Herrschaft JHWHs. Die durch JHWH Befreiten sind nicht nur frei geworden (vgl. Deut), sondern sind jetzt seine Knechte (Lev 20, 26; 25, 42. 55; 26, 13; vgl. dazu M. A. Anat, Beth Miqra 23, 1978, 425–429, und das „JHWH dienen" in Deut 6, 12f.; 13, 6. 11). Auch Einzelanweisungen laufen auf diese Grundsatzaussage hinaus, sind durch bewußten Stichwortzusammenhang (→ עבד [*'āḇaḏ*]) verbunden, und JHWH qualifiziert sich selbst („ich bin JHWH, der ...") als herausführend-befreienden Gott (Lev 19, 36; 22, 33: vgl. das Plus gegenüber Deut), womit die Begründungen sowohl heilsgeschichtlich wie theozentrisch sind. JHWH handelt um seiner selbst willen (vgl. Ez). Dieses Betonen des „damit ihr nicht (mehr) Knechte seid", der Landgabe und des „Knechtseins" unter JHWHs Herrschaft, zu der befreit wird, muß nun aber auf dem Hintergrund des Exils, in das die Endfassung des HG gehört, gesehen werden (vgl. nur Lev 26, 45; dazu Ex 20, 2). Herausführung aus Ägypten als befreiendes Werk JHWHs, das seiner Botmäßigkeit neu unterstellt und auf Landgabe zielt, ist heilsgeschichtlich-theozentrische Botschaft an die Exilsgemeinde, die analoge Herausführung erhofft, die wieder dazu führt, daß JHWH im Land Gott seines Volkes ist (vgl. P). JHWH-Prädikationen (Ptz. oder Perf.) unterstreichen seine Fähigkeit zum „Herausführen". Während der Grundbestand des HG Einzelforderungen knapp begründet (Lev 19, 36; 23, 43), bringen spätere Textschichten gefülltere theologische Aussagen an die Adressaten des exilisch redigierten HG insgesamt. Der Blick auf andere Textgruppen wird diese Beobachtungen bestätigen.
c) Ein zweiter Schwerpunkt über die „Herausführung aus Ägypten" liegt nämlich im dtr Schrifttum. Hierher gehören zunächst sämtliche Belege im Jer-Buch (7, 22; 11, 4; 31, 32; 32, 21; 34, 13; zur Sache: M. Weinfeld, ZAW 88, 1976, 39–52). Auch hier sind (vgl. Lev 26, 45) „Bund", „Herausführung" und Sklavenbefreiung zusammengeordnet (Jer 34, 8ff.; vgl. v. 13 und Deut 15, 1. 12). Heilsgeschichtliche Datierungsbeziehungen werden gesetzt (7, 22; 31, 32; 11, 4; 34, 13, vgl. noch 11, 1; der Tag, „an dem ich herausführte" im Jer-Buch nur in dtr Texten: W. Thiel, Die dtr Redaktion von Jer 1–25, WMANT 41, 1973, 122; etwas anders: P. K. D. Neumann, Hört das Wort Jahwäs, [Diss.] Hamburg 1975, 296ff. 308. 312f.), und auch Jer 32, 21 ist klar dtr. Auch Jer 10, 13 ist wie Jer 10, 12–16 (sic! vgl. H. D. Preuß, Verspottung fremder Religionen im AT, BWANT 92, 1971, 166–170) nicht von Jer. JHWH ist als Retter gekennzeichnet (Jer 32, 21), und die neue Herausführung aus Babel wird den neuen Gehorsam selbst ermöglichen, welchen die Herausführung aus Ägypten und die damalige *b^erîṯ* nur forderten (31, 32).
Diesen Gedankengängen ordnen sich die sonstigen dtr Texte zu (Jos 24, 5f.; Ri 2, 12; 1 Kön 9, 9, vgl. 2 Chr 7, 22; Ri 6, 8 – hier auch zusammen mit *'ālāh hiph* in deutlich sekundärer Art des Redens; zur Näherbestimmung durch „aus dem Sklavenhaus" s.

schon IV.b und dann u. unter e; weiter 1 Kön 8, 16; vgl. 2 Chr 6, 5). 1 Kön 8, 21. 51 bringen das dtr Anliegen besonders klar zum Ausdruck (vgl. Deut 29, 24 dtr; Jer 11, 3f.; 31, 32 dtr). Die Rettungstat JHWHs war eine militärische (Jos 2, 10). Abfall von diesem so qualifizierten Gott brachte das Gericht (Ri 2, 12; vgl. Deut 13, 6. 11). In 1 Kön 8, 1 – 9, 9 steht sechsmal *jṣ'* und meist hier (besonders in 8, 46–53; vgl. 2 Kön 21, 1–15) mit Motiven verwoben, die wieder bis in das Exil hineinreichen (vgl. auch Lubsczyk 115).

d) Auch die Texte des jetzt in starker dtr Bearbeitung vorliegenden Deut ordnen sich diesem Befund zu (zur Sache Skweres). Im Deut wird für „Herausführung aus Ägypten bzw. dem Land Ägypten" (zur Unterscheidung: Plöger 100–115) nur *jṣ'* verwendet (zum *qal* s. IV.c), und zwar überwiegend in den dtr Rahmenstücken des Deut (*'ālāh hiph* nur in 20, 1 als Zitat einer alten Kriegsregel (?); zum Befund im Deut vgl. Childs; dann Lubsczyk 79ff., der zwei Schichten – „prophetisch" und „priesterlich" meint bestimmen zu können). Subjekt der Herausführung ist stets JHWH mit der einzigen und bewußten Ausnahme in 9, 12, wo sich JHWH in einem dtr Rückblick bewußt vom Volk distanziert (zum Sondercharakter des Textstückes auch Lohfink, Hauptgebot, 207ff.).

Deut 4, 20. 37 sind den jüngsten, spätexilisch-dtr Texten des Deut zuzurechnen. 4, 20 schaut dabei in die Zeit, in der JHWH sein Volk aus dem „Eisenschmelzofen" Ägypten (so nur noch Jer 11, 4 dtr; vgl. 1 Kön 8, 51 dtr) führte, damit es ihm diene und sein Volk sei (Nähe zu HG und P; zum „nehmen" nur Deut 4, 20. 34; 30, 4 dtr). Der Zusatz in 4, 20 soll JHWHs Eigenart herausstellen und das Vertrauen in seine Macht stärken. Hier begegnet somit die spätere dtr Schicht, die *jṣ' hiph* ohne „dein Gott" hat, nur von „Ägypten" spricht und durch das „mit starker Hand" die Macht JHWHs unterstreicht (Deut 4, 20. 37; 6, 21. 23; 9, 26. 28. 29; 26, 8). Eine andere Schicht hat bei JHWH das „dein Gott", spricht vom „Land Ägypten" und setzt interpretierend „aus dem Sklavenhaus" hinzu. In dieser zwar älteren, aber ebenfalls schon exilischen Schicht ist die Exilssituation wie ihre theologische Interpretation und der Versuch zu ihrer Bewältigung noch etwas deutlicher (zu den Schichten Lubsczyk; auch Plöger 111f.; vgl. aber das Miteinander in Ex 13, 14 dtr). Die Herausführung (vgl. P in Gen 17 und dazu → זרע) wird als Taterweis der Liebe JHWHs (Deut 4, 34 und 7, 8) zu den Vätern und ihren Nachkommen (!) gedeutet (4, 37). Sie geschah mit großer Kraft durch JHWHs → פנים (*pānîm*). Das Gnadenhafte dieses göttlichen Handelns ist wesentlich (vgl. 5, 15; 11, 1–9; auch 6, 20–25), so daß neue Hoffnung auf analoges Handeln bewußt geweckt werden kann. Deut 1–4 zeigen hierbei eine Nähe zu P^G und schildern – wie P – die Herausführung aus Ägypten absichtlich transparent auf die erhoffte neue Herausführung aus Babel durch JHWHs Macht und Gnade hin. In Deut 1, 27 kann daher nur in einem zweifelnden Antiglaubensbekenntnis (N. Lohfink, Bibl 41, 1960, 105–134) behauptet werden, daß diese Herausführung damals gerade nicht JHWHs Liebe, sondern seinen Haß gezeigt habe (vgl. 9, 28): innerhalb von Deut 1–3 wird der Auszug nur hier und nur so erwähnt (vgl. aber die sonstigen Erwähnungen innerhalb des DtrG mit ihren Beziehungen zu Gerichtsansagen und Gerichtsbegründungen: Ri 2, 12; 1Kön 8, 51. 53; 9, 9; 2 Kön 24, 15).

Deut 5, 6 (vgl. Ex 20, 2; zum Vokabular: Lohfink, Hauptgebot, 98ff., und Festschr. W. Kornfeld, Wien 1977, 99ff.) zeigt das Gebot JHWHs als Kehrseite und Folge seiner Gabe auf und JHWH als den Geber, der sich selbst theologisch als Retter bestimmt. In einer Grundsatzerklärung sagt JHWH selbst sich als geschichtlich rettenden Gott aus, der die so Erretteten sich verpflichtet, womit vor allem auf das 1. und 2. Gebot gezielt, dann aber auch der Gesamtdekalog theologisch gekennzeichnet ist. Hierbei ist in Deut 5, 6 wie in Ex 20, 2 die Sprache eindeutig dtr (G. Fohrer, BZAW 115, 1969, 130 Anm. 28; anders Lohfink; vgl. im HG Lev 19, 36; 25, 38; 26, 13 und Num 15, 41). Der Gesetzgeber ist zuerst der Befreier, und Israels Urerlebnis mit diesem Gott qualifiziert Gegenwart wie Zukunft des Volkes, da JHWH immer wieder als Befreier erhofft werden kann und soll. Als fordernder Gott ist er durch sein Befreiungshandeln vorweg gekennzeichnet und legitimiert, und das „dein Gott" wird typisch at.lich in geschichtlicher Bezogenheit ausgelegt. „Andere Götter" können diesen Geschichtserweis nicht bringen: auch diese Argumentation war im Exil so wichtig wie hoffnungschenkend (vgl. DtJes; zur theol. Argumentationsart von Deut 5, 6 s. vor allem H. Schüngel-Straumann, Der Dekalog-Gottes Gebote? SBS 67, 1973, 99–101 mit Lit.; W. Keßler, VT 7, 1957, 15f.; J. J. Stamm, ThR NF 27, 1961, 234–237).

Im eigentlichen Gesetzeskorpus des Deut nehmen dann nur 13, 6. 11 dtr und 16, 1 (zum Sondertext 26, 8 s. u.) *jṣ' hiph* auf, und hier ist stärker (anders als beim *qal:* s. IV.a) die Tatsache der Rettung wichtig als ihr Zeitpunkt (vgl. Rücker 41 und Skweres); zur Herausstellung JHWHs als Handelnden vgl. Deut 16, 1 *hiph* mit Ex 23, 15; 34, 18 *qal*. Von diesem Gott soll man nicht (mehr) abfallen, wie die dtr Zusätze in 13, 6b. 11b sagen, die ihr Material aus Deut 5, 6; 6, 12; 7, 8 und 8, 14 dtr haben.

Das aus dem „Eisenschmelzofen" des Exils (Deut 4, 20; Jer 11, 4; 1 Kön 8, 51: dtr) durch JHWH herausgeführte Volk soll auch wieder JHWHs Erbvolk, sein Erbteil werden (1 Kön 8, 51. 53 dtr). Der exilischen Situation der dtr und anderer Texte entspricht dann ferner, daß die als Herausführung aus Ägypten auf Hoffnung beschriebene Heimkehr als auf die (neue) Landgabe zielend beschrieben und als solche damit neu verheißen wird (Lev 25, 38; Deut 6, 23; 26, 8; 1 Sam 12, 8 dtr; Ez 20, 34f. 41; 34, 13; wohl sämtlich exilische Texte; nachexilisch: Ps 105, 37ff.; 114, 1f.).

Die Zusatzbegründung im besonders ausführlich gehaltenen und zentral stehenden Sabbatgebot Deut 5, 15 (so nicht in Ex 20) bringt auch die Näherbestimmungen dieses Herausführungshandelns JHWHs als „mit starker Hand" (→ יד [*jāḏ*]; dazu: Childs, Formulae, 31) „und ausgestrecktem Arm" (→ זרוע [*zᵉrôaʿ*]; II 653f. 659f.; zu „mit Zeichen und Wundern" Childs, a.a.O., 31; zur sog. priesterlichen Schicht vgl. hier 4, 34; 5, 15; 6, 21; 7, 8. 19; 9, 26. 29; 11, 2; 26, 8; vgl. 1 Kön 8, 9. 16. 21; 9, 9; 2 Kön 21, 15, auch Jos 5, 4–6, wiederum mit Motiven, die bis ins Exil reichen). Der so erfahrene JHWH ist einzig, will Gehorsam und kann Fruchtbarkeit schenken. Diesen Gott soll Israel daher nicht (wieder) vergessen (Deut 6, 12; vgl. 8, 14; zur „prophetischen" Schicht: Deut 5, 6f.; 6, 12; 7, 8; 8, 14; 13, 6. 11: die klare Unterscheidung von „Schichten" ist problematisch; eher sind unterschiedliche Akzente erkennbar). JHWH erwartet jetzt vielmehr dankbaren Gehorsam, und das Sabbatgebot in seiner ausführlichen Begründung und Ausgestaltung läßt auch für Deut 5, 15 exilische Situation vermuten.

Auch Deut 6, 21 (als Text mit älterer Grundlage?) betont in paradigmatisch-paränetischer Geschichtsschau den Befreiungsakt JHWHs an seinem Volk im „uns" der Einheit der Generationen. Weitererzählen der Großtaten Gottes ist hier der Beginn von Theologie. Knechtschaft unter dem Pharao und Befreiung durch JHWH stehen mit Achtergewicht gegeneinander. Zur Zuordnung von Befreiung und Gebot s. oben zu Deut 5, 6. Dem katechetischen Text Deut 6, 21 sind dann auch die (kaum vor-dtn) Belege Ex 13, 3. 9. 14. 16 zuzuordnen. Auch nach dem dtr Zusatz Deut 7, 7—8b hat die damalige Befreiungstat Bedeutung für Israels weitere Zukunft (zu → פדה [*pāḏāh*] in 7, 8c vgl. 9, 26 dtr; 2 Sam 7, 23 dtr). Diese Machttat hat auch kriegerische Bedeutung und ermöglicht Israels Furchtlosigkeit vor den Völkern (Deut 7, 19). Im dtr Gebet des Mose spiegeln Deut 9, 28f. (vgl. 1, 27 als Eigenwort Israels!; vgl. Ex 32, 11f. dtr) ebenfalls die Exilssituation wider: JHWH soll vor den Fremdvölkern nicht als geschichtsohnmächtig dastehen (vgl. DtJes). Sein Machterweis aber ist die Herausführung (9, 29); er wird sein Volk nicht „in der Wüste" sterben lassen. Die Völker werden nur eine Zeitlang sagen können, daß JHWHs Zorn zwar sein Volk traf, weil sie seine *bᵉrîṯ* verlassen hatten, die er bei der Herausführung festgesetzt hatte (dtr Wertung von *bᵉrîṯ* und dtr Gerichtsbegründung). Auch hier versucht die Exilsgemeinde eine theologische Deutung ihres Geschicks (vgl. 1 Kön 8, 21; Jer 11, 4; 31, 32; 34, 13 dtr; in 2 Chr 7, 22 nur mit Hinweis auf die Herausführung, ohne *bᵉrîṯ*). Und schließlich zeigt der ebenfalls dtr und (im Gegensatz zu Num 20, 15f.) nicht alte Text Deut 26, 8 mit seiner dtr Sprache und seinen exilischen Deutekategorien von Not, Klage und Eingreifen nochmals das Thema „Herausführung" als Befreiung und Führung ins Land, faßt damit die Aussagen der dtr Texte Deut 1, 27; 4, 34. 37; 5, 16; 6, 22 usw. geballt zusammen und bekennt (vgl. 6, 21), daß JHWH in seinen Taten erkannt, als geschichtlich handelnder und befreiender Gott bekannt wird, der zielgerichtet und d. h. hier auf die (neue) Landnahme gerichtet Geschichte gestaltet. Zum dtr Charakter von Deut 26, 8 vgl. N. Lohfink, ThPh 46, 1971, 19–39; W. Richter, Festschr. Schmaus).

e) Deut 5, 6 bringt noch den (dtr) Zusatz „aus dem Sklavenhaus" (siehe schon unter IV.b, mit Lit.), den JE so noch nicht kennen. Auch diese Näherbestimmung wird erst voll verstanden, wenn sie als transparente Beschreibung der Exilssituation gesehen wird, die vom DtrG hier angesprochen und in ihrer Hoffnung auf Befreiung und Heimkehr durch die Verheißungen JHWHs und Israels neuen Gehorsam im Land gestärkt werden sollte (Deut mehr: Gehorsam, um im Land zu bleiben; dtr Texte im Deut: gehorsam, um ins Land – wieder – zu kommen!). Die Näherbestimmung „aus dem Sklavenhaus" findet sich im Deut: 5, 6; 6, 12; 7, 8; 8, 14; 13, 6. 11 und damit nur in dtr (nicht dtn, also auch nicht seit Deut: so Humbert 360) gestalteten bzw. bearbeiteten und damit exilischen Texten. Weitere 6 der insgesamt 13 Belege finden sich in Ex 13, 3 (*qal*). 14; 20, 2; Jer 34, 13: sämtlich dtr bearbeitet; vgl. auch Ri 6, 8; Jos 24, 17 und in Mi 6, 4 mit *pāḏāh*). Funktion dieser Näherbestimmung Ägyptens ist einerseits die „pejorative Bezeichnung" (Floss 56) dieses Landes, aber dann auch die Situationsbestimmung Israels in eben diesem „Ägypten" (auch in Deut 1–4 wird Ägypten transparent auf Babel verwendet; vgl. ferner P und HG). *jṣ'* wird hierbei in Ex 13, 3 im *qal*, sonst stets im *hiph* verwendet: es geht um die Herausführung (stets mit *min!*) aus diesem Sklavenhaus, um das Ende dieses so bestimmten Daseins durch JHWHs befreiendes Handeln.

f) Daß die *hôṣî'*-Formel ursprünglich nicht den Auszug, sondern das Schilfmeerwunder meinte und erst später ausgeweitet sei (so Wijngaards, VT 15, 1965, 91ff.), läßt sich nicht erweisen (vgl. dazu kritisch: Childs, VTS 16, 30ff.; Nicholson 53ff.; D. Patrick, VT 26, 1976, 248f.; Weimar-Zenger, Exodus, 36. 44f. 130). Es geht vielmehr um JHWHs befreiendes Handeln nach Ex 1–15 allgemein und damit um die Formulierung analoger Errettungstheologie und Befreiungshoffnung. Daubes These (Exodus Pattern, 33–38), *jṣ'* dem juridisch-sozialen Bereich zuzuordnen und mit dem Sklavenloskauf zu verbinden, hat jedoch, was die „Herausführung aus Ägypten" und den Rückgriff auf sie angeht, manches für sich, nur ist sie historisch anders zu beziehen und mehr durch die exilische Situation sowie deren Interpretation wie Hoffnung bedingt, als Daube sieht. Die Ausweitung seiner These auf andere Textgruppen, wie etwa die Jakob-Laban-Geschichten dagegen, ist wenig stichhaltig.

Nach E. Otto (Das Mazzotfest in Gilgal, BWANT 107, 1975, 186–191; genauer: maschinenschr. Fassung dieser Diss., 295ff.) hatten Exodus- und Landnahmethematik im Mazzotfest am Heiligtum von Gilgal einen (!) Ort (wegen Jos 4, 21–23; 5, 9; Mi 6, 4f.; Ps 114); jedoch wird von Otto damit keine Exklusivität der Exodusthematik für das Heiligtum in Gilgal beansprucht.

Norin dagegen trennt (unberechtigt) die Exodusüberlieferung in Prosa von der s. E. älteren in Poesie (= Pss; Ex 15). Letztere sei einem Kult zuzuordnen, der erst in dtr Zeit mit Passah/Mazzot verbunden wurde. Wesentlich ist jedoch, daß auch N. (199ff.) von einem exilischen Schwerpunkt der Thematik spricht, wenn er auch deren Begrifflichkeit nicht genauer differenziert.

g) Neben den exilischen Texten des Heiligkeitsgesetzes und aus dem dtr Bereich ist nun als weiterer exilischer Schwerpunkt der Herausführungsaussagen die Priester(grund)schrift zu nennen, die für „Herausführung aus Ägypten" ebenfalls nur *jṣ' hiph* verwendet (Ausnahmen: Lev 11, 45; Num 14, 13 P^s). Hier ist zuerst auf die nur hier sich findende partizipiale Selbstprädikation zu verweisen „der euch aus dem Land Ägypten herausgeführt hat", die aus dem Munde JHWHs, verbunden mit verschiedenen Formen der Selbstvorstellungsformel, ergeht (Ex 6, 7; Lev 11, 45; vgl. 22, 33 HG; s. Elliger, HAT I/4, 1966, 301 Anm. 22; anders: Deut 8, 14; 13, 6. 11; Ri 2, 12 dtr); in relativischer Form vgl. man (neben Ex 20, 2; Deut 5, 6 dtr) wiederum nur Texte von P (zusammen mit der „Huldformel": „ich bin JHWH, euer Gott": Ex 29, 46; Num 15, 41; vgl. HG Lev 19, 36; 25, 38. 42. 55; 26, 13. Zu P vgl. weiter: Ex 6, 6f. 13. 26; 7, 4f.; 8, 14; 12, 17. 39. 42. 51; 16, 6. 32; 29, 46. Das Herausführungshandeln wird dabei theologisch als Gericht über Ägypten (vgl. dazu: Ska), ein erlösen (*gā'al*) näherbestimmt, als erretten (*nṣl*; Ex 6, 6), und die wichtige Aussage Ex 29, 46 nennt ebenfalls das theologische Ziel der Herausführung zur neuen Gottesgemeinschaft im Land. Ex 6, 6 interpretiert das Herausführen außerdem als „aus den Lasten" (*siḇlāh*; so sonst J in Ex 1, 11; 2, 11; 5, 4f.; vgl. dtr „Sklavenhaus" und Lev 26, 13), welche die Ägypter auflegen (zur syntaktischen Gestaltung: Weimar, Untersuchungen, 94; ferner dort 113–131; P sonst „aus dem Land Ägypten": ebd., 121 Anm. 109). Ziel alles Geschehens ist die Erkenntnis der Art, Größe und Macht JHWHs (Ex 6, 7), der sich durch Herausführen als geschichtsmächtig erweisen wird (vgl. HG, DtrG, Ez und DtJes!). Aus der Mitte der „Ägypter" wird er herausführen, und sie sollen ihn dadurch erkennen (7, 5; vgl. DtJes). Alles dies wird natürlich mit Absicht als Gottesrede gestaltet (Ex 6, 2–8; 7, 1–5). Daß Mose und Aaron dann von JHWH abgeordnet werden, um Israel hinauszuführen, entspricht nur der Wertung dieser Personen in ihrem Nebeneinander wie in ihrer Mittlerstellung zwischen JHWH und Volk bei P (vgl. 6, 26f. zu v. 13). Und durch dieses Herausführen wird JHWH Israel wieder zu seinem Volk machen, während nach J und E Israel bereits auch davor das Volk JHWHs ist. Die durch das Exil bedingte Umakzentuierung durch P (Ex 6, 7; dann wieder 29, 46 als wichtige Zielaussage) will beachtet sein (zur Sache: R. Smend, Die Bundesformel, ThSt 68, 1963, 21; N. Lohfink, Festschr G. von Rad, 1971, 304; vgl. Deut 4, 20; 1 Kön 8, 53, auch 2 Sam 7, 23). JHWH wird auch wieder Israels Gott. Er kann und wird kriegerisch befreien (Ex 7, 4; vgl. auch 6, 26) – das ist der Zuspruch von P^G.

Die Zusammenordnung von Herausführung, Passah und Mazzot in Ex 12, 17. 42a. 51 läßt priesterlich-chronologisches Datierungsdenken späterer Zeit erkennen (Zusätze zu P^G, d. h. P^S oder R^P; vgl. auch das *qal* bei P in Ex 12, 41; 14, 8; 16, 1; 19, 1; Num 1, 1; 9, 1; 33, 1. 38; zur Sache: R. Schmitt, Exodus und Passah, 1975; zu den Datierungen: Groß 437–442). Zu P siehe dann schließlich noch Ex 16, 3. 6. 32, wobei die bewußte Antithese von 16, 3 und 6 zu beachten ist.

h) Ez – ebenfalls exilisch – hat die Rede von der Herausführung in einem gewichtigen Schwerpunkt, nämlich in Kap. 20 (sonst nur noch: 11, 7. 9 in Gerichtsaussagen; in 34, 13 in Heilszusage). In der vom Rückblick bis zur Verheißung die Geschichte Israels als ein großes Geschichtssummarium umgreifenden JHWH-Rede, welche diese Geschichte als Sündengeschichte aufzeigt (vgl. DtrG), wird die Herausführung im Schwur JHWHs verankert (vgl. auch hier betr. Väterschwur und Landgabe: dtr-Texte im Deut), und das Ziel der Herausführung war (und ist!) die Landgabe und alleinige Verehrung JHWHs in diesem Land (Ez 20, 6. 34. 38. 41; vgl. Ex 29, 46 P). Die Hoheitsformel des göttlichen Selbsterweises taucht im Zusammenhang nicht grundlos auf (v. 5; vgl. P). Alles führt zur Erkenntnis JHWHs vor den Völkern (v. 9. 10. 14. 22) um des Namens JHWHs willen (v. 9). Auch Herausführung und Verpflichtung sind wieder verbunden (v. 9f. 11f.: vgl. DtrG), und v. 23f. lassen die Exilssituation erkennen. Ez 20, 34. 38. 41 (vgl. 34, 13) verheißen dann das neue Herausführen und Sammeln des Volkes aus den Völkern (so nirgends mit *hæ'ælāh*!) sowie das Hineinführen ins Land. Der König JHWH will sich neu als der Heilige erweisen vor den Augen der Völker. Die Nähe zu DtJes ist deutlich, die Herkunft dieser Texte aus der Schule Ezechiels wahrscheinlich (v. 33 zeigt dtr Bearbeitung), die exilische Situation offenkundig (vgl. Groß 439; W. Zimmerli, ThB 19, ²1969, 192–204; D. Baltzer, Ez und DtJes, BZAW 121, 1971, 1–26 zu Ez und DtJes, d. h. auch zum folgenden Abschnitt; ferner F. Hossfeld, Untersuchungen zu Komposition und Theologie des Ezechielbuches, FzB 20, 1977, 309–314).

i) Der ebenfalls exilische DtJes interpretiert *jṣ'* näher durch „trösten" und „sich erbarmen" (→ נחם [*nḥm*], → רחם [*rḥm*]). 14mal wird das *qal* verwendet, davon 5mal auf den Auszug JHWHs oder des Volkes bezogen (Jes 42, 13; 48, 20; 49, 9; 52, 11; 55, 12), acht Belege finden sich für das *hiph* (40, 26; 42, 1. 3. 7; 43, 8. 17; 48, 20; 54, 16), und auch die Parallelstellungen zu → גאל (*gā'al*) und → פדה (*pāḏāh*) sind hierbei theologisch wichtig. „Heil" geht aus von JHWH und seinem Wort (45, 23; 48, 3; 51, 4. 5; 55, 1; vgl. 42, 1. 3 und Jer 51, 10!). Gefangene (!) sollen herausgehen (49, 9). So wie JHWH die Sterne herausführt (40, 26) und sein Knecht den *mišpāṭ* (42, 1. 3), soll der in 42, 7 wahrscheinlich gemeinte Kyros (vgl. Elliger, BK XI, 228) die Gefangenen herausführen (!; vgl. 45, 13). Dies wird als kriegerisches und sieghaftes Werk JHWHs interpretiert und verheißen (43, 17), wobei bewußt an den „ersten“ Auszug aus Ägypten angeknüpft und der zweite Auszug aus Babel zu dem ersten analog und ihn dann doch überbietend gesehen wird. JHWH selbst wird herausführen und zum Zion zurückbringen (52, 11f.; vgl. Preuß, 42–46 und Kiesow).

k) Damit ist für das Reden von der „Herausführung aus Ägypten“ ein Schwerpunkt in der exilischen Situation und Literatur unbestreitbar (vgl. jetzt auch St. Hidal, ASTI XI, 1977/78, 18). Bevor dies Ergebnis vertieft wird, ist zu fragen, ob es eindeutig vorexilische Belege für „Herausführen aus Ägypten“ (*hiph!*) gibt. Zunächst fällt auf, daß auch die älteren Quellen in Ex 13, 17 – 14, 31 davon nicht sprechen, sondern in Ex 1–15 eher → שלח (*šlḥ*) zentrale Vokabel ist. Auch hier stand das beschreibende Erzählen vor dem definierenden Formelschaffen, und das Entstehen wie die Entwicklung des mehr formelhaften Redens lassen sich aufzeigen.

J kennt nur den Gebrauch von *jāṣā' qal* (Ex 12, 31; zur Begründung des hier nicht verwendeten *'ālāh* s. Groß 447!; weiter Num 22, 5. 11 JE?; Num 11, 20 *qal* Zusatz; auch Ex 18, 1b *hiph* ist Zusatz; vgl. jeweils M. Noth, ATD, z. St.). Es gibt keinen eindeutig jahwistischen Text mit der Herausführungsformel (vgl. vielmehr Ex 3, 8. 17 J), was eine neuerdings erwogene exilische Datierung von J unwahrscheinlich macht. Ex 20, 2 kann E nicht zugerechnet werden. Num 20, 15f. als möglicher alter Credotext spricht vom Engel als Subjekt (E?). 2 Sam 7, 6 (und 1 Kön 12, 28) sind dtr bearbeitet und können daher (gegen Richter, Festschr. Schmaus, 180) nicht als eindeutig alte Texte angesehen werden. In Jos 24, 5f. ist höchstens v. 5 als ältere Grundlage möglich, ob aber dort auch schon die Formel alt ist, läßt sich mit Grund fragen; ebenso sind Ex 13, 3. 9. 14. 16 dtr bearbeitet. Auch Gen 15, 7 (vgl. 11, 31 P; zu den Texten s. die wichtigen Ausführungen von J. van Seters, Abraham in History and Tradition, New Haven – London 1975, 263–265; zum dtr Sprachcharakter auch O. Kaiser, ZAW 70, 1958, 119; M. Köckert, Theol. Versuche, Bd. X, 1979, 16, und C. Westermann, BK I z. St.) ist kein alter Text, was seine Nähe zu Ex 6, 6 P sowie zu Lev 25, 38 erweist. Er ist bewußt analog zur „Herausführung aus Ägypten“ gestaltet, läßt exilische Problematik erkennen (vgl. noch Ez 33, 24) und spiegelt die priesterschriftliche Einschätzung Abrahams (Gen 17; 23) wider, damit auch der Verheißung an ihn und seiner Landnahme (11, 31!).

Damit verbleiben allein die Texte Num 23, 22 (E?) und 24, 8 (J?), die von Zenger als älteste Texte angesehen werden (zu ihnen auch: D. Vetter, Seherspruch und Segensschilderung, 1974, 24f.; Groß, Bileam, 258; ders., ZAW 1974, 427 Anm. 14 mit Recht kritisch zur syntaktischen Analyse Zengers). Hier ist weder JHWH Subjekt noch Israel Objekt (vgl. aber 23, 20; 24, 5); Subjekt ist El, und die Verben stehen beide Male im hymnischen Ptz. mit Suff. im Zustandssatz („so ist dieser Gott“). 23, 22 ist darüber hinaus wohl noch nach 24, 8 geformt (vgl. M. Noth, ATD, z. St.). Der segnende Gott ist auch der rettende, und dieser Gott ist wahrscheinlich hier als El gekennzeichnet, weil ein Nichtisraelit als Redender eingeführt ist. Für sek. Einfügung plädiert O. Loretz, UF 7, 1975, 571f.; wichtig aber und besser fundiert (Verbindung El → Bileam auch noch für Israel) H.-P. Müller, ZDPV 94, 1978, 63f. Wenn jedoch 24, 8 einen ursprünglichen Wortlaut bewahrt haben sollte und damit ein Gotteshandeln benennt, in das JHWH erst später eingedrungen ist, oder eher die Tatsache, daß innerhalb des Volkes Israel auch mehrere „Exodus-Traditionen“ zusammengeflossen sind, unter denen sich die mit JHWH als Subjekt als die gewichtigste (aus welchen Gründen und unter welchen Konstellationen auch immer) erwies, so muß hier auf die neue Materialsammlung von A. Strobel verwiesen werden (Der spätbronzezeitliche Seevölkersturm, BZAW 145, 1976), die hier sowohl hilfreich wie anregend wirken dürfte. Die beiden Texte aus Num 23/24 können daher auch nicht die These von W. Richter tragen (Festschr. Schmaus, 185), wonach *hôṣî'*-Formel und *hæ'ᵉlāh*-Formel gleich alt seien, zumal hier von einer Formelhaftigkeit noch keine Rede sein kann. Die Aussagen mit *hæ'ᵉlāh* sind die älteren; die Aussagen mit *hôṣî'* bilden sich erst seit dem Exil und auch erst seit dieser Zeit zur Formelhaftigkeit heraus. Daß das Thema „Herausführung aus Ägypten“ seinen ursprünglichen „Sitz im Leben“ (was heißt das hier außerdem?) in der seit der Landnahme belegten Königsprädikation JHWHs habe (Zenger 340), läßt sich ebensowenig erweisen, wie die These, nach der eine Verbindung zwischen „Herausführung“, „Bundesformel“ und „Jerusalemer Ritual“ bestanden haben soll (so N. Lohfink, ZKTh 91, 1969, 517f. 542. 549f.).

Die wenigen wahrscheinlich vorexilischen Texte zeigen somit, daß vor dem Exil eine volle „Herausführungsformel“ mit ihren obengenannten Bestandteilen noch nicht ausgebildet war, die entsprechenden Aussagen außerdem bis hin zum Exil sehr selten waren, erst während des Exils und dort allerdings aus mancherlei guten Gründen an Bedeutung gewannen und ausgebildet wurden. Mögliche vorexilische Texte enthalten nirgends die volle formelhafte Aussage. Auch verwenden sie häufiger *jṣ' qal* als *hiph* und haben damit die dadurch gekennzeichnete theologische Akzentverstärkung noch nicht vollzogen.

l) Ein kurzer Blick auf die Verteilung der Subjekte des Herausführens kann das Gesagte unterstreichen. Dort, wo die Aussage formelhaft herausgebildet ist, steht JHWH als Subjekt fest (125mal nach KBL³ 407, allerdings dabei auch allgemein gewendet). Die älteren Texte haben den *mal'āḵ* noch als Subjekt (Num 20, 15f.; vgl. Ex 14, 19; vgl. betr. El oben zu Num 23f.). Daß Mose als Subjekt genannt wird, ist spätere theologische Absicht. Einmal wird durch seine Nennung aus dem Munde des Volkes bewußt ein Vorwurf gegen ihn innerhalb der Murrerzählungen artikuliert (Ex 17, 3; Num 16, 13; 20, 5; 21, 5 J; vgl.

Ex 14, 11 E?). Positiv spricht so E in Ex 3, 10–12 und dann später P in Zusammenordnung von Mose und Aaron (Ex 6, 13. 26f.; 16, 3; zu dieser Reflexionsstufe vgl. oben VI. g). Unter den dtr Texten ist Deut 9, 12 ebenfalls absichtliche Ausnahme (vgl. VI. d); vgl. dann 1 Sam 12, 8 dtr; Jos 24, 5f. dtr; ferner Ex 33, 1–3; Num 21, 5 und das Miteinander in Ex 32, 1. 23 neben 32, 4. 8; dann 32, 11f. mit Mose als Subjekt, ohne daß voll von einem rettenden Herausführen die Rede ist; 32, 1. 23 als Stimme des Volkes; schließlich 33, 12, und dann Deut 4, 37 dtr mit Subjekt *pānîm*. Die Wahl der Subjekte hat sich erst auf JHWH hinentwickelt und ist außerdem mit deutlicher theologischer Differenzierung und Absicht erfolgt. Daß JHWH eindeutig Subjekt der Herausführung ist, wurde – formelhaft fixiert und klar theologisch reflektiert – erst seit dem Exil betont in das Bewußtsein gehoben. *hôṣî'* hat damit auch nicht zufällig weit häufiger JHWH als Subjekt, als dies bei *hæ'ælāh* der Fall ist (42mal).

m) Durch *jṣ' hiph* mit JHWH als Subjekt wird also in der Tat dieser Gott stärker als Befreier und Erlöser ausgesagt, als dies bei *hæ'ælāh* der Fall ist. Er ist es nämlich, der vor allem aus dem Sklavenhaus des Exils befreit (vgl. H. A. Brongers, Festschr. M. A. Beek, Assen 1974, 35). Schwerpunkt dieser Aussage sind aber nicht nur die legislativen Texte (Wijngaards), sondern die exilischen Textgruppen Ez, DtrG, P, DtJes, Heiligkeitsgesetz (vgl. auch den Kontrast in Esr 1, 7). Herausführung aus Ägypten steht transparent für Herausführung aus dem Sklavenhaus des Exils in Babel. Die neue Herausführung, der neue Exodus wird dort erhofft und zugesagt, indem auf die alte Befreiungstat rekurriert und diese betont als solche interpretiert wird. Die nachexilischen Texte zeigen die Wirkungsgeschichte dieser vorwiegend exilischen Vorstellung, die wenigen vorexilischen die Hinführung. Das befreiende Herausführen aus dem Exil war der neu gesetzte und geforderte Akzent des alten Glaubens an den JHWH von Ägypten her (Hos 12, 10; 13, 4), und so wurde dieses Herausführen, wenn man auf sein Wortfeld schaut, dann auch bewußt durch *pdh*, *g'l*, *qbṣ*, *jš'* und *nṣl* näher bestimmt.

Rund 75 der 91 Belege betr. „Herausführen" sind somit exilisch, zehn gehören nachexilischen Texten an. Da sie außerdem von diesem Herausführen sehr unterschiedlich sprechen, sollte man (mit Groß 451) eher von einer geprägten Vorstellung als von einer Herausführungsformel sprechen. Daß das Ptz. *hiph* sich als Selbstprädikation JHWHs nur in den exilischen Texten von HG, P und Dtn/DtrG findet, ist kein Zufall. Der Sitz im Leben war dort, wo dergleichen theologische Argumentation vonnöten war – in mündlichen und schriftlichen „Predigten" an die Exilsgemeinde. *jṣ' hiph* als Aussage über einen Gott, von dem man Befreiung erzählt und erhofft, läßt sich somit in diesem seinem mehr soteriologischen Aspekt sehr wohl erweisen (gegen Groß 427), nur muß man zu dieser seiner Erschließung nicht nur den weiteren Gebrauch des „aus Ägypten" untersuchen, sondern das weitere Wortfeld, vor allem aber auch den sonstigen Gebrauch von *jṣ' hiph* mit JHWH als Subjekt (vgl. u. o). *hæ'ælāh* sprach noch stärker geographisch-topographisch vom Standort im Land her und seine Opposition ist *jrd*. Die wichtigste Opposition zu *jṣ'* hingegen ist im *qal* wie im *hiph* das Verbum *bô'*, das die Verbindung zur Landgabe und zur Führung ins Land herausstellt (vgl. Wijngaards, Formulas, 35–43). So ist das Schauen auf eine durch JHWHs Herausführen bestimmte Zukunft auch nicht nur dort im Blick, wo dies ausdrücklich gesagt wird (so etwa in Jes 49, 2; 52, 12; 55, 12; Jer 51, 10. 45; Ez 14, 22; 20, 34; 34, 13; 38, 8; Mi 7, 15; Hag 2, 5), sondern schwingt in der großen Breite besonders der exilischen Texte stets mit.

n) Nachexilische Texte sind Ps 105, 37. 43 (vgl. v. 38 *qal*; z. St.: S. Holm-Nielsen, ASTI XI, 1977/78, 22–30) mit rühmendem Erzählen der Großtaten JHWHs: Ziel ist die Landgabe; ferner der lobende Bericht Ps 136, 11 (v. 12 mit dtr Wendung). Zum Ermöglichungsgrund eines Hilferufs bzw. der Bitte um Vergebung wird der Rückgriff auf die Herausführung in Ps 107, 14. 28 und Dan 9, 15 (mit dtr Sprachgebrauch). Ob auch Ps 66, 12 sich auf die Herausführung bezieht, ist unklar (vgl. Kühlewein 108; anders: 137). Belege innerhalb der Psalmen, die das *qal* verwenden, seien zum Vergleich genannt: Ps 68, 8; 105, 38; 114, 1; auch 81, 6 mit zu änderndem *'al*. In den überwiegend in exilisch-nachexilischer Herkunft und Überarbeitung vorliegenden Psalmen findet sich *hæ'ælāh* bezeichnenderweise nur in Ps 81, 11, da der Gebrauch dieses Verbs in diesem Zusammenhang nach dem Exil überhaupt stark zurückging (vgl. Groß 439. 450). Zu Chr vgl. in VI. c.

o) Der durch das Exil und seine theologisch-historische Situation sowie deren Bewältigung vorwiegend gekennzeichnete Gebrauch des *hiph* von *jṣ'* als Herausführung aus dem exilischen Sklavenhaus Babel, als Befreiung, läßt sich schließlich noch dadurch unterstreichen, daß diejenigen Belege näher betrachtet werden, in denen JHWH als Subjekt einer Verbform dieses *hiph* erscheint, ohne daß dabei von „Herausführung aus Ägypten" die Rede ist (vgl. dazu etwa: Humbert 358f.; nach Jenni, THAT I, 759f.: nicht ständiges, sondern aktuelles Handeln JHWHs).

Daß *jṣ' hiph* nicht für das Anfangswerk der Schöpfung gebraucht wird, wird oft betont, ist aber angesichts von Gen 1, 12. 24 etwas einzuschränken. Neben den weniger belangvollen Stellen Gen 15, 5; Jer 10, 13; 50, 25; 51, 16; Ps 135, 7; Ez 37, 1 ist wesentlich: JHWH ließ auf dem Wüstenzug ins Land (!) Wasser aus dem Felsen hervorgehen (Deut 8, 15; Ex 17, 6 *qal*; Ps 78, 16; Neh 9, 15; man beachte die Umbiegungen betr. Mose als Handelnden). Gen 15, 7 ist dann bewußte Analogiebildung zur Herausführung aus Ägypten (vgl. Neh 9, 7 und oben unter k). JHWH auch läßt Nachkommen entstehen (Jes 65, 9), läßt Sterne herauskommen (Jes 40, 26; vgl. Neh

4, 15; Hi 38, 32: zum Text G. Fohrer, KAT XVI, 492), was zur Unterstützung des Glaubens an die eigene Befreiung gesagt wird (vgl. Jes 43, 17). Auch die menschlichen „Schöpfer" hat er hervorgehen lassen (Jes 54, 16; vgl. Jes 10, 13). JHWH läßt etwas oder jemanden zum Gericht hervorgehen (Ez 11, 7. 9; 21, 8. 10; 28, 18; vgl. 38, 4 militärisch; dann Jer 10, 13; 50, 25; 51, 16), er läßt auch einen Fluch sich vollziehen (Sach 5, 4). Fast alle wesentlichen Belege unterstreichen somit JHWHs Geschichtsmächtigkeit.

Besonders wichtig sind nun aber die Texte, welche JHWH mit einer Verbform des *hiph* von *jṣ'* als Befreier von Gefangenen, als Retter und Herausführer Bedrängter kennzeichnen und sich somit dem Gebrauch im „Herausführen aus Ägypten" als Befreiungstat nähern bzw. diese im Verständnis eines befreienden Handelns aus Sklaverei unterstützen (vgl. dazu schon unter V. c). JHWH befreit von Feinden (2 Sam 22, 29), befreit aus Babel (Jer 51, 44), führt aus den Völkern heraus (Ez 20, 34; vgl. v. 38. 41 und 34, 13). Zahlreiche Psalmtexte zeigen diese Gewißheit (Ps 25, 15; 37, 6) der Israeliten, daß JHWH zum Licht herausführen, daß man Heil schauen werde (Mi 7, 9; Ps 37, 6; vgl. Hi 12, 22), danken JHWH als dem Retter und Befreier, der aus Not „herausführte" (Ps 18, 20 = 2 Sam 22, 20; Ps 66, 12; 68, 7; 104, 14; 135, 7), oder bitten ihn um ein entsprechendes Handeln (Ps 25, 17; 31, 5; 142, 8; 143, 11). Das oft angesprochene Herausführen von Gefangenen paßt hierbei genau zum erschlossenen exilischen Schwerpunkt des *hiph* von *jṣ'* (Ps 68, 7; 107, 14. 28; 142, 8; vgl. 18, 20 par; 66, 12). Und Gottesprädikationen lassen erkennen, daß JHWH als ein durch „Herausführen" qualifizierter Gott bekannt war und wurde (Ps 68, 7; 135, 7; vgl. 104, 14).

VII. Innerhalb der über 60 Belege der Qumrantexte zeigen sich die folgenden Bedeutungsschwerpunkte: Eine Bezugnahme auf den Auszug aus Ägypten liegt wohl nur in 4 QDibHam 5, 10 vor (auch in 1 Q 14. 12, 3; 22. 1, 1; 2, 6?). Militärisches Herausziehen bzw. Vorrücken zum (End-)Kampf: 1 QM 1, 4. 13; 2, 8; 3, 1. 7; 4, 9; 6, 1. 4. 9. 11; 7, 3. 9. 13. 14. 16. 17; 8, 3; 9, 3. 11. 13; 16, 4. 12; vgl. 1 QH 6, 31. JHWH bringt etwas hervor (1 QH 1, 29; 4, 25); Weisung geht hervor (bzw. das Los; 1 QS 5, 3; 6, 16. 18. 21; 9, 7; 1 QSa 1, 16; CD 13, 4). Es gibt kultische Vorschriften über das, was man (nicht) hinausbringen darf usw. (z. B. CD 11, 8). Aus- und eingehen steht allgemein für „etwas tun, sich verhalten" (CD 11, 10. 11; 20, 27; mit kultischem Anklang auch CD 13, 4). Alle diese Verwendungsarten sind durch den at.-lichen Gebrauch vorbereitet bzw. im AT selbst bereits enthalten.

Hinzu kommt innerhalb der Qumrantexte nur eine Beleggruppe, in der sich die Qumrangemeinschaft selbst als die bezeichnet, „welche aus dem Land Juda ausgezogen sind" (CD 4, 3; 6, 5; nach 20, 22 aus der heiligen Stadt). Man kann aber auch wiederum aus dieser Gemeinschaft sich entfernen (1 QS 7, 23 f.).

Preuß

יצב *jṣb* → נצב *nṣb*

יצג *jṣg*

I. Vorkommen, Bedeutung, Wiedergabe in der LXX – II. Konkreter Gebrauch – 1. Mit Sachobjekt – 2. Mit Personobjekt – 3. Mit Kultgegenstand als Objekt – III. Übertragener Gebrauch.

Lit.: *W. R. Arnold*, Ephod and Ark (HThS III, 1917). – *K. Budde*, Ephod und Lade (ZAW 39, 1921, 1–42). – *J. J. Rabinowitz*, Neo-Babylonian Legal Documents and Jewish Law (The Journal of Juristic Papyrology 13, 1961, 131–175). – *S. Rin*, Ugaritic – Old Testament Affinities (BZ NF 7, 1963, 22–33). – *E. Sellin*, Das israelitische Ephod (Festschr. Th. Nöldeke, 1906, 699–717).

I. Die Wurzel *jṣg* kommt als Verb in den at.lichen Texten 16mal vor; dazu kommt ein Beleg in Sir 30, 18. Das Verb ist vorwiegend im *hiph* belegt (Ex 10, 24 und Sir 30, 18 im *hoph*). Die Bildung des *hiph* geschieht nach dem Muster von *primae nûn*, und das Verb wurde auch in einigen älteren lexikographischen Arbeiten als *nāṣaḡ* aufgeführt – vgl. dazu das Lexikon von Cocceius 1793 sowie Gesenii Thesaurus [2]1839.

Das Verb, das nur im Hebr. zu finden ist, hat die allgemeine Bedeutung von 'stellen, hinlegen'. Nicht nur das verhältnismäßig spärliche Vorkommen, sondern vor allem die im Kontext vorliegenden Umstände verleihen dem Verb oft einen stärkeren Nachdruck, als es bei den anderen Verben für 'setzen, legen' der Fall ist.

Die Wurzel hat offenbar Berührungspunkte mit *jṣq* (→ יצק), das nicht nur 'ausgießen' bedeutet, sondern im *hiph* auch in der Bedeutung 'hinstellen, niederlegen' vorkommt. Deswegen wird in 2 Sam 15, 24 *wajjaṣṣiqû* von den meisten modernen Forschern zu *wajjaṣṣiḡû* emendiert, und auch bei Jos 7, 23 *wajjaṣṣiqum* liegt die Bedeutung von *jṣg* 'legen, ausbreiten' (vgl. Ri 6, 37) nicht fern. Die auch im Ugar. vorliegende nahe Verwandtschaft zwischen *g* und *q* wird in diesem Zusammenhang von Rin (BZ NF 7, 1963, 26) unterstrichen.

Die Wiedergabe in der LXX variiert in hohem Grad. Man hat die einzelnen Stellen in ihrem Kontext verstanden und wiedergegeben.

II. 1. Die konkrete Bedeutung von *hiṣṣîḡ* ist eine Sache 'hinlegen' oder 'hinstellen'. Die Sache kann aufrecht gestellt oder niedergelegt werden – in Gen 30, 38 sind beide Möglichkeiten vorhanden in bezug auf die geschälten Stäbe, die Jakob in die Rinnen legte oder stellte. Die verwöhnte Frau setzte ihren Fuß nicht auf die Erde, Deut 28, 56, und Gideon legte die geschorene Wolle auf die Tenne, Ri 6, 37.

2. Mit Personobjekt bedeutet *hiṣṣîḡ lipnê* 'jemanden vorstellen oder vorführen', wie Juda seinen Bruder Benjamin zurückbringen und ihn seinem Vater vor Augen stellen will, Gen 43, 9, und Joseph dem Pharao fünf von seinen Brüdern vorstellt, Gen 47, 2. Im Anschluß an 43, 9 will Rabinowitz (144ff.) die Formel *hiṣṣîḡ lipnê* sogar als term. techn. für 'vorstellen' oder 'vorzeigen' im juristischen Sinn verstehen („to set before = to produce"). Die Argumente dafür sind jedoch nicht zwingend – man hätte auch, wenn dies der Fall wäre, die Formel an anderen at.lichen Stellen in rechtlichen Zusammenhängen erwartet.

Eine weitere Bedeutung von *hiṣṣîḡ* ist 'bleiben lassen, zurücklassen'. Esau will einen Teil seiner Leute bei Jakob zurücklassen, Gen 33, 15, und Gideon soll jeden, der das Wasser mit der Zunge leckt, besonders stellen, Ri 7, 5. Hierher gehört auch Ex 10, 24: Euer Kleinvieh und eure Rinder sollen zurückgelassen werden.

3. Beim Gebrauch von *hiṣṣîḡ* im kultischen Bereich erhebt sich vor allem die Frage, ob es mit einem Kultgegenstand als Objekt nur das konkrete Hinstellen des Gegenstandes bezeichnet, oder ob dazu auch eine Bedeutung von „einen Kultus einrichten" kommt. Sir 30, 18 spricht vom Speiseopfer, das vor einen Götzen gestellt wird, *mṣgt lpnj glwl*. (LXX hat dabei an *gwll*, den Schlußstein des Grabes, gedacht und „kostbare Speisen, die man auf ein Grab gestellt hat" übersetzt.) Es handelt sich hier um das feierliche Darbringen eines Opfers. In Ri 8, 27 wird das Ephod und in 1 Sam 5, 2; 2 Sam 6, 17 (mit 1 Chr 16, 1) die Bundeslade auf einen besonderen Platz gestellt. Sellin verteidigt (Festschr. Nöldeke, 707f.) in bezug auf Ri 8, 27 mit Nachdruck die Übersetzung „er deponierte" und lehnt den Gedanken der Aufstellung eines Gottesbildes ab. Vgl. dazu C. F. Keil (BC 1874, z.St.) und J. Friedrich, Ephod und Choschen im Lichte des Alten Orients (WBTh 20, 1968) 17: „Grundbedeutung von *hiṣṣîḡ* ist ‚hinlegen', ‚abstellen', so daß es einen festen Platz hat" (zum Ephod vgl. noch K. Elliger, Ephod und Choschen, VT 8, 1958, 19–35 und → גורל [*ḡôral*]); dagegen aber C. F. Burney, The Book of Judges 1903 = LBS 1970, 241: „What the writer wishes to express is that it was there that the Ephod-cult was ‚established'; and any alternative expression, such as ‚he placed' or ‚kept it at 'Ophrah', would scarcely have been possible." Andere wollen das Ephod als späteres Substitut für

ein älteres Wort verstehen. Arnold denkt hier an *'arôn* (→ ארון); Budde dagegen an *'ābîr* (→ אביר), wobei er (ZAW 39, 1921, 30f.) betont, daß *hiṣṣîḡ* nicht nur 'auf den Boden niedersetzen', sondern auch 'aufstellen' bedeuten kann.

Vom Anfang eines Kultus ist allerdings in 2 Sam 6, 17 die Rede, als die Lade an ihren Platz im Zelt gebracht wurde. LXX hat nur an dieser Stelle das Verb ἀνατιϑέναι als Wiedergabe von *hiṣṣîḡ* verwendet. Dieses Verb wird im Griechischen besonders vom Aufstellen von Weihgeschenken in einem Tempel gebraucht. In 1 Sam 5, 2 wird dagegen erzählt, wie die Lade ihren Platz in Dagons Tempel bekommt. Das Gemeinsame ist dabei das feierliche Hinstellen an sich, nicht die darauf folgenden kultischen Veranstaltungen. Mit Recht bemerkt J.Schreiner (StANT 7, 1963, 43 Anm. 118), indem er den Unterschied zwischen 1 Sam 5, 2 und 2 Sam 6, 17 in dieser Hinsicht unterstreicht: „Hi. יצג trägt in den meisten Fällen an sich den Ton eines absichtlichen oder zweckgebundenen Aufstellens." Die Absicht kann natürlich sein, einen Kultus einzurichten, aber das wird nicht ausgesagt. Durch die Wahl von *hiṣṣîḡ* deutet der Sprechende nur an, daß das konkrete Hinstellen im betreffenden Zusammenhang ein besonderes Gewicht hat.

III. Auch in übertragener Bedeutung hat *hiṣṣîḡ* denselben nachdrücklichen Ton: „Er hat mich (wirklich) zum Sprichwort der Welt gestellt", Hi 17, 6. In Jer 51, 34 wird der Redende als ein leeres Gefäß hingestellt – hier kann auch die Bedeutung von 'zurücklassen' mitspielen. Wo der Schwerpunkt in Hos 2, 5 liegen soll, läßt sich nicht ohne weiteres beantworten. Die Drohung „ich werde sie nackt ausziehen und hinstellen wie am Tag ihrer Geburt" kann sich auf das Wegnehmen des Unterhalts und das Verlassen der untreuen Frau beziehen. Aber daß sie dabei auch der öffentlichen Schande ausgesetzt wird, liegt nahe, vgl. v. 10.

In Am 5, 15 verlangt der Prophet, daß man das Recht, *mišpāṭ*, im Tor aufrichten soll. Dies ist der Gegensatz zum Werk derer, die „die Gerechtigkeit zu Boden stießen (*hinnîḫû*), v. 7, wie Hammershaimb (Amos fortolket af E. Hammershaimb, Kopenhagen 1946, z. St.) vermerkt. Auch hier erhalten die Worte des Propheten einen besonderen Nachdruck, indem er in vv. 14f. die Forderungen Gottes seinem Volk gegenüber zusammenfaßt.

B. Johnson

יִצְהָר *jiṣhār*

1. Etymologie, Bedeutung, Belege – 2. Die Reihe „Korn, Most und Öl" – 3. Allein.

Lit.: *L. Koehler*, Archäologisches. Nr. 23. Eine archaistische Wortgruppe (ZAW 46, 1928, 218–220). – *V. Maag*, Text, Wortschatz und Begriffswelt des Buches Amos, 1951, 192f.

1. *jiṣhār* wird gewöhnlich von der Wurzel *ṣhr* 'glänzen', abgeleitet und bezeichnet also den Olivensaft als „Glanz" oder „Glänzendes". Diese Herleitung trägt aber zum Verständnis des Begriffs wenig bei. *jiṣhār* scheint mit *šæmæn* 'Öl' gleichbedeutend zu sein. *zêṯ šæmæn* Deut 8, 8 und *zêṯ jiṣhār* 2 Kön 18, 32 bezeichnen beide die Ölbäume.
Mit einer einzigen Ausnahme kommt *jiṣhār* immer in der festen Reihe *dāḡān*, *tîrôš* und *jiṣhār* vor (so 18mal; andere Reihenfolge nur Num 18, 12).
2. Die eben genannte Reihe findet sich in mehreren Zusammenhängen. Sie ist in keiner besonderen Literaturart beheimatet, sondern ist einfach in den Naturverhältnissen Palästinas verwurzelt. Sie dient als zusammenfassender Ausdruck für den Bodenertrag, der eine Folge des göttlichen Segens ist. So verheißt Deut 11, 14 Regen, der Korn, Most und Öl vermehrt. Deut 7, 13 verspricht JHWH die Frucht des Landes zu segnen, wenn das Volk die Gebote einhält; dabei werden neben Korn, Most und Öl auch Wurf der Kühe und Schafe genannt. Umgekehrt droht Deut 28, 51, daß das Nicht-Einhalten der Gebote die Zerstörung derselben Produkte durch Feindesangriffe zur Folge haben wird. Ebenso sieht Jer 31, 12 (dtr bearbeitet) für die Zeit der Wiederherstellung Israels reichlichen Ertrag von Korn, Most, Öl sowie Schafen und Rindern voraus. Ein wenig anders ist die Propagandarede des Rab-Sake formuliert: wenn die Israeliten sich friedlich mit dem Assyrerkönig ausgleichen wollen, wird er ihnen ein Land schenken, das genauso wie das Land Kanaan Korn, Most, Brot und Weingärten, Ölbäume und Honig hat (2 Kön 18, 32). 2 Chr 32, 28 spricht in demselben Zusammenhang von Vorratsräumen für Korn, Most und Öl sowie Ställen für das Vieh. Haggai spricht von einer Dürre, die Korn, Most, Öl und andere Produkte trifft, als Folge der Verzögerung des Tempelbaus durch das Volk (Hag 1, 11).
Besondere Bedeutung erhält die Aufzählung bei Hosea und Joel. Hosea betont, daß JHWH und nicht Baʿal der Geber von Korn, Most und Öl sowie von Silber und Gold ist (2, 10), und sieht Tage der Wiederherstellung voraus, da der Himmel die Erde „hören" wird und die Erde das Korn, den Most und das Öl (2, 24); d. h. der Himmel wird Regen geben und die Erde ihren Ertrag schenken. Noch mehr erweitert erscheint die Formel in Joel, wo sie sogar 3mal vorkommt. Erstens heißt es in der Klage, daß Äcker und Felder trauern (→ אבל [*'āḇal*]): „verwüstet ist das Korn, mißraten der Most, versiegt das Öl" (1, 10). Dann aber, nach der Klagefeier, antwortet JHWH und verspricht: „Ich will euch Korn, Most und Öl senden, so daß ihr euch sättigen könnt" (2, 19). Und am Ende des Heilsorakels sagt er: „Dann werden die Tennen sich füllen mit Korn und die Keltern mit Most und Öl" (2, 24). So wird die Formel in ihren verschiedenen Ausprägungen fast zu einem Leitmotiv des Joelbuches.
In den Kultgesetzen begegnet die Formel mehrmals, gelegentlich erweitert durch die Erwähnung von Rindern und Schafen. Es handelt sich teils um Erstlingsabgaben, die den Priestern zufallen sollen (Num 18, 12 – hier mit *ḥelæḇ*, „das Beste von ..." – Deut 18, 4; vgl. auch 2 Chr 31, 5; Neh 10, 38. 40), teils um den Zehnten (Deut 12, 17; 14, 23; vgl. Neh 13, 5. 12).
3. Die einzige Stelle, wo *jiṣhār* ohne Verbindung mit *dāḡān* und *tîrôš* steht, ist Sach 4, 14, wo von den zwei „Ölsöhnen" (*b^enê hajjiṣhār*) die Rede ist, womit offenbar ein König und ein Hoherpriester als mit Öl gesalbte Führer des Volkes gemeint sind; vgl. A. S. van der Woude, Die beiden Söhne des Öls (Sach 4, 14), in: Festschr. M. A. Beek (Assen 1974) 262–268 und W. Rudolph, KAT XIII/4, 108f.

Ringgren

יָצַק *jāṣaq*

צוק *ṣûq* II, יְצֻקָה *j^eṣuqāh*, מָצוּק *māṣûq*

I. Vorkommen, Bedeutung – II. Konkreter Gebrauch – 1. Profane Verwendung – 2. Kultische oder sakrale Verwendung – 3. Mit Metall als Objekt – III. Übertragener Gebrauch.

I. Unter den semit. Vokabeln für 'gießen, ausgießen' ist die Wurzel *jṣq* mit der Nebenform *ṣûq* außer im bibl. und nachbibl. Hebr. auch im Ugar. (WUS Nr. 1228) und Phön. (DISO 110) belegt. Die Abgrenzung gegen andere Stämme mit ähnlicher Bedeutung (wie *nsk*, *ntn*, *špk*) zeigt, daß die Bedeutungsfelder einander oft überschneiden. *jṣq* grenzt sich von den anderen vor allem dadurch ab, daß es sich um ein Ausgießen auf etwas oder in etwas hinein handelt. Während *nsk* besonders mit Trankopfer als Objekt verwendet wird, bezeichnet *špk* das Ausgießen im allgemeinen, wobei das Ausgegossene nicht in irgendeinem Gerät aufgesammelt wird, sondern zu Boden fällt und wegfließt. Dagegen wird *jṣq* vor allem in solchen Fällen verwendet, wo die Flüssigkeit beim Ausgießen ein besonderes Ziel hat, z. B. ein Faß oder den zu salbenden Körperteil. Die Salbung selbst sowie das Bestreichen eines Körperteils wird dagegen

mit anderen Termini bezeichnet, in erster Linie *mšḥ* und ferner *ntn*.
Das Verb kommt im *qal* 41mal, im *hiph* 3mal und im *hoph* 9mal vor. Das *hiph* Ptz. *môṣāqæṯ* 2 Kön 4, 5 Qere wird in Ketib *mjṣqt* geschrieben, was als eine Nebenform vom *hiph* oder als einziger Beleg für *pi* verstanden werden kann. Die Bedeutung ist in beiden Fällen 'eingießen'. Die zwei übrigen *hiph*-Formen haben die Bedeutung 'niederlegen, niedersetzen': die Boten legten die Sachen vor dem Herrn hin, Jos 7, 23; die Leviten setzten die Lade Gottes dort nieder, 2 Sam 15, 24 (vgl. J. Hoftijzer, in: Travels in the World of the O.T., Festschr. M. A. Beek, Assen 1974, 91–93). Eine Verwechslung mit *jṣg* (→ יצג) liegt hier (bes. in 2 Sam 15, 24) nahe. Der Vorschlag Hertzbergs (ATD, z. St.), *wajjaṣṣiqû* hier als Ausgießen von Trankopfer zu verstehen, ist kaum überzeugend (vgl. A. Carlson, David the chosen King, Uppsala 1964, 172f.). Andererseits läßt sich sagen, daß Jos 7, 23 die begriffliche Verbindung zwischen dem Ausgießen von Flüssigkeiten und dem Niederlegen von festen Gegenständen andeutet. Es handelt sich hier um Stoffe, die aus größeren oder kleineren festen Teilen bestehen und vor dem Herrn 'ausgeschüttet' werden. – Die Nebenform *ṣûq* ist im *qal* 2mal belegt, Hi 28, 2; 29, 6. Dazu kommt die fragliche Stelle Jes 26, 16, s. u.
Das Verb *jṣq* kommt an zwei Stellen intransitiv vor: das Blut des Königs floß ins Innere des Wagens, 1 Kön 22, 35; der Erdboden „ergießt sich" zu einem Guß, Hi 38, 38. Sonst wird das Verb meistens mit einem Objekt (Öl, Wasser, Blut, Metall) verbunden sowie auch mit einer Präposition, die Richtung oder Ziel des Ausgießens angibt. Die Präposition ist an der Mehrzahl der Stellen *'al*; beim Ausgießen von Blut jedoch *'æl* (vielleicht unter Einwirkung der Konstruktion bei *špk*). Beim Metallgießen werden l^e oder b^e verwendet, um den Zweck des gegossenen Metallgeräts anzugeben.
Die LXX übersetzt sehr verschieden, oft jedoch mit Benützung der Komposita des Verbums χεῖν.

II. 1. Das Ausgießen kommt in alltäglichen Zusammenhängen vor: es wird Öl in die Gefäße gegossen, 2 Kön 4, 4; man schüttet die Suppe und andere Speise aus, 2 Kön 4, 40; 2 Sam 13, 9. Wasser soll in den Kochtopf gegossen werden, Ez 24, 3. Elisa war derjenige, der dem Elia Wasser über die Hände gegossen hat, 2 Kön 3, 11. Daß der Fels Bäche von Öl ergoß, Hi 29, 6 (*ṣûq*), kann aufgrund von in den Felsen gehauenen Ölkeltern gesagt werden, oder es ist als ein Bild des Überflusses überhaupt zu verstehen, vgl. Fohrer, KAT, z. St.
2. Die meisten Belegstellen in den Texten gehören aber in einen kultischen oder sakralen Zusammenhang. Jakob goß Öl auf den Stein, Gen 28, 18; 35, 14. Es wird Öl auf das Speiseopfer gegossen, Lev 2, 1. 6 (aber nicht auf das „Eiferopfer", *minḥaṯ qenā'oṯ*, Num 5, 15). Bei der Salbung des Priesters oder des Königs bezeichnet *mšḥ* die Salbung an sich und *jṣq* das dabei vorkommende konkrete Ausgießen von Öl: Mose soll das Salböl auf Aarons Haupt schütten (*jṣq*) und ihn salben (*mšḥ*), Ex 29, 7; Lev 8, 12. In 1 Sam 10, 1 wird bei der Salbung von Saul die Konkretion durch die Erwähnung der Ölflasche unterstrichen. Auch hier wie bei der Salbung Jehus durch den Prophetenjünger in 2 Kön 9, 3 bezeichnet *jṣq* das konkrete Ausgießen, was dann durch das folgende *mšḥ* interpretiert wird. Wenn der Priester einen Aussätzigen reinigt, soll er nach Lev 14, 15ff. etwas vom dargebrachten Öl in seine linke Hand gießen (*jṣq*) und mit dem Finger vor den Herrn sprengen (*nzh, hiph*). Für das darauf folgende Bestreichen von verschiedenen Körperteilen des Aussätzigen sowie für das Ausgießen von Öl auf seinen Kopf wird aber nicht *mšḥ*, sondern *ntn* verwendet.
Auch Blut wird kultisch vergossen. Hier wird *špk* in den meisten Fällen verwendet. Nur in Lev 8, 15 und 9, 9 wird bei der Erzählung von der Einweihung Aarons und seinem ersten Opfer *jṣq* in derselben Konstruktion wie sonst *špk* verwendet. Vielleicht soll dadurch das Ausgießen des Blutes an (und nicht neben) den Fuß des Altars als eine Handlung zur Heiligung des Altars unterstrichen werden, vgl. 8, 15. – Mit Wasser als Objekt kommt das Verb in der Erzählung vom Gottesurteil auf dem Berg Karmel vor, 1 Kön 18, 34.
3. Als Objekt beim Gießen kommt auch Metall vor. Im Bericht über die Anfertigung der heiligen Geräte des Heiligtums wird erzählt, wie Mose und Bezaleel goldene Ringe und silberne oder kupferne Fußgestelle für verschiedene Kultgegenstände gegossen haben (Ex 25, 12; 26, 37; 36, 36; 37, 3. 13; 38, 5. 27). In derselben Weise wird der Tempel von König Salomo mit gegossenen Metallgegenständen versehen (1 Kön 7, 16. 23. 24. 30. 33. 46; 2 Chr 4, 2. 3. 17). – Auch die Nebenform *ṣûq* scheint in dieser Bedeutung vorzuliegen, Hi 28, 2.

III. Beim Gießen von Metall wird das Resultat ein fester Guß. Dadurch kann *jṣq* metaphorisch nicht nur mit dem Flüssigen, sondern auch mit dem Festen und Harten verknüpft werden. In Hi 38, 38 beschreibt der Dichter, wie die Erdschollen zur Zeit des Regens aneinanderkleben, wenn der Erdstaub sich zu einem Guß ergießt, *beṣæqæṯ 'āpār lammûṣāq*. Wie die neueren Kommentare vermerken, ist hier sicherlich an den Zustand des harten Bodens vor dem Regen gedacht. Er ist steinhart, fest „wie gegossen". Das Himmelsgewölbe ist fest wie ein gegossener Spiegel, Hi 37, 18. Vom Leviathan heißt es, daß seine Wampen wie angegossen zusammenhaften; daß sein Herz wie aus Stein gegossen und festgegossen wie der untere Mühlstein sei, Hi 41, 15f.
Auch der Mensch kann, wenn er gerecht ist, „festgegossen" sein und braucht nicht zu fürchten, Hi 11, 15. Dasselbe Bild vom Festen und Harten wird mehrmals vom verfolgten Gottesboten verwendet – Gott macht ihn gegen alle Angriffe hart wie Stein oder wie eine Mauer von Kupfer, Jes 50, 7; Jer 1, 18;

15, 20; Ez 3, 9. Als Gegensatz zum Festen und Beständigen wird *jṣq* in Hi 22, 16 bei der Beschreibung vom Untergang der Männer des Frevels verwendet. Die Worte *nāhār jûṣaq j^{e}sōḏām* können in verschiedener Weise aufgefaßt werden, etwa „ein Strom ergoß sich über ihren Grund" oder „ihr Grund zerfloß zu einem Strom", aber das Bild vom Wegfließen des Beständigen steht fest. Der Kontext lenkt den Gedanken auf die Sintfluterzählung, aber ob das eine beabsichtigte Anspielung ist, bleibt unsicher. Eher wird dasselbe Bild wie in Mt 7, 24ff. verwendet.
In übertragener Bedeutung kommt *jṣq* ferner mit Objekt sowohl positiven als negativen Inhalts vor. In Jes 44, 3 stehen Wasser und Geist als Parallele: „Ich gieße Wasser auf das Durstige und Rieselfluten auf das Trockene. Ich gieße meinen Geist auf deinen Samen und meinen Segen auf deine Sprößlinge." Schon in 1 QJes^a wird durch ein hinzugefügtes *kên* das Wasserausgießen unmittelbar als ein Bild von der Ausgießung des Geistes verstanden: „so werde ich meinen Geist ausgießen." Fraglich ist Jes 26, 16 *ṣāqûn laḥaš* „sie haben stille Gebete ergossen". Die Form kann von *ṣûq* II hergeleitet werden, und die bildliche Verwendung ist auch nach den Analogien von *jṣq* durchaus möglich. Aber die Wurzel *ṣûq* I 'bedrängen' paßt auch gut in den Kontext. Andere schlagen *ṣā'aqnû* 'wir schrien' vor.
In Ps 41, 9 sagen die Feinde des Sängers: „Eine heillose Sache ist ihm eingegossen", *d^{e}ḇar b^{e}lîja'al jāṣûq bô*. Da die Präposition *b^e* (und nicht z. B. *'al*) hier verwendet wird, liegt es am nächsten, das Bild so zu verstehen, daß das Unglück als in ihn eingegossen vorliegt und nicht etwa über ihn ausgeschüttet wird. Franz Delitzsch (BC) erklärt den Ausdruck als „metallgußartig angegossen", was aber weniger wahrscheinlich ist. Auch in Ps 45, 3 ist die Präposition *b^e*: „Anmut (*ḥen*) ist auf deine Lippen gegossen." Nach M. Dahood (AB 16, 1965) soll *b^e* hier nach ugar. Vorbild „von, aus" bedeuten: „charm flows from your lips." Diese Anknüpfung bleibt fraglich, aber die Frage ist zu stellen, was *b^e* hier an der Stelle von z. B. *'al* bedeutet. Beide Präpositionen kommen mehrmals in Verbindung mit *ś^{e}paṯ* vor. Dabei hat *'al* immer die lokale Bedeutung „auf, über die Lippen", während *b^e* entweder die lokale Bedeutung „auf, in" oder die mediale „durch, mittels" hat. Die Präposition *b^e* könnte also an sich die Übersetzung „Gnade fließt durch deine Lippen" andeuten, vgl. Pred 10, 12, aber auch „Gnade, Anmut liegt in deinen Lippen (ein)gegossen". Näheres zum *ḥen* → חנן.

B. Johnson

יָצַר *jāṣar*

יֵצֶר *jeṣær*, צוּר *ṣûr*, צִיר *ṣîr*, צוּרָה *ṣûrāh*

I. Etymologie, Parallelbegriffe, Verbreitung – II. Handwerksmäßige Tätigkeit. Der Töpfer – III. Das Töpferbild – IV. Göttliche, schöpferische Tätigkeit – 1. Schöpfung des Menschen – 2. Schöpfung der Welt – V. Schöpfungstheologie Deuterojesajas – 1. Erschaffung und Erwählung Israels – 2. Weltschöpfung – 3. Erschaffung und Erwählung des Gottesknechts – VI. Göttliche „Erschaffung" der Geschichte – VII. יצר = „Sinn", „Streben" – VIII. *jṣr* im Spätjudentum.

Lit.: *R. Albertz*, Weltschöpfung und Menschenschöpfung (CTM Reihe A, 3, 1974). – *H. A. Brongers*, Schöpfer und Schöpfen im alttestamentlichen Sprachgebrauch (Persica 7, 1975–78, 84–131 in: F. M. Th. de Liagre Böhl und H. A. Brongers, Weltschöpfungsgedanken in Alt Israel [Persica 7, 69–136, Abschn. IV]). – *W. Foerster*, Der Schöpfungsglaube im AT (ThWNT III, 1938, 1004–1015). – *P. Humbert*, Emploi et portée bibliques du verbe *yāṣar* et de ses dérivés substantifs (Von Ugarit nach Qumran, Festschr. Eißfeldt, BZAW 77, 1958, 82–88). – *R. E. Murphy*, *Yēṣer* in the Qumran Literature (Bibl 39, 1958, 334–344). – *G. von Rad*, Das theologische Problem des alttestamentlichen Schöpfungsglaubens (Werden und Wesen des AT, BZAW 66, 1936, 138–147 = ThB 8, 1958, 136–147). – *R. Rendtorff*, Die theologische Stellung des Schöpfungsglaubens bei Deuterojesaja (ZThK 51, 1954, 3–13 = ThB 57, 1975, 209–219). – *W. H. Schmidt*, Die Schöpfungsgeschichte der Priesterschrift (WMANT 17, ^{2}1967). – *Ders.*, יצר *jṣr* formen (THAT I, 1971, 761–765). – *C. Westermann*, Genesis 1–11 (BK I/1, 1974 = ^{2}1976).

I. Die Grundbedeutung der semit. Wurzel *jṣr* ist „bilden", „formen". Im Westsemit. (ugar., phön.) kommen Nominalformen vor mit der Bedeutung „Töpfer" (s. WUS Nr. 1229 und DISO 110; vgl. Humbert 83; Brongers 92), und Driver nimmt ein paar ugar. Verbalformen von demselben Stamm an, die aber unsicher sind (s. CML^2 148). Im Akk. findet sich die entsprechende Wurzel, *eṣēru*, mit der Bedeutung „formen", „zeichnen", „einzeichnen" u. ähnl., aber auch mit der abgeleiteten Bedeutung „planen", „festsetzen" usw. (AHw 252). In den zahlreichen akk. Schöpfungstexten wird dieses Wort nicht für die göttliche, schöpferische Tätigkeit verwendet; stattdessen benutzt man andere Verben, besonders *banû*. Ringgren erwähnt (ThWAT I 772f.) die verschiedenen akk. „Schöpfungsverben" und hebt besonders diejenigen, die in EnEl Verwendung finden, hervor. Es kann hinzugefügt werden, daß sich auch in diesem Kontext das Verbum *eṣēru* findet, aber in der Bedeutung „vorzeichnen" („er zeichnete außerdem die Wege der Erde vor", EnEl VI, 43; s. G. Pettinato, Das altoriental. Menschenbild [AHAW, Phil.-hist. Kl. 1971/1, 1971, 106f.; vgl. 57–61. 147]). Von derselben Wurzel gibt es das akk. Nomen *ēṣiru*, „Töpfer" (s. AHw 253). Ein anderes Wort für Töpfer, *paḫāru* I, wird von den Göttern Marduk und Ea in ihrer Eigenschaft als Schöpfergötter benutzt (Wildberger, BK X/3, 1130).

Wortformen von der Wurzel *jṣr* kommen im AT etwa 70mal vor. Die Verbalformen sind beinahe ausschließlich in *qal* bezeugt, nur drei Formen finden sich insgesamt im *niph*, *pu* und *hoph* (vgl. die Verteilung bei Humbert 83; KBL³ 409f.; hierüber hinaus gibt es einige *niph*-Formen in Sir; es fehlt Sir 37, 3 in KBL³). Die Wbb. unterscheiden recht verschieden zwischen den rein substantivierten Partizipiumsformen vom Verbum und den adjektivischen. Sicher gibt es beinahe 20 Vorkommen vom Ptz. *qal*, die ohne weiteres als „Töpfer" wiedergegeben werden müssen. Außer den Verbalformen gibt es das etwa 10mal vorkommende Nomen *jeṣær* „Gebilde" oder „Sinn, Streben"; nur Hi 17, 7 ist die Nominalform *jᵉṣurîm* „Glieder" od. ähnl. belegt, dazu ein paar Personennamen (s. die Wbb.). Eine Verwandtschaft zwischen *jṣr* und der Wurzel III צור „formen, zeichnen" und seinen Derivaten liegt wahrscheinlich vor.

Die Wurzel und ihre Ableitungen finden sich ganz überwiegend in vorexilischen Prophetentexten (etwa 20mal), in nachexilischen Prophetentexten (etwa 30mal; davon mehr als 20mal bei DtJes) und in den Psalmen (etwa 10mal); darüber hinaus 5mal in den jahwistischen Schichten der Urgeschichte und sonst ganz selten (s. Humbert 82. 87). Die wichtigsten Parallelwörter sind – besonders wenn es um die Schöpfungstexte geht – *ʿāśāh* und *bārāʾ* (vgl. Humbert 85–87; Brongers 92f. und ThWAT I 774–777).

In LXX werden die meisten Verbalformen von *jṣr* mit Formen von πλάσσω wiedergegeben (vgl. ThWNT VI 256f. und III 1006f., bes. Anm. 57, die andere Übersetzungen erwähnt). Das substantivierte Ptz. wird gewöhnlich mit κεραμεύς und *jeṣær*, „Sinn, Streben" (6mal), mit verschiedenen griech. Vokabeln wiedergegeben.

II. Von der Grundbedeutung aus können Formen der Wurzel *jṣr* verschiedene handwerksmäßige Aktivitäten bezeichnen. Die – vielleicht ganz späte (vgl. Elliger, BK XI/1, 421f.) – Satire gegen die Götzen Jes 44, 9–20 gibt einen guten Eindruck von der Bedeutungssphäre des Stamms: die Handwerker werden „Gottesbildformer" genannt, wobei das Ptz. *joṣer* mit *pæsæl*, dem geschnittenen, gegossenen oder gehauenen Bild, verbunden wird (v. 9); im nächsten Vers wird dann gefragt, wer einen Gott formen kann (*jāṣar*) und wer ein Bild (*pæsæl*) gießt (*nāsaḵ*). Endlich wird in v. 12 die Götzenfabrikation als Schmiedearbeit beschrieben, wobei der Meister das Material „mit Hämmern formt" (*jāṣar*). Als Parallelwörter kommen hier u.a. auch *ʿāśāh* und *pāʿal* vor. (Vgl. übrigens Ex 32, 4, wo *ṣûr* in Verbindung mit der Herstellung des goldenen Kalbes benutzt wird; ebenso 1 Kön 7, 15 beim Gießen der beiden Kupfersäulen am Tempeltor.) In einem ähnlichen Zusammenhang wird Hab 2, 18 der *joṣer* als Hersteller eines *pæsæl* beschrieben, und das Resultat seines Fleißes wird als *jeṣær* bezeichnet (der Text fordert keine Korrektur, s. Rudolph, KAT XIII/3, 219–222). Aus dem verwandten Stamm *ṣûr* gibt es ein Nomen *ṣîr*, das Jes 45, 16 offenbar auch Götzenbild heißt, wogegen das nur Ez 43, 11 (dafür aber 4mal im Verse!) vorkommende Nomen aus demselben Stamm, *ṣûrāh*, vermutlich eine abstrakte Bedeutung, „Gestalt" (eines Bauwerkes), hat. Endlich spricht Jes 54, 16f. von den Waffen, die von einem Schmied (*ḥārāš*) hergestellt (*jûṣar*) sind. Es geht also aus diesen Stellen hervor, daß *jṣr* (und *ṣûr*) alle Arten des Formens oder Herstellens bezeichnet: das Schmieden, das Gießen, das Schnitzen, das Behauen.

Ein paar dunkle Stellen sind in der neueren Zeit durch diese Einsicht erhellt worden: von Sach 11, 13 ausgehend und mit Hilfe von 2 Kön 12, 11 und 22, 9 hat man es wahrscheinlich machen können, daß es am Tempel in Jerusalem die Werkstatt eines Metallgießers (*joṣer*) gab, der amtlich die Aufgabe hatte, das abgelieferte Silber einzuschmelzen (*ṣûr* und *nāṯaḵ*) und den am Tempel beschäftigten Handwerksleuten auszuzahlen (man sollte also an diesen Stellen keine Korrektur unternehmen, wie es früher oft geschah, s. Torrey, JBL 55, 1936, 247–260; Eißfeldt, FF 13, 1937, 163–164 = KlSchr II, 107–109).

Die handwerkliche Tätigkeit, die am häufigsten mit Wörtern der Wurzel *jṣr* bezeichnet wird, ist die Tätigkeit des Töpfers. Allgemeines Hausgerät kann *kᵉlî (haj)jôṣer*, „Töpfergeschirr' heißen (2 Sam 17, 28; Ps 2, 9; Jer 19, 11) oder deutlicher *baqbuq jôṣer ḥāræś*, „Ton-Former-Flasche" (Jer 19, 1) und *nebæl jôṣᵉrîm*, „Töpfer-Flasche" (Jes 30, 14; vgl. Kl 4, 2), also keramische Flaschen. Unzweideutig heißt *jôṣer* hier Töpfer, wie auch Jes 29, 16; 41, 25; 45, 9; Jer 18, 2. 3. 4 (bis). 6 (bis). So vielleicht auch 1 Chr 4, 23, wo besondere jüdische Geschlechter als „die Töpfer" bezeichnet werden.

III. Auffallend ist indessen folgendes: an den eben genannten Stellen wird der Töpfer ganz selten in alltäglichen Zusammenhängen erwähnt, dafür aber beinahe immer in Verbindung mit theologischen Überlegungen, wobei entweder der Töpfer ein Bild des göttlichen Schöpfers und das Tonformen ein Bild des göttlichen Schöpfens wird; oder aber das Zerbrechen der Tonware wird ein Bild der göttlichen Vollstrekkung des Gerichts durch die Zerstörung Israels, der Feinde usw. Solche Bildsprache ist sehr verbreitet im AT und hat ihre Wurzeln in der in den Nachbarreligionen und auch in der israelitischen Religion üblichen Vorstellung, der Schöpfergott habe wie ein Töpfer den Menschen aus Ton gebildet (s. Parallelmaterial bei Westermann 276–282, Wildberger, BK X/3, 1127–1131 u.ö.), so wie auch das hebr. Verbum *jāṣar* ohne weiteres auf die Erschaffung des Menschen bezogen wird (s. unten IV. 1.).

Wildberger vermutet, das Töpferbild sei der weisheitlichen Lehre entnommen, und er kann auf Hi 10, 9; 33, 6; vgl. 4, 19 verweisen (BK X/3, 1127. 1129); aber das Bild begegnet bei den Propheten noch häufiger und in mehr ausgebauter Form. Jes 29, 15–16 spricht wohl von den politischen Ratschlüssen in Jerusalem; sie sind gegen JHWHs Willen, und mit dem Töpferbild will Jesaja sagen, daß der Mensch in seinem Erschaffensein dem Willen Gottes total untergeordnet ist und sein muß; so wenig wie sich das Geschöpf (*jeṣær*) des Töpfers gegen den Meister (*jôṣer*) wenden kann, so wenig kann sich der Mensch gegen den Willen des göttlichen Schöpfers wenden. Jer 18, 1–12 begegnet uns das klassische Töpferbild im AT. Auf den ersten Blick scheint es dem eben erwähnten Bild bei Jesaja gleich: von seinen Beobachtungen in der Töpferwerkstatt heraus spricht Jeremia von JHWH als dem Töpfer, der souverän über sein Werk verfügt; er kann es zerstören, wenn es ihm nicht gefällt. Die Auslegung des Bildes zeigt aber jedoch, daß Jeremia das Bild in einer etwas anderen Weise als Jesaja verwendet. Bei Jesaja sollte das Bild die Stellung des erschaffenen Menschen im Verhältnis zum Schöpfergott veranschaulichen. Bei Jeremia aber liegt die Pointe im Verhältnis zwischen dem Schöpfergott JHWH und seinem erwählten Volk Israel, ja, zwischen dem Weltgott JHWH und den anderen Völkern, wie es aus der Weiterführung der Auslegungen in vv. 7–10 hervorgeht. Und mit einem Wortspiel auf *jôṣer* und *jāṣar* (im Ptz.!) sagt Jeremia (v. 11f.), JHWH wolle Unglück über Juda und Jerusalem erschaffen und einen Plan gegen sie ausdenken.

Bei DtJes und TrJes taucht das Töpferbild wieder auf, Jes 45, 9–13 allerdings in einem unklaren Zusammenhang. So viel aber steht fest, daß sich das Bild in v. 9 ziemlich nahe an Jes 29, 16 anlehnt (Gott und erschaffener Mensch), während v. 11 näher an Jer 18 rückt (Gott und sein Geschöpf Israel) (s. die Überlegungen bei Westermann, ATD 19, ²1970, 133–137). Jes 64, 7 ist einfacher; in dem großen Volksklagelied steht zwischen Bitten und Sündenbekenntnissen dieser Einzelvers als Vertrauensbekenntnis: JHWH ist der Töpfer (*jôṣer*), Israel ist der Ton, das Werk seiner Hände. Eine Spätform des Bildes liegt in dem leicht verstümmelten hebr. Text zu Sir 33, 10. 13 vor (vgl. Weish 15, 7 und Röm 9, 19–21). Schließlich wird das Töpferbild in abgewandelter Form verwendet: der Schwerpunkt liegt nicht mehr im Verhältnis zwischen Schöpfer und Geschöpf, sondern in der Zerbrechlichkeit der Tonwaren. Israel wird vernichtet wie eine „Töpfer-Flasche" (Jes 30, 14); Juda und Jerusalem werden zerschmettert werden wie die „Tonformer-Flasche" (Jer 19, 1–13); die Feinde werden geschlagen werden, wie man „Töpfer-Geschirr" zerbricht (Ps 2, 9). Und die Söhne Zions gelten nach dem Fall Jerusalems als wertloses und zerbrochenes „Töpfer-Geschirr" (Kl 4, 2). Und noch ein anderes Töpferbild: Kyros zertritt Fürsten, wie der Töpfer den feuchten Lehm mit den Füßen knetet (Jes 41, 25).

IV. Es ist nicht zufällig, daß die Wirksamkeit des Töpfers so oft in die religiöse Bildersprache eingeht. Der religionsgeschichtliche Hintergrund ist schon angedeutet, und wenn man die Bedeutungsentwicklung der Wurzel *jṣr* betrachtet, empfindet man, daß das Töpferbild eine Brücke zwischen den beiden Bedeutungssphären des Verbums schlägt: einerseits die menschliche, handwerkliche Tätigkeit, andererseits die göttliche Schöpferwirksamkeit. Im AT wird das Verbum am häufigsten in der letzteren Bedeutung gebraucht, und es bezeichnet damit das göttliche Bilden und Schöpfen, so wie es auch hinter der Bildersprache zu spüren war.

1. Im jahwistischen Schöpfungsbericht wird *jāṣar* verhältnismäßig eng verwendet und bezeichnet vor allem die Erschaffung des Menschen (Gen 2, 7f.). Im Unterschied zum priesterlichen Schöpfungsbericht, der bei der Erschaffung des Menschen die Verben *'āśāh* und *bārā'* benutzt (Gen 1, 26f.), wird im jahwistischen Bericht ausdrücklich das Material erwähnt, das bei der Schöpfung verwendet wird: der Mensch wird aus Staub gebildet (vgl. Ps 103, 14; hebr. Sir 33, 10; wohl mit Hinblick auf Gen 3, 19; Schmidt, THAT I 764; vgl. Humbert 83f.), und das Schöpferwerk ist erst vollendet, wenn der Mensch den göttlichen Lebenshauch empfangen hat (vgl. Schmidt, Schöpfungsgeschichte, 197–199, der äg. und mesopotam. Vorstellungen vom töpfernden Erschaffen des Menschen aus Ton erwähnt; ähnliches bei Wildberger, BK X/3, 1127–1131; vgl. auch Westermann 276–282, der weiteres Parallelmaterial bringt, aber meint, das Handwerkliche trete in der at.lichen Vorstellung zurück). Nicht nur der Mensch, sondern auch die Tiere werden nach dem jahwistischen Bericht gebildet (*jāṣar*), „aus dem Ackerboden" heißt es hier (Gen 2, 19; der priesterliche Bericht benutzt bei der Erschaffung der Tiere das Verbum *'āśāh* [Gen 1, 25]). Bemerkenswerter ist aber, daß bei der Erschaffung der Frau (Gen 2, 22) nicht dieses Verbum, sondern *bānāh* „bauen" verwendet wird. Einmal entspricht *bānāh* dem akk. *banû*, dem gewöhnlichen akk. „Schöpfungsverbum" (s. I. 1.), und zweitens soll mit der Hervorhebung der Rippe des Mannes als Material für die Erschaffung der Frau die enge Zusammengehörigkeit von Mann und Frau ausgedrückt werden (Schmidt, Schöpfungsgeschichte, 199–201).

Dieser in dem jahwistischen Schöpfungsbericht dominierende Gedanke vom göttlichen Bilden des Menschen ist sicher alt in Israel, obwohl wahrscheinlich unter fremdem Einfluß entstanden. Von hier aus entwickelt sich die Vorstellung, die in Texten aus verschiedenen Zeiten auftritt, daß JHWH der Schöpfer der einzelnen Körperteile oder Organe des Menschen ist (des Herzens, Ps 33, 15; des Auges, Ps 94, 9; und des Geistes, Sach 12, 1; vgl. Albertz 121 und 120, der auf Ps 139, 13–15 hinweist; hier wird die Erschaffung anderer Organe, allerdings mit anderen Verben, erwähnt). In Ps 103, 14 bezeichnet das Nomen *jeṣær* das menschliche Geschöpf überhaupt, und das allein Hi 17, 7 vorkommende Nomen **jāṣûr* bedeutet wohl Glieder oder andere Organe.

2. Sekundär im Verhältnis zur Vorstellung von der göttlichen Erschaffung des Menschen ist der Ge-

danke, die ganze Welt gehe aus dem bildenden Handeln Gottes hervor (Westermann, BK I/1, 31–34; vgl. Albertz 54f.). Im priesterlichen Schöpfungsbericht, wo die Welterschaffung im Zentrum steht (Gen 1, 1 – 2, 4), wird durchgehend aus theologischen Gründen das Verbum *bārā'* benutzt (s. ThWAT I 774f.), und überhaupt hat dies Verbum in den theologisch durchgearbeiteten Schöpfungstexten die anderen „Schöpfungsverben" zurückgedrängt (vgl. Humbert 85–87). Neben *bārā'* hat auch „das ganz farblose *'āśāh*" eine stärkere Position in den Schöpfungstexten bekommen, um das anthropomorphe *jāṣar* zu vermeiden (Brongers 93). In gewissen Zusammenhängen hat jedoch der Gedanke vom „Bilden" des Weltalls überlebt: in der hymnisch klingenden Einleitungsformel Jer 33, 2, die wohl von ihrem ursprünglichen Kontext losgerissen ist (Brongers 95), wird JHWH als der Schöpfer (*jôṣer*) der Welt bezeichnet (nur unzweideutig nach LXX; vgl. Duhm, KHC XI, 271; Albertz 103). Jer 10, 16 (= 51, 19) heißt es zusammenfassend nach einer Schöpfungsschilderung, JHWH sei „der Schöpfer des Alls" (wohl nicht ursprünglich jeremianisch; s. Brongers 95; vgl. auch W. Thiel, Die deuteronomische Redaktion von Jeremia 1–25 [WMANT 41, 1973, 81]). Öfter treffen wir aber pars pro toto-Konstruktionen: in einer der Doxologien bei Amos (4, 13) ist JHWH Schöpfer der Gebirge; nach Ps 95, 5 haben seine Hände das dürre Land geformt; Ps 74, 17 zufolge hat er „Sommer und Winter" gebildet, was entweder „das Ganze" bedeutet (Schmidt, THAT I 763) oder, enger gefaßt, die Jahreszeiten, also die Weltordnung (vgl. Jer 31, 35 und 33, 25). In Hymnen mit hervortretendem Schöpfungsmotiv dagegen, wie z. B. Ps 104; 136; 148; 24, 8 usw. kommt das Verbum *jāṣar* sehr selten vor, eigentlich nur Ps 104, 26, wo die Erschaffung Leviathans mit deutlich polemischen und antimythologischen Untertönen hervorgehoben wird (s. Brongers 96f.; Albertz 92–98).

V. Es zeigt sich, daß der Schöpfungsgedanke – und das gilt nicht nur für Ausdrücke der Wurzel *jṣr* – in den älteren Texten des AT verhältnismäßig verstreut vorzufinden ist. Nur in zwei Textgruppen des AT spielt der Schöpfungsgedanke eigentlich eine hervortretende Rolle, nämlich in den Hymnen unter den Psalmen (sowie in hymnenartigen Fragmenten anderer Texte) und bei DtJes. Die neuere Forschung hat denn auch enge Beziehungen zwischen diesen beiden Textgruppen nachgewiesen (s. Rendtorff 4–6 über das Verhältnis zwischen Hymnen und Schöpfungsaussagen bei DtJes).

1. Es ist bei DtJes auffallend, daß das Verbum *jāṣar* beinahe ausschließlich in den Zusammenhängen vorkommt, wo von der Erschaffung (und Erwählung) Israels die Rede ist. An den vielen Stellen, wo im allgemeinen von der Schöpfung der Welt geredet wird, finden andere Schöpfungsverben Anwendung (vgl. o. IV.2. und Bernhardt, ThWAT I 775). Diese Begrenztheit in der Verwendung des Verbs *jāṣar* hängt mit der komplizierten Entwicklung der Schöpfungsaussagen bei DtJes zusammen: die Aussagen über JHWH als Schöpfer der Welt haben ihre Funktion im dtjesajanischen Disputationswort, wo sie den Götzen gegenüber JHWHs Macht begründen. Die Aussagen über JHWH als Schöpfer Israels dagegen haben ihre Funktion in den dtjesajanischen Heilsorakeln, wo sie JHWHs Heilswillen begründen (Rendtorff 8; Albertz 1–21). Ferner hat der erste Typ seinen Ursprung in den at.lichen Hymnen, der andere aber in den Heilsorakeln oder Klagen des einzelnen (Albertz 50f.). Es stellt sich also heraus, daß das Verbum *jāṣar* bei DtJes ganz überwiegend in den Aussagen vorkommt, die von der Schöpfung Israels reden und somit ihren Ursprung im Heilsorakel oder in der Klage des einzelnen haben.

Typische Heilsorakel sind Jes 43, 1–7; 43, 16–21 und 44, 1–5; auch 44, 21–22 steht mindestens dem Heilsorakel nahe (Elliger, BK XI/1, 443), und 44, 24a muß wohl als eine fragmentarische Einleitungsformel eines Heilsorakels betrachtet werden (Albertz 27. 32f.; vgl. überhaupt Albertz 26–33 zu den hier behandelten Perikopen). Von der Weltschöpfung ist in diesen Abschnitten nicht die Rede; dagegen wird JHWH als Israels *joṣer*, „Bildner" bezeichnet (43, 1; 44, 2; 44, 24; pf-Form des Verbs 43, 21; 44, 21. Parallelwörter werden aus den Wurzeln *bārā'* und *'āśāh* gebildet; vgl. 43, 7, wo alle drei Verbalformen zusammenstehen). Schon hier treten Züge hervor, die für die Schöpfungsaussagen in den dtjesajanischen Heilsorakeln typisch sind: „der Schöpfungsglaube (ist) ganz in die Dynamik des prophetischen Heilsglaubens einbezogen" (v. Rad 140), d. h. die vorzeitige Erschaffung Israels wird in derselben Perspektive wie die jetzige Erlösung gesehen, und beide Begriffe sammeln sich im Erwählungsgedanken (Rendtorff 9–12). Diese Motive kommen zum Ausdruck in den Verben → *gā'al* 'erlösen' (43, 1; 44, 22; 44, 24), → *'āzar* 'helfen' (44, 2), → *bāḥar* 'erwählen' (43, 20; 44, 1f.) und → *'āhab̲* 'lieben' (43, 4). Übrigens fügt 43, 7 hinzu, daß das erwählte Volk, „alle, die nach meinem Namen genannt sind", zu Gottes Ehren geschaffen ist. Wohlbekannte Motive des Heils- und Erwählungsgedanken stehen hier also in enger Beziehung zum Schöpfungsgedanken.

2. Neben den Aussagen von der Schöpfung Israels mit dem charakteristischen Gebrauch von Wörtern aus der Wurzel *jṣr* findet sich aber auch bei DtJes eine Stelle, wo Formen von *jṣr* in Verbindung mit der Schöpfung der Welt verwendet werden. Es handelt sich um 45, 18f., ein Fragment, das der Form nach schwierig einzuordnen ist, aber doch wohl als Einleitung zur Aussage 45, 20–25 (Westermann, ATD 19, 140f.; Albertz 9f.) aufzufassen ist. Der Vers 45, 18 bietet eine förmliche Häufung von Schöpfungsverben, und es kann kaum verwundern, daß auch *jāṣar* darunter zu finden ist.

3. Die oben beobachtete Verbindung zwischen Schöpfungsgedanken und Erwählungsvorstellung tritt bei DtJes in einer ganz anderen Form hervor. In

den JHWH-Knecht-Liedern wird mehrmals auf prägnante Weise von der Stellung des Knechtes zu JHWH geredet: JHWH ist sein „Bildner", *joṣer* (Jes 49, 5). Ähnliches wird Jes 49, 8; 42, 6 ausgedrückt (über die textkritischen Probleme an diesen Stellen vgl. Elliger, BK XI/1, 223). Im Kontext zeigen Wörter wie *qārā'* 'rufen' (49, 1; 42, 6) und *bāḥar* 'erwählen' (49, 7; 42, 1), daß es um die Berufung und Erwählung des Knechtes geht. Die Einführung des Schöpfungsgedankens in diesem Zusammenhang entspricht genau der früher erwähnten Korrespondenz zwischen Erschaffung und Erwählung Israels bei DtJes (vgl. Rendtorff 12; Albertz 48–50). Vergleicht man indessen die Stellen aus den JHWH-Knecht-Liedern mit Jer 1, 5 und Ps 139, 16 (an beiden Stellen wird *jāṣar* verwendet), bekommt man den Eindruck, daß der Schöpfungsgedanke in derartigen Texten eine weitere Funktion hat: die Erwählung liegt sogar vor der Erschaffung; es soll also die Souveränität JHWHs bei der Erwählung unterstrichen werden. So dürfen wir vielleicht auch die Aussagen vom Knecht verstehen; so wie Jeremia, bevor ihn JHWH erschaffen hat, „ersehen" und „eingeweiht" wurde, so auch der Knecht (vgl. Volz, KAT X, 3f., wo auch das textkritische Problem Jer 1, 5 behandelt wird; vgl. hebr. Sir 49, 7, der auf Jer 1, 5 anspielt und eine *niph*-Form von *jāṣar* hat). Und wie der Betende in Ps 139 weiß, daß er sein ganzes Leben hindurch unter dem Schutz des allwissenden Schöpfergottes steht, so auch der Knecht (vgl. Kraus, BK XV^5, 1099f.).

VI. An den eben genannten Stellen kam eine Art Vorherbestimmung zum Ausdruck. Ein solcher Gedanke lag eigentlich versteckt in den dtjesajanischen Aussagen, die von der Erschaffung Israels redeten, und er tritt anderswo noch deutlicher hervor. Ganz charakteristisch wird dies im Anhang zu der Erzählung vom Besuch des Jeremia beim Töpfer (Jer 18) gesagt: JHWH verfügt über das Schicksal des Volkes Juda; nicht jedoch in Willkür, denn wenn sie sich bekehren, will JHWH kein Unglück über sie senden. Wenn sie sich aber nicht bekehren, will JHWH Unglück gegen sie erschaffen (*jāṣar*) und einen Plan gegen sie ausdenken (*ḥāšaḇ*) (Jer 18, 11). Selbständiger und radikaler wird ein ähnlicher Gedanke im Kyrosorakel Jes 45, 1–7 formuliert: nach der Behauptung, daß es keinen Gott außer JHWH gibt (Jes 45, 5–6), stellt JHWH sich in v. 7 als derjenige dar, „der das Licht bildet (*jāṣar*), die Finsternis erschafft (*bārā'*), den Frieden (das Glück) macht (*'āśāh*) und das Üble erschafft (*bārā'*)". Entweder versteht man die Aussage als einen Versuch, die Totalität des Schöpferwerkes zu beschreiben, wobei die Gegensatzpaare als Merismus einfach „alles" bezeichnen, wie es auch am Ende des Verses zusammenfassend heißt (Elliger, BK XI/1, 499–502), oder man sieht in der Formulierung eine bewußte Polemik gegen den persischen Dualismus (Bernhardt, ThWAT I 776f.). Ob Polemik vorliegt oder nicht, es ist deutlich zu sehen, daß DtJes hier konsequent an die äußerste Grenze seiner Schöpfungstheologie gelangt (s. Westermann, ATD 19, 131f.). Im längeren hebr. Text zu Sir 11, 14 findet sich eine ähnliche Zusammenstellung von Gegensätzen, die alle von Gott herstammen oder von Gott erschaffen sind (*jāṣar niph*).

An anderen Stellen wird konkreter ausgeführt, wie JHWH als Schöpfergott gewisse historische Situationen oder Ereignisse „erschafft", wobei auch mehrmals das Verbum *jāṣar* Verwendung findet. Jes 22 handelt wahrscheinlich von der politischen Krise in Jerusalem während des Sanheribangriffes im Jahr 701. Jesaja wirft den Jerusalemern vor, daß sie sich um die Befestigungswerke gekümmert haben, statt auf den zu blicken, der es gemacht hat (*'āśāh*) und der es vor langem erschaffen hat (*jāṣar* 22, 11) – wobei das unbestimmte „es" auf die ganze historische Situation geht. 2 Kön 19 = Jes 37 wird das Hervorrücken Sanheribs mit denselben Ausdrücken beschrieben: JHWH sagt, er habe es vor langem gemacht (*'āśāh*), habe es seit den Tagen der Vorzeit erschaffen (*jāṣar*) (2 Kön 19, 25 = Jes 37, 26). Daß diese Ausdrücke in der Jesajalegende in Beziehung zu DtJes stehen, geht aus Jes 46, 11 hervor; hier sagt JHWH vom Kommen des Kyros: „ich habe es gesagt, ja, ich habe es herbeigeführt; ich habe es erschaffen (*jāṣar*), ja, ich habe es gemacht (*'āśāh*)". Es ist bemerkenswert, daß solche Formulierungen in der Regel nicht in eschatologischen Zusammenhängen stehen und daß sie in der dtr Literatur mit ihrem ausgebauten Geschichtsdenken nicht zu finden sind (Humbert 85).

VII. Einige Belege vom Nomen *jeṣær* wurden bereits behandelt: Jes 29, 16 und Hab 2, 18 bezeichnete das Nomen das Ergebnis der handwerklichen Tätigkeit, und Ps 103, 14 das menschliche Geschöpf. An sechs Stellen hat aber das Nomen eine Bedeutung, die ganz deutlich eine enge Beziehung zu den eben behandelten Verbalbedeutungen hat. Die verschiedenen Aussagen, JHWH habe die geschichtliche Situation Israels „erschaffen", konnten so umschrieben werden: JHWH hat einen Plan mit Israel ersonnen oder ausgedacht. Jer 18, 11 heißt es tatsächlich: JHWH will Unglück gegen Israel erschaffen und einen Plan gegen sie ausdenken, wobei das Verbum *ḥāšaḇ* benutzt wurde. Demnach bekommt das Nomen *jeṣær* mit → *leḇ* 'Herz' zusammengesetzt die Bedeutung „die Gebilde des Herzens", also die Gedanken, das Streben des Herzens (Gen 8, 21) und mit *maḥ^ašæḇæṯ* erweitert „die Gebilde der Gedanken des Herzens" (Gen 6, 5; 1 Chr 29, 18; vgl. 1 Chr 28, 9). *jeṣær* kann auch alleine stehen und muß dann mit „Sinn" oder ähnliches wiedergegeben werden; es kann negative Bedeutung haben: JHWH kennt „Israels Wesen" (Deut 31, 21; v. Rad, ATD 8, 135); oder es kann positive Bedeutung haben: das gerechte Volk zieht mit „gefestigtem Sinn" in Jerusalem ein (*jeṣær sāmûḵ*; Jes 26, 3). Zu diesen Vorkommen s. Humbert 87f., Westermann, BK I/1, 552, und Murphy 334f.

VIII. In den spätjüdischen Qumrantexten kommt das Verbum *jāṣar* 8mal, und das Nomen *jeṣær* etwa 40mal vor (Kuhn, Konkordanz, 92f.). Das Verbum bezeichnet einmal die Herstellung von Götzenbildern (1 QpHab 12, 13; Auslegung von Hab 2, 18), sonst die Erschaffung des Menschen (1 QH 1, 15; 3, 21) oder des Geistes des Menschen (1 QH 1, 8; 4, 31; 15, 22). Die Vorkommen des Nomens können in drei Gruppen aufgeteilt werden:
a) *jeṣær* = das menschliche Geschöpf, oft mit *ʿāpār* 'Staub', *ḥomær* 'Ton' oder *bāśār* 'Fleisch' verbunden (1 QH 1, 21; 3, 23; 4, 29; 9, 16; 10, 23; 11, 3; 12, 26. 32; 18, 11. 13. 25. 31; 1 QHf 1, 8; 3, 5 usw.). Die Ausdrücke gehen also in die charakteristische Schöpfungstheologie der Qumranlieder ein. b) Aufnahme des Ausdrucks *jeṣær sāmûḵ* 'gefestigter Sinn' von Jes 26, 3 (1 QS 4, 5; 8, 3; 1 QH 1, 35; 2, 9. 36). c) Anlehnung an Gen 6, 5; 8, 21 usw.: 'Sinn' oder ähnl., fast immer auf die sündigen Anlagen des Menschen bezogen (1 QS 5, 5; 1 QH 5, 6. 31; 6, 32; 7, 3. 13. 16; 11, 20). Diese Stellen sind bei Murphy, 339–343, behandelt. Die interessantesten Ausdrücke sind eigentlich in einem Lobliedfragment (1 QHf 3, 9–10), das Murphy übergeht, zu finden. Hier haben wir, allerdings in unklarem Zusammenhang, *jeṣær* mit zwei Nomina in einem Konstruktverhältnis verbunden: *ʿawlāh* 'Ungerechtigkeit' und *r^{e}mijjāh* 'Täuschung, Trug'. Diese beiden Formulierungen liegen nicht weit von dem Ausdruck *jeṣær raʿ* 'der böse Trieb', der bis auf weiteres nur an einer Stelle in den Qumrantexten vorkommt (im hymnischen Text „Plea for Deliverance", 11 QPs^{a}Plea 19, 15f., DJD IV, 1965, 40. 77). Der Sänger betet, daß der Satan und ein unreiner Geist nicht über ihn herrschen sollen und daß nicht „der böse Trieb" seine Gebeine in Besitz nehmen soll (Z. 15f.). Freilich spricht Sir 15, 14 und 27, 6 von *jeṣær*, und für 37, 3 zeigt die griech. Formulierung, daß die Vorlage vielleicht *jeṣær raʿ* gelesen hat, obwohl der bewahrte hebr. Text *jeṣær* allein hat (Murphy 335–338). Die genannte Qumran-Stelle (paläographisch läßt sich das Manuskript in die erste Hälfte des 1. Jh. n. Chr. datieren) ist doch wohl die früheste, gesicherte Erwähnung des „bösen Triebes". Dieser Begriff spielt in der späteren rabbinischen Literatur eine hervortretende Rolle, dabei wird er oft *jeṣær ṭôḇ*, dem „guten Trieb", gegenübergestellt; vgl. Bousset, Rel. des Judentums, ^{3}1926, 402–405; St.-B. IV, 466–483; Moore, Judaism I, 1927 = 1958, 479–496.

Otzen

יצת *jṣt*

I. Bedeutung, Vorkommen – II. Konkrete Bedeutungen im AT – III. Verwendung in theol. Kontexten.

I. Das hebr. יצת ist eine weitere, weniger gebräuchliche Wurzel im AT mit der Bedeutung 'entzünden' oder 'brennen' (vgl. *dlq, ḥrh, ḥrr, jqd, lhṭ, qdḥ*). Die üblichen Wurzeln sind → בער (*bʿr*) und → שרף (*śrp*).

jṣt hat keine Verwandte in den anderen semit. Sprachen einschließlich des Aram. Im AT erscheint es hauptsächlich im deut Material und in den prophetischen Schriften (incl. Kl) vom 8.–6. Jh. v. Chr. Ungefähr die Hälfte der 30 Belege findet sich bei Jeremia, sowohl in poetischen wie in Prosatexten. Das Verb ist noch später in Neh 1, 3; 2, 17 belegt und wird auch in nachbibl. Zeit noch verwandt (DictTalm 590f.). Im AT bezieht sich *jṣt* auf das Brennen des Landes und des Eigentums, metaphorisch auch ausgedehnt auf das Volk (Jer 11, 16), das besonders in Kriegszeiten eng mit Eigentum und Land verbunden ist (Ri 9, 49). Überdies macht JHWH keinen Unterschied zwischen Leuten und Land, wenn er seinen Zorn ausgießt (2 Kön 22, 13. 17). Das übliche Wort bei P für die Verbrennung des Opfers ist *śārap̱* (Lev). Dennoch ist *jṣt* austauschbar mit *bʿr* und *śrp*, die beide für alle Arten des Brennens verwendet werden. Es gibt 4 Belege im *qal;* in Verbindung mit *b^e* bedeutet es 'anzünden' (Jes 9, 17 [18]), mit *bāʾeš* 'durch Feuer angezündet werden' (Jes 33, 12; Jer 49, 2; 51, 58). Das *niph* bedeutet 'angezündet' oder 'verbrannt werden' und ist nur in der 3. Pers. belegt. Die übliche Form *niṣṣ^{e}ṯāh* (3. Sing. fem.) erscheint in 2 Kön 22, 13. 17; Jer 9, 11 [12] und 46, 19, wobei die beiden Jer-Belege von der Wurzel *nṣh* 'zerstört, verwüstet' abgeleitet sein könnten (vgl. Jer 4, 7). Das Ketib von Jer 2, 15, *nṣth*, ist eine alte 3. Pl. fem.-Form wie im Aram. (BLe, 55c′; vgl. 42o′), obwohl auch sie von *nṣh* kommen könnte (so Graf, Duhm, Driver, Peake und Rudolph). Der 3. Pl. *niṣṣ^{e}ṯû* erscheint in Jer 2, 15 Qere; 9, 9 [10]; Neh 1, 3; 2, 17. Im *hiph* ist die Bedeutung in Verbindung mit *bāʾeš* 'in Brand stecken' (Jos 8, 8. 19), wohingegen es mit *ʾeš* alleine 'Feuer legen' bedeutet (Am 1, 14; Jer 17, 27). *hiṣṣîṯû mišk^{e}noṯæhā*ʾ (Jer 51, 30) hat den Sinn „sie setzten ihre Häuser in Brand".

II. Land und Besitz, d. h. Getreidefelder, Weideland, unkultivierte Baumhaine und besonders Städte werden vom Feind als Kriegshandlung verbrannt. Um die Zerstörung von Sichem zu vervollständigen, legt Abimelech mit Reisigbündeln, die er und seine Leute gesammelt haben, Feuer an die befestigten Türme (Ri 9, 49). Auch Absalom ließ als Kriegshandlung seine Diener Feuer an die Gerstenfelder Joabs legen (2 Sam 14, 30f.).

III. Im Heiligen Krieg befiehlt JHWH ausdrücklich die Verbrennung von Städten. Ai (oder Bethel?)

wurde daher in Brand gesteckt, nachdem es von Josua erobert war (Jos 8, 8. 19). Zur Zeit des Amos wurde JHWHs Urteil jedoch in einem mehr universalen Sinn verstanden. In seiner großen Predigt (1, 2 – 3, 8) weissagt Amos die Zerstörung von 7 Völkern, darunter Juda, durch Feuer. Gegen 6 von ihnen: Damaskus, Gaza, Tyrus, Edom, Moab und Juda sagt JHWH: *w^{e}šillaḥtî 'eš* „und ich will Feuer werfen" (1, 4. 7. 10. 12; 2, 2. 5), dagegen über die Ammoniter: *w^{e}hiṣṣattî 'eš b^{e}ḥômaṯ rabbāh* „und ich will ein Feuer in den Mauern von Rabba anzünden" (1, 14).

Jes spricht von Dornen und Disteln (*šāmîr wāšajiṯ*) als dem Symbol für böse Menschen, die angezündet werden. Man hört hier die Anspielungen auf die Jotamfabel und die folgende Katastrophe, die Abimelech in seiner Rede andeutet (Ri 9). In 9, 17 spricht Jesaja von den Bürgerkriegen, die die letzten Jahre des nördlichen Königtums bestimmen, von denen jeder wie ein Feuer ist, das die Disteln und Dornen verzehrt und das Dickicht des Waldes anzündet, *wattiṣṣaṯ b^{e}siḇ^{e}ḵê hajja'ar* (Hos 7, 7; 2 Kön 15, 8–30; vgl. Ri 9, 15–20). Hinter allem wird aber der Zorn JHWHs offenkundig (v. 18 [19]; vgl. Ri 9, 56f.). In 33, 10–12 liegt die gleiche Idee vor, d. h. wenn JHWH sich zum Tag des Gerichtes erhebt, wird die Spreu verzehrt werden, mit der das Volk schwanger gegangen war und die es geboren hatte; die Völker gehen miteinander um „wie mit abgeschnittenen Dornen, die im Feuer verbrannt werden", *qôṣîm k^{e}sûḥîm bā'eš jiṣṣattû* (v. 12). Aber später, wenn JHWH sein neues Weinberglied singt (27, 2–6; vgl. 5, 1–7), ist der Zorn verflogen, da es keine Bösen mehr gibt. Um das zu verdeutlichen, sagt JHWH, daß er, wenn er einige Dornen und Disteln hätte, auf ihnen herumtrampeln und sie verbrennen würde (v. 4), aber es gibt keine mehr.

Bevor dies aber geschehen kann, muß das Gericht über Jerusalem kommen. Im Jahre 622 v. Chr. war ein Gesetzbuch im Tempel gefunden und darauf dem König Josia vorgelesen worden. Nachdem er dessen Inhalt gehört hatte, zerriß er seine Kleider und sagte: „denn groß ist der Zorn JHWHs, der gegen uns entbrannt ist" *kî-g^{e}ḏôlāh ḥ^{a}maṯ JHWH '^{a}šær-hî' niṣṣ^{e}ṯāh bānû* (2 Kön 22, 13). Ein göttliches Orakel bestätigt seine Einschätzung der Situation. In der Rolle könnte auch das Lied des Mose (Deut 32) gestanden haben, da die vv. 15–22 dieses Liedes im Orakel wiedergegeben werden, das die Prophetin Hulda gegen Juda ausspricht (Lundbom, CBQ 38, 1976, 293–302). In Deut 32, 22a sagt JHWH *kî-'eš qāḏ^{e}ḥāh b^{e}'appî wattîqaḏ 'aḏ-š^{e}'ôl taḥtîṯ* „denn ein Feuer ist durch meinen Zorn entbrannt, und es brennt bis in die Tiefen der Šeol" wohingegen er in Huldas Orakel sagt: *w^{e}niṣṣ^{e}ṯāh ḥ^{a}māṯî bammāqôm hazzæh w^{e}lo' tiḵbæh* „daher wird mein Zorn gegen diesen Ort entbrennen und nicht ausgelöscht werden" (2 Kön 22, 17b).

Jeremia war dazu auserwählt, diese Botschaft nach der Zeit Josias dem König und dem Volk zu verkünden. Er grämt sich über den Schaden, der bereits eingetreten war, doch zu gleicher Zeit kündigt er noch schlimmere Dinge für die kommenden Tage an. Die Feinde, die sich gegen Juda erheben, entstammten nicht dem Lande selbst, wie im Norden, sondern sie kamen von außen. Sie drangen ein und verbrannten die ländlichen Gegenden, die Städte und die Bewohner des Landes. Es war ein beständiger Strom, der mit den Assyrern einsetzte, dann waren es die Ägypter, die von verschiedenen gemischten Horden gefolgt wurden (Jer 18, 22; 2 Kön 24, 2) u. a., vielleicht Skythen (Herodot, Hist. I 105), schließlich die mächtige babyl. Armee. Die Löwen, die die Städte Judas verbrennen, sind ohne Namen (Jer 2, 15), aber es sind wahrscheinlich die babyl. Könige, die Juda viele Jahre besetzt hatten. Der Feind, der die Weiden verbrennt (9, 9 [10]), wird ebenfalls nicht genannt, aber genau wie diejenigen, die die Städte Judas verbrennen, läßt auch er im Lande keine Bewohner mehr zurück. Selbst die Tiere und Vögel sind verschwunden. Jeremia weint über diese Zerstörung (lies MT *'æśśā'* in 9, 9), aber JHWH antwortet ihm im folgenden Vers, daß Jerusalem und das, was von den Städten Judas übriggeblieben ist, ein ähnliches Schicksal erleiden wird. In 32, 29 sagt JHWH explizit, daß er die Babylonier ausschickt, um Feuer an Jerusalem zu legen. Hinter jedem einzelnen Feind steht daher letztlich die unheilvolle Person JHWHs, der seinem Volk den Heiligen Krieg erklärt hat. Aber nach dem Brand Jerusalems wird das Feuer an andere Völker gelegt werden. JHWH sagt, daß er Feuer in den Tempeln der äg. Götter entfachen wird (43, 12) und Memphis verbrannt und menschenleer sein werde (46, 19). Die Dörfer der Ammoniter werden durch Feuer verbrannt werden (49, 2). JHWH wird wieder einmal Feuer in den Mauern von Damaskus legen (49, 27; vgl. Am 1, 4). Wenn für Babylon die Zeit gekommen ist, werden seine Städte und das umliegende Land durch JHWHs Feuer verzehrt werden (50, 32; 51, 30. 58). Ezechiel spricht bei einer Gelegenheit davon, daß JHWH Feuer zwischen den Bäumen des Negeb anzünden wird (Ez 21, 3 [20, 47]). Für all diese Gelegenheiten, in denen JHWH ein Feuer in einem fremden Land entzündet, werden keine Begründungen genannt. Das steht im starken Gegensatz zu den Gerichtsreden gegen Israel, wo in fast allen Fällen JHWH eine begleitende Begründung gibt. Die Botschaft, die Jeremia verkündet, entspricht der von Deut 32, 15–22 und der in Huldas Orakel: Das Volk hat JHWH sowie sein Gesetz verlassen und seinen Ärger durch die Verehrung anderer Götter hervorgerufen; daher wird der Zorn JHWHs gegen sie und ihr Land entbrennen wie ein unauslöschliches Feuer. Die verbrannten Städte in 2, 15 sind das Ergebnis des JHWH-Vergessens (v. 17). Im weisheitlichen Kommentar (9, 11–13 [12–14]) wird als Grund für das verbrannte Land angegeben, daß das Volk JHWHs Gesetz vergessen hat und den Baalen nachgegangen ist. In predigtartiger Prosa sagt Jeremia in 11, 16f., daß Israel einst ein grüner Olivenbaum war, der viele Früchte trug, jetzt aber JHWH

Feuer daran legen wird, da es den Baalen geräuchert hat. In 17, 19–27 erklärt er, daß JHWH die Tore und die festen Häuser der Stadt niederbrennen wird (v. 27), wenn das Volk nicht den Sabbat hält und nicht aufhört, am Sabbat Lasten durch die Tore Jerusalems zu tragen. Die Zerstörung Jerusalems in 32, 29 hat ihren Grund in der Verehrung Baals und anderer Götter, ein deutlicher Widerhall vom Orakel Huldas (2 Kön 22, 17). Für Zidkija von Juda, dessen Sünde darin besteht, daß er keine Gerechtigkeit übt und sich nicht von der selbstgerechten Arroganz über Jerusalems Sicherheit abwendet, kündet JHWH an, daß Israels Wälder verbrannt werden (21, 14). Hier wie in Jer 22 liegt eine Anspielung auf die mit Zedernholz gebauten Häuser der königlichen Gebäude in Jerusalem vor (Lundbom, Jeremiah: A Study in Ancient Hebrew Rhetoric, SBL Diss. Series 18, Missoula 1975, 48; vgl. Vermès, JThSt 9, 1958, 1–12). Das Geschehen in Jerusalem schließlich ist in Kl 4, 11 zusammengefaßt: „Genüge tat JHWH seinem Zorn, er goß aus seinen glühenden Ärger, und er entzündete ein Feuer in Zion, das seine Fundamente verzehrte" (*wajjaṣṣæt-'eš beṣijjôn watto'kal jesôdotǽhā*). In die gleiche Situation geriet die Stadt viele Jahre später, als sich Nehemia über Jerusalem bei den Besuchern erkundigte, die nach Babylon gekommen waren (Neh 1, 3). Die Nachrichten, die er erhielt, ließen ihn weinen, doch reagierte er darauf mit dem Bekenntnis der Sünden Israels gegenüber JHWH. Kurz darauf ging Nehemia selbst nach Jerusalem, um die große Aufgabe des Wiederaufbaus der Stadtmauern auf den verbrannten Ruinen anzufangen und zu überwachen (2, 17).

Freedman, Lundbom

יֶקֶב *jæqæb*

1. Etymologie, Belege – 2. In Eigennamen – 3. Allgemein – 4. In der Bildsprache.

Lit.: *G. W. Ahlström*, Wine Presses and Cup-Marks of the Jenin-Megiddo Survey (BASOR 231, 1978, 19–49). – *G. Dalman*, AuS IV, 354ff. – *J. B. Pritchard*, Winery, Defences, and Soundings at Gibeon, Philadelphia 1964.

1. *jæqæb* hängt etymologisch mit arab. *waqb* 'Vertiefung, Loch' zusammen und bezieht sich im Hebr. auf die Kelteranlage für die Herstellung von Wein.

Das Wort kommt im AT 15mal vor und bezeichnet primär den im Felsen ausgehauenen Behälter, in dem der Wein beim Pressen gesammelt wird (Jes 5, 2; Jer 48, 33). Diese Bedeutung scheint auch vorzuliegen in Verbindung mit *goræn* (→ גרן) (Num 18, 27. 30; Deut 15, 14; 16, 13; 2 Kön 6, 27; Hos 9, 2; Jo 2, 24; 4, 13), mit *'aremāh* (Hag 2, 16) und mit *'āsām* (Spr 3, 10). Das Wort steht aber auch als direktes Objekt zu *dārak* und hat wohl dann den erweiterten Sinn von 'Kelter' (Jes 16, 10; Sach 14, 10; Hi 24, 11).

Das Wort *gat* erscheint 5mal im AT und steht in 3 Fällen als Obj. zu *dārak* (Jes 63, 2; Kl 1, 15; Neh 13, 15) und einmal zu *rādāh* (Jo 4, 13). Es meint also den Tretplatz der Kelter. Nach Ri 6, 11 konnte dieser im Notfall für das Ausschlagen von Getreide gebraucht werden.

Das Wort *pûrāh* ist nur 2mal belegt. Hag 2, 16 scheint es ein Maß zu sein (wenn *jæqæb* als Trog der Kelter gedeutet wird), aber Jes 63, 3 ist *pûrāh* Obj. zu *dārak* und weist auf die Kelter hin.

2. Sowohl *jæqæb* als auch *gat* kommen in Ortsnamen vor. Ri 7, 25 wird ein Ort *jæqæb ze'eb* erwähnt. Auch der Neh 11, 25 vorkommende Name, von den Masoreten als *jiqabṣe'el* gelesen, könnte das Element *jæqæb* enthalten.

gat ist im AT vor allem der Name einer der fünf Philistäerstädte (33mal); außerdem kommt das Wort in mehreren Zusammensetzungen vor. Als Heimat des Propheten Micha wird *moræšæt gat* genannt (Mi 1, 14). In Cstr.-Stellung steht *gat* in den Ortsnamen *gat haḥepær* (Jos 19, 13; 1 Kön 14, 25) und *gat rimmôn* (Jos 19, 45; 21, 24; 1 Chr 6, 54). Ähnliche Zusammensetzungen sind in den Amarnabriefen belegt, z. B. Ginti-ašna, Ginti-rumna, Ginti-kirmil, Giti-rimunima und Giti-padalla, ebenso wie im Ugar.: *gt gl'd*, *gt ngr* und *gt 'ttrt* (WUS Nr. 705; Dahood, Festschr. Tisserant [Studi e Testi 231, Vatikan 1964], 86f., M. Ottosson, Gilead, Lund 1969, 17f.). Die Dualform *gittajim* kommt 2 Sam 4, 3; Neh 11, 23 als Name einer Stadt in Benjamin vor.

3. Die Weinlese (*bāṣîr*) fällt in Palästina in die Monate Tammuz, Ab und Elul (ca. Juli – Sept.), soll aber in guten Jahren vom Dreschen bis zur Saatzeit währen (Lev 26, 5; Am 9, 13). Die Trauben wurden von Hand gepflückt und in Körbe gelegt (*kelûb qajiṣ* Am 8, 1f.) und dann zur Kelter (*gat*) gebracht (auf Eseln Neh 13, 15). Neben Mauer (*gāder* Jes 5, 5; Ps 80, 13) und Wächterturm (*migdāl* Jes 5, 2) gehörten Kelter und Keltertrog (*jæqæb* Jes 5, 2) zur Ausstattung des Weinbergs (*kæræm* [→ כרם]). (Zum Weinbau im allgemeinen → גפן [*gæpæn*], → יין [*jajin*] und s. Dalman und Ahlström.)

Nach archäologischen Funden hatte eine Kelteranlage zunächst einen in den Felsen eingesenkten Tretplatz (*gat*), der durch eine Rinne in Verbindung mit einem oder mehreren Trögen (*jæqæb*) stand. Die Tröge waren oft recht tief (Ahlström). In diesen wurde der Weinmost (*'āsîs* Jes 49, 11; Jo 1, 5; 4, 18; Am 9, 13; HL 8, 2 oder *tîrôš* Jo 2, 24; Mi 6, 15; Spr 3, 10) aufgesammelt. Er wurde in Tongefäße (*nebæl* 1 Sam 1, 24; 10, 3; 25, 18; 2 Sam 16, 1; Jer 13, 12) geschöpft (*ḥāsap* Hag 2, 16). Beim Transport des Weins kamen Schläuche (*nôdôt* Jos 9, 4. 13) zur Verwendung. Beim

Keltern wurden die Trauben getreten (*dārak̠* Ri 9,27). Der Tretplatz war so groß, daß mehrere Personen auf einmal arbeiten konnten, vgl. die Darstellung im Grab des Nakht in Theben (N. de G. Davies, The Tomb of Nakht at Thebes, New York 1917, Pl. 23b, 26, 69f.). In Gibeon, wo die Weinherstellung in großen Ausmaßen betrieben wurde, waren Lagerräume von 2m Tiefe in Felsen ausgehauen, wo Krüge mit dem fertigen Wein aufgestapelt wurden (Pritchard 1–27).

Fröhliche Rufe (*hêḏāḏ* Jer 25,30; 48,33) und Gesänge (*hillulîm* Ri 9,27) gehörten zur Weinbereitung (vgl. die Psalmenüberschrift *ʿal haggittîṯ* Ps 8,1; 81,1; 84,1, die vielleicht auf das Keltern hinweist, und s. ein Relief im Grab des Mereruka in Sakkara mit zwei Musikern [SAQQARAH, The Mastaba of Mereruka. By the Sakkarah Expedition. Field Director Prentice Duell. OIP 39, 1938, II Pl 114]).

4. Die Arbeit an der Kelter konnte leicht in der religiösen Bildersprache angewandt werden. JHWH selbst wurde als der Weintreter beim großen Volksgericht dargestellt (Jes 63,2ff.; Kl 1,15). Der Saft der Trauben, der die Kleider des Treters färbte, wurde dabei als Symbol des Menschenbluts gebraucht (Jes 63,3). Die übervolle Weinkelter in Jo 4,15 ist ein Bild des Frevels der Völker und deutet das herannahende Gericht an (vgl. auch Am 8,2; Mi 4,12).

Ottosson

יָקַד *jāqaḏ*

יְקֹד *jeqoḏ*, מוֹקֵד *môqeḏ*

I. 1. Etymologie, Bedeutung – 2. Belege – II. Theologischer Gebrauch – 1. Das ewige Altarfeuer – 2. JHWHs brennender Zorn.

I. 1. Das hebr. יקד ist eine im AT weniger gebräuchliche Wurzel mit der Bedeutung ʿentzündet seinʾ oder ʿbrennenʾ (vgl. *bāʿar*, *ḥārāh*, *ḥārar*, *jāṣaṯ*, *śārap*). Akk. *qâdu* ist belegt im Mbabyl. und Sbabyl., wo es meistens ʿentzündenʾ oder ʿentflammenʾ bedeutet, aber auch ʿbrennenʾ heißen kann (AHw 892). Neben akk. *qâdu* haben auch *qalû* und *qamû* (beide trans.) die Bedeutung ʿbrennenʾ wie das gebräuchlichere *šarāpu* (vgl. hebr. *śārap*). *qâdu* und *šarāpu* sind Synonyme (B. Meissner, Beiträge zum Assyrischen Wörterbuch I, Chicago 1931, 71. 14). *qâdu* findet sich häufig in kultischen Texten, wo es sich auf das Entzünden einer Fackel, Lampe oder eines kultischen Feuers bezieht. (Ebeling, Tod und Leben nach den Vorstellungen der Babylonier, 1931, 17. 23: *išāta aqâd*, „Ich entzünde das Feuer"; 93. 16: *gizillâ iqâda*, „[der Priester] entzündet eine kultische Fackel".) In einer „nächtlichen Zeremonie im Tempel von Anu" (F. Thureau-Dangin, Rituels Accadiens, Paris 1921, 118ff.; ANET[3] 338ff.) wechselt *qâdu* mit *napāḫu*, das auch ʿentzündenʾ bedeutet, aber mehr mit dem Hintergrund von ʿin eine Flamme blasenʾ. Im Verlauf dieses Rituals entzündet der Hohepriester eine große Fackel (*gizillû rabû*) an einem Feuer, das aromatische Gewürze enthält, dann hält er eine Rezitation vor Anu, nach der er die Fackel hinaus auf die Straße trägt, wo die anderen Priester ihre Lampen entzünden und das Feuer zu den abgelegenen Tempeln bringen (Thureau-Dangin, 119. 30; 120. 15; vgl. CAD V, 114). In einem Beschwörungstext (etwa 1000 v.Chr.; AfO 18, 297, 8–9) verlangt das Ritual das *Entzünden* einer Fackel mit Gewürzen, um einen Ofen in Brand zu setzen, in dem Figuren aus Lehm gebacken werden. Fackeln werden auch entzündet zum Entflammen von Holzstößen für Kulthandlungen (VAB 7, 266, 10; ArOr 17, 187, 17). Assyrische Könige brennen Städte nieder, Tempel (Sargon II; F. Thureau-Dangin, Une Relation de la Huitième Campagne de Sargon = TCL 3; Zusätze ZA 34, 113–122 und AfO 12, 144–148; 182. 268. 275. 279; vgl. AHw 892) und Zedern (Ebeling, Tod und Leben, 36, 24). Tukulti-Ninurta I. (1243–1197 v.Chr.) besitzt Macht und Kraft, die „Widerspenstige zur Rechten und zur Linken verbrennt" (AfO 18, 48A. 11). Im Ugar. belegt ist *srp* aber nicht *jqd*, obwohl Dahood *mqdm* als „Brennöfen" versteht ([KTU 4.158, 19]; vgl. Psalms III, 11). Arab. *wqd* bedeutet „brennen" und asarab. *mqdm* ist ein Altar-Herd. *jqd* ist aram. belegt für alle Perioden, was heißen könnte, daß es als Lehnwort ins Hebr. eingegangen ist (KBL[3] 410). In den Inschriften von Sefîre, KAI 222A, 35–36, droht Bargaʾjā folgenden Fluch an für den Fall, daß Matîʿel den Vertrag brechen sollte (*ʾk zj tqd šʿwtʾ zʾ bʾš kn tqd ʾrpd w[bnth r]bt*), „Ebenso wie dieses Wachs vom Feuer verbrannt wird, so soll Arpad verbrannt werden und [ihre gro]ßen [Tochterstädte]". So auch 37–38 (*ʾjkh zj tqd šʿwtʾ zʾ bʾš kn jqd m[tʿʾl]*) „Ebenso wie dieses Wachs vom Feuer verbrannt wird, so soll Matî[ʿel verbrannt werden durch das Feu]er" (J. Fitzmyer, The Aramaic Inscriptions of *Sefîre*, Rom 1967, 14–15). In der Bibel überleben Sadrach, Mesach und Abednego den Schmelzofen des „brennenden Feuers", *nûrāʾ jāqiḏtāʾ*, den Nebukadnezar jedem bereitete, der sich weigerte, vor seinem Bild niederzufallen (Dan 3,6. 11. 15. 17. 20f. 23. 26). Dan 7,11 wird das Tier zerstört und „dem brennenden Feuer", *lîqeḏaṯ ʾæššāʾ*, übergeben, was zweifellos einen nicht-zeremoniellen Begräbnis-Scheiterhaufen bezeichnet.

2. Es gibt 3 Belege für *jqd qal* (Deut 32,22; Jes 10,16; 65,5) und 5 Belege *jqd hoph* (Jer und Lev). BDB hält *jāqûḏ* Jes 30,14 für ein Ptz. pass. *qal*, „das, was entzündet wird" (NEB: „glowing embers", „glühende Asche"), aber KBL[3] spricht von einem No-

men mit der Bedeutung „Herd“ (ebenso RSV, JB, NAB). Scheite werden benutzt, um Feuer vom Herd zu nehmen. Jes 10, 16 bietet ein Wortspiel mit *j^eqoḏ* und *j^eqôḏ*, die ursprünglich als Derivate des Inf. anzunehmen sind, hier aber als Nomen gebraucht werden: *w^etaḥaṯ k^eḇoḏô jeqaḏ j^eqoḏ kîqôḏ ʾeš*, „und unter seiner Herrlichkeit wird ein Brennendes (Fieber?) brennen, gleich dem Brennen des Feuers“. *môqeḏ* ist ein Nomen, das „brennende Asche“ bezeichnen kann (Jes 33, 14; Ps 102, 4 [3]), oder das, wie im rabbinischen und modernen Hebr., auch einfach „Herd“ oder „Feuerplatz“ bedeuten kann. Auch die *môq^eḏāh* ist ein „Herd“ (Lev 6, 2).

II. Der theol. Gebrauch von *jqd* im Alten Testament ist sehr eng vergleichbar mit dem Gebrauch in den außerbibl. Quellen. Feuer, die von den Priestern im Tempel entzündet werden, sind Bestandteil des Kultes. Feuer brennen auch, wenn JHWH als König zum Gericht erscheint.

1. Das Gesetz (Ex 29, 38–42; Num 28, 2–8; Lev 6, 2–6 [9–13]) beschreibt eine *ʿolāh* sowohl am Morgen als auch am Abend, ein Brand-Ganzopfer, wobei das Feuer des Abendopfers die ganze Nacht auf dem Herd (*môq^eḏāh*) brennend gehalten wird (*tûqaḏ*). Auf diese Weise wird ein ununterbrochenes Altarfeuer möglich. Man hat vermutet, daß die Durchführung einer *ʿolāh* am Abend und am Morgen ein nachexilisches Ritual ist und daß während der Monarchie nur eine Morgen-*ʿolāh* vorgeschrieben war (W. O. E. Oesterley, Sacrifice in Ancient Israel, London 1937, 221; R. de Vaux, Studies in Old Testament Sacrifice, Cardiff 1964, 36; R. J. Faley, Jerome Biblical Commentary 2, Levítico, Madrid 1971, 71). Ahas z. B. weist seine Priester an, eine Morgen-*ʿolāh* durchzuführen und eine Abend-*minḥāh* (Speiseopfer), jedoch keine Abend-*ʿolāh* (2 Kön 16, 15). Bei Ezechiel wird auch nur eine Morgen-*ʿolāh* erwähnt (Ez 46, 13ff.). Andererseits bringt Elia spät am Tag eine *ʿolāh* auf dem Karmel dar (1 Kön 18, 38; vgl. 18, 29). Ein Schema scheint jedoch nicht vorzuliegen. In der vorexilischen Zeit hat es zweifellos verschiedene Traditionen gegeben. Daher erweisen sich die drei Belege, die sowohl eine Morgen- als auch eine Abend-*ʿolāh* beschreiben, als Gesetzestexte, insofern sie intendieren, diese Praxis fest einzuführen. So ist auch bei Ahas kaum ein Hinweis für die Praxis der vorexilischen Zeit zu finden, da er doch den Kult assyr. Gebräuchen anzupassen versuchte.

2. JHWHs Zorn brennt, wenn sein Volk anderen Göttern folgt (vgl. *ʾælohîm ʾaḥerîm*). Der klassische Ausdruck dafür findet sich im Moselied, wo auf Israels Abfall hin JHWH verkündet: *kî ʾeš qāḏ^eḥāh b^eʾappî wattîqaḏ ʿaḏ-š^eʾôl taḥtîṯ*, „Denn in meinem Zorn ist ein Feuer entbrannt, und es brennt bis in die Tiefen der Scheol“ (Deut 32, 22). Jesaja und Jeremia sind mit diesem Lied vertraut, das im weiteren Verlauf ankündigt, daß JHWH nach dem Gericht an seinem Volk die Feinde strafen wird – die als Werkzeug seines Zornes gedient haben – da die Vermessenheit der Feinde zu groß geworden ist (32, 26ff.). Der letzte Teil des Liedes geht in Jes 10, 16 und die umliegenden Verse ein. Assyrien ist JHWHs Werkzeug für die Zerstörung, doch jetzt wird es bestraft. Die assyr. Krieger werden mit Seuchen geschlagen, wenn unter der Herrlichkeit des Königs (prächtiges Gewand?) „ein Brennen entzündet wird wie das Brennen des Feuers“ (vgl. Jes 37, 36–38). Jesaja hat die Prahlerei der assyr. Könige im Sinn, die, wie gesagt, *ihre eigene* Herrlichkeit bezeichneten als die, „die Widerspenstige zur Rechten und Linken verbrennt“ (vgl. AfO 18, 48 A, 11). Jesaja nimmt auch schon späte apokalyptische Gedanken vorweg, wenn er davon spricht, daß JHWHs Strafgericht die Gerechten in seinem Volk von den Frevlern scheidet. In Jes 33, 14 sagen die Sünder zu Zion: „Wer von uns kann wohnen bei dem verzehrenden Feuer? Wer unter uns kann wohnen bei den ewigen Feuern?“ (*môq^eḏê ʿôlām*). Doch sofort folgt die Antwort: „Der rechtschaffen wandelt und redet, was recht ist ...“ (v. 15ff.). Diese werden überleben und die guten Zeiten sehen, die vor ihnen liegen. Ihre Augen werden Judas Könige in Herrlichkeit gekleidet sehen (v. 17) und Jerusalem als friedlichen Wohnort (v. 20). Der Einfluß von Deut 32 auf Jeremia zeigt sich nicht nur in seinem poetischen Stil (Holladay, JBL 85, 1966, 18–21), sondern auch in den Ausdrücken, die seine zur Predigt gehörenden Prosatexte prägen. Jer 15, 14 und 17, 4 zitieren Deut 32, 22 deutlicher als Hulda, die sich auf diesen Vers (und auf die unmittelbar folgenden Verse) in ihrem Orakel gegen Juda beruft (2 Kön 22, 17; Lundbom, CBQ 38, 1976, 293–302). Der erste Teilvers *kî-ʾeš qāḏ^eḥāh b^eʾappî* wird Jer 15, 14 wörtlich und in Jer 17, 4 fast wörtlich zitiert (*qāḏ^eḥāh* wird durch *q^eḏaḥtæm* ersetzt). Der zweite Teilvers ist in Jer 17, 4 zu *ʿaḏ ʿôlam tûqāḏ* verkürzt. Manche Handschriften geben Jer 15, 14 auf dieselbe Weise wieder, während MT hier *ʿalêḵæm tûqāḏ* hat. Für Jeremia kommt JHWHs Zorn wie ein ewiges Feuer, das in ein fremdes Land ins Exil führt. Es hat den Anschein, als wolle Jeremia durch die Verwendung von *tûqāḏ* mit Bedacht auf die Bedeutung des Ausdrucks in Lev 6 anspielen, da es sonst keine Belege für *jqd hoph* gibt. Auch in Jer 17, 1–4 besteht die Sünde offensichtlich im unrechtmäßigen Kult, der sich „an den Hörnern ihrer Altäre“ und an „ihren Altären ... im Land“ zeigt. Für DtJes steht Sünde im Zusammenhang mit dem Kult. Jes 65, 5 zitiert die zadokidischen Priester, die feststellen, daß niemand außer ihnen sich JHWHs Altar nähern darf. Wie Paul Hanson gezeigt hat, geben diese Worte ziemlich genau wieder, was in den pro-zadokidischen Versen Ez 44, 13. 15. 19 ausgesagt ist (The Dawn of Apocalyptic, Philadelphia 1975, 147ff.). Dennoch ist JHWH nicht zufriedengestellt, zumindest nach Meinung dieses Propheten. Der Rauch, den sie aufsteigen lassen, an dem er sich sonst freut (Gen 8, 21 *passim*), wird durch seinen Zorn verkehrt in *ʾeš joqædæṯ kŏl hajjôm*, „ein Feuer, das den ganzen Tag brennt“. Dahinter steht die Auffassung, daß das un-

unterbrochene Altarfeuer zum ununterbrochenen Brennen des Zornesfeuers JHWHs verkehrt wird. Schließlich spricht auch der Psalmist in Ps 102, 4 [3] von seinen Knochen, die „brennen wie ein Schmelzofen" (*kemôqeḏ*). Seine Krankheit und die Vergänglichkeit seines Lebens erkennt er als göttliches Gericht, in dem ihn der Zorn JHWHs heimsucht (Ps 102, 11 [10]). Dennoch findet er die Kraft, JHWH zu preisen, der auf ewig herrscht (Ps 102, 13 [12]).

Freedman, Lundbom

יקץ *jqṣ*

קיץ *qjṣ*

I. 1. Etymologie – 2. Wortfeld – II. Allgemeine Bedeutung im anthropologischen Bereich – 1. Erwachen aus dem Schlaf – 2. Erwachen aus dem Weinrausch – III. Theologische Vertiefung – 1. Erwachen zum Bewußtsein aus dem Traum – 2. Nichterwachen als Einwirkung Gottes – 3. Erwachen aus dem Tode – IV. Theologischer Gebrauch – 1. Erwachen von Göttern (Götzen) – 2. Erwachen JHWHs.

Lit.: *H. Balz*, ὕπνος (ThWNT VIII, 1969, 545–556). – *J. Bergman – M. Ottosson – G. J. Botterweck*, חלם (ThWAT II 986–998), dort Lit. zu Traum und Traumdeutung. – *M. Bittner*, Einige Besonderheiten aus der Sprache der Insel Soqoṭra (WZKM 30, 1917/18, 347–351). – *Ders.*, Mehri-Studien (Sitzungsber. d. phil.-hist. Kl. d. Kaiserl. Akademie d. Wissensch., Wien, *162*, 1909. 5, 26; *168*, 1912. 2, 85; *178*, 1915. 3, 32[64]). – *E. L. Ehrlich*, Der Traum im Alten Testament (BZAW 73, 1953). – *Ders.*, Traum (RGG VI, ³1962, 1001–1005). – *W. Leslau*, Lexique soqoṭri, Paris 1938. – *R. Meyer*, Hebräische Grammatik I, 1966. – *A. Oepke*, ἐγείρω (ThWNT II, 1935, 332–337). – *Ders.*, καθεύδω (ThWNT III, 1938, 434–440). – *Ders.*, ὄναρ (ThWNT V, 1954, 220–238). – *M. Wagner*, Die lexikalischen und grammatischen Aramaismen im alttestamentlichen Hebräisch (BZAW 96, 1966).

I. 1. KBL³ 412a bezeichnet *jqṣ* als Nebenform von *qjṣ*, was die Vermutung nahelegt, daß beide voces durch unterschiedliche Auffüllung der gleichen, ursprünglich zweiradikaligen Wurzel *qṣ* entstanden sind. Die homophone, durch Geminierung des zweiten Radikals entstandene Wurzel *qṣ(ṣ)* 'abhauen, stutzen, zerschneiden' (KBL² 848b) hängt mit *jqṣ/qjṣ hiph* jedoch nicht zusammen, wenn auch Ez 7, 6 (vgl. W. Zimmerli, BK XVIII/1², 161, Lit. zu 7, 6a) nach LXX^Q und V, ferner Ps 139, 18 (vgl. H.-J. Kraus, BK XV/2, z. St.) laut LXX und V Analogiebildungen *qṣṣ hiph* zu *qjṣ hiph* aufzuweisen scheinen. Desgleichen ist auch die KBL³ (412a) unter Berufung auf W. v. Soden (AHw I, 28a) hergestellte Beziehung zu akk. *akāṣu* 'hartnäckig sein, heftiges Verlangen haben' unsicher, da keine überzeugende Sinnverwandtschaft besteht. Vielmehr entspricht dem hebr. *jqṣ* ugar. *jqġ* (UT Nr. 1144; dagegen O. Rößler, ZA 54, 1961, 161, demzufolge *wtqġ* als Fehlschreibung für *wtqẓ* „paß auf!" angesehen werden muß). Weiterhin ist *jqṣ* auch belegt in arab. *jqẓ* 'erwachen', wobei die Schreibung arab. *ẓ* = hebr. *ṣ* wohl aus der gemeinsem. Wurzel *(j)qṯ* zu erklären ist, die in der aramaisierenden Namenform *jŏqṭān* (KBL³ 413a) nachweisbar ist; zu nennen ist auch *jqṭ* (F. L. Benz, PNPPI 129, PCIS 3414.2; zu ursem. *ṯ* = aram. *ṭ* = hebr. *ṣ* = arab. *ẓ* s.S. Moscati, Comparative Grammar, 8. 14). Zum Verständnis der untersuchten Wurzel ist die Beziehung zwischen hebr. *jqṣ/qjṣ*, aram. *qjṭ* (?), soq. *'qṭ* 'erwachen' einerseits und andererseits hebr. *qjṣ*, aramaisierend *qjṭ* (Hi 8, 14; J. Reider, VT 4, 1954, 288f.; G. Fohrer, KAT XVI, 1963, z. St.; Wagner 101, Nr. 265), bibl. aram. *qjṭ* (Dan 2, 35), jüd.-aram. *qjṭ*, arab. *qaiẓ*, asarab. *qjṭ* 'Sommer', ferner hebr. *qjṣ qal* 'übersommern' (KBL² 837b) zu beachten. Damit scheint die hebr. Wurzel *qjṣ* 'warm sein, Sommer' mit der Bedeutung 'erwachen, bewußt werden' verwandt zu sein. Dies wird verständlich, wenn man beachtet, daß aram. *qjṭ* hebr. *qjṣ* nicht den Sommer als solchen, sondern ursächlich das „sommerreife Obst" und damit die Reife- und Erntezeit bezeichnet. So ist die gedankliche Brücke zu schlagen zwischen 'reif, ausgereift sein' und 'wach, bewußt sein'. Erwachen ist demnach das Ergebnis eines Reifevorgangs, nämlich des Bewußtwerdens.

2. Die Wurzel *jqṣ/qjṣ hiph* begegnet im AT 11/21mal. Davon findet sich *jqṣ* 9mal in der erzählenden Literatur, aber nur 1mal in prophetischen Texten und 1mal in den Psalmen, während *qjṣ* 10mal bei den Propheten, 9mal in poetischen Texten, dagegen nur 2mal in der erzählenden Literatur verwendet wird. So sind *jqṣ/qjṣ hiph* in allen Literaturgattungen jedoch in ungleicher Streuung anzutreffen. Ursächlich scheint *jqṣ* mehr den rein anthropologischen Vorgang des Aufwachens zu definieren, während für *qjṣ hiph* stärker der theologische Sinn des Erwachens vorbehalten ist. Beide Wurzeln sind jedoch gegen die synonyme Wurzel → עור (*'wr*) III (KBL² 690b) 'sich erregen, rege werden, wach sein' deutlich abgegrenzt, die eher eine Gemütserregung zum Ausdruck bringt (akk. *êru* heißt aber 'erwachen'). Der rein *formale* Unterschied besteht schon darin, daß *jqṣ/qjṣ hiph* stets intransitiv im Sinne von 'aufwachen, erwachen' verwendet wird, während *'wr* III zumindest im *pil*, *hiph*, *pilp* transitiv, sonst meist reflexiv gebraucht wird. *Inhaltlich* bezeichnen *jqṣ/qjṣ hiph* weniger das „Erregtwerden oder Regesein" als vielmehr den Übergang vom Stadium der Bewußtlosigkeit, des Un- oder Unterbewußtseins oder gar des Traumes zum klaren Bewußtsein, zur Besinnung. Aus diesem Grunde werden *jqṣ/qjṣ hiph* häufig mit der Präposition *min* verbunden „aufwachen, erwachen *aus* dem Schlaf, *aus* dem

Rausch". Dieses Erwachen ist ein gänzlich punktueller Vorgang; darum wird wohl von dieser Wurzel kein Nomen gebildet. Angesichts der Bedeutungsnuance werden *jqṣ/qjṣ hiph* und *ʿwr* III bisweilen zur gegenseitigen Ergänzung in Parallele verwendet.
LXX gebraucht zur Wiedergabe von *jqṣ/qjṣ hiph* ἐγείρω (ομαι) 3mal (vgl. ThWNT II 333), wie übrigens auch für *ʿwr* III (1mal), ferner ἐξεγείρω (ομαι) für *jqṣ/qjṣ hiph* (14mal), auch für *ʿwr* III (19mal), zu welchem es in seiner ursprünglichen Bedeutung 'aufreizen, aufbringen' eigentlich eher paßt. Weiterhin werden als Übersetzung je nach spezieller Bedeutung verwandt: ἐξανίστημι (2mal), für *ʿwr* III (1mal), ἐξυπνίζω (1mal), für *ʿwr* III (1mal). Es zeigt sich, daß LXX für die Wiedergabe von *jqṣ/qjṣ hiph* keine idiomatische Wurzel zur Verfügung hat und eher das für *ʿwr* III passende Wort auch für *jqṣ/qjṣ hiph* heranzieht, wie übrigens auch für → קום (*qûm*) und → עמד (*ʿāmaḏ*).

II. 1. Dem allgemein menschlichen Befund entsprechend, hat das Wort *jqṣ/qjṣ hiph* den Sinn „aus dem Schlaf, dem Un- oder Unterbewußtsein zur vollen Besinnung erwachen". So wacht Simson (*jqṣ*) aus dem Schlaf zum Versuch der selbstbefreienden Tat auf (Ri 16, 14), jedoch auch zur klaren Erkenntnis, daß mit dem Verlust der Haare zugleich seine Kräfte geschwunden sind (v. 20, *jqṣ*). Die Rede vom Erwachen kann weiterhin im sprichwörtlich liedhaften Sinne vergeistigt angewendet werden: „Darum heißt es: ‚Ich erwachte (*qjṣ*) [und war im Überfluß], mein Schlaf war mir Erquickung!'" (Jer 31, 26). Erwachen ist Gewinn neuer Lebensfülle. Im gleichen Sinne ist sicher das Erwachen (*qjṣ*) auch in Spr 6, 22 gemeint, wonach zum Empfang der göttlichen Weisung helles Wachsein vorausgesetzt wird. Gedacht ist an die Aufnahmefähigkeit zum Empfang des göttlichen Gebotes, während in Ps 17, 15 mit dem Erwachen (*qjṣ*) die Hoffnung auf das Erleben der Begegnung mit JHWH verbunden wird. Danach ist das Gotteserleben keine unbewußte oder mystische Erfahrung, sondern ein mit den menschlichen Sinnen klar und willig erfaßbarer Vorgang (vgl. 1 Thess 5, 6).
2. Der Schlaf, aus dem der Mensch erwacht, kann auch negativ bestimmt sein als Folge zu starken Weingenusses. Dieser lähmt den Schlafenden so, daß seine Umwelt, ja sein eigenes Ergehen sich gänzlich seiner Wahrnehmung entziehen. So wacht der vom Wein betäubte Noah nicht einmal auf, als sein Sohn Ham/Kanaan seinen Mutwillen an ihm treibt, sondern merkt dies erst, als er endlich aus der Bewußtlosigkeit aufwacht (Gen 9, 24 J; *wajjîqæṣ mijjênô*). Die gleiche verheerende Wirkung hat der Mißbrauch des berauschenden Getränkes in Jo 1, 5, wonach der Trunkene erst aus seinem Rausch erwacht (*qjṣ*), nachdem die Heuschreckenplage vorbei und das Unheil über ihm vollkommen ist, ohne daß er etwas bemerkt hat oder hätte retten können. Damit wird das verzögerte Erwachen infolge des Trunkes dem Schlafenden zum Verhängnis. Gesundes Erwachen aus erquickendem Schlaf nach getaner Arbeit ist die von Gott gewollte Lebensordnung (Pred 5, 11; Jer 31, 26; vgl. ThWNT VIII 545f.). Der Mißbrauch des Weines kann aber noch viel unheilvoller wirken, wenn er zur Sucht und damit zu dem selbstzerstörerischen Zustand führt, in dem der Betroffene selbst nach dem Erwachen (*qjṣ*) vom quälenden Weinrausch zu noch größerem Verlangen nach dem Trunk getrieben wird (Spr 23, 29ff. 35); damit findet eine Ernüchterung schließlich gar nicht mehr statt. Wehe aber dem, der einem aus dem Rausch erwachenden (*qjṣ*) Gläubiger in die Hände fällt, der in diesem Zustand überhaupt keine Skrupel mehr hat (Hab 2, 7)!

III. 1. Eine besondere Bedeutung wird der Traumexistenz des Menschen beigemessen, die sich einerseits von der des Wachzustandes, andererseits von der des Tiefschlafes unterscheidet und damit eine eigene Erlebniswirklichkeit (→ חלם [*ḥālam*] II.2.; ThWNT V 230f.) vermittelt, die jedoch auch kritisch eingeschätzt werden kann. Beide Bewußtseinsstufen, Wachsein und Traum, werden einander polar gegenübergestellt. Träumt der Hungerleider, er esse, und erwacht (*qjṣ*), so wird er gewahr, daß sein Hunger ungestillt ist; träumt er, er trinke, und er erwacht (*qjṣ*), so ist er vom Durst erschöpft (Jes 29, 8; vgl. Ehrlich 151f.). Ja, „Träume sind Schäume"; Traumbilder sind schattenhafte Erlebnisse, die beim Erwachen (*qjṣ*) wieder zerfließen (Ps 73, 20), da sie eben doch keine Realität sind. In diesem Sinne wird das Traumbild auch als Symbol für Vergänglichkeit und Unwesentlichkeit herausgestellt. So wie das Traumbild läßt Gott nämlich den Frevler in seinem trügerischen Prunk vergehen. Dies setzt eine kritische Haltung gegenüber dem Traumerleben voraus (→ חלם [*ḥālam*] I.1.; III.2.), dessen Bilder dem prüfenden Blick der Wirklichkeit nicht standzuhalten vermögen.
Dessen ungeachtet kann dem Traumerlebnis auch ein positiver Wert beigemessen werden. Jakob erwacht (*jqṣ*) aus dem Traum und bringt aus dem darin Erlebten die Erkenntnis mit, daß an seinem Übernachtungsort ein *bêṯ ʾælohîm* sei (Gen 28, 16 J; 17f. E). Am folgenden Morgen richtet er den Stein auf, auf dem sein Haupt geruht hatte. Von da aus läßt sich überhaupt erst die Traumdeutung verstehen. Das Erlebnis der Traumsphäre hat hinüberzuwirken in die Wachseinssphäre, denn sie hat dieser gegenüber einen Vorrang. Der Traum ist der geheimnisumwitterte Freiraum Gottes.
Im Traumerleben wird offenbar, was dem leiblichen Auge verborgen bleiben kann. So erwacht (*jqṣ*) Pharao und ist durch den zweimaligen symbolischen Traum in seinem Bewußtseinszustand so beunruhigt (Gen 41, 4. 7. 21, E), daß er umgehend die Traumdeuter zu sich bestellt und keine Ruhe gibt, ehe ihm der Sinn des Traumes ausgelegt worden ist (Gen 41, 8ff., E; vgl. Dan 2, 2. 12; 4, 2f.). Ein Traum als solcher, der nicht irgendeine Auswertung im Wach-

zustand erfährt, muß sinnlos und unbefriedigend bleiben. Wesentlich für das Traumerlebnis sind also das Erwachen und das Klarwerden seines Sinnes und das sich daraus ergebende Handeln im Bewußtseinsbereich.

Von da aus wird schließlich auch das Inkubationsorakel verständlich (Ehrlich 13ff.). Es soll nach ritueller Vorbereitung solche Erfahrungen herbeiführen. Salomo wacht aus seinem Traum im Tempel von Gibeon auf (1 Kön 3, 15; *jqṣ*) und stellt fest, daß er einen Traum gehabt hat, kehrt daraufhin nach Jerusalem zurück, tritt vor die Lade und veranstaltet ein *šelāmîm*-Opfer. Das Traumerlebnis hat ihn seines göttlichen Auftrages gewiß gemacht.

2. Gegenüber der Selbsterschließung im Traum kann Gott den Schlaf auch auf andere Weise dienstbar machen, indem er nämlich das Erwachen aus diesem Zustand bewußt hinauszögert, wie es ansonsten der Weinrausch bewirken kann (s.o. II.2.). So kann David unbehelligt nächtlings in Sauls Lager eindringen und unerkannt wieder entkommen, „ohne daß jemand sieht, merkt oder wach wird" (1 Sam 26, 12; *qjṣ*). JHWH kann auch ein Strafgericht verhängen, indem er Menschen – hier Babylon – hinter diese Bewußtseinsgrenze zurückdrängt, gänzlich in diesen dunklen Bezirk verbannt, aus dem es kein Erwachen mehr gibt (Jer 51, 39. 57; *qjṣ*). So umschließt das Entschlafen überhaupt das Reich einer wesenlosen Existenz, aus der es kein Aufstehen (→ קום [*qûm*]), kein Erwachen zum Bewußtsein mehr geben kann (Hi 14, 12; *qjṣ*||*ʿwr* III).

3. Allein JHWH, der die Todesgrenze setzt, kann sie auch durchbrechen und für Menschen passierbar machen. Seine Allmacht allein kann die Tore vom Tode zum Leben wieder eröffnen. So kann Elisa nach seinem Gebet den Sohn der Sunamitin wieder ins Leben zurückführen, ihn erwecken, nachdem dieser zuvor aus dem Schlafe nicht mehr erwachen konnte (2 Kön 4, 31; *qjṣ*) und als tot angesehen werden mußte (vgl. auch 1 Kön 17, 22; 2 Kön 13, 21; Mk 5, 21–43; Lk 7, 11–17; Joh 11, 1–44).

Die spätere alttestamentliche Zeit hat die Hoffnung aufkeimen lassen, daß JHWH seinen Auserwählten das Wiedererwachen aus der Todesnacht zu einem vollen Bewußtsein, das Wiedererstehen aus dem Staube, dem Element der Wesenlosigkeit (Gen 3, 19; Jes 14, 9–19), eröffnen würde, so daß sie erstehen (→ קום [*qûm*]), am Jubel teilhaben, daß die im Staube Liegenden erwachen werden (*qjṣ*) zu einem neuen Leben in Freuden (Jes 26, 19). Damit sind die Toten nicht lediglich zum Leben zurückgekehrt, sondern haben das höchste Ziel erreicht, das der Begriff des Erwachens im menschlichen Raum je eröffnen konnte, nämlich in der eschatologischen Dimension des Lebens, in dem der einmal der Todesnacht Entrissene eine höhere Form des ewigen Daseins erreicht (Dan 12, 2; *qjṣ*). – Zum Problem der Auferstehung von den Toten vgl. F. Nötscher, Altorientalischer und Alttestamentlicher Auferstehungsglaube, 1926 (= 1970); A. T. Nikolainen, Der Auferstehungsglauben in der Bibel und ihrer Umwelt, AASF B 49/3, Helsinki 1944; R. Martin-Achard, De la mort à la résurrection d'après l'Ancien Testament, Neuchâtel 1956; G. W. E. Nickelsburg, Resurrection, Immortality and Eternal Life in Intertestamental Judaism, HThS 26, 1972.

IV. 1. Über den menschlich-irdischen Sektor hinaus kann der Begriff des Erwachens auch auf die überirdische Welt bezogen werden. Wenn auch ironisch, so fordert Elia doch die Baalspropheten beim „Gottesurteil auf dem Karmel" dazu heraus, Baal zu veranlassen, daß er aus dem Schlaf erwache (1 Kön 18, 27; *qjṣ*). Möglicherweise hat die Vorstellung, daß eine Gottheit aufwachen müsse (ThWNT II 332; III 436f. 438; 1 Sam 5, 3?), ihren Ursprung in einem Ritual, durch das ein Gott des Morgens geweckt werden muß (oder handelt es sich um die Auferweckung des gestorbenen Gottes?). In gleicher Weise wird die Wurzel *qjṣ* auf ein Götzenbild in Hab 2, 19 (||*ʿwr* III) angewandt, wo es sich um einen von Menschenhand angefertigten Götzen handelt, der nicht lebt und insofern auch nicht erwachen kann. Er ist ja ohnehin wesenlos.

2. Auf dem oben dargestellten Hintergrund ist es bemerkenswert, daß in der Gebetsliteratur des Psalters der Gedanke an das Erwachen auch auf JHWH übertragen wird. Der Beter ruft JHWH auf, doch zu erwachen (*qjṣ*) und seinen Frommen nicht weiterhin zu verstoßen (Ps 44, 24; → זנח [*zānaḥ*]), sein Angesicht nicht zu verbergen, sondern seinen Gläubigen zugute zu erwachen (*qjṣ*), um sein Recht zu wahren (Ps 35, 23), zu erwachen (*qjṣ*), um dem Beter gegen seine Feinde und gegen die Gottlosen zu helfen (Ps 59, 6). Voll Freude berichtet der Sänger dann auch, daß JHWH „wie ein Schlafender aufwacht (*jqṣ*), wie ein Starker vom Wein aufsteht" (Ps 78, 65). Auffälligerweise ist in den drei ersten Stellen *qjṣ* in Parallele zu *ʿwr* III verwendet, während die letztere sogar in Parallele zu *rnn hitpol* „vom Rauschtrank ernüchtern" (KBL^2 881b) auftritt. Dies soll weniger besagen, daß JHWH geschlafen oder gar im Rausch gelegen habe, sondern dieses Bild wird lediglich als Vergleich herangezogen. Das Erwachen JHWHs für seinen Anbeter mag einmal in der laienhaft bildlichen Art der Psalmensprache begründet sein, in der von JHWH betont gesagt wird, daß er erwacht und zu Hilfe kommt, während die Götzen schlafen und nicht erwachen können. Dies gilt um so mehr, als der Dichter des Psalms 121 (v. 3) schon den Verdacht, daß JHWH schlafen könnte, abweist. JHWH kann sich höchstens für eine Weile zurückziehen und schweigen oder gar zürnen (Ps 30, 6a; Jes 54, 7. 8). Der Begriff des Erwachens JHWHs drückt damit die Freude aus an seiner Hilfe nach dem bedrückenden Empfinden der Gottverlassenheit. Diesen Umstand kann der Beter eben nur mit dem Erwachen und dem bewußten Einschreiten JHWHs zu seiner Hilfe erfassen. JHWH ist in seinem Wesen unwandelbar; nur eben in seiner Zuwendung zum Menschen ist er

wandlungsfähig. Der Entzug seiner Gunst, der als Abwendung JHWHs empfunden wird, soll die Aufgabe haben, seinen Frommen um so näher an sich zu ziehen.

Wallis

יָקַר *jāqar*

יָקָר *jāqār*, יַקִּיר *jaqqîr*, יְקָר *jeqār*

I. Zur Wurzel – 1. Etymologie – 2. Vorkommen – 3. Bedeutung – II. Allgemeiner Gebrauch – 1. 'kostbar', 'teuer', 'wertvoll' im materiellen Sinne – 2. Im immateriellen Sinne – III. Theologischer Gebrauch.

Lit.: *G. Fohrer*, „Schmuck", BHHW III, 1966, 1706–1708. – *W. Frerichs*, „Edelsteine", BHHW I, 1962, 362–365. – *H. Weippert*, „Edelsteine", BRL², 1977, 64–66.

I. 1. Obwohl die Zahl der Belege im AT relativ klein ist, stellt *wqr* (*jqr*) eine allgemein bekannte semit. Wurzel dar. Sie begegnet im Ugar., Akk. ('wertvoll sein'), Ost-Kanaan., Arab. ('würdevoll sein', dann auch 'ehren'), Hebr., Mhebr. ('schwer', 'wertvoll', 'geehrt sein'). Überdies ist sie auch in jüngeren semit. Idiomen vorhanden, so im Samarit., Syr., NSyr., Aram., Palmyr., Jüd. Aram. ('schwer', 'teuer sein', dann auch 'verehren'), Ägypt. Aram., Bibl. Aram., Christl. Paläst. sowie im Mand. und in Pehlevi.

2. Im AT wird die Wurzel 73mal verwendet. Darunter befinden sich 10 Stellen, die in aram.-sprachigen Zusammenhängen des AT stehen. Die dort gebrauchten Formen begegnen aber auch in hebr. Texten. Es legt sich die wiederholt ausgesprochene Annahme nahe, daß die in den hebr. Textzusammenhängen stehenden Formen aram. Lehnwörter sind (vgl. KBL³ 412).

jqr kommt als Verb, Adjektiv und Substantiv vor. Beim Verb sind *qal* und *hiph* vertreten. Es fällt auf, daß die Wurzel im gesamten Pentateuch, in Jos, Ri sowie mit Ausnahme von drei späten Sach-Stellen auch im gesamten Dodekapropheton nicht belegt ist. Außerdem fehlt sie im HL, bei Ruth und Neh. Bei aller Vorsicht gegenüber Statistiken kann nicht übersehen werden, daß ein häufigeres Vorkommen von *jqr* in späten literarischen Schichten des AT besteht, etwa in der Weisheitsliteratur (Spr 8mal, Hi 3mal, Pred 1mal), wozu einige der (9) Ps-Belege gerechnet werden müssen. In Esth begegnen sogar 10 Stellen, bei Dan 9 Belege. Auch im chronist. Geschichtswerk kann der Gebrauch von *jqr* beobachtet werden (Esr 1mal, 1 Chr 2mal, 2 Chr 5mal). Nimmt man noch den Beleg aus den Kl hinzu, so ist die überwiegende Anzahl der Belegstellen in at.lichen Schriften der nachexilischen Zeit anzutreffen. Man wird darauf achten müssen, ob das Vorkommen von *jqr* im dtr. Geschichtswerk (1 Sam 3mal, 2 Sam 1mal, 1 Kön 7mal, 2 Kön 2mal) jeweils eine späte Stelle bezeichnet. Dasselbe gilt von den Belegen bei Jes (1mal), DtJes (1mal), Jer und Ez (je 3mal).

3. An den Formen von *jqr* haften wertbegriffliche Bedeutungen, die im Deutschen am besten mit den Adjektiven 'kostbar', 'teuer', 'wertvoll' bzw. den Intransitiva 'kostbar usw. sein' wiedergegeben werden können. Von dem so umschriebenen Wertbegriff lassen sich leicht Nuancierungen ableiten, die von einer Qualitätsmarkierung zu einer Quantitätsbezeichnung überleiten, freilich immer nur im Sinne einer geringen Quantität: 'selten', 'rar', 'selten sein'. Qualität und geringe Quantität führen zu einem weiteren Funktionsbereich der Wurzel hinsichtlich ihrer Bedeutung, zur Berücksichtigung der Kostbarkeit oder Seltenheit einer Sache oder einer Person, indem diese als gewichtig, schwerwiegend, berühmt, würdig, geehrt bezeichnet werden können. Bemerkenswert ist dabei das Abstraktionsvermögen in der hebr. Ausdrucksweise, das bei dem Gebrauch von *jqr* möglich ist. Nicht nur Abstracta wie 'Würde', 'Ehrung', 'Herrlichkeit', 'Pracht', sondern auch Sammelbegriffe wie 'Reichtum', 'Besitz', 'Kostbarkeit' werden mit einer Form von *jqr* umschrieben. Mit dem (intransitiven) Verb *jqr* im *qal* werden Feststellungen zur Qualität getroffen, das *hiph* stellt dann als Kausativ die transitive Form des Verbs dar. Daß schließlich auch die Innigkeit einer personalen Beziehung durch *jqr* zum Ausdruck kommen kann ('kostbar', 'teuer' im Sinne von 'geliebt', 'geschätzt'), ist ebenfalls von der Grundbedeutung der Wurzel als Wertbegriff her ableitbar. Nicht nur materielle, sondern auch ideelle Gegenstände können mit dieser Wertbezeichnung belegt werden (z. B. Weisheit, Erkenntnis, Wort, Name, Leben).

II. 1. Bei der Erfassung dessen, was mit *jqr* gemeint ist, kann von seinem Gebrauch im materiellen Sinne ausgegangen werden. In der Notiz darüber, daß David nach der Eroberung von Rabbat Ammon sich die schwere goldene Krone des Milkom auf das Haupt gesetzt hat (2 Sam 12, 30), wird erwähnt, daß ihr Gewicht nicht nur durch das verwendete Gold bestimmt wurde, sondern zusätzlich durch eine *'æḇæn jeqārāh*, einen kostbaren Stein, oder wenn man es kollektiv fassen will, durch Edelsteine. Targ., S und V haben hier schon die Variante, die auch die Parallelstelle 1 Chr 20, 2 bevorzugt, nach welcher sich die Gewichtangabe lediglich auf das Gold bezieht, während zusätzlich noch von dem Edel(ge)stein die Rede ist (*ûḇāh 'æḇæn jeqārāh* = und auf ihr befand sich E.). Um nicht näher bezeichnete Edelsteine geht es auch in der vor-dtr Erzählung von dem Besuch der Königin von Saba bei Salomo (1 Kön 10, 2. 10; 2 Chr 9, 1. 9; vgl. M. Noth, BK IX/1, 1968, 208). Unter den

Geschenken an den Gastgeber befindet sich neben Gold und Balsam *'æḇæn jeqārāh*, kostbares Gestein, wahrscheinlich auch hier kollektiv zu verstehen (LXX ed. Lagarde fügt bei 1 Kön 10, 10 noch 'viel' hinzu). In die soeben genannte Geschichte ist eine Bemerkung eingeschoben worden, die davon erzählt, daß Salomo Gold aus Ophir und 'Almuggim-Hölzer' über den Seehandel des Königs Hiram von Tyrus eingeführt habe. In diesem Zusammenhang werden auch wieder Edelsteine genannt (1 Kön 10, 11; 2 Chr 9, 10). Die Formulierungsunterschiede zwischen 1 Kön und 2 Chr einerseits sowie die Spannung der Angaben zu 1 Kön 9, 26–28 andererseits brauchen hier nicht weiter zu interessieren. *'æḇæn jeqārāh* ist an beiden Stellen eindeutig belegt. Auch in anderen Zusammenhängen taucht der Edelstein auf. Zunächst begegnet er im ezechielischen Klagelied über den Untergang von Tyrus, in das eine Liste der Handelsbeziehungen des Inselstaates eingearbeitet ist. Neben den Handelspartnern werden die Handelsgüter aufgeführt: Ez 27, 22, Tyrus bezieht aus Saba und Ragma Balsam und Gold sowie 'allerlei Edelsteine' (mit *kŏl-* formuliert; vgl. W. Zimmerli, BK XIII/2, 632). Auch in Ez 28, 10ff. liegt kein reines Klagelied auf den Sturz des Königs von Tyrus mehr vor (vgl. die ausführliche Besprechung der überlieferungsgeschichtlichen Problematik bei W. Zimmerli, BK XIII/2, 676ff.). In der Schilderung seiner ursprünglichen Schönheit und Größe findet der Edelsteinbesatz des Königsgewandes (oder *als* Königsgewand?) Erwähnung (*kŏl-'æḇæn jeqārāh;* zur Deutung des schwierigen *mesuḵāṯæḵā* vgl. W. Zimmerli, BK XIII/2, 673, 683f.), wobei neun Edelsteinarten epexegetisch (vermutlich sekundär) aufgezählt werden (Karneol, Topas, Jaspis usw.). *'æḇæn jeqārāh* ist auf alle Fälle als Sammelbegriff verstanden worden (LXX hat 12 Namen; zur Diskussion speziell dieser Stelle sowie möglicher Beziehungen zum hohenpriesterlichen Brustschild vgl. W. Zimmerli, BK XIII/2, 673f.). Das gleiche gilt für die chronistische Aufzählung der Schätze und des Reichtums Hiskias (2 Chr 32, 27) und für die Ausführungen Daniels über die verfehlte und verabscheuungswürdige Religionspolitik Antiochus' IV., der u.a. einen nicht einmal seinen Vätern bekannten Gott durch (*be*) Silber, Gold, Edelsteine und Kostbarkeiten verehre (Dan 11, 38). Die einzige Stelle, in welcher *jqr* als Adjektiv zu einer einzelnen Edelsteinart geordnet ist, findet sich in dem Lied über die Weisheit (Hi 28, 16), in welchem die für den Menschen bestehende Unzugänglichkeit zur Weisheit beschrieben wird. Zugang ist auch nicht durch Zahlung mit Ophir-Gold, *bešoham jāqār* und Saphir erreichbar (mit seltenem, kostbarem Karneol, s. KBL; vgl. G. Fohrer, KAT XVI, 389ff.).

In einer Reihe von weiteren weisheitlichen Texten ist *jqr* zu einer Abstraktbezeichnung für Besitz ganz allgemein ohne Entfaltung präziserer Vorstellungen geworden: Spr 1, 13 *kŏl-hôn jāqār* steht in Parallele zu *šālāl*. Die Sentenz warnt vor gemeinsamer Sache mit den *ḥaṭṭā'îm*, die durch Unrechttun 'allerlei wertvollen Besitz' als Beute zusammentragen; Ps 49, 21 (vgl. 49, 13): In diesem Weisheitslied ist die Vergänglichkeit des Menschen festgestellt: *'āḏām bîqār welo' jāḇîn nimšal kabbehemôṯ niḏmû* = der Mensch in seinem Reichtum sieht nicht ein, daß er dem Vieh gleichgesetzt ist, das vernichtet wird. Hier bedeutet *jeqār* selber 'Reichtum', 'Besitz', 'Vermögen'. Der Begriff kann aber auch hinüberschillern zur Bedeutung von 'Pracht', 'Herrlichkeit' (vgl. H. J. Kraus, BK XV/1, [5]1978, 517ff.); und schließlich Hi 28, 10: *kŏl-jeqār*, 'allerlei Kostbarkeiten' im Sinne von Bodenschätzen (vgl. G. Fohrer, KAT XVI, 393f. 397) sieht der Bergmann, wenn er Stollen aushebt, aber die Weisheit vermag er nicht zu finden. Der gleiche Gebrauch von *jeqār* ist in zwei Gerichtsankündigungen bei Jer (20, 5) und Ez (22, 25) zu registrieren. Nach Jer wird JHWH *kŏl-jeqārāh* (Suff. meint den *jeqār* Jerusalems), die Schätze der Könige von Juda (*'ôṣerôṯ*), die Arbeitserträge (*jeḡîa'*) und Vorräte (*ḥosæn*) Jerusalems den Babyloniern als Beute übergeben. Hier mögen durch die Parallelbegriffe bedingt mit *jeqār* kostbare Gegenstände gemeint sein, möglicherweise Kultur- oder Luxusgegenstände. Bei Ez ist *jeqār* in der Begründung für die Unheilsansage genannt. In dieser wird die Habgier der Notablen Jerusalems gegeißelt (an sich hat MT 'Propheten', in der Exegese folgt man aber gern der LXX-Version 'Fürsten'), die wie brüllende und reißende Löwen *næpæš*, *ḥosæn* und *jeqār* sich nehmen. *ḥosæn wîqār* klingt sprichwortartig im Sinne von 'Hab und Gut' (anders W. Zimmerli, BK XIII/1, z.St.: „Besitz und Kostbarkeiten").

Im Zusammenhang mit Salomos Bautätigkeit (Tempel- und Palastbau) wird neben anderen *'aḇānîm* von *'aḇānîm jeqārôṯ* gesprochen. In 1 Kön 5, 31, im Bericht über die Vorbereitungen des Tempelbaus und über die Gewinnung und Bereitstellung von Bausteinen, ist vorgesehen, daß *'aḇānîm geḏolôṯ 'aḇānîm jeqārôṯ* (große Steine, kostbare Steine) ausgehauen werden sollen, damit das Haus mit Quadersteinen (*'aḇnê gāzîṯ*) fundamentiert werden kann. Da das Steinmaterial in Palästina in der Qualität unterschiedlich ist, wird diese Notiz besagen, daß es feste und hinsichtlich ihres Maßes besonders große Steine sein müssen, die als Fundamentsteine zu Quadersteinen bearbeitet werden können (vgl. M. Noth, BK IX/1, 93–94). *jqr* gewinnt die Bedeutung von 'geeignet'. Bei der Schilderung des Baus verschiedener Einzelteile des Palastareals werden wiederum verschiedene Bausteinsorten erwähnt. Nach 1 Kön 7, 9. 10. 11 sieht es nun wahrscheinlich so aus, daß die *'aḇānîm jeqārôṯ* bearbeitete, mindestens an zwei Seiten (*mibbajiṯ ûmiḥûṣ*) gesägte (*meḡorārôṯ bammeḡerāh*, alles v. 9) Steine gewesen sind, die vom Fundament her gelegt worden sind. Leider ist die Ausdehnungsangabe – 'bis wohin?' – nicht deutlich. V. 10 stellt hingegen wiederum *'aḇānîm jeqārôṯ* unverbunden mit *'aḇānîm geḏolôṯ* zusammen und macht Angaben zu den Steinmaßen, Steine von 10 bzw. 8 Ellen (*'aḇnê 'æśær 'ammôṯ*), und fügt überdies hinzu, daß diese Steine als Fundament verlegt worden sind. Schließlich erfahren die *'aḇānîm jᵉqārôṯ* in v. 11 insofern noch eine Präzisierung, als sie als 'wertvolle Steine' nach Quadermaß (*kᵉniddôṯ gāzîṯ*) beschrieben werden. Nach v. 12 sind sie aber ähnlich wie in v. 9 in den Mauerlagen oberhalb des Fundaments verbaut (zum Ganzen vgl. M. Noth, BK IX/1, 130ff.; K. Galling, BRL² 338–340; C. Watzinger, Denkmäler Palästinas, I 1933, Kap. IV). *'aḇānîm jᵉqārôṯ* müßten somit große, feste, zur Bearbeitung geeignete Steine sein, die entweder zur Fundamentierung oder an anderen exponierten Stellen eines Tempel- oder Palastbaus Verwendung finden konnten. Die jüngere parallele Berichtsrezension in 2 Chr (3, 6) fügt den bisherigen Varianten noch eine weitere hinzu: der Fußboden, über den 1 Kön nichts Näheres sagt, wird nach dieser Version zum Schmucke (*lᵉṭip'æræṯ*) mit *'æḇæn jᵉqārāh* überzogen (*wajᵉṣap*). Man dachte an Mosaiksteine (vgl. K. Galling, ATD 12, 1959, 84; W. Rudolph, HAT I/21, 1955, 202f.), doch ist das nicht unbedingt zwingend. Vorstellbar sind auch gut und sauber bearbeitete Steinplatten. Nicht ganz deutlich ist die Bemerkung in 1 Chr 29, 2. Diese Stelle steht in der Beschreibung der Vorbereitungen Davids zum Tempelbau Salomos. Zu diesen gehörten auch Davids Privatstiftungen an 'edlen' Baumaterialien, mit deren Nennung er an die Gebefreudigkeit des Volkes appelliert. Aufgeführt sind Gold (für das Goldene), Silber (für das Silberne), Erz, Eisen, Hölzer und eine Reihe verschieden bezeichneter Steine, darunter *kŏl-'æḇæn jᵉqārāh*. Da Karneol, Malachit, Marmor und bunte Steine mitgenannt sind, könnte man bei *'æḇæn jᵉqārāh* ebenfalls an 'Edelgestein' denken. Andererseits sind in dieser Reihe auch Angaben gemacht, die z. B. von Rudolph (HAT I/21, 190) als 'Füllsteine' (*millû'îm*) und als 'Hartmörtel' (*'aḇnê pûḵ wᵉriqmāh*) verstanden werden (K. Galling, ATD 12, 69: „Einfassungssteine, Malachitsteine und bunte Steine"). Wie dem auch sei, der Terminus scheint wieder eine Sammelbezeichnung diesmal für 'edle Baumaterialien' darzustellen. Ausgeschlossen ist wohl das Verständnis dieser Notiz als Angabe über eine durch Edelmetall und Edelsteine beabsichtigte Finanzierung (Bezahlung) des Tempelbaus.

2. Für das Verständnis von *jqr* im immateriellen Sinne sind die Belege aus den Weisheitssentenzen instruktiv. Bei dem Lob der Weisheit (Spr 3, 15: *ḥŏkmāh*, Parallelbegriff *tᵉḇûnāh*) wird diese als kostbarer denn Korallen (*jᵉqārāh hî' mippᵉnînîm* [Q]) und Kleinodien gegenüber als unvergleichlich dargestellt. Die Kostbarkeit definiert sich aus dem Kontext: Weisheit verschafft Reichtum, Ehre, langes Leben, insgesamt *šālôm* (v. 17). Das gleiche ist mit etwas anderen Worten 20, 15 gesagt, einer möglicherweise aus vorexilischer Zeit stammenden Stelle: 'Kluge Lippen' (*śiptê-da'aṯ* = kluge, verständige Rede) werden hier als *kᵉlî jᵉqār* (= 'Gerät von Kostbarkeit', gewöhnlich: 'kostbarer Schmuck') dem Gold und einer Menge Korallen vorgezogen. Die materielle Ergiebigkeit von Weisheit (*da'aṯ*, Parallelbegriffe sind *ḥŏk-*

māh und *tᵉḇûnāh*) rühmt 24, 4, Schatzkammern werden durch (*bᵉ*) sie gefüllt mit wertvollem und begehrtem Gut (*kŏl-hôn jāqār wᵉnā'îm*; vgl. auch v. 3). Weisheit ist grundsätzlich unbezahlbar, Hi 28, 6 (s. o.). Wahrscheinlich meint auch Pred 10, 1 (+ Kontext) etwas Ähnliches, führt aber den Gedanken an die Kostbarkeit der Weisheit weiter zur Reflektion darüber, wie schnell Weisheit auch zunichte gemacht werden kann. *jqr* muß in dieser Sentenz mit 'schwerwiegend' übersetzt werden: „Schwerer als Weisheit, als Ehre wiegt ein wenig Torheit" (*jāqār meḥŏkmāh mikkāḇôḏ siḵlûṯ mᵉ'aṯ*; vgl. W. Zimmerli, ATD 16, 229f.; H. W. Hertzberg, KAT XVII/4, 187f.; LXX sagt es geradezu umgekehrt, ist darin aber schwerlich ursprünglich richtig). In den weisheitlichen Lebensregeln gibt es noch weitere Vergleiche, in denen Verhaltensweisen und Tatbestände gegeneinander abgewogen und daraufhin Warnungen oder Ratschläge erteilt werden. So gilt der Fleiß eines Menschen als einträglich vor der Faulheit, die zu nichts verhilft, Spr 12, 27 (*wᵉhôn 'āḏām jāqār ḥārûṣ*, wobei wahrscheinlich mit LXX und Syr. umgestellt werden müßte: *wᵉhôn jāqār [lᵉ]'āḏām ḥārûṣ*: 'und kostbares Gut ist für den Menschen Fleißigsein'). Weiterhin wird der zurückhaltende, seine Rede zügelnde Mensch, der als *jᵉqar-rûaḥ* bezeichnet wird, als einsichtiger, als kluger Mann gerühmt (*'îš tᵉḇûnāh*; Spr 17, 27; K *wᵉqar* Q *jᵉqar*). *jᵉqar-rûaḥ* definiert sich aus dem Vordersatz: 'kühler Geist'. Unter den Anweisungen findet sich der Gebrauch von *jāqar* im Sinne von 'selten sein lassen' (hiph): „Laß deinen Fuß selten sein im Hause deines Freundes, damit er dich nicht satt bekomme und hasse", Spr 25, 17. Die Lebensklugheit besteht darin, die Freundschaft nicht durch Aufdringlichkeit aufs Spiel zu setzen. Formen von *jqr* können aber auch alleinstehend ohne irgendein Beziehungswort zum Träger von abstrakten Begriffen im immateriellen Sinne werden. Dies ist z. B. in späten at.lichen Büchern wie Esth und Dan sehr häufig der Fall. Der Begriff der 'Ehre', der 'Anerkennung' spielt allein in Esth 6, 1–13 eine große Rolle, in jenem Bericht über die Belohnung des Mardochai durch den persischen König, die der Gegenspieler Mardochais, Haman, ausführen muß, 6, 3. 6 (2mal). 7. 9 (2mal). 11. Der Terminus technicus lautet *'aśôṯ jᵉqār lᵉ* … Die Wendung 'Wohlgefallen haben an der Ehrung eines Mannes' wird umschrieben mit *ḥāpeṣ bîqārô* (Suff. als Genitivus objectivus). Aus dem Kontext (v. 7–9. 11) geht hervor, wie sich der Erzähler die Anerkennung konkret vorstellt: öffentliche Darstellung als Geehrter durch königliche Gewandung, königliches Reitpferd, Diadem und Proklamation sowie Empfang persönlicher Dienstleistungen durch den Hochadel, praktisch die Erhöhung vom zweiten Manne nach dem König (Parallelbegriff in v. 3 *gᵉḏûlāh*; vgl. H. Ringgren, ATD 16, 392ff.; H. Bardtke, KAT XVII/5, 342ff.). Die gesellschaftliche Wiederanerkennung der Juden im Perserreich, die durch Vermittlung von Mardochai und Esther zustandekam, wird als 'Ehre' verstanden (8, 16; *jeqār* neben Freude, Jubel und Licht; H. Bardtke, KAT XVII/5, 372f.: 'Ehrungen'). Inhaltlich nicht weit entfernt liegt die Begründung zur Verstoßung der ungehorsamen Vasthi. Die Strafe soll exemplarisch Warnung vor Ungehorsam und Mahnung zu Ehrerbietung sein, die alle Frauen im Reich ihren Eheherren gegenüber unterlassen bzw. zuteil werden lassen sollen: 1, 20, *wekōl-hannāšîm jittenû jeqār lebaʿalêhæn. jeqār* hat hier den Sinn von Achtung, Ehrerbietung, Gehorsam. Schillernd ist *jeqār* 1, 4 gebraucht. Für die Zurschaustellung von Reichtum, Macht und Ehre bei dem Gastmahl des Ahasveros gebraucht der Erzähler solche materiell-immateriellen Vorstellungen: *behar'otô 'æt ʿošær kebôd malkûtô we'æt-jeqār tip'æræt gedûlātô.* Die Cstr.-Verbindungen meinen zugleich Konkretes wie Abstraktes: 'Reichtum der Ehre seines Königtums und Kostbarkeit des Schmuckes seiner Größe'. Hinter den ideellen stehen die materiellen Werte (vgl. v. 6ff.; H. Ringgren, ATD 16, 377ff.; H. Bardtke, KAT XVII/5, 275ff.). Die gleiche Bedeutung wie in Esth 6 hat *jeqār* (aram.) bei Dan. Die gelungene Traumdeutung bringt dem Traumdeuter neben Geschenken 'große Ehre' ein (Anerkennung, Ansehen, *jeqār śaggî'*; 2, 6). Innerhalb der Traumdeutung Daniels steht eine offizielle, zeremonielle (Allgemeingültiges zum Ausdruck bringende) Anrede an Nebukadnezar, in welcher dieser als König der Könige bezeichnet wird, dem der Gott des Himmels das Reich, Gewalt, Macht und 'Ehre' gegeben hat (2, 37; dasselbe fast mit den gleichen Worten 5, 18). Nach 4, 27 rühmt Nebukadnezar seine Taten mit den Worten: das alles habe ich geschaffen 'zum Ruhme meiner Herrlichkeit' (*lîqār hadrî*). In demselben Textzusammenhang erfährt der Leser von Nebukadnezars zeitweiligem Verlust des Königtums und seiner Restitution (3, 31 – 4, 34), in welcher er neben Genesung auch Herrlichkeit und Glanz „zum Ruhme (oder auch zur Ehre bzw. zur Würde) meiner Königsherrschaft" wiedererlangt hat (4, 33; Jerusalemer Bibel: 'Ehre und Ansehen'; *lîqār malkûtî hadrî weziwî*). Auf diese Geschichte wird in Kap. 5 Bezug genommen. 5, 20 berichtet, daß Nebukadnezar als Strafe für seinen Hochmut den „Thron seiner Herrschaft *wîqārāh*" (wahrscheinlich ebenfalls suffigiert, s. LXX und BHK³ App.: *wîqāreh*), d. h. „und seine Ehre (bzw. Würde, Ruhm)" verloren hat. Schließlich nimmt *jeqār* die gleiche Funktion in der Menschensohnvision wahr (7, 14), nach welcher dem Menschensohn Gewalt, Ehre und Königsherrschaft übertragen werden. In allen diesen Dan-Stellen hat die Wurzel *jqr* die Funktion, Hoheit, herrscherliches Ansehen, den herausgehobenen Status einer Person zu prädizieren (vgl. O. Plöger, KAT XVIII, 112; A. Bentzen, HAT I/19, ²1952, 62f.). Esr 4, 10 (ebenfalls innerhalb eines aram. Passus) kann diesen Belegen aus Dan an die Seite gestellt werden. Die Bemerkung über den 'großen und berühmten' Assurbanipal (*rabbā' wejaqqîrā'*) stammt nach K. Galling aus der aram. Chronik von Jerusalem (4, 6 – 6, 18; ATD 12, 199f.).

Natürlich gibt es auch ältere Beispiele für das immaterielle Verständnis von *jqr* selber oder von Begriffen, auf die eine Form dieser Wurzel bezogen ist. Bei der innerhalb einer der Konfessionen Jeremias mitgeteilten Neuberufung des Propheten (15, 19) wird von Jeremia gefordert, daß aus seinem Munde nur 'Edles', 'Gutes' (vor Leichtfertigem und Gemeinen, *mizzôlel*) hervorkommen solle. In der Exegese wird dieser Passus gern als Zurechtweisung Jeremias durch JHWH verstanden. *jqr* muß dann als Gegenbegriff von *zôlel* genommen werden. Gegenüber allen Vorwürfen und Anklagen gegen Gott, die letztlich Versündigung bedeuten, ist Umkehr, Bekenntnis und Lobpreis Gottes das Angemessene (vgl. A. Weiser, ATD 20–21, ⁶1969, 134f.; W. Rudolph, HAT I/12, ³1968, 109). In diesem Zusammenhang darf auf die 'Kostbarkeit' des Wortes (Gottes) verwiesen werden, so daß es 'selten' geworden ist (1 Sam 3, 1), auf den Wert eines Namens, des Namens Davids, so daß dieser 'berühmt' sein kann (*wajjîqar šemô me'od*, 1 Sam 18, 30, Feststellung in den Berichten über die Nachstellungen Sauls und die Erfolge Davids), auf die Wertschätzung von Leben (*næpæš* + Adjektiv oder Verb von *jqr*), z. B. noch Spr 6, 26, in der Warnung vor der Ehebrecherin, die das 'kostbare Leben' jagt (*næpæš jeqārāh tāṣûd*). Die gleiche Verwendung begegnet aber schon in den genannten Saul-David-Traditionen, in welchen Saul nach seiner Schonung durch David diesem gegenüber bekennt: *jāqerāh napšî beʿênækā hajjôm*, „mein Leben ist heute 'kostbar' (teuer, wertvoll) gewesen in deinen Augen", d. h. „du hast mich heute verschont" (1 Sam 26, 21). Um Verschonung geht es auch bei der Bitte des dritten Abgesandten Ahasjas bei Elia, nicht durch das Strafgericht JHWHs das Leben verlieren zu müssen, so wie es die beiden vorherigen Gesandtschaften erleiden mußten (2 Kön 1, 13–14; die Rede des Offiziers u. a.: *tîqar-nā' napšî wenæpæš ʿabādækā 'ellæh ḥamiššîm beʿênækā*, v. 13; v. 14 ähnlich aber kürzer). Die Wendung 'das Leben kostbar sein lassen in den Augen jemandes' scheint term. techn. für 'verschonen' zu sein. Als Parallelwendung begegnet in einem vorexilischen Königslied (Ps 72, 14) der Passus: *wejêqar dāmām beʿênājw*, „und ihr Blut (scil. das der Armen und Elenden) ist kostbar in seinen Augen". Es gehört zu den sozialen Verpflichtungen des Königs, den Verlassenen und Geringen Hilfe und Gerechtigkeit widerfahren zu lassen. Wenn Ps 45, 10 unversehrt überliefert ist, dann hätte *jqr* an dieser Stelle sogar den Sinn von 'Geliebte' und müßte für sich personal verstanden werden: 'Königstöchter befinden sich unter deinen Geliebten' (*bejiqerôtækā*). Doch wird gewöhnlich geändert (vgl. H. J. Kraus, BK XV/1⁵, 486f.). Schließlich können auch Huld (*ḥæsæd*) und Gedanken (*reʿîm*) kostbar, teuer, wertvoll sein (Ps 36, 8; 139, 17), freilich ist dies wie das in 1 Sam 3, 1 erwähnte kostbar gewordene Wort auf die Worte, Gedanken und Hulderweisungen Gottes bezogen. Es ist verständlich, daß der immaterielle Gebrauch der Wurzel besonders geeignet ist, theologische Sachverhalte zum Ausdruck zu bringen.

Anhangsweise seien noch Belege vorgeführt, in denen im Bereich der immateriellen Verständnismöglichkeit das Adjektiv *jāqār* adverbial bzw. als Prädikatsnomen gebraucht ist, Hi 31, 26; Dan 2, 11. Hiob rühmt in einer Rede den strahlenden Lauf der Sonne und die prächtige Bahn des Mondes (*w^e^jāreaḥ jāqār holek*, „der Mond, der prächtig dahinzieht"). Die Dan-Stelle gebraucht *jaqqîr* (aram.) im Sinne von 'schwerwiegend', dann 'schwierig'. Die vom babylonischen König geforderte Traumdeutung ist schwer vorzunehmen (vgl. 1 Sam 3, 1: das Wort Gottes, das rar geworden ist, *hājāh jāqār*, auch hier *jāqār* als Prädikatsnomen). Daß *jqr* (diesmal als Verb) auch sonst im Sinne von 'schwierig sein' verstanden werden kann, belegt möglicherweise Ps 139, 17 (s. III.).

III. Gegenüber dem umfänglicheren allgemeinen Gebrauch von *jqr* ist die Verwendung als theologischer Terminus ungleich geringer. Selbstverständlich haben die Gerichtsworte bei Jer und Ez insofern theologische Relevanz, als bezeugt wird, daß über Hab und Gut letztlich JHWH verfügt. Er kann es zur Bestrafung seines Volkes den Gegnern Israels (den Babyloniern) übergeben (Jer 20, 5). JHWH ist es aber auch, der über den redlichen oder unredlichen Erwerb von Reichtum wacht und schuldhafte Verletzung des althergebrachten Rechtes, die durch Übervorteilung, Unterdrückung und Ausnutzung von Macht geschieht, ahndet (Ez 22, 25). Zweifellos ist man in Israel der Auffassung, daß die unvergleichliche Weisheit und Einsicht, die durch kein noch so wertvolles Gut aufgewogen werden kann, letztlich eine Gabe Gottes ist, der allein den Zugang zu ihr erschließt (Hi 28, 16. 23). Und daß Würde und Ehre von Gott verliehen werden, sagen Dan 2, 27; 5, 18; 7, 14 ausdrücklich. Insofern haben viele bereits genannte Stellen direkt oder indirekt theologische Relevanz. Doch darüber hinaus gibt es einige markante Belege, in welchen eine Form von *jqr* direkt auf Gott bezogen wird. Am signifikantesten begegnet dies in (relativ späten) Heilsankündigungen, etwa in der rhetorischen Frage von Jer 31, 20: *h^a^ben jaqqîr lî, 'æprajim*, 'ist mir Ephraim (nicht) ein teurer (geliebter) Sohn!?' (vgl. W. Rudolph, HAT I/12, 196f.; A. Weiser, ATD 20–21, 281; S. Herrmann, Die prophetischen Heilserwartungen im Alten Testament, BWANT 85, 1965, passim). *jaqqîr* steht hier im Dienst des durch die Heilsansage neubestätigten Erwählungsglaubens Israels. Es ist die Proklamation der Zuneigung JHWHs zu seinem Volk trotz aller geschichtlichen Gerichtskatastrophen. Den gleichen Ton, vielleicht sogar noch ein wenig intensiver, schlägt DtJes an (43, 4, vgl. v. 1–7). In Parallele zu *jāqartā b^e^'ênaj* steht innerhalb der Gottesspruchpassage im Ich-Stil *nikbadtā wa'^a^nî '^a^habtîkā*: „du bist wertvoll in meinen Augen, du bist geehrt, und ich habe dich lieb". Hier ist eine Wertangabe im übertragenen Sinne ganz stark unterstrichen, da JHWH Völker für sein Volk als Lösegeld (*kopær*), Nationen anstelle (*taḥat*) Israels und Reiche für das Leben des Gottesvolkes (*næpæš*) geben will. Was JHWH in bezug auf das Volk wie auf den einzelnen möglich ist, das ist dem Menschen, so reich und vermögend er auch sein mag, nicht möglich: *w^e^jeqar pidjôn napšô* (mit App.) *w^e^ḥādal l^e^'ôlām* (Ps 49, 9), „zu hoch ist der Loskaufpreis für sein Leben (Cstr.-Verbindung als Genit. objectivus), er muß für immer davon ablassen". Noch in den Kl wird die Verkehrung der Erwählungstatsache beweint (4, 2): *b^e^nê Ṣijjôn haj^e^qārîm ham^e^sullā'îm bappāz*, „die Söhne Zions (Zionsbewohner), die teuren (geliebten) mit Feingold aufgewogenen, wie zerbrechliche Töpferware müssen sie nun angesehen werden". Noch in der Klage lebt positiv der Erwählungsglaube im Bilde der teuren, kostbaren personalen Beziehung zwischen Gott und Volk fort. Nicht recht deutlich ist die Vorstellung in einem spätnachexilischen individuellen Danklied, daß in JHWHs Augen der Tod seiner Frommen wertgeachtet (teuer) ist (Ps 116, 15; wahrscheinlich beginnt mit v. 10 ein neuer Psalm, s. LXX). Während der Sinn dieser Wendung an sich aus dem Kontext heraus soweit verständlich ist – Liebe und Fürsorge JHWHs zu dem *ḥāsîd* – erschließt sich das konkrete Verständnis offenbar nur über einen 'Umweg'. Der Tod kommt JHWH als Verlust 'teuer' zu stehen, so daß JHWH alles daransetzt, den Tod zu verhindern. Der Tod ist in den Augen JHWHs zu teuer (R. Kittel, KAT [Sellin]), darin besteht für den Frommen die Lebens-Chance. Demgegenüber müssen die *r^e^šā'îm* und *'ôj^e^bê JHWH* unweigerlich zugrunde gehen *kîqar kārîm*, „wie die Pracht (oder der Reichtum) der Weide-Wiesen", die verwelken. An sich ist der Mensch nach dem späten Weisheitslied (Ps 37, 20; vgl. Ps 49, 13. 21) eine Kapitalanlage wie eine fruchtbare Aue. Aber Gottfeindlichkeit und Frevelmut sind wie sengende Hitze, die alles Grün verbrennt, so daß schließlich alles mit Feuer abgebrannt wird und in Rauch aufgeht (LXX u.a. lesen anders, s. BHS App.). In die gleiche Richtung weist eine Gerichtsankündigung in den Babelsprüchen von Jes 13–14 (13, 12). Im Ich-Stil läßt JHWH ansagen, daß er die Menschen seltener sein lassen wolle als Feingold (*'ôqîr '^æ^nôš mippāz w^e^'ādām mikkætæm 'ôpîr*). Aus dem Kontext geht hervor, daß das Gericht in einer Geschichtskatastrophe besteht, in welcher die Bevölkerung dezimiert werden wird (man setzt diesen Spruch gern in die Mitte des 6. Jh.s v. Chr.). *jāqar* (*hiph*) ist Gerichtsterminus, dessen Inhalt durch folgende Überlegung bestimmt ist: Im Gerichtsvollzug ist ein übriggebliebener Mensch eine kostbare Seltenheit.

In dem Zusammenhang eines theologischen Gebrauchs von *jqr* müssen die schon unter II. 2. (vorletzter Absatz) genannten zu Gott gehörigen Äußerungen bzw. Verhaltensweisen gesehen werden, die als kostbar, wertvoll, selten bezeichnet worden sind. Das gilt für 1 Sam 3, 1, den Bericht über Samuels nächtliches Offenbarungserlebnis im Tempel von

Silo, der mit der Bemerkung eingeleitet wird, daß in jenen Zeiten der *d^e^bar JHWH* kostbar (*jāqār*) gewesen ist und 'Gesicht' nicht verbreitet war. *jāqār* hat an dieser Stelle bereits den festen Sinn von 'rar', 'selten', der hier schon zur festen Quantitätsangabe geworden ist. Anders ist es in dem Vertrauensmotiv von Ps 36, 8 (Mischgattung, G. Fohrer, Einleitung; vgl. H. J. Kraus, BK XV/1[5], 432. 434), wo von der Kostbarkeit der Huld Gottes im Sinne der beglükkenden Auskostung dieser Zuwendung Gottes die Rede ist (Kraus: „Jahwe, wie köstlich ist deine Huld!"). Sodann muß auf den gewichtigen (nachexilischen) weisheitlichen Individualhymnus Ps 139 hingewiesen werden, in welchem der grübelnde Denker über Gottes Allmacht und Allgegenwärtigkeit von den Gedanken Gottes resignierend oder bekennend ausruft: *mah-jāq^e^rû re'ækā 'el*, „wie kostbar (wertvoll oder auch schwer im Sinne von schwierig) sind deine Gedanken, o Gott!" Da aber im Parallelstichos noch eine Quantitätsangabe gemacht wird, „wie groß (Kraus: „mächtig") ist ihre Zahl!" (*mæh 'āṣ^e^mû rā'šêhæm*), könnte im ersten Stichos durchaus eine Qualitätsangabe gemacht worden sein (vgl. Ps 92, 6). Auf alle Fälle schwingt in dem Terminus *jqr* die Zeichnung von Größe, Tiefe und Unergründlichkeit des Gegenstandes der Betrachtung mit (vgl. S. Wagner, VTS 29, 1978, 357ff.).

Anhangsweise seien noch die schwer deutbaren Stellen aus Sach genannt (11, 13 [2mal]; 14, 6), wobei die letztere textlich unsicher ist und gewöhnlich mit den Versionen geändert wird (vgl. BHS), da der MT keinen erkennbaren Sinn ergibt. In 11, 13 wird innerhalb einer Allegorie (F. Horst, HAT I/14, [3]1964, 251ff., bzw. Zeichenerzählung, die bloße literarische Form bleibt und in Allegorie abgeleitet, so K. Elliger, ATD 25, [7]1975, 160ff.) JHWH eine ironische Bemerkung darüber in den Mund gelegt, daß sein Wert bei seinem Volk und dessen Führern so niedrig ist: „Das sprach JHWH zu mir: ‚Wirf ihn (gemeint sind die dreißig Silberstücke als Lohn, von denen vorher die Rede war) dem Gießer vor, den köstlichen Preis (KBL[3]), den ich von ihnen her wert bin'" (*'ædær hajj^e^qār '^a^šær jāqartî me'^a^lêhæm*). Man kann dieses Stück als Begründung für eine Unheilsdeklaration verstehen. Interessant ist nur die Passage, die den Wertbegriff vom Menschen her gesehen auf JHWH direkt anwendet. Dabei ist theologisch e contrario zum Ausdruck gebracht, daß JHWH von seiten des Menschen (seines Volkes) eine hohe Wertschätzung erwartet. Ob hinter dem gesamten Abschnitt 11, 4–16(17) (13, 7–9 wird gern als dazugehörig hinzugefügt) eine gedanklich-theologische Beschäftigung mit dem samaritanischen Schisma aus dem Blickwinkel des Jerusalemer JHWH-Gläubigen steht, wie K. Elliger es ausführt (ATD 25, 163), ist erwägenswert. Der Text ist überlieferungsgeschichtlich freilich nicht unkompliziert (s. F. Horst, HAT I/14, 253f.).

Wagner

יָקַשׁ *jāqaš*

יָקוֹשׁ *jāqôš*, מוֹקֵשׁ *môqeš*

I. 1. Etymologie – 2. Belege – 3. Wortfeld, Bedeutung – 4. LXX – II. Gebrauch im AT.

Lit.: *G. Dalman* (AuS VI, 336f.). – *G. R. Driver*, Hebr. *MÔQĒŠ*, „Striker", in: Ders., Reflections on Recent Articles (JBL 73, 1954, 125–136, bes. 131–136). – *H. S. Gehman*, Notes on מוקש (JBL 58, 1939, 277–281). – *G. Gerleman*, Contributions to the OT Terminology of the Chase (Bull. de la Soc. R. des Lettres de Lund 1945–46, IV), Lund 1946, 79–90. – *E. Vogt*, „Ihr Tisch werde zur Falle" (Ps 69, 23), (Bibl 43, 1962, 79–82).

I. 1. Die Etymologie von *jqš* ist umstritten. Kopf (VT 8, 1958, 178) stellt es zu arab. *wṯq* (*wiṯāq* 'Fessel', Verb IV 'fesseln'), aber ugar. *jqšm*, das 3mal in Listen vorkommt und wahrscheinlich 'Vogelfänger' heißt, spricht dagegen (Dahood, AB III, 210 zu Ps 123). KBL[3] weist auf arab. *waqaš* 'kleine Holzstücke' hin, was eigentlich ein hebr. *ś* voraussetzt.

2. Belegt sind: das Verb im *qal* 3mal, im *niph* 4mal und im *pu* 1mal (*jûqāšîm* Pred 9, 12; Ptz. ohne *m^e^*-?), das nomen agentis *jāqôš* oder *jāqûš* 4mal und das Subst. *môqeš*, meist mit 'Falle' oder 'Klappnetz' übersetzt, 27mal (+ Sir 1mal).

3. Das Verb kommt mehrmals zusammen mit *nilkad* 'gefangen werden' (→ לכד) vor (Jes 8, 15; 28, 13; Am 3, 5; Spr 6, 2 *niph* von beiden Verben, Jer 50, 24 *jqš qal* + *lkd niph*). Pred 9, 12 faßt *jûqāšîm 'āḥûz* und *næ'^e^ḥāz* zusammen. Bedeutungsverwandte Verba, die im Kontext vorkommen, sind *māṣā'* und *tāpaś* (Jer 50, 24), *kšl*, *npl* und *šbr niph* (Jes 8, 15; 28, 13).

Über die genaue Bedeutung von *môqeš* herrscht keine Einigkeit. Es steht oft mit *paḥ* 'Falle, Klappnetz' zusammen (Jos 23, 13; Jes 8, 14; Am 3, 5; Ps 69, 23; 140, 6; 141, 9), ohne daß der Unterschied zwischen den beiden ersichtlich wird. *paḥ* steht auch mit dem Verb *jqš* zusammen: *paḥ jāq^e^šû lî* Ps 141, 9; *paḥ joq^e^šîm* Ps 124, 7; vgl. auch *paḥ jāqôš* Hos 9, 8; Ps 91, 3; entfernter Pred 9, 12. Daß es sich um Vogelfang handelt, geht aus Ps 124, 7; Spr 6, 5; Am 3, 5 hervor. Marti (KHC XIII 1904, 174) und nach ihm G. R. Driver (JThS 39, 1938, 262) schlagen 'Wurfholz, Bumerang' vor; Vogt denkt an 'Köder, Lockspeise'. Nach Gerleman ist *paḥ* das Klappnetz, das von selbst zusammenschlägt, während *môqeš* ein größeres Netz ist, das durch Ziehen an Seilen zum Zusammenklappen gebracht wird (vielleicht Jer 5, 26 angedeutet). Eine Ausnahme bildet Hi 40, 24, wo *môqeš* einen Pflock oder Haken bezeichnet, der die Nase von Behemoth (oder Leviathan? AB 15, 328) durchbohrt; vielleicht ist hier *qimmōšîm*, 'Dornen' zu lesen (Ehrlich).

4. Die LXX übersetzt das Verb verschiedentlich: ϑηρεύω (Ps 124, 7), παγιδεύω (Pred 9, 12, vgl. παγίς Spr 6, 2), ἐπιτίϑημι (Jes 50, 24), συνίστημι (Ps 141, 9), πταίω (Deut 7, 25), ἐγγίζω (Jer 8, 15); unübersetzt Jes 28, 13. Für *môqeš* werden hauptsächlich σκάνδα-

λον und παγίς gebraucht; daneben finden sich Übersetzungen wie σκῶλον (Ex 10, 7; Deut 7, 16), πρόσκομμα (Ex 23, 30; 34, 12), ἰξευτός (Am 3, 5), σκληρότης (2 Sam 22, 6 aber Ps 18, 6 παγίς) usw.

II. Sowohl Verbum als auch Substantive werden fast ausschließlich bildlich gebraucht. Jer 50, 24 handelt es sich um plötzliche und unerwartete Feindesangriffe: „Ich (JHWH) habe dir Schlingen gelegt (*jāqaštî*), Babel, und du bist auch gefangen worden (*nilkadt*), ohne daß du es merktest, wurdest ertappt (*mṣ' niph*) und gepackt (*tpś niph*)." Nach Jes 8, 14 wird JHWH den Bewohnern von Jerusalem „zur Schlinge (*paḥ*) und zum Fallstrick (*môqeš*)" werden, und sie werden „straucheln (*kšl*), fallen (*npl*) und zerschellen (*šbr niph*), werden sich verstricken (*jqš niph*) und verfangen (*lkd niph*)" (v. 15). Nach Jes 28, 13 werden diejenigen, die die Propheten verhöhnen, von JHWHs Wort getroffen, so daß sie „straucheln und zerschellen, sich verstricken und gefangen werden".
Hos 9, 8 wird der Ausdruck *paḥ jāqôš* 'Schlingen des Vogelstellers' von den Anfeindungen Ephraims gegenüber den Propheten gebraucht. Jer 5, 26 spricht von Gottlosen (*r^ešā'îm*) im Volk, die „Fallen stellen, um zu verderben (*šḥt hiph*) und Menschen zu fangen (*lkd*)". Im Klagepsalm 141 bittet der Psalmist JHWH, ihn vor den Schlingen (*paḥ*), die man ihm stellt (*jqš*), vor den Fallen (*môq^ešîm*) der *po'^alê 'āwæn* zu bewahren (v. 9). Im Danklied Ps 124 dankt der Psalmist JHWH dafür, daß er ihn und seine Genossen aus der Schlinge (*paḥ*) des Vogelfängers gerettet hat (v. 7), „die Schlinge ist zerrissen (*šbr niph*), und wir sind entronnen (*mlṭ niph*)". Ps 64, 6 spricht ganz allgemein von Feinden, die Fallen stellen; die Feinde werden nicht näher bestimmt, aber der Kontext spricht von ihrem geheimen und verschlagenen Treiben. In Ps 140, 6 sind die Feinde hochmütige Menschen (*ge'îm*), die *paḥ*, *ræšæṯ* (Netz) und *môq^ešîm* stellen. Ps 91, 3 wird *paḥ jāqûš* unter den Gefahren genannt, vor denen Gott den Frommen bewahrt.
In Deut 7, 24 findet sich eine Warnung vor den Göttern der fremden Völker mit der Begründung, das Volk könne nach dem Silber und dem Gold der Götzenbilder verlangen und dadurch verstrickt werden (*jqš niph*). Entsprechend heißt es an mehreren Stellen, daß sie Götzen ein *môqeš* werden können (Ex 23, 33; 34, 12; Deut 7, 16; Jos 23, 13 – hier *paḥ* und *môqeš* – Ri 2, 3; 8, 27; ferner Ps 106, 36 in der Geschichtsbetrachtung). Hier wird das Gefährliche und Verführerische am Götzendienst zum Ausdruck gebracht. Hi 34, 30 sagt Elihu, daß Gott es verhindern will, daß ein Ruchloser (*ḥānep*) König werde und dem Volk zu *môq^ešîm* werde. Nach Spr 22, 25 kann das Treiben des Hitzigen anderen zur Falle werden; man soll deshalb seine Pfade vermeiden.
Man kann auch von den *môq^ešîm* des Todes reden. Ps 18, 6 (= 2 Sam 22, 6) hat „die Bande (*ḥbl*) der Scheol" als parallelen Ausdruck für das Unheil, aus dem der Psalmist gerettet worden ist. Nach Spr 13, 14 kann man durch Weisheit, nach Spr 14, 27 durch Gottesfurcht die *môq^ešîm* des Todes vermeiden und somit ein glückliches Leben führen.
Als Fallstricke werden auch das törichte Reden (Spr 12, 13 – hier könnte man auch *nôqaš* lesen; 18, 7 – hier par. zu *m^eḥittāh* 'Verderben'; vgl. auch Spr 6, 2 „in den Worten seines Mundes verstrickt werden"), ferner die Sünde des Bösen (Spr 29, 6), Menschenfurcht (Spr 29, 25 – Gegensatz: auf JHWH vertrauen und beschützt werden) und ein unbedachtes Gelübde (Spr 20, 25) bezeichnet.
Wenn die Diener des Pharao Ex 10, 7 fragen: „Wie lange soll dieser (Mose – oder „dies": die Sache mit den Israeliten) uns ein *môqeš* sein", ist die Bedeutung 'Falle' nicht ganz passend; vielleicht könnte man ganz allgemein 'Verderben' oder 'Gefahr' sagen. Wenn dagegen Saul sagt, Michal solle David ein *môqeš* werden (1 Sam 18, 21), wäre die vorgeschlagene Bedeutung 'Lockspeise' ernstlich zu erwägen, aber wahrscheinlich handelt es sich auch hier um eine „Falle".
Ps 69, 23 ist der Text vielleicht nicht in Ordnung: der Psalmist wünscht, daß der Tisch der Feinde ihnen ein *paḥ* werde; parallel steht *w^elišlômîm l^emôqeš*, was keinen richtigen Sinn ergibt. Meist liest man mit Targum *w^ešalmêhæm* „ihr Opfergelage". Der Sinn wäre dann, daß JHWH den Feinden bei ihren Opferfeiern als Richter erscheinen soll, d. h. daß das, was ihnen Sicherheit gibt, ins Verderben verwandelt werden soll.
Am 3, 3ff. wird das prophetische Reden durch eine Reihe von Bildern begründet, die alle den Gedanken zum Ausdruck bringen, daß nichts ohne eine Ursache geschieht. Unter diesen Bildern findet sich auch die doppelte Frage: „Fällt ein Vogel zur Erde, ohne daß eine Falle (*môqeš*) da ist? Springt eine Falle vom Boden, ohne zu fangen (*lkd*)?"
Pred 9, 12 wird das Menschenleben folgendermaßen beschrieben: Wie die Fische, die im bösen Netze (*m^eṣôdāh*) sich fangen (*'ḥz niph*), wie die Vögel, die in der Schlinge (*paḥ*) stecken (*'ḥz* Ptz. pass. *qal*), so werden die Menschen verstrickt (*jûqāšîm*) zur Zeit des Unheils, wenn es plötzlich sie überfällt.
Schließlich spricht Sir 32/35, 20 vom Gesetzesbruch als einer Falle: „Auf einen Weg mit Fallstricken wandle nicht – meide die Gefahr und bleibe gesetzestreu."

Ringgren

יָרֵא *jāre'*

יָרֵא *jāre'*, יִרְאָה *jir'āh*, מוֹרָא *môrā'*

I. 1. Etymologie – 2. Belege – 3. Wortfeld „fürchten" – 4. Semantische Kontextbestimmungen, Wortverbindungen – 5. LXX – II. Furcht in Situationen alltäglichen Lebens – III. Gottesfurcht (religionsgeschichtlich) – 1. Allgemein – 2. Ägypten – 3. Mesopotamien – 4. Ugarit – IV. Gottesfurcht als Furcht vor dem Numinosen – 1. Der Heilige und Furchtbare (*qādôš w^enôrā'*) – 2. JHWHs Gegenwart – 3. JHWHs Handeln in Geschichte und Natur – 4. Gottesschrecken (*môrā'*) – 5. Furcht und Freude – V. „Fürchte dich nicht!" – 1. Trostwort in Notsituationen des Alltags – 2. Im JHWH-Krieg – 3. Im Heilsorakel – 4. In Theophanieschilderungen – VI. JHWH-Furcht als Treue zum Bundesgott – 1. In der dt/dtr Literatur – 2. *jir'ê JHWH* in den Pss – 3. JHWH-verehren in nicht dt/dtr Texten – VII. Gottesfurcht als sittliche Haltung des Menschen vor dem Anspruch Gottes – 1. Prophetie des Nordreiches – 2. Elohist – 3. Weisheitliche Traditionen – a) Spr – b) Hi – c) Pred – 4. Gottesfurcht als Gehorsam gegenüber JHWHs Willensoffenbarung – VIII. Gottesfurcht als Torafrömmigkeit – IX. Qumran.

Lit.: *K. Arayaprateep*, A note on *yr'* in Jos. IV 24 (VT 22, 1972, 240–242). – *K. Baltzer*, Das Bundesformular (WMANT 4, ²1964). – *B. J. Bamberger*, Fear and Love of God in the Old Testament (HUCA 6, 1929, 39–53). – *E. G. Bauckmann*, Die Proverbien und die Sprüche Jesus Sirach. Eine Untersuchung zum Strukturwandel der israelitischen Weisheitslehre (ZAW 72, 1960, 33–63). – *J. Becker*, Gottesfurcht im Alten Testament (AnBibl 25, 1965). – *Ders.*, Rezension zu Derousseaux (Bibl 53, 1972, 280–287). – *P. Biard*, La Puissance de Dieu (Travaux de l'Institut Catholique de Paris 7, 1960). – *E. Boularand*, „Crainte" (Dic. de Spiritualité II, 2463–2511). – *H. A. Brongers*, La crainte du Seigneur (*Jir'at Jhwh, Jir'at 'Elohim*) (OTS 5, 1948, 151–173). – *C. J. de Catanzaro*, Fear, Knowledge, and Love: A Study in Old Testament Piety (Canadian Journal of Theology 9, 1963, 166–173). – *H. Cazelles*, A propos d'une phrase de H. H. Rowley (VTS 3, 1955, 26–32). – *D. J. A. Clines*, The Tree of Knowledge and the Law of Yahweh (VT 24, 1974, 8–14). – *P.-E. Dion*, The „Fear Not" Formula and Holy War (CBQ 32, 1970, 565–570). – *L. Derousseaux*, La crainte de Dieu dans l'Ancien Testament (Lectio Divina 63, 1970). – *F. Dreyfus*, Rezension zu Derousseaux (RB 80, 1973, 449–452). – *J. H. Eaton*, Some Misunderstood Hebrew Words for God's Self-Revelation (BiTrans 25, 1974, 331–338). – *W. Eichrodt*, ThAT, II–III, ⁶1974, 184–190. – *B. J. Engelbrecht*, Die betekenis van die begrip „Vrees-van-die-Here" in Spreuke, Job en Prediker (Hervormde Teologiese Studies 7, 1951, 191–223). – *W. Foerster*, σέβομαι κτλ. (ThWNT VII 168–195). – *J. Haspecker*, Gottesfurcht bei Jesus Sirach. Ihre religiöse Struktur und ihre literarische und doktrinäre Bedeutung (AnBibl 30, 1967). – *I. Heinemann* (היינמן), *jir'āh, jir'at haššem*, EMiqr III, Jerusalem 1958, 768–770. – *P. van Imschoot*, ThéolAT II, Paris 1956, 98ff. – *P. Joüon*, Études de sémantique hébraique. 1. L'idée de danger en hébreu. 4. Locutions pour craindre de (que) en hébreu (Bibl 2, 1921, 336–338. 340–342). – *Ders.*, Crainte et peur en hébreu biblique. Étude de lexicographie et de stylistique (Bibl 6, 1925, 174–179). – *N. Kirst*, Formkritische Untersuchung zum Zuspruch „Fürchte dich nicht!" im Alten Testament, 1968. – *L. Köhler*, Die Offenbarungsformel „Fürchte dich nicht!" im Alten Testament (Schweizerische Theologische Zeitschrift 36, 1919, 33–39). – *Ders.*, Der hebräische Mensch, 1953. – *Ders.*, TheolAT, ²1957, 36ff. – *G. van der Leeuw*, La religion dans son essence et ses manifestations. Phénoménologie de la religion, Paris 1955. – *F. Michaeli*, La sagesse et la crainte de Dieu (Hokhma 2, 1976, 35–44). – *W. L. Moran*, The Ancient Near Eastern Background of the Love of God in Deuteronomy (CBQ 25, 1963, 77–87). – *G. Nagel*, Crainte et amour de Dieu dans l'Ancien Testament (RThPh 33, 1945, 175–186). – *B. Olivier*, La crainte de Dieu comme valeur religieuse dans l'Ancien Testament (Études Religieuses 745, Brüssel 1960). – *B. J. Oosterhoff*, De vreze des Heren in het Oude Testament, Utrecht 1949. – *R. Otto*, Das Heilige. Über das Irrationale in der Idee des Göttlichen und sein Verhältnis zum Rationalen, ³⁰1957. – *E. Pfeiffer*, Die Gottesfurcht im Buche Kohelet, in: Festschr. H. W. Hertzberg, 1965, 133–158. – *R. H. Pfeiffer*, The Fear of God (IEJ 5, 1955, 41–48 = Eretz Israel 3, 1954, 59–62 hebr.). – *S. Plath*, Furcht Gottes. Der Begriff ירא im Alten Testament (AzTh II/2, 1963). – *T. Polk*, The Wisdom of Irony: A Study of *Hebel* and its Relation to Joy and the Fear of God in Ecclesiastes (Studia Biblica et Theologica 6, 1976, 3–17). – *O. Procksch*, ThAT, 1950, 610ff. – *G. Rinaldi*, *jāḳeh* (BibOr 10, 1968, 23). – *K. Romaniuk*, La Crainte de Dieu à Qumran et dans le Nouveau Testament (RQu 4, 1963, 29–38). – *R. Sander*, Furcht und Liebe im Palästinischen Judentum (BWANT 4/16, 1935). – *H.-P. Stähli*, ירא *jr'* fürchten (THAT I, 1971, 765–778). – *J. A. Thompson*, Israel's „Lovers" (VT 27, 1977, 475–481). – *F. Vigouroux*, „Crainte de Dieu" (DB II 1099f.). – *S. J. de Vries*, Note concerning the Fear of God in the Qumran Scrolls (RQu 5, 1965, 233–237). – *C. Wiéner*, Recherches sur l'amour pour Dieu dans l'Ancien Testament. Études d'une racine, Paris 1957. – *H. W. Wolff*, Zur Thematik der elohistischen Fragmente im Pentateuch (EvTh 29, 1969, 59–72 = ThB 22, ²1973, 402–417).

I. 1. Die Etymologie von *jr'* ist nach wie vor ungewiß. R. Růžička, Die Wurzel *r'* in den semitischen Sprachen (ZA 25, 1911, 114–138), leitet es von einer Wurzel *r'* ab mit der Grundbedeutung 'zittern, beben'. Oosterhoff 8 schließt sich dem an und verweist auf arab. *wariha* 'kurzatmig sein', aram. *rê'āh* 'Lunge' und hebr. *rā'āh* 'sehen'. Becker 1 sieht eine Beziehung zu *jāra'* 'beben' (Jes 15, 4) und erwägt für Ps 76, 9 die ursprüngliche Bedeutung 'zittern, beben'. Joüon schließlich weist auf arab. *wa'ara* 'erschrekken' hin (Bibl 6, 1925, 174; auch Mél Beyrouth 10, 1925, 15). Der Rückgriff auf arab. Parallelen ist jedoch sehr problematisch. *wa'ara* ist vermutlich eine Wurzelvariante zu *wara'a* und bedeutet '(zurück-)stoßen, schlagen' (so Lane 2933), vgl. äth. *warawa* (Dillmann 899; Leslau, Contributions, 1958, 25), dazu amhar. *wäräwwärä*, tigr. *wärwärä* sowie tigr. *wärā* 'schlagen, drohen, verkünden' (Littmann-Höfner, Wb-Tigre, 435b) und amhar. *a-wärra* 'verkünden', *wäre* 'Nachrichten' (Leslau, Contributions, 25 und Hebrew Cognates in Amharic, 1969, 83), denen eine Wurzel *wrj* zugrunde liegt, die mit hebr. *jrh* I zu verbinden ist. Allenfalls käme arab. *wari'a* 'fromm, got-

tesfürchtig sein' (Wehr 443) in Betracht, wobei allerdings mit hebr. Einfluß zu rechnen ist, zumal asa. Belege fehlen und das ansonsten im Äth. ungebräuchliche *wara'a* (Dillmann 899) aus dem Arab. eingedrungen sein dürfte. In den übrigen semit. Sprachen ist *jr'* bis auf wenige Reste nicht mehr belegt. Die früher angenommene Verbindung zu akk. *îrû* (BDB) ist von AHw und CAD aufgegeben. Als kanaan. Glosse findet es sich vielleicht in EA 155, 33 (*ir* ..., das von Knudtzon zu *irta* ergänzt wird). Ein beachtenswerter Hinweis auf *jr'* in den Amarna-Briefen kommt jetzt von G. Wilhelm, Ein Brief der Amarna-Zeit aus Kāmid el-Lōz (ZA 63, 1973, 69–75). Der beschädigte Text Z. 24 von KL 72:600 bietet nach Wilhelm einen Personennamen des Typs X-Addu, der auch sonst belegt ist. Die noch erkennbaren Keile lassen sich syllabisch *iri* lesen, was hebr. *jere'* entspräche. Der Name lautet dann *Iri-Addu* und bedeutet „In (Ehr)furcht vor Addu". Mit den bisher bekannten Namensformen *Iri-GN* ist dieser Name natürlich nicht in Verbindung zu bringen, etwa *Iri-Teššub*, da es sich um hurrit. Bildungen handelt (Wilhelm 75 Anm. 8; vgl. NPN 220; F. Gröndahl, PNU, 327). Man kann also mit Derousseaux feststellen: „*yr'* est attesté seulement en hébreu et dans la langue d'Ugarit" (69, vgl. 61; der Einwand Beckers, Bibl 53, 1972, 281, ist nicht berechtigt). Aber auch die ugar. Belege sind spärlich; sicher sind lediglich KTU 1.6 VI 30–31 und KTU 1.5 II 6–7.
Im Akk. entspricht sachlich *palāḫu* mit Ableitungen, während *adāru* teilweise andere Verwendungsweisen hat.

2. Der geringen Bezeugung in den übrigen semit. Sprachen steht im Hebr. für *jr'* und Derivate die stattliche Zahl von 435 Belegen gegenüber (so Lisowsky und Stähli 766; KBL², KBL³, 429; Plath 8: 420; Derousseaux 68: 426. Die Unterschiede in der Zählung „s'expliquent sans doute par les variantes textuelles; elles sont sans importance" (Derousseaux 68 Anm. 6; dazu im einzelnen Becker 5f.). Das Verb *jr'* ist 333mal belegt (so Stähli; Lisowski: 332mal; KBL²: 323mal; KBL³: ca. 320mal), und zwar im *qal:* Gen 20mal; Ex 11mal, Lev 8mal; Num 4mal; Deut 32mal; Jos 11mal; Ri 6mal; 1 Sam 21mal; 2 Sam 6mal; 1 Kön 8mal; 2 Kön 19mal; Jes 22mal; Jer 21mal; Ez 5mal; Hos 10, 3; Jo 2, 21. 22; Am 3, 8; Jon 4mal; Mi 7, 17; Hab 3, 2; Zeph 3mal; Hag 1, 12; 2, 5; Sach 3mal; Mal 2, 5; 3, 5; Ps 30mal; Hi 8mal; Spr 5mal; Ruth 3, 11; Pred 7mal; Kl 3, 57; Dan 3mal; Neh 6mal; 1 Chr 3mal; 2 Chr 6mal, im *pi:* 2 Sam 14, 15; Neh 3mal; 2 Chr 32, 18, im *niph:* als Vb. nur Ps 130, 4, als Ptz. (das aber semasiologisch als Adjektiv zu betrachten ist, vgl. Becker 46; Stähli 765; Derousseaux 71) 44mal: Gen 28, 17; Ex 15, 11; 34, 10; Deut 6mal; Ri 13, 6; 2 Sam 7, 23; Jes 4mal; Ez 1, 22; Jo 2, 11; 3, 4; Hab 1, 7; Zeph 2, 11; Mal 1, 14; 3, 23; Ps 15mal; Hi 37, 22; Dan 9, 4; Neh 3mal; 1 Chr 16, 25; 17, 21. Das Verbaladjektiv *jāre'* ist 45mal belegt (Lisowsky, Stähli; Derousseaux 70: 43mal): Gen 22, 12; Ex 18, 21; Deut 20, 8; Ri 7, 3; 1 Sam 23, 3; Jes 50, 10; Mal 3mal; Ps 27mal; Hi 3mal; Spr 3mal; Pred 14, 2; 31, 30; 1 Chr 10, 4. Der substantivierte Infinitiv *jir'āh* ist 45mal belegt (Stähli; Lisowsky und Derousseaux 69: 46mal): Gen 20, 11; Ex 20, 20; Deut 2, 25; 2 Sam 3, 11; 23, 3; Jes 5mal Jer 32, 40; Ez 1, 18; 30, 13; Jon 1, 10. 16; Ps 8mal; Hi 5mal; Spr 14mal; Neh 5, 9. 15; 2 Chr 19, 9. Die Normalform des Infinitivs *jᵉro'* findet sich nur Jos 22, 15; 1 Sam 18, 29, vgl. GKa § 45d, Joüon § 49d, Becker 3, Derousseaux 69. Das nach *maqṭal* gebildete Nomen *môrā'* ist 12mal belegt: Gen 9, 2; Deut 4mal; Jes 8, 12. 13; Jer 32, 21; Mal 1, 6; 2, 5; Ps 9, 21; 76, 12. Die Statistik zeigt ein deutliches Übergewicht der Belege in Ps (83mal), Deut (44mal) und den Weisheitsbüchern (48mal). Bemerkenswert auch die Häufung bei Jes (34mal, wobei 22 DtJes bzw. TrJes zugehören) und Jer (23mal).

3. Neben *jr'* und Derivaten, die nahezu das ganze semantische Feld 'fürchten' abdecken, kennt das Hebr. eine Fülle von Termini, die jeweils spezifische Aspekte und Situationen von „Furcht, Angst und Schrecken" bezeichnen und nicht selten gehäuft in den Texten begegnen, z. B. Ex 15, 15f.; Jes 7, 2; 13, 7f.; Jer 6, 24 (= 50, 43); 49, 24; Ez 7, 17; 21, 12; Nah 2, 11; Hab 3, 16; Ps 48, 6f.; 55, 5f.; Hi 4, 14f. (Vgl. dazu Joüon [Bibl 6, 1925] 174; Köhler, 1953, 132, und 1953, 102ff.; Becker 6f.)

pḥd bedeutet urspr. wohl 'zittern, beben' (L. Kopf, Arabische Etymologien und Parallelen zum Bibelwörterbuch [VT 9, 1959, 257]; Becker 7; Derousseaux 74; anders Oosterhoff 15, der an 'aufspringen' denkt und mit *pḥḥ* (?) 'blasen', *paḥ* 'Falle' und *paḥaḏ* 'Schenkel' verbindet). „*pḥd* semble être assez proche de *yr'* car elle s'emploie dans des expressions de forme et de sens voisins" (Derousseaux 74; vgl. Becker 8): *paḥaḏ JHWH* (2 Chr 19, 7) und *paḥaḏ 'ᵆlohîm* (Ps 36, 2) entsprechen *jir'aṯ JHWH* bzw. *jir'aṯ 'ᵆlohîm*, zu *paḥaḏ Jiṣḥāq* s. u.
gwr als Terminus der Gottesfurcht begegnet Ps 22, 24 und 33, 8. Becker 8, nimmt im Anschluß an Oosterhoff 11, als Grundbedeutung 'sich krümmen, sich beugen' an mit Hinweis auf *gāhar* und *gûr* 'Löwenjunges'. Wahrscheinlich ist aber mit LXX im Anschluß an Joüon, Bibl 6, 1925, 176, Derousseaux 74, von einer Grundbedeutung 'zurückweichen' bzw. 'sich fernhalten' auszugehen, woraus sich zwanglos „zurückweichen aus Furcht – sich fürchten" erklärt. Ps 22, 24; 33, 8 steht *gwr* in Parallele zu *jr'*. Die Nomen *māḡôr* und *mᵉḡôrāh* bezeichnen die Furcht vor göttlichen Strafgerichten, vgl. *māḡôr* in Jer 6, 25 = Ps 31, 14; Jer 20, 3. 4. 10; 46, 5; 49, 29. Mit *gwr* verwandt ist das gleichbedeutende *jāḡor* (Deut 9, 19).
ḥwl bzw. *ḥjl* bedeutet zunächst 'sich (im Kreise) drehen' – 'Reigen tanzen' (Ri 21, 21; Ps 87, 7), 'wirbeln' (Jer 23, 19), dann 'sich im Geburtsschmerz winden' – 'gebären' und schließlich 'beben, sich fürchten'. KBL und GesB unterscheiden *ḥwl* 'sich drehen, tanzen' und *ḥjl* 'beben, fürchten' im Anschluß an Th. Nöldeke, Untersuchungen zur semitischen Grammatik (ZDMG 37, 1883, 536). Zu anderen Herleitungen s. J. Scharbert, Der Schmerz im AT (BBB 8, 1955, 21–26); Joüon, Bibl 6, 1925, 178. *ḥwl*/*ḥjl* gehört zur Topik der Theophanieschilderungen und „marque les sentiments de l'homme, la crainte sacrée, soit pour marquer les bouleversements cosmiques" (Derousseaux 75, vgl. Ex 15, 14; Deut 2, 25;

Jes 13, 8; Jer 5, 22; 51, 29; Ez 30, 16; Hab 3, 10; Sach 9, 5; Ps 29, 8; 77, 17; 96, 9 [= 1 Chr 16, 30]; 97, 4; 114, 7). Zum Ganzen → חול.

ḥrd bezeichnet das panische Erschrecken, insbesondere das Erzittern vor dem Numinosen (Ex 19, 16; 19, 18 [cj]; Jes 19, 16; 32, 11; 41, 5; Hi 37, 1); vgl. *ḥærdaṯ 'ælohîm* 'Gottesschrecken' (1 Sam 14, 15). Im übrigen → חרד.

'rṣ qal/hiph bedeutet 'erschrecken' (trans./intrans.). Zu den Ableitungen vgl. G. Hoffmann, ZDMG 32, 1878, 762; GesB; Becker 12. Der Ausdruck begegnet vorwiegend bei Jes zur Bezeichnung der Furcht vor JHWHs Allmacht (2, 19. 21; 8, 12f.; 29, 23; vgl. *ma'arāṣāh* Jes 10, 39). Außer Jes nur noch Ps 89, 8; Hi 13, 25.

ḥtt (→ חתת) begegnet im Kontext der Formel „Fürchte dich nicht!" (Deut 1, 21; 31, 8; Jos 8, 1; 10, 25||Chr; Jer 30, 10 = 46, 27; Ez 2, 6; 3, 9). Daneben Jes 8, 9; 30, 31; Mal 2, 5. Gen 35, 5 bezeichnet *ḥittaṯ 'ælohîm* den Gottesschrecken, Hi 7, 14; 33, 16 das *pi* des Vb und Jer 17, 17; Spr 10, 29 das Nomen *meḥittāh* das schreckende Einwirken Gottes auf den einzelnen.

ś'r bezeichnet als Vb und Nomen „toujours le jugement terrible de Yahvé, qui remplit les hommes de stupeur" (Derousseaux 76, vgl. Ez 27, 35; 32, 10; Jer 2, 12; Jes 28, 2; Hi 18. 20; Ps 58, 10). Zu Deut 32, 17 s. Becker 13; Derousseaux 76 Anm. 24.

št', dessen Ableitung umstritten ist (GesB; BDB; KBL² 999f. < *š'h* 'um sich blicken'; vgl. Dahood, CBQ 20, 1958, 48f.; König < *š''*; dagegen Zorell *št'* als selbständige Wurzel mit Hinweis auf arab. und ugar. Parallelen) steht Jes 41, 10. 14 (?). 23 parallel zu *jr'* in der Bedeutung 'sich ängstigen'.

b't bezeichnet das schreckende Einwirken Gottes auf den einzelnen und gehört zum charakteristischen Vokabular von Hi (6, 4; 7, 14; 9, 34; 13, 11. 21), sonst nur 1 Sam 16, 14. 15; Ps 88, 17. *be'āṯāh* in der Bedeutung 'plötzliches Unheil' nur Jer 8, 15; 14, 19.

ṣir'ah ist ein „typischer Terminus des Gottesschreckens" (Becker 16), vgl. Ex 23, 28; Deut 7, 20; Jos 24, 12. Zur Bedeutung 'Entmutigung' s. KBL² 817, dagegen GesB, BDB, Zorell „Hornisse".

'êmāh ist ebenfalls Terminus des Gottesschreckens, der die Feinde überkommt (Ex 15, 16; 23, 27; Jos 2, 9), aber auch den einzelnen betrifft (Gen 15, 12; Ps 88, 16; Hi 9, 34; 13, 21; 20, 25). Jer 50, 38 werden die Götzenbilder *'êmîm* genannt.

Daneben gibt es noch eine Fülle von Termini im engeren und weiteren Kontext von *jr'* mit je verschiedenem Aspekt von Furcht, die hier nur summarisch genannt werden können: *plṣ* 'erzittern' (Jes 21, 4; Ez 7, 18; Ps 55, 6; Hi 21, 6) – *tmh* 'erstaunen' (Ps 48, 6), davon *timmāhôn* 'Gottesschrecken' (Deut 28, 28; Sach 12, 4) – *ḥpz* (→ חפז) 'forthasten' (Deut 20, 3; Ps 31, 23; 48, 6; 116, 11) – *d'g* bei transitiven Gebrauch 'fürchten' (Jes 57, 11; Jer 38, 19) – *rkk* 'weich sein' in Verbindung mit *leḇ* – *r'd* 'erzittern' – *mwg* 'zergehen, mutlos werden', vgl. Joüon, Bibl 7, 1926, 165–168. – *rgz* 'erregt sein, erzittern' als Terminus des Gottesschreckens (Ex 15, 14; Deut 2, 25) und der kosmischen Erschütterung in der Theophanie (2 Sam 22, 8 = Ps 18, 8; Hab 3, 7; Ps 77, 17. 19; 99, 1 – *nw'* 'zittern' (Ex 20, 18) – *mwṭ* 'schwanken' (Ps 99, 1) – *g'š* 'schwanken' (2 Sam 22, 8 = Ps 18, 8) – *r'š* 'erschüttert werden' (Kosmos, vgl. Ri 5, 4; 2 Sam 22, 8 = Ps 18, 8; Jes 24, 18; Jer 4, 24; 10, 10; 51, 29; Ez 38, 20; Jo 2, 10; 4, 16; Am 9, 1; Nah 1, 5; Ps 46, 4; 68, 9; 77, 19). – *qwš* 'Grauen empfinden' (Ex 1, 12) – *zw'* mit Derivaten 'beben', vgl. Dahood, Bibl 45, 1964, 405. – *smr* 'schaudern' (Ps 119, 120; Hi 4, 15 *pi*) – *šmm* mit Derivaten, vgl. Lohfink, VT 12, 1962, 267ff. – *mss niph* 'zerfließen' in Verbindung mit *leḇ* – *ræṭæṭ* 'Entsetzen' (Jer 49, 24) – *reṭeṭ* 'Zittern' (Hos 13, 1) – *ḥoggāh* 'Taumel, Grauen' (Jes 19, 17) – *ša'arûr* (Jer 5, 30; 23, 14) und *ša'arûrî* (Jer 18, 13; Hos 6, 10 Qere, vgl. KBL² 1002) – *rhb* und *r''* in der Bedeutung 'fürchten' vgl. Kopf, VT 9, 1959, 273–276. Ferner → בהל, → המם.

4. Überschaut man die Syntax von Verb *jr' qal*, so ergibt sich die ziemlich einheitliche Übersetzung „sich fürchten, jem./etw. fürchten, sich vor jem./etw. fürchten, (selten) sich fürchten, etw. zu tun". Die Inhaltsform des Verbs wird allerdings durch kontextrelevante semantische Klassifikatoren (vgl. Wahrig, 1973, 146f.; Fuhs, FzB 32, 1978, 91ff.) in einer Weise variiert, daß das gesamte Bedeutungsfeld von vitaler Angst angesichts alltäglicher Bedrohungen, Furcht vor numinosen Kräften und Mächten bis hin zur Gottesfurcht in ihrer sehr differenzierten Ausprägung umschritten wird.

Subj. von *jr'* sind zunächst Einzelpersonen, z. B. Isaak (Gen 26, 7), Jakob (Gen 31, 31; 32, 8. 12), Mose (Ex 2, 14), Gideon (Ri 6, 27), Saul (1 Sam 15, 24), David (1 Sam 21, 13), Ešbaal (2 Sam 3, 11), Nehemia (Neh 6, 13), dann Personengruppen wie die Höflinge Davids (2 Sam 12, 18), die Brüder Josephs (Gen 43, 18), schließlich Israel als Ganzes (Ex 14, 10; 1 Sam 7, 7; 17, 11; 2 Kön 25, 26; Jer 41, 18; 2 Chr 32, 18, insbesondere aber Deut 13, 12; 17, 13; 19, 20; 22, 21; Lev 19, 3 und Jes 57, 11). An drei Stellen sind es die Feinde, die sich vor Israel fürchten (Deut 2, 4; Jos 10, 2; 2 Sam 10, 19). Zum „Gottesschrecken" bzw. „Schrecken Israels", der die Feinde überkommt, s. u.

Gegenstand der Furcht sind an vergleichbar wenigen Stellen bedrohliche Situationen aus dem Alltagsleben, die etwa durch Menschen oder Tiere, durch Feinde, Krankheit oder Tod verursacht werden. Das Obj. wird in der Regel mit Prp. *min* konstruiert (Deut 1, 29; 2, 4; 7, 18; 20, 1; Jos 10, 8) bzw. *mippenê* (Deut 5, 5; 7, 19; Jos 9, 24; 11, 6; 1 Sam 7, 7; 21, 13; 1 Kön 1, 50; 2 Kön 25, 26; Jer 41, 18; 42, 11), selten direkt (Gen 32, 12; Lev 19, 3; Num 14, 9; 21, 34; Deut 3, 2. 22; Ri 6, 27; 1 Sam 14, 26; 15, 24; 1 Kön 1, 51; Ez 3, 9; 11, 8; Dan 1, 10). Oft steht *jr'* absolut, so daß der Gegenstand der Furcht aus dem Zusammenhang zu erheben ist (Gen 31, 31; 32, 8; 43, 18; Ex 2, 14; 14, 10; Deut 13, 12; 17, 13; 19, 20; 20, 3; Jos 10, 2; 1 Sam 17, 11. 24; 28, 5; 2 Kön 10, 4; Jer 26, 21; Am 3, 8; Neh 2, 2; 6, 13; 2 Chr 20, 3). In fast 4/5 aller Belegstellen aber ist Gott Gegenstand von Furcht, wobei die Inhaltsform „Gottesfurcht" durch die jeweils relevanten Kontextklassifikatoren erheblich modifiziert wird und auf der synchronen wie diachronen Ebene eine sehr differenzierte Entwicklung erkennen läßt.

jr' steht nicht nur in Parallele zu Verben des Fürchtens (s. o.), sondern auch zu *'hb* 'lieben' (Deut 10, 12), *dbq* 'anhangen' (Deut 10, 20; 13, 5), *'bd* 'dienen' (Deut 6, 13; 10, 12. 20; 13, 5; Jos 24, 14; 1 Sam 12, 14), *šmr* '(Gebote) halten' (Deut 5, 29; 6, 2; 8, 6; 13, 5; 17, 19; 31, 12), *hlk bidrāḵājw* 'auf seinen Wegen wandeln' (Deut 8, 6; 10, 12), *hlk 'aḥarê* 'folgen' (Deut 13, 5), *šm' beqôlô* 'auf seine Stimme hören'

(Deut 13, 5; 1 Sam 12, 14), *'śh haḥuqqîm* 'die Gebote befolgen' (Deut 6, 24), u.a.
Typische Wortverbindungen sind: Die Formel *'al tîrā'* (ca. 75mal; pl. nur Gen 43, 23; 50, 19. 21; Ex 14, 13; 20, 20; Num 14, 9; Deut 20, 3; 31, 6; Jos 10, 25; Ri 6, 10; 2 Sam 13, 28; 2 Kön 25, 24 = Jer 40, 9; Jes 8, 12; 51, 7; Jer 10, 5; 42, 11; Jo 2, 22; Hag 2, 5; Sach 8, 13. 15; Neh 4, 8; 2 Chr 20, 15. 17; 32, 7), *jir'aṯ 'ælohîm* (Gen 20, 11; 2 Sam 23, 3; Neh 5, 9. 15), *jir'aṯ JHWH* (Jes 11, 2. 3; 33, 6; Jon 1, 16; Spr 1, 7; 1, 29; 2, 5; 8, 19; 9, 10; 10, 27; 14, 26. 27; 15, 16. 33; 16, 6; 19, 23; 22, 4; 23, 17; Ps 34, 12; 111, 10), oft in Parallele zu *da'aṯ* (Spr 1, 7. 29; 2, 5; 9, 10; 15, 33; Jes 11, 2; 33, 6; Hi 28, 28), *tām* 'recht', *jāšār* 'redlich', *ṣaddîq* 'gerecht', *sūr mera'* 'sich fernhalten vom Bösen', *śn' ra'* 'das Böse hassen' (vgl. Spr 3, 7; 8, 13; 10, 27; Hi 1, 1. 8; 4, 16; Ps 34, 12. 15; 2 Sam 23, 3), *jir'aṯ šaddaj* (Hi 6, 14), *jir'aṯ 'adōnāj* (Hi 28, 28); *jir'aṯ 'æljôn* (Sir 6, 37) bzw. *jir'aṯ 'el* (Sir 32, 12); ferner: *jir'ê JHWH* (Ps 15, 4; 22, 24; 115, 11. 13; 118, 4; 135, 20; vgl. Mal 13, 16) bzw. die suffigierte Form 'die dich/ihn fürchten' (Ps 22, 26; 25, 14; 31, 20; 33, 18; 34, 8. 10; 60, 6; 85, 10; 103, 11. 13. 17; 111, 5; 119, 74. 79; 147, 11).
5. Die LXX übersetzt *jr'* in der Regel mit φοβεῖν und Derivaten, versucht aber, die Bedeutungsnuancen durch Verwendung entsprechender Termini auszudrücken, z. B. τρομεῖσθαι, σέβεσθαι, τρόμος, κραταιός, θαυμαστός für *nôrā'* (Ex 15, 11; 34, 10; Ps 45, 5; 65, 6; 68, 36; Deut 9, 4; Sir 43, 2. 8; 48, 4), sonst ἐπιφανής, wobei gelegentlich mit der Möglichkeit einer Verwechslung mit *nir'æh* zu rechnen ist, θεοσέβεια, εὐσέβεια.

II. *jr'* drückt die Furcht des Menschen für Leib und Leben aus angesichts bedrohlicher Situationen und Gefährdungen im Alltagsleben. So geraten die Hirten in Schrecken, wenn der Löwe etwa in der Jordanaue seine Stimme erhebt (Am 3, 8), und die Bauern fürchten die Vernichtung ihrer Saat durch die Tiere des Feldes (Hi 5, 22). Jakob hat aus gutem Grund Angst vor Laban, als dieser ihn auf seiner Flucht einholt (Gen 31, 31); vor seiner Begegnung mit Esau trifft er aus Furcht vor dessen Rache allerlei Vorsichtsmaßnahmen (32, 8. 12). Auf ihrer zweiten Ägyptenreise befürchten die Brüder Josephs, „man will über uns herfallen und uns zu Sklaven machen" (43, 18). Gideon reißt aus Furcht vor seiner Familie und den Leuten der Stadt den Baalsaltar seines Vaters nachts ein (Ri 6, 27). Daneben spielt die Furcht vor dem König eine wichtige Rolle: Die Höflinge Davids haben Angst, ihm den Tod seines Kindes zu melden (2 Sam 12, 18), Adonia fürchtet sich vor Salomo (1 Kön 1, 50f.), der Prophet Uria flieht aus Furcht vor Jojakim (Jer 26, 21), die Prinzen Ahabs geraten in Schrecken vor Jehu (2 Kön 10, 4); umgekehrt hat Saul Angst vor seinem Volk und bringt selbst verbotener Weise das Opfer dar (1 Sam 15, 24). In kriegerischen Auseinandersetzungen sind es die Feinde, die Furcht und Schrecken verbreiten: Beim Herannahen von Pharaos Heer gerät Israel in Furcht (Ex 14, 10), hat Angst vor den Philistern (1 Sam 7, 7), insbesondere vor Goljat (1 Sam 17, 11. 24), Gideon fürchtet sich vor den Midianitern (Ri 7, 10), Saul vor den Philistern (1 Sam 28, 5), David vor Achis von Gat (1 Sam 21, 13). Umgekehrt haben die Gibeoniter Angst vor Israel (Jos 9, 24), fürchtet sich Adoni-Ṣedek vor Josua (Jos 10, 2), stellen die Syrer aus Furcht vor Israel die Hilfe an die Ammoniter ein (2 Sam 10, 19).

In den Kontext kriegerischer Auseinandersetzungen gehören auch die Stellen mit der sog. Beruhigungsformel „Fürchte(t) dich (euch) nicht (vor ihm/ihnen, vor dem Volk dieses Landes, etc.)!" in den Kriegsansprachen (Num 14, 9; 21, 34; Deut 1, 29; 3, 2. 22; 7, 18; 20, 1. 3; Jos 10, 8; 11, 6), die unter *'al tîrā'* behandelt werden.
In den Bereich numinoser Gottesfurcht gehört die Furcht vor dem „Schwert" (→ חרב [*ḥæræḇ*]), das als hypostasierte Größe eine Metapher für Gottes Gericht an Israel darstellt (Jer 42, 16; Ez 11, 8).

Schließlich ist die Furcht vor Strafe zu nennen: wegen des Todschlags an einem Ägypter fürchtet Mose, der Pharao werde ihn töten (Ex 2, 14). Die Todesstrafe bei Verführung zum Götzendienst (Deut 13, 12), Mißachtung des Priester- oder Richterspruchs (Deut 17, 13) und falschem Zeugnis (Deut 19, 20) wird ausdrücklich mit ihrer abschreckenden Wirkung begründet, „daß ganz Israel (alles Volk) es höre, damit sie sich fürchten". (Vgl. dazu W. Schottroff, WMANT 30, 1969; H. Schulz, BZAW 114, 1969; V. Wagner, BZAW 127, 1972; C. M. Carmichael, The Laws of Deuteronomy, London 1974.)

III. 1. „Gottesfurcht" ist ohne Frage ein zentraler Begriff at.lichen Glaubensverständnisses wie auch der übrigen Religionen des Vorderen Orients; vielleicht ist er „the earliest term for religion in biblical Hebrew, and indeed in Semitic languages in general" (R. H. Pfeiffer 41). Furcht vor Gott hat man sogar als den Ursprung von Religion überhaupt angesehen (schon Demokrit, gefolgt von Epikur, zu einer ausgereiften Theorie entwickelt von Lucretius in „De rerum naturae" V, 1161–1240, in höchster Prägnanz von Statius, Thebais III, 661, in die Sentenz geformt: „Primus in orbe deos fecit timor"). Die Begegnung des Menschen mit dem Göttlichen, seit R. Otto allgemein als das „Numinose" bezeichnet (zu anderen Bezeichnungen wie „Macht", „tabu", „mana" vgl. Eliade 26–33; van der Leeuw 10–12. 30–39; S. Mowinckel, Religion und Kultus, 1953, 30–49; F. Heiler, Erscheinungsformen und Wesen der Religion, 1961, 29–33), löst Furcht aus. Der Furcht vor dem Numinosen eignet eine innere Polarität von Erschrecken, Zurückweichen, Flucht und Hinwendung, Vertrauen, Liebe, insofern das Numinose als „tremendum" zwar, zugleich aber als „fascinosum" (Otto) dem Menschen sich offenbart in der Konkretheit jeweiliger Personalisierungen als Gott bzw. göttlicher Inkarnationen etwa im König (Ägypten) und in dieser Weise dem Menschen als mächtiger Helfer und Garant des Lebens erfahrbar wird. Aus dieser inneren Polarität und Dynamik erwächst eine semantische Entwicklung für Gottesfurcht: Indem das Moment eigentlicher Furcht zurücktritt, wird Gottesfurcht „Äquivalent für Religion und Frömmigkeit" (Becker 75), d. h. wird Gottesfurcht zu einem Synonym für Gottesverehrung, Gottesdienst, Gehorsam gegenüber den Weisungen Gottes. Dieser semantischen Entwicklung, die in allen semit. Sprachen zu beobachten ist, entspricht nun keineswegs eine analoge historische, wie das für das AT u.a. von Weiser, Religion und Sittlichkeit der Genesis, 1932, 62; Hempel, BWANT 3/2, 1936, 32f.; Nieder, in: LThK[3] IV, 1107; zuletzt Derousseaux angenommen wird. Dies zeigt ein Blick in die Gottesfurchtvorstellungen des Vorderen Orients.

2. Wie das Hebr. kennt das Äg. eine Reihe von Termini für „fürchten" (vgl. WbÄS 2, 460; 3, 147. 170; 4, 42. 44. 174. 205. 278). Das semantische Äquivalent zu hebr. *jr'* ist *śnḏ* 'sich fürchten' (absolut und – in der Regel – mit präpositionalem Obj. konstruiert) mit den nominalen Ableitungen *śnḏ/śnḏ.w* bzw. *śnḏ.t/śnḏ.w.t* 'Furcht' und *śnḏ.w* 'der Furchtsame' (vgl. WbÄS 4, 182–185; Derousseaux 21–42). Die Bedeutung der Gottesfurcht in der äg. Religion ist bislang nicht ausreichend beachtet worden. Bonnet, Art. „Frömmigkeit" (RÄR 197) hält sie nicht „für ein wesentliches Moment", vgl. Derousseaux 41f., Morenz, Ägyptische Religion, [2]1977, Kap. IV/V, behandelt sie nur indirekt. Texte vom AR bis ins NR belegen sie als wichtiges Element äg. Religion. Die Unbegreiflichkeit göttlichen Wesens, das niemand kennt, seine Verborgenheit in unzugänglichem Dunkel (Pap Berlin 3048, IX, 10a), das Wissen um seine Abhängigkeit lösen beim Menschen Furcht vor Gott aus, der ihm als der Eine in den Vielen begegnet. „Herr (Herrin) der Furcht (in den Herzen der Menschen)" ist ein häufiges Epitheton der Gottheit. Dieser Gott erweist sich in der Geschichte der Menschen als der Gute, als „Bildner der Erde", „der alle Götter, Menschen und Tiere geschaffen hat" (ebd. VIII, 2), als Garant staatlichen und menschlichen Lebens, als Spender von Lebensglück und innerer Vollkommenheit. Aus solcher Erfahrung erwächst Vertrauen und Liebe, die ihren Ausdruck findet in der Hinwendung der Gemeinde zu Gott in Gottesverehrung und Gottesdienst, aber auch des einzelnen in Frömmigkeit und Gebet. „Das Haus Gottes – sein Abscheu ist Geschrei. Bete für dich mit einem wünschenden Herzen, dessen Worte alle verborgen sind; dann tut Gott dein Anliegen, dann erhört er, was du sagst" (Erman, SPAW 1911, 1086f.). Gottesfurcht bedeutet in Ägypten seit dem AR (Pyramidentexte) – bei Zurücktreten des Moments eigentlicher Furcht – Gottesverehrung und Gottesdienst. Für Ägypten eigentümlich ist, daß dieser Dienst und diese Verehrung auch und insbesondere dem König erwiesen wird, insofern er als lebender als Inkarnation der Gottheit, als toter mit Osiris eins gewordener verstanden wird.

3. Terminus für 'Gottesfurcht' in Mesopotamien ist das akk. Verb *palāḫu(m)* mit dem Nomen *puluḫtu* (AHw 812f.; vgl. Becker 78f.; Derousseaux 42–59). Numinose Furcht im eigentlichen Sinne wird vor allem durch das Nomen zum Ausdruck gebracht. „*puluḫtu* a toujours le sens fort de ‚terreur', répandue par les dragons de Tiamat, les hommes scorpions ou l'armure de Marduk ... Toutes ces réalités divines sont donc puissantes et terribles, et, par exellence, le roi Marduk quand il livre son combat victorieux" (Derousseaux 47). Das Verb bedeutet zunächst 'sich fürchten' angesichts bedrohlicher Situationen im Alltag, insbesondere in kriegerischen Auseinandersetzungen, dann 'respektvoll behandeln, bedienen, verehren'. In dieser Bedeutung wird es zu einem Terminus der Gottesfurcht, wie zahlreiche Texte belegen: Schon Ḫammurapi bezeichnet sich im Prolog seines Kodex (I, 31) als *pāliḫ ilī;* Personennamen des Typs *GN-pilaḫ* oder *pilaḫ-GN* sind häufig. Gottesfurcht bedeutet also auch in Mesopotamien unter Abschwächung des Momentes eigentlicher Furcht durchweg Gottesverehrung, Gottesdienst, Kult (im wörtlichen Sinne): „die Götter sind friedlich, die Gottesfurcht ist groß, die Tempel sind besucht" oder „Gottesfurcht erzeugt Wohlergehen, das Opfer bringt das Leben zurück, das Gebet löst Sünden" oder „der Tag, an dem ich die Götter verehrte, war Freude meines Herzen" (Belege s. AHw 812f.; dort weitere Texte). Man wird aber Becker 79, kaum zustimmen können, wenn er aus diesen Texten den Schluß zieht, daß „der sittliche Begriff ... fehlt". Zu einem anderen Ergebnis, als hier vorgetragen, kommt Derousseaux 58f., insofern er die crainte sacrée unter Hinweis auf die sumerische Religion, die er für „profondément marquée par l'aspect terrifiant du divin" hält, besonders betont und annimmt, „l'usage ancien de *palāḫu* et de *puluḫtu* en akkadien semble s'en inspirer".

4. Einige ugar. Texte sprechen von der Furcht, die Menschen in der Begegnung mit der Gottheit oder anderen Mächten erfaßt. Sie verwenden dabei verschiedene Termini (etwa *'rṣ*, *ṯt'* u.a.; zu akk. *plḫt* in ugar. Texten vgl. Virolleaud, Syr 20, 1939, 115. 118; ursprünglich [Dhorme, Gordon, UH Nr. 1637] für ein ugar. Wort gehalten [Pfeiffer 42; Derousseaux 63 Anm. 134] wurde es in späteren Auflagen [UT, WUS, Whitaker] nicht mehr aufgeführt). Soweit die sehr zerstörten Texte es erkennen lassen, steht hier die crainte sacrée im Vordergrund, eine Ägypten und Mesopotamien analoge semantische Entwicklung zu „Gottesdienst, Gottesverehrung" kann nur vermutet werden. Zwei Texte belegen *jr'*, das ohne Frage mit hebr. *jr'* in Verbindung zu bringen ist: KTU 1.5 II, 6–7, und KTU 1.6 VI, 30–31. In beiden Texten handelt es sich um kosmogonische Mythen, die die Rivalität der Götter Ba'al und Mot beschreiben. In KTU 1.5 ist es Ba'al, der vor der gewaltigen Größe Mots erschrickt, in KTU 1.6 ist es umgekehrt Mot, der die Macht des wiedererstandenen Ba'al fürchtet. In beiden Fällen steht *jr'* in Parallele zu *ṯt'*, vgl. dazu Jes

41, 10. 23 (*jr'* / *št'*); M. Held, BASOR 200, 1970, 37. Wie das parallele *ṯt'* 'erschrecken' nahelegt, bezeichnet *jr'* Furcht im eigentlichen Sinne.

IV. 1. Der urspr. numinose Charakter der Gottesfurcht tritt im AT an verschiedenen Stellen noch deutlich hervor. Diese Furcht wird ausgelöst durch eine Eigenschaft Gottes, die biblisch mit *qdš* (→ קדש) und Derivaten bezeichnet wird: Heiligkeit.

Zur Definition und den verschiedenen Begriffsarten vgl. Hänel, Die Religion der Heiligkeit, 1931; Schilling, Das Heilige und das Gute im AT, 1957; Eichrodt, ThAT I 176–185; Vriezen, Theologie, 124–135; Köhler, ThAT, 33f.; W. Schmidt, ZAW 74, 1962, 62–66; Becker 42ff.; Wildberger, Gottesnamen und Gottesepitheta bei Jesaja (Zer ligburot [Festschr. B. Z. Shazar, Jerusalem 1972/73] 699–728). Im wesentlichen unterscheidet man einen absoluten Heiligkeitsbegriff – „heilig in sich" (d. h. das dem Menschen gänzlich Unzugängliche, zur Sphäre des Göttlichen Gehörige) und einen sittl. Heiligkeitsbegriff – „heilig für" (d. h. verantwortetes Handeln angesichts göttl. Herrschaftsanspruchs). Ersterer ist hier gemeint, und in diesem Sinne ist das Heilige mit dem Numinosen identisch (vgl. R. Otto, 6, „das Heilige minus seines sittlichen Momentes").

Zwischen Heiligkeit und numinoser Furcht besteht eine innere Korrespondenz und Entsprechung, die sich an verschiedenen Stellen aufzeigen läßt: Ein Vergleich von Gen 28, 17 und Ex 3, 5 erweist *qādôš* und *nôrā'* als Synonyme, insofern in beiden Kontexten *jr'* als Ausdruck numinoser Furcht begegnet. In Parallele stehen beide Ps 99, 3 und 111, 9; vgl. Ex 15, 11; Jes 8, 13; 29, 23; Ps 96, 9; Sir 7, 29. Hinzu kommen Stellen, in denen *nôrā'* und → *gāḏôl* (als Terminus des Numinosen, vgl. Becker 48) parallel gebraucht werden: Deut 7, 21; 9, 4; 10, 17. 21; Neh 1, 5; 4, 8; 9, 32; Ps 99, 3; vgl. Mal 1, 14; Ps 47, 3; 96, 4; 145, 6.

Das numinose Wesen Gottes, das mit seiner Heiligkeit identisch ist, wird als *nôrā'* 'furchtbar' bezeichnet. In 36 von 44 Stellen ist es Attribut JHWHs (Ex 15, 11; Deut 7, 21; 10, 17; Zeph 2, 11; Ps 47, 3; 68, 36; 76, 8. 13; 89, 8; 96, 4 = 1 Chr 16, 25; Hi 37, 22; Dan 9, 4; Neh 1, 5; 4, 8; 9, 32), seines Namens (Deut 28, 58; Mal 1, 14; Ps 99, 3; 111, 9), seiner Taten (Ex 34, 10; Deut 10, 21; 2 Sam 7, 23 = 1 Chr 17, 21; Jes 64, 2; Ps 65, 6; 66, 3; 106, 22; 145, 6) und seines eschatologischen Gerichtstages (Jo 2, 11; 3, 4; Mal 3, 23). Nach Hempel, Gott und Mensch im AT, 1926, 30, vgl. Becker 48, gehört *nôrā'* zum typischen Vokabular der Zions- und JHWH-Königs-Lieder (vgl. Ps 47, 3; 76, 8. 13; 96, 4.; 99, 3) und darf wohl als zur Kultsprache gehörig angesehen werden, von wo aus es in die deut Rahmenstücke gekommen ist (Deut 7, 21; 10. 17. 21; 28, 58).

In der Formel *hā'ēl haggāḏôl wehannôrā'* (Dan 9, 4; Neh 1, 5; 4, 8; 9, 32) als Prädikation des gnädigen Gottes könnte eine Abschwächung des numinosen Gehaltes vorliegen. Desgleichen in Ps 45, 5 als Bezeichnung für die „erstaunlichen, herrlichen" Taten des Königs, vgl. den adv. Gebrauch „in wunderbarer Weise" in Ps 139, 14 (vgl. Kraus, BK XV/2[5], 1091; Stähli 770).

2. Die Begegnung mit Gott, die Gegenwart seiner Heiligkeit, gilt nach vielfach bezeugter Auffassung des AT als für den Menschen gefährlich, ja todbringend (Gen 16, 13; 32, 31; Ex 19, 21; 24, 10f.; Ri 6, 22f.; 13, 22; 1 Sam 6, 19; 1 Kön 19, 13; Jes 6, 5; vor allem Ex 33, 18ff. Vom Hören der Stimme Gottes: Ex 20, 19; Deut 4, 33; 5, 23ff.). (Todes-)Furcht ist daher die natürliche Reaktion des Menschen, dem das Widerfahrnis göttlicher Offenbarung in Theophanie, Traum oder Vision zuteil wird.

Dies zeigt in letzter Konsequenz Ex 3, 6. Mose verhüllt sein Gesicht, „denn er fürchtete sich, Gott anzuschauen". Furcht vor dem todbringenden Anblick der Gottheit beinhaltet hier zugleich Furcht vor dem Numinosen, insofern es als gefahrbringend erkannt wird.

Ex 3, 6 steht im weiteren Kontext der Berufungserzählung des Mose von J und E. Zur literar. Gattung und Analyse der Erzählfäden zuletzt Richter, FRLANT 101, 1970, 57–133; Perlitt, EvTh 31, 1971, 588–608; Reichert, Der Jehowist und die sogenannten deuteronomistischen Erweiterungen im Buch Exodus, Diss. Tübingen 1972; H. H. Schmid, Der sogenannte Jahwist, 1976, 19–43. Ex 3, 6b wird von manchen J zugewiesen (Holzinger, Richter), überwiegend aber zu E gerechnet (Baentsch, Beer, Noth, Wolff, EvTh 29, 1969, 66). In Verbindung mit anderen E-Stellen hat man daraus weitgehende Schlüsse für das Verkündigungsanliegen von E gezogen in Abgrenzung zu J, vgl. Wolff, EvTh 29, 1969, 59–72; vor allem Derousseaux, Kap. IV, mit seiner These, daß insbesondere der sittliche Gottesfurchtbegriff seinen Ursprung in den Traditionen des Nordreichs habe. Die gegenwärtige Situation der Pentateuchkritik (vgl. dazu H. H. Schmid, 1976; Rendtorff, BZAW 147, 1977; Otto, Verkündigung und Forschung 1, 1977, 82–97) erschwert ohne Frage das Aufzeigen theologischer Traditionslinien; die Kritik Beckers, Bibl 53, 1972, 283f., an Derousseauxs Versuch erscheint in dieser Form nicht gerechtfertigt. Bis gesicherte Ergebnisse im Rahmen einer Gesamttheorie vorliegen, können die bisher erzielten bei allem gebotenen Vorbehalt als brauchbare Arbeitshypothese gelten.

Furcht ergreift auch das Volk angesichts der Theophanie JHWHs am Sinai (Ex 20, 18). Nach allgemeinem Konsens ist *jr'* mit Sam, LXX, V zu emendieren, das in Parallele zu *nûa'* 'zittern, beben' steht. 20, 18 steht im Kontext der E-Fassung der Sinaitheophanie (19, 16aβ. b. 17. 19; 20, 18b–21, vgl. Beer, Noth, anders Beyerlin, 1961, 18; zum Ganzen: Zenger, FzB 3, 1971, 170ff. 208ff.; Reichert 115f.; H. H. Schmid 97ff.). Die Furcht des Volkes bezieht sich nach E auf JHWHs Erscheinen in einem Gewitter, wobei durch die eigentümliche Parallele Donner / ständig zunehmender Posaunenschall die urspr. Theophanieschilderung verfremdet wird. Ex 19, 19 erklärt zusätzlich, daß im Donner Gottes Stimme in seiner Antwort an Mose vernehmlich wird. Der redaktionelle Vers 20, 18a, der die J- und E-Version verklammert, bezieht die Furcht des Volkes jetzt auch ausdrücklich auf die Phänomene der J-Darstellung (rauchender Berg, JHWHs Herabsteigen im Feuer, Beben).

Neben der Theophanie sind es Traum- und Visionserlebnisse, in denen der Einzelmensch das Furchtbare der Gegenwart Gottes erfährt.

In Gen 28, 17 zeigt sich dies besonders deutlich. Im jetzigen redaktionellen Verbund der alten Betheltraditionen (Gen 28, 11–22) stellt freilich die Furcht Jakobs, die sich in dem Ausruf *mah-nnôrā'* ausdrückt, eine Reaktion auf das Traumerlebnis dar; erst nach dem Erwachen wird er sich der erfahrenen Gottesnähe bewußt und erkennt die Heiligkeit des Ortes, an dem er sich befindet. 20, 17 gehört aber mit 11. 12. 18–20. 21a. 22 zur E-Erzählung (so zuletzt E. Otto, ZAW 88, 1976, 165–190; anders A. de Pury, 1975, II 389ff. [→ יעקוב], der 11. 12f. 15. 17f. 20f. 22a als récit primitif verstehen will), d. h. nach E erfüllt Jakob die im Traum erfahrene Gottesnähe mit Furcht.

Die Darstellung der prophetischen Berufungsvisionen vermeidet in der Regel den Ausdruck numinoser Furcht, da sie unter Zurückdrängung des visionären Erlebnisses auf die Mitteilung des Wortes hin gestrafft sind (vgl. Fuhs, FzB 32, 1978). Ausnahmen sind Jes 6 (Furcht in direkter Rede); Ez 1 (Fallen auf das Angesicht). Hi 4, 12–16 bietet dagegen eine anschauliche Schilderung der durch das Visionserlebnis ausgelösten Furcht. Dabei dürfte es sich aber eher um dichterische Gestaltung als um eigenes Erleben handeln; ähnlich auch Dan 10.

3. Nicht nur im sinnenfälligen Erleben göttlicher Gegenwart begegnet der Mensch dem Numinosen, sondern auch im Handeln Gottes in Geschichte und Natur. Das Hebr. hält ein breit gefächertes Vokabular bereit, um jeweils einen spezifischen Aspekt göttlichen Tuns zu bezeichnen, etwa des Wunderbaren, des Wirkens, der Größe und Kraft, des Gerichtes. *nôrā'ôṯ* und *môrā'îm* betonen direkt das Moment des Furchtbaren, des Numinosen (Deut 10, 21; 2 Sam 7, 23 = 1 Chr 17, 21; Jes 64, 2; Ps 65, 6; 106, 22; 139, 14; 145, 6 und Deut 4, 34). Ex 34, 10 und Ps 66, 3 steht das Adj. *nôrā'* als Epitheton der Taten JHWHs, nach Ex 15, 11 und Ps 66, 5 ist JHWH selbst *nôrā' tehillôṯ* bzw. *norā' 'alîlāh*.

Die Befreiung des Volkes aus Ägypten ist für Israel *die* Tat JHWHs. Deshalb fürchtet Israel den Herrn (Ex 14, 31, wobei hier gewiß mit einer Bedeutungsnuance in Richtung „verehren" zu rechnen ist); deshalb geraten die Völker in Angst und Schrecken (Ex 15, 14–16). Die bloße Erinnerung daran flößt den Philistern Furcht ein (1 Sam 4, 7–8). Vgl. ferner Deut 26, 8; Jer 32, 21; Mi 7, 15–17.

Das Eingreifen JHWHs zugunsten seines Volkes ruft Furcht hervor. Ps 65, 6 spricht von der Erhörung des Gebetes des Volkes durch furchtbare Taten, wobei nach v. 10 an die Verleihung der Fruchtbarkeit gedacht ist. Das altertümliche Kultlied Ps 76 ist als ganzes ein Hymnus auf JHWHs Macht und Herrlichkeit, die sich in seinem universalen Gericht äußert, angesichts dessen die ganze Erde in Furcht gerät. JHWHs machtvolles Handeln im Gericht intendiert auch die Bitte in Ps 9, 21, den Völkern Schrecken einzujagen. Vgl. ferner Jes 19, 16; 25, 3; 41, 5. 23; Sach 9, 5; Hab 3, 2; Ps 67, 8. Nach Ps 40, 4 bewirkt das Gebet des einzelnen, daß viele sich fürchten, wobei unter *rabbîm* die versammelte Gemeinde zu verstehen ist (vgl. 10f.). JHWHs rettendes Eingreifen für den Beter läßt alle, die es sehen (*r'h*), erschauern (*jr'*). Das Erschauern unter dem Eindruck von JHWHs Handeln weckt Vertrauen. Ps 52, 8 und 64, 10 geht das Erschauern der Gerechten angesichts Gottes Strafgericht über die Gottlosen zusammen mit Freude bzw. Begreifen seines Tuns.

Nicht nur in seinem Geschichtshandeln, sondern auch (weniger ausgeprägt; dazu Vriezen, Theologie, 111f. 155–165) in seinem Wirken als Schöpfer und Herr der Natur offenbart sich JHWHs Macht, die zum Erleben des Numinosen führt und Furcht auslöst, vgl. 1 Kön 18, 39; Jer 5, 22. 24; 10, 7; Jon 1, 16; Hi 37, 1. 24; Ps 33, 8. Ps 65, 6–9 gehen beide Vorstellungen ineinander über.

Schließlich wird das Numinose im Geschöpflichen selbst erfahrbar. Der Anblick des Gottesboten ist „furchtbar" (Ri 13, 6, vgl. Dan 8, 17f.; 10, 7–11. 15–19; Tob 12, 16), dem Gottesmann bzw. dem charismatischen Führer begegnet man mit ehrfürchtiger Scheu: Mose (Ex 34, 30), Josua (Jos 4, 14), Samuel (1 Sam 12, 18; 16, 4, vgl. 28, 20f.), ebenso dem König als Gesalbten JHWHs (2 Sam 1, 14; 1 Kön 3, 28). JHWHs Volk fürchtet man, weil sein Name über ihm ausgerufen ist (Deut 28, 10, vgl. Neh 6, 16). Numinose Furcht besteht schließlich vor bestimmten Orten und Gegenständen: das kristallene Gewölbe bzw. die Thronplatte (Ez 1, 22; vgl. Zimmerli, BK XIII/1, 7, der mit Eichrodt u.a. *nôrā'* für Nachinterpretation hält), die Wüste (Deut 1, 19; 8, 15), das Heiligtum (Lev 19, 30; 26, 2, vgl. Gen 28, 17).

4. Von numinoser Furcht angesichts göttlichen Handelns ist der Gottesschrecken zu unterscheiden, insofern es sich nicht um Schrecken vor Gott, sondern um gottgewirkten Schrecken handelt. Die Eigenständigkeit dieses Phänomens zeigt sich bereits im Vokabular (s.o. I. 3.; einen entsprechenden terminologischen Unterschied kennt u.a. das Akk. *palāḫu*/*ḫattu*, das den panischen Schrecken bezeichnet (vgl. CAD 6, 151; AHw 336; Becker 66–74; Derousseaux 97f.). Von *jr'* ist es das Substantiv *môrā'*, das ausschließlich den Gottesschrecken bezeichnet. Es findet sich verbunden mit der Herausführungsformel in den bekenntnisartigen Formulierungen des Deut (4, 34; 26, 8; 34, 12; vgl. Jer 32, 21; dazu Zenger, ZDMG Suppl. I, 1969, 334–342; Groß, ZAW 86, 1974, 425–452). „La *guerre sainte* est, par excellence, l'occasion de la terreur divine" (Derousseaux 98; vgl. Becker 67; schon v. Rad 10ff. 63ff. 72ff. 82f.; Köhler, 1953, 102–105).

5. In der Polarität von tremendum und fascinosum, die dem Numinosen bzw. der Heiligkeit Gottes eignet (s.o. 1.), liegt begründet, daß der Mensch mit Flucht und Furcht bzw. Hinwendung, Vertrauen und

Freude auf das Widerfahrnis göttlicher Gegenwart reagiert. Dies verdeutlichen Stellen, an denen Furcht und Freude in einem echten Spannungsverhältnis zueinander stehen, etwa Ps 40, 4; 52, 8; 64, 10; 96, 11–13. Ex 14, 31 bewirkt JHWHs Tat Furcht und Glauben. Ps 119, 120. 161 drückt numinose Furcht vor dem im Gesetz präsenten Gott aus. Dasselbe Gesetz ist zugleich Gegenstand der Freude. Numinose Furcht wird somit zum Ausgangspunkt einer semantischen Entwicklung, die unter Abschwächung des Momentes eigentlicher Furcht hin zu „sittlicher Gottesfurcht" und in Anerkennung, Hinwendung und Bekenntnis JHWHs dem „kultischen Begriff" (fürchten = verehren) verläuft.

V. Die Formel *'al-tîrā'* (*'al-tîr^e'î, 'al-tîr^e'û*) begegnet in sehr unterschiedlichen literarischen und sozialen Kontexten.

1. Als Redewendung der Umgangssprache ist sie 15mal belegt: Gen 35, 17; 43, 23; 50, 19–21; Ri 4, 18; Ruth 3, 11; 1 Sam 4, 20; 22, 23; 23, 17; 28, 13; 2 Sam 9, 7; 2 Kön 6, 16; Jer 42, 11; Spr 3, 25 (?); Ps 49, 17. In der Regel absolut gebraucht, wird sie meist durch einen selbständigen Satz (z. B. Gen 43, 23; 50, 21; Ruth 3, 11) oder durch einen mit *kî* eingeleiteten kausalen Nebensatz begründet (Gen 35, 17; 1 Sam 4, 20; 22, 23; 2 Sam 9, 7; 2 Kön 6, 16). Gen 35, 17 spricht die Hebamme Rachel Mut zu: „Hab keine Angst, sei getrost!" mit der Begründung „du hast wieder einen Sohn". Die Freude über die Geburt eines Sohnes soll der mit dem Tod ringenden Mutter ihre Not und Angst lindern, vgl. 1 Sam 4, 20. Angst vor dem Tod aus ganz anderen Gründen haben die Brüder Josephs. Deshalb spricht ihnen ein Diener (Gen 43, 23) bzw. Joseph selbst (Gen 50, 19. 21) Mut zu. Jonathan gebraucht die Redewendung, um David während der Zeit seiner Verfolgung zu ermutigen; David beruhigt mit ihr Abjathar und Meribaal, die ihre Ermordung fürchten (1 Sam 23, 17; 1 Sam 22, 23; 2 Sam 9, 7). 2 Kön 6, 16 wendet sie sich gegen Furcht vor militärischer Niederlage, 2 Kön 25, 24 = Jer 40, 9 gegen die Angst vor Knechtschaft. „Fürchte dich nicht!" im umgangssprachlichen Gebrauch kann man als „banale formule de réconfort" (Derousseaux 90; vgl. Plath 114f.) bezeichnen, die die Funktion hat, einem Menschen in Leid und Not Mut zu machen, ihm die Angst (vor dem Tod) zu nehmen, ihn aufzurichten. In abgeblaßter Bedeutung wird sie geradezu als Floskel benutzt (Ruth 3, 11; vielleicht Ri 4, 18; Ps 49, 17: „warte nur ruhig ab!").

2. Im Zusammenhang kriegerischer Auseinandersetzungen, insbesondere mit dem Ereignis des JHWH-Krieges kommt die Formel häufig vor (Ex 14, 13; Num 14, 9; 21, 34; Deut 1, 21. 29; 3, 2. 22; 7, 18; 20, 1. 3; 31, 6. 8; Jos 8, 1; 10, 8. 25; 11, 6; 2 Chr 20, 15. 17; 32, 7; Neh 4, 8; Jes 7, 4). Ganz überwiegend ist sie in Reden vor dem Kampf („Kriegsansprachen" Wolff, BSt 35, 1962, 18ff.) eingebettet, in denen der Heerführer sein Kriegsvolk zu Furchtlosigkeit und Mut vor dem Feind ermahnt (Mose: Ex 14, 13; Deut 1, 21. 29; 3, 22 zu Josua; 7, 18; 20, 1; 31, 6; 31, 8 zu Josua vor Israel. Josua: Num 14, 9; Jos 10, 25. Ein Priester: Deut 20, 3. Hiskia: 2 Chr 32, 7. Nehemia: Neh 4, 8). Auffallend sind die Häufungen synonymer Ausdrücke: *'mṣ* (Deut 31, 6; Jos 10, 25; 2 Chr 32, 7), *ḥzq* (Deut 31, 6; Jos 10, 25; 2 Chr 32, 7), *ḥtt niph* (Deut 1, 21; 31, 8; Jos 8, 1; 10, 25; 2 Chr 32, 7), *'rṣ* (Deut 1, 21; 20, 3; 31, 6), *rkk* (Deut 20, 3; Jes 7, 4). Die Ermahnung zur Furchtlosigkeit wird in allen Fällen mit mehr oder weniger formelhaften Wendungen damit begründet, daß JHWH mit ihnen sei und den Sieg verleihe. In den verbleibenden Belegen steht die Formel innerhalb der Gottesrede. Die Begründung lautet regelmäßig: „ich gebe ... in deine Hand" (Num 21, 34; Deut 3, 2; Jos 10, 8; 11, 6). Diese Formel gehört zur Institution der Orakelerteilung im JHWH-Krieg (v. Rad). Man hat nun gemeint, daß die Formel *'al tîrā'* Bestandteil des alten Kriegsorakels sei und hier ihren urspr. Sitz im Leben habe (zuletzt Derousseaux 97).

Man verweist in diesem Zusammenhang auf außerisraelitische Parallelen. J.-G. Heintz, VTS 17, 1969, 112–138, beruft sich auf ARM XIII, 114; X, 80, und hält die Formel für „stereotyped phraseology" (122) des Heiligen Krieges. Ansonsten werden genannt: ANET³ 449–451. 501; KAI 202 A 12–14; RŠ 17. 132, 3–5 (PRU IV, 35f.), vgl. Cazelles, RB 69, 1962, 321–349; Wildberger, ZThK 65, 1968, 129–159; Kaiser, ZAW 70, 1958, 107–126. Demgegenüber hat Dion, CBQ 29, 1967, 198–206; CBQ 32, 1970, 565–570, darauf hingewiesen, daß weder ARM XIII, 114; X, 80, noch RŠ 17. 132, 3–5 im Kontext eines Kriegsorakels stehen und daß die Formel *'al tîrā'* in wirklich alten at.lichen Texten, d. h. für eine Zeit, in der der JHWH-Krieg Wirklichkeit und nicht bloß Theologumenon war, praktisch nicht belegt ist. Allenfalls kämen Ex 14, 13 (J); Jos 10, 8; 11, 6 in Frage. Beide letzten Stellen hält aber Derousseaux 93, für dtn beeinflußt. Num 14, 9 wird überwiegend P zugerechnet (Noth, Lohfink, Bibl 41, 1960, 107 Anm. 2; Wagner, ZAW 76, 1964, 262 Anm. 8; Coats, 1968, 138). Insgesamt erscheint die Basis zu schmal, um „establish ‚fear not' as a distinctive and original holy war formula" (Dion, CBQ 32, 1970, 567). Dem widerspricht nicht, daß die Verheißung des Sieges vor dem Kampf durch Orakelspruch erfolgte und daß die Stellen mit der Formel „Fürchte dich nicht!" diesen institutionellen Vorgang noch erkennen lassen (v. Rad, 1951, 7f.; Smend, FRLANT 84, 1963; Stolz, AThANT 60, 1972; Weippert, ZAW 84, 1972, 460–493). Diese sind aber jetzt integriert in dt/dtr Sprache und Theologie. Die Ermahnung zur Furchtlosigkeit ergeht nunmehr aufgrund der Erfahrungen mit JHWH in der Heilsgeschichte (Becker 54).

3. Einen festen Sitz scheint dagegen die Formel im sog. priesterlichen Heilsorakel zu haben, wie eine Reihe außerisraelitischer Texte zeigen, vgl. ANET 449–451. 501. Der Priester spricht den Hilfesuchenden im Namen der Gottheit mit der Formel „Fürchte dich nicht!" an, worauf mit der Selbstprädikation der Gottheit („Ich bin ...") der Orakelspruch folgt. Greßmann, ZAW 34, 1914, 254–297, hat diese Form in den zahlreichen dtjes Stellen (41, 10. 13. 14;

43, 1. 5; 44, 2; 54, 4; vgl. 44, 8; 51, 12) wiedererkannt und *'al tîrā'* als Offenbarungsformel bestimmt, die im priesterlichen Heilsorakel ihren urspr. Sitz im Leben habe. Die kultische Institution des Heilsorakels ist dann von Begrich, ZAW 52, 1934, 81–92 = ThB 21, 1964, 217–231, für den israelit. Bereich nachgewiesen worden. Eine, wenn auch späte, Belegstelle ist Kl 3, 57. Immerhin wird man mit Einfluß des Heilsorakels bei DtJes rechnen dürfen, zumal die Ich-Prädikation (vgl. dazu Elliger, ThB 32, 1966, 211–231; Zimmerli, ThB 19, 1963, 11–40. 120–132; Rendtorff, Beih. zu KuD 1, 1961, 32–38) zumeist parallel geht (Jes 41, 10. 13. 14; 43, 3. 5; 44, 6. 8; 51, 12), zu erwägen ist er für 2 Kön 19, 6 = Jes 37, 6; Jes 10, 24 und Jer 30, 10f. = 46, 27f. (letztere beiden mit Ich-Prädikation), zu vermuten für Gen 15, 1; 26, 24; 46, 3 (alle mit Ich-Prädikation) und Gen 21, 17; 28, 13 LXX. Es mag sein, daß *'al tîrā'* als Offenbarungsformel im Heilsorakel von hier aus in die Ermahnungen zur Furchtlosigkeit im Zusammenhang mit dem JHWH-Krieg gelangt ist (Becker 52; dagegen Derousseaux 97, der dies genau umgekehrt sieht, da er das priesterliche Heilsorakel für „une forme dérivée et plus récente" hält).

4. Abschließend sei auf die Verwendung der Offenbarungsformel *'al tîrā'* in Theophanieschilderungen hingewiesen (Ex 20, 20; Ri 6, 23; Dan 10, 12. 19; vgl. Gen 15, 1; 21, 17; 26, 24; 28, 13 LXX; 46, 3). Nach Köhler, Schweizerische Theol. Zeitschrift 36, 1919, 33–39, ist das numinose Erleben der Theophanie oder allgemein das Widerfahrnis göttlicher Gegenwart als urspr. Sitz dieser Offenbarungsformel anzusehen. Der sich selbst oder in seinem Boten offenbarende Gott beruhigt den von (Todes-)Furcht ergriffenen Menschen mit dem Trostwort: „Fürchte dich nicht!" So jedenfalls eindeutig Ri 6, 23. Die Annahme Richters, BBB 18, [2]1966, 203f., das Furchtmotiv sei redaktionell, ändert nichts an der Feststellung. Zu Ex 20, 20 und Dan 10, 12. 19 s. o. IV. 2.; zu Ri 6, 11–24 jetzt: Y. Zakovitch, The Sacrifice of Gideon (Jud 6:11–24) and the Sacrifice of Manoaḥ (Jud 13), ShnatMikr 1, 1975, 151ff. XXV (hebr.). Der Auffassung Köhlers haben zuletzt Plath 120f.; Becker 51ff.; Derousseaux 91; Stähli 773, widersprochen. Dem ist insoweit zuzustimmen, als die von Köhler herangezogenen DtJes-Stellen ausscheiden (s. o.) und Gen 15, 1; 26, 24; 46, 3 von der literar. Form des Heilsorakels geprägt sind. Weiser und Kaiser, ZAW 70, 1958, 111–116, denken deshalb an eine urspr. Verbindung von (Kult-)Theophanie und Heilsorakel. Die Frage nach ihrem urspr. Sitz kann hier unentschieden bleiben, *'al tîrā'* ist jedenfalls als Offenbarungsformel im Theophaniegeschehen verankert und hat gerade in dieser Funktion auf das NT eingewirkt.

VI. 1. Gottesfurcht in der Ausprägung „JHWH-fürchten" weist in der dt/dtr Literatur sowohl auf der sprachlichen wie semantischen Ebene eine bemerkenswerte Einheitlichkeit auf.

Dieses Ergebnis Beckers und Derousseauxs ermöglicht den Verzicht auf eine Einzeldiskussion der verschiedenen dt/dtr Schichten bzw. Schulen für die *jr'*-Stellen, vgl. dazu Noth, ÜSt I; v. Rad, BWANT 26, 1938; Minette de Tillesse, VT 12, 1962, 29–87; Lohfink, AnBibl 20, 1963; Plöger, BBB 26, 1967; Floß, BBB 45, 1975; Mittmann, BZAW 139, 1975. Die Stellen sind: Deut 4, 10; 5, 29; 6, 2. 13. 24; 8, 6; 10, 12. 20; 13, 5; 14, 23; 17, 19; 28, 58; 31, 12. 13; Jos 4, 24; 24, 14; Ri 6, 10; 1 Sam 12, 14. 24; 1 Kön 8, 40. 43 = 2 Chr 6, 31. 33; 2 Kön 17, 7. 25. 28. 32–39. 41. Im allgemeinen weist man die *jr'*-Stellen späteren Händen zu. Lohfink dagegen rechnet sie für Deut 5–11 mit Ausnahme von 8, 6 dem Verf. der Grundschrift zu.

Die sprachliche Einheitlichkeit zeigt sich in der ausschließlichen Verwendung von Verbformen (zu 2 Kön 17, 32–34. 41 Becker 87), wobei für Deut der Inf. cstr. typisch ist. Genanntes Obj. ist immer JHWH, im Deut in der Verbindung JHWH, dein/euer/unser Gott.

Zentrales Theologumenon dt/dtr Literatur ist der Bund JHWHs mit Israel. Baltzer hat versucht, die Struktur des Bundesformulars näher zu bestimmen ([2]1964, 22f. 46f.; vgl. McCarthy, SBS 13, [2]1967; Old Testament Covenant, Oxford 1972; Kutsch, BZAW 131, 1973). Nach einer ansprechenden These v. Rads hat die Bundesstruktur im Deut literar. Gestalt angenommen. Wie man dies im einzelnen auch sehen mag, jedenfalls ist der JHWH-Bund mit seinen spezifischen Implikationen – Verehrung JHWHs im Kult, Treue zur Bundessatzung, was von Gesetzesbeobachtung zu unterscheiden ist (s. u.) – für die Interpretation der *jr'*-Stellen von großer Bedeutung.

Zu Deut: 6, 13 und 6, 24, die in der sog. großen „Gebotsumrahmung" (Lohfink) stehen (6, 10–25), stellen formal die Grundsatzerklärung, inhaltlich einen Kommentar zum Hauptgebot dar, d. h. „fürchten" bedeutet „verehren" unter dem Aspekt der alleinigen und treuen Verehrung JHWHs. Dies zeigen auch die umgebenden Synonyme, die sämtlich Bundestreue und Verehrung JHWHs als einzigen Gott ausdrücken: *škḥ* (12), *'bd* (13), *šb' bšmw* (13, dazu Horst, ThB 12, 1961, 297f.), *hlk 'ḥrj 'lhjm 'ḥrjm* (13 – antithetisch, dazu Köhler, 1953, 141 Anm. 39; Helfmeyer, BBB 29, 1968).

Zu 5, 29 und 6, 2: Ob man 5–6 als urspr. Einheit oder 6, 2 als Verbinder zu einer in 6, 4ff. einsetzenden neuen Einheit ansieht, im jetzigen literar. Verbund stehen 5, 29 und 6, 2 in struktureller Beziehung, so daß wegen des Zusammenhanges mit 6, 4ff. *jr'* 'verehren' bedeutet im Sinne der Treue zum Bundesgott, wobei sich der Aspekt der Gebotsbeachtung dem der Bundestreue unterordnet. Nach 5, 29 ist es Sache des Herzens, JHWH zu „fürchten", nach 6, 2, ihn zu „lieben", d. h. *jr'* und *'hb* sind Termini der Grundsatzerklärung im Zusammenhang der Vertragsterminologie und insoweit Synonyme (→ אהב *'hb*). „Herz" ist hier keine Gefühlssache, sondern die bewußte Entscheidung des Menschen zur Bundestreue JHWH gegenüber (J. B. Bauer, VD 40, 1962, 27–32).

In 10, 12 und 10, 20 haben wir die Quelle für die Stellen in 5–6 vor uns, zumal 10, 20 und 6, 13 in der Formulierung übereinstimmen, wenn die Vermutung zutrifft, daß 10, 12 – 11, 17 dem Verf. von 5–6 vorgelegen hat. Die Bedeutung von *jr'* ist auch hier, insbesondere wenn man mit Baltzer, 47, beide Stellen zur Grundsatzerklärung rechnet, treue Verehrung JHWHs als Bundesgott. Ähnlich wird man auch 8, 6 und 13, 5 interpretieren dürfen, die späteren Schichten angehören.

„JHWH fürchten" gilt als erlernbar (4, 10; 14, 23; 17, 19; 31, 12. 13), wobei zu beachten ist, daß sich in 14, 23 und 17, 19 Erlernen auf die Aneignung der Haltung des Fürchtens/Verehrens bezieht, während es in 4, 10 und 31, 12–13 um das Erlernen des Gesetzes geht. Beide Stellen gehören einer späten Schicht an. Will man hier noch „typisch dt-stische Bedeutung der treuen Verehrung Jahwes bekräftigt" sehen, so haben sie doch zumindest das nomistische Verständnis der JHWH-Furcht mit vorbereitet (s. u.).

Die dtr Stellen außerhalb Deut weisen für *jr'* dieselbe Bedeutung aus; dies zeigt am besten 2 Kön 17, 7–41, eine im wesentlichen dtr Reflexion über das Verhältnis von JHWH-Fürchten und Gesetzesbeobachtung. Obwohl sich die *jr'*-Belege möglicherweise auf verschiedene Schichten verteilen (Eißfeldt, Einleitung, 404; Šanda; Noth, ÜSt I, 85; Jepsen, 1953: 2. 21. 23b R^1 – 7–20. 22. 23a. 34–40 R^2 – 24–33. 41 R^3; u. a.), sind sie in der Bedeutung durchaus einheitlich (gegen Olivier 41 f.) und mit „verehren" (V übersetzt zutreffend mit colere) wiederzugeben, vgl. Ri 6, 10.

Der Begriff Gottesfurcht findet in der dt/dtr Literatur nahezu ausschließlich im kultischen Sinne (*jr'* = verehren) Verwendung. Bezogen auf JHWH besagt er Verehrung JHWHs, Bundestreue, die ihren Ausdruck findet im alleinigen Kult JHWHs und Beobachtung der Bundessatzung. Die dtr Verf. greifen dabei auf den im AO wie in Israel geläufigen kultischen Begriff zurück und stellen ihn in den Dienst ihres zentralen Anliegens: Treue zu JHWH (Becker 85; Derousseaux 255. Ob freilich die Entwicklung so verläuft, wie er 255ff. annimmt, bleibt fraglich).

2. Eine sprachliche wie semantisch eigenständige Ausprägung des kultischen Begriffes JHWH-Fürchten ist das *jir'ê JHWH* der Pss. Typisch ist die ausschließliche Verwendung der Pluralform sowie des Gottesnamens JHWH (Ps 66, 16 ist keine Ausnahme, da im elohistischen Psalter urspr. JHWH gestanden haben dürfte) oder die entspr. Suffixe. Den suff. Formen gleichzuordnen sind *jir'ê šemækā* (Ps 61, 6) und *jir'ê šemî* (Mal 3, 20). Die Cstr.-Verbindung zeigt das Verbaladj. in adj. Funktion zu JHWH als Subj., d. h. *jir'ê JHWH* bedeutet weniger „die (den) JHWH verehren" als vielmehr „die (als) Verehrer JHWH (zugehören)". In dieser Wendung wird also die Zugehörigkeit zu JHWH ausgedrückt. Die „JHWH-Fürchtigen" bezeichnen stets die Gemeinde der JHWH-Verehrer. Allerdings lassen die Texte verschiedene Bedeutungsabwandlungen erkennen. Urspr. sind mit den JHWH-Fürchtigen die im Heiligtum als Kultgemeinde Versammelten gemeint (Ps 22, 24. 26; 31, 20; 66, 16). In Ausweitung dieser Bedeutung kann das ganze Volk JHWHs so benannt werden (Ps 15, 4; 60, 6; 61, 6; 85, 10). In späten, durchweg weisheitlich geprägten Pss wird es zur Bezeichnung für die „JHWH-Treuen", „Frommen" (25, 14; 33, 18; 34, 8. 10; 103, 11. 13. 17; 111, 5; 119, 74. 79; 145, 19; 147, 11), d. h. der Aspekt der im Heiligtum versammelten Kultgemeinde tritt zurück; im Vordergrund steht jetzt die durch frommes Leben erwiesene JHWH-Treue. Hier zeigt sich der Einfluß des sittlichen (25, 14; 34, 8. 10) bzw. nomistischen (103, 17; 119, 74. 79) Gottesfurcht-Begriffes (s. u. VII./VIII.). Strittig bleibt, ob die JHWH-Fürchtigen in Ps 115, 11.13; 118, 4; 135, 20 die sog. „Proselyten" (dazu Schürer, Geschichte des jüdischen Volkes . . ., III, [4]1909, 175ff.; Kuhn, ThWNT VI 727ff.) bezeichnen (Bertholet, Die Stellung der Israeliten und der Juden zu den Fremden, 1896, 182; Briggs, Kittel, Gunkel, Knabenbauer, Hänel 125, Calès, vgl. Pannier, Weiser, Kraus) oder eher die verschiedenen Gruppen von Kultteilnehmern im nachexil. Gottesdienst (Plath 102f., Becker 160, vgl. Herkenne, Schmidt, Nötscher, Castellino).

3. Abschließend sei auf einige Texte hingewiesen, in denen „fürchten" im Sinne von „JHWH treu verehren" zu verstehen ist, die aber nicht unmittelbar dtr Einfluß unterliegen.

Neh 1, 11 ist die Bedeutung „verehren" gesichert. V. 11 beschließt das Gebet des Nehemia (1, 5–11), dessen Anlehnung an dtr Sprache längst erkannt ist (Rudolph), vgl. Deut 3, 26–45; 9, 5–37. Mit Baltzer 54f. ist für die dtr Predigt wie für das Bußgebet ein gemeinsamer Sitz zu erwägen. In Jer 32, 39. 40 geht es um das Treueverhältnis zu JHWH als Bundesgott (Bundesschlußformel in 38, Bund in 40) in der Ungeteiltheit und Beständigkeit seiner Verehrung (zum Verhältnis zu Jer 31, 31–34; 24, 4–7; Ez 36, 22–32; 37, 15–28; 11, 17–21 vgl. J. W. Miller, Das Verhältnis Jeremias und Hesekiels sprachlich und theologisch untersucht, 1955, 97–100). Sonstige Stellen: Ps 5, 8; 86, 11; 130, 4; 2 Chr 26, 5; Jes 63, 17. Einfache kultische Verehrung dürfte Jos 2, 25; Jes 29, 13 (Duhm, Fohrer) gemeint sein, während Jon 1, 9 in abgeschliffener Bedeutung „Kult-, Religionszugehörigkeit" bezeichnet.

VII. 1. Innerhalb des Elia-Elisa-Zyklus ist *jr'* 3mal belegt: 1 Kön 18, 3. 12 und 2 Kön 4, 1. Obwohl die sprachliche Form (Verbaladjektiv in conjug. periphras.) auch in dtr Stellen vorkommt (1 Kön 17, 32 – 24, 41), können sie nicht als dtr angesehen werden, da 1 Kön 17–19 nahezu vollständig aus einer Vorlage übernommen wurden (Šanda, Eißfeldt, vgl. dazu de Vaux, Elie le Prophète I, Paris–Brügge 1956, 53–83; Fohrer, Elia, Zürich [2]1968; Steck, WMANT 26, 1968). Becker 163f. nimmt an, daß aber bedeutungsmäßig mit dt/dtr Stellen ein Zusammenhang bestehe und *jr'* im kultischen Sinne der Gottesfurcht zu verstehen sei: Obadja und der Prophetenjünger als treue Verehrer JHWHs im Gegensatz zu den Anhängern Baals. Das trifft zu; es fragt sich aber, ob der Kontext diese Bedeutung nicht in Richtung des sittl. Gottesfurchtbegriffes nuanciert (Derousseaux 160f.).

Dasselbe gilt für Hos 10, 3. *jr'* kommt in Hos nur hier vor. Marti, Sellin, 1922 (anders 1929), Deißler scheiden *kî lo' jāre'nû 'æt JHWH* als Glosse aus. Becker 172 versteht 10, 3 als Klage des Volkes: es hat keinen König mehr zur Strafe dafür, daß es JHWH nicht allein verehrt, sondern verbotene Kulte ausgeübt hat, *jr'* also im kultischen Sinne. Weiser hält dies für das Eingeständnis des Volkes, daß Mangel an Gottesfurcht Ursache allen Unheils sei. Wolff sieht darin ein Schuldbekenntnis des Volkes. Beide interpretieren Gottesfurcht als sittl. Haltung des Volkes vor dem Anspruch JHWHs.

3. Die elohistischen Fragmente im Pentateuch (zur Problematik s.o. IV. 2.) weisen einen einheitlichen Gottesfurchtbegriff sittlicher Prägung auf.

In der E-Version der Erzählung von der Gefährdung der Ahnfrau (Gen 20, 1–18) ist die Gottesfurcht zentrales Thema (Wolff, ThB 22, ²1973, 405f.; Weimar, BZAW 146, 1977, 73. Zur Analyse dort 55–78). Sie meint hier etwas allgemein Menschlich-Sittliches: Ehrfurcht und Gehorsam gegenüber Gottes Gebot, Achtung und Respekt vor Recht und Freiheit des Fremden, und dies gilt für alle überall. Damit interpretiert E die alte Erzählung (vgl. Gen 12, 10–20; 26, 7–11) neu und setzt neue Akzente.

Das zeigt auch Gen 22. Die alte Erzählung thematisiert E als Erprobungsgeschichte (1), und in kunstvollem Wortspiel wandelt er das urspr. Thema *'ᵆlohîm jir'æh* (8. 14) in *jᵉre' 'ᵆlohîm* (12). Gottesfurcht definiert E hier als Gehorsam gegenüber Gott, der im Vertrauen auf ihn auch das Letzte wagt.

Der Ungehorsam der hebr. Hebammen (Ex 1, 15–21) ist E-Sondergut. Nach E stand Gottesfurcht an der Wiege des Volkes Israel: „Weil die Hebammen Gott fürchteten, verschaffte er ihnen Nachkommen" (21). Gottesfurcht bedeutet aber hier: Ungehorsam gegen den Befehl des äg. Königs. „Der Gehorsam gegen Gott erzieht zum Ungehorsam gegen den Willen politischer Unterdrücker, die das Töten gebieten, wo Gott das Leben will" (Wolff, ThB ²1973, 409).

In der E-Fassung der Sinaierzählung spielt Gottesfurcht ebenfalls eine entscheidende Rolle. Zunächst ist es numinose Furcht des Volkes angesichts des Theophaniegeschehens (Ex 20, 18b s.o. IV. 2.), die E gerne aufgreift, um in ehrfürchtiger Scheu den Abstand zwischen Gott und Mensch zu unterstreichen (vgl. Ex 3, 6b). Dann aber gibt er dem Geschehen eine ganz neue Deutung: „Fürchtet euch nicht, denn um euch zu erproben ist Gott gekommen, damit die Furcht vor ihm auf euch wirke und ihr euch nicht versündigt" (20).

Zentrales Verkündigungsanliegen von E ist also Gottesfurcht in der spezifisch sittlichen Ausprägung des Begriffes. Dabei hat E einen vorgegebenen Begriff auf das Israel seiner Zeit hin thematisiert und aktualisiert. Man hat gemeint, E stehe unter dem Einfluß einer „sittlichen Strömung", die in proph. Kreisen des 9. Jh.s wirksam gewesen wäre (Jepsen, Cazelles, Plath, Derousseaux). Aber die sprachlichen Formen sowie die universal sittliche Ausprägung des Begriffes erweisen ihn als typischen Terminus der Weisheitsliteratur.

3. In der weisheitlichen Reflexion ist Gottesfurcht bzw. JHWH-Furcht (zu den charakteristischen Wortformen *jᵉre' JHWH*, vor allem *jir'aṯ JHWH* s.o. I. 4.) ein Schlüsselwort, insofern es sich als geeignet erwies, angesichts einer welthaft erfahrenden Welt mit ihrer relativen Eigengesetzlichkeit der immanenten Abläufe und relativen Eigenwertigkeit der Lebensgüter (Leben, Besitz, Ehre etc.) einerseits und des Wissens um JHWHs souveränes Walten und Handeln in Geschichte und Welt andererseits dem Menschen diese komplexe Lebenswirklichkeit zu erschließen, damit er sich in ihr zurechtfinde und richtig verhalten könne. Dieses rechte Verhalten nennt die Weisheit *jir'aṯ JHWH*. Problemstellung und Frageansatz sind in weisheitlichen Traditionen recht unterschiedlich, so daß sich im einzelnen ein differenziertes Bild von JHWH-Furcht ergibt.

a) In Spr ist zu unterscheiden zwischen den Bedeutungen in den älteren Spruchsammlungen (12–29) und denen des redaktionellen Rahmens (1–9. 30. 31); zu Einzelheiten s. Skladny, Die ältesten Spruchsammlungen in Israel, 1962; H. H. Schmid, BZAW 101, 1966; Lang, SBS 54, 1972; Frau Weisheit, 1975. Versteht man 1, 7 als Leitspruch und 31, 30b (*'iššāh jir'aṯ JHWH*) als Höhepunkt des Liedes (31, 10–31), so erhält das Gesamtwerk eine Verklammerung durch das Motiv Gottesfurcht, was auch dann gilt, wenn man *jir'aṯ JHWH* als Glosse ansieht (Toy, Oesterley, Gemser).

In 10, 1 – 22, 16 ist JHWH-Furcht 9mal belegt, 7mal in Verbindung mit dem Retributionsgedanken (10, 27; 14, 26. 27; 15, 16; 16, 6; 19, 23; 22, 4). JHWH-Furcht findet ihren Lohn in langem, gesichertem Leben (14, 26–27; 19, 23), ist Quelle des Lebens (14, 27). Weniges mit ihr zu besitzen ist dem Reichtum ohne sie vorzuziehen (15, 16), sie treibt an, Übel und Unheil zu meiden (16, 6; 19, 23), deshalb ist sie hoch zu schätzen (14, 2). Nach 15, 33 erzieht sie zur Weisheit. Diese besteht u.a. im rechten Verhalten Gott, König und Hochgestellten gegenüber (24, 21). Allgemein erzieht sie zur Vorsicht (14, 16; 28, 14).

„Anfang der Weisheit ist JHWH-Furcht" (1, 7). Dieser sprichwörtlich anmutende Satz begegnet in mehreren Variationen (1, 29; 2, 5; 9, 10; 15, 33; Ps 111, 10; Hi 28, 28; vgl. Jes 11, 2; 33, 6) und reflektiert grundsätzlich das Verhältnis JHWH-Furcht und Weisheit (*da'aṯ/ ḥŏḵmāh*). *re'šîṯ* ist weniger als „Hauptsache, bester Teil, Inbegriff" zu verstehen, sondern wegen 9, 10 als „Anfang". Ist JHWH-Furcht Anfang der Weisheit, dann ist damit etwas über den Ausgangspunkt der Weisheit gesagt, dann soll hier nicht die Frage nach dem Ort der Gottesfurcht, sondern nach dem Ort der Weisheit beantwortet werden. Weisheit wird hier in ein enges Verhältnis zur Gottesfurcht gesetzt; sie ist aller Weisheit vorgeordnet als ihre Vorbedingung und erzieht zu ihr hin, d. h. alle Erkenntnis des Menschen fragt nach der Bindung an Gott zurück. Sachverständig, kundig in den Ordnungen des Lebens wird man erst, wenn man vom Wissen um und von der Bindung an JHWH ausgeht (v. Rad).

Die Frage nach den Voraussetzungen rechter Erkenntnis wurde auch in der älteren Weisheit gestellt und grundsätzlich beantwortet (ihre Charakterisierung als „utilitaristisch und eudämonistisch" [Gemser], als „bloße Klugheitsmoral" [Baumgartner] hat man inzwischen aufgegeben). „Während die jüngere Weisheit die Frage nach der Voraussetzung des Gewinns von Weisheit theologisch beantwortete (Weisheit kommt von Gott), ist hier die Antwort eine anthropologische. Weisheit steht und fällt mit der rechten Einstellung des Menschen zu Gott" (v. Rad, Weisheit in Israel, 1970, 96).

b) Hi verwendet die traditionellen Termini des weisheitlich-sittlichen Gottesfurchtbegriffes: *j^e re' 'ᵃlohîm* (1, 1. 8; 2, 3), eigentümlich ist die Verbindung *jir'āh* mit *šaddaj* (6, 14) bzw. mit *'ᵃdonāj* (28, 28), die aber semantisch der *jir'aṯ JHWH* entspricht. Das absolut gebrauchte *jir'āh* der Eliphas-Reden (4, 6; 15, 4; 22, 4) möchten Plath 55, Fohrer, KAT XVI, 138. 267. 355, in *jir'aṯ 'ᵃlohîm* ändern, es könnte sich aber um eine „abgegriffene Ausdrucksweise" handeln (Becker 247). Parallele Ausdrücke sind *tām*, *jāšar*, *sûr meraʿ* (1, 1. 8; 2, 3). 28, 28, der das Weisheitsgedicht 28 beschließt, wird aus sprachlichen und inhaltlichen Gründen als Zusatz betrachtet (Duhm, Driver-Gray, Dhorme, v. Rad, ThAT I⁶, 461, spricht von einem von seelsorglichem Interesse bestimmten Nachtrag), er stellt aber die eigentl. Pointe des Gedichts dar: während das Gedicht ansonsten nachdrücklich betont, Weisheit sei für den Menschen unzugänglich und allein bei Gott, sagt v. 28, dem Menschen bleibe allein Gottesfurcht, um Weisheit, die an sich völlig unerreichbar, zu erlangen, d. h. hier wird Weisheit in gewissem Sinne in Frage gestellt. Im Gegensatz zu Spr wird Weisheit nicht mehr empfohlen, vielmehr nur auf Gottesfurcht verwiesen. Hier deutet sich ein Verständnis von Gottesfurcht an, das in Pred eine wichtige Rolle spielt.

c) Pred setzt sich mit dem aus der weisheitlichen Tradition bekannten Gottesfurchtbegriff auseinander (3, 14; 5, 6; 7, 18; 8, 12a. 12b. 13; 9, 2; 12, 5. 13). Im Gegensatz zu radikalen Analysen (Siegfried, Podechard u. a.), die in Pred etliche Redaktoren und Glossatoren am Werk sehen, auf deren Konto die *jr'*-Stellen gingen, betont man heute die literar. Einheitlichkeit von Pred und beschränkt die Zusätze auf ganz wenige Stellen. Außer 12, 9 dürften alle *jr'*-Stellen von Pred stammen.

Nach 3, 14 heißt „Gott fürchten" (mit *millipnê!*), daß dem Menschen angesichts der Unabänderlichkeit der Setzungen Gottes und seiner Unbegreiflichkeit nichts übrigbleibt als bedingungslose Unterwerfung und strikter Gehorsam (Wildeboer, ähnlich Hertzberg, Galling, Oosterhoff), angewiesen auf die freie Beschenkung Gottes und bereit, „das Rätsel und die Bedrängnis zu tragen, die Gott verhängen kann" (Zimmerli). *jr'* hat hier wieder seine urspr. Bedeutung: Erschrecken vor dem völlig unbegreiflichen Numinosen (Fichtner, 1933, 52). Ähnliches gilt für 5, 6. 6b beschließt als positive Mahnung den begründeten Mahnspruch (4, 17 – 5, 6): „Fürchte aber Gott!" Dieser Imperativ ist unter dem erschreckenden Eindruck der Hoheit und Macht Gottes und dem damit korrespondierenden Bewußtsein menschlicher Abhängigkeit und Nichtigkeit zu verstehen, d. h. Gottesfurcht als dem Menschen allein gemäßer Ausdruck seiner Kreatürlichkeit.

Komplizierter liegen die Verhältnisse in 7, 18. In 18 findet die Einheit 15–18 ihren Abschluß (Delitzsch, Wildeboer; anders Hitzig, Galling, Zimmerli, Hertzberg 22; Volz, Budde 24). Eine gängige Weisheitsregel in 18a wird durch 18b theologisiert: „der Gottesfürchtige entgeht dem allem". 18b hat man deshalb für sekundär gehalten (Volz, Budde, Fichtner, Galling); es ist aber die eigentliche Pointe des Stückes (Gordis). Das Numinose der Gottesfurcht tritt hier stark zurück und ist im Sinne des sittlichen Begriffes der traditionellen Weisheit zu verstehen.

8, 12b. 13 werden gern als Zusatz betrachtet (Volz: „fromme Korrektur"; Budde: „orthodoxe Randglosse"; vgl. Rudolph, Fichtner, Galling). 12b. 13 stellen einen Zwischengedanken dar, ein persönliches Bekenntnis von Pred. Paronomasie im Relativsatz steigert den Begriff „Gottesfürchtige" zu „ganz besonders oder bewußt Gottesfürchtige", die Antithese in 13 intensiviert die Aussage insgesamt. Pred polemisiert hier offenbar gegen ein oberflächliches Verständnis von Gottesfurcht. Gottesfürchtige sind nur solche, die auch wirklich sind, was sie heißen, und nur solche erlangen, gegen alle Erfahrung, Glück.

Dies zeigt eine tiefe Auffassung von Gottesfurcht. Zumal in dem persönlichen Bekenntnis 8, 12b. 13 radikalisiert er den sittlichen Begriff der traditionellen Weisheit, in dem er Gottesfurcht auf ihre kraftvolle, ursprüngliche, numinose Grundlage stellt. „Wenn schon ‚Gottesfurcht' etwas nützen soll, dann nicht die landläufige, sondern nur die, in der der Mensch vor dem heiligen Gott erzittert" (E. Pfeiffer 151).

4. In einigen Texten zeigt sich eine spezielle Ausprägung des sittlichen Gottesfurchtbegriffes. Im H begegnet 5mal die Formel „du sollst deinen Gott fürchten, ich bin JHWH" (Lev 19, 14. 32; 25, 17. 36. 43). Sie bekräftigt Forderungen der Menschlichkeit bzw. sozialer Gerechtigkeit, so daß sie nicht mehr nur Normen allgemeiner Sittlichkeit sind, sondern ausdrückliche Willenskundgabe des Bundesgottes, der mit Gehorsam zu entsprechen ist. Ähnlich dürften Neh 5, 9. 15 zu verstehen sein, die als praktische Ausführung der Forderungen des H erscheinen. Gottesfurcht als Gehorsam gegenüber der Willensoffenbarung JHWHs zeigt sich auch im Elterngebot in der vom Dekalog abhängigen Formulierung in Lev 19, 3, vgl. Mal 1, 6a.

VIII. In einigen späten Weisheitspss stehen JHWH-Furcht und Tora JHWHs in einem besonderen Verhältnis zueinander.

Im Lobpreis der Tora JHWHs (Ps 19b), der ihre Vollkommenheit und ihre beglückende Wirkung auf den Menschen beschreibt, steht in einer Reihe von synonymen Termini für Tora – *ʿeḏûṯ JHWH* (8b), *piqqûḏê JHWH* (9a), *miṣwaṯ JHWH* (9b), *mišp^e ṭê JHWH* (10b) – *jir'aṯ JHWH* (10a). Diese sprachliche wie semantische Härte sollte man nicht dadurch umgehen, daß man subjektiven Gesetzesgehorsam (Duhm, Schmidt, Weiser, Castellino) oder allgemein „Gottesdienst, Religion" (Kittel, Pannier, Nötscher, Oosterhoff 75f.) annimmt oder in *'imraṯ JHWH* ändert (Gunkel, Briggs, Kraus), vielmehr liegt hier metonymischer Gebrauch vor, so daß *jir'aṯ JHWH* als eine Bezeichnung für Tora anzusehen ist. Dies gilt vielleicht auch für Ps 111, 10. 10a ist zwar eine Aufnahme des bekannten Weisheitsspruches (Spr 1, 7 u. ö.), aber 7. 8 und der Hinweis auf reichen/schönen Lohn (10, vgl. 19, 12!) legen dieses Verständnis nahe. Ps 119, 63 stehen „JHWH fürchten" und seine „Befehle halten" in Parallele. Ps 112, 1 und 128, 1.4 preisen den glücklich, der JHWH fürchtet. JHWH-Furcht besteht nun darin, an seinen Geboten Lust zu haben (112, 1) bzw. auf seinen Wegen zu wandeln (128, 1).

Die Frage ist nun, wie dieses Verhältnis von JHWH-Furcht und Torafrömmigkeit zu beurteilen ist. Becker 262ff., dem Stähli 777f. folgt, interpretiert es „nomistisch", d. h. unter Berufung auf Noth, ThB 6, 21960, 9–171, stellt er dem dt/dtr Gesetzesverständnis (Tora als Bundessatzung) ein durch die späte Weisheit geprägtes nomistisches Verständnis (Tora als „die absolute Größe der Spätzeit", Noth) gegenüber, dem jeweils ein spezifisches Verständnis von Gottesfurcht korrespondiere, und zwar JHWH-Furcht als Treue zum Bundesgott bzw. JHWH-Furcht als Gesetzesbeobachtung. Derousseaux 348f. macht mit Recht darauf aufmerksam, daß für eine solche Differenzierung die Texte wenig Anhalt bieten. Zudem sieht man heute die kritischen bis abwertenden Äußerungen, die seit Duhm bis Noth immer wieder gegenüber der „Gesetzesfrömmigkeit" des „Spätjudentums" zu vernehmen waren, mit großer Zurückhaltung an. Dies hängt mit einem veränderten Verständnis von Tora zusammen, vgl. G. Östborn, Tora in the Old Testament. A Semantic Study, Lund 1945; Kraus, Freude an Gottes Gesetz, EvTh 10, 1950/51, 337–351; BK XV5 zu Ps 19 sowie zu Ps 1 und 119; v. Rad, ThAT I6, 214, II5, 413–436; Zimmerli, ThB 19, 21963, 249–276. Nach Kraus, BK XV/15, 305, „sind im Verhalten des Menschen zur *tôrāh* (die Übersetzung 'Gesetz' sollte man nach Möglichkeit vermeiden) Voraussetzungen zu bedenken, die jeden Gedanken an Nomismus, Judaismus und strenge Observanz ausschalten" (Umschrift v. Verf.). Dies hat auch Becker gesehen, wenn er ausdrücklich darauf hinweist, daß er „Nomismus", „nomistisch" nicht pejorativ verstanden wissen will (262 Anm. 1), „nicht einfach als Verfallserscheinung" (266), sondern in gewisser Hinsicht als einen Höhepunkt (266f.).

IX. Von den vielen Termini des Fürchtens, die das AT kennt (s. o. I. 3.), begegnen in den Qumrantexten lediglich *pḥd*, *ḥtt*, *'rṣ* und *jr'*, wobei letzteres am häufigsten belegt ist. Bemerkenswert ist, daß „l'idée de la crainte de Dieu n'appartient pas aux thèmes fréquemment employés dans la littérature de Qumrân" (Romaniuk 29; vgl. H. Braun, BHTh 24, 1957, II, 25f.; W. Pesch, Bibl 41, 1960, 31 Anm. 2). Die wenigen Belege greifen verschiedene Ausprägungen des at.lichen Gottesfurchtbegriffes auf, etwa die Ermahnung zur Furchtlosigkeit im Kontext des JHWH-Krieges (1 QM 10, 3; 15, 8; 17, 4), 1 QSb 5, 25 als Zitat von Jes 11, 2 und CD 20, 19 von Mal 3, 16. *jr' 't 'l* (CD 10, 2) bedeutet „kultfähig" (vgl. J. Maier, Die Texte vom Toten Meer, II, 1960, 54).

Fuhs

יָרַד *jārad*

I. Allgemeines – 1. Etymologie, Belege, Bedeutung – 2. LXX – II. Wörtlicher Gebrauch – 1. Allgemein ohne festen Anwendungsbereich – 2. Naturvorgänge – a) Tageslauf, Wetter – b) Wasser, Flüssigkeiten – 3. Topographisch-geographisch – a) Im Gelände – b) Nord-Süd-Richtung – c) Militärisch – d) Grenzbeschreibung – e) Abzug – III. Übertragener Gebrauch – 1. Fluch- und Drohworte – 2. Gebetslieder des einzelnen – 3. Spr 18, 8 – IV. Hadesfahrt – 1. Allgemeines – 2. Gebetslied – 3. Prophetisches Leichenlied – 4. Gericht und Gerichtswort – 5. Warnung vor der fremden Frau – V. JHWHs Herabsteigen – 1. Theophanieschilderung – 2. J – a) Sinai – b) Zelt der Begegnung – c) Überwindung der Distanz – VI. Qumran.

Lit.: *J. Barr*, Comparative Philology and the Text of the Old Testament, Oxford 1968, 174f. – *G. R. Driver*, Mistranslations (PEQ 79, 1947, 123–126). – *Ders.*, On עלה „went up country" and ירד „went down country" (ZAW 69, 1957, 74–77). – *O. Eißfeldt*, Die Komposition der Samuelisbücher, 1931, 31. – *Ders.*, Baal Zaphon, Zeus Kasios und der Durchzug der Israeliten durchs Meer, Halle 1932. – *K. Galling*, Bethel und Gilgal (ZDPV 66, 1943, 140–155). – *Ders.*, Der Ehrenname Elisas und die Entrückung Elias (ZThK 53, 1956, 129–148, bes. 136 Anm. 1). – *J. Jeremias*, Theophanie (WMANT 10, 1965). – *J. vander Kam*, The Theophany of Enoch I 3b – 7, 9 (VT 23, 1973, 133). – *W. Leslau*, An Ethiopian Parallel to Hebrew עלה „Went up Country" and ירד „Went down Country" (ZAW 74, 1962, 322f.). – *J. Schneider*, καταβαίνω (ThWNT I 520f.). – *F. Schnutenhaus*, Das Kommen und Erscheinen Gottes im Alten Testament (ZAW 76, 1964, 1–22, bes. 5f.). – *G. Wehmeier*, עלה *'lh* hinaufgehen (THAT II, 1976, 272–290). – *J. V. K. Wilson*, Hebrew and Akkadian Philological Notes (JSS 7, 1962, 173–183, bes. 173–175).

I. 1. Das gemeinsemit. Verbum *jrd/wrd* (KBL3 415) ist biblisch 380mal belegt, davon 307mal im *qal*, 67mal im *hiph*, 6mal im *hoph*. Es bezeichnet stets die Richtung von oben nach unten. Meist wird gleichzeitig eine Bewegung ausgedrückt, doch kann auch nur ausgesagt werden, daß zwei Punkte verschiedenen Niveaus miteinander verbunden sind (vgl. Spr 7, 27; Neh 3, 15; sowie II. 3. d). Vor der durch manche Stellen nahegelegten Auffassung des Wortes als vox media (hinauf/hinab-) „steigen" (Eißfeldt, Baal Zaphon 3, Anm. 3; Barr 174f. u. a.) warnt die häufige Zusammenstellung mit *'ālāh* (Gen 28, 12; Deut 28, 43; 1 Sam 2, 6; 6, 21; 14, 36f. 46; Am 9, 2; Ps 104, 8; 107, 26; Hi 7, 9; Spr 21, 22; 30, 4; Pred 3, 21; 2 Chr 20, 16). Eher ist idiomatischer Gebrauch lokaler oder fachsprachlicher Herkunft anzunehmen, dessen Grund nicht mehr erkennbar ist (vgl. z. B. Ri 11, 37 oder die ausschließlich bei Jer vorkommende Wendung *jārad laṭṭæbaḥ*, II. 1.). *Hiph* und *hoph* weisen gegenüber dem *qal* weder in Bedeutung noch in Gebrauch Besonderheiten auf (vgl. Lev 9, 22 mit 1 Kön 1, 53).

2. Soweit die LXX mit dem MT überhaupt vergleichbar ist, geschieht die Wiedergabe des *qal* zu ca. 80% durch καταβαίνω. Dazu treten weitere sieben

mit κατά zusammengesetzte Verben: κατάγω (8mal), καθαιρέομαι (2mal), συγκαταβαίνω (1mal), καταβιβάζω (1mal), καταδύομαι (1mal), καταπηδάω (1mal), κατασπάω (1mal), sowie die Präpositionalverbindung εἰς κατάβοσιν. Der Rest entfällt auf 15 verschiedene Verben, von denen sich lediglich die Gruppe ἔρχομαι, διέρχομαι, εἰσέρχομαι, παρέρχομαι mit zusammen 6 Belegen abhebt. Zur Übersetzung durch ἀναβαίνω in Ruth 3, 3, nicht jedoch in 3, 6, s. Rudolph, KAT XVII/1–3, 1962, 52. Für das *hiph* treten ein: κατάγω (35mal), καθαιρέω (10mal), καταβιβάζω (8mal), καταφέρω (2mal), καταρρέω (1mal), καταχαλάω (1mal), darüber hinaus zehn weitere Verben mit jeweils einem Beleg. Auffällig sind ἀναβιβάζω 2 Chr 23, 20, ἀναφέρω 1 Sam 6, 15. Das *hoph* verteilt sich auf: καταβαίνω (2mal), καταβιβάζομαι (2mal), καθαιρέω (1mal), ἀφαιρέομαι (1mal).

II. 1. Die Handlung ist entweder für das Subjekt (*qal*, *hoph*) bzw. Objekt (*hiph*) grundsätzlich wiederholbar oder sie bedeutet den Tod/Untergang des Subjekts (*qal*) bzw. Objekts (*hiph*). Zur ersten Gruppe gehören: *Qal:* eine Leiter hinuntersteigen (Gen 28, 12), vom Esel absteigen (1 Sam 25, 23), aus dem Bett aufstehen (2 Kön 1, 4. 6. 16), die Altarstufen hinuntergehen (Lev 9, 22), vom Wagen (Ri 4, 15), vom Thron steigen (Ez 26, 16), auf Beute niederstürzen (von Vögeln, Gen 15, 11). *Hiph:* den Wasserkrug von der Schulter nehmen (Gen 24, 18. 46), Säcke auf die Erde stellen (Gen 44, 11), Schmuck ablegen (Ex 33, 5), das Stiftszelt abbrechen (Num 1, 51; *hoph* Num 10, 17), den Vorhang abnehmen (Num 4, 5), jemanden zum Fenster hinunterlassen (Jos 2, 15. 18), eine Leiche vom „Holz" abnehmen (Jos 8, 29; 10, 27), vom Wagen abladen (1 Sam 6, 15), vom Altar (1 Kön 1, 53), vom Obergemach des Hauses herunterholen (1 Kön 17, 23), das „Meer" von den Rindern herunternehmen (2 Kön 16, 17), auf dem Thron Sitzende (Jes 10, 13), Vögel aus dem Flug herunterholen (Hos 7, 12), den Kopf senken (Kl 2, 10). Der zweiten Gruppe sind zuzurechnen: *Qal:* Das Einstürzen von Städten (Deut 20, 20), Festungsmauern (Deut 28, 52), Säulen (Ez 26, 11), das Stürzen von Pferden und Reitern (Hag 2, 22), das Fallen des Waldes (Jes 32, 19; Sach 11, 2), der Wildstiere (Jes 34, 7), der Krone vom Haupt (Jer 13, 18 text. emend.), das Gehen zur Schlachtbank (Jer 48, 15; 50, 27). *Hiph:* Torriegel einreißen (Jes 43, 14 text. emend., Elliger, BK XI/1, 1978, 335–338), eine Festung zu Fall bringen (Am 3, 11; Spr 21, 22), zur Schlachtbank führen (Jer 51, 40). Aus der Übersicht geht hervor, daß dieser Gebrauch sich auf prophetische Drohworte konzentriert, die den Untergang ansagen. Dabei nähern sich Jes 32, 19; 34, 7; Jer 48, 15; 50, 27; 51, 40; Sach 11, 2, die *jrd* vergleichend gebrauchen, dem übertragenen Gebrauch (s. III.). Überhaupt lassen sich dieser und der wörtliche Gebrauch nicht immer streng voneinander scheiden. Holt JHWH Edom von seinen Bergen herunter, wo es sich auf ewig sicher dünkt, so denkt der Prophet sowohl daran, daß er es zum Verlassen seiner Wohnsitze zwingen wird, als auch an die Demütigung, die ihm widerfahren soll (Jer 49, 16; Ob 3f.).

2. a) Zahlreiche Vorgänge der Natur werden durch *jrd* ausgedrückt, daß der Tag sich neigt (Ri 19, 11 text. emend.) und der Schatten fällt (2 Kön 20, 11 = Jes 38, 8), insbesondere, daß Niederschläge fallen: Hagel (Ex 9, 19), Tau (Num 11, 9; Ps 133, 3), Regen (*gæšæm* Jes 55, 10; *māṭār* Ps 72, 6), Schnee (Jes 55, 10). Zur Strafe regnet es Staub und Sand (Deut 28, 24) und fährt Feuer vom Himmel (2 Kön 1, 10. 12. 14). Gottes huldvolle Gegenwart bezeugen das Manna (Num 11, 9) und das Feuer, das Salomos Opfer verzehrt (2 Chr 7, 1. 3). Wie nämlich Gott bewirkt, daß Regen fällt (*hiph*, Ez 34, 26; Jo 2, 23), so gehen auch alle anderen Himmelserscheinungen auf ihn zurück. Natur und Wunder sind nicht als Gegensatz zu begreifen.

b) Wasser fließt bergab: ein Bach (Deut 9, 21), das Wasser des Jordan (Jos 3, 13. 16), der Tempelquelle (Ez 47, 1. 8). So ist es Gottes Schöpfungsordnung, welche das Chaos überwunden hat (Ps 104, 8). Wenn Gott will, kann er selbst in der Wüste reichlich Wasser fließen lassen (*hiph*, Ps 78, 16).

Wie das Wasser verhalten sich Öl (Ps 133, 2) und Geifer (*hiph*, 1 Sam 21, 14), der in der Kelter ausgepreßte Saft, wie TrJes die Vernichtung der Völker schildert (Jes 63, 6).

Auf dem Vergleich mit dem herabströmenden Wasser beruht auch in verschiedenen Varianten die in der Klage beheimatete Wendung, die das hemmungslose Weinen umschreibt. In Übereinstimmung mit den o.a. Stellen wird *jrd* allerdings nur zweimal konstruiert: Ps 119, 136 („Wasserbäche fließen aus meinen Augen"); Kl 2, 18 („Laß die Tränen fließen wie einen Bach", *hiph*). Mehrheitlich richtet sich die Konstruktion nach den verba copiae (GKa 117z; Joüon 125d): die Augen fließen (das Auge fließt) über von Tränen (*dimʿāh*, Jer 9, 17; 13, 17; 14, 17), Wasser (Kl 1, 16), Wasserbächen (*palgê-majim*, Kl 3, 48). Daher legt sich für *jored bab-bæki* (Jes 15, 3) ein entsprechendes Verständnis nahe, zumal sich der Ausdruck in einem Klagelied findet: „in Tränen zerfließend" (mit Wildberger, BK X/2, 1978, 591, gegen Driver, PEQ 79, 124; KBL³).

3. a) Durch *jrd* wird die Abwärtsbewegung im Gelände dargestellt. Von den höher gelegenen Geländeformen begibt man sich herab. Im einzelnen werden genannt: Gebirge (Num 14, 45; Ri 3, 27f.; 7, 24; 5, 11; 1 Sam 25, 20), Berggipfel (Ri 9, 36; 2 Kön 1, 9. 11. 15), Kulthöhe (1 Sam 9, 25; 10, 5), namentlich der Sinai (Ex 19, 14 u.ö.; 32, 1 u.ö.; 34, 29), Tabor (Ri 4, 14), Garizim (Ri 9, 37), Libanon (*hiph*, 1 Kön 5, 23). Nach den tiefer gelegenen Geländeformen begibt man sich hinab. Als Ziele begegnen: Tal (*ʿemæq* Ri 1, 34; 5, 13–15; vgl. 1 Sam 17, 28), Talebene (*biqʿāh* Jes 63, 14), Tal Josaphat (*hiph*, Jo 4, 2), Talebene von Ono (Neh 6, 2f.).

Da natürliche Wasservorkommen sich gewöhnlich im Talgrund oder am Hangende befinden, Brunnen und Zisternen in die Erde gegraben werden, geht (*qal*) oder führt (*hiph*) man hinab: zum Wasser (*hiph*, Ri 7, 4f.), zur Quelle (*qal*, Gen 24, 16. 45), zum Brunnen (*b^{e}'er* 2 Sam 17, 18; 23, 20), zur Zisterne (*bôr* 1 Chr 11, 22), zu einem stark fließenden Bach (*naḥal 'êṯān* Deut 21, 4, *hiph*), zum Gihon (1 Kön 1, 33 *hiph* 38), Kison (1 Kön 18, 40, *hiph*), Jordan (1 Kön 2, 8; 2 Kön 5, 14) und Nil (Ex 2, 5). 1 Kön 1, 25 ist das Kidrontal gemeint.

Von Jerusalem steigt man hinab (1 Kön 22, 2 = 2 Chr 18, 2). Tiefer gelegene Orte kommen als Ziel vor: Askalon (Ri 14, 19), Bet Schemesch (1 Sam 6, 21), Etam (Ri 15, 8. 11. 12), Gat (Am 6, 2; 1 Chr 7, 21), Gaza (*hiph* Ri 16, 21), Gilgal (1 Sam 10, 8; 13, 12; 15, 12), Japho (Jon 1, 3), Jesreel (1 Kön 18, 44; 21, 16. 18; 2 Kön 8, 29), Timna (Ri 14, 1. 5. 7. 10).

Offensichtlich aufgrund ihres Wohnsitzes oder ständigen Wirkungsorts drückt *jrd* den Gang zu bestimmten Personen aus. Die Philister siedeln in der Küstenebene (Ri 16, 31; 1 Sam 13, 20; 14, 36f.; 2 Sam 21, 15). Elisa hält sich in der Jordansenke um Gilgal auf (2 Kön 3, 12; 6, 18. 33; 13, 14). Für den Sprachgebrauch wird es dann unerheblich, ob der Ausgangspunkt tatsächlich ein höheres Niveau aufweist.

Zur leichteren Verteidigung legt man Städte möglichst auf einer Anhöhe an. Um die Wasserversorgung zu sichern, ist man gezwungen, die tiefer gelegenen Quellen etc. in die Mauer einzubeziehen (H. Weippert, BRL^2 314). Dadurch ergeben sich Höhenunterschiede innerhalb der Stadt. In einer Stadt kann man also durchaus hinabsteigen/-führen: 1 Sam 9, 27; 2 Sam 11, 8. 9. 13; 2 Kön 11, 19 *hiph*; Jer 18, 1f.; 22, 1; 36, 12. Das bedeutet auch, daß derjenige, der die Stadt verläßt, „hinuntergeht". Andererseits liegen Gärten und Tennen außerhalb der Stadt, so daß man, um sie zu erreichen, „hinuntergehen" muß. Dieser Sprachgebrauch scheint sowohl HL 6, 2. 11 als auch Ruth 3, 3. 6 vorzuliegen. Spekulationen, warum Ruth zur Tenne hinuntergeht, obwohl man sich gemeinhin dort hinaufbegibt, erübrigen sich. Als Übersetzung ist dann nur „zur Tenne gehen" zu wählen.

b) Allgemein wird der Weg von Norden nach Süden als eine Bewegung von oben nach unten aufgefaßt (Ri 1, 9; 2 Kön 10, 13; 2 Chr 20, 16 *qal*; Deut 1, 25; 1 Sam 30, 15f. *hiph*). Auf dem jeweiligen Marsch nach Süden liegen Kegila (1 Sam 23, 4. 6. 8. 11), Bethel (2 Kön 2, 2), die Höhle Adullam (1 Sam 22, 1; 2 Sam 23, 13; vgl. 2 Sam 5, 17 Driver, ZAW 69, 76 Anm. 13), die Steppen Ziph (1 Sam 23, 20; 26, 2), Maon (1 Sam 23, 25), Paran (1 Sam 25, 1).

Typisch für diese Verwendung von *jrd* ist jedoch der Zug nach Ägypten. Ihn treten einerseits die Patriarchen an (Gen 12, 10; 42, 2 u.ö.; Num 20, 15; Deut 10, 22; 26, 5; Jos 24, 4; Jes 52, 4 *qal*; Gen 43, 7 u.ö. *hiph*; 39, 1 *hoph*; die Ismaeliten bringen Joseph nach Ägypten Gen 39, 1 *hiph*), andererseits wirft ihn Jes in Gerichtsworten dem König Hiskia als verfehlte Politik vor (Jes 30, 2; 31, 1).

c) Der militärische Gebrauch von *jrd* hat die taktische Grundüberlegung zum Hintergrund, das Lager zur besseren Verteidigung an einer höher gelegenen Stelle anzulegen. Der Kampf selbst wird dann in offenem Gelände ausgetragen (1 Sam 26, 10; 29, 4; 30, 24). Dort treffen sich auch die Vorkämpfer zum Zweikampf (1 Sam 17, 8; 2 Sam 23, 21 = 1 Chr 11, 23). Das Bestreben der Angreifer muß es sein, Angriffe gegen das Lager von oben vorzutragen (Ri 7, 9–11; 1 Sam 26, 6).

d) Die Grenzbeschreibungstexte der Stämme bzw. Stammesverbände Juda (Jos 15, 10), Joseph (Jos 16, 3), Ephraim (Jos 16, 7), Manasse (Jos 17, 9), Benjamin (Jos 18, 13. 16. 18) sprechen vom „Hinabsteigen" der Grenze (→ גבול [*g^{e}ḇûl*]), um auszudrükken, daß die Grenze von einem Grenzfixpunkt zu einem tiefer gelegenen verläuft. In Num 34, 11f. liegt wahrscheinlich ein Rest der Grenzbeschreibung Dans vor (Noth, ATD 7, 1966, 216).

e) Auch das Verlassen eines bestimmten Bereichs kann durch *jrd* ausgedrückt werden (Gen 38, 1; 1 Sam 15, 6; vgl. Ez 31, 12).

3. *jrd* ist term. techn. für das Besteigen (Jon 1, 3) wie für das Verlassen eines Schiffes (Ez 27, 29). Auf dem Schiff selbst steigt man unter Deck (Jon 1, 5). Der Hymnus bezeichnet die Seefahrer als *jôr^{e}ḏê hajjām* (Jes 42, 10 nach dem überlieferten Text; Ps 107, 23). Das Auf und Ab der Schiffe auf der sturmgepeitschten See schildert er ins Kosmische gesteigert mit *ʿlh/jrd* (Ps 107, 26), den Untergang in den Fluten durch *jrd* (Ex 15, 5).

III. 1. Fluch- und Drohworte sagen Demütigung und Tod der Völker mit *jrd qal* an: Deut 28, 43; Jes 47, 1; Jer 48, 18; Ez 30, 6; *hoph:* Sach 10, 11. Den Untergang beklagt Kl 1, 9. JHWH tut seinen Entschluß, sie „herunterzuholen", durch das *hiph* kund: Jer 49, 16; Hos 7, 12; Am 9, 2; Ob 3f. Die Beamten Pharaos werden sich herablassen müssen (*jrd qal*), vor Mose niederzufallen (Ex 11, 8).

2. In den Gebetsliedern des einzelnen verknüpft sich das *hiph* sowohl mit der Bitte des Verfolgten um Errettung (Ps 56, 8; 59, 12) als auch mit den Äußerungen des Vertrauens (2 Sam 22, 48). Der Beter hat die Gewißheit, daß das Unrecht mit Notwendigkeit auf seinen Urheber zurückfällt (*qal*, par. *šûḇ*) wie der hochgeschleuderte Stein auf den Scheitel des Werfers (Ps 7, 17; Kraus, BK XV, ^{5}1978, 200).

3. Es ist sprichwörtliche Weisheit, daß böse Worte über andere wie Delikatessen geschluckt werden, die sofort hinunterrutschen (Spr 18, 8).

IV. 1. Die Hadesfahrt umschreibt den Tod (Gen 37, 35). Die Verantwortung eines andern am vorzeitigen Tod drückt das *hiph* aus (Gen 42, 38; 1 Kön 2, 6. 9). Das Ziel des Abstiegs heißt Unterwelt (*š^{e}'ôl*, Gen 37, 35; Num 16, 30. 33; Hi 7, 9; 17, 16 u.ö.), Grube (*bôr*, Jes 38, 18; Ez 31, 14. 16; 32, 18; Ps 28, 1 u.ö.) als Eingang zur Scheol (Bd. I, 503), Grube (*šaḥaṯ*, Ez 28, 8; Ps 30, 10; Hi 33, 24), Grubensteine (*'aḇnê-bôr*,

Jes 14, 19), das Innerste der Grube (*jark^{e}ṯê-ḇôr*, Jes 14, 15), Grubenbrunnen (*b^e'er šaḥaṯ*, Ps 55, 24), Stille (*dûmāh*, Ps 115, 17), Staub (*'āpār*, Ps 22, 30), Tod (*māwæṯ*, Spr 5, 5), Kammern des Todes (*ḥaḏrê-māwæṯ*, Spr 7, 27), Volk der Vorzeit (*'am 'ôlām*, Ez 26, 20), das Land (*hā'āræṣ*, Jon 2, 7), das unterirdische Land (*'æræṣ taḥtijjôṯ*, Ez 26, 20; 31, 18; 32, 18); auf eine Zielangabe verzichtet Ps 49, 18. Der Abstieg kennt keine Wiederkehr (Hi 7, 9). Die Riegel dieses Landes sind für immer verschlossen (Jon 2, 7). Die Güter des Lebens steigen nicht mit hinab, sondern bleiben zurück (Ps 49, 18; Hi 17, 16). Das Volk, das dort wohnt, wohnt seit Urzeiten dort und wird auch immer dort bleiben (Ez 26, 20). Dennoch klingt 1 Sam 2, 6 die Hoffnung auf, daß JHWH, der hinunterbringt (vgl. Ps 55, 24), auch heraufzuführen vermag (vgl. noch Ps 22, 30). Zweifel am Abstieg reflektiert auch Pred 3, 21.

2. In den Gebetsliedern des einzelnen gehört die Hadesfahrt zu den wiederkehrenden Stilelementen, mit denen der Kranke oder der unschuldig Verfolgte die Situation schildern, in der sie sich befinden bzw. aus der sie errettet werden: Obschon noch am Leben, sind sie in die Gewalt des Todes geraten (Ch. Barth, Die Errettung vom Tode in den individuellen Klage- und Dankliedern des Alten Testaments, Zollikon 1947, 100ff.). Sie weilen bei denen, „die in die Grube hinabgefahren sind" (*jôr^{e}ḏê-ḇôr*, Jes 38, 18; Ps 28, 1; 30, 4 K; 88, 5; 143, 7; vgl. Ps 30, 10) oder denen, „die in die Stille hinabgefahren sind" (*jôr^{e}ḏê ḏûmāh*, Ps 115, 17). Auf der anderen Seite kommt den Feinden dieses Schicksal zu, so daß es den Inhalt eines Fluchs (Ps 55, 16) oder einer Vertrauensäußerung bilden kann (Ps 55, 24). Im ersten Fall steht 3. Pl. juss. *qal*, im zweiten 2. sg. imperf. *hiph*. Gegen die übliche Anschauung (Jes 38, 18; Ps 30, 10) huldigen Gott nach Ps 22, 30 auch diejenigen, „die in den Staub hinabgefahren sind" (*jôr^{e}ḏê 'āpār*).

3. Auch im prophetischen Leichenlied, das den Untergang des Feindes spottend vorwegnimmt, ist das Motiv der Hadesfahrt fest verankert. Im Lied auf den Sturz des Weltherrschers Jes 14, 4–21, den der Nachtrag vv. 22f. mit Babel identifiziert, deutet das *hoph* die Urheberschaft JHWHs am Abstieg in die Scheol an (vv. 11. 15), der aus dem Versuch folgt, gottgleich zum Himmel emporzusteigen (vv. 11–15). Nicht nur, daß ihm dort ein höhnischer Empfang zuteil wird (v. 10), die Schmach wird noch dadurch gesteigert, daß er von der Gemeinschaft mit denen, „die zu den Steinen der Grube hinabgefahren sind", ausgeschlossen wird (v. 19). Besonders ausführlich, aber auch stereotyp hat Ez das Motiv entwickelt. In 32, 17–32 führt der Abstieg das stolze Ägypten in das „Land drunten" (vv. 18. 24), zu denen, „die in die Grube hinabgefahren sind" (vv. 18. 24. 25. 29. 30). Dort erwartet ihn die entehrende Gesellschaft (s. Zimmerli, BK XIII/2, ^{2}1979, 785f.) der Unbeschnittenen und Erschlagenen (vv. 19. 20. 21. 28. 30. 32), die schon vor ihm hinabgefahren sind (vv. 21. 24). Ähnlich ist die Prosaklage über die Hadesfahrt des Weltenbaums = Ägyptens in Ez 31, 15–18 gehalten. Er ist in die Scheol hinabgefahren (vv. 15. 17), gewaltsam in das „Land drunten" gebracht worden (vv. 16. 18) zu den *jôr^{e}ḏê ḇôr* (v. 16), wo ihm der Bereich der Unbeschnittenen und Erschlagenen zum Aufenthalt angewiesen ist (v. 18).

4. In seinen Gerichtsworten gegen Tyrus (26, 19–21) und den Fürsten von Tyrus (28, 1–10) greift Ez das Motiv mit nahezu derselben Terminologie wie im Leichenlied wieder auf. Selbst die Erschlagenen und Unbeschnittenen fehlen nicht (28, 8. 10). Daneben existiert eine Variante mit den in Num 16, 30. 33 vollständig vertretenen Merkmalen: 1. Die Erde/Scheol öffnet ihr Maul (und verschlingt), 2. die Betroffenen fahren lebendig in die Scheol hinab. Sie liegt dem Drohwort gegen Jerusalem Jes 5, 14 und dem Fluch Ps 55, 16 zugrunde. Als Vergleich dient sie Spr 1, 12.

5. In enger Verbindung mit dem Tod sieht die Weisheit die „fremde Frau", wenn sie davor warnt, sich mit ihr einzulassen. Es droht der Abstieg zum Tod (Spr 5, 5) bzw. zu den Kammern des Todes (Spr 7, 27; vgl. noch 2, 18). Die stark mythisch gefärbte Redeweise läßt Zweifel daran aufkommen, ob mit der „Fremden" tatsächlich nur die Frau eines andern gemeint ist, oder ob man nicht auch an die Torheit als die Rivalin der Weisheit, möglicherweise auch an eine Tempelprostituierte als Repräsentantin eines fremden Kults zu denken hat (Ringgren, ATD 16, ^{3}1980, 19. 36f.).

V. 1. Zur Gattung der poetischen Theophanieschilderung, wie sie Jeremias herausgearbeitet hat, gehören die beiden Glieder des Kommens JHWHs und der Einwirkung auf die Natur. Die ursprüngliche Kurzform kann reicher ausgeführt werden; gelegentlich entfällt ein Glied. JHWH verläßt seine himmlische Wohnung, um helfend oder strafend einzugreifen. Die Gattung aufgenommen, dabei das Kommen durch *jrd* imperf. ausgedrückt haben Gerichtsankündigung und Drohwort: Mi 1, 3 gegen das Nordreich (Kurzform), Jes 31, 4 Heilswort für Jerusalem = Drohwort gegen Assur (Kurzform, Verselbständigung des ersten Glieds). Aus der Theophanieschilderung in die Gerichtsankündigung übergegangen ist wohl auch das Sprechen vom Herabkommen des Schwertes JHWHs (Jes 34, 5) und des Unheils (*ra'*, Mi 1, 12). Streng genommen liegt in Mi 1, 10–16 prophetische Klage vor, woraus sich das Perf. *jāraḏ* erklärt, doch als vorweggenommene Klage ist sie als Drohung aufzufassen (Rudolph, KAT XIII/3, 1975, 43). Die Klage hat die Theophanieschilderung zur Bitte umgestaltet (Jes 63, 19 Kurzform; Ps 144, 5f. Langform). Ihr entspricht im Dank die narrative Schilderung (Ps 18, 10 Langform).

2. a) Wenn J die Sinaitheophanie schildert, verwendet er zwar *jrd*, vermeidet es jedoch peinlich, wie immer, wenn er von Gottes Herabkommen spricht, JHWHs himmlische Wohnung zu erwähnen, um allen Nachdruck auf das Ziel, den Sinai als die Stätte

der göttlichen Offenbarung zu legen (Ex 19, 11. 18. 20; 34, 5; vgl. Neh 9, 13). Die vulkanischen Phänomene begleiten das Kommen und beschreiben nicht dessen Wirkung. Wirkung des Kommens ist die Furcht des Volkes (Jeremias 109). Die Dornbuschszene Ex 3, 1–5 hat J nicht zuletzt durch *jrd* der Sinaitheophanie angeglichen (v. 8; vgl. Noth, ATD 5, [6]1978, 27; W. H. Schmidt, BK II Lfg. 2, 1977, 120).

b) Gleichfalls im jetzigen literarischen Zusammenhang von J (vgl. W. H. Schmidt, BK II, 120) begegnet eine Theophanieschilderung mit den Merkmalen *jrd* (mit Unterdrückung des Ausgangsorts), Wolkensäule, außerhalb des Lagers befindliches Zelt der Begegnung als Ziel (Ex 33, 9; Num 11, 17. 25; 12, 5). Wesentlich ist, daß das Herabkommen nicht als abgeschlossener Akt, sondern als sich wiederholend vorgestellt ist. Vermutlich entstammt sie den Traditionen über das *'ohæl* (→ אהל, Bd. I, 134f.).

c) Nur noch um die Überwindung der Distanz Gott–Mensch auszudrücken, unter Verzicht auf jegliche Andeutung einer Theophanie, wird *jrd* von J in Gen 11, 5; 18, 21 gebraucht. Für J spielt der mythische himmlische Wohnsitz keine Rolle mehr, sondern lediglich die Trennung des menschlichen und göttlichen Bereichs, die aufzuheben einzig und allein JHWHs Sache ist (vgl. auch Spr 30, 4).

VI. Die Bedeutungsbreite von *jrd* bleibt in den Qumranschriften erhalten. Während die Tempelrolle *jrd* ausschließlich in technischen Beschreibungen verwendet (TR 32, 13; 34, 15; 46, 15), bedeutet es in CD 11, 1 „hinuntersteigen" zur Quelle, zur Unterwelt (1 QH 8, 28), das Meer befahren (3, 14); Unreine dürfen nicht mit in den Kampf ziehen (1 QM 7, 6). Nach 1 QM 11, 7 geht der Messias aus Jakob hervor (*jrd*; vgl. Num 24, 17 *dāraḵ*).

Mayer

יַרְדֵּן *jarden*

I. 1. Etymologisches; außerbiblische Belege – 2. Determination – 3. Kultische Relevanz für Kanaan? – II. 1. Metaphorische Bezugnahmen – 2. Bedeutung als „Grenze" in siedlungsgeographischen Texten – 3. Funktion in „theologischer Geographie" – III. 1. Der Fluß des „Durchzugs" – 2. Jos 3f. – 3. Jordanübergang und Schilfmeerwunder.

Lit.: *R. Dussaud*, Cultes cananéens aux sources du Jordain, d'après les textes de Ras Shamra (Syr 17, 1936, 283–295). – *M. Fraenkel*, Zur Deutung von biblischen Flur- und Ortsnamen (BZ 5, 1961, 83–86). – *B. Gemser*, *be'ēber hajjardēn*: In Jordan's Borderland (VT 2, 1952, 349–355). – *N. Glueck*, The River Jordan, Philadelphia 1946. – *A. R. Hulst*, Der Jordan in den alttestamentlichen Überlieferungen (OTS 14, 1965, 162–188). – *L. Koehler*, Lexikologisch-Geographisches (ZDPV 62, 1939, 115–120). – *F. Langlamet*, Gilgal et les récits de la traversée du Jordain (Jos 3–4), Paris 1969. – *M. Noth*, Der Jordan in der alten Geschichte Palästinas (ZDPV 72, 1956, 123–148). – *E. Otto*, Das Mazzotfest in Gilgal, BWANT 107, 1975. – *K. H. Rengstorf*, ποταμός, ThWNT VI, 595–629 (Ἰορδάνης, 608–623). – *W. von Soden*, Zur Herkunft des Flußnamens Jordan (ZAW 57, 1939, 153–154). – *E. Vogt*, *'ēber hayyardēn* = regio finitima Iordani (Bibl 34, 1953, 118–119). – *Ders.*, Die Erzählung vom Jordanübergang Josue 3–4 (Literarkritik) (Bibl 46, 1965, 125–148).

I. 1. Der Flußname „Jordan" erscheint weder nur im Onomastikon Palästinas noch nur im Namenmaterial der biblischen Literatur. Neben Homers Erwähnung eines kretischen Jordanos (Od 3, 292) und eines gleichnamigen Flusses in Elis (Il 7, 135) sind weitere gleich- und ähnlichlautende Flußnamen belegt (vgl. Köhler 118f.; Rengstorf 610), die der Diskussion um semitische oder nichtsemitische/indogermanische Abkunft des Namens noch immer Nahrung geben. Zur Deutung des Namens aus semitischem Kontext verweist man auf die ‚patristische' Interpretation („der Fluß von Dan"), auf eine Basis *rdn* 'rasseln', 'rauschen', und vor allem auf die Wurzel → ירד (*jāraḏ*) 'herabsteigen' (dazu und zu weiteren Ableitungsversuchen Köhler 116–118). Anstelle der semitischen Etymologie folgt die indogermanische Deutung insbesondere einer iranischen Ableitung (**yardan/us/*), wonach der Jordan einen Namen trage, „der ihn als den Jahresfluß, den Fluß, der das ganze Jahr hindurch Wasser führt, bezeichnet" (Köhler 120). Dagegen wird am ehesten an eine „altmediterrane Bezeichnung" zu denken sein, „die sich aus der indogermanischen bzw. semitischen Besiedelung weit voraufliegenden Zeiten erhalten hat" (von Soden 154). Die einstweilen frühesten lautlichen Äquivalente finden sich im ägyptischen Raum, zunächst in dem Pap. Anastasi I, 23, 1 als *jrdn* (dazu u.a. A. H. Gardiner, Egyptian Hieratic Texts, 1911, 24; Anm. 16; W. Helck, Die Beziehungen Ägyptens zu Vorderasien im 3. und 2. Jahrtausend v. Chr., [2]1971, 318) bzw. in der Großen Liste Scheschonks I. ebenfalls als *jrdn* (J. Simons, Handbook for the Study of Egyptian Topographical Lists Relating to Western Asia, Leiden 1937, XXXIV, 180; dazu u.a. M. Noth, ZDPV 61, 1938, 303; B. Mazar, VTS 4, 1957, 66; Helck 244; K. A. Kitchen, The Third Intermediate Period in Egypt [1100–650 BC], Warminster 1973, 441). Das in beiden Fällen gesetzte Landdeterminativ steht einer Beziehung auf den Flußnamen nicht absolut entgegen, da im Orient ohnehin diverse Regionen nach ihren Hauptflüssen benannt sein können (vgl. u.a. W. Eilers, Beiträge zur Namenforschung 15, 1964, 189f.; E. Edel, Studien zur altägyptischen Kultur 3, 1975, 54; M. Görg, Göttinger Miszellen 32, 1979, 22). Dennoch ist nur für den älteren Beleg mit der Formulierung *pꜣ ḥd n jrdn* („die Furt des Jordan") eine Bezugnahme auf den Fluß selbst positiv gesichert. Irreführend ist eine Notiz in KBL[3] 416a, wonach in einer

Stele Sethos I. von Beth-Sean der Name „Jrd(n)" belegt sei, wo indessen vielmehr *Jrmt* zu lesen ist (vgl. M. Görg, Bonner Orientalistische Studien 29, 1974, 132). Die Analyse der geographischen Angabe des satirischen Papyrus erbringt nicht mehr, als daß hier offenbar nach einem (wohl für das Verkehrssystem bedeutsamen) Jordanübergang als „wissenswerte" Detailkenntnis der palästinischen Landkarte gefragt wird (vgl. Helck 318).

2. Mit Ausnahme der Belege Hi 40, 23; Ps 42, 7 wird *jrdn* mit Artikel determiniert (177mal). Das Fehlen des Artikels mag auf poetische Stilistik zurückgehen (in Hi 40, 23 in Parallele zu *nhr* 23a; in Ps 42, 7 als Rectum zu *'rṣ* und in Parallele zu weiteren Ortsnamen). *jrdn* in Hi 40, 23 kann so bloßes „Synonym für Fluß" sein (KBL[3] 416b), aber auch einem späteren Eintrag entstammen (so u. a. G. Fohrer, KAT 16, 1963, 523; E. Ruprecht, VT 21, 1971, 220); dazu O. Keel, FRLANT 121, 1978, 130 mit Anm. 362. Der Ausdruck *'æræṣ jarden* (Ps 42, 7) meint wahrscheinlich „ganz allgemein das Gebiet der Jordanquellen" (H. J. Kraus, BK 15/1, [5]1978, 476), d. h. nicht den Jordan in seinem eigentlichen Flußlauf und in seiner Funktion als „Grenze" (s. u.), was die fehlende Determinierung ebenfalls erklären mag. Die Identität mit dem Jordanquellgebiet wird bestritten von M. Dahood, AB 16, 1966, 258f., der den Ausdruck mit „the land of descent" wiedergibt (so auch N. J. Tromp, Biet Or 21, 1969, 145), mithin *jrdn* als Derivat von *jrd* mit der Endung *-ān* versteht (analog zu *māḡen* für *māḡon*), doch bleiben lautliche und sachliche Bedenken. Bemerkenswert ist ferner, daß in 11 Q Targ Job die determinierte Lesung *jrdn'* angesetzt wird (dazu T. Muraoka, RQu 9, 1977, 124), wobei zweifellos an den Flußnamen gedacht ist. Die absolut dominante Beifügung des Artikels im sonstigen Belegspektrum weist offenbar über den bloßen Namenscharakter hinaus: der Name wird Appellativum (Rengstorf 610).

3. Im Unterschied zur beherrschenden und lebenspendenden Funktion der Flüsse Euphrat und Tigris in Mesopotamien und des Nils in Ägypten hat der Jordan für Palästina keine vergleichbar vitale und substantielle Bedeutung. Palästina ist eben keine Flußoase. Demgemäß ist der Jordan auch nicht so divinisiert worden, daß sein Name auch für eine Gottheit im kanaanäischen Pantheon reklamiert worden wäre. Dennoch kommt wenigstens dem Gebiet der Jordanquellen allem Anschein nach schon in vorisraelitischer Zeit die Qualität eines „objet d'un culte important" zu (vgl. Dussaud 283ff.).

Dussaud möchte den unter Jeroboam programmierten Stierkult von Dan (1 Kön 12, 25ff.) auf eine kanaanäische Kultpraxis am gleichen Ort zurückführen und beruft sich dabei auf KTU 1.10 II 9.12, wo der Ausdruck *'ḫ šmk* („prairie de Samak" bzw. „marécage de Samak") als Bezeichnung der Gegend des Hule-Sees und als Bereich von Wildstieren diene (ähnlich G. R. Driver, CML 148; dagegen ohne Identifikation von *šmk* mit der Samachonitis UT Nr. 2434; WUS 308; zur Diskussion vgl. ferner K. L. Vine, The Establishment of Baal at Ugarit, 1965, 259f. mit Anm. 40; P. J. van Zijl, AOAT 10, 1972, 253, Anm. 6). Der Name der Samachonitis ist jedoch eher auf den Amarnanamen Šamḫuna (EA 225, 4) zurückzuführen (vgl. dazu zuletzt M. Görg, Bonner Orientalistische Studien 29, 1974, 182; anders A. F. Rainey, Tel Aviv 3, 1976, 62), so daß die Lokalisation von *šmk* an den Jordanquellen noch ungesichert bleiben muß.

II. 1. Geographisch-naturkundliche Informationen über den Jordan, das Tal und den Graben (vgl. dazu G. Wagner, Vom Jordangraben. Naturwissenschaftliche Monatsschrift 47, 1934; H. Peuker, BHHW 884f.) werden im AT nicht um ihrer selbst willen gegeben. Ihr Bezugspunkt ist im engeren oder weiteren Kontext der Angaben ausfindig zu machen. So werden Jordanfurten (*ma'bārôṯ*) wegen ihrer Funktion im strategischen Bereich benannt (Ri 3, 28; 12, 5f.). Die Rede vom Dickicht (*gā'ôn*) des Jordan hat metaphorische Qualität (Jer 12, 5; 49, 19; 50, 44; Sach 11, 3), desgleichen die Rolle des Behemot, der ruhig bleibt, wenn der Jordan in sein Maul strömt (Hi 40, 23). Der sogenannte Jordangraben (*kikkar hajjarden* bzw. nur *kikkār* 2 Sam 18, 23), im AT „den breiten, unteren Teil des heute sogenannten *ġōr* mit unbestimmter Ausdehnung nach N" (M. Noth, BK IX/1, 1968, 164) bezeichnend, gewinnt als Stätte einer Erzgießerei Interesse (1 Kön 7, 46), die hinwieder der umfänglichen Erstellung von Bronzearbeiten für den Tempel dient. Deutlicher über diese nur scheinbar bloß industrielle Relevanz der Region (vgl. dazu auch E. Würthwein, ATD 11/1, 1977, 84) hinaus führt eine Qualitätsbestimmung, die den „Jordankreis" seines Wasserreichtums wegen in Vergleich zum „Land Ägypten" und sogar zum „Garten JHWHs" setzt (Gen 13, 10b – nach R. Kilian, BBB 24, 1966, 22 ein „sekundärer Zusatz"). Die Elisaerzählungen verlegen einige Mirakel an den Jordan (2 Kön 2, 7ff. 13f.; 6, 1ff.), erzählen sogar von einem siebenmaligen Tauchbad zur Heilung des Naaman (2 Kön 5, 10), lassen aber damit nicht einer „besonderen Dignität des Jordanwassers" das Wort reden (mit Rengstorf 611; Hulst 165 mit Anm. 2), wenn auch eine Bezugnahme auf die überlieferungsgeschichtliche Dimension des Jordan nicht ausgeschlossen werden kann (vgl. III. 3.).

2. Eine Sondierung der siedlungsgeographischen Texte mit Zitation des Jordan wird bedenken müssen, daß „von der Verteilung des Landes zunächst nur im Blick auf die westjordanischen Stämme die Rede war und erst nachträglich auch die Oststämme thematisch in diese Überlieferung einbezogen wurden" (M. Wüst, Untersuchungen zu den siedlungsgeographischen Texten des Alten Testaments I. Ostjordanland, 1975, 239). Der Jordan ist einerseits Bestandteil der südlichen „Grenzfixpunktreihe" Josephs (Jos 16, 1), die offenbar ursprünglich der Nordgrenze Benjamins (Jos 18, 12) gleicht (vgl. M. Noth, HAT I/7, [2]1953, 101; 109), andererseits auch Element der den Stämmen Issachar und Naphtali gemeinsamen Begrenzung (Jos 19, 22 bzw. 19, 33f.; dazu Noth, HAT I/7, 116. 120). Die den Ammonitern auf ostjordanischer Seite unterstellte Tendenz, den Jordan als Grenzbereich zu beanspruchen (Ri 11, 13), ist im Zusammenhang mit einer konstruier-

ten Ausweitung des Machtbereichs Sihons (Jos 12, 2) zu sehen, dem auch der ganze Jordangraben vom Tiberiassee bis zum Toten Meer (Jos 12, 3) zugesprochen wird (näheres bei Wüst 20f.). Wie bei dieser Sekundärintegration des Jordan in das Territorium Sihons ist das Ostufer in seiner Gänze ebenfalls in jüngerer Textphase dem Stamm Gad zugeeignet worden (Jos 13, 27), wobei die Jordansenke mit den komplexen Wendungen „der Jordan und sein Ufergebiet“ bzw. „jenseits des Jordan im Osten“ beschrieben wird (vgl. dazu Wüst 21). Nur der südlichste Bereich des Jordangrabens gehört nach Jos 13, 23a dem Stamm Ruben an. Auf literarischem Wege ist anscheinend auch die ‚Ansiedlung‘ der ostjordanischen Stammeshälfte der Manassiten im früheren Gebiet des Og von Basan geschehen (zu Jos 13, 29–31 vgl. Wüst 79ff.). Hier wie auch in der Grenzbeschreibung Manasses überhaupt (Jos 17, 7–11) fehlt eine namentliche Erwähnung des Jordan (dazu Noth 104). Erst bei wahrscheinlich auf Jos 13, 29f. beruhenden Belegen für Halbmanasse wie Jos 17, 5; 18, 7; 20, 8 (zu Jos 22 s.u.); 2 Kön 10, 32f. (zum lit. Verhältnis vgl. Wüst 89f.) finden sich ausdrückliche Bezugnahmen. Ein früheres Stadium repräsentiert jedenfalls Jos 13, 32, wo (ohne Beziehung auf Manasse) der Bestand der Anteile Rubens und Gads resümiert wird, welche Stämme sich „in den Steppengebieten von Moab jenseits des Jordan bei Jericho“ befinden (vgl. Wüst 179).

Der Jordanlauf vom See Kinneret bis zum „Salzmeer“ stellt nach Num 34, 12 die östliche Grenzlinie des an „die Israeliten“ verteilten Landes Kanaan dar. Auf redaktionellen Ergänzungen beruhen die vergleichbaren Angaben in Deut 3, 17 (dazu S. Mittmann, BZAW 139, 1975, 84; Wüst 17. 23) und Deut 4, 49 (zur Basis in Jos 12, 3 vgl. Wüst 23). Spätere Reflexion stellt den Verlust des Ostjordanlandes als Reduktion Israels und zugleich als Restitution der Jordangrenze fest (vgl. 2 Kön 10, 32f.). Für die Mehrzahl der „geographischen“ Bezugnahmen auf den Jordan als Grenzfluß ist somit literarische Komposition verantwortlich.

3. Über seine Funktion in Grenzdeskriptionen und verwandten Texten hinaus kommt dem Jordan auch die Qualität einer „dialektgeographischen“ Scheidelinie zu, die Ephraimiter und Gileaditer so voneinander trennt, daß sich an den Jordanfurten ein Schiedsgericht über Leben oder Tod vollziehen kann (Ri 12, 5f.). Der Jordan kann auch als gottgegebene Grenze, die den Oststämmen „keinen Anteil an JHWH“ gewähren läßt, mißverstanden werden (Jos 22, 25). Nach der Erklärung der Rubeniten und Gaditen (mit Halbmanasse) soll der von ihnen nach ihrer Ankunft an den *g^{e}lîlôṯ hajjarden* (22, 10) errichtete Altar (mit dem Attribut „groß an Erscheinung“) direkt am Jordan (nach Noth 128 meint *ʿal* hier „offenbar eine Stelle am Steilufer des Jordanbettes“) als „Zeuge“ (*ʿeḏ* → עוד [*ʿûḏ*]) der legitimen kultischen Verehrung JHWHs beiderseits der Grenze dienen und zugleich dem Vorwurf der Entfremdung von JHWH auf seiten der Oststämme begegnen (22, 27).

Im Hintergrund dieser apologetisch gefaßten und redaktionell bearbeiteten (vgl. Noth 133f.) Erzählung mag eine Ortsätiologie stehen, deren Haftpunkt nicht mehr sicher zu identifizieren ist. Da 22, 10 und 11 zueinander in Spannung stehen, ist die ursprüngliche Lokalisation des Altars umstritten. Nach Noth 134 ist v. 11 Zusatz, womit der Altar nach v. 10 zunächst an der Westseite des Jordan zu denken sei; nach E. Otto, BWANT 107, 1975, 171 sind vv. 9f. gegenüber v. 11 sekundär: der Altar steht ursprünglich an der Ostseite. Die von K. Möhlenbrink, ZAW 56, 1938, 248 vorgeschlagene Verbindung des Altars mit Gilgal als altem amphiktyonischem Heiligtum (neben Silo) wird von Noth 135 bestritten, jüngst aber von Otto 171 im Anschluß an A. Soggin, VTS 15, 1966, 262f. u.a. neu begründet, wobei ein „Durchzugsfest“ mit einer „Wallfahrtsprozession“ postuliert wird (→ מזבח [*mizbeaḥ*]).

Eine besondere Dimension erhält der Jordanfluß als künftige Ostgrenze in der Vision Ezechiels, wo er Gilead von „dem Lande Israel“ trennt (Ez 47, 18). Als südlicher Endpunkt gilt das „östliche Meer“ (vgl. auch Jo 2, 20; Sach 14, 8). Beachtung verdient ein möglicher Zusammenhang mit der kurz voraufgehenden Verlaufsschilderung des eschatologischen Tempelstroms, der nach 47, 8 die Jordansenke (*ʿ^{a}rāḇāh*) erfüllt, um schließlich das Salzmeer im Süden zu verändern. Auch hier ist keineswegs eine geographische Perspektive maßgebend, die auf korrekte Beschreibung des gegebenen Landschaftsbildes hinausliefe, sondern eine das Natürliche transzendierende theologische Sicht, die den kleinen Jerusalemer Gihonfluß zum gewaltigen Strom werden läßt, der unmittelbar zur Jordansenke durchstößt und das Tote Meer mit lebendigem Wasser füllt (vgl. dazu W. Zimmerli, BK XIII/2, ^{2}1979, 1196f.; M. Görg, BN 2, 1977, 32). Ohne daß er hier eigens mit Namen zitiert wird, erscheint der Jordan doch als „Träger“ des Tempelflusses und dessen Wirkkraft.

III. 1. Seine bedeutsamste Dimension in der Überlieferungsgeschichte gewinnt der Jordan als Fluß des „Durchzugs“ oder „Übergangs“ vor der Landnahme Israels. Im umfänglichen Textbereich Num 22–36 ist von den Geschehnissen die Rede, die sich in den *ʿarḇôṯ môʾāḇ* ereignen, einer „Station als Wendepunkt zwischen Wüstenwanderung und Landnahme“ (Wüst 213), deren Ortung näherhin mit den Wendungen *meʿeḇær l^{e}jarden j^{e}reḥô* (Num 22, 1) bzw. *ʿal jarden j^{e}reḥô* (Num 26, 3. 63; 31, 12; 33, 48. 50; 35, 1; 36, 13) vorgenommen wird. Dieser Stätte werden auch die Bestimmungen zugeordnet, die JHWH vor der Überquerung des Jordan erläßt (Num 33, 50). Mit der Wendung *kî ʾattæm ʿoḇ^{e}rîm ʾæṯ-hajjarden* wird das kommende Ereignis anvisiert, das als Initialvorgang kämpferischer Auseinandersetzungen und Inbesitznahme (Num 33, 51) und als Ausgangspunkt der Asylstadtsuche (Num 35, 10) erscheint. Das Thema der Jordanüberschreitung ist freilich schon in dem mehrfach zum heutigen Bestand ergänzten Kapitel Num 32 (vgl. dazu im einzelnen Wüst 91ff.; 213ff.) mit dem Thema des Auszugs in den Kampf verbunden (vv. 5. 21. 29. 32), dem sich die ostjordanischen Stämme an der Seite der westjordanischen zu stellen haben. Der formelhafte Ausdruck *ʿebær hajjarden* kann hier je nach Orientierung des Sprechers sowohl das Westjordanland (32, 19; vgl. auch Deut 3, 20. 25; 11, 30 u.ö.) wie auch das Ostjordanland (32, 32; vgl. auch Gen 50, 10f.; Num 22, 1; Deut 1, 5; Jos 1, 14; Jes 8, 23 u.ö.) meinen (vgl. H. P. Staehli, THAT II 203, s. aber auch Gemser 355). Nach deuteronomischer Sprachregelung ist *ʿābar* geradezu „*terminus technicus* der Landnahme" (P. Diepold, BWANT 95, 1972, 29), mit (Deut 9, 1; 11, 31; 12, 10; 27, 2. 4. 12) und ohne (Deut 6, 1; 11, 8. 11; 27, 3) ausdrückliche Erwähnung des Jordan. Die Überquerung des Jordan geschieht zwar auch um der Unterwerfung und gewaltsamen Landnahme willen (Deut 9, 1), noch deutlicher aber, um das Land überhaupt in Besitz zu nehmen, ohne daß das Wie der Inbesitznahme eigens artikuliert wird (11, 31; 12, 10). Nach Deut 27, 2–4 soll dem Übergang eine steinerne Dokumentation des Gesetzes, nach Deut 27, 12 ein Segen/Fluch-Ritus folgen. Deut 9, 3 läßt sogar JHWH selbst den Übergang vollziehen, und zwar „als verzehrendes Feuer", womit zugleich klar zum Ausdruck gebracht wird, daß es eigentlich JHWH ist, der die gewaltsame Landnahme inszeniert. Die deuteronomistische Perspektive gewichtet den Jordanübergang nicht anders (vgl. Deut 2, 29; 3, 18. 27; 4, 26; 30, 18; 31, 13; 32, 47; Jos 1, 2. 11; 24, 11). Besonderer Akzent liegt Deut 3, 27 auf dem Verdikt, daß Mose „diesen Jordan" (zum Demonstrativum vgl. auch Hulst 166 zu Gen 32, 11, dessen Deutung „in dieser Nähe" allerdings nicht überzeugt) nicht (Prohibitiv!) überschreiten dürfe (vgl. auch Deut 4, 21f.; 31, 2). Es besteht kein Zweifel, daß die deuteronomisch/deuteronomistische Literatur „das westjordanische Gebiet als das von Jahwe gegebene Land betrachtet" (Hulst 168; Diepold 29f.; 56f.), was sich nicht zuletzt darin erweist, daß nach Jos 1, 12–18 selbst Gad, Ruben und Halbmanasse den Jordan überschreiten sollen. Welche Bedrohung ein feindlicher Jordanübergang bedeuten kann, erfährt Israel durch die Ammoniter, die nach Ri 10, 8f. nicht nur die Gileaditen „jenseits des Jordan" (vgl. Ri 5, 13), sondern auch die Weststämme unmittelbar bedrängen. Hier aber ist ebenso wie bei weiteren verstreuten Nachrichten über Jordanübergänge in beiden Richtungen (vgl. etwa 1 Sam 13, 7; 2 Sam 2, 29; 10, 17; 17, 22; 24, 5) keine theologische Akzentsetzung spürbar. Es sei lediglich hervorgehoben, daß die West-Ost-Bewegung eher einer Fluchtrichtung entspricht (vgl. 1 Sam 13, 7), die Ost-West-Richtung jedoch eher einen Hoheitsakt darstellt, wie dies vor allem aus der Schimei-Episode (2 Sam 19, 16. 19) deutlich wird.

2. Im Zentrum der Überlieferungen zum Jordanübergang steht der Textbereich Jos 3. 4 mit der Darstellung des Ereignisses selbst. Werdegang und Hintergrund beider Kapitel sind umstritten.

Die bekanntesten Positionen seien hier mitgeteilt. Nach C. A. Keller, ZAW 68, 1956, 85ff. ist eine „Steinkranztradition" (Jos 4, 1–9. 20–24) von einer „Durchzugstradition" (Jos 3, 1–17; 4, 10–19) zu trennen, deren Kern in Jos 4, 2f. 8*, 20 bzw. Jos 3, 14a. 16; 4, 19b zu suchen sei (unabhängige Ätiologie in Jos 4, 9). J. Dus findet fünf verschiedene Schichten (ZAW 72, 1960, 120ff.) mit einer alten Sage über den Durchzug als Ätiologie der Jordansteine (Jos 3, 1a. 7aα. 8. 9aα. 11. 13aαβ. 14*. 15. 16a. 17abα; 4, 9; 3, 17b; 4, 11abα. 18b), die um eine Ätiologie der Gilgalsteine und die Einführung Josuas erweitert und sowohl quasi-dtr wie priesterlich redigiert wurde. J. Maier, BZAW 93, 1965, 18ff., erkennt sechs Schichten, eine frühe Ätiologie der Jordansteine (Jos 3, 14a. 16; 4, 9), eine Gilgalsteinätiologie, die Einführung Josuas, eine Anbindung an die Exodustradition, schließlich eine ladeorientierte und eine dtr Redaktion. Redaktionsarbeit eines Dtr sieht F. Langlamet, CRB 11, 1969, mit den ihm vorgegebenen Traditionen einer Šittim-Gilgal-Erzählung, einer Ladeerzählung, zwei verschiedener Gilgalsteinätiologien, einer Jordansteinätiologie und zweier Gilgal-'Katechesen' als jeweils selbständigen Einheiten. Vgl. die Darstellung und Kritik dieser und anderer Positionen bei Otto 104ff.; ältere Stellungnahmen u.a. bei Hulst 169ff. Otto selbst scheidet eine Quelle A in Jos 3, 1. 5. 9–12; 4, 4–7. 9. 10aαb. 11bβ von einer Quelle B in Jos 1, 1b*. 2b. 10. 11; 3, 2. 3. 4bβγ. 6. 7aα. 8. 13abγ. 14. 15. 16. 17abα; 4, 1b. 2. 3. 8. 11abα. 18b. 19*. 20. 21. 22. 23. 24 (120 bzw. 136). Den Überlieferungen A und B soll eine Tradition zugrundeliegen, nach welcher Priester als Ladeträger dem Volk voran in den Jordan ziehen, worauf das Jordanwasser verschwindet. Während die Ladeträger im Jordan stehen, erhalten 12 Männer den Auftrag, 12 Steine zu Füßen der Priester aufzuheben. Nach dessen Vollzug ziehen die Priester mit dem Volk nach Gilgal, wo 12 Mazzeben errichtet werden und eine „kultisch-ätiologische Belehrungsrezitation" vorgenommen wird (Otto 162f.). Die älteste Tradition spiegelt einen kultischen Vorgang, nämlich eine Ladeprozession von Šittim nach Gilgal wider, wo ein „Mazzotfest" (vgl. Jos 5, 2–12) gefeiert worden sein soll (175ff.).

Die Rekonstruktion der literarischen Prozesse in Jos 3f., die am ehesten literaturwissenschaftlich und redaktionsgeschichtlich zu versuchen ist, rät indessen zur Zurückhaltung gegenüber einer Definition historischer Konsequenzen, solange die literarische Heterogenität einschlägiger Nachrichten in jeweiliger Eigenständigkeit nicht gesichert ist. Dieser Vorbehalt erstreckt sich einstweilen nicht nur auf die Annahme einer ursprünglichen Vermittlung des Ablaufs eines spektakulären Durchzugs z. Z. der Landnahme, sondern auch auf die Präsumtion kultischer Vorgänge und Aktualisierungen. Es scheint auf jeden Fall geraten, eine vordeuteronomistische Wertung des Jordanflusses als einer mit Lokaltraditionen behafteter und nicht nur für die mittelpalästinischen Stämme relevanten Grenzlinie anzusetzen.

3. Nur hypothetisch ist deswegen auch der überlieferungsgeschichtliche Ort der Verbindung des „Durchzugsmotivs" mit dem „Meerwunder" des Exodus (vgl. Ex 14f.) zu bestimmen (nach Otto 186ff. ge-

schieht eine Verknüpfung von „Landnahmethematik und Exodusthematik" beim „Mazzotfest" in Gilgal). In Jos 4, 21–23 (Rede Josuas) wird eine Bezugnahme hergestellt, deren poetisches Gegenstück in Ps 114 greifbar wird (vgl. vor allem vv. 3. 5), wo das Zurückweichen des Jordan mit dem Fliehen des Meeres parallelisiert erscheint. Nach H. J. Kraus, BK XV/2, [5]1978, 958 wird hier „auch auf den Jordandurchzug das Motiv des mythischen Chaoskampfes in rudimentären Andeutungen übertragen": die Epiphanie JHWHs „versetzt die das Heil verhindernden Mächte in Furcht und Flucht". Formkritische Beobachtungen beim Vergleich von Jos 4, 21–23 und Ps 114, 3. 5 mit jeweiligem Kontext können auf das beiderseits belegte Epitheton *'a̱dôn kŏl-hā'āræṣ* (Jos 3, 11. 13; Ps 114, 7) rekurrieren (nach Otto 188 ein Indiz für „eine nach Gilgal weisende Vorstufe" des Ps). Die Frage, ob die Parallelisierung von Jordandurchzug und Schilfmeerwunder ihren Sitz in der „kultisch-ätiologischen Belehrungsrezitation" des Gilgalfestes gehabt habe (Otto 190) oder womöglich erst einer in Jerusalem beheimateten Kombination auf literarischer Ebene entstammt, bedarf noch weiterer Klärung. Einem Jerusalemer Werdeprozeß gehört jedenfalls allem Anschein nach die jetzige Fassung des Liedes Ex 15 an, das offenbar das Meerwunder (vv. 8. 10) im Zusammenhang mit dem „Durchzug" (v. 16: 2mal *'br!*) des Volkes vor dem „Einzug" (v. 17) sieht, ohne daß der Jordan namentlich erwähnt wird. Hier ist zweifellos eine Stufe erreicht, auf der im Einklang mit deuteronomischer Sprachregelung der „Durchzug" schlechthin zum Theologumenon geworden ist.

Görg

יָרָה I *jārāh*

יוֹרֶה *jôræh*, מוֹרֶה *môræh*

I. Die Wurzel, Vorkommen und Bedeutung – II. Allgemeiner Gebrauch – 1. im eigentlichen Sinne – 2. im übertragenen Sinne – III. Theologischer Gebrauch – IV. Zusammenfassung.

Die Wurzel ירה I ist nicht nur im AT bezeugt, sondern begegnet schon im Ugar. in der Bedeutung von 'werfen', 'schießen' (WUS[3] Nr. 1241), im Asarab. ('werfen', 'kämpfen'), im Äth. und Tigre. ('werfen'), wie schließlich auch im Mhebr. Als Bedeutung hält sich überall der Begriff 'werfen' durch, der jeweils durch die Modalitäten, unter denen sich Werfen vollzieht, seine Bedeutungsmodifikationen erhält, z. B. 'werfen' vermittelst eines Bogens = 'schießen'. Im AT kommen 25 Belege einer verbalen Verwendung dieser Wurzel vor, wenn man nicht noch die durch 4 Mss nahegelegte Konjektur in Jer 50, 14 (s. u.) mit hinzuzählen möchte. Außerdem sind 6 nominale Belege bezeugt. Beim Verbum sind *qal*, *niph* und *hiph* zu beobachten, wobei *qal* und *hiph* das Aktivum und *niph* das Passivum in der gleichbleibenden Bedeutung vertreten. Auch im Hebr. kann bei der Übersetzung vom deutschen 'werfen' ausgegangen werden. Gemeint ist eine durch Kraftaufwendung veranlaßte (intensive bzw. gewaltsame) Fortbewegung eines Objektes (eines Gegenstandes oder auch eines Menschen). Dieser Bewegungsvorgang wird durch die Benennung der Verumständungen jeweils präzisiert. Die Nomina stellen einfache deverbale Nominalisierungen in der Bedeutung von 'Schütze' dar. Trotz des geringen Umfangs der Belege ist die Streuung der verwendeten Formen von *jārāh* I breit. Sowohl in alten als auch in jungen literarischen Zusammenhängen, sowohl in poetischen als auch in erzählerischen Stücken des ATs sind die Belege anzutreffen. Es handelt sich bei *jārāh* I nicht um den typischen Terminus einer bestimmten Periode oder literarischen Schicht.

II. In einer ganzen Reihe von at.lichen Stellen wird *jārāh* I in militärtechnischem Sinne in der Bedeutung von 'schießen' gebraucht, wobei in erster Linie an das Abschießen von Pfeilen (*ḥiṣṣîm*, → חץ) gedacht sein mag. Ganz eindeutig geht dies aus der bekannten Batseba-Geschichte in 2 Sam 11 zwar nicht hervor, hat aber große Wahrscheinlichkeit für sich. Uria sollte an einer gefahrvollen Stelle der belagerten Ammoniterstadt Rabba den Tod finden ('Uriasbrief'). In der kunstvollen Erzählung wird die Ausführung des Befehls Davids durch Joab als Botenmeldung geschildert, in welcher Joab den Boten selbst die potentiellen Einwände Davids gegen das verlustreiche Scharmützel mit vorbedachten Worten zu parieren anweist. In diesen potentiellen Vorwürfen Davids ist davon die Rede, daß man sich nicht zu nahe an eine belagerte Stadt heranmachen dürfe, da die Belagerten von der Mauer herab zu schießen pflegten (2 Sam 11, 20: 'wißt ihr nicht' *'æṯ 'ašær jorû* [*hiph* defektiv] *me'al haḥômāh*). Der sich daran anschließende Vergleich mit dem Tod Abimelechs durch eine Frau, die von der belagerten Burg in Tebez einen Mühlstein auf A. warf (allerdings *hišlîkāh 'ālājw*) in v. 21, läßt daran denken, daß jedwedes 'Geschoß' gemeint sein könnte, das in der Nähe einer belagerten Stadtmauer für den Belagerer gefährlich wird. Im Blick auf v. 24, in dem ausdrücklich 'Schützen' erwähnt werden (וַיֹּרְאוּ הַמּוֹרְאִים, nach Q zu lesen), sind vielleicht doch Bogenschützen gemeint. Absolute Sicherheit gibt es dafür nicht, nur Parallelen können diese These mit unterstützen helfen. Eine solche Parallele könnte in dem Bericht von Sauls Tod in der Philisterschlacht am Gilboa-Gebirge vorliegen (1 Sam 31, 3), in welchem an der genannten Stelle die *môrîm* mit *qæšæṯ* in Zusammenhang gebracht werden. Dieser Zusammenhang dürfte auch dann als bestehend anerkannt werden, wenn zugestanden werden muß, daß der Vers textlich schwierige Probleme aufgibt (vgl. H. J.

Stoebe, KAT VIII/1, 520f. und die dort aufgeführten Änderungsversuche).

Schwierigkeiten bereitet in der Wendung: *hammôrîm 'anāšîm baqqæšæṯ* u.a. das mittlere Wort. Die chronist. Version hat *'anāšîm* einfach weggelassen (1 Chr 10, 3). So wie MT die Wendung überliefert, müßte übersetzt werden: 'die auf Menschen mit dem Bogen Schießenden'; oder soll doch noch eine Differenzierung in der Art zum Ausdruck kommen, daß *'anāšîm baqqæšæṯ* epexegetisch zu *hammôrîm* gestellt wäre, so daß der Begriff 'Schütze' näher präzisiert werden würde, 'nämlich Männer mit dem Bogen'. Man müßte dann in Kauf nehmen, daß *'anāšîm* ohne Artikel gesetzt wäre. Möglicherweise hat die masoret. Akzentsetzung diese Wendung so verstanden. Wenn das richtig ist, dann wäre *môræh* tatsächlich nicht von vornherein der Bogenschütze, sondern eine allgemeinere Bezeichnung für 'Werfer', 'Schleuderer', 'Schütze'. Leider ist auch das *wajjāḥæl me'oḏ mehammôrîm* in 1 Sam 31, 3 Ende nicht leicht zu fassen (H. J. Stoebe, a.a.O.; H. W. Hertzberg, ATD 10, z.St.; die chronist. Parallele führt ebenfalls nicht weiter: *wajjāḥæl min-hajjôrîm*, s. W. Rudolph, HAT I/21, 92), doch ist, wie in den Komm. besprochen wird, eine leidlich akzeptable Lösung zu finden. Saul erfährt von seiten der (Bogen-)Schützen eine so starke Beeinträchtigung seiner Kampfesmöglichkeiten, daß er den Kampf aufgibt und den Tod sucht (1 Sam 31, 4f.; 1 Chr 10, 4).

Die chronist. Schilderung von Josias Tod in der Schlacht von Megiddo verwendet wieder die termini *wajjorû hajjorîm lammælæḵ* (*le* = 'auf den König zu'), bei denen man an Bogenschützen denkt (2 Chr 35, 23). Die ägyptischen Schützen des Pharao Necho treffen den judäischen König auf dessen Streitwagen. Vielleicht hat eine Streitwagenschlacht stattgefunden. Auf den Kampfwagen waren Bogenschützen aufpostiert (s. de Vaux, Lebensordnungen II, BRL; BHHW; AOB² Nr 62. 105. 130. 132; ANEP Nr. 172. 314–316. 318. 319. 365. 390). Die syr. Version umschreibt diesen Passus mit der genauen Angabe, daß der Pharao Necho selber den König Josia durch zwei Pfeile getroffen und wundgeschlagen habe (vgl. BHK³ App.). Die Rezension von 2 Kön 23, 29f. bemerkt nur ganz kurz, daß Josia gegen Necho gezogen und von diesem getötet worden sei (*mûṯ hiph*).

In den Jesaja-Erzählungen von Jes 36–39 (= 2 Kön 18, 13 – 20, 19), die zur Zeit der Bedrohung Hiskias durch Sanherib spielen wollen, ist eine Zusage Jesajas enthalten, nach welcher es dem Assyrer verwehrt sein soll, das belagerte Jerusalem zu betreten. Es soll ihm nicht einmal möglich sein, Pfeile in die Stadt zu schießen und mit Schilden gegen sie vorzurücken (2 Kön 19, 32 = Jes 37, 33: *welo' jôræh šām ḥeṣ*). Hier ist nun eindeutig das Verbum *jārāh* I (*hiph*) mit dem Objekt *ḥeṣ* (= Pfeil) verbunden. Daß *jārāh* I (*hiph*) kriegstechnisch nicht allein für das Abschießen von Pfeilen (durch Schützen) gebraucht wird, zeigt der chronist. Bericht über Ussias Aufrüstung (2 Chr 26, 6–15, spez. v. 15). Hier wird erzählt, daß kunstvoll konstruierte Maschinen auf den Türmen und Zinnen in Jerusalem aufgestellt wurden, die Pfeile und große Steine zu schleudern imstande waren (לִירוֹא *baḥiṣṣîm ûḇā'aḇānîm geḏolôṯ*; Inf.-Bildung nach ל״א für ein Verbum ל״ה kommt gelegentlich vor, BLe 443k; entweder muß *geḏolôṯ* noch einen Artikel erhalten oder die Präposition ב muß umpunktiert werden). Die Verwendung des *be* ist instrumental zu fassen: schleudern, schießen mit Hilfe von Pfeilen bzw. großen Steinen.

Die Schaden zufügende, d. h. feindliche Tätigkeit des Pfeile-Abschießenden durch einen Tollen wird in einer Weisheitssentenz innerhalb der zweiten salomon. Spruchsammlung (Spr 25–29, möglicherweise schon vorexilische Abfassung, s. Einleitungen und Komm.) zum Vergleich mit dem Schaden herangezogen, den Täuschung und Irreführung im mitmenschlichen Zusammenleben verursachen (Spr 26, 18f.; *kemiṯlahleah hajjoræh ziqqîm ḥiṣṣîm wāmāwæṯ* / v. 19 / *ken 'îš*...).

Zuletzt sei für diesen Bedeutungsbereich von *jārāh* I noch auf Jer 50, 14 hingewiesen, wo an sich *jeḏû* (von *jāḏāh* = schießen) überliefert ist, einige wenige Handschriften aber *jerû* (von *jārāh* I) setzen. In der Bedeutung ändert sich nichts. In diesem gegen Babel gerichteten Unheilswort werden die Bogen-Spannenden (*kŏl-doreḵê qæšæṯ*) aufgefordert, sich rings um die Stadt aufzustellen und in die Stadt zu schießen (*jerû 'elǣhā*, d. h. 'auf die Stadt zu') und mit Pfeilen (*ḥeṣ*) dabei nicht zu sparen. Wenn diese Lesung richtig ist, dann läge ein weiterer Beleg für den Gebrauch von *jārāh* I + *ḥeṣ* vor.

Um das Abschießen von Pfeilen geht es auch in 1 Sam 20 (4 Belege) und 2 Kön 13 (2 Belege), aber in einem anderen Sinne. In 1 Sam 20, 20. 36. 37 soll der von Jonathan in eine bestimmte Richtung und Weite abgeschossene Pfeil David die sonst geheimbleibende Botschaft vermitteln, ob Sauls Gesinnung zu David günstig oder feindlich geworden ist. Dieses verabredete Zeichen (*dāḇār*) hatte Abmachungscharakter (v. 23). Die Nähe zu einer Art ursprünglichen Pfeilorakels ist wohl nicht zu leugnen. *jārāh* I (*qal* und *hiph*) wird hier wieder zusammen mit *ḥeṣ* gebraucht, Jonathan als Bogenschütze vorgestellt. Die Schwierigkeit, die der Text in einer Überlieferung hinsichtlich des Sing. oder Pl. von Pfeilen aufweist, braucht hier nicht weiter zu stören (s. H. J. Stoebe, KAT VIII/1, z.St.).

2 Kön 13, 14–21 gehört zu den Elisa-Legenden. Hier wird das Ende des Propheten erzählt, vor dem dieser aber noch dem König Joas von Israel eine Heilsankündigung zuwendet. Das Prophetenwort ist von einer symbolischen Handlung begleitet, genaugenommen sind es mehrere Handlungen. Dabei spielen Pfeil und Bogen eine Rolle (v. 15). Während einer dieser Handlungsphasen gebietet Elisa, das Fenster gen Osten zu öffnen und zum Fenster hinaus zu schießen (v. 17, 'schieße, und er schoß', *jereh wajjôr*). Dieses Tun wird mit einem Heilswort verbunden (Sieg Israels über Aram, v. 17). Auch diese Verwendung des Pfeil-Abschießens (vorausgesetzt ist der Bogenschütze) mag zum Hintergrund ein ursprüngliches Pfeilorakel haben (→ חֵץ *ḥeṣ* und vgl. Art 'Pfeil'

in BRL², BHHW III; G. Fohrer, Die symbol. Handlungen; H.-Chr. Schmitt, Elisa, 1972).
Eindeutig um Losorakel geht es in Jos 18, 6, aber nicht mit Hilfe von Pfeilen, sondern von 'Lossteinen' (wahrscheinlich die eigentliche Bedeutung von *gôrāl*, s. KBL³ → גורל, R. de Vaux, Lebensordnungen I; BHHW II), die geworfen werden: *jārîṯî lāḵæm gôrāl poh lipnê JHWH 'ᵆlohênû*. Subjekt zu diesem hier zitierten Tun ist Josua, der Landanteile für die israelitischen Stämme auslost. Die Losorakelhandhabung war vornehmlich priesterliches Recht (vgl. M. Noth, HAT I/7³, z. St.).
'Werfen' bzw. 'Schießen' im kriegerischen Sinne ohne Erwähnung einer Waffe begegnet in einem Spruch, der im elohist. Zusammenhang von Num 21 aufbewahrt ist (v. 27–30). Hier wird auf die Inbesitznahme ostjordanischer Territorien durch israelitische Zuwanderer zurückgeschaut und davon gesprochen, daß 'wir' sie 'geworfen' haben und Hesbon gefallen ist: *wannîrām* (gemeint ist *wannîrem*) *'āḇad Ḥæšbôn*. *jārāh* I erhält hier die Bedeutung von 'Oberhand gewinnen' (s. auch M. Noth, ATD 7, 140–145). Objekt zu *jārāh* I ist eine personale Größe. Gewiß steht aber im Hintergrund stillschweigend die Vorstellung, der Vorbewohner sei dadurch 'geworfen' worden, daß die Israeliten auf ihn geschossen und ihn getroffen haben.
jārāh I wird schließlich im allgemeinen eigentlichen Sinne je einmal gebraucht bei der Errichtung einer Grenzmarkierung (Gen 31, 51 J), sowie bei der Einfügung eines 'Ecksteins' in ein Gebäude (Hi 38, 6). Für die erstere Belegstelle kann die Erwähnung des *gal* (= Steinhaufen; *maṣṣeḇāh* ist wahrscheinlich schon sekundär, s. v. 52b) bestimmend gewesen sein: Steine sind zu einem Haufen als Grenzmarke geworfen worden (Laban spricht zu Jakob: *hinnēh haggal hazzæh ... 'ᵃšær jārîṯî bênî ûḇênæḵā*). Für die Hi-Stelle ist möglicherweise ein Fachausdruck des Bauschaffens vorauszusetzen: 'Fundamentsteine werfen', d. h. für den Bau ein sicheres Fundament legen (s. G. Fohrer, KAT XVI, 501 u. die dort zit. Lit.).

II. 2. *jārāh* I als Ausdruck des Schießens mit Pfeil und Bogen wird auch im übertragenen Sinne gebraucht. Die prominenteste Stelle findet sich in Ps 11, 2, einem individuellen Vertrauenslied (G. Fohrer, Einleitung 309; H. J. Kraus, BK XV/1, ⁵1978, 228f.; L. Delekat, Asylie und Schutzorakel, Leiden 1967, 154ff. anders: Aufnahme-Schutzspruch), das noch vorexilisch sein kann. Die *rᵉšā'îm* (Gottlosen, Frevler) spannen den Bogen, festigen Pfeile auf der Sehne, 'um im Dunkeln die Redlichen des Herzens zu schießen' (*lîrôṯ bᵉmô-'opæl lᵉjišrê-leḇ*; *lᵉ* = zu, hin; vgl. Ps 64, 4. 5. 11). Diese Wendung wird zur Metapher für die Verfolgungen und Nachstellungen, denen ein 'Frommer' sich durch Gottlose ausgesetzt fühlt und die ihn zur Flucht in das Heiligtum treiben, wo er bei JHWH Hilfe, Schutz und Gerechtsprechung erhofft und erbittet (vgl. Kraus, a.a.O.; Delekat, a.a.O.). Nicht anders ist die Bildrede in dem individuellen Klagelied Ps 64 zu verstehen. Dort umschreibt die Wendung von den auf den Schuldlosen (*tam*) abgegebenen Pfeilschüssen (vgl. v. 11 mit Ps 11, 2) ebenfalls die heimliche und tückische Nachstellung, der der Klagende ausgesetzt ist (v. 5). Aus v. 4 geht hervor, daß es bittere Worte und eine scharfe Zunge sind (*lāšôn* und *dāḇār*), die mit spitzen Pfeilen und scharfen Schwertern bezeichnet werden. Konkret kann damit üble Nachrede, Verleumdung, unschuldige Anklage oder gar ein Machtwort, etwa ein böser Wunsch oder ein Fluch gemeint sein, es braucht nicht an Tätlichkeiten oder noch andere Aktivitäten gedacht zu werden (vgl. auch H. J. Kraus, BK XV/2, ⁵1978, 604–607). Die Unstimmigkeit in der Vorstellung 'Pfeile spannen' (v. 4: *dārᵉḵû ḥiṣṣîm*) braucht hier nicht weiter erörtert zu werden. Den Sinn einer Übertragung erlangt auch der Vergleich, den Spr 26, 18 nennt: Die Wirkung ist die gleiche, wenn ein Mann seinen Nächsten irreführt, wie wenn ein Leichtfertiger Brandpfeile und damit den Tod verschießt (s.o.), nämlich allgemeines Empfinden von Existenzunsicherheit. Schließlich kann man auch die Verwendung des bautechnischen Terminus von dem Werfen des Ecksteins als Fundamentierung der Schöpfung durch Gott (Hi 38, 6 + Kontext) als Metapher verstehen.

III. In dem oben (II. 2) angeführten individuellen Klagelied Ps 64 (v. 8 + Kontext) ist Gott als Bogenschütze vorgestellt. Er schießt den Pfeil auf die Gegner des vor ihm Klagenden (*wajjorem 'ᵆlohîm ḥeṣ*) und läßt sie ihrer Zunge wegen straucheln (v. 9, Wiederherstellung des Textes s. H. J. Kraus, BK XV/2, ⁵1978, 604f.). Im Sinne der übertragenen Gebrauchsweise von *jārāh* I wird Gott ebenfalls mit einem Machtwort dem (verbalen) Treiben der Frevler gegen den Unschuldigen wirksam ein Ende bereiten (vgl. den Kontext). Es entspricht dem altorientalischen Wortverständnis, in dem Wort eine gefährliche Waffe zu empfinden und sich ihm wie einem dinglich-massiven Gegenstand konfrontiert zu wissen. So direkt ist Gott noch einmal Subjekt eines mit *jārāh* I (*hiph*) umschriebenen gewaltsamen Tuns, dem sich ein Mensch ausgesetzt fühlt, in der Klage des Hiob (30, 19). Das gesamte Unglück, in welches Hiob durch Krankheit, Leid und Schicksalsschläge geraten ist, versteht er, als von Gott in den Schmutz gestoßen zu sein, so daß er selber Staub und Asche gleichen muß (*horānî lahomær*; in der Exegese wird gern zu *hôriḏanî* von *jārad* geändert, G. Fohrer, KAT XVI, 414, doch gibt auch *jārāh* I einen plastischen Sinn: 'er hat mich geworfen', 'geschleudert'). *jārāh* I ist ohne instrumentales Objekt (Pfeil oder Stein) gebraucht. Die rohe Gewalt kommt sehr anschaulich zum Ausdruck. Daß dieser Gebrauch nicht ganz ungewöhnlich ist, bezeugt Ex 15, 4 innerhalb eines Siegesliedes (Alter ist leider nicht zu bestimmen, s. M. Noth, ÜPt 32, Anm. 107; ATD 5, 98). Dort wirft JHWH die pharaonische Streitwagenmacht in das Meer (*jārāh bajjām*) und vernichtet sie auf diese Weise.

In der jahwist. Variante des Berichtes über die Vorbereitungen des Volkes auf die Theophanie JHWHs am Sinai (Ex 19, 10–15) wird das Volk davor gewarnt, dem Berg zu nahe zu treten oder ihn gar zu berühren (Ex 19, 13: *lo' tigga' bô jāḏ kî-sāqôl jissāqel 'ô-jāroh jijjāræh*, sei es Tier oder Mensch, niemand wird am Leben bleiben). Die durch die Anwesenheit Gottes sich konstituierende Heiligkeit des Berges verwehrt bei Lebensgefahr den unberechtigten Zutritt (M. Noth, ATD 5, 123. 124. 127). Wie das Gesteinigtwerden oder Geworfenwerden konkret vorzustellen ist, wird nicht näher ausgeführt. Zwei Möglichkeiten scheinen sich für das Verständnis anzubieten: einmal das irrationale Moment des mit der Theophanie verbundenen Naturaufruhrs (sei es im Wetter oder sei es in Erdbebenerscheinungen), welcher für den Menschen, der diese Region unbefugt betritt, gefährlich wird; oder zum anderen der Strafvollzug durch eine Sakraljustiz. In beiden Fällen ist das letzte eigentliche Subjekt des gefährlichen Schießens oder Steinigens JHWHs Heiligkeit.

Es sei nicht unterschlagen, daß auch bei den unter II. aufgeführten Belegen zum Gebrauch von *jārāh* I gelegentlich deutliche theologische Bezüge vorhanden gewesen sind. So zeigt sich in dem Wort der Jesajaerzählungen (2 Kön 19, 32; Jes 37, 33) die Geschichtsmächtigkeit JHWHs, der es zulassen wie eben auch verhindern kann, daß ein Assyrer Pfeile in die Stadt Jerusalem schießt. Umgedreht bezeugt Jer 50, 14, daß JHWH Pfeilgeschosse gegen Babel zu entbieten vermag, wenn dies der Gerichtsbeschluß JHWHs über die Verfehlungen der Babylonier vorsieht. Der abzuschießende Pfeil ist nicht nur die unmittelbare scharfe Waffe, die auf JHWHs Geheiß ins Ziel gebracht oder zurückgehalten werden kann, sondern auch das schon proklamierte Zeichen, die Vorwegereignung des Sieges Israels über seine Feinde, die JHWH durch symbolische Handlung und Prophetenwort vollzieht (2 Kön 13, 17). Neben die Geschichtsmächtigkeit, mit der JHWH souverän über die Militärtechnik verfügt (*JHWH 'îš milḥāmāh* ist das Bekenntnis in Ex 15, 3 unmittelbar vor der Rühmung seiner Siegeskraft über das ägyptische Heer, v. 4), tritt die Naturmächtigkeit JHWHs, die sich in seinem Schöpfungswerk offenbart. Diese wird u. a. auch durch die Umschreibung bautechnischer Fertigkeiten JHWHs definiert. Hiob wird in 38, 6 in der großen Gottesrede gefragt, wo er, der Mensch, gewesen sei, als Gott die Welt gründete und auf ihre Fundamente legte: 'wer warf hin ihren (der Erde) Eckstein?' Antwort: Niemand!, und damit der Erweis der unbefragbaren Schöpfermacht JHWHs, deren Überlegenheit der Mensch sich zu beugen hat. Der Terminus *jārāh* I mit seiner Subjektbeziehung zu Gott ist ein plastischer Begriff, der massive Mächtigkeiten und Gefährlichkeiten Gottes zu Gericht und Heil über sein Volk und über den einzelnen auszudrücken imstande ist. Darüber hinaus sind auch die Feinde JHWHs und der Seinen diesen zerstörerischen Fähigkeiten ausgesetzt.

IV. Auch wenn die Vorstellung von der Tätigkeit des Bogenschützen im Gebrauch von *jārāh* I zu dominieren scheint (und sei es nur als Hintergrundvorstellung), so ist es doch nicht möglich, 'Pfeile-Schießen' als Grundbedeutung von *jārāh* I anzunehmen und zu deklarieren. Altertümliche Belege gebrauchen diese Wurzel auch ohne das Objekt *ḥeṣ* und damit in allgemeinerer Bedeutung von 'werfen', 'schleudern'. Aber vielleicht ist es möglich festzuhalten, daß der Terminus vorwiegend in Auseinandersetzungen verwendet wird, sieht man von den wenigen Belegstellen ab, die vom Hinwerfen von Steinen sprechen, sei es zur Grenzmarkierung, sei es zur baulichen Fundamentierung oder sei es zur Gewinnung eines Losentscheides. Aus diesem Befund ist wohl nicht ein militärtechnischer Begriff zu machen, von dem andere Gebrauchsweisen abgeleitet werden müßten. Die Grenzmarkierung durch Aufhäufen eines Steinhaufens oder die Errichtung einer Massebe (Gen 31, 51 J) sind wohl doch schon altertümliche Vorgänge. So bestätigt sich, was eingangs (I.) bereits ausgeführt wurde, daß der Wurzel der übergreifende Bedeutungsinhalt 'werfen' zugrundeliegt. Auch der Gebrauch im übertragenen und im theologischen Sinne führt darüber nicht hinaus.

Wagner

יָרָה II *jārāh*

יוֹרֶה *jôræh*, מוֹרֶה *môræh*

I. Zur Herleitung der Wurzel – II. Der verbale Gebrauch – III. Der nominale Gebrauch – IV. Zusammenfassung.

I. Daß *jārāh* II als eigener Stamm gilt, ist umstritten. Es hat sich im Gegensatz zur rabbinischen Tradition (s. bei G. Dalman, AuS I/1, 122) nach neueren lexikographischen Überzeugungen (s. KBL³) die Ansicht durchgesetzt, daß dieses *jārāh* II nur eine Nebenform von *rāwāh* I (KBL³) = 'sich satt trinken' (*hiph* dann transitiv: 'tränken') sei (vgl. H. W. Wolff, BK XIV/1 ²1965, 135. 234; W. Rudolph, KAT XIII/1, 1966, 132. 201). Rabbinische Interpretationen der Belege halten die Ableitung von *jārāh* I, 'werfen' (*hiph* 'schießen') oder sogar *jārāh* III *hiph* 'lehren, unterweisen' für möglich; d. h. der Frühregen (*jôræh, môræh*) gilt als 'Schütze', der sein befeuchtendes Naß auf die Erde schießt, oder als 'Lehrer', der die Menschen unterweist, die Feldfrüchte sicher zu gewinnen (Belege bei Dalman, a. a. O.). Eine Entscheidung darüber muß aus der Exegese der entsprechenden Belegstellen heraus getroffen werden. Im Ugar. ist ein Beleg für *jr*, 'Regen, Regentropfen' (vielleicht sogar zwei, WUS³ Nr. 1233) gefunden worden.

II. Als Verb kommt *jārāh* II im AT nur dreimal vor, zweimal im *hiph*, Hos 6, 3; 10, 12, und einmal im *hoph*, Spr 11, 25. Das *jôræh* in Hos 6, 3 steht als Prädikat in deutlicher Beziehung zum Subjekt *malqôš* (= „Spätregen") und regiert als Objekt *'æræṣ*, so daß an eine Tätigkeit des Regens in bezug auf den Erdboden (auf das Land) gedacht werden muß. Die Qualität dieser Tätigkeit läßt sich aus dem Kontext ermitteln. Die Stelle entstammt einem Bußlied (6, 1–3), das in einer längeren hoseanischen Spruchkette steht, die die Themen Gericht – Umkehr – Heil reflektiert. Dieses Bußlied stellt offenbar ein Hörerzitat dar (vgl. die Komm.), auf das Hos in 6, 4ff. eingeht. Dem Bußlied eignen Motive starker Zuversicht und des Vertrauens zu JHWH, von welchem gesagt wird, daß er wohl schlage, dann aber auch wieder heile, daß er im Gericht sehr wohl seine Abwendung von seinem Volke zeige, aber wiederum schon aufbreche, um den Bußfertigen 'Wiederbelebung' zuteil werden zu lassen. Dieser Aufbruch zum heilbringenden Kommen wird verglichen (*k*^{e}) mit der Gewißheit des Anbruchs der Morgenröte und des jahreszeitlichen Eintreffens von *gæšæm* und *malqôš jôræh 'āræṣ*, 'der heilsam das Land tränkt' (befeuchtet, befruchtet, „labt", H. W. Wolff). Targ. und S scheinen *jarwæh* von *rāwāh* I *hiph* vorauszusetzen (vgl. BHS), was dann tatsächlich 'tränken', 'befeuchten' heißen würde.

Der zweite Hos-Beleg, der in einer begründeten Unheilsansage steht (die Abgrenzung des Spruches ist strittig: Wolff: 10, 9–15; Rudolph: 10, 11–13a) kennzeichnet das von JHWH erwartete loyale Verhalten Israels zu seinem Gott, dem dann auch die heilvolle Zuwendung JHWHs zu seinem Volk entsprechen würde (könnte). Der Fortgang der Periode weist aber auf, daß Israel sich illoyal verhielt und deswegen dem Gericht nicht zu entgehen vermag. Im Bilde des beiderseitigen loyalen (bundesgemäßen, 'gerechten') Verhaltens zwischen Gott und Volk steht der Satz: „es ist an der Zeit, zu suchen (*lidroš*) JHWH, *'ad jāḇô' w*^{e}*joræh ṣædæq lākæm*, bis daß er komme und Gerechtigkeit (Heil) regnen lasse auf (oder auch: für) euch". *jārāh* II ist hier in übertragenem Sinne gebraucht (anders H. W. Wolff, Komm. z. St.).

Auch der dritte Beleg scheint älter zu sein. Er gehört in die sog. erste Sammlung salomonischer Sprüche (Spr 10, 1 – 22, 16) und könnte aus vorexilischer Zeit stammen. Spr 11, 25 stellt wie alle anderen Sprüche des Kontextes einen Doppelzeiler dar, in dem ganz allgemein der Segen der Freigebigkeit besungen wird: „Wer segnet, wird selbst gesegnet werden (wörtl.: fett gemacht w.), und wer satt zu trinken gibt (*ûmarwæh*), wird gewiß selbst satt zu trinken bekommen (*gam hû' jôræ'* = getränkt werden)." Die Form ist verschrieben aus *jôræh* (vgl. BHK[3] App.) und kann als *hoph* von *jārāh* II verstanden werden (KBL[3]). Die Nähe zu *rāwāh* I ist allerdings durch das vorangehende Ptz *marwæh* gegeben. Der Gebrauch von *jārāh* II ist hier eigentlich, doch das Eigentliche wird zum Bild des Wohlergehens im Sinne einer allgemeinen weisheitlichen Sentenz: Geiz nützt letztlich dem Geizigen nichts (vgl. den Kontext und das ganze Kap. 11; H. Ringgren, ATD 16 z. St.; B. Gemser, HAT I/16 z. St.).

Die Hos-Belege stehen im Dienste einer theologischen Aussage. Sie beschreiben (teils im Bild, teils im übertragenen Sinne) die gnädige Zuwendung Gottes zu dem, der sich Gott in Buße oder Loyalverhalten zuwendet.

III. Von der angenommenen selbständigen Wurzel sind zwei Nominalbildungen erfolgt, die nach dem Kontext der Belegstellen soviel wie 'Frühregen' bedeuten müssen: *jôræh* Deut 11, 14; Jer 5, 24 (K defektiv, Q plene); *môræh* Jo 2, 23; Ps 84, 7. Die Nomina sind nicht im übertragenen Sinne gebraucht, aber sie stehen im Dienst des Aufweises gnädiger Gesinnung JHWHs zu seinem Volk. JHWH gilt als Schöpfer und Spender des fruchtbringenden Regens, der freilich diese Gabe auch zurückzuhalten vermag. Im einzelnen handelt es sich dabei um folgende Sachzusammenhänge: Deut 11, 14 gehört zu den homiletisch-paränetischen Rahmenstücken des deuteronomischen Grundgesetzes. Die Gewährung von *jôræh* (parallel dazu *māṭār* und *malqôš*) wird in ursächlichen Zusammenhang mit der Einhaltung der Satzungen JHWHs gebracht (v. 13, *miṣwôṯaj*), während der Abfall zu fremden Göttern diese lebensnotwendigen Voraussetzungen verhindern wird, da der Zorn JHWHs entbrennt. Dieser hält den Himmel davon zurück (ganz aktiv: *'āṣar*, v. 16–17), Regen zu geben. Ja, sogar der Landbesitz ist dann grundsätzlich bedroht (v. 17). Bei der Regengabe spielt die 'rechte Zeit' eine entscheidende Rolle (v. 14: *nāṯan b*^{e}*'ittô* = Gabe zu seiner Zeit). Der Frühregen fällt Ende Oktober / Anfang November. Sa'adja übersetzt *jôræh* an unserer Stelle mit 'der rechtzeitige' (Dalman, AuS I, 122). Verzögerungen oder Verfrühungen bringen das landwirtschaftliche Gefüge in Unordnung und können bereits die Voraussetzung für eine folgende Mißernte sein (vgl. Dalman, a. a. O.).

Theologisch auf der gleichen Linie steht auch Jer 5, 24, wo in der Begründung für eine Unheilsankündigung der Vorwurf erhoben wird, daß das Volk die Schöpfermächtigkeit JHWHs (vgl. auch v. 22) nicht gebührend anerkannt hat: „Und nicht haben sie in ihrem Herzen gesprochen: Laßt uns doch JHWH, unseren Gott, fürchten, *hannoṯen gæšæm w*^{e}*joræh ûmalqôš b*^{e}*'ittô* ..., der da gibt Regen, sowohl den Früh- als auch den Spätregen zu seiner Zeit, der für uns auf die festgesetzte Zeit der Ernte achtet." Die Herkunft des Spruches Jer 5, 20–25 ist unsicher (vgl. W. Rudolph, HAT I/12 z. St.; A. Weiser, ATD 20 z. St.), doch ist die jeremianische Abfassung nicht unmöglich, wenn man zugesteht, daß die Thematik in Kap. 5 fremd ist. Das Vorhandensein von Regen im allgemeinen, sowie des Früh- und Spätregens im besonderen, ist Anlaß und Grund (*kî nāṯan*) zu Jubel und Freude an JHWH (Jo 2, 23, vgl. v. 21–24; *gîl* und *śāmaḥ b*^{e}*-JHWH*). Dazu kann in einem Danklied aufgerufen werden, vor allem wenn auf Grund einer voraufgegangenen Dürre und Naturkatastrophe ein Bußgottesdienst gehalten worden war und JHWH sich hatte erbarmen lassen. Nahrung und Reichtum sind dann gegeben (v. 24; Th. H. Robinson, HAT I/14, ³1964, 64–65).

Besondere Diskussionen hat der Terminus *hammôræh liṣdāqāh* in Jo 2, 23 im Blick auf den 'Lehrer der Gerechtigkeit' von Qumran ausgelöst. Mit Recht ist die frühere Annahme eines (wenn auch nur irrtümlichen) Zusammenhanges heute aufgegeben worden (vgl. H. W. Wolff, BK XIV/2, z. St., dort auch die Lit.). Durch die Erwähnung des Begriffes *gæšæm môræh* in dem gleichen Vers ist die Bedeutung 'Frühregen' sichergestellt. Der umstrittene Terminus meint den zur rechten Zeit gegebenen Frühregen (vielleicht noch besser: den geordneten, geregelten, dem Naturlauf gerechtwerdenden), wozu auch das rechte Maß gehört (Th. H. Robinson, HAT I/14, 64). H. W. Wolff ändert und übersetzt: „Speise nach Bundesrecht" (a. a. O. 64–65). Tatsächlich besagt diese Änderung dasselbe: „nach Bundesrecht" meinte nichts anderes denn die gewährten geordneten klimatischen Gezeiten als Voraussetzung für das wirtschaftliche und damit allgemeine Wohl. Im Hintergrund steht soziologisch die agrarische Wirtschaftsstruktur Palästinas (vgl. R. B. Y. Scott, ZAW 64, 1952, 11–25).

In Ps 84, 7 ist leider die Zeile, die *môræh* enthält, verderbt (s. BHS), doch ist der Sinn noch leidlich zu erkennen. Das Zionslied (H. Gunkel; H.-J. Kraus, BK XV/2, z. St.; G. Fohrer, Einleitung § 43) besingt u. a. die Sehnsucht der Pilger nach dem Heiligtum und schildert die bereits zu machenden Segenserfahrungen auf dem mühsamen Pilgerweg. Dieser führt durch das Baka-Tal (es ist leider nicht zu ermitteln, worum es sich dabei handelt, ob um eine besonders wüste und wasserlose Gegend oder gerade umgekehrt um einen besonders fruchtbaren Landstrich). Die Pilger begegnen jedenfalls dort Quellen und werden der Segensfülle durch den Frühregen inne (*gam-berākōt jaʿṭæh môræh*). Wie auch immer der Passus im einzelnen verstanden werden muß, die Beziehung von *môræh* und *berākāh* aufeinander ist deutlich zu sehen. *môræh* vertritt unabhängig davon, ob es im übertragenen oder eigentlichen Sinne verstanden werden will, etwas Positives, das – über den Tempel oder heiligen Ort vermittelt gedacht – letztlich von Gott her auf den Menschen trifft. Ungeklärt bleibt die Abfassungszeit des Psalms. Nach Kraus ist er vorexilisch, nach Fohrer nachexilisch. An sich spricht nichts Entscheidendes gegen eine vorexilische Entstehung.

IV. Die mit *jārāh* II umschriebenen Sachverhalte meinen im AT die vom Ackerbauern erwünschte Befeuchtung seines Landes, die – zur rechten Zeit und im rechten Maß gewährt – die Voraussetzung für eine gute Ernte darstellt. Der reiche Ertrag des Ackers und des Weinberges bedeutet Reichtum und Wohlstand, den sichtbaren Ausdruck des Segens. JHWH gilt als der Schöpfer und Spender des Regens (im Nomen nimmt dieser Wortstamm die spezielle Bedeutung des Frühregens an), dessen gute und gnädige Zuwendung zum Menschen und zu seinem Volk in der Gabe des Regens erkennbar wird, dessen Abwendung, Zorn und Gericht aber in der Zurückhaltung des befruchtenden Nasses bestehen können. Die Folge sind Dürre und Hunger, Armut und Tod. Der Begriff *jārāh* II kann auch im übertragenen Sinne als Ausdruck für Gottes Heils- oder Unheilsschaffen schlechthin Verwendung finden; das Bild lebt aber von der eigentlichen Wirklichkeit und gründet in JHWHs Naturmächtigkeit, deren sich der Mensch stets zu versehen hat.

Wagner

יָרָה III *jārāh*

מוֹרֶה *môræh*

I. Die Wurzel, Vorkommen, Gebrauch und Bedeutung – II. Gebrauch im menschlichen Bereich – 1. im profanen Sinne – 2. in den Psalmen – 3. als priesterliche Weisung – III. Gott als Lehrmeister – IV. Derivat *môræh*.

Lit.: *J. Jeremias*, Der Lehrer der Gerechtigkeit, 1963. – *G. Sarfatti*, Semantics of Mishnaic Hebrew and Interpretation of the Bible by the Tannaim: Nota d) (Leshonenu 29, 1964, 238ff.; 30, 1965, 29–40) (hebr.). – *J. Weingreen*, The Title Môrēh Ṣédeḳ (Teacher of Righteousness?), in: Weingreen, From Bible to Mishna, Manchester 1946, 100–114; *ders.*, JSS 6, 1961, 162–174. – *R. B. Zuck*, Hebrew Words for „Teach" (Bibliotheca Sacra 121, 1964, 228–235).

I. *jārāh* III ist eine Wurzel, die in verschiedenen semit. Sprachen belegt ist, allerdings offenbar nicht in den älteren. Sie begegnet im Mhebr, Jüd.-Aram., Asarab., Amhar., Tigre. und vielleicht auch im Arab. (KBL³). Die Bedeutung neigt dem deutschen Äquivalent 'verkünden' zu. Nur das Arab. (*wrj* III) meint das Gegenteil: 'geheimhalten'.

Im AT ist die Wurzel 45mal vertreten, ausschließlich als Verbum im *hiph*. Hinzu kommen 9 Belege des Derivats *môræh*. Das andere ungleich häufiger vorkommende Derivat *tôrāh* wird in einem eigenen Artikel behandelt werden (→ תורה).

Im Deutschen kann die Bedeutung fast durchgängig mit 'lehren', 'unterweisen' wiedergegeben werden, wozu fast immer zwei Objekte gestellt sind: 'jemanden etwas lehren'. *jārāh* III ist ein Begriff, der in der Pädagogik, Didaktik und Katechetik seinen 'Sitz im Leben' hat. Er setzt ein Beziehungsverhältnis zwischen zwei personalen (oder als personal gedachten) Größen voraus, wobei die eine, die lehrende, ein Autoritätsverhältnis der anderen gegenüber entweder besitzt oder beansprucht, während die andere, die die Belehrung empfangende, ein Erwartungsverhältnis gegenüber der unterweisenden eingeht bzw. haben sollte. Es ist deutlich, daß nur durch die wechselseitige Einstellung aufeinander und die Bereitschaft zu geben und zu nehmen der mit *jārāh* III umschriebene Funktionszusammenhang zum (Voll-)Zuge kommt. Über eine bestimmte Methodik in der Unterweisung gibt *jārāh* III keine Auskunft. Auf den Aspekt der gegenseitigen personalen Beziehungen sollte bei *jārāh* III stets geachtet werden. Das Nomen *môræh* kann mit dem deutschen Wort 'Lehrer' übersetzt werden. Dieser Begriff hat in der Qumran-Lit. seine besondere Rolle und Funktion durch die Gestalt des *môræh haṣṣædæq* (→ צדק *ṣdq*), des 'Lehrers der Gerechtigkeit', erlangt. Für seine 'Erwähnung' in Jo 2, 23 vgl. die Ausführungen zu *jārāh* II.

Drei Funktionsbereiche für *jārāh* III scheinen im AT zu dominieren, der Gebrauch in der lyrischen und in der weisheitlichen Lit., d. h. konkret in den Ps (8mal), bei Hi (7mal), in den Spr (4mal), sowie in gesetzlichen Passagen des ATs und den Berichten über Priesterbelehrung. Trotzdem kann man nicht sagen, daß *jārāh* III lediglich in den späten literarischen Schichten des AT Verwendung gefunden hat. Auffällig ist ein starker theologischer Einschlag im Gebrauch.

Das *lehôroṯ* in Gen 46, 28 ist schon in den Versionen aufgegeben (s. BHK[3] u. BHS App.), G. v. Rad versucht im Anschluß an H. Gunkel (Komm.), den Text zu halten, ohne diesem allerdings einen einleuchtenden Sinn abgewinnen zu können. Es geht bekanntlich um die Übersiedelung Jakobs nach Ägypten. Juda wird zu Joseph vorausgeschickt, „daß er vor ihm nach Gosen Weisung gebe" (G. v. Rad, ATD 2–4, [9]1972, z. St.). Der Text ist sicher verderbt und mag auf sich beruhen (vgl. auch die älteren Komm. von H. Gunkel und O. Procksch).

II. 1. Der „profane Gebrauch" von *jārāh* III zeigt sich am eindrücklichsten in der Weisheits-Lit. Der Vater unterweist den Sohn in der rechten Lebenskunst. Es sind vernünftige, der Lebenserfahrung abgelauschte Weisheiten, die – sofern man sie beherzigt – zu einem guten, erfolgreichen und glücklichen Leben führen sollen; so z. B. Spr 4, 4, *wajjorenî wajjo'mær lî* – aus der Perspektive des Sohnes gesprochen: „und er unterwies mich und sprach zu mir: dein Herz möge an meinen Worten festhalten, bewahre meine Gebote und lebe!" Es folgen in v. 5 weitere Ermahnungen, „Weisheit" zu erwerben und zu nutzen. In v. 11 stellt der Vater dem Sohn gegenüber fest, daß er ihn im Wege der Weisheit unterwiesen habe und ihn auf gerade Pfade habe treten lassen (*bedæræḵ ḥoḵmāh horeṯîkā*). Nach dem Kontext zu urteilen enthalten die weisheitlichen Lehren starke ethische Elemente. Für die Einhaltung der ethischen Maximen wirbt der Nachweis ihrer Vernünftigkeit (s. v. 14ff.). Ein typisches Motiv ist die Warnung vor der „fremden Frau", auf deren Verlockungen der Jugendliche nicht eingehen sollte, damit er nicht ins Unglück falle und dann sprechen müßte: „auf die Stimme meiner Lehrer habe ich nicht gehört" (5, 13: *welo' šāma'tî beqôl môrāj*; im Parallelstichos stehen die *melammeḏîm*). Das Vater-Sohn-Verhältnis ist wahrscheinlich ein Topos für das Lehrer-Schüler-Verhältnis, wobei an den Weisheitslehrer gedacht ist (vgl. auch H. Ringgren, ATD 16, 25; B. Gemser, HAT[2] I/16, 33). Alle drei vorstehend genannten Belege entstammen einer Sammlung verschiedener Weisheitsgedichte und Einzelsprüche aus nachexilischer Zeit (Spr 1–9; G. Fohrer, Einl. § 49).

Thematisch schlecht unterzubringen ist Spr 6, 13, wo *jārāh* III im Zusammenhang mit der Zeichengebung durch Finger, Füße und Augenzwinkern verwendet wird. Ein heimtückischer und falscher Mensch täuscht seinen Nächsten über die wahren bösen Absichten durch widersprüchliches Verhalten in Rede und Gebärde. Die Strafe – so die Weisheitslehre – folgt solchem Verhalten auf dem Fuß (v. 12–15; v. 13: *moræh be'æṣbe'oṯājw*: „der mit seinen Fingern lehrt, unterweist, Zeichen gibt"). Gewiß werden Gebärden (etwa mit dem Finger) die Unterweisung unterstützt haben, hier ist aber ein Mißbrauch gegeißelt.

Grundsätzlich nicht anders als in den Spr ist *jārāh* III in den Kompositionen der Hiob-Dialoge gebraucht, auch wenn die Thematik eine andere ist, nämlich die des Ringens um die Frage nach Gottes Gerechtigkeit. Hier moduliert die 'profane' Verwendung der Wurzel unversehens zur theologischen hinüber. Hiob will sich gern belehren lassen, wenn die Freunde ihm eine Verfehlung nachzuweisen imstande sind (Hi 6, 24: *hôrûnî*, „unterweist mich", „belehrt mich"). Umgekehrt vermag er aus seinen bitteren Erfahrungen heraus die Freunde über Gottes Tun zu belehren (27, 11: *'ôræh 'æṯkæm bejaḏ 'el*), das er nach wie vor als ungerecht empfindet. Fohrer ordnet den Passus 27, 1–5. 11–12 zu 26, 1–4 und rekonstruiert damit eine neunte Rede Hiobs (KAT XVI, 1963, 376ff., s. auch G. Hölscher, HAT I/17, [2]1952, 66f., er sieht in Kap. 27 Verschiedenes zusammengestellt). Der Weisheitslehrer beruft sich nicht nur auf seine, sondern auch auf die Erfahrungen und Lehren der Vätergeneration (8, 8) und fordert Hiob dazu auf, sich in der Frage des in sich stimmigen Gotteshandelns an den *dôr ri'šôn* und die *'āḇôṯ* zu halten (8, 10: Bildad zu Hiob: *halo' hem jôrûḵā jo'merû lāḵ* ..., „sollten sie dich nicht unterweisen können und zu dir sprechen, und sollten nicht (wegweisende) Worte aus ihrem Herzen hervorkommen!?").

Lehrmeister vermögen auch die Kreaturen zu sein, speziell die Einzelgeschöpfe, etwa die Tiere, die den Menschen darin unterweisen, daß Gott alles geschaffen hat und allmächtig ist (Hi 12, 7–25, bes. 7–11; v. 7: *we'ûlām še'al-nā' behemôṯ weṯorækkā*, „und frage doch nur das Vieh, das wird es dich lehren ...!"; v. 8: *'ô ḥajjaṯ hā'āræṣ weṯorækkā* „oder das Wild, das wird dich unterweisen"; *śîaḥ lā'āræṣ* gibt nach dem Kontext keinen rechten Sinn, Konjektur s. BHK[3]; vgl. auch die Komm. z. St.). Vögel und Fische sind in den Parallelstichoi genannt, die Parallelverben lauten *ngd hiph* und *spr pi*, ʿankündigenʾ und ʿerzählenʾ. Dieser Unterweisungs- und Verkündigungsvorgang der Kreatur erfolgt durch ihr einfaches Dasein. Sie verweist auf die unbefragbare Schöpfer- und Erhaltermacht Gottes. Hier begegnet ein Stück natürliche Theologie und Offenbarung. Die gesamte Passage (12, 7–25) ist wahrscheinlich Einfügung in die Hiobrede (Kap. 12–14), sie trägt durch und durch weisheitlichen Charakter (s. G. Fohrer, KAT XVI, 1963, 244ff.; G. Hölscher, HAT I/17, [2]1952, 32f. scheidet nur v. 7–10 aus; A. Weiser, ATD 13, [5]1968, 92ff. gar nichts).

In den Elihu-Reden wird Hiob unterstellt, er erwarte von Gott eine Selbstbezichtigung, nach welcher er, Gott, sich Hiob gegenüber geirrt habe und diesen deshalb um Belehrung bitte (34, 32 und Kontext; der Text ist wahrscheinlich verderbt, s. schon die Änderung der V., ferner die Komm. z.St.; deutlich ist das *ʾattāh horenî*, ʿunterweise du mich!ʾ). Persiflage, Ironisierung und Provokation gehören zur Argumentation in den verschiedensten Redegängen der Hiobdichtungen. Demgegenüber verweist Elihu auf Gott als den eigentlichen unvergleichlichen Lehrer (36, 22: *mî kāmohû môræh*, „wer ist wie er ein Lehrer!?"), den belehren zu wollen, frevelhafte Vermessenheit bedeutete (zum kunstvollen Aufbau und zur Form [Streitgespräch] vgl. G. Fohrer, KAT XVI, 474ff.). Die Vorstellung von Gott als einem Lehrer ist natürlich nicht nur weisheitliche Überzeugung.

2. Vor allen Dingen in den individuellen Klageliedern begegnet die Bitte, von JHWH ʿden Wegʾ gewiesen zu erhalten (Ps 27, 11; 86, 11). In den Vertrauensmotiven der Klagelieder wird die Gewißheit darüber ausgesprochen, daß JHWH dem Menschen den ʿrechten Wegʾ tatsächlich zeigt (Ps 25, 8. 12). Das gleiche ist in den individuellen Dankliedern zu beobachten (Ps 32, 8). Bei all diesen Äußerungen kommt alles auf das Verständnis von ʿWegʾ (*dæræḵ*) und ʿPfadʾ (*ʾoraḥ*) an. Dieses muß aus dem Kontext erhoben werden. Für Ps 25, 8 legt sich nahe, unter dem ʿrechten Wegʾ das rechte (loyale) Verhalten zu Gott zu verstehen. Die Bitte um Wegweisung ist mit der Bitte um Sündenvergebung parallelisiert (vgl. v. 4. 6. 7. 9–11; Parallelbegriffe zu *jārāh* III sind *jādaʿ hiph* und *lāmaḏ pi*). Der Inhalt des Gotteswegs, den JHWH dem Beter weisen soll, wird mit Huld und Treue umschrieben (v. 10: *ḥæsæḏ* und *ʾæmæṯ*). In v. 12 stehen Weg und Gottesfurcht zusammen. Gott weist dem Gottesfürchtigen den *dæræḵ*. *sôḏ* und *berîṯ* sind fast Synonyma zu *dæræḵ* (v. 14). So steht in diesem nachexilischen individuellen Klagelied die Bitte um rechte Unterweisung in Gottes Willenskundgabe im Mittelpunkt (v. 8: *jôræh ḥaṭṭāʾîm baddæræḵ*; v. 12 *jôrænnû beḏæræḵ jiḇḥar*, „er wird ihn unterweisen im Weg, den er wählen soll").

Ps 27 (in seiner Einheitlichkeit nicht ganz unumstritten) stellt wahrscheinlich das Klagegebet eines Verfolgten und Angeklagten dar, der von JHWH getrennt werden soll. Die Ausweglosigkeit führt ihn in das Heiligtum, wo der Beter einen Ausweg, durch ein Heilsorakel gewiesen, erhofft. Dieser könnte nur in der Rechtfertigung bestehen, die der Haltung des Beters zu Gott von seiten Gottes zuteil wird, so daß die Bestreiter Unrecht erhielten (v. 11: *hôrenî JHWH darkæḵā ûneḥenî beʾoraḥ mîšôr*, „weise mir, JHWH, deinen Weg und leite mich auf richtigem (geradem) Pfad!"). Eine vorexilische Entstehung dieses Psalms ist nicht ausgeschlossen.

Ganz deutlich sind diese Zusammenhänge zu sehen in dem an sich unscharfen späten individuellen Klagelied Ps 86 (v. 11), in welchem nach der Bitte um Wegweisung (*hôrenî JHWH darkæḵā*) der Finalsatz angeschlossen wird, „daß ich wandele (*hālaḵ*) in deiner Wahrheit (*ʾæmæṯ*)". Wieder um Schuld und Vergebung (wie in Ps 25) geht es im nachexilischen individuellen Danklied von Ps 32 (v. 8). Hier zitiert der Beter einen Gottesspruch aus dem Heilsorakel: „ich will dich unterweisen in dem Weg, den du gehen sollst" (*ʾôreḵā beḏæræḵ-zû teleḵ*). Die Parallelbegriffe haben weisheitliche Prägung (*ʾaśkîl* und *ʾîʿaṣāh*, „ich will wissen lassen" und „ich will raten"), was auf eine weisheitliche Rezeption dieses Psalms schließen lassen könnte.

Was in einigen der bisherigen Belege aus dem Kontext geschlossen werden mußte, das wird in Ps 119 (v. 33) expressis verbis gesagt: „Weise mir, JHWH, den Weg deiner Weisungen!" (*hôrenî JHWH dæræḵ ḥuqqæḵā*). In dieser späten weisheitlich-lehrhaften Anthologie (G. Fohrer, Einl.) der Gesetzesfrömmigkeit sind verschiedene Begriffe für Weg (*dæræḵ*, *ʾoraḥ* u.a.) häufig gebraucht und wiederholt mit Beziehungswörtern wie ʿZeugnisseʾ, ʿBefehleʾ, *tôrāh* (usw.) zusammengestellt oder in Parallele gesetzt (vgl. den Kontext von v. 33; z. B. ʿWeg deiner Geboteʾ). Die Gesetzesliebe des Sprechers kommt in Ps 119 u.a. in den vv. 97–104 zum Ausdruck. Diese Liebe leitet den Frommen zur Einhaltung der Gebote Gottes, v. 102: „Von deinen Rechtssatzungen weiche ich nicht ab, denn du, ja du, unterweisest mich (*mimmišpāṭæḵā loʾ sartî kî-ʾattāh hôreṯanî*). So erweist sich *dæræḵ* (nur dieses Nomen ist – sicherlich zufällig – mit *jārāh* III konstruiert) als ʿgöttliche Weisungʾ, die aus dem priesterlich-kultischen Kontext der Heilsorakelgebung und der göttlichen Willenskundgabe durch priesterliche *tôrāh* stammt und bis in die ethischen Verhaltensweisen des Frommen in seinem Alltag zu reichen hat. Die Beschreitung dieses Weges kennzeichnet die loyale Einstellung des Beters zu Gott (vgl. zu allen Stellen G. Fohrer, Einl., 310ff.; H. J. Kraus, BK XV/1.2; die Artikel zu *dæræḵ* in ThWAT und THAT).

Eine crux interpretum stellt seit alters Ps 45, 5 dar (s. schon die Unsicherheit in der Textüberlieferung, BHK[3] und BHS App.). MT lautet: *weṯôreḵā nôrāʾôṯ jemînæḵā*, „deine Rechte weise dir furchtbare Taten" (Kraus). Die Wendung steht innerhalb dieses Königsliedes (Kraus: Lied zur Hochzeit des Königs) im Zusammenhang mit Aufforderungen an den König, als Held für Wahrheit und Recht zugunsten der Entrechteten einzutreten. In diesem Zusammenhang kann der Satz einen Sinn haben. Er bedeutete die Aufforderung an die Rechte (gemeint ist die rechte Hand bzw. der rechte Arm) des Königs, den noch untätigen König anzuweisen, mit Krafttaten im Sinne von erfolgreichen Regierungstaten aktiv zu werden. Es ist der Appell an den Willensentschluß des Königs, als Herrscher seine Macht zu gebrauchen. Der Satz ist dafür eine Metapher (vgl. v. 6).

3. Seit alters gehört es zu den Funktionen des Priesters, Weisungen zu erteilen. Diese können unterschiedlichen Inhalts sein, wie etwa nach 2 Kön 17, 27. 28 die Unterweisung in dem *mišpāṭ* der Landesgottheit (*wejôrem 'æṯ-mišpaṭ 'ælohê hā'āræṣ*), konkreter, wie JHWH zu fürchten sei (*wajehî môræh 'êk̲ jîre'û 'æṯ JHWH*). Wegen einer Löwenplage in dem von den Assyrern unterworfenen Gebiet von Samaria wurde einer der Priester aus der Deportation zurückbeordert, damit er die fremdstämmige im ehemaligen Israel angesiedelte Bevölkerung in der rechten JHWH-Verehrung unterweise. Man führte diese Naturplage auf mangelnde Kenntnis (*jāḏa'*) im *mišpaṭ JHWH* zurück (v. 26).

Zur Begründung einer Unheilsankündigung, die Micha den Notablen Jerusalems gegenüber ausspricht, gehört u.a. die Käuflichkeit der Priesterweisung, Mi 3, 11 (*wekohanîm bimḥîr jôrû*). Auch Jesaja schilt die Priester, die wegen Trunkenheit (möglicherweise auf Grund von Mißbrauch der Opfermahlzeit im Jerusalemer Tempel, s. G. Fohrer, Das Buch Jesaja, II, Zürich ²1967, 49ff.) nicht imstande sind, klare Weisung zu erteilen (Jes 28,9, s. schon v. 7; *'æṯ-mî jôræh de'āh*, „wen wird er Erkenntnis lehren?"). Einmal werden auch Propheten, die Lüge lehren, als Begründung für kommendes Unheil erwähnt (Jes 9, 14: *nāḇî' môræh šæqær*).

In der Priesterschrift wird priesterliche Weisung in kultischen Einzelfragen auf Grund von Satzungen (*ḥuqqîm*) bezeugt, so z. B. Lev 10, 11 (*ûlehôroṯ 'æṯ-benê Jiśrā'el...*) oder Lev 14, 57 konkreter die Unterweisung in Fragen von rein und unrein (*lehôroṯ bejôm haṭṭāme' ûḇejôm haṭṭāhor*; vgl. zu beiden Stellen K. Elliger, HAT I/4). In diesen Zusammenhang gehört auch die in Deut 24 sekundäre Anordnung, sich in Sachen des Aussatzes an die priesterlichen Anweisungen zu halten (v. 8: *kek̲ol 'ašær jôrû 'æṯk̲æm hakkohanîm halewijjîm*; vgl. G. v. Rad, ATD 8, z. St.). Das ezechielische Tempelbauprogramm enthält auch Festlegungen über die Pflichten von Priestern. Zu diesen gehört ebenfalls u.a. die Lehre von der Unterscheidung von rein und unrein (Ez 44, 23: *we'æṯ-'ammî jôrû*; in Parallele steht *jôḏi'um*; vgl. W. Zimmerli, BK XIII/2, 1135f.).

Im Deut sollen schwierige Gerichtsangelegenheiten (17, 8–9) vor die „levitischen Priester" am zentralen Kultort und vor „den Richter, welcher in jenen Tagen sein wird", gebracht werden, deren Entscheid dann bindend ist (17, 10–11: „und du sollst darauf achten zu tun gemäß allem *'ašær jôrûk̲ā. 'al pî hattôrāh 'ašær jôrûk̲ā we'al hammišpāṭ 'ašær jo'merû lek̲ā ta'aśæh*). Neben *jārāh* III und *'āmar* kommt *ngd hiph* zu stehen. Sicherlich sind die Priester für die sakraljuristischen Rechtsfälle zuständig. Einmal taucht in der bekannten dtr Beurteilung der Könige von Israel und Juda über Joas von Juda die Bemerkung auf, daß er deswegen in den Augen JHWHs das Rechte getan hatte, weil er vom Priester Jojada unterwiesen worden sei (2 Kön 12, 3: *'ašær hôrāhû Jehôjāḏā' hakkohen*). Bei dieser 'Unterweisung' handelt es sich im Sinne von Dtr um die Belehrung in der rechten und ausschließlichen JHWH-Verehrung. In der chronist. Predigt gehört das Vorhandensein von Priestern, die Weisung zu geben imstande sind (*kohen môræh*), zu den Konstitutiva des Wohlergehens in einem Staatswesen (2 Chr 15, 3; vgl. 15, 1–7).

Vielleicht muß man die Aussage im Levi-Spruch des sog. Mosesegens (Deut 33, 10) zu den ältesten Belegen für den Funktionszusammenhang von Priester und Unterweisung zählen (dort neben dem Opferdienst genannt; *jôrû mišpāṭæk̲ā le-Ja'aqoḇ weṯôrāṯek̲ā le-Jiśrā'el*). Damit wäre für das AT über einen langen Zeitraum der Gebrauch von *jārāh* III für priesterliches Lehren bezeugt (vgl. G. v. Rad, ATD 8, 146–149; H. J. Zobel, BZAW 95, 29ff. 67ff.).

Anhangsweise sei auf die Weherufe in Hab 2, 18. 19 hingewiesen, in denen von der Nutzlosigkeit des selbstgefertigten Götzenbildes die Rede ist. Dieses gilt als ein Lehrer von Lüge und Trug (v. 18, *môræh šæqær*). Ebenso ist es gefährlich, sich an Baum oder Stein zu wenden, so als ob diese weissagten (v. 19, „wehe dem, der zum Holz spricht: wache auf!, zum schweigenden Stein: werde munter!, *hû' jôræh*, damit er, ja er lehren möge!"; diese Wendung wird in der Exegese gewöhnlich gestrichen, aber wohl zu Unrecht). Es gab den Abusus der Einholung von Weisung durch Götterbilder und Kultsymbole. Wahrscheinlich ist in v. 19 das gleiche wie in v. 18 gemeint, wohl kaum repräsentiert dieser Vers eine frühere Stufe der Religion, in der heilige Bäume und Steine verehrt wurden.

III. In der Weisheitsliteratur wie auch in den Psalmen gilt Gott zwar mittelbar als Subjekt eines Vollzuges von *jārāh* III, d. h. aber letztlich doch als Weisheitslehrer oder als Geber eines Heilsorakels. Darüber hinaus gibt es aber eine ganze Reihe von at.lichen Stellen, in denen Gott unmittelbar als Subjekt von *jārāh* III vorgestellt ist, etwa in den vom Jahwisten verantworteten Traditionen von der Entsendung des Mose und des Aaron zu Pharao (Ex 4, 12. 15). Dabei will JHWH Mose bzw. Mose und Aaron lehren, was zu reden bzw. was zu tun sei (*wehôrêṯîk̲ā 'ašær teḏabber* bzw. *wehôrêṯî 'æṯk̲æm 'eṯ 'ašær ta'aśûn*). Diese Zusage ist jeweils verstärkt durch die Mitseins-Verheißung (*'ānok̲î 'æhjæh 'impîk̲ā* bzw. *'im-pîhû*). In Ex 24, 12 ist eigentliches Subjekt ebenfalls JHWH, auch wenn in der Formulierung grundsätzlich Mose als ausführendes Organ gemeint sein kann: JHWH übergibt Mose auf dem Gottesberg die Steintafeln, *'ašær kāṯaḇtî lehôroṯām*

(„die ich geschrieben habe, um sie zu unterweisen“, möglich wäre auch die Version: „die ich geschrieben habe, damit du sie unterweisest“). Der Text ist quellenkritisch nicht eindeutig zu bestimmen, M. Noth denkt an eine Sekundärschicht von J (ÜPt 33), außerdem hat der Vers eine zusätzliche Bemerkung erhalten: „Weisung und Gebot“, die von einem Glossator stammen kann (vielleicht aber auch von Dtr, vgl. M. Noth, ATD 5, 162). Wie dem auch sei, ob durch die Vermittlung Moses oder ob durch den Schreibeakt JHWHs als Ausdruck direkter Belehrung, JHWH ist letztlich logisches Subjekt dieses Vorgangs. Inhaltlich handelt es sich dabei um die Bundesvereinbarungen, die den Willen JHWHs dem Volk gegenüber enthalten. Eine ähnliche Vermittlung von JHWH-Handeln spielt auch in der Geburtsgeschichte Simsons eine gewisse Rolle (Ri 13, 8). Der Vater Simsons bittet JHWH nach der wundersamen Geburtsankündigung durch den *mal'ak-JHWH* (vgl. V. Hirth, Gottes Boten im AT, 1975) noch einmal um das Kommen des *'îš hā'ælohîm*, damit dieser die Eltern unterweise, was sie mit dem Jungen tun sollen (*wejôrenû mah-na'aśæh lanna'ar hajjullād*). Auch für dieses Geschehen zeichnet letztlich JHWH verantwortlich, der seine Werkzeuge beauftragt und ausrüstet zur Vollstreckung seines Willens. So hat *jārāh* III eine gewisse Bedeutung im Berufungsgeschehen, zumindest was die konkreten Handlungsanweisungen anlangt.

Die dtr Redestücke setzen voraus, daß Gott sein Volk den rechten Weg zu gehen lehrt, selbstverständlich im Sinne der dtr Theologie, d. h. in der rechten und ausschließlichen JHWH-Verehrung am zentralen Heiligtum (1 Kön 8, 36). Die chronist. Version dieses Passus im salomonischen Tempelweihgebet folgt der dtr Vorlage (1 Kön 8, 36: *kî tôrem 'æt-haddæræk haṭṭôbāh 'ašær jelekû-bāh*; 2 Chr 6, 27 hat nur statt *'æt 'æl*). So wie hier Salomo die dtr Anschauung in Sinn und Mund gelegt wird, so geschieht dies in 1 Sam 12, 23 Samuel in dessen „Abschiedsrede“. Samuel verspricht als dtr Theologe dem Volk: „und ich werde euch auf (in) dem guten und geraden Wege unterweisen (*wehôrêtî 'ætkæm bedæræk haṭṭôbāh wehajješārāh*)“.

Zu den schönsten Vorstellungen von Gottes heilschaffender Lehrfunktion gehören die in Jes 2 und Mi 4 beschriebenen Hoffnungen, die am Ende der Tage an die Völkerwallfahrt zum Zion geknüpft werden. JHWH wird dort, so sprechen die Völker zueinander, „uns lehren (einen) von seinen Wegen, damit wir auf seinen Pfaden gehen können“ (*jorenû midderākājw wenelekāh be'orehotājw*). *dæræk* ist wieder mitdefiniert durch die parallelen Begriffe *tôrāh* und *debar-JHWH* (Jes 2, 3; Mi 4, 2). JHWHs schlichtender Schiedsspruch, der internationale Bedeutung besitzt, und die zu Jerusalem auf dem Zion vorhandene Thora werden am Ende der Tage alle Welt- und Menschheitsprobleme lösen. *jārāh* III hat übergreifende Bedeutung, ist mehr als nur Ausdruck pädagogischen Tuns, es meint Nachweisung des Weges zu Frieden und Heil. Die Mehrzahl der Exegeten neigt zu einer Spätansetzung dieser beiden Belege, die wahrscheinlich aus einer eigenen unbekannten Schrift eschatologischen Inhalts in die Prophetenbücher eingedrungen ist (zur Diskussion s. H. Wildberger, BK X/1, 75ff.).

Daß Gott als Ursprung aller kulturellen Errungenschaften gilt und die Menschen gelehrt hat, diese zu nutzen, ist im Alten Orient allgemeine Überzeugung. Jes gibt in einer Weisheitssentenz ein Beispiel für diese Anschauung. Der Bauer ist von Gott gelehrt, in rechter Weise den Acker zu bestellen (28, 26, vgl. den gesamten Abschnitt; v. 26: *'ælohājw jôrænnû*, „sein Gott lehrt es ihn“; der Stichos davor lautet: *wejisserô lammišpāṭ*, „er hat ihn richtig angeleitet in bezug auf den Gebrauch“). Dies muß als Gleichnis dafür angesehen werden, daß auch Jes seine Tätigkeit als von Gott gewiesen ausübt (v. 29). Noch früher hinauf kommt man mit der Notiz aus der jahwistischen Überlieferung vom 'Bitterwasser' (Ex 15, 25), nach welcher Mose von JHWH gelehrt wird, durch ein Holz das Wasser genießbar zu machen (*wajjôrehû JHWH 'eṣ*; Samarit. und andere Versionen haben *wajjar'ehû*, „und er zeigte ihm“). Noch die priesterschriftliche Berichterstattung über die Baumeister des Heiligtums spricht von der Geisterfüllung und Ausrüstung, die diese dazu fähig und tauglich machen, alle Arbeiten im Sinne JHWHs auszuführen. Als eine spezielle, von Gott gewährte Fähigkeit wird erwähnt, daß es dem Judäer Bezalel gegeben ist, andere in der Kunstfertigkeit beim Heiligtumsbau zu unterweisen, zu befähigen, anzuleiten (Ex 35, 34: *ûlehôrot nātan belibbô*).

IV. Das von *jārāh* III abgeleitete Nomen *môræh* spielt im AT nicht die Rolle, die es in den Texten von Qumran durch den dort genannten 'Lehrer der Gerechtigkeit' (*môræh haṣṣædæq*) spielt (s. KBL³ und J. Jeremias, Der Lehrer der Gerechtigkeit, 1963, und die dort genannte Lit.).

Zunächst sind unter den 9 Belegen des AT drei lokale Angaben zu nennen, deren Namen mit dem Nomen *môræh* verbunden sind, Gen 12, 6 (J); Deut 11, 30; Ri 7, 1. In der ältesten Stelle (Gen 12, 6) wird berichtet, daß Abraham nach Sichem zieht *'ad 'elôn môræh* (bis zur 'Orakelterebinthe' G. v. Rad, ATD 2–4, ⁹1972, 123f.), die als ein kanaanäisches Baumheiligtum verstanden wird. Diese Terebinthe wird auch noch an anderen Stellen des AT erwähnt, allerdings ohne das Nomen *môræh*, z. B. Jos 24, 26; Ri 9, 37; Gen 35, 4 (E), doch in der gleichen geographischen Region von Sichem. Die Angabe von Deut 11, 30 will in derselben Gegend von Sichem spielen, doch sind die begleitenden Notizen des v. 30 schwierig (*mûl haggilgāl*, „gegenüber von Gilgal“), während der voraufgehende v. 29 eindeutig nach Sichem weist (v. 30: *'elônê moræh* ist sicherlich singular. zu lesen, s. BHK³; der Samarit. hat *moræ' šekæm*). Das Midianiterheer lagert sich vor der Kampfhandlung nördlich von Gideons Standort an einer *gib'at hammôræh* im Tale, Ri

7, 1. Dieser Moreh-Hügel muß sich in der Nähe der Harod-Quelle (*'ēn-dschālūd*) nordwestlich des Gilboa-Gebirges am Eingang der Jesreel-Ebene befunden haben (vgl. Y. Aharoni, The Land of the Bible, London 1967, 240). Während bei der Erwähnung der Terebinthe (oder 'Eiche') unter Umständen noch an eine ehemalige Orakelstätte gedacht werden kann (vgl. Gen 35, 8 mit Ri 4, 5), ist dies für *giḇ'aṯ hammôræh* sehr viel schwieriger anzunehmen, da diese Bezeichnung gänzlich singulär ist. Im ersteren Falle könnte der Wurzel *jārāh* III, die in dem Nomen enthalten ist, noch ein Sinn abgewonnen werden. *jārāh* III stünde für die Unterweisung im Sinne einer Orakelgebung.

Bei den übrigen (6) Belegen ist die Bedeutung 'Lehrer' sicher. In Jes 30, 20 ist *môræh* gleich zweimal verwendet und beidemale auf Gott bezogen. Diese späte eschatologische Heilsankündigung sieht u.a. vor, daß das Volk 'in' Zion und in Jerusalem seinen Lehrer (= Gott) wird wieder 'sehen' können, und daß er, der Lehrer (= Gott), sich nicht länger verbergen wird. Nach v. 21 geht es dabei um die 'Wegweisung' (*dæræḵ*) und nach v. 22 um die Abkehr vom Götzendienst. Dieser Vers 20 birgt einige Schwierigkeiten in sich, *môræh* steht eigentlich im Pl. (auch wenn es einige Handschr. gibt, die den Sing. in Pausalform setzen, s. BHK3), freilich ist zumindest die erste Erwähnung singularisch konstruiert. Die sichtbare Anwesenheit Gottes auf dem Zion ist durch den zweiten Stichos zum Ausdruck gebracht (*wehājû 'ênæḵā ro'ôṯ 'æṯ-môræḵā*). Für späte eschatologisch-apokalyptische Vorstellungen ist diese Anschauung nichts Ungewöhnliches. Man wird an Jes 2 und Mi 4 erinnert.

Die Erwähnung des *môræh šæqær* in Hab 2, 18 steht in einer mit *hôj* eingeleiteten Periode, die die Anfertigung von Götzenbildern geißelt (wahrscheinlich müssen v. 18 und 19 umgestellt werden). Gußbild und Lügenlehrer (Lügenorakler) sind identisch (s.o. II. 3).

Der obengenannten Jes-Stelle am nächsten kommt Hi 36, 22, wo die Unvergleichlichkeit Gottes als *môræh* gerühmt wird (*mî kāmohû môræh*). Doch wird auch hier die verbale Rektion des Nomen unterstrichen werden müssen (vgl. v. 23).

Die umstrittene Stelle Jo 2, 23 gehört in die Behandlung von *jārāh* II (s. dort).

In weisheitlichen Traditionen taucht der (Weisheits-) Lehrer auf, der einem Schüler gegenübergestellt ist und diesem Lebensweisheiten zur Beherzigung übermittelt (Spr 5, 13, es könnte sein, daß der Schüler in seinem Unglück sagen müßte: „Ich habe nicht auf die Stimme meiner Lehrer [*môraj*] gehört").

So ist bei *môræh* – ausgenommen vielleicht der Weisheitslehrer – nicht an eine bestimmte Institution zu denken. Die Bedeutungsbereiche von *môræh* gehen nicht über das hinaus, was *jārāh* III als Verb schon bestreicht. Selbst in Spr 5, 13 muß *môræh* nicht als terminus technicus verstanden werden, der Parallelbegriff lautet *melammeḏîm* und hat starke verbale Rektion. Neben den Weisheitslehrer tritt der Orakelgeber (der Priester, in wenigen Fällen auch der Prophet). *môræh* ist ganz stark von der durch *jārāh* III beschriebenen Tätigkeit bestimmt (für *môræh* vgl. KBL3 und die dort zitierte Lit.).

Wagner

יְרוּשָׁלַםִ *jerûšālem/jerûsālajim*

I. Vorbemerkungen – 1. Schreibung, Etymologie. – 2. Abgrenzung gegen Zion und Israel (Juda) – 3. Die Quellenlage – II. Die Jebusiterhypothese – III. Ursprung und Entwicklung der Bedeutung Jerusalems – IV. Jerusalem von JHWH gegründet und erwählt – V. Heilige Stadt und heiliger Berg – VI. Quelle, Strom und Chaosmeer – VII. Das künftige Jerusalem – VIII. Persönliches Verhältnis des Einzelnen zu Jerusalem.

Lit.: *J. Aviram* (Hrsg.), *Jerûšālajim ledôrôtæhā*, Jerusalem 1968. – *A. Causse*, La vision de la Nouvelle Jérusalem [Esaïe LX] ... (Mélanges syriens R. Dussaud, Paris 1939, 739–750). – *R. J. Clifford*, The Cosmic Mountain in Canaan and the OT, Cambridge/Mass. 1972, bes. 131–160. – *H. Donner*, Jerusalem (BRL2 1977, 157–165). – *J. Ebach*, Jerusalem (LexÄg III, 267f.). – *D. Flusser*, Jerusalem in the Literature of the Second Temple Period (Immanuel 6, 1976, 43–46 = Sepher Reuben Mass, Jerusalem 1974, 263–284). – *G. Fohrer*, Zion-Jerusalem im AT (Studien zur at.lichen Theologie und Geschichte, BZAW 115, 1969, 195–241; erste Fassung ThWNT VII, 291–318). – *H. Gunkel / J. Begrich*, Einleitung in die Psalmen, 1933 [Das Wallfahrtslied] 309–311. – *F. Huber*, Jahwe, Juda und die anderen Völker beim Propheten Jesaja, 1976 (Exkurs IV: Die Vorstellung vom Schutz Jerusalems durch Jahwe, 233–240). – *M. Join-Lambert*, Jérusalem israélite, chrétienne, musulmane, Paris 1957. – *H. Kosmala*, Jerusalem (BHHW II, 820–850). – *H.-J. Kraus*, BK XV, 51978 (Exkurs 1: Die Kulttraditionen Jerusalems, 94–103. Exkurs 2: Die Verherrlichung der Gottesstadt, 104–108. Ps 132, 1057–1061). – *E. Lamirande*, Jérusalem céleste (Dictionnaire de Spiritualité 8, Paris 1974, 944–958). – *H.-M. Lutz*, Jahwe, Jerusalem und die Völker, WMANT 27, 1968. – *R. A. F. MacKenzie*, The City [d.i. Jerusalem] and Israelite Religion (CBQ 25, 1963, 60–70). – *W. Müller*, Die heilige Stadt: Roma quadrata, himmlisches Jerusalem und die Mythe vom Weltnabel, 1961. – *G. Neville*, City of Our God: God's Presence among His People, London 1971. – *M. Noth*, Jerusalem und die israelitische Tradition (Ges. Studien zum AT, 31966, 172–187). – *Ders.*, Jerusalem and the Northern Kingdom (Aviram [s.o.], 1968, *33–*38). – *E. Otto*, Jerusalem – die Geschichte der Heiligen Stadt, 1980. – *J. Pedersen*, Israel, Its Life and Culture III–IV, Kopenhagen 1947, 524–534. – *N. W. Porteous*, Jerusalem-Zion: The Growth of a Symbol (Festschr. W. Rudolph, 1961, 235–252). – *G. von Rad*, Die Stadt auf dem Berge (Ges. Studien zum AT, ThB 8, 31965, 214–224). – *Ders.*, „Gerechtigkeit" und „Leben" in der Kultsprache der Psalmen (ebd. 225–247). – *Ders.*, ThAT II, 51968, 303–308. – *H. Schmid*,

Jahwe und die Kulttraditionen von Jerusalem (ZAW 67, 1955, 168–197). – *K. L. Schmidt*, Jerusalem als Urbild und Abbild (ErJB 18, 1950, 207–248). – *J. Schreiner*, Sion-Jerusalem, Jahwes Königssitz, 1963. – *J. Simons*, Jerusalem in the OT, Leiden 1952. – *F. Stolz*, Strukturen und Figuren im Kult von Jerusalem, BZAW 118, 1970. – *S. Talmon*, Die Bedeutung Jerusalems in der Bibel (Jüdisches Volk – gelobtes Land, hrsg. W. P. Eckhardt, 1970, 135–152). – *R. de Vaux*, Jerusalem and the Prophets, Cincinnati 1965. – *L.-H. Vincent / M.-A. Steve*, Jérusalem de l'Ancien Testament, I–III, Paris 1954–1956. – *E. K. Vogel*, Bibliography of Holy Land Sites (HUCA 42, 1971, 1–96, bes. 44–49). – *E. Vogt*, Das Wachstum des alten Stadtgebietes von Jerusalem (Bibl 48, 1967, 337–358). – *Th. C. Vriezen*, Jahwe en zijn Stad, Amsterdam 1962.

I. 1.* Der Name wird im AT fast immer יְרוּשָׁלַםִ geschrieben, was dem *q^e^rē* perpetuum *j^e^rûšālajim* entspricht (Ausnahmen Jer 26, 18; Esth 2, 6; 1 Chr 3, 5; 2 Chr 25, 1, wo ירושלים steht; außerdem *j^e^rûšālajmāh* mit *h* locale 2 Chr 32, 8). Die LXX-Form Ιερουσαλημ (vgl. NT Ἱεροσόλυμα) und die Keilschriftschreibungen *Urusalim* (El-Amarna) und *Ursalimmu* (Sanherib-Prisma) setzen offenbar die Lesung *j^e^rûšālem* voraus. Die Schreibung *r( )w-u-š( )l-m-m* in äg. Ächtungstexten entspricht wohl einer Form *Urušalimum* (vgl. Alt, KlSchr 3, 51 f.). Etymologisch dürfte der Name etwa „Gründung (→ ירה *jārāh* I) des Gottes Šalem" bedeuten (Stolz 181 ff.); es handelt sich demnach um einen vorisraelitischen Namen.

(Ri.)

2. Die Abgrenzung Jerusalems gegen Zion einerseits und (das Volk) Israel (oder den Staat Juda) andererseits stellt die Behandlung der geistigen und religiösen Bedeutung der Stadt vor einige Schwierigkeiten. *j^e^rûšālajim* kommt im AT 660mal, *ṣijjôn* (→ ציון) 154mal vor. Die Streuung ist ungleichmäßig. Jerusalem ist häufig in 2 Sam (30), 1–2 Kön (90), Jes (49), Jer (102), Ez (26), Sach (39), Esr (48), Neh (38) und 1–2 Chr (151); es ist selten in Jos (9), Ri (5), 1 Sam (1), Jo (6), Am (2), Ob (2), Mi (8), Zeph (4), Mal (2), Ps 51–147 (17), HL (8), Pred (5), Kl (7), Esth (1), Dan (10). In den anderen Büchern kommt es nicht vor. Doch hat Gen 14, 18 Salem (*šālem*), das, wie Ps 76, 3 und 110, 4 (dieser indirekt durch den dort und in Genesis genannten Melchisedek) zeigen, Jerusalem meint, ohne es doch ausdrücklich zu nennen. Zion ist verhältnismäßig häufig in Jes (47), Jer (17), Joel (7), Mi (9), Sach 1–8 (6), Ps (38) und Kl (15); in 2 Sam, 1–2 Kön, Am, Ob, Zeph, HL und 1–2 Chr kommt es ein- bis zweimal vor. In den anderen Büchern fehlt es ganz. (Diese Ziffern sind Fohrer, 195. 198 entnommen, wo man weitere Einzelheiten findet.)
Jerusalem findet sich in dichterischen wie in prosaischen Stücken, Zion gehört fast ausschließlich der Dichtung an. Da aber hier Dichtung und Prosa überwiegend nicht von topographisch verschiedenen Gegenständen reden, sagt jene oft Zion, wo diese Jerusalem sagen würde. Der Unterschied zwischen den beiden Namen ist auch kaum theologisch, wie ihre häufige Verwendung im synonymen Parallelismus membrorum zeigt, wo, eine weitere Tatsache, Zion normalerweise das erste Wort im Wortpaar ist, wobei die Reihenfolge nicht theologisch zu erklären ist. Die Wortwahl hat vielmehr überwiegend stilistische Gründe. Zu derselben Erkenntnis gelangt man, wenn man das Augenmerk auf das vergleichsweise geringe Vorkommen von Jerusalem in den Psalmen und den Klageliedern richtet; Gebete, zu denen Kl teilweise zu rechnen ist, haben ihren bevorzugten Wortschatz. Der Name Zion hat sich von seiner ausschließlichen Bindung an den südlich vom Tempelplatz gelegenen ältesten Stadtteil gelöst und ist weitgehend zu einem Synonym für Jerusalem geworden. Um aber die folgende Darstellung nicht zu präjudizieren, wird nur ganz selten eine Stelle herangezogen, in der nur Zion vorkommt.
Jerusalem als die Hauptstadt Israels oder Judas und als der vornehmste Ort Israels steht nicht selten für den Staat oder das Volk, so wie in der Bibel Damaskus, Babylon und Memphis ihre Länder und Völker metonymisch vertreten. Die Vertretung ist nicht aufs Sprachliche beschränkt, sondern die Stadt symbolisiert das Volk auf manche Weise; daher sind Volk oder Stadt in Aussagen über Stadt und Volk oft mitgemeint, eine Eigenart der Quellen, die geeignet ist, die Bestimmtheit der auf ihnen beruhenden Erörterungen zu beeinträchtigen.
3. Eine Darstellung der geistigen Bedeutung Jerusalems verlangt mehr als mancher andere Gegenstand eine geschichtliche Behandlung, denn die Begriffe haften an der realen Stadt, die Stadt und ihr Schicksal sind aber ständigen Veränderungen unterworfen, die sich in den Begriffen spiegeln sollten. Die spärlichen und ungleich verteilten Belege sind jedoch häufig nicht datierbar, und literarisch datierbare Erstbelege sind wegen der Spärlichkeit der Gesamtbezeugung und deren ungünstiger Streuung vom Aufkommen der belegten Begriffe und ihrem sprachlichen Ausdruck vielleicht zeitlich weit entfernt. Was die wichtige formative Frühzeit angeht, so sind wir in hohem Maß auf Konstruktionen angewiesen, und zwar solche, die nicht sowohl bestimmte Ideen als (Mit-)Ursachen bezeugter Fakten annehmen als vielmehr aus angenommenen Ideen nicht belegte Fakten ableiten und postulieren.

II. Die Bedeutung Jerusalems für die Religion Israels ist nach den heutigen Kenntnissen nicht, wie es häufig geschieht, in der jebusitischen Vorgeschichte der Stadt zu suchen. Das Unterfangen beruht zunächst auf zwei Voraussetzungen, deren Richtigkeit bezweifelt wird, der Gleichsetzung von Jebus und Jerusalem und der Eingliederung der Jebusiter in die kanaanäischen – oder amoräischen – Völkerschaften. (Zur ersten Voraussetzung s. J. M. Miller, ZDPV 90, 1974, 115–127, zur zweiten s. B. Maisler, Untersuchungen zur alten Geschichte ... Syriens and Palästinas,

1930, 81, und sonst; Y. Aharoni, in *Historijāh šæl ʿam jiśrāʾel* II: *Hāʾāḇôt wᵉhaššopᵉṭîm*, hsg. B. Mazar, 1967, 346, A. 5; und die Literatur in KBL³ 366.) Die zweite Voraussetzung ist nicht weniger wichtig als die erste; ohne sie hängt die jebusitische Hypothese in der Luft. Um Aussagen von irgendwelcher Bedeutung zu machen, muß sie ständig kanaanäisch für jebusitisch setzen, denn über die Jebusiter wissen wir so gut wie nichts. Von diesen Unsicherheiten einmal abgesehen, ist die Hypothese mit anderen Schwächen belastet. Sie stützt sich einerseits auf die Erzählung von Davids Tennenkauf und Altarbau (2 Sam 24; → גרן *gorœn*), andererseits auf Onomastik: ein Gottesname oder -epitheton und ein Bestandteil der Namen zweier Könige, des sagenhaften Königs von Salem und – Bezeugung unsicher – eines Königs von Jerusalem. Die Ausdeutung der Tennenerzählung ist jedoch so voll von Schwierigkeiten, daß sie als Quelle für eine Konstruktion diesen Ranges nicht in Betracht kommt. Der Gottesname oder -beiname *ʿæljôn* (Gen 14, 18–22), der hauptsächlich im Psalter vorkommt, aber nichts besonders jerusalemisches an sich hat, ist auch anderwärts außerisraelitisch wohl bezeugt (ThWAT I 274) und kommt zudem in der Bibel auch außer- und anscheinend vorjerusalemisch vor (Num 24, 16; Weiteres bei R. Rendtorff, ZAW 78, 1966, 279–285 [ff.]; Stolz, 134–137, 157–163). Der Bestandteil *ṣdq* (in *malkî-ṣæḏæq* [Gen 14, 18] und *ʾaḏonî-ṣæḏæq* [Jos 10, 1. 3]), gleichfalls für Jerusalem in Anspruch genommen, ist in der nordwestsemit. Namengebung so häufig, daß er in einem Beweis für nichts gilt (vgl. F. M. Cross, Canaanite Myth and Hebrew Epic, Cambridge, Mass. 1973, 209–215, auch allgemein zur Jebusiterhypothese, mit Literatur). Den Todesstoß hat der Hypothese J. J. M. Roberts (JBL 92, 1973, 329–344) versetzt.

III. Am Anfang war die Lade, nach Jerusalem überführt von David (2 Sam 6), im Tempel permanent untergebracht von Salomo (1 Kön 6–8). Das einzige allen Stämmen gemeinsame Symbol des Glaubens begann damit, der Stadt seine Sinnbildlichkeit mitzuteilen, und aus dem immer stärkeren Zurücktreten von Vorstellungen eines beweglichen Heiligtums mußte die Stadt einen ständig wachsenden Gewinn ziehen, eine ideengeschichtliche Entwicklung, die in einigem Abstand der sozialgeschichtlichen, dem (fast völligen?) Verschwinden nomadischer Lebensformen, folgte. Diese Entsprechung menschlichen und göttlichen Geschehens ist festgehalten in dem Wort *mᵉnûḥāh*, ʻRast, Ruheʼ, das mit Bezug auf Palästina und Jerusalem in ganz ähnlicher Weise sowohl für Israel (Deut 12, 9) wie für JHWH (Ps 132, 14; s. auch 95, 11) gilt. Waren auch Ladeüberführung und Tempelbau Akte von Königen, so war doch die Wahl Jerusalems (→ בחר *bāḥar* 601) als Stätte göttlicher Rast und Präsenz immer als ein freies Handeln Gottes verstanden. Zudem gibt es Anzeichen, daß Jerusalem, die Stadt Gottes, auf Kosten von Jerusalem, der Stadt Davids, mit der Zeit an Bedeutung zunahm. So wie es 1 Kön 12, 26–29 (ff.) darstellt, war bereits zwei Generationen nach David Jerusalem als der Ort des Heiligtums das Primäre, als Sitz der Davididen das Sekundäre; die Nordstämme hatten zwar dem Haus David die Treue aufgekündigt und Jerobeam auf den Thron gehoben, aber, so mußte sich Jerobeam sagen, ihre Bindung an Jerusalem und den Tempel keineswegs gelöst (ähnlich M. Noth, BK IX/1, 1968, 282), obwohl doch Jerusalem wahrscheinlich als davidisches Kroneigentum in die Geschichte Israels eingetreten war, und David und Salomo den Tempel geplant und errichtet hatten.

Das hier und im folgenden Gesagte ist nicht so zu verstehen, daß der Begriff Jerusalem, die Stadt Davids, aus der at.lichen Theologie früh verschwand. Er verschwand nie; verschiedene Faktoren hielten ihn lebendig und förderten ihn. Wo immer der Text in einem Zuge sagt, daß JHWH Jerusalem und das Haus Davids erwählt hat oder restaurieren wird, ist das als *ein* göttlicher Akt zu verstehen: die Bestimmung Jerusalems als der Stadt Davids (z. B. 1 Kön 8, 16 dtr; Jer 33, 14–22, nachjeremianisch; Ps 78, 68–72).

Dem fügt sich eine andere Feststellung Noths ein (1957, 181–184). Die vorexilischen Propheten reden nicht eben selten von den davidischen Königen ihrer Zeit, und sie reden nicht weniger häufig von Jerusalem, aber nie fassen sie die beiden Themen zusammen. Jerusalem als Königssitz war ihnen tägliche, oft schmerzliche Erfahrung; das Wesentliche war es nicht. Das Wesentliche war die prophetische Erfahrung von Jerusalem als der Stadt Gottes. Es ist nicht die Lade, sondern die Stadt, der, spätestens in der Zeit der Propheten, diese Bedeutung zukommt, obwohl, wenn das Vorhergesagte gilt, die Heiligkeit und Würde der Stadt sich von der darin aufgestellten Lade herleiten. Das Schicksal der Lade nach Salomo und die Zeit und Umstände ihres Verschwindens sind nicht bekannt (→ ארון *ʾarôn*, 403). Bei Jeremia jedenfalls hat sie ausgespielt; ihre Funktionen, besonders die des Thrones JHWHs, sind auf Jerusalem übergegangen (3, 16f.; 14, 21).

Eine Stadt als (Götter)thron ist anscheinend auch ein hethitisches (und protochattisches?) Theologumenon: „Die Götter haben die Länder in Verwaltung genommen und sie bestimmt – für Chattusas (die Hauptstadt der Hethiter), den großen Thron, haben sie sie bestimmt" (KUB II 2:43f.).

Von der Lade leitet sich nicht nur die Heiligkeit Jerusalems her, sondern, das liegt nahe, auch die Einzigkeit und Ausschließlichkeit. Mit gutem Grund verfolgt Noth (1968, *36–*38) den kultischen Ausschließlichkeitsanspruch Jerusalems über Josia und Hiskia hinaus bis in die Zeit des Nordreichs zurück. Der Mann Gottes aus Juda verkündet in Bethel die Entweihung des dortigen Altars und greift damit den Tempel selbst an; wenn der Altar entweiht ist, ist es mit dem Kult von Bethel vorbei. Er bringt keine politischen oder religiösen Gründe vor, etwa die Reichsspaltung, das goldene Kalb, die nichtlevitischen Priester (1 Kön 13, 2f.); der Grund ist die Sache selbst, das bloße Bestehen des Tempels von Bethel. Neben dem Tempel von Jerusalem hat kein anderer Daseinsberechtigung.

IV. Menschenhand hat den Tempel gebaut, aber die Stadt ist eine Gründung JHWHs (Jes 14, 32; vielleicht Ps 87, 1; ähnlich 48, 9). Das verträgt sich freilich schlecht mit der nie vergessenen Tatsache, daß Jerusalem, eine Stadt bar aller alten israelitischen Tradition, erst relativ spät erobert wurde („die Stadt, die David belagerte", Jes 29, 1). Der Gedanke könnte aber als Antithese zu der im Stadtnamen ausgesprochenen These „Gründung (des Gottes) Schalem" (KBL^3 417) gemeint sein und darin seine Rechtfertigung finden.

Weit häufiger und viel gewichtiger als der Gedanke der göttlichen Gründung Jerusalems ist der der göttlichen Wahl (ThWAT I 599–602). Das Königsbuch erweitert ihn mehrfach um den Zusatz „aus (dem Gebiet von) allen Stämmen Israels" (1 Kön 8, 16; 11, 32; 14, 21; 2 Kön 21, 7; und drei Chronikstellen), abgeleitet von Deut 12, 5 und in institutioneller Fortführung und Veränderung von 1 Sam 2, 28; die Stellen sagen nachdrücklich, daß Jerusalem eine gesamtisraelitische Sache sei.

V. Die Vorstellung von Jerusalem als der Stadt JHWHs und der heiligen Stadt tritt besonders hervor in Jes 40–66 und in einigen Psalmen (Jes 45, 13; 48, 2; 52, 1; 60, 14; Ps 46, 5; 48, 2. 9; 101, 8), doch ist sie nicht auf diese beschränkt. Daneben steht das Bild von dem Berg JHWHs und dem heiligen Berg (Wiederholungen mitgezählt): *har JHWH* 5mal (Jes 2, 3; 30, 20; Mi 4, 2; Sach 8, 3 [+*ṣeḇā'ôṯ*]; Ps 24, 3); *har/harᵃrê (haq)qodæš* 3mal (Jes 27, 13; Sach 8, 3; Ps 87, 1); *har qŏdš-î/-ᵉḵā/-ô* 14/15mal (Jes 56, 7; 65, 11; 66, 20; Ez 20, 40; Jo 2, 1; 4, 17; Ob 16; Zeph 3, 11; Ps 2, 6; 3, 5; 15, 1; 43, 3; 48, 2; Dan 9, 16 [dazu 9, 20]). (In Jes 57, 13 und auch Jer 31, 22/23 [*har haqqodæš*] ist wohl nicht Jerusalem, sondern, wie in Jes 11, 9 und 65, 25, Palästina gemeint; s. G. Westphal, Jahwes Wohnstätten, BZAW 15, 1908, 93). Sehr klar ist ferner einfaches *bāhār hazzæh*, „auf diesem Berg" (Jes 25, 6f.). Das Bild hat einen sehr schwachen Halt an der Wirklichkeit. Y. Karmon hat zur geologischen und geographischen Evidenz erhoben, daß das at.liche Jerusalem in einer steil abfallenden Senke liegt (Aviram, 102–104. 106 [Karten!]), und so sah es auch das prüfende, von keinem Mythos geleitete Auge Jeremias (21, 13). Das Bild stammt eben aus der Mythologie oder ist zum mindesten entscheidend von ihr bestimmt. Die Belege sind, mit Ausnahme des späten Daniel, alle poetischen Texten entnommen, und das gleiche trifft auf *har (baṯ) ṣijjôn* zu (19mal). Die Sprache der hebräischen Dichtung ist der Mythologie offen, aber sie realisiert nur einen Teil der sich daraus ergebenden Möglichkeiten; **har jᵉrušālajim* kommt nicht vor, und *har (hā)'ælohîm* wird (bezeichnenderweise?) nicht für Jerusalem gebraucht. (Zum heiligen Berg vgl. R. Cohn, The Sacred Mountain in Ancient Israel, Diss. Stanford Univ. 1974.)

Im Art. → הר (*har*) 478, 480 sind besondere Motive genannt, die zur Entstehung des Mythologems vom heiligen Berg und seiner Übertragung auf Jerusalem beigetragen haben. Zu dieser Aufzählung tritt die allgemeine Überlegung, daß, wenn Palästina – schlicht „der gute Berg" (Deut 3, 25) – „mein (d. i. JHWHs) heiliger Berg" genannt wird (s. die oben erwähnten Stellen Jes 11, 9; 65, 25 und wahrscheinlich 57, 13 und Jer 31, 22/23; beachte ferner *har naḥᵃlāṯᵉḵā*, „der Berg, der eigens dir [d. i. JHWH] gehört", Ex 15, 17), dieser Ehrenname mit nicht weniger Recht und Wahrscheinlichkeit dem Ort zukommt, wo sein Tempel steht, und wohin sein Volk wallfahrtet.

Unverhüllt mythischer Herkunft ist das einmal vorkommende *har ṣijjôn jarkᵉṯê ṣāp̄ôn* „Zionsberg, höchster Zaphon" (eigentlich „das Äußerste an Zaphon", Ps 48, 3). Hier ist einer der beiden Namen des nordsyrischen Götterberges (*ḫa(z)zi* ist der andere) zu einem Appellativ geworden, einer Entwicklung vergleichbar, die zu unserem „Parnass" geführt hat, vergleichbar wohl auch darin, daß Zaphon nicht mehr über den Glauben des Verfassers von Ps 48 sagt als Parnass über den Glauben dessen, der sich heute dieses Wortes zur Bezeichnung des Reiches der Dichtkunst bedient. (Zu *ṣāp̄ôn* s. M. Dahood und T. Penar, RSP I, 1972, 321f.; M. C. Astour und D. E. Smith, RSP II, 1975, 318–324; M. Dietrich u.a., UF 5, 1973, 96–99.) Die endzeitliche Erhöhung des Tempelberges und der Stadt, in der er liegt (Jes 2, 2f.; Ez 40, 2), ist das eschatologische Ausziehen der Linie, die mythologisch begann. Es ist der Beachtung wert, daß die Vorstellung von Jerusalem als der Stadt JHWHs/Gottes, verfestigt durch die vom Berge JHWHs, nicht umkehrbar ist; Israels Gott ist nicht der Gott von Jerusalem. Kein Verb (*jšb*, *škn* oder etwa *bḥr*) vermag eine derartige enge Verbindung zwischen Gott und Jerusalem herzustellen, wie es der st. cstr. könnte; den aber gibt es gerade nicht. Man könnte in diesem Ausfall nomadisches Erbe im späteren Glauben Israels sehen. Treffend heißt es von den Assyrern: „Sie redeten über den Gott Jerusalems wie über die Götter des Erdenrunds" (2 Chr 32, 19); so reden und denken die Assyrer, und ähnliche Wendungen finden sich in den Erlassen der Achämeniden (Esr 1, 3; 7, 19). Die Anschauung der Bibel ist indirekt, doch unmißverständlich in Ps 121, 1f. ausgesprochen: „Ich erhebe meine Augen zu den Bergen (den Sitzen der Götter): woher mag mir Hilfe kommen? Hilfe kommt mir von JHWH ..." – man erwartet die Fortsetzung: 'dem Gott von Jerusalem' oder 'der in Jerusalem wohnt' (135, 21) oder 'der auf dem Berg Zion wohnt' (Jes 8, 18). Es heißt aber: „der Himmel und Erde gemacht". Es scheint, daß der Verfasser auf die mögliche Herausforderung, die in einer der genannten Antworten liegen könnte, mit einer implizierten Absage an alle Stadt- und Berggötter reagiert.

Etwa fünfmal steht in DtJes (z. B. 52, 7), zweimal in den Psalmen (146, 10; 147, 12) und einmal in Zephania (3, 13) „dein Gott“ mit Bezug auf Zion, selten Jerusalem. Der Ausdruck trägt im Verband mit vielen anderen sprachlichen Mitteln zu einer sehr weitgehenden Personifizierung Zions in DtJes bei (ähnlich in Zeph 3, 17 und Ps 147, 12; Ps 146, 10 lehnt sich vielleicht an Jes 52, 7 an).

VI. Das Bild von der Quelle und dem Strom weist in die Zukunft – verständlich, denn es hat noch viel weniger als das des Berges eine Verbindung mit der Geographie der Gegenwart. Vier Stellen handeln von einer am Tempelberg entspringenden Quelle (einschließlich geringer Varianten – Ez 47, 1–12; Jo 4, 18; Sach 14, 8; Ps 46, 5 → גיחון *gîḥôn*); nach der ersten wächst sie schnell zu einem mächtigen Wasser heran. In Jes 33, 21. 23 ist es ein breiter Strom, der die Wasserburg Jerusalem schützt (die Deutung ist nicht ganz sicher). Die Herkunft des Bildes ist umstritten. In dem eben genannten Ps 46 ist dieses Bild an das von JHWHs Kampf mit dem Chaos (Strom, Meer, Drachen) geknüpft (v. 3f.), was eine Verbindung des letzteren mit Jerusalem herstellt (v. 5f.). Im allgemeinen (Stolz, 61–63 zitiert 19 Chaoskampftexte) ist eine solche Verbindung aber nicht kenntlich. Indessen wird dieses Mythologem nicht selten historisiert (und eschatologisiert); die feindlichen Mächte nehmen dann die Gestalt von Völkern an, die gegen JHWH, sein Volk und seine Stadt zu Felde ziehen. Manchmal, wie in Ps 46, stehen beide Bilder eng nebeneinander. (Zum Ansturm der Völker auf Jerusalem weiter unten.)
Daß JHWH seine Stadt schützt (z. B. 2 Kön 19, 34; Jes 31, 5; Ps 147, 13f.), bedarf keiner Hervorhebung; die Unantastbarkeit Jerusalems scheint garantiert (Mi 3, 11; Ps 48, 4). Die Stärke der Überzeugung ist an der Tiefe der Bestürzung zu ermessen, die uns aus den Klageliedern entgegenschlägt, wenn Gott seinen Schutz abzieht, obgleich auch sie sich der Einsicht durchaus nicht verschließen, daß Gott Jerusalem wegen der gehäuften Sünde des Volkes preisgibt (1, 18; 3, 42; u. ö.) und so seinen Beschluß von altersher ausführt (2, 17).
Wo Stellen fest an dem Vertrauen auf Gottes uneingeschränkten Schutz festhalten, ist nicht immer auszumachen, ob sie von der Gegenwart bzw. der Vergangenheit oder von der Zukunft reden, doch ist das letztere dann ziemlich wahrscheinlich, wenn der Schutz der Abwehr eines furchtbaren Völkersturms gilt, mehr noch, wenn dem Angriff universalistische und kosmische Züge eingezeichnet sind, wenn etwa die wilden Wasser gegen die Feste schlagen (s. o.). Zu diesen sind zu zählen Jes 8, 9f.; 17, 12–14; Sach 12, 1–9; Ps 2, 1ff.; 46, 7. 9f.; 48, 5–8; 76, 3–7 (in den Jesajastellen ist Jerusalem nicht genannt, aber unzweifelhaft gemeint). Der Feldzug gegen Jerusalem ist zum Scheitern verurteilt, weil JHWH selbst um die offene Stadt eine feurige Mauer bilden wird (Sach 2, 8f.). Nun zeigen einige Abschnitte, die man hier anzureihen geneigt ist, ein widerspruchsvolles Bild. Dazu gehören Jer 6, 22–24 (besonders wenn man es mit 5, 15–17 zusammenhält); Jo 2, 1–20; Mi 4, 11–14; einiges in Sach 14. (Derselben Art sind Stücke wie Ez 38f., in denen Jerusalem keine Rolle spielt). Da schützt JHWH die Stadt und schlägt den Angriff der Völker zurück, und doch ist er es, der sie heraufgeholt hat. Das sind keine minderen literarischen Unausgeglichenheiten, vielmehr prallen hier die schärfsten existentiellen und theologischen Gegensätze aufeinander. Es fehlt nicht an Versuchen, dem Problem literarkritisch beizukommen, indem man die eine oder die andere Gruppe von Versen oder Versteilen als Überarbeitungen Späterer streicht (z. B. Lutz; einen ersten Überblick vermitteln die Anmerkungen auf S. 111f., 114). Die Kritik trifft in einigen Fällen sicherlich das Richtige, in anderen aber ist sie falsch oder nutzlos, denn das Gewebe ist so fein gesponnen, daß es zerreißt, wenn man die Fäden der störenden Farbe herauszieht. Eine Generallösung gibt es nicht; in vielen Fällen empfiehlt es sich, die beiden gegensätzlichen Ideen in ihrer gegenseitigen Durchdringung als literarisch nicht reduzierbar anzunehmen. Denn neben der Idee, daß Gott Jerusalem schützt, gibt es die andere, daß er es im Strafvollzug gegen Israel selber angreift (Kl 2, 4f. [21]; 3, 12) oder fremde Völker zum Kampf heranführt (Jes 5, 26–29 [wo aber Jerusalem nicht genannt ist]; 10, 5f.; 29, 2f. 6; Jer 6, 6; 22, 7f.; Ez 16, 37–41 [ff.]; 23, 22–26[ff.]; Hab 1, 6–10 [Jerusalem ist nicht genannt]). Eine andere Deutung der Zerstörung Jerusalems als die, daß JHWH selber, auf welche Weise immer, es zerstört, ist dem, der sich der Allmacht JHWHs und der Sünde Israels bewußt ist, nicht möglich, und diesem Bewußtsein ist im AT viele Male Ausdruck gegeben. Die überragende Bedeutung und ständige Gegenwärtigkeit der einen wie der anderen Idee lassen die einfache Lösung des Widerspruchs, nämlich die Eliminierung der einen oder der anderen nicht zu; statt dessen kam es wohl nicht selten zur Entstehung des Paradoxes, wo Hoffnungslosigkeit und Hoffnung, Finsternis und Licht ungeschieden ineinander liegen. Man kann diesen Stellen nicht zur Last legen, daß sie nicht die Sprache des Glaubens sprechen.

VII. Ein Weg zur Lösung dieser Spannung führt in die Eschatologie, wo JHWH Israel seine Sünden vergibt (Jes 44, 22; Jer 50, 20). Dann tritt er in Zion-Jerusalem die in der Gegenwart sehr in Frage gestellte (Jer 8, 19) Königsherrschaft an (Jes 33, 22), schmückt die wiedererbaute Stadt in der wunderbarsten Weise (Jes 54, 11f.) und läßt seinen Glanz über ihr erstrahlen (Jes 60, 1f.). Er sorgt durch den rechten Statthalter für die Pflege wahren Rechts (Jes 16, 5), und mächtige Nationen werden nach Zion-Jerusalem ziehen, um dort von ihm selbst seine Wege zu lernen und allen Streit schlichten zu lassen (Jes 2, 2–4). Die Stadt, nunmehr auf sehr hohem Berge gelegen (Ez 40, 2), wird ewig bestehen (Jo 4, 20).

VIII. Zu dieser Stadt, ob erbaut oder zerstört, hat der Israelit allzeit ein inniges Verhältnis. Das zeigen die herzzerreißenden Klagen über ihren Untergang (Kl 1–5), die Liebe, die man noch für Geröll und Schutt ihrer Ruinen empfindet (Ps 102, 15), und das Unvermögen, ihr Los zu vergessen (Ps 137, 1–6). Kann Israel je getröstet werden, so ist es ein Trost durch (oder in?) Jerusalem (Jes 66, 13). Das Verhältnis findet beredten Ausdruck in dem Entzücken über die Schönheit der Stadt (Ps 48, 3; 50, 2), dem Lob ihrer Vergangenheit und den hohen Erwartungen, die man für ihre Zukunft hegt (Jes 62, 1 f.). Jerusalem ist die Quelle des Segens (Ps 128, 5; 133, 3); es ist der Ort des vollgültigen, seit Josia einzigen öffentlichen Gottesdienstes. Nichts schöneres kann sich der Israelit wünschen, als sein Leben wie Priester und Sänger im Tempel zu verbringen (Ps 27, 4; 65, 5; 84, 5), denn dort ertönt Gottes Preis (Ps 122, 4). Da den meisten dieses Glück aber nicht zuteil wird, ziehen sie, wohl regelmäßig, nach Jerusalem zum Gottesdienst; das Erlebnis der Wallfahrten ist in einigen Psalmen (Ps 42f.; 84; 122; vielleicht 118) als ewiges Zeugnis der Liebe Jerusalems festgehalten.

Zu den theologischen Aspekten s. weiter ציון (*ṣijjôn*).

Tsevat

יָרֵחַ *jāreaḥ*

יֶרַח *jæraḥ*

I. 1. Wurzel und Bedeutung – 2. Akk. *arḫu* – 3. Ugar. *jrḫ* – 4. Gebrauch im AT und Synonyme – II. 1. Mond als Himmelskörper – 2. Mond als Zeichen für Dauerhaftigkeit und Helligkeit – 3. Der Tag JHWHs und andere Bezüge – III. Mond als Gottheit und verbotenes Kultobjekt – IV. 1. Monat als Zeitperiode – 2. Kalender.

Lit.: *F.-M. Abel*, Les stratagèmes dans le Livre de Josué (RB 56, 1949, 321–339). – *M. Astour*, Benê-Iamina et Jéricho (Semitica 9, 1959, 5–20). – *A. Caquot*, Remarques sur la fête de la néoménie dans l'ancien Israel (RHR 158, 1960, 1–18). – *T. H. Gaster*, Moon (IDB III, 436–437). – *A. Goetze*, The Nikkal Poem from Ras Shamra (JBL 60, 1941, 353–347). – *A. Herdner*, Ḫiriḫibi et les noces de Yariḫ et de Nikkal dans la mythologie d'Ugarit (Semitica 2, 1945, 17–20). – *W. Herrmann*, Yariḫ und Nikkal und der Preis der Kuṯarāt-Göttinnen. Ein kultisch-magischer Text aus Ras-Schamra (BZAW 106, 1968). – *A. Jirku*, Der Kult des Mondgottes im altorientalischen Palästina-Syrien (ZDMG 100, 1930, 202–204). – *E. Koffmahn*, Sind die altisraelitischen Monatsbezeichnungen mit den kanaanäisch-phönikischen identisch? (BZ NF 10, 1966, 197–219). – *J. McKay*, Religion in Judah under the Assyrians. 732–609 B.C. (SBT Second Series 26), London 1973. – *J. C. de Moor*, The Semitic Pantheon of Ugarit (UF 2, 1970, 187–228). – *J. B. Segal*, „*Yrḥ*" in the Gezer „Calendar" (JSS 7, 1962, 212–221). – *J. S. Holliday Jr.*, The Day(s) the Moon stood still (JBL 87, 1968, 166–178). – *R. B. Y. Scott*, Meteorological Phenomena and Terminology in the Old Testament (ZAW 64, 1952, 11–25).

I. 1. Die Wurzel *jrḥ* entspricht dem proto-semit. *wrḥ* und ist verwandt mit der Wurzel *'rḥ* (so J. Fürst, Hebräisches und Chaldäisches Handwörterbuch über das Alte Testament, Leipzig 1857, I, 547f.; vgl. P. de Lagarde, F. Buhl), mit der Grundbedeutung „wandern, reisen". Mithin liegt hier die Beschreibung des Mondes als „Reisender, Wanderer" zugrunde (hebr. *jāreaḥ*), was als Derivat im Kalender zur Bedeutung „Monat" (*jæraḥ*) führt; vgl. Aram. *jarḥā'* u. Äth. *warḥ*.

2. Akk. *arḫu* A (CAD I/2, 259–263) ist in babyl. und assyr. Texten gut belegt (auch *warḫu*, *urḫu*, *barḫu*) mit der Bedeutung 1) Mond, 2) Neumond, erster Tag des neuen Monats und 3) 'Monat' als Zeitperiode.

3. Ugar. *jrḫ* hat nach R. E. Whitaker (Concordance, 319ff.) 92 Belege; jedoch handelt es sich dabei bei nicht weniger als 26 Belegen um Rekonstruktionen von fragmentarischen oder unvollständigen Texten, wenn auch einige davon als mehr oder weniger sicher anzusehen sind. Als unbestrittene Bedeutungen begegnen „Mondgott" (*Jariḫ* – Gordon, Gaster, Herdner, Driver; *Jāreaḫ* – Virolleaud; *Jaraḫ* – Goetze; *Jerach* – Eißfeldt) und „Monat" als Zeitperiode und bei der Aufzeichnung von Daten. Die Rolle von *jrḫ*, dem westsemit. Mondgott, zeigt sich am deutlichsten in dem kurzen hymnischen Text (CTA 24 = KTU 1.24), der die Verbindung von Nikkal, der Mondgöttin (vgl. die sum. Mondgöttin Ningal) mit *jariḫ* feiert. Der Text ist möglicherweise eine Übersetzung aus dem Hurr. und muß als kultischer Hymnus angesehen werden, mit dem die Intention verbunden war, Segen und Fruchtbarkeit für Familie und Geburt der Kinder zu sichern (vgl. W. Herrmann, BZAW 106). Hier wird *jariḫ* eindeutig als männliche Gottheit identifiziert, die mit der Fruchtbarkeit eng zusammen gesehen wird. Eng verbunden ist *jariḫ* auch mit *ks'* ('Vollmond', vgl. hebr. *kæsæ'*, Ps 81, 4; Spr 7, 20). Darüber hinaus gibt es noch den Eigennamen *'bdjrḫ* (F. Gröndahl, PNU, 145), der auch in den phön.-pun. Inschriften von Karthago belegt ist (so F. L. Benz, Personal Names in Phoenician and Punic Inscriptions, Studia Pohl, 1972, 326). Es wird inzwischen weithin anerkannt, daß dieser Name des Mondgottes sich im Städtenamen *j^erîḥô* (Jos 2, 1) erkennen läßt, wenn auch nur wenige Spuren seiner Verehrung und seines Kultes übrig geblieben sind.

4. Im AT gibt es 27 Belege für das Nomen *jāreaḥ* 'Mond'. Keiner davon zeigt eine ausdrückliche, direkte Divinisation des Mondes, obgleich es eine ganze Anzahl von Warnungen vor solcher Zuweisung göttlicher Kraft und göttlichen Ansehens gibt. Daher haben wir keine exakte Entsprechung zu dem kanaan.-phön. *jariḫ*. Es finden sich auch keine sicheren hebr. Eigennamen, die es als theophores Element

enthalten. Die dem *jāreaḥ* im AT am nächsten kommenden Synonyme sind *l^ebānāh* (3mal, Jes 24, 23; 30, 26; HL 6, 10) und *kæsæ'* (2mal, Ps 81, 4; Spr 7, 20); vgl. „Monat“ → חדש, zu dem *jæraḥ* 12mal als Synonym auftritt.

II. 1. Als besonders in die Augen fallendes und konstant sich veränderndes Merkmal am Nachthimmel hat der Mond unvermeidlich eine besondere Aufmerksamkeit im AT gefunden. Im allgemeinen wird dies durch die Verwendung des Nomens *ḥodæš* angezeigt, um die Erneuerung des Mondes und den Beginn eines neuen Monats deutlich zu machen. Bezeichnenderweise ist das am häufigsten mit *jāreaḥ* in Verbindung gebrachte Naturphänomen die Sonne (→ שמש; 24 Belege von insgesamt 27). Beide Phänomene sind als die große Lichtquelle bei Tag und das schwächere Licht bei Nacht miteinander verwandt (Gen 1, 16; wo *jāreaḥ* allerdings nicht gebraucht ist). Oft sind beide Phänomene mit den Sternen verbunden, die, wie der Mond, am nächtlichen Himmel zu sehen sind. Mond und Sterne sind beide Objekte des menschlichen Staunens, die auf die Größe der göttlichen Schöpfermacht verweisen (Ps 8, 4). Im Gegensatz zu solchen hervorragenden Werken und Zeugen göttlicher Schöpferkraft erscheint der Mensch klein und unbedeutend. Doch entspricht dieser scheinbare Kontrast nicht der Wirklichkeit, da der Mensch teilhat an der göttlichen Ehre und Herrlichkeit. Gott hat ihm die Herrschaft über die ganze Schöpfung anvertraut. In ähnlicher Weise erscheint der Mond in Ps 136, 9, wo er mit den Sternen verbunden ist, als Ausdruck für Gottes schöpferische Macht. In Ps 148, 3 wird dieses Hauptthema naturhaft ausgestaltet, wenn Sonne, Mond und Sterne aufgerufen werden, Gott zu preisen. In Ps 104, 19 werden Sonne und Mond zum Anlaß genommen, Gott zu loben, da sie den Lauf der Zeit markieren, und da der Mond die sich wandelnden Jahreszeiten (→ מועד) anzeigt, wie in Gen 1, 14. In Jes 60, 19f. ist das Thema der Zeugenschaft von Sonne und Mond für die Größe Gottes die Grundlage einer kunstvollen poetischen Darstellung. In der prophetischen Heilsaussage an Israel werden Frieden und Heil als Charakteristika der wiederhergestellten Gemeinde beschrieben. Als Zeichen für die Lebensfülle, die es dann geben wird, sichert der Prophet zu, daß Israel sein Licht nicht mehr von Sonne und Mond empfängt, sondern von Gott selbst. Da der Schöpfer größer ist, als das von ihm Geschaffene, wird das Zeichen der Heilszeit eine Fülle von Licht und Herrlichkeit sein, die das Licht von Sonne und Mond weit übersteigt, denn dieses Licht kommt direkt von Gott. Eine weitere ungewöhnliche Ausgestaltung dieses Themas findet sich in Ps 121, 6, wo die Zusammenstellung von *šæmæš* und *jāreaḥ* eine besondere Verwendung gefunden hat. Alle, die auf JHWH vertrauen und sich konsequent unter seine vorausblickende Sorge und seinen Schutz stellen, werden vor allen Naturgefahren bewahrt. Die Sonne wird sie bei Tag nicht versengen, und der Mond nicht bei Nacht. Die bekannte Gefahr von Hitzeschlag und Erschöpfung bildet den Hintergrund dieser Illustration von JHWHs Fürsorge. Viele Kommentatoren (H. Gunkel, A. Anderson u. a.) sehen hierin den Niederschlag eines Glaubens an die verletzende Wirkung der Mondstrahlen, wie sie im Altertum gut belegt ist (vgl. Engl. „lunatic“). Andere (vgl. BHK[3]) haben als Emendation *qæraḥ* „Frost“ vorgeschlagen, was jedoch nicht zulässig ist. Es geht hier nämlich um die grundlegende Voraussetzung für das poetische Gleichgewicht in der Darstellung, die zu diesem Wort-Bild geführt hat. Die weite Verbreitung des Glaubens an die schädliche Mondstrahlung bietet dafür eine ausreichende Grundlage.

2. Die Gegenwart des Mondes als ständiges Merkmal am nächtlichen Himmel hat zu seiner Verwendung als Zeichen für Dauerhaftigkeit und Helligkeit geführt. Der Mond als Zeichen der 'Dauerhaftigkeit' ist im Psalter 3mal belegt, wo die Beständigkeit des Mondes mit dem ewigen Bestand des davidischen Königtums verbunden wird. In Ps 72, 5, in einem Gebet für den davidischen König (vgl. v. 20), wird die Bitte so formuliert: „Möge er (der König) leben (mit LXX *w^eja'^arîk*), solange die Sonne besteht und der Mond leuchtet, durch alle Generationen“. Nach v. 7 wird das Gebet vorgetragen, damit unter der Herrschaft des Königs die Gerechtigkeit gedeihe, „solange, bis der Mond nicht mehr ist“. Sicher spielt bei diesem Ausdruck auch poetische Hyperbolik eine Rolle, doch werden Traditionen einbezogen, die die zeitlosen (mythologischen) Verdienste des Königtums berücksichtigen. Ps 89, 38 erinnert an die göttliche Dynastiezusage an David, die in 2 Sam 7, 1–17 bezeugt ist, als ein ständiges Zeichen des göttlichen Willens für die Regierung Israels: „Wie der Mond soll sie (die Dynastie Davids) für immer bestehen“. Auch hier ist der Mond mit der Sonne verbunden (v. 37). Jer 31, 35 bezieht sich auf die „festgesetzte Ordnung“ (hebr. *ḥuqqôṯ*; W. Rudolph emendiert nach *ḥoqeq*) von Mond und Sternen als Zeichen der Macht und Unwandelbarkeit Gottes. Diese Unwandelbarkeit, als Erweiterung der prophetischen Ankündigung des neuen Bundes (Jer 31, 27–34), dient dann als Basis für die Zusicherung der Dauerhaftigkeit der Verbindung zwischen JHWH und Israel (Jer 31, 37).

Es gibt zwei Stellen, an denen die Helligkeit des Mondes als Illustration der Größe dient. In Hi 25, 5 wird die überwältigende Größe Gottes durch die Aussage verdeutlicht, daß ohne ihn auch der Mond nicht hell ist (*jāhel*; nach den alten Versionen). In Gen 37, 9 wird der Mond zusammen mit Sonne und Sternen aufgeführt. In Josephs zweitem Traum erscheint er in der Voraussage seines und seiner Brüder Schicksal. Es wird hier ausgesagt, daß sich vor Joseph Sonne, Mond und elf Sterne verbeugen, wobei die Sterne eindeutig seine Brüder darstellen. Die Einbeziehung von Sonne und Mond, die sich auf seinen Vater und seine Mutter beziehen (v. 19), steigert die Kennzeichnung der hervorragenden Stellung, die Joseph erhalten wird.

3. In Jos 10, 12 ruft Josua während des Kampfes der Israeliten um Gibeon in einem Fluch auf eindrucksvolle Weise Sonne und Mond an. Der Fluch wird aus dem alten Buch des *jāšār* zitiert (so v. 13) und mag ursprünglich in einem ganz anderen Kontext gestanden haben. Er bezieht sich auf ein Thema, das in der Alten Welt ausführlich belegt ist (vgl. F. M. Abel, RB 56, 1949, 321–339) und bei dem es sich seinem Wesen nach um ein Gebet um den Sieg in der Schlacht handelt. Josua wendet sich an die Sonne, damit sie im Tal von Ajalon still steht (wörtlich: „schweigend"; hebr. Wurzel *dmm*), bis die Israeliten den Sieg über ihre Feinde errungen haben.
Der Appell an den Mond, still zu stehen, damit Israel im Heiligen Krieg den Sieg erringen kann, ist Teil einer weiter reichenden Tradition, deren Gegenstand die Rolle der Naturgewalten und Naturphänomene zu Israels Nutzen war (vgl. → כוכב *kôkāḇ*). Wenn JHWH Israels Heere lenkt, dann ist es eine einfache Ausweitung dieses Glaubens, seinen Beistand auch im Wirken all jener Gewalten zu sehen, die von ihm beherrscht werden. Dieses Thema und diese Tradition werden weiter ausgeführt in Hab 3, 11. In diesem prophetischen Psalm wird eine Anzahl alter Traditionen, die mit JHWHs Macht in Zusammenhang stehen, miteinander vermischt. Die Theophanie im Gewitter, die Führung im Heiligen Krieg und der Urzeit-Kampf gegen die Chaos-Gewalten sind in einer komplexen Darstellung von Gottes außerordentlicher Macht, die er in den Dienst seines Volkes stellt (Hab 3, 16), zusammengefaßt. Das Wissen darum ruft Freude und Vertrauen bei denen hervor, die ihm dienen.
In Jes 13, 10; Jo 2, 10 und 4, 14 finden sich drei Belege, wo die Verfinsterung des Mondes mit dem Tag JHWHs verbunden ist, und in Jo 3, 4 heißt es, daß der Mond an diesem Tag blutrot wird (vgl. → יום *jôm*). Die Verfinsterung der natürlichen Lichtquellen (Sonne, Mond und Sterne finden sich in den ersten drei Belegen; Jo 3, 4 erwähnt nur Sonne und Mond) ist ein Zeichen für JHWHs Zorn und für das Gericht, das er über seine Feinde verhängt hat. Die Grundelemente dieses Zeichens für den Tag JHWHs zeigen eine deutliche Verbindung zu Naturphänomenen: die schweren dunklen Gewitterwolken und das ʿrot werden' des Mondes bei einem Sandsturm. Zu der Verwandlung des Mondes in Blut (hebr. *dām*) gibt es eine bewußte Alliteration ʿzum Schweigen gebracht werden' (hebr. *dāmam*) in Jos 10, 12. Das bestärkt die Annahme, daß Traditionen aus dem Bereich des Heiligen Krieges die Vorstellungen vom Tag JHWHs beeinflußt haben. Die Verfinsterung der Himmelsleuchten als Begleiterscheinungen des Krieges JHWHs gegen seine Feinde findet sich auch in Ez 32, 7. Allerdings gibt es hier keinen expliziten Hinweis auf den Tag JHWHs, und der auf diese Weise bedrohte Feind ist der äg. Pharao.
Ein weiterer Hinweis auf die Verfinsterung des Mondes, verbunden mit Sonne und Sternen, findet sich Pred 12, 2, doch gibt es keinen Anhaltspunkt dafür, daß es sich hier um ein Zeichen für den göttlichen Zorn handelt. Eher wird hier das Herannahen des Alters angezeigt, wenn die Sehkraft des Menschen so schwach wird, daß ihm selbst die großen Lichtquellen auf der Erde nicht mehr hell erscheinen.
4. Es gibt fünf Stellen im AT, an denen der Mond zusammen mit anderen Himmelskörpern als Objekt unerlaubten Kultes genannt wird. Vier davon stammen von der dtr Schule (Deut 4, 19; 17, 3; 2 Kön 23, 5; Jer 8, 2), so daß sie eindeutig auf die religiöse Situation in den letzten Jahren des Königtums in Juda und in der Zeit des babyl. Exils verweisen. Die weitverbreitete Popularität der Verehrung des Mondes als Gottheit wie in der kanaan.-phön. Religion läßt es offensichtlich werden, daß es sich hier nicht nur um die Praxis während einer relativ kurzen Zeitperiode handelt. Wenn es auch im Gegensatz zu der großen Popularität des Sonnenkultes im alten Israel nur eine beschränkte Anzahl von Spuren lunarer Mythologie und Kultobjekte in Israel gibt, so fehlen diese doch nicht gänzlich. Die Kultfeier, bei der dies am deutlichsten sichtbar wird, ist das Passah-Fest (→ פסח), an dem eine Anzahl lunarer Merkmale zutage treten. Auch die kultische Bedeutung der Neumondtage unterstützt diese Annahme, ebenso wie ihre frühe Verbindung mit dem Sabbat (→ שבת). Weitere Reste eines alten Mondkultes zeigen sich in der Verwendung von Mondanhängern als Amulette (vgl. Ri 8, 21. 26; Jes 3, 18), wie J. W. McKay (Religion in Judah under the Assyrians 732–603 B.C., London 1973, 53. 115f.) vermutet hat. Dennoch ist die Gesamtzahl solcher Relikte lunarer Vorstellungen und Mythologie im alten Israel nicht eben groß, so daß ihre besondere Hervorhebung in den Ermahnungen der dtr Schriftsteller einer besonderen Erklärung bedarf. In Deut 4, 19 wird eine Warnung vor der Verehrung des Mondes als Ausführung des zweiten Dekaloggebotes gegeben. In Deut 17, 3 wird in ähnlicher Weise die Möglichkeit angesprochen, daß ein Israelit für schuldig befunden werden könnte, die Anforderungen des ersten Gebotes durch die Verehrung von Sonne, Mond oder anderen Himmelskörpern mißachtet zu haben. In diesem Fall wird angenommen, daß der Mond nicht ein Zeichen oder Symbol für JHWH ist, sondern für einen anderen Gott. In 2 Kön 23, 5 wird berichtet, daß Josia die götzendienerischen Priester (*kemārîm*) in den Städten Judas und rund um Jerusalem absetzt, die neben Baʿal und anderen Himmelskörpern auch dem Mond Weihrauch dargebracht hatten. Die Verehrung solcher Phänomene, einschließlich des Mondes, wird Jer 8, 2 als die Sünde der Könige, Priester und Propheten, wie auch der anderen Einwohner Jerusalems dargestellt, wofür sie von JHWH mit dem Tode bestraft werden.
Es ist nicht ohne weiteres zu verstehen, warum die deut. Bewegung die Aufmerksamkeit so scharf und so direkt auf die Sünde der kultischen Verehrung des Mondes und anderer Naturphänomene gelenkt hat. Es ist gut möglich, daß die Popularität solcher lunarer und astraler Religionssymbolik während der

assyr. Oberherrschaft in Juda eingedrungen ist. Es könnte auch eine unmittelbare Einführung durch die Assyrer gegeben haben, wenn sich das auch nicht beweisen läßt. Im Hinblick auf das Alter solcher lunarer und astraler Merkmale als das religiöse Erbe, das Israel von Kanaan übernommen hat, sind sie wahrscheinlicher als Ausdruck hiervon zu betrachten. Die deutlichsten und offensichtlichsten Merkmale, Riten und religiösen Vorstellungen waren zwar durch Josias Reform beseitigt worden, doch haben diejenigen Merkmale, die man durch solche staatlichen Maßnahmen nicht beseitigen konnte, ständig an Popularität gewonnen. So wurde schließlich das unvermittelte Auftreten derart scharfer Polemik gegen die Verehrung des Mondes und anderer Himmelskörper durch die dtr Schule notwendig, um die Reformziele ihrer Führer weiter zu führen. Diese Phänomene, die nicht schon aus sich selbst Vorstellungen von Göttern oder von JHWH beinhalten, aber als solche angesehen werden konnten, verlangten die besondere Aufmerksamkeit der dtr Reformatoren.

Ein weiterer Beleg für einen Bezug zum Mond-Kult findet sich Hi 31, 26, einem Teil aus dem Reinigungseid Hiobs. Er erklärt seine Unschuld hinsichtlich aller Formen religiöser und moralischer Vergehen, deren er möglicherweise angeklagt werden könnte. Darunter zählt er auch die Möglichkeit, der Sonne aufgrund ihrer Helligkeit oder dem Mond wegen seiner Bewegung über den Himmel und wegen seines Glanzes Verehrung zukommen zu lassen. Solcher Vergehen erklärt Hiob sich in jeder Weise unschuldig.

IV. 1. Daß die Mondphasen eine simple und leicht zu beobachtende Methode für die Zeitberechnung ermöglichen, gehört zu den grundlegenden kalendarischen Kenntnissen der Alten Welt und zu ihrem allgemeinen Verständnis der Zeitdimension. Und in der Tat ist diese dem Mond eignende Bedeutung als Zeitmaß so eindrucksvoll, daß sie in Gen 1, 14 als primärer Grund seiner Erschaffung genannt wird. Der lunare Monat mit 29 Tagen, 12 Stunden und 14 Minuten ergibt ein lunares Jahr von etwas mehr als 354 Tagen und ist damit um etwa elf Tage kürzer als das solare Jahr. Dies wirft eine ganze Reihe von Problemen bei der Entwicklung eines zufriedenstellenden Kalenders in der Alten Welt auf, so daß darin der zentrale Ansatz für die Entwicklung verschiedener Kalendersysteme liegt.

Innerhalb der at.lichen Literatur wird die Beobachtung des Mondes und die danach vorgenommene Jahreseinteilung oft durch das Nomen *ḥoḏæš* angezeigt, das die Zeit bezeichnet, in der sich der Mond erneuert. Für die meisten bibl. Perioden ist es erwiesen, daß die Berechnung jedes Monats vom ersten Erscheinen des Neumonds bestimmt wurde (Ex 23, 15; 34, 18). Im alten Ägypten dagegen wurde der neue Monat von der Zeit des Vollmonds aus berechnet, so daß man angenommen hat (vgl. BHHW II, 1232), daß dies auch für die früheste Periode Israels zutreffen könnte. Daß das alte Israel die kanaan.-phön. Monatsnamen übernommen hat, zeigt sich durch die gelegentliche Verwendung dieser alten Namen (1 Kön 6, 37 Ziw; 1 Kön 6, 38 Bul; 1 Kön 8, 2 Etanim). Da ugar. Texte die Verwendung von *jrḥ* für diese Monatsberechnung aufweisen, könnte es von Bedeutung sein, daß auch das AT *jæraḥ* für diese Datierungen benutzt. Für die späte Terminologie ist es dann bemerkenswert, daß konstant *ḥoḏæš* für die Aufzeichnung von Daten benutzt wird.

Neben diesen spezifischen Nennungen gibt es im AT nur 9 weitere Belege für *jæraḥ* als Beschreibung der Dauer von Mond-Zyklen als Zeitperioden. Bei diesen Belegen wird das Hauptgewicht auf die volle Spanne des Mond-Zyklus gelegt, also auf eine feststehende Zeitperiode. Die Dauer dieser Zeitspanne wird ausgedrückt durch *jæraḥ jāmîm*, wörtlich „ein Monat von Tagen" (Deut 21, 13; 2 Kön 15, 13). In Deut 21, 13 wird die Dauer der Klage angegeben, die einer Sklavin zugestanden werden muß, um den Verlust von Eltern und Elternhaus zu betrauern. Nach Ablauf dieser Zeit darf sie von ihrem Besitzer zur Frau genommen werden. Der zweite Beleg, 2 Kön 15, 13 beschreibt die kurze, einmonatige Regierungszeit des Schallum-ben-Jabesch in Israel vor seiner Ermordung durch Menahem. Ex 2, 2 (f.) findet sich eine vergleichbare, relativ kurze Zeitperiode, wenn berichtet wird, daß Mose drei Monate lang von seinen Eltern verborgen gehalten wird. Im Mosesegen enthält der spezielle Segen über Joseph die Fruchtbarkeit des Landes und den Überfluß der Ernte. Diese ist beschrieben als der reiche Ertrag (hebr. *gæræš*) der Monate (Deut 33, 14). Der Dichter zeigt hier ein deutliches Interesse daran, eine ausgewogene Parallele zu den „Erzeugnissen der Sonne" zu schaffen, um eine Verbindung zwischen „Mond" und „Monat" zu intendieren. Ein schwierig zu deutender Bezug zu einer Mondperiode weist Sach 11, 8 auf, wo es heißt, daß der oberste Hirte (Gott) innerhalb eines Monats drei Hirten (Könige) vernichtet. Der Hintergrund und Haftpunkt für diese Anspielung ist sehr unklar; wahrscheinlich wird sie mit dem Tod von Joram-ben-Josaphat und seinem Sohn Ahazjah, beide Könige von Judah, und von Joram-ben-Ahab von Israel zu verbinden sein, die alle drei im Ablauf eines Monats im Jahr 841 v. Chr. starben (so B. Otzen, Studien über Deuterosacharja, Acta Theologica Danica VI, Kopenhagen 1964, 156 f.).

Noch vier weitere Belege des Nomens *jæraḥ* finden sich im Buch Hiob. Drei davon stehen im Kontext der Klagen Hiobs über seine Leiden und über den Überdruß seines Lebens. Im ersten Beleg (Hi 3, 6) steht „die Zahl der Monate" als poetische Umschreibung für „die Tage des Jahres". Im Kontext heißt es, daß Hiob den Tag seiner Geburt verflucht und die Auslöschung dieses Tages unter den Tagen des Jahres beschwört. In Hi 7, 3 betrauert Hiob, daß Gott ihm *jarᵉḥê šāw'*, „Monate der Leere" zugemessen hat, in denen er nichts als Leid und keinerlei Freuden erfährt. Hi 29, 2 gibt Hiob dem Wunsch Ausdruck, wieder die Freuden erfahren zu dürfen, die er in der Vergangenheit hatte, wenn er wünscht, daß es für ihn wieder werden möge, wie „in den Monaten der Vergangenheit". Ein idiomatischer Sprachgebrauch liegt vor in Hi 39, 2. Hiob wird dort von Gott gefragt, ob er die Zeit kennt, wenn Bergziegen und Hirschkühe ihre Jungen werfen, oder die Dauer ihrer Trächtigkeit (wörtlich „die Monate, die sie erfüllen"). Diese Verwendung von *jæraḥ* als Bezeichnung für die Dauer von Schwangerschaft und Trächtigkeit hat gute Parallelen im akk. *arḫu*.

2. Im Ugar. sind die Monatsnamen in der Form *jrḥ-x* überliefert. KTU 4.182, 32–40 gibt als Abfolge der Monate an: *rʾš jn, nql, mgmr, pgrm*; KTU 4.222, 11–15 hat die Folge *ḫjr, hlt, gn, ʾṯb*; KTU 4.316 enthält die Abfolge *nql, mgmr, dlḥm*, während KTU 4.269, 30 den Monatsnamen *ʾṯtbʾm* bezeugt, dem nach KTU 4.387, 13. 21 der Monat *rʾš jn* folgt.

Neben den drei alten Monatsnamen, die schon oben erwähnt wurden, ist im alten israelitischen Kalender auch der Monat Abib bezeugt (Ex 13, 14; 23, 15; 34, 18; Deut 16, 1), der jedoch niemals mit *jæraḥ* verbunden wird (vgl. dazu E. Koffmahn, BZ NF 10, 1966, 200). In den späteren Jahren der israelitischen Monarchie wurde ein System eingeführt, das die Monate mit den Ordinalzahlen 1–12 zählt, wahrscheinlich unter assyr. Einfluß (Jer 28, 1. 17 u. a.). Das setzte sich in die Exilszeit hinein fort, nach der es üblich wurde, die Monate mit den assyr.-babyl. Monatsnamen zu bezeichnen (Neh 1, 1. 21 u. a.). Da *jæraḥ* an diesen Stellen belegt ist, erhärtet sich die Hypothese von der großen Bedeutung, die der Berechnung der Monate von Beginn des Neumondes (*ḥoḏæš*) an zukommt.

Im ganzen AT lassen sich verschiedene Relikte älterer Stadien der kanaan.-phön. Religion erkennen, in der der Mond eine weit größere Bedeutung hatte, als es für die israelitische Religion üblich war. Ähnlich – aber nicht notwendigerweise damit verbunden – zeigt sich eine deutliche Bevorzugung des *ḥoḏæš* bei der Zählung der Kalendermonate.

Clements

יָרֵךְ *jārek̲* → חלצים *ḥ^{a}lāṣajim*

יָרַק *jāraq*

יָרוֹק *jārôq*, יָרָק *jārāq*, יֶרֶק *jæræq*, יֵרָקוֹן *jerāqôn*, יְרַקְרַק *j^{e}raqraq*, יָרְקְעָם *jŏrq^{o}ʿām*, יַרְקוֹן *jarqôn*

I. Etymologie – 1. *jāraq* I ʿspucken' – 2. *jrq* II – II. Belege – III. Die einzelnen Nominalbildungen – 1. *jārôq* – 2. *jārāq* – 3. *jæræq* – 4. *jerāqôn* – 5. *j^{e}raqraq* – 6. Mit *jrq* gebildete Namen – a) *jŏrq^{o}ʿām* – b) *jarqôn* – IV. Zusammenfassung.

Lit.: *R. Gradwohl*, Die Farben im AT (BZAW 83, 1963, 27–33). – *H. Janssens*, Les couleurs dans la Bible hébraique (AIPh 14, 1957, 145–171, bes. 148. 150f.).

I. Die hebr. Wbb unterscheiden zwei Wurzeln *jrq* (vgl. KBL^3 420): *jrq* I ʿspeien, spucken' als Nebenform zu *rqq* (Lev 15, 8 dazu *roq* ʿSpeichel' Jes 50, 6; Hi 7, 19; 30, 10) und *jrq* II, das zur Bezeichnung der Grün- oder Gelbfärbung in der Pflanzenwelt dient und im AT nur in nominalen Bildungen belegt ist.

1. Obwohl *jrq* I kaum mit *jrq* II in irgendeiner Verbindung steht (entgegen der Bemerkung von P. de Lagarde, AGWG 35, 1889, 200), sondern wohl von einer onomatopoetischen Wurzel *rq* herzuleiten ist, soll *jrq* I ʿspucken' kurz mitverhandelt werden. Diese Wurzel findet sich äth. *waraqa* ʿspucken', arab. *rīq* ʿSpeichel', aram. einerseits jüd.-aram. *jrq* ʿausspucken' (vgl. Jebamot 39b < Deut 25, 9), andererseits reichsaram. Aḥiqar 133 in der Schreibung *jrwqn* ʿsie spucken'. Im AT ist *jrq* I an zwei Stellen belegt: Num 12, 14 (*jāroq jāraq*) und Deut 25, 9 (*w^{e}jār^{e}qāh*). In beiden Versen wird durch die symbolische Beschreibung der Handlung des Anspuckens die Verachtung und Verwerfung des Angespuckten zum Ausdruck gebracht. So weiß auch Aḥiqar (133), daß dem Lügner zuerst ein Thron errichtet wird, sobald aber seine Lügen aufgedeckt werden, spuckt man ihm ins Angesicht. Num 12, 14 wird in einer JHWH-Rede die siebentägige Aussperrung der zur Strafe vom Aussatz befallenen Mirjam damit begründet, daß sie sich ja auch 7 Tage hätte schämen (*tikkālem*) müssen, wenn ihr Vater ihr ins Gesicht gespuckt hätte. Lev 15, 8 dagegen schreibt vor, daß der von einem mit Ausfluß Behafteten Angespuckte (Wurzel *rqq*) seine Kleider und sich selbst waschen muß und nur bis zum Abend unrein ist. Nach Deut 25, 9 (vgl. Test. Sebulon 3, 4) wurde die Verweigerung der Leviratsehe von der verschmähten Schwägerin dadurch geahndet, daß sie dem Bruder ihres verstorbenen Gatten die Sandale vom Fuße zieht und ihm ins Angesicht spuckt. Daß selbst das Auf-die-Erde-Spucken im Altertum wohl aus magischen Vorstellungen heraus verboten werden konnte, zeigt Herodot I, 99, wonach der Mederkönig Deiokes Lachen und Ausspucken in seiner Gegenwart untersagt hatte. In der Antigone des Sophokles 1230ff. hat der Sohn (Haimon) für den Vater (Kreon), der den Tod der Braut (Antigone) verschuldet hat, kein Wort mehr; er spuckt ihm ins Gesicht und stürzt sich ins Schwert.

2. Als Bedeutung für die im bibl. Hebr. als *jrq* II angesetzte Wurzel wird ʿgrün, gelb werden oder sein' erschlossen. Wie etwa äg. *wʾḏ* ʿgrün', das etymologisch mit semit. *wrq* zu verbinden ist (vgl. O. Rößler,

Das Ägyptische als semitische Sprache, in: F. Altheim / R. Stiehl, Christentum am Roten Meer, I, 1971, 316), von der Papyruspflanze (vgl. H. Kees, Farbensymbolik in ägyptischen religiösen Texten, NAWG 1943, 425), arab. *aḫḍar* 'grün' von *ḫaḍr/ḫaḍir* 'junges, frisches Grün der Pflanzen' (vgl. W. Fischer, Farb- und Formbezeichnungen in der Sprache der altarabischen Dichtung, 1965, 116. 306) abgeleitet ist (vgl. etwa auch im Deutschen den etymologischen Zusammenhang von Gras und grün), so gilt auch für die Wurzel *wrq/jrq*, daß im Hebr. der Schwerpunkt auf der Kennzeichnung des Grünens in der Pflanzenwelt (Gradwohl 33) liegt. Ähnliche Verhältnisse lassen sich auch für das Akk. ermitteln, wo die Wurzel vor allem als Adj. *arqu* (*warqum*) 'gelb, grün' zur Beschreibung von Pflanzen, aber auch von Tieren oder Kleidern und anderen grünen Gegenständen dient, und daneben als Subst. *arqu* bes. in der Bedeutung 'Gemüse' und *arqūtu* (*warqūtum*) 'das Grün, die Frische' (vgl. CAD I/2, 300–302) belegt ist. Das akk. Verbum *warāqu* 'gelb werden' vom Antlitz (vgl. B. Meißner, Beiträge zum assyr. Wb 2, AS 4, Chicago 1932, 27) läßt sich ungezwungen als Denominativum verstehen. Auch im Arab. ist das Verbum *warraqa* (auch IV), wie sofort die Bedeutung 'Blätter treiben' zeigt, von *waraq* 'Blatt' hergeleitet, von dem auch das Farbadj. *auraq* 'in bezug auf die Farbe durch Blätter besonders charakterisiert' (Fischer, a.a.O. 116) abstammt. Im Sinne von 'Gemüse, Grünzeug' ist die Wurzel belegt: altaram. *jrq* KAI 222, A 28, möglicherweise auch asarab. Rathjens 69, 3 *wrq 'rḍn* (W. W. Müller mündlich, anders M. Höfner, Sabaeica III, 1966, 36), mhebr. *jarqā'*, syr. *jireq*, *jarqā'*, mand. *jaruqa*, *jarqa* und *jurqa*. Auch äg. *j3qt* 'Lauch, Porree' ist als Lehnwort aus dem Semit. hier anzuführen. Die belegten Verbformen im mhebr. (mischnisch; talmudisch: gelb machen, jüd.-aram. dagegen: grün werden), syr. und mand. setzen die Bedeutungsspezifizierung 'grün, gelb werden' vom Angesicht = 'erbleichen', wie sie schon im Akk. begegnet, fort. Die Farbkomponente 'gelb' wird durch *jrq* dann angesprochen, wenn mit dieser Wurzel ein Metall, meist Gold, charakterisiert wird. So erinnert akk. *ḫurāṣu arqu* (CAD I/2, 300b) und ugar. *jrq ḫrṣ* (z. B. KTU 1.14 III, 22) an das *j^eraqraq ḥārûṣ* Ps 68, 14. Daneben findet sich im Südsemit. asarab *wrq* 'Gold' (z. B. RES 3946, 7; 3951, 3), äth. *waraq* 'Gold' (Dillmann, Lex Ling Aeth 898), so auch Ge'ez, Amharisch (Leslau, Hebr. Cognates 83) und Tigriña in der Bedeutung 'Gold', Tigrē dagegen (Wb 434a) in der Bedeutung 'Silber'. Für das Libysche kann Tuâreg *ûreġ* 'Gold' genannt werden. Obwohl im Tigrē die Bedeutung 'Silber' auftaucht, ist arab. *warq/wariq* 'Silbermünze' (i.S.v. Geld z. B. Koran 18, 19) doch wohl aus *waraq* 'Blatt' weiterentwickelt, hängt also nur über diesen Umweg mit 'grün' zusammen, während Tuâreg *darûġ* 'Kupfer' auf **ḏa-waruqu* 'was gelb ist' (vgl. O. Rößler, ZA 50, 1962, 132) beruht. Aus dem amorit. Namenmaterial der Mari-Texte läßt sich auf den Beleg Jarq (*Ja-ar-qa-A*[*N*], APNM 215) hinweisen, wozu asarab. ein als qatabānischer Sippenname bezeugtes *ḏwrqn* (RES 3566, 29; 3902 Nr. 162) und *ḏt/wrqn* (Ja 288, 2) zu stellen ist (vgl. G. L. Harding, An Index and Concordance of Pre-Islamic Arabian Names and Inscriptions, Toronto 1971, 640; zur Vokalisation Warqān oder Waraqān vgl. Y. Abdallah, Die Personennamen in al-Hamdānī's *Al-Iklīl* und ihre Parallelen in den altsüdarabischen Inschriften, Diss. Tübingen 1975, 96). Die aufgezeigte Spanne der Bedeutungen von Grün bis Gelb, die der gemeinsemit. Wurzel innewohnt, darf nicht verwundern, nicht nur weil im Orient sprossendes Grün ohne genügend Wasser sich rasch gelb verfärbt, sondern auch weil in anderen (indogermanischen) Sprachen die Bezeichnungen für Grün und Gelb z.T. von derselben Wurzel gebildet werden, offensichtlich aus dem Empfinden, daß Grün und Gelb fließende Übergänge haben (vgl. C. D. Buck, A Dictionary of Selected Synonyms in the Principal Indo-European Languages, Chicago 1949, Nr. 15. 68 und 15. 69, S. 1058f.).

II. Die insgesamt 21 Belege der 5 verschiedenen Nominalbildungen von *jrq*, nämlich *jārôq* 1mal, *jārāq* 3mal, *jæræq* 8mal, *jerāqôn* 6mal und *j^eraqraq* 3mal, wozu noch die Eigennamen *jarqôn* 1mal und vielleicht *jŏrq^o'ām* 1mal zu stellen sind, finden sich über das ganze AT verstreut, ohne daß sich aus der Verteilung irgendwelche Schlüsse ziehen lassen.

III. 1. Als hap. leg. begegnet Hi 39, 8 *jārôq* in der Bedeutung 'Grünes'. Der Wildesel, dessen Weide die Berge sind, und der sich seine Nahrung mühsam suchen muß, ist hinter jeglichem Grün her.

2. *jārāq* hat die spezielle Bedeutung 'Gemüse'. Bei der Schilderung des verheißenen Landes wird Deut 11, 10 darauf hingewiesen, daß dieses Land nicht wie ein Gemüsegarten (*gan hajjārāq*) in der Flußkultur Ägypten mit menschlichem Kraftaufwand bewässert werden muß, sondern daß es, eben weil es in der Regenzone liegt, „vom Regen des Himmels mit Wasser getränkt wird". Auch 1 Kön 21, 2 ist der Gemüsegarten als *gan jārāq* bezeichnet. Ahab will Nabots Weinberg als κῆπον λαχάνων (so LXX). Nach Spr 15, 17 ist ein mit Liebe gekochtes Gemüsegericht (*'^aruḥat jārāq*, LXX ξενισμὸς λαχάνων) besser als ein gemästeter Ochse, der mit Haß serviert wird.

3. Das Segolatum *jæræq* findet sich 2mal mit *'eśæḇ* verbunden (Gen 1, 30; 9, 3) und meint dann das grüne Blattwerk des Krautes (vgl. H. W. Schmidt, Die Schöpfungsgeschichte der Priesterschrift, WMANT 17, [3]1973, 150ff., C. Westermann, BK I/1, [2]1976, 223ff., O. H. Steck, Der Schöpfungsbericht der Priesterschrift, FRLANT 115, 1975, 137f., bes. Anm. 558 u. 560), ähnlich ist es 1mal Ex 10, 15 mit *bā'eṣ* verbunden und bezeichnet so die grünen Blätter des Baumes. Num 22, 4 findet sich die Näherbestimmung *haśśāḏæh*: das Grün des Feldes wird vom Rindvieh aufgefressen. An 3 Stellen ist *jæræq* determiniert durch *dæšæ'* (→ דשא). In dem sekundär in

den Zusammenhang eingefügten an Sanherib gerichteten Orakel 2 Kön 19, 21–31, par. Jes 37, 22–32, wird v. 27 das Schicksal der von Sanherib eroberten Städte beschrieben mit dem Bild des verwelkenden Grüns in der Natur. „Sie waren wie das Kraut des Feldes (*ʿeśæḇ śāḏæh*) und wie junges Grün (*wîraq dæšæʾ*), wie Gras auf den Dächern (*ḥaṣîr gaggôṯ*), 'das austrocknet' vor 'dem Ostwind'." Ähnlich wird Ps 37, 2 den *mereʿîm* und den *ʿośê ʿawlāh* angedroht, daß sie verdorren wie das Gras (*ḥāṣîr*) und hinwelken wie grüne Kräuter (*jæræq dæšæʾ*). Ganz allgemein ohne nähere Bestimmung taucht *jæræq* Jes 15, 6 in der Klage über Moab auf. Das Gras (*ḥāṣîr*), das Kraut (*dæšæʾ*) und damit eben alles Grün (*jæræq*) ist verdorrt und somit verschwunden. Der Untergang Moabs ist sichtbar gekennzeichnet. Als Strafe für Vertragsbruch wird KAI 222 A 28 angedroht, daß kein Kraut (*ḥṣr*), nichts Grünes (*jrq*) und kein Gras (*ʾḥw*) mehr zu sehen sein wird (vgl. auch 4.).

4. *jerāqôn* bezeichnet 5mal im AT eine Getreidekrankheit und folgt dann immer auf *šiddāpôn*. So steht es innerhalb der Fluchankündigung Deut 28, 15–68 in v. 22, im Tempelweihgebet 1 Kön 8, 37, par. 2 Chr 6, 28, als Plage, die das Volk zum Beten veranlaßt, und Am 4, 9 (Hag 2, 17 ist wohl Einfügung aus Am) im Scheltwort gegen die Kultpilger als Plage, die zur Umkehr führen soll. *šiddāpôn* und *jerāqôn* gehören als festgefügte Termini zur Topik des „catalogus calamitatum" (W. Rudolph, KAT XIII/2, 1971, 179f., H. W. Wolff, BK XIV/2, ²1975, 250ff.). G. Dalman (AuS I/2, 326) definiert *jerāqôn* als „das Blaßwerden der Spitzen des grünen Getreides infolge von 'Würmerbildung' bei längerer Trockenheit". Jer 30, 6 wird *jerāqôn* zur Beschreibung der Gesichter der in Angst und Schrecken versetzten Menschen am Tage JHWHs verwandt. LXX übersetzt hier und 1 Kön 8, 37 (nur Origenes), 2 Chr 6, 28; Am 4, 9 mit ἴκτερος 'Gelbsucht' (vgl. schon akk. *awurriqānum*, *amurriqānu* 'Gelbsucht' AHw I 92a und vermutlich daraus entwickelt syr. *merīqānā*) und denkt Am 4, 9, wo *šiddāpôn* mit πύρωσις 'Fieber' wiedergegeben wird, an Krankheiten der Menschen (ähnlich Syr. 2 Chr 6, 28 *šwḥnʾ wšwnqʾ* 'Geschwür und Qual', vgl. auch Arab. z. St.; anders Gradwohl 31).

5. Bei der Schilderung des „Aussatzbefalles an Kleidungsstücken" innerhalb der Reinheitsgesetze in Lev wird 13, 47–49 Befall an Leinen- oder Wollgewebe oder an Leder als wirklicher Aussatzbefall charakterisiert, wenn es sich um goldgelb-grünliche (*jeraqraq*) oder rötliche (*ʾaḏamdām*) Stockflecken handelt, die durch Schimmel entstanden sind. In ähnlicher Systematisierung wird „Aussatzbefall an Häusern" beschrieben Lev 14, 37, wenn der Pilzbelag an der Hauswand „in grünlichen oder rötlichen Nestern" (*šeqaʿarûroṯ jeraqraqqoṯ ʾô ʾaḏamdammoṯ*) besteht, die tiefer liegend erscheinen als die Wand. Der weißlich-graue Schimmel gilt also als ungefährlich, während „die absonderliche, noch dazu in verschiedenen Zwischentönen changierende Färbung" Kennzeichen der Gefährlichkeit war und Sicherheitsmaßnahmen auslöste (vgl. K. Elliger, HAT I/4, 1966, 185). Die Sing.-Form der Reduplikationsbildung *jeraqraq* findet sich daneben nur noch in dem vielverhandelten Ps 68 (vgl. exemplarisch E. Reuss, Der achtundsechzigste Psalm. Ein Denkmal exegetischer Noth und Kunst zu Ehren unsrer ganzen Zunft, 1851, auch S. Mowinckel, Der achtundsechzigste Psalm, ANVAO. HF 1953, 1 und J. Vlaardingerbroek, Psalm 68, Diss. Amsterdam 1973). V. 14 gehört zu den cruces interpretum. Eine sprachliche und sachliche Parallele findet sich äth. *waraqrīq* (KBL³ fälschlicherweise *waraqrūq*) im Physiologus, 35. Rede, Über die Taube (ed. F. Hommel, 1877, 28. 80 und XXVIf.) bei der Schilderung des verschiedenartigen Aussehens der Tauben. Die für die Bedeutungsfindung von *jeraqraq* wichtigen Interpretationen der Taube in v. 14 lassen sich auf 2 Auffassungen verteilen: 1. Entweder man sieht hinter der Schilderung der Taube eine Anlehnung an die Wirklichkeit, oder 2. man hält die Zeichnung für das Abbild einer künstlichen Figur. Dabei darf im 1. Fall außer acht gelassen werden, ob der Dichter wirklich an Tauben denkt, sei es in der Funktion von Brieftauben (Eerdmans), sei es als zur Umgebung des königlichen Hofstaates gehörig (Isserlin), oder aber das der Natur nachgezeichnete Bild metaphorisch verwendet und mit der Taube Israel (so die jüd. Interpretation) versinnbildlicht. Angeregt zur Formulierung *kanepê jônāh næḥpāh ḇakkæsæp weʾæḇrôṯæhā bîraqraq ḥārûṣ* wurde der Vf. dann wohl durch das Farbenspiel einer im Sonnenlicht schillernden und glitzernden Taube. Im 2. Fall nimmt man an, daß der Dichter eine mit Metall, Silber oder Gold(-Bronze?), überzogene Taube vor Augen hatte, die aus einem nicht näher bezeichneten Material hergestellt ist (vgl. die aus Susa stammende, jetzt im Louvre aufbewahrte 8 cm lange Taube aus Lapislazuli mit Goldbeschlag – vermutlich Ende des 2. Jt. v. Chr. –, Schäfer-Andrae, KAO 1925, Abb. 482). Die Bedeutung von *jeraqraq* läßt sich in beiden Fällen auf 'grünlich-gelbschimmernd' (vgl. auch Kedar-Kopfstein, ThWAT II 537) festlegen, ohne daß bei der mit Metall überzogenen Taubenfigur an Grünspan oder Patina gedacht werden müßte.

6. Zwei Eigennamen gehören vermutlich ebenfalls zur Wurzel *jrq*.

a) Der personifizierte Ortsname *jŏrqoʿām*, der 1 Chr 2, 44 als Nachkomme Kalebs angeführt wird und mit dem auch gerne der Ortsname *jŏqdeʿām* Jos 15, 56 zusammengebracht wird (so z. B. Abel II, 365), enthält vielleicht auch die Wurzel *jrq*, wie die amoritische Parallele und die asarab. Namen (vgl. oben I. 2) vermuten lassen. Nun sind jedoch die nur von der Wurzel *wrq/jrq* gebildeten Namen durchaus verständlich. Schwieriger wird es jedoch, *jŏrqoʿām* als Satznamen mit Hilfe der Wurzel *jrq* und dem Bestandteil *ʿam* zu interpretieren. Man könnte versucht sein, eine andere Wurzel, etwa *rqʿ* mit Prae- und Suffix anzunehmen, obwohl auch hier die Bedeutung des Namens reichlich undurchsichtig bleibt (über einen in den Konsonantenbestand eingreifenden Vorschlag vgl. W. F. Albright, AASOR 6, 1926, 22 mit

Anm. 36). Bei der Unsicherheit der Überlieferung und Interpretation des Namens *jŏrq^{o}ʿām* ist man gut beraten, wenn man weder versucht, aus ihm weitere Auskünfte über die Wurzel *jrq* zu erhalten, noch vom erhobenen Bedeutungsfeld von *jrq* aus den Namen interpretieren will.

b) Jos 19, 46 findet sich bei der Beschreibung des Stammesgebietes von Dan die Bemerkung *ûmê hajjarqôn w^{e}hāraqqôn*. Der Text scheint nicht intakt zu sein, so daß meist mit LXX der 2. Name als Dittographie gestrichen wird. Aber auch das verbleibende *mê hajjarqôn*, welches heutzutage als Bezeichnung des *Nahr al-ʿAuǧā* dient, läßt insofern noch Fragen offen, als damit einmal tatsächlich ein Wādi oder Flußlauf mit dem sprechenden Namen ʽder Grünliche' gemeint sein kann, andererseits jedoch auch *hajjarqôn* Name eines Ortes sein könnte (vgl. den asarab. belegten Namen eines Palmengarten *wrq* CIH 375, 1 = Ja 550, 1) und dann nicht weniger sprechend Zeugnis für dessen fruchtbare Lage ablegte. Der vorbeilaufende Bach wäre dann nach diesem Ort bezeichnet. Für beide Fälle gibt es Parallelen, vgl. einerseits *mê hajjarden* Jos 3, 8. 13 u. ö., sowie andrerseits *mê merôm* Jos 11, 7. Wenn also *hajjarqôn* ursprünglicher Text ist, so handelt es sich dabei um ein Appellativum, das entweder zur Bezeichnung der grünlich-gelblichen Farbe eines Baches oder zur Kennzeichnung der fruchtbaren Lage eines Ortes im ʽGrünen' diente.

IV. Bildungen der Wurzel *jrq* spielen in den Qumrān-Texten keine Rolle.

a) *jāraq* wird von der LXX durch πτύειν und ἐμπτύειν, *jārāq* und *jæræq* durch λάχανον und χλωρός und *jerāqôn* durch ἴκτερος wiedergegeben.

b) Die verschiedenen behandelten Termini sind in erster Linie auf Erscheinungen in der Pflanzenwelt bezogen. Ursprünglich wird mit der Wurzel die Farbe des Blattes von Pflanzen benannt worden sein. Die Spezifizierungen lassen sich alle von hier aus am leichtesten erklären. An theologisch zentraler Stelle begegnet die Wurzel Gen 1, 30 bei der Zuweisung pflanzlicher Nahrung an Menschen und Tiere und Gen 9, 3, wo zu den pflanzlichen Nahrungsmöglichkeiten auch die Tiere als Fleischnahrung des Menschen zugestanden werden. Als Segensentzug erscheint das krankhafte Gelbwerden des Getreides Deut 28, 22; 1 Kön 8, 37 (par.) und Am 4, 9.

D. Kellermann

יָרַשׁ *jāraš*

יְרֵשָׁה *j^{e}rešāh*, יְרֻשָּׁה *j^{e}ruššāh*, מוֹרָשׁ *môrāš*, מוֹרָשָׁה *môrāšāh*

I. Das Wort – 1. Verteilung im AT – a) *jrš qal* – b) *jrš niph* – c) *jrš pi* – d) *jrš hiph* – e) Nomina – f) Namen, *ræšæṯ*, *tîrôš* – 2. Bedeutung von *jrš qal* – a) mit Objekt der Person – b) mit Objekt der Sache – 3. Bedeutung von *jrš niph* – 4. Bedeutung von *jrš pi* – 5. Bedeutung von *jrš hiph* – a) „arm machen" – b) „vernichten" – c) späte Bedeutungen – 6. Bedeutung der abgeleiteten Nomina – 7. Die Wurzel in den verwandten Sprachen – a) aram. und südsemit. Sprachen – b) Ugar. – c) Moab. – d) Phön.-pun. – 8. Das Problem der Etymologie – II. Theologischer Gebrauch – 1. Der profane Gebrauch als Hintergrund – 2. Die moralische Bewertung von durch *jrš* ausgesagten Handlungen – 3. *jrš* in theologischen Allwirksamkeitsaussagen und prophetischen Strafworten – 4. Das Fehlen von *jrš qal* in der vor-dtr Verheißungs- und Landtheologie des Pentateuchs – 5. Der theologische Gebrauch von *jrš hiph* in Vorstadien von Jos und Ri – 6. *jrš* in der dtr Theologie – a) *jrš qal* und *j^{e}ruššāh* im narrativen Gerüst von Deut 1 – Jos 22 – b) stereotyper Gebrauch von *jrš* – c) *jrš* in Aussagen über Geltungsbereich und -zeit des Gesetzes – d) *jrš* in Aussagen über die gegenseitige Zuordnung von Landnahme und Gesetzesgehorsam – 7. *jrš* in Jer 30f. – 8. *jrš* und *môrāšāh* bei Ez – 9. P^{g}, H und späte Pentateuchschichten – 10. Hoffnung auf Rückgewinnung des davidischen Reichsterritoriums in Prophetenbuchredaktionen – 11. Besitz des Landes als Hoffnung der „Armen" in nachexilischer Zeit – 12. *jrš* bei Deutero- und Tritojesaja.

Lit.: *F. I. Andersen*, The Socio-juridical Background of the Naboth Incident (JBL 85, 1966, 46–57). – *M. C. Astour*, Some New Divine Names from Ugarit (JAOS 86, 1966, 277–284, hier: 284). – *W. Bacher*, Zu Zephanja 2, 4 (ZAW 11, 1891, 185–187). – *O. Bächli*, Israel und die Völker. Eine Studie zum Deuteronomium (AThANT 41, Zürich 1962, 159–161). – *P. Bird*, *YRŠ* and the Deuteronomic Theology of the Conquest (Diss. Harvard 1971). – *R. Bohlen*, Der Fall Nabot (TrThSt 35, 1978). – *S. Böhmer*, Heimkehr und neuer Bund (GöttingerThArb 5, 1976). – *P.-E. Bonnard*, Le second Isaïe, son disciple et les éditeurs (ÉtBibl, 1972). – *G. Braulik*, Die Mittel deuteronomischer Rhetorik (AnBibl 68, 1978). – *Ders.*, Literarkritik und archäologische Stratigraphie (Bibl 59, 1978, 351–383). – *A. M. Brown*, The Concept of Inheritance in the Old Testament (Diss. Columbia University, 1965). – *A. Cholewiński*, Heiligkeitsgesetz und Deuteronomium (AnBibl 66, 1976). – *W. M. Clark*, The Origin and Development of the Land Promise Theme in the Old Testament (Diss. Yale University, 1964). – *E. Cortese*, La terra di Canaan nella Storia Sacerdotale del Pentateuco (SupplRivBibl 5, 1972). – *M. Dahood*, Ugaritic-Hebrew Philology (BietOr 17, 1965, 25). – *Ders.*, Hebrew-Ugaritic Lexicography IV (Bibl 47, 1966, 403–419, bes. 404f.). – *M. Delcor*, De l'origine de quelques termes relatifs au vin en hébreu biblique et dans les langues voisines (A. Caquot u. D. Cohen, Actes du premier congrès international de linguistique sémitique et chamito-sémitique, Paris 1969. The Hague usw. 1974, 228–230). – *P. Diepold*, Israels Land (BWANT 95, 1972). – *F. Dreyfus*, Le thème de l'héritage dans l'Ancien Testament (RSPhTh 42, 1958, 3–49, bes. 5–8). – *K. Elliger*, Sinn und Ursprung der priesterlichen Geschichtserzählung (ZThK 49, 1952, 121–143). – *W. Foerster* u. *J. Herrmann*, κλῆρος κτλ. (ThWNT III 757–786). – *V. Fritz*, Israel in der Wüste (MarburgerThSt 7, 1970). – *G. Gerleman*, Nutzrecht und Wohnrecht. Zur Bedeutung von אחזה und נחלה (ZAW 89, 1977, 313–325). – *J. Halbe*, Das Privilegrecht Jahwes Ex 34, 10–26 (FRLANT 114, 1975). – *P. Haupt*, Critical Notes on Micah (AJSL 26, 1909/10, 201–252, bes. 215. 223). – *F. Horst*, Das Eigentum nach dem AT (ThB 12, München 1961, 203–

221). – *Ders.*, Zwei Begriffe für Eigentum (Besitz): נחלה und אחזה (Festschr. W. Rudolph, 1961, 135–156). – *E. Jenni*, Das hebräische Pi'el, Zürich 1968, 212f. – *R. Kilian*, Die vorpriesterlichen Abrahamsüberlieferungen (BBB 24, 1966). – *L. Koehler*, Eine archaistische Wortgruppe (ZAW 46, 1928, 218f.). – *F. Langlamet*, Gilgal et les récits de la traversée du Jourdain (Jos., III–IV) (CRB 11, Paris 1969). – *N. Lohfink*, Darstellungskunst und Theologie in Dtn 1, 6 – 3, 29 (Bibl 41, 1960, 105–134). – *Ders.*, Die deuteronomistische Darstellung des Übergangs der Führung Israels von Moses auf Josue (Scholastik 37, 1962, 32–44). – *Ders.*, Das Hauptgebot (AnBibl 20, Rom 1963). – *Ders.*, Die Sicherung der Wirksamkeit des Gotteswortes durch das Prinzip der Schriftlichkeit der Tora und durch das Prinzip der Gewaltenteilung nach den Ämtergesetzen des Buches Deuteronomium (Dt 16, 18 – 18, 22) (H. Wolter, Testimonium Veritati, Festschr. W. Kempf, 1971). – *Ders.*, Die Priesterschrift und die Geschichte (VTS 29, 1978, 189–225). – *Ders.*, Der Schöpfergott und der Bestand von Himmel und Erde (G. Altner u.a., Sind wir noch zu retten?, 1978, 15–39). – *Ders.*, Textkritisches zu ירש im Alten Testament (Festschr. J. D. Barthélemy, OBO 38, 1981, 273–288). – *Ders.*, Kerygmata des Deuteronomistischen Geschichtswerks (Die Botschaft und die Boten, Festschr. H. W. Wolff, 1982, 87–100). – *Ders.*, Die Bedeutungen von hebr. *jrš qal* und *hif* (BZ NF 26, 1982). – *O. Loretz*, Hebräisch *tjrwš* und *jrš* in Mi 6, 15 und Hi 20, 15 (UF 9, 1977, 353f.). – *G. Ch. Macholz*, Israel und das Land (Habil. Heidelberg 1969). – *T. Mettinger*, The Nominal Pattern *q^etulla* in Biblical Hebrew (JSS 16, 1971, 2–14). – *S. Mittmann*, Deuteronomium 1, 1 – 6, 3 literarkritisch und traditionsgeschichtlich untersucht (BZAW 139, 1975). – *P. A. Munch*, Das Problem des Reichtums in den Psalmen 37. 49. 73 (ZAW 55, 1937, 36–46, bes. 38–40). – *R. D. Nelson*, The Redactional Duality of the Deuteronomistic History (Diss. Union Theological Seminary in Virginia 1973). – *J. G. Plöger*, Literarkritische, formgeschichtliche und stilkritische Untersuchungen zum Deuteronomium (BBB 26, 1967, 61–87). – *G. von Rad*, Verheißenes Land und Jahwes Land im Hexateuch (ZDPV 66, 1943, 191–204). – *W. Richter*, Die Überlieferungen um Jephtah Ri 10, 17 – 12, 6 (Bibl 47, 1966, 485–556, bes. 543–546). – *H. H. Schmid*, ירש *jrš* beerben (THAT I 778–781). – *G. Schmitt*, Du sollst keinen Frieden schließen mit den Bewohnern des Landes (BWANT 91, 1970). – *M. Schwantes*, Das Recht der Armen (BET 4, 1977, 16–20). – *S. M. Schwertner*, Das verheißene Land (Diss. Heidelberg 1966, 169–177). – *G. Seitz*, Redaktionsgeschichtliche Studien zum Deuteronomium (BWANT 93, 1971). – *R. Smend*, Das Gesetz und die Völker (Festschr. G. von Rad, 1971, 494–509). – *L. A. Snijders*, Genesis XV. The Covenant with Abraham (OTS 12, 1958, 261–279, bes. 267–271). – *W. von Soden*, Aramäische Wörter in nA, nB und spB Texten (OrNS 35, 1966, 1–20, hier: 12). – *J. J. Stamm*, Hebräische Frauennamen (Festschr. W. Baumgartner, VTS 16, Leiden 1967, 301–339, hier: 327). – *N.-H. Tur-Sinai*, The Book of Job (Jerusalem 1957, 314). – *P. Weimar*, Untersuchungen zur priesterschriftlichen Exodusgeschichte (FzB 9, 1973, 150–153). – *M. Weinfeld*, The Period of the Conquest and of the Judges as Seen by the Earlier and the Later Sources (VT 17, 1967, 93–113). – *Ders.*, Deuteronomy and the Deuteronomic School (Oxford 1972, 313–315). – *J. N. M. Wijngaards*, The Dramatization of Salvific History in the Deuteronomic Schools (OTS 16, Leiden 1969, 84–90). – *H. W. Wolff*, Das Kerygma des Deuteronomistischen Geschichtswerkes (ZAW 73, 1961, 171–186 = ThB 22, ²1973, 308–324). – *H. Zimmern*, Akkadische Fremdwörter als Beweis für babylonischen Kultureinfluß (Leipzig ²1917, 17).

I. Die Wortfamilie um *jrš* wurde in den alten Versionen, soweit irgend möglich, mit Wörtern übersetzt, die die erbliche Weitergabe von Privatbesitz bezeichneten (zB LXX: Wortfamilie um κληρονομέω, die aber ebenfalls → נחל [*nḥl*] und dessen Wortfamilie wiedergibt). Es ist seit langem deutlich, daß dieses Verständnis kritisch hinterfragt werden muß. Doch ist keine Einheit der Auffassungen erkennbar.

Die neuere exegetische Literatur äußert sich oft nur in anderen Zusammenhängen zu *jrš*, und dann oft sehr einseitig. Die einzige gründliche Untersuchung (Bird, leider ungedruckt) ist in ihrem komparativen Teil brauchbarer als im at.lichen, der unvollständig ist, weil die Autorin nur auf den deut Gebrauch hinauswollte. Neuere Wörterbücher fallen oft an Differenziertheit hinter ältere zurück, etwa KBL[2.3] und THAT. Der folgende Artikel ist ein neu aus den Quellen erarbeiteter Versuch. – Für textkritische Einzelheiten sei ein für allemal auf Lohfink, Festschr. Barthélemy, hingewiesen.

1. a) *jrš qal* ist im hebr. AT 161mal belegt. Dabei sind von umstrittenen Stellen Lev 25, 46; Num 14, 24; Jos 1, 11 לרשתה; 1, 15 וירשתם; Ri 14, 15; Am 9, 12; Ob 20a cj. (Heilung eines Homoioteleuton); Spr 30, 23 mitgezählt, Num 21, 32 Ketib; Deut 2, 31 רש; Mi 6, 15 cj; Zeph 2, 4 יגרשוה nicht mitgezählt. 62 Belege entfallen auf Deut, 28 auf Jos bis 2 Kön, also 90 auf das DtrGW. 32 weitere Belege aus den restlichen Büchern sind früh-deut, dtr oder dtr Sprachgebrauch weiterführend. Die verbleibenden 39 Belege sind ungleichmäßig verteilt. Sie häufen sich in Gen 15; Jer 49; Ob; vgl. auch Ez 33; Ps 37; Neh 9. Spr haben nur 1 Beleg, Hi und die Megillot keinen. Gattungsmäßig herrscht Prosa vor, vor allem Rechtstext, juristisch argumentierende Rede, Erzählung, Paränese. Der Gebrauch in Segenssprüchen (Gen 24, 60; Deut 33, 23) und prophetischen Orakeln scheint alt zu sein. Der in Weisheitspsalmen, heilsgeschichtlich orientierten Psalmen, Prosagebeten und Spätschichten von Prophetenbüchern setzt den dtr voraus. Diachronisch gesehen gibt es datierbare Belege aus allen Epochen zwischen Thronfolgegeschichte (2 Sam 14, 7) und ChrGW. Späte Bedeutungswandlungen zeigen, daß das *qal* durchgehend zur lebendigen Sprache gehörte.

b) *jrš niph* findet sich nur 3mal in Spr und 1mal in der Josephsgeschichte der Gen, wo weisheitliche Sprache naheliegt. Es ist also nur im weisheitlichen Sprachbereich greifbar. – Es wäre falsch, alle oder einzelne Belege zu Formen eines *hoph* von *rwš* zu emendieren: vgl. Lohfink, Festschr. Barthélemy.

c) Für *jrš pi* gibt es nur 1 Beleg, Deut 28, 42 – es sei denn, Ri 14, 15 ist doch als *pi* zu lesen.

d) *jrš hiph* hat 64 Belege. Dabei sind Num 21, 32 Qere; 33, 53a; Jos 8, 7; 1 Sam 2, 7 mitgezählt, Num 14, 24; Ri 1, 18; Ob 17 *môrîšêhæm* nicht mitgezählt.

7 Belege entfallen auf Deut, 39 auf Jos bis 2 Kön, also 46 auf das DtrGW. 11 weitere führen den dtr Sprachgebrauch fort. Die verbleibenden 7 sind eher zufällig gestreut. Innerhalb des DtrGW sind in Jos 13–17 11, in Ri 1 12 Belege konzentriert. Weitere Häufungen finden sich in Num 33; Deut 9; Jos 23; Ri 11. An diesen Stellen finden sich zugleich Belege für *jrš qal*. *jrš hiph* steht gewöhnlich in Prosa, und zwar meist in narrativen oder listenhaften Zusammenfassungen. Poetische Belege: Ex 15, 9; 2 Sam 2, 9; Sach 9, 4; Ps 44, 3; Hi 13, 26; 20, 15. Diachronisch gesehen kommt man vor die dt/dtr Literatur zurück, doch ohne genaue Datierungsmöglichkeit: Zwei poetische Belege (Ex 15, 9; 1 Sam 2, 7), einige narrative Belege (Num 14, 12; 21, 32; 32, 39; Jos 14, 12) und einiges Listenmaterial in Ri 1 und Jos 13–17 können mit mehr oder minder hoher Wahrscheinlichkeit vor-deut eingeordnet werden. In den spätesten Belegen zeigen sich noch neue Bedeutungen (Hi 13,26; Esr 9, 12; 2 Chr 20, 11): Also gehörte auch das *hiph* bis zum Schluß zur lebendigen Sprache.

e) *j^e rešāh* (2mal) und *môrāš* (2mal, bei Nichtzählung von Hi 17, 11) scheinen seltene, entweder archaisierende oder preziöse poetische Wörter zu sein. *j^e ruššāh* (14mal) und *môrāšāh* (9mal) sind dagegen um die Exilszeit als Elemente volkstümlichen Sprechens über Eigentumsfragen belegt (Jer 32, 8; Ez 11, 15; 33, 24). Ihre relative Häufigkeit verdanken sie aber nur der Tatsache, daß jeweils eine bestimmte Schriftstellergruppe sie als Fachausdruck in ihre Sondersprache eingeführt hat: die dtr Verfasser *j^e ruššāh*, Ez und P^g *môrāšāh*.

môrāšāh steht auch im Rahmenpsalm des im Grundbestand alten Mosesegens, doch in einer wohl jüngeren und diachronisch schwer einzuordnenden Schicht (Deut 33, 4).

f) Die Wurzel *jrš* ist auch in dem Frauennamen *j^e ruššāh* (*j^e ruššā'*) und in dem Ortsnamen *môræšæṯ gaṯ* (Gentilicium *hammôraštî*) enthalten. Ob auch die Wörter *ræšæṯ* 'Netz' und *tîrôš* 'Wein' und/oder 'Most' zur Wurzel gehören, ist umstritten und eher fraglich.

2. *jrš qal* steht nur 8mal ohne eine grammatische Ergänzung. 25mal steht ein personales Objekt (Personen oder Völker), 128mal ein Sachobjekt (meist Landbesitz oder nationales Territorium). Nur in Hos 9, 6 stehen personales und Sachobjekt zugleich. Es gibt eine semantische Differenz zwischen *jrš qal* mit Objekt der Person und *jrš qal* mit Objekt der Sache.

Aus Raumgründen können nur die Endergebnisse der Bedeutungsanalyse von *jrš qal* vorgelegt werden. Für eine die relevanten Belege besprechende Untersuchung vgl. Lohfink, BZ NF 25.

a) Zu den Belegen für *jrš qal* mit Objekt der Person gehören auch die objektlosen Belege Gen 21, 10; 2 Sam 14, 7; Jer 49, 1a. Zeitlich reichen die Belege von der Thronfolgegeschichte (2 Sam 14, 7) bis in die spätpentateuchische Gesetzgebung (Num 27, 11). Das zentrale Bedeutungselement ist die „Rechtsnachfolge". Der betroffene Rechtsraum ist die Familie, weitergegeben wird die Familienleitung, selbst da, wo ein konkretes Sachgut im Vordergrund zu stehen scheint. Belege: 2 Sam 14, 7; Gen 15, 3f.; 21, 10; Spr 30, 23; Num 27, 11. Eine Quasidefinition enthält Gen 21, 12: „durch Isaak soll es kommen, daß von einer Fortdauer Abrahams durch kommende Generationen gesprochen werden kann." Normalerweise tritt der erste Sohn die Rechtsnachfolge des Vaters an, doch gibt es in seiner Ermangelung Alternativen (Gen 15, 3; Num 27, 8–11).

In prophetischen Orakeln wird diese Bedeutung dann metaphorisch auf das Volk übertragen: vgl. Hos 9, 6; Jes 54, 3; Jer 49, 1f.

Hieraus dürfte sich eine dtr Sonderterminologie entwickelt haben (Deut 2, 12. 21. 22; 9, 1; 11, 23; 12, 2. 29; 18, 14; 19, 1; 31, 3; Ri 11, 23. 24). Hier löst ein Volk ein anderes aufgrund von Siegerrecht in der Herrschaft über ein Territorium ab. Das Siegerrecht ist durch göttliche Verfügung und Aktion unterbaut. Diese kann im Wortspiel durch *jrš hiph* ausgedrückt werden (Deut 9, 1; 11, 23; 18, 14; Ri 11, 23f.). Das Territorium steht stärker im Zentrum als das jeweilige Sachgut bei den vorangehenden Beleggruppen. Eine Quasidefinition enthält Deut 11, 23f.: „Jede Stelle, die euer Fuß betritt, soll euch gehören." Nach-dtr vgl. Am 9, 12.

b) Zu den Belegen für *jrš qal* mit Objekt der Sache gehören auch die objektlosen Belege Deut 1, 21; 2, 24; Ri 14, 15; Jer 8, 10; Mi 1, 15. Das ergibt insgesamt 133 Belege (dt/dtr: etwa 100).

Als Übersetzung paßt fast überall: „die im Objekt bezeichnete Sache in Besitz nehmen". Erst in ganz späten Belegen wird auch der Antritt der Familienerbschaft durch den, der nach dem Tod des Vaters die Familienleitung übernimmt, ausgesagt. Vorher geht es stets um „Zuerwerb", wobei bestimmte Weisen des Zuerwerbs, vor allem Kauf, ausfallen.

In Ri 14, 15 meint *jrš* den Empfang der Geschenke des Bräutigams durch die Brautgesellen oder auch den Empfang dessen, worum eine Wette ging (Unterkleider und Festgewänder), in 1 Kön 21, 15. 16. 18. 19 die Inbesitznahme von Nabots Weinberg, wobei der Rechtstitel umstritten ist. Vermutlich geschah sie durch Umschreiten oder Betreten (vgl. das verbundene *jrd*). Am breitesten ist vor-deut und unabhängig von dtr Gebrauch Zuerwerb aufgrund von Siegerrecht nach vorangegangenem Kampf oder Krieg belegt. Deut 33, 23; Gen 24, 60 (davon abhängig Gen 22, 17) haben als Objekt das „Stadttor", wohl die Herrschaft über die Stadt, Ps 83, 16 die „Weidegründe Gottes", Mi 1, 15 eine Stadt, Jer 8, 10 Felder, Hab 1, 6 „Wohnsitze", Jes 14, 21; Ob 19f. Territorien. Die Objekte variieren hier also noch, *jrš* steht wohl oft als *pars pro toto*, fast überall kann man „erobern" übersetzen.

Anders in den Belegen aus alten Kriegsberichten (Num 13, 30; 14, 24; 21, 24; Jos 19, 47; Ri 3, 13; typologisch ist Meša' KAI 181, 7 zuzuordnen). Hier gehen in narrativer Kette andere Verben voran und

folgen, so daß *jrš* nicht umfassend „erobern" meint. Ob ein juristisch relevanter Akt (vgl. Nabotserzählung) gemeint ist oder nur das Resultat der vorangehenden kriegerischen Ereignisse festgestellt wird, bleibt offen. Die Besiedelung ist nicht gemeint.
An diese Texte schließt sich unmittelbar der dtr Gebrauch an. Hier ist Subjekt von *jrš* dann stets ganz Israel, allerhöchstens eine Teilgruppe von Stämmen. Objekt ist das von JHWH verheißene Territorium. Neu ist das „Geben" des Lands durch JHWH (vgl. II. 6. a). Die Verteilung des Lands an die Stämme und Sippen erfolgt nachher.
Auf diese dtr Eroberungserzählungen beziehen sich dann häufig Klischeeformulierungen mit *jrš* in der dtr und der von ihr abhängigen Literatur. Semantisch ändert sich nichts. Wenn im Zusammenhang an JHWHs Schwur an die Erzväter, das Land zu „geben", erinnert wird, kommt als Referenztext Gen 15, 7–21 in Frage. Die häufige Verbindung mit vorangehender Ortsveränderung (*ʿālāh*, *ʿāḇar*, *bôʾ*) erinnert an das in der Naboterzählung verbundene *jrd*. Schwingt ein Bewußtsein mit, daß *jrš* zumindest ursprünglich einen konkreten symbolischen Akt der Inbesitznahme vor Ort meinte (vgl. auch Deut 11, 24; Jos 1, 3)? Doch läßt sich nichts Sicheres ausmachen.
In Deut 30, 5; Jer 30, 3; Esr 9, 10 wird die dtr Formulierung für die nachexilische friedliche Neubesiedlung der alten Heimat gebraucht. Doch schwingt hier wohl ein anderer Gebrauch von *jrš* mit ein. Aus Ez 36, 12; Ob 17; Lev 20, 24; 2 Kön 17, 24; Jes 61, 7 scheint hervorzugehen, daß *jrš* auch unabhängig von der inner-dtr Anwendung auf die nicht-kriegerische Heimkehr aus dem Exil und schon vorgängig dazu den Besitzantritt aufgrund königlicher Landzuweisung oder damit vergleichbarer Landneuverteilung in einem Erlaßjahr (vgl. auch Jes 34, 17) bezeichnen konnte. In diesem Fall ist die dtr Klischeeverbindung von menschlichem *jrš* und göttlichem *ntn* nicht nur von alten Kriegserzählungen, sondern auch von der Sprachwelt für königliche oder gemeindliche Besitzneuordnungen her entwickelt worden (vgl. II. 6. a).
Eine erst vom Exil ab nachweisbare Bedeutung von *jrš qal* mit Objekt des Landes ist: „besitzen, sich des Besitzes erfreuen", die mit mehr oder minder großer Wahrscheinlichkeit vorliegt in Jos 1, 15b; Jes 34, 11. 17; 57, 13; 60, 21; 63, 18; 65, 9b; Ez 33, 25. 26; 35, 10; Ps 25, 13; 37, 9. 11. 22. 29. 34; 69, 36; 1 Chr 28, 8. Sie ist aber nicht in jenen dtr Passagen anzunehmen, wo der Besitzantritt des Lands unter Josua und in der Richterzeit von vorangehender Gesetzesbeobachtung abhängig gemacht wird (Ausnahme vielleicht: Deut 16, 20). Statt *ʾæræṣ* als Objekt kann auch ein mehr oder weniger referenzloses Femininsuffix stehen (vgl. Jes 34, 17; 65, 9b; Ez 35, 10; Ps 69, 36). Vielleicht ist diese Bedeutung von *jrš* + *ʾæræṣ* aus einer Kontamination des dtr Ausdrucks mit dem weisheitlichen *škn* + *ʾæræṣ* entstanden (vgl. die Belege in Ps 37).
In nachexilischen Texten zeigen sich Spuren aramäischen Einflusses auf die Bedeutungsentwicklung. *jrš qal* mit Objekt der Sache erhält die Bedeutung „etwas erben", tritt damit in den Bereich der Familie ein und wird ein Parallelwort zu *nḥl*. Es kann sich auch auf Einzelgegenstände, ja auf Sklaven beziehen. Belege: Lev 25, 46; Num 36, 8; Jes 57, 13(?); 65, 9a; Ps 25, 13 (?); Neh 9, 25.
3. *jrš niph* scheint, wie vor allem Spr 30, 7–9 nahelegt, semantisch eher der Wortfamilie um → רושׁ (*rwš*) ʿarm seinʾ als *jrš qal* zugehört zu haben. Das stellte zu einer Zeit, wo es noch keine triliteristischen Theoretisierungen samt Rückwirkungen aufs Sprachempfinden gab, kein Problem dar. Die Wortfamilie um *rwš* war zur Zeit Davids noch allgemeinsprachlich. Dann zog sie sich offenbar in die weisheitliche Sondersprache zurück – anders als jene Wörter für ʿarmʾ, die später auch theologisch produktiv wurden. Der Verteilung von *rwš* entspricht die Verteilung von *jrš niph*. In Gen 45, 11 ist neben Jakob und seiner Familie auch *kŏl-ʾᵃšær-lāḵ* Subjekt des Verbs. Hierbei ist zweifellos aus der parallelen und längeren Reihe in v. 10 noch Klein- und Großvieh verdeutlichend zu ergänzen. Es herrscht also nicht die Vorstellung, Menschen würden ʿarmʾ durch den Verlust von tierischem und leblosem Besitz. Vielmehr drückt *jrš niph* einen Verlusteffekt, eine Seinsminderung aus, welche die aus Menschen, Vieh und anderer Habe zusammen bestehende Einheit als ganze erfährt. Dem entspricht in Spr 20, 13; 30, 9 der Gegensatz „satt zu essen haben". Wenn in Spr 23, 21 im Parallelismus zerlumpte Kleidung steht, ist dies keine Gegeninstanz – dieser Effekt kann eben nur beim Menschen auftreten. In allen Belegen besteht ein Zusammenhang mit Essen, Trinken und Schlafen, also den grundlegendsten menschlichen Regenerationsvorgängen und ihren Entartungsgestalten.
4. Deut 28, 42, der einzige Beleg von *jrš pi*, fügt nach der einleuchtenden Erklärung von Jenni (212f.) dem, was das *qal* als einmaligen Akt aussagt, das Element der regelmäßigen Wiederkehr hinzu: Alle deine Bäume und die Früchte des Landes wird das Ungeziefer Jahr für Jahr wieder in Besitz nehmen. Die metaphorische Benutzung des Worts für Tiere hat beim *qal* ihre Entsprechung in Jes 34, 11. Vgl. auch Jes 14, 23; Hos 9, 6.
5. a) Für *jrš hiph* läßt sich in nicht dtr beeinflußten Texten von früher Zeit an vor allem die Bedeutung ʿarm machenʾ erkennen (sicher: 1 Sam 2, 7; wahrscheinlich: Ex 15, 9; Sach 9, 4; Hi 20, 15). Semantisch ist das *hiph* hier eher *rwš* als *jrš* zuzuordnen. Außer in Ex 15, 19 ist stets Gott das Subjekt.

Breitere Diskussion dieser Stellen bei Lohfink, BZ NF 25. So für die ganze Bedeutungsanalyse von *jrš hiph*. Im folgenden können aus Raumgründen nur Endergebnisse und die wichtigsten Hinweise vorgelegt werden.

b) Num 14, 12 hat reale Chancen, vor-dtr zu sein. Die plausibelste Übersetzung ist: „Ich will sie mit der Pest schlagen und sie vernichten." Daher muß man schon vor-dtr neben der Bedeutung 'arm machen' mit der Bedeutung 'vernichten' rechnen. Es ist möglich, daß diese sich aus der ersten entwickelt hat, daß wir also immer noch im semantischen Umkreis von *rwš* sind.

Jos 13, 12. 13; 14, 12; 15, 14. 63; 16, 10; 17, 12. 13 (2mal). 18; Ri 1, 19a. b. 20. 21. 27. 28. 29. 30. 31. 32. 33, vielleicht auch Num 21, 32; 32, 39, bilden ein relativ geschlossenes Textkorpus, bei dessen Belegen es im Einzelfall oft schwer zu entscheiden ist, ob es sich um einen alten Text oder eine einfühlende Formulierung eines dtr Autors, Redaktors oder Glossators handelt. *jrš hiph* bedeutet hier: 'jemanden vernichten, so daß sein Besitz übernommen werden kann', 'jemanden (als Besitzer) beseitigen'. Diese Bedeutung ist semantisch mit *jrš qal* verbunden. In Jos 14, 12 (allerdings einem relativ späten Beleg) findet sich ein formeller Rückverweis auf ein früheres JHWH-Wort. Das muß Num 14, 24 sein, wo im textkritisch vorzuziehenden Text des Samarit. *jrš qal* mit Objekt der Sache steht. *jrš hiph* wurde also offenbar als personenorientierte Variante zu dem sachorientierten *qal* der vor-dtr Eroberungsberichte empfunden. Das personal orientierte *qal* gehörte semantisch ja in den Bereich der normalen Sukzession in der Familie und war von daher schon besetzt. Im einzelnen handelt es sich in diesem Korpus um Nachrichten oder Listen, die gelungene und nicht gelungene Eroberungen registrieren. Nie ist JHWH Subjekt. Nur in zwei Fällen handelt ganz Israel. Sonst handeln Mose, Kaleb, eine Sippe, ein Stamm. Objekt sind nie die Völker Kanaans insgesamt. Es sind bestimmte Völker, Bevölkerungsgruppen, Könige, Gebiete oder Städte. Wenn Gebiete oder Städte genannt werden, dürfte deren Bevölkerung gemeint sein (vgl. Ri 1, 27f. mit Jos 17, 12).

An diesen Stellen wird gewöhnlich (mit der Targumtradition) 'vertreiben' übersetzt, während die von LXX und V herkommende Tradition 'vernichten' o.ä. hat. Nun besagt 'vertreiben' nicht einfach gewaltsame Entfernung anderer Menschen von einem Ort. Es schließt auch die Vernichtung positiv aus und deutet an, daß die vertriebenen Wesen an anderem Ort weiterleben können. Nirgends in diesen Texten lassen sich Andeutungen für das zweite Element finden. In der dtr Weiterverarbeitung dieser Beleggruppe ist auf jeden Fall mit der Bedeutung 'vernichten' zu rechnen. So liegt diese durch Num 14, 12 als vor-dtr wahrscheinliche Bedeutung auch hier viel näher. Weitere Diskussion von Gründen und Gegengründen bei Lohfink, BZ NF 25.

In den eigentlich dtr Belegen von *jrš hiph* ist es noch eindeutiger, daß die Bedeutung 'jemanden vernichten, so daß sein Besitz übernommen werden kann', vorliegt. Neben einem menschlichen Objekt (meist die Völker Kanaans) steht meist noch die Bestimmung *mippenê NN* (stets Israeliten): Ex 34, 24; Num 32, 21; 33, 52. (53). 55; Deut 4, 38; 9, 4. 5; 18, 12; Jos 3, 10; 13, 6; 23, 9; Ri 2, 21; 11, 23. 24b; 1 Kön 14, 24; 21, 26; 2 Kön 16, 3 = 2 Chr 28, 3; 2 Kön 17, 8; 21, 2 = 2 Chr 33, 2. Ohne Bedeutungsunterschied steht *millipnê* in Deut 11, 23; Jos 23, 5. 13; 2 Chr 20, 7, ein äquivalentes Suffix hat Ri 11, 24a. Der Gruppe sind ferner Deut 7, 17; 9, 3; Jos 8, 7; Ri 2, 23; Ps 44, 3 zuzuordnen. Es gibt keinen sicher dt Beleg. Mit wenigen Ausnahmen ist JHWH das Subjekt der Aussage. Im Gegensatz zur vorangehenden Beleggruppe gelingt die Aktion hier meistens. Es gibt 17 zukunftsgerichtete Aussagen, während die Vergleichsbelege bei nur 2 Ausnahmen vergangenheitsorientiert waren. Es handelt sich offenbar um eine wichtige Formulierung verschiedener dtr Schichten, nach der JHWH die Völker Kanaans (sie können aufgezählt, als groß und mächtig bezeichnet, durch ihre Gebräuche und „Greuel" charakterisiert werden) beim militärischen Eindringen Israels ins Land („vor Israels Antlitz" → *pānæh*) ihrer Besitzrechte auf das Land verlustig machte, und zwar, indem er sie vernichtete. Nach der Vernichtung der früheren Bevölkerung folgt die Inbesitznahme des Lands durch die Israeliten, dann die Verteilung als Erbbesitz. In diesem Zusammenhang ergibt sich in Num 33, 53; Deut 9, 3. 4. 5; 11, 23; 18, 12; Jos 23, 5; Ri 11, 23. 24; Ps 44, 3f. ein Wortspiel zwischen *jrš hiph* und *jrš qal*. Letzteres tritt im Eroberungskontext auch im *qal* mit Objekt der Person auf. JHWH 'vernichtet' die Völker bei Israels Angriff (*jrš hiph*), aber nicht JHWH, sondern Israel tritt dann die rechtliche Sukzession der Völker an (*jrš qal*), wobei vor allem die Verfügung über das Territorium im Zentrum der Aufmerksamkeit steht.

Daß hier konkret an Vernichtung, nicht an Vertreibung, gedacht ist, geht deutlich aus Deut 7, 17 (Rückgriff auf 7, 1f. *nšl, nkh, ḥrm* und Weiterführung durch 7, 20–24 *'bd, nšl, klh, šmd*), Deut 9, 3–5 (*šmd, kn', 'bd* im Parallelismus) und 2 Kön 21, 2. 9 (*jrš hiph* und *šmd* in gegenseitiger Entsprechung als Rahmung eines Texts) hervor. In Num 33, 55f. folgt die Idee des „Rests" (→ יתר [*jtr hiph*]), die ebenfalls in den Kontext kriegerischer Vernichtung gehört. Weitere Argumente bei Lohfink, BZ NF 25.

c) Erst in 3 späten Belegen tritt das *hiph* von *jrš* in der systemadäquaten Funktion eines Kausativs zur *qal*-Bedeutung auf. Dabei hat es dann auch den doppelten Akkusativ (oder Akkusativ der Sache + l^e + Person) als Ergänzung. In Hi 13, 26 liegt dabei die alte *qal*-Bedeutung 'etwas in Besitz nehmen' zugrunde, wenn auch metaphorisch gewendet. Im Zusammenhang der himmlischen Aufschreibung bewirkt Gott, daß Hiob die Sünden seiner Jugend in Besitz nimmt, d. h. sie werden ihm angerechnet. Esr 9, 12 arbeitet mit der späten *qal*-Bedeutung „etwas erben": Die Judäer sollen ihren Nachkommen die Güter des Landes „vererben" können. Mit der gleichen *qal*-Bedeutung, dabei aber zugleich die dtr Theologie neu formulierend, arbeitet 2 Chr 20, 11: JHWH hat Israel seine (= JHWHs) *jeruššāh* als Erbe vermacht. Kausative *hiph*-Funktion liegt auch in Sir 15, 6 vor: Die Weisheit, als Mutter gesehen, bewirkt, daß der Gottesfürchtige einen ewigen Namen in Besitz nimmt (Mutter als Familienhaupt, die das Familiengut und die Familienehre weitergibt?).

6. *j^erešāh*, nur im 4. Bileamorakel in Num 24, 18 belegt, bezeichnet nach dem Kontext ein Territorium, das aufgrund von Siegerrecht in den Besitz einer anderen Nation überging.

j^eruššāh kann nicht einfach als spätere Variante mit gleicher Bedeutung betrachtet werden. Nach Jer 32, 8 hat Jeremia bezüglich eines Feldes nicht nur die *g^e'ullāh* (→ גאל), sondern auch den *mišpaṭ haj^eruššāh*. Das ist so etwas wie ein „Recht auf familiäre Grundbesitzsukzession". Das ihm aufgrund dieses Rechts zustehende Feld muß er kaufen. Doch es muß ihm und darf offenbar keinem andern vor ihm zum Kauf angeboten werden. „Erben" im üblichen Sinn steht also nicht zur Debatte. Da *g^e'ullāh* und *j^eruššāh* nebeneinander genannt werden, sind sie nicht identisch. Jeremia ist im konkreten Fall aber Inhaber beider Titel bzw. Verpflichtungen. – In Deut 3, 20 und Ps 61, 6 ist *j^eruššāh* gleichbedeutend mit *naḥ^alāh* (→ נחל), vielleicht auch in Jos 1, 15. So auch, theologisch gewendet, in 2 Chr 20, 11. Auch in Deut 2, 5. 9 (2mal). 12. 19 (2mal); Jos 12, 6. 7 scheint die jeweilige *j^eruššāh* ähnlich wie eine Familien-*naḥ^alāh* als eine Teilgröße unter vielen gleichartigen gesehen zu werden. Nach Deut 2 hat jedes Volk von JHWH seine *j^eruššāh* erhalten. – *j^eruššaṯ p^eleṭāh* Ri 21, 17 könnte ein juristischer *terminus technicus* sein, dessen genauer Sinn uns nicht mehr faßbar ist. Hilft Ob 17 zu seinem Verständnis? – Mettinger macht darauf aufmerksam, daß *j^eruššāh* eine *q^eṭullāh*-Bildung ist, also einem Typ angehört, dessen Blütezeit um das Exil herum liegt und der speziell zur Bildung juristischer Abstrakta herangezogen wurde (11–14).

Das 9mal belegte *môrāšāh* steht 6mal in der Konstruktion *ntn* + *l^e* + *PN* + *môrāšāh*, 2mal in der entsprechenden, nur einen anderen Aspekt erfassenden Konstruktion *hjh* + *l^e* + *PN* + *môrāšāh*. Die Konstruktion mit *ṣwh* + *l^e* in Deut 33, 4 dürfte der mit *ntn* + *l^e* äquivalent sein. Das Wort bezeichnet ein Territorium, das ein einzelner, eine Gruppe oder ein Volk in Besitz nehmen will oder soll, schließt sich also an den dtr Gebrauch von *jrš qal* mit Objekt der Sache an. Auch Deut 33, 4 fügt sich hier ein. Man darf nur nicht, wie üblich, das Gesetz Moses bildhaft als „Besitztum" oder „Erbe" der Jakobsöhne verstehen. Vielmehr ist auf *Double-duty*-Funktionen im poetischen Parallelismus zu achten und zu übersetzen: „Ein Gesetz hat Mose uns gegeben, (dazu hat er) ein in Besitz zu nehmendes/genommenes Land (uns,) der Jakobsgemeinde (gegeben)."

In den beiden Belegen von *môrāš* ist die gleiche Bedeutung, aber auch die Bedeutung „Erbbesitz" möglich.

7. Außerhalb des Hebr. finden sich Belege der Wurzel **wrṯ* nur im nordwest- und südsemit. Bereich. Denn akk. *jāritu* 'der Erbe' und *jārittūtu* 'die Erbschaft' sind aram. Fremdwörter (L. Oppenheim, WZKM 44, 1937, 140), und ein Zusammenhang von **wrṯ* mit akk. *rašû* 'bekommen, (Besitz) erwerben' und *muršītu* '(mobiler) Besitz, Beute' (zuerst Zimmern 17) ist nur über eine zweiradikalige Urwurzel **rṯ* gegeben. – Gründliche sprachvergleichende Untersuchung bei Bird 32–202.

a) In den aram. und den südsemit. Sprachen ist die Bedeutung aller von **wrṯ* herzuleitenden Verbformen eingegrenzt auf die Eigentumsübertragung durch Erbgang in ihren verschiedenen Phasen und Aspekten. Innerhalb dieser Bedeutungssphäre gibt es in diesen Sprachen z. T. zahlreiche nominale Derivate, die verschiedene Subjekte, Objekte und Akte der Eigentumsübertragung durch Erbgang bezeichnen. Die klare Zuordnung der Wortfamilie zum Erbgang geht parallel mit einem anderen Befund: Die Wurzel *nḥl*, die (trotz Gerleman) im Hebr. vornehmlich die erbliche Weitergabe von Grundbesitz bezeichnet, fehlt teilweise ganz (z. B. im Aram.) oder gehört nicht ins Wortfeld der erblichen Weitergabe von Eigentum (z. B. im Arab.).

Möglicherweise bietet der älteste aram. Beleg für *jrt*, Sfire I C 24 (KAI 222 C 24), noch das Zeugnis eines älteren semantischen Zustands: *w'l jrt šr̊[š]h 'šm* „möge seine Wurzel (= Restbestand der vernichteten Familie?) nicht einen Namen erwerben/besitzen!" Lesung und Interpretation dieses Fluchsatzes sind aber mit zahlreichen Unsicherheiten behaftet. Ausführlichste Diskussion: Bird 72–77.

b) Im Ugar., wo wie im Hebr. neben **wrṯ* auch *nḥl* existiert, findet sich ein Verbalsubstantiv *jrṯ* 'Erbe, Nachfolger' (KTU 1.14, 25; möglicherweise als PN in KTU 4.154, 6; 4.188, 15 und im akk.-keilschriftlichen Text RŠ 8.213 in der Form *ia-ri-šu-nu*), das wahrscheinlich *jāriṯu* zu vokalisieren ist. Die beiden Belege finiter Verbformen, *'rṯm* (KTU 1.2, I, 19) G-Stamm und *ỉtrṯ* (KTU 1.3, III, 47) Gt-Stamm stehen in miteinander vergleichbaren Aussagezusammenhängen. Es handelt sich um mythische Götterkämpfe. Das Objekt des Verbs scheint beidemale Gold zu sein. Dieses „Gold" ist möglicherweise ein Herrschaftssymbol. Als Bedeutung nimmt man am besten an: „sich einer Sache bemächtigen, eine Sache in Besitz nehmen." Hinzu kommt ein PN *mrṯd*, der (neben anderen Möglichkeiten) im Sinne von „Erbteil Adads" gedeutet werden könnte (KTU 4.63, I, 13; vgl. PNU 160).

c) Der moab. Beleg des Verbs in der Mešaʿ-Inschrift (KAI 181, 7) ist außerordentlich nah am hebr. Gebrauch des *qal* in alten Eroberungsnachrichten: *wjrš ʿmrj 't k[l 'r]ṣ mhdb' wjšb bh jmh wḥṣj jmj bnh* „Und es hatte in Besitz genommen Omri das ganze Gebiet von Mahdeba, und er wohnte darin während seiner Tage und der Hälfte der Tage seiner Söhne." Ein Krieg geht voraus. Objekt des Verbs ist ein Territorium. Es folgt *jšb* 'wohnen'.

d) Im Gegensatz dazu scheint der einzige phön.-pun. Beleg der Wurzel **wrṯ*, nämlich *mqnj htršm bmjpʿl 'dn* (Février, Semitica 4, 1951/52, 15) bzw. *mqnj htrš mbmjpʿl 'dn* (DISO 335f.) ins Wortfeld des Vermachens und Erbens zu gehören. Umgekehrt fordert offensichtlich der einzige phön.-pun. Beleg von *nḥl* (Albright, JAOS 67, 1947, 158) die Deutung 'etwas in Besitz nehmen' (zur Problematik vgl. DISO

176). Wegen der Spärlichkeit und Schwierigkeit der Belege sollte man hier mit Folgerungen vorsichtig sein.

8. Die Frage nach einer ursprünglichen Wurzelbedeutung von **wrṯ* muß ohne Antwort bleiben. In den frühen Belegen, sowohl im Hebr. als auch in den anderen Sprachen, findet sich eine schwer reduzierbare Vielfalt von Bedeutungen und eine semantische Verschränkung mit anderen Wurzeln der zweiradikaligen Basis **rṯ*. Ein genetisches Schema der Bedeutungsentwicklungen ist nicht herstellbar. Dies vor allem auch, weil noch mit sekundärer gegenseitiger Beeinflussung der Sprachen gerechnet werden muß. Für die späten hebr. Belege von *jrš* liegt z. B. der Einfluß des Aram. auf der Hand. Der anscheinend so klare Befund in den erst später als die anderen belegten aram. und südsemit. Sprachen sieht eher nach einer sekundären Spezialisierung des Worts aus. Daß sie durch sprachgeschichtlichen Zufall wieder auf den Urzustand zurückführte, ist zwar nicht ausschließbar, aber auch nicht beweisbar.

Alt und neuerdings wieder im Vordringen ist die Annahme einer „ursprünglichen" Wurzelbedeutung '(be-)erben'. So zuletzt Schmid 780: „nicht nur, weil die zwar wenigen atl. Belege für diese Bedeutung zu den ältesten gehören, sondern weil sich von daher auch die übrige Verwendung und der Befund in den anderen sem. Sprachen am leichtesten erklärt." Beide Gründe dürften nicht zutreffen.

Falsch ist sicher auch die in den letzten Jahrzehnten beliebte Annahme, *jrš* sei ursprünglich ein Wort für die „Aneignung fremden Lands im Krieg" (Mettinger 8) gewesen, und zwar als „kriegstechnischer Terminus" (Plöger 83) oder als „Ausdruck der Kriegssprache", dem das „Moment der Gewaltanwendung" anhänge (Bächli 159). Die Verbindung der Wurzel mit Kampf und Krieg läßt sich zwar bis in ugaritische Mythen zurückverfolgen, doch ist dies auch in Ugarit schon nicht der einzige Topos, innerhalb dessen die Wurzel vorkommt. Es geht dort auch nicht um Land, sondern um Gold, und es ist jedenfalls nicht nachweisbar, daß Gewaltanwendung zur Bedeutung des Wortes selbst als Element dazugehört. Im Hebr. gehen da, wo über Eroberungskriege berichtet wird, die kriegstechnischen Termini voran, und *jrš qal* meint dann eher nur juristisch die Besitzergreifung des feindlichen Territoriums nach beendigtem Kampf. Es ist gleich willkürlich, „erobern" wie „erben" zur „ursprünglichen" Bedeutung zu erklären.

Andere Etymologien knüpfen an die als abgeleitete Nomina betrachteten Wörter *ræšæṯ* und *tîrôš* an. Gesenius rechnet mit einer ursprünglichen Bedeutung 'an sich reißen' (Thesaurus II 632). Das Wort *ræšæṯ* 'Netz' sei dann „a capiendo dictum" (II 633). Köhler (219f.), der sich an Haupt (215. 223) anschließt, nimmt im Hinblick auf *tîrôš* 'Keltertrank' für *jrš* die Grundbedeutung 'treten, keltern' an. Ein konjiziertes *w^{e}tîraš* in Mi 6, 15 belegt ihm diese Bedeutung. Nach Snijders (267) liegt die Bedeutung 'niedertreten, trampeln' sogar im MT vor, nämlich in Deut 28, 42; Jes 63, 18 (was wohl falsch ist). Zu den übrigen Bedeutungen von *jrš* käme man nach Haupt über die Zwischenbedeutungen 'bedrücken' und 'berauben', nach Snijders über 'betreten', was symbolisches Zeichen der Inbesitznahme eines Grundstücks gewesen sei. Aber es bleibt vor allen anderen Einwänden schon fraglich, ob *ræšæṯ* und *tîrôš* überhaupt von **wrṯ* herzuleiten sind. Für das schon ugar. als *rṯt* belegte *ræšæṯ* 'Netz' kommt als Basis auch die ugaritisch ebenfalls belegte und leichter verbindbare Wurzel *rtj* (vgl. akk. *rašû*) in Frage. Bei *tîrôš* gibt es Anhaltspunkte für eine nichtsemitische Herkunft und für den Zusammenhang mit einem Gottesnamen. Einzelnes zum Diskussionsstand bei Bird 33–39 (*tîrôš*) und 64–66 (*ræšæṯ*).

Eine ursprüngliche Grundbedeutung 'treten' kann auch unabhängig von einer Theorie über *tîrôš* vertreten werden. Da, wo hebr. *jrš qal* 'in Besitz nehmen' bedeutet, legen eine Reihe von Stellen nahe, daß es einen konkreten Akt der Inbesitznahme neuen Grunds gab, der im Betreten, Beschreiten oder Umschreiten dieses Grunds bestand (deriviert davon wäre vielleicht das Symbol der Übergabe der Sandale an den neuen Eigentümer). Überlegungen, daß ein solches rechtlich relevantes „Betreten" am Anfang der Bedeutungsentwicklung gestanden haben könnte, finden sich bei Horst, ThB 12, 210; Snijders 268; Schwertner 171–177. Bei dem mit *jrš* unter einigen Rücksichten vergleichbaren hebr. Wort → כבש (*kbš*) scheint in der Tat eine ähnliche Grundbedeutung vorzuliegen. Doch bei *jrš* ist einzuwenden, daß auch hier ein einziges, noch nicht einmal sicher greifbares und nur relativ spät (frühestens in der Naboterzählung) belegbares Phänomen eine schon viel früher erkennbare Vielfalt erklären soll. Wie erklärt man damit z. B., daß im Ugar. nicht ein Grundstück, sondern Gold das Objekt des Verbs zu sein scheint? Wie erklärt man die frühen hebr. Belege mit Objekt der Person? Es ist genauso gut möglich, daß sich erst eine irgendwann im Lauf der Sprachentwicklung erreichte Bedeutung „auf Grund bestimmter Titel erworbenen Grundbesitz formell antreten" sekundär mit dem dabei üblichen symbolischen Akt des Betretens oder Beschreitens verband. Dann konnten die dtr Autoren bei der Verwendung von *jrš* genauso gut auf diesen Brauch anspielen.

Tur-Sinai 314 möchte neben einem *jrš* I 'erben' mit Seitenblick auf *tîrôš* eine unabhängige Wurzel *jrš* II 'auspressen' ansetzen, der er dann die Verbalbelege mit der Bedeutung 'vertreiben' (die er annimmt) zuordnet. Es scheint sich um eine *ad-hoc*-Theorie zu Hi 20, 15 zu handeln.

II. 1. *jrš qal* hat stets menschliche Subjekte. Ausnahme ist Jer 49, 1, wo Milkom aber auch nicht eigentlich als Handelnder in den Vordergrund tritt. Als vornehmlich juristischer Terminus bezeichnet *jrš qal* profane Vorgänge. Israel wollte seinen Gott JHWH offenbar nie als direkten Träger in diese Vorgänge verwickeln. So blieb *jrš qal* in einem bestimmten Sinn ein un-theologisches Wort. Das gilt ebenfalls von den abgeleiteten Substantiven, obwohl vergleichbare Wörter wie *naḥ^{a}lāh* ohne weiteres die häufige Rede von einer „*naḥ^{a}lāh* JHWHs" zugelassen haben. Nur am äußersten Rand des AT, in 2 Chr 20, 11, kommt es zur Formulierung von einer *j^{e}ruššāh* JHWHs, die JHWH dann den Israeliten vererbt habe.

Bei *jrš hiph* ist die Lage anders. Da ist von den ältesten Belegen an JHWH häufig Subjekt der Aussage. Die kausative, ursprünglich anscheinend eher an *rwš* als an *jrš* orientierte Funktion des *hiph* bot sich offenbar viel unmittelbarer theologischem Reden dar.

Das heißt nun nicht, daß das *qal* nicht in theologische Aussagenzusammenhänge geraten sei. Es ist innerhalb solcher sogar zu einem Schlüsselwort geworden. Nur sind dann die semantischen Strukturen komplizierter, und Gott tritt nicht als grammatisches Subjekt der vom *qal* ausgedrückten Handlung auf.

Der profane Grundcharakter von *jrš qal* ist bei der Erörterung der theologischen Verwendung nie aus dem Auge zu verlieren. Es geht um Sukzession des Familienchefs (2 Sam 14, 7; Gen 15, 3f.; 21, 10; Spr 30, 23), Erhalt von Geschenken (Ri 14, 15), Besitzantritt eines Ackers aufgrund fragwürdigen Rechtstitels (1 Kön 21), Neubesiedelung eines Territoriums aufgrund königlichen Dekrets (2 Kön 17, 24), vor allem aber Herrschafts- und Landerwerb aufgrund von Siegerrecht (im ursprünglichen Kontext der Belege Num 13, 30; 21, 24; Jos 19, 47; Ri 3, 13). An allen genannten Stellen wird ohne jeden Seitenblick auf Gott ein menschliches Handeln benannt. Auch die Segensprüche, die Eroberung von Stadtherrschaft (Gen 24, 60) oder von Landstrichen (Deut 33, 23) wünschen, sind noch keine theologischen Aussagen. Die Hoffnung der dem Exil Entgangenen, sich nun im Land ausbreiten zu können, wie sie sich in Ez 33, 23ff. spiegelt, trotzt, auch wenn sie an den Stammvater Abraham anknüpft, dem Schicksal eher im Vertrauen auf die eigene Kraft.

Sogar das *hiph* kann in seinen Hauptbedeutungen 'arm machen' und 'vernichten' durchaus als Bezeichnung menschlichen Handelns dienen (Ex 15, 9; Num 21, 32; 32, 39; vor-dtr Belege für Nachrichten über gelungene oder nicht gelungene Vernichtung des Gegners in Jos und Ri 1).

In der Spätzeit, wo *qal* wie *hiph* sich auf das Wortfeld des Sprechens über den Erbvorgang in der Familie zu spezialisieren beginnen, weitet sich nach zwischendurch sichtbar gewordener Theologisierung der Wurzel die Möglichkeit profanen Gebrauchs sogar noch einmal aus. Vor allem dringt die Wurzel nun auch in die Sprache der Gesetzgebung ein (Lev 25, 46; Num 27, 11; 36, 8; Esr 9, 12).

jrš niph scheint nie theologisch produktiv geworden zu sein. Es lebte im Bereich weisheitlichen Sprechens.

2. Die Sukzession in der Familie, etwa wenn der Sohn an die Stelle des Vaters tritt, ist eine normale und gute Sache. Doch schon hier gibt es am Rande Möglichkeiten, bei denen die Erde zu zittern beginnt, weil sie sie nicht ertragen möchte: Wenn eine Sklavin in die Rechte ihrer Herrin tritt (Spr 30, 23). Noch eher kann die Inbesitznahme von Zuerwerb zu Unrecht geschehen. Dann fordert sie JHWHs Reaktion heraus: 1 Kön 21. Das Unrecht besteht hier einerseits in der Mißachtung des altisraelit. *naḥ*^{a}*lāh*-Systems (vgl. v. 3. 4), andererseits in dem verbrecherischen Weg, der eingeschlagen wurde (vgl. v. 19). Das erste ist kompositorisch, das zweite auch verbal herausgestellt. JHWH reagiert vor allem, wenn Gruppen oder Völker anderen zu Unrecht ihre Territorien rauben, speziell, wenn das Land Israel in falsche Hände gerät (vgl. Ri 3, 13; Ps 83, 13; Jes 14, 21; Ez 11, 15; 33, 24–26; 35, 10; 36, 1–15). Eine Argumentation über Recht und Unrecht einer Aneignung von Territorien enthält Ri 11, 15–17. JHWH kann auf rechtswidriges *jrš* im Sinne des Talions wieder durch ein *jrš* antworten: Jer 49, 1 (vgl. auch das etymologische Spiel in Mi 1, 15). Der Beter von Ps 83, 13 hofft auf JHWHs Hilfe, weil die Feinde, indem sie Israels Land begehren, ja die „Gefilde Gottes" in Besitz nehmen wollen – das kann doch nicht rechtens sein. Kriegerische Landeroberung als solche muß zwar nicht notwendig Unrecht sein, zumindest in der Frühzeit. Die dtr Theologie scheint sich dessen aber nicht mehr so ganz sicher zu sein. Denn sie sieht sich veranlaßt, die Rechtmäßigkeit der Inbesitznahme Kanaans durch Israel gründlich zu legitimieren (vgl. II. 6. a). Zusammen: *jrš* kann je nach Kontext moralisch einwandfreie und moralisch verwerfliche Handlungen bezeichnen. Je nachdem kann es auch in einen verschiedenen Zusammenhang mit göttlichem Geschichtshandeln treten.

3. JHWH ist nicht für bestimmte Wirklichkeitsbereiche zuständig, sondern für alles. Er schafft den Reichen wie den Armen (Spr 22, 9; vgl. 29, 13). Derartiges kann in antithetischen JHWH-Prädikationen ausgedrückt werden (vgl. Deut 32, 39; Jes 45, 7; Hos 6, 1; Hi 5, 9–18; Ps 75, 8; 147, 6). In deren ausführlichster, 1 Sam 2, 6–10, tritt auch *jrš hiph* auf: „JHWH macht arm und macht reich" (v. 7). Im vorangehenden Vers ist gesagt, er töte und mache lebendig – eine häufiger belegte JHWH-Antithese. Sie zeigt, in welche Grundsätzlichkeit sich die Aussage, JHWH mache arm und reich, ausziehen läßt. Im Zusammenhang wird JHWH als Richter bezeichnet (v. 10; vgl. Ps 75, 8). Dem entspricht genau die Verwendung von *jrš hiph* in Num 14, 12 (JHWH will dieses Volk „mit der Pest schlagen und vernichten" und dann Mose zu einem Volk machen); Sach 9, 4 (vgl. I. 5. a) und Hi 20, 15 (vgl. ebd.). Dieser originär theologische Aussagenzusammenhang steht wohl auch bei vielen Belegen von *jrš qal*, die sich in prophetischen Unheilsansagen finden, im Hintergrund: Jer 8, 10; 49, 1f.; Ez 7, 24; Am 9, 12; Mi 1, 15; Hab 1, 6; mit *môrāšāh*: Ez 25, 4. 10. Besonders deutlich ist dies da, wo nicht andere Menschen, sondern Unkraut oder Tiere als die bezeichnet werden, die den Besitz der von Gott zu Armen gemachten Besitzer übernehmen: Jes 34, 11. 17; Hos 9, 6; (mit *môrāš*) Jes 14, 23; (*pi*) Deut 28, 42. Er legitimiert auch die spezifisch dtr Verwendung von *jrš hiph*. Eine Verbindung mit dem Motiv der himmlischen Aufschreibung des Schicksals findet sich in Hi 13, 26.

4. In den alten Pentateuchquellen, ja sogar in deren früh-dt redigierter Ausgabe spielt *jrš* nur ganz am Rand eine theologische Rolle. In Gen 21 (und Gen 15) gerät *jrš qal* ins Erzählgut von der Nachkommenschaftsverheißung hinein. Es wird aber nicht deren entscheidendes Stichwort. Denn sie zielt auf das große Volk und nicht auf die Sukzession des führenden einzelnen (Gen 21, 10; 15, 3f.). Die Einbeziehung des Segens von Gen 24, 60 in die Landverheißung durch Gen 22, 17 ist wohl erst ein nach-dtr

Interpretament. Denn als erfüllte Voraussetzung wird in v. 16 Abrahams Gehorsam genannt. Daher hat auch die dtr Landverheißungstheologie den Ausdruck „das Tor der Feinde in Besitz nehmen" nicht verwertet. Falls Gen 15, 7–21 alt ist, liegt dort in v. 7 die Stelle vor, wo *jrš* erstmalig (und in alten Texten einmalig) die ältere Landverheißung (deren Formel in v. 18 noch treu gebraucht wird) ergänzt, und zwar schon in der später typischen Verbindung mit *ntn*. Doch ist das Alter des Textes umstritten. Ist er jung, dann fehlt *jrš* als Stichwort der Landverheißung bis in die früh-dtr Bearbeitung des JE-Komplexes vollständig. Höchstens daß es ganz am Rande in Num 14, 24 J in einer Landverheißung an Kaleb auftaucht. Die jahwistische Kundschaftererzählung in Num 13f. greift eine Tradition auf, die begründete, warum Kaleb Hebron eroberte. Wie profan sie erzählte, zeigt in Num 13, 30 das Argument Kalebs dafür, daß man doch das Land in Besitz nehmen könnte: *kî jāk̲ôl nûk̲al lāh* „wir sind doch stark genug, seiner Herr zu werden". Möglicherweise brach Kaleb dann ursprünglich sofort zur Eroberung auf. Das Interesse von J geht auf die Begründung der Tatsache, daß Israel noch in der Wüste bleiben und das Land dann von Osten aus erobern mußte. Auch Kaleb kann von diesem Weg nicht ausgenommen werden. Daher erhält er jetzt ein Orakel, das ihm den Eintritt in das Gebiet von Hebron und seinen Söhnen dessen Inbesitznahme zusagt (Num 14, 24). Nimmt man als nächste Stufe der Pentateuchtheologie hinter der früh-dt Ausgabe von JE die Arbeit am vor-dtr Gesetz des Deut, dann ist festzustellen, daß es nicht möglich zu sein scheint, aus den Belegen für *jrš qal* oder *hiph* im Buch Deut auch nur einen mit Sicherheit dieser Stufe zuzuweisen. Wie elegant man auch ohne *jrš* von der Landnahme sprechen konnte, zeigt Deut 26, 9 im „kleinen historischen Credo". Spätere Credoaufreihungen unter dtr Einfluß werden im Gegensatz dazu nicht mehr ohne *jrš* auskommen: vgl. Jer 32, 23; Am 2, 10; Ps 44, 3f.; 105, 44. *jrš* ist also offenbar erst auf dtr Stufe richtig in die Pentateuchtheologie eingetreten.

Weiteres zur Hand, die in Gen 22, 17 tätig ist, bei Kilian 318ff. – Dafür, daß der J-Text in Num 14 wahrscheinlich nicht ältere Vorlage, sondern Neuformulierung von J ist, vgl. Fritz 83f. – Nimmt man die Bileamsprüche als Orakel, dann wäre im Rahmen der Landverheißung der alten Quellen noch Num 24, 18 zu erwähnen: eine mit Hilfe von *j^e rešāh* formulierte Verheißung der Eroberung von Seïr, vermutlich auf David bezogen. Die dtr Theologie hat an sie nicht angeknüpft. – Für das Fehlen von *jrš* in vor-dtr Stadien des deut Gesetzbuchs vgl. Lohfink, Festschr. Wolff. In der älteren dt Sprache genügte für den Rückverweis auf die Landverheißung an die Väter offenbar das Wort *ntn*. Von den 21 auf den Schwur an die Väter, ihnen das Land zu geben, bezogenen Stellen des Deut enthalten nur 7 das Wort *jrš*.

5. Die in Jos 13–17 sporadisch aufgegriffene, in Ri 1 in einem einzigen Komplex erhaltene Tradition von den Völkern, welche die einzelnen Stämme bei der Landnahme nicht vernichten konnten (*jrš hiph*) und welche Israel später, als es mächtig war, auch nicht vernichtete, sondern nur fronpflichtig machte, enthält insofern mehr als nur profane Information, als sie als Hintergrund ein Bündnisverbot und eine Verheißung der Vertreibung der Bewohner des Landes vorauszusetzen scheint (Schmitt 46–80). Ist Halbe 385–389 mit der Annahme im Recht, daß Ri 1 schon lange vor seiner Einfügung in das DtrGW (die sehr spät liegt) mit Ri 2, 1–5 verbunden existierte, dann ist dort dieser theologische Zusammenhang auch ausdrücklich gemacht gewesen, und zwar durch das Verb *grš* und den vielfachen Bezug zu dem Ex 34, 10–26 zugrundeliegenden alten Privilegrecht. Ob Israel die alten Landesbewohner vernichtet hatte oder ob sie noch in seiner Mitte (innerhalb des territorial organisierten davidischen Staates und seiner Nachfolgeorganismen) lebten, war angesichts der alten Vertreibungsverheißung und des Bündnisverbots keine gleichgültige Sache für die Existenz Israels in dem ihm von seinem Gott gegebenen Land. Diese Existenz konnte dadurch vollständig korrumpiert werden: Ri 2, 3.

Möglicherweise schon in einem letzten vor-dtr, sonst in einem frühen dtr Stadium der Bearbeitung der Quellen von Jos und Ri trat *jrš hiph* + *mipp^e nê NN* mit göttlichem Subjekt an die Stelle des *grš* der Vertreibungsverheißung: Jos 3, 10; Ri 11, 21–24 (zur Schichtenzuteilung vgl. I.5.b). Das läuft im Sinn dtr Erzählungssystematisierung auf eine Anpassung der Idee der „Vertreibung" an die in anderen Traditionen berichtete „Vernichtung" hinaus (vgl. → חרם [*ḥrm*] III. 3). *jrš hiph* tritt neben die anderen dtr Wörter für 'vernichten' mit JHWH als Subjekt. In Ri 11, 21–24 werden *jrš qal* mit Objekt des eroberten Territoriums, *jrš hiph* mit Objekt der vernichteten Nation, *jrš qal* mit Objekt der „beerbten" Nation nebeneinander verwendet und bewußt miteinander verbunden. Das Faktum der Inbesitznahme des Territoriums von Volk A durch Volk B (*jrš qal*) ist dadurch legitimiert, daß der Gott des Volkes B das Volk A vernichtet hat (*jrš hiph*), so daß das Volk B der Rechtsnachfolger von Volk A werden kann (*jrš qal*). Man wird nicht sagen können, hier sei die Inbesitznahme von Territorien aufgrund von Siegerrecht als fragwürdig empfunden worden, so daß neue Legitimationsgründe herangetragen werden mußten. Eher ist hier nur theologisch expliziert worden, was bei *jrš qal* in alten Eroberungsberichten schon immer mitzudenken war. Ein anderer, von woanders herkommender Legitimationsversuch liegt dagegen in Deut 1 – Jos 22 vor.

6. a) *jrš qal* mit Objekt des eroberten Landes wurde zu einem theologischen Schlüsselbegriff in einem wohl aus der Zeit der josianischen Expansionspolitik stammenden dtr Darstellungsgefüge, das sich zwischen Deut 1 und Jos 22 beobachten läßt (Literarkritisches dazu bei Lohfink, Festschr. Wolff, zu anderen Strukturen dieser Texte vgl. auch Lohfink 1960 u. 1962). Das Thema der Texte ist die Landnahme

Israels. Sie wurden als narrativer Rahmen des dt Gesetzes entworfen oder sekundär dazu gemacht.
Im Eröffnungskapitel Deut 1 wird Num 13f. JE nacherzählt. Die *jrš*-Verheißung an die Nachkommen Kalebs von Num 14, 24 wird in Deut 1, 36 mit *ntn* formuliert. Dafür wird *jrš* in 1, 39 gebraucht, wo nicht von einer Teilgruppe, sondern von allen Israeliten der kommenden Generation die Rede ist. Hier wird offensichtlich aus der einzigen, sehr partikulären *jrš*-Verheißungstradition, die in den alten Quellen vorlag, ein gesamtisraelitischer Landnahmeterminus entwickelt. *jrš* ist dafür geeignet, weil in Deut 1 – Jos 22 die Landnahme als Abfolge kriegerischer Eroberungen geschildert werden soll und *jrš* zu den topischen Begriffen profaner Eroberungsberichte gehörte. Die Theologisierung des Begriffs geschieht nicht nur durch seine Verwendung in einem an JE angelehnten Orakel an Mose, sondern darüber hinaus durch seine Verbindung mit dem Landverheißungsschwur JHWHs an die Stammväter: beim göttlichen Aufbruchsbefehl am Horeb 1, 8 und andeutend („JHWH, der Gott deiner Väter") bei dessen Wiederholung durch Mose in Kades-Barnea 1, 21. Wegen des Unglaubens Israels zieht JHWH in 1, 35 für die Auszugsgeneration seinen Beistand zurück, und so wird *jrš* in 1, 39 zum Schlüsselbegriff für die gelingende Landnahme der folgenden Generation, und zwar 2, 24. 31; 3, 12 unter Mose im Ostjordanland und Jos 1, 11 (2mal); (18, 3?); 21, 43 unter Josua im Westjordanland. *jrš* wird noch speziell dann gebraucht, wenn darüber verhandelt wird, daß die ostjordanischen Stämme die westjordanischen bei deren Eroberungszug begleiten: Deut 3, 18. 20; Jos 1, 15a, ferner in 12, 1, am Anfang der Listen der besiegten Könige.
In diesen beiden Zusammenhängen steht auch das Nomen *j^eruššāh*: Deut 3, 20; Jos 12, 6. 7; ursprünglich wohl auch Jos 1, 15b. *j^eruššāh* ist in diesen Fällen jedoch nicht auf das gesamte Land bezogen, sondern meint den Besitz von Teilgruppen in Israel, der ihnen von Mose (und Josua) zugeteilt wurde. Für Josua wird sonst in dieser Schicht in diesem Zusammenhang auch *nḥl hiph* oder *ḥlq pi* + *b^enaḥ^alāh* verwendet: Deut 1, 38; 3, 28; 31, 7; Jos 1, 6; 13, 7 (vgl. Lohfink 1962). Zwischen der Besitzverteilung durch Josua und der durch Mose wird also terminologisch unterschieden, wobei der Terminus für Josua sich wohl an dem in Jos 13–19 verarbeiteten Quellenmaterial, der für Mose dagegen sich an dem für JHWHs Gabe des Gesamtlandes an Israel gewählten Terminus *jrš* orientiert. Auch *j^eruššāh* selbst wird auf Völkerebene und in theologischer Perspektive gebraucht: Deut 2, 5. 9 (2mal). 19 (2mal) (sekundär auch 2, 12). JHWH gab nicht nur Israel, sondern auch seinen (von den Stammvätern her verwandten) Nachbarvölkern jeweils ihr Land als *j^eruššāh* (Traditionsbasis könnte Deut 32, 8 *nḥl* gewesen sein!). *j^eruššāh* in solchem Gebrauch wird nicht in die spätere dtr Klischeesprache eintreten. Vielmehr übernimmt dort dann offenbar wieder *naḥ^alāh* seine Funktion, oder es wird verbal mit den Sprachmöglichkeiten aus Ri 11, 23f. formuliert, wie schon in dem Zusatz Deut 2, 20–22. Wenn sich in unserer Schicht *j^eruššāh* für einen Augenblick an die Stelle von *naḥ^alāh* setzen konnte, dann offenbar, weil es hier nicht darauf ankam, Israels Land als durch die Generationen weiterzugebendes Erbe zu kennzeichnen, sondern als ein legitim und zugleich mit Macht in Besitz genommenes Territorium.
Die Verbindung von *jrš* mit der Landverheißung an die Väter wiederholt sich nach Deut 1, 8 in 10, 11 am Ende der Erzählung von Bundesbruch und -erneuerung am Horeb. Das ist da, wo narrativ jener Punkt des Ereignisablaufes erreicht wird, wo 1, 6–8 eingesetzt hatte. Dann kehrt sie, den gesamten Textbereich rahmend, wieder in Jos 21, 43f. An den Josua-Stellen Deut 31, 7; Jos 1, 6 ist der Väterschwur mit *nḥl* verbunden.
Theologisch entscheidend ist in dieser Schicht, daß Israels *jrš* dem *ntn* JHWHs zugeordnet wird. Falls nicht Gen 15, 7 als Traditionsbasis vorausliegt, handelt es sich bei dieser Verbindung um die kreative Leistung dieser Schicht. Die einfachste Gestalt der Verbindung ist die narrative Juxtaposition: JHWH gibt das Land, Israel nimmt das Land in Besitz (Deut 1, 39; 3, 20; Jos 1, 15a; 21, 43). Das Geben JHWHs kann erweiternd als den Vätern geschworenes Geben gekennzeichnet sein (Deut 1, 8; 10, 11; Jos 21, 43) oder als ein Geben im Blick auf Israels Besitzergreifung (Jos 1, 11). Abkürzend kann auch allein vom Geben im Hinblick auf Israels Besitzergreifung die Rede sein (Deut 1, 18). Dem entspricht die Formulierung des Gebens als *j^eruššāh* (2, 5. 9 [2mal]. 19).
Was meint hier JHWHs „Geben"? Mag in JE bei der Väterverheißung vielleicht das Modell einer Schenkung vorgelegen haben, so ist hier (gegen Lohfink 1960, 124–127) eher ein anderes Modell erkennbar. Wenn der eine Gott JHWH verschiedenen nebeneinander lebenden Völkern jeweils ihr Territorium „gibt", dann muß das „Geben" in Analogie zu königlicher Landzuweisung gesehen werden. Diese ist entweder privilegrechtlich denkbar: Vergabe eines Lehens (vgl. 1 Sam 8, 14; 22, 7; 27, 6), oder es wird ein System vorausgesetzt, in dem der gesamte Grund als Eigentum des Königs gilt. Dann müssen Grundbesitztransaktionen (obwohl sie faktisch z. B. ein Kaufgeschäft zwischen zwei privaten Parteien darstellen) juristisch als (Ansichnehmen und) neues „Geben" des Königs konstruiert werden. Dieses System ist im keilschriftrechtlichen Bereich, vor allem auch in Ugarit, bezeugt. Aus unseren Texten wird nicht ersichtlich, welche der beiden möglichen Analogien gemeint ist. Vielleicht wurde auch bewußt nicht näher präzisiert, so daß sowohl alte privilegrechtliche Vorstellungen vom Verhältnis JHWH – Israel als auch Beziehungen zu inzwischen auch in Juda verbreiteten altorientalischen Bodenrechtsvorstellungen durchscheinen konnten. Auf jeden Fall haben wir hier neben der „geschichtlichen" und der „kultischen" Vorstellung vom Land, die G. von Rad

unterschieden hat, noch eine dritte, „königsrechtliche". JHWH verhält sich den Völkern der Welt gegenüber bezüglich des irdischen Territoriums wie ein König gegenüber seinen Untertanen bezüglich des nutzbaren Grunds. Als König ist JHWH Herr jedes Territoriums. Besitzerwechsel wird erst rechtskräftig durch seinen Rechtsakt, „Geben" genannt. Zum Vollzug dieses Aktes hat er sich im Fall Israels vorlaufend durch einen Eid verpflichtet. Innerhalb dieser Rechtsstruktur ist nun der durch *jrš qal* bezeichnete Akt Israels im Sinne der z. B. im babylonischen Recht beim Kaufgeschäft schon sauber durchgeführten Unterscheidung von Übereignung und Besitzergreifung als die der Eigentumsübertragung durch den König JHWH nachfolgende Besitzergreifung des „gegebenen" Territoriums durch den neuen nationalen Eigentümer zu verstehen. Diese genaue Aussage macht *jrš* nicht kraft seiner Wortbedeutung allein, sondern nur im Zusammenhang mit seiner Position im Gesamtaussagensystem. Vom Wort selbst her präzisiert es jedoch, daß es sich im konkreten Fall um eine ganz bestimmte Weise der Besitzergreifung handelt: Besitzergreifung aufgrund von Eroberung. Diese Aussage bringt *jrš* ein, weil es eine feste Position in der Topik der Eroberungsberichte hat. Im ganzen wird also durch *jrš* der in diesem Textbereich emphatisch herausgestellte kriegerisch-erobernde Charakter der Landnahme Israels in einen übergreifenden theologisch-juristischen Legitimationszusammenhang hineingebracht.

In der Abfassungssituation von Deut 1 – Jos 22 scheint also die alte Theorie vom Recht des Siegers, selbst wenn sie nach Art von Ri 11, 21–24 theologisch expliziert war, nicht mehr genügt zu haben. Das mag für die josianischen Bestrebungen gelten, das alte Territorium Israels wiederzugewinnen. Das Recht des Siegers stand auf seiten Assurs. Assur hätte gegen Josia argumentieren können wie Jephthah gegen den König der Ammoniter. Was Josia einem augenblicklich schwachen Assur wegnahm, konnte ihm, falls Assur nur wieder stärker wurde, mit dem gleichen Argument der Waffen und des hinter den Waffen agierenden Nationalgottes abermals weggenommen werden. Mit der hier vorliegenden neuen Konzeption konnte Josias die nationale Restauration betreibende Propaganda zumindest die eigene Bevölkerung dagegen auf eine übergreifende Rechtsstruktur verweisen, innerhalb deren die kriegerische Gewaltanwendung nur den Weg der (ersten oder erneuten) Inbesitznahme eines Territoriums darstellte, das Israel durch königlich-göttliche Übereignung vorgängig dazu ja schon gehörte. Zugleich hatten aufgrund der gleichen Rechtsstruktur die östlichen Nachbarvölker von diesem neuerstehenden Israel nichts zu fürchten.

Altorientalisches Vergleichsmaterial zum „Geben" von Grundbesitz durch Könige ist zusammengestellt bei Schwertner 165–169. In „demokratisierter" Form übt in Num 27, 8–11 die „Gemeinde" Israels dieses Königsrecht aus, wobei die Vokabeln *ntn* und *ʿbr hiph* gebraucht werden.

b) In dem in Deut 1 – Jos 22 eingelassenen dt Gesetz und in verschiedensten Schichten und Bearbeitungen des ganzen dtr Geschichtswerks wird, auf den bisher behandelten Texten aufbauend, *jrš hiph* und *jrš qal* (mit Objekt des Landes oder der Völker des Landes) nun zu einem Bauelement der dtr Klischeesprache. Diese wirkt dann in Jer und großen Teilen der gesamten nachexilischen Literatur nach.

Im Bereich des dt Gesetzes wird dabei durch *jrš* oft einfach die narrative Situation im Bewußtsein des Hörers reaktiviert (*jrš qal*, mit *bwʾ* oder *ʿbr* kombiniert, vor allem in den paränetischen Rahmenteilen; in späteren Schichten auch *jrš hiph* und *jrš qal* mit Völkern als Objekt). Oder es wird an die rechtstheologischen Begründungen des Landbesitzes erinnert (*jrš qal* mit *ntn*, vor allem in den eigentlichen Gesetzen; *jrš hiph* mit *jrš qal*, die Theologie von Ri 11, 21–24 aufnehmend, in Deut 9, 1–6; 11, 23; 18, 12. 14; Jos 23, 5). Oft wird einfach ein Wort für „Land" oder für „Völker" mit Hilfe einer Phrase, die *jrš* enthält, ornamental erweitert. Doch tritt klischeehaftes *jrš* dann doch vor allem in einigen typischen Aussagezusammenhängen auf, die im folgenden zu kennzeichnen sind.

Zu den Wortverbindungen und syntaktischen Mustern der dtr Sprache mit *jrš* und ihren Gesetzmäßigkeiten vgl. Lohfink 1963, 81–85; Plöger 61–87; Weinfeld 1972, 341–343.

c) Das dt Gesetz enthält an Anfangs- und Schlußstellen Klauseln über Geltungsbereich und -dauer. Sie gehören verschiedenen Schichten an, stimmen aber inhaltlich überein. Das Gesetz gilt in dem Land, das Israel in Besitz nimmt (*jrš*), und es gilt solange, wie Israel darin lebt: Deut 4, 5 (vgl. 14); 5, 31; 6, 1; 12, 1 (vgl. 11, 31 f. Beginn des Inkrafttretens); 31, 13. Es mag nicht ausgeschlossen sein, daß sich zumindest in exilischen Schichten hinter diesen Klauseln Diskussionen darüber verbergen, ob und inwieweit das Gesetz auch für die Deportierten in anderen Ländern verpflichtend sei.

Neben die Geltungsfrage für das Gesetz als ganzes tritt die für einzelne Bestimmungen in ihm. Es gibt Gesetze, die erst von einem bestimmten Zeitpunkt in der Geschichte ab akut werden oder die einmalige Handlungen vorschreiben. Dies wird meist in „historisierenden Gesetzeseinleitungen" klargestellt. Dabei wird gern auch die Besitzergreifung des Landes oder die Vernichtung bzw. Ablösung der älteren Bevölkerung als Ausgangspunkt des Geschichtsablaufs erwähnt. In manchen Fällen sind diese Texte keine echten „Gesetze", sondern vorverweisende Teile des Geschichtswerks, denen im Fortgang des Werks dann Texte entsprechen, die die Ausführung oder Nichtausführung berichten. Hier hilft *jrš* also mit, geschichtstheologische Akzentsetzungen zu bewerkstelligen. Die historisierenden Gesetzeseinleitungen fanden sich schon in der Dtr vorliegenden früh-dt bearbeiteten Ausgabe von JE und konnten dort sowohl vom Land (Ex 13, 5. 11) als auch von den Bewohnern des Landes her (Ex 23, 31b vgl. 23, 23) formuliert sein. Doch fehlten dort *jrš qal* oder *hiph* (so auch noch Deut 6, 10, davon abhängig 8, 7; ferner 27, 2. 4). Erst jetzt in dtr Schichten treten stereotype Formulierungen mit *jrš* in den Zusammenhang ein. *jrš hiph* löst dabei *grš* von Ex 23, 31 ab. So in Deut 7, 1, wiederaufgenommen in 7, 17, wo das Verhalten gegenüber den Landesbewohnern bei und nach der Landnahme geregelt wird (erweiterte und kommentierte Fassung von Ex 23, 20–33). Dann in 11, 29 (Segen-Fluch-Ausrufung angeordnet für unmittelbar nach der Landeseroberung; vgl. Deut 27; Jos 8, 30–35); 12, 29 (Nichtweiterführung der kultischen Sitten der Landesbewohner; vgl. das zugehörige, ebenfalls mit *jrš*, jedoch ohne formelle historisierende Einleitung gestaltete Gesetz 12, 2f. und die einer exilischen Bearbeitungsschicht des DtrGW angehörigen Belege von *jrš hiph* in 1 Kön 14, 24; 21, 26; 2 Kön 16, 3; 17, 8; 21, 2, wo überall ein Handeln gegen die Gesetze von Deut 12 berichtet und in der Gesamtschicht als eigentliche Ursache des Exils betrachtet wird); 17, 14 (Einsetzung eines Königs; vgl. 1 Sam 8–12); 18, 12. 14 (hier in Aussagen, die die historisierende Gesetzeseinleitung 18, 9a nachträglich inhaltlich auffüllen: Abkehr von Kinderopfern (2 Kön 16, 3; 17, 17; 21, 6; 23, 10), Abkehr von heidnischer Mantik (2 Kön 17, 17; 21, 6), Hören auf JHWHs Propheten (2 Kön 17, 13f. – alles in der zu 12, 29 erwähnten exilischen Bearbeitungsschicht des DtrGW); 19, 1f. (Einrichtung von Asylstädten; vgl. Jos 20); 25, 19 (Vernichtung der Amalekiter; vgl. 1 Sam 15). Nur 26, 1 leitet ein Gesetz ein, das – zumindest nach üblichem Verständnis – nicht zu einem bestimmten Zeitpunkt im Geschichtsverlauf erfüllt werden soll, sondern alljährlich von dem Augenblick an, wo Israel im Land wohnt: Das Gesetz über die Darbringung der Erstlingsfrüchte.

Zu Form und Formgeschichte der historisierenden Gesetzeseinleitungen vgl. Lohfink 1963, 113f.; Seitz 95–101. – Die historisierenden Einleitungen gehören mehreren dtr Schichten an. Wichtig scheint der Zusammenhang von 12, 2f. 29–31; 18, 9–22 mit der bei 12, 29 erwähnten Bearbeitungsschicht in den Königsbüchern, deren Ziel es nach einer Formulierung von G. von Rad offenbar war, durch das DtrGW das Exil in einer „großen Gerichtsdoxologie" verstehbar zu machen. Näheres dazu bei Lohfink, Festschr. Wolff. An den angegebenen Stellen steht in den Königsbüchern *jrš hiph* mit JHWH als Subjekt. Vermutlich ist mit der Endfassung der gesamten Ämtergesetze auch Deut 17, 14 dieser Schicht zuzuordnen; vgl. Lohfink 1971. Die Passagen im Deut dürften bewußt im Hinblick auf die Bearbeitung der Königsbücher formuliert worden sein und tragen daher das Kerygma dieser wohl frühexilischen Ausgabe des DtrGW entscheidend mit. Die Darbringung der Erstlingsfrüchte soll nach Deut 26, 2 an der von JHWH erwählten Stätte, also doch wohl am einen Zentralheiligtum stattfinden. Dessen Verpflichtung wird in einer historisierenden Gesetzeseinleitung ohne *jrš* in 12, 10 erst von der davidisch-salomonischen Zeit an festgelegt (selbstverständlich ohne Namensnennung, aber in eindeutiger Umschreibung). 26, 1 vermeidet eine solche Festlegung und spricht nur vom Wohnen im Land als Anfangspunkt der Gesetzesverpflichtung. Die damit gegebene Unklarheit wird offenbar in Kauf genommen, es sei denn, die sehr parallel gebauten und unmittelbar nebeneinander stehenden Gesetzeseinleitungen in 25, 19 und 26, 1 sollen sich gegenseitig nach Art eines Parallelismus ergänzen. Denn dann führt 25, 19 auf die Zeit, wo JHWH Israel vor allen Feinden ringsum Ruhe verschafft hat, was man als Anspielung auf die Zeit der ersten Könige verstehen kann (vgl. 2 Sam 7, 1. 11; von wohl späterer Hand erst stammt Jos 23, 1). – Den hier behandelten Texten ist auch der Zusatz Ex 34, 24a (vgl. Halbe 161–170) zuzuordnen.

d) Der Gesetzesbeobachtung wird im Deut Segen zugesichert. Dabei ist gewöhnlich vorausgesetzt, daß sowohl Gesetzesbeobachtung als auch Segen ihren Ort in Israels Land haben. Das kann auch ausgesprochen werden. Dabei wird das Land dann mehrfach als das erobernd in Besitz zu nehmende gekennzeichnet: 4, 26; 5, 33; 15, 4; 23, 21; 30, 16; 32, 47. So hilft *jrš* zur Definition des Segensguts. In 5, 33; 32, 47 besteht der Segen gerade in langem Leben im Land. Dem entsprechen in 28, 61. 63; 30, 18 die Fluchansagen. Sie reden für den Fall der Nichtbeobachtung des Gesetzes von der Vertreibung aus dem einst in Besitz genommenen Land. Die Abfolge ist auf jeden Fall: *jrš* – Beobachtung/Nichtbeobachtung des Gesetzes – Segen/Fluch.

Eine ganz andere Aussagestruktur liegt dagegen vor, wenn nun das Betreten und Inbesitznehmen des Landes selbst zu den Segensinhalten werden, also von vorausgehendem Gesetzesgehorsam abhängen. Die historische Fiktion der Gesetzesverkündigung unmittelbar vor, ja eigentlich sogar schon mitten in den Ereignissen der Landeroberung ist damit eigentlich *ad absurdum* geführt. Dennoch findet sich diese Aussagestruktur, und zwar unter Benutzung von *jrš*, in Deut 6, 17–19; 8, 1; 11, 8. 22–25; vielleicht auch in 16, 20. Jos 23, 12f. droht für den Fall des Konnubiums mit den noch nicht vernichteten Völkern deren Nichtvernichtung durch JHWH an; Ri 2, 20 – 3, 6 bietet dazu den definitiven Gottesbeschluß und die Erfüllungsnotizen. Alle Belege außer 8, 1 und 16, 20 dürften jener dtr Bearbeitungsschicht von Jos und Ri angehören, die Smend 1971 aufgewiesen und als DtrN bezeichnet hat. *jrš* steht in dieser Schicht sonst noch in Jos 13, 1. 6; 23, 5 (2mal). 9; Ri 2, 6. Vgl. noch Lohfink, Festschr. Wolff. Eine weitere hierhingehörige Aussage, wenn auch ohne *jrš*, findet sich innerhalb der gleichen Schicht in Jos 1, 7f. Die Schicht scheint sich – gegen neuere Autoren – nicht über Ri hinaus zu erstrecken. Sie ist im streng paulinischen Sinn „nomistisch", da JHWHs eigentliche Heilsgabe von vorangehender Gesetzestreue abhängig gemacht wird. Diese Theologie findet sich in den Königsbüchern nicht mehr, hat dort – wenn die Heilsgabe die Hineinführung ins Land ist – auch keinen Platz. Als „Sitz im Leben" läßt sich am ehesten die Situation um das Ende des Exils herum denken. Dann wären von einem Bearbeiter dieser Zeit neue Gesetzestreue und dadurch ermöglichte neue Inbesitznahme des Lands in die Moabsituation hineinverschlüsselt worden. Dieser Lebenszusammenhang nähme sogar dem „Nomistischen" des Kerygmas seine letzte Schärfe und machte eher eine Paränese daraus. Anders zum ganzen Textbereich: Weinfeld 1967; 1972.

Die Belege für *jrš* in Deut 8, 1 und 9, 1–6 dürften einer noch späteren dtr Überarbeitungsschicht angehören, die sich von der zentralen These des DtrN kritisch abhebt. In 8, 1 ist diese These zunächst in Form der Paränese, in der sie offenbar anerkannt wird, aufgenommen (mit *jrš*). In der „Beweisführung" 8, 2–6 wird, indem mit der Existenz Israels in der Wüste verschlüsselt vom Exil und dem dort möglichen Lernprozeß geredet wird, die Notwendigkeit der Gesetzesbeobachtung sogar unterstrichen. Doch dann folgt, als erste kritische Abhebung, in kommentierender Nachahmung der Gestalt von 6, 10–16, eine Warnung: Weil es vorher so sehr auf die Gesetzesbeobachtung ankam, darf Israel dann, wenn JHWH es wieder ins Land geführt hat und es dort reich wird, nicht das Erreichte seiner eigenen Leistung zuschreiben und dabei vergessen, daß trotz der vorangehenden eigenen Gesetzestreue die Bereitstellung des Segens allein JHWHs Werk blieb. In einer zweiten Stufe wird dann sogar in Frage gestellt, daß irgendein Kausalzusammenhang zwischen Rückkehr ins Land und einer vorangehenden gesetzlichen Leistung, „einer Gerechtigkeit" Israels, besteht (9, 4. 5. 6). Eine solche gibt es nämlich gar nicht, da Israel grundsätzlich und immer sich JHWH „widersetzt" (9, 7. 23. 24). Auch dies ist in Wüstenzeit und Moabsituation zurückverschlüsselt, und zwar in Deut 9, 1–8, das als Interpretationshilfe vor den wohl zur ältesten Schicht des DtrGW gehörenden Bericht vom Bundesbruch Israels am Horeb gesetzt ist. In 9, 22–24 werden noch von der gleichen Hand andere Beweise der Widersetzlichkeit Israels mitten in der Bundesbrucherzählung hinzuaddiert. 9, 1–8 spielt auf 6, 17–19 DtrN an (9, 4 *hdp* vgl. 6, 19; 9, 5 *jošær* vgl. 6, 18) und arbeitet mit *jrš qal* und *hiph* als Leitwort (9, 1. 3. 4 [2mal]. 5 [2mal]. 6). So dient gerade der Topos der Vernichtung der Völker Kanaans und der Inbesitznahme des den Vätern verheißenen Landes (9, 5) dazu, die deutlichste at.liche Vorstufe der paulinischen Theologie der „Gerechtigkeit" Gottes, der gegenüber es keine „eigene Gerechtigkeit" (*ṣ*^{e}*dāqāh* [→ צדק]) der Menschen gibt, zu entwickeln.

Nicht so sehr theologisch, sondern eher konkret im Hinblick auf die Heimkehr aus dem Exil geschieht die Absetzung vom Nomismus von DtrN in jener vielleicht spätesten, aber ebenfalls ans Exilsende gehörenden Bearbeitungsschicht, der Deut 4, 1–40 und 30, 1–10 zuzuteilen sind. In 4, 1 verheißt Mose nicht einfach Einmarsch und Besitzergreifung des Landes, wie es die älteren dtr Schichten taten, aber als Bedingung setzt er davor auch wieder nicht die Gesetzesbeobachtung, wie es DtrN tat, sondern nur das Hören, das Zurkenntnisnehmen des Gotteswillens. Das entspricht 4, 30, wo für die Exilierten dann die Möglichkeit ins Auge gefaßt wird, daß sie sich bekehren und auf JHWHs Stimme hören. Dann werde JHWH seinen Bund mit den Vätern nicht vergessen. Mehr wird in Deut 4 nicht gesagt, wohl aber in 30, 1–10. Dort wird von Anfang an die Exilsituation angesprochen. Segen wie Fluch des Gesetzes sind eingetroffen. Israel ist im Exil, kann sich aber bekehren und auf JHWHs Stimme hören *k*^{e}*ḵol* *'*^{a}*šær-'ānoḵî m*^{e}*ṣaww*^{e}*ḵā hajjôm* (v. 2). Das ist wohl bewußt vage formuliert, da nach der Auffassung des Deut das Gesetz außerhalb des Landes ja nicht verpflichtet. JHWH wird dann Israel aus allen Völkern sammeln, es zurückbringen in das Land, das die Mose- und Josuageneration einst in Besitz genommen haben (*jrš*), sie werden es erneut in Besitz nehmen (*jrš*), und das Glück wird größer sein als beim erstenmal (v. 5). Hier, im erneut in Besitz genommenen Land, wird JHWH dann die Herzen beschneiden, so daß Liebe zu Gott auf eine neue Weise möglich wird. Nach dieser Verwandlung wird Israel dann das ganze Gesetz beobachten können (v. 8, nochmals präzisiert in v. 10). Dann wird das Land fruchtbar sein (alter Segensinhalt). Hier liegt eine ähnliche Theologie vor wie in den Heilsverheißungen der Buchredaktionen von Jer und Ez: Sammlung, Heimführung, dann neues Herz, neuer Bund o. ä., und infolgedessen dann neue Möglichkeit, nach dem Gesetz JHWHs zu leben. Ein Zusammenhang dieser Schicht des Deut mit der „dtr" Prosa von Jer ist wahrscheinlich. Wie in der ursprünglichen dtr Konzeption ist also die Besitzergreifung des Landes die Voraussetzung der Gesetzesbeobachtung, nicht umgekehrt. Jedoch genügt sie nicht mehr als Definition von JHWHs Heilshandeln. Zu ihr muß die allein von JHWH gewirkte Verwandlung der Herzen treten. Die Heimkehr und Besitzergreifung selbst treten ferner nicht ein, wenn nicht Umkehr und Hören auf JHWHs Stimme vorausgehen.

Zur Schicht in 8, 1–9. 22–24 vgl. Lohfink 1963, 189–206. Der Begriff der Gerechtigkeit aufgrund von Gesetzesbeobachtung knüpft an Deut 6, 25 an. Die Verlagerung des Bundesgedankens vom Horeb zu den Stammvätern, die für diese Schicht typisch ist (8, 18; 9, 5; vgl. 7, 8. 12), läßt an Kontakte zum geistigen Milieu von P denken. – Zur Schicht in Deut 4, 1–40; 30, 1–10 und ihren Beziehungen zu Jer vgl. Wolff 1961, 180–183. Zu 4, 1–40 als Einheit (gegen Mittmann u. a.) vgl. Braulik, Bibl 59, zu *jrš* in 4, 1–40 vgl. Braulik, AnBibl 68, 83f. und 92–95.

7. Deut 30, 1–10 am nächsten steht im „dtr" Jer der „dtr" Rahmen von Jer 30–31. Den Grund des nachexilischen Heilshandelns JHWHs bildet JHWHs Verzeihen (31, 34). Der erste Akt des Heilshandelns besteht darin, daß JHWH Israel und Juda (also die Nachkommen beider Reiche) in das Land, das er den Vätern gegeben hatte (*ntn*), zurückführt und daß sie es erneut in Besitz nehmen (*jrš* 30, 3). Dort folgt dann die Vermehrung von Mensch und Vieh (31, 27f.) und die Stiftung eines neuen Bundes, der es ermöglicht, von nun an JHWHs Gesetz von innen her auf neue Weise zu beobachten (31, 31–34a).

Zu Jer 30–31 vgl. Böhmer (Lit.). Luther und die Deutsche Einheitsübersetzung haben 30, 3 *wîrešûhā* auf *'aḇôṯām* als Subjekt bezogen und als durch Waw eingeleiteten Finalsatz betrachtet. Damit ergibt sich inhaltlich das, was die dtr Klischeesprache zwar häufig, aber durch eine Infinitivkonstruktion eleganter ausdrückt. Die Pointe, daß nach Beendigung des Exils nicht nur ein neuer Bund geschlossen wird, sondern vorher eine neue Landnahme stattfindet, ist verloren.

8. In analoger Weise steht in Ez 36, 12 eine mit *jrš* formulierte Ankündigung der Inbesitznahme des Landes nach dem Exil vor einer Passage über neues Herz und neuen Geist, die es ermöglichen, nach dem Gesetz zu leben (36, 16–32). Doch könnte das Versstück mit *jrš* einer Nachinterpretation angehören, die eine bei Ez im Zusammenhang der Heimkehr aus dem Exil sonst nicht übliche Vokabel einbringt. Wichtiger ist bei Ez der Gebrauch von *jrš* und *môrāšāh* im Zusammenhang mit der Frage, wem das durch die Deportation entvölkerte Land denn nun von JHWH her gehöre. Sie erscheint zeitlich in drei, wenn nicht vier Stufen. Jedesmal bildet die Formulierung eines Anspruchs auf das Land durch eine bestimmte Menschengruppe den Ausgangspunkt des Prophetenworts. Nach der 1. Deportation 598/97 beanspruchen die, die noch in Jerusalem wohnen, das Land (*lānû ... nitt^enāh hā'āræṣ l^emôrāšāh*). Die Deportierten seien ja fern von JHWH (11, 15). Ezechiel bestreitet die Begründung. JHWH ist den Deportierten nicht fern. Dann verheißt er gerade ihnen Heimkehr und neues Herz und neuen Geist. Die Heimkehrverheißung (11, 17f.) könnte allerdings wieder Nachinterpretation sein. Doch ist der Anspruch der von der Deportation Verschonten auf das ganze Land auf jeden Fall zurückgewiesen. Nach der Zerstörung Jerusalems 586 erheben die, die im Land Israel noch in den Ruinen wohnen, für sich den gleichen Anspruch durch einen Vergleich mit Abraham. Zum erstenmal im AT begegnet dabei die Aussage, Abraham habe das Land selbst in Besitz genommen (die ähnlich klingende Aussage in Gen 15, 7f. wird in 15, 18 auf Abrahams Nachkommen hin interpretiert). Sie sagen: „Abraham war ein einzelner, doch er nahm das Land in Besitz (*wajjîraš*); wir aber sind viele – so ist uns das Land erst recht zum Besitz gegeben (*lānû nitt^enāh hā'āræṣ l^emôrāšāh*)“ (Ez 33, 24). Das *argumentum a fortiori* verkehrt den Satz über Abraham in sein Gegenteil. Denn dieser will doch sagen, Abraham habe nicht aus eigener Kraft, sondern durch JHWH das Land erhalten – er war ja nur ein einzelner. Hier aber wird auf die eigene Zahl und damit auf die eigene Kraft der Ruinenbewohner gepocht. Die prophetische Antwort deckt genau dies auf. So zerstört sie jeglichen Anspruch auf ein *jrš*: Götzenverehrung und Bluttat nehmen das Recht auf das Land (33, 25f.). *jrš* dürfte hier mit 'sich des Besitzes erfreuen' zu übersetzen sein. Im Blick sind die Flüche des Gesetzes für die, die im Land selbst das Gesetz nicht beobachten. Daher wird dann in 33, 27–29 angesagt, daß die Ruinenbewohner umkommen und das Land zur öden Wildnis wird. Dies ist in einer weiteren Stufe dann als eingetreten vorauszusetzen. Jetzt beanspruchen andere Völker – Edom (35, 10. 12) und der Rest der Völker ringsum mitsamt Edom (36, 2. 5) die „Berge Israels“ als ihr Besitztum. Sie tun das, „obwohl doch JHWH dort gewesen ist“ (35, 10). JHWH verfügt daher, daß nun Edoms Land zur Öde wird, während die öden Berge Israels wieder bevölkert und fruchtbar werden sollen durch die Heimkehr Israels (35, 1 – 36, 13). JHWH erscheint hier ähnlich wie in der dtr Schicht von Deut 1 – Jos 22 als der die Völker regierende göttliche König, der allen Völkern ihr jeweiliges Territorium „gibt“. Die dort beschriebene Besitzverteilungsordnung zwischen Israel und den Nachbarn im Osten und Süden wird nicht aufgehoben. Doch es gibt die Möglichkeiten von Vertreibung und Wiederkehr der Bevölkerung, von Verödung und Neubelebung des Landes. Alles hängt an JHWHs königlicher Verfügung. Abgewehrt wird die mythische Vorstellung von bestimmten Territorien als aus sich heraus „menschenfressend“ (36, 13–15).

Zu 11, 17ff. und 36, 12 als möglichen Nachinterpretationen vgl. Zimmerli, BK XIII. Zu 35, 10 vgl. auch Ps 83, 13, wo es im Kontext ebenfalls um Edom und andere Nachbarvölker geht.

9. P^g ist, selbst wenn sie mit Moses Tod geendet haben sollte, am Thema „Land“ und „Landnahme“ durchaus interessiert (so mit Recht Elliger und Cortese gegen Noth, ÜPt); erst recht, wenn sie sogar selbst noch den Einzug ins Land erzählte (zuletzt Lohfink, VTS 29, 198). Sie scheint dafür bewußt verschiedene Vokabeln aus verschiedenen Traditionen heranzuziehen: durchlaufend *ntn* aus den alten Quellen (Gen 17, 8; 28, 4; 32, 12; 48, 4; Ex 6, 4. 8; Num 13, 1; 20, 12; Deut 32, 49. 52); dann *'aḥuzzāh* (Gen 17, 8; 48, 4; Deut 32, 49) und *naḥ^alāh* (Num 34, 2. 14. 15; Jos 14, 2; vgl. Num 34, 13; Jos 14, 1; 19, 51). Die Wurzel *kbš*, die in Jos 18, 1 an hervorragender Abschlußstelle benutzt wird, macht deutlich, daß die Landnahme Israels die Ausführung des Schöpfungssegens ist, der allen Völkern der Menschheit gegeben wurde: *kbš* steht auch in Gen 1, 28. Das Heil ist also die gelingende Schöpfung (vgl. Lohfink, Schöpfergott, 1978, 27–31). Innerhalb dieses vielfältigen und dennoch einheitlichen Aussagesystems steht nun, an die dtr Sprache erinnernd, in Gen 28, 4 *jrš* und, wohl vor allem an das auch in Num 13f. P^g im Hintergrund stehende Kapitel Ez 36 (Land als „Menschenfresserin“ Num 13, 32) anknüpfend, in Ex 6, 8 *môrāšāh* (vgl. Weimar 150–152). Möglicherweise ist diese Wurzel, die zumindest im dtr Bereich ja in kriegerischem Kontext steht, später bei der Erzählung der Landnahme selbst bewußt nicht verwendet worden, weil P^g alle kriegerischen Aspekte aus seiner Landnahmedarstellung eliminiert zu haben scheint (vgl. Lohfink, VTS 29, 199 Anm. 30).
H verwendet auf einer entscheidenden Redaktionsstufe (vgl. zuletzt Cholewiński 60–63. 136) in der

wichtigen paränetischen Klammerpassage Lev 20, 22–26 das Verb *jrš* für die Inbesitznahme des Landes, der narrativen Fiktion nach derjenigen nach den Ereignissen am Sinai. Im Kontext wird deutlich jeder kriegerische Charakter ausgeschlossen. Für JHWHs Aktion steht nicht (trotz des lockenden Wortspiels zu *jrš qal*) ein *jrš hiph* oder ein anderes Wort für Vernichtung, sondern *šlḥ pi* + *mippenê NN* (20, 23; vgl. 18,24 und das Bild vom Land, das seine Bewohner ausspeit: 18, 25. 28; 20, 22). JHWH weist in 20, 24 auf sein früheres Wort an die Israeliten zurück, er werde ihnen das Land geben, so daß sie es in Besitz nehmen könnten. Gehört die hier vorliegende Schicht von H in den literarischen Kontext von Pg, dann ist auf Gen 28, 4 angespielt; anderenfalls bezieht sich das Zitat wohl diffus auf die dtr Literatur. Die Floskel vom „Land, wo Milch und Honig strömen", ist hier zum erstenmal im AT unmittelbar mit der *jrš*-Stereotype verbunden (am nächsten käme hierin noch Deut 11, 8–10). Die Sorge des ganzen Textes – durchaus frühnachexilischer Situation entsprechend – ist, daß das wieder im Land wohnende Volk von neuem aus dem Land ausgespien werden könnte, wenn es sich nicht in seinem Verhalten gegenüber den Völkern als „abgesondert" (→ בדל [*bdl*]), als „heilig" (→ קדש [*qdš*]) betrachtet. Es hat ja das Land nur erhalten, weil es JHWH vor dem Verhalten des Volkes (Singular!) im Land ekelte. Hier wird also eine Motivation JHWHs dafür, daß er Israel sein *jrš* ermöglichte, angegeben (vgl. Deut 9, 5 *beriš'at haggôjîm hā'ellæh*; ferner Gen 15, 16) und in einen festen Zusammenhang mit dem Nexus Gesetzesbeobachtung-Landbesitz gebracht.

Im Gegensatz zu Pg und H wird in zwei Passagen der nachpriesterlichen Pentateuchbearbeitung *jrš hiph* und die gewaltsame Vernichtung der Landesbevölkerung wieder in den Vordergrund geschoben. Dabei ist jetzt nicht mehr JHWH, sondern Israel oder sogar der einzelne israelitische Kämpfer das Subjekt von *jrš hiph* + *mippenê NN*. So in der alle Parallelstellen hineinziehenden Erweiterung der alten Quellenerzählung von den Verhandlungen der Ostjordanstämme mit Mose in Num 32, speziell 32, 21, wo im übrigen das traditionelle Wortspiel mit *jrš qal* (+ Land als Objekt) deshalb fehlt, weil hier nun *jrš qal* durch das von Pg eingeführte Wort *kbš* abgelöst ist (32, 22. 29, vgl. die Vorlagen Deut 3, 20; Jos 1, 15a); ferner in dem Landeroberungsbefehl Num 33, 50–55, der die alte Privilegrechttradition aus Ex 23 und 34 aufgreift, dabei aber zum einzigen formellen Gebot der Vernichtung aller Landesbewohner durch die Israeliten wird, das sich im AT des Wortes *jrš* bedient. Infolge unserer großen Unkenntnisse über die nachexilischen Jahrhunderte können wir nicht sagen, ob sich hier vielleicht eine neue Situationsverschärfung der Spätzeit spiegelt. Vielleicht werden die militanten Motive aber auch nur aufgenommen, um in möglichst archaisch wirkendem Rahmen ein ganz anderes Anliegen zur Sprache zu bringen: die gerechte Verteilung des Landbesitzes entsprechend der personellen Größe der einzelnen Gruppen (vgl. 33, 54).

Letzte literarkritische Analyse von Num 32: Mittmann 95–104. Der Versuch von Cortese, 147–150, Num 33, 50–55 für Pg zu vindizieren, überzeugt mich nicht. In Num 32, 21 könnte von der Syntax her auch JHWH das Subjekt von *jrš hiph* sein. Doch das wäre dann der einzige Beleg dafür, daß JHWH vor sich selbst her Völker vernichtet.

10. In den teilweise miteinander zusammenhängenden Stücken der Schlußbearbeitung der prophetischen Bücher verbindet sich mit *jrš* an zwei Stellen die Idee der Wiederinbesitznahme des Davidreichs. Dabei liegt jedesmal ein besonderer Ton auf Edom. In Ob 17, das noch von Obadja selbst stammen könnte, wird nur im Blick auf Jerusalem gesagt, das Haus Jakob (gemeint: die Deportierten) werde seine Liegenschaften wieder in Besitz nehmen. Doch eine zweistufige Nachinterpretation definiert unter mehrfacher Wiederholung des Stichworts *jrš* diese Aussage zunächst so, daß von Juda aus das Gebirge Esaus, das Philistergebiet, Efraim-Samaria und Gilead in Besitz genommen werden (v. 19), dann so, daß die Deportierten des Nordreichs das phönizische Gebiet bis Sarepta, die Jerusalems in Sefarad (= Sardes in Kleinasien) die Städte des Negeb in Besitz nehmen (v. 20). Ist hier eher nur zu erahnen, daß das vereinigte Königreich des Anfangs vor Augen steht, so ist das deutlich gesagt im vermutlich frühestens exilischen Amosschluß im Am 9, 12. JHWH richtet die zerfallene Hütte Davids wieder auf und stellt alles wieder her wie in den Tagen der Vorzeit, d. h. Davids. Dann werden die Israeliten die Rechtsnachfolge der in Edom aus dem Gericht (vgl. Am 1, 11f.) Entronnenen und aller anderen Völker, über die (bei der Errichtung des Davidsreiches) JHWHs Name ausgerufen wurde, antreten (*jrš* mit Objekt der Person).

Zur Übersetzung von Ob 19f. vgl. Rudolph (KAT XIII/2); zum Zeitansatz beider Texte vgl. Wolff (BK XIV/3). Letzter Vertreter der Amosauthentizität von Am 9, 12 ist Rudolph. Bei seinem Hauptargument (ein „Restgebiet" Edoms habe es nur zur Zeit des Amos gegeben) übersieht er, daß *jrš* in Am 9, 12 mit personalem Objekt konstruiert ist.

11. Der akrostichische Weisheitspsalm 37 hat den Ausdruck *jrš 'æræṣ* „sich des Besitzes des Landes (der Verheißung) erfreuen" als eine Art Leitmotiv (9. 11. 22. 29. 34; Synonyma in 18. 27. 29). Anders als im dtr Bereich wird hier *jrš 'æræṣ* nicht ganz Israel zugesagt. Vielmehr wird Israel als im Land, der Heilsgabe JHWHs, lebend vorausgesetzt und auf sein Verhalten hin geprüft. Da gibt es böse Menschen, und da gibt es gute Menschen, die sich an JHWH halten. Diese, zugleich die Armen und Unterdrückten im Land, werden ermahnt, sich nicht zu ereifern, JHWH treu zu bleiben und auf ihn zu hoffen. Ihnen wird verheißen, daß sie sich des Landbesitzes erfreuen werden, während auf die Bösen am Ende die Ausrottung zukommt. Es mag schon sein, daß konkret

Kleinbauern gemeint sind, die bei sich steigernden Klassenunterschieden in Gefahr sind, ihr Land an die Großgrundbesitzer zu verlieren. Von eigentlich Besitzlosen, denen der Besitz ihrer Unterdrücker verheißen würde, ist nicht die Rede (vgl. v. 3: 'bleib im Land wohnen'). Überdies scheint *jrš 'æræṣ* bei aller konkreten Bedeutung doch zugleich eine Art Kurzformel für das „Heil" in all seinen Dimensionen zu sein. Der Ausdruck läßt sowohl weisheitliche als auch dtr Traditionen anklingen (vgl. oben I.2.b). Als Parallelausdruck kann stehen: *wehiṯ'annegû 'al-roḇ šālôm* (v. 11). Die Beziehung zwischen rechtem Verhalten der Armen und verheißenem Landbesitzen läßt sich auch nicht auf die Formel „Ursache-Folge" oder gar „Tat–Belohnung" bringen. Vielmehr verschwimmt die Grenze zwischen Tun und Verheißung. Der Gerechte soll „in JHWH seine Wonne finden", dann findet er seine Wonne „in der Fülle des Friedens" (vv. 4. 11). Er besitzt das Land und wohnt im Land auf ewig (v. 29), wenn er nur auf JHWH vertraut, gut handelt und „im Land wohnen bleibt" (v. 3). Die heile Gesellschaftsordnung ist schon da. Sie mag in Bedrängnis sein. Aber in der Zukunft wird sie sich von JHWH her ganz durchsetzen. Hier handelt es sich zweifellos um nachexilisches Nachdenken über das erhoffte, aber noch nicht wirklich sichtbar werdende Heil im Land nach der Heimkehr.

Was in Ps 37 breit entfaltet ist, ist in den Bittgebeten Ps 25, 13; 61, 6; 69, 36f. geballt zusammengefaßt. In 25, 13ff. ist *jrš 'æræṣ* von verschiedenen dtr Stichworten umgeben. In 69, 35–37 wird, ausgelöst durch die Stichworte *'æḇjônîm* (→ אביון) und *'asîrîm*, ein Bittgebet eines einzelnen am Ende auf ganz Israel ausgeweitet (vgl. ähnlich, aber mit *škn*, Ps 102, 29). Ob die „Knechte", „welche seinen Namen lieben", dabei alle Heimkehrer oder nur die JHWH-Treuen unter ihnen sind, ist im Lichte der Parallelen bei TrJes eher im zweiten Sinn zu beantworten. Denn *jrš 'æræṣ* erscheint in ähnlichem Gebrauch auch in Jes 57, 13 (Schlußstellung); 60, 21; 65, 9. Mt hat die 3. Seligpreisung der Bergpredigt in strenger Anlehnung an Ps 37, 11 formuliert – es wäre also kaum richtig, dort zu übersetzen „denn sie werden das Land in Besitz nehmen" oder „denn sie werden das Land erben" (5, 5).

Die Gemeinde von Qumran hat in 4 QpPs^a, einem Pescher zu ausgewählten Psalmtexten, dessen erhaltene Teile hauptsächlich über Ps 37 gehen, sich selbst mit den Gerechten und Armen dieses Psalms identifiziert. Die Vernichtung der Bösen wird nach 40 Jahren, d. h. am Schluß des eschatologischen Heiligen Kriegs, geschehen (1–10 II 8). Die in der Wüste umkehrten (?), werden tausend Generationen lang im Heile leben (?), und der ganze Erbbesitz Adams / der Menschheit wird ihnen und ihren Nachkommen für immer gehören (1–10 III 1f. vgl. IV 3). Der Gemeinde der Armen wird der Erbbesitz aller Großen (?) gehören. Sie werden den hohen Berg Israels besitzen. Auf seinem heiligen Berg werden sie ihre Wonne haben (1–10 III 10f.). Der „heilige Berg" zeigt den Einfluß des Jes-Buchs.

12. DtJes vermeidet in seiner Heilsbotschaft die dtr Idee, daß JHWH den Heimkehrenden wiederum das Land gibt und daß diese es neu in Besitz nehmen. Er kennt nicht, wie er einen zweiten Auszug kennt, auch eine zweite Landnahme. Sie ist nicht nötig. Zwar ziehen die Verbannten aus Babel aus, und JHWH selbst kommt mit ihnen. Aber zugleich ist Zion schon die im Land sehnsüchtig Wartende, die die Ankunft erlebt. Die verwüsteten *neḥālôṯ* müssen zwar neu verteilt werden (Jes 49, 8), aber die Idee einer Besitzergreifung kommt erst in einem zusätzlichen Zusammenhang. Die kinderlose Zion ist plötzlich, da es ihr aus allen Völkern zuströmt, reich mit Kindern gesegnet. Der Raum wird ihr zu eng (49, 18–23). Deshalb ergeht an sie die Aufforderung, ihr Zelt weiter zu spannen und sich nach allen Seiten auszubreiten (54, 1–3). Da wird dann „dein Same die Rechtsnachfolge von Völkern antreten (*jrš qal*), wird verwüstete Städte besiedeln." Es bleibt offen, ob hier nur – wie in Spätschichten anderer Prophetenbücher – an eine Ausdehnung ins alte Davidreich hinein gedacht ist oder gar noch weiter. An Krieg ist nicht gedacht. Zerstörte Städte liegen zur Aneignung parat. Der Wunderglanz, der über ganz DtJes liegt, fehlt auch hier nicht. TrJes wird an diesem Text anknüpfen, aber konkreter zugreifen.

Bonnard 291 übersetzt 54, 3: „Deine Nachkommenschaft erbt Völker (= Menschen aus anderen Völkern, vgl. 55, 5), und diese besiedeln (Judas) verwüstete Städte." Gegen dieses Verständnis spricht der unmittelbare Kontext. Ferner wird mit der Bedeutung 'erben' gearbeitet, die wohl erst später aufkam, und dazu wird für sie noch metaphorischer Gebrauch vorausgesetzt.

In TrJes übernimmt *jrš* – im Gegensatz zu Proto- und fast auch zu DtJes – als Terminus für Israels Heil eine gewisse Rolle. Doch lassen sich nicht alle Belege einer Hand oder einem Aussagensystem zuordnen. In dem Volksklagepsalm aus der Zeit des zerstört daliegenden Jerusalem 63, 7 – 64, 11 wird auf die Königszeit als auf die Zeit, da Israel JHWHs Heiligtum „besaß", als eine ach so kurze Heilszeit zurückgeblickt: „Kehre zurück um deiner Knechte willen, um der Stämme willen, die deine *naḥalāh* sind: nur kurze Zeit hat dein heiliges Volk (dein Heiligtum) besessen, unsere Feinde haben (jetzt) dein Heiligtum zertreten" (63,17f.). Diese Aussage bildet den Hintergrund dafür, wenn nun in anderen Texten wieder neu der Besitz des Landes verheißen wird, mehrfach in Verbindung mit der Wurzel → קדשׁ (*qdš*) (57, 13; 65, 9, vgl. 11). Das vor allem vom Motiv der Völkerwallfahrt zum Zion bestimmte Kapitel 60 geht als ganzes die verschiedenen Motive der Väterverheißungen entlang: Völkersegen (1–18), „Israels Gott" (19f.), Land (21), Vermehrung (22). Gegeben ist das Land längst. Aber in der Heilszeit wird Zions Bewohnerschaft – im Gegensatz zu jetzt – nur noch aus *ṣaddîqîm* bestehen. Deshalb werden sie „für immer das Land besitzen". Hier ist also, unter Verwendung der vor allem in Ps 37 greifbaren Aussagenverbindung, *jrš* zum endzeitlichen Terminus der Landverheißung geworden. – Jes 61, 4–7 schließt sich in chiastischer Entsprechung an 54, 3 an. Im Gnadenjahr JHWHs, von dem Kapitel 61 handelt, werden die „Trauernden Zions" die verwüsteten Städte wieder aufbauen (61, 4, vgl. 54, 3bβ). Daß sie den Besitz von Völkern übernehmen (54, 3bα), wird in 61, 5–7 in einem komplizierten Midrasch entfaltet. Die profane Arbeit in Jerusalem wird von Fremden getan werden. Zions Bewohner sind die Priester und leben vom Reichtum der Völker. Dann wird mit verschiedenen Bedeutungen von *mišnæh* gespielt. „An die Stelle eurer (= der Trauernden Zions) Schande tritt ein Zweifaches." Das erste ist: „(Anstelle der) Beschimpfung: Sie (= die Völker) jubeln über euren Anteil." Es wird nicht deutlich, ob „Anteil" hier den Landbesitz der Bewohner Zions im eigenen Land meint oder – im Sinne von 61, 6 – JHWH als den „Anteil", der in Israel den Priestern gegeben ist. Jedenfalls freuen sich die anderen Völker über Zions Geschick, und das hat als konkrete Folge, daß sie Zion ihr eigenes Land zur Verfügung stellen: „Daher werdet ihr in ihrem (= der Völker) Land noch ein Zweites (= zweiten Anteil, Zweitbesitz) in Besitz nehmen (*jrš*), ihr werdet ewige Freude haben." Ob hier die Tatsache, daß das Volk neben denen, die im Land wohnen, schon eine große Diaspora besitzt, theoretisch überhöht wird? Oder ob die Idee der eschatologischen Völkerwallfahrt nach Jerusalem (so Jes 60) zu der einer Art Interpenetration Israels und der Völker weiterentwickelt wird? Vielleicht ist auch beides der Fall. Jedenfalls kommt hier zu der Aussage von 60, 21 eine Steigerung hinzu: In der Heilszeit werden die Bewohner Jerusalems außerhalb des eigenen Landes, unter den Völkern, noch einen Zweitbesitz haben. – Dieser Landbesitz setzt im Land die große Scheidung voraus. Im Rahmen darauf weisender Aussagen, und zwar offenbar innerhalb von Jes 56–66 in symmetrischer und aufeinander bezogener Stellung, ist in 57, 13 und 65, 9 vom „Besitzen" des Landes bzw. des heiligen Berges JHWHs die Rede. Es wird – im Gegensatz zu den Bösen, von denen jeweils der Kontext handelt – dem *ḥôsæh bî* (57, 13), dem neu von JHWH aus Jakob herausgeführten *jôreš hārāj*, den *beḥîraj* und *ʿaḇāḏaj* (65, 9) zugesagt. Im Gegensatz zu Ps 37 ist hier aber gar nicht sicher, daß es sich einfach um einen Teil des jüdischen Volkes handelt. In den letzten redaktionellen Schichten von TrJes, zu denen diese beiden Stellen offenbar gehören, können durchaus auch die „Fremden" mitgemeint sein, von denen Jes 56 spricht (das Stichwort *har qoḏšî* verbindet die beiden Stellen – für 65, 9 vgl. 65, 11. 25 – mit den Stellen im äußersten Rahmenwerk 56, 7 und 66, 20). Wenn bei DtJes Israel der „erwählte Knecht" JHWHs war, dann sind hier die „Erwählten" und „Knechte" eine viel subtilere und schwerer zu fassende, den Begriff des Gottesvolkes zutiefst umwandelnde Größe. Genau ihnen wird verheißen, daß sie sich des Besitzes des heiligen Berges JHWHs erfreuen werden.

Lohfink

יִשְׂרָאֵל *jiśrāʾel*

I. 1. Vorkommen – 2. Etymologie – 3. Bedeutungen und ihre Häufigkeit – II. Zur Geschichte des Israel-Namens – 1. nach der Reichstrennung – 2. z. Z. David-Salomos – 3. z. Z. Sauls – 4. in vorstaatlicher Zeit – 5. Der Ursprung „Israels" – III. Die religiöse Bedeutung des Israel-Namens – 1. El, der Gott Israels – 2. JHWH, der Gott Israels – 3. Die nationale Komponente im Israel-Namen z. Z. des frühen Königtums – 4. Israel als Gottesvolk in der vorexilischen Prophetie – 5. Israel im Deuteronomium – 6. Israel in der exilisch-nachexilischen Prophetie – 7. Israel im Chronistischen Geschichtswerk – 8. Israel im Psalter – IV. Israel in der altjüdischen Literatur – 1. Die Apokryphen und Pseudepigraphen – 2. die Qumran-Literatur.

Lit.: *P. R. Ackroyd*, Hosea and Jacob (VT 13, 1963, 245–259). – *W. F. Albright*, The Names „Israel" and „Judah" with an Excursus on the Etymology of Tôdâh and Tôrâh (JBL 46, 1927, 151–185). – *Ders.*, Syrien, Phönizien und Palästina vom Beginn der Seßhaftigkeit bis zur Eroberung durch die Achämeniden (Hist. Mundi II, 1953, 331–376). – *A. Alt*, Israel I. Geschichte (RGG³ III, 1959, 936–942). – *E. Auerbach*, Wüste und Gelobtes Land, I, 1932. – *O. Bächli*, Amphiktyonie im AT (ThZ Suppl. VI), 1977. – *H. Bauer*, Die Gottheiten von Ras Schamra (ZAW 51, 1933, 81–101). – *Ders.*, Al-Muštarī (OLZ 38, 1935, 477). – *A. Besters*, „Israël" et „Fils d'Israël" dans les livres historiques (RB 74, 1967, 5–23). – *Ders.*, L'expression „Fils d'Israël" en Ex I–XIV (RB 74, 1967, 321–355). – *J. Bright*, A History of Israel, dtsch.: Geschichte Israels, 1966. – *W. Caspari*, Sprachliche und religionsgeschichtliche Bedeutung des Namens Israel (ZS 3, 1924, 194–211). – *N. P. Chajes*, Der Name yśr'l (JQR 13, 1901, 344). – *R. Coote*, The Meaning of the Name *Israel* (HThR 65, 1972, 137–146). – *F. Crüsemann*, Der Widerstand gegen das Königtum (WMANT 49), 1978, 95–111. – *M. Dahood*, Is *'Eben Yiśrā'ēl* a Divine Title? (Bibl 40, 1959, 1002–1007). – *G. A. Danell*, Studies in the Name Israel in the OT, Uppsala 1946. – *W. Eichrodt*, Israel in der Weissagung des AT, 1951. – *Ders.*, Religionsgeschichte Israels (Hist. Mundi II, 1953, 377–448) (= Dalp-Taschenbücher 394 D, 1969). – *O. Eißfeldt*, Ein gescheiterter Versuch der Wiedervereinigung Israels (2. Sam. 2, 12 – 3, 1) (Nouv. Clio 3, 1951, 110–127 = KlSchr III, 1966, 132–146). – *Ders.*, Non dimittam te, nisi benedixeris mihi (Mél.Bibl. A. Robert, 1957, 77–81 = KlSchr III, 1966, 412–416). – *Ders.*, Jakobs Begegnung mit El und Moses Begegnung mit Jahwe (OLZ 58, 1963, 325–331 = KlSchr IV, 1968, 92–98). – *Ders.*, Palestine in the Time of the Nineteenth Dynasty (a) The Exodus and the Wanderings (CAH II/2, ³1975, 307–330). – *Ders.*, Neue keilalphabetische Texte aus Ras Schamra-Ugarit (SAB 1965/6, 1965). – *Ders.*, Renaming in the OT (Festschr. D. Winton Thomas, Cambridge 1968, 69–79 = dtsch.: Umnennungen im AT, KlSchr V, 68–76). – *S. Feist*, Die Etymologie des Namens יִשְׂרָאֵל (MGWJ 73, 1929, 317–320). – *J. W. Flanagan*, The Deuteronomic Meaning of the Phrase *kol yisra'el* (Studies in Religion 6, 1976/77, 159–168). – *G. Gerleman*, Israel (THAT I, 782–785). – *C. H. J. de Geus*, The Tribes of Israel, 1976, 187–192. – *J. Heller*, Ursprung des Namens Israel (Com.Viat. 7, 1964, 263–264). – *J. Hempel*, Israel I. (BHHW II, 1964, 782–786). – *S. Herrmann*, Das Werden Israels (ThLZ 87, 1962, 561–574). – *Ders.*, Autonome Entwicklungen in den Königreichen Israel und Juda (VTS 17, 1969, 139–158). – *Ders.*, Geschichte Israels in alttestamentlicher Zeit, 1973. – *H. W. Hertzberg*, Jeremia und das Nordreich Israel (ThLZ 77, 1952, 595–602 = Beiträge zur Traditionsgeschichte und Theologie des AT, 1962, 91–100). – *A. R. Hulst*, Der Name 'Israel' im Deuteronomium (OTS 9, 1951, 65–106). – *A. Jepsen*, Zur Überlieferungsgeschichte der Vätergestalten (WZ Leipzig 3, 1953/54, 265–281 = Der Herr ist Gott, 1978, 46–75). – *P. Joüon*, Notes des lexicographie hébraïque (MUSJ 10, 1925, 1–47), 42–43: *śrh*. – *Z. Kallai*, Judah and Israel. A Study in Israelite Historiography (IEJ 28, 1978, 251–261). – *R. Kittel*, Geschichte des Volkes Israel, I, ^{7}1932, II, $^{6.7}$1925. – *A. Lemaire*, Asriel, *šr'l*, Israel et l'origine de la confédération israélite (VT 23, 1973, 239–243). – *V. Maag*, Der Hirte Israels (SchThU 28, 1958, 2–28). – *R. Marcus*, The Hebrew Sibilant *Śin* and the Name *Yiśrā'ēl* (JBL 60, 1941, 141–150). – *A. D. H. Mayes*, Israel in the Pre-monarchy Period (VT 23, 1973, 151–170). – *Ders.*, Israel in the Period of the Judges (SBT II/29, 1974, 55–67). – *E. Meyer*, Die Israeliten und ihre Nachbarstämme, 1906, 1967. – *I. Mihalik*, Some Thoughts on the Name Israel (Theological Soundings, New Orleans 1973, 11–19). – *P. D. Miller*, El the Warrior (HThR 60, 1967, 411–431). – *S. Mowinckel*, „Rahelstämme" und „Leastämme" (BZAW 77, 1958, ^{2}1961, 129–150). – *M. Naor*, יַעֲקֹב und יִשְׂרָאֵל (ZAW 49, 1931, 317–321). – *E. Nielsen*, Shechem, Kopenhagen ^{2}1959. – *M. Noth*, Das System der zwölf Stämme Israels, 1930. – *Ders.*, Die Welt des AT, ^{4}1962. – *Ders.*, Geschichte Israels, ^{7}1969. – *Ders.*, Mari und Israel. Eine Personennamenstudie (Festschr. A. Alt, 1953, 127–153 = ABLAK II, 213–233). – *D. H. Odendaal*, Israel, die Volk van God, in Bybelse Perspektief (NedGTT 12, 1971, 153–170). – *E. Otto*, Jakob in Sichem (BWANT 10), 1979. – *G. v. Rad*, *K. G. Kuhn*, *W. Gutbrod*, Ἰσραήλ (ThWNT III, 356–394). – *W. Richter*, Zu den „Richtern Israels" (ZAW 77, 1965, 40–72), 50–56: „Israel". – *L. Rost*, Israel bei den Propheten (BWANT IV, 19), 1937. – *E. Sachsse*, Die Bedeutung des Namens Israel, eine quellenkritische Untersuchung, 1910. – *Ders.*, Die Etymologie und älteste Aussprache des Namens ישׂראל (ZAW 34, 1914, 1–15). – *Ders.*, Die Bedeutung des Namens Israel, eine geographisch-geschichtliche Untersuchung, 1922. – *Ders.*, Der Ursprung des Namens Israel (ZS 4, 1926, 63–69). – *G. Sauer*, Bemerkungen zu 1965 edierten ugaritischen Texten (ZDMG 116, 1966, 235–241). – *J. Scharbert*, Patriarchentradition und Patriarchenreligion (Verk. u. Forsch., BEvTh 19, 1974, 2–22). – *H. H. Schmid*, Ich will euer Gott sein, und ihr sollt mein Volk sein (Festschr. G. Bornkamm, 1980, 1–25). – *H. Seebass*, Der Erzvater Israel (BZAW 98), 1966. – *R. Smend*, Jahwekrieg und Stämmebund (FRLANT 84), ^{2}1966. – *Ders.*, Die Bundesformel (ThSt 68), 1963. – *Ders.*, Zur Frage der altisraelitischen Amphiktyonie (EvTh 31, 1971, 623–630). – *W. Staerk*, Studien zur Religions- und Sprachgeschichte des alten Testaments, 2. Heft, 1899, 50–73: I. Jisrael. – *C. Steuernagel*, Jahwe, der Gott Israels (BZAW 27, 1914, 329–349). – *E. Täubler*, The First Mention of Israel (PAAJR 12, 1942, 115–120). – *R. de Vaux*, Israel (DBS IV, 1949, 730f.). – *Ders.*, Les Institutions de l'AT, I, 1958, dtsch.: Das AT und seine Lebensordnungen, I, 1960. – *Ders.*, Histoire ancienne d'Israël, I, 1971, II, 1973. – *K. Vollers*, Die solare Seite des alttestamentlichen Gottesbegriffes (ARW 9, 1906, 176–184). – *L. Wächter*, Israel und Jeschurun (Festschr. A. Jepsen, 1971, 58–64). – *N. Walker*, „Israel" (VT 4, 1954, 434). – *G. Wallis*, Zur Geschichte der Jakob-Tradition (WZ Halle 13, 1964, 427–440) = Die Jakobtradition und Geschichte (Geschichte und Überlieferung, 1968, 13–44). – *Ders.*, Die Tradition von den drei Ahnvätern (ZAW 81, 1969, 18–40). – *G. Wanke*, Die Zionstheologie der Korachiten (BZAW 97), 1966, 54–58: Der Gott Jakobs. – *J. Weingreen*, The Theory of the Amphictyony in Pre-Monarchical Israel (JANES Columbia Univ. 5, 1973, 427–433). – *J. Wellhausen*, Israelitische und jüdische Geschichte, ^{9}1958. – *H. G. M. Williamson*, Israel in the Book of Chronicles, Cambridge 1977. – *G. E. Wright*, Israel in the Promised Land (Encouter 35, 1974, 318–334). – *S. Yeivin*, The Age of the Patriarchs (RivStudOr 38, 1961, 301). – *W. Zimmerli*, Israel im Buche Ezechiel (VT 8, 1958, 75–90). – *Ders.*, „Israel" im Buche Ezechiel (BK XIII/2, ^{2}1979, 1258–1261). – *H.-J. Zobel*, Stammesspruch und Geschichte (BZAW 95), 1965. – *Ders.*, Die Stammessprüche des Mose-Segens (Dtn 33, 6–25). Ihr „Sitz im Leben" (Klio 46, 1965, 83–92). – *Ders.*, Das Selbstverständnis Israels nach dem AT (ZAW 85, 1973, 281–294).

I. 1. Israel ist ein westsemit. Eigenname. Er kommt im AT 2514mal vor (Lisowsky zählt 2511 Belege, die um Gen 47, 31 und die zweiten Belege in 1 Kön 9, 7; 16, 29 zu vermehren sind, wie Gerleman exakt vermerkt). Außerdem ist 5mal das Gentilicium bezeugt. Dazu treten noch 144 Belege in der Qumran-Literatur und 6 Belege in der Meša'-Inschrift. In der Monolith-Inschrift Salmanassars III. von Kurkh findet sich einmal das mask. Gentilicium: Ahab, der Israelit (Šir-'i-la-ai; II, 92). Die LXX transkribiert durchweg Ἰσραήλ. Unser Name begegnet weiter außerordentlich häufig in der jüd. Literatur und schließlich auch im NT.

Außerdem gibt es den Namen Israel noch als Namen eines Streitwagenfahrers (*mrjnm*) in einem ugar. Text (KTU 4.623. 3: *jšrʒl*; zum Wechsel von *š* zu *ś* vgl. Marcus, zum ganzen Sauer) und als Bezeichnung für eine Volksgruppe in der Merneptah-Inschrift (Z. 27: *j-si-r-i'-r*). Im ersten Fall besteht kein Bezug zu dem Israel des AT, und im zweiten Fall ist er umstritten. Ob der Name *šr'l* auf den Ostraca Nr. 42 und 48 von Samaria als Asriel (vgl. Num 26, 31; Jos 17, 2; 1 Chr 7, 14) zu lesen und mit Israel zu verbinden ist (Lemaire), ist unsicher.

2. Die Etymologie des Namens Israel ist bis heute nicht eindeutig geklärt. Im AT wird zweimal auf diesen Namen angespielt. In Gen 32, 29 (L: Eißfeldt; J: Noth) lautet die Namenserklärung: „denn du hast gestritten (*śārîṯā*) mit Gott und mit Menschen und hast gesiegt." Israel wird hiernach auf die Wurzel *śrh* zurückgeführt, die nach dem Zusammenhang so etwas wie 'kämpfen', 'streiten' bedeuten muß (Danell, 17f.; Wächter, 58f.; Sachsse, ZAW 1914, 1.5; Heller, 263; vgl. auch Coote). Auf Gen 32, 23–33 oder auf noch andere Überlieferungen spielt Hos 12, 4–5 (vgl. L. Ruppert, Herkunft und Bedeutung der Jakob-Traditionen bei Hosea, Bibl 52, 1971, 488–504) an, wo von Jakob, allerdings anklagend, u.a. ausgesagt wird: „in seiner Kraft stritt (*śārāh*) er mit Gott und rang (?) (*wajjāśar*) mit einem Engel und siegte" (→ יכל *jāḵol*). Während in v. 4 wie in Gen 32, 29

abermals die Wurzel *śrh* begegnet, ist die Ableitung des Verbs zu Beginn von v. 5 nicht eindeutig. Es kann eine Form von *śrr* sein (Wächter, 62, Anm. 14). Doch die Bedeutungen 'herrschen' oder 'weichen' geben keinen Sinn. Wenn man nicht annehmen will, daß der Text von Hos 12, 5 verderbt ist (vgl. die abweichenden Vorstellungen bei Rudolph, KAT XIII/1, 222, und Wolff, BK XIV/1, 267), bleibt nur die andere Möglichkeit, für *wajjāśar* in Analogie zu v. 4 die Bedeutung 'und er rang' zu postulieren.

Jedenfalls deuten beide Volksetymologien den Namen Israel als Kompositum aus einem verbalen und einem theophoren Element. Daß die Gottesbezeichnung dem verbalen Prädikat als Objekt zugeordnet wird, beruht eindeutig auf volksetymologischer Novellistik. Denn in Wirklichkeit handelt es sich bei diesem Namen um ein Beispiel des weitverbreiteten westsemit. Namenstyps, der aus dem Imperf. eines Verbs und dem theophoren Element gebildet wird (vgl. Noth, IPN 208; ABLAK II, 228; Geschichte, 12). Dabei ist das theophore Bildungselement nicht Objekt, sondern Subjekt des Satznamens (so schon Nestle bei Sachsse, ZAW 34, 1914, 4). Und da *'el* wahrscheinlich nicht Appellativum, sondern der Eigenname des Gottes El ist (zuletzt Mihalik, 13–14), müßte Israel mit 'El streitet', 'El kämpft' oder ähnlich übersetzt werden. Stamm verändert diese Übersetzung insofern, als er das Imperf. als erzählendes Tempus versteht und auch unseren Namen vergangenheitlich wiedergibt (Beiträge zur altorientalischen Namenkunde, 1980, 62f.).

Die soeben gegebene Übersetzung des verbalen Bildungselementes beruht lediglich auf den erwähnten Volksetymologien, ist also keineswegs zwingend.

Diese durchaus richtigen Feststellungen haben in der Vergangenheit zu einer Fülle von abweichenden Deutungsvorschlägen geführt (vgl. die Zusammenstellungen bei Sachsse, ZAW 1914, 1–5, der insgesamt neun verschiedene Variationen aufzählt, und bei Danell, 22–28, der ebenfalls die Übersicht von Sachsse bietet und um neuere Vorschläge ergänzt; dazu jüngst wieder Wächter, der abermals an eine Ableitung von *jāšar* denkt und den Namen 'El ist redlich' übersetzt; so schon Sachsse). Wirklich ernsthaft sind nur diejenigen Vorschläge zu erwägen, die nicht von der Wurzel *jšr* (außer Wächter noch Albright, JBL 1927; Sachsse; Danell) oder *'šr* (zuletzt Naor) oder gar von einem ägäischen *iser* 'heilig' (Feist) ausgehen, ganz zu schweigen von der Erklärung Steuernagels, Israel heiße *'îš Rāḥel* 'der Mann aus dem Rahel-Stamm' (bei Sachsse, ZAW 1914, 4) oder Walkers (434), Israel sei so etwas wie eine Abkürzung und meine „Jah von Seir ist El", sondern die wie die at.lichen Texte die Wurzel *śrh* annehmen. Hinsichtlich der Deutung dieser Wurzel fällt sogleich der Vorschlag von Vollers und Bauer (ZAW 1933, 83; OLZ 1935, 477), unter Hinweis auf arab. *šarija* die Grundbedeutung 'scheinen', 'strahlen' zu postulieren und den Namen 'El erstrahlt' zu übersetzen, als unwahrscheinlich heraus. Auch die Übersetzung von *śrh* mit 'to persevere, persist', also 'El beharrt', durch S. R. Driver hat mit Recht keinen Anklang gefunden. Es bleibt letztlich die Entscheidung zwischen der Wiedergabe 'streiten', 'kämpfen' (Wellhausen, 23: „El streitet"; Meyer, 252: „'Er streitet' ist El"; Kittel, I, 274, Anm. 1: „Gott streitet oder dergl."; Auerbach, 72: „Gott streitet"; Eißfeldt, KlSchr IV, 98: „El kämpft"; Hempel, 782: „'El streitet' od. 'El heilt'?"; Heller, 263: „Gott möge streiten"; vgl. Miller) und 'herrschen' (Joüon, 42–43: „être fort"; Noth, IPN 207: „Gott möge sich als Herr, Herrscher beweisen"; v. Rad, 357, Anm. 1: „Gott herrscht" (?); Eißfeldt, KlSchr V, 74: „Herr ist El"; Sauer, 240: „El möge sich als Herr beweisen" unter Hinweis auf ugar. *šr* 'Fürst'; Eichrodt, 1969, 21: „Gott herrscht"). Es fällt auf, daß eine andere volksetymologische Erklärung eines Eigennamens, nämlich die des Namens Jerubbaal als 'Baal streite wider ihn' (Ri 6,32), unserer Deutung insofern analog ist, als dort das verbale Element ebenfalls als 'streiten', 'kämpfen' verstanden wird. Nun kann es im letzteren Fall keine Frage sein, daß dem verbalen Bestandteil nicht die Wurzel *rîḇ* 'streiten', sondern *rbb* 'erhaben sein', 'herrschen' zugrundeliegt (Eißfeldt, KlSchr V, 74, Anm. 2). Von da her wird die Vermutung begründet, daß auch das Verständnis von *śrh* als 'kämpfen' auf das Konto novellistisch-volksetymologischer Gestaltung kommt, die Grundbedeutung aber 'herrschen', 'erhaben sein' bedeutet. Demnach würde unser Name von Hause aus lauten 'El herrscht', 'El ist der Herr', 'Supreme is El' (vgl. Yeivin, 301; de Geus, 192). Wie das ugar. Beispiel lehrt, ist dieser Name eigentlich ein männlicher PN.

3. Gehen wir hinsichtlich der Frage nach der Bedeutung des Namens Israel der Reihenfolge der bibl. Bücher entsprechend von der Gen aus, so scheint dieser Eindruck bestätigt zu werden. Die erste Bezeugung steht in Gen 32, 29, wo die feierliche Umnennung Jakobs zu Israel erzählt und Jakob als Individuum dargestellt wird. Damit stimmt überein, daß von seiner rechten oder linken Hand, von seinen Augen oder seiner Lebenszeit gesprochen wird. Von insgesamt 43 Belegen in Gen beziehen sich 29 eindeutig auf den Erzvater; weitere 7mal begegnet der Ausdruck „die Söhne Israels". Dabei ist auffällig, daß sich von 29 Belegen für einfaches Israel allein 22 in einer Version der Joseph-Erzählung finden; desgleichen gehören 5 der 7 Erwähnungen von „Söhnen Israels" in diese Version. Abgesehen davon wird 5mal Israel eindeutig im Sinne eines größeren Verbandes gebraucht: Gen 34, 7 – eine Schandtat in Israel begehen (Deut 22, 21; Jos 7, 15; Ri 20, 6. 10. 13 u. ö.), 48, 20 – in Israel sich Segen wünschen, 49, 7 – in Israel//Jakob zerstreuen, 49, 16. 28 – Stämme Israels. Schließlich werden die Gottesbezeichnungen „El, der Gott Israels" (Gen 33, 20) und „der Hüter des Israel-Steins" (Gen 49, 24) gebraucht.

Dieses Übergewicht der individuellen vor den kollektiven Belegen ist nur in Gen zu beobachten. In Ex ist der Erzvater noch 2mal genannt: 6, 14 (P) und 32, 13 (red. Zusatz). Dagegen begegnet ab Ex 4, 22 insgesamt 41mal Israel als Bezeichnung des in Ägypten versklavten, vom Pharao entlassenen, die Exodus-Wunder erlebenden und in den Gottesbund hineingenommenen Volkes, wie denn ab Ex 5, 1 insgesamt 4mal die Bezeichnung „(JHWH,) der Gott Israels" begegnet (24, 10; 32, 27; 34, 23; vgl. 32, 4. 8). Die Verbindung „Söhne Israels" ist 123mal belegt.

Dieses Bild zeigen auch die folgenden biblischen Bücher: Lev – 11mal Israel als Gesamtbezeichnung, 54mal „Söhne Israels"; Num – 2mal Israel als Vater Rubens (1, 20 P; 26, 5 P), 63mal als Gesamtbezeichnung, 171mal „Söhne Israels", einmal „der Gott Israels" (16, 9); Deut – 51mal Gesamtbezeichnung, 21mal „Söhne Israels"; Jos – 76mal Gesamtbezeichnung (beachte die Wendung „Gebirge Israels" in 11, 16. 21, das im Gegenüber zu „Gebirge Juda" in v. 21 nur das Gebirge Ephraim meint), 69mal „Söhne Israels", 14mal „JHWH, der Gott Israels" und in 22, 16 nur „der Gott Israels"; Ri – einmal Israel als Vater Dans (18, 29), 115mal Gesamtbezeichnung, 61mal „Söhne Israels", 7mal „JHWH, der Gott Israels".

Etwas komplizierter gestaltet sich diese Übersicht in 1 Sam: 12mal „Söhne Israels", 9mal „der Gott Israels" (1, 17; 5, 7. 8 [3mal]. 10. 11; 6, 3. 5), 8mal „JHWH, der Gott Israels", und einmal „JHWH ist Israels Ruhm" (15, 29). Zum erstenmal begegnet uns jedoch 2mal Israel eindeutig als Bezeichnung einer von Juda unterschiedenen Größe (17, 52; 18, 16). Das begründet die Vermutung, daß auch bei den restlichen 119 Belegen Israel nicht immer das ganze Volk, sondern auch eine von Juda abzuhebende mittel- und nordpalästinische Stämmegruppe bezeichnet. Während mit „alle Stämme Israels" (2, 28; 10, 20; vgl. 9, 21; 15, 17) und mit „ganz Israel, von Dan bis Beerseba" (3, 20) wohl die Gesamtbezeichnung vorliegt, zumal die Gerichtsandrohung für Eli (2, 32) und die Abschiedsrede Samuels (12, 1) Züge dtr. Überarbeitung aufweisen, kann man schon bei 2, 14ff. fragen, ob das nach Silo kommende Israel Juda miteinschließt; wenn Sauls Herrschaft sich über Israel erstreckt (9, 16. 20; 11, 2. 13; 13, 1; 14, 2ff.; auch 14, 47. 48), wird an ein Israel ohne Juda zu denken sein. Schließlich mutet die sich von der funktionalen Bezeichnung „König über (*'al*) Israel" (15, 17 u.ö.) abhebende und auf Saul als ersten bezogene Wendung „der König Israels" (24, 15; 26, 20; 29, 3) wie eine Titulatur an, die nur noch einmal Michal in bezug auf David aussagt (2 Sam 6, 20).

In 2 Sam führt die Grobübersicht zu folgendem Ergebnis: 5mal „Söhne Israels", 61mal Gesamtbezeichnung, die das Königtum Davids meint (5, 17; 6, 1. 21 u.ö.), 48mal Bezeichnung für das von Juda unterschiedene, weithin mit dem späteren Nordreich identische Gebiet oder eines seiner Teile (2, 9; 5, 1. 2^3. 3^2. 5; 11, 11; 20, 1 u.ö.), je einmal „JHWH Zebaoth, der Gott Israels" (7, 27), „JHWH, der Gott Israels" (12, 7), „der Gott Israels" (23, 3; doch vgl. BHS) und „der Fels Israels" (23, 3). 1 Kön weist folgendes Bild auf: 2mal der Erzvater (18, 31. 36), 21mal „Söhne Israels", 52mal Gesamtbezeichnung (davon allein 5mal „der Thron Israels" für das Königtum der Davididen 2, 4; 8, 20. 25; 9, 5, in 2 Kön 10, 30; 15, 12 aber auf das Nordreich begrenzt), 108mal das Nordreich (davon 38mal „der König Israels" und 8mal der Plural), 20mal „JHWH, der Gott Israels", wobei bemerkenswert ist, daß bis 1 Kön 11, 31 diese Formel auch im Munde von Judäern begegnet, ab 11, 31 aber 11mal ausnahmslos mit Nordreichskönigen verbunden ist. Das bleibt bis 2 Kön 18, 5 so (9, 6; 10, 31; 14, 25), wo sie wieder judäisch ist (18, 5; 19, 15. 20; 21, 12; 22. 15. 18). Sonst findet sich in 2 Kön 17, 34 eine Anspielung auf Gen 32, 11mal „Söhne Israels", 10mal die Gesamtbezeichnung, 132mal der Bezug auf das Nordreich und 19, 22 „der Heilige Israels" (vgl. Jes).

In der prophetischen Literatur ist eine solche Aufgliederung kaum oder nur mit Vorbehalt möglich. Dieser Vorbehalt erstreckt sich darauf, daß zwar manche Stellen eindeutig das Nord- bzw. Südreich meinen, die Mehrzahl der Belege aber einen umfassenderen Inhalt des Begriffs Israel erkennen läßt: Proto-Jes: 4mal „Söhne Israels", 13mal ganz Israel, 6mal Nordreich, 21mal verschiedene Gottesbezeichnungen (12mal „der Heilige Israels", 4mal „JHWH, der Gott Israels", 2mal „JHWH Zebaoth, der Gott Israels", je einmal „der Starke Israels", „das Licht Israels", „der Gott Israels"); DtJes: 22mal Exilsvolk, 20mal Gottesbezeichnungen (11mal „der Heilige Israels", 6mal „der Gott Israels", je einmal „der Schöpfer Israels", „der Erlöser" und „der König Israels"); TrJes: einmal der Erzvater (63, 16), einmal „Söhne Israels", 2mal das Israel seiner Zeit, 2mal „der Heilige Israels".

Von den 125 Belegen des Jer (vgl. Hertzberg, 92–99) entfallen 9 auf „Söhne Israels", 28 eindeutig auf das ehemalige Nordreich, 53 auf verschiedene Gottesbezeichnungen (35mal „JHWH Zebaoth, der Gott Israels", 14mal „JHWH, der Gott Israels", 2mal „der Heilige Israels", 2mal „die Hoffnung Israels"), und der Rest von 35 Belegen macht wieder den Eindruck, daß eine umfassendere Größe gemeint ist.

Bei Ez begegnet 11mal „Söhne Israels", 6mal „der Gott Israels", je einmal „JHWH, der Gott Israels" und „der Heilige in Israel", und die restlichen 167 Belege beziehen sich vorwiegend auf ein Israel, das hinsichtlich seines Umfangs in Vergangenheit, Gegenwart und zukünftiger Heilszeit keine wesentlichen Veränderungen erkennen läßt. Lediglich bei 9, 9 „Haus Israel und Juda", 25, 3 „Land Israel und Haus Juda", 27, 17 „Juda und das Land Israel" und 37, 16 „Juda und die Söhne/das Haus Israel" bzw. in v. 19 „die Stämme Israels" kann man fragen, ob Israel hier von Juda unterschieden werde. Doch gehen diese Formulierungen entweder auf Fremdbearbeitungen zurück (so 9, 9), oder sie sind vom Zusammenhang her anders zu interpretieren (so 25, 3; 27, 17; 37, 16. 19; dazu vgl. Zimmerli, BK XIII, z. St. und 1259).

Beim Nordreichspropheten Hosea finden wir Israel vorab als Bezeichnung des Nordreichs (33mal; 6mal „Söhne Israels"). Nur 4mal ist es Gesamtbezeichnung (9, 10; 11, 1; 12, 14; 13, 1; fraglich 7, 1 und 10, 9); 12, 13 bezieht sich auf den Erzvater. Die Belege des Joel-Buches beziehen sich auf das nachexilische Israel (davon einmal „Söhne Israels"). Amos verwendet Israel 23mal für das Nordreich, 5mal sagt er „Söhne Israels", und in 5, 25; 9, 7 liegt im Blick auf die Vergangenheit wieder eine Art Gesamtbezeichnung vor (vgl. 3, 1). Ob 20 bezeichnet mit „Söhne Israels" die Verbannten. Bei Micha ist wiederum der in seiner Bedeutung schwebende und deshalb so schwer zu fassende Gebrauch von Israel zu beobachten; denn „Söhne Israels" (5, 2) meint das Israel der Heilszeit, wie denn in 5, 1 von dem aus Bethlehem-Ephrat kommenden „Herrscher in Israel" gesprochen wird. In 3, 1. 9 werden die Herrscher Zions || Jerusalems „Fürsten des Hauses Israel" genannt (ähnlich 4, 14 oder 1, 14). Dagegen macht 1, 5 durch das den Städten Samaria und Jerusalem parallele Gegenüber von „Haus Israel" und „Haus Juda" den Eindruck, daß Israel auf das Nordreich geht. Das ist wohl auch in 1, 13; 3, 8 der Fall, während 1, 15; 6, 2 wieder umfassender klingen und 2, 12 vom „Rest Israels" spricht. Nah 2, 3 bezieht sich wohl auf das Nordreich (Robinson–Horst, HAT I/14, z. St.), während Zeph 3, 13. 14. 15 Juda anspricht und 2,9 „JHWH Zebaoth, der Gott Israels" sagt. Bei Proto-Sach stehen 8, 13 „Haus Juda" und „Haus Israel" nebeneinander; und in 2, 2 begegnet die Aufreihung „Juda, Israel und Jerusalem". Deut-Sach weist 9, 1 „alle Stämme Israels", 11, 14 „Juda und Israel" und 12, 1 „Israel" als Bezeichnung für Jerusalem und den Süden auf. Bei Mal schließlich ist in 2, 16 „JHWH, der Gott Israels" belegt; in 2, 11 findet sich das Nebeneinander von Juda, Israel und Jerusalem, so daß man bei Israel an das Nordreich denken möchte; 3, 22 ist „ganz Israel" der Adressat der Gesetzgebung des Mose, und 1, 1. 5 hat auch umfassenderen Klang.

Im Psalter ist Israel samt 2mal „Söhne Israels" vorwiegend (46mal) Bezeichnung einer umfassenderen Gemeinschaft, wozu die verschiedenen Gottesbezeichnungen passen (12mal, s. u. III. 8). Dabei ist die Titulatur „der Hirte Israels" in Ps 80, 2 der in v. 3 genannten Gemeinschaft „Ephraim, Benjamin und Manasse" zugeordnet, wie denn das parallele Nebeneinander von Juda und Israel in Ps 76, 2; 114, 2 auf eine von Juda abzuhebende Größe hinweisen könnte.

In Ruth ist 2, 12 die Bezeichnung „JHWH, der Gott Israels" belegt, und 4mal meint Israel auch das ganze Volk. In Pred 1, 12 bezieht sich die Wendung „der König über Israel" auf Salomo. Die Kl haben das Geschick Judas, Jerusalems und des Zion im Auge; allerdings begegnet Israel nur in 2, 1. 3. 5. HL 3, 7 spricht von den „Helden Israels", die Salomos Sänfte umgeben. Die redaktionelle Überschrift der Spr spricht von Salomo, dem „König Israels" (1, 1). Und auch Dan benutzt Israel in umfassendem Sinn (1, 3; 9, 7. 11. 20; davon einmal „Söhne Israels").

In Esra wird 8, 18 Levi „der Sohn Israels" genannt, 4mal heißt es „Söhne Israels" ganz allgemein, 13mal gehört Israel zu einer Gottesbezeichnung (6mal „JHWH, der Gott Israels", 4mal „der Gott Israels", 3mal „der Elah Israels"), und die restlichen 22 Belege meinen das nachexilische Israel als Volk und Gemeinde, vereinzelt auch das Israel der Vergangenheit (5, 11; 3, 10). Neh gebraucht 9mal „Söhne Israels" und 13mal Israel als Bezeichnung des sich aus der Geschichte herleitenden Volkes seiner Gegenwart.

In 1 Chr (zu 1 und 2 Chr vgl. Williamson) ist 9mal von Israel und 4mal von den „Söhnen Israels" in genealogischem Sinn die Rede. 10mal ist „JHWH, der Gott Israels", 2mal „der Gott Israels" und einmal „JHWH Zebaoth, der Gott Israels" gebraucht. Nur in 5, 17 begegnet Israel als Bezeichnung des Nordreichs. Aber 87mal bezieht sich unser Name auf das ganze Volk. 2 Chr enthält in 30, 6 die Wendung „der Gott Abrahams, Isaaks und Israels" und 23mal die Verbindung „Söhne Israels". 22mal ist die Formulierung „der Gott Israels" und einmal „JHWH, der Gott Israels" bezeugt. 75mal ist Israel Gesamtbezeichnung; 61mal bezieht es sich auf das Nordreich und 4mal auf Juda.

Diese grobe Übersicht über die Häufigkeit der Bedeutungen des Namens Israel im AT ergibt, daß abgesehen von den insgesamt 241 Belegen von Gottesbezeichnungen und von den 637 Bezeugungen der Verbindung „Söhne Israels" (vgl. Besters) nur 49mal vom Erzvater Israel die Rede ist, gehäuft in Gen. In der Hauptmasse der Belege meint Israel eine kollektive Größe, ist doch schon rein statistisch das Kollektivwort Israel mehr als doppelt so oft gebraucht wie das individualisierende Wort „Söhne Israels" (Staerk, 50–59). Auch wenn eine weitere Differenzierung schwer und oftmals nicht eindeutig zu vollziehen ist, so wird das Nordreich und seine Bevölkerung etwa 564mal Israel genannt, das Südreich aber nur selten (etwa 17mal). In der überwiegenden Zahl der Belege (1006mal) wird unter Israel zunächst die zusammenfassende Bezeichnung für das seit dem Ägyptenaufenthalt bestehende Volk JHWHs gesehen; aber seit dem Untergang des Nordreichs ist Israel mehr eine ideelle Größe, die in Juda, den Verbannten, der nachexilischen Gemeinde und nicht zuletzt auch immer wieder in dem Volk der Heilszeit in Erscheinung tritt (vgl. besonders Danell, 9).

II. 1. Mit der Reichstrennung nach dem Tode Salomos stoßen wir in 1 Kön 12 auf einen Gebrauch des Israel-Namens, der eindeutig ist, weil er eine von Juda unterschiedene eigenständige Größe meint: „Ganz Israel" kam nach Sichem (v. 1), „die ganze Gemeinde Israels" verhandelte mit Rehabeam über die Erleichterung der Fronlasten (v. 3), „ganz Israel" reagierte negativ auf den harten Bescheid des Königs (v. 16), hörte u. a. das „Auf, Israel, zu deinen Zelten!" (v. 16), folgte diesem Aufruf (v. 16), denn „ganz Israel" steinigte Adoniram (v. 18) und machte Jerobeam „zum König über ganz Israel" (v. 20); „so fiel Israel vom Hause Davids ab" (v. 19). Hiernach ist dieses ganze Israel eine in jeder Hinsicht geschlossene, selbständig handelnde Größe. Zu ihr gehören nach 1 Kön 11, 31 zehn Stämme; ihr Territorium ist gegenüber dem der Nachbarn klar abgegrenzt, und sie verfügen über eine eigenständige politische Gewalt. Wenn diese nach 12, 20 „der König über ganz Israel" heißt und Israel hier den Machtbereich als das Volk Israel absteckt, so lautet doch offensichtlich die übliche politische Titulatur „der König Israels" (so zuerst für Jerobeam 1 Kön 15, 9; dann noch insgesamt 79mal in 1 und 2 Kön für die Herrscher des Nordreichs bis zu ihrem letzten Vertreter Hosea in 2 Kön 18, 1. 9. 10; 21, 3 nennt noch Ahab; außerdem steht 28mal der Plur. „die Könige Israels"; vgl. auch *mlk jśr'l* in der Meša'-Inschrift, KAI 181, 5. 10–11. 18). Die Wendung „auf dem Thron Israels sitzen" ist während der Zeit des Nordreichs nur in 2 Kön 10, 30; 15, 12 belegt und bezieht sich auf Jehu und seine Dynastie. Damit ist Israel eindeutig der Name des Nordreichs und ein politisch-staatsrechtlicher Begriff, der, unterstrichen durch das gerade in 1 Kön 12 auffällig häufig verwendete *kol* 'ganz', exklusiv im Gegenüber zum Südreich gebraucht wird.

Ein Blick auf die Verwendung der Formel „JHWH, der Gott Israels" in 1 und 2 Kön bestätigt das; denn bis 1 Kön 11, 31 begegnet diese Formel auch im Munde von Judäern, ab 1 Kön 11, 31 aber findet sie sich 14mal nur mit Nordreichskönigen verbunden, ab 2 Kön 18, 5 dann wieder 6mal nur mit Judäern verknüpft. Schließlich zeigen auch die Worte, mit denen Jerobeam die beiden goldenen Stierbilder seinem Volk vorstellt „Siehe, das ist dein Gott, Israel, der dich aus dem Land Ägypten heraufgeführt hat", daß Israel hier das Volk des Nordreichs unter Ausschluß der Bevölkerung des Südreichs meint, obwohl gerade diese Formel von der Herauf(s)führung aus Ägypten sonst gesamtisraelitisch orientiert ist. Soweit ist also der Sachverhalt eindeutig: Solange das Nordreich existiert, ist der Name Israel ihm vorbehalten.

Allerdings findet sich in 1 Kön 12, 17 die Aussage, daß über die Israeliten in den Städten Judas Rehabeam König wurde. Indes ist auf eine solche einzelne Stelle nicht allzuviel zu geben, und andere Belege wie 1 Kön 14, 24; 21, 26; 2 Kön 16, 3 oder 1 Kön 14, 21 muten dtr an. Immerhin wird man nicht ausschließen dürfen, daß auch für die Zeit des Nordreichs der Idee nach Israel ein aus 12 Stämmen bestehendes Ganzes ist. Und daß Jes zwar 6mal mit Israel das Nordreich meint, aber viel häufiger den Namen auf das ganze Gottesvolk bezieht, in 8, 14 sogar von „den beiden Häusern Israel" (so auch CD 7, 12–13) spricht und den Namen Israel in die von ihm bevorzugte Gottesbezeichnung „der Heilige Israels" hineinnimmt, darf nicht übersehen werden. Und wenn Amos das aus Ägypten geführte (9, 7; 3, 1) und in der Wüste geleitete Volk „Israel" nennt (5, 25), dann wird er das ganze Gottesvolk und nicht nur die von ihm angeredeten Bewohner des Nordreichs meinen. Daraus ergibt sich, daß auch während der Nordreichszeit der umfassende Gebrauch des Namens Israel belegt ist. Er hat sich offenbar neben der politischen Eingrenzung auf den Nordstaat erhalten und behaupten können.

2. Gehen wir in der Geschichte einen Schritt rückwärts, so bestätigt sich unser bisheriges Resultat. Israel ist zunächst wiederum ein exklusiver Begriff für eine gegenüber dem „Haus Juda" eigenständige Größe. Das verdeutlicht die knappe Erzählung von der Erhebung des judäischen Königs David nun auch zum König über Israel in Hebron (2 Sam 5, 1–5). „Alle Stämme Israels" kommen dorthin (v. 1), zuvor schon war David der Führer „Israels" (v. 2), weidete das Volk JHWHs „Israel" (v. 2), soll nun „der *nāgîd* über Israel" werden (v. 2); „alle Ältesten Israels" schlossen den Königsvertrag mit David ab (v. 3) und salbten ihn zum „König über Israel" (v. 3). Und in einer abschließenden Notiz heißt es, daß David in Jerusalem 33 Jahre „über ganz Israel und Juda" regiert habe (v. 5). Dieser Israel von Juda unterscheidende Sprachgebrauch begegnet in den Quellen für die davidisch-salomonische Zeit noch so oft, daß daran nicht gezweifelt werden kann (vgl. nur 2 Sam 3, 19. 21; 11, 11; 19, 41–44; 20, 1. 2; 24, 1. 9; 1 Kön 4, 20; 5, 5): Israel bezeichnet den Stämmekreis, der im großen und ganzen das spätere Nordreich bildete.

Daneben aber ist „Israel" wiederum als ein das ganze Volk Judas und Israels umfassender Begriff belegt. Das ist der Fall bei der von Thamar ausgesprochenen Formel: „So etwas tut man nicht in Israel" (2 Sam 13, 12), weil hier zu Israel eben auch Juda gehört (Noth, System, 104–106). Das „ganz Israel" in 2 Sam 16, 21. 22 schließt Juda ebenfalls mit ein, wie die Zufügung „ganz Israel, von Dan bis Beerseba" (2 Sam 17, 11; ähnlich 24, 2; vgl. aber 2 Sam 3, 10 „Israel und Juda, von Dan bis Beerseba") zeigt. Schließlich bezeichnet die Verbindung „das ganze Haus Israels" (2 Sam 6, 5. 15) gleichfalls diese auch Juda erfassende Gesamtheit Israels. Vorab die zuletzt genannten Stellen machen den Eindruck, Israel bedeute hier so etwas wie die Gemeinde JHWHs, sei also mehr eine religiöse, sich von der viel enger umgrenzten, nämlich auf das spätere Nordreich bezogenen staatsrechtlich-politischen Bezeichnung abhebende Benennung. Dieser Eindruck wird durch das Nebeneinander der Wendungen „der König über (*'al*) (ganz) Israel" und „der König Israels" bestätigt. Die zuerst genannte Verbindung begegnet mit Bezug auf David 2 Sam 5, 12. 17; 12, 7 (vgl. 7, 8) und auf Salomo 1 Kön 1, 34; 4, 1; 11, 37 (vgl. Pred 1, 12). Könnte man bei 2 Sam 5, 17 noch erwägen, ob nicht ein Rückbezug auf 2 Sam 5, 3 „der König über Israel" (Nord) vorliege, so ist doch 5, 12 insofern eindeutig, als die Unterstützung beim Palastbau in Jerusalem durch Hiram von Tyrus eben von David als Beweis dafür angesehen wurde, daß JHWH ihn als „König über Israel" bestätigt und sein Königtum hoch erhaben gemacht habe „um seines Volkes Israel willen". Hier steht Israel für das gesamte, auch Juda mit einschließende Volk. Auch 12, 7 ist insofern klar, als die Feststellung im Munde JHWHs: „Ich habe dich zum König über Israel gesalbt" das ganze Gottesvolk betrifft, wie es auch bei Salomo der Fall ist.

Daneben aber wird David von Michal „der König Israels" (2 Sam 6, 20; vgl. Esr 3, 10; 2 Chr 8, 11; 29, 27; 35, 4) genannt. Auch Salomo scheint so bezeichnet worden zu sein (2 Chr 30, 26; 35, 3; vgl. auch Spr 1, 1). Wenn es bei anderen Herrschern heißt: Talmai, der König Gesurs (2 Sam 3, 3), Hiram, der König Tyrus' (2 Sam 5, 11), Hadadeser, der König Zobas (2 Sam 8, 3. 5), Meša', der König Moabs (Meša'-Inschrift, KAI 181, 1) oder der Pharao, der König Ägyptens (1 Kön 3, 1; 9, 16 u. ö.), dann benennt der Genitiv das jeweilige Herrschaftsgebiet, den Staat oder das Land. Deshalb wird in der analog gebildeten Wendung „der König Israels" der Eigenname als staatsrechtlicher Terminus zu verstehen sein, eben als Bezeichnung für den Staat Israel und sein Territorium, wie denn David dem König Akis von Gath vorgestellt wird als „der König des Landes" (*mælæḵ hā'āræṣ*, 1 Sam 21, 12), der zu *mælæḵ* hinzutretende Genitiv also der des Landes oder Staates ist oder sein kann.

Auf dem Hintergrund dieser Beobachtung hebt sich die Wendung „der König über (*'al*) Israel" noch klarer ab, weil sie das Volk, über das ein König herrscht, bezeichnet. Und wenn das Königtum als Lehensgabe JHWHs verstanden wird (vgl. nur 1 Kön 10, 9), dann tritt der Bezug des Volkes zu JHWH noch deutlicher hervor. Das zeigt 2 Sam 6, 21 in gewünschter Klarheit. In der Entgegnung auf die spöttische Bemerkung der Michal über das Benehmen des „Königs Israels" nimmt David nicht diesen staatsrechtlichen Terminus auf, sondern formuliert bewußt religiöstheologisch, wenn er sich als Erwählten JHWHs versteht, der ihn „zum *nāgîḏ* über das Volk JHWHs, über Israel" bestellt habe. „Der König über Israel" ist also „der König über das Gottesvolk Israel".

Diesen Gehalt weist auch die Wendung „der Thron Israels" (1 Kön 2, 4; 8, 20. 25; 9, 5; 10, 9; auch 2 Chr 6, 10. 16) auf. Sie wird inhaltlich aufs engste mit der Nathan-Verheißung (2 Sam 7) verbunden, wenn zugesagt wird, es werde dem David nie an einem Nachkommen auf dem Thron Israels fehlen (1 Kön 2, 4), oder wenn Salomo seine Besteigung „des Thrones Israels" und den Tempelbau als Erfüllung der dem David gegebenen Verheißungen versteht (1 Kön 8, 20 u. ö.). Eben weil es hierbei auch um religiöse Vorstellungen geht, wird man Israel ebenfalls in dieser Wendung auf das Gottesvolk als ganzes beziehen dürfen. Daß das auch für die Formel „JHWH (Zebaoth), der Gott Israels" (2 Sam 7, 27; 12, 7; vgl. noch 2 Sam 7, 26; 23, 3; 1 Kön 1, 30. 48; 8, 15. 17. 20. 23. 25. 26; 11, 9. 31) zutrifft, sahen wir schon, wie denn dieser Formel die andere von Israel als dem Volk JHWHs (2 Sam 5, 2. 12; 6, 21; 7, 8. 10. 11. 23. 24 u. ö.) korrespondiert. Schließlich wird man auch noch auf die in der Poesie beliebte Parallelisierung von Jakob und Israel hinweisen dürfen, soweit es sich, wie das bei den beiden Bileam-Liedern aus Num 24 der Fall ist, um Dichtungen aus der Zeit des frühen Königtums handelt (Num 24, 5. 17).

Das Ergebnis ist auch hier eindeutig: Israel kann im engeren oder weiteren Sinn gebraucht werden. Dabei kann es sowohl ein staatsrechtlicher Terminus als auch ein mit religiöser Würde belegter Name sein.

3. In 1 Sam 9, 16 wird pointiert von der Salbung Sauls zum „*nāgîḏ* über mein Volk Israel" gesprochen; die Formel 1 Sam 14, 47 redet von seiner „Königsherrschaft über Israel" (vgl. 1 Sam 13, 1), und David ebenso wie Akis titulieren Saul als „der König Israels" (1 Sam 24, 15; 26, 20; 29, 3). Darüber hinaus ist der Name Israel noch häufig belegt (vgl. 1 Sam 11, 2. 13; 14, 21 ff.), natürlich auch in der Wendung „(JHWH,) der Gott Israels". Das Bild, das sich uns zeigt, ist deutlich: Sauls Reich heißt Israel; er herrscht über das Gottesvolk Israel als König. So kann er denn auch von David als „die Zierde Israels" (2 Sam 1, 19) gepriesen werden. Umstritten ist dabei nur, ob Juda und der Süden zum Reich Sauls gehörten (pointiert Eißfeldt, KlSchr III, 135 ff.; Schunck, Benjamin, 1963, 124–127; Mayes, VT 23, 1973, 151–170) oder nicht (Rost, 1; Herrmann, ThLZ 1962, 570; Geschichte, 189; de Vaux, Histoire, II, 65). 2 Sam 2, 9 zählt die Gebiete auf, über die Esbaal, Sauls Sohn, herrschte: „Gilead, 'Asser', Jesreel, Ephraim und Benjamin". Das darauf folgende „und Israel in seiner Gesamtheit" kann entweder heißen: die vorgenannten Gebiete umfassen „ganz Israel" – dann gehörte Juda bestimmt nicht dazu –, oder nur über diese Gebiete ist Esbaal de facto König, de iure aber umfaßte sein Königreich das größere Gebiet ganz Israels unter Einschluß Judas. Der folgende v. 10 redet abermals vom Königtum Esbaals „über Israel" und fährt dann fort: „Nur das Haus Judas folgte David." Unbestreitbar ist, daß das Haus Judas nicht zum Reich Esbaals gehörte. Aus territorialgeschichtlichen Erwägungen heraus ist es wahrscheinlich, daß das Haus Judas auch nicht zum Reich Sauls gehörte (vgl. auch 1 Sam 18, 16). Insoweit Israel die staatsrechtliche Bezeichnung dieses Königtums ist, versteht es sich unter Ausschluß Judas. Aber ist das bei dem religiösen Gebrauch des Begriffs Israel zur Zeit Sauls auch der Fall?

Man hat auf die JHWH-Verehrung hingewiesen, die gewiß für Juda ebenso galt wie für Israel und eine Gemeinsamkeit beider darstellte (z. B. Herrmann, ThLZ 1962, 573; de Vaux, Histoire, II, 65). Aber ist mit dem JHWH-Namen der Israel-Name gleichsam automatisch gegeben, so daß derjenige, der JHWH verehrt, zu Israel gehört oder doch gehören sollte? Wir werden sehen, daß diese Vermutung zutrifft. Außerdem kann noch so argumentiert werden, daß Israel niemals die politische Bezeichnung des Königtums Davids hätte werden können, wenn sich nicht auch Juda zu diesem Israel hinzugerechnet hätte (Danell, 287 f.).

4. Mit Noths hypothetischer Annahme einer altisraelitischen Amphiktyonie schien das uns jetzt angehende Problem gelöst: „Die alttestamentliche Überlieferung kennt den Namen 'Israel' ... nur als *Gesamt*bezeichnung für eine Gruppe von zwölf Stämmen"

(Geschichte, 11). Ähnlich formulierte noch Alt: „Dieser Stämmeverband war der erste Träger des Namens Israel" (RGG III, 938). War man zunächst bereit, dieser These, wenn auch mit Modifizierungen, zuzustimmen (so z. B. noch Danell, 287; Hempel, 782), so haben sich doch seit einiger Zeit so viele warnende und ablehnende Stimmen gemeldet, daß man gegenwärtig eher geneigt ist, auf sie ganz zu verzichten. Die Konsequenz daraus für die Deutung des Israel-Begriffs formuliert Smend wie folgt: „So ist die Frage, was – und wer – dieses (vorstaatliche) Israel war, wieder offener und interessanter geworden" (EvTh 34, 1974, 312).

Die wertvollste Quelle für unsere Frage ist das Debora-Lied (Ri 5), enthält es doch 8mal den Namen Israel. Zwei Belege entfallen auf die Gottesbezeichnung „JHWH, der Gott Israels" (v. 3. 5), einmal steht unser Name in einer Genitiv-Verbindung „die Führer (*ḥôqeqê*) Israels" (v. 9), alle anderen Bezeugungen aber sind mit *be* 'in' konstruiert: „daß Führer führten in Israel" (v. 2), „es feierten die Bauern in Israel" und Debora „als Mutter in Israel" (v. 7), die fehlenden Waffen „bei 40000 in Israel" (v. 8) und die Heilstaten JHWHs „in Israel" (v. 11). Zu beachten ist, daß hierbei derselbe Sprachgebrauch vorliegt wie bei dem Einwand Thamars: „So etwas tut man nicht *in* Israel" (2 Sam 13, 12). Daraus erhellt ganz allgemein der umfassende Charakter der Größe Israel. Und wenn außerdem JHWH mit der Apposition „der Gott Israels" versehen wird, dann wird dadurch dieses umfassende Israel als JHWH-Gemeinschaft qualifiziert, wie denn umgekehrt die Heilstaten JHWHs diesem Israel zugute kommen (v. 11; vgl. v. 7).

Die Frage nach dem Umfang dieser Größe Israel wird gemeinhin unter Hinweis auf die v. 14–17 aufgezählten, am Kampf beteiligten bzw. ihm fern gebliebenen Stämme Ephraim, Benjamin, Makir (Manasse?), Sebulon, Issachar, (Naphtali) einerseits und Ruben, Gilead (Gad?), Dan, Asser anderseits beantwortet und festgestellt, daß Juda und der judäische Süden fehlten, also nicht zu Israel gehörten (zuletzt de Vaux, Histoire, II, 64–65; Herrmann, Geschichte, 158–160. 189). Jedoch ist zu bedenken, daß diese kämpfende Mannschaft gerade nicht Israel heißt, sondern „das Volk JHWHs" genannt wird (v. 11. 13; vgl. auch einfaches *'am* v. 2. 9), das „zur Hilfe JHWHs" (v. 23) kommt (so betont Smend, Jahwekrieg, 11; Bundesformel, 11–12). Es ist nicht zu übersehen, daß die Begriffe „Israel" und „Volk JHWHs" nicht dekkungsgleich sind, und es scheint so, daß der Bereich von Israel größer, weiter und umfassender ist als der des Volkes JHWHs und folglich auch als der der aufgezählten Stämme. Ob dieser Stämmekreis schon dann Israel genannt worden wäre, wenn auch die abseits gebliebenen Stämme mitgekämpft hätten (so Smend, Bundesformel, 12), ist eine müßige Frage. Somit kann auch die Folgerung, das Israel von Ri 5 habe der Idee nach aus 10 Stämmen bestanden, nicht wahrscheinlich gemacht werden (s.a. Noth, System, 5f.).

Ein Stück weiter führen die Stammessprüche. Die des Mose-Segens (Deut 33) setzen weithin ein und dieselbe Situation voraus, nämlich eine von Sebulon und Issachar auf ihren Berg Tabor einberufene und der Verehrung ihres Gottes JHWH dienende Kultversammlung (v. 18–19), an der außer den schon genannten beiden Stämmen noch Ruben (v. 6), Benjamin (v. 12), Ephraim und Manasse (v. 13–16), Gad (v. 20–21), Naphtali (v. 23), Asser (v. 24–25), Levi (v. 8–11) und wohl auch der schon in seinen nördlichen Wohnsitzen lebende Dan (v. 22) beteiligt zu denken sind. Entscheidend ist, daß Juda diesem Stämmekreis zugehören möchte (v. 7; Schunck, Benjamin, 1963, 72 redet sogar von einem „Beitritt Judas"), die Zahl von zwölf Stämmen sich somit ergibt und daß diese Stämmegemeinschaft den Namen „Israel" trägt (vgl. vv. 10. 21). Zeitlich ist an das 12. oder ausgehende 11. Jh. v.Chr. zu denken (Zobel, Klio).

Den anderen Beleg für die Zugehörigkeit Judas zu Israel in der frühen Richter-Zeit bietet Gen 49, 10. Wenn *šîloh* hier, wie es noch immer das Nächstliegende ist, der Name des Ortes Silo ist, dann bezeugt der Spruch mit dem erhofften herrischen Einzug Judas in Silo und dem Gehorsam der anderen – eben Silo als ihr Zentrum betrachtenden Stämme – das Streben Judas nach Zugehörigkeit zu diesem Stämmekreis, genauer: zu Israel, und drückt sogar seinen Anspruch auf Vorherrschaft in dieser Gemeinschaft aus (Zobel, Stammesspruch, 12–15. 75–76). Daß dabei Juda hier wie im Mose-Segen für die Gemeinschaft „Groß-Judas" zu stehen scheint, wird von anderer Seite her nahegelegt.

Jedenfalls ist deutlich, daß der Begriff Israel offenbar schon in der frühen Richter-Zeit auf eine Ganzheit hin offen war, die auch Juda und den Süden berücksichtigte, daß aber zugleich der harte Kern dieses Israel nicht im Süden, sondern im Zentrum Palästinas lebte.

5. Der Sachverhalt, daß das dem frühen 12. Jh. v.Chr. entstammende Debora-Lied ein Tradieren von „Heilstaten JHWHs an Israel" kennt und somit diese Taten als in der Vergangenheit geschehene voraussetzt und zugleich JHWH „den Gott Israels" und „den Herrn des Sinai" (v. 5) nennt, weist uns eindeutig in die über die Landnahme weiter zurückreichende Vorgeschichte dieses „Israel"; das aber heißt zugespitzt: Der Israel-Name ist nicht erst nach ihrer Landnahme in Kanaan von der Mose-Schar übernommen worden, sondern er war ihr schon vorher vertraut (vgl. Herrmann, ThLZ 1962, 572; Smend, Jahwekrieg, 17. 58; vor allem aber Rost, 105, Anm. 4, der den gemeinsamen JHWH-Glauben als Voraussetzung für den von allen Stämmen übernommenen Israel-Namen ansieht). Allerdings läßt sich das nicht mehr beweisen, es sei denn, man mißt der Überlegung, daß die Übernahme eines El-Namens durch die in besonders inniger Weise JHWH verbundene Mose-Schar ganz unwahrscheinlich ist, einiges Gewicht bei. Jedenfalls ist es eher zu verstehen, daß die

die JHWH-Traditionen pflegende Mose-Schar, das spätere Haus Josephs, längst Israel hieß, als daß sie sich erst nach ihrer Landnahme diesen El-Namen zulegte, was gleichsam ein merkwürdiger Anachronismus gewesen wäre. Dann aber könnte der heute weithin verdächtigte Lade-Spruch (Num 10, 36): „Kehre zurück, JHWH, zu den Myriaden der Tausenden Israels“ mit seiner Israel-Erwähnung im Recht sein.

Immerhin bleibt auch dieser Sachverhalt auffällig, daß die Formel „JHWH, der Gott Israels“ im AT zum ersten Mal in Ex 5, 1 gebraucht wird und dann erst wieder in Ex 24, 10; 32, 27; 34, 23 steht (vgl. auch Auerbach, 72; Eichrodt, 384 = 21). Das berührt sich recht nahe mit manchen prophetischen Vorstellungen (vgl. nur Am 9, 7; Hos 9, 10; 11, 1; 12, 14; Jer 2, 3; 31, 2; Ez 20, 5. 13); denn wie Wellhausen treffend formulierte (23), „haben die Propheten Recht zu sagen, daß Jahve es gewesen sei, der Israel gezeugt und geboren habe.“

In diese Erwägungen ist noch die Gottesbezeichnung „der Hüter des Israel-Steins“ (*roʿæh ʾæḇæn jiśrāʾel*) aus Gen 49, 24 einzubeziehen. Durch das voranstehende *miššām* ‘von dort’ ist dieser Name eindeutig lokal gebunden. Auch wenn nicht mehr auszumachen ist, ob man an Bethel (zuletzt Zobel, Stammesspruch, 23) oder an Sichem, das nach Gen 33, 20 mit dem Israel-Namen verbunden ist, denken soll (so Otto, 132; de Vaux, Histoire, I, 167–68 weist auf beide Orte hin), so ist doch vom Spruch-Kontext her so viel klar, daß das Gebiet des Hauses Josephs gemeint ist, wie denn noch Ps 80, 2 den *roʿeh jiśrāʾel* mit Ephraim, Benjamin und Manasse (v. 3) zusammen bringt. Wie auch der Name Reguel „Hirt ist El“ (Gen 36, 4. 10. 13. 17 u. ö.) zeigt und die lokale Bindung unserer Wendung erwarten läßt, geht es hier von Haus aus um El oder doch um eine El-Hypostase. Daß diese speziell mit dem Haus Josephs verbunden und, wie der Kontext des Spruches nahelegt, bereits mit JHWH identifiziert ist, wirft auf den dahinter liegenden Vorgang ein bezeichnendes Licht. Demnach verehrte das Haus Josephs oder doch die sich zu ihm formierenden Gruppen diesen El, bevor sie JHWH kennenlernten. Ganz gleich, ob man den Sätzen in Ex 3, 6. 15. 16; 6, 2. 3, die den neuen Gott JHWH mit dem alten Gott der Väter oder auch den Göttern der Väter verbinden, Glauben schenkt oder nicht, der Vorgang der Verschmelzung des JHWH-Glaubens mit der älteren El-Verehrung als solcher ist unbestreitbar. Das würde aber bedeuten, daß die Mose-Schar oder doch wenigstens einzelne Teile von ihr den Israel-Namen bereits kannten.

Das führt auf die letzte noch ausstehende Erwähnung des Israel-Namens in Gen 32, 29 (L oder J) bzw. 35, 10 (P) und Gen 33, 20 (J): Jakob wird im Anschluß an den Gotteskampf am Jabbok zu Israel umbenannt, kommt nach Sichem und errichtet auf einem von den Sichemiten erworbenen, vor der Stadt liegenden Grundstück einen Altar oder auch eine Massebe und benennt ihn bzw. sie: *ʾel ʾ^{æ}lohê jiśrāʾel*. Daß dieser Umnennung ein geschichtlicher Vorgang zugrunde liegt, wird heute kaum noch bestritten (anders Danell, 287; vgl. Mowinckel, 130–131). Daß sich hinter ihm die Verschmelzung einer Jakob- mit einer Israel-Gruppe verbirgt, ist wiederholt vertreten worden (Kittel, I, 272. 298; Hempel, 782; Seebass; Wächter, 60; ähnlich auch Mowinckel, 130–132; de Vaux, Histoire I, 167–168. 595) und in der Tat ernsthaft zu erwägen. Näher indes liegt die Annahme, daß die Umnennung wie anderwärts im AT (vgl. Eißfeldt, KlSchr V, 71–74) auf einen Herrschaftswechsel zurückgeht. In unserem Falle könnte es sich, eben weil der neue Name theophor ist und das Bildungselement El enthält, um einen Religionswechsel handeln (wiederholt Eißfeldt, KlSchr III, 414–416; KlSchr IV, 96–99; KlSchr V, 74; CAH II, 318). An die Stelle des bis dahin von Jakob und d. h. doch von den Jakob-Leuten verehrten Gottheit tritt El als der neue Gott Israels. Der offenbar längst neutral empfundene Name Jakob (→ יעקב [*jaʿ^{a}qoḇ*]) wird durch den theophoren, mit religiöser Würde belegten Namen Israel ersetzt. Dann aber wäre, was auch ohnedies das Wahrscheinlichste ist, die Benennung des Altars oder der Massebe von Sichem als Bekenntnisaussage zu interpretieren und mit „El ist der Gott Israels“ (Smend, Bundesformel, 15) zu übersetzen (beachte auch Jos 8, 30, wo der Name eines Altars bei Sichem die Apposition „der Gott Israels“ aufweist).

Dabei ist der Unterschied zu den Bezeichnungen der anderen in der Gen genannten El-Hypostasen wie El Olam, El Schaddaj, El Eljon oder El Roi, El Bethel auffällig. Ist bei diesen das zweite Namenselement eine Qualitätsaussage oder ein Ortsname, so steht an deren Stelle bei der Wendung „El ist der Gott Israels“ eine Genitivverbindung, die den Gott einem mit Israel näher bezeichneten Verehrerkreis zuordnet. Zwar wird dieser Name mit Sichem verbunden, aber er haftet eigentlich nicht an diesem Ort, sondern an einer Menschengruppe, für die der Eintritt in die El-Verehrung das wichtigste und einschneidendste Ereignis darstellte. Soweit ist der Sachverhalt noch einigermaßen zu erhellen.

Völlig offen ist jedoch die Frage, wer daran teilnahm und wann das geschah. Zur Wahl stehen die Gruppierungen Jakob-Rahel und Jakob-Lea (noch anders Mihalik, 15–17). Denn daß dieser Vorgang, in dessen Mitte der Israel-Name steht, älter ist als Mose und die Einführung des JHWH-Glaubens, ist von vornherein einsichtig (so schon Albright, JBL 1927, 168). Für die Rahel-Gruppe spricht, daß der Ort der Handlung, Bethel oder Sichem, im Zentrum des Westjordanlandes liegt. Hier lebte in historischer Zeit das Haus Josephs, das denn auch in besonderer Weise mit dem Israel-Namen verhaftet erscheint, wie auch die Joseph-Erzählung mit ihrer Bevorzugung des Israel-Namens andeutet (de Vaux, Histoire I, 595; vgl. Steuernagel, 331. 345–346). Dagegen ist einzuwenden, daß diese Vorgänge der Zeit nach der Landnahme des Hauses Josephs angehören, eine Übernahme des Israel-Namens durch JHWH-Gläubige aber unwahrscheinlich ist. Dagegen spricht für die Jakob-Lea-Gruppe (vgl. Smend, EvTh 1971, 626f.) der Umstand, daß zumindest nach Gen 34 ein früher Aufenthalt eines Teils dieser Gruppe bei Sichem bezeugt ist, durch den Einbau von Gen 34 in die Erzväterüberlieferung eine solche Zeitansetzung angedeutet und im Gegensatz zum ostjordanischen Grab Jakobs das Grab Israels in Hebron, also im Gebiet Judas oder doch Kalebs gesucht wird (vgl. Jepsen, 48–50). Doch in Gen 34 selbst ist die Gestalt Jakob-Israels offensichtlich redaktionell, und der Umstand, daß von Simeon und Levi gegen Sichem grausam gekämpft wird, paßt gar nicht zu dem auf einen friedlichen Ausgleich mit den Kanaanäern bedachten Verhalten der Erzväter (vgl. Eißfeldt, CAH II, 315). Und Hebron als Begräbnisort Israels will doch so viel sagen, daß Israel auch im Zentrum Groß-Judas verehrt wurde, also auch diese Gruppe zu Israel zählte.

So wird der Schluß kaum zu umgehen sein, diese den Israel-Namen feierlich übernehmenden Jakob-Leute von den uns später bekannten und nach den Stammmüttern Lea und Rahel benannten Gruppierungen abzuheben und in ihnen deren Vorfahren zu sehen, die im Zuge der Transhumanz-Bewegungen mit dem mittelpalästinischen Raum um Sichem herum in Berührung kamen, also Proto-Israeliten, deren Nachfahren sowohl die Jakob-Lea- als auch die Jakob-Rahel-Leute waren (vgl. N. K. Gottwald, The Tribes of Yahweh, London 1980, 494f.).

Auf welchen Kreis der verschiedenen Gruppen sich die Israel-Erwähnung der Merneptah-Inschrift (Z. 27) bezieht, ist kaum auszumachen. Vorausgesetzt, daß das *j-si-r-i'-r* „Israel" und nicht „Jesreel" oder noch anders zu lesen, daß die Reihenfolge der Namensnennungen geographisch ausdeutbar und daß der Text mit dem Deutezeichen für „Volk" richtig ist (vgl. J. A. Wilson, ANET 378, Anm. 18; auch Eißfeldt, CAH II, 317f., u. E. Otto, Erwägungen zum Palästinaabschnitt der „Israel-Stele" des Merenpta [ZDMG S. IV, 1979, 131–133]), müßten wir an den Bereich Mittelpalästinas und an die Zeit um 1230 v. Chr. denken. Dann kämen nicht die israelitischen Stämme, die nach Exodus und Wüstenzeit erst um 1200 v. Chr. ins Land kamen, also die Jakob-Rahel-Gruppe (de Vaux, Histoire I, 366f. 456f.), in Betracht, sondern die ältere Einwanderungsgruppe der Jakob-Lea-Leute (vgl. zuletzt Smend, Bundesformel, 14–15). Aber das ist alles hypothetisch.

III. „Die Empfindung, daß dem Namen Israel von Haus aus eine besondere religiöse Würde eignet", hat Eißfeldt mit Recht geäußert (KlSchr IV, 98) und damit eine allgemeingültige Feststellung getroffen. Fraglich ist nur, worin die besondere religiöse Würde begründet liegt und was ihr jeweiliger geschichtlich bedingter Gehalt ist.

1. Solange es sich um den Gott El handelt, wird man ganz allgemein den Gehalt der Erzväterverheißung auch auf die El-Verehrung Israels übertragen und von der Zusage Els auf zahlreiche Nachkommenschaft und auf Landbesitz reden können (vgl. Eißfeldt, Der kanaanäische El als Geber der den israelitischen Erzvätern geltenden Nachkommenschaft- und Landbesitzverheißungen [KlSchr V, 50–62]). Dann verbürgt der Name „El herrscht" oder dgl. Israel die berechtigte Hoffnung auf Erfüllung dieser Zusagen. Und weil Jakob, der Vater des nachmaligen Volkes Israel, mit dem verheißungsträchtigen Namen benannt wurde, war gleichsam die Erwartung von Volkwerdung und Landbesitz schon in Erfüllung begriffen. Der Tatbestand, daß der El von Sichem die sich auf diese Menschengruppe beziehende Bezeichnung „der Gott Israels" bekommt, weist auf den engen, gleichsam persönlichen Kontakt zwischen El und Israel hin. Welche Konsequenzen sich aus der Übernahme eines so gefüllten religiösen Eigennamens für die sich zu El als ihrem Gott bekennende Gemeinschaft ergeben, läßt sich nur schwer ermessen. Jedenfalls wird sich jene Gruppe durch diesen Vorgang „ihrer Einheit und Solidarität" (Eichrodt, 21, allerdings für das Sinai-Geschehen) bewußt geworden sein. Somit eignet dem Namen Israel im AT von allem Anfang an nicht nur eine „religiöse Würde", sondern es liegt in ihm auch die Vorstellung einer Gesamtheit, die nach innen durch gemeinsame Hoffnungen und Überzeugungen zusammengeschlossen sowie nach außen durch das gemeinsame Bekenntnis zu „El, dem Gott Israels" abgegrenzt wird.

2. Die Formulierung „JHWH, der Gott Israels" ist die dem geschichtlichen Werden Israels adäquate religionsgeschichtliche Entsprechung zur vormaligen Wendung „El, der Gott Israels", denn sie spiegelt die Identifizierung von El und JHWH wider. Insofern darf mit Recht erwartet werden, daß die soeben herausgearbeiteten beiden Momente der Gesamtheit und des entsprechenden Selbstverständnisses wiederum anzutreffen sind. Nun ist zunächst soviel deutlich, daß die Formel „JHWH, der Gott Israels" nicht älter sein kann als die Offenbarung des JHWH-Namens an Mose. Und wenn man den Namen Israel lokal kanaanäisch in oder bei Sichem gebunden sein und die so benannte Gruppe sich ebenfalls ausschließlich in Kanaan aufhalten läßt, dann würde die Formel „JHWH, der Gott Israels" erst nach der Landnahme der aus Ägypten kommenden Teile denkbar sein. Sie würde dann das Zusammenwachsen dieser mit einer anderen in Kanaan verbliebenen, den Namen Israel tragenden Gemeinschaft voraussetzen (so Smend, Bundesformel, 14–18). So ernsthaft diese These auch zu erwägen ist, so schien uns doch einiges dafür zu sprechen, daß die Übernahme eines El-haltigen Namens durch eine JHWH verehrende Gruppe schwieriger zu erklären ist als der umgekehrte Vorgang, daß die sich bereits Israel nennende oder zu diesem Israel gehörende Mose-Schar JHWH als neuen Gott kennenlernte und in seinem Wirken noch klarer als zuvor die im Namen Israel liegenden Vorstellungen verwirklicht sah. Die parallele Nebeneinanderordnung von „JHWH, der vom Sinai" und „JHWH, der Gott Israels" im

Debora-Lied (Ri 5, 5) will doch im Sinn der Identität beider Appositionen verstanden werden.
Daß JHWH im Zuge des Exodus-Sinai-Geschehens Israels Gott wurde, lassen unsere Quellen noch erkennen. Nach Gen 33, 20 mit seinem „El, der Gott Israels" steht das erste „JHWH, der Gott Israels" in der prophetischen Einführungsformel der Mose-Aaron-Rede an den Pharao: „So spricht JHWH, der Gott Israels: Entlaß mein Volk!" (Ex 5, 1), wofür in Ex 4, 22–23 (J oder L) steht: „So spricht JHWH: Mein Erstgeborener ist Israel ... Entlaß meinen Sohn!" Dann finden wir die auf JHWH bezogene Formel wieder in dem altertümlichen Stück vom gemeinsamen Mahl des Mose und der 70 Ältesten mit dem „Gott Israels" (Ex 24, 10: J oder L) und in der ebenso alten Erzählung von der Erwählung der Leviten zum Priesterdienst (Ex 32, 27: J oder L), außerdem noch im kultischen Dekalog des J (Ex 34, 23; vgl. auch Ex 20, 2).
Diese Verbindung des Israel-Namens mit den grundlegenden Ereignissen der Frühgeschichte Israels erklärt einerseits die besondere Würde, die u.a. auch zum bevorzugten Gebrauch des JHWH-Titels „der Gott Israels" in feierlicher Rede führte (vgl. die auf Steuernagel fußende Zusammenstellung bei Smend, Bundesformel, 20), anderseits wird darin die enge Verbundenheit JHWHs zu diesem Israel deutlich. Dadurch, daß sich JHWH dieser Gemeinschaft zuwandte, ihr eine neue Zukunft eröffnete und ihr zugleich das von den Leviten bewahrte Recht gab (vgl. Deut 33, 10), wird aus der Mose-Schar eine JHWH-Gemeinschaft, die fortan unter seiner besonderen Obhut und zugleich unter seinem ihr speziell geltenden Gebot steht. So „streitet JHWH für Israel", wie es Jos 10, 14. 42 heißt; er kann aber auch im Zorn gegen Israel entbrennen; und so geschah es, als dieses Israel zum Baal-Peor abfiel (Num 25, 3. 4). Ganz gleich, ob die Bezeichnung „das Volk JHWHs" für diese Frühzeit belegt ist oder nicht, die Sache als solche ist bereits da: die religiös bestimmte, auf ihren Gott ausgerichtete, klar umgrenzte JHWH-Gemeinschaft „Israel" (vgl. Smend, Bundesformel, 21).
3. Ein Wandel scheint sich in der Frühzeit Davids zu vollziehen. Jedenfalls wird er für uns quellenmäßig von da an erfaßbar. Einerseits treffen wir auf begeisterte, Israel in seiner äußeren Macht und Herrlichkeit rühmende Lieder wie Num 24, 3–9 und Deut 33, 26–29, letzteres mit dem bezeichnenden Schlußausruf: „Heil dir, Israel, wer ist dir gleich?", und anderseits begegnet uns in dieser Zeit in eigenartiger Häufung die Parallelbezeichnung „Jakob" für Israel, wobei überwiegend Jakob voransteht. Hierfür mag beispielhaft abermals auf die Bileam-Lieder, vorab auf Num 24, 17 verwiesen werden. Denn wenn, wie es wegen seines nur andeutenden Kolorits wahrscheinlich ist, dieses Lied nicht als vaticinium ex eventu, sondern als echte prophetische, Davids bevorstehenden Aufstieg ansagende Dichtung zu interpretieren ist, gehört es – wie auch das dritte Lied in Num 24, 3–9 – der Zeit Sauls an. Wie wir sahen (→ יעקב), betont der Jakob-Name mehr die Geschlossenheit des Volksganzen, kehrt stärker das nationale Moment heraus und ist somit bevorzugter Begriff, wo es um die sichtbare Macht und Größe der Volkseinheit geht. Die Parallelisierung der beiden, dieselbe Tendenz einer Gesamtheit beinhaltenden Bezeichnungen Jakob und Israel löst einen Prozeß gegenseitiger inhaltlicher Beeinflussung aus: Auf den Namen Jakob strahlt etwas vom religiösen Glanz des Begriffs Israel ab, und umgekehrt klingt in der Bezeichnung Israel der Ton nationaler Geschlossenheit stärker mit an. Das ist vor allem dort der Fall, wo Israel als zwölfstämmige Größe vorgestellt wird, so daß „kein Stamm von Israel abgehauen" (Ri 21, 3. 6. 17), keine „Stadt und Mutter in Israel verdorben" werden darf (2 Sam 20, 19f.), und wo in diesem Sinne die Grundform der Pentateuchüberlieferung gesamtisraelitisch ausgerichtet wird, wie es wohl erstmalig durch J, auf alle Fälle aber in der davidisch-salomonischen Zeit geschah.
4. Dieser Gehalt des Israel-Namens wurde auch durch die Reichstrennung und die Übernahme und Eingrenzung der Bezeichnung Israel als staatsrechtlicher Terminus für das Nordreich nicht ernsthaft in Frage gestellt. Denn Israel bezeichnet auch weiterhin das Ganze des Gottesvolkes. Allerdings zeichnet sich in einer gewissen Hinsicht ein Wandel ab. Im Unterschied zu den jahwistischen Bileam-Liedern lassen die elohistischen Dichtungen (Num 23, 7–10. 18–24) eine Verschiebung des Gewichts von der nationalreligiösen zur religiös-nationalen Grundhaltung erkennen. „Israel" kann nicht verwünscht und verflucht werden, weil es von Gott ein für allemal gesegnet ist (v. 7–8); als solches Segensvolk erlebt es nicht Ungemach und Unheil (v. 20–21); Zauberei und Beschwörung gibt es im Gottesvolk nicht, ja Gott hat seit Ägypten Großes getan an Jakob, an Israel (v. 22–23).
Diese Vorstellung von der Einheit des Gottesvolkes bestimmt auch das Wirken der Propheten. Sie ist die Voraussetzung dafür, daß ein Prophet aus dem Südreich wie Amos im Nordreich auftritt, das Volk des Nordreichs mit „Israel" (4, 12) bzw. im Auftrage JHWHs mit „mein Volk Israel" (7, 8. 15; 8, 2; vgl. 9, 14 R) anredet und dabei zugleich das Wort „Israel" im Zusammenhang der Heraufführung aus Ägypten (3, 1; 9, 7), des 40jährigen Wüstenaufenthalts (5, 25) und der Vertilgung der Amoriter (vgl. 2, 6–11) gebraucht, wie er denn auch das Ende Israels ansagt (3, 14; 4, 12; 7, 9. 11. 16. 17). Wie Wolff richtig folgert, meint Israel hier eindeutig das Gottesvolk (BK XIV/2, 200). Für Jesaja gilt das Gleiche: Der Parallelismus von „Israel" und „mein Volk" (1, 3), die Ansage der Kinder des Propheten als „Zeichen und Vorbedeutung in Israel" (8, 18) oder die Zuversicht hinsichtlich der Umkehr des „Restes Israels", „der Entronnenen des Hauses Jakobs" zu „JHWH, dem Heiligen Israels" (10, 20–22; man beachte die Voranstellung Israels vor Jakob) und nicht zuletzt die Titel JHWHs „'*abîr* Israels" (1, 24), „das Licht

Israels“ (10, 17) und „der Heilige Israels“ (12mal) meinen „Israel“ als Gottesvolk. Doch weil das von Jes angesprochene Volk so gar nichts mit diesem Volk JHWHs gemein hat – er spricht fast wegwerfend von „diesem Volk da“ (z. B. 6, 9. 10; 8, 6. 11. 12; 9, 15) –, ja weil es als Gottesvolk um JHWH wissen müßte, wird es dem Gericht nicht entgehen können, das JHWH in seiner Souveränität als „Israels Heiliger“ abhält, dem jedoch ein „Rest Israels“ entrinnen und sich in Treue seinem Gott zuwenden wird.

Auch der einzige uns bekannte Prophet des Nordreichs Hosea läßt gleiche oder doch ähnliche Vorstellungen hinsichtlich des Gehaltes des Israel-Namens erkennen. Israel ist das Gottesvolk der Geschichte: „wie Trauben in der Wüste fand ich Israel“ (9, 10), „als Israel jung war, gewann ich es lieb“ (11, 1) und „JHWH hat Israel aus Ägypten heraufgeführt“ (12, 14), vielleicht auch 10, 9: „seit den Tagen Gibeas sündigt Israel“. Israel ist das von Gott, seinem Vater, wie ein Sohn geliebte Volk. Die Kurzformel „JHWH, dein Gott von Ägypten her“ (12, 10; 13, 4) macht deutlich, daß das angeredete, zur Umkehr „zu JHWH, deinem Gott“ aufgerufene Israel (14, 2) dasselbe Israel meint. Und wenn es von Ephraim heißt, es sei „hoch erhaben in Israel“ (13, 1), so ist auch hier der Unterschied zwischen Ephraim und Israel zu spüren. So mag es berechtigt sein, mit Wolff (BK XIV/1, 212; anders Rost, 105–107) das in Parallele zur Staatsbezeichnung „Ephraim“ stehende „Israel“ auf das JHWH-Volk zu deuten (4, 15; 5, 9; 8, 2. 3. 6. 14; 9, 1; 10, 1; 13, 9; 14, 2. 6), dessen jeweils angeredeter Teil Ephraim, Juda, Samaria oder ähnlich genannt, also näher eingegrenzt wird. Wie der Israel-Name Symbol des erwählenden Handelns JHWHs ist, so wird er nun bei Hosea auch zum Zeichen für den Bundeswillen Gottes, steht doch die sog. Bundesformel „JHWH, der Gott Israels, und Israel, das Volk JHWHs“ sowohl hinter der Gerichtsansage von 1, 9 als auch hinter der Heilsverheißung von 2, 25 (Smend, Bundesformel, 24f.). Somit wird durch das persönliche Miteinander von Gott und Gottesvolk nun auch das personhafte Moment des JHWH-Glaubens in den Israel-Namen voll integriert.

Damit war im großen und ganzen die Füllung des Namens Israel abgeschlossen. Wesentliche neue Inhalte sind bei den übrigen vorexilischen Propheten nicht zu beobachten: Israel ist das Gottesvolk, das JHWH „heilig war“ (Jer 2, 3; vgl. Jer 10, 16) und das er geführt hat (Jer 31, 2; 32, 21), mit dem er nun aber vors Gericht gehen muß (Mi 6, 2; vgl. Mi 3, 1. 8. 9; auch Kl 2, 1. 3. 5), dessen Rest wieder gesammelt und zusammengebracht werden (Mi 2, 12; 5, 2; vgl. Zeph 3, 13; Jer 31, 7; schärfer noch Jer 6, 9) und dem aus Bethlehem-Ephra hervorgehenden „Herrscher in Israel“ (Mi 5, 1; vgl. Zeph 3, 15: JHWH, der König Israels) angehören soll, wie denn die Aufforderung an Israel (parallel dazu „Tochter Zion“, „Tochter Jerusalem“, Zeph 3, 14) zum Jubel und zur Freude die Wende der Heilszeit ankündigt. Dies spiegelt sich in den Gottesbenennungen wider: JHWH Zebaoth, der Gott Israels (bei Jer 35mal), JHWH, der Gott Israels (bei Jer 14mal), der Heilige Israels (Jer 50, 29; 51, 5), die Hoffnung Israels (Jer 14, 8; 17, 13).

5. Das Deuteronomium stellt gleichsam die theologisch durchreflektierte Verdichtung aller dieser Aussagen dar. Betont wird mehrfach von „ganz Israel“ gesprochen (z. B. 1, 1; 11, 6; 13, 12; 18, 6; 31, 1. 11 [2mal]; 34, 12). Immer wieder wird es aufgefordert, auf die Satzungen und Rechte zu hören, um danach zu handeln (4, 1; 5, 1; 6, 3. 4; 9, 1; 13, 12; 20, 3; 21, 21; 27, 9) und das Böse aus seiner Mitte auszurotten (17, 12; 22, 21. 22); denn „heute bist du zum Volk JHWHs, deines Gottes, geworden“ (27, 9). So wird von „deinem Volk Israel“ gesprochen (21, 8 [2mal]; 26, 15), das JHWH „geliebt“ (7, 8; vgl. auch 2 Kön 10, 9), „erlöst“ (21, 8), „erwählt“ (7, 6) und zu „seinem Eigentumsvolk“ (26, 18) gemacht hat. Auch wenn wegen des Anredestils des Deut der Israel-Name ebensowenig hier wie in den letzten Stellen erscheint, gehört doch auch die Aussage vom „heiligen Volk“ hierher (7, 6; 14, 2. 21; 26, 19; 28, 9). Israel, das ist der Name „der Gemeinschaft, für die die Bindung an Jahwe das wichtigste ist“ (Hulst, 103).

6. Dieser ganz auf das Religiöse konzentrierte Sprachgebrauch führt in der Exilszeit dazu, daß Israel der Name der Exulanten wird. In dieser Bedeutung finden wir ihn schon bei Jer (z. B. 50, 17. 19); bei DtJes indes wird „Israel“ in einer großen Breite für das Exilsvolk gebraucht und zugleich im Namen Israel die Verbindung zur Vergangenheit betont. JHWH hat Jakob || Israel „gebildet“ (*jṣr*; 43, 1); er ist „der Schöpfer (*bôre'*) Israels“ (43, 15); wegen seiner Verfehlungen war JHWH es, der Jakob || Israel preisgeben mußte (42, 24; 43, 22. 28). Jetzt aber hat er Jakob || Israel losgekauft (44, 23), hat es bei seinem Namen gerufen (45, 4; vgl. 48, 12) und schafft für Israel die Rettung auf Zion (46, 13; vgl. 45, 17). So wird Israel JHWHs „Erwählter“ (44, 1; 45, 4), JHWHs „Knecht“ (44, 21; 49, 3) und seine „Zier“ (46, 13) genannt, wie umgekehrt JHWH die Titel „der Gott Israels“ (41, 17; 45, 3. 15; 48, 1. 2; 52, 12), der „Schöpfer“ (43, 15), „Erlöser“ (49, 7), „König“ (44, 6) und „der Heilige Israels“ (41, 14) beigelegt bekommt. Wie es treffend kurz 44, 5 formuliert, ist „Israel“ ein „Ehrenname“, mit dem man sich nennt (48, 1) und mit dem man genannt wird (44, 5), ein Name, der die Zugehörigkeit zur JHWH-Gemeinde ausdrückt und damit so etwas wie ein Glaubensbekenntnis darstellt.

Davon hebt sich in gewisser Weise der Sprachgebrauch des Propheten Ez ab (vgl. für das Folgende Zimmerli, VT 1958, 78–90, und BK XIII/2, 1258–1261). „Israel“ ist sowohl die Bezeichnung des Gottesvolkes der Vergangenheit (20, 5. 13), wobei etwa im Unterschied zu Jer diese einheitliche Vergangenheit bis zum Ende der judäischen Eigenstaatlichkeit weitergeführt (vgl. 13, 2. 9; 18, 6; 38, 17) und von Jerusalem als der Mitte des Landes Israel (vgl. 12, 19; 21, 7; 48) gesprochen wird, als auch die Exulantenschar, zu der der Prophet gesandt ist und die er „das Haus Israel" (3, 1. 4. 5. 7 [2mal]. 17 u. ö.) oder „Söhne Israels" (2, 3; 4, 13; 6, 5 u. ö.) nennt und deren „Älteste Israels" (14, 1; 20, 1. 3) ihn aufsuchen. Daß dieses Israel das Volk JHWHs ist, wird aus der Wendung „mein Volk Israel" (14, 9; 25, 14; 36, 8. 12; 38, 14. 16; 39, 7) sowie aus der Rede von der Erwählung (20, 5) und Heiligung (37, 28), aber auch von seinem Abirren (44, 10), seiner Schuld (4, 4–5; 9, 9), seinen Greueln (6, 11) und Götzen (8, 10; 18, 6. 15) deutlich. Nicht zuletzt wird diese Zusammengehörigkeit des Gottesvolkes als einer geschlossenen, fast familiären Größe durch Eigenprägungen des Propheten betont, wie sie in den Wendungen *'aḏmaṯ jiśrā'el* (nur bei Ez 17mal) und *hārê jiśrā'el* (nur bei Ez 16mal) vorliegen. Dem *einen* Gottesvolk korrespondiert die Ganzheit des Gotteslandes; „Fruchtland und Bergland" sind „das Land Israels". Dazu kommt noch die nur bei Ez belegte Wendung *n^eḇî'ê jiśrā'el* (13, 2. 16; 38, 17), die „das Phänomen der Prophetie ... dem Gottesvolke" zuordnet (Zimmerli, 1261). Wie die „Berge Israels" Frucht bringen sollen dem JHWH-Volk Israel (36, 8), wie es auf ihnen wandeln soll (36, 12) als ein Volk (37, 22), wie keine falschen Propheten wieder in das Land Israels zurückkehren sollen (13, 9), und „auf meinem heiligen Berg, auf der Höhe Israels, das ganze Haus Israels im Lande JHWH dienen wird" (20, 40; vgl. 34, 14), so geschieht doch alles dies um des einen Zieles willen, daß „das Haus Israel erkennen möge, daß ich ihr Gott bin" (39, 22), „daß ich JHWH bin, der Israel heiligt" (37, 28), „daß ich meinen Namen inmitten meines Volkes Israel kundmache" (39, 7), „daß sie mein Volk sind, und ich ihr Gott bin" (14, 11), daß er „der Heilige in Israel" ist (39, 7), um dessen Herrlichkeit als des Gottes Israels es geht (8, 4; 9, 3; 10, 19; 11, 22; 43, 2). „Die Majestät des göttlichen Namens, die über Israel, dem Eigentumsvolk steht, ... ist das verborgenste Geheimnis Israels" (Zimmerli, VT 1958, 90).

Im Blick auf die nachexilische Prophetie ist nichts wirklich Eindeutiges festzustellen. Die beiden Belege bei Proto-Sach (2, 2; 8, 13) beziehen sich auf die Vergangenheit; Hag gebraucht „Israel" gar nicht. Der Schluß Rosts: „Die Gola hat zur Sicherung ihrer Eigenart von sich aus auf 'Israel' verzichtet" (113f.), trifft den Sachverhalt, ebenso sein Urteil über DeutSach (9, 1; 11, 14; 12, 1), daß hier archaisierender Sprachgebrauch vorliege (115), sowie über die nicht ganz deutlichen Belege bei TrJes (56, 8 = 11, 12; 63, 7. 16; vgl. Rost, 114).

Demgegenüber ist es beachtlich, daß Mal insgesamt 5mal den Israel-Namen aufweist. Die Mose-Schar heißt so (3, 22); neben Juda und Jerusalem gab es ein treuloses Israel (2, 11). Doch auch die vom Propheten angeredete nachexil. Gemeinde heißt Israel (1, 1. 5), deren Gott den alten Namen „JHWH, der Gott Israels" (2, 16) trägt.

7. Diese „Vorliebe für Israel" (Rost, 114) nimmt in 1 und 2 Chr stark zu. Sie führt dazu, daß der Erzvater und Bruder Esaus nicht Jakob, sondern Israel (1 Chr 1, 34; vgl. auch 1 Chr 2, 1; 5, 1. 3; 6, 23; 7, 29; 16, 13) heißt, daß von „unserem Vater Israel" (1 Chr 29, 10) und vom „Gott unserer Väter Abraham, Isaak und Israel" (1 Chr 29, 18; 2 Chr 30, 6) gesprochen wird, daß Israel sowohl das ehemalige Nordreich (1 Chr 5, 17; 2 Chr 16, 1 u. ö.) als auch Juda bezeichnet (1 Chr 9, 1; 2 Chr 21, 2. 4 u. ö.) und zugleich der Name des vorstaatlichen Israel ist (1 Chr 2, 7; 17, 5; 2 Chr 24, 6. 9). Wird schon daraus deutlich, daß es dem Chr um die Betonung der Kontinuität und Ganzheit Israels geht, so wird das nachhaltig durch die in 1 Chr (21mal) und in 2 Chr (25mal) stehende Wendung „ganz Israel" unterstrichen (1 Chr 9, 1; 11, 1. 4. 10; 12, 39 [2mal]; 13, 5. 6. 8; 14, 8; 15, 3. 28; 18, 14; 19, 17; 21, 4. 5; 28, 4; 29, 21. 23. 25. 26; 2 Chr 1, 2 [2mal]; 6, 29; 7, 6. 8; 9, 30; 10, 1. 3. 16 [2mal]; 11, 3. 13; 12, 1; 13, 4. 15; 18, 16; 24, 5; 28, 23; 29, 24 [2mal]; 30, 1. 5. 6; 31, 1; 35, 3). Die Verbindungen „die ganze Gemeinde (→ קהל *qāhāl*) Israel" (1 Chr 13, 2; 2 Chr 6, 3 [2mal]. 12. 13) und „ganz Israel, nämlich die Gemeinde (*q^ehal*) JHWHs" (1 Chr 28, 8) sowie die aus dem Vergleich von 1 Chr 29, 1. 10. 20 mit 1 Chr 29, 21. 23. 25. 26 zu erweisende Identität von „ganz Israel" und „die (ganze) Gemeinde" sind dahingehend zu verstehen, daß die nachexil. Kultgemeinde dieses Israel ist (vgl. *qāhāl* noch in 2 Chr 1, 3. 5; 7, 8; 20, 5. 14; 23, 3; 24, 6; 28, 14; 29, 23. 28. 31. 32; 30, 2. 4. 13. 17. 23. 24 [2mal]. 25; 31, 18). Das unterstreicht auch ein solcher Satz wie „JHWH Zebaoth, der Gott Israels, ist Gott über Israel" (1 Chr 17, 24); denn in der Vorlage dazu steht nur „JHWH Zebaoth ist Gott über Israel" (2 Sam 7, 26). Durch den Zusatz „der Gott Israels" stellt der Chr eine geschichtliche Kontinuität zwischen den beiden Israel-Nennungen in der Formel her: Das Israel von einst ist verkörpert in der JHWH-Gemeinde seiner Gegenwart.

Für die Bücher Esr und Neh ergibt sich folgendes Bild: Die aus dem Exil nach Juda Heimkehrenden heißen „Israel" (Esr 2, 70) oder „Volk Israel" (Esr 2, 2; sogar 7, 13). Sie stammen „aus Israel" (Esr 2, 59; Neh 7, 61), und sie sind wieder „Israel" (Esr 6, 17; 7, 10; Neh 10, 34; 11, 3; 13, 18) oder „ganz Israel" (Neh 7, 72; 12, 47), das das Gesetz seines Gottes hört und sich danach zu richten hat. Daß auch JHWH „der Gott Israels" genannt wird (Esr 1, 3; 4, 1. 3; 6, 21; 7, 6; 9, 15; auch 3, 2; 5, 1; 6, 22; 7, 15; 8, 35; 9, 4), ist von da her einleuchtend. Israel ist also sowohl im Sinne der Volks- als auch der Gemeindezugehörigkeit verstanden. Beides ist identisch, so daß Fremde „aus Israel ausgesondert werden" (Neh 13, 3) und auch andere nicht etwa den Anspruch auf Zugehörigkeit zu Israel erheben können, denn diese Kultgemeinde ist ja das ganze Israel. Auffällig ist noch, daß sich im Unterschied zu Esr im Neh-Buch der JHWH-Titel „der Gott Israels" nicht findet (vgl. Williamson). Auch im Dan-Buch, das die Gola Israel nennt (1, 3; vgl. 9, 7. 11. 20), fehlt die Titulatur „JHWH, der Gott Israels".

8. Weil der Psalter Lieder aus der gesamten at.lichen Zeit enthält, spiegelt sich in ihm der Israel-Name in seiner ganzen Vielfalt wider. Nicht nur darin, daß Israel durch die Parallele Ephraim, Benjamin, Manasse (80, 2–3) eine mittelpalästinische Stämmegruppe, durch die der Verwerfung Israels (78, 59) parallele Aussage von der Verwerfung des „Zeltes Josephs" (v. 67) wohl das Israel zur Zeit Sauls, durch das häufige Nebeneinander von Jakob und Israel das gesamte Gottesvolk ist (14, 7 = 53, 7; 78, 5. 21. 71; 81, 5; 98, 3; 105, 10. 23; 114, 1; 135, 4; 147, 19; vgl. 22, 24) und daß durch betonte Ausdrücke für Israel wie „(dein) mein Volk" (50, 7; 81, 9. 12. 14; 135, 12; vgl. 148, 14), „sein Eigentum" (78, 71; 135, 4), „sein Königreich" (114, 2) und „sein Knecht" (136, 22) die innige Bindung dieses Volkes an seinen Gott JHWH ausgedrückt und deshalb auch das grundlegende Geschichtshandeln JHWHs erwähnt wird (78, 31; 103, 7; 105, 23; 114, 1; 136, 11. 14. 22; 147, 19), folgen die Psalmen mit ihren Aussagen den bisher aufgezeigten Linien, sondern auch darin, daß Israel als die Gemeinde Gottes erscheint, die zum Lobpreis und zum Dank ihres Herren aufgefordert wird (22, 24; 68, 27; 118, 2; 124, 1; 129, 1; 135, 19. 20; 149, 2; vgl. 122, 4), die ihre Hoffnung und ihr Vertrauen auf ihn setzt (14, 7 = 53, 7; 25, 22; 115, 9; 130, 7; 131, 3; 147, 2) und den Ruf „Heil über Israel" (125, 5; 128, 6) hört. Schließlich seien die Gottesepitheta noch kurz genannt: „der El Israels" (68, 36), „JHWH, der Gott Israels" (41, 14; 72, 18; 106, 48; vgl. 68, 9), „der Heilige Israels" (71, 22; 78, 41; 89, 19), „JHWH Zebaoth, der Gott Israels" (59, 6), „der Gott Israels" (69, 7), „der Hirte Israels" (80, 2), „JHWH, der Hüter Israels" (121, 4), „sein Schöpfer" (149, 2). Sie drücken das Miteinander von Israel und JHWH aus, wie es fast klassisch Ps 22, 4 formuliert: „Du bist der Heilige, der über den Lobgesängen Israels thront."

IV. 1. Die in der Chr beobachtete Tendenz setzt sich in der nach-at.lich-jüd. Literatur fort. „Israel" ist die „typische Selbstbezeichnung des jüd. Volkes" (Strobel, BHHW II, 786), während die nichtjüd. Welt von „Juden" spricht (vgl. z. B. 1 Makk 11, 20. 30. 33. 49–51; 12, 3; dazu Kuhn, ThWNT III, 361). So ist denn weithin in dieser Literatur von „Israel", „dem Volk Israel", „dem ganzen Haus Israel" die Rede (Judith 4, 1. 8. 9. 11. 15; 5, 1; PsSal 8, 26. 28; 1 Makk 13, 26. 41. 42 u. ö.), und ebenso wird von „dem Gott Israels" (Judith 4, 12; 6, 21; 10, 1; 12, 8; 13, 7; 14, 10 u. ö.; PsSal 4, 1; 9, 8; 16, 3 u. ö.) gesprochen. „Israel" meint die Kultgemeinde (so auch Bar 3, 9. 10. 24. 37; 4, 4. 5; 5, 7. 8. 9), die unter dem Erbarmen ihres Gottes steht (Judith 13, 14; PsSal 9, 11; 11, 1. 9) und sein Knecht ist (PsSal 17, 21). In sie kann ein Fremder wie Achior nach Übernahme der Beschneidung aufgenommen werden (Judith 14, 10). „Israel" ist ihr Ehrenname (Sir 44, 23; vgl. PsSal 14, 5). Sie steht als bester Teil der Menschen unter dem Schutz des Engels Michael (1 Hen 20, 5 t. cj.). „Israel" wird zur Endzeit die Bestrafung der Heiden durch Gott erleben, wird sich glücklich erheben und von oben auf die Feinde herabschauen, gerechtfertigt durch seinen Gott (AssMos 10, 8–10). Am eindrücklichsten spricht von diesem gegenwärtigen und zugleich überzeitlichen Israel als einer religiöskultischen Gemeinschaft PsSal 11, 7: „Tue an, Israel, deine Ehrenkleider, ... denn Gott hat das Heil Israels beschlossen für immer und ewig" und PsSal 17, 44: „Selig, wer in jenen Tagen leben wird und schauen darf das Heil Israels in der Vereinigung der Stämme" (Übersetzung nach Kittel in Kautzsch, II).

2. Was speziell die Qumran-Literatur angeht, so begegnet der Israel-Name besonders häufig in CD (43mal), 1 QM (28mal) und 1 QS (16mal). Soweit es sich nicht um AT-Zitate oder um derartige Anspielungen handelt, wie etwa in 1 QM 11, 6–7 und CD 7, 19–20, ist „Israel das Volk Gottes" (1 QM 3, 13), und „El Israels" heißt sein Gott (1 QS 3, 24; 1 QM 1, 9–10; 6, 6; 10, 8; 13, 1 u. ö.). Zu diesem Gottesvolk gehört die Qumran-Gemeinschaft (1 QS 5, 5. 22; 6, 13; 9, 6; CD 3, 19). Zugleich hat man den Eindruck, daß das „Israel" als Gottesgemeinde aus einem größeren Israel ausgegrenzt wird. In Aufzählungen wie der von CD 14, 4–6 begegnet die Reihenfolge „Leviten, Priester, Israel und Fremdling" (vgl. CD 10, 5). Öfter stehen Aaron und Israel nebeneinander (1 QS 5, 6; vgl. CD 1, 7; 10, 5; 1 QM 5, 1), wie denn zwei Messiasse aus Aaron und Israel erwartet werden (1 QS 9, 11; CD 13, 1; 14, 10; 19, 11; 20, 1 u. ö.). Aus Israel werden beim Erscheinen der Herrlichkeit Gottes die Frevler ausgerottet (CD 20, 6); andere bleiben übrig „als Rest für Israel" (CD 1, 5), mit denen Gott seinen „Bund für Israel aufrichtete auf ewig (vgl. 1 QS 5, 5), um ihnen zu offenbaren Verborgenes, worin ganz Israel irregegangen" (CD 3, 13–14). Aus dem großen, ganzen Gesamt-Israel wird demnach ein Exklusiv-Israel ausgesondert (1 QS 6, 13–14). Dieses ist das eigentliche Israel, „das Haus der Vollkommenheit und Wahrheit in Israel" (1 QS 8, 9), denen Gott „ein zuverlässiges Haus in Israel" baute (1 QM 10, 9). Diesem „Israel" werden sich „die Einfältigen Ephraims anschließen" (4 Qp Nah 3, 5). Dieses Exklusiv-Israel ist die Gemeinde von Qumran, die als Kern-Israel an dem Gesamt-Israel seine Mission zu erfüllen hat.

Zobel

יָשַׁב *jāšab*

מוֹשָׁב *môšāb*

I. Belegspektrum – 1. Morphologie; außerbiblische Verbreitung – 2. Statistik der hebr. Belege – 3. Griech. Wiedergaben – II. Menschliches *jšb* – 1. Semiologische Beobachtungen – 2. „Sich-Setzen"/„Sitzen" – 3. „Sich-

Niederlassen" / „Wohnen" – 4. „Den Thron besteigen" / „Residieren" – 5. Kultisches *jšb*? – III. Göttliches *jšb* – 1. Die Syntagmen – 2. *mkwn*-Formel und Anspielungen – 3. Epitheton *jôšeḇ kᵉruḇîm* und Anspielungen – 4. Finite Formen und ihre Semantik – 5. „Lade" und „Engel" als Subjekt.

Lit.: *L. H. Brockington*, The Use of the Hebrew Verb ישׁב to Describe an Act in Religious Observance (Essays in Honor of W. Thatcher, 1967, 119–125). – *A. Feuillet*, „S'asseoir à l'ombre" de l'Epoux (RB 78, 1971, 391–405). – *M. Haran*, The Ark and the Cherubim; their Symbolic Significance in Biblical Ritual (IEJ 9, 1959, 30–38. 89–94). – *A. S. Lawhead*, A Study of the Theological Significance of *yāšab* in the Masoretic Text, with Attention to its Translation in the Septuagint (1977). – *M. Metzger*, Himmlische und irdische Wohnstatt Jahwes (UF 2, 1970, 139–158). – *R. de Vaux*, Les chérubins et l'arche d'alliance, les sphinx gardiens et les trônes divins dans l'Ancient Orient (MUSJ 37, 1960/61, 91–124). – *A. Wuckelt*, Die Basis *YŠB* in Gottesprädikationen des Alten Testaments, 1978.

I. 1. Die der westsemit. Wurzel *jšb* zugrundeliegende Basis *wṯb* (P. Marrassini, QuadSem 1971, 16–18) ist morphologisch als Erweiterung des Konsonantenpaars *ṯb* um das präfigierte Wurzelaugment *w* aufzufassen. Der Semkern der zweiradikaligen Primärbasis (nach R. L. Cate, The Theory of Bilateral Roots, Southern Baptist Theological Seminary, Louisville 1959, 152: „to turn away", „to move away", ähnlich G. Robinson, ZAW 92, 1980, 41) ist noch nicht zweifelsfrei zu erheben, wird aber im Bereich der Veränderung der lokalen Befindlichkeit vorzugsweise einer Person zu suchen sein. Dabei scheint jedoch der Transfer in eine andauernde und sogar bleibende Verfassung im Vordergrund zu stehen.
Im Akk. zählt *wašābu* als fientisches Verbum I. *wa*- zu den „Verben der Bewegung mit bestimmtem Ausgangs- oder Zielpunkt" (GAG § 103b), dazu existiert eine seltene Sekundärbildung *tašābu* (§ 103d und h). Zum lautgeschichtlich jüngeren Fehlen des Wurzelaugments (*wašābu* > *ašābu*) im Mittel- und Spätbabyl. vgl. GAG § 103i. Nach CAD I/2, 387ff. differenziert sich das Bedeutungsspektrum in mehrere Sektionen, die sich hier am ehesten in habituelle und kausativ-habituelle Inhalte gliedern lassen. Neben den semantischen Zentralbereichen „to sit down", „to reside and live somewhere", „to be settled" erscheinen kausative Formen (*šûšubu*) zu allen Bedeutungsklassen mit dem gemeinsamen Aspekt der anhaltenden Präsenz. Besonderes Interesse verdient die semantische Nuance des „Thronens", das vorzugsweise von Königen und Göttern prädiziert wird (CAD I/2, 396f.). Zur partiellen Explikation der Ausführungen des CAD vgl. jüngst Lawhead 51–55. Das akk. *ušbu*, 'Sitz', 'Thron' ist mit dem lautlichen Äquivalent *ỉsb.t* / *ỉsp.t* auch als Fremdwort im Ägyptischen belegt, dort auch mit der Bedeutung „kind of shelter" (W. A. Ward, Or 32, 1963, 418), während die äg. Fassung versehen mit dem fem. Artikel in der keilschriftlichen Wiedergabe *ta-as-bu* des Vokabulars EA 368 (vgl. A. F. Rainey, AOAT 8, 1978, 38f.) mit der Bedeutung „der Stuhl" wiederkehrt. Die beiden einander gegenläufigen Transkriptionswege der Amarnazeit dürfen als ungewöhnliches Phänomen gewertet werden.
Während die keilschriftliche Amarnaliteratur nur mit der Verbform *nišab* (EA 363,21) eine westsemit. präfigierte Bildung aufweist (vgl. auch die Wiedergabe „we may dwell" bei Rainey, AOAT 8, 1978, 65), zeigt das Ugar. eine für den Vergleich mit dem Hebr. relevante Palette von syntagmatischen Varianten einerseits und für die Semantik bedeutsamen Wortpaarkorrelationen andererseits. Die Wurzel *jṯb* mit den zentralen Bedeutungsbereichen „sitzen", „thronen" ist nicht nur in Verbformen, sondern auch in nominalen Derivaten, wie *ṯbt* „(the act or state of) sitting" und *mṯb* „a dwelling" (UT Glossary Nr. 1177), realisiert (Das Problem, *jṯb*- von *ṯwb*-Bildungen zu unterscheiden, ist nach Gordon „due mostly to the orthography"). Die lexikalische Auflistung (vgl. WUS Nr. 140f.) kann durch eine Sondierung nach den präpositionalen Anbindungen eine Bereicherung erfahren. Nach D. G. Pardee, UF 9, 1977, 216, sind die Kombinationen *jṯb b/btk* „sit/live in", *jṯb l* „sit for (temporal)", *jṯb l* „sit in order to", *jṯb l* „sit on" und *jṯb tḥt* „sit at the feet of" nachweisbar, wobei die jüngeren Nachbardialekte zum Teil, durchweg aber das Hebr. des AT, Entsprechungen erkennen lassen. Unter der Rücksicht möglicher Analogien im AT bucht M. Dahood eine Reihe von Wortpaarungen, wie *jṯb* || *ẓll*, *nḥl*, *nḥ*, *rʿj*, *ṯpt* (RSP I. II, 270–275), *jṯb* || *štj* (RSP II. I, 25) und auch *jṯb* || *jṯb* (RSP I. II, 271; vgl. auch P. C. Craigie, UF 11, 1979, 138). Das semantische Feld (im Anschluß an die Konkordanz von R. E. Whitaker vorläufig dargestellt von Lawhead 60–62) zeigt analog zum Akk. im Rahmen der zitierten Zentralbedeutungen auch die besondere Sinngebung des „Thronens" eines Königs oder Gottes an (vgl. Lawhead 60–62; vgl. u.a. auch W. Schmidt, BZAW 80, 1961, 65, Anm. 9). Göttliches „Thronen" kann vor allem von Baal prädiziert werden (zum angeblichen Residieren Els an den Orten Astaroth und Edrei [so die Interpretation von KTU 1.108 rto. 3 durch B. Margulis, JBL 89, 1970, 292ff.] vgl. die kritischen Anmerkungen u.a. bei M. Görg, UF 6, 1974, 474f. [mit Lit.] und M. C. Astour, RSP II. VIII, 36). Baal kann auch ein *jṯb lksỉ* „sich auf den Thron setzen" vollziehen (dazu P. J. van Zijl, AOAT 10, 1972, 218f.).
Die jüngeren westsemit. Dialekte im Umkreis des at.lichen Hebr. scheinen den bisherigen semantischen Befund nicht wesentlich zu ergänzen (vgl. DISO 111f. mit den dort zitierten Bedeutungen: „s'asseoir, demeurer, habiter, résider" und entsprechenden Kausativen; Erläuterung eines Teils der Belege im Anschluß an KAI auch bei Lawhead 55–60). Selbst noch im Phön.-Pun. kann neben verbaler und nominaler Verwendung der Basis eine Differenzierung unter den Aspekten des habituellen und kausativ-habi-

tuellen „Wohnens" etc. beobachtet werden, (vgl. die Nachweise bei R. S. Tomback, A Comparative Semitic Lexicon of the Phoenician and Punic Languages, SBL Diss. Series 32, 1978, 130).

Ergänzend sei auf die Belege für die Bildung von Eigennamen mit *jṯb* im westsemitischen Bereich hingewiesen. Schon im Namenbestand von Mari sind Formen wie *Ja-aw-ši-bu* (dazu H. B. Huffmon, APN 68; 185) oder (im Gen.) *Wa-ši-bi-im* (APN 185) belegt (vgl. aber auch A. Goetze, BASOR 151, 1958, 31 f.). Mit Zurückhaltung ist der angebliche ugar. Ortsname *jṯbmlk* zu beurteilen, der gewiß nicht mit „Residenz des Königs" wiederzugeben ist (mit Astour, RSP II. II, 293) und allenfalls einen Verbalsatznamen („ein König bzw. *Mlk* möge thronen" d.h. an dem gemeinten Ort, o.ä.) darstellen mag. Eindeutige Eigennamensbildungen mit *jšb* im jungwestsemit. Bereich scheinen zumindest schwer nachweisbar zu sein.

Da klar außerhalb der bisher angedeuteten semantischen Bezüge stehend, mögen die beiden südsemitischen Bedeutungsarten, äth. *'awšaba* 'heiraten' und arab. *waṯaba* 'vom Sitz aufspringen' (vgl. KBL³ 423 b) kurz Erwähnung finden. Doch läßt sich auch hier eine brauchbare Beziehung zum oben vermuteten Semkern namhaft machen, wenn man bei beiden Bedeutungen an den örtlichen Transfer der Betroffenen denkt, der im ersten Fall die Umsiedlung in einen anderen Sippenverband o.ä. zum Inhalt haben mag (zum Nachweis der Bedeutung „heiraten" im AT s.u.).

2. Nach Ausweis der Tabelle bei Lawhead 63 ist die Basis am häufigsten (Indizes nach Lawhead) bei Jer (149) belegt, um die Hälfte weniger in Gen (71), Ri (71), Jes (71), Ez (62), Ps (60), insgesamt 1090mal. Noch aufschlußreicher ist die Aufstellung der finiten und infiniten Verbrealisationen der Basis (Lawhead 64), die ein absolutes Überwiegen der G-Stammformen dokumentiert, wobei der Anteil der partizipialen Wortartbildungen (496) etwa die Hälfte der G-Stamm-Belege (545) ausmacht (weitere statistische Notizen bei Lawhead 65 f.). Die beherrschende Rolle der Ptz-Bildungen mag die im Semkern vermutete Perspektive der Überführung in einen andauernden Zustand bestätigen. Ob allerdings Lawheads rein statistisch erhobener Befund anhand angeblich paralleler Textpassagen bereits zu dem Schluß berechtigt, daß „there is a continuity in the meaning of various grammatical forms of *yašab* throughout the history of the writing of the Old Testament" (68), muß bezweifelt werden. So nötigt auch L.s Folgerung zur Skepsis, das Vorkommen der Wendung *me'ên jôšeḇ* „ohne Bewohner" ausschließlich bei Jer (9) und Zeph (2) sei ein brauchbares Indiz für die zeitgenössische Existenz oder sogar für jeremianische Jüngerschaft Zephanjas (68).

Die nominale Ableitung *môšāḇ* begegnet laut Lawhead 44mal und verteilt sich ohne besondere Schwerpunkte, wobei 10mal Konstruktusverbindungen auftreten. Das zweite Derivat *tôšāḇ* (→ תושב) findet sich 14mal ohne auffällige Korrelationen (Lawhead 70).

Dagegen erlauben die Verbphrasen eine vorläufige Klassifikation nach den Subjekten (vgl. die Tabelle bei Lawhead 70 f.). Sachsubjekte erscheinen nur 8mal, davon 5 in Gestalt der Gotteslade (näheres dazu s.u.). Nur in Hi 38, 40 sind tierische Lebewesen (Junglöwen) Subjekt; die statistische Differenz zum Gebrauch der Basis →*škn* (שכן) scheint hier relevant zu sein. Der Hauptanteil der Belege entfällt auf Textstellen mit menschlichem Subjekt (ca. 1030). Insgesamt 45 Belege (unter Einbeziehung der Stellen mit der Lade als Subjekt 50 Belege) bezeugen göttliches Subjekt. Nur diese werden von Lawhead als Texte mit „theological significance of the verb" qualifiziert, offenbar eine Verkürzung, die durch den exegetischen Befund des verbleibenden Textbereiches (s.u.) nicht gerechtfertigt erscheint.

3. Die Wiedergaben von *jšb* in der LXX erweisen ein breitangelegtes Spektrum griech. Verben. Der Grad der Häufigkeit bestimmter Entsprechungen erlaubt folgende Staffelung (im Anschluß an Lawhead 78 f.): κατοικέω (515), κάθημαι (183), καθίζω (177), οἰκέω (93), μένω (10) und vereinzelte weitere Äquivalente. Es mag vermerkt werden, daß für die häufigste Vertretung, κατοικέω, eine augenfällige Präferenz in Gen bis Ri (ohne Ex), in der prophetischen Literatur (bis auf Jes, Jon, Mal) und in den Ketubim (bis auf Ps, 1 und 2 Chr.) nachweisbar ist (Lawhead 96). Eine klare Kontinuität in der Wiedergabe bestimmter Stammbildungen von *jšb* beobachtet Lawhead nicht, da die Übersetzer „did not make any conscious or concerted effort to reproduce faithfully each particular grammatical form of *yašab* by a different Greek translation" (103). Zur Wiedergabe der nominalen Derivate vgl. Lawhead 100 f. mit Anhang D und E.

II. 1. Auch im Bedeutungskern des hebr. *jšb* ist ein differenzierbarer Inhalt grundgelegt. Nach H. Schweizer, StANT 37, 1974, 188 Anm. 401 „scheinen zwei Seme den Sem-Kern zu kennzeichnen", nämlich Ortsgebundenheit („mansiv") und Ruhestellung („quietiv"), wobei die Eliminierung des Sems „mansiv" nur „um den Preis möglich" sei, die „Grundbedeutung des Verbs auszulöschen". Der lexikalische Befund erlaubt hier jedoch wohl unbeschadet des Gewichts der auf ein Verbleiben gerichteten Sinngebung und analog zum außerbiblischen Gebrauch die Annahme einer Semkombination „sedativ"/ „mansiv", womit nicht nur ein Wechsel der Aktionsart („ingressiv"/„durativ"), sondern eine bereits im Semkern verankerte Spannweite von der Genese bis zur Konstitution des „Sitzens", „Wohnens", „Thronens" etc. gemeint ist und der Phase der Herbeiführung des Zustandes voller Eigenwert zukommt. Ob die im Hebr. über die außerhalb des AT weniger deutlich betonte, aber unzweifelhaft vorhandene Sinngebung des „Sedativen" hinausgehende Emphase mit den frühisraelitischen Erfahrungen der nicht-

seßhaften und der seßhaften Phase in Verbindung gebracht werden kann, sei hier dahingestellt.
Das Verb hat wenigstens zwei obligatorische Aktanten, Subjekt und präp. Bestimmung, wobei letztere Valenzposition, die häufig den „mansiven" Bedeutungsinhalt spezifiziert, in Ausnahmefällen durch eine „produktive" Fortführung in Gestalt einer anderen Verbform ersetzt werden kann, vgl. z. B. Gen 27, 19: die mögliche Spezifikation des „Mansiven" wird hier nur „suspendiert" (zum Vorgang Schweizer a.a.O.), die beherrschende Bedeutung des „Sedativen" nicht einmal tangiert. Der von GesB 323a notierte absolute Gebrauch von *jšb* an dieser Stelle existiert daher nur scheinbar.
Bei der nachfolgenden Behandlung der Klasseme von *jšb* (der zur Kernstruktur hinzutretenden Kontextbedeutungen) soll der Rolle der Aktanten besondere Aufmerksamkeit zukommen. Zugleich soll die Realisation der Semkombination „sedativ"/„mansiv" in den Syntagmen bevorzugtes Interesse finden.
2. Einen signifikanten Ausdruck findet die Doppelstruktur der Bedeutung in Gen 21, 16, wo das Verhalten der Ägypterin Hagar, die aus Verzweiflung ihren Sohn aussetzt, zunächst mit *watteša̱ḇ lāh minnæḡæḏ* (16a), dann (16b) mit *wattešæḇ minnæḡæḏ* beschrieben wird. Die scheinbare Doppelung hat zu literarkritischen Operationen Anlaß gegeben (vgl. R. Kilian, BBB 24, 1966, 246 bzw. 249), doch wird im ersten Fall das „sedative" Bedeutungselement durch Beifügung von *lāh* (vgl. auch den Imp. *šeḇû lāḵæm* „Setzt euch hin!" in Gen 22, 5) hervorgehoben, während der zweite Fall die „mansive" Inhaltsseite zur Darstellung bringt. Beachtenswert ist, daß bei beiden Syntagmen Verbfunktion (Narrativ) und Valenzstruktur gleichartig sind. Beide Verbphrasen nehmen im übrigen auf einen Vorgang Bezug, der semantisch als Ausdruck der Klage qualifiziert werden kann (vgl. auch M. Dahood, CBQ 22, 1960, 401 ff.). Diese Perspektive wird in der jüngeren Literatur mit ausdrücklicher Erwähnung des Bodens expliziert. So setzen sich die Freunde Hiobs für sieben Tage und sieben Nächte zu ihm auf die Erde (*jšb lāʾāræṣ* Hi 2, 13, vgl. auch Kl 2, 10), während Hiob selbst inmitten (*beṯôḵ*) der Asche „sitzt" (Hi 2, 8). Auch hier kommen im gleichen Kontext beide Sembestandteile zur Geltung, nur erscheint hier unter einem Wechsel von Aktant 1/3 das „Sich-Setzen" im Narrativ, das „Sitzen" im zustandsanzeigenden Ptz. Bei aller Anteilnahme der Freunde wird auf diese Weise die Ungleichheit der Schicksale dokumentiert.
Eine positive Note gewinnt *jšb* im Rahmen der konkreten Sinngebung bei besonderer Qualifikation des Ortes. Ist dies bei Gelegenheit des Essens (vgl. schon Gen 27, 19) bei Tisch (1 Kön 13, 20; zur Präp. *ʾæl* vgl. M. Noth, BK IX/1, 1968, 291) der Fall, so um so mehr, wenn vom „Sitzen" am Tor (Gen 19, 1) oder vom „Sitzung halten" (Jer 39, 3, vgl. O. Eißfeldt, KlSchr IV, 1968, 187) am (*be*) Stadttor die Rede ist. Das „Sitzen" am Tor hat rechtliche Qualität, wenn es sich um Gewährung des Gastrechts seitens des Gastgebers (Gen 19, 1, vgl. auch Gen 18, 1) oder um eine förmliche Gerichtsverhandlung handelt (wie bei Jer offenbar um eine „regelrechte Wiederaufnahme des Verfahrens", so Eißfeldt a.a.O. 187, Anm. 2). Daß auch diese Stellen ohne ein Mitdenken der sedativen Bedeutungsseite nicht denkbar sind, kann eine Analyse der Beziehung von Gen 18, 1 zu Gen 13, 18 erkennbar machen. Während Gen 13, 18 (nach Kilian vorjahwistisch, für P. Weimar, BZAW 146, 1977, 50 zu J gehörig) vom „Sich-Niederlassen" Abrahams (*jšb* im Narrativ) bei (*be*) der Terebinthe von Mamre redet, spricht Gen 18, 1 in der jetzigen Fassung partizipial (nach Kilian 97 kann eine Urform mit *jšb* in Suffixkonjugation als Einleitung der „Pluralversion" rekonstruiert werden) vom „Sitzen" Abrahams (am/im) „Zelteingang" zur Mittagshitze. Obgleich hier eine scheinbar redundante Notiz vorzuliegen scheint (nach Kilian und Weimar liegen Gen 13, 18 und 18, 1a literarisch auf gleicher Ebene und folgen einander), ist doch nur eine Wiederaufnahme des Stichworts *jšb* mit der Bedeutungsspanne „sedativ" – „mansiv" zu vermerken, wobei das „sedative" Element formal durch den Narrativ im Kontext einer Dreiergruppe (weiterziehen, sich niederlassen, bauen) und eine neue Ortsbestimmung (mit *be*), die „mansive" Seite hingegen durch die Ptz.-Form mit fehlendem präp. Anschluß von *pæṯaḥ hāʾohæl* (wohl die Ortsgebundenheit betonend) und die Spezifikation von Ort und Zeit ausgewiesen wird.
Noch ganz von der Vorstellung des „Sich Setzens"/„Sitzens" geprägt ist die Rede vom *jšb* des Einzelnen in bestimmter Gesellschaft (wobei letztere Bestimmung die sonst übliche Ortsangabe ablöst). So sitzt (Ptz.) Ephron „mitten" (*beṯôḵ*) unter den Hethitern (Gen 23, 10), der Gerechte nicht „im" (*be*) „Sitzungsbereich" (*môšāḇ*!) von Spöttern (Ps 1, 1), bei (*ʿim*) „trügerischen Männern" (Ps 26, 4) bzw. „Frevlern" (26, 5), wobei hier der auffällige Wechsel der Konjugationen „die für alle Zeiten zutreffende Gültigkeit der Aussagen" (H. J. Kraus, BK XV/1, 51978, 360) darstellen mag. Wie im profanen Rechtsbereich (H. Gunkel, Genesis, 61964, 276 zu Gen 23, 10: „sitzend werden alle Rechtsgeschäfte erledigt", vgl. Ruth 4, 1 f. 4) das Sich-Niederlassen am Stadttor (s.o.) unter den *bāʾê šaʿar* (Gunkel: „stimmberechtigte Bürger") sozusagen als Zeugen den Eintritt in eine öffentliche Verhandlung signalisiert, so bedeutet im sakralrechtlichen Bereich, wie er durch den Reinigungseid in Ps 26, 4ff. angezeigt ist, schon das Sich-Setzen in den Kreis gottloser Menschen den Selbstausschluß aus der Sphäre der Gerechten. Im übrigen zeigt die Korrelation von *jšb* mit den Verben *hlk*, *ʿmd* (ʻsich hinstellenʼ) in Ps 1, 1 sowie mit *bwʾ* (Ps 26, 4b) hinreichend an, daß der Kontext das bewegende, wenn auch auf eine bleibende Verfassung drängende Moment an der Bedeutungsseite hervorhebt. Während das „Sitzen mit" Parteinahme offenbart, kann ein „Sitzen vor" Respekt vor dem Höheren zum Ausdruck bringen, wie ihn das

Schüler-Lehrer-Verhältnis fordert (vgl. etwa 2 Kön 4, 38).
Die sitzende Haltung vermag bei Mensch und Tier auch ein Zeichen für eine von beiden ausgehende Gefährdung anderer zu sein, wenn sie sich im Verborgenen ereignet. So ist es ein Merkmal des Frevlers, daß er sich auf die Lauer legt (Ps 10, 8), wie dies Art eines Löwen ist (Ps 17, 12; Hi 38, 40); in diesen Fällen ist keineswegs die immer wieder zu beobachtende aggressive Seite von Mensch und Tier im Vollzug Gegenstand der Blickrichtung, sondern die immer neu inszenierte Permanenz der Bedrohung, wobei ein Konstitutivum des Bösen angesprochen ist: es bleibt eine Gefahr, auch wenn es nicht überall zum Durchbruch kommt. Dem „sedativ"/„mansiven" Bedeutungsgehalt darf demnach weder im positiven noch im negativen Sinn Inaktivität unterstellt werden. Dies gilt gewiß auch für die Funktion des professionellen Spions, der nach Ri 16, 9. 12 der Szene Simson-Delila beiwohnt. Vielleicht läßt sich auch hier eine mit den Verhältnissen in Gen 21, 16 (s.o.) vergleichbare Differenzierung vornehmen, wenn der Bestimmung *lāh* innerhalb des ersten der beiden im übrigen gleichlautenden Partizipialsätze eine die mögliche „sedative" Bedeutung von *jošeḇ* in v. 9 bestätigende Rolle zukommt, während v. 12 den angesprochenen Zustand im „mansiven" Sinn aufnimmt. Da *lāh* in v. 9 gegenüber Gen 21, 16 jedoch nicht reflexiv zu verstehen und die Ptz.-Form sonst ein Ausdrucksmittel des „Mansiven" ist, kann auch eine Konstruktion *jšb* mit Dat. comm. angenommen werden.
3. Über das Bedeutungspaar „Sich-Setzen"/„Sitzen" hinaus führt als weitere Abstraktionsstufe die Sinnverbindung „Sich-Niederlassen" / „Wohnen" bzw. „Bleiben". Da die ursprünglich gemeinte Körperhaltung nicht mehr im Blickpunkt steht, kann sich die Semkombination umfassender manifestieren. Auf den ersten Blick scheint das „mansive" Moment das beherrschende Sem dieser Stufe zu sein. Das Daheimbleiben der Wöchnerin erstreckt sich auf einen Zeitraum von 33 Tagen nach erfolgtem Beschneidungsritus (Lev 12, 4); dem nach einer erlittenen Körperverletzung zum Daheimbleiben Genötigten gebührt eine Entschädigung (Ex 21, 19). Der Wunsch, daß jemand „bleiben" möge, findet mehrfach Ausdruck, so verlangen die Angehörigen Rebekkas ihren Verbleib für „einige Zeit oder wenigstens zehn Tage" (Gen 24, 55): die Zeitangabe spezifiziert das gewünschte (Jussiv) Daheimsein; Mose verlangt (Imp.) es von den Ältesten (Ex 24, 14), wobei das hinzugesetzte *lānû* wohl als Dat. comm. zu verstehen sein wird; Joas von Israel erwartet ein Zuhausebleiben (Imp.) vom Judäer Amazja (2 Kön 14, 10); Hosea fordert ein Daheimbleiben *tešeḇî lî* seiner Tempeldirne, und zwar für „viele Tage" (Hos 3, 3). Bei einer solchen Wertschätzung des Bleibens um des Zusammenseins willen, wie es schon in der an Jakob gerichteten Bitte Labans: „Bleibe bei mir!" (Gen 29, 19; vgl. auch das womöglich „sedative" Gegenstück in Gen 27, 44, noch ohne ausdrücklichen Bezug auf die familiäre Bindung an das Haus Labans) zum Ausdruck kommt, kann es nicht wundernehmen, wenn die Veranlassung zur Gründung eines Hausstands mit dem Kausativum von *jšb* bezeichnet werden kann (Ps 68, 7; 113, 9), in sehr jungen Texten sogar die Heirat selbst mit dieser Stammbildung umschrieben wird (Esr 10, 2. 10. 14. 17f.; Neh 13, 23. 27), wie es für den Gebrauch der Basis im Äth. nachweisbar ist (s.o., vgl. auch KBL³ 424b).
Die grundlegende Semkombination „sedativ"/ „mansiv" kommt gleichwohl vor allem dort zum Vorschein, wo die Phasen des örtlichen „Sich-Niederlassens" und „Wohnens" erfaßt werden. Natürlich ist es hier gerade der Bereich der Vätertraditionen, der ergiebiges Material liefert. So bietet Gen 19, 30 zunächst den Narrativ *wajjaʿal*, dem der „sedativ" gemeinte Narrativ *wajješæḇ* folgt. Nach dem jetzigen Bestand stehen Verbfunktion und Sembestimmung einer „mansiven" Sinngebung von *jšb* in v. 29 (Stativ) und in v. 30b (Inf.) gegenüber, um schließlich doch wieder einem „sedativen" Narrativ „Da ließ er sich in einer Höhle nieder" in v. 30b zu korrespondieren. Wahrscheinlich ist hier Kilian 128 im Recht, wenn er Dubletten wahrnimmt und literarkritische Scheidung innerhalb von v. 30 vornimmt; die Semiologie mag diesen Versuch unterstützen. Für die Bedeutungsfrage ist ferner das Verhältnis des Narrativs *wajješæḇ* zum folgenden Narrativ *wajjāḡōr* in Gen 20, 1 signifikant. Die geographischen Angaben im Kontext sind einander nicht kongruent; die deshalb geübte literarkritische Scheidung (vgl. Kilian 190, anders Weimar 56, Anm. 164) kann mit Hinweis auf das Gegenstandspaar *jšb* („sedativ")-*gwr* (vorläufige Sembestimmung: „vorübergehend zu Gast sein" bzw. „morativ") untermauert werden. Ein umgekehrtes Verhältnis stellt sich dagegen mit der Folge *gwr* zu *jšb* (Imp. bzw. Narrativ) in Gen 26, 3. 6 dar, wobei *jšb* hier so zu verstehen ist, „daß Isaak in Gerar wohnte" (Weimar 84). Während der Imp. *gûr* dem offenbar ausschließlichen Sem „morativ" entspricht, ist bei *jšb* nunmehr wieder die Sembestimmung „mansiv" vorherrschend (vgl. auch v. 17).
Über den jeweils unmittelbaren Kontext hinaus läßt sich unter der gleichen syntaktischen Gestalt (Narrativ) sowohl eine Dominanz des Sems „sedativ" (wie in Gen 4, 16; 11, 2. 31 etc.) als auch ein Vorherrschen der Bedeutung „mansiv" (so in Gen 21, 20; 21, 21; 22, 19 etc.) beobachten. Eine klare Präferenz seitens einer bestimmten literarischen Schicht scheint nicht erkennbar zu sein, wenngleich in der Wendung *wajješæḇ šām* (Gen 11, 31 u. ö.) ein schematisches Element eines „Auswanderungsberichtes" bei P vermutet worden ist (P. Weimar, ZAW 86, 1974, 189f. mit Anm. 68). Wie Gen 13, 6 deutlich zeigt, tendiert der Inf. zur „mansiven" Sinngebung: ein „Zusammenwohnen" Abrahams und Lots erweist sich als nicht mehr tragbar. Auch in Ps 133, 1 ist vom „Zusammenwohnen" von Brüdern die Rede, freilich hier in eulogischer Diktion.

Die partizipiale Verwendung kann der Prolongation des Aufenhalts bzw. der Qualifikation des Wohnens naturgemäß besonderen Ausdruck verleihen. So drückt die Kombination *jošeḇ bā'āræṣ* eine stabile Befindlichkeit aus, wie sie von der einstmaligen Präsenz der Kanaanäer (Gen 13, 7), aber auch von der Gegenwart der Väter (Gen 24, 62) u. a. mit Varianten prädiziert werden kann. Spezifisches Interesse verdienen dabei die beiden Quasi-Epitheta *'aḇî jošeḇ 'ohæl* „Vater der Zeltbewohner" (zu Jabal: Gen 4, 20) und *jošeḇ 'ohālîm* „Zeltebewohner" (zu Jakob: Gen 25, 27). Hier steht nun keineswegs die mit der instabilen Zeltunterkunft liierte Wechselhaftigkeit und Periodizität des Aufenthalts (wofür man eher den Terminus *škn* mit seiner dominant „morativen" Sembestimmung erwarten möchte, vgl. vorläufig noch M. Görg, BBB 27, 1967, 97ff.) im Blickfeld, sondern die qualitative Charakteristik des Präsentseins überhaupt, das sich permanent in Zelten vollzieht. Jakob wird denn auch zugleich als „ein Mann des Feldes, ein ordentlicher Mann" vorgestellt, während sein Bruder und Widerpart Esau als betont aggressiv („der sich auf die Jagd verstand") beschrieben wird.

Die Terminologie in Ri 5, 17 läßt auf originelle Art die semiologische Differenzierung unter den Verben *jšb* (17b), *škn* (17ab), *gwr* (17a) deutlich werden. Nach W. Richter, BBB 18, 1963, 90 handelt es sich um „drei Termini des Wohnens: mit Bürgerrecht, als Nomade, als Fremdling". Schon E. Täubler, Biblische Studien, 1958, 91 möchte unter *jšb* eine „feste Ansiedlung mit eigenem Wirtschaftsbetrieb" verstehen, damit zugleich eine „besitzrechtliche Bindung, die den Aufenthalt willensmäßig zu einem dauernden" macht, während etwa H. J. Zobel, BZAW 95, 1965, 49 in *jšb* einen Terminus „für die Ansiedlung eines Stammes" sieht. Beide sehen offenbar keine Abgrenzung zu *škn*, die aber aufgrund der „morativen" Sembestimmung dieses Verbs nötig ist. Für *jšb* (hier wie in 5, 16a in *x-qaṭal*) gilt jedenfalls die Beobachtung, daß das „Zur-Ruhe-Gekommensein" („mansiv") des Stammes (Aser) am „Meeresufer" festgestellt wird, wie auch immer das folgende *škn* an (*'al*) dessen „Buchten" zu deuten ist (vgl. dazu vorläufig Görg, BBB 27, 100).

Schließlich gewinnt die „mansive" Bedeutungsseite dann eine besondere Dimension, wenn vom „Wohnen" / „Bewohnt sein" bzw. „Nicht-Wohnen" / „Unbewohnt sein" in der Zukunft die Rede ist. Daß bei der Prädikation eines noch ausstehenden *jšb* das gelegentlich noch greifbare „sedative" Moment ganz im Dienste des „mansiven" steht, bezeugt etwa die von dtr. Redaktion stammende Ankündigung des „Sich-Niederlassens" im künftigen Erbbesitz und des „Wohnens" in „Sicherheit" (Deut 12, 10), welch letzteres dann Wirklichkeit wird, wenn die von Gott vor den Feinden ringsum gewährte „Ruhe" eingetreten ist. Dieses als „literarisches Struktursignal" (R. P. Merendino, BBB 31, 1969, 322) fungierende Element des „Ruheverschaffens" verdeutlicht einerseits, daß in *jšb* das Optimum menschlicher Präsenz auf Erden verborgen sein kann, zum anderen aber, daß sich ein solches „Wohnen in Sicherheit" JHWH verdankt, dessen Gegenwart freilich nach dtr. Konzeption anderen Maßstäben folgt (vgl. 12, 11 und unten III). Im übrigen bringt es die Kategorie der Verheißung mit sich, daß die futurische Perspektive das „mansive" Dasein auch dem (immer wiederholbaren) „morativen" Verweilen nahebringt, so daß auf dieser Ebene *jšb* und *škn* geradezu als Synonyma betrachtet werden können (vgl. z. B. Jes 32, 16), allerdings eben nur dann, wenn JHWH die Garantie für ein solches „Wohnen" liefert. Auf JHWHs Initiative beruft sich daher Jeremias briefliches Ersuchen an die Verbannten, Häuser zu bauen und sie zu bewohnen (*jšb* Imp.), Jer 29, 5. 28 (vgl. dazu Th. Seidl, ATS 5, 1978, 289, der hier trotz *bātîm* Einwertigkeit beobachten möchte), zugleich eine Provokation für diejenigen, die ein *jšb* im Fremdland für das größte Unglück halten. Da sich die Rekabiter im Inland gänzlich einem *jšb* in Häusern verwehren und dafür ein *jšb* in Zelten vollziehen sollen und wollen (Jer 35, 7. 9f.), ist ihr *jšb* in Jerusalem (v. 11) ein Wohnen, „als wohnten sie nicht", doch zugleich ein Zeichen für die anderen. Erst eine künftige Restitution Judas wird auch ein *jšb* möglich machen, das die Erschöpfung hinter sich läßt und kreatürlichen Neubeginn einer anderen Zeit bedeutet (Jer 31, 24). Von Jerusalem kann die Redaktion erklären, daß es „in Ewigkeit bewohnt bleiben" werde, eine Verheißung, deren Kontext zugleich den Einzug von Königen und Fürsten, die „auf dem Thron Davids sitzen" (Ptz.), Judäern und „Bewohnern Jerusalems" (= Bürgern der Stadt) ansagt (Jer 17, 25). Wie hier der Sabbatheiligung, so kommt der Gesetzeserfüllung überhaupt nachexilischer Orientierung gemäß der Rang einer qualitativen Voraussetzung für „sicheres Wohnen" zu (vgl. Lev 25, 18f.; 26, 5). Besondere Vertrautheit mit JHWH bezeugt der Ausdruck „sich in den Schatten JHWHs setzen" („sedativ") in Hos 14, 8 (dazu Feuillet 391ff.).

Das „sichere Wohnen" bedarf der Garantie JHWHs; um so mehr muß ein *jšb* zum Scheitern verurteilt sein, das sich auf Unrechtsetzung gründet (vgl. Jes 5, 8 mit der *hoph*-Bildung *hûšaḇtæm* und der Bedeutung „Grundbesitzer sein", dazu A. Alt, ZÄS 75, 1940, 19; KBL^3 425a; H. Wildberger, BK X/1, ^{2}1980, 183), oder der direkten Weisung JHWHs widerspricht, wie es für den Verbleib der „ägyptischen Gola" gilt (vgl. Jer 42, 10. 12ff.). Die „Unbewohnbarkeit" einer Region ist schließlich Kennzeichen des dürren Wüstengebiets und dazu des Chaotischen überhaupt (vgl. z. B. Jer 51, 43, dazu O. Keel, FRLANT 121, 1978, 57f.), so daß letztlich ein menschliches *jšb* außerhalb der Garantie JHWHs einem „Nicht-Wohnen", d. h. künftiger Nicht-Existenz, gleichkommt: die Weissagung des Unheils konkretisiert sich in der Ansage des Fehlens einer Bewohnerschaft (vgl. die Wendung *'ên jôšeḇ* Jer 4, 29 u. ö.).

Den bisher vorgeführten Bedeutungsstufen entspricht allem Anschein nach auch der Wortsinn derjenigen Eigennamen, deren Zusammensetzung mit *jšb* mit gutem Grund vertreten werden kann, wenn auch andere Ableitungen nicht ausgeschlossen sind, so von *Jæšæḇʾāḇ* 1 Chr 24, 13 („der Vater bleibe am Leben", Noth IPN 247), *Jŏšbeqāšāh* 1 Chr 25, 4. 24 („im Unglück sitzend", vgl. W. Rudolph, HAT I/21, 1955, 167) bzw. *Jāšūḇ* Jos 17, 7 (Ortsname: „bewohnt"?), vgl. hierzu KBL3 425. Die kombinierte Bildung *jošeḇ baššæḇæṯ* 2 Sam 23, 8 wird eine deformierte Form darstellen, die nicht auf einen von *jšb* ableitbaren Namen zurückgeht (vgl. KBL3 425a). Theologische Qualität verrät der PN *Jôšiḇjāh* 1 Chr 4, 35 („JHWH lasse wohnen", Noth IPN 202f.; KBL3 386b).

4. Die semiologische Doppelstruktur von *jšb* macht sich ferner in der Terminologie der Thronbesteigung und Residenz bemerkbar. Inthronisation und Regentschaft sind gewiß mehr als nur „Aktionsarten" der Königsherrschaft. Hat der König ohnehin Anspruch auf einen bevorzugten „Sitz" (*môšāḇ*), den er regelmäßig beim Mahl einnimmt (*jšb*), nämlich einen „Platz an der Wand" (1 Sam 20, 25), so um so mehr, wenn er seinen Regierungsobliegenheiten folgt. Hier ist der „Thron" zweifellos „the most important symbol of royal authority" (T. Ishida, BZAW 142, 1977, 104 mit Hinweis auf 1 Kön 10, 18–20), wobei „the expression 'to sit on the throne' signifies 'to become king'". So lautet eine auf jeden Fall vordeuteronomistische Formulierung schwurhaften Charakters: „Dein Sohn Salomo soll nach mir König sein und er soll auf meinem Thron sitzen (*wehûʾ ješeḇ ʿal kisʾî*)" (1 Kön 1, 13. 17; vgl. dazu T. Veijola, Die ewige Dynastie, Helsinki 1975, 17f.). Die hier anvisierte Situation nach dem Tod Davids wird anscheinend redaktionell (nach Veijola: Dtr) zu einer Thronbesteigung Salomos noch am gleichen Tag umgewandelt (1 Kön 1, 30. 35.46. 48). Die Folge der „Petitive" (zum Term vgl. M. Görg, ThR 73, 1977, 19) *ûḇāʾ wejāšaḇ* (35) stützt die „sedative" Bedeutungsfunktion von *jšb*, während die Bestimmung *ʿal kisʾî* überdies auf der „mansiven" Seite insistiert (W. Richter, ATS 13, 1980, 96 beobachtet hier eine Funktion „lokativ/direktiv"). Die beiden Inhalte werden des weiteren im Resultativ („er hat sich gesetzt" v. 46: „sedativ") und ZustandsPtz (v. 48: „mansiv") realisiert, wobei jedesmal *ʿal* mit dem Nomen *kisseʾ* hinzutritt. Ein qualitativer Unterschied zwischen diesen Formulierungen und analogen außerbiblischen Phrasen scheint nicht greifbar zu sein (vgl. Ishida 104f.). Die Näherbestimmung des Thrones als „des Vaters Thron" ist ein Signal für „legitimate succession" (Ishida 105). Die auf Dauer zielende Inthronisation kommt deutlich in 1 Kön 2, 12 zum Ausdruck. Der „Thron Davids" kann dann als „the dynastic symbol of the House of David" (Ishida 105) Bezeichnung für den Sitz späterer Könige von Juda sein (vgl. u. a. Jer 17, 25; 22, 2. 30). So kann nicht wundernehmen, daß *jšb* bereits für sich genommen die Bedeutung „König sein", „regieren" trägt (vgl. Ex 15, 14, dazu F. Cross – D. N. Freedman, JNES 14, 1955, 248ff.; 2 Sam 5, 6, dazu W. G. E. Watson, VT 20, 1970, 501f., wohl jüngster Beleg: Sach 9, 5f.).

Das „Residieren" bzw. „Sitzen auf dem Thron" ist bei alledem so wenig genuin israelitisch, daß es bedenkenlos u.a. vom Pharao (Ex 11, 5; 12, 29) oder vom Amoriter Sichon (Deut 1,4 u. ö.) prädiziert werden kann. Der Vorstellung einer Art Exilregierung mag die Aussage über das *jšb* Jerobeams in Ägypten folgen (1 Kön 12, 2; zuletzt hierzu J. Trebolle Barrera, Est Bibl 38, 1979/80, 189ff.). Doch gewinnt das *jšb* eines Königs dann eine besondere Dimension, wenn es zur Präsenz JHWHs in Beziehung gesetzt oder gar in seiner grundlegenden Dependenz von JHWH erfaßt wird. Nachdem in 2 Sam 7, 1 zunächst ein *jšb* Davids „in seinem Hause" festgestellt wird (*jšb* hier wohl „sedativ"), kommt der König in v. 2 mit einem kritischen Hinweis auf das Mißverhältnis zwischen seinem „Wohnen" (Ptz.) im „Zedernhaus" und dem „Wohnen" (Ptz.) der Lade Elohims unter einer Zeltdecke zu Wort. Ob es sich hier um ein Zitat eines älteren provokativen Spruches (so M. Görg, BBB 27, 1967, 94 bzw. 96) oder um eine dtr. Formulierung handelt (so „möglicherweise" K. Rupprecht, BZAW 144, 1976, 75), tut dem „mansiven" Verständnis des doppelten *jošeḇ* keinen Eintrag. Setzt man für beide Vorkommen die Bedeutung „thronen" an, wie sie die jeweiligen Subjekte nahelegen, kommt die wertende Perspektive mit aller Schärfe zum Vorschein. Nach dem jetzigen Kontext v. 5f. scheint ein „mansives" *jšb* auf grundsätzliche Ablehnung JHWHs zu stoßen (s.u.), so daß die Tendenz von 7, 1–7 ein *jšb* nur für den König reklamiert, das freilich in kunstvoller Stichwortassoziation mit *wajješæḇ lipnê JHWH* in v. 18 eine gewisse Reduktion erfährt (s.u.).

Daß JHWH der eigentliche Initiator und Garant der Thronbesteigung ist, bezeugt ausdrücklich der kausative Gebrauch der Basis in 1 Kön 2, 24, der auf seine Weise der dtr. Legitimationsaussage dient (vgl. Veijola 133). Auf dem künftigen Herrscher, „der auf dem Gerichts-Thron sitzt (*jôšeḇ ʿal hammišpāṭ*)" (vgl. W. H. Irwin, BietOr 30, 1977, 11–13) ruht der Geist göttlichen Rechts nach Jes 28, 6 (vgl. auch Ps 122, 5). Eine außerordentliche Überhöhung dieses gnadenhaften Aspekts der Einsetzung eines Königs bietet der Wortlaut von Ps 110, 1 mit der imperativischen Rede JHWHs „zu meinem Herrn": „Setze dich zu meiner Rechten (*šeḇ lîmînî*)!", eine Formulierung, die nicht zuletzt wegen der folgenden Zusage: „bis ich lege deine Feinde als Schemel dir zu Füßen" religionsgeschichtliche Analogien suchen ließ (vgl. H. J. Kraus, BK XV/2, 51978, 932 → הדם *hadom*). Zur Vorstellung sind am ehesten ägyptische Illustrationen beizuziehen (vgl. O. Keel, Die Welt der altorientalischen Bildsymbolik und das Alte Testament, 1977, 233; für die angebotene Sitzordnung läßt sich beispielsweise auf die Cella des Tempels Ramses II. von Abu Simbel verweisen, wo der Pharao rechts vom „Vater-Gott" Re-Harachte sitzend dargestellt ist) und Texte aus dem gleichen Raum zu vergleichen (vgl. U. Luft, Studia Aegyptiaca IV, 1978, 50 ff.). Mit Recht macht Kraus darauf aufmerksam, daß das in Ps 110, 1 gemeinte „Sich-Setzen" „nicht nur auf den irdischen Tempelort beschränkt" ist (⁴1972, 759); der „Kultort ist zugleich Abbild, Abglanz, ja sogar: Präsenz des himmlischen Thronsaals. Auch der König von Jerusalem thront in dieser himmlischen Sphäre". Es kann kein Zweifel sein, daß die israelitische Perspektive einen besonderen Akzent auf die ungeschuldete Erwählung des Königs setzen läßt.

5. Angesichts der Vorstellung vom Verwiesensein des königlichen *jšb* auf JHWH läßt sich auch nach einer kultischen Relevanz von *jšb* fragen (vgl. dazu Brockington 119 ff.), der die Basis zur Beschreibung eines „act in religious observance" zuzuordnen wäre. Nach 1 Sam 1, 9 sitzt (Ptz.: „mansiv") Eli neben einem der Türpfosten des *bêṯ JHWH 'al hakkisse'*, womit natürlich kein Thronsitz gemeint sein kann, vielleicht aber ein Sitz, der eine Art sakralen Wächterdienstes zuläßt. Für eine im engeren Sinn kultische Funktion scheint hier kein sicheres Indiz gegeben, während die oben zitierte Haltung Davids (1 Sam 7, 18) trotz des ungewöhnlichen Adorationsgestus (vgl. aber H. P. Smith, ICC 1969, 302) zweifelsfrei der Verehrung JHWHs dient. Nach H. W. Hertzberg, ATD 10, 1956, 230 „setzt bzw. kauert sich der König auf dem Boden nieder". Der Narrativ mit der Formel *lipnê JHWH* sagt indessen nichts über die Konkretion des *jšb* aus, wenn auch an ein Sich-Niederlassen Davids vor der Lade gedacht sein mag. Die Wiederaufnahme des in vv. 1–7 dominanten Stichworts *jšb* könnte hingegen eine semantische Verschiebung in Opposition zu v. 2 zum Inhalt haben: Davids *jšb* im Zedernhaus („mansiv") bedarf notwendig des *jšb* vor JHWH („sedativ"), das hinwieder auf einen längeren Verbleib hinzielt (vgl. dazu M. Görg, BWANT 105, 1975, 202). Im übrigen scheint auch sonst kein sicheres Indiz gegeben, *jšb* in den Bereich der geprägten Kultterminologie zur Bezeichnung bestimmter liturgischer Akte einzuordnen. Dies gilt insbesondere vom „Wohnen" im „Hause" Gottes (Ps 84, 5): hier steht die bleibende (Ptz.) Präsenz bei Gott im Blickfeld einer metaphorischen Doxologie.

III. 1. Die morphologisch-syntaktische Analyse der Vorkommen mit „erstem Syntagma" (vgl. Richter, ATS 13, 1980, 17) JHWH erweist zunächst die Verwendung dreier Wortarten (Verb: 5 Belege Suffix-, 11 Belege Präfixkonjugation; 17 Infinitiv- und 17 Ptz-Belege). Die (obligatorischen) Syntagmen des Verbs stellen sich überwiegend als Präpositionsverbindungen mit „lokativ/direktiver" Funktion dar (vgl. dazu Richter 96 f.). Die Infinitive stehen durchweg in „lokativen" Verbindungen, die zweimal um nominale Zeitangaben ergänzt sind. Dabei ist einmal Regensposition, neunmal Rectumsstellung belegt, Anschluß mit *le* findet sich siebenmal. Der partizipiale Gebrauch zeigt Anbindung von Nomina mit

(dreimal: *be*, viermal *'al*) und ohne Präposition (10 Belege). Tabellarische Übersicht bei Wuckelt 8 ff.

2. Unter den Wortverbindungen heben sich zwei formelhafte Wendungen heraus, die *jšb* in nicht ausschließlich verbaler Funktion zeigen, nämlich *meḵôn šiḇteḵā* (1 Kön 8, 39. 43. 49; 2 Chr 6, 30. 33. 39) mit den Varianten *meḵôn šiḇtô* (Ps 33, 14), *māḵôn lešiḇteḵā* (Ex 15, 17; 1 Kön 8, 13; 2 Chr 6, 2) und *meqôm šiḇteḵā* (1 Kön 8, 30; 2 Chr 6, 21) sowie *jošeḇ hakkeruḇîm* (1 Sam 4, 4; 2 Sam 6, 2; 2 Kön 19, 15; 1 Chr 13, 6; Jes 37, 16; Ps 80, 2) mit der Variante *jošeḇ kerûḇîm* (Ps 99, 1).

Die Vollform der erstgenannten Formel liegt anscheinend in *māḵôn lešiḇteḵā 'ôlāmîm* (1 Kön 8, 13, bzw. 2 Chr 6, 2) vor; sie erscheint als zugleich frühester Beleg im Rahmen des sogenannten „Tempelweihespruchs" (1 Kön 8, 12 f.), der als ein „hymnisches Preislied" nach Analogie ägyptischer Texte eine „Kombination von 'kosmischer' Präsentation der Gottheit und selbstdarstellerischer Widmung eines Kultgebäudes, beides vom König vorgeführt" (M. Görg, UF 6, 1974, 63) und eine semantische Opposition *liškon* (12) / *lešæḇæṯ* (13) aufweist. Letztere kann auf differenzierende Terminologie göttlicher Präsenz deuten, wobei dem *jšb* im *bêṯ zeḇul* („erhabenes und fürstliches Haus") eine zweifelsfrei „mansive" Bedeutungsfunktion zufällt (vgl. dazu Görg 56), die hier durch das beigefügte *'ôlāmîm* nachdrücklich bestätigt wird. Daß sich in der von v. 12 zu v. 13 wechselnden Terminologie des Gegenwärtigseins JHWHs eine (frühdynastische) Kontroverse im Bereich Jerusalemer Tempeltheologie niederschlägt, bleibt weiterhin Hypothese, kann aber durch neuere Beobachtungen gestützt werden (s. u.).

Die deuteronomistische Redaktion verlegt das *jšb* JHWHs vom Tempel in den Himmel (1 Kön 8, 30. 39. 43. 49; 2 Chr 6, 21. 30. 33. 39), um für die Präsenz des „Namens JHWHs" eine eigene Terminologie anzubieten, wobei sie sicher „einen bewußten Unterschied zwischen dem Thronen Jahwes im Himmel und der Anwesenheit seines Namens im irdischen Gebäude macht" (Metzger 158). Die Vorstellung von 1 Kön 8, 12 f. erfährt so eine Korrektur: JHWH ist „in eine größere Jenseitigkeit und Unverfügbarkeit gerückt" (Metzger 150); zugleich ist der Gefahr einer „massiven, statisch verstandenen Wohnvorstellung" gewehrt worden (zur Intention von Dtr. vgl. Metzger 149 ff.).

Der Himmel ist die „Stätte seines Wohnens", von welcher JHWH herabschaut und die Menschen sieht (vgl. F. Stolz, BZAW 118, 1970, 164), die die Erde „bewohnen" (Ps 33, 14): hier korrespondiert göttliches *jšb* mit menschlichem *jšb*, obwohl die Räume getrennt sind. Das *jšb* auf Erden vollzieht sich demnach unter dem Schutzbereich des *jšb* JHWHs im Himmel (vgl. auch Ps 113, 5. 8). Der vermutlichen Ausgangsform am nächsten und semantisch als „Übergangsstufe" zwischen dem „Wohnen" im Tempel und dem „Thronen" im Himmel ist indessen die Wendung *māḵôn lešiḇteḵā* mit folgendem *pā'altā*

JHWH (Ex 15, 17) zu verstehen, wobei der „Ort deines Thronens" dem „Berg deines Erbbesitzes (*har naḥalāṯekā*)" gleichgestellt wird (vgl. Metzger 147 bzw. 156). Bemerkenswert ist, daß hier ausdrücklich auf JHWHs Initiative Bezug genommen wird, eine Akzentuierung, die behutsam fragen läßt, ob sich etwa hier bereits eine Alternativposition zur Verherrlichung königlicher Bauleistung Gehör verschafft (als Antwort auf 1 Kön 8, 13?). Auf der Ebene einer Substituierbarkeit von *māḵôn* und *har* läßt sich an dieser Stelle auch die Formulierung *hāhār ḥāmaḏ 'ælohîm lešiḇtô* (Ps 68, 17) diskutieren, die isoliert dasteht, einstmals vielleicht einem anderen Berg gegolten (vgl. dazu H. J. Kraus, BK XIV/1, 1962, 470ff.), gewiß aber mit der Erklärung *'ap JHWH jiškon lānæṣaḥ* eine Applikation auf den Jerusalemer Tempelberg erfahren hat (vgl. M. Görg, BBB 27, 1967, 115). Ob zugleich an eine Ablösung der *jšb*-Vorstellung durch die Idee von *škn* JHWHs gedacht ist, wird nicht zu entscheiden sein.

Mitten in die Kontroverse um das *jšb* JHWHs in einem festen Haus oder Tempel führt hingegen der Kontext der Wendung *bajiṯ lešiḇtî* (2 Sam 7, 5), die wiederum eine isolierte Formulierung darstellt und nicht als bloße Variante obiger Formel angesprochen werden kann. Ihr Bezugsfeld ist der Vorwurf der Bauabsicht Davids, der JHWH mit der Erklärung, niemals in einem Haus „gewohnt" zu haben, begegnet (v. 6). Die in der Frage JHWHs v. 5 aufgehobene Wendung wird jedoch nicht nur in ihrem jetzigen Verhältnis zur *jšb*-Diktion von v. 2, sondern auch als „Anspielung" auf die ältere Formel interpretiert werden dürfen. Überdies kann auch die definitive Erklärung *lo' jāšaḇtî bebajiṯ* (v. 6) in bewußtem Kontrast zu 1 Kön 8, 13 gesehen werden; ein überzeugender Anlaß, den Text von v. 6 gänzlich dtr. Sprachregelung zu unterwerfen (Rupprecht 70f.), ist wohl nicht gegeben (vgl. auch W. Groß, ZAW 86, 1974, 440). Es handelt sich allem Anschein nach doch um ein Zeugnis vorexilischer, wenn nicht gar frühdynastischer, gewiß aber vordtr. Opposition gegen die Vorstellung eines „Thronens" JHWHs im Tempel, deren sich die dtr. Redaktion dann ausgiebig annahm.

3. Der partizipial gebildete Titel *jošeḇ (hak) keruḇîm* erweist sich als geprägtes Epitheton JHWHs, das grammatikalisch wohl am ehesten als Konstruktusverbindung zu verstehen ist (vgl. aber auch GesB 323a). Während die ältere Forschung die Interpretation des Titels am Bild von P orientierte (dazu R. Schmitt, Zelt und Lade als Thema alttestamentlicher Wissenschaft, 1972, 128f.), zeigt die jüngere Diskussion eine Richtung, die jede Zitation der Keruben vor der Errichtung des Tempels Salomos für einen Anachronismus hält (so in 1 Sam 4, 4; 2 Sam 6, 2), und eine andere, die, vor allem im Gefolge O. Eißfeldts, MAB II/2, 1950, 146, für die Existenz eines Kerubenthrons und eines entsprechenden Titels bereits im Heiligtum von Silo eintritt (Schmitt 130). Da indessen ausreichende Detailinformationen über den Innenraum des Tempels von Silo nicht vorliegen, muß damit gerechnet werden, daß der Titel auch erst Jerusalemer Provenienz sein und seine Zitation in der „Ladegeschichte" legitimierender Tendenz folgen kann. Eine Erklärung der mit dem Titel verbundenen Vorstellung wird sich daher an den Verhältnissen im Jerusalemer Tempel orientieren müssen.

Obwohl 1 Kön 6, 23–28 keine Deskription eines „Throns" liefert (Versuch einer theologischen Begründung für diesen Sachverhalt bei de Vaux 93f.), kann doch die detaillierte Beschreibung der Gestalt der Kerubenflügel im Debir (v. 27) dazu Anlaß geben, man habe sich den Thronsitz JHWHs als aus den ausgebreiteten und sich in der Mitte des Debir tangierenden Flügeln gebildet vorzustellen (Haran 35f.; O. Keel, SBS 84/85, 1977, 24). Anhand außerbiblischer Analogien (zu einer zyprischen Figurengruppe aus dem 7. Jh. mit einer Gottheit, die auf einem von den inneren Flügeln eines Sphingenpaars gebildeten Sitz thront, vgl. Keel 25) und der biblischen Daten kann eine Rekonstruktion versucht werden (Zeichnung bei Keel 26), bei der allerdings die Position der äußeren Flügel noch offen bleiben muß.

Ein gewichtigeres Problem der Rekonstruktion des Debir, wenn auch für die Vorstellung vom Thronsitz nach dem Gesagten nur indirekt relevant, ist die Frage nach der Position der Lade. Nach Schmitt (131) ist eine „Längsstellung" der Lade unterhalb der Keruben „anstatt einer Querstellung vor den Statuen" anzusetzen, was wiederum der These von der Lade als des Fußschemels des Kerubenthroners entgegenzuhalten wäre. Die in 1 Kön 8, 6–9 ursprünglich gegebene Information über die gegenseitige lokale Zuordnung von Keruben und Lade ist nach Keel 29 in v. 7 um eine Angabe zur „Schutzfunktion der Lade zwischen den Kerubim bezüglich der Lade" ergänzt worden, die sekundär aus der Position der Lade unterhalb der Sphingenflügel „herausgelesen" sei. Denkbar ist, daß die Lade, die gewiß von Haus aus mit dem Kerubenthron nichts zu tun hat, nach ihrer Kombination mit diesem als „Thronsockel" gedacht wurde (dazu M. Görg, BN 1, 1976, 29f.); das ihr seitens der Priesterschrift (Ex 25, 17–22) zugedachte Verhältnis zu den Keruben beruht wahrscheinlich auf der Bearbeitung einer Vorlage, die ein womöglich eigenständiges Bild von der Schutzfunktion der Keruben geboten haben dürfte, um einer das Epitheton *jošeḇ hakkeruḇîm* im Sinne einer statischen Präsenz, d. h. ausschließlich „mansiv" interpretierenden Wohnvorstellung zu wehren (Näheres dazu bei M. Görg, BN 4, 1977, 15ff.). Wenn auch die Herkunft des Kerubenthrons aus dem kanaanäisch-phönizischen Kulturkreis (mit ägyptischer Vorgeschichte) wahrscheinlich gemacht werden kann (Keel 29f. mit Lit.), so ist doch bei aller fehlenden „Distanz zu kanaanäischer Kultsymbolik" (Rupprecht 70) zweifelhaft, ob der Titel des Kerubenthroners eine „bereits erfolgte Verschmelzung mit israelitischem Gedankengut" (70) zeigt. Der gewiß vorhandene Widerstand gegen eine Überzeichnung der *jšb*-Wohnidee im Blick auf JHWH nährt sich zutiefst aus „israelitischem Gedankengut", das nicht erst auf der Ebene dtr. Reflexion zur Äußerung gelangt. Eine inhaltliche Vergleichbarkeit bzw. Analogie scheint mit dem offenbar vorisraelitisch geprägten Ausdruck *rôkeḇ bāʿarāḇôṯ* (Ps 68, 5) nicht gegeben zu sein (Keel 23f. gegenüber H. J. Stoebe, KAT VIII/1, 1973, 158), wenn hier auch ein formal ähnliches Epitheton aus gleichfalls kanaanäischem Vorstellungsbereich vorliegt. Mit der Konnotation der „Unsichtbarkeit", der Nichtexistenz eines Gottesbildes, kommt dem Verständnis des „Kerubenthroners" in israelitischem Kontext eine Dimension zu, die ihrerseits bei aller Gefährdung die Idee eines übergreifenden, alle Maßstäbe sprengenden, in den Himmel reichenden „Thronsitzes" aufkommen lassen konnte. So erscheint der Titel zusammen mit zwei weiteren partizipialen Prädikationen des „Hirten" Israels (Ps 80, 2) und sogar in Verbindung mit dem „König", erhaben über alle Völker (Ps 99, 1). Im Gebet Hiskias ist der „Kerubenthroner" nicht nur einziger Gott „für alle Reiche der Erde", sondern auch Schöpfer Himmels und der Erde (2 Kön 19, 15; Jes 37, 16).

Die übrigen mit *jšb* gebildeten partizipialen Prädikationen präsentieren JHWH vorwiegend in seiner kosmischen Herrscherfunktion. Die Bezeichnung *jošeḇ ṣijjôn* (Ps 9, 12) versteht sich gewiß auf dem Hintergrund der „Thronbesteigung" des „gerechten Richters" (v. 5: „sedativ") und des ewigen „Thronens" auf dem „Richterstuhl" (v. 8: „mansiv"). Wie hier die Kompetenz JHWHs über den ʿangestammten' Wohnsitz in Jerusalem hinausgreift, kann auch der „Thron" selbst so „erhaben" sein, daß er nur noch in der Vision erlebbar wird. Die fast gleichlautenden Appositionen zu JHWH in 1 Kön 22, 19 und zu *'adonāj* in Jes 6, 1 qualifizieren die königliche Majestät Gottes (vgl. J. Schreiner, StANT 7, 1963, 89f.), wobei Jesaja „die sonst verborgene Anwesenheit Jahwes im Jerusalemer Heiligtum als eine Präsenz von derselben intensiven Gewalt" erfährt, „die der unverhüllten himmlischen Heiligkeit Jahwes eignet" (Keel 54), während die Schau Micha ben Jimlas von der Tempelwirklichkeit nichts mehr vermittelt und JHWH ausschließlich in Gemeinschaft mit dem „Himmelsheer" erkennt (vgl. auch Keel 48f.). Das bei Jes belegte „Sitzen auf (*ʿal*) dem hohen und erhabenen Thron" präsentiert sich dem Propheten zur Neufindung der Tempelgegenwart JHWHs, bedeutet Begegnung und Distanz zugleich.

Während Ps 2, 4 und Ps 123, 1 mit den Wendungen *jôšeḇ baššāmajim* bzw. *hajjošeḇî baššāmajim* der Souveränität JHWHs bzw. seiner Schutzgewalt das Wort reden (vgl. auch Metzger 140), kommt vor allem in den jeweils nur einmal belegten Ausdrücken *qāḏôš jôšeḇ tehillôṯ jiśrā'el* (Ps 22, 4) *und 'el jôšeḇ qædæm* (Ps 55, 20) eine Disparität zur Sprache, die JHWHs Thronen vom Thronen Els zu unterscheiden lehrt, wenngleich beide Wendungen im jetzigen Kontext JHWH zugeeignet sind. In Ps 55, 20 bewahrt sich kanaanäische Diktion („The Primeval One", M. Dahood, AB 17, 1973, 36; vgl. dagegen Kraus [563f.], der, wohl nicht zutreffend, an menschliche „Bewohner des Ostens" denkt), während Ps 22, 4 („Heiliger, thronend [über] den Preisungen Israels"; vgl. H. Schmidt, HAT I/15, 1934, 35 u.a.; anders, nicht überzeugend Kraus 326; Dahood 138) fern jeder mythischen Assoziation das *jšb* JHWHs der Sakralsphäre des Gottesdienstes Israels zuordnet und so zugleich die Erfahrung des „Heiligen" (vgl. Jes 6, 1ff.) gegenwärtig setzt. Wie sehr aber auch die Präsentation des kosmischen *jšb* JHWHs mit der Gewährung und Ermöglichung eines menschlichen *jšb* konform gehen kann, bezeugt DtJes 40, 22 mit der gleichfalls singulären Wendung *hajjošeḇ ʿal ḥûḡ hā'āræṣ* („der thront über dem Rund der Erde"), dem die absolute Distanz betonenden Vergleich der Erdbewohner (*jšb*!) mit Heuschrecken, dann aber mit dem „Hinweis auf die Zweckbestimmung des Himmelszeltes, unter dem nicht Jahwe, sondern die Menschen wohnen sollen" (K. Elliger, BK XI/1, 1978, 84), wobei die Verbindung *kā'ohæl lāšāḇæṯ* ein Bild des gesicherten Verbleibs in der Schutzzone des naturmächtigen JHWH vermitteln will.

Die Dimension einer von JHWH gewährten Analogie menschlichen Wohnens zum göttlichen Thronen kommt schließlich in Ps 113, 5. 8 zur Sprache, wo zunächst mit der bezeichnenden Formulierung *hammaḡbîhî lāšāḇæṯ* (5) die Phase der Erhöhung um des „Thronens" willen („sedativ") mit Hilfe einer Kombination aus Ptz. und Inf. angezeigt, gleich darauf aber das weitere Ziel einer Schau in die Tiefe angegeben wird, ein Aspekt, der in v. 8 mit dem Ausdruck des Willens JHWHs, den Armen bei den Fürsten „thronen" zu lassen, eine signifikante Konkretion erfährt. Der Wendung v. 5 kommt gerade darin eine Sonderstellung zu, daß sie sich in gewisser Distanz zu den zitierten formelhaften Grundlagen bewegend dennoch eignet, um die genuin israelitische Konzeption einer göttlichen Erhöhung um der menschlichen Erhebung willen sprachlich anzudeuten.

Offenbar noch im Vorraum der Formelbildung bewegt sich ein möglicher weiterer Beleg für göttliches *jšb*, der mit M. Weipperts Interpretation eines von D. L. Christensen, CBQ 36, 1974, 359f. rekonstruierten Fragments aus dem wohl vorstaatlichen „Buch der Kriege JHWHs" in Num 21, 14f. greifbar wird (vgl. M. Weippert, Symposia ASOR, 1979, 17f.). Die Theophanie JHWHs äußert sich demnach im naturmächtigen Erscheinen, Überqueren des Arnon mit dem Ziel, „sich in Ar niederzulassen" (*l šbt ʿr*) und in Moab zu bleiben. Die auch hier erkennbare Ambivalenz der Semqualität könnte an eine frühe Artikulation der Vorstellung von einer majestätischen Inbesitznahme des Fremdlandes durch JHWH denken lassen.

4. Die verbleibenden finiten Verbphrasen mit dem Ausdruck eines *jšb* JHWHs, die außerhalb eines Kontextes mit *jšb*-Belegen der Wortart Ptz. bzw. Inf. erscheinen, können besonders unter dem Aspekt des

gegenseitigen Verhältnisses der „sedativen" und „mansiven" Bedeutungsseite analysiert werden, da in den zitierten Formeln, ihren Varianten und „Anspielungen" die „mansive" Funktion dominiert.

Der Wortlaut von Ps 29, 10: *JHWH lammabbûl jāšaḇ wajjēšæḇ JHWH mælæḵ leʿôlām* erweist deutlich eine semiologische Doppelstruktur auch des *jšb* JHWHs, die zudem verbfunktional und syntaktisch bestätigt wird: „*YHWH* hat sich über die Flut gesetzt, und thront (daher jetzt) als König in Ewigkeit" (Wiedergabe von W. Groß, ATS 1, 1976, 97). V. 10a dokumentiert die „sedative", v. 10b die „mansive" Bedeutungsseite. Dem entspricht die Vorstellung, daß auch JHWH wie der irdische König eine Thronbesteigung vollzieht, freilich um dann eine permanente Residenz auszuüben. Dem Aufstieg JHWHs zum König kommt hier um so mehr Bedeutung zu, als er als Sieg über → *mabbûl*, „den obern Teil der Urflut, der über dem Himmelsgewölbe sich ausbreitet" (F. Stolz, BZAW 118, 1970, 165) und damit als Überwindung des Chaos präsentiert wird (die Wiedergabe von *lammabbûl* mit „since the flood" bei M. Dahood, BibOrPont 17, 1965, 26 trifft kaum das Richtige). Die fehlende Definition des Wohnortes braucht deshalb nicht zu überraschen (anders anscheinend W. Schmidt, BZAW 80, 1961, 48, der indessen ugar. Parallelen beibringt).

Die „Wohn"-Terminologie des Ps 132 operiert in der Bezeichnung des Zion als des *môšāḇ* JHWHs mit der „mansiven" Seite (v. 13), in der JHWH in den Mund gelegten Erklärung *pōh ʾešeḇ* (v. 14) mit dem „sedativen" Bedeutungsmoment der Basis. Der Kontext weist im übrigen auch die eidliche Zusicherung eines künftigen „Sitzens auf dem Thron" für die Nachkommen Davids aus (v. 12).

„Perfektischen Sachverhalt" (im Sinne von A. Denz, AKM 40, 1, 1971, 48–50) drückt Ps 47,9a aus: „König geworden ist Gott über die Völker", desgleichen wohl auch 9b: „Gott hat sich niedergelassen auf dem Thron seiner Heiligkeit"; beidemal kommt die „sedative" Bedeutung zur Sprache: der Anbruch der Königsherrschaft Gottes wird als Thronbesteigung illustriert. „Imperfektiven Aspekt" (vgl. dazu W. Groß, BN 4, 1977, 29) mit „mansiver" Bedeutungsseite bietet hingegen Kl 5, 19: „In Ewigkeit thronst du!", wobei dieses Wohnen im Kontrast zum verwüsteten Zionsberg (v. 18) gesehen wird. Ähnlich strukturiert ist Ps 102, 13, nur daß hier ein Gegensatz zur Ohnmacht des Menschen (v. 14) zur Sprache kommt. Die kritische Sprache des Dtr schließlich, ob Gott wirklich „auf der Erde wohne (*ješeḇ*)" (1 Kön 8, 27; 2 Chr 6, 18), führt das Problem vor Augen, das Dtr mit differenzierter Terminologie zu lösen sucht (vgl. III. 2). Eine „mansive" Interpretation göttlicher Präsenz auf Erden ist für den Dtr nicht vollziehbar.

5. Nur im eingeschränkten Sinn kann JHWH mit *jšb* verbunden werden, wenn die Lade Subjekt des *jšb* ist. Hier dominiert der „mansive" Inhalt: im Prohibitiv „die Lade soll nicht bei uns bleiben (*loʾ ješeḇ*)"

(1 Sam 5, 7), im Infinitiv (1 Sam 7, 2) und im Ptz. (2 Sam 7, 2) drückt sich das Verbleiben ebenso aus wie im Narrativ 2 Sam 6, 11 (1 Chr 13, 14), wobei die Syntagmen die Semantik prägen. Von einem Einfluß der „*jšb*-Formeln" kann keine Rede sein. Dies gilt selbstverständlich erst recht vom *jšb* des *malʾaḵ JHWH*, der sich unter die Eiche setzt (*wajjēšæḇ* Ri 6, 11); die fehlende formale Identifikation mit JHWH schließt auch hier besondere Konsequenzen für den Bedeutungsgehalt des göttlichen Wohnens aus.

Görg

יָשֵׁן *jāšen*

יָשָׁן *jāšān*, שֵׁנָא *šenāʾ*, שֵׁנָה *šenāh*

1. Etymologie, Bedeutung – 2. Der at.liche Sprachgebrauch – 3. Theologischer Zusammenhang.

Lit.: *G. Dalman*, AuS I, 634ff. – *E. L. Ehrlich*, Der Traum im AT (BZAW 73, 1953). – *O. Michel*, Zur Lehre vom Todesschlaf (ZNW 35, 1936, 285–290). – *A. Resch*, Der Traum im Heilsplan Gottes. Deutung und Bedeutung des Traumes im AT, 1964. – *J. Thomson*, Sleep: An Aspect of Jewish Anthropology (VT 5, 1955, 421–433). – *G. Widengren*, Sakrales Königtum im Alten Testament und im Judentum, 1955, 67ff.

1. Angesichts der einzelnen Belege von *jšn* im semit. Sprachraum ist fraglich (s. KBL²), ob eine (Driver) oder zwei Wurzeln (KBL³) vorauszusetzen sind. Einerseits sind bei der Annahme einer Wurzel mit der Grundbedeutung ʾstill sein, schlafenʾ auch die im *niph* und in der derivaten Form *jāšān* begegnenden at.lichen Belege von dieser Wurzel abzuleiten und mit der Bedeutung ʾalt werdenʾ als Weiterentwicklung der Grundbedeutung ʾstill, ruhig seinʾ gut verständlich – analog zu arab. und äth. Belegen mit der Bedeutung ʾfaulend, stinkend werden (vom Wasser)ʾ bzw. ʾverderben, zerstört werdenʾ (s. KBL³). Andererseits liegt aufgrund des im Ugar. vertretenen *jtn*, ʾaltʾ die Annahme einer zweiten Wurzel nahe, die gerade die Bedeutung ʾalt werdenʾ, bzw. ʾaltʾ der *niph*-Formen und des Derivates *jāšān* etymologisch zu stützen scheint, wenngleich dadurch die Bedeutung dieser Formen nicht in neues Licht gerückt wird. So sind alle at.lichen Belege von *jšn* durchaus in einem Sinnzusammenhang zu sehen, wobei von der Grundbedeutung ʾstill sein, schlafenʾ ausgegangen werden kann. *jāšen* ʾschlafenʾ begegnet im AT 16mal (15mal *qal*, 1mal *pi*; Ri 16, 19), davon 5mal in Pss, Gen und Jer je 2mal, Jes, Ez, Hi, Spr, Pred je 1mal.

Das Adj. *jāšen* 'schlafend' (9mal) findet sich 4mal im DtrGW, 2mal im HL und je 1mal bei Hos, Dan und in Ps.
šenāh 'Schlaf' begegnet 22mal, 7mal in Spr, je 3mal in Ps und Jer, 2mal in Gen, Ri und Pred, je 1mal in Sach, Hi, Esth und Dan; *šenā'* begegnet nur Ps 127, 2, *šenaṯ* nur Ps 132, 4.
In der Bedeutung 'alt, alt sein' begegnet die Wurzel nur 11mal, davon 6mal in Lev, 2mal bei Neh, je 1mal Deut, Jes und HL.
In der LXX wird die Wurzel *jšn* von der griech. Wortgruppe ὕπνος κτλ. fast vollständig abgedeckt (H. Balz, ThWNT 8, 1969, 549f.). Das Verb *jāšen* (incl. Sir) wird 13mal durch ὑπνοῦν, 5mal durch καθεύδειν, je 1mal durch κοιμᾶν und κοιμίζειν übersetzt. Das Substantiv *šenāh* wird 18mal durch ὕπνος und je 2mal durch ὑπνοῦν und νυστάζειν wiedergegeben.
Die Bedeutungskomponente 'alt' wird durch LXX παλαιός, ἀρχαῖος, παλαιοῦν etc. wiedergegeben. Es ist bemerkenswert, daß LXX ὕπνος auch weitgehend für hebr. → חלום [*ḥ^a lôm*] eintritt.
In Qumran begegnet *jšn* nur 1mal 1QS 7, 10 in einer Strafandrohung für den, der während der Sitzung der Vollversammlung einschläft.
2. Der Grundstamm des Verbums kennzeichnet ein 'träge, still sein, einschlafen' bzw. 'schlafen' (Ez 34, 25; Pred 5, 11; 1 Kön 18, 27) zu bestimmter Ruhezeit (nachts, mittags oder aus Anlaß von Ermüdung), also den Vorgang zwischen dem Sich-Hinlegen bzw. Niederlegen (*šāḵaḇ*: 1 Kön 19, 5; Ps 4, 9) und dem Erwachen (*jqṣ*: Gen 41,5; 1 Sam 26, 12; 1 Kön 18, 27; Jer 51, 39; Ps 3, 6; 44, 24; 78, 65; Dan 12, 2) bzw. Aufstehen *qûm*: 1 Kön 3, 20f.; 19, 5). Darüber hinaus kann *jšn* auch einen besonders tiefen Schlaf (*tardemāh*: 1 Sam 26, 12; Ps 76, 6f.) oder den Todesschlaf (Jer 51, 57; Ps 13, 4) meinen. *jšn* ist demnach parallel gebraucht mit *šāḵaḇ* 'ruhig liegen und still sein' (1 Sam 26, 7; Ps 3, 6; 4, 9; vgl. Hi 3, 13), *'ālap* 'ohnmächtig, betäubt sein' (Jer 51, 39; vgl. Ps 78, 65), *rāḏam* (bzw. *tardemāh*) 'tief schlafen, betäubt sein' (1 Sam 26, 12; Spr 10, 5; vgl. Hi 33, 15) und *ḥālam* 'träumen' (Gen 41, 5). Die parallel verwendete Wurzel → נום (*nûm*) 'schlummern, schläfrig sein', die mit ihren Derivaten *nûmāh* und *t^e nûmāh* nur in prophetischen Texten (Jes 5, 27; 56, 10; Nah 3, 18), in den Psalmen (Ps 76, 6; 121, 3f.; 132, 4), in Hiob (Hi 33, 15) und in den Sprüchen (Spr 6, 4. 10; 23, 21; 24, 33) vorkommt, muß als das dichterische Synonym zu *jšn* aufgefaßt werden.
Im *pi* ist von *jšn* (mit acc.) die Bedeutung 'jmd. einschlafen lassen' bzw. 'einschläfern' belegt (Ri 16, 19).
Entsprechend kennzeichnet das Verbaladjektiv *jāšen* bestimmte Personen bzw. deren Zustand als schlafend (1 Sam 26, 7. 12; 1 Kön 3, 20; 18, 27; Ps 78, 65; 22, 30 cj.; HL 5, 2; Dan 12, 2), oder im metaphorischen Sinne eine bestimmte Empfindung als nicht wirksam (Hos 7, 6: Zorn). Die Substantive *šenā'* und *šenāh* meinen den Schlaf, von dem man erwacht, aufgeweckt wird oder aufsteht (Gen 28, 16; Ri 16, 14. 20; Sach 4, 1; Ps 127, 2; Hi 14, 12; Spr 6, 9), den süßen erquicklichen Schlaf (Jer 31, 26; Spr 3, 24; Pred 5, 11), den Schlaf, den man nicht findet, weil er den Augen flieht (Gen 31, 40; Esth 6, 1; Spr 4, 16; Pred 8, 16; Dan 2, 1), den man in bestimmter Absicht den Augen nicht gönnt (Ps 132, 4), der gefährlich ist (Spr 6, 4. 10; 20, 13; 24, 33), der betäubend wirkt (Ps 76, 6), von dem man nicht mehr erwacht (Jer 51, 39. 57; vgl. Hi 14, 12).
Die von *jšn* (*jšn* II?) belegten *niph*-Formen und das entsprechende Derivat *jāšān* mit dem Sinn 'alt sein', 'alt' beschreiben auf Menschen bezogen ein Sich-Eingelebt-Haben, Zur-Ruhe-Gekommensein in einem Land (Deut 4, 25; vgl. auch Sir 9, 10), im Blick auf den Zustand von Nahrungsmitteln abgelagertes vorjähriges Korn (Lev 25, 22; 26, 10), oder alte, jährige Frucht (HL 7, 14), bei Krankheitssymptomen veralteten, chronischen Aussatz (Lev 13, 11) und bei der Charakterisierung von Bauwerken das alte, zur Altstadt gehörige Tor (Neh 3, 6; 12, 39) oder den alten (im Vergleich zu einem anderen) schon länger bestehenden Wasserteich (Jes 22, 11). *jšn* erscheint in diesem Zusammenhang folglich im Gegensatz zu → חדש (*ḥdš*) (Lev 26, 10; HL 7, 14; vgl. auch Sir 9, 10: alter/neuer Freund).
3. Das Phänomen des Schlafes wird im AT in unterschiedlich theologischem Zusammenhang gesehen. Schlaf kann als Schlaf in der friedlichen Geborgenheit unter dem Schutz JHWHs verstanden werden, im Gegensatz zu einer sorgenvollen schlaflosen Unruhe (Ps 4, 9; 3, 6). Guter, erquickender Schlaf gilt als Folge des vor JHWH richtigen Verhaltens und Lebens (Spr 3, 24; Pred 5, 11), und entsprechend wird Schlaflosigkeit als Ursache gottlosen Lebenswandels eingestuft (Spr 4, 16; Pred 5, 11).
Der Schlaf kann auch im negativen Licht erscheinen als Anzeichen des Müßigganges und Lasters und dem Faulenzer, Säufer und Prasser zur Last gelegt werden (Jes 56, 10; Nah 3, 18; Spr 6, 4. 10; 20, 13; 24, 33).
Vom gewöhnlichen Schlaf unterschieden wird der besonders feste Schlaf (Ri 4, 21; Jon 1, 5f.; Spr 10, 5; 19, 15), der als betäubungsähnlicher Tiefschlaf zugleich auf das direkte, wunderbare Eingreifen JHWHs zurückgeführt wird (Gen 2, 21; 15, 12; 1 Sam 26, 12; Jes 29, 10; Ps 76, 7; Hi 4, 13; 33, 15; Dan 8, 18; 10, 9). JHWH läßt auf den Menschen einen Tiefschlaf fallen, um ihn in seiner Aktivität, seinem Beteiligtsein, seinem Widerstreben auszuschalten, so daß er sein Werk ungestört und unbehindert vollenden (Gen 2, 21; 1 Sam 26, 12; Jes 29, 10; Ps 76, 7), bzw. sein göttliches Wort besonders einprägsam und nachdrücklich offenbaren kann (Gen 15, 12; Hi 4, 13; 33, 15; Dan 8, 18; 10, 9). Sehr häufig ist der Schlaf als Raum der Offenbarung verstanden, wobei hier vielleicht letztlich auf die hinter Gen 28, 10–22 ersichtliche kanaanäische Inkubationsvorstellung rekurriert wird (Balz, ThWNT 8, 1969, 550; Ehrlich 13–55). Die bekanntesten Beispiele für einen

solchen Offenbarungsschlaf sind der Tiefschlaf Abrahams (Gen 15, 12–21), Jakobs (Gen 28, 10–22), Salomos im Heiligtum (1 Kön 3, 4–15) und der Traum des Bileam (Num 22, 8–13). Zum Ganzen → חלם (*ḥālam*) II, 993 ff.

Wie in der religionsgeschichtlichen Umwelt Israels und daher sicherlich in Beziehung zur kanaänischen Vegetationsreligion mit der Vorstellung vom jährlichen Sterben und Aufleben der Gottheit (s. Thomson) wird der Schlaf im AT auch zur bildlichen Veranschaulichung des Todeszustandes verwendet, wodurch der Gedanke des Wiederaufstehens zum Leben bereits vorgegeben ist. So wird vom Schlaf einerseits als ewiger Schlaf, als Todesschlaf in der Stille des Grabes gesprochen, in der alle Unruhe und Hast des Lebens ein Ende hat (Hi 3, 13; 14, 12; Ps 13, 4; Jer 51, 39. 57). Andererseits wird im Rahmen eschatologischer Erwartung aber auch das Erwachen aus solchem Todesschlaf betont (Jes 26, 19) und solches Aufstehen vom Tod in dualistischer Sicht für die einen als Auferstehung zum ewigen Leben, für die anderen als Auferstehung zur ewigen Schmach gedeutet (Dan 12, 2).

Schließlich ist auch vom Schlaf JHWHs und Baals die Rede, wobei hier offenbar die kanaanäisch-mythischen Anschauungen vom Schlaf der Gottheit mit im Hintergrund stehen (s. Widengren). Wird als Grund für die nicht spürbare und wirksame Gegenwart und Macht Baals in ironischer Weise die Möglichkeit des Mittagsschlafes der Gottheit erwogen (1 Kön 18, 27), so kann ähnlich die erfahrene Verborgenheit des Gottes Israels im Zusammenhang der Klage aus großer Not als Schlafen JHWHs empfunden (Ps 44, 24) oder auch sein erneutes Handeln bildhaft wie ein Erwachen vom Schlaf beschrieben werden (Ps 78, 65). Demgegenüber steht allerdings die betonte Aussage, daß JHWH nicht schläft, womit die Untätigkeit JHWHs verneint und gerade seine aufmerksam wachende, fortwirkende, nicht zur Ruhe kommende Lebendigkeit herausgestellt werden soll (Ps 121, 3 f.).

Schüpphaus

ישע *jš*ʿ

הוֹשִׁיעַ *hôšîa*ʿ, יְשׁוּעָה *j*ᵉ*šûʿāh*,
יֶשַׁע / יֵשַׁע *ješaʿ / jæšaʿ*, מוֹשָׁעוֹת *môšāʿôṯ*,
תְּשׁוּעָה *t*ᵉ*šûʿāh*

I. 1. Etymologie – a) Die Wurzel *jṯ*ʿ / *jš*ʿ in Eigennamen in westsemit. und südarab. Inschriften – b) Geschichte der Wurzel *jš*ʿ im Hebr. – 2. Grundbedeutung von *hôšîa*ʿ in seinem semantischen Umfeld – II. Verteilung – 1. AT – a) Wurzel *jš*ʿ – b) Verb – c) Die Nomen – 2. Qumran – III. Korrespondierende termini in alten Versionen und im NT – 1. LXX – 2. NT – 3. Targum – 4. Vulgata – IV. At.licher Gebrauch – 1. Erzählende Prosa-Texte (bes. Jos–Kön) – a) „Heilsgeschichtlicher" Gebrauch, göttliches Eingreifen in die Geschichte Israels – α) Der Sieg am Roten Meer (Ex 14) – β) Andere durch Gott bewirkte Siege – γ) Dtr. tendenziöser Gebrauch von *hôšîa*ʿ mit menschlichen Subjekten – b) Gesetzlicher Gebrauch, menschliches Eingreifen in Situationen von Ungerechtigkeit – α) *môšîa*ʿ im Gesetz gegen Vergewaltigung – β) Bitte der geschädigten Witwe an den König – γ) *hôšîa*ʿ in militärischen Bündnissen – δ) „das Gesetz in die eigenen Hände nehmen" – 2. Weisheitsliteratur – a) *t*ᵉ*šûʿāh* in jahwistischen Weisheitssprüchen – b) *ješa*ʿ, *j*ᵉ*šûʿāh* bei Hi – 3. Prophetische Literatur (bes. DtJes) – a) JHWH das einzige eigentliche Subjekt von *hôšîa*ʿ: einer Person in einer Notlage etwas bringen, nicht sie daraus entfernen („retten") – c) Rechtliche Verbindungen der termini – d) *j*ᵉ*šûʿāh* als dauerhafter oder universaler Zustand und als einzelnes Ereignis – e) In Verbindung mit vertrauensvoll, freudig usw. – f) In Verbindung mit *ṣædæq* / *ṣ*ᵉ*ḏāqāh* – 4. Psalmen a) JHWH als alleiniges Subjekt von *hôšîa*ʿ – b) In Verbindung mit Vertrauen und Triumph – c) Rechtliche Verbindung der termini – d) Eschatologische Interpretation.

Lit.: *F. Asensio*, La salvación en el A. Testamento (Studia missionalia 29, 1980, 1–56). – *C. Barth*, Die Errettung vom Tode in den individuellen Klage- und Dankliedern des Alten Testamentes, 1947, 127. – *M. A. Beek*, Josua und Retterideal (Festschr. W. F. Albright, Baltimore–London 1971, 35–42). – *H. J. Boecker*, Redeformen des Rechtslebens im Alten Testament (WMANT 14, 1964, 61–66). – *M. Dahood*, Hebrew-Ugaritic Lexicography III, ישועות „Savior" (Bibl 46, 1965, 324). – *G. Fohrer*, σῴζω κτλ., B. 2. Der Stamm ישע im Alten Testament (ThWNT VII, 973–978). – *H. Goeke*, Das Menschenbild der individuellen Klagelieder. Ein Beitrag zur Alttestamentlichen Anthropologie (Diss. masch. Bonn 1971) 168–180. – *D. Gonzalo-Maeso*, Concepto de la *Y*ᵉ*šuʿah* („Salud" o „Salvación") Biblica (26. Semana Biblica Española I, Madrid 1969, 5–19). – *Klaus Gouders*, In Jahwe ist Israels Heil. Exodus, Erlösung und Heil (Festschr. G. J. Botterweck 1977, 303–318). – *H. Groß*, Die Entwicklung der atl. Heilshoffnung (TrThZ 70, 1961, 15–28). – *A. S. Kapelrud*, Frelse i Det gamle testamente (NoTT 90, 1979, 139–159). – *A. H. Leon*, The Meaning of the Verb Hošiaʿ in the Old Testament (Ph. D. Diss. Claremont 1980). – *J. S. Licht*, ישועה (EMiqr III, 1958, 897 f.). – *P. V. P. Sagar*, 'Salvation' in the OT (IndJT 18, 1969, 197–205). – *J. F. A. Sawyer*, What was a mošiaʿ? (VT 15, 1965, 476–486). – *Ders.*, Semantics in Biblical Research (SBT II/24, London 1972). – *Ders.*, Spaciousness (ASTI 6, 1967/68, 20–34). – *Ders.*, A Historical Description of the Hebrew root *yš*ʿ (Hamito-Semitica, Den Haag 1975, 75–84). – *J. Scharbert*, Heilsmittler im AT und im AO (Quaestiones Disputatae 23/24, 1964). – *I. L. Seeligmann*, Zur Terminologie für das Gerichtsverfahren im Wortschatz des biblischen Hebräisch (Festschr. W. Baumgartner, VTS 16, 1967) 251–278, bes. 274 ff. – *N. H. Snaith*, The Distinctive Ideas of the Old Testament, London 1957. – *J. J. Stamm*, Erlösen und Vergeben im AT, Bern 1940. – *J. H. Stek*, Salvation, Justice and Liberation in the Old Testament (Calvin Theol. Journal 13, 1978, 133–165). – *F. Stolz*, ישע *jāšaʿ*, THAT I, 786–790.

I. 1. Die Wurzel *jṯ*ʿ, mit einfachem, als auch mit kausativem Stamm belegt, findet sich in einer großen Zahl von Eigennamen im Amorit., Ugar., Nabat. und im Asarab., die den hebr. *jš*ʿ-haltigen Namen sehr ähnlich sind, sowohl mit *qal*-Formen (z. B. Jesaja), als auch mit *hiph*-Formen (z. B. Hosea). Es ist deswegen wahrscheinlich, daß diese Eigennamen zusammen mit den üblichen hebr. termini *hôšîa*ʿ, *j*ᵉ*šûʿāh* usw., alle auf das Proto-Semit. **jṯ*ʿ zurückgehen (Sawyer, A Historical Description of the Hebrew Root *yš*ʿ, Hamito-Semitica, Den Haag 1975, 75–84; THAT I, 786) und nichts zu tun haben mit dem arabischen *wasiʿa* „geräumig sein" (IV. *ʾawsaʿa* „jemandem Raum geben"), wie es in heutiger Zeit angenommen wird (vgl. KBL³ 427; ThWNT VII 973f.; H. J. Kraus, BK XV/1, ⁵1978, 160; W. W. Müller, ZAW 75, 1963, 310 ignoriert die west-semitischen Belege). Eine Verbindung zu *wasiʿa* ist phonologisch schwierig, weil es eine unübliche Verbindung zwischen dem west-semit. *ṯ* und dem arabischen *s* (Brockelmann, VG 128; BDB 446), zwischen dem süd-semit. *j* und dem arab. *w* (RNP I, 232) mit sich bringt, und semantisch untragbar ist, zumal sich andere termini genauso häufig im Kontext mit *ṣārāh*, *ṣārōṯ* usw. „Verlegenheit, Ärger" finden, die jedenfalls nicht immer ihren ursprünglichen konkreten Sinn von „eng, begrenzt" beibehalten: z. B. *hiṣṣîl* „retten" (Ps 34, 18); *ʿāzar* „helfen" (46, 2); *ʿānāh* „antworten" (86, 7); *pāḏāh* „erlösen, retten" (25, 22); *šāmar* „halten" (Spr 21, 23). Das Konzept der Erlösung als „Geräumigkeit" oder Befreiung von Einschränkungen oder bedrückenden Erfahrungen, sowohl physisch als auch psychisch, findet sich im AT häufig z. B. Ps 4, 2; 25, 17; 31, 9; 118, 5; 18, 17–20 (Kraus 169f.); Esth 4, 14 (vgl. Sawyer, ASTI 6, 1968, 20–34); aber das ist durch *hirḥîḇ* „jemandem Raum geben", *mærḥāḇ* „freimachende Weite" (Kraus, 291) und ähnliches, aber nicht durch *hôšîa*ʿ ausgedrückt.

Die „Geräumigkeits"-Hypothese ist vor A. Schultens (Origines Hebraeae sive Hebraicae Linguae antiquissima natura et indoles ex Arabiae penetralibus revocata, Leiden 1761, 81) nicht bezeugt und hat eine unwichtige Rolle in der ganzen Diskussion um die Bedeutung von *hôšîa*ʿ, *j*ᵉ*šûʿāh*, usw., gespielt, wenn man von kurzen etymologischen Abschnitten absieht (vgl. ThWNT VII, 971–978).

Die Doppelform *šûa*ʿ (vgl. *ṭôḇ* neben *jāṭaḇ*, *ṣûq* neben *jāṣaq* usw.: vgl. Brockelmann, VG I, 604; BLe 496; KBL³ 427) ist ebenso ein häufiges Element in PN (z. B. Joshua, Elisha: KBL³ 55. 379f.). *šwʿ pi* ʿum Hilfe schreienʾ „ist wohl ähnlich wie *ṣʿq pi* (nur 2 Kön 2, 12) als sukzessives Ausstoßen von Schreien aufzufassen" (E. Jenni, Das hebräische Piʿel, Zürich 1968, 248), und mag abgeleitet sein von dem Schrei *ša*ʿ „Hilfe!" Imperativ *qal* von **jāša*ʿ (vgl. W. T. Gerber, Verba denominativa, Leipzig 1896, 33).

a) Das früheste bezeugte Vorkommen der Wurzel findet sich in dem amorit. PN *la-šu-ʾil* von Ur ca. 2048 v. Chr. (G. Buccellati, The Amorites of the Ur III Period, Neapel 1966, 165). Er ist zu analysieren als *la-jašu*ʿ*-ʾil*; dieser Name enthält ein Element, das mit *jašuḫ-*/*-ešuḫ* in 8 amorit. Namen von Mari korrespondiert, so *Ia-šu-ḫu-ūm* und *I-li-E-šu-uḫ* (APNM 215f.) und mit *jṯ*ʿ in dem ugar. PN *jṯʿd*, der in akk. Keilschriften als *ja-aš-ad-du* „Haddad rettet" (UT Nr. 1179; PNU 147) transkribiert wird. Ugar. *jṯʾl* (UT Nr. 1176) mag eine Kurzform von *jṯ*ʿ*-ʾil* sein (PNU 200); und *ja-šu-ia*, der Name eines Anführers in Süd-Palästina bezieht sich auf einen Amarna-Brief und mag ein anderes Beispiel für das 14. Jh. sein (EA 256, 18). Das Vorkommen eines west-semit. Verbes *jaša*ʿ, impf. *jašu*ʿ (I. J. Gelb, La lingua degli Amoriti, AANLR 13, 1958, 160) beschränkt sich, obwohl es auf das 2. Jt v. Chr. zurückgeht, auf Eigennamen, wo es normalerweise mit einem theophoren Element verbunden ist.

Im Asarab. haben über 20 PN das Element *jṯ*ʿ (RNP I, 112). Unter ihnen kann man unterscheiden zwischen dem Namen eines sab. Gottes *Jaṯi*ʿ (z. B. *ʿabd-jaṯi*ʿ) und einem kausativen Verb *hajṯa*ʿ (z. B. *hajṯa*ʿ*-ʾil*) (Conti-Rossini, 165). Der Name des sab. Herrschers *Iṯʾamra* (*jiṯi*ʿ*-ʾamara*) findet sich nur in den Annalen von Sargon II. (D. D. Luckenbill, Ancient Records of Assyria and Babylonia, II, Chicago 1927, 7f.; vgl. G. W. van Beek, Festschr. Albright, London 1961, 229).

Im AT haben 14 PN das Element *jš*ʿ/*šûa*ʿ: *ʾAbîšûa*ʿ, *ʾElîšûa*ʿ, *ʾElîša*ʿ, *Baṯ-Šûa*ʿ, *Hošea*ʿ, *Hošaʿjāh*, *Jošûa*ʿ, *Ješûa*ʿ, *Jišʿî*, *J*ᵉ*šaʿāh*, *Malkîšûa*ʿ, *Meša*ʿ, *Šûʿah*. *Ješûa*ʿ ist eine spätere Form von *Jôšûa*ʿ, entstanden durch Dissimilation (vgl. *Jehû*: IPN 244f.; Brockelmann, VG I, 255). Der Name „*J*ᵉ*šaʿjāh*" findet sich in Elephantine (AP, Index), wohingegen die volle Form *jšʿjhw* belegt ist neben *jš*ʿ, *jš*ʿʾ und *jš*ʿʾ*l* auf Siegelabdrücken ungewissen Datums und ungewisser Herkunft (D. Diringer, Le iscrizioni Antico-ebraiche Palestinesi, Florenz 1934, 52. 63. 85. 86). Der Name *ʾljš*ʿ „Elisa" findet sich auf Scherben aus Samaria (Diringer 42) und Nimrud (Diringer 200). Der Name „Mešaʿ" (möglicherweise ursprünglich *mōša*ʿ: vgl. LXX Μωσα; KBL³ 548; S. Segert, ArOr 29, 1961, 246) findet sich in der moabitischen „Mešaʿ-Inschrift" (vgl. 2 Kön 3, 4).

b) Neben der Mešaʿ-Inschrift, wo das Verb *hôšîa*ʿ mit Kamosch, dem Gott der Moabiter als Subjekt belegt ist und seinem Vorkommen als Lehnwort aus dem Aram. (J. T. Milik, RB 63, 1956, 413; J. H. Petermann, Linguae Samaritanae grammatica, 1873, 50), findet sich *jš*ʿ nur im Hebr. außerhalb von PN. In der hebr. Bibel ist es eine der verbreitetsten Wurzeln, sowohl bei PN, als auch bei Verben und Substantiven. Es ist jedoch nahezu nur einem theologischen Gebrauch mit JHWH als Subjekt und seinem Volk als Objekt vorbehalten (s. u.). Die nach-biblische Geschichte dieser termini bekräftigt ihre exklusive religiöse Verbindung.

Bereits in den späten Büchern des AT (HL, Ruth, Pred, Esth, Dan, Esr, Neh, Chr) findet sie sich selten und nur in direkten Zitaten aus den früheren Büchern und in bewußten Archaismen (z. B. Neh 9, 27).

Dasselbe trifft für die rabbinische Literatur und das moderne Hebr. zu. Ihr Platz ist im alltäglichen Hebr. normalerweise eingenommen von *ʿāzar* ʿhelfen', *hiṣṣîl* ʿretten', *niṣṣāḥôn* ʿSieg' oder ähnlichen Worten (E. ben Jehuda, Thesaurus totius hebraitatis ..., 1908–1959, IV, 2182f. Er zitiert keine modernen Beispiele, vgl. 2189ff.; vgl. J. S. Licht, 897f.). Der Unterschied zwischen dem religiösen Gebrauch der Bibel und dem späteren profanen Gebrauch wird deutlich bei der Geschichte eines pedantischen Lehrers, der in einem See ertrank, weil ihn keiner verstand, als er *hôšîʿenî* „rette mich" rief (Sawyer, Semantics, 95f.). Der einzige vorfindbare profane Gebrauch dieser termini im nach-bibl. Hebr. beschränkt sich auf drei Gesetzestermini: *môšîaʿ* ʿVerteidiger, Retter' wird dem normalen *maṣṣîl* nur im Kontext der talmudischen Gesetzgebung in bezug auf Vergewaltigung (Sanh 73a; vgl. Deut 22, 27: DictTalm II, 751) vorgezogen; die Wendung *hôšîʿāh jādî lî* „Ich habe mir selbst zum Recht verholfen" (vgl. 1 Sam 25, 23–35; s. u. IV. 1. b. δ), die sich 3mal in den Texten von Qumran findet (1 QS 6, 27; CD 9, 9–10); und schließlich die rätselhafte Redensart *j^ešûaʿ habben* „Rückkauf des Erstgeborenen" (B. Kam 80a unten) die ein Schlüsselwort für *pidjôn habben* sein könnte, das in der Zeit der Verfolgung gebraucht wurde (DictTalm I, 600). Es wurde vorgeschlagen, daß wie bei → גאל, → פדה und → צדק der religiöse und soteriologische Gebrauch sich vom ursprünglich juristischen Gebrauch abgeleitet habe (Sawyer, VT 15, 1965, 483–486). Aber die Bedeutung der frühesten west-semit. Belege läßt sich nicht stringent aufweisen, und man könnte argumentieren, daß der Gebrauch in dieser kleinen Gruppe von bibl. als auch nach-bibl. rechtlichen Kontexten auch im Grunde ein theologischer Gebrauch ist, insofern, als die Rechtsinstitutionen im Alten Israel als von Gott als dem höchsten Richter eingesetzt betrachtet wurden, der seine Autorität an einen König (vgl. 2 Sam 14, 4; 2 Kön 6, 26f.) oder eine Gemeinschaft (Deut 22, 23f.; s. u. IV. 1. b. α) delegieren konnte, ebenso wie er in der Periode der Richter *môšîʿîm* für sein Volk berief, als es sich an ihn wandte und um Schutz vor seinen Widersachern bat (z. B. Ri 3, 9. 15; Ob 21; Neh 9, 27, vgl. Seeligmann, 272–278). Jedoch ist es klar, daß die religiöse Verbindung, welche die Wurzel *jšʿ* in fast allen Kontexten hat, ihr charakteristischstes Merkmal ist.

2. Die Grundbedeutung des Verbes *hôšîaʿ* ist am besten zu definieren, wenn man zwischen ihm und anderen termini des gleichen Wortfeldes Gegensätze sichtbar macht (Sawyer, Semantics, 102–111). Die häufigsten von diesen sind *hiṣṣîl* (203mal) und *ʿāzar* (137mal). Ebenfalls eng damit verbunden sind termini, die sich ursprünglich aus der Gerichtssprache, aber ebenso häufig aus soteriologischen Zusammenhängen herleiten lassen: → גאל *gāʾal* (113mal) „zurückkaufen"; → פדה *pāḏāh* „loskaufen"; → שפט *šāpaṭ* „richten"; → ריב *rîḇ* „Streit"; → צדק *ṣædæq* „Rechtschaffenheit". Mit *hôšîaʿ* sind auch zahlreiche Worte und Sätze verbunden, die von bibl. Schreibern metaphorisch (wie die forensischen termini) auf eine Vielzahl von Rettungsakten angewendet wurden: z. B. → שמר *šāmar* „über etwas wachen"; → גנן *gānan* „verteidigen"; → סמך *sāmaḵ* „unterstützen"; → רפא *rāpāʾ* „heilen"; → רמם *rāmam* „emporkommen"; → שגב *śāgāḇ* „erheben"; → משה *māšāh* „herausziehen"; → זכר *zāḵar* „erinnern"; → רחב *hiph* „jemandem Raum geben"; → ענה *ʿānāh* „antworten" (Sawyer, Semantics, 29–48). Auf dem Hintergrund dieses semantischen Feldes sind die folgenden charakteristischen Kennzeichen von *hôšîaʿ* von Bedeutung:

a) *hôšîaʿ* ist der häufigste soteriologische terminus in religiösen Kontexten, dagegen der seltenste in der täglichen Umgangssprache (Licht, 897). Das Subjekt von *hôšîaʿ* ist fast ohne Ausnahme JHWH, oder sein ernannter Stellvertreter und es gibt Anzeichen dafür, daß es absichtlich ausgelassen wird, wenn der Sprecher kein Israelit ist (z. B. Ex 2, 19; vgl. v. 17); 1 Sam 4, 8 (vgl. v. 3); 2 Kön 19, 11 (vgl. vv. 19. 34): s. u. IV. 1. a.

b) *hôšîaʿ* hat eine relativ große Anzahl von Nominalformen (Sawyer, Semantics, 68f.), und es steht in Cstr.-Wendungen wie *mimmaʿaj^enê haj^ešûʿāh* „Quellen des Heils" (Jes 12, 3), *ṣûr jišʿenû* „der Felsen unseres Heils" (Ps 95,1), *māḡen jišʿæḵā* „das Schild deines Heils" (Ps 18, 36) und *ś^eśôn jišʿæḵā* „die Freude deines Heils" (Ps 51, 14) bunte Verbindungen ein, die sich nicht so augenscheinlich bei den anderen termini dieses Feldes finden.

c) *hôšîaʿ* beinhaltet eher, einer Person in Schwierigkeiten Hilfe zu bringen, als sie davon zu erretten. In mehr als 20 Stellen folgt die Präposition *l^e* „zu, vor" (z. B. Jos 10, 6; Ri 10, 14; Ps 72, 4; 86, 16), wie *ʿāzar l^e* „jemandem Hilfe bringen", *hēnîaḥ l^e* „jemandem Ruhe bringen" und *hirḥîḇ l^e* „jemandem Raum geben"; und es nimmt *min* „von" weniger häufig als *hiṣṣîl* „retten"; *gāʾal* „zurückkaufen", und ähnliches (vgl. Sawyer, Semantics, 103–111). Es findet sich nicht unter den regulären termini, die in Ex gebraucht werden (*hiṣṣîl, hæʿælāh, hôṣîʾ* und *gāʾal* sind die gebräuchlichsten: vgl. Ex 3, 7–8; 6, 6–8), aber es wird 3mal bei dem Sieg über die Ägypter am Roten Meer gebraucht (Ex 14, 13. 30; 15, 2, THAT 789).

d) *hôšîaʿ* ist eng verbunden mit den juristischen termini → גאל *gāʾal* „zurückkaufen", → פדה *pāḏāh* „loskaufen", → שפט *šāpaṭ* „richten", → צדק *ṣædæq* „Recht schaffen" usw., welche in allgemeinen soteriologischen Zusammenhängen genauso wie in technisch gesetzlichen Passagen belegt sind. Das ist der einzige Gebrauch von *hôšîaʿ* – neben seinem ausschließlich religiösen Gebrauch – in allen Schichten des Hebr. und könnte von einer ursprünglich theol. Bedeutung abhängen (s. IV. 1. b).

e) Die verwandten Substantive *j^ešûʿāh, ješaʿ, môšāʿôṯ* und *t^ešûʿāh* sind nicht unterschieden von dem Verb *hôšîaʿ*, auch wenn sie in manchen Zusammenhängen in der Übersetzung verschieden wiedergegeben werden (z. B. „helfen, retten" für das Verb, „Sieg" für das Substantiv). Nominalausdrücke wie *ṣûr jᵉšûʿāṯî* „der Felsen meines Heils" (Ps 89, 27) und Konstruktionen wie *nāṯattā ʾæṯ-hattᵉšûʿāh haggᵉḏolāh hazzoʾṯ* „du hast diesen großen Sieg verliehen" (Ri 15, 18) oder *qᵉrôḇāh jᵉšûʿāṯî lāḇôʾ* „nahe ist mein Heil" (Jes 56, 1) sind analysierbar als Nominalkonstruktionen, die von dem gleichen Kernsatz hervorgebracht sind wie z. B. *hôšîaʿ JHWH mᵉšîḥô* „der Herr hat seinem gesalbten König zum Sieg verholfen" (Sawyer, Semantics, 61–67). Was daher von *hôšîaʿ* gesagt worden ist, gilt ebenso für *jᵉšûʿāh, ješaʿ* usw. *jᵉšûʿāh* kommt zu einer Person in Not wie ein Licht (Jes 49, 6) oder wie Mauern und Wälle rund um eine belagerte Stadt (26, 1) und bedeutet nicht: die Not beseitigen oder ihn daraus zu retten (s. IV. 3. c). *jᵉšûʿāh* ist eng verbunden mit *ṣᵉḏāqāh* „Rechtschaffenheit", *mišpāṭ* „Gericht", *ḥāmās* „Verbrechen, Gewalttätigkeit" und ähnlichem. Wie *ṣᵉḏāqāh* kann *jᵉšûʿāh* sowohl einen einzelnen Akt oder ein Geschehen, als auch einen andauernden Zustand (z. B. Jes 51, 6. 8) bezeichnen (s. IV. 3. e).

II. 1. a) Die Wurzel *jšʿ* erscheint 354mal im AT. Die größte Konzentration findet sich in den Psalmen (136mal) und in den prophetischen Büchern (100mal), besonders bei DtJes (56mal).

Neben den poetischen Belegen Gen 49; Ex 15, 1–18; Deut 32, 1–43; 33, 2–29; 1 Sam 2, 1–10; 2 Sam 22 (Ps 18); 23, 2–7; 1 Chr 16, 8–36 (Ps 105, 1–15; 96, 1–13; 106, 1. 47 f.); 2 Chr 6, 41 f. (Ps 132, 8–10), erscheint es nur 8mal im Pentateuch (Ex 3mal; Num 1mal; Deut 4mal) und 75mal in den Geschichtsbüchern, am häufigsten bei Ri (22mal) und 1 + 2 Sam (40mal). Die übrigen Belege sind bei Hi (8mal), Spr (5mal) und Kl (2mal). *jšʿ* ist selten in der Prophetie des 8. Jh.: 4mal in Hos, 1mal in Mi, nicht bei Am und Jes 1–11. Wenn wir das „Deuteronomistische Geschichtswerk" (Jos-Kön) als eine exil. Komposition dazurechnen (M. Noth, ÜSt 1, 3–110; P. R. Ackroyd, Exile and Restoration, London 1968, 62–83), so findet sich dort eine signifikante Konzentration von Belegen (44 %) in der Periode des babylonischen Exils: DtJes (56mal, vgl. P. E. Bonnard, Le Second Isaïe, Paris 1972, 535), Jer (20mal), Ez (3mal), Dtr.-Geschichtswerk (88mal). Die Psalmen und die exil. Kompositionen enthalten über 85 % aller Belege. Es ist selten in den späten Büchern des AT: in Neh (2mal) und Chr (14mal), es findet sich nur in wörtlichen Zitaten aus früheren Büchern oder in stereotypen Archaismen (z. B. Neh 9, 27) und ist überhaupt nicht bei Jo, Hag, Mal, Ruth, HL, Pred, Esth, Dan und Esr zu finden. Bei Sir sind die einzigen zwei Belege in dem bewußt archaischen Stil des angehängten Psalms (51, 1. 10) belegt.

b) Das Verb *hôšîaʿ hiph* ist der häufigste terminus in allen Texten: mehr als die Hälfte aller Vorkommen (184mal) der Wurzel im bibl. Gebrauch sind Formen des Verbes *hôšîaʿ*, und der *hiph*-Stamm ist ebenso belegt in den PN *Hôšeaʿ*, *Hošaʿjāh* und *Mešaʿ* (IPN 176), außerdem in dem Substantiv *môšāʿōṯ*, das 1mal im AT belegt ist (Ps 68, 21). Das *hiph.* Ptz. akt. *môšîaʿ* ist 33mal im AT bezeugt und in einem technischen Sinn auch in der rabbinischen Literatur (s. IV. 1. b) und fungiert gewöhnlich als ein handelndes Substantiv (Boecker, 65 f.; KBL³ 532; Sawyer, VT 25, 1965, 476 Anm. 1). Die späte oder ungewöhnliche Form *jᵉhôšîaʿ* ist ein Aramaismus in Ps 116, 6 (vgl. *limᵉnûḥajᵉḵî* [v. 7]; *ʿālājᵉḵî* [v. 7]; *taḡmûlôhî* [v. 12], Kraus, BK XV/2, ⁵1978, 970 f.).

Warum es aber auch in 1 Sam 17, 47 erscheint, ist nicht erklärt (möglicherweise ist der Text verderbt: BHK; S. R. Driver, Notes on the Hebrew Text of the Books of Samuel, Oxford ²1913, 147). Das *Niph* ist 21mal im AT belegt und *qal* nur in PN (IPN 36). *šwʿ pi* ist 21mal belegt und das verwandte Substantiv *šawʿāh* 11mal.

c) Wenn man das hap. leg. *môšāʿôṯ* nicht hinzuzählt, dann gibt es drei Substantivformen: *jᵉšûʿāh*, *jæšaʿ* und *tᵉšûʿāh*. *jᵉšûʿāh* kommt mehr als doppelt so oft im AT vor wie die anderen (78mal), trotzdem selten in Prosa-Texten (4mal), und ist das einzige Nomen, das auch im Plural belegt ist (12mal). Die Form *jᵉšûʿāṯāh*, mit dem unbetonten Suffix *-āh* (Ps 3, 3; 80, 3; Jo 2, 10), neben *ʿæzrāṯāh* (Ps 63, 8; 94, 17), mag ursprünglich eine quasiverbale Funktion gehabt haben („zu Hilfe!" vgl. BLe 528 t. u.). *jæšaʿ* erscheint 35mal, immer in poetischen Texten und 5mal im st. cstr. *ješaʿ* (mit *ṣere*: KBL³ 428). Die Form *jôšaʿ* erscheint in der Tradition von Babylon bei Hi 5, 4. 11, und möglicherweise auch bei Jes 35, 4 MT (KBL³ 428; P. Wernberg-Møller, ZAW 69, 1957, 73). *tᵉšûʿāh* erscheint 33mal. Ein höherer Anteil dieser Belege, als es bei den anderen Substantiven der Fall ist, zeigt sich in Prosatexten (11mal) (Driver 118). Es ist wahrscheinlich abgeleitet von der Nebenform *šûaʿ*, aber es könnte auch von *hôšîaʿ* selbst kommen, in Analogie mit *jᵉšûʿāh* (vgl. *tᵉqûpāh* von *hiqqîp̱*: BLe 496 s; Brockelmann, VG 1, 383).

*2. In den Qumranschriften ist die Wurzel *jšʿ* nicht nur in zahlreichen bibl. Zitaten (z. B. 1 QMelch 16. 19 als Zitat von Jes 52, 7; vgl. A. S. van der Woude, OTS 14, 1965, 358; vgl. auch die Verwerfung der Selbsthilfe *hôšîʿāh jāḏô lô* 1 QS 6, 27; CD 9, 9. 10 als Reminiszenz an 1 Sam 25 [s. IV. 1. b. δ] sowie ca. 100 Belege in 1 QJes^a), sondern darüber hinaus noch 15mal als Verb, 18mal als Nomen *jšwʿh*, 5mal als Nomen *jšʿ* und 9mal in PN belegt. Dabei fällt auf, daß in fast allen Fällen Gott Subjekt und Initiator dieser Erlösung ist. In der Heilsgeschichte hat Gott zahlreiche Beweise für seine *jšwʿh* gegeben (1 QS 1, 19; 1 QM 10, 4; 11, 3; 14, 5; 18, 7; CD 5, 19; 6 QD 3, 2; 4 Q 183, 1, II, 3), die nun im Rahmen der aktuellen Eschatologie zum Glaubensmotiv ausgestaltet werden: Die Gegenwart der Gemeinde wird als „heilvoll" verstanden (1 QM 1, 5; 10, 8; 13, 13) und als Anlaß für den Heilsjubel gewertet (1 QS 10, 17; 1 QH 11, 23; 12, 3; 11 QPs^aZion 22, 3. 4. 8), ja die Formung der Gemeinde selbst geschieht zum Zweck, Gottes *ješaʿ* zu verkünden (11 QPs^a 154, 4 [= 11 QPs 18, 2]), vgl. auch die Aufschrift auf den Feldzeichen der Gemeinde im eschatologischen Entscheidungskrieg *jšwʿwt ʾl* „Heilstaten Gottes" (1 QM 4, 13).

Gott verhilft seinen Frommen zum Heil durch die Gabe seiner Thora (1 QH 5, 11 f.), durch Erweise seiner *ḥæsæḏ* (1 QS 11, 12; 1 QH 2, 23; 11, 18; 4 Q 185, 1–2, II, 13) und durch sein persönliches Eingreifen gegenüber den Gottlosen (4 QpPs 37, 4, 21; vgl. auch W. Foerster, ThWNT VII, 1964, 982ff.). Seine ganze Schöpfung ist auf Rettung ausgerichtet (1 QH 15, 16), die dem Rechtgläubigen auf ewig zuteil wird.

Der Qumranessener vermag auch für die Zukunft Gottes Erlösung zu erwarten, wenn er selbst Gott fürchtet (CD 20, 20), zu Gottes Namen Zuflucht sucht (CD 20, 34) und nach seinem Heil Ausschau hält (1 QHfragm 18, 5). Über diese Heilszeit in der Zukunft bieten die Essener eine Reihe ausgeführter Entwürfe an (vgl. H. W. Kuhn, Enderwartung und gegenwärtiges Heil, SUNT 4, 1966, 176ff.), in denen jedoch der terminus *jš'* keine führende Rolle spielt.

Auf der Suche nach signifikanten Umdeutungen des MT in der Jesaja^a-Rolle fallen im Zusammenhang mit der Wurzel *jš'* nur 2 Belege auf. In Jes 26, 18 liest 1 QJes^a *wšw'tk* statt *jšw't* (vgl. E. J. Kutscher, The Language and Linguistic Background of the Isaiah Scroll [1 QIsa^a], STDJ VI, 1974, 559) und deutet damit Gott als das Subjekt auch der *j^{e}šû'āh*, die die Menschen nach MT selbst der Erde (vergeblich) zu bringen suchten. Dies weist deutlich auf die totale Abwertung des Menschen im Konzept der qumranessenischen Anthropologie hin.

In Jes 51, 5 liest 1 QJes^a gegen die gesamte Texttradition statt *jāṣā' jiš'î ûz^{e}ro'aj* die Suffigierung der 2. Sing. *wzrw'w* (Kutscher 561). Damit wird aber *ješa'* als Funktion Gottes (MT) nun zu einer Hypostase dieser göttlichen Funktion personalisiert und damit zugleich messianisch interpretiert (Foerster 1014, Anm. 59 [Bertram]), da nun von „seinem (sc. des Retters) starken Arm" die Rede ist.

Die Belege der TR (59, 8. 11. 18; 66, 8) spiegeln deutlich at.lichen Sprachgebrauch (vgl. Deut 28, 29; Ri 2, 18 und Ex 22, 15f.; Deut 22, 28) wider.

(Fabry)

III. 1. Die LXX gibt die *jš'*-termini fast durchweg mit σῴζω, σωτηρία, σωτήριον, σωτήρ, ἀνασῴζω, διασῴζω wieder (vgl. Sir 51, 1). σωτήρ ist nicht die genaue Wiedergabe von *môšîa'*, das durch σῴζων (z. B. 1 Sam 11, 3; Jes 43, 11), σωτηρία (z. B. 2 Sam 13, 5; Jes 47, 15), ἀνασῴζω (Sach 8, 7) als auch durch σωτήρ (z. B. Ri 3, 9. 15; Neh 9, 27) wiedergegeben ist; es steht aber auch für *jæša'* (12mal) und *j^{e}šû'āh* (4mal) (ThWNT VII, 971ff.). Andererseits hat die LXX βοηθέω, βοηθός, βοήθεια (10mal), ῥύομαι (7mal) und verschiedene andere termini, einschließlich ἐξαίρω (Jes 49, 11) und ἀμύνω (Jes 59, 16). In 2 Sam 22, 42 ist die Wahl von βοηθός in der LXX möglicherweise durch die Ähnlichkeit zwischen den Wörtern „um Hilfe schreien" und „Hilfe" sowohl im Griech. als auch im Hebr. beeinflußt worden: βοήσονται καὶ οὐκ ἔστιν βοηθός, *j^{e}šawwe'û w^e'ên môšîa'* (BHK). Die Unterscheidung zwischen *hôšîa' l^e* „Hilfe bringen (einer Person in Not)" und *hiṣṣîl* „retten, d. h. entfernen (eine Person von Schwierigkeiten)" (s. I. 2. c) wurde von den Übersetzern der LXX empfunden, wenn sie ῥύομαι „retten" (W. Bauer, Griechisch-Deutsches Wörterbuch, 1958, 1462) 7mal für *hôšîa'* und 84mal für *hiṣṣîl* gebrauchen (vgl. ThWNT VI, 999, wo aber eine andere Schlußfolgerung aus dieser Gegebenheit gezogen wird).

2. Im griech. NT liegen die hebr. termini der Erklärung des Namens „Jesus" in Mt 1, 21 (vgl. Lk 2, 30) und des Lehnwortes ὡσαννά in Mt 21, 9; Mk 11, 10; Joh 12, 13 (vgl. Ps 118, 25: s. u. IV. 4) zugrunde. „Sonst treten in dem Grundbestand der synoptischen Überlieferung σῴζω und σωτηρία fast ganz zurück" (ThWNT VII, 991). Sie sind aber häufig in der eschatologischen Sprache des Paulus zu finden, sowohl in den Hinweisen auf das AT (z. B. 2 Kor 6, 2 [vgl. Jes 49, 8]; siehe auch die at.lichen Stellen, die Paulus in den Reden der Apg zitiert: Ps 107, 19f. in 13, 26; Jes 49, 6 in 13, 47 und Ps 67, 3 in 28, 28), als auch in seinem eigenen Griechisch, wo an verschiedenen Stellen σωτηρία dem Tod gegenübergestellt ist (z. B. 1 Kor 5, 5; 2 Kor 7, 10; Phil 1, 28; 1 Thess 5, 8ff.; 2 Thess 2, 10), außerdem als Synonyme für die synoptische Formulierung „das Königreich Gottes erlangen" (vgl. bes. Röm 13, 11).

3. Die aram. Targumim geben diese termini normalerweise mit *p^{e}raq*, *parîq*, *purqān* usw. wieder, die in der gleichen Weise von *šezib̲* „retten" zu unterscheiden sind, wie *hôšîa'* von *hiṣṣîl* unterschieden ist (vgl. 1 Sam 4, 3. 8; 2 Kön 19, 11. 34: s. IV. 1. a). Ihr Einfluß auf das Hebr. ist zu sehen an dem Aramaismus *pāraq* „retten" in Ps 7, 3; 136, 24; Kl 5, 8 (BDB 830; Kraus 191; Sawyer, Semantics, 100. 109).

4. Die V gebraucht normalerweise servare, salvus, salus, salvator, salvare usw., aber gelegentlich auch defendere (Ex 2, 17), adjuvare (Deut 28, 31), liberare (Deut 22, 27; 28, 29; Spr 20, 22), magnalia Dei (Ex 14, 13), protector salvationum (Ps 28, 8) o. ä. In der Patristik wird der Name „Jesus" mit salvator übersetzt: z. B. Christus Jesus, id est Christus Salvator ... salvare et salvator non fuerunt haec Latina, antequam veniret Salvator" (Aug. Serm. 299, 6). Der bes. produktive Gebrauch dieser Worte für „Erlösung, Sicherheit, Schutz, Gesundheit" usw. im christl. Latein – bewußt vom bibl. Hebr. abgeleitet – verdeutlicht außerdem die reiche soteriologische Bedeutung von *hôšîa'*, *j^{e}šûāh* usw. (da *'āzar* durch adjuvare usw. und *hiṣṣîl* gegensätzlich durch liberare übersetzt werden), sowie die Unterscheidung zwischen „einer Person Hilfe, Gesundheit, Schutz bringen (*hôšîa' l^e*, salvare)" und „eine Person vor Not bewahren (*hiṣṣîl*, liberare)" (vgl. A. Ernout u. A. Meillet, Dictionnaire étymologique de la langue latine, Paris 1932, 851).

IV. 1. Im erzählenden Stil der Geschichtsbücher, zu dem man auch die acht Belege in den Prosaabschnitten des Pentateuch zählen kann (Ex 2, 17; 14, 13. 30; Num 10, 9; Deut 20, 4; 22, 27; 28, 29. 31), lassen sich zwei Gebrauchsweisen aufzeigen: ein heilsgeschichtlicher Gebrauch, wo die termini auf Handlungen, die das göttliche Eingreifen in die Geschichte Israels be-

schreiben, angewandt sind (65mal) und ein eher profaner Gebrauch, wo der Mensch das Subjekt und der Kontext juristisch oder politisch ist (23mal).
a. α) Der locus classicus der „heilsgeschichtlichen" Verwendung ist Ex 14, wo Israels ungewöhnlicher Sieg über die Ägypter am Roten Meer mit *j^e^šûʿaṯ JHWH* beschrieben ist (v. 13; vgl. 15, 2): *wajjôšaʿ JHWH bajjôm hahûʾ ʾæṯ-jiśrāʾel mijjaḏ miṣrājim*: „an diesem Tag rettete JHWH Israel vor den Ägyptern" (v. 30). Das Subjekt ist der Gott Israels, eine Tatsache, die im ganzen Kapitel betont wird: z. B. „Gott wird für euch kämpfen, ihr aber werdet euch still verhalten" (v. 14; vgl. vv. 18. 25. 27. 31). Die Reihenfolge der Ereignisse ist ebenso typisch: Israel schreit um Hilfe, wenn es die Truppen des Pharao auf sich zurücken sieht (vv. 10–12), dann werden sie belehrt, fest zu stehen und die Hilfe des Herrn zu sehen (v. 13), der hilft in der Gestalt des „Engels Gottes", der „Wolkensäule", die es vor den verfolgenden Ägyptern schützt (vv. 19f.), „der Feuer- und Wolkensäule" (v. 24) und in dem unnatürlichen Verhalten des Schilfmeeres (vv. 21–29). *hôšîaʿ* ist nicht gebraucht für den Auszug (Ex 3, 7–10; 6, 6–8), welcher die Flucht Israels aus seiner Bedrängnis beinhaltet, sondern für das Kommen der göttlichen Hilfe für die Israeliten, wo sie sind (s. I. 2. a).
Schließlich finden sich deutliche Hinweise im Stil dieses Abschnittes darauf, daß das beschriebene Ereignis eine bes. Bedeutung für die Geschichte Israels hat: es geschieht *bajjôm hahûʾ* „an diesem Tag" (v. 20); Israel „sah die große Tat (*ʾæṯ-hajjāḏ hagg^e^ḏôlāh*), die JHWH an den Ägyptern getan hatte" (v. 31); und es führte zur Verherrlichung JHWHs (vv. 17f.) und zur Verpflichtung des Volkes, „auf JHWH und seinen Knecht Mose" zu vertrauen (v. 31).
β) Dieser typische „heilsgeschichtliche" Gebrauch von *hôšîaʿ*, *j^e^šûʿāh* usw. ist zu finden in Verbindung mit den militärischen Erfolgen von Gideon (Ri 6, 37; 7, 7; vgl. W. Beyerlin, VT 13, 1963, 1–25), Samuel (1 Sam 7, 8), Saul und Jonathan (11, 13; 14, 23. 39), David (19, 5; 2 Sam 3, 18; 8, 6. 14); Davids Helden (23, 10. 12; vgl. 1 Chr 11, 14), Joas (2 Kön 13, 17), Jerobeam (14, 27), Josaphat (2 Chr 20, 17), Hiskia (32, 22). In den anderen Stellen ist Gott das implizierte Subjekt, da er es ist, der die *môšîʿîm* „Retter" sendet (Ri 2, 16. 18; 3, 9. 15; 13, 5; 1 Sam 9, 16; 2 Kön 13, 5; Neh 9, 27; vgl. auch Ob 21) und Simson (Ri 15, 18) und Syrien „durch die Hand Naamans" (2 Kön 5, 1) zum Sieg verhilft. Die unwichtigen Richter Samgar (Ri 3, 31) und Tola (10, 1) fallen in die gleiche Kategorie, obwohl das göttliche Eingreifen nicht explizit ausgedrückt wird.
γ) Die meisten dieser Beispiele finden sich in den Erklärungen des dtr Geschichtswerkes von Ereignissen der Geschichte Israels. Entweder im „deuteronomistischen Rahmen" (W. Beyerlin, Festschr. Weiser, 1963, 1–29) oder in den Reden von Persönlichkeiten, wie Engel (Ri 13, 5) oder Propheten (1 Sam 9, 16) die – als ein weiteres Hilfsmittel für die Erklärung des Erzählers – in die Erzählung eingeführt sind (H. W. Wolff, Das Kerygma des deuteronomistischen Geschichtswerks, ZAW 73, 1961, 171–186 [= ThB 22, ²1973, 308–324]; W. Brueggemann, The Kerygma of the Deuteronomistic Historian, Int 11, 1968, 387–402). Es gibt Reden im dtr Geschichtswerk, wo der Gebrauch von *hôšîaʿ* den Gegensatz zwischen der Macht JHWHs und der trügerischen Anziehung der fremden Götter oder menschlicher Macht beleuchtet: so z. B. in den spöttischen Worten des Herrn an das Volk in Ri 10, 14 *hemmāh jôšîʿû lāḵæm* „sollen sie (die fremden Götter) doch euch retten!" und bei dem überheblichen Anspruch Israels in Ri 7, 2 *jāḏî hôšîʿāh lî* „meine eigene Hand rettete mich", vgl. das Glaubensbekenntnis *loʾ b^e^ḥæræḇ ûḇaḥ^a^nîṯ j^e^hôšîaʿ JHWH* (s. II. 1. b) „JHWH braucht weder Schwert noch Lanze, um zu retten" (1 Sam 17, 47). Das Vertrauen, das Israels Älteste (in 1 Sam 4) in die Macht der Bundeslade haben, ist deutlich durch den Gebrauch von *hôšîaʿ* (v. 3) ausgedrückt, im Gegensatz zu dem weniger theol. terminus *hiṣṣîl* im gleichen Zusammenhang, den die ängstlichen Philister benutzen (v. 8; vgl. 2 Kön 19 unten). In zwei interessanten Fällen schließt der Autor beim Gebrauch von *hôšîaʿ* ein, daß das Volk dem Handeln eines Menschen mehr Glaubwürdigkeit schenkt, als angemessen ist. Im ersten Fall weist Gideon den Vorschlag des Volkes, ihn zum König zu krönen, zurück, weil er es (mit ihren Worten) vor den Midianitern „gerettet hat" (*hôšaʿtānû*) (Ri 8, 22f.). Der zweite Fall ist ein Werk blumiger Rhetorik, ausgedacht, um Jonathans Leben zu retten: „Soll Jonathan sterben, der diesen herrlichen Sieg errungen hat (*ʿāśāh haj^e^šûʿāh hagg^e^ḏôlāh hazzōʾṯ*)?" (1 Sam 14, 45). Der Gebrauch von *j^e^šûʿāh* an dieser Stelle für das eher prosaische Wort *t^e^šûʿāh* (vgl. 1 Sam 11, 13; 19, 5; 2 Sam 23, 10. 11; 2 Kön 5, 1 usw.; Driver 118) mag ein Zeichen des Autors dafür sein, daß das Volk, indem es Jonathan verteidigte, seine außergewöhnliche Heldentat mit einem Akt göttlichen Eingreifens vergleicht (vgl. Ex 14, 13; 2 Chr 20, 17). Derselbe Sieg wird in v. 23 und (in Sauls Worten) in v. 39 auf Gott zurückgeführt.
Die eigenartige soteriologische Bedeutung dieser termini wird ebenso deutlich in einer Zahl von Dialogen, in denen Gottes Macht zu „retten" anfänglich angezweifelt, dann aber dramatisch demonstriert wird: z. B. *bammāh ʾôšîaʿ ʾæṯ-jiśrāʾel* „Wie kann ich Israel retten?" (Ri 6, 14f. 36f.; vgl. Ex 14, 13; 1 Sam 10, 27; 2 Chr 20, 17). Die allgemein gefaßten dtr Bekenntnisse von der rettenden Macht Gottes, in denen *hôšîaʿ*, *t^e^šûʿāh* usw. führend sind, können hergeleitet werden von der Ermahnung der Priester an die israelitische Armee am Vorabend der Schlacht (Deut 20, 4; vgl. Num 10, 19), durch die Geschichtsbücher (z. B. 1 Sam 10, 19; 14, 6. 39; 17, 47; 2 Chr 20, 9), hindurch bis hin zur Kriegsrolle von Qumran (1 QM 10, 4f. [bezieht sich auf Deut 20, 4] 7f. [bezieht sich auf Num 10, 9]; 11, 2f. [bezieht sich auf 1 Sam 17, 45]). Insgesamt sind *hôšîaʿ* und *t^e^šûʿāh* (selten *j^e^šûʿāh*: s. II. 1. c) 37mal im dtr Geschichtswerk im

bes. Sinn von göttlichem Eingreifen zum Vorteil Israels gebraucht. Hinzurechnen muß man 8 Stellen in Chr und Neh (alle abhängig von der dtr Tradition) und 3 im Deut selbst. Diese Gegensätze zeigen sich auch in dem relativ seltenen Vorkommen der beiden engen Synonyme: *ʿāzar* „helfen" findet sich nur einmal in diesem Sinn in der Volks-Etymologie „Eben-ha-Eser" (1 Sam 7, 12), und *hiṣṣîl*, das sich 46mal im dtr Geschichtswerk findet, ist in diesem Sinn nur 14mal gebraucht. Es wird entweder angewandt auf die Rettung von Fremden (Jos 9, 26) und Tieren (1 Sam 17, 35) oder im Mund von Fremden, Philistern (1 Sam 4, 8) und Assyrern (2 Kön 18, 29–35; 9, 10–13). Wie in 1 Sam 4 (s.o.) stellt der Autor den assyrischen Gebrauch von *hiṣṣîl* – in bezug auf die geringe Aussicht Jerusalems auf Rettung (2 Kön 19, 11) dem Gebet Hiskias *hôšîʿenû nāʾ* „rette uns doch!" (v. 19) und Gottes Antwort (vorgetragen vom Propheten Jesaja): „Ich will diese Stadt verteidigen und retten (*hôšîaʿ*)" (v. 34) gegenüber. Die zwei termini, die mit dem dtr Gebrauch von *hôšîaʿ* verwandt sind, sind *henîaḥ* „jemandem Ruhe bringen" und *šāp̄aṭ* „richten". Alle drei Ausdrücke implizieren: jemandem in einer Situation Hilfe bringen, „Heil" (nicht definiert), beziehungsweise Frieden und Gerechtigkeit. Ihnen kann aber in einigen Zusammenhängen die Präposition *min-* „von" folgen: vgl. Deut 12, 10; 25, 19; Jos 23, 1; 2 Sam 7, 1. 11 (*henîaḥ*); 1 Sam 24, 16; 2 Sam 18, 19. 31 (*šāp̄aṭ*).
šôpᵉṭîm „Richter" und *môšîʿîm* sind teilweise synonym in einigen Kontexten: z. B. Ri 2, 16. 18 neben 3, 9. 15 (vgl. M. Weinfeld, Deuteronomy and the Deuteronomic School, Oxford 1972, 120 Anm. 1; Z. Weismann, Charismatic Leadership and the Era of the Judges [hebr. + engl. Zusammenfassung], Tarbiz 45, 1975f., 1–14). Das Verb *šāp̄aṭ* kann soteriologisches Kolorit aufweisen (z. B. Ri 3, 9f.; 1 Sam 8, 20; vgl. G. F. Moore, Judges, ICC 1895, 71. 88). *hôšîaʿ* ist weitaus häufiger in diesen Sätzen, und es kann als der dtr soteriologische terminus par excellence bezeichnet werden.
b) Bei den übrigen 23 Vorkommen ist das Subjekt von *hôšîaʿ* ein Mensch und kein Gott, aber der Zusammenhang ist in jedem Fall rechtlich oder politisch, und man kann vermuten, daß diese menschlichen Handlungsträger als Repräsentanten Gottes handeln, wie die *môšîʿîm* in Ri, die die göttliche Gerechtigkeit in Situationen der Ungerechtigkeit einbringen (vgl. I. 1. b; vgl. Boecker 61–66; Seeligmann 274ff.; THAT 786).
α) Der terminus *môšîaʿ* wird im deut. Gesetz gegen die Vergewaltigung gebraucht (Deut 22, 25–29), wo er wahrscheinlich terminus technicus zur Bezeichnung des gesetzlichen Schutzes ist, den ein verlobtes Mädchen von der Gemeinde erwarten kann. In diesen Fällen hängt die Unterscheidung zwischen einem Ehebruch und einer Vergewaltigung von der Frage ab, ob der Hilferuf des mißhandelten Mädchens von der Gemeinde gehört werden kann oder nicht: das Mädchen wird als unschuldig betrachtet, wenn die Mißhandlung auf dem Feld stattgefunden hat außer Hörweite ihrer Familie und ihrer Freunde (vgl. G. v. Rad, ATD 8, ³1978, 102f.; Sawyer, VT 25, 1965, 478f.). Die Wahl von *hôšîaʿ* in Ex 2, 17 – einzig im Pentateuch außerhalb des Deut (abgesehen von soteriologischen Stellen, die oben behandelt sind) – zur Bezeichnung der Rettung der sieben Töchter Jethro's aus der Notlage durch Moses, ist wahrscheinlich durch diesen Gebrauch bewirkt. Aller Voraussicht nach wird das Wort nicht von den Midianitern selbst gebraucht, die in ihrem Bericht vom gleichen Ereignis das allgemeinere *hiṣṣîl* verwenden (v. 19) (vgl. IV. 1. a). Die Wendung *wᵉʾên môšîaʿ* „und da ist niemand um zu helfen" taucht zweimal im Deut auf, in einem Zusammenhang, wo der Schwerpunkt auf der Hilflosigkeit der Israeliten liegt, die von Feinden mißhandelt werden, die Besitz von ihren Frauen, Häusern und Eigentum ergreifen (Deut 28, 29–31), eine Situation, die der des mißhandelten Mädchens in dem Gesetzescodex nicht unähnlich ist.
β) Die Stellung der Witwe in 2 Sam 14 ist analog: sie bittet den König um Hilfe gegen ihre Feinde, indem sie die „übliche Gesetzesformel" (vgl. J. A. Montgomery – H. S. Gehmann, Kings, ICC 1951, 385; Boecker 61ff.) *hôšîaʿ hammælæḵ* verwendet. Es ist bezeichnend, daß die Situation erdichtet ist, und die Frau aus Tekoa, nach Joabs Befehlen handelnd, muß die konventionellen Redewendungen gebrauchen, um zu überzeugen. Die gleiche Formel kommt 2 Kön 6, 26f. in einem ähnlichen Kontext vor. In beiden Fällen ist die Voraussetzung die, daß der König der offizielle *môšîaʿ* ist, wie die Richter (s. I. 1. b) von Gott berufen, und daß eine schutzlose Frau berechtigt ist, von ihm gesetzlichen Schutz oder Hilfe „zu fordern" (*ṣāʿaq*, vgl. Deut 22, 27; Ri 3, 9. 15; 10, 12; 12, 2 etc.). Es kann sein, daß sie sich dabei indirekt an Gott wandte, dem wahren Subjekt von *hôšîaʿ* (s. IV. 1. a). In Jos 22, 22 wird *hôšîaʿ* gebraucht im Sinne der Verteidigung einer gerechten Sache. Die Sprecher, der Treulosigkeit beschuldigt (vv. 16–20), beginnen ihre Verteidigung, indem sie Gott zum Zeugen anrufen; dann fahren sie fort, „wenn wir schuldig sind, verteidige uns nicht" (*ʾal tôšîʿenû*: 2. Pers. Sg. an Pinehas gerichtet, dem Führer der Mission? Andere verbessern zur 3. Pers. Sg. auf Gott bezogen: vgl. LXX, S, V, BHS; vgl. M. Noth, HAT I/7, ³1971, 130). Ein anderes Beispiel dafür ist *hôšîaʿ* in Verbindung mit *rîḇ* „kämpfen" (Ri 6, 31) zur Bezeichnung der Verteidigung gegenüber Joas, der seine Gefolgsleute herausfordert, Baʿal aufzugeben: „Wollt ihr seine Sache verteidigen (*tôšîʿûn*)?" Die Frage ist, ob die Gemeinschaft jegliche legale Verantwortung für Baʿal, dessen Altar niedergerissen ist, anerkennt (Moore 195).
γ) Ein dritter Typus des gesetzlichen Schutzes, auf den der terminus *hôšîaʿ* angewendet wird, ist die Hilfsverpflichtung für einen Bundesgenossen in der Form eines Vertrages. Was auch immer der ursprüngliche Kontext des Vertrages zwischen Josua und den Gibeoniten gewesen sein mag (vgl. Noth 53–59; J.

M. Grintz, JAOS 86, 1966, 113–126), nach Meinung des dtr Redaktors (Jos 10, 1, vgl. 9, 15) liefert er den Hintergrund, vor dem sich der Amoriterangriff auf die Gibeoniten und deren Bitte um Hilfe an Josua abspielt, in der sie den speziellen terminus *hôšîaʿ* verwenden: „Komm schnell zu uns und schütze uns (*hôšîʿāh lānû*) und hilf uns (*ʿāzar*)" (10, 6). Als der König von Jerusalem eine ähnliche Bitte an seine amorit. Bundesgenossen richtet, wird der terminus nicht gebraucht (v. 4). Es ist auch beachtenswert, daß die gibeonitische Aufforderung von Gott und nicht von Josua (v. 8) beantwortet wird, und ihre Unterstützung geschieht in Form von spektakulären Beweisen göttlichen Eingreifens (vv. 10–14). Genau die gleiche Situation steht hinter dem Gebrauch von *hôšîaʿ* in Verhandlungen zwischen Jephta und den Männern aus Ephraim (Ri 12, 2. 3), wo göttliches Eingreifen menschlicher Unzulänglichkeit gegenüber gestellt wird (v. 3) zwischen Israel und Jabes-Gilead (1 Sam 11, 3. 9) und zwischen David und Keilah (1 Sam 23, 2. 5).

Joabs Plan eines Feldzuges in Kooperation mit seinem Bruder gegen die vereinten Kräfte von Ammon und Syrien (2 Sam 10, 11 ff.; vgl. 1 Chr 19, 12 f.) kann als weiteres Beispiel mit dem überraschenden Gebrauch von *hôšîaʿ* im Falle des Syro-Ammonitischen Paktes verglichen werden, auf den sich das Ende desselben Kapitels bezieht (10, 19; vgl. 1 Chr 19, 19). Im ersten Fall gelingt der Plan mit Gottes Hilfe (v. 12 f.), während im zweiten die Angst der Syrer zum Bruch ihres Bündnisses mit den Ammonitern führt. Schließlich findet sich ein letztes Beispiel für den Gebrauch von *hôšîaʿ* in der Sprache politischer Verhandlungen in 2 Kön 16, 7; hier ist die Unerwünschtheit des menschlichen Subjektes, in diesem Fall Assyriens (vgl. Hos 14, 4), auf das der gottlose Ahaz (vgl. vv. 2 ff.) sein Vertrauen gesetzt hat, sicher vom Autor impliziert. Ahaz wird dargestellt, als richte er sich an Tiglat-Pilesar wie an einen Gott und, um dieses mißgeleitete Bündnis zu bekräftigen, „nahm er das Silber und Gold, das sich im Tempel befand und sandte es als Gabe zum König von Assyrien" (v. 8; vgl. vv. 10–18).

δ) Die letzte Wendung, die ein menschliches Subjekt beinhaltet und sich auf das „Zuteilen der Gerechtigkeit" bezieht, ist *hôšîaʿ jāḏî lî*. Der locus classicus dafür ist 1 Sam 25, 23–35, wo die Streitfrage die ist, ob David entweder Abigails Angebot der Wiedergutmachung annehmen will oder aber „das Gesetz in seine eigenen Hände zu nehmen" (vv. 26. 33; die gleiche Wendung ist wahrscheinlich auch in v. 31 verwendet, ursprünglich: vgl. LXX, BHK³, Driver 202) und ihren Ehemann Nabal mit dem Schwert zu bestrafen. Der Gebrauch des Wortes *jāḏ* 'Hand' in dieser Wendung impliziert nicht nur Gewalt (Driver 201 f.), sondern auch, daß das Subjekt etwas tut, was richtiger von jemand anderem getan werden sollte. Dies ist die Bedeutung von Israels Prahlerei in Ri 7, 2 (s. o.) und des göttlichen Sarkasmus in Hi 40, 14 (vgl. Spr 20, 22: W. McKane, Proverbs, London 1970, 548).

In den Qumrantexten wird die Wendung für das Vergehen gebraucht, jemanden zu zwingen, einen Eid zu schwören, obwohl nur Richter dies legal tun können (CD 9, 9 f.; vgl. Rabin, Zadokite Documents, Oxford ²1958, 45 f.). Sie wird auch gebraucht im Zusammenhang der Auflehnung in 1 QS 6, 27 (P. Wernberg-Møller, Manual of Discipline, Leiden 1957, 112).

2. a) In Spr erscheint das Verb *hôšîaʿ* 2mal und die Prosaform des Nomens *t^ešûʿāh* 3mal. *t^ešûʿāh* „Rettung" (eher als „Sieg": McKane 429) kommt von JHWH, nicht durch Kriegsrosse (21, 31) und daher besteht in der Situation der Ungerechtigkeit keine Notwendigkeit, „das Recht in seine eigenen Hände zu nehmen" (McKane 548): „wartet auf Gott, er wird euch helfen (*hôšîaʿ*)!" (20, 22; vgl. 1 Sam 25, 23 etc. s. o.; B. Gemser, HAT I/16, 1937, 63): „Rettung" ist die Belohnung der Lauterkeit (28, 18), der JHWH-Glaube setzt diesen göttlichen Schutz für die Schuldlosen voraus (McKane 622), der eher durch weisen Rat als durch physische Härte zu erreichen ist (11, 14; 24, 5 f.). Wenn das eben erwähnte Sprichwort, zweimal zitiert in Spr, einmal als Sprichwort (11, 14), dann auch als eine Motivationsformulierung innerhalb der Instruktionen (22, 17 – 24, 22), vom Vokabular der alten Weisheit (McKane 429. 397 f.) kommt, dann ist es ein seltenes Beispiel im AT für den neutralen Gebrauch von *t^ešûʿāh* im Sinne einer Sicherheit, die vom Menschen selbst erreicht werden kann. Möglicherweise weist das Vorkommen von *t^ešûʿāh* in einem solchen Kontext darauf hin, daß der Prozeß, den McKane (17–21) als „a Yahwistic reinterpretation of an older, empirical, mundane wisdom" beschreibt, schon in diesem Sprichwort begonnen hat.

Der terminus gehört nicht zum Vokabular der alten Weisheit (McKane 17), er ist relativ selten in Spr und Hi (s. u.), und sein Fehlen in anderen Sätzen gleicher Thematik innerhalb der alten Weisheit fällt auf: z. B. Spr 16, 32; 21, 22 (McKane 551), Pred 7, 19; 10, 14–16. Die Belege dafür, daß *hôšîaʿ*, *t^ešûʿāh* etc. primär theologische termini sind, sowohl in der Weisheitsliteratur wie im übrigen AT, sind in jedem Fall überwältigend.

b) Die mehr poetische Form *ješaʿ* (s. II. 1. c) wird in Hi für die Hilfe verwendet, die die Waise vor Gericht (5, 4) und der Trauernde in ihrer Verlassenheit brauchen: *w^eqoḏ^erîm śāḡ^eḇû jæšaʿ* „und Trauernde werden in Sicherheit geborgen" (5, 11). In beiden Fällen ist Gott das implizierte Subjekt, der dem Toren und seiner Familie Hilfe vorenthält (vv. 2–7), der aber die Hilflosen über ihre Sorgen hebt (v. 11). Er hilft (*hôšîaʿ*) den Machtlosen (26, 2: vgl. 5, 15 lies [mit Ewald] *mŏḥ^orāḇ* „notleidend" oder *meḥarbām jāṯôm* „den Vaterlosen von ihren Schwertern" [Budde]; S. R. Driver – G. B. Gray, Job, ICC, 1921, II, 32) und den Demütigen (22, 9; vgl. 5, 11). In zwei Fällen weist *j^ešûʿāh*, die andere vorherrschende poetische Nominalform, auf den Erfolg in einer Debatte: in 30, 15 schaut Hiob zurück auf die Ehrenstellung, die er in der Gesellschaft vor seiner Erniedrigung innehatte und insbesondere seine erfolgreiche Teilnahme an der Rechtsprechung am Tore (vgl. 29, 7–25); und in 13, 16 hofft er auf Erfolg, indem er seinen Fall vor Gott bringt. Die letzte Verwendung in Hi ist explizit forensisch: näherhin eine Variante der Wendung *hôšîaʿ jāḏî lî* „das Recht in die eigene Hand nehmen" (s. IV. 1. b. δ), die ironisch auf Hiobs eitlen Versuch angewendet ist, während des Dialoges die Gott vorbehaltene Rolle zu spielen. Dies suggeriert, daß die beiden erwähnten Verwendungen von *jᵉšûʿāh* auch vom Autor beabsichtigt sind, um die völlige Abhängigkeit Hiobs von Gott zu betonen (vgl. G. v. Rad, Weisheit in Israel, 1970, 289f.).

3. a) In der prophetischen Literatur ist das eigentliche Subjekt von *hôšîaʿ* immer Gott, oder es sind die *môšîʿîm* „Retter", die unter seiner königlichen Autorität stehen (Jes 19, 20; Ob 21), im Gegensatz zu *hiṣṣîl*, das in DtJes nur 1mal mit Gott als Subjekt und 5mal ohne verwendet wird (Bonnard 536). Davon gibt es keine Ausnahme: Stellen, in denen betont wird, daß kein anderer Gott (Jes 45, 20; Jer 11, 12), kein Idol (Jes 46, 7; Jer 2, 27. 28), kein Sterndeuter (Jes 47, 13), kein König (Hos 13, 10) oder irgendeine andere göttliche oder menschliche Macht retten kann (*hôšîaʿ* Jes 26, 18; Hos 14, 4), bestätigen dies. Der terminus *hôšîaʿ* wird vermieden, wenn Idole angesprochen werden (Jes 44, 17; Sawyer, Semantics, 71. 81). Es gibt keinen *môšîaʿ* außer Gott (Jes 43, 11; 45, 21; Hos 13, 4; H. W. Wolff, BK XIV/1, ²1965, 293). Die gleiche Ausschließlichkeit geht aus der wiederholten Zusammenstellung *JHWH môšîʿeḵ* „JHWH, dein Retter" hervor (Jes 49, 26; 60, 16 [das fem. Sg. Suffix bezieht sich auf Jerusalem], vgl. 43, 3; 45, 15; Jer 14, 8), aus der genitivischen Formulierung *'ælôhê jišʿî* (Jes 17, 10; Mi 7, 7; vgl. THAT 788), oder *'el jᵉšûʿāṯî* „Gott meiner Rettung" (Jes 12, 2) und aus der Frage „Warum bist du wie ein Held, der nicht helfen kann (*hôšîaʿ*)?" (Jer 14, 9; vgl. Jes 59, 1).

b) Die Situation, in die Gott eingreift (*hôšîaʿ*) oder für die seine *jᵉšûʿāh* (seltener *tᵉšûʿāh* und *ješaʿ*) gesucht wird, ist an einigen Stellen spezifiziert: eine assyrische Invasion (Jes 37, 20, vgl. 2 Kön 19, 19. 34), ägyptische Bedrückung (Jes 19, 20), die babylonische Bedrohung von 597 v. Chr. (Jes 42, 11; Zeph 3, 17), das Exil (Jer 30, 10f.; 31, 7; 46, 27; Sach 8, 7; 10, 6), Sünde (Jes 64, 4), rituelle Unreinheit (Ez 36, 29; 37, 23) und Krankheit (Jer 8, 20f.; 17, 14). *hôšîaʿ* meint auch hier eher: einer Person in einer Notlage etwas bringen, als sie daraus zu befreien. Diese Erlösung kommt Zion zu (Jes 62, 11; vgl. 56, 1) und reicht wie ein Licht bis an die Enden der Erde (49, 6; vgl. 62, 1). Gott gibt sie Zion (46, 13 vgl. 26, 1) und kleidet eine Person damit ein (61, 10). *jᵉšûʿāh* liegt wie Mauern und Wälle um eine belagerte Stadt (26, 1; vgl. 60, 18) und ist wie Wasser für einen Durstigen (12, 2).

In nur sieben Fällen (von 66) wird das Verb von der Präposition *min-* „von" gefolgt: zwei davon (Ez 36, 29; 37, 23) berichten von Reinigung von ritueller Unreinheit; *hôšîaʿ* + *min* wird zu einem prägnanten Ausdruck, der das Besprengen mit Wasser einschließt (v. 25) und eher das Geschenk eines „neuen Herzens und eines neuen Geistes" (v. 26; G. A. Cooke, Ezekiel, ICC, 1936, 392), als irgendeine Art der Loslösung meint. Ein Beleg betrifft die Rettung von einem Feind (Jes 37, 20 = 2 Kön 19, 19, s. IV. 1. a). Vier Belege berichten von der Rückkehr aus dem Exil (Jes 30, 7. 10; 46, 27; Sach 8, 7), ein Ausdruck, der eher eine eschatologische als eine wörtliche Bedeutung in diesem Zusammenhang haben kann (F. Horst, HAT I/14, ³1964, 241–243; THAT 787). Die Unterscheidung zwischen *hôšîaʿ* und *hiṣṣîl* ist in dieser Hinsicht anschaulich in Jes 15, 20f. ausgestaltet: „Denn ich bin bei dir, um dir zu helfen (*hôšîaʿ*) und um dich zu befreien (*hiṣṣîl*) . . . ich will dich befreien aus (*hiṣṣîl min-*) der Hand des Gottlosen und kaufe dich frei aus (*pāḏāh min-*) der Faust des Gewalttätigen" (s. I. 2. c). *hôšîaʿ* gehört nicht zum üblichen Vokabular der Sammlung der Exulanten oder Völker (vgl. Jes 43, 5–7; 49, 22–26; 56, 6–8; 60, 8f.; 66, 18–21). Der Hymnus (52, 7–10) beschreibt den Augenblick der Meldung des göttlichen Eingreifens (*jᵉšûʿāh* 2mal), vermeidet aber die Schilderung der Rückkehr (C. Westermann, ATD 19, ³1966, 251f.).

c) Die Verbindung von *hôšîaʿ*, *jᵉšûʿāh* usw. mit der Sprache des Gerichtshofes und dem Konzept der gesetzlichen Hilfe ist bedeutsam. Sie erscheinen vornehmlich in zwei der „Gerichtsreden" in DtJes (43, 8–15; 45, 20–25: Westermann 98–103. 141–143), wo sie mit *higgîḏ* „jemandes Sache vorbringen" (43, 11f.; 45, 21f.) verbunden sind. Sie stehen gewöhnlich auch mit *rîḇ* „jemandes Sache bestreiten" (49, 25f., vgl. Ri 6, 31 [s. o. IV. 1. b. β] zusammen sowie mit *šôpeṭ* „Richter" (33, 22, vgl. Ez 34, 2) und *mišpāṭ* „Gericht" (33, 6; 51, 6; 59, 11; Jer 23, 6; 33, 16; Hab 1, 2). Zur besonderen Beziehung zwischen *jᵉšûʿāh* und *ṣᵉḏāqāh* in DtJes s. u. Insbesondere wird *hôšîaʿ* mit dem Vorgang der Rechtsprechung in verschiedener Weise verbunden: Rettung (→ גאל [*gā'al*] Jes 49, 26; 60, 16; 63, 5. 8. 9), Erlösung (→ פדה [*pāḏāh*] 43, 3), Vergeltung (*gᵉmûl* → גמל, 35, 4; vgl. 59, 16–18) und rechtmäßiger Besitz (Ob 21). Der Satz *wattôšaʿ lô' zᵉroʿô* (Jes 59, 16; 63, 5) ist wahrscheinlich eine poetische Variante der gesetzlichen Wendung *hôšîʿāh jāḏî lî* „sich selbst zum Recht verhelfen" (s. IV. 1. b. δ), besonders hinsichtlich der Tatsache, daß in beiden Fällen Gott durch den für DtJes typischen Anthropomorphismus dargestellt wird: zuerst wird die Sache untersucht, um zu sehen, ob jemand eingreift, und dann „nimmt er das Recht in seine eigenen Hände" (vgl. auch 50, 2; 59, 1). So wird er eher als Krieger, weniger als Richter dargestellt, der allegorisch (Westermann 279) bewaffnet ist mit *ṣᵉḏāqāh*, *jᵉšûʿāh*, *nāqām*, *qin'āh* (59, 17; vgl. 42, 13; 63, 1–6; Jer 14, 9). In den Heilsorakeln (Westermann 13–15) stützt sich die Argumentation sowohl auf Gottes Gerechtigkeit als auch auf seine Treue und Liebe. So will er seine rechtsverbindliche Verpflichtung einlösen, um für den Schutz seines

Bundesvolkes zu sorgen (41, 14; 44, 6; 49, 7 → גאל, Bonnard 113f.), oder er will den Preis ihres Friedens zahlen (43, 3f.). Israel ist sein Volk und er ist ihr *môšîa'* (63, 8), an sie gebunden durch einen Eid (45, 22f.), durch einen ewigen Bund (61, 8–10), durch seine beständige Liebe (63, 7) oder durch seine Treue (33, 6, vgl. Sach 8, 7f.). Die Verbreitung der Wurzel *jš'* bei DtJes hängt sicherlich mit diesem Aspekt in der Auffassung des Autors von der Natur Gottes zusammen.

d) *j^e^šû'āh* (2mal *t^e^šû'āh* Jes 45, 17; 46, 13) kann sich nicht nur auf ein einzelnes sichtbares Ereignis beziehen (z. B. Jes 52, 10, vgl. Ex 14, 13. 31) an einem Ort (z. B. Zion 46, 13, vgl. 26, 1), an einem Tag (49, 8), sondern auch auf eine dauernde (Jes 45, 17; 51, 6. 8, vgl. 45, 22; 60, 18) und allumfassende Gegebenheit oder einen Umstand (49, 6, vgl. 62, 1). Im kultisch begangenen Königspreis Gottes liegt bei der Meldung von Gottes Eingreifen (*j^e^šû'āh* 52, 7–10) die Betonung auf der Vollständigkeit und Endgültigkeit dieser Handlung. Das gleiche ist der Fall in Jer 31, 7, wo ursprünglich zu lesen ist: „Verkündet, rühmet und sagt: Der Herr hat seinem Volk geholfen (*hôšîa' JHWH 'æt-'ammô*)" (W. Rudolph, HAT I/12, ³1968, 194f., BHS).

hôšîa', *j^e^šû'āh* usw. wie *ṣ^e^dāqāh* werden in den Beschreibungen des göttlichen Eingreifens „an jenem Tag" benutzt, ein Ausdruck, der in vielen Stellen (z. B. Jes 12, 2. 3; 19, 19f.; 25, 9; 26, 1; O. Kaiser, ATD 17, ⁴1978, 134f.; ATD 18, ²1976, 80, 163, 165; Sach 9, 16; 12, 7f.) eschatologische Bedeutung hat (Licht 897; ThWNT VII 978; THAT 788f.; Y. Hoffmann, ZAW 93, 1981, 37–50). Die Einladung an alle Menschen bei DtJes, an der göttlichen Erlösung teilzuhaben (45, 22ff.), ist die Vorwegnahme eines fundamentalen christlichen Konzeptes (z. B. Röm 14, 11; Phil 2, 10; Westermann 143). Jer betont die bleibende, friedvolle Dimension der Erlösung, vermittelt durch einen Sproß Davids (23, 6; 33, 16). Hier wird das passive Verb *nôšā'* mit Gerechtigkeit, Friede und Sicherheit (z. B. 46, 27) verbunden.

e) Eine enge Verbindung besteht zwischen *hôšîa'*, *j^e^šû'āh* usw. und Ausdrücken der Treue, des Vertrauens und der Freude (vgl. THAT 788). Der locus classicus dieser Verwendung in der prophetischen Literatur des AT (vgl. IV. 4. b) ist Jes 30, 15, der einzige Beleg der Wurzel *jš'* in den Prophetien des Jesaja aus dem 8. Jh. (Bonnard 535): „Durch Umkehr und Ruhe sollt ihr gerettet werden (*tiwwāše'ûn*), im Stillsein und im Vertrauen liegt eure Kraft" (vgl. Jes 12, 2; 25, 9; 33, 2; 51, 5; 59, 11; Mi 7, 7; Hab 3, 18). In dem Glaubensbekenntnis *b^e^JHWH 'ælohênû t^e^šû'aṯ jiśrā'el* „im Herrn, unserm Gott ist die Rettung Israels" (Jer 3, 23; vgl. Ps 3, 3) ist die Präposition *b^e^* „in" anstelle des üblichen *l^e^* „zu, für" (z. B. Ps 3, 9; Jon 2, 10) oder *min* „von" (z. B. Ps 37, 39; Spr 29, 26) aufgrund des Bezuges zu diesen oder anderen Ausdrücken des Vertrauens, des Zufluchtsuchens, der Freude, der Beratung, des Stolzseins, des Schwörens u. ä. zu erklären, die normalerweise mit *b^e^* verbunden werden: vgl. *lihjôṯ b^e^JHWH mibṭaḥækā* „daß dein Vertrauen in Gott sei" (Spr 22, 19); vgl. Ps 11, 1 (*ḥāsāh*); Ri 1, 1 (*šā'al*); Jes 41, 16 (*gîl*); 2 Sam 19, 8 (*nišba'*). Von daher bezeichnet das *b^e^JHWH* „im Herrn" in Jer 3, 23, dem *laššæqær* 'Täuschung' gegenübergestellt, sowohl die Quelle der Erlösung (sonst ausgedrückt durch *l^e^* oder *min-*), als auch das Objekt der Hoffnung und des Vertrauens (wie in über 80 anderen Stellen; Sawyer, Semantics 66f.). Jes 45, 24f. enthält eine interessante Parallele: In der Feststellung „allein in JHWH sind Gerechtigkeit (*ṣ^e^ḏāqôṯ*) und Stärke" meint *b^e^JHWH* sowohl die Quelle der „Gerechtigkeit, Erlösung" (Westermann 143) als auch die Gründe für Israels Stolz (vgl. v. 25).

*b^e^* ist in diesen Ausdrücken als Locativ (vgl. Jos 22, 25. 27) oder *beth essentiae* (vgl. Ex 6, 3; GKa 119i) denkbar. Aber der reiche bes. theologische Hintergrund von *t^e^šû'āh* und die immer wiederkehrende Assoziation von *hôšîa'* mit Verben des Vertrauens, des Freuens usw. machen es wahrscheinlicher, daß sich in Jer 3, 23 (wie in Ps 3, 3, s. II. 1. c) die zwei verschiedenen, aber verbundenen Vorstellungen von Erlösung und Vertrauen in dem Ausdruck *b^e^JHWH 'ælohênû t^e^šû'aṯ jiśrā'el* überschneiden. Vgl. die passive Konstruktion *nôšā' b^e^JHWH* „gerettet vom Herrn" (Jes 45, 17; Deut 33, 29) neben Jes 30, 15; Ps 33, 16 usw. Das „schwerfällige" *w^e^hôša'tîm b^e^JHWH* in Hos 1, 7 kann ähnlich erklärt werden (vgl. Wolff 22f.).

f) Der soteriologische Gebrauch von *ṣædæq* und *ṣ^e^ḏāqāh* in DtJes (N. H. Snaith, Distinctive Ideas of the Old Testament, London 1957, 87–93; THAT 788) macht diese termini wie auch *j^e^šû'āh*, *ješa'* und *t^e^šû'āh* eigentlich zu Synonymen in diesem Kontext (G. v. Rad, ThAT II, ⁵1968, 372f.; Eichrodt, ThAT II, 246f.; C. R. North, The Second Isaiah, Oxford 1964, 208f.): z. B. „meine Gerechtigkeit (*ṣidqāṯî*) ist für ewig und meine Erlösung (*j^e^šû'āṯî*) für alle Generationen" (Jes 51, 8; vgl. 45, 8; 46, 13; 51, 6).

Diese Verwendung, die bis in den Stil früher Hymnen zurückverfolgt werden kann (G. v. Rad; vgl. Ri 5, 11; Deut 33, 21; Ps 103, 6), ist eine Illustration für die Übertragung forensischer Terminologie auf die schützende Beziehung zwischen Gott und seinem Volk (s. I. 2. d). Vieles von dem, was über *ṣ^e^ḏāqāh* geschrieben wurde, kann somit auf *j^e^šû'āh* bezogen werden: z. B. „diese Gerechtigkeit kann als eine Basis für die Vergebung von Sünden angeführt werden" (Eichrodt II, 247). Der Unterschied zwischen diesen beiden eng verwandten Worten läßt sich am besten so erklären: in den Ausdrücken steht dem gewöhnlichen profanen Gebrauch von *ṣædæq*, *ṣaddîq* mit menschlichem Subjekt die ausschließlich theologische Verwendung von *j^e^šû'āh* gegenüber, bei der ein ausdrücklicher forensischer Hintergrund fehlt. In dem Satz *'el-ṣaddîq ûmôšîa'* (Jes 45, 21) betont das erste Epitheton die Zuverlässigkeit und Treue des gerechten Gottes, der treu zu seinem Wort und seinen Verheißungen steht; das zweite fügt die Dimension seines aktiven, einmaligen erfolgreichen Eingreifens in die Geschichte seines Volkes hinzu, aber jeder terminus trägt ein Element der Bedeutung des anderen mit sich (Westermann 142; Bonnard 178).

Sach 9, 9 proklamiert die Ankunft von Zions königlichem Befreier (vgl. Jes 52, 7–10; 62, 11) und beschreibt ihn als *ṣaddîq w^{e}nôšāʿ*, eine auffallende Nebenordnung, die stark an den Ausdruck *ṣaddîq ûmôšîaʿ* (LXX, S, Tg, V unterscheidet sie kaum: σῴζων für das erstere, σωτήρ für das letztere) in Jes 62, 11 erinnert, aber mit dem großen Unterschied, daß in Sach 9 beide termini eine passive Bedeutung haben. So wird der messianische König in Schutz genommen (*ṣaddîq*) und wird – wie David (2 Sam 8, 6. 14) – zum Sieger gemacht (*nôšāʿ*, vgl. Deut 33, 29) durch Gott, der die einzige Quelle von *ṣædæq* und *j^{e}šûʿāh* ist (Snaith 88; H. G. Mitchell, Zechariah, ICC, 1912, 273; anders I. L. Seeligmann, VT 14, 1964, 77).

4. *jšʿ* kommt in fast der Hälfte aller Psalmen einmal oder öfters vor. Man kann hinzurechnen die 13 psalmähnlichen Stellen im übrigen AT, in denen ebenso *jšʿ* vorkommt: Gen 49, 2–27; Deut 32, 1–43; 33, 2–29; 1 Sam 2, 1–10; 2 Sam 22, 2–51 (vgl. Ps 18); 23, 2–7; Jes 38, 10–20; Jon 2, 3–10; Hab 3, 2–19; Kl 3; 4; 1 Chr 16, 8–36 (vgl. Ps 105, 1–15; 96, 1–13; 106, 1. 47f.); 2 Chr 6, 41f. (vgl. Ps 132, 8–10). Im Vergleich mit dem übrigen AT kommen die Substantive *ješaʿ* (27 von 35 Belegen), *j^{e}šûʿāh* (53 von 78); Plural *j^{e}šûʿôṯ* (10 von 12), *t^{e}šûʿāh* (15 von 33) und *môšāʿôṯ* (nur Ps 68, 21) proportional öfter in den Psalmen vor als das Verb (70 von 105).

Die gebräuchlichsten Verbformen in den Psalmen sind Imperative, gewöhnlich mit dem 1. Pers. Suff., aber ebenso mit dem modalen Suffix *-āh* (*hôšîʿāh*), eine Form, die nur in den Psalmen vorkommt (12, 2; 20, 10; 28, 9; 60, 7; 86, 16; 108, 7; 118, 25) und in den drei forensischen Kontexten, die oben behandelt worden sind (IV. 1. b). Das nachbibl. *hôšaʿnāʾ* (Hosanna) ist abgeleitet von Ps 118, 25 und hat möglicherweise Jer 31, 7 MT beeinflußt (Rudolph 179).

a) Das Subjekt ist immer Gott, ausgenommen, wenn er der Nichtigkeit menschlicher Hilfe (60, 13; 108, 13; vgl. 146, 3; Kl 4, 17) oder der Unzulänglichkeit militärischer Macht (Ps 33, 16f.; 44, 4–6) gegenübergesetzt wird. Die Einzigartigkeit von Gottes rettender Macht ist an verschiedenen Stellen ausgedrückt (1 Sam 2, 1f.; vgl. Deut 33, 29), und die gleiche Exklusivität ist impliziert in den Ausdrükken *ʾ^{æ}lôhê jišʿî* „Gott meines Heils" (18, 47; 25, 5; 27, 9; vgl. 88, 2), und in Metaphern wie *ṣûr j^{e}šûʿāṯî* „Felsen meines Heils" (Deut 32, 15; Ps 89, 27; vgl. 95, 1; 31, 3; 62, 3), *māḡen jišʿæḵā* „das Schild deines Heils" (18, 36; vgl. v. 3; 47, 10) und *qæræn jišʿî* „Horn meines Heils" (18, 3; vgl. 1 Sam 2, 10; Ps 132, 17; Lk 1, 69; das Horn symbolisiert Gottes Kraft, ursprünglich vielleicht in Vergleich mit einem großen Stier: vgl. C. A.-E. G. Briggs, Psalms, ICC, 1907, I, 141; A. Weiser, ATD 14/15, ^{8}1973, 127. 540).

b) Bes. bemerkenswert ist der häufige Gebrauch von *hôšîaʿ*, *j^{e}šûʿāh* usw. in den Pss im Zusammenhang mit Ausdrücken des Vertrauens und des Glaubens (vgl. IV. 3. f) z. B. *w^{e}jôšîʿem kî-ḥāsû-ḇô* „er rettet sie, weil sie Zuflucht bei ihm suchen" (Ps 37, 40; vgl. 13, 6; 17, 7; 20, 7; 25, 5; 27, 1; 40, 11; 42, 6; 43, 5; 62, 2f.; 65, 6; 78, 22; 86, 2; Kl 3, 26). Einige dieser Kompositionen enden mit kurzen Glaubensbekenntnissen wie *b^{e}JHWH hajj^{e}šûʿāh* (Ps 3, 9; vgl. 18, 51; 38, 23; Gen 49, 16–18; Jes 38, 20; Jon 2, 10). Die Freude desjenigen, der weiß, daß sein Gebet erhört werden wird, ist in verschiedenen Kontexten zu finden, z. B.: *ʿālaṣ libbî b^{e}JHWH ... kî śāmaḥtî bîšûʿāṯæḵā* „mein Herz jubelt dem Herrn zu ..., denn ich freue mich auf dein Heil" (1 Sam 2, 1; vgl. Ps 13, 6; 35, 9; 40, 17; Hab 3, 18). Hier liegt wahrscheinlich die Erklärung für den Bedeutungswechsel des Wortes *hôšaʿnāʾ* „Hosanna", das ursprünglich ein Ruf um Hilfe war (Ps 118, 25), aber schon in nt.-lichen Zeiten (Mk 11, 9f.; Mt 21, 9) zu einem Ausdruck des Triumphes wurde (Kraus 984). Der Übergang von einem Hilfeschrei, der an jem. gerichtet ist, von dem man sicher ist, daß er antwortet, zu einem Ausdruck des Vertrauens und der Danksagung dafür, daß der Ruf beantwortet wurde, ist so vielleicht nachvollziehbar (vgl. J. J. Petuchowski, *Hoshiʿah naʾ* in Psalm 118, 25. A Prayer for Rain, VT 5, 1955, 266–271) (vgl. IV. 3. f).

Bei der seltenen Form *j^{e}šûʿāṯāh* in Ps 3, 3 könnte ein weiteres Beispiel für das Überschneiden zwischen einem Befehl und einem Ausdruck des Glaubens vorliegen (s. II. 1. c).

c) Die juristische Verbindung dieser termini, die vielleicht als Begründung für ihre Häufigkeit in der religiösen Sprache angesehen werden kann (s. I. 1. b), wird in vielen Pss deutlich: sie werden zusammengestellt mit → גאל *gāʾal* (Ps 106, 10), → שפט *šāpaṭ* (7, 11f.; 72, 4; 76, 10), *dîn* (54, 3) und *ṣ^{e}dāqāh* (24, 5; 25, 5; 37, 39; 40, 11; 51, 16; 65, 6; 118, 15; 132, 9. 16). Die Vorstellung von der gerechten Vergeltung (z. B. 50, 23) findet ihren Ausdruck in *hôšîʿāh j^{e}mîn^{e}ḵā* „Gerechtigkeit zuteilen" (s. IV. 1. b. δ), z. B.: 44, 4; 60, 7; 98, 1; 108, 7; 138, 7; vgl. 20, 7b). Sehr bedeutend ist die enge Verbindung von *jšʿ* und → חסד *ḥæsæd* 'Loyalität', die Gottes Eingreifen zum Vorteil seines Volkes als ein rechtlich verbindliches Versprechen herausstellt (vgl. Kraus 434), das deswegen für einen gerechten Gott unübergehbar ist: „deine Güte (*ḥæsæd*) reicht, soweit der Himmel ist ... deine Gerechtigkeit (*ṣ^{e}dāqāh*) gleicht Gottesbergen ... Mensch und Tier rettest du (*hôšîaʿ*)" (Ps 36, 6f.; vgl. 6, 5; 13, 6; 17, 7; 31, 17; 57, 4; 69, 16; 85, 8; 98, 3; 109, 26; 1 QH 2, 23; 11, 18). Es findet sich auch eine bemerkenswerte Wechselbeziehung zwischen der Armut und Hilflosigkeit der Notleidenden und der Sicherheit, daß Gott sein Gebet um Hilfe (*hôšîaʿ*) erhören wird, z. B.: „Möge er verteidigen das Anliegen (*šāpaṭ*) der armen Leute, und gebe er Rettung (*hôšîaʿ*) den Dürftigen" (72, 4; vgl. 34, 7; 69, 30; 76, 10; 86, 2; 109, 31; 116, 6; 149, 4). Die

Situation der hilflosen Witwe (vgl. oben IV. 1. b. β) ist deutlich ein weiteres (Prosa-)Beispiel für den gleichen Sachverhalt. Schließlich begegnet *jšʿ* in Szenen vor Gericht (17, 7; 76, 10; 109, 31: R. de Vaux, Ancient Israel, London 1961, 155–157). Dazu in Beziehung stehen die beiden Wendungen: *weʾên môšîaʿ* (Ps 18, 42; vgl. 2 Sam 22, 42) und „sie riefen (*zāʿaq*) in ihrer Not zum Herrn, und er rettete (*hôšîaʿ*) sie aus ihren Ängsten" (Ps 107, 13. 19), die ihren Ursprung in der dtr Tradition haben (s. IV. 1. a). Der Autor von Ps 119 scheint sich der juristischen Verbindungen der *jšʿ*-termini, welchen er oft benutzt, bes. bewußt zu sein. Er betont, daß er seinen Teil der Vereinbarung gehalten hat (vv. 94. 166), anders als die Gottlosen (v. 155), und vertrauensvoll auf Gott wartet, daß er sein Wort hält (v. 41, vgl. Briggs II, 417f.; Weiser 509f.).

Der Dan-Segen in Gen 49, 16–18 wurde wahrscheinlich um das kurze Bekenntnis *lîšûʿaṯekā qiwwîṯî JHWH* erweitert, vielleicht teilweise wegen seiner Angemessenheit in einem gesetzlichen Zusammenhang (Sawyer, Semantics 95). Das ist das einzige Vorkommen von *jšʿ* in Gen, und seine Verbindung mit diesem Stamm, der volkstümlich umschrieben wurde als der, der „sein Volk richtet" *dān jāḏîn ʿammô* (Gen 49, 16) ist wahrscheinlich kein zufälliges Zusammentreffen. Skinner (Genesis, ICC, ²1930, 527) und G. v. Rad (ATD 2–4, ⁹1972, 350f.) bieten kaum eine befriedigende Erklärung für diese Einfügung in den Jakobssegen (J. A. Emerton, Festschr. D. W. Thomas, Cambridge 1968, 88–91 entfernt diesen juristischen terminus unter Hinweis auf das akk. *danānu* 'stark sein' und ignoriert die späte Einfügung). „Der Kelch des Heiles" (*kôs ješûʿôṯ* Ps 116, 13) mag letzten Endes von dem alten juristischen Verfahren des Ordales herzuleiten sein, bei dem Schuld oder Unschuld des Angeklagten durch die Wirkung eines Trunkes festgestellt wurde (vgl. Num 5, 26ff.). Auf diese Weise wurde für den Schuldigen dieser Becher zum „Becher des Zornes" (Jes 51, 17. 22; Jer 25, 15; Kl 4, 21; Hab 2, 15f.) oder zum „Taumelkelch" (Jes 51, 17), während er dem Unschuldigen – wie in Ps 116 – als „Becher des Heiles" gereichte (v. 13) (Weiser 496; Kraus 972). In einem solchen Gerichtsverfahren hängt die Gerechtigkeit von der Form des göttlichen Eingreifens ab, unabhängig von menschlichen Argumenten, Beweisen, Zeugnissen u. ä., und das könnte die Wahl der termini erklären, denn sowohl „Zorn" als auch „Heil" (*ješûʿôṯ*) haben deutlich einen theologischen Akzent. Andere argumentieren, daß der Ursprung dieses Ausdrucks in der Danksagungszeremonie zu finden sei (vgl. v. 17, H. Ringgren, SEÅ 1952, 19ff.; Briggs II, 400; Kraus 972).

d) Die herkömmliche bildliche und metaphorische Sprache, mit der in den Pss die Krisen beschrieben werden, machen die genaue Feststellung jeder Situation im allgemeinen schwer (G. v. Rad, ThAT 1, ⁶1969, 411f.; Weiser, ATD 14/15, ⁸1973, 45f.). Aber die *jšʿ*-termini spielen eine große Rolle in vielen solcher Beschreibungen. Einige Hymnen, in denen *jšʿ* vorkommt, feiern JHWH nach seinem Eingreifen wie einen militärischen Held: „Wer kommt dir gleich, du siegreiches Volk (*nôšāʿ*), JHWH ist der Schild, der dir hilft (*ʿæzrækā*)?" (Deut 33, 29; vgl. Ex 15, 2; Ps 33, 16f.; 95, 1; 96, 2; 98, 1–3).

Der schwierige Ausdruck *markeḇoṯækā ješûʿāh* in Hab 3, 8 (vgl. vv. 13. 18) meint augenscheinlich „deine Wagen sind Heil" (MT ist möglicherweise durch späte mystische Entwicklungen beeinflußt: vgl. Ez 1; 1 Chr 28, 18; Sir 49, 8; G. Scholem, Die jüdische Mystik in ihren Hauptströmungen, 1957, 47ff.). Der Text sollte möglicherweise emendiert werden zu *markaḇtekā ješûʿāh* „dein Reiten gereicht zum Sieg" (L. H. Brockington, Hebrew Text of the Old Testament, Oxford/Cambridge 1973, 261; vgl. BHS). Die militärische Bildersprache findet sich auch in anderen Pss: „er wird ihm vom heiligen Himmel antworten mit gewaltigen Siegen (*biḡeḇûrôṯ ješaʿ*) durch seine rechte Hand" (Ps 20, 7f.; vgl. 18, 4. 35f.; 35, 3; 44, 4–8; 106, 6–12; 140, 8; 144, 10). Dabei ist in einigen Fällen (z. B. Ps 20, 7–9) jedoch impliziert, daß Gottes Sieg nicht durch Waffengewalt erreicht wird, da diese angesichts göttlichen Eingreifens versagt (20, 7f.; vgl. Hos 1, 7; Ri 7, 2 usw. s. IV. 1. a).

Die termini finden sich auch in Zusammenhängen des Wiederaufbaus (69, 36), des königlichen Sieges (21, 62; 28, 8; 33, 16; 144, 10; vgl. Ri 2, 16. 18; 2 Sam 8, 6. 14) und der Vergebung von Sünden (51, 14. 16). In den meisten Fällen schließt die Rettung ein, daß Hilfe in eine Not- oder Gefahrensituation dem Volk gebracht wird dahin, wo es ist und wo es sie braucht, daß es jedoch nicht daraus befreit wird (s. I. 2. c).

3. Die Schwierigkeit der Identifikation der Situation, die hinter den Pss steht, ist bes. groß, wenn die Frage des eschatologischen Gebrauchs von *ješûʿāh* und den anderen termini in den Pss zu beantworten ist (vgl. THAT I, 790). In nt.lichen Zeiten wurde *ješûʿāh* gelegentlich eschatologisch interpretiert: z. B. Ps 67, 3 in Apg 28, 28; Ps 107, 19f. in Apg 13, 26. Durch die Identifikation des „Gesalbten des Herrn" mit Christus und wahrscheinlich auch durch die Herstellung der Verbindung zwischen *ješûʿāh* 'Erlösung' und *ješûaʿ* 'Jesus' (s. o. III. 2) erhielten viele Pss Eingang in die eschatologische Predigt des frühen Christentums (vgl. G. v. Rad, ThAT II, ⁵1968, 343f.; THAT I, 790). Ähnlich ist die Bedeutung des eschatologischen Gebrauchs in den Texten aus Qumran: z. B. 1 QH 5, 11f.; 11, 23f.; 12, 3; 15, 16; 1 QHfragm 18, 5; 1 QS 11, 11 (S. Holm-Nielsen, Hodajot, Aarhus 1960, 296f. Anm. 41; ThWNT VII, 983; THAT I, 790). Es scheint dennoch wahrscheinlich, daß diese Entwicklung viel früher begann, zum Teil zumindest verursacht durch den Einfluß von alten kultischen Formularen (vgl. J. Begrich, Studien zu Deuterojesaja, ThB 20, 1963, 14ff.; ZAW 52, 1934, 81ff.), und daß daher *ješûʿāh* in einigen Zusammenhängen ein eschatologisches Ereignis oder einen solchen Zustand bezeichnen könnte (s. IV. 3. e).

Die Bedeutung dieses terminus ist jedenfalls geeignet für einen solchen eschatologischen Gebrauch: Die Quelle der Erlösung ist Gott allein; die Gruppe der auffälligen Cstr.-Wendungen, die naturgemäß mit *šālôm*, *m^enûḥāh*, *bæṭaḥ* u.ä. verbunden sind, bilden ein gemeinsames Grundmuster mit einem bestimmten semantischen Rang (s. I.2.b) und korrespondieren mit dem breiten Fächer von Ideen und Bildern, die mit der eschatologischen Erwartung verbunden sind; es ist ein terminus, der den dramatischen Wandel im status quo aussagt, den nur Gott durchführen kann (s. I.2.a); sein gesetzlicher Hintergrund stimmt gut überein mit dem Konzept des Gerichtstages, der wohl einen Zentralpunkt für die jüdische Eschatologie bildete (vgl. Dan 12, 1–3; Lk 19, 44; 1 QS 4, 18f.; M. Black, The Scrolls and Christian Origins [Studies in the Jewish Background of the NT], London 1961, 135f.), und schließlich drückt *hôšîa'* die Vorstellung aus, eher in eine menschliche Situation etwas bringen, was noch nicht dort ist, als jem. „retten, d.h. ihn davon zu befreien" (I.2.c). In diesem Sinne bezeichnet es die Rettermacht Gottes, die unserer Welt eine Art „Erlösung" bringt (die Friede, Sicherheit, Gesundheit, Vergebung, Freude, Leben und Sieg umfaßt), die jedoch eigentlich der göttlichen Sphäre angehört.

Sawyer

יָשַׁר *jāšar*

יֹשֶׁר *jošær*, יִשְׁרָה *jišrāh*, מִישׁוֹר *mîšôr*, מֵישָׁרִים *mêšārîm*

I. Etymologie – II. Umwelt – 1. Akk. – 2. Ugar. und andere westsemit. Dialekte – III. AT – 1. Belege – 2. Eigentliche Bedeutung: gerade, plan – 3. Übertragene Bedeutung: Rechtschaffenheit, Erfolg; Doppeldeutigkeit – 4. Distinktionen – a) nach den Handlungen – b) Aussagen über Menschen – 5. a) Der Ausdruck *jšr b^e'ênê* – b) Besondere Fälle – IV. Qumran.

Lit.: *Y. Avishur*, Word Pairs Common to Phoenician and Biblical Hebrew, Nr. 28 *ṣdq/yšr* (UF 7, 1975, 28f.). – *H. Cazelles*, De l'idéologie royale (Festschr. Gaster, JANES 5, 1973, 59–73). – *G. Liedke*, ישר *jšr* gerade, recht sein (THAT I, 790–794). – *F. Nötscher*, Gotteswege und Menschenwege in der Bibel und in Qumran (BBB 15, 1958, bes. 51f.; 83f.). – *H. Preisker*, ὀρθός (ThWNT V, 450–543). – *R. Rickards*, What is Right? (The Bible Translator 27, 1976, 220–224). – *R. v. Ungern-Sternberg*, Redeweisen der Bibel (BSt 54, 1968, bes. 62–82).

I. Etymologisch entspricht hebr. *jšr* ugar. *jšr* (s.u.), phön. und aram. *jšr*, 'gerade, recht sein' (DISO 112), akk. *ešēru* (s.u.), wohl auch arab. *jasira*, 'leicht sein', während asarab. *w̱tr* (KBL²) im Aram. *jtr* ergeben würde und deshalb zweifelhaft ist; dagegen stimmt *jsr* (Conti-Rossini 163) und kaus. *hjsr* 'schicken' (ZAW 75, 310).

II. 1.* Für die Wurzel *jšr*, vertreten vor allem durch das Verb *ešēru*, 'in Ordnung sein/kommen, zugehen auf' (AHw 254ff., CAD 4, 352–363), das Adj. *išaru*, 'normal, in Ordnung, recht' (AHw 392, CAD 7, 224ff.) und das Subst. *mīšaru*, 'Gerechtigkeit' (AHw 659f.), kann man verschiedene Bedeutungsfelder unterscheiden:

A. Im örtlichen Sinn: a) Neben seltenem 'gerade, aufrecht (sein/machen)' (*ešēru* G, Š; *išaru* bzw. *mušāru* 'Penis') findet sich sehr oft die Bedeutung 'geradeaus, geradewegs (d.h. ohne Umwege, Hindernisse) gehen bzw. gehen lassen' (*ešēru* G, Š, Št, N; *išaru*), häufig ausgesagt in bezug auf einen Weg (Straße, Wasserlauf), wobei der Übergang zu „Weg" (eines Menschen) = Wandel, Leben offen ist. Besondere Akzentuierungen liegen vor in 'leicht (ohne Komplikationen) gebären' (*ešēru* Št) und (vom Darm) 'sich entlehren, Stuhlgang haben' (*ešēru* G, Š; *išaru*).

b) In bezug auf eine Bodenfläche meint **jšr* 'eben, glattgefegt' (*ešēru* Š, 'fegen, kehren', *mušēšertu* 'Palmbesen', *šūšurtu* 'Kehricht'), in bezug auf das Wasser eines Flusses 'ruhig (ohne Turbulenz) dahinfließend' (vgl. W. Lambert, JNES 33, 1974, 267–322; I, 58–60 mit Komm.).

B. In übertragenem Sinn: 'in Ordnung, recht'. a) 'In Ordnung sein/kommen bzw. bringen/halten' (*ešēru* G, Š, Št; *muštēšertu* etwa 'Instandhaltung, -setzung'), in bezug auf Geräte, Waren usw.: 'vorbereiten, gebrauchsfertig machen, verarbeiten' (*ešēru* Š, Št), in bezug auf Geistiges '(Unklares) klar machen' (*ešēru* Št). 'In Ordnung' kann auch bedeuten 'normal' im Sinne von 'einwandfrei' oder 'gewöhnlich' (*išaru*, *ešēru* G u.a.). Wo Formen von **jšr* mit Ausdrücken für 'gehen, Weg' im übertragenen Sinn (= „wandeln, leben") verbunden sind, kann oft nur der Zusammenhang entscheiden, ob mit **jšr* 'normal' oder 'erfolgreich' oder 'rechtschaffen, gerecht' oder gar 'vor Gericht gerechtfertigt' gemeint ist (*išāriš alāku*, *(m)īšarūtu alāku*; „Weg" + *išaru*, *ešēru* Š).

b) 'günstig sein' (Zeitpunkt, Omen, Wind), 'erfolgreich sein/machen' (Personen und Tätigkeiten), 'gedeihen' (Pflanzen, Tiere, Menschen): *ešēru* G, Š, Št, N; *išaru*; *išartu*, 'Gedeihen'.

c) allgemein ethisch: 'rechtschaffen, gerecht (sein)' (*išaru*; *ešēru* G), 'recht, korrekt, gebührend (ausführen, behandeln)' (Adv. *išariš*, *ešēru* Št).

d) forensisch-politisch: *šutēšuru* (Št) kann die Tätigkeit des Richters beschreiben: 'zum Recht verhelfen' (eig.: 'den durch Übergriffe anderer Menschen gestörten „normalen" Zustand wiederherzustellen', vgl. F. R. Kraus, Vom mesopotamischen Menschen, Amsterdam – London 1973, 143); meist hat es aber die allgemeinere Bedeutung '(ge)recht leiten/regieren' (scil. die Untergebenen, besonders die rechtlich Schwachen); 'gerecht' (*išaru*) heißt darum das Zepter (*ḫaṭṭu*) des Königs. Die 'Gerechtigkeit' der (irdischen

und himmlischen) Machthaber in Rechtsprechung und Regierung heißt *mîšaru*; das Wort steht oft neben *kittu* 'was Bestand hat: Wahrheit und Recht' und wird wie dieses personifiziert (H. Ringgren, Word and Wisdom, Lund 1947, 53ff.).
Ob Lemche, JNES 38 (1979) 11, Anm. 1, und 22 (oben), recht hat, daß hebr. *mêšārîm* bzw. *mîšôr* auf akk. *mīšarum* zurückgeht, ist schwer zu entscheiden. Im Parallelismus stehen jedenfalls *ṣædæq* und *mêšārîm*/*mîšôr* (Ps 9,9; 58,2; 98,9; Jes [33,15]; 45,19; 11,4) so wie im Akk. *kittum* und *mīšarum*. Belege fürs Akk.: CAD K *kittu* A 1.b) 2' und 4'; CAD M *mīšaru* A 2.b) 1' und d). Vgl. dazu M. Liverani, Συδύκ e Μισώρ, in: Studi E. Volterra VI (Milano 1971) 55–74 (phönizisch συδύκ und μισώρ, älter *ṣdq* und *jšr* || *kittu* und *mīšaru*). → צדק.

W. Mayer

*2. Im Ugar. ist die Wurzel *jšr* nur einmal sicher belegt (WUS Nr. 1252), und zwar KTU 1.14, I, 13, wo *mtrḫt jšrh*, „seine rechtmäßige Gemahlin" parallel und gleichbedeutend mit *'ṯt ṣdqh* steht.
In der phön. Jeḥimilk-Inschrift (KAI 4, 6f.) kommt der Ausdruck *mlk jšr*, „rechtschaffener König" vor, in pun. Inschriften findet sich das Verb in Ausdrükken wie *mjšr* (Ptz. D) *'rṣt*, „Leiter (d. h. Regent) der Länder" (KAI 161, 2) und *p'lt m'šrt* (= *mjšrt*), „eine gerechte Handlung" (KAI 123, 5).
Im Aram. hat das Verb in der Kausativform die Bedeutung 'gerade richten, abfertigen, absenden' (KAI 233, 6. 14; auch äg. aram. DISO 112); die Stelle KAI 214, 33 (Panammuwa-Inschrift) *'t p' jšrh* ist unsicher.

(Ri.)

III. 1. Im AT (einschließlich Sir) finden sich das Verb *jšr*, das Adj. *jāšār*, die Substantive *jošær*, *jišrāh*, *mîšôr* und *mêšārîm* und die Eigennamen *j^ešurûn*, *'^aḥîšar* (und vielleicht *šārôn*). Die unten darzulegenden Bedeutungen sind in allen diesen Formen vertreten, obgleich mit wechselnder Streuung.
Das Verb kommt 14mal im *qal* vor, fast immer mit *b^e'ênê* zusammen („recht sein in den Augen jds."); Ausnahmen sind 1 Sam 6, 12; Hab 2, 4; Sir 39, 24. Vom *pi* finden sich 9 Belege, meistens mit der Bedeutung 'ebnen' (Sonderbedeutung 'für richtig halten' Ps 119, 128); ferner *pu* 1mal, *hiph* 2mal.
Das Adj. ist häufig (120mal). Es wird als Prädikat oder als Attribut gebraucht, oft mit *dæræḵ* oder einem synonymen Wort; substantiviert kommt es oft im Plur. vor, als Obj. gewöhnlich im Ausdruck *'āśāh hajjāšār b^e'ênê*, „das Richtige in den Augen jemandes tun". Das Subst. *jošær* kommt 17mal vor; es wird auch mit *b^e-* in adjektivischer und adverbialer Funktion gebraucht. Das Subst. *jišrāh* kommt nur 1mal vor; *mîšôr* ist 24mal belegt, oft im geographischen Sinn 'Ebene'; *mêšārîm* findet sich 19mal und wird als Abstraktum mit adverbialer Funktion gebraucht, mehrmals mit *dîn* oder *špṭ*.

2. Die eigentliche Bedeutung von *jšr* findet sich im physischen Bereich und bezieht sich auf die Form eines Gegenstandes oder einer Bewegung im Verhältnis zu einem geometrischen Vorbild: *jšr* ist das Gerade und das Ebene oder Plane. Wenn es um das Lineare geht, ist der Gegenstand 'gerade', horizontal oder vertikal; wenn es um eine Fläche geht, ist der Gegenstand 'flach' oder 'eben'. 'Gerade' oder 'recht' ist der Gegensatz von 'gekrümmt', 'falsch', 'eben' ist 'nicht wellig', 'nicht uneben'. Mit Bezug auf eine Bewegung überwiegt der lineare Aspekt.
a) Da die geometrische Abstraktion im AT fehlt, wird die Geradheit nach ihrer Übereinstimmung mit ihrem realen Vergleichsgegenstand beurteilt: der Gegenstand ist in seinem Verhältnis zu diesem 'richtig'. So sind die Beine eines Tieres 'gerade', 'richtig', nicht krumm mit Bezug auf das Senkrechte (Ez 1, 7), die Flügel sind horizontal ausgespannt (Ez 1, 23). Am deutlichsten ist der Fall der Bewegung: „die Kühe gingen geradeaus ..., ohne nach rechts oder nach links abzubiegen" (1 Sam 6, 12), was aber nicht besagt, daß ihr Weg völlig gerade war; ähnlich geht jemand seinen Weg geradeaus (Spr 9, 15). Das Wasser fließt ohne abzubiegen durch den Tunnel des Hiskia (2 Chr 32, 30), der Wein läuft „direkt" durch die Kehle (Spr 23, 31).
b) Das Plane bezieht sich auf ein geographisches Gebiet: *šārôn*, *mîšôr* sind Namen von Ebenen. Es wird häufig von Straßen gebraucht mit deutlichem Bezug auf menschliche Bewegung: es ist die Straße, auf der man leicht fährt, ohne zu straucheln (→ כשל *kšl*) oder zu fallen (→ נפל *npl*); es ist der Gegensatz vom Holperigen oder Höckerigen (*'āqoḇ*, *r^eḵāsîm*, Jes 40, 4). Der ebene Weg wird bereitet durch die Entfernung der Hindernisse, und das Ergebnis ist eine gebahnte Straße (*m^esillāh*, Jes 40, 3; vgl. auch Jes 26, 7 mit dem Verb *pls*). Im Extremfall steht dem ebenen Weg ein Berg oder ein Hügel als Hindernis entgegen (Sach 4, 7; vgl. Jes 45, 2, wenn man *h^arārîm* statt *h^adûrîm* liest). *jšr* wird auch für das ausgehämmerte Goldblech, das auf einem Relief angebracht wird, gebraucht (1 Kön 6, 35).
3. Durch den gewöhnlichen Symbolismus des Weges und des Gehens und vielleicht auch durch den Symbolismus der einfachen geometrischen Formen geht *jšr* leicht zu übertragenen Bedeutungen auf das Gebiet der menschlichen Werte, des Ethischen und Religiösen, über. Die übertragenen Bedeutungen können in zwei Gruppen eingeordnet werden, ausgehend vom Geraden und vom Ebenen.
a) *jšr* kann auf das Benehmen (= den „Weg") des Menschen bezogen werden und bedeutet dann das richtige, redliche, aufrechte, nicht verschlagene und nicht irrende Benehmen: das ist die moralische Bedeutung, die im AT häufig und sogar vorherrschend ist. Hier erscheint der dynamische Aspekt der Bewegung, die der Mensch ausführt, obwohl man auch von einer Handlungs*linie* sprechen kann: „Der Weg des unehrlichen Mannes ist gewunden, aber der Reine, dessen Tun ist 'redlich'" (Spr 21, 8).

b) Als deutliche Folge des Benehmens, aber ohne ausdrücklichen Hinweis darauf kann *jšr* die Ebenheit bezeichnen, die bildlich einen Wert im Menschenleben ausdrückt, den trefflichen Erfolg eines Unternehmens oder Vorgehens: als Esra vor der Gemeinde Gott um eine glückliche Reise bittet (Esr 8, 21), vermittelt der hebr. Ausdruck *dæræḵ jᵉšārāh* eindrucksvoll die Verzweigung der Bedeutungen: die Reise ist ein wirklicher Weg, ihre Ebenheit deutet das Ergebnis des Unternehmens an, der Kontext stellt den Satz in einen religiös-historischen Bezug.
c) Infolge des doppelten Wertes des Wortes *jšr* können gewisse hebr. Ausdrücke ungenau erscheinen oder tatsächlich mit doppeltem Sinn befrachtet sein, als ob sie andeuten wollten, daß das moralische Benehmen nicht nur richtig ist, sondern auch zum Ergebnis führt. Der knappe und elliptische Stil der Sprüche und Aphorismen eignet sich für diese vibrierende Unbestimmtheit der Bedeutung. Spr 16, 17 bietet den folgenden Wortlaut: *mᵉsillaṯ jᵉšārîm sûr merāʿ šomer nap̱šô noṣer darkô.* Wenn man bedenkt, daß die Prädikate vor den Subjekten stehen nach dem Schema Präd.-Subj. = Präd.-Subj., kann man, wenn *jᵉšārîm* als Adj. genommen wird, die folgenden Beziehungen aufstellen: 'vom Bösen abbiegen' = 'auf seinen Weg achten' – 'ebene Straße' = 'sein Leben bewahren'. So erhält man die Übersetzung: „Das Böse zu meiden ist eine ebene Straße, wer auf seinen Weg achtet, bewahrt sein Leben." Die Ethik kommt in den Subjekten zum Ausdruck, das Ergebnis in den Prädikaten, aber das Wort *jᵉšārîm* scheint eine ethische Bedeutung angenommen zu haben.
In seiner Abschiedsrede sagt Samuel, er wolle seine Volksgenossen leiten *bᵉdæræḵ haṭṭôḇāh wᵉhajᵉšārāh* (1 Sam 12, 23). Handelt es sich um ein Hendiadys? Bezeichnen die beiden Adjektive nur die Richtigkeit des Benehmens, oder meinen sie die Richtigkeit *und* das Ergebnis? Die Unsicherheit löst sich in v. 25, der die folgenden Beziehungen ergibt: *ṭôḇāh – raʿ*: *jᵉšārāh – tissāpû*, d. h. der gute Weg führt zum Erfolg, böses Benehmen führt zum Untergang. Das ändert nichts daran, daß der Sinn am Ende von v. 23 unbestimmt und doppeldeutig bleibt.
jāšār begegnet auch im religiösen Bedeutungsbereich: Der Mensch sagt von Gott aus, daß er *jāšār* ist (Deut 32, 4; Ps 92, 16), d. h. daß Gott dem Menschen „gerade", richtige Normen gibt und daß er den Erfolg seiner Unternehmen beschert.
Diese kurze Darlegung ist weiter zu differenzieren. Die übertragenen Bedeutungen beeinflussen die verschiedenen Realisationen des Lexems *jšr*. Die übertragene Bedeutung folgt den normalen Gesetzen der Lexikalisierung und Aktualisierung; aktualisierend wirkt der Gebrauch von *dæræḵ* und Synonymen oder der anderer kontextueller Elemente, z. B. das Verb *ʿāwāh*, 'verkehren' (Hi 33, 27).
4. Die moralische und religiöse Ordnung kann ihre Aktivitäten spezifizieren und folglich die Bedeutung von *jšr*, 'Geradheit', präzisieren und nuancieren. Die Änderung des Subjekts verändert nicht den Sinn des Prädikats *jšr*, aber bisweilen muß die Übersetzung differenziert werden.
a) In Israel kommt die gesetzgebende Macht streng genommen Gott zu. Gesetze, Dekrete, Vorschriften usw. sind Ausdruck und Vermittlung des göttlichen Willens, um das menschliche Verhalten zu leiten; so können sie das verbale oder adjektivische Prädikat *jšr* an sich ziehen: die Befehle JHWHs (*piqqûḏê JHWH*, Ps 19, 9, par. „vollkommenes Gesetz" *tôrāh tᵉmîmāh*, „verläßliches Zeugnis" *ʿeḏûṯ næʾᵉmānāh*, „lauteres Gebot" *miṣwāh bārāh*), Rechtsgebote (*mišpāṭîm*, Neh 9, 13, par. „zuverlässige Weisungen" *tôrôṯ ʾᵉmæṯ*, „gute Satzungen und Gebote" *ḥuqqîm ûmiṣwôṯ ṭôḇîm*), das Wort (*dāḇār*) JHWHs (Ps 33, 4, par. „sein Walten in Treue" *maʿᵃśehû bæʾᵉmûnāh*), „deine Gerichte" (*mišpāṭæḵā*, Ps 119, 137, par. „du bist gerecht [*ṣaddîq*]), die Wege (*darḵê*) JHWHs (Hos 14, 10). Das letzte Beispiel ist besonders interessant: Gott bietet an oder zeigt dem Menschen gerade Wege; wenn auch die Gerechten (*ṣaddîqîm*) auf ihnen gehen, werden die Aufrührerischen (*pošᵉʿîm*) auf ihnen straucheln. So werden die unbeschränkte Güte Gottes und die menschliche Verantwortlichkeit, die das, was Gott gerade gemacht hat, ins Krumme verwandelt, zum Ausdruck gebracht; ähnlich Sir 39, 24 „Die Pfade des Rechtschaffenen (*tāmîm*) sind eben (*jîšᵉrû*), ebenso sind sie unwegsam für die Gottlosen", vgl. Sir 11, 15.
Da die Weisheit eine ähnliche oder gleichwertige Rolle bei dem Leiten des menschlichen Benehmens spielt, kann auch sie ihr Wort *jāšār* nennen (Spr 8, 9).
Die Rechtssprache gebraucht *jšr* vom Rechtsstreit, vom Urteil und vom (göttlichen oder menschlichen) Richter. Dieses forensische Feld zeigt eine gewisse Vorliebe für das Subst. *mêšārîm*. In den folgenden Beispielen kann die Häufigkeit der Wurzel *špṭ* und ihrer Synonyme beobachtet werden: Gott spricht Recht (*jāḏîn*) mit *mêšārîm* (Ps 9, 9, par. „richtet mit Gerechtigkeit" *jišpoṭ bᵉṣædæq*; vgl. Ps 96, 10); Gott liebt das Recht (*mišpāṭ*) und hat *mêšārîm* geschaffen (*kônen*) (Ps 99, 4); von Gott geht das Recht (*mišpāṭ*) des Menschen aus, und seine Augen schauen *mêšārîm* (Ps 17, 2); Gott richtet die Welt mit *ṣædæq* und die Völker mit *mêšārîm* (Ps 98, 9). Von Menschen heißt es: „Sprecht ihr wirklich Recht (*ṣædæq tᵉdabberûn*), richtet ihr mit *mêšārîm*?" (Ps 58, 2). Auch *mîšôr* kommt in forensischem Kontext vor (Jes 11, 4; Ps 67, 5).
Obwohl sie sich nicht deutlich vom Vorhergehenden unterscheidet, sei auf die exekutive oder administrative Aktivität besonders hingewiesen. Das Zepter eines Königs ist das Zepter des Rechts (*šeḇæṭ mîšor*, Ps 45, 7), das sich auf das „Lieben der Gerechtigkeit und Hassen des Frevels" gründet (v. 8). Mi 3, 9–11 beschreibt die gegensätzliche Aktivität der Führer, die das Recht verabscheuen und alles Gerade verdrehen (*hamᵃtaʿᵃḇîm mišpāṭ wᵉʾet kōl-hajᵉšārāh jᵉʿaqqešû*). Wenn sich Hi 33, 27 auf Hiobs Tätigkeit als Scheich bezieht, handelt es sich um das Regieren

und das Richten. In diese Gruppe können wir auch die Fälle einordnen, in denen *jāšār* von Gott gebraucht wird (beachte die Parallelen): Deut 32, 4 „gerecht (*ṣaddîq*) und *jāšār* ist er", par. „ein Gott der Treue (*'æmûnāh*), ohne Falsch (*'āwæl*); Ps 25, 8 „gut und *jāšār* ist JHWH" (+ 3mal die Wurzel *drk*); Ps 92, 16 „*jāšār* ist JHWH", par. „kein Unrecht (*'awlāh*) ist in ihm".

In seinem heilsgeschichtlichen Handeln ebnet Gott den Weg des Volkes, d. h. er gibt ihm Erfolg. Der Bedeutungsübergang kann bedingt oder begünstigt sein durch die traditionelle Erfahrung der Wüstenwanderung. Die bedeutsamsten Texte finden sich in Kontexten der Wiederherstellung: damit die Deportierten zurückkehren, wird Gott selbst *hæ'āqoḇ* in *mîšôr* verwandeln (Jes 40, 4) und den holprigen Grund zum flachen Felde machen (*ma'aqaššîm le-mîšôr*, Jes 42, 16), er wird die Hindernisse entfernen und den Weg ebnen (*hadurîm 'ajaššer*, Jes 45, 2 Q, vgl. BHS), er wird sie führen *bedæræḵ jāšār*, wo sie nicht straucheln (Jer 31, 9), und für Zerubbabel wird er den „großen Berg" ebnen (*har-lemîšôr*, Sach 4, 7).

b) Vom Menschen gebraucht kann sich *jšr* auf die ganze Person beziehen oder sich auf einen Teil von ihr beschränken. Spr 29, 27 meint das ganze Benehmen, wie die Bestimmung *dæræḵ* zum Ausdruck bringt und das Synonym *ṣaddîqîm* und der Gegensatz *'îš 'āwæl* zeigen: „Ein Greuel für die Gerechten ist ein ungerechter Mann, ein Greuel für den Frevler ist der Mann des geraden Weges." Spr 16, 13 bezieht durch das Verb *dbr* und die Parallele *śiptê-ṣædæq jšr* auf die Aufrichtigkeit im Reden, Spr 23, 16 verdeutlicht die Aufrichtigkeit durch den Ausdruck *bedabber śepātæḵā mêšārîm*. In Spr 4, 25 handelt es sich um die Geradheit der Blicke: „Deine Augen sollen geradeaus blicken und deine Blicke gerade vor dich hinsehen." Spr 8, 6–9 ist ein Kontext, wo es sich deutlich um Aufrichtigkeit im Reden handelt: die Weisheit spricht ohne Umschweife (*negîdîm*), mit Aufrichtigkeit (*mêšārîm*), sie redet gerechte (*beṣædæq*), treue (*nekoḥîm*), rechte (*ješārîm*) Worte, die nicht verdreht oder verkehrt (*niptāl we'iqqeš*) sind. Auf die Aufrichtigkeit der inneren Haltung beziehen sich Deut 9, 5 (*beṣidqāteḵā ûbejošær leḇāḇeḵā*), 1 Kön 9, 4 und Ps 119, 7 sowie 1 Chr 29, 17, wo die Aufrichtigkeit im Geben mit der Großzügigkeit begründet wird (*bejošær leḇāḇî hiṯnaddaḇtî*). Dagegen spricht Hi 6, 25 von treffenden, geschickten Worten. Hi 33, 3 ist schwierig (s. BHS). In seiner wortreichen Einleitung hebt Elihu den Wert seiner Worte hervor, die Geschicktheit seiner Darstellung, die Lauterkeit seiner Lippen, die seiner richtigen Intention (*jošær libbî*) entspricht.

Von seiner Funktion als Prädikat ausgehend wird *jšr* zur Bezeichnung des Typus des ethisch ausgerichteten Menschen, als Subjekt verschiedener Aussagen oder als Gegenstand der Handlungen anderer Menschen; so finden wir das plurale tantum *ješārîm*, den kollektiven oder typischen Sing. *jāšār* und den Ausdruck *jišrê leḇ*. Um den Inhalt dieser Bezeichnungen zu umreißen, können wir ihre Synonyme und Antonyme (im weiten Sinn) im Parallelismus, im Hendiadys und in der Nebeneinanderstellung betrachten. So steht *jšr* parallel mit *ṣaddîq* Ps 140, 14; Spr 21, 18; mit *tāmîm* Spr 2, 21 und mit *hālaḵ tom* Spr 2, 7; mit *nāqî* Hi 4, 7; mit *ḥāsîḏ* Mi 7, 2. Nebeneinanderstellung mit *tām* findet sich Hi 1, 1. 8; 2, 3, mit *zaḵ* (→ זכך) Hi 8, 6; Spr 20, 11. In antithetischem Parallelismus mit *jšr* stehen *nālôz*, 'verkehrt' Spr 3, 32; 14, 2; *'āṣel*, 'faul' Spr 15, 19; *bogeḏîm*, 'Treulose' Spr 11, 3. 6; *rešā'îm*, 'Gottlose, Frevler' Spr 11, 11; 12, 6; 14, 11; 15, 8; 21, 29, und *'æwîlîm*, 'Toren' Spr 14, 9. *jišrê leḇ* steht parallel mit *ṣaddîq* Ps 7, 11; 32, 11; 33, 1; 54, 11; 97, 11, mit *jodeʿæḵā* Ps 36, 11, *ješārîm belibbôṯām* steht parallel mit *ṭôḇîm* Ps 125, 4.

Es ist normal, daß die Antonyme variierter und spezifischer sind, da man sich von der Geradheit auf verschiedene Weisen entfernen kann. Die *bogeḏîm*, 'Verräter' oder 'Treulosen', bestätigen die Nuance der Treue und Aufrichtigkeit, die *jšr* haben kann. In dieser Hinsicht ist die fast lehrsatzmäßige Spezifizierung, die Spr 21, 18 bietet, interessant: *ṣaddîq – rāšā'* || *ješārîm – bogeḏ*.

Die 'redlichen' Menschen werden aufgerufen zum Loben Gottes (Ps 32, 11; 33, 1), zum Beten (Spr 15, 8), das Angesicht Gottes zu sehen (Ps 11, 7), sein Licht zu empfangen (Ps 112, 4), sich über das Eingreifen Gottes zu freuen (Ps 64, 11; 107, 42). Es wird ihnen Erfolg (Spr 2, 7), Beständigkeit (Spr 2, 21) und Gedeihen (Spr 14, 11) versprochen (negativ Hi 4, 7).

Die letzten Beispiele führen uns noch einmal in das Feld des Ergebnisses, das die Geradheit des Weges und sein glückliches Ende ist. In den genannten Beispielen für die ethische Bedeutung von *jšr* wird das Ergebnis mit anderen Worten ausgedrückt; in den folgenden Beispielen schließt der Terminus *jšr* das Ergebnis mit ein: Spr 2, 13 *'ŏrḥôṯ jošær* || *darkê-ḥošæḵ*, Spr 14, 12 *dæræḵ jāšār* || *darkê-māwæṯ*. Im ersten Beispiel kann sich „Finsternis" auf die böse Verheimlichung beziehen, aber auch auf die Finsternis, die zum Untergang führt (vgl. Ps 23, 4); ersteres gehört zur Bosheit, letzteres zum Mißerfolg. Entsprechend wäre *jšr* der gerade Weg als Gegensatz des dunklen, oder der Erfolg als Gegensatz des Mißlingens. Im zweiten Beispiel ist ausdrücklich von der Auflösung oder dem Ende (*'aḥarîṯ*) die Rede; da der Tod das äußerste Mißlingen ist, bedeutet oder impliziert sein Gegensatz den Erfolg. Sehr deutlich ist Spr 11, 5 (mit dem Verb im *pi*): die Geradheit = Redlichkeit ist im Subj. *ṣidqaṯ tāmîm* und in seinem Gegensatz *rš'* enthalten; der Erfolg und das Mißlingen sind durch die Prädikate *tejaššer* und *jippol* ausgedrückt. Die Redlichkeit ebnet den Weg, die Gottlosigkeit führt zum Untergang; vgl. Jes 26, 7; Jer 31, 9; Spr 15, 19.

Die Antithese von Spr 15, 19 *'āṣel – ješārîm* verleiht der Faulheit einen ethischen Charakter und drückt den Erfolg bzw. den Mißerfolg aus. Zweimal begegnet *jšr* in Parallele mit Weisheit, Klugheit, Geschicktheit: Spr 4, 11 setzt den Weg der Weisheit dem geraden, richtigen Weg gleich; Spr 23, 15f. etabliert eine Verbindung zwischen einem klugen Herz und rechten oder aufrichtigen Worten.

5. a) Der Ausdruck *jšr beʿênê* muß gesondert behandelt werden. Er findet sich sowohl in verbaler als auch in adjektivischer Form (mit der formalen Variante *jšr lipnê* Spr 14, 2; 16, 25). Vorausgesetzt, daß die Augen bei den Hebräern der Sitz der bewertenden Fähigkeit sind, kann der Ausdruck eine weite Skala von Urteilen und Bewertungen umfassen: vom neutralen Gefallen zum formalen und endgültigen Beifall.

Eine philistäische Frau 'gefällt' Simson (Ri 14, 3. 7), einige Städte 'gefallen' dem König von Tyrus nicht (1 Kön 9, 12). Der König, das Volk billigen einen Vorschlag, er scheint ihnen gut, sie finden ihn richtig (1 Sam 18, 20. 26; 2 Sam 17, 4; 1 Chr 13, 4; 2 Chr 30, 4). Nach vorhergehendem Urteilen und Schätzen handelt der Mensch, z. B. der Töpfer (Jer 18, 4).

Ein solches Urteil kann falsch sein, was leicht durch Kontrast wahrgenommen wird: wenn das individuelle Gutdünken sich nicht einer monarchischen Ordnung unterordnet (Ri 17, 6; 21, 25), wenn jemand den Rat eines anderen verachtet, wie es der Tor tut (Spr 12, 15), wenn man beschließt, die göttliche Wahl des Kultortes zu mißachten (Deut 12, 8), um so viel mehr, wenn man ihr widersteht.

Dagegen ist das Urteil Gottes nicht nur souverän (Jer 27, 5), sondern auch richtig und endgültig, weshalb es als Maßstab für die Bewertung einer Regierung dienen kann (2 Kön 12, 3; 14, 3; 15, 3; 16, 2 usw.). Noch mehr, was Gott gefällt, was Gott billigt, fällt mit dem zusammen, was er erwählt oder befiehlt, oder verwandelt sich in ein ausdrückliches Gebot. So finden wir in den historischen Kommentaren der Deuteronomisten eine Formel mit dem Verb 'tun': *ʿāśāh/laʿaśôt hajjāšār beʿênê JHWH*. Dieser Ausdruck kehrt als stehende Redeweise in rhetorischen Reihen, in verschiedenen Stellungen und mit verschiedenen Gliedern der Reihe wieder. Wenn man die Formel mit M bezeichnet, kann man ihr Vorkommen in mehreren Reihen feststellen:

Deut 6, 17f. *šmr miṣwôṯ JHWH weʿedoṯājw weḥuqqājw 'ašær ṣiwwāh* M
Deut 12, 28 *šemor wešāmaʿtā 'eṯ kŏl-haddebārîm hā'ellæh 'ašær 'ānokî meṣawwækā* M
Deut 13, 19 *kî tišmaʿ beqôl JHWH 'ælohǽkā lišmor 'æṯ-kŏl-miṣwôṯājw* ... M
1 Kön 11, 38 *'im-tišmaʿ 'æṯ-kŏl-'ašær 'aṣawwækā wehālaktā bidrākaj M lišmôr ḥuqqôṯaj*
1 Kön 14, 8 *'ašær šāmar miṣwôṯaj wa'ašær-hālak 'aḥaraj bekŏl-lebābô* M.

Diese Beispiele und andere, die angeführt werden könnten, verlegen die Formel ins Feld des Gehorsams gegen die Bundesvorschriften als gleichwertig mit 'gehorchen' (*šāmaʿ beqôl*), 'auf dem Weg gehen' (*hālak bedæræk*) und 'die Gebote einhalten' (*šāmar miṣwôṯ*), ohne ein dem Gebot vorausgehendes psychologisches Moment in Gott formal zu unterscheiden. Da es um einen stehenden Ausdruck oder eine idiomatische Formel geht, und da 'Auge' nicht denselben Wert wie in unseren Sprachen hat, sollte die richtige Übersetzung sein: „das, was Gott gefällt", „was Gott billigt" bzw. „mißbilligt".

Der hier beschriebene Sprachgebrauch des Dtr. kann nicht in einer Diskussion über den Gesetzespositivismus ausgenutzt werden. Trotz allem, obwohl der Verfasser sich nicht unsere spekulativen Probleme stellt, können wir feststellen: das, was Gott richtig findet, legt er als Gebot auf, und sein Urteil kann nicht in Frage gestellt werden; was Gott gebietet, gefällt ihm, und deshalb verdient Belohnung, wer es ausführt (Deut 12, 25; 21, 9).

Ps 119, 128 (vgl. BHS) gebraucht die *pi*-Form des Verbums in dieser Bedeutung von 'billigen' im Gegensatz zu *śāneʾ*, 'hassen'.

b) Ein Sonderfall ist Hab 2, 4 *hinneh ʿuppelāh lo'-jāšerāh napšô bô weṣaddîq bæ'æmûnāṯô jiḥjæh*. Wir akzeptieren die masor. Lesart. Wir erwarten eine Antithese und suchen ihre Korrelationen, die sich folgendermaßen schematisieren lassen:

ʿuppelāh = lo' jāšerāh
ʿuppelāh ≠ ṣaddîq bæ'æmûnāṯô
jāšerāh = ṣaddîq = 'æmûnāh
lo' jāšerāh ≠ jiḥjæh.

Im Feld der geographischen Begriffe finden wir die Opposition Ebene/Hügel, die dem Paar flach – aufgeschwollen entspricht. Der konkrete und der bildliche Sinn können sich auf die Kehle oder den Rachen *næpæš* beziehen: er hat eine aufgeschwollene, aufgespannte Kehle, nicht von Natur aus, sondern weil er zuviel hat schlucken wollen (wie v. 5b erklärt *'ašær hirḥîb kiš'ôl napšô*); dem entgegen stehen die Redlichkeit und das Vertrauen des Gerechten. Da *jšr* sich auch auf das Ergebnis bezieht, wird in unserem Fall seine Kehle oder sein Appetit oder sein Begehren keinen Erfolg haben (wie v. 5a sagt); dem steht das dem Gerechten versprochene Leben entgegen. Mit anderen Worten, durch seine Völlerei erstickt der Gefräßige (man erinnere sich an den Wein, der ungehindert, *bemêšārîm*, hinuntergleitet, Spr 23, 31). Der Verfasser hat wahrscheinlich mit der Doppeldeutigkeit des Wortes spielen wollen, um eine feinsinnige und konzentrierte Bedeutung zu schaffen, indem er mit dem Spottlied des Chores abschließt (*māšāl limelîṣāh ḥîdôṯ*, v. 6). Man könnte es folgendermaßen umschreiben: ein aufgeschwollenes Begehren ist nicht gerade (das ist selbstverständlich), ist nicht gerecht (ethisches Urteil), ist nicht erfolgreich (Ergebnis). Was im Kapitel folgt, bestätigt diese literarische Lesung (über den Gebrauch des Verses in Röm 1, 17; Gal 3, 11 und Hebr 10, 38 s. die Kommentare).

Pred 7, 29 *ʿāśāh hā'ælohîm 'æṯ-hā'āḏām jāšār wehemmāh biqešû ḥiššebonôṯ rabbîm*. Die Oppositionen *ʿāśāh/biqešû*, *'ælohîm/'āḏām*, *jāšār/ḥiššebonôṯ* sind klar. Es ist wie eine Synthese der Meditationen des Verfassers: der Mensch müht sich ungebührlich ab, verdirbt den Sinn des Lebens und den Genuß; die

Schuld liegt nicht an Gott, der „ausgeglichen" gemacht hat. Diesem Ausgeglichensein entgegen steht das, was der Mensch krumm macht (*me'uwwāṯ lo'-jûkal liṯqon*, 1, 15) und auch das, was Gott selbst krumm gemacht hat (*mî jûkal leṯaqqen 'eṯ 'ašær 'iwweṯô*, 7, 13).

ješurûn (→ ישׁרון) findet sich Deut 32, 15; 33, 5. 26; Jes 44, 2; Sir 37, 25 als Kosename und ehrender Titel für Israel; vielleicht ist die etymologische Bedeutung 'redlich, aufrichtig, wahrhaftig' als Gegensatz zum Schwindler *ja'aqoḇ* gemeint, vielleicht gestützt durch die Alliteration mit *jiśrā'el*. Aber in Deut 32, 15 ist das Benehmen von *ješurûn* falsch, in Jes 44, 2 handelt der Kontext von der Erwählung. Die alten Übersetzungen sind ohne Belang: LXX ὁ ἠγαπημένος, AqSymTheod εὐθύς, V dilectus.

Jos 10, 13 und 2 Sam 1, 18 zitieren ein *sepær hajjāšār*, „Buch des Redlichen"; einige verbessern in *sepær haššîr*, gestützt von 1 Kön 8, 53 LXX.

Dan 11, 17 *wîšārîm 'immô* (s. die Komm.) scheint einen Frieden oder ein Abkommen oder eine Schlichtung zu meinen, ungefähr wie „Streitigkeiten schlichten". In Spr 10, 18 und 17, 7 wollen einige statt *šqr* und *jtr jšr* lesen nach LXX δίκαια und πιστά. Dagegen pflegt *ješārîm* Spr 29, 10 in *rešā'îm* verbessert zu werden. Spr 17, 26 scheint der Parallelismus mit *lo' ṭôḇ* die Lesung einer Negation *'al/lo' jāšār* zu stützen (s. die Komm., bes. McKane).

Alonso Schökel

IV. In Qumran erscheint *jšr* ein paarmal im wörtlichen Sinn, nämlich als 'gerade' in 1 QM 5, 12, wo von geradlinigen Rillen an den Schwertern die Rede ist, und als 'flach' in 1 QpHab 3, 1, wo es heißt, daß die Feinde über flaches Feld (*mîšôr*) daherziehen.

Sonst wird die Wurzel immer im ethischen oder religiösen Sinn gebraucht. Der Mensch kann ohne göttliche Leitung den geraden Weg nicht gehen (1 QH 12, 34); Gott aber 'lenkt' (*jšr pi*) seine Schritte auf die Pfade der Gerechtigkeit (*ṣedāqāh*, 1 QH 7, 14). Der Lehrer der Gerechtigkeit klagt 1 QH 6, 23f., er sei wie ein Seemann auf offenem Meere, wo er seinen Weg über das Meer nicht 'bahnen' (*jšr pi*) könne. Und als seine Feinde Fallen gegen ihn stellten, stand sein Fuß durch Gottes Hilfe auf ebenem Boden (*mîšôr* 1 QH 2, 29), und er wird immerfort auf ebener Bahn (*mîšôr*) wandeln. Die ebene Bahn ist leicht befahrbar und zugleich erfolgreich und glücklich. Eine ähnliche Bedeutung liegt wohl auch 1 QH 4, 25 vor, wo es von der Heilsgemeinde heißt: „Du (Gott) führst hinaus zum Sieg (*nṣḥ*) ihr Recht (*mišpāṭ*) und zu *mêšārîm* ihre Treue" (vgl. Becker, Das Heil Gottes, 1964, 73); die Parallele mit *nṣḥ* zeigt, daß *mêšārîm* die Nebenbedeutung „Erfolg" mit einschließt.

Wer nicht in den „Bund" eintritt, wird nicht unter die Rechtschaffenen (*ješārîm*) gerechnet werden (1 QS 3, 1). Die Mitglieder der Gemeinschaft aber sollen „tun, was gut und recht vor ihm (Gott) ist" (*ṭôḇ wejāšār lepānājw*, 1 QS 1, 2). Gott wird die 'Rechtschaffenen' in der Erkenntnis des Höchsten und der Wahrheit der Söhne des Himmels unterweisen (1 QS 4, 22). Durch den Geist der Rechtschaffenheit (*jošær*) wird die Sünde des Menschen gesühnt (1 QS 3, 8). Nach der Geradheit der Wahrheit Gottes (*jošær 'amitteḵā*) wird der reuige Mensch „in seinem Rat aufgestellt" (1 QH 6, 10). Solche Menschen werden als *jišrê dæræḵ*, „die rechtschaffen wandeln", bezeichnet.

Das Bahnen (*jšr pi*) des Weges nach Jes 40, 3 wird 1 QS 8, 4 als das Gesetzesstudium gedeutet. Rein biblischer Gebrauch liegt CD 8, 7 vor: *jšr be'ênê* („jeder tat, was in seinen Augen recht war").

Ringgren

יְשֻׁרוּן *ješurûn*

I. Belege und Bedeutung – 2. Das Verhältnis Jeschurun–Israel–Jakob – 3. Die einzelnen Stellen, in denen sich Jeschurun findet.

Lit.: *W. Bacher*, ישרון (ZAW 5, 1885, 161ff.). – *W. Caspari*, Sprachliche und religionsgeschichtliche Bedeutung des Namens Israel (ZS 3, 1924, 194–211). – *G. A. Danell*, Studies in the Name Israel in the Old Testament, Uppsala 1946. – *J. S. Licht*, ישרון (EMiqr III, 937f.). – *G. E. Mendenhall*, Jeshurun (IDB II, 868). – *M. Naor*, יעקב und ישראל [Zur ältesten Etymologie und Aussprache] (ZAW 49, 1931, 317f.). – *E. Sachsse*, Die Etymologie und älteste Aussprache des Namens ישראל (ZAW 34, 1914, 1–15). – *Ders.*, Der Ursprung des Namens Israel (ZS 4, 1926, 63–69). – *H. Seebaß*, Die Stämmeliste von Dtn. XXXIII (VT 27, 1977, 158–169). – *M. Z. Segal*, ספר בן סירא השלם, Jerusalem ³1972. – *F. Vattioni*, Ecclesiastico. Testo ebraico con apparato critico e versioni greca, latina e siriaca, Napoli 1968. – *L. Wächter*, Israel und Jeschurun (Schalom, Studien zu Glaube und Geschichte Israels, Festschr. A. Jepsen, 1971, 58–64).

1. Nur viermal kommt Jeschurun im AT vor: Deut 32, 15; 33, 5. 26 und Jes 44, 2, überdies in zwei hebr. Handschriften zum Sir 37, 25 (s. u. 3). In den älteren rabbinischen Texten findet sich Jeschurun öfters dann, wenn die genannten at.lichen Belegstellen in den Talmudim und Midrašim angeführt werden, sonst hat sich der Gebrauch dieses Wortes im altjüdischen Schrifttum fast nur auf diese at.lichen Stellen beschränkt.

Man ist sich im allgemeinen darüber einig, daß Jeschurun mit der Wurzel *jšr* zusammenhängt (s. u. 2), streitet sich jedoch über die Frage, ob *-ûn* Diminutivendung von etwa gleicher Bildung wie *šimšôn* und *zeḇulôn* (so z. B. Gesenius, Thesaurus, 642; Ewald, Ausführl. Lehrbuch der hebr. Sprache, ⁸1870, § 167a; G. Kampffmeyer, ZDMG 54, 1900, 660; R. Meyer, Hebr. Grammatik, ³1969, § 41 1c) oder Denominativendung (so z. B. GKa § 86g; BDB s. v. u. a. Wbb; vgl. Wächter 58) ist. Ob in dieser Endung *-ûn* tatsächlich ein besonderes Suffix anzusetzen ist oder ob dieses Suffix nur dialektisch von *-ôn* unterschieden ist, ist schwer festzustellen (vgl. BLe § 61 v ϑ). Wäre letzteres der Fall, so spräche etymologisch nichts dagegen, Jeschurun (doch s. u. 2) als Diminutiv zu betrachten (vgl. J. Barth, Die Nominalbildung in den semit. Sprachen, ²1894, § 212). Wichtig ist immerhin, daß *jšr* als Namenselement in akk. und vor allem amorit. Personennamen belegt ist, z. B. *I-šar-ra-ma-aš*; *I-šar-ra-ma-šu* usw. (AN ²1968, 122); *I-šar-li-im*; *Ḫa-mu-ji-šar* usw. (APNM 216; vgl. C. J. Gadd, Iraq 7, 1940, 38 f.; Ch.-F. Jean, in: A. Parrot, Studia Mariana, 1950, 83; CAD 7, 225). In vielen dieser Namen ist *jšr*, dessen /š/ in der amorit. Sprache mit /s/ variieren kann (Mendenhall, BASOR 133, 1954, 29 und Anm. 14; APNM 212. 216), ein Element in theophoren Namen (vgl. für das Hypokoristikum *Yašarum* als eine Perfektbildung und das Element *išar* als mögliche Imperfektform: Noth, ABLAK II 222 und Anm. 45). Die akk. und amorit. Parallelen des Namens Jeschurun zeigen, daß der Name an sich keine Neubildung sein muß. Andererseits ist auch nicht unbedingt auf einen alten hypokoristischen Namen zu schließen. Dazu sind der Gebrauch und das Vorkommen des Jeschurun zu vereinzelt und auffallend.

Schon in der Übersetzung der LXX wird Jeschurun mit ἠγαπημένος übertragen, dem in Jes 44, 2 noch ergänzend „Israel" beigefügt worden ist (in Sir 37, 25 findet sich in der LXX nur „Israel"). Offenbar hat bereits die LXX einen Zusammenhang mit → ישר (*jšr*) 'gerecht sein' usw. angenommen. Dieser Ansicht begegnet man hin und wieder auch in der späteren jüdischen Literatur (z. B. im Morgengebet: „Jakob ... den du Israel und Jeschurun genannt hast"), obgleich hier, wie bekannt, oft mit Worten gespielt wird (vgl. Berešit Rabba lxxvii, 1 mit den Wörtern *šôr* und *šîr*). V folgt der LXX, indem sie Jeschurun mit *dilectus* (Deut 32, 15) und *rectissimus* übersetzt (in Sir 37, 25 mit *Israhel*). Die anderen alten griech. Übersetzungen (Aquila, Symmachus und Theodotion) weisen in Jes 44, 2 z. B. εὐθύς oder εὐθύτατος auf (s. Hieronymus, MPL 24, 450 f.). S beharrt an allen Stellen (ausgenommen Sir 37, 25, wofür es in S keine Übersetzung gibt, s. u. 3) auf der Übersetzung „Israel", indem auch die Targumim meistens die Übersetzung *(bêt) jiśrā'el* bevorzugen (anders z. B. T^Neof zu Deut 32, 5: *bêṯ ja'aqoḇ*; einige MSS lesen zu Jes 44, 2 neben *jiśrā'el* auch *ješûrûn*, J. F. Stenning, The Targum of Isaiah, Oxford 1949, z. St.).

2. Die meisten Forscher betrachten Jeschurun im AT als einen mit der Wurzel *jšr* zusammenhängenden (vgl. Calvin zu Jes 44, 2, der bereits *jšr* bevorzugt: „Alii enim a ישר deduci volunt, quod est Rectum esse, vel Placere: alii a שור: alii ab אשר") Ehrennamen für Israel und/oder Jakob (Bertholet, KHC 9, 97; Liedke, THAT I 791; Mendenhall 868; von Rad, ATD 8, 141; Wächter 58; Wallis, BHHW II, 858; Westermann, ATD 19, 110 f.; Zorell, Wb s. v. usw.). Das Wort steht fast immer in Parallele zu oder im Kontext von beiden Namen. Bacher (162) hat dereinst den Vorschlag gemacht, Jeschurun als Euphemismus für und künstliche Neubildung zu Jakob zu betrachten, und ihm sind viele Gelehrte gefolgt (vgl. auch Seeligmann, VT 14, 1964, 89 Anm. 3). Nach Bacher ist der Name Jakob mit dem Begriffsfeld 'Betrüger', 'Hinterlistiger' oder 'Unredlichkeit' (vgl. Gen 25, 26; 27, 36; Hos 12, 4) verbunden, das dem Begriffsfeld 'Geradheit', 'Redlichkeit' gegenübersteht (vgl. Jes 40, 4; 42, 16; Mi 3, 9). Diesem Vorschlag hat Bacher sodann noch zwei Vermutungen hinzugefügt: 1. in Num 23, 10 wäre Jeschurun statt *ješārîm* zu lesen (dann wäre der Sing. *kāmohû* erklärt); 2. im Titel des Liederbuches *sepær hajjāšār* (Jos 10, 13; 2 Sam 1, 18) wäre *hajjāšār* als Bezeichnung Israels zu betrachten, „aus ähnlichem Grunde gebildet wie Jeschurun". Naor (318) hat als einen Einwand gegen Bachers Ansicht geltend zu machen versucht, daß das Wort Jeschurun vielmehr ein Überrest einer alten Form ist, welche zu einer Zeit gebildet wurde, in der *'qb* noch nicht die sekundäre Bedeutung 'betrügen' hatte. Sachsse stimmt er zu, daß eben das Wort Jeschurun wichtig für die älteste Etymologie und Aussprache des Wortes „Israel" ist: *jšr'l* bedeute „Gott ist folgerichtig", „aufrichtig", „vertrauenswürdig". Auch anderswo zeigt sich die Schreibung Jeschurun mit *š* wichtig für die Etymologie und Bedeutung des Wortes „Israel" (z. B. F. Böhl, Kanaanäer und Hebräer, 1911, 80; Licht 938; Wächter 58 ff.). Neben denjenigen, die den Ansatz von ursprünglichem /š/ in „Israel" kategorisch verneinen (z. B. Caspari), stehen andere (z. B. Naor), die diese Möglichkeit, z. B. aufgrund der Variation /š/ und /ś/ in der hebr. Sprache selbst (als Beispiele werden Ri 12, 6 und 1 Chr 25, 14 aufgeführt), aufrecht zu halten versuchen (vgl. für einen Abriß der Derivate des Namens „Israel": Danell 22–28). Ob Jeschurun tatsächlich mit „Israel" zusammenhängt und ob „Israel" demzufolge ursprünglich mit /š/ statt /ś/ gesprochen wurde, muß beim letztgenannten Wort erörtert werden (→ ישראל). Hier sei nochmals betont, daß unserer Meinung nach Jeschurun mit der Wurzel *jšr* zusammenhängt. Dies zeigen einmal die alten Übersetzungen, sodann stützen die akk. und amorit. Personennamen (s. o. 1) diese Ansicht, und schließlich spricht hierfür auch der Kontext, in dem sich das Wort jeweils findet. Fraglich bleibt Bachers Ansicht, Jeschurun sei eine Neubildung im Gegensatz zu „Jakob". Obwohl die Meinungen über das Alter und den Sitz im Leben von Deut 32 und 33 bis jetzt nicht eindeutig sind, ist wohl deutlich, daß nicht nur in diesen Kapiteln, sondern auch in Jes 44 Jeschurun vom Autor als bekannt vorausgesetzt wird, und im Wortspiel zu oder in Abwechslung mit „Jakob" und/oder „Israel" verwendet wird. Von einem gewollten Gegensatz ist jedoch nichts zu spüren (Wächter). Ungelöst bleibt auch die Frage, warum man dem Wort im AT und außerhalb dieses Buches so wenig begegnet. Bacher hat diese Frage durch die Behauptung zu

beantworten versucht, daß „Jakob" als Name fest-
verwurzelt war, und daß neben „Jakob" schon „Israel" als inhaltlich bedeutsamer und ehrenvoller Name funktionierte. Aber dies trifft nur dann zu, wenn
dieser Name in allen Fällen als Gegensatz zu „Jakob" fungiert. In Deut 33, 26 jedoch ist dies nicht der
Fall. Wenn man dem MT folgt, hat man sogar *kāʾel*
statt *keʾel* (*ješurûn*) zu lesen (d. h. „der Gott Jeschurun" wie z. B. „der Gott Bethel"; vgl. Danell 26f.
und für Jeschurun als Vokativ: Driver, ICC, 415).
Die Schlußfolgerung liegt auf der Hand, daß Jeschurun nur ein vereinzelt verwendeter Name neben Jakob und Israel ist, der entweder ein Produkt „künst-
licher Bildung bzw. schriftstellerischer Erfindung"
darstellt und „daher nicht zu dem wirklich gebrauchten israelitischen Namengut" gehört (IPN 9f.), oder
ein Hypokoristikum (Mendenhall u. a.) des Namens
„Israel" ist, der als Kose- oder Ehrenname für Israel/
Jakob verwendet wurde.
3. In Deut 32, dem Lied des Mose, und in 33, Moses
Segen der Stämme Israels, findet sich Jakob 4mal
parallel zu Israel (32, 9; 33, 4. 10. 28 und *nur* hier in
Deut, vgl. Danell 64) und Jeschurun 3mal. Ist dies
schon auffallend, so kommt hier hinzu, daß in Deut
32, 15, nachdem mitgeteilt worden ist, JHWH habe
Israel wunderbar genährt mit u. a. „Butter von den
Kühen und Milch von den Schafen samt Fett von
den Lämmern" usw., der samarit. Pentateuch und
LXX auf folgende Weise im Stil des Parallelismus
membrorum weiterfahren: *wajjoʾ̱kal jaʿaqo̱b wajjiśbaʿ
wajjišman ješurûn wajjiḇʿāṭ* usw. Hier wird also Jakob
zu Jeschurun parallelisiert. Wieviel Schwierigkeiten
die Übersetzung von v. 15 auch bieten mag („er wurde übermütig, fett, dick und feist und hat Gott, seinen Schöpfer verworfen"), deutlich ist, daß Jeschurun Objekt göttlicher Pflege war, und deshalb „fett
und feist" wurde (vgl. auch E. Baumann, VT 6, 1956,
417f.). Das Wort Jeschurun deutet offenbar Israel in
einer idealen Lage an (so Driver, ICC 361; vgl. BDB
449), wobei Israels „Geradheit" nicht so sehr dem
eigenen Wirken, als vielmehr Gottes Hilfsbereit-
schaft zu verdanken ist.
In Deut 33, 5 ist, neben der Gemeinde Jakobs (v. 4)
und den Stämmen Israels, von *wajehî bišurûn mælæ̱k*
die Rede. Wer König in oder über Jeschurun wurde,
wird nicht gesagt (der Midrasch nennt hier sogar
Mose selbst). Viele übersetzen: „Es gab einen König
in Jeschurun" (s. Driver, ICC 394); andere denken
an JHWH und übertragen: „Und JHWH ward König über Jeschurun" (vgl. auch Num 23, 21; Ri 8, 23;
Jes 33, 22). Letzterer Gedanke hat viel für sich.
Jedenfalls ist deutlich, daß auch jetzt Israel als
Gemeinde in idealer Gestalt hervorgehoben wird,
während der Dichter mit den Wörtern „Jakob", „Jeschurun" und „Israel" ein bestimmtes Wortspiel vor-
hat.

Seebaß (161) ist der Ansicht, Jeschurun (in Deut 33, 5)
bezeichne ursprünglich die mit Juda in einem Verband
lebenden nichtisraelitischen Nachbarn (Kaleb, Kain,

Othniel, Jerachmeel), welche dem System der zwölf
Stämme Israels als Ersatz für den verschollenen Stamm
Simeon eingefügt wurden.

Unmittelbar nach dem Segen der Stämme, in dem
vielen von ihnen reichlich das Köstliche des Himmels
und der Erde versprochen wurde, fängt der Epilog
folgendermaßen an: „Es gibt keinen wie den Gott
Jeschuruns, der am Himmel daherfährt dir zur Hilfe
(*beʿæzre̱kā*)" usw. (Deut 33, 26). Wir weichen von
der oben (s. o. 2) genannten masoretischen Punktation (*kāʾel* anstatt *keʾel*) ab, weil einmal auch an
anderen Stellen Jeschurun ein anderer Name für
Israel/Jakob ist, und weil weiterhin in den Sprachen,
in denen *jšr* ein Element in theophoren Namen bildet, dies nie theophores, sondern verbales Element
ist (s. o. 1). Auch in diesem Vers wird Israel in seiner
„Geradheit", Gottes Gnade zufolge, gezeichnet.
Wiederum ist Jeschurun hervorgehoben, ihm folgen
später (v. 28) Israel und Jakob. In dem Hymnus Deut
33, 2–5. 26–29, seiner Gattung nach ein „berichten-
der Lobpsalm" (von Rad, ATD 8, 147), umrahmen
nicht nur die genannten Verse, sondern auch das
Wort Jeschurun – als eine Art Zentripetalkraft – die
Stammessprüche des Mosesegens (Deut 33, 6–25).
Die verheißungsvollen Ideale, die den Stämmen in
den Sprüchen versprochen werden, sind gleichsam
durch einen idealen und vielversprechenden Namen
für Israel und Jakob garantiert: Jeschurun.
Im AT findet sich das Wort noch einmal, in DtJes
(Jes 44, 2). Dieser Vers gehört zum Abschnitt Jes
43, 22 – 44, 5 (Elliger, BK XI, 360–395), in dem Gott
Israel verspricht, seine Übertretungen wegzuwischen,
sodann ihn aufruft, sich nicht zu fürchten, weil er
seinen Segen auf Israels Nachkommen gießen wird.
Nachdem v. 2a JHWH als denjenigen, „der dich geschaffen, der dich gebildet vom Mutterschoß an, der
dir hilft", bezeichnet hat, fährt v. 2b folgendermaßen
weiter: „Fürchte dich nicht, mein Knecht Jakob, und
du, Jeschurun, den ich erwählt habe." In DtJes steht
Israel fast ständig parallel zu Jakob (Danell 261,
Anm. 44). In dieser Hinsicht sind in unserer Perikope
43, 22. 28; 44, 1. 5 hervorzuheben. Nur in unserem
Vers steht Jakob zu Jeschurun parallel. Hat DtJes
hier ein bloßes Wortspiel verwendet, einen Kose-
namen zur Abwechslung? Denn daß ein Diminutiv
„caritativen Sinnes" hier der Sprache göttlicher Liebe wenig angemessen wäre (F. Delitzsch, Das Buch
Jesaja⁴, 1889, 449), widerlegt z. B. schon Jes 41, 14
(„Wurm Jakob"). Aber warum verwendet DtJes das
Wort nur hier? Abgesehen von der Frage, ob v. 1
eine erst später hinzugefügte Überleitung ist (Elliger,
BK XI, 368f.), in der Israel deutlich als der Erwählte
zu Jeschurun parallelisiert wird, fällt ins Auge, daß
Gott in Jes 43, 23ff. den Vorwurf macht, ihm die
Schafe, das Fett und das Köstliche vorenthalten zu
haben. Trotzdem wird Gott das Volk in Zukunft segnen mit seinem Geist auf Israels Kindern und Nachkommen (44, 3). Alsdann wird sich eine ideale Lage
bilden, in der neue Namen entstehen (44, 5). Es gibt

in dieser Darstellung eine deutliche Parallele zum Moselied und zum Mosesegen in Deut 32 und 33, die bis in den Wortgebrauch nachzuweisen ist (vgl. z. B. *'āśāh* [Deut 32, 15 und Jes 44, 2] und *'āzar* [Deut 33, 26 und Jes 44, 2]). Diese Verwandtschaft und Bekanntschaft erklären den Gebrauch des Wortes an dieser Stelle am besten.

Schwierig ist schließlich die Lage in Sir 37, 25. Hier findet sich Jeschurun nur in MS D und *in margine* von MS B (Vattioni 197). MS B selbst liest *'am jiśrā'el*, indem LXX und V diese Lesung unterstützen. S übergeht v. 25 ganz (vgl. D. Barthélemy – O. Rickenbacher, Konkordanz zum hebr. Sirach, 1973, 172). Nach der Meinung von Segal geschieht dies offenbar wegen der christlichen Abneigung gegen das Volk Israel (Segal 242). Die wechselnde Position und Redaktion dieses Verses in den hebr. und griech. MSS weisen jedoch darauf hin, daß es sich wahrscheinlich um eine alte Einfügung in den Sirachtext handelt, wie viele Forscher mit Recht vermuten. Diese Tatsache erschwert aber eine zureichende Erklärung dieses Wortes gerade an diesem Platz. Immerhin ist deutlich, daß Jeschurun einen günstigen Sinn in diese Textstelle hineinlegt und der Bezeichnung „(Volk) Israel" gleichgestellt ist.

Mulder

יָתוֹם *jāṯôm*

I. Etymologie – II. Umwelt – 1. Ägypten – 2. Mesopotamien – 3. Westsemiten – III. Im AT – 1. Belege, Bedeutung – 2. LXX – 3. Gott und König als Helfer der Waisen – 4. Die Waisen in den Gesetzen – 5. in der Weisheitsliteratur – 6. bei den Propheten – 7. Waisentum als Strafe.

Lit.: *F. M. Th. de Liagre Böhl*, De Zonnegod als de Beschermer der Nooddruftigen (Opera minora, Groningen–Djakarta 1953, 188–206). – *F. C. Fensham*, Widow, Orphan, and the Poor in Ancient Near Eastern Legal and Wisdom Literature (JNES 21, 1962, 129– 139).

I. Hebr. *jāṯôm*, 'vaterlos', 'Waise', hat Verwandte im Ugar. (*jtm*, fem. *jtmt*, WUS Nr. 1254, UT Nr. 1168), Phön. (*jtm*, DISO 113), Aram. (*jaṯmā'*, belegt äg.-aram., jüd.-aram., syr., mand.), Arab. (*jatīm*, auch 'einzigartig') sowie im Äth. (*jatīm*, Leslau Contributions 26; vgl. Tigrē Verbum *jattam*, E. Littmann – M. Höfner, WbTigrē 508). Dagegen fehlt die Wurzel im Akk., wo *ekû* gebraucht wird (s.u. II. 2).

II. 1. Das Äg. hat zwei Wörter für 'Waise', nämlich *tfn(.t)*, belegt schon Pyr. 317 („NN hat *tfn* und *tfn.t* gerichtet"), und *nmḥw*, das seit dem MR belegt ist und zugleich 'arm, gering' bedeutet. Aus dem letzteren geht hervor, daß das Waisenkind vor allem als hilflos und bedürftig betrachtet wurde. Für solche Leute zu sorgen war die Pflicht des Königs und des Gaufürsten. In der Klage des Bauern redet der Bauer den Obergütervorsteher Rensi an: „Du bist ja der Vater des Waisenknaben (*nmḥw*), der Gatte der Witwe, der Bruder der Verstoßenen ..." (B I, 62; ANET³ 408). Es ist bezeichnend, daß Waise und Witwe zusammen als Schutzlose erscheinen. In der Lehre für Merikare heißt es (47f.): „Beruhige den Weinenden, quäle keine Witwe, verdränge keinen Mann von der Habe seines Vaters" – im letzten Fall ist offenbar der Waisenknabe gemeint. Ebenso rühmt sich König Amenemhet, daß er „den Armen gegeben und das Waisenkind erhalten" habe (I, 6f.). Fensham (132f.) weist darauf hin, daß alle diese Belege auf die sozialen Unruhen der ersten Zwischenzeit Bezug nehmen.

Spätere Texte zeigen Amon als den Beschützer der Armen und Waisen (Anastasi II 6, 5f., Fensham 133). Ramses III. rühmt sich, Witwen und Waisen beschützt zu haben (Pap. Harris I, Fensham 133).

2. Im alten Mesopotamien beginnt das Interesse für die Witwen und Waisen mit der Reform des Urukagina (um 2400 v. Chr.). Dieser schloß einen Bund mit Ningirsu, wo u. a. als Grundsatz festgelegt wurde, daß „der Mächtige der Witwe und der Waise kein Unrecht antun soll". Dasselbe Prinzip kommt im Prolog zum Gesetz Urnammus (um 2050 v. Chr.) zum Vorschein, wo der König sagt (162–168; ANET³ 524): „Das Waisenkind wurde nicht dem Reichen ausgeliefert, der Mann eines Sekels wurde nicht dem Mann einer Mina ausgeliefert." Diese Tradition wird von Hammurabi fortgesetzt. Im Epilog seines Gesetzes stellt er als Zweck seiner Regierung fest: „damit der Starke nicht den Schwachen bedränge, Waisen und Witwen ihr Recht bekämen" (CH XXIV, 59–62; AOT 407; ANET³ 178).

Da bekanntlich Hammurabi als Vertreter des Sonnengottes erscheint, bekommen Aussagen über Šamaš als Beschützer der Notdürftigen ein besonderes Interesse (Böhl), obwohl die Waisen nicht besonders erwähnt werden (Fensham 131; s. z. B. den großen Sonnenhymnus Lambert, BWL 132f., Zl. 99f. und 134ff., SAHG 243ff.). Auch Ninurta wird solche Tätigkeit zugeschrieben: „Du hältst Gericht über die Menschen, verhilfst zum Seinen dem, der aus der Bahn geworfen ist, (wie auch) dem Waisenknaben und Waisenmädchen. Du fassest die Hand des Schwachen ..." (SAHG 315).

Das Wort für 'Waise' ist umstritten. CAD 4, 72f. erwähnt nur die fem. Form *ekûtu*, „homeless, destitute girl", und bemerkt, daß es keine mask. Form *ekû*, 'Waisenknabe', gibt; *ikû* heiße nur 'schwach'. CAD 7, 69 zitiert aber den eben angeführten Hymnus auf Ninurta, wo *ekû* und *ekûtu* zusammen stehen, und übersetzt wie oben. Außerdem gibt es ein *akû*, 'verarmt, schwach, gering' (CAD 1/1, 283f.). Von Soden AHw I, 195 nennt aber *ekû*, *ikû* als „verarmt, verwaist" und bemerkt, daß es sehr oft neben *almattu*, 'Witwe', steht, „sonst von vaterlosen Waisen". Für *akû* hat er nur „Krüppel" (AHw I, 30).

3. Ugar. *jtm* steht KTU 1.17, V, 8 zusammen mit *'lmnt*; es heißt, daß König Dan'il die Sache der Witwe richtet (*jdn dn 'lmnt*) und das Recht der Waise entscheidet (*jṯpṭ ṯpṭ jtm*). Es ist also hier Sache des Königs, diesen zu ihrem Recht zu verhelfen (Fensham 134). Ähnliches hat wahrscheinlich in der beschädigten Stelle KTU 1.19, I, 23ff. gestanden. Dasselbe geht aus KTU 1.16, VI, 45ff. hervor, wo Keret beschuldigt wird, nicht imstande zu sein, die Witwen und die Notleidenden (*qṣr*) zu „richten" oder die Witwen und die Waisen zu speisen (*šlḥm*).
In der phön. Ešmunʿazar-Inschrift (KAI 14) bezeichnet sich der König als „*jtm*, Sohn einer Witwe" (Zl. 3.13), und in der Kilamuwa-Inschrift KAI 24 sagt der König, die *muškabim* fühlten sich ihm gegenüber wie das Waisenkind gegenüber der Mutter, da er sie an der Hand hielt (Zl. 13).

III. 1. *jāṯôm* ist im AT 42mal belegt. Die Bedeutung geht aus Kl 5, 3 hervor: „Wir sind *jeṯômîm* ohne Vater (*'ên 'āḇ*)". Eine nähere Bestimmung gibt Hi 29, 12: das Waisenkind hat keinen Helfer (*ʿozer*); vgl. Ps 10, 14, wonach Gott der Helfer der Waisen wird.
2. LXX übersetzt durchgehend *jāṯôm* mit ὀρφανός.
3. Zusammen mit den Witwen erscheinen die Waisen als die besonders Schwachen und Hilfsbedürftigen in der israelitischen Gesellschaft; im Deut kommen die *gerîm* hinzu.
Zunächst ist Gott der Helfer der Waisen. Nach Deut 10, 17f. ist er der mächtige und furchtbare Gott, der gerechte Richter, „der den Waisen und den Witwen Recht schafft (*ʿôśeh mišpāṭ*) und die Fremdlinge (*gerîm*) liebt"; daraus wird gefolgert, daß man die Fremdlinge lieben soll, während von den Waisen und Witwen nicht mehr die Rede ist.
In Ps 68, 6 wird der triumphierende JHWH als „der Vater der Waisen und der Richter (*dajjān*) der Witwen" gepriesen; im folgenden Vers hilft er den Verlassenen (*jeḥîḏîm*) und den Gefangenen, und in v. 25 wird er als König bezeichnet. Als König wird JHWH auch in Ps 10, 16 gepriesen; in demselben Psalm ist er v. 14 der Helfer (*ʿôzer*) der Waisen und „richtet" (*šāpaṭ*) nach v. 18 die Waisen, d. h. verhilft ihnen zu ihrem Recht. Und wenn er Ps 146, 9 die *gerîm* behütet (*šāmar*) und den Waisen und Witwen aufhilft (*jeʿôḏeḏ*), während er die Frevler in die Irre führt (*ʿiwweṯ dæræḵ*), heißt es wiederum v. 10, daß er auf ewig als König herrscht (*mālaḵ qal*). JHWHs Fürsorge für die Waisen ist also fast durchgehend mit seinem Königsein verbunden.
Im kanaanäisch beeinflußten Ps 82 spricht „Gott" (*'ælohîm*, urspr. wohl *'el*) zu den „Göttern" (*'ælohîm*) und fordert sie auf, ungerechtes Richten zu vermeiden, den Armen (*dal*) und den Waisen Recht zu schaffen (*šāpaṭ*) und den Armen (*ʿānî* und *rāš*) Recht zu sprechen (*ṣdq hiph*) (v. 3). Die Götter versagen aber und werden von Gott zum Tode verurteilt. Es ist bezeichnend, daß der Gott Israels hier als Herrscher und Richter auftritt (v. 8). Die *'ælohîm* sind wohl zugleich die heidnischen Götter und die sie vertretenden Herrscher. JHWH garantiert also das Recht der Bedürftigen, insbesondere der Waisen und Witwen.
So spricht auch Hosea die Hoffnung aus, daß Israel es nicht mehr nötig haben wird, bei Assur und den Götzen Hilfe zu suchen, sondern daß sich JHWH über die Waisen erbarmen wird (Hos 14, 4). Merkwürdigerweise werden die Waisen und Witwen dagegen nicht besonders erwähnt, wenn in Ps 72 von der Fürsorge des Königs für die Armen und Bedürftigen die Rede ist (vv. 2. 4. 12f.). Man geht aber wohl nicht sehr irre, wenn man annimmt, daß diese Auslassung auf einem Zufall beruht und daß die Waisen auch in Israel unter die Schwachen gezählt wurden, die Gegenstand des besonderen königlichen Schutzes waren.
4. Schon im Bundesbuch findet sich die Vorschrift, daß die Witwe und das Waisenkind nicht bedrückt (*ʿānāh pi*) werden dürfen (Ex 22, 21); bei Übertretung wird die Strafe dem Verbrechen entsprechen: „eure Frauen werden Witwen und eure Kinder werden Waisen werden" (Ex 22, 23). Vor allem ist das Deut an diesen schwachen Gruppen interessiert. Als allgemeine Regel gilt, daß man das Recht des Fremdlings (*ger*) oder der Waisen nicht beugen darf (oder das Kleid der Witwe als Pfand nehmen) (Deut 24, 17). In den Fluchformeln des 27. Kapitels wird auch das Beugen des Rechts des *ger*, der Waisen und der Witwe verflucht (27, 19). Was bei der Ernte an Garben, Oliven und Trauben übrig gelassen wird, gehört den *gerîm*, den Waisen und den Witwen (24, 19–21). Die *gerîm*, die Waisen und die Witwen sollen als völlig Gleichberechtigte an der Festfreude teilnehmen (16, 11. 14). Der *ger*, das Waisenkind und die Witwe erhalten mit den Leviten einen Anteil des Zehnten (14, 29; 26, 12f.).
5. Die Weisheitsliteratur spricht auch von der besonderen Schutzbedürftigkeit der Armen und Alleinstehenden (z. B. Spr 14, 31; 15, 35; 19, 17; 22, 9. 22). Nur einmal wird der *jāṯôm* eigens erwähnt, und zwar in einem der ägyptisierenden Sprüche, Spr 23, 10, wo vor der Beeinträchtigung des Eigentums der Waisen gewarnt wird; parallel steht die Verrückung der Grenze der Witwe.
Viel häufiger ist im Hiobbuch von Waisen die Rede. Einerseits wird die Bedrückung der Waisen als Merkmal der Frevler genannt: selbst um eine Waise lost man (6, 27), man läßt die Witwen mit leeren Händen davongehen und zermalmt die Waisen (22, 9), man nimmt den Esel der Waisen und die Kuh der Witwe (24, 3), man reißt die Waise von der Brust ihrer Mutter (24, 9) – ähnlich übrigens Ps 94, 6: Witwen und *gerîm* töten sie, Waisen ermorden sie.
Andererseits beschreibt Hiob in einer Schlußrede (29–31) seine Gerechtigkeit u.a. durch Hervorhebung der Hilfe, die er den Armen und den Vaterlosen leistete (29, 12; 31, 16f.) und seiner Unparteilichkeit den Waisen gegenüber im Rechtsleben (31, 21).

6. In der Verkündigung der Propheten erscheint gelegentlich auch die Forderung nach Rücksicht auf die Waisen. Jesaja mahnt seine Hörer, das Böse zu lassen und das Gute zu tun, und erläutert dies durch die Worte *šip̱ṭû jāṯôm rîḇû 'almānāh* (1, 17). Und den moralischen Verfall Jerusalems schildert er u.a. mit einem Hinweis darauf, daß man eben diese Pflichten versäumt (Jes 1, 23). In 10, 2 geißelt Jesaja die Rechtsbeugung und sagt, daß man die Witwen und Waisen ausplündert.

Jeremia spricht ebenfalls von der Übertretung des Rechts, da die Waisen und die Armen Unrecht erleiden (5, 28), und mahnt in seiner Tempelpredigt (Kap. 7) zur Besserung des Wandels, zu richtigem Gerichtsverfahren und zum Aufhören, die Fremdlinge, Waisen und Witwen zu bedrücken (*ger* wie im Deut!), da der Tempel an sich keine Sicherung bedeutet (v. 6). Eine ähnliche Warnung ergeht Jer 22, 3.

Im Orakel gegen Edom, Jer 49, 7–23, findet sich dagegen die Versicherung, JHWH selbst werde für die Waisen und Witwen in seinem Volk sorgen, so daß man sich nicht um sie zu kümmern braucht. Bei Ezechiel findet sich einmal die Anklage, daß man in Jerusalem die Waisen und die Witwen bedrückt; dabei wird auch die Vergewaltigung der *gerîm* erwähnt (Ez 22, 7). – Schließlich mahnt Sach 7, 10 zu rechtem Richten, Liebe und Barmherzigkeit und warnt vor der Bedrückung der Witwe, der Waise, des Fremdlings und des Armen.

7. Endlich erscheint die Verwahrlosung der Waisen als Strafe. Ps 109 spricht gegen einen Feind den Fluch aus, seine Kinder mögen Waisen werden und sein Weib eine Witwe (v. 9), was v. 12 durch den Wunsch verstärkt wird, niemand werde sich seiner Waisen erbarmen. Jes 9, 10 wird als Strafe angedroht, daß JHWH sich nicht der Waisen und Witwen des Volkes erbarmt. Ex 22, 23 wurde schon oben III. 4 erwähnt. Kl 5, 3 klagt die Gemeinde: „Wir sind Waisen geworden, vaterlos, unsere Mütter zu Witwen“, also: wir sind ohne Schutz und ohne Hilfe. Im Kontext der Klage wird die Deutung des Leidens als Strafe mehr oder weniger impliziert (vgl. v. 7).

Ringgren

יָתַר *jāṯar* I

יֶתֶר *jæṯær* I, יוֹתֵר/יֹתֵר *jôṯer/joṯer*,
יֹתֶרֶת *joṯæræṯ*, יִתְרָה/יִתְרַת *jiṯrāh/jiṯraṯ*,
יִתְרוֹן *jiṯrôn*, מוֹתָר *môṯār*,
יַתִּיר/יַתִּירָה(א) *jattîr/jattîrāh(')*

I. Etymologie, Semantik, Vorkommen im AT – II. At.-licher Gebrauch – 1. Das Verbum *jāṯar* I – a) *qal* – b) *niph* – c) *hiph* – 2. *jæṯær* I – 3. *jôṯer/joṯer* – 4. *joṯæræṯ* – 5. *jiṯrāh/jiṯraṯ* – 6. *jiṯrôn* – 7. *môṯār* – 8. *jattîr/jattîrāh(')* – III. LXX – IV. Qumran.

Lit.: *R. Braun*, Kohelet und die frühhellenistische Popularphilosophie (BZAW 130, 1973, 47 f.). – *J. C. Campbell*, God's People and the Remnant (Scottish Journal of Theology 3, 1950, 78–85). – *G. F. Hasel*, The Origin and Early History of the Remnant Motif in Ancient Israel (ungedr. Diss., Vanderbilt Univ., 1970, 171–203). – *Ders.*, The Remnant (Andrews Univ. Monographs 5, ²1974; Forschungsbericht und weitere Lit., 1–44). – *Ders.*, Semantic Values of Derivatives of the Hebrew Root *Š'R* (Andrews Univ. Seminary Studies 11, 1973, 152–169). – *S. Garofalo*, La nozione profetica del „Resto d'Israele“ (Roma 1942; bes. 197–202). – *W. Günther* – *H. Krienke*, Rest, übrig (ThBNT II/2, 1042–1046). – *E. W. Heaton*, The Root *š'r* and the Doctrine of the Remnant (JThS 3, 1952, 27–39). – *V. Herntrich* – *G. Schrenk*, λεῖμμα κτλ. (ThWNT IV, 198–221). – *J. Jeremias*, Der Gedanke des „Heiligen Restes“ im Spätjudentum und in der Verkündigung Jesu (ZNW 42, 1949, 184–194 = Abba, 1966, 121–132). – *P. Joüon*, Notes de lexicographie hébraïque. III. Deux racines יתר (MUSJ 6, 1913, 174). – *J. Meinhold*, Studien zur israelitischen Religionsgeschichte (I/1, Bonn 1903). – *W. E. Müller* – *H. D. Preuß*, Die Vorstellung vom Rest im AT, 1973. – *L. Rost*, Der Leberlappen (ZAW 79, 1967, 35–41). – *O. Schilling*, „Rest“ in der Prophetie des AT (ungedr. Diss., Univ. Münster, 1942; bes. 7–16). – *R. de Vaux*, Le „Reste d'Israël“ d'après les prophètes (RB 42, 1933, 526–539 = Bible et Orient, 1967, 25–39 = The Bible and the Ancient Near East, 1971, 15–30). – *P. Wechter*, Ibn Barūn's Arabic Works on Hebrew Grammar and Lexicography (Philadelphia 1964, 98 f.). – *H. Wildberger*, שׁאר *š'r* übrig sein (THAT II, 844–855).

I. Die im at.lichen Textbestand reichlich belegte Wurzel *jtr* I ist aller Wahrscheinlichkeit nach von der nur in den Nomina *jæṯær* II ('Sehne', Ri 16, 7–9; 'Bogensehne', Ps 11, 2; Hi 30, 11; cj. Hab 3, 9; 'Zeltstricke', Hi 4, 21; KBL³ 431) bzw. *mêṯār* ('Bogensehne', Ps 21, 13; 'Zeltstrick', Ex 35, 18; 39, 40; Num 3, 26. 37; 4, 26. 32; Jes 54, 2; Jer 10, 20; cj. Hi 17, 11; KBL³ 548) zu ersehenden Wurzel *jtr* II etymologisch zu trennen (so schon z. B. Ibn Barun um 1100 in seinem Buch Kitāb al-Muwāzana; vgl. Wechter 98 f.; P. Wernberg-Møller, JSS 11, 1966, 125; Ibn Barun verbindet *jtr* I mit arab. *'aṯira* und *jtr* II mit arab. *watara*; s. ferner Joüon 174).

Die Wurzel *jtr* I (oder verwandtes *'tr/wtr*) ist in allen semit. Sprachen belegt, und eine primäre Bedeutung 'übermäßig, überschüssig sein' ist unschwer zu erkennen. Das akk. *wtr* – das hauptsächlich in ökonomischen Texten eine häufige Verwendung findet, vereinzelt aber auch in mathematischen und astronomischen Quellen, sowie in einigen Omentexten – ist vor allem durch das Verbum *atāru* (*watāru*) vertreten, im Grundstamm in der Bedeutung 'an Zahl oder Größe übertreffen', 'an Bedeutung oder Qualität übertreffen'; im Doppelungsstamm intensivierend 'bedeutungsvoller oder reicher werden', 'an Zahl oder Größe zunehmen'; und im Š-Stamm (*šūturu*) kausativisch 'zunehmen oder übertreffen lassen' (CAD 1/II, 487–492); damit verbunden sind u.a. das Subst. *atartu*, 'Überschuß' (von ökonomischer Bilanzrechnung, ferner von Umfang, Arealen u.ä.), sowohl als 'Übertreibung', d. h. 'Lüge' (vgl. *ša atrāti*, 'wer lügt', 'Lügner', CAD 1/II, 485 f.); ferner das Adj. *atru*, 'übermäßig', 'zusätzlich', ja, 'außerordentlich', aber auch 'übertrieben', 'lügenhaft' (CAD 1/II, 499–501); endlich das Subst. *atru*, 'Zusatz', 'zusätzliche Zahlung', auch im allgemeinen 'Preis', 'Kosten' etc. (CAD 1/II, 501 f.). In einigen ugar. Belegen, besonders in Personennamen wie *(bn) jtr*, *jtrhd* und *jtrʿm* (UT Nr. 1170, 1171, 1173; vgl. auch 1172, 1174, 1175; WUS Nr. 1258–1262), hat das Element *jtr* wahrscheinlich die Funktion, den einzigartigen, außerordentlichen Charakter des Trägers hervorzuheben (so schlägt C. H. Gordon z. B. für *jtrhd* die Deutung „Hadd is Unique" vor, UT Nr. 1171). Ähnlich scheint *jtr* in einer Reihe von amorit. Personennamen in der Bedeutung „be surpassing" (APNM 217f.) vorzukommen. Die Wurzel ist ferner in ja'ud., palmyr. und reichsaram., möglicherweise auch im pun. epigraphischen Material belegt (J. Cantineau, Grammaire du palm. épigraphique, 1935, 136; KAI Nr. 214, 11f.; 215, 4; DISO 113); so äußert z. B. Panammuwa I., der Herrscher von Ja'udi, laut der Hadad-Statue aus Zincirli (Mitte des 8. Jh.s v. Chr., KAI, Nr. 214), daß Hadad und andere Götter ihm „Überfluß gegeben" haben (*wjtr* ist wohl als *qal* Perf. 3. P. m. Sg. mit vorangehendem *waw copulativum* zu verstehen, KAI II, 218), ja, daß sie ihm alles, was er von ihnen erbeten hat, „im Überfluß gegeben" haben (*jtr*, *qal* Perf. oder Imperf., KAI II, 219); in dem ähnlichen Text der Statue für Panammuwa II., auch aus Zincirli (2. Hälfte des 8. Jh.s v. Chr., KAI Nr. 215) findet sich wahrscheinlich das nominale *jtr*, 'Rest' (KAI II, 225). Zu *jtr* I läßt sich im Arab. kaum an erster Stelle das Verbum *watara* mit Derivaten, bes. des I. und des VI. Stammes, anführen (gegen KBL³ 431); im I. Stamm bedeutet das Verbum nicht so sehr 'Außergewöhnliches tun', wie dort angegeben wird, sondern 'etwas einzeln machen'; 'etwas (numerisch) ungerade machen'; '(den Bogen) spannen'; 'schädigen' etc. (Lane 8, 2917–2919; Wehr 929); eher soll man z. B. mit Ibn Barun auf *'ṯr* (beispielsweise *'aṯāra*, 'Rest, Überbleibsel'; *'īṯār*, 'Bevorzugung', Lane 1, 18–20; Wehr 4) oder mit Joüon (174) auf *ṯrw* (I, 'an Zahl oder Quantität viel werden'; 'reich sein oder werden', Lane 1, 335f.; Wehr 90) denken. Im Äth. hat das Verbum *tarafa*, das „vicina videntur יָתַר", die Bedeutung „*reliquum esse* vel *fieri, superesse, residuum esse, restare*"; „*remanere*" usw. (C. F. A. Dillmann, Lexicon, 1965, 557f.). Während, wie genannt, die altaram. Belege der Wurzel *jtr* I natürlich nicht besonders zahlreich sind (als Verbum im *peʿal* 'reichlich vorhanden sein'; *paʿel* 'viel tun'; *haphʿel* 'vermehren, nützlich machen'; und als Nomen in *jtr*, 'Rest', Segert, Altaram. Gramm., 537), kommt die Wurzel im post-bibl. Aram. reichlich vor (*peʿal* 'übrig sein oder bleiben'; *paʿel* 'übrig lassen'; 'hinzufügen'; 'etwas zu viel tun'; *aphʿel* 'übrig lassen'; 'Überfluß haben lassen'; *h/itpaʿal* 'übrig gelassen werden'; 'hinzulegen'; 'hinzugefügt werden'; *ištaphʿal* 'übriggelassen werden'; mit den Derivaten *jûṯrān*, *jattîr*, *jiṯrā'* etc., Levy, WTM II, 279; DictTalm 604f.; Dalman, Aram.-Neuhebr. Hw., 1967 = 1938, 190); gleichartig im Mand. (*peʿal* 'vermehrt oder vergrößert werden'; *paʿel* 'vermehren'; 'reich werden'; *etpaʿal* 'reich werden'; mit den Derivaten *iatir*, *iatarta*, *iutrana*, *iatruta*, *tiatruta*, MdD 194; vgl. R. Macuch, Handbook, Oxford 1965, 309. 419f. 437), so wie im Syr. (wo das Verbum *îṯar* im *peʿal* die grundlegende Bedeutung 'übrig oder überflüssig sein' trägt; im *paʿel* kausativisch; im *aphʿel* 'übergenug haben'; 'übermäßig sein'; aber auch 'nützlich sein'; im *etpaʿal* 'übermäßig geworden sein'; 'überlegen sein' usw.; mit Derivaten wie *jûṯrān/ā'*, *jattîr/ûṯā'*, *mawtrānûṯā'*, *meᵉjatteᵉrûṯā'*, *tawtār* etc., ThesSyr I, 1648–1654; Brockelmann, LexSyr, 312–314). Im post-bibl. Hebr. kommt die Wurzel gleichfalls reichlich vor (als Verbum mit den Derivaten *jāṯer*, *jæṯær*, *jiṯrôn* etc., Levy, WTM II, 278f.; DictTalm 604f.; Dalman 190).

Im at.lichen Hebr. ist die Wurzel *jtr* I sowohl verbal (*niph* 81mal; THAT II, 846: 82mal, vgl. aber KBL³ 431; *hiph* 24mal), als auch nominal (*jæṯær* 95mal, davon 44mal *jæṯær diḇrê* in Kön-Chr; *jôṯer/joṯer* 9mal, davon 7mal in Pred; *joṯæræṯ* 11mal, davon 9mal in Lev; *jiṯrāh/jiṯraṯ* je 1mal; *jiṯrôn* 10mal in Pred; *môṯār* 3mal) belegt. Im Bibl.-aram. findet sich nur das Adj./Adv. *jattîr/jattîrāh(')*. Die mit Elementen aus dem Wortfeld des 'Übrigen, Überschüssigen' gebildeten Eigennamen (vgl. KBL³ 430ff.) sind von *jtr* und nicht von *š'r* (s. u.) abgeleitet. Auf die Wurzel *jtr* gehen einige Personennamen (vgl. IPN Nr. 31. 193. 783. 784) zurück: *'æḇjāṯār* (1 Sam 22, 20 – 23, 9; 30, 7; 1 Kön 1, 7ff.; 1 Chr 15, 11 u. ö.); *hôṯîr* (1 Chr 25, 4. 28, vgl. ZAW 75, 1963, 308); *jæṯær* (Ex 4, 18 = *jiṯrô* Ex 3, 1 u. ö.; Ri 8, 20; 1 Kön 2, 5. 32; 1 Chr 2, 17 = *jiṯrā'*, 2 Sam 17, 25; 1 Chr 7, 38 = *jiṯrān* I u. ö.); *jiṯrān* II (Gen 36, 26; 1 Chr 1, 41); *jiṯreʿam* (2 Sam 3, 5; 1 Chr 3, 3); ebenso einige Ortsnamen: *jattîr/jattir* (Jos 15, 48; 1 Sam 30, 27 u. ö.); und das Gentilizium *jiṯrî* bzw. *hajjiṯrî* (2 Sam 23, 38; 1 Chr 11, 40; 2, 53, vgl. KBL³ 432a).

In den bibl. Belegen der Wurzel *jtr* I läßt sich im allgemeinen die Bedeutung 'übermäßig, überschüssig, übrig sein' als die primäre feststellen, während die manchmal als Parallele fungierende Wurzel → שאר (*š'r*) die Grundbedeutung 'übrig sein' trägt und mit ihren 226 at.lichen Belegen die am weitesten verbreitete Wurzel dieses Wortfeldes ist (vgl. Hasel, ²1974; THAT II, 844–855). Zum Wortfeld gehört weiterhin → פלט (*plṭ*) 'entrinnen, gerettet werden' und auch 'übrig sein oder werden' (80mal im AT, vgl. THAT II, 420–427) und → שׂרד (*śrd*) '(durch Flucht) entkommen' (29mal im AT, vgl. ThWNT IV, 200–215). Als Konträrbegriff zu *jtr* I dient vor allem → חסר (*ḥāser*) 'Mangel haben', 'entbehren'.

II. 1. a) Im Grundstamm (*qal*) kommt das Verbum *jtr* I im Bibelhebr. nur in den substantivisch gebrauchten Ptz. Akt. *jôṯer/joṯer* bzw. *joṯæræṯ* vor (s. u.). Die primäre Bedeutung 'überschüssig, übrig sein' etc. läßt sich besonders klar im 1 Sam 15, 15 erkennen; es heißt dort, daß die Israeliten das Beste an Schafen und Rindern von der amalekitischen Beute verschonten und „an dem, was dann noch übrig war", den Bann vollstreckten (H. J. Stoebe, KAT VIII/1, 288).

b) In den 81 at.lichen Belegstellen des Verbums *jtr* I im *niph* (incl. 2 Sam 17, 12, wo *nwtr* [MT: *nôṯar*] vielleicht als *hiph* [LXX: ὑπολειψόμεθα] zu verstehen ist; vgl. K. Budde, KHC, z. St.; s. auch GKa 109d) läßt sich eine reflexive bzw. passive Grundbedeutung 'sich als überschüssig erweisen', 'übrig gelassen werden' unschwer erkennen; so wird z. B. Ex 10, 15 festgestellt, daß nach dem Angriff der Heuschrecken auf die Bäume und Felder „nichts Grünes übrig war" (*lo'-nôṯar kŏl-jæræq*). In den meisten Fällen handelt es sich um ganz alltägliche Dinge:

Jakob blieb allein zurück am Jabbok (Gen 32, 25); Jotham blieb als einziger von den Söhnen Jerubbaals am Leben (Ri 9, 5); David fragt, ob noch jemand vom Hause Sauls übriggeblieben sei, an dem er Barmherzigkeit üben könne (2 Sam 9, 1); Asa nahm alles Silber und Gold, das in den Schatzkammern des Tempels und des Palastes noch übrig war und gab es dem Aramäerkönig als Geschenk (1 Kön 15, 18); Elia meint, allein als Prophet JHWHs übrig zu sein (1 Kön 18, 22; 19, 10. 14).

Beim Vollstrecken des Banns wird niemand übrig gelassen: Enakiter (Jos 11, 22, vgl. v. 11 „keine *nešāmāh*"), Amoriter (1 Kön 9, 20 f.). Nach dem Fall Samariens ist Jerusalem übriggeblieben „wie eine Hütte im Weinberg und wie eine Nachthütte im Gurkenfeld" (Jes 1, 8; man beachte die Fortsetzung: „JHWH hat uns einen kleinen Rest (*śārîḏ*) übrig gelassen [*hiph*]"). Zu Hiskia sagt Jesaja: „Alles, was in deinem Hause ist ... wird nach Babel weggetragen werden; nichts wird übrigbleiben" (2 Kön 20, 17 = Jes 39, 6).
Jes 1, 8 f. schneidet den Restgedanken (vgl. W. E. Müller / H. D. Preuß 44–46) an, was auch in Jes 4, 3 der Fall ist: „Dann wird heilig heißen, wer noch übrig ist (*niš'ār* → שאר [*š'r*]) in Zion und wer übrigbleibt (*nôṯār*) in Jerusalem"; vgl. auch Ez 14, 22: „es bleibt darin ein Rest (*peleṭāh*) übrig". Dagegen müssen nach Amos zehn Menschen, die in Samaria übrigbleiben, sterben (6, 9). Deuterosacharja sieht voraus, daß zwei Drittel der Bevölkerung ausgerottet werden und nur ein Drittel übrigbleiben wird (Sach 13, 8); in der Endzeit aber werden alle, die unter den Völkern der Welt übrigbleiben, nach Jerusalem kommen, um das Laubhüttenfest zu feiern (Sach 14, 16).
Einige kultische Vorschriften enthalten das Verb *jtr*. So soll man vom Passahlamm nichts übriglassen (*hiph*) bis zum Morgen; was aber übrigbleibt (*niph*), soll verbrannt werden (Ex 12, 10). Ebenso soll der Rest der bei der Priesterweihe dargebrachten Opfer verbrannt werden (Ex 29, 34; Lev 8, 32); dasselbe gilt beim *šelāmîm*-Opfer (Lev 7, 17; 19, 6). Bei anderen Opfern wird das Übriggebliebene von den Priestern gegessen (Lev 2, 3. 10; 6, 9; 10, 12).

Dan 10, 13 ist problematisch: MT hat *wa'anî nôṯartî šām*, was kaum mit R. H. Charles, Commentary, 1929, 262, u.a. unter Hinweis auf LXX und Theodotion in *we'oṯô hôṯartî šām* zu ändern ist; am besten sollte man bei MT bleiben und den Satz im Sinne von „und ich wurde dort überflüssig/entbehrlich" verstehen (so Bentzen, HAT I/19², 72; Plöger, KAT XVIII, 145). Schwierig ist auch 2 Chr 31, 10, wo *wehannôṯār 'æṯ-hæhāmôn hazzæh* in MT möglicherweise als „and so we have this great quantity" (J. M. Myers, AB 13, 181) frei wiedergegeben werden kann; oft wird der Ausweg benutzt, *hannôṯār* entweder mit LXX in *wannôṯer* bzw. *wannôṯar* zu ändern oder mit W. Rudolph (HAT I/21, 305) in *wehinneh nôṯar* zu emendieren. – Sämtliche 51 Belege des Ptz. *niph* sind determiniert.

c) Von den 24 at.lichen *hiph*-Belegen von *jtr* I läßt sich die Mehrzahl als faktitiv 'übrig lassen' deuten; so heißt es im Ex 12, 10 über das Lamm des Passahfestes: *welo'-ṯôṯîrû mimmænnû 'aḏ-boqær*, „ihr sollt davon nichts übriglassen bis zum Morgen"; ähnlich vom Manna Ex 16, 19 f.; vom Dankopfer Lev 22, 30; von Feinden Num 33, 55; 2 Sam 17, 12; auch Jes 1, 9 (s.o.); Jer 44, 7 („keine *še'erîṯ*"); Ez 6, 8; 12, 16; 39, 28); einige vielleicht kausativ 'etwas hervorbringen', d. h. 'Überfluß schenken' (Deut 28, 11; 30, 9; so offensichtlich auch Ps 79, 11 MT; vgl. H.-J. Kraus, BK ⁵XV/2, 714; der Imp. *hôṯer* ist wohl am besten als „gib einen Überfluß [von Leben]", „schenke Überleben", zu verstehen, oder einfacher mit Kraus: „erhalte", 713), andere im Sinne von 'etwas (bekommen) haben', d. h. 'Überfluß haben' (Ex 36, 7), öfter abgeschwächt 'übrig haben' (Deut 28, 54; 2 Sam 8, 4; 1 Chr 18, 4; auch Sir 10, 27; zu beachten ist besonders die Zusammenstellung „essen – [satt werden] – übrig lassen", 2 Kön 4, 43 f., 2 Chr 31, 10; Ruth 2, 14. 18); schließlich liegt möglicherweise in Gen 49, 4 ein elatives *hiph*, 'Vorrang haben', 'Erster sein' vor (vgl. akk. *šūturu*, E. A. Speiser, AB 1, 364; ders., Oriental and Biblical Studies, Philadelphia 1967, 474[26]; KBL³ 431).
2. Das mit *jtr* I verbundene mask. Nomen *jæṯær* I (insgesamt 95mal im AT) bezeichnet im allgemeinen das 'Überschüssige', 'Übriggebliebene', also den 'Rest', wobei dieses vor allem unter einem negativen Aspekt betrachtet wird, die Vorstellung von der übriggebliebenen, deshalb geringeren Zahl oder Qualität implizierend. So wird z. B. in Ex 23, 11 über den Ertrag des Landes im Sabbatjahr gesagt, daß die Armen davon essen sollen, „und ihren Rest (was sie übrig lassen) mag das Wild auf dem Felde fressen"; gleichartig in Ex 10, 5: die Heuschrecken werden fressen „das Übriggebliebene, das für euch vom Hagel noch verschont worden ist"; und noch deutlicher dreifach variiert in Jo 1, 4: „Was der Beißer ließ, fraß der Heuschreck. Was der Heuschreck ließ, fraß der Hüpfer. Was der Hüpfer ließ, fraß der Springer" (H. W. Wolff, BK XIV/2², 19); so auch von den zum Tempel gehörenden, in Jerusalem „noch übriggebliebenen Geräten" (Jer 27, 19), sowie vom übrig gebliebenen Brennholz („sein Rest" Jes 44, 19 *jiṯrô* = *še'erîṯô* in v. 17); hierher gehören wohl auch Ps 17, 14 und Hi 22, 20, wo es sich kaum um „abundance, affluence" (BDB 452; so auch E. Dhorme, Job, z. St.) handelt, sondern um übriggebliebene Güter, „einen Rest für ihre Kinder" (H.-J. Kraus, BK XV/1⁵, 272; Ps 17, 14); nach Hi 22, 20 hat das Feuer den Rest (Nachlaß) gefressen; bei *jiṯrām* Hi 4, 21 handelt es sich offensichtlich nicht um *jæṯær* I (vgl. E. Dhorme, z. St.), sondern um *jæṯær* II 'Zeltstrick'. Sonst wird das zu *jtr* I gehörende Nomen *jæṯær* manchmal von übriggebliebenen Menschen verwendet, entweder individuell (Deut 3, 11; 28, 54; Jos 12, 4; 13, 12) oder kollektiv (Jos 23, 12; 2 Sam 21, 2; 2 Kön 25, 11; Jer 52, 15; Ez 34, 18; Mi 5, 2; Zeph 2, 9).

Ein abgeschwächtes Verständnis des Übrigbleibens läßt sich in einer Reihe von Stellen beobachten, wo der Restgedanke mehr vom Gesichtspunkt des Berichts bzw. des Berichterstatters seine Prägung erhält. Das gilt besonders von dem, vor allem in den dtr und chr Geschichtswerken häufig vorkommenden, formelhaften Ausdruck *jæṯær diḇrê* ... (vgl. M. Noth, BK IX/1, 241), „der Rest der Dinge von ...", d. h. „was mehr von ... zu sagen ist", „alles übrige über ..." (M. Noth 241; so in 1 Kön 11, 41 und noch 41mal in Kön-Chr; dazu erweitert: *jæṯær kŏl-diḇrê* ..., 1 Kön 15, 23; *jæṯær d^eḇārājw*, 2 Chr 28, 26). Eine verwandte Funktion des Wortes *jæṯær* ist an einigen Stellen zu finden, wo es das Überschüssige, Übriggebliebene von einer Gruppe von Menschen bezeichnet, die bereits beschrieben oder genannt worden ist, also der Rest = das andere/die anderen, die übrigen usw. (2 Sam 10, 10; 12, 28; 1 Kön 12, 23; Jer 29, 1; Ez 48, 23; Neh 6, 1; 1 Chr 19, 11); desgleichen zur Bezeichnung eines unqualifizierten Rests, einer Mehrzahl (Ri 7, 6; 1 Sam 13, 2), oder von dem gemeinen Volk im Gegensatz zu den führenden Schichten (Neh 2, 16; 4, 8. 13); so kann *jæṯær* auch den Rest, d. h. die übrigen, bisher nicht genannten Teile eines Landes, einer Landschaft usw. bezeichnen (Deut 3, 13; Jos 13, 27), sowie den Rest anderer beschriebener Sachen (Lev 14, 17 von Öl; Num 31, 32 von Beute), oder Jahre (Jes 38, 10).

Eine andersartige, mit der Grundvorstellung von etwas Übermäßigem, Überschießendem zusammenhängende Bedeutung von *jæṯær* ist offensichtlich in Spr 17, 7 zu sehen; *ś^epaṯ-jæṯær* (falls MT nicht mit LXX in *ś^epaṯ-jošær* zu ändern ist; vgl. BHS); die „Lippe des Übermaßes" bezeichnet vermutlich nicht so sehr „arrogant speech" (BDB 452), als vielmehr übertriebene und deshalb „lügnerische Rede" (H. Ringgren, ATD 16/1, 71). Eine gleichartige Bedeutungsnuance des Wortes liegt wahrscheinlich einigen adverbialen Ausdrücken zugrunde, so *gāḏôl jæṯær m^e'oḏ*, „gar übermäßig groß" (Jes 56, 12), *'al-jæṯær*, „übermäßig" (Ps 31, 24; kaum nur „mit vollem Maß", H.-J. Kraus, BK ⁵XV/1, 393), und *wattiḡdal-jæṯær*, „und (das Horn) wurde übermäßig/sehr groß" (Dan 8, 9).

3. Abgesehen von 1 Sam 15, 15 (s. o. 1. a) kommt das Ptz. *qal jôṯer/joṯer* nur in verhältnismäßig späten Texten vor (9mal in Pred, Esth). Der Terminus ist, gleichwie das nur im Pred vorkommende *jiṯrôn* bzw. das nur in weisheitlichen Kontexten (Spr, Pred) benutzte *môṯār* (s. u.), primär wirtschaftlich geprägt: 'Überschuß', 'Gewinn', auch verallgemeinert 'Vorteil'. Eine solche Bedeutung geht klar aus Pred 7, 11 hervor, wo die Weisheit in Verbindung mit einem Erbgut (zu *'im*, s. R. Gordis, Koheleth, ³1973, 273) als „ein Gewinn/Vorteil für die, die die Sonne schauen" bezeichnet wird (mit *ṭôḇāh* als Parallelbegriff). Die Bedeutung 'Vorteil' liegt auch *jôṯer* im Pred 6, 8 zugrunde: „Welchen Vorteil hat der Weise vor dem Toren?", was aber tatsächlich meint: „Was hat der Weise dem Toren voraus", denn „bei Qoh ist מה־יתרון oder מה־יותר immer rhetorische Frage" (H. W. Hertzberg, KAT XVII/4–5, 130); gleichartig heißt es in Pred 6, 11: „Was kommt dabei für den Menschen heraus?".

Ebenso wie bei *jæṯær* (s. o.) läßt sich auch bei *jôṯer/joṯer* eine adverbiale Funktion feststellen, wie bes. aus Pred 7, 16 ersichtlich ist; *jôṯer* hat hier || *harbeh*, den im nach-bibl. Hebr. häufig belegten Sinn 'übermäßig', 'sehr' (vgl. DictTalm 527): „Sei nicht zu gerecht und gebärde dich nicht allzu weise". Auch im Pred 2, 15 läßt sich die adverbiale Funktion, 'übermäßig', 'überaus' feststellen. Mit einem folgenden *min* heißt *joṯer* 'mehr als' (Pred 12, 12; Esth 6, 6), wie oft im nach-bibl. Hebr. Einmal wird *joṯer* mit *šæ* verbunden; die Phrase *w^ejoṯer šæhājāh qohælæṯ ḥāḵām* (Pred 12, 9) kann entweder bedeuten: „Not only was Koheleth a sage himself ..." (R. Gordis 200, mit Hinweis auf bPes. 112a; Jeb. 113a), oder: „Dazu ist nachzutragen: Qohelet war ein 'Weiser'" (H. W. Hertzberg 215 f.).

4. Das in Ex-Lev 11mal vorkommende *joṯæræṯ* bezeichnet den '(Leber)lappen', eigentlich „augmentum, redundans", so wie bei Saadja: *zijāda* (vgl. W. Gesenius, Thesaurus, 1853, 645 f.). Das Wort kommt nie isoliert vor, sondern nur in Verbindung mit *kāḇeḏ* II, „Leber", entweder durch ein Cstr.-Verhältnis, *joṯæræṯ hakkāḇeḏ* (Ex 29, 22; Lev 8, 16. 25; 9, 19), oder mit Präp. verbunden, *hajjoṯæræṯ min-hakkāḇeḏ* (Lev 9, 10) bzw. *hajjoṯæræṯ 'al-hakkāḇeḏ* (Ex 29, 13; Lev 3, 4. 10. 15; 4, 9; 7, 4). Die Leber von drei verschiedenen Tieren kommt in den elf Texten in Betracht, die des Schafes, der Ziege und des Rindes. Sechs dieser Stellen (Ex 29, 13. 22; Lev 8, 16. 25; 9, 10. 19) nennen den Leberlappen in einer Aufzählung der Teile, die bei dem *š^elāmîm*-Opfer darzubringen sind, und der Lappen wird in der Aufzählung bald vor, bald hinter den Nieren genannt. An den fünf übrigen Stellen (Lev 3, 4. 10. 15; 4, 9; 7, 4) wird der Leberlappen durch einen präzisierenden, immer gleichlautenden Satz ergänzt: „mitsamt den Nieren nimmt er ihn weg" (eher als: „an den Nieren löst er ihn ab", K. Elliger, HAT I/4, 47; vgl. Rost 35–41). Durch die Spezialuntersuchung L. Rosts ist gezeigt worden, daß *joṯæræṯ* in sämtlichen at.lichen Belegstellen den *lobus caudatus* bezeichnet (vgl. auch m Tam. IV, 3). Weil der *lobus caudatus* bei den Kleinviehlebern sich von dem bei der Rindsleber unterscheidet, und außerdem offensichtlich nur die Schaf- bzw. Ziegenleber für die antike, besonders aus Mesopotamien wohlbekannte Leberschau (s. z. B. S. R. Driver, The Book of Exodus, 1911, 317; Meissner, BuA 2, 267 ff.; BHHW 1061) in Betracht kam, nicht aber die Rindsleber, ist die Vermutung L. Rosts nicht auszuschließen: „wenn also die Opferbestimmungen auch der Rindsleber Beachtung schenken, dann beruht das auf sekundärer Ausweitung einer anfangs nur für Kleinviehleber notwendig gewordenen Maßregel" (37; vgl. ferner K. Elliger 52; G. F. Moore, Festschr. Th. Nöldeke, 1906, 761 ff.).

5. Das in Jes und Jer je einmal vorkommende *jiṯrāh* (Jes 15, 7) bzw. *jiṯraṯ* (Mss: *jiṯrāṯ*, Jer 48, 36; vgl. BLe 62 v) läßt sich aus *jtr* I als 'Erübrigtes' (KBL³ 431) verstehen; so z. B. in Jes 15, 7: „Darum, was noch übrig ist und was man aufbewahrt hat, über den Pappelbach tragen sie's fort" (H. Wildberger, BK X/2,

588); die Bedeutung „abundance" (O. Kaiser, OTL, 58) ist aber nicht völlig ausgeschlossen.

6. Bei der nur in Pred vorkommenden Nominalbildung *jiṯrôn* (vgl. BLe 61 nϑ; S. J. du Plessis, Festschr. A. v. Selms, 1971, 164–167) ist die Verbindung mit dem stark ökonomisch gefärbten *jtr* I leicht zu erkennen. Obwohl vieles dafür spricht, „daß Kohelets יתרוֹן-Bildungen vom Sprachgebrauch der antiken Rhetorik beeinflußt sind" (Braun 48), läßt sich die Bedeutung von *jiṯrôn* aus *jtr* I bestimmen als „'that which remains', – the surplus, if any, of the balance sheet of life" (E. H. Plumptre, Ecclesiastes, Cambridge 1881, 104), also ein Miteinander von dem, was im Menschenleben positiv als „Ergebnis" herauskommt, und dem, was dabei bleibt von „Gewinn" oder überschüssigem „Vorteil" (KBL³ 432), ohne daß immer eine klare Differenzierung zwischen den beiden Gesichtspunkten aufrechterhalten werden kann. Die Bedeutung des Terminus *jiṯrôn* läßt sich auch negativ bestimmen durch das in Pred als Konträrbegriff verwandte *ḥæsrôn* (hap. leg. in 1, 15), ökonomisch „deficit" (M. Dahood, Bibl 47, 1966, 266; ders., Bibl 33, 1952, 221; ThWAT III, 88–98; vgl. aber Braun, 47f.). Bei *jiṯrôn* handelt es sich also um das „Überschüssige", den „Ertrag", der „in der kaufmännischen Sprache 'Gewinn', 'Fazit', 'Vorteil'" (A. Lauha, BK XIX, 33; vgl. Ch. F. Withley, BZAW 148, 7) bezeichnet. Die im Pred grundlegende, existentielle, zwar rhetorische Frage in 1, 3 lautet: „Was ist der Ertrag des Menschen bei all seiner (Lebens)mühe?" (der Versuch M. Dahoods, Bibl 47, 1966, 265, *beḵol-ʿamālô* als „*from* all his toil" zu verstehen, überzeugt nicht); eine gleichartige, rhetorische Frage tritt in 3, 9 auf, offensichtlich als Abschluß der 28-gliedrigen, um den Begriff *ʿeṯ* konzentrierten Periode 3, 2–8: „Was ist (da) der Ertrag des Tätigen, wenn er sich abmüht?" (vgl. J. A. Loader, BZAW 152, 32); so auch von dem dem göttlichen Schicksal unterworfenen, hinfälligen Menschen: „Was ist der Ertrag für ihn, wenn er sich abmüht, (nur) für den Wind?" (5, 15). Die Antwort auf die Fragen dieses Charakters wird in 2, 11 gegeben: „Es gibt keinen (wirklichen) Gewinn/Ertrag unter der Sonne", weil auch „the *yitrôn* of the *ḥāḵām* amounts to nothing, and all he has is pain and worries" (J. A. Loader 41). Parallel wird das Verhältnis zwischen Weisheit und Torheit als ein Plus/Minus-Verhältnis betrachtet: „Die Weisheit hat ein Plus gegenüber der Torheit, so wie das Licht ein Plus hat gegenüber der Finsternis" (2, 13; vgl. GKa 24 e); dieses Plus der Weisheit läßt sich von einem Lebenserhaltungsaspekt definieren, „sie erhält ihren Besitzer am Leben" (7, 12, laut MT; zum Text s. H. W. Hertzberg, KAT XVII/4–5, 130).

Unsicher bleibt in diesem Zusammenhang die Deutung von *wejiṯrôn haḵšer ḥoḵmāh* in 10, 10 (kurze Übersicht über Deutungsvorschläge bei R. Gordis, Kohelet, ³1973, 321 f.). Soll man mit H. W. Hertzberg in *haḵišrôn wejiṯrôn ḥoḵmāh* emendieren: „gibt's da einen Gewinn und Vorteil der Weisheit" (182; ähnlich K. Galling, HAT I/18², 116), oder mit L. di Fonzo (Ecclesiaste, 1967, 294) nur *haḵšer* (hiph Inf. abs.) in *haḵšîr* (Inf. cstr.) ändern und es im Sinne „giova dunque 'tenere in efficienza' la sapienza" verstehen, oder auch bei MT (mit z. B. R. Gordis; BHS) bleiben und es unter Hinweis auf post.-bibl. hebr. Vergleichsmaterial als „but it is an advantage to prepare one's skill in advance" (R. Gordis 192. 321 f.) interpretieren? Problematisch sind auch die übrigen zwei Vorkommen des Wortes *jiṯrôn* in Pred 10, 11, wo es im Anschluß an den vorangehenden Satz mit verhältnismäßiger Wahrscheinlichkeit die Bedeutung hat: „Wenn die Schlange beißt, ohne beschworen zu sein, dann hat der Beschwörer keinen Vorteil" (H. W. Hertzberg 182; ähnlich A. Lauha 186), und der sehr schwierige Text *wejiṯrôn ʾæræṣ bakkol hî ʾ mælæk leśāḏæh naʾ ʾæḇāḏ* in 5, 8 (zur Diskussion s. bes. H. Odeberg, Qohælæt, 1929, 47f.; L. di Fonzo 204f.; R. Gordis 250; A. T. Varela, The Bible Translator 27/2, 1976, 240f.), der vielleicht am besten, unter Vergleich mit Targ. und Ibn Ezra, als „the advantage of land is paramount; even a king is subject to the soil" (R. Gordis 166; vgl. 250) gedeutet werden soll.

7. Gleichwie die Bedeutung des Begriffes *jiṯrôn* sich negativ durch den konträren Terminus *ḥæsrôn* präzisieren läßt, wird die Bedeutung des Parallelbegriffes *môṯār* durch den gegensätzlichen Ausdruck *maḥsôr*, 'Mangel' etc. (→ חסר [*ḥsr*]) in Spr 14, 23 und 21, 5 als 'Vorteil', 'Gewinn', 'Vorzug' etc. (vgl. KBL³ 534) bestimmt. Das trifft auch für den letzten at.lichen Beleg (Pred 3, 19) zu, wo es sich um den „Vorzug der Menschen vor den Tieren" (H. W. Hertzberg, KAT XVII/4–5, 97) handelt.

8. Bibl.-aram. *jattîr* ist in seiner Verbindung mit *jtr* I adjektivisch primär als 'überschüssig', 'außergewöhnlich' etc. zu verstehen (vgl. E. Vogt, Lex. Ling. Aram. Vet. Test. 1971, 78; THAT II, 846; Segert 537; s. auch 4.3.3.6.5). In Dan 2, 31 wird von der großartigen Statue in der Traumerscheinung König Nebukadnezars gesagt, daß „ihr Glanz außerordentlich war" (*zîweh jattîr*); desgleichen wird in 5, 12 von dem „außerordentlichen Geist" Daniels (*rûaḥ jattîrāh*) gesprochen; so auch in 6, 4 (*jattîrāʾ*); in 5, 14 von seiner „außerordentlichen Weisheit" (*ḥoḵmāh jattîrāh*); endlich wird im Selbstbericht Nebukadnezars über die Wiederherstellung der Macht des Königs gesagt: „überschüssige", d. h. „noch größere Macht wurde mir gegeben" (O. Plöger, KAT XVIII, 70; *rebû jattîrāh ḥûsepaṯ lî*, 4, 33); daneben finden wir auch bei *jattîrāh* (vgl. oben bei hebr. *jæṯær* I bzw. *jôṯer/joṯer*) eine adverbiale Funktion (vgl. Segert 5.5.8.5.2), und zwar in der Bedeutung 'außerordentlich', 'sehr', 'viel' etc. (vgl. E. Vogt 78; Segert 537; auch 7.2.4.1.2). So heißt es von dem Feuerofen, daß er „außerordentlich überhitzt war" (O. Plöger, KAT XVIII, 58; *ʾezeh jattîrāʾ*, 3, 22), und in der ersten großen Vision Daniels wird von dem vierten Tier gesagt, daß es „sehr stark" (*taqqîpāʾ jattîrāʾ*, 7, 7) war, ferner „sehr grausam" (*deḥîlah jattîrāh*, 7, 19).

III. Die Wurzel *jtr* I wird in der LXX sehr unterschiedlich übersetzt, doch meistens in irgendeiner Verbindung mit λείπειν und περισσεύειν (mit präpositionalen Erweiterungen). Das Verbum *jtr* I im *qal* wird mit λοιπός wiedergegeben (tatsächlich nur 1 Sam 15, 15; s. ferner bei *jôṯer*/*joṯer* bzw. *joṯæræṯ* unten); im *niph* mit ἀπολείπειν, ἐγκαταλείπειν, ἐπίλοιπος, εὑρίσκειν, καταλείπειν, κατάλοιπος, λοιπός, περισσεύειν, περισσός, περιττός, ὑπολαμβάνειν, ὑπολείπειν, ὑπόλοιπος; *hiph* ἀπολείπειν, ἐγκαταλείπειν, ἐκζεῖν, εὐλογεῖν, καταλείπειν, περιποιεῖν, πληθύνειν(-υειν), πολυωρεῖν, προσκαταλείπειν und ὑπολείπειν. Das Nomen *jæṯær* I wird meistens durch λοιπός (44mal) bzw. κατάλοιπος (17mal) wiedergegeben, ferner durch ἔλλειμμα, ἐπίλοιπος, κατάλειμμα(-λιμμα), καταλείπειν, περισσός, περιττός, περισσῶς, πιστός (?), πλεόνασμα, ὑπολείπειν und ὑπόλοιπος; *jôṯer*/*joṯer* durch περισσεία(-ια), περισσεύειν, περισσός und περιττός (*jôṯer min* in Esth 6, 6 durch εἰ μή); *joṯæræṯ* durch λοβός; *jiṯraṯ* durch περιποιεῖν (Jer 48, 36; in LXX: 31, 36; *ʿal-ken jiṯrāh ʿāśāh* in Jes 15, 7 durch μὴ καὶ οὕτως μέλλει σωθῆναι); *jiṯrôn* durch περισσεία(-ια); *môṯār* durch περισσεύειν bzw. περισσός; *jattîr*/*jattîrāh*(ʾ), endlich, wird sehr unterschiedlich wiedergegeben: durch ἅγιος (Dan 5, 12. 14; 6, 4; Theodotion: περισσός), ὑπὲρ ... (3, 22; Theodotion: περισσός), ὑπερφερής (2, 31), ὑπερφέρειν (7, 7; Theodotion: περισσῶς) und ὑπέρ(φοβος) (7, 19; Theodotion: περισσοῶς).

IV. In den Qumran-Texten läßt sich nur eine kleine Zahl von Beispielen einer Verwendung der Wurzel *jtr* I ersehen. In 1 QpHab 7, 7 finden wir das adverbiale *jtr ʿl*, das entweder als *jæṯær ʿal* (vgl. umgekehrt *ʿal-jæṯær* in Ps 31, 24) gelesen werden soll (so z. B. E. Lohse, Die Texte aus Qumran, 1971, 234) oder eher mit der Parallelstelle 1 Q 22, 3, 2 (*jwtr ʿl ʾrbʿt*; vgl. 1 Q 30, 1, 5: */wʾšr jw/tr l/?/*) als *joṯer ʿal*; es heißt in 1 QpHab 7, 7f. über Hab 2, 3a: „Seine Deutung ist, daß die äußerste Endzeit in die Länge gezogen wird, und (zwar) weit hinaus über (*w^ejoṯer ʿal*) alles, was die Propheten gesagt haben." In 1 QM 2, 6 stoßen wir auf das Ptz. *niph hannôṯārôṯ* in der üblichen Bedeutung „die übrigen", da einfach von den dreiunddreißig „übrigen Jahren des Krieges" die Rede ist; in derselben Funktion taucht *hannôṯārôṯ* in 1 QM 2, 10. 14 wieder auf. In CD 2, 11 steht ein *htjr*, das zwar als *hoṯêr* (*hiph* Inf. cstr. von *jtr* I) im Sinne von „übriglassen" gelesen werden kann, aber wohl eher in Verbindung mit der Wurzel *ntr* gedeutet werden sollte (so z. B. K. G. Kuhn, Konkordanz, 1960, 95; vgl. auch *jtrh* in 1 QJes^a 1, 8; P. Wernberg-Møller, JSS 3, 1958, 250). Ein kaum zweideutiges *nwtrw* in CD 3, 13 ist als *niph* Perf. *nôṯ^{e}rû* zu lesen und als „übrig sein" zu übersetzen; es handelt sich hier um die bundestreuen Israeliten, und zwar diejenigen, „die von ihnen übrig waren".

Kronholm

Verzeichnis der deutschen Stichwörter

(*Kursiv* gesetzte Zahlen verweisen auf den Gesamtartikel bzw. auf Abschnitte, in denen das Stichwort eingehend behandelt wird)

Stellenregister
(Auswahl)

Genesis

Exodus

Leviticus

14, 57: 925
15: 359
15, 8: 948
16, 21: 452
16, 21f.: 470f.
17, 4: 256f.
17, 15: 378
18, 6–23: 360f.
19, 3: 892
19, 7: 256
19, 14. 32: 892
19, 20: 126, 220ff.
20, 22–26: 981
21, 16–23: 215
22, 8: 378
22, 22: 233
23, 13: 619
23, 39–43: 504
24, 14: 452
25, 4. 8: 557
25, 6: 557
25, 8. 12. 24: 559
25, 10: 556
25, 17. 36. 43: 892
25, 23: 558
26, 6: 181
26, 14–17: 683
26, 25: 171
26, 40: 470f.
27, 29: 198

Numeri

1, 53: 15
2, 17: 19
3, 38: 19
4, 7: 619
5, 2: 6
5, 3: 357
5, 5–10: 469f.
5, 11–31: 360
6, 3: 402
6, 6–12: 356
6, 25f.: 40
7, 10f. 84. 88: 21
8, 5–22: 311
9, 17ff.: 14, 20
10, 3f.: 703
10, 34: 20
12, 14: 948
12, 14f.: 11
13f.: 118, 523
13, 19: 18
13, 30: 969
14, 8: 113
14, 12: 960
14, 16: 631
14, 18: 64
14, 24: 961, 969, 971
14, 31: 374
14, 34: 504
14, 35: 702
15, 2: 619
15, 5–10: 619
16, 11: 702
16, 30. 33: 900
18, 27. 30: 256f.
20, 20: 448
21: 913
21, 1–3: 199
22–36: 906f.
23, 7–10. 18–24: 1006
23, 9: 250
23, 22: 817f.
23, 24: 382
24, 3–9: 1005
24, 8: 133, 817f.
24, 14: 721
24, 17: 1005
24, 18: 963, 969
24, 19: 774
25: 550
25, 9: 948
26, 19f.: 521
26, 19–22: 522
27, 3: 703
27, 8–11: 154, 973
27, 29: 213
28, 2–8: 847
28, 11–15: 582
28, 14: 619
30, 50–55: 981
31, 17f.: 373
32, 16. 17. 24: 374
32, 21: 981
32, 26: 374
34, 12: 905
35, 9–29: 154
35, 33f.: 46f.

Deuteronomium

1, 5: 384
1, 8: 972
1, 19–46: 118
1, 22: 118
1, 27: 809, 811
1, 36: 971
1, 39: 374, 971
2, 7: 455
2, 20–22: 972
3, 17: 905
4, 1–40: 977f.
4, 2: 683
4, 5: 974
4, 11: 268, 275
4, 19: 944
4, 20. 37: 811f.
4, 32–40: 505
4, 36: 691
4, 49: 905
5, 6: 812ff.
5, 12–15: 582
5, 22: 684
5, 29: 886
5, 31: 974
6, 1: 974
6, 2: 886
6, 10–16: 977
6, 13: 886
6, 20–25: 127
6, 21: 813
6, 24: 886
7, 1–11: 504
7, 2: 38f., 209
7, 3f.: 212
7, 7f.: 281
7, 9. 12: 66
7, 26f.: 197
8, 1: 977
9, 1–6 (8): 977
9, 3: 907
9, 12: 811, 819
9, 22–24: 977
9, 27: 775
9, 28: 631
10, 11: 972
10, 12: 886
10, 15: 281
10, 17f.: 1077
10, 20: 886
11, 2–32: 504
11, 10: 950
11, 13ff.: 918
11, 29f.: 928
12, 1: 974
12, 2f. 29–31: 975
12, 10: 975
12, 28: 1067
12, 29: 975
13, 1: 683
13, 6. 11: 812
13, 13–19: 207, 211
13, 15: 197
13, 19: 1067
14, 9f.: 354
14, 21: 355
15, 12: 127, 557
15, 15: 127
16, 1: 812
16, 3: 100
16, 17f.: 1067
17, 3: 944
17, 8ff.: 925f.
17, 14: 975
17, 15: 355
18, 9–22: 975
20, 5: 20
20, 10–18: 210f.
20, 17f.: 197
20, 18: 212
21, 13: 946
21, 14: 104
22, 5: 134
22, 18: 692
22, 19. 29: 624
22, 23f. 25f.: 221
22, 25–29: 1047
23, 13: 430
23, 17: 664
24: 925
24, 1: 30
24, 4: 44
25, 5–10: 394, 397f.
25, 9: 948
25, 17–19: 211
25, 19: 976
26, 1: 975f.
26, 1–8: 619
26, 2: 975
26, 8: 813
26, 9: 969
28, 26: 181
28, 29–31: 1048
28, 42: 960
28, 48: 96
28, 57: 96
29, 10: 374
29, 12: 776
29, 26: 185
30, 1–10: 977f.
31, 12: 374
31, 13: 974
31, 29: 455
32, 8: 971
32, 8f.: 552
32, 10: 640
32, 10–12: 77
32, 15: 1069, 1073
32, 15–22: 842
32, 17: 553
32, 22: 848
32, 23: 133
32, 34: 286
32, 37: 77
32, 37f.: 619
32, 42: 133
33: 1000
33, 2: 793f.
33, 2–5. 26–29: 1074
33, 4: 963
33, 5: 598, 1073
33, 7: 521
33, 10: 774, 926, 1005
33, 13–17: 347
33, 20: 382
33, 26: 1073f.
33, 26–29: 1005
33, 28: 755, 773

Josua

1, 7f.: 976
1, 12–18: 907
2, 2f.: 118
2, 10: 806
2, 12. 14: 52
3f.: 907f.
4, 22f.: 406
4, 21–23: 909f.
5, 1–12: 518
5, 5f.: 806
5, 13–15: 449
6, 17: 199
6, 19: 199
6, 26: 676
7: 472f.
7, 11. 15: 197
7, 15: 194
7, 20: 472
8, 35: 374
9, 5. 12: 402
10, 1ff.: 1049
10, 12f.: 943
10, 28–39: 194

Sprüche

Jeremia

Klagelieder

Ezechiel

Daniel

Hosea

Joel

Amos

Obadja

Jona

Micha

Nahum

Habakuk

Zephanja

Haggai

Sacharja

Maleachi

Judith

1 Makkabäer

Abkürzungen

AbB	Altbabylonische Briefe, Leiden
ABLAK	M. Noth, Abhandlungen zur biblischen Altertumskunde
AbrNahrain	An Annual under the Auspices of the Department of Semitic Studies University of Melbourne, Leiden
ACLingSémCham	Actes du premier congrès internationale de linguistique Sémitique et Chamito-sémitique, La Haye
ADAI,Ä	Abhandlungen des deutschen archäologischen Instituts, Ägyptische Reihe, Kairo
ADD	C. H. Johns, Assyrian Deeds and Documents, Cambridge 1898–1923
ADPV	Abhandlungen des deutschen Palästinavereins
AGH	E. Ebeling, Die akkadische Gebetsserie „Handerhebung" . . ., 1953
AION	Annali del' Istituto universitario Orientale die Napoli, Neapel
AIPH	Annuaire de l' Institut de Philologie et d' Histoire Orientales et Slaves, Brüssel
AJTH	American Journal of Theology, Chicago Ill.
AKA	L. W. King, The Annals of the Kings of Assyria, London 1902
AMAW	Abhandlungen der Akademie der Wissenschaften und der Literatur in Mainz und Wiesbaden
Andrews Uni. Sem. Stud	Andrews University Seminary Studies, Berrien Springs, Mich.
ANES	(s. JANES)
AnLeedsOrSoc	Annual of the Leeds University Oriental Society, Leiden
Antonianum	Periodicum philosophico – theologicum trimestre, Rom
ARE	Ancient Records of Egypt, Chicago Ill.
AS	Assyriological Studies, Chicago
ATS	Arbeiten zu Text und Sprache im AT (Hg.: W. Richter), Münchener Universitäts-Schriften
BAT	Die Botschaft des AT
Bauer-Leander, HG	P. Bauer-Leander, Historische Grammatik der Hebräischen Sprache, Halle
BBR	H. Zimmern, Beiträge zur Kenntnis der babylonischen Religion, 1901
BET	Beiträge zur biblischen Exegese und Theologie
Biblia revuo	Moonee Ponds, Victoria
BibOrPont	(= BietOr)
Bijdragen	Tijdschrift voor Filosofie en Theologie, Nijmegen/Brügge
BiViChr	Bible et vie chrétienne, Paris
BN	Biblische Notizen
BS	Bibliotheca Sacra, A Theological Quarterly, Dallas
CAA	Cahiers Alsaciens d'archéologie d'art et d'histoire, Strasbourg
CAH	Cambridge Ancient History, Cambridge
CBC	Cambridge Bible Commentary, Cambridge
CIJ	Corpus inscriptionum Judaicarum. Città del Vaticano 1936ff.
CSD	R. Payne Smith, A Compendious Syriac Dictionary, Oxford 1903 (= 1957)
CTH	E. Laroche, Catalogue des textes Hittites, Paris 1971
CTM	Concordia Theological Monthly, St. Louis
DBAT	Dielheimer Blätter zum AT
DTT	Dansk teologisk tidsskrift, Kopenhagen
EHS	Europäische Hochschulschriften
EHO	F. M. Cross – D. N. Freedman, Early Hebrew Orthography, New Haven 1952
EI	Eretz Israel, Archaeological, Historical and Geographical Studies, Jerusalem
EncJud	Encyclopaedia Judaica, Jerusalem
Encounter	Encounter. Creative Theological Scholarship, Indianapolis
ErfThSt	Erfurter theologische Studien
EtBibl	Études Bibliques, Paris 1903ff.
EWNT	Exegetisches Wörterbuch zum Neuen Testament (Hg.: H. Balz – G. Schneider) 1980f.
FreibZPhTh	Freiburger Zeitschrift für Philosophie und Theologie, Fribourg
FzB	Forschungen zur Bibel
GUOST	Glasgow University Oriental Society Transactions
HDB	Harvard Divinity Bulletin, Cambridge Mass.

HThS	Harvard Theological Studies, Cambridge Mass.
HwbIsl	Handwörterbuch des Islam (Hg.: A. J. Wensinck – J. H. Kramers, Leiden 1941)
IFAO	Institut Francais d'archéologie orientale, Bibl. d'Étude, Kairo
IG	Inscriptiones Graeca (ab 1873)
ILR	Israel Law Review, Jerusalem
Immanuel	Immanuel. A Semi-annual Bulletin of Religious Thought and Research in Israel, publ. by the Ecumenical Research Fraternity in Israel, Jerusalem
IndJT	Indian Journal of Theology, Serampore
Iraq	Iraq. British School of Archaeology in Iraq, London
JAC	Jahrbuch für Antike und Christentum
JANES	The Journal of the Ancient Near Eastern Society of Columbia University, New York
JESHO	Journal of Economic and Social History of the Orient, Leiden
JNWSL	Journal of Northwest Semitic Languages, Stellenbosch
JPS	Journal of Palestine Studies, Kuweit
JSJ	Journal of Study of Judaism, Leiden
KAH	Keilschrifttexte historischen Inhalts, 1911. 1922
KAO	H. Schäfer – W. Andrae, Die Kunst des alten Orient
KeHAT	Kurzgefaßtes exegetisches Handbuch zum Alten Testament, 1886ff.
LAPO	Littératures anciennes du Proche-Orient. Collection publiée sous le patronage de l'Ecole Biblique et Archéologique Française de Jérusalem, Paris
LBS	The Library of Biblical Studies, New York
MAB	Mémoires de l'académie royale de Belge, Brüssel
MAG	Die mittelassyrischen Gesetze, vgl. G. R. Driver – J. C. Miles, The Assyrian Laws, Oxford 1935
MDP	Mémoires de la Délégation en Perse, Paris
MEOL	Mededelingen en verhandelingen van het vor-aziatisch-egyptisch genootschap „Ex oriente lux", Leiden
MSU	Mitteilungen des Septuaginta-Unternehmens der Gesellschaft/Akademie der Wissenschaften in Göttingen
NAWG	Nachrichten der Akademie der Wissenschaften zu Göttingen
NC	Nouvelle Clio. Revue mensuelle de la découverte historique, Brüssel
NCB	New Clarendon Bible, Oxford 1966ff.
NedGTT	Nederduitse Gereformeerde Teologiese Tydskrift, Kaapstad
NICOT	The New International Commentary on the Old Testament, Grand Rapids
NPN	J. J. Gelb – P. M. Purves – A. A. McRae, Nuzi Personal Names (OIP 58, 1943)
OBO	Orbis Biblicus et Orientalis, Fribourg – Göttingen
OECT	Oxford Editions of Cuneiform Texts, Oxford
OTL	Old Testament Library, London
Paléorient	Paléorient. Revue interdisciplinaire de préhistoire et protohistoire de l'Asie du Sudouest, Paris
PCIS	Corpus Inscriptionum Semiticarum (CIS I/3), Inscriptiones Phoeniciae
PNPPI	F. L. Benz, Personal Names in the Phoenician and Punic Inscriptions. Studia Pohl 8, Rom 1972
POS	Pretoria Oriental Series, Leiden
PRT	E. Klauber, Politisch-Religiöse Texte aus der Sargonidenzeit, 1913
PSBA	Proceedings of the Society of Biblical Archaeology, London
QDisp	Quaestiones Disputatae (Hg.: K. Rahner u. H. Schlier)
QuadSem	Quaderni di Semitistica, Florenz
RAO	H. Ringgren, Die Religionen des Alten Orients. ATD Ergänzungsreihe, Sonderband
RH	Revue historique, Paris
RNP	G. Ryckmans, Les noms propres sud – sémitiques I–III, Leiden 1934f.
SAB	Sitzungsberichte der Deutschen Akademie der Wissenschaften, Berlin
SBFLA	(= FrancLA)
SBL, Diss Ser	Society of Biblical Literature, Dissertation Series, Missoula
Sci Esprit	Science et Esprit, Montreal-Tournai
SEAJTh	South East Asia Journal of Theology, Singapore
Sefarad	Sefarad, Madrid
Shnat Miḳr	שנתון למקרא ולחקר המזרח הקדום Shnaton. An Annual for Biblical and Ancient Near Eastern Studies, Tel Aviv.
SPB	Studia Patristica et Byzantina, Ettal.

STDJ	Studies on the Text of the Desert of Judah, Leiden.
STT	O. R. Gurney – J. J. Finkelstein, The Sultantepe Tablets, London 1957
Sumer	Sumer. A Journal of Archaeology and History in the Arab World, Bagdad.
Tarbiz	Tarbiz. A Quarterly Review of the Humanities, Jerusalem.
TCS	Texts from Cuneiform Sources, Locust Valley, New York 1966ff.
Textus	Textus. Annual of the Hebrew University Bible Project, Jerusalem
ThLB	Theologisches Literaturblatt
TIM	Texts in the Iraq Museum, Bagdad
TMB	F. Thureau-Dangin, Textes Mathématiques Babyloniens, Leiden 1938
TOTC	Tyndale Old Testament Commentaries, London
TU	Texte und Untersuchungen zur Geschichte der altchristlichen Literatur, Berlin-Ost.
TynB	Tyndale Bulletin, Cambridge.
Una Sancta	Una Sancta. Zeitschrift für ökumenische Begegnung, Meitingen.
WBTh	Wiener Beiträge zur Theologie
WdF	Wege der Forschung
WiWei	Wissenschaft und Weisheit. Zeitschrift für Augustinisch-Franziskanische Theologie und Philosophie in der Gegenwart.
WKAS	Wörterbuch der klassischen arabischen Sprache (Hg.: Deutsche Morgenländische Gesellschaft), 1970ff.
YOS	Yale Oriental Series, Babylonian Texts
ZBK	Zürcher Bibel-Kommentar
ZMR	Zeitschrift für Missionskunde und Religionswissenschaft.

Korrigenda zu Bd. III

Sp. 75, Z. 29: lies *lîre'æka*
Sp. 88, Z. 17 v. u.: lies AHw I,
Sp. 113, Z. 16 v. u.: lies *tā'eb*
Sp. 274, Z. 28: lies *'opæl*).

Sp. 274, Z. 36f. ist der Text verderbt. Der Text muß richtig lauten:

Andere Stellen, die auf *š^{e}'ol* anspielen können, sind: Hi 15, 30 „Er entkommt nicht aus der Finsternis"; 17, 13 „Wenn ich hoffe, ist das Totenreich mein Haus, im Dunkel breite ich aus mein Lager"; 18, 18 „Er (der Gottlose) wird aus dem Lichte in die Finsternis gestoßen, aus der Welt (*tebel*) verscheucht"; 22, 11 „Dein Licht (mit LXX) ward finster, daß du nicht siehst, und der Schwall der Wasser bedeckt dich"; Ps 35, 6 „Ihr Weg soll Finsternis und Schlüpfrigkeit (*ḥ^{a}laqlaqqôt*) sein" (ein Fluch); Ps 88, 13 „Werden deine Wunder in der Finsternis kund, dein Heil im Lande des Vergessens?" (v. 11 spricht von den Toten und den *r^{e}pā'îm*, v. 12 weist auf das Totenreich als Grab und *'^{a}baddôn* hin); Ps 88, 19 „mein Vertrauter ist die Finsternis (*maḥšāk*)"; Ps 143, 3 „Der Feind ... legt mich in Finsternis gleich ewig Toten" (vgl. ähnlich Kl 3, 6 „er hat mich in Finsternis gelegt gleich ewig Toten"); Pred 6, 4 von einer Fehlgeburt: „sie kommt in Nichtigkeit, und in Finsternis (*ḥošæk*) geht sie dahin, mit Dunkel (*ḥošæk*) bleibt ihr Name bedeckt" (ohne Namen gelangt sie nicht zur vollen Wirklichkeit und ihr wird kein Nachleben gesichert, s. Zimmerli, ATD 16/1, 198); Pred 11, 8 „Wenn der Mensch viele Jahre lebt..., so gedenke er der Tage des Dunkels (*ḥošæk*) – auch ihrer sind viele"; Nah 1, 8 „Er (JHWH) jagt seine Feinde in die Finsternis". Auch andere Stellen verbinden Finsternis mit dem Tod, ohne sie direkt mit Š^{e}'ol zu identifizieren, z. B. Hi 3, 4ff., wo Hiob seinen Geburtstag verflucht: „Jener Tag werde Finsternis (*ḥošæk*)! Nicht frage nach ihm Gott in der Höhe, und nicht erglänze über ihn ein Lichtstrahl! Ihn fordere ein die schwarze Finsternis (*ḥošæk w^{e}ṣalmāwæt*), es lagere sich auf ihn dunkles Gewölk; ihn schrecke Tagesverdüsterung! Jene Nacht – es raffe sie hin das Dunkel ... Es sollen finster werden (*jæḥš^{e}kû*) die Sterne ihrer Dämmerung"; Hi 10, 20–22 „Laß doch ab von mir, daß ich mich ein wenig erheitere, ehe ich dahinfahre ohne Wiederkehr ins Land der Finsternis (*ḥošæk*) und des Dunkels (*ṣalmāwæt*), ins Land, so düster wie die schwarze Nacht (*'æræṣ 'êpātāh k^{e}mô 'opæl ṣalmāwæt*), ohne Ordnung, wo Licht wie Finsternis ist (*wattôpa' k^{e}mô-'opæl*)" – hier werden die Wörter für Finsternis gehäuft, um das tiefe Dunkel des Totenreichs darzustellen, zum Text s. die Komm.); Hi 15, 22f. „Er glaubt nicht, daß er wiederkehre aus dem Dunkel ... er weiß, daß ein Tag der Finsternis ihm bereitet ist" (vgl. oben); Hi 18, 6 (vom Gottlosen): „Das Licht in seinem Zelt wird dunkel (*ḥāšak*), und seine Leuchte über ihm erlischt"; Hi 20, 26; 23, 17 (s.o.); Ps 88, 7

Sp. 322, Z. 23: lies AP 6, 12
Sp. 348, Z. 33: lies in unklarem Kontext
Sp. 406, Z. 31 einfügen: vgl. ferner Hag 2, 6 und zum Begriffspaar noch L. Schmidt, „De Deo", BZAW 143, 1976, 83
Sp. 446, Z. 21 v. u.: lies S. 52
Sp. 465, Z. 25 v. u.: lies W. Schottroff
Sp. 511, Z. 6 v. u. statt 4QSl: lies 4Q Šîrôt 'olat haššabbat
Sp. 557, Z. 7: lies ThStKr
Sp. 594, Z. 3. v. u.: lies zum nt.lichen Befund
Sp. 698, Z. 10 v. u.: lies Benz, PNPPI
Sp. 780, Z. 17: lies RSP I
Sp. 787, Z. 20 v. U.: lies WbÄS
Sp. 818, Z. 26 v. U.: lies ZkTh

Konkordanz-Schlüssel Ugarit-Texte

KTU	CTA	Eißfeldt	Gordon
1.1	1	VI AB	ʿnt IX + X
1.2	2	III AB	137
1.3	3	V AB	ʿnt
1.4	4	II AB	51
1.5	5	I* AB	67
1.6	6	I AB	49 + 62
1.7	7	V AB	130 + 131
1.10	10	IV AB	76
1.11	11	IV AB	132
1.12	12	BH	75
1.13	13	6	6
1.14	14	I K	Krt
1.15	15	III K	128
1.16	16	II K	125 + 126 + 127
1.17	17	II D	2 Aqht
1.18	18	III D	3 Aqht
1.19	19	I D	1 Aqht
1.23	23	SS	52
1.24	24	NK	77
1.39	34	1	1
1.41	35	3	3
1.43	33	47	47
1.46	36	9	9
1.65	30	53	107
	PRU		
1.82	2.1	IV MF	1001
	CTA		
1.87	App II	—	—
	Ug		
1.100	V, V 7	XX MF	607
1.101	V, V 3	XVI MF	603
1.107	V, V 8	XXI MF	608
1.108	V, V 2	XV MF	602
1.109	V, V 13	562	613
1.123	V, V 10	559	610
	CTA		
2.8	60	32	32
2.9	61	337	—

KTU	PRU	Eißfeldt	Gordon
2.15	2.20	198	1020
2.16	2.15	193	1015
2.17	2.21	199	1021
2.34	5.9	395	2009
2.45	5.64	450	2064
2.47	5.62	448	2062
2.61	5.114	500	2114
	CTA		
4.75	102	131	322 + 323
	PRU		
4.145	2.121	282	1121
4.154	2.51	225	1051
4.158	2.127	288	1127
4.169	2.123	284	1123
4.182	2.106	268	1106
4.188	2.117	279	1117
4.213	2.84	250	1084
4.222	2.102	267	1102
4.269	2.99	265	1099
4.281	2.62	234	1062
4.316	2.160	316	1160
4.363	5.49	435	2049
4.377	5.113	499	2113
4.384	5.33	419	2033
4.387	5.12	398	2012
4.609	5.11	397	2011
4.623	5.69	455	2069
4.645	5.26	412	2026